1,000,000 Books

are available to read at

Forgotten Books

www.ForgottenBooks.com

Read online
Download PDF
Purchase in print

ISBN 978-0-260-29477-7
PIBN 11003860

This book is a reproduction of an important historical work. Forgotten Books uses state-of-the-art technology to digitally reconstruct the work, preserving the original format whilst repairing imperfections present in the aged copy. In rare cases, an imperfection in the original, such as a blemish or missing page, may be replicated in our edition. We do, however, repair the vast majority of imperfections successfully; any imperfections that remain are intentionally left to preserve the state of such historical works.

Forgotten Books is a registered trademark of FB &c Ltd.
Copyright © 2018 FB &c Ltd.
FB &c Ltd, Dalton House, 60 Windsor Avenue, London, SW19 2RR.
Company number 08720141. Registered in England and Wales.

For support please visit www.forgottenbooks.com

1 MONTH OF FREE READING

at

www.ForgottenBooks.com

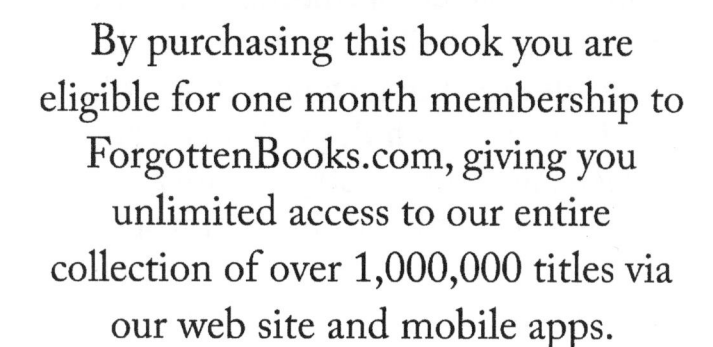

By purchasing this book you are eligible for one month membership to ForgottenBooks.com, giving you unlimited access to our entire collection of over 1,000,000 titles via our web site and mobile apps.

To claim your free month visit: www.forgottenbooks.com/free1003860

* Offer is valid for 45 days from date of purchase. Terms and conditions apply.

English
Français
Deutsche
Italiano
Español
Português

www.forgottenbooks.com

Mythology Photography **Fiction**
Fishing Christianity **Art** Cooking
Essays Buddhism Freemasonry
Medicine **Biology** Music **Ancient Egypt** Evolution Carpentry Physics
Dance Geology **Mathematics** Fitness
Shakespeare **Folklore** Yoga Marketing
Confidence Immortality Biographies
Poetry **Psychology** Witchcraft
Electronics Chemistry History **Law**
Accounting **Philosophy** Anthropology
Alchemy Drama Quantum Mechanics
Atheism Sexual Health **Ancient History**
Entrepreneurship Languages Sport
Paleontology Needlework Islam
Metaphysics Investment Archaeology
Parenting Statistics Criminology
Motivational

THE OLD TESTAMENT

IN GREEK

ACCORDING TO THE SEPTUAGINT

𝔏onbon: C. J. CLAY AND SONS,
CAMBRIDGE UNIVERSITY PRESS WAREHOUSE,
AVE MARIA LANE.
𝔊lasgow: 50, WELLINGTON STREET.

𝔏eipzig: F. A. BROCKHAUS.
𝔑ew 𝔜ork: THE MACMILLAN COMPANY.

[All Rights reserved.]

D TESTAMENT

IN GREEK

ACCORDING TO THE SEPTUAGINT

*EDITED FOR THE
SYNDICS OF THE UNIVERSITY PRESS*

BY

HENRY BARCLAY SWETE D.D.
HON. LITT. D. DUBLIN   HON. D.D. GLASGOW
FELLOW OF GONVILLE AND CAIUS COLLEGE
REGIUS PROFESSOR OF DIVINITY

VOL. I.

GENESIS—IV KINGS

CAMBRIDGE
AT THE UNIVERSITY PRESS
1901

First Edition, 1887.   *Second Edition*, 1895.
Third Edition, 1901.

IT is not the purpose of these pages to supply a general Introduction to the Septuagint. To repeat here the history of that Version, the legend of its birth, the destinies it fulfilled and the handling it received in the centuries that followed; to state the problems which it still offers for solution, and to furnish descriptive lists of its MSS. and printed editions, would be either to exceed the limits of a portable volume, or uselessly to epitomize the work of previous writers. At a future time the subject will claim the full consideration and careful treatment which a larger experience may render possible[1]. For the present it may suffice to recall only so many of the facts as are necessary to illustrate the relation which this edition bears towards those which have preceded it, and to describe the method pursued and the materials employed in its preparation.

Since the invention of printing four primary editions of the Septuagint have issued from the press—the Complutensian, the Aldine, the Roman, and the Oxford representation of the Alexandrine text.

1. The Greek text of the O. T. in the Complutensian Polyglott (1514–1517)[2] claims to be drawn partly from MSS. collected by Cardinal Ximenez himself, partly from others borrowed from the Vatican. "Testari possumus (so the Cardinal writes in the dedication of his work to Leo X.)...maximam laboris nostri partem in eo praecipue fuisse versatam ut...castigatissima omni ex parte vetustissimaque exemplaria pro archetypis haberemus; quorum quidem tam Hebraeorum quam Graecorum...multiplicem copiam variis ex locis non sine summo labore conquisivimus. Atque ex ipsis quidem Graeca Sanctitati tuae debemus, qui ex ista apostolica bibliotheca antiquissimos tum V. tum N. Testamenti codices perquam humane ad nos misisti, qui nobis in hoc

---

[1] Since this paragraph was written an attempt has been made to supply the immediate wants of students in *An Introduction to the Old Testament in Greek* (Cambridge, 1900).
[2] The title begins: "Vetus testamentū multiplici lingua nūc | primo impressum." The O. T. is contained in four volumes: and the colophon to vol. iv. states that the book was printed "Anno Domini milles|imo qngētesimo decimo se|ptimō. mēsis Iulii die | decimo."

negocio maximo fuerunt adiumento." Documentary evidence has been produced by Vercellone[1] that the Vatican MSS. 330, 346 (=Holmes 108, 248) were lent to Ximenez, and a comparison of the Complutensian text with these MSS. shews an extensive and in places almost absolute agreement which suggests that they were largely used. Both MSS. are comparatively late. It is uncertain to what extent the Cardinal availed himself of other materials[2]; but there is no ground for supposing that he had access to the great Vatican MS. or to any of our uncial codices[3].

2. The Greek Bible which came from the Aldine Press a year and eight months after the completion of the Complutensian Polyglott[4] sets up a similar claim to MS. authority, without affording any clue to the MSS. employed. But it is probably safe to hazard the conjecture that they came from the immediate neighbourhood. Holmes found a remarkable agreement amongst all the Venice MSS. of the Pentateuch which were examined for his work; and one of these when reexamined by Lagarde for Genesis proved to be so far in the closest harmony with the Aldine text[5]. Moreover the language of the Aldine editor is consistent with the belief that he was content to use the MS. treasures which were close at hand; there is not a word of any labour or cost incurred in the collection of the documents.

3. The Roman Edition of 1587[6] is the first which professes to be directly based upon a single uncial codex. The words of Petrus Morinus in the *Praefatio ad lectorem* are explicit: " liber ipse ad litteram, quoad fieri potuit per antiquam orthographiam, aut per librarii lapsus, est expressus. nam vetus illa et iam obsoleta eius aetatis scriptura, aliquibus locis reprae-

---

[1] *V. et N. T. ed. Mai* (Rom. 1857), t. i. p. v, n. He adds: "Horum [codicum] prior continet ipsum fere complutensem textum, neque valde abludit alter." Holmes had previously noticed the agreement. Comp. also Vercellone, *varr. lectiones* ii. 436 (Rom. 1864).

[2] His MSS. at Madrid include only two Greek MSS. of portions of the O. T. (Judges—Macc., Psalter); cf. Tregelles, *Printed Text of the G. N. T.*, p. 6 f.; *Catálogo de los MSS. existentes en la Bibl. del Noviciado de la Univ. Central* (Madrid, 1878).

[3] *Gr. Cod. Vat.* t. vi. *prolegg.* p. ix: "constat profecto inter Vaticanos libros mss. ad principem illam Complutensem polyglottam a Leone X concessos...fuisse solummodo codd. insignitos numeris 3966, 330, 346. non autem nostrum maximo in pretio habitum et maiori forte cautela servandum."

[4] Title: πάντα τὰ κατ' ἐξοχὴν καλούμενα | βιβλία θείας δηλαδὴ | γραφῆς παλαιᾶς τε, | καὶ νέας. | sacrae scripturae veteris, novaeque omnia. The colophon is; Venetiis ·in aedib. | Aldi et Andreae | soceri. mdxviii | mense Februa|rio. The dedication by Andreas professes: "ego multis vetustissimis exemplaribus collatis, adhibita etiam quorundam eruditissimorum hominum cura, Biblia (ut vulgo appellant) Graece cuncta descripsi atque in unum volumen reponenda curavi."

[5] Holmes i. *praef. ad Pentateuch.* c. iii. Lagarde, *Genesis graece*, p. 6.

[6] The volume bears the title: η παλαια διαθηκη | κατα τους εβδομηκοντα | δι αυθεντιας | Συστου ε'. ακρου αρχιερεως, εκδοθεισα || Vetvs Testamentvm | ivxta Septvaginta | ex avctoritate | Sixti V. Pont. Max. | editvm || Romae, | ex Typographia Francisci Zannetti. m.d. lxxxvii. At the end of 3 Macc. we have: τελος της παλαιας διαθηκης κατα τους εβδομηκοντα. The dedication is: "Sixto Qvinto | Pontif. Max. Antonivs Carafa Cardinalis | sanctae sedis apostolicae. | Bibliothecarivs."

sentata non est; cum tamen in aliis omnibus, nisi ubi manifestus apparebat librarii lapsus, ne latum quidem unguem, ut aiunt, ab huius libri auctoritate discessum sit, ne in iis quidem, quae si minus merido, certe suspicione mendi videbantur non carere." These assurances, supported by the authority of the Pope and the names of responsible editors, chief among whom was Cardinal A. Carafa, Librarian of the Vatican, seem to promise a satisfactory edition of the Vatican text; and it would be thankless to disparage labours which have yielded excellent fruit for three centuries. But it is not now contended that the Sixtine edition supplies a critical or even a wholly trustworthy representation of the great Vatican MS.[1] The considerable *lacuniae* of B in Genesis and in the Psalter and the whole of the first three books of the Maccabees are supplied from sources which the Sixtine Editors do not stop to identify, merely remarking: "haec ex aliorum codicum collatione emendata sunt[2]." In the remainder of their work, where B supplies the text, there are few chapters in which they have not departed from the MS. upon points which cannot be referred to the correction of the scribe's orthography, or of his obvious blunders. A cursory comparison of the Roman Edition of 1587 with the Roman facsimile of 1869–81, or a glance at Dr E. Nestle's excellent collation[3], will enable the student to judge for himself. The corrections which were made by the Sixtine Editors with the pen before publication scarcely touch the fringe of this widespread and continual divergence from their archetype.

4. What the Sixtine Edition had endeavoured to do for the Codex Vaticanus the Oxford Press accomplished with better success for its great rival the Alexandrine MS. The four magnificent volumes which issued from the Sheldonian between 1707 and 1720 did not indeed profess to adhere exclusively to the text of Codex A. The title of the first volume sufficiently tells its tale: "Septuaginta interpretum tomus I. continens

---

[1] Thus the Editors of the recent facsimile admit (*prolegg.* p. x): "non ita pressim Vaticano libro instituisse praeclarissimos editores dicendum, ut aliorum codicum nulla penitus ratio haberetur, saltem in locis in Vaticano libro superstitibus. non potuit enim tantos viros fugere, aut ipsum Pontificem, non posse unum aliquem ex amanuensibus etsi doctum atque satis attentum virum ita scribere, ut nullatenus correctione indigeret et arte critica, cuius omnes alii codices et plura diversorum generum monumenta appellandi sunt fontes."

[2] Other MSS. are mentioned in the Sixtine preface ("Venetus ex bibliotheca Bessarionis...alter qui ex Magna Graecia advectus nunc est Carafae Cardinalis... etiam usui fuerunt libri ex Medicea bibliotheca Florentiae collati"), but only as having served to confirm the testimony of the Vatican Codex.

[3] Nestle, *Septuagintastudien* (in a School *Programm*, Ulm, 1886, kindly forwarded by the writer), p. 8: "wie wenig dies der Fall war (the professedly close adherence of the Sixtine text to B) zeigt jetzt am deutlichsten meine Kollation." He rightly adds: "Ihnen daraus einen Vorwurf zu machen, wäre eine vollständige Verkennung ihrer Aufgabe, und des damaligen Standes philologischer Wissenschaft."

Octateuchum; quem ex antiquissimo MS. Codice Alexandrino accurate descriptum, et ope aliorum Exemplarium, ac priscorum Scriptorum, praesertim vero Hexaplaris Editionis Origenianae, emendatum atque suppletum, additis saepe asteriscorum et obelorum signis, summa cura edidit Joannes Ernestus Grabe S.T.P." For the accuracy of his collation of A the name of the Editor might have been considered a sufficient safeguard; but his work was to some extent verified by Humphrey Wanley, who attests its general excellence. With the Roman Editors Grabe regarded himself at liberty to depart freely from the orthography of the scribe, and to correct his blunders; but he has carefully noted the more important of these departures either in his prolegomena or in the margin of his pages. A comparison of his text with the recent autotype of the MS. yields but a small proportion of substantial readings which had altogether escaped the vigilance of Grabe. He makes no attempt however to distinguish the hands of the various correctors from each other or from the original scribe; nor does he notice the numerous erasures or the occasional *lacunae*. But the great blemish of his work, if it be considered as an edition of Codex A, lies in the endeavour to supply from external sources the deficiencies of the Alexandrine text. This is done in perfectly good faith, and every change of the kind is indicated by the use of the Origenic signs, or of a different type; yet the result remains that the Oxford Edition of the eighteenth century does not, as it stands, convey to the reader's eye a true representation of the MS. on which it is based. To obtain from it the testimony of Codex A, he must not only change much of the orthography, distinguish the hands of correctors, and occasionally revise the text; but he must strike out words verses and here and there whole paragraphs entirely foreign to his MS. and which in some cases have displaced its genuine reading[1].

It is no part of our plan to notice the numerous secondary editions[2] which are founded more or less entirely upon one or other of these four primary printed texts. An exception however must be made in favour of two descendants of the Roman Edition, one of which supplies our fullest *apparatus criticus*, and the other the most carefully emended text.

a. The great work of R. Holmes and his *continuator* J. Parsons

---

[1] The matter is fairly stated by Holmes, *praef. ad Pentat.* c. iv: "de hac Editione dicam tantum, eam in libris Pentateuchi aliquando ex ipso textu Vaticano, saepius vero e Complutensi, suppletam fuisse, atque adeo Editorem cum textu familiae unius, textum duarum recensionum aliarum immiscuisse videri; sed quidem sine iniuria, quoniam nulla supplemento nisi in charactere minore induxit." Grabe's edition was recast by Dr Field in 1859.

[2] For bibliographical information of this kind the student will turn to Fabricius, ed. Harles, iii. p. 673 f.; Le Long, ed. Masch (Halae 1781), II. 2 p. 262 f.; the Bible Dictionaries and Introductions; or the summaries in Frankel, *Vorstudien*, p. 242 f.; Van Ess, *Epilegomena*; Nestle, *Urtext*, p. 62 ff.; *Introduction to the O. T. in Greek*, p. 171 ff.

(Oxford, 1798–1827), offers in its text merely a reprint of the Sixtine edition in which even the obvious errors of the latter are not always corrected[1]. But the vast stores which are accumulated in the textual notes promise materials upon which a critical revision of the text may ultimately be based. Unhappily this part of the work has proved to be of uncertain value. The use and arrangement of the materials leave something to be desired, and the materials themselves are far from being in all cases worthy of trust[2]. It is not surprising that among so large a body of collators some should have been found careless or incompetent, whilst the printed texts of fathers and versions were at the beginning of the century (as indeed many of them are now) in a very unsatisfactory state. Still this vast undertaking will always remain not only a monument of scholarship and enterprise, but a storehouse of suggestive facts. No other edition affords or possibly will ever afford the student of the Greek Old Testament so wide an outlook over the whole field of documentary and patristic evidence. The verdict of Lagarde[3] upon Holmes and Parsons is substantially just: "qui iudicium neque in seligendis laboris sodalibus neque in disponenda scripturarum sibi traditarum farragine probaverunt...satis multa in publicam lucem protulerunt, quibus adiutus verum inveniret qui verum sedulo quaereret."

b. The editions of Tischendorf proceed upon less ambitious lines, with results more directly satisfactory. Nearly fifty years have passed[4] since the great editor of the N. T. turned his thoughts to an edition of the Septuagint. It was plain to him that the time had not come for the construction of a critical text; and he resolved upon a revision of the Sixtine text in which the obvious faults of the Roman work might be corrected, and its evidence balanced by variants from the three oldest MSS. which had then been edited (Codd. Alex., Friderico-Aug., Ephraemi). His first issue appeared in 1850; the second, with the full prolegomena and an

---

[1] Holmes indeed professes to have corrected these (*praef. ad Genesin* § 1): "Imprimitur per hunc librum, et per alios omnes imprimetur, Textus Graecus secundum Ed. Vaticanam in fol. 1587, absque ulla consulto facta sive vocis sive literae mutatione, nisi in manifestis typothetarum erroribus, quorum plerosque et ipsi Editores Vaticani calamo suo correxerunt." Tischendorf however challenges the statement (*prolegg.* § xxi: "Holmesius passim manifestos editionis Romanae errores repetiit").

[2] Ceriani (*Mon. sacr. et prof.* t. iii., p. vii): "deprehensa brevi usu collationum Holmesiani operis magna earum imperfectione, coepi investigare, si ita esset etiam de codicibus Ambrosianis ibi collatis. Quod timebam inveni...Holmesianum enim opus tanta negligentia curatum fuit, ut parum adiumenti inde sperandum sit in curiosam textus LXX investigationem...evidenter mihi apparuit errasse saepe Holmes eiusque continuatorem, errasse saepe collatores assumptos, et tot tantaque esse sphalmata, plura interdum in uno versu, ut licet varietatem LXX fere totam summatim inde desumere liceat, exigua tamen sit fides singulorum testium, et ex malo habitu totius collationis dubii et incerti ex illo opere semper procedere debeamus in critica textus eiusque recensionum tractatione."

[3] *Libr. V. T. canon.* t. i., *praef.* p. xv.

[4] *Prolegg.* § viii. (ed. 1875): "quid faciundum erat anno 1847 novam editionem cogitanti?" For later plans, cf. the pref. to his fourth edition.

appendix containing the Chigi Daniel, in 1856; other and enriched editions followed in 1860, 1869; a fifth edition was published in 1875, after Tischendorf's death. The work was subsequently entrusted to Dr E. Nestle, under whose care it reappeared in 1880, and again at the beginning of 1887. Dr Nestle added a *Supplementum editionum quae Sixtinam sequuntur omnium in primis Tischendorfianarum*—a nearly full and remarkably accurate collation of the Sixtine text with the facsimiles of ℵB, to which he subjoins the readings of AC, as collected from the British Museum autotype of the former and from Tischendorf's edition of the latter, wherever they support B or ℵ or both against the Sixtine text. The second edition of this Supplement (1887) turns to good account the information supplied by the concluding volume of the Roman facsimile. Thus the tercentenary year of the great Edition of 1587[1] witnessed the collection of the materials available for its revision.

One other edition of the Septuagint remains to be mentioned, distinct in kind from any of the preceding. In an often cited passage of his preface to the Books of Chronicles[2] Jerome reckons three recensions of the Septuagint which at the end of the fourth century divided the Christian world—the recension of Hesychius which prevailed at Alexandria and in Egypt; the recension of Lucian, accepted at Antioch and at Constantinople; the recension of Pamphilus and Eusebius of Caesarea, grounded on the work of Origen and followed in Palestine. Dr Paul de Lagarde saw that a comparative view of these recensions would be of the first importance to the critical reconstruction of the text. His *Librorum V. T. canonicorum pars prior Graece* (Gottingae, 1883) was the first instalment of an attempt to restore the Lucianic recension. His scheme included the recovery of the text of Hesychius and the printing of the two recensions on opposite pages with a collation of the fragments of the Hexaplaric Septuagint. The untimely death of this great scholar and indefatigable worker has for the time suspended the progress of the work, but every one will hope for the fulfilment of the triumphant prediction which concludes his preface to the

---

[1] Nestle, *Septuagintastudien* (1886), p. 1: "am kommenden 8. Oktober werden es 300 Jahre, dass Papst Sixtus v....die jetzt nach ihm benannte editio Sixtina des griechischen Alten Testaments sanktionierte." *Ib.* p. 4: "im Jahre 1586, oder richtiger gesagt 1587, erschien die vom römischen Stuhl veranstaltete editio Romana oder Sixtina." It has been observed that the last stroke of MDLXXXVII on the title-page of all copies bearing that date is added with the pen. The publication was probably delayed by the discovery of errors which called for correction (*ib.* p. 16, note 12).

[2] Migne, xxviii. 1324 f.: "Alexandria et Aegyptus in Septuaginta suis Hesychium laudat auctorem, Constantinopolis usque Antiochiam Luciani martyris exemplaria probat, mediae inter has provinciae Palaestinae codices legunt quos ab Origene elaboratos Eusebius et Pamphilus vulgaverunt: totusque orbis hac inter se trifaria varietate compugnat."

text of Lucian: "verum vincet causa mea, et quae ego volui perficere, procul dubio perficientur aliquando[1]."

The foregoing succinct account of the existing editions of the Septuagint which claim to be based more or less directly upon the testimony of its MSS. may suffice to justify the appearance of an accession to their ranks. There was still room for an edition which should endeavour to exhibit the text of one of the great uncial codices with a precision corresponding to our present knowledge, together with a full *apparatus* of the variants of the other MSS., or at least of those which have been critically edited. The need was still felt of a text which might serve as a satisfactory standard of comparison, accompanied by textual notes which would enable the student at a glance to compare with his text the results to be gleaned from sources of information already securely within our reach.

So far back as 1875 the necessity for such a work was represented to the Syndics of the Cambridge University Press by Dr Scrivener, who at the same time submitted a scheme for its accomplishment. Until the beginning of 1883 it was still hoped that the author of the scheme might have been able to devote to the work his ripe experience and unwearied energy. Increasing years and preoccupations compelled him at length to decline the editorship; and in the spring of the same year the present Editor was appointed to carry out Dr Scrivener's proposals in a slightly modified form, with the cooperation of a Committee nominated by the Syndics of the Press[2]. The Committee continued to exercise a general superintendence during the progress of the work; and the Editor, while personally responsible for the execution of his task, desires heartily to acknowledge not only the value of its formal directions, but yet more the unfailing kindness with which his requests for counsel and assistance were met from time to time by individual members of that body. Without such sympathetic help, he is free to confess, he might at times have been tempted to abandon a work which, especially in its earlier stages, was beset by difficulties of no ordinary kind.

The plan ultimately adopted by the Syndics included the preparation of two editions with a common text. The text of the Vatican MS. was selected as that "which on the whole presents the version of the Septuagint

---

[1] The first two principles upon which Lagarde desired the reconstruction of the text to proceed may be noticed in passing: (1) "editionem veteris testamenti Graeci curari non posse ad unius alicuius codicis auctoritatem sed conlatis integris codicum familiis esse curandam; (2) unius alicuius familiae editionem nihil esse nisi procedendi ulterius adminiculum."

[2] The Committee nominated in 1883 consisted of the Regius Professor of Divinity (Dr Westcott), the Hulsean Professor of Divinity (Dr Hort), the Regius Professor of Hebrew (Dr Kirkpatrick), and the Lord Almoner's Reader in Arabic (Professor Bensly).

in its relatively oldest form." Where the Vatican MS. is defective, its defects are supplied from the Alexandrine MS., or in the very few instances where both these MSS. fail us, from the uncial MS. which occupies the next place in point of age or importance. The editions will differ in the extent of the *apparatus criticus*. In the larger edition, which must necessarily be the labour of many years and of a variety of hands, "it is proposed to give the variations of all the Greek uncial MSS., of select Greek cursive MSS., of the more important versions, and of the quotations made by Philo and the earlier and more important ecclesiastical writers[1]." The smaller or manual edition, of which the first volume is in the reader's hands, confines itself to the variations of a few of the most important uncial codices already edited in letterpress, facsimile, or photograph. Since the first step was to ascertain the common text and the next to compare with it the texts of these earliest and most accessible witnesses, it was possible to begin with the portable edition; and the urgent need of a revised text for ordinary use recommended this as the more convenient order.

It is necessary briefly to explain the arrangements which have been adopted in the manual edition with regard to orthography, accentuation, and the divisions of the text.

1. On the whole the orthography of the MS. upon which the text is based has been closely followed. Hence in Genesis i. 1—xlvi. 28 the spellings are mainly those of A; throughout the remainder of the volume B is responsible. A few inconsistencies result from this system; thus in Gen. xli. 51, xlvi. 20 the text gives Μαννασσή, according to the almost invariable spelling of A; but in Gen. xlviii. 1, where B has taken the lead, Μανασσή. But serious divergences are rare; and since there must be more than one witness employed, it has seemed better to leave each MS. to tell its own tale in the way which it prefers.

Nor has it been thought desirable in all cases to reduce to an uniform orthography the text supplied by the same MS. It is premature to enter upon a detailed examination of the principles which direct the judgement in the acceptance or rejection of particular forms; and it is possible that not a few of the results to which the Editor has been led may be modified by further consideration. For the present it is enough to premise that the MS. or first hand of the MS. upon which the text is based has been followed in the spellings of all proper names and transliterations of Hebrew words, unless there was an obvious clerical error; in the assimilation or non-assimilation of consonants in compounded verbs and nouns; and for

---

[1] For further particulars see *Introduction to the O.T. in Greek*, p. 188 ff.

the most part also in the choice of a particular mode of spelling where two or more spellings are found in good MSS. or other ancient authorities. On the other hand the orthography of the MS. has not been represented in the printed text when it appeared to rest upon itacistic error or upon some habit inveterate in the scribe (as the ascertained tendency of the scribe or scribes of B to write ει for ι), or when its adoption would have involved repeated changes of a revolutionary kind unsuitable to the character of a manual edition (such as the continual use of γείνεσθαι and γεινώσκειν). The moveable ν final and the s in οὕτως are printed or withheld in strict obedience to the MS. or its first hand.

2. Accentuation presents grave difficulties in the case of proper names transliterated from Hebrew forms or intended to represent them. Our oldest MSS. fail us here altogether; the testimony of the later MSS. is at once uncertain, and appears, except in isolated cases, to be of little value as a guide to any tradition but that by which grammarians strove to regulate the accents of ˌbarbarous' words. Under these circumstances Tischendorf contented himself with correcting the inconsistencies of the Sixtine Editors[1]; whilst Lagarde, in his Lucianic text, has abandoned the accentuation of the proper names altogether, except in the case of a Greek termination. In the present edition, which is designed for ordinary use, some accentuation appeared desirable; on the other hand it was felt that the editor of an unaccentuated MS. was under no obligation to follow in these words the unsatisfactory method which has become conventional. It has therefore been decided to fall back upon the accentuation of the Massoretic text, which, whatever its age, may at least be taken to represent a real and to a great extent trustworthy tradition. The result will doubtless be startling at first sight, at all events in some familiar names; the eye will not immediately accustom itself to Βηθλέεμ, Ἐφράιμ, Γέσεμ, Κόρε, Χανάαν. But it is hoped that the change, which has been made at the cost of considerable labour, will not be unwelcome to those who use the Septuagint in connexion with the Hebrew Bible, nor altogether fruitless in calling attention to important distinctions which occasionally lurk under the use of an identical Greek form. It must not be concealed, however, that the application of this principle is difficult or even impracticable where the Septuagint version or the text of B is widely at issue with the Massoretic text, as often happens in the lists of names, or where an imaginary transliteration has grown out of a misreading of the Hebrew. In such cases it has sometimes become necessary

---

[1] *Prolegg.* § xv.: "nec nihil in eo positum est studii ut nomina propria eodem constanter et accentu et spiritu ederentur ...in his vero omnibus dici non potest quanta sit Romanae ceterarumque inconstantia."

to resort to the general rule which makes 'barbarous' words oxytone[1], or to retain the conventional accentuation. The results are therefore not entirely satisfactory; it must suffice if the step which has been taken is on the whole an approach to a sounder method of dealing with these anomalies.

The breathings of proper names, whether transliterated or made to assume a Greek form, have been brought into conformity with the system adopted by Dr Westcott and Dr Hort in their edition of the Greek New Testament. Initial א and ע are represented by the *lenis*, ה and ח by the aspirate; words beginning with ׳ uniformly receive the smooth breathing.

The first hand of B has not been followed in the very frequent use of ΟΥΧ ΙΔΟΥ, nor on the other hand in the almost equally common employment of οὐκ before certain words which begin with an aspirated vowel.

3. The Roman Editors of 1587 applied to their text the mediæval system of chapter-divisions, which, first employed in Latin Bibles of the thirteenth century, had been pressed into the service of the Hebrew Bible in the Concordance of R. Isaac Nathan about the middle of the fifteenth. On the other hand they declined to follow the example of R. Nathan in adding a verse-numeration, although his system had been accepted by Pagninus in the Latin Bible of 1528 and imitated by Robert Stephen in the Greek New Testament of 1551[2].

In the present edition the Sixtine chapters are retained with a few exceptions which are noted in the margin of the text. The verse-numeration which became traditional in later editions is added; or where there is more than one tradition, that is preferred which agrees with the verse-divisions of the Massoretic text. Where the chapters or verses of the Hebrew Bible differ from those which are accepted in the Greek, the numbers of the Hebrew verses are placed in the margin within brackets, outside the numbers of the Greek, the text being usually in such cases indented to leave space for the double numeration. Finally, where the verse begins in the Hebrew at a different word from that at which it begins in the Greek, the beginning of the Hebrew verse is denoted by a bracketed numeral inserted in the Greek. Additional matter which is peculiar to the Greek text, unless already traditionally divided, has been provisionally broken up into verses by means of the letters of the Latin alphabet attached to the arabic numeral which marks the last preceding verse of the original. Omissions, when coextensive with a Hebrew verse, are marked by the dropping of a number in the verse-numeration of the Greek.

[1] Chandler, *Greek Accentuation* (Oxf., 1881), p. 207.
[2] Cf. C. R. Gregory, *Prolegg.* p. 164 f., and Dr W. Wright's article 'Verse' in Kitto's *Cyclopaedia*, cited by Dr Gregory (p. 167).

Besides the conventional division of the text into chapters and verses, retained for the convenience of reference, it has been thrown into paragraphs, subparagraphs and groups of paragraphs, with reference to the sense, the order of the narrative or the plan of the book. The commencement of a group of paragraphs, marking the beginning of a large or distinct section of a book, is denoted by the omission of an entire line of type; the commencement of a subparagraph, by a short break in the course of a line, and by the use of a capital letter to begin the first word. In these arrangements the Editor has been largely aided by the precedent of the Revised English Bible; and a further acknowledgement is due to the Old Testament Company for the indulgence by which he was permitted to obtain access to their method of paragraphing the first two or three Books at a time when the text of the revision was not yet out of the Revisers' hands. Their example has been also followed in the metrical form which has been given to poetical passages; although it has often been impossible to adhere to their arrangement of particular lines, the parallelisms having either disappeared in the Greek or having been replaced by others.

From the text it is time to turn to the textual notes. These will be found in this manual edition to contain (1) the more important clerical errors of the MS. on which the text is based, and the rejected readings of its various hands; and, (2) the variants of other uncial MSS. selected for comparison with the text. This selection includes the other three great uncial Bibles; and thus at every opening the reader is presented with the entire evidence of BℵAC, so far as it is now accessible. In view of the lamentably defective condition of ℵC and the serious *lacunae* of B it has been thought well to add the testimony of such other uncial MSS. as could be reached at once through photographs, facsimiles or trustworthy editions, excepting those which are merely fragmentary, and those which offer a Hexaplaric text. In Genesis, where for the greater part of the book B is wanting as well as ℵ and C, we are fortunate in having three other important MSS. (DEF) which fulfil these conditions, one of which (F) goes on with us through the rest of the Pentateuch and to the middle of Joshua. From that point to the end of the volume only A_1 is left to be compared with B; but its variants are here so numerous and important that the absence of other witnesses is less to be regretted than if it had occurred in the earlier Books.

The Appendix at the end of each volume is intended to receive such unsubstantial variants as seemed unworthy of a place at the foot of the text—errors of the scribe, frequently recurring itacisms, rejected spellings of an ordinary type, minute discrepancies between the MSS. and the printed text. But departures from the accepted orthography which appeared to possess any special interest or in words which are of rare occurrence in the Septuagint, and itacisms or apparent errors of the scribe under which a true variant may possibly lurk, or which are characteristic of the MS. or of its palæography, have been allowed to retain their place among the textual notes. Moreover, a rejected spelling has usually been exhibited at the foot of the page when it affects a word which for some other reason had found a place there, or when it occurs in the course of a substantial variant. In permitting these exceptions it has been difficult to be consistent, but care has been taken to secure that all the substantial variations are included in the textual notes, while on the other hand unimportant variations which have been given in the notes are not repeated in the Appendix. The use of the textual notes alone will enable the reader to judge of all questions which affect the text, so far as they are touched by the MSS. employed: the Appendix will, if he chooses to refer to it, complete the testimony of the MSS. by adding their minuter disagreements with the standard of the printed text.

The letter exterior to the first line of text on each page is the symbol of the MS. upon which the text of that page is based. In the rare instances where the text of a single page is supplied partly by one MS. partly by another, the symbols of both MSS. are placed in this position side by side but enclosed in separate pairs of brackets.

Similarly, the letter or letters exterior to the first line of textual notes on each page must be taken to represent the MS. or MSS. from which variants have been collected for that page or for some part of it.

The point in the text at which any MS. begins or breaks off is marked by the sign § or ¶, which is repeated in the margin together with the symbol of the particular MS. When the beginning or the break occurs in the middle of a word, the first or last letter which the MS. exhibits is to be gathered from the textual notes. All the *lacunae* are noted in this way, as well as the starting point of each MS. and the place at which its testimony ceases altogether.

In distinguishing the 'hands', a 'superior' [1] has been used to denote corrections of the original scribe (*) by himself or by a contemporary whose writing is not distinguishable from his own; ^{a}, ^{b}, ^{c}, are the second, third and fourth hands respectively; ^{ab} represents the testimony of the second hand confirmed by the third, whilst a? b?,must be taken to mean that it is doubtful to which of the two the correction is to be assigned; and a?b implies that the correction is made certainly by the third hand; possibly also by the second. Of the two expressions, a(vid), a vid, the former is the symbol of a reading probably attributable to the second hand, the latter of one to which some uncertainty attaches, but which is due to the second hand if it be a *bona fide* correction at all.

It remains to add a brief description of the MSS. used for the text and notes of this volume, together with some account of the editions through which their contents have been reached.

CODEX VATICANUS GR. 1209.

> Written in an uncial hand of the fourth century on leaves of the finest vellum made up in quires of five; the lines, which are of 16 to 18 letters, being arranged in three columns containing 42—44 lines each, excepting the poetical Books, where the lines being stichometrical the columns are only two. There are no initial letters, although the first letter of a section occasionally projects into the margin; no breathings or accents occur *prima manu*, the punctuation if by the first hand is rare and simple. Of the 759 leaves which compose the present quarto volume, 617 belong to the O. T. The first 31 leaves[1] of the text of the original Codex have been torn away, and there are *lacunae* also at f. 178 (part of a leaf) and at f. 348 (10 leaves of the original missing); these gaps involve the loss of Gen. i. 1—xlvi. 28, 2 Kings ii. 5—7, 10—13, Ps. cv. 27—cxxxvii. 6; the missing passages in Gen. and Pss. have been supplied by a recent hand. The Prayer of Manasses and the Books of the Maccabees were never included in this Codex. The other Books are in the following order: Genesis to 2 Chron., Esdras 1, 2, Psalms, Proverbs, Ecclesiastes, Canticles, Job, Wisdom of Solomon, Wisdom of the son of Sirach, Esther, Judith, Tobit, Hosea and the other Minor Prophets to Malachi, Isaiah, Jeremiah, Baruch, Lamentations, and Ep. of Jeremiah, Ezekiel, Daniel (the version ascribed to Theodotion).

The great importance of this MS., now the chief glory of the Vatican Library, was recognized almost from the first; a description of the Codex was communicated to Erasmus in 1533, in which his attention was drawn both to its age and to the value of its text; the appreciative language in which it is described by the Sixtine Editors is all that can be desired. Yet no effort was made by its custodians to publish the actual text of the MS. before the present century. Within the last seventy years the work has been attempted thrice. The edition of Ang. Mai, printed between 1828 and 1838, appears to have been so little satisfactory to that great scholar himself that it did not see the light till after his death. Mai died in 1854; his five volumes appeared in 1857, introduced to the reader by the pen of C. Vercellone.

[1] Cf. Nestle, *Th. L. Z.*, 16 Mar. 1895.

But even under such auspices the work failed from the first to satisfy the requirements of Biblical criticism. "Forma editi longe apparet remota ab ea codicis pressissima forma, quam sequi A. Maium aliqui forte critici... concupivissent." Such is the candid admission of Mai's successors, who in 1881 brought to a completion the first endeavour to represent the MS. in facsimile type. Their work is entitled, *Bibliorum Sacrorum Graecus Codex Vaticanus*, and occupies six volumes of the same size and magnificence as Tischendorf's *Codex Sinaiticus*. This facsimile edition was undertaken by C. Vercellone and J. Cozza, but on the death of the former in 1869 before the publication of any part of the O. T., his place was filled by his pupil C. Sergio, who was in turn succeeded by H. Fabiani assisted by two coadjutors U. Ubaldi and A. Rocchi; to the last three it appears we owe in great part the prolegomena and commentary which fill the concluding volume [1].

Even this splendid effort left much to be desired [2]. But it is unnecessary and would be invidious to recount its imperfections here, because since 1890 the facsimile has been superseded by a photographic representation worthy of the Vatican Press and of the enlightened Pontiff under whose auspices it has been executed [3].

In preparing the first edition of this volume, during the years 1883-7, the Editor was dependent on the facsimile, and the reader was warned in the Preface that the results could not be regarded as final. The completion of the photograph rendered it possible satisfactorily to revise the text, and also the notes and Appendix, so far as they represented the evidence of Cod. B. This labour was generously undertaken by Dr Nestle, whose well-known accuracy is a guarantee of the soundness of his work. Dr Nestle's corrections of the text appeared in the *corrigenda* appended to Vol. III.; the whole of his results will be found embodied in the present edition.

---

[1] *Prolegg.* p. xv. The prolegomena are brief (pp. xxxvi) and touch but lightly on the many questions of history and palæography upon which information was desired. They are followed by 170 pages of Commentary, of which 142 belong to the O. T.; at the end of the volume are four admirable photographs representing Ps. i. —iv. inc., Jer. xvi. 17—xvii. 21, Ezek. xlvii. 32—Dan. (Sus.) 15, Dan. ix. 16—x. 3.
[2] See two articles by Dr E. Nestle (*Literarisches Centralblatt*, 21 Jan. 1882; *Theol. Literaturzeitung*, 25 Mar. 1882). On the other hand the Roman tract *De Editione Romana* had the courage to assert (P. 24): "codex typis ita repraesentatur ut fere haud amplius archetypo studia biblica indigere videantur."
[3] Ἡ παλαια διαθηκη | vetus testamentum | iuxta LXX. interpretum uersionem | e codice omnium antiquissimo | graeco vaticano 1209 | phototypice repraesentatum | auspice | Leone XIII. pont. max. | curante | Josepho Cozza-Luzi Abate Basiliano | S. Rom. ecclesiae vicebibliothecario | Romae | e bibliotheca vaticana | agente photographo Danesi | MDCCCLXXXX. A description of the work and estimate of its merits by Dr Nestle may be seen in *Th. L. Z.*, 16 Mar. 1895.

Tischendorf believed himself able to distinguish the hands of three original scribes in the Vatican MS.; and Dr E. Abbot found internal evidence that the first terminated his labours at f. 167 (ending with 1 Kings xix. 11), the second at f. 312 (the end of 2 Esdras)[1]. The Editors of the facsimile refuse to decide whether the text is due to one scribe or to many, contenting themselves with the statement that the writing is so uniform as to convince them that it proceeded from a single school if not from a single hand. To the original scribe or scribes they assign a certain number of changes made *inter scribendum*, which they denote as B^1. Under the second hand ($B^2 = B^a$ in this edition) they include a series of corrections, beginning with a possible *diorthota* who may have been nearly coæval with the scribe, and reaching in their judgement to the fourteenth century. Their third hand ($B^3 = B^b$) is an *instaurator* who has corrected the whole text, retracing every letter which he wished to retain. He is identified by the Editors with the monk Clement who has scrawled his name in characters of the fourteenth or fifteenth century at the end of the Pentateuch and of 2 Esdras (pp. 238, 624). Lastly, a few corrections are ascribed to a fourth hand ($B^4 = B^c$), later than the fifteenth century.

It is impossible to escape from provisionally accepting this grouping of the hands of B, and equally impossible to accept it without mistrust. The identification of Clement the monk with the *instaurator* seems to rest on very slender grounds; and the judgement of Tischendorf, who placed the latter in the tenth or eleventh century, is scarcely to be set aside by the discovery on which Fabiani and his colleagues so warmly congratulate themselves. Again, it does not appear that the Codex was touched, in the N. T. at all events, by any corrector between the *diorthota* and the *instaurator*[2]. If this conclusion is well founded and may be extended to the O. T. portion of the MS, the second hand will be little later than the first, whilst the third follows after a lapse of six centuries. But according to our Roman guides $B^{2=a}$ covers the corrections of a thousand years, and is often barely distinguishable from $B^{3=b}$, in their judgement a hand of the fourteenth or fifteenth century. The whole question demands a fresh investigation, which can only be successful if conducted by experts with free access to the MS. itself.

The Editors of the Codex do not profess to have always noted the orthographical variations of their third hand[3]. 'These however have been

---

[1] Gregory, *prolegg.* i. p. 359, note 3.
[2] Cf. Westcott and Hort, *N. T.*, ii. p. 270.
[3] *Prolegg.* pp. xviii, xix:' "Nihil fere igitur curavimus, utrum adderet, omitteretve ν literam paragogicam...solet B^3...in pluribus locis, quae per ει scripta sunt ε expungere. hac ratione in commentariis omittimus singulos locos, ubi hoc recidit."· The list which they add includes κλίνω, γίνομαι, γινώσκω, κρίνω, χρίω, θλίβω, τρίβω, ῥίπτω,

carefully indicated in Dr Nestle's revision from the photograph, and now appear in the Appendix, the plates of which have been recast in order to admit the new evidence under this head.

CODEX SINAITICUS (= Codd. Friderico-Augustanus, Sinaiticus Petropolitanus).

Written in an uncial hand[1] ascribed to the middle of the fourth century, and in lines which when complete contain from 12 to 14 letters and which are arranged in four columns on unusually large leaves of a very fine vellum, made from the skin of the ass or of the antelope. The leaves are gathered into quires of four, excepting two which contain five. There are no breathings or accents; a simple point is occasionally used. In the N. T. the MS. is complete; of the O. T. the following portions remain: fragments of Gen. xxiii. xxiv. and of Numbers v. vi. vii.; 1 Chron. ix. 27—xix. 17, 2 Esdras ix. 9 to end, Esther, Tobit, Judith, 1 Macc., 4 Macc., Isaiah, Jeremiah, Lam. i. 1—ii. 20, Joel, Obadiah, Jonah, Nahum, Habakkuk, Zephaniah, Haggai, Zechariah, Malachi, Psalms, Proverbs, Ecclesiastes, Song of Solomon, Wisdom of Solomon, Wisdom of the son of Sirach, Job.

The recent history of this MS. is too well known to need repetition. The fragments of the O. T. have been edited by Tischendorf in the following books: (1) *Codex Friderico-Augustanus* (Lips. 1846)—a lithographed facsimile of the 43 leaves which Tischendorf rescued during his visit to S. Catharine's in 1844. These leaves contain 1 Chronicles xi. 22—xix. 17, 2 Esdras ix. 9 to end, Esther, Tobit i. 1—ii. 2, Jeremiah x. 25 to end, Lam. i. 1—ii. 20. (2) *Monumenta sacra ined. nov. coll.* vol. I. (Lips. 1855), pp. xxxx. 213—216—a facsimile of Isaiah lxvi. 12—Jer. i. 7, a page copied from the MS. during the same visit; afterwards edited again with the rest of the MS. (*infra*, 4). (3) *Monumenta*, &c., vol. II. (Lips. 1857), pp. xxxxvi. 321—a facsimile of Gen. xxiv. 9—10, 41—43, from a scrap discovered by Tischendorf at S. Catharine's in 1853[2]; reedited in the *Appendix Codd.* (*infra*, 5). (4) *Bibliorum Codex Sinaiticus Petropolitanus* (Petrop. 1862), vol. I. (prolegg., comment., pp. i—xxx) ii., iii.—a facsimile of the S. Petersburg portion of the Codex, containing all that survives of ℵ except the fragments of Genesis and Numbers and the leaves previously edited under the name of the Cod. Friderico-Augustanus. (5) *Appendix codicum celeberr. Sinaitici Vaticani Alexandrini.* (Lips. 1867). The Sinaitic fragments consist of the scraps of Gen. xxiii—xxiv, Numb.

οἰκτείρω [rather its derivatives], ἵλεως, κριός, Σιών, Γαλιλαία, Ἰεριχώ, χίλιος and its derivates. Further, they profess to neglect the change of τέσσερις into τέσσαρες and of ὀλεθρεύω into ὀλοθρεύω. These corrections are nevertheless repeatedly specified in the commentary, and not always ascribed to the same hand.

[1] "Characterized by a squareness of formation" (*Palæographical Society's facsimiles*, I. 105).
[2] Now at S. Petersburg (*App. Codd.* p. v).

v—vii, which, with the exception of Gen. xxiv. 9—10, 41—43, already accounted for, were discovered by the Archimandrite (afterwards Bishop) Porphyry in the bindings of other Sinaitic MSS. and brought by him to Europe in 1845, but first communicated to Tischendorf in 1862, after the publication of the Cod. Sinaiticus Petropolitanus. The condition of these fragments is very unsatisfactory. The Porphyrian fragments of Genesis form the major part of a single leaf, but so torn that the exterior column of each page yields only 23 or 24 letters, whilst from 14 to 19 of the lines at the lower end of each column are lost; the remainder is injured by damp and difficult to decipher. Those of Numbers were coated with dirt where the margin had been sewn into the back of the book which the leaf was used to bind, and the writing is in places nearly illegible[1].

In the text of ℵ Tischendorf distinguishes the hands of four original scribes[2]. To one (A), who wrote nearly the whole of the N. T., he assigns the fragments of Genesis and of 1 Chronicles, 1 Maccabees, and the last 4½ leaves of 4 Maccabees; to a second (B), the fragments of Numbers and the Prophets; to a third (C), the poetical Books; whilst to the fourth (D) are adjudged the Books of Tobit and Judith, and the rest of 4 Maccabees and of the N. T. More important to us is his judgement with regard to the hands of correctors. In the text of the LXX. he finds five such, who are designated ℵ\^a, ℵ\^{c.a}, ℵ\^{c.b}, ℵ\^{c.c}, ℵ\^d. The first symbol (ℵ\^a) includes such nearly contemporary hands as differ but slightly from the hand of the original scribe. The second and third (ℵ\^{c.a}, ℵ\^{c.b}) are correctors of the seventh century, and throughout the MS., more especially in the O. T., are the prevailing hands; the former stands alone in the poetical Books, the latter predominates in the Prophets. ℵ\^{c.c}, also of the seventh century, has made a special study of Job, often correcting ℵ\^{c.a} in that Book; the MS. appears to have been in his custody for a considerable time, and he has enriched it with frequent marginal notes such as the exclamation ὡραῖον, and the sectional letters in Isaiah. ℵ\^d (viii.? ix.?) has retraced many pages in the Prophets and here and there attempted an emendation of the text. To this corrector are also assigned certain marginal notes in Arabic.

---

[1] Since the MSS. which these 'leaves' had been used to bind were themselves of some antiquity, Porphyry's discovery shews that the disintegration of the Codex began centuries ago (*App. Codd.*, p. xvi). On the present condition of the Mount Sinai MSS. see the remarks of Gardthausen, *Catalog. Codd. Sinait.* (Oxon. 1886), p. vii.

[2] "Mea quidem sententia quattuor potissimum librarii textum scripserunt" (Cod. Sin. Petrop. *prolegg.*, p. 8). In the *Appendix Codicum* he regards this opinion as a certainty, (p. viiii).

CODEX ALEXANDRINUS, Brit. Mus. Royal MS. 1 D. v—viii.

Written in an uncial hand of the middle of the fifth century on vellum of fine texture originally arranged in quires of eight leaves, occasionally (but chiefly at the end of a Book) of less than eight; three or four and twenty letters go to a line, 50 or 51 lines usually compose a column, and there are two columns on a page. Large initial letters, standing in the margin, announce the commencement of a paragraph or section, excepting in vol. III., which appears to be the work of another scribe. There are no breathings or accents added by the first hand; the punctuation, more frequent than in B, is still confined to a single point. The three vols. which contain the O. T. now consist of 630 leaves. Of these vols. only nine leaves are lost and five mutilated. The portions of the Septuagint which are thus deficient in A contained Gen. xiv. 14—17, xv. 1—5, 16—19, xvi. 6—9; 1 Kings xii. 19—xiv. 9; Ps. xlix. 19—lxxix. 10. The Codex opens (I., f. 3) with a Table of the Books written in uncial letters somewhat later than the body of the MS. The first volume contains the Octateuch with Kings and Chronicles (ομου βιβλια $\bar{\digamma}$). The Books of Chronicles are followed (vol. II.) by the Prophets (προφηται $\overline{\iota\varsigma}$) Minor and Major, Jeremiah including Baruch, Lamentations and the Epistle; Daniel (Theodotion's version) is succeeded by Esther, Tobit, Judith, Esdras 1, 2, and the four Books of Maccabees. The third volume contains the Psalter, with Ps. cli. and the canticles, Job, Proverbs, Ecclesiastes, the Song of Solomon, the Wisdom of Solomon, and the Wisdom of the son of Sirach. The Table shews that the Psalms of Solomon once occupied a place at the end of the fourth volume which contains the N. T.

This MS., the treasured possession of the Patriarchs of Alexandria from at least the end of the thirteenth century, and since the beginning of the seventeenth the pride of its English custodians, is the most perfect of the great codices which contain the Septuagint. Moreover it has fared better than the earlier Vatican Codex in regard to the attention it has received from its editors. Early in the eighteenth century the volumes which contain the O. T. were already accessible, as we have seen, in the scholarly edition of Grabe. Early in the nineteenth, they were published at the cost of the nation in facsimile with a copious commentary by H. H. Baber, Librarian of the British Museum. Lastly, a magnificent edition in autotype has been completed within the last four years under the superintendence of Mr E. Maunde Thompson. Yet the MS. still needs a critical editor to do for it what Tischendorf has done for the Codex Sinaiticus. The autotype edition is without a critical commentary, and the plates do not distinctly reveal the erasures in every case, or enable the student clearly to discriminate the hands—an imperfection of photographic representation which the utmost care and skill cannot altogether surmount. On the other hand the copious commentary which fills Baber's last volume is unhappily to a great extent inadequate. In fact no satisfactory attempt has yet been made to distinguish accurately the various correctors, who have changed so large a portion of the face of the Codex. Baber indeed discriminates between the first and second hands, and a third hand; which he calls recent; but in a large number of cases he falls back upon some such ambiguous designation as *manus vetusta, vetustissima, pervetusta, antiqua.* A cursory examination of the MS. has served to shew that in the places opened his second hand was usually (not quite uniformly) but a little later than the scribe himself; whilst his 'ancient' or 'very ancient' hand has the appearance of belonging to the following century, the writing being thin and fine, and the characters long. It is evident that there is room for an entirely new handling of this subject, and there is reason to hope that this will have been accomplished by a competent scholar before the larger edition of the Cambridge Septuagint has passed through the press. In the present edition, which has been constructed on the principle of using the best editions already accessible, it has been necessary to be content with the autotype text and Baber's commentary. Baber's second hand has been represented by A^a; his 'ancient' or 'very ancient' hand, when not identified with the second as occasionally it is, by $A^{a\dagger}$; his third hand is our A^b.[1]

CODEX COTTONIANUS GENESEOS, Brit. Mus. Cotton MS. Otho B. VI.

The remains of this MS. of the fifth or sixth century now consist of 150 fragments inlaid in 147 leaves of $10\frac{3}{4} \times 8\frac{3}{4}$ inches, in size nearly corresponding to the leaves of the original Codex. The vellum is moderately fine, the characters are uncials, round or square after the type of good uncial MSS.; 23 to 30 letters made a line, and a single column of 26 to 28 lines filled a page, excepting where the writing was partly displaced by an illustration. The MS. is said to have possessed 250 miniatures; traces of a few remain. Unlike B$\aleph$A it has large initial letters; and the position of the single point used in punctuation is threefold, sometimes at the foot of the letters, sometimes at their head, and sometimes half-way up. There are neither accents nor breathings. Before the fire which wrecked this exquisite book it consisted of 165 (others say 166) leaves; but the Codex was even then far from perfect. The beginning and end of Genesis (i. 1—13, l. 26) were wanting, and leaves had disappeared in several places. These *lacunae* are noted in the margin of our text.

[1] It seems probable that A, which as far back as the furthest period to which we can trace its history was preserved in Egypt, had been originally written there; and as Sir E. M. Thompson has pointed out, the occurrence of Egyptian forms of the Greek letters in the superscriptions and colophons of the Books proves that "the MS. if not absolutely written in Egypt must have been immediately afterwards removed thither." The editors of the Roman facsimile find a slender argument for the Egyptian origin of the Vatican MS. in the occasional patching of its leaves with papyrus. On the other hand Dr Hort in 1881 was "induced to surmise that B and $\aleph$ were both written in the West, probably at Rome." More recently Mr J. Rendel Harris has been led to conjecture that both these MSS. came from the library of Pamphilus at Cæsarea. For some investigations as to the relation which these great Codices bear to the recensions of the Septuagint see Dr Ceriani in *Rendiconti* of the Reale Istit. Lombard. ii. xix, p. 206 f., xxi. p. 547.; Dr C. H. Cornill; *das Buch des Propheten Ezechiel* (Leipzig, 1886), pp. 63—95; Dr Hort's letter in the *Academy*, Dec. 24, 1887; Dr Silberstein, *über den Ursprung*, &c. (Giessen, 1893); Dr J. Rendel Harris, *Stichometry*, p. 71 ff.: Dr J. Armitage Robinson, *Euthaliana*, p. 42 ff.

xxiv

This MS. has a singular history. Presented to Henry VIII. by two Greek Bishops who are said to have brought it from Philippi, it was given by Elizabeth to Sir John Fortescue, by whom it was subsequently placed in the collection of Sir R. Cotton. Lent by Sir Richard to Lord Arundel in 1630, it fell into other hands, but was ultimately secured again for the Cotton Library by Sir John Cotton. In 1700 the Library became national property, and the safety of the MS. might have seemed thenceforth secured. Unhappily it was removed with the rest of the collection to Ashburnham House, and reduced to charred fragments by the fire which attacked the treasures of that establishment Oct. 23, 1731. Dr H. Owen writing in 1778 speaks of the fragments as hopelessly lost; but the Cottonian catalogue of 1802 mentions 18 of them as still preserved at the British Museum, to which the Cotton library had meanwhile been transferred; and further search has largely added to this number. The scraps were collected with scrupulous care in 1847–8[1]. Three or four other fragments have been discovered at the Bristol Baptist College, to which they were bequeathed by Dr A. Gifford, a London Baptist minister who had been officially connected with the department of MSS. at the British Museum.

Fortunately our knowledge of this Codex is not confined to what may be gathered from the relics of the Ashburnham fire. The following sources of information have been used for this edition: (1) *Collatio cod. Cotton. Geneseos cum Editione Romana, a v. cl. J. E. Grabe iam olim facta; nunc demum summa cum cura edita ab H. Owen, M.D., S.R.S., eccl. S. Olai Rectore* (Londini, 1778). Grabe's MS. is still in the Bodleian, and upon being compared with Owen's tract seems to justify the claim which the latter makes to careful editing; whilst it is no surprise to find that a recent examination of Grabe's own work in the light of the surviving fragments has led Dr Gotch to pronounce it extremely accurate. This collation places within our reach the entire MS. as it existed before the fire; but a great part of the evidence is of course merely *e silentio*, and much of that which is direct can no longer be verified. Its testimony has therefore been distinguished from that of the surviving fragments by the use of an italic capital (D, D^{sil})[2]. (2) *Vetusta monumenta quae...Soc. Antiq. Lond. sumptu suo edenda curavit*, vol. I. (Lond. 1747), p. lxvii f. This book contains two

---

[1] A photograph of one of the British Museum fragments will be found in the *Catalogue of Ancient MSS.*, i, *Greek*, published by the Trustees (London, 1881), where the palæography and history of this MS. are treated exhaustively.

[2] Grabe had been preceded by other labourers in the same field; a collation of a considerable part of D by the hand of Patrick Young (P. Junius) is to be seen at the British Museum, while the Bodleian has preserved another in the writing of Archbp. Ussher. These collations have not been used for the present edition, Grabe's careful and complete work appearing to need no further verification than that which the surviving fragments, now critically edited, supply.

plates representing certain of the fragments of D, reproduced for the sake of the miniatures[1], but carrying with them portions of the text. The verses delineated are Gen. v. **25—29**, **viii.** **10, 11,** ix. 15—23, xi. 9, 12, 13, 13—17, 29—32, xii. 1—6, xiv. 13—16, xv. 1—12, 13—17, 18—xvi. 5, xvi. 5—15, **xviii. 15,** xix. 4—11, **xl. 19—20, xliii. 12—13, 29—30**. The transcription has been executed with singularly little skill; but in the few places where the fragments have since disappeared (indicated above by the use of thicker numerals) the help which is thus given suffices for the recovery of the missing text. (3) *Monumenta sacra ined. nov. coll.* vol. II. (Lips. 1857) pp. xxii—xxxvi. 95—176. Under the title of *reliquiae ex incendio ereptae* this volume offers Tischendorf's reading of the British Museum fragments of D, with full prolegomena and with a commentary into which he works Grabe's collation, comparing it with the existing scraps. No one who has examined the brown and shrivelled relics on many of which at first sight scarcely a letter is distinguishable can fail to wonder at the relative success attained by Tischendorf's patience and skill. But he was compelled to leave some of the smaller fragments unidentified, and here and there a further examination has revealed a flaw in his transcription. These defects are now supplied in (4) F. W. Gotch's *Supplement to Tischendorf's Reliquiae* (London, 1881). Dr Gotch, who at the time when his book was published held the office of President of the Baptist College, Bristol, adds the Bristol fragments (Gen. xiv. 13—16, xv. 1—12, xvi. 5—15, xix. 4—11); the last two are given in photograph. Lastly, M. Omont has published in the *Mémoires de la Société Nationale des Antiquaires de France* (liii. pp. 163 ff.) a few fragments discovered in the Bibliothèque Nationale (Gen. i. 13, 14, xviii. 24—26, xliii. 16). We are thus at length in possession of probably all that can now be recovered of the Cotton Genesis; and the results, which go far to repair the damage of the fire, are a signal testimony to the sagacity and persevering toil of many labourers.

The discrimination of the 'hands' of D is necessarily beset with difficulty. Grabe found that the MS. had been collated and corrected throughout by either the scribe or a contemporary *diorthota* (D¹), to whom he attributes occasional marginal additions which have now disappeared. More frequently the corrections belong in his judgement to a later hand, which Tischendorf attributes to the eighth century (Dᵃ). To Dᵃ seems to be due the retracing of the letters which had been faded by age. Lastly, Grabe mentions a *manus recentissima*, which has been distinguished as Dᵇ.

---

[1] More recently Mr Westwood has endeavoured to reproduce one of these miniatures in colours (*palaeogr. sacra pict.*, plate 3). The Vienna *Genesis* (Holmes vi), which is also illustrated, is "of later date and inferior execution" (*Ancient Gk. MSS.* p. 21); cf. the *Palæographical Society's facsimiles*, plate 178.

A fresh collation of D and *D* has been made for this edition by Mr C. I. Beard, M.B., who has expended much time and labour in the effort to attain to perfect accuracy. His results, so far as they lie within the scope of a manual edition, have been worked into the plates and appear in the notes.

CODEX BODLEIANUS GENESEOS. Bodl. Auct. T. infr. II. 1.

> Written probably towards the end of the ninth or the beginning of the tenth century in oblong sloping uncial characters upon 29 leaves of stout vellum, two columns occupying each page. Breathings and accents are frequent, abbreviations numerous; the punctuation includes the double point, the comma and the mark of interrogation. On the other hand, the orthography of the more ancient MSS. is maintained, and forms known as Alexandrian abound. There are *lacunae*, and the following passages are missing: Gen. xiv. 7—xviii. 24, xx. 14—xxiv. 54, and the last 7½ chapters (from xliii. 14 to the end).

The Bodleian Genesis was brought 'from the East' in 1853 by Tischendorf, who is reticent as to the exact locality where it was discovered; subsequently it was acquired by the Bodleian Library. It has been edited with prolegomena in *Monumenta sacra ined.* vol. II. (pp. xxxvi—xxxxii, 179—308). The lateness of the MS. is counterbalanced in Tischendorf's judgement by the excellence of the text, which appears to represent a good and early archetype. Its value is enhanced by the scarcity of uncial MSS. of Genesis, and their generally defective condition; of the eight which survive, two only[1] (as Tischendorf points out) have preserved more of the text than E.

Besides corrections by the original scribe, which are occasionally discriminated and are denoted E[1], Tischendorf notices others which are nearly coæval (E[a]), and a third group proceeding from a later hand (E[b]).

Another leaf of this MS. was discovered in 1891 among some fragments purchased from Tischendorf's representatives by the Syndics of the Cambridge University Library (*Academy*, June 6, 1891). This leaf carries the text down to Gen. xliii. 13. The *verso* is written in a cursive hand, but Mr Rendel Harris regards the cursive page as contemporary with the other, and possibly the work of the same scribe. Variants from the cursive portion of this fragment (Gen. xlii. 31—xliii. 13) are distinguished by the use of an italic (*E*)[2].

A fresh collation of Tischendorf's facsimile of E has been made by Dr Beard for the present edition. His corrections and additions have been embodied in the notes and Appendix.

---

[1] I.e. Cod. A and the great Coislin MS., the latter Hexaplaric.
[2] It is now known that the St Petersburg Cod. lxii and the British Museum Additional MS. 20002 belong to the same Codex. See *Introduction to the O.T. in Greek*, p. 134 f.

CODEX AMBROSIANUS. Biblioth. Ambros. Mediol. A 147 infr.

Written in broad and laterally thick characters, of the type usual, in MSS. assigned to the fourth and fifth centuries, on the thinnest whitest and smoothest vellum, the leaves of which are gathered in quires of four and numbered on the first and last page of each quire; there are three columns on each page, with 35 lines in each column. Initial letters are used, projecting slightly into the margin. The MS. has not only a frequent and varied punctuation, but stands alone amongst early uncial codices in exhibiting breathings and accents *prima manu*. The margins, both lateral and intercolumnar, are unusually broad, suggesting that the scribe contemplated the addition of marginal readings, some of which are in fact written by the first hand. The Codex now begins at Gen. xxxi. 15 and ends with Joshua xii. 12; there are numerous *lacunae*, the Book of Numbers being alone complete. The *lacunae* from Exod. xxx. 29 are almost invariably supplied by later hands.

An unknown hand on a blank page bound up with the MS. is responsible for the statement that this remarkable Codex originally came from Macedonia, and was bought in Corcyra by Card. F. Borromeo (1561–1631), the founder of the Ambrosian Library. It was cursorily examined by Montfaucon, who noticed the presence of accents *prima manu;* and it was collated, but with lamentable want of care, for Holmes, by whom it is briefly described. A discovery of the defects of Holmes's collation has led Dr A. Ceriani to publish the MS. *in extenso* in the third volume of his *Monumenta sacra et profana* (Mediol., 1864). His edition is not in facsimile, and the exigencies of his type have compelled him to print in full the *compendia scripturae;* complete prolegomena and all corrections later than the first hand are moreover postponed to a fourth volume of the *Monumenta* which is still a desideratum. But the provisional preface, a considerable introduction of fifteen closely packed pages, supplies nearly everything which is necessary for present use. The character of the text is but lightly touched; but the Editor remarks its frequent agreement[1] with A as against B. Ceriani supports the relative antiquity of the Codex, notwithstanding the presence of breathings and accents, and is disposed to place it not later than the first half of the fifth century. He supposes two scribes, to one of whom he assigns the Pentateuch, to the other the fragment of Joshua. A change in the colour of the ink, which is yellow in the earlier books, but green in Joshua, marks the transition. On the other hand the continuous numeration of the quires, in the hand of the penman of the Pentateuch, suggests that the scribes were not only contemporary, but associated in their work.

---

[1] This agreement will be found to be particularly striking in the Book of Exodus. In Leviticus on the other hand F is frequently opposed to A and in agreement with the Sixtine text.

All the corrections which Dr Ceriani has printed are of the first hand ($A = F^1$), as he has kindly informed the present Editor. These have all been worked into the notes or the Appendix, excepting fragments of the other Greek versions, which are foreign to the purpose of a manual edition of the Septuagint, and may be found in Dr Field's Hexapla. A large number of corrections additions and scholia in later hands had been communicated to Dr Field by Ceriani (*Hexapla*, I. p. 5), and permission was liberally given to use these for the present edition. Dr Field's lamented death intervened, and it was impossible to trace the papers which contained these variants. A portion of them however had been incorporated in the *Hexapla*, and any of these which were available have been copied into the notes, where they appear under the symbol F^a. In preparing a second edition the Editor had the advantage of consulting a list of corrections and additions which were kindly communicated to him by Dr Ceriani in 1888; in the present edition he has derived further assistance from a fresh collation of the MS. made by Mr N. McLean for the Larger Cambridge Septuagint.

In conclusion the Editor desires to offer his sincere thanks to all who have cooperated with him in the endeavour to render this reissue of Vol. I. more accurate and serviceable than the first edition. His acknowledgements are especially due to Mr Redpath, the Editor of the Oxford Concordance to the Septuagint, whose vigilance will, as he trusts, have left few superficial errors for future correction. To the officers and workmen of the Press he owes a not less hearty recognition of the care and assiduity with which they have accomplished the difficult task of correcting the plates.

א = Codex Sinaiticus (= S, Lagarde, Nestle).
A = Codex Alexandrinus (= III, Holmes).
B = Codex Vaticanus (= II, Holmes).
D (*D*) = Codex Cottonianus Geneseos (= I, Holmes).
E (*E*) = Codex Bodleianus Geneseos.
F = Codex Ambrosianus (= VII, Holmes).

ΓΕΝΕΣΙΣ ΚΟΣΜΟΥ

1 $^1_2$ ΕΝ ΑΡΧΗ ἐποίησεν ὁ θεὸς τὸν οὐρανὸν καὶ τὴν γῆν. ²ἡ δὲ γῆ A ἦν ἀόρατος καὶ ἀκατασκεύαστος, καὶ σκότος ἐπάνω τῆς ἀβύσσου· καὶ 3 πνεῦμα θεοῦ ἐπεφέρετο ἐπάνω τοῦ ὕδατος. ³καὶ εἶπεν ὁ θεός Γενη-4 θήτω φῶς· καὶ ἐγένετο φῶς. ⁴καὶ ἴδεν ὁ θεὸς τὸ φῶς ὅτι καλόν· καὶ διεχώρισεν ὁ θεὸς ἀνὰ μέσον τοῦ φωτὸς καὶ ἀνὰ μέσον τοῦ σκό-5 τους. ⁵καὶ ἐκάλεσεν ὁ θεὸς τὸ φῶς ἡμέραν, καὶ τὸ σκότος ἐκάλεσεν 6 νύκτα. καὶ ἐγένετο ἑσπέρα καὶ ἐγένετο πρωί, ἡμέρα μία. ⁶Καὶ εἶπεν ὁ θεός Γενηθήτω στερέωμα ἐν μέσῳ τοῦ ὕδατος, καὶ ἔστω δια-7 χωρίζον ἀνὰ μέσον ὕδατος καὶ ὕδατος· καὶ ἐγένετο οὕτως. ⁷καὶ ἐποίη-σεν ὁ θεὸς τὸ στερέωμα· καὶ διεχώρισεν ὁ θεὸς ἀνὰ μέσον τοῦ ὕδατος ὃ ἦν ὑποκάτω τοῦ στερεώματος, καὶ ἀνὰ μέσον τοῦ ὕδατος τοῦ ἐπάνω 8 τοῦ στερεώματος. ⁸καὶ ἐκάλεσεν ὁ θεὸς τὸ στερέωμα οὐρανόν· καὶ ἴδεν ὁ θεὸς ὅτι καλόν. καὶ ἐγένετο ἑσπέρα καὶ ἐγένετο πρωί, ἡμέρα 9 δευτέρα. ⁹Καὶ εἶπεν ὁ θεός Συναχθήτω τὸ ὕδωρ τὸ ὑποκάτω τοῦ οὐρανοῦ εἰς συναγωγὴν μίαν, καὶ ὀφθήτω ἡ ξηρά· καὶ ἐγένετο οὕτως· καὶ συνήχθη τὸ ὕδωρ τὸ ὑποκάτω τοῦ οὐρανοῦ εἰς τὰς συναγωγὰς αὐτῶν, 10 καὶ ὤφθη ἡ ξηρά. ¹⁰καὶ ἐκάλεσεν ὁ θεὸς τὴν ξηρὰν γῆν, καὶ τὰ συστή-11 ματα τῶν ὑδάτων ἐκάλεσεν θαλάσσας· καὶ ἴδεν ὁ θεὸς ὅτι καλόν. ¹¹καὶ εἶπεν ὁ θεός Βλαστησάτω ἡ γῆ βοτάνην χόρτου, σπεῖρον σπέρμα κατὰ γένος καὶ καθ᾽ ὁμοιότητα, καὶ ξύλον κάρπιμον ποιοῦν καρπόν, οὗ τὸ σπέρμα αὐτοῦ ἐν αὐτῷ κατὰ γένος εἰς ὁμοιότητα ἐπὶ τῆς γῆς· καὶ 12 ἐγένετο οὕτως. ¹²καὶ ἐξήνεγκεν ἡ γῆ βοτάνην χόρτου, σπεῖρον σπέρμα κατὰ γένος καὶ καθ᾽ ὁμοιότητα, καὶ ξύλον κάρπιμον ποιοῦν καρπόν, οὗ τὸ σπέρμα αὐτοῦ ἐν αὐτῷ κατὰ γένος ἐπὶ τῆς γῆς. καὶ ἴδεν ὁ θεὸς ὅτι $^{13}_{14}$ καλόν. ¹³καὶ ἐγένετο §ἑσπέρα καὶ ἐγένετο πρωί, ἡμέρα τρίτη. ¹⁴Καὶ § DD εἶπεν ὁ θεός Γενηθήτωσαν φωστῆρες ἐν τῷ στερεώματι τοῦ οὐρανοῦ εἰς

Inscr γενεσις E I 4 ειδεν A^b 6—7 υδατος 2°...εποιησεν sup ras DE A¹? a? 10 συστηματα E 11 κατα γενος εις ομ.] εις ομ. κατα γενος E 14 εις φαυσιν AD] ωστε φαινειν επι E

SEPT.   A

ΓΕΝΕΣΙΣ

φαῦσιν τῆς γῆς, καὶ ἄρχειν τῆς ἡμέρας καὶ τῆς νυκτὸς καὶ διαχωρίζειν ¶
ἀνὰ μέσον τῆς ἡμέρας καὶ ἀνὰ μέσον τῆς νυκτός· καὶ ἔστωσαν εἰς σημεῖα
καὶ εἰς καιροὺς καὶ εἰς ἡμέρας καὶ εἰς ἐνιαυτούς· ¹⁵καὶ ἔστωσαν εἰς φαῦσιν 15
ἐν τῷ στερεώματι τοῦ οὐρανοῦ, ὥστε φαίνειν ἐπὶ τῆς γῆς. καὶ ἐγένετο
οὕτως. ¹⁶καὶ ἐποίησεν ὁ θεὸς τοὺς δύο φωστῆρας τοὺς μεγάλους, τὸν 16
φωστῆρα τὸν μέγαν εἰς ἀρχὰς τῆς ἡμέρας καὶ τὸν φωστῆρα τὸν ἐλάσσω
εἰς ἀρχὰς τῆς νυκτός, καὶ τοὺς ἀστέρας. ¹⁷καὶ ἔθετο αὐτοὺς ὁ θεὸς ἐν 17
τῷ στερεώματι τοῦ οὐρανοῦ, ὥστε φαίνειν ἐπὶ τῆς γῆς, ¹⁸καὶ ἄρχειν τῆς 18
ἡμέρας καὶ τῆς νυκτός, καὶ διαχωρίζειν ἀνὰ μέσον τοῦ φωτὸς καὶ ἀνὰ
μέσον τοῦ σκότους· καὶ ἴδεν ὁ θεὸς ὅτι καλόν. ¹⁹καὶ ἐγένετο ἑσπέρα 19
¶ D καὶ ἐγένετο πρωί, ἡμέρα τετάρτη. ¶   ²⁰Καὶ εἶπεν ὁ θεός Ἐξαγαγέτω 20
τὰ ὕδατα ἑρπετὰ ψυχῶν ζωσῶν καὶ πετεινὰ πετόμεν[α] ἐπὶ τῆς γῆς κατὰ
τὸ στερέωμ[α τοῦ] οὐρανοῦ· καὶ ἐγένετο οὕτως. ²¹ καὶ ἐποίησεν ὁ θεὸς 21
τὰ κήτη [τὰ με]γάλα καὶ πᾶσαν ψυχὴν [ζῴων ἑρπε]τῶν, ἃ ἐξήγαγεν [τὰ
ὕδατα κατὰ γένη αὐτῶν], καὶ πᾶν πετεινὸν πτ[ερωτὸν] κατὰ γένος· καὶ
ἴδεν ὁ [θεὸς ὅτι καλά]. ²²καὶ ηὐλόγησεν αὐτὰ ὁ θ[εὸς λέγων] Αὐξάνεσθε 22
καὶ πληθ[ύνεσθε, καὶ] πληρώσατε τὰ ὕδατα [ἐν ταῖς θα]λάσσαις, καὶ τὰ
πετε[ινὰ πληθυ]νέσθωσαν ἐπὶ τῆς [γῆς. ²³καὶ ἐγέ]νετο ἑσπέρα καὶ ἐγ[έ- 23
νετο πρωί], ἡμέρα πέμπτη.   ²⁴Καὶ εἶπεν ὁ θεός Ἐξαγαγ[έτω ἡ γῆ 24
ψυχὴν] ζῶσαν κατὰ γένος, [τετράποδα] καὶ ἑρπετὰ καὶ θηρί[α τῆς γῆς
κατὰ] γένος, καὶ ἐγένετο [οὕτως]. ²⁵καὶ ἐποίησεν ὁ θεὸς τὰ [θηρία τῆς 25
γῆς] κατὰ γένος καὶ τὰ κτ[ήνη κατὰ γέ]νος καὶ πάντα τὰ ἑρπ[ετὰ τῆς γῆς]
§ D κατὰ γένος αὐτῶν· καὶ ἴδεν ὁ θεὸς ὅτι καλά. § ²⁶καὶ εἶπεν ὁ θεός Ποιήσω- 26
μεν ἄνθρωπον κατ᾽ εἰκόνα ἡμετέραν καὶ καθ᾽ ὁμοίωσιν· καὶ ἀρχέτωσαν τῶν
ἰχθύων τῆς θαλάσσης καὶ τῶν πετεινῶν τοῦ οὐρανοῦ καὶ τῶν κτηνῶν
καὶ πάσης τῆς γῆς καὶ πάντων τῶν ἑρπετῶν τῶν ἑρπόντων ἐπὶ τῆς γῆς.
²⁷καὶ ἐποίησεν ὁ θεὸς τὸν ἄνθρωπον, κατ᾽ εἰκόνα θεοῦ ἐποίησεν αὐτόν· 27
ἄρσεν καὶ θῆλυ ἐποίησεν αὐτούς. ²⁸καὶ ηὐλόγησεν αὐτοὺς ὁ θεὸς λέγων 28
Αὐξάνεσθε καὶ πληθύνεσθε, καὶ πληρώσατε τὴν γῆν καὶ κατακυριεύσατε
αὐτῆς, καὶ ἄρχετε τῶν ἰχθύων τῆς θαλάσσης καὶ τῶν πετεινῶν τοῦ οὐρα-
νοῦ καὶ πάντων τῶν κτηνῶν καὶ πάσης τῆς γῆς καὶ πάντων τῶν ἑρπετῶν
τῶν ἑρπόντων ἐπὶ τῆς γῆς. ²⁹καὶ εἶπεν ὁ θεός Ἰδοὺ δέδωκα ὑμῖν πᾶν 29

DE   **14** και αρχειν...νυκτος 1°] και αρχετωσαν (D)...νυκτος D* (rescr Dᵃ) om
E | και διαχ.] του διαχ. D | om εις 5° D   **20—25** quae uncis incl sunt
perier in A   **21** κατα 2° E] καιπα A (καὶ πᾶ Aᵇ⁺)   **24** om και θηρια E
25 om και τα κτηνη κατα γ. E   **26—28** rescr vid Dᵃ   **26** και των πετ.
του ουρα sup ras pl litt A¹ | των ερπετων] om των Dᵛⁱᵈ   **28** ευλ[ογησεν]
D | αυτους ο θεος A Dˢⁱˡ] ο θς αυτους E | πληρωσατε] πληθυ[νετε?] D | om
παντων 1° E | κτηνων᾽ [και] πα A¹ᵐᵍ | om και πασης της γης E | om των
ερπετων E   **29** παν AE] παντα Dˢⁱˡ

ΓΕΝΕΣΙΣ II 16

χόρτον σπόριμον σπεῖρον σπέρμα, ὅ ἐστιν ἐπάνω πάσης τῆς γῆς· καὶ πᾶν A
ξύλον, ὃ ἔχει ἐν ἑαυτῷ καρπὸν σπέρματος σπορίμου· [ὑ]μῖν ἔσται εἰς
30 βρῶσιν, ³⁰καὶ πᾶσι [τοῖ]ς θηρίοις τῆς γῆς καὶ πᾶσι [τοῖ]ς πετεινοῖς τοῦ
οὐρανοῦ [καὶ π]αντὶ ἑρπετῷ τῷ ἕρπον[τι ἐπὶ τῆς] γῆς, ὃ ἔχει ἐν ἑαυτῷ
[ψυχὴ]ν ζωῆς· καὶ πάντα χόρ[τον χλ]ωρὸν εἰς βρῶσιν. καὶ [ἐγένετ]ο
31 οὕτως. ³¹[καὶ ἴδεν ὁ] θεὸς τὰ πάντα ὅσα ἐποίη[σεν, καὶ] ἰδοὺ καλὰ
II 1 λίαν. καὶ ἐγέ[νετο ἑσ]πέρα καὶ ἐγένετο πρωί, [ἡμέρα ἕ]κτη. ¶   ¹[Καὶ ¶ D
2 συνετε]λέσθησαν [ὁ οὐρανὸς κ]αὶ ἡ γῆ καὶ πᾶς ὁ κόσμος [αὐτῶν. ²κ]αὶ
συνετέλεσεν ὁ θεὸς [ἐν τῇ ἡμέρᾳ] τῇ ἕκτῃ τὰ ἔργα αὐτοῦ [ἃ ἐποίησ]εν·
καὶ κατέπαυσεν [τῇ ἡμ]έρᾳ τῇ ἑβδόμῃ ἀπὸ πάν[των τῶ]ν ἔργων αὐτοῦ
3 ὧν [ἐποίησ]εν. ³καὶ ηὐλόγησεν [ὁ θεὸς τὴν] ἡμέραν τὴν ἑβδόμην καὶ
ἡγίασεν αὐτήν, ὅτι ἐν αὐτῇ κατέπαυσεν ἀπὸ πάντων τῶν ἔργων αὐτοῦ
ὧν ἤρξατο ὁ θεὸς ποιῆσαι.

4 ⁴Αὕτη ἡ βίβλος γενέσεως οὐρανοῦ καὶ γῆς, ὅτε ἐγένετο· ᾗ ἡμέρᾳ
5 ἐποίησεν Κύριος ὁ θεὸς τὸν οὐρανὸν καὶ τὴν γῆν, ⁵καὶ πᾶν χλωρὸν ἀγροῦ
πρὸ τοῦ γενέσθαι ἐπὶ τῆς γῆς, καὶ πάντα χόρτον ἀγροῦ πρὸ τοῦ ἀνατεῖ-
λαι. οὐ γὰρ ἔβρεξεν ὁ θεὸς ἐπὶ τὴν γῆν, καὶ ἄνθρωπος οὐκ ἦν ἐργάζε-
6 σθαι τὴν γῆν· ⁶πηγὴ δὲ ἀνέβαινεν ἐκ τῆς γῆς καὶ ἐπότιζεν πᾶν τὸ πρόσωπον
7 τῆς γῆς. ⁷καὶ ἔπλασεν ὁ θεὸς τὸν ἄνθρωπον χοῦν ἀπὸ τῆς γῆς· καὶ
ἐνεφύσησεν εἰς τὸ πρόσωπον αὐτοῦ πνοὴν ζωῆς, καὶ ἐγένετο ὁ ἄνθρωπος
8 εἰς ψυχὴν ζῶσαν.   ⁸Καὶ ἐφύτευσεν Κύριος ὁ θεὸς παράδεισον ἐν
9 Ἐδεμ κατὰ ἀνατολάς, καὶ ἔθετο ἐκεῖ τὸν ἄνθρωπον ὃν ἔπλασεν. ⁹καὶ
ἐξανέτειλεν ὁ θεὸς ἔτι ἐκ τῆς γῆς πᾶν ξύλον ὡραῖον εἰς ὅρασιν καὶ καλὸν
εἰς βρῶσιν· καὶ τὸ ξύλον τῆς ζωῆς ἐν μέσῳ τῷ παραδείσῳ, καὶ τὸ ξύλον
10 τοῦ εἰδέναι γνωστὸν καλοῦ καὶ πονηροῦ. ¹⁰ποταμὸς δὲ ἐκπορεύεται ἐξ
Ἐδεμ ποτίζειν τὸν παράδεισον· ἐκεῖθεν ἀφορίζεται εἰς τέσσαρας ἀρχάς.
11 ¹¹ὄνομα τῷ ἑνὶ Φεισών· οὗτος ὁ κυκλῶν πᾶσαν τὴν γῆν Εὐειλάτ, ἐκεῖ οὗ
12 ἐστιν τὸ χρυσίον· ¹²τὸ δὲ χρυσίον τῆς γῆς ἐκείνης καλόν· καὶ ἐκεῖ ἐστιν
13 ὁ ἄνθραξ καὶ ὁ λίθος ὁ πράσινος. ¹³καὶ ὄνομα τῷ ποταμῷ τῷ δευτέρῳ
14 Γηών· οὗτος ὁ κυκλῶν πᾶσαν τὴν γῆν Αἰθιοπίας. ¹⁴καὶ ὁ ποταμὸς ὁ
τρίτος Τίγρις· οὗτος ὁ πορευόμενος κατέναντι Ἀσσυρίων. ὁ δὲ ποταμὸς
15 ὁ τέταρτός, οὗτος Εὐφράτης. ¹⁵καὶ ἔλαβεν Κύριος ὁ θεὸς τὸν ἄνθρωπον
ὃν ἔπλασεν καὶ ἔθετο αὐτὸν ἐν τῷ παραδείσῳ, ἐργάζεσθαι αὐτὸν καὶ
16 φυλάσσειν. ¹⁶καὶ ἐνετείλατο Κύριος ὁ θεὸς τῷ Ἀδὰμ λέγων Ἀπὸ

29 σπειρων A   29—II 3 quae uncis incl sunt perier in. A   30 post DE
παντι ras 2 vel 3 litt A | om τω D^sil E   31 rescr omn D^a | om τα E
II 1 post συνετελ. ras 7 litt A   3 om εργων E   5 παντα] παν E |
om αγρου 2° E | ο θεος επι την γην] ἐπὶ τῆς γῆς ο θς E   11 Φισων E |
Ευιλατ E | εκει ουν E   14 ο πορευομενος] pr ο ποταμος E

ΓΕΝΕΣΙΣ

παντὸς ξύλου τοῦ ἐν τῷ παραδείσῳ βρώσει φάγῃ· ¹⁷ἀπὸ δὲ τοῦ ξύλου 17
τοῦ γινώσκειν καλὸν καὶ πονηρόν, οὐ φάγεσθε ἀπ᾽ αὐτοῦ· ᾗ δ᾽ ἂν ἡμέρᾳ
φάγησθε ἀπ᾽ αὐτοῦ, θανάτῳ ἀποθανεῖσθε. ¹⁸Καὶ εἶπεν Κύριος ὁ θεός 18
Οὐ καλὸν εἶναι τὸν ἄνθρωπον μόνον· ποιήσωμεν αὐτῷ βοηθὸν κατ᾽ αὐτόν.
¹⁹καὶ ἔπλασεν ὁ θεὸς ἔτι ἐκ τῆς γῆς πάντα τὰ θηρία τοῦ ἀγροῦ καὶ πάντα 19
τὰ πετεινὰ τοῦ οὐρανοῦ, καὶ ἤγαγεν αὐτὰ πρὸς τὸν Ἀδὰμ ἰδεῖν τί καλέ-
σει αὐτά· καὶ πᾶν ὃ ἐὰν ἐκάλεσεν αὐτὸ Ἀδὰμ ψυχὴν ζῶσαν, τοῦτο ὄνομα
αὐτοῦ. ²⁰καὶ ἐκάλεσεν Ἀδὰμ ὀνόματα πᾶσιν τοῖς κτήνεσιν καὶ πᾶσι τοῖς 20
πετεινοῖς τοῦ οὐρανοῦ καὶ πᾶσι τοῖς θηρίοις τοῦ ἀγροῦ· τῷ τε Ἀδὰμ
οὐχ εὑρέθη βοηθὸς ὅμοιος αὐτῷ. ²¹καὶ ἐπέβαλεν ὁ θεὸς ἔκστασιν ἐπὶ 21
τὸν Ἀδάμ, καὶ ὕπνωσεν· καὶ ἔλαβεν μίαν τῶν πλευρῶν αὐτοῦ καὶ ἀνεπλή-
ρωσεν σάρκα ἀντ᾽ αὐτῆς. ²²καὶ ᾠκοδόμησεν Κύριος ὁ θεὸς τὴν πλευράν, 22
ἣν ἔλαβεν ἀπὸ τοῦ Ἀδάμ, εἰς γυναῖκα· καὶ ἤγαγεν αὐτὴν πρὸς τὸν Ἀδάμ.
²³καὶ εἶπεν Ἀδάμ Τοῦτο νῦν ὀστοῦν ἐκ τῶν ὀστέων μου καὶ σὰρξ ἐκ 23
τῆς σαρκός μου· αὕτη κληθήσεται Γυνή, ὅτι ἐκ τοῦ ἀνδρὸς αὐτῆς
ἐλήμφθη αὕτη. ²⁴ἕνεκεν τούτου καταλείψει ἄνθρωπος τὸν πατέρα 24
§ D αὐτοῦ καὶ τὴν μητέρα αὐτοῦ, καὶ §προσκολληθήσεται τῇ γυναικὶ αὐτοῦ·
καὶ ἔσονται οἱ δύο εἰς σάρκα μίαν. ¹καὶ ἦσαν οἱ δύο γυμνοί, ὅ τε 1 III (25)(
Ἀδὰμ καὶ ἡ γυνὴ αὐτοῦ, καὶ οὐκ ᾐσχύνοντο.

Ὁ δὲ ὄφις ἦν φρονιμώτατος πάντων τῶν θηρίων τῶν ἐπὶ τῆς γῆς (1)(III)
ὧν ἐποίησεν Κύριος ὁ θεός· καὶ εἶπεν ὁ ὄφις τῇ γυναικί Τί ὅτι εἶπεν ὁ
θεός Οὐ μὴ φάγητε ἀπὸ παντὸς ξύλου τοῦ παραδείσου; ²καὶ εἶπεν ἡ 2
γυνὴ τῷ ὄφει Ἀπὸ παντὸς ξύλου τοῦ παραδείσου φαγόμεθα· ³ἀπὸ 3
δὲ καρποῦ τοῦ ξύλου ὅ ἐστιν ἐν μέσῳ τοῦ παραδείσου, εἶπεν ὁ θεός Οὐ
φάγεσθε ἀπ᾽ αὐτοῦ οὐδὲ μὴ ἅψησθε αὐτοῦ, ἵνα μὴ ἀποθάνητε. ⁴καὶ 4
εἶπεν ὁ ὄφις τῇ γυναικί Οὐ θανάτῳ ἀποθανεῖσθε· ⁵ᾔδει γὰρ ὁ θεὸς ὅτι 5
ἐν ᾗ ἂν ἡμέρᾳ φάγησθε ἀπ᾽ αὐτοῦ, διανοιχθήσονται ὑμῶν οἱ ὀφθαλμοί,
¶ D καὶ ἔσεσθε ὡς θεοί, γινώσκοντες καλὸν καὶ πονηρόν.¶ ⁶καὶ ἴδεν ἡ γυνὴ 6
ὅτι καλὸν τὸ ξύλον εἰς βρῶσιν, καὶ ὅτι ἀρεστὸν τοῖς ὀφθαλμοῖς ἰδεῖν καὶ
ὡραῖόν ἐστιν τοῦ κατανοῆσαι, καὶ λαβοῦσα τοῦ καρποῦ αὐτοῦ ἔφαγεν·
καὶ ἔδωκεν καὶ τῷ ἀνδρὶ αὐτῆς μετ᾽ αὐτῆς, καὶ ἔφαγον. ⁷καὶ διηνοίχθη- 7
σαν οἱ ὀφθαλμοὶ τῶν δύο, καὶ ἔγνωσαν ὅτι γυμνοὶ ἦσαν· καὶ ἔρραψαν

DE 17 φαγησθε] φαγη E 19 om εαν E 20 om Αδαμ 1° E | ονομα
E | τω δε Αδ. E 23 om οστουν A* (hab vid A¹ᵗ ᵐᵍ E) | om αυτη 2° E
24 τῇ γυναικι] προς την γυναικα DE III 1 φρονιμωτε[ρος] D | ο θεος 2°]
pr κ̅ς̅ E | παραδεισου sup ras pl litt A¹ᵗ ᵃᵗ 2 παντος sup ras A¹ᵗ ᵃᵗ]
καρπου Dˢⁱˡ E | του ξυ[λου] D | φαγουμεθα Dˢⁱˡ 3 καρπου] pr του Dˢⁱˡ |
του ξυλου] om του E | αψεσθαι E 5 om εν η E | φαγητε D (..τε) E |
καλον] pr το E 7 ερραψαν (εραψ. E) φυλλα συκης] αν φυλλα συ sup ras Aᵃᵗ

ΓΕΝΕΣΙΣ III 24

8 φύλλα συκῆς καὶ ἐποίησαν ἑαυτοῖς περιζώματα. ⁸Καὶ ἤκουσαν τὴν A
φωνὴν Κυρίου τοῦ θεοῦ περιπατοῦντος ἐν τῷ παραδείσῳ τὸ δειλινόν· καὶ
ἐκρύβησαν ὅ τε Ἀδὰμ καὶ ἡ γυνὴ αὐτοῦ ἀπὸ προσώπου Κυρίου τοῦ θεοῦ
9 ἐν μέσῳ τοῦ ξύλου τοῦ παραδείσου. ⁹καὶ ἐκάλεσεν Κύριος ὁ θεὸς τὸν
10 Ἀδὰμ καὶ εἶπεν αὐτῷ Ἀδάμ, ποῦ εἶ; ¹⁰καὶ εἶπεν αὐτῷ Τὴν φωνήν σου
ἤκουσα περιπατοῦντος ἐν τῷ παραδείσῳ, καὶ ἐφοβήθην, ὅτι γυμνός εἰμι,
11 καὶ ἐκρύβην. ¹¹καὶ εἶπεν αὐτῷ Τίς ἀνήγγειλέν σοι ὅτι γυμνὸς εἶ, εἰ μὴ
ἀπὸ τοῦ ξύλου οὗ ἐνετειλάμην σοι τούτου μόνου μὴ φαγεῖν, ἀπ' αὐτοῦ
12 ἔφαγες; ¹²καὶ εἶπεν ὁ Ἀδάμ Ἡ γυνή, ἣν ἔδωκας μετ' ἐμοῦ, αὕτη μοι
13 ἔδωκεν ἀπὸ τοῦ ξύλου, καὶ ἔφαγον. ¹³καὶ εἶπεν Κύριος ὁ θεὸς τῇ γυναικί
Τί τοῦτο ἐποίησας; καὶ εἶπεν ἡ γυνή Ὁ ὄφις ἠπάτησέν με, καὶ ἔφαγον.
14 ¹⁴καὶ εἶπεν Κύριος ὁ θεὸς τῷ ὄφει Ὅτι ἐποίησας τοῦτο, ἐπικατάρατος σὺ
ἀπὸ πάντων τῶν κτηνῶν καὶ ἀπὸ πάντων τῶν θηρίων τῆς γῆς· ἐπὶ τῷ
στήθει σου καὶ τῇ κοιλίᾳ πορεύσῃ, καὶ γῆν φάγῃ πάσας τὰς ἡμέρας τῆς
15 ζωῆς σου. ¹⁵καὶ ἔχθραν θήσω ἀνὰ μέσον σου καὶ ἀνὰ μέσον τῆς γυναι-
κός, καὶ ἀνὰ μέσον τοῦ σπέρματός σου καὶ ἀνὰ μέσον τοῦ σπέρματος
αὐτῆς· αὐτός σου τηρήσει κεφαλήν, καὶ σὺ τηρήσεις αὐτοῦ πτέρναν.
16 ¹⁶καὶ τῇ γυναικὶ εἶπεν Πληθύνων πληθυνῶ τὰς λύπας σου καὶ τὸν
στεναγμόν σου· ἐν λύπαις τέξῃ τέκνα, καὶ πρὸς τὸν ἄνδρα σου ἡ ἀπο-
17 στροφή σου, καὶ αὐτός σου κυριεύσει. ¹⁷τῷ δὲ Ἀδὰμ εἶπεν Ὅτι ἤκουσας
τῆς φωνῆς τῆς γυναικός σου καὶ ἔφαγες ἀπὸ τοῦ ξύλου οὗ ἐνετειλάμην
σοι τούτου μόνου μὴ φαγεῖν, ἀπ' αὐτοῦ ἔφαγες, ἐπικατάρατος ἡ γῆ ἐν
τοῖς ἔργοις σου· ἐν λύπαις φάγῃ αὐτὴν πάσας τὰς ἡμέρας τῆς ζωῆς σου·
18 ¹⁸ἀκάνθας καὶ τριβόλους ἀνατελεῖ σοι, καὶ φάγῃ τὸν χόρτον τοῦ ἀγροῦ.
19 ¹⁹ἐν ἱδρῶτι τοῦ προσώπου σου φάγῃ τὸν ἄρτον σου ἕως τοῦ ἀπο-
στρέψαι σε εἰς τὴν γῆν ἐξ ἧς ἐλήμφθης· ὅτι γῆ εἶ καὶ εἰς γῆν ἀπε-
20 λεύσῃ. ²⁰Καὶ ἐκάλεσεν Ἀδὰμ τὸ ὄνομα τῆς γυναικὸς Ζωή, ὅτι αὕτη
21 μήτηρ πάντων τῶν ζώντων. ²¹καὶ ἐποίησεν Κύριος ὁ θεὸς τῷ Ἀδὰμ καὶ
22 τῇ γυναικὶ αὐτοῦ χιτῶνας δερματίνους, καὶ ἐνέδυσεν αὐτούς. ²²Καὶ
εἶπεν Κύριος ὁ θεός Ἰδοὺ Ἀδὰμ γέγονεν ὡς εἷς ἐξ ἡμῶν, τοῦ γινώ-
σκειν καλὸν καὶ πονηρόν· καὶ νῦν μή ποτε ἐκτείνῃ τὴν χεῖρα καὶ λάβῃ
23 τοῦ ξύλου τῆς ζωῆς καὶ φάγῃ, καὶ ζήσεται εἰς τὸν αἰῶνα. ²³καὶ ἐξαπέ-
στειλεν αὐτὸν Κύριος ὁ θεὸς ἐκ τοῦ παραδείσου τῆς τρυφῆς, ἐργάζεσθαι
24 τὴν γῆν ἐξ ἧς ἐλήμφθη. ²⁴καὶ ἐξέβαλεν τὸν Ἀδὰμ καὶ κατῴκισεν αὐτὸν

8 της φωνης E [om Κυριου 2° E | om του ξυλου E   10 περιπατουντος] E
περιπαντος A   11 ει μη]+οτι E   12 om ο E   14 συ] σοι E | της
γης] pr των επι Aᵃ⁺ᵐᵍ E | τη κοιλια]+σου E   17 τουτου] τουτο E | om
εν λυπαις...ζωης σου E   19 εως ου E | την γην] om την E   20 om
Αδαμ E | γυναικος]+αυτου E

IV 1 ΓΕΝΕΣΙΣ

Α ἀπέναντι τοῦ παραδείσου τῆς τρυφῆς, καὶ ἔταξεν τὰ χερουβὶν καὶ τὴν φλογίνην ῥομφαίαν τὴν στρεφομένην φυλάσσειν τὴν ὁδὸν τοῦ ξύλου τῆς ζωῆς.

§ D §¹ ¹Ἀδὰμ δὲ ἔγνω Εὔαν τὴν γυναῖκα αὐτοῦ, καὶ συνέλαβεν καὶ ἔτεκεν 1 IV τὸν Κάιν. καὶ εἶπεν Ἐκτησάμην ἄνθρωπον διὰ τοῦ θεοῦ. ²καὶ προσέ- 2 θηκεν τεκεῖν τὸν ἀδελφὸν αὐτοῦ τὸν Ἄβελ. Καὶ ἐγένετο Ἄβελ ποιμὴν προβάτων· Κάιν δὲ ἦν ἐργαζόμενος τὴν γῆν. ³καὶ ἐγένετο μεθ᾽ 3 ἡμέρας ἤνεγκεν Κάιν ἀπὸ τῶν καρπῶν τῆς γῆς θυσίαν τῷ κυρίῳ· ⁴καὶ 4 Ἄβελ ἤνεγκεν καὶ αὐτὸς ἀπὸ τῶν πρωτοτόκων τῶν προβάτων αὐτοῦ καὶ ἀπὸ τῶν στεάτων αὐτῶν. καὶ ἔπιδεν ὁ θεὸς ἐπὶ Ἄβελ καὶ ἐπὶ τοῖς δώροις
¶ D αὐτοῦ· ⁵ἐπὶ δὲ Κάιν καὶ ἐπὶ ταῖς θυσίαις αὐτοῦ ¶ οὐ προσέσχεν. καὶ ἐλύ- 5 πησεν τὸν Κάιν λίαν καὶ συνέπεσεν τῷ προσώπῳ. ⁶καὶ εἶπεν Κύριος ὁ 6 θεὸς τῷ Κάιν Ἵνα τί περίλυπος ἐγένου, καὶ ἵνα τί συνέπεσεν τὸ πρόσωπόν σου; ⁷οὐκ ἐὰν ὀρθῶς προσενέγκῃς, ὀρθῶς δὲ μὴ διέλῃς, ἥμαρτες; 7 ἡσύχασον· πρὸς σὲ ἡ ἀποστροφὴ αὐτοῦ, καὶ σὺ ἄρξεις αὐτοῦ. ⁸καὶ 8 εἶπεν Κάιν πρὸς Ἄβελ τὸν ἀδ λφὸν αὐτοῦ Διέλθωμεν εἰς τὸ πεδίον. καὶ ἐγένετο ἐν τῷ εἶναι αὐτοὺς ἐν τῷ πεδίῳ καὶ ἀνέστη Κάιν ἐπὶ Ἄβελ τὸν ἀδελφὸν αὐτοῦ καὶ ἀπέκτεινεν αὐτόν. ⁹καὶ εἶπεν ὁ θεὸς πρὸς Κάιν Ποῦ 9 ἐστιν Ἄβελ ὁ ἀδελφός σου; ὁ δὲ εἶπεν Οὐ γινώσκω· μὴ φύλαξ τοῦ ἀδελφοῦ μού εἰμι ἐγώ; ¹⁰καὶ εἶπεν ὁ θεός Τί ἐποίησας; φωνὴ αἵματος 10 τοῦ ἀδελφοῦ σου βοᾷ πρός με ἐκ τῆς γῆς. ¹¹καὶ νῦν ἐπικατάρατος σὺ 11 ἐπὶ τῆς γῆς, ἣ ἔχανεν τὸ στόμα αὐτῆς δέξασθαι τὸ αἷμα τοῦ ἀδελφοῦ σου ἐκ τῆς χειρός σου. ¹²ὅτι ἐργᾷ τὴν γῆν, καὶ οὐ προσθήσει τὴν ἰσχὺν 12 αὐτῆς δοῦναί σοι· στένων καὶ τρέμων ἔσῃ ἐπὶ τῆς γῆς. ¹³καὶ εἶπεν Κάιν 13 πρὸς τὸν κύριον Μείζων ἡ αἰτία μου τοῦ ἀφεθῆναί με. ¹⁴εἰ ἐκβαλεῖς με 14 σήμερον ἀπὸ προσώπου τῆς γῆς, καὶ ἀπὸ τοῦ προσώπου σου κρυβήσομαι, καὶ ἔσομαι στένων καὶ τρέμων ἐπὶ τῆς γῆς· καὶ πᾶς ὁ εὑρίσκων με ἀποκτενεῖ με. ¹⁵καὶ εἶπεν αὐτῷ Κύριος ὁ θεός Οὐχ οὕτως· πᾶς ὁ 15 ἀποκτείνας Κάιν ἑπτὰ ἐκδικούμενα παραλύσει. καὶ ἔθετο Κύριος ὁ θεὸς σημεῖον τῷ Κάιν τοῦ μὴ ἀνελεῖν αὐτὸν πάντα τὸν εὑρίσκοντα αὐτόν. ¹⁶ἐξῆλθεν δὲ Κάιν ἀπὸ προσώπου τοῦ θεοῦ καὶ ᾤκησεν ἐν γῇ Ναὶδ κατέ- 16
§ D ναντι Ἔδεμ. · ¹⁷Καὶ ἔγνω Κάιν τὴν γυναῖκα αὐτοῦ, καὶ § συλλαβοῦσα 17 ἔτεκεν τὸν Ἐνώχ. καὶ ἦν οἰκοδομῶν πόλιν· καὶ ἐπωνόμασεν τὴν πόλιν

DE 24 χερουβιμ E IV 1 συνελαβεν και] συλλαβουσα D^sil E 3 κυριω] θω E 5 επι 1°] επει E | ταις θυσιαις AD (θυσι...)] τοις δωροις E 7 προσενεγκεις E · 9 ο θεος] pr κ̄ς̄ E | om εστιν E 10 τι]+του E* (τουτο E^b) 11 απο της γης E 13 τον κυριον] κ̄ν̄ τον θ̄ν̄ E · 14 εκβαλλεις E | πας ο ευρ.] pr εσται A^b†mg E

6

ΓΕΝΕΣΙΣ V 7

18 ἐπὶ τῷ ὀνόματι τοῦ υἱοῦ αὐτοῦ Ἐνώχ. ¹⁸ἐγενήθη δὲ τῷ Ἐνὼχ Γαιδάδ, Α
καὶ Γαιδὰδ ἐγέννησεν τὸν Μαιήλ, καὶ Μαιὴλ ἐγέννησεν τὸν Μαθουσαλά,
19 καὶ Μαθουσαλὰ ἐγέννησεν ¶ τὸν Λάμεχ. ¹⁹καὶ ἔλαβεν ἑαυτῷ Λάμεχ δύο ¶ D
20 γυναῖκας· ὄνομα τῇ μιᾷ Ἀδά, καὶ ὄνομα τῇ δευτέρᾳ Σελλά. ²⁰καὶ ἔτεκεν
Ἀδὰ τὸν Ἰωβέλ· οὗτος ἦν ὁ πατὴρ οἰκούντων ἐν σκηναῖς κτηνοτρόφων.
21 ²¹καὶ ὄνομα τῷ ἀδελφῷ αὐτοῦ Ἰουβάλ· οὗτος ἦν ὁ καταδείξας ψαλτή-
22 ριον καὶ κιθάραν. ²²Σελλὰ δὲ ἔτεκεν καὶ αὐτὴ τὸν Θόβελ· καὶ ἦν
σφυροκόπος χαλκεὺς χαλκοῦ καὶ σιδήρου. ἀδελφὴ δὲ Θόβελ Νοεμά.
23 ²³εἶπεν δὲ Λάμεχ ταῖς ἑαυτοῦ γυναιξίν·
Ἀδὰ καὶ Σελλά, ἀκούσατέ μου τῆς φωνῆς·
γυναῖκες Λάμεχ, ἐνωτίσασθέ μου τοὺς λόγους·
ὅτι ἄνδρα ἀπέκτεινα εἰς τραῦμα ἐμοί,
καὶ νεανίσκον εἰς μώλωπα ἐμοί·
24 ²⁴ὅτι ἑπτάκις ἐκδεδίκηται ἐκ Κάιν,
ἐκ δὲ Λάμεχ ἑβδομηκοντάκις ἑπτά.
25 § ²⁵Ἔγνω δὲ Ἀδὰμ Εὔαν τὴν γυναῖκα αὐτοῦ, καὶ συλλαβοῦσα ἔτεκεν § D
υἱόν. καὶ ἐπωνόμασεν τὸ ὄνομα αὐτοῦ Σὴθ λέγουσα Ἐξανέστησεν γάρ
26 μοι ὁ θεὸς σπέρμα ἕτερον ἀντὶ Ἅβελ, ὃν ἀπέκτεινεν Κάιν. ²⁶καὶ τῷ
Σὴθ ἐγένετο υἱός, ἐπωνόμασεν δὲ τὸ ὄνομα αὐτοῦ Ἐνώς· οὗτος ἤλπισεν
ἐπικαλεῖσθαι τὸ ὄνομα Κυρίου τοῦ θεοῦ.
V 1 ¹Αὕτη ἡ βίβλος γενέσεως ἀνθρώπων. ᾗ ἡμέρᾳ ἐποίησεν ὁ θεὸς τὸν
2 Ἀδάμ, κατ' εἰκόνα θεοῦ ἐποίησεν αὐτόν· ²ἄρσεν καὶ θῆλυ ἐποίησεν
αὐτούς, καὶ εὐλόγησεν αὐτούς. καὶ ἐπωνόμασεν τὸ ὄνομα αὐτῶν Ἀδάμ,
3 ᾗ ἡμέρᾳ ἐποίησεν αὐτούς. ³ἔζησεν δὲ Ἀδὰμ διακόσια καὶ τριάκοντα
ἔτη, καὶ ἐγέννησεν κατὰ τὴν ἰδέαν αὐτοῦ καὶ κατὰ τὴν εἰκόνα αὐτοῦ·
4 καὶ ἐπωνόμασεν τὸ ὄνομα αὐτοῦ Σήθ. ⁴ἐγένοντο δὲ αἱ ἡμέραι Ἀδὰμ
μετὰ τὸ γεννῆσαι αὐτὸν τὸν Σὴθ ἑπτακόσια ἔτη, καὶ ἐγέννησεν υἱοὺς καὶ
5 θυγατέρας. ⁵καὶ ἐγένοντο πᾶσαι αἱ ἡμέραι Ἀδὰμ ἃς ἔζησεν ἐννακόσια
6 καὶ τριάκοντα ἔτη, καὶ ἀπέθανεν. ⁶Ἔζησεν δὲ Σὴθ διακόσια καὶ
7 πέντε ἔτη, καὶ ἐγέννησεν τὸν Ἐνώς. ⁷καὶ ἔζησεν Σὴθ μετὰ τὸ γεννῆσαι
αὐτὸν τὸν Ἐνὼς ἑπτακόσια καὶ ἑπτὰ ἔτη, καὶ ἐγέννησεν υἱοὺς καὶ θυγατέ-

17. om του υιου D | 18 εγεννηθη DE | Μαιηλ 1°] Μαουια D Μαουιηλ DE
E | Μαιηλ 2°] Μαουια D Μαουιηλ E . . 20 Ιωβηδ E 22 χαλκευς] χαλ-
κεους E 23 εμοι 2°] μοι E 25 επωνομασεν] πω sup ras 18 litt A¹ᵗᵃᵗ
26 post θυ ras 8 litt A V 1 post ανων ras 4 litt A 2 ηυλογη-
σεν E | αυτων Αδαμ]. litt ων Αδαμ sup ras A¹¹ᵃᵗ αυτου Αδαμ D 3 τρια-
κοντα και διακοσια D (..κοντα και δια..) Ε | εγεννησε D | κατ εικονα E
4 μετα το γενν. sup ras A¹ 5 εγενοντο sup ras Aᵛⁱᵈ | τριακ. καί ενν. Dˢⁱˡ
6 πεντε και διακ. Dˢⁱˡ E 7 επτα ετη καί επτακ. Dˢⁱˡ E

ΓΕΝΕΣΙΣ

ρας. ⁸καὶ ἐγένοντο πᾶσαι αἱ ἡμέραι Σὴθ ἐννακόσια δώδεκα ἔτη, καὶ ἀπέθανεν. ⁹Καὶ ἔζησεν Ἐνὼς ἑκατὸν ἐνενήκοντα ἔτη, καὶ ἐγέννησεν τὸν Καινάν. ¹⁰καὶ ἔζησεν Ἐνὼς μετὰ τὸ γεννῆσαι αὐτὸν τὸν Καινὰν ἑπτακόσια καὶ δέκα πέντε ἔτη, καὶ ἐγέννησεν υἱοὺς καὶ θυγατέρας. ¹¹καὶ ἐγένοντο πᾶσαι αἱ ἡμέραι Ἐνὼς ἐννακόσια καὶ πέντε ἔτη, καὶ ἀπέθανεν. ¶ ¹²Καὶ ἔζησεν Καινὰν ἑκατὸν ἑβδομήκοντα ἔτη, καὶ ἐγέννησεν τὸν Μαλελεήλ. ¹³καὶ ἔζησεν Καινὰν μετὰ τὸ γεννῆσαι αὐτὸν τὸν Μαλελεὴλ ἑπτακόσια καὶ τεσσεράκοντα ἔτη, καὶ ἐγέννησεν υἱοὺς καὶ θυγατέρας. ¹⁴καὶ ἐγένοντο πᾶσαι αἱ ἡμέραι Καινὰν ἐννακόσια καὶ δέκα ἔτη, καὶ ἀπέθανεν. ¹⁵Καὶ ἔζησεν Μαλελεὴλ ἑκατὸν καὶ ἑξήκοντα πέντε ἔτη, καὶ ἐγέννησεν τὸν Ἰάρεδ. ¹⁶καὶ ἔζησεν Μαλελεὴλ μετὰ τὸ γεννῆσαι αὐτὸν τὸν Ἰάρεδ ἑπτακόσια καὶ τριάκοντα ἔτη, καὶ ἐγέννησεν υἱοὺς καὶ θυγατέρας. ¹⁷καὶ ἐγένοντο πᾶσαι αἱ ἡμέραι Μαλελεὴλ ὀκτακόσια καὶ ἐνενήκοντα πέντε ἔτη, καὶ ἀπέθανεν. § ¹⁸Καὶ ἔζησεν Ἰάρεδ ἑκατὸν καὶ ἑξήκοντα δύο ἔτη, καὶ ἐγέννησεν τὸν Ἐνώχ. ¹⁹καὶ ἔζησεν Ἰάρεδ μετὰ τὸ γεννῆσαι αὐτὸν τὸν Ἐνὼχ ὀκτακόσια ἔτη, καὶ ἐγέννησεν υἱοὺς καὶ θυγατέρας. ²⁰καὶ ἐγένοντο πᾶσαι αἱ ἡμέραι Ἰάρεδ ἐννακόσια καὶ ἑξήκοντα δύο ἔτη, καὶ ἀπέθανεν. ²¹Καὶ ἔζησεν Ἐνὼχ ἑκατὸν καὶ ἑξήκοντα πέντε ἔτη, καὶ ἐγέννησεν τὸν Μαθουσάλα. ²²εὐηρέστησεν δὲ Ἐνὼχ τῷ θεῷ μετὰ τὸ γεννῆσαι αὐτὸν τὸν Μαθουσάλα διακόσια ἔτη, καὶ ἐγέννησεν υἱοὺς καὶ θυγατέρας. ²³καὶ ἐγένοντο πᾶσαι αἱ ἡμέραι Ἐνὼχ τριακόσια ἑξήκοντα πέντε ἔτη. ²⁴καὶ εὐηρέστησεν Ἐνὼχ τῷ θεῷ· καὶ οὐχ ηὑρίσκετο, διότι μετέθηκεν αὐτὸν ὁ θεός. ²⁵Καὶ ἔζησεν Μαθουσάλα ἑκατὸν καὶ ὀγδοήκοντα ἑπτὰ ἔτη, καὶ ἐγέννησεν τὸν Λάμεχ. ²⁶καὶ ἔζησεν Μαθουσάλα μετὰ τὸ γεννῆσαι αὐτὸν τὸν Λάμεχ ἑπτακόσια καὶ ὀγδοήκοντα δύο ἔτη, καὶ ἐγέννησεν υἱοὺς καὶ θυγατέρας. ²⁷καὶ ἐγένοντο πᾶσαι αἱ ἡμέραι Μαθουσάλα ἃς ἔζησεν ἐννακόσια καὶ ἑξήκοντα ἐννέα ἔτη, καὶ

DE 8 αι ημ. Σηθ] + ας εζησεν *D* | post ενν. ras 3 litt Aᵃ | δωδ. και εννακ. ετη *D*ˢⁱˡE   9 εκατον A¹ᵗᵐᵍ | ετη εκατον ενε... D   10 πεντε και δεκα ετη και επτακ. *D*ˢⁱˡE   11 πεντε ετη και εννακ. (+ ετη *D*) *DE*   12 εβδ. ετη και εκατον E   13 τεσσαρακ. ετη και επτακ. E   14 δεκα ετη και εννακ. E   15 πεντε και εξηκ. και εκατον ετη E | Ιαρετ E   16 Ιαρετ E | ετη τριακ. και επτακ. E   17 ετη πεντε και ενεν. και οκτακ. E   18 Ιαρεδ D] Ιαρετ AE | δυο [και εξηκ.] και εκατον ετη D δυο και εξηκ. ετη και εκατον E   20 δυο και εξηκ. ετη και εννακ. *D* (δυο και εξη..σια D) δυο και εξηκ. ετη και εννακ. ετη E   21 πεντε και εξηκ. και εκατον ετη D (πεντε και εξηκοντα..) E   22 ευηρεστησεν δε Ενωχ τω θεω AD (..ηρεστησεν δε E.)] και εζησεν Ενωχ E   23 πεντε και εξηκ. και τριακ. ετη D (..οντα και τριακοσια..) E   24 οτι *D*ˢⁱˡ   25 επτα και ογδοηκοντα κἀι εκατον ετη D (..ηκοντα κα.. D) E | ογδο sup ras A¹ᵗ aᵗ (εξη.. A*ᵛⁱᵈ)   26 επτακ. και ογδοη sup ras Aᵃ δυο και ογδοηκ. και επτακ. ετη *D* (ογδοηκ. rescr *D*ᵇ) E   27 εννεα και εξηκ. και εννακ. ετη *D*ˢⁱˡE

ΓΕΝΕΣΙΣ VI 13

28 ἀπέθανεν. . . ²⁸Καὶ ἔζησεν Λάμεχ ἑκατὸν ὀγδοήκοντα ὀκτὼ ἔτη, καὶ Α
29 ἐγέννησεν υἱόν. ²⁹καὶ ἐπωνόμασεν τὸ ὄνομα αὐτοῦ Νῶε λέγων Οὗτος
διαναπαύσει ἡμᾶς ἀπὸ τῶν ἔργων ἡμῶν καὶ ἀπὸ τῶν λυπῶν τῶν χειρῶν
30 ἡμῶν ¶ καὶ ἀπὸ τῆς γῆς ἧς κατηράσατο Κύριος ὁ θεός. ³⁰καὶ ἔζησεν ¶ D
Λάμεχ μετὰ τὸ γεννῆσαι αὐτὸν τὸν Νῶε πεντακόσια καὶ ἑξήκοντα πέντε
31 ἔτη, καὶ ἐγέννησεν υἱοὺς καὶ θυγατέρας. ³¹καὶ ἐγένοντο πᾶσαι αἱ ἡμέραι
(32) VI 1 Λάμεχ ἑπτακόσια καὶ πεντήκοντα τρία ἔτη, καὶ ἀπέθανεν. ¹Καὶ
ἦν Νῶε ἐτῶν πεντακοσίων, καὶ ἐγέννησεν Νῶε τρεῖς υἱούς, τὸν Σήμ, τὸν
Χάμ, τὸν Ἰάφεθ.

VI) (1)   Καὶ ἐγένετο ἡνίκα ἤρξαντο οἱ ἄνθρωποι πολλοὶ γίνεσθαι ἐπὶ τῆς
2 γῆς, καὶ θυγατέρες ἐγενήθησαν αὐτοῖς· ²ἰδόντες δὲ οἱ ἄγγελοι τοῦ θεοῦ
τὰς θυγατέρας τῶν ἀνθρώπων ὅτι καλαί εἰσιν, ἔλαβον ἑαυτοῖς γυναῖκας
3 ἀπὸ πασῶν ὧν ἐξελέξαντο. ³καὶ εἶπεν Κύριος ὁ θεός Οὐ μὴ καταμείνῃ
τὸ πνεῦμά μου ἐν τοῖς ἀνθρώποις τούτοις εἰς τὸν αἰῶνα, διὰ τὸ εἶναι
4 αὐτοὺς σάρκας· ἔσονται δὲ αἱ ἡμέραι αὐτῶν ἑκατὸν εἴκοσι ἔτη. ⁴οἱ δὲ
γίγαντες ἦσαν ἐπὶ τῆς γῆς ἐν § ταῖς ἡμέραις ἐκείναις, καὶ μετ᾽ ἐκεῖνο ὡς § D
ἂν εἰσεπορεύοντο οἱ υἱοὶ τοῦ θεοῦ πρὸς τὰς θυγατέρας τῶν ἀνθρώπων,
καὶ ἐγεννῶσαν ἑαυτοῖς· ἐκεῖνοι ἦσαν οἱ γίγαντες οἱ ἀπ᾽ αἰῶνος, οἱ
5 ἄνθρωποι οἱ ὀνομαστοί. ⁵ἰδὼν δὲ Κύριος ὁ θεὸς ὅτι ἐπληθύνθησαν αἱ
κακίαι τῶν ἀνθρώπων ἐπὶ τῆς γῆς, καὶ πᾶς τις διανοεῖται ἐν τῇ καρδίᾳ
6 αὐτοῦ ἐπιμελῶς ἐπὶ τὰ πονηρὰ πάσας τὰς ἡμέρας· ⁶καὶ ἐνεθυμήθη ὁ
7 θεὸς ὅτι ἐποίησεν τὸν ἄνθρωπον ἐπὶ τῆς γῆς, καὶ διενοήθη. ⁷καὶ εἶπεν
ὁ θεός Ἀπαλείψω τὸν ἄνθρωπον ὃν ἐποίησα ἀπὸ προσώπου τῆς γῆς, ἀπὸ
1 ἀνθρώπου ἕως κτήνους καὶ ἀπὸ ἑρπετῶν ἕως τῶν πετεινῶν τοῦ οὐρανοῦ·
8 ὅτι ἐθυμώθην ὅτι ἐποίησα αὐτούς. ⁸Νῶε δὲ εὗρεν χάριν ἐναντίον
Κυρίου τοῦ θεοῦ.

9   ⁹Αὗται δὲ αἱ γενέσεις Νῶε. Νῶε ἄνθρωπος δίκαιος, τέλειος ὢν ἐν
10 τῇ γενέσει αὐτοῦ· τῷ θεῷ εὐηρέστησεν Νῶε. ¹⁰ἐγέννησεν δὲ Νῶε
11 τρεῖς υἱούς, τὸν Σήμ, τὸν Χάμ, τὸν Ἰάφεθ. ¹¹ἐφθάρη δὲ ἡ γῆ ἐναντίον
12 τοῦ θεοῦ, καὶ ἐπλήσθη ἡ γῆ ἀδικίας. ¹²καὶ ἴδεν Κύριος ὁ θεὸς τὴν γῆν,
καὶ ἦν κατεφθαρμένη, ὅτι κατέφθειρεν πᾶσα σὰρξ τὴν ὁδὸν αὐτοῦ ἐπὶ τῆς
13 γῆς. ¹³Καὶ εἶπεν ὁ θεὸς πρὸς Νῶε Καιρὸς παντὸς ἀνθρώπου ἥκει

---

28 οκτω και ογδοηκ. και εκατον ετη D (..ω και ογδοηκον|..) E   30 πεντε DE
και εξηκοτα και πεντακ. ετη E   31 τρια και πεντηκ. και επτακ. ετη E
VI 1 Χαφ A | γεινεσθαι A | εγεννηθησαν E   2 αγγελοι sup ras A^vid
3 αυτουσαρκας A   4 αυτοις D^sil E   7 των πετ. AD] om των E
8 εναντιον] ενωπιον D | θεου] seq ras 3 litt in A   9 γενεσει] γενεα DE
10 Χαφ A ... 12 εφθειρεν E ... 13 ο θεος] pr k̅s̅ D^sil

9

ΓΕΝΕΣΙΣ

ἐναντίον μου, ὅτι ἐπλήσθη ἡ γῆ ἀδικίας ἀπ' αὐτῶν· καὶ ἰδοὺ ἐγὼ καταφθείρω αὐτοὺς καὶ τὴν γῆν. ¹⁴ποίησον οὖν σεαυτῷ κιβωτὸν ἐκ ξύλων τετραγώνων· νοσσιὰς ποιήσεις τὴν κιβωτόν, καὶ ἀσφαλτώσεις αὐτὴν ἔσωθεν καὶ ἔξωθεν τῇ ἀσφάλτῳ. ¹⁵καὶ οὕτως ποιήσεις τὴν κιβωτόν· τριακοσίων πήχεων τὸ μῆκος τῆς κιβωτοῦ, καὶ πεντήκοντα πήχεων τὸ πλάτος, καὶ τριάκοντα πήχεων τὸ ὕψος αὐτῆς. ¹⁶ἐπισυνάγων ποιήσεις τὴν κιβωτόν, καὶ εἰς πῆχυν συντελέσεις αὐτὴν ἄνωθεν· τὴν δὲ θύραν τῆς κιβωτοῦ ποιήσεις ἐκ πλαγίων· κατάγαια διώροφα καὶ τριώροφα ποιήσεις αὐτήν. ¹⁷ἐγὼ δὲ ἰδοὺ ἐπάγω τὸν κατακλυσμὸν ὕδωρ ἐπὶ τὴν γῆν, καταφθεῖραι πᾶσαν σάρκα ἐν ᾗ ἐστιν ἐν αὐτῇ πνεῦμα ζωῆς ὑποκάτω τοῦ οὐρανοῦ· καὶ ὅσα ἐὰν ᾖ ἐπὶ τῆς γῆς τελευτήσει. ¹⁸καὶ στήσω τὴν διαθήκην μου πρὸς σέ· εἰσελεύσῃ δὲ εἰς τὴν κιβωτόν, σὺ καὶ οἱ υἱοί σου καὶ ἡ γυνή σου καὶ αἱ γυναῖκες τῶν υἱῶν σου μετὰ σοῦ. ¹⁹καὶ ἀπὸ πάντων τῶν κτηνῶν καὶ ἀπὸ πάντων τῶν ἑρπετῶν καὶ ἀπὸ πάντων τῶν θηρίων καὶ ἀπὸ πάσης σαρκός, δύο δύο ἀπὸ πάντων εἰσάξεις εἰς τὴν κιβωτόν, ἵνα τρέφῃς μετὰ σεαυτοῦ· ἄρσεν καὶ θῆλυ ἔσονται. ²⁰ἀπὸ πάντων τῶν ὀρνέων τῶν πετεινῶν κατὰ γένος καὶ ἀπὸ πάντων τῶν κτηνῶν κατὰ γένος καὶ ἀπὸ πάντων τῶν ἑρπετῶν τῶν ἑρπόντων ἐπὶ τῆς γῆς κατὰ γένος αὐτῶν, δύο δύο ἀπὸ πάντων εἰσελεύσονται πρὸς σὲ τρέφεσθαι μετὰ σοῦ, ἄρσεν καὶ θῆλυ. ²¹σὺ δὲ λήμψῃ σεαυτῷ ἀπὸ πάντων τῶν βρωμάτων ἃ ἔδεσθε, καὶ συνάξεις πρὸς σεαυτόν, καὶ ἔσται σοὶ καὶ ἐκείνοις φαγεῖν. ²²καὶ ἐποίησεν Νῶε πάντα ὅσα ἐνετείλατο αὐτῷ Κύριος ὁ θεός, οὕτως ἐποίησεν.

¹Καὶ εἶπεν Κύριος ὁ θεὸς πρὸς Νῶε Εἴσελθε σὺ καὶ πᾶς ὁ οἶκός σου εἰς τὴν κιβωτόν, ὅτι σὲ ἴδον δίκαιον ἐναντίον μου ἐν τῇ γενεᾷ ταύτῃ. ²ἀπὸ δὲ τῶν κτηνῶν τῶν καθαρῶν εἰσάγαγε πρὸς σὲ ἑπτὰ ἑπτὰ ἄρσεν καὶ θῆλυ, ἀπὸ δὲ τῶν κτηνῶν τῶν μὴ καθαρῶν δύο δύο ἄρσεν καὶ θῆλυ· ³καὶ ἀπὸ τῶν πετεινῶν τοῦ οὐρανοῦ τῶν καθαρῶν ἑπτὰ ἑπτὰ ἄρσεν καὶ θῆλυ, καὶ ἀπὸ πάντων τῶν πετεινῶν τῶν μὴ καθαρῶν δύο δύο ἄρσεν καὶ θῆλυ, διαθρέψαι σπέρμα ἐπὶ πᾶσαν τὴν γῆν. ⁴ἔτι γὰρ ἡμερῶν ἑπτὰ ἐγὼ ἐπάγω ὑετὸν ἐπὶ τὴν γῆν τεσσεράκοντα ἡμέρας καὶ τεσσεράκοντα νύκτας, καὶ ἐξαλείψω πᾶν τὸ ἀνάστεμα ὃ ἐποίησα ἀπὸ προσώπου

DE 15 τριακοσιων] τετρακοσιων E | πηχ. το μηκος] om το D 16 συντελεις E 17 εγω δε ιδου] ιδε εγω E | om εν αυτη E | εαν η] εαν ην E 18 και η γυνη σου και οι υιοι σου E · 20 om των ορνεων E | om ερποντων E | om μετα σου αρσεν και θηλυ E 21 om των E | κακεινοις E. 22 om Κυριος E VII 1 μου] εμου DE 2 απο σε των κτ. των καθαρων... θηλυ E | om απο δε των κτ. των μη καθαρων...θηλυ D | των μη καθ.] των μη οντων καθ. E . 3 των πετ. 1°] pr παντων D | παντων των πετ.] om παντων DE + του ουρανου D 4 πασαν την αναστασιν ην D (..στασιν..D) E

ΓΕΝΕΣΙΣ VII 19

5 τῆς γῆς. ⁵καὶ ἐποίησεν Νῶε πάντα ὅσα ἐνετείλατο αὐτῷ Κύριος ὁ A
6 θεός.¶ ⁶Νῶε δὲ ἦν ἐτῶν ἑξακοσίων καὶ ὁ κατακλυσμὸς ἦν ἐπὶ τῆς ¶D
7 γῆς. ⁷εἰσῆλθεν δὲ Νῶε καὶ οἱ υἱοὶ αὐτοῦ καὶ ἡ γυνὴ αὐτοῦ καὶ αἱ γυναῖ-
κες τῶν υἱῶν αὐτοῦ μετ' αὐτοῦ εἰς τὴν κιβωτὸν διὰ τὸ ὕδωρ τοῦ κατα-
8 κλυσμοῦ. ⁸καὶ ἀπὸ τῶν πετεινῶν καὶ ἀπὸ τῶν § κτηνῶν τῶν καθαρῶν καὶ § D
ἀπὸ τῶν κτηνῶν τῶν μὴ καθαρῶν καὶ ἀπὸ τῶν πετεινῶν καὶ ἀπὸ πάν-
9 των τῶν ἑρπετῶν τῶν ἐπὶ τῆς γῆς ⁹δύο δύο εἰσῆλθον πρὸς Νῶε εἰς τὴν
10 κιβωτόν, ἄρσεν καὶ θῆλυ, καθὰ ἐνετείλατο αὐτῷ ὁ θεός. ¹⁰Καὶ
ἐγένετο μετὰ τὰς ἑπτὰ ἡμέρας καὶ τὸ ὕδωρ τοῦ κατακλυσμοῦ ἐγένετο
11 ἐπὶ τῆς γῆς. ¹¹ἐν τῷ ἑξακοσιοστῷ ἔτει ἐν τῇ ζωῇ τοῦ Νῶε τοῦ δευτέρου
μηνός, ἑβδόμῃ καὶ εἰκάδι τοῦ μηνός, τῇ ἡμέρᾳ ταύτῃ ἐρράγησαν πᾶσαι
αἱ πηγαὶ τῆς ἀβύσσου, καὶ οἱ καταράκται τοῦ οὐρανοῦ ἠνεῴχθησαν·
12 ¹²καὶ ἐγένετο ὁ ὑετὸς ἐπὶ τῆς γῆς τεσσεράκοντα ἡμέρας καὶ τεσσερά-
13 κοντα νύκτας. ¹³Ἐν τῇ ἡμέρᾳ ταύτῃ εἰσῆλθεν Νῶε, Σήμ, Χάμ,
Ἰάφεθ, υἱοὶ Νῶε, καὶ ἡ γυνὴ Νῶε καὶ αἱ τρεῖς γυναῖκες τῶν υἱῶν αὐτοῦ
14 μετ' αὐτοῦ εἰς τὴν κιβωτόν. ¹⁴καὶ πάντα τὰ θηρία κατὰ γένος καὶ πάντα
τὰ κτήνη κατὰ γένος καὶ πᾶν ἑρπετὸν κινούμενον ἐπὶ τῆς γῆς κατὰ γένος
15 καὶ πᾶν πετεινὸν κατὰ γένος ¹⁵εἰσῆλθον πρὸς Νῶε εἰς τὴν κιβωτόν, δύο
16 δύο ἄρσεν καὶ θῆλυ ἀπὸ πάσης σαρκὸς ἐν ᾧ ἐστιν πνεῦμα ζωῆς. ¹⁶καὶ
τὰ εἰσπορευόμενα ἄρσεν καὶ θῆλυ ἀπὸ πάσης σαρκὸς εἰσῆλθεν, καθὰ
ἐνετείλατο ὁ θεὸς τῷ Νῶε· ¶ καὶ ἔκλεισεν Κύριος ὁ θεὸς τὴν κιβωτὸν ¶D
17 ἔξωθεν αὐτοῦ. ¹⁷Καὶ ἐγένετο ὁ κατακλυσμὸς ἐπὶ τῆς γῆς τεσσερά-
κοντα ἡμέρας καὶ τεσσεράκοντα νύκτας ἐπὶ τῆς γῆς· καὶ ἐπληθύνθη τὸ
18 ὕδωρ καὶ ἐπῆρεν τὴν κιβωτόν, καὶ ὑψώθη ἀπὸ τῆς γῆς. ¹⁸καὶ ἐπεκράτει
τὸ ὕδωρ καὶ ἐπληθύνετο σφόδρα ἐπὶ τῆς γῆς· καὶ ἐπεφέρετο ἡ κιβωτὸς
19 ἐπάνω τοῦ ὕδατος. ¹⁹τὸ δὲ ὕδωρ ἐπεκράτει σφόδρα σφοδρῶς ἐπὶ τῆς
γῆς, καὶ ἐπεκάλυψεν πάντα τὰ ὄρη τὰ ὑψηλὰ ἃ ἦν ὑποκάτω τοῦ οὐρανοῦ.

4 της γης] pr πασης DE   6 κατακλυσμος] +του υδατος E | ην] εγε- DE
νετο E   7 οι υιοι] om οι E | post κατακλυσμου ras 12 litt A   8 και απο
των πετεινων...μη καθ. sup ras pl litt A¹¹ |. και απο παντων των κτ. των μη
καθ. και απο παντων των πετ. των καθ. και απο παντων των πετ. των μη καθ.
και απο παντων των ερπετων των ερποντων επι της γ. E | κτηνων των μη
καθ.] om των D^vid | παντων των ερπ.] om παντων D   9 εισηλθεν D
(? "εισηλθοεν sic" Holmes) E | ο θεος] κ̄ς E   11 post τω ras 5 vel 6 litt
A | εξακοσιοστω] pr ενι και E | om τη ημερα ταυτη E | πασαι αι πηγαι] om
πασαι E   12 τεσσ. ημ. AD] ημ. τεσσ. E | τεσσαρ. bis E   13 om και
η γυνη Νωε E | εις την κιβ.]+δια το υδωρ του κατακλυσμου D (..ο υδωρ του
κατα.. D)   14 παντα τα κτ.] πάντα κτ. E   15 εισηλθεν E | om προς
E | om αρσεν και θηλυ D (D^vid) E   16 εισηλθον D | ενετ. ο θεος] ενετ.
κ̄ς D (..κ̄ς.. D) ενετ. κ̄ς ο θ̄ς E | εκλ. ο θ̄ς E | εξ. αυτου την κιβ. E   17 om
επι της γης 1° E | υψωθη]+τα κυματα E   19 om σφοδρως E

ΓΕΝΕΣΙΣ

A ²⁰δέκα πέντε πήχεις ἐπάνω ὑψώθη τὸ ὕδωρ, καὶ ἐπεκάλυψεν πάντα τὰ ὄρη τὰ ὑψηλά. ²¹καὶ ἀπέθανεν πᾶσα σὰρξ κινουμένη ἐπὶ τῆς γῆς τῶν πετεινῶν καὶ τῶν κτηνῶν καὶ τῶν θηρίων, καὶ πᾶν ἑρπετὸν κινούμενον ἐπὶ τῆς γῆς, καὶ πᾶς ἄνθρωπος· ²²καὶ πάντα ὅσα ἔχει πνοὴν ζωῆς καὶ πᾶς ὃς ἦν ἐπὶ τῆς ξηρᾶς ἀπέθανεν. ²³καὶ ἐξήλειψεν πᾶν τὸ ἀνάστεμα ὃ ἦν ἐπὶ προσώπου πάσης τῆς γῆς, ἀπὸ ἀνθρώπου ἕως κτήνους καὶ ἑρπετῶν καὶ τῶν πετεινῶν τοῦ οὐρανοῦ· καὶ ἐξηλείφθησαν ἀπὸ τῆς γῆς.
§ D καὶ κατελείφθη μόνος Νῶε καὶ οἱ μετ' αὐτοῦ ἐν τῇ κιβωτῷ. §²⁴καὶ ὑψώθη τὸ ὕδωρ ἐπὶ τῆς γῆς ἡμέρας ἑκατὸν πεντήκοντα.

¹Καὶ ἐμνήσθη ὁ θεὸς τοῦ Νῶε, καὶ πάντων τῶν θηρίων καὶ πάντων τῶν κτηνῶν καὶ πάντων τῶν πετεινῶν καὶ πάντων τῶν ἑρπετῶν ὅσα ἦν μετ' αὐτοῦ ἐν τῇ κιβωτῷ· καὶ ἐπήγαγεν ὁ θεὸς πνεῦμα ἐπὶ τὴν γῆν, καὶ ἐκόπασεν τὸ ὕδωρ. ²καὶ ἀπεκαλύφθησαν αἱ πηγαὶ τῆς ἀβύσσου καὶ οἱ καταράκται τοῦ οὐρανοῦ, καὶ συνεσχέθη ὁ ὑετὸς ἀπὸ τοῦ οὐρανοῦ, ³καὶ ἐνεδίδου τὸ ὕδωρ πορευόμενον ἀπὸ τῆς γῆς· ἐνεδίδου τὸ ὕδωρ καὶ ἠλαττονοῦτο μετὰ πεντήκοντα καὶ ἑκατὸν ἡμέρας. ⁴καὶ ἐκάθισεν ἡ κιβωτὸς ἐν μηνὶ τῷ ἑβδόμῳ, ἑβδόμῃ καὶ εἰκάδι τοῦ μηνός, ἐπὶ τὰ ὄρη τὰ Ἀραράτ. ⁵τὸ δὲ ὕδωρ πορευόμενον ἠλαττονοῦτο ἕως τοῦ δεκάτου μηνός· ἐν δὲ τῷ ἑνδεκάτῳ μηνί, τῇ πρώτῃ τοῦ μηνός, ὤφθησαν αἱ κεφαλαὶ τῶν ὀρέων. ⁶Καὶ ἐγένετο μετὰ τεσσεράκοντα ἡμέρας ἠνέῳξεν Νῶε τὴν θυρίδα τῆς κιβωτοῦ ἣν ἐποίησεν, ⁷καὶ ἀπέστειλεν τὸν κόρακα τοῦ ἰδεῖν εἰ κεκόπακεν τὸ ὕδωρ· καὶ ἐξελθὼν οὐχ ὑπέστρεψεν ἕως τοῦ ξηρανθῆναι τὸ ὕδωρ ἀπὸ τῆς γῆς. ⁸καὶ ἀπέστειλεν τὴν περιστερὰν ὀπίσω αὐτοῦ ἰδεῖν εἰ κεκόπακεν τὸ ὕδωρ ἀπὸ τῆς γῆς. ⁹καὶ οὐχ εὑροῦσα ἡ περιστερὰ ἀνάπαυσιν τοῖς ποσὶν αὐτῆς ἀνέστρεψεν πρὸς αὐτὸν εἰς τὴν κιβωτόν, ὅτι ὕδωρ ἦν ἐπὶ παντὶ προσώπῳ πάσης τῆς γῆς· καὶ ἐκτείνας τὴν χεῖρα αὐτοῦ ἔλαβεν αὐτὴν καὶ εἰσήγαγεν αὐτὴν πρὸς ἑαυτὸν εἰς τὴν κιβωτόν. ¹⁰καὶ ἐπισχὼν ἔτι ἡμέρας ἑπτὰ ἑτέρας πάλιν ἐξαπέστειλεν τὴν περιστερὰν ἐκ τῆς κιβωτοῦ. ¹¹καὶ ἀνέστρεψεν πρὸς αὐτὸν ἡ περιστερὰ τὸ πρὸς ἑσπέραν, καὶ εἶχεν φύλλον ἐλαίας κάρφος ἐν τῷ στόματι αὐτῆς· καὶ ἔγνω Νῶε ὅτι κεκόπακεν τὸ ὕδωρ ἀπὸ τῆς γῆς.

DE 20 δεκα πεντε] πεντε και δεκα E | om τα υψηλα E   23 εξηλειψεν] εξειληφθη E | αναστημα E   24 ημ. εκατον πεντηκ.] πεντηκ. και εκατον ημ. DE   VIII 1 om και π. των ερπ. DE   2 επεκαλ. D^{sil}E   3 το υδωρ και ηλαττ.] και ηλαττ. το υδωρ D^{vid} (..διδου και ηλα..) E   4 om εβδομη E   6 ανεωξεν DE   7 του ιδειν ει D^a om του E | υδωρ 1°] ωρ rescr D^a | εως ου D   8 εξαπεστειλεν E | της γης] pr προσωπου DE   9 ανεστρεψεν] υπεστρεψεν DE | om αυτην 2° E | εαυτον] αυτον D^a E   11 om η περιστερα E | το προς εσπ.] om το D | της γης] pr προσωπου D

ΓΕΝΕΣΙΣ IX 2

12 ¹²καὶ ἐπισχὼν ἔτι ἡμέρας ἑπτὰ ἑτέρας πάλιν ἐξαπέστειλεν τὴν περιστε- A
13 ράν, καὶ οὐ πμοσέθετο τοῦ ἐπιστρέψαι πρὸς αὐτὸν ἔτι. ¹³Καὶ ἐγέ-
νετο ἐν τῷ ἑνὶ καὶ ἑξακοσιοστῷ ἔτει ἐν τῇ ζωῇ τοῦ Νῶε, τοῦ μηνὸς τοῦ
πρώτου, μιᾷ τοῦ μηνός, ἐξέλειπεν τὸ ὕδωρ ἀπὸ τῆς γῆς· καὶ ἀπεκάλυψεν
Νῶε τὴν στέγην τῆς κιβωτοῦ, καὶ ἴδεν ὅτι ἐξέλειπεν τὸ ὕδωρ ἀπὸ προσ-
14 ώπου τῆς γῆς. ¹⁴ἐν δὲ τῷ μηνὶ τῷ δευτέρῳ, ἑβδόμῃ καὶ εἰκάδι τοῦ μηνός,
ἐξηράνθη ἡ γῆ.
15
16 ¹⁵Καὶ εἶπεν Κύριος ὁ θεὸς τῷ Νῶε λέγων ¹⁶"Ἔξελθε ἐκ τῆς κιβωτοῦ,
σὺ καὶ ἡ γυνή σου καὶ οἱ υἱοί σου καὶ αἱ γυναῖκες τῶν υἱῶν σου μετὰ
17 σοῦ, ¹⁷καὶ πάντα τὰ θηρία ὅσα ἐστὶν μετὰ σοῦ, καὶ πᾶσα σὰρξ ἀπὸ
πετεινῶν ἕως κτηνῶν, καὶ πᾶν ἑρπετὸν κινούμενον ἐπὶ τῆς γῆς ἐξάγαγε
18 μετὰ σοῦ· καὶ αὐξάνεσθε καὶ πληθύνεσθε ἐπὶ τῆς γῆς. ¹⁸καὶ ἐξῆλθεν
Νῶε καὶ ἡ γυνὴ αὐτοῦ καὶ οἱ υἱοὶ αὐτοῦ καὶ αἱ γυναῖκες τῶν υἱῶν
19 αὐτοῦ μετ᾽ αὐτοῦ· ¹⁹καὶ πάντα τὰ θηρία καὶ πάντα τὰ κτήνη καὶ πᾶν
πετεινὸν καὶ πᾶν ἑρπετὸν κινούμενον ἐπὶ τῆς γῆς κατὰ γένος αὐτῶν
20 ἐξήλθοσαν ἐκ τῆς κιβωτοῦ. ¶ ²⁰Καὶ ᾠκοδόμησεν Νῶε θυσιαστήριον ¶ D
τῷ θεῷ, καὶ ἔλαβεν ἀπὸ πάντων τῶν κτηνῶν τῶν καθαρῶν καὶ ἀπὸ πάν-
των τῶν πετεινῶν τῶν καθαρῶν, καὶ ἀνήνεγκεν ὁλοκάρπωσιν ἐπὶ τὸ
21 θυσιαστήριον. ²¹καὶ ὠσφράνθη Κύριος ὁ θεὸς ὀδμὴν εὐωδίας, καὶ εἶπεν
Κύριος ὁ θεὸς διανοηθείς Οὐ προσθήσω ἔτι τοῦ καταράσασθαι τὴν γῆν
διὰ τὰ ἔργα τῶν ἀνθρώπων, ὅτι ἔγκειται ἡ διάνοια τοῦ ἀνθρώπου ἐπιμε-
λῶς ἐπὶ τὰ πονηρὰ ἐκ νεότητος· §οὐ προσθήσω οὖν ἔτι πατάξαι πᾶσαν § D
22 σάρκα ζῶσαν καθὼς ἐποίησα. ²²πάσας τὰς ἡμέρας τῆς γῆς σπέρμα καὶ
θερισμός, ψῦχος καὶ καῦμα, θέρος καὶ ἔαρ ἡμέραν καὶ νύκτα οὐ κατα-
IX 1 παύσουσιν. ¹Καὶ ηὐλόγησεν ὁ θεὸς τὸν Νῶε καὶ τοὺς υἱοὺς αὐτοῦ,
καὶ εἶπεν αὐτοῖς Αὐξάνεσθε καὶ πληθύνεσθε, καὶ πληρώσατε τὴν γῆν καὶ
2 κατακυριεύσατε αὐτῆς. ²καὶ ὁ τρόμος ὑμῶν καὶ ὁ φόβος ἔσται ἐπὶ πᾶσιν
τοῖς θηρίοις τῆς γῆς καὶ ἐπὶ πάντα τὰ ὄρνεα τοῦ οὐρανοῦ καὶ ἐπὶ πάντα
τὰ κινούμενα ἐπὶ τῆς γῆς καὶ πάντας τοὺς ἰχθύας τῆς θαλάσσης· ὑπὸ

12 επτα ημ. ετερ. E   13 om ενι και E | του μ. του πρ.] του πρ. μ. DE
D^sil E | om μια του μηνος DE | της κιβωτου] + ην εποιησεν D^sil E | και ιδεν
οτι εξε sup ras A¹ (seq spat 12 litt) | εξελειπεν το υδωρ] κεκοπακεν το υ. D
το υ. εξελειπεν E   16 μετα σε E   17 και π. τα θηρια] pr και παντα τα
κτηνη E | σου 2°] σεαυτου D^sil   18 om και οι υιοι αυτου A* (hab A¹ᵃᵐᵍ
D^sil E) | om μετ αυτου A* (hab Aᵃ ᵐᵍ D^sil E)   19 πετ. και παν ερπ. κιν.]
ερπ. και παν πετ. και παν κιν. (κειν. D) DE | εξηλθον DE   20 ανηνεγκεν]
ηνεγκεν E | επι] εις E   21 om ο θεος 1° E | του καταρ.] om του E | om
ζωσαν . E   IX 2 τρομος υμ. και ο φοβος AD] φοβος και ο τρομος υμων
E | .θηρ. της γης] + και επι πασι τοις κτηνεσι (κτηνεσιν E) της γης DE | om
και 3° D^sil | om τα 2° D | παντας] παν sup ras A¹ επι παντας D^sil E

ΙΧ 3 ΓΕΝΕΣΙΣ

Α χεῖρας ὑμῖν δέδωκα. ³καὶ πᾶν ἑρπετὸν ὅ ἐστιν ζῶν ὑμῖν ἔσται εἰς βρῶ- 3 σιν· ὡς λάχανα χόρτου ἔδωκα ὑμῖν τὰ πάντα. ⁴πλὴν κρέας ἐν αἵματι 4 ψυχῆς οὐ φάγεσθε· ⁵καὶ γὰρ τὸ ὑμέτερον αἷμα τῶν ψυχῶν ὑμῶν ἐκζη- 5 τήσω· ἐκ χειρὸς πάντων τῶν θηρίων ἐκζητήσω αὐτό, καὶ ἐκ χειρὸς ἀνθρώπου ἀδελφοῦ ἐκζητήσω τὴν ψυχὴν τοῦ ἀνθρώπου. ⁶ὁ ἐκχέων 6 αἷμα ἀνθρώπου ἀντὶ τοῦ αἵματος αὐτοῦ ἐκχυθήσεται, ὅτι ἐν εἰκόνι θεοῦ ἐποίησα τὸν ἄνθρωπον. ⁷ὑμεῖς δὲ αὐξάνεσθε καὶ πληθύνεσθε, καὶ πλη- 7 ρώσατε τὴν γῆν καὶ πληθύνεσθε ἐπὶ τῆς γῆς. ⁸Καὶ εἶπεν ὁ θεὸς τῷ 8 Νῶε καὶ τοῖς υἱοῖς αὐτοῦ μετ' αὐτοῦ λέγων ⁹Ἐγὼ ἰδοὺ ἀνίστημι τὴν 9 διαθήκην μου ὑμῖν καὶ τῷ σπέρματι ὑμῶν μεθ' ὑμᾶς, ¹⁰καὶ πάσῃ ψυχῇ 10 ζώσῃ μεθ' ὑμῶν, ἀπὸ ὀρνέων καὶ ἀπὸ κτηνῶν, καὶ πᾶσι τοῖς θηρίοις τῆς γῆς ὅσα μεθ' ὑμῶν ἀπὸ πάντων τῶν ἐξελθόντων ἐκ τῆς κιβωτοῦ. ¹¹καὶ 11 στήσω τὴν διαθήκην μου πρὸς ὑμᾶς, καὶ οὐκ ἀποθανεῖται πᾶσα σὰρξ ἔτι ἀπὸ τοῦ ὕδατος τοῦ κατακλυσμοῦ, καὶ οὐκ ἔσται ἔτι κατακλυσμὸς ὕδατος τοῦ καταφθεῖραι πᾶσαν τὴν γῆν. ¹²καὶ εἶπεν Κύριος ὁ 12 θεὸς πρὸς Νῶε Τοῦτο τὸ σημεῖον τῆς διαθήκης ὃ ἐγὼ δίδωμι ἀνὰ μέσον ἐμοῦ καὶ ὑμῶν καὶ ἀνὰ μέσον πάσης ψυχῆς ζώσης ἥ ἐστιν μεθ' ὑμῶν εἰς γενεὰς αἰωνίους· ¹³τὸ τόξον μου τίθημι ἐν τῇ νεφέλῃ, καὶ ἔσται εἰς 13 σημεῖον διαθήκης ἀνὰ μέσον ἐμοῦ καὶ τῆς γῆς. ¹⁴καὶ ἔσται ἐν τῷ συν- 14 νεφεῖν με νεφέλας ἐπὶ τὴν γῆν ὀφθήσεται τὸ τόξον μου ἐν τῇ νεφέλῃ, ¹⁵καὶ μνησθήσομαι τῆς διαθήκης μου, ἥ ἐστιν ἀνὰ μέσον ἐμοῦ καὶ ὑμῶν 15 καὶ ἀνὰ μέσον πάσης ψυχῆς ζώσης ἐν πάσῃ σαρκί· καὶ οὐκ ἔσται ἔτι τὸ ὕδωρ εἰς κατακλυσμόν, ὥστε ἐξαλεῖψαι πᾶσαν σάρκα. ¹⁶καὶ ἔσται τὸ 16 τόξον μου ἐν τῇ νεφέλῃ, καὶ ὄψομαι τοῦ μνησθῆναι διαθήκην αἰώνιον ἀνὰ μέσον ἐμοῦ καὶ ἀνὰ μέσον πάσης ψυχῆς ζώσης ἐν πάσῃ σαρκὶ ᾗ ἐστιν ἐπὶ τῆς γῆς. ¹⁷καὶ εἶπεν ὁ θεὸς τῷ Νῶε Τοῦτο τὸ σημεῖον τῆς 17 διαθήκης ἧς διεθέμην ἀνὰ μέσον ἐμοῦ καὶ ἀνὰ μέσον πάσης σαρκὸς ἥ ἐστιν ἐπὶ τῆς γῆς.
¹⁸Ἦσαν δὲ οἱ υἱοὶ Νῶε οἱ ἐξελθόντες ἐκ τῆς κιβωτοῦ Σήμ, Χάμ, 18 Ἰάφεθ· Χὰμ ἦν πατὴρ Χανάαν. ¹⁹τρεῖς οὗτοί εἰσιν οἱ υἱοὶ Νῶε· ἀπὸ 19 τούτων διεσπάρησαν ἐπὶ πᾶσαν τὴν γῆν. ²⁰Καὶ ἤρξατο Νῶε ἄνθρω- 20

DE 3 δεδωκα D^sil E 5 ψυχ. υμ. A^1 mg | εκζητησω 1°] sup ras A^1 D | om εκζητησω 1°......θηριων E | ανθρωπου] pr του E 7 επι της γης] επ αυτης DE 8 ο θεος] pr κ̅ς̅ E 9 εγω ιδου AD] και εγω E 10 ψυχη ζωση] ψ. τη ζ. D τη ψ. τη ζ. E | απο κτηνων] ο κτ sup ras 4 vel 5 litt A | om οσα μεθ υμων E 11 του καταφθ.] om του D^sil E 12 om Κυριος D | ζωσης] +ης A* 15 ανα μεσον εμου και υμων και D | ωστε] ως εις E 16 om μου D | του sup ras 8 litt A^a | om εν παση σαρκι E | η εστιν]+μεθ υμων E | post γης ras 1 lit A 17 ο θεος] pr κ̅ς̅ D | τω Νωε] προς Νωε E 18 om Χαμ 2° E 19 εισιν οι υιοι] υιοι εισιν D

ΓΕΝΕΣΙΣ X 8

21 πος,γεωργὸς γῆς, καὶ ἐφύτευσεν ἀμπελῶνα. ²¹καὶ ἔπιεν ἐκ τοῦ οἴνου A
22 καὶ ἐμεθύσθη, καὶ ἐγυμνώθη ἐν τῷ οἴκῳ αὐτοῦ. ²²καὶ εἶδεν Χὰμ ὁ πατὴρ
Χανάαν τὴν γύμνωσιν τοῦ πατρὸς αὐτοῦ, καὶ ἐξελθὼν ἀνήγγειλεν τοῖς
23 δυσὶν ἀδελφοῖς αὐτοῦ ἔξω. ²³καὶ λαβόντες Σὴμ καὶ Ἰάφεθ τὸ ἱμάτιον
ἐπέθηκαν ἐπὶ τὰ δύο νῶτα αὐτῶν, καὶ ἐπορεύθησαν ὀπισθοφανῶς καὶ
συνεκάλυψαν τὴν γύμνωσιν τοῦ πατρὸς αὐτῶν· καὶ τὸ πρόσωπον αὐτῶν
24 ὀπισθοφανές, καὶ τὴν γύμνωσιν τοῦ πατρὸς αὐτῶν οὐκ ἴδον. ²⁴ἐξένηψεν
δὲ Νῶε ἀπὸ τοῦ οἴνου, καὶ ἔγνω ὅσα ἐποίησεν αὐτῷ ὁ υἱὸς αὐτοῦ ὁ νεώ-
25 τερος. ²⁵καὶ εἶπεν
Ἐπικατάρατος Χανάαν·
παῖς οἰκέτης ἔσται τοῖς ἀδελφοῖς αὐτοῦ.
26 ²⁶καὶ εἶπεν
Εὐλογητὸς Κύριος ὁ θεὸς τοῦ Σήμ,
καὶ ἔσται Χανάαν παῖς αὐτοῦ.
27 ²⁷πλατύναι ὁ θεὸς τῷ Ἰάφεθ,
καὶ κατοικησάτω ἐν τοῖς οἴκοις τοῦ Σήμ·
καὶ γενηθήτω Χανάαν παῖς αὐτῶν.
28 ²⁸Ἔζησεν δὲ Νῶε μετὰ τὸν κατακλυσμὸν τριακόσια πεντήκοντα
29 ἔτη. ²⁹καὶ ἐγένοντο πᾶσαι αἱ ἡμέραι Νῶε ἐννακόσια πεντήκοντα ἔτη,
καὶ ἀπέθανεν.

X 1 ¹Αὗται δὲ αἱ γενέσεις τῶν υἱῶν Νῶε, Σήμ, Χάμ, Ἰάφεθ· καὶ ἐγενήθη-
2 σαν αὐτοῖς υἱοὶ μετὰ τὸν κατακλυσμόν. ²Υἱοὶ Ἰάφεθ· Γάμερ καὶ
Μαγὼγ καὶ Μαδαὶ καὶ Ἰωυὰν καὶ Ἐλισὰ καὶ Θοβὲλ καὶ Μόσοχ καὶ
3 Θειράς. ³καὶ υἱοὶ Γάμερ· Ἀσχανάζ καὶ Ῥιφὰθ καὶ Θεργαμά. ⁴καὶ
4
5 υἱοὶ Ἰωυάν· Ἐλισὰ καὶ Θαρσίς, Κήτιοι, Ῥόδιοι. ⁵ἐκ τούτων ἀφωρίσθη-
σαν νῆσοι τῶν ἐθνῶν ἐν τῇ γῇ αὐτῶν· ἕκαστος κατὰ γλῶσσαν ἐν ταῖς
6 φυλαῖς αὐτῶν καὶ ἐν τοῖς ἔθνεσιν αὐτῶν. ⁶Υἱοὶ δὲ Χάμ· Χοὺς καὶ
7 Μεσράιν, Φοὺδ καὶ Χανάαν. ⁷υἱοὶ δὲ Χούς· Σαβὰ καὶ Εὐιλὰ καὶ Σαβαθὰ
8 καὶ Ῥεγχμὰ καὶ Σαβακαθά. υἱοὶ δὲ Ῥεγχμά· Σαβὰ καὶ Δαδάν. ⁸Χοὺς
δὲ ἐγέννησεν τὸν Νεβρώδ· οὗτος ἤρξατο εἶναι γίγας ἐπὶ τῆς γῆς.

22 ιδεν DE | απηγγ. E   23 om και 2° E | επεθηκαν] επεθεντο D^{sil}E | DE om και συνεκαλυψαν...οπισθοφανες E | οπισθοφανες] οπισθοφανως D^{a} | ειδον E   24 οινου]+αυτου D | εγνω] εγνωσεν E   25 Χανααν AD] Χαμ E | παις AD] πας E   26 om ο θεος E   27 γενηθητω] εσται D | Χανααν] Χαμ E | αυτων AD] αυτου E   29 om ετη D   X 1 εγεν-νηθησαν D^{sil}E   2 Μαδαι AD] Μαλαι E , 3 υιοι] pr οι D | Εριφαθ D | Θοργαμα D^{sil}E   4 Θαρσεις D^{sil} | Κητιοι] Κιτιοι DE | Ροδιοι] pr και E   5 γλωσσαν] pr την E   6 Μεστραιμ D | Φουθ D   7 Χουθ E | Ευιλατ D | Ρεγμα D^{sil}E bis | Σαβαν E   8 Νεβρων E

ΓΕΝΕΣΙΣ

A ⁹οὗτος ἦν γίγας κυνηγὸς ἐναντίον Κυρίου τοῦ θεοῦ· διὰ τοῦτο ἐροῦσιν 9 Ὡς Νεβρὼδ γίγας κυνηγὸς ἐναντίον Κυρίου. ¹⁰καὶ ἐγένετο ἀρχὴ τῆς 10 βασιλείας αὐτοῦ Βαβυλὼν καὶ Ὀρεχ καὶ Ἀρχὰδ καὶ Χαλαννὴ ἐν τῇ γῇ Σενναάρ. ¹¹ἐκ τῆς γῆς ἐκείνης ἐξῆλθεν Ἀσσούρ· καὶ ᾠκοδόμησεν τὴν 11 Νινευὴ καὶ τὴν Ῥοωβὼς πόλιν καὶ Χάλαχ, ¹²καὶ τὴν Δάσεμ, ἀνὰ μέσον 12 ¶ D Νινευὴ καὶ ἀνὰ μέσον Χάλαχ· αὕτη ἡ πόλις ἡ μεγάλη. ¶ ¹³καὶ Μεσράιν 13 ἐγέννησεν τοὺς Λουδιεὶμ καὶ τοὺς Νεφθαλιεὶμ καὶ τοὺς Αἰνεμετιεὶμ καὶ τοὺς Λαβιεὶμ ¹⁴καὶ τοὺς Πατροσωνιεὶμ καὶ τοὺς Χασμωνιείμ, ὅθεν ἐξῆλ- 14 θεν ἐκεῖθεν Φυλιστιείμ, καὶ τοὺς Χαφθοριείμ. ¹⁵Χανάαν δὲ ἐγέννησεν 15 τὸν Σιδῶνα πρωτότοκον, καὶ τὸν Χετταῖον ¹⁶καὶ τὸν Ἰεβουσαῖον καὶ τὸν 16 Ἀμορραῖον καὶ τὸν Γεργεσαῖον ¹⁷καὶ τὸν Εὐαῖον καὶ τὸν Ἀρουκαῖον καὶ 17 τὸν Ἀσενναῖον ¹⁸καὶ τὸν Ἀράδιον καὶ τὸν Σαμαραῖον καὶ τὸν Ἁμαθί. 18 καὶ μετὰ τοῦτο διεσπάρησαν αἱ φυλαὶ τῶν Χαναναίων. ¹⁹καὶ ἐγένοντο 19 τὰ ὅρια Χαναναίων ἀπὸ Σιδῶνος ἕως ἐλθεῖν εἰς Γέραρα καὶ Γάζαν, ἕως ἐλθεῖν ἕως Σοδόμων καὶ Γομόρρας, Ἀδαμὰ καὶ Σεβωὶμ ἕως Δασά. ²⁰οὗτοι υἱοὶ Χὰμ ἐν ταῖς φυλαῖς αὐτῶν, κατὰ γλώσσας αὐτῶν, ἐν ταῖς 20 χώραις αὐτῶν καὶ ἐν τοῖς ἔθνεσιν αὐτῶν. ²¹Καὶ τῷ Σὴμ ἐγενήθη 21 καὶ αὐτῷ, πατρὶ πάντων τῶν υἱῶν Ἔβερ, ἀδελφῷ Ἰάφεθ τοῦ μείζονος. ²²υἱοὶ Σήμ· Αἰλὰμ καὶ Ἀσσοὺρ καὶ Ἀρφαξὰδ καὶ Λοὺδ καὶ Ἀράμ. 22 ²³καὶ υἱοὶ Ἀράμ· Ὡς καὶ Οὐλ καὶ Γάθερ καὶ Μόσοχ. ²⁴καὶ Ἀρφαξὰδ 23 24 ἐγέννησεν τὸν Καινάμ, καὶ Καινὰμ ἐγέννησεν τὸν Σάλα, Σάλα δὲ ἐγέννησεν τὸν Ἔβερ. ²⁵καὶ τῷ Ἔβερ ἐγεννήθησαν δύο υἱοί· ὄνομα τῷ ἑνὶ Φάλεκ, 25 ὅτι ἐν ταῖς ἡμέραις αὐτοῦ διεμερίσθη ἡ γῆ, καὶ ὄνομα τῷ ἀδελφῷ αὐτοῦ Ἰεκτάν. ²⁶Ἰεκτὰν δὲ ἐγέννησεν τὸν Ἐλμωδὰδ καὶ τὸν Σάλεφ καὶ τὸν 26 Ἀσαρμὼθ καὶ Ἰάραδ ²⁷καὶ Ὀδορρὰ καὶ Αἰζὴλ καὶ Δεκλὰ ²⁸καὶ Ἀβιμεὴλ 27 28 καὶ Σαβεῦ ²⁹καὶ Οὐφεὶρ καὶ Εὐειλὰ καὶ Ἰωβάβ. πάντες οὗτοι υἱοὶ 29

DE 9 om του θεου D | Νεβρων DE | Κυριου 2°]+του θυ E 10 αρχη] pr η D | om και 2° DE | Αχαδ DE | Χαλαννη ADᵃ] Γαλαννι E | om τη D 11 Νινευη superscr Dᵃ¹ Νηνευη E | Ροωβοθ Dᵃ Ροωβωθ E | Καλαχ D Χαλακ E 12 Δασεμ AD] Δασεν E | Νηνευι E | Καλαχ D Χαλεκ E | η 2° om D* (? hah Dᵃ) E | μεγα E* (λη superscr Eᵇ) 13 Μεσραειμ E | Λουδιειμ E | και τους Νεφθ. και τους Αιν. και τους Λαβ.] και τους Ενεμετιειμ και τους Λαβ. και τους Νεφθαλειμ E 14 Πατροσονοειμ E | Χασμωνιειμ] Χαλοειμ E 18 Σαμαρειον E* (Σαμαραιον Eᵃ ᵐᵍ) | τουτο] ταυτα E 19 Χαναναιων] των Χαναναιον E* (των Χαναναιων Eᵇ) | εισελθειν E bis | εως 3° om E | Σεβωειμ E | Δασα] Λασα E 20 υιοι] pr οι E | γλωσσας] pr τας E 21 εγεννηθη E | Εβορ E 22 Αιλαδ και Ασουρ E | Αραμ] Αραμων (sed μων sup ras 10 circ litt Aᵃ) A+και Καιναν E 23 om και 1° E 24 τον K. και sup ras Aᵃ | Καιναν E bis 26 Ελμωδαμ E | Ασαρμωθ] σαρμωθ A* (A superscr A¹) Σαλμων E | τον Ιαρεδ E 27 om και Αιζηλ E 28 Αβιμελεηλ E | Σαβαυ E 29 Ευιλα E | Ιωβαδ E

ΓΕΝΕΣΙΣ XI 13

30 Ἰεκτάν. ‧³⁰καὶ ἐγένετο ἡ κατοίκησις αὐτῶν ἀπὸ Μασσηὲ ἕως ἐλθεῖν εἰς A
31 Σωφηρά, ὅρος ἀνατολῶν.¹¹ ³¹οὗτοι οἱ υἱοὶ Σὴμ ἐν ταῖς φυλαῖς αὐτῶν,
κατὰ γλώσσας αὐτῶν, ἐν ταῖς χώραις αὐτῶν καὶ ἐν τοῖς ἔθνεσιν
32 αὐτῶν. ³²Αὗται αἱ φυλαὶ υἱῶν Νῶε κατὰ γενέσεις αὐτῶν, κατὰ τὰ
ἔθνη αὐτῶν ἀπὸ τούτων διεσπάρησαν νῆσοι τῶν ἐθνῶν ἐπὶ τῆς γῆς
μετὰ τὸν κατακλυσμόν.

XI 1,2 ¹Καὶ ἦν πᾶσα ἡ γῆ χεῖλος ἕν, καὶ φωνὴ μία πᾶσιν. ²καὶ ἐγένετο
ἐν τῷ κινῆσαι αὐτοὺς ἀπὸ ἀνατολῶν εὗρον πεδίον ἐν γῇ Σενναὰρ καὶ
3 κατῴκησαν ἐκεῖ. ³καὶ εἶπεν ἄνθρωπος τῷ πλησίον Δεῦτε πλινθεύσωμεν
πλίνθους καὶ ὀπτήσωμεν αὐτὰς πυρί. καὶ ἐγένετο αὐτοῖς ἡ πλίνθος εἰς
4 λίθον, καὶ ἄσφαλτος ἦν αὐτοῖς ὁ πηλός. ⁴καὶ εἶπαν Δεῦτε οἰκοδομήσω-
μεν ἑαυτοῖς πόλιν καὶ πύργον, οὗ ἡ κεφαλὴ ἔσται ἕως τοῦ οὐρανοῦ, καὶ
ποιήσομεν ἑαυτῶν ὄνομα πρὸ τοῦ ⁵διασπαρῆναι ἐπὶ προσώπου πάσης § D
5 τῆς γῆς. ⁵καὶ κατέβη Κύριος ἰδεῖν τὴν πόλιν καὶ τὸν πύργον ὃν ᾠκο-
6 δόμησαν οἱ υἱοὶ τῶν ἀνθρώπων. ⁶καὶ εἶπεν Κύριος Ἰδοὺ γένος ἓν καὶ
χεῖλος ἓν πάντων· καὶ τοῦτο ἤρξαντο ποιῆσαι, καὶ νῦν οὐκ ἐκλείψει ἐξ
7 αὐτῶν πάντα ὅσα ἂν ἐπιθῶνται ποιῆσαι· ⁷δεῦτε καὶ καταβάντες συγχέω-
μεν ἐκεῖ αὐτῶν τὴν γλῶσσαν, ἵνα μὴ ἀκούσωσιν ἕκαστος τὴν φωνὴν τοῦ
8 πλησίον. ⁸καὶ διέσπειρεν αὐτοὺς Κύριος ἐκεῖθεν ἐπὶ πρόσωπον πάσης
9 τῆς γῆς, καὶ ἐπαύσαντο οἰκοδομοῦντες τὴν πόλιν καὶ τὸν πύργον. ⁹διὰ
τοῦτο ἐκλήθη τὸ ὄνομα αὐτοῦ Σύγχυσις, ὅτι ἐκεῖ συνέχεεν Κύριος τὰ
χείλη πάσης τῆς γῆς, καὶ ἐκεῖθεν διέσπειρεν αὐτοὺς Κύριος ὁ θεὸς ἐπὶ
πρόσωπον πάσης τῆς γῆς.

10 ¹⁰Καὶ αὗται αἱ γενέσεις Σήμ. Σὴμ υἱὸς ἐτῶν ἑκατὸν ὅτε ἐγέννησεν
11 τὸν Ἀρφαξάδ, δευτέρου ἔτους μετὰ τὸν κατακλυσμόν· ¹¹καὶ ἔζησεν
Σὴμ μετὰ τὸ γεννῆσαι αὐτὸν τὸν Ἀρφαξὰδ πεντακόσια ἔτη, καὶ ἐγέννη-
12 σεν υἱοὺς καὶ θυγατέρας, καὶ ἀπέθανεν. ¹²Καὶ ἔζησεν Ἀρφαξὰδ
13 ἑκατὸν τριάκοντα πέντε ἔτη, καὶ ἐγέννησεν τὸν Καινάν. ¹³καὶ ἔζησεν
Ἀρφαξὰδ μετὰ τὸ γεννῆσαι αὐτὸν τὸν Καινὰν ἔτη τετρακόσια τριάκοντα,
καὶ ἐγέννησεν υἱοὺς καὶ θυγατέρας, καὶ ἀπέθανεν. Καὶ ἔζησεν Καινὰν

30 Μασσηέ] Μανασση E   31 om οι E | Σηθ A   32 om κατα τα DE
εθνη αυτων E | XI 3 αυτας] αυτα E   4 om και ειπαν E | ποιησωμεν E |
..σπαρηναι D   6 om παντων E | και τουτο] p̄τ και φωνη μια πασιν E |
ηρξατο A* (ν superser A¹) | ποιησαι 2°] ποιειν E | ⟨7 αυτων την γλ.] την
γλ. αυτων D (...ντων D) | om την φωνην E | πλησιον]+αυτου DE |
8 Κυριος]+ο θς̄ E | 8—9 om και επαυσαντο......της γης 2° E | 9 Κυριος
1°] +ο θς̄ D | 10 εκατον ετων E   12 ετη εκατον τριακ. πεντε D πεντε
και τριακ. (+και εκατον E^b mg) ετη E | 13 τετρακοσια] τριακοσια DE | ετη
εκατον τριακοντα D | om και εζησεν Καιναν 1°...και απεθανεν E* (hab E^a mg)

SEPT. 17 B

ΓΕΝΕΣΙΣ XI 14

A ἑκατὸν τριάκοντα ἔτη, καὶ ἐγέννησεν τὸν Σάλα. καὶ ἔζησεν Καινὰν μετὰ τὸ γεννῆσαι αὐτὸν τὸν Σάλα ἔτη τριακόσια τριάκοντα, καὶ ἐγέννησεν υἱοὺς καὶ θυγατέρας, καὶ ἀπέθανεν. ¹⁴Καὶ ἔζησεν Σάλα ἑκατὸν τριάκοντα ἔτη, καὶ ἐγέννησεν τὸν Ἔβερ. ¹⁵καὶ ἔζησεν Σάλα μετὰ τὸ γεννῆσαι αὐτὸν τὸν Ἔβερ τριακόσια τριάκοντα ἔτη, καὶ ἐγέννησεν υἱοὺς καὶ θυγατέρας, καὶ ἀπέθανεν. ¹⁶Καὶ ἔζησεν Ἔβερ ἑκατὸν τριάκοντα τέσσερα ἔτη, καὶ ἐγέννησεν τὸν Φάλεκ. ¹⁷καὶ ἔζησεν Ἔβερ μετὰ τὸ γεννῆσαι αὐτὸν τὸν Φάλεκ ἔτη τριακόσια ἑβδομήκοντα, καὶ ἐγέννησεν υἱοὺς καὶ θυγατέ-
¶ D ρας, καὶ ἀπέθανεν.¶ ¹⁸Καὶ ἔζησεν Φάλεκ ἑκατὸν τριάκοντα ἔτη, καὶ ἐγέννησεν τὸν Ῥαγαύ. ¹⁹καὶ ἔζησεν Φάλεκ μετὰ τὸ γεννῆσαι αὐτὸν τὸν Ῥαγαὺ διακόσια ἐννέα ἔτη, καὶ ἐγέννησεν υἱοὺς καὶ θυγατέρας, καὶ ἀπέθανεν· ²⁰Καὶ ἔζησεν Ῥαγαὺ ἑκατὸν τριάκοντα δύο ἔτη, καὶ ἐγέννησεν τὸν Σερούχ. ²¹καὶ ἔζησεν Ῥαγαὺ μετὰ τὸ γεννῆσαι αὐτὸν τὸν Σεροὺχ διακόσια ἑπτὰ ἔτη, καὶ ἐγέννησεν υἱοὺς καὶ θυγατέρας, καὶ ἀπέθανεν. ²²Καὶ ἔζησεν Σεροὺχ ἑκατὸν τριάκοντα ἔτη, καὶ ἐγέννησεν τὸν Ναχώρ. ²³καὶ ἔζησεν Σεροὺχ μετὰ τὸ γεννῆσαι αὐτὸν τὸν Ναχὼρ ἔτη διακόσια, καὶ ἐγέννησεν υἱοὺς καὶ θυγατέρας, καὶ ἀπέθανεν. ²⁴Καὶ ἔζησεν Ναχὼρ ἔτη ἑβδομήκοντα ἐννέα, καὶ ἐγέννησεν τὸν Θάρα. ²⁵καὶ ἔζησεν Ναχὼρ μετὰ τὸ γεννῆσαι αὐτὸν τὸν Θάρα ἔτη ἑκατὸν εἴκοσι ἐννέα, καὶ ἐγέννησεν υἱοὺς, καὶ θυγατέρας, καὶ ἀπέθανεν. ²⁶Καὶ ἔζησεν Θάρα ἑβδομήκοντα ἔτη, καὶ ἐγέννησεν τὸν Ἀβρὰμ καὶ τὸν Ναχὼρ καὶ τὸν Ἀρράν.

²⁷Αὗται δὲ αἱ γενέσεις Θάρα· Θάρα δὲ ἐγέννησεν τὸν Ἀβρὰμ καὶ τὸν Ναχὼρ καὶ τὸν Ἀρράν, καὶ Ἀρρὰν ἐγέννησεν τὸν Λώτ. ²⁸καὶ ἀπέθανεν Ἀρρὰν ἐνώπιον Θάρα τοῦ πατρὸς αὐτοῦ ἐν τῇ γῇ ᾗ ἐγενήθη,
§ D ἐν τῇ χώρᾳ τῶν Χαλδαίων. §²⁹καὶ ἔλαβον Ἀβρὰμ καὶ Ναχὼρ ἑαυτοῖς γυναῖκας· ὄνομα τῇ γυναικὶ Ἀβρὰμ Σάρα, καὶ ὄνομα τῇ γυναικὶ Ναχὼρ Μελχά, θυγάτηρ Ἀρράν, καὶ πατὴρ Μελχὰ καὶ πατὴρ Ἰεσχά. ³⁰καὶ ἦν Σάρα στεῖρα καὶ οὐκ ἐτεκνοποίει. ³¹καὶ ἔλαβεν Θάρα τὸν Ἀβρὰμ τὸν υἱὸν αὐτοῦ καὶ τὸν Λὼτ υἱὸν Ἀρράν, υἱὸν τοῦ υἱοῦ αὐτοῦ, καὶ τὴν Σάραν τὴν νύμφην αὐτοῦ, γυναῖκα τοῦ υἱοῦ αὐτοῦ, καὶ ἐξήγαγεν αὐτοὺς

DE 14 ε]η E* (ε]ησεν Eᵇ)] ετη εκατον τριακ. D τριακ. και εκ. ετη E   15 ετη τριακοσια τριακοντα D ετη τετρακοσια πεντηκοντα E   16 ετη εκατον τριακ. τεσσερα D τεσσαρα και τριακ. ετη και εκ. E   17 Φαλκ A* (ε superscr A¹?) | ετη διακο... D εβδ. και διακοσια ετη E.   18 τριακ. και εκ. E   19 εννεα και διακ. E   20 δυο και τριακ. και εκατον ετη E .   21 επτα και διακ. E   22 om E·   23 διακοσια ετη E   24 εννεα και εβδ. ετη E   25. εννεα και εικοσι και εκ. ετη E   27 om αυται δε...και τον Αρραν E | Θαρρα Θαρρα A*ᵛⁱᵈ (ρ 1° ras bis A¹?ᵃ?)   28 Αρρα A | Θαρρα A om E | εγεννηθη E   29 ελαβεν DE | Αβραμ 1°] Αβρααμ E   30 Σαρρα E   31 τον Αβραμ] + και τον Ναχωρ D | τον υιον] om. τον E | Σαρα E | γυναικα] + Αβραμ E

ἐκ τῆς χώρας τῶν Χαλδαίων πορευθῆναι εἰς τὴν γῆν Χανάαν· ⸐καὶ ἦλθεν A
32 ἕως Χαρράν, καὶ κατῴκησεν ἐκεῖ. ³²καὶ ἐγένοντο αἱ ἡμέραι Θάρα ἐν
Χαρρὰν διακόσια πέντε ἔτη· καὶ ἀπέθανεν Θάρα ἐν Χαρράν.

XII 1 ¹Καὶ εἶπεν Κύριος τῷ Ἀβράμ Ἔξελθε ἐκ τῆς γῆς σου καὶ ἐκ τῆς
συγγενείας σου καὶ ἐκ τοῦ οἴκου τοῦ πατρός σου, εἰς τὴν γῆν ἣν ἄν σοι
2 δείξω. ²καὶ ποιήσω σε εἰς ἔθνος μέγα καὶ εὐλογήσω σε καὶ μεγαλυνῶ
3 τὸ ὄνομά σου, καὶ ἔσῃ εὐλογητός· ³καὶ εὐλογήσω τοὺς εὐλογοῦντάς σε,
καὶ τοὺς καταρωμένους σε καταράσομαι, καὶ εὐλογηθήσονται ἐν σοὶ πᾶ-
4 σαι αἱ φυλαὶ τῆς γῆς. ⁴καὶ ἐπορεύθη Ἀβράμ καθάπερ ἐλάλησεν αὐτῷ
Κύριος, καὶ ᾤχετο μετ' αὐτοῦ Λώτ· Ἀβρὰμ δὲ ἦν ἐτῶν ἑβδομήκοντα
5 πέντε ὅτε ἐξῆλθεν ἐκ Χαρράν. ⁵καὶ ἔλαβεν Ἀβρὰμ τὴν Σαρὰ γυναῖκα
αὐτοῦ καὶ τὸν Λὼτ υἱὸν τοῦ ἀδελφοῦ αὐτοῦ καὶ πάντα τὰ ὑπάρχοντα
αὐτῶν ὅσα ἐκτήσαντο καὶ πᾶσαν ψυχὴν ἣν ἐκτήσαντο ἐκ Χαρράν, καὶ
ἐξήλθοσαν πορευθῆναι εἰς γῆν Χανάαν· καὶ ἦλθον εἰς γῆν Χανάαν.
6 ⁶καὶ διώδευσεν Ἀβρὰμ εἰς τὸ μῆκος αὐτῆς ἕως τοῦ τόπου Συχέμ, ἐπὶ τὴν
7 δρῦν τὴν ὑψηλήν· οἱ δὲ Χαναναῖοι τότε κατῴκουν τὴν γῆν. ⁷καὶ ὤφθη
Κύριος τῷ Ἀβρὰμ καὶ εἶπεν αὐτῷ Τῷ σπέρματί σου δώσω τὴν γῆν
ταύτην· καὶ ᾠκοδόμησεν ἐκεῖ Ἀβρὰμ θυσιαστήριον Κυρίῳ τῷ ὀφθέντι
8 αὐτῷ. ⁸καὶ ἀπέστη ἐκεῖθεν εἰς τὸ ὄρος κατ' ἀνατολὰς Βαιθήλ, καὶ
ἔστησεν ἐκεῖ τὴν σκηνὴν αὐτοῦ ἐν Βαιθὴλ κατὰ θάλασσαν καὶ Ἀγγαὶ
κατ' ἀνατολάς· καὶ ᾠκοδόμησεν ἐκεῖ θυσιαστήριον τῷ κυρίῳ καὶ ἐπε-
9 καλέσατο ἐπὶ τῷ ὀνόματι Κυρίου. ⁹καὶ ἀπῆρεν Ἀβρὰμ καὶ πορευθεὶς
ἐστρατοπέδευσεν ἐν τῇ ἐρήμῳ.
10 ¹⁰Καὶ ἐγένετο λιμὸς ἐπὶ τῆς γῆς· καὶ κατέβη Ἀβρὰμ εἰς Αἴγυπτον
11 παροικῆσαι ἐκεῖ, ὅτι ἐνίσχυσεν ὁ λιμὸς ἐπὶ τῆς γῆς. ¹¹ἐγένετο δὲ
ἡνίκα ἤγγισεν Ἀβρὰμ εἰσελθεῖν εἰς Αἴγυπτον, εἶπεν Ἀβρὰμ Σάρα τῇ
12 γυναικὶ αὐτοῦ Γινώσκω ἐγὼ ὅτι γυνὴ εὐπρόσωπος εἶ·¶ ¹²ἔσται οὖν ὡς ¶ D
ἂν ἴδωσίν σε οἱ Αἰγύπτιοι, ἐροῦσιν ὅτι Γυνὴ αὐτοῦ ἐστιν αὐτή· καὶ
13 ἀποκτενοῦσίν με, σὲ δὲ περιποιήσονται. ¹³εἰπὸν οὖν ὅτι Ἀδελφὴ
αὐτοῦ εἰμι, ὅπως ἂν εὖ μοι γένηται διὰ σέ, καὶ ζήσεται ἡ ψυχή μου

31 πορευθηναι] πορευεσθαι D (....νεσθαι D) | εις την γην] om την E DE
32 Θαρρα (1°) D | ετη διακοσια πεντε D πεντε και διακ. ετη E   XII 1 εις
την γην] pr και δευρο E (om AD) | αν] εαν E   3 ενευλογηθησονται D^sil (και
εν...D) E   4 μετ αυτου Λωτ] μετα του Λ. D | πεντε και εβδ. ετων E
5 Σαραν DE | εξηλθοσαν] εξηλθεν DE | om και ηλθ. εις γ. Χαν. E | ηλθον]
ηλθεν D   6 Αβραμ]+την γην D^sil E | om εις το μηκος αυτης D   7 post
αυτω 2° ras 1 lit A   8 κατα ανατ. D^sil E bis. | εν Βαιθηλ] om εν D | επι τω
ονοματι] το ονομα E | post Κυριου ras 15 litt A   11 om αυτου D* (adscr
'quasi custodem' D^a)   12 ειδωσιν E | om εστιν E | αποκτεινουσιν E

ΓΕΝΕΣΙΣ XII 14

ἕνεκεν σοῦ. ¹⁴ἐγένετο δὲ ἡνίκα εἰσῆλθεν Ἀβρὰμ εἰς Αἴγυπτον, ἰδόντες οἱ Αἰγύπτιοι τὴν γυναῖκα αὐτοῦ ὅτι καλὴ ἦν σφόδρα, ¹⁵καὶ ἴδον αὐτὴν οἱ ἄρχοντες Φαραὼ καὶ ἐπῄνεσαν αὐτὴν πρὸς Φαραὼ καὶ εἰσήγαγον αὐτὴν πρὸς Φαραώ. ¹⁶καὶ τῷ Ἀβρὰμ εὖ ἐχρήσαντο δι' αὐτήν, καὶ ἐγένοντο αὐτῷ πρόβατα καὶ μόσχοι καὶ ὄνοι, παῖδες καὶ παιδίσκαι, ἡμίονοι καὶ κάμηλοι. ¹⁷καὶ ἤτασεν ὁ θεὸς τὸν Φαραὼ ἐτασμοῖς μεγάλοις καὶ πονηροῖς καὶ τὸν οἶκον αὐτοῦ περὶ Σάρας τῆς γυναικὸς Ἀβράμ. ¹⁸καλέσας δὲ Φαραὼ τὸν Ἀβρὰμ εἶπεν Τί τοῦτο ἐποίησάς μοι, ὅτι οὐκ ἀπήγγειλάς μοι ὅτι γυνή σού ἐστιν; ¹⁹ἵνα τί εἶπας ὅτι Ἀδελφή μού ἐστιν; καὶ ἔλαβον αὐτὴν ἐμαυτῷ εἰς γυναῖκα. καὶ νῦν ἰδοὺ ἡ γυνή σου ἐναντίον σου· λαβὼν ἀπότρεχε. ²⁰καὶ ἐνετείλατο Φαραὼ ἀνδράσιν περὶ Ἀβράμ, συνπροπέμψαι αὐτὸν καὶ τὴν γυναῖκα αὐτοῦ καὶ πάντα ὅσα ἦν αὐτῷ, καὶ Λὼτ μετ' αὐτοῦ.

¹Ἀνέβη δὲ Ἀβρὰμ ἐξ Αἰγύπτου αὐτὸς καὶ ἡ γυνὴ αὐτοῦ καὶ πάντα τὰ αὐτοῦ καὶ Λὼτ μετ' αὐτοῦ εἰς τὴν ἔρημον. ²Ἀβρὰμ δὲ ἦν πλούσιος σφόδρα κτήνεσιν καὶ ἀργυρίῳ καὶ χρυσίῳ. ³καὶ ἐπορεύθη ὅθεν ἦλθεν εἰς τὴν ἔρημον ἕως Βαιθήλ, ἕως τοῦ τόπου οὗ ἦν ἡ σκηνὴ αὐτοῦ τὸ πρότερον, ἀνὰ μέσον Βαιθὴλ καὶ ἀνὰ μέσον Ἀγγαί, ⁴εἰς τὸν τόπον τοῦ θυσιαστηρίου οὗ ἐποίησεν ἐκεῖ τὴν σκηνήν· καὶ ἐπεκαλέσατο ἐκεῖ Ἀβρὰμ τὸ ὄνομα Κυρίου. ⁵καὶ Λὼτ τῷ συμπορευομένῳ μετὰ Ἀβρὰμ ἦν πρόβατα καὶ βόες καὶ κτήνη. ⁶καὶ οὐκ ἐχώρει αὐτοὺς ἡ γῆ κατοικεῖν ἅμα, ὅτι ἦν τὰ ὑπάρχοντα αὐτῶν πολλά· καὶ οὐκ ἐδύναντο κατοικεῖν ἅμα. ⁷καὶ ἐγένετο μάχη ἀνὰ μέσον τῶν ποιμένων τῶν κτηνῶν τοῦ Ἀβρὰμ καὶ ἀνὰ μέσον τῶν ποιμένων τῶν κτηνῶν τοῦ Λώτ· οἱ δὲ Χαναναῖοι καὶ οἱ Φερεζαῖοι τότε κατῴκουν τὴν γῆν. ⁸εἶπεν δὲ Ἀβρὰμ τῷ Λὼτ Μὴ ἔστω μάχη ἀνὰ μέσον ἐμοῦ καὶ σοῦ, καὶ ἀνὰ μέσον τῶν ποιμένων σοῦ καὶ ἀνὰ μέσον τῶν ποιμένων μοῦ, ὅτι ἄνθρωποι ἀδελφοὶ ἡμεῖς ἐσμέν. ⁹καὶ ἰδοὺ πᾶσα ἡ γῆ ἐναντίον σου· διαχωρίσθητι ἀπ' ἐμοῦ. εἰ σὺ εἰς ἀριστερά, ἐγὼ εἰς δεξιά· εἰ δὲ σὺ εἰς δεξιά, ἐγὼ εἰς ἀριστερά. ¹⁰καὶ ἐπάρας Λὼτ τοὺς ὀφθαλμοὺς αὐτοῦ ἴδεν πᾶσαν τὴν περίχωρον τοῦ Ἰορδάνου, ὅτι πᾶσα ἦν ποτιζομένη

DE 14 om ηνικα E | ιδοντες] + ουν E | Αιγυπτιοι] Αι sup ras A^b | om αυτου E 15 om και εισηγαγον...Φαραω E 16 παιδες] αι sup ras A^a 17 ο θεος] κ̅ς̅ E' 18 ειπεν] + αυτω E 19 om οτι E | om εις E XIII 1 om αυτος E 3 ανα μεσον 1°] pr και E 4 σκηνην] αρχην E | επεκαλεσεν E 5 κτηνη] + και σκηναι E 6 om και ουκ εδυν. κατ. αμα E 8 om και σου D | ποιμ. μου...ποιμ. σου D^sil 9 και ιδου] ουχ ιδου D ουκ ειδου E | σου] + εστιν D^sil εστιν E | ει δε συ] om δε A* (superscr A¹) | εις αριστ. 2°] pr δε E 10 om αυτου D

ΓΕΝΕΣΙΣ XIV 5

πρὸ τοῦ καταστρέψαι τὸν θεόν. Σόδομα καὶ Γόμορρα ὡς ὁ παράδεισος A
11 τοῦ θεοῦ καὶ ὡς ἡ γῆ Αἰγύπτου, ἕως ἐλθεῖν εἰς Ζόγορα. ¹¹καὶ ἐξελέ-
ξατο ἑαυτῷ Λὼτ πᾶσαν τὴν περίχωρον τοῦ Ἰορδάνου, καὶ ἀπῆρεν Λὼτ
ἀπὸ ἀνατολῶν· καὶ διεχωρίσθησαν ἕκαστος ἀπὸ τοῦ ἀδελφοῦ αὐτοῦ.
12 ¹²Ἀβρὰμ δὲ κατῴκησεν ἐν γῇ Χανάαν· Λὼτ δὲ κατῴκησεν ἐν πόλει τῶν
13 περιχώρων καὶ ἐσκήνωσεν ἐν Σοδόμοις. ¹³οἱ δὲ ἄνθρωποι οἱ ἐν Σοδό-
14 μοις πονηροὶ καὶ ἁμαρτωλοὶ ἐναντίον τοῦ θεοῦ σφόδρα. ¹⁴Ὁ δὲ
θεὸς εἶπεν τῷ Ἀβρὰμ μετὰ τὸ διαχωρισθῆναι τὸν Λὼτ ἀπ' αὐτοῦ
Ἀνάβλεψον τοῖς ὀφθαλμοῖς σου καὶ ἴδε ἀπὸ τοῦ τόπου οὗ νῦν σὺ εἶ
15 πρὸς βορρᾶν καὶ λίβα καὶ ἀνατολὰς καὶ θάλασσαν· ¹⁵ὅτι πᾶσαν τὴν
γῆν ἣν σὺ ὁρᾷς, σοὶ δώσω αὐτὴν καὶ τῷ σπέρματί σου ἕως τοῦ αἰῶνος.
16 ¹⁶καὶ ποιήσω τὸ σπέρμα σου ὡς τὴν ἄμμον τῆς γῆς· εἰ δύναταί τις
ἐξαριθμῆσαι τὴν ἄμμον τῆς γῆς, καὶ τὸ σπέρμα σου ἀριθμηθήσεται.
17 ¹⁷ἀναστὰς διόδευσον τὴν γῆν εἴς τε τὸ μῆκος αὐτῆς καὶ εἰς τὸ πλάτος·
18 ὅτι σοὶ δώσω αὐτὴν καὶ τῷ σπέρματί σου εἰς τὸν αἰῶνα. ¹⁸καὶ
ἀποσκηνώσας Ἀβρὰμ ἐλθὼν κατῴκησεν παρὰ τὴν δρῦν τὴν Μαμβρήν,
ἣ ἦν ἐν Χεβρών· καὶ ᾠκοδόμησεν ἐκεῖ θυσιαστήριον Κυρίῳ.
XIV 1 ¹Ἐγένετο δὲ ἐν τῇ βασιλείᾳ τῇ Ἀμαρφὰλ βασιλέως Σενναάρ,
Ἀριὼχ βασιλεὺς Ἐλλασὰρ καὶ ὁ Χοδολλογόμορ βασιλεὺς Αἰλὰμ καὶ
2 Θαλγὰ βασιλεὺς ἐθνῶν ²ἐποίησαν πόλεμον. μετὰ Βάλλα βασιλέως
Σοδόμων καὶ μετὰ Βαρσὰ βασιλέως Γομόρρας καὶ Σενναὰρ βασιλέως
Ἀδαμὰ καὶ Συμόβορ βασιλέως Σεβωεὶμ καὶ μετὰ βασιλέως Βάλακ·
3 αὕτη ἐστὶν Σήγωρ. ³πάντες οὗτοι συνεφώνησαν ἐπὶ τὴν φάραγγα τὴν
4 ἁλυκήν· αὕτη ἡ θάλασσα τῶν ἁλῶν. ⁴δώδεκα ἔτη ἐδούλευον τῷ Χοδολ-
5 λογόμορ, τῷ δὲ τρισκαιδεκάτῳ ἔτει ἀπέστησαν. ⁵ἐν δὲ τῷ τεσσαρεσ- ¶ D
καιδεκάτῳ ἔτει ἦλθεν Χοδολλογόμορ καὶ οἱ βασιλεῖς οἱ μετ' αὐτοῦ, καὶ
κατέκοψαν τοὺς γίγαντας τοὺς ἐν Ἀσταρὼθ Καρνάιν, καὶ ἔθνη ἰσχυρὰ

10 η γη] om η E   11 απο ανατ.] ανθ ανατ. E.| απο του αδελφου] προς DE
τον αδελφον αδελφον E* (om αδ. 2° Eᵃ)   12 om δε 1° D* (superscr Dᵃ) |
εσκηνωσεν D (εσκην..) E] ενσκηνωσεν A | om ε 3° E   14 θεος κ̅ς̅ E | χω-
ρισθηναι D | απ αυτου τον Λωτ E | αναβλεψας DE | om και 1° D | βορρα D
(...ρα D)   15 πασα η γη D   16 γης 1°] θαλασσης E | om ει δυναται...
της γης E   17 πλατος]+αυτης D (...της D) E | om και τω σπερματι...αιωνα
DE   18 Μαμβρη Dˢⁱˡ | Κυριω] pr τω DE   XIV 1 ante εγεν. ras 2
litt A | τη 2°] του E | βασιλεως] βασιλευς D | Σενααρ E | Σελλασαρ A | ο
Χοδολλογομορ] om ο DE | [X]οδολλα[γομορ] D | Σαιλαμ D | Θαλγαλ (Θαλ-
γαδ?) D Θαργαλ E   2 Βαλλα] Βαρα E | βασιλεως 3°] βασιλευς E | Σα-
δαμα E | Συμοβορ] οβορ sup ras 4 litt A¹¹ᵃ?| om μετα 3° E | Βαλακ] Βαλα E
3 αυτη]+εστιν E   4 Χοδαλλογομορ D | om ετει E   5 τους 2°] του
A om E | Αστερωθ E | Καρναιν] και Ναιν (?Καιναιν) E

21

XIV 6 ΓΕΝΕΣΙΣ

(A) (D) ἅμα αὐτοῖς, καὶ τοὺς Σομαίους τοὺς ἐν Σαυῇ τῇ πόλει, ⁶καὶ τοὺς 6
Χορραίους τοὺς ἐν τοῖς ὄρεσιν Σηείρ, ἕως τῆς τερεμίνθου τῆς Φαράν,
¶ Ε ἥ ἐστιν ἐν τῇ ἐρήμῳ.¶ ⁷καὶ ἀναστρέψαντες ἤλθοσαν ἐπὶ τὴν πηγὴν 7
τῆς κρίσεως, αὕτη ἐστὶν Καδής, καὶ κατέκοψαν πάντας τοὺς ἄρχοντας
Ἀμαλὴκ καὶ τοὺς Ἀμορραίους τοὺς κατοικοῦντας ἐν Ἀσασὰν Θαμάρ.
⁸ἐξῆλθεν δὲ βασιλεὺς Σοδόμων καὶ βασιλεὺς Γομόρρας καὶ βασιλεὺς 8
Ἀδαμὰ καὶ βασιλεὺς Σεβωεὶμ καὶ βασιλεὺς Βάλακ, αὕτη ἐστὶν Σήγωρ,
καὶ παρετάξαντο αὐτοῖς εἰς πόλεμον ἐν τῇ κοιλάδι τῇ ἁλυκῇ, ⁹πρὸς 9
Χοδολλογόμορ βασιλέα Αἰλὰμ καὶ Θαλγὰλ βασιλέα ἐθνῶν καὶ Ἀμαρφὰλ
βασιλέα Σενναὰρ καὶ Ἀριὼχ βασιλέα Ἐλλασάρ, οἱ τέσσαρες οὗτοι
βασιλεῖς πρὸς τοὺς πέντε. ¹⁰ἡ δὲ κοιλὰς ἡ ἁλυκὴ φρέατα ἀσφάλτου. 10
ἔφυγεν δὲ βασιλεὺς Σοδόμων καὶ βασιλεὺς Γομόρρας, καὶ ἐνέπεσαν
ἐκεῖ· οἱ δὲ καταλειφθέντες εἰς τὴν ὀρινὴν ἔφυγον. ¹¹ἔλαβεν δὲ τὴν 11
ἵππον πᾶσαν τὴν Σοδόμων καὶ Γομόρρας καὶ πάντα τὰ βρώματα
αὐτῶν, καὶ ἀπῆλθον. ¹²ἔλαβον δὲ καὶ τὸν Λὼτ υἱὸν τοῦ ἀδελφοῦ 12
Ἀβρὰμ καὶ τὴν ἀποσκευὴν αὐτοῦ, καὶ ἀπῴχοντο· ἦν γὰρ κατοικῶν
§ D ἐν Σοδόμοις. ¹³παραγενόμενος δὲ τῶν ἀνασωθέντων τις ἀπήγγειλεν 13
Ἀβρὰμ τῷ περάτῃ· αὐτὸς δὲ κατῴκει ἐν τῇ δρυὶ τῇ Μαμβρῇ ὁ Ἀμορις
τοῦ ἀδελφοῦ Ἐσχὼλ καὶ τοῦ ἀδελφοῦ Αὐνάν, οἱ ἦσαν συνωμόται
τοῦ Ἀβράμ. ¹⁴ἀκούσας δὲ Ἀβρὰμ ὅτι ᾐχμαλωτεύθη Λὼτ ὁ ἀδελφὸς 14
αὐτοῦ, ἠρίθμησεν τοὺς ἰδίους οἰκογενεῖς αὐτοῦ, τριακοσίους δέκα καὶ
¶ Α ὀκτώ, καὶ κατεδίωξεν¶ ὀπίσω αὐτῶν ἕως Δάν. ¹⁵καὶ ἐπέπεσεν 15
ἐπ' αὐτοὺς τὴν νύκτα αὐτὸς καὶ οἱ παῖδες αὐτοῦ, καὶ ἐπάταξεν αὐτούς,
καὶ ἐδίωξεν αὐτοὺς ἕως Χωβάλ, ἥ ἐστιν ἐν ἀριστερᾷ Δαμασκοῦ.
¹⁶καὶ ἀπέστρεψεν πᾶσαν τὴν ἵππον Σοδόμων· καὶ Λὼτ τὸν ἀδελφὸν 16
αὐτοῦ ἀπέστρεψεν καὶ πάντα τὰ ὑπάρχοντα αὐτοῦ καὶ τὰς γυναῖκας
καὶ τὸν λαόν. ¹⁷Ἐξῆλθεν δὲ βασιλεὺς Σοδόμων εἰς συνάντησιν 17
αὐτῷ, μετὰ τὸ ὑποστρέψαι αὐτὸν ἀπὸ τῆς κοπῆς τοῦ Χοδαλλογόμορ καὶ
§ Α τῶν §βασιλέων τῶν μετ' αὐτοῦ, εἰς τὴν κοιλάδα τὴν Σαύην· τοῦτο ἦν τὸ
πεδίον βασιλέως. ¹⁸καὶ Μελχισέδεκ βασιλεὺς Σαλὴμ ἐξήνεγκεν ἄρτους 18
καὶ οἶνον· ἦν δὲ ἱερεὺς τοῦ θεοῦ τοῦ ὑψίστου. ¹⁹καὶ ηὐλόγησεν τὸν 19
Ἀβρὰμ καὶ εἶπεν Εὐλογημένος Ἀβρὰμ τῷ θεῷ τῷ ὑψίστῳ, ὃς ἔκτισεν

DE 5 Σομμαιους E | τους εν Σαυη] om τους E   6 Χορδαιους E | τερμινθου
E   9 Αμαρφαλ] λ sup ras Aᵇ | om και 3° A   12 Αβραν A
13 Αβραμ] pr τω D | εν τη δρυι] προς τη δρ. D | Αμορρις D   14 δεκα και
οκτω και τριακ. D (δε⋯σιους D) | κατε.. A   17 της σκοπης D | Σαυη
D | πεδ. βασιλεως] ε 1° et s sup ras Aᵃ πεδ. βασιλεων D(?)

ΓΕΝΕΣΙΣ   XV 15

20 τὸν οὐρανὸν καὶ τὴν γῆν· ²⁰καὶ εὐλογητὸς ὁ θεὸς ὁ ὕψιστος, ὃς παρέ- (A) (D)
δωκεν τοὺς ἐχθρούς σου ὑποχειρίους σοι. καὶ ἔδωκεν αὐτῷ δεκάτην
21 ἀπὸ πάντων. ²¹εἶπεν δὲ βασιλεὺς Σοδόμων πρὸς Ἀβράμ Δός μοι τοὺς
22 ἄνδρας, τὴν δὲ ἵππον λάβε σεαυτῷ. ²²εἶπεν δὲ Ἀβρὰμ πρὸς βασιλέα
Σοδόμων Ἐκτενῶ τὴν χεῖρά μου πρὸς τὸν θεὸν τὸν ὕψιστον, ὃς ἔκτισεν
23 τὸν οὐρανὸν καὶ τὴν γῆν, ²³εἰ ἀπὸ σπαρτίου ἕως σφαιρωτῆρος ὑπο-
δήματος λήμψομαι ἀπὸ πάντων τῶν σῶν· ἵνα μὴ εἴπῃς ὅτι Ἐγὼ ἐπλού-
24 τισα τὸν Ἀβράμ· ²⁴πλὴν ὧν ἔφαγον οἱ νεανίσκοι καὶ τῆς μερίδος τῶν
ἀνδρῶν τῶν συμπορευθέντων μετ' ἐμοῦ, Ἐσχώλ, Αὐνάν, Μαμβρή·
οὗτοι λήμψονται μερίδα.

XV 1 ¹Μετὰ δὲ τὰ ῥήματα ταῦτα ἐγενήθη ῥῆμα Κυρίου πρὸς Ἀβρὰμ ἐν
ὁράματι λέγων Μὴ φοβοῦ, Ἀβράμ· ἐγὼ ὑπερασπίζω σου· ὁ μισθός
2 σου πολύς ἔσται σφόδρα. ²λέγει δὲ Ἀβράμ Δέσποτα Κύριε, τί μοι ¶A
δώσεις; ἐγὼ δὲ ἀπολύομαι ἄτεκνος· ὁ δὲ υἱὸς Μάσεκ τῆς οἰκογενοῦς
3 μου, οὗτος Δαμασκὸς Ἐλιέζερ. ³καὶ εἶπεν Ἀβράμ Ἐπειδὴ ἐμοὶ
4 οὐκ ἔδωκας σπέρμα, ὁ δὲ οἰκογενής μου κληρονομήσει με. ⁴καὶ εὐθὺς
φωνὴ Κυρίου ἐγένετο πρὸς αὐτὸν λέγων Οὐ κληρονομήσει σε οὗτος·
5 ἀλλ' ὃς ἐξελεύσεται ἐκ σοῦ, οὗτος κληρονομήσει σε. ⁵ἐξήγαγεν δὲ
αὐτὸν ἔξω καὶ εἶπεν πρὸς αὐτὸν Ἀνάβλεψον δὴ εἰς τὸν οὐρανὸν καὶ
ἀρίθμησον τοὺς ἀστέρας, εἰ δύνῃ ἐξαριθμῆσαι αὐτούς. καὶ εἶπεν
6 Οὕτως ἔσται τὸ σπέρμα σου. ⁶καὶ ἐπίστευσεν Ἀβρὰμ τῷ θεῷ, §A
7 καὶ ἐλογίσθη αὐτῷ εἰς δικαιοσύνην. ⁷εἶπεν δὲ αὐτῷ Ἐγὼ ὁ θεὸς
ὁ ἐξαγαγών σε ἐκ χώρας Χαλδαίων, ὥστε δοῦναί σοι τὴν γῆν ταύτην
8 κληρονομῆσαι. ⁸εἶπεν δέ Δέσποτα Κύριε, κατὰ τί γνώσομαι ὅτι κλη-
9 ρονομήσω αὐτήν; ⁹εἶπεν δὲ αὐτῷ Λάβε μοι δάμαλιν τριετίζουσαν καὶ
αἶγα τριετίζουσαν καὶ κριὸν τριετίζοντα καὶ τρυγόνα καὶ περιστεράν.
10 ¹⁰ἔλαβεν δὲ αὐτῷ πάντα ταῦτα, καὶ διεῖλεν αὐτὰ μέσα, καὶ ἔθηκεν
11 αὐτὰ ἀντιπρόσωπα ἀλλήλοις· τὰ δὲ ὄρνεα οὐ διεῖλεν. ¹¹κατέβη δὲ
ὄρνεα ἐπὶ τὰ σώματα, τὰ διχοτομήματα αὐτῶν· καὶ συνεκάθισεν αὐτοῖς
12 Ἀβράμ. ¹²περὶ δὲ ἡλίου δυσμὰς ἔκστασις ἐπέπεσεν τῷ Ἀβράμ, καὶ
13 ἰδοὺ φόβος σκοτινὸς μέγας ἐπέπιπτει αὐτῷ. ¹³καὶ ἐρρέθη πρὸς Ἀβράμ
Γινώσκων γνώσῃ ὅτι πάροικον ἔσται τὸ σπέρμα σου ἐν γῇ οὐκ ἰδίᾳ,
καὶ κακώσουσιν αὐτὸ καὶ δουλώσουσιν αὐτοὺς καὶ ταπεινώσουσιν
14 αὐτοὺς τετρακόσια ἔτη. ¹⁴τὸ δὲ ἔθνος ᾧ ἐὰν δουλεύσωσιν κρινῶ ἐγώ·
15 μετὰ δὲ ταῦτα ἐξελεύσονται ὧδε μετὰ ἀποσκευῆς πολλῆς. ¹⁵σὺ δὲ

20 παρεδωκεν] εδωκεν D   21 βασιλευς] pr ο D   23 σφαιρ.] σ D
superscr A¹ᵗᵃᵗ σφερ. D   24 Εσχωλ D^(sil) Εισχωλ A   XV 1 πολυς]
πο.. A   7 κληρονομησαι]+αυτην D   10 αυτω] εαυτω D   13 Αβραὺ A

23

(A) (D) ἀπελεύσῃ πρὸς τοὺς πατέρας σου μετ' εἰρήνης, τραφεὶς ἐν γήρει καλῷ.
¶ A ¹⁶τετάρτῃ δὲ¹ γενεᾷ ἀποστραφήσονται ὧδε· οὔπω γὰρ ἀναπεπλή- 16
ρωνται αἱ ἁμαρτίαι τῶν Ἀμορραίων ἕως τοῦ νῦν.— ¹⁷ἐπεὶ δὲ ἐγίνετο 17
ὁ ἥλιος πρὸς δυσμαῖς, φλὸξ ἐγένετο· καὶ ἰδοὺ κλίβανος καπνιζόμενος
καὶ λαμπάδες πυρός, αἳ διῆλθον ἀνὰ μέσον τῶν διχοτομημάτων τού-
των. ¹⁸ἐκεῖ διέθετο ὁ θεὸς τῷ Ἀβρὰμ διαθήκην λέγων Τῷ σπέρματί 18
σου δώσω τὴν γῆν ταύτην, ἀπὸ τοῦ ποταμοῦ Αἰγύπτου ἕως τοῦ
ποταμοῦ τοῦ μεγάλου Εὐφράτου· ¹⁹τοὺς Κεναίους καὶ τοὺς Κενεζαίους 19
§ A καὶ τοὺς Κελμωναίους ⁵²⁰καὶ τοὺς Χετταίους καὶ τοὺς Φερεζαίους καὶ 20
τοὺς Ῥαφαεὶν ⁽²¹⁾καὶ τοὺς Ἀμορραίους καὶ τοὺς Χαναναίους καὶ τοὺς
Εὐαίους καὶ τοὺς Γεργεσαίους καὶ τοὺς Ἰεβουσαίους.

¹Σάρα δὲ ἡ γυνὴ Ἀβρὰμ οὐκ ἔτικτεν αὐτῷ· ἦν δὲ αὐτῇ παιδίσκη 1 XVI
Αἰγυπτία ᾗ ὄνομα Ἁγάρ. ²εἶπεν δὲ Σάρα πρὸς Ἀβράμ Ἰδοὺ συνέ- 2
κλεισέν με Κύριος τοῦ μὴ τίκτειν· εἴσελθε οὖν πρὸς τὴν παιδίσκην
μου, ἵνα τεκνοποιήσεις ἐξ αὐτῆς. ὑπήκουσεν δὲ Ἀβρὰμ τῆς φωνῆς
αὐτῆς. ³καὶ λαβοῦσα Σάρα ἡ γυνὴ Ἀβρὰμ Ἁγὰρ τὴν Αἰγυπτίαν τὴν 3
ἑαυτῆς παιδίσκην, μετὰ δέκα ἔτη τοῦ οἰκῆσαι Ἀβρὰμ ἐν γῇ Χανάαν,
καὶ ἔδωκεν αὐτὴν τῷ Ἀβρὰμ ἀνδρὶ αὐτῆς αὐτῷ γυναῖκα. ⁴καὶ εἰσῆλθεν 4
πρὸς Ἁγάρ, καὶ συνέλαβεν· καὶ ἴδεν ὅτι ἐν γαστρὶ ἔχει, καὶ ἠτιμάσθη
ἡ κυρία ἐναντίον αὐτῆς. ⁵εἶπεν δὲ Σάρα πρὸς Ἀβράμ Ἀδικοῦμαι ἐκ 5
σοῦ· ἐγὼ δέδωκα τὴν παιδίσκην μου εἰς τὸν κόλπον σου· ἰδοῦσα δὲ
ὅτι ἐν γαστρὶ ἔχει, ἠτιμάσθην ἐναντίον αὐτῆς. κρίναι ὁ θεὸς ἀνὰ
μέσον ἐμοῦ καὶ σοῦ. ⁶εἶπεν δὲ Ἀβρὰμ πρὸς Σάραν Ἰδοὺ ἡ παιδίσκη 6
¶ A σου ἐναντίον¹ σου· χρῶ αὐτῇ ὡς δ' ἄν σοι ἀρεστὸν ᾖ. καὶ ἐκάκωσεν
αὐτὴν Σάρα, καὶ ἀπέδρα ἀπὸ προσώπου αὐτῆς. ⁷εὗρεν δὲ αὐτὴν 7
ἄγγελος Κυρίου τοῦ θεοῦ ἐπὶ τῆς πηγῆς τοῦ ὕδατος ἐν τῇ ἐρήμῳ, ἐπὶ
τῆς πηγῆς ἐν τῇ ὁδῷ Σούρ. ⁸καὶ εἶπεν αὐτῇ ὁ ἄγγελος Κυρίου Ἁγὰρ 8
παιδίσκη Σάρας, πόθεν ἔρχῃ; καὶ ποῦ πορεύῃ; καὶ εἶπεν Ἀπὸ προσ-
ώπου Σάρας τῆς κυρίας μου ἐγὼ ἀποδιδράσκω. ⁹εἶπεν δὲ αὐτῇ ὁ ἄγγελος 9
Κυρίου Ἀποστράφηθι πρὸς τὴν κυρίαν σου καὶ ταπεινώθητι ὑπὸ τὰς
§ A χεῖρας αὐτῆς. ⁵¹⁰καὶ εἶπεν αὐτῇ ὁ ἄγγελος Κυρίου Πληθύνων πληθυ- 10
νῶ τὸ σπέρμα σου, καὶ οὐκ ἀριθμήσεται ἀπὸ τοῦ πλήθους. ¹¹καὶ 11
εἶπεν αὐτῇ ὁ ἄγγελος Κυρίου Ἰδοὺ σὺ ἐν γαστρὶ ἔχεις, καὶ τέξῃ υἱόν,
καὶ καλέσεις τὸ ὄνομα αὐτοῦ Ἰσμαήλ, ὅτι ἐπήκουσεν Κύριος τῇ ταπει-

D   15 μετ ειρηνης τραφεις] τραφεις εν ειρηνη D   17 εγεινετο D   19 Κελ-
μων. (sic) D   XVI 2 Αβραμ 1°] + εν γη Χανααν D (...Χανααν D) | ιδου]
+ δη D (δ...D) | ουν προς τ sup ras A¹ | τεκνοποιησω D   3 om Σαρα D |
τω Αβραμ] Αβραμ τω D   6 εναντιον] εν ταις χερσι Dˢⁱˡ   9 αποστρα-
φητι D   10 πληθους] + σου A* ᵛⁱᵈ (ras A1?a?)

ΓΕΝΕΣΙΣ XVII 14

12 νώσει σου. γ ¹²οὗτος ἔσται ἄγροικος ἄνθρωπος· αἱ χεῖρες αὐτοῦ ἐπὶ A
πάντας, καὶ αἱ χεῖρες πάντων ἐπ᾽ αὐτόν, καὶ κατὰ πρόσωπον πάντων
13 τῶν ἀδελφῶν αὐτοῦ κατοικήσει. ¹³καὶ ἐκάλεσεν Ἀγὰρ τὸ ὄνομα Κυ-
ρίου τοῦ λαλοῦντος πρὸς αὐτήν Σὺ ὁ θεὸς ὁ ἐφιδών με· ὅτι εἶπεν Καὶ
14 γὰρ ἐνώπιον ἶδον ὀφθέντα μοι. ¹⁴ἕνεκεν τούτου ἐκάλεσεν τὸ φρέαρ
Φρέαρ οὗ ἐνώπιον ἶδον· ἰδοὺ ἀνὰ μέσον Καδὴς καὶ ἀνὰ μέσον Βάραδ.
15 ¹⁵καὶ ἔτεκεν Ἀγὰρ τῷ Ἀβρὰμ υἱόν, καὶ ἐκάλεσεν Ἀβρὰμ τὸ ὄνομα τοῦ
16 υἱοῦ αὐτοῦ, ὃν ἔτεκεν αὐτῷ Ἀγάρ, Ἰσμαήλ. ¹⁶Ἀβρὰμ δὲ ἦν ὀγδοή-
κοντα ἐξ ἐτῶν ἡνίκα ἔτεκεν Ἀγὰρ τὸν Ἰσμαὴλ τῷ Ἀβράμ.

XVII 1 ¹Ἐγένετο δὲ Ἀβρὰμ ἐτῶν ἐνενήκοντα ἐννέα, καὶ ὤφθη Κύριος τῷ
Ἀβρὰμ καὶ εἶπεν αὐτῷ Ἐγώ εἰμι ὁ θεός σου· εὐαρέστει ἐναντίον ἐμοῦ,
2 καὶ γίνου ἄμεμπτος· ²καὶ θήσομαι τὴν διαθήκην μου ἀνὰ μέσον μοῦ
3 καὶ ἀνὰ μέσον σοῦ, καὶ πληθυνῶ σε σφόδρα. ³καὶ ἔπεσεν Ἀβρὰμ
4 ἐπὶ πρόσωπον αὐτοῦ, καὶ ἐλάλησεν αὐτῷ ὁ θεὸς λέγων, ⁴Καὶ ἐγώ, ἰδοὺ
5 ἡ διαθήκη μου μετὰ σοῦ· καὶ ἔσῃ πατὴρ πλήθους ἐθνῶν. ⁵καὶ οὐ
κληθήσεται ἔτι τὸ ὄνομά σου Ἀβράμ, ἀλλ᾽ ἔσται Ἀβραὰμ τὸ ὄνομά
6 σου· ὅτι πατέρα πολλῶν ἐθνῶν τέθεικά σε. ⁶καὶ αὐξανῶ σε σφόδρα,
7 καὶ θήσω σε εἰς ἔθνη, καὶ βασιλεῖς ἐκ σοῦ ἐξελεύσονται. ⁷καὶ στήσω
τὴν διαθήκην μου ἀνὰ μέσον ἐμοῦ καὶ ἀνὰ μέσον σοῦ καὶ ἀνὰ μέσον
τοῦ σπέρματός σου μετὰ σὲ εἰς γενεὰς αὐτῶν εἰς διαθήκην αἰώνιον,
8 εἶναί σου θεὸς καὶ τοῦ σπέρματός σου μετὰ σέ. ⁸καὶ δώσω σοι καὶ
τῷ σπέρματί σου μετὰ σὲ τὴν γῆν ἣν παροικεῖς, πᾶσαν τὴν γῆν
9 Χανάαν εἰς κατάσχεσιν αἰώνιον· καὶ ἔσομαι αὐτοῖς θεός. ⁹καὶ εἶπεν
ὁ θεὸς πρὸς Ἀβραάμ Σὺ δὲ τὴν διαθήκην μου διατηρήσεις, σὺ καὶ τὸ
10 σπέρμα σου μετὰ σὲ εἰς τὰς γενεὰς αὐτῶν. ¹⁰καὶ αὕτη ἡ διαθήκη ἣν
διατηρήσεις ἀνὰ μέσον ἐμοῦ καὶ ὑμῶν, καὶ ἀνὰ μέσον τοῦ σπέρματός
σου μετὰ σὲ εἰς τὰς γενεὰς αὐτῶν· περιτμηθήσεται ὑμῶν πᾶν ἀρσε- ¶D
11 νικόν. ¹¹καὶ περιτμηθήσεσθε τὴν σάρκα τῆς ἀκροβυστίας ὑμῶν, καὶ
12 ἔσται ἐν σημείῳ διαθήκης ἀνὰ μέσον ἐμοῦ καὶ ὑμῶν. ¹²καὶ παιδίον
ὀκτὼ ἡμερῶν περιτμηθήσεται ὑμῖν πᾶν ἀρσενικὸν εἰς τὰς γενεὰς ὑμῶν·
ὁ οἰκογενὴς τῆς οἰκίας σου, καὶ ὁ ἀργυρώνητος ἀπὸ παντὸς υἱοῦ ἀλλο-
13 τρίου, ὃς οὐκ ἔστιν ἐκ τοῦ σπέρματός σου, ¹³περιτομῇ περιτμηθήσεται,
ὁ οἰκογενὴς τῆς οἰκίας σου καὶ ὁ ἀργυρώνητος. καὶ ἔσται ἡ διαθήκη
14 μου ἐπὶ τῆς σαρκὸς ὑμῶν εἰς διαθήκην αἰώνιον. ¹⁴καὶ ἀπερίτμητος
ἄρσην, ὃς οὐ περιτμηθήσεται τὴν σάρκα τῆς ἀκροβυστίας αὐτοῦ τῇ

ει | 13 om Αγαρ D | σου]+ει D 16 Α. δε ην ετων... D XVII 5 D
Αβρ, το ον. σου] ...μα σου Αβρα.. D 6 σφοδρα σφο... D 8—9 κεις
πασαν......θεος sup ras A¹ | ..s πασαν την γην D

ΓΕΝΕΣΙΣ

A ἡμέρᾳ τῇ ὀγδόῃ, ἐξολεθρευθήσεται ἡ ψυχὴ ἐκείνη ἐκ τοῦ γένους αὐτῆς· ὅτι τὴν διαθήκην μοῦ διεσκέδασεν. ¹⁵Εἶπεν δὲ ὁ θεὸς τῷ Ἀβραάμ 15 Σάρα ἡ γυνή σου, οὐ κληθήσεται τὸ ὄνομα αὐτῆς Σάρα, ἀλλὰ Σάρρα ἔσται τὸ ὄνομα αὐτῆς· ¹⁶εὐλογήσω δὲ αὐτήν, καὶ δώσω σοι ἐξ αὐτῆς 16 τέκνον. καὶ εὐλογήσω αὐτόν, καὶ ἔσται εἰς ἔθνη, καὶ βασιλεῖς ἐθνῶν. ἐξ αὐτοῦ ἔσονται. ¹⁷καὶ ἔπεσεν Ἀβραὰμ ἐπὶ πρόσωπον καὶ ἐγέλασεν 17 καὶ εἶπεν ἐν τῇ διανοίᾳ αὐτοῦ λέγων Εἰ τῷ ἑκατονταετεῖ γενήσεται υἱός, καὶ εἰ Σάρρα ἐνενήκοντα ἐτῶν γενήσεται;· ¹⁸εἶπεν δὲ Ἀβραὰμ 18 πρὸς τὸν θεόν Ἰσμαὴλ οὗτος ζήτω ἐναντίον σου.· ¹⁹εἶπεν δὲ ὁ θεὸς 19 πρὸς Ἀβραάμ Ναί· ἰδοὺ Σάρρα ἡ γυνή σου τέξεταί σοι υἱόν, καὶ καλέσεις τὸ ὄνομα αὐτοῦ Ἰσαάκ· καὶ στήσω τὴν διαθήκην μου πρὸς αὐτὸν εἰς διαθήκην αἰώνιον, καὶ τῷ σπέρματι αὐτοῦ μετ' αὐτόν. ²⁰περὶ 20 δὲ Ἰσμαὴλ ἰδοὺ ἐπήκουσά σου· καὶ εὐλόγησα αὐτόν, καὶ αὐξανῶ αὐτὸν καὶ πληθυνῶ αὐτὸν σφόδρα· δώδεκα ἔθνη γεννήσει, καὶ δώσω αὐτὸν εἰς ἔθνος μέγα. ²¹τὴν δὲ διαθήκην μου στήσω πρὸς Ἰσαάκ, ὃν τέξεταί 21 σοι Σάρρα εἰς τὸν καιρὸν τοῦτον ἐν τῷ ἐνιαυτῷ τῷ ἑτέρῳ. ²²συνετέ- λεσεν δὲ λαλῶν πρὸς αὐτόν, καὶ ἀνέβη ὁ θεὸς ἀπὸ Ἀβραάμ. ²³Καὶ 23 ἔλαβεν Ἀβραὰμ Ἰσμαὴλ τὸν υἱὸν αὐτοῦ καὶ πάντας τοὺς οἰκογενεῖς αὐτοῦ καὶ πάντας τοὺς ἀργυρωνήτους καὶ πᾶν ἄρσεν τῶν ἀνδρῶν τῶν ἐν τῷ οἴκῳ Ἀβραάμ, καὶ περιέτεμεν τὰς ἀκροβυστίας αὐτῶν ἐν τῷ καιρῷ τῆς ἡμέρας ἐκείνης, καθὰ ἐλάλησεν αὐτῷ ὁ θεός. ²⁴Ἀβραὰμ δὲ 24 ἦν ἐνενήκοντα ἐννέα ἐτῶν, ἡνίκα περιέτεμεν τὴν σάρκα τῆς ἀκροβυστίας αὐτοῦ· ²⁵Ἰσμαὴλ δὲ ὁ υἱὸς αὐτοῦ ἐτῶν δέκα τριῶν ἦν, ἡνίκα περι- 25 ετμήθη τὴν σάρκα τῆς ἀκροβυστίας αὐτοῦ. ²⁶ἐν τῷ καιρῷ τῆς ἡμέρας 26 ἐκείνης περιετμήθη Ἀβραὰμ καὶ Ἰσμαὴλ ὁ υἱὸς αὐτοῦ· ²⁷καὶ πάντες οἱ 27 ἄνδρες τοῦ οἴκου αὐτοῦ καὶ οἱ οἰκογενεῖς καὶ οἱ ἀργυρώνητοι ἐξ ἀλλογενῶν ἐθνῶν, περιέτεμεν αὐτούς.

¹Ὤφθη δὲ αὐτῷ ὁ θεὸς πρὸς τῇ δρυὶ τῇ Μαμβρή, καθημένου αὐτοῦ 1 XV ἐπὶ τῆς θύρας τῆς σκηνῆς αὐτοῦ μεσημβρίας. ²ἀναβλέψας δὲ τοῖς 2 ὀφθαλμοῖς αὐτοῦ ἴδεν, καὶ ἰδοὺ τρεῖς ἄνδρες ἱστήκεισαν ἐπάνω αὐτοῦ. καὶ ἰδὼν προσέδραμεν εἰς συνάντησιν αὐτοῖς ἀπὸ τῆς θύρας τῆς σκη-
§ D νῆς αὐτοῦ, καὶ ¹προσεκύνησεν ἐπὶ τὴν γῆν. ³καὶ εἶπεν Κύριε, εἰ ἄρα 3 εὗρον χάριν ἐναντίον σου, μὴ παρέλθῃς τὸν παῖδά σου. ⁴λημφθήτω 4 δὴ ὕδωρ, καὶ νιψάτω τοὺς πόδας ὑμῶν· καὶ καταψύξατε ὑπὸ τὸ δένδρον. ⁵καὶ λήμψομαι ἄρτον, καὶ φάγεσθε· καὶ μετὰ τοῦτο παρε- 5

D 20 αυτον 1°] inter αν et τον ras 14 vel 15 litt A (και αυξανω αυτον bis scr A*vid) XVIII 2'..κυνησεν D 3 παιδα] δουλον D 4 νιψατωσαν Dsil

ΓΕΝΕΣΙΣ XVIII 23

λεύσεσθε εἰς τὴν ὁδὸν ὑμῶν, οὗ εἵνεκεν ἐξεκλίνατε πρὸς τὸν παῖδα A
16 ὑμῶν. καὶ εἶπεν Οὕτως ποίησον καθὼς εἴρηκας. ⁶καὶ ἔσπευσεν
Ἀβραὰμ ἐπὶ τὴν σκηνὴν πρὸς Σάρραν καὶ εἶπεν αὐτῇ Σπεῦσον καὶ
7 φύρασον τρία μέτρα σεμιδάλεως καὶ ποίησον ἐγκρυφίας. ⁷καὶ εἰς τὰς
βόας ἔδραμεν Ἀβραάμ, καὶ ἔλαβον μοσχάριον ἁπαλὸν καὶ καλόν, καὶ
8 ἔδωκεν τῷ παιδί, καὶ ἐτάχυνεν τοῦ ποιῆσαι αὐτό. ⁸ἔλαβεν δὲ βού-
τυρον καὶ γάλα καὶ τὸ μοσχάριον ὃ ἐποίησεν, καὶ παρέθηκεν αὐτοῖς,
9 καὶ ἐφάγοσαν· αὐτὸς δὲ παριστήκει αὐτοῖς ὑπὸ τὸ δένδρον. ⁹εἶπεν
δὲ πρὸς αὐτόν Ποῦ Σάρρα ἡ γυνή σου; ὁ δὲ ἀποκριθεὶς εἶπεν Ἰδοὺ
10 ἐν τῇ σκηνῇ. ... ¹⁰εἶπεν δέ Ἐπαναστρέφων ἥξω πρὸς σὲ κατὰ τὸν
καιρὸν τοῦτον εἰς ὥρας, καὶ ἕξει υἱὸν Σάρρα ἡ γυνή σου. Σάρρα δὲ
11 ἤκουσεν πρὸς τῇ θύρᾳ τῆς σκηνῆς, οὖσα ὄπισθεν αὐτοῦ. ¹¹Ἀβραὰμ
δὲ καὶ Σάρρα πρεσβύτεροι προβεβηκότες ἡμερῶν· ἐξέλειπεν δὲ Σάρρᾳ
12 γίνεσθαι τὰ γυναίκια. ¹²ἐγέλασεν δὲ Σάρρα ἐν ἑαυτῇ λέγουσα Οὔπω
13 μέν μοι γέγονεν ἕως τοῦ νῦν· ὁ δὲ κύριός μου πρεσβύτερος. ¹³καὶ
εἶπεν Κύριος πρὸς Ἀβραάμ Ὅτι ἐγέλασεν Σάρρα ἐν ἑαυτῇ λέγουσα
14 Ἆρά γε ἀληθῶς τέξομαι; ἐγὼ δὲ γεγήρακα. ¹⁴μὴ ἀδυνατεῖ παρὰ τῷ
θεῷ ῥῆμα; εἰς τὸν καιρὸν τοῦτον ἀναστρέψω πρὸς σὲ εἰς ὥρας, καὶ
15 ἔσται τῇ Σάρρᾳ υἱός. ¹⁵ἠρνήσατο δὲ Σάρρα λέγουσα Οὐκ ἐγέλασα·
16 ἐφοβήθη γάρ. καὶ εἶπεν Οὐχί, ἀλλὰ ἐγέλασας. ¹⁶Ἐξανα-
στάντες δὲ ἐκεῖθεν οἱ ἄνδρες κατέβλεψαν ἐπὶ πρόσωπον Σοδόμων
καὶ Γομόρρας· Ἀβραὰμ δὲ συνεπορεύετο μετ' αὐτῶν συνπροπέμπων
17 αὐτούς. ¹⁷ὁ δὲ κύριος εἶπεν Μὴ κρύψω ἐγὼ ἀπὸ Ἀβραὰμ τοῦ παιδός
18 μου ἃ ἐγὼ ποιῶ; ¹⁸Ἀβραὰμ δὲ γινόμενος ἔσται εἰς ἔθνος μέγα καὶ
19 πολύ, καὶ ἐνευλογηθήσονται ἐν αὐτῷ πάντα τὰ ἔθνη τῆς γῆς. ¹⁹ᾔδειν
γὰρ ὅτι συντάξει τοῖς υἱοῖς αὐτοῦ καὶ τῷ οἴκῳ αὐτοῦ μεθ' ἑαυτόν, καὶ
φυλάξουσιν τὰς ὁδοὺς Κυρίου ποιεῖν δικαιοσύνην καὶ κρίσιν, ὅπως
ἂν ἐπαγάγῃ Κύριος ἐπὶ Ἀβραὰμ πάντα ὅσα ἐλάλησεν ἐπ' αὐτόν.
20 ²⁰εἶπεν δὲ Κύριος Κραυγὴ Σοδόμων καὶ Γομόρρας πεπλήθυνται, καὶ
21 αἱ ἁμαρτίαι αὐτῶν μεγάλαι σφόδρα. ²¹καταβὰς οὖν ὄψομαι εἰ κατὰ
τὴν κραυγὴν αὐτῶν τὴν ἐρχομένην πρός με συντελοῦνται· εἰ δὲ μή,
22 ἵνα γνῶ. ²²Καὶ ἀποστρέψαντες ἐκεῖθεν οἱ ἄνδρες ἦλθον εἰς
23 Σόδομα· Ἀβραὰμ δὲ ἦν ἑστηκὼς ἐναντίον Κυρίου. ²³καὶ ἐγγίσας

5 om εις την οδον υμων D | ειπαν D | καθα D   7 ελαβεν D^sil   8 εφα- D
γον D^sil   10 om ειπεν δε D   11 γεινεσθαι A | γυναικια AD   13 οτι]
pr τι D   14 του θεου D   15 εφοβηθην D*   16 om αυτους D
18 γεινομενος A   19 ηδειν], ειδεν D | και τω οικω αυτου μεθ εαυτον] μετ
αυτον και τω οικω αυτου D | om αν D | επ αυτον] προς αυτον D^sil   20 Γο-
μορρων D   22 εναντι D* (superscr ον D^a)

27

Α Ἀβραάμ εἶπεν Μὴ συναπολέσῃς δίκαιον μετὰ ἀσεβοῦς, καὶ ἔσται ὁ
§ D δίκαιος ὡς ὁ ἀσεβής. ²⁴⁵ἐὰν ὦσιν πεντήκοντα ἐν τῇ πόλει δίκαιοι, 24
§ Ε ἀπολεῖς αὐτούς; οὐκ ἀνήσεις τὸν τόπον ἕνεκεν τῶν πεντήκοντα ⁵δι-
καίων, ἐὰν ὦσιν ἐν αὐτῇ; ²⁵μηδαμῶς σὺ ποιήσεις ὡς τὸ ῥῆμα τοῦτο, 25
τοῦ ἀποκτεῖναι δίκαιον μετὰ ἀσεβοῦς, καὶ ἔσται ὁ δίκαιος ὡς ὁ ἀσεβής·
μηδαμῶς. ὁ κρίνων πᾶσαν τὴν γῆν, οὐ ποιήσεις κρίσιν; ²⁶εἶπεν δὲ 26
¶ D Κύριος Ἐὰν εὕρω ἐν Σοδόμοις¶ πεντήκοντα δικαίους ἐν τῇ πόλει, ἀφήσω
πάντα τὸν τόπον δι᾽ αὐτούς. ²⁷καὶ ἀποκριθεὶς Ἀβραὰμ εἶπεν Νῦν 27
ἠρξάμην λαλῆσαι πρὸς τὸν κύριον, ἐγὼ δέ εἰμι γῆ καὶ σποδός· ²⁸ἐὰν 28
δὲ ἐλαττονωθῶσιν οἱ πεντήκοντα δίκαιοι πέντε, ἀπολεῖς ἕνεκεν τῶν
πέντε πᾶσαν τὴν πόλιν; καὶ εἶπεν ὅτι Οὐ μὴ ἀπολέσω ἐὰν εὕρω ἐκεῖ
τεσσεράκοντα πέντε. ²⁹καὶ προσέθηκεν ἔτι λαλῆσαι πρὸς αὐτὸν καὶ 29
εἶπεν Ἐὰν δὲ εὑρεθῶσιν ἐκεῖ τεσσεράκοντα; καὶ εἶπεν Οὐ μὴ ἀπολέσω
ἕνεκεν τῶν τεσσεράκοντα. ³⁰καὶ εἶπεν Μή τι, κύριε, ἐὰν λαλήσω· ἐὰν 30
δὲ εὑρεθῶσιν ἐκεῖ τριάκοντα; καὶ εἶπεν Οὐ μὴ ἀπολέσω ἐὰν εὑρεθῶσιν
ἐκεῖ τριάκοντα. ³¹καὶ εἶπεν Ἐπειδὴ ἔχω λαλῆσαι πρὸς τὸν κύριον, 31
ἐὰν δὲ εὑρεθῶσιν ἐκεῖ εἴκοσι; καὶ εἶπεν Οὐ μὴ ἀπολέσω ἕνεκεν τῶν
εἴκοσι. ³²καὶ εἶπεν Μή τι, κύριε, ἐὰν λαλήσω ἔτι ἅπαξ· ἐὰν δὲ 32
εὑρεθῶσιν ἐκεῖ δέκα; καὶ εἶπεν Οὐ μὴ ἀπολέσω ἕνεκεν τῶν δέκα.
³³ἀπῆλθεν δὲ Κύριος ὡς ἐπαύσατο λαλῶν τῷ Ἀβραάμ, καὶ Ἀβραὰμ 33
ἀπέστρεψεν εἰς τὸν τόπον αὐτοῦ.

¹Ἦλθον δὲ οἱ δύο ἄγγελοι εἰς Σόδομα ἑσπέρας· Λὼτ δὲ ἐκάθητο 1 XIX
παρὰ τὴν πύλην Σοδόμων. ἰδὼν δὲ Λὼτ ἀνέστη εἰς συνάντησιν αὐτοῖς,
καὶ προσεκύνησεν τῷ προσώπῳ ἐπὶ τὴν γῆν· ²καὶ εἶπεν Ἰδού, κύριοι, 2
ἐκκλίνατε πρὸς τὸν οἶκον τοῦ παιδὸς ὑμῶν καὶ καταλύσατε, καὶ νίψατε
τοὺς πόδας ὑμῶν, καὶ ὀρθρίσαντες ἀπελεύσεσθε εἰς τὴν ὁδὸν ὑμῶν.
εἶπαν δέ Οὐχί, ἀλλ᾽ ἢ ἐν τῇ πλατείᾳ καταλύσομεν. ³καὶ παρεβιάζετο 3
αὐτούς, καὶ ἐξέκλιναν πρὸς αὐτόν. καὶ εἰσῆλθον εἰς τὴν οἰκίαν αὐτοῦ·

DE 24 δικαιοι εν τη πολει D | απολεσεις D | ανησεις]+παντα D | τον τοπον]
+εκεινον D | ενεκεν] ενεκα D | δικαιων] ..καιων E | εν αυτη] εν αυτοις E
25 om ως 1º E | ος ο ασ. E | την γην πασαν E   26 Κυριος] pr ο D
27 ειπεν Αβ. E   28 om δικαιοι E | πεντε 1º] pr εις σαρακοντα E | των
πεντε] τω] σαρακοντα πεντε E | ευρω] ευρεθωσιν E   29 om δε D (aliq
deesse ind Dᵃᵗ) E | ου μη] ουκ E   30 om δε D | εαν ευρεθωσιν εκει
τρ.] ενεκεν των τρ. Dˢⁱˡ   31 om δε E | om εκει E   32 δεκα εκει
E | ου μη] ουκ E   XIX 1 ανηλθον E | ανεστη] εξανεστη D εξανεστη-
σεν E   2 προς] εις D | om και καταλυσατε...υμων 2º E* (⸱ καταλυσ... | ⸱
νιψα... | τους π.... | υμων Eᵃ ⁱⁿᵍ) | νιψασθε Dˢⁱˡ | εις την οδ. υμ.]+ου εινεκεν
εξεκλινατε προς τον παιδα υμων E | ειπαν δε] και ειπαν E | αλλ η] αλλ-Dˢⁱˡ
αλλα E | καταλυσωμεν E   3 κατεβιαζετο D κατεβιασατο E | την οικιαν]
τον οικον Dˢⁱˡ E

ΓΕΝΕΣΙΣ XIX 16

καὶ ἐποίησεν αὐτοῖς πότον καὶ ἀζύμους ἔπεψεν αὐτοῖς, καὶ ἔφαγον Α
4 ⁽⁴⁾πρὸ τοῦ κοιμηθῆναι. ⁴καὶ οἱ ἄνδρες τῆς πόλεως οἱ Σοδομεῖται περιε-
κύκλωσαν τὴν οἰκίαν ἀπὸ νεανίσκου ἕως πρεσβυτέρου, ἅπας ὁ λαὸς
5 ἅμα. ⁵καὶ ἐξεκαλοῦντο τὸν Λώτ, καὶ ἔλεγον πρὸς αὐτόν Ποῦ εἰσιν οἱ
ἄνδρες οἱ εἰσελθόντες πρὸς σὲ τὴν νύκτα; ἐξάγαγε αὐτοὺς πρὸς ἡμᾶς,
6 ἵνα συγγενώμεθα αὐτοῖς. ⁶ἐξῆλθεν δὲ Λὼτ πρὸς αὐτούς, καὶ τὴν θύραν
7 προσέωξεν ὀπίσω αὐτοῦ. ⁷εἶπεν δὲ πρὸς αὐτούς Μηδαμῶς, ἀδελφοί,
8 μὴ πονηρεύσησθε. ⁸εἰσὶν δέ μοι δύο θυγατέρες, αἳ οὐκ ἔγνωσαν ἄνδρα·
ἐξάξω αὐτὰς πρὸς ὑμᾶς, καὶ χρήσασθε αὐταῖς καθὰ ἀρέσκῃ ὑμῖν· μόνον
εἰς τοὺς ἄνδρας τούτους μὴ ποιήσητε μηδὲν ἄδικον, οὗ εἵνεκεν εἰσῆλθον
9 ὑπὸ τὴν στέγην τῶν δοκῶν μου. ⁹εἶπαν δέ Ἀπόστα ἐκεῖ· εἰσῆλθες
παροικεῖν; μὴ καὶ κρίσιν κρῖναι; νῦν οὖν σὲ κακώσομεν μᾶλλον ἢ
ἐκείνους. καὶ παρεβιάζοντο τὸν ἄνδρα τὸν Λὼτ σφόδρα, καὶ ἤγγισαν
10 συντρίψαι τὴν θύραν. ¹⁰ἐκτείναντες δὲ οἱ ἄνδρες τὰς χεῖρας εἰσ-
εσπάσαντο τὸν Λὼτ πρὸς ἑαυτοὺς εἰς τὸν οἶκον, καὶ τὴν θύραν τοῦ
11 οἴκου ἀπέκλεισαν· ¹¹τοὺς δὲ ἄνδρας τοὺς ὄντας ἐπὶ τῆς θύρας τοῦ
οἴκου ἐπάταξαν ἀορασίᾳ, ἀπὸ μικροῦ ἕως μεγάλου· καὶ παρελύθησαν
12 ζητοῦντες τὴν θύραν. ¹²εἶπαν δὲ οἱ ἄνδρες πρὸς Λώτ Ἔστιν τίς σοι
ὧδε, γαμβροὶ ἢ υἱοὶ ἢ θυγατέρες, ἢ εἴ τίς σοι ἄλλος ἐστὶν ἐν τῇ πόλει,
13 ἐξάγαγε ἐκ τοῦ τόπου τούτου· ¹³ὅτι ἀπόλλυμεν ἡμεῖς τὸν τόπον τοῦτον,
ὅτι ὑψώθη ἡ κραυγὴ αὐτῶν ἐναντίον Κυρίου, καὶ ἀπέστειλεν ἡμᾶς
14 Κύριος ἐκτρίψαι αὐτήν. ¹⁴ἐξῆλθέν δὲ Λὼτ καὶ ἐλάλησεν πρὸς τοὺς
γαμβροὺς αὐτοῦ τοὺς εἰληφότας τὰς θυγατέρας αὐτοῦ, καὶ εἶπεν Ἀνά-
στητε καὶ ἐξέλθατε ἐκ τοῦ τόπου τούτου, ὅτι ἐκτρίβει Κύριος τὴν πόλιν.
15 ἔδοξεν δὲ γελοιάζειν ἐναντίον τῶν γαμβρῶν αὐτοῦ. ¹⁵ἡνίκα δὲ ὄρθρος
ἐγίνετο, ἐπεσπούδαζον οἱ ἄγγελοι τὸν Λὼτ λέγοντες Ἀναστὰς λάβε
τὴν γυναῖκά σου καὶ τὰς δύο θυγατέρας σου ἃς ἔχεις καὶ ἔξελθε, ἵνα μὴ
16 συναπόλῃ ταῖς ἀνομίαις τῆς πόλεως. ¹⁶καὶ ἐταράχθησαν. καὶ ἐκρά-

3 επεμψεν E   3—4 εφαγον προ του κοιμηθηναι | και AᵛⁱᵈDE   6 προς DE
αυτους] + προς το προθυρον D (...προθ.) E | και την θυραν] την δε θ. DE |
|αυτου] αυτων D   8 εξαξω] και αξω E | χρησ. αυταις AD (..αυταις D)]
χρασθαι αυτας E | καθα] καθο D + αν DE | ανδρας] ανθρωπους D | om μηδεν
DE   9 ειπον E | κρινειν Dˢⁱˡ E. (κρινει) | κακωσωμεν Dˢⁱˡ κακοσωμεν E
10 εισεσπασαντο] επεσπασαντο E | οικου] τοιχους E   11 οικου] τοιχου E
12 om τις 1° D | γαμβρος E | η ει τις] η η τις A: η τις E | εξαγαγε] + αυ-
τους E   13 om ημας E | εκτριψαι] + ημας E   14 εναντιον AD
(..τιον D)] με αντι E   15 εγενετο E | επεσπουδαζον AD (επεσπου[δα-
ζον)]] εσπουδαζον E | αγγελοι τον Λ. λεγοντες] γγελοι τον Α. λεγον sup
ras A¹ | om δυο D | om σου 2° DE | ινα μη] + και συ Dˢⁱˡ (Dᵛⁱᵈ) E | συν-
απολη AD (..ναπολη)] απολη E

ΓΕΝΕΣΙΣ·

Α τησαν οἱ ἄγγελοι τῆς χειρὸς αὐτῶν καὶ τῆς χειρὸς τῆς γυναικὸς αὐτοῦ καὶ τῶν χειρῶν τῶν δύο θυγατέρων αὐτοῦ, ἐν τῷ φείσασθαι Κύριον αὐτοῦ. ¹⁷καὶ ἐγένετο ἡνίκα ἐξήγαγον αὐτοὺς ἔξω καὶ εἶπαν Σώζων 17 σῶζε τὴν σεαυτοῦ ψυχήν· μὴ περιβλέψῃς εἰς τὰ ὀπίσω μηδὲ στῇς ἐν πάσῃ τῇ περιχώρῳ· εἰς τὸ ὄρος σώζου, μή ποτε συνπαραλημφθῇς. ¹⁸εἶπεν δὲ Λὼτ πρὸς αὐτούς Δέομαι, κύριε, ¹⁹ἐπειδὴ εὗρεν ὁ παῖς σου ¹⁸₁₉ ἔλεος ἐναντίον σου καὶ ἐμεγάλυνας τὴν δικαιοσύνην σου, ὃ ποιεῖς ἐπ' ἐμὲ τοῦ ζῆν τὴν ψυχήν μου· ἐγὼ δὲ οὐ δυνήσομαι διασωθῆναι εἰς τὸ ὄρος, μὴ καταλάβῃ με τὰ κακὰ καὶ ἀποθάνω· ²⁰ἰδοὺ ἡ πόλις αὕτη 20 ἐγγὺς τοῦ καταφυγεῖν με ἐκεῖ, ἥ ἐστιν μικρά· ἐκεῖ σωθήσομαι· οὐ μικρά ἐστιν; καὶ ζήσεται ἡ ψυχή μου ἕνεκεν σοῦ. ²¹καὶ εἶπεν αὐτῷ 21 Ἰδοὺ ἐθαύμασά σου τὸ πρόσωπον καὶ ἐπὶ τῷ ῥήματι τούτῳ τοῦ μὴ καταστρέψαι τὴν πόλιν περὶ ἧς ἐλάλησας· ²²σπεῦσον οὖν τοῦ σωθῆναι 22 ἐκεῖ· οὐ γὰρ δυνήσομαι ποιῆσαι πρᾶγμα ἕως τοῦ σε ἐλθεῖν ἐκεῖ. διὰ τοῦτο ἐπωνόμασεν τὸ ὄνομα τῆς πόλεως ἐκείνης Σήγωρ. ²³ὁ ἥλιος 23 ἐξῆλθεν ἐπὶ τὴν γῆν, καὶ Λὼτ εἰσῆλθεν εἰς Σήγωρ, ²⁴καὶ Κύριος ἔβρεξεν 24 ἐπὶ Σόδομα καὶ Γόμορρα θεῖον καὶ πῦρ παρὰ Κυρίου ἐκ τοῦ οὐρανοῦ, ²⁵καὶ κατέστρεψεν τὰς πόλεις ταύτας ἐν αἷς κατῴκει ἐν αὐταῖς Λὼτ καὶ 25 πᾶσαν περίοικον καὶ πάντας τοὺς κατοικοῦντας ἐν ταῖς πόλεσιν καὶ πάντα τὰ ἀνατέλλοντα ἐκ τῆς γῆς. ²⁶καὶ ἐπέβλεψεν ἡ γυνὴ αὐτοῦ εἰς 26
¶ D τὰ ὀπίσω, καὶ ἐγένετο στήλη ἁλός.¶ ²⁷ὤρθρισεν δὲ Ἀβραὰμ τὸ πρωὶ 27 εἰς τὸν τόπον οὗ ἱστήκει ἐναντίον Κυρίου, ²⁸καὶ ἐπέβλεψεν ἐπὶ 28 πρόσωπον Σοδόμων καὶ Γομόρρας καὶ ἐπὶ πρόσωπον τῆς γῆς τῆς περιχώρου, καὶ ἴδεν· καὶ ἰδοὺ ἀνέβαινεν φλὸξ τῆς γῆς ὡσεὶ ἀτμὶς καμίνου. ²⁹Καὶ ἐγένετο ἐν τῷ ἐκτρῖψαι Κύριον πάσας τὰς πόλεις 29 τῆς περιοίκου, ἐμνήσθη ὁ θεὸς τοῦ Ἀβραὰμ καὶ ἐξαπέστειλεν τὸν Λὼτ ἐκ μέσου τῆς καταστροφῆς, ἐν τῷ καταστρέψαι Κύριον τὰς πόλεις ἐν αἷς κατῴκει ἐν αὐταῖς Λώτ.
§ D ³⁰Καὶ ἐξῆλθεν Λὼτ ἐκ Σήγωρ, καὶ ἐκάθητο ἐν τῷ ὄρει καὶ αἱ δύο 30

DE 16 αυτων] αυτου DE | της χειρος 2° AD (της..:s γυν.)] om E | των χειρων] της [χειρος] D | om δυο E | αυτου 3° AD αυτω E   17 αυτους] αυτον E | εξω]+[της] πολεως D | περιβλεψη D^sil   19 ο ποιεις] ου ποιησεις E   20 om ενεκεν σου D   22 ποιησαι] pr τ[ο]υ D | εως ου D | σε ελθειν] εισελθης D σε εισελθειν E | επωνομασεν] εκαλεσεν DE | om εκεινης D 24 Κυριος]+ο θς E   25 ταυτας] πασας DE | om εν αις κατ. εν αυτ. Λωτ D^sil(D^vid)E | περιοικον] pr την DE | πολεσιν D (...συν)] E] πολεσι A? | om εκ της γης E   26 om αυτου E   27 ιστηκει]+εκει E   28 της γης].pr πασης E | ωσει] ως η E   29 om Κυριον 1° E | Κυριον 2°]+τον θν E 30 και εξηλθεν] ανεβη δε D (ανε...) E | εκ Σηγωρ] εν Σ. E | εν τω ορει] +αυτος E

θυγατέρες αὐτοῦ μετ' αὐτοῦ· ἐφοβήθη γὰρ κατοικῆσαι ἐν Σήγωρ· καὶ A
ᾤκησεν ἐν τῷ σπηλαίῳ αὐτὸς καὶ αἱ δύο θυγατέρες αὐτοῦ μετ' αὐτοῦ.
31 ³¹εἶπεν δὲ ἡ πρεσβυτέρα πρὸς τὴν νεωτέραν Ὁ πατὴρ ἡμῶν πρεσβύ-
τερος, καὶ οὐδείς ἐστιν ἐπὶ τῆς γῆς, ὃς εἰσελεύσεται πρὸς ἡμᾶς, ὡς
32 καθήκει πάσῃ τῇ γῇ· ³²δεῦρο οὖν ποτίσωμεν τὸν πατέρα ἡμῶν οἶνον
καὶ κοιμηθῶμεν μετ' αὐτοῦ, καὶ ἐξαναστήσωμεν ἐκ τοῦ πατρὸς ἡμῶν
33 σπέρμα. ³³ἐπότισαν δὲ τὸν πατέρα αὐτῶν οἶνόν ἐν τῇ νυκτὶ ταύτῃ,
καὶ εἰσελθοῦσα ἡ πρεσβυτέρα ἐκοιμήθη μετὰ τοῦ πατρὸς αὐτῆς τὴν
νύκτα ἐκείνην· καὶ οὐκ ᾔδει ἐν τῷ κοιμηθῆναι αὐτὴν καὶ ἀναστῆναι.
34 ³⁴ἐγένετο δὲ τῇ ἐπαύριον καὶ εἶπεν ἡ πρεσβυτέρα πρὸς τὴν νεωτέραν
Ἰδοὺ ἐκοιμήθην ἐχθὲς μετὰ τοῦ πατρὸς ἡμῶν· ποτίσωμεν αὐτὸν οἶνον
καὶ τὴν νύκτα ταύτην, καὶ εἰσελθοῦσα κοιμήθητι μετ' αὐτοῦ, καὶ ἐξανα-
35 στήσωμεν ἐκ τοῦ πατρὸς ἡμῶν σπέρμα. ³⁵ἐπότισαν δὲ καὶ ἐν τῇ
νυκτὶ ἐκείνῃ τὸν πατέρα αὐτῶν οἶνον, καὶ εἰσελθοῦσα ἡ νεωτέρα
ἐκοιμήθη μετὰ τοῦ πατρὸς αὐτῆς· καὶ οὐκ ᾔδει ἐν τῷ κοιμηθῆναι αὐτὴν
36 καὶ ἀναστῆναι. ³⁶καὶ συνέλαβον αἱ δύο θυγατέρες Λωτ ἐκ τοῦ πατρὸς
37 αὐτῶν. ³⁷καὶ ἔτεκεν ἡ πρεσβυτέρα υἱόν, καὶ ἐκάλεσεν τὸ ὄνομα αὐτοῦ
Μωὰβ λέγουσα Ἐκ τοῦ πατρός μου· οὗτος πατὴρ Μωαβιτῶν ἕως τῆς
38 σήμερον ἡμέρας. ³⁸ἔτεκεν δὲ καὶ ἡ νεωτέρα υἱόν, καὶ ἐκάλεσεν τὸ
ὄνομα αὐτοῦ Ἀμμάν, ὁ υἱὸς τοῦ γένους μου· οὗτος πατὴρ Ἀμμανιτῶν
ἕως τῆς σήμερον ἡμέρας.

XX 1 ¹Καὶ ἐκίνησεν ἐκεῖθεν Ἀβραὰμ εἰς γῆν πρὸς λίβα, καὶ ᾤκησεν
ἀνὰ μέσον Κάδης καὶ ἀνὰ μέσον Σούρ· καὶ παρῴκησεν ἐν Γεράροις.
2 ²εἶπεν δὲ Ἀβραὰμ περὶ Σάρρας τῆς γυναικὸς αὐτοῦ ὅτι Ἀδελφή μού
ἐστιν· ἐφοβήθη γὰρ εἰπεῖν ὅτι Γυνή μού ἐστιν, μήποτε ἀποκτείνωσιν
αὐτὸν οἱ ἄνδρες τῆς πόλεως· δι' αὐτήν. ἀπέστειλεν δὲ Ἀβιμέλεχ
3 βασιλεὺς Γεράρων καὶ ἔλαβεν τὴν Σάρραν. ³καὶ εἰσῆλθεν ὁ θεὸς πρὸς
Ἀβιμέλεχ ἐν ὕπνῳ τὴν νύκτα, καὶ εἶπεν αὐτῷ Ἰδοὺ σὺ ἀποθνήσκεις
4 περὶ τῆς γυναικὸς ἧς ἔλαβες· αὕτη δέ ἐστιν συνῳκηκυῖα ἀνδρί.¶ ⁴Ἀβι- ¶D
μέλεχ δὲ οὐχ ἥψατο αὐτῆς, καὶ εἶπεν Κύριε, ἔθνος ἀγνοοῦν καὶ δίκαιον
5 ἀπολεῖς; ⁵οὐκ αὐτός μοι εἶπεν Ἀδελφή μού ἐστιν; καὶ αὐτή μοι εἶπεν
Ἀδελφός μού ἐστιν· ἐν καθαρᾷ καρδίᾳ καὶ ἐν δικαιοσύνῃ χειρῶν

---

30 om εφοβηθη......μετ αυτου 2° D(Dvid) | κατοικησαι] οικησαι E | ωκη- DE
σεν] ωκοδομησεν E   32 ουν] και Dsil E   33 om την νυκτα εκεινην D |
ηδει] εγνω D   34 σπερμα εκ του π. η. E   35 αυτων] αυτων E* (αυτων
Eb) | ηδει] εγνω D   38 ο υιος] υιος Dsi υιον E   XX.1 εως λιβα E
2 Αβραμ D | om οτι 1° DE : 2°, DE | Γα|γαρων E :[3 om αυτω DE |
om συ E   5 αδελφη] pr οτι E | αδελφος] pr οτι E

A ἐποίησα τοῦτο. ⁶εἶπεν δὲ αὐτῷ ὁ θεὸς καθ' ὕπνον.Κἀγὼ ἔγνων ὅτι ἐν 6
καθαρᾷ καρδίᾳ ἐποίησας τοῦτο, καὶ ἐφεισάμην ἐγώ σου τοῦ μὴ ἁμαρτεῖν
σε εἰς ἐμέ· ἕνεκεν τούτου οὐκ ἀφῆκά σε ἅψασθαι αὐτῆς. ⁷νῦν δὲ 7
ἀπόδος τὴν γυναῖκα τῷ ἀνθρώπῳ, ὅτι προφήτης ἐστὶν καὶ προσεύξεται
περὶ σοῦ, καὶ ζήσῃ· εἰ δὲ μὴ ἀποδίδως, γνῶθι ὅτι ἀποθανῇ σὺ καὶ πάντα
τὰ σά. ⁸καὶ ὤρθρισεν Ἀβιμέλεχ τὸ πρωὶ καὶ ἐκάλεσεν πάντας τοὺς 8
παῖδας αὐτοῦ, καὶ ἐλάλησεν πάντα τὰ ῥήματα ταῦτα εἰς τὰ ὦτα αὐτῶν·
ἐφοβήθησαν δὲ πάντες οἱ ἄνθρωποι σφόδρα. ⁹καὶ ἐκάλεσεν Ἀβιμέλεχ 9
τὸν Ἀβραὰμ καὶ εἶπεν αὐτῷ Τί τοῦτο ἐποίησας ἡμῖν; μή τι ἡμάρτομεν
εἰς σέ, ὅτι ἐπήγαγες ἐπ' ἐμέ. καὶ ἐπὶ τὴν βασιλείαν μου ἁμαρτίαν
μεγάλην; ἔργον ὃ οὐδεὶς ποιήσει πεποίηκάς μοι. ¹⁰εἶπεν δὲ Ἀβιμέλεχ 10
τῷ Ἀβραάμ Τί ἐνιδὼν ἐποίησας τοῦτο; ¹¹εἶπεν δὲ Ἀβραάμ Εἶπα γάρ 11
Ἆρα οὐκ ἔστιν θεοσέβεια ἐν τῷ τόπῳ τούτῳ, ἐμέ τε ἀποκτενοῦσιν
ἕνεκεν τῆς γυναικός μου. ¹²καὶ γὰρ ἀληθῶς ἀδελφή μού ἐστιν. ἐκ 12
πατρός, ἀλλ' οὐκ ἐκ μητρός· ἐγενήθη δέ μοι εἰς γυναῖκα. ¹³ἐγένετο δὲ 13
ἡνίκα ἐξήγαγέν με ὁ θεὸς ἐκ τοῦ οἴκου τοῦ πατρός μου καὶ εἶπα αὐτῇ
Ταύτην τὴν δικαιοσύνην ποίησον ἐπ' ἐμέ· εἰς πάντα τόπον οὗ ἐὰν
εἰσέλθωμεν ἐκεῖ· εἰπὸν ἐμὲ ὅτι Ἀδελφός μού ἐστιν. ¹⁴ἔλαβεν δὲ 14
Ἀβιμέλεχ χίλια δίδραχμα, πρόβατα καὶ μόσχους καὶ παῖδας καὶ παι-
¶ E δίσκας, καὶ ἔδωκεν τῷ Ἀβράμ· καὶ ἀπέδωκεν¶ αὐτῷ Σάρραν τὴν
γυναῖκα αὐτοῦ. ¹⁵καὶ εἶπεν Ἀβιμέλεχ τῷ Ἀβραάμ Ἰδοὺ ἡ γῆ μου 15
ἐναντίον σου· οὗ ἐάν σοι ἀρέσκῃ κατοίκει. ¹⁶τῇ δὲ Σάρρᾳ εἶπεν Ἰδοὺ 16
δέδωκα χίλια δίδραχμα τῷ ἀδελφῷ σου· ταῦτα ἔσται σοι εἰς τιμὴν τοῦ
προσώπου σου καὶ πάσαις ταῖς μετὰ σοῦ· καὶ πάντα ἀλήθευσον.
¹⁷προσηύξατο δὲ Ἀβραὰμ πρὸς τὸν θεόν, καὶ ἰάσατο ὁ θεὸς τὸν 17
Ἀβιμέλεχ καὶ τὴν γυναῖκα αὐτοῦ καὶ τὰς παιδίσκας αὐτοῦ, καὶ ἔτεκον·
¹⁸ὅτι συνέκλεισεν Κύριος ἔξωθεν πᾶσαν μήτραν ἐν τῷ οἴκῳ τοῦ Ἀβι- 18
μέλεχ ἕνεκεν Σάρρας τῆς γυναικός Ἀβραάμ.

¹Καὶ Κύριος ἐπεσκέψατο τὴν Σάρραν, καθὰ εἶπεν· καὶ ἐποίησεν 1 XXI
Κύριος τῇ Σάρρᾳ καθὰ ἐλάλησεν. ²καὶ συλλαβοῦσα ἔτεκεν Σάρρα τῷ 2
Ἀβραὰμ υἱὸν εἰς τὸ γῆρας, εἰς τὸν καιρὸν καθὰ ἐλάλησεν αὐτῷ Κύριος.
³καὶ ἐκάλεσεν Ἀβραὰμ τὸ ὄνομα τοῦ υἱοῦ αὐτοῦ τοῦ γενομένου αὐτῷ, 3
§ D ὃν ἔτεκεν αὐτῷ Σάρρα, Ἰσαάκ· ⁴περιέτεμεν δὲ Ἀβραὰμ τὸν Ἰσαὰκ 4
τῇ ὀγδόῃ ἡμέρᾳ, καθὰ ἐνετείλατο αὐτῷ ὁ θεός. ⁵Ἀβραὰμ δὲ ἦν ἑκατὸν 5

DE . 6 εν καρδια καθαρα (κα|ρα E*) E | ἐποιησα A* (εποιησας A¹)   7 ζησει
E !   11 τε] δε E   13 om δε E | ποιησεις E   14 Αβρααμ E
XXI 4 τον Ισαακ]+υιον αυτου D | [τη ημε]ρα τη [ο]γδ. D   5 om δε
D | η ετων εκ[ατον] D

ΓΕΝΕΣΙΣ XXI 21

6 ἐτῶν, ἡνίκα ἐγένετο αὐτῷ Ἰσαὰκ ὁ υἱὸς αὐτοῦ. ⁶εἶπεν δὲ Σάρρα Γέλωτά Α
7 μοι ἐποίησεν Κύριος· ὃς γὰρ ἐὰν ἀκούσῃ συγχαρεῖταί μοι. ⁷καὶ εἶπεν
Τίς ἀναγγελεῖ τῷ Ἀβραὰμ ὅτι θηλάζει παιδίον Σάρρα; ὅτι ἔτεκον υἱὸν
8 ἐν τῷ γήρει μου. ⁸Καὶ ηὐξήθη τὸ παιδίον καὶ ἀπεγαλακτίσθη·
καὶ ἐποίησεν Ἀβραὰμ δοχὴν μεγάλην ᾗ ἡμέρᾳ ἀπεγαλακτίσθη Ἰσαὰκ
9 ὁ υἱὸς αὐτοῦ. ⁹ἰδοῦσα δὲ Σάρρα τὸν υἱὸν Ἁγὰρ τῆς Αἰγυπτίας, ὃς
10 ἐγένετο τῷ Ἀβραάμ, παίζοντα μετὰ Ἰσαὰκ τοῦ υἱοῦ ἑαυτῆς, ¹⁰καὶ εἶπεν
τῷ Ἀβραάμ Ἔκβαλε τὴν παιδίσκην ταύτην καὶ τὸν υἱὸν αὐτῆς· τοῦ γὰρ
μὴ κληρονομήσει ὁ υἱὸς τῆς παιδίσκης μετὰ τοῦ υἱοῦ μου Ἰσαάκ.
11 ¹¹σκληρὸν δὲ ἐφάνη τὸ ῥῆμα σφόδρα ἐναντίον Ἀβραὰμ περὶ τοῦ υἱοῦ
12 αὐτοῦ Ἰσμαήλ. ¹²εἶπεν δὲ ὁ θεὸς τῷ Ἀβραάμ Μὴ σκληρὸν ἔστω τὸ
ῥῆμα ἐναντίον σου περὶ τοῦ παιδίου καὶ περὶ τῆς παιδίσκης· πάντα
ὅσα ἐὰν εἴπῃ σοι Σάρρα, ἄκουε τῆς φωνῆς αὐτῆς· ὅτι ἐν Ἰσαὰκ κλη-
13 θήσεταί σοι σπέρμα. ¹³καὶ τὸν υἱὸν δὲ τῆς παιδίσκης ταύτης, εἰς ἔθνος
14 μέγα ποιήσω αὐτόν, ὅτι σπέρμα σόν ἐστιν. ¹⁴ἀνέστη δὲ Ἀβραὰμ τὸ
πρωί, καὶ ἔλαβεν ἄρτους καὶ ἀσκὸν ὕδατος καὶ ἔδωκεν Ἁγάρ· καὶ
ἐπέθηκεν ἐπὶ τὸν ὦμον καὶ τὸ παιδίον, καὶ ἀπέστειλεν αὐτήν. ἀπελ-
15 θοῦσα δὲ ἐπλανᾶτο τὴν ἔρημον, κατὰ τὸ φρέαρ τοῦ ὅρκου. ¹⁵ἐξέ-
λειπεν δὲ τὸ ὕδωρ ἐκ τοῦ ἀσκοῦ, καὶ ἔρριψεν τὸ παιδίον ὑποκάτω
16 μιᾶς ἐλάτης· ¹⁶ἀπελθοῦσα δὲ ἐκάθητο ἀπέναντι αὐτοῦ μακρότερον, ὡσεὶ
τόξου βολήν· εἶπεν γὰρ Οὐ μὴ ἴδω τὸν θάνατον τοῦ παιδίου μου. καὶ
ἐκάθητο ἀπέναντι αὐτοῦ μακρόθεν· ἀναβοῆσαν δὲ τὸ παιδίον ἔκλαυσεν.
17 ¹⁷εἰσήκουσεν δὲ ὁ θεὸς τῆς φωνῆς τοῦ παιδίου ἐκ τοῦ τόπου οὗ ἦν,
καὶ ἐκάλεσεν ἄγγελος θεοῦ τὴν Ἁγὰρ ἐκ τοῦ οὐρανοῦ καὶ εἶπεν αὐτῇ
Τί ἐστιν, Ἁγάρ; μὴ φοβοῦ· ἐπακήκοεν γὰρ ὁ θεὸς τῆς φωνῆς τοῦ
18 παιδίου σου ἐκ τοῦ τόπου οὗ ἐστίν. ¹⁸ἀνάστηθι καὶ λάβε τὸ παιδίον,
καὶ κράτησον τῇ χειρί σου αὐτό· εἰς γὰρ ἔθνος μέγα ποιήσω αὐτόν.
19 ¹⁹καὶ ἀνέῳξεν ὁ θεὸς τοὺς ὀφθαλμοὺς αὐτῆς, καὶ ἴδεν φρέαρ ὕδατος
ζῶντος· καὶ ἐπορεύθη καὶ ἔπλησεν τὸν ἀσκὸν ὕδατος καὶ ἐπότισεν τὸ
20 παιδίον. ²⁰καὶ ἦν ὁ θεὸς μετὰ τοῦ παιδίου, καὶ ηὐξήθη καὶ κατῴκη-
21 σεν ἐν τῇ ἐρήμῳ, ἐγένετο δὲ τοξότης. ²¹καὶ κατῴκησεν ἐν τῇ ἐρήμῳ
τῇ Φαράν· καὶ ἔλαβεν αὐτῷ ἡ μήτηρ γυναῖκα ἐκ γῆς Αἰγύπτου.

6 εποιησεν μοι D (D^vid) | εαν] αν D 9 εαυτης] αυ... D 10 om D
μη D^vid | της παιδ.]+[ταυ]της D 11 om Ισμαηλ D^sil (D^vid) 12 om περι
2° D ·13 εστιν σου D] (·· 16. απελθ. δε] και απελθ. D | μακροτερον],
μακροθεν D | εκαθητο 2°] [εκα]θισεν D | om μακροθεν D^vid | [ανεβ]οησεν
D | εκλαυσεν] pr και D v· , 17 θεου] pr του D | παιδιου σου AD (D^vid)
18 om και 1° D | αυτον] αυτο D^sil 19 υδατος 2°] pr του D

ΓΕΝΕΣΙΣ

A ²²Ἐγένετο δὲ ἐν τῷ καιρῷ ἐκείνῳ καὶ εἶπεν Ἀβιμέλεχ καὶ Ὀχοζὰθ ὁ νυμφαγωγὸς αὐτοῦ καὶ Φικὸλ ὁ ἀρχιστράτηγος τῆς δυνάμεως αὐτοῦ πρὸς Ἀβραὰμ λέγων Ὁ θεὸς μετὰ σοῦ ἐν πᾶσιν οἷς ἐὰν ποιῇς. ²³νῦν οὖν ὄμοσόν μοι τὸν θεόν, μὴ ἀδικήσειν με μηδὲ τὸ σπέρμα μου μηδὲ τὸ ὄνομά μου· ἀλλὰ κατὰ τὴν δικαιοσύνην ἣν ἐποίησα μετὰ σοῦ ποιήσεις μετ' ἐμοῦ, καὶ τῇ γῇ ᾗ σὺ παρῴκησας ἐν ταύτῃ. ²⁴καὶ εἶπεν Ἀβραάμ Ἐγὼ ὀμοῦμαι. ²⁵καὶ ἤλεγξεν Ἀβραὰμ τὸν Ἀβιμέλεχ περὶ τῶν φρεάτων τοῦ ὕδατος ὧν ἀφείλαντο οἱ παῖδες τοῦ Ἀβιμέλεχ. ²⁶καὶ εἶπεν αὐτῷ Ἀβιμέλεχ Οὐκ ἔγνων τίς ἐποίησεν τὸ πρᾶγμα τοῦτο· οὐδὲ σύ μοι ἀπήγγειλας, οὐδὲ ἐγὼ ἤκουσα ἀλλὰ σήμερον. ²⁷καὶ ἔλαβεν Ἀβραὰμ πρόβατα καὶ μόσχους καὶ ἔδωκεν τῷ Ἀβιμέλεχ· καὶ διέθεντο ἀμφότεροι διαθήκην. ²⁸καὶ ἔστησεν Ἀβραὰμ ἑπτὰ ἀμνάδας προβάτων μόνας. ²⁹καὶ εἶπεν Ἀβιμέλεχ τῷ Ἀβραάμ Τί εἰσιν αἱ ἑπτὰ ἀμνάδες τῶν προβάτων τούτων ἃς ἔστησας μόνας; ³⁰καὶ εἶπεν Ἀβραὰμ ὅτι Τὰς ἑπτὰ ἀμνάδας ταύτας λήμψῃ παρ' ἐμοῦ, ἵνα ὦσιν εἰς μαρτύριον ὅτι ἐγὼ ὤρυξα τὸ φρέαρ τοῦτο. ³¹διὰ τοῦτο ἐπωνόμασεν τὸ ὄνομα τοῦ τόπου ἐκείνου Φρέαρ ὁρκισμοῦ, ὅτι ἐκεῖ ὤμοσαν ἀμφότεροι. ³²καὶ διέθεντο διαθήκην ἐν τῷ φρέατι τοῦ ὅρκου. ἀνέστη δὲ Ἀβιμέλεχ καὶ Ὀχοζὰθ ὁ νυμφαγωγὸς αὐτοῦ καὶ Φικὸλ ὁ ἀρχιστράτηγος τῆς δυνάμεως αὐτοῦ, καὶ ἐπέστρεψαν εἰς τὴν γῆν τῶν Φυλιστιείμ. ³³καὶ ἐφύτευσεν Ἀβραὰμ ἄρουραν ἐπὶ τῷ φρέατι τοῦ ὅρκου, καὶ ἐπεκαλέσατο ἐκεῖ τὸ ὄνομα Κυρίου, Θεὸς αἰώνιος. ³⁴παρῴκησεν δὲ Ἀβραὰμ ἐν τῇ γῇ τῶν Φυλιστιεὶμ ἡμέρας πολλάς.

XXII ¹Καὶ ἐγένετο μετὰ τὰ ῥήματα ταῦτα ὁ θεὸς ἐπείραζεν τὸν Ἀβραάμ· καὶ εἶπεν πρὸς αὐτόν Ἀβραάμ Ἀβραάμ. ὁ δὲ εἶπεν Ἰδοὺ ἐγώ. ²καὶ εἶπεν Λάβε τὸν υἱόν σου τὸν ἀγαπητὸν ὃν ἠγάπησας, τὸν Ἰσαάκ, καὶ πορεύθητι εἰς τὴν γῆν τὴν ὑψηλήν, καὶ ἀνένεγκον αὐτὸν ἐκεῖ εἰς ὁλοκάρπωσιν ἐφ' ἓν τῶν ὀρέων ὧν ἄν σοι εἴπω. ³ἀναστὰς δὲ Ἀβραὰμ τὸ πρωὶ ἐπέσαξεν τὴν ὄνον αὐτοῦ· παρέλαβεν δὲ μεθ' ἑαυτοῦ δύο παῖδας καὶ Ἰσαὰκ τὸν υἱὸν αὐτοῦ, καὶ σχίσας ξύλα εἰς ὁλοκάρπωσιν ἀναστὰς ἐπορεύθη. καὶ ἦλθεν ἐπὶ τὸν τόπον ὃν εἶπεν αὐτῷ ὁ θεὸς ⁽⁴⁾τῇ ἡμέρᾳ τῇ τρίτῃ. ⁴καὶ ἀναβλέψας Ἀβραὰμ τοῖς ὀφθαλμοῖς ἴδεν τὸν τόπον μακρόθεν· ⁵καὶ εἶπεν Ἀβραὰμ τοῖς παισὶν αὐτοῦ Καθίσατε

D 22 om δε D | Φικολ AD 25 ηλλεξεν A (ε 1° sup ras A¹) 26 om αυτω D | αλλ η Dˢ 29 om τουτων D (Dᵛⁱᵈ) 30 ωσιν]+μοι Dˢⁱˡ 32 ορκου ADᵛⁱᵈ | Φιχολ D 33 επι] εν D | ορκου] ορκισμου D XXII 2 ανενεγκαι D | om εκει D | ολοκαρπωσιν] ολοκαυτωσιν D | εφ εν] επι εν D | ων εαν D 3 om Αβρααμ D | παρελαβεν δε]· και παρελ. D | ου ειπεν D

ΓΕΝΕΣΙΣ XXII 19

αὐτοῦ μετὰ τῆς ὄνου, ἐγὼ δὲ καὶ τὸ παιδίον διελευσόμεθα ἕως ὧδε· Α
6 καὶ προσκυνήσαντες ἀναστρέψωμεν πρὸς ὑμᾶς. ⁶ἔλαβεν δὲ Ἀβραὰμ
τὰ ξύλα τῆς ὁλοκαρπώσεως καὶ ἐπέθηκεν Ἰσαὰκ τῷ υἱῷ αὐτοῦ· ἔλαβεν
δὲ καὶ τὸ πῦρ μετὰ χεῖρα καὶ τὴν μάχαιραν, καὶ ἐπορεύθησαν οἱ δύο ἅμα·
7 ⁷καὶ εἶπεν Ἰσαὰκ πρὸς Ἀβραὰμ τὸν πατέρα αὐτοῦ εἴπας Πάτερ· ὁ δὲ
εἶπεν Τί ἐστιν, τέκνον; λέγων Ἰδοὺ τὸ πῦρ καὶ τὰ ξύλα· ποῦ ἔστιν τὸ
8 πρόβατον τὸ εἰς ὁλοκάρπωσιν; ⁸εἶπεν δὲ Ἀβραάμ Ὁ θεὸς ὄψεται
ἑαυτῷ πρόβατον εἰς ὁλοκάρπωσιν, τέκνον· πορευθέντες δὲ ἀμφότεροι
9 ἅμα ⁹ἦλθον ἐπὶ τὸν τόπον ὃν εἶπεν αὐτῷ ὁ θεός. καὶ ᾠκοδόμησεν ἐκεῖ
Ἀβραὰμ θυσιαστήριον καὶ ἐπέθηκεν τὰ ξύλα· καὶ συμποδίσας Ἰσαὰκ
τὸν υἱὸν αὐτοῦ ἐπέθηκεν αὐτὸν ἐπὶ τὸ θυσιαστήριον ἐπάνω τῶν ξύλων.
10 ¹⁰καὶ ἐξέτεινεν Ἀβραὰμ τὴν χεῖρα αὐτοῦ λαβεῖν τὴν μάχαιραν, σφάξαι
11 τὸν υἱὸν αὐτοῦ. ¹¹καὶ ἐκάλεσεν αὐτὸν ἄγγελος Κυρίου ἐκ τοῦ οὐρανοῦ
12 καὶ εἶπεν αὐτῷ Ἀβραὰμ Ἀβραάμ. ὁ δὲ εἶπεν Ἰδοὺ ἐγώ. ¹²καὶ εἶπεν
Μὴ ἐπιβάλῃς τὴν χεῖρά σου ἐπὶ τὸ παιδάριον, μηδὲ ποιήσῃς αὐτῷ μηδέν·
νῦν γὰρ ἔγνων ὅτι φοβῇ τὸν θεὸν σύ, καὶ οὐκ ἐφείσω τοῦ υἱοῦ σου τοῦ
13 ἀγαπητοῦ δι᾽ ἐμέ. ¹³καὶ ἀναβλέψας Ἀβραὰμ τοῖς ὀφθαλμοῖς αὐτοῦ
ἴδεν, καὶ ἰδοὺ κριὸς εἷς κατεχόμενος ἐν φυτῷ σαβὲκ τῶν κεράτων. καὶ
ἐπορεύθη Ἀβραὰμ καὶ ἔλαβεν τὸν κριόν, καὶ ἀνήνεγκεν αὐτὸν εἰς ὁλο-
14 κάρπωσιν ἀντὶ Ἰσαὰκ τοῦ υἱοῦ αὐτοῦ. ¹⁴καὶ ἐκάλεσεν Ἀβραὰμ τὸ
ὄνομα τοῦ τόπου ἐκείνου Κύριος ἴδεν· ἵνα εἴπωσιν σήμερον Ἐν τῷ
15 ὄρει Κύριος ὤφθη. ¹⁵καὶ ἐκάλεσεν ἄγγελος Κυρίου τὸν Ἀβραὰμ δεύ-
16 τερον ἐκ τοῦ οὐρανοῦ ⁽¹⁶⁾λέγων ¹⁶Κατ᾽ ἐμαυτοῦ ὤμοσα, λέγει Κύριος,
οὗ εἵνεκεν ἐποίησας τὸ ῥῆμα τοῦτο καὶ οὐκ ἐφείσω τοῦ υἱοῦ σου τοῦ
17 ἀγαπητοῦ δι᾽ ἐμέ, ¹⁷εἰ μὴν εὐλογῶν εὐλογήσω σε, καὶ πληθύνων
πληθυνῶ τὸ σπέρμα σου ὡς τοὺς ἀστέρας τοῦ οὐρανοῦ καὶ ὡς τὴν ἄμμον
τὴν παρὰ τὸ χεῖλος τῆς θαλάσσης· καὶ κληρονομήσει τὸ σπέρμα σου
18 τὰς πόλεις τῶν ὑπεναντίων. ¹⁸καὶ ἐνευλογηθήσονται ἐν τῷ σπέρματί ¶ D
19 σου πάντα τὰ ἔθνη, ἀνθ᾽ ὧν ὑπήκουσας τῆς ἐμῆς φωνῆς. ¹⁹ἀπεστράφη
δὲ Ἀβραὰμ πρὸς τοὺς παῖδας αὐτοῦ, καὶ ἀναστάντες ἐπορεύθησαν ἐπὶ
τὸ φρέαρ τοῦ ὅρκου· καὶ κατῴκησεν Ἀβραὰμ ἐπὶ τῷ φρέατι τοῦ
ὅρκου.

5 παιδιον] παι[δ]αρι[ον] D | αναστρεψωμεν AD | προς υμας] εκειθεν D
D 6 ολοκαρπωσεως] ολοκαυτω... D | ελα[βεν] δε μ[ε]τα χε[ι]ρα και τ[ο πυρ]
και την μαχαιρ[αν] D 7 και ειπεν] ειπεν δε D | om ειπας D | λεγων
AD | ολοκαρπωσιν] ολοκαυτωσιν D 9 om Αβρααμ D 11 om αυτω
D^sil | om ο δε ειπεν Α (hab D ο δε ει...) 12 συ τον θν̄ D 17 ει
μην AD 18 σπερ|... D

XXII 20   ΓΕΝΕΣΙΣ

A ²⁰Ἐγένετο δὲ μετὰ τὰ ῥήματα ταῦτα καὶ ἀνηγγέλη τῷ Ἀβραὰμ 20
λέγοντες Ἰδοὺ τέτοκεν Μελχὰ καὶ αὐτὴ υἱοὺς Ναχὼρ τῷ ἀδελφῷ σου,
²¹τὸν Ὤξ πρωτότοκον καὶ τὸν Βαὺξ ἀδελφὸν αὐτοῦ, καὶ τὸν Καμουὴλ 21
§ D πατέρα Σύρων, ⁣²²καὶ τὸν Χάσζαδ καὶ τὸν Ἀζαῦ καὶ τὸν Φαλδὰς καὶ τὸν 22
Ἰελδὰφ καὶ τὸν Βαθουήλ. ²³καὶ Βαθουὴλ ἐγέννησεν τὴν Ῥεβέκκαν. 23
ὀκτὼ οὗτοι υἱοὶ οὓς ἔτεκεν Μελχὰ τῷ Ναχὼρ τῷ ἀδελφῷ Ἀβραάμ.
²⁴καὶ ἡ παλλακὴ αὐτοῦ ᾗ ὄνομα Ῥεηρά, ἔτεκεν καὶ αὐτὴ τὸν Τάβεκ καὶ 24
τὸν Τάαμ καὶ τὸν Τόχος καὶ τὸν Μωχά.

¹Ἐγένετο δὲ ἡ ζωὴ Σάρρας ἔτη ἑκατὸν εἴκοσι ἑπτά. ²καὶ ἀπέθανεν ½ XXIII
Σάρρα ἐν πόλει Ἀρβόκ, ἥ ἐστιν ἐν τῷ κοιλώματι· αὕτη ἐστὶν Χεβρὼν
ἐν γῇ Χανάαν. ἦλθεν δὲ Ἀβραὰμ κόψασθαι Σάρραν καὶ πενθῆσαι.
³καὶ ἀνέστη Ἀβραὰμ ἀπὸ τοῦ νεκροῦ αὐτοῦ· καὶ εἶπεν Ἀβραὰμ τοῖς 3
υἱοῖς Χέτ λέγων ⁴Πάροικος καὶ παρεπίδημος ἐγώ εἰμι μεθ' ὑμῶν· δότε 4
οὖν μοι κτῆσιν τάφου μεθ' ὑμῶν, καὶ θάψω τὸν νεκρόν μου ἐκεῖ. ⁵ἀπε- 5
κρίθησαν δὲ οἱ υἱοὶ Χὲτ πρὸς Ἀβραὰμ λέγοντες ⁶Μή, ⁽⁶⁾κύριε· ἄκουσον 6
δὲ ἡμῶν. βασιλεὺς παρὰ θεοῦ σὺ εἶ ἐν ἡμῖν· ἐν τοῖς ἐκλεκτοῖς μνη-
μείοις ἡμῶν θάψον τὸν νεκρόν σου· οὐδεὶς γὰρ ἡμῶν τὸ μνημεῖον
αὐτοῦ κωλύσει ἀπὸ σοῦ, τοῦ θάψαι τὸν νεκρόν σου ἐκεῖ. ⁷ἀναστὰς 7
δὲ Ἀβραὰμ προσεκύνησεν τῷ λαῷ τῆς γῆς, τοῖς υἱοῖς Χέτ. ⁸καὶ ἐλά- 8
λησεν πρὸς αὐτοὺς Ἀβραὰμ λέγων Εἰ ἔχετε τῇ ψυχῇ ὑμῶν ὥστε θάψαι
τὸν νεκρόν μου ἀπὸ προσώπου μου, ἀκούσατέ μου καὶ λαλήσατε περὶ
ἐμοῦ Ἐφρὼν τῷ τοῦ Σάαρ· ⁹καὶ δότω μοι τὸ σπήλαιον τὸ διπλοῦν ὅ 9
ἐστιν αὐτῷ, τὸ ὂν ἐν μερίδι τοῦ ἀγροῦ αὐτοῦ· ἀργυρίου τοῦ ἀξίου δότε
μοι αὐτὸ ἐν ὑμῖν εἰς κτῆσιν μνημείου. ¹⁰Ἐφρὼν δὲ ἐκάθητο ἐν μέσῳ 10
τῶν υἱῶν Χέτ· ἀποκριθεὶς δὲ Ἐφρὼν ὁ Χετταῖος πρὸς Ἀβραὰμ εἶπεν,
ἀκουόντων τῶν υἱῶν Χὲτ καὶ πάντων τῶν εἰσπορευομένων εἰς τὴν
πόλιν, λέγων ¹¹Παρ' ἐμοὶ γενοῦ, κύριε, καὶ ἄκουσόν μου. τὸν 11
ἀγρὸν καὶ τὸ σπήλαιον τὸ ἐν αὐτῷ σοὶ δίδωμι· ἐναντίον τῶν πολιτῶν
μου δέδωκά σοι· θάψον τὸν νεκρόν σου. ¹²καὶ προσεκύνησεν Ἀβραὰμ 12
ἐναντίον τοῦ λαοῦ τῆς γῆς· ¹³καὶ εἶπεν τῷ Ἐφρὼν εἰς τὰ ὦτα ἐναν- 13
τίον παντὸς τοῦ λαοῦ τῆς γῆς Ἐπειδὴ πρὸς ἐμοῦ εἶ, ἄκουσόν μου· τὸ
ἀργύριον τοῦ ἀγροῦ λάβε παρ' ἐμοῦ, καὶ θάψον τὸν νεκρόν μου ἐκεῖ.

D 22 Χασαδ D (Χασ.. D) | Φαλδας] Φαλδαλ D*ᵛⁱᵈ (Φαλδας D¹⁺) | om και
τον Ιελδαφ D   24 Ρεηρα] Ρεημα D | τον Τααμ και [τον] Ταβεκ D
XXIII 1 Σαρρας· D | επτα]+ετη ζωης Σαρρας· D   3 om Αβρααμ 2°
D | Χετ] pr [το]υ D   4 εκει] απ εμου D   5 Χετ] pr του D   6 ει
συ D | το μν. αυτου κωλυσει] μη κωλυση το μν. αυτου D | του θαψαι] θαψον D
7 Χετ] pr του D   9 μεριδει A μερει Dˢⁱˡ (μερι Dᵛⁱᵈ) | δοτε] δοτω D | μνη-
μειον] pr του D   13 om εναντιον D | θαψον] θαψω Dˢⁱˡ

36

ΓΕΝΕΣΙΣ XXIV 8

14 ¹⁴ἀπεκρίθη δὲ Ἐφρὼν τῷ Ἀβραὰμ λέγων ¹⁵Οὐχί, ⁽¹⁵⁾κύριε, ἀκήκοα γάρ· A
15 τετρακοσίων διδράχμων ἀργυρίου· ἀνὰ μέσον ἐμοῦ καὶ σοῦ τί ἂν εἴη
16 τοῦτο; σὺ δὲ τὸν νεκρόν σου θάψον. ¹⁶καὶ ἤκουσεν Ἀβραὰμ τῷ
Ἐφρών· καὶ ἀπεκατέστησεν Ἀβραὰμ τῷ Ἐφρὼν τὸ ἀργύριον ὃ ἐλά-
λησεν εἰς τὰ ὦτα τῶν υἱῶν Χέτ, τετρακόσια δίδραχμα ἀργυρίου δοκίμου
17 ἐνπόροις. ¹⁷καὶ ἔστη ὁ ἀγρὸς Ἐφρών, ὃς ἦν ἐν τῷ διπλῷ σπηλαίῳ,
ὅς ἐστιν κατὰ πρόσωπον Μαμβρή, ὁ ἀγρὸς καὶ τὸ σπήλαιον ὃ ἦν αὐτῷ,
καὶ πᾶν δένδρον ὃ ἦν ἐν τῷ ἀγρῷ, ὅ ἐστιν ἐν τοῖς ὁρίοις αὐτοῦ κύκλῳ,
18 ¹⁸τῷ Ἀβραὰμ εἰς κτῆσιν ἐναντίον τῶν υἱῶν Χέτ καὶ πάντων τῶν
19 εἰσπορευομένων εἰς τὴν πόλιν. ¹⁹μετὰ ταῦτα ἔθαψεν Ἀβραὰμ Σάρραν
τὴν γυναῖκα αὐτοῦ ἐν τῷ σπηλαίῳ τοῦ ἀγροῦ τῷ διπλῷ, ὅ ἐστιν ἀπέ-
20 ναντι Μαμβρή· ⁵αὕτη ἐστὶν Χεβρὼν ἐν τῇ γῇ Χανάαν. ²⁰καὶ ἐκυρώθη § א
ὁ ἀγρὸς καὶ τὸ σπήλαιον ὃ ἦν αὐτῷ τῷ Ἀβραὰμ εἰς κτῆσιν τάφου
παρὰ τῶν υἱῶν Χέτ.

XXIV 1 ¹Καὶ Ἀβραὰμ ἦν πρεσβύτερος προβεβηκὼς ἡμερῶν, καὶ Κύριος
2 εὐλόγησεν τὸν Ἀβραὰμ κατὰ πάντα. ²καὶ εἶπεν Ἀβραὰμ τῷ παιδὶ
αὐτοῦ, τῷ πρεσβυτέρῳ τῆς οἰκίας αὐτοῦ, τῷ ἄρχοντι πάντων τῶν αὐτοῦ
3 Θὲς τὴν χεῖρά σου ὑπὸ τὸν μηρόν μου, ³καὶ ἐξορκίσω σε Κύριον τὸν
θεὸν τοῦ οὐρανοῦ καὶ τῆς γῆς, ἵνα μὴ λάβῃς γυναῖκα τῷ υἱῷ μου Ἰσαὰκ
ἀπὸ τῶν θυγατέρων τῶν Χαναναίων, μεθ' ὧν ἐγὼ οἰκῶ μετ' αὐτῶν·
4 ⁴ἀλλὰ εἰς τὴν γῆν μου οὗ ἐγενόμην πορεύσῃ¶ καὶ εἰς τὴν φυλήν μου, ¶ א
5 καὶ λήμψῃ γυναῖκα τῷ υἱῷ μου Ἰσαὰκ ἐκεῖθεν. ⁵εἶπεν δὲ πρὸς αὐτὸν
ὁ παῖς Μή ποτε οὐ βούλεται ἡ γυνὴ πορευθῆναι μετ' ἐμοῦ ὀπίσω εἰς
τὴν γῆν ταύτην· ἀποστρέψω τὸν υἱόν σου ⁵εἰς τὴν γῆν ὅθεν ἐξῆλθες § א
6 ἐκεῖθεν; ⁶εἶπεν δὲ πρὸς αὐτὸν Ἀβραάμ Πρόσεχε σεαυτῷ μὴ ἀπο-
7 στρέψῃς τὸν υἱόν μου ἐκεῖ· ⁷Κύριος ὁ θεὸς τοῦ οὐρανοῦ καὶ ὁ θεὸς τῆς
γῆς, ὃς ἔλαβέν με ἐκ τοῦ οἴκου τοῦ πατρός μου καὶ ἐκ τῆς γῆς ἧς
ἐγενήθην, ὃς ἐλάλησέν μοι καὶ ὤμοσέν¶ μοι λέγων Σοὶ δώσω τὴν γῆν ¶ D
ταύτην καὶ τῷ σπέρματί σου· αὐτὸς ἀποστελεῖ τὸν ἄγγελον αὐτοῦ
8 ἔμπροσθέν σου, καὶ λήμψῃ γυναῖκα τῷ υἱῷ μου Ἰσαὰκ ἐκεῖθεν. ⁸ἐὰν
δὲ μὴ θέλῃ ἡ γυνὴ πορευθῆναι μετὰ σοῦ εἰς τὴν γῆν ταύτην, καθαρὸς

15 ουχι] ουδα D | σου 1°] pr ανα[μεσον] D   16 τω Εφρων 1°] του אD
Εφρων D   17 ος εστιν] ο εστιν D | αυτω] pr εν D | om και παν D | τοις
οριοις] pr πασιν D (..σιν D)   18 και παντ sup ras A¹? a?   19 om τη
D   20 αυτω] pr εν אD^sil   XXIV 2 post των ras 2 litt A   3 εξορ-
κισω A*^vid D] εξορκιω A¹? a?א | της γης] pr τον θυ אD^sil | μετ αυτων] om א*
εν αυτοις א^c.a mg D ([ε]ν αυτοις)   4 αλλα] αλλ 'η D^vid | εγενομην Aא
(...μην)] [εγ]εννη[θην] D | πορε.. א   5 πορευθηναι] ελθειν D (...ειν D)
7 εγενηθην Aא] εγεννηθην D^sil | σοι] τω σπερματι σου א | om και τω σπ. σου
א | om Ισαακ א

XXIV 9 ΓΕΝΕΣΙΣ

Α ἔσῃ ἀπὸ τοῦ ὅρκου τούτου· μόνον τὸν υἱόν μου μὴ ἀποστρέψῃς
¶ ℵ ἐκεῖ. ⁹Καὶ ἔθηκεν ὁ παῖς τὴν χεῖρα αὐτοῦ ὑπὸ τὸν μηρὸν Ἀβραὰμ 9
§ ℵ τοῦ κυρίου αὐτοῦ, καὶ ὤμοσεν αὐτῷ περὶ τοῦ ῥήματος τούτου. ¹⁰καὶ 10
ἔλαβεν ὁ παῖς δέκα καμήλους ἀπὸ τῶν καμήλων τοῦ κυρίου αὐτοῦ καὶ
ἀπὸ πάντων τῶν ἀγαθῶν τοῦ κυρίου αὐτοῦ μεθ' ἑαυτοῦ, καὶ ἀναστὰς
ἐπορεύθη εἰς τὴν Μεσοποταμίαν εἰς τὴν πόλιν Ναχώρ. ¹¹καὶ ἐκοί- 11
μησεν τὰς καμήλους ἔξω τῆς πόλεως παρὰ τὸ φρέαρ τοῦ ὕδατος τὸ
πρὸς ὀψέ, ἡνίκα ἐκπορεύονται αἱ ὑδρευόμεναι. ¹²καὶ εἶπεν Κύριε ὁ 12
θεὸς τοῦ κυρίου Ἀβραάμ, εὐόδωσον ἐναντίον ἐμοῦ σήμερον καὶ ποίησον
ἔλεος μετὰ τοῦ κυρίου μου Ἀβραάμ. ¹³ἰδοὺ ἐγὼ ἕστηκα ἐπὶ τῆς πηγῆς 13
τοῦ ὕδατος, αἱ δὲ θυγατέρες τῶν οἰκούντων τὴν πόλιν ἐκπορεύονται
ἀντλῆσαι ὕδωρ· ¹⁴καὶ ἔσται ἡ παρθένος ᾗ ἂν ἐγὼ εἴπω Ἐπίκλινον τὴν 14
¶ ℵ ὑδρίαν σου ἵνα πίω, καὶ εἴπῃ μοι Πίε σύ, καὶ τὰς καμήλους ¶ σου ποτιῶ
ἕως ἂν παύσωνται πίνουσαι, ταύτην ἡτοίμασας τῷ παιδί σου Ἰσαάκ·
καὶ ἐν τούτῳ γνώσομαι ὅτι ἐποίησας ἔλεος τῷ κυρίῳ μου Ἀβραάμ.
§ D ¹⁵καὶ ἐγένετο πρὸ τοῦ συντελέσαι αὐτὸν λαλοῦντα ἐν τῇ διανοίᾳ, καὶ 15
ἰδοὺ Ῥεβέκκα ἐξεπορεύετο, ἡ τεχθεῖσα Βαθουήλ, υἱῷ Μέλχας τῆς
γυναικὸς Ναχώρ, ἀδελφοῦ δὲ Ἀβραάμ, ἔχουσα τὴν ὑδρίαν ἐπὶ τῶν
ὤμων αὐτῆς. ¹⁶ἡ δὲ παρθένος ἦν καλὴ τῇ ὄψει σφόδρα· παρθένος ἦν, 16
ἀνὴρ οὐκ ἔγνω αὐτήν. καταβᾶσα δὲ ἐπὶ τὴν πηγὴν ἔπλησεν τὴν
ὑδρίαν αὐτῆς, καὶ ἀνέβη. ¹⁷ἐπέδραμεν δὲ ὁ παῖς εἰς συνάντησιν αὐτῆς 17
§ ℵ ⁵καὶ εἶπεν Πότισόν με μικρὸν ὕδωρ ἐκ τῆς ὑδρίας σου. ¹⁸ἡ δὲ εἶπεν 18
Πίε, κύριε· καὶ ἔσπευσεν καὶ καθεῖλεν τὴν ὑδρίαν ἐπὶ τὸν βραχίονα
αὐτῆς καὶ ἐπότισεν αὐτόν ⁽¹⁹⁾ἕως ἐπαύσατο πίνων. ¹⁹καὶ εἶπεν Καὶ ταῖς 19
¶ ℵ καμήλοις σου ὑδρεύσομαι ἕως ἂν ¶ πᾶσαι πίωσιν. ²⁰καὶ ἔσπευσεν καὶ 20
ἐξεκένωσεν τὴν ὑδρίαν ἐπὶ τὸ ποτιστήριον, καὶ ἔδραμεν ἐπὶ τὸ φρέαρ
ἀντλῆσαι ὕδωρ, καὶ ὑδρεύσατο πάσαις ταῖς καμήλοις. ²¹ὁ δὲ ἄνθρωπος 21
κατεμάνθανεν αὐτήν, καὶ παρεσιώπα τοῦ γνῶναι ἢ εὐόδωκεν Κύριος
¶ D τὴν ὁδὸν αὐτοῦ ἢ οὔ. ²²ἐγένετο δὲ ἡνίκα ἐπαύσαντο πᾶσαι αἱ κάμηλοι ¶ 22
πίνουσαι, ἔλαβεν ὁ ἄνθρωπος ἐνώτια χρυσᾶ ἀνὰ δραχμὴν ὁλκῆς καὶ
δύο ψέλια ἐπὶ τὰς χεῖρας αὐτῆς· δέκα χρυσῶν ὁλκὴ αὐτῶν. ²³καὶ 23

ℵD 9 Αβρααμ Aᵃ¹ᵐᵍ   10 εαυτου κ. αναστας] ε, s evan in ℵ   11 εκοι-
μισεν ℵ   12 του κυριου 1°]+μου ℵ   14 επικλινον]+μοι ℵ | om
μοι ℵ* (hab ℵᶜ·ᵃ) | om συ ℵ | πιννουσαι A   15 αυτον συντελεσαι
D | αυτον sup ras A¹   16 πηγην] post π ras 1 lit A | om αυτης D
17—18 cod ℵ supersunt fragmm tantum levissima   18 εως]+ου D
20 επι 2°] pr ετι D | om υδωρ D   21 η 1° AD | οδωκεν κ̄ς̄ την sup
ras A¹ | ευοδωσεν D (...ωσεν D)   22 om πασαι D (Dᵛⁱᵈ) | αι κα..
D | δραχμης A

ΓΕΝΕΣΙΣ XXIV 40

ἐπηρώτησεν αὐτὴν καὶ εἶπεν Θυγάτηρ τίνος εἶ;· ἀνάγγειλόν μοι· εἰ Α
24 ἔστιν, παρὰ τῷ πατρί σου τόπος ἡμῖν καταλῦσαι; ²⁴καὶ εἶπεν αὐτῷ
25 Θυγάτηρ Βαθουήλ εἰμι ἐγὼ τοῦ Μέλχας, ὃν ἔτεκεν αὐτῷ Ναχώρ. ²⁵καὶ
εἶπεν·³αὐτῷ Καὶ ἄχυρα καὶ χόρτασμα πολὺ παρ᾽ ἡμῖν, καὶ τόπος τοῦ § ℵ
26 καταλῦσαι. ²⁶καὶ εὐδοκήσας ὁ ἄνθρωπος προσεκύνησεν Κυρίῳ
27 ⁽²⁶⁾καὶ εἶπεν ²⁷Εὐλογητὸς Κύριος ὁ θεὸς τοῦ κυρίου μου Ἀβραάμ, ὃς
οὐκ ἐγκατέλειπεν τὴν⁷ δικαιοσύνην καὶ τὴν ἀλήθειαν, ἀπὸ τοῦ κυρίου ¶ ℵ
28 μου· ἐμὲ εὐόδωκεν Κύριος εἰς οἶκον τοῦ ἀδελφοῦ τοῦ κυρίου μου. ²⁸καὶ
δραμοῦσα ἡ παῖς ἀπήγγειλεν εἰς τὸν οἶκον τῆς μητρὸς αὐτῆς κατὰ τὰ
29 ῥήματα ταῦτα. ²⁹τῇ δὲ Ῥεβέκκᾳ ἀδελφὸς ἦν ᾧ ὄνομα Λαβάν· καὶ
30 ἔδραμεν Λαβὰν πρὸς τὸν ἄνθρωπον ἔξω ἐπὶ τὴν πηγήν. ³⁰καὶ ἐγένετο
ἡνίκα ἴδεν τὰ ἐνώτια καὶ τὰ ψέλια ἐπὶ τὰς χεῖρας τῆς ἀδελφῆς αὐτοῦ,
καὶ ὅτε ἤκουσεν τὰ ῥήματα Ῥεβέκκας τῆς ἀδελφῆς αὐτοῦ λεγούσης
Οὕτως,⁵λελάληκέν μοι ὁ ἄνθρωπος, καὶ ἦλθεν πρὸς τὸν ⁵ἄνθρωπον, § ℵ §D
31 ἑστηκότος αὐτοῦ ἐπὶ τῶν καμήλων ἐπὶ τῆς πηγῆς· ³¹καὶ εἶπεν αὐτῷ
Δεῦρο εἴσελθε, εὐλογητὸς Κύριος· ἵνα τί ἕστηκας ἔξω; ἐγὼ δὲ ἡτοίμασα
32 τὴν οἰκίαν καὶ τόπον ταῖς καμήλοις. ³²εἰσῆλθεν δὲ ὁ ἄνθρωπος εἰς
τὴν οἰκίαν, καὶ ἀπέσαξεν τὰς καμήλους· καὶ ἔδωκεν ἄχυρα καὶ χορτά-
σματα ταῖς καμήλοις, καὶ ὕδωρ τοῖς ποσὶν αὐτοῦ καὶ τοῖς ποσὶν τῶν
33 ἀνδρῶν τῶν μετ᾽ αὐτοῦ, ³³καὶ παρέθηκεν αὐτοῖς ἄρτους φαγεῖν, καὶ
εἶπεν· Οὐ μὴ φάγω, ἕως τοῦ λαλῆσαί⁷ με τὰ ῥήματά μου, καὶ εἶπαν ¶ ℵ
34 Λάλησον. ³⁴καὶ εἶπεν Παῖς Ἀβραὰμ ἐγώ εἰμι. ³⁵Κύριος δὲ εὐλόγησεν
35 τὸν κύριόν μου σφόδρα, καὶ ὑψώθη· καὶ ἔδωκεν αὐτῷ πρόβατα καὶ
μόσχους καὶ ἀργύριον καὶ χρυσίον, παῖδας καὶ παιδίσκας, καμήλους
36 καὶ ὄνους. ³⁶καὶ ἔτεκεν Σάρρα ἡ γυνὴ τοῦ κυρίου μου υἱὸν ἕνα τῷ
κυρίῳ μου μετὰ τὸ γηρᾶσαι αὐτόν· καὶ ἔδωκεν ⁵αὐτῷ ὅσα ἦν αὐτῷ. § ℵ
37 ³⁷καὶ ὥρκισέν με ὁ κύριός μου λέγων Οὐ λήμψῃ γυναῖκα τῷ υἱῷ μου
ἀπὸ τῶν θυγατέρων τῶν Χαναναίων, ἐκ οἷς ἐγὼ παροικῶ ἐν τῇ γῇ
38 αὐτῶν· ³⁸ἀλλ᾽ ἢ εἰς τὸν οἶκον τοῦ πατρός μου πορεύσῃ καὶ εἰς τὴν
39 φυλήν μου, καὶ λήμψῃ γυναῖκα τῷ υἱῷ μου ἐκεῖθεν. ³⁹εἶπα δὲ τῷ
40 κυρίῳ μου Μή ποτε οὐ πορευθῇ ἡ γυνὴ μετ᾽ ἐμοῦ. ⁴⁰καὶ εἶπέν μοι

25—27 cod ℵ supersunt fragmm tantum levissima   25 [χ]ορ[τασματα ℵD
πολλα]α ℵvid | om του ℵ* (hab ℵc.a)   27 ου κατελειπεν ℵvid   28 τα ρη-
ματα] om τα A* (superscr A¹ᵗᵃ?)   31 κ̄ς̄ AℵD | ητοιμακα ℵD   32 απε-
σαξεν ℵD] επεσαξεν A | υδωρ]+νιψασθαι ℵD (..ψασθ..)   33 [και ειπεν ο]υ
μη [φαγω εως του] λα.. ℵ   35 Κυριος δε ευλογησεν] [κ̄ς̄ ε]υοδωσεν D | om
και 4° Dvid | χρυσιον και αργυριον D | παιδας] pr και D   36 om ενα D | αυ-
τον] αυτην D | οσα] pr παντα ℵc.aD   39 πορευσεται ℵDsil (πορε.. D)

ΓΕΝΕΣΙΣ XXIV 41

A Κύριος ὁ θεός, ᾧ εὐηρέστησα ἐναντίον αὐτοῦ, αὐτὸς ἐξαποστελεῖ τὸν ἄγγελον αὐτοῦ μετὰ σοῦ καὶ εὐοδώσει τὴν ὁδόν σου· καὶ λήμψῃ γυναῖκα τῷ υἱῷ μου ἐκ τῆς φυλῆς μου καὶ ἐκ τοῦ οἴκου τοῦ πατρός μου. ⁴¹τότε 41
¶ א ἀθῷος ἔσῃ ἐκ τῆς¹ ἀρᾶς μου· ἡνίκα γὰρ ἐὰν ἔλθῃς εἰς τὴν φυλήν μου
§ א καὶ μὴ δῶσίν σοι, καὶ ἔσῃ ἀθῷος ἀπὸ τοῦ ⁵ὁρκισμοῦ μου. ⁴²καὶ ἐλθὼν 42 σήμερον ἐπὶ τὴν πηγὴν εἶπα Κύριε ὁ θεὸς τοῦ κυρίου μου Ἀβραάμ, εἰ σὺ εὐοδοῖς τὴν ὁδόν μου, ἣν νῦν ἐγὼ πορεύομαι ἐπ' αὐτήν· ⁴³ἰδοὺ ἐγὼ 43 ἕστηκα ἐπὶ τὴν πηγὴν τοῦ ὕδατος, καὶ αἱ θυγατέρες τῶν ἀνθρώπων τῆς πόλεως ἐξελεύσονται ὑδρεύσασθαι ὕδωρ, καὶ ἔσται ἡ παρθένος ᾗ ἂν ἐγὼ εἴπω Πότισόν με μικρὸν ὕδωρ ἐκ τῆς ὑδρίας σου, ⁴⁴καὶ εἴπῃ μοι 44 Πίε σύ, καὶ ταῖς καμήλοις σου ὑδρεύσομαι, αὕτη ἡ γυνὴ ἣν ἡτοίμασεν Κύριος τῷ ἑαυτοῦ θεράποντι Ἰσαάκ· καὶ ἐν τούτῳ γνώσομαι ὅτι πεποίηκας ἔλεος τῷ κυρίῳ μου Ἀβραάμ. ⁴⁵καὶ ἐγένετο πρὸ τοῦ συντελέσαι 45 με λαλοῦντα ἐν τῇ διανοίᾳ μου, εὐθὺς Ρεβέκκα ἐξεπορεύετο ἔχουσα τὴν ὑδρίαν ἐπὶ τῶν ὤμων, καὶ κατέβη ἐπὶ τὴν πηγὴν καὶ ὑδρεύσατο. εἶπα δὲ αὐτῇ Πότισόν με. ⁴⁶καὶ σπεύσασα καθεῖλεν τὴν ὑδρίαν ἐπὶ τὸν 46
¶ א βραχίονα αὐτῆς ἀφ'¹ ἑαυτῆς καὶ εἶπεν Πίε σύ, καὶ τὰς καμήλους σου ποτιῶ· καὶ ἔπιον, καὶ τὰς καμήλους μου ἐπότισεν. ⁴⁷καὶ ἠρώτησα 47 αὐτὴν καὶ εἶπα Τίνος θυγάτηρ εἶ; ἀνάγγειλόν μοι. ἡ δὲ ἔφη Θυγάτηρ Βαθουὴλ εἰμὶ ἐγὼ τοῦ υἱοῦ Ναχώρ, ὃν ἔτεκεν αὐτῷ Μελχά. καὶ περιέθηκα αὐτῇ τὰ ἐνώτια καὶ τὰ ψέλια ἐπὶ τὰς χεῖρας αὐτῆς· ⁴⁸καὶ 48 εὐδοκήσας προσεκύνησα Κυρίῳ, καὶ εὐλόγησα Κύριον τὸν θεὸν τοῦ κυρίου μου Ἀβραάμ, ὃς εὐόδωσέν μοι ἐν ὁδῷ ἀληθείας, λαβεῖν τὴν θυγατέρα τοῦ ἀδελφοῦ τοῦ κυρίου μου τῷ υἱῷ αὐτοῦ. ⁴⁹εἰ οὖν ποιεῖτε 49 ὑμεῖς ἔλεος καὶ δικαιοσύνην πρὸς τὸν κύριόν μου, ἀπαγγείλατέ μοι, ἵνα ἐπιστρέψω εἰς δεξιὰν ἢ εἰς ἀριστεράν. ⁵⁰ἀποκριθεὶς δὲ Λαβὰν 50 καὶ Βαθουὴλ εἶπαν Παρὰ κυρίου ἐξῆλθεν τὸ πρόσταγμα τοῦτο· οὐ δυνησόμεθα οὖν σοι ἀντειπεῖν κακὸν καλῷ. ⁵¹ἰδοὺ Ρεβέκκα ἐνώπιόν 51 σου, λαβὼν ἀπότρεχε· καὶ ἔστω γυνὴ τῷ υἱῷ τοῦ κυρίου σου, καθὰ ἐλάλησεν Κύριος. ⁵²ἐγένετο δὲ ἐν τῷ ἀκοῦσαι τὸν παῖδα τὸν Ἀβραὰμ 52

אD 40 om ο θεος אD | εναντιον Aא c·a mg Dsil] ενωπιον א* | αποστελει אD | μετα] με sup ras Aᵃ 41 εκ] [α]πο א | την φυλην μου] την εμην φ. D | om και 2° D 43 εστηκα] pr ras, ut vid litt A* | την πηγην] της πηγης אDsil | και αι θ.] αι δε θ. D | πολ. εξελευσονται] s εξε sup ras A¹ | εξελ. AD] εκπορευονται א 44 πιε και συ א και συ πιε Dsil | τω θερ. αυτου א 45 προ του] πριν η D | om μου א | ευθυς] και ιδου D | ωμων]+ αυτης א 46 om επι τον βραχ. אD | ras 1° sup ras A¹ 47 τινος θυγ.] θυγ. τινος Dsil | om αναγγειλον μοι D | om εγω Dsil | περιεθηκα] a sup ras 2 litt A¹ | επι] περι Dsil 49 δεξια η αριστερα D 50 Βαθουηλ και Λαβαν D 51 ενωπιον] εναντιον D

ΓΕΝΕΣΙΣ XXV 1

53 τῶν ῥημάτων τούτων, προσεκύνησεν ἐπὶ τὴν γῆν Κυρίῳ. ⁵³καὶ ἐξε- A
νέγκας ὁ παῖς σκεύη ἀργυρᾶ καὶ χρυσᾶ καὶ ἱματισμὸν ἔδωκεν Ῥεβέκκᾳ,
54 καὶ δῶρα ἔδωκεν τῷ ἀδελφῷ αὐτῆς καὶ τῇ μητρὶ αὐτῆς. ⁵⁴καὶ ἔφαγον
καὶ ἔπιον αὐτὸς καὶ οἱ ἄνδρες οἱ μετ' αὐτοῦ ὄντες, καὶ ἐκοιμήθησαν.
καὶ ἀναστὰς πρωὶ εἶπεν ⁵⁵Ἐκπέμψατέ με ἵνα ἀπέλθω πρὸς τὸν κύριόν § E
55 μου. ⁵⁵εἶπαν δὲ οἱ ἀδελφοὶ αὐτῆς καὶ ἡ μήτηρ Μεινάτω ἡ παρθένος
56 μεθ' ἡμῶν ἡμέρας ὡσεὶ δέκα, καὶ μετὰ ταῦτα ἀπελεύσεται. ⁵⁶ὁ δὲ
εἶπεν πρὸς αὐτούς Μὴ κατέχετέ με, καὶ Κύριος εὐόδωσεν τὴν ὁδόν μου·
57 ἐκπέμψατέ με ἵνα ἀπέλθω πρὸς τὸν κύριόν μου. ⁵⁷οἱ δὲ εἶπαν Καλέ-
58 σωμεν τὴν παῖδα καὶ ἐπερωτήσωμεν τὸ στόμα αὐτῆς. ⁵⁸καὶ ἐκάλεσαν
Ῥεβέκκαν καὶ εἶπαν αὐτῇ Πορεύσῃ μετὰ τοῦ ἀνθρώπου τούτου; καὶ
59 εἶπεν Πορεύσομαι. ⁵⁹καὶ ἐξέπεμψαν Ῥεβέκκαν τὴν ἀδελφὴν αὐτῶν
καὶ τὰ ὑπάρχοντα αὐτῆς, καὶ τὸν παῖδα τὸν Ἀβραὰμ καὶ τοὺς
60 μετ' αὐτοῦ. ⁶⁰καὶ εὐλόγησαν Ῥεβέκκαν τὴν ἀδελφὴν αὐτῶν καὶ εἶπαν
αὐτῇ Ἀδελφὴ ἡμῶν εἶ· γίνου εἰς χιλιάδας μυριάδων, καὶ κληρονομησάτω
61 τὸ σπέρμα σοῦ τὰς πόλεις τῶν ὑπεναντίων. ⁶¹Ἀναστᾶσα δὲ Ῥεβέκκα
καὶ αἱ ἁβραὶ αὐτῆς ἐπέβησαν ἐπὶ τὰς καμήλους, καὶ ἐπορεύθησαν μετὰ
62 τοῦ ἀνθρώπου· καὶ ἀναλαβὼν ὁ παῖς τὴν Ῥεβέκκαν ἀπῆλθεν. ⁶²Ἰσαὰκ
δὲ ἐπορεύετο διὰ τῆς ἐρήμου κατὰ τὸ φρέαρ τῆς ὁράσεως· αὐτὸς δὲ
63 κατῴκει ἐν τῇ γῇ τῇ πρὸς λίβα. ⁶³καὶ ἐξῆλθεν Ἰσαὰκ ἀδολεσχῆσαι
εἰς τὸ πεδίον τὸ πρὸς δείλης, καὶ ἀναβλέψας τοῖς ὀφθαλμοῖς ἴδεν
64 καμήλους ἐρχομένας. ⁶⁴καὶ ἀναβλέψασα Ῥεβέκκα τοῖς ὀφθαλμοῖς
65 ἴδεν τὸν Ἰσαὰκ καὶ κατεπήδησεν ἀπὸ τῆς καμήλου, ⁶⁵καὶ εἶπεν τῷ παιδί
Τίς ἐστιν ὁ ἄνθρωπος ἐκεῖνος ὁ πορευόμενος ἐν τῷ πεδίῳ εἰς συνάν-
τησιν ἡμῖν; εἶπεν δὲ ὁ παῖς Οὗτός ἐστιν ὁ κύριός μου· ἡ δὲ λαβοῦσα
66 τὸ θέριστρον περιεβάλετο. ⁶⁶καὶ διηγήσατο ὁ παῖς τῷ Ἰσαὰκ πάντα
67 τὰ ῥήματα ἃ ἐποίησεν. ⁶⁷εἰσῆλθεν δὲ Ἰσαὰκ εἰς τὸν οἶκον τῆς μητρὸς
αὐτοῦ καὶ ἔλαβεν τὴν Ῥεβέκκαν, καὶ ἐγένετο αὐτοῦ γυνή, καὶ ἠγάπησεν
αὐτήν· καὶ παρεκλήθη Ἰσαὰκ περὶ Σάρρας τῆς μητρὸς αὐτοῦ.
XXV 1 ¹Προσθέμενος δὲ Ἀβραὰμ ἔλαβεν γυναῖκα ᾗ ὄνομα Χεττούρα.

52 Κυριω] pr τω D (...ω κω)   53 χρυσα] pr σκευη D   54 εκ- DE
πεμψατε] ...τε E   55 οι αδελφοι και η μ. αυτης E | μεθ ημων η παρθ. E |
μετα ταυτα] μετ αυτα D   56 και]+γαρ E   57 επερωτησωμεν AD]
ερωτησωμεν E   58 και ειπεν] η δε ειπεν D (...δε ε...) E   60 ηυλογησαν
E | και 3°...των υ rescr A^b   61 Ρεβεκκα]+[α]πη[λ]θ[εν] D | μετα του]
το sup ras A^b (periit ut vid αυου) | και αναλ.] αναλ. δε E   62 om τη
2° E   63 om το 2° E   65 om εν τω πεδιω E (hab D) | ημων
E : 66 α. εποιησεν] ταυτα E   67 της μητρος] της μ sup ras A¹
XXV 1 προσθεμενος] σθε sup ras A^a | om δε E

41

ΓΕΝΕΣΙΣ

A ²ἔτεκεν δὲ αὐτῷ τὸν Ζεβρὰν καὶ τὸν Ἰεξὰν καὶ τὸν Μαδαὶμ καὶ τὸν Μαδιὰμ καὶ τὸν Ἰεσβὸκ καὶ τὸν Σωύε. ³Ἰεξὰν δὲ ἐγέννησεν τὸν Σαβὰν καὶ τὸν Θαιμὰν καὶ τὸν Δαιδάν· υἱοὶ δὲ Δαιδὰν ἐγένοντο Ῥαγουὴλ καὶ Ναβδεὴλ καὶ Ἀσουρὶμ καὶ Λατουσιεὶμ καὶ Λοωμείμ· ⁴υἱοὶ δὲ Μαδιὰμ Γεφὰρ καὶ Ἄφερ καὶ Ἐνὼχ καὶ Ἀβιρὰ καὶ Θεργαμά. ⁵ἔδωκεν δὲ Ἀβραὰμ πάντα τὰ ὑπάρχοντα αὐτοῦ Ἰσαὰκ τῷ υἱῷ αὐτοῦ· ⁶καὶ τοῖς υἱοῖς τῶν παλλακῶν αὐτοῦ ἔδωκεν Ἀβραὰμ δόματα, καὶ ἐξαπέστειλεν αὐτοὺς ἀπὸ Ἰσαὰκ τοῦ υἱοῦ αὐτοῦ ἔτι ζῶντος αὐτοῦ πρὸς ἀνατολὰς εἰς γῆν ἀνατολῶν. ⁷ταῦτα δὲ τὰ ἔτη ἡμερῶν ζωῆς Ἀβραὰμ ὅσα ἔζησεν, ἑκατὸν ἑβδομήκοντα πέντε ἔτη· ⁸καὶ ἐκλείπων ἀπέθανεν Ἀβραὰμ ἐν γήρει καλῷ πρεσβύτης καὶ πλήρης ἡμερῶν, καὶ προσετέθη πρὸς τὸν λαὸν αὐτοῦ. ⁹καὶ ἔθαψαν αὐτὸν Ἰσαὰκ καὶ Ἰσμαὴλ οἱ δύο υἱοὶ αὐτοῦ εἰς τὸ σπήλαιον τὸ διπλοῦν, εἰς τὸν ἀγρὸν Ἐφρὼν τοῦ Σάαρ τοῦ Χετταίου, ὅ ἐστιν ἀπέναντι Μαμβρῆ, ¹⁰τὸν ἀγρὸν καὶ τὸ σπήλαιον ὃ ἐκτήσατο Ἀβραὰμ παρὰ τῶν υἱῶν Χέτ· ἐκεῖ ἔθαψαν Ἀβραὰμ καὶ Σάρραν τὴν γυναῖκα αὐτοῦ. ¹¹ἐγένετο δὲ μετὰ τὸ ἀποθανεῖν Ἀβραὰμ εὐλόγησεν ὁ θεὸς τὸν Ἰσαὰκ τὸν υἱὸν αὐτοῦ· καὶ κατῴκησεν Ἰσαὰκ παρὰ τὸ φρέαρ τῆς ὁράσεως. ¹²Αὗται δὲ αἱ γενέσεις Ἰσμαὴλ τοῦ υἱοῦ Ἀβραάμ, ὃν ἔτεκεν Ἀγὰρ ἡ παιδίσκη Σάρρας τῷ Ἀβραάμ. ¹³καὶ ταῦτα τὰ ὀνόματα τῶν υἱῶν Ἰσμαὴλ κατ' ὄνομα τῶν γενεῶν αὐτοῦ· πρωτότοκος Ἰσμαὴλ Ναβαιώθ, καὶ Κηδὰρ καὶ Ναβδεὴλ καὶ Μασσὰμ ¹⁴καὶ Μασμὰ καὶ Ἰδουμὰ καὶ Μασσὴ ¹⁵καὶ Χοδδὰν καὶ Θαιμὰν καὶ Ἰετοὺρ καὶ Ναφὲς καὶ Κέδμα. ¹⁶οὗτοί εἰσιν οἱ υἱοὶ Ἰσμαήλ, καὶ ταῦτα τὰ ὀνόματα αὐτῶν ἐν ταῖς σκηναῖς αὐτῶν καὶ ἐν ταῖς ἐπαύλεσιν αὐτῶν· δώδεκα ἄρχοντες κατὰ

DE 2 Ζεβραν A*E] Ζεμβραν Aᵃ Ζομβραν Dˢⁱˡ | Ιεξαν A (post ε ras 1 lit Aʳ) D] Ιεκταν E | Μαδαιμ] Μαδαι Aᵗ Μαδαν DE | Ιεσβουκ D Ιεσοκ E   3 Ιεξαν AᵇD] Ιεξαν A* Ιεκταν E· | Σαβα E | Θεμαν E | Δαιδαν 1°] Μαδιαμ E | Δαιδαν 2°] Δαιδαμ D (Δαιδα. D) | Ραγουηλ]. Ρασου[ηλ] D | Ασσουριειμ D (A. σο.ριειμ D) Ασσουριηλ E | Λατουριειμ D | Λοωμειν D (ειν Dᵇ) E 4 Γαιφαρ DE | Αφερ] ε sup ras Dᵇ | Αβιρα AD] Αβια E | Θεργαμα] [θ]ερπαμ[α] D (ρπαμα rescr Dᵇ) Αραγα E* (Εαραγα Eᵃ) | παντες ουτοι DE 6 δωματα E   7 om πεντε E   8 τον λαον] τους πατερας D (πα...as) τους πρας E   9 om δυο Dˢⁱˡ | Χετγαιου E | ο εστιν AD] ος εστιν E 10 om παρα των υιων Χετ E | του Χετ Dˢⁱˡ   : 11 ηυλογησεν E | τον υιον] om τον Dˢⁱˡ E   12 om δε E | η παιδισκη] om η E   13 κατ. ονομα AD] ϗ τα ονοματα E | Ναβαιωθ] Ναιβεωρ E | Ναβδεηλ D | Μασσαμ] Μασσαν D Μαβσαμ E   14 Μασμαν DE | Ιδουμαν E | Μασση] Μανασσαν D 15 Χοδδαν] Χαλδα D. Χοδδαδ E | Θαιμαν] Θημαν D (Θημ...) E | Ιεττουρ DE | Ναφεθ D | Κεδμαν D   16 om οἱ E

ΓΕΝΕΣΙΣ XXV 31

17 ἔθνος αὐτῶν. ¹⁷καὶ ταῦτα τὰ ἔτη τῆς ζωῆς Ἰσμαήλ, ἑκατὸν τριά- A
κοντα ἑπτὰ ἔτη· καὶ ἐκλείπων ἀπέθανεν καὶ προσετέθη πρὸς τὸ γένος
18 αὐτοῦ. ¹⁸κατῴκησεν δὲ ἀπὸ Εὐειλὰτ ἕως Σουήλ, ἥ ἐστιν κατὰ πρόσ-
ωπον Αἰγύπτου ἕως ἐλθεῖν πρὸς Ἀσσυρίους· κατὰ πρόσωπον πάντων
19 τῶν ἀδελφῶν αὐτοῦ κατῴκησεν. ¹⁹Καὶ αὗται αἱ γενέσεις Ἰσαὰκ
20 τοῦ υἱοῦ Ἀβραάμ· Ἀβραὰμ ἐγέννησεν τὸν Ἰσαάκ· ²⁰ἦν δὲ Ἰσαὰκ
ἐτῶν τεσσεράκοντα ὅτε ἔλαβεν τὴν Ῥεβέκκαν θυγατέρα Βαθουὴλ τοῦ
Σύρου ἐκ τῆς Μεσοποταμίας, ἀδελφὴν Λαβὰν τοῦ Σύρου, ἑαυτῷ γυναῖκα.
21 ²¹ἐδεῖτο δὲ Ἰσαὰκ Κυρίου περὶ Ῥεβέκκας τῆς γυναικὸς αὐτοῦ, ὅτι στεῖρα
ἦν· ἐπήκουσεν δὲ αὐτοῦ ὁ θεός, καὶ ἔλαβεν ἐν γαστρὶ Ῥεβέκκα ἡ γυνὴ
22 αὐτοῦ. ²²ἐσκίρτων δὲ τὰ παιδία ἐν αὐτῇ· εἶπεν δέ Εἰ οὕτως μοι μέλλει
23 γίνεσθαι, ἵνα τί μοι τοῦτο; ἐπορεύθη δὲ πυθέσθαι παρὰ Κυρίου. ²³καὶ
εἶπεν Κύριος αὐτῇ

- Δύο ἔθνη ἐν τῇ γαστρί σού εἰσιν,
καὶ δύο λαοὶ ἐκ τῆς κοιλίας σου διασταλήσονται·
καὶ λαὸς λαοῦ ὑπερέξει,
καὶ ὁ μείζων δουλεύσει τῷ ἐλάσσονι.

24 ²⁴καὶ ἐπληρώθησαν αἱ ἡμέραι τοῦ τεκεῖν αὐτήν· καὶ τῇδε ἦν δίδυμα ἐν
25 τῇ γαστρὶ αὐτῆς. ²⁵ἐξῆλθεν δὲ ὁ υἱὸς ὁ πρωτότοκος πυρράκης, ὅλος
26 ὡσεὶ δορὰ δασύς· ἐπωνόμασεν δὲ τὸ ὄνομα αὐτοῦ Ἡσαύ. ²⁶καὶ μετὰ
τοῦτο ἐξῆλθεν ὁ ἀδελφὸς αὐτοῦ, καὶ ἡ χεὶρ αὐτοῦ ἐπειλημμένη τῆς
πτέρνης Ἡσαύ· καὶ ἐκάλεσεν τὸ ὄνομα αὐτοῦ Ἰακώβ. Ἰσαὰκ δὲ ἦν
27 ἐτῶν ἑξήκοντα ὅτε ἐγέννησεν αὐτοὺς Ῥεβέκκα. ²⁷ηὐξήθησαν δὲ οἱ
νεανίσκοι· καὶ ἦν Ἡσαὺ ἄνθρωπος εἰδὼς κυνηγεῖν, ἄγροικος· Ἰακὼβ
28 δὲ ἦν ἄνθρωπος ἄπλαστος, οἰκῶν οἰκίαν. ²⁸ἠγάπησεν δὲ Ἰσαὰκ τὸν
Ἡσαύ, ὅτι ἡ θήρα αὐτοῦ βρῶσις αὐτῷ· Ῥεβέκκα δὲ ἠγάπα τὸν
29 Ἰακώβ. ²⁹ἥψησεν δὲ Ἰακὼβ ἕψεμα· ἦλθεν δὲ Ἡσαὺ ἐκ τοῦ
30 πεδίου ἐκλείπων. ³⁰καὶ εἶπεν Ἡσαὺ τῷ Ἰακώβ Γεῦσόν με ἀπὸ τοῦ
ἑψέματος τοῦ πυρροῦ τούτου, ὅτι ἐκλείπω ἐγώ· διὰ τοῦτο ἐκλήθη τὸ
31 ὄνομα αὐτοῦ Ἐδώμ. ³¹εἶπεν δὲ Ἰακὼβ τῷ Ἡσαύ Ἀπόδου μοι σήμερον τὰ

16 εθνος] εθνη E   17 ετη 1°] εθνη D | της ζωης] om της D ημερων ʒ. E | DE
το γενος] τους πρᾶς E.   18 κατωκησεν δε] και κατωκησεν E | Ευιλατ E |
Σουηλ] Σουρ D^sil E | Ασσυριους] pr τους E   19 και αυται] αυται δε DE
20 τεσσερακ. ετων D | του Συρου εκ της Μεσο sup ras A¹ | om εκ της Μεσο-
ποταμιας...εαυτω E | γυναικα] pr εις E   21 οτι ην στειρα E | αυτου 2°] αυτω E
22 γενεσθαι E   24 γαστρι] κοιλια D^sil E   25 ο υιος]+αυτης E   26 μετα
ταυτα D | εγεννησεν] ετεκεν D^sil(D^vid)E   27 om ην 2° E.   30 om εγω
D^sil(D^vid)E | δια τουτο DE] δια το A   31 αποδους E

Α πρωτοτοκεῖά σου ἐμοί. ³²εἶπεν δὲ Ἡσαύ Ἰδοὺ ἐγὼ πορεύομαι τελευτᾶν, 32 καὶ ἵνα τί μοι ταῦτα τὰ πρωτοτοκεῖα; ³³καὶ εἶπεν αὐτῷ Ἰακώβ 33 Ὄμοσόν μοι σήμερον. καὶ ὤμοσεν αὐτῷ· ἀπέδοτο δὲ Ἡσαῦ τὰ πρωτοτοκεῖα τῷ Ἰακώβ. ³⁴Ἰακὼβ δὲ ἔδωκεν τῷ Ἡσαῦ ἄρτον καὶ ἕψεμα 34 φακοῦ· καὶ ἔφαγεν καὶ ἔπιεν, καὶ ἀναστὰς ᾤχετο· καὶ ἐφαύλισεν Ἡσαῦ τὰ πρωτοτοκεῖα.

¹Ἐγένετο δὲ λιμὸς ἐπὶ τῆς γῆς, χωρὶς τοῦ λιμοῦ τοῦ πρότερον ὃς 1 XXVI ἐγενήθη ἐν τῷ χρόνῳ τοῦ Ἀβραάμ· ἐπορεύθη δὲ Ἰσαὰκ πρὸς Ἀβιμέλεχ βασιλέα Φυλιστιεὶμ εἰς Γέραρα. ²ὤφθη δὲ αὐτῷ Κύριος καὶ εἶπεν Μὴ 2 καταβῇς εἰς Αἴγυπτον· κατοίκησον δὲ ἐν τῇ γῇ ᾗ ἄν σοι εἴπω. ³καὶ 3 παροίκει ἐν τῇ γῇ ταύτῃ καὶ ἔσομαι μετὰ σοῦ καὶ εὐλογήσω σε· σοὶ γὰρ καὶ τῷ σπέρματί σου δώσω πᾶσαν τὴν γῆν ταύτην, καὶ στήσω τὸν ὅρκον μου ὃν ὤμοσα Ἀβραὰμ τῷ πατρί σου. ⁴καὶ πληθυνῶ τὸ σπέρμα 4 σου ὡς τοὺς ἀστέρας τοῦ οὐρανοῦ· καὶ δώσω τῷ σπέρματί σου πᾶσαν τὴν γῆν ταύτην· καὶ ἐνευλογηθήσονται ἐν τῷ σπέρματί σου πάντα τὰ ἔθνη τῆς γῆς· ⁵ἀνθ' ὧν ὑπήκουσεν Ἀβραὰμ ὁ πατήρ σου τῆς ἐμῆς φωνῆς, καὶ 5 ἐφύλαξεν τὰ προστάγματά μου καὶ τὰς ἐντολάς μου καὶ τὰ δικαιώματά μου καὶ τὰ νόμιμά μου. ⁶καὶ κατῴκησεν Ἰσαὰκ ἐν Γεράροις. ⁷ἐπηρώ- 6,7 τησαν δὲ οἱ ἄνδρες τοῦ τόπου περὶ Ῥεβέκκας τῆς γυναικὸς αὐτοῦ, καὶ εἶπεν ὅτι Ἀδελφή μού ἐστιν· ἐφοβήθη γὰρ εἰπεῖν ὅτι Γυνή μού ἐστιν, μή ποτε ἀποκτείνωσιν αὐτὸν οἱ ἄνδρες τοῦ τόπου περὶ Ῥεβέκκας, ὅτι ὡραία τῇ ὄψει ἦν. ⁸ἐγένετο δὲ πολυχρόνιος ἐκεῖ· παρακύψας δὲ Ἀβιμέλεχ 8 ὁ βασιλεὺς Γεράρων διὰ τῆς θυρίδος ἴδεν τὸν Ἰσαὰκ παίζοντα μετὰ Ῥεβέκκας τῆς γυναικὸς αὐτοῦ. ⁹ἐκάλεσεν δὲ Ἀβιμέλεχ τὸν Ἰσαὰκ καὶ 9 εἶπεν αὐτῷ Ἆρα γε γυνή σού ἐστιν· τί ὅτι εἶπας Ἀδελφή μού ἐστιν ; εἶπεν δὲ αὐτῷ Ἰσαάκ Εἶπα γάρ Μή ποτε ἀποθάνω δι' αὐτήν. ¹⁰εἶπεν 10 δὲ αὐτῷ Ἀβιμέλεχ Τί τοῦτο ἐποίησας ἡμῖν; μικροῦ ἐκοιμήθη τις τοῦ γένους μου μετὰ τῆς γυναικός σου, καὶ ἐπήγαγες ἐφ' ἡμᾶς ἄγνοιαν. ¹¹συνέταξεν δὲ Ἀβιμέλεχ παντὶ τῷ λαῷ αὐτοῦ λέγων Πᾶς ὁ ἁπτόμενος 11 τοῦ ἀνθρώπου τούτου ἢ τῆς γυναικὸς αὐτοῦ θανάτου ἔνοχος ἔσται.

DE 31 πρωτοτοκια AD^sil E | om εμοι D(D^vid) 32 ειπεν δε AD] και ειπεν E | om ιδου E | τελευτησαι D | πρωτοτοκια DE 33 πρωτοτοκια DE | τω Ιακωβ] om τω E 34 πρωτοτοκια DE (πρωτοκια) XXVI 1 προτερου DE | εγενηθη] εγενετο D^sil E | τω Αβρααμ DE 2 Κυριος]+ο θ̄ς B | γη]+ταυτη E* (ras E^1?a?) | η] ην E 3 om και παρ. εν τη γη τ. D | πασαν την γην] γην sup ras A¹ | om πασαν E 4 εθνη] περατα B 6 και κατωκησεν] κα[τωκησεν δ]ε D παρωκησεν δε E 7 om οτι 1°: 2°, D^vid | ην τη οψει B 8 om δε 2° | ο βασιλευς] om ο A* (hab A¹) 9 ειπας]+οτι B | om ποτε D | αποθανη A 10 om αυτω B | om του γ. μου E | επηγαγες]+αν D^sil 11 θανατου ενοχος εσται] sup ras 37 litt A

12 ¹²ἔσπειρεν δὲ Ἰσαὰκ ἐν τῇ γῇ ἐκείνῃ, καὶ εὗρεν ἐν τῷ ἐνιαυτῷ ἐκείνῳ Ἀ-
13 ἑκατοστεύουσαν κριθήν· εὐλόγησεν δὲ αὐτὸν Κύριος. ¹³καὶ ὑψώθη ὁ
ἄνθρωπος, καὶ προβαίνων μείζων ἐγίνετο ἕως οὗ μέγας ἐγίνετο σφόδρα·
14 ¹⁴ἐγένετο δὲ αὐτῷ κτήνη προβάτων καὶ κτήνη βοῶν καὶ γεώργια πολλά.
15 ἐζήλωσαν δὲ αὐτὸν οἱ Φυλιστιείμ· ¹⁵καὶ πάντα τὰ φρέατα ἃ ὤρυξαν οἱ
παῖδες τοῦ πατρὸς αὐτοῦ ἐν τῷ χρόνῳ τοῦ πατρὸς αὐτοῦ, ἐνέφραξαν
16 αὐτὰ οἱ Φυλιστιείμ καὶ ἔπλησαν αὐτὰ γῆς. ¹⁶εἶπεν δὲ Ἀβιμέλεχ
πρὸς Ἰσαάκ Ἄπελθε ἀφ' ἡμῶν, ὅτι δυνατώτερος ἡμῶν ἐγένου σφόδρα.
17 ¹⁷καὶ ἀπῆλθεν ἐκεῖθεν Ἰσαὰκ καὶ κατέλυσεν ἐν τῇ φάραγγι Γεράρων,
18 καὶ κατῴκησεν ἐκεῖ. ¹⁸καὶ πάλιν Ἰσαὰκ ὤρυξεν τὰ φρέατα τοῦ ὕδατος
ἃ ὤρυξαν οἱ παῖδες Ἀβραὰμ τοῦ πατρὸς αὐτοῦ καὶ ἐνέφραξαν αὐτὰ οἱ
Φυλιστιείμ μετὰ τὸ ἀποθανεῖν Ἀβραὰμ τὸν πατέρα αὐτοῦ· καὶ ἐπω-
νόμασεν αὐτοῖς ὀνόματα κατὰ τὰ ὀνόματα ἃ ὠνόμασεν Ἀβραὰμ ὁ πατὴρ
19 αὐτοῦ. ¹⁹ὤρυξαν δὲ οἱ παῖδες Ἰσαὰκ ἐν τῇ φάραγγι Γεράρων, καὶ
20 εὗρον ἐκεῖ φρέαρ ὕδατος ζῶντος. ²⁰καὶ ἐμαχέσαντο οἱ ποιμένες
Γεράρων μετὰ τῶν ποιμένων Ἰσαάκ, φάσκοντες αὐτῶν εἶναι τὸ ὕδωρ·
καὶ ἐκάλεσεν τὸ ὄνομα τοῦ φρέατος ἐκείνου Ἀδικία· ἠδίκησαν γὰρ
21 αὐτόν. ²¹ἀπάρας δὲ Ἰσαὰκ ἐκεῖθεν ὤρυξεν φρέαρ ἕτερον· ἐκρίνοντο δὲ
22 καὶ περὶ ἐκείνου, καὶ ἐπωνόμασεν τὸ ὄνομα αὐτοῦ Ἐχθρία. ²²ἀπάρας
δὲ ἐκεῖθεν ὤρυξεν φρέαρ ἕτερον, καὶ οὐκ ἐμαχέσαντο περὶ αὐτοῦ· καὶ
ἐπωνόμασεν τὸ ὄνομα αὐτοῦ Εὐρυχωρία, λέγων Διότι νῦν ἐπλάτυνεν
23 Κύριος ἡμῖν καὶ ηὔξησεν ἡμᾶς ἐπὶ τῆς γῆς. ²³ἀνέβη δὲ ἐκεῖθεν ἐπὶ τὸ
24 φρέαρ τοῦ ὅρκου. ²⁴καὶ ὤφθη αὐτῷ Κύριος ἐν τῇ νυκτὶ ἐκείνῃ, καὶ
εἶπεν Ἐγώ εἰμι ὁ θεὸς Ἀβραὰμ τοῦ πατρός σου· μὴ φοβοῦ· μετὰ σοῦ
γάρ εἰμι, καὶ εὐλογήσω σε καὶ πληθυνῶ τὸ σπέρμα σου διὰ Ἀβραὰμ
25 τὸν πατέρα σου. ²⁵καὶ ᾠκοδόμησεν ἐκεῖ θυσιαστήριον καὶ ἐπεκαλέσατο
τὸ ὄνομα Κυρίου, καὶ ἔπηξεν ἐκεῖ τὴν σκηνὴν αὐτοῦ· ὤρυξαν δὲ ἐκεῖ
26 οἱ παῖδες Ἰσαὰκ φρέαρ. ²⁶καὶ Ἀβιμέλεχ ἐπορεύθη πρὸς αὐτὸν ἀπὸ
Γεράρων, καὶ Ὀχοζὰθ ὁ νυμφαγωγὸς αὐτοῦ καὶ Φικὸλ ὁ ἀρχιστράτηγος
27 τῆς δυνάμεως αὐτοῦ. ²⁷καὶ εἶπεν αὐτοῖς Ἰσαάκ Ἵνα τί ἤλθατε πρὸς
28 μέ; ὑμεῖς δὲ ἐμισήσατέ με καὶ ἀπεστείλατέ με ἀφ' ὑμῶν. ²⁸καὶ εἶπαν

12 ηυλογησεν DE   13 υψωθη] ηυξηθη E | μειζον εγενετο B | μεγας εγε- DE
νετο D^sil E   14 αυτω] αυτη A   15 om του πατρος 1° DE   17 Ισαακ
εκειθεν D | κατελυσεν] κατωκησεν E | om και κατωκησεν εκει E   18 om και
ενεφραξαν...πατερα αυτου D | om κατα τα ονοματα D | ωνομασεν] επωνομασεν
DE | om Αβρααμ 3° B   19 ωρυξαν δε] και ωρυξαν D(και ω...) E | ευρεν D
ευραν E.   20 Ισαακ] pr του B | om εκεινου D^sil E   21—22 om εκρινοντο
...ετερον B   22 εμαχησαντο E   24 ευλογησω] ηυλογηκα DE | δι Αβρ. B
25 θυσιαστ.]+τω κῶ B | επεκαλεσατο]+εκει E | Ισαακ]+εν τη φαραγγι Γε-
ραρων B   26 Οχοζαχ D | Φιχολ B   27 εξαπεστειλατε D^sil E

ΓΕΝΕΣΙΣ

A Ἰδόντες ἑωράκαμεν ὅτι ἦν Κύριος μετὰ σοῦ, καὶ εἴπαμεν Γενέσθω ἀρὰ ἀνὰ μέσον ἡμῶν καὶ ἀνὰ μέσον σοῦ, καὶ διαθησόμεθα μετὰ σοῦ διαθήκην ²⁹μὴ ποιήσειν μεθ' ἡμῶν κακόν, καθότι ἡμεῖς σε οὐκ ἐβδελυξάμεθα, καὶ ὃν τρόπον ἐχρήμεθά σοι καλῶς καὶ ἐξαπεστείλαμέν σε μετ' εἰρήνης· καὶ νῦν σὺ εὐλογητὸς ὑπὸ Κυρίου. ³⁰καὶ ἐποίησεν αὐτοῖς δοχήν· καὶ ἔφαγον καὶ ἔπιον. ³¹καὶ ἀναστάντες τὸ πρωί, ὤμοσαν ἄνθρωπος τῷ πλησίον αὐτοῦ· καὶ ἐξαπέστειλεν αὐτοὺς Ἰσαάκ, καὶ ἀπῴχοντο ἀπ' αὐτοῦ μετὰ σωτηρίας. ³²ἐγένετο δὲ ἐν τῇ ἡμέρᾳ ἐκείνῃ καὶ παραγενόμενοι οἱ παῖδες Ἰσαὰκ ἀπήγγειλαν αὐτῷ περὶ τοῦ φρέατος οὗ ὤρυξαν, καὶ εἶπαν Οὐχ εὕρομεν ὕδωρ. ³³καὶ ἐκάλεσεν τὸ ὄνομα αὐτοῦ Ὅρκος· διὰ τοῦτο ἐκάλεσεν τὸ ὄνομα τῇ πόλει Φρέαρ ὅρκου, ἕως τῆς σήμερον ἡμέρας.

³⁴Ἦν δὲ Ἠσαὺ ἐτῶν τεσσεράκοντα καὶ ἔλαβεν γυναῖκα Ἰουδίν, θυγατέρα Βεὴρ τοῦ Χετταίου, καὶ τὴν Μασεμμάθ, θυγατέρα Αἰλὼμ τοῦ Εὐαίου· ³⁵καὶ ἦσαν ἐρίζουσαι τῷ Ἰσαὰκ καὶ τῇ Ῥεβέκκᾳ.

¹Ἐγένετο δὲ μετὰ τὸ γηρᾶσαι Ἰσαὰκ καὶ ἠμβλύνθησαν οἱ ὀφθαλμοὶ XXVII αὐτοῦ τοῦ ὁρᾶν· καὶ ἐκάλεσεν Ἠσαὺ τὸν υἱὸν αὐτοῦ τὸν πρεσβύτερον καὶ εἶπεν αὐτῷ Υἱέ μου. καὶ εἶπεν αὐτῷ Ἰδοὺ ἐγώ. ²καὶ εἶπεν Ἰδοὺ γεγήρακα, καὶ οὐ γινώσκω τὴν ἡμέραν τῆς τελευτῆς μου· ³νῦν οὖν λάβε τὸ σκεῦος, τήν τε φαρέτραν καὶ τὸ τόξον, καὶ ἔξελθε εἰς τὸ πεδίον καὶ θήρευσόν μοι θήραν· ⁴καὶ ποίησόν μοι ἐδέσματα ὡς φιλῶ ἐγώ, καὶ ἔνεγκόν μοι ἵνα φάγω· ὅπως εὐλογήσῃ σε ἡ ψυχή μου πρὸ τοῦ ἀποθανεῖν με. ⁵Ῥεβέκκα δὲ ἤκουσεν λαλοῦντος Ἰσαὰκ πρὸς Ἠσαὺ τὸν υἱὸν αὐτοῦ· ἐπορεύθη δὲ Ἠσαὺ εἰς τὸ πεδίον θηρεῦσαι θήραν τῷ πατρὶ αὐτοῦ. ⁶Ῥεβέκκα δὲ εἶπεν πρὸς Ἰακὼβ τὸν υἱὸν αὐτῆς τὸν ἐλάσσω Ἴδε ἐγὼ ἤκουσα τοῦ πατρός σου λαλοῦντος πρὸς Ἠσαὺ τὸν ἀδελφόν σου λέγοντος ⁷Ἔνεγκόν μοι θήραν, καὶ ποίησόν μοι ἐδέσματα· ἵνα φαγὼν ¶ D εὐλογήσω σε ἐναντίον Κυρίου¶ πρὸ τοῦ ἀποθανεῖν με. ⁸νῦν οὖν, υἱέ, ἄκουσόν μου καθὰ ἐγὼ ἐντέλλομαί σοι· ⁹καὶ πορευθεὶς εἰς τὰ πρόβατα λάβε μοι ἐκεῖθεν δύο ἐρίφους ἁπαλοὺς καὶ καλούς, καὶ ποιήσω αὐτοὺς

DE 28 διαθησομαι E 29 κακον A*ᶠᵒʳᵗD] κακα Aᵃ μηδεν κακον E | εκβδελυξαμεθα A | εχρησαμεθα Dˢⁱˡ E 31 τω πρωι E* (το πρ. Eᵃ) | ωμοσεν B 32 παραγεναμενοι B 33 το ονομα αυτου] αυτο B 34 Ιουδειν DE | θυγατερα 1°] pr την B | Βεηρ] Βαιηλ B | Χετγαιου E | Βασενεμαθ Dᵛⁱᵈ | Αιλωμ] Αιδωμ D | του Ευαιου] om του Dˢⁱˡ του Χετγαιου B XXVII 1 Ισακ A | ηβλυωπησαν D ηυβλυωπ. B | οραν] pr μη D | om αυτω 2° Dˢⁱˡ 1—2 om μου και ειπεν αυτω ιδου εγω και ειπεν Bˡ 2 ειπεν] +αυτω D 3 σκευος sup ras Aᵃ (τοξον A*ᵛⁱᵈ σκ. σου Dˢⁱˡ E | τοξον] +σου E 4 ευλογησει DE | προ του] πριν Dˢⁱˡ E 6 Ιακωβ Dˢⁱˡ E] Ισαακ A | om αυτης E 8 μου] μοι B | σοι εντελλομαι B

ΓΕΝΕΣΙΣ XXVII 27

10 ἐδέσματα τῷ πατρί σου ὡς φιλεῖ· ¹⁰καὶ εἰσοίσεις τῷ πατρί σου, καὶ A
φάγεται· ὅπως εὐλογήσῃ σε ὁ πατήρ σου πρὸ τοῦ ἀποθανεῖν αὐτόν.
11 ¹¹εἶπεν δὲ Ἰακὼβ πρὸς Ῥεβέκκαν τὴν μητέρα αὐτοῦ Ἔστιν Ἡσαῦ ὁ
12 ἀδελφός μου ἀνὴρ δασύς, ἐγὼ δὲ ἀνὴρ λεῖος· ¹²μή ποτε ψηλαφήσῃ με
ὁ πατήρ μου, καὶ ἔσομαι ἐναντίον αὐτοῦ ὡς καταφρονῶν, καὶ ἐπάξω
13 ἐπ' ἐμαυτὸν κατάραν καὶ οὐκ εὐλογίαν. ¹³εἶπεν δὲ αὐτῷ ἡ μήτηρ
Ἐπ' ἐμὲ ἡ κατάρα σου, τέκνον· μόνον ὑπάκουσον τῆς φωνῆς μου, καὶ
14 πορευθεὶς ἔνεγκαί μοι. ¹⁴πορευθεὶς δὲ ἔλαβεν καὶ ἤνεγκεν τῇ μητρί,
καὶ ἐποίησεν ἡ μήτηρ αὐτοῦ ἐδέσματα καθὰ ἐφίλει ὁ πατὴρ αὐτοῦ.
15 ¹⁵καὶ λαβοῦσα Ῥεβέκκα τὴν στολὴν Ἡσαῦ τοῦ υἱοῦ αὐτῆς τοῦ πρεσβυ-
τέρου τὴν καλήν, ἣ ἦν παρ' αὐτῇ ἐν τῷ οἴκῳ, καὶ ἐνέδυσεν Ἰακὼβ
16 τὸν υἱὸν αὐτῆς τὸν νεώτερον· ¹⁶καὶ τὰ δέρματα τῶν ἐρίφων περιέθηκεν
17 ἐπὶ τοὺς βραχίονας αὐτοῦ καὶ ἐπὶ τὰ γυμνὰ τοῦ τραχήλου αὐτοῦ· ¹⁷καὶ
ἔδωκεν τὰ ἐδέσματα καὶ τοὺς ἄρτους οὓς ἐποίησεν εἰς τὰς χεῖρας
18 Ἰακὼβ τοῦ υἱοῦ αὐτῆς. ¹⁸καὶ εἰσήνεγκεν τῷ πατρὶ αὐτοῦ· εἶπεν δέ
19 Πάτερ μου· ὁ δὲ εἶπεν Ἰδοὺ ἐγώ· τίς εἶ σύ, τέκνον; ¹⁹καὶ εἶπεν
Ἰακὼβ ὁ υἱὸς αὐτοῦ τῷ πατρὶ αὐτοῦ Ἐγὼ Ἡσαῦ ὁ πρωτότοκός σου,
ἐποίησα καθὰ ἐλάλησάς μοι· ἀναστὰς κάθισον καὶ φάγε τῆς θήρας
20 μου, ὅπως εὐλογήσῃ με ἡ ψυχή σου. ²⁰εἶπεν δὲ Ἰσαὰκ τῷ υἱῷ αὐτοῦ
Τί τοῦτο ὃ ταχὺ εὗρες, ὦ τέκνον; ὁ δὲ εἶπεν Ὁ παρέδωκεν Κύριος ὁ
21 θεὸς ἐναντίον μου. ²¹εἶπεν δὲ Ἰσαὰκ τῷ Ἰακὼβ Ἔγγισόν μοι καὶ
22 ψηλαφήσω σε, τέκνον, εἰ σὺ εἶ ὁ υἱός μου Ἡσαῦ ἢ οὔ. ²²ἤγγισεν δὲ
Ἰακὼβ πρὸς Ἰσαὰκ τὸν πατέρα αὐτοῦ· καὶ ἐψηλάφησεν αὐτὸν καὶ
23 εἶπεν Ἡ φωνὴ φωνὴ Ἰακώβ, αἱ δὲ χεῖρες χεῖρες Ἡσαύ. ²³καὶ
οὐκ ἐπέγνω αὐτόν· ἦσαν γὰρ αἱ χεῖρες αὐτοῦ ὡς αἱ χεῖρες Ἡσαῦ τοῦ
24 ἀδελφοῦ αὐτοῦ δασεῖαι· καὶ ηὐλόγησεν αὐτόν. ²⁴καὶ εἶπεν Σὺ εἶ ὁ υἱός
25 μου Ἡσαῦ; ὁ δὲ εἶπεν Ἐγώ. ²⁵καὶ εἶπεν Προσάγαγέ μοι καὶ φάγομαι
ἀπὸ τῆς θήρας σου, τέκνον, ὅπως εὐλογήσῃ σε ἡ ψυχή μου. καὶ
προσήνεγκεν αὐτῷ, καὶ ἔφαγεν· §καὶ εἰσήνεγκεν αὐτῷ οἶνον, καὶ ἔπιεν. § D
26 ²⁶καὶ εἶπεν αὐτῷ Ἰσαὰκ ὁ πατὴρ αὐτοῦ Ἔγγισόν μοι καὶ φίλησόν με,
27 τέκνον. ²⁷καὶ ἐγγίσας ἐφίλησεν αὐτόν· καὶ ὠσφράνθη τὴν ὀσμὴν
τῶν ἱματίων αὐτοῦ, καὶ ηὐλόγησεν αὐτὸν καὶ εἶπεν

10 ευλογησει E | 11 ανηρ 1°] ανος E | 12 επ εμαυτον] επ αυτον E DE
13 επακουσον E | ενεγκαι AE , , 15 και ενεδ.] om και E . 17 Ιακωβ
(Ρεβεκκας A) του υιου αυτης] αυτου E . 18 om μου E | τις ει] pr ο δε
ειπεν A . . 19 om ο υιος αυτου E, | πεποιηκα E | μου] μ sup ras A¹
20 του υιου E | οτι ταχυ E | ο δε] και E | ο θεος]+σου E | μου] εμου E
22 εψηλαφησεν] ηλ sup ras 4 litt Aᵃ | η μεν φωνη E 23 Ησαυ] sup
ras pl l Aᵃ . 25 οπως] ινα E . 26 om ο πατ. αυτου E | τεκνον και
φ. με Eɛt

47

Ἰδοὺ ὀσμὴ τοῦ υἱοῦ μου
ὡς ὀσμὴ ἀγροῦ πλήρους ὃν ηὐλόγησεν Κύριος.
²⁸καὶ δῴη σοι ὁ θεὸς ἀπὸ τῆς δρόσου τοῦ οὐρανοῦ ἄνωθεν, 28
καὶ ἀπὸ τῆς πιότητος τῆς γῆς,
καὶ πλῆθος σίτου καὶ οἴνου.
²⁹καὶ δουλευσάτωσάν σοι ἔθνη, 29
καὶ προσκυνήσουσίν σοι ἄρχοντες·
καὶ γίνου κύριος τοῦ ἀδελφοῦ σου,
καὶ προσκυνήσουσίν σε οἱ υἱοὶ τοῦ πατρός σου.
ὁ καταρώμενός σε ἐπικατάρατος,
ὁ δὲ εὐλογῶν σε εὐλογημένος.

³⁰Καὶ ἐγένετο μετὰ τὸ παύσασθαι Ἰσαὰκ εὐλογοῦντα τὸν Ἰακὼβ τὸν 30
υἱὸν αὐτοῦ, καὶ ἐγένετο ὡς ἐξῆλθεν Ἰακὼβ ἀπὸ προσώπου Ἰσαὰκ τοῦ
πατρὸς αὐτοῦ, καὶ Ἡσαῦ ὁ ἀδελφὸς αὐτοῦ ἦλθεν ἀπὸ τῆς θήρας αὐτοῦ.
³¹καὶ ἐποίησεν καὶ αὐτὸς ἐδέσματα καὶ προσήνεγκεν τῷ πατρὶ αὐτοῦ· 31
καὶ εἶπεν τῷ πατρὶ αὐτοῦ Ἀναστήτω ὁ πατήρ μου καὶ φαγέτω τῆς
θήρας τοῦ υἱοῦ αὐτοῦ, ὅπως εὐλογήσει με ἡ ψυχή σου. ³²καὶ εἶπεν 32
αὐτῷ Ἰσαὰκ ὁ πατὴρ αὐτοῦ Τίς εἶ σύ; ὁ δὲ εἶπεν Ἐγώ εἰμι ὁ υἱός σου
ὁ πρωτότοκος Ἡσαύ. ³³ἐξέστη δὲ Ἰσαὰκ ἔκστασιν μεγάλην σφόδρα 33
καὶ εἶπεν Τίς οὖν ὁ θηρεύσας μοι θήραν, καὶ εἰσενέγκας μοι, καὶ
ἔφαγον ἀπὸ πάντων πρὸ τοῦ σε εἰσελθεῖν, καὶ ηὐλόγησα αὐτόν; καὶ
εὐλογημένος ἔστω. ³⁴ἐγένετο δὲ ἡνίκα ἤκουσεν Ἡσαῦ τὰ ῥήματα 34
Ἰσαὰκ τοῦ πατρὸς αὐτοῦ, ἀνεβόησεν Ἡσαῦ φωνὴν μεγάλην καὶ
πικρὰν σφόδρα, καὶ εἶπεν Εὐλόγησον δὴ κἀμέ, πάτερ. ³⁵εἶπεν δὲ 35
αὐτῷ Ἐλθὼν ὁ ἀδελφός σου μετὰ δόλου ἔλαβεν τὴν εὐλογίαν σου.
³⁶καὶ εἶπεν Δικαίως ἐκλήθη τὸ ὄνομα αὐτοῦ Ἰακώβ· ἐπτέρνικεν γάρ 36
με ἤδη δεύτερον τοῦτο· τά τε πρωτοτοκεῖά μου εἴληφεν, καὶ νῦν
εἴληφεν τὴν εὐλογίαν μου. καὶ εἶπεν Ἡσαῦ τῷ πατρὶ αὐτοῦ Οὐχ
ὑπελείπου μοι εὐλογίαν, πάτερ; ³⁷ἀποκριθεὶς δὲ Ἰσαὰκ εἶπεν τῷ 37
Ἡσαύ Εἰ κύριον αὐτὸν ἐποίησά σου, καὶ πάντας τοὺς ἀδελφοὺς αὐ-
τοῦ ἐποίησα αὐτοῦ οἰκέτας, σίτῳ καὶ οἴνῳ ἐστήρισα αὐτόν· σοὶ δὲ τί

DE   27 πληρους] πληρης D (πλη..s D) E | ηυλογησεν AD] ευλογησεν E
28 om ανωθεν DE   29 προσκυνησουσιν 1°] προσκυνησατωσαν DE | σε 1°]
σοι E   30 τον Ιακωβ] om τον E | τον υιον] om τον D | ως] οσον E | om απο
της θηρας αυτου E om αυτου D^sil   31 om αυτου 2° D^sil E | ευλογησει] η sup
ras A^1ᵗᵃ¹ ευλογηση DE   33 εισηνεγκας A | μοι 2°]+θηραν E | εισελθειν]
ελθειν DE | ευλογησα D^sil   34 ηνικα] ως DE | om Ισαακ E | ανεβοησεν]
pr και E | om Ησαυ 2° D^sil E | φωνη μεγαλη και πικρα E | σφοδραν D | και
ειπεν]+τω πατρι αυτου D | περ] ε sup ras A^1   36 επτερνισεν D επτερ-
νησεν E | με γαρ E | πρωτοτοκια D^sil E | υπελειπω A υπελιπω D υπολείπω E
37 εποιησα 2°] πεποιηκα E | αυτου 2°] ου sup ras A^a | εστηριξα D^sil

ΓΕΝΕΣΙΣ XXVIII 3

38 ποιήσω, τέκνον; ³⁸εἶπεν δὲ Ἠσαὺ πρὸς Ἰσαὰκ, τὸν πατέρα, αὐτοῦ Α
39 Μὴ εὐλογία μία σοί ἐστιν, πάτερ; εὐλόγησον δὴ κἀμέ, πάτερ. ³⁹ἀπο-
κριθεὶς δὲ Ἰσαὰκ ὁ πατὴρ αὐτοῦ εἶπεν αὐτῷ
Ἰδοὺ ἀπὸ τῆς πιότητος τῆς γῆς ἔσται ἡ κατοίκησίς σου,
καὶ ἀπὸ τῆς δρόσου τοῦ οὐρανοῦ ἄνωθεν·
40 ⁴⁰καὶ ἐπὶ τῇ μαχαίρῃ σου ζήσῃ,
καὶ τῷ ἀδελφῷ σου δουλεύσεις.
ἔσται δὲ ἡνίκα ἐὰν καθέλῃς
καὶ ἐκλύσεις τὸν ζυγὸν αὐτοῦ ἀπὸ τοῦ τραχήλου σου.
41 ⁴¹Καὶ ἐνεκότει Ἠσαὺ τῷ Ἰακὼβ περὶ τῆς εὐλογίας ἧς εὐλόγησεν αὐ-
τὸν ὁ πατὴρ αὐτοῦ· εἶπεν δὲ Ἠσαὺ ἐν τῇ διανοίᾳ αὐτοῦ Ἐγγισάτωσαν αἱ
ἡμέραι τοῦ πένθους τοῦ πατρός μου, ἵνα ἀποκτείνω Ἰακὼβ τὸν ἀδελ-
42 φόν μου. ⁴²ἀπηγγέλη δὲ Ῥεβέκκᾳ τὰ ῥήματα Ἠσαὺ τοῦ υἱοῦ αὐτῆς
τοῦ πρεσβυτέρου· καὶ πέμψασα ἐκάλεσεν Ἰακὼβ τὸν υἱὸν αὐτῆς τὸν
νεώτερον καὶ εἶπεν αὐτῷ Ἰδοὺ Ἠσαὺ ὁ ἀδελφός σου ἀπειλεῖ σοι τοῦ
43 ἀποκτεῖναί σε. ⁴³νῦν οὖν, τέκνον, ἄκουσόν μου τῆς φωνῆς, καὶ
ἀναστὰς ἀπόδραθι εἰς τὴν Μεσοποταμίαν πρὸς Λαβὰν τὸν ἀδελφόν
44 μου εἰς Χαρράν· ⁴⁴καὶ οἴκησον μετ' αὐτοῦ ἡμέρας τινάς, ⁴⁵ἕως τοῦ
45 ἀποστρέψαι τὸν θυμὸν καὶ τὴν ὀργὴν τοῦ ἀδελφοῦ σου ἀπὸ σοῦ, καὶ
ἐπιλάθηται ἃ πεποίηκας αὐτῷ· καὶ ἀποστείλασα μεταπέμψομαί σε
ἐκεῖθεν, μή ποτε ἀτεκνωθῶ ἀπὸ τῶν δύο ὑμῶν ἐν ἡμέρᾳ μιᾷ.
46 ⁴⁶Εἶπεν δὲ Ῥεβέκκα πρὸς Ἰσαὰκ Προσώχθικα τῇ ζωῇ μου διὰ
τὰς θυγατέρας τῶν υἱῶν Χέτ· εἰ λήμψεται Ἰακὼβ γυναῖκα ἀπὸ τῶν
XVIII 1 θυγατέρων τῆς γῆς ταύτης, ἵνα τί μοι ζῆν; ¹προσκαλεσάμενος δὲ
Ἰσαὰκ τὸν Ἰακὼβ εὐλόγησεν αὐτόν, καὶ ἐνετείλατο αὐτῷ λέγων Οὐ
2 λήμψῃ γυναῖκα ἐκ τῶν θυγατέρων Χανάαν· ²ἀναστὰς ἀπόδραθι εἰς
τὴν Μεσοποταμίαν Συρίας εἰς τὸν οἶκον Βαθουὴλ τοῦ πατρὸς τῆς
μητρός σου, καὶ λάβε σεαυτῷ ἐκεῖθεν γυναῖκα ἐκ τῶν θυγατέ-
3 ρων Λαβὰν τοῦ ἀδελφοῦ τῆς μητρός σου. ³ὁ δὲ θεός μου εὐλο-
γήσαι σε καὶ αὐξήσαι σε καὶ πληθύναι σε, καὶ ἔσῃ εἰς συναγωγὰς

38 om Ισαακ E | μια]+μονη D (D^vid) | εστιν σοι E | πατερ 2°] + κατανυχθεν- DE
τος δε Ισαακ ανεβοησεν φωνην Ησαυ και εκλαυσεν D^sil (...τος δ...ην Ησ... D)
+κατανυχθ.δε Ισαακ (Ισαυ E^{a?}) ανεβ. φωνη μεγαλη και εκλαυσεν E   40 δου-
λευσης E | καθελης] θελης E | εκλυσης E   41 ηυλογησεν DE | αυτου 2°] sup
ras A¹ om E   42 απηγγελη] απηγγειλεν E | om Ιακωβ E | απειλειται E
43 om εις την Μεσοπ. E   45 μεταπεμψωμαι E | αποτεκνωθω D (απο...ω)
κενωθω E | υμων] ημων D | εις ημεραν μιαν E.   46 προς Ισαακ] τω
Ισαακ E | προσοχθεικα A προσωχθισα D προσωχθησα E | om γυναικα E
XXVIII 1 ηυλογησεν E | om αυτω E | εκ] απο DE   2 om Συριας D^sil E |
σεαυτω] σεαυτου E | om εκειθεν E   3 και πληθ. σε και αυξ. σε E

XXVIII 4   ΓΕΝΕΣΙΣ

A ἐθνῶν· ⁴καὶ δῴη σοι τὴν εὐλογίαν Ἀβραὰμ τοῦ πατρός σου, σοὶ καὶ 4
τῷ σπέρματί σου μετὰ σέ, κληρονομῆσαι τὴν γῆν τῆς παροικήσεώς
σου, ἣν δέδωκεν ὁ θεὸς τῷ Ἀβραάμ. ⁵καὶ ἀπέστειλεν Ἰσαὰκ τὸν 5
Ἰακώβ· καὶ ἐπορεύθη εἰς τὴν Μεσοποταμίαν πρὸς Λαβὰν τὸν υἱὸν
Βαθουὴλ τοῦ Σύρου, ἀδελφὸν δὲ Ῥεβέκκας τῆς μητρὸς Ἰακὼβ καὶ
Ἠσαύ. ⁶ἴδεν δὲ Ἠσαὺ ὅτι εὐλόγησεν Ἰσαὰκ τὸν Ἰακὼβ καὶ ἀπῴ- 6
χετο εἰς τὴν Μεσοποταμίαν Συρίας λαβεῖν ἑαυτῷ γυναῖκα, ἐν τῷ
εὐλογεῖν αὐτόν, καὶ ἐνετείλατο αὐτῷ λέγων Οὐ λήμψῃ γυναῖκα ἀπὸ
τῶν θυγατέρων Χανάαν· ⁷καὶ ἤκουσεν Ἰακὼβ τοῦ πατρὸς καὶ τῆς 7
μητρὸς ἑαυτοῦ, καὶ ἐπορεύθη εἰς τὴν Μεσοποταμίαν. ⁸καὶ ἴδεν Ἠσαῦ 8
ὅτι πονηραί εἰσιν αἱ θυγατέρες Χανάαν ἐναντίον Ἰσαὰκ τοῦ πατρὸς
αὐτοῦ, ⁹καὶ ἐπορεύθη Ἠσαῦ πρὸς Ἰσμαήλ, καὶ ἔλαβεν τὴν Μαελὲθ 9
θυγατέρα Ἰσμαὴλ τοῦ υἱοῦ Ἀβραάμ, ἀδελφὴν Ναβαιώθ, πρὸς ταῖς
γυναιξὶν αὐτοῦ γυναῖκα.
¹⁰Καὶ ἐξῆλθεν Ἰακὼβ ἀπὸ τοῦ φρέατος τοῦ ὅρκου, καὶ ἐπορεύθη 10
εἰς Χαρράν. ¹¹καὶ ἀπήντησεν τόπῳ καὶ ἐκοιμήθη ἐκεῖ· ἔδυ γὰρ ὁ 11
ἥλιος· καὶ ἔλαβεν ἀπὸ τῶν λίθων τοῦ τόπου καὶ ἐπέθηκεν πρὸς
κεφαλῆς αὐτοῦ, καὶ ἐκοιμήθη ἐν τῷ τόπῳ ἐκείνῳ. ¹²καὶ ἐνυπνιάσθη· 12
καὶ ἰδοὺ κλίμαξ ἐστηριγμένη ἐν τῇ γῇ, ἧς ἡ κεφαλὴ ἀφικνεῖτο εἰς τὸν
οὐρανόν, καὶ οἱ ἄγγελοι τοῦ θεοῦ ἀνέβαινον καὶ κατέβαινον ἐπ' αὐτῆς.
¹³ὁ δὲ Κύριος ἐπεστήρικτο ἐπ' αὐτῆς καὶ εἶπεν Ἐγὼ ὁ θεὸς Ἀβραὰμ 13
τοῦ πατρός σου καὶ ὁ θεὸς Ἰσαάκ· μὴ φοβοῦ· ἡ γῆ ἐφ' ἧς σὺ καθεύδεις
ἐπ' αὐτῆς, σοὶ δώσω αὐτὴν καὶ τῷ σπέρματί σου. ¹⁴καὶ ἔσται τὸ 14
σπέρμα σου ὡς ἡ ἄμμος τῆς θαλάσσης, καὶ πλατυνθήσεται ἐπὶ θά-
¶D λασσαν καὶ ἐπὶ λίβα καὶ ἐπὶ βορρᾶν καὶ ἐπ' ἀνατολάς·¶ καὶ ἐνευ-
λογηθήσονται ἐν σοὶ πᾶσαι αἱ φυλαὶ τῆς γῆς καὶ ἐν τῷ σπέρματί
σου. ¹⁵καὶ ἰδοὺ ἐγὼ μετὰ σοῦ, διαφυλάσσων σε ἐν τῇ ὁδῷ πάσῃ οὗ 15
ἐὰν πορευθῇς· καὶ ἀποστρέψω σε εἰς τὴν γῆν ταύτην, ὅτι οὐ μή σε
§D ἐγκαταλείπω ἕως τοῦ ποιῆσαί με πάντα ὅσα ἐλάλησά σοι. §¹⁶καὶ 16
ἐξηγέρθη Ἰακὼβ ἀπὸ τοῦ ὕπνου αὐτοῦ καὶ εἶπεν ὅτι Ἔστιν Κύριος ἐν
τῷ τόπῳ τούτῳ, ἐγὼ δὲ οὐκ ᾔδειν. ¹⁷καὶ ἐφοβήθη, καὶ εἶπεν Ὡς 17

DE   4 σου 1°] μου D^sil E | εδωκεν D^sil E | ο θεος] pr κ̅ς̅ E   5 Μεσοποταμιαν]
+Συριας E | om δε   6 ηυλογησεν DE | εαυτω] αυτω D | γυναικα 1°]
+εκειθεν· D (...θεν·) E   7 πατρος]+αυτου DE | εαυτου] αυτου D^sil E | Με-
σοποταμιαν]+Συριας D^sil E   8 Ισαακ] Ησαυ E* (Ησαακ E^a?)   9 om
Ησαυ E   11 εθηκεν D^sil E | om εκεινω E   12 ηνυπνιασθη DE | ανα-
βαινοντες και καταβαινοντες E | επ αυτη D   13 καθευδες E | σοι] συ E
| 14 ως η] ωσει E | θαλασσης] γης DE | λιβα D] λιβαν A | βορρα D
16 απο] εκ E | ηδειν] ιδειν E

φοβερὸς ὁ τόπος οὗτος· οὐκ ἔστιν τοῦτο ἀλλ' ἢ οἶκος θεοῦ, καὶ αὕτη
18 ἡ πύλη τοῦ οὐρανοῦ. ¹⁸καὶ ἀνέστη Ἰακὼβ τὸ πρωί, καὶ ἔλαβεν τὸν
λίθον ὃν ἔθηκεν ἐκεῖ πρὸς κεφαλῆς αὐτοῦ καὶ ἔστησεν αὐτὸν στήλην,
19 καὶ ἐπέχεεν ἔλαιον ἐπὶ τὸ ἄκρον αὐτῆς. ¹⁹καὶ ἐκάλεσεν Ἰακὼβ τὸ
ὄνομα τοῦ τόπου ἐκείνου Οἶκος θεοῦ· καὶ Οὐλαμμαὺς ἦν ὄνομα τῇ
20 πόλει τὸ πρότερον. ²⁰καὶ ηὔξατο Ἰακὼβ εὐχὴν λέγων Ἐὰν ᾖ Κύριος
ὁ θεὸς μετ' ἐμοῦ, καὶ διαφυλάξῃ με ἐν τῇ ὁδῷ ταύτῃ ᾗ ἐγὼ πορεύομαι,
21 καὶ δῷ μοι ἄρτον φαγεῖν καὶ ἱμάτιον περιβαλέσθαι, ²¹καὶ ἀποστρέψῃ
με μετὰ σωτηρίας εἰς τὸν οἶκον τοῦ πατρός μου, καὶ ἔσται μοι Κύριος
22 εἰς θεόν· ²²καὶ ὁ λίθος οὗτος, ὃν ἔστησα στήλην, ἔσται μοι οἶκος θεοῦ·
καὶ πάντων ὧν ἐάν μοι δῷς, δεκάτην ἀποδεκατώσω αὐτά σοι.

XIX 1 ¹Καὶ ἐξάρας Ἰακὼβ τοὺς πόδας ἐπορεύθη εἰς γῆν ἀνατολῶν· πρὸς
Λαβὰν τὸν υἱὸν Βαθουὴλ τοῦ Σύρου, ἀδελφὸν δὲ Ῥεβέκκας μητρὸς
2 Ἰακὼβ καὶ Ἠσαύ. ²καὶ ὁρᾷ, καὶ ἰδοὺ φρέαρ ἐν τῷ πεδίῳ· ἦσαν δὲ
ἐκεῖ τρία ποίμνια προβάτων ἀναπαυόμενα ἐπὶ τὸ αὐτό· ἐκ γὰρ τοῦ
φρέατος ἐκείνου ἐπότιζον τὰ ποίμνια· λίθος δὲ ἦν μέγας ἐπὶ τῷ στό-
3 ματι τοῦ φρέατος. ³καὶ συνήγοντο ἐκεῖ πάντα τὰ ποίμνια, καὶ ἀπε-
κύλιον τὸν λίθον ἀπὸ τοῦ στόματος τοῦ φρέατος, καὶ ἐπότιζον τὰ
πρόβατα, καὶ ἀπεκαθίστων τὸν λίθον ἐπὶ τὸ στόμα τοῦ φρέατος εἰς
4 τὸν τόπον αὐτοῦ. ⁴εἶπεν δὲ αὐτοῖς Ἰακὼβ Ἀδελφοί, πόθεν ἐστὲ
5 ὑμεῖς; οἱ δὲ εἶπαν Ἐκ Χαρράν ἐσμεν. ⁵εἶπεν δὲ αὐτοῖς Γινώσκετε
6 Λαβὰν τὸν υἱὸν Ναχώρ; οἱ δὲ εἶπαν Γινώσκομεν. ⁶εἶπεν δὲ αὐτοῖς
Ὑγιαίνει; οἱ δὲ εἶπαν Ὑγιαίνει. ἔτι αὐτοῦ λαλοῦντος καὶ ἰδοὺ Ῥαχὴλ
ἡ θυγάτηρ αὐτοῦ ἤρχετο μετὰ τῶν προβάτων τοῦ πατρὸς αὐτῆς· αὐτὴ
7 γὰρ ἔβοσκεν τὰ πρόβατα τοῦ πατρὸς αὐτῆς. ⁷καὶ εἶπεν Ἰακὼβ Ἔτι
ἐστὶν ἡμέρα πολλή, οὔπω ὥρα συναχθῆναι τὰ κτήνη· ποτίσαντες τὰ
8 πρόβατα ἀπελθόντες βόσκετε. ⁸οἱ δὲ εἶπαν Οὐ δυνησόμεθα ἕως τοῦ
συναχθῆναι πάντας τοὺς ποιμένας, καὶ ἀποκυλίσωσι τὸν λίθον ἀπὸ
9 τοῦ στόματος τοῦ φρέατος, καὶ ποτιοῦμεν τὰ πρόβατα. ⁹ἔτι αὐτοῦ

18 υπεθηκεν D^sil | om εκει E   19 Ιακωβ AD (...ωβ)] om E | Ουλαμ- DE
μαους DE* (Ουλαμβανους E^a?)   20 om ο θεος E | πορευομαι]+εν αυτη D |
δωη E | περιβαλεσθαι] ενδυσασθαι E   21 μετα σωτ. αποστρεψει με E | κ̅ς̅
μοι D   22 εαν] αν E | αποδεκατωσοι A   XXIX 1 τον υιον Βαθουηλ]
τον του B. E | om δε E | μητρος] pr της DE   2 επι το αυτο] επ αυτου D^sil
om E | εποτιζοντο E | τω στοματι] του στοματος D   3 συνηγαγοντο E |
αποκαθιστων E | το στομα] τω στοματι D   4 Χάρρας E   5 αυτοις]
+Ἰάκωβ E   6 om ετι αυτου λαλ. D^sil | om και ιδου Ραχηλ...προβατων
D | om αυτη γαρ εβοσκεν...τοῦ πατρος αυτης E   7 προβατα] κτηνη E
8 οι δε ειταν] ειπαν δε D | αποκυλισωσιν DE | om τοῦ φρεατος E

XXIX 10 ΓΕΝΕΣΙΣ

Α λαλοῦντος αὐτοῖς, καὶ Ῥαχὴλ ἡ θυγάτηρ Λαβὰν ἤρχετο μετὰ τῶν προβάτων, τοῦ πατρὸς αὐτῆς· αὐτὴ γὰρ ἔβοσκεν τὰ πρόβατα τοῦ
¶ D πατρὸς αὐτῆς. ¹⁰ἐγένετο δὲ ὡς ἴδεν Ἰακὼβ τὴν Ῥαχὴλ θυγατέρα¶ 10
Λαβὰν ἀδελφοῦ τῆς μητρὸς αὐτοῦ, καὶ προσελθὼν Ἰακὼβ ἀπεκύλισεν
τὸν λίθον ἀπὸ τοῦ στόματος τοῦ φρέατος, καὶ ἐπότισεν τὰ πρόβατα
Λαβὰν τοῦ ἀδελφοῦ τῆς μητρὸς αὐτοῦ. ¹¹καὶ ἐφίλησεν Ἰακὼβ τὴν 11
Ῥαχήλ, καὶ βοήσας τῇ φωνῇ αὐτοῦ ἔκλαυσεν. ¹²καὶ ἀνήγγειλεν τῇ 12
Ῥαχὴλ ὅτι ἀδελφὸς τοῦ πατρὸς αὐτῆς ἐστίν, καὶ ὅτι υἱὸς Ῥεβέκκας
§ ¶ D ἐστίν· ¶καὶ δραμοῦσα ἀπήγγειλεν τῷ πατρὶ αὐτῆς¶ κατὰ τὰ ῥήματα
ταῦτα. ¹³καὶ ἐγένετο ὡς ἤκουσεν Λαβὰν τὸ ὄνομα Ἰακὼβ τοῦ υἱοῦ 13
τῆς ἀδελφῆς αὐτοῦ, ἔδραμεν εἰς συνάντησιν αὐτοῦ, καὶ περιλαβὼν
αὐτὸν ἐφίλησεν, καὶ εἰσήγαγεν αὐτὸν εἰς τὸν οἶκον αὐτοῦ· καὶ διηγήσατο τῷ Λαβὰν πάντας τοὺς λόγους τούτους. ¹⁴καὶ εἶπεν αὐτῷ Λαβάν 14
Ἐκ τῶν ὀστῶν μου καὶ ἐκ τῆς σαρκός μου εἶ σύ· καὶ ἦν μετ' αὐτοῦ
§ D ¶μῆνα ἡμερῶν. ¹⁵εἶπεν δὲ Λαβὰν τῷ Ἰακώβ Ὅτι γὰρ ἀδελφός μου εἶ, 15
οὐ δουλεύσεις μοι δωρεάν· ἀπάγγειλόν μοι τίς ὁ μισθός σού ἐστιν.
¹⁶τῷ δὲ Λαβὰν ἦσαν δύο θυγατέρες· ὄνομα τῇ μείζονι Λεία, καὶ ὄνομα 16
τῇ νεωτέρᾳ Ῥαχήλ. ¹⁷οἱ δὲ ὀφθαλμοὶ Λείας ἀσθενεῖς· Ῥαχὴλ δὲ ἦν 17
καλὴ τῷ εἴδει καὶ ὡραία τῇ ὄψει. ¹⁸ἠγάπησεν δὲ Ἰακὼβ τὴν Ῥαχήλ, 18
καὶ εἶπεν Δουλεύσω σοι ἑπτὰ ἔτη περὶ Ῥαχὴλ τῆς θυγατρός σου τῆς
νεωτέρας. ¹⁹εἶπεν δὲ αὐτῷ Λαβάν Βέλτιον δοῦναί με αὐτὴν σοὶ ἢ 19
δοῦναί με αὐτὴν ἀνδρὶ ἑτέρῳ· οἴκησον μετ' ἐμοῦ. ²⁰καὶ ἐδούλευσεν 20
Ἰακὼβ περὶ Ῥαχὴλ ἑπτὰ ἔτη. ²¹εἶπεν δὲ Ἰακὼβ τῷ Λαβάν Ἀπόδος μοι 21
τὴν γυναῖκά μου· πεπλήρωνται γὰρ αἱ ἡμέραι μου ὅπως εἰσέλθω πρὸς
αὐτήν. ²²συνήγαγεν δὲ Λαβὰν πάντας τοὺς ἄνδρας τοῦ τόπου καὶ 22
ἐποίησεν γάμον. ²³καὶ ἐγένετο ἑσπέρα· καὶ λαβὼν Λείαν τὴν θυγα- 23
τέρα αὐτοῦ εἰσήγαγεν αὐτὴν πρὸς Ἰακώβ, καὶ εἰσῆλθεν πρὸς αὐτὴν

DE   9 και] + ιδου D^{sil}E | om αυτη γαρ εβοσκεν...του πατρος αυτης B   10 om θυγατερα...Ιακωβ 2° B | αδελφου 1°] ελφου sup ras pl litt A^1 12 τη P.] αυτη Ιακωβ B | om του πατρος B | και 3°] η δε E | απηγγειλεν] ανηγγειλεν DE   13 και εγενετο] εγενετο δε E | του υιον της sup ras A^1 | αυτου 2°] αυτω E | εφιλησεν αυτον E | om αυτον 2° B | τω Λαβαν] om τω E   14 οστεων E   15 ειπεν δε] και ειπεν DE   16 Λεια D^{sil}] Δια AE   17 Διας B (fere ubique) | τω ειδει καλη B | τη οψει] + σφοδρα E (om D)   18 περι] υπερ D   19 om αυτω D | δουναι με 1° AD (...ον δουν...)] με δουναι E | ετερω ανδρι D   20 και εδουλευσεν] εδουλευσεν δε E | επτα ετη] ετη επτα D + και ησαν εναντιον αυτου ως (ωσει E) ημεραι ολιγαι παρα το αγαπαν αυτον αυτην D^{sil} (...ν αυτου...ο αγαπ....D) E   21 τω Λαβαν] προς Λαβαν B | om μοι E | om μου 2° E   23 ως δε εσπερα εγενετο B | om και 2° B | λαβων] + Λαβαν DE | προς αυτην I.] I. προς αυτην E

52

ΓΕΝΕΣΙΣ XXX 3

24 Ἰακώβ· ²⁴ἔδωκεν δὲ Λαβὰν Ζέλφαν Λείᾳ τῇ θυγατρὶ αὐτοῦ τὴν παι- A
25 δίσκην αὐτοῦ αὐτῇ παιδίσκην. ²⁵ἐγένετο δὲ πρωί, καὶ ἰδοὺ ἦν Λεία·
εἶπεν δὲ Ἰακὼβ Λαβάν Τί τοῦτο ἐποίησάς μοι; οὐ περὶ Ῥαχὴλ ἐδού-
26 λευσα σοί; καὶ ἵνα τί παρελογίσω με; ²⁶εἶπεν δὲ Λαβάν Οὐκ ἔστιν
οὕτως ἐν τῷ τόπῳ ἡμῶν, δοῦναι τὴν νεωτέραν πρὶν ἢ τὴν πρεσβυτέ-
27 ραν· ²⁷συντέλεσον οὖν τὰ ἕβδομα ταύτης, καὶ δώσω σοι καὶ ταύτην
28 ἀντὶ τῆς ἐργασίας ἧς ἐργᾷ παρ' ἐμοὶ ἔτι ἑπτὰ ἔτη ἕτερα. ²⁸ἐποίησεν
δὲ Ἰακὼβ οὕτως, καὶ ἀνεπλήρωσεν τὰ ἕβδομα ταύτης· καὶ ἔδωκεν
29 Λαβὰν Ῥαχὴλ τὴν θυγατέρα αὐτοῦ αὐτῷ γυναῖκα. ²⁹ἔδωκεν δὲ Λαβὰν
Ῥαχὴλ τῇ θυγατρὶ αὐτοῦ ¶ Βάλλαν τὴν παιδίσκην αὐτοῦ αὐτῇ παιδίσκην. ¶ D
30 ³⁰καὶ εἰσῆλθεν πρὸς Ῥαχήλ· ἠγάπησεν δὲ Ῥαχὴλ μᾶλλον ἢ Λείαν· καὶ
31 ἐδούλευσεν αὐτῷ ἑπτὰ ἔτη ἕτερα. ³¹Ἰδὼν δὲ Κύριος ὁ θεὸς ὅτι
32 μισεῖται Λεία, ἤνοιξεν τὴν μήτραν αὐτῆς· Ῥαχὴλ δὲ ἦν στεῖρα. ³²καὶ
συνέλαβεν Λεία καὶ ἔτεκεν υἱὸν τῷ Ἰακώβ· ἐκάλεσεν δὲ τὸ ὄνομα
αὐτοῦ Ῥουβὴν λέγουσα Διότι εἶδέν μου Κύριος τὴν ταπείνωσιν· νῦν
33 ἀγαπήσει με ὁ ἀνήρ μου. ³³καὶ συνέλαβεν πάλιν Λεία καὶ ἔτεκεν υἱὸν
δεύτερον τῷ Ἰακώβ, καὶ εἶπεν ὅτι Ἤκουσεν Κύριος ὅτι μισοῦμαι, καὶ
προσέδωκέν μοι καὶ τοῦτον· καὶ ἐκάλεσεν τὸ ὄνομα αὐτοῦ Συμεών.
34 §³⁴καὶ συνέλαβεν ἔτι καὶ ἔτεκεν υἱόν, καὶ εἶπεν Ἐν τῷ νῦν καιρῷ § D
πρὸς ἐμοῦ ἔσται ὁ ἀνήρ μου, τέτοκα γὰρ αὐτῷ τρεῖς υἱούς· διὰ τοῦτο
35 ἐκλήθη τὸ ὄνομα αὐτοῦ Λευί. ³⁵καὶ συλλαβοῦσα ἔτι ἔτεκεν υἱόν, καὶ
εἶπεν Νῦν ἔτι τοῦτο ἐξομολογήσομαι Κυρίῳ· διὰ τοῦτο ἐκάλεσεν τὸ
ὄνομα αὐτοῦ Ἰουδά. καὶ ἔστη τοῦ τίκτειν.

XXX 1 ¹Ἰδοῦσα δὲ Ῥαχὴλ ὅτι οὐ τέτοκεν τῷ Ἰακώβ, καὶ ἐζήλωσεν Ῥαχὴλ
τὴν ἀδελφὴν αὐτῆς, καὶ εἶπεν τῷ Ἰακώβ Δός μοι τέκνα· εἰ δὲ μή,
2 τελευτήσω ἐγώ. ²ἐθυμώθη δὲ Ἰακὼβ τῇ Ῥαχὴλ καὶ εἶπεν αὐτῇ Μὴ
3 ἀντὶ τοῦ θεοῦ ἐγώ εἰμι, ὃς ἐστέρησέν σε καρπὸν κοιλίας; ³εἶπεν δὲ

24 Ζ. την παιδ. αυτου Λεια τη θυγ. αυτου παιδ. *D* τη θυγ. αυτου Λια Ζ. DE
την παιδ. αυτου αυτη παιδ, Ε · 25 Λαβαν] pr τω *D*ˢⁱˡE | σοι] pr παρα *D*ˢⁱˡ
26 εστιν] εσται B   27 εργα] εργασει *D* ειργασω E | ετι AD] om B | ετη
επτα ετερα E   28 εδωκεν]+αυτω *D*   29 om εδωκεν δε A. P. τη θυγ.
αυτου Ε | Βαλλαν] pr και Ε   30 προς P.] προς αυτην Ιακωβ B | om και
εδουλευσεν...ετερα B   32 τω Ι. υν B | ιδεν E | om μου 1º B | ταπεινωσιν]
+και εδωκεν μοι υν B | om μου 2º E   33 προσεδωκεν] προσεθηκεν B | και
εκαλεσεν] εκαλεσεν δε B   34 συνελαβεν] συλλαβουσα *D* | om ετι B | om
και 2º *D* | προς εμου εσται] προσκειται προς με B | τετοκα] ετεκον E | εκλη-
θη] εκαλεσεν *D*ˢⁱˡE | Λευι] Λευιν E   35 om ετι 1º B | om τουτο 1º E |
εξομολογησωμαι E | Κυριω] pr τω *D*+τω θω E   XXX 1 om και 1º. E |
om τω Ιακωβ 2º E | τεκνον B   2 τη Ρ. και ειπεν αυτη] και ειπεν τη Ρ.
D (...ειπεν τη Ρ...*D*) τη Ρ. και ειπεν B | του θεου AD] om του E

XXX 4 ΓΕΝΕΣΙΣ

Ῥαχὴλ τῷ Ἰακώβ Ἰδοὺ ἡ παιδίσκη μου Βάλλα, εἴσελθε πρὸς αὐτήν· καὶ τέξεται ἐπὶ τῶν γονάτων μου, ἵνα τεκνοποιήσωμαι κἀγὼ ἐξ αὐτῆς. ⁴καὶ ἔδωκεν αὐτῷ Βάλλαν τὴν παιδίσκην αὐτῆς αὐτῷ γυναῖκα, καὶ ⁴ εἰσῆλθεν πρὸς αὐτὴν Ἰακώβ· ⁵καὶ συνέλαβεν Βάλλα ἡ παιδίσκη ⁵ Ῥαχὴλ καὶ ἔτεκεν τῷ Ἰακὼβ υἱόν. ⁶καὶ εἶπεν Ῥαχήλ Ἔκρινέν μοι 6 ὁ θεὸς καὶ ἐπήκουσεν τῆς φωνῆς μου καὶ ἔδωκέν μοι υἱόν· διὰ τοῦτο ἐκάλεσεν τὸ ὄνομα αὐτοῦ Δάν. ⁷καὶ συνέλαβεν ἔτι Βάλλα ἡ παιδίσκη 7 Ῥαχὴλ καὶ ἔτεκεν υἱὸν δεύτερον τῷ Ἰακώβ. ⁸καὶ εἶπεν Ῥαχήλ Συνε- 8 βάλετό μοι ὁ θεός, καὶ συνανεστράφην τῇ ἀδελφῇ μου, καὶ ἠδυνάσθην· καὶ ἐκάλεσεν τὸ ὄνομα αὐτοῦ Νεφθαλεί. ⁹ἴδεν δὲ Λεία ὅτι ἔστη τοῦ 9 τίκτειν, καὶ ἔλαβεν Ζέλφαν τὴν παιδίσκην αὐτῆς καὶ ἔδωκεν αὐτὴν τῷ Ἰακὼβ γυναῖκα. ¹⁰εἰσῆλθεν δὲ πρὸς αὐτὴν Ἰακώβ· καὶ συνέλαβεν 10 Ζέλφα ἡ παιδίσκη Λείας καὶ ἔτεκεν τῷ Ἰακὼβ υἱόν. ¹¹καὶ εἶπεν Λεία 11 Ἐν τύχῃ· καὶ ἐπωνόμασεν τὸ ὄνομα αὐτοῦ Γάδ. ¹²καὶ συνέλαβεν ἔτι 12 Ζέλφα ἡ παιδίσκη Λείας καὶ ἔτεκεν ἔτι τῷ Ἰακὼβ υἱὸν δεύτερον. ¹³καὶ εἶπεν Λεία Μακαρία ἐγώ, ὅτι μακαρίζουσίν με πᾶσαι αἱ γυ- 13 ναῖκες· καὶ ἐκάλεσεν τὸ ὄνομα αὐτοῦ Ἀσήρ. ¹⁴ἐπορεύθη δὲ Ῥου- 14 βὴν ἐν ἡμέραις θερισμοῦ πυρῶν καὶ εὗρεν μῆλα μανδραγόρου ἐν τῷ ἀγρῷ, καὶ ἤνεγκεν αὐτὰ πρὸς Λείαν τὴν μητέρα αὐτοῦ· εἶπεν δὲ Ῥαχὴλ τῇ Λείᾳ Δός μοι τῶν μανδραγορῶν τοῦ υἱοῦ σου. ¹⁵εἶπεν δὲ 15 Λεία Οὐχ ἱκανόν σοι ὅτι ἔλαβες τὸν ἄνδρα μου; μὴ καὶ τοὺς μαν- δραγόρας τοῦ υἱοῦ μου λήμψῃ; εἶπεν δὲ Ῥαχήλ Οὐχ οὕτως· κοιμη- θήτω μετὰ σοῦ τὴν νύκτα ταύτην ἀντὶ τῶν μανδραγορῶν τοῦ υἱοῦ σου. ¹⁶εἰσῆλθεν δὲ Ἰακὼβ ἐξ ἀγροῦ ἑσπέρας, καὶ ἐξῆλθεν Λεία εἰς συνάν- 16 τησιν αὐτῷ καὶ εἶπεν Πρὸς ἐμὲ εἰσελεύσῃ σήμερον· μεμίσθωμαι γάρ σε ἀντὶ τῶν μανδραγορῶν τοῦ υἱοῦ μου· καὶ ἐκοιμήθη μετ' αὐτῆς τὴν νύκτα ἐκείνην. ¹⁷καὶ ἐπήκουσεν αὐτῆς ὁ θεός, καὶ συλλαβοῦσα ἔτεκεν 17 τῷ Ἰακὼβ υἱὸν πέμπτον. ¹⁸καὶ εἶπεν Λεία Δέδωκέν μοι ὁ θεὸς τὸν 18 μισθόν μου ἀνθ' ὧν ἔδωκα τὴν παιδίσκην μου τῷ ἀνδρί μου· καὶ ἐκά- λεσεν τὸ ὄνομα αὐτοῦ Ἰσσαχάρ, ὅ ἐστιν Μισθός. ¹⁹καὶ συνέλαβεν ἔτι 19

DE 3 ινα τεκνοποιησωμαι] και τεκνοποιησομαι D^{sil}E | καγω] και εγω D
4 και εισηλθεν] εισηλθεν δε E   6 ο θεος] κ̅ς̅ E | δια του E   8 om Ραχηλ
E | συνεβαλετο] συνεαλετο A* (συνεβ. A¹) συνελαβετο DE | Νεφθαλεμ E
10 om εισηλθεν δε προς αυτην Ιακωβ DE | και συνελαβεν] συνελαβεν δε E
12 om ετι 1° DE | om ετι 2° E   13 και εκαλεσεν] εκαλεσεν δε E | Ασηρ]
+πλουτος E   14 Ρουβιμ E   15 μη] αλλα E | μανδραγορους AD
16 προς με D | και εκοιμηθη] εκοιμηθη δε E   17 αυτης ο θεος] ο θεος
Αειας D^{sil} ο θ̅ς̅ της Λιας E   18 δεδωκεν] εδωκεν DE | om μοι DE | μου
1°] μοι E | ανθ ου DE

ΓΕΝΕΣΙΣ XXX 34

20 Λεία καὶ ἔτεκεν υἱὸν ἕκτον τῷ Ἰακώβ. ²⁰καὶ εἶπεν Λεία Δεδώρηται ὁ Α
θεός μοι δῶρον καλόν· ἐν τῷ νῦν καιρῷ αἱρετιεῖ με ὁ ἀνήρ μου, τέτοκα
21 γὰρ αὐτῷ υἱοὺς ἕξ· καὶ ἐκάλεσεν τὸ ὄνομα αὐτοῦ Ζαβουλών. ²¹καὶ
μετὰ τοῦτο ἔτεκεν θυγατέρα, καὶ ἐκάλεσεν τὸ ὄνομα αὐτῆς Δεινά. · καὶ
22 ἔστη τοῦ τίκτειν. ²²ἐμνήσθη δὲ ὁ θεὸς Ῥαχήλ· καὶ ἐπήκουσεν αὐτῆς
23 ὁ θεός, καὶ ἀνέῳξεν αὐτῆς τὴν μήτραν· ²³καὶ συλλαβοῦσα ἔτεκεν τῷ
24 Ἰακὼβ υἱόν. εἶπεν δὲ Ῥαχὴλ Ἀφεῖλεν ὁ θεός μου τὸ ὄνειδος· ²⁴καὶ
ἐκάλεσεν τὸ ὄνομα αὐτοῦ Ἰωσὴφ λέγουσα Προσθέτω ὁ θεός μοι υἱὸν ἕτε-
25 ρον. ²⁵Ἐγένετο δὲ ὡς ἔτεκεν Ῥαχὴλ τὸν Ἰωσήφ, εἶπεν Ἰακὼβ τῷ
Λαβάν Ἀπόστειλόν με ἵνα ἀπέλθω εἰς τὸν τόπον μου καὶ εἰς τὴν γῆν
26 μου. ²⁶ἀπόδος μοι τὰς γυναῖκας καὶ τὰ παιδία, περὶ ὧν δεδούλευκά
σοι, ἵνα ἀπέλθω· σὺ γὰρ γινώσκεις τὴν δουλίαν ἣν δεδούλευκά σοι.
27 ²⁷εἶπεν δὲ αὐτῷ Λαβάν Εἰ εὗρον χάριν ἐναντίον σου, οἰωνισάμην ἄν·
28 εὐλόγησεν γάρ με ὁ θεὸς τῇ σῇ εἰσόδῳ. ²⁸διάστειλον τὸν μισθόν σου
29 πρὸς μέ, καὶ δώσω σοι. ²⁹εἶπεν δὲ αὐτῷ Ἰακὼβ Σὺ γινώσκεις ἃ
30 δεδούλευκά σοι, καὶ ὅσα ἦν κτήνη σου μετ' ἐμοῦ. ³⁰μικρὰ γὰρ ἦν ὅσα
ἦν ἐναντίον μου, καὶ ηὐξήθη εἰς πλῆθος· καὶ ηὐλόγησέν σε Κύριος ἐπὶ
31 τῷ ποδί μου. νῦν οὖν πότε ποιήσω κἀγὼ ἐμαυτῷ οἶκον; ³¹καὶ εἶπεν
αὐτῷ Λαβάν Τί σοι δώσω; εἶπεν δὲ αὐτῷ Ἰακὼβ Οὐ δώσεις μοι οὐθέν·
ἐὰν ποιήσεις μοι τὸ ῥῆμα τοῦτο, πάλιν ποιμανῶ τὰ πρόβατά σου καὶ
32 φυλάξω. ³²παρελθάτω τὰ πρόβατά σου σήμερον, καὶ διαχώρισον
ἐκεῖθεν πᾶν πρόβατον φαιὸν ἐν τοῖς ἄρνασιν καὶ πᾶν διάραντον καὶ
33 λευκὸν ἐν ταῖς αἰξίν· ἔσται μοι μισθός. ³³καὶ ἐπακούσεταί μοι ἡ δικαι-
οσύνη μου ἐν τῇ ἡμέρᾳ τῇ αὔριον, ὅτι ἐστὶν ὁ μισθός μου ἐνώπιόν σου·
πᾶν ὃ ἐὰν μὴ ᾖ ῥαντὸν καὶ διάλευκον ἐν ταῖς αἰξὶν καὶ φαιὸν ἐν τοῖς
34 ἄρνασιν, κεκλεμμένον ἔσται παρ' ἐμοί. ³⁴εἶπεν δὲ αὐτῷ Λαβάν Ἔστω

19 Λια A* (Λεια Aᵃ⁽) | om εκτον E   20 μοι ο θς DE | ερετιει D(Dᵛⁱᵈ) DE
αιρετισει E | και εκαλεσεν] εκαλεσεν δε E   21 om και εστη του τικτειν
Dˢⁱˡ E   22 Ραχηλ] pr της Dˢⁱˡ E | ηνεωξεν DE | την μητραν·αυτης D
23 ειπεν δε] και ειπεν E   24 μοι ο θεος D   26 τας γυναικας μου
και τα παιδια μου Dˢⁱˡ | δεδουλευκα] εδουλευσα E bis   27 τη ση εισ.]
pr επι Dˢⁱˡ τη ση οδω E   28 διαστειλον] pr και ειπεν D | τον μισθον σου]
μου τον μ. E | προς με] προς σε D | om σοι E   29 α] ει E   30 οσα]
+σοι Dˢⁱˡ | μου 1°] εμου Dˢⁱˡ | ευλογησεν E | Κυριος] ο θς E | ποδι] ποδει A
ποδιω E | καγω] και εγω D | καγω εμαυτω sup ras Aᵃ | οικον Aᵃ   31 τι
σοι δωσω] τι ποιησω σοι E | ειπεν δε] και ειπεν E | ουδεν DE | ποιησης Dˢⁱˡ
E | om μοι 2° E   32 τα προβ.] pr παντα Dˢⁱˡ E | om σου E | διαχωρη-
σονται παν προβ. εκειθεν ον εν τοις αρνασιν και παν διαλευκον και ραντον
εν ταις αιξιν E | διαρ. κ. λευκον] διαλευκον κ. ραντον Dˢⁱˡ | εσται] pr και
D | μισθος] s sup ras Aᵃ   33 ο μισθος] om ο E | ενωπιον] εναντιον
E | om εαν D   34 om αυτω E | εστω] εσται D

55

XXX 35 ΓΕΝΕΣΙΣ

A´ κατὰ τὸ ῥῆμά σου. ³⁵καὶ διέστειλεν ἐν τῇ ἡμέρᾳ ἐκείνῃ τοὺς τράγους 35 τοὺς ῥαντοὺς καὶ τοὺς διαλεύκους, καὶ πάσας τὰς αἶγας τὰς ῥαντὰς καὶ τὰς διαλεύκους, καὶ πᾶν ὃ ἦν λευκὸν ἐν αὐτοῖς καὶ πᾶν ὃ ἦν φαιὸν ἐν τοῖς ἄρνασιν, καὶ ἔδωκεν διὰ χειρὸς τῶν υἱῶν αὐτοῦ. ³⁶καὶ ἀπέστησεν 36 ὁδὸν τριῶν ἡμερῶν ἀνὰ μέσον αὐτῶν καὶ ἀνὰ μέσον. Ἰακώβ· Ἰακὼβ ¶ D δὲ ἐποίμαινεν¶ τὰ πρόβατα Λαβὰν τὰ ὑπολειφθέντα. ³⁷ἔλαβεν δὲ 37 αὐτῷ Ἰακὼβ ῥάβδον στυρακίνην χλωρὰν καὶ καρυΐνην καὶ πλατάνου, καὶ ἐλέπισεν αὐτὰς Ἰακὼβ λεπίσματα λευκά, περισύρων τὸ χλωρόν· ἐφαίνετο δὲ ἐπὶ ταῖς ῥάβδοις τὸ λευκὸν ὃ ἐλέπισεν ποικίλον. ³⁸καὶ 38 παρέθηκεν τὰς ῥάβδους ἃς ἐλέπισεν ἐν ταῖς ληνοῖς τῶν ποτιστηρίων τοῦ ὕδατος, ἵνα ὡς ἂν ἔλθωσιν τὰ πρόβατα πιεῖν, ἐνώπιον τῶν ῥάβδων καὶ ἐλθόντων αὐτῶν εἰς τὸ πιεῖν, ἐνκισσήσωσιν τὰ πρόβατα εἰς τὰς ῥάβδους. ³⁹καὶ ἔτικτον τὰ πρόβατα διάλευκα καὶ ποικίλα καὶ σπο- 39 δοειδῆ ῥαντά. ⁴⁰τοὺς δὲ ἀμνοὺς διέστειλεν Ἰακώβ' καὶ ἔστησεν ἐναν- 40 τίον τῶν προβάτων κριὸν διάλευκον καὶ πᾶν ποικίλον ἐν τοῖς ἀμνοῖς· καὶ διεχώρισεν ἑαυτῷ ποίμνια καθ' ἑαυτόν, καὶ οὐκ ἔμιξεν αὐτὰ εἰς τὰ πρόβατα Λαβάν. ⁴¹ἐγένετο δὲ ἐν τῷ καιρῷ ᾧ ἐνεκίσσων τὰ πρόβατα 41 ἐν γαστρὶ λαμβάνοντα, ἔθηκεν Ἰακὼβ τὰς ῥάβδους ἐναντίον τῶν προβάτων ἐν ταῖς ληνοῖς, τοῦ ἐνκισσῆσαι αὐτὰ κατὰ τὰς ῥάβδους· ⁴²ἡνίκα 42 γὰρ ἔτεκον τὰ πρόβατα, οὐκ ἐτίθει· ἐγένετο δὲ τὰ ἄσημα τοῦ Λαβάν, τὰ δὲ ἐπίσημα τοῦ Ἰακώβ. ⁴³καὶ ἐπλούτησεν ὁ ἄνθρωπος σφόδρα 43 σφόδρα· καὶ ἐγένετο αὐτῷ κτήνη πολλὰ καὶ βόες καὶ παῖδες καὶ παιδίσκαι καὶ κάμηλοι καὶ ὄνοι.

¹Ἤκουσεν δὲ Ἰακὼβ τὰ ῥήματα τῶν υἱῶν Λαβὰν λεγόντων Εἴληφεν 1 XXXI Ἰακὼβ πάντα τὰ τοῦ πατρὸς ἡμῶν, καὶ ἐκ τῶν τοῦ πατρὸς ἡμῶν πεποίηκεν πᾶσαν τὴν δόξαν ταύτην. ²καὶ εἶδεν Ἰακὼβ τὸ πρόσωπον 2 Λαβάν, καὶ ἰδοὺ οὐκ ἦν πρὸς αὐτὸν ὡς ἐχθὲς καὶ τρίτην ἡμέραν. ³εἶπεν δὲ Κύριος πρὸς Ἰακώβ Ἀποστρέφου εἰς τὴν γῆν τοῦ πατρός 3 σου καὶ εἰς τὴν γενεάν σου, καὶ ἔσομαι μετὰ σοῦ. ⁴ἀποστείλας δὲ 4

DE 35 τραγους] γ sup ras Aᵃ | διαλευκους 1°] λευκους E   36 απεστησεν] a sup ras A¹ | ανα μ. Ιακωβ και ανα μ. αυτων E   37´om χλωραν E | επι τοις ραβδ. A εν ταις ραβδ. E | λευκον] χλωρον E   38 om και 2° E | αυτων] αυτον E* (ω superscr Eᵃ) | εκκισσησωσιν E   39 και ετικτον] pr και ελθοντων εις το πιειν εκισσησαν τα προβατα εις τας ραβδους E | προβατα]+ ποικιλα E | σποδοειδη] δη superscr A¹   40 om δε E   41 εν γαστρι] ν sup ras Aᵃ | εθηκεν]+ δε E   42 γαρ] δ αν E | τω Λαβαν E | τω Ιακωβ E   43 om και 3° E   XXXI 1 om τα 2° E | π̅ρ̅ς̅] π rescr Aᵇ | εκ των sup ras Aᵃ om των E | πεποιηκεν] εποιησεν E   2 ειδεν] ειδ sup ras 7 litt A¹ ιδεν E | και ιδου] οτι E   3 του πατρος] ου π̅ρ̅ς̅ sup ras A¹ | om και εσομαι μετα σου E

ΓΕΝΕΣΙΣ XXXI 19

5 Ἰακὼβ ἐκάλεσεν Ῥαχὴλ καὶ Λείαν εἰς τὸ πεδίον οὗ τὰ ποίμνια, ⁵καὶ A
εἶπεν αὐταῖς Ὁρῶ ἐγὼ τὸ πρόσωπον τοῦ πατρὸς ὑμῶν ὅτι οὐκ ἔστιν
μετ' ἐμοῦ ὡς ἐχθές καὶ τρίτην ἡμέραν· ὁ δὲ θεὸς τοῦ πατρός μου ἦν
6 μετ' ἐμοῦ· ⁶καὶ αὐταὶ δὲ οἴδατε ὅτι ἐν πάσῃ ἰσχύι μου δεδούλευκα τῷ
7 πατρὶ ὑμῶν. ⁷ὁ δὲ πατὴρ ὑμῶν παρεκρούσατό με, καὶ ἤλλαξεν τὸν
μισθόν μου τῶν δέκα ἀμνῶν, καὶ οὐκ ἔδωκεν αὐτῷ ὁ θεὸς κακοποιῆσαί
8 με. ⁸ἐὰν οὕτως εἴπῃ Τὰ ποικίλα ἔσται σου μισθός, καὶ τέξεται πάντα
τὰ πρόβατα ποικίλα· ἐὰν δὲ εἴπῃ Τὰ λευκὰ ἔσται σου μισθός, καὶ
9 τέξεται πάντα τὰ πρόβατα λευκά· ⁹καὶ ἀφείλατο ὁ θεὸς πάντα τὰ
10 κτήνη τοῦ πατρὸς ὑμῶν καὶ ἔδωκέν μοι αὐτά. ¹⁰καὶ ἐγένετο ἡνίκα
ἐνεκίσσων τὰ πρόβατα, καὶ ἴδον ἐν τοῖς ὀφθαλμοῖς ἐν τῷ ὕπνῳ, καὶ
ἰδοὺ οἱ τράγοι καὶ οἱ κριοὶ ἀναβαίνοντες ἦσαν ἐπὶ τὰ πρόβατα καὶ τὰς
11 αἶγας διάλευκοι καὶ ποικίλοι καὶ σποδοειδεῖς ῥαντοί. ¹¹καὶ εἶπέν μοι
ὁ ἄγγελος τοῦ θεοῦ καθ' ὕπνον Ἰακώβ Ἰακώβ. ἐγὼ δὲ εἶπα Τί ἐστιν;
12 ¹²καὶ εἶπεν Ἀνάβλεψον τοῖς ὀφθαλμοῖς σου, καὶ ἴδε τοὺς τράγους καὶ
τοὺς κριοὺς ἀναβαίνοντας ⁵ἐπὶ τὰ πρόβατα καὶ τὰς αἶγας διαλεύκους §D
καὶ ποικίλους καὶ σποδοειδεῖς ῥαντούς· ἑώρακα γὰρ ὅσα σοι Λαβὰν
13 ποιεῖ. ¹³ἐγώ εἰμι ὁ θεὸς ὁ ὀφθείς σοι ἐν τῷ τόπῳ ᾧ ἤλειψάς μοι
ἐκεῖ στήλην καὶ ηὔξω μοι ἐκεῖ εὐχήν· νῦν οὖν ἀνάστηθι καὶ ἄπελθε ἐκ
τῆς γῆς ταύτης καὶ ἄπελθε εἰς τὴν γῆν τῆς γενέσεώς σου, καὶ ἔσομαι
14 μετὰ σοῦ. ¹⁴καὶ ἀποκριθεῖσα Ῥαχὴλ καὶ Λεία εἶπαν αὐτῷ Μὴ ἔστιν
15 ἡμῖν ἔτι μερὶς ἢ κληρονομία ἐν τῷ οἴκῳ τοῦ πατρὸς ἡμῶν; ¹⁵οὐχ ὡς
αἱ ⁵ἀλλότριαι λελογίσμεθα αὐτῷ; πέπρακεν γὰρ ἡμᾶς, καὶ κατέφαγεν § F
16 καταβρώσει τὸ ἀργύριον ἡμῶν. ¹⁶πάντα τὸν πλοῦτον καὶ τὴν δόξαν
ἣν ἀφείλατο ὁ θεὸς τοῦ πατρὸς ἡμῶν, ἡμῖν ἔσται καὶ τοῖς τέκνοις
17 ἡμῶν· νῦν οὖν ὅσα εἴρηκεν ὁ θεός σοι ποίει. ¹⁷Ἀναστὰς δὲ Ἰακὼβ
18 ἔλαβεν τὰς γυναῖκας καὶ τὰ παιδία αὐτοῦ ἐπὶ τὰς καμήλους· ¹⁸καὶ
ἀπήγαγεν πάντα τὰ ὑπάρχοντα αὐτοῦ καὶ πᾶσαν τὴν ἀποσκευὴν αὐ-
τοῦ, ἣν περιεποιήσατο ἐν τῇ Μεσοποταμίᾳ, καὶ πάντα τὰ αὐτοῦ,
19 ἀπελθεῖν πρὸς Ἰσαὰκ τὸν πατέρα αὐτοῦ εἰς γῆν Χανάαν. ¹⁹Λαβὰν
δὲ ᾤχετο κεῖραι τὰ πρόβατα αὐτοῦ· ἔκλεψεν δὲ Ῥαχὴλ τὰ εἴδωλα τοῦ

---

4 Ραχηλ και Λιαν A Λειαν και Ραχηλ E | ου]+ην E   5 το] o sup. ras DEF
A¹ | υμων] ημων E | μετ εμου 1°] προς εμε E   6 δεδουλευκα] εδουλευσα E
7 παρεκρουσατο] παρελογισατο E   10 τα προβατα 1°]+εν γαστρι λαμβανοντα
E | εν τ. οφθ.] τ. οφθ. αυτα E   13 εν τω τοπω ω] εν τοπω θεου ου D^{sil}E |
ηλειψας E] ηλιψα A* (s superscr A¹) ηλιψας D | απελθε 1°] εξελθε D^{sil}E
14 αποκριθεισα AD] αποκριθεισαι E | Λια και Ραχηλ E | ειπον E | om ετι E
15 !..αι λελογ. F | ημων] ημ sup ras 3 litt A^a   16 σοι ο θεος DEF   17 γυ-
ναικας] pr δυο F+αυτου EF   18 περιεποιησατο] εποιησεν E | γην] την E

ΓΕΝΕΣΙΣ XXXI 20

A πατρὸς αὐτῆς. ²⁰ἔκρυψεν δὲ Ἰακὼβ Λαβὰν τὸν Σύρον, τοῦ μὴ ἀναγ- 20
γεῖλαι αὐτῷ ὅτι ἀποδιδράσκει· ²¹καὶ ἀπέδρα αὐτὸς καὶ πάντα τὰ αὐτοῦ, 21
καὶ διέβη τὸν ποταμόν, καὶ ὥρμησεν εἰς τὸ ὄρος Γαλαάδ. ²²Ἀνηγ- 22
γέλη δὲ Λαβὰν τῷ Σύρῳ τῇ τρίτῃ ἡμέρᾳ ὅτι ἀπέδρα Ἰακώβ· ²³καὶ πα- 23
ραλαβὼν πάντας τοὺς ἀδελφοὺς αὐτοῦ μεθ' ἑαυτοῦ ἐδίωξεν ὀπίσω αὐτοῦ
ὁδὸν ἡμερῶν ἑπτά, καὶ κατέλαβεν αὐτὸν ἐν τῷ ὄρει Γαλαάδ. ²⁴ἦλθεν 24
δὲ ὁ θεὸς πρὸς Λαβὰν τὸν Σύρον καθ' ὕπνον τὴν νύκτα καὶ εἶπεν
αὐτῷ Φύλαξαι σεαυτὸν μή ποτε λαλήσῃς μετὰ Ἰακὼβ πονηρά. ²⁵καὶ 25
κατέλαβεν Λαβὰν τὸν Ἰακώβ· Ἰακὼβ δὲ ἔπηξεν τὴν σκηνὴν αὐτοῦ ἐν
τῷ ὄρει· Λαβὰν δὲ ἔστησεν τοὺς ἀδελφοὺς αὐτοῦ ἐν τῷ ὄρει Γαλαάδ.
²⁶εἶπεν δὲ Λαβὰν τῷ Ἰακὼβ Τί ἐποίησας; ἵνα τί κρυβῇ ἀπέδρας, καὶ 26
ἐκλοποφόρησάς με, καὶ ἀπήγαγες τὰς θυγατέρας μου ὡς αἰχμαλώτιδας
μαχαίρᾳ; ²⁷καὶ εἰ ἀνήγγειλάς μοι, ἐξαπέστειλα ἄν σε μετ' εὐφροσύνης 27
καὶ μετὰ μουσικῶν, τυμπάνων καὶ κιθάρας. ²⁸οὐκ ἠξιώθην καταφι- 28
λῆσαι τὰ παιδία μου καὶ τὰς θυγατέρας μου· νῦν δὲ ἀφρόνως ἔπραξας.
²⁹καὶ νῦν ἰσχύει ἡ χείρ μου κακοποιῆσαί σε· ὁ δὲ θεὸς τοῦ πατρός σου 29
ἐχθὲς εἶπεν πρὸς μὲ λέγων Φύλαξαι σεαυτὸν μή ποτε λαλήσῃς μετὰ
Ἰακὼβ πονηρά. ³⁰νῦν οὖν πεπόρευσαι· ἐπιθυμίᾳ γὰρ ἐπεθύμησας 30
εἰς τὸν οἶκον τοῦ πατρός σου ἀπελθεῖν· καὶ ἵνα τί ἔκλεψας τοὺς θεούς
μου; ³¹ἀποκριθεὶς δὲ Ἰακὼβ εἶπεν τῷ Λαβάν Εἶπα γάρ Μή ποτε 31
ἀφέλῃς τὰς θυγατέρας σου ἀπ' ἐμοῦ καὶ πάντα τὰ ἐμά. ³²καὶ εἶπεν 32
αὐτῷ Ἰακώβ Παρ' ᾧ ἐὰν εὕρῃς τοὺς θεούς σου, οὐ ζήσεται ἐναντίον
τῶν ἀδελφῶν ἡμῶν· ἐπίγνωθι τί ἐστιν τῶν σῶν παρ' ἐμοὶ καὶ λάβε.
καὶ οὐκ ἐπέγνω παρ' αὐτῷ οὐθέν· οὐκ ᾔδει δὲ Ἰακὼβ ὅτι Ῥαχὴλ ἡ
γυνὴ αὐτοῦ ἔκλεψεν αὐτούς. ³³εἰσελθὼν δὲ Λαβὰν ἠρεύνησεν εἰς τὸν 33
οἶκον Λείας, καὶ οὐχ εὗρεν· καὶ ἐξελθὼν ἐκ τοῦ οἴκου Λείας, ἠρεύνησεν

DEF 20 εκρυψεν δε Ιακωβ] εκλεψεν [δε Ιακωβ] *D* I. δε εκρυψεν Ε εκ..ψεν δε I.
F | A. τον Συρον] την καρδιαν Δ. του Συρου F[a] 21 τα αυτου παντα Ε | και
διεβη] pr και ανεστη *D* 22 τη ημ. τη τριτη *D*[sil] 23 μεθ αυτου F | Γα-
λααδ] pr τω *DF* 24 μετα] προς Ε | πονηρα] σκληρα *D* 26 ειπεν δε] και
ειπεν Ε | κρυβη] κρυφη DEF 28 τας θυγ. μου και τα παιδια μου Ε 29 ισχυι
ADEF | κακοποιησαι] pr του *D* | χθες Ε[a] | μετα] προς Ε | πονηρα] σκληρα *D*
30 απελθειν εις τον οικον του πατρος σου DEF | om και DEF 31 Ιακωβ
ειπεν τω Λαβα sup ras Α[a] | ειπα γαρ] pr εφοβηθην F[t mg] | τα εμα]+επιγνω[θι
τι εστιν] των σων παρ εμ[οι και] λαβε· και ουκ επεγνω παρ αυτω ουθε[ν] D
+επιγνωθι τι εστιν των σων παρ εμοι και λαβε· και ουκ επεγνω αυτω ουδεν Ε
32 και ειπεν] ειπεν δε Ε | om αυτω 1° DEF | εναντιον] κατεναντιον *D* (κ[α]τ[εν]-
αντι.. D) | των 1°] τ sup ras 2 litt Α[a] | om επιγνωθι...ουθεν DE 33 ηραυ-
νησεν A (bis) F (1°) | om εις 1° Ε | Λειας 1°] Ιακωβ *D* Λιας Ε | εξελθων...
ουχ ευρεν 2°] εις τον [οικον Λει]ας· και εις τον οικον των δυο [παιδισκ]ων· και
ουχ ε[υρ]εν D εξελθων εκ του οικου Λιας εισηλθεν εις τον οικον Ιακωβ· και ουχ
ευρεν εν τω οικω των δυο παιδ. Ε εξηλθεν εκ του οικου Λειας και ουχ ευρεν F

ΓΕΝΕΣΙΣ XXXI 44

εἰς τὸν οἶκον Ἰακὼβ καὶ ἐν τῷ οἴκῳ τῶν δύο παιδισκῶν, καὶ οὐχ εὗρεν· A
34 εἰσῆλθεν δὲ καὶ εἰς τὸν οἶκον Ῥαχήλ. ³⁴Ῥαχὴλ δὲ ἔλαβεν τὰ εἴδωλα
καὶ ἐνέβαλεν αὐτὰ εἰς τὰ σάγματα τῆς καμήλου καὶ ἐπεκάθισεν αὐτοῖς,
35 ³⁵καὶ εἶπεν τῷ πατρὶ αὐτῆς Μὴ βαρέως φέρε, κύριε· οὐ δύναμαι ἀνα-
στῆναι ἐνώπιόν σου, ὅτι τὰ κατ᾽ ἐθισμὸν τῶν γυναικίων μού ἐστιν.
ἠρεύνησεν δὲ Λαβὰν ἐν ὅλῳ τῷ οἴκῳ, καὶ οὐχ εὗρεν τὰ εἴδωλα.¶ ¶ D
36 ³⁶ὠργίσθη δὲ Ἰακὼβ καὶ ἐμαχέσατο τῷ Λαβάν· ἀποκριθεὶς δὲ Ἰακὼβ
εἶπεν τῷ Λαβάν Τί τὸ ἀδίκημά μου καὶ τί τὸ ἁμάρτημά μου, ὅτι
37 κατεδίωξας ὀπίσω μου, ³⁷καὶ ὅτι ἠρεύνησας¶ πάντα τὰ σκεύη τοῦ ¶ F
οἴκου μου; τί εὗρες ἀπὸ πάντων τῶν σκευῶν τοῦ οἴκου σου; θὲς
ὧδε ἐναντίον τῶν ἀδελφῶν σου καὶ τῶν ἀδελφῶν μου, καὶ ἐλεγξάτωσαν
38 ἀνὰ μέσον τῶν δύο ἡμῶν. ³⁸ταῦτά μοι εἴκοσι ἔτη ἐγώ εἰμι μετὰ σοῦ· § D
τὰ πρόβατά σου καὶ αἱ αἶγές σου οὐκ ἠτεκνώθησαν· κριοὺς τῶν
39 προβάτων σου οὐ κατέφαγον· ³⁹θηριάλωτον οὐκ ἀνενήνοχά σοι· ἐγὼ
ἀπετίννυον ἀπ᾽ ἐμαυτοῦ κλέμματα ἡμέρας καὶ κλέμματα τῆς νυκτός·
40 ⁴⁰ἐγενόμην τῆς ἡμέρας συγκαιόμενος τῷ καύσωνι καὶ παγετῷ τῆς
41 νυκτός, καὶ ἀφίστατο ὁ ὕπνος μου ἀπὸ τῶν ὀφθαλμῶν μου. ⁴¹ταῦτά
μοι εἴκοσι ἔτη ἐγώ εἰμι ἐν τῇ οἰκίᾳ σου· ἐδούλευσά σοι δέκα καὶ
τέσσερα ἔτη ἀντὶ τῶν δύο θυγατέρων σου καὶ ἓξ ἔτη ἐν τοῖς προβάτοις
42 σου, καὶ παρελογίσω¶ τὸν μισθόν μου δέκα ἀμνάσιν. ⁴²εἰ μὴ ὁ θεὸς ¶ D
τοῦ πατρός μου Ἀβραὰμ καὶ ὁ φόβος Ἰσαὰκ ἦν μοι, νῦν ἂν κενόν με
ἐξαπέστειλας· τὴν ταπείνωσίν μου καὶ τὸν κόπον τῶν χειρῶν μου ἴδεν
43 ὁ θεός, καὶ ἤλεγξέν σε χθές. ⁴³ἀποκριθεὶς δὲ Λαβὰν εἶπεν τῷ Ἰακὼβ
Αἱ θυγατέρες σου θυγατέρες μου, καὶ οἱ υἱοί σου υἱοί μου, καὶ τὰ κτήνη
σου κτήνη μου, καὶ πάντα ὅσα σὺ ὁρᾷς ἐμά ἐστιν· καὶ ταῖς θυγατράσιν
μου τί ποιήσω ταύταις σήμερον ἢ τοῖς τέκνοις §αὐτῶν οἷς ἔτεκον; § D
44 ⁴⁴νῦν οὖν δεῦρο διαθώμεθα διαθήκην ἐγὼ καὶ σύ, καὶ ἔσται εἰς

33 εισηλθεν] pr και εξηλθεν [εκ του οι]κου Λειας D | om και 5° E | om DEF
οικον 3° F   35 και ειπεν] ειπεν δε E | κατ] καθ A* (τ sup ras Aᵃ) | γυναι-
κιων AEF] γυναικων D | μου] μων D | ηρευνησεν (ηραυν. F)] pr και D
36 om αποκριθεις...Λαβαν E   37 om οτι E | ηρευνησας] ηραννηκας E
ηραυ....F | om του οικου 1° E | ευρες] ευρηκας E | θέσω δὲ E | και 2°]+εναν-
τιον E   38 εικοσι] pr ετι E* (ετη E¹ᵗᵃ?) | αιγες] βοαι E   39 αν ενην.
Dᵛⁱᵈ | απ] παρ Dˢⁱˡ E | εμαυτω D | om της Dˢⁱˡ E   40 εγινομην DE | συνκ.
E | καυσωνι] καυματι Dˢⁱˡ E | παγετω] παγετος DE | om μου 1° E | απο] εκ D
41 εν τη οικια σου ειμι εγω D | om και 1° D | τεσσαρα E | δυο θυγα sup ras
Aᵃ | προβατοις] προβασιν E   42 ην μοι και ο φ. Ισαακ E | με κενον E | om
ιδεν ο θεος E | εχθες E   43 om σου 1°, 2°, 3° E | οι υιοι] om οι E | om
κτηνη 2° E | οσα συ ορας] τα συ ορας ολα E | και ταις θυγατρασιν] και ταις
θυγατερες A και των θυγατερων E   44 διαθωμεθα] θα sup ras 4 vel 5 litt
A¹ | διαθ. διαθηκην] διαθηκην διαθησωμεθα E | συ] σου A* (o ras A¹ᵗᵃ?)

XXXI 45   ΓΕΝΕΣΙΣ'

A μαρτύριον ἀνὰ μέσον ἐμοῦ καὶ σοῦ. εἶπεν δὲ αὐτῷ Ἰακώβ Ἰδοὺ οὐθεὶς
μεθ' ἡμῶν ἐστίν· ἴδε ὁ θεὸς μάρτυς ἀνὰ μέσον ἐμοῦ καὶ σοῦ. ⁴⁵λαβὼν δὲ 45
Ἰακὼβ λίθον ἔστησεν αὐτὸν στήλην. ⁴⁶εἶπεν δὲ Ἰακὼβ τοῖς ἀδελφοῖς 46
αὐτοῦ Συλλέγετε λίθους. καὶ συνέλεξαν λίθους, καὶ ἐποίησαν βουνόν·
καὶ ἔφαγον καὶ ἔπιον ἐκεῖ ἐπὶ τοῦ βουνοῦ. ⁽⁴⁸⁾καὶ εἶπεν αὐτῷ Λαβάν· (48 a)
'Ο βουνὸς οὗτος μαρτυρεῖ ἀνὰ μέσον ἐμοῦ καὶ σοῦ σήμερον· ⁴⁷καὶ 47
ἐκάλεσεν αὐτὸν Λαβάν Βουνὸς μάρτυς, Ἰακὼβ δὲ ἐκάλεσεν αὐτόν
Βουνὸς μαρτυρεῖ. ⁴⁸εἶπεν δὲ Λαβὰν τῷ Ἰακώβ Ἰδοὺ ὁ βουνὸς οὗτος 48 (51)
καὶ ἡ στήλη αὕτη ἣν ἔστησα ἀνὰ μέσον ἐμοῦ καὶ σοῦ· ⁽⁵²⁾μαρτυρεῖ ὁ (52 a)
βουνὸς οὗτος, καὶ μαρτυρεῖ ἡ στήλη αὕτη· ⁽⁴⁸⁾διὰ τοῦτο ἐκλήθη τὸ (48 b)
ὄνομα αὐτοῦ Βουνὸς μαρτυρεῖ, ⁴⁹καί Ἡ ὅρασις, ἣν εἶπεν Ἐφίδοι ὁ 49
θεὸς ἀνὰ μέσον ἐμοῦ καὶ σοῦ, ὅτι ἀποστησόμεθα ἕτερος ἀπὸ τοῦ
ἑτέρου. ⁵⁰εἰ ταπεινώσεις τὰς θυγατέρας μου, εἰ λήμψῃ γυναῖκας 50 (50 a)
ἐπὶ ταῖς θυγατράσιν μου, ὅρα, οὐθεὶς μεθ' ἡμῶν ἐστίν. ⁵²ἐάν τε 52 b
γὰρ ἐγὼ μὴ διαβῶ πρὸς σέ, μηδὲ σὺ διαβῇς πρὸς μὲ τὸν βουνὸν τοῦ-
τον καὶ τὴν στήλην ταύτην ἐπὶ κακίᾳ. ⁵³ὁ θεὸς Ἀβραὰμ καὶ ὁ θεὸς 53
Ναχὼρ κρινεῖ ἀνὰ μέσον ἡμῶν. ⁵⁴καὶ ὤμοσεν Ἰακὼβ κατὰ τοῦ φόβου 54
τοῦ πατρὸς αὐτοῦ Ἰσαάκ.⁽⁵⁴⁾καὶ ἔθυσεν Ἰακὼβ θυσίαν ἐν τῷ ὄρει· καὶ
ἐκάλεσεν τοὺς ἀδελφοὺς αὐτοῦ, καὶ ἔφαγον καὶ ἔπιον, καὶ ἐκοιμήθησαν
ἐν τῷ ὄρει. ⁵⁵ἀναστὰς δὲ Λαβὰν τὸ πρωὶ κατεφίλησεν τοὺς υἱοὺς 55 (1) (XXXII
αὐτοῦ καὶ τὰς θυγατέρας αὐτοῦ, καὶ εὐλόγησεν αὐτούς· καὶ ἀποστρα-
φεὶς Λαβὰν ἀπῆλθεν εἰς τὸν τόπον αὐτοῦ.   ¹Καὶ Ἰακὼβ ἀπῆλ- 1 (2) XXXII
θεν εἰς τὴν ἑαυτοῦ ὁδόν· καὶ ἀναβλέψας τοῖς ὀφθαλμοῖς ἴδεν παρεμ-
βολὴν θεοῦ παρεμβεβληκυῖαν, καὶ συνήντησαν αὐτῷ οἱ ἄγγελοι τοῦ
θεοῦ. ²εἶπεν δὲ Ἰακώβ, ἡνίκα ἴδεν αὐτούς, Παρεμβολὴ θεοῦ αὕτη· 2 (3)
καὶ ἐκάλεσεν τὸ ὄνομα τοῦ τόπου ἐκείνου Παρεμβολαί.

³Ἀπέστειλεν δὲ Ἰακὼβ ἀγγέλους πρὸς Ἠσαὺ τὸν ἀδελφὸν 3 (4)

DE   44 om Ιακωβ D^{sil}E | ουθεις] ουδις D | ιδε] ιδου D om E   45 στηλην]
pr ει E   46 om και επιον D^{sil} | om εκει E   47 και εκαλεσεν] εκαλ. δε
E | βουνος 1°] βουνον E | μαρτυς] της μαρτυριας D^{sil} μαρτυριας E | αυτον 2°]
το ονομα αυτου E | μαρτυρει] μαρτυς D^{sil}E   48 om αυτη D^{sil}E | εστησας
E | εμου και σου] μου (pr σ A^{*vid}) και σου sup ras A^a | αυτου] om D^{sil} του
τοπου εκεινου E | μαρτυρει 3°] μαρτυριου E   49 om η E | ειπεν] ιδον
D ειδεν E | εφιδοι] επιδοι D^{sil}E   50 λημψη] λαβοις D λαβης E | ου-
δεις E   [51 om ADE]   53 κρινει D^{sil}E   54 και εθυσεν] εθυ-
σεν δε E | αδελφ. αυτου]+φαγειν αρτον D 55 αυτου 1° AD] om E |
ηυλογησεν E   XXXII 1 την εαυτου οδον] την ο. εαυτου D^{sil} (D^{vid}) την
ο. αυτου E | om τοις οφθαλμοις D^{sil}+αυτου E   2 ειδεν D^{sil} | om εκει-
νου D 3 αγγελους]+εμπροσθεν αυτου D^{sil}E

ΓΕΝΕΣΙΣ XXXII 18

(5) 4 αὐτοῦ εἰς γῆν Σηεὶρ εἰς χώραν Ἐδώμ, ⁴καὶ ἐνετείλατο αὐτοῖς λέγων Α
Οὕτως ἐρεῖτε τῷ κυρίῳ μου Ἡσαύ Οὕτως λέγει ὁ παῖς σου Ἰακώβ
(6) 5 Μετὰ Λαβὰν παρῴκησα καὶ ἐχρόνισα ἕως τοῦ νῦν· ⁵καὶ ἐγένοντό
μοι βόες καὶ ὄνοι καὶ πρόβατα καὶ παῖδες καὶ παιδίσκαι· καὶ
ἀπέστειλα ἀναγγεῖλαι τῷ κυρίῳ μου Ἡσαύ, ἵνα εὕρῃ ὁ παῖς σου
(7) 6 χάριν ἐναντίον σου. ⁶καὶ ἀνέστρεψαν οἱ ἄγγελοι πρὸς Ἰακώβ
λέγοντες Ἤλθομεν πρὸς τὸν ἀδελφόν σου Ἡσαύ, καὶ ἔρχεται εἰς
(8) 7 συνάντησίν σοι, καὶ τετρακόσιοι ἄνδρες μετ' αὐτοῦ. ⁷ἐφοβεῖτο δὲ
Ἰακὼβ σφόδρα, καὶ ἠπορεῖτο· καὶ διεῖλεν τὸν λαὸν τὸν μετ' αὐτοῦ
(9) 8 καὶ τοὺς βόας καὶ τὰ πρόβατα εἰς δύο παρεμβολάς. ⁸καὶ εἶπεν
Ἰακώβ Ἐὰν ἔλθῃ Ἡσαύ εἰς παρεμβολὴν μίαν καὶ ἐκκόψῃ αὐτήν,
(10) 9 ἔσται ἡ παρεμβολὴ ἡ δευτέρα εἰς τὸ σώζεσθαι. ⁹εἶπεν δὲ Ἰακώβ
Ὁ θεὸς τοῦ πατρός μου Ἀβραὰμ καὶ ὁ θεὸς τοῦ πατρός μου Ἰσαάκ,
Κύριε ὁ εἴπας μοι Ἀπότρεχε εἰς τὴν γῆν τῆς γενέσεώς σου, καὶ εὖ
(11) 10 σε ποιήσω· ¹⁰ἱκανοῦσαί μοι ἀπὸ πάσης δικαιοσύνης καὶ ἀπὸ πάσης
ἀληθείας ἧς ἐποίησας τῷ παιδί σου· ἐν γὰρ τῇ ῥάβδῳ μου διέβην
(12) 11 τὸν Ἰορδάνην τοῦτον, νῦν δὲ γέγονα εἰς δύο παρεμβολάς. ¹¹ἐξελοῦ
με ἐκ χειρὸς τοῦ ἀδελφοῦ μου Ἡσαύ· ὅτι φοβοῦμαι ἐγὼ αὐτόν, μή
(13) 12 ποτε ἐλθὼν πατάξῃ με καὶ μητέρα ἐπὶ τέκνοις. ¹²σὺ δὲ εἶπας
Καλῶς εὖ σε ποιήσω, καὶ θήσω τὸ σπέρμα σου ὡς τὴν ἄμμον τῆς
(14) 13 θαλάσσης, ἣ οὐκ ἀριθμηθήσεται ἀπὸ τοῦ πλήθους. ¹³καὶ ἐκοιμήθη
ἐκεῖ τὴν νύκτα ἐκείνην. καὶ ἔλαβεν ὧν ἔφερεν δῶρα καὶ ἐξα-
(15) 14 πέστειλεν Ἡσαύ τῷ ἀδελφῷ αὐτοῦ, ¹⁴αἶγας διακοσίας, τράγους
(16) 15 εἴκοσι, πρόβατα διακόσια, κριοὺς εἴκοσι, ¹⁵καμήλους θηλαζούσας
καὶ τὰ παιδία αὐτῶν τριάκοντα, βόας τεσσεράκοντα, ταύρους
(17) 16 δέκα, ὄνους εἴκοσι, πώλους δέκα. ¹⁶καὶ ἔδωκεν διὰ χειρὸς τοῖς
παισὶν αὐτοῦ, ποίμνιον κατὰ μόνας. εἶπεν δὲ τοῖς παισὶν αὐτοῦ
Προπορεύεσθε ἔμπροσθέν μου, καὶ διάστημα ποιεῖτε ἀνὰ μέσον
(18) 17 ποίμνης καὶ ποίμνης. ¹⁷καὶ ἐνετείλατο τῷ πρώτῳ λέγων Ἐάν σοι
συναντήσῃ Ἡσαύ ὁ ἀδελφός μου καὶ ἐρωτᾷ σε λέγων Τίνος εἶ;
(19) 18 καὶ ποῦ πορεύῃ; καὶ τίνος ταῦτα τὰ προπορευόμενά σου; ¹⁸καὶ

4 ουτως 2°] ουτω A* (s superscr A¹?ᵃ?) 5 εγινοντο E | παιδες D^sil E] DE
βοες A | χαριν ο παις σου E 6 και ανεστρεψαν] απεστρεψαν δε E | ερχεται]
pr ιδου D^sil pr ιδου αυτος E | σοι ADE^b] σου E* 7 εφοβειτο] εφοβηθη
D^sil | μετ] μεθ D^sil | προβατα]+και τας καμηλους E 8 και ειπεν] ειπεν
δε E | μιαν παρεμβ. E | εγκοψη E 9 Κυριε] ο θεος DE | αποτρεχε]
ανατρεχε E 10 ικανουσαι] ικανουται DE 11 εξελου με] εξελου μαι
ADE | μητερας DE 12 καλως ευ (θυ D) σε ποιησω AD] ευ σοι π. καλως
E | αναριθμησεται E 14 om προβατα διακοσια E | διακοσια] α 2°'sup
ras Aᵃ? 15 πωλους] pr και D^sil E 18 om και 1° E

XXXII 19 ΓΕΝΕΣΙΣ

A ἐρεῖς Τοῦ παιδός σου 'Ιακώβ· δῶρα ἀπέσταλκεν τῷ κυρίῳ μου
'Ησαύ, καὶ ἰδοὺ αὐτὸς ὀπίσω ἡμῶν. ¹⁹καὶ ἐνετείλατο τῷ πρώτῳ 19 (20)
καὶ τῷ δευτέρῳ καὶ τῷ τρίτῳ καὶ πᾶσι τοῖς προπορευομένοις ὀπίσω
τῶν ποιμνίων τούτων λέγων Κατὰ τὸ ῥῆμα τοῦτο λαλήσατε τῷ
'Ησαῦ ἐν τῷ εὑρεῖν ὑμᾶς αὐτόν, ²⁰καὶ ἐρεῖτε Ἰδοὺ ὁ παῖς σου 20 (21)
'Ιακὼβ παραγίνεται ὀπίσω ἡμῶν. εἶπεν γάρ Ἐξιλάσομαι τὸ πρόσ-
ωπον αὐτοῦ ἐν τοῖς δώροις τοῖς προπορευομένοις αὐτοῦ, καὶ μετὰ
τοῦτο ὄψομαι τὸ πρόσωπον αὐτοῦ· ἴσως γὰρ προσδέξεται τὸ πρόσ-
ωπόν μου. ²¹καὶ προεπορεύοντο τὰ δῶρα κατὰ πρόσωπον αὐτοῦ· 21 (22)
αὐτὸς δὲ ἐκοιμήθη τὴν νύκτα ἐκείνην ἐν τῇ παρεμβολῇ. ²²Ἀνα- 22 (23)
στὰς δὲ τὴν νύκτα ἐκείνην ἔλαβεν τὰς δύο γυναῖκας καὶ τὰς δύο
παιδίσκας καὶ τὰ ἕνδεκα παιδία αὐτοῦ, καὶ διέβη τὴν διάβασιν τοῦ
Ἰαβόκ. ²³καὶ ἔλαβεν αὐτοὺς καὶ διέβη τὸν χειμάρρουν, καὶ διε- 23 (24)
βίβασεν πάντα τὰ αὐτοῦ. ²⁴ὑπελείφθη δὲ Ἰακὼβ μόνος, καὶ 24 (25)
ἐπάλαιεν μετ' αὐτοῦ ἄνθρωπος ἕως πρωί. ²⁵ἴδεν δὲ ὅτι οὐ δύναται 25 (26)
πρὸς αὐτόν, καὶ ἥψατο τοῦ πλάτους τοῦ μηροῦ αὐτοῦ, καὶ ἐνάρκη-
σεν τὸ πλάτος τοῦ μηροῦ Ἰακὼβ ἐν τῷ παλαίειν αὐτὸν μετ' αὐτοῦ·
²⁶καὶ εἶπεν αὐτῷ Ἀπόστειλόν με· ἀνέβη γὰρ ὁ ὄρθρος. ὁ δὲ εἶπεν 26 (27)
Οὐ μή σε ἀποστείλω, ἐὰν μὴ εὐλογήσῃς με. ²⁷εἶπεν δὲ αὐτῷ Τί τὸ 27 (28)
ὄνομά σού ἐστιν; ὁ δὲ εἶπεν Ἰακώβ. ²⁸καὶ εἶπεν αὐτῷ Οὐ κλη- 28 (29)
θήσεται ἔτι τὸ ὄνομά σου Ἰακώβ, ἀλλὰ Ἰσραὴλ τὸ ὄνομά σου
ἔσται· ὅτι ἐνίσχυσας μετὰ θεοῦ, καὶ μετὰ ἀνθρώπων δυνατός.
²⁹ἠρώτησεν δὲ Ἰακὼβ καὶ εἶπεν Ἀνάγγειλόν μοι τὸ ὄνομά σου. 29 (30)
καὶ εἶπεν Ἵνα τί σὺ ἐρωτᾷς τὸ ὄνομά μου; καὶ ηὐλόγησεν αὐτὸν
ἐκεῖ. ³⁰καὶ ἐκάλεσεν Ἰακὼβ τὸ ὄνομα τοῦ τόπου ἐκείνου Εἶδος 30 (31)
θεοῦ· ἶδον γὰρ θεὸν πρόσωπον πρὸς πρόσωπον, καὶ ἐσώθη μου
ἡ ψυχή. ³¹ἀνέτειλεν δὲ αὐτῷ ὁ ἥλιος ἡνίκα παρῆλθεν τὸ Εἶδος τοῦ 31 (32)
θεοῦ· αὐτὸς δὲ ἐπέσκαζεν τῷ μηρῷ αὐτοῦ. ³²ἕνεκεν γὰρ τούτου 32 (33)
οὐ μὴ φάγωσιν οἱ υἱοὶ Ἰσραὴλ τὸ νεῦρον ὃ ἐνάρκησεν, ὅ ἐστιν

DE 19 τουτων] αυτων D | τω Ησαυ] τω σαου A* (H superscr A¹) om τω D^{sil}
E | υμας ευρειν E   20 οπισω] οπισθεν E   20—21 om ισως γαρ...
προσωπον αυτου E   20 προσδεξεται] ε 2° sup ras 2 vel 3 litt A^b
21 προεπορευε[το] D   24 μετ αυτου ανθρωπος] αγγελος μετ αυτου D+D^{sil}
ανος μετ αυτου E   26 ειδε[ν] D^{sil}   26 ο δε ειπεν] και ειπεν E | με
ευλογησης D^{sil}E   28 om ετι E | αλλα] αλλ η D αλλ E | [εσται το ονομ]α
σου D εσται σου το ονομα E | θεου] pr του E | δυνατος]+εση D^{sil}E   29 το
ονομα 1°] pr τι E | ινα τι]+τουτο D^{sil}E | συ ερωτας] om συ D ερωτας συ E |
ευ[λογησεν] D   30 και 1°] αι sup ras 4 litt A^b | ειδον D^{sil}   32 om γαρ
D^{sil}E | φαγωσιν] φαγονται D | Ισραηλ] Ησαυ E

ΓΕΝΕΣΙΣ XXXIII 15

ἐπὶ τοῦ πλάτους τοῦ μηροῦ Ἰακώβ, ἕως τῆς ἡμέρας ταύτης· ὅτι A
ἥψατο τοῦ πλάτους τοῦ μηροῦ Ἰακὼβ τοῦ νεύρου, καὶ ἐνάρκησεν.¶ ¶D

XIII 1 ¹Ἀναβλέψας δὲ Ἰακὼβ ἴδεν, καὶ ἰδοὺ Ἠσαῦ ὁ ἀδελφὸς αὐτοῦ
ἐρχόμενος, αὐτὸς καὶ τετρακόσιοι ἄνδρες μετ᾽ αὐτοῦ· καὶ ἐπιδιεῖλεν
Ἰακὼβ τὰ παιδία ἐπὶ Λείαν καὶ ἐπὶ Ῥαχὴλ καὶ τὰς δύο παιδίσκας·
2 ²καὶ ἐποίησεν τὰς δύο παιδίσκας καὶ τοὺς υἱοὺς αὐτῶν ἐν πρώτοις, καὶ
Λείαν καὶ τὰ παιδία αὐτῆς ὀπίσω, καὶ Ῥαχὴλ καὶ Ἰωσὴφ ἐσχάτους.
3 ³αὐτὸς δὲ παρῆλθεν ἔμπροσθεν αὐτῶν· καὶ προσεκύνησεν ἐπὶ τὴν γῆν
4 ἑπτάκις ἕως τοῦ ἐγγίσαι τοῦ ἀδελφοῦ αὐτοῦ. ⁴καὶ προσέδραμεν
Ἠσαῦ εἰς συνάντησιν αὐτῷ, καὶ περιλαβὼν αὐτὸν ἐφίλησεν καὶ
5 προσέπεσεν ἐπὶ τὸν τράχηλον αὐτοῦ· καὶ ἔκλαυσαν ἀμφότεροι. ⁵καὶ
ἀναβλέψας ἴδεν τὰς γυναῖκας καὶ τὰ παιδία, καὶ εἶπεν Τί ταῦτά σοί
6 ἐστιν; ὁ δὲ εἶπεν Τὰ παιδία οἷς ἠλέησεν ὁ θεὸς τὸν παῖδά σου. ⁶καὶ
προσήγγισαν αἱ παιδίσκαι καὶ τὰ παιδία αὐτῶν, καὶ προσεκύνησαν·
7 §⁷καὶ προσήγγισεν Λεία καὶ τὰ τέκνα αὐτῆς, καὶ προσεκύνησαν· καὶ §D
μετὰ ταῦτα προσήγγισεν Ῥαχὴλ καὶ Ἰωσήφ, καὶ προσεκύνησαν.
8 ⁸καὶ εἶπεν Τί ταῦτά σοί ἐστιν, πᾶσαι αἱ παρεμβολαὶ αὗται αἷς ἀπήν-
τηκα; ὁ δὲ εἶπεν Ἵνα εὕρῃ ὁ παῖς σου χάριν ἐν ὀφθαλμοῖς σου, κύριε.
9 ⁹εἶπεν δὲ Ἠσαῦ Ἔστιν μοι πολλά, ἀδελφέ· ἔστω σοι τὰ σά. ¹⁰εἶπεν
10 δὲ Ἰακὼβ Εἰ εὕρηκα χάριν ἐναντίον σου, δέξαι τὰ δῶρα διὰ τῶν ἐμῶν
χειρῶν· ἕνεκεν τούτου ἴδον τὸ πρόσωπόν σου ὡς ἄν τις ἴδοι πρόσωπον
11 θεοῦ, καὶ εὐδοκήσεις με· ¹¹λάβε τὰς εὐλογίας μου ἃς ἤνεγκά σοι, ὅτι
ἠλέησέν με ὁ θεὸς καὶ ἔστιν μοι πάντα. καὶ ἐβιάσατο αὐτόν, καὶ
12 ἔλαβεν. ¹²καὶ εἶπεν Ἀπάραντες πορευθῶμεν ἐπ᾽ εὐθεῖαν· ¹³εἶπεν
13 δὲ αὐτῷ Ὁ κύριός μου γινώσκει ὅτι τὰ παιδία ἁπαλώτερα, καὶ τὰ
πρόβατα καὶ αἱ βόες λοχεύονται ἐπ᾽ ἐμέ· ἐὰν οὖν καταδιώξω αὐτοὺς
14 ἡμέραν μίαν, ἀποθανοῦνται πάντα τὰ κτήνη. ¹⁴προελθάτω ὁ κύριός
μου ἔμπροσθεν τοῦ παιδός· ἐγὼ δὲ ἐνισχύσω ἐν τῇ ὁδῷ κατὰ σχολὴν
τῆς πορεύσεως τῆς ἐναντίον μου καὶ κατὰ πόδα τῶν παιδαρίων, ἕως
15 τοῦ με ἐλθεῖν πρὸς τὸν κύριόν μου εἰς Σηείρ. ¹⁵εἶπεν δὲ Ἠσαῦ Κατα-
λείψω μετὰ σοῦ ἀπὸ τοῦ λαοῦ τοῦ μετ᾽ ἐμοῦ. ὁ δὲ εἶπεν Ἵνα τί τοῦτο;

32—XXXIII 1 Ιακωβ 1°...μετ αυτου (exc litt ρου Ιακωβ 2°) sup ras DE
Aᵃ? | om Ιακωβ 1° Dˢⁱˡ | om εως της ημερας...Ιακωβ 2° E   XXXIII 1 ειδεν
E | om αυτος E | τετρακοσιοι] pr οι E   2 υιους] pr δυο E | om αυτων E
3 προηλθεν E   6 παιδια] τεκνα E   8 om αυται Dᵛⁱᵈ E | απην-
τησα D | εν οφθαλμοις] [εν]ωπιον D εναντιον D   10 ειπεν δε]+αυτ[ω]
D | ειδοι D ([ε]ιδοι D)   11 om μου D (Dᵛⁱᵈ) E   12 πορευθωμεν] πο-
ρευσομεθα E | εκ ευθειαν] εις ευθ. D   13 αποθανουνται]+[εν D] τη οδω D
14 προελθατω] προσελθατω A* (ϳ ras Aᵃ?) προελθετω Dˢⁱˡ | παιδος]+σου
DE | ελθειν με Dˢⁱˡ E   15 ινα τι τουτο ικανον. οτι E

63

Α ἱκανὸν ὅτι εὗρον χάριν ἐναντίον σου, κύριε. ¹⁶ἀπέστρεψεν δὲ Ἡσαὺ 16 ἐν τῇ ἡμέρᾳ ἐκείνῃ εἰς τὴν ὁδὸν αὐτοῦ εἰς Σηείρ. ¹⁷καὶ Ἰακὼβ ἀπαίρει 17 εἰς Σκηνάς· καὶ ἐποίησεν αὐτῷ ἐκεῖ οἰκίας, καὶ τοῖς κτήνεσιν αὐτοῦ ἐποίησεν σκηνάς· διὰ τοῦτο ἐκάλεσεν τὸ ὄνομα τοῦ τόπου ἐκείνου Σκηναί. ¹⁸Καὶ ἦλθεν Ἰακὼβ εἰς Σαλὴμ πόλιν Σικίμων, ἥ ἐστιν 18 ἐν γῇ Χανάαν, ὅτε ἦλθεν ἐκ τῆς Μεσοποταμίας Συρίας· καὶ παρενέβαλεν κατὰ πρόσωπον τῆς πόλεως. ¹⁹καὶ ἐκτήσατο τὴν μερίδα τοῦ 19 ἀγροῦ, οὗ ἔστησεν ἐκεῖ τὴν σκηνὴν αὐτοῦ, παρὰ Ἐμμὼρ πατρὸς Συχὲμ ἑκατὸν ἀμνῶν· καὶ ἔστησεν ἐκεῖ θυσιαστήριον καὶ ἐπεκαλέσατο τὸν 20 θεὸν Ἰσραήλ.

¹Ἐξῆλθεν δὲ Δείνα ἡ θυγάτηρ Λείας, ἣν ἔτεκεν τῷ Ἰακώβ, κατα- 1 XX μαθεῖν τὰς θυγατέρας τῶν ἐγχωρίων. ²καὶ ἴδεν αὐτὴν Συχὲμ ὁ υἱὸς 2 Ἐμμὼρ ὁ Χορραῖος, ὁ ἄρχων τῆς γῆς· καὶ λαβὼν αὐτὴν ἐκοιμήθη μετ' αὐτῆς, καὶ ἐταπείνωσεν αὐτήν. ³καὶ προσέσχεν τῇ ψυχῇ Δείνας 3 τῆς θυγατρὸς Ἰακώβ, καὶ ἠγάπησεν τὴν παρθένον, καὶ ἐλάλησεν κατὰ τὴν διάνοιαν τῆς παρθένου αὐτῇ. ⁴εἶπεν δὲ Συχὲμ πρὸς Ἐμμὼρ τὸν 4 πατέρα αὐτοῦ λέγων Λάβε μοι τὴν παιδίσκην ταύτην εἰς γυναῖκα. ⁵Ἰακὼβ δὲ ἤκουσεν ὅτι ἐμίανεν ὁ υἱὸς Ἐμμὼρ Δείναν τὴν θυγατέρα 5 αὐτοῦ· οἱ δὲ υἱοὶ αὐτοῦ ἦσαν μετὰ τῶν κτηνῶν αὐτοῦ ἐν τῷ πεδίῳ· παρεσιώπησεν δὲ Ἰακὼβ ἕως τοῦ ἐλθεῖν αὐτούς. ⁶ἐξῆλθεν δὲ Ἐμμὼρ 6 ὁ πατὴρ Συχὲμ πρὸς Ἰακὼβ λαλῆσαι αὐτῷ. ⁷οἱ δὲ υἱοὶ Ἰακὼβ ἦλθον 7 ἐκ τοῦ πεδίου· ὡς δὲ ἤκουσαν, κατενύχθησαν οἱ ἄνδρες, καὶ λυπηρὸν ἦν αὐτοῖς σφόδρα, ὅτι ἄσχημον ἐποίησεν Συχὲμ ἐν Ἰσραήλ, κοιμηθεὶς μετὰ τῆς θυγατρὸς Ἰακώβ· καὶ οὐχ οὕτως ἔσται. ⁸καὶ ἐλάλησεν αὐτοῖς 8 Ἐμμὼρ λέγων Συχὲμ ὁ υἱός μου προείλατο τῇ ψυχῇ τὴν θυγατέρα ὑμῶν· δότε οὖν αὐτὴν αὐτῷ γυναῖκα. ⁹ἐπιγαμβρεύσατε ἡμῖν· τὰς 9 θυγατέρας ὑμῶν δότε ἡμῖν, καὶ τὰς θυγατέρας ἡμῶν λάβετε τοῖς υἱοῖς ὑμῶν. ¹⁰καὶ ἐν ἡμῖν κατοικεῖτε, καὶ ἰδοὺ ἡ γῆ πλατεῖα ἐναντίον ὑμῶν· 10 κατοικεῖτε καὶ ἐμπορεύεσθε ἐπ' αὐτῆς καὶ ἐνκτᾶσθε ἐν αὐτῇ. ¹¹εἶπεν 11 δὲ Συχὲμ πρὸς τὸν πατέρα αὐτῆς καὶ πρὸς τοὺς ἀδελφοὺς αὐτῆς Εὕροιμι χάριν ἐναντίον ὑμῶν, καὶ ὃ ἐὰν εἴπητε ἡμῖν δώσομεν. ¹²πληθύνατε 12 τὴν φερνὴν σφόδρα, καὶ δώσω καθότι ἂν εἴπητέ μοι, καὶ δώσετέ μοι

DE 15 ευρον] ευρηκα E   17 αυτω] εαυτω E | om εκει D   18 πολιν] pr την E | γη] τη E   XXXIV 2 ειδεν D^sil   3 αυτη] αυτην E   4 Συχεμ AD] Συχημ E   6 εξηλθον E | Εμμωρ] Ερμων E | om προς Ιακωβ D   7 om Συχεμ D   8 Εμμων E   9 επιγαμβρευσατε] και επιγαμβρευσασθε E   10 η γη ιδου D^sil ([η γη ιδ]ου D) E | ενκτασθε] εκτασθαι A* (ν superscr A^1a¹) εγκτασθε D^vid D^sil εκτασθε E | εν αυτη] επ αυτην E   11 om ημιν D^sil E   12 δωσω] ποιησω E | καθοτι αν] καθο εαν E | om μοι E

ΓΕΝΕΣΙΣ XXXIV 25

13 τὴν παῖδα ταύτην εἰς γυναῖκα. ¹³ἀπεκρίθησαν δὲ οἱ υἱοὶ Ἰακὼβ τῷ Ἁ-
Συχὲμ καὶ Ἐμμὼρ τῷ πατρὶ αὐτοῦ μετὰ δόλου, καὶ ἐλάλησαν αὐτοῖς,
14 ὅτι ἐμίαναν Δείναν τὴν ἀδελφὴν αὐτῶν. ¹⁴καὶ εἶπαν αὐτοῖς Συμεὼν
καὶ Λευὶ οἱ ἀδελφοὶ Δείνας υἱοὶ δὲ Λείας Οὐ δυνησόμεθα ποιῆσαι τοῦτο,
δοῦναι τὴν ἀδελφὴν ἡμῶν ἀνθρώπῳ ὃς ἔχει ἀκροβυστίαν· ἔστιν γὰρ
15 ὄνειδος ἡμῖν. ¹⁵ἐν τούτῳ ὁμοιωθησόμεθα ὑμῖν καὶ κατοικήσωμὲν ἐν
ὑμῖν, ἐὰν γένησθε ὡς ἡμεῖς καὶ ὑμεῖς ἐν τῷ περιτμηθῆναι ὑμῶν πᾶν
16 ἀρσενικόν. ¹⁶καὶ δώσομὲν τὰς θυγατέρας ἡμῶν ὑμῖν, καὶ ἀπὸ τῶν
θυγατέρων ὑμῶν λημψόμεθα ἡμῖν γυναῖκας· καὶ οἰκήσωμεν παρ' ὑμῖν,
17 καὶ ἐσόμεθα ὡς γένος ἕν. ¹⁷ἐὰν δὲ μὴ εἰσακούσητε ἡμῶν τοῦ περιτέ-
18 μνεσθαι, λαβόντες τὰς θυγατέρας ἡμῶν ἀπελευσόμεθα. ¹⁸καὶ ἤρεσαν
19 οἱ λόγοι ἐναντίον Ἐμμὼρ καὶ ἐναντίον Συχὲμ τοῦ υἱοῦ Ἐμμώρ. ¹⁹καὶ
οὐκ ἐχρόνισεν ὁ νεανίσκος τοῦ ποιῆσαι τὸ ῥῆμα τοῦτο· ἐνέκειτο γὰρ τῇ
θυγατρὶ Ἰακώβ· αὐτὸς δὲ ἦν ἐνδοξότατος πάντων τῶν ἐν τῷ οἴκῳ τοῦ
20 πατρὸς αὐτοῦ. ²⁰ἦλθεν δὲ Ἐμμὼρ καὶ Συχὲμ ὁ υἱὸς αὐτοῦ πρὸς τὴν
πύλην τῆς πόλεως αὐτῶν, καὶ ἐλάλησαν πρὸς τοὺς ἄνδρας τῆς πόλεως
21 αὐτῶν λέγοντες ²¹Οἱ ἄνθρωποι οὗτοι εἰρηνικοί εἰσιν· μεθ' ἡμῶν
οἰκείτωσαν ἐπὶ τῆς γῆς καὶ ἐμπορευέσθωσαν αὐτήν, ἡ δὲ γῆ ἰδοὺ
πλατεῖα ἐναντίον αὐτῶν· τὰς θυγατέρας αὐτῶν λημψόμεθα ἡμῖν γυναῖ-
22 κας, καὶ τὰς θυγατέρας ἡμῶν δώσομεν αὐτοῖς. ²²μόνον ἐν τούτῳ
ὁμοιωθήσονται ἡμῖν οἱ ἄνθρωποι τοῦ κατοικεῖν μεθ' ἡμῶν ὥστε εἶναι
λαὸν ἕνα, ἐν τῷ περιτέμνεσθαι ἡμῶν πᾶν ἀρσενικόν, καθὰ καὶ αὐτοὶ
23 περιτέτμηνται. ²³καὶ τὰ κτήνη αὐτῶν καὶ τὰ ὑπάρχοντα καὶ τὰ τετρά-
ποδα αὐτῶν οὐχ ἡμῶν ἔσται; μόνον ἐν τούτῳ ὁμοιωθῶμεν αὐτοῖς,
24 καὶ οἰκήσουσιν μεθ' ἡμῶν. ²⁴καὶ εἰσήκουσαν Ἐμμὼρ καὶ Συχὲμ τοῦ
υἱοῦ αὐτοῦ πάντες οἱ ἐκπορευόμενοι τὴν πύλην τῆς πόλεως αὐτῶν, καὶ
25 περιετέμοντο τὴν σάρκα τῆς ἀκροβυστίας αὐτῶν πᾶς ἄρσην. ²⁵ἐγένετο
δὲ ἐν τῇ ἡμέρᾳ τῇ τρίτῃ ὅτε ἦσαν ἐν τῷ πόνῳ, ἔλαβον οἱ δύο υἱοὶ
Ἰακὼβ Συμεὼν καὶ Λευί, ἀδελφοὶ Δείνας, ἕκαστος τὴν μάχαιραν αὐτοῦ,
καὶ εἰσῆλθον εἰς τὴν πόλιν ἀσφαλῶς καὶ ἀπέκτειναν πᾶν ἀρσενικόν·

13 δε E^{amg} | οι υιοι] om οι E | Εμμωρ] Ερμων E. 14 υιοι δε].pr ου DE
E om δε DE | τουτο] pr το ρημα D^{sil} (...ρη[μα] D).E 15 ομοιωθησω-
μεθα E | κατοικησομεν D^{sil} | γενησθε] γενησεσθε E | περιτμηθηναι] περιτε-
μνεσθ... D 16 ημιν] υμιν A | οικησομεν D (...κησομ[εν]) E 21 αυτην]
[εν αυ]τη D 23 και τα υπ. και τα τετρ. αυτων] και τα τετρ. και τα υπ.
([υπαρχον]τα D) αυτων DE+και τα υπαρχοντα αυτων A* (om A^{a?}) | ομοιω-
θωμεν] ομοιωθησομε[θα] D | οικησουσιν μεθ ημων] οικησωμεν μετ αυτων D
24 εισηκουσαν D^{sil}E] εισηκουσεν A | του υιου] om του E | περιετεμον E |
πας αρσην] παν αρσεν E 25 εν πονω E | om δυο E | Λευει D.Λευις E |

ΓΕΝΕΣΙΣ

A ²⁶τόν τε Ἐμμὼρ καὶ τὸν Συχὲμ τὸν υἱὸν αὐτοῦ ἀπέκτειναν ἐν στόματι 26 μαχαίρας, καὶ ἔλαβον τὴν Δείναν ἐκ τοῦ οἴκου τοῦ Συχέμ, καὶ ἐξῆλθον. ²⁷οἱ δὲ υἱοὶ Ἰακὼβ εἰσῆλθον ἐπὶ τοὺς τραυματίας, καὶ διήρπασαν τὴν 27 πόλιν ἐν ᾗ ἐμίαναν Δείναν τὴν ἀδελφὴν αὐτῶν· ²⁸καὶ τὰ πρόβατα 28 αὐτῶν καὶ τοὺς βόας αὐτῶν καὶ τοὺς ὄνους αὐτῶν, ὅσα τε ἦν ἐν τῇ πόλει καὶ ὅσα ἦν ἐν τῷ πεδίῳ, ἔλαβον. ²⁹καὶ πάντα τὰ σώματα 29 αὐτῶν καὶ πᾶσαν τὴν ἀποσκευὴν αὐτῶν καὶ τὰς γυναῖκας αὐτῶν ᾐχμαλώτευσαν· καὶ διήρπασαν ὅσα τε ἦν ἐν τῇ πόλει καὶ ὅσα ἦν ἐν ταῖς οἰκίαις. ³⁰εἶπεν δὲ Ἰακὼβ Συμεὼν καὶ Λευί Μισητόν με πεποιή- 30 κατε, ὥστε πονηρόν με εἶναι τοῖς κατοικοῦσιν τὴν γῆν ἔν τε τοῖς Χαναναίοις καὶ τοῖς Φερεζαίοις· ἐγὼ δὲ ὀλιγοστός εἰμι ἐν ἀριθμῷ, καὶ συναχθέντες ἐπ' ἐμὲ συγκόψουσίν με, καὶ ἐκτρίβομαι ἐγὼ καὶ ὁ οἶκός μου. ³¹οἱ δὲ εἶπαν Ἀλλ' ὡσεὶ πόρνῃ χρήσωνται τῇ ἀδελφῇ 31 ἡμῶν;

¹Εἶπεν δὲ ὁ θεὸς πρὸς Ἰακώβ Ἀναστὰς ἀνάβηθι εἰς τὸν τόπον 1 XXX Βαιθήλ, καὶ οἴκει ἐκεῖ· καὶ ποίησον ἐκεῖ θυσιαστήριον τῷ θεῷ τῷ ὀφθέντι σοι ἐν τῷ ἀποδιδράσκειν σε ἀπὸ προσώπου Ἡσαὺ τοῦ ἀδελφοῦ σου. ²εἶπεν δὲ Ἰακὼβ τῷ οἴκῳ αὐτοῦ καὶ πᾶσιν τοῖς μετ' αὐτοῦ 2 Ἄρατε τοὺς θεοὺς τοὺς ἀλλοτρίους ἐκ μέσου ὑμῶν, καὶ καθαρίσασθε, καὶ ἀλλάξατε τὰς στολὰς ὑμῶν· ³καὶ ἀναστάντες ἀναβῶμεν εἰς Βαιθήλ, 3 καὶ ποιήσωμεν ἐκεῖ θυσιαστήριον τῷ θεῷ τῷ ἐπακούσαντί μοι ἐν ἡμέρᾳ θλίψεως, ὃς ἦν μετ' ἐμοῦ καὶ διέσωσέν με ἐν τῇ ὁδῷ ᾗ ἐπορευόμην. ⁴καὶ ἔδωκαν τῷ Ἰακὼβ τοὺς θεοὺς τοὺς ἀλλοτρίους οἳ ἦσαν ἐν ταῖς 4 χερσὶν αὐτῶν, καὶ τὰ ἐνώτια τὰ ἐν τοῖς ὠσὶν αὐτῶν· καὶ κατέκρυψεν αὐτὰ Ἰακὼβ ὑπὸ τὴν τερέβινθον τὴν ἐν Σικίμοις, καὶ ἀπώλεσεν αὐτὰ ἕως τῆς σήμερον ἡμέρας. ⁵καὶ ἐξῆρεν Ἰσραὴλ ἐκ Σικίμων· καὶ ἐγένετο 5 φόβος θεοῦ ἐπὶ τὰς πόλεις τὰς κύκλῳ αὐτῶν, καὶ οὐ κατεδίωξαν ὀπίσω τῶν υἱῶν Ἰσραήλ. ⁶ἦλθεν δὲ Ἰακὼβ εἰς Λοῦζα ᾗ ἐστιν ἐν γῇ Χανάαν, 6 ᾗ ἐστιν Βαιθήλ, αὐτὸς καὶ πᾶς ὁ λαὸς ὃς ἦν μετ' αὐτοῦ. ⁷καὶ ᾠκοδό- 7 μησεν ἐκεῖ θυσιαστήριον, καὶ ἐκάλεσεν τὸ ὄνομα τοῦ τόπου Βαιθήλ·

DE 26 Εμμωρ] Ερμων E | τον Συχεμ] om τον E | μαχαιρης E | Δειναν D^sil (D^vid)E | του Συχεμ] om του D   28 om τε E   29 σωμ. αυτων]+και πασαν την ιππον αυτων D (...ιπ... D) | οσα 2°]+τε E   30 εν τε τοις X.] om τε E | Φερεζεοις A | ειμι] ημιν E | συνκοψ. DE | εκτριβομαι] -βησομαι D^sil E 31 χρησωνται AD] χρησονται E   XXXV 1 θεω] κω E | σε αποδιδρασκειν DE | om Ησαυ E   2 πασι E | μετ αυτου] μεθ(?) εαυτου D | τους αλλοτρ.] +[του]ς μεθ υμων D | καθαρισασθε AD (D ...ισασθε)] καθαρισεσθε E   3 τω θεω κω E | επακουσ.] υπακουσαν.. D | μοι] μου D^sil | διεσωσεν] εσωσεν E | επορευομην] επορευθην E   4 om τα 2° E | Σηκιμοις E   6 γη] τη E | η 2°] αυτη E | Βεθηλ D   7 ωκοδομησαν D | του τοπου]+εκεινου E

66

ΓΕΝΕΣΙΣ XXXV 23

ἐκεῖ γὰρ ἐπεφάνη αὐτῷ ὁ θεὸς ἐν τῷ ἀποδιδράσκειν αὐτὸν ἀπὸ προσ- Α
8 ώπου Ἠσαῦ τοῦ ἀδελφοῦ αὐτοῦ. ⁸ἀπέθανεν δὲ Δεββωρὰ ἡ τροφὸς
Ῥεβέκκας κατώτερον Βαιθὴλ ὑπὸ τὴν βάλανον· καὶ ἐκάλεσεν Ἰακὼβ
9 τὸ ὄνομα αὐτῆς· Βάλανος πένθους. ⁹Ὤφθη δὲ ὁ θεὸς Ἰακὼβ
ἔτι ἐν Λοῦζα, ὅτε παρεγένετο ἐκ Μεσοποταμίας τῆς Συρίας, καὶ ηὐλό-
10 γησεν αὐτὸν ὁ θεός. ⸌ ¹⁰καὶ εἶπεν αὐτῷ ὁ θεός Τὸ ὄνομά σου οὐ κληθή-
11 σεται ἔτι Ἰακώβ, ἀλλ᾽ Ἰσραὴλ ἔσται τὸ ὄνομά σου. ¹¹εἶπεν δὲ αὐτῷ ὁ
θεός Ἐγὼ ὁ θεός σου· αὐξάνου καὶ πληθύνου· καὶ ἔθνη καὶ συναγωγαὶ
ἐθνῶν ἔσονται ἐκ σοῦ, καὶ βασιλεῖς ἐκ τῆς ὀσφύος σου ἐξελεύσονται.
12 ¹²καὶ τὴν γῆν ἣν δέδωκα Ἀβραὰμ καὶ Ἰσαάκ, σοὶ δέδωκα αὐτήν, καὶ
13 τῷ σπέρματί σου μετὰ σὲ δώσω τὴν γῆν ταύτην. ¹³ἀνέβη δὲ ὁ θεὸς
14 ἀπ᾽ αὐτοῦ ἐκ τοῦ τόπου οὗ ἐλάλησεν μετ᾽ αὐτοῦ. ¹⁴καὶ ἔστησεν Ἰακὼβ
στήλην ἐν τῷ τόπῳ ᾧ ἐλάλησεν μετ᾽ αὐτοῦ, στήλην λιθίνην· καὶ ἔσπει-
15 σεν ἐπ᾽ αὐτὴν σπονδήν, καὶ ἐπέχεεν ἐπ᾽ αὐτὴν ἔλαιον. ¹⁵καὶ ἐκάλεσεν
Ἰακὼβ τὸ ὄνομα τοῦ τόπου, ἐν ᾧ ἐλάλησεν μετ᾽ αὐτοῦ ἐκεῖ ὁ θεός,
Βαιθήλ.
16 ⁽²¹⁾¹⁶Ἀπάρας δὲ Ἰακὼβ ἐκ Βαιθὴλ ἔπηξεν τὴν σκηνὴν αὐτοῦ ἐπέκεινα
τοῦ πύργου Γάδερ. ⁽¹⁶⁾ἐγένετο δὲ ἡνίκα ἤγγισεν χαβραθὰ εἰς γῆν ἐλθεῖν
17 Ἐφράθα, ἔτεκεν Ῥαχήλ· καὶ ἐδυστόκησεν ἐν τῷ τοκετῷ. ¹⁷ἐγένετο δὲ
ἐν τῷ σκληρῶς αὐτὴν τίκτειν εἶπεν αὐτῇ ἡ μαῖα Θάρσει, καὶ γὰρ οὗτός
18 ἐστιν υἱός. ¹⁸ἐγένετο δὲ ἐν τῷ ἀφιέναι αὐτὴν τὴν ψυχήν, ἀπέθνησκεν
γάρ, ἐκάλεσεν τὸ ὄνομα αὐτοῦ Υἱὸς ὀδύνης μου· ὁ δὲ πατὴρ αὐτοῦ ἐκά-
19 λεσεν αὐτὸν Βενιαμείν. ¹⁹ἀπέθανεν δὲ Ῥαχήλ, καὶ ἐτάφη ἐν τῇ ὁδῷ
20 Ἐφράθα· αὕτη ἐστὶν Βηθλέεμ. ²⁰καὶ ἔστησεν Ἰακὼβ στήλην ἐπὶ τοῦ
μνημείου αὐτῆς· αὕτη ἐστὶν στήλη μνημείου Ῥαχὴλ ἕως τῆς σήμερον
21 ἡμέρας. ⁽²²⁾²¹ἐγένετο δὲ ἡνίκα κατῴκησεν Ἰσραὴλ ἐν τῇ γῇ ἐκεί-
νῃ, ἐπορεύθη Ῥουβὴν καὶ ἐκοιμήθη μετὰ Βάλλας τῆς παλλακῆς τοῦ
πατρὸς αὐτοῦ· καὶ ἤκουσεν Ἰσραήλ, καὶ πονηρὸν ἐφάνη ἐναντίον
22
23 αὐτοῦ.   ²²Ἦσαν δὲ οἱ υἱοὶ Ἰακὼβ δώδεκα· ²³υἱοὶ Λείας πρωτότοκος

7 επεφανεν D | αποδιδρασκειν αυτον] + αποδι[δρασκ]ιν D αυτον . αποδι- DE
δρασκειν E   8 Ρεββωρα E | Ρεβεκκας]+και εταφη D | κατωτερω D
9 Μεσοπ. της] της Μεσοπ. E | ευλογησεν D^sil(D^vid)   10 om ο θεος D |
το ονομα σου 1°]+Ιακωβ DE | ετι Ιακωβ αλλ sup ras A^a ετι I. αλλ η D
11 om και 2° D   12 δεδωκα 1°] εδωκα E | και τω σπ. σου] pr σοι εσται.
D^sil (D^vid)   14 επ αυτην] επ αυτης D (bis?)   16 Γαδερ] Γαβερ
E   17 αυτη η μαια θαρσει sup ras A^a? | εστιν] pr σοι D^sil E   18 αφιε-
ναι αυτην] αφειναι αυτης E | εκαλεσεν 1°]+δε E | om αυτου 2° D^sil E | Βε-
νιαμιν E   21 εν τη γη εκ. Ἰηλ E | επορευθη] π et ευ sup ras (ευ s r 4
litt) A¹   22 οι υιοι] om οι E

67   E 2

XXXV 24 ΓΕΝΕΣΙΣ

A Ἰακώβ Ῥουβήν, Συμεών, Λευείς, Ἰούδας, Ἰσσαχάρ, Ζαβουλών· ²⁴υἱοὶ 24
δὲ Ῥαχὴλ Ἰωσὴφ καὶ Βενιαμείν· ²⁵υἱοὶ δὲ Βάλλας παιδίσκης Ῥαχὴλ 25
Δὰν καὶ Νεφθαλείμ· ²⁶υἱοὶ δὲ Ζέλφας παιδίσκης Λείας Γὰδ καὶ Ἀσήρ· 26
οὗτοι οἱ υἱοὶ Ἰακώβ, οἳ ἐγένοντο αὐτῷ ἐν Μεσοποταμίᾳ τῆς Συ-
ρίας. ²⁷Ἦλθεν δὲ Ἰακὼβ πρὸς Ἰσαὰκ τὸν πατέρα αὐτοῦ εἰς 27
Μαμβρή, εἰς πόλιν τοῦ πεδίου· αὕτη ἐστὶν Χεβρὼν ἐν γῇ Χανάαν, οὗ
παρῴκησεν Ἀβραὰμ καὶ Ἰσαάκ. ²⁸ἐγένοντο δὲ αἱ ἡμέραι Ἰσαὰκ ἃς 28
ἔζησεν ἔτη ἑκατὸν ὀγδοήκοντα. ²⁹καὶ ἐκλιπὼν ἀπέθανεν, καὶ προσε- 29
τέθη πρὸς τὸ γένος αὐτοῦ πρεσβύτερος καὶ πλήρης ἡμερῶν· καὶ ἔθαψαν
αὐτὸν Ἠσαῦ καὶ Ἰακὼβ οἱ υἱοὶ αὐτοῦ.

¹Αὗται δὲ αἱ γενέσεις Ἠσαύ· αὐτός ἐστιν Ἐδώμ. ²Ἠσαῦ δὲ ἔλαβεν ¹⁄₂ XXXVI
γυναῖκας ἑαυτῷ ἀπὸ τῶν θυγατέρων τῶν Χαναναίων· τὴν Ἀδά, θυγα-
τέρα Ἐλὼμ τοῦ Χετταίου, καὶ τὴν Ὀλιβεμά, θυγατέρα Ἀνὰ τοῦ υἱοῦ
Σεβεγὼν τοῦ Εὐαίου, ³καὶ τὴν Βασεμμάθ, θυγατέρα Ἰσμαήλ, ἀδελφὴν 3
Ναβαιώθ. ⁴ἔτεκεν δὲ Ἀδὰ τῷ Ἠσαῦ τὸν Ἐλιφάς, καὶ Βασεμμὰθ ἔτε- 4
κεν τὸν Ῥαγουήλ, ⁵καὶ Ὀλιβεμὰ ἔτεκεν τὸν Ἰεοὺς καὶ τὸν Ἰεγλὸμ καὶ 5
τὸν Κόρε· οὗτοι υἱοὶ Ἠσαύ, οἳ ἐγένοντο αὐτῷ ἐν γῇ Χανάαν. ⁶ἔλαβεν 6
δὲ Ἠσαῦ τὰς γυναῖκας αὐτοῦ καὶ τοὺς υἱοὺς καὶ τὰς θυγατέρας καὶ
πάντα τὰ σώματα τοῦ οἴκου αὐτοῦ, καὶ πάντα τὰ ὑπάρχοντα καὶ τὰ
κτήνη, καὶ πάντα ὅσα ἐκτήσατο καὶ ὅσα περιεποιήσατο ἐν γῇ Χανάαν·
καὶ ἐπορεύθη ἐκ γῆς Χανάαν ἀπὸ προσώπου Ἰακὼβ τοῦ ἀδελφοῦ
αὐτοῦ. ⁷ἦν γὰρ αὐτῶν τὰ ὑπάρχοντα πολλὰ τοῦ οἰκεῖν ἅμα, καὶ 7
οὐκ ἐδύνατο ἡ γῆ τῆς παροικήσεως αὐτῶν φέρειν αὐτοὺς ἀπὸ τοῦ πλή-
θους τῶν ὑπαρχόντων αὐτῶν. ⁸ᾤκησεν δὲ Ἠσαῦ ἐν τῷ ὄρει Σηείρ· 8
Ἠσαῦ αὐτός ἐστιν Ἐδώμ. ⁹Αὗται δὲ αἱ γενέσεις Ἠσαῦ πατρὸς 9
Ἐδὼμ ἐν τῷ ὄρει Σηείρ. ¹⁰καὶ ταῦτα τὰ ὀνόματα τῶν υἱῶν Ἠσαύ· 10
Ἐλιφάς, υἱὸς Ἀδὰ γυναικὸς Ἠσαύ, καὶ Ῥαγουήλ, υἱὸς Βασεμμὰθ γυ-
ναικὸς Ἠσαύ. ¹¹ἐγένοντο δὲ οἱ υἱοὶ Ἐλιφάς· Θαιμάν, Ὠμάν, Σωφάρ, 11

DE 23 Λευει D Αευις E | Ιουδα E 25 om δε E 26 om δε E | οι υιοι] om οι D^sil E | Μεσοποταμιας E 27 τον πατ. αυτου] + ετι ζωντος αυτου D | Χεβρων] Μαν E | γη] pr τη DE 28 om ετη E 29 εκλειπων D^sil E | οι υιοι] om οι E XXXVI 1 Εδωμ] Αιδωμ D 2 εαυτω γυναικας D γυν. αυτω E | Ελωμ] Ελω A* (μ superscr A¹) Αιδωμ D Αιλων E | Χετγαιου E | Ολιβαιμαν E 3 Βασεμμαθ] Μασεμμαθ D (Βα|.. D) Μασεθμαν E | Ναβαιωθ] Ναβαιωρ D 4 Ελιφαζ E | Βασεμμαθ] Βασεμ' A Μασεμμαθ D Μασεθμαθ E 5 Ιεους] Ιεσβους E | Ιεγλομ AD (...λομ)] Ιεγλουμ E 6 τα κτηνη] pr παντα DE | pr παντα περιεποιησατο E | om Εδωμ E 7 υπαρχοντα πολλα] χοντ. πολλ sup ras A¹ | ηδυνατο E 8 ωκησεν δε ADD^sil] και κατωκησεν E 9 πατρος] pr του E 10 Ελιφαζ E | υιος] pr o E | Αδα] Αδας DE | Βασεμμαθ AD] Βασσεμμαθ E 11 οι υιοι Ελιφας] Ελιφας οι υιοι D+ D^sil υιοι Ελιφαθ E | Θαιμαν] Θεμαν E (αι superscr E^b)

12 Γοθὸμ καὶ Κενέζ. ¹²Θαμνὰ δὲ ἦν παλλακὴ Ἐλιφὰς τοῦ υἱοῦ Ἡσαύ, Α καὶ ἔτεκεν τῷ Ἐλιφὰς τὸν Ἀμαλήκ. οὗτοι οἱ υἱοὶ Ἀδὰ γυναικὸς 13 Ἡσαύ. ¹³οὗτοι δὲ υἱοὶ Ῥαγουήλ· Νάχομ, Ζάρε, Σομὲ καὶ Μοζέ· οὗτοι 14 ἦσαν υἱοὶ Μασεμμὰθ γυναικὸς Ἡσαύ. ¹⁴οὗτοι δὲ υἱοὶ Ἐλιβέμας θυγατρὸς Ἀνὰ τοῦ υἱοῦ Σεβεγών, γυναικὸς Ἡσαύ· ἔτεκεν δὲ τῷ Ἡσαὺ τὸν 15 Ἰεὺς καὶ τὸν Ἰεγλὸμ καὶ τὸν Κόρε. ¹⁵οὗτοι οἱ ἡγεμόνες υἱοῦ Ἡσαύ. υἱοὶ Ἐλιφὰς πρωτοτόκου Ἡσαύ· ἡγεμὼν Θαιμάν, ἡγεμών, Ὠμάρ, ἡγε-16 μὼν Σωφάρ, ἡγεμὼν Κενέζ, ¹⁶ἡγεμὼν Κόρε, ἡγεμών, Γοθά, ἡγεμὼν Ἀμαλήκ· οὗτοι ἡγεμόνες Ἐλιφὰς ἐν γῇ Ἰδουμαίᾳ, οὗτοι υἱοὶ Ἄδας. 17 ¹⁷καὶ οὗτοι υἱοὶ Ῥαγουὴλ υἱοῦ Ἡσαύ· ἡγεμὼν Νάχοθ, ἡγεμὼν Ζάρε, ἡγεμὼν Μοζέ, ἡγεμὼν Σομέ· οὗτοι ἡγεμόνες Ῥαγουὴλ ἐν γῇ Ἐδώμ, 18 οὗτοι υἱοὶ Μασεμμὰθ γυναικὸς Ἡσαύ. ¹⁸οὗτοι δὲ υἱοὶ Ὀλιβέμας γυναικὸς Ἡσαύ· ἡγεμὼν Ἰεούλ, ἡγεμὼν Ἰεγλόμ, ἡγεμὼν Κόρε· οὗτοι ἡγε-19 μόνες Ἐλιβέμας. ¹⁹οὗτοι δὲ υἱοὶ Ἡσαύ, καὶ οὗτοι οἱ ἡγεμόνες αὐτῶν· 20 οὗτοί εἰσιν οἱ ἡγεμόνες αὐτῶν, υἱοὶ Ἐδώμ. ²⁰Οὗτοι δὲ υἱοὶ Σηεὶρ τοῦ Χορραίου τοῦ κατοικοῦντος τὴν γῆν· Λωτάν, Σωβάλ, Σεβεγών, 21 Ἀνὰ ²¹καὶ Δησὼν καὶ Σάαρ καὶ Ῥεισών· οὗτοι οἱ ἡγεμόνες τοῦ Χορραίου 22 τοῦ υἱοῦ Σηεὶρ ἐν τῇ γῇ Ἐδώμ. ²²ἐγένοντο δὲ υἱοὶ Λωτὰν Χορρεὶ καὶ 23 Αἱμάν· ἀδελφὴ δὲ Λωτὰν Θαμνά· ²³οὗτοι δὲ υἱοὶ Σωβάλ· Γωλὼν καὶ 24 Μαννάχαθ καὶ Γαιβήλ, Σὼφ καὶ Ὠμάν. ²⁴καὶ οὗτοι υἱοὶ Σεβεγών· Ἀιὲ καὶ Ὠνάν· οὗτός ἐστιν ὁ Ὠνᾶς ὃς εὗρεν τὸν Ἰαμεὶν ἐν τῇ ἐρήμῳ, 25 ὅτε ἔνεμεν τὰ ὑποζύγια Σεβεγὼν τοῦ πατρὸς αὐτοῦ. ²⁵οὗτοι δὲ υἱοὶ 26 Ἀνά· Δησὼν καὶ Ὀλιβεμὰ θυγάτηρ Ἀνά. ²⁶οὗτοι δὲ υἱοὶ Δησών· 27 Ἀμαδὰ καὶ Ἀσβὰν καὶ Ἰεθρὰν καὶ Χαρράν. ²⁷οὗτοι δὲ υἱοὶ Σάαρ·

11 και Κενεζ] ϛ Ενεζ D Κενεζ E   12 παλλακη] pr η E | Ελιφαζ DE E (bis) | του υιου D^sil E] τω υιου A | οι υιοι] om οι D δε υιοι E | Αδας DE 13 Ναχοθ D^sil E | Μασσεμαθ DE   14 Ολιβεμας D | Ιεους DE   15 οι ηγεμ.] om οι DE | υιου] υιων D υιοι E | om υιοι Ελιφας E | Ελιφαζ D | πρωτοτοκος Ησαυ ηγεμων Θαιναν E   16 Γοθομ DE | Ελιφαζ E | υιοι] pr οι E   17 υιου] υιοι E | Ναχοθ AD] Ναχωρ E | Ζερε D | ηγ. Σομαι ηγ. Μοζαι D ηγ. Σομε ηγ. Μοζε E | ηγεμονες] E | υιοι Μασεμμαθ] οι υιοι [Βα]σεμαθ D^vid   18 om ουτοι δε υιοι Ολ. γυν. Ησαυ E | Ολιβεμμας D | Ιεουλ] Ιεουηλ D Ιεους E | Ιεγλωμ D^vid | Ελιβεμας] Ελιβαμας D Ολιβεμα E+[θυγατρος] Ανας γυνα[ικ]ος Ησαυ D   19 om δε DE | οι 1°] om D^sil εισιν E | om ηγ. αυτων 2° D^sil E   20 Σεβεγων] Σεγεγων E   21 Σααρ] Ασαρ D^sil E | Ρισων E | οι ηγεμ.] om οι DE | om υιου E | τη γη] om τη D 22 Χορρι E | om δε 2° E   23 Γωλωμ DE | Μανναχαθ] Μαναχαθ D^sil Μαναχα E | Σωφ] Σωφαν D Σωρ E | Ωμαμ D   24 Αιε] Ναιε E | Ωναν AD] Ωνα E | ο Ωνας] Ανα D Ωνας E   25 Ολιβεμα] Ολιβα E 26 Αμαδα] Αδαμα E   27 Σααρ] Ιασαρ D Ασαρ E

A Βαλαὰν καὶ Ζουκὰμ καὶ Ἰωυκὰμ καὶ Οὐκάν. ²⁸ οὗτοι δὲ υἱοὶ 'Ρεισών· ²⁹Ὢς καὶ Ἀράμ. ²⁹ οὗτοι ἡγεμόνες Χορρεί· ἡγεμὼν Λωτάν· ἡγεμὼν Σωβάλ, ἡγεμὼν Σεβεγών, ἡγεμὼν Ἀνά, ³⁰ ἡγεμὼν Δησών, ἡγεμὼν Σάαρ, ἡγεμὼν 'Ρεισών· οὗτοι ἡγεμόνες Χορρεὶ ἐν ταῖς ἡγεμονίαις αὐτῶν ἐν γῇ Ἐδώμ. ³¹ Καὶ οὗτοι οἱ βασιλεῖς οἱ βασιλεύσαντες ἐν Ἐδὼμ πρὸ τοῦ βασιλεῦσαι βασιλέα ἐν Ἱερουσαλήμ. ³² καὶ ἐβασίλευσεν ἐν Ἐδὼμ Βάλακ υἱὸς τοῦ Βεώρ, καὶ ὄνομα τῇ πόλει αὐτοῦ Δεννάβα. ³³ ἀπέθανεν δὲ Βάλακ, καὶ ἐβασίλευσεν ἀντ' αὐτοῦ Ἰωβὰδ υἱὸς Ζάρα ἐκ Βοσόρρας. ³⁴ ἀπέθανεν δὲ Ἰωβάβ, καὶ ἐβασίλευσεν ἀντ' αὐτοῦ Ἀσὸμ ἐκ γῆς Θεμανῶν. ³⁵ ἀπέθανεν δὲ Ἀσόμ, καὶ ἐβασίλευσεν ἀντ' αὐτοῦ Ἀδὰδ υἱὸς Βαράδ, ὁ ἐκκόψας Μαδιὰμ ἐν τῷ πεδίῳ Μωάβ· καὶ ὄνομα τῇ πόλει αὐτοῦ Γεθθάιμ. ³⁶ ἀπέθανεν δὲ Ἀδάδ, καὶ ἐβασίλευσεν ἀντ' αὐτοῦ Σαλαμὰ ἐκ Μασέκκας. ³⁷ ἀπέθανεν δὲ Σαλαμά, καὶ ἐβασίλευσεν ἀντ' αὐτοῦ Σαοὺλ ἐκ 'Ροωβὼθ τῆς παρὰ ποταμόν. ³⁸ ἀπέθανεν δὲ Σαούλ, καὶ ἐβασίλευσεν ἀντ' αὐτοῦ Βαλαεννὼν υἱὸς Ἀχοβώρ. ³⁹ ἀπέθανεν δὲ Βαλαεννὼν υἱὸς Ἀχοβώρ, καὶ ἐβασίλευσεν ἀντ' αὐτοῦ Ἀρὰθ υἱὸς Βαράθ· καὶ ὄνομα τῇ πόλει αὐτοῦ Φόγωρ· ὄνομα δὲ τῇ γυναικὶ αὐτοῦ Μετεβεήλ, θυγάτηρ Ματραείθ υἱοῦ Μεζοόβ. ⁴⁰ ταῦτα τὰ ὀνόματα τῶν ἡγεμόνων Ἡσαῦ ἐν ταῖς φυλαῖς αὐτῶν κατὰ τόπον αὐτῶν, ἐν ταῖς χώραις αὐτῶν καὶ ἐν τοῖς ἔθνεσιν αὐτῶν· ἡγεμὼν Θαμνά, ἡγεμὼν Γωλά, ἡγεμὼν Ἰεβέρ, ⁴¹ ἡγεμὼν Ἐλιβεμᾶς, ἡγεμὼν Ἠλᾶς, ἡγεμὼν Φινές, ⁴² ἡγεμὼν Κενέζ, ἡγεμὼν Θαιμάν, ἡγεμὼν Μαζάρ, ⁴³ ἡγεμὼν Μετοδιήλ, ἡγεμὼν Ζαφωεί· οὗτοι ἡγεμόνες Ἐδὼμ ἐν ταῖς κατῳκοδομημέναις ἐν τῇ γῇ τῆς κτήσεως αὐτῶν. οὗτος Ἠσαῦ πατὴρ Ἐδώμ.

¹ Κατῴκει δὲ Ἰακὼβ ἐν τῇ γῇ οὗ παρῴκησεν ὁ πατὴρ αὐτοῦ, ἐν γῇ XXX

DE   27 Βαλααμ D^{sil}E | Ιεωυκαμ D 28 Ρησων E | Ωs] Ους E | Αρραν D
29 Χορρι E | Σωβαρ E   30 Σααρ] Ασα E | Ρισων E | Χορρι E   31 οι
1°] η E | Εδωμ] pr γη D | Ιερουσαλημ] Ιλημ A Ισραηλ (Ιηλ?) D^{sil}
Ιηλ E   33 Βαλεκ E | Ιωβαδ] Ιωβαβ D^{sil} Ιωβακ E   33—35 om υιος
Ζαρα...Αδαδ E   34 γης] pr της D^{sil} | Θαιμανων D^{sil} 35 Μωαβ] Μωαμ
E   36 Αδαδ] Αδαμ E | Σαλαμα] Σαμαλα D Αδαμα E   37 Σαλαμα]
Σαμαλα D Σαλμα E | Ροωβωθ A^1 (Ροωωθ A^*) D^{sil}] Θεβωρ E   38—39 υιος
Αχοβωρ απεθανεν δε Βαλαεννων A^{1mg} | Βαλαεννων (bis)] Βαλαεννων D
Βαλαεννωρ E   38 Αχοβωρ] Χοβωρ D 39 Αχοβωρ] Χοβωρ A^*
(a superscr A^1)D | Αραδ D^{sil} | Βαραδ D^{sil}E | ονομα δε] και ονομα E | θυγατηρ Ματραειθ] ηρ Ma sup ras $A^{1?}$ θυγ. Ματραιθ D^{sil} θυγ. Μαραιθ E |
Μεζοο| D 40 τοπον] προσωπον D | Ιεβερ] Ιεθερ D^{sil} E   41 Ελειβαμας D^{vid} | Φινες] Φεινων D Φινων E   42 Θεμαν E   43 Μετοδιηλ AD^{vid}]
Μαλελιηλ E | Ζαφωειν DE | κτησεως] κατοικησεως E   XXXVII 1 om ο
πατηρ αυτου E

ΓΕΝΕΣΙΣ XXXVII 14

2 Χανάαν. ²αὗται δὲ αἱ γενέσεις Ἰακώβ. *Ἰωσὴφ δέκα ἑπτὰ ἐτῶν ἦν A
ποιμαίνων μετὰ τῶν ἀδελφῶν αὐτοῦ τὰ πρόβατα, ὢν νέος, μετὰ τῶν
υἱῶν Βάλλας καὶ μετὰ τῶν υἱῶν Ζέλφας τῶν γυναικῶν τοῦ πατρὸς
αὐτοῦ· κατήνεγκαν δὲ Ἰωσὴφ ψόγον πονηρὸν πρὸς Ἰσραὴλ τὸν
3 πατέρα αὐτῶν. ³Ἰακὼβ δὲ ἠγάπα τὸν Ἰωσὴφ παρὰ πάντας τοὺς
υἱοὺς αὐτοῦ, ὅτι υἱὸς γήρους ἦν αὐτῷ· ἐποίησεν δὲ αὐτῷ χιτῶνα ποι-
4 κίλον. ⁴ἰδόντες δὲ οἱ ἀδελφοὶ αὐτοῦ ὅτι αὐτὸν ἐφίλει ὁ πατὴρ αὐτοῦ
ἐκ πάντων τῶν υἱῶν αὐτοῦ, ἐμίσησαν αὐτόν, καὶ οὐκ ἐδύναντο λαλεῖν
5 αὐτῷ οὐδὲν εἰρηνικόν. ⁵ἐνυπνιασθεὶς δὲ Ἰωσὴφ ἐνύπνιον ἀπήγγειλεν
6 αὐτὸ τοῖς ἀδελφοῖς αὐτοῦ, ⁶καὶ εἶπεν αὐτοῖς Ἀκούσατε τοῦ ἐνυπνίου
7 τούτου οὗ ἐνυπνιάσθην. ⁷ᾤμην ὑμᾶς δεσμεύειν δράγματα ἐν μέσῳ τῷ
πεδίῳ· καὶ ἀνέστη τὸ ἐμὸν δράγμα καὶ ὠρθώθη· περιστραφέντα δὲ τὰ
8 δράγματα ὑμῶν προσεκύνησαν τὸ ἐμὸν δράγμα. ⁸εἶπαν δὲ αὐτῷ οἱ
ἀδελφοί Μὴ βασιλεύων βασιλεύσεις ἐφ᾽ ἡμᾶς, ἢ κυριεύων κυριεύ-
σεις ἡμῶν; καὶ προσέθεντο ἔτι μισεῖν αὐτὸν ἕνεκεν τῶν ἐνυπνίων
9 αὐτοῦ καὶ ἕνεκεν τῶν ῥημάτων αὐτοῦ. ⁹ἴδεν δὲ ἐνύπνιον ἕτερον, καὶ
διηγήσατο αὐτὸ τῷ πατρὶ αὐτοῦ καὶ τοῖς ἀδελφοῖς αὐτοῦ, καὶ εἶπεν
Ἰδοὺ ἐνυπνιάσθην ἐνύπνιον ἕτερον· ὥσπερ ὁ ἥλιος καὶ ἡ σελήνη καὶ
10 ἕνδεκα ἀστέρες προσεκύνουν με. ¹⁰καὶ ἐπετίμησεν αὐτῷ ὁ πατὴρ
αὐτοῦ καὶ εἶπεν Τί τὸ ἐνύπνιον τοῦτο ὃ ἐνυπνιάσθης; ἆρά γε ἐλθόντες
ἐλευσόμεθα ἐγώ τε καὶ ἡ μήτηρ σου καὶ οἱ ἀδελφοί σου προσκυνῆσαί
11 σοι ἐπὶ τὴν γῆν; ¹¹ἐζήλωσαν δὲ αὐτὸν οἱ ἀδελφοὶ αὐτοῦ· ὁ δὲ πατὴρ
12 αὐτοῦ διετήρησεν τὸ ῥῆμα. ¹²Ἐπορεύθησαν δὲ οἱ ἀδελφοὶ αὐτοῦ
13 βόσκειν τὰ πρόβατα τοῦ πατρὸς αὐτῶν εἰς Συχέμ. ¹³καὶ εἶπεν Ἰσρα-
ὴλ πρὸς Ἰωσήφ Οὐχ οἱ ἀδελφοί σου ποιμαίνουσιν ἐν Συχέμ; δεῦρο
14 ἀποστείλω σε πρὸς αὐτούς. εἶπεν δὲ αὐτῷ Ἰδοὺ ἐγώ. ¹⁴εἶπεν δὲ
αὐτῷ Ἰσραὴλ Πορευθεὶς ἴδε εἰ ὑγιαίνουσιν οἱ ἀδελφοί σου καὶ τὰ πρό-
βατα, καὶ ἀνάγγειλόν μοι. καὶ ἀπέστειλεν αὐτὸν ἐκ τῆς κοιλάδος τῆς

2 επτα] pr και E | τα προβατα]+του πατρος αυτου D   3 Ιακωβ] DE
Ισραηλ D | υιους] αδελφους DE   4 ιδοντες] ειδοντες A | οι αδελφοι] pr
αυ[τον] D | εφιλει ο πατηρ] ο π. φιλει D^sil (D^vid) E | om αυτου 2° E | αυτον
2°]+οι αδελφοι αυτου D | ηδυναντο D^sil E | ουθεν D   5 αυτο AD] αυτω E*
(ο superscr E^b?)   6 ηνυπνιασθην D   7 δραγματα, δραχμα ADE | εν
μεσω τω πεδιω] εν τω πεδιω D εν μεσω του πεδιου E [δραγματα,
δραγμα A δραχματα, δραχμα (δραιμα E^edit) DE   8 οι αδελφοι]+αυτου
D^sil E | κυριευεις E | ρηματων] λογων E   9 ειδε[ν]D^sil | om αυτο E |
ενυπνιασθην] ενυπνιασαμην D^sil E   10 ειπεν]+αυτω D^sil E   11 διε-
τηρησεν] διετηρει E   13 εν Συχεμ] εις Σ. D^sil E   14 και 2° D^sil E]
ει A | απαγγειλον D

ΓΕΝΕΣΙΣ

Α Χεβρών· καὶ ἦλθεν εἰς Συχέμ. ¹⁵καὶ εὗρεν αὐτὸν ἄνθρωπος πλανώ- 15
μενον ἐν τῷ πεδίῳ· ἠρώτησεν δὲ αὐτὸν ὁ ἄνθρωπος λέγων Τί ζητεῖς;
¹⁶ὁ δὲ εἶπεν Τοὺς ἀδελφούς μου ζητῶ· ἀπάγγειλόν μοι ποῦ βόσκουσιν. 16
¹⁷εἶπεν δὲ αὐτῷ ὁ ἄνθρωπος Ἀπήρκασιν ἐντεῦθεν· ἤκουσα γὰρ αὐτῶν 17
λεγόντων Πορευθῶμεν εἰς Δωθάειμ. καὶ ἐπορεύθη Ἰωσὴφ κατόπισθεν
τῶν ἀδελφῶν αὐτοῦ, καὶ εὗρεν αὐτοὺς εἰς Δωθάειμ.. ¹⁸πρόιδον δὲ 18
αὐτὸν μακρόθεν πρὸ τοῦ ἐγγίσαι αὐτὸν πρὸς αὐτούς· καὶ ἐπορεύοντο
ἀποκτεῖναι αὐτόν. ¹⁹εἶπαν δὲ ἕκαστος πρὸς τὸν ἀδελφὸν αὐτοῦ 19
Ἰδοὺ ὁ ἐνυπνιαστὴς ἐκεῖνος ἔρχεται· ²⁰νῦν οὖν δεῦτε ἀποκτείνωμεν 20
αὐτόν, καὶ ῥίψομεν αὐτὸν εἰς ἕνα τῶν λάκκων, καὶ ἐροῦμεν Θηρίον
πονηρὸν κατέφαγεν αὐτόν· καὶ ὀψόμεθα τί ἔστιν τὰ ἐνύπνια αὐτοῦ.
²¹ἀκούσας δὲ Ῥουβὴν ἐξείλατο αὐτὸν ἐκ τῶν χειρῶν αὐτῶν, καὶ εἶπεν 21
Οὐ πατάξομεν αὐτὸν εἰς ψυχήν· ²²εἶπεν δὲ αὐτοῖς Ῥουβήν Μὴ ἐκχέητε 22
αἷμα· ἐμβάλετε δὲ αὐτὸν εἰς ἕνα τῶν λάκκων τῶν ἐν τῇ ἐρήμῳ, χεῖρα
δὲ μὴ ἐπενέγκητε αὐτῷ· ὅπως ἐξέληται αὐτὸν ἐκ τῶν χειρῶν αὐτῶν καὶ
ἀποδῷ αὐτὸν τῷ πατρὶ αὐτοῦ. ²³ἐγένετο δὲ ἡνίκα ἦλθεν Ἰωσὴφ πρὸς 23
τοὺς ἀδελφοὺς αὐτοῦ, ἐξέδυσαν τὸν Ἰωσὴφ τὸν χιτῶνα τὸν ποικίλον
τὸν περὶ αὐτόν, ²⁴καὶ λαβόντες αὐτὸν ἔρριψαν εἰς τὸν λάκκον· ὁ δὲ 24
λάκκος ἐκεῖνος ὕδωρ οὐκ εἶχεν. ²⁵ἐκάθισαν δὲ φαγεῖν ἄρτον· καὶ ἀνα- 25
βλέψαντες τοῖς ὀφθαλμοῖς ἴδον, καὶ ἰδοὺ ὁδοιπόροι Ἰσμαηλεῖται ἤρ-
χοντο ἐκ Γαλαάδ, καὶ οἱ κάμηλοι αὐτῶν ἔγεμον θυμιαμάτων καὶ ῥιτίνης
καὶ στακτῆς· ἐπορεύοντο δὲ καταγαγεῖν εἰς Αἴγυπτον. ²⁶εἶπεν δὲ 26
Ἰούδας πρὸς τοὺς ἀδελφοὺς αὐτοῦ Τί χρήσιμον ἐὰν ἀποκτείνωμεν
τὸν ἀδελφὸν ἡμῶν καὶ κρύψωμεν τὸ αἷμα αὐτοῦ; ²⁷δεῦτε ἀποδώ- 27
μεθα αὐτὸν τοῖς Ἰσμαηλίταις τούτοις· αἱ δὲ χεῖρες ἡμῶν μὴ ἔστωσαν
ἐπ' αὐτόν, ὅτι ἀδελφὸς ἡμῶν καὶ σὰρξ ἡμῶν ἐστίν. ἤκουσαν δὲ
οἱ ἀδελφοὶ αὐτοῦ. ²⁸καὶ παρεπορεύοντο οἱ ἄνθρωποι οἱ Μαδιη- 28
ναῖοι οἱ ἔμποροι, καὶ ἐξείλκυσαν καὶ ἀνεβίβασαν τὸν Ἰωσὴφ ἐκ τοῦ
λάκκου· καὶ ἀπέδοντο τὸν Ἰωσὴφ τοῖς Ἰσμαηλίταις εἴκοσι χρυσῶν·

DE 16 αναγγειλο[ν] D   17 om και επορευθη...Δωθαειμ 2° E | αδελφων
αυτου και ευρεν] φων αυτου| και in mg ευρεν sup ras A¹ | αυτους] αυτου A
18 προειδον DE | αυτον 1°] αυτω E | om αυτον 2° DE | επορευοντο] επονη-
ρευοντο D (επονηρευο...) E | αποκτ.] pr του E   20 ριψωμεν DE | εστιν]
εσται DE   22 εμβαλλατε D(?) | om δε 1° E | om δε 2° D^sil E | εις ενα των
λακκων των]· εις τον λακκον τουτον τον DE | εξεληται] εξελητε D εξελειται E
23 τον I.] om τον D^sil | χιτωνα] + αυτου D   24 εκεινος] κενος D (κε[ν]ος) E
25 Ισμαηλιται D^vid E | και οι καμ.] και αι καμ. D ᵹ αι καμ. E | ριτινης AE]
ρητινης D^sil | στακτη E | καταγειν E   ·· 27.om ημων 2° D | ηκουσαν δε]
+αυτου D   28 οι ανθρ. οἱ Μαδιηναιοι οἱ εμπ.] οἱ Ἰσμαηλιται E

ΓΕΝΕΣΙΣ XXXVIII 10

29 καὶ κατήγαγον τὸν Ἰωσὴφ εἰς Αἴγυπτον. ²⁹ἀνέστρεψεν δὲ Ῥουβὴν ἐπὶ Α
τὸν λάκκον, καὶ οὐχ ὁρᾷ τὸν Ἰωσὴφ ἐν τῷ λάκκῳ· καὶ διέρρηξεν τὰ
30 ἱμάτια αὐτοῦ. ³⁰καὶ ἀνέστρεψεν πρὸς τοὺς ἀδελφοὺς αὐτοῦ καὶ εἶπεν
31 Τὸ παιδάριον οὐκ ἔστιν· ἐγὼ δὲ ποῦ πορεύομαι ἔτι; ³¹λαβόντες δὲ τὸν ¶D
χιτῶνα τοῦ Ἰωσὴφ ἔσφαξαν ἔριφον αἰγῶν, καὶ ἐμόλυναν τὸν χιτῶνα
32 αἵματι. ³²καὶ ἀπέστειλαν τὸν χιτῶνα τὸν ποικίλον καὶ εἰσήνεγκαν
τῷ πατρὶ αὐτῶν, καὶ εἶπαν Τοῦτον εὕρομεν· ἐπίγνωθι εἰ χιτὼν τοῦ υἱοῦ
33 σού ἐστιν ἢ οὔ. ³³καὶ ἐπέγνω αὐτὸν καὶ εἶπεν Χιτὼν τοῦ υἱοῦ μού
ἐστιν· θηρίον πονηρὸν κατέφαγεν αὐτόν, θηρίον ἥρπασεν τὸν Ἰωσήφ.
34 ³⁴διέρρηξεν δὲ Ἰακὼβ τὰ ἱμάτια αὐτοῦ, καὶ ἐπέθετο σάκκον ἐπὶ τὴν
35 ὀσφὺν αὐτοῦ, καὶ ἐπένθει τὸν υἱὸν αὐτοῦ ἡμέρας τινάς. ³⁵συνήχθησαν
δὲ πάντες οἱ υἱοὶ αὐτοῦ καὶ αἱ θυγατέρες, καὶ ἦλθον παρακαλέσαι αὐ-
τόν· καὶ οὐκ ἤθελεν παρακαλεῖσθαι, λέγων ὅτι Καταβήσομαι πρὸς τὸν
36 υἱόν μου πενθῶν εἰς ᾅδου· καὶ ἔκλαυσεν αὐτὸν ὁ πατὴρ αὐτοῦ. ³⁶οἱ
δὲ Μαδιηναῖοι ἀπέδοντο τὸν Ἰωσὴφ εἰς Αἴγυπτον, τῷ Πετρεφῇ τῷ
σπάδοντι Φαραὼ ἀρχιμαγείρῳ.

III 1 ¹Ἐγένετο δὲ ἐν τῷ καιρῷ ἐκείνῳ κατέβη Ἰούδας ἀπὸ τῶν ἀδελφῶν
αὐτοῦ, καὶ ἀφίκετο ἕως πρὸς ἄνθρωπόν τινα Ὀδολλαμίτην ᾧ ὄνομα
2 Εἰράς. ²καὶ ἴδεν ἐκεῖ Ἰούδας θυγατέρα ἀνθρώπου Χαναναίου ᾗ ὄνομα
3 Σαύα· καὶ ἔλαβεν αὐτὴν καὶ εἰσῆλθεν πρὸς αὐτήν. ³καὶ συλλαβοῦσα
4 ἔτεκεν υἱόν, καὶ ἐκάλεσεν τὸ ὄνομα αὐτοῦ Ἤρ. ⁴καὶ συλλαβοῦσα ἔτι
5 ἔτεκεν υἱόν, καὶ ἐκάλεσεν τὸ ὄνομα αὐτοῦ Αὐνάν. ⁵καὶ προσθεῖσα
ἔτι ἔτεκεν υἱόν, καὶ ἐκάλεσεν τὸ ὄνομα αὐτοῦ Σηλώμ· αὕτη δὲ ἦν ἐν
6 Χασβὶ ἡνίκα ἔτεκεν αὐτούς. ¹⁶καὶ ἔλαβεν Ἰούδας γυναῖκα Ἢρ τῷ §D
7 πρωτοτόκῳ αὐτοῦ, ᾗ ὄνομα Θαμάρ. ⁷ἐγένετο δὲ Ἢρ πρωτότοκος Ἰούδα
8 πονηρὸς ἐναντίον Κυρίου, καὶ ἀπέκτεινεν αὐτὸν ὁ θεός· ⁸εἶπεν δὲ
Ἰούδας τῷ Αὐνάν Εἴσελθε πρὸς τὴν γυναῖκα τοῦ ἀδελφοῦ σου καὶ
9 γάμβρευσαι αὐτήν, καὶ ἀνάστησον σπέρμα τῷ ἀδελφῷ σου. ⁹γνοὺς
δὲ Αὐνὰν ὅτι οὐκ αὐτῷ ἔσται τὸ σπέρμα, ἐγίνετο, ὅταν εἰσήρχετο πρὸς
τὴν γυναῖκα τοῦ ἀδελφοῦ αὐτοῦ, ἐξέχεεν ἐπὶ τὴν γῆν τοῦ μὴ δοῦναι
10 σπέρμα τῷ ἀδελφῷ αὐτοῦ. ¹⁰πονηρὸν δὲ ἐφάνη τὸ ῥῆμα ἐναντίον τοῦ

30 ανεστρεψεν] υπεστρεψεν D | ουκ εστιν]+εν τω λακκω E | πορευομαι] DE πεπορευμαι E   **31** του Ιωσηφ] τω Ιωσηφ E | αιματι] pr τω E   **32** om και απεστειλαν τον χ. τον π. E | ειπον E | **34** τινας] πολλας E   **35** αι θυγατερες]+αυτου E   **36** om τω 1° E | Πετεφρη E | σπαδοντι] σπαροντι E
XXXVIII **1** τινα Οδολλαμιτην sup ras A^b? | Ιρας E   **2** Χαναναιου ανου E
4 om ετι E | υιον]+δευτερον E   **5** om δε E   **6** om Ιουδας E   **7** εναντι E   **8** γαμβρευσαι] [γ]αμβρευσον D   **9** εγεωετο D ([εγε]ινετο D)
10 om το ρημα D^sil E

ΓΕΝΕΣΙΣ

Α θεοῦ ὅτι ἐποίησεν τοῦτο, καὶ ἐθανάτωσεν καὶ τοῦτον. ¹¹εἶπεν δὲ 11
Ἰούδας Θαμὰρ τῇ νύμφῃ αὐτοῦ Κάθου χήρα ἐν τῷ οἴκῳ τοῦ πατρός σου
ἕως μέγας γένηται Σηλὼμ ὁ υἱός μου· εἶπεν γάρ Μή ποτε ἀποθάνῃ
καὶ οὗτος ὥσπερ οἱ ἀδελφοὶ αὐτοῦ. ἀπελθοῦσα δὲ Θαμὰρ ἐκάθητο ἐν
τῷ οἴκῳ τοῦ πατρὸς αὐτῆς. ¹²ἐπληθύνθησαν δὲ αἱ ἡμέραι καὶ ἀπέ- 12
θανεν Σαύα ἡ γυνὴ Ἰούδα· καὶ παρακληθεὶς Ἰούδας ἀνέβη ἐπὶ τοὺς
κείροντας τὰ πρόβατα αὐτοῦ, αὐτὸς καὶ Εἰρὰς ὁ ποιμὴν αὐτοῦ ὁ Ὀδολλα-
μείτης, εἰς Θαμνά. ¹³καὶ ἀπηγγέλη Θαμὰρ τῇ νύμφῃ αὐτοῦ λέγοντες 13
Ἰδοὺ ὁ πενθερός σου ἀνέβη εἰς Θαμνὰ κεῖραι τὰ πρόβατα αὐτοῦ. ¹⁴καὶ 14
περιελομένη τὰ ἱμάτια τῆς χηρεύσεως ἀφ' ἑαυτῆς περιεβάλετο θερίστρῳ
καὶ ἐκαλλωπίσατο, καὶ ἐκάθισεν πρὸς ταῖς πύλαις Αἰνάν, ἥ ἐστιν ἐν
παρόδῳ Θαμνά· ἴδεν γὰρ ὅτι μέγας γέγονεν Σηλὼμ ὁ υἱὸς αὐτοῦ, αὐτὸς
δὲ οὐκ ἔδωκεν αὐτὴν αὐτῷ γυναῖκα. ¹⁵καὶ ἰδὼν αὐτὴν Ἰούδας ἔδοξεν 15
αὐτὴν πόρνην εἶναι· κατεκαλύψατο γὰρ τὸ πρόσωπον αὐτῆς, καὶ
οὐκ ἐπέγνω αὐτήν. ¹⁶ἐξέκλινεν δὲ πρὸς αὐτὴν τὴν ὁδὸν καὶ εἶπεν 16
αὐτῇ Ἔασόν με εἰσελθεῖν πρὸς σέ· οὐ γὰρ ἔγνω ὅτι ἡ νύμφη αὐτοῦ
ἐστίν. ἡ δὲ εἶπεν Τί μοι δώσεις ἐὰν εἰσέλθῃς πρὸς μέ; ¹⁷ὁ δὲ εἶπεν 17
Ἐγώ σοι ἀποστέλλω ἔριφον αἰγῶν ἐκ τῶν προβάτων. ἡ δὲ εἶπεν
Ἐὰν δῷς ἀρραβῶνα ἕως τοῦ ἀποστεῖλαί σε. ¹⁸ὁ δὲ εἶπεν Τίνα τὸν 18
ἀρραβῶνά σοι δώσω; ἡ δὲ εἶπεν Τὸν δακτύλιόν σου καὶ τὸν ὁρμίσκον
καὶ τὴν ῥάβδον τὴν ἐν τῇ χειρί σου. καὶ ἔδωκεν αὐτῇ, καὶ εἰσῆλθεν
πρὸς αὐτήν· καὶ ἐν γαστρὶ ἔλαβεν ἐξ αὐτοῦ. ¹⁹καὶ ἀναστᾶσα ἀπῆλθεν, 19
καὶ περιείλατο τὸ θέριστρον ἀφ' ἑαυτῆς, καὶ ἐνεδύσατο τὰ ἱμάτια τῆς
χηρεύσεως αὐτῆς. ²⁰ἀπέστειλεν δὲ Ἰούδας τὸν ἔριφον ἐξ αἰγῶν ἐν 20
χειρὶ τοῦ ποιμένος αὐτοῦ τοῦ Ὀδολλαμείτου, κομίσασθαι τὸν ἀρραβῶνα
παρὰ τῆς γυναικός· καὶ οὐχ εὗρεν αὐτήν. ²¹ἐπηρώτησεν δὲ τοὺς ἄν- 21
δρας τοὺς ἐπὶ τοῦ τόπου Ποῦ ἐστιν ἡ πόρνη ἡ γενομένη ἐν Αἰνὰν ἐπὶ
τῆς ὁδοῦ; καὶ εἶπαν Οὐκ ἦν ἐνταῦθα πόρνη. ²²καὶ ἀπεστράφη πρὸς 22
Ἰούδαν καὶ εἶπεν Οὐχ εὗρον, καὶ οἱ ἄνθρωποι οἱ ἐκ τοῦ τόπου λέγου-

DE 11 τη νυμφη αυτου]+μετα το αποθανειν τους δυο υιο[υς αυτου] D | ωσπερ]+
και D^{sil}E   12 Ιουδας] Ιουδα A* (s superscr A¹) | επι] προς E | Ιρας E |
Οθολλαμιτης E | Θαμνα D^{sil}E] Θαιμνα A   13 ανεβη] αναβαινει D^{sil}
14 θεριστρω] θεριστρον D^{sil} το θεριστρον E | εκαθισεν D^{sil}E] εκαθεισαν A !
ειδεν D | om ο υιος αυτου D^{sil}E   15 αυτης] εαυτης D   16 σε]
με A | ου γαρ εγνω] και ουκ επεγνω E^{vid} | η νυμφη] om η E | δωσεις μοι D
17 προβατων]+μου D^{sil}E   18 δωσω] δω D   19 αναστας A* (a superscr
A¹ᵗᵃ¹) E | περιειλατο DE] περιεβαλετο A | το θεριστρον]+αυτης D^{sil} | αυ-
της]+αφ εαυτης A αφ εαυτης E   20 εξ αιγων] εκ των αιγων· D | Οδολ-
λαμιτου D Οδολλαμητου E   21 επι 1°] εκ DE | που εστιν] pr και ειπεν
αυτοις D (και ει...| ...ις D)   22 επεστραφη D

74

ΓΕΝΕΣΙΣ   ‹XXXIX 5

23 σιν μὴ εἶναι ἐνταῦθα πόρνην. ²³εἶπεν δὲ Ἰούδας Ἐχέτω αὐτά, ἀλλὰ Α
μή ποτε καταγελασθῶμεν· ἐγὼ μὲν ἀπέσταλκα τὸν ἔριφον τοῦτον, σὺ
24 δὲ οὐχ εὕρηκας. ²⁴ἐγένετο δὲ μετὰ τρίμηνον ἀπηγγέλη τῷ Ἰούδᾳ λέ-
γοντες Ἐκπεπόρνευκεν Θαμὰρ ἡ νύμφη σου, καὶ ἰδοὺ ἐν γαστρὶ ἔχει
ἐκ πορνείας. εἶπεν δὲ Ἰούδας Ἐξαγάγετε αὐτὴν καὶ κατακαυθήτω.
25 ²⁵αὐτὴ δὲ ἀγομένη ἀπέστειλεν πρὸς τὸν πενθερὸν αὐτῆς λέγουσα
Ἐκ τοῦ ἀνθρώπου τίνος ταῦτά ἐστιν ἐγὼ ἐν γαστρὶ ἔχω· καὶ εἶπεν
‹ Ἐπίγνωθι τίνος ὁ δακτύλιος καὶ ὁ ὁρμίσκος καὶ ἡ ῥάβδος αὕτη.
26 ²⁶ἐπέγνω δὲ Ἰούδας καὶ εἶπεν Δεδικαίωται Θαμὰρ ἢ ἐγώ, οὗ εἵνεκεν
οὐκ ἔδωκα αὐτὴν Σηλὼμ τῷ υἱῷ μου· καὶ οὐ προσέθετο ἔτι τοῦ γνῶναι
27 αὐτήν. ²⁷ἐγένετο δὲ ἡνίκα ἔτεκεν, καὶ τῇδε ἦν δίδυμα ἐν τῇ κοιλίᾳ
28 αὐτῆς. ²⁸ἐγένετο δὲ ἐν τῷ τίκτειν αὐτὴν ὁ εἷς προεξήνεγκεν τὴν χεῖρα·
λαβοῦσα δὲ ἡ μαῖα ἔδησεν ἐπὶ τὴν χεῖρα αὐτοῦ κόκκινον, λέγουσα Οὗ-
29 τος ἐξελεύσεται πρότερος. ²⁹ὡς δὲ ἐπισυνήγαγεν τὴν χεῖρα, καὶ εὐθὺς
ἐξῆλθεν ὁ ἀδελφὸς αὐτοῦ. ἡ δὲ εἶπεν Τί διεκόπη διὰ σὲ φραγμός;
30 καὶ ἐκάλεσεν τὸ ὄνομα αὐτοῦ Φάρες. ³⁰καὶ μετὰ τοῦτο ἐξῆλθεν ὁ
τ᾽ ἀδελφὸς αὐτοῦ, ἐφ᾽ ᾧ ἦν ἐπὶ τὴν χεῖρα αὐτοῦ τὸ κόκκινον· καὶ
♦ ἐκάλεσεν τὸ ὄνομα αὐτοῦ Ζάρα.
‹ 1 ¹Ἰωσὴφ δὲ κατήχθη εἰς Αἴγυπτον· καὶ ἐκτήσατο αὐτὸν Πετεφρῆς ὁ
εὐνοῦχος Φαραὼ ὁ ἀρχιμάγειρος, ἀνὴρ Αἰγύπτιος, ἐκ χειρῶν Ἰσμαηλει-
2 τῶν, οἳ κατήγαγον αὐτὸν ἐκεῖ. ²καὶ ἦν Κύριος μετὰ Ἰωσήφ, καὶ ἦν
ἀνὴρ ἐπιτυγχάνων· καὶ ἐγένετο ἐν τῷ οἴκῳ παρὰ τῷ κυρίῳ τῷ
3 Αἰγυπτίῳ. ³ᾔδει δὲ ὁ κύριος αὐτοῦ ὅτι Κύριος μετ᾽ αὐτοῦ, καὶ ὅσα
ἴ4 ἂν ποιῇ, Κύριος εὐοδοῖ ἐν ταῖς χερσὶν αὐτοῦ. ⁴καὶ εὗρεν Ἰωσὴφ χάριν
ἐναντίον τοῦ κυρίου αὐτοῦ, εὐηρέστει δὲ αὐτῷ καὶ κατέστησεν αὐτὸν
ἐπὶ τοῦ οἴκου αὐτοῦ, καὶ πάντα ὅσα ἦν αὐτῷ ἔδωκεν διὰ χειρὸς Ἰωσήφ.
5 ⁵ἐγένετο δὲ μετὰ τὸ κατασταθῆναι αὐτὸν ἐπὶ τοῦ οἴκου αὐτοῦ καὶ ἐπὶ
πάντα ὅσα ἦν αὐτῷ, καὶ ηὐλόγησεν Κύριος τὸν οἶκον τοῦ Αἰγυπτίου
διὰ Ἰωσήφ· καὶ ἐγενήθη εὐλογία Κυρίου ἐπὶ πᾶσιν τοῖς ὑπάρχουσιν

22 ενταυθα] ωδε *D*sil   23 καταγελασθωμεν] με sup ras A¹ | μεν]+γαρ E DE
24 ανηγγελη *D*silE | τω Ιουδα] om τω *D* του Ιουδα E   25 αγομενη] απα-
γομενη *D* | τινος ADE   26 ου 2° om A* (superscr Aᵃ¹)   27 ετεκεν]
ετικτεν DE | κοιλια] γαστρι DE   28 χειρα 1°]+αυτου E | κοκκ. επι την
χειρα αυτου E   29 om και 1° D   30 τουτο A*D] τουτον Aᵃ E | επι
την χειρα] εν τη χειρι E   XXXIX 1 ο ευνουχος Φαραω ο αρχιμαγειρος]
om ο 2° D ο αρχιμαγηρος Φαραω sup ras pl litt Eᵃ | ανηρ] pr ρος E* (om
Eᵃ) | χειρων] χειρος *D* | Ισμαηλειτων] των Ισμαηλιτων *D*sil Ισμαηλ λεγων E
2 τω κυριω]+αυτου *D*sil (...ου D) om τω E   3 εαν DE | ποιει E
4 εναντιον] ενωπιον D | ευηρεστει] ευηρεστησεν D ευηρεστη E | του οικου]
της οικιας E   5 ευλογη[σεν] D | επι πασιν] εν πασι *D*silE

XXXIX 6 ΓΕΝΕΣΙΣ

Ἀ αὐτῷ ἐν τῷ οἴκῳ καὶ ἐν τῷ ἀγρῷ. ⁶καὶ ἐπέστρεψεν πάντα ὅσα ἦν 6 αὐτῷ εἰς χεῖρας Ἰωσήφ, καὶ οὐκ ᾔδει τῶν καθ' ἑαυτὸν οὐδὲν πλὴν τοῦ ἄρτου οὗ ἤσθιεν αὐτός. καὶ ἦν Ἰωσὴφ καλὸς τῷ εἴδει καὶ ὡραῖος τῇ ὄψει σφόδρα. ⁷καὶ ἐγένετο μετὰ τὰ ῥήματα ταῦτα καὶ ἐπέβαλεν ἡ 7 γυνὴ τοῦ κυρίου αὐτοῦ τοὺς ὀφθαλμοὺς αὐτῆς ἐπὶ Ἰωσήφ, καὶ εἶπεν Κοιμήθητι μετ' ἐμοῦ. ⁸ὁ δὲ οὐκ ἤθελεν, εἶπεν δὲ τῇ γυναικὶ τοῦ κυρίου 8 αὐτοῦ Εἰ ὁ κύριός μου οὐ γινώσκει δι' ἐμὲ οὐδὲν ἐν τῷ οἴκῳ αὐτοῦ, καὶ πάντα ὅσα ἐστὶν αὐτῷ ἔδωκεν εἰς τὰς χεῖράς μου, ⁹καὶ οὐχ ὑπερέχει ἐν 9 τῇ οἰκίᾳ αὐτοῦ οὐθὲν ἐμοῦ οὐδὲ ὑπεξῄρηται ἀπ' ἐμοῦ οὐδὲν πλὴν σοῦ, διὰ τὸ σὲ γυναῖκα αὐτοῦ εἶναι· καὶ πῶς ποιήσω τὸ ῥῆμα τὸ πονηρὸν τοῦτο καὶ ἁμαρτήσομαι ἐναντίον τοῦ θεοῦ; ¹⁰ἡνίκα δὲ ἐλάλει Ἰωσὴφ 10 ἡμέραν ἐξ ἡμέρας, καὶ οὐχ ὑπήκουεν αὐτῇ καθεύδειν μετ' αὐτῆς τοῦ συγγενέσθαι αὐτῇ. ¹¹ἐγένετο δὲ τοιαύτη τις ἡμέρα· εἰσῆλθεν Ἰωσὴφ 11 εἰς τὴν οἰκίαν τοῦ ποιεῖν τὰ ἔργα αὐτοῦ, καὶ οὐθεὶς ἦν ἐν τῇ οἰκίᾳ ἔσω· ¹²καὶ ἐπεσπάσατο αὐτὸν τῶν ἱματίων αὐτοῦ λέγουσα Κοιμήθητι 12 μετ' ἐμοῦ. καὶ καταλείπων τὰ ἱμάτια αὐτοῦ ἔφυγεν καὶ ἐξῆλθεν ἔξω. ¹³καὶ ἐγένετο ὡς εἶδεν ὅτι κατέλειπεν τὰ ἱμάτια αὐτοῦ ἐν ταῖς χερσὶν 13 αὐτῆς καὶ ἔφυγεν καὶ ἐξῆλθεν ἔξω, ¹⁴καὶ ἐκάλεσεν τοὺς ὄντας ἐν τῇ 14 οἰκίᾳ καὶ εἶπεν αὐτοῖς λέγουσα Ἴδετε, εἰσήγαγεν ἡμῖν παῖδα Ἑβραῖον ἐμπαίζειν ἡμῖν· εἰσῆλθεν πρὸς μὲ λέγων Κοιμήθητι μετ' ἐμοῦ· καὶ ἐβόησα φωνῇ μεγάλῃ. ¹⁵ἐν δὲ τῷ ἀκοῦσαι αὐτὸν ὅτι ὕψωσα τὴν 15 φωνήν μου καὶ ἐβόησα, καταλείπων τὰ ἱμάτια αὐτοῦ παρ' ἐμοὶ ἔφυγεν καὶ ἐξῆλθεν ἔξω. ¹⁶καὶ καταλιμπάνει τὰ ἱμάτια παρ' ἑαυτῇ ἕως ἦλθεν 16 ὁ κύριος εἰς τὸν οἶκον αὐτοῦ. ¹⁷καὶ ἐλάλησεν αὐτῷ κατὰ τὰ ῥήματα 17 ταῦτα λέγουσα Εἰσῆλθεν πρὸς μὲ ὁ παῖς ὁ Ἑβραῖος, ὃν εἰσήγαγες πρὸς ἡμᾶς, ἐμπαῖξαί μοι, καὶ εἶπέν μοι Κοιμήθητι μετ' ἐμοῦ. ¹⁸ὡς δὲ 18 ἤκουσεν ὅτι ὕψωσα τὴν φωνήν μου καὶ ἐβόησα, κατέλειπέν τὰ ἱμάτια αὐτοῦ παρ' ἐμοὶ καὶ ἔφυγεν καὶ ἐξῆλθεν ἔξω. ¹⁹ἐγένετο δὲ ὡς ἤκουσεν 19

DE **5** αυτω 2°] αυτου D | αγρω]+αυτου D **6** επεστρεψεν] επετρεψε[ν] D^sil | κατ αυτον DE | om αυτος D **8** τη γυναικι] η γυνη E | om δι εμε E | ουδεν] ουθεν D ουδεν των E | εστιν] ην E **9** υπερεχει] υπαρχει D | αυτου 1°] ταυτη D | υπεξειρ. AE υφεξηρ. D | ουθεν E | om πως E **10** Ιωσηφ] pr τω DE (Ιοσ. E* Ιωσ. E^b) | υπηκουεν] [υ]πηκουσεν D υπηκουσεν E' | αυτη 1°] αυτης E | μετ αυτης] μεθ εαυτης E **11** του ποιειν] om του D | εν τη οικια] pr των DE **12** om των ιματιων αυτου E | καταλιπων D^sil καταλειπω E | τα ιματια αυτου] om αυτου E+εν ταις χερσιν αυτης D^sil(D^vid)E **13** ιδεν D | κατελιπεν D **14** om και 1° D | ιδετε E] ειδετε AD **15** καταλι[πω]ν DE **16** ιματια]+αυτου E | ο κυριος]+Ιωσηφ D+αυτου E **17** om προς. ημας E | κοιμηθητι μετ εμου] [κ]οιμη[θησ]ομαι μετα σου D και μηθησομαι μ. σ. E **18** κατελιπεν D

ΓΕΝΕΣΙΣ   C XL 9

ὁ κύριος τὰ ῥήματα τῆς γυναικὸς αὐτοῦ, ὅσα ἐλάλησεν πρὸς αὐτὸν Α
20 λέγουσα Οὕτως ἐποίησέν μοι ὁ παῖς σου, καὶ ἐθυμώθη ὀργῇ· ²⁰καὶ
ἔλαβεν ὁ κύριος Ἰωσὴφ καὶ ἐνέβαλεν αὐτὸν εἰς τὸ ὀχύρωμα, εἰς τὸν
τόπον ἐν ᾧ οἱ δεσμῶται τοῦ βασιλέως κατέχονται ἐκεῖ ἐν τῷ ὀχυρώματι.
21 ²¹καὶ ἦν Κύριος μετὰ Ἰωσὴφ καὶ κατέχεεν αὐτοῦ ἔλεος, καὶ ἔδωκεν
22 αὐτῷ χάριν ἐναντίον τοῦ ἀρχιδεσμοφύλακος. ²²καὶ ἔδωκεν ὁ ἀρχι-
δεσμοφύλαξ τὸ δεσμωτήριον διὰ χειρὸς Ἰωσήφ, καὶ πάντας τοὺς
ἀπηγμένους ὅσοι ἐν τῷ δεσμωτηρίῳ, καὶ πάντα ὅσα ποιοῦσιν ἐκεῖ.
23 ²³οὐκ ἦν ὁ ἀρχιδεσμοφύλαξ γινώσκων δι' αὐτὸν οὐθέν· πάντα γὰρ ἦν
4 διὰ χειρὸς Ἰωσήφ, διὰ τὸ τὸν κύριον μετ' αὐτοῦ εἶναι καὶ ὅσα αὐτὸς
ἐποίει, Κύριος εὐοδοῖ ἐν ταῖς χερσὶν αὐτοῦ.

L 1   ¹Ἐγένετο δὲ μετὰ τὰ ῥήματα ταῦτα ἥμαρτεν ὁ ἀρχιοινοχόος τοῦ
βασιλέως Αἰγύπτου καὶ ὁ ἀρχισιτοποιὸς τῷ κυρίῳ αὐτῶν βασιλεῖ
2 Αἰγύπτου. ²καὶ ὠργίσθη Φαραὼ ἐπὶ τοῖς δυσὶν εὐνούχοις αὐτοῦ, ἐπὶ
3 τῷ ἀρχιοινοχόῳ καὶ ἐπὶ τῷ ἀρχισιτοποιῷ· ³καὶ ἔθετο αὐτοὺς ἐν
φυλακῇ παρὰ τῷ ἀρχιδεσμοφύλακι εἰς τὸ δεσμωτήριον, εἰς τὸν τόπον
4 οὗ Ἰωσὴφ ἀπῆκτο ἐκεῖ. ⁴καὶ συνέστησεν ὁ ἀρχιδεσμώτης τῷ Ἰωσὴφ
5 αὐτούς, καὶ παρέστη αὐτοῖς· ἦσαν δὲ ἡμέρας ἐν τῇ φυλακῇ. ⁵καὶ ἴδον
ἀμφότεροι ἐνύπνιον, ἑκάτερος ἐνύπνιον ἐν μιᾷ νυκτί, ὅρασις τοῦ
ἐνυπνίου αὐτοῦ, ὁ ἀρχιοινοχόος καὶ ὁ ἀρχισιτοποιὸς οἳ ἦσαν τῷ
6 βασιλεῖ Αἰγύπτου, οἱ ὄντες ἐν τῷ δεσμωτηρίῳ. ⁶εἰσῆλθεν δὲ πρὸς
7 αὐτοὺς τὸ πρωὶ Ἰωσήφ, καὶ ἴδεν αὐτοὺς καὶ ἦσαν τεταραγμένοι. ⁷καὶ
ἠρώτα τοὺς εὐνούχους Φαραώ, οἳ ἦσαν μετ' αὐτοῦ ἐν τῇ φυλακῇ παρὰ
τῷ κυρίῳ αὐτοῦ, λέγων Τί ὅτι τὰ πρόσωπα ὑμῶν σκυθρωπὰ σήμερον;
8 ⁸οἱ δὲ εἶπαν αὐτῷ Ἐνύπνιον ἴδομεν, καὶ ὁ συγκρίνων αὐτὸ οὐκ ἔστιν.
εἶπεν δὲ αὐτοῖς Ἰωσήφ Οὐχὶ διὰ τοῦ θεοῦ ἡ διασάφησις αὐτῶν ἐστίν;
9 διηγήσασθε οὖν μοι. ⁹καὶ διηγήσατο ὁ ἀρχιοινοχόος τὸ ἐνύπνιον αὐτοῦ

19 ο κυριος]+αυτου $D^{sil}(D^{vid})E$ | om και E   **20** ελαβεν] λαβων DE | DE om και 2° DE | κατεχονται] κατειχοντο E   ·   **21** αρχιδεσμοφυλακος] δεσμοφυλακος E   **22** απηγμενους] εγκεκ[λισμε]νου[ς] D εγκεκλεισμενους E
23 αρχιδεσμοφυλαξ]+του δεσμωτηριου D (του δεσμω[τηρι]ου) E | om το D
XL **1** βασιλει] pr τω D   **2** om επι 1° D | om επι τω αρχιοινοχ. και επι
τω αρχισιτοπ. E   **3** αρχιδεσμοφυλακι] [δε]σμοφυλακι D | ου] οπου D |
Ιωσηφ. απηκτο εκει] ην Ιωσηφ E   **4** om και παρεστη αυτοις D (D^{vid}) |
παρεστη] παρεστησεν E   **5** ειδον $D^{sil}(D^{vid})$ | om αμφοτεροι E | νυκτι] φυλα[κη] D | αυτου, ο αρχιοινοχοος. και ο αρχισιτοποιος] του [αρχι]οινοχοου
και του αρχισιτοποι[ου] D   **6** προς αυτους I. το πρωι D^{sil} (D^{vid}) I. προς
αυτους τω (το E^a) πρωι E | ειδεν D^{sil} (D^{vid})   **7** τω κυριω] του κυρι[ου]
D   **8** ειπον DE | ειδομεν DE | ουκ εστιν αυτο DE | Ιωσηφ αυτοις E | αυτων] αυτου E

XL 10 ΓΕΝΕΣΙΣ

A τῷ Ἰωσήφ καὶ εἶπεν Ἐν τῷ ὕπνῳ μου ἦν ἄμπελος ἐναντίον μου· ¹⁰ἐν 10 δὲ τῇ ἀμπέλῳ τρεῖς πυθμένες, καὶ αὐτὴ θάλλουσα ἀνενηνοχυῖα βλαστούς· πέπειροι οἱ βότρυες σταφυλῆς· ¹¹καὶ τὸ ποτήριον Φαραὼ ἐν τῇ 11 χειρί μου· καὶ ἔλαβον τὴν σταφυλὴν καὶ ἐξέθλιψα αὐτὴν εἰς τὸ ποτήριον, καὶ ἔδωκα τὸ ποτήριον εἰς τὰς χεῖρας Φαραώ. ¹²καὶ εἶπεν 12 αὐτῷ Ἰωσήφ Τοῦτο ἡ σύγκρισις αὐτοῦ. οἱ τρεῖς πυθμένες τρεῖς ἡμέραι εἰσίν· ¹³ἔτι τρεῖς ἡμέραι καὶ μνησθήσεται Φαραὼ τῆς ἀρχῆς σου, καὶ 13 ἀποκαταστήσει σε ἐπὶ τὴν ἀρχιοινοχοίαν σου, καὶ δώσεις τὸ ποτήριον Φαραὼ εἰς τὴν χεῖρα αὐτοῦ κατὰ τὴν ἀρχήν σου τὴν προτέραν, ὡς ἦσθα οἰνοχοῶν. ¹⁴ἀλλὰ μνήσθητί μου διὰ σεαυτοῦ ὅταν εὖ σοι γένηται, καὶ 14 ποιήσεις ἐν ἐμοὶ ἔλεος, καὶ μνησθήσῃ περὶ ἐμοῦ Φαραώ, καὶ ἐξάξεις με ἐκ τοῦ ὀχυρώματος τούτου· ¹⁵ὅτι κλοπῇ ἐκλάπην ἐκ γῆς Ἑβραίων, καὶ 15 ὧδε οὐκ ἐποίησα οὐδέν, ἀλλ' ἐνέβαλόν με εἰς τὸν λάκκον τοῦτον. ¹⁶καὶ ἴδεν ὁ ἀρχισιτοποιὸς ὅτι ὀρθῶς συνέκρινεν, καὶ εἶπεν τῷ Ἰωσήφ 16 Κἀγὼ ἴδον ἐνύπνιον, καὶ ᾤμην τρία κανᾶ χονδριτῶν αἴρειν ἐπὶ τῆς κεφαλῆς μου· ¹⁷ἐν δὲ τῷ κανῷ τῷ ἐπάνω ἀπὸ πάντων τῶν γενημάτων 17 ὧν ὁ βασιλεὺς Φαραὼ ἐσθίει, ἔργον σιτοποιοῦ· καὶ τὰ πετεινὰ τοῦ οὐρανοῦ κατήσθιεν αὐτὰ ἀπὸ τοῦ κανοῦ τοῦ ἐπάνω τῆς κεφαλῆς μου. ¹⁸ἀπο- 18 κριθεὶς δὲ Ἰωσὴφ εἶπεν αὐτῷ Αὕτη ἡ σύγκρισις αὐτοῦ. τὰ τρία κανᾶ τρεῖς ἡμέραι εἰσίν· ¹⁹ἔτι τριῶν ἡμερῶν ἀφελεῖ Φαραὼ τὴν κεφαλήν σου 19 ἀπὸ σοῦ, καὶ κρεμάσει σε ἐπὶ ξύλου, καὶ φάγεται τὰ ὄρνεα τοῦ οὐρανοῦ τὰς σάρκας σου ἀπὸ σοῦ. ²⁰ἐγένετο δὲ ἐν τῇ ἡμέρᾳ τῇ τρίτῃ 20 ἡμέρα γενέσεως ἦν Φαραώ, καὶ ἐποίει πότον πᾶσι τοῖς παισὶν αὐτοῦ· καὶ ἐμνήσθη τῆς ἀρχῆς τοῦ ἀρχιοινοχόου καὶ τῆς ἀρχῆς τοῦ ἀρχισιτοποιοῦ ἐν μέσῳ τῶν παίδων αὐτοῦ. ²¹καὶ ἀπεκατέστησεν τὸν 21 ἀρχιοινοχόον ἐπὶ τὴν ἀρχὴν αὐτοῦ, καὶ ἔδωκεν τὸ ποτήριον εἰς τὴν χεῖρα Φαραώ· ²²τὸν δὲ ἀρχισιτοποιὸν ἐκρέμασεν, καθὰ συνέκρινεν 22 αὐτοῖς Ἰωσήφ. ²³οὐκ ἐμνήσθη δὲ ὁ ἀρχιοινοχόος τοῦ Ἰωσήφ, ἀλλὰ 23 ἐπελάθετο αὐτοῦ.

¹Ἐγένετο δὲ μετὰ δύο ἔτη ἡμερῶν Φαραὼ ἶδεν ἐνύπνιον. ᾤετο 1 XI

DE 9 αμπελος ην E 10 σταφυλης] pr της DE 11 τας χειρας AD] την χειρα E 13 om Φαραω 2° D | αυτου] Φαραω D 14 ευ γενηται σοι E | ποιησης E | εν εμοι] επ εμε E | om εμου E | Φαραω] pr προς D 15 om ουκ D | αλλ] αλλα D 16 ειδεν D^sil | και ωμην] om και D 17 om των γενηματων DE | om του ουρανου DE | επανω 2°] επι E 18 om τα E 19 ημερων]+και D^sil | αφελει] αφελειτε D | φαγεται] παν φαγονται E* (om παν E¹) | ορνεα] πετεινα E 20 εποιου A εποιησεν E | πασιν D | αρχιοινοχοου AD] ονοχοου E | om της αρχης (2°) E | om αυτου 2° E 22 εκρεμασεν] +επι ξυλου E | συνεκρινεν] συνεταξεν E 23 τω Ιωσ. E | αλλα] αλλ E

78

ΓΕΝΕΣΙΣ XLI. 15

2 ἑστάναι ἐπὶ τοῦ ποταμοῦ, ²καὶ ἰδοὺ ὥσπερ ἐκ τοῦ ποταμοῦ ἀνέβαινον Α
ἑπτὰ βόες καλαὶ τῷ εἴδει καὶ ἐκλεκταὶ ταῖς σαρξίν, καὶ ἐβόσκοντο ἐν
3 τῷ ἄλει· ³ἄλλαι δὲ ἑπτὰ βόες ἀνέβαινον μετὰ ταύτας ἐκ τοῦ ποταμοῦ,
αἰσχραὶ τῷ εἴδει καὶ λεπταὶ ταῖς σαρξίν, καὶ ἐνέμοντο αἱ βόες παρὰ τὸ
4 χεῖλος τοῦ ποταμοῦ ἐν τῷ ἄχει· ⁴καὶ κατέφαγον αἱ ἑπτὰ βόες αἱ
αἰσχραὶ καὶ λεπταὶ ταῖς σαρξὶν τὰς ἑπτὰ βόας τὰς καλὰς τῷ εἴδει καὶ
5 τὰς ἐκλεκτάς. ἠγέρθη δὲ Φαραώ. ⁵καὶ ἐνυπνιάσθη τὸ δεύτερον· καὶ
ἰδοὺ ἑπτὰ στάχυες ἀνέβαινον ἐν πυθμένι ἑνί, ἐκλεκτοὶ καὶ καλοί·
6 ⁶ἄλλοι δὲ ἑπτὰ στάχυες λεπτοὶ καὶ ἀνεμόφθοροι ἀνεφύοντο μετ' αὐτούς·
7 ⁷καὶ κατέπιον οἱ ἑπτὰ στάχυες οἱ λεπτοὶ καὶ ἀνεμόφθοροι τοὺς ἑπτὰ
στάχυας τοὺς ἐκλεκτοὺς καὶ τοὺς πλήρεις. ἠγέρθη δὲ Φαραώ, καὶ ἦν
8 ἐνύπνιον. ⁸ἐγένετο δὲ πρωὶ καὶ ἐταράχθη ἡ ψυχὴ αὐτοῦ· καὶ ἀπο-
στείλας ἐκάλεσεν πάντας τοὺς ἐξηγητὰς Αἰγύπτου καὶ πάντας τοὺς
σοφοὺς αὐτῆς, καὶ διηγήσατο αὐτοῖς Φαραὼ τὸ ἐνύπνιον· καὶ οὐκ ἦν ὁ
9 ἀπαγγέλλων αὐτὸ τῷ Φαραώ. ⁹καὶ ἐλάλησεν ὁ ἀρχιοινοχόος πρὸς
10 Φαραὼ λέγων Τὴν ἁμαρτίαν μου ἀναμιμνήσκω σήμερον. ¹⁰Φαραὼ
ὠργίσθη τοῖς παισὶν αὐτοῦ, καὶ ἔθετο ἡμᾶς ἐν φυλακῇ ἐν τῷ οἴκῳ
11 τοῦ ἀρχιδεσμοφύλακος, ἐμέ τε καὶ τὸν ἀρχισιτοποιόν· ¹¹καὶ ἴδομεν
ἐνύπνιον ἐν νυκτὶ μιᾷ, ἐγὼ καὶ αὐτός· ἕκαστος κατὰ τὸ αὐτοῦ ἐνύπνιον
12 ἴδομεν. ¹²ἦν δὲ ἐκεῖ μεθ' ἡμῶν νεανίσκος παῖς Ἑβραῖος τοῦ ἀρχιμα-
13 γείρου, καὶ διηγησάμεθα αὐτῷ, καὶ συνέκρινεν ἡμῖν. ¹³ἐγενήθη δὲ
καθὼς συνέκρινεν ἡμῖν, οὕτως καὶ συνέβη, ἐμέ τε ἀποκατασταθῆναι
14 ἐπὶ τὴν ἀρχήν μου, ἐκεῖνον δὲ κρεμασθῆναι. ¹⁴Ἀποστείλας δὲ
Φαραὼ ἐκάλεσεν τὸν Ἰωσήφ, καὶ ἐξήγαγεν αὐτὸν ἐκ τοῦ ὀχυρώματος.
καὶ ἐξύρησαν αὐτὸν καὶ ἤλλαξαν τὴν στολὴν αὐτοῦ· καὶ ἦλθεν πρὸς
15 Φαραώ. ¹⁵εἶπεν δὲ Φαραὼ τῷ Ἰωσήφ Ἐνύπνιον ἑώρακα, καὶ ὁ

XLI 2 εκ] επι E | αναβαινον A | τω ειδει] τη οψει D | εβοσκοντο] ενε- DE
μοντο E   3 αλλαι δε επτα β.] και ιδου επτα β. ετεραι E | μετα ταυτας]
οπισω αυτων E | αισχραι] πονηραι E | σαρξιν]+οιας ουκ ειδον τοιαυτας εν ολη
τη γη Αιγυπτου αισχροτερας E | om και ενεμοντο...εν τω αχει E | αι βοες]
παρα τας βοας D | om εν τω αχει D   4 αισχραι]+τη ορασει D | τας
εκλεκτας] om τας D+και ου διαδηλοι εγενο[το οτι εισηλθον εις τας κοιλιας αυ-
των E   5 ενυπνιασθη] ην[υ]πνιασ[θη] D   6 μετ αυτους] μετα τουτους
D ([μετα] τουτους D)   8 το ενυπνιον]+αυτου D   10 τοις παισιν] pr
προς E | αρχιδεσμοφυλακος] αρχιμαγειρου DE   11 ειδομεν (1°) D | ενυ-
πνιον 1°] pr εκαστος D (ε[κ]ασ[τος] D)+αμφοτεροι E | και 2°] pr τε D (τ[ε
και]) E | εκαστος A^{atmg} | το αυτου εν. A^{a?}E] το αυτο εν. A* το εν. αυτου
D | ειδομεν (2°) DE   13 επι] εις E | om μου E   14 [εξ]ηγαγον D
εξηγαγον E   15 εωρακα] εορα D (εορακα... [= εορα κα[ι]?] D)

XLI 16 ΓΕΝΕΣΙΣ

Α συγκρίνων· αὐτὸ οὐκ ἔστιν· ἐγὼ δὲ ἀκήκοα περὶ σοῦ λεγόντων, ἀκούσαντά σε ἐνύπνια συγκρῖναι αὐτά. ¹⁶ἀποκριθεὶς δὲ Ἰωσὴφ τῷ 16 Φαραὼ εἶπεν Ἄνευ τοῦ θεοῦ οὐκ ἀποκριθήσεται τὸ σωτήριον Φαραώ. ¹⁷ἐλάλησεν δὲ Φαραὼ τῷ Ἰωσὴφ λέγων Ἐν τῷ ὕπνῳ μου ᾤμην 17 ἑστάναι ἐπὶ τὸ χεῖλος τοῦ ποταμοῦ· ¹⁸καὶ ὥσπερ ἐκ τοῦ ποταμοῦ 18 ἀνέβαινον ἑπτὰ βόες καλαὶ τῷ εἴδει καὶ ἐκλεκταὶ ταῖς σαρξίν, καὶ ἐνέμοντο ἐν τῷ ἄχει· ¹⁹καὶ ἰδοὺ ἑπτὰ βόες ἕτεραι ἀνέβαινον ὀπίσω 19 αὐτῶν ἐκ τοῦ ποταμοῦ, πονηραὶ καὶ αἰσχραὶ τῷ εἴδει καὶ λεπταὶ ταῖς σαρξίν, καὶ ἐνέμοντο ἐν τῷ ἄχει· οἵας οὐκ εἶδον τοιαύτας ἐν ὅλῃ Αἰγύπτῳ αἰσχροτέρας· ²⁰καὶ κατέφαγον αἱ ἑπτὰ βόες αἱ αἰσχραὶ καὶ 20 λεπταὶ τὰς ἑπτὰ βόας τὰς πρώτας τὰς καλὰς καὶ ἐκλεκτάς, ²¹καὶ 21 εἰσῆλθον εἰς τὰς κοιλίας αὐτῶν· καὶ οὐ διάδηλοι ἐγένοντο ὅτι εἰσῆλθον εἰς τὰς κοιλίας αὐτῶν, καὶ αἱ ὄψεις αὐτῶν αἰσχραὶ καθὰ καὶ τὴν ἀρχήν. ἐξεγερθεὶς δὲ ἐκοιμήθην. ²²καὶ ἴδον πάλιν ἐν τῷ ὕπνῳ μου, 22 καὶ ὥσπερ ἑπτὰ στάχυες ἀνέβαινον ἐν πυθμένι ἑνὶ πλήρεις καὶ καλοί· ²³ἄλλοι δὲ ἑπτὰ στάχυες λεπτοὶ καὶ ἀνεμόφθοροι ἀνεφύοντο ἐχόμενοι 23 αὐτῶν· ²⁴καὶ κατέπιον οἱ ἑπτὰ στάχυες οἱ λεπτοὶ καὶ ἀνεμόφθοροι 24 τοὺς ἑπτὰ στάχυας τοὺς καλοὺς καὶ τοὺς πλήρεις. εἶπα οὖν τοῖς ἐξηγηταῖς, καὶ οὐκ ἦν ὁ ἀπαγγέλλων μοι. ²⁵καὶ εἶπεν Ἰωσὴφ τῷ 25 Φαραώ Τὸ ἐνύπνιον Φαραὼ ἕν ἐστιν· ὅσα ὁ θεὸς ποιεῖ, ἔδειξεν τῷ Φαραώ. ²⁶αἱ ἑπτὰ βόες αἱ καλαὶ ἑπτὰ ἔτη ἐστίν, καὶ οἱ ἑπτὰ στάχυες 26 οἱ καλοὶ ἑπτὰ ἔτη ἐστίν· τὸ ἐνύπνιον Φαραὼ ἕν ἐστιν. ²⁷καὶ αἱ ἑπτὰ 27 βόες αἱ λεπταὶ αἱ ἀναβαίνουσαι ὀπίσω αὐτῶν ἑπτὰ ἔτη ἐστίν, καὶ οἱ ἑπτὰ στάχυες οἱ λεπτοὶ καὶ ἀνεμόφθοροι ἔσονται ἑπτὰ ἔτη λιμοῦ. ²⁸τὸ δὲ ῥῆμα ὃ εἴρηκα Φαραώ· ὅσα ὁ θεὸς ποιεῖ ἔδειξεν τῷ Φαραώ. 28 ²⁹ἰδοὺ ἑπτὰ ἔτη ἔρχεται εὐθηνία πολλὴ ἐν πάσῃ γῇ Αἰγύπτῳ· ³⁰ἥξει 29/30 δὲ ἑπτὰ ἔτη λιμοῦ μετὰ ταῦτα, καὶ ἐπιλησθήσονται τῆς πλησμονῆς ἐν ὅλῃ τῇ γῇ Αἰγύπτῳ, καὶ ἀναλώσει ὁ λιμὸς τὴν γῆν· ³¹καὶ οὐκ 31 ἐπιγνωσθήσεται ἡ εὐθηνία ἐπὶ τῆς γῆς ἀπὸ τοῦ λιμοῦ τοῦ ἐσομένου

DE 15 ουκ εστιν αυτο D^{sil}E   17 επι] παρα D^{sil}E .   19 αισχραι τω ειδει]+σφ[οδ]ρα D | om και ενεμ. εν τω αχει DE (asterisc adscr $A^{a\,?\,mg}$) | Αιγυπτω] γη Αιγυπτω D τη γη Αιγυπτου E   20 λεπται και αισ[χραι] D | τας καλας και εκλεκτας] τα[ς καλας και] τας εκλ. D και καλας E 21 κοιλιας 1°]+as D | αισχρα A   22 ειδον $D^{(}$.   22—23 om ανεβαινον ...σταχυες E   23 ανεφυοντο] εφυοντο E   24 τους πληρεις] πληρης D 26 om το εν. Φ. εν εστιν E | εν εστιν] εν ενεστι D   27 ανεμοφθοροι] +επτα ετη εστιν D (επτα [ετη εστ]ιν) E | εσονται $A^{a\,?\,mg}$ | λιμου] λιμος E 29 ερχεται] ερχονται D | ευθ. πολλη ερχεται E | παση γη] τη E   30 επιλησθησονται] επιλησονται D ([επι]λησονται) E | πλησμονης]+της εσομενης E (om D) | ολη τη γη] om τη D om ολη τη E

32 μετὰ ταῦτα, ἰσχυρὸς γὰρ ἔσται σφόδρα. ³²περὶ δὲ τοῦ δευτερῶσαι τὸ Α
ἐνύπνιον Φαραὼ δίς, ὅτι ἀληθὲς ἔσται τὸ ῥῆμα τὸ παρὰ τοῦ θεοῦ, καὶ
33 ταχυνεῖ ὁ θεὸς τοῦ ποιῆσαι αὐτό. ³³νῦν οὖν σκέψαι ἄνθρωπον φρό-
34 νιμον καὶ συνετόν, καὶ κατάστησον αὐτὸν ἐπὶ τῆς γῆς Αἰγύπτου· ³⁴καὶ
ποιησάτω Φαραὼ καὶ καταστησάτω τοπάρχας ἐπὶ τῆς γῆς, καὶ ἀπο-
πεμπτωσάτωσαν πάντα τὰ γενήματα τῆς γῆς Αἰγύπτου τῶν ἑπτὰ
35 ἐτῶν τῆς εὐθηνίας, ³⁵καὶ συναγαγέτωσαν πάντα τὰ βρώματα τῶν
ἑπτὰ ἐτῶν τῶν ἐρχομένων τῶν καλῶν, τούτων· καὶ συναχθήτω ὁ
36 σῖτος ὑπὸ χεῖρα Φαραώ, βρώματα ἐν ταῖς πόλεσιν συναχθήτω. ³⁶καὶ
ἔσται τὰ βρώματα πεφυλαγμένα τῇ γῇ εἰς τὰ ἑπτὰ ἔτη τοῦ λιμοῦ
ἃ ἔσονται ἐν γῇ Αἰγύπτῳ, καὶ οὐκ ἐκτριβήσεται ἡ γῆ ἐν τῷ
37 λιμῷ. ³⁷Ἤρεσεν δὲ τὰ ῥήματα ἐναντίον Φαραὼ καὶ ἐναντίον
38 πάντων τῶν παίδων αὐτοῦ· ³⁸καὶ εἶπεν Φαραὼ πᾶσιν τοῖς παισὶν
αὐτοῦ Μὴ εὑρήσομεν ἄνθρωπον τοιοῦτον, ὃς ἔχει πνεῦμα θεοῦ ἐν
39 αὐτῷ; ³⁹εἶπεν δὲ Φαραὼ τῷ Ἰωσήφ Ἐπειδὴ ἔδειξεν ὁ θεός σοι
πάντα ταῦτα, οὐκ ἔστιν ἄνθρωπος φρονιμώτερός σου καὶ συνετώτερος.
40 ⁴⁰σὺ ἔσῃ ἐπὶ τῷ οἴκῳ μου, καὶ ἐπὶ τῷ στόματί σου ὑπακούσεται πᾶς ὁ
41 λαός μου· πλὴν τὸν θρόνον ὑπερέξω σου ἐγώ. ⁴¹εἶπεν δὲ Φαραὼ τῷ
42 Ἰωσήφ ¶ Ἰδοὺ καθίστημί σε σήμερον ἐπὶ πάσης γῆς Αἰγύπτου. ⁴²καὶ ¶ D
περιελόμενος Φαραὼ τὸν δακτύλιον ἀπὸ τῆς χειρὸς αὐτοῦ περιέθηκεν
αὐτὸν ἐπὶ τὴν χεῖρα Ἰωσήφ, καὶ ἐνέδυσεν αὐτὸν στολὴν βυσσίνην, καὶ
43 περιέθηκεν κλοιὸν χρυσοῦν περὶ τὸν τράχηλον αὐτοῦ· ⁴³καὶ ἀνεβί-
βασεν αὐτὸν ἐπὶ τὸ ἅρμα τὸ δεύτερον τῶν αὐτοῦ, καὶ ἐκήρυξεν
ἔμπροσθεν αὐτοῦ κήρυξ· καὶ κατέστησεν αὐτὸν ἐφ᾿ ὅλης τῆς γῆς
44 Αἰγύπτου. ⁴⁴εἶπεν δὲ Φαραὼ τῷ Ἰωσήφ Ἐγὼ Φαραώ· ἄνευ σοῦ οὐκ
45 ἐξαρεῖ οὐθεὶς τὴν χεῖρα αὐτοῦ ἐπὶ πάσῃ γῇ Αἰγύπτου. ⁴⁵καὶ ἐκάλεσεν
Φαραὼ τὸ ὄνομα Ἰωσὴφ Ψονθομφανήχ· καὶ ἔδωκεν αὐτῷ τὴν Ἀσεννὲθ
46 θυγατέρα Πετρεφῆ ἱερέως Ἡλίου πόλεως αὐτῷ εἰς γυναῖκα. ⁴⁶§ Ἰω- §D
σὴφ δὲ ἦν ἐτῶν τριάκοντα, ὅτε ἔστη ἐναντίον Φαραὼ βασιλέως
Αἰγύπτου. ἐξῆλθεν δὲ Ἰωσὴφ ἐκ προσώπου Φαραώ, καὶ διῆλθεν

32 εστι E 33 της γης] om της DE 34 αποπεμπετωσαν E DE
35 των καλων τω[ν ερ]χομενων D | συναχθητω 2° AD] φυλαχθητω E
36 τα βρωματα] om τα E | α DE] om A | εν γη Αιγυπτω] εν γη Αιγυπτου D
τη γη Αιγυπτου E | εν τω λιμω] απο του λιμου E   37. τα ρηματα] om
τα D* (superscr D¹ᵗ) το ρημα E | om παντων D 38 ευρησομεν] ευρομεν E
39 σοι. ο θς E | ταυτα παντα E | φρον. [και] συνετωτερος σου D φρον. ϟ
συνετοτερος σου E   40. τω οικω] του οικου D   41 γης] pr της E
43 αυτον] αυτο A* (ν superscr A¹ᵗª¹) | της γης] om της E. 44 γη] pr
τη E. 45 το ονομα Ιωσηφ A^{a!ng} | Ασενεθ E | Πετεφρη E | Ηλιου πολεως]
Ιου π. A* Ιλιου π. A¹ | om εις E   46 εκ] απο D

XLI 47 ΓΕΝΕΣΙΣ

Α πᾶσαν γῆν Αἰγύπτου. ⁴⁷καὶ ἐποίησεν ἡ γῆ ἐν τοῖς ἑπτὰ ἔτεσιν τῆς 47
εὐθηνίας δράγματα· ⁴⁸καὶ συνήγαγεν πάντα τὰ βρώματα τῶν ἑπτὰ 48
ἐτῶν ἐν οἷς ἦν ἡ εὐθηνία ἐν γῇ Αἰγύπτου, καὶ ἔθηκεν τὰ βρώματα ἐν
ταῖς πόλεσιν· βρώματα τῶν πεδίων τῆς πόλεως τῶν κύκλῳ αὐτῆς
ὧν ἔθηκεν ἐν αὐτῇ. ⁴⁹καὶ συνήγαγεν Ἰωσὴφ σῖτον ὡσεὶ τὴν ἄμμον 49
τῆς θαλάσσης πολὺν σφόδρα, ἕως οὐκ ἠδύνατο ἀριθμῆσαι· οὐ γὰρ ἦν
¶D ἀριθμός.¶ ⁵⁰τῷ δὲ Ἰωσὴφ ἐγένοντο υἱοὶ δύο πρὸ τοῦ ἐλθεῖν τὰ ἑπτὰ 50
ἔτη τοῦ λιμοῦ, οὓς ἔτεκεν αὐτῷ Ἀσεννὲθ θυγάτηρ Πετρεφῆ ἱερέως
Ἡλίου πόλεως. ⁵¹ἐκάλεσεν δὲ Ἰωσὴφ τὸ ὄνομα τοῦ πρωτοτόκου 51
Μαννασσῆ λέγων Ὅτι ἐπιλαθέσθαι με ἐποίησεν ὁ θεὸς πάντων τῶν
πόνων μου καὶ πάντων τῶν τοῦ πατρός μου· ⁵²τὸ δὲ ὄνομα τοῦ δευ- 52
τέρου ἐκάλεσεν Ἐφράιμ, Ὅτι ὕψωσέν με ὁ θεὸς ἐν γῇ ταπεινώσεώς
μου. ⁵³Παρῆλθον δὲ τὰ ἑπτὰ ἔτη τῆς εὐθηνίας ἃ ἐγένετο ἐν γῇ 53
Αἰγύπτῳ, ⁵⁴καὶ ἤρξαντο τὰ ἑπτὰ ἔτη τοῦ λιμοῦ ἔρχεσθαι, καθὰ εἶπεν 54
Ἰωσήφ. καὶ ἐγένετο λιμὸς ἐν πάσῃ τῇ γῇ· ἐν δὲ πάσῃ γῇ Αἰγύπτου
οὐκ ἦσαν ἄρτοι. ⁵⁵καὶ ἐπείνασεν πᾶσα ἡ γῆ Αἰγύπτου, ἐκέκραξεν δὲ 55
πᾶς ὁ λαὸς πρὸς Φαραὼ περὶ ἄρτων· εἶπεν δὲ Φαραὼ πᾶσι τοῖς Αἰγυ-
§D πτίοις Πορεύεσθε πρὸς Ἰωσήφ, καὶ ὃ ἐὰν εἴπῃ ὑμῖν ποιήσατε. ⁵⁶καὶ ὁ 56
λιμὸς ἦν ἐπὶ προσώπου πάσης τῆς γῆς· ἀνέῳξεν δὲ Ἰωσὴφ πάντας
τοὺς σιτοβολῶνας, καὶ ἐπώλει πᾶσι τοῖς Αἰγυπτίοις. ⁵⁷καὶ πᾶσαι αἱ 57
χῶραι ἦλθον εἰς Αἴγυπτον ἀγοράζειν πρὸς Ἰωσήφ· ἐπεκράτησεν γὰρ
ὁ λιμὸς ἐν πάσῃ τῇ γῇ.

¹Ἰδὼν δὲ Ἰακὼβ ὅτι ἐστὶν πρᾶσις ἐν Αἰγύπτῳ εἶπεν τοῖς υἱοῖς 1 XLII
αὐτοῦ Ἵνα τί ῥᾳθυμεῖτε; ²ἰδοὺ ἀκήκοα ὅτι ἐστὶν σῖτος ἐν Αἰγύπτῳ· 2
κατάβητε ἐκεῖ καὶ πρίασθε ἡμῖν μικρὰ βρώματα, ἵνα ζῶμεν καὶ μὴ
ἀποθάνωμεν· ³κατέβησαν δὲ οἱ ἀδελφοὶ Ἰωσὴφ οἱ δέκα πρίασθαι 3
σῖτον ἐξ Αἰγύπτου· ⁴τὸν δὲ Βενιαμεὶν τὸν ἀδελφὸν Ἰωσὴφ οὐκ ἀπέ- 4
στειλεν μετὰ τῶν ἀδελφῶν αὐτοῦ· εἶπεν γάρ Μή ποτε συμβῇ αὐτῷ
μαλακία· ⁵ἦλθον δὲ οἱ υἱοὶ Ἰσραὴλ ἀγοράζειν μετὰ τῶν ἐρχομένων· 5

DE 46 γην Αιγυπτου] Αιγυπτον D την γην Αιγυπτου E   47 δραχματα
DE   48 om η D | ευθηνεια A | Αιγυπτω E | εθηκεν] εθετο E | εν ταις
πολεσιν] εις τας πολεις E | om Ων D^sil E | εν αυτη] om εν E   49 ωσει]
ως D(D^vid) | εδυνατο D   50 του λιμου] της λιμου E | Πετεφρη E | om
ιερεως E | Ιλιου πολεως A   51 Μανασση E | om λεγων E | επελα-
θεσθαι A   52 υψωσεν] ηυξησεν E   53 ευθηνειας A | εγενετο] εγε-
γονετο E   54 και εγενετο] εγενετο δε E | παση γη Αιγυπτου) π. τη γη
Αιγυπτω E   55 ο εαν ειπη] ο εαν λεγει E | ποιησατε] pr τουτο E
56 προσωπου] προσωπον D (...τον D) E   XLII 1 ραθυμειται D
2 ζωμεν] ζησω[μεν] D   4 απεστειλεν]+Ιακωβ D | μαλακια]+εν τη
οδω E   5 οι υιοι] om οι E | Ισραηλ]+εις Αιγυπτον DE

ΓΕΝΕΣΙΣ XLII 22

6 ἦν γὰρ ὁ λιμὸς ἐν γῇ Χανάαν. ⁶Ἰωσὴφ δὲ ἦν ἄρχων τῆς γῆς, οὗτος A
ἐπώλει παντὶ τῷ λαῷ τῆς γῆς· ἐλθόντες δὲ οἱ ἀδελφοὶ Ἰωσὴφ προσ-
7 εκύνησαν αὐτῷ ἐπὶ πρόσωπον ἐπὶ τὴν γῆν. ⁷ἰδὼν δὲ Ἰωσὴφ τοὺς
ἀδελφοὺς αὐτοῦ ἐπέγνω, καὶ ἠλλοτριοῦτο ἀπ᾿ αὐτῶν καὶ ἐλάλησεν
αὐτοῖς σκληρά, καὶ εἶπεν αὐτοῖς Πόθεν ἥκατε; οἱ δὲ εἶπαν Ἐκ γῆς
8 Χανάαν, ἀγοράσαι βρώματα. ⁸ἐπέγνω δὲ Ἰωσὴφ τοὺς ἀδελφοὺς
9 αὐτοῦ, αὐτοὶ δὲ οὐκ ἐπέγνωσαν αὐτόν. ⁹καὶ ἐμνήσθη Ἰωσὴφ τῶν
ἐνυπνίων, ὧν ἴδεν αὐτός. καὶ εἶπεν αὐτοῖς Κατάσκοποί ἐστε, κατα-
10 νοῆσαι τὰ ἴχνη τῆς χώρας ἥκατε. ¹⁰οἱ δὲ εἶπαν Οὐχί, κύριε· οἱ παῖδές
11 σου ἤλθομεν πριάσασθαι βρώματα· ¹¹πάντες ἐσμὲν υἱοὶ ἑνὸς ἀν-
θρώπου, εἰρηνικοί ἐσμεν· οὐκ εἰσὶν οἱ παῖδές σου κατάσκοποι.
12 ¹²εἶπεν δὲ αὐτοῖς Οὐχί, ἀλλὰ τὰ ἴχνη τῆς γῆς ἤλθατε ἰδεῖν. ¹³οἱ δὲ
13 εἶπαν Δώδεκά ἐσμεν οἱ παῖδές σου ἀδελφοὶ ἐν γῇ Χανάαν· καὶ ἰδοὺ ὁ
νεώτερος μετὰ τοῦ πατρὸς ἡμῶν σήμερον, ὁ δὲ ἕτερος οὐχ ὑπάρχει.
14 ¹⁴εἶπεν δὲ αὐτοῖς Ἰωσήφ Τοῦτό ἐστιν ὃ εἴρηκα ὑμῖν, λέγων ὅτι κατά- §F
15 σκοποί ἐστε· ¹⁵ἐν τούτῳ φανεῖσθε· νὴ τὴν ὑγίαν Φαραώ, οὐ μὴ
ἐξέλθητε ἐντεῦθεν, ἐὰν μὴ ὁ ἀδελφὸς ὑμῶν ὁ νεώτερος ἔλθῃ ὧδε.
16 ¹⁶ἀποστείλατε ἐξ ὑμῶν ἕνα, καὶ λάβετε τὸν ἀδελφὸν ὑμῶν· ὑμεῖς
δὲ ἀπάχθητε ἕως τοῦ φανερὰ γενέσθαι τὰ ῥήματα ὑμῶν, εἰ ἀληθεύετε ἢ
17 οὔ· εἰ δὲ μή, νὴ τὴν ὑγίαν Φαραώ, εἰ μὴν κατάσκοποί ἐστε. ¹⁷καὶ
18 ἔθετο αὐτοὺς ἐν φυλακῇ ἡμέρας τρεῖς. ¹⁸εἶπεν δὲ αὐτοῖς τῇ ἡμέρᾳ τῇ
τρίτῃ Τοῦτο ποιήσατε, καὶ ζήσεσθε· τὸν θεὸν γὰρ ἐγὼ φοβοῦμαι.
19 ¹⁹εἰ εἰρηνικοί ἐστε, ἀδελφὸς ὑμῶν εἷς κατασχεθήτω ἐν τῇ φυλακῇ·
αὐτοὶ δὲ βαδίσατε καὶ ἀπαγάγετε τὸν ἀγορασμὸν τῆς σιτοδοσίας ὑμῶν·
20 ²⁰καὶ τὸν ἀδελφὸν ὑμῶν τὸν νεώτερον καταγάγετε πρός μέ, καὶ πιστευ-
θήσονται τὰ ῥήματα ὑμῶν· εἰ δὲ μή, ἀποθανεῖσθε. ἐποίησαν δὲ οὕτως·
21 ²¹καὶ εἶπεν ἕκαστος πρὸς τὸν ἀδελφὸν αὐτοῦ Ναί, ἐν ἁμαρτίᾳ γάρ
ἐσμεν περὶ τοῦ ἀδελφοῦ ἡμῶν, ὅτι ὑπερίδομεν τὴν θλίψιν τῆς ψυχῆς
αὐτοῦ ὅτε κατεδέετο ἡμῶν καὶ οὐκ εἰσηκούσαμεν αὐτοῦ· ἕνεκεν τούτου ¶F
22 ἐπῆλθεν ἐφ᾿ ἡμᾶς ἡ θλῖψις αὕτη. ²²ἀποκριθεὶς δὲ Ῥουβὴν εἶπεν

6 αρχων] pr o E. 7 επεγνω]+αυτους D | απ αυτοι E* (ω superscr Eᵇ?) DEF
8 επεγνωσαν] εγνω. E 9 ενυπνιων]+αυτου E | ειδεν DE | χωρας] γης D
(γ[ης]) E 10 πριασασθαι] πριασθαι D πριασθε E 12 om ειπεν δε αυ-
τοις E 13 om γη E 14 ο DE] το A 15 φανεισθε] φανησεσθε
E | νη] μα DEF (νη Fᵃ ᵐᵍ) | υγιαν ADF] υγειαν E 16 εως του] om του
E | νη ADF] μα E | υγιαν AF] υγειαν E | ει μην AF] η μην D om E
18 αυτοις]+[Ιωσ]ηφ D | ποιησεται E | ζησεσθε] σωζεσθε E | τον θεον γαρ]
τον γαρ θεον DE 19 ει DF] η AE | κατασχεθητω εις D | απαγαγετε] αγο-
ρασατε E 20 καταγαγετε] αγαγετε Dˢⁱˡ ([αγαγ]εται D) EF 21 ειπαν
E | αμαρτια AD (α[μαρ]τια)) αμαρτιαις EF | υπερειδομεν Dˢⁱˡ EF | τη A* (την
A¹) | οτε] οτι A* (οτε A¹) | η θλιψις] pr πασα E 22 Ρουβειν E

A αὐτοῖς Οὐκ ἐλάλησα ὑμῖν λέγων Μὴ ἀδικήσητε τὸ παιδάριον; καὶ οὐκ εἰσηκούσατέ μου, καὶ ἰδοὺ τὸ αἷμα αὐτοῦ ἐκζητεῖται. ²³αὐτοὶ δὲ 23
¶ D οὐκ ᾔδεισαν ὅτι ἀκούει Ἰωσήφ, ὁ γὰρ ἑρμηνευτὴς ἀνὰ μέσον αὐτῶν ἦν· ¶ ²⁴ἀποστραφεὶς δὲ ἀπ' αὐτῶν ἔκλαυσεν Ἰωσήφ. καὶ πάλιν προσῆλθεν 24 πρὸς αὐτοὺς καὶ εἶπεν αὐτοῖς· καὶ ἔλαβεν τὸν Συμεὼν ἀπ' αὐτῶν, καὶ ἔδησεν αὐτὸν ἐναντίον αὐτῶν. ²⁵ἐνετείλατο δὲ Ἰωσὴφ ἐμπλῆσαι τὰ 25 ἄγγια αὐτῶν σίτου, καὶ ἀποδοῦναι τὸ ἀργύριον ἑκάστου εἰς τὸν σάκκον αὐτοῦ, καὶ δοῦναι αὐτοῖς ἐπισιτισμὸν εἰς τὴν ὁδόν. καὶ ἐγενήθη αὐτοῖς οὕτως. ²⁶καὶ ἐπιθέντες τὸν σῖτον ἐπὶ τοὺς ὄνους αὐτῶν ἀπῆλθον 26 ἐκεῖθεν. ²⁷λύσας δὲ εἷς τὸν μάρσιππον αὐτοῦ, δοῦναι χορτάσματα 27 τοῖς ὄνοις αὐτοῦ οὗ κατέλυσαν, ἴδεν τὸν δεσμὸν τοῦ ἀργυρίου αὐτοῦ, καὶ ἦν ἐπάνω τοῦ στόματος τοῦ μαρσίππου· ²⁸καὶ εἶπεν τοῖς 28 ἀδελφοῖς αὐτοῦ Ἀπεδόθη μοι τὸ ἀργύριον, καὶ ἰδοὺ τοῦτο ἐν τῷ
§ F μαρσίππῳ μου. καὶ ἐξέστη ἡ καρδία αὐτῶν, καὶ ¹ἐταράχθησαν πρὸς
§ D ¹ἀλλήλους λέγοντες Τί τοῦτο ἐποίησεν ὁ θεὸς ἡμῖν; ²⁹ἦλθον δὲ πρὸς 29 Ἰακὼβ τὸν πατέρα αὐτῶν εἰς γῆν Χανάαν, καὶ ἀπήγγειλαν αὐτῷ πάντα τὰ συμβεβηκότα αὐτοῖς λέγοντες ³⁰Λελάληκεν ὁ ἄνθρωπος ὁ κύριος τῆς 30 γῆς πρὸς ἡμᾶς σκληρά, καὶ ἔθετο ἡμᾶς ἐν φυλακῇ ὡς κατασκοπεύοντας
¶ E § E τὴν γῆν.¶ §³¹εἴπαμεν δὲ αὐτῷ Εἰρηνικοί ἐσμεν, οὐκ ἐσμὲν κατάσκο- 31 ποι· ³²δώδεκα ἀδελφοί ἐσμεν, υἱοὶ τοῦ πατρὸς ἡμῶν· ὁ εἷς οὐχ ὑπάρ- 32 χει, ὁ δὲ μικρότερος μετὰ τοῦ πατρὸς ἡμῶν σήμερον εἰς γῆν Χανάαν. ³³εἶπεν δὲ ἡμῖν ὁ ἄνθρωπος ὁ κύριος τῆς γῆς Ἐν τούτῳ γνωσόμεθα ὅτι 33 εἰρηνικοί ἐστε· ἀδελφὸν ἕνα ἄφετε ὧδε μετ' ἐμοῦ, τὸν δὲ ἀγορασμὸν τῆς σιτοδοσίας ὑμῶν λαβόντες ἀπέλθατε· ³⁴καὶ ἀγάγετε πρὸς με τὸν 34 ἀδελφὸν ὑμῶν τὸν νεώτερον, καὶ γνώσομαι ὅτι οὐ κατάσκοποί ἐστε, ἀλλ' ὅτι εἰρηνικοί ἐστε· καὶ τὸν ἀδελφὸν ὑμῶν ἀποδώσω ὑμῖν, καὶ τῇ γῇ ἐμπορεύεσθε. ³⁵ἐγένετο δὲ ἐν τῷ κατακενοῦν αὐτοὺς τοὺς σάκκους 35 αὐτῶν, καὶ ἦν ἑκάστου ὁ δεσμὸς τοῦ ἀργυρίου ἐν τῷ σάκκῳ αὐτῶν· καὶ ἴδον τοὺς δεσμοὺς τοῦ ἀργυρίου αὐτῶν αὐτοὶ καὶ ὁ πατὴρ αὐτῶν, καὶ ἐφοβήθησαν. ³⁶εἶπεν δὲ αὐτοῖς Ἰακὼβ ὁ πατὴρ αὐτῶν Ἐμὲ ἠτεκνώ- 36 σατε· Ἰωσὴφ οὐκ ἔστιν, Συμεὼν οὐκ ἔστιν, καὶ τὸν Βενιαμεὶν λήμψεσθε· ἐπ' ἐμὲ ἐγένετο πάντα ταῦτα. ³⁷εἶπεν δὲ Ῥουβὴν τῷ πατρὶ 37

DEF   23 ερμηνευτης] ερμηνευς DE   27 δουναι] pr του E   28 ο θεος εποιησεν D   29 εις γην] εν γη D(?) | απηγγειλαν] ανηγγ. F | συμβεβηκοτα] συμβαντα D^sil EF   32 υιοι] pr οι E | ημων 1°]+ποτε E | ο εις] pr και E | ουχ υπαρχει] αφανης γεγονεν E | μικροτερος ADE] μικρος F | ημων 2°]+υπαρχει E | om σημερον E | εις γην] εν γη D^sil EF   33 γνωσομεθα] γνωσομαι D^sil EF | αδελφον]+υμων D εαν τον αδ. υμων ον φατε φερετε και E | ενα] +εξ υμων E | om ωδε E | σιτοδοσιας]+του οικου D^sil F   34 αγαγ. τον αδ. υμ. τον νεωτ. προς με D | om ου F* (superscr F¹) | om αλλ οτι ειρ. εστε E   35 om αυτους D | ει[δο]ν D ιδοντες E ειδον F   36 λειψεσθε E | εγενοντο E | ταυτα παντα F   37 Ρουβειν E.

ΓΕΝΕΣΙΣ XLIII 11

αὑτοῦ λέγων Τοὺς δύο υἱούς μου ἀπόκτεινον, ἐὰν μὴ ἀγάγω αὐτὸν πρὸς A
38 σέ· δὸς αὐτὸν εἰς τὴν χεῖρά μου, κἀγὼ ἀνάξω αὐτὸν πρὸς σέ· ³⁸ ὁ δὲ εἶ-
πεν Οὐ καταβήσεται ὁ υἱός μου μεθ' ὑμῶν· ὅτι ὁ ἀδελφὸς αὐτοῦ ἀπέθανεν,
καὶ αὐτὸς μόνος καταλέλειπται· καὶ συμβήσεται αὐτὸν μαλακισθῆναι ἐν
τῇ ὁδῷ ᾗ ἂν πορεύεσθε, καὶ κατάξετέ μου τὸ γῆρας μετὰ λύπης εἰς ᾅδου.

XLIII $\frac{1}{2}$ ¹Ὁ δὲ λιμὸς ἐνίσχυσεν ἐπὶ τῆς γῆς. ² ἐγένετο δὲ ἡνίκα συνετέ-
λεσαν καταφαγεῖν τὸν σῖτον ὃν ἤνεγκαν ἐξ Αἰγύπτου, καὶ εἶπεν αὐτοῖς
ὁ πατὴρ αὐτῶν Πάλιν πορευθέντες πρίασθε ἡμῖν μικρὰ βρώματα.
3 ³εἶπεν δὲ αὐτῷ Ἰούδας λέγων Διαμαρτυρίᾳ διαμεμαρτύρηται ἡμῖν ὁ ἄν-
θρωπος λέγων Οὐκ ὄψεσθε τὸ πρόσωπόν μου ἐὰν μὴ ὁ ἀδελφὸς ὑμῶν
4 ὁ νεώτερος καταβῇ πρὸς μέ. ⁴εἰ μὲν οὖν ἀποστέλλεις τὸν ἀδελφὸν
5 ἡμῶν μεθ' ἡμῶν, καταβησόμεθα καὶ ἀγοράσωμέν σοι βρώματα· ⁵εἰ δὲ
μὴ ἀποστέλλεις τὸν ἀδελφὸν ἡμῶν μεθ' ἡμῶν, οὐ πορευσόμεθα· ὁ γὰρ
ἄνθρωπος εἶπεν ἡμῖν λέγων Οὐκ ὄψεσθέ μου τὸ πρόσωπον ἐὰν μὴ ὁ
6 ἀδελφὸς ὑμῶν ὁ νεώτερος μεθ' ὑμῶν ᾖ. ⁶εἶπεν δὲ Ἰσραὴλ Τί ἐκάκο-
7 ποιήσατέ μοι, ἀναγγείλαντες τῷ ἀνθρώπῳ εἰ ἔστιν ὑμῖν ἀδελφός; ⁷οἱ
δὲ εἶπαν Ἐρωτῶν ἐπηρώτησεν ἡμᾶς ὁ ἄνθρωπος καὶ τὴν γενεὰν ἡμῶν,
λέγων Εἰ ἔτι ὁ πατὴρ ὑμῶν ζῇ; εἰ ἔστιν ὑμῖν ἀδελφός; καὶ ἀπηγγεί-
λαμεν αὐτῷ κατὰ τὴν ἐπερώτησιν αὐτοῦ. μὴ ᾔδειμεν εἰ ἐρεῖ ἡμῖν
8 Ἀγάγετε τὸν ἀδελφὸν ὑμῶν; ⁸εἶπεν δὲ Ἰούδας πρὸς Ἰσραὴλ τὸν
πατέρα αὐτοῦ Ἀπόστειλον τὸ παιδάριον μετ' ἐμοῦ, καὶ ἀναστάντες
πορευσόμεθα, ἵνα ζῶμεν καὶ μὴ ἀποθάνωμεν καὶ ἡμεῖς καὶ σὺ καὶ ἡ
9 ἀποσκευὴ ἡμῶν. ⁹ἐγὼ δὲ ἐκδέχομαι αὐτόν, ἐκ χειρός μου ζήτησον
αὐτόν· ἐὰν μὴ ἀγάγω αὐτὸν πρὸς σὲ καὶ στήσω αὐτὸν ἐναντίον σου,
10 ἡμαρτηκὼς ἔσομαι πρὸς σὲ πάσας τὰς ἡμέρας. ¹⁰εἰ μὴ γὰρ ἐβραδύνα-
11 μεν, ἤδη ἂν ὑπεστρέψαμεν δίς. ¹¹εἶπεν δὲ αὐτοῖς Ἰσραὴλ ὁ πατὴρ
αὐτῶν Εἰ οὕτως ἐστίν, τοῦτο ποιήσατε· λάβετε ἀπὸ τῶν καρπῶν τῆς
γῆς ἐν τοῖς ἀγγίοις ὑμῶν, καὶ καταγάγετε τῷ ἀνθρώπῳ δῶρα τῆς
ῥητίνης καὶ τοῦ μέλιτος, θυμίαμα καὶ στακτὴν καὶ τερέμινθον καὶ

37 αναξω] αξω D   38 εαν EF | πορευησθε D^sil EF | καταξεται DE | το DEF
γηρ: μου E   XLIII 2 ο πατ. αυτων] pr Ιακωβ D | om παλιν E | πορευ-
θεντες] πορευεσθε F | πριασθε] αγορασατε D^vid D | om μικρα E   3 om λεγων
1° D | διαμεμαρτυρηται] διεμαρτυρατο D ([διεμα]ρτυρατο D) | ανθρωπος]+ο
κυριος της γης E | καταβη προς με] μεθ υμων η D^sil F   3—5 om καταβη προς
με...ο νεωτερος E   4 om ουν D | om μεθ ημων D | αγορασωμεν AF] -σομεν
D^sil   6 μοι] με E om F. | αναγγειλαντες] απαγγ. DF | ει] οτι E.   7 αυτου]
ταυτην D^vid D^sil ([ταυτη]ν) EF.| om μη ηδειμεν...υμων E | ει ερει AD] οτι ερει F
8 πορευσωμεθα E   9 προς σε 2°] εις σε DEF   10 ει]+δε E | υπεστρεψα-
μεν].πεστρεψαμεν F   11 Ισραηλ] Ισλ A^1 mg | αγγειοις E | ριτινης AF]
ρητιν. D ριτην. E | στακτην και θυμ. F^a |τερεμινθον AD] τερεβινθον E τερ-
μινθον F

85

XLIII 12   ΓΕΝΕΣΙΣ

Α κάρυα. ¹²καὶ τὸ ἀργύριον δισσὸν λάβετε ἐν ταῖς χερσὶν ὑμῶν· τὸ 12
ἀργύριον τὸ ἀποστραφὲν ἐν τοῖς μαρσίπποις ὑμῶν ἀποστρέψατε
μεθ' ὑμῶν· μή ποτε ἀγνόημά ἐστιν. ¹³καὶ τὸν ἀδελφὸν ὑμῶν λάβετε, 13
καὶ ἀναστάντες κατάβητε πρὸς τὸν ἄνθρωπον. ¹⁴ὁ δὲ θεός μου δῴη 14
ὑμῖν χάριν ἐναντίον τοῦ ἀνθρώπου, καὶ ἀποστείλαι τὸν ἀδελφὸν ὑμῶν
¶E τὸν ἕνα καὶ¶ τὸν Βενιαμείν· ἐγὼ μὲν γὰρ καθὰ ἠτέκνωμαι, ἠτέκνωμαι. ¹⁵Λαβόντες δὲ οἱ ἄνδρες τὰ δῶρα ταῦτα καὶ τὸ ἀργύριον 15
διπλοῦν ἔλαβον ἐν ταῖς χερσὶν αὐτῶν, καὶ τὸν Βενιαμείν· καὶ ἀναστάντες κατέβησαν εἰς Αἴγυπτον, καὶ ἔστησαν ἐναντίον Ἰωσήφ. ¹⁶ἰδὼν 16
δὲ Ἰωσὴφ αὐτοὺς καὶ τὸν Βενιαμεὶν τὸν ἀδελφὸν αὐτοῦ τὸν ὁμομήτριον, καὶ ἐνετείλατο τῷ ἐπὶ τῆς οἰκίας αὐτοῦ εἰσαγαγεῖν τοὺς ἀνθρώ-
§D πους εἰς τὴν οἰκίαν Καὶ σφάξον ¹θύματα καὶ ἑτοίμασον· μετ' ἐμοῦ γὰρ
¶D φάγονται οἱ ἄνθρωποι ἄρτους τὴν μεσημβρίαν¶. ¹⁷ἐποίησεν δὲ ὁ ἄν- 17
θρωπος καθὰ εἶπεν Ἰωσήφ, καὶ εἰσήγαγεν τοὺς ἀνθρώπους εἰς τὴν
οἰκίαν Ἰωσήφ. ¹⁸ἰδόντες δὲ οἱ ἄνθρωποι ὅτι εἰσηνέχθησαν εἰς τὸν οἶκον 18
Ἰωσὴφ εἶπαν Διὰ τὸ ἀργύριον τὸ ἀποστραφὲν ἐν τοῖς μαρσίπποις
ἡμῶν τὴν ἀρχὴν ἡμεῖς εἰσαγόμεθα, τοῦ συκοφαντῆσαι ἡμᾶς καὶ ἐπιθέσθαι ἡμῖν, τοῦ λαβεῖν ἡμᾶς εἰς παῖδας καὶ τοὺς ὄνους ἡμῶν. ¹⁹προσ- 19
ελθόντες δὲ πρὸς τὸν ἄνθρωπον τὸν ἐπὶ τοῦ οἴκου Ἰωσὴφ ἐλάλησαν
αὐτῷ ἐν τῷ πυλῶνι τοῦ οἴκου ²⁰λέγοντες Δεόμεθα, κύριε· κατέβημεν 20
τὴν ἀρχὴν πρίασθαι βρώματα· ²¹καὶ ἐγένετο ἡνίκα ἤλθομεν εἰς τὸ 21
καταλῦσαι καὶ ἠνοίξαμεν τοὺς μαρσίππους ἡμῶν, καὶ τόδε τὸ ἀργύριον
ἑκάστου ἐν τῷ μαρσίππῳ αὐτοῦ· τὸ ἀργύριον ἡμῶν ἐν σταθμῷ ἀπεστρέψαμεν νῦν ἐν τοῖς μαρσίπποις ἡμῶν, ²²καὶ ἀργύριον ἕτερον 22
ἠνέγκαμεν μεθ' ἑαυτῶν ἀγοράσαι βρώματα· οὐκ οἴδαμεν τίς ἐνέβαλεν
τὸ ἀργύριον εἰς τοὺς μαρσίππους ἡμῶν. ²³εἶπεν δὲ αὐτοῖς ὁ ἄνθρωπος 23
Ἵλεως ὑμῖν, μὴ φοβεῖσθε· ὁ θεὸς ὑμῶν καὶ ὁ θεὸς τῶν πατέρων ὑμῶν
ἔδωκεν ὑμῖν θησαυροὺς ἐν τοῖς μαρσίπποις ὑμῶν· τὸ δὲ ἀργύριον ὑμῶν
εὐδοκιμοῦν ἀπέχω. καὶ ἐξήγαγεν πρὸς αὐτοὺς Συμεών, ²⁴καὶ ἤνεγκεν 24
ὕδωρ νίψαι τοὺς πόδας αὐτῶν, καὶ ἤνεγκεν χορτάσματα τοῖς ὄνοις
αὐτῶν. ²⁵ἡτοίμασαν δὲ τὰ δῶρα ἕως τοῦ ἐλθεῖν Ἰωσὴφ μεσημβρίᾳ· 25

DEF   11 καρια E   12 δισσον· E | om αποστρεψατε μεθ υμ. E   13 om
και 1° E   14 καθα] καθο D   16 ειδεν F | αυτους] αυτου sup ras A¹
τους αδελφους αυτου D | ενετειλατο] ειπεν F | εισαγαγειν] εισαγαγε D^sil F | οι
ανθρωποι]+ουτοι D   17 εισηγαγεν] εισηνεγκεν D | την οικιαν] τον οικον
D^sil F |'Ιωσηφ 2°] pr τον DF.   18 ανθρωποι] ανδρες D^sil F | εισηνεχθησαν
AD] εισηχθησαν F   19 Ιωσηφ] pr του D^sil F   21 και εγενετο] εγεν. δε
D^sil F | μαρσιππους] αρσιππους sup ras A¹ | om τοδε D^vid | τοις μαρσιπποις]
ταις χερσιν D^sil F   22 ενεβαλεν]+ημιν F   23 om ο ανθρωπος D^sil F |
εξηγαγεν] εξηνεγκεν F | Συμεων] pr τον D^sil F.   24 ηνεγκεν 1°] ηνεγκαν
DF | ηνεγκεν 2°] εδωκεν D^sil F   25 ελθειν] εισελθειν DF | μεσημβριας F

86

ΓΕΝΕΣΙΣ XLIV 4

26 ἤκουσαν γὰρ ὅτι ἐκεῖ μέλλει ἀριστᾶν. ²⁶εἰσῆλθεν δὲ Ἰωσὴφ εἰς Α
τὴν οἰκίαν, καὶ προσήνεγκαν αὐτῷ τὰ δῶρα ἃ εἶχον ἐν ταῖς χερσὶν
αὐτῶν εἰς τὸν οἶκον, καὶ προσεκύνησαν αὐτῷ ἐπὶ πρόσωπον ἐπὶ τὴν
27 γῆν. ²⁷ἠρώτησεν δὲ αὐτούς Πῶς ἔχετε; καὶ εἶπεν αὐτοῖς Εἰ ὑγιαίνει ὁ
28 πατὴρ ὑμῶν, ὁ πρεσβύτερος ὃν εἴπατε; ἔτι ζῇ; ²⁸οἱ δὲ εἶπαν Ὑγιαίνει ὁ
παῖς σου ὁ πατὴρ ἡμῶν, ἔτι ζῇ. καὶ εἶπεν Εὐλογητὸς ὁ ἄνθρωπος
29 ἐκεῖνος τῷ θεῷ. καὶ κύψαντες προσεκύνησαν. ²⁹ἀναβλέψας δὲ τοῖς
ὀφθαλμοῖς Ἰωσὴφ ἴδεν Βενιαμεὶν τὸν ἀδελφὸν αὐτοῦ τὸν ὁμομήτριον,
καὶ εἶπεν αὐτοῖς Οὗτός ἐστιν ὁ ἀδελφὸς ὑμῶν ὁ νεώτερος, ὃν εἴπατε
30 πρὸς μὲ ἀγαγεῖν; καὶ εἶπεν Ὁ θεὸς ἐλεήσαι σε, τέκνον. ³⁰ἐταράχθη
δὲ Ἰωσήφ· συνεστρέφετο γὰρ τὰ ἔντερα αὐτοῦ ἐπὶ τῷ ἀδελφῷ αὐτοῦ,
31 καὶ ἐζήτει κλαῦσαι· εἰσελθὼν δὲ εἰς τὸ ταμιεῖον ἔκλαυσεν ἐκεῖ. ³¹καὶ
νιψάμενος τὸ πρόσωπον, ἐξελθὼν ἐνεκρατεύσατο, καὶ εἶπεν Παράθετε
32 ἄρτους. ³²καὶ παρέθηκαν αὐτῷ μόνῳ, καὶ αὐτοῖς καθ᾽ ἑαυτούς, καὶ
τοῖς Αἰγυπτίοις τοῖς συνδειπνοῦσιν μετ᾽ αὐτοῦ καθ᾽ ἑαυτούς· οὐ γὰρ
ἐδύναντο οἱ Αἰγύπτιοι συνεσθίειν μετὰ τῶν Ἑβραίων ἄρτους, βδέλυγμα
33 γάρ ἐστιν τοῖς Αἰγυπτίοις πᾶς ποιμὴν προβάτων. ³³ἐκάθισαν δὲ
ἐναντίον αὐτοῦ, ὁ πρωτότοκος κατὰ τὰ πρεσβεῖα αὐτοῦ καὶ ὁ νεώτερος
κατὰ τὴν νεότητα αὐτοῦ· ἐξίσταντο δὲ οἱ ἄνθρωποι ἕκαστος πρὸς τὸν
34 ἀδελφὸν αὐτοῦ. ³⁴ἦραν δὲ μερίδα παρ᾽ αὐτοῦ πρὸς αὐτούς· ἐμεγα-
λύνθη δὲ ἡ μερὶς Βενιαμεὶν παρὰ τὰς μερίδας πάντων πενταπλασίως
πρὸς τὰς ἐκείνων. ἔπιον δὲ καὶ ἐμεθύσθησαν μετ᾽ αὐτοῦ.

XLIV 1 ¹Καὶ ἐνετείλατο Ἰωσὴφ τῷ ὄντι ἐπὶ τῆς οἰκίας αὐτοῦ λέγων, Πλή-
σατε τοὺς μαρσίππους τῶν ἀνθρώπων βρωμάτων ὅσα ἐὰν δύνωνται
ἆραι, καὶ ἐμβάλατε ἑκάστου τὸ ἀργύριον ἐπὶ τοῦ στόματος τοῦ μαρ-
2 σίππου αὐτοῦ. ²καὶ τὸ κόνδυ μου τὸ ἀργυροῦν ἐμβάλατε εἰς τὸν
μάρσιππον τοῦ νεωτέρου, καὶ τὴν τιμὴν τοῦ σίτου αὐτοῦ. ἐγενήθη δὲ
3 κατὰ τὸ ῥῆμα Ἰωσὴφ καθὼς εἶπεν. ³τὸ πρωὶ διέφαυσεν καὶ οἱ ἄν-
4 θρωποι ἀπεστάλησαν, αὐτοὶ καὶ οἱ ὄνοι αὐτῶν. ⁴ἐξελθόντων δὲ αὐτῶν
τὴν πόλιν οὐκ ἀπέσχον μακράν, καὶ Ἰωσὴφ εἶπεν τῷ ἐπὶ τῆς οἰκίας

25 αριστον] αν sup ras 3 forte litt Aᵃ   26 ειχον...και mutila in F DF
27 αυτους]+Ιωσηφ D | om ει D | πρεσβυτερος AD] πρεσβυτ.s F | ζη sup ras
Aᵃ ζην Faᵃ   28 προσεκυνησαν]+αυτω Dˢⁱˡ   29 ειδεν F | om αυτοις
Dˢⁱˡ F | om εστιν F | νεωτερος] νεω sup ras pl litt Aᵃ | ον...θεος mutila in F |
om σε post ελ. F   30 και εζητει κλαυσαι sup ras pl litt Aᵃ | ταμει.. D
32 Αιγυπτιοι] γ sup ras A¹ | τοις Αιγυπτιοις 2°] αυτοις D | om πας ποιμην
προβατων Dˢⁱˡ F   33 εκαθεισαν AF εκαθισεν D | ο πρωτοτοκος κατα τα
πρεσβ. αυτου εναντιον αυτου D   34 μεριδα] μεριδας D (...ασ) F
XLIV 1, 2 εμβαλατε AD] εμβαλετε F   1 om αυτου 2° Dˢⁱˡ F   2 τορ-
γυρουν A | om αυτου F   3 εξαπεσταλησαν F

87

ΓΕΝΕΣΙΣ XLIV 5

αὐτοῦ λέγων Ἀναστὰς ἐπιδίωξον ὀπίσω τῶν ἀνθρώπων καὶ καταλήμψῃ αὐτούς, καὶ ἐρεῖς αὐτοῖς Τί ὅτι ἀνταπεδώκατέ μοι πονηρὰ ἀντὶ καλῶν; ἵνα τί ἐκλέψατέ μου τὸ κόνδυ τὸ ἀργυροῦν; ⁵οὐ τοῦτό ἐστιν 5 ἐν ᾧ πίνει ὁ κύριός μου; αὐτὸς δὲ οἰωνισμῷ οἰωνίζεται ἐν αὐτῷ· πονηρὰ συντετέλεσθε ἃ πεποιήκατε. ⁶εὑρὼν δὲ αὐτοὺς εἶπεν αὐτοῖς 6 κατὰ τὰ ῥήματα ταῦτα. ⁷οἱ δὲ εἶπον αὐτῷ Ἵνα τί λαλεῖ ὁ κύριος 7 κατὰ τὰ ῥήματα ταῦτα; μὴ γένοιτο τοῖς παισίν σου ποιῆσαι τὸ ῥῆμα τοῦτο. ⁸εἰ τὸ μὲν ἀργύριον ὃ εὕραμεν ἐν τοῖς μαρσίπποις ἡμῶν ἀπε- 8 στρέψαμεν πρὸς σὲ ἐκ γῆς Χανάαν, πῶς ἂν κλέψαιμεν ἐκ τοῦ οἴκου τοῦ κυρίου σου ἀργύριον ἢ χρυσίον; ⁹παρ' ᾧ ἂν εὑρεθῇ τὸ κόνδυ τῶν 9 παίδων σου, ἀποθνησκέτω· καὶ ἡμεῖς δὲ ἐσόμεθα παῖδες τῷ κυρίῳ ἡμῶν. ¹⁰ὁ δὲ εἶπεν Καὶ νῦν ὡς λέγετε, οὕτως ἔσται· ὁ ἄνθρωπος παρ' ᾧ 10 ἂν εὑρεθῇ τὸ κόνδυ, αὐτὸς ἔσται μου παῖς, ὑμεῖς δὲ ἔσεσθε καθαροί. ¹¹καὶ ἔσπευσαν καὶ καθεῖλαν ἕκαστος τὸν μάρσιππον αὐτοῦ ἐπὶ τὴν 11 γῆν, καὶ ἤνοιξεν ἕκαστος τὸν μάρσιππον αὐτοῦ. ¹²ἠρεύνα δὲ ἀπὸ τοῦ 12 πρεσβυτέρου ἀρξάμενος ἕως ἦλθεν ἐπὶ τὸν νεώτερον, καὶ εὗρεν τὸ κόνδυ ἐν τῷ μαρσίππῳ τῷ Βενιαμείν. ¹³καὶ διέρρηξαν τὰ ἱμάτια αὐ- 13 τῶν, καὶ ἐπέθηκαν ἕκαστος τὸν μάρσιππον αὐτοῦ ἐπὶ τὸν ὄνον αὐτοῦ, καὶ ἐπέστρεψαν εἰς τὴν πόλιν. ¹⁴εἰσῆλθεν δὲ Ἰούδας καὶ οἱ ἀδελφοὶ 14 αὐτοῦ πρὸς Ἰωσήφ, ἔτι αὐτοῦ ὄντος ἐκεῖ· καὶ ἔπεσον ἐναντίον αὐτοῦ ἐπὶ τὴν γῆν. ¹⁵εἶπεν δὲ αὐτοῖς Ἰωσήφ Τί τὸ πρᾶγμα τοῦτο ἐποιή- 15 σατε; οὐκ οἴδατε ὅτι οἰωνισμῷ οἰωνιεῖται ἄνθρωπος οἷος ἐγώ; ¹⁶εἶπεν δὲ 16 Ἰούδας Τί ἀντεροῦμεν τῷ κυρίῳ ἢ τί λαλήσωμεν ἢ τί δικαιωθῶμεν; ὁ δὲ θεὸς εὗρεν τὴν ἀδικίαν τῶν παίδων σου· ἰδού ἐσμεν οἰκέται τῷ κυρίῳ ἡμῶν, καὶ ἡμεῖς καὶ παρ' ᾧ εὑρέθη τὸ κόνδυ. ¹⁷εἶπεν δὲ Ἰω- 17 σήφ Μή μοι γένοιτο ποιῆσαι τὸ ῥῆμα τοῦτο· ὁ ἄνθρωπος παρ' ᾧ εὑρέθη τὸ κόνδυ, αὐτὸς ἔσται μου παῖς· ὑμεῖς δὲ ἀνάβητε μετὰ σωτηρίας πρὸς τὸν πατέρα ὑμῶν. ¹⁸Ἐγγίσας δὲ αὐτῷ Ἰούδας εἶπεν Δέομαι, κύριε· 18 λαλησάτω ὁ παῖς σου ῥῆμα ἐναντίον σου, καὶ μὴ θυμωθῇς τῷ παιδί σου, ὅτι σὺ εἶ μετὰ Φαραώ. ¹⁹κύριε, σὺ ἠρώτησας τοὺς παῖδάς σου 19

DF 4 om λεγων] D^sil F | om μοι D^sil F | om μου F 5 om εστιν D 6—7 τα· οι δε ειπον...τουτο sup ras pl litt A^a? 7 ειπαν D^sil F | ο κυριος] ο κs F* (υριο superser F¹) +μου D | το ρημα τουτο] pr̄ κατα D^sil F 8 ευρομεν D^sil F | σε] υμας D | Χαναν F | κλεψαιμεν] εκλεψαμεν F 9 εαν DF | om δε F 10 εαν D 11 ηνοιξαν F 12 ηρε[υνα] D] ηραινα AF | τω Βεν.] του Βεν. D^sil 13 επεστρεψαν] υπεστρεψαν D 15 τουτο] +ο D | οιωνιειται] [οι]ωνιζεται D | ανθρωπος] pr o F 16 ημων] ν sup ras A¹¹ | ηυρεθη D 18 ρηματα D 19 τους παιδας σου] om σου A* (aliq deesse ind A¹) hab D^sil F

ΓΕΝΕΣΙΣ XLIV 34

20 λέγων· Εἰ ἔχετε πατέρα ἢ ἀδελφόν;· ²⁰καὶ εἴπαμεν τῷ κυρίῳ Ἔστιν Α
ἡμῖν· πατὴρ πρεσβύτερος, καὶ παιδίον νεώτερον γήρως αὐτῷ, καὶ ὁ
αὐτοῦ ἀπέθανεν, αὐτὸς δὲ μόνος ὑπελείφθη τῷ πατρὶ αὐτοῦ,
21 ὁ δὲ πατὴρ αὐτὸν ἠγάπησεν. ²¹εἶπας δὲ τοῖς παισίν σου ὅτι Καταγά-
22 γετε αὐτὸν πρός μέ, καὶ ἐπιμελοῦμαι αὐτοῦ. ²²καὶ εἴπαμεν τῷ κυρίῳ
Οὐ δυνήσεται τὸ παιδίον καταλιπεῖν τὸν πατέρα· ἐὰν δὲ καταλείπῃ τὸν
23 πατέρα, ἀποθανεῖται. ²³σὺ δὲ εἶπας τοῖς παισίν σου Ἐὰν μὴ καταβῇ
ὁ ἀδελφὸς ὑμῶν ὁ νεώτερος μεθ' ὑμῶν, οὐ προσθήσεσθε ἔτι ἰδεῖν τὸ
24 πρόσωπόν μου. ²⁴ἐγένετο δὲ ἡνίκα ἀνέβημεν πρὸς τὸν παῖδά σου
25 πατέρα δὲ ἡμῶν, ἀπηγγείλαμεν αὐτῷ τὰ ῥήματα τοῦ κυρίου. ²⁵εἶπεν
ἡμῖν ὁ πατὴρ ἡμῶν Βαδίσατε πάλιν, ἀγοράσατε ἡμῖν μικρὰ βρώματα.
26 ²⁶ἡμεῖς δὲ εἴπαμεν Οὐ δυνησόμεθα καταβῆναι· ἀλλ' εἰ μὲν ὁ ἀδελφὸς
ἡμῶν ὁ νεώτερος καταβαίνει μεθ' ἡμῶν, καταβησόμεθα· οὐ γὰρ δυνη-
σόμεθα ἰδεῖν τὸ πρόσωπον τοῦ ἀνθρώπου, τοῦ ἀδελφοῦ τοῦ νεωτέρου
27 μὴ ὄντος μεθ' ἡμῶν. ²⁷εἶπεν δὲ ὁ παῖς σου ὁ πατὴρ ἡμῶν πρὸς ἡμᾶς
28 Ὑμεῖς γινώσκετε ὅτι δύο ἔτεκέν μοι ἡ γυνή· ²⁸καὶ ἐξῆλθεν ὁ εἷς
ἀπ' ἐμοῦ, καὶ εἴπατε Θηριόβρωτος γέγονεν, καὶ οὐκ ἴδον αὐτὸν ἔτι.
29 ²⁹ἐὰν οὖν λάβητε καὶ τοῦτον ἐκ προσώπου μου καὶ συμβῇ αὐτῷ μα-
λακία ἐν τῇ ὁδῷ, καὶ κατάξετέ μου τὸ γῆρας μετὰ λύπης εἰς ᾅδου.
30 ³⁰νῦν οὖν ἐὰν εἰσπορεύομαι πρὸς τὸν παῖδά σου πατέρα δὲ ἡμῶν, καὶ
τὸ παιδάριον μὴ ᾖ μεθ' ἡμῶν, ἡ δὲ ψυχὴ αὐτοῦ ἐκκρέμαται ἐκ τῆς
31 τούτου ψυχῆς· ³¹καὶ ἔσται ἐν τῷ ἰδεῖν αὐτὸν· μὴ ὂν τὸ παιδάριον
μεθ' ἡμῶν, τελευτήσει, καὶ κατάξουσιν οἱ παῖδές σου τὸ γῆρας τοῦ
32 παιδός σου πατρὸς δὲ ἡμῶν μετ' ὀδύνης εἰς ᾅδου. ³²ὁ γὰρ παῖς σου
ἐκδέδεκται τὸ παιδίον παρὰ τοῦ πατρὸς λέγων Ἐὰν μὴ ἀγάγω αὐτὸν
πρὸς σὲ καὶ στήσω αὐτὸν ἐναντίον σου, ἡμαρτηκὼς ἔσομαι πρὸς τὸν
33 πατέρα πάσας τὰς ἡμέρας. ³³νῦν οὖν παραμενῶ σοι παῖς ἀντὶ τοῦ
παιδίου, οἰκέτης τοῦ κυρίου· τὸ δὲ παιδίον ἀναβήτω μετὰ τῶν ἀδελ-
34 φῶν. ³⁴πῶς γὰρ ἀναβήσομαι πρὸς τὸν πατέρα, τοῦ παιδίου μὴ
ὄντος μεθ' ἡμῶν; ἵνα μὴ ἴδω τὰ κακὰ ἃ εὑρήσει τὸν πατέρα μου.

20 παιδιον] παιδαριον D | γηρως νεωτερον DF | τω πατρι] τη μητρι D^{sil}F DF
21 om οτι D^{sil}F   22 παιδιον] παιδαριον D | καταλειπειν D   23 προσ-
θησεσθε] προσθησεται A*vid (-σεσθαι A¹) | ιδειν D] ειδειν AF   24 κυ-
ριου] υρ sup ras 4 litt A^{a?}   27 ο πατηρ AD] πατηρ δε F | γυνη]
+μου D   28 ειπατε] +οτι D^{sil}F | ιδον F   28—29 ετι. εαν
ουν] ουκετι· και νυν ουν εαν D ετι και νυν· εαν ουν F   29 προσωπου]
pr του D^{sil}F | εν τη οδω]+η αν πορευησθε F | καταξητε D·   30 εισπο-
ρευωμαι L^{sil}F   30, 31 παιδαριον AD] παιδιον F·   31 om σου 1° F
32 εκδεδεκται] εκδεχεται F | προς 2° AF*] εις sup ras F¹   33 κυριου] κυρ
sup ras A¹+μου F^{a?}

ΓΕΝΕΣΙΣ XLV, 1

A ¹Καὶ οὐκ ἠδύνατο Ἰωσὴφ ἀνέχεσθαι πάντων τῶν παρεστηκότων αὐτῷ, ἀλλ' εἶπεν Ἐξαποστείλατε πάντας ἀπ' ἐμοῦ· καὶ οὐ παριστήκει οὐδεὶς ἔτι τῷ Ἰωσὴφ ἡνίκα ἀνεγνωρίζετο Ἰωσὴφ τοῖς ἀδελφοῖς αὐτοῦ. ²καὶ ἀφῆκεν φωνὴν μετὰ κλαυθμοῦ· ἤκουσαν δὲ πάντες οἱ Αἰγύπτιοι, καὶ ἀκουστὸν ἐγένετο εἰς τὸν οἶκον Φαραώ. ³εἶπεν δὲ Ἰωσὴφ πρὸς τοὺς ἀδελφοὺς αὐτοῦ Ἐγώ εἰμι Ἰωσὴφ ὁ ἀδελφὸς ὑμῶν, ὃν ἀπέδοσθε εἰς Αἴγυπτον· ἔτι ὁ πατήρ μου ζῇ; καὶ οὐκ ἐδύναντο οἱ ἀδελφοὶ ἀποκριθῆναι αὐτῷ· ἐταράχθησαν γάρ. ⁴καὶ εἶπεν Ἐγώ εἰμι Ἰωσὴφ ὁ ἀδελφὸς ὑμῶν, ὃν ἀπέδοσθε εἰς Αἴγυπτον. ⁵νῦν οὖν μὴ λυπεῖσθε, μηδὲ σκληρὸν ὑμῖν φανήτω ὅτι ἀπέδοσθέ με ὧδε· εἰς γὰρ ζωὴν ἀπέστειλέν με ὁ θεὸς ἔμπροσθεν ὑμῶν. ⁶τοῦτο γὰρ δεύτερον ἔτος λιμὸς ἐπὶ τῆς γῆς, καὶ ἔτι λοιπὰ πέντε ἔτη ἐν οἷς οὐκ ἔσται ἀροτρίασις οὐδὲ ἄμητος· ⁷ἀπέστειλεν γάρ με ὁ θεὸς ἔμπροσθεν ὑμῶν, ὑπολείπεσθαι ὑμῶν κατάλειμμα ἐπὶ τῆς γῆς καὶ ἐκθρέψαι ὑμῶν κατάλειψιν μεγάλην. ⁸νῦν οὖν οὐχ ὑμεῖς με ἀπεστάλκατε ὧδε, ἀλλ' ἢ ὁ θεός· καὶ ἐποίησέν με ὡς πατέρα Φαραώ καὶ κύριον παντὸς τοῦ οἴκου αὐτοῦ καὶ ἄρχοντα πάσης γῆς Αἰγύπτου. ⁹σπεύσαντες οὖν ἀνάβητε πρὸς τὸν πατέρα μου καὶ εἴπατε αὐτῷ Τάδε λέγει ὁ υἱός σου Ἰωσήφ Ἐποίησέν με ὁ θεὸς κύριον πάσης γῆς Αἰγύπτου· κατάβηθι οὖν πρὸς μέ, καὶ μὴ μείνῃς· ¹⁰καὶ κατοικήσεις ἐν γῇ Γέσεμ Ἀραβίας, καὶ ἔσῃ ἐγγύς μου σὺ καὶ οἱ υἱοί σου καὶ οἱ υἱοὶ τῶν υἱῶν σου, τὰ πρόβατά σου καὶ αἱ βόες σου καὶ ὅσα σοὶ ἐκεῖ· ¹¹καὶ ἐκθρέψω σε ἐκεῖ, ἔτι γὰρ πέντε ἔτη λιμός· ἵνα μὴ ἐκτριβῇς σὺ καὶ οἱ υἱοί σου καὶ πάντα τὰ ὑπάρχοντά σου. ¹²ἰδοὺ οἱ ὀφθαλμοὶ ὑμῶν βλέπουσιν καὶ οἱ ὀφθαλμοὶ Βενιαμεὶν τοῦ ἀδελφοῦ μου ὅτι τὸ στόμα μου τὸ λαλοῦν πρὸς ὑμᾶς. ¹³ἀπαγγείλατε οὖν τῷ πατρί μου πᾶσαν τὴν δόξαν μου τὴν ἐν Αἰγύπτῳ καὶ ὅσα ἴδετε, καὶ ταχύναντες καταγάγετε τὸν πατέρα μου ὧδε. ¹⁴καὶ ἐπιπεσὼν ἐπὶ τὸν τράχηλον Βενιαμεὶν τοῦ ἀδελφοῦ αὐτοῦ ἐπέπεσεν ἐπ' αὐτῷ, καὶ Βενιαμεὶν ἔκλαυσεν ἐπὶ τῷ τραχήλῳ αὐτοῦ. ¹⁵καὶ καταφιλήσας πάντας τοὺς ἀδελφοὺς αὐτοῦ ἔκλαυσεν ἐπ' αὐτοῖς, καὶ μετὰ ταῦτα ἐλάλησαν οἱ

DF XLV 1 ανεχεσθαι] ...σχεσθαι D | παριστηκει AD] παρειστ. F | ετι] ετι F* (ετι F¹) | om Ιωσηφ 3° D^silF 2 μετα] μεγα|λην F 3 προς τους αδελφους] τοις αδελφοις F | ο αδελφος......εταραχθησαν γαρ sup ras Aᵃ?| om ο αδελφος υμ. ον απεδ. εις Αιγ. D^silF | εδυναντο AD] ηδυναντο F | οι αδελφοι]+αυτου D 4 και ειπεν] pr ειπε[ν] δε Ιωσηφ προς τους αδελφους αυτου εγγισατε προς με και ηγγισαν D^sil pr ειπεν δε Ι. προς τους αδ. αυτου εγγ. προς με· και ηγγεισαν προς αυτον F 7 υμων 2°] υμιν D 8 αλλ η] αλλα D^silF 9 κυριον] κυριος D | γης] της F | om μη D 10 κατοικησεις] κατοικησον F | Αραβειας F | αι βοες] οι β. D^silF | εκει] εστιν D^silF 13 δοξαν] τιμην D 14 επεπεσεν] εκλαυσεν D^silF

ΓΕΝΕΣΙΣ XLVI 1

16 ἀδελφοὶ αὐτοῦ πρὸς αὐτόν. ¹⁶Καὶ διεβοήθη ἡ φωνὴ εἰς τὸν οἶκον A
Φαραὼ λέγοντες, Ἥκασιν οἱ ἀδελφοὶ Ἰωσήφ· ἐχάρη δὲ Φαραὼ καὶ ἡ
17 θεραπεία αὐτοῦ. ¹⁷εἶπεν δὲ Φαραὼ πρὸς Ἰωσήφ Εἰπὸν τοῖς ἀδελφοῖς
σου Τοῦτο ποιήσατε· γεμίσατε τὰ πόρια ὑμῶν, καὶ ἀπέλθατε εἰς γῆν
18 Χανάαν, ¹⁸καὶ παραλαβόντες τὸν πατέρα ὑμῶν καὶ τὰ ὑπάρχοντα ὑμῶν
ἥκετε πρός μέ, καὶ δώσω ὑμῖν πάντων τῶν ἀγαθῶν Αἰγύπτου, καὶ
19 φάγεσθε τὸν μυελὸν τῆς γῆς. ¹⁹σὺ δὲ ἔντειλαι ταῦτα, λαβεῖν αὐτοῖς
ἁμάξας ἐκ γῆς Αἰγύπτου τοῖς παιδίοις ὑμῶν καὶ ταῖς γυναιξίν, καὶ ἀνα-
20 λαβόντες τὸν πατέρα ὑμῶν παραγίνεσθε· ²⁰καὶ μὴ φείσησθε τοῖς
ὀφθαλμοῖς ὑμῶν τῶν σκευῶν, τὰ γὰρ πάντα ἀγαθὰ Αἰγύπτου ὑμῖν
21 ἔσται. ²¹ἐποίησαν δὲ οὕτως οἱ υἱοὶ Ἰσραήλ· ἔδωκεν δὲ Ἰωσὴφ αὐτοῖς
ἁμάξας κατὰ τὰ εἰρημένα ὑπὸ Φαραὼ τοῦ βασιλέως· καὶ ἔδωκεν αὐτοῖς
22 ἐπισιτισμὸν εἰς τὴν ὁδόν· ²²καὶ πᾶσιν ἔδωκεν δισσὰς στολάς, καὶ τῷ
Βενιαμεὶν ἔδωκεν τριακοσίους χρυσοῦς καὶ πέντε ἀλλασσούσας στολάς·
23 ²³καὶ τῷ πατρὶ αὐτοῦ ἀπέστειλεν κατὰ τὰ αὐτά, καὶ δέκα ὄνους αἴρον-
τας ἀπὸ πάντων τῶν ἀγαθῶν Αἰγύπτου, καὶ δέκα ἡμιόνους αἰρούσας
24 ἄρτους τῷ πατρὶ αὐτοῦ εἰς ὁδόν.· ²⁴ἐξαπέστειλεν δὲ τοὺς ἀδελφοὺς
αὐτοῦ καὶ ἐπορεύθησαν· καὶ εἶπεν αὐτοῖς Μὴ ὀργίζεσθε ἐν τῇ ὁδῷ.
25 ²⁵καὶ ἀνέβησαν ἐξ Αἰγύπτου, καὶ ἦλθον εἰς γῆν Χανάαν πρὸς Ἰακὼβ
26 τὸν πατέρα αὐτῶν, ²⁶καὶ ἀνήγγειλαν αὐτῷ λέγοντες ὅτι Ὁ υἱός σου
Ἰωσὴφ ζῇ, καὶ οὗτος ἄρχει πάσης τῆς γῆς Αἰγύπτου. καὶ ἐξέστη
27 ἡ διάνοια Ἰακώβ, οὐ γὰρ ἐπίστευσεν αὐτοῖς· ²⁷ἐλάλησαν δὲ αὐτῷ
πάντα τὰ ῥηθέντα ὑπὸ Ἰωσήφ, ὅσα εἶπεν αὐτοῖς· ἰδὼν δὲ τὰς ἁμάξας
ἃς ἀπέστειλεν Ἰωσὴφ ὥστε ἀναλαβεῖν αὐτόν, ἀνεζωπύρησεν τὸ πνεῦ-
28 μα Ἰακὼβ τοῦ πατρὸς αὐτῶν. ²⁸εἶπεν δὲ Ἰσραήλ Μέγα μοί ἐστιν εἰ
ἔτι ὁ υἱός μου Ἰωσὴφ ζῇ· πορευθεὶς ὄψομαι αὐτὸν πρὸ τοῦ ἀποθα-
νεῖν με.

LVI 1 ¹Ἀπάρας δὲ Ἰσραήλ, αὐτὸς καὶ πάντα τὰ αὐτοῦ, ἦλθον ἐπὶ τὸ
φρέαρ τοῦ ὅρκου, καὶ ἔθυσεν ἐκεῖ θυσίαν τῷ θεῷ τοῦ πατρὸς αὐτοῦ

16 η θεραπεια] pr πασα F 17 πορεια DF+σιτου F^mg ("sed ab- DF
rasum") 18 υμων 2°] ημων A 19 ταις γυναιξιν]+υμων D^sil | παρα-
γινεσθε F] παραγεινεσθ. AD 20 υμων των σκευων] των σκ. υμων D^sil F
21 αυτοις Ιωσηφ D | om του βασιλεως D βασιλεως Αιγυπτου F 22 και
τω Βεν.] τω δε Βεν. D^sil F | αλλασσουσας] εξαλλασσουσας D^sil ε...λασσουσ..
F 23 και δεκα ονους αιροντας απο sup ras A^a | Αιγυπτου]+αιροντας A
26 απηγγειλαν F | ουτος] αυτος F | της γης] om της D^sil F | η διανοια] τη δια-
νοια D^sil 26—27 διανοια...δε ,1° mutila in F 27 ελαλησεν A |
ρηθεντα]+αυτοις D | οσα] α D | ανεζωπυρησεν D^sil] ανεζωπυρισεν AF
28 Ιωσηφ ο υιος μου D^sil(D^vid) F XLVI 1 Ισραηλ] Ιακωβ F | ηλθεν
D^sil F | om εκει D^sil F

XLVI 2   ΓΕΝΕΣΙΣ

A Ἰσαάκ. ²εἶπεν δὲ ὁ θεὸς Ἰσραὴλ ἐν ὁράματι τῆς νυκτὸς εἴπας 2
Ἰακὼβ Ἰακώβ· ὁ δὲ εἶπεν Τί ἐστιν; ³λέγων Ἐγώ εἰμι ὁ θεὸς τῶν 3
πατέρων σου· μὴ φοβοῦ καταβῆναι εἰς Αἴγυπτον, εἰς γὰρ ἔθνος μέγα
ποιήσω σε ἐκεῖ· ⁴καὶ ἐγὼ καταβήσομαι μετὰ σοῦ εἰς Αἴγυπτον, καὶ 4
ἐγὼ ἀναβιβάσω σε εἰς τέλος· καὶ Ἰωσὴφ ἐπιβαλεῖ τὰς χεῖρας ἐπὶ
τοὺς ὀφθαλμούς σου. ⁵ἀνέστη δὲ Ἰακὼβ ἀπὸ τοῦ φρέατος τοῦ ὅρκου, 5
καὶ ἀνέλαβον οἱ υἱοὶ Ἰσραὴλ τὸν πατέρα αὐτῶν καὶ τὴν ἀποσκευὴν
καὶ τὰς γυναῖκας αὐτῶν ἐπὶ τὰς ἁμάξας ἃς ἀπέστειλεν Ἰωσὴφ ἆραι
¶ F αὐτόν· ⁶καὶ ἀναλαβόντες τὰ ὑπάρχοντα αὐτῶν καὶ πᾶσαν τὴν κτῆσιν¶ 6
ἣν ἐκτήσαντο ἐκ γῆς Χανάαν, καὶ εἰσῆλθεν Ἰακὼβ εἰς Αἴγυπτον, καὶ
πᾶν τὸ σπέρμα αὐτοῦ μετ' αὐτοῦ, ⁷υἱοὶ καὶ οἱ υἱοὶ τῶν υἱῶν αὐτοῦ 7
μετ' αὐτοῦ, θυγατέρες καὶ θυγατέρες τῶν υἱῶν αὐτοῦ μετ' αὐτοῦ· καὶ
πᾶν τὸ σπέρμα αὐτοῦ ἤγαγεν εἰς Αἴγυπτον.
⁸Ταῦτα δὲ τὰ ὀνόματα τῶν υἱῶν Ἰσραὴλ τῶν εἰσελθόντων εἰς 8
Αἴγυπτον. Ἰακὼβ καὶ οἱ υἱοὶ αὐτοῦ· πρωτότοκος Ἰακὼβ Ῥουβήν· ⁹υἱοὶ 9
δὲ Ῥουβήν· Ἐνὼχ καὶ Φαλλούδ, Ἀσρὼν καὶ Χαρμί. ¹⁰υἱοὶ δὲ Συμεών· 10
Ἰεμουὴλ καὶ Ἰαμεὶν καὶ Ἀωδ καὶ Ἰαχεὶμ καὶ Σάαρ καὶ Σαμουὴλ υἱὸς
τῆς Χανανίτιδος. ¹¹υἱοὶ δὲ Λευί· Γηρσών, Καὰθ καὶ Μεραρεί. ¹²υἱοὶ 11
δὲ Ἰούδα· Ἢρ καὶ Αὐνὰν καὶ Σηλὼμ καὶ Φάρες καὶ Ζάρα· ἀπέθανεν δὲ 12
Ἢρ καὶ Αὐνὰν ἐν γῇ Χανάαν· ἐγένοντο δὲ υἱοὶ Φάρες Ἀσρὼμ καὶ
Ἰεμουήλ. ¹³υἱοὶ δὲ Ἰσσαχάρ· Θωλὰ καὶ Φουὰ καὶ Ἰασοὺφ καὶ 13
Ζαμβράμ. ¹⁴υἱοὶ δὲ Ζαβουλών· Σέρεδ καὶ Ἀσρὼν καὶ Ἀλοήλ. ¹⁵οὗτοι 14
υἱοὶ Λείας, οὓς ἔτεκεν τῷ Ἰακὼβ ἐν Μεσοποταμίᾳ τῆς Συρίας, καὶ 15
Δείναν τὴν θυγατέρα αὐτοῦ· πᾶσαι αἱ ψυχαί, υἱοὶ καὶ αἱ θυγατέρες,
τριάκοντα τρεῖς. ¹⁶υἱοὶ δὲ Γάδ· Σαφὼν καὶ Ἀγγεὶς καὶ Σαυνὶς καὶ 16
Θασοβὰν καὶ Ἀηδὶς καὶ Ἀροηδὶς καὶ Ἀροηλείς. ¹⁷υἱοὶ δὲ Ἀσήρ· 17
Ἰεμνὰ καὶ Ἰεσσαὶ καὶ Ἰεοὺλ καὶ Βαριὰ καὶ Σάαρ ἀδελφὴ αὐτῶν. υἱοὶ

DF   2 Ισραηλ] pr προς D | της νυκτος] om της DF | ειπας] λεγων D   3 λε-
γων] και ειπεν D | om ειμι F   4 αναβιβασω] αναβιβω DF | τας
χειρας]+σου A   5 τον πατερα] pr Ιακωβ Fᵃ   6 αναλαβοντες]
ανελαβον F | την κτη.. F | εκ γης] εν γη Dˢⁱˡ | και εισηλθεν Ιακωβ εις Αιγ.]
εισηλθον εις Αιγ. Ιακωβ Dˢⁱˡ   7 υιοι 1°] οι υιοι αυτου D | θυγατερες 1°]+
αυτου D | om μετ αυτου 2° Dˢⁱˡ   9 Φαλλους D   10 Αχειμ A*ᵛⁱᵈ
Ιαχειν D | Σααρ] Σααλ D | Σαμουηλ] Σαουλ Dˢⁱˡ   11 Λευει D | Κααθ]
pr και D | Μεραρι Dˢⁱˡ   12 Ασρων D   13 και Φουα και Ιασουφ]
Φουα Ιασουβ D | Ζαμβραν D   14 Σερεδ] Εσρεδ D | Ασρων] Αλλων
Dˢⁱˡ | Αλοηλ] Εηλ D   15 αι θυγ.] om αι Dˢⁱˡ   16 Σαυνεις D | Αροηδις]
Αναρις D | Αροηλεις] Αριηλις D   17 Ιεσσαι] Ιεσσουα D | Ιεουλ]+και
Ιεουχ D | Βαρεια D | Σααρ] Σαρρα D

92

ΓΕΝΕΣΙΣ XLVI 32

18 δὲ Βαριά· Χόβωρ καὶ Μελχιηλ. ¹⁸οὗτοι υἱοὶ Ζέλφας, ἣν ἔδωκεν Λαβὰν (A) (B)
Λείᾳ τῇ θυγατρὶ αὐτοῦ, ἣ ἔτεκεν τούτους τῷ Ἰακώβ, δέκα ἓξ ψυχάς.
19 ¹⁹υἱοὶ δὲ Ῥαχὴλ γυναικὸς Ἰακώβ· Ἰωσήφ. καὶ Βενιαμείν. ²⁰ἐγένοντο
20
δὲ υἱοὶ Ἰωσὴφ ἐν γῇ Αἰγύπτῳ, οὓς ἔτεκεν, αὐτῷ Ἀσεννὲθ θυγάτηρ
Πετρεφῆ ἱερέως Ἡλίου πόλεως, τὸν Μαννασσὴ καὶ τὸν Ἐφράιμ.
ἐγένοντο-δὲ υἱοὶ Μαννασσή, οὓς ἔτεκεν αὐτῷ ἡ παλλακὴ ἡ Σύρα, τὸν
Μαχείρ· Μαχεὶρ δὲ ἐγέννησεν τὸν Γαλαάδ. υἱοὶ δὲ Ἐφράιμ ἀδελφοῦ
21 Μαννασσή· Σουτάλααμ καὶ Τάαμ, υἱοὶ δὲ Σουτάλααμ· Ἐδέμ. ²¹υἱοὶ δὲ
Βενιαμείν· Βάλα καὶ Χόβωρ καὶ Ἀσβήλ., ἐγένοντο δὲ υἱοὶ Βαλὰ Γηρὰ
καὶ Νοεμὰν καὶ Ἀγχεὶς καὶ Ῥὼς καὶ Μαμφεὶν· καὶ Ὀφιμίν· Γηρὰ δὲ
22 ἐγέννησεν τὸν Ἀραδ. ²²οὗτοι υἱοὶ Ῥαχὴλ οὓς ἐγέννησεν Ἰακώβ·
23 πᾶσαι ψυχαὶ δέκα ὀκτώ. ²³υἱοὶ. δὲ. Δάν· Ἀσόμ. ²⁴καὶ υἱοὶ Νεφθαλί·
24
25 Ἀσιὴλ καὶ Γωννὶ καὶ Ἴσσααρ καὶ Συλλήμ. ²⁵οὗτοι υἱοὶ Βάλλας, ἣν
ἔδωκεν Λαβὰν Ῥαχὴλ τῇ θυγατρὶ αὐτοῦ, ἣ ἔτεκεν τούτους τῷ Ἰακώβ·
26 πᾶσαι ψυχαὶ ἑπτά. ²⁶πᾶσαι δὲ ψυχαὶ αἱ εἰσελθοῦσαι μετὰ Ἰακώβ εἰς
Αἴγυπτον, οἱ ἐξελθόντες ἐκ τῶν μηρῶν αὐτοῦ, χωρὶς τῶν γυναικῶν
27 υἱῶν Ἰακώβ, πᾶσαι ψυχαὶ ἑξήκοντα ἕξ. ²⁷υἱοὶ δὲ Ἰωσὴφ οἱ γενόμενοι
αὐτῷ ἐν γῇ Αἰγύπτῳ ψυχαὶ ἐννέα. πᾶσαι ψυχαὶ οἴκου Ἰακὼβ αἱ
εἰσελθοῦσαι εἰς Αἴγυπτον ἑβδομήκοντα πέντε.
28 ²⁸Τὸν δὲ Ἰούδαν ἀπέστειλεν ἔμπροσθεν αὐτῶν πρὸς Ἰωσὴφ συναν-
29 τῆσαι αὐτῷ καθ' Ἡρώων πόλιν εἰς γῆν Ῥαμεσσή. ²⁹ζεύξας δὲ Ἰωσὴφ § B
τὰ ἅρματα αὐτοῦ ἀνέβη εἰς συνάντησιν Ἰσραὴλ τῷ πατρὶ αὐτοῦ
καθ' Ἡρώων πόλιν· καὶ ὀφθεὶς αὐτῷ ἐπέπεσεν ἐπὶ τὸν τράχηλον αὐ-
30 τοῦ, καὶ ἔκλαυσεν κλαυθμῷ πίονι. ³⁰καὶ εἶπεν Ἰσραὴλ πρὸς Ἰωσὴφ
Ἀποθανοῦμαι ἀπὸ τοῦ νῦν, ἐπειδὴ ἑώρακα τὸ πρόσωπόν σου· ἔτι
31 γὰρ σὺ ζῇς. ³¹εἶπεν δὲ Ἰωσὴφ πρὸς τοὺς ἀδελφοὺς αὐτοῦ Ἀναβὰς
ἀπαγγελῶ τῷ Φαραὼ καὶ ἐρῶ αὐτῷ Οἱ ἀδελφοί μου καὶ ὁ οἶκος τοῦ
32 πατρός μου, οἳ ἦσαν ἐν γῇ Χανάαν, ἥκασιν πρός μέ· ³²οἱ δὲ ἄνδρες
εἰσὶν ποιμένες· ἄνδρες γὰρ κτηνοτρόφοι ἦσαν· καὶ τὰ κτήνη καὶ τοὺς

₁ **17** Βαρεια *D* | Χοβολ *D* | Μελχειηλ *D* **18** Λαβαν Λεια] αν Λια sup ras AD
A¹ | ψυχαι *D* **20** Πετεφρη *D*ˢⁱˡ | Ηλιου πολεως] Ιλιου πολεως A | Μανασση
(ter) *D*ˢⁱˡ **21** om δε 1° *D* | Χοβωλ *D* | Νοεμαν] Μοσμαν *D* | Αγχειν *D* |
Οφμειν *D* **22** εγεννησεν Ιακωβ] ετεκεν τω Ι. *D*ˢⁱˡ | ψυχαι] pr αι *D*ˢⁱˡ | δεκα
οκτω] δεκα και εννεα *D* **23** υιοι δε Δαν] υιοι δε δαι Δαν A **24** Νεφθα-
λειμ *D* | Ασειηλ *D* | Γωννει *D* **25** η] αν A* | ψυχαι] pr αι *D*ˢⁱˡ
26 ψυχαι 1°] pr αι *D* | ψυχαι 2°] pr αι *D*ˢⁱˡ **27** ψυχαι 2°] pr αι *D* | εις Αι-
γυπτον]+μετα Ιακωβ *D* | εβδ.] pr ψυχαι *D* **28** om εις γην Ραμεσση *D*
29 ζευξας] ευ sup ras B¹ᵃᵗ | κλαυθμω] pr εν *D* | πιονι] πλειονι ᴮᵃᵇ πλιονι A
πλειονει *D* **30** επει AD | σου] συ B* (σου Bᵃ?ᵇ).

ΓΕΝΕΣΙΣ

Β βόας καὶ πάντα τὰ αὐτῶν ἁγιόχασιν. ³³ἐὰν οὖν καλέσῃ ὑμᾶς Φαραὼ καὶ εἴπῃ ὑμῖν Τί τὸ ἔργον ὑμῶν ἐστίν; ³⁴ἐρεῖτε Ἄνδρες κτηνοτρόφοι ἐσμὲν οἱ παῖδές σου ἐκ παιδὸς ἕως τοῦ νῦν, καὶ ἡμεῖς καὶ οἱ πατέρες ἡμῶν· ἵνα κατοικήσητε ἐν γῇ Γέσεμ Ἀραβίᾳ. βδέλυγμα γάρ ἐστιν Αἰγυπτίων πᾶς ποιμὴν προβάτων.

¹Ἐλθὼν δὲ Ἰωσὴφ ἀπήγγειλεν τῷ Φαραὼ λέγων Ὁ πατὴρ καὶ οἱ ἀδελφοὶ καὶ τὰ κτήνη καὶ οἱ βόες αὐτῶν καὶ πάντα τὰ αὐτῶν ἦλθον ἐκ γῆς Χανάαν, καὶ ἰδού εἰσιν ἐν γῇ Γέσεμ. ²ἀπὸ δὲ τῶν ἀδελφῶν παρέλαβεν πέντε ἄνδρας καὶ ἔστησεν αὐτοὺς ἐναντίον Φαραώ. ³καὶ εἶπεν Φαραὼ τοῖς ἀδελφοῖς Ἰωσήφ Τί τὸ ἔργον ὑμῶν; οἱ δὲ εἶπαν τῷ Φαραώ Ποιμένες προβάτων οἱ παῖδές σου, καὶ ἡμεῖς καὶ οἱ πατέρες ἡμῶν. ⁴εἶπαν δὲ τῷ Φαραὼ Παροικεῖν ἐν τῇ γῇ ἥκαμεν· οὐ γάρ ἐστιν νομὴ τοῖς κτήνεσιν τῶν παίδων σου, ἐνίσχυσεν γὰρ ὁ λιμὸς ἐν γῇ Χανάαν· νῦν οὖν κατοικήσομεν ἐν γῇ Γέσεμ. ⁵εἶπεν δὲ Φαραὼ τῷ Ἰωσήφ ⁽⁶⁾Κατοικείτωσαν ἐν γῇ Γέσεμ· εἰ δὲ ἐπίστῃ ὅτι εἰσὶν ἐν αὐτοῖς ἄνδρες δυνατοί, κατάστησον αὐτοὺς ἄρχοντας τῶν ἐμῶν κτηνῶν. ἦλθον δὲ εἰς Αἴγυπτον πρὸς Ἰωσὴφ Ἰακὼβ καὶ οἱ υἱοὶ αὐτοῦ· καὶ ἤκουσεν Φαραὼ βασιλεὺς Αἰγύπτου· καὶ εἶπεν Φαραὼ πρὸς Ἰωσὴφ λέγων Ὁ πατήρ σου καὶ οἱ ἀδελφοί σου ἥκασι πρὸς σέ· ⁶ἰδοὺ ἡ γῆ Αἰγύπτου ἐναντίον σού ἐστιν· ἐν τῇ βελτίστῃ γῇ κατοίκισον τὸν πατέρα σου καὶ τοὺς ἀδελφούς σου. ⁷εἰσήγαγεν δὲ Ἰωσὴφ Ἰακὼβ τὸν πατέρα αὐτοῦ καὶ ἔστησεν αὐτὸν ἐναντίον Φαραώ· καὶ εὐλόγησεν Ἰακὼβ τὸν Φαραώ. ⁸εἶπεν δὲ Φαραὼ τῷ Ἰακώβ Πόσα ἔτη ἡμερῶν τῆς ζωῆς σου; ⁹καὶ εἶπεν Ἰακὼβ τῷ Φαραώ Αἱ ἡμέραι τῶν ἐτῶν τῆς ζωῆς μου ἃς παροικῶ ἑκατὸν τριάκοντα ἔτη· μικραὶ καὶ πονηραὶ γεγόνασιν αἱ ἡμέραι τῶν ἐτῶν τῆς ζωῆς μου· οὐκ ἀφίκοντο εἰς τὰς ἡμέρας τῶν ἐτῶν τῆς ζωῆς τῶν πατέρων μου, ἃς ἡμέρας παρῴκησαν. ¹⁰καὶ εὐλογήσας Ἰακὼβ τὸν Φαραὼ ἐξῆλθεν ἀπ' αὐτοῦ. ¹¹καὶ κατῴκισεν Ἰωσὴφ τὸν πατέρα καὶ τοὺς ἀδελφοὺς αὐτοῦ, καὶ ἔδωκεν αὐτοῖς κατάσχεσιν ἐν γῇ Αἰγύπτου

AD 32 αγιοχασιν B*AD] αγηοχασιν B^(a?b) . 33 om εστιν AD 34 οι παιδες σου εσμεν A | Γεσεν D | Αιγυπτιων] τοις Αιγυπτιοις A Αιγυπτιοις D^sil (...ιο[ι]s D) XLVII 1 Ιωσηφ] Φαραω A | ανηγγειλεν D | τω Φαραω] Ιωσηφ A | ο πατηρ]+μου AD^sil | οι αδελφοι]+μου AD^sil | om και παντα τα αυτων D 3 οι πατ. ημων]+εκ παιδιοθεν εως του νυν A 4 κατοικησομεν B.D] κατοικησωμεν A+οι παιδες σου AD 5 επιστη] επιστασε D | προς Ιωσηφ 2°] τω Ιωσηφ D | ηκασιν A 6 κατοικησον A 8 της ζωης] om της A 9 αφικοντο] αφεικετο A αφεικοντο D | της ζωης 3°] των ετων D^vid | ημερας (ας ημ.?)] ημεραι ας D 11 κατωκησεν A^? | τον πατερα]+αυτου D^sil | Αιγυπτου] Αιγυπτω AD^sil

ΓΕΝΕΣΙΣ XLVII 22

12 ἐν τῇ βελτίστῃ γῇ, ἐν γῇ Ραμεσσή, καθὰ προσέταξεν Φαραώ. ¹²καὶ B
ἐσιτομέτρει Ἰωσὴφ τῷ πατρὶ αὐτοῦ καὶ τοῖς ἀδελφοῖς καὶ παντὶ τῷ
οἴκῳ τοῦ πατρὸς αὐτοῦ σῖτον κατὰ σῶμα.
13   ¹³Σῖτος δὲ οὐκ ἦν ἐν πάσῃ τῇ γῇ, ἐνίσχυσεν γὰρ ὁ λιμὸς σφόδρα·
14 ἐξέλιπεν δὲ ἡ γῆ Αἰγύπτου καὶ ἡ γῆ Χανάαν ἀπὸ τοῦ λιμοῦ· ¹⁴συνή-
γαγεν δὲ Ἰωσὴφ πᾶν τὸ ἀργύριον τὸ εὑρεθὲν ἐν γῇ Αἰγύπτου καὶ ἐν
γῇ Χανάαν τοῦ σίτου ὃ ἠγόραζον, καὶ ἐσιτομέτρει αὐτοῖς· καὶ εἰσή-
15 νεγκεν Ἰωσὴφ πᾶν τὸ ἀργύριον εἰς τὸν οἶκον Φαραώ. ¹⁵καὶ ἐξέλιπεν
τὸ ἀργύριον πᾶν ἐκ γῆς Αἰγύπτου καὶ ἐκ γῆς Χανάαν· ἦλθον δὲ πάντες
οἱ Αἰγύπτιοι πρὸς Ἰωσὴφ λέγοντες Δὸς ἡμῖν ἄρτους· καὶ ἵνα τί ἀπο-
16 θνήσκομεν ἐναντίον σου; ἐκλέλοιπεν γὰρ τὸ ἀργύριον ἡμῶν. ¹⁶εἶπεν
δὲ αὐτοῖς Ἰωσὴφ Φέρετε τὰ κτήνη ὑμῶν, καὶ δώσω ὑμῖν ἄρτους ἀντὶ
17 τῶν κτηνῶν ὑμῶν, εἰ ἐκλέλοιπεν τὸ ἀργύριον ὑμῶν. ¹⁷ἤγαγον δὲ τὰ § F
κτήνη πρὸς Ἰωσήφ, καὶ ἔδωκεν αὐτοῖς Ἰωσὴφ ἄρτους ἀντὶ τῶν ἵππων
καὶ ἀντὶ τῶν προβάτων καὶ ἀντὶ τῶν βοῶν καὶ ἀντὶ τῶν ὄνων· καὶ
ἐξέθρεψεν αὐτοὺς ἐν ἄρτοις ἀντὶ πάντων τῶν κτηνῶν αὐτῶν ἐν τῷ
18 ἐνιαυτῷ ἐκείνῳ. ¹⁸ἐξῆλθεν δὲ τὸ ἔτος ἐκεῖνο, καὶ ἦλθαν πρὸς αὐτὸν ἐν
τῷ ἔτει τῷ δευτέρῳ καὶ εἶπαν αὐτῷ Μή ποτε ἐκτριβῶμεν ἀπὸ τοῦ
κυρίου ἡμῶν· εἰ γὰρ ἐκλέλοιπεν τὸ ἀργύριον ἡμῶν καὶ τὰ ὑπάρχοντα
καὶ τὰ κτήνη πρὸς σὲ τὸν κύριον, καὶ οὐχ ὑπολείπεται ἡμῖν ἐναντίον
19 τοῦ κυρίου ἀλλ᾽ ἢ τὸ ἴδιον σῶμα καὶ ἡ γῆ ἡμῶν· ¹⁹ἵνα μὴ ἀπο-
θάνωμεν ἐναντίον σου καὶ ἡ γῆ ἐρημωθῇ, κτῆσαι ἡμᾶς καὶ τὴν γῆν
ἡμῶν ἀντὶ ἄρτων, καὶ ἐσόμεθα ἡμεῖς καὶ ἡ γῆ ἡμῶν παῖδες Φαραώ·
δὸς σπέρμα ἵνα σπείρωμεν καὶ μὴ ἀποθάνωμεν, καὶ ἡ γῆ ἐρημω-
20 θήσεται. ²⁰καὶ ἐκτήσατο Ἰωσὴφ πᾶσαν τὴν γῆν τῶν Αἰγυπτίων
τῷ Φαραώ· ἀπέδοντο γὰρ οἱ Αἰγύπτιοι τὴν γῆν αὐτῶν τῷ Φαραώ,
21 ἐπεκράτησεν γὰρ αὐτῶν ὁ λιμός, καὶ ἐγένετο ἡ γῆ Φαραώ· ²¹καὶ
τὸν λαὸν κατεδουλώσατο αὐτῷ εἰς παῖδας, ἀπ᾽ ἄκρων ὁρίων Αἰγύπτου
22 ἕως τῶν ἄκρων, ²²χωρὶς τῆς γῆς τῶν ἱερέων μόνον. οὐκ ἐκτήσατο

11 om εν γη Ραμεσση D | Φαραω] pr αυτω D   12 om αυτου 1° ADF
AD | αδελφοις]+αυτου AD   13 εξελειπεν AD   14 Αιγυπτου] Αι-
γυπτω AD | ο] ου AD^sil   15 εξελειπεν AD | om παν A | om ημων D
16 υμων 3°] ημων A om DF   18 ετος] εκες A | ηλθον AD^sil F | το
αργ. ημων] om ημων AD τα παιδαρια F | om προς σε τον κυριον F | ουχ
B^ab AD^sil F] ουκ B* | υπολειπεται A] υπολιπεται B υπολελειπται D^sil F |
om ημιν A | του κυριου]+ημων AD^sil F   19 ινα]+ουν B^ab AD^sil F | ερη-
μωθη] ερημωθησεται ADF | σπερματα AD ([σπερ]ματ[α] D) | σπειρωμεν]
+και ζωμεν B^ab mg F^1 και ζησωμεν AD | ερημωθησεται] pr ουκ A^1 (superscr)
D^sil (ο...D) F   20 ο λιμος αυτων A] Φαραω 3°] pr τω AF (om D)
21 αυτω] αυτων A | απ] απο D | των ακρων] om των F

95

XLVII 23   ΓΕΝΕΣΙΣ

B ταύτην Ἰωσήφ· ἐν δόσει γὰρ ἔδωκεν δόμα τοῖς ἱερεῦσιν Φαραώ, καὶ ἤσθιον τὴν δόσιν ἣν ἔδωκεν αὐτοῖς Φαραώ· διὰ τοῦτο οὐκ ἀπέδοντο ¶ D τὴν γῆν αὐτῶν. ¶ ²³εἶπεν δὲ Ἰωσὴφ πᾶσι τοῖς Αἰγυπτίοις Ἰδοὺ 23 κέκτημαι ὑμᾶς καὶ τὴν γῆν ὑμῶν σήμερον τῷ Φαραώ, λάβετε αὑτοῖς σπέρμα καὶ σπείρατε τὴν γῆν· ²⁴καὶ ἔσται τὰ γενήματα αὐτῆς, δώσετε 24 τὸ πέμπτον μέρος τῷ Φαραώ· τὰ δὲ τέσσερα μέρη ἔσται ὑμῖν αὐτοῖς εἰς σπέρμα τῇ γῇ καὶ εἰς βρῶσιν ὑμῖν καὶ πᾶσιν τοῖς οἴκοις ὑμῶν. ²⁵καὶ εἶπαν Σέσωκας ἡμᾶς, εὔρομεν χάριν ἐναντίον τοῦ κυρίου ἡμῶν, 25 καὶ ἐσόμεθα παῖδες Φαραώ. ²⁶καὶ ἔθετο αὐτοῖς Ἰωσὴφ εἰς πρόσταγμα 26 ἕως τῆς ἡμέρας ταύτης ἐπὶ γῆν Αἰγύπτου τῷ Φαραὼ ἀποπεμπτοῦν, χωρὶς τῆς γῆς τῶν ἱερέων μόνον· οὐκ ἦν τῷ Φαραώ. ²⁷κατῴκησεν 27 δὲ Ἰσραὴλ ἐν γῇ Αἰγύπτῳ ἐπὶ τῆς γῆς Γέσεμ· καὶ ἐκληρονόμησαν ἐπ' αὐτῆς, καὶ ἐπληθύνθησαν σφόδρα.

²⁸Ἐπέζησεν δὲ Ἰακὼβ ἐν γῇ Αἰγύπτῳ ἔτη δέκα ἑπτά· ἐγένοντο δὲ 28 αἱ ἡμέραι Ἰακὼβ ἐνιαυτῶν τῆς ζωῆς αὐτοῦ ἑκατὸν τεσσεράκοντα ἑπτὰ ἔτη. ²⁹ἤγγισαν δὲ αἱ ἡμέραι Ἰσραὴλ ἀποθανεῖν, καὶ ἐκάλεσεν τὸν υἱὸν 29 αὐτοῦ Ἰωσὴφ καὶ εἶπεν αὐτῷ Εἰ εὕρηκα χάριν ἐναντίον σου, ὑπόθες τὴν χεῖρά σου ὑπὸ τὸν μηρόν μου, καὶ ποιήσεις ἐπ' ἐμὲ ἐλεημοσύνην καὶ ἀλήθειαν τοῦ μή με θάψαι ἐν Αἰγύπτῳ· ³⁰ἀλλὰ κοιμηθήσομαι μετὰ 30 τῶν πατέρων μου, καὶ ἀρεῖς με ἐξ Αἰγύπτου καὶ θάψεις με ἐν τῷ τάφῳ αὐτῶν. ὁ δὲ εἶπεν Ἐγὼ ποιήσω κατὰ τὸ ῥῆμά σου. ³¹εἶπεν δέ 31 Ὄμοσόν μοι. καὶ ὤμοσεν αὐτῷ· καὶ προσεκύνησεν Ἰσραὴλ ἐπὶ τὸ § D ἄκρον τῆς ῥάβδου αὐτοῦ. ¹¹Ἐγένετο δὲ μετὰ τὰ ῥήματα ταῦτα 1 X ἀπηγγέλη τῷ Ἰωσὴφ ὅτι Ὁ πατήρ σου ἐνοχλεῖται· καὶ ἀναλαβὼν τοὺς δύο υἱοὺς αὐτοῦ, τὸν Μανασσῆ καὶ τὸν Ἐφράιμ, ἦλθεν πρὸς Ἰακώβ. ²ἀπηγγέλη δὲ τῷ Ἰακὼβ λέγοντες Ἰδοὺ ὁ υἱός σου Ἰωσὴφ ἔρχεται 2 πρὸς σέ· καὶ ἐνισχύσας Ἰσραὴλ ἐκάθισεν ἐπὶ τὴν κλίνην. ³καὶ εἶπεν 3 ¶ F Ἰακὼβ τῷ Ἰωσὴφ Ὤφθη μοι ὁ θεός μου ¶ ἐν Λουζὰ ἐν γῇ Χανάαν, καὶ

ADF   22 om ταυτην ADF | δοματα A | ιερευσι F   23 την γην 1°] γην|γην B*vid (την|γην B¹ᵗᵃ?) | αυτοις] εαυτοις AF | σπερματα A   24 τω Φαραω] om τω A | τεσσαρ. Bᵃᵇ (item 28) | σπερματα A | πασι F | οικοις] pr εν τοις A   25 ευραμεν A | Φαραω] pr τω AF   26 γην] γης AF | αποπεμπτουν τω Φαραω AF | μονων A   27 om γη AF | της γης] om της Bᵃᵇ A | και επληθ.] pr και ηυξηθησαν Bᵃᵇ ᵐᵍ AF   28 ετη δεκα επτα] ετη δ. επτα ετη B* (om ετη 2° Bᵃᵇ) δεκα επτα ετη AF | εγενοντο δε] και εγενοντο AF | της ζωης] om της F   29 αποθανειν] pr του AF | μη θαψαι με A   XLVIII 1 απηγγελη] ανηγγελη AD (ανηγ.... D) F pr και ADˢⁱˡF | σου] αυτου D | υιους αυτου]+μετ αυτου A+μεθ εαυτου D | Μαννασση A .   3 ο θεος μου ωφθη μοι Bᵃᵇ A ο θεος ωφθη μοι D+Dˢⁱˡ ο θεος μου ωφθη.. F | εν γη Χ. εν Λουζα A

ΓΕΝΕΣΙΣ XLVIII 16

4 εὐλόγησέν με ⁴καὶ εἶπέν μοι Ἰδοὺ ἐγώ σε αὐξανῶ καὶ πληθυνῶ καὶ Β
ποιήσω σε εἰς συναγωγὰς ἐθνῶν, καὶ δώσω σοι τὴν γῆν ταύτην καὶ τῷ
5 σπέρματί σου μετὰ σὲ εἰς κατάσχεσιν αἰώνιον. ⁵νῦν οὖν οἱ δύο υἱοί
σου οἱ γενόμενοί σοι ἐν Αἰγύπτῳ πρὸ τοῦ με ἐλθεῖν εἰς Αἴγυπτον πρὸς
σὲ ἐμοί εἰσιν, Ἐφράιμ καὶ Μανασσή, ὡς Ῥουβὴν καὶ Συμεὼν ἔσονταί
6 μοι· ⁶τὰ δὲ ἔκγονα ἃ δ᾽ ἂν γεννήσῃς μετὰ ταῦτα ἔσονται ἐπὶ τῷ ὀνόματι
7 τῶν ἀδελφῶν αὐτῶν, κληθήσονται ἐπὶ τοῖς ἐκείνων κλήροις. ⁷ἐγὼ δὲ
ἡνίκα ἠρχόμην ἐκ Μεσοποταμίας τῆς Συρίας, ἀπέθανεν Ῥαχὴλ ἡ μήτηρ
σου. ἐν γῇ Χανάαν, ἐγγίζοντός μου κατὰ τὸν ἱππόδρομον χαβραθὰ τῆς
γῆς τοῦ ἐλθεῖν Ἐφράθα· καὶ κατώρυξα αὐτὴν ἐν τῇ ὁδῷ τοῦ ἱππο-
8 δρόμου· αὕτη ἐστὶν Βεθλέεμ. ⁸ἰδὼν δὲ Ἰσραὴλ τοὺς υἱοὺς Ἰωσὴφ
9 εἶπεν Τίνες σοι οὗτοι; ⁹εἶπεν δὲ Ἰωσὴφ τῷ πατρὶ αὐτοῦ Υἱοί μού
εἰσιν οὓς ἔδωκέν μοι ὁ θεὸς ἐνταῦθα. καὶ εἶπεν Ἰακὼβ Προσάγαγέ
10 μοι αὐτοὺς ἵνα εὐλογήσω αὐτούς. ¹⁰οἱ δὲ ὀφθαλμοὶ Ἰσραὴλ ἐβαρυώ-
πησαν ἀπὸ τοῦ γήρους, καὶ οὐκ ἠδύνατο βλέπειν· καὶ ἤγγισεν αὐτοὺς
11 πρὸς αὐτόν, καὶ ἐφίλησεν αὐτοὺς καὶ περιέλαβεν αὐτούς. ¹¹καὶ εἶπεν
Ἰσραὴλ πρὸς Ἰωσήφ Ἰδοὺ τοῦ προσώπου σου οὐκ ἐστερήθην, καὶ ἰδοὺ
12 ἔδειξέν μοι ὁ θεὸς καὶ τὸ σπέρμα σου. ¹²καὶ ἐξήγαγεν Ἰωσὴφ αὐτοὺς
ἀπὸ τῶν γονάτων αὐτοῦ, καὶ προσεκύνησαν αὐτῷ ἐπὶ πρόσωπον ἐπὶ
13 τῆς γῆς. ¹³λαβὼν δὲ Ἰωσὴφ τοὺς δύο υἱοὺς αὐτοῦ, τόν τε Ἐφράιμ ἐν
τῇ δεξιᾷ, ἐξ ἀριστερῶν δὲ Ἰσραήλ, τὸν δὲ Μανασσῆ ἐξ ἀριστερῶν, ἐκ
14 δεξιῶν δὲ Ἰσραήλ, ἤγγισεν αὐτοὺς αὐτῷ. ¹⁴ἐκτείνας δὲ Ἰσραὴλ τὴν
χεῖρα τὴν δεξιὰν ἐπέβαλεν ἐπὶ τὴν κεφαλὴν Ἐφράιμ, οὗτος δὲ ἦν ὁ
νεώτερος, καὶ τὴν ἀριστερὰν ἐπὶ τὴν κεφαλὴν Μανασσῆ, ἐναλλὰξ τὰς
15 χεῖρας. ¹⁵καὶ ηὐλόγησεν αὐτοὺς καὶ εἶπεν Ὁ θεὸς ᾧ εὐηρέστησαν οἱ
πατέρες μου ἐναντίον αὐτοῦ Ἀβραὰμ καὶ Ἰσαάκ, ὁ κύριος ὁ τρέφων με
16 ἐκ νεότητος ἕως τῆς ἡμέρας ταύτης, ¹⁶ὁ ἄγγελος ὁ ῥυόμενός με ἐκ
πάντων τῶν κακῶν, εὐλογήσαι τὰ παιδία ταῦτα· καὶ ἐπικληθήσεται τὸ

---

3 ηυλογησεν A   4 αυξανω σε AD^sil | πληθυνω]+σε AD^sil   5 Αι- AD
γυπτω] pr γη A | προς σε εις Αιγ. D^sil | Μαννασση A | Συμεων] pr ως AD
6 δ αν] αν AD | εσονται] pr σοι AD | επι 2°] εν AD   7 της Συριας] om
της D | η μητηρ σου Ραχηλ D | χαβρατα D | Εφραθα sup ras B^{1!a!b} | Βηθ-
λεεμ AD^sil   8 σοι] ησιν D   10 οι οφθ. δε A | Ισραηλ] αυτου AD | γηρως
AB^{ab}D^sil   10—12 και ουκ ηδυνατο......προσεκυνησαν (sup ras usque ad
των γο) rescr A^a   10 ουκ] ουχ A^a | ηδυνατο] εδυναντο A^a ηδυναντο
D | και ηγγισεν]+δε A^a   12 αυτους Ιωσηφ A^a!D^sil | της γης] την γην D
13 δε 3°] τε D | Μανασση A | εξ αριστερων 2°] εν τη αριστηρα A τη αρ.
D   14 χειρα την δεξιαν] δεξ. χειρα D | εναλλαξ] εναλλαξας D   15 ευλο-
γησεν D^sil | εναντιον BD] ενωπιον A | ο κυριος] ο θς AD | νεοτητος]+
μου D

SEPT.   97   G

XLVIII 17   ΓΕΝΕΣΙΣ

B ὄνομά μου ἐν αὐτοῖς καὶ τὸ ὄνομα τῶν πατέρων μου Ἀβραὰμ καὶ
Ἰσαάκ, καὶ πληθυνθείησαν εἰς πλῆθος πολὺ ἐπὶ τῆς γῆς. ¹⁷ἰδὼν δὲ 17
Ἰωσὴφ ὅτι ἐπέβαλεν ὁ πατὴρ τὴν δεξιὰν αὐτοῦ ἐπὶ τὴν κεφαλὴν
Ἐφράιμ, βαρὺ αὐτῷ κατεφάνη· καὶ ἀντελάβετο Ἰωσὴφ τῆς χειρὸς τοῦ
πατρὸς αὐτοῦ ἀφελεῖν αὐτὴν ἀπὸ τῆς κεφαλῆς Ἐφράιμ ἐπὶ τὴν
κεφαλὴν Μανασσή. ¹⁸εἶπεν δὲ Ἰωσὴφ τῷ πατρὶ αὐτοῦ Οὐχ οὕτως, 18
πάτερ· οὗτος γὰρ ὁ πρωτότοκος, ἐπίθες τὴν δεξιὰν ἐπὶ τὴν κεφαλὴν
αὐτοῦ. ¹⁹καὶ οὐκ ἠθέλησεν, ἀλλὰ εἶπεν Οἶδα, τέκνον, οἶδα· καὶ οὗτος 19
ἔσται εἰς λαόν, καὶ οὗτος ὑψωθήσεται· ἀλλὰ ὁ ἀδελφὸς αὐτοῦ ὁ νεώ-
τερος μείζων αὐτοῦ ἔσται, καὶ τὸ σπέρμα αὐτοῦ ἔσται εἰς πλῆθος
ἐθνῶν. ²⁰καὶ εὐλόγησεν αὐτοὺς ἐν τῇ ἡμέρᾳ ἐκείνῃ λέγων Ἐν ὑμῖν 20
εὐλογηθήσεται Ἰσραὴλ λέγοντες Ποιήσαι σε ὁ θεὸς ὡς Ἐφράιμ καὶ
ὡς Μανασσή· καὶ ἔθηκεν τὸν Ἐφράιμ ἔμπροσθεν τοῦ Μανασσή.
²¹εἶπεν δὲ Ἰσραὴλ τῷ Ἰωσὴφ Ἰδοὺ ἐγὼ ἀποθνῄσκω, καὶ ἔσται ὁ θεὸς 21
§ Γ μεθ' ὑμῶν καὶ ἀποστρέψει ὑμᾶς εἰς τὴν γῆν ʰτῶν πατέρων ὑμῶν·
²²ἐγὼ δὲ δίδωμί σοι σίκιμα ἐξαίρετον ὑπὲρ τοὺς ἀδελφούς σου, ἣν 22
ἔλαβον ἐκ χειρὸς Ἀμορραίων ἐν μαχαίρᾳ μου καὶ τόξῳ.
¹Ἐκάλεσεν δὲ Ἰακὼβ τοὺς υἱοὺς αὐτοῦ καὶ εἶπεν αὐτοῖς Συνάχθητε, 1 XLI
ἵνα ἀναγγείλω ὑμῖν τί ἀπαντήσει ὑμῖν ἐπ' ἐσχάτων τῶν ἡμέρων.
²συνάχθητε καὶ ἀκούσατέ μου, υἱοὶ Ἰακώβ·
    ἀκούσατε Ἰσραήλ, ἀκούσατε τοῦ πατρὸς ὑμῶν.
³Ῥουβὴν πρωτότοκός μου, σὺ ἰσχύς μου καὶ ἀρχὴ τέκνων μου·   3
    σκληρὸς φέρεσθαι καὶ σκληρὸς αὐθάδης.
⁴ἐξύβρισας ὡς ὕδωρ, μὴ ἐκζέσῃς·
    ἀνέβης γὰρ ἐπὶ τὴν κοίτην τοῦ πατρός σου·
    τότε ἐμίανας τὴν στρωμνὴν οὗ ἀνέβης.
⁵Συμεὼν καὶ Λευὶ ἀδελφοί·
    συνετέλεσαν ἀδικίαν ἐξ αἱρέσεως αὐτῶν.
⁶εἰς βουλὴν αὐτῶν μὴ ἔλθοι ἡ ψυχή μου,   6
    καὶ ἐπὶ τῇ συστάσει αὐτῶν μὴ ἐρίσαι τὰ ἥπατά μου.

ADF   16 εν αυτοις το ον. μου AD^sil   17 ο πατηρ]+αυτου την χειρα A+αυτου
D^sil (αυ[του] D) | του πατρος] αου π. B* (του π. B¹) | Μανϝασση A   18 ουκ
B* (ουχ B^ab) | την δεξιαν]+σου AD^sil   19 αλλ ειπεν AD^sil | ουτος 1°]
αυτος D | αλλ ο D^sil   20 ηυλογησεν A | Μανασση (bis) A   21 εις
την γην] pr εκ της γης ταυτης AD   22 μαχαιρη AD   XLIX 1 om
αυτοις ADF | απαγγειλω D | επ εσχατων των ημ. BAD (..τωντ[ων]..)] επ
εσχατω των ημ. F   2 συναχθητε] αθροισθητε AF | om μου AF | om
ακουσατε Ισρ. ακ. του πατρος υμων D | om ακουσατε 3° AF   4 εκζεσης]
ζ sup ras A^a | ante ου ras 1 lit A | ανεβης 2° sup ras A¹   5 Λευει D | εξ
ερεσεως B*A (nisi εξερ.) εξ αἱρ. B^ab DF^a (εξαιρ. F*^vid)

ΓΕΝΕΣΙΣ XLIX 15

ὅτι ἐν τῷ θυμῷ αὐτῶν ἀπέκτειναν ἀνθρώπους, B
καὶ ἐν τῇ ἐπιθυμίᾳ αὐτῶν ἐνευροκόπησαν ταῦρον.
7 ⁷ἐπικατάρατος ὁ θυμὸς αὐτῶν, ὅτι αὐθάδης·
καὶ ἡ μῆνις αὐτῶν, ὅτι ἐσκληρύνθη.
διαμεριῶ αὐτοὺς ἐν Ἰακώβ,
καὶ διασπερῶ αὐτοὺς ἐν Ἰσραήλ.
8 ⁸Ἰούδα, σὲ αἰνέσαισαν οἱ ἀδελφοί σου·
αἱ χεῖρές σου ἐπὶ νώτου τῶν ἐχθρῶν σου.
προσκυνήσουσίν σοι οἱ υἱοὶ τοῦ πατρός σου.
9 ⁹σκύμνος λέοντος, Ἰούδα·
ἐκ βλαστοῦ, υἱέ μου, ἀνέβης·
ἀναπεσὼν ἐκοιμήθης ὡς λέων καὶ ὡς σκύμνος·
τίς ἐγερεῖ αὐτόν;
10 ¹⁰οὐκ ἐκλείψει ἄρχων ἐξ Ἰούδα,
καὶ ἡγούμενος ἐκ τῶν μηρῶν αὐτοῦ,
ἕως ἂν ἔλθῃ τὰ ἀποκείμενα αὐτῷ,
καὶ αὐτὸς προσδοκία ἐθνῶν.
11 ¹¹δεσμεύων πρὸς ἄμπελον τὸν πῶλον αὐτοῦ,
καὶ τῇ ἕλικι τὸν πῶλον τῆς ὄνου αὐτοῦ·
πλυνεῖ ἐν οἴνῳ τὴν στολὴν αὐτοῦ,
καὶ ἐν αἵματι σταφυλῆς τὴν περιβολὴν αὐτοῦ.
12 ¹²χαροποιοὶ οἱ ὀφθαλμοὶ αὐτοῦ ὑπὲρ οἶνον,
καὶ λευκοὶ οἱ ὀδόντες αὐτοῦ ἢ γάλα.
13 ¹³Ζαβουλὼν παράλιος κατοικήσει,
καὶ αὐτὸς παρ' ὅρμον πλοίων,
καὶ παρατενεῖ ἕως Σιδῶνος.
14 ¹⁴Ἰσσαχὰρ τὸ καλὸν ἐπεθύμησεν,
ἀναπαυόμενος ἀνὰ μέσον τῶν κλήρων·
15 ¹⁵καὶ ἰδὼν τὴν ἀνάπαυσιν ὅτι καλή,
καὶ τὴν γῆν ὅτι πίων,
ὑπέθηκεν τὸν ὦμον αὐτοῦ εἰς τὸ πονεῖν,
καὶ ἐγενήθη ἀνὴρ γεωργός.

6 εν επιθυμια F* (τη. superscr F¹)   7 διασπερω]·διασκορπιω A ADF
8 επι νωτου] επι τ[ω] νωτω F | σοι B*D*] σε AF | οι υιοι] om οι F   9 Ιουδας D | μου] μοι F   10 αρχων εξ Ιουδα sup ras A¹ (seq spat 1 lit)   12 υπερ οινον] απο οινου ADF | om αυτου 2°·DF   13 κατοικησει] παροικησει D₁| Σιδονος Bᵃ   14 Ισαχαρ F* (Ισσ. F¹) | ανα μεσον] εμμεσω A
15 εγενηθη] εγενη F

99   G 2

ΓΕΝΕΣΙΣ

B ¹⁶Δὰν κρινεῖ τὸν ἑαυτοῦ λαόν,
ὡσεὶ καὶ μία φυλὴ ἐν Ἰσραήλ.
¹⁷καὶ γενηθήτω Δὰν ὄφις ἐφ' ὁδοῦ,
ἐνκαθήμενος ἐπὶ τρίβου·
δάκνων πτέρναν ἵππου,
καὶ πεσεῖται ὁ ἱππεὺς εἰς τὰ ὀπίσω,
¹⁸ τὴν σωτηρίαν περιμένων Κυρίου.
¹⁹Γάδ, πειρατήριον πειρατεύσει αὐτόν·
αὐτὸς δὲ πειρατεύσει αὐτῶν κατὰ πόδας.
²⁰Ἀσήρ, πίων αὐτοῦ ὁ ἄρτος,
καὶ αὐτὸς δώσει τρυφὴν ἄρχουσιν.
²¹Νεφθαλεί, στέλεχος ἀνειμένον,
ἐπιδιδοὺς ἐν τῷ γενήματι κάλλος.
²²Υἱὸς ηὐξημένος Ἰωσήφ,
υἱὸς ηὐξημένος μου ζηλωτός·
υἱός μου νεώτατος·
πρὸς μὲ ἀνάστρεψον.
²³εἰς ὃν διαβουλευόμενοι ἐλοιδόρουν,
καὶ ἐνεῖχον αὐτῷ κύριοι τοξευμάτων·
²⁴καὶ συνετρίβη μετὰ κράτους τὰ τόξα αὐτῶν,
καὶ ἐξελύθη τὰ νεῦρα βραχιόνων χειρὸς αὐτῶν
διὰ χεῖρα δυνάστου Ἰακώβ·
ἐκεῖθεν ὁ κατισχύσας Ἰσραήλ·
⁽²⁴⁾ παρὰ θεοῦ τοῦ πατρός σου.
²⁵καὶ ἐβοήθησέν σοι ὁ θεὸς ὁ ἐμός,
καὶ εὐλόγησέν σε εὐλογίαν οὐρανοῦ ἄνωθεν,
καὶ εὐλογίαν γῆς ἐχούσης πάντα·
ἕνεκεν εὐλογίας μαστῶν καὶ μήτρας,
²⁶ εὐλογίας πατρός σου καὶ μητρός σου·

ADF 16 εαυτου λαον B*D*] λαον αυτου AF   17 γενηθητω Δαν B*D*ˢⁱˡ]
εγενηθη τω Δαν A hiat F | εφ οδου] επ οδου A | ενκαθ.] εγκαθ. AB^{ab}F |
οπισω] οπισθια DF   19 αυτος δε] και αυτος F | αυτων] αυτον F
20 δωσει] διαδωσει A διαδιδωσιν D | τρυφην] τροφην ADF | αρχουσι F
21 Νεφθαλει B*D*] Νεφθαλειμ A Νεφθαλι F | γενηματι B*D*F] γεννηματι A
22 om μου 1° ADF | νεωτατος] νεωτος (νε sup ras 3 litt Aᵃ) A   24 τοξα]
τοξευματα F | χειρος] χειρων ADF | χειρα] χειρος D ([χειρ]ος D) | κατισχυ-
σας]+σε A | Ισραηλ] Ιακωβ A | θεου] pr του A   25 ηυλογησεν F | γης]
pr της A | εινεκεν D*ˢⁱˡ*F | και μητρας] om και A

ΓΕΝΕΣΙΣ L 4

ὑπερίσχυσεν ἐπ' εὐλογίαις ὀρέων μονίμων,
καὶ ἐπ' εὐλογίαις θεινῶν ἀενάων·
ἔσονται ἐπὶ κεφαλὴν Ἰωσήφ,
καὶ ἐπὶ κορυφῆς ὧν ἡγήσατο ἀδελφῶν.

27 ²⁷Βενιαμεὶν λύκος ἅρπαξ·
τὸ πρωινὸν ἔδεται ἔτι,
καὶ εἰς τὸ ἑσπέρας δίδωσιν τροφήν.

28 ²⁸Πάντες οὗτοι υἱοὶ Ἰακὼβ δώδεκα, καὶ ταῦτα ἐλάλησεν αὐτοῖς ὁ πατὴρ αὐτῶν· καὶ εὐλόγησεν αὐτοὺς ὁ πατήρ, ἕκαστον κατὰ τὴν εὐλο-
29 γίαν αὐτοῦ εὐλόγησεν αὐτούς. ²⁹καὶ εἶπεν αὐτοῖς Ἐγὼ προστίθεμαι πρὸς τὸν ἐμὸν λαόν· θάψατέ με μετὰ τῶν πατέρων μου ἐν τῷ σπηλαίῳ
30 ὅ ἐστιν ἐν τῷ ἀγρῷ Ἐφρὼν τοῦ Χετταίου, ³⁰ἐν τῷ σπηλαίῳ τῷ διπλῷ τῷ ἀπέναντι Μαμβρῆ ἐν γῇ Χανάαν, ὃ ἐκτήσατο Ἀβραὰμ τὸ σπήλαιον
31 παρὰ Ἐφρὼν τοῦ Χετταίου ἐν κτήσει μνημείου. ³¹ἐκεῖ ἔθαψαν Ἀβραὰμ καὶ Σάρραν τὴν γυναῖκα αὐτοῦ· ἐκεῖ ἔθαψαν Ἰσαὰκ καὶ Ρε-
32 βέκκαν τὴν γυναῖκα αὐτοῦ· ἐκεῖ ἔθαψαν Λείαν, ³²ἐν κτήσει τοῦ ἀγροῦ
33 καὶ τοῦ σπηλαίου τοῦ ὄντος ἐν αὐτῷ παρὰ τῶν υἱῶν Χέτ. ³³Καὶ κατέπαυσεν Ἰακὼβ ἐπιτάσσων τοῖς υἱοῖς αὐτοῦ, καὶ ἐξάρας τοὺς πόδας αὐτοῦ ἐπὶ τὴν κλίνην ἐξέλιπεν καὶ προσετέθη πρὸς τὸν λαὸν αὐτοῦ.

L 1 ¹καὶ ἐπιπεσὼν Ἰωσὴφ ἐπὶ τὸ πρόσωπον τοῦ πατρὸς αὐτοῦ ἔκλαυσεν
2 αὐτὸν καὶ ἐφίλησεν αὐτόν. ²καὶ προσέταξεν Ἰωσὴφ τοῖς παισὶν αὐτοῦ τοῖς ἐνταφιασταῖς ἐνταφιάσαι τὸν πατέρα αὐτοῦ· καὶ ἐνεταφία-
3 σαν οἱ ἐνταφιασταὶ τὸν Ἰσραήλ. ³καὶ ἐπλήρωσεν αὐτοὺς τεσσερά- ¶ D κοντα ἡμέρας· οὕτως γὰρ καταριθμοῦνται αἱ ἡμέραι τῆς ταφῆς· καὶ
4 ἐπένθησεν αὐτὸν Αἴγυπτος ἑβδομήκοντα ἡμέρας. ⁴Ἐπειδὴ δὲ παρῆλθον αἱ ἡμέραι τοῦ πένθους, ἐλάλησεν Ἰωσὴφ πρὸς τοὺς δυνάστας Φαραὼ λέγων Εἰ εὗρον χάριν ἐναντίον ὑμῶν, λαλήσατε περὶ ἐμοῦ

---

26 om ορεων A | om και επ ευλογιαις θεινων D | θινων B^bAF (βουνων ADF F^a?) | αεναων] αιωνιων D ([αι]ωνί[ων] D) F | κεφαλην] κεφαλης A pr την D | κορυφην F   27 εδεται·ετι F | διδωσιν] διαδωσει AD διαδιδωσιν F 28 ουτοι] οι A | αυτοις ελαλησεν A | ευλογησεν 1°] ηυλογησεν AF | om ο πατηρ 2° AD^silF | ευλογησεν 2°] ηυλογησεν A?F   29 προστιθεμεν A | θαψατε BAD] θαψετε F | με μετα] μετα μετα F | Εφρων εν τω αγρω A 30 γη Χανααν] τη γη Χανααν AF τη γη των Χαναναιων D   31 εκει 2°, 3°] pr και ADF | Λιαν A   33 εξαρας]+Ιακωβ ADF | τους ποδας αυτου] om αυτου ADF | εξελειπεν DF   L 1 το προσωπον] τον τραχηλον A om το F^vid (επι...ισωπον) | αυτον 1°] επ αυτον A επ αυτω F   3 επληρωσεν αυτους] επληρωσαν αυτου AF | τεσσαρακ. B^ab   4 επειδη] επει F | om δε A | om περι εμου F

101

ΓΕΝΕΣΙΣ

Β εἰς τὰ ὦτα Φαραὼ λέγοντες ⁵Ὁ πατήρ με ὥρκισεν λέγων Ἐν τῷ 5
μνημείῳ ᾧ ὤρυξα ἐμαυτῷ ἐν γῇ Χανάαν, ἐκεῖ με θάψεις· νῦν οὖν
ἀναβὰς θάψω τὸν πατέρα μου, καὶ ἀπελεύσομαι. ⁶καὶ εἶπεν Φαραὼ 6
§ D Ἀνάβηθι, θάψον τὸν πατέρα σου καθάπερ ὥρκισέν σε. §⁷καὶ ἀνέβη 7
Ἰωσὴφ θάψαι τὸν πατέρα αὐτοῦ· καὶ συνανέβησαν μετ' αὐτοῦ πάντες
οἱ παῖδες Φαραὼ καὶ οἱ πρεσβύτεροι τοῦ οἴκου αὐτοῦ, καὶ πάντες οἱ
πρεσβύτεροι τῆς γῆς Αἰγύπτου, ⁸καὶ πᾶσα ἡ πανοικία Ἰωσὴφ καὶ οἱ 8
ἀδελφοὶ αὐτοῦ καὶ πᾶσα ἡ οἰκία ἡ πατρικὴ αὐτοῦ καὶ ἡ συγγενία αὐ-
τοῦ· καὶ τὰ πρόβατα καὶ τοὺς βόας ὑπελίποντο ἐν γῇ Γέσεμ. ⁹καὶ 9
συνανέβησαν μετ' αὐτοῦ καὶ ἅρματα καὶ ἱππεῖς, καὶ ἐγένετο ἡ παρεμ-
βολὴ μεγάλη σφόδρα. ¹⁰καὶ παρεγένοντο εἰς ἅλωνα Ἀτάδ, ὅ ἐστιν 10
πέραν τοῦ Ἰορδάνου, καὶ ἐκόψαντο αὐτὸν κοπετὸν μέγαν καὶ ἰσχυρὸν
σφόδρα· καὶ ἐποίησαν τὸ πένθος τῷ πατρὶ αὐτοῦ ἑπτὰ ἡμέρας. ¹¹καὶ 11
ἴδον οἱ κάτοικοι τῆς γῆς Χανάαν τὸ πένθος ἐν ἅλωνι Ἀτὰδ καὶ εἶπαν
Πένθος μέγα τοῦτό ἐστιν τοῖς Αἰγυπτίοις· διὰ τοῦτο ἐκάλεσεν τὸ ὄνομα
αὐτοῦ Πένθος Αἰγύπτου, ὅ ἐστιν πέραν τοῦ Ἰορδάνου. ¹²καὶ ἐποίη- 12
σαν αὐτῷ οὕτως οἱ υἱοὶ αὐτοῦ, καὶ ἔθαψαν αὐτὸν ἐκεῖ. ¹³καὶ ἀνέλαβον 13
αὐτὸν οἱ υἱοὶ αὐτοῦ εἰς γῆν Χανάαν, καὶ ἔθαψαν αὐτὸν εἰς τὸ σπήλαιον
τὸ διπλοῦν, ὃ ἐκτήσατο Ἀβραὰμ τὸ σπήλαιον ἐν κτήσει μνημείου
¶ D παρὰ Ἐφρὼν τοῦ Χετταίου, κατέναντι Μαμβρή.¶
¶ F ¹⁴Καὶ ἀπέστρεψεν Ἰωσὴφ εἰς Αἴγυπτον, αὐτὸς καὶ οἱ ἀδελφοὶ¶ 14
αὐτοῦ καὶ οἱ συναναβάντες θάψαι τὸν πατέρα αὐτοῦ. ¹⁵ἰδόντες δὲ οἱ 15
ἀδελφοὶ Ἰωσὴφ ὅτι τέθνηκεν ὁ πατὴρ αὐτῶν εἶπαν Μή ποτε μνησι-
κακήσῃ ἡμῖν Ἰωσήφ, καὶ ἀνταπόδομα ἀνταποδῷ ἡμῖν πάντα τὰ κακὰ
ἃ ἐνεδειξάμεθα αὐτῷ. ¹⁶καὶ παρεγένοντο πρὸς Ἰωσὴφ λέγοντες Ὁ 16
πατήρ σου ὥρκισεν πρὸ τοῦ τελευτῆσαι αὐτὸν λέγων ¹⁷Οὕτως εἴπατε 17
Ἰωσήφ Ἄφες αὐτοῖς τὴν ἀδικίαν καὶ τὴν ἁμαρτίαν αὐτῶν, ὅτι πονηρά

ADF   5 ο πατηρ]+μου AF | ωρκισεν με AF | λεγων] pr προ του τελευτησαι A |
επελευσομαι AF   6 ειπεν Φ.]+τω Ιωσηφ AF   7 της γης Αιγ.] om γης
A om της D (F ?)   8 η συγγενια αυτου] την συγγενειαν AD την συγ-
γενιαν F | υπελειποντο ADF   9 om και 2° DF   10 παρεγενοντο]
παρεγενετο A | εις αλωνα] εφ αλ. AF επ αλ. D | Αται D | εποιησεν F |
τω πατρι αυτου το πενθος D   11 ειδον D^sil F | Αταδ] ταδ' B*vid (Αταδ Bª)
Ατατ D | εστιν τουτο DF | εκαλεσεν] εκαλεσεν D εκληθη F | αυτου] του τοπου
εκεινου AF του τοπου D   12 αιτου] Ισραηλ A + καθως ενετειλατο αυτοις
ADFª (καθ. ενετ. F*) | om και εθαψαν αυτον εκει ADsilF   13 ανελαβον
αυτον]+εκει B* (om Bª b) | γην] pr την D   14 απεστρεψεν] επεστρεψεν
AF | εις] επ Fb (de F* non liq) | αδελ... F | συναναβαντες]+παντες A
15 αυτω] εις αυτον Bc   16 παρεγενοντο] παραγενοντο Bedit παραγενομενοι
A | λεγοντες] ειπαν A   17 om και την αμαρτιαν A

ΓΕΝΕΣΙΣ L 26

σοι ἐνεδείξαντο· καὶ νῦν δέξαι τὴν ἀδικίαν τῶν θεραπόντων τοῦ θεοῦ Β
τοῦ πατρός σου. καὶ ἔκλαυσεν Ἰωσὴφ λαλούντων αὐτῶν πρὸς αὐτόν.
18 ¹⁸καὶ ἐλθόντες πρὸς αὐτὸν εἶπαν Οἴδε ἡμεῖς οἰκέται. ¹⁹καὶ εἶπεν
19
20 αὐτοῖς Ἰωσὴφ Μὴ φοβεῖσθε, τοῦ γὰρ θεοῦ ἐγώ εἰμι· ²⁰ὑμεῖς ἐβουλεύ-
σασθε κατ' ἐμοῦ εἰς πονηρά, ὁ δὲ θεὸς ἐβουλεύσατο περὶ ἐμοῦ εἰς
21 ἀγαθά, ὅπως ἂν γενηθῇ ὡς σήμερον, ἵνα τραφῇ λαὸς πολύς. ²¹εἶπεν
δὲ αὐτοῖς Μὴ φοβεῖσθε· ἐγὼ διαθρέψω ὑμᾶς καὶ τὰς οἰκίας ὑμῶν. καὶ
παρεκάλεσεν αὐτοὺς καὶ ἐλάλησεν αὐτῶν εἰς τὴν καρδίαν.
22 §²²Καὶ κατῴκησεν Ἰωσὴφ ἐν Αἰγύπτῳ, αὐτὸς καὶ οἱ ἀδελφοὶ αὐτοῦ § D
καὶ πᾶσα ἡ πανοικία τοῦ πατρὸς αὐτοῦ· καὶ ἔζησεν Ἰωσὴφ ἔτη ἑκατὸν
23 δέκα. ²³καὶ εἶδεν Ἰωσὴφ Ἐφράιμ παιδία ἕως τρίτης γενεᾶς· καὶ υἱοὶ
24 Μαχεὶρ τοῦ υἱοῦ Μανασσῆ ἐτέχθησαν ἐπὶ μηρῶν Ἰωσήφ. ²⁴καὶ εἶπεν
Ἰωσὴφ τοῖς ἀδελφοῖς αὐτοῦ λέγων Ἐγὼ ἀποθνήσκω· ἐπισκοπῇ δὲ
ἐπισκέψεται ὑμᾶς ὁ θεός, καὶ ἀνάξει ὑμᾶς ἐκ τῆς γῆς ταύτης εἰς τὴν
γῆν ἣν ὤμοσεν ὁ θεὸς τοῖς πατράσιν ἡμῶν, Ἀβραὰμ καὶ Ἰσαὰκ καὶ
25 Ἰακώβ. ²⁵καὶ ὥρκισεν Ἰωσὴφ τοὺς υἱοὺς Ἰσραὴλ λέγων Ἐν τῇ ἐπι-
σκοπῇ ᾗ ἐπισκέψεται ὑμᾶς ὁ θεὸς καὶ συνανοίσετε τὰ ὀστᾶ μου
26 ἐντεῦθεν μεθ' ὑμῶν. ²⁶καὶ ἐτελεύτησεν Ἰωσὴφ ἐτῶν ἑκατὸν δέκα· καὶ
ἔθαψαν αὐτὸν καὶ ἔθηκαν ἐν τῇ σορῷ ἐν Αἰγύπτῳ.

18 ειπον A | οικεται] pr σοι A   19 om Ιωσηφ A | ειμι εγω A AD
20 τραφη] διατραφη A   21 ειπεν δε] και ειπεν A   22 εν Αιγυπτω]
εις Αιγυπτον A   23 ιδεν AD | και υιοι] οι υιοι D* (και υιοι Dᵇ) | Μαν-
ασση A   24 om λεγων A | ο θεος υμας ADˢⁱˡ | την γην] om την D |
om τοις πατρασιν ημων A   25 επισκεψηται Dˢⁱˡ | ο θεος υμας ADˢⁱˡ |
συνανοισεται BA   26 "rec man adscr" D | ετων] pr ων Dᵇ | om και
εθηκαν Dᵇ | εθηκαν]+αυτον A
Subscr γενεσις κατα τους εβδομηκοντα B γενεσις κοσμου A

ΕΞΟΔΟΣ

B ΤΑΥΤΑ τὰ ὀνόματα τῶν υἱῶν Ἰσραὴλ τῶν εἰσπεπορευμένων εἰς 1 I
Αἴγυπτον ἅμα Ἰακὼβ τῷ πατρὶ αὐτῶν· ἕκαστος πανοικὶ αὐτῶν
εἰσήλθοσαν· ²Ρουβήν, Συμεών, Λευεί, Ἰούδας· ³Ἰσσαχάρ, Ζαβουλὼν 2
καὶ Βενιαμείν, ⁴Δὰν καὶ Νεφθαλεί, Γὰδ καὶ Ἀσήρ. ⁵Ἰωσὴφ δὲ ἦν ἐν 3 4
Αἰγύπτῳ· ἦσαν δὲ πᾶσαι ψυχαὶ ἐξ Ἰακὼβ πέντε καὶ ἑβδομήκον- 5
τα. ⁶Ἐτελεύτησεν δὲ Ἰωσὴφ καὶ πάντες οἱ ἀδελφοὶ αὐτοῦ καὶ 6
πᾶσα ἡ γενεὰ ἐκείνη. ⁷οἱ δὲ υἱοὶ Ἰσραὴλ ηὐξήθησαν καὶ ἐπληθύνθη- 7
σαν καὶ χυδαῖοι ἐγένοντο καὶ κατίσχυον σφόδρα σφόδρα· ἐπλήθυνεν
δὲ ἡ γῆ αὐτούς.

⁸Ἀνέστη δὲ βασιλεὺς ἕτερος ἐπ᾽ Αἴγυπτον, ὃς οὐκ ᾔδει τὸν Ἰωσήφ. 8
⁹εἶπεν δὲ τῷ ἔθνει αὐτοῦ Ἰδοὺ τὸ γένος τῶν υἱῶν Ἰσραὴλ μέγα 9
πλῆθος, καὶ ἰσχύει ὑπὲρ ἡμᾶς· ¹⁰δεῦτε οὖν κατασοφισώμεθα αὐτούς, 10
μή ποτε πληθυνθῇ, καὶ ἡνίκα ἂν συμβῇ ἡμῖν πόλεμος προστεθήσονται
καὶ οὗτοι πρὸς τοὺς ὑπεναντίους, καὶ ἐκπολεμήσαντες ἡμᾶς ἐξελεύ-
§ F σονται ἐκ τῆς §γῆς. ¹¹καὶ ἐπέστησεν αὐτοῖς ἐπιστάτας τῶν ἔργων, 11
ἵνα κακώσωσιν αὐτοὺς ἐν τοῖς ἔργοις· καὶ ᾠκοδόμησαν πόλεις ὀχυρὰς
τῷ Φαραώ, τήν τε Πειθὼ καὶ Ῥαμεσσὴ καὶ Ὤν, ἥ ἐστιν Ἡλίου
πόλις. ¹²καθότι δὲ αὐτοὺς ἐταπείνουν, τοσούτῳ πλείους ἐγίνοντο, 12
καὶ ἴσχυον σφόδρα σφόδρα· καὶ ἐβδελύσσοντο οἱ Αἰγύπτιοι ἀπὸ τῶν
υἱῶν Ἰσραήλ. ¹³καὶ κατεδυνάστευον οἱ Αἰγύπτιοι τοὺς υἱοὺς Ἰσραὴλ 13

AF Inscr εξοδος Αιγυπτου A   I 1 πανοικια A   2 Λευι A | Ιουδα A
4—5 Δαν και Νεφθαλι...Ιωσηφ δε ην sup ras A¹ (om Δαν και Νεφθ. A*ᵛⁱᵈ)
4 Δαν] A, ν sup ras B¹ᵗᵃᵗᵇ | Νεφθ.] N, φθ sup ras B¹ᵗᵃᵗᵇ   7 Ιηλ ηυξ. και
επληθ. και χυ sup ras Aᵃᵗ | κατισχυσαν A   9 om αυτου A | γενος] εθνος
A   10 om ουν A | πληθυνθη] πληθῦ sup ras B¹ᵗᵃᵗᵇ | αν] εαν A | ...γης F
11 επεστησαν F | κακωσουσιν AF | Πειθω] Πιθωμ A Πιθωθ F* (Φιθωθ F¹ᵐᵍ) |
Ραμεση F   12 om σφοδρα 1° A*ᵛⁱᵈ om σφοδρα σφοδρα F

ΕΞΟΔΟΣ II 7

14 βία, ¹⁴καὶ κατωδύνων αὐτῶν τὴν ζωὴν ἐν τοῖς ἔργοις τοῖς σκληροῖς, Β
τῷ πηλῷ καὶ τῇ πλινθίᾳ καὶ πᾶσι τοῖς ἔργοις τοῖς ἐν τοῖς πεδίοις,
κατὰ πάντα τὰ ἔργα ὧν κατεδουλοῦντο αὐτοὺς μετὰ βίας.
15 ¹⁵Καὶ εἶπεν ὁ βασιλεὺς τῶν Αἰγυπτίων ταῖς μαίαις τῶν Ἑβραίων,
τῇ μιᾷ αὐτῶν ᾖ ὄνομα Σεπφωρά, καὶ τὸ ὄνομα τῆς δευτέρας Φουά·
16 ¹⁶καὶ εἶπεν Ὅταν μαιοῦσθε τὰς Ἑβραίας καὶ ὦσιν πρὸς τῷ τίκτειν,
ἐὰν μὲν ἄρσεν ᾖ, ἀποκτείνατε αὐτό· ἐὰν δὲ θῆλυ, περιποιεῖσθε
17 αὐτό. ¹⁷ἐφοβήθησαν δὲ αἱ μαῖαι τὸν θεόν, καὶ οὐκ ἐποίησαν καθότι
συνέταξεν αὐταῖς ὁ βασιλεὺς Αἰγύπτου, καὶ ἐζωογόνουν τὰ ἄρσενα.
18 ¹⁸ἐκάλεσεν δὲ ὁ βασιλεὺς Αἰγύπτου τὰς μαίας καὶ εἶπεν αὐταῖς Τί
19 ὅτι ἐποιήσατε τὸ πρᾶγμα τοῦτο καὶ ἐζωογονεῖτε τὰ ἄρσενα; ¹⁹εἶπαν
δὲ αἱ μαῖαι τῷ Φαραώ Οὐχ ὡς γυναῖκες Αἰγύπτου αἱ Ἑβραῖαι, τίκτου-
20 σιν γὰρ πρὶν ἢ εἰσελθεῖν πρὸς αὐτὰς τὰς μαίας, καὶ ἔτικτον. ²⁰εὖ
δὲ ἐποίει ὁ θεὸς ταῖς μαίαις, καὶ ἐπλήθυνεν ὁ λαὸς καὶ ἴσχυεν
21 σφόδρα. ²¹ἐπειδὴ ἐφοβοῦντο αἱ μαῖαι τὸν θεόν, ἐποίησαν ἑαυταῖς
22 οἰκίας. ²²Συνέταξεν δὲ Φαραὼ παντὶ τῷ λαῷ αὐτοῦ λέγων
Πᾶν ἄρσεν ὃ ἐὰν τεχθῇ τοῖς Ἑβραίοις εἰς τὸν ποταμὸν ῥίψατε,
καὶ πᾶν θῆλυ, ζωογονεῖτε αὐτό.
II 1 ¹Ἦν δέ τις ἐκ τῆς φυλῆς Λευεὶ ὃς ἔλαβεν τῶν θυγατέρων Λευεί.
2 ²καὶ ἐν γαστρὶ ἔλαβεν καὶ ἔτεκεν ἄρσεν· ἰδόντες δὲ αὐτὸ ἀστεῖον
3 ἐσκέπασαν αὐτὸ μῆνας τρεῖς. ³ἐπεὶ δὲ οὐκ ἠδύναντο αὐτὸ ἔτι
κρύπτειν, ἔλαβεν αὐτῷ ἡ μήτηρ αὐτοῦ θῖβιν καὶ κατέχρισεν αὐτὴν
ἀσφαλτοπίσσῃ καὶ ἐνέβαλεν τὸ παιδίον εἰς αὐτήν, καὶ ἔθηκεν αὐτὴν
4 εἰς τὸ ἕλος παρὰ τὸν ποταμόν. ⁴καὶ κατεσκόπευεν ἡ ἀδελφὴ αὐτοῦ
5 μακρόθεν μαθεῖν τί τὸ ἀποβησόμενον αὐτῷ. ⁵κατέβη δὲ ἡ θυγάτηρ
Φαραὼ λούσασθαι ἐπὶ τὸν ποταμόν, καὶ αἱ ἅβραι αὐτῆς παρεπορεύοντο
παρὰ τὸν ποταμόν· καὶ ἰδοῦσα τὴν θῖβιν ἐν τῷ ἕλει, ἀποστείλασα τὴν
6 ἅβραν ἀνείλατο αὐτήν. ⁶ἀνοίξασα δὲ ὁρᾷ παιδίον κλαῖον ἐν τῇ θίβει·
καὶ ἐφείσατο αὐτοῦ ἡ θυγάτηρ Φαραώ, καὶ ἔφη Ἀπὸ τῶν παιδίων
7 τῶν Ἑβραίων τοῦτο. ⁷καὶ εἶπεν ἡ ἀδελφὴ αὐτοῦ τῇ θυγατρὶ Φαραώ
Θέλεις καλέσω σοι γυναῖκα τροφεύουσαν ἐκ τῶν Ἑβραίων, καὶ θηλάσει

14 πλινθεια Bᵃ⁺ᵇ⁺AF   15 των Αιγυπτιων] Αιγυπτου F | om η F AF
16 ωσι BᵇF   17 Αιγυπτουν A*   19 ετικτον] εκτον A* (τι superscr
A¹)   21 επειδη] επει δε Bᵃ⁺ᵇ⁺ | εαυτοις A   II 1 Λευι AF (bis) |
ελαβεν]+γυναικα F | των θυγ. A.]+και εσχεν αυτην AF   3 επει δε]
επειδη B* (?) | εδυναντο AF | ετι κρ. αυτο AF | ε[λ]αβεν F | αυτω η μ.
αυτου] η μ. αυτω A αυτω η μ. F | θειβην B*ᵛⁱᵈ (θηβην Bᵃ⁺ᵇ) θιβιν A θειβ...
F | ασφαλτω πισση Bᵃ⁺ᵇ   4 om τι A   5 παρα] επι A | θιβειν B*
(θηβην Bᵃ⁺ᵇ) θιβιν A θειβην F   6 θειβι B* (θιβει Bᵃ θηβηι Bᵇᵛⁱᵈ) θιβει A
θειβει F   7 θηλασει] θηλαθη A

ΙΙ 8 ΕΞΟΔΟΣ

Β σοι τὸ παιδίον; ⁸ἡ δὲ εἶπεν ἡ θυγάτηρ Φαραώ Πορεύου. ἐλθοῦσα 8
δὲ ἡ νεᾶνις ἐκάλεσεν τὴν μητέρα τοῦ παιδίου. ⁹εἶπεν δὲ πρὸς αὐτὴν 9
ἡ θυγάτηρ Φαραώ Διατήρησόν μοι τὸ παιδίον τοῦτο καὶ θήλασόν μοι
αὐτό, ἐγὼ δὲ δώσω σοι τὸν μισθόν. ἔλαβεν δὲ ἡ γυνὴ τὸ παιδίον
καὶ ἐθήλαζεν αὐτό. ¹⁰ἁδρυνθέντος δὲ τοῦ παιδίου, εἰσήγαγεν αὐτὸ 10
πρὸς τὴν θυγατέρα Φαραώ, καὶ ἐγενήθη αὐτῇ εἰς υἱόν· ἐπωνόμασεν
δὲ τὸ ὄνομα αὐτοῦ Μωυσῆν λέγουσα Ἐκ τοῦ ὕδατος αὐτὸν ἀνειλό-
μην. ¹¹Ἐγένετο δὲ ἐν ταῖς ἡμέραις ταῖς πολλαῖς ἐκείναις μέγας 11
γενόμενος Μωυσῆς ἐξῆλθεν πρὸς τοὺς ἀδελφοὺς αὐτοῦ τοὺς υἱοὺς
Ἰσραήλ. κατανοήσας δὲ τὸν πόνον αὐτῶν ὁρᾷ ἄνθρωπον Αἰγύπτιον
τύπτοντά τινα Ἑβραῖον τῶν ἑαυτοῦ ἀδελφῶν τῶν υἱῶν Ἰσραήλ· ¹²πε- 12
ριβλεψάμενος δὲ ὧδε καὶ ὧδε οὐχ ὁρᾷ οὐδένα, καὶ πατάξας τὸν
Αἰγύπτιον ἔκρυψεν αὐτὸν ἐν τῇ ἄμμῳ. ¹³ἐξελθὼν δὲ τῇ ἡμέρᾳ τῇ 13
δευτέρᾳ ὁρᾷ δύο ἄνδρας Ἑβραίους διαπληκτιζομένους, καὶ λέγει τῷ
ἀδικοῦντι Διὰ τί σὺ τύπτεις τὸν πλησίον; ¹⁴ὁ δὲ εἶπεν Τίς σε κατέ- 14
στησεν ἄρχοντα καὶ δικαστὴν ἐφ' ἡμῶν; μὴ ἀνελεῖν με σὺ θέλεις
ὃν τρόπον ἀνεῖλες ἐχθὲς τὸν Αἰγύπτιον; ἐφοβήθη δὲ Μωυσῆς καὶ
εἶπεν Εἰ οὕτως ἐμφανὲς γέγονεν τὸ ῥῆμα τοῦτο; ¹⁵ἤκουσεν δὲ Φαραὼ 15
τὸ ῥῆμα τοῦτο, καὶ ἐζήτει ἀνελεῖν Μωυσῆν· ἀνεχώρησεν δὲ Μωυσῆς
ἀπὸ προσώπου Φαραὼ καὶ ᾤκησεν ἐν γῇ Μαδιάμ· ἐλθὼν δὲ εἰς
γῆν Μαδιὰμ ἐκάθισεν ἐπὶ τοῦ φρέατος. ¹⁶τῷ δὲ ἱερεῖ Μαδιὰμ ἦσαν 16
ἑπτὰ θυγατέρες, ποιμαίνουσαι τὰ πρόβατα τοῦ πατρὸς αὐτῶν Ἰοθόρ·
παραγενόμεναι δὲ ἤντλουν ἕως ἔπλησαν τὰς δεξαμενάς, ποτίσαι τὰ
πρόβατα τοῦ πατρὸς αὐτῶν Ἰοθορ. ¹⁷παραγενόμενοι δὲ οἱ ποιμένες 17
ἐξέβαλλον αὐτάς· ἀναστὰς δὲ Μωυσῆς ἐρρύσατο αὐτάς, καὶ ἤντλησεν
αὐταῖς καὶ ἐπότισεν τὰ πρόβατα αὐτῶν. ¹⁸παρεγένοντο δὲ πρὸς 18
Ῥαγουὴλ τὸν πατέρα αὐτῶν· ὁ δὲ εἶπεν αὐταῖς Διὰ τί ἐταχύνατε
τοῦ παραγενέσθαι σήμερον; ¹⁹αἱ δὲ εἶπαν Ἄνθρωπος Αἰγύπτιος 19
ἐρρύσατο ἡμᾶς ἀπὸ τῶν ποιμένων, καὶ ἤντλησεν ἡμῖν καὶ ἐπότισεν
τὰ πρόβατα ἡμῶν. ²⁰ὁ δὲ εἶπεν ταῖς θυγατράσιν αὐτοῦ Καὶ ποῦ 20

AF   8 η δε ειπεν]+αυτη A ειπεν δε αυτη F   10 Μωυσην] Μωυση AF |
αυτον ανειλομην (ανιλ. B* ανειλ. B^(a↑b))] ανειλομην αυτον A ανειλαμην
αυτον F   11 των εαυτου αδ.] των αδ. αυτου AF   13 Εβραιους
διαπληκτιζο sup ras A¹⁺ᵃ⁺ | om συ AF   14 και 1°] η F | μη] η AF | εχθες
(χθες B^(ab)) τον Αιγ.] τον Αιγ. χθες A τον Αιγ. εχθες F   15 ωκη-
σεν] κατωκησεν AF   16 του π. αυτων Ιοθορ 1°·| Ιοθορ του π. αυτων
AF | δεξαμενας] ποτιστρας F¹ᵐᵍ | του π. αυτων Ιοθορ 2°] om Ιοθορ A* (hab
A^(a?)) F   17 εξεβαλον AF | om και ηντλησεν αυταις AF   18 Ραγουηλ]
Ιοθορ A | δια τι] τι οτι AF   19 αι δε] pr ras B (respond in mg ras) |
ειπον AF | ανθρωπος] +ανθρωπος F | om ημων AF   20 om και 1° AF

106

ΕΞΟΔΟΣ III 8

ἐστι; καὶ ἵνα τί καταλελοίπατε τὸν ἄνθρωπον; καλέσατε οὖν αὐτὸν B
21 ὅπως φάγῃ ἄρτον. ²¹κατῳκίσθη δὲ Μωυσῆς παρὰ τῷ ἀνθρώπῳ·
22 καὶ ἐξέδοτο Σεπφώραν τὴν θυγατέρα αὐτοῦ Μωυσῇ γυναῖκα. ²²ἐν
γαστρὶ δὲ λαβοῦσα ἡ γυνὴ ἔτεκεν υἱόν· καὶ ἐπωνόμασεν Μωυσῆς τὸ
ὄνομα αὐτοῦ Γηρσάμ, λέγων Ὅτι πάροικός εἰμι ἐν γῇ ἀλλοτρίᾳ.

23 ²³Μετὰ δὲ τὰς ἡμέρας τὰς πολλὰς ἐκείνας ἐτελεύτησεν ὁ βασιλεὺς
Αἰγύπτου· καὶ κατεστέναξαν οἱ υἱοὶ Ἰσραὴλ ἀπὸ τῶν ἔργων καὶ
ἀνεβόησαν, καὶ ἀνέβη ἡ βοὴ αὐτῶν πρὸς τὸν θεὸν ἀπὸ τῶν ἔργων.
24 ²⁴καὶ εἰσήκουσεν ὁ θεὸς τὸν στεναγμὸν αὐτῶν, καὶ ἐμνήσθη ὁ θεὸς
25 τῆς διαθήκης αὐτοῦ τῆς πρὸς Ἀβραὰμ καὶ Ἰσαὰκ καὶ Ἰακώβ. ²⁵καὶ
ἔπιδεν ὁ θεὸς τοὺς υἱοὺς Ἰσραήλ, καὶ ἐγνώσθη αὐτοῖς.

III 1 ¹Καὶ Μωυσῆς ἦν ποιμαίνων τὰ πρόβατα Ἰοθὸρ τοῦ γαμβροῦ αὐτοῦ
τοῦ ἱερέως Μαδιάμ, καὶ ἤγαγεν τὰ πρόβατα ὑπὸ τὴν ἔρημον καὶ
2 ἦλθεν εἰς τὸ ὄρος Χωρήβ. ²ὤφθη δὲ αὐτῷ ἄγγελος Κυρίου ἐν πυρὶ
φλογὸς ἐκ τοῦ βάτου· καὶ ὁρᾷ ὅτι ὁ βάτος καίεται πυρί, ὁ δὲ βάτος
3 οὐ κατεκαίετο. ³εἶπεν δὲ Μωυσῆς Παρελθὼν ὄψομαι τὸ ὅραμα τὸ
4 μέγα τοῦτο, ὅτι οὐ κατακαίεται ὁ βάτος. ⁴ὡς δὲ ἴδεν Κύριος ὅτι
προσάγει ἰδεῖν, ἐκάλεσεν αὐτὸν Κύριος ἐκ τοῦ βάτου λέγων Μωυσῆ
5 Μωυσῆ. ὁ δὲ εἶπεν Τί ἐστιν; ⁵ὁ δὲ εἶπεν Μὴ ἐγγίσῃς ὧδε· λῦσαι τὸ
ὑπόδημα ἐκ τῶν ποδῶν σου, ὁ γὰρ τόπος ἐν ᾧ σὺ ἕστηκας γῆ ἁγία
6 ἐστίν. ⁶καὶ εἶπεν Ἐγώ εἰμι ὁ θεὸς τοῦ πατρός σου, θεὸς Ἀβραὰμ καὶ
θεὸς Ἰσαὰκ καὶ θεὸς Ἰακώβ. ἀπέστρεψεν δὲ Μωυσῆς τὸ πρόσωπον
7 αὐτοῦ· εὐλαβεῖτο γὰρ κατεμβλέψαι ἐνώπιον τοῦ θεοῦ. ⁷εἶπεν δὲ
Κύριος πρὸς Μωυσῆν Ἰδὼν ἴδον τὴν κάκωσιν τοῦ λαοῦ μου τοῦ ἐν
Αἰγύπτῳ, καὶ τῆς κραυγῆς αὐτῶν ἀκήκοα ἀπὸ τῶν ἐργοδιωκτῶν· οἶδα
8 γὰρ τὴν ὀδύνην αὐτῶν, ⁸καὶ κατέβην ἐξελέσθαι αὐτοὺς ἐκ χειρὸς
Αἰγυπτίων καὶ ἐξαγαγεῖν αὐτοὺς ἐκ τῆς γῆς ἐκείνης, καὶ εἰσαγαγεῖν
αὐτοὺς εἰς γῆν ἀγαθὴν καὶ πολλήν, εἰς γῆν ῥέουσαν γάλα καὶ μέλι,
εἰς τὸν τόπον τῶν Χαναναίων καὶ Χετταίων καὶ Ἀμορραίων καὶ

20 ινα τι]+ουτως Bᵃᵇ AF   21 εξεδετο A | Μωσει A   22 om AF
Μωυσης AF | om οτι A | αλλοτρια]+το δε ονομα του δευτερου εκαλεσεν
Ελιεζερ ο γαρ θεος του πατρος μου βοηθος μου· και ερρυσατο με εκ χειρος
Φαραω F   23 κατεστεναζον F   24 Ισακ B   25 επιδεν] επειδεν
Bᵃᵇ εισιδεν A εισειδεν F   III 1 ηγαγεν] ηγεν AF   2 om αυτω F |
εν πυρι φλογος] εν φλογι (φλογει F) πυρος AF   3 οτι] pr τι AF
4 ειδεν F | om αυτον F* (hab F¹ᵐᵍ)   5 ο δε ειπεν] και ειπεν AF | om
συ A   6 και ειπεν]+αυτω AF | θεος 2°] pr ο A   7 ειδον F   8 εξε-
λεσθαι] pr του F | om και εισαγαγειν αυτους AF

ΕΞΟΔΟΣ

Β Φερεζαίων καὶ Γεργεσαίων καὶ Εὐαίων καὶ Ἰεβουσαίων. ⁹καὶ νῦν ἰδοὺ κραυγὴ τῶν υἱῶν Ἰσραὴλ ἥκει πρὸς μέ, κἀγὼ ἑώρακα τὸν θλιμμὸν ὃν οἱ Αἰγύπτιοι θλίβουσιν αὐτούς. ¹⁰καὶ νῦν δεῦρο ἀποστείλω σε πρὸς Φαραὼ βασιλέα Αἰγύπτου, καὶ ἐξάξεις τὸν λαόν μου τοὺς υἱοὺς Ἰσραὴλ ἐκ γῆς Αἰγύπτου. ¹¹Καὶ εἶπεν Μωυσῆς πρὸς τὸν θεόν Τίς εἰμι ἐγὼ ὅτι πορεύσομαι πρὸς Φαραὼ βασιλέα Αἰγύπτου, καὶ ὅτι ἐξάξω τοὺς υἱοὺς Ἰσραὴλ ἐκ γῆς Αἰγύπτου; ¹²εἶπεν δὲ ὁ θεὸς Μωυσεῖ λέγων Ὅτι ἔσομαι μετὰ σοῦ· καὶ τοῦτό σοι τὸ σημεῖον ὅτι ἐγώ σε ἐξαποστελῶ· ἐν τῷ ἐξαγαγεῖν σε τὸν λαόν μου ἐξ Αἰγύπτου, καὶ λατρεύσετε τῷ θεῷ ἐν τῷ ὄρει τούτῳ. ¹³καὶ εἶπεν Μωυσῆς πρὸς τὸν θεόν Ἰδοὺ ἐγὼ ἐξελεύσομαι πρὸς τοὺς υἱοὺς Ἰσραὴλ καὶ ἐρῶ πρὸς αὐτούς Ὁ θεὸς τῶν πατέρων ἡμῶν ἀπέσταλκέν με πρὸς ὑμᾶς· ἐρωτήσουσίν με Τί ὄνομα αὐτῷ; τί ἐρῶ πρὸς αὐτούς; ¹⁴καὶ εἶπεν ὁ θεὸς πρὸς Μωυσῆν λέγων Ἐγώ εἰμι ὁ ὤν· καὶ εἶπεν Οὕτως ἐρεῖς τοῖς υἱοῖς Ἰσραὴλ Ὁ ὢν ἀπέσταλκέν με πρὸς ὑμᾶς. ¹⁵καὶ εἶπεν ὁ θεὸς πάλιν πρὸς Μωυσῆν Οὕτως ἐρεῖς τοῖς υἱοῖς Ἰσραὴλ Κύριος ὁ θεὸς τῶν πατέρων ὑμῶν, θεὸς Ἀβραὰμ καὶ θεὸς Ἰσαὰκ καὶ θεὸς Ἰακώβ, ἀπέσταλκέν με πρὸς ὑμᾶς· τοῦτό μού ἐστιν ὄνομα αἰώνιον καὶ μνημόσυνον γενεῶν γενεαῖς. ¹⁶ἐλθὼν οὖν συνάγαγε τὴν γερουσίαν τῶν υἱῶν Ἰσραὴλ καὶ ἐρεῖς πρὸς αὐτούς Κύριος ὁ θεὸς τῶν πατέρων ὑμῶν ὦπταί μοι, θεὸς Ἀβραὰμ καὶ θεὸς Ἰσαὰκ καὶ θεὸς Ἰακώβ, λέγων Ἐπισκοπῇ ἐπέσκεμμαι ὑμᾶς καὶ ὅσα συμβέβηκεν ὑμῖν ἐν Αἰγύπτῳ· ¹⁷καὶ εἶπεν Ἀναβιβάσω ὑμᾶς ἐκ τῆς κακώσεως τῶν Αἰγυπτίων εἰς τὴν γῆν τῶν Χαναναίων καὶ Χετταίων καὶ Ἀμορραίων καὶ Φερεζαίων καὶ Γεργεσαίων καὶ Εὐαίων καὶ Ἰεβουσαίων, εἰς γῆν ῥέουσαν γάλα καὶ μέλι. ¹⁸καὶ εἰσακούσονταί σου τῆς φωνῆς· καὶ εἰσελεύσῃ σὺ καὶ ἡ γερουσία Ἰσραὴλ πρὸς Φαραὼ βασιλέα Αἰγύπτου, καὶ ἐρεῖς πρὸς αὐτόν Ὁ θεὸς τῶν Ἑβραίων προσκέκληται ἡμᾶς· πορευσώμεθα οὖν ὁδὸν τριῶν ἡμερῶν εἰς τὴν ἔρημον, ἵνα θύσωμεν τῷ θεῷ ἡμῶν. ¹⁹ἐγὼ δὲ οἶδα ὅτι οὐ προήσεται ὑμᾶς Φαραὼ βασιλεὺς

AF 8 και Γεργ. και Ευ.] και Ευ. και Γεργ. AF 9 om με F^vid | καγω] και εγω AF 11 om εγω F | εγω οτι πορευ sup ras A^a 12 om ο θεος Μωυσει λεγων AF | εξαποστελω] αποστελλω AF | σε εξαγαγειν AF | om μου A* (hab A^(1?a†mg)) 13 ελευσομαι AF | υμων AF | ερωτησωσιν F 14 om λεγων AF 15 παλιν ο θεος F | Μωυσην] Μωυ sup ras A¹ | om γενεων A 16 om ουν AF | ναγαγε την γερ. των υιων sup ras A^(1†a†) 17 ειπεν] ειπα A ειπον F | Αμ. και Φερ. και Γεργ. και Ευ.] Ευ. και Αμ. και Φερ. και Γεργ. F 18 Ισραηλ] pr των υιων F | om Φαραω F | ο θεος] pr Κυριος F | πορευσωμεθα B*A] πορευσομεθα B^(ab)F | τω θεω] pr κυριω F 19 προσησεται F

ΕΞΟΔΟΣ IV 9

20 Αἰγύπτου πορευθῆναι, ἐὰν μὴ μετὰ χειρὸς κραταιᾶς. ²⁰καὶ ἐκτείνας B
τὴν χεῖρα πατάξω τοὺς Αἰγυπτίους ἐν πᾶσι τοῖς θαυμασίοις μου
21 οἷς ποιήσω ἐν αὐτοῖς, καὶ μετὰ ταῦτα ἐξαποστελεῖ ὑμᾶς. ²¹καὶ
δώσω χάριν τῷ λαῷ τούτῳ ἐναντίον τῶν Αἰγυπτίων· ὅταν δὲ ἀπο-
22 τρέχητε, οὐκ ἀπελεύσεσθε κενοί· ²²αἰτήσει γυνὴ παρὰ γείτονος καὶ
συσκήνου αὐτῆς σκεύη ἀργυρᾶ καὶ χρυσᾶ καὶ ἱματισμόν, καὶ ἐπιθήσετε
ἐπὶ τοὺς υἱοὺς ὑμῶν καὶ ἐπὶ τὰς θυγατέρας ὑμῶν· καὶ σκυλεύσατε τοὺς
V 1 Αἰγυπτίους. ¹Ἀπεκρίθη δὲ Μωυσῆς καὶ εἶπεν Ἐὰν μὴ πιστεύ-
σωσίν μοι μηδὲ εἰσακούσωσιν τῆς φωνῆς μου, ἐροῦσιν. γὰρ ὅτι
2 Οὐκ ὦπταί σοι ὁ θεός, τί ἐρῶ πρὸς αὐτούς; ²εἶπεν δὲ αὐτῷ Κύριος Τί
3 τοῦτό ἐστιν τὸ ἐν τῇ χειρί σου; ὁ δὲ εἶπεν Ῥάβδος. ³καὶ εἶπεν Ῥίψον
αὐτὴν ἐπὶ τὴν γῆν. καὶ ἔρριψεν αὐτὴν ἐπὶ τὴν γῆν, καὶ ἐγένετο ὄφις·
4 καὶ ἔφυγεν Μωυσῆς ἀπ᾽ αὐτοῦ. ⁴καὶ εἶπεν Κύριος πρὸς Μωυσῆν
Ἔκτεινον τὴν χεῖρα καὶ ἐπιλαβοῦ τῆς κέρκου· ἐκτείνας οὖν τὴν χεῖρα
5 ἐπελάβετο τῆς κέρκου, καὶ ἐγένετο ῥάβδος ἐν τῇ χειρὶ αὐτοῦ· ⁵ἵνα
πιστεύσωσίν σοι ὅτι ὦπταί σοι ὁ θεὸς τῶν πατέρων αὐτῶν, θεὸς
6 Ἀβραὰμ καὶ θεὸς Ἰσαὰκ καὶ θεὸς Ἰακώβ. ⁶εἶπεν δὲ αὐτῷ Κύριος
πάλιν Εἰσένεγκον τὴν χεῖρά σου εἰς τὸν κόλπον σού. καὶ εἰσήνεγκεν
τὴν χεῖρα αὐτοῦ εἰς τὸν κόλπον αὐτοῦ· καὶ ἐξήνεγκεν τὴν χεῖρα αὐτοῦ
7 ἐκ τοῦ κόλπου αὐτοῦ, καὶ ἐγενήθη ἡ χεὶρ αὐτοῦ ὡσεὶ χιών. ⁷καὶ εἶπεν
πάλιν Εἰσένεγκον τὴν χεῖρα σου εἰς τὸν κόλπον σου· καὶ εἰσήνεγκεν
τὴν χεῖρα εἰς τὸν κόλπον αὐτοῦ· καὶ ἐξήνεγκεν αὐτὴν ἐκ τοῦ κόλπου
8 αὐτοῦ, καὶ πάλιν ἀπεκατέστη εἰς τὴν χρόαν τῆς σαρκὸς αὐτῆς· ⁸ἐὰν
δὲ μὴ πιστεύσωσίν σοι μηδὲ εἰσακούσωσιν τῆς φωνῆς τοῦ σημείου τοῦ
9 πρώτου, πιστεύσουσίν σοι τῆς φωνῆς τοῦ σημείου τοῦ ἐσχάτου. ⁹καὶ
ἔσται ἐὰν μὴ πιστεύσωσίν σοι τοῖς δυσὶ σημείοις τούτοις μηδὲ εἰσακού-
σωσιν τῆς φωνῆς σου, λήμψῃ ἀπὸ τοῦ ὕδατος τοῦ ποταμοῦ καὶ ἐκχεεῖς
ἐπὶ τὸ ξηρόν, καὶ ἔσται τὸ ὕδωρ ὃ ἐὰν λάβῃς ἀπὸ τοῦ ποταμοῦ αἷμα

20 την χειρα]+μου F | πασιν A   21 τουτω] μου F | εναντιον] ενω- AF
πιον F | κενοι] καινοι A   22 αιτησει] pr αλλα F | αργυρι F | θυγατερας
υμων] τερας υμων sup ras A¹ | σκυλευσατε] συσκευασεται A συσκευασατε F
IV 1 εαν]+ουν AF [ο θεος] pr κυριος A   2 κυριος] ο θεος F | om εστιν
το F   4 εκτεινας ουν] και εκτεινας F   5 om σοι 1° Bᵃᵇ | ο θεος]
pr κυριος AF   6 εισενεγκον] εισενεγκαι A εισενεγκε F | εισηνεγκεν] εισε-
νεγκεν Bᵃ⁺ᵇ | την χ. αυτου 2°] αυτην F | η χ. αυτου] η χ. Μωυσεως A
7 και ειπεν· παλιν BᵇF [εισενεγκον] εισενεγκαι A εισενεγκε F | την χειρα
2°]+αυτου A | αυτην] την χειρα F | εκ του κολπου] εις τον κολπον F |
απεκατεστη B*A] αποκατεστη Bᵃ⁺ᵇ (απ.κατεστη F) | αυτης] αυτου· AF
8 εισακουσωσιν] ακουσωσιν F | εσχατου] δευτερου F

IV 10 ΕΞΟΔΟΣ

Β ἐπὶ τοῦ ξηροῦ. ¹⁰Εἶπεν δὲ Μωυσῆς πρὸς Κύριον Δέομαι, Κύριε, 10 οὐχ ἱκανός εἰμι πρὸ τῆς ἐχθὲς οὐδὲ πρὸ τῆς τρίτης ἡμέρας οὐδὲ ἀφ᾽ οὗ ἤρξω λαλεῖν τῷ θεράποντί σου· ἰσχνόφωνος καὶ βραδύγλωσσος ἐγώ εἰμι. ¹¹εἶπεν δὲ Κύριος πρὸς Μωυσῆν Τίς ἔδωκεν στόμα ἀνθρώπῳ, 11 καὶ τίς ἐποίησεν δύσκωφον καὶ κωφόν, βλέποντα καὶ τυφλόν; οὐκ ἐγὼ ὁ θεός; ¹²καὶ νῦν πορεύου καὶ ἐγὼ ἀνοίξω τὸ στόμα σου, καὶ 12 συμβιβάσω σε ὃ μέλλεις λαλῆσαι. ¹³καὶ εἶπεν Μωυσῆς Δέομαι, Κύριε, 13 προχείρισαι δυνάμενον ἄλλον ὃν ἀποστελεῖς. ¹⁴καὶ θυμωθεὶς ὀργῇ 14 Κύριος ἐπὶ Μωυσῆν εἶπεν Οὐκ ἰδοὺ Ἀαρὼν ὁ ἀδελφός σου ὁ Λευείτης; ἐπίσταμαι ὅτι λαλῶν λαλήσει αὐτός σοι· καὶ ἰδοὺ αὐτὸς ἐξελεύσεται εἰς συνάντησίν σοι, καὶ ἰδών σε χαρήσεται ἐν ἑαυτῷ. ¹⁵καὶ ἐρεῖς πρὸς 15 αὐτὸν καὶ δώσεις τὰ ῥήματά μου εἰς τὸ στόμα αὐτοῦ· καὶ ἐγὼ ἀνοίξω τὸ στόμα σου καὶ τὸ στόμα αὐτοῦ, καὶ συμβιβάσω ὑμᾶς ἃ ποιήσετε. ¹⁶καὶ αὐτός σοι λαλήσει πρὸς τὸν λαόν, καὶ αὐτὸς ἔσται σου στόμα· 16 σὺ δὲ αὐτῷ ἔσῃ τὰ πρὸς τὸν θεόν. ¹⁷καὶ τὴν ῥάβδον ταύτην τὴν 17 στραφεῖσαν εἰς ὄφιν λήμψῃ ἐν τῇ χειρί σου, ἐν ᾗ ποιήσεις ἐν αὐτῇ τὰ σημεῖα.

¹⁸Ἐπορεύθη δὲ Μωυσῆς καὶ ἀπέστρεψεν πρὸς Ἰοθὸρ τὸν γαμβρὸν 18 αὐτοῦ καὶ λέγει Πορεύσομαι καὶ ἀποστρέψω πρὸς τοὺς ἀδελφούς μου τοὺς ἐν Αἰγύπτῳ, καὶ ὄψομαι εἰ ἔτι ζῶσιν. καὶ εἶπεν Ἰοθὸρ Μωυσῇ Βάδιζε ὑγιαίνων. μετὰ δὲ τὰς ἡμέρας τὰς πολλὰς ἐκείνας ἐτελεύτησεν ὁ βασιλεὺς Αἰγύπτου. ¹⁹εἶπεν δὲ Κύριος πρὸς Μωυσῆν ἐν Μαδιάμ 19 Βάδιζε ἄπελθε εἰς Αἴγυπτον· τεθνήκασιν γὰρ πάντες οἱ ζητοῦντές σου τὴν ψυχήν. ²⁰ἀναλαβὼν δὲ Μωυσῆς τὴν γυναῖκα καὶ τὰ παιδία ἀνεβί- 20 βασεν αὐτὰ ἐπὶ τὰ ὑποζύγια, καὶ ἐπέστρεψεν εἰς Αἴγυπτον· ἔλαβεν δὲ Μωυσῆς τὴν ῥάβδον τὴν παρὰ τοῦ θεοῦ ἐν τῇ χειρὶ αὐτοῦ. ²¹εἶπεν δὲ 21 Κύριος πρὸς Μωυσῆν Πορευομένου σου καὶ ἀποστρέφοντος εἰς Αἴγυπτον, ὅρα πάντα τὰ τέρατα ἃ ἔδωκα ἐν ταῖς χερσίν σου, ποιήσεις αὐτὰ

AF 10 Κυριον] τον θεον A | ουχ ικανος] ουκ ευλογος F | προ 1°] προς F | χθες Bᵇ | ουδε 1°] και A | ηρξαι F | ισχνοφ.] ιχνοφ. F* (σ ins F¹) | βραδυγλ.] βραδ sup ras Aᵃ 11 προς Μωυσην] τω Μωυσει A | ο θεος] pr κυριος AF 12 συμβιβω F | ο] α AF 13 om Μωυσης F | προχειρησαι AF | δυναμενον αλλον BA*] αλλον δυν. Aᵃ¹ F 14 ουκ Bᵃ⁺ᵇ AF] ουχ B* | Λευιτης AF | ειδων F 15 και εγω...στομα αυτου Bⁱ⁺ᵐᵍ ⁱⁿᶠ 16 αυτος σοι λαλησει B*] αυτος σοι προσλαλησει Bⁱ A λαλησει αυτος σοι F | προς τον λαον] pr τα F | εση B*⁽ᵛⁱᵈ⁾ᶜ AF] εσει Bᵃᵇ | προς τον θεον] προς τος τον θ. F 17 om την στραφ. εις οφιν F* (hab Fᵃ⁺ᵐᵍ) 18 επεστρεψεν A | λεγει] ειπεν αυτω F | τους 2°] του F | ει Bᵃ⁺ᵇ AF] η B* | Μωυση] pr τω F 19 την ψυχην σου F 20 απεστρεψεν F | τη χειρι] om τη A

ΕΞΟΔΟΣ V 4

ἐναντίον Φαραώ· ἐγὼ δὲ σκληρυνῶ τὴν καρδίαν αὐτοῦ, καὶ οὐ μὴ B
22 ἐξαποστείλῃ τὸν λαόν. ²²σὺ δὲ ἐρεῖς τῷ Φαραώ Τάδε λέγει Κύριος
23 Υἱὸς πρωτότοκός μου Ἰσραήλ· ²³εἶπα δέ σοι Ἐξαπόστειλον τὸν λαόν
μου ἵνα μοι λατρεύσῃ· εἰ μὲν οὖν μὴ βούλει ἐξαποστεῖλαι αὐτούς, ὅρα
24 οὖν, ἐγὼ ἀποκτέννω τὸν υἱόν σου τὸν πρωτότοκον. ²⁴Ἐγένετο δὲ
ἐν τῇ ὁδῷ ἐν τῷ καταλύματι συνήντησεν αὐτῷ ἄγγελος Κυρίου, καὶ
25 ἐζήτει αὐτὸν ἀποκτεῖναι. ²⁵καὶ λαβοῦσα Σεπφώρα ψῆφον περιέτεμεν
τὴν ἀκροβυστίαν τοῦ υἱοῦ αὐτῆς, καὶ προσέπεσεν πρὸς τοὺς πόδας καὶ
εἶπεν Ἔστη τὸ αἷμα τῆς περιτομῆς τοῦ παιδίου μου. .
27 ²⁷Εἶπεν δὲ Κύριος πρὸς Ἀαρών Πορεύθητι εἰς συνάντησιν Μωσεῖ
εἰς τὴν ἔρημον· καὶ ἐπορεύθη καὶ συνήντησεν αὐτῷ ἐν τῷ ὄρει τοῦ
28 θεοῦ, καὶ κατεφίλησαν ἀλλήλους. ²⁸καὶ ἀνήγγειλεν Μωυσῆς τῷ
Ἀαρὼν πάντας τοὺς λόγους Κυρίου οὓς ἀπέστειλεν καὶ πάντα τὰ
29 ῥήματα ἃ ἐνετείλατο αὐτῷ. ²⁹ἐπορεύθη δὲ Μωυσῆς καὶ Ἀαρών, καὶ
30 συνήγαγον τὴν γερουσίαν τῶν υἱῶν Ἰσραήλ. ³⁰καὶ ἐλάλησεν Ἀαρὼν
πάντα τὰ ῥήματα ταῦτα ἃ ἐλάλησεν ὁ θεὸς πρὸς Μωυσῆν, καὶ ἐποίησεν
31 τὰ σημεῖα ἐναντίον τοῦ λαοῦ. ³¹καὶ ἐπίστευσεν ὁ λαός, καὶ ἐχάρη ὅτι
ἐπεσκέψατο ὁ θεὸς τοὺς υἱοὺς Ἰσραὴλ καὶ ὅτι εἶδεν αὐτῶν τὴν θλίψιν·
V 1 κύψας δὲ ὁ λαὸς προσεκύνησεν. ¹Καὶ μετὰ ταῦτα εἰσῆλθεν
Μωυσῆς καὶ Ἀαρὼν πρὸς Φαραὼ καὶ εἶπαν αὐτῷ Τάδε λέγει Κύριος ὁ
θεὸς Ἰσραήλ Ἐξαπόστειλον τὸν λαόν μου, ἵνα μοι ἑορτάσωσιν ἐν τῇ
2 ἐρήμῳ. ²καὶ εἶπεν Φαραώ Τίς ἐστιν οὗ εἰσακούσομαι τῆς φωνῆς αὐ-
τοῦ ὥστε ἐξαποστεῖλαι τοὺς υἱοὺς Ἰσραήλ; οὐκ οἶδα τὸν κύριον, καὶ
3 τὸν Ἰσραὴλ οὐκ ἐξαποστέλλω. ³καὶ λέγουσιν αὐτῷ Ὁ θεὸς τῶν
Ἑβραίων προσκέκληται ἡμᾶς· πορευσόμεθα οὖν ὁδὸν τριῶν ἡμερῶν
εἰς τὴν ἔρημον, ὅπως θύσωμεν τῷ θεῷ ἡμῶν, μή ποτε συναντήσῃ ἡμῖν
4 θάνατος ἢ φόνος. ⁴καὶ εἶπεν αὐτοῖς ὁ βασιλεὺς Αἰγύπτου Ἵνα τί,
Μωυσῆ καὶ Ἀαρών, διαστρέφετε τὸν λαόν μου ἀπὸ τῶν ἔργων; ἀπέλ-

21 την καρδιαν αυτου BF¹ᵐᵍ] αυτου την καρδ. A την καρδ. Φαραω F* | AF
εξαποστειλη] η sup ras A¹ᵃᵗ | τον λαον sup ras Bᵃᵇ   23 ει μεν ουν μη
β. (βουλη A)] συ δε ουκ εβουλου F | αυτους] αυτον F | αποκτεννω] αποκτενω AF
24 om Κυριου F | αποκτειναυτον F   25 ποδας]+αυτου F | του παιδιου
μου]+ (26) και απηλθεν απ αυτου διοτι ειπεν εστη το αιμα της περιτομης του
παιδιου (+μου F) AF   27 Μωυσει A Μωυση F | κατεφιλησαν αλληλους]
κατεφιλησεν αυτον F   28 τω Ααρων] om τω AF | ρηματα] σημεια AF
29 την γερουσιαν] pr πασαν F   30 ο θεος BAF¹ᵐᵍ] Κυριος F*   31 ο θεος]
κυριος F | ιδεν A | κυψας δε] και κυψας F   V 1 αυτω] προς Φαραω F |
εορτασωσιν μοι AF   2 τις εστιν]+θεος A   3 επροσκεκληται F | ημας]
ημι[ν] F | τω θεω] pr κυριω F | συναντησει AF | φονος] ονο sup ras Aᵃ
4 om μου F

ΕΞΟΔΟΣ

θατε ἕκαστος ὑμῶν πρὸς τὰ ἔργα αὐτοῦ. ⁵καὶ εἶπεν Φαραώ Ἰδοὺ νῦν πολυπληθεῖ ὁ λαός· μὴ οὖν καταπαύσωμεν αὐτοὺς ἀπὸ τῶν ἔργων. ⁶συνέταξεν δὲ Φαραὼ τοῖς ἐργοδιώκταις τοῦ λαοῦ καὶ τοῖς γραμματεῦσιν λέγων ⁷Οὐκέτι προστεθήσεται διδόναι ἄχυρον τῷ λαῷ εἰς τὴν πλινθουργίαν καθάπερ ἐχθὲς καὶ τρίτην ἡμέραν· αὐτοὶ πορευέσθωσαν καὶ συναγαγέτωσαν ἑαυτοῖς ἄχυρα. ⁸καὶ τὴν σύνταξιν τῆς πλινθίας ἧς αὐτοὶ ποιοῦσιν καθ' ἑκάστην ἡμέραν ἐπιβαλεῖς αὐτοῖς, οὐκ ἀφελεῖς οὐδέν· σχολάζουσιν γάρ, διὰ τοῦτο κεκράγασιν λέγοντες Ἐγερθῶμεν καὶ θύσωμεν τῷ θεῷ ἡμῶν. ⁹βαρυνέσθω τὰ ἔργα τῶν ἀνθρώπων τούτων, καὶ μεριμνάτωσαν ταῦτα, καὶ μὴ μεριμνάτωσαν ἐν λόγοις κενοῖς. ¹⁰κατέσπευδον δὲ αὐτοὺς οἱ ἐργοδιῶκται καὶ οἱ γραμματεῖς, καὶ ἔλεγον πρὸς τὸν λαὸν λέγοντες Τάδε λέγει Φαραώ Οὐκέτι δίδωμι ὑμῖν ἄχυρα· ¹¹αὐτοὶ πορευόμενοι συλλέγετε ἑαυτοῖς ἄχυρα ὅθεν ἐὰν εὕρητε, οὐ γὰρ ἀφαιρεῖται ἀπὸ τῆς συντάξεως ὑμῶν οὐθέν. ¹²καὶ διεσπάρη ὁ λαὸς ἐν ὅλῃ γῇ Αἰγύπτῳ συναγαγεῖν καλάμην εἰς ἄχυρα· ¹³οἱ δὲ ἐργοδιῶκται κατέσπευδον αὐτοὺς λέγοντες Συντελεῖτε τὰ ἔργα τὰ καθήκοντα καθ' ἡμέραν καθάπερ καὶ ὅτε τὸ ἄχυρον ἐδίδοτο ὑμῖν. ¹⁴καὶ ἐμαστιγώθησαν οἱ γραμματεῖς τοῦ γένους τῶν υἱῶν Ἰσραὴλ οἱ κατασταθέντες ἐπ' αὐτοὺς ὑπὸ τῶν ἐπιστατῶν τοῦ Φαραώ, λέγοντες Διὰ τί οὐ συνετελέσατε τὰς συντάξεις ὑμῶν τῆς πλινθίας καθάπερ ἐχθὲς καὶ τρίτην ἡμέραν καὶ τὸ τῆς σήμερον; ¹⁵εἰσελθόντες δὲ οἱ γραμματεῖς τῶν υἱῶν Ἰσραὴλ κατεβόησαν πρὸς Φαραὼ λέγοντες Ἵνα τί οὕτως ποιεῖς τοῖς σοῖς οἰκέταις; ¹⁶ἄχυρον οὐ δίδοται τοῖς οἰκέταις σου, καὶ τὴν πλίνθον ἡμῖν λέγουσιν ποιεῖν, καὶ ἰδοὺ οἱ παῖδές σου μεμαστίγωνται· ἀδικήσεις οὖν τὸν λαόν σου. ¹⁷καὶ εἶπεν αὐτοῖς Σχολάζετε, σχολασταί ἐστε· διὰ τοῦτο λέγετε Πορευθῶμεν θύσωμεν τῷ θεῷ ἡμῶν. ¹⁸νῦν οὖν πορευθέντες ἐργάζεσθε· τὸ γὰρ ἄχυρον οὐ

AF 5 πολυ· πλ. Bᵃ⁽ᵛⁱᵈ⁾ | ο λαος]+της γης AF   7 προστεθησεται BF] προστεθησεσθαι A | την πλινθουργιαν (πλινθουργειαν F)] om την A* (superscr A¹) | χθες Bᵇ | τριτην ημεραν]+και το της σημερον A   8 πλινθιας] πλινθειας B πλινθουργιας A πλινθουργειας F | ποιουσιν] ποιουσι ποιησουσιν F | επιβαλειτε F | αφελειτε F | εγερθωμεν] πορευθωμεν AF   9 μεριμνατωσαν (bis)] μεριμνασθωσαν A | κενοις] καινοις A   10 εργοδιωκται]+του λαου F   11 αυτοι]+υμεις Bᵃᵇ AF¹ᵐᵍ (αυτοι ὑμενοι F*) | ευρητε]+και την συνταξιν της πλινθιας αποδωσετε F¹ | αφαιρειτε BA   12 om γη AF   13 τα εργα]+υμων F | καθ ημεραν] την ημ. F | εδιδετο A   14 om·του γενους F | επ αυτους υπο των επ.] υπ. αυτων επ. F* υπ αυτους υπο των επ. F¹ᵐᵍ | λεγοντων F | της πλινθιας B*A] της πλινθειας Bᵃᵇ om F | χθες Bᵃ   16 την πλινθον ημιν λεγουσιν] την συνταξιν λεγ. ημιν F   17 θυσωμεν] pr και AF   18 πορευθεντες] απελθοντες AF

19 δοθήσεται ὑμῖν, καὶ τὴν σύνταξιν τῆς πλινθίας ἀποδώσετε. ¹⁹ἑώρων B
δὲ οἱ γραμματεῖς τῶν υἱῶν Ἰσραὴλ ἑαυτοὺς ἐν κακοῖς λέγοντες
20 Οὐκ ἀπολείψετε τῆς πλινθίας τὸ καθῆκον τῇ ἡμέρᾳ. ²⁰συνήντησαν
δὲ Μωυσῇ καὶ Ἀαρὼν ἐρχομένοις εἰς συνάντησιν αὐτοῖς, ἐκπορευομέ-
21 νων αὐτῶν ἀπὸ Φαραώ, ²¹καὶ εἶπαν αὐτοῖς Ἴδοι ὁ θεὸς ὑμᾶς καὶ κρίναι,
ὅτι ἐβδελύξατε τὴν ὀσμὴν ἡμῶν ἐναντίον Φαραὼ καὶ ἐναντίον τῶν
θεραπόντων αὐτοῦ, δοῦναι ῥομφαίαν εἰς τὰς χεῖρας αὐτοῦ ἀποκτεῖναι
22 ἡμᾶς. ²²Ἐπέστρεψεν δὲ Μωυσῆς πρὸς Κύριον καὶ εἶπεν Δέομαι,
23 Κύριε, τί ἐκάκωσας τὸν λαὸν τοῦτον; καὶ ἵνα τί ἀπέσταλκάς με; ²³καὶ
ἀφ᾽ οὗ πεπόρευμαι πρὸς Φαραὼ λαλῆσαι ἐπὶ τῷ σῷ ὀνόματι, ἐκά-
VI 1 κωσεν τὸν λαὸν τοῦτον, καὶ οὐκ ἐρρύσω τὸν λαόν σου. ¹ καὶ εἶπεν
Κύριος πρὸς Μωυσῆν Ἤδη ὄψει ἃ ποιήσω τῷ Φαραώ· ἐν γὰρ χειρὶ
κραταιᾷ ἐξαποστελεῖ αὐτούς, καὶ ἐν βραχίονι ὑψηλῷ ἐκβαλεῖ αὐτοὺς
ἐκ τῆς γῆς αὐτοῦ.
2 ²Ἐλάλησεν δὲ ὁ θεὸς πρὸς Μωυσῆν καὶ εἶπεν πρὸς αὐτόν Ἐγὼ
3 Κύριος· ³καὶ ὤφθην πρὸς Ἀβραὰμ καὶ Ἰσαὰκ καὶ Ἰακώβ, θεὸς ὢν
4 αὐτῶν, καὶ τὸ ὄνομά μου Κύριος οὐκ ἐδήλωσα αὐτοῖς· ⁴καὶ ἔστησα
τὴν διαθήκην μου πρὸς αὐτοὺς ὥστε δοῦναι αὐτοῖς τὴν γῆν τῶν
Χαναναίων, τὴν γῆν ἣν παρῳκήκασιν, ἐν ᾗ καὶ παρῴκησαν
5 ἐπ᾽ αὐτῆς. ⁵καὶ ἐγὼ εἰσήκουσα τὸν στεναγμὸν τῶν υἱῶν Ἰσραήλ, ὃν
οἱ Αἰγύπτιοι καταδουλοῦνται αὐτούς, καὶ ἐμνήσθην τῆς διαθήκης
6 ὑμῶν. ⁶βάδιζε εἰπὸν τοῖς υἱοῖς Ἰσραὴλ λέγων Ἐγὼ Κύριος, καὶ
ἐξάξω ὑμᾶς ἀπὸ τῆς δυναστείας τῶν Αἰγυπτίων, καὶ ῥύσομαι ὑμᾶς ἐκ
τῆς δουλίας, καὶ λυτρώσομαι ὑμᾶς ἐν βραχίονι ὑψηλῷ καὶ κρίσει
7 μεγάλῃ. ⁷καὶ λήμψομαι ἐμαυτῷ ὑμᾶς λαὸν ἐμοί, καὶ ἔσομαι ὑμῶν θεός,
καὶ γνώσεσθε ὅτι ἐγὼ Κύριος ὁ θεὸς ὑμῶν ὁ ἐξαγαγὼν ὑμᾶς ἐκ τῆς
8 καταδυναστείας τῶν Αἰγυπτίων· ⁸καὶ ἐξάξω ὑμᾶς εἰς τὴν γῆν εἰς ἣν
ἐξέτεινα τὴν χεῖρά μου δοῦναι αὐτὴν τῷ Ἀβραὰμ καὶ Ἰσαὰκ καὶ
9 Ἰακώβ, καὶ δώσω ὑμῖν αὐτὴν ἐν κλήρῳ· ἐγὼ Κύριος. ⁹ἐλάλησεν δὲ

[..18. πλινθιας] πλινθειας B^aA πλινθουργιας F   19 της πλινθιας B*A] της AF
πλινθειας B^ab απο της πλιθειας F* (πλινθειας F¹) | τη ημερα] της ημερας
F¹^mg .   21 ειπαν] ειπεν A | ιδοι] επειδοι F | δουναι] ου sup ras B¹?a? (δωναι
B*?)   22 om δεομαι AF | τι] pr δια AF | απεσταλκες A   23 εισπε-
πορευμαι F. | λαλησαι]+αυτω A | ερυσω AF | σου] τουτον F* (σου F¹?mg)
VI 1 οψη AF   5 καταδουλουνται] καταδουλωσιν A   6 om λεγων F |
καταδυναστειας F | δουλιας (δουλειας B^a?bF)]+αυτων F   7 υμας εμαυτω
AF | om λαον εμοι F | υμων 1°] υμιν F | γνωσεσθε B¹A (γνωσεσθαι F] γνω-
σονθε B* | ο εξαγ. υμας]+εκ της Αιγυπτου και F |'δυναστειας F   8 εξαξω]
εισαξω B^abAF | αυτην υμιν A

ΕΞΟΔΟΣ

Β Μωυσῆς οὕτως τοῖς υἱοῖς Ἰσραήλ· καὶ οὐκ εἰσήκουσαν Μωυσῇ ἀπὸ τῆς ὀλιγοψυχίας καὶ ἀπὸ τῶν ἔργων τῶν σκληρῶν. ¹⁰Εἶπεν δὲ Κύριος πρὸς Μωυσῆν λέγων ¹¹Εἴσελθε λάλησον Φαραὼ βασιλεῖ Αἰγύπτου ἵνα ἐξαποστείλῃ τοὺς υἱοὺς Ἰσραὴλ ἐκ τῆς γῆς αὐτοῦ. ¹²ἐλάλησεν δὲ Μωυσῆς ἔναντι Κυρίου λέγων Ἰδοὺ οἱ υἱοὶ Ἰσραὴλ οὐκ εἰσήκουσάν μου, καὶ πῶς εἰσακούσεταί μου Φαραώ; ἐγὼ δὲ ἄλογός εἰμι. ¹³εἶπεν δὲ Κύριος πρὸς Μωυσῆν καὶ Ἀαρών, καὶ συνέταξεν αὐτοῖς πρὸς Φαραὼ βασιλέα Αἰγύπτου ὥστε ἐξαποστεῖλαι τοὺς υἱοὺς Ἰσραὴλ ἐκ γῆς Αἰγύπτου. ¹⁴Καὶ οὗτοι ἀρχηγοὶ οἴκων πατριῶν αὐτῶν. υἱοὶ Ῥουβὴν πρωτοτόκου Ἰσραήλ· Ἐνὼχ καὶ Φαλλούς, Ἀσρὼν καὶ Χαρμεί· αὕτη ἡ συγγενία Ῥουβήν. ¹⁵καὶ υἱοὶ Συμεών· Ἰεμιὴλ καὶ Ἰαμεὶν καὶ Ἰώαδ καὶ Ἰαχεὶν καὶ Σάαρ καὶ Σαοὺλ ὁ ἐκ τῆς Φοινίσσης· αὗται αἱ πατριαὶ τῶν υἱῶν Συμεών. ¹⁶καὶ ταῦτα τὰ ὀνόματα τῶν υἱῶν Λευεὶ κατὰ συγγενίας αὐτῶν· Γεδσὼν καὶ Καὰθ καὶ Μεραρεί· καὶ τὰ ἔτη τῆς ζωῆς Λευεὶ ἑκατὸν τριάκοντα ἑπτά. ¹⁷καὶ οὗτοι υἱοὶ Γεδσών· Λοβενὶ καὶ Σεμεεί, οἶκοι πατριᾶς αὐτῶν. ¹⁸καὶ υἱοὶ Καάθ· Ἀμβρὰμ καὶ Ἰσσαχάρ, Χεβρὼν καὶ Ὀζειήλ· καὶ τὰ ἔτη τῆς ζωῆς Καὰθ ἑκατὸν τριάκοντα ἔτη. ¹⁹καὶ υἱοὶ Μεραρεί· Μοολεὶ καὶ Ὀμουσεί. οὗτοι οἶκοι πατριῶν Λευεὶ κατὰ συγγενίαν αὐτῶν. ²⁰καὶ ἔλαβεν Ἀμβρὰν τὴν Ἰωχάβεδ θυγατέρα τοῦ ἀδελφοῦ τοῦ πατρὸς αὐτοῦ ἑαυτῷ εἰς γυναῖκα, καὶ ἐγέννησεν αὐτῷ τόν τε Ἀαρὼν καὶ Μωυσῆν καὶ Μαριὰμ τὴν ἀδελφὴν αὐτῶν· τὰ δὲ ἔτη τῆς ζωῆς Ἀμβρὰν ἑκατὸν τριάκοντα δύο ἔτη. ²¹καὶ υἱοὶ Ἰσσαάρ· Κόρε καὶ Νάφεκ καὶ Ζεχρεί. ²²καὶ υἱοὶ Ὀζειήλ· Ἐλισαφὰν καὶ Σεγρεί. ²³ἔλαβεν δὲ Ἀαρὼν τὴν Ἐλεισάβεθ θυγατέρα Ἀμειναδὰβ ἀδελφὴν Ναασσὼν αὐτῷ γυναῖκα, καὶ ἔτεκεν αὐτῷ τόν τε Ναδὰβ καὶ τὸν Ἀβιοὺδ καὶ τὸν Ἐλεαζὰρ καὶ Ἰθαμάρ.

AF   11 Φαραω βασιλει] προς Φ. βασιλεα F | εκ της γης αυτου] εκ γης Αιγυπτου F   12 εναντιον AF   13 εξαποστειλαι] εξαγαγειν AF   14 Ασρων] σρ sup ras Aᵃ | Χαρμι A   15 Ιεμουηλ AF | Ιωαδ] Ιαωαδι A Αωδ F | Ιαχει A   16 Λευι AF (bis) | Γεδσων] Γηρσων AF | om και 2° AF   17 υιοι] pr οι F | Λοβενει F | Σεμει A (Σ sup ras 2 litt A¹) F | πατριων F   18 Αμραμ F [Ισσαχαρ] Ισααρ A* (Ισσααρ A¹?ᵃ?) Ιεσσααρ F | Οζιηλ F   19 υιοι] pr οι A | Μεραρι A | Λευι AF | συγγενειας AF   20 Αμβραν 1°] Αμβραμ A Αμραμ F | εαυτω] αυτω F | Αμβραν 2°] Αμβραμ Αμραμ F | δυο] εξ A επτα   21 Ισσααρ Bᵛⁱᵈ A] Σααρ F | Ναφεγ F | Ζεχρι F   22 υιοι] pr οι A | Οζιηλ AF | Ελισαφαν] pr Μισαηλ. και F | Σεγρει] Σεθρει A Σετρι F   23 Ελισαβετ A¹ (Ελισαβε A*) F | Αμιναδαμ A Αμιναδαβ F | Ναασσων] αασσω sup ras A¹ | τον τε Ναδαβ Bᵃᵇ A] τον τε Αδαβ B* τον Ναδαβ F | τον Αβιουδ] Αβισουρ A ʼΑβιουδ F | τον Ελεαζαρ] om τον AF

ΕΞΟΔΟΣ VII 9

24 ²⁴υἱοὶ δὲ Κόρε·· Ἀσεὶρ καὶ Ἑλκανὰ καὶ Ἀβιασάρ· αὗται αἱ γενέ- B
25 σεις Κόρε. ²⁵καὶ Ἐλεαζὰρ ὁ τοῦ Ἀαρὼν ἔλαβεν τῶν θυγατέρων
Φουτιὴλ αὐτῷ γυναῖκα, καὶ ἔτεκεν αὐτῷ τὸν Φινεές· αὗται αἱ ἀρχαὶ
26 πατριᾶς Λευειτῶν κατὰ γενέσεις αὐτῶν. ²⁶οὗτος Ἀαρὼν καὶ Μωυσῆς,
οἷς εἶπεν αὐτοῖς ὁ θεὸς ἐξαγαγεῖν τοὺς υἱοὺς Ἰσραὴλ ἐκ γῆς Αἰγύπτου
27 σὺν δυνάμει αὐτῶν. ²⁷οὗτοί εἰσιν οἱ διαλεγόμενοι πρὸς Φαραὼ βασιλέα
Αἰγύπτου· καὶ ἐξήγαγον τοὺς υἱοὺς Ἰσραὴλ ἐκ γῆς Αἰγύπτου, αὐτὸς
Ἀαρὼν καὶ Μωυσῆς.

28 ²⁸ᾟ ἡμέρᾳ ἐλάλησεν Κύριος Μωυσῇ ἐν γῇ Αἰγύπτῳ, ²⁹καὶ ἐλάλησεν
29
Κύριος πρὸς Μωυσῆν λέγων Ἐγὼ Κύριος· λάλησον πρὸς Φαραὼ
30 βασιλέα Αἰγύπτου, καὶ ἐγὼ λέγω πρὸς σέ. ³⁰καὶ εἶπεν Μωυσῆς ἐναντίον
Κυρίου Ἰδοὺ ἐγὼ ἰσχνόφωνός εἰμι, καὶ πῶς εἰσακούσεταί μου Φαραώ;
VII 1 ¹καὶ εἶπεν Κύριος πρὸς Μωυσῆν λέγων Ἰδοὺ δέδωκά σε θεὸν Φαραώ,
2 καὶ Ἀαρὼν ὁ ἀδελφός σου ἔσται σου προφήτης· ²σὺ δὲ λαλήσεις αὐτῷ
πάντα ὅσα σοι ἐντέλλομαι, ὁ δὲ Ἀαρὼν ὁ ἀδελφός σου λαλήσει πρὸς
3 Φαραὼ ὥστε ἐξαποστεῖλαι τοὺς υἱοὺς Ἰσραὴλ ἐκ τῆς γῆς αὐτοῦ. ³ἐγὼ
δὲ σκληρυνῶ τὴν καρδίαν Φαραώ, καὶ πληθυνῶ τὰ σημεῖά μου καὶ
4 τὰ τέρατα ἐν γῇ Αἰγύπτῳ· ⁴καὶ οὐκ εἰσακούσεται ὑμῶν Φαραώ. καὶ
ἐπιβαλῶ τὴν χεῖρά μου ἐπ᾽ Αἴγυπτον, καὶ ἐξάξω σὺν δυνάμει μου
τὸν λαόν μου τοὺς υἱοὺς Ἰσραὴλ ἐκ γῆς Αἰγύπτου σὺν ἐκδικήσει
5 μεγάλῃ· ⁵καὶ γνώσονται πάντες οἱ Αἰγύπτιοι ὅτι ἐγώ εἰμι Κύριος,
ἐκτείνων τὴν χεῖρα ἐπ᾽ Αἴγυπτον· καὶ ἐξάξω τοὺς υἱοὺς Ἰσραὴλ ἐκ
6 μέσου αὐτῶν. ⁶ἐποίησεν δὲ Μωυσῆς καὶ Ἀαρὼν καθάπερ ἐνετείλατο
7 αὐτοῖς Κύριος, οὕτως ἐποίησαν. ⁷Μωυσῆς δὲ ἦν ἐτῶν ὀγδοήκοντα,
Ἀαρὼν δὲ ὁ ἀδελφὸς αὐτοῦ ἐτῶν ὀγδοήκοντα τριῶν, ἡνίκα ἐλάλησεν
πρὸς Φαραώ.

8
9 ⁸Καὶ εἶπεν Κύριος πρὸς Μωυσῆν καὶ Ἀαρὼν λέγων ⁹Καὶ ἐὰν
λαλήσῃ πρὸς ὑμᾶς Φαραὼ λέγων Δότε ἡμῖν σημεῖον ἢ τέρας, καὶ
ἐρεῖς Ἀαρὼν τῷ ἀδελφῷ σου Λάβε τὴν ῥάβδον καὶ ῥῖψον ἐπὶ τὴν

24 Ασηρ A | Αβιασαφ F   25 πατριων F | Λευιτων AF   26 Ααρων] ο AF
Δρων A | ο θεος αυτοις A | εκ γης Αιγ.] εξ Αιγ. A   27 προς Φ. βασιλεα] Φ.
βασιλει F | και εξηγαγον] ωστε εξαγαγειν F | εκ γης Αιγ.] εξ Αιγ. AF | Ααρων
και Μωυσης] M. και Ααρων F   28 η] εν A | Μωυση] προς Μωυσην F   29 και
2° B*] οσα B^{ab}AF   30 εναντι F | ιχνοφ. F   VII 1 om λεγων F | Αρων F*
(Ααρων F¹)   2 om αυτω F | εντελλομαι σοι F   3 τα σημ. μου] om μου
AF* (superscr F¹) | τα τερατα] τερατα μου A   5 om ειμι F | την
χειρα]+μου A¹F | αυτων] αυτης A   6 Κυριος αυτοις F   7 om ο
αδ. αυτου F | ετων 2°] pr. ην F | ογδ. τρ. ετων A | ελαλησαν A   8 Αρων
A* (Ααρων A¹)   9 ριψον]+αυτην AF | om επι την γην F

VII 10 ΕΞΟΔΟΣ

B γῆν ἐναντίον Φαραὼ καὶ ἐναντίον τῶν θεραπόντων αὐτοῦ, καὶ ἔσται δράκων. ¹⁰εἰσῆλθεν δὲ Μωυσῆς καὶ Ἀαρὼν ἐναντίον Φαραὼ καὶ τῶν θεραπόντων. αὐτοῦ, καὶ ἐποίησαν οὕτως καθάπερ ἐνετείλατο αὐτοῖς Κύριος· καὶ ἔριψεν Ἀαρὼν τὴν ῥάβδον ἐναντίον Φαραὼ καὶ ἐναντίον τῶν θεραπόντων αὐτοῦ, καὶ ἐγένετο δράκων. ¹¹συνεκάλεσεν δὲ Φαραὼ τοὺς σοφιστὰς Αἰγύπτου καὶ τοὺς φαρμακούς· καὶ ἐποίησαν καὶ οἱ ἐπαοιδοὶ τῶν Αἰγυπτίων ταῖς φαρμακίαις αὐτῶν ὡσαύτως, ¹²καὶ ἔρριψαν ἕκαστος τὴν ῥάβδον αὐτῶν, καὶ ἐγένοντο δράκοντες· καὶ κατέπιεν ἡ ῥάβδος ἡ Ἀαρὼν τὰς ἐκείνων ῥάβδους. ¹³καὶ κατίσχυσεν ἡ καρδία Φαραώ, καὶ οὐκ εἰσήκουσεν αὐτῶν, καθάπερ ἐνετείλατο αὐτοῖς Κύριος.

¹⁴Εἶπεν δὲ Κύριος πρὸς Μωυσῆν Βεβάρηται ἡ καρδία Φαραὼ τοῦ μὴ ἐξαποστεῖλαι τὸν λαόν. ¹⁵βάδισον πρὸς Φαραὼ τὸ πρωί· ἰδοὺ αὐτὸς ἐκπορεύεται ἐπὶ τὸ ὕδωρ, καὶ ἔσῃ συναντῶν αὐτῷ ἐπὶ τὸ χεῖλος τοῦ ποταμοῦ· καὶ τὴν ῥάβδον τὴν στραφεῖσαν εἰς ὄφιν λήμψῃ ἐν τῇ χειρί σου, ¹⁶καὶ ἐρεῖς πρὸς αὐτόν Κύριος ὁ θεὸς τῶν Ἑβραίων ἀπέσταλκέν με πρὸς σὲ λέγων Ἐξαπόστειλον τὸν λαόν μου ἵνα μοι λατρεύσῃ ἐν τῇ ἐρήμῳ· καὶ ἰδοὺ οὐκ εἰσήκουσας ἕως τούτου. ¹⁷τάδε λέγει Κύριος Ἐν τούτῳ γνώσῃ ὅτι ἐγὼ Κύριος· ἰδοὺ ἐγὼ τύπτω τῇ ῥάβδῳ τῇ ἐν τῇ χειρί μου ἐπὶ τὸ ὕδωρ τὸ ἐν τῷ ποταμῷ, καὶ μεταβαλεῖ εἰς αἷμα· ¹⁸καὶ οἱ ἰχθύες οἱ ἐν τῷ ποταμῷ τελευτήσουσιν, καὶ ἐποζέσει ὁ ποταμός, καὶ οὐ δυνήσονται οἱ Αἰγύπτιοι πιεῖν ὕδωρ ἀπὸ τοῦ ποταμοῦ. ¹⁹εἶπεν δὲ Κύριος πρὸς Μωυσῆν Εἰπὸν Ἀαρὼν τῷ ἀδελφῷ σου Λάβε τὴν ῥάβδον σου ἐν τῇ χειρί σου, καὶ ἔκτεινον τὴν χεῖρά σου ἐπὶ τὰ ὕδατα Αἰγύπτου καὶ ἐπὶ τοὺς ποταμοὺς αὐτῶν καὶ ἐπὶ τὰς διώρυγας αὐτῶν καὶ ἐπὶ τὰ ἕλη αὐτῶν καὶ ἐπὶ πᾶν συνεστηκὸς ὕδωρ αὐτῶν, καὶ ἔσται αἷμα· καὶ ἐγένετο αἷμα ἐν πάσῃ γῇ Αἰγύπτου, ἔν τε τοῖς ξύλοις καὶ ἐν τοῖς λίθοις. ²⁰καὶ ἐποίησαν οὕτως Μωυσῆς καὶ Ἀαρὼν καθάπερ ἐνετείλατο αὐτοῖς Κύριος· καὶ ἐπάρας τῇ ῥάβδῳ αὐτοῦ ἐπάταξεν τὸ ὕδωρ τὸ ἐν τῷ ποταμῷ

AF 10 om και των θερ. αυτου F | ερριψεν AF | την ραβδον] + αυτου F 11 om Αιγυπτου F | om και 3° F 12 αυτων] αυτου AF 13 ενετειλατο] ελαλησεν AF | om αυτοις F 14 ειπεν δε] και ειπεν A | βεβαρυνται F 15 εσῃ] στησῃ AF 16 μοι λατρευσῃ] λατρευσωσιν μοι F 17 μεταβαλει] μεταβασι|λει A 18 απο] εκ F 19 om τω αδελφω σου F | om εν τη χειρι σου AF¹ (hab F*) | om και εκτεινον την χειρα σου F* (hab F¹) | om σου 4° A | Αιγυπτου 1°] του ποταμου A | Αιγυπτου 2°] Αιγυπτω AF 20 κυριος αυτοις F | επαρας] + Ααρων AF | τῇ ραβδω] την ραβδον A

ΕΞΟΔΟΣ VIII 8

ἐναντίον Φαραὼ καὶ ἐναντίον τῶν θεραπόντων αὐτοῦ, καὶ μετέβαλεν B
21 πᾶν τὸ ὕδωρ τὸ ἐν τῷ ποταμῷ εἰς αἷμα. ²¹ καὶ οἱ ἰχθύες οἱ ἐν τῷ
ποταμῷ ἐτελεύτησαν, καὶ ἐπώζεσεν ὁ ποταμός, καὶ οὐκ ἠδύναντο οἱ
Αἰγύπτιοι πιεῖν ὕδωρ ἐκ τοῦ ποταμοῦ, καὶ ἦν τὸ αἷμα ἐν πάσῃ γῇ
22 Αἰγύπτου. ²²ἐποίησαν δὲ ὡσαύτως καὶ οἱ ἐπαοιδοὶ τῶν Αἰγυπτίων
ταῖς φαρμακίαις αὐτῶν· καὶ ἐσκλήρυνεν ἡ καρδία Φαραώ, καὶ οὐκ εἰσ-
23 ήκουσεν αὐτῶν, καθάπερ εἶπεν Κύριος. ²³ἐπιστραφεὶς δὲ Φαραὼ
εἰσῆλθεν εἰς τὸν οἶκον αὐτοῦ, καὶ οὐκ ἐπέστησεν τὸν νοῦν αὐτοῦ οὐδὲ
24 ἐπὶ τούτῳ. ²⁴ὤρυξαν δὲ πάντες οἱ Αἰγύπτιοι κύκλῳ τοῦ ποταμοῦ ὥστε
πιεῖν ὕδωρ ἀπὸ τοῦ ποταμοῦ, καὶ οὐκ ἠδύναντο πιεῖν ὕδωρ ἀπὸ τοῦ
25 ποταμοῦ· ²⁵καὶ ἀνεπληρώθησαν ἑπτὰ ἡμέραι μετὰ τὸ πατάξαι Κύριον
τὸν ποταμόν.

|VIII (26) 1 ¹Εἶπεν δὲ Κύριος πρὸς Μωυσῆν Εἴσελθε πρὸς Φαραὼ καὶ
ἐρεῖς πρὸς αὐτόν Τάδε λέγει Κύριος Ἐξαπόστειλον τὸν λαόν μου
(27) 2 ἵνα μοι λατρεύσωσιν· ²εἰ δὲ μὴ βούλει σὺ ἐξαποστεῖλαι, ἰδοὺ ἐγὼ
(28) 3 τύπτω πάντα τὰ ὅριά σου τοῖς βατράχοις. ³καὶ ἐξερεύξεται ὁ
ποταμὸς βατράχους· καὶ ἀναβάντες εἰσελεύσονται εἰς τοὺς οἴκους
σου καὶ εἰς τὰ ταμεῖα τῶν κοιτώνων σου καὶ ἐπὶ τῶν κλινῶν σου,
καὶ ἐπὶ τοὺς οἴκους τῶν θεραπόντων σου καὶ τοῦ λαοῦ σου, καὶ
(29) 4 ἐν τοῖς φυράμασίν σου καὶ ἐν τοῖς κλιβάνοις σου· ⁴καὶ ἐπὶ
σὲ καὶ ἐπὶ τοὺς θεράποντάς σου καὶ ἐπὶ τὸν λαόν σου ἀνα-
VIII) (1) 5 βήσονται οἱ βάτραχοι. ⁵εἶπεν δὲ Κύριος πρὸς Μωυσῆν Εἰπόν
Ἀαρὼν τῷ ἀδελφῷ σου Ἔκτεινον τῇ χειρὶ τὴν ῥάβδον σου ἐπὶ
τοὺς ποταμοὺς καὶ ἐπὶ τὰς διώρυγας καὶ ἐπὶ τὰ ἕλη, καὶ ἀνάγαγε
(2) 6 τοὺς βατράχους. ⁶καὶ ἐξέτεινεν Ἀαρὼν τὴν χεῖρα ἐπὶ τὰ ὕδατα
Αἰγύπτου, καὶ ἀνήγαγεν τοὺς βατράχους· καὶ ἀνεβιβάσθη ὁ βά-
(3) 7 τραχος, καὶ ἐκάλυψεν τὴν γῆν Αἰγύπτου. ⁷ἐποίησαν δὲ ὡσαύτως
καὶ οἱ ἐπαοιδοὶ τῶν Αἰγυπτίων ταῖς φαρμακίαις αὐτῶν, καὶ ἀνή-
(4) 8 γαγον τοὺς βατράχους ἐπὶ γῆν Αἰγύπτου. ⁸καὶ ἐκάλεσεν Φαραὼ
Μωυσῆν καὶ Ἀαρὼν καὶ εἶπεν Εὔξασθε περὶ ἐμοῦ πρὸς Κύριον,

20 om παν F   21 Αιγυπτω F   22 εσκληρυνεν] εσκληρυνθη AF | AF
αυτων BA¹F] αυτω A*   24 om απο του ποταμου 1° B^ab AF | απο του
ποταμου 2°] εκ του ποτ. F   VIII 2 βουλη AF | τοις βατρ.] om τοις AF
3 ταμεια AF | επι 2°] εις AF | φυραμασιν] μασιν sup ras et in mg A¹ᵃᵗ
(om και εν τοις φυρ. σου A*ᵛⁱᵈ) | σου 6°]+και εν τοις φρεασιν σου A
4 επι τον λ. σου και επι τους θερ. σου F   5 τη χειρι]+σου F |
αναγαγε] συναγαγε A   6 ανηγαγε F | η βατραχος A | Αιγυπτου 2°] αυτου F
7 ταις φαρμακιαις B*F] εν τοις φαρμακειαις B^ab εν ταις επαοιδαις A | γην] pr
πασαν A   8 και εκαλεσεν] εκαλεσεν δε F | ειπεν]+αυτοις F | ευξασθε]
ευξε A

VIII 9   ΕΞΟΔΟΣ

B καὶ περιελέτω τοὺς βατράχους ἀπ' ἐμοῦ καὶ ἀπὸ τοῦ ἐμοῦ λαοῦ, καὶ ἐξαποστελῶ αὐτοὺς καὶ θύσωσῖν τῷ κυρίῳ. ⁹εἶπεν δὲ Μωυσῆς 9 (5) πρὸς Φαραώ Τάξαι πρὸς μὲ πότε εὔξωμαι περὶ σοῦ καὶ περὶ τῶν θεραπόντων σου καὶ περὶ τοῦ λαοῦ σου, ἀφανίσαι τοὺς βατράχους ἀπὸ σοῦ καὶ ἀπὸ τοῦ λαοῦ σου καὶ ἐκ τῶν οἰκιῶν ὑμῶν· πλὴν ἐν τῷ ποταμῷ ὑπολειφθήσονται. ¹⁰ὁ δὲ εἶπεν Εἰς αὔριον. 10 (6) εἶπεν οὖν Ὡς εἴρηκάς· ἵνα ἴδῃς ὅτι οὐκ ἔστιν ἄλλος πλὴν Κυρίου· ¹¹καὶ περιαιρεθήσονται οἱ βάτραχοι ἀπὸ σοῦ καὶ ἐκ τῶν 11 (7) οἰκιῶν ὑμῶν καὶ ἐκ τῶν ἐπαύλεων καὶ ἀπὸ τῶν θεραπόντων σου καὶ ἀπὸ τοῦ λαοῦ σου· πλὴν ἐν τῷ ποταμῷ ὑπολειφθήσονται. ¹²ἐξῆλθεν δὲ Μωυσῆς καὶ Ἀαρὼν ἀπὸ Φαραώ· καὶ ἐβόησεν Μωυ- 12 (8) σῆς πρὸς Κύριον περὶ τοῦ ὁρισμοῦ τῶν βατράχων, ὡς ἐτάξατο Φαραώ. ¹³ἐποίησεν δὲ Κύριος καθάπερ εἶπεν Μωυσῆς, καὶ ἐτελεύ- 13 (9) τησαν οἱ βάτραχοι ἐκ τῶν οἰκιῶν καὶ ἐκ τῶν ἐπαύλεων καὶ ἐκ τῶν ἀγρῶν· ¹⁴καὶ συνήγαγον αὐτοὺς θιμωνιὰς θιμωνιάς, καὶ ὤζεσεν 14 (10) ἡ γῆ. ¹⁵ἰδὼν δὲ Φαραὼ ὅτι γέγονεν ἀνάψυξις, ἐβαρύνθη ἡ 15 (11) καρδία αὐτοῦ καὶ οὐκ εἰσήκουσεν αὐτῶν, καθάπερ ἐλάλησεν Κύριος.

¹⁶Εἶπεν δὲ Κύριος πρὸς Μωυσῆν Εἰπὸν Ἀαρών Ἔκτεινον τῇ 16 (12) χειρὶ τὴν ῥάβδον σου καὶ πάταξον τὸ χῶμα τῆς γῆς, καὶ ἔσονται σκνῖφες ἔν τε τοῖς ἀνθρώποις καὶ ἐν τοῖς τετράποσιν καὶ ἐν πάσῃ γῇ Αἰγύπτου. ¹⁷ἐξέτεινεν οὖν Ἀαρὼν τῇ χειρὶ τὴν ῥάβδον 17 (13) καὶ ἐπάταξεν τὸ χῶμα τῆς γῆς, καὶ ἐγένοντο οἱ σκνῖφες ἐν τοῖς ἀνθρώποις καὶ ἐν τοῖς τετράποσιν· καὶ ἐν παντὶ χώματι τῆς γῆς ἐγένοντο οἱ σκνῖφες. ¹⁸ἐποίησαν δὲ ὡσαύτως καὶ οἱ ἐπαοιδοὶ ταῖς 18 (14) φαρμακίαις αὐτῶν ἐξαγαγεῖν τὸν σκνῖφα, καὶ οὐκ ἠδύναντο· καὶ ἐγένοντο οἱ σκνῖφες ἐν τοῖς ἀνθρώποις καὶ ἐν τοῖς τετράποσιν.

¶ F ¹⁹εἶπαν οὖν οἱ ἐπαοιδοὶ τῷ¶ Φαραώ Δάκτυλος θεοῦ ἐστιν τοῦτο· 19 (15) καὶ ἐσκληρύνθη ἡ καρδία Φαραώ, καὶ οὐκ εἰσήκουσεν αὐτῶν, καθάπερ ἐλάλησεν Κύριος.

²⁰Εἶπεν δὲ Κύριος πρὸς Μωυσῆν Ὄρθρισον τὸ πρωὶ καὶ στῆθι 20 (16)

AF   8 αυτους] τον λαον AF | θυσουσιν F | τω κυριω] om τω AF   9 ευξομαι AF | om περι 3° AF   10 ειπεν 2°] ειπαν F | ιδης] ειδης AF | Κυριου] Κυριος AF   11 εκ 1°] απο F | υμων] σου F | om και εκ των επαυλεων F | om και απο του λαου σου F   12 ανεβοησεν F | Φαραω 2°] pr τω F   14 θιμωνιας 1° BF*] θειμωνιας AF¹ | θιμωνιας 2°] θειμωνιας AF   16 εσονται σκνιφες] εστακνιφες F* (εσται σκν. F¹ vid) | Αιγυπτω F   17 σκνιφες 1°] σκνικες F | εν τε τοις ανθρωποις AF | οι σκνιφες 2° (κνιφες F*)]+εν παση γη Αιγυπτου B^(ab mg) AF   18 εδυναντο AF | εν τε τοις ανθρωποις F | τετραποσιν]+και εν παντι χωματι της γης εγενοντο οι σκνιπες B^(c mg)   19 οι επαοιδοι τω... F

ΕΞΟΔΟΣ VIII 31

ἐναντίον Φαραώ· καὶ ἰδοὺ αὐτὸς ἐξελεύσεται ἐπὶ τὸ ὕδωρ, καὶ B
ἐρεῖς πρὸς αὐτόν Τάδε λέγει Κύριος Ἐξαπόστειλον τὸν λαόν μου
(17) 21 ἵνα μοι λατρεύσωσιν ἐν τῇ ἐρήμῳ· ²¹ἐὰν δὲ μὴ βούλῃ ἐξαποστεῖλαι
τὸν λαόν μου, ἰδοὺ ἐγὼ ἐπαποστέλλω ἐπὶ σὲ καὶ ἐπὶ τοὺς θεράποντάς σου καὶ ἐπὶ τὸν λαόν σου καὶ ἐπὶ τοὺς οἴκους ὑμῶν
κυνόμυιαν, καὶ πλησθήσονται αἱ οἰκίαι τῶν Αἰγυπτίων τῆς κυνο-
(18) 22 μυίης, καὶ εἰς τὴν γῆν ἐφ' ἧς εἰσὶν ἐπ' αὐτῆς. ²²καὶ παραδοξάσω
ἐν τῇ ἡμέρᾳ ἐκείνῃ τὴν γῆν Γέσεμ, ἐφ' ἧς ὁ λαός μου ἔπεστιν
ἐπ' αὐτῆς, ἐφ' ἧς οὐκ ἔσται ἐκεῖ ἡ κυνόμυια· ἵνα εἰδῇς ὅτι ἐγώ
(19) 23 εἰμι Κύριος ὁ κύριος πάσης τῆς γῆς. ²³καὶ δώσω διαστολὴν ἀνὰ
μέσον τοῦ ἐμοῦ λαοῦ καὶ ἀνὰ μέσον τοῦ σοῦ λαοῦ· ἐν δὲ τῇ αὔριον
(20) 24 ἔσται τοῦτο ἐπὶ τῆς γῆς. ²⁴ἐποίησεν δὲ Κύριος οὕτως, καὶ παρεγένετο ἡ κυνόμυια πλῆθος εἰς τοὺς οἴκους Φαραὼ καὶ εἰς τοὺς
οἴκους τῶν θεραπόντων αὐτοῦ καὶ εἰς πᾶσαν τὴν γῆν Αἰγύπτου·
(21) 25 καὶ ἐξωλεθρεύθη ἡ γῆ ἀπὸ τῆς κυνομυίης. | ²⁵ἐκάλεσεν δὲ Φαραὼ
Μωυσῆν καὶ Ἀαρὼν λέγων Ἐλθόντες θύσατε τῷ θεῷ ὑμῶν ἐν τῇ
(22) 26 γῇ. ²⁶καὶ εἶπεν Μωυσῆς· Οὐ δυνατὸν γενέσθαι οὕτως τὸ ῥῆμα
τοῦτο, τὰ γὰρ βδελύγματα τῶν Αἰγυπτίων θύσομεν Κυρίῳ τῷ θεῷ
ἡμῶν· ἐὰν γὰρ θύσωμεν τὰ βδελύγματα τῶν Αἰγυπτίων ἐναντίον
(23) 27 αὐτῶν, λιθοβοληθησόμεθα. ²⁷ὁδὸν τριῶν ἡμερῶν πορευσόμεθα
εἰς τὴν ἔρημον, καὶ θύσομέν τῷ θεῷ ἡμῶν καθάπερ εἶπεν Κύριος
(24) 28 ἡμῖν. ²⁸καὶ εἶπεν Φαραώ Ἐγὼ ἀποστέλλω ὑμᾶς, καὶ θύσατε τῷ
θεῷ ὑμῶν ἐν τῇ ἐρήμῳ, ἀλλ' οὐ μακρὰν ἀποτενεῖτε πορευθῆναι·
(25) 29 εὔξασθε οὖν περὶ ἐμοῦ πρὸς Κύριον. ²⁹εἶπεν δὲ Μωυσῆς Ὅδε
ἐγὼ ἐξελεύσομαι ἀπὸ σοῦ καὶ εὔξομαι πρὸς τὸν θεόν, καὶ ἀπελεύσεται ἀπὸ σοῦ ἡ κυνόμυια καὶ ἀπὸ τῶν θεραπόντων σου καὶ
τοῦ λαοῦ σου αὔριον· μὴ προσθῇς ἔτι, Φαραώ, ἐξαπατῆσαι τοῦ
(26) 30 μὴ ἐξαποστεῖλαι τὸν λαὸν θῦσαι Κυρίῳ. ³⁰ἐξῆλθεν δὲ Μωυσῆς
(27) 31 ἀπὸ Φαραὼ καὶ ηὔξατο πρὸς τὸν θεόν· ³¹ἐποίησεν δὲ Κύριος
καθάπερ εἶπεν Μωυσῆς, καὶ περιεῖλεν τὴν κυνόμυιαν ἀπὸ Φαραὼ
καὶ τῶν θεραπόντων αὐτοῦ καὶ τοῦ λαοῦ αὐτοῦ, καὶ οὐ κατε-

20 και ιδου] om και A | αυτος εξελευσεται] αυτος εκπορευεται sup ras A¹ | A λατρευση A   21 εξαποστελλω A | κυνομυιας A (item 24)   22 εφ ης 2°] εφ η A | om ειμι A | κυριος 2°] θ̅ς̅ A   , 23 τουτο] pr το σημειον A   24 Κυριος B*A] pr ο B^{a?b?} | την γην] om την A   25 ημων A   26 το ρημα τουτο] μα τουτο B* (om B^{ab} A) | θυσομεν] θυσωμεν A   27 πορευσομεθα A | θυσωμεν A | τω θεω] pr κ̅ω̅ A | om Κυριος A   28 εξαποστελλω A | θυσεται A | τω θεω] pr κ̅ω̅ A   29 η κυν. απο σου A | και του λαου σου] και απο του λαου σου A^{a?mg} | απατησαι A   31 των θεραπ.] pr απο A | του λαου] pr απο A

VIII 32 ΕΞΟΔΟΣ

B λείφθη οὐδεμία· ³²καὶ ἐβάρυνεν Φαραὼ τὴν καρδίαν αὐτοῦ καὶ 32 (28)
ἐπὶ τοῦ καιροῦ τούτου, καὶ οὐκ ἠθέλησεν ἐξαποστεῖλαι τὸν λαόν.

¹Εἶπεν δὲ Κύριος πρὸς Μωυσῆν Εἴσελθε πρὸς Φαραὼ καὶ ἐρεῖς 1 IX
αὐτῷ Τάδε λέγει Κύριος ὁ θεὸς τῶν Ἑβραίων Ἐξαπόστειλον τὸν λαόν
μου ἵνα μοι λατρεύσωσιν· ²εἰ μὲν οὖν μὴ βούλει ἐξαποστεῖλαι τὸν 2
λαόν μου ἀλλ' ἔτι ἐνκρατεῖς αὐτοῦ, ³ἰδοὺ χεὶρ Κυρίου ἐπέσται ἐν τοῖς 3
κτήνεσίν σου τοῖς ἐν τοῖς πεδίοις, ἔν τε τοῖς ἵπποις καὶ ἐν τοῖς ὑποζυ-
γίοις καὶ ταῖς καμήλοις, καὶ βουσὶν καὶ προβάτοις θάνατος μέγας
σφόδρα. ⁴καὶ παραδοξάσω ἐγὼ ἐν τῷ καιρῷ ἐκείνῳ ἀνὰ μέσον τῶν 4
κτηνῶν τῶν Αἰγυπτίων καὶ ἀνὰ μέσον τῶν κτηνῶν τῶν υἱῶν Ἰσραήλ·
οὐ τελευτήσει ἀπὸ πάντων τῶν τοῦ Ἰσραὴλ υἱῶν ῥητόν. ⁵καὶ ἔδωκεν 5
ὁ θεὸς ὅρον λέγων Ἐν τῇ αὔριον ποιήσει Κύριος τὸ ῥῆμα τοῦτο ἐπὶ τῆς
γῆς. ⁶καὶ ἐποίησεν Κύριος τὸ ῥῆμα τοῦτο τῇ ἐπαύριον, καὶ ἐτελεύ- 6
τησεν πάντα τὰ κτήνη τῶν Αἰγυπτίων· ἀπὸ δὲ τῶν κτηνῶν τῶν υἱῶν
Ἰσραὴλ οὐκ ἐτελεύτησεν οὐδέν. ⁷ἰδὼν δὲ Φαραὼ ὅτι οὐκ ἐτελεύτησεν 7
ἀπὸ πάντων τῶν κτηνῶν τῶν υἱῶν Ἰσραὴλ οὐδέν, ἐβαρύνθη ἡ καρδία
Φαραώ, καὶ οὐκ ἐξαπέστειλεν τὸν λαόν.

⁸Εἶπεν δὲ Κύριος πρὸς Μωυσῆν καὶ Ἀαρὼν λέγων Λάβετε ὑμεῖς 8
πλήρεις τὰς χεῖρας αἰθάλης καμιναίας, καὶ πασάτω Μωυσῆς εἰς τὸν
οὐρανὸν ἐναντίον Φαραὼ καὶ ἐναντίον τῶν θεραπόντων αὐτοῦ, ⁹καὶ 9
γενηθήτω κονιορτὸς ἐπὶ πᾶσαν τὴν γῆν Αἰγύπτου· καὶ ἔσται ἐπὶ τοὺς
ἀνθρώπους καὶ ἐπὶ τὰ τετράποδα ἕλκη, φλυκτίδες ἀναζέουσαι, ἔν
τε τοῖς ἀνθρώποις καὶ ἐν τοῖς τετράποσιν καὶ πάσῃ γῇ Αἰγύπτου.
¹⁰καὶ ἔλαβεν τὴν αἰθάλην τῆς καμιναίας ἐναντίον Φαραὼ καὶ ἔπασεν 10
αὐτὴν Μωυσῆς εἰς τὸν οὐρανόν, καὶ ἐγένετο ἕλκη, φλυκτίδες ἀναζέ-
ουσαι, ἐν τοῖς ἀνθρώποις καὶ ἐν τοῖς τετράποσιν. ¹¹καὶ οὐκ ἠδύναντο 11
οἱ φαρμακοὶ στῆναι ἐναντίον Μωυσῆ διὰ τὰ ἕλκη· ἐγένετο γὰρ τὰ ἕλκη
ἐν τοῖς φαρμακοῖς καὶ ἐν πάσῃ γῇ Αἰγύπτου. ¹²ἐσκλήρυνεν δὲ 12
Κύριος τὴν καρδίαν Φαραώ, καὶ οὐκ εἰσήκουσεν αὐτῶν, καθὰ συνέταξεν
Κύριος.

A IX 1 λατρευσωσιν μοι A   2 βουλη A | αλλ] και A   3 ιδου] pr ras
1 lit A | επεσται] εσται A | om εν τε τοις ιππ. A*ᵛⁱᵈ (hab Aᵃ) | ταις] εν τοις A
4 εν τω κρω εκεινω Aᵃ ⁱⁿᵍ | των υιων] του A | ου τελευτησει pr και A | των
του Ισρ. υιων] των κτηνων των υιων Ισρ. A   5—7 ορον λεγων...εξαπεστ.
τον λαον sup ras Aᵃ ?   5 εν τη αυριον] om εν τη Aᵃ ? | γης]+Αιγυπτου Aᵃ ?
6 των υιων] του Aᵃ ?   7 om παντων Aᵃ ?   8 υμεις] υμιν A | καμιναιας Bᵇ
(καμειν. B*) Aᵃ*] καμιναιας A¹   9 την γην] om την A | πασῃ] pr εν A
10—12 νιαιας εναντιον...τω Μωυση sup ras Aᵃ ?   10 ελαβον A | καμιναιας
Bᵇ (καμειν. B*)] καμιναιας Aᵃ ? | εγενετο] εγενοντο Aᵃ ? | εν 1°]+τε Aᵃ ?
11 εγενετο] εγενοντο Aᵃ ?   12 Κυριος 2°]+τω Μωυση Aᵃ ?

ΕΞΟΔΟΣ IX 28

¹³ ¹³Εἶπεν δὲ Κύριος πρὸς Μωυσῆν Ὄρθρισον τὸ πρωὶ καὶ στῆθι Β
ἐναντίον Φαραώ, καὶ ἐρεῖς πρὸς αὐτόν Τάδε λέγει Κύριος ὁ θεὸς τῶν
¹⁴ Ἑβραίων Ἐξαπόστειλον τὸν λαόν μου ἵνα λατρεύσωσίν μοι. ¹⁴ἐν τῷ
γὰρ νῦν καιρῷ ἐγὼ ἐξαποστέλλω πάντα τὰ συναντήματά μου εἰς τὴν
καρδίαν σου καὶ τῶν θεραπόντων σου καὶ τοῦ λαοῦ σου, ἵν' εἰδῇς ὅτι
¹⁵ οὐκ ἔστιν ὡς ἐγὼ ἄλλος ἐν πάσῃ τῇ γῇ. ¹⁵νῦν γὰρ ἀποστείλας τὴν
χεῖρα πατάξω σε, καὶ τὸν λαόν σου θανατώσω, καὶ ἐκτριβήσῃ ἀπὸ τῆς
¹⁶ γῆς· ¹⁶καὶ ἕνεκεν τούτου διετηρήθης ἵνα ἐνδείξωμαι ἐν σοὶ τὴν ἰσχύν
¹⁷ μου, καὶ ὅπως διαγγελῇ τὸ ὄνομά μου ἐν πάσῃ τῇ γῇ. ¹⁷ἔτι οὖν σὺ
¹⁸ ἐνποιῇ τοῦ λαοῦ μου τοῦ μὴ ἐξαποστεῖλαι αὐτούς; ¹⁸ἰδοὺ ἐγὼ ὕω
ταύτην τὴν ὥραν αὔριον χάλαζαν πολλὴν σφόδρα, ἥτις τοιαύτη οὐ
γέγονεν ἐν Αἰγύπτῳ ἀφ' ἧς ἡμέρας ἔκτισται ἕως τῆς ἡμέρας ταύτης.
¹⁹ ¹⁹νῦν οὖν κατάσπευσον συναγαγεῖν τὰ κτήνη σου καὶ ὅσα σοί ἐστιν ἐν
τῷ πεδίῳ· πάντες γὰρ οἱ ἄνθρωποι καὶ τὰ κτήνη ὅσα σοί ἐστιν ἐν τῷ
πεδίῳ καὶ μὴ εἰσέλθῃ εἰς οἰκίαν, πέσῃ δὲ ἐπ' αὐτὰ ἡ χάλαζα, τελευτήσει.
²⁰ ²⁰ὁ φοβούμενος τὸ ῥῆμα Κυρίου τῶν θεραπόντων Φαραὼ συνήγαγεν τὰ
²¹ κτήνη αὐτοῦ εἰς τοὺς οἴκους· ²¹ὃς δὲ μὴ προσέσχεν τῇ διανοίᾳ εἰς τὸ
²² ῥῆμα Κυρίου, ἀφῆκεν τὰ κτήνη ἐν τοῖς πεδίοις. ²²Εἶπεν δὲ Κύριος
πρὸς Μωυσῆν Ἔκτεινον τὴν χεῖρά σου εἰς τὸν οὐρανόν, καὶ ἔσται
χάλαζα ἐπὶ πᾶσαν γῆν Αἰγύπτου, ἐπί τε τοὺς ἀνθρώπους καὶ τὰ κτήνη
²³ καὶ ἐπὶ πᾶσαν βοτάνην τὴν ἐπὶ τῆς γῆς. ²³ἐξέτεινεν δὲ Μωυσῆς τὴν
χεῖρα εἰς τὸν οὐρανόν, καὶ Κύριος ἔδωκεν φωνὰς καὶ χάλαζαν, καὶ
διέτρεχεν τὸ πῦρ ἐπὶ τῆς γῆς· καὶ ἔβρεξεν Κύριος χάλαζαν ἐπὶ πᾶσαν
²⁴ γῆν Αἰγύπτου. ²⁴ἦν δὲ ἡ χάλαζα καὶ τὸ πῦρ φλογίζον ἐν τῇ χαλάζῃ·
ἡ δὲ χάλαζα πολλὴ σφόδρα, ἥτις τοιαύτη οὐ γέγονεν ἐν Αἰγύπτῳ
²⁵ ἀφ' ἧς ἡμέρας γεγένηται ἐπ' αὐτῆς ἔθνος. ²⁵ἐπάταξεν δὲ ἡ χάλαζα ἐν
πάσῃ γῇ Αἰγύπτου ἀπὸ ἀνθρώπου ἕως κτήνους, καὶ πᾶσαν βοτάνην
τὴν ἐν τῷ πεδίῳ ἐπάταξεν ἡ χάλαζα, καὶ πάντα τὰ ξύλα τὰ ἐν τοῖς
²⁶ πεδίοις συνέτριψεν ἡ χάλαζα· ²⁶πλὴν ἐν γῇ Γέσεμ, οὗ ἦσαν οἱ υἱοὶ
²⁷ Ἰσραήλ, οὐκ ἐγένετο ἡ χάλαζα. ²⁷ἀποστείλας δὲ Φαραὼ ἐκάλεσεν
Μωυσῆν καὶ Ἀαρὼν καὶ εἶπεν αὐτοῖς Ἡμάρτηκα τὸ νῦν· ὁ κύριος
²⁸ δίκαιος, ἐγὼ δὲ καὶ ὁ λαός μου ἀσεβεῖς. ²⁸εὔξασθε οὖν περὶ ἐμοῦ πρὸς

14 ινα Α | om αλλος Α   15 την χειρα]+μου Α | θανατωσω και] σω και Α
sup ras Aᵃ   16 ισχυν] δυναμιν Α | μου 2°] ου B* (μου Bᵛⁱᵈ)   17 εμποιη
Bᵇ   18 νω] νω| Α   19 και οσα] om και Α | εστιν 1°] εισιν Α | σοι εστιν
2°] αν ευρεθη sup ras Aᵃ | επ αυτα η χαλαζα] η χαλ. επ αυτα (η χαλ. sup ras
pl litt Aᵃ¹) Α   21 τοις πεδιοις] τω παιδιω Α   24 σφοδρα]+σφοδρα Α | ου
γεγ. τοιαυτη Α | αφ ης ημερας] αφ ου Α   25 Αιγυπτω Α+παντα οσα
ην εν τω παιδιω Bᵇ ᵐᵍ | om η χαλαζα 3° A* (hab A¹)   28 om περι εμου Α

ΕΞΟΔΟΣ

Κύριον, καὶ παυσάσθω τοῦ γενηθῆναι φωνὰς θεοῦ καὶ χάλαζαν καὶ πῦρ· καὶ ἐξαποστελῶ ὑμᾶς, καὶ οὐκέτι προστεθήσεσθε μένειν. ²⁹εἶπεν δὲ αὐτῷ Μωυσῆς Ὡς ἂν ἐξέλθω τὴν πόλιν, ἐκπετάσω τὰς χεῖράς μου, καὶ αἱ φωναὶ παύσονται, καὶ ἡ χάλαζα καὶ ὁ ὑετὸς οὐκ ἔσται ἔτι· ἵνα γνῷς ὅτι τοῦ κυρίου ἡ γῆ. ³⁰καὶ σὺ καὶ οἱ θεράποντές σου ἐπίσταμαι ὅτι οὐδέπω πεφόβησθε τὸν θεόν. ³¹τὸ δὲ λίνον καὶ ἡ κριθὴ ἐπλήγη· ἡ γὰρ κριθὴ παρεστηκυῖα, τὸ δὲ λίνον σπερματίζον· ³²ὁ δὲ πυρὸς καὶ ἡ ὀλύρα οὐκ ἐπλήγησαν, ὄψιμα γὰρ ἦν. ³³ἐξῆλθεν δὲ Μωυσῆς ἀπὸ Φαραὼ ἐκτὸς τῆς πόλεως καὶ ἐξέτεινεν τὰς χεῖρας πρὸς Κύριον· καὶ αἱ φωναὶ ἐπαύσαντο, καὶ ἡ χάλαζα καὶ ὁ ὑετὸς οὐκ ἔσταξεν οὐκέτι ἐπὶ τὴν γῆν. ³⁴ἰδὼν δὲ Φαραὼ ὅτι πέπαυται ὁ ὑετὸς καὶ ἡ χάλαζα καὶ αἱ φωναί, προσέθετο τοῦ ἁμαρτάνειν, καὶ ἐβάρυνεν αὐτοῦ τὴν καρδίαν καὶ τῶν θεραπόντων αὐτοῦ. ³⁵καὶ ἐσκληρύνθη ἡ καρδία Φαραώ, καὶ οὐκ ἐξαπέστειλεν τοὺς υἱοὺς Ἰσραήλ, καθάπερ ἐλάλησεν Κύριος τῷ Μωυσῇ.

¹Εἶπεν δὲ Κύριος πρὸς Μωυσῆν λέγων Εἴσελθε πρὸς Φαραώ· ἐγὼ γὰρ ἐσκλήρυνα αὐτοῦ τὴν καρδίαν καὶ τῶν θεραπόντων αὐτοῦ, ἵνα ἑξῆς ἐπέλθῃ τὰ σημεῖα ταῦτα ἐπ' αὐτούς· ²ὅπως διηγήσησθε εἰς τὰ ὦτα τῶν τέκνων ὑμῶν καὶ τοῖς τέκνοις τῶν τέκνων ὑμῶν ὅσα ἐμπέπαιχα τοῖς Αἰγυπτίοις, καὶ τὰ σημεῖά μου ἃ ἐποίησα ἐν αὐτοῖς, καὶ γνώσεσθε ὅτι ἐγὼ Κύριος. ³εἰσῆλθεν δὲ Μωυσῆς καὶ Ἀαρὼν ἐναντίον Φαραὼ καὶ εἶπαν αὐτῷ Τάδε λέγει Κύριος ὁ θεὸς τῶν Ἑβραίων Ἕως τίνος οὐ βούλει ἐντραπῆναί με; ἐξαπόστειλον τὸν λαόν μου ἵνα λατρεύσωσίν μοι. ⁴ἐὰν δὲ μὴ θέλῃς σὺ ἐξαποστεῖλαι τὸν λαόν μου, ἰδοὺ ἐγὼ ἐπάγω ταύτην τὴν ὥραν αὔριον ἀκρίδα πολλὴν ἐπὶ πάντα τὰ ὅριά σου· ⁵καὶ καλύψει τὴν ὄψιν τῆς γῆς, καὶ οὐ δυνήσῃ κατιδεῖν τὴν γῆν· καὶ κατέδεται πᾶν τὸ περισσὸν τῆς γῆς τὸ καταλειφθέν, ὃ κατέλιπεν ὑμῖν ἡ χάλαζα, καὶ κατέδεται πᾶν ξύλον τὸ φυόμενον ὑμῖν ἐπὶ τῆς γῆς· ⁶καὶ πλησθήσονταί σου αἱ οἰκίαι καὶ αἱ οἰκίαι τῶν θεραπόντων σου καὶ πᾶσαι αἱ οἰκίαι ἐν πάσῃ γῇ τῶν Αἰγυπτίων, ἃ οὐδέποτε ἑωράκασιν οἱ πατέρες σου οὐδὲ οἱ πρόπαπποι αὐτῶν, ἀφ' ἧς ἡμέρας γεγόνασιν ἐπὶ

A 28 om και πυρ A* (hab Aᵃ) | προσθησεσθε A   29 τας χ. μου] + προς τον θν εις τον ουνον A   30 θεον] κν A .   31 το δε λινον 2°] και το λινον A   32 επληγησαν] επληγη A   33 εξετεινεν] εξεπετασεν A | τας χ.] + αυτου A | εσταξεν A | ουκετι] ετι A   34 την καρδιαν] + αυτου A   35 τω Μωυση] om τω A   X 1 εσκληρυνα] εβαρυνα A | την καρδιαν αυτου A | τα σημεια] + μου A   2 εμπεπαιχα Bᵃᵇ (εμπεπεχα B*)) εντεπεχα A | α] οσα A | εγω] + ειμι A   4 om συ A   5 om της γης 2° A | κατελειπεν A | ξυλον] pr το A   6 των Αιγυπτιων] Αιγυπτου A | ἁ] ο A | ουδε] ουδ A

ΕΞΟΔΟΣ Χ 19

τῆς γῆς ἕως τῆς ἡμέρας ταύτης. καὶ ἐκκλίνας Μωυσῆς ἐξῆλθεν ἀπὸ Β
7 Φαραώ. ⁷καὶ λέγουσιν οἱ θεράποντες Φαραὼ πρὸς αὐτόν Ἕως τίνος
ἔσται τοῦτο ἡμῖν σκῶλον; ἐξαπόστειλον τοὺς ἀνθρώπους ὅπως λατρεύ-
8 σωσιν τῷ θεῷ αὐτῶν· ἢ εἰδέναι βούλει ὅτι ἀπόλωλεν Αἴγυπτος; ⁸καὶ
ἀπέστρεψαν τόν τε Μωυσῆν καὶ Ἀαρὼν πρὸς Φαραώ, καὶ εἶπεν αὐτοῖς
Πορεύεσθε καὶ λατρεύσατε τῷ θεῷ ὑμῶν· τίνες δὲ καὶ τίνες εἰσὶν οἱ
9 πορευόμενοι; ⁹καὶ λέγει Μωυσῆς Σὺν τοῖς νεανίσκοις καὶ πρεσβυτέροις
πορευσόμεθα, σὺν τοῖς υἱοῖς καὶ θυγατράσιν καὶ προβάτοις καὶ βουσὶν
10 ἡμῶν· ἔστιν γὰρ ἑορτὴ Κυρίου. ¹⁰καὶ εἶπεν πρὸς αὐτούς Ἔστω οὕτως,
Κύριος μεθ᾽ ὑμῶν· καθότι ἀποστέλλω ὑμᾶς, μὴ καὶ τὴν ἀποσκευὴν
11 ὑμῶν; ἴδετε, ὅτι πονηρία πρόσκειται ὑμῖν. ¹¹μὴ οὕτως· πορευέσθωσαν
δὲ οἱ ἄνδρες καὶ λατρευσάτωσαν τῷ θεῷ· τοῦτο γὰρ αὐτοὶ ἐζητεῖτε.
12 ἐξέβαλον δὲ αὐτοὺς ἀπὸ προσώπου Φαραώ. ¹²Εἶπεν δὲ Κύριος
πρὸς Μωυσῆν Ἔκτεινον τὴν χεῖρα ἐπὶ γῆν Αἰγύπτου, καὶ ἀναβήτω
ἀκρὶς ἐπὶ τὴν γῆν, καὶ κατέδεται πᾶσαν βοτάνην τῆς γῆς καὶ πάντα
13 τὸν καρπὸν τῶν ξύλων ὃν ὑπελίπετο ἡ χάλαζα. ¹³καὶ ἐπῆρεν Μωυσῆς
τὴν ῥάβδον εἰς τὸν οὐρανόν, καὶ ἐπήγαγεν ἄνεμον νότον ἐπὶ τὴν γῆν
ὅλην τὴν ἡμέραν ἐκείνην καὶ ὅλην τὴν νύκτα· τὸ πρωὶ ἐγενήθη, καὶ
14 ὁ ἄνεμος ὁ νότος ἀνέλαβεν τὴν ἀκρίδα ¹⁴καὶ ἀνήγαγεν αὐτὴν ἐπὶ πᾶσαν
γῆν Αἰγύπτου, καὶ κατέπαυσεν ἐπὶ πάντα τὰ ὅρια Αἰγύπτου πολλὴ
σφόδρα· προτέρα αὐτῆς οὐ γέγονεν τοιαύτη ἀκρὶς καὶ μετὰ ταῦτα
15 οὐκ ἔσται οὕτως. ¹⁵καὶ ἐκάλυψεν τὴν ὄψιν τῆς γῆς, καὶ ἐφθάρη ἡ
γῆ· καὶ κατέφαγεν πᾶσαν βοτάνην τῆς γῆς καὶ πάντα τὸν καρπὸν
τῶν ξύλων ὃς ὑπελείφθη ἀπὸ τῆς χαλάζης· οὐχ ὑπελείφθη χλωρὸν
οὐδὲν ἐν τοῖς ξύλοις καὶ ἐν πάσῃ βοτάνῃ πεδίου ἐν γῇ Αἰγύπτου.
16 ¹⁶κατέσπευδεν δὲ Φαραὼ καλέσαι Μωυσῆν καὶ Ἀαρὼν λέγων Ἡμάρ-
17 τηκα ἐναντίον Κυρίου τοῦ θεοῦ ὑμῶν καὶ εἰς ὑμᾶς· ¹⁷προσδέξασθε οὖν
μου τὴν ἁμαρτίαν ἔτι νῦν, καὶ προσεύξασθε πρὸς Κύριον τὸν θεὸν
18 ὑμῶν, καὶ περιελέτω ἀπ᾽ ἐμοῦ τὸν θάνατον τοῦτον. ¹⁸ἐξῆλθεν δὲ
19 Μωυσῆς ἀπὸ Φαραὼ καὶ ηὔξατο πρὸς τὸν θεόν. ¹⁹καὶ μετέβαλεν

6 om Μωυσης A   7 και λεγουσιν] λεγ. δε A | τουτο ημιν] υμιν τουτο A (τουτο Aᵃ⁺ᵐᵍ) A | τω θεω] pr κω A   8 επεστρεψαν A | αυτοις]+Φαραω A | om και 4° A   9 και λεγει]λ. δε A | νεανισκοις]+ημων A | πρεσβυτεροις] τοις πρεσβυταις A | Κυριου]+του θεου ημων Bᵃᵇ (in f l) A   10 και ειπεν]+Φαραω sup ras Aᵃ | πρυκειτε A   11 om δε 1°. A | λατρευσατωσαν] λατρευσατε BᵃᵇA | θεω] κω A | εξητειτε] ζητειτε A   12 την χειρα]+σου A | ον υπελιπετο] α υπελειπετο A   13 επηγαγεν] pr κς BᵃᵇA | om ανεμον A   14 μετα ταυτα] μετ αυτην A   15 ουχ υπελειφθη Bᵃᵇ] ουκ υπελιφθη B* ου κατελειφθη A | πεδιου] pr του A | γη] pr.πασῃ BᵃᵇA   16 του θεου] om του B* (hab Bᵃᵇ)   18 τον θεον] κν A

123

ΕΞΟΔΟΣ

Κύριος ἄνεμον ἀπὸ θαλάσσης σφοδρόν, καὶ ἀνέλαβεν τὴν ἀκρίδα καὶ ἔβαλεν αὐτὴν εἰς τὴν ἐρυθρὰν θάλασσαν· καὶ οὐχ ὑπελείφθη ἀκρὶς μία ἐν πάσῃ γῇ Αἰγύπτου. ²⁰καὶ ἐσκλήρυνεν Κύριος τὴν καρδίαν Φαραώ, καὶ οὐκ ἐξαπέστειλεν τοὺς υἱοὺς Ἰσραήλ. ²¹Εἶπεν δὲ Κύριος πρὸς Μωυσῆν Ἔκτεινον τὴν χεῖρά σου εἰς τὸν οὐρανόν, καὶ γενηθήτω σκότος ἐπὶ γῆν Αἰγύπτου, ψηλαφητὸν σκότος. ²²ἐξέτεινεν δὲ Μωυσῆς τὴν χεῖρα εἰς τὸν οὐρανόν, καὶ ἐγένετο σκότος γνόφος θύελλα ἐπὶ πᾶσαν γῆν Αἰγύπτου τρεῖς ἡμέρας· ²³καὶ οὐκ εἶδεν οὐδεὶς τὸν ἀδελφὸν αὐτοῦ τρεῖς ἡμέρας, καὶ οὐκ ἐξανέστη οὐδεὶς ἐκ τῆς κοίτης αὐτοῦ τρεῖς ἡμέρας· πᾶσι δὲ τοῖς υἱοῖς Ἰσραὴλ φῶς ἦν ἐν πᾶσιν οἷς κατεγίνοντο. ²⁴καὶ ἐκάλεσεν Φαραὼ Μωυσῆν καὶ Ἀαρὼν λέγων Βαδίζετε λατρεύσατε Κυρίῳ τῷ θεῷ ὑμῶν· πλὴν τῶν προβάτων καὶ τῶν βοῶν ὑπολίπεσθε, καὶ ἡ ἀποσκευὴ ὑμῶν ἀποτρεχέτω μεθ᾽ ὑμῶν. ²⁵καὶ εἶπεν Μωυσῆς Ἀλλὰ καὶ σὺ δώσεις ἡμῖν ὁλοκαυτώματα καὶ θυσίας ἃ ποιήσομεν Κυρίῳ τῷ θεῷ ἡμῶν, ²⁶καὶ τὰ κτήνη ἡμῶν πορεύσεται μεθ᾽ ἡμῶν, καὶ οὐχ ὑπολειφθησόμεθα ὁπλήν· ἀπ᾽ αὐτῶν γὰρ λημψόμεθα λατρεῦσαι Κυρίῳ τῷ θεῷ ἡμῶν· ἡμεῖς δὲ οὐκ οἴδαμεν τί λατρεύσωμεν Κυρίῳ τῷ θεῷ ἡμῶν ἕως τοῦ ἐλθεῖν ἡμᾶς ἐκεῖ. ²⁷ἐσκλήρυνεν δὲ Κύριος τὴν καρδίαν Φαραώ, καὶ οὐκ ἐβουλήθη ἐξαποστεῖλαι αὐτούς. ²⁸καὶ λέγει Φαραὼ Ἄπελθε ἀπ᾽ ἐμοῦ, πρόσεχε σεαυτῷ ἔτι προσθεῖναι ἰδεῖν μου τὸ πρόσωπον· ᾗ δ᾽ ἂν ἡμέρᾳ ὀφθῇς μοι, ἀποθανῇ. ²⁹λέγει δὲ Μωσῆς Εἴρηκας· οὐκέτι ὀφθήσομαί σοι εἰς πρόσωπον.

¹Εἶπεν δὲ Κύριος πρὸς Μωυσῆν Ἔτι μίαν πληγὴν ἐπάξω ἐπὶ Φαραὼ καὶ ἐπ᾽ Αἴγυπτον, καὶ μετὰ ταῦτα ἐξαποστελεῖ ὑμᾶς ἐντεῦθεν· ὅταν δὲ ἐξαποστέλλῃ ὑμᾶς, σὺν παντὶ ἐκβαλεῖ ὑμᾶς ἐκβολῇ. ²λάλησον οὖν κρυφῇ εἰς τὰ ὦτα τοῦ λαοῦ, καὶ αἰτησάτω ἕκαστος παρὰ τοῦ πλησίον σκεύη ἀργυρᾶ καὶ χρυσᾶ καὶ ἱματισμόν. ³Κύριος δὲ ἔδωκεν τὴν χάριν τῷ λαῷ αὐτοῦ ἐναντίον τῶν Αἰγυπτίων, καὶ ἔχρησαν αὐτοῖς· καὶ ὁ ἄνθρωπος Μωυσῆς μέγας ἐγενήθη σφόδρα ἐναντίον τῶν Αἰγυπτίων καὶ ἐναντίον Φαραὼ καὶ ἐναντίον πάντων τῶν θεραπόντων αὐ-

19 απο θαλ. ανεμον A | εβαλεν] ενεβαλεν A | την θαλ. την ερυθραν A
22 την χ.]+αυτου A   23 om τρεις ημερας 1º A | ανεστη A | ην φως A | κατεγεινοντο B*A (κατεγιν. Bᵇ)   24 υπολειπεσθε A   25 ποιησωμεν A   26 ουχ υπολειφθ. Bᵃᵇ (ουκ υπολιφθ.. B*)] ουχ υπολειψομεθα A
27 ηβουληθη Bᵃ   28 λεγει]+αυτω A   29 Μωυσης A   XI 1 εξαποστελλη] αποστελλη A | εκβολη εκβαλει υμας A   2 του πλησιον]+και γυνη παρα της πλησιον Bᶜ⁽ᵛⁱᵈ⁾A   3 om παντων A

ΕΞΟΔΟΣ XII 7

4 τοῦ. ⁴Καὶ εἶπεν Μωυσῆς Τάδε λέγει Κύριος Περὶ μέσας νύκτας ἐγὼ B
5 εἰσπορεύομαι εἰς μέσον Αἰγύπτου, ⁵καὶ τελευτήσει πᾶν πρωτότοκον
ἐν γῇ Αἰγύπτῳ, ἀπὸ πρωτοτόκου Φαραὼ ὃς κάθηται ἐπὶ τοῦ θρόνου,
καὶ ἕως πρωτοτόκου τῆς θεραπαίνης τῆς παρὰ τὸν μύλον καὶ ἕως
6 πρωτοτόκου παντὸς κτήνους· ⁶καὶ ἔσται κραυγὴ μεγάλη κατὰ πᾶσαν
γῆν Αἰγύπτου, ἥτις τοιαύτη οὐ γέγονεν καὶ τοιαύτη οὐκέτι προστεθή-
7 σεται. ⁷καὶ ἐν πᾶσι τοῖς υἱοῖς Ἰσραὴλ οὐ γρύξει κύων τῇ γλώσσῃ
αὐτοῦ, οὐδὲ ἀπὸ ἀνθρώπου ἕως κτήνους· ὅπως ἴδῃς ὅσα παραδοξάζει
8 Κύριος ἀνὰ μέσον τῶν Αἰγυπτίων καὶ τοῦ Ἰσραήλ. ⁸καὶ καταβή-
σονται πάντες οἱ παῖδές σου οὗτοι πρὸς μὲ καὶ προσκυνήσουσίν
με λέγοντες Ἔξελθε σὺ καὶ πᾶς ὁ λαός σου οὗ σὺ ἀφηγῇ· καὶ
μετὰ ταῦτα ἐξελεύσομαι. ἐξῆλθεν δὲ Μωυσῆς ἀπὸ Φαραὼ μετὰ
9 θυμοῦ. ⁹Εἶπεν δὲ Κύριος πρὸς Μωυσῆν Οὐκ εἰσακούσεται ὑμῶν
Φαραώ, ἵνα πληθύνων πληθύνω μου τὰ σημεῖα καὶ τὰ τέρατα ἐν
10 γῇ Αἰγύπτῳ· ¹⁰Μωσῆς δὲ καὶ Ααρὼν ἐποίησαν πάντα τὰ σημεῖα
καὶ τὰ τέρατα ταῦτα ἐν γῇ Αἰγύπτῳ ἐναντίον Φαραώ· ἐσκλήρυνεν
δὲ Κύριος τὴν καρδίαν Φαραώ, καὶ οὐκ εἰσήκουσεν ἐξαποστεῖλαι
τοὺς υἱοὺς Ἰσραὴλ ἐκ γῆς Αἰγύπτου.

I 1 ¹Εἶπεν δὲ Κύριος πρὸς Μωυσῆν καὶ Ἀαρὼν ἐν γῇ Αἰγύπτου
2 λέγων ²Ὁ μὴν οὗτος ὑμῖν ἀρχὴ μηνῶν, πρῶτός ἐστιν ὑμῖν ἐν τοῖς
3 μησὶν τοῦ ἐνιαυτοῦ. ³λάλησον πρὸς πᾶσαν συναγωγὴν υἱῶν Ἰσραὴλ
λέγων Τῇ δεκάτῃ τοῦ μηνὸς τούτου λαβέτωσαν ἕκαστος πρόβατον
4 κατ' οἴκους πατριῶν, ἕκαστος πρόβατον κατ' οἰκίαν. ⁴ἐὰν δὲ
ὀλιγοστοὶ ὦσιν οἱ ἐν τῇ οἰκίᾳ ὥστε μὴ εἶναι ἱκανοὺς εἰς πρόβα-
τον, συλλήμψεται μεθ' ἑαυτοῦ τὸν γείτονα τὸν πλησίον αὐτοῦ·
κατὰ ἀριθμὸν ψυχῶν ἕκαστος τὸ ἀρκοῦν αὐτῷ συναριθμήσεται εἰς
5 πρόβατον. ⁵πρόβατον τέλειον ἄρσεν ἐνιαύσιον ἔσται ὑμῖν· ἀπὸ
6 τῶν ἀρνῶν καὶ τῶν ἐρίφων λήμψεσθε. ⁶καὶ ἔσται ὑμῖν διατετη-
ρημένον ἕως τῆς τεσσαρεσκαιδεκάτης τοῦ μηνὸς τούτου, καὶ σφάξου-
σιν αὐτὸ πᾶν τὸ πλῆθος συναγωγῆς υἱῶν Ἰσραὴλ πρὸς ἑσπέραν.
7 ⁷καὶ λήμψονται ἀπὸ τοῦ αἵματος, καὶ θήσουσιν ἐπὶ τῶν δύο στα-

5 om και 2° A | πρωτοτοκου 2°] pr του A   7 και εν] εν δε A | om A
ουδε απο ανθρωπου εως κτηνους B* (hab Bᵃᵇ ᵐᵍ) om ουδε A | παρα-
δοξασει A | om των A | του Ισραηλ] pr ανα μεσον A   8 om πας B* (hab
Bᵃᵇ A)   9 om πληθυνων A | τα σημεια μου A | τα τερατα]+μου A
10 Μωυσης A | om παντα A | om τα σημ. και A*ᵛⁱᵈ (hab A? ᵐᵍ) | τα τερατα]
pr παντα A | εν γη Αιγ. εναντιον Φαραω sup ras Aᵃ? | εισηκουσεν] ηθελησεν
A | εκ γης Αιγ.] εκ της γης αυτου A ·   XII 1 Αιγυπτω A   3 εκαστος 2°
sup ras 8 vel 9 litt Aᵃ?   4 ικανους ειναι A   5 αρνων] αμνων A   6 τεσ-
σαρισκαιδεκατης Bᵃ? ᵇ | υιων] pr των A

125

ΧΙΙ 8   ΕΞΟΔΟΣ

B θυῶν καὶ ἐπὶ τὴν φλιὰν ἐν τοῖς οἴκοις ἐν οἷς ἐὰν, φάγωσιν αὐτὰ
ἐν αὐτοῖς. ⁸καὶ φάγονται τὰ κρέα τῇ νυκτὶ ταύτῃ ὀπτὰ πυρί, καὶ 8
ἄζυμα ἐπὶ πικρίδων ἔδονται. ⁹οὐκ ἔδεσθε ἀπ' αὐτῶν ὠμὸν οὐδὲ 9
ἡψημένον ἐν ὕδατι ἀλλ' ἢ ὀπτὰ πυρί, κεφαλὴν σὺν τοῖς ποσὶν καὶ
τοῖς ἐνδοσθίοις. ¹⁰οὐκ ἀπολείψεται ἀπ' αὐτοῦ ἕως πρωί, καὶ ὀστοῦν 10
οὐ συντρίψεται ἀπ' αὐτοῦ· τὰ δὲ καταλιπόμενα ἀπ' αὐτοῦ ἕως πρωὶ
ἐν πυρὶ κατακαύσετε. ¹¹οὕτως δὲ φάγεσθε αὐτό· αἱ ὀσφύες ὑμῶν 11
περιεζωσμέναι, καὶ τὰ ὑποδήματα ἐν τοῖς ποσὶν ὑμῶν, καὶ αἱ βακτηρίαι
ἐν ταῖς χερσὶν ὑμῶν, καὶ ἔδεσθε αὐτὸ μετὰ σπουδῆς· πάσχα ἐστὶν
Κυρίῳ. ¹²καὶ ἐλεύσομαι ἐν γῇ Αἰγύπτῳ ἐν τῇ νυκτὶ ταύτῃ, καὶ πα- 12
τάξω πᾶν πρωτότοκον ἐν γῇ Αἰγύπτῳ ἀπὸ ἀνθρώπου ἕως κτήνους,
καὶ ἐν πᾶσι τοῖς θεοῖς τῶν Αἰγυπτίων ποιήσω τὴν ἐκδίκησιν· ἐγὼ
Κύριος. ¹³καὶ ἔσται τὸ αἷμα ὑμῖν ἐν σημείῳ ἐπὶ τῶν οἰκιῶν ἐν αἷς 13
ὑμεῖς ἐστε ἐκεῖ· καὶ ὄψομαι τὸ αἷμα, καὶ σκεπάσω ὑμᾶς, καὶ οὐκ ἔσται
ἐν ὑμῖν πληγὴ τοῦ ἐκτριβῆναι ὅταν παίω ἐν γῇ Αἰγύπτῳ. ¹⁴καὶ ἔσται 14
ἡ ἡμέρα ὑμῖν αὕτη μνημόσυνον, καὶ ἑορτάσετε αὐτὴν ἑορτὴν Κυρίῳ εἰς
πάσας τὰς γενεὰς ὑμῶν· νόμιμον αἰώνιον ἑορτάσετε αὐτήν. ¹⁵ἑπτὰ 15
ἡμέρας ἄζυμα ἔδεσθε, ἀπὸ δὲ τῆς ἡμέρας τῆς πρώτης ἀφανιεῖτε ζύμην
ἐκ τῶν οἰκιῶν ὑμῶν· πᾶς ὃς ἂν φάγῃ ζύμην, ἐξολεθρευθήσεται ἡ ψυχὴ
ἐκείνη ἐξ Ἰσραήλ, ἀπὸ τῆς ἡμέρας τῆς πρώτης ἕως τῆς ἡμέρας τῆς
ἑβδόμης. ¹⁶καὶ ἡ ἡμέρα ἡ πρώτη κληθήσεται ἁγία, καὶ ἡ ἡμέρα ἡ 16
ἑβδόμη κλητὴ ἁγία ἔσται ὑμῖν· πᾶν ἔργον λατρευτὸν οὐ ποιήσετε ἐν
αὐταῖς, πλὴν ὅσα ποιηθήσεται πάσῃ ψυχῇ, τοῦτο μόνον ποιηθήσεται
ὑμῖν. ¹⁷καὶ φυλάξετε τὴν ἐντολὴν ταύτην· ἐν γὰρ τῇ ἡμέρᾳ ταύτῃ 17
ἐξάξω τὴν δύναμιν ὑμῶν ἐκ γῆς Αἰγύπτου, καὶ ποιήσετε τὴν ἡμέραν
ταύτην εἰς γενεὰς ὑμῶν νόμιμον αἰώνιον· ¹⁸ἐναρχομένου τῇ τεσσαρεσ- 18
καιδεκάτῃ ἡμέρᾳ τοῦ μηνὸς τοῦ πρώτου ἀφ' ἑσπέρας ἔδεσθε ἄζυμα ἕως
ἡμέρας μιᾶς καὶ εἰκάδος τοῦ μηνὸς ἕως ἑσπέρας. ¹⁹ἑπτὰ ἡμέρας ζύμη 19
οὐχ εὑρεθήσεται ἐν ταῖς οἰκίαις ὑμῶν· πᾶς ὃς ἂν φάγῃ ζυμωτόν, ἐξολε-
θρευθήσεται ἡ ψυχὴ ἐκείνη ἐκ συναγωγῆς Ἰσραήλ, ἔν τε τοῖς γιώραις

A   7 εαν] αν A | αιτα] αυτο A   10 απολειψεσθε A | εως πρωι 1°] εις το
πρωι A   11 υποδηματα]+υμων A | βακτηριαι]+υμων A | Κυριω] κῡ A
12 ελευσομαι ⟩διελευσομαι A | τοις θεοις των Αιγ.] θεοις Αιγ. A   13 εστε]
κατοικειτε A·   14 αυτη υμιν A | om πασας A | γενεας A¹ᵗᵃ¹ᵐᵍ | υμων
εορτασετε αυτην (on νομιμον αιωνιον) sup ras A¹ᵗᵃ¹   15 επτα ημερας sup
ras A¹ᵗᵃ¹ | της ημερας της πρωτης 1°] της πρ. ημερας A   16 κληθησεται]
κεκλησεται A | ψυχη] ψυχ sup ras B¹ ⁽ᵛⁱᵈ⁾   17 φυλαξετε] φυλαξασθε A |
νομιμ. αιωνιον]+εις τας γενεας υμων A⁻   18 τεσσαρισκαιδεκατη Bᵃᵇ | om
εως 2° A   19 adnot σχολ. φυλαξιν δραπαταις η μετοικους· ει γουν παροι-
κους Bᵃ?ᵐᵍ | γειωραις A

ΕΞΟΔΟΣ XII 34

20 καὶ αὐτόχθοσιν τῆς γῆς· ²⁰πᾶν ζυμωτὸν οὐκ ἔδεσθε, ἐν παντὶ δὲ B
21 κατοικητηρίῳ ὑμῶν ἔδεσθε ἄζυμα. ²¹Ἐκάλεσεν δὲ Μωυσῆς πᾶσαν
γερουσίαν υἱῶν Ἰσραὴλ καὶ εἶπεν πρὸς αὐτούς Ἀπελθόντες λάβετε
ὑμῖν ἑαυτοῖς πρόβατον κατὰ συγγενίαν ὑμῶν, καὶ θύσετε τὸ πάσχα.
22 ²²λήμψεσθε δὲ δέσμην ὑσσώπου, καὶ βάψαντες ἀπὸ τοῦ αἵματος τοῦ
παρὰ τὴν θύραν καθίξετε τῆς φλιᾶς καὶ ἐπ᾽ ἀμφοτέρων τῶν σταθμῶν,
ἀπὸ τοῦ αἵματος ὅ ἐστιν παρὰ τὴν θύραν· ὑμεῖς δὲ οὐκ ἐξελεύσεσθε
23 ἕκαστος τὴν θύραν τοῦ οἴκου αὐτοῦ ἕως πρωί. ²³καὶ παρελεύσεται
Κύριος πατάξαι τοὺς Αἰγυπτίους, καὶ ὄψεται τὸ αἷμα ἐπὶ τῆς φλιᾶς
καὶ ἐπ᾽ ἀμφοτέρων τῶν σταθμῶν· καὶ παρελεύσεται Κύριος τὴν θύραν,
καὶ οὐκ ἀφήσει τὸν ὀλεθρεύοντα εἰσελθεῖν εἰς τὰς οἰκίας ὑμῶν πατάξαι.
24 ²⁴καὶ φυλάξεσθε τὸ ῥῆμα τοῦτο νόμιμον σεαυτῷ καὶ τοῖς υἱοῖς σου ἕως
25 αἰῶνος. ²⁵ἐὰν δὲ εἰσέλθητε εἰς τὴν γῆν ἣν ἂν δῷ Κύριος ὑμῖν καθότι
26 ἐλάλησεν, φυλάξεσθε τὴν λατρίαν ταύτην· ²⁶καὶ ἔσται ἐὰν λέγωσιν
27 πρὸς ὑμᾶς υἱοὶ ὑμῶν Τίς ἡ λατρία αὕτη; ²⁷καὶ ἐρεῖτε αὐτοῖς Θυσία τὸ
πάσχα τοῦτο Κυρίῳ, ὡς ἐσκέπασεν τοὺς οἴκους τῶν υἱῶν Ἰσραὴλ ἐν
Αἰγύπτῳ, ἡνίκα ἐπάταξεν τοὺς Αἰγυπτίους, τοὺς δὲ οἴκους ἡμῶν ἐρρύ-
28 σατο. καὶ κύψας ὁ λαὸς προσεκύνησεν. ²⁸καὶ ἀπελθόντες ἐποίησαν
οἱ υἱοὶ Ἰσραὴλ καθὰ ἐνετείλατο Κύριος τῷ Μωσῇ, οὕτως ἐποίησαν.
29 ²⁹Ἐγενήθη δὲ μεσούσης τῆς νυκτὸς καὶ Κύριος ἐπάταξεν πᾶν πρω-
τότοκον ἐν γῇ Αἰγύπτῳ, ἀπὸ πρωτοτόκου Φαραὼ τοῦ καθημένου ἐπὶ
τοῦ θρόνου ἕως πρωτοτόκου τῆς αἰχμαλωτίδος τῆς ἐν τῷ λάκκῳ, καὶ
30 ἕως πρωτοτόκου παντὸς κτήνους. ³⁰καὶ ἀναστὰς Φαραὼ νυκτὸς καὶ
οἱ θεράποντες αὐτοῦ καὶ πάντες οἱ Αἰγύπτιοι, καὶ ἐγενήθη κραυγὴ
μεγάλη ἐν πάσῃ γῇ Αἰγύπτῳ· οὐ γὰρ ἦν οἰκία ἐν ᾗ οὐκ ἦν ἐν αὐτῇ
31 τεθνηκώς. ³¹καὶ ἐκάλεσεν Φαραὼ Μωυσῆν καὶ Ἀαρὼν νυκτὸς καὶ
εἶπεν αὐτοῖς Ἀνάστητε καὶ ἐξέλθατε ἐκ τοῦ λαοῦ μου, καὶ ὑμεῖς καὶ
⁵οἱ υἱοὶ Ἰσραήλ· βαδίζετε καὶ λατρεύσατε Κυρίῳ τῷ θεῷ ὑμῶν καθὰ § F
32 λέγετε· ³²καὶ τὰ πρόβατα καὶ τοὺς βόας ὑμῶν ἀναλαβόντες πορεύεσθε,
33 εὐλογήσατε δὴ κἀμέ. ³³καὶ κατεβιάζοντο οἱ Αἰγύπτιοι τὸν λαὸν σπου-
δῇ ἐκβαλεῖν αὐτοὺς ἐκ τῆς γῆς· εἶπαν γὰρ ὅτι Πάντες ἡμεῖς ἀπο-
34 θνήσκομεν. ³⁴ἀνέλαβεν δὲ ὁ λαὸς τὸ σταῖς πρὸ τοῦ ζυμωθῆναι, τὰ

20 om δε A   21 om υιων A | εαυτοις] αυτοις A | προβατα A | θυσατε AF
A   22 της φλιας] pr απο A   24 φυλαξασθε A | νομιμον]+αιωνιον A
25 φυλαξασθε A   26 υιοι] pr οι A   28 Μωυση A   29 εως πρωτοτοκου
1°] pr και A | λακκω sup ras B^a? | εως πρωτοκου παντος] παν πρωτοτοκον A
30 αναστας] ανεστη A | οι θεραπ.] pr παντες A   31 και λατρευσατε]
λατρευετε AF   32 πορευεσθε]+καθαπερ ειρηκατε F^a?mg | δη] δε A
33 εκ] απο A   34 σταις]+αυτων AF

127

ΕΞΟΔΟΣ

B φυράματα αὐτῶν ἐνδεδεμένα ἐν τοῖς ἱματίοις αὐτῶν ἐπὶ τῶν ὤμων. ³⁵οἱ δὲ υἱοὶ Ἰσραὴλ ἐποίησαν καθὰ συνέταξεν αὐτοῖς Μωυσῆς, καὶ ᾔτησαν παρὰ τῶν Αἰγυπτίων σκεύη ἀργυρᾶ καὶ χρυσᾶ καὶ ἱματισμόν· ³⁶καὶ ἔδωκεν Κύριος τὴν χάριν τῷ λαῷ αὐτοῦ ἐναντίον τῶν Αἰγυπτίων, καὶ ἔχρησαν αὐτοῖς· καὶ ἐσκύλευσαν τοὺς Αἰγυπτίους.

³⁷Ἀπάραντες δὲ οἱ υἱοὶ Ἰσραὴλ ἐκ Ῥαμεσσὴ εἰς Σοκχῶθα εἰς ἑξακοσίας χιλιάδας πεζῶν οἱ ἄνδρες, πλὴν τῆς ἀποσκευῆς· ³⁸καὶ ἐπίμικτος πολὺς συνανέβη αὐτοῖς, καὶ πρόβατα καὶ βόες καὶ κτήνη πολλὰ σφόδρα. ³⁹καὶ ἔπεψαν τὸ σταῖς ὃ ἐξήνεγκαν ἐξ Αἰγύπτου ἐνκρυφίας ἀζύμους, οὐ γὰρ ἐζυμώθη· ἐξέβαλον γὰρ αὐτοὺς οἱ Αἰγύπτιοι, καὶ οὐκ ἠδυνήθησαν ἐπιμεῖναι, οὐδὲ ἐπισιτισμὸν ἐποίησαν ἑαυτοῖς εἰς τὴν ὁδόν. ⁴⁰Ἡ δὲ κατοίκησις τῶν υἱῶν Ἰσραὴλ ἣν κατῴκησαν ἐν γῇ Αἰγύπτῳ καὶ ἐν γῇ Χανάαν ἔτη τετρακόσια τριάκοντα πέντε· ⁴¹καὶ ἐγένετο μετὰ τὰ τετρακόσια τριάκοντα πέντε ἔτη ἐξῆλθεν πᾶσα ἡ δύναμις Κυρίου ἐκ γῆς Αἰγύπτου νυκτός. ⁴²προφυλακή ἐστιν τῷ κυρίῳ ὥστε ἐξαγαγεῖν αὐτοὺς ἐκ γῆς Αἰγύπτου· ἐκείνη ἡ νὺξ αὕτη προφυλακὴ Κυρίῳ, ὥστε πᾶσι τοῖς υἱοῖς Ἰσραὴλ εἶναι εἰς γενεὰς αὐτῶν. ⁴³Εἶπεν δὲ Κύριος πρὸς Μωυσῆν καὶ Ἀαρὼν λέγων Οὗτος ὁ νόμος τοῦ πάσχα· πᾶς ἀλλογενὴς οὐκ ἔδεται ἀπ' αὐτοῦ· ⁴⁴καὶ πᾶν οἰκέτην ἢ ἀργυρώνητον περιτεμεῖς αὐτόν, καὶ τότε φάγεται ἀπ' αὐτοῦ· ⁴⁵πάροικος ἢ μισθωτὸς οὐκ ἔδεται ἀπ' αὐτοῦ. ⁴⁶ἐν οἰκίᾳ μιᾷ βρωθήσεται, καὶ οὐκ ἐξοίσετε ἐκ τῆς οἰκίας τῶν κρεῶν ἔξω, καὶ ὀστοῦν οὐ συντρίψετε ἀπ' αὐτοῦ. ⁴⁷πᾶσα συναγωγὴ υἱῶν Ἰσραὴλ ποιήσει αὐτό. ⁴⁸ἐὰν δέ τις προσέλθῃ πρὸς ὑμᾶς προσήλυτος ποιῆσαι τὸ πάσχα Κυρίῳ, περιτεμεῖς αὐτοῦ πᾶν ἀρσενικόν· καὶ τότε προσελεύ-

AF 34—35 ιματι|οις αυτων επι των ωμων οι δε υιοι Ιηλ in mg et sup ras A | 35 εποιησαν] επορθησαν F | αργ. και χρυσα] χρυσα και αργ. A 36 και εδωκεν Κυριος] και κ̅ς̅ εδωκεν A κυριος δε εδωκεν F 37 απαραντες] απηραν AF | εις 1°] "εις saltem ει" sup ras B¹ᵗ | Σοκχωθα BF¹ (Σοχωθα F*)] Σοκχωθ A | om εις 2° F | της αποσκευης] om της A 39 και ουκ ηδυνηθησαν] ου γαρ εδυνασθησαν A | επιμειναι] υπομειναι AF 40 κατοικησις] παροικησις A (-σεις) F | κατωκησαν] παρωκησαν A παρωκηκασιν F | Χανααν] + αυτοι και οι πατερες αυτων AF | om πεντε Bᵃ¹AF 41 και εγενετο] εγενετο δε A | τα τετρακ.] om τα F | τριακοντα] pr και F ı om πεντε Bᵃ¹AF | om Κυριου εκ γης F* (hab Κυριου et ut vid εκ γης F¹) | om νυκτος A* (hab Aᵃ¹). 42 Κυριω] pr τω F | om Ισραηλ F* (hab F¹) 43 om λεγων AF 44 παντα BᵃAF | οικετην] +τινος AF | η] και AF 45 η] και AF 46 βρωθησεται]+ου καταλειψετε απο των κρεων εις το πρωι A | om και 1ᵃ AF | εξοισεται F | συντριψεται A 47 αυτο] τουτο A 48 ποιησαι] και ποιη A και ποιηση F | περιτεμεις] περιτεμνεις F

ΕΞΟΔΟΣ XIII 13

σεται ποιῆσαι αὐτό, καὶ ἔσται ὥσπερ καὶ ὁ αὐτόχθων τῆς γῆς· πᾶς B
49 ἀπερίτμητος οὐκ ἔδεται ἀπ᾽ αὐτοῦ. ⁴⁹νόμος εἷς ἔσται τῷ ἐνχωρίῳ
50 καὶ τῷ προσελθόντι προσηλύτῳ ἐν ὑμῖν. ⁵⁰καὶ ἐποίησαν οἱ υἱοὶ
Ἰσραὴλ καθὰ ἐνετείλατο Κύριος τῷ Μωυσῇ καὶ Ἀαρὼν πρὸς αὐτούς,
51 οὕτως ἐποίησαν. ⁵¹καὶ ἐγένετο ἐν τῇ ἡμέρᾳ ἐκείνῃ ἐξήγαγεν Κύριος
τοὺς υἱοὺς Ἰσραὴλ ἐκ γῆς Αἰγύπτου σὺν δυνάμει αὐτῶν.
III 1/2 ¹Εἶπεν δὲ Κύριος πρὸς Μωυσῆν λέγων. ²Ἁγίασόν μοι πᾶν πρωτό-
τοκον πρωτογενὲς διανοῖγον πᾶσαν μήτραν ἐν τοῖς υἱοῖς Ἰσραήλ, ἀπὸ
3 ἀνθρώπου ἕως κτήνους· ἐμοί ἐστιν. ³Εἶπεν δὲ Μωυσῆς πρὸς
τὸν λαόν Μνημονεύετε τὴν ἡμέραν ταύτην ἐν ᾗ ἐξήλθατε ἐκ γῆς
Αἰγύπτου, ἐξ οἴκου δουλίας· ἐν γὰρ χειρὶ κραταιᾷ ἐξήγαγεν ὑμᾶς
4 Κύριος ἐντεῦθεν· καὶ οὐ βρωθήσεται ζύμη. ⁴ἐν γὰρ τῇ σήμερον ὑμεῖς
5 ἐκπορεύεσθε ἐν μηνὶ τῶν νέων. ⁵καὶ ἔσται ἡνίκα ἐὰν εἰσαγάγῃ σε
Κύριος ὁ θεός σου εἰς τὴν γῆν τῶν Χαναναίων καὶ Χετταίων καὶ Εὐαίων
καὶ Γεργεσαίων καὶ Ἀμορραίων καὶ Φερεζαίων καὶ Ἰεβουσαίων, ἣν
ὤμοσεν τοῖς πατράσιν σου δοῦναί σοι, γῆν ῥέουσαν γάλα καὶ μέλι, καὶ
6 ποιήσεις τὴν λατρίαν ταύτην ἐν τῷ μηνὶ τούτῳ. ⁶ἓξ ἡμέρας ἔδεσθε ἄζυ-
7 μα, τῇ δὲ ἡμέρᾳ τῇ ἑβδόμῃ ἑορτὴ Κυρίου· ⁷ἄζυμα ἔδεσθε ἑπτὰ ἡμέρας,
οὐκ ὀφθήσεταί σοι ζυμωτὸν οὐδὲ ἔσται σοι ζύμη ἐν πᾶσιν τοῖς ὁρίοις
8 σου. ⁸καὶ ἀναγγελεῖς τῷ υἱῷ σου ἐν τῇ ἡμέρᾳ ἐκείνῃ λέγων Διὰ
τοῦτο ἐποίησεν Κύριος ὁ θεός μοι, ὡς ἐξεπορευόμην ἐξ Αἰγύπτου.
9 ⁹καὶ ἔσται σοι σημεῖον ἐπὶ τῆς χειρός σου καὶ μνημόσυνον πρὸ
ὀφθαλμῶν σου, ὅπως ἂν γένηται ὁ νόμος Κυρίου ἐν τῷ στόματί σου·
10 ἐν γὰρ χειρὶ κραταιᾷ ἐξήγαγέν σε Κύριος ὁ θεὸς ἐξ Αἰγύπτου. ¹⁰καὶ
11 φυλάξεσθε τὸν νόμον τοῦτον ἀφ᾽ ἡμερῶν εἰς ἡμέρας. ¹¹Καὶ ἔσται
ὡς ἂν εἰσαγάγῃ σε Κύριος ὁ θεός σου εἰς τὴν γῆν τῶν Χαναναίων,
12 ὃν τρόπον ὤμοσεν τοῖς πατράσιν σου, καὶ δώσει σοι αὐτήν, ¹²καὶ
ἀφελεῖς πᾶν διανοῖγον μήτραν, τὰ ἀρσενικά, τῷ κυρίῳ· πᾶν διανοῖγον
μήτραν ἐκ τῶν βουκολίων ἢ ἐν τοῖς κτήνεσίν σου ὅσα ἐὰν γένηταί
13 σοι, τὰ ἀρσενικὰ ἁγιάσεις τῷ κυρίῳ. ¹³πᾶν διανοῖγον μήτραν ὄνου

48 ωσπερ και] om και AF   49 προσελθοντι προσηλυτω] προσηλ. τω προσ- AF
κειμενω A προσηλ. τω προσελθοντι F | εν υμιν] om εν F   50 om προς αυτους
AF   XIII 2 διανοιγον] pr και A   3 εκ γης Αιγ.] εξ Αιγ. AF | υμας Κυριος]
κυριος υμας F   5 Ευαιων...Ιεβουσαιων] και Αμορραιων και Ευαιων και Ιεβ.
και Γεργ. και Φερ. AF | om δουναι σοι B* (hab B^{ab}AF)   7 επτα ημερας] pr
τας AF | πασι B^b F   9 σημειον (μειον sup ras A^{a?})] pr εις F | επι της A^{a mg}
| om ο θεος AF   10 φυλαξασθε A | τον νομον τουτον]+κατα καιρους ωρων AF
11 δωσει] δω A δωσω F   12 αφελεις] αφοριεις AF | τα αρσενικα 1°]+
αγιασεις A^{a mg} | εκ των βουκ. η] εκ βουκ. και A | εαν] αν AF | om αγιασεις
F   12—13 αγιασεις τω κω παν διανοιγο͂ sup ras A^{1? a?}

SEPT. 129

ΕΞΟΔΟΣ XIII 14

B ἀλλάξεις προβάτῳ· ἐὰν δὲ μὴ ἀλλάξῃς, λυτρώσῃ αὐτό· πᾶν πρωτότοκον ἀνθρώπου τῶν υἱῶν σου λυτρώσῃ. ¹⁴ἐὰν δὲ ἐρωτήσῃ σε ὁ υἱός σου μετὰ ταῦτα λέγων Τί τοῦτο; καὶ ἐρεῖς αὐτῷ ὅτι Ἐν χειρὶ κραταιᾷ ἐξήγαγεν Κύριος ἡμᾶς ἐκ γῆς Αἰγύπτου, ἐξ οἴκου δουλίας· ¹⁵ἡνίκα δὲ ἐσκλήρυνεν Φαραὼ ἐξαποστεῖλαι ἡμᾶς, ἀπέκτεινεν πᾶν πρωτότοκον ἐν γῇ Αἰγύπτῳ ἀπὸ πρωτοτόκων ἀνθρώπων ἕως πρωτοτόκων κτηνῶν· διὰ τοῦτο ἐγὼ θύω πᾶν πρωτότοκον τῷ κυρίῳ, πᾶν διανοῖγον μήτραν, τὰ ἀρσενικά, καὶ πᾶν πρωτότοκον τῶν υἱῶν μου λυτρώσομαι. ¹⁶καὶ ἔσται εἰς σημεῖον ἐπὶ τῆς χειρός σου, καὶ ἀσάλευτον πρὸ ὀφθαλμῶν σου· ἐν γὰρ χειρὶ κραταιᾷ ἐξήγαγέν σε Κύριος ἐξ Αἰγύπτου.

¹⁷Ὡς δὲ ἐξαπέστειλεν Φαραὼ τὸν λαόν, οὐχ ὡδήγησεν αὐτοὺς ὁ θεὸς ὁδὸν γῆς Φυλιστιείμ, ὅτι ἐγγὺς ἦν· εἶπεν γὰρ ὁ θεός Μή ποτε μεταμελήσῃ τῷ λαῷ ἰδόντι πόλεμον, καὶ ἀποστρέψῃ εἰς Αἴγυπτον. ¹⁸καὶ ἐκύκλωσεν ὁ θεὸς τὸν λαὸν ὁδὸν τὴν εἰς τὴν ἔρημον, εἰς τὴν ἐρυθρὰν θάλασσαν· πέμπτῃ δὲ γενεᾷ ἀνέβησαν οἱ υἱοὶ Ἰσραὴλ ἐκ γῆς Αἰγύπτου. ¹⁹Καὶ ἔλαβεν Μωυσῆς τὰ ὀστᾶ Ἰωσὴφ μεθ' ἑαυτοῦ· ὅρκῳ γὰρ ὥρκισεν τοὺς υἱοὺς Ἰσραὴλ λέγων Ἐπισκοπῇ ἐπισκέψεται ὑμᾶς Κύριος, καὶ συνανοίσετέ μου τὰ ὀστᾶ ἐντεῦθεν μεθ' ὑμῶν. ²⁰Ἐξάραντες δὲ οἱ υἱοὶ Ἰσραὴλ ἐκ Σοκχὼθ ἐστρατοπέδευσαν ἐν Ὀθὸμ παρὰ τὴν ἔρημον. ²¹ὁ δὲ θεὸς ἡγεῖτο αὐτῶν, ἡμέρας μὲν ἐν στύλῳ νεφέλης δεῖξαι αὐτοῖς τὴν ὁδόν, τὴν δὲ νύκτα ἐν στύλῳ πυρός· ²²οὐκ ἐξέλιπεν δὲ ὁ στύλος τῆς νεφέλης ἡμέρας καὶ ὁ στύλος τοῦ πυρὸς νυκτὸς ἐναντίον τοῦ λαοῦ παντός.

¹Καὶ ἐλάλησεν Κύριος πρὸς Μωυσῆν λέγων ²Λάλησον τοῖς υἱοῖς Ἰσραήλ, καὶ ἀποστρέψαντες στρατοπεδευσάτωσαν ἀπέναντι τῆς ἐπαύλεως, ἀνὰ μέσον Μαγδώλου καὶ ἀνὰ μέσον τῆς θαλάσσης, ἐξ ἐναντίας Βεελσεπφών· ἐνώπιον αὐτῶν στρατοπεδεύσεις ἐπὶ τῆς θαλάσσης. ³καὶ ἐρεῖ Φαραὼ τῷ λαῷ αὐτοῦ Οἱ υἱοὶ Ἰσραὴλ πλανῶνται οὗτοι ἐν τῇ γῇ· συγκέκλεικεν γὰρ αὐτοὺς ἡ ἔρημος. ⁴ἐγὼ δὲ σκληρυνῶ τὴν καρδίαν Φαραώ, καὶ καταδιώξεται ὀπίσω αὐτῶν· καὶ ἐνδοξασθήσομαι

AF 14 ημας Κυριος AF   15 πρωτοτοκων (bis)] πρωτοτοκου AF | om παν πρωτοτοκον 2° AF   16 σε] με F   17 Φαραω F | γης Φυλ.] της Φυλ. F | ιδοντι] ιδοντες F* (ιδοντι F¹ᵛⁱᵈ) | αποστρεψει A   18 ν λαον οδον την rescr A¹ | om την 1° F | om εκ γης Αιγυπτου B* (hab Bᵃᵇ F) εξ Αιγυπτου A   19 ωρκισεν]+Ιωσηφ BᵃᵇAF | κυριος υμας AF | τα οστα μου AF   22 εξελειπεν AF | om δε AF | παντος του λαου AF   XIV 2 Βεελσεφων AF   3 και ερει Φαραω Aᵃᵐᵍ | om τω λαω αυτου A* (hab sup ras Aᵃ) F | οι υιοι] περι των υιων AF | om γαρ AF

ΕΞΟΔΟΣ XIV 15

ἐν Φαραὼ καὶ ἐν πάσῃ τῇ στρατιᾷ αὐτοῦ, καὶ γνώσονται πάντες οἱ B
5 Αἰγύπτιοι ὅτι ἐγώ εἰμι Κύριος. καὶ ἐποίησαν οὕτως. ⁵καὶ ἀνηγγέλη
τῷ βασιλεῖ τῶν Αἰγυπτίων ὅτι πέφευγεν ὁ λαός· καὶ μετεστράφη ἡ
καρδία Φαραὼ καὶ ἡ καρδία τῶν θεραπόντων αὐτοῦ ἐπὶ τὸν λαόν, καὶ
εἶπαν Τί τοῦτο ἐποιήσαμεν τοῦ ἐξαποστεῖλαι τοὺς υἱοὺς Ἰσραὴλ τοῦ μὴ
6 δουλεύειν ἡμῖν; ⁶ἔζευξεν οὖν Φαραὼ τὰ ἅρματα αὐτοῦ, καὶ πάντα τὸν
7 λαὸν αὐτοῦ συναπήγαγεν μεθ᾽ ἑαυτοῦ, ⁷καὶ λαβὼν ἑξακόσια ἅρματα
ἐκλεκτὰ καὶ πᾶσαν τὴν ἵππον τῶν Αἰγυπτίων καὶ τριστάτας ἐπὶ
8 πάντων. ⁸καὶ ἐσκλήρυνεν Κύριος τὴν καρδίαν Φαραὼ βασιλέως
Αἰγύπτου καὶ τῶν θεραπόντων αὐτοῦ, καὶ κατεδίωξεν ὀπίσω τῶν υἱῶν
9 Ἰσραήλ· οἱ δὲ υἱοὶ Ἰσραὴλ ἐξεπορεύοντο ἐν χειρὶ ὑψηλῇ. ⁹καὶ
κατεδίωξαν οἱ Αἰγύπτιοι ὀπίσω αὐτῶν, καὶ εὕροσαν αὐτοὺς παρεμβε-
βληκότας παρὰ τὴν θάλασσαν· καὶ πᾶσα ἡ ἵππος καὶ τὰ ἅρματα
Φαραὼ καὶ οἱ ἱππεῖς καὶ ἡ στρατιὰ αὐτοῦ ἀπέναντι τῆς ἐπαύλεως, ἐξ
10 ἐναντίας Βεελσεπφών. ¹⁰καὶ Φαραὼ προσῆγεν· καὶ ἀναβλέψαντες
οἱ υἱοὶ Ἰσραὴλ τοῖς ὀφθαλμοῖς ὁρῶσιν, καὶ οἱ Αἰγύπτιοι ἐστρατο-
πέδευσαν ὀπίσω αὐτῶν, καὶ ἐφοβήθησαν σφόδρα. ἀνεβόησαν δὲ
11 οἱ υἱοὶ Ἰσραὴλ πρὸς Κύριον· ¹¹καὶ εἶπαν πρὸς Μωυσῆν Παρὰ τὸ μὴ
ὑπάρχειν μνήματα ἐν γῇ Αἰγύπτῳ ἐξήγαγες ἡμᾶς θανατῶσαι ἐν τῇ
12 ἐρήμῳ; τί τοῦτο ἐποίησας ἡμῖν, ἐξαγαγὼν ἐξ Αἰγύπτου; ¹²οὐ τοῦτο ἦν
τὸ ῥῆμα ὃ ἐλαλήσαμεν πρὸς σὲ ἐν Αἰγύπτῳ λέγοντες Πάρες ἡμᾶς
ὅπως δουλεύσωμεν τοῖς Αἰγυπτίοις; κρεῖσσον γὰρ ἡμᾶς δουλεύειν τοῖς
13 Αἰγυπτίοις ἢ ἀποθανεῖν ἐν τῇ ἐρήμῳ ταύτῃ. ¹³εἶπεν δὲ Μωυσῆς πρὸς
τὸν λαόν Θαρσεῖτε· στῆτε καὶ ὁρᾶτε τὴν σωτηρίαν τὴν παρὰ τοῦ θεοῦ,
ἣν ποιήσει ἡμῖν σήμερον· ὃν τρόπον γὰρ ἑωράκατε τοὺς Αἰγυπτίους
σήμερον, οὐ προσθήσεσθε ἔτι ἰδεῖν αὐτοὺς εἰς τὸν αἰῶνα χρόνον·
14 ¹⁴Κύριος πολεμήσει περὶ ὑμῶν, καὶ ὑμεῖς σιγήσετε. ¹⁵Εἶπεν δὲ
15

4 στρατεια AF | γνωσονται] επιγνωσονται A | om ειμι F 5 βασ. AF
των Αιγ.] Φαραω A | οτι] pr λεγοντες A | om η καρδια 2° AF | ειπαν] ειπον
AF | εποιησαμεν] πεποιηκαμεν AF 6 συναπηγαγεν BAF¹ᵐᵍ] συνηγαγεν
F* | μεθ αυτου F 7 λαβων] ελαβεν AF 8—9 βασιλεως... ευρον αυτους
παρεμβε sup ras Aᵃ? 8 Αιγυπτου] Αιγυπτιων F | om και των θεραπ. αυτου
F | των θεραπ.] pr την καρδιαν Aᵃ? | κατεδιωξαν Aᵃ? . 9 οπισω αυτων]
τους υιους Ισραηλ F | ευροσαν] ευρον AF | παρα] π sup ras B? | om Φαραω
B* (hab BᵃAF) | στρατεια F | Βεελσεφων AF 10 προσηγεν] προσηγαγεν A | τοις οφθαλμοις Aᵃᵐᵍ | οι Αιγ.] οιδε οι Αιγ. A οι͗δε Αιγ. F* (ιδου
οι Αιγ. Fᵃᵐᵍ) 11 θανατωσαι ημας A | εξαγαγων] εξαγαγων ημας A
εξαγαγειν ημας F | εξ Αιγ.] εκ γης Αιγ. F 12 δουλευειν] δ sup ras A
13 στητε] στηκετε A | ορατε] ιδετε F* (ορ. F¹ᵐᵍ) | θεου] κυριου F | ιδειν
αυτους ετι F 14 περι] υπερ F

131 I 2

B Κύριος πρὸς Μωυσῆν Τί βοᾷς πρὸς μέ; λάλησον τοῖς υἱοῖς Ἰσραὴλ
καὶ ἀναζευξάτωσαν· ¹⁶καὶ σὺ ἔπαρον τῇ ῥάβδῳ σου, καὶ ἔκτεινον τὴν 16
χεῖρά σου ἐπὶ τὴν θάλασσαν καὶ ῥῆξον αὐτήν, καὶ εἰσελθάτωσαν
οἱ υἱοὶ Ἰσραὴλ εἰς μέσον τῆς θαλάσσης κατὰ τὸ ξηρόν. ¹⁷καὶ ἰδοὺ 17
ἐγὼ σκληρυνῶ τὴν καρδίαν Φαραὼ καὶ τῶν Αἰγυπτίων πάντων, καὶ
εἰσελεύσονται ὀπίσω αὐτῶν· καὶ ἐνδοξασθήσομαι ἐν Φαραὼ καὶ ἐν
πάσῃ τῇ στρατιᾷ αὐτοῦ καὶ ἐν τοῖς ἅρμασιν καὶ ἐν τοῖς ἵπποις αὐτοῦ.
¹⁸καὶ γνώσονται πάντες οἱ Αἰγύπτιοι ὅτι ἐγώ εἰμι Κύριος, ἐνδοξαζο- 18
μένου μου ἐν Φαραὼ καὶ ἐν τοῖς ἅρμασιν καὶ ἵπποις αὐτοῦ. ¹⁹ἐξῆρεν 19
δὲ ὁ ἄγγελος τοῦ θεοῦ ὁ προπορευόμενος τῆς παρεμβολῆς τῶν υἱῶν
Ἰσραήλ, καὶ ἐπορεύθη ἐκ τῶν ὄπισθεν· ἐξῆρεν δὲ καὶ ὁ στῦλος τῆς
νεφέλης ἀπὸ προσώπου αὐτῶν, καὶ ἔστη ἐκ τῶν ὀπίσω αὐτῶν. ²⁰καὶ 20
εἰσῆλθεν ἀνὰ μέσον τῶν Αἰγυπτίων καὶ ἀνὰ μέσον τῆς παρεμβολῆς
Ἰσραήλ, καὶ ἔστη· καὶ ἐγένετο σκότος καὶ γνόφος, καὶ διῆλθεν ἡ νύξ,
καὶ οὐ συνέμιξαν ἀλλήλοις ὅλην τὴν νύκτα. ²¹ἐξέτεινεν δὲ Μωυσῆς 21
τὴν χεῖρα ἐπὶ τὴν θάλασσαν· καὶ ὑπήγαγεν Κύριος τὴν θάλασσαν
ἐν ἀνέμῳ νότῳ βιαίῳ ὅλην τὴν νύκτα, καὶ ἐποίησεν τὴν θάλασσαν
ξηράν, καὶ ἐσχίσθη τὸ ὕδωρ. ²²καὶ εἰσῆλθον οἱ υἱοὶ Ἰσραὴλ εἰς μέσον 22
τῆς θαλάσσης κατὰ τὸ ξηρόν, καὶ τὸ ὕδωρ αὐτοῖς τεῖχος ἐκ δεξιῶν καὶ
τεῖχος ἐξ εὐωνύμων· ²³καὶ κατεδίωξαν οἱ Αἰγύπτιοι, καὶ εἰσῆλθον 23
ὀπίσω αὐτῶν καὶ πᾶς ἵππος Φαραὼ καὶ τὰ ἅρματα καὶ οἱ ἀναβάται εἰς
μέσον τῆς θαλάσσης. ²⁴ἐγενήθη δὲ ἐν τῇ φυλακῇ τῇ ἑωθινῇ καὶ 24
ἐπέβλεψεν Κύριος ἐπὶ τὴν παρεμβολὴν τῶν Αἰγυπτίων ἐν στύλῳ
πυρὸς καὶ νεφέλης, καὶ συνετάραξεν τὴν παρεμβολὴν τῶν Αἰγυπτίων,
²⁵καὶ συνέδησεν τοὺς ἄξονας τῶν ἁρμάτων αὐτῶν, καὶ ἤγαγεν αὐτοὺς 25
μετὰ βίας. καὶ εἶπαν οἱ Αἰγύπτιοι Φύγωμεν ἀπὸ προσώπου Ἰσραήλ·
ὁ γὰρ κύριος πολεμεῖ περὶ αὐτῶν τοὺς Αἰγυπτίους. ²⁶Εἶπεν δὲ 26
Κύριος πρὸς Μωυσῆν Ἔκτεινον τὴν χεῖρά σου ἐπὶ τὴν θάλασσαν, καὶ
ἀποκαταστήτω τὸ ὕδωρ καὶ ἐπικαλυψάτω τοὺς Αἰγυπτίους, ἐπί τε τὰ
ἅρματα καὶ τοὺς ἀναβάτας. ²⁷ἐξέτεινεν δὲ Μωυσῆς τὴν χεῖρα ἐπὶ τὴν 27
θάλασσαν, καὶ ἀπεκατέστη τὸ ὕδωρ πρὸς ἡμέραν ἐπὶ χώρας· οἱ δὲ

AF   **16** τη ραβδω] την ραβδον AF   **17** στρατεια AF | om και εν τοις αρ-
μασιν και εν τοις ιπποις αυτου F   **20** των Αιγυπτιων] pr της παρεμβολης
AF | ανα 2° rescr Aᵃ | om και εστη F | γνοφος και σκοτος F   **21** εσχισθη]
διεσχισθη AF   **23** και κατεδιωξαν] κατεδ. δε AF | εισηλθεν A | και πας]
πασα η AF | εις μεσον] pr και εισηλθον A   **24** εγενηθη] εγενετο F | επι]
εις AF   **25** ηγαγεν] ηγεν A | περι αυτων τους Αιγ.] τους Αιγ. περι αυτων
Aᵃ ᵐᵍ (om περι αυτων A*) υπερ αυτων τους Αιγ. F   **26** αποκαταστητω]
αποκαταστηθητω F | τους αναβατας] pr επι AF

ΕΞΟΔΟΣ XV 8

Αἰγύπτιοι ἔφυγον ὑπὸ τὸ ὕδωρ, καὶ ἐξετίναξεν Κύριος τοὺς Αἰγυπτίους B
28 μέσον τῆς θαλάσσης. ²⁸καὶ ἐπαναστραφὲν τὸ ὕδωρ ἐκάλυψεν τὰ
ἅρματα καὶ τοὺς ἀναβάτας καὶ πᾶσαν τὴν δύναμιν Φαραώ, τοὺς εἰσπε-
πορευμένους ὀπίσω αὐτῶν εἰς τὴν θάλασσαν· καὶ οὐ κατελείφθη ἐξ
29 αὐτῶν οὐδὲ εἷς. ²⁹οἱ δὲ. υἱοὶ Ἰσραὴλ ἐπορεύθησαν διὰ ξηρᾶς ἐν μέσῳ
τῆς θαλάσσης, τὸ δὲ ὕδωρ αὐτοῖς τεῖχος ἐκ δεξιῶν καὶ τεῖχος ἐξ
30 εὐωνύμων. ³⁰καὶ ἐρρύσατο Κύριος τὸν Ἰσραὴλ ἐν τῇ ἡμέρᾳ ἐκείνῃ ἐκ
χειρὸς τῶν Αἰγυπτίων· καὶ ἴδεν Ἰσραὴλ τοὺς Αἰγυπτίους τεθνηκότας
31 παρὰ τὸ χεῖλος τῆς θαλάσσης. ³¹ἴδεν δὲ Ἰσραὴλ τὴν χεῖρα τὴν
μεγάλην, ἃ ἐποίησεν Κύριος τοῖς Αἰγυπτίοις· ἐφοβήθη δὲ ὁ λαὸς τὸν
κύριον, καὶ ἐπίστευσαν τῷ θεῷ καὶ Μωυσῇ τῷ θεράποντι αὐτοῦ.

XV 1 ¹Τότε ᾖσεν Μωυσῆς καὶ οἱ υἱοὶ Ἰσραὴλ τὴν ᾠδὴν ταύτην τῷ θεῷ,
καὶ εἶπαν λέγοντες

|*XV E. R. *Ἄσωμεν τῷ κυρίῳ, ἐνδόξως γὰρ δεδόξασται·
ἵππον καὶ ἀναβάτην ἔρριψεν εἰς θάλασσαν.
²βοηθὸς καὶ σκεπαστὴς ἐγένετό μοι εἰς σωτηρίαν·
οὗτός μου θεός, καὶ δοξάσω αὐτόν,
θεὸς τοῦ πατρός μου, καὶ ὑψώσω αὐτόν.
3 ³Κύριος συντρίβων πολέμους,
Κύριος ὄνομα αὐτῷ.
4 ⁴ἅρματα Φαραὼ καὶ τὴν δύναμιν αὐτοῦ ἔρριψεν εἰς θάλασσαν,
ἐπιλέκτους ἀναβάτας τριστάτας·
κατεπόθησαν ἐν ἐρυθρᾷ θαλάσσῃ.
5 ⁵πόντῳ ἐκάλυψεν αὐτούς·
κατέδυσαν εἰς βυθὸν ὡσεὶ λίθος.
6 ⁶ἡ δεξιά σου, Κύριε, δεδόξασται ἐν ἰσχύι·
ἡ δεξιά σου χείρ, Κύριε, ἔθραυσεν ἐχθρούς.
7 ⁷καὶ τῷ πλήθει τῆς δόξης σου συνέτριψας τοὺς ὑπεναντίους·
ἀπέστειλας τὴν ὀργήν σου, καὶ κατέφαγεν αὐτοὺς ὡς καλάμην.
8 ⁸καὶ διὰ τοῦ πνεύματος τοῦ θυμοῦ σου διέστη τὸ ὕδωρ·
ἐπάγη ὡσεὶ τεῖχος τὰ ὕδατα,
ἐπάγη τὰ κύματα ἐν μέσῳ τῆς θαλάσσης.

28 om και 4° AF | ουδε εις] ουδε εις δε εις F 30 των Αιγ.] om των AF
AF | ειδεν F 31 ιδεν (ειδεν F) δε BF] και ιδενιA | εφοβ. δε] και εφοβ.
AF. XV 1 Μωυσης] και οι υιοι Ιηλ in mg et sup ras Aᵃ (om A*ᵛⁱᵈ) |
θεω] κυριω AF | λεγοντες] τω λεγειν A (Ακ. λεγειν F¹ᵐᵍ) 2 μου θεος]
θεος μου AF 4 κατεποθησαν] κατεποντισεν AF 5 ποντος Fᵃ? 8 του
πνευμ.] om του F | της θαλ.] litt s θ rescr vid Aᵃ ϗ θʳ

B 9 εἶπεν ὁ ἐχθρός Διώξας καταλήμψομαι·
μεριῶ σκῦλα, ἐμπλήσω ψυχήν μου,
ἀνελῶ τῇ μαχαίρῃ μου, κυριεύσει ἡ χείρ μου.
10 ἀπέστειλας τὸ πνεῦμά σου, ἐκάλυψεν αὐτοὺς θάλασσα· 10
ἔδυσαν ὡσεὶ μόλιβος ἐν ὕδατι σφοδρῷ.
11 τίς ὅμοιός σοι ἐν θεοῖς, Κύριε; τίς ὅμοιός σοι; 11
δεδοξασμένος ἐν ἁγίοις, θαυμαστὸς ἐν δόξαις, ποιῶν τέρατα.
12 ἐξέτεινας τὴν δεξιάν σου· 12
κατέπιεν αὐτοὺς γῆ.
13 ὡδήγησας τῇ δικαιοσύνῃ σου τὸν λαόν σου τοῦτον ὃν ἐλυτρώσω, 13
παρεκάλεσας τῇ ἰσχύι σου εἰς κατάλυμα ἅγιόν σου.
14 ἤκουσαν ἔθνη καὶ ὠργίσθησαν· 14
ὠδῖνες ἔλαβον κατοικοῦντας Φυλιστιείμ.
15 τότε ἔσπευσαν ἡγεμόνες Ἐδὼμ καὶ ἄρχοντες Μωαβειτῶν· 15
ἔλαβεν αὐτοὺς τρόμος,
ἐτάκησαν πάντες οἱ κατοικοῦντες Χανάαν.
16 ἐπιπέσοι ἐπ' αὐτοὺς τρόμος καὶ φόβος, 16
μεγέθει βραχίονός σου ἀπολιθωθήτωσαν·
ἕως ἂν παρέλθῃ ὁ λαός σου, Κύριε,
ἕως ἂν παρέλθῃ ὁ λαός σου οὗτος ὃν ἐκτήσω.
17 εἰσαγαγὼν καταφύτευσον αὐτοὺς εἰς ὄρος κληρονομίας σου, 17
εἰς ἕτοιμον κατοικητήριόν σου ὃ κατηρτίσω, Κύριε,
ἁγίασμα, Κύριε, ὃ ἡτοίμασαν αἱ χεῖρές σου.
18 Κύριος βασιλεύων τὸν αἰῶνα καὶ ἐπ' αἰῶνα καὶ ἔτι. 18
19 Ὅτι εἰσῆλθεν ἵππος Φαραὼ σὺν ἅρμασιν καὶ ἀναβάταις εἰς 19
θάλασσαν, καὶ ἐπήγαγεν ἐπ' αὐτοὺς Κύριος τὸ ὕδωρ τῆς θαλάσσης· οἱ
δὲ υἱοὶ Ἰσραὴλ ἐπορεύθησαν διὰ ξηρᾶς ἐν μέσῳ τῆς θαλάσσης.
20 Λαβοῦσα δὲ Μαριὰμ ἡ προφῆτις ἡ ἀδελφὴ Ἀαρὼν τὸ τύμπανον ἐν 20
τῇ χειρὶ αὐτῆς, καὶ ἐξήλθοσαν πᾶσαι αἱ γυναῖκες ὀπίσω αὐτῆς μετὰ
τυμπάνων καὶ χορῶν. 21 ἐξῆρχεν δὲ αὐτῶν Μαριὰμ λέγουσα 21
Ἄσωμεν τῷ κυρίῳ, ἐνδόξως γὰρ δεδόξασται·
ἵππον καὶ ἀναβάτην ἔρριψεν εἰς θάλασσαν.

AF 9 μαχαιρα B^c | κυριευση F   10 εκαλυψεν] pr και AF   12 κατεπιεν]
pr και A | γη] pr η AF ..   14 ωργισθησαν] εφοβηθησαν A (Ἀκ. εφοβη-
[θησαν] F¹ mg)   15 Μωαβειτων B*] Μωαβιτων B^b AF   16 φοβος και
τρομος AF | om λαος σου...παρελθη ο B* (hab B^ab mg AF) | εκτησω] ελυτρωσω
A   17 κατηρτισω] κατηργασω A κατειργασω F | om αγιασμα Κυριε B*
(hab B^ab mg AF)   18 Κυριος] κ̅ε̅ AF   19 αναβαταις]+αυτου A | κυριος
επ αυτους AF   20 λαβουσα] ελαβεν AF | εξηλθον AF   21 αναβατηρ A

ΕΞΟΔΟΣ XVI 6

22 ²²Ἐξῆρεν δὲ Μωυσῆς τοὺς υἱοὺς Ἰσραὴλ ἀπὸ θαλάσσης ἐρυθρᾶς, Β καὶ ἤγαγεν αὐτοὺς εἰς τὴν ἔρημον Σούρ· καὶ ἐπορεύοντο τρεῖς ἡμέρας
23 ἐν τῇ ἐρήμῳ, καὶ οὐχ ηὕρισκον ὕδωρ, ὥστε πιεῖν. ²³Ἦλθον δὲ εἰς Μερρά, καὶ οὐκ ἠδύναντο πιεῖν ἐκ Μέρρας, πικρὸν γὰρ ἦν· διὰ
24 τοῦτο ἐπωνόμασεν τὸ ὄνομα τοῦ τόπου ἐκείνου Πικρία. ²⁴καὶ διεγόγ-
25 γυζεν ὁ λαὸς ἐπὶ Μωσῆν λέγοντες Τί πιόμεθα; ²⁵ἐβόησεν δὲ Μωυσῆς πρὸς Κύριον· καὶ ἔδειξεν αὐτῷ Κύριος ξύλον, καὶ ἐνέβαλεν αὐτὸ εἰς τὸ ὕδωρ, καὶ ἐγλυκάνθη τὸ ὕδωρ. ἐκεῖ ἔθετο αὐτῷ δικαιώματα καὶ κρίσεις,
26 καὶ ἐκεῖ ἐπείρασεν αὐτόν· ²⁶καὶ εἶπεν Ἐὰν ἀκοῇ ἀκούσῃς τῆς φωνῆς Κυρίου τοῦ θεοῦ σου, καὶ τὰ ἀρεστὰ ἐναντίον αὐτοῦ ποιήσῃς, καὶ ἐνωτίσῃ ταῖς ἐντολαῖς αὐτοῦ, καὶ φυλάξῃς πάντα τὰ δικαιώματα αὐτοῦ, πᾶσαν νόσον ἣν ἐπήγαγον τοῖς Αἰγυπτίοις οὐκ ἐπάξω ἐπὶ σέ· ἐγὼ
27 γάρ εἰμι Κύριος ὁ θεός σου ὁ ἰώμενός σε. ²⁷Καὶ ἤλθοσαν εἰς Αἰλείμ, καὶ ἦσαν ἐκεῖ ιβ' πηγαὶ ὑδάτων καὶ ἑβδομήκοντα στελέχη
XVI 1 φοινίκων· παρενέβαλον δὲ ἐκεῖ παρὰ τὰ ὕδατα. ¹ἀπῆραν δὲ ἐξ Αἰλείμ, καὶ ἤλθοσαν πᾶσα συναγωγὴ υἱῶν Ἰσραὴλ εἰς τὴν ἔρημον Σείν, ὅ ἐστιν ἀνὰ μέσον Αἰλεὶμ καὶ ἀνὰ μέσον Σεινά. τῇ δὲ πεντεκαιδεκάτῃ ἡμέρᾳ τῷ μηνὶ τῷ δευτέρῳ ἐξεληλυθότων αὐτῶν
2 ἐκ γῆς Αἰγύπτου ²διεγόγγυζεν πᾶσα συναγωγὴ υἱῶν Ἰσραὴλ ἐπὶ
3 Μωυσῆν καὶ Ἀαρών· ³καὶ εἶπαν πρὸς αὐτοὺς οἱ υἱοὶ Ἰσραὴλ Ὄφελον ἀπεθάνομεν πληγέντες ὑπὸ Κυρίου ἐν γῇ Αἰγύπτῳ, ὅταν ἐκαθίσαμεν ἐπὶ τῶν λεβήτων τῶν κρεῶν καὶ ἠσθίομεν ἄρτους εἰς πλησμονήν· ὅτι ἐξηγάγετε ἡμᾶς εἰς τὴν ἔρημον ταύτην, ἀποκτεῖναι πᾶσαν τὴν συναγω-
4 γὴν ταύτην ἐν λιμῷ. ⁴εἶπεν δὲ Κύριος πρὸς Μωυσῆν Ἰδοὺ ἐγὼ ὕω ὑμῖν ἄρτους ἐκ τοῦ οὐρανοῦ, καὶ ἐξελεύσεται ὁ λαὸς καὶ συλλέξουσιν τὸ τῆς ἡμέρας εἰς ἡμέραν, ὅπως πειράσω αὐτοὺς εἰ πορεύσονται τῷ
5 νόμῳ μου ἢ οὔ· ⁵καὶ ἔσται τῇ ἡμέρᾳ τῇ ἕκτῃ καὶ ἑτοιμάσουσιν ὃ ἐὰν εἰσενέγκωσιν, καὶ ἔσται διπλοῦν ὃ ἐὰν συναγάγωσιν· τὸ καθ' ἡμέραν
6 εἰς ἡμέραν. ⁶καὶ εἶπεν Μωυσῆς καὶ Ἀαρὼν πρὸς πᾶσαν συναγωγὴν υἱῶν Ἰσραὴλ Ἑσπέρας γνώσεσθε ὅτι Κύριος ἐξήγαγεν ὑμᾶς ἐκ γῆς

22 ηγαγεν] ηγεν F | ευρισκον F   23 Μερρα] Μερραν AF | εδυναντο AF | AF πιειν]+υδωρ AF | επωνομασεν] επωνομασθη AF | το ονομα] τουτο ον. B*
24 επι Μωσην] κατα Μωυση AF | πιομεν F* ([πιομε]θα· F¹ mg)   25 εθετο αυτω]+ο θεος F | επειραξεν AF   26 φυλαξη F | επι σε sup ras Bᵃ? (εφ ημας B* vid) | om ο θεος σου AF   27 ηλθον AF | Αιλειμ] Ελειμ F | ιβ'] δωδεκα AF | στελεχαι F | παρα] επι A   XVI 1 ηλθον AF | συνα-γωγη] pr η F | Σιν AF | Σινα Bᵇ AF   2 συναγωγη] pr η F   4 νομω] ονοματι A   5 τη ημερα] pr εν A | ετοιμασωσιν A | εαν (bis)] αν AF | συναγαγωσιν] εισενεγκωσιν A | om εις ημ. F   6 και ειπεν] ειπεν δε AF

135

XVI 7 ΕΞΟΔΟΣ

Β Αἰγύπτου, ⁷καὶ πρωὶ ὄψεσθε τὴν δόξαν Κυρίου· ἐν τῷ εἰσακοῦσαι τὸν 7 γογγυσμὸν ὑμῶν ἐπὶ τῷ θεῷ· ἡμεῖς δὲ τί ἐσμεν ὅτι διαγογγύζετε καθ' ἡμῶν; ⁸καὶ εἶπεν Μωυσῆς Ἐν τῷ διδόναι Κύριον ὑμῖν ἑσπέρας 8 κρέα φαγεῖν καὶ ἄρτους τὸ πρωὶ εἰς πλησμονήν, διὰ τὸ εἰσακοῦσαι Κύριον τὸν γογγυσμὸν ὑμῶν ὃν ὑμεῖς διαγογγύζετε καθ' ἡμῶν· ἡμεῖς δὲ τί ἐσμεν; οὐ γὰρ καθ' ἡμῶν ἐστιν ὁ γογγυσμὸς ὑμῶν, ἀλλ' ἢ κατὰ τοῦ θεοῦ. ⁹εἶπεν δὲ Μωυσῆς πρὸς Ἀαρών Εἰπὸν πάσῃ συναγωγῇ 9 υἱῶν Ἰσραήλ Προσέλθατε ἐναντίον τοῦ θεοῦ· εἰσακήκοεν γὰρ ὑμῶν τὸν γογγυσμόν. ¹⁰ἡνίκα δὲ ἐλάλει Ἀαρὼν πάσῃ συναγωγῇ υἱῶν 10 Ἰσραήλ, καὶ ἐπεστράφησαν εἰς τὴν ἔρημον, καὶ ἡ δόξα Κυρίου ὤφθη ἐν νεφέλῃ. ¹¹καὶ ἐλάλησεν Κύριος πρὸς Μωυσῆν λέγων ¹²Εἰσακήκοα $^{11}_{12}$ τὸν γογγυσμὸν τῶν υἱῶν Ἰσραήλ· λάλησον πρὸς αὐτοὺς λέγων Τὸ πρὸς ἑσπέραν ἔδεσθε κρέα, καὶ τὸ πρωὶ πλησθήσεσθε ἄρτων· καὶ γνώσεσθε ὅτι ἐγὼ Κύριος ὁ θεὸς ὑμῶν. ¹³ἐγένετο δὲ ἑσπέρα, καὶ 13 ἀνέβη ὀρτυγομήτρα καὶ ἐκάλυψεν τὴν παρεμβολήν· τὸ πρωὶ ἐγένετο καταπαυομένης τῆς δρόσου κύκλῳ τῆς παρεμβολῆς· ¹⁴καὶ ἰδοὺ ἐπὶ 14 πρόσωπον τῆς ἐρήμου λεπτὸν ὡσεὶ κόριον λευκόν, ὡσεὶ πάγος ἐπὶ τῆς γῆς. ¹⁵ἰδόντες δὲ αὐτὸ οἱ υἱοὶ Ἰσραὴλ εἶπαν ἕτερος τῷ ἑτέρῳ 15 Τί ἐστιν τοῦτο; οὐ γὰρ ᾔδεισαν τί ἦν. εἶπεν δὲ Μωυσῆς αὐτοῖς Οὗτος ὁ ἄρτος ὃν ἔδωκεν Κύριος ὑμῖν φαγεῖν. ¹⁶τοῦτο τὸ ῥῆμα ὃ συνέταξεν 16 Κύριος Συναγάγετε ἀπ' αὐτοῦ ἕκαστος εἰς τοὺς καθήκοντας, γόμορ κατὰ κεφαλὴν κατὰ ἀριθμὸν ψυχῶν ὑμῶν· ἕκαστος σὺν τοῖς συσκηνίοις ὑμῶν συλλέξατε. ¹⁷ἐποίησαν δὲ οὕτως οἱ υἱοὶ Ἰσραήλ, καὶ 17 συνέλεξαν ὁ τὸ πολὺ καὶ ὁ τὸ ἔλαττον. ¹⁸καὶ μετρήσαντες τῷ γόμορ, 18 οὐκ ἐπλεόνασεν ὁ τὸ πολύ, καὶ ὁ τὸ ἔλαττον οὐκ ἠλαττόνησεν· ἕκαστος εἰς τοὺς καθήκοντας παρ' ἑαυτῷ συνέλεξαν. ¹⁹εἶπεν δὲ Μωυσῆς 19 πρὸς αὐτούς Μηδεὶς καταλιπέτω ἀπ' αὐτοῦ εἰς τὸ πρωί. ²⁰καὶ οὐκ 20 εἰσήκουσαν Μωυσῆ, ἀλλὰ κατέλιπόν τινες ἀπ' αὐτοῦ εἰς τὸ πρωί· καὶ ἐξέζεσεν σκώληκας καὶ ἐπώζεσεν· καὶ ἐπικράνθη ἐπ' αὐτοῖς

AF 7 Κυριου] του θεου A | εισακουσαι]+κυριον AF¹ ᵐᵍ | επι τω θῶ η sup ras Bᵃ ? | διαγογγυζετε] γογγυζετε A   8 ο γογγ. υμων εστιν AF   9 τον γογγ. υμων F   12 των υιων] om των F   13 εγενετο δε] και εγενετο AF.| το πρωι]+δε A   14 ωσει κοριον...παγος] ανασυρομενον λεπτον ωσει παχνη (sup ras) Fᵃ   15 om αυτο AF | αυτοις] προς αυτους AF   16 συν τοις συσκηνιοις] εν τοις συσκηνοις A τοις εν τοις συνσκηνιοις F   17 εποιησαν δε] και εποιησαν AF | ελαττον]+ουκ ηλαττονησεν A   18—20 και μετρησαντες...επ αυτοις sup ras Aᵃ   18 μετρησαντες] εμετρησαν F | τω γομορ] το γομορ Aᵃ | ουκ επλεον.] pr και F | ελαττον] ολιγον Aᵃ. | παρ εαυτω] παρ αυτω Aᵃ F¹ᵐᵍ (om παρ F*) | συνελεξεν] Aᵃ   19 καταλειπετω Aᵃ F | εις το πρωι απ αυτου AᵃF   20 κατελειπον AᵃF | εξεζεσεν] εξεσεν Aᵃ

ΕΞΟΔΟΣ XVI 34

21 Μωυσῆς. ²¹καὶ συνέλεξαν αὐτὸ πρωί· ἡνίκα δὲ διεθέρμαινεν ὁ ἥλιος, Β
22 ἐτήκετο. ²²ἐγένετο δὲ τῇ ἡμέρᾳ τῇ ἕκτῃ συνέλεξαν τὰ δέοντα διπλᾶ,
δύο γόμορ τῷ ἑνί· εἰσήλθοσαν δὲ πάντες οἱ ἄρχοντες τῆς συναγωγῆς καὶ
23 ἀνήγγειλαν Μωσεῖ. ²³εἶπεν δὲ Κύριος πρὸς αὐτούς Οὐ τοῦτό ἐστιν τὸ
ῥῆμα ὃ ἐλάλησεν Κύριος; σάββατα ἀνάπαυσις ἁγία τῷ κυρίῳ αὔριον·
ὅσα ἐὰν πέσσητε πέσσετε, καὶ ὅσα ἐὰν ἔψητε ἔψετε· καὶ πᾶν τὸ
24 πλεονάζον καταλίπετε αὐτὸ εἰς ἀποθήκην εἰς τὸ πρωί. ²⁴καὶ κατε-
λίποσαν ἀπ᾽ αὐτοῦ εἰς τὸ πρωί, καθὼς συνέταξεν αὐτοῖς Μωυσῆς·
25 καὶ οὐκ ἐπώζεσεν, οὐδὲ σκώληξ ἐγένετο ἐν αὐτοῖς. ²⁵εἶπεν δὲ
Μωϋσῆς Φάγετε σήμερον· ἔστιν γὰρ σάββατα σήμερον τῷ κυρίῳ,
26 οὐχ εὑρεθήσεται ἐν τῷ πεδίῳ. ²⁶ἓξ ἡμέρας συλλέξετε· τῇ δὲ ἡμέρᾳ
27 τῇ ἑβδόμῃ σάββατα, ὅτι οὐκ ἔσται ἐν αὐτῇ. ²⁷ἐγένετο δὲ ἐν τῇ
ἡμέρᾳ τῇ ἑβδόμῃ ἐξήλθοσάν τινες ἐκ τοῦ λαοῦ συλλέξαι, καὶ οὐχ εὗρον.
28 ²⁸εἶπεν δὲ Κύριος πρὸς Μωυσῆν Ἕως τίνος οὐ βούλεσθε εἰσακούειν
29 τὰς ἐντολάς μου καὶ τὸν νόμον μου; ²⁹ἴδετε, ὁ γὰρ κύριος ἔδωκεν
ὑμῖν τὴν ἡμέραν ταύτην· διὰ τοῦτο αὐτὸς ἔδωκεν ὑμῖν τῇ ἡμέρᾳ τῇ
ἕκτῃ ἄρτους δύο ἡμερῶν· καθήσεσθε ἕκαστος εἰς τοὺς οἴκους ὑμῶν,
30 μηδεὶς ἐκπορευέσθω ἐκ τοῦ τόπου αὐτοῦ τῇ ἡμέρᾳ τῇ ἑβδόμῃ. ³⁰καὶ
31 ἐσαββάτισεν ὁ λαὸς τῇ ἡμέρᾳ τῇ ἑβδόμῃ. ³¹καὶ ἐπωνόμασαν αὐτὸ
οἱ υἱοὶ Ἰσραὴλ τὸ ὄνομα αὐτοῦ μάν· ἦν δὲ ὡς σπέρμα κορίου λευκόν,
32 τὸ δὲ γεῦμα αὐτοῦ ὡς ἐνκρὶς ἐν μέλιτι. ³²εἶπεν δὲ Μωυσῆς Τοῦτο
τὸ ῥῆμα ὃ συνέταξεν Κύριος Πλήσατε τὸ γόμορ τοῦ μὰν εἰς ἀποθήκην
εἰς τὰς γενεὰς ὑμῶν, ἵνα ἴδωσιν τὸν ἄρτον ὃν ἐφάγετε ὑμεῖς ἐν τῇ
33 ἐρήμῳ ὡς ἐξήγαγεν ὑμᾶς Κύριος ἐκ γῆς Αἰγύπτου. ³³καὶ εἶπεν Μωσῆς
πρὸς Ἀαρών Λάβε στάμνον χρυσοῦν ἕνα καὶ ἐμβάλετε εἰς αὐτὸν
πλῆρες τὸ γόμορ μάν, καὶ ἀποθήσεις αὐτὸ ἐναντίον τοῦ θεοῦ εἰς δια-
34 τήρησιν εἰς τὰς γενεὰς ὑμῶν, ³⁴ὃν τρόπον συνέταξεν Κύριος τῷ
Μωυσῇ. καὶ ἀπέθηκεν Ἀαρὼν ἐναντίον τοῦ θεοῦ εἰς διατήρησιν.

20 Μωυσης επ αυτοις AᵃF   21 πρωι]+πρωι εκαστος το καθηκον αυτω AF
AF   22 εισηλθον AF | Μωυση AF   23 Κυριος] Μωυσης AF | om ου
Bᵃ (ᵇ ᵛⁱᵈ) AF | το ρημα εστιν AF | αυριον]+αυριον Β | εαν 1°] αν F | εαν 2°]
αν AF | καταλιπετε] καταλειπετω A καταλειπετε F | εις το πρωι] εως πρωι
AF   24 κατελιποσαν] κατελειπον AF | εις το πρωι] εως πρωι AF | καθως]
καθαπερ AF | αυτοις 2°] αυτω AF   25 Μωυσης]+προς αυτους Bᵃᵇᵐᵍ | τω κυριω
σημερον AF | ευρηθησεται] ευρησετε AF   26 om οτι AF   27 εξηλθον AF
29 την ημ. ταυτην]+και τα σαββατα Α+σαββατα F [εκαστος]+παρ εαυτω
F | μηδεις]+υμων AF | εκπορ.]+εκαστος AF | τοπου] οικου A | τη εβδομη]
των σαββατων F   31 om᾽ αυτο AF | ως 1°] ωσει F   32 ειδωσιν A
33 Μωυσης AF | εμβαλε AF | πληρης Β | μαν] pr του AF   34 απεθηκεν]
απεθετο AF | θεου] μαρτυριου AF

B ³⁵οἱ δὲ υἱοὶ Ἰσραὴλ ἔφαγον τὸ μὰν' ἔτη τεσσεράκοντα· ἕως ἦλθον 35
εἰς τὴν οἰκουμένην ἐφάγοσαν τὸ μάν, ἕως παρεγένοντο εἰς μέρος τῆς
Φοινίκης. ³⁶τὸ δὲ γόμορ τὸ δέκατον τῶν τριῶν μέτρων ἦν. 36
¹Καὶ ἀπῆρεν πᾶσα συναγωγὴ υἱῶν Ἰσραὴλ ἐκ τῆς ἐρήμου Σεὶν 1 XVII
κατὰ παρεμβολὰς αὐτῶν διὰ ῥήματος Κυρίου, καὶ παρενεβάλοσαν ἐν
Ῥαφιδείν· οὐκ ἦν δὲ ὕδωρ τῷ λαῷ πιεῖν. ²καὶ ἐλοιδορεῖτο ὁ λαὸς 2
πρὸς Μωυσῆν λέγοντες Δὸς ἡμῖν ὕδωρ ἵνα πίωμεν. καὶ εἶπεν αὐτοῖς
Μωυσῆς Τί λοιδορεῖσθέ μοι, καὶ τί πειράζετε Κύριον; ³ἐδίψησεν δὲ 3
ἐκεῖ ὁ λαὸς ὕδατι· καὶ ἐγόγγυζεν ἐκεῖ ὁ λαὸς πρὸς Μωυσῆν λέγοντες
Ἵνα τί τοῦτο ἀνεβίβασας ἡμᾶς ἐξ Αἰγύπτου, ἀποκτεῖναι ἡμᾶς καὶ τὰ
τέκνα ἡμῶν καὶ τὰ κτήνη τῷ δίψει; ⁴ἐβόησεν δὲ Μωυσῆς πρὸς 4
Κύριον λέγων Τί ποιήσω τῷ λαῷ τούτῳ; ἔτι μικρὸν καὶ καταλιθοβολή-
σουσίν με. ⁵καὶ εἶπεν Κύριος πρὸς Μωυσῆν Προπορεύου τοῦ λαοῦ 5
τούτου, λάβε δὲ σεαυτῷ ἀπὸ τῶν πρεσβυτέρων τοῦ λαοῦ· καὶ τὴν
ῥάβδον, ἐν ᾗ ἐπάταξας τὸν ποταμόν, λάβε ἐν τῇ χειρί σου καὶ πορεύσῃ.
⁶ὅδε ἐγὼ ἕστηκα ἐκεῖ πρὸ τοῦ σὲ ἐπὶ τῆς πέτρας ἐν Χωρήβ· καὶ 6
πατάξεις τὴν πέτραν, καὶ ἐξελεύσεται ἐξ αὐτῆς ὕδωρ, καὶ πίεται
ὁ λαός μου. ἐποίησεν δὲ Μωυσῆς οὕτως ἐναντίον τῶν υἱῶν Ἰσραήλ.
⁷καὶ ἐπωνόμασεν τὸ ὄνομα τοῦ τόπου ἐκείνου Πειρασμός, καὶ Λοιδό- 7
ρησις, διὰ τὴν λοιδορίαν τῶν υἱῶν Ἰσραὴλ καὶ διὰ τὸ πειράζειν Κύριον
λέγοντας Εἰ ἔστιν Κύριος ἐν ἡμῖν ἢ οὔ;
⁸Ἦλθεν δὲ Ἀμαλὴκ καὶ ἐπολέμει Ἰσραὴλ ἐν Ῥαφιδείν. ⁹εἶπεν 8
δὲ Μωυσῆς τῷ Ἰησοῦ Ἐπίλεξον σεαυτῷ ἄνδρας δυνατούς, καὶ ἐξελθὼν 9
παράταξαι τῷ Ἀμαλὴκ αὔριον· καὶ ἰδοὺ ἐγὼ ἕστηκα ἐπὶ τῆς κορυφῆς
τοῦ βουνοῦ, καὶ ἡ ῥάβδος τοῦ θεοῦ ἐν τῇ χειρί μου. ¹⁰καὶ ἐποίησεν 10
Ἰησοῦς καθάπερ εἶπεν αὐτῷ Μωυσῆς, καὶ ἐξελθὼν παρετάξατο τῷ
Ἀμαλήκ· καὶ Μωυσῆς καὶ Ἀαρὼν καὶ Ὢρ ἀνέβησαν ἐπὶ τὴν κορυφὴν
τοῦ βουνοῦ. ¹¹καὶ ἐγίνετο ὅταν ἐπῆρεν Μωυσῆς τὰς χεῖρας, κατίσχυεν 11
Ἰσραήλ· ὅταν δὲ καθῆκεν τὰς χεῖρας, κατίσχυεν Ἀμαλήκ. ¹²αἱ δὲ 12
χεῖρές Μωυσῆ βαρεῖαι· καὶ λαβόντες λίθον ὑπέθηκαν ἐπ' αὐτόν, καὶ

AF 35 μαν 1°] μαννα A | την οικ.] γην οικ. AF | εφαγοσαν το μαν] το μαν
εφαγον AF   XVII 1 συναγωγη] pr η F | Σιν AF | παρενεβαλον AF
2 λεγοντες] και ελεγον AF   3 om εκει 1° F* (hab F¹ ᵐᵍ) | om εκει 2° AF |
προς] επι A   5 om τουτου AF | λαβε δε] και λαβε A | σεαυτω] μετα
σεαυτου AF   6 om εκει A* ⁿᵈ F | προ του σε]+ελθειν AF (εκει προ
του σε ελ sup ras Aᵃ) | om μου AF | εποιησεν δε] και εποιησεν AF   7 om
εκεινου F* (hab F¹ ᵐᵍ) | λοιδορησεις A   8 επολεμει] επορευθη A | Ισραηλ]
pr τον F   9 Ιησοι Bᵇ | om δυνατους A | εγω ιδου F   10 om εξελ-
θων AF   12 επ αυτον] υπ αυτον F

ΕΞΟΔΟΣ XVIII 8

ἐκάθητο ἐπ᾿ αὐτοῦ· καὶ Ἀαρὼν καὶ Ὢρ ἐστήριζον τὰς χεῖρας αὐτοῦ, B
ἐντεῦθεν εἷς καὶ ἐντεῦθεν εἷς· καὶ ἐγένοντο αἱ χεῖρες Μωυσῆ ἐστηρι-
13 γμέναι ἕως δυσμῶν ἡλίου. ¹³καὶ ἐτρέψατο Ἰησοῦς τὸν Ἀμαλὴκ καὶ
14 πάντα τὸν λαὸν αὐτοῦ ἐν φόνῳ μαχαίρας. ¹⁴Εἶπεν δὲ Κύριος
πρὸς Μωϋσῆν Κατάγραψον τοῦτο εἰς μνημόσυνον εἰς βιβλίον, καὶ δὸς
εἰς τὰ ὦτα Ἰησοῖ, ὅτι ἀλοιφῇ ἐξαλείψω τὸ μνημόσυνον Ἀμαλὴκ ἐκ τῆς
15 ὑπὸ τὸν οὐρανόν. ¹⁵καὶ ᾠκοδόμησεν Μωσῆς θυσιαστήριον Κυρίῳ, καὶ
16 ἐπωνόμασεν τὸ ὄνομα αὐτοῦ·Κύριος καταφυγή μου· ¹⁶ὅτι ἐν χειρὶ
κρυφαίᾳ πολεμεῖ Κύριος ἐπὶ Ἀμαλὴκ ἀπὸ γενεῶν εἰς γενεάς.

II 1 ¹Ἤκουσεν δὲ Ἰοθὸρ ὁ ἱερεὺς Μαδιὰμ ὁ γαμβρὸς Μωυσῆ πάντα
ὅσα ἐποίησεν Κύριος Ἰσραὴλ τῷ ἑαυτοῦ λαῷ· ἐξήγαγεν γὰρ Κύριος
2 τὸν Ἰσραὴλ ἐξ Αἰγύπτου. ²ἔλαβεν δὲ Ἰοθὸρ ὁ γαμβρὸς Μωυσῆ
3 Σεπφώραν τὴν γυναῖκα Μωυσῆ, μετὰ τὴν ἄφεσιν αὐτῆς, ³καὶ τοὺς
δύο υἱοὺς αὐτῆς· ὄνομα τῷ ἑνὶ αὐτῶν Γηρσάμ, λέγων Πάροικος ἤμην
4 ἐν γῇ ἀλλοτρίᾳ· ⁴καὶ τὸ ὄνομα τοῦ δευτέρου Ἐλιέζερ, λέγων Ὁ γὰρ
θεὸς τοῦ πατρός μου βοηθός μου, καὶ ἐξείλατό με ἐκ χειρὸς Φαραώ.
5 ⁵καὶ ἐξῆλθεν Ἰοθὸρ ὁ γαμβρὸς Μωυσῆ καὶ οἱ υἱοὶ καὶ ἡ γυνὴ πρὸς
6 Μωυσῆν εἰς τὴν ἔρημον, οὗ παρενέβαλέν ἐπ᾿ ὄρους τοῦ θεοῦ. ⁶ἀνηγ-
γέλη δὲ Μωυσεῖ λέγοντες Ἰδοὺ ὁ γαμβρός σου Ἰοθὸρ παραγίνεται
7 πρὸς σέ, καὶ ἡ γυνὴ καὶ οἱ δύο υἱοί σου μετ᾿ αὐτοῦ. ⁷ἐξῆλθεν δὲ
Μωυσῆς εἰς συνάντησιν τῷ γαμβρῷ, καὶ προσεκύνησεν αὐτῷ καὶ
ἐφίλησεν αὐτόν, καὶ ἠσπάσαντο ἀλλήλους· καὶ εἰσήγαγεν αὐτὸν
8 εἰς τὴν σκηνήν. ⁸καὶ διηγήσατο Μωσῆς τῷ γαμβρῷ πάντα ὅσα
ἐποίησεν Κύριος τῷ Φαραὼ καὶ πᾶσι τοῖς Αἰγυπτίοις ἕνεκεν τοῦ
Ἰσραήλ, καὶ πάντα τὸν μόχθον τὸν γενόμενον αὐτοῖς ἐν τῇ ὁδῷ,
καὶ ὅτι ἐξείλατο αὐτοὺς Κύριος ἐκ χειρὸς Φαραὼ καὶ ἐκ χειρὸς τῶν

12 επ αυτου] επ αυτον A | και Ααρων] Ααρων δε AF | om αυτου 2° A AF
13 Ιησους] Μωυσης F | om αυτου B* (hab B^(ab)AF) | μαχαιρας B* (η sup
ras) AF   14 ειπεν δε] και ειπεν AF | εις βιβλιον] εν βιβλιω AF |
Ιησου AF | εξηλειψω F | το μνημ. Αμαληκ] τον Αμαληκ A   15 Μωυσης
AF | om Κυριω AF | αυτου] του τοπου A | Κυριος καταφυγη μου] κ̅ς̅
μου καταφ. A κ̅ς̅ μου καταφ. μου F   16 πολεμει] πολεμησει A
XVIII 1 ο γαμβρ. Μωυση ο ιερ. Μαδιαμ A   2 Μυσης A* (ω superscr
A^(1?a?))   3 αυτης] αυτου AF | om αυτων AF   4 om λεγων AF
5 εξηλθεν] ηλθεν AF | οι υιοι]+αυτου F | om προς Μωυσην F | επ ορους] εις το
ορος AF   6 απηγγελη A | Μωυση AF | Ιοθ. ο γαμβρος σου AF | παρα-
γεινεται B*AF (παραγιν. B^b) | η γυνη]+σου AF.   7. τω γαμβρω]+αυτου
AF | αυτον 2°] αυτους AF   8 Μωυσης AF | om πασι AF | οτι] οτε F | om
εκ χειρος Φ. και εκ χειρος των Αιγ. F

139

ΧVIII 9 ΕΞΟΔΟΣ

Β Αἰγυπτίων. ⁹ἐξέστη δὲ Ἰοθὸρ ἐπὶ πᾶσι τοῖς ἀγαθοῖς οἷς ἐποίησεν 9
αὐτοῖς Κύριος, ὅτι ἐξείλατο αὐτοὺς ἐκ χειρὸς Αἰγυπτίων, καὶ ἐκ χειρὸς
Φαραώ. ¹⁰καὶ εἶπεν Ἰοθόρ Εὐλογητὸς Κύριος, ὅτι ἐξείλατο αὐτοὺς 10
ἐκ χειρὸς Αἰγυπτίων καὶ ἐκ χειρὸς Φαραώ· ¹¹νῦν ἔγνων ὅτι μέγας 11
Κύριος παρὰ πάντας τοὺς θεούς, ἕνεκεν τούτου ὅτι ἐπέθεντο αὐτοῖς.
¹²καὶ ἔλαβεν Ἰοθὸρ ὁ γαμβρὸς Μωυσῆ ὁλοκαυτώματα καὶ θυσίας τῷ 12
θεῷ· παρεγένετο δὲ Ἀαρὼν καὶ πάντες οἱ πρεσβύτεροι Ἰσραὴλ συνφα-
γεῖν ἄρτον μετὰ τοῦ γαμβροῦ Μωυσῆ ἐναντίον τοῦ θεοῦ. ¹³Καὶ 13
ἐγένετο μετὰ τὴν ἐπαύριον συνεκάθισεν Μωυσῆς κρίνειν τὸν λαόν·
παριστήκει δὲ πᾶς ὁ λαὸς Μωυσεῖ ἀπὸ πρωίθεν ἕως δείλης. ¹⁴καὶ ἰδὼν 14
Ἰοθὸρ πάντα ὅσα ποιεῖ τῷ λαῷ λέγει Τί τοῦτο ὃ σὺ ποιεῖς τῷ λαῷ;
διὰ τί σὺ κάθησαι μόνος, πᾶς δὲ ὁ λαὸς παρέστηκέν σοι ἀπὸ πρωί-
θεν ἕως δείλης; ¹⁵καὶ λέγει Μωυσῆς τῷ γαμβρῷ Ὅτι παραγίνεται 15
πρὸς μὲ ὁ λαὸς ἐκζητῆσαι κρίσιν παρὰ τοῦ θεοῦ· ¹⁶ὅταν γὰρ γένηται 16
αὐτοῖς ἀντιλογία καὶ ἔλθωσι πρὸς μέ, διακρίνω ἕκαστον, καὶ συμβι-
βάζω αὐτοὺς τὰ προστάγματα τοῦ θεοῦ καὶ τὸν νόμον αὐτοῦ. ¹⁷εἶπεν 17
δὲ ὁ γαμβρὸς Μωυσῆ πρὸς αὐτόν ¹⁸Οὐκ ὀρθῶς σὺ ποιεῖς τὸ ῥῆμα 18
τοῦτο·⁽¹⁸⁾φθορᾷ καταφθαρήσῃ ἀνυπομονήτῳ καὶ σὺ καὶ πᾶς ὁ λαὸς
ὅς ἐστιν μετὰ σοῦ· βαρύ σοι τὸ ῥῆμα τοῦτο, οὐ δυνήσῃ ποιεῖν
μόνος. ¹⁹νῦν οὖν ἄκουσόν μου, καὶ συμβουλεύσω σοι, καὶ ἔσται 19
ὁ θεὸς μετὰ σοῦ. γίνου σὺ τῷ λαῷ τὰ πρὸς τὸν θεόν, καὶ ἀνοίσεις
τοὺς λόγους αὐτῶν πρὸς τὸν θεόν· ²⁰καὶ διαμαρτυρῇ αὐτοῖς τὰ 20
προστάγματα τοῦ θεοῦ καὶ τὸν νόμον αὐτοῦ, καὶ σημανεῖς αὐτοῖς
τὰς ὁδοὺς ἐν αἷς πορεύσονται ἐν αὐταῖς, καὶ τὰ ἔργα ἃ ποιήσουσιν.
²¹καὶ σὺ σεαυτῷ σκέψαι ἀπὸ παντὸς τοῦ λαοῦ ἄνδρας δυνατούς, 21
θεοσεβεῖς, ἄνδρας δικαίους, μισοῦντας ὑπερηφανίαν, καὶ καταστήσεις
ἐπ' αὐτῶν χιλιάρχους καὶ ἑκατοντάρχους καὶ πεντηκοντάρχους καὶ
δεκαδάρχους, ²²καὶ κρινοῦσιν τὸν λαὸν πᾶσαν ὥραν· τὸ δὲ ῥῆμα τὸ 22
ὑπέρογκον ἀνοίσουσιν ἐπὶ σέ, τὰ δὲ βραχέα τῶν κριμάτων κρινοῦσιν
αὐτοί, καὶ κουφιοῦσιν ἀπὸ σοῦ καὶ συναντιλήμψονταί σοι. ²³ἐὰν 23

AF   9 κυριος αυτοις AF | εξειλατο]+ κ̅ς̅ A᾽ | Αιγυπτιων] pr των A   10 αυτους]
τον λαον αυτου AF   11 om οτι 2° A   12 και ελαβεν] ελαβεν δε F | Ααρων]
pr και AF | συνφαγειν B* (συμφ. Bᵃᵗᵇ)] φαγειν AF   13 παρεστηκει Bᵃᵇ
F | Μωυση AF | δειλης] εσπερας AF   14 ποιει] εποιει AF | πρωιθεν] πρωι
A | δειλης] εσπερας F   15 παραγινεται BᵃF (παραγινετε)] παραγεινεται B*A
16 ελθωσι] ελθωσιν A εισελθωσιν F | εκαστον] αυτους F¹ᵐᵍ   18 om
ανυπομονητω A*F* (hab Fᵃᵐᵍ) ανυπομ. ητω sup ras Aᵃ | ο λαος]+ ουτος
Bᵃᵇ ᵐᵍ F+ σου ουτος A   18—19 om βαρυ σοι...μετα·σου A · 18 δυνηση]
+συ Bᵃᵗ (superscr) | ποιειν]+ σοι F   21 καταστησεις]+ αυτους AF | δεκα-
δαρχους]+και γραμματοεισαγωγεις AF   22 κουφισουσιν A | σοι] σου A

140

ΕΞΟΔΟΣ ι XIX 10

τὸ ῥῆμα τοῦτο ποιήσῃς, κατισχύσει σε ὁ θεὸς καὶ δυνήσῃ παραστῆναι, B καὶ πᾶς ὁ λαὸς οὗτος εἰς τὸν ἑαυτοῦ τόπον μετ᾽ εἰρήνης ἥξει. 24 ²⁴ἤκουσεν δὲ Μωυσῆς τῆς φωνῆς τοῦ γαμβροῦ, καὶ ἐποίησεν ὅσα 25 αὐτῷ εἶπεν· ²⁵καὶ ἐπέλεξεν Μωσῆς ἄνδρας δυνατοὺς ἀπὸ παντὸς Ἰσραήλ, καὶ ἐποίησεν αὐτοὺς ἐπ᾽ αὐτῶν χιλιάρχους καὶ ἑκατοντάρχους 26 καὶ πεντηκοντάρχους καὶ δεκαδάρχους, ²⁶καὶ ἐκρίνοσαν τὸν λαὸν πᾶσαν ὥραν· πᾶν δὲ ῥῆμα ὑπέρογκον ἀνεφέροσαν ἐπὶ Μωυσῆν, 27 πᾶν δὲ ῥῆμα ἐλαφρὸν ἐκρίνοσαν αὐτοί. ²⁷ἐξαπέστειλεν δὲ Μωυσῆς τὸν ἑαυτοῦ γαμβρόν, καὶ ἀπῆλθεν εἰς τὴν γῆν αὐτοῦ.

Κ 1 ¹Τοῦ δὲ μηνὸς τοῦ τρίτου τῆς ἐξόδου τῶν υἱῶν Ἰσραὴλ ἐκ γῆς 2 Αἰγύπτου τῇ ἡμέρᾳ ταύτῃ ἤλθοσαν εἰς τὴν ἔρημον τοῦ Σεινά. ²καὶ ἀπῆραν ἐκ Ῥαφιδεὶν καὶ ἤλθοσαν εἰς τὴν ἔρημον τοῦ Σεινά, καὶ παρενέ- 3 βαλεν ἐκεῖ Ἰσραὴλ κατέναντι τοῦ ὄρους. ³καὶ Μωσῆς ἀνέβη εἰς τὸ ὄρος τοῦ θεοῦ· καὶ ἐκάλεσεν αὐτὸν ὁ θεὸς ἐκ τοῦ οὐρανοῦ λέγων Τάδε 4 ἐρεῖς τῷ οἴκῳ Ἰακὼβ καὶ ἀναγγελεῖς τοῖς υἱοῖς Ἰσραὴλ ⁴Αὐτοὶ ἑωρά- κατε ὅσα πεποίηκα τοῖς Αἰγυπτίοις, καὶ ἀνέλαβον ὑμᾶς ὡσεὶ ἐπὶ 5 πτερύγων ἀετῶν, καὶ προσηγαγόμην ὑμᾶς πρὸς ἐμαυτόν. ⁵καὶ νῦν ἐὰν ἀκοῇ ἀκούσητε τῆς ἐμῆς φωνῆς καὶ φυλάξητε τὴν διαθήκην μου, ἔσεσθέ μοι λαὸς περιούσιος ἀπὸ πάντων τῶν ἐθνῶν· ἐμὴ γάρ ἐστιν 6 πᾶσα ἡ γῆ, ⁶ὑμεῖς δὲ ἔσεσθέ μοι βασίλειον ἱεράτευμα καὶ ἔθνος ἅγιον. 7 ταῦτα τὰ ῥήματα ἐρεῖς τοῖς υἱοῖς Ἰσραήλ. ⁷ἦλθεν δὲ Μωυσῆς καὶ ἐλάλησεν πρὸς τοὺς πρεσβυτέρους τοῦ λαοῦ, καὶ παρέθηκεν αὐτοῖς 8 πάντας τοὺς λόγους τούτους οὓς συνέταξεν αὐτῷ ὁ θεός. ⁸ἀπεκρίθη δὲ πᾶς ὁ λαὸς ὁμοθυμαδὸν καὶ εἶπαν Πάντα ὅσα εἶπεν ὁ θεὸς ποιή- σομεν καὶ ἀκουσόμεθα· ἀνήνεγκεν δὲ Μωυσῆς τοὺς λόγους τούτους 9 πρὸς τὸν θεόν. ⁹εἶπεν δὲ Κύριος πρὸς Μωσῆν Ἰδοὺ ἐγὼ παραγί- νομαι πρὸς σὲ ἐν στύλῳ νεφέλης, ἵνα ἀκούσῃ ὁ λαὸς λαλοῦντός μου πρὸς σέ, καὶ σοὶ πιστεύσωσιν εἰς τὸν αἰῶνα. ἀνήγγειλεν δὲ Μωσῆς τὰ 10 ῥήματα τοῦ λαοῦ πρὸς Κύριον. ¹⁰Εἶπεν δὲ Κύριος πρὸς Μωυσῆν

23 εις τον εαυτου τοπον μετ ειρηνης ηξει] ηξει εις τον τοπον αυτου μετ AF ειρηνης AF   25 Μωυσης AF | δεκαδαρχους]+και γραμματοεισαγωγεις AF   26 εκρινον (bis) AF | παν δε ρ. υπερογκον] το δε ρ. το υπερογκον AF | ανεφερον AF | επι] προς A   27 τον εαυτου γαμβρον] τον γ. εαυτου A τον γ. αυτου F | την] η sup ras B¹ᵗᵃ?   XIX 1 ηλθον AF | του Σεινα] του Σινα Bᵇ Σινα AF   2 απηραν] εξηραν AF | ηλθοσαν] ηλθον AF | Σεινα] Σινα BᵇAF   3 Μωυσης AF | ουρανου] ορους AF   5 της εμης φ.] της φ. μου AF   7 ελαλησεν προς] εκαλεσεν Bᵃᵇ (-σε) AF | του λαου]: Ισραηλ A | αυτω] αυτοις AF   8 απεκριθη δε] και απεκριθη A | τουτους] του λαου AF   9 Μωυσην AF | Μωυσης AF

XIX 11 ΕΞΟΔΟΣ

B Καταβὰς διαμάρτυραι τῷ λαῷ, καὶ ἅγνισον αὐτοὺς σήμερον καὶ αὔριον, καὶ πλυνάτωσαν τὰ ἱμάτια, ¹¹καὶ ἔστωσαν ἕτοιμοι εἰς τὴν ἡμέραν τὴν 11 τρίτην· τῇ γὰρ ἡμέρᾳ τῇ τρίτῃ καταβήσεται Κύριος ἐπὶ τὸ ὄρος τὸ Σεινὰ ἐναντίον παντὸς τοῦ λαοῦ. ¹²καὶ ἀφοριεῖς τὸν λαὸν κύκλῳ 12 λέγων Προσέχετε ἑαυτοῖς τοῦ ἀναβῆναι εἰς τὸ ὄρος καὶ θιγεῖν τι αὐτοῦ· πᾶς ὁ ἁψάμενος τοῦ ὄρους θανάτῳ τελευτήσει. ¹³οὐχ ἅψεται αὐτοῦ 13 χείρ· ἐν γὰρ λίθοις λιθοβοληθήσεται ἢ βολίδι κατατοξευθήσεται· ἐάν τε κτῆνος ἐάν τε ἄνθρωπος, οὐ ζήσεται. ὅταν αἱ φωναὶ καὶ αἱ σάλπιγγες καὶ ἡ νεφέλη ἀπέλθῃ ἀπὸ τοῦ ὄρους, ἐκεῖνοι ἀναβήσονται ἐπὶ τὸ ὄρος. ¹⁴κατέβη δὲ Μωυσῆς ἐκ τοῦ ὄρους πρὸς τὸν λαόν, 14 καὶ ἡγίασεν αὐτούς· καὶ ἔπλυναν τὰ ἱμάτια. ¹⁵καὶ εἶπεν τῷ λαῷ 15 Γίνεσθε ἕτοιμοι τρεῖς ἡμέρας, μὴ προσέλθητε γυναικί. ¹⁶Ἐγέ- 16 νετο δὲ τῇ ἡμέρᾳ τῇ τρίτῃ γενηθέντος πρὸς ὄρθρον, καὶ ἐγίνοντο φωναὶ καὶ ἀστραπαὶ καὶ νεφέλη γνοφώδης ἐπ' ὄρους Σεινά, φωνὴ τῆς σάλπιγγος ἤχει μέγα· καὶ ἐπτοήθη πᾶς ὁ λαὸς ὁ ἐν τῇ παρεμβολῇ. ¹⁷καὶ ἐξήγαγεν Μωυσῆς τὸν λαὸν εἰς συνάντησιν τοῦ θεοῦ 17 ἐκ τῆς παρεμβολῆς, καὶ παρέστησαν ὑπὸ τὸ ὄρος Σεινά. ¹⁸τὸ δὲ ὄρος 18 τὸ Σεινὰ ἐκαπνίζετο ὅλον διὰ τὸ καταβεβηκέναι ἐπ' αὐτὸ τὸν θεὸν ἐν πυρί, καὶ ἀνέβαινεν ὁ καπνὸς ὡς καπνὸς καμίνου· καὶ ἐξέστη πᾶς ὁ λαὸς σφόδρα. ¹⁹ἐγίνοντο δὲ αἱ φωναὶ τῆς σάλπιγγος προβαίνουσαι 19 ἰσχυρότεραι σφόδρα· Μωσῆς ἐλάλησεν, ὁ δὲ θεὸς ἀπεκρίνατο αὐτῷ φωνῇ. ²⁰κατέβη δὲ Κύριος ἐπὶ τὸ ὄρος τὸ Σεινὰ ἐπὶ τὴν κορυφὴν 20 τοῦ ὄρους· καὶ ἐκάλεσεν Κύριος Μωυσῆν ἐπὶ τὴν κορυφὴν τοῦ ὄρους, καὶ ἀνέβη Μωυσῆς. ²¹καὶ εἶπεν ὁ θεὸς πρὸς Μωυσῆν λέγων Καταβὰς 21 διαμάρτυραι τῷ λαῷ, μή ποτε ἐγγίσωσιν πρὸς τὸν θεὸν κατανοῆσαι, καὶ πέσωσιν ἐξ αὐτῶν πλῆθος· ²²καὶ οἱ ἱερεῖς οἱ ἐγγίζοντες Κυρίῳ τῷ 22 θεῷ ἁγιασθήτωσαν, μή ποτε ἀπαλλάξῃ ἀπ' αὐτῶν Κύριος. ²³καὶ 23 εἶπεν Μωυσῆς πρὸς τὸν θεόν Οὐ δυνήσεται ὁ λαὸς προσαναβῆναι πρὸς

AF 10 πλυνατωσαν] πλυνουσιν A | ιματια]+εαυτων F   11 ημεραν] ημ A1ᵃ⁺ᵐˢ | το Σεινα] το Σινα BᵇF Σινα A   12 εαυτοις] pr υμιν F | αψαμενος] απτομενος F   13 βολιδι] βολισιν F* (βολιδι F¹ ᵐᵍ) | σαλπιγγες] σαλπι sup ras B¹? | το opος] του ορους F   14 εκ] απο A | λαον]+και ειπεν αυτοις Bᵃᵇ ᵐᵍ   15 ετοιμοι· τρεις ημερας μη F   16 γεννηθεντος A | om και 1° AF | εγινοντο] εγεν. F | επ opους] επι του ορους F | Σινα Bᵃ⁽ᵛⁱᵈ⁾AF | φωνη] pr και F | ο εν τη παρ.] om o A   17 συναντησιν] pr την BᵃᵇA | om Σινα AF pr το Bᵃᵇ   18 Σινα] om το A | επ αυτο του θεον εν πυρι] τον θν̄ εν πυρι επ αυτο A τον κν̄ επ αυτο εν πυρι F | και ανεβαινεν] ανεβ. δε AF 19 εγινοντο] εγινετο F | Μωυσης AF | ελαλησεν] ελαλει AF | απεκρινετο F 20 Κυριος 1°] pr ο Bᵃᵇ | το Σινα] om το AF (οροσινα sic) | om Κυριος 2° F* (hab F¹ ᵛⁱᵈ)   21 πεσωσιν] πεση AF   22 ιερεις]+δε A | om Κυριω A | Κυριος] πληθος A   23 προς 2° F

142

ΕΞΟΔΟΣ XX,16

τὸ ὄρος τὸ Σεινά· σὺ γὰρ διαμεμαρτύρησαι ἡμῖν λέγων, Ἀφόρισαι τὸ B
24 ὄρος καὶ ἁγίασαι αὐτό. ²⁴εἶπεν δὲ αὐτῷ Κύριος Βάδιζε κατάβηθι,
καὶ ἀνάβηθι, σὺ καὶ Ἀαρὼν μετὰ σοῦ· οἱ δὲ ἱερεῖς καὶ ὁ λαὸς μὴ
βιαζέσθωσαν ἀναβῆναι πρὸς τὸν θεόν, μή ποτε ἀπολέσῃ ἀπ' αὐτῶν
25 Κύριος. ²⁵κατέβη δὲ Μωυσῆς πρὸς τὸν λαὸν καὶ εἶπεν αὐτοῖς.
XX ¹⁄₂ ¹Καὶ ἐλάλησεν Κύριος πάντας τοὺς λόγους τούτους λέγων ²Ἐγώ
εἰμι Κύριος ὁ θεός σου, ὅστις ἐξήγαγόν σε ἐκ γῆς Αἰγύπτου, ἐξ
3⁄4 οἴκου δουλίας. ³Οὐκ ἔσονταί σοι θεοὶ ἕτεροι πλὴν ἐμοῦ., ⁴Οὐ
ποιήσεις σεαυτῷ εἴδωλον οὐδὲ παντὸς ὁμοίωμα, ὅσα ἐν τῷ οὐρανῷ
ἄνω καὶ ὅσα ἐν τῇ γῇ κάτω καὶ ὅσα ἐν τοῖς ὕδασιν ὑποκάτω τῆς γῆς.
5 ⁵οὐ προσκυνήσεις αὐτοῖς οὐδὲ μὴ λατρεύσῃς αὐτοῖς· ἐγὼ γάρ εἰμι
Κύριος ὁ θεός σου, θεὸς ζηλωτής, ἀποδιδοὺς ἁμαρτίας πατέρων ἐπὶ
6 τέκνα ἕως τρίτης καὶ τετάρτης γενεᾶς τοῖς μισοῦσίν με, ⁶καὶ ποιῶν
ἔλεος εἰς χιλιάδας τοῖς ἀγαπῶσίν με καὶ τοῖς φυλάσσουσιν τὰ προσ-
7 τάγματά μου. ⁷Οὐ λήμψῃ τὸ ὄνομα Κυρίου τοῦ θεοῦ σου ἐπὶ
ματαίῳ· οὐ γὰρ μὴ καθαρίσῃ Κύριος ὁ θεός σου τὸν λαμβάνοντα τὸ
8 ὄνομα αὐτοῦ ἐπὶ ματαίῳ. ⁸Μνήσθητι τὴν ἡμέραν τῶν σαββάτων
9⁄10 ἁγιάζειν αὐτήν. ⁹ἓξ ἡμέρας ἐργᾷ καὶ ποιήσεις πάντα τὰ ἔργα σου, ¹⁰τῇ
δὲ ἡμέρᾳ τῇ ἑβδόμῃ σάββατα Κυρίῳ τῷ θεῷ σου· οὐ ποιήσεις ἐν αὐτῇ
πᾶν ἔργον, σὺ καὶ ὁ υἱός σου καὶ ἡ θυγάτηρ σου, ὁ παῖς σου καὶ ἡ
παιδίσκη σου, ὁ βοῦς σου καὶ τὸ ὑποζύγιόν σου καὶ πᾶν κτῆνός σου,
11 καὶ ὁ προσήλυτος ὁ παροικῶν ἐν σοί. ¹¹ἐν γὰρ ἓξ ἡμέραις ἐποίησεν
Κύριος τὸν οὐρανὸν καὶ τὴν γῆν καὶ πάντα τὰ ἐν αὐτοῖς, καὶ κατέ-
παυσεν τῇ ἡμέρᾳ τῇ ἑβδόμῃ· διὰ τοῦτο εὐλόγησεν Κύριος τὴν ἡμέραν
12 τὴν ἑβδόμην καὶ ἡγίασεν αὐτήν. ¹²Τίμα τὸν πατέρα σου καὶ τὴν
μητέρα, ἵνα εὖ σοι γένηται, καὶ ἵνα μακροχρόνιος γένῃ ἐπὶ τῆς
13 γῆς τῆς ἀγαθῆς ἧς Κύριος ὁ θεός σου δίδωσίν σοι. ⁽¹⁴⁾ ¹³Οὐ μοιχεύ-
14—16 σεις. ⁽¹⁵⁾ ¹⁴Οὐ κλέψεις. ⁽¹³⁾ ¹⁵Οὐ φονεύσεις. ¹⁶Οὐ ψευδο-

23 Σεινα B*] Σινα B^bAF   24 ειπεν δε] και ειπεν AF | καταβηθι] pr AF
και F | om και αναβηθι B* (hab B^{ab vid}AF)   XX 1 Κυριος] + πρὸς Μωυσην
A   2 εγω] adscr α' B^{a mg} | οστις εξηγαγον] ο εξαγαγων AF   3 ουκ]
adscr β' B^{a mg}   4 τοις υδασιν] τω υδατι F   4—5 υποκατω της γης ου
προσ sup ras A^a   5 εως τριτης και τεταρτης γενεας] επι τριτην και τεταρτην
γενεαν AF | μισουσι F   6 αγαπωσι B^{ab}F (-σει) | φυλασσουσι B^{ab}A
7 ου λ.] adscr γ' B^{a mg} | om ο θεος σου AF   8 μνησθ.] adscr δ' B^{a mg} γ'
A^{1 mg}   10 om Κυριω A | ο υιος A^a (οι υιοι A*^{vid})   11 τον ουρ.]
τον τε ουρ. AF | την γην] + και την θαλασσαν B^{ab mg}AF | ηυλογησεν AF
12 τιμα] adscr ε' B^{a mg} δ' A^{1 mg} | την μητερα] + σου B^{ab}F | om ινα ευ σοι
γενηται A   13—15 ου μοιχ. ου κλεψ. ου φον.] ου φον. ου μοιχ. ου
κλεψ. AF   13 adscr ς' B^{a mg}   14 adscr ζ' B^{a m§}   15 adscr
η' B^{a mg} ε' A^{1 mg}   16 adscr θ' B^{a m§}

XX 17 ΕΞΟΔΟΣ

Β μαρτυρήσεις κατὰ τοῦ πλησίον σου μαρτυρίαν ψευδῆ. ¹⁷Οὐκ ἐπι- 17
θυμήσεις τὴν γυναῖκα τοῦ πλησίον σου· οὐκ ἐπιθυμήσεις τὴν οἰκίαν
τοῦ πλησίον σου οὔτε τὸν ἀγρὸν αὐτοῦ, οὔτε τὸν παῖδα αὐτοῦ οὔτε
τὴν παιδίσκην αὐτοῦ, οὔτε τοῦ βοὸς αὐτοῦ οὔτε τοῦ ὑποζυγίου αὐτοῦ
οὔτε παντὸς κτήνους αὐτοῦ, οὔτε ὅσα τῷ πλησίον σού ἐστιν.
¹⁸Καὶ πᾶς ὁ λαὸς ἑώρα τὴν φωνὴν καὶ τὰς λαμπάδας καὶ τὴν 18
φωνὴν τῆς σάλπιγγος καὶ τὸ ὄρος τὸ καπνίζον· φοβηθέντες δὲ πᾶς
ὁ λαὸς ἔστησαν μακρόθεν, ¹⁹καὶ εἶπαν πρὸς Μωυσῆν Λάλησον σὺ 19
ἡμῖν, καὶ μὴ λαλείτω πρὸς ἡμᾶς ὁ θεός, μὴ ἀποθάνωμεν· ²⁰καὶ λέγει 20
αὐτοῖς Μωσῆς Θαρσεῖτε· ἕνεκεν γὰρ τοῦ πειράσαι ὑμᾶς παρεγενήθη
ὁ θεὸς πρὸς ὑμᾶς, ὅπως ἂν γένηται ὁ φόβος αὐτοῦ ἐν ὑμῖν, ἵνα μὴ
ἁμαρτάνητε. ²¹ἱστήκει δὲ ὁ λαὸς μακρόθεν, Μωυσῆς δὲ εἰσῆλθεν εἰς 21
τὸν γνόφον οὗ ἦν ὁ θεός. ²²Εἶπεν δὲ Κύριος πρὸς Μωυσῆν Τάδε 22
ἐρεῖς τῷ οἴκῳ Ἰακὼβ καὶ ἀναγγελεῖς τοῖς υἱοῖς Ἰσραήλ Ὑμεῖς ἑωράκατε
ὅτι ἐκ τοῦ οὐρανοῦ λελάληκα πρὸς ὑμᾶς· ²³οὐ ποιήσετε ὑμῖν αὐτοῖς θεοὺς 23
ἀργυροῦς, καὶ θεοὺς χρυσοῦς οὐ ποιήσετε ὑμῖν ἑαυτοῖς. ²⁴Θυσια- 24
στήριον ἐκ γῆς ποιήσετέ μοι, καὶ θύσετε ἐπ᾿ αὐτοῦ τὰ ὁλοκαυτώματα
ὑμῶν καὶ τὰ σωτήρια ὑμῶν καὶ τὰ πρόβατα καὶ τοὺς μόσχους ὑμῶν·
ἐν παντὶ τόπῳ οὗ ἐὰν ἐπονομάσω τὸ ὄνομά μου ἐκεῖ· καὶ ἥξω πρὸς
σὲ καὶ εὐλογήσω σε. ²⁵ἐὰν δὲ θυσιαστήριον ἐκ λίθων ποιῇς μοι, 25
οὐκ οἰκοδομήσεις αὐτοὺς τμητούς· τὸ γὰρ ἐγχειρίδιόν σου ἐπιβέβληκας
ἐπ᾿ αὐτοὺς καὶ μεμίανται. ²⁶οὐκ ἀναβήσῃ ἐν ἀναβαθμίσιν ἐπὶ τὸ 26
θυσιαστήριόν μου, ὅπως ἂν μὴ ἀποκαλύψῃς τὴν ἀσχημοσύνην σου
ἐπ᾿ αὐτοῦ.
¹Καὶ ταῦτα τὰ δικαιώματα ἃ παραθήσῃ ἐνώπιον αὐτῶν. 1 XXI
²Ἐὰν κτήσῃ παῖδα Ἑβραῖον, ἓξ ἔτη δουλεύσει σοι· τῷ δὲ ἑβδόμῳ 2
ἔτει ἀπελεύσεται ἐλεύθερος δωρεάν. ³ἐὰν αὐτὸς μόνος εἰσέλθῃ, καὶ 3
μόνος ἐξελεύσεται· ἐὰν δὲ γυνὴ συνεισέλθῃ μετ᾿ αὐτοῦ, ἐξελεύσεται
καὶ ἡ γυνὴ μετ᾿ αὐτοῦ. ⁴ἐὰν δὲ ὁ κύριος δῷ αὐτῷ γυναῖκα, καὶ τέκῃ 4
αὐτῷ υἱοὺς ἢ θυγατέρας, ἡ γυνὴ καὶ τὰ παιδία ἔσται τῷ κυρίῳ αὐτοῦ,

AF 17 ουκ] adscr ι´ Bᵃ ᵐᵍ | ουτε 1°, 2°, 3°] ουδε A   18 το καπνιζον] om το
F   19 μη 2°] μη ποτε AF.   20 Μωυσης AF | om γαρ F* (hab
F¹ᵐᵍ) | εν] εφ F   21 εισηκει BᵃF | ην]+εκει A   22 προς 2° sup ras Bᵃ?
23 υμιν αυτοις] εαυτοις AF | εαυτοις] αυτοις A   24 θυσετε] θυσατε F | επ
αυτου] επ αυτο A | om υμων 1° A | οm και 3° AF   25 σου]μου A om F |
επ αυτους] επ αυτο AF   26 om αν A* (superscr A¹¹) | om αν AF | απο-
καλυψεις F   XXI 1 παραθησεις AF   2 εβδ. ετει] ετει τω εβδ. AF |
απελευσεται ελευθερος] εξαποστελεις αυτον ελευθερον AF   3 και η γ.
εξελευσεται AF   4 om αυτω 2° A | η θυγ.] και θυγ. A | αυτου] αυτης AF

144

ΕΞΟΔΟΣ XXI.21

5 αὐτὸς δὲ μόνος ἐξελεύσεται. ⁵ἐὰν δὲ ἀποκριθεὶς εἴπῃ ὁ παῖς Ἠγάπηκα B
τὸν κύριόν μου καὶ τὴν γυναῖκα καὶ τὰ παιδία, οὐκ ἀποτρέχω ἐλεύ-
6 θερος· ⁶προσάξει αὐτὸν ὁ κύριος αὐτοῦ πρὸς τὸ κριτήριον τοῦ
θεοῦ, καὶ τότε προσάξει αὐτὸν ἐπὶ τὴν θύραν ἐπὶ τὸν σταθμὸν καὶ
τρυπήσει ὁ κύριος αὐτοῦ τὸ οὖς τῷ ὀπητίῳ, καὶ δουλεύσει αὐτῷ εἰς τὸν
7 αἰῶνα. ⁷Ἐὰν δέ τις ἀποδῶται τὴν ἑαυτοῦ θυγατέρα οἰκέτιν,
8 οὐκ ἀπελεύσεται ὥσπερ ἀποτρέχουσιν αἱ δοῦλαι. ⁸ἐὰν μὴ εὐαρεστήσῃ
τῷ κυρίῳ αὐτῆς ἣν αὐτῷ καθωμολογήσατο, ἀπολυτρώσει αὐτήν· ἔθνει δὲ
9 ἀλλοτρίῳ οὐ κύριός ἐστιν πωλεῖν αὐτήν, ὅτι ἠθέτησεν ἐν αὐτῇ. ⁹ἐὰν
δὲ τῷ υἱῷ καθομολογήσηται αὐτήν, κατὰ τὸ δικαίωμα τῶν θυγατέρων
10 ποιήσει αὐτῇ. ¹⁰ἐὰν δὲ ἄλλην λάβῃ, τὰ δέοντα καὶ τὸν ἱματισμὸν
11 καὶ τὴν ὁμιλίαν αὐτῆς οὐκ ἀποστερήσει. ¹¹ἐὰν δὲ τὰ τρία ταῦτα
12 μὴ ποιήσῃ αὐτῇ, ἐξελεύσεται δωρεὰν ἄνευ ἀργυρίου. ¹²Ἐὰν δὲ
13 πατάξῃ τίς τινα καὶ ἀποθάνῃ, θανάτῳ θανατούσθω· ¹³ὁ δὲ οὐχ ἑκών,
ἀλλὰ ὁ θεὸς παρέδωκεν εἰς τὰς χεῖρας αὐτοῦ, δώσω σοι τόπον οὗ
14 φεύξεται ἐκεῖ ὁ φονεύσας. ¹⁴ἐὰν δέ τις ἐπιθῆται τῷ πλησίον ἀπο-
κτεῖναι αὐτὸν δόλῳ καὶ καταφύγῃ, ἀπὸ τοῦ θυσιαστηρίου μου λήμψῃ
15 αὐτὸν θανατῶσαι. ¹⁵ᵃὋς τύπτει πατέρα αὐτοῦ ἢ μητέρα αὐτοῦ,
16 θανάτῳ θανατούσθω. ⁽¹⁷⁾ ¹⁶ᵇὉ κακολογῶν πατέρα αὐτοῦ ἢ μητέρα
17 αὐτοῦ τελευτήσει θανάτῳ. ⁽¹⁶⁾ ¹⁷ᵃὋς ἐὰν κλέψῃ τίς τινα τῶν υἱῶν
Ἰσραὴλ καὶ καταδυναστεύσας αὐτὸν ἀποδῶται, καὶ εὑρεθῇ ἐν αὐτῷ·
18 θανάτῳ τελευτάτω. ¹⁸Ἐὰν δὲ λοιδορῶνται δύο ἄνδρες καὶ
πατάξωσιν τὸν πλησίον λίθῳ ἢ πυγμῇ, καὶ μὴ ἀποθάνῃ, κατακλιθῇ
19 δὲ ἐπὶ τὴν κοίτην, ¹⁹ἐὰν ἐξαναστὰς ὁ ἄνθρωπος περιπατήσῃ ἔξω ἐπὶ
ῥάβδου, ἀθῷος ἔσται ὁ πατάξας· πλὴν τῆς ἀργίας αὐτοῦ ἀποτίσει καὶ
20 τὰ ἰατρεῖα. ²⁰Ἐὰν δέ τις πατάξῃ τὸν παῖδα αὐτοῦ ἢ τὴν παιδίσκην
αὐτοῦ ἐν ῥάβδῳ, καὶ ἀποθάνῃ ὑπὸ τὰς χεῖρας αὐτοῦ, δίκῃ ἐκδικηθήτω.
21 ²¹ἐὰν δὲ διαβιώσῃ ἡμέραν μίαν ἢ δύο, οὐκ ἐκδικηθήσεται· τὸ γὰρ

5 γυναικα]+μου F | παιδια]+μου F   6 επι 1°], προς AF. | ο κυριος AF
αυτου 2°] αυτου ο κ̄ς̄ AF (ὁ κυριος)   7 οικετειν A οικετην F   8 εαν]
+δε A | αυτης ην sup ras pl litt (forte 10) Aᵃ | ην AᵃF] η B | αυτω καθω-
μολογησατο] ου καθωμ. αυτω (ω sup ras 5 vel 6 litt Aᵃ) A ου καθωμ. αυτην F
9 καθωμολογησεται (sic) A   10 λαβῃ]+εαυτω Bᵃᵇ+αυτω AF   11 τα
τρια ταυτα Fᵃ ᵐᵍ   12 εαν δε] seq ras 5 vel 6 litt in A   13 παρεδωκεν]
+αυτον A | om εκει A   15 πατερα BᵃᵇAF] μητερα B* | αυτου θανα sup
ras Aᵃ   16 τελευτησει θανατω] θαν. τελευτατω AF   17 εαν] αν AF |
τελευταται] θανατουσθω AF   18 παταξωσιν] παταξη AF | τον πλησιον
pr τις AFᴵ ᵐᵍ pr ο εις F*   19 εαν]+δε A   20 αυτου 1°] εαυτου F |
εν ραβδω] om εν F | εκδικηθητω] εκδικηθησεται AF   21 διαβιωσῃ] δια-
βωσιν A

SEPT.   145   K

XXI 22   ΕΞΟΔΟΣ

B ἀργύριον αὐτοῦ ἐστίν. ²² Ἐὰν δὲ μάχωνται ͵ δύο ἄνδρες καὶ 22
πατάξωσιν γυναῖκα ἐν γαστρὶ ἔχουσαν, καὶ ἐξέλθῃ τὸ παιδίον αὐτῆς
μὴ ἐξεικονισμένον, ἐπιζήμιον ζημιωθήσεται· καθότι ἂν ἐπιβάλῃ ὁ ἀνὴρ
τῆς γυναικός, δώσει μετὰ ἀξιώματος· ²³ ἐὰν δὲ ἐξεικονισμένον ᾖν, 23
δώσει ψυχὴν ἀντὶ ψυχῆς, ²⁴ ὀφθαλμὸν ἀντὶ ὀφθαλμοῦ, ὀδόντα ἀντὶ 24
ὀδόντος, χεῖρα ἀντὶ χειρός, πόδα ἀντὶ ποδός, ²⁵ κατάκαυμα ἀντὶ κατα- 25
καύματος, τραῦμα ἀντὶ τραύματος, μώλωπα ἀντὶ μώλωπος. ²⁶ Ἐὰν 26
δέ τις πατάξῃ τὸν ὀφθαλμὸν τοῦ οἰκέτου αὐτοῦ ἢ τὸν ὀφθαλμὸν τῆς
θεραπαίνης αὐτοῦ, καὶ ἐκτυφλώσῃ, ἐλευθέρους ἐξαποστελεῖ αὐτοὺς
ἀντὶ τοῦ ὀφθαλμοῦ αὐτῶν. ²⁷ ἐὰν δὲ τὸν ὀδόντα τοῦ οἰκέτου ἢ τὸν 27
ὀδόντα τῆς θεραπαίνης αὐτοῦ ἐκκόψῃ, ἐλευθέρους ἐξαποστελεῖ αὐτοὺς
ἀντὶ τοῦ ὀδόντος αὐτῶν. ²⁸ Ἐὰν δὲ κερατίσῃ ταῦρος ἄνδρα ἢ 28
γυναῖκα, καὶ ἀποθάνῃ, λίθοις λιθοβοληθήσεται ὁ ταῦρος, καὶ οὐ βρωθή-
σεται τὰ κρέα αὐτοῦ· ὁ δὲ κύριος τοῦ ταύρου ἀθῷος ἔσται. ²⁹ ἐὰν δὲ 29
ὁ ταῦρος κερατιστὴς ᾖ πρὸ τῆς ἐχθὲς καὶ πρὸ τῆς τρίτης, καὶ διαμαρτύ-
ρωνται τῷ κυρίῳ αὐτοῦ, καὶ μὴ ἀφανίσῃ αὐτόν, ἀνέλῃ δὲ ἄνδρα ἢ
γυναῖκα, ὁ ταῦρος λιθοβοληθήσεται καὶ ὁ κύριος αὐτοῦ προσαπο-
θανεῖται. ³⁰ ἐὰν δὲ λύτρα ἐπιβληθῇ αὐτῷ, δώσει λύτρα τῆς ψυχῆς 30
αὐτοῦ ὅσα ἐὰν ἐπιβάλωσιν αὐτῷ. ³¹ ἐὰν δὲ υἱὸν ἢ θυγατέρα κερατίσῃ, 31
κατὰ τὸ δικαίωμα τοῦτο ποιήσουσιν αὐτῷ. ³² ἐὰν δὲ παῖδα κερατίσῃ 32
ὁ ταῦρος ἢ παιδίσκην, ἀργυρίου τριάκοντα δίδραχμα δώσει τῷ κυρίῳ
αὐτῶν, καὶ ὁ ταῦρος λιθοβοληθήσεται. ³³ Ἐὰν δέ τις ἀνοίξῃ 33
λάκκον ἢ λατομήσῃ, καὶ μὴ καλύψῃ αὐτόν, καὶ ἐμπέσῃ ἐκεῖ μόσχος
ἢ ὄνος, ³⁴ ὁ κύριος τοῦ λάκκου ἀποτίσει· ἀργύριον δώσει τῷ κυρίῳ 34
αὐτῶν, τὸ δὲ τετελευτηκὸς αὐτῷ ἔσται. ³⁵ Ἐὰν δὲ κερατίσῃ 35
τίς τινος ταῦρος ταῦρον τοῦ πλησίον καὶ τελευτήσῃ, ἀποδώσονται
τὸν ταῦρον τὸν ζῶντα καὶ διελοῦνται τὸ ἀργύριον αὐτοῦ, καὶ τὸν ταῦρον
τὸν τεθνηκότα διελοῦνται. ³⁶ ἐὰν δὲ γνωρίζηται ὁ ταῦρος ὅτι κερατισ- 36
τής ἐστιν πρὸ τῆς ἐχθὲς καὶ πρὸ τῆς τρίτης ἡμέρας, καὶ μεμαρτυρη-
μένοι ὦσιν τῷ κυρίῳ, καὶ μὴ ἀφανίσῃ αὐτόν, ἀποτίσει ταῦρον ἀντὶ

AF   22 αν] εαν AF | δωσει] pr και AF   23 ην] η AF   24 χειρα αντι
χειρος A¹ᵗ ᵃᵗ ᵐᵍ   25 om τραυμα αντι τραυματος F   26 τον οφθ. 1°] om
τον A   29 προ 1°] προς F | χθες Bᵇ | αυτου 1°] αυτων A   30 αυτου]
αυτης F | οσα εαν επιβαλ sup ras B¹ ⁽ᵛⁱᵈ⁾ | εαν 2°] αν AF | επιβαλωσιν] επιβαλη
A επιβληθωσιν F   31 κερατιση η θυγ. AF   32 διδραγμα F   33 om
η λατομηση A + λακκον Bᵃᵇ F   34 τετελευτηκος] τεθνηκος AF   35 om
τις Bᵃ (hab Bᵇ) AF | ταυρον 1°] pr τον Bᵃ¹ AF | τελευτησει A | και διε-
λουνται...τεθν. διελουνται sup ras pl litt Aᵃ | τεθνηκοντα B   36 χθες
Bᵇ | om ημερας AF | μεμαρτ.] διαμαρτ. Bᵃ ᵛⁱᵈ AF | τω κυριω] + αυτου
Bᵃᵇ AF | αφανιση] φανιση F* (αφαν. Fᵃ)

146

ΕΞΟΔΟΣ XXII 14

II (37) 1 ταύρου, ὁ δὲ τετελευτηκὼς αὐτῷ ἔσται. ¹'Ἐὰν δέ τις κλέψῃ B
μόσχον ἢ πρόβατον καὶ σφάξῃ ἢ ἀποδῶται, πέντε μόσχους ἀποτίσει
1) (1) 2 ἀντὶ τοῦ μόσχου καὶ τέσσερα πρόβατα ἀντὶ τοῦ προβάτου. ²ἐὰν δὲ
ἐν τῷ διορύγματι εὑρεθῇ ὁ κλέπτης καὶ πληγεὶς ἀποθάνῃ, οὐκ ἔστιν
(2) 3 αὐτῷ φόνος· ³ἐὰν δὲ ἀνατείλῃ ὁ ἥλιος ἐπ᾽ αὐτῷ, ἔνοχός ἐστιν,
ἀνταποθανεῖται. ἐὰν δὲ μὴ ὑπάρχῃ αὐτῷ, πραθήτω ἀντὶ τοῦ
(3) 4 κλέμματος. ⁴ἐὰν δὲ καταλημφθῇ καὶ εὑρεθῇ ἐν τῇ χειρὶ αὐτοῦ τὸ
κλέμμα ἀπό τε ὄνου ἕως προβάτου, ζῶντα, διπλᾶ αὐτὰ ἀπο-
(4) 5 τίσει. ⁵'Ἐὰν δὲ καταβοσκήσῃ τις ἀγρὸν ἢ ἀμπελῶνα, καὶ ἀφῇ
τὸ κτῆνος αὐτοῦ καταβοσκῆσαι ἀγρὸν ἕτερον, ἀποτίσει ἐκ τοῦ ἀγροῦ
αὐτοῦ κατὰ τὸ γένημα αὐτοῦ· ἐὰν δὲ πάντα τὸν ἀγρὸν καταβοσκήσῃ,
τὰ βέλτιστα τοῦ ἀγροῦ αὐτοῦ καὶ τὰ βέλτιστα τοῦ ἀμπελῶνος αὐτοῦ
(5) 6 ἀποτίσει. ⁶'Ἐὰν δὲ ἐξελθὸν πῦρ εὕρῃ ἀκάνθας καὶ προσεμ-
πρήσῃ ἅλωνας ἢ στάχυς ἢ πεδίον, ἀποτίσει ὁ τὸ πῦρ ἐκκαύ-
(6) 7 σας. ⁷'Ἐὰν δέ τις δῷ τῷ πλησίον ἀργύριον ἢ σκεύη φυλάξαι
καὶ κλαπῇ ἐκ τῆς οἰκίας τοῦ ἀνθρώπου, ἐὰν εὑρεθῇ ὁ κλέψας,
(7) 8 ἀποτίσει τὸ διπλοῦν· ⁸ἐὰν δὲ μὴ εὑρεθῇ ὁ κλέψας, προσελεύσεται
ὁ κύριος τῆς οἰκίας ἐνώπιον τοῦ θεοῦ καὶ ὀμεῖται, ἦ μὴν μὴ αὐτὸν
(8) 9 πεπονηρεῦσθαι ἐφ᾽ ὅλης τῆς παρακαταθήκης τοῦ πλησίον. ⁹κατὰ
πᾶν ῥητὸν ἀδίκημα, περί τε μόσχου καὶ ὑποζυγίου καὶ προβάτου
καὶ ἱματίου καὶ πάσης ἀπωλίας τῆς ἐνκαλουμένης, ὅ τι οὖν ἂν ᾖ,
ἐνώπιον τοῦ θεοῦ ἐλεύσεται ἡ κρίσις ἀμφοτέρων, καὶ ὁ ἁλοὺς
(9) 10 διὰ τοῦ θεοῦ ἀποτίσει διπλοῦν τῷ πλησίον. ¹⁰'Ἐὰν δέ τις δῷ τῷ
πλησίον ὑποζύγιον ἢ μόσχον ἢ πρόβατον ἢ πᾶν κτῆνος φυλάξαι,
καὶ συντριβῇ ἢ τελευτήσῃ ἢ αἰχμάλωτον γένηται, καὶ μηδεὶς γνῷ,
(10) 11 ¹¹ὅρκος ἔσται τοῦ θεοῦ ἀνὰ μέσον ἀμφοτέρων, ἦ μὴν μὴ αὐτὸν πε-
πονηρεῦσθαι καθόλου τῆς παρακαταθήκης τοῦ πλησίον· καὶ οὕτως
(11) 12 προσδέξεται ὁ κύριος αὐτοῦ, καὶ οὐκ ἀποτίσει. ¹²ἐὰν δὲ κλαπῇ
(12) 13 παρ᾽ αὐτοῦ, ἀποτίσει τῷ κυρίῳ. ¹³ἐὰν δὲ θηριάλωτον γένηται, ἄξει
(13) 14 αὐτὸν ἐπὶ τὴν θήραν, καὶ οὐκ ἀποτίσει. ¹⁴'Ἐὰν δὲ αἰτήσῃ τις
παρὰ τοῦ πλησίον, καὶ συντριβῇ ἢ ἀποθάνῃ ἢ αἰχμάλωτον γένη-

XXII 1 om δε F | σφαξη]+αυτο AF | αντι 1° sup ras Aᵃ¹   2 εστιν] εσται AF
F   3 ανταποθανειται] αποθανειτε A αποθανειται F   4 om τε AF | om
αυτα A   5 και 2°] η AF   6 εξελθων F | αλωνα AF | σταχυς] ταχυς F*
(pr σ F¹)   7 σκευη] σκευος F | το διπλουν] om το AF   8 om μη 2°
A | αυτον] αυτος B¹?ᵃ?ᵇAF   9 ουν αν] ου εαν A ουν εαν F | om τω
πλησιον B* (hab BᵃᵇAF)   10 η προβατον η μοσχον AF | τελευτησει
(-ση F) η συντριβη AF   11 αυτον] αυτο[.] F | καθολου] εφ ολης A | ουκ
αποτισει] ου μη αποτιση A ου μη αποτισει F   12 τω κυριω] τω πλησιον A
14 om η αιχμαλ. γενηται A* (hab A¹?ᵃ?) F

XXII 15   ΕΞΟΔΟΣ

Β ται, ὁ δὲ κύριος μὴ ᾖ μετ' αὐτοῦ, ἀποτίσει· ¹⁵ἐὰν δὲ ὁ κύριος ᾖ 15 (14)
μετ' αὐτοῦ, οὐκ ἀποτίσει· ἐὰν δὲ μισθωτὸς ᾖ, ἔσται αὐτῷ ἀντὶ τοῦ
μισθοῦ αὐτοῦ.   ¹⁶Ἐὰν δὲ ἀπατήσῃ τις παρθένον ἀμνήστευτον 16 (15)
καὶ κοιμηθῇ μετ' αὐτῆς, φερνῇ φερνιεῖ αὐτὴν αὐτῷ γυναῖκα.   ¹⁷ἐὰν 17 (16)
δὲ ἀνανεύων ἀνανεύσῃ καὶ μὴ βούληται ὁ πατὴρ αὐτῆς δοῦναι αὐτὴν
αὐτῷ γυναῖκα, ἀργύριον ἀποτίσει τῷ πατρὶ καθ' ὅσον ἐστὶν ἡ φερνὴ
τῶν παρθένων.   ¹⁸Φαρμακοὺς οὐ περιποιήσετε.   ¹⁹Πᾶν κοι- 18 (17) 19 (18)
μώμενον μετὰ κτήνους, θανάτῳ ἀποκτενεῖτε αὐτούς.   ²⁰Ὁ θυσιά- 20 (19)
ζων θεοῖς θανάτῳ ὀλεθρευθήσεται, πλὴν Κυρίῳ μόνῳ.   ²¹Καὶ 21 (20)
προσήλυτον οὐ κακώσετε οὐδὲ μὴ θλίψητε αὐτόν· ἦτε γὰρ προσή-
λυτοι ἐν γῇ Αἰγύπτῳ.   ²²πᾶσαν χήραν καὶ ὀρφανὸν οὐ κακώσετε· 22 (21)
²³ἐὰν δὲ κακίᾳ κακώσητε αὐτοὺς καὶ κεκράξαντες καταβοήσωσι πρὸς 23 (22)
μέ, ἀκοῇ εἰσακούσομαι τῆς φωνῆς αὐτῶν· ²⁴καὶ ὀργισθήσομαι θυμῷ 24 (23)
καὶ ἀποκτενῶ ὑμᾶς μαχαίρᾳ, καὶ ἔσονται αἱ γυναῖκες ὑμῶν χῆραι
καὶ τὰ παιδία ὑμῶν ὀρφανά.   ²⁵Ἐὰν δὲ ἀργύριον ἐκδανίσῃς τῷ 25 (24)
ἀδελφῷ τῷ πενιχρῷ παρὰ σοί, οὐκ ἔσῃ αὐτὸν κατεπείγων, οὐκ ἐπι-
θήσεις αὐτῷ τόκον.   ²⁶ἐὰν δὲ ἐνεχύρασμα ἐνεχυράσῃς τὸ ἱμάτιον 26 (25)
τοῦ πλησίον, πρὸ δυσμῶν ἡλίου ἀποδώσεις αὐτῷ· ²⁷ἔστιν γὰρ τοῦτο 27 (26)
περιβόλαιον αὐτοῦ, μόνον τοῦτο τὸ ἱμάτιον ἀσχημοσύνης αὐτοῦ· ἐν
τίνι κοιμηθήσεται; ἐὰν οὖν καταβοήσῃ πρός μέ, εἰσακούσομαι αὐτοῦ·
ἐλεήμων γάρ εἰμι.   ²⁸Θεοὺς οὐ κακολογήσεις, καὶ ἄρχοντας τοῦ 28 (27)
λαοῦ σου οὐ κακῶς ἐρεῖς.   ²⁹ἀπαρχὰς ἅλωνος καὶ ληνοῦ σου οὐ 29 (28)
καθυστερήσεις· τὰ πρωτότοκα τῶν υἱῶν σου δώσεις ἐμοί.   ³⁰οὕτως 30 (29)
ποιήσεις τὸν μόσχον σου καὶ τὸ πρόβατόν σου καὶ τὸ ὑποζύγιόν
σου· ἑπτὰ ἡμέρας ἔσται ὑπὸ τὴν μητέρα, τῇ δὲ ὀγδόῃ ἡμέρᾳ ἀποδώσῃ
μοι αὐτό.   ³¹καὶ ἄνδρες ἅγιοι ἔσεσθέ μοι· καὶ κρέας θηριάλωτον 31 (30)
οὐκ ἔδεσθε, τῷ κυνὶ ἀπορίψατε αὐτό.   ¹Οὐ παραδέξῃ ἀκοὴν ματαίαν· 1 ΧΙΙΙ
οὐ συνκαταθήσῃ μετὰ τοῦ ἀδίκου γενέσθαι μάρτυς ἄδικος.   ²οὐκ ἔσῃ 2
μετὰ πλειόνων ἐν κακίᾳ· οὐ προσθήσῃ μετὰ πλήθους ἐκκλῖναι μετὰ

AF   14 om ο δε A* (hab A¹ᵗᵃ?) | om μη Bᵇ⁽ᵛⁱᵈ⁾ | αποτισει] pr ουκ B* (om
Bᵃᵇ ⁽ᵛⁱᵈ⁾)   15 μετ αυτου η AF   17 εαν δε sup ras pl litt Aᵃᵗ (bis scr ανα A*ᵛⁱᵈ) | τω πατρι] αυτω A om F
18 περιποιησετε] περιβιωσετε AF   19 om αυτους AF   20 θεοις]+ετεροις
A | om θανατω AF | ολεθρευθησεται] εξολεθρ. AF   21 ουδε] ουτε AF |
θλιψητε] θλιψεται A   23 καταβοησωσιν AF | φωνης] βοης F   25 εκ-
δανισης B*AFᵃ] εκδανεισης Bᵃ δανισης F* | αδελφω BAᵃ] λαω A*   26 ενε-
χυρασμα] ενεχυρασματι F   27 ασχημο sup ras B¹¹ | ουν] ου F* (ουν
F¹)   28 αρχοντα AF | ου κακως ερεις] ουκ ερεις κακως AF   30 μητερα]
+αυτου A | ογδ. ημερα] ημερα τη ογδ. AF | αποδωση] δωσεις A αποδωσεις F
31 απορίψετε AF   XXIII 1 συγκαταθηση Bᵃᵗᵇ A συνκαθηση F   2 εν]
επι Bᵃᵇ AF | προσθηση] προστεθηση Bᵃᵇ AF

ΕΞΟΔΟΣ XXIII 18

3 πλειόνων, ὥστε ἐκκλεῖσαι κρίσιν. ³καὶ πένητα οὐκ ἐλεήσεις ἐν B
4 κρίσει. ⁴Ἐὰν δὲ συναντήσῃς τῷ βοὶ τοῦ ἐχθροῦ σου ἢ τῷ
5 ὑποζυγίῳ αὐτοῦ πλανωμένοις, ἀποστρέψας ἀποδώσεις αὐτῷ. ⁵ἐὰν
δὲ ἴδῃς τὸ ὑποζύγιον τοῦ ἐχθροῦ σου πεπτωκὸς ὑπὸ τὸν γόμον αὐ-
6 τοῦ, οὐ παρελεύσῃ αὐτό, ἀλλὰ συναρεῖς αὐτὸ μετ' αὐτοῦ. ⁶Οὐ
7 διαστρέψεις κρίμα πένητος ἐν κρίσει αὐτοῦ. ⁷ἀπὸ παντὸς ῥήματος
ἀδίκου ἀποστήσῃ. ἀθῷον καὶ δίκαιον οὐκ ἀποκτενεῖς, καὶ οὐ δι-
8 καιώσεις τὸν ἀσεβῆ ἕνεκεν δώρων. ⁸καὶ δῶρα οὐ λήμψῃ· τὰ γὰρ
δῶρα ἐκτυφλοῖ ὀφθαλμοὺς βλεπόντων καὶ λυμαίνεται ῥήματα δίκαια.
9 ⁹καὶ προσήλυτον οὐ θλίψετε· ὑμεῖς γὰρ οἴδατε τὴν ψυχὴν τοῦ προσ-
10 ηλύτου· αὐτοὶ γὰρ προσήλυτοι ἦτε ἐν γῇ Αἰγύπτῳ. ¹⁰ἝΞ ἔτη
11 σπερεῖς τὴν γῆν σου· καὶ συνάξεις τὰ γενήματα αὐτῆς· ¹¹τῷ δὲ ἑβδόμῳ
ἄφεσιν ποιήσεις καὶ ἀνήσεις αὐτήν, καὶ ἔδονται οἱ πτωχοὶ τοῦ ἔθνους
σου· τὰ δὲ ὑπολειπόμενα ἔδεται τὰ ἄγρια θηρία. οὕτως ποιήσεις τὸν
12 ἀμπελῶνά σου καὶ τὸν ἐλαιῶνά σου. ¹²ἓξ ἡμέρας ποιήσεις τὰ ἔργα
σου, τῇ δὲ ἡμέρᾳ τῇ ἑβδόμῃ ἀνάπαυσις· ἵνα ἀναπαύσηται ὁ βοῦς σου
καὶ τὸ ὑποζύγιόν σου, καὶ ἵνα ἀναπαύσηται ὁ υἱὸς τῆς παιδίσκης σου
13 καὶ ὁ προσήλυτος. ¹³πάντα ὅσα εἴρηκα πρὸς ὑμᾶς φυλάξασθε· καὶ
ὄνομα θεῶν ἑτέρων οὐκ ἀναμνησθήσεσθε, οὐδὲ μὴ ἀκουσθῇ ἐκ τοῦ
14 στόματος ὑμῶν. ¹⁴Τρεῖς καιροὺς τοῦ ἐνιαυτοῦ ἑορτάσατέ μοι.
15 ¹⁵τὴν ἑορτὴν τῶν ἀζύμων φυλάξασθε ποιεῖν· ἑπτὰ ἡμέρας ἔδεσθε
ἄζυμα, καθάπερ ἐνετειλάμην σοι, κατὰ τὸν καιρὸν τοῦ μηνὸς τῶν
νέων· ἐν γὰρ αὐτῷ ἐξῆλθες ἐξ Αἰγύπτου. οὐκ ὀφθήσῃ ἐνώπιόν μου
16 κενός. ¹⁶καὶ ἑορτὴν θερισμοῦ πρωτογενημάτων ποιήσεις τῶν ἔργων
σου ὧν ἐὰν σπείρῃς ἐν τῷ ἀγρῷ σου, καὶ ἑορτὴν συντελείας
ἐπ' ἐξόδου τοῦ ἐνιαυτοῦ ἐν τῇ συναγωγῇ τῶν ἔργων σου τῶν ἐκ τοῦ
17 ἀγροῦ σου. ¹⁷τρεῖς καιροὺς τοῦ ἐνιαυτοῦ ὀφθήσεται πᾶν ἀρσενικόν
18 σου ἐνώπιον Κυρίου τοῦ θεοῦ σου. ¹⁸Ὅταν γὰρ ἐκβάλω ἔθνη
ἀπὸ προσώπου σου καὶ ἐμπλατύνω τὰ ὅριά σου, οὐ θύσεις ἐπὶ ζύμῃ

2 εκκλεισαι] εκκλιναι A (εκκλειναι) F 4 συναντησῃς] συναντησεις F | AF om αυτου F | πλανωμενοι A* (s superscr Aᵃ¹) 5 συναρεις] συνεγερεις BᵃᵇF εγερεις A 7 om ρηματος F | om ενεκεν δωρων F 9 θλιψετε] pr κακωσετε ουδε μη A 10 συναξεις BAᵃ] εισαξεις A*F 11 εβδομω]+ ετει A | ανεσεις B* (ανησεις BᵃᵇAF) | υπολιπομενα B* (υπολειπ BᵃᵇAF) | αγρια θηρια] θ. τα αγρια AF | τον ελαιωνα (ελαιωμα F) BF] om τον A 12 αναπαυσις] ἀναπαυση AF | αναπαυσηται 2°] αναψυξη BᵃᵇAF | της παιδ. σου]' om σου F* (hab F¹) 13 ειρηκα] λελαληκα AF | φυλαξεσθε A 14 εορτασεται εορτασετε F 15 φυλαξεσθε AF | om ποιειν AF 16 θερισμου] pr του AF | εξοδου]' εξοδω AF 17 om σου 1° A 18 om οταν γαρ... τα ορια σου F | εθνη] pr τα A | θυσεις] θυμιασεις A* (θησεις Aᵃ¹) θυσιασεις F'

149

XXIII 19 ΕΞΟΔΟΣ

B αἷμα θυμιάματός μου, οὐδὲ μὴ κοιμηθῇ στέαρ τῆς ἑορτῆς μου ἕως πρωί. ¹⁹τὰς ἀπαρχὰς τῶν πρωτογενημάτων σου εἰσοίσεις εἰς τὸν 19 οἶκον Κυρίου τοῦ θεοῦ σου. οὐχ ἑψήσεις ἄρνα ἐν γάλακτι μητρὸς αὐτοῦ. ²⁰Καὶ ἰδοὺ ἐγὼ ἀποστέλλω τὸν ἄγγελόν μου πρὸ προσώπου σου 20 ἵνα φυλάξῃ σε ἐν τῇ ὁδῷ, ὅπως εἰσαγάγῃ σε εἰς τὴν γῆν ἣν ἡτοίμασά σοι. ²¹πρόσεχε σεαυτῷ καὶ εἰσάκουε αὐτοῦ καὶ μὴ ἀπείθει αὐτῷ, οὐ 21 γὰρ μὴ ὑποστείληταί σε· τὸ γὰρ ὄνομά μού ἐστιν ἐπ᾿ αὐτῷ. ²²ἐὰν 22 ἀκοῇ ἀκούσητε τῆς ἐμῆς φωνῆς, καὶ ποιήσῃς πάντα ὅσα ἂν ἐντείλωμαί σοι, καὶ φυλάξητε τὴν διαθήκην μου, ἔσεσθέ μοι λαὸς περιούσιος ἀπὸ πάντων τῶν ἐθνῶν· ἐμὴ γάρ ἐστιν πᾶσα ἡ γῆ, ὑμεῖς δὲ ἔσεσθέ μοι βασίλειον ἱεράτευμα καὶ ἔθνος ἅγιον. ταῦτα τὰ ῥήματα ἐρεῖς τοῖς υἱοῖς Ἰσραήλ Ἐὰν ἀκοῇ ἀκούσητε τῆς φωνῆς μου, καὶ ποιήσητε πάντα ὅσα ἂν εἴπω σοι, ἐχθρεύσω τοῖς ἐχθροῖς σου καὶ ἀντικείσομαι τοῖς ἀντικειμένοις σοι. ²³πορεύσεται γὰρ ὁ ἄγγελός μου ἡγούμενος 23 ὑμῶν, καὶ εἰσάξει σε πρὸς τὸν Ἀμορραῖον καὶ Χετταῖον καὶ Φερεζαῖον καὶ Χαναναῖον καὶ Γεργεσαῖον καὶ Εὐαῖον καὶ Ἰεβουσαῖον, καὶ ἐκτρίψω αὐτούς. ²⁴οὐ προσκυνήσεις τοῖς θεοῖς αὐτῶν, οὐδὲ μὴ λατρεύσῃς 24 αὐτοῖς· οὐ ποιήσεις κατὰ τὰ ἔργα αὐτῶν, ἀλλὰ καθαιρέσει καθελεῖς καὶ συντρίβων συντρίψεις τὰς στήλας αὐτῶν. ²⁵καὶ λατρεύσεις 25 Κυρίῳ τῷ θεῷ σου, καὶ εὐλογήσω τὸν ἄρτον σου καὶ τὸν οἶνόν σου καὶ τὸ ὕδωρ σου, καὶ ἀποστρέψω μαλακίαν ἀφ᾿ ὑμῶν. ²⁶οὐκ ἔσται 26 ἄγονος οὐδὲ στεῖρα ἐπὶ τῆς γῆς σου· τὸν ἀριθμὸν τῶν ἡμερῶν σου ἀναπληρώσω. ²⁷καὶ τὸν φόβον ἀποστελῶ ἡγούμενόν σου, καὶ 27 ἐκστήσω πάντα τὰ ἔθνη εἰς οὓς σὺ εἰσπορεύῃ εἰς αὐτούς, καὶ δώσω πάντας τοὺς ὑπεναντίους σου φυγάδας. ²⁸καὶ ἀποστελῶ τὰς σφη- 28 κίας προτέρας σου, καὶ ἐκβαλεῖς τοὺς Ἀμορραίους καὶ Εὐαίους καὶ Χαναναίους καὶ τοὺς Χετταίους ἀπὸ σοῦ. ²⁹οὐκ ἐκβαλῶ αὐτοὺς ἐν 29 ἐνιαυτῷ ἑνί, ἵνα μὴ γένηται ἡ γῆ ἔρημος καὶ πολλὰ γένηται ἐπὶ σὲ τὰ θηρία τῆς γῆς· ³⁰κατὰ μικρὸν ἐκβαλῶ αὐτοὺς ἀπὸ σοῦ, ἕως ἂν 30 αὐξηθῇς καὶ κληρονομήσῃς τὴν γῆν. ³¹καὶ θήσω τὰ ὅριά σου ἀπὸ 31

AF 18 θυμιαματος BAᵃ¹] θυσιασματος A*F | ουδε] ουδ ου F | om μου 2° F* (hab F¹⁽ᵐᵍ⁾) 19 πρωτογεν.]+της γης BᵃᵇAF 21 om και 2° AF 22 om ακοη ακουσητε 1°...εαν 2° F | ακουσητε 1°] ακουση A | οσα αν εντειλωμαι] οσα εντελλομαι A | εμη] εμου A | εστιν] εστε sup ras Aᵃ | ακοη ακουσητε 2°] ακουσης AF | ποιησητε] ποιησης AF   23 υμων] σου BᵇAF   24 αλλα]₁ +και A   25 ϗ τον οινον σου A¹ᵗᵃᵗᵐᵍ · 28 εκβαλεις] εκβαλω A εκβαλει F | Ευαιους] pr τους AF | Χαναναιους] pr τους AF   29 rescr ουκ εκβαλω᾿ αυτους Aᵇ   30 κατα μικρον]+μικρον AF

ΕΞΟΔΟΣ XXIV 12

τῆς ἐρυθρᾶς θαλάσσης ἕως τῆς θαλάσσης τῆς Φυλιστιείμ, καὶ ἀπὸ Β
τῆς ἐρήμου ἕως τοῦ μεγάλου ποταμοῦ Εὐφράτου· καὶ παραδώσω εἰς
τὰς χεῖρας ὑμῶν τοὺς ἐνκαθημένους ἐν τῇ γῇ, καὶ ἐκβαλῶ αὐτοὺς ἀπὸ
32/33 σοῦ. ³²οὐ συνκαταθήσῃ αὐτοῖς καὶ τοῖς θεοῖς αὐτῶν διαθήκην· ³³καὶ
οὐκ ἐνκαθήσονται ἐν τῇ γῇ σου, ἵνα μὴ ἁμαρτεῖν σε ποιήσωσιν πρὸς
μέ· ἐὰν γὰρ δουλεύσῃς τοῖς θεοῖς αὐτῶν, οὗτοι ἔσονταί σοι πρόσ-
κομμα.

IV 1 ¹Καὶ Μωυσῇ εἶπεν Ἀνάβηθι πρὸς τὸν κύριον σὺ καὶ Ἀαρὼν καὶ
Ναδὰβ καὶ Ἀβιοὺδ καὶ ἑβδομήκοντα τῶν πρεσβυτέρων Ἰσραήλ, καὶ
2 προσκυνήσουσιν μακρόθεν τῷ κυρίῳ. ²καὶ ἐγγιεῖ Μωσῆς μόνος
πρὸς τὸν θεόν, αὐτοὶ δὲ οὐκ ἐγγιοῦσιν· ὁ δὲ λαὸς οὐ συναναβήσεται
3 μετ' αὐτῶν. ³εἰσῆλθεν δὲ Μωυσῆς καὶ διηγήσατο τῷ λαῷ πάντα τὰ
ῥήματα τοῦ θεοῦ καὶ τὰ δικαιώματα· ἀπεκρίθη δὲ πᾶς ὁ λαὸς φωνῇ
μιᾷ λέγοντες Πάντας τοὺς λόγους οὓς ἐλάλησεν Κύριος ποιήσομεν
4 καὶ ἀκουσόμεθα. ⁴καὶ ἔγραψεν Μωυσῆς πάντα τὰ ῥήματα Κυρίου.
ὀρθρίσας δὲ Μωυσῆς τὸ πρωὶ ᾠκοδόμησεν θυσιαστήριον ὑπὸ τὸ ὄρος
5 καὶ δώδεκα λίθους εἰς τὰς δώδεκα φυλὰς τοῦ Ἰσραήλ· ⁵καὶ ἐξαπέ-
στειλεν τοὺς νεανίσκους τῶν υἱῶν Ἰσραήλ, καὶ ἀνήνεγκαν ὁλοκαυ-
6 τώματα, καὶ ἔθυσαν θυσίαν σωτηρίου τῷ θεῷ μοσχάρια. ⁶λαβὼν δὲ
Μωυσῆς τὸ ἥμισυ τοῦ αἵματος ἐνέχεεν εἰς κρατῆρας· τὸ δὲ ἥμισυ τοῦ
7 αἵματος προσέχεεν πρὸς τὸ θυσιαστήριον. ⁷καὶ λαβὼν τὸ βιβλίον
τῆς διαθήκης ἀνέγνω εἰς τὰ ὦτα τοῦ λαοῦ, καὶ εἶπαν Πάντα ὅσα
8 ἐλάλησεν Κύριος ποιήσομεν καὶ ἀκουσόμεθα. ⁸λαβὼν δὲ Μωυσῆς
τὸ αἷμα κατεσκέδασεν τοῦ λαοῦ καὶ εἶπεν Ἰδοὺ τὸ αἷμα τῆς δια-
θήκης ἧς διέθετο Κύριος πρὸς ὑμᾶς περὶ πάντων τῶν λόγων τούτων.
9 ⁹καὶ ἀνέβη Μωυσῆς καὶ Ἀαρὼν καὶ Ναδὰβ καὶ Ἀβιοὺδ καὶ ἑβδομή-
10 κοντα τῆς γερουσίας Ἰσραήλ, ¹⁰καὶ εἶδον τὸν τόπον οὗ ἱστήκει ὁ
θεὸς τοῦ Ἰσραήλ· καὶ τὰ ὑπὸ τοὺς πόδας αὐτοῦ ὡσεὶ ἔργον πλίνθου
σαπφείρου, καὶ ὥσπερ εἶδος στερεώματος τοῦ οὐρανοῦ τῇ καθαριότητι.
11 ¹¹καὶ τῶν ἐπιλέκτων τοῦ Ἰσραὴλ οὐ διεφώνησεν οὐδὲ εἷς· καὶ ὤφθησαν
12 ἐν τῷ τόπῳ τοῦ θεοῦ, καὶ ἔφαγον καὶ ἔπιον. ¹²Καὶ εἶπεν Κύριος
πρὸς Μωυσῆν Ἀνάβηθι πρὸς μὲ εἰς τὸ ὄρος καὶ ἴσθι ἐκεῖ· καὶ δώσω

31 om θαλασσης εως της A* (hab Aᵃ) | μεγαλου ποταμου] ποτ. του μεγαλου AF
AF | εις τας χειρας] om τας A   XXIV 1 τον κυριον] om τον AF | Ναδαβ]
Δα|δαβ F   2 Μωυσης AF   4 ορθισας (sic) δε M. το πρωι sup ras
Aᵃ (om το πρωι A*ᵛⁱᵈ)   5 ανηνεγκεν A | εθυσεν Aᵛⁱᵈ | θεω] κυριω
F   6 κρατηρα AF   7 ακουσομεθα και ποιησομεν F   9 της
γερουσιας] των πρεσβυτερων AF   10 ιδον A | εισtηκει BᵃᵇF | ο θεος] pr
εκει AF | σαπφειρου] σαπφειρος A σα.πειρον F | καθαροτητι A

151

XXIV 13   ΕΞΟΔΟΣ

B σοι τὰ πυξία τὰ λίθινά, τὸν νόμον καὶ τὰς ἐντολὰς ἃς ἔγραψα νομο-
θετῆσαι αὐτοῖς. ¹³καὶ ἀναστὰς Μωσῆς καὶ Ἰησοῦς ὁ παρεστηκὼς 13
αὐτῷ ἀνέβησαν εἰς τὸ ὄρος τοῦ θεοῦ· ¹⁴καὶ τοῖς πρεσβυτέροις εἶπαν 14
Ἡσυχάζετε αὐτοῦ ἕως ἀναστρέψωμεν πρὸς ὑμᾶς· καὶ ἰδοὺ Ἀαρὼν
καὶ Ὣρ μεθ' ὑμῶν· ἐάν τινι συμβῇ κρίσις, προσπορευέσθωσαν αὐ-
τοῖς. ¹⁵καὶ ἀνέβη Μωυσῆς καὶ Ἰησοῦς εἰς τὸ ὄρος, καὶ ἐκάλυψεν ἡ 15
νεφέλη τὸ ὄρος. ¹⁶καὶ κατέβη ἡ δόξα τοῦ θεοῦ ἐπὶ τὸ ὄρος τὸ Σινά, 16
καὶ ἐκάλυψεν αὐτὸ ἡ νεφέλη ἓξ ἡμέρας· καὶ ἐκάλεσεν Κύριος τὸν
Μωυσῆν τῇ ἡμέρᾳ τῇ ἑβδόμῃ ἐκ μέσου τῆς νεφέλης. ¹⁷τὸ δὲ εἶδος 17
τῆς δόξης Κυρίου ὡσεὶ πῦρ φλέγον ἐπὶ τῆς κορυφῆς τοῦ ὄρους ἐναν-
τίον τῶν υἱῶν Ἰσραήλ. ¹⁸Καὶ εἰσῆλθεν Μωυσῆς εἰς τὸ μέσον τῆς 18
νεφέλης καὶ ἀνέβη εἰς τὸ ὄρος, καὶ ἦν ἐκεῖ ἐν τῷ ὄρει τεσσεράκοντα
ἡμέρας καὶ τεσσεράκοντα νύκτας.

¹Καὶ ἐλάλησεν Κύριος πρὸς Μωυσῆν λέγων ²Εἰπὸν τοῖς υἱοῖς ½ XXV
Ἰσραήλ, καὶ λάβετε ἀπαρχὰς παρὰ πάντων οἷς ἂν δόξῃ τῇ καρδίᾳ·
καὶ λήμψεσθε τὰς ἀπαρχάς μου. ³καὶ αὕτη ἐστὶν ἡ ἀπαρχὴ ἣν 3
λήμψεσθε παρ' αὐτῶν· χρυσίον καὶ ἀργύριον καὶ χαλκόν, ⁴καὶ 4
ὑάκινθον καὶ πορφύραν καὶ κόκκινον διπλοῦν καὶ βύσσον κεκλω-
σμένην, καὶ τρίχας αἰγίας, ⁵καὶ δέρματα κριῶν ἠρυθροδανωμένα καὶ 5
δέρματα ὑακίνθινα, καὶ ξύλα ἄσηπτα, ⁶καὶ λίθους σαρδίου καὶ 6 (7)
λίθους εἰς τὴν γλυφήν, εἰς τὴν ἐπωμίδα καὶ τὸν ποδήρη. ⁷καὶ 7 (8)
ποιήσεις μοι ἁγίασμα, καὶ ὀφθήσομαί ἐν ὑμῖν· ⁸καὶ ποιήσεις μοι 8 (9)
κατὰ πάντα ὅσα σοι δεικνύω ἐν τῷ ὄρει, τὸ παράδειγμα τῆς
σκηνῆς καὶ τὸ παράδειγμα πάντων τῶν σκευῶν αὐτῆς, οὕτω
ποιήσεις. ⁹Καὶ ποιήσεις κιβωτὸν μαρτυρίου ἐκ ξύλων ἀση- 9 (10)
πτων, δύο πήχεων καὶ ἡμίσους τὸ μῆκος, καὶ πήχεος καὶ ἡμίσους
τὸ πλάτος, καὶ πήχεος καὶ ἡμίσους τὸ ὕψος. ¹⁰καὶ καταχρυσώσεις 10 (11)
αὐτὴν χρυσίῳ καθαρῷ, ἔξωθεν καὶ ἔσωθεν χρυσώσεις αὐτήν· καὶ
ποιήσεις αὐτῇ κυμάτια στρεπτὰ χρυσᾶ κύκλῳ. ¹¹καὶ ἐλάσεις 11 (12)

AF   12 post εγραψα ras 1 lit A   13 Μωυσης AF | ἡ Ιησους Aᵃ ? (om A*) | εις]
επι A   14 ειπεν AF | εως]+αν F   15 om και Ιησους AF   16 το Σινα]
om το A | τον Μωυσην] om τον A   17 εναντιον] εναντι A   18 εις το
μεσον] om το A | ην] εκαθητο A   XXV 2 om και 1° A | απαρχας 1°]
pr μοι AF | om και 2° AF   3 om και 2° F | om και 3° AF   4 om και 2°,
3° F   6 εις την επ.] pr καὶ A   8 σοι δεικνυω] εγω δεικνυω (διγν. A
δικν. F) σοι AF | ουτως AF   9 om μαρτυριου F | om το μηκος και πηχ.
και ημ. F | πηχεος 1°] πηχεως Aᵃ | om και πηχ. και ημ. το υψος B* (hab
Bᵃ ᵐᵍ ⁱⁿᶠ) | πηχεος 2°] πηχεως A   10 εσωθεν και εξωθεν AF | στρεπτα
χρυσα] om χρυσα A χρυσᾶ στρ. F

152

ΕΞΟΔΟΣ XXV 25

αὐτῇ τέσσαρες δακτυλίους χρυσοῦς καὶ ἐπιθήσεις ἐπὶ τὰ τέσσερα B
κλίτη· δύο δακτυλίους ἐπὶ τὸ κλίτος τὸ ἕν, καὶ δύο δακτυλίους
(13) 12 ἐπὶ τὸ κλίτος τὸ δεύτερον. ¹²ποιήσεις δὲ ἀναφορεῖς ξύλα ἄσηπτα,
(14) 13 καὶ καταχρυσώσεις αὐτὰ χρυσίῳ· ¹³ καὶ εἰσάξεις τοὺς ἀναφορεῖς
εἰς τοὺς δακτυλίους τοὺς ἐν τοῖς κλίτεσι τῆς κιβωτοῦ, αἴρειν
(15) 14 τὴν κιβωτὸν ἐν αὐτοῖς· ¹⁴ἐν τοῖς δακτυλίοις τῆς κιβωτοῦ ἔσονται
(16) 15 οἱ ἀναφορεῖς ἀκίνητοι· ¹⁵καὶ ἐμβαλεῖς εἰς τὴν κιβωτὸν τὰ μαρ-
(17) 16 τύρια ἃ ἂν δῶ σοι. ¹⁶καὶ ποιήσεις ἱλαστήριον ἐπίθεμα χρυσίου
καθαροῦ, δύο πήχεων καὶ ἡμίσους τὸ μῆκος, καὶ πήχεος καὶ ἡμί-
(18) 17 σους τὸ πλάτος. ¹⁷καὶ ποιήσεις δύο χερουβεὶμ χρυσοτορευτά, καὶ
(19) 18 ἐπιθήσεις αὐτὰ ἐξ ἀμφοτέρων τῶν κλιτῶν τοῦ ἱλαστηρίου· ¹⁸ποιη-
θήσονται χεροὺβ εἷς ἐκ τοῦ κλίτους, τούτου καὶ χεροὺβ εἷς ἐκ
τοῦ κλίτους τοῦ δευτέρου τοῦ ἱλαστηρίου· καὶ ποιήσεις τοὺς δύο
(20) 19 χερουβεὶμ ἐπὶ τὰ δύο κλίτη. ¹⁹ἔσονται οἱ χερουβεὶμ ἐκτείνοντες
τὰς πτέρυγας ἐπάνωθεν, συσκιάζοντες ἐν ταῖς πτέρυξιν αὐτῶν
ἐπὶ τοῦ ἱλαστηρίου, καὶ τὰ πρόσωπα αὐτῶν εἰς ἄλληλα· εἰς τὸ
(21) 20 ἱλαστήριον ἔσονται τὰ πρόσωπα τῶν χερουβείν. ²⁰καὶ ἐπιθήσεις
τὸ ἱλαστήριον ἐπὶ τὴν κιβωτὸν ἄνωθεν, καὶ εἰς τὴν κιβωτὸν
(22) 21 ἐμβαλεῖς τὰ μαρτύρια ἃ ἂν δῶ σοι. ²¹καὶ γνωσθήσομαί σοι
ἐκεῖθεν, καὶ λαλήσω σοι ἄνωθεν τοῦ ἱλαστηρίου ἀνὰ μέσον τῶν
δύο χερουβεὶν τῶν ὄντων ἐπὶ τῆς κιβωτοῦ τοῦ μαρτυρίου, καὶ
κατὰ πάντα ὅσα ἂν ἐντείλωμαί σοι πρὸς τοὺς υἱοὺς Ἰσρα-
(23) 22 ήλ. ²²Καὶ ποιήσεις τράπεζαν χρυσῆν χρυσίου καθαροῦ,
δύο πήχεων τὸ μῆκος, καὶ πήχεος τὸ εὖρος, καὶ πήχεος καὶ
(24) 23 ἡμίσους τὸ ὕψος. ²³καὶ ποιήσεις αὐτῇ στρεπτὰ κυμάτια χρυσᾶ
(25) 24 κύκλῳ· καὶ ποιήσεις αὐτῇ στεφάνην παλαιστοῦ κύκλῳ· ²⁴καὶ
(26) 25 ποιήσεις στρεπτὸν κυμάτιον τῇ στεφάνῃ κύκλῳ. ²⁵καὶ ποιήσεις
τέσσαρες δακτυλίους χρυσοῦς, καὶ ἐπιθήσεις τοὺς τέσσαρες δακτυ-
(27) λίους ἐπὶ τὰ τέσσερα μέρη τῶν ποδῶν αὐτῆς ⁽²⁷⁾ὑπὸ τὴν στεφάνην·

11 τεσσαρας BᵃᵇAF   12 ξυλα ασηπτα] εκ ξυλων ασηπτων AF AF
14 κιβωτου] διαθηκης AF (κιβ. Fᵃ ᵐᵍ)   16 πηχων F   17 χερουβειμ] μ
sup ras Bⁱ¹ χερουβειν B*ⁱ F | χρυσοτορευτα] χρυσα τορευτα BᵃAF | εξ αμφ.]
επ αμφ. F* (εξ αμφ. F¹ᵐᵍ)   18 om εν του κλιτ. τουτου και χερουβ εις
F | χερουβειμ] χερουβειν AF   18—19 δυο κλιτη εσονται sup ras Aᵃ¹
19 οι χερουβειμ] οι χερουβειν A, οι δυο χερουβειν F | om εν AF   22 om
χρυσῆν AF | χρυσιου] pr εκ F | πηχων F | om το ευρος και πηχεος F
23 στρεπτα κυματια χρυσα] στρεπτον κυματιον χρυσουν AF   24 ποιησει-
στρεπτον A | κυμ.]+χρυσουν A   25 τεσσαρες 1°] τεσσαρας Bᵃᵗᵉ(ᵛⁱᵈ)AF | om
και επιθ. τους τεσσ. δακτ. A | om τεσσαρες 2° F (τεσσαρας Bᵃᵇ(ᵛⁱᵈ))

153

²⁶καὶ ἔσονται οἱ δακτύλιοι εἰς θήκας τοῖς ἀναφορεῦσιν, ὥστε 26 αἴρειν ἐν αὐτοῖς τὴν τράπεζαν. ²⁷καὶ ποιήσεις τοὺς ἀναφορεῖς 27 (28) ἐκ ξύλων ἀσήπτων, καὶ καταχρυσώσεις αὐτοὺς χρυσίῳ καθαρῷ, καὶ ἀρθήσεται ἐν αὐτοῖς ἡ τράπεζα. ²⁸καὶ ποιήσεις τὰ τρυβλία 28 (29) αὐτῆς καὶ τὰς θυΐσκας καὶ τὰ σπόνδια καὶ τοὺς κυάθους, οἷς σπείσεις ἐν αὐτοῖς, χρυσίου καθαροῦ ποιήσεις αὐτά. ²⁹καὶ ἐπι- 29 (30) θήσεις ἐπὶ τὴν τράπεζαν ἄρτους ἐνωπίους ἐναντίον μου διὰ παντός. ³⁰Καὶ ποιήσεις λυχνίαν ἐκ χρυσίου καθαροῦ, τορευτὴν 30 (31) ποιήσεις τὴν λυχνίαν· ὁ καυλὸς αὐτῆς καὶ οἱ καλαμίσκοι καὶ οἱ κρατῆρες καὶ οἱ σφαιρωτῆρες καὶ τὰ κρίνα ἐξ αὐτῆς ἔσται. ³¹ἐξ 31 (32) δὲ καλαμίσκοι ἐκπορευόμενοι ἐκ πλαγίων, τρεῖς καλαμίσκοι τῆς λυχνίας ἐκ τοῦ κλίτους αὐτῆς τοῦ ἑνός, καὶ τρεῖς καλαμίσκοι τῆς λυχνίας ἐκ τοῦ κλίτους τοῦ δευτέρου. ³²καὶ τρεῖς κρατῆρες 32 (33) ἐκτετυπωμένοι καρυΐσκους· ἐν τῷ ἑνὶ καλαμίσκῳ σφαιρωτὴρ καὶ κρίνον· οὕτως τοῖς ἓξ καλαμίσκοις τοῖς ἐκπορευομένοις ἐκ τῆς λυχνίας. ³³καὶ ἐν τῇ λυχνίᾳ τέσσαρες κρατῆρες ἐκτετυπωμένοι 33 (34) καρυΐσκους· ἐν τῷ ἑνὶ καλαμίσκῳ σφαιρωτῆρες καὶ τὰ κρίνα αὐτῆς. ³⁴ὁ σφαιρωτὴρ ὑπὸ τοὺς δύο καλαμίσκους ἐξ αὐτῆς, 34 (35) καὶ σφαιρωτὴρ ὑπὸ τοὺς τέσσαρες καλαμίσκους ἐξ αὐτῆς· οὕτως τοῖς ἓξ καλαμίσκοις τοῖς ἐκπορευομένοις ἐκ τῆς λυχνίας. ³⁵καὶ 35 (34) ἐν τῇ λυχνίᾳ τέσσαρες κρατῆρες ἐκτετυπωμένοι καρυΐσκους. ³⁶οἱ 36 σφαιρωτῆρες καὶ οἱ καλαμίσκοι ἐξ αὐτῆς ἔστωσαν· ὅλη τορευτὴ ἐξ ἑνὸς χρυσίου καθαροῦ. ³⁷καὶ ποιήσεις τοὺς λύχνους αὐτῆς ἑπτά· καὶ 37 ἐπιθήσεις τοὺς λύχνους, καὶ φανοῦσιν ἐκ τοῦ ἑνὸς προσώπου. ³⁸καὶ 38 τὸν ἐπαρυστῆρα αὐτῆς καὶ τὰ ὑποθέματα αὐτῆς ἐκ χρυσίου καθαροῦ

AF   26 om εν αυτοις F | την τραπεζαν εν αυτοις A   28 οις] pr εν
B^abAF   29 την τραπεζαν] της τραπεζης F | ενωπιους] ευθειους B^{c†mg}
30 post χρυσιου ras 1 lit A | λυχνιαν 2°] λυχνιας F | σφαιρωτηρες B^{1†ab}AF
(σφερ. B*F)   31 om δε AF | om αυτης του ενος...κλιτους 2° B* (hab
B^{ab mg inf}) | om της λυχνιας 2° A   32 τω ενι καλαμισκω] καλ. τω ενι
AF   33 εν τη λυχνια] εκ της λυχνιας A | ras καρυισκους A^{a†vid} | om
εν τω ενι καλαμισκω F εν καλ. τω ενι A | σφαιρωτηρες] pr οι F | σφαιρωτηρες και τα κρινα αυτης] σφαιρωτηρ και κρινον· τοις εξ καλαμισκοις τοις
εκπορευομενοις εκ της λυχνιας A   34—35 ο σφαιρωτηρ...καρυισκους] και εκ
της λυχνιας τεσσαρες κρατηρες εκτετυπωμενοι καρυισκους οι σφαιρωτηρες και
τα κρινα αυτης. ο σφαιρωτηρ υπο τους δυο καλαμισκους εξ αυτης ουτως τοις
εξ καλαμισκοις τοις εκπορευομενοις εκ της λυχνιας A (οι σφαιρωτηρες...εξ
αυτης sup ras fere 100 litt A^†)   34 τεσσαρες (τεσσαρας B^{ab})] δυο F
35 om F   • 37 τους λυχνους 2°] +αυτης AF   38 εκ χρυσιου καθ.] +ταλαντον χρυσιου καθ. F

ΕΞΟΔΟΣ XXVI 12

39 ποιήσεις· ³⁹πάντα τὰ σκεύη ταῦτα τάλαντον χρυσίου καθαροῦ. ⁴⁰ὅρα Β
40 ποιήσεις κατὰ τὸν τύπον τὸν δεδειγμένον σοι ἐν τῷ ὄρει.

XXVI 1 ¹Καὶ τὴν σκηνὴν ποιήσεις δέκα αὐλαίας ἐκ βύσσου κεκλωσμένης
καὶ ὑακίνθου καὶ πορφύρας καὶ κοκκίνου κεκλωσμένου· χερουβεὶμ
2 ἐργασίᾳ ὑφάντου ποιήσεις αὐτάς. ²μῆκος τῆς αὐλαίας τῆς μιᾶς ὀκτὼ
καὶ εἴκοσι πήχεων, καὶ εὖρος τεσσάρων πήχεων ἡ αὐλαία ἡ μία
3 ἔσται· μέτρον τὸ αὐτὸ ἔσται πάσαις ταῖς αὐλαίαις. ³πέντε δὲ αὐλαῖαι
ἔσονται ἐξ ἀλλήλων ἐχόμεναι ἡ ἑτέρα ἐκ τῆς ἑτέρας, καὶ πέντε αὐλαῖαι
4 ἔσονται συνεχόμεναι ἑτέρα τῇ ἑτέρᾳ. ⁴καὶ ποιήσεις αὐταῖς ἀγκύλας
ὑακινθίνας ἐπὶ τοῦ χείλους τῆς αὐλαίας τῆς μιᾶς ἐκ τοῦ ἑνὸς μέρους
τὴν συμβολήν· καὶ οὕτως ποιήσεις ἐπὶ τοῦ χείλους τῆς αὐλαίας
5 τῆς ἐξωτέρας πρὸς τῇ συμβολῇ τῇ δευτέρᾳ. ⁵πεντήκοντα ἀγκύλας
ποιήσεις τῇ αὐλαίᾳ τῇ μιᾷ, καὶ πεντήκοντα ἀγκύλας ποιήσεις ἐκ τοῦ
μέρους τῆς αὐλαίας κατὰ τὴν συμβολὴν τῆς δευτέρας· ἀντιπρόσωποι
6 ἀντιπίπτουσαι ἀλλήλαις εἰς ἑκάστην. ⁶καὶ ποιήσεις κρίκους πεντήκοντα
χρυσοῦς, καὶ συνάψεις τὰς αὐλαίας ἑτέραν τῇ ἑτέρᾳ τοῖς κρίκοις· καὶ
7 ἔσται ἡ σκηνὴ μία. ⁷Καὶ ποιήσεις δέρρεις τριχίνας σκέπην ἐπὶ
8 τῆς σκηνῆς· ἕνδεκα δέρρεις ποιήσεις αὐτάς. ⁸τὸ μῆκος τῆς δέρρεως
τῆς μιᾶς τριάκοντα πήχεων, καὶ τεσσάρων πήχεων τὸ εὖρος τῆς δέρρεως
9 τῆς μιᾶς· τὸ αὐτὸ μέτρον ἔσται ταῖς ἕνδεκα δέρρεσι. ⁹καὶ συνάψεις
τὰς πέντε δέρρεις ἐπὶ τὸ αὐτό, καὶ τὰς ἓξ δέρρεις ἐπὶ τὸ αὐτό· καὶ
10 ἐπιδιπλώσεις τὴν δέρριν τὴν ἕκτην κατὰ πρόσωπον τῆς σκηνῆς· ¹⁰καὶ
ποιήσεις ἀγκύλας πεντήκοντα ἐπὶ τοῦ χείλους τῆς δέρρεως τῆς μιᾶς
τῆς ἀνὰ μέσον κατὰ συμβολήν· καὶ πεντήκοντα ἀγκύλας ποιήσεις
11 ἐπὶ τοῦ χείλους τῆς δέρρεως τῆς συναπτούσης τῆς δευτέρας. ¹¹καὶ
ποιήσεις κρίκους χαλκοῦς πεντήκοντα, καὶ συνάψεις τοὺς κρίκους ἐκ
12 τῶν ἀγκυλῶν, καὶ συνάψεις τὰς δέρρεις καὶ ἔσται ἕν. ¹²καὶ ὑποθήσεις

38 om ποιησεις AF 39 ταλαντον χρ. καθ. ποιησεις παντα τα σκευη AF
ταυτα AF 40 ολα B* (ορα B¹⁺ᵃᵇ) | ποιησεις]+παντα F XXVI 1 χε-
ρουβειν AF 2 πηχεων 1°] πηχων F | 5 ευρος δ' πηχεων Aᵃ ᵐᵍ | αυλαια]
αυλη F | εσται το αυτο A | om πασαις A 3 om εξ αλληλων...εσονται 2°
B* (hab Bᵃᵇ ᵐᵍ ⁱⁿᶠ) | εξ αλλ. εχομεναι] συνεχομεναι A εξ αλλ. συνεχομεναι F |
η ετερα] om η AF | τη ετερα] εκ της ετερας AF 4 την συμβ.] pr εις
Bᵃᵇ AF 5 πεντηκοντα 1°]+δε AF | αλληλαις εις εκαστην] εις αλληλας
εκαστη AF 7 τριχινας] αιγειας Fᵃ ᵐᵍ | σκεπην] σκεπειν AF 8 τρια-
κοντα πηχεων] pr εσται AF | om της δερρεως 2° B* (superscr Bᵃᵇ) | το αυτο
μετρον] om μετρον A μετρον το αυτο F 9 επι το αυτο (1°) και τας 5'
δερρεις Aᵃ ᵐᵍ 10 συμβολην] pr την AF. 11 αγκυλων] αγκυλ sup ras Aᵗ |
εσται] εσονται A

155

ΕΞΟΔΟΣ

B τὸ πλεονάζον ἐν ταῖς δέρρεσιν τῆς σκηνῆς· ὑποκαλύψεις ὀπίσω τῆς σκηνῆς· ¹³πῆχυν ἐκ τούτου καὶ πῆχυν ἐκ τούτου, ἐκ τοῦ ὑπερέχοντος 13 τῶν δέρρεων, ἐκ τοῦ μήκους τῶν δέρρεων τῆς σκηνῆς· ἔσται συνκαλύπτον ἐπὶ τὰ πλάγια τῆς σκηνῆς ἔνθεν καὶ ἔνθεν, ἵνα καλύπτῃ. ¹⁴καὶ ποιήσεις κάλυμμα τῇ σκηνῇ δέρματα κριῶν ἠρυθροδανωμένα, 14 καὶ ἐπικαλύμματα δέρματα ὑακίνθινα ἐπάνωθεν. ¹⁵Καὶ ποιήσεις 15 στύλους τῇ σκηνῇ ἐκ ξύλων ἀσήπτων· ¹⁶δέκα πήχεων ποιήσεις τὸν 16 στύλον τὸν ἕνα, καὶ πήχεος ἑνὸς καὶ ἡμίσους τὸ πλάτος τοῦ στύλου τοῦ ἑνός· ¹⁷δύο ἀγκωνίσκους τῷ στύλῳ τῷ ἑνί, ἀντιπίπτοντας ἕτερον 17 τῷ ἑτέρῳ· οὕτως ποιήσεις πᾶσι τοῖς στύλοις τῆς σκηνῆς. ¹⁸καὶ ποιή- 18 σεις στύλους τῇ σκηνῇ, κ´ στύλους ἐκ τοῦ κλίτους τοῦ πρὸς βορρᾶν. ¹⁹καὶ τεσσεράκοντα βάσεις ἀργυρᾶς ποιήσεις τοῖς εἴκοσι στύλοις, δύο 19 βάσεις τῷ στύλῳ τῷ ἑνὶ εἰς ἀμφότερα τὰ μέρη αὐτοῦ. ²⁰καὶ τὸ κλίτος 20 τὸ δεύτερον τὸ πρὸς νότον εἴκοσι στύλους· ²¹καὶ τεσσεράκοντα βάσεις 21 αὐτῶν ἀργυρᾶς, δύο βάσεις τῷ στύλῳ τῷ ἑνὶ εἰς ἀμφότερα τὰ μέρη αὐτοῦ. ²²καὶ ἐκ τῶν ὀπίσω τῆς σκηνῆς κατὰ τὸ μέρος τὸ πρὸς θάλασ- 22 σαν ποιήσεις ἓξ στύλους. ²³καὶ δύο στύλους ποιήσεις ἐπὶ τῶν γωνιῶν 23 τῆς σκηνῆς ἐκ τῶν ὀπισθίων, ²⁴καὶ ἔσται ἐξ ἴσου κάτωθεν· κατὰ 24 τὸ αὐτὸ ἔσονται ἴσοι ἐκ τῶν κεφαλῶν εἰς σύμβλησιν μίαν· οὕτως ποιήσεις ἀμφοτέραις, ταῖς δυσὶν γωνίαις ἔστωσαν. ²⁵καὶ ἔσονται ὀκτὼ 25 στύλοι, καὶ αἱ βάσεις αὐτῶν ἀργυραῖ δέκα ἕξ· δύο βάσεις τῷ ἑνὶ στύλῳ εἰς ἀμφότερα τὰ μέρη αὐτοῦ, καὶ δύο βάσεις τῷ στύλῳ τῷ ἑνί. ²⁶καὶ ποιήσεις μοχλοὺς ἐκ ξύλων ἀσήπτων πέντε τῷ ἑνὶ στύλῳ ἐκ 26 τοῦ ἑνὸς μέρους τῆς σκηνῆς, ²⁷καὶ πέντε μοχλοὺς τῷ στύλῳ τῷ ἑνὶ 27 κλίτει τῆς σκηνῆς τῷ δευτέρῳ, καὶ πέντε μοχλοὺς τῷ στύλῳ τῷ ὀπισθίῳ τῷ κλίτει τῆς σκηνῆς τῷ πρὸς θάλασσαν· ²⁸καὶ ὁ μοχλὸς ὁ μέσος ἀνὰ 28 μέσον τῶν στύλων δικνείσθω ἀπὸ τοῦ ἑνὸς κλίτους εἰς τὸ ἕτερον

AF   12 τοις δ. A | της σκηνης 1°]+το υπολελιμμενον (υπολελειμμ. F) υποκαλυψεις το πλεοναζον των δερρεων της σκηνης AF | υποκαλυψεις] επικαλυψεις AF   13 om εκ του μηκους των δερρεων AF   14 καλυμμα] κατακαλυμμα Bᵃᵇ AF   16 om ποιησεις AF   18 στυλους 1°] pr τους F | τη σκηνη] της σκηνης F | κ´] εικοσι AF | βορραν] νοτον Fᵃ   19 τεσσαρακ. Bᵃ (item 21) | τα μερη αυτου]+και δυο βασεις τω στυλω τω ενι εις αμφ. τα μερη αυτου Bᵃᵇ ᵐᵍ ⁱⁿᶠ F   20 εικοσι στυλους το προς νοτον A | νοτον] βορραν Fᵃ   21 αυτων] αυτοις AF | τα μερη αυτου]+και δυο βασεις τω στυλω τω ενι εις αμφ. τα μερη αυτου AF   24 εσται] εσονται AF | εξ] εκ F | κατα το αυτο] pr και AF | κεφαλων] κεφαλιδων AF | συμβλησιν] συμβολην A | εστωσαν] pr ισαι AF   25 αι βασεις] om αι AF | ενι στυλω] στυλω τω ενι AF | εις αμφοτερα...τω ενι 2°] και δυο βασεις τω στυλω τω ενι εις αμφ. τα μερη αυτου A | om και δυο βασεις τω στ. τω ενι F   27 om ενι AF | τω κλιτει] om τω AF

ΕΞΟΔΟΣ XXVII 5

29 κλίτος. ²⁹ καὶ τοὺς στύλους καταχρυσώσεις χρυσίῳ, καὶ τοὺς δακτυ- B
λίους ποιήσεις χρυσοῦς εἰς οὓς εἰσάξεις τοὺς μοχλούς, καὶ καταχρυσώ-
30 σεις τοὺς μοχλοὺς χρυσίῳ. ³⁰ καὶ ἀναστήσεις τὴν σκηνὴν κατὰ τὸ
31 εἶδος τὸ δεδειγμένον σοι ἐν τῷ ὄρει. ³¹ Καὶ ποιήσεις καταπέτασμα
ἐξ ὑακίνθου καὶ πορφύρας καὶ κοκκίνου κεκλωσμένου καὶ βύσσου
32 νενησμένης· ἔργον ὑφαντὸν ποιήσεις αὐτὸ χερουβείμ. ³² καὶ ἐπιθήσεις
αὐτὸ ἐπὶ τεσσάρων στύλων ἀσήπτων κεχρυσωμένων χρυσίῳ· καὶ αἱ
33 κεφαλίδες αὐτῶν χρυσαῖ, καὶ αἱ βάσεις αὐτῶν τέσσαρες ἀργυραῖ. ³³ καὶ
θήσεις τὸ καταπέτασμα ἐπὶ τῶν στύλων, καὶ εἰσοίσεις ἐκεῖ ἐσώτερον
τοῦ καταπετάσματος τὴν κιβωτὸν τοῦ μαρτυρίου· καὶ διοριεῖ τὸ
καταπέτασμα ὑμῖν ἀνὰ μέσον τοῦ ἁγίου καὶ ἀνὰ μέσον τοῦ ἁγίου τῶν
34 ἁγίων. ³⁴ καὶ κατακαλύψεις τῷ καταπετάσματι τὴν κιβωτὸν τοῦ μαρ-
35 τυρίου ἐν τῷ ἁγίῳ τῶν ἁγίων. ³⁵ καὶ θήσεις τὴν τράπεζαν ἔξωθεν τοῦ
καταπετάσματος, καὶ τὴν λυχνίαν ἀπέναντι τῆς τραπέζης ἐπὶ μέρους
τῆς σκηνῆς τὸ πρὸς νότον· καὶ τὴν τράπεζαν ἐπιθήσεις ἐπὶ μέρους τῆς
36 σκηνῆς τὸ πρὸς βορρᾶν. ³⁶ καὶ ποιήσεις ἐπίσπαστρον ἐξ ὑακίνθου
καὶ πορφύρας καὶ κοκκίνου κεκλωσμένου καὶ βύσσου κεκλωσμένης,
37 ἔργον ποικιλτοῦ. ³⁷ καὶ ποιήσεις τῷ καταπετάσματι πέντε στύλους,
καὶ χρυσώσεις αὐτοὺς χρυσίῳ· καὶ αἱ κεφαλίδες αὐτῶν χρυσαῖ, καὶ
VII 1 χωνεύσεις αὐταῖς πέντε βάσεις χαλκᾶς. ¹ Καὶ ποιήσεις θυσιαστή-
ριον ἐκ ξύλων ἀσήπτων, πέντε πήχεων τὸ μῆκος, καὶ πέντε πήχεων
τὸ εὖρος· τετράγωνον ἔσται τὸ θυσιαστήριον, καὶ τριῶν πήχεων τὸ
2 ὕψος αὐτοῦ. ² καὶ ποιήσεις τὰ κέρατα ἐπὶ τῶν τεσσάρων γωνιῶν· ἐξ
3 αὐτοῦ ἔσται τὰ κέρατα, καὶ καλύψεις αὐτὰ χαλκῷ. ³ καὶ ποιήσεις
στεφάνην τῷ θυσιαστηρίῳ, καὶ τὸν καλυπτῆρα αὐτοῦ καὶ τὰς φιάλας
αὐτοῦ καὶ τὰς κρεάγρας αὐτοῦ καὶ τὸ πυρεῖον αὐτοῦ· καὶ πάντα τὰ
4 σκεύη αὐτοῦ ποιήσεις χαλκᾶ. ⁴ καὶ ποιήσεις αὐτῷ ἐσχάραν ἔργῳ
δικτυωτῷ χαλκῆν· καὶ ποιήσεις τῇ ἐσχάρᾳ τέσσαρες δακτυλίους
5 χαλκοῦς ὑπὸ τὰ τέσσερα κλίτη. ⁵ καὶ ὑποθήσεις αὐτοὺς ὑπὸ τὴν ἐσχά-
ραν τοῦ θυσιαστηρίου κάτωθεν· ἔσται δὲ ἡ ἐσχάρα ἕως τοῦ ἡμίσους τοῦ

30 αναστησεις BF¹ᵛⁱᵈ (ανασεις F*)] αναστησης A || δεδειγμενον (δεδιγμ. Aᵛ
A) BA] διατεταγμενον F 31 υφαντον B*AF] υφαντου Bᵃ⁽ᵛⁱᵈ⁾ᵇ | χερου-
βειν A 32 στυλων] σ in mg τ sup ras A¹ 33 των στυλων] τους
στυλους Bᵃᵗᵇ AF | εσωτερον] εσωθεν F | την κιβωτον] om την F* (hab
F¹ᵐᵍ) | διοριει Bᵃᵇ AF] διοριεις B* 34 καταπετασματι] κατακαλυμματι
F | εν τω αγιω] om εν F* (superscr F¹ᵐᵍ) 35 επιθησεις] θησεις Bᵃᵇ AF
36 επισπαστρον]+τη θυρα της σκηνης Bᵃᵇ ᵐᵍ 37 αυτοις Bᵃᵗ AF (αυταις B*)
XXVII 1 το μηκος] om το AF | το ευρος] om το AF 3 om και 6° AF !
om αυτου 5° A 4 τεσσαρας Bᵃᵇ AF | υπο] επι Bᵃᵇᵐᵍ A (επει) F 5 την
εσχαραν] τη εσχαρα F | του ημισους Bᵃᵇ (του ημισυς B*) F] ημισυς A

157

ΕΞΟΔΟΣ XXVII 6

θυσιαστηρίου. ⁶καὶ ποιήσεις τῷ θυσιαστηρίῳ φορεῖς ἐκ ξύλων ἀσή-
πτων, καὶ περιχαλκώσεις αὐτοὺς χαλκῷ. ⁷καὶ εἰσάξεις τοὺς φορεῖς
εἰς τοὺς δακτυλίους· καὶ ἔστωσαν οἱ φορεῖς κατὰ πλευρὰ τοῦ θυσιαστη-
ρίου ἐν τῷ αἴρειν αὐτό. ⁸κοῖλον σανιδωτὸν ποιήσεις αὐτό· κατὰ τὸ
παραδειχθέν σοι ἐν τῷ ὄρει, οὕτως ποιήσεις αὐτό. ⁹Καὶ ποιήσεις
αὐλὴν τῇ σκηνῇ· εἰς τὸ κλίτος τὸ πρὸς λίβα ἱστία τῆς αὐλῆς, μῆκος
ἑκατὸν πηχῶν τῷ ἑνὶ κλίτει· ¹⁰καὶ οἱ στύλοι αὐτῶν εἴκοσι, καὶ αἱ βάσεις
αὐτῶν εἴκοσι χαλκαῖ, καὶ οἱ κρίκοι αὐτῶν καὶ αἱ ψαλίδες ἀργυραῖ.
¹¹οὕτως τῷ πρὸς ἀπηλιώτην ἱστία ἑκατὸν πηχῶν μῆκος· καὶ οἱ στύλοι
αὐτῶν εἴκοσι, καὶ αἱ βάσεις αὐτῶν εἴκοσι χαλκαῖ, καὶ οἱ κρίκοι καὶ αἱ
ψαλίδες τῶν στύλων καὶ αἱ βάσεις αὐτῶν περιηργυρωμέναι ἀργύρῳ.
¹²τὸ δὲ εὖρος τῆς αὐλῆς κατὰ θάλασσαν ἱστία πεντήκοντα πηχῶν·
στύλοι αὐτῶν δέκα, καὶ αἱ βάσεις αὐτῶν δέκα. ¹³καὶ εὖρος τῆς αὐλῆς
τὸ πρὸς νότον ἱστία ν´ πήχεων· στύλοι αὐτῶν δέκα, καὶ αἱ βάσεις
αὐτῶν δέκα. ¹⁴καὶ πέντε καὶ δέκα πήχεων τὸ ὕψος τῶν ἱστίων τῷ
κλίτει τῷ ἑνί· στύλοι αὐτῶν τρεῖς, καὶ αἱ βάσεις αὐτῶν τρεῖς. ¹⁵καὶ
τὸ κλίτος τὸ δεύτερον, δέκα πέντε πηχῶν τῶν ἱστίων τὸ ὕψος· στύλοι
αὐτῶν τρεῖς, καὶ αἱ βάσεις αὐτῶν τρεῖς. ¹⁶καὶ τῇ πύλῃ τῆς αὐλῆς
κάλυμμα, εἴκοσι πηχῶν τὸ ὕψος, ἐξ ὑακίνθου καὶ πορφύρας καὶ
κοκκίνου κεκλωσμένου καὶ βύσσου κεκλωσμένης τῇ ποικιλίᾳ τοῦ
ῥαφιδευτοῦ· στύλοι αὐτῶν τέσσαρες, καὶ αἱ βάσεις αὐτῶν τέσσαρες.
¹⁷πάντες οἱ στύλοι τῆς αὐλῆς κύκλῳ κατηργυρωμένοι ἀργυρίῳ, καὶ αἱ
κεφαλίδες αὐτῶν ἀργυραῖ, καὶ αἱ βάσεις αὐτῶν χαλκαῖ. ¹⁸τὸ δὲ
μῆκος τῆς αὐλῆς ἑκατὸν ἐφ᾽ ἑκατόν, καὶ εὖρος πεντήκοντα ἐπὶ πεντή-
κοντα, καὶ ὕψος πέντε πηχῶν ἐκ βύσσου κεκλωσμένης, καὶ βάσεις
αὐτῶν χαλκαῖ. ¹⁹καὶ πᾶσα ἡ κατασκευὴ καὶ πάντα τὰ ἐργαλεῖα καὶ οἱ
πάσσαλοι τῆς αὐλῆς χαλκοῖ. ²⁰Καὶ σὺ σύνταξον τοῖς υἱοῖς Ἰσραήλ,

AF   6 τω θυσ. φορεις (αναφορεις B^{ab}) B] φορεις τω θυσ. AF   7 φορεις (bis)] αναφορεις B^{ab} | πλευρα] pr τα δυο AF   8 αυτο 1°] αυτω F* | om αυτο 2° AF   9 λιβα BA? (sup ras 5 vel 6 litt)] νοτον F | της αυλης] + εκ βυσσου κεκλωσμενης AF | om μηκος F* (hab F¹ᵐᵍ) | πηχεων AF   10 οι στυλοι] om οι AF | αι βασεις] om αι AF | ψαλιδες] + αυτων F   11 τω προς απηλιωτην] τω κλιτει τω προς βορραν AF | πηχεων AF | om εικοσι και αι βασεις αυτων A* (hab A^{aᵐᵍ}) | χαλκαι] α 2° sup ras A^a?] | οι κρικοι] + αυτων AF | αι βασεις αυτων] om αι A om αυτων AF | αργυριω] αργυρω   12 κατα θαλασσαν] pr το B^{ab}AF | πηχεων AF | αι βασεις] om αι A   13 om B* (hab B^{abᵐᵍ}) | νοτον] ανατολας AF | ιστια sup ras A^{a1} om F | ν´] πεντη-κοντα AF | αι βασεις] om αι AF   14 των ιστιων το υψος AF | αι βασεις] om αι A   15 πεντε και δεκα AF | αι βασεις] om αι AF   16 καλυμμα] κατακαλυμμα F | πηχεων AF | αι βασεις] om αι AF   17 αργυριω] αργυ-ραι A   18 πηχεων A | βασεις] pr αι AF   19 κατασκευη] αποσκευη A | εργαλεια] αργαλια B

ΕΞΟΔΟΣ XXVIII 14

καὶ λαβέτωσάν σοι ἔλαιον ἐξ ἐλαίων ἄτρυγον καθαρὸν κεκομμένον εἰς B
21 φῶς καῦσαι, ἵνα κάηται λύχνος διὰ παντὸς ²¹ἐν τῇ σκηνῇ τοῦ μαρτυρίου, ἔξωθεν τοῦ καταπετάσματος τοῦ ἐπὶ τῆς διαθήκης· καύσει αὐτὸ
Ἀαρὼν καὶ οἱ υἱοὶ αὐτοῦ ἀφ' ἑσπέρας ἕως πρωὶ ἐναντίον Κυρίου·
νόμιμον αἰώνιον εἰς τὰς γενεὰς ὑμῶν παρὰ τῶν υἱῶν Ἰσραήλ.

XII 1 ¹Καὶ σὺ προσαγάγου πρὸς σεαυτὸν τόν τε Ἀαρὼν τὸν ἀδελφόν σου
καὶ τοὺς υἱοὺς αὐτοῦ ἐκ τῶν υἱῶν Ἰσραὴλ ἱερατεύειν μοι, Ἀαρών, καὶ
2 Ναδὰβ καὶ Ἀβιοὺδ καὶ Ἐλεαζὰρ καὶ Ἰθαμὰρ υἱοὺς Ἀαρών. ²καὶ
ποιήσεις στολὴν ἁγίαν Ἀαρὼν τῷ ἀδελφῷ σου εἰς τιμὴν καὶ δόξαν.
3 ³καὶ σὺ λάλησον πᾶσι τοῖς σοφοῖς τῇ διανοίᾳ, οὓς ἐνέπλησα πνεύματος
αἰσθήσεως, καὶ ποιήσουσιν τὴν στολὴν τὴν ἁγίαν Ἀαρὼν εἰς τὸ ἅγιον,
4 ἐν ᾗ ἱερατεύσει μοι. ⁴καὶ αὗται αἱ στολαὶ ἃς ποιήσουσιν· τὸ περιστήθιον
καὶ τὴν ἐπωμίδα καὶ τὸν ποδήρη χιτῶνα κοσυμβωτὸν καὶ κίδαριν καὶ
ζώνην· καὶ ποιήσουσιν στολὰς ἁγίας Ἀαρὼν καὶ τοῖς υἱοῖς αὐτοῦ εἰς τὸ
5 ἱερατεύειν μοι. ⁵καὶ αὐτοὶ λήμψονται τὸ χρυσίον καὶ τὸν ὑάκινθον
6 καὶ τὴν πορφύραν καὶ τὸ κόκκινον καὶ τὴν βύσσον. ⁶Καὶ ποιήσουσιν τὴν ἐπωμίδα ἐκ βύσσου κεκλωσμένης, ἔργον ὑφάντου ποικιλτοῦ·
7 ⁷δύο ἐπωμίδες συνέχουσαι ἔσονται αὐτῷ ἑτέρα τὴν ἑτέραν, ἐπὶ τοῖς
8 δυσὶ μέρεσιν ἐξηρτισμέναι· ⁸καὶ τὸ ὕφασμα τῶν ἐπωμίδων, ὅ ἐστιν
ἐπ' αὐτῷ, κατὰ τὴν ποίησιν ἐξ αὐτοῦ ἔσται ἐκ χρυσίου καὶ ὑακίνθου
καὶ πορφύρας καὶ κοκκίνου διανενησμένου καὶ βύσσου κεκλωσμένης.
9 ⁹καὶ λήμψῃ τοὺς δύο λίθους, λίθους σμαράγδου, καὶ γλύψεις ἐν αὐτοῖς
10 τὰ ὀνόματα τῶν υἱῶν Ἰσραήλ· ¹⁰ἐξ ὀνόματα ἐπὶ τὸν λίθον τὸν ἕνα,
καὶ τὰ ἓξ ὀνόματα τὰ λοιπὰ ἐπὶ τὸν λίθον τὸν δεύτερον, κατὰ τὰς
11 γενέσεις αὐτῶν, ¹¹ἔργον λιθουργικῆς τέχνης· γλύμμα σφραγῖδος δια-
12 γλύψεις τοὺς δύο λίθους ἐπὶ ¹²τῶν ὤμων τῆς ἐπωμίδος· λίθοι μνημόσυνοι εἰσὶν τοῖς υἱοῖς Ἰσραήλ· καὶ ἀναλήμψεται Ἀαρὼν τὰ ὀνόματα τῶν
υἱῶν Ἰσραὴλ ἔναντι Κυρίου ἐπὶ τῶν δύο ὤμων αὐτοῦ, μνημόσυνον περὶ
13
14 αὐτῶν. ¹³Καὶ ποιήσεις ἀσπιδίσκας ἐκ χρυσίου καθαροῦ· ¹⁴καὶ
ποιήσεις δύο κροσωτὰ ἐκ χρυσίου καθαροῦ, καταμέμιγμένα ἐν ἄνθεσιν·
ἔργον πλοκῆς· καὶ ἐπιθήσεις τὰ κροσωτὰ τὰ πεπλεγμένα ἐπὶ τὰς

20 ατρυγον] ατρυγητον A | om καυσαι AF | καιηται AF 21 αυτο] AF
αυτον AF | εναντιον] εναντι AF XXVIII 1 υιους 2°] pr τους A 3 ενεπλησας A 4 χιτωνα] pr και AF 5 τον υακινθον] την υακ. AF
6 υφαντου] υφαντον AF 7 συνεχουσαι εσονται] εσονται αυτω συνεχ. AF
8 επωμιδων] ωμιδ sup ras A^a 9 ε̅ν] ετ A 10 τα εξ ονομ.] om τα F | κατα
B¹ᵃᵗAF] και B*ᵛⁱᵈ 11 τους δυο λιθους]+διαγλυψεις επι τοις ονομασιν των
υιων Ιηλ και θησεις τους δυο λιθους A et (om διαγλυψεις) F 12 μνημοσυνον]+εναντι κ̅υ̅ A 14 κροσωτα 2°] κροσσωτα F¹ᵛⁱᵈ | om τα 2° F

159

XXVIII 15   ΕΞΟΔΟΣ

B ἀσπιδίσκας κατὰ τὰς παρωμίδας αὐτῶν ἐκ τῶν ἐμπροσθίων. ¹⁵Καὶ 15 ποιήσεις λόγιον τῶν κρίσεων, ἔργον ποικιλτοῦ· κατὰ τὸν ῥυθμὸν τῆς ἐπωμίδος ποιήσεις αὐτό ἐκ χρυσίου καὶ ὑακίνθου καὶ πορφύρας καὶ κοκκίνου κεκλωσμένου καὶ βύσσου κεκλωσμένης. ¹⁶ποιήσεις αὐτὸ 16 (¹⁶)τετράγωνον, ἔσται διπλοῦν· σπιθαμῆς τὸ μῆκος αὐτοῦ καὶ σπιθαμῆς τὸ εὖρος. ¹⁷καὶ καθυφανεῖς ἐν αὐτῷ ὕφασμα κατάλιθον τετράστιχον. 17 στίχος λίθων ἔσται· σάρδιον, τοπάζιον καὶ σμάραγδος ὁ στίχος ὁ εἷς· ¹⁸καὶ ὁ στίχος ὁ δεύτερος ἄνθραξ καὶ σάπφειρος καὶ ἴασπις· ¹⁹καὶ $^{18}_{19}$ ὁ στίχος ὁ τρίτος λιγύριον, ἀχάτης, ἀμέθυστος· ²⁰καὶ ὁ στίχος ὁ 20 τέταρτος χρυσόλιθος καὶ βηρύλλιον καὶ ὀνύχιον· περικεκαλυμμένα χρυσίῳ, συνδεδεμένα ἐν χρυσίῳ, ἔστωσαν κατὰ στίχον αὐτῶν. ²¹καὶ 21 οἱ λίθοι ἔστωσαν ἐκ τῶν ὀνομάτων τῶν υἱῶν Ἰσραὴλ δέκα δύο, κατὰ τὰ ὀνόματα αὐτῶν· γλυφαὶ σφραγίδων ἕκαστος κατὰ τὸ ὄνομα ἔστωσαν εἰς δέκα δύο φυλάς. ²²καὶ ποιήσεις ἐπὶ τὸ λόγιον κροσοὺς συνπεπλε- 22 γμένους, ἔργον ἁλυσιδωτοῦ ἐκ χρυσίου καθαροῦ. ²³καὶ λήμψεται 23 (29) Ἀαρὼν τὰ ὀνόματα τῶν υἱῶν Ἰσραὴλ ἐπὶ τοῦ λογίου τῆς κρίσεως ἐπὶ τοῦ στήθους, εἰσιόντι εἰς τὸ ἅγιον, μνημόσυνον ἔναντι τοῦ θεοῦ. ²⁴καὶ θήσεις ἐπὶ τὸ λόγιον τῆς κρίσεως τοὺς κροσούς· τὰ 24 ἁλυσιδωτὰ ἐπ' ἀμφοτέρων τῶν κλιτῶν τοῦ λογίου ἐπιθήσεις, ²⁵καὶ 25 τὰς δύο ἀσπιδίσκας ἐπιθήσεις ἐπ' ἀμφοτέρους τοὺς ὤμους τῆς ἐπωμίδος κατὰ πρόσωπον. ²⁶καὶ ἐπιθήσεις ἐπὶ τὸ λόγιον τῆς 26 (30) κρίσεως τὴν δήλωσιν καὶ τὴν ἀλήθειαν· καὶ ἔσται ἐπὶ τοῦ στήθους Ἀαρὼν ὅταν εἰσπορεύηται εἰς τὸ ἅγιον ἐναντίον Κυρίου· καὶ οἴσει Ἀαρὼν τὰς κρίσεις τῶν υἱῶν Ἰσραὴλ ἐπὶ τοῦ στήθους ἐναντίον Κυρίου διὰ παντός. ²⁷Καὶ ποιήσεις ὑποδύτην ποδήρη ὅλον 27 (31) ὑακίνθινον. ²⁸καὶ ἔσται τὸ περιστόμιον ἐξ αὐτοῦ μέσον, ᾦαν ἔχον 28 (32) κύκλῳ τοῦ περιστομίου, ἔργον ὑφάντου, τὴν συμβολὴν συνυφασμένην ἐξ αὐτοῦ, ἵνα μὴ ῥαγῇ. ²⁹καὶ ποιήσεις ὑπὸ τὸ λῶμα 29 (33) τοῦ ὑποδύτου κάτωθεν ὡσεὶ ἐξανθούσης ῥόας ῥοίσκους ἐξ ὑακίνθου καὶ πορφύρας καὶ κοκκίνου διανενησμένου καὶ βύσσου

AF   15 κεκλωσμενης] κεκλωσμενου A   15—16 κεκλωσμενης ποιησεις αυτο τετραγωνον εσται διπλουν· F   16 ποιησεις] εις sup ras Bᵃ | om σπιθαμης το μηκος αυτου και B*ᵛⁱᵈ (hab sup ras Bᵃ) | om αυτου AF   17 τοπαδιον F | om και 2° AF   19 αχατης] pr και AF | αμεθυστος] pr και AF   20 συνδεδεμενα] pr και AF | om εν F | ν χρυσιω εστωσαν sup ras et in mg Aᵃ (om εν χρ. A*ᵛⁱᵈ)   21 δεκα δυο 1°] δωδεκα AF | κατα τα ον. αυτων] pr κατα τας γενεσεις αυτων A | εκαστος] εκαστον AF | δεκα δυο 2°] τας δωδεκα AF   22 αλυσιδωτον AF | om εκ AF   23 του λογιου] το λογιον A   26 εναντιον (bis)] εναντι AF   27 ολ. ποδ. A   28 ωιαν AF | συνυφασμενην] υφασμ. F   29 υπο] επι Bᵃᵇ AF | κατωθεν] κυκλοθεν A

ΕΞΟΔΟΣ XXIX 4

κεκλωσμένης, ἐπὶ τοῦ λώματος τοῦ ὑποδύτου κύκλῳ· τὸ αὐτὸ εἶδος B
ῥοίσκους χρυσοῦς, καὶ κώδωνας ἀνὰ μέσον τούτων περικύκλῳ·
(34) 30 ³⁰ παρὰ ῥοίσκον χρυσοῦν κώδωνα, καὶ ἄνθινον ἐπὶ τοῦ λώματος τοῦ
(35) 31 ὑποδύτου κύκλῳ. ³¹ καὶ ἔσται Ἀαρὼν ἐν τῷ λειτουργεῖν ἀκουστὴ
ἡ φωνὴ αὐτοῦ, εἰσιόντι εἰς τὸ ἅγιον ἐναντίον Κυρίου καὶ ἐξιόντι,
(36) 32 ἵνα μὴ ἀποθάνῃ. ³² Καὶ ποιήσεις πέταλον χρυσοῦν καθαρόν,
καὶ ἐκτυπώσεις ἐν αὐτῷ ἐκτύπωμα σφραγῖδος, ἁγίασμα Κυρίου.
(37) 33 ³³ καὶ ἐπιθήσεις αὐτὸ ἐπὶ ὑακίνθου κεκλωσμένης, καὶ ἔσται ἐπὶ
(38) 34 τῆς μίτρας· κατὰ πρόσωπον τῆς μίτρας ἔσται. ³⁴ καὶ ἔσται ἐπὶ
τοῦ μετώπου Ἀαρών, καὶ ἐξαρεῖ Ἀαρὼν τὰ ἁμαρτήματα τῶν ἁγίων
ὅσα ἂν ἁγιάσωσιν οἱ υἱοὶ Ἰσραὴλ παντὸς δόματος τῶν ἁγίων
αὐτῶν· καὶ ἔσται ἐπὶ τοῦ μετώπου Ἀαρὼν διὰ παντός, δεκτὸν αὐτοῖς
(39) 35 ἔναντι Κυρίου. ³⁵ καὶ οἱ κοσυμβωτοὶ τῶν χιτώνων ἐκ βύσσου· καὶ
ποιήσεις κίδαριν βυσσίνην, καὶ ζώνην ποιήσεις, ἔργον ποικιλτοῦ.
(40) 36 ³⁶ καὶ τοῖς υἱοῖς Ἀαρὼν ποιήσεις χιτῶνας καὶ ζώνας, καὶ κιδάρεις
(41) 37 ποιήσεις αὐτοῖς εἰς τιμὴν καὶ δόξαν. ³⁷ καὶ ἐνδύσεις αὐτὰ Ἀαρὼν
τὸν ἀδελφόν σου καὶ τοὺς υἱοὺς αὐτοῦ μετ᾽ αὐτοῦ· καὶ χρίσεις αὐτούς,
καὶ ἐμπλήσεις αὐτῶν τὰς χεῖρας, καὶ ἁγιάσεις αὐτούς, ἵνα ἱερατεύ-
(42) 38 ωσίν μοι. ³⁸ καὶ ποιήσεις αὐτοῖς περισκελῆ λινᾶ, καλύψαι ἀσχημο-
(43) 39 σύνην χρωτὸς αὐτῶν· ἀπὸ ὀσφύος ἕως μηρῶν ἔσται. ³⁹ καὶ ἕξει Ἀαρὼν
αὐτὰ καὶ οἱ υἱοὶ αὐτοῦ ὡς ἂν εἰσπορεύωνται εἰς τὴν σκηνὴν τοῦ
μαρτυρίου, ὅταν προσπορεύωνται λειτουργεῖν πρὸς τὸ θυσιαστήριον
τοῦ ἁγίου· καὶ οὐκ ἐπάξονται πρὸς ἑαυτοὺς ἁμαρτίαν, ἵνα μὴ ἀπο-
θάνωσιν· νόμιμον αἰώνιον αὐτῷ καὶ τῷ σπέρματι αὐτοῦ μετ᾽ αὐτόν.

IX 1 ¹ Καὶ ταῦτά ἐστιν ἃ ποιήσεις αὐτοῖς· ἁγιάσεις αὐτοὺς ὥστε ἱερα-
τεύειν μοι αὐτούς· λήμψῃ δὲ μοσχάριον ἐκ βοῶν ἓν καὶ κριοὺς δύο
2 ἀμώμους, ²καὶ ἄρτους ἀζύμους πεφυραμένους ἐν ἐλαίῳ καὶ λάγανα
3 ἄζυμα κεχρισμένα ἐν ἐλαίῳ· σεμίδαλιν ἐκ πυρῶν ποιήσεις αὐτά. ³καὶ
ἐπιθήσεις αὐτὰ ἐπὶ κανοῦν ἕν· καὶ προσοίσεις αὐτὰ ἐπὶ τῷ κανῷ, καὶ
4 τὸ μοσχάριον καὶ τοὺς δύο κριούς· ⁴ καὶ Ἀαρὼν καὶ τοὺς υἱοὺς αὐτοῦ
προσάξεις ἐπὶ τὰς θύρας τῆς σκηνῆς τοῦ μαρτυρίου, καὶ λούσεις αὐτοὺς

29 το αυτο] το δε αυτο AF | om και 5° B* (superscr B^{ab}) 30 χρυσουν] AF
+και F | επι B^{ab}AF] υπο B* | δωματος A 31 εναντιον] εναντι AF
34 εσται 1°] εσονται F 35 κοσυμβωτοι] κοσυμβοι AF | βυσσινην] εκ
βυσσου F 37 ιερατευσωσιν AF 38 περισκελα (? περισκελια) B^{ab vid}
39 ως αν] οταν AF | οταν] pr η B^{ab}AF | προς εαυτους] εφ εαυτοις A εφ
εαυτους F   XXIX 1 αγιασεις] αγιασαι AF | om δε AF | εν] αμωμον A |
αμωμους δυο AF 2 αρτου F | om και λαγανα...εν ελαιω A 3 om
και επιθησεις αυτα A | κανου A | προσοισεις B^{ab}AF (προσοισει B*) | αυτα 2°]
αυτας A 4 om και 1° A

XXIX 5   ΕΞΟΔΟΣ

B ἐν ὕδατι. ⁵καὶ λαβὼν τὰς στολὰς ἐνδύσεις Ἀαρὼν τὸν ἀδελφόν σου, 5
καὶ τὸν χιτῶνα τὸν ποδήρη καὶ τὴν ἐπωμίδα καὶ τὸ λόγιον πρὸς τὴν
ἐπωμίδα. ⁶καὶ θήσεις τὴν μίτραν ἐπὶ τὴν κεφαλὴν αὐτοῦ, καὶ ἐπιθή- 6
σεις τὸ πέταλον τὸ ἁγίασμα ἐπὶ τὴν μίτραν. ⁷καὶ λήμψῃ τοῦ ἐλαίου 7
τοῦ χρίσματος, καὶ ἐπιχεεῖς αὐτὸ ἐπὶ τὴν κεφαλὴν αὐτοῦ, καὶ χρίσεις
αὐτόν. ⁸καὶ τοὺς υἱοὺς αὐτοῦ προσάξεις, καὶ ἐνδύσεις αὐτοὺς χιτῶνας· 8
⁹καὶ ζώσεις αὐτοὺς ταῖς ζώναις, καὶ περιθήσεις αὐτοῖς τὰς κιδάρεις· 9
καὶ ἔσται αὐτοῖς ἱερατία. μοὶ εἰς τὸν αἰῶνα· καὶ τελειώσεις Ἀαρὼν
τὰς χεῖρας αὐτοῦ καὶ τὰς χεῖρας τῶν υἱῶν αὐτοῦ. ¹⁰καὶ προσάξεις τὸν 10
μόσχον ἐπὶ τας θύρας. τῆς σκηνῆς τοῦ μαρτυρίου, καὶ ἐπιθήσουσιν
Ἀαρὼν καὶ οἱ υἱοὶ αὐτοῦ τὰς χεῖρας ἐπὶ τὴν κεφαλὴν τοῦ μόσχου ἔναντι
Κυρίου παρὰ τὰς θύρας τῆς σκηνῆς τοῦ μαρτυρίου· ¹¹καὶ σφάξεις τὸν 11
μόσχον ἐναντίον Κυρίου παρὰ τὰς θύρας τῆς σκηνῆς τοῦ μαρτυρίου.
¹²καὶ λήμψῃ ἀπὸ τοῦ αἵματος τοῦ μόσχου, καὶ θήσεις ἐπὶ τῶν κεράτων 12
τοῦ θυσιαστηρίου τῷ δακτύλῳ σου· τὸ δὲ λοιπὸν πᾶν αἷμα ἐκχεεῖς
παρὰ τὴν βάσιν τοῦ θυσιαστηρίου. ¹³καὶ λήμψῃ πᾶν τὸ στέαρ τὸ 13
ἐπὶ τῆς κοιλίας καὶ τὸν λοβὸν τοῦ ἥπατος καὶ τοὺς δύο νεφροὺς καὶ
τὸ στέαρ τὸ ἐπ᾽ αὐτῶν, καὶ ἐπιθήσεις ἐπὶ τὸ θυσιαστήριον. ¹⁴τὰ δὲ 14
κρέα τοῦ μόσχου καὶ τὸ δέρμα καὶ τὴν κόπρον κατακαύσεις πυρὶ ἔξω
τῆς παρεμβολῆς· ἁμαρτίας γάρ ἐστιν. ¹⁵καὶ τὸν κριὸν λήμψῃ τὸν ἕνα, 15
καὶ ἐπιθήσουσιν Ἀαρὼν καὶ οἱ υἱοὶ αὐτοῦ τὰς χεῖρας αὐτῶν ἐπὶ τὴν
κεφαλὴν τοῦ κριοῦ· ¹⁶καὶ σφάξεις αὐτόν, καὶ λαβὼν τὸ αἷμα προσχεεῖς 16
πρὸς τὸ θυσιαστήριον κύκλῳ. ¹⁷καὶ τὸν κριὸν διχοτομήσεις κατὰ 17
μέλη, καὶ πλυνεῖς τὰ ἐνδόσθια καὶ τοὺς πόδας ὕδατι, καὶ ἐπιθήσεις
τὰ διχοτομήματα σὺν τῇ κεφαλῇ. ¹⁸καὶ ἀνοίσεις ὅλον τὸν κριὸν 18
ἐπὶ τὸ θυσιαστήριον, ὁλοκαύτωμα Κυρίῳ εἰς ὀσμὴν εὐωδίας· θυμίαμα
Κυρίῳ ἔσται. ¹⁹καὶ λήμψῃ τὸν κριὸν τὸν δεύτερον, καὶ ἐπιθήσει 19
Ἀαρὼν καὶ οἱ υἱοὶ αὐτοῦ τὰς χεῖρας αὐτῶν ἐπὶ τὴν κεφαλὴν τοῦ κριοῦ·

AF 4 εν υδατι] om εν F   5 εκδυσεις]+αυτα A | το λογιον]+και συναψεις
αυτω το λογιον AF | προς] και F   6 θησεις] επιθησεις B^{ab}AF   8 αυτου]
αυτους A   9 post κιδαρεις ras 2 forte litt B¹ | μοι] εμοι A   9—10 αιωνα
...μαρτυριου 2° sup ras A^a   9 Ααρων τας χειρας αυτου] τας χ. Ααρων A^a F
10 τας χειρας]+αυτων B^{ab}AF   11 om και σφαξεις...μαρτυριου A | εναν-
τιον] εναντι B^{a vid} F   12 om μοσχου και θησεις επι των κερατων του A*
(hab A^{1 a ? mg}) | θυσιαστηριου 1°]+και επιθησεις επι των κερατων του θυ-
σιαστηριου A | om παν A   13 του ηπατος] pr τον επι F   14 κρεα]
κερατα F   15 αυτου] αυτων A | om αυτων F   16 αυτον] τον κριον AF
17 om υδατι A* (hab A^{a ? mg}) F | τα διχοτομ.] pr επι B^{ab} (superscr) AF
18 om και F | τον κριον ολον AF | Κυριω 1°] pr τω AF | θυμιαμα] θυσιασμα
B^{ab} AF | Κυριω 2°] pr τω A | εσται] εστιν AF   19 om λημψη A

162

ΕΞΟΔΟΣ XXIX 30

20 ²⁰καὶ σφάξεις αὐτόν, καὶ λήμψῃ τοῦ αἵματος αὐτοῦ, καὶ ἐπιθήσεις B
ἐπὶ τὸν λοβὸν τοῦ ὠτὸς Ἀαρὼν τοῦ δεξιοῦ καὶ ἐπὶ τὸ ἄκρον τῆς
δεξιᾶς χειρὸς καὶ ἐπὶ τὸ ἄκρον τοῦ ποδὸς τοῦ δεξιοῦ καὶ ἐπὶ τοὺς
λοβοὺς τῶν ὤτων τῶν υἱῶν αὐτοῦ τῶν δεξιῶν καὶ ἐπὶ τὰ ἄκρα τῶν
χειρῶν αὐτῶν τῶν δεξιῶν καὶ ἐπὶ τὰ ἄκρα τῶν ποδῶν αὐτῶν τῶν
21 δεξιῶν. ²¹καὶ λήμψῃ ἀπὸ τοῦ αἵματος τοῦ ἀπὸ τοῦ θυσιαστηρίου καὶ
ἀπὸ τοῦ ἐλαίου τῆς χρίσεως, καὶ ῥανεῖς ἐπὶ Ἀαρὼν καὶ ἐπὶ τὴν στολὴν
αὐτοῦ, καὶ ἐπὶ τοὺς υἱοὺς αὐτοῦ καὶ ἐπὶ τὰς στολὰς τῶν υἱῶν αὐτοῦ
μετ' αὐτοῦ· καὶ ἁγιασθήσεται αὐτὸς καὶ ἡ στολὴ αὐτοῦ, καὶ οἱ υἱοὶ
αὐτοῦ καὶ αἱ στολαὶ τῶν υἱῶν αὐτοῦ μετ' αὐτοῦ· τὸ δὲ αἷμα τοῦ κριοῦ
22 προσχεεῖς πρὸς τὸ θυσιαστήριον κύκλῳ. ²²καὶ λήμψῃ ἀπὸ τοῦ κριοῦ
τὸ στέαρ αὐτοῦ καὶ τὸ στέαρ τὸ κατακαλύπτον τὴν κοιλίαν, καὶ τὸν
λοβὸν τοῦ ἥπατος καὶ τοὺς δύο νεφροὺς καὶ τὸ στέαρ τὸ ἐπ' αὐτῶν, καὶ
23 τὸν βραχίονα τὸν δεξιόν· ἔστιν γὰρ τελείωσις αὕτη· ²³καὶ ἄρτον ἕνα
ἐξ ἐλαίου, καὶ λάγανον ἓν ἀπὸ τοῦ κανοῦ τῶν ἀζύμων τῶν προτεθει-
24 μένων ἔναντι Κυρίου· ²⁴καὶ ἐπιθήσεις τὰ πάντα ἐπὶ τὰς χεῖρας Ἀαρὼν
καὶ ἐπὶ τὰς χεῖρας τῶν υἱῶν αὐτοῦ, καὶ ἀφοριεῖς αὐτοῖς ἀφόρισμα
25 ἔναντι Κυρίου. ²⁵καὶ λήμψῃ αὐτὰ ἐκ τῶν χειρῶν αὐτῶν, καὶ ἀνοίσεις
ἐπὶ τὸ θυσιαστήριον τῆς ὁλοκαυτώσεως εἰς ὀσμὴν εὐωδίας ἔναντι Κυρίου·
26 κάρπωμά ἐστιν Κυρίῳ. ²⁶καὶ λήμψῃ τὸ στηθύνιον ἀπὸ τοῦ κριοῦ
τῆς τελειώσεως, ὅ ἐστιν Ἀαρών, καὶ ἀφοριεῖς αὐτὸ ἀφόρισμα ἔναντι
27 Κυρίου, καὶ ἔσται σοι ἐν μερίδι. ²⁷καὶ ἁγιάσεις τὸ στηθύνιον ἀφό-
ρισμα καὶ τὸν βραχίονα τοῦ ἀφαιρέματος, ὃς ἀφώρισται καὶ ὃς ἀφῄρη-
ται ἀπὸ τοῦ κριοῦ τῆς τελειώσεως ἀπὸ τοῦ Ἀαρὼν καὶ ἀπὸ τῶν
28 υἱῶν αὐτοῦ. ²⁸καὶ ἔσται Ἀαρὼν καὶ τοῖς υἱοῖς αὐτοῦ νόμιμον αἰώνιον
παρὰ τῶν υἱῶν Ἰσραήλ· ἔστιν γὰρ ἀφόρισμα τοῦτο, καὶ ἀφαίρεμα
ἔσται ἀπὸ τῶν υἱῶν Ἰσραὴλ ἀπὸ τῶν θυμάτων τῶν σωτηρίων τῶν υἱῶν
29 Ἰσραήλ, ἀφαίρεμα Κυρίῳ. ²⁹καὶ ἡ στολὴ τοῦ ἁγίου ἥ ἐστιν Ἀαρὼν
ἔσται τοῖς υἱοῖς αὐτοῦ μετ' αὐτόν, χρισθῆναι αὐτοὺς ἐν αὐτοῖς καὶ
30 τελειῶσαι τὰς χεῖρας αὐτῶν· ³⁰ἑπτὰ ἡμέρας ἐνδύσεται αὐτὰ ὁ ἱερεὺς

20 δεξιας χειρος] χειρος της δεξιας AF   21 του απο του θυσ.] om του AF
απο AF | om και επι την στολην αυτου A | om και οι υιοι αυτου A | τοῦ
κριου προσχεεις] του κριου προς το] sup ras Aᵃ   22 και τους δυο νεφρους
και τον λοβον του ηπατος A | 23 εν] ενα Bᵃ¹   24 αυτοις BF*ᵛⁱᵈ] αυτους
AF¹   25 λημψη] δεξη AF | ανοισεις] + αυτα A   26 αφαιρεσμα B* (αφορ.
Bᵃᵇ) | om σοι B* (superscr Bᵃᵇ)   27 αφειρηται B* (αφηρ. Bᵃᵇ)   28 αφο-
ρισμα] αφαιρεμα AF | αφαιρεμα 1°] αφορισμα F | απο 1°] παρα AF | om των
υιων Ισραηλ 2° A*F (hab BAᵃ¹ᵐᵍ)   29 στολη] στηλη A | του αγιου η
εστιν Ααρων] Ααρων η εσται του αγιου A

XXIX 31 ΕΞΟΔΟΣ

B ὁ ἀντ' αὐτοῦ τῶν υἱῶν αὐτοῦ, ὃς εἰσελεύσεται εἰς τὴν σκηνὴν τοῦ μαρτυρίου λειτουργεῖν ἐν τοῖς ἁγίοις. ³¹καὶ τὸν κριὸν τῆς τελειώσεως 31 λήμψῃ καὶ ἑψήσεις τὰ κρέα ἐν τόπῳ ἁγίῳ· ³²καὶ ἔδονται Ἀαρὼν 32 καὶ οἱ υἱοὶ αὐτοῦ τὰ κρέα τοῦ κριοῦ καὶ τοὺς ἄρτους τοὺς ἐν τῷ κανῷ παρὰ τὰς θύρας τῆς σκηνῆς τοῦ μαρτυρίου· ³³ἔδονται αὐτὰ ἐν οἷς 33 ἡγιάσθησαν ἐν αὐτοῖς, τελειῶσαι τὰς χεῖρας αὐτῶν, ἁγιάσαι αὐτούς· καὶ ἀλλογενὴς οὐκ ἔδεται ἀπ' αὐτοῦ, ἔστιν γὰρ ἅγια. ³⁴ἐὰν δὲ 34 καταλειφθῇ ἀπὸ τῶν κρεῶν τῆς θυσίας τῆς τελειώσεως καὶ τῶν ἄρτων ἕως πρωί, κατακαύσεις τὰ λοιπὰ πυρί· οὐ βρωθήσεται, ἁγίασμα γάρ ἐστιν. ³⁵καὶ ποιήσεις Ἀαρὼν καὶ τοῖς υἱοῖς αὐτοῦ οὕτως κατὰ πάντα 35 ὅσα ἐνετειλάμην σοι· ἑπτὰ ἡμέρας τελειώσεις αὐτῶν τὰς χεῖρας. ³⁶καὶ τὸ μοσχάριον τῆς ἁμαρτίας ποιήσεις τῇ ἡμέρᾳ τοῦ καθαρισμοῦ· 36 καὶ καθαριεῖς τὸ θυσιαστήριον ἐν τῷ ἁγιάζειν σε ἐπ' αὐτῷ, καὶ χρίσεις αὐτὸ ὥστε ἁγιάσαι αὐτό. ³⁷ἑπτὰ ἡμέρας καθαριεῖς τὸ θυσιαστήριον 37 καὶ ἁγιάσεις αὐτό, καὶ ἔσται τὸ θυσιαστήριον ἅγιον τοῦ ἁγίου· πᾶς ὁ ἁπτόμενος τοῦ θυσιαστηρίου ἁγιασθήσεται. ³⁸Καὶ ταῦτά ἐστιν 38 ἃ ποιήσεις ἐπὶ τοῦ θυσιαστηρίου· ἀμνοὺς ἐνιαυσίους ἀμώμους δύο τὴν ἡμέραν ἐπὶ τὸ θυσιαστήριον ἐνδελεχῶς, κάρπωμα ἐνδελεχισμοῦ· ³⁹τὸν ἀμνὸν τὸν ἕνα ποιήσεις τὸ πρωί, καὶ τὸν ἀμνὸν τὸν δεύτερον 39 ποιήσεις τὸ δειλινόν· ⁴⁰καὶ δέκατον σεμιδάλεως πεφυραμένης ἐν 40 ἐλαίῳ κεκομμένῳ, τῷ τετάρτῳ τοῦ εἴν, καὶ σπονδὴν τὸ τέταρτον τοῦ εἲν οἴνου τῷ ἀμνῷ τῷ ἑνί· ⁴¹καὶ τὸν ἀμνὸν τὸν δεύτερον ποιήσεις 41 τὸ δειλινόν· κατὰ τὴν θυσίαν τὴν πρωινὴν καὶ κατὰ τὴν σπονδὴν αὐτοῦ ποιήσεις, ὀσμὴν εὐωδίας κάρπωμα Κυρίῳ, ⁴²θυσίαν ἐνδελεχισμοῦ εἰς 42 γενεὰς ὑμῶν, ἐπὶ θύρας τῆς σκηνῆς τοῦ μαρτυρίου ἔναντι Κυρίου, ἐν οἷς γνωσθήσομαί σοι ἐκεῖθεν ὥστε λαλῆσαί σοι. ⁴³καὶ τάξομαι ἐκεῖ τοῖς 43 υἱοῖς Ἰσραὴλ καὶ ἁγιασθήσομαι ἐν δόξῃ μου· ⁴⁴καὶ ἁγιάσω τὴν σκηνὴν 44 τοῦ μαρτυρίου καὶ τὸ θυσιαστήριον, καὶ Ἀαρὼν καὶ τοὺς υἱοὺς αὐτοῦ ἁγιάσω ἱερατεύειν μοι· ⁴⁵καὶ ἐπικληθήσομαι ἐν τοῖς υἱοῖς Ἰσραήλ, 45 καὶ ἔσομαι αὐτῶν θεός. ⁴⁶καὶ γνώσονται ὅτι ἐγώ εἰμι Κύριος ὁ θεὸς 46

AF   30 των υιων] pr εκ AF   32 τας θυρας] την θυραν A   32—33 μαρτυριου εδονται αυτα· εν οις F   33 αγιασαι] pr και AF | αυτου] αυτων AF 35 τας χειρας αυτων AF   36 της αμαρτιας] pr το AF | καθαρισεις F | om ωστε αγιασαι αυτο A*vid (hab sup ras et in mg Aᵃ)   37 καθαριει B* (καθαριεις Bᵃᵇ)   38 a] οσα AF | ημερα̃|επτα ημερας επι το θυσιαστηριον ενδελεχως καρπωμα in mg et sup ras Aᵃ? | om επι το θυσιαστηριον F | ενδελεχως]+την ημεραν F   40 τω τεταρτω] του τεταρτου A (-τω A¹?)   41 om αυτου B* (hab BᵃᵇAF)   42 γενεας] pr τας F | θυρας] pr τας AF | εκειθεν] εκει AF   44 ιερατευειν] pr του F   46 γνωσονται] γνωσομαι A

ΕΞΟΔΟΣ XXX 13

αὐτῶν ὁ ἐξαγαγὼν αὐτοὺς ἐκ γῆς Αἰγύπτου, ἐπικληθῆναι αὐτοῖς καὶ Β
θεὸς εἶναι αὐτῶν.

XXX ¹/₂ ¹Καὶ ποιήσεις θυσιαστήριον θυμιάματος ἐκ ξύλων ἀσήπτων· ²καὶ
ποιήσεις αὐτὸ ⁽²⁾πήχεος τὸ μῆκος καὶ πήχεος τὸ εὖρος· τετράγωνον
ἔσται, καὶ δύο πήχεων τὸ ὕψος· ἐξ αὐτοῦ ἔσται τὰ κέρατα αὐτοῦ.
3 ³καὶ καταχρυσώσεις αὐτὰ χρυσίῳ καθαρῷ, τὴν ἐσχάραν αὐτοῦ καὶ
τοὺς τοίχους αὐτοῦ κύκλῳ καὶ τὰ κέρατα αὐτοῦ, καὶ ποιήσεις αὐτῷ
4 στρεπτὴν στεφάνην χρυσῆν κύκλῳ. ⁴καὶ δύο δακτυλίους χρυσοῦς
καθαροὺς ποιήσεις ὑπὸ τὴν στρεπτὴν στεφάνην αὐτοῦ, εἰς τὰ δύο
κλίτη ποιήσεις ἐν τοῖς δυσὶ πλευροῖς· καὶ ἔσονται ψαλίδες ταῖς
5 σκυτάλαις, ὥστε αἴρειν αὐτὸ ἐν αὐταῖς. ⁵καὶ ποιήσεις σκυτάλας ἐκ
6 ξύλων ἀσήπτων, καὶ καταχρυσώσεις αὐτὰς χρυσίῳ. ⁶καὶ θήσεις
αὐτὸ ἀπέναντι τοῦ καταπετάσματος τοῦ ὄντος ἐπὶ τῆς κιβωτοῦ τῶν
7 μαρτυρίων, ἐν οἷς γνωσθήσομαί σοι ἐκεῖθεν. ⁷καὶ θύσει ἐπ' αὐτοῦ
Ἀαρὼν θυμίαμα σύνθετον λεπτόν· τὸ πρωὶ πρωί· ὅταν ἐπισκευάσῃ τοὺς
8 λύχνους, θυμιάσει ἐπ' αὐτοῦ· ⁸καὶ ὅταν ἐξάπτῃ Ἀαρὼν τοὺς λύχνους,
ὀψὲ θυμιάσεις ἐπ' αὐτοῦ, θυμίαμα ἐνδελεχισμοῦ διὰ παντὸς ἔναντι
9 Κυρίου εἰς γενεὰς αὐτῶν. ⁹καὶ οὐκ ἀνοίσει ἐπ' αὐτοῦ θυμίαμα ἕτερον,
10 κάρπωμα, θυσίαν· σπονδὴν οὐ σπείσεις ἐπ' αὐτοῦ. ¹⁰καὶ ἐξιλάσεται
περὶ αὐτοῦ. Ἀαρὼν ἐπὶ τῶν κεράτων αὐτοῦ ἅπαξ τοῦ ἐνιαυτοῦ· ἀπὸ
τοῦ αἵματος τοῦ καθαρισμοῦ καθαριεῖ αὐτό· εἰς γενεὰς αὐτῶν ἅγιον τῶν
ἁγίων ἐστὶν Κυρίῳ.
¹¹/₁₂ ¹¹Καὶ ἐλάλησεν Κύριος πρὸς Μωυσῆν λέγων ¹²Ἐὰν λάβῃς τὸν
συλλογισμὸν τῶν υἱῶν Ἰσραὴλ ἐν τῇ ἐπισκοπῇ αὐτῶν, καὶ δώ-
σουσιν ἕκαστος λύτρα τῆς ψυχῆς αὐτοῦ Κυρίῳ, καὶ οὐκ ἔσται ἐν
13 αὐτοῖς πτῶσις ἐν τῇ ἐπισκοπῇ αὐτῶν. ¹³καὶ τοῦτό ἐστιν ὃ δώσουσιν
ὅσοι ἂν παραπορεύωνται τὴν ἐπίσκεψιν, τὸ ἥμισυ τοῦ διδράχμου,

46 ειναι αυτων θεος AF XXX 2 πηχεος 1°] πηχεως A | πηχεος 2°] AF
πηχεως F   3 αυτα] αυτο F | εσχαραν] εσχαριδα A | om κυκλω 1° F* (hab
F¹) | στεφ. στρεπτην F   4 ποιησεις]+αυτους A+αυτω F   , 5 αυτα A
6 εκειθεν], εκει AF . 7 θυσει] θυμιασει Bᵃᵇ AF | επισκευαση] επισκευαζη BᵃF
επισκευαζει A | τους λυχνους BᵃAF] ο λυχνος B*   8 εξαπτη BAᵃ] απτη
A*F | θυμιασει AF | δια παντος sup ras Aᵃ om F | εναντι] ενα sup ras Aᵃ |
γενεας] pr τας AF   9 ανοισει] ανοισεις Bᵃᵇ ανοισεται A ανοισετε F |
αυτου 1°] αυτο F | θυσιαν] θυσιας F | σπονδην] pr και Bᵃᵇ AF | σπεισεις] σπει-
σεται A σπεισετε F   10 περι αυτου] επ αυτο Bᵃ et (sup ras) Aᵃ επ αυτου
Bᵇ om F | om Ααρων A | επι των κερ.] επι των sup ras et pr επιθησει Aᵃ |
του καθαρισμου]+των αμαρτιων του εξιλασμου απαξ του ενιαυτου AF | καθα-
ριεις A | γενεας] pr τας AF | των αγιων] om των F | Κυριω] pr τω A
12 λυτρα] pr τα A | Κυριω] pr τω AF

ΕΞΟΔΟΣ XXX 14

Β ὅ ἐστιν κατὰ τὸ δίδραχμον τὸ ἅγιον· εἴκοσι ὀβολοὶ τὸ δίδραχμον· τὸ δὲ ἥμισυ τοῦ διδράχμου εἰσφορὰ Κυρίῳ. ¹⁴πᾶς ὁ παραπορευό- 14 μενος εἰς τὴν ἐπίσκεψιν ἀπὸ εἰκοσαετοῦς καὶ ἐπάνω, δώσουσιν τὴν εἰσφορὰν Κυρίῳ. ¹⁵ὁ πλουτῶν οὐ προσθήσει καὶ ὁ πενόμενος 15 οὐκ ἐλαττονήσει ἀπὸ τοῦ ἡμίσους τοῦ διδράχμου ἐν τῷ διδόναι τὴν εἰσφορὰν Κυρίῳ, ἐξιλάσασθαι περὶ τῶν ψυχῶν ὑμῶν. ¹⁶καὶ λήμψῃ 16 τὸ ἀργύριον τῆς εἰσφορᾶς παρὰ τῶν υἱῶν Ἰσραήλ, καὶ δώσεις αὐτὸ εἰς κάτεργον τῆς σκηνῆς τοῦ μαρτυρίου· καὶ ἔσται τοῖς υἱοῖς Ἰσραὴλ μνημόσυνον ἔναντι Κυρίου, καὶ ἐξιλάσασθαι περὶ τῶν ψυχῶν ὑμῶν.

¹⁷Καὶ ἐλάλησεν Κύριος πρὸς Μωυσῆν λέγων ¹⁸Ποίησον λουτῆρα 17 18 χαλκοῦν καὶ βάσιν αὐτῷ χαλκῆν, ὥστε νίπτεσθαι· καὶ θήσεις αὐτὸν ἀνὰ μέσον τῆς σκηνῆς τοῦ μαρτυρίου καὶ ἀνὰ μέσον τοῦ θυσιαστηρίου, καὶ ἐκχεεῖς εἰς αὐτὸν ὕδωρ· ¹⁹καὶ νίψεται Ἀαρὼν καὶ οἱ υἱοὶ αὐτοῦ 19 ἐξ αὐτοῦ τὰς χεῖρας καὶ τοὺς πόδας ὕδατι. ²⁰ὅταν εἰσπορεύωνται 20 εἰς τὴν σκηνὴν τοῦ μαρτυρίου, νίψονται ὕδατι καὶ οὐ μὴ ἀποθάνωσιν· ὅταν προσπορεύωνται πρὸς τὸ θυσιαστήριον λειτουργεῖν καὶ ἀναφέρειν τὰ ὁλοκαυτώματα Κυρίῳ, ²¹νίψονται τὰς χεῖρας καὶ τοὺς πόδας 21 ὕδατι· ὅταν εἰσπορεύωνται εἰς τὴν σκηνὴν τοῦ μαρτυρίου, νίψονται ὕδατι ἵνα μὴ ἀποθάνωσιν· καὶ ἔσται αὐτοῖς νόμιμον αἰώνιον, αὐτῷ καὶ ταῖς γενεαῖς αὐτοῦ μετ' αὐτόν. ²²Καὶ ἐλάλησεν Κύριος πρὸς 22 Μωυσῆν λέγων ²³Καὶ σὺ λάβε ἡδύσματα, τὸ ἄνθος σμύρνης ἐκλεκτῆς 23 πεντακοσίους σίκλους, καὶ κινναμώμου εὐώδους τὸ ἥμισυ τούτου σν', καὶ καλάμου εὐώδους διακοσίους πεντήκοντα, ²⁴καὶ ἴρεως πεντα- 24 κοσίους σίκλους τοῦ ἁγίου, καὶ ἔλαιον ἐξ ἐλαίων εἴν· ²⁵καὶ ποιήσεις 25 αὐτὸ ἔλαιον χρίσμα ἅγιον, μύρον μυρεψικὸν τέχνῃ μυρεψοῦ· ἔλαιον χρίσμα ἅγιον ἔσται. ²⁶καὶ χρίσεις ἐξ αὐτοῦ τὴν σκηνὴν τοῦ μαρ- 26 τυρίου, καὶ τὴν κιβωτὸν τοῦ μαρτυρίου, ²⁷καὶ τὴν λυχνίαν καὶ πάντα 27

AF   13 διδραχμον 1°] διδραχμα A | Κυριω] pr τω F   14 την εισφ.] om την A
15 ελαττονωσει AF | ημισους F] ημισυν B ημισυς A   16 κατεργον] pr το AF |
και 4° B*b] om Ba vid AF   18 αυτον 1°] αυτην F   19 εξ αυτου τας χ.]
τας χ. αυτων εξ αυτου A εξ αυτου τας χ. αυτων F | om υδατι A*F (hab
BA¹ᵗ ᵃ? mg)   20 εισπορευονται A | οταν 2°] pr η AF | ολοκαυτωματα]
ολοκαρπωματα F | Κυριω] pr τω A   21 ψονται τας χειρας....μετ αυτους
sup ras Aᵃ? | om οταν εισπορευωνται....νιψονται υδατι F | ινα] και ου Aᵃ? |
om αυτω Aᵃ? | αυτου] αυτων Aᵃ? | μετ αυτον] μετ αυτους Aᵃ?   23 το ανθος
(ανθον A)] om το AF | τουτου σν' και καλαμου ευ]ωδους Bᵃ | τουτου] αυτου F |
σν'] διακοσιους A + ϛ ν' Aᵃᵐᵍ διακοσιους πεντηκοντα F | και καλ. ευωδ. δια-
κοσιους] ϛ καλ. ευωδ. σ' Aᵃᵐᵍ | πεντηκοντα] pr και A   24 αγιου] αργυριου F
25 om ελαιον 1° A* (ησεις αυ|το ελαιον in mg et sup ras 9 litt Aᵃ) | om μυρον
F | τεχνης F   27 και την λυχνιαν] pr και παντα τα σκευη αυτης AF

ΕΞΟΔΟΣ XXXI 7

τὰ σκεύη αὐτῆς, καὶ τὴν σκηνὴν τοῦ μαρτυρίου καὶ πάντα τὰ σκεύη B
28 αὐτῆς, καὶ τὸ θυσιαστήριον τοῦ θυμιάματος, ²⁸καὶ τὸ θυσιαστήριον
τῶν ὁλοκαυτωμάτων καὶ πάντα αὐτοῦ τὰ σκεύη, καὶ τὴν τράπεζαν καὶ
29 πάντα τὰ σκεύη αὐτῆς, καὶ τὸν λουτῆρα· ²⁹καὶ ἁγιάσεις αὐτά, καὶ
30 ἔσται ἅγια τῶν ἁγίων· πᾶς ὁ ἁπτόμενος αὐτῶν ¶ ἁγιασθήσεται. ³⁰καὶ ¶ F
Ἀαρὼν καὶ τοὺς υἱοὺς αὐτοῦ χρίσεις, καὶ ἁγιάσεις αὐτοὺς ἱερατεύειν
31 μοι. ³¹καὶ τοῖς υἱοῖς Ἰσραὴλ λαλήσεις λέγων Ἔλαιον ἄλιμμα
32 χρίσεως ἅγιον ἔσται τοῦτο ὑμῖν εἰς τὰς γενεὰς ὑμῶν· ³²ἐπὶ σάρκα
ἀνθρώπου οὐ χρισθήσεται, καὶ κατὰ τὴν σύνθεσιν ταύτην οὐ ποιηθή-
σεται ὑμῖν ἑαυτοῖς ὡσαύτως· ἅγιόν ἐστιν; καὶ ἁγίασμα ἔσται ὑμῖν.
33 ³³ὃς ἂν ποιήσῃ ὡσαύτως, καὶ ὃς ἂν δῷ ἀπ' αὐτοῦ ἀλλογενεῖ, ἐξολεθρευ-
34 θήσεται ἐκ τοῦ λαοῦ αὐτοῦ. ³⁴Καὶ εἶπεν Κύριος πρὸς Μωυσῆν
Λάβε σεαυτῷ ἡδύσματα, στακτήν, ὄνυχα, χαλβάνην ἡδυσμοῦ καὶ
35 λίβανον διαφανῆ· ἴσον ἴσῳ ἔσται. ³⁵καὶ ποιήσουσιν ἐν αὐτῷ θυμίαμα
36 μυρεψικὸν ἔργον. μυρεψοῦ μεμιγμένον, καθαρὸν ἔργον ἅγιον. ³⁶καὶ
συνκόψεις ἐκ τούτων λεπτόν, καὶ θήσεις ἀπέναντι τῶν μαρτυρίων ἐν
τῇ σκηνῇ τοῦ μαρτυρίου, ὅθεν γνωσθήσομαί σοι ἐκεῖθεν· ἅγιον τῶν
37 ἁγίων ἔσται ὑμῖν. ³⁷θυμίαμα κατὰ τὴν σύνθεσιν ταύτην οὐ ποιήσετε
38 ὑμῖν αὐτοῖς· ἁγίασμα ἔσται ὑμῖν Κυρίῳ· ³⁸ὃς ἂν ποιήσῃ ὡσαύτως
ὥστε ὀσφραίνεσθαι ἐν αὐτῷ, ἀπολεῖται ἐκ τοῦ λαοῦ αὐτοῦ.
XXXI ¹⁄₂ ¹Καὶ ἐλάλησεν Κύριος πρὸς Μωυσῆν λέγων ²Ἰδοὺ ἀνακέκλημαι ἐξ
ὀνόματος τὸν Βεσελεὴλ τὸν τοῦ. Οὐρείου τὸν Ὢρ τῆς φυλῆς Ἰούδα,
3 ³καὶ ἐνέπλησα αὐτὸν πνεῦμα θεῖον σοφίας καὶ συνέσεως καὶ ἐπιστή-
4 μης ἐν παντὶ ἔργῳ, ⁴διανοεῖσθαι καὶ ἀρχιτεκτονῆσαι, ἐργάζεσθαι τὸ
χρυσίον καὶ τὸ ἀργύριον καὶ τὸν χαλκόν, καὶ τὴν ὑάκινθον καὶ τὴν
5 πορφύραν καὶ τὸ κόκκινον τὸ νηστόν, ⁵καὶ τὰ λιθουργικά, καὶ εἰς τὰ
6 ἔργα τὰ τεκτονικὰ τῶν ξύλων, ἐργάζεσθαι κατὰ πάντα τὰ ἔργα. ⁶καὶ
ἐγὼ ἔδωκα αὐτὸν καὶ τὸν Ἐλιὰβ τὸν τοῦ Ἀχισαμὰχ ἐκ φυλῆς Δάν·
καὶ παντὶ συνετῷ καρδίᾳ δέδωκα σύνεσιν, καὶ ποιήσουσιν πάντα
7 ὅσα σοι συνέταξα· ⁷τὴν σκηνὴν τοῦ μαρτυρίου, καὶ τὴν κιβωτὸν τῆς

27 om και την σκηνην του μαρτ. και παντα τα σκευη αυτης AF   28 τον AF
λουτηρα]+και την βασιν αυτου AF   32 ποιηθησεται] ποιησεται A   33 om
αυτου 2° A   34 χαλβανην] και χαβρανην A   35 εν αυτω θυμιαμα....
καθαρον] αυτο θυμιαμα....καθαρον sup ras pl litt Aᵃ | μεμιγμενον]+συν-
θεσεως Aᵃ   37 αυτοις] εαυτοις A   38 αυτου BᵃA (αυτης B*)
XXXI 2 Ουρειου] Ουριου Bᵇ Ουρι A | τον Ωρ] υιον Ωρ A   4 αρχι-
τεκτονησαι] αρχιτεκτονειν A | το νηστον]+και την βυσσον την κεκλωσμενην A
5 και εις τα εργα] εις τα εργα και A   6 εδωκα] δεδωκα A | συνε-
ταξα σοι A.

XXXI 8 ΕΞΟΔΟΣ

B διαθήκης καὶ τὸ ἱλαστήριον τὸ ἐπ' αὐτῆς, καὶ τὴν διασκευὴν τῆς σκηνῆς, ⁸καὶ τὰ θυσιαστήρια, καὶ τὴν τράπεζαν καὶ πάντα τὰ σκεύη 8 αὐτῆς, καὶ τὴν λυχνίαν τὴν καθαρὰν καὶ πάντα τὰ σκεύη αὐτῆς, ⁹καὶ 9 τὸν λουτῆρα καὶ τὴν βάσιν αὐτοῦ, ¹⁰καὶ τὰς στολὰς τὰς λειτουργικὰς 10 Ἀαρὼν καὶ τὰς στολὰς τῶν υἱῶν αὐτοῦ ἱερατεύειν μοι, ¹¹καὶ τὸ ἔλαιον 11 τῆς χρίσεως, καὶ τὸ θυμίαμα τῆς συνθέσεως τοῦ ἁγίου· κατὰ πάντα ὅσα ἐγὼ ἐνετειλάμην σοι ποιήσουσιν.

¹²Καὶ ἐλάλησεν Κύριος πρὸς Μωυσῆν λέγων ¹³Καὶ σὺ σύνταξον ¹² ¹³ τοῖς υἱοῖς Ἰσραὴλ λέγων Ὁρᾶτε καὶ τὰ σάββατά μου φυλάξεσθε· σημεῖόν ἐστιν παρ' ἐμοὶ καὶ ἐν ὑμῖν εἰς τὰς γενεὰς ὑμῶν, ἵνα γνῶτε ὅτι ἐγὼ Κύριος ὁ ἁγιάζων ὑμᾶς. ¹⁴καὶ φυλάξεσθε τὰ σάββατα, ὅτι 14 ἅγιον τοῦτό ἐστιν Κυρίου ὑμῖν· ὁ βεβηλῶν αὐτὸ θανάτῳ θανατωθήσεται· πᾶς ὃς ποιήσει ἐν αὐτῷ ἔργον, ἐξολεθρευθήσεται ἡ ψυχὴ ἐκείνη ἐκ μέσου τοῦ λαοῦ αὐτοῦ. ¹⁵ἓξ ἡμέρας ποιήσεις ἔργα, τῇ 15 δὲ ἡμέρᾳ τῇ ἑβδόμῃ σάββατα, ἀνάπαυσις ἁγία τῷ κυρίῳ· πᾶς ὃς ποιήσει ἔργον τῇ ἡμέρᾳ τῇ ἑβδόμῃ θανατωθήσεται. ¹⁶καὶ φυλά- 16 ξουσιν οἱ υἱοὶ Ἰσραὴλ τὰ σάββατα, ποιεῖν αὐτὰ εἰς τὰς γενεὰς αὐτῶν· διαθήκη αἰώνιος ¹⁷ἐν ἐμοὶ καὶ τοῖς υἱοῖς Ἰσραήλ, σημεῖόν ἐστιν ἐν 17 ἐμοὶ αἰώνιον· ὅτι ἐξ ἡμέραις ἐποίησεν Κύριος τὸν οὐρανὸν καὶ τὴν γῆν, καὶ τῇ ἡμέρᾳ τῇ ἑβδόμῃ κατέπαυσεν καὶ ἐπαύσατο. ¹⁸Καὶ 18
§ F ἔδωκεν Μωυσεῖ, ἡνίκα κατέπαυσεν λαλῶν αὐτῷ ἐν τῷ ὄρει τῷ Σεινά, τὰς δύο πλάκας τοῦ μαρτυρίου, πλάκας λιθίνας γεγραμμένας τῷ δακτύλῳ τοῦ θεοῦ.

¹Καὶ ἰδὼν ὁ λαὸς ὅτι κεχρόνικεν Μωυσῆς καταβῆναι ἐκ τοῦ ὄρους, 1 X συνέστη ὁ λαὸς ἐπὶ Ἀαρὼν καὶ λέγουσιν αὐτῷ Ἀνάστηθι καὶ ποίησον ἡμῖν θεοὺς οἳ προπορεύσονται ἡμῶν· ὁ γὰρ Μωυσῆς οὗτος ὁ ἄνθρωπος ὃς ἐξήγαγεν ἡμᾶς ἐξ Αἰγύπτου, οὐκ οἴδαμεν τί γέγονεν αὐτῷ. ²καὶ 2 λέγει αὐτοῖς Ἀαρὼν Περιέλεσθε τὰ ἐνώτια τὰ χρυσᾶ τὰ ἐν τοῖς ὠσὶν τῶν γυναικῶν ὑμῶν καὶ θυγατέρων, καὶ ἐνέγκατε πρός με. ³καὶ 3

AF 10 ιερατευειν] pr εις το A   11 ενετειλαμην (ενετιλ. B* ενετειλ. Bᵇʳ)] ενεταλμαι A   13 σημειον εστιν] εστιν γαρ σ. A   14 φυλαξασθαι A | τα σαββατα] το σαββατον A | τουτο εστιν Κυριου] εσται A | os] οστις A | αυτω] αυτη A | αυτου] αυτης A   15 os] οστις A | τη εβδομη 2°] του σαββατου A | θανατωθησεται] pr θανατω A   17 om εν εμοι 2° A | εξ ημεραις] pr εν · BᵃᵇA | τον ουρανον] τον τε ουρ. BᵃᵇA | επαυσατο και κατεπαυσεν A   18 Μωσει] Μωύση A | αυτω] προς αυτον A | om τω 2° F | Σινα BᵇAF   XXXII 1 λεγουσιν] ελεγον A | Μωυσης AF | εξ Αιγ.] εκ γης Αιγ. A

168

ΕΞΟΔΟΣ XXXII. 17

περιείλαντο ἧας ὁ λαὸς τὰ ἐνώτια τὰ χρυσᾶ τὰ ἐν τοῖς ὠσὶν αὐτῶν B
8 4 καὶ ἤνεγκαν πρὸς Ἀαρών. ¹⁴καὶ ἐδέξατο ἐκ τῶν χειρῶν αὐτῶν καὶ
ἔπλασεν αὐτὰ ἐν τῇ γραφίδι, καὶ ἐποίησεν αὐτὰ μόσχον χωνευτὸν
ϛ καὶ εἶπεν Οὗτοι οἱ θεοί σου, Ἰσραήλ, οἵτινες ἀνεβίβασάν σε ἐκ γῆς
5 Αἰγύπτου. ⁵καὶ ἰδὼν Ἀαρὼν ᾠκοδόμησεν θυσιαστήριον κατέναντι
6 αὐτοῦ· καὶ ἐκήρυξεν Ἀαρὼν λέγων Ἑορτὴ τοῦ κυρίου αὔριον. ⁶καὶ
ὀρθρίσας τῇ ἐπαύριον ἀνεβίβασεν ὁλοκαυτώματα, καὶ προσήνεγκεν
θυσίαν ⁎ σωτηρίου· καὶ ἐκάθισεν ὁ λαὸς φαγεῖν καὶ πιεῖν, καὶ ἀνέστησαν ¶ F
7 παίζειν. ⁷Καὶ ἐλάλησεν Κύριος πρὸς Μωυσῆν λέγων Βάδιζε τὸ
τάχος ἐντεῦθεν, κατάβηθι· ἠνόμησεν γὰρ ὁ λαός σου ὃν ἐξήγαγες ἐκ γῆς
8 Αἰγύπτου. ⁸παρέβησαν ταχὺ ἐκ τῆς ὁδοῦ ἧς ἐνετείλω αὐτοῖς· ἐποίη-
9 σαν ἑαυτοῖς μόσχον, καὶ προσκεκυνήκασιν αὐτῷ καὶ εἶπαν ⁹⁽⁸⁾Οὗτοι
10 οἱ θεοί σου, Ἰσραήλ, οἵτινες ἀνεβίβασάν σε ἐκ γῆς Αἰγύπτου. ¹⁰καὶ
νῦν ἔασόν με καὶ θυμωθεὶς ὀργῇ εἰς αὐτοὺς ἐκτρίψω αὐτούς, καὶ
11 ποιήσω σε εἰς ἔθνος μέγα. ¹¹καὶ ἐδεήθη Μωυσῆς ἔναντι Κυρίου τοῦ
θεοῦ καὶ εἶπεν Ἵνα τί, Κύριε, θυμοῖ ὀργῇ εἰς τὸν λαόν σου, οὓς
ἐξήγαγες ἐκ γῆς Αἰγύπτου ἐν ἰσχύι μεγάλῃ καὶ ἐν τῷ βραχίονί σου
12 τῷ ὑψηλῷ; ¹²μή ποτε εἴπωσιν οἱ Αἰγύπτιοι λέγοντες Μετὰ πονηρίας
ἐξήγαγεν αὐτοὺς ἀποκτεῖναι ἐν τοῖς ὄρεσιν καὶ ἐξαναλῶσαι αὐτοὺς ἀπὸ
ϛ τῆς γῆς. παῦσαι τῆς ὀργῆς τοῦ θυμοῦ σου, καὶ ἵλεως γενοῦ ἐπὶ τῇ
13 κακίᾳ τοῦ λαοῦ σου, ¹³μνησθεὶς Ἀβραὰμ καὶ Ἰσαὰκ καὶ Ἰακὼβ τῶν
σῶν οἰκετῶν, οἷς ὤμοσας κατὰ σεαυτοῦ καὶ ἐλάλησας πρὸς αὐτοὺς
λέγων §Πολυπληθυνῶ τὸ σπέρμα ὑμῶν ὡσεὶ τὰ ἄστρα τοῦ οὐρανοῦ § F
ϛ τῷ πλήθει, καὶ πᾶσαν τὴν γῆν ταύτην ἣν εἶπας δοῦναι αὐτοῖς, καὶ
14 καθέξουσιν αὐτὴν εἰς τὸν αἰῶνα. ¹⁴καὶ ἱλάσθη Κύριος περιποιῆσαι
15 τὸν λαὸν αὐτοῦ. ¹⁵Καὶ ἀποστρέψας Μωυσῆς κατέβη ἀπὸ τοῦ
ὄρους· καὶ αἱ δύο πλάκες τοῦ μαρτυρίου ἐν ταῖς χερσὶν αὐτοῦ, πλάκες
ο λίθιναι, καταγεγραμμέναι ἐξ ἀμφοτέρων τῶν μερῶν αὐτῶν, ἔνθεν καὶ
16 ἔνθεν ἦσαν γεγραμμέναι· ¹⁶καὶ αἱ πλάκες ἔργον θεοῦ ἦσαν, καὶ ἡ
17 γραφὴ γραφὴ θεοῦ κεκολαμμένη ἐν ταῖς πλαξίν. ¹⁷καὶ ἀκούσας

{3 αυτων] pr των γυναικων A   4 αυτα (bis)] αυτο AF | τη γραφιδι] om AF
τη Α τη ραφιδι F | ειπεν] ειπαν A   5—6 plurima mutila in F   5 του
κυριου] om του AF^vid   6 ορθρισας]+ὁ.....F*(om ὁ F¹) | θυ...F | πειν B*
(πιειν B^abA)   7 καταβηθι το ταχος εντευθεν A | ον] ους A   8 και
ειπαν] pr και τεθυκασιν αυτω A . · | 11 εναντι] κατεναντι A | om Κυριου A |
του θεου]+αυτον A | τω βραχ. σου τω υψηλω] βραχ. υψηλω A   13 ωμοσας]
+αυτοις A | σαυτου A | πολυπληθυνω]...|θυνω F | αυτοις] τω σπερματι αυτων
AF   14 περιποιησαι] περι της κακιας ης ειπεν ποιησαι AF   15—16 plu-
rima mutila in F   15 απο] εκ F | καταγεγραμμεναι] γεγραμμεναι AF
16 θεου 2°]+εστιν AF^vid

XXXII 18 ΕΞΟΔΟΣ

B Ἰησοῦς τῆς φωνῆς τοῦ λαοῦ κραζόντων λέγει πρὸς Μωυσῆν Φωνὴ πολέμου ἐν τῇ παρεμβολῇ. ¹⁸καὶ λέγει Οὐκ ἔστιν φωνὴ ἐξαρχόντων κατ' ἰσχὺν οὐδὲ φωνὴ ἐξαρχόντων τροπῆς· ἀλλὰ φωνὴν ἐξαρχόντων οἴνου ἐγὼ ἀκούω. ¹⁹καὶ ἡνίκα ἤγγιζεν τῇ παρεμβολῇ, ὁρᾷ τὸν μόσχον καὶ τοὺς χορούς· καὶ ὀργισθεὶς θυμῷ Μωυσῆς ἔρριψεν ἀπὸ τῶν χειρῶν αὐτοῦ τὰς δύο πλάκας, καὶ συνέτριψεν αὐτὰς ὑπὸ τὸ ὄρος· ²⁰καὶ λαβὼν τὸν μόσχον ὃν ἐποίησαν κατέκαυσεν αὐτὸν ἐν πυρί, καὶ κατήλεσεν αὐτὸν λεπτόν, καὶ ἔσπειρεν αὐτὸν ὑπὸ τὸ ὕδωρ, καὶ ἐπότισεν αὐτὸ τοὺς υἱοὺς Ἰσραήλ. ²¹καὶ εἶπεν Μωυσῆς τῷ Ἀαρών Τί ἐποίησέν σοι ὁ λαὸς οὗτος ὅτι ἐπήγαγες ἐπ' αὐτοὺς ἁμαρτίαν μεγάλην; ²²καὶ εἶπεν Ἀαρὼν πρὸς Μωυσῆν Μὴ ὀργίζου, κύριε· σὺ γὰρ οἶδας τὸ ὅρμημα τοῦ λαοῦ τούτου. ²³λέγουσιν γάρ μοι Ποίησον ἡμῖν θεοὺς οἳ προπορεύσονται ἡμῶν· ὁ γὰρ Μωυσῆς οὗτος ὁ ἄνθρωπος ὃς ἐξήγαγεν ἡμᾶς ἐξ Αἰγύπτου, οὐκ οἴδαμεν τί γέγονεν αὐτῷ. ²⁴καὶ εἶπα αὐτοῖς Εἴ τινι ὑπάρχει χρυσία, περιέλεσθε. καὶ ἔδωκάν μοι· καὶ ἔρριψα εἰς τὸ πῦρ, καὶ ἐξῆλθεν ὁ μόσχος οὗτος. ²⁵καὶ ἰδὼν Μωυσῆς τὸν λαὸν ὅτι διεσκέδασται, διεσκέδασεν γὰρ αὐτοὺς Ἀαρών, ἐπίχαρμα τοῖς ὑπεναντίοις αὐτῶν· ²⁶ἔστη δὲ Μωυσῆς ἐπὶ τῆς πύλης τῆς παρεμβολῆς καὶ εἶπεν Τίς πρὸς Κύριον; ἴτω πρὸς μέ. συνῆλθον οὖν πάντες οἱ υἱοὶ Λευεί. ²⁷καὶ λέγει αὐτοῖς Τάδε λέγει Κύριος ὁ θεὸς Ἰσραήλ Θέσθε ἕκαστος τὴν ἑαυτοῦ ῥομφαίαν ἐπὶ τὸν μηρόν, καὶ διέλθατε καὶ ἀνακάμψατε ἀπὸ πύλης ἐπὶ πύλην διὰ τῆς παρεμβολῆς, καὶ ἀποκτείνατε ἕκαστος τὸν ἀδελφὸν αὐτοῦ καὶ ἕκαστος τὸν ἔγγιστα αὐτοῦ. ²⁸καὶ ἐποίησαν οἱ υἱοὶ Λευεὶ καθὰ ἐλάλησεν αὐτοῖς Μωυσῆς· καὶ ἔπεσαν ἐκ τοῦ λαοῦ ἐν ἐκείνῃ τῇ ἡμέρᾳ εἰς τρισχιλίους ἄνδρας. ²⁹καὶ εἶπεν αὐτοῖς Μωυσῆς Ἐπληρώσατε τὰς χεῖρας ὑμῶν σήμερον Κυρίῳ, ἕκαστος ἐν τῷ υἱῷ ἢ τῷ ἀδελφῷ, δοθῆναι ἐφ' ὑμᾶς εὐλογίαν. ³⁰Καὶ ἐγένετο μετὰ τὴν αὔριον εἶπεν Μωυσῆς πρὸς τὸν λαόν Ὑμεῖς ἡμαρτήκατε ἁμαρτίαν μεγάλην· καὶ νῦν ἀναβήσομαι πρὸς τὸν θεὸν ἵνα ἐξιλάσωμαι περὶ τῆς ἁμαρτίας ὑμῶν. ³¹ὑπέστρεψεν δὲ

AF 17 της φωνης] την φωνην Bᵃᵇ AF | 19 και ηνικα] ηνικα δε AF | ηγγισεν AF | μοσχον] οχλον F 20 om αυτον 1° A | om εν AF | κατηλασεν AF | om αυτον 2° A | υπο] επι Bᵃ AF 21 τω] προς AF 22 μη] pr λεγων A 23 ημων] ημιν F | εξ] εκ γης A 24 ει τινι] om ει AF | το πυρ] om το F 26 om δε F | συνηλθοσαν AF | ταντες] pr προς αυτον Bᵃᵇ ᵐᵍ AF | Λευι AF (item 28) 27 λεγει 1°] ειπεν AF | την εαυτου ρομφ.] την ρομφ. εαυτου AF | πυλην] πυλης A | τον εγγιστα] pr τον πλησιον αυτου και εκαστος AF 28 ελαλησεν] συνεταξεν F | om εν A | τη ημερα εκεινη AF | τρ[ι.]σχιλιους F 29 Κυριω] pr τω A | υιω F* | η] και εν AF 30 ειπεν] pr και AF | Μωυσης AF | εξιλασομαι AF¹ ᵛⁱᵈ ² 31 επεστρεψεν AF

ΕΞΟΔΟΣ XXXIII 8

Μωυσῆς πρὸς Κύριον καὶ εἶπεν·Δέομαι, κύριε· ἡμάρτηκεν ὁ λαὸς οὗτος B
ἁμαρτίαν μεγάλην, καὶ ἐποίησαν ἑαυτοῖς θεοὺς χρυσοῦς· ³²καὶ νῦν
εἰ μὲν ἀφεῖς αὐτοῖς τὴν ἁμαρτίαν αὐτῶν, ἄφες· εἰ δὲ μή, ἐξάλειψόν με
ἐκ τῆς βίβλου σου ἧς ἔγραψας. ³³καὶ εἶπεν Κύριος πρὸς Μωυσῆν
Εἴ τις ἡμάρτηκεν, ἐξαλείψω αὐτοὺς ἐκ τῆς βίβλου μου. ³⁴σὺ δὲ βάδιζε
κατάβηθι, καὶ ὁδήγησον τὸν λαὸν τοῦτον εἰς τὸν τόπον ὃν εἶπά σοι·
ἰδοὺ ὁ ἄγγελός μου προπορεύεται πρὸ προσώπου σου· ᾗ δ' ἂν ἡμέρᾳ
ἐπισκέπτωμαι, ἐπάξω ἐπ' αὐτοὺς τὴν ἁμαρτίαν αὐτῶν. ³⁵καὶ ἐπά-
ταξεν Κύριος τὸν λαὸν περὶ τῆς ποιήσεως τοῦ μόσχου οὗ ἐποίησεν
Ἀαρών.

¹Καὶ εἶπεν Κύριος πρὸς Μωυσῆν Πορεύου ἀνάβηθι ἐντεῦθεν σὺ καὶ
ὁ λαός σου, οὓς ἐξήγαγες ἐκ γῆς Αἰγύπτου, εἰς τὴν γῆν ἣν ὤμοσα τῷ
Ἀβραὰμ καὶ Ἰσαὰκ καὶ Ἰακὼβ λέγων Τῷ σπέρματι ὑμῶν δώσω αὐτήν.
²καὶ συναποστελῶ τὸν ἄγγελόν μου πρὸ προσώπου σου, καὶ ἐκβαλεῖς
τὸν Ἀμορραῖον καὶ Χετταῖον καὶ Φερεζαῖον καὶ Γεργεσαῖον καὶ Εὐαῖον
καὶ Ἰεβουσαῖον. ³καὶ εἰσάξω σε εἰς γῆν ῥέουσαν γάλα καὶ μέλι·
οὐ γὰρ μὴ συναναβῶ μετὰ σοῦ διὰ τὸ λαὸν σκληροτράχηλόν σε εἶναι,
ἵνα μὴ ἐξαναλώσω σε ἐν τῇ ὁδῷ. ⁴καὶ ἀκούσας ὁ λαὸς τὸ ῥῆμα τὸ
πονηρὸν τοῦτο κατεπένθησεν ἐν πενθικοῖς. ⁵καὶ εἶπεν Κύριος τοῖς
υἱοῖς Ἰσραήλ Ὑμεῖς λαὸς σκληροτράχηλος· ὁρᾶτε μὴ πληγὴν ἄλλην
ἐπάξω ἐγὼ ἐφ' ὑμᾶς καὶ ἐξαναλώσω ὑμᾶς· νῦν οὖν ἀφέλεσθε τὰς
στολὰς τῶν δοξῶν ὑμῶν καὶ τὸν κόσμον, καὶ δείξω σοι ἃ ποιήσω σοι.
⁶καὶ περιείλαντο οἱ υἱοὶ Ἰσραὴλ τὸν κόσμον αὐτῶν καὶ τὴν περιστολὴν
ἀπὸ τοῦ ὄρους τοῦ Χωρήβ. ⁷Καὶ λαβὼν Μωυσῆς τὴν σκηνὴν
αὐτοῦ ἔπηξεν ἔξω τῆς παρεμβολῆς, μακρὰν ἀπὸ τῆς παρεμβολῆς, καὶ
ἐκλήθη σκηνὴ μαρτυρίου· καὶ ἐγένετο, πᾶς ὁ ζητῶν Κύριον ἐξεπορεύετο
εἰς τὴν σκηνὴν τὴν ἔξω τῆς παρεμβολῆς. ⁸ἡνίκα δ' ἂν εἰσεπορεύετο
Μωυσῆς εἰς τὴν σκηνὴν ἔξω τῆς παρεμβολῆς, ἱστήκει πᾶς ὁ λαὸς

32 om αυτων AF | με] καμε A   33 ημαρτηκεν]+ενωπιον εμου B^(ab mg)+ ΛF
ενωπ. μου AF [αυτους] αυτον AF [εκ] απο F   34 συ] νυνι B^(ab)AF | om κατα-
βηθι AF | προπορευεται προ προσ. σου] προπορευσεται προ προσ. σου A προ
προσ. σου προπορευεται F   35 ου AF | εποιησεν Ααρων] εποιησαν εαυτοις
F* [εποιησεν] Ααρων F¹ vid mg   XXXIII 2 προ προσωπου] προτερον AF |
εκβαλεις] εκβαλει B^(1 a²)AF | τον Αμορραιον] pr τον Χαναναιον και AF | Χετ-
ταιον] pr τον AF | Φερεζαιον] pr τον F | Ιεβουσαιον]+και Χαναναιον B^(ab mg)
3 εισαξω] εισαξει AF^(1 mg) | om μη A   4 κατεπενθησαν AF   5 επαξω
εγω] εγω επαγω A εγω επαγαγω F | αφελεσθε] αφελετε AF | om των δοξων
B* (hab B^(ab mg)AF) | om σοι 2° F^(corr vid)   6 του Χωρηβ] om του [AF   7 om
μακραν απο της παρεμβολης B* (hab B^(ab mg)AF) | om και εγενετο A | την εξω]
om την AF   8 Μωυσης AF | om εξω της παρεμβολης AF | ειστηκει B^(ab)F

XXXIII 9   ΕΞΟΔΟΣ

B σκοπεύοντες ἕκαστος παρὰ τὰς θύρας τῆς σκηνῆς αὐτοῦ· καὶ κατενοοῦσαν ἀπιόντος Μωσῆ ἕως τοῦ εἰσελθεῖν αὐτὸν εἰς τὴν σκηνήν. ⁹ὡς δ᾽ ἂν εἰσῆλθεν Μωσῆς εἰς τὴν σκηνήν, κατέβαινεν ὁ στύλος 9 τῆς νεφέλης καὶ ἵστατο ἐπὶ τὴν θύραν τῆς σκηνῆς, καὶ ἐλάλει Μωσῇ· ¹⁰καὶ ἑώρα πᾶς ὁ λαὸς τὸν στύλον τῆς νεφέλης ἑστῶτα ἐπὶ τῆς 10 θύρας τῆς σκηνῆς· καὶ στάντες πᾶς ὁ λαὸς προσεκύνησαν ἕκαστος ἀπὸ τῆς θύρας τῆς σκηνῆς αὐτοῦ. ¹¹καὶ ἐλάλησεν Κύριος πρὸς 11 Μωυσῆν, ἐνώπιος ἐνωπίῳ, ὡς εἴ τις λαλήσει πρὸς τὸν ἑαυτοῦ φίλον· καὶ ἀπελύετο εἰς τὴν παρεμβολήν· ὁ δὲ θεράπων Ἰησοῦς υἱὸς Ναυὴ νέος οὐκ ἐξεπορεύετο ἐκ τῆς σκηνῆς. ¹²Καὶ εἶπεν Μωυσῆς πρὸς 12 Κύριον Ἰδοὺ σύ μοι λέγεις Ἀνάγαγε τὸν λαὸν τοῦτον· σὺ δὲ οὐκ ἐδήλωσάς μοι ὃν συναποστελεῖς μετ᾽ ἐμοῦ· σὺ δέ μοι εἶπας Οἶδά σε παρὰ πάντας, καὶ χάριν ἔχεις παρ᾽ ἐμοί. ¹³εἰ οὖν εὕρηκα χάριν 13 ἐναντίον σου, ἐμφάνισόν μοι σεαυτόν· γνωστῶς ἴδω σε, ὅπως ἂν ὦ εὑρηκὼς χάριν ἐναντίον σου, καὶ ἵνα γνῶ ὅτι λαός σου τὸ ἔθνος τὸ μέγα τοῦτο. ¹⁴καὶ λέγει Αὐτὸς προπορεύσομαί σου καὶ καταπαύσω 14 σε. ¹⁵καὶ λέγει πρὸς αὐτόν Εἰ μὴ αὐτὸς σὺ πορεύῃ, μή με ἀναγάγῃς 15 ἐντεῦθεν. ¹⁶καὶ πῶς γνωστὸν ἔσται ἀληθῶς ὅτι εὕρηκα χάριν παρὰ 16 σοί, ἐγώ τε καὶ ὁ λαός σου, ἀλλ᾽ ἢ συμπορευομένου σου μεθ᾽ ἡμῶν; καὶ ἐνδοξασθήσομαι ἐγώ τε καὶ ὁ λαός σου παρὰ πάντα τὰ ἔθνη ὅσα ἐπὶ τῆς γῆς ἐστίν. ¹⁷Καὶ εἶπεν Κύριος πρὸς Μωυσῆν Καὶ 17 τοῦτόν σοι τὸν λόγον ὃν εἴρηκας ποιήσω· εὕρηκας γὰρ χάριν ἐνώπιόν μου, καὶ οἶδά σε παρὰ πάντας. ¹⁸καὶ λέγει Ἐμφάνισόν μοι σεαυτόν. 18 ¹⁹καὶ εἶπεν Ἐγὼ παρελεύσομαι πρότερός σου τῇ δόξῃ μου, καὶ λαλήσω 19 ἐπὶ τῷ ὀνόματί μου Κύριος ἐναντίον σου· καὶ ἐλεήσω ὃν ἂν ἐλεῶ, καὶ οἰκτειρήσω ὃν ἂν οἰκτείρω. ²⁰καὶ εἶπεν Οὐ δυνήσῃ ἰδεῖν μου τὸ πρόσ- 20 ωπον· οὐ γὰρ μὴ ἴδῃ ἄνθρωπος τὸ πρόσωπόν μου καὶ ζήσεται. ²¹καὶ 21 εἶπεν Κύριος Ἰδοὺ τόπος παρ᾽ ἐμοί, στήσῃ ἐπὶ τῆς πέτρας· ²²ἡνίκα 22 δ᾽ ἂν παρέλθῃ μου ἡ δόξα, καὶ θήσω σε εἰς ὀπὴν τῆς πέτρας, καὶ

AF   8 om και F | κατενοουν AF | Μωυση F | εισελθειν BF¹] ελθειν AF
9 Μωυσης AF | την θυραν] των θυρων AF | Μωυση AF   10 της θυρα 1°] των θυρων AF | της σκηνης αυτου]+και κατενοουν απιοντος Μωυση
11 λαλησει] λαλησαι AF | τον εαυτου φ.] om τον AF   13 ειδω F | ος αν A | εναντιον 2°] ενωπιον AF | om το μεγα A*F (hab Aᵃ ᵐᵍ)   15 λεγε ειπεν AF | αυτος συ πορευη] συ αυτος συμπορευση (-ρευη F) μεθ ημων A
16 om αλλ η...ο λαος σου 2° B* (hab Bᵃᵇ ᵐᵍ ⁱⁿᶠ) | ενδοξασθησομαι] ενδοξασθ σομεθα AF   17 και ειπεν] ειπεν δε AF | μου] εμου AF   18 εμφανισ μοι σεαυτον] δειξον μοι την σεαυτου δοξαν AF   19 λαλησω επι] καλεσ AF | μου Κυριος] κῡ AF   20 και ειπεν] ειπεν δε F | το προσωπον μ AF | ειδη F   21 στησῃ] pr και AF   22 η δοξα μου AF

172

ΕΞΟΔΟΣ XXXIV 11

13 σκεπάσω τῇ χειρί μου ἐπὶ σὲ ἕως ἂν παρέλθω· ²³καὶ ἀφελῶ τὴν Β
χεῖρα, καὶ τότε ὄψῃ τὰ ὀπίσω μου, τὸ δὲ πρόσωπόν μου οὐκ ὀφθήσεταί σοι.

1 ¹Καὶ εἶπεν Κύριος πρὸς Μωυσῆν Λάξευσον σεαυτῷ δύο πλάκας
λιθίνας καθὼς καὶ αἱ πρῶται, καὶ ἀνάβηθι πρὸς μὲ εἰς τὸ ὄρος, καὶ
γράψω ἐπὶ τῶν πλακῶν τὰ ῥήματα ἃ ἦν ἐν ταῖς πλαξὶν ταῖς πρώταις
2 αἷς συνέτριψας. ²καὶ γίνου ἕτοιμος εἰς τὸ πρωί, καὶ ἀναβήσῃ ἐπὶ τὸ
3 ὄρος τὸ Σινά, καὶ στήσῃ μοι ἐκεῖ ἐπ᾽ ἄκρου τοῦ ὄρους. ³καὶ μηδεὶς
ἀναβήτω μετὰ σοῦ μηδὲ ὀφθήτω ἐν παντὶ τῷ ὄρει· καὶ τὰ πρόβατα καὶ
4 αἱ βόες μὴ νεμέσθωσάν πλησίον τοῦ ὄρους ἐκείνου. ⁴καὶ ἐλάξευσεν
δύο πλάκας λιθίνας καθάπερ καὶ αἱ πρῶται· καὶ ὀρθρίσας Μωυσῆς ἀνέβη
εἰς τὸ ὄρος τὸ Σινά, καθότι συνέταξεν αὐτῷ Κύριος· καὶ ἔλαβεν
5 Μωυσῆς τὰς δύο πλάκας τὰς λιθίνας. ⁵καὶ κατέβη Κύριος ἐν νεφέλῃ
6 καὶ παρέστη αὐτῷ ἐκεῖ, καὶ ἐκάλεσεν τῷ ὀνόματι Κυρίου. ⁶καὶ παρῆλθεν Κύριος πρὸ προσώπου αὐτοῦ, καὶ ἐκάλεσεν Κύριος ὁ θεὸς οἰκτείρ-
7 μων καὶ ἐλεήμων, μακρόθυμος καὶ πολυέλεος καὶ ἀληθινός, ⁷καὶ
δικαιοσύνην διατηρῶν καὶ ἔλεος εἰς χιλιάδας, ἀφαιρῶν ἀνομίας καὶ
ἀδικίας καὶ ἁμαρτίας, καὶ οὐ καθαριεῖ τὸν ἔνοχον, ἐπάγων ἀνομίας
πατέρων ἐπὶ τέκνα καὶ ἐπὶ τέκνα τέκνων ἐπὶ τρίτην καὶ τετάρτην
8 γενεάν. ⁸καὶ σπεύσας Μωσῆς κύψας ἐπὶ τὴν γῆν προσεκύνησεν,
9 ⁹καὶ εἶπεν Εἰ εὕρηκα χάριν ἐνώπιόν σου, συνπορευθήτω ὁ κύριός μου
μεθ᾽ ἡμῶν· ὁ λαὸς γὰρ σκληροτράχηλός ἐστιν, καὶ ἀφελεῖς σὺ τὰς
10 ἁμαρτίας ἡμῶν καὶ τὰς ἀνομίας ἡμῶν, καὶ ἐσόμεθα σοί. ¹⁰καὶ εἶπεν
Κύριος πρὸς Μωυσῆν Ἰδοὺ ἐγὼ τίθημί σοι διαθήκην ἐνώπιον παντὸς
τοῦ λαοῦ σου· ποιήσω ἔνδοξα ἃ οὐ γέγονεν ἐν πάσῃ τῇ γῇ καὶ ἐν
παντὶ ἔθνει· καὶ ὄψεται πᾶς ὁ λαός, ἐν οἷς εἶ σύ, τὰ ἔργα Κυρίου, ὅτι
11 θαυμαστά ἐστιν ἃ ἐγὼ ποιήσω σοι. ¹¹πρόσεχε σὺ πάντα ὅσα ἐγὼ
ἐντέλλομαί σοι· ἰδοὺ ἐκβάλλω πρὸ προσώπου ὑμῶν τὸν Ἀμορραῖον
καὶ Χαναναῖον καὶ Φερεζαῖον καὶ Χετταῖον καὶ Εὐαῖον καὶ Γεργεσαῖον

f 22 εως] ως F   XXXIV 1 εις το ορος προς με A | εν] επι AF | αις] AF
ας AF   2 αναβηση] + το πρωι F | επι] εις AF | ακρους B ,   3 μηδε]
και μηδεις AF | αι βοες] οι β. F   4 om και 2° A | Μωυσης 1°] + το πρωι
AF | καθοτι] καθα AF | Μωυσης 2°] + μεθ αυτου AF   6 Κυριος 2°] + κs
AF   7 ελεος] pr ποιων AF | τον ενοχον ου καθ. AF | ανομιας 2°] αμαρ-
τιας AF   8 Μωυσης AF | προσεκυνησεν] + επι την γην F   9 ευρηκα]
ευρον A | ο κυριος μου] κs A | om ημων 2° AF   10 και ειπεν Κυριος] και
ελαλησεν κs Aᵃ | προς Μωυσην sup ras Aᵃ | τιθημι] διατιθημι F | om σοι
A (bis)   11 εκβαλλω] pr εγω AF | προ προσ. υμων] απο προσ. σου A
απο προσ. υμων F | Χαναναιον] pr τον AF | Φερεζαιον...Ιεβουσαιον] τὸν Χεττ.
και τον Φερ. και τον Ευ. και τον Γεργ. και τον Ιεβ. AF

173

Β καὶ Ἰεβουσαῖον· ¹²πρόσεχε σεαυτῷ μή ποτε θῇς διαθήκην τοῖς ἐνκα- 12
θημένοις ἐπὶ τῆς γῆς εἰς ἣν εἰσπορεύῃ εἰς αὐτήν, μή σοι γένηται
πρόσκομμα ἐν ὑμῖν. ¹³τοὺς βωμοὺς αὐτῶν καθελεῖτε, καὶ τὰς στήλας 13
αὐτῶν συντρίψετε, καὶ τὰ ἄλση αὐτῶν ἐκκόψετε, καὶ τὰ γλυπτὰ τῶν
θεῶν αὐτῶν κατακαύσετε ἐν πυρί. ¹⁴οὐ γὰρ μὴ προσκυνήσητε θεοῖς 14
ἑτέροις· ὁ γὰρ Κύριος ὁ θεὸς ζηλωτὸν ὄνομα, θεὸς ζηλωτής ἐστιν. ¹⁵μή 15
ποτε θῇς διαθήκην τοῖς ἐνκαθημένοις πρὸς ἀλλοφύλους ἐπὶ τῆς γῆς,
καὶ ἐκπορνεύσωσιν ὀπίσω τῶν θεῶν αὐτῶν, καὶ θύσωσι τοῖς θεοῖς
αὐτῶν, καὶ καλέσωσίν σε καὶ φάγῃς τῶν θυμάτων αὐτῶν, ¹⁶καὶ λάβῃς 16
τῶν θυγατέρων αὐτῶν τοῖς υἱοῖς σου, καὶ τῶν θυγατέρων σου δῷς τοῖς
υἱοῖς αὐτῶν, καὶ ἐκπορνεύσωσιν αἱ θυγατέρες σου ὀπίσω τῶν θεῶν
αὐτῶν, καὶ ἐκπορνεύσωσιν οἱ υἱοί σου ὀπίσω τῶν θεῶν αὐτῶν. ¹⁷καὶ 17
θεοὺς χωνευτοὺς οὐ ποιήσεις σεαυτῷ. ¹⁸καὶ τὴν ἑορτὴν τῶν ἀζύμων 18
φυλάξῃ· ἑπτὰ ἡμέρας φάγῃ ἄζυμα, καθάπερ ἐντέταλμαί σοι, εἰς τὸν
καιρὸν ἐν μηνὶ τῶν νέων· ἐν γὰρ μηνὶ τῶν νέων ἐξῆλθες ἐξ Αἰγύπτου.
¹⁹πᾶν διανοῖγον μήτραν, ἐμοὶ τὰ ἀρσενικά, πᾶν πρωτότοκον μόσχου 19
καὶ πρωτότοκον προβάτου. ²⁰καὶ πρωτότοκον ὑποζυγίου λυτρώσῃ 20
προβάτῳ· ἐὰν δὲ μὴ λυτρώσῃ αὐτό, τιμὴν δώσεις. πᾶν πρωτότοκον
τῶν υἱῶν σου λυτρώσῃ· οὐκ ὀφθήσῃ ἐνώπιόν μου κενός. ²¹ἐξ ἡμέ- 21
ρας ἐργᾷ, τῇ δὲ ἑβδόμῃ κατάπαυσις· τῷ σπόρῳ καὶ τῷ ἀμήτῳ κατά-
παυσις. ²²καὶ ἑορτὴν ἑβδομάδων ποιήσεις μοι, ἀρχὴν θερισμοῦ πυροῦ, 22
καὶ ἀρχὴν συναγωγῆς μεσοῦντος τοῦ ἐνιαυτοῦ. ²³τρεῖς καιροὺς τοῦ 23
ἐνιαυτοῦ ὀφθήσεται πᾶν ἀρσενικόν σου ἐνώπιον Κυρίου τοῦ θεοῦ
Ἰσραήλ. ²⁴ὅταν γὰρ ἐκβάλω τὰ ἔθνη πρὸ προσώπου σου καὶ πλα- 24
τύνω τὰ ὅριά σου, οὐκ ἐπιθυμήσει οὐδεὶς τῆς γῆς σου, ἡνίκα ἂν
ἀναβαίνῃς ὀφθῆναι ἐναντίον Κυρίου τοῦ θεοῦ σου τρεῖς καιροὺς τοῦ
ἐνιαυτοῦ. ²⁵οὐ σφάξεις ἐπὶ ζύμῃ αἷμα θυμιαμάτων μου, καὶ οὐ κοι- 25

AF 12 προσεχε σεαυτω μη ποτε δι rescr A^b? | θης] διαθη A | σοι] ποτε AF
13 om και τα αλση αυτων εκκοψετε A | om εν AF 14 θεοις ετεροις] θεω
ετερω AF 15 θης] διαθη A θη F* (θης F¹ vid) | om προς αλλοφυλους A*
(ενοις προς αλλο|φυλον in mg et sup ras A^a) A | θυσωσιν A (ωσιν sup ras A^a)
F | θυματων] θυσιων AF 16 δως] δωσεις A | εκπορνευσωσιν 1°] εκπορνευ-
σουσιν A | om και εκπορν. οι υιοι σου οπ. των θεων αυτων A | οι υιοι] τους
υιους F 18 μηνι 2°] pr τω AF 19 om παν 2° AF 20 om προβατω
A*vid (λυτρω|ση προβατω in mg et sup ras A^a) A | om μη F* (superscr F¹) |
om αυτο AF | δωσεις]+αυτου AF 21 εβδομη] pr ημερα τη AF | κατα-
παυσις 1°] καταπαυσεις AF | καταπαυσις 2°] καταπαυσεις A 22 πυρου]
πυρων AF | αρχην 2°] εορτην AF 23 om σου F | Ισραηλ] σου F
24 προ] απο AF | πλατυνω] εμπλατυνω AF | ουθεις AF | της γης] την γην
F | αν] εαν AF | εναντι F 25 θυμιαματων] θυσιασματων AF

ΕΞΟΔΟΣ XXXV I

26 μηθήσεται εἰς τὸ πρωὶ θύματα τῆς ἑορτῆς τοῦ πάσχα. ²⁶τὰ πρωτο- B
γενήματα τῆς γῆς σου θήσεις εἰς τὸν οἶκον Κυρίου τοῦ θεοῦ σου.
27 οὐ προσοίσεις ἄρνα ἐν γάλακτι μητρὸς αὐτοῦ. ²⁷καὶ εἶπεν Κύριος
πρὸς Μωυσῆν Γράψον σεαυτῷ τὰ ῥήματα ταῦτα· ἐπὶ γὰρ τῶν λόγων
28 τούτων τέθειμαί σοι διαθήκην καὶ τῷ Ἰσραήλ. ²⁸Καὶ ἦν ἐκεῖ
Μωυσῆς ἐναντίον Κυρίου τεσσεράκοντα ἡμέρας καὶ τεσσεράκοντα νύ-
κτας· ἄρτον οὐκ ἔφαγεν καὶ ὕδωρ οὐκ ἔπιεν· καὶ ἔγραψεν τὰ ῥήματα
29 ταῦτα ἐπὶ τῶν πλακῶν τῆς διαθήκης, τοὺς δέκα λόγους. ²⁹Ὡς
δὲ κατέβαινεν Μωυσῆς ἐκ τοῦ ὄρους, καὶ αἱ δύο πλάκες ἐπὶ τῶν
χειρῶν Μωυσῆ· καταβαίνοντος δὲ αὐτοῦ ἐκ τοῦ ὄρους, Μωσῆς οὐκ
ᾔδει ὅτι δεδόξασται ἡ ὄψις τοῦ χρώματος τοῦ προσώπου αὐτοῦ ἐν
30 τῷ λαλεῖν αὐτὸν αὐτῷ. ³⁰καὶ ἴδεν Ἀαρὼν καὶ πάντες οἱ πρεσβύτεροι
Ἰσραὴλ τὸν Μωυσῆν, καὶ ἦν δεδοξασμένη ἡ ὄψις τοῦ χρώματος
31 τοῦ προσώπου αὐτοῦ· καὶ ἐφοβήθησαν ἐγγίσαι αὐτοῦ. ³¹καὶ ἐκά-
λεσεν αὐτοὺς Μωυσῆς, καὶ ἐπεστράφησαν πρὸς αὐτὸν Ἀαρὼν καὶ
πάντες οἱ ἄρχοντες τῆς συναγωγῆς· καὶ ἐλάλησεν αὐτοῖς Μωυσῆς.
32 ³²καὶ μετὰ ταῦτα προσῆλθον πρὸς αὐτὸν πάντες οἱ υἱοὶ Ἰσραήλ·
καὶ ἐνετείλατο αὐτοῖς πάντα ὅσα ἐνετείλατο Κύριος πρὸς αὐτὸν ἐν
33 τῷ ὄρει Σεινά. ³³καὶ ἐπειδὴ κατέπαυσεν λαλῶν πρὸς αὐτούς, ἐπέ-
34 θηκεν ἐπὶ τὸ πρόσωπον αὐτοῦ κάλυμμα. ³⁴ἡνίκα δ' ἂν εἰσεπορεύετο
Μωσῆς ἔναντι Κυρίου λαλεῖν αὐτῷ, περιῃρεῖτο τὸ κάλυμμα ἕως τοῦ
ἐκπορεύεσθαι· καὶ ἐξελθὼν ἐλάλει πᾶσιν τοῖς υἱοῖς Ἰσραὴλ ὅσα ἐνε-
35 τείλατο αὐτῷ Κύριος. ³⁵καὶ ἴδον οἱ υἱοὶ Ἰσραὴλ τὸ πρόσωπον Μωσῆ
ὅτι δεδόξασται· καὶ περιέθηκεν Μωυσῆς κάλυμμα ἐπὶ τὸ πρόσωπον
ἑαυτοῦ, ἕως ἂν εἰσέλθῃ συνλαλεῖν αὐτῷ.

1 ¹Καὶ συνήθροισεν Μωυσῆς πᾶσαν συναγωγὴν υἱῶν Ἰσραὴλ καὶ

25 θυματα] θυμαμα A θυμα F | της εορτης] om της AF 26 θη- AF
σεις] εισοισεις AF | ου προσοισεις] ουχ εψησεις AF 27 τεθειμαι B*AF]
τιθεμαι Bᵃ 28 εναντιον] εναντι AF | ημερα F* (ημερας F¹) | τα ρηματα
ταυτα επι των πλακων] επι των δυο πλακων τα ρημ. ταυτα A επι των πλακων
τα ρημ. ταυτα F 29 εκ 1°] απο A | ορους 1°]+Σινα AF | αι δυο] ιδου
αι AF | εκ 2°] απο AF | Μωσης] και Μωσης AF | χρωματος] χρωτος AF
30 ειδεν F | πρεσβυτεροι] υιοι AF | ην]+δε F | χρωματος] χρωτος AF | εγ-
γισαι αυτου] εγγισαι αυτω AFᵛⁱᵈ (εγγι αυτω) 31 Μωσης] Μωυσης AF |
αυτοις M.] M. προς αυτους AF 32 υιοι] πρεσβυτεροι A (sed οἱ πρεσβ.
Ιηλ και ε sup ras et in mg Aᵃ) | ενετειλατο 2°] ελαλησεν AF | Σινα AF
33 επειδη] επι F | κατεπαυσεν]+Μωυσης A 34 Μωυσης AF | του
εκπορ.] ου εκπορ. A | πασι AF 35 ειδον F | Μωση] Μωυσῆ AF | κα-
λυμμα] pr το AF | εαυτου] αυτου A   XXXV 1 συναγωγην] pr την A

εἶπεν Οὗτοι οἱ λόγοι οὓς εἶπεν Κύριος ποιῆσαι αὐτούς. ²ἓξ ἡμέρας ποιήσεις ἔργα, τῇ δὲ ἡμέρᾳ τῇ ἑβδόμῃ κατάπαυσις, ἅγιον, σάββατα ἀνάπαυσις Κυρίῳ· πᾶς ὁ ποιῶν ἔργον ἐν αὐτῇ τελευτάτω. ³οὐ καύσετε πῦρ ἐν πάσῃ κατοικίᾳ ὑμῶν τῇ ἡμέρᾳ τῶν σαββάτων· ἐγὼ Κύριος. ⁴καὶ εἶπεν Μωσῆς πρὸς πᾶσαν συναγωγὴν υἱῶν Ἰσραὴλ λέγων Τοῦτο τὸ ῥῆμα ὃ συνέταξεν Κύριος λέγων ⁵Λάβετε παρ᾽ ὑμῶν αὐτῶν ἀφαίρεμα Κυρίῳ· πᾶς ὁ καταδεχόμενος τῇ καρδίᾳ οἴσουσιν τὰς ἀπαρχὰς Κυρίῳ, χρυσίον ἀργύριον χαλκόν, ⁶ὑάκινθον πορφύραν κόκκινον διπλοῦν διανενησμένον, βύσσον κεκλωσμένην, καὶ τρίχας αἰγίας, ⁷καὶ δέρματα κριῶν ἠρυθροδανωμένα καὶ δέρματα ὑακίνθινα, καὶ ξύλα ἄσηπτα, ⁸καὶ λίθους σαρδίου καὶ λίθους εἰς τὴν γλυφὴν (9) εἰς τὴν ἐπωμίδα καὶ τὸν ποδήρη. ⁹καὶ πᾶς σοφὸς τῇ καρδίᾳ ἐν (10) ὑμῖν ἐλθὼν ἐργαζέσθω πάντα ὅσα συνέταξεν Κύριος· ¹⁰τὴν σκηνὴν (11) καὶ τὰ παραρύματα καὶ τὰ διατόνια καὶ τοὺς μοχλοὺς καὶ τοὺς στύλους, ¹¹καὶ τὴν κιβωτὸν τοῦ μαρτυρίου καὶ τοὺς ἀναφορεῖς (12) αὐτῆς καὶ τὸ ἱλαστήριον αὐτῆς καὶ τὸ καταπέτασμα, ¹²καὶ τὰ ἱστία (17) τῆς αὐλῆς καὶ τοὺς στύλους αὐτῆς, ¹³καὶ τοὺς λίθους τῆς σμαράγδου, ¹⁴καὶ τὸ θυμίαμα, καὶ τὸ ἔλαιον τοῦ χρίσματος, ¹⁵καὶ τὴν (13) τράπεζαν καὶ πάντα τὰ σκεύη αὐτῆς, ¹⁶καὶ τὴν λυχνίαν τοῦ φωτὸς (14) καὶ πάντα τὰ σκεύη αὐτῆς, ¹⁷καὶ τὸ θυσιαστήριον καὶ πάντα τὰ (16) σκεύη αὐτοῦ, ¹⁸καὶ τὰς στολὰς τὰς ἁγίας Ἀαρὼν τοῦ ἱερέως, καὶ τὰς (19) στολὰς ἐν αἷς λειτουργήσουσιν ἐν αὐταῖς, ¹⁹καὶ τοὺς χιτῶνας τοῖς υἱοῖς Ἀαρὼν τῆς ἱερατίας, ⁽¹⁵⁾καὶ τὸ ἔλαιον τοῦ χρίσματος, καὶ τὸ (15) θυμίαμα τῆς συνθέσεως. ²⁰Καὶ ἐξῆλθεν πᾶσα συναγωγὴ υἱῶν Ἰσραὴλ ἀπὸ Μωσῆ. ²¹καὶ ἀνήνεγκαν ἕκαστος ὧν ἔφερεν αὐτῶν ἡ καρδία,

AF   1 ειπεν]+προς αυτους AF   2 καταπαυσεις A | σαββατα] σαββατον AF | αναπαυσεις A | Κυριω] pr τω AF | εν αυτη εργον AF   3 τη ημερα] pr εν AF   4 Μωυσης AF | το ρημα] om το F   6 διπλου (sic) διανε|νησμενον in mg et sup ras A^aʳ | om διανενησμενον F | βυσσον] pr και AF   8 τον ποδηρη] pr εις AF   9 καρδια] διανοια AF | om παντα F   10 τα παραρυματα]+και τα κατακαλυμματα B^{ab mg}+και τα γλυμματα A+και τα καλυμματα F   11 om και το ιλαστηριον αυτης F   13 της σμαραγδου] pr τους AF   14 και το θυμιαμα και το ελ. του χρισματος] ϗ τα θυ|μιαματα και το ελ. του χρισματος A^aʳ om F   15 και την τραπεζαν και παντα τα σκευη αυτης A^a+και το θυσιαστηριον και παντα τα σκευη αυτης A   16 τα σκευη αυτης]+και το ελαιον του χρισματος (χρεισμ. F¹) και το θυμιαμα της συνθεσεως και το επισπαστρον της θυρας της σκηνης F   17 om και το θυσιαστ. και π. τα σκευη αυτου A | τα σκευη] om τα F   18 λειτουργησουσιν] λειτουργουσιν AF | εν αυταις]+εν τω αγιω AF   19 om και το ελαιον του χρισματος και το θυμ. της συνθεσεως F   20 Μωυση AF   21 ανηνεγκαν] ηνεγκαν B^{ab}AF | η καρδια αυτων AF

ΕΞΟΔΟΣ XXXV 35

καὶ ὅσοις ἔδοξεν τῇ ψυχῇ αὐτῶν, ἀφαίρεμα· καὶ ἤνεγκαν ἀφαίρεμα Β
Κυρίῳ εἰς πάντα τὰ ἔργα τῆς σκηνῆς τοῦ μαρτυρίου καὶ εἰς πάντα
22 τὰ κάτεργα αὐτῆς καὶ εἰς πάσας τὰς στολὰς τοῦ ἁγίου. ²²καὶ ἤνε-
γκαν οἱ ἄνδρες παρὰ τῶν γυναικῶν, πᾶς ᾧ ἔδοξεν τῇ διανοίᾳ ἤνεγκαν
σφραγῖδας καὶ ἐνώτια καὶ δακτυλίους καὶ ἐμπλόκια καὶ περιδέξιά,
πᾶν σκεῦος χρυσοῦν· καὶ πάντες ὅσοι ἤνεγκαν ἀφαιρέματα χρυσίου
23 Κυρίῳ. ²³καὶ παρ' ᾧ εὑρέθη βύσσος καὶ δέρματα ὑακίνθινα καὶ
24 δέρματα κριῶν ἠρυθροδανωμένα, ἤνεγκαν. ²⁴καὶ πᾶς ὁ ἀφαιρῶν τὸ
ἀφαίρεμα ἤνεγκαν ἀργύριον καὶ χαλκόν, τὰ ἀφαιρέματα Κυρίῳ· καὶ
παρ' οἷς εὑρέθη ξύλα ἄσηπτα, καὶ εἰς πάντα τὰ ἔργα τῆς κατασκευῆς
25 ἤνεγκαν. ²⁵καὶ πᾶσα γυνὴ σοφὴ τῇ διανοίᾳ ταῖς χερσὶν νήθειν
ἤνεγκαν νενησμένα, τὴν ὑάκινθον καὶ τὴν πορφύραν καὶ τὸ κόκκι-
26 νον καὶ τὴν βύσσον· ²⁶καὶ πᾶσαι αἱ γυναῖκες αἷς ἔδοξεν τῇ διανοίᾳ
27 αὐτῶν ἐν σοφίᾳ ἔνησαν τὰς τρίχας τὰς αἰγίας. ²⁷καὶ οἱ ἄρχοντες
ἤνεγκαν τοὺς λίθους τῆς σμαράγδου· καὶ τοὺς λίθους τῆς πληρώσεως
28 εἰς τὴν ἐπωμίδα καὶ τὸ λόγιον, ²⁸καὶ τὰς συνθέσεις καὶ τὸ ἔλαιον
29 τῆς χρίσεως καὶ τὴν σύνθεσιν τοῦ θυμιάματος. ²⁹καὶ πᾶς ἀνὴρ καὶ
γυνὴ ὧν ἔφερεν ἡ διάνοια αὐτῶν εἰσελθόντα ποιεῖν πάντα τὰ ἔργα
ὅσα συνέταξεν Κύριος ποιῆσαι αὐτὰ διὰ Μωυσῆ, ἤνεγκαν οἱ υἱοὶ
Ἰσραὴλ ἀφαίρεμα Κυρίῳ.
30 ³⁰Καὶ εἶπεν Μωυσῆς τοῖς υἱοῖς Ἰσραήλ Ἰδοὺ ἀνακέκληκεν ὁ θεὸς
ἐξ ὀνόματος τὸν Βεσελεὴλ τὸν τοῦ Οὐρείου τὸν Ὣρ ἐκ φυλῆς Ἰούδα,
31 ³¹καὶ ἐνέπλησεν αὐτὸν πνεῦμα σοφίας καὶ συνέσεως καὶ ἐπιστήμης
32 πάντων, ³²ἀρχιτεκτονεῖν κατὰ πάντα τὰ ἔργα τῆς ἀρχιτεκτονίας,
33 ποιεῖν τὸ χρυσίον καὶ τὸ ἀργύριον καὶ τὸν χαλκόν, ³³καὶ λιθουρ-
γῆσαι τὸν λίθον, καὶ κατεργάζεσθαι τὰ ξύλα, καὶ ποιεῖν ἐν παντὶ ἔργῳ
34 σοφίας· ³⁴καὶ προβιβάσαι γε ἔδωκεν αὐτῷ ἐν τῇ διανοίᾳ αὐτῷ τε καὶ
35 Ἐλιὰβ τῷ τοῦ Ἀχισαμὰκ ἐκ φυλῆς Δάν· ³⁵ἐνέπλησεν αὐτοὺς σοφίας

21 οσοις] οις AF | om αφαιρεμα· και AF | κατεργα] εργα F   22 γυν.] AF
+ αυτων A | αφαιρεματα] αφαιρεμα AF.   23 παρ ω ευρεθη] πας ω ευρεθη
παρ αυτω AF | βυσσος] pr υακινθος και πορφυρα και κοκκινον και A | om
βυσσος και δερματα υακινθινα και F | ηρυθροδαν.]+και δερματα αγια A |
ηνεγκαν] και δερματα ηνεγκαν υακινθινα F   24 om και 1° AF | το αφαιρ.]
om το AF | αργυριον και χαλκον ηνεγκαν AF | om και 4° AF   25 νενη-
σμενα] νενησμενην F* (νενησμενα Fmg)   27 λιθους 2°]+τους F | το λογιον]
pr εις AF   28 και τας συνθεσεις] της συνθεσεως A   29 και 2°] η. A |
εισελθοντα] εισηλθον του Ba?b εισελθοντας AF¹ (εισελθοντες F*) | τα εργα]
om τα F   30 om εξ ονοματος F | Ουρειου (Ουριου Ba) τον Ωρ] Ουρι υιου
Ωρ A Ουρι υιον Ωρ F | φυλης] pr της AF   31. πνευμα]+θειον Bab
(superscr) AF   34 om γε A | om αυτω 1° AF | Ελιαβ] pr τω A |
Αχισαμαχ AF | φυλης] pr της F   35 ενεπλησεν] pr και AF

ΕΞΟΔΟΣ

B καὶ συνέσεως διανοίας, πάντα συνιέναι ποιῆσαι τὰ ἔργα τοῦ ἁγίου, καὶ τὰ ὑφαντὰ καὶ ποικιλτὰ ὑφᾶναι τῷ κοκκίνῳ καὶ τῇ βύσσῳ, ποιεῖν πᾶν ἔργον ἀρχιτεκτονίας ποικιλίας. ¹Καὶ ἐποίησεν Βεσελεὴλ 1 XXXVI καὶ Ἐλιὰβ καὶ πᾶς σοφὸς τῇ διανοίᾳ, ᾧ ἐδόθη σοφία, καὶ ἐπιστήμη ἐν αὐτοῖς συνιέναι ποιεῖν πάντα τὰ ἔργα κατὰ τὰ ἅγια καθήκοντα, κατὰ πάντα ὅσα συνέταξεν Κύριος. ²Καὶ ἐκάλεσεν Μωσῆς 2 Βεσελεὴλ καὶ Ἐλιὰβ καὶ πάντας τοὺς ἔχοντας τὴν σοφίαν, ᾧ ἔδωκεν ὁ θεὸς ἐπιστήμην ἐν τῇ καρδίᾳ, καὶ πάντας τοὺς ἑκουσίως βουλομένους προσπορεύεσθαι πρὸς τὰ ἔργα ὥστε συντελεῖν αὐτά· ³καὶ ἔλα- 3 βον παρὰ Μωσῆ πάντα τὰ ἀφαιρέματα ἃ ἤνεγκαν οἱ υἱοὶ Ἰσραὴλ
¶ F εἰς πάντα τὰ ἔργα τοῦ ἁγίου ποιεῖν αὐτά· καὶ αὐτοὶ προσεδέχοντο ¶ ἔτι τὰ προσφερόμενα παρὰ τῶν φερόντων τὸ πρωί. ⁴καὶ παρεγί- 4 νοντο πάντες οἱ σοφοὶ οἱ ποιοῦντες τὰ ἔργα τοῦ ἁγίου, ἕκαστος κατὰ τὸ αὐτοῦ ἔργον ὃ ἠργάζοντο αὐτοί. ⁵καὶ εἶπεν πρὸς Μωυσῆν 5 ὅτι Πλῆθος φέρει ὁ λαὸς κατὰ τὰ ἔργα ὅσα συνέταξεν Κύριος ποιῆσαι. ⁶καὶ προσέταξεν Μωσῆς, καὶ ἐκήρυξεν ἐν τῇ παρεμβολῇ 6 λέγων Ἀνὴρ καὶ γυνὴ μηκέτι ἐργαζέσθωσαν εἰς τὰς ἀπαρχὰς τοῦ ἁγίου· καὶ ἐκωλύθη ὁ λαὸς ἔτι προσφέρειν. ⁷καὶ τὰ ἔργα ἦν αὐτοῖς 7 ἱκανὰ εἰς τὴν κατασκευὴν ποιῆσαι, καὶ προσκατέλιπον. ⁸Καὶ 8 ἐποίησεν πᾶς σοφὸς ἐν τοῖς ἐργαζομένοις ⁽¹⁾τὰς στολὰς τῶν (XXXI ἁγίων, αἵ εἰσιν Ἀαρών, τῷ ἱερεῖ, καθὰ συνέταξεν Κύριος τῷ Μωυσῇ. ⁹Καὶ ἐποίησεν τὴν ἐπωμίδα ἐκ χρυσίου καὶ ὑακίν- 9 (2) θου καὶ πορφύρας καὶ κοκκίνου νενησμένου καὶ βύσσου κεκλωσμένης. ¹⁰καὶ ἐτμήθη τὰ πέταλα τοῦ χρυσίου τρίχες, ὥστε 10 (3) συνυφᾶναι σὺν τῇ ὑακίνθῳ καὶ τῇ πορφύρᾳ καὶ τῷ κοκκίνῳ τῷ διανενησμένῳ καὶ σὺν τῇ βύσσῳ τῇ κεκλωσμένῃ· ἔργον ὑφαντὸν ἐποίησαν αὐτό· ¹¹ἐπωμίδας συνεχούσας ἐξ ἀμφοτέρων 11 (4) τῶν μερῶν, ἔργον ὑφαντόν, εἰς ἄλληλα συνπεπλεγμένα καθ' ἑαυτό. ¹²ἐξ αὐτοῦ ἐποίησαν, ἐκ χρυσίου καὶ ὑακίνθου καὶ πορφύρας καὶ 12 (5)

AF 35 και συνεσεως διανοιας]–om και συνεσεως A διανοιας και συνεσεως F | συνιεναι ποιησαι παντα AF | και τα υφ. και ποικιλτα] τα υφαντα και τα ποικιλτα (ποικειλτα F) AF XXXVI 1 κατα τα αγια] pr τα F* om τα κατα Fᵃ | καθηκοντα] pr τα A om καθ. Fᵃ 2 Μωυσης AF | Βεσελεηλ] pr τον AF | τη καρδια] om τη F. 3 και 1°] ⊕ F¹ᵐᵍ | ελαβον] παρελαβον F | Μωυση AF | προσεδεχοντο] προσ... F | το πρωι]+πρωι A 4 παρεγινοντο (παρεγεινοντο B*)] παραγενομενοι A | ηργαζοντο (ειργ. Bᵃᵇ) αυτοι] αυτοι ηργαζοντο A 5 ειπαν A | οτι πληθος] pr λεγοντες A | κατα] παρα A 6 Μωυσης A 7 ικανα ην αυτοις A | προσκατελειπον A 8 εποιησαν A | σοφος]+τη διανοια A 9 εποιησαν A 10 τω κοκκινω] pr συν A | om τω διανενησμενω B* (hab Bᵃᵇ ᵐᵍ A) 11 των μερων]+αυτου A | αλληλας Bᵃᵇ | συνπεπλεγμενον A 12 εποιησαν]+κατα την αυτου ποιησιν Bᵃᵇ ᵐᵍ

ΕΞΟΔΟΣ XXXVI 28

κοκκίνου διανενησμένου καὶ βύσσου κεκλωσμένης, καθὰ συνέταξεν Β
(6) 13 Κύριος τῷ Μωυσῇ. ¹³Καὶ ἐποίησαν ἀμφοτέρους τοὺς λίθους
τῆς σμαράγδου συνπεπορπημένους καὶ περισεσιαλωμένους καὶ
ἐκκεκολαμμένους ἐκκόλαμμα σφραγῖδος ἐκ τῶν ὀνομάτων τῶν
(7) 14 υἱῶν Ἰσραήλ· ¹⁴καὶ ἐπέθηκεν αὐτοὺς ἐπὶ τοὺς ὤμοὺς τῆς ἐπω-
μίδος, λίθους μνημοσύνου τῶν υἱῶν Ἰσραήλ, καθὰ συνέταξεν
(8) 15 Κύριος τῷ Μωυσῇ. ¹⁵Καὶ ἐποίησαν λόγιον ἔργον ὑφαντὸν
ποικιλίᾳ κατὰ τὸ ἔργον τῆς ἐπωμίδος, ἐκ χρυσίου καὶ ὑακίνθου
καὶ πορφύρας καὶ κοκκίνου διανενησμένου καὶ βύσσου κεκλω-
(9) 16 σμένης· ¹⁶τετράγωνον διπλοῦν ἐποίησαν τὸ λόγιον, σπιθαμῆς τὸ
(10) 17 μῆκος καὶ σπιθαμῆς τὸ εὖρος διπλοῦν. ¹⁷καὶ συνυφάνθη ἐν
αὐτῷ ὕφασμα κατάλιθον τετράστιχον, στίχος λίθων· σάρδιον καὶ
(11) 18 τοπάζιον καὶ σμάραγδος ὁ στίχος ὁ εἷς· ¹⁸καὶ ὁ στίχος ὁ δεύτερος
(12) 19 ἄνθραξ καὶ σάπφειρος καὶ ἴασπις· ¹⁹καὶ ὁ στίχος ὁ τρίτος λιγύριον
(13) 20 καὶ ἀχάτης καὶ ἀμέθυστος· ²⁰καὶ ὁ στίχος ὁ τέταρτος χρυσόλιθον
καὶ βηρύλλιον· καὶ ὀνύχιον, περικεκυκλωμένα χρυσίῳ καὶ
(14) 21 συνδεδεμένα χρυσίῳ. ²¹καὶ οἱ λίθοι ἦσαν ἐκ τῶν ὀνομάτων τῶν
υἱῶν Ἰσραὴλ δώδεκα, ἐκ τῶν ὀνομάτων αὐτῶν ἐνγεγραμμένα
εἰς σφραγῖδας, ἕκαστος ἐκ τοῦ ἑαυτοῦ ὀνόματος εἰς τὰς δώδεκα
(15) 22 φυλάς. ²²Καὶ ἐποίησαν ἐπὶ τὸ λόγιον κροσοὺς συνπεπλε-
(16) 23 γμένους, ἔργον ἐμπλοκίου, ἐκ χρυσίου καθαροῦ· ²³καὶ ἐποίησαν
24 δύο ἀσπιδίσκας χρυσᾶς καὶ δύο δακτυλίους χρυσοῦς. ²⁴καὶ ἐπέ-
θηκαν τοὺς δύο δακτυλίους τοὺς χρυσοῦς ἐπ' ἀμφοτέρας τὰς ἀρχὰς
(17) 25 τοῦ λογίου· ²⁵καὶ ἐπέθηκαν τὰ ἐμπλόκια ἐκ χρυσίου ἐπὶ τοὺς
(18) δακτυλίους ἐπ' ἀμφοτέρων τῶν μερῶν τοῦ λογίου, ⁽¹⁸⁾καὶ εἰς τὰς
26 δύο συμβολὰς τὰ δύο ἐμπλόκια, ²⁶καὶ ἐπέθηκαν ἐπὶ τὰς δύο
ἀσπιδίσκας· καὶ ἐπέθηκαν ἐπὶ τοὺς ὤμους τῆς ἐπωμίδος ἐξ ἐναν-
(19) 27 τίας κατὰ πρόσωπον. ²⁷καὶ ἐποίησαν δύο δακτυλίους χρυσοῦς,
καὶ ἐπέθηκαν ἐπὶ τὰ δύο πτερύγια ἐπ' ἄκρου τοῦ λογίου καὶ ἐπὶ
(20) 28 τὸ ἄκρον τοῦ ὀπισθίου τῆς ἐπωμίδος ἔσωθεν· ²⁸καὶ ἐποίησαν
δύο δακτυλίους χρυσοῦς, καὶ ἐπέθηκαν ἐπ' ἀμφοτέρους τοὺς ὤμους

13 περισεσιαλ.]+χρυσιω εγλυμμενους B^{ab}mg inf (seq ras) χρ. γεγλ. A | 5 A
εκκεκολαμμενος (sic) A¹ᵗᵃ⁽ mg   15 εποιησεν A | λογιον] pr το A | ποικιλιας A
16 μηκος]+αυτου A | ευρος]+αυτου A   17 ᶥκαταλιθον] λιθ sup ras B?
20 χρυσολιθος A | χρυσιω 2°] pr εν A   21 εκ των ονοματων 2°] κατα
τα ονοματα A | ενγεγραμμενα (εγγεγρ. Bᵇ)] εγγεγλυμμενα A | εις σφραγιδας]
σφραγιδες A   22 εποιησαν] a rescr Aᵃ? | κροσσους A   24 επεθηκαν] a
rescr Aᵃ?   25 δακτυλιους] pr δυο A | επ αμφ.] εξ αμφ. A   26 προσωπον]
+αυτου A   27 om και 3° A   28 δακτυλ|ϊους χρ in mg et sup ras Aᵃ?

XXXVI 29 ΕΞΟΔΟΣ

B τῆς ἐπωμίδος. ²⁹καὶ συνέσφιγξεν τὸ λόγιον ἀπὸ τῶν δακτυλίων 29 (21) τῶν ἐπ' αὐτοῦ εἰς τοὺς δακτυλίους τῆς ἐπωμίδος, συνεχομένους ἐκ τῆς ὑακίνθου, συνπεπλεγμένους εἰς τὸ ὕφασμα τῆς ἐπωμίδος, ἵνα μὴ χαλᾶται τὸ λόγιον ἀπὸ τῆς ἐπωμίδος, καθὰ συνέταξεν Κύριος τῷ Μωυσῇ. ³⁰Καὶ ἐποίησαν τὸν ὑποδύτην ὑπὸ τὴν 30 (22) ἐπωμίδα, ἔργον ὑφαντὸν ὅλον ὑακίνθινον· ³¹τὸ δὲ περιστόμιον 31 (23) τοῦ ὑποδύτου ἐν τῷ μέσῳ, διυφασμένον συνπλεκτόν, ὧαν ἔχον κύκλῳ τὸ περιστόμιον ἀδιάλυτον. ³²καὶ ἐποίησαν ἐπὶ τοῦ λώ- 32 (24) ματος τοῦ ὑποδύτου κάτωθεν ὡς ἐξανθούσης ῥόας ῥοΐσκους, ἐξ ὑακίνθου καὶ πορφύρας καὶ κοκκίνου νενησμένου καὶ βύσσου κεκλωσμένης. ³³καὶ ἐποίησαν κώδωνας χρυσοῦς, καὶ ἐπέθηκαν 33 (25) τοὺς κώδωνας ἐπὶ τὸ λῶμα τοῦ ὑποδύτου κύκλῳ ἀνὰ μέσον τῶν ῥοΐσκων· ³⁴κώδων χρυσοῦς καὶ ῥοΐσκος ἐπὶ τοῦ λώματος τοῦ 34 (26) ὑποδύτου κύκλῳ, εἰς τὸ λειτουργεῖν, καθὰ συνέταξεν Κύριος τῷ Μωυσῇ. ³⁵Καὶ ἐποίησαν χιτῶνας βυσσίνους ἔργον ὑφαντὸν 35 (27) Ἀαρὼν καὶ τοῖς υἱοῖς αὐτοῦ, ³⁶καὶ τὰς κιδάρεις ἐκ βύσσου, καὶ 36 (28) τὴν μίτραν ἐκ βύσσου, καὶ τὰ περισκελῆ ἐκ βύσσου κεκλωσμένης, ³⁷καὶ τὰς ζώνας αὐτῶν ἐκ βύσσου καὶ ὑακίνθου καὶ πορ- 37 (29) φύρας καὶ κοκκίνου νενησμένου, ἔργον ποικιλτοῦ, ὃν τρόπον συνέταξεν Κύριος τῷ Μωυσῇ. ³⁸Καὶ ἐποίησαν τὸ πέταλον 38 (30) τὸ χρυσοῦν, ἀφόρισμα τοῦ ἁγίου, χρυσίου καθαροῦ· ³⁹καὶ ἔγραψεν 39 ἐπ' αὐτοῦ γράμματα ἐκτετυπωμένα σφραγῖδος Ἁγίασμα Κυρίῳ. ⁴⁰καὶ ἐπέθηκαν ἐπὶ τὸ λῶμα ὑακίνθινον, ὥστε ἐπικεῖσθαι ἐπὶ τὴν 40 (31) μίτραν ἄνωθεν, ὃν τρόπον συνέταξεν Κύριος τῷ Μωυσῇ.

⁽⁸⁾¹Καὶ ἐποίησαν τῇ σκηνῇ δέκα αὐλαίας· ⁽⁹⁾²ὀκτὼ καὶ εἴκοσι 1 (8) XXV
πήχεων μῆκος τῆς αὐλαίας τῆς μιᾶς· τὸ αὐτὸ ἦσαν πᾶσαι· καὶ 2 (9) (X..
τεσσάρων πηχῶν τὸ εὖρος τῆς αὐλαίας τῆς μιᾶς. ³καὶ ἐποίησεν 3 (35)
τὸ καταπέτασμα ἐξ ὑακίνθου καὶ πορφύρας καὶ κοκκίνου νενησμένου καὶ βύσσου κεκλωσμένης, ἔργον ὑφάντου χερουβείμ· ⁴καὶ 4 (36)
ἐπέθηκαν αὐτὸ ἐπὶ τέσσαρες στύλους ἀσήπτους κατακεχρυσωμένους
ἐν χρυσίῳ· καὶ αἱ κεφαλίδες αὐτῶν χρυσαῖ, καὶ αἱ βάσεις αὐτῶν

A 28 επωμιδος (επωμειδος B*) B^b]+κατωθεν αυτου κατα προσωπον κατα την συμβολην ανωθεν της συνυφης της επωμιδος A 29 om ινα μη...επωμιδος B*(hab B^{ab mg inf} A) 31 ωιαν A | αδιαλυτον] διαλυτον A 34 κωδων χρυσους και ροισκος επι το λωμα του υπο sup ras pl litt A^{a!} 36 και τα περισκελη εκ βυσσου B^{ab mg} | τα περισκ.] om τα A 39 γραμματα] pr τα A | εντετυπ. A 40 επεθηκαν] a sup ras A^a XXXVII 2 πηχων A^{vid} | πασαι A | πηχεων A^{vid} | ευρος sup ras B^a 3 υφαντον A | χερουβειν A 4 τεσσαρες 1°] τεσσαρας B^bA | om εν A

ΕΞΟΔΟΣ XXXVII 18

(37) 5 τέσσαρες ἀργυραῖ. ⁵ καὶ ἐποίησαν τὸ καταπέτασμα τῆς θύρας B
τῆς σκηνῆς τοῦ μαρτυρίου ἐξ ὑακίνθου καὶ πορφύρας καὶ κοκκίνου
νενησμένου καὶ βύσσου κεκλωσμένης, ἔργον ὑφαντὸν τοῦ χερου-
(38) 6 βείμ, ⁶ καὶ τοὺς στύλους αὐτῶν· πέντε καὶ τοὺς κρίκους· καὶ τὰς
κεφαλίδας αὐτῶν κατεχρύσωσαν χρυσίῳ, καὶ αἱ βάσεις αἱ πέντε
VIII) (9) 7 χαλκαῖ. ⁽⁹⁾⁷ Καὶ ἐποίησαν τὴν αὐλήν· τὰ πρὸς λίβα, ἱστία
(10) 8 τῆς αὐλῆς ἐκ βύσσου κεκλωσμένης, ἑκατὸν ἐφ᾽ ἑκατόν, ⁸ καὶ
(11) 9 οἱ στύλοι αὐτῶν εἴκοσι, καὶ αἱ βάσεις αὐτῶν εἴκοσι. ⁹ καὶ τὸ
κλίτος τὸ πρὸς βορρᾶν ἑκατόν. ἐφ᾽ ἑκατόν, καὶ τὸ κλίτος τὸ
πρὸς νότον ἑκατὸν· ἐφ᾽ ἑκατόν· καὶ οἱ στύλοι αὐτῶν εἴκοσι, καὶ
(12) 10 αἱ βάσεις αὐτῶν εἴκοσι. ¹⁰ καὶ τὸ κλίτος τὸ πρὸς θάλασσαν αὐλαῖαι
πεντήκοντα πήχεων· στύλοι αὐτῶν δέκα, καὶ αἱ βάσεις αὐτῶν F
(13) 11 δέκα. ¹¹ καὶ τὸ κλίτος τὸ πρὸς ἀνατολὰς πεντήκοντα πήχεων,
(14) 12 τὸ κατὰ νώτου· ¹² καὶ οἱ στύλοι αὐτῶν, τρεῖς, καὶ αἱ βάσεις
(15) 13 αὐτῶν τρεῖς. ¹³ καὶ ἐπὶ τοῦ νώτου τοῦ δευτέρου ἔνθεν καὶ
ἔνθεν κατὰ τὴν πύλην τῆς αὐλῆς αὐλαῖαι ἑκατὸν πεντήκοντα
(16) 14 πήχεων· στύλοι αὐτῶν τρεῖς, καὶ αἱ βάσεις αὐτῶν τρεῖς. ¹⁴ πᾶσαι
(17) 15 αἱ αὐλαῖαι τῆς σκηνῆς ἐκ βύσσου κεκλωσμένης· ¹⁵ καὶ αἱ
βάσεις τῶν στύλων αὐτῶν χαλκαῖ, καὶ αἱ ἀγκύλαι αὐτῶν
ἀργυραῖ, καὶ αἱ κεφαλίδες αὐτῶν περιηργυρωμέναι ἀργυρίῳ, καὶ
οἱ στύλοι περιηργυρωμένοι ἀργυρίῳ, πάντες οἱ στύλοι τῆς αὐλῆς.
(18) 16 ¹⁶ καὶ τὸ καταπέτασμα τῆς πύλης τῆς αὐλῆς ἔργον ποικιλτοῦ ἐξ
ὑακίνθου καὶ πορφύρας καὶ κοκκίνου νενησμένου καὶ βύσσου
κεκλωσμένης, εἴκοσι πήχεων τὸ μῆκος, καὶ τὸ ὕψος καὶ τὸ εὖρος
(19) 17 πέντε πήχεων, ἐξισούμενον τοῖς ἱστίοις τῆς αὐλῆς· ¹⁷ καὶ οἱ στύλοι
αὐτῶν τέσσαρες, καὶ αἱ βάσεις αὐτῶν τέσσαρες χαλκαῖ, καὶ
ἀγκύλαι αὐτῶν ἀργυραῖ, καὶ αἱ κεφαλίδες αὐτῶν περιηργυρωμέναι
(20) 18 ἀργυρίῳ. ¹⁸ καὶ αὐτοὶ περιηργυρωμένοι ἀργυρίῳ, καὶ πάντες οἱ

1 5 om της θυρας A* (ταπετασμα] της θυρας in mg et sup ras. A^t). | AF
υφαντου A | του χ.] χερουβειμ A   6 και τους στυλους] pr και τους χερουβειμ
A | κρικους] + αυτων A | τας κεφαλας αυτων και τας ψαλιδας αυτων A | αι βασεις
αι πεντε χαλκαι] αι β. αυτων πεντε χαλκαι B^a τας β. αυτων πεντε χαλκας A
7 λιβα sup ras A^a   8 εικοσι 2°]+χαλκαι A   9—12 προς βορραν...αι β.
αυτων τρεις sup ras A^a   9 om και το κλιτος το προς νοτον εκ. εφ εκ. A |
εικοσι 2°]+χαλκαι A^a   10 προς] κατα A^a | om πηχεων A^a | αι βασεις] om
αι A^a   11 το κατα νωτου] τα κατα ν. A^a pr ιστια και δεκα πηχεων A^a F
13 om εκατον AF | πεντηκοντα] πεντε και δεκα AF | στυλοι] pr και οι AF
14 αυλαιαι της σκηνης] πυλαι αι της αυλης A αυλαιαι της αυλης F   15 om αυ-
των 1° AF | παντες] pr και A   16 καταπετασμα] κατακαλυμμα AF | om
νενησμενον F | πηχων 1° F   17 χαλκαι] λκ sup ras 1 lit A^t | αγκυλαι] pr αι A

181

XXXVII 19 ΕΞΟΔΟΣ

B πάσσαλοι τῆς αὐλῆς κύκλῳ χαλκοῖ. ⸃ ¹⁹Καὶ αὕτη ἡ σύνταξις τῆς 19 (21)
σκηνῆς τοῦ μαρτυρίου, καθὰ συνετάγη Μωσῇ, τὴν λειτουργίαν εἶναι
τῶν Λευειτῶν διὰ Ἰθαμὰρ τοῦ υἱοῦ Ἀαρὼν τοῦ ἱερέως. ²⁰καὶ 20 (22)
Βεσελεὴλ ὁ τοῦ Οὐρείου ἐκ φυλῆς Ἰούδα ἐποίησεν καθὰ συνέταξεν
Κύριος τῷ Μωσῇ, ²¹ καὶ Ἐλιὰβ ὁ τοῦ Ἀχισαμὰκ ἐκ τῆς φυλῆς 21 (23)
Δάν, ὃς ἠρχιτεκτόνησεν τὰ ὑφαντὰ καὶ τὰ ῥαφιδευτὰ καὶ ποι‑
κιλτικά, ὑφᾶναι τῷ κοκκίνῳ καὶ τῇ βύσσῳ.

¹Καὶ ἐποίησεν Βεσελεὴλ τὴν κιβωτόν, ²καὶ κατεχρύσωσεν 1 XXXVII
αὐτὴν χρυσίῳ καθαρῷ ἔσωθεν καὶ ἔξωθεν. ³καὶ ἐχώνευσεν αὐτῇ 3 2 (XXXVI
τέσσαρες δακτυλίους χρυσοῦς, δύο ἐπὶ τὸ κλίτος τὸ ἓν καὶ δύο
ἐπὶ τὸ κλίτος τὸ δεύτερον, ⁴εὐρεῖς τοῖς διωστῆρσιν ὥστε αἴρειν 4 (4, 5)
αὐτὴν ἐν αὐτοῖς. ⁵καὶ ἐποίησεν τὸ ἱλαστήριον ἐπάνωθεν τῆς 5 (6)
κιβωτοῦ ἐκ χρυσίου, ⁶καὶ τοὺς δύο χερουβεὶμ χρυσοῦς· ⁷χερούβ 6 (7)
                                                              7 (8)
ἕνα ἐπὶ τὸ ἄκρον τοῦ ἱλαστηρίου καὶ χερούβ ἕνα ἐπὶ τὸ ἄκρον τοῦ
ἱλαστηρίου τὸν δεύτερον, ⁸σκιάζοντα ταῖς πτέρυξιν αὐτῶν ἐπὶ τὸ 8 (9)
ἱλαστήριον. ⁹Καὶ ἐποίησεν τὴν τράπεζαν τὴν προκειμένην 9 (10)
ἐκ χρυσίου καθαροῦ, ¹⁰καὶ ἐχώνευσεν αὐτῇ τέσσαρες δακτυλίους, 10 (13)
δύο ἐπὶ τοῦ κλίτους τοῦ ἑνὸς καὶ δύο ἐπὶ τοῦ κλίτους τοῦ δευτέρου,
εὐρεῖς ὥστε αἴρειν τοῖς διωστῆρσιν ἐν αὐτοῖς. ¹¹καὶ τοὺς 11 (14, 15)
διωστῆρας τῆς κιβωτοῦ καὶ τῆς τραπέζης ἐποίησεν, καὶ κατε‑
χρύσωσεν αὐτοὺς χρυσίῳ. ¹²καὶ ἐποίησεν τὰ σκεύη τῆς τραπέζης, 12 (16)
τά τε τρυβλία καὶ τὰς θυΐσκας καὶ τοὺς κυάθους καὶ τὰ σπόνδια,
ἐν οἷς σπείσει ἐν αὐτοῖς, χρυσᾶ. ¹³Καὶ ἐποίησεν τὴν λυχνίαν ᾗ 13 (17)
φωτίζει χρυσῆν, ¹⁴στερεὰν τὸν καυλόν, ⁽¹⁸⁾καὶ τοὺς καλαμίσκους ἐξ 14 (18)
ἀμφοτέρων τῶν μερῶν αὐτῆς· ¹⁵ἐκ τῶν καλαμίσκων αὐτῆς οἱ βλαστοὶ 15

AF   19 Μωυση AF | Λευιτων AF   20 Ουρειου] Ουριου B^b Ουρι AF | φυλης]
pr της F | Μωυση AF   21 Αχισαμαχ AF | της φυλης] om της AF |
αρχιτεκτονησεν F | τα ραφιδευτα] om τα AF | ποικιλτικα] ποικιλτα AF
XXXVIII 1 κιβωτον]+δυο πηχεων και ημισυς το μηκος αυτης και πηχεως και
ημισυς το πλατος αυτης και πηχεως και ημισυς το υψος αυτης· A   2 εξωθεν]
+και εποιησεν αυτη κυματιον χρυσουν κυκλω AF   3 τεσσαρας· B^bAF |
χρυσους]+επι τα τεσσερα μερη αυτης AF   4 ευρεις] ευρος A | διωρτηρσιν
B* (διωστ. B^{ab})   5 επανωθεν] ανωθεν AF | χρυσιου]+καθαρου AF   6 και
τους δυο χερουβειμ] και εποιησεν δυο χερουβειν AF   6—7 χρυσους· χερουβ
ενα... 5 χερουβ B^{a mg sup}   7 χερουβ ενα 1°] pr και A | του ιλαστηριου 1°]
+το εν AF | του ιλαστηριου τον δευτερον (του δευτερου B*⁽?⁾ab)] το δευτερον
του ιλαστηριου AF   8 σκιαζοντας F | ταις πτερ. αυτων]+κατα προσωπον
αυτων A   10 τεσσαρας AF | δακτυλιους]+χρυσους AF^{corr} (χρυσου F*) |
δυο (bis)]+δακτυλιους AF | επι του κλιτους του ενος] επι το κλιτος το εν AF |
επι του κλιτους του δευτερου] επι το κλιτος το δευτερον AF | διωρτηρσιν B*
(διωστ. B^a διωρστ. B^{b vid})   11 χρυσιω]+καθαρω A   12 om τε A | αις A |
σπεισεις A

ΕΞΟΔΟΣ XXXVIII 25

(19-22) 16 ἐξέχοντες, τρεῖς ἐκ τούτου καὶ τρεῖς ἐκ τούτου, ἐξισούμενοι ἀλλήλοις· Β ¹⁶καὶ τὰ λαμπάδια αὐτῶν ἅ ἐστιν ἐπὶ τῶν ἄκρων, καρυωτὰ ἐξ αὐτῶν· καὶ τὰ ἐνθέμια ἐξ αὐτῶν, ἵνα ὦσιν ἐπ' αὐτῶν οἱ λύχνοι καὶ τὸ ἐνθέμιον τὸ ἕβδομον, ἀπ' ἄκρου τοῦ λαμπαδίου, ἐπὶ κορυφῆς
(23, 24) 17 ἄνωθεν, στερεὸν ὅλον χρυσοῦν· ¹⁷καὶ ἑπτὰ λύχνους ἐπ' αὐτῆς χρυσοῦς, καὶ τὰς λαβίδας αὐτῆς χρυσᾶς, καὶ τὰς ἐπαρυστρίδας
KXVI) 18 αὐτῶν χρυσᾶς. ¹⁸Οὗτος περιηργύρωσεν τοὺς στύλους, καὶ
(34, 36) ἐχώνευσεν τῷ στύλῳ δακτυλίους χρυσοῦς, καὶ ἐχρύσωσεν τοὺς μοχλοὺς χρυσίῳ, καὶ κατεχρύσωσεν τοὺς στύλους τοῦ καταπετάσματος 19 χρυσίῳ, καὶ ἐποίησεν τὰς ἀγκύλας χρυσᾶς. ¹⁹οὗτος ἐποίησεν καὶ τοὺς κρίκους τῆς σκηνῆς χρυσοῦς, καὶ τοὺς κρίκους τῆς αὐλῆς καὶ κρίκους εἰς τὸ ἐκτείνειν τὸ κατακάλυμμα ἄνωθεν, χαλκοῦς. 20 ²⁰οὗτος ἐχώνευσεν τὰς κεφαλίδας τὰς ἀργυρᾶς τῆς σκηνῆς, καὶ τὰς κεφαλίδας τὰς χαλκᾶς τῆς θύρας τῆς σκηνῆς, καὶ τὴν πύλην τῆς αὐλῆς· καὶ ἀγκύλας ἐποίησεν τοῖς στύλοις ἀργυρᾶς ἐπὶ τῶν
XVIII) 21 στύλων· οὗτος περιηργύρωσεν αὐτάς. ⁽²⁰⁾ ²¹οὗτος ἐποίησεν καὶ
(1, 2) 22 τοὺς πασσάλους τῆς αὐλῆς χαλκοῦς. ²²οὗτος ἐποίησεν τὸ θυσιαστήριον τὸ χαλκοῦν ἐκ τῶν πυρείων τῶν χαλκῶν, ἃ ἦσαν τοῖς
(3) 23 ἀνδράσιν τοῖς καταστασιάσασι μετὰ τῆς Κόρε συναγωγῆς. ²³οὗτος ἐποίησεν πάντα τὰ σκεύη τοῦ θυσιαστηρίου, καὶ τὸ πυρεῖον αὐτοῦ καὶ τὴν βάσιν καὶ τὰς φιάλας καὶ τὰς κρεάγρας χαλκᾶς·
(4) 24 ²⁴οὗτος ἐποίησεν τῷ θυσιαστηρίῳ παράθεμα, ἔργον δικτυωτὸν
(5, 6) κάτωθεν τοῦ πυρείου ὑπὸ αὐτὸ ἕως τοῦ ἡμίσους αὐτοῦ· ⁽⁵·⁶⁾ καὶ ἐπέθηκεν αὐτῷ τέσσαρες δακτυλίους ἐκ τῶν τεσσάρων μερῶν τοῦ
(7) παραθέματος τοῦ θυσιαστηρίου χαλκοῦς, ⁽⁷⁾ τοῖς μοχλοῖς εὐρεῖς
II) (29) 25 ὥστε αἴρειν ἐν αὐτοῖς τὸ θυσιαστήριον. ⁽²⁹⁾²⁵οὗτος ἐποίησεν τὸ

---

16 a] o B | ακρων]+αυτων AF | om εξ 2° A | επ αυτων οι λυχνοι] οι λυχνοι AF εξ αυτων A οι λ. επ αυτων F | απ (B* et b vid επ Bᵃ) ακρου] του επ ακρου A το επ ακρου F | κορυφης] pr της AF   17 λυχνους]+αυτη AF | αυτων] αυτης AFϛ ⁘ 18 τω στυλω] τοις στυλοις AF   19 om και 1° AF | κρικους 1°] στυλους A | εκτεινειν] εκτινειν AF | το κατακαλυμμα (Bᵃ¹ ᵇ¹ κατακαλλυμα B*) ανωθεν] ανωθεν το κατακαλυμμα A ανωθεν το καταπετασμα F   20 της σκηνης 1°] τοις στυλοις sup ras Aᵃ om A* vid F | και τας κεφα|λιδας sup ras Aᵃ | της θυρας] τη θυρα F | την πυλην] τη πυλη AF | εποιησαν A | om τους στυλους AF | αυτας] αυτους AF   21 εποιησεν]+τους πασσαλους της σκηνης AF 22 το χαλκουν] om το A | ησαν] ην AF | καταστασιασασιν AF   23 και το πυρειον αυτου και την βασιν] και την βασιν αυτου και το πυρειον αυτου A την β. αυτου και το π. αυτου F   24 παραθεμα] περιθεμα AF | δικτυωτον] δακτυλιωτον F | του πυρειου B* vid b Aᵇ F] το πυρειον Bᵃ | υπο αυτο] εις αυτο A υπ αυτο F | τεσσαρας Bᵃ¹ ᵇ¹ AF | ευρεις τοις μοχλοις AF | το θυσ. εν αυτοις AF

ΕΞΟΔΟΣ

ἔλαιον τῆς χρίσεως τὸ ἅγιον καὶ τὴν σύνθεσιν τοῦ θυμιάματος, καθαρὸν ἔργον μυρεψοῦ. ⁽⁸⁾²⁶ οὗτος ἐποίησεν τὸν λουτῆρα χαλκοῦν 26 (8) (XX) καὶ τὴν βάσιν αὐτοῦ χαλκῆν ἐκ τῶν κατόπτρων τῶν νηστευσασῶν αἳ ἐνήστευσαν παρὰ τὰς θύρας τῆς σκηνῆς τοῦ μαρτυρίου, ἐν ᾗ ἡμέρᾳ ἔπηξεν αὐτήν· ²⁷ καὶ ἐποίησεν τὸν λουτῆρα, ἵνα νίπτωνται 27 (XL) ἐξ αὐτοῦ Μωσῆς καὶ Ἀαρὼν καὶ οἱ υἱοὶ αὐτοῦ τὰς χεῖρας αὐτῶν (30, 31) καὶ τοὺς πόδας, ⁽³ᵉ⁾ εἰσπορευομένων αὐτῶν εἰς τὴν σκηνὴν· τοῦ (32) μαρτυρίου· ἢ ὅταν προσπορεύωνται πρὸς τὸ θυσιαστήριον λειτουργεῖν, ἐνίπτοντο ἐξ αὐτοῦ, καθάπερ, συνέταξεν Κύριος τῷ Μωυσῇ.

⁽²⁴⁾¹ Πᾶν τὸ χρυσίον ὃ κατειργάσθη εἰς τὰ ἔργα κατὰ πᾶσαν 1 XXXI τὴν ἐργασίαν τῶν ἁγίων ἐγένετο χρυσίου τοῦ τῆς ἀπαρχῆς, (24) (XXX) ἐννέα καὶ εἴκοσι τάλαντα καὶ ἑπτακόσιοι εἴκοσι σίκλοι, κατὰ τὸν σίκλον τὸν ἅγιον. ²καὶ ἀργυρίου ἀφαίρεμα παρὰ τῶν ἐπε- 2 (25) σκεμμένων ἀνδρῶν τῆς συναγωγῆς ἑκατὸν τάλαντα καὶ χίλιοι ἑπτακόσιοι ἑβδομήκοντα πέντε σίκλοι· ⁽²⁶⁾ δραχμὴ μία τῇ κεφαλῇ (26) τὸ ἥμισυ τοῦ σίκλου, κατὰ τὸν σίκλον τὸν ἅγιον. ³πᾶς ὁ παρα- 3 πορευόμενος τὴν ἐπίσκεψιν ἀπὸ εἰκοσαετοῦς καὶ ἐπάνω εἰς τὰς ἑξήκοντα μυριάδας, καὶ τρισχίλιοι πεντακόσιοι καὶ πεντήκοντα. ⁴ καὶ ἐγενήθη τὰ ἑκατὸν τάλαντα τοῦ ἀργυρίου εἰς τὴν χώνευσιν 4 (27) τῶν ἑκατὸν κεφαλίδων τῆς σκηνῆς καὶ εἰς τὰς ἑκατὸν κεφαλίδας τοῦ καταπετάσματος, ⁵ἑκατὸν κεφαλίδες εἰς τὰ ἑκατὸν τάλαντα, 5 τάλαντον τῇ κεφαλίδι. ⁶καὶ τοὺς χιλίους ἑπτακοσίους ἑβδομή- 6 (28) κοντα πέντε σίκλους ἐποίησαν εἰς τὰς ἀγκύλας τοῖς στύλοις, καὶ κατεχρύσωσεν τὰς κεφαλίδας αὐτῶν καὶ κατεκόσμησεν αὐτούς. ⁷καὶ ὁ χαλκὸς τοῦ ἀφαιρέματος ἑβδομήκοντα τάλαντα καὶ χίλιοι 7 (29) πεντακόσιοι σίκλοι. ⁸καὶ ἐποίησεν ἐξ αὐτῶν τὰς βάσεις τῆς 8 (30) θύρας τῆς σκηνῆς τοῦ μαρτυρίου, ⁹καὶ τὰς βάσεις τῆς πύλης 9 κύκλῳ, ⁽³¹⁾ καὶ τὰς βάσεις τῆς πύλης τῆς αὐλῆς, καὶ τοὺς πασ- (31)

AF   25 της χρισεως (χρεισεως B)] του χρισματος (χρεισμ. F) AF   26 χαλκουν] pr του AF | χαλκην] pr την F | κατοπτρων των Bᵃᵇ] κατω πρωτων B* κατοπτρων των AF   27 Μωυσης AF | αυτων και τους π.] και τους π. αυτων AF
XXXIX 1 om ο B* (hab Bᵃ¹ᵇ AF) | χρυσιον] pr εκ A | εικοσι 2°] και τριακοντα AF   2 ταλαντα και sup ras Bᵃᵇ | επτακοσιοι] pr και A | εβδομηκοντα] pr και A | το ημ.] και A   3 τρισχιλιοι πεντακοσιοι] τρισχιλιους (τρεσχ. F) και πεντακοσιους AF   4 om εκατον 2° AF | om εκατον 3° AF δ ταλαντον] + εν A   6 επτακοσιους] pr και A | εβδομηκοντα] pr και A | τοις στυλοις] των στυλων AF   7 εβδομηκοντα] pr τετρακοσια AF | χιλιοι πεντακοσιοι] δισχιλιοι και τετρακοσιοι AF   8 εποιησαν AF | αυτων B*] αυτου BᵃᵇAF   9 πυλης 1°] σκηνης AF

ΕΞΟΔΟΣ XL 2

ε ἰ 10 σάλους τῆς σκηνῆς, καὶ τοὺς πασσάλους τῆς αὐλῆς κύκλῳ, ¹⁰καὶ Β
+ .¹ τὸ παράθεμα τὸ χαλκοῦν τοῦ θυσιαστηρίου, καὶ πάντα τὰ σκεύη
τοῦ θυσιαστηρίου, καὶ πάντα τὰ ἐργαλεῖα τῆς σκηνῆς τοῦ μαρ-
(IX) 11 τυρίου. ⁽³²⁾¹¹καὶ ἐποίησαν οἱ υἱοὶ Ἰσραὴλ καθὰ συνέταξεν Κύριος
12 τῷ Μωυσῇ, οὕτως ἐποίησαν. ¹²Τὸ δὲ λοιπὸν χρυσίον τοῦ
ἀφαιρέματος ἐποίησαν σκεύη εἰς τὸ λειτουργεῖν ἐν αὐτοῖς ἔναντι
(1) 13 Κυρίου· ¹³καὶ τὴν καταλειφθεῖσαν ὑάκινθον καὶ πορφύραν καὶ
( ) τὸ κόκκινον ἐποίησαν στολὰς λειτουργικὰς Ἀαρών, ὥστε λει-
(33) 14 τουργεῖν ἐν αὐταῖς ἐν τῷ ἁγίῳ. ¹⁴Καὶ ἤνεγκαν τὰς στολὰς
πρὸς Μωυσῆν, καὶ τὴν σκηνὴν καὶ τὰ σκεύη αὐτῆς καὶ τὰς βάσεις
(35) 15 καὶ τοὺς μοχλοὺς αὐτῆς καὶ τοὺς στύλους, ¹⁵καὶ τὴν κιβωτὸν
(38) 16 τῆς διαθήκης καὶ τοὺς διωστῆρας αὐτῆς, ¹⁶καὶ τὸ θυσιαστήριον καὶ
πάντα τὰ σκεύη αὐτοῦ, καὶ τὸ ἔλαιον τῆς χρίσεως καὶ τὸ θυμίαμα
(37) 17 τῆς συνθέσεως, ⁽³⁷⁾καὶ τὴν λυχνίαν τὴν καθαρὰν ¹⁷καὶ τοὺς λύχνους
(36) 18 αὐτῆς, λύχνους τῆς καύσεως, καὶ τὸ ἔλαιον τοῦ φωτός, ¹⁸καὶ τὴν
τράπεζαν τῆς προθέσεως καὶ πάντα τὰ αὐτῆς σκεύη καὶ τοὺς ἄρτους
(41) 19 τοὺς προκειμένους, ¹⁹καὶ τὰς στολὰς τοῦ ἁγίου αἵ εἰσιν Ἀαρών, καὶ
(40) 20 τὰς στολὰς τῶν υἱῶν αὐτοῦ εἰς τὴν ἱερατίαν, ²⁰καὶ τὰ ἱστία τῆς
αὐλῆς καὶ τοὺς στύλους, καὶ τὸ καταπέτασμα τῆς θύρας τῆς σκηνῆς
21 καὶ τῆς πύλης τῆς αὐλῆς, ²¹καὶ πάντα τὰ σκεύη τῆς σκηνῆς καὶ
(34) πάντα τὰ ἐργαλεῖα αὐτῆς, ⁽³⁴⁾καὶ τὰς διφθέρας δέρματα κριῶν
ἠρυθροδανωμένα καὶ τὰ καλύμματα δέρματα ὑακίνθινα καὶ τῶν
(40) λοιπῶν τὰ ἐπικαλύμματα, ⁽⁴⁰⁾καὶ τοὺς πασσάλους καὶ πάντα τὰ
(42) 22 ἐργαλεῖα τὰ εἰς τὰ ἔργα τῆς σκηνῆς τοῦ μαρτυρίου· ²²ὃ συνέταξεν
Κύριος Μωυσῇ, οὕτως ἐποίησαν οἱ υἱοὶ Ἰσραὴλ πᾶσαν τὴν ἀπο-
(43) 23 σκευήν. ²³καὶ ἴδεν Μωυσῆς πάντα τὰ ἔργα, καὶ ἦσαν πεποιηκότες
(ο) αὐτὰ ὃν τρόπον συνέταξεν Κύριος τῷ Μωυσῇ, οὕτως ἐποίησαν αὐτά·
καὶ εὐλόγησεν αὐτοὺς Μωυσῆς.

L ¹/₂ ¹Καὶ ἐλάλησεν Κύριος πρὸς Μωυσῆν λέγων ²Ἐν ἡμέρᾳ μιᾷ τοῦ

9 αυλης 2°] σκηνης B*vid (αυλ sup₂ ras Bᵃᵗᵇ) | 10 του θυσιαστηριου 1°] pr AF
κυκλω AF | om και παντα τα σκευη του θυσιαστηριου B* (hab Bᵃᵇ ᵐᵍ ⁱⁿᶠ) | τα
σκευη] om τα F | εργαλεια] αργαλια B | 13 το κοκκινον]+και βυσσον A
14 και τας βασεις και τους μοχλους αυτης και τους στυλους] και τους μοχλους
και τους στυλους και τας βασεις αυτης AF | 17 καυσεως] καυχησεως F
18—20 θεσεως...της αυλης 1° sup ras Aᵃ. | 18 αυτης τα σκευη AᵃF | τους προ-
κειμενους] της προθεσεως AᵃF | 19 του αγιου] τας αγιας F | αυτου] Ααρων F
20 τους στυλους]+και τας βασεις αυτης AF | 21 om παντα 2° A | καλυμ-
ματα] κατακαλυμμ. AF | αργαλια (1°) B* (αργαλεια Bᵃᵗᵇ) : (2°) B | εις τα εργα
F] εριστα εργα B om τα A | 22 ο] οσα AF | τω Μωυση AF | αποσκευην] πα-
ρασκευην AF | 23 ειδεν F | Μωυσης AF | ηυλογησεν AF | XL 2 om μια A

XL 3 ΕΞΟΔΟΣ

B μηνὸς τοῦ πρώτου νουμηνίᾳ στήσεις τὴν σκηνὴν τοῦ μαρτυρίου· ³καὶ 3
σκεπάσεις τὴν κιβωτὸν τοῦ μαρτυρίου τῷ καταπετάσματι· ⁴καὶ 4
εἰσοίσεις τὴν τράπεζαν, καὶ προθήσεις τὴν πρόθεσιν αὐτῆς· καὶ
εἰσοίσεις τὴν λυχνίαν, καὶ ἐπιθήσεις τοὺς λύχνους αὐτῆς· ⁵καὶ θήσεις 5
τὸ θυσιαστήριον τὸ χρυσοῦν εἰς τὸ θυμιᾶν ἐναντίον τῆς κιβωτοῦ·
καὶ ἐπιθήσεις κάλυμμα καταπετάσματος ἐπὶ τὴν θύραν τῆς σκηνῆς
τοῦ μαρτυρίου· ⁶καὶ τὸ θυσιαστήριον τῶν καρπωμάτων θήσεις παρὰ 6
τὰς θύρας τῆς σκηνῆς τοῦ μαρτυρίου· ⁽⁸⁾καὶ περιθήσεις τὴν σκηνήν, (8)
καὶ πάντα τὰ αὐτῆς ἁγιάσεις κύκλῳ. ⁷καὶ λήμψῃ τὸ ἔλαιον τοῦ 7 (9)
χρίσματος, καὶ χρίσεις τὴν σκηνὴν καὶ πάντα τὰ ἐν αὐτῇ, καὶ
ἁγιάσεις αὐτὴν καὶ πάντα τὰ σκεύη αὐτῆς, καὶ ἔσται ἁγία. ⁸καὶ 8 (10)
χρίσεις τὸ θυσιαστήριον τῶν καρπωμάτων καὶ πάντα αὐτοῦ τὰ
σκεύη, ⁹καὶ ἁγιάσεις τὸ θυσιαστήριον, καὶ ἔσται ἅγιον τῶν ἁγίων. 9
¹⁰καὶ προσάξεις Ἀαρὼν καὶ τοὺς υἱοὺς αὐτοῦ ἐπὶ τὰς θύρας τῆς 10 (12)
σκηνῆς τοῦ μαρτυρίου, καὶ λούσεις αὐτοὺς ὕδατι· ¹¹καὶ ἐνδύσεις 11 (13)
Ἀαρὼν τὰς στολὰς τὰς ἁγίας, καὶ χρίσεις αὐτὸν καὶ ἁγιάσεις αὐτὸν
ἱερατεύειν μοι· ¹²καὶ τοὺς υἱοὺς αὐτοῦ προσάξεις, καὶ ἐνδύσεις αὐ- 12 (14)
τοὺς χιτῶνας, ¹³καὶ ἀλείψεις αὐτοὺς ὃν τρόπον ἤλειψας τὸν πατέρα 13 (15)
αὐτῶν, καὶ ἱερατεύσουσίν μοι· καὶ ἔσται ὥστε εἶναι αὐτοῖς χρίσμα
ἱερατίας εἰς τὸν αἰῶνα, εἰς τὰς γενεὰς αὐτῶν. ¹⁴καὶ ἐποίησεν Μωσῆς 14 (16)
πάντα ὅσα ἐνετείλατο αὐτῷ Κύριος, οὕτως ἐποίησεν. ¹⁵Καὶ 15 (17)
ἐγένετο ἐν τῷ μηνὶ τῷ πρώτῳ τῷ δευτέρῳ ἔτει ἐκπορευομένων
αὐτῶν ἐξ Αἰγύπτου νουμηνίᾳ, ἐστάθη ἡ σκηνή· ¹⁶καὶ ἔστησεν 16 (18)
Μωσῆς τὴν σκηνήν, καὶ ἐπέθηκεν τὰς κεφαλίδας καὶ διενέβαλεν
τοὺς μοχλοὺς καὶ ἔστησεν τοὺς στύλους· ¹⁷καὶ ἐξέτεινεν τὰς 17 (19)
αὐλαίας ἐπὶ τὴν σκηνήν, καὶ ἐπέθηκεν τὸ κατακάλυμμα τῆς σκηνῆς
ἐπ' αὐτῆς ἄνωθεν, καθὰ συνέταξεν Κύριος τῷ Μωσῇ. ¹⁸Καὶ 18 (20)
λαβὼν τὰ μαρτύρια ἐνέβαλεν εἰς τὴν κιβωτόν, καὶ ὑπέθηκεν τοὺς

AF   2 σκηνην] σκηνη sup ras B^ab   3 και σκεπασεις] pr και θησεις την
κιβωτον του μαρτυριου AF | om του μαρτυριου AF   4 προθεσιν] τραπεζαν
F* (hab προθ. F¹^mg)   5 εναντιον] ενωπιον AF | της κιβωτου]+του μαρ-
τυριου A μαρτυριου F (κιβω|του μαρτ.) | επιθησεις καλ. καταπετ.] θησεις το
καλ. του καταπετ. A θ. το κατακαλυμμα του καταπετ. F   6 την θυραν AF |
σκηνην] αυλην AF | om και π. τα αυτης αγ. AF   7 του χρισμ.] της χρισεως
A | om σκευη B* (superscr B^ab)   9 om το θυσ. και εσται F* (hab F¹) |
εσται]+το θυσιαστηριον B^ab (superscr) AF   11 ιερατευειν] ιερατευει B*
(? ιερατευεῖ) και ιερατευσει B^ab AF   13—14 αυτων (2°) και εποιησεν sup
ras A^a?   14 Μωυσης AF | ενετειλατο αυτω] συνεταξεν A συνετ. αυτω F
15 τῷ δευτερῳ] om τω A   16 Μωυσης AF | κεφαλιδας]+αυτης AF |
στυλους]+αυτης AF   17 επ αυτης] επ αυτην AF | Μωυση AF
18 την κιβωτον 1°] αυτην A | υπεθηκεν] επεθηκεν A

ΕΞΟΔΟΣ XL 32

(21) 19 διωστῆρας ὑπὸ τὴν κιβωτόν, ¹⁹καὶ εἰσήνεγκεν τὴν κιβωτὸν εἰς B
τὴν σκηνὴν καὶ ἐπέθηκεν τὸ κατακάλυμμα τοῦ καταπετάσματος,
καὶ ἐσκέπασεν τὴν κιβωτὸν τοῦ μαρτυρίου, ὃν τρόπον συνέταξεν
(22) 20 Κύριος τῷ Μωυσῇ. ²⁰Καὶ ἐπέθηκεν τὴν τράπεζαν εἰς τὴν
σκηνὴν τοῦ μαρτυρίου ἐπὶ τὸ κλίτος τῆς σκηνῆς τοῦ μαρτυρίου τὸ
(23) 21 πρὸς βορρᾶν ἔξωθεν τοῦ καταπετάσματος τῆς σκηνῆς, ²¹καὶ
προέθηκεν ἐπ᾿ αὐτῆς ἄρτους τῆς προθέσεως ἔναντι Κυρίου, ὃν
(24) 22 τρόπον συνέταξεν Κύριος τῷ Μωυσῇ. ²²Καὶ ἔθηκεν τὴν
λυχνίαν εἰς τὴν σκηνὴν τοῦ μαρτυρίου, εἰς τὸ κλίτος τῆς σκηνῆς
(25) 23 τὸ πρὸς νότον, ²³καὶ ἐπέθηκεν τοὺς λύχνους αὐτῆς ἔναντι
(26) 24 Κυρίου, ὃν τρόπον συνέταξεν Κύριος τῷ Μωυσῇ. ²⁴Καὶ
ἔθηκεν τὸ θυσιαστήριον τὸ χρυσοῦν ἐν τῇ σκηνῇ τοῦ μαρτυρίου
(27) 25 ἀπέναντι τοῦ καταπετάσματος, ²⁵καὶ ἐθυσίασεν ἐπ᾿ αὐτοῦ τὸ θυμίαμα
(29) 26 τῆς συνθέσεως, καθάπερ συνέταξεν Κύριος τῷ Μωυσῇ· ²⁶Καὶ
τὸ θυσιαστήριον τῶν καρπωμάτων ἔθηκεν παρὰ τὰς θύρας τῆς
(33) 27 σκηνῆς, ²⁷καὶ ἔστησεν τὴν αὐλὴν κύκλῳ τῆς σκηνῆς καὶ τοῦ θυσια-
(34) 28 στηρίου· καὶ συνετέλεσεν Μωυσῆς πάντα τὰ ἔργα. ²⁸Καὶ
ἐκάλυψεν ἡ νεφέλη τὴν σκηνὴν τοῦ μαρτυρίου, καὶ δόξης Κυρίου
(35) 29 ἐπλήσθη ἡ σκηνή· ²⁹καὶ οὐκ ἠδυνάσθη Μωσῆς εἰσελθεῖν εἰς τὴν
σκηνὴν τοῦ μαρτυρίου, ὅτι ἐπεσκίαζεν ἐπ᾿ αὐτὴν ἡ νεφέλη, καὶ
(36) 30 δόξης Κυρίου ἐπλήσθη ἡ σκηνή. ³⁰ἡνίκα δ᾿ ἂν ἀνέβη ἀπὸ τῆς
σκηνῆς ἡ νεφέλη, ἀνεζεύγνυσαν οἱ υἱοὶ Ἰσραὴλ σὺν τῇ ἀπαρτίᾳ
(37) 31 αὐτῶν· ³¹εἰ δὲ μὴ ἀνέβη ἡ νεφέλη, οὐκ ἀνεζεύγνυσαν ἕως ἡμέρας
(38) 32 ἧς ἀνέβη ἡ νεφέλη. ³²νεφέλη γὰρ ἦν ἐπὶ τῆς σκηνῆς ἡμέρας,
καὶ πῦρ ἦν ἐπ᾿ αὐτῆς νυκτός, ἐναντίον παντὸς Ἰσραήλ, ἐν πάσαις
ταῖς ἀναζυγαῖς αὐτῶν.

{ 19 επεθηκεν BA¹F] εθηκεν A* | κατακαλυμμα του καταπετ. BAF¹] κατα- AF καλυμ|ματος F* 20 επεθηκεν B*ᵇ] εθηκεν BᵃAF | το προς βορραν] om το AF 21 προεθηκεν] προσεθηκεν AF | εναντι] εναντιον AF 23 εναντι] εναντιον AF 25 εθυσιασεν] εθυμιασεν BᵃᵇAF | το θυμιαμα] om το AF | καθαπερ] ον τροπον AF 26 της σκηνης]+του μαρτυριου Aᵃ¹F,| παρα τας θυρας της σκηνης του μαρτυριου sup ras 80 circ litt Aᵃ¹ 27 om και εστησεν...του θυσιαστηριου A 29 ηδυνασθη] ηδυνηθη AF | Μωυσης AF | επλησθη] ενεπληθη F* ενεπλησθη F¹ 30 η νεφελη απο της σκηνης AF 31 ημερας] pr της AF | om ης B* (superscr Bᵃᵇ) | ανεβη 2°] ανεφη A 32 αυτης] αυτην A*ᵛⁱᵈ (s sup ras Aᵃ)
Subscr εξοδος BF εξ. των υιων Ιηλ εξ Αιγυπτου A ¡ · {

ΛΕΥΕΙΤΙΚΟΝ

B   ΚΑΙ ἀνεκάλεσεν Μωυσῆν καὶ ἐλάλησεν Κύριος αὐτῷ ἐκ τῆς 1
σκηνῆς τοῦ μαρτυρίου λέγων ²Λάλησον τοῖς υἱοῖς Ἰσραὴλ καὶ ἐρεῖς 2
πρὸς αὐτούς Ἄνθρωπος ἐξ ὑμῶν ἐὰν προσαγάγῃ δῶρα τῷ κυρίῳ,
ἀπὸ τῶν κτηνῶν καὶ ἀπὸ τῶν βοῶν καὶ ἀπὸ τῶν προβάτων προσοίσετε
τὰ δῶρα ὑμῶν.   ³Ἐὰν ὁλοκαύτωμα τὸ δῶρον αὐτοῦ ἐκ τῶν βοῶν, 3
ἄρσεν ἄμωμον προσάξει· πρὸς τὴν θύραν τῆς σκηνῆς τοῦ μαρτυρίου
προσοίσει αὐτό, δεκτὸν αὐτῷ ἐναντίον Κυρίου. ⁴καὶ ἐπιθήσει τὴν 4
χεῖρα ἐπὶ τὴν κεφαλὴν τοῦ καρπώματος, δεκτὸν αὐτῷ ἐξιλάσασθαι
περὶ αὐτοῦ. ⁵καὶ σφάξουσι τὸν μόσχον ἔναντι Κυρίου· καὶ προσ- 5
οίσουσιν οἱ ἱερεῖς οἱ υἱοὶ Ἀαρὼν τὸ αἷμα, καὶ προσχεοῦσιν τὸ αἷμα
ἐπὶ τὸ θυσιαστήριον κύκλῳ τὸ ἐπὶ τῶν θυρῶν τῆς σκηνῆς τοῦ μαρ-
τυρίου· ⁶καὶ ἐκδείραντες τὸ ὁλοκαύτωμα μελιοῦσιν αὐτὸ κατὰ μέλη· 6
⁷καὶ ἐπιθήσουσιν οἱ υἱοὶ Ἀαρὼν οἱ ἱερεῖς πῦρ ἐπὶ τὸ θυσιαστήριον, 7
καὶ ἐπιστοιβάσουσιν ξύλα ἐπὶ τὸ πῦρ· ⁸καὶ ἐπιστοιβάσουσιν οἱ υἱοὶ 8
Ἀαρὼν οἱ ἱερεῖς τὰ διχοτομήματα καὶ τὴν κεφαλὴν καὶ τὸ στέαρ ἐπὶ
τὰ ξύλα τὰ ἐπὶ τοῦ πυρὸς τὰ ὄντα ἐπὶ τοῦ θυσιαστηρίου, ⁹τὰ δὲ 9
ἐνκοίλια αὐτοῦ καὶ τοὺς πόδας πλυνοῦσιν ὕδατι· καὶ ἐπιθήσουσιν οἱ
ἱερεῖς τὰ πάντα ἐπὶ τὸ θυσιαστήριον· κάρπωμά ἐστιν, θυσία, ὀσμὴ
εὐωδίας τῷ κυρίῳ.   ¹⁰Ἐὰν δὲ ἀπὸ τῶν προβάτων τὸ δῶρον αὐτοῦ 10
τῷ κυρίῳ ἀπό τε τῶν ἀρνῶν καὶ τῶν ἐρίφων εἰς ὁλοκαύτωμα, ἄρσεν

AF   Inscr Λευιτικον BᶜF   I 1 Μωσην A   2 προσαγαγη] προσφερη AF |
om και 2° BᵃAF (hab B*ᵇ) | om απο 3° Bᵃ   3 δεκτον] δωρον F | om
αυτω AF | εναντιον (ναν sup ras Bᵃ)] εναντι AF   4 του καρπωματος] αυτου
καρπωμα F   5 σφαξουσιν AF | εναντι] εναντιον του μαρτυριου F | οι ιερεις
οι υιοι Ααρων] οι υιοι A. οι ιερεις B¹ᵗᵃᵗAF   6 εκδειραντες B*ᵇF] δειραντες
BᵃA   7 επιστοιβασουσιν B*ᵇ] στοιβ. BᵃF   8 επιστοιβασουσιν] στοιβα
sup ras et in mg Bᵃ (fort επιθησ. B*) | οι υιοι Ααρων οι ιερεις in mg et sup
ras Aᵃ | τα διχοτομηματα] pr επι A | στεαρ] στ sup ras Bᵃ | επι τα ξυλα]
και τα ξ. A | τα επι του πυρος] om τα BᵃA (hab B*ᵇF)   9 om αυτου
AF | επιθησουσιν οι ιερεις] επιθησει ο ιερευς A | τω κυριω] om τω F

ΛΕΥΕΙΤΙΚΟΝ

ἄμωμον προσάξει αὐτό, καὶ ἐπιθήσει τὴν χεῖρα ἐπὶ τὴν κεφαλὴν αὐτοῦ. Β 1 ¹¹καὶ σφάξουσιν αὐτὸ ἐκ πλαγίων τοῦ θυσιαστηρίου πρὸς βορρᾶν ἔναντι Κυρίου, καὶ προσχεοῦσιν οἱ υἱοὶ Ἀαρὼν οἱ ἱερεῖς τὸ αἷμα 12 αὐτοῦ ἐπὶ τὸ θυσιαστήριον κύκλῳ· ¹²καὶ διελοῦσιν αὐτὸ κατὰ μέλη, καὶ τὴν κεφαλὴν καὶ τὸ στέαρ· καὶ ἐπιστοιβάσουσιν αὐτὰ οἱ ἱερεῖς 13 ἐπὶ τὰ ξύλα τὰ ἐπὶ τοῦ πυρὸς τὰ ἐπὶ τοῦ θυσιαστηρίου, ¹³καὶ τὰ ἐνκοίλια καὶ τοὺς πόδας πλυνοῦσιν ὕδατι, καὶ προσοίσει ὁ ἱερεὺς τὰ πάντα καὶ ἐπιθήσει ἐπὶ τὸ θυσιαστήριον· κάρπωμά ἐστιν θυσίας, 14 ὀσμὴ εὐωδίας τῷ κυρίῳ. ¹⁴Ἐὰν δὲ ἀπὸ τῶν πετεινῶν κάρπωμα προσφέρῃς δῶρον τῷ κυρίῳ, καὶ προσοίσει ἀπὸ τῶν τρυγόνων ἢ ἀπὸ 15 τῶν περιστερῶν τὸ δῶρον αὐτοῦ· ¹⁵καὶ προσοίσει αὐτὸ ὁ ἱερεὺς πρὸς τὸ θυσιαστήριον, καὶ ἀποκνίσει τὴν κεφαλήν· καὶ ἐπιθήσει ὁ ἱερεὺς ἐπὶ τὸ θυσιαστήριον, καὶ στραγγιεῖ τὸ αἷμα πρὸς τὴν βάσιν τοῦ 16 θυσιαστηρίου· ¹⁶καὶ ἀφελεῖ τὸν πρόλοβον σὺν τοῖς πτεροῖς, καὶ ἐκβαλεῖ αὐτὸ παρὰ τὸ θυσιαστήριον κατὰ ἀνατολὰς εἰς τὸν τόπον 17 τῆς σποδοῦ· ¹⁷καὶ ἐκκλάσει αὐτὸ ἐκ τῶν πτερύγων καὶ οὐ διελεῖ· καὶ ἐπιθήσει αὐτὸ ὁ ἱερεὺς ἐπὶ τὸ θυσιαστήριον ἐπὶ τὰ ξύλα τὰ ἐπὶ τοῦ πυρός· κάρπωμά ἐστιν, θυσία, ὀσμὴ εὐωδίας τῷ κυρίῳ.

1 ¹Ἐὰν δὲ ψυχὴ προσφέρῃ δῶρον θυσίαν τῷ κυρίῳ, σεμίδαλις ἔσται τὸ δῶρον αὐτοῦ· καὶ ἐπιχεεῖ ἐπ᾽ αὐτὸ ἔλαιον, καὶ ἐπιθήσει ἐπ᾽ αὐτὸ 2 λίβανον· θυσία ἐστίν. ²καὶ οἴσει πρὸς τοὺς υἱοὺς Ἀαρὼν τοὺς ἱερεῖς· καὶ δραξάμενος ἀπ᾽ αὐτῆς πλήρη τὴν δράκα ἀπὸ τῆς σεμιδάλεως σὺν τῷ ἐλαίῳ καὶ πάντα τὸν λίβανον αὐτῆς, καὶ ἐπιθήσει ὁ ἱερεὺς τὸ μνημό- 3 συνον αὐτῆς ἐπὶ τὸ θυσιαστήριον· θυσία, ὀσμὴ εὐωδίας τῷ κυρίῳ. ³καὶ τὸ λοιπὸν ἀπὸ τῆς θυσίας Ἀαρὼν καὶ τοῖς υἱοῖς αὐτοῦ, ἅγιον τῶν ἁγίων 4 ἀπὸ τῶν θυσιῶν Κυρίου. ⁴Ἐὰν δὲ προσφέρῃ δῶρον θυσίαν πεπεμμένην ἐκ λιβάνου, δῶρον Κυρίῳ ἐκ σεμιδάλεως, ἄρτους ἀζύμους πεφυ- 5 ραμένους ἐν ἐλαίῳ καὶ λάγανα ἄζυμα διακεχρισμένα ἐν ἐλαίῳ· ⁵ἐὰν δὲ θυσία ἀπὸ τηγάνου, τὸ δῶρόν σου, σεμίδαλις πεφυραμένη ἐν ἐλαίῳ, 6 ἄζυμά ἐστιν· ⁶καὶ διαθρύψεις αὐτὰ κλάσματα, καὶ ἐπιχεεῖς ἐπ᾽ αὐτὰ 7 ἔλαιον· θυσία ἐστὶν Κυρίῳ. ⁷ἐὰν δὲ θυσία ἀπὸ ἐσχάρας τὸ δῶρόν

10 επιθησουσιν F   12 διελουσιν]' ε et ο sup ras B? | το στεαρ]+αυτου AF F | αυτα] αυτο A | τα επι του πυρος].om τα BᵃA (hab B*ᵇF) | του θυσιαστηριου] το θυσιαστηριον F   · 13 ποδας bis scr F* (om 2° Fᵃ) | θυσια AF | τω κυριω] om τω AF   14 προσφερη AF | προσοισει ει sup ras Aᵃ   15 om αυτο AF | προς 1°] επι AF | κεφαλην]+αυτου F | επι] προς F   16 αυτο] αυτα F   17 τω κυριω] om τω F   II 1 δωρον 1°] pr το F   2 πληρης B | τω κυριω] om τω F   3 τους υιους B* (τοις υιοις Bᵃᵇ)   4 προσφερης AF | εκ λιβανου] εν κλιβανω F | om δωρον Κυριω F : 5 εστιν] εσται AF

ΛΕΥΕΙΤΙΚΟΝ

σου, ἐν ἐλαίῳ ποιηθήσεται. ⁸καὶ προσοίσει τὴν θυσίαν ἣν ἂν ποιῇ ἐκ τούτων τῷ κυρίῳ, καὶ προσοίσει πρὸς τὸν ἱερέα· καὶ προσεγγίσας πρὸς τὸ θυσιαστήριον ⁹ἀφελεῖ ὁ ἱερεὺς ἀπὸ τῆς θυσίας τὸ μνημόσυνον αὐτῆς, καὶ ἐπιθήσει ὁ ἱερεὺς ἐπὶ τὸ θυσιαστήριον· κάρπωμα, ὀσμὴ εὐωδίας Κυρίῳ. ¹⁰τὸ δὲ καταλειφθὲν ἀπὸ τῆς θυσίας Ἀαρὼν καὶ τοῖς υἱοῖς αὐτοῦ, ἅγια τῶν ἁγίων ἀπὸ τῶν καρπωμάτων Κυρίου. ¹¹πᾶσαν θυσίαν ἣν ἂν προσφέρητε Κυρίῳ οὐ ποιήσετε ζυμωτόν· πᾶσαν γὰρ ζύμην καὶ πᾶν μέλι, οὐ προσοίσετε ἀπ' αὐτοῦ καρπῶσαι Κυρίῳ. ¹²δῶρον ἀπαρχῆς προσοίσετε αὐτὰ Κυρίῳ· ἐπὶ δὲ τὸ θυσιαστήριον οὐκ ἀναβιβασθήσεται εἰς ὀσμὴν εὐωδίας Κυρίῳ. ¹³καὶ πᾶν δῶρον θυσίας ὑμῶν ἁλὶ ἁλισθήσεται· οὐ διαπαύσετε ἅλα διαθήκης Κυρίου ἀπὸ θυσιασμάτων ὑμῶν· ἐπὶ παντὸς δώρου ὑμῶν προσοίσετε Κυρίῳ τῷ θεῷ ὑμῶν ἅλας. ¹⁴Ἐὰν δὲ προσφέρῃς θυσίαν πρωτογενημάτων τῷ κυρίῳ, ἁπαλόν, νέα πεφρυγμένα χίδρα ἐρικτὰ τῷ κυρίῳ· καὶ προσοίσεις τὴν θυσίαν τῶν πρωτογενημάτων· ¹⁵καὶ ἐπιχεεῖς ἐπ' αὐτὴν ἔλαιον, καὶ ἐπιθήσεις ἐπ' αὐτὴν λίβανον· θυσία ἐστίν. ¹⁶καὶ ἀνοίσει ὁ ἱερεὺς τὸ μνημόσυνον αὐτῆς ἀπὸ τῶν χίδρων σὺν τῷ ἐλαίῳ καὶ πάντα τὸν λίβανον αὐτῆς· κάρπωμά ἐστιν Κυρίῳ.

III ¹Ἐὰν δὲ θυσίαν σωτηρίου τὸ δῶρον αὐτοῦ τῷ κυρίῳ, ἐὰν μὲν ἐκ τῶν βοῶν αὐτοῦ προσαγάγῃ, ἐάν τε ἄρσεν ἐάν τε θῆλυ, ἄμωμον προσάξει αὐτὸ ἐναντίον Κυρίου· ²καὶ ἐπιθήσει τὰς χεῖρας ἐπὶ τὴν κεφαλὴν τοῦ δώρου, καὶ σφάξει αὐτὸ ἐναντίον Κυρίου παρὰ τὰς θύρας τῆς σκηνῆς τοῦ μαρτυρίου· καὶ προσχεοῦσιν οἱ υἱοὶ Ἀαρὼν οἱ ἱερεῖς τὸ αἷμα ἐπὶ τὸ θυσιαστήριον τῶν ὁλοκαυτωμάτων κύκλῳ. ³καὶ προσάξουσιν ἀπὸ τῆς θυσίας τοῦ σωτηρίου κάρπωμα Κυρίῳ, τὸ στέαρ τὸ κατακαλύπτον τὴν κοιλίαν καὶ πᾶν τὸ στέαρ τὸ ἐπὶ τῆς κοιλίας, ⁴καὶ τοὺς δύο νεφροὺς καὶ τὸ στέαρ τὸ ἐπ' αὐτῶν, τὸ ἐπὶ τῶν μηρίων, καὶ τὸν λοβὸν τὸν ἐπὶ τοῦ ἥπατος σὺν τοῖς νεφροῖς περιελεῖ. ⁵καὶ ἀνοίσουσιν αὐτὰ οἱ υἱοὶ Ἀαρὼν οἱ ἱερεῖς ἐπὶ τὸ θυσιαστήριον, ἐπὶ τὰ ὁλοκαυτώματα ἐπὶ τὰ ξύλα τὰ ἐπὶ τοῦ πυρὸς ἐπὶ τοῦ θυσιαστηρίου·

AF 7 εν ελαιω] pr σεμιδαλις Bᵃ¹F (om B*ᵛⁱᵈA) 8 ποιη] ποιησει F 10 Κυριου] κυριω F 11 Κυριω 2°] pr τω F 13 διαπαυσεται AF | επι] απο A | προσοισετε] επι | προσοισετε F | om Κυριω τω θεω υμων F 14 προσφερη A | om απαλον BᵃᵇF (Ακ. απαλον | Θε. νηπιον F¹ᵐᵍ) | πεφρυγμενα] πεφυραμενα F | προσοισει A 16 Κυριω] pr τω F III 1 θυσιαν B*A] θυσια BᵃF | αυτου 2°] αυτο F¹ᵐᵍ | εναντιον] εναντι AF 2 χειρας] χερας αυτου F | om εναντιον Κυριου AF 5 αυτα] αυτο F | επι τα ξυλα] pr τα A | om επι του θυσιαστηριου F

ΛΕΥΕΙΤΙΚΟΝ IV 4

6 κάρπωμα, ὀσμὴ εὐωδίας Κυρίῳ. ⁶'Εὰν δὲ ἀπὸ τῶν προβάτων τὸ B
δῶρον αὐτοῦ, θυσίαν σωτηρίου τῷ κυρίῳ, ἄρσεν ἢ θῆλυ, ἄμωμον
7 προσοίσει αὐτό. ⁷ἐὰν ἄρνα προσαγάγῃ τὸ δῶρον αὐτοῦ, προσάξει
8 αὐτὸ ἔναντι Κυρίου· ⁸καὶ ἐπιθήσει τὰς χεῖρας ἐπὶ τὴν κεφαλὴν τοῦ
δώρου αὐτοῦ, καὶ σφάξει αὐτὸ παρὰ τὰς θύρας τῆς σκηνῆς τοῦ μαρτυ-
ρίου· καὶ προσχεοῦσιν οἱ υἱοὶ Ἀαρὼν οἱ ἱερεῖς τὸ αἷμα ἐπὶ τὸ θυσια-
9 στήριον κύκλῳ. ⁹καὶ προσοίσει ἀπὸ τῆς θυσίας τοῦ σωτηρίου κάρπωμα
τῷ θεῷ, τὸ στέαρ καὶ τὴν ὀσφὺν ἄμωμον· σὺν ταῖς ψόαις περιελεῖ
10 αὐτό· καὶ τὸ στέαρ τῆς κοιλίας, ¹⁰καὶ ἀμφοτέρους τοὺς νεφροὺς καὶ
τὸ στέαρ τὸ ἐπ' αὐτῶν τὸ ἐπὶ τῶν μηρίων, καὶ τὸν λοβὸν τὸν ἐπὶ
11 τοῦ ἥπατος σὺν τοῖς νεφροῖς περιελὼν ¹¹ἀνοίσει ὁ ἱερεὺς ἐπὶ τὸ θυσια-
12 στήριον· ὀσμὴ εὐωδίας, κάρπωμα Κυρίῳ. ¹²'Εὰν δὲ ἀπὸ τῶν
13 αἰγῶν τὸ δῶρόν αὐτοῦ, καὶ προσάξει ἔναντι Κυρίου· ¹³καὶ ἐπιθήσει
τὰς χεῖρας ἐπὶ τὴν κεφαλὴν αὐτοῦ, καὶ σφάξουσιν αὐτὸ ἔναντι Κυρίου
παρὰ τὰς θύρας τῆς σκηνῆς τοῦ μαρτυρίου· καὶ προσχεοῦσιν οἱ υἱοὶ
14 Ἀαρὼν οἱ ἱερεῖς τὸ αἷμα ἐπὶ τὸ θυσιαστήριον κύκλῳ· ¹⁴καὶ ἀνοίσει
ἐπ' αὐτοῦ κάρπωμα Κυρίῳ τὸ στέαρ τὸ κατακαλύπτον τὴν κοιλίαν
15 καὶ πᾶν τὸ στέαρ τὸ ἐπὶ τῆς κοιλίας, ¹⁵καὶ ἀμφοτέρους τοὺς νεφροὺς
καὶ πᾶν τὸ στέαρ τὸ ἐπ' αὐτῶν τὸ ἐπὶ τῶν μηρίων, καὶ τὸν λοβὸν
16 τοῦ ἥπατος σὺν τοῖς νεφροῖς περιελεῖ· ¹⁶καὶ ἀνοίσει ὁ ἱερεὺς ἐπὶ
τὸ θυσιαστήριον· κάρπωμα, ὀσμὴ εὐωδίας τῷ κυρίῳ. πᾶν τὸ στέαρ
17 τῷ κυρίῳ. ¹⁷νόμιμον εἰς τὸν αἰῶνα εἰς τὰς γενεὰς ὑμῶν ἐν πάσῃ
κατοικίᾳ ὑμῶν· πᾶν στέαρ καὶ πᾶν αἷμα οὐκ ἔδεσθε.

IV 1 ¹Καὶ ἐλάλησεν Κύριος πρὸς Μωυσῆν λέγων ²Λάλησον πρὸς τοὺς
2 υἱοὺς Ἰσραὴλ λέγων Ψυχὴ ἐὰν ἁμάρτῃ ἔναντι Κυρίου ἀκουσίως ἀπὸ τῶν
προσταγμάτων Κυρίου ὧν οὐ δεῖ ποιεῖν, καὶ ποιήσῃ ἕν τι ἀπ' αὐτῶν·
3 ³ἐὰν μὲν ὁ ἀρχιερεὺς ὁ κεχρισμένος ἁμάρτῃ τοῦ λαὸν ἁμαρτεῖν, καὶ
προσάξει περὶ τῆς ἁμαρτίας αὐτοῦ ἧς ἥμαρτεν μόσχον ἐκ βοῶν
4 ἄμωμον τῷ κυρίῳ περὶ τῆς ἁμαρτίας αὐτοῦ. ⁴καὶ προσάξει τὸν μόσχον

5 Κυριω] pr τω F¹ᵐᵍ 6 θυσιαν] θυσια F | σωτηριου τω κω αρσ|ει ἢ η AF
θηλυ sup ras et in mg Aᵃ¹ | προσοισεις A* 9 θυσιας] θυρας B | θεω]
κυριω F | αυτο] αυτου Bᵃᵇ | το στεαρ της κοιλιας] παν το στ. το κατακαλυπτον
την κοιλιαν και παν το στεαρ το επι της κοιλιας F 11 οσμην A | Κυριω]
pr τω F 12 om αιγων το B* (hab Bᵃᵇᵐᵍᵍ) | αυτου]+τω κυριω F
13 αυτο] αυτον A 14 ανοισει[.] F | Κυριω] pr τω F | κατακαλυπτον]
καλυπτον A 14—15 και παν το στεαρ το |επι της κοιλιας ⳤ αμφοτε sup
ras et in mg Aᵃ 15 αμφοτερους τους] τους δυο F | om παν A | του
ηπατος] pr τον επι F IV 2 των προσταγματων] pr παντων F₁| ποιηση]
ποιησει A 3 λαον] pr τον BᵃᵇF | om αυτου 2° F

ΛΕΥΕΙΤΙΚΟΝ

B παρὰ τὴν θύραν τῆς σκηνῆς τοῦ μαρτυρίου ἔναντι Κυρίου, καὶ ἐπιθήσει τὴν χεῖρα αὐτοῦ ἐπὶ τὴν κεφαλὴν τοῦ μόσχου ἔναντι Κυρίου, καὶ σφάξει τὸν μόσχον ἐνώπιον Κυρίου. ⁵καὶ λαβὼν ὁ ἱερεὺς ὁ χριστὸς 5 ὁ τετελειωμένος τὰς χεῖρας ἀπὸ τοῦ αἵματος τοῦ μόσχου, καὶ εἰσοίσει αὐτὸ ἐπὶ τὴν σκηνὴν τοῦ μαρτυρίου· ⁶καὶ βάψει ὁ ἱερεὺς τὸν δάκτυλον 6 εἰς τὸ αἷμα, καὶ προσρανεῖ ἀπὸ τοῦ αἵματος ἑπτάκις ἔναντι Κυρίου κατὰ τὸ καταπέτασμα τὸ ἅγιον· ⁷καὶ ἐπιθήσει ὁ ἱερεὺς ἀπὸ τοῦ αἵματος τοῦ 7 μόσχου ἐπὶ τὰ κέρατα τοῦ θυσιαστηρίου τοῦ θυμιάματος τῆς συνθέσεως τοῦ ἐναντίον Κυρίου, ὅ ἐστιν ἐν τῇ σκηνῇ τοῦ μαρτυρίου· καὶ πᾶν τὸ αἷμα τοῦ μόσχου ἐκχεεῖ παρὰ τὴν βάσιν τοῦ θυσιαστηρίου τῶν ὁλοκαυτωμάτων, ὅ ἐστιν παρὰ τὰς θύρας τῆς σκηνῆς τοῦ μαρτυρίου. ⁸καὶ πᾶν τὸ στέαρ τοῦ μόσχου τοῦ τῆς ἁμαρτίας, περιελεῖ ἀπ' αὐτοῦ 8 τὸ στέαρ τὸ κατακαλύπτον τὰ ἐνδόσθια καὶ πᾶν τὸ στέαρ τὸ ἐπὶ τῶν ἐνδοσθίων, ⁹καὶ τοὺς δύο νεφροὺς καὶ τὸ στέαρ τὸ ἐπ' αὐτῶν, ὅ ἐστιν ἐπὶ 9 τῶν μηρίων, καὶ τὸν λοβὸν τὸν ἐπὶ τοῦ ἥπατος σὺν τοῖς νεφροῖς, περιελεῖ αὐτό, ¹⁰ὃν τρόπον ἀφαιρεῖτε αὐτὸ ἀπὸ τοῦ μόσχου τοῦ τῆς θυσίας τοῦ 10 σωτηρίου· διανοίσει ὁ ἱερεὺς ἐπὶ τὸ θυσιαστήριον τῆς καρπώσεως. ¹¹καὶ τὸ δέρμα τοῦ μόσχου καὶ πᾶσαν αὐτοῦ τὴν σάρκα σὺν τῇ 11 κεφαλῇ καὶ τοῖς ἀκρωτηρίοις καὶ τῇ κοιλίᾳ καὶ τῇ κόπρῳ, ¹²καὶ ἐξοί- 12 σουσιν ὅλον τὸν μόσχον ἔξω τῆς παρεμβολῆς εἰς τόπον καθαρὸν οὗ ἐκχεοῦσιν τὴν σποδιάν, καὶ κατακαύσουσιν αὐτὸν ἐπὶ ξύλων ἐν πυρί· ἐπὶ τῆς ἐκχύσεως τῆς σποδιᾶς καυθήσεται. ¹³Ἐὰν 13 δὲ πᾶσα συναγωγὴ Ἰσραὴλ ἀγνοήσῃ ἀκουσίως, καὶ λάθῃ ῥῆμα ἐξ ὀφθαλμῶν τῆς συναγωγῆς, καὶ ποιήσωσιν μίαν ἀπὸ πασῶν τῶν ἐντολῶν Κυρίου ἣ οὐ ποιηθήσεται καὶ πλημμελήσουσιν, ¹⁴καὶ γνωσθῇ 14 αὐτοῖς ἡ ἁμαρτία ἣν ἥμαρτον ἐν αὐτῇ, καὶ προσάξει ἡ συναγωγὴ μόσχον ἐκ βοῶν ἄμωμον περὶ τῆς ἁμαρτίας, καὶ προσάξει αὐτὸν παρὰ τὰς θύρας τῆς σκηνῆς τοῦ μαρτυρίου. ¹⁵καὶ ἐπιθήσουσιν οἱ πρεσβύτεροι 15 τῆς συναγωγῆς τὰς χεῖρας αὐτῶν ἐπὶ τὴν κεφαλὴν τοῦ μόσχου ἔναντι Κυρίου, καὶ σφάξουσιν τὸν μόσχον ἔναντι Κυρίου· ¹⁶καὶ εἰσοίσει 16 ὁ ἱερεὺς ὁ χριστὸς ἀπὸ τοῦ αἵματος τοῦ μόσχου εἰς τὴν σκηνὴν τοῦ

AF 4 την θυραν] τας θυρας F   5 εισοισει] οισει A | επι] εις Bᵃ F
6 επτακις]+τω δακτυλω F   7 εναντιον] εναντι AF | των ολοκαυτωματων] της ολοκαυτωσεως F   8 παν το στεαρ 1°] το παν στεαρ A   9 ο εστιν επι] το επι A   10 αφαιρειτε Bᵃ (αφερ. B*)] αφελειται A αφαιρειται F | om αυτο AF | διανοισει] και ανοισει F   13 Ισραηλ] pr των υιων F | om ακουσιως F | πασων] παντων A | πλημμελησωσι Bᵃ πλημμελησωσιν F   14 περι αμαρτιας F* (περι της αμ. F¹⁽ᵐᵍ⁾)   15 om και σφ. τον μοσχον εναντι Κυριου B* (hab Bᵃᵇ ᵐᵍ ⁱⁿᶠ AF)

ΛΕΥΕΙΤΙΚΟΝ IV 30

17 μαρτυρίου· ¹⁷καὶ βάψει ὁ ἱερεὺς τὸν δάκτυλον ἀπὸ τοῦ αἵματος B τοῦ μόσχου, καὶ ρανεῖ ἑπτάκις ἔναντι Κυρίου κατενώπιον τοῦ κατα-
18 πετάσματος τοῦ ἁγίου· ¹⁸καὶ ἀπὸ τοῦ αἵματος ἐπιθήσει ὁ ἱερεὺς ἐπὶ τὰ κέρατα τοῦ θυσιαστηρίου τῶν θυμιαμάτων τῆς συνθέσεως, ὅ ἐστιν ἐνώπιον Κυρίου, ὅ ἐστιν ἐν τῇ σκηνῇ τοῦ μαρτυρίου· καὶ τὸ πᾶν αἷμα ἐκχεεῖ πρὸς τὴν βάσιν τοῦ θυσιαστηρίου τῶν καρπώσεων
19 τῶν πρὸς τῇ θύρᾳ τῆς σκηνῆς τοῦ μαρτυρίου. ¹⁹καὶ τὸ πᾶν στέαρ
20 περιελεῖ ἀπ' αὐτοῦ καὶ ἀνοίσει ἐπὶ τὸ θυσιαστήριον· ²⁰καὶ ποιήσει τὸν μόσχον ὃν τρόπον ἐποίησεν τὸν μόσχον τὸν τῆς ἁμαρτίας, οὕτως ποιηθήσεται· καὶ ἐξιλάσεται περὶ αὐτῶν ὁ ἱερεύς, καὶ ἀφεθήσεται
21 αὐτοῖς ἡ ἁμαρτία. ²¹καὶ ἐξοίσουσιν τὸν μόσχον ἔξω τῆς παρεμβολῆς, καὶ κατακαύσουσιν τὸν μόσχον ὃν τρόπον κατέκαυσαν τὸν μόσχον
22 τὸν πρότερον· ἁμαρτία συναγωγῆς ἐστίν. ²²Ἐὰν δὲ ὁ ἄρχων ἁμάρτῃ καὶ ποιήσῃ μίαν ἀπὸ πασῶν τῶν ἐντολῶν Κυρίου τοῦ θεοῦ αὐτῶν, ᾗ οὐ ποιηθήσεται, ἀκουσίως, καὶ ἁμάρτῃ καὶ πλημμελήσῃ,
23 ²³καὶ γνωσθῇ αὐτῷ ἡ ἁμαρτία ἣν ἥμαρτεν ἐν αὐτῇ, καὶ προσοίσει
24 τὸ δῶρον αὐτοῦ χίμαρον ἐξ αἰγῶν, ἄρσεν ἄμωμον. ²⁴καὶ ἐπιθήσει τὴν χεῖρα ἐπὶ τὴν κεφαλὴν τοῦ χιμάρου, καὶ σφάξουσιν αὐτὸν ἐν τόπῳ οὗ σφάζουσιν τὰ ὁλοκαυτώματα ἐνώπιον Κυρίου· ἁμαρτία
25 ἐστίν. ²⁵καὶ ἐπιθήσει ὁ ἱερεὺς ἀπὸ τοῦ αἵματος τοῦ τῆς ἁμαρτίας τῷ δακτύλῳ ἐπὶ τὰ κέρατα τοῦ θυσιαστηρίου τῶν ὁλοκαυτωμάτων, καὶ τὸ πᾶν αἷμα αὐτοῦ ἐκχεεῖ παρὰ τὴν βάσιν τοῦ θυσιαστηρίου τῶν
26 ὁλοκαυτωμάτων. ²⁶καὶ τὸ πᾶν στέαρ αὐτοῦ ἀνοίσει ἐπὶ τὸ θυσιαστήριον, ὥσπερ τὸ στέαρ θυσίας σωτηρίου· καὶ ἐξιλάσεται περὶ αὐτοῦ
27 ὁ ἱερεὺς ἀπὸ τῆς ἁμαρτίας αὐτοῦ, καὶ ἀφεθήσεται αὐτῷ. ²⁷Ἐὰν δὲ ψυχὴ μία ἁμάρτῃ ἀκουσίως ἐκ τοῦ λαοῦ τῆς γῆς ἐν τῷ ποιῆσαι μίαν ἀπὸ πασῶν τῶν ἐντολῶν Κυρίου ᾗ οὐ ποιηθήσεται, καὶ πλημμε-
28 λήσῃ, ²⁸καὶ γνωσθῇ αὐτῷ ἡ ἁμαρτία ἣν ἥμαρτεν ἐν αὐτῇ, καὶ οἴσει χίμαιραν ἐξ αἰγῶν· θήλειαν ἄμωμον οἴσει περὶ τῆς ἁμαρτίας ἧς
29 ἥμαρτεν. ²⁹καὶ ἐπιθήσει τὴν χεῖρα ἐπὶ τὴν κεφαλὴν τοῦ ἁμαρτήματος αὐτοῦ, καὶ σφάξουσιν τὴν χίμαιραν τὴν τῆς ἁμαρτίας ἐν
30 τόπῳ οὗ σφάζουσιν τὰ ὁλοκαυτώματα. ³⁰καὶ λήμψεται ὁ ἱερεὺς

17 ενωπιον A   18 επι τα] επτα F* (επι τα F¹) | των προς τη θ.] om AF των F | την θυραν A   19 om αr B^a   20 ποιηθησεται BA¹F] ποιησεται A*   21 τον μοσχον]+ολον B^aF   22 αυτων] αυτου F | om και αμαρτη F
23 ημαρτεν] ημαρτησεν A | αμωμον]+περι αμαρτιας F^{amg}   24 χειρα]
+αυτου F   25 των ολοκ. '2°] ν ο sup ras A^a   26 θυσιας] θυσια B*
(s superscr B^{ab})   27 πασων] παντων A   28 οισει 1°]+το δωρον αυτου F^{amg}   29 την χειρα]+αυτου F |,την της αμ.] om την F | ου] ω A

ΛΕΥΕΙΤΙΚΟΝ

Β ἀπὸ τοῦ αἵματος αὐτῆς τῷ δακτύλῳ καὶ ἐπιθήσει ἐπὶ τὰ κέρατα τοῦ θυσιαστηρίου τῶν ὁλοκαυτωμάτων, καὶ πᾶν τὸ αἷμα αὐτῆς ἐκχεεῖ παρὰ τὴν βάσιν τοῦ θυσιαστηρίου. ³¹ καὶ πᾶν τὸ στέαρ περιελεῖ ὃν τρόπον περιαιρεῖται στέαρ ἀπὸ θυσίας σωτηρίου, καὶ ἀνοίσει ὁ ἱερεὺς ἐπὶ τὸ θυσιαστήριον εἰς ὀσμὴν εὐωδίας Κυρίῳ· καὶ ἐξιλάσεται περὶ αὐτοῦ ὁ ἱερεύς, καὶ ἀφεθήσεται αὐτῷ. ³²Ἐὰν δὲ πρόβατον προσενέγκῃ τὸ δῶρον αὐτοῦ εἰς ἁμαρτίαν, θῆλυ ἄμωμον προσοίσει αὐτό. ³³ καὶ ἐπιθήσει τὴν χεῖρα ἐπὶ τὴν κεφαλὴν αὐτοῦ τοῦ τῆς ἁμαρτίας, καὶ σφάξουσιν αὐτὸ ἐν τόπῳ οὗ σφάζουσιν τὰ ὁλοκαυτώματα. ³⁴ καὶ λαβὼν ὁ ἱερεὺς ἀπὸ τοῦ αἵματος τοῦ τῆς ἁμαρτίας τῷ δακτύλῳ ἐπιθήσει ἐπὶ τὰ κέρατα τοῦ θυσιαστηρίου τῆς ὁλοκαυτώσεως, καὶ πᾶν αὐτοῦ τὸ αἷμα ἐκχεεῖ παρὰ τὴν βάσιν τοῦ θυσιαστηρίου τῆς ὁλοκαυτώσεως. ³⁵ καὶ πᾶν αὐτοῦ τὸ στέαρ περιελεῖ ὃν τρόπον περιαιρεῖται στέαρ προβάτου ἐκ τῆς θυσίας τοῦ σωτηρίου, καὶ ἐπιθήσει αὐτὸ ὁ ἱερεὺς ἐπὶ τὸ θυσιαστήριον ἐπὶ τὸ ὁλοκαύτωμα Κυρίου· καὶ ἐξιλάσεται περὶ αὐτοῦ ὁ ἱερεὺς περὶ τῆς ἁμαρτίας ἧς ἥμαρτεν, καὶ ἀφεθήσεται αὐτῷ.

V ¹Ἐὰν δὲ ψυχὴ ἁμάρτῃ καὶ ἀκούσῃ φωνὴν ὁρκισμοῦ, καὶ οὗτος μάρτυς ἢ ἑώρακεν ἢ σύνοιδεν, ἐὰν μὴ ἀπαγγείλῃ, λήμψεται τὴν ἁμαρτίαν. ²ἢ ψυχὴ ἥτις ἐὰν ἅψηται παντὸς πράγματος ἀκαθάρτου, ἢ θνησιμαίου ἢ θηριαλώτου ἀκαθάρτου ἢ τῶν θνησιμαίων ἢ τῶν βδελυγμάτων τῶν ἀκαθάρτων ἢ τῶν θνησιμαίων κτηνῶν τῶν ἀκαθάρτων, ³ἢ ἅψηται ἀπὸ ἀκαθαρσίας ἀνθρώπου, ἀπὸ πάσης ἀκαθαρσίας αὐτοῦ ἧς ἂν ἁψάμενος μιανθῇ, καὶ ἔλαθεν αὐτόν, μετὰ τοῦτο δὲ γνῷ, καὶ πλημμελήσῃ· ⁴ἢ ψυχὴ ἡ ἄνομος ἡ διαστέλλουσα τοῖς χείλεσιν κακοποιῆσαι ἢ καλῶς ποιῆσαι κατὰ πάντα ὅσα ἐὰν διαστείλῃ ὁ ἄνθρωπος μεθ' ὅρκου, καὶ λάθῃ αὐτὸν πρὸ ὀφθαλμῶν, καὶ οὗτος γνῷ, καὶ ἁμάρτῃ ἕν τι τούτων· ⁵καὶ ἐξαγορεύσει τὴν ἁμαρτίαν περὶ ὧν ἡμάρτηκεν κατ' αὐτῆς, ⁶καὶ οἴσει περὶ ὧν ἐπλημμέλησεν Κυρίῳ, περὶ τῆς ἁμαρτίας ἧς ἥμαρτεν, θῆλυ ἀπὸ τῶν προβάτων, ἀμνάδα ἢ χίμαιραν ἐξ αἰγῶν περὶ ἁμαρτίας· καὶ ἐξιλάσεται περὶ αὐτοῦ ὁ ἱερεὺς περὶ τῆς

AF 30 τω δακτυλω]+αυτου F 32 εις αμαρτιαν] περι αμαρτιας F 33 χειρα]+αυτου F | κεφαλην αυτου] om αυτου B^{ab}AF | σφαξουσιν αυτο]+περι αμαρτιας F 34 δακτυλω]+αυτου F | ολοκαυτωσεως 1º B*^{vid} A] ολοκαρπωσεως B^a (sup ras ρπ) F 35 εκ] απο F V 1 η (bis)] ει A | ωρακεν B | απαγγειλη] απαιτει B^b | λημψεται] pr και F 2 η των βδελ.] om η των F 3 γνω] εγνω F 4 χειλεσι A | καλως ποιησαι] καλοποιησαι F | εαν] αν F | om προ οφθαλμων F | ουτως ̀ F 5 εξαγορευση A | ων] ης F 6 Κυριω] pr τω F | om ης 1º B | ημαρτεν] ημαρτηκεν F¹ (om τιας ης ημαρ F*)

ΛΕΥΕΙΤΙΚΟΝ V 18

7 ἁμαρτίας αὐτοῦ ἧς ἥμαρτεν, καὶ ἀφεθήσεται αὐτῷ ἡ ἁμαρτία. ⁷ἐὰν δὲ B
μὴ ἰσχύσῃ ἡ χεὶρ αὐτοῦ τὸ ἱκανὸν εἰς τὸ πρόβατον, οἴσει περὶ τῆς
ἁμαρτίας αὐτοῦ ἧς ἥμαρτεν, δύο τρυγόνας ἢ δύο νοσσοὺς περιστερῶν
8 Κυρίῳ, ἕνα περὶ ἁμαρτίας καὶ ἕνα εἰς ὁλοκαύτωμα. ⁸καὶ οἴσει αὐτὰ
πρὸς τὸν ἱερέα, καὶ προσάξει ὁ ἱερεὺς τὸ περὶ τῆς ἁμαρτίας πρότερον·
καὶ ἀποκνίσει ὁ ἱερεὺς τὴν κεφαλὴν αὐτοῦ ἀπὸ τοῦ σφονδύλου καὶ οὐ
9 διελεῖ, ⁹καὶ ῥανεῖ ἀπὸ τοῦ αἵματος τοῦ περὶ τῆς ἁμαρτίας ἐπὶ τὸν
τοῖχον τοῦ θυσιαστηρίου, τὸ δὲ κατάλοιπον τοῦ αἵματος καταστραγγιεῖ
10 ἐπὶ τὴν βάσιν τοῦ θυσιαστηρίου· ἁμαρτίας γάρ ἐστιν· ¹⁰καὶ τὸ δεύτερον
ποιήσει ὁλοκαύτωμα ὡς καθήκει· καὶ ἐξιλάσεται ὁ ἱερεὺς περὶ τῆς
11 ἁμαρτίας αὐτοῦ ἧς ἥμαρτεν, καὶ ἀφεθήσεται αὐτῷ. ¹¹Ἐὰν δὲ μὴ
εὑρίσκῃ αὐτοῦ ἡ χεὶρ ζεῦγος τρυγόνων ἢ δύο νοσσοὺς περιστερῶν,
καὶ οἴσει τὸ δῶρον αὐτοῦ περὶ οὗ ἥμαρτεν τὸ δέκατον τοῦ οἰφὶ
σεμιδάλεως περὶ ἁμαρτίας· οὐκ ἐπιχεεῖ ἐπ' αὐτὸ ἔλαιον οὐδὲ ἐπιθήσει
12 ἐπ' αὐτὸ λίβανον, ὅτι περὶ ἁμαρτίας ἐστίν· ¹²καὶ οἴσει αὐτὸ πρὸς τὸν
ἱερέα. καὶ δραξάμενος ὁ ἱερεὺς ἀπ' αὐτῆς πλήρη τὴν δράκα, τὸ
μνημόσυνον αὐτῆς ἐπιθήσει ἐπὶ τὸ θυσιαστήριον τῶν ὁλοκαυτωμάτων
13 Κυρίῳ· ἁμαρτία ἐστίν. ¹³καὶ ἐξιλάσεται περὶ αὐτοῦ ὁ ἱερεὺς περὶ τῆς
ἁμαρτίας αὐτοῦ ἧς ἥμαρτεν ἐφ' ἑνὸς τούτων, καὶ ἀφεθήσεται αὐτῷ.
τὸ δὲ καταλειφθὲν ἔσται τῷ ἱερεῖ, ὡς ἡ θυσία τῆς σεμιδάλεως.

14
15 ¹⁴Καὶ ἐλάλησεν Κύριος πρὸς Μωυσῆν λέγων ¹⁵Ψυχὴ ἐὰν λάθῃ
αὐτὸν λήθῃ καὶ ἁμάρτῃ ἀκουσίως ἀπὸ τῶν ἁγίων Κυρίου, καὶ οἴσει τῆς
πλημμελίας αὐτοῦ τῷ κυρίῳ κριὸν ἄμωμον ἐκ τῶν προβάτων τιμῆς
16 ἀργυρίου σίκλων, τῷ σίκλῳ τῶν ἁγίων, περὶ οὗ ἐπλημμέλησεν. ¹⁶καὶ ὃ
ἥμαρτεν ἀπὸ τῶν ἁγίων ἀποτίσαι αὐτό, καὶ τὸ ἐπίπεμπτον προσθήσει
ἐπ' αὐτό, καὶ δώσει αὐτὸ τῷ ἱερεῖ· καὶ ὁ ἱερεὺς ἐξιλάσεται περὶ αὐτοῦ
17 ἐν τῷ κριῷ τῆς πλημμελίας, καὶ ἀφεθήσεται αὐτῷ. ¹⁷Καὶ
ἡ ψυχὴ ἣ ἂν ἁμάρτῃ καὶ ποιήσῃ μίαν ἀπὸ πασῶν τῶν ἐντολῶν
Κυρίου ὧν οὐ δεῖ ποιεῖν, καὶ οὐκ ἔγνω, καὶ πλημμελήσῃ καὶ λάβῃ
18 τὴν ἁμαρτίαν, ¹⁸καὶ οἴσει κριὸν ἄμωμον ἐκ τῶν προβάτων τιμῆς

6 om αυτου ης ημαρτεν F   7 ισχυση] ισχυι AF | εις το προβ.] om το AF
AF | νεοσσους AF | Κυριω] pr τω F   9 αμαρτιας 2°] αμαρτια F   10 ποιη-
σεις A | ολοκαυτωμα] ολοκαρπωμα Bᵃ | εξιλασεται]+περι αυτου F | περι της
αμαρτιας] om της A   11 νεοσσους AF | σεμιδαλεως] σεμιδαλιν AF |
ελαιον Bᵇᵗᶜ͗AF] λιβανον B*ᵃ | ουδε] ουδ F   12 απ αυτης ο ιερευς
A | om πληρη την δρακα το μνημ. αυτης F | των ολοκαυτ.] pr επι F | αμαρ-
τια] αμαρτιας (s superscr) Bᵗ   13 αυτου 2°] εστιν A | εφ ενος] αφ ενος F
15 εαν B*A] η αν Bᵃᵇ F | τω σικλω] του σικλου A | των αγιων 2°] τω αγιω F
16 om ο 1° A | αποτισαι B*A] αποτισει BᵃF (αποτεισει) | om αυτο 1° F
17 η ψυχη η αν] ψυχη εαν A | την αμαρτιαν]+αυτου F

ΛΕΥΕΙΤΙΚΟΝ

B μαρτυρίου. ²⁷ πᾶς ὁ ἁπτόμενος τῶν κρεῶν αὐτῆς ἁγιασθήσεται· καὶ ᾧ ἐὰν ἐπιραντισθῇ ἀπὸ τοῦ αἵματος αὐτῆς ἐπὶ τὸ ἱμάτιον, ὃς ἐὰν ῥαντισθῇ ἐπ' αὐτό, πλυθήσεται ἐν τόπῳ ἁγίῳ. ²⁸ καὶ σκεῦος ὀστράκινον οὗ ἐὰν ἑψεθῇ ἐν αὐτῷ συντριβήσεται· ἐὰν δὲ ἐν σκεύει χαλκῷ ἑψεθῇ, ἐκτρίψει αὐτὸ καὶ ἐκκλύσει ὕδατι. ²⁹ πᾶς ἄρσην ἐν τοῖς ἱερεῦσιν φάγεται αὐτά· ἅγια ἁγίων ἐστὶν Κυρίου. ³⁰ καὶ πάντα τὰ περὶ τῆς ἁμαρτίας ὧν ἐὰν εἰσενεχθῇ ἀπὸ τοῦ αἵματος αὐτῶν εἰς τὴν σκηνὴν τοῦ μαρτυρίου ἐξιλάσασθαι ἐν τῷ ἁγίῳ, οὐ βρωθήσεται, ἐν πυρὶ κατακαυθήσεται.

³¹ Καὶ οὗτος ὁ νόμος τοῦ κριοῦ τοῦ περὶ τῆς πλημμελίας· ἅγια ἁγίων ἐστίν. ³² ἐν τόπῳ οὗ σφάζουσιν τὸ ὁλοκαύτωμα σφάξουσιν τὸν κριὸν τῆς πλημμελίας ἔναντι Κυρίου, καὶ τὸ αἷμα προσχεεῖ ἐπὶ τὴν βάσιν τοῦ θυσιαστηρίου κύκλῳ· ³³ καὶ πᾶν τὸ στέαρ αὐτοῦ προσοίσει ἀπ' αὐτοῦ, καὶ τὴν ὀσφὺν καὶ πᾶν τὸ στέαρ τὸ κατακαλύπτον τὰ ἐνδόσθια καὶ πᾶν τὸ στέαρ τὸ ἐπὶ τῶν ἐνδοσθίων, ³⁴ καὶ τοὺς δύο νεφροὺς καὶ τὸ στέαρ τὸ ἐπ' αὐτῶν, τὸ ἐπὶ τῶν μηρίων, καὶ τὸν λοβὸν τὸν ἐπὶ τοῦ ἥπατος σὺν τοῖς νεφροῖς, περιελεῖ αὐτά· ³⁵ καὶ ἀνοίσει αὐτὰ ὁ ἱερεὺς ἐπὶ τὸ θυσιαστήριον κάρπωμα τῷ κυρίῳ· περὶ πλημμελίας ἐστίν. ³⁶ πᾶς ἄρσην ἐκ τῶν ἱερέων ἔδεται αὐτά, ἐν τόπῳ ἁγίῳ ἔδονται αὐτά· ἅγια ἁγίων ἐστίν. ³⁷ ὥσπερ τὸ περὶ τῆς ἁμαρτίας, οὕτω καὶ τὸ τῆς πλημμελίας, νόμος εἷς αὐτῶν· ὁ ἱερεὺς ὅστις ἐξιλάσεται, ἐν αὐτῷ ἔσται. ³⁸ καὶ ὁ ἱερεὺς ὁ προσάγων ὁλοκαύτωμα ἀνθρώπου, τὸ δέρμα τῆς ὁλοκαυτώσεως ἧς αὐτὸς προσφέρει αὐτῷ ἔσται. ³⁹ καὶ πᾶσα θυσία ἥτις ποιηθήσεται ἐν τῷ κλιβάνῳ, καὶ πᾶσα ἥτις ποιηθήσεται ἐπ' ἐσχάρας ἢ ἐπὶ τηγάνου, τοῦ ἱερέως τοῦ προσφέροντος αὐτήν, αὐτῷ ἔσται. ⁴⁰ καὶ πᾶσα θυσία ἀναπεποιημένη ἐν ἐλαίῳ καὶ μὴ ἀναπεποιημένη πᾶσι τοῖς υἱοῖς Ἀαρὼν ἔσται, ἑκάστῳ τὸ ἴσον.

¹ Οὗτος ὁ νόμος θυσίας σωτηρίου ἣν προσοίσουσιν Κυρίῳ. ² ἐὰν μὲν περὶ αἰνέσεως προσφέρῃ αὐτήν, καὶ προσοίσει ἐπὶ τῆς θυσίας τῆς αἰνέσεως ἄρτους ἐκ σεμιδάλεως ἀναπεποιημένους ἐν

AF   **27** οs εαν] ο αν F   **28** εψεθη BAF (bis) | εν αυτω συντριβησεται] om εν αυτω B*vid (ν αυτω | συν Bab mgg) A | εκκλυσει] κλυσει F   **29** Κυριου] κῶ F   **30** εαν] αν AF [τω αγιω] τοπω αγιω A | κατακαυθησεται] κατακαησεται F   **32** σφαξουσιν F* (σφαζ. F¹ mg) | το ολοκαυτωμα] τα ολοκαυτωματα F   **33** ενδοσθια] ενδοσθιαια Bab vid   **35** καρπωμα]+οσμην ευωδιας F | τω κυριω] om τω F   **36** εδονται] εδεται F   **37** εσται] pr αυτω F   **39** τω κλιβανω] om τω F | πασα 2°]+θυσια F | om η A   **40** om αναπεποιημενη 2° A   VII **2** μεν] μεντοι A

ΛΕΥΕΙΤΙΚΟΝ VII 16

ἐλαίῳ, λάγανα ἄζυμα διακεχρισμένα ἐν ἐλαίῳ, καὶ σεμίδαλιν πεφυ- B
(13) 3 ραμένην ἐν ἐλαίῳ· ³ἐπ' ἄρτοις ζυμίταις προσοίσει τὰ δῶρα αὐτοῦ
(14) 4 ἐπὶ θυσίᾳ αἰνέσεως σωτηρίου. ⁴καὶ προσάξει ἓν ἀπὸ πάντων
τῶν δώρων αὐτοῦ ἀφαίρεμα Κυρίῳ· τῷ ἱερεῖ τῷ προσχέοντι τὸ
(15) 5 αἷμα τοῦ σωτηρίου, αὐτῷ ἔσται· ⁵καὶ τὰ κρέα θυσίας αἰνέσεως
σωτηρίου, αὐτῷ ἔσται· καὶ ἐν ᾗ ἡμέρᾳ δωρεῖται, βρωθήσεται, οὐ
(16) 6 καταλείψουσιν ἀπ' αὐτοῦ εἰς τὸ πρωί. ⁶κἂν εὐχὴν ἢ ἑκούσιον
θυσιάζῃ τὸ δῶρον αὐτοῦ, ᾗ ἂν ἡμέρᾳ προσαγάγῃ τὴν θυσίαν αὐτοῦ,
(17) 7 βρωθήσεται, καὶ τῇ αὔριον· ⁷καὶ τὸ καταλειφθὲν ἀπὸ τῶν κρεῶν
(18) 8 τῆς θυσίας ἕως ἡμέρας τρίτης ἐν πυρὶ κατακαυθήσεται. ⁸ἐὰν δὲ
φαγὼν φάγῃ ἀπὸ τῶν κρεῶν τῇ ἡμέρᾳ τῇ τρίτῃ, οὐ δεχθήσεται
αὐτῷ τῷ προσφέροντι αὐτό, οὐ λογισθήσεται αὐτῷ, μίασμά ἐστιν·
(19) 9 ἡ δὲ ψυχὴ ἥτις ἐὰν φάγῃ ἀπ' αὐτοῦ τὴν ἁμαρτίαν λήμψεται. ⁹καὶ
κρέα ὅσα ἐὰν ἅψηται παντὸς ἀκαθάρτου, οὐ βρωθήσεται, ἐν πυρὶ
(20) 10 κατακαυθήσεται· πᾶς καθαρὸς φάγεται κρέα. ¹⁰ἡ δὲ ψυχὴ ἥτις
ἐὰν φάγῃ ἀπὸ τῶν κρεῶν τῆς θυσίας τοῦ σωτηρίου ὅ ἐστιν Κυρίου,
καὶ ἡ ἀκαθαρσία αὐτοῦ ἐπ' αὐτοῦ· ἀπολεῖται ἡ ψυχὴ ἐκείνη ἐκ
(21) 11 τοῦ λαοῦ αὐτῆς. ¹¹καὶ ψυχὴ ᾗ ἂν ἅψηται παντὸς πράγματος
ἀκαθάρτου, ἢ ἀπὸ ἀκαθαρσίας ἀνθρώπου ἢ τῶν τετραπόδων τῶν
ἀκαθάρτων ἢ παντὸς βδελύγματος ἀκαθάρτου, καὶ φάγῃ ἀπὸ τῶν
κρεῶν τῆς θυσίας τοῦ σωτηρίου ὅ ἐστιν Κυρίου, ἀπολεῖται ἡ ψυχὴ
(22) 12 ἐκείνη ἐκ τοῦ λαοῦ αὐτῆς. ¹²Καὶ ἐλάλησεν Κύριος πρὸς
(23) 13 Μωυσῆν λέγων ¹³Λάλησον τοῖς υἱοῖς Ἰσραήλ Πᾶν στέαρ βοῶν
(24) 14 καὶ προβάτων καὶ αἰγῶν οὐκ ἔδεσθε. ¹⁴καὶ στέαρ θνησιμαίων
καὶ θηριάλωτον ποιηθήσεται εἰς πᾶν ἔργον, καὶ εἰς βρῶσιν οὐ
(25) 15 βρωθήσεται· ¹⁵πᾶς ὁ ἔσθων στέαρ ἀπὸ τῶν κτηνῶν ὧν προσάξει
αὐτῶν κάρπωμα Κυρίου, ἀπολεῖται ἡ ψυχὴ ἐκείνη ἀπὸ τοῦ λαοῦ
(26) 16 αὐτῆς. ¹⁶πᾶν αἷμα οὐκ ἔδεσθε ἐν πάσῃ τῇ γῇ κατοικίᾳ ὑμῶν ἀπό

2 λαγανα] pr και B^abF   2—3 διακεχρισμενα...αινεσεως sup ras A^a AF
3 ζυμίταις B^bA^a (ζυμειτ. B*)] αζυμιταις F | τα δωρα BF^1mg] το δωρον A^aF* |
θυσια] θυσιαν A^a | σωτηριου]+αυτου F   4 προσαξει]+απ αυτου F | om εν
B* vid (hab B^a?)   6 καν] και εαν AF | ευχην B^abF] ευχη B*A | προσαγαγη]
προσαγη B^ab θυσιαξη F | την θυσιαι] το δωρον F   8 λογισθησεται]λογισεται
A   9 οσα εαν] ος (? οσ) αν B* vid A οσα αν F   10 ο] ου B*. (ο B^a vid)
A | Κυριου] κυριω F | επ αυτου] επ αυτω F   11 Κυριου] pr του F
13 Ισραηλ]+λεγων B^abAF   14 θνησιμαιον A | θηριαλωτον B* vid AF*]
θηριαλωτων B^a?F^1 | ποιηθησεται] pr ου AF^1mg | βρωθησεται] φαγεται A
15 εσθιων F | στεαρ] στ sup ras A^a? (κρ A* vid) | αυτων] pr απ B^abA^1 pr
επ F | Κυριου] κυριω AF | απο 2°] εκ AF   16 om τη γη B^abF om γη A

199

ΛΕΥΕΙΤΙΚΟΝ

B τε τῶν πετεινῶν καὶ ἀπὸ τῶν κτηνῶν. ¹⁷ πᾶσα ψυχὴ ἣ ἂν φάγῃ 17 (27) αἷμα, ἀπολεῖται ἡ ψυχὴ ἐκείνη ἀπὸ τοῦ λαοῦ αὐτῆς. ¹⁸ Καὶ 18 (28) ἐλάλησεν Κύριος πρὸς Μωυσῆν λέγων ¹⁹ Καὶ τοῖς υἱοῖς Ἰσραὴλ 19 (29) λαλήσεις λέγων Ὁ προσφέρων θυσίαν σωτηρίου Κυρίῳ οἴσει τὸ δῶρον αὐτοῦ Κυρίῳ καὶ ἀπὸ τῆς θυσίας τοῦ σωτηρίου· ²⁰ αἱ 20 (30) χεῖρες αὐτοῦ προσοίσουσιν τὰ καρπώματα Κυρίῳ· τὸ στέαρ τὸ ἐπὶ τοῦ στηθυνίου καὶ τὸν λοβὸν τοῦ ἥπατος, προσοίσει αὐτὰ ὥστε ἐπιθεῖναι δόμα ἔναντι Κυρίου. ²¹ καὶ ἀνοίσει ὁ ἱερεὺς τὸ 21 (31) στέαρ ἐπὶ τοῦ θυσιαστηρίου, καὶ ἔσται τὸ στηθύνιον Ἀαρὼν καὶ ἔσται τοῖς υἱοῖς αὐτοῦ. ²² καὶ τὸν βραχίονα τὸν δεξιὸν δώσετε 22 (32) ἀφαίρεμα τῷ ἱερεῖ ἀπὸ τῶν θυσιῶν τοῦ σωτηρίου ὑμῶν· ²³ ὁ 23 (33) προσφέρων τὸ αἷμα τοῦ σωτηρίου καὶ τὸ στέαρ τὸ ἀπὸ τῶν υἱῶν Ἀαρών, αὐτῷ ἔσται ὁ βραχίων ὁ δεξιὸς ἐν μερίδι. ²⁴ τὸ γὰρ 24 (34) στηθύνιον τοῦ ἐπιθέματος καὶ τὸν βραχίονα τοῦ ἀφαιρέματος εἴληφα παρὰ τῶν υἱῶν Ἰσραὴλ ἀπὸ τῶν θυσιῶν τοῦ σωτηρίου ὑμῶν, καὶ ἔδωκα αὐτὰ Ἀαρὼν τῷ ἱερεῖ καὶ τοῖς υἱοῖς αὐτοῦ, νόμιμον αἰώνιον παρὰ τῶν υἱῶν Ἰσραήλ. ²⁵ Αὕτη ἡ χρίσις 25 (35) Ἀαρὼν καὶ ἡ χρίσις τῶν υἱῶν αὐτοῦ ἀπὸ τῶν καρπωμάτων Κυρίου, ἐν ᾗ ἡμέρᾳ προσηγάγετο αὐτοὺς τοῦ ἱερατεύειν τῷ κυρίῳ, ²⁶ καθὰ 26 (36) ἐνετείλατο Κύριος δοῦναι αὐτοῖς ᾗ ἡμέρᾳ ἔχρισεν αὐτοὺς παρὰ τῶν υἱῶν Ἰσραηλ· νόμιμον αἰώνιον εἰς τὰς γενεὰς αὐτῶν. ²⁷ οὗτος 27 (37) ὁ νόμος τῶν ὁλοκαυτωμάτων καὶ θυσίας καὶ περὶ ἁμαρτίας καὶ τῆς πλημμελίας καὶ τῆς τελειώσεως καὶ τῆς θυσίας τοῦ σωτηρίου, ²⁸ ὃν τρόπον ἐνετείλατο Κύριος τῷ Μωυσῇ ἐν τῷ ὄρει Σεινά, ᾗ 28 (38) ἡμέρᾳ ἐνετείλατο τοῖς υἱοῖς Ἰσραὴλ προσφέρειν τὰ δῶρα αὐτῶν ἔναντι Κυρίου ἐν τῇ ἐρήμῳ Σεινά.

¹ Καὶ ἐλάλησεν Κύριος πρὸς Μωυσῆν λέγων ² Λάβε Ἀαρὼν καὶ τοὺς $\frac{1}{2}$ VI υἱοὺς αὐτοῦ καὶ τὰς στολὰς αὐτοῦ, καὶ τὸ ἔλαιον τῆς χρίσεως καὶ τὸν μόσχον τὸν περὶ τῆς ἁμαρτίας καὶ τοὺς δύο κριοὺς καὶ τὸ κανοῦν τῶν ἀζύμων· ³ καὶ πᾶσαν τὴν συναγωγὴν ἐκκλησίασον ἐπὶ τὴν θύραν 3

AF 17 απο] εκ F 19 σωτηριου 1°]+αυτου F | Κυριω 1°] pr τω F κῦ A | Κυριω 2°] pr τω F | om και 2° B^{ab}F | σωτηριου 2°]+αυτου F 20 του ηπατος] pr τον επι F | δομα] δοκιμα F* (δομα F¹) | εναντιον F 21 επι του θυσιαστηριου] επι του στηθυνιου. επι το θυσιαστηριον F | om εσται 2° AF 23 σωτηριου] θυσιαστηριου F | το απο] om F 25 Κυριου] pr του F | τῳ κυρω] om τω F 26 καθα] καθοτι F 28 Σινα B¹AF (bis) VIII 2 Ααρων] pr τον F | om αυτου 2° F | τον περι] το περι F 3 πασῃ τῃ συναγωγῃ F

ΛΕΥΕΙΤΙΚΟΝ VIII 16

4 τῆς σκηνῆς τοῦ μαρτυρίου. ⁴καὶ ἐποίησεν Μωυσῆς ὃν τρόπον συνέ- B
ταξεν αὐτῷ Κύριος, καὶ ἐξεκκλησίασεν τὴν συναγωγὴν ἐπὶ τὴν θύραν
5 τῆς σκηνῆς τοῦ μαρτυρίου. ⁵καὶ εἶπεν Μωσῆς τῇ συναγωγῇ Τοῦτό
6 ἐστιν τὸ ῥῆμα, τοῦτό ἐστιν ὃ ἐνετείλατο Κύριος ποιῆσαι. ⁶καὶ προσ-
ήνεγκεν Μωυσῆς τὸν Ἀαρὼν καὶ τοὺς υἱοὺς αὐτοῦ, καὶ ἔλουσεν αὐτοὺς
7 ὕδατι· ⁷καὶ ἐνέδυσεν αὐτοὺς τὸν χιτῶνα καὶ ἔζωσεν αὐτοὺς τὴν ζώνην·
καὶ ἐνέδυσεν αὐτὸν τὸν ὑποδύτην καὶ ἐπέθηκεν ἐπ' αὐτὸν τὴν ἐπω-
μίδα, καὶ συνέζωσεν αὐτὸν· κατὰ τὴν ποίησιν τῆς ἐπωμίδος καὶ
8 συνέσφιγξεν αὐτὸν ἐν αὐτῇ· ⁸καὶ ἐπέθηκέν ἐπ' αὐτὴν τὸ λόγιον,
9 καὶ ἐπέθηκεν ἐπὶ τὸ λόγιον τὴν δήλωσιν καὶ τὴν ἀλήθειαν· ⁹καὶ
ἐπέθηκεν τὴν μίτραν ἐπὶ τὴν κεφαλὴν αὐτοῦ, καὶ ἐπέθηκεν ἐπὶ
τὴν μίτραν κατὰ πρόσωπον αὐτοῦ τὸ πέταλον τὸ χρυσοῦν τὸ καθη-
10 γιασμένον ἅγιον, ὃν τρόπον συνέταξεν Κύριος τῷ Μωυσῇ. ¹⁰καὶ
11 ἔλαβεν Μωυσῆς ἀπὸ τοῦ ἐλαίου τῆς χρίσεως, ¹¹καὶ ἔρανεν ἀπ' αὐτοῦ
ἐπὶ τὸ θυσιαστήριον ἑπτάκις· (¹⁰ᵇ) καὶ ἔχρισεν τὸ θυσιαστήριον καὶ
ἡγίασεν αὐτό, καὶ πάντα τὰ σκεύη αὐτοῦ καὶ τὸν λουτῆρα καὶ τὴν
βάσιν αὐτοῦ, καὶ ἡγίασεν αὐτά· καὶ ἔχρισεν τὴν σκηνὴν καὶ πάντα
12 τὰ ἐν αὐτῇ, καὶ ἡγίασεν αὐτήν. ¹²καὶ ἐπέχεεν Μωσῆς ἀπὸ τοῦ
ἐλαίου τῆς χρίσεως ἐπὶ τὴν κεφαλὴν Ἀαρών, καὶ ἔχρισεν αὐτὸν
13 καὶ ἡγίασεν αὐτόν. ¹³καὶ προσήγαγεν Μωυσῆς τοὺς υἱοὺς Ἀαρών,
καὶ ἐνέδυσεν αὐτοὺς χιτῶνας καὶ ἔζωσεν αὐτοὺς ζώνας καὶ περιέ-
14 θηκεν αὐτοῖς κιδάρεις, καθάπερ συνέταξεν Κύριος τῷ Μωυσῇ. ¹⁴καὶ
προσήγαγεν Μωυσῆς τὸν μόσχον τὸν περὶ τῆς ἁμαρτίας, καὶ ἐπέ-
θηκεν Ἀαρὼν καὶ οἱ υἱοὶ αὐτοῦ τὰς χεῖρας ἐπὶ τὴν κεφαλὴν τοῦ
15 μόσχου τοῦ τῆς ἁμαρτίας. ¹⁵καὶ ἔσφαξεν αὐτόν· καὶ ἔλαβεν Μωσῆς
ἀπὸ τοῦ αἵματος καὶ ἐπέθηκεν ἐπὶ τὰ κέρατα τοῦ θυσιαστηρίου κύκλῳ
τῷ δακτύλῳ, καὶ ἐκαθάρισεν τὸ θυσιαστήριον· καὶ τὸ αἷμα ἐξέχεεν
ἐπὶ τὴν βάσιν τοῦ θυσιαστηρίου, καὶ ἡγίασεν αὐτὸ τοῦ ἐξιλάσασθαι
16 ἐπ' αὐτοῦ. ¹⁶καὶ ἔλαβεν Μωυσῆς πᾶν τὸ στέαρ τὸ ἐπὶ τῶν ἐνδο-

4 συνεταξεν αυτω] αυτω συνετ. A | τη συναγωγη F   5 Μωυσης AF | om AF τουτο εστιν 2° F   6—7 plurima abscissa in A   7 αυτους (bis) B*A] αυτον Bᵃᵇ F | τον χιτωνα] om τον F | την ζωνην] ζωνη F | τον υποδ.] επενδυτην A | επ αυτον] επ αυτω B* fort αυτω A | αυτον εν αυτη] αυτην εν αυτω F   8 επ αυτην] επ αυτο A επ αυτον F   9 επι την μιτραν] επι της μιτρας F | προσ-ωπον] pr το Bᵇ?   11 απ αυτου] επ αυτου A | αυτα] αυτον F | τα εν αυτη] τα σκευη αυτης F   12 Μωυσης AF | του ελ.] τουτου ελ. F   13 ζωνας] ζω-ναις Baʲᵇ | καθα A   14 om Μωυσης F | οι υιοι αυτου] υιοι Ααρων A | τας χειρας]+αυτων F   15 Μωυσης AF | om κυκλω...του θυσιαστηριου 2° B* (hab Bᵃᵇ ᵐᵍ ⁱⁿᶠ) | τω δακτυλω]+αυτου F | εκαθερισεν AF | εξεχεεν· το αιμα A | επ] περι A   16 plurima abscissa in A | παν το στεαρ] om το A (?) F

201

ΛΕΥΕΙΤΙΚΟΝ

B τε τῶν πετεινῶν καὶ ἀπὸ τῶν κτηνῶν. ¹⁷πᾶσα ψυχὴ ἣ ἂν φάγῃ 17 (27) αἷμα, ἀπολεῖται ἡ ψυχὴ ἐκείνη ἀπὸ τοῦ λαοῦ αὐτῆς. ¹⁸Καὶ 18 (28) ἐλάλησεν Κύριος πρὸς Μωυσῆν λέγων ¹⁹Καὶ τοῖς υἱοῖς Ἰσραὴλ 19 (29) λαλήσεις λέγων Ὁ προσφέρων θυσίαν σωτηρίου Κυρίῳ οἴσει τὸ δῶρον αὐτοῦ Κυρίῳ καὶ ἀπὸ τῆς θυσίας τοῦ σωτηρίου· ²⁰αἱ 20 (30) χεῖρες αὐτοῦ προσοίσουσιν τὰ καρπώματα Κυρίῳ· τὸ στέαρ τὸ ἐπὶ τοῦ στηθυνίου καὶ τὸν λοβὸν τοῦ ἥπατος, προσοίσει αὐτὰ ὥστε ἐπιθεῖναι δόμα ἔναντι Κυρίου. ²¹καὶ ἀνοίσει ὁ ἱερεὺς τὸ 21 (31) στέαρ ἐπὶ τοῦ θυσιαστηρίου, καὶ ἔσται τὸ στηθύνιον Ἀαρὼν καὶ ἔσται τοῖς υἱοῖς αὐτοῦ. ²²καὶ τὸν βραχίονα τὸν δεξιὸν δώσετε 22 (32) ἀφαίρεμα τῷ ἱερεῖ ἀπὸ τῶν θυσιῶν τοῦ σωτηρίου ὑμῶν· ²³ὁ 23 (33) προσφέρων τὸ αἷμα τοῦ σωτηρίου καὶ τὸ στέαρ τὸ ἀπὸ τῶν υἱῶν Ἀαρών, αὐτῷ ἔσται ὁ βραχίων ὁ δεξιὸς ἐν μερίδι. ²⁴τὸ γὰρ 24 (34) στηθύνιον τοῦ ἐπιθέματος καὶ τὸν βραχίονα τοῦ ἀφαιρέματος εἴληφα παρὰ τῶν υἱῶν Ἰσραὴλ ἀπὸ τῶν θυσιῶν τοῦ σωτηρίου ὑμῶν, καὶ ἔδωκα αὐτὰ Ἀαρὼν τῷ ἱερεῖ καὶ τοῖς υἱοῖς αὐτοῦ, νόμιμον αἰώνιον παρὰ τῶν υἱῶν Ἰσραήλ. ²⁵Αὕτη ἡ χρίσις 25 (35) Ἀαρὼν καὶ ἡ χρίσις τῶν υἱῶν αὐτοῦ ἀπὸ τῶν καρπωμάτων Κυρίου, ἐν ᾗ ἡμέρᾳ προσηγάγετο αὐτοὺς τοῦ ἱερατεύειν τῷ κυρίῳ, ²⁶καθὰ 26 (36) ἐνετείλατο Κύριος δοῦναι αὐτοῖς ᾗ ἡμέρᾳ ἔχρισεν αὐτοὺς παρὰ τῶν υἱῶν Ἰσραηλ· νόμιμον αἰώνιον εἰς τὰς γενεὰς αὐτῶν. ²⁷οὗτος 27 (37) ὁ νόμος τῶν ὁλοκαυτωμάτων καὶ θυσίας καὶ περὶ ἁμαρτίας καὶ τῆς πλημμελίας καὶ τῆς τελειώσεως καὶ τῆς θυσίας τοῦ σωτηρίου, ²⁸ὃν τρόπον ἐνετείλατο Κύριος τῷ Μωυσῇ ἐν τῷ ὄρει Σεινά, ᾗ 28 (38) ἡμέρᾳ ἐνετείλατο τοῖς υἱοῖς Ἰσραὴλ προσφέρειν τὰ δῶρα αὐτῶν ἔναντι Κυρίου ἐν τῇ ἐρήμῳ Σεινά.

¹Καὶ ἐλάλησεν Κύριος πρὸς Μωυσῆν λέγων ²Λάβε Ἀαρὼν καὶ τοὺς $\frac{1}{2}$ V υἱοὺς αὐτοῦ καὶ τὰς στολὰς αὐτοῦ, καὶ τὸ ἔλαιον τῆς χρίσεως καὶ τὸν μόσχον τὸν περὶ τῆς ἁμαρτίας καὶ τοὺς δύο κριοὺς καὶ τὸ κανοῦν τῶν ἀζύμων· ³καὶ πᾶσαν τὴν συναγωγὴν ἐκκλησίασον ἐπὶ τὴν θύραν 3

AF 17 απο] εκ F 19 σωτηριου 1°]+αυτου F | Κυριω 1°] pr τω F κυ A | Κυριω 2°] pr τω F | om και 2° B^{ab}F | σωτηριου 2°]+αυτου F 20 του ηπατος] pr τον επι F | δομα] δοκιμα F* (δομα F¹) | εναντιον F 21 επι του θυσιαστηριου] επι του στηθυνιου. επι το θυσιαστηριον F | om εσται 2° AF 23 σωτηριου] θυσιαστηριου F | το απο] om το F 25 Κυριου] pr του F | τω κυριω] om τω F 26 καθα] καθοτι F 28 Σινα B¹AF (bis) VIII 2 Ααρων] pr τον F | om αυτου 2° F | τον περι] το περι F 3 πάσῃ τῇ συναγωγῇ F

ΛΕΥΕΙΤΙΚΟΝ VIII 16

4 τῆς σκηνῆς τοῦ μαρτυρίου. ⁴καὶ ἐποίησεν Μωυσῆς ὃν τρόπον συνέ- B
ταξεν αὐτῷ Κύριος, καὶ ἐξεκκλησίασεν τὴν συναγωγὴν ἐπὶ τὴν θύραν
5 τῆς σκηνῆς τοῦ μαρτυρίου. ⁵καὶ εἶπεν Μωσῆς τῇ συναγωγῇ Τοῦτό
6 ἐστιν τὸ ῥῆμα, τοῦτό ἐστιν ὃ ἐνετείλατο Κύριος ποιῆσαι. ⁶καὶ προσ-
ήνεγκεν Μωυσῆς τὸν Ἀαρὼν καὶ τοὺς υἱοὺς αὐτοῦ, καὶ ἔλουσεν αὐτοὺς
7 ὕδατι· ⁷καὶ ἐνέδυσεν αὐτοὺς τὸν χιτῶνα καὶ ἔζωσεν αὐτοὺς τὴν ζώνην·
καὶ ἐνέδυσεν αὐτὸν τὸν ὑποδύτην καὶ ἐπέθηκεν ἐπ' αὐτὸν τὴν ἐπω-
μίδα, καὶ συνέζωσεν αὐτὸν κατὰ τὴν ποίησιν τῆς ἐπωμίδος καὶ
8 συνέσφιγξεν αὐτὸν ἐν αὐτῇ· ⁸καὶ ἐπέθηκέν ἐπ' αὐτὴν τὸ λόγιον,
9 καὶ ἐπέθηκεν ἐπὶ τὸ λόγιον τὴν δήλωσιν καὶ τὴν ἀλήθειαν· ⁹καὶ
ἐπέθηκεν τὴν μίτραν ἐπὶ τὴν κεφαλὴν αὐτοῦ, καὶ ἐπέθηκεν ἐπὶ
τὴν μίτραν κατὰ πρόσωπον αὐτοῦ τὸ πέταλον τὸ χρυσοῦν τὸ καθη-
10 γιασμένον ἅγιον, ὃν τρόπον συνέταξεν Κύριος τῷ Μωυσῇ. ¹⁰καὶ
11 ἔλαβεν Μωυσῆς ἀπὸ τοῦ ἐλαίου τῆς χρίσεως, ¹¹καὶ ἔρανεν ἀπ' αὐτοῦ
ἐπὶ τὸ θυσιαστήριον ἑπτάκις· ⁽¹⁰ᵇ⁾καὶ ἔχρισεν τὸ θυσιαστήριον καὶ
ἡγίασεν αὐτό, καὶ πάντα τὰ σκεύη αὐτοῦ καὶ τὸν λουτῆρα καὶ τὴν
βάσιν αὐτοῦ, καὶ ἡγίασεν αὐτά· καὶ ἔχρισεν τὴν σκηνὴν καὶ πάντα
12 τὰ ἐν αὐτῇ, καὶ ἡγίασεν αὐτήν. ¹²καὶ ἐπέχεεν Μωσῆς ἀπὸ τοῦ
ἐλαίου τῆς χρίσεως ἐπὶ τὴν κεφαλὴν Ἀαρών, καὶ ἔχρισεν αὐτὸν
13 καὶ ἡγίασεν αὐτόν. ¹³καὶ προσήγαγεν Μωυσῆς τοὺς υἱοὺς Ἀαρών,
καὶ ἐνέδυσεν αὐτοὺς χιτῶνας καὶ ἔζωσεν αὐτοὺς ζώνας καὶ περιέ-
14 θηκεν αὐτοῖς κιδάρεις, καθάπερ συνέταξεν Κύριος τῷ Μωυσῇ. ¹⁴καὶ
προσήγαγεν Μωυσῆς τὸν μόσχον τὸν περὶ τῆς ἁμαρτίας, καὶ ἐπέ-
θηκεν Ἀαρὼν καὶ οἱ υἱοὶ αὐτοῦ τὰς χεῖρας ἐπὶ τὴν κεφαλὴν τοῦ
15 μόσχου τοῦ τῆς ἁμαρτίας. ¹⁵καὶ ἔσφαξεν αὐτόν· καὶ ἔλαβεν Μωσῆς
ἀπὸ τοῦ αἵματος καὶ ἐπέθηκεν ἐπὶ τὰ κέρατα τοῦ θυσιαστηρίου κύκλῳ
τῷ δακτύλῳ, καὶ ἐκαθάρισεν τὸ θυσιαστήριον· καὶ τὸ αἷμα ἐξέχεεν
ἐπὶ τὴν βάσιν τοῦ θυσιαστηρίου, καὶ ἡγίασεν αὐτὸ τοῦ ἐξιλάσασθαι
16 ἐπ' αὐτοῦ. ¹⁶καὶ ἔλαβεν Μωυσῆς πᾶν τὸ στέαρ τὸ ἐπὶ τῶν ἐνδο-

4 συνεταξεν αυτω] αυτω συνετ. A | τη συναγωγη F   5 Μωυσης AF | om AF τουτο εστιν 2° F   6—7 plurima abscissa in A   7 αυτους (bis) B*A] αυτον B^{ab}F | τον χιτωνα] om τον F | την ζωνην] ζωνη F | τον υποδ.] επενδυτην A | επ αυτον] επ αυτω B* fort αυτω A | αυτον εν αυτη] αυτην εν αυτω F   8 επ αυτην] επ αυτο A επ αυτον F   9 επι την μιτραν] επι της μιτρας F | προσωπον] pr το B^{b?}   11 απ αυτου] επ αυτου A | αυτα] αυτον F | τα εν αυτη] τα σκευη αυτης F   12 Μωυσης AF | του ελ.] τουτου ελ. F   13 ζωνας] ζωναις B^{a?b} | καθα A   14 om Μωυσης F | οι υιοι αυτου] υιοι Ααρων A | τας χειρας] +αυτων F   15 Μωυσης AF | om κυκλω...του θυσιαστηριου 2° B* (hab B^{ab mg inf}) | τω δακτυλω] +αυτου F | εκαθερισεν AF | εξεχεεν. το αιμα A | επ] περι A   16 plurima abscissa in A | παν το στεαρ] om το A (?) F

201

VIII 17 ΛΕΥΕΙΤΙΚΟΝ

B σθίων καὶ λοβὸν ἀπὸ τοῦ ἥπατος καὶ ἀμφοτέρους τοὺς νεφροὺς καὶ τὸ στέαρ τὸ ἐπ' αὐτῶν, καὶ ἀνήνεγκεν Μωυσῆς ἐπὶ τὸ θυσιαστήριον· ¹⁷καὶ τὸν μόσχον καὶ τὴν βύρσαν αὐτοῦ καὶ τὰ κρέα αὐτοῦ καὶ τὴν κόπρον αὐτοῦ, κατέκαυσεν αὐτὰ πυρὶ ἔξω τῆς παρεμβολῆς, ὃν τρόπον συνέταξεν Κύριος τῷ Μωυσῇ. ¹⁸καὶ προσήγαγεν Μωυσῆς τὸν κριὸν τὸν εἰς ὁλοκαύτωμα, καὶ ἐπέθηκεν Ἀαρὼν καὶ οἱ υἱοὶ αὐτοῦ τὰς χεῖρας αὐτῶν ἐπὶ τὴν κεφαλὴν τοῦ κριοῦ. ¹⁹καὶ ἔσφαξεν Μωυσῆς τὸν κριόν· καὶ προσέχεεν Μωσῆς τὸ αἷμα ἐπὶ τὸ θυσιαστήριον κύκλῳ· ²⁰καὶ τὸν κριὸν ἐκρεανόμησεν κατὰ μέλη, καὶ ἀνήνεγκεν Μωσῆς τὴν κεφαλὴν καὶ τὰ μέλη καὶ τὸ στέαρ· ²¹καὶ τὴν κοιλίαν καὶ τοὺς πόδας ἔπλυνεν ὕδατι, καὶ ἀνήνεγκεν Μωυσῆς ὅλον τὸν κριὸν ἐπὶ τὸ θυσιαστήριον· ὁλοκαύτωμα ὅ ἐστιν εἰς ὀσμὴν εὐωδίας, κάρπωμά ἐστιν τῷ κυρίῳ, καθάπερ ἐνετείλατο Κύριος τῷ Μωυσῇ. ²²καὶ προσήγαγεν Μωυσῆς τὸν κριὸν τὸν δεύτερον, κριὸν τελειώσεως· καὶ ἐπέθηκεν Ἀαρὼν καὶ οἱ υἱοὶ αὐτοῦ τὰς χεῖρας αὐτῶν ἐπὶ τὴν κεφαλὴν τοῦ κριοῦ. ²³καὶ ἔσφαξεν αὐτόν, καὶ ἔλαβεν Μωσῆς ἀπὸ τοῦ αἵματος αὐτοῦ καὶ ἐπέθηκεν ἐπὶ τὸν λοβὸν τοῦ ὠτὸς Ἀαρὼν τοῦ δεξιοῦ καὶ ἐπὶ τὸ ἄκρον τῆς χειρὸς τῆς δεξιᾶς καὶ ἐπὶ τὸ ἄκρον τοῦ ποδὸς τοῦ δεξιοῦ. ²⁴καὶ προσήγαγεν Μωυσῆς τοὺς υἱοὺς Ἀαρών· καὶ ἐπέθηκεν Μωυσῆς ἀπὸ τοῦ αἵματος ἐπὶ τοὺς λοβοὺς τῶν ὤτων τῶν δεξιῶν καὶ ἐπὶ τὰ ἄκρα τῶν χειρῶν αὐτῶν τῶν δεξιῶν καὶ ἐπὶ τὰ ἄκρα τῶν ποδῶν αὐτῶν τῶν δεξιῶν· καὶ προσέχεεν Μωσῆς τὸ αἷμα ἐπὶ τὸ θυσιαστήριον κύκλῳ. ²⁵καὶ ἔλαβεν τὸ στέαρ καὶ τὴν ὀσφὺν καὶ τὸ στέαρ τὸ ἐπὶ τῆς κοιλίας καὶ τὸν λοβὸν τοῦ ἥπατος καὶ τοὺς δύο νεφροὺς καὶ τὸ στέαρ τὸ ἐπ' αὐτῶν καὶ τὸν βραχίονα τὸν δεξιόν· ²⁶καὶ ἀπὸ τοῦ κανοῦ τῆς τελειώσεως τοῦ ὄντος ἔναντι Κυρίου ἔλαβεν ἄρτον ἕνα ἄζυμον καὶ ἄρτον ἐξ ἐλαίου ἕνα καὶ λάγανον ἕν, καὶ ἐπέθηκεν ἐπὶ τὸ στέαρ καὶ ἐπέθηκεν τὸν βραχίονα τὸν δεξιόν· ²⁷καὶ ἐπέθηκεν ἄπαντα ἐπὶ τὰς χεῖρας Ἀαρὼν καὶ ἐπὶ τὰς χεῖρας τῶν υἱῶν αὐτοῦ, καὶ ἀνήνεγκεν αὐτὰ ἀφαίρεμα ἔναντι Κυρίου. ²⁸καὶ ἔλαβεν

AF 16 λοβον απο] τον λ. τον απο B^ab τον λ. τον επι A (?) F 17 και τα κρεα αυτου και την βυρσαν αυτου A | om την κοπρον αυτου B* (hab B^ab mg) | κατεκαυσεν] pr και A κατεκαυσαν F | πυρι εξω] παρεξω A 19 Μωσης] Μωυσης AF 20 μελη] + αυτου F | Μωυσης AF 21 om ο F | τω κυριω] om τω F 22 τελειωσεως] pr της A 23 Μωυσης B^abAF | της χειρος] pr του F | του ποδος] + αυτου F 24 ωτων] + αυτων F | χειρων] ποδων A | ποδων] χειρων A | Μωσης] Μωυσης AF 25 ελαβεν] + Μωυσης F 26 εναντι Κυριου] εναντιον του θεου F | om αρτον 2° F | om επεθηκεν 2° B^abAF 27 απαντα] παντα F

ΛΕΥΕΙΤΙΚΟΝ IX 3

Μωσῆς ἀπὸ τῶν χειρῶν αὐτῶν, καὶ ἀνήνεγκεν αὐτὰ Μωσῆς ἐπὶ τὸ B
θυσιαστήριον, ἐπὶ τὸ ὁλοκαύτωμα τῆς τελειώσεως, ὅ ἐστιν ὀσμὴ
29 εὐωδίας· κάρπωμά ἐστιν τῷ κυρίῳ. ²⁹καὶ λαβὼν Μωσῆς τὸ στηθύνιον,
ἀφεῖλεν αὐτὸ ἐπίθεμα ἔναντι Κυρίου ἀπὸ τοῦ κριοῦ τῆς τελειώσεως· καὶ
30 ἐγένετο Μωσῇ ἐν μερίδι, καθὰ ἐνετείλατο Κύριος τῷ Μωσῇ. ³⁰καὶ ἔλα-
βεν Μωσῆς ἀπὸ τοῦ ἐλαίου τῆς χρίσεως καὶ ἀπὸ τοῦ αἵματος τοῦ ἐπὶ
τοῦ θυσιαστηρίου, καὶ προσέρανεν ἐπὶ Ἀαρὼν καὶ τὰς στολὰς αὐτοῦ
31 καὶ τοὺς υἱοὺς αὐτοῦ καὶ τὰς στολὰς τῶν υἱῶν αὐτοῦ μετ' αὐτοῦ. ³¹καὶ
εἶπεν Μωυσῆς πρὸς Ἀαρὼν καὶ τοὺς υἱοὺς αὐτοῦ Ἑψήσατε τὰ κρέα ἐν
τῇ αὐλῇ τῆς σκηνῆς τοῦ μαρτυρίου ἐν τόπῳ ἁγίῳ, καὶ ἐκεῖ φάγεσθε
αὐτὰ καὶ τοὺς ἄρτους ἐν τῷ κανῷ τῆς τελειώσεως, ὃν τρόπον συντέ-
32 τακταί μοι λέγων Ἀαρὼν καὶ οἱ υἱοὶ αὐτοῦ φάγονται ταῦτα· ³²καὶ τὸ
καταλειφθὲν τῶν κρεῶν καὶ τῶν ἄρτων ἐν πυρὶ κατακαυθήσεται.
33 ³³καὶ ἀπὸ τῆς θύρας τῆς σκηνῆς τοῦ μαρτυρίου οὐκ ἐξελεύσεσθε
ἑπτὰ ἡμέρας, ἕως ἡμέρα πληρωθῇ τελειώσεως ὑμῶν· ἑπτὰ γὰρ ἡμέ-
34 ρας τελειώσει τὰς χεῖρας ὑμῶν, ³⁴καθάπερ ἐποίησεν ἐν τῇ ἡμέρᾳ
ταύτῃ ᾗ ἐνετείλατο Κύριος τοῦ ποιῆσαι ὥστε ἐξιλάσασθαι περὶ ὑμῶν.
35 ³⁵καὶ ἐπὶ τὴν θύραν τῆς σκηνῆς τοῦ μαρτυρίου καθήσεσθε ἑπτὰ
ἡμέρας, ἡμέραν καὶ νύκτα· φυλάξεσθε τὰ φυλάγματα Κυρίου, ἵνα μὴ
36 ἀποθάνητε· οὕτως γὰρ ἐνετείλατό μοι Κύριος ὁ θεός. ³⁶καὶ ἐποίησεν
Ἀαρὼν καὶ οἱ υἱοὶ αὐτοῦ πάντας τοὺς λόγους οὓς συνέταξεν Κύριος
τῷ Μωσῇ.

IX 1 ¹Καὶ ἐγενήθη τῇ ἡμέρᾳ τῇ ὀγδόῃ ἐκάλεσεν Μωσῆς Ἀαρὼν καὶ
2 τοὺς υἱοὺς αὐτοῦ καὶ τὴν γερουσίαν Ἰσραήλ. ²καὶ εἶπεν Μωυσῆς
πρὸς Ἀαρών Λάβε σεαυτῷ μοσχάριον ἁπαλὸν ἐκ βοῶν περὶ ἁμαρτίας
καὶ κριὸν εἰς ὁλοκαύτωμα, ἄμωμα, καὶ προσένεγκε αὐτὰ ἔναντι Κυρίου·
3 ³καὶ τῇ γερουσίᾳ Ἰσραὴλ λάλησον λέγων Λάβετε χίμαρον ἐξ αἰγῶν
ἕνα περὶ ἁμαρτίας, καὶ μοσχάριον καὶ ἀμνὸν ἐνιαύσιον εἰς ὁλοκάρ-

28 Μωυσης AF (bis) | om ο εστιν F   29 Μωυσης AF | αυτο] το A | AF
Μωση 1°] Μωυση A Μωυσης F | Μωση 2°] Μωυση AF   30 Μωυσης
Bᵃᵇ AF | τας στολας 1°] pr επι F | τους υιους] pr επι F | αυτου 2°]+μετ αυ-
του A | Ααρων] pr τον F | τας στολας 2°] pr επι F | αυτου 3°]+και ηγιασεν
Ααρων και τας στολας αυτου και τους υιους αυτου και τας στολας των υιων
αυτου Bᵃᵇ ᵐᵍ ˢᵘᵖ F (om B*A)   31 εν τω κανω] pr τους Bᵃᵇ AF | ταυτα]
αυτα B¹F   32 κατακαυθησεται] κατακαυσατε F   33 θυσιας B* | ημερα]
ημερας A | τελειωσεως] pr ημερα Bᵃᵇ F   34 εποιησεν· F | om ῃ F | του]
τουτο F   35 ημεραν και νυκτα] ημερας και νυκτας A | φυλαξεσθε] φυλαξασθε
A και φυλαξασθε F | ενετειλατο] εντεταλται F | om ο θεος F   36 Μωυση
AF   IX 1 Μωυσης AF   2 om απαλον Bᵃᵇ AF | προσενεγκαι F
3 λαλησον] λαλησεις F | και μοσχ.] pr και κριον F |. εις ολοκαρπ. ενιαυσιον A

203

IX 4 ΛΕΥΕΙΤΙΚΟΝ

πῶσιν, ἄμωμα, ⁴καὶ μόσχον καὶ κριὸν εἰς θυσίαν σωτηρίου ἔναντι 4
Κυρίου, καὶ σεμίδαλιν πεφυραμένην ἐν ἐλαίῳ· ὅτι σήμερον Κύριος
ὀφθήσεται ἐν ὑμῖν. ⁵καὶ ἔλαβον καθὸ ἐνετείλατο Μωυσῆς ἀπέναντι 5
τῆς σκηνῆς τοῦ μαρτυρίου· καὶ προσῆλθεν πᾶσα συναγωγή, καὶ
ἔστησαν ἔναντι Κυρίου. ⁶καὶ εἶπεν Μωσῆς Τοῦτο τὸ ῥῆμα ὃ εἶπεν 6
Κύριος ποιήσατε, καὶ ὀφθήσεται ἐν ὑμῖν δόξα Κυρίου. ⁷καὶ εἶπεν 7
Μωυσῆς τῷ Ἀαρών Πρόσελθε πρὸς τὸ θυσιαστήριον, καὶ ποίησον
τὸ περὶ τῆς ἁμαρτίας σου καὶ τὸ ὁλοκαύτωμά σου, καὶ ἐξίλασαι περὶ
σεαυτοῦ καὶ τοῦ οἴκου σου· καὶ ποίησον τὰ δῶρα τοῦ λαοῦ, καὶ
ἐξίλασαι περὶ αὐτῶν, καθάπερ ἐνετείλατο Κύριος τῷ Μωυσῇ. ⁸Καὶ 8
προσῆλθεν Ἀαρὼν πρὸς τὸ θυσιαστήριον, καὶ ἔσφαξεν τὸ μοσχάριον
τὸ περὶ τῆς ἁμαρτίας· ⁹καὶ προσήνεγκαν οἱ υἱοὶ Ἀαρὼν τὸ αἷμα πρὸς 9
αὐτόν, καὶ ἔβαψεν τὸν δάκτυλον εἰς τὸ αἷμα καὶ ἐπέθηκεν ἐπὶ τὰ
κέρατα τοῦ θυσιαστηρίου, καὶ τὸ αἷμα ἐξέχεεν ἐπὶ τὴν βάσιν τοῦ
θυσιαστηρίου· ¹⁰καὶ τὸ στέαρ καὶ τοὺς νεφροὺς καὶ τὸν λοβὸν τοῦ 10
ἥπατος τοῦ περὶ τῆς ἁμαρτίας ἀνήνεγκεν ἐπὶ τὸ θυσιαστήριον, ὃν
τρόπον ἐνετείλατο Κύριος τῷ Μωυσῇ· ¹¹καὶ τὰ κρέα καὶ τὴν βύρσαν 11
κατέκαυσεν αὐτὰ πυρὶ ἔξω τῆς παρεμβολῆς. ¹²καὶ ἔσφαξεν τὸ ὁλοκαύ- 12
τωμα· καὶ προσήνεγκαν οἱ υἱοὶ Ἀαρὼν καὶ τὸ αἷμα πρὸς αὐτόν, καὶ
προσέχεεν ἐπὶ τὸ θυσιαστήριον κύκλῳ· ¹³καὶ τὸ ὁλοκαύτωμα, προσή- 13
νεγκαν αὐτὸ κατὰ μέλη, αὐτὰ καὶ τὴν κεφαλήν, καὶ ἐπέθηκεν ἐπὶ
τὸ θυσιαστήριον· ¹⁴καὶ ἔπλυνεν τὴν κοιλίαν καὶ τοὺς πόδας ὕδατι 14
καὶ ἐπέθηκεν ἐπὶ τὸ ὁλοκαύτωμα ἐπὶ τὸ θυσιαστήριον. ¹⁵Καὶ 15
προσήνεγκαν τὸ δῶρον τοῦ λαοῦ· καὶ ἔλαβεν τὸν χίμαρον τὸν περὶ
τῆς ἁμαρτίας τοῦ λαοῦ, καὶ ἔσφαξεν αὐτὸ καθὰ καὶ τὸ πρῶτον. ¹⁶καὶ 16
προσήνεγκεν τὸ ὁλοκαύτωμα, καὶ ἐποίησεν αὐτὸ ὡς καθήκει. ¹⁷καὶ 17
προσήνεγκεν τὴν θυσίαν, καὶ ἔπλησεν τὰς χεῖρας ἀπ' αὐτῆς, καὶ ἐπέ-
θηκεν ἐπὶ τὸ θυσιαστήριον χωρὶς τοῦ ὁλοκαυτώματος τοῦ πρωινοῦ.
¹⁸καὶ ἔσφαξεν τὸν μόσχον καὶ τὸν κριὸν τῆς θυσίας τοῦ σωτηρίου 18

AF 4 μοσχον] + εκ βοων F | πεφυραμενην] αναπεποιημενην F* (πεφυρ. F¹ᵐᵍ) |
οφθησεται Κυριος AF   5 καθο] καθως A | συναγωγη] pr η F
6 Μωυσης AF | δοξα] pr η F   7 εξιλασαι 1° (σαι sup ras Bᵃᵇ ⁽ᵛⁱᵈ⁾
εξιλασε F)] εξιλαση A   8 αμαρτιας]+ το αυτου F   9 τον δακτυλον]
+αυτου F.   10 νεφρους] pr δυο F | του ηπατος] pr τον επι BᵃF |
Μωυση AF   11 κατεκαυσαν F | om αυτα F   12 εσφαξαν F | om
και 3° AF   13 αυτο] αυτω F | αυτα] αυτο F | κεφαλην]+ αυτου F | επε-
θηκαν F   14 επλυνεν την sup ras Aᵃ   15 προσηνεγκεν AF | αυτο]
αυτον F+και εκαθερισεν sup ras et in mg Aᵃ (om A*)+και εκαθαρισεν
αυτον F | καθα] καθο AF

204

ΛΕΥΕΙΤΙΚΟΝ X 6

τῆς τοῦ λαοῦ· καὶ προσήνεγκαν οἱ υἱοὶ Ἀαρὼν τὸ αἷμα πρὸς αὐτόν, B
19 καὶ προσέχεεν πρὸς τὸ θυσιαστήριον κύκλῳ· ¶ ¹⁹καὶ τὸ στέαρ τὸ ¶ F
ἀπὸ τοῦ μόσχου καὶ τοῦ κριοῦ, τὴν ὀσφὺν καὶ τὸ στέαρ τὸ κατακαλύπτον ἐπὶ τῆς κοιλίας καὶ τοὺς δύο νεφροὺς καὶ τὸ στέαρ τὸ
20 ἐπ' αὐτῶν καὶ τὸν λοβὸν τὸν ἐπὶ τοῦ ἥπατος· ²⁰καὶ ἐπέθηκεν τὰ
στέατα ἐπὶ τὰ στηθύνια, καὶ ἀνήνεγκαν τὰ στέατα ἐπὶ τὸ θυσιαστήριον·
21 ²¹καὶ τὸ στηθύνιον καὶ τὸν βραχίονα τὸν δεξιὸν ἀφεῖλεν, Ἀαρὼν ἀφαί-
22 ρεμα ἔναντι Κυρίου, ὃν τρόπον συνέταξεν Κύριος τῷ Μωυσῇ. , , , ²²Καὶ
ἐξάρας Ἀαρὼν τὰς χεῖρας ἐπὶ τὸν λαὸν εὐλόγησεν αὐτούς, καὶ κατέβη
ποιήσας τὸ περὶ τῆς ἁμαρτίας καὶ τὰ ὁλοκαυτώματα, καὶ τὰ τοῦ
23 σωτηρίου. ²³καὶ εἰσῆλθεν Μωσῆς καὶ Ἀαρὼν εἰς τὴν σκηνὴν τοῦ
μαρτυρίου, καὶ ἐξελθόντες εὐλόγησαν πάντα τὸν λαόν· καὶ ὤφθη
24 ἡ δόξα Κυρίου παντὶ τῷ λαῷ· ²⁴καὶ ἐξῆλθεν πῦρ παρὰ Κυρίου,
καὶ κατέφαγεν τὰ ἐπὶ τοῦ θυσιαστηρίου, τά τε ὁλοκαυτώματα καὶ
τὰ στέατα· καὶ εἶδεν πᾶς ὁ λαὸς καὶ ἐξέστη, καὶ ἔπεσαν ἐπὶ
πρόσωπον.
X 1 ¹Καὶ λαβόντες οἱ δύο υἱοὶ Ἀαρὼν Ναδὰβ καὶ Ἀβιοὺδ ἕκαστος
τὸ πυρεῖον αὐτοῦ ἐπέθηκαν ἐπ' αὐτὸ πῦρ καὶ ἐπέβαλον ἐπ' αὐτὸ
θυμίαμα, καὶ προσήνεγκαν ἔναντι Κυρίου πῦρ ἀλλότριον ὃ οὐ προσέ-
2 ταξεν Κύριος αὐτοῖς. ²καὶ ἐξῆλθεν πῦρ παρὰ Κυρίου καὶ κατέφαγεν
3 αὐτούς, καὶ ἀπέθανον ἔναντι Κυρίου. ³καὶ εἶπεν Μωσῆς πρὸς Ἀαρὼν
Τοῦτό ἐστιν ὃ εἶπεν Κύριος λέγων Ἐν τοῖς ἐγγίζουσίν μοι ἁγιασθήσομαι, καὶ ἐν πάσῃ συναγωγῇ δοξασθήσομαι· καὶ κατενύλθη Ἀαρών.
4 ⁴καὶ ἐκάλεσεν Μωυσῆς τὸν Μισαδαὶ καὶ τὸν Ἐλισαφάν, υἱοὺς Ἀζιήλ,
υἱοὺς τοῦ ἀδελφοῦ τοῦ πατρὸς Ἀαρών, καὶ εἶπεν αὐτοῖς Προσέλθατε
καὶ ἄρατε τοὺς ἀδελφοὺς ὑμῶν ἐκ προσώπου τῶν ἁγίων ἔξω τῆς παρεμ-
5 βολῆς. ⁵καὶ προσῆλθον καὶ ἦραν ἐν τοῖς χιτῶσιν αὐτῶν ἔξω τῆς
6 παρεμβολῆς, ὃν τρόπον εἶπεν Μωυσῆς. ⁶καὶ εἶπεν Μωσῆς πρὸς
Ἀαρὼν καὶ Ἐλεαζὰρ καὶ Ἰθαμὰρ τοὺς υἱοὺς αὐτοῦ τοὺς καταλελιμμένους Τὴν κεφαλὴν ὑμῶν οὐκ ἀποκιδαρώσετε καὶ τὰ ἱμάτια ὑμῶν οὐ
διαρρήξετε, ἵνα μὴ ἀποθάνητε καὶ ἐπὶ πᾶσαν τὴν συναγωγὴν ἔσται
θυμός· οἱ ἀδελφοὶ ὑμῶν πᾶς ὁ οἶκος Ἰσραὴλ κλαύσονται τὸν ἐνπυρι-

22 και τα του σωτ.] om και τα A   23 Μωυσης A | ηυλογησαν A A
X 1 om δυο A | επεθηκαν] εθηκαν A | επ αυτο 2°] επ αυτα A | θυμιαμα] θυμιαματα B^{ab}A   3 συναγωγη] pr τη B^{ab}A   4 Αζιηλ] Οζιηλ A |
post παρεμβολης ras 7 vel 8 litt B^?   5 om B* (hab B^{ab mg inf}) |
προσηλθεν A   5—6 om Μωυσης· και ειπεν A* (hab A^{1 ? a ? (mg)})   6 και
1° B^{? mg} | Μωυσης A | προς Ααρων sup ras B^a τω Ααρων A | υμων ουκ sup
ras A^a | ο οικος] om ο A

205

ΛΕΥΕΙΤΙΚΟΝ

Β σμὸν ὃν ἐνεπυρίσθησαν ὑπὸ Κυρίου. ⁷καὶ ἀπὸ τῆς θύρας τῆς σκηνῆς 7 τοῦ μαρτυρίου οὐκ ἐξελεύσεσθε, ἵνα μὴ ἀποθάνητε· τὸ γὰρ ἔλαιον τῆς χρίσεως τὸ παρὰ Κυρίου ἐφ' ὑμῖν. καὶ ἐποίησαν κατὰ τὸ ῥῆμα Μωσῆ.

⁸Καὶ ἐλάλησεν Κύριος τῷ Ἀαρὼν λέγων ⁹Οἶνον καὶ σίκερα οὐ $\frac{8}{9}$ πίεσθε, σὺ καὶ οἱ υἱοί σου μετὰ σοῦ, ἡνίκα ἂν εἰσπορεύησθε εἰς τὴν σκηνὴν τοῦ μαρτυρίου, ἢ προσπορευομένων ὑμῶν πρὸς τὸ θυσιαστήριον, καὶ οὐ μὴ ἀποθάνητε· νόμιμον αἰώνιον εἰς τὰς γενεὰς ὑμῶν· ¹⁰διαστεῖλαι ἀνὰ μέσον τῶν ἁγίων καὶ τῶν βεβήλων, καὶ ἀνὰ μέσον 10 τῶν ἀκαθάρτων καὶ τῶν καθαρῶν. ¹¹καὶ συμβιβάσεις τοὺς υἱοὺς 11 Ἰσραὴλ πάντα τὰ νόμιμα ἃ ἐλάλησεν Κύριος πρὸς αὐτοὺς διὰ χειρὸς Μωσῆ.

¹²Καὶ εἶπεν Μωυσῆς πρὸς Ἀαρὼν καὶ πρὸς Ἐλεαζὰρ καὶ Ἰθαμὰρ 12 τοὺς υἱοὺς Ἀαρὼν τοὺς καταλειφθέντας Λάβετε τὴν θυσίαν τὴν καταλειφθεῖσαν ἀπὸ τῶν καρπωμάτων Κυρίου, καὶ φάγεσθε ἄζυμα παρὰ τὸ θυσιαστήριον· ἅγια ἁγίων ἐστίν. ¹³καὶ φάγεσθε αὐτὴν 13 ἐν τόπῳ ἁγίῳ· νόμιμον αἰώνιον γάρ σοί ἐστιν καὶ νόμιμον τοῖς υἱοῖς σου τοῦτο ἀπὸ τῶν καρπωμάτων Κυρίου· οὕτω γὰρ ἐντέταλταί μοι. ¹⁴καὶ τὸ στηθύνιον τοῦ ἀφορίσματος καὶ τὸν βραχίονα τοῦ 14
§ F ⁵ἀφαιρέματος φάγεσθε ἐν τόπῳ ἁγίῳ, σὺ καὶ οἱ υἱοί σου καὶ ὁ οἶκός σου μετὰ σοῦ· νόμιμον γὰρ σοὶ καὶ νόμιμον τοῖς υἱοῖς σου ἐδόθη ἀπὸ τῶν θυσιῶν τοῦ σωτηρίου τῶν υἱῶν Ἰσραήλ. ¹⁵τὸν βραχίονα τοῦ 15 ἀφαιρέματος καὶ τὸ στηθύνιον τοῦ ἀφορίσματος ἐπὶ τῶν καρπωμάτων τῶν στεάτων προσοίσουσιν, ἀφόρισμα ἀφορίσαι ἔναντι Κυρίου· καὶ ἔσται σοὶ καὶ τοῖς υἱοῖς σου καὶ ταῖς θυγατράσιν σου μετὰ σοῦ νόμιμον αἰώνιον, ὃν τρόπον συνέταξεν Κύριος τῷ Μωυσῆ. ¹⁶Καὶ τὸν 16 χίμαρον τὸν περὶ τῆς ἁμαρτίας ζητῶν ἐξεζήτησεν Μωσῆς, καὶ ὅδε ἐνπεπύριστο· καὶ ἐθυμώθη Μωσῆς ἐπὶ Ἐλεαζὰρ καὶ Ἰθαμὰρ τοὺς υἱοὺς Ἀαρὼν τοὺς καταλελιμμένους λέγων ¹⁷Διὰ τί οὐκ ἐφά- 17 γετε τὸ περὶ τῆς ἁμαρτίας ἐν τόπῳ ἁγίῳ; ὅτι γὰρ ἅγια ἁγίων ἐστίν, τοῦτο ἔδωκεν ὑμῖν φαγεῖν, ἵνα ἀφέλητε τὴν ἁμαρτίαν τῆς συναγωγῆς καὶ ἐξιλάσησθε περὶ αὐτῶν ἔναντι Κυρίου. ¹⁸οὐ γὰρ 18

AF 7 Μωυση A   11 παντα] απαντα B^{ab} | Μωυση A   12 το θυσιαστηριον] του θυσιαστηριου A   13 αγεσθε B* (φ superscr B^{ab}) | om αιωνιον A
14 ...τος· φαγεσθε F | του σωτηριου] των σωτηριων F | om των νιων Ἰηλ A* (hab sup ras A^{a})   15 αφορισαι] σαι sup ras B^{ab} αφορισεις A
16 Μωσης 1°] Μωυσης F [ενεπυριστο B*^{vid} (εμπ. AF)] ενεπεπυριστο (νε sup ras) B^{a} | Μωσης 2°] Μωυσης AF | τους υιους Ααρων] pr τους ιερεις A
17 τουτο] + δε F | αφελητε B^{b vid} (αφεληται B*)

ΛΕΥΕΙΤΙΚΟΝ XI 11

εἰσήχθη τοῦ αἵματος αὐτοῦ εἰς τὸ ἅγιον· κατὰ πρόσωπον ἔσω φάγεσθε Β
19 αὐτὸ ἐν τόπῳ ἁγίῳ, ὃν τρόπον μοι συνέταξεν Κύριος. ¹⁹καὶ ἐλάλησεν Ἀαρὼν πρὸς Μωυσῆν λέγων Εἰ σήμερον προσαγιόχασιν τὰ περὶ τῆς ἁμαρτίας αὐτῶν καὶ τὰ ὁλοκαυτώματα αὐτῶν ἔναντι Κυρίου, καὶ συμβέβηκέν μοι ταῦτα, καὶ φάγομαι τὰ περὶ τῆς ἁμαρτίας 20 σήμερον, μὴ ἀρεστὸν ἔσται Κυρίῳ; ²⁰καὶ ἤκουσεν Μωυσῆς, καὶ ἤρεσεν αὐτῷ.

I 1/2 ¹Καὶ ἐλάλησεν Κύριος πρὸς Μωυσῆν καὶ Ἀαρὼν λέγων ²Λαλήσατε τοῖς υἱοῖς Ἰσραὴλ λέγοντες Ταῦτα τὰ κτήνη ἃ φάγεσθε ἀπὸ τῶν κτηνῶν 3 τῶν ἐπὶ τῆς γῆς· ³πᾶν κτῆνος διχηλοῦν ὁπλὴν καὶ ὀνυχιστῆρας ὀνυχίζον δύο χηλῶν καὶ ἀνάγον μηρυκισμόν, ἐν τοῖς κτήνεσιν, ταῦτα 4 φάγεσθε. ⁴πλὴν ἀπὸ τούτων οὐ φάγεσθε, ἀπὸ τῶν ἀναγόντων μηρυκισμὸν καὶ ἀπὸ τῶν διχηλούντων τὰς ὁπλὰς καὶ ὀνυχιζόντων ὀνυχιστῆρας· τὸν κάμηλον, ὅτι ἀνάγει μηρυκισμὸν τοῦτο ὁπλὴν δὲ οὐ †5 διχηλεῖ, ἀκάθαρτον τοῦτο ὑμῖν· ⁵καὶ τὸν δασύποδα, ὅτι ἀνάγει μηρυ-6 κισμὸν τοῦτο καὶ ὁπλὴν οὐ διχηλεῖ, ἀκάθαρτον τοῦτο ὑμῖν· ⁶καὶ τὸν χοιρογρύλλιον, ὅτι ἀνάγει μηρυκισμὸν τοῦτο καὶ ὁπλὴν οὐ διχηλεῖ, 7 ἀκάθαρτον τοῦτο ὑμῖν. ⁷καὶ τὸν ὗν, ὅτι διχηλεῖ ὁπλὴν τοῦτο καὶ ὀνυχίζει ὄνυχας ὁπλῆς, καὶ τοῦτο οὐκ ἀνάγει μηρυκισμόν, ἀκάθαρτον 8 τοῦτο ὑμῖν. ⁸ἀπὸ τῶν κρεῶν αὐτῶν οὐ φάγεσθε, καὶ τῶν θνησιμαίων 9 αὐτῶν οὐχ ἅψεσθε· ἀκάθαρτα ταῦτα ὑμῖν. ⁹Καὶ ταῦτα ἃ φάγεσθε ἀπὸ πάντων τῶν ἐν τοῖς ὕδασιν· πάντα ὅσα ἐστὶν αὐτοῖς πτερύγια καὶ λεπίδες ἐν τοῖς ὕδασιν καὶ ἐν ταῖς θαλάσσαις καὶ ἐν τοῖς χειμάρροις, 10 ταῦτα φάγεσθε. ¹⁰καὶ πάντα ὅσα οὐκ ἔστιν αὐτοῖς πτερύγια οὐδὲ λεπίδες ἐν τῷ ὕδατι ἢ ἐν ταῖς θαλάσσαις καὶ ἐν τοῖς χειμάρροις, ἀπὸ πάντων ὧν ἐρεύγεται τὰ ὕδατα καὶ ἀπὸ πάσης ψυχῆς ζώσης τῆς 11 ἐν τῷ ὕδατι, βδέλυγμά ἐστιν. ¹¹καὶ βδελύγματα ἔσονται ὑμῶν· ἀπὸ τῶν κρεῶν αὐτῶν οὐκ ἔδεσθε, καὶ τὰ θνησιμαῖα αὐτῶν βδελύξεσθε.

¶ 18 εισηχθη] εισηνεχθη F | εσω] εως A 19 προσαγιοχασιν B*F] προσ- AF αγηοχασιν Bᵃᵇ προσαγειοχασιν A | εναντι] εναντιον F | συμβεβηκε Bᵃ² ᵇAvid | om ταυτα A* (hab A¹) τοιαυτα Bᵃᵇ F | τα περι της αμ.] το περι της αμ. F | Κυριω] pr τω F 20 Μωσης A XI 2 τα φαγ. B* (α φαγ. Bᵃ) | των κτηνων] pr παντων Bᵃᵇ AF 4 om πλην απο τουτων ου φαγεσθε A 5 και οπλην] οπλην δε F 6 om F | χοιρογρυλλιον Bᵃ] χοιρογρυλλον B*ᵇ χυρογυλλιον A 8 om αυτων 2° A | ακαθαρτα] pr οτι A 9 om a F | om ταυτα...εν τοις υδασιν 2° A 10 om ουκ F | τω υδατι 1°] τοις υδασι F | om η F | τοις χ.] om τοις A | ζωσης της] om της A της ζωσης F 11 om και βδελυγματα εσονται υμων F* (hab και βδ. εσ. υμ.. F¹ᵐᵍ ⁱⁿᶠ) | υμων] υμιν Bᵃᵇ A

ΛΕΥΕΙΤΙΚΟΝ

B ¹²καὶ πάντα ὅσα οὐκ ἔστιν αὐτοῖς πτερύγια καὶ λεπίδες τῶν ἐν τῷ ὕδατι, βδέλυγμα τοῦτό ἐστιν ὑμῖν. ¹³Καὶ ταῦτα ἃ βδελύξεσθε ἀπὸ τῶν πετεινῶν, καὶ οὐ βρωθήσεται, βδέλυγμά ἐστιν· τὸν ἀετὸν καὶ τὸν γρύπα καὶ τὸν ἁλιάετον, ¹⁴καὶ τὸν γύπα καὶ ἴκτινα καὶ τὰ ὅμοια αὐτῷ, ¹⁵καὶ στρουθὸν καὶ γλαυκα καὶ λάρον καὶ τὰ ὅμοια αὐτῷ, ¹⁶καὶ ἱέρακα καὶ τὰ ὅμοια αὐτῷ, ¹⁷καὶ νυκτικόρακα καὶ καταράκτην καὶ εἴβιν ¹⁸καὶ πορφυρίωνα καὶ πελεκᾶνα καὶ κύκνον ¹⁹καὶ γλαῦκα καὶ ἀρωδιὸν καὶ χαραδριὸν καὶ τὰ ὅμοια αὐτῷ, καὶ ἔποπα καὶ νυκτερίδα. ²⁰Καὶ πάντα τὰ ἑρπετὰ τῶν πετεινῶν ἃ πορεύεται ἐπὶ τέσσερα, βδελύγματά ἐστιν ὑμῖν. ²¹ἀλλὰ ταῦτα φάγεσθε ἀπὸ τῶν ἑρπετῶν τῶν πετεινῶν ἃ πορεύεται ἐπὶ τέσσερα· ἔχει σκέλη ἀνώτερον τῶν ποδῶν αὐτοῦ πηδᾶν ἐν αὐτοῖς ἐπὶ τῆς γῆς. ²²καὶ ταῦτα φάγεσθε ἀπ' αὐτῶν· τὸν βροῦχον καὶ τὰ ὅμοια αὐτῷ, καὶ τὸν ἀττάκην καὶ τὰ ὅμοια αὐτῷ, καὶ τὴν ἀκρίδα καὶ τὰ ὅμοια αὐτῇ, καὶ τὸν ὀφιομάχην καὶ τὰ ὅμοια αὐτῷ. ²³πᾶν ἑρπετὸν ἀπὸ τῶν πετεινῶν οἷς ἐστιν τέσσαρες πόδες, βδελύγματά ἐστιν ὑμῖν. ²⁴Καὶ ἐν τούτοις μιανθήσεσθε· πᾶς ὁ ἁπτόμενος τῶν θνησιμαίων αὐτῶν ἀκάθαρτος ἕως ἑσπέρας, ²⁵καὶ πᾶς ὁ αἴρων τῶν θνησιμαίων αὐτῶν πλυνεῖ τὰ ἱμάτια καὶ ἀκάθαρτος ἔσται ἕως ἑσπέρας. ²⁶καὶ ἐν πᾶσιν τοῖς κτήνεσιν ὅ ἐστιν διχηλοῦν ὁπλὴν καὶ ὀνυχιστῆρας ὀνυχίζει καὶ μηρυκισμὸν οὐ μαρυκᾶται, ἀκάθαρτα ἔσονται ὑμῖν· πᾶς ὁ ἁπτόμενος τῶν θνησιμαίων αὐτῶν ἀκάθαρτος ἔσται ἕως ἑσπέρας. ²⁷καὶ πᾶς ὃς πορεύεται ἐπὶ χειρῶν ἐν πᾶσι τοῖς θηρίοις ἃ πορεύεται ἐπὶ τέσσερα, ἀκάθαρτα ὑμῖν ἔσται· πᾶς ὁ ἁπτόμενος τῶν θνησιμαίων αὐτῶν ἀκάθαρτος ἔσται ἕως ἑσπέρας, ²⁸καὶ ὁ αἴρων τῶν θνησιμαίων αὐτῶν πλυνεῖ τὰ ἱμάτια καὶ ἀκάθαρτος ἔσται ἕως ἑσπέρας· ἀκάθαρτα ταῦτα ὑμῖν ἐστιν. ²⁹Καὶ ταῦτα ὑμῖν ἀκάθαρτα ἀπὸ τῶν ἑρπετῶν τῶν ἐπὶ τῆς γῆς· ἡ γαλῆ καὶ

AF 12 και 2°] ουδε F | των εν τω υδατι] om των A των εν τοις υδασιν F | εστιν 2°] εσται A 13 om α AF | βδελυγματα B^{ab} | γρυπα] γυπα A | αλιετον BAF^{vid} (α..ετον) 14 γυπα] γρυπα A | ικτινα B^bAF (ικτεινα B*)] pr τον F | τα ομοια αυτω] τα ομ. αυτων A+και κορακα και τα ομοια αυτω B?F 15 αυτω] αυτων A 16 om A 17 ιβιν B^aA ιβειν F 18 πορφυρωνα A 19 αρωδιον B*A] ερωδιον B^{ab}F | αυτω] αυτων A 20 πορευσεται F | επι τεσσερα] επι τεσσαρων F | βδελυγμα F 21 αλλα] αλλ η F | τεσσαρων F | εχει] pr α B^{ab}F | ανωτερον] επ ανωτερα F 23 παν ερπ.] pr και F | βδελυγμα B^{ab}F | υμιν εστιν AF 24 ακαθαρτος]+εσται B^{ab}AF 25 ιματια]+αυτου F 26 om και 1° F | πασι F | διχηλευον F | ου μαρυκαται] ουκ αναμαρυκαται A μη μαρυκαται F 27 επι τεσσερα] επι τεσσαρων F | υμιν εσται] εσται υμιν B^aA εστιν υμιν F 28 ιματια]+αυτου B^{abmg}F 29 επι] pr ερποντων F | η γαλη] om η A

30 ὁ μῦς καὶ ὁ κροκόδειλος ὁ χερσαῖος, ³⁰μυγαλῆ καὶ χαμηλέων καὶ Β
31 καλαβώτης καὶ σαῦρα καὶ ἀσπάλαξ. ³¹ταῦτα ἀκάθαρτα ὑμῖν ἀπὸ
πάντων τῶν ἑρπετῶν τῶν ἐπὶ τῆς γῆς· πᾶς ὁ ἁπτόμενος αὐτῶν
32 τεθνηκότων ἀκάθαρτος ἔσται ἕως ἑσπέρας. ³²καὶ πᾶν ἐφ᾽ ὃ ἂν
ἐπιπέσῃ ἀπ᾽ αὐτῶν τεθνηκότων αὐτῶν ἀκάθαρτον ἔσται, ἀπὸ παντὸς
σκεύους ξυλίνου ἢ ἱματίου ἢ δέρματος ἢ σάκκου· πᾶν σκεῦος ὃ ἐὰν
ποιηθῇ ἔργον ἐν αὐτῷ εἰς ὕδωρ βαφήσεται, καὶ ἀκάθαρτον ἔσται ἕως
33 ἑσπέρας, καὶ καθαρὸν ἔσται. ³³καὶ πᾶν σκεῦος ὀστράκινον εἰς ὃ ἐὰν
πέσῃ ἀπὸ τούτων ἔνδον, ὅσα ἐὰν ἔνδον ᾖ ἀκάθαρτα, ἔσται, καὶ
34 αὐτὸ συντριβήσεται. ³⁴καὶ πᾶν βρῶμα ὃ ἔσθεται, εἰς ὃ ἐὰν ἐπέλθῃ
ἐπ᾽ αὐτὸ ὕδωρ, ἀκάθαρτον ἔσται· καὶ πᾶν ποτὸν ὃ πίνεται ἐν παντὶ
35 ἀγγίῳ ἀκάθαρτον ἔσται. ³⁵καὶ πᾶν ὃ ἐὰν πέσῃ ἀπὸ τῶν θνησιμαίων
αὐτῶν ἐπ᾽ αὐτό, ἀκάθαρτον ἔσται· κλίβανοι καὶ κυθρόποδες καθαιρεθή-
σονται· ἀκάθαρτα ταῦτά ἐστιν, καὶ ἀκάθαρτα ταῦτα ὑμῖν ἔσονται.
36 ³⁶πλὴν πηγῶν ὑδάτων καὶ λάκκου καὶ συναγωγῆς ὕδατος· ἔσται καθα-
37 ρόν· ὁ δὲ ἁπτόμενος τῶν θνησιμαίων αὐτῶν ἀκάθαρτος ἔσται. ³⁷ἐὰν
δὲ ἐπιπέσῃ τῶν θνησιμαίων αὐτῶν ἐπὶ πᾶν σπέρμα σπόριμον ὃ σπαρή-
38 σεται, καθαρὸν ἔσται· ³⁸ἐὰν δὲ ἐπιχυθῇ ὕδωρ ἐπὶ πᾶν σπέρμα, καὶ
ἐπιπέσῃ τῶν θνησιμαίων αὐτῶν ἐπ᾽ αὐτό, ἀκάθαρτόν ἐστιν ὑμῖν.
39 ³⁹ἐὰν δὲ ἀποθάνῃ τῶν κτηνῶν ὅ ἐστιν ὑμῖν τοῦτο φαγεῖν, ὁ ἁπτόμενος
40 τῶν θνησιμαίων αὐτῶν ἀκάθαρτος ἔσται ἕως ἑσπέρας· ⁴⁰καὶ ὁ ἐσθίων
ἀπὸ τῶν θνησιμαίων τούτων πλυνεῖ τὰ ἱμάτια, καὶ ἀκάθαρτος ἔσται
ἕως ἑσπέρας· καὶ ὁ αἴρων ἀπὸ θνησιμαίων αὐτῶν πλυνεῖ τὰ ἱμάτια
41 καὶ λούσεται ὕδατι, καὶ ἀκάθαρτος ἔσται ἕως ἑσπέρας. ⁴¹καὶ πᾶν
ἑρπετὸν ὃ ἕρπει ἐπὶ τῆς γῆς, βδέλυγμα τοῦτο ἔσται ὑμῖν, οὐ βρωθή-
42 σεται. ⁴²καὶ πᾶς ὁ πορευόμενος ἐπὶ κοιλίας, καὶ πᾶς ὁ πορευόμενος

29 κροκοδειλος Bᵃᵇ] κορκοδειλος B* κορκοδιλος AF   30 χαμηλεων] ο AF χαμαιλεων F | καλαβωτης] σκαλαβωτης F¹ᵛⁱᵈ | ασπαλαξ] σπαλαξ Aᵃʔᵐᵍ (om A*) F·   31 ταυτα] τα A* (pr ταυ Aᵃʔᵐᵍ) | ακαθαρτα]+εστιν AF | om των ερπετων F | αυτων τεθνηκοτων] των θνησιμαιων αυτων F   32 επ αυτων] απο των A | τεθνηκοτων] pr επι F | ακαθαρτον 1°] ακαθαρτος F | om η ιματιου A | δερματος] δερματινου A | ο 2°] ω F   33 εαν 1°] αν AF | πεση] εμπεση F | ην] η AF | ακαθαρτον F   34 εσθεται (εσθετε A)] εσθιεται F | εαν] αν F | επελθη Bᵃᵇ (e sup ras) F] απελθη B*ᵛⁱᵈA | εσται 1°] + υμιν F   35 πεση] επιπεση Bᵃᵇ εμπεση F | κυθροποδες] χυτροποδες A | om ταυτα 1°, 2° F   37 om σποριμον A* (hab Aᵃʔ) | εσται] εστιν F   39 των κτηνων] pr απο A | τουτο υμιν φαγειν BᵃF   40 om των F | ιματια 1°]+αυτου F+και λουσεται υδατι A | om και ακαθαρτος εσται 1°... λουσεται υδατι A* (hab A¹ʔᵃʔ) | θνησιμαιων 2°] pr των F | ιματια 2°]+αυτου F   41 εσται] εστιν F   42 πας ο πορευομενος (bis)] παν πορευομενον F

ΛΕΥΕΙΤΙΚΟΝ

Β ἐπὶ τέσσερα διὰ παντός, ὃ πολυπληθεῖ ποσὶν ἐν πᾶσιν τοῖς ἑρπετοῖς τοῖς ἕρπουσιν ἐπὶ τῆς γῆς, οὐ φάγεσθε αὐτό, ὅτι βδέλυγμα ὑμῖν ἐστίν. ⁴³καὶ οὐ μὴ βδελύξητε τὰς ψυχὰς ὑμῶν ἐν πᾶσι τοῖς ἑρπε- 43 τοῖς τοῖς ἕρπουσιν ἐπὶ τῆς γῆς, καὶ οὐ μιανθήσεσθε ἐν τούτοις, καὶ οὐκ ἀκάθαρτοι ἔσεσθε ἐν αὐτοῖς. ⁴⁴ὅτι ἐγώ εἰμι Κύριος ὁ θεὸς ὑμῶν· 44 καὶ ἁγιασθήσεσθε καὶ ἅγιοι ἔσεσθε, ὅτι ἅγιός εἰμι ἐγὼ Κύριος ὁ θεὸς ὑμῶν· καὶ οὐ μανεῖτε τὰς ψυχὰς ὑμῶν ἐν πᾶσιν τοῖς ἑρπετοῖς τοῖς κινουμένοις ἐπὶ τῆς γῆς· ⁴⁵ὅτι ἐγώ εἰμι Κύριος ὁ ἀναγαγὼν ὑμᾶς 45 ἐκ γῆς Αἰγύπτου εἶναι ὑμῶν θεός· καὶ ἔσεσθε ἅγιοι, ὅτι ἅγιός εἰμι ἐγὼ Κύριος. ⁴⁶οὗτος ὁ νόμος περὶ τῶν κτηνῶν καὶ τῶν πετεινῶν 46 καὶ πάσης ψυχῆς τῆς κινουμένης ἐν τῷ ὕδατι καὶ πάσης ψυχῆς ἑρπούσης ἐπὶ τῆς γῆς, ⁴⁷διαστεῖλαι ἀνὰ μέσον τῶν ἀκαθάρτων καὶ 47 ἀνὰ μέσον τῶν καθαρῶν, καὶ ἀνὰ μέσον τῶν ζωογονούντων τὰ ἐσθιόμενα καὶ ἀνὰ μέσον τῶν ζωογονούντων τὰ μὴ ἐσθιόμενα.

¹Καὶ ἐλάλησεν Κύριος πρὸς Μωυσῆν λέγων ²Λάλησον τοῖς υἱοῖς $\frac{1}{2}$ XI Ἰσραὴλ καὶ ἐρεῖς πρὸς αὐτούς Γυνὴ ἥτις ἐὰν σπερματισθῇ καὶ τέκῃ ἄρσεν, καὶ ἀκάθαρτος ἔσται ἑπτὰ ἡμέρας, κατὰ τὰς ἡμέρας τοῦ χωρισμοῦ τῆς ἀφέδρου αὐτῆς ἀκάθαρτος ἔσται· ³καὶ τῇ ἡμέρᾳ τῇ ὀγδόῃ 3 περιτεμεῖ τὴν σάρκα τῆς ἀκροβυστίας αὐτοῦ· ⁴καὶ τριάκοντα ἡμέρας 4 καὶ τρεῖς καθίσεται ἐν αἵματι ἀκαθάρτῳ αὐτῆς· παντὸς ἁγίου οὐχ ἅψεται, καὶ εἰς τὸ ἁγιαστήριον οὐκ εἰσελεύσεται, ἕως ἂν πληρωθῶσιν αἱ ἡμέραι καθάρσεως αὐτῆς. ⁵ἐὰν δὲ θῆλυ τέκῃ, καὶ ἀκάθαρτος ἔσται 5 δὶς ἑπτὰ ἡμέρας κατὰ τὴν ἄφεδρον· καὶ ἑξήκοντα ἡμέρας καὶ ἓξ καθεσθήσεται ἐν αἵματι ἀκαθάρτῳ αὐτῆς. ⁶καὶ ὅταν ἀναπληρωθῶσιν 6 αἱ ἡμέραι καθάρσεως αὐτῆς ἐφ' υἱῷ ἢ ἐπὶ θυγατρί, προσοίσει ἀμνὸν ἐνιαύσιον ἄμωμον εἰς ὁλοκαύτωμα καὶ νοσσὸν περιστερᾶς ἢ τρυγόνα περὶ ἁμαρτίας ἐπὶ τὴν θύραν τῆς σκηνῆς τοῦ μαρτυρίου πρὸς τὸν ἱερέα· ⁷καὶ προσοίσει ἔναντι Κυρίου, καὶ ἐξιλάσεται περὶ αὐτῆς ὁ 7 ἱερεύς, καὶ καθαριεῖ αὐτὴν ἀπὸ τῆς πηγῆς τοῦ αἵματος αὐτῆς. οὗτος ὁ

AF 42 επι τεσσερα B*A] επι τεσσερων Bᵃ (επι τεσσαρων BᵇF) | αυτα F
43 πασιν A | αυτοις] τουτοις F   44 αγιος ειμι εγω] εγω αγιος F | πασι F
45 ειμι εγω K.] εγω F   47 και 2°]+συμβιβαζειν τους υιους Ισραηλ F
XII 2 γυνη] pr λεγων F | επτα] pr εως F   4 ημερας και τρεις] ημερας και δεκα A και τρεις ημερας F | καθισεται] καθεσθησεται BᵃᵇF καθησεται A | αιματι] ιματιω A | αγγιου B* (αγγειον Bᵃᵇ) A] αγιου F | εως αν] εως ου A | αι ημεραι] om αι F | καθαρισεως BᵃᵇF   5 τεκη θηλυ F | αφεδρον]+αυτης F | εξ] μιαν A | καθεσθησεται] καθησεται AF   6 καθαρισεως BᵃᵇF | περιστερων F | τρυγονα] δυο τρυγονας A   7 προσοισεις Fᵛⁱᵈ (προσοισει.) +αυτον F

ΛΕΥΕΙΤΙΚΟΝ XIII 12

8 νόμος τῆς τικτούσης ἄρσεν ἢ θῆλυ. ⁸ἐὰν δὲ μὴ εὑρίσκῃ ἡ χεὶρ αὐτῆς B τὸ ἱκανὸν εἰς ἀμνόν, καὶ λήμψεται δύο τρυγόνας ἢ δύο νοσσοὺς περιστερῶν, μίαν εἰς ὁλοκαύτωμα καὶ μίαν περὶ ἁμαρτίας· καὶ ἐξιλάσεται περὶ αὐτῆς ὁ ἱερεύς, καὶ καθαρισθήσεται.

III ¹⁄₂ ¹Καὶ ἐλάλησεν Κύριος πρὸς Μωυσῆν καὶ Ἀαρὼν λέγων ²Ἀνθρώπῳ ἐάν τινι γένηται ἐν δέρματι χρωτὸς αὐτοῦ οὐλὴ σημασίας τηλαυγής, καὶ γένηται ἐν δέρματι χρωτὸς· αὐτοῦ ἁφὴ λέπρας, καὶ ἀχθήσεται πρὸς Ἀαρὼν τὸν ἱερέα ἢ ἕνα τῶν υἱῶν αὐτοῦ τῶν ἱερέων. 3 ³καὶ ὄψεται ὁ ἱερεὺς τὴν ἁφὴν ἐν δέρματι τοῦ χρωτὸς αὐτοῦ, καὶ ἡ θρὶξ ἐν τῇ ἁφῇ μεταβάλῃ λευκή, καὶ ἡ ὄψις τῆς ἁφῆς· ταπεινὴ ἀπὸ τοῦ δέρματος τοῦ χρωτός, ἁφὴ λέπρας ἐστίν· καὶ ὄψεται ὁ ἱερεύς, καὶ 4 μιανεῖ αὐτόν. ⁴ἐὰν δὲ τηλαυγὴς λευκὴ ἦν ἐν τῷ δέρματι τοῦ χρωτὸς αὐτῆς, καὶ ταπεινὴ μὴ ἦν ἡ ὄψις αὐτῆς ἀπὸ τοῦ δέρματος αὐτῆς, καὶ ἡ θρὶξ αὐτοῦ οὐ μετέβαλεν τρίχα λευκήν, αὐτὴ δέ ἐστιν ἀμαυρά, 5 καὶ ἀφοριεῖ ὁ ἱερεὺς τὴν ἁφὴν ἑπτὰ ἡμέρας. ⁵καὶ ὄψεται ὁ ἱερεὺς τὴν ἁφὴν τῇ ἡμέρᾳ τῇ ἑβδόμῃ, καὶ ἰδοὺ ἡ ἁφὴ μένει ἐναντίον αὐτοῦ, οὐ μετέπεσεν ἡ ἁφὴ ἐν τῷ δέρματι, καὶ ἀφοριεῖ αὐτὸν ὁ ἱερεὺς ἑπτὰ 6 ἡμέρας τὸ δεύτερον. ⁶καὶ ὄψεται αὐτὸν ὁ ἱερεὺς τῇ ἡμέρᾳ τῇ ἑβδόμῃ τὸ δεύτερον, καὶ ἰδοὺ ἀμαυρὰ ἡ ἁφή, οὐ μετέπεσεν ἡ ἁφὴ ἐν τῷ δέρματι, καθαριεῖ αὐτὸν ὁ ἱερεύς· σημασία γάρ ἐστιν· καὶ πλυνάμενος 7 τὰ ἱμάτια καθαρὸς ἔσται. ⁷ἐὰν δὲ μεταβαλοῦσα μεταπέσῃ ἡ σημασία ἐν τῷ δέρματι μετὰ τὸ ἰδεῖν αὐτὸν τὸν ἱερέα τοῦ καθαρίσαι αὐτόν, 8 καὶ ὀφθήσεται τὸ δεύτερον τῷ ἱερεῖ· ⁸καὶ ὄψεται αὐτὸν ὁ ἱερεύς, καὶ ἰδοὺ μετέπεσεν· ἡ σημασία ἐν τῷ δέρματι, καὶ μιανεῖ αὐτὸν ὁ ἱερεύς· 9 λέπρα ἐστίν. ⁹Καὶ ἁφὴ λέπρας ἐὰν γένηται ἐν ἀνθρώπῳ, καὶ 10 ἥξει πρὸς τὸν ἱερέα· ¹⁰καὶ ὄψεται ὁ ἱερεύς, καὶ ἰδοὺ οὐλὴ λευκὴ ἐν τῷ δέρματι, καὶ αὕτη μετέβαλεν τρίχα λευκήν, καὶ ἀπὸ τοῦ ὑγιοῦς 11 τῆς σαρκὸς τῆς ζώσης ἐν τῇ οὐλῇ, ¹¹λέπρα παλαιουμένη ἐστίν· ἐν τῷ δέρματι τοῦ χρωτός ἐστιν· καὶ μιανεῖ αὐτὸν ὁ ἱερεὺς καὶ ἀφοριεῖ 12 αὐτόν, ὅτι ἀκάθαρτός ἐστιν. ¹²ἐὰν δὲ ἐξανθοῦσα ἐξανθήσῃ ἡ λέπρα

, 8 νεοσσους AF   XIII 2 εαν τινι] τινι εαν AF. | σημασια A΄| αχθη- AF σεται] ελευσεται F.   3 του χρωτος 1°] om του F. | εν τη αφη μεταβαλη] μεταβ. εν τη αφη A η εν τη αφη μεταβ. F | του χρωτος 2°]+αυτου F 4 αυτης 1°] om Bᵃᵇ?ᶜ?A αυτου F | om μη ην A μη η F | om αυτης 2° Bᵃᵇ?ᶜ? | om αυτης 3° AF | τριχα λευκην] λευκη F   6 καθαριει] pr και F | ιματια] +αυτου F ·.   7 του καθαρισαι Bᵃᵇ F] το καθ. B*A   8 om αυτον 1° F* (hab F¹ᵐᵍ)   9 ανθρωπω] pr τω A·.   10 υγιους] ηδιους Aᵛⁱᵈ   11 χρωτος] +αυτου F | και 2°] ουκ F | ακαθαρτος] καθαρος F   12 εξανθουσα] ανθουσα Bᵃ | εξανθησει AF | η λεπρα 1°] om η BᵃF

211   O 2

ΛΕΥΕΙΤΙΚΟΝ

ἐν τῷ δέρματι, καὶ καλύψῃ ἡ λέπρα πᾶν τὸ δέρμα τῆς ἁφῆς ἀπὸ κεφαλῆς ἕως ποδῶν καθ' ὅλην τὴν ὅρασιν τοῦ ἱερέως, ¹³καὶ ὄψεται ὁ ἱερεύς, καὶ ἰδοὺ ἐκάλυψεν ἡ λέπρα πᾶν τὸ δέρμα τοῦ χρωτός, καὶ καθαριεῖ αὐτὸν ὁ ἱερεὺς τὴν ἁφήν· ὅτι πᾶν μετέβαλεν λευκόν, καθαρόν ἐστιν. ¹⁴καὶ ᾗ ἂν ἡμέρᾳ ὀφθῇ ἐν αὐτῷ χρὼς ζῶν, μιανθήσεται· ¹⁵καὶ ὄψεται ὁ ἱερεὺς τὸν χρῶτα τὸν ὑγιῆ, καὶ μιανεῖ αὐτὸν ὁ χρώς ὁ ὑγιής, ὅτι ἀκάθαρτός ἐστιν· λέπρα ἐστίν. ¹⁶ἐὰν δὲ ἀποκαταστῇ ὁ χρὼς ὁ ὑγιὴς καὶ μεταβάλῃ λευκή, καὶ ἐλεύσεται πρὸς τὸν ἱερέα· ¹⁷καὶ ὄψεται ὁ ἱερεύς, καὶ ἰδοὺ μετέβαλεν ἡ ἁφὴ εἰς τὸ λευκόν, καὶ καθαριεῖ ὁ ἱερεὺς τὴν ἁφήν· καθαρός ἐστιν. ¹⁸Καὶ σὰρξ ἐὰν γένηται ἐν τῷ δέρματι αὐτοῦ ἕλκος, καὶ ὑγιασθῇ, ¹⁹καὶ γένηται ἐν τῷ τόπῳ τοῦ ἕλκους οὐλὴ λευκὴ ἢ τηλαυγὴς λευκαίνουσα ἢ πυρρίζουσα, καὶ ὀφθήσεται τῷ ἱερεῖ· ²⁰καὶ ὄψεται ὁ ἱερεύς, καὶ ἰδοὺ ἡ ὄψις ταπεινοτέρα τοῦ δέρματος, καὶ θρὶξ αὐτῆς μετέβαλεν εἰς λευκήν, καὶ μιανεῖ αὐτὸν ὁ ἱερεύς· λέπρα ἐστίν, ἐν τῷ ἕλκει ἐξήνθησεν. ²¹ἐὰν δὲ ἴδῃ ὁ ἱερεύς, καὶ ἰδοὺ οὐκ ἔστιν ἐν αὐτῷ θρὶξ λευκή, καὶ ταπεινὸν μὴ ᾖ ἀπὸ τοῦ δέρματος τοῦ χρωτός, καὶ αὐτὴ ᾖ ἀμαυρά, ἀφοριεῖ αὐτὸν ὁ ἱερεὺς ἑπτὰ ἡμέρας. ²²ἐὰν δὲ διαχέηται ἐν τῷ δέρματι, καὶ μιανεῖ αὐτὸν ὁ ἱερεύς· ἁφὴ λέπρας ἐστίν, ἐν τῷ ἕλκει ἐξήνθησεν· ²³ἐὰν δὲ κατὰ χώραν μείνῃ τὸ τηλαύγημα καὶ μὴ διαχέηται, οὐλὴ τοῦ ἕλκους ἐστίν, καὶ καθαριεῖ αὐτὸν ὁ ἱερεύς. ²⁴Καὶ σὰρξ ἐὰν γένηται ἐν τῷ δέρματι αὐτοῦ κατάκαυμα πυρός, καὶ γένηται ἐν τῷ δέρματι αὐτοῦ τὸ ὑγιασθὲν τοῦ κατακαύματος αὐγάζον τηλαυγὲς λευκόν, ὑποπυρρίζον ἢ ἔκλευκον, ²⁵καὶ ὄψεται αὐτὸν ὁ ἱερεύς, καὶ ἰδοὺ μετέβαλεν θρὶξ λευκὴ εἰς τὸ αὐγάζον, καὶ ἡ ὄψις αὐτοῦ ταπεινὴ ἀπὸ τοῦ δέρματος, λέπρα ἐστίν, ἐν τῷ κατακαύματι ἐξήνθησεν· καὶ μιανεῖ αὐτὸν ὁ ἱερεύς, ἁφὴ λέπρας ἐστίν. ²⁶ἐὰν δὲ ἴδῃ ὁ ἱερεύς, καὶ ἰδοὺ οὐκ ἔστιν ἐν τῷ αὐγάζοντι θρὶξ λευκή, καὶ ταπεινὸν μὴ ἦν ἀπὸ τοῦ δέρματος, αὐτὸ δὲ ἀμαυρόν, καὶ ἀφοριεῖ αὐτὸν ὁ ἱερεὺς ἑπτὰ ἡμέρας.

AF 12 καλυψει A   13 χρωτος]+αυτου F | καθαριει] αφοριει F   15 τον υγιη (BᵃA*F υγιην B*Aᵃ)] om τον A | om λεπρα εστιν F   17 om και οψ. ο ιερευς A* (hab A¹ᵗ) | καθαρος] pr και A | εστιν] εσται A   19 πυριζουσα F | τω ιερει] τω sup ras Bᵃᵇ   20 θριξ] pr η AF | λεπρα] pr οτι Bᵃᵇ pr αφη F   21 αφοριει] pr και F | αυτον] αυτην F   22 διαχεηται] pr διαχυσει F   23 κατα χωραν]+αυτου F | ελκου F   24 εν τω δερματι αυτου 2°]+κατακαυμα πυρος και γενηται εν τω δερματι αυτου A | το υγιασθεν] om το B*A (haƀ Bᵃᵇ ᵐᵍF) | υποπυριζον F   25 θριξ λευκη] τριχα λευκην F | om εν τω κατακαυματι...λεπρας εστιν A* (hab A¹ᵗ ᵐᵍ) | αυτον 2°] αυτο A¹ᵗᵐᵍ   26 ιδη]+αυτην F | εν αυτω αυγαζοντι B* (εν τω αυγ. Bᵃ) | τω αυγαζοντι θριξ sup ras Aᵃ | ην] η AF

ΛΕΥΕΙΤΙΚΟΝ XIII 40

27 ²⁷καὶ ὄψεται αὐτὸν ὁ ἱερεὺς τῇ ἡμέρᾳ τῇ ἑβδόμῃ, ἐὰν δὲ διαχύσει B
διαχέηται ἐν τῷ δέρματι, καὶ μιανεῖ αὐτὸν ὁ ἱερεύς· ἁφὴ λέπρας
28 ἐστίν, ἐν τῷ ἕλκει ἐξήνθησεν. ²⁸ἐὰν δὲ κατὰ χώραν μείνῃ τὸ αὐ-
γάζον καὶ μὴ διαχυθῇ ἐν τῷ δέρματι, αὐτὴ δὲ ᾖ ἀμαυρά, ἡ οὐλὴ τοῦ
κατακαύματός ἐστιν, καὶ καθαριεῖ αὐτὸν ὁ ἱερεύς· ὁ γὰρ χαρακτὴρ
29 τοῦ κατακαύματός ἐστιν. ²⁹Καὶ ἀνδρὶ καὶ γυναικὶ ἐὰν γένηται
30 ἐν αὐτοῖς ἁφὴ λέπρας ἐν τῇ κεφαλῇ ἢ ἐν τῷ πώγωνι, ³⁰καὶ ὄψεται
ὁ ἱερεὺς τὴν ἁφήν, καὶ ἰδοὺ ἡ ὄψις αὐτῆς ἐνκοιλοτέρα τοῦ δέρματος,
ἐν αὐτῇ δὲ θρὶξ ξανθίζουσα λεπτή, καὶ μιανεῖ αὐτὸν ὁ ἱερεύς· θραῦ-
31 σμά ἐστιν, λέπρα τῆς κεφαλῆς ἢ λέπρα τοῦ πώγωνός ἐστιν. ³¹καὶ
ἐὰν ἴδῃ ὁ ἱερεὺς τὴν ἁφὴν τοῦ τραύματος, καὶ ἰδοὺ οὐχ ἡ ὄψις ἐν-
κοιλοτέρα τοῦ δέρματος, καὶ θρὶξ ξανθίζουσα οὐκ ἔστιν ἐν αὐτῇ,
32 καὶ ἀφοριεῖ ὁ ἱερεὺς τὴν ἁφὴν τοῦ θραύσματος ἑπτὰ ἡμέρας· ³²καὶ
ὄψεται ὁ ἱερεὺς τὴν ἁφὴν τῇ ἡμέρᾳ τῇ ἑβδόμῃ, καὶ ἰδοὺ οὐ διεχύθη
τὸ θραῦσμα, καὶ θρὶξ ξανθίζουσα οὐκ ἔστιν ἐν αὐτῇ, καὶ ἡ ὄψις τοῦ
33 θραύσματος οὐκ ἔστιν κοίλη ἀπὸ τοῦ δέρματος, ³³καὶ ξυρηθήσεται
τὸ δέρμα, τὸ δὲ θραῦσμα οὐ ξυρηθήσεται, καὶ ἀφοριεῖ ὁ ἱερεὺς τὸ
34 θραῦσμα ἑπτὰ ἡμέρας τὸ δεύτερον. ³⁴καὶ ὄψεται ὁ ἱερεὺς τὸ θραῦσμα
τῇ ἡμέρᾳ τῇ ἑβδόμῃ, καὶ ἰδοὺ οὐ διεχύθη τὸ θραῦσμα ἐν τῷ δέρματι
μετὰ τὸ ξυρηθῆναι αὐτόν, καὶ ἡ ὄψις τοῦ θραύσματος οὐκ ἔστιν
κοίλη ἀπὸ τοῦ δέρματος, καὶ καθαριεῖ αὐτὸν ὁ ἱερεύς· καὶ πλυνά-
35 μενος τὰ ἱμάτια καθαρὸς ἔσται. ³⁵ἐὰν δὲ διαχύσει διαχέηται τὸ
36 θραῦσμα ἐν τῷ δέρματι μετὰ τὸ καθαρισθῆναι αὐτόν, ³⁶καὶ ὄψεται
ὁ ἱερεύς, καὶ ἰδοὺ διακέχυται τὸ θραῦσμα ἐν τῷ δέρματι, οὐκ ἐπι-
σκέψεται ὁ ἱερεὺς περὶ τῆς τριχὸς τῆς ξανθῆς, ὅτι ἀκάθαρτός ἐστιν·
37 ³⁷ἐὰν δὲ ἐνώπιον μείνῃ τὸ θραῦσμα ἐπὶ χώρας καὶ θρὶξ μέλαινα
ἀνατείλῃ ἐν αὐτῷ, ὑγίακεν τὸ θραῦσμα, καθαρόν ἐστιν, καὶ καθαριεῖ
38 αὐτὸν ὁ ἱερεύς. ³⁸Καὶ ἀνδρὶ ἢ γυναικὶ ἐὰν γένηται ἐν δέρματι
39 τῆς σαρκὸς αὐτοῦ αὔγασμα, αὐγάζοντα λευκαθίζοντα, ³⁹καὶ ὄψεται
ὁ ἱερεύς, καὶ ἰδοὺ ἐν δέρματι τῆς σαρκὸς αὐτοῦ αὐγάσματα αὐγάζοντα
λευκαθίζοντα, ἀλφός ἐστιν, καθαρός ἐστιν· ἐξανθήσει ἐν τῷ δέρ-
40 ματι τῆς σαρκὸς αὐτοῦ, καθαρός ἐστιν. ⁴⁰ἐὰν δέ τινι μαδήσῃ ἡ κεφαλὴ

27 τη ημερα] pr εν F | λεπρα F   28 om η 1° F   29 και 2°] η F | AF
γυναικι]+ω F   30 λεπρα 1°]+εστιν A   31 τραυματος] θραυσματος F |
ουχ F] ουκ B*A ουχι Bᵃᵗᵇ | θριξ] pr η F | θραυσματος BF¹ᵛⁱᵈ (θραυμ. F*)]
τραυματος A   32 θριξ] pr η F   '36 om οτι F.   37 ενωπιον]+αυτου F |
καθαρος F   38 εαν] ω αν F | αυγασμα B*A] αυγασματα Bᵃᵇ F   39 om
καθαρος εστιν 1° F | εξανθησει] εξανθει Bᵃᵇ AF   40 η κεφαλη] om
η F

ΛΕΥΕΙΤΙΚΟΝ

B αὐτοῦ, φαλακρός ἐστιν, καθαρός ἐστιν· ⁴¹ἐὰν δὲ κατὰ πρόσ- 41
ωπον μαδήσῃ ἡ κεφαλὴ αὐτοῦ, ἀναφάλαντός ἐστιν, καθαρός· ἐστιν.
⁴²ἐὰν δὲ γένηται ἐν τῷ φαλακρώματι αὐτοῦ ἢ ἐν τῷ ἀναφαλαντώματι 42
αὐτοῦ ἁφὴ λευκὴ ἢ πυρρίζουσα, λέπρα ἐστὶν ἐν τῷ φαλακρώματι
αὐτοῦ ἢ ἐν τῷ ἀναφαλαντώματι αὐτοῦ· ⁴³καὶ ὄψεται αὐτὸν ὁ ἱερεύς, 43
καὶ ἰδοὺ ἡ ὄψις τῆς ἁφῆς λευκὴ πυρρίζουσα ἐν τῷ φαλακρώματι
αὐτοῦ ἢ ἐν τῷ ἀναφαλαντώματι αὐτοῦ, ὡς εἶδος λέπρας ἐν δέρματι
τῆς σαρκὸς αὐτοῦ, ⁴⁴ἄνθρωπος λεπρός ἐστιν· μιάνσει μιανεῖ αὐτὸν 44
ὁ ἱερεύς, ἐν τῇ κεφαλῇ αὐτοῦ ἡ ἁφὴ αὐτοῦ. ⁴⁵Καὶ ὁ λεπρὸς ἐν 45
ᾧ ἐστιν ἡ ἁφή, τὰ ἱμάτια αὐτοῦ ἔστω παραλελυμένα καὶ ἡ κεφαλὴ
αὐτοῦ ἀκάλυπτος καὶ περὶ τὸ στόμα αὐτοῦ περιβαλέσθω, καὶ ἀκά-
θαρτος κεκλήσεται· ⁴⁶πάσας τὰς ἡμέρας ὅσας ἂν ᾖ ἐπ' αὐτοῦ ἡ ἁφή, 46
ἀκάθαρτος ὢν ἀκάθαρτος ἔσται· κεχωρισμένος καθήσεται, ἔξω τῆς
παρεμβολῆς αὐτοῦ ἔσται ἡ διατριβή. ⁴⁷Καὶ ἱματίῳ ἐὰν γένηται 47
ἐν αὐτῷ ἁφὴ λέπρας, ἐν ἱματίῳ ἐρεῷ ἢ ἐν ἱματίῳ στιππυίνῳ, ⁴⁸ἢ 48
ἐν στήμονι ἢ ἐν κρόκῃ, ἢ ἐν τοῖς λινοῖς ἢ ἐν τοῖς ἐρεοῖς, ἢ ἐν δέρ-
ματι ἢ ἐν παντὶ ἐργασίμῳ δέρματι, ⁴⁹καὶ γένηται ἡ ἁφὴ χλωρίζουσα 49
ἢ πυρρίζουσα ἐν τῷ δέρματι ἢ ἐν τῷ ἱματίῳ ἢ ἐν τῷ στήμονι ἢ ἐν
τῇ κρόκῃ ἢ ἐν παντὶ σκεύει ἐργασίμῳ δέρματος, ἁφὴ λέπρας ἐστίν,
καὶ δείξει τῷ ἱερεῖ. ⁵⁰καὶ ὄψεται ὁ ἱερεὺς τὴν ἁφήν, καὶ ἀφοριεῖ ὁ 50
ἱερεὺς τὴν ἁφὴν ἑπτὰ ἡμέρας. ⁵¹καὶ ὄψεται ὁ ἱερεὺς τὴν ἁφὴν τῇ 51
ἡμέρᾳ τῇ ἑβδόμῃ· ἐὰν δὲ διαχέηται ἡ ἁφὴ ἐν τῷ ἱματίῳ ἢ ἐν τῷ
στήμονι ἢ ἐν τῇ κρόκῃ ἢ ἐν τῷ δέρματι, κατὰ πάντα ὅσα ἂν ποιηθῇ
δέρματα ἐν τῇ ἐργασίᾳ, λέπρα ἔμμονός ἐστιν ἡ ἁφή· ἀκάθαρτός ἐστιν.
⁵²κατακαύσει τὸ ἱμάτιον ἢ τὸν στήμονα ἢ τὴν κρόκην, ἐν τοῖς ἐρεοῖς 52
ἢ ἐν τοῖς λινοῖς ἢ ἐν παντὶ σκεύει δερματίνῳ ἐν ᾧ ἐὰν ᾖ ἐν αὐτῷ ἡ
ἁφή· ὅτι λέπρα, ἐν πυρὶ κατακαυθήσεται. ⁵³ἐὰν δὲ ἴδῃ ὁ ἱερεύς, 53
καὶ μὴ διαχέηται ἡ ἁφὴ ἐν τῷ ἱματίῳ ἢ ἐν τῷ στήμονι ἢ ἐν τῇ κρόκῃ
ἢ ἐν παντὶ σκεύει δερματίνῳ, ⁵⁴καὶ συντάξει ὁ ἱερεύς, καὶ πλυνεῖ 54

AF 42 om η 2° F | πυριζουσα F | λεπρα]+εξανθουσα F   43 αυτον] αυτο
B^{bvid} | λευκη]+η AF | πυριζουσα A*^{vid} F | δερματι] pr τω F   44 om
μιανσει B*^{vid} (μια sup ras νσει superscr B^a) A   45 εστω] εσται AF |
ακαλυπτος] ακαταλυπτος A¹ (ακαταλ. A*) F | περιβαλλ. A | ακαθαρτος]
+ακαθαρτος F   46 αν] εαν F | επ αυτου η αφη] η επ αυτου αφη A επ
αυτω η αφη F | εσται 1°] εστιν A | εσται αυτου AF   47 εν αυτω] επ
αυτω F | ερειω B*^{vid} ερεω AF] εριω B^b | στιππυιω B^{ab(vid)}AF] στιπποινω
B*   48 om η εν στημονι F* (hab F^{1mg}) | ερεοις B*AF] εριοις B^{a†b}
49 πυριζουσα AF | λεπρας] λεπρα F^{1vid}   51 om τω 3° F | αν] εαν A
52 εν τοις ερεοις (εριοις B^{a†b})] pr η F | om η εν τοις λινοις F | εαν] αν F | η εν
αυτω] γενηται A η επ αυτου F | λεπρα]+εμμονος εστιν B^{ab}F

214

ΛΕΥΕΙΤΙΚΟΝ XIV 9

ἐφ' οὗ ἐὰν ᾖ ἐπ' αὐτοῦ ἡ ἁφή, καὶ ἀφοριεῖ ὁ ἱερεὺς τὴν ἁφὴν ἑπτὰ B
55 ἡμέρας τὸ δεύτερον. ⁵⁵καὶ ὄψεται ὁ ἱερεὺς μετὰ τὸ πλυθῆναι αὐτὸ
τὴν ἁφήν, καὶ ἥδε μὴ μετέβαλεν τὴν ὄψιν ἡ ἁφή, καὶ ἡ ἁφὴ οὐ
διαχεῖται, ἀκάθαρτόν ἐστιν, ἐν πυρὶ κατακαυθήσεται· ἐστήρισται ἐν
56 τῷ ἱματίῳ ἢ ἐν τῷ στήμονι ἢ ἐν τῇ κρόκῃ. ⁵⁶καὶ ἐὰν ἴδῃ ὁ ἱερεύς,
καὶ ᾖ ἀμαυρὰ ἡ ἁφὴ μετὰ τὸ πλυθῆναι αὐτό, ἀπορρήξει αὐτὸ ἀπὸ
τοῦ ἱματίου ἢ ἀπὸ τοῦ δέρματος ἢ ἀπὸ τοῦ στήμονος ἢ ἀπὸ τῆς
57 κρόκης. ⁵⁷ἐὰν δὲ ὀφθῇ ἔτι ἐν τῷ ἱματίῳ ἢ ἐν τῷ στήμονι ἢ ἐν τῇ
κρόκῃ ἢ ἐν παντὶ σκεύει δερματίνῳ, λέπρα ἐξανθοῦσά ἐστιν· ἐν
58 πυρὶ κατακαυθήσεται ἐν ᾧ ἐστὶν ἡ ἁφή. ⁵⁸καὶ τὸ ἱμάτιον ἢ ὁ
στήμων ἢ ἡ κρόκη ἢ πᾶν σκεῦος δερμάτινον ὃ πλυθήσεται καὶ
ἀποστήσεται ἀπ' αὐτοῦ ἡ ἁφή, καὶ πλυθήσεται τὸ δεύτερον· καθα-
59 ρὸν ἔσται. ⁵⁹οὗτος ὁ νόμος ἁφῆς λέπρας ἱματίου ἐρεοῦ ἢ στιππυίνου
ἢ στήμονος ἢ κρόκης ἢ παντὸς σκεύους δερματίνου, εἰς τὸ καθαρίσαι
αὐτὸ ἢ μιᾶναι αὐτό.

IV 1,2 ¹Καὶ ἐλάλησεν Κύριος πρὸς Μωυσῆν λέγων ²Οὗτος ὁ νόμος τοῦ
λεπροῦ· ᾗ ἂν ἡμέρᾳ καθαρισθῇ, καὶ προσαχθήσεται πρὸς τὸν ἱερέα·
3 ³καὶ ἐξελεύσεται ὁ ἱερεὺς ἔξω τῆς παρεμβολῆς, καὶ ὄψεται ὁ ἱερεύς,
4 καὶ ἰδοὺ ἰᾶται ἡ ἁφὴ τῆς λέπρας ἀπὸ τοῦ λεπροῦ. ⁴καὶ προστάξει
ὁ ἱερεύς, καὶ λήμψονται τῷ κεκαθαρισμένῳ δύο ὀρνίθια ζῶντα καθαρά,
5 καὶ ξύλον κέδρινον καὶ κεκλωσμένον κόκκινον καὶ ὕσσωπον· ⁵καὶ
προστάξει ὁ ἱερεὺς καὶ σφάξουσιν τὸ ὀρνίθιον τὸ ἓν εἰς ἄγγιον
6 ὀστράκινον ἐφ' ὕδατι ζῶντι· ⁶καὶ τὸ ὀρνίθιον τὸ ζῶν, λήμψεται
αὐτὸ καὶ τὸ ξύλον τὸ κέδρινον καὶ τὸ κλωστὸν κόκκινον καὶ τὸν
ὕσσωπον, καὶ βάψει αὐτὰ καὶ τὸ ὀρνίθιον τὸ ζῶν εἰς τὸ αἷμα τοῦ
7 ὀρνιθίου τοῦ σφαγέντος ἐφ' ὕδατι ζῶντι· ⁷καὶ περιρανεῖ ἐπὶ τὸν
καθαρισθέντα ἀπὸ τῆς λέπρας ἑπτάκις, καὶ καθαρὸς ἔσται· καὶ
8 ἐξαποστελεῖ τὸ ὀρνίθιον τὸ ζῶν εἰς τὸ πεδίον. ⁸καὶ πλυνεῖ ὁ καθα-
ρισθεὶς τὰ ἱμάτια αὐτοῦ, καὶ ξυρηθήσεται αὐτοῦ πᾶσαν τὴν τρίχα,
καὶ λούσεται ἐν ὕδατι, καὶ καθαρὸς ἔσται· καὶ μετὰ ταῦτα εἰσελεύ-
σεται εἰς τὴν παρεμβολήν, καὶ διατρίψει ἔξω τοῦ οἴκου αὐτοῦ ἑπτὰ
9 ἡμέρας. ⁹καὶ ἔσται τῇ ἡμέρᾳ τῇ ἑβδόμῃ ξυρηθήσεται πᾶσαν τὴν τρίχα

55 αυτου AF | μη] pr ου F | μετεβ.] μεταβαλη F | την οψιν η αφη] η αφη AF
την οψιν αυτης F | διαχειται] διαχεειται A | ακαθαρτος F¹ᵛⁱᵈ | εστιν] ε...F |
εστηρικται F   56 πλυθηναι αυτο] καυθηναι αυτον A·   57 οφθη ετι]
οφθησεται A | εξανθουσα εστιν] εξουσα εστιν A εστιν εξανθουσα F   58 καθα-
ρον] pr και Bᵃᵇ F   59 αφη A | om ερεου η στιππ. A | στιππυινου Bᵃᵇ F]
στιππυινου B*   XIV 4 κεκαθερ. A   6 κλωστον] κεκλωσμενον A | την
υσσωπον F   7 περιρανιει A   8 ξυρηθησεται] ξυρησεται F | om εν F

ΛΕΥΕΙΤΙΚΟΝ

Β αὐτοῦ, τὴν κεφαλὴν αὐτοῦ καὶ τὸν πώγωνα καὶ τὰς ὀφρύας καὶ πᾶσαν τὴν τρίχα αὐτοῦ ξυρηθήσεται· καὶ πλυνεῖ τὰ ἱμάτια καὶ λούσεται τὸ σῶμα αὐτοῦ ὕδατι, καὶ καθαρὸς ἔσται. ¹⁰καὶ τῇ ἡμέρᾳ 10 τῇ ὀγδόῃ λήμψεται δύο ἀμνοὺς ἐνιαυσίους ἀμώμους, καὶ πρόβατον ἐνιαύσιον ἄμωμον, καὶ τρία δέκατα σεμιδάλεως εἰς θυσίαν πεφυραμένης ἐν ἐλαίῳ, καὶ κοτύλην ἐλαίου μίαν· ¹¹καὶ στήσει ὁ ἱερεὺς 11 ὁ καθαρίζων τὸν ἄνθρωπον τὸν καθαριζόμενον καὶ ταῦτα ἔναντι Κυρίου, ἐπὶ τὴν θύραν τῆς σκηνῆς τοῦ μαρτυρίου. ¹²καὶ λήμψεται 12 ὁ ἱερεὺς τὸν ἀμνὸν τὸν ἕνα, καὶ προσάξει αὐτὸν τῆς πλημμελίας, καὶ τὴν κοτύλην τοῦ ἐλαίου, καὶ ἀφοριεῖ αὐτὸ ἀφόρισμα ἔναντι Κυρίου· ¹³καὶ σφάξουσιν τὸν ἀμνὸν ἐν τόπῳ οὗ σφάζουσιν τὰ ὁλοκαυτώματα 13 καὶ τὰ περὶ ἁμαρτίας, ἐν τόπῳ ἁγίῳ· ἔστιν γὰρ τὸ περὶ ἁμαρτίας ὥσπερ τὸ τῆς πλημμελίας, ἔστιν τῷ ἱερεῖ· ἅγια ἁγίων ἐστίν. ¹⁴καὶ 14 λήμψεται ὁ ἱερεὺς ἀπὸ τοῦ αἵματος τοῦ τῆς πλημμελίας, καὶ ἐπιθήσει ὁ ἱερεὺς ἐπὶ τὸν λοβὸν τοῦ ὠτὸς τοῦ καθαριζομένου τοῦ δεξιοῦ καὶ ἐπὶ τὸ ἄκρον τῆς χειρὸς τῆς δεξιᾶς καὶ ἐπὶ τὸ ἄκρον τοῦ ποδὸς τοῦ δεξιοῦ· ¹⁵καὶ λαβὼν ὁ ἱερεὺς ἀπὸ τῆς κοτύλης τοῦ ἐλαίου ἐπιχεεῖ 15 ἐπὶ τὴν χεῖρα τοῦ ἱερέως τὴν ἀριστεράν, ¹⁶καὶ βάψει τὸν δάκτυλον 16 τὸν δεξιὸν ἀπὸ τοῦ ἐλαίου τοῦ ὄντος ἐπὶ τῆς χειρὸς τῆς ἀριστερᾶς, καὶ ῥανεῖ ἑπτάκις τῷ δακτύλῳ ἔναντι Κυρίου. ¹⁷τὸ δὲ καταλειφθὲν 17 ἔλαιον τὸ ὂν ἐν τῇ χειρὶ ἐπιθήσει ὁ ἱερεὺς ἐπὶ τὸν λοβὸν τοῦ ὠτὸς τοῦ καθαριζομένου τοῦ δεξιοῦ καὶ ἐπὶ τὸ ἄκρον τῆς χειρὸς τῆς δεξιᾶς καὶ ἐπὶ τὸ ἄκρον τοῦ ποδὸς τοῦ δεξιοῦ, ἐπὶ τὸν τόπον τοῦ αἵματος τοῦ τῆς πλημμελίας· ¹⁸τὸ δὲ καταλειφθὲν ἔλαιον τὸ ἐπὶ τῆς χειρὸς 18 τοῦ ἱερέως ἐπιθήσει ὁ ἱερεὺς ἐπὶ τὴν κεφαλὴν τοῦ καθαρισθέντος, καὶ ἐξιλάσεται περὶ αὐτοῦ ὁ ἱερεὺς ἔναντι Κυρίου. ¹⁹καὶ ποιήσει 19 ὁ ἱερεὺς τὸ περὶ τῆς ἁμαρτίας, καὶ ἐξιλάσεται περὶ αὐτοῦ ὁ ἱερεὺς τοῦ ἀκαθάρτου τοῦ καθαριζομένου ἀπὸ τῆς ἁμαρτίας αὐτοῦ· καὶ μετὰ τοῦτο σφάξει ὁ ἱερεὺς τὸ ὁλοκαύτωμα. ²⁰καὶ ἀνοίσει ὁ ἱερεὺς τὸ ὁλο- 20

AF 9 οφρυας A] οσφυας B* οφρυς B^{ab}F | τα ιματια]+αυτου F | το σωμα αυτου] om αυτου F   10 προβατον] +εις A+εν F   11 ο καθαριζων] om ο A   12 om και 4° F | αυτο] αντα B^{ab}   13 ου] ω A | αμαρτιας 2°] pr της F | της πλημμελιας] pr περι F   14 της χειρος]+αυτου F | του ποδος]+αυτου F   16 βαψει]+ο ιερευς F | τον δακτυλον]+αυτου F | της χειρος]+αυτου F | ρανει] ρανιει A+ο ιερευς A | τω δακτ. επτ. A επτ. απο του ελαιου τω δακτ. αυτου F   17 om ο A | τη χειρι]+αυτου F | της χειρος]+αυτου F | του ποδος]+αυτου F | του της πλημμ.] om του F   18 ο ιερευς περι αυτου F   19 περι αυτου ο ιερευς του ακαθ.] ο ιερευς περι του ακαθ. A ο ιερευς περι F   20 ανοισει] οισει A | το ολοκαυτωμα...καθαρισθησεται sup ras A*

ΛΕΥΕΙΤΙΚΟΝ XIV 34

καύτωμα καὶ τὴν θυσίαν ἐπὶ τὸ θυσιαστήριον ἀπέναντι Κυρίου· καὶ Β
21 ἐξιλάσεται περὶ αὐτοῦ ὁ ἱερεύς, καὶ καθαρισθήσεται. ²¹Ἐὰν
δὲ πένηται ἡ χεὶρ αὐτοῦ καὶ μὴ εὑρίσκῃ, λήμψεται ἀμνὸν ἕνα εἰς
ὃ ἐπλημμέλησεν εἰς ἀφαίρεμα ὥστε ἐξιλάσασθαι περὶ αὐτοῦ, καὶ δέκα-
τον σεμιδάλεως πεφυραμένης ἐν ἐλαίῳ εἰς θυσίαν, καὶ κοτύλην
22 ἐλαίου μίαν, ²²καὶ δύο τρυγόνας ἢ δύο νοσσοὺς περιστερῶν, ὅσα
εὗρεν ἡ χεὶρ αὐτοῦ, καὶ ἔσται ἡ μία περὶ ἁμαρτίας καὶ ἡ μία εἰς
23 ὁλοκαύτωμα· ²³καὶ προσοίσει αὐτὰ τῇ ἡμέρᾳ τῇ ὀγδόῃ εἰς τὸ καθα-
ρίσαι αὐτὸν πρὸς τὸν ἱερέα, ἐπὶ τὴν θύραν τῆς σκηνῆς τοῦ μαρτυρίου,
24 ἔναντι Κυρίου. ²⁴καὶ λαβὼν ὁ ἱερεὺς τὸν ἀμνὸν τῆς πλημμελίας
καὶ τὴν κοτύλην τοῦ ἐλαίου ἐπιθήσει αὐτὰ ἐπίθεμα ἔναντι Κυρίου.
25 ²⁵καὶ σφάξει τὸν ἀμνὸν τῆς πλημμελίας, καὶ λήμψεται ὁ ἱερεὺς
ἀπὸ τοῦ αἵματος τοῦ τῆς πλημμελίας, καὶ ἐπιθήσει ἐπὶ τὸν λοβὸν τοῦ
ὠτὸς τοῦ δεξιοῦ τοῦ καθαριζομένου καὶ ἐπὶ τὸ ἄκρον τῆς χειρὸς τῆς
26 δεξιᾶς καὶ ἐπὶ τὸ ἄκρον τοῦ ποδὸς τοῦ δεξιοῦ. ²⁶καὶ ἀπὸ τοῦ ἐλαίου
27 ἐπιχεεῖ ὁ ἱερεὺς ἐπὶ τὴν χεῖρα τοῦ ἱερέως τὴν ἀριστεράν· ²⁷καὶ
ρανεῖ ὁ ἱερεὺς τῷ δακτύλῳ τῷ δεξιῷ ἀπὸ τοῦ ἐλαίου τοῦ ἐν τῇ χειρὶ
28 αὐτοῦ τῇ ἀριστερᾷ ἑπτάκις ἔναντι Κυρίου· ²⁸καὶ ἐπιθήσει ὁ ἱερεὺς
ἀπὸ τοῦ ἐλαίου τοῦ ἐπὶ τῆς χειρὸς αὐτοῦ ἐπὶ τὸν λοβὸν τοῦ ὠτὸς
τοῦ καθαριζομένου τοῦ δεξιοῦ καὶ ἐπὶ τὸ ἄκρον τῆς χειρὸς αὐτοῦ
τῆς δεξιᾶς καὶ ἐπὶ τὸ ἄκρον τοῦ ποδὸς αὐτοῦ τοῦ δεξιοῦ, ἐπὶ τὸν
29 τόπον τοῦ αἵματος τοῦ τῆς πλημμελίας· ²⁹τὸ δὲ καταλειφθὲν ἀπὸ
τοῦ ἐλαίου τὸ ὂν ἐπὶ τῆς χειρὸς τοῦ ἱερέως ἐπιθήσει ἐπὶ τὴν κεφαλὴν
τοῦ καθαρισθέντος, καὶ ἐξιλάσεται περὶ αὐτοῦ ὁ ἱερεὺς ἔναντι Κυρίου.
30 ³⁰καὶ ποιήσει μίαν τῶν τρυγόνων ἢ ἀπὸ τῶν νοσσῶν τῶν περιστερῶν,
31 καθότι εὗρεν αὐτοῦ ἡ χείρ, ³¹τὴν μίαν περὶ ἁμαρτίας καὶ τὴν μίαν
εἰς ὁλοκαύτωμα σὺν τῇ θυσίᾳ· καὶ ἐξιλάσεται ὁ ἱερεὺς περὶ τοῦ καθα-
32 ριζομένου ἔναντι Κυρίου. ³²οὗτος ὁ νόμος ἐν ᾧ ἐστὶν ἡ ἁφὴ τῆς
λέπρας καὶ τοῦ μὴ εὑρίσκοντος τῇ χειρὶ εἰς τὸν καθαρισμὸν αὐτοῦ.
33
34 ³³Καὶ ἐλάλησεν Κύριος πρὸς Μωυσῆν καὶ Ἀαρὼν λέγων ³⁴Ὡς
ἂν εἰσέλθητε εἰς τὴν γῆν τῶν Χαναναίων, ἣν ἐγὼ δίδωμι ὑμῖν ἐν

20 απεναντι] εναντι B^aAF 21 η χειρ αυτου και μη ευρ.] και μη ευρ. AF η χειρ αυτου B^a και η χειρ αυτου μη ευρ. AF 22 και 1°] η A | νεοσσους AF 24 αμνον]+τον F 25 της πλημμ. 1°] pr τον B^abF | του καθ. του δεξιου F | της χειρος]+αυτου F | του ποδος]+αυτου F 27 ρανιει F | δακτυλω]+αυτου F 28 του ποδος αυτου] τοδος (sic) F* (pr του F^1mg) 29 απο του ελαιου] ελαιον F | επιθησει] pr και F | καθαρισθεντος] καθαριζο-μενου A 30 των τρυγονων] pr απο F | νεοσσων A^1 32 της λεπρας] om της A 34 των Χανάναιων] om των F* (superscr F^1)

217

ΛΕΥΕΙΤΙΚΟΝ·

B κτήσει, καὶ δώσω ἀφὴν λέπρας ἐν ταῖς οἰκίαις τῆς γῆς τῆς ἐνκτήτου ὑμῖν, ³⁵καὶ ἥξει τίνος αὐτοῦ ἡ οἰκία καὶ ἀναγγελεῖ τῷ ἱερεῖ λέγων Ὥσπερ ἀφὴ ἑώραταί μου ἐν τῇ οἰκίᾳ. ³⁶καὶ προστάξει ὁ ἱερεὺς ἀποσκευάσαι τὴν οἰκίαν πρὸ τοῦ εἰσελθόντα ἰδεῖν τὸν ἱερέα τὴν οἰκίαν, καὶ οὐ μὴ ἀκάθαρτα γένηται ὅσα ἐὰν ᾖ ἐν τῇ οἰκίᾳ· καὶ μετὰ ταῦτα εἰσελεύσεται ὁ ἱερεὺς καταμαθεῖν τὴν οἰκίαν. ³⁷καὶ ὄψεται τὴν ἀφὴν ἐν τοῖς τοίχοις τῆς οἰκίας, κοιλάδας χλωριζούσας, καὶ ἡ ὄψις αὐτῶν ταπεινοτέρα τῶν τοίχων· ³⁸καὶ ἐξελθὼν ὁ ἱερεὺς ἐκ τῆς οἰκίας ἐπὶ τὴν θύραν τῆς οἰκίας, καὶ ἀφοριεῖ ὁ ἱερεὺς τὴν οἰκίαν ἑπτὰ ἡμέρας. ³⁹καὶ ἐπανήξει ὁ ἱερεὺς τῇ ἡμέρᾳ τῇ ἑβδόμῃ καὶ ὄψεται τὴν οἰκίαν, καὶ ἰδοὺ οὐ διεχύθη ἡ ἀφὴ ἐν τοῖς τοίχοις τῆς οἰκίας· ⁴⁰καὶ προστάξει ὁ ἱερεὺς καὶ ἐξελοῦσιν τοὺς λίθους· ἔστιν ἡ ἀφή· καὶ ἐκβαλοῦσιν αὐτοὺς ἔξω τῆς πόλεως εἰς τόπον ἀκάθαρτον. ⁴¹καὶ ἀποξύσουσιν τὴν οἰκίαν ἔσωθεν κύκλῳ, καὶ ἐκχεοῦσιν τὸν χοῦν ἔξω τῆς πόλεως εἰς τόπον ἀκάθαρτον. ⁴²καὶ λήμψονται λίθους ἀπεξυσμένους στερεοὺς καὶ ἀντιθήσουσιν ἀντὶ τῶν λίθων, καὶ χοῦν ἕτερον λήμψονται καὶ ἐξαλείψουσιν τὴν οἰκίαν. ⁴³ἐὰν δὲ ἐπέλθῃ πάλιν ἀφὴ καὶ ἀνατείλῃ ἐν τῇ οἰκίᾳ μετὰ τὸ ἐξελεῖν τοὺς λίθους καὶ μετὰ τὸ ἀποξυσθῆναι τὴν οἰκίαν καὶ μετὰ τὸ ἐξαλειφθῆναι, ⁴⁴καὶ εἰσελεύσεται ὁ ἱερεὺς καὶ ὄψεται· εἰ διακέχυται ἡ ἀφὴ ἐν τῇ οἰκίᾳ, λέπρα ἔμμονός ἐστιν ἐν τῇ οἰκίᾳ, ἀκάθαρτός ἐστιν. ⁴⁵καὶ καθελοῦσιν τὴν οἰκίαν, καὶ τὰ ξύλα αὐτῆς καὶ τοὺς λίθους αὐτῆς καὶ πάντα τὸν χοῦν ἐξοίσουσιν ἔξω τῆς πόλεως εἰς τόπον ἀκάθαρτον· ⁴⁶καὶ ὁ εἰσπορευόμενος εἰς τὴν οἰκίαν πάσας τὰς ἡμέρας ἃς ἀφωρισμένη ἐστὶν ἀκάθαρτος ἔσται ἕως ἑσπέρας, ⁴⁷καὶ ὁ κοιμώμενος ἐν τῇ οἰκίᾳ πλυνεῖ τὰ ἱμάτια αὐτοῦ καὶ ἀκάθαρτος ἔσται ἕως ἑσπέρας· καὶ ὁ ἔσθων ἐν τῇ οἰκίᾳ πλυνεῖ τὰ ἱμάτια αὐτοῦ καὶ ἀκάθαρτος ἔσται ἕως ἑσπέρας. ⁴⁸ἐὰν δὲ παραγενόμενος εἰσέλθῃ ὁ ἱερεὺς καὶ ἴδῃ, καὶ ἰδοὺ οὐ διαχύσει οὐ διαχεῖται ἡ ἀφὴ ἐν τῇ οἰκίᾳ μετὰ τὸ ἐξαλειφθῆναι τὴν οἰκίαν, καὶ καθαριεῖ ὁ ἱερεὺς τὴν οἰκίαν, ὅτι ἰάθη ἡ ἀφή. ⁴⁹καὶ λήμψεται ἀφαγνίσαι τὴν οἰκίαν δύο ὀρνίθια ζῶντα καθαρὰ καὶ ξύλον κέδρινον καὶ κεκλωσμένον κόκκινον καὶ ὕσσωπον· ⁵⁰καὶ σφάξει τὸ ὀρνίθιον τὸ ἓν εἰς σκεῦος

ΑF 34 om της 2° F 35 αναγγελει] αναγγειλη A | εοραται F 36 εαν] αν F 37 εν τοις τοιχοις] pr και ιδου η αφη F | χλωριζουσας]+η πυρριζουσας (πυριζ. F) B^{amg}F 39 om ου F 40 εστιν] pr εν οις AF 41 τον χουν]+τοι αποξυομενον F | καθαρτον A* (ακαθ. A¹) 42 στερεους] ετερους F 43 αφη pr η B^{ab}F | εξελειν] εξελθειν F 45 χουν]+της οικιας F 46 εις την οικιαν] εν τη οικια F 47 εσθιων F 48 | και καθαριει] και καθ sup ras B

218

ΛΕΥΕΙΤΙΚΟΝ XV 8

51 ὀστράκινον ἐφ' ὕδατι ζῶντι, ⁵¹καὶ λήμψεται τὸ ξύλον τὸ κέδρινον B
καὶ τὸ κεκλωσμένον κόκκινον καὶ τὸν ὕσσωπον καὶ τὸ ὀρνίθιον τὸ
ζῶν, καὶ βάψει αὐτὸ εἰς τὸ αἷμα τοῦ ὀρνιθίου τοῦ ἐσφαγμένου ἐφ' ὕδατι
52 ζῶντι, καὶ περιρανεῖ ἐν αὐτοῖς ἐπὶ τὴν οἰκίαν ἑπτάκις. ⁵²καὶ ἀφαγνιεῖ
τὴν οἰκίαν ἐν τῷ αἵματι τοῦ ὀρνιθίου τοῦ καὶ ἐν τῷ ὕδατι τῷ ζῶντι καὶ
ἐν τῷ ὀρνιθίῳ τῷ ζῶντι καὶ ἐν τῷ ξύλῳ τῷ κεδρίνῳ καὶ ἐν τῷ ὑσσώπῳ
53 καὶ ἐν τῷ κεκλωσμένῳ κοκκίνῳ· ⁵³καὶ ἐξαποστελεῖ τὸ ὀρνίθιον τὸ
ζῶν ἔξω πόλεως εἰς τὸ πεδίον, καὶ ἐξιλάσεται περὶ τῆς οἰκίας, καὶ
54 καθαρὰ ἔσται. ⁵⁴Οὗτος ὁ νόμος κατὰ πᾶσαν ἁφὴν λέπρας καὶ
55 θραύσματος, ⁵⁵καὶ τῆς λέπρας ἱματίου καὶ οἰκίας, ⁵⁶καὶ οὐλῆς καὶ
56
57 σημασίας καὶ τοῦ αὐγάζοντος, ⁵⁷καὶ τοῦ ἐξηγήσασθαι ᾗ ἡμέρᾳ ἀκάθαρ-
τον καὶ ᾗ ἡμέρᾳ καθαρισθήσεται· οὗτος ὁ νόμος τῆς λέπρας.

V 1 ¹Καὶ ἐλάλησεν Κύριος πρὸς Μωυσῆν λέγων καὶ Ἀαρὼν ²Λάλησον
2 τοῖς υἱοῖς Ἰσραὴλ καὶ ἐρεῖς αὐτοῖς Ἀνδρὶ ἀνδρὶ ᾧ ἐὰν γένηται ῥύσις
3 ἐκ τοῦ σώματος αὐτοῦ, ἡ ῥύσις αὐτοῦ ἀκάθαρτός ἐστιν. ³καὶ οὗτος
ὁ νόμος τῆς ἀκαθαρσίας αὐτοῦ· ῥέων γόνον ἐκ σώματος αὐτοῦ ἐκ τῆς
ῥύσεως ἧς συνέστηκεν τὸ σῶμα αὐτοῦ διὰ τῆς ῥύσεως, αὕτη ἡ ἀκαθαρ-
σία αὐτοῦ ἐν αὐτῷ· πᾶσαι αἱ ἡμέραι ῥύσεως σώματος αὐτοῦ ᾗ συνέ-
4 στηκεν τὸ σῶμα αὐτοῦ διὰ τῆς ῥύσεως ἀκαθαρσία αὐτοῦ ἐστίν. ⁴πᾶσα
κοίτη ἐφ' ᾗ ἐὰν κοιμηθῇ ἐπ' αὐτῆς ὁ γονορρυὴς ἀκάθαρτός ἐστιν,
καὶ πᾶν σκεῦος ἐφ' ὃ ἐὰν καθίσῃ ἐπ' αὐτὸ ὁ γονορρυὴς ἀκάθαρτον
5 ἔσται. ⁵καὶ ἄνθρωπος ὃς ἂν ἅψηται τῆς κοίτης αὐτοῦ πλυνεῖ τὰ
ἱμάτια αὐτοῦ καὶ λούσεται ὕδατι, καὶ ἀκάθαρτος ἔσται ἕως ἑσπέρας·
6 ⁶καὶ ὁ καθήμενος ἐπὶ τοῦ σκεύους ἐφ' ὃ ἐὰν καθίσῃ ὁ γονορρυὴς
πλυνεῖ τὰ ἱμάτια αὐτοῦ καὶ λούσεται ὕδατι, καὶ ἀκάθαρτος ἔσται ἕως
7 ἑσπέρας. ⁷καὶ ὁ ἁπτόμενος χρωτὸς τοῦ γονορρυοῦς πλυνεῖ τὰ ἱμάτια
8 καὶ λούσεται ὕδατι, καὶ ἀκάθαρτος ἔσται ἕως ἑσπέρας· ⁸ἐὰν δὲ προσ-
σιελίσῃ ὁ γονορρυὴς ἐπὶ τὸν καθαρόν, πλυνεῖ τὰ ἱμάτια καὶ λούσεται

51 τον υσσωπον] την υσσ. B^abF | αυτο] αυτα F | περιρρανει B^ab   52 του AF
και εν τω υδατι] om του B^abAF | τω υσσωπω] τη υσσ. B^abF   53 πολεως]
pr της B^abF   56 του αυγα sup ras A^a (om του A*^vid)   XV 1 και Ααρων
λεγων AF   2 αυτοις] προς αυτους F' | om η ρυσις αυτου A | εστιν] εσται
A   3 σωματος 1°] pr του F | δια της ρυσεως 1°]+της συνεστηκεν το σωμα
αυτου F | η 2°] ης F   4 εφ η εαν] εφ ην εαν B^ab εφ η αν A εφ ην αν F |
επ αυτης] επ αυτη A | εαν 2°] αν AF | επ αυτο ο γονορρυης] ο γονορυης επ
αυτου F   5 αν] εαν F | λουσεται]+το σωμα αυτου F   6 εαν] αν
AF | καθιση]+επ αυτο F | γονορυης F (ita ubique)   7 χρωτος] pr του
B^abF | ιματια]+αυτου F   8 προσσιελιση (προσσιαλ. F)] προσεγγιση A |
τα ιματια]+αυτου F | λουσεται]+το σωμα αυτου F

219

ΛΕΥΕΙΤΙΚΟΝ

B ὕδατι, καὶ ἀκάθαρτος ἔσται ἕως ἑσπέρας· ? καὶ πᾶν ἐπίσαγμα ὄνου 9 ἐφ᾽ ὃ ἂν ἐπιβῇ ἐπ᾽ αὐτὸ ὁ γονορρυής, ἀκάθαρτον ἔσται ἕως ἑσπέρας. ¹⁰καὶ πᾶς ὁ ἁπτόμενος ὅσα ἐὰν ᾖ ὑποκάτω αὐτοῦ ἀκάθαρτος ἔσται 10 ἕως ἑσπέρας· καὶ ὁ αἴρων αὐτὰ πλυνεῖ τὰ ἱμάτια αὐτοῦ καὶ λούσεται ὕδατι, καὶ ἀκάθαρτος ἔσται ἕως ἑσπέρας. ¹¹καὶ ὅσων ἐὰν ἅψηται 11 ὁ γονορρυὴς καὶ τὰς χεῖρας οὐ νένιπται, πλυνεῖ τὰ ἱμάτια καὶ λούσεται τὸ σῶμα ὕδατι, καὶ ἀκάθαρτος ἔσται ἕως ἑσπέρας. ¹²καὶ σκεῦος 12 ὀστράκινον οὗ ἂν ἅψηται ὁ γονορρυὴς συντριβήσεται· καὶ σκεῦος ξύλινον νιφήσεται ὕδατι, καὶ καθαρὸν ἔσται. ¹³ἐὰν δὲ καθαρισθῇ 13 ὁ γονορρυὴς ἐκ τῆς ῥύσεως αὐτοῦ, καὶ ἐξαριθμήσεται αὐτῷ ἑπτὰ ἡμέρας εἰς τὸν καθαρισμόν, καὶ πλυνεῖ τὰ ἱμάτια αὐτοῦ καὶ λούσεται τὸ σῶμα ὕδατι, καὶ καθαρὸς ἔσται. ¹⁴καὶ τῇ ἡμέρᾳ τῇ ὀγδόῃ λήμ- 14 ψεται ἑαυτῷ δύο τρυγόνας ἢ δύο νοσσοὺς περιστερῶν καὶ οἴσει αὐτὰ ἔναντι Κυρίου ἐπὶ τὰς θύρας τῆς σκηνῆς τοῦ μαρτυρίου, καὶ δώσει αὐτὰ τῷ ἱερεῖ· ¹⁵καὶ ποιήσει αὐτὰ ὁ ἱερεὺς μίαν περὶ ἁμαρτίας καὶ 15 μίαν εἰς ὁλοκαύτωμα, καὶ ἐξιλάσεται περὶ αὐτοῦ ὁ ἱερεὺς ἔναντι Κυρίου ἀπὸ τῆς ῥύσεως αὐτοῦ. ¹⁶Καὶ ἄνθρωπος ᾧ ἐὰν ἐξέλθῃ ἐξ αὐτοῦ 16 κοίτη σπέρματος, καὶ λούσεται ὕδατι πᾶν τὸ σῶμα αὐτοῦ καὶ ἀκάθαρτος ἔσται ἕως ἑσπέρας· ¹⁷καὶ πᾶν ἱμάτιον καὶ πᾶν δέρμα ἐφ᾽ ὃ 17 ἐὰν ᾖ ἐπ᾽ αὐτὸ κοίτη σπέρματος, καὶ πλυθήσεται ὕδατι καὶ ἀκάθαρτον ἔσται ἕως ἑσπέρας. ¹⁸καὶ γυνή, ἐὰν κοιμηθῇ ἀνὴρ μετ᾽ αὐτῆς 18 κοίτην σπέρματος, καὶ λούσονται ὕδατι καὶ ἀκάθαρτοι ἔσονται ἕως ἑσπέρας.

¹⁹Καὶ γυνὴ ἥτις ἐὰν ᾖ ῥέουσα αἵματι, ἔσται ἡ ῥύσις αὐτῆς ἐν τῷ 19 σώματι αὐτῆς, ἑπτὰ ἡμέρας ἔσται ἐν τῇ ἀφέδρῳ αὐτῆς· πᾶς ὁ ἁπτόμενος αὐτῆς ἀκάθαρτος ἔσται ἕως ἑσπέρας, ²⁰καὶ πᾶν ἐφ᾽ ὃ ἂν κοι- 20 τάζηται ἐπ᾽ αὐτὸ ἐν τῇ ἀφέδρῳ αὐτῆς ἀκάθαρτον ἔσται, καὶ πᾶν ἐφ᾽ ὃ ἂν ἐπικαθίσῃ ἐπ᾽ αὐτὸ ἀκάθαρτον ἔσται. ²¹καὶ πᾶς ὃς ἐὰν 21 ἅψηται τῆς κοίτης αὐτῆς πλυνεῖ τὰ ἱμάτια αὐτοῦ καὶ λούσεται τὸ σῶμα αὐτοῦ ὕδατι, καὶ ἀκάθαρτος ἔσται ἕως ἑσπέρας. ²²καὶ πᾶς ὁ 22

AF 9 παν] pr επι A | om ονου F | επιβη] καθιση A 10 απτομενος] +απο παντων F [οσα εαν] οσ εαν A οσα αν F | ακαθαρτος 1°] ακαθαρτον F* (-τος F¹ᵛⁱᵈ) 11 εαν] αν F | τας χειρας]+αυτου F | νενιπται] νιπτεται F +υδατι BᵃᵇF | το σωμα]+αυτου F 12 αν] εαν A 13 αυτω] εαυτω AF | καθαρισμον]+αυτου BᵃᵇF | το σωμα]+αυτου F | υδατι]+ζωντι F | καθαρος] ακαθαρτος F 14 νεοσσους AF 15 απο] περι A 16 ω] os A 17 εαν] αν F 18 μετ αυτης ανηρ F 19 εαν] αν F | ημερα B* (ημερας BᵃᵗᵇA [ερ sup ras A¹]) | εσται 2°] εστω A 20 παν εφ ο 1° B¹ᵗᵇ (om εφ B*)] εαν εφ ο A | επικαθιση] καθειση F 21 εαν] αν F 22 πας] s sup ras Aᵃ

ΛΕΥΕΙΤΙΚΟΝ XVI 1

ἁπτόμενος παντὸς σκεύους οὗ ἐὰν καθίσῃ ἐπ᾽ αὐτὸ πλυνεῖ τὰ ἱμάτια B
23 αὐτοῦ καὶ λούσεται ὕδατι, καὶ ἀκάθαρτος ἔσται ἕως ἑσπέρας. ₂₃ἐὰν
δὲ ἐν τῇ κοίτῃ αὐτῆς οὔσης ἢ ἐπὶ τοῦ σκεύους οὗ ἐὰν καθίσῃ ἐπ᾽ αὐτῷ
24 ἐν τῷ ἅπτεσθαι αὐτὸν αὐτῆς, ἀκάθαρτον ἔσται ἕως ἑσπέρας. ²⁴ἐὰν
δὲ κοίτῃ τις κοιμηθῇ μετ᾽ αὐτῆς, καὶ γένηται ἡ ἀκαθαρσία αὐτῆς
ἐπ᾽ αὐτῷ, καὶ ἀκάθαρτος ἔσται ἑπτὰ ἡμέρας· καὶ πᾶσα κοίτη ἐφ᾽ ᾗ
25 ἂν κοιμηθῇ ἐπ᾽ αὐτῆς ἀκάθαρτος ἔσται. ²⁵Καὶ γυνὴ ἐὰν ῥέῃ
ῥύσει αἵματος ἡμέρας πλείους, οὐκ ἐν καιρῷ τῆς ἀφέδρου αὐτῆς, ἐὰν
καὶ ῥέῃ μετὰ τὴν ἄφεδρον αὐτῆς, πᾶσαι αἱ ἡμέραι ῥύσεως ἀκαθαρσίας
26 αὐτῆς καθάπερ αἱ ἡμέραι τῆς ἀφέδρου, ἀκάθαρτος ἔσται. ²⁶καὶ πᾶσαν
κοίτην ἐφ᾽ ἣν ἂν κοιμηθῇ ἐπ᾽ αὐτῆς πάσας τὰς ἡμέρας τῆς ῥύσεως
κατὰ τὴν κοίτην τῆς ἀφέδρου ἔσται αὐτῇ, καὶ πᾶν σκεῦος ἐφ᾽ ὃ ἐὰν
καθίσῃ ἐπ᾽ αὐτὸ ἀκάθαρτον ἔσται κατὰ τὴν ἀκαθαρσίαν τῆς ἀφέδρου.
27 ²⁷πᾶς ὁ ἁπτόμενος αὐτῆς ἀκάθαρτος ἔσται, καὶ πλυνεῖ τὰ ἱμάτια καὶ
28 λούσεται τὸ σῶμα ὕδατι, καὶ ἀκάθαρτος ἔσται ἕως ἑσπέρας. ²⁸ἐὰν
δὲ καθαρισθῇ ἀπὸ τῆς ῥύσεως, καὶ ἐξαριθμήσεται αὐτῇ ἑπτὰ ἡμέρας,
29 καὶ μετὰ ταῦτα καθαρισθήσεται. ²⁹καὶ τῇ ἡμέρᾳ τῇ ὀγδόῃ λήμψεται
αὐτῇ δύο τρυγόνας ἢ δύο νοσσοὺς περιστερῶν, καὶ οἴσει αὐτὰ πρὸς
30 τὸν ἱερέα ἐπὶ τὴν θύραν τῆς σκηνῆς τοῦ μαρτυρίου· ³⁰καὶ ποιήσει
ὁ ἱερεὺς τὴν μίαν περὶ ἁμαρτίας καὶ τὴν μίαν εἰς ὁλοκαύτωμα, καὶ
ἐξιλάσεται περὶ αὐτῆς ὁ ἱερεὺς ἔναντι Κυρίου ἀπὸ ῥύσεως ἀκαθαρσίας
31 αὐτῆς. ³¹Καὶ εὐλαβεῖς ποιήσετε τοὺς υἱοὺς Ἰσραὴλ ἀπὸ τῶν
ἀκαθαρσιῶν αὐτῶν, καὶ οὐκ ἀποθανοῦνται διὰ τὴν ἀκαθαρσίαν αὐ-
32 τῶν, ἐν τῷ μιαίνειν αὐτοὺς τὴν σκηνήν μου τὴν ἐν αὐτοῖς. ³²οὗτος
ὁ νόμος τοῦ γονορρυοῦς, καὶ ἐάν τινι ἐξέλθῃ ἐξ αὐτοῦ κοίτη σπέρ-
33 ματος ὥστε μιανθῆναι ἐν αὐτῇ· ³³καὶ τῇ αἱμορροούσῃ ἐν τῇ ἀφέδρῳ
αὐτῆς, καὶ ὁ γονορρυὴς ἐν τῇ ῥύσει αὐτοῦ, τῷ ἄρσενι ἢ τῇ θηλείᾳ, καὶ
τῷ ἀνδρὶ ὃς ἂν κοιμηθῇ μετὰ ἀποκαθημένης.

I 1 ¹Καὶ ἐλάλησεν Κύριος πρὸς Μωυσῆν μετὰ τὸ τελευτῆσαι τοὺς δύο
υἱοὺς Ἀαρὼν ἐν τῷ προσάγειν αὐτοὺς πῦρ ἀλλότριον ἔναντι Κυρίου,

22 ου εαν] εφ ου αν F | λουσεται]+το σωμα F   23 ουσ... | επι F | AF
εαν] αν F | καθιση] αυτη καθηται AF | τω απτ.] pr δε A | ακαθαρτος AF
24 om και 2° F | εφ η] εφ ην F   25 ρυσει] ρυσιν F | αι ημεραι 1°] om
αι F | αφεδρου 2°]+αυτης F   26 πασα κοιτη F | εφ ην] εφ η A | ρυσεως]
+αυτης B^abmgF | αφεδρου 1°]+αυτης F | εαν] αν AF | αφεδρου 2°]+αυτης
F   28 ρυσεως]+αυτης F | αυτη] εαυτη F   29 αυτη] om A εαυτη F |
νεοσσους AF   31 om αυτων 2° A   33 τη αφεδρω] om τη F |
om και 2° B*A (hab B^11bF) | τω ανδρι] pr εν A | μετα B*bAF] μετ B^a1
XVI 1 προσαγειν] προσφερειν F

ΛΕΥΕΙΤΙΚΟΝ

Β καὶ ἐτελεύτησαν· ²καὶ εἶπεν Κύριος πρὸς Μωυσῆν Λάλησον πρὸς 2
Ἀαρὼν τὸν ἀδελφόν σου, καὶ μὴ εἰσπορευέσθω πᾶσαν ὥραν εἰς τὸ
ἅγιον ἐσώτερον τοῦ καταπετάσματος εἰς πρόσωπον τοῦ ἱλαστηρίου,
ὅ ἐστιν ἐπὶ τῆς κιβωτοῦ τοῦ μαρτυρίου, καὶ οὐκ ἀποθανεῖται· ἐν
γὰρ νεφέλῃ ὀφθήσομαι ἐπὶ τοῦ ἱλαστηρίου. ³οὕτως εἰσελεύσεται 3
Ἀαρὼν εἰς τὸ ἅγιον· ἐν μόσχῳ ἐκ βοῶν περὶ ἁμαρτίας, καὶ κριὸν
εἰς ὁλοκαύτωμα. ⁴καὶ χιτῶνα λινοῦν ἡγιασμένον ἐνδύσεται, καὶ 4
περισκελὲς λινοῦν ἔσται ἐπὶ τοῦ χρωτὸς αὐτοῦ, καὶ ζώνῃ λινῇ ζώ-
σεται, καὶ κίδαριν λινῆν περιθήσεται· ἱμάτια ἅγιά ἐστιν, καὶ λούσε-
ται ὕδατι πᾶν τὸ σῶμα αὐτοῦ καὶ ἐνδύσεται αὐτά. ⁵καὶ παρὰ τῆς 5
συναγωγῆς τῶν υἱῶν Ἰσραὴλ λήμψεται δύο χιμάρους ἐξ αἰγῶν περὶ
ἁμαρτίας καὶ κριὸν ἕνα εἰς ὁλοκαύτωμα. ⁶καὶ προσάξει Ἀαρὼν τὸν 6
μόσχον τὸν περὶ τῆς ἁμαρτίας αὐτοῦ, καὶ ἐξιλάσεται περὶ αὐτοῦ καὶ
τοῦ οἴκου αὐτοῦ. ⁷καὶ λήμψεται τοὺς δύο χιμάρους καὶ στήσει αὐτοὺς 7
ἔναντι Κυρίου παρὰ τὴν θύραν τῆς σκηνῆς τοῦ μαρτυρίου· ⁸καὶ ἐπι- 8
θήσει Ἀαρὼν ἐπὶ τοὺς δύο χιμάρους κλῆρον ἕνα τῷ κυρίῳ καὶ κλῆ-
ρον ἕνα τῷ ἀποπομπαίῳ. ⁹καὶ προσάξει Ἀαρὼν τὸν χίμαρον ἐφ' ὃν 9
ἐπῆλθεν ἐπ' αὐτὸν ὁ κλῆρος τῷ κυρίῳ, καὶ προσοίσει περὶ ἁμαρτίας·
¹⁰καὶ τὸν χίμαρον ἐφ' ὃν ἐπῆλθεν ἐπ' αὐτὸν ὁ κλῆρος τοῦ ἀποπομ- 10
παίου, στήσει αὐτὸν ἔναντι Κυρίου ζῶντα τοῦ ἐξιλάσασθαι ἐπ' αὐτοῦ,
ὥστε ἀποστεῖλαι αὐτὸν εἰς τὴν ἀποπομπήν· ἀφήσει αὐτὸν εἰς τὴν
ἔρημον. ¹¹καὶ προσάξει Ἀαρὼν τὸν μόσχον τὸν περὶ τῆς ἁμαρτίας 11
τὸν αὑτοῦ καὶ τοῦ οἴκου αὑτοῦ μόνον, καὶ ἐξιλάσεται περὶ αὐτοῦ καὶ
τοῦ οἴκου αὐτοῦ, καὶ σφάξει τὸν μόσχον τὸν περὶ τῆς ἁμαρτίας τὸν
αὐτοῦ. ¹²καὶ λήμψεται τὸ πυρεῖον πλῆρες ἀνθράκων πυρὸς ἀπὸ τοῦ 12
θυσιαστηρίου τοῦ ἀπέναντι Κυρίου, καὶ πλήσει τὰς χεῖρας θυμιάματος
συνθέσεως λεπτῆς καὶ εἰσοίσει ἐσώτερον τοῦ καταπετάσματος, ¹³καὶ 13
ἐπιθήσει τὸ θυμίαμα ἐπὶ τὸ πῦρ ἔναντι Κυρίου· καὶ καλύψει ἡ ἀτμὶς
τοῦ θυμιάματος τὸ ἱλαστήριον τὸ ἐπὶ τῶν μαρτυρίων, καὶ οὐκ ἀπο-
θανεῖται. ¹⁴καὶ λήμψεται ἀπὸ τοῦ αἵματος τοῦ μόσχου καὶ ῥανεῖ 14
τῷ δακτύλῳ ἐπὶ τὸ ἱλαστήριον κατὰ ἀνατολάς· κατὰ πρόσωπον

AF 2 λαλησον] pr λεγων A | εισπορευεσθωσαν A   4 και ζωνη λινη ζωσεται
και κιδαριν λινην περιθησεται] και κιδαρεις περι τον τραχηλον αυτου και ζωνη
ˡλινη ζωσεται A | ιματια αγια] αγιασμα A   6 αυτου 1°] εαυτου F
7 στησει] παραστησει F   .8 κληρον] pr κληρους F | αποπεμπταιω F
10 ζωντα εναντι κυριου AF | αποστειλαι] εξαποστειλαι F | αφησει] pr και
F | αυτον 4°] εαυτου F   11 τον περι της αμ.] om τον F* (hab F¹(mg)) |
αυτου 1°] εαυτου F | om και του οικου αυτου μονον F | αυτου 5°] εαυτου F
12 του απεναντι] om του F | πλησει] πληρωσει F   14 τω δακτυλω] + αὐτόν
F | κατ ανατολας A

ΛΕΥΕΙΤΙΚΟΝ XVI 24

15 τοῦ ἱλαστηρίου ῥανεῖ ἑπτάκις ἀπὸ τοῦ αἵματος τῷ δακτύλῳ. ¹⁵καὶ
σφάξει τὸν χίμαρον τὸν περὶ τῆς ἁμαρτίας τὸν περὶ τοῦ λαοῦ ἔναντι
Κυρίου, καὶ εἰσοίσει ἀπὸ τοῦ αἵματος αὐτοῦ ἐσώτερον τοῦ καταπε-
τάσματος, καὶ ποιήσει τὸ αἷμα αὐτοῦ ὃν τρόπον ἐποίησεν τὸ αἷμα
τοῦ μόσχου, καὶ ῥανεῖ τὸ αἷμα αὐτοῦ ἐπὶ τὸ ἱλαστήριον κατὰ πρόσ-
16 ωπον τοῦ ἱλαστηρίου, ¹⁶καὶ ἐξιλάσεται τὸ ἅγιον ἀπὸ τῶν ἀκαθαρσιῶν
τῶν υἱῶν Ἰσραὴλ καὶ ἀπὸ τῶν ἀδικημάτων αὐτῶν περὶ πασῶν τῶν
ἁμαρτιῶν αὐτῶν· καὶ οὕτω ποιήσει τῇ σκηνῇ τοῦ μαρτυρίου τῇ ἐκτι-
17 σμένῃ ἐν αὐτοῖς ἐν μέσῳ τῆς ἀκαθαρσίας αὐτῶν. ¹⁷καὶ πᾶς ἄν-
θρωπος οὐκ ἔσται ἐν τῇ σκηνῇ τοῦ μαρτυρίου, εἰσπορευομένου αὐτοῦ
ἐξιλάσασθαι ἐν τῷ ἁγίῳ, ἕως ἂν ἐξέλθῃ· καὶ ἐξιλάσεται περὶ αὐτοῦ
18 καὶ τοῦ οἴκου αὐτοῦ, καὶ περὶ πάσης συναγωγῆς υἱῶν Ἰσραήλ. ¹⁸καὶ
ἐξελεύσεται ἐπὶ τὸ θυσιαστήριον τὸ ὂν ἀπέναντι Κυρίου καὶ ἐξιλά-
σεται ἐπ᾽ αὐτοῦ· καὶ λήμψεται ἀπὸ τοῦ αἵματος τοῦ μόσχου καὶ ἀπὸ
τοῦ αἵματος τοῦ χιμάρου καὶ ἐπιθήσει ἐπὶ τὰ κέρατα τοῦ θυσια-
19 στηρίου κύκλῳ, ¹⁹καὶ ῥανεῖ ἐπ᾽ αὐτοῦ ἀπὸ τοῦ αἵματος τῷ δακτύλῳ
ἑπτάκις καὶ καθαριεῖ αὐτό, καὶ ἁγιάσει αὐτὸ ἀπὸ τῶν ἀκαθαρσιῶν
20 τῶν υἱῶν Ἰσραήλ. ²⁰καὶ συντελέσει ἐξιλασκόμενος τὸ ἅγιον καὶ
τὴν σκηνὴν τοῦ μαρτυρίου καὶ τὸ θυσιαστήριον, καὶ περὶ τῶν ἱερέων
21 καθαριεῖ· καὶ προσάξει τὸν χίμαρον τὸν ζῶντα. ²¹καὶ ἐπιθήσει
Ἀαρὼν τὰς χεῖρας αὐτοῦ ἐπὶ τὴν κεφαλὴν τοῦ χιμάρου τοῦ ζῶντος,
καὶ ἐξαγορευσει ἐπ᾽ αὐτοῦ πάσας τὰς ἀνομίας τῶν υἱῶν Ἰσραὴλ καὶ
πάσας τὰς ἀδικίας αὐτῶν καὶ πάσας τὰς ἁμαρτίας αὐτῶν, καὶ ἐπι-
θήσει αὐτὰς ἐπὶ τὴν κεφαλὴν τοῦ χιμάρου τοῦ ζῶντος, καὶ ἐξαπο-
22 στελεῖ ἐν χειρὶ ἀνθρώπου ἑτοίμου εἰς τὴν ἔρημον· ²²καὶ λήμψεται ὁ
χίμαρος ἐφ᾽ ἑαυτῷ τὰς ἀδικίας αὐτῶν εἰς γῆν ἄβατον, καὶ ἐξαπο-
23 στελεῖ τὸν χίμαρον εἰς τὴν ἔρημον. ²³καὶ εἰσελεύσεται Ἀαρὼν εἰς
τὴν σκηνὴν τοῦ μαρτυρίου, καὶ ἐκδύσεται τὴν στολὴν τὴν λινῆν ἣν
ἐνδεδύκει εἰσπορευομένου αὐτοῦ εἰς τὸ ἅγιον, καὶ ἀποθήσει αὐτὴν
24 ἐκεῖ. ²⁴καὶ λούσεται τὸ σῶμα αὐτοῦ ὕδατι ἐν τόπῳ ἁγίῳ καὶ ἐνδύ-
σεται τὴν στολὴν αὐτοῦ, καὶ ἐξελθὼν ποιήσει τὸ ὁλοκάρπωμα αὐτοῦ

15 περι 2°] παρα F | εισοισει] οισουσιν A | om απο B^{ab}F   16 αυτων AF
2°] αυτου A | ουτως AF | τη σκηνη B^{ab}A] την σκηνην B*F   17 εως]
ως A | αυτου 2°, 3°] εαυτου F | συναγωγης] pr της F | om υιων F   18 επ
αυτου BF^{1mg}] απ αυτου A περι αυτου F*   19 επ αυτου] επ αυτο B^{ab}F |
δακτυλω] +αυτου F [των υιων] om των A   20 προσαξει]+Ααρων A
21 επιθησει ᵒ 1°] προσαξει A | χειρας] pr δυο F | om ετοιμου B* (hab
B^{ab(vid) mg}) | ετοιμου εις την ερημον sup ras A^a   22 αδικιας] ανομιας F
23 ενδεδυκει] ενεδυκει A ενδεδοικει F   24 om αυτου 1° F* (hab F^{1mg}) |
ενδυσεται] εκδυσεται A | ολοκαρπωμα 1°] ολοκαυτωμα F

ΛΕΥΕΙΤΙΚΟΝ

B καὶ τὸ ὁλοκάρπωμα τοῦ λαοῦ, καὶ ἐξιλάσεται περὶ αὐτοῦ καὶ περὶ τοῦ οἴκου αὐτοῦ καὶ περὶ τοῦ λαοῦ ὡς περὶ τῶν ἱερέων. ²⁵καὶ τὸ στέαρ τὸ περὶ τῶν ἁμαρτιῶν ἀνοίσει ἐπὶ τὸ θυσιαστήριον. ²⁶καὶ ὁ ἐξαποστέλλων τὸν χίμαρον τὸν διεσταλμένον εἰς ἄφεσιν πλυνεῖ τὰ ἱμάτια καὶ λούσεται τὸ σῶμα αὐτοῦ ὕδατι, καὶ μετὰ ταῦτα εἰσελεύσεται εἰς τὴν παρεμβολήν. ²⁷καὶ τὸν μόσχον τὸν περὶ τῆς ἁμαρτίας καὶ τὸν χίμαρον τὸν περὶ τῆς ἁμαρτίας, ὧν τὸ αἷμα εἰσηνέχθη ἐξιλάσασθαι ἐν τῷ ἁγίῳ, ἐξοίσουσιν αὐτὰ ἔξω τῆς παρεμβολῆς, καὶ κατακαύσουσιν αὐτὰ ἐν πυρί, καὶ τὰ δέρματα αὐτῶν καὶ τὰ κρέα αὐτῶν καὶ τὴν κόπρον αὐτῶν· ²⁸ὁ δὲ κατακαίων αὐτὰ πλυνεῖ τὰ ἱμάτια καὶ λούσεται τὸ σῶμα αὐτοῦ ὕδατι, καὶ μετὰ ταῦτα εἰσελεύσεται εἰς τὴν παρεμβολήν.

²⁹Καὶ ἔσται τοῦτο ὑμῖν νόμιμον αἰώνιον· ἐν τῷ μηνὶ τῷ ἑβδόμῳ ταπεινώσατε τὰς ψυχὰς ὑμῶν καὶ πᾶν ἔργον οὐ ποιήσετε, ὁ αὐτόχθων καὶ ὁ προσήλυτος ὁ προσκείμενος ἐν ὑμῖν. ³⁰ἐν γὰρ τῇ ἡμέρᾳ ταύτῃ ἐξιλάσεται περὶ ὑμῶν, καθαρίσαι ὑμᾶς ἀπὸ πασῶν τῶν ἁμαρτιῶν ὑμῶν ἔναντι Κυρίου· καὶ καθαρισθήσεσθε. ³¹σάββατα σαββάτων ἀνάπαυσις αὕτη ἔσται ὑμῖν, καὶ ταπεινώσετε τὰς ψυχὰς ὑμῶν· νόμιμον αἰώνιον. ³²ἐξιλάσεται ὁ ἱερεύς, ὃν ἂν χρίσωσιν αὐτὸν καὶ ὃν ἂν τελειώσουσιν τὰς χεῖρας αὐτοῦ ἱερατεύειν μετὰ τὸν πατέρα αὐτοῦ, καὶ ἐνδύσεται τὴν στολὴν τὴν λινῆν, στολὴν ἁγίαν· ³³καὶ ἐξιλάσεται τὸ ἅγιον τοῦ ἁγίου, καὶ τὴν σκηνὴν τοῦ μαρτυρίου καὶ τὸ θυσιαστήριον ἐξιλάσεται, καὶ περὶ τῶν ἱερέων καὶ περὶ πάσης συναγωγῆς ἐξιλάσεται. ³⁴καὶ ἔσται τοῦτο ὑμῖν νόμιμον αἰώνιον ἐξιλάσκεσθαι περὶ τῶν υἱῶν Ἰσραὴλ ἀπὸ πασῶν τῶν ἁμαρτιῶν αὐτῶν· ἅπαξ τοῦ ἐνιαυτοῦ ποιηθήσεται, καθὰ συνέταξεν Κύριος τῷ Μωυσῇ.

¹Καὶ ἐλάλησεν Κύριος πρὸς Μωυσῆν λέγων ²Λάλησον πρὸς Ἀαρὼν καὶ πρὸς τοὺς υἱοὺς αὐτοῦ καὶ πρὸς πάντας υἱοὺς Ἰσραὴλ καὶ ἐρεῖς πρὸς αὐτούς Τοῦτο τὸ ῥῆμα ὃ ἐνετείλατο Κύριος λέγων ³*Ἄνθρωπος ἄνθρωπος τῶν υἱῶν Ἰσραὴλ ἢ τῶν προσηλύτων ἢ τῶν προσκειμένων

AF 24 ολοκαρπωμα 2°] ολοκαυτωμα F | αυτου 4°] εαυτου F | om περι 2° AF | αυτου 5°] εαυτου F | om και περι του λαου A   26 ιματια]+αυτου F   27 αιμα]+αυτων F   28 ιματια]+αυτου F   29 τω εβδομω]+δεκατη του μηνος B^{abmg} F (om B*A) | ταπεινωσετε F | ποιησεται F   31 om αναπαυσις αυτη F | εσται] εστιν F   32 τελειωσουσιν B* (τελιωσ.) AF] τελειωσωσι Ba?b   33 συναγωγης] pr της F   34 καθα] καθαπερ B^{ab}AF
XVII 2 υιους 2°] pr τους AF   3 om η 2° F

ΛΕΥΕΙΤΙΚΟΝ XVII 13

ἐν ὑμῖν ὅς ἂν σφάξῃ μόσχον ἢ πρόβατον ἢ αἶγα ἐν τῇ παρεμβολῇ B
4 καὶ ὃς ἂν σφάξῃ ἔξω τῆς παρεμβολῆς καὶ ἐπὶ τὴν θύραν τῆς σκηνῆς
τοῦ μαρτυρίου μὴ ἐνέγκῃ ὥστε ποιῆσαι αὐτὸ εἰς ὁλοκαύτωμα ἢ σωτή-
ριον Κυρίῳ, δεκτὸν εἰς ὀσμὴν εὐωδίας, καὶ ὃς ἂν σφάξῃ ἔξω καὶ ἐπὶ
τὴν θύραν τῆς σκηνῆς τοῦ μαρτυρίου μὴ ἐνέγκῃ αὐτὸ ὥστε μὴ προσ-
ενέγκαι δῶρον Κυρίῳ ἀπέναντι τῆς σκηνῆς Κυρίου, καὶ λογισθήσεται
τῷ ἀνθρώπῳ ἐκείνῳ αἷμα· αἷμα ἐξέχεεν, ἐξολεθρευθήσεται, ἡ ψυχὴ
5 ἐκείνη ἐκ τοῦ λαοῦ αὐτῆς. ⁵ὅπως ἀναφέρωσιν οἱ υἱοὶ Ἰσραὴλ τὰς
θυσίας αὐτῶν ὅσας ἂν αὐτοὶ σφάξουσιν ἐν τοῖς πεδίοις, καὶ οἴσουσιν
τῷ κυρίῳ ἐπὶ τὰς θύρας τῆς σκηνῆς τοῦ μαρτυρίου πρὸς τὸν ἱερέα,
6 καὶ θύσουσιν θυσίαν σωτηρίου τῷ κυρίῳ αὐτά· ⁶καὶ προσχεεῖ ὁ ἱερεὺς
τὸ αἷμα ἐπὶ τὸ θυσιαστήριον κύκλῳ ἀπέναντι Κυρίου παρὰ τὰς θύρας
τῆς σκηνῆς τοῦ μαρτυρίου, καὶ ἀνοίσει τὸ στέαρ εἰς ὀσμὴν εὐωδίας
7 Κυρίῳ· ⁷καὶ οὐ θύσουσιν ἔτι τὰς θυσίας αὐτῶν τοῖς ματαίοις, οἷς
αὐτοὶ ἐκπορνεύουσιν ὀπίσω αὐτῶν· νόμιμον αἰώνιον ἔσται ὑμῖν εἰς
8 τὰς γενεὰς ὑμῶν. ⁸Καὶ ἐρεῖς πρὸς αὐτούς Ἄνθρωπος ἄνθρωπος
τῶν υἱῶν Ἰσραὴλ καὶ ἀπὸ τῶν υἱῶν τῶν προσηλύτων τῶν προσκει-
9 μένων ἐν ὑμῖν ὃς ἂν ποιήσῃ ὁλοκαύτωμα ἢ θυσίαν ⁹καὶ ἐπὶ τὴν θύραν
τῆς σκηνῆς τοῦ μαρτυρίου μὴ ἐνέγκῃ ποιῆσαι αὐτὸ τῷ κυρίῳ, ἐξολεθρευ-
θήσεται ὁ ἄνθρωπος ἐκεῖνος ἐκ τοῦ λαοῦ αὐτοῦ.
10 ¹⁰Καὶ ἄνθρωπος ἄνθρωπος τῶν υἱῶν Ἰσραὴλ ἢ τῶν προσηλύτων
τῶν προσκειμένων ἐν ὑμῖν ὃς ἂν φάγῃ πᾶν αἷμα, καὶ ἐπιστήσω τὸ
πρόσωπόν μου ἐπὶ τὴν ψυχὴν τὴν ἔσθουσαν τὸ αἷμα καὶ ἀπολῶ
11 αὐτὴν ἐκ τοῦ λαοῦ αὐτῆς. ¹¹ἡ γὰρ ψυχὴ πάσης σαρκὸς αἷμα αὐτοῦ
ἐστιν, καὶ ἐγὼ δέδωκα αὐτὸ ὑμῖν ἐπὶ τοῦ θυσιαστηρίου ἐξιλάσκεσθαι
περὶ τῶν ψυχῶν ὑμῶν· τὸ γὰρ αἷμα αὐτοῦ ἀντὶ τῆς ψυχῆς ἐξι-
12 λάσεται. ¹²διὰ τοῦτο εἴρηκα τοῖς υἱοῖς Ἰσραὴλ Πᾶσα ψυχὴ ἐξ ὑμῶν
οὐ φάγεται αἷμα, καὶ ὁ προσήλυτος ὁ προσκείμενος ἐν ὑμῖν οὐ φά-
13 γεται αἷμα. ¹³καὶ ἄνθρωπος ἄνθρωπος τῶν υἱῶν Ἰσραὴλ καὶ τῶν
προσηλύτων τῶν προσκειμένων ἐν ὑμῖν ὃς ἂν θηρεύσῃ θήρευμα θη-
ρίου ἢ πετεινὸν ὃ ἔσθεται, καὶ ἐκχεεῖ τὸ αἷμα καὶ καλύψει αὐτὸ τῇ

3 εξω της π sup ras Bᵃᵗᵇ   4 Κυριω 1°] κῡ A om F | om μη 2° AF
F | Κυριω 2°] pr τω F   5 αναφερωσιν] αν φερωσιν F'' | σφαξωσιν AF |
οισουσιν]+αυτα F | θυσουσιν] θησουσιν A θυσωσιν F   6 om κυκλω F |
Κυριω] pr τω F   7 θυσουσιν] θυσιασουσιν F | ετι B¹] επι B*AF | θυσιας]
θυρας A | εκπορνευσωσιν F | om αιωνιον F   8 και 2° B*ᵇAF] η Bᵃᵇᵐᵍ | om
των νιων 2° F   8—9 η θυσιαν επι την θυρᾶ sup ras Aᵃ   9 om και AᵃB*
(hab Bᵃ (vid)ᵇF)   10 om η B*A (hab Bᵃ?F) | αυτης] αυτου A   11 της ψυ-
χης] om της F   12 τοις υιοις] om τοις F 13 και 2°] η F | το αιμα]+αυτου AF

XVII 14 ΛΕΥΕΙΤΙΚΟΝ

B γῇ· ¹⁴ἡ γὰρ ψυχὴ πάσης σαρκὸς αἷμα αὐτοῦ ἐστιν, καὶ εἶπα τοῖς 14
υἱοῖς Ἰσραήλ Αἷμα πάσης σαρκὸς οὐ φάγεσθε, ὅτι ἡ ψυχὴ πάσης
σαρκὸς αἷμα αὐτοῦ ἐστίν·· πᾶς ὁ ἔσθων αὐτὸ ἐξολεθρευθήσεται.
¹⁵καὶ πᾶσα ψυχὴ ἥτις φάγεται θνησιμαῖον ἢ θηριάλωτον, ἐν τοῖς 15
αὐτόχθοσιν ἢ ἐν τοῖς προσηλύτοις, πλυνεῖ τὰ ἱμάτια αὐτοῦ καὶ
λούσεται ὕδατι, καὶ ἀκάθαρτος ἕως ἑσπέρας, καὶ καθαρὸς ἔσται.
¹⁶ἐὰν δὲ μὴ πλύνῃ τὰ ἱμάτια καὶ τὸ σῶμα μὴ λούσηται ὕδατι, 16
καὶ λήμψεται ἀνόμημα αὐτοῦ.

¹Καὶ εἶπεν Κύριος πρὸς Μωυσῆν λέγων ²Λάλησον τοῖς υἱοῖς Ἰσραὴλ $\frac{1}{2}$ XVII
καὶ ἐρεῖς πρὸς αὐτούς Ἐγὼ Κύριος ὁ θεὸς ὑμῶν· ³κατὰ τὰ ἐπιτηδεύ- 3
ματα γῆς Αἰγύπτου, ἐν ᾗ κατοικήσατε ἐπ' αὐτῇ, οὐ ποιηθήσεται· καὶ
κατὰ τὰ ἐπιτηδεύματα γῆς Χανάαν, εἰς ἣν ἐγὼ εἰσάγω ὑμᾶς ἐκεῖ, οὐ
ποιήσετε, καὶ τοῖς νομίμοις αὐτῶν οὐ πορεύεσθε. ⁴τὰ κρίματά μου 4
ποιήσετε καὶ τὰ προστάγματά μου φυλάξεσθε, πορεύεσθαι ἐν αὐτοῖς·
ἐγὼ Κύριος ὁ θεὸς ὑμῶν. ⁵καὶ φυλάξεσθε πάντα τὰ προστάγματά 5
μου καὶ πάντα τὰ κρίματα μου, καὶ ποιήσετε αὐτά· ἃ ποιήσας ἄνθρω-
πος ζήσεται ἐν αὐτοῖς· ἐγὼ Κύριος ὁ θεὸς ὑμῶν.
⁶*Ἄνθρωπος ἄνθρωπος πρὸς πάντα οἰκεῖα σαρκὸς αὐτοῦ οὐ προσ- 6
ελεύσεται ἀποκαλύψαι ἀσχημοσύνην· ἐγὼ Κύριος. ⁷ἀσχημοσύνην 7
πατρός σου καὶ ἀσχημοσύνην μητρός σου οὐκ ἀποκαλύψεις· μήτηρ
γάρ σού ἐστιν καὶ οὐκ ἀποκαλύψεις τὴν ἀσχημοσύνην αὐτῆς. ⁸ἀσχη- 8
μοσύνην γυναικὸς πατρός σου οὐκ ἀποκαλύψεις· ἀσχημοσύνη πατρός
σού ἐστιν. ⁹ἀσχημοσύνην τῆς ἀδελφῆς σου ἐκ πατρός σου ἢ μητρός 9
σου, ἐνδογενοῦς γεγεννημένης ἢ ἔξω, οὐκ ἀποκαλύψεις ἀσχημοσύνην
αὐτῆς. ¹⁰ἀσχημοσύνην θυγατρὸς υἱοῦ σου ἢ θυγατρὸς θυγατρὸς σου, 10
οὐκ ἀποκαλύψεις τὴν ἀσχημοσύνην αὐτῶν, ὅτι σὴ ἀσχημοσύνη ἐστίν.
¹¹ἀσχημοσύνην θυγατρὸς γυναικὸς πατρός σου οὐκ ἀποκαλύψεις· 11

AF   14 τοις υιοις]+υιοις F | πασης 2°] πας F* (πασης F¹)   15 ακαθαρτος]
+εσται Bᵃ⁺ᵇ   16 ιματια]+αυτου F | σωμα]+αυτου F | αυτου] εαυτου F
XVIII 3 κατοικησατε] κατωκησατε A παρωκησατε F | επ αυτη] επ αυτης
BᵃᵇAF [ᵃποιηθησεται] ποιησεται Bᵃᵇ ποιησετε AF | τοις ν.] pr εν A   4 μου
1°] μοι F* (μου F¹ ᵛⁱᵈ) | ποιησατε F [φυλαξασθε F [πορευεσθε A και πορευ-
εσθε F   5 φυλαξεσθε] φυλαξασθαι A φυλαξασθε F | ποιησατε F | ποιησας]
+αυτα F   6 οικεια] οικια B οικιας F | ασχημοσυνην]+αυτου F | om εγω F
7 πατρος] pr του F | μητρος] pr της F | om μητηρ γαρ σου εστιν και ουκ
αποκαλυψεις F | την ασχ.] om την Bᵛⁱᵈ (hab B*ᵇ) F | αυτης] αυτων F
9 μητρος σου] pr εκ BᵃᵇAF | ενδογενους] ενδον γενο.. | F | γεγενν. η B*A] η
γεγενν. Bᵃ⁺F η γεγενν. η Bᵇ | ασχημοσυνην 2°] pr την F   10 om θυγατρος
σου A | om ση B*A (hab BᵃᵇF)   11 γυναικος π sup ras Bᵃᵇ

226

ΛΕΥΕΙΤΙΚΟΝ XVIII 27

ὁμοπατρία ἀδελφή σού ἐστιν, οὐκ ἀποκαλύψεις τὴν ἀσχημοσύνην B
12 αὐτῆς. ¹²ἀσχημοσύνην ἀδελφῆς πατρός σου οὐκ ἀποκαλύψεις· οἰ-
13 κεία γὰρ πατρός σού ἐστιν. ¹³ἀσχημοσύνην ἀδελφῆς μητρός σου
14 οὐκ ἀποκαλύψεις· οἰκεία γὰρ μητρός σού ἐστιν. ¹⁴ἀσχημοσύνην
ἀδελφοῦ τοῦ πατρός σου οὐκ ἀποκαλύψεις, καὶ πρὸς τὴν γυναῖκα
15 αὐτοῦ οὐκ εἰσελεύσῃ· συγγενὴς γάρ σού ἐστιν. ¹⁵ἀσχημοσύνην
νύμφης σου οὐκ ἀποκαλύψεις· γυνὴ γὰρ υἱοῦ σού ἐστιν, οὐκ ἀποκα-
16 λύψεις τὴν ἀσχημοσύνην αὐτῆς. ¹⁶ἀσχημοσύνην γυναικὸς ἀδελφοῦ
17 σου οὐκ ἀποκαλύψεις· ἀσχημοσύνη ἀδελφοῦ σού ἐστιν., ¹⁷ἀσχη-
μοσύνην γυναικὸς καὶ θυγατρὸς αὐτῆς οὐκ ἀποκαλύψεις· τὴν θυ-
γατέρα τοῦ υἱοῦ αὐτῆς καὶ τὴν θυγατέρα τῆς θυγατρὸς αὐτῆς οὐ
λήμψῃ ἀποκαλύψαι τὴν ἀσχημοσύνην αὐτῶν· οἰκεῖαι γάρ σού εἰσιν,
18 ἀσέβημά ἐστιν. ¹⁸γυναῖκα ἐπὶ ἀδελφῇ αὐτῆς οὐ λήμψῃ ἀντίζηλον,
ἀποκαλύψαι τὴν ἀσχημοσύνην. αὐτῆς ἐπ' αὐτῇ, ἔτι ζώσης αὐτῆς.
19 ¹⁹καὶ πρὸς γυναῖκα ἐν χωρισμῷ ἀκαθαρσίας αὐτῆς οὐ προσελεύσῃ
20 ἀποκαλύψαι τὴν ἀσχημοσύνην αὐτῆς. ²⁰καὶ πρὸς τὴν γυναῖκα τοῦ
πλησίον σου οὐ δώσεις κοίτην σπέρματός σου, ἐκμιανθῆναι πρὸς
21 αὐτήν. ²¹καὶ ἀπὸ τοῦ σπέρματός σου οὐ δώσεις λατρεύειν ἄρχοντι,
22 καὶ οὐ βεβηλώσεις τὸ ὄνομα τὸ ἅγιον· ἐγὼ Κύριος. ²²καὶ μετὰ ἄρ-
23 σενος οὐ κοιμηθήσῃ κοίτην γυναικός· βδέλυγμα γάρ ἐστιν. ²³καὶ
πρὸς πᾶν τετράπουν οὐ δώσεις τὴν κοίτην σου εἰς σπερματισμὸν
ἐκμιανθῆναι πρὸς αὐτό· καὶ γυνὴ οὐ στήσεται πρὸς πᾶν τετράπουν
24 βιβασθῆναι· μυσερὸν γάρ ἐστιν. ²⁴Μὴ μιαίνεσθε ἐν πᾶσιν τού-
τοις· ἐν πᾶσι γὰρ τούτοις ἐμιάνθησαν τὰ ἔθνη ἃ ἐγὼ ἐξαποστέλλω
25 πρὸ προσώπου ὑμῶν. ²⁵καὶ ἐμιάνθη ἡ γῆ· καὶ ἀνταπέδωκα αὐτοῖς
ἀδικίαν δι' αὐτήν, καὶ προσώχθισεν ἡ γῆ τοῖς ἐνκαθημένοις ἐπ' αὐτῆς.
26 ²⁶καὶ φυλάξεσθε πάντα τὰ νόμιμά μου καὶ πάντα τὰ προστάγματά
μου, καὶ οὐ ποιήσετε ἀπὸ πάντων τῶν βδελυγμάτων τούτων, ὁ ἐν-
27 χώριος ἢ ὁ προσγενόμενος προσήλυτος ἐν ὑμῖν. ²⁷πάντα γὰρ τὰ
βδελύγματα ταῦτα ἐποίησαν οἱ ἄνθρωποι τῆς γῆς οἱ ὄντες πρότεροι

- 12—13 om πατρος σου...οικεια γαρ 2° A · 12 om σου 2° F · 14 του AF
πατρος] om του F 16 ασχημοσυνη] γυνη γαρ A 17 om γαρ F
18 επι] επ A | επ αυτη] επ αυτης F 20 την γυναικα] om την
F | εκμιανθηναι] pr του F 22 γυναικος B*AF*] γυναικειαν B⁺ γυναι-
κιαν F¹ᵐᵍ 23 τετραπουν 1°] τετραποδον F | om την A | τετραπουν 2°]
τετραποδον F* (τετραπουν F¹ᵐᵍ) | βιβασθηναι]+ υπ' αυτου F 24 πασιν]
πασι AF | εξαποστελω A 25 εμιανθη] εξεμιανθη F | αυτοις αδικιαν B*]
ἀδικιαν αυτων A αδικ. αυτοις B⁺F | τοις ενκαθημενοις (εγκ. Bᵇ F)] εν τοις
εγκαταλελιμμενοις A · 26 om και παντα τα προσταγματα μου A | η] και
F | ο προσγεν. προσηλυτος] ο προσηλ. ο προσγεν. A

227   P 2

ΛΕΥΕΙΤΙΚΟΝ

B ὑμῶν, καὶ ἐμάνθη ἡ γῆ. ²⁸καὶ ἵνα μὴ προσοχθίσῃ ὑμῖν ἡ γῆ ἐν τῷ 28 μιαίνειν ὑμᾶς αὐτήν, ὃν τρόπον προσώχθισεν τοῖς ἔθνεσιν τοῖς πρὸ ὑμῶν. ²⁹ὅτι πᾶς ὃς ἂν ποιήσῃ ἀπὸ πάντων τῶν βδελυγμάτων τού- 29 των, ἐξολεθρευθήσονται αἱ ψυχαὶ αἱ ποιοῦσαι ἐκ τοῦ λαοῦ αὐτῶν. ³⁰καὶ φυλάξετε τὰ προστάγματά μου, ὅπως μὴ ποιήσητε ἀπὸ πάντων 30 τῶν νομίμων τῶν ἐβδελυγμένων ὃ γέγονεν πρὸ τοῦ ὑμᾶς· καὶ οὐ μιανθήσεσθε ἐν αὐτοῖς, ὅτι ἐγὼ Κύριος ὁ θεὸς ὑμῶν.

¹Καὶ ἐλάλησεν Κύριος πρὸς Μωυσῆν λέγων ²Λάλησον τῇ συνα- $\frac{1}{2}$ XIX γωγῇ τῶν υἱῶν Ἰσραὴλ καὶ ἐρεῖς πρὸς αὐτούς Ἅγιοι ἔσεσθε, ὅτι ἐγὼ ἅγιος Κύριος ὁ θεὸς ὑμῶν· ³ἕκαστος πατέρα αὐτοῦ καὶ μητέρα 3 αὐτοῦ φοβείσθω, καὶ τὰ σάββατά μου φυλάξεσθε· ἐγὼ Κύριος ὁ θεὸς ὑμῶν. ⁴οὐκ ἐπακολουθήσετε εἰδώλοις, καὶ θεοὺς χωνευτοὺς οὐ ποιή- 4 σετε ὑμῖν· ἐγὼ Κύριος ὁ θεὸς ὑμῶν. ⁵Καὶ ἐὰν θύσητε θυσίαν 5 σωτηρίου τῷ κυρίῳ, δεκάτην ὑμῶν θύσετε· ⁶ᾗ ἂν ἡμέρᾳ θύσητε βρωθή- 6 σεται καὶ τῇ αὔριον· καὶ ἐὰν καταλειφθῇ ἕως ἡμέρας τρίτης, ἐν πυρὶ κατακαυθήσεται. ⁷ἐὰν δὲ βρώσει βρωθῇ τῇ ἡμέρᾳ τῇ τρίτῃ, ἄθυτόν 7 ἐστιν, οὐ δεχθήσεται· ⁸ὁ δὲ ἔσθων αὐτὸ ἁμαρτίαν λήμψεται, ὅτι τὰ 8 ἅγια Κυρίου ἐβεβήλωσεν· καὶ ἐξολεθρευθήσονται αἱ ψυχαὶ αἱ ἔσθουσαι ἐκ τοῦ λαοῦ αὐτῶν. ⁹Καὶ ἐκθεριζόντων ὑμῶν τὸν θερισμὸν τῆς 9 γῆς ὑμῶν, οὐ συντελέσετε τὸν θερισμὸν ὑμῶν τοῦ ἀγροῦ σου ἐκθερίσαι, καὶ τὰ ἀποπίπτοντα τοῦ θερισμοῦ σου οὐ συλλέξεις· ¹⁰καὶ τὸν 10 ἀμπελῶνά σου οὐκ ἐπανατρυγήσεις, οὐδὲ τοὺς ῥῶγας τοῦ ἀμπελῶνός σου συλλέξεις· τῷ πτωχῷ καὶ τῷ προσηλύτῳ καταλείψεις αὐτά· ἐγώ εἰμι Κύριος ὁ θεὸς ὑμῶν. ¹¹οὐ κλέψετε, οὐ ψεύσεσθε, οὐ συκοφαν- 11 τήσει ἕκαστος τὸν πλησίον. ¹²καὶ οὐκ ὀμεῖσθε τῷ ὀνόματί μου 12 ἐπ' ἀδίκῳ, καὶ οὐ βεβηλώσετε τὸ ὄνομα τοῦ θεοῦ ὑμῶν· ἐγώ εἰμι Κύριος ὁ θεὸς ὑμῶν. ¹³οὐκ ἀδικήσεις τὸν πλησίον, καὶ οὐχ ἁρπᾷ, 13

AF   27 om και B*A (hab BᵃF)   28 τοις εθνεσιν] pr εν A | om προ F   29 αν] εαν F | των βδελ.] om των B* (hab B⁷) | του λαου] pr μεσου F   30 φυλαξετε] φυλαξασθε F | ποιησητε] ποιητε F | νομιμων] ανομων A | εβδελυγμενων] βδελυγμενων A* (εβδ. A¹) βδελυγματων F | om ο γεγονεν F* (hab a γεγονεν F¹ᵐᵍ) | om οτι A | εγω]+ειμι F   XIX 2 τη συναγωγη] pr παση F   3 om και μητερα αυτου A | φυλαξασθε A | 5 δεκατην BAF   6 θυσητε] θυσετε F   8 εσθων Fᵛⁱᵈ (εσθ.ων)   9 om ου συντελεσετε τον θερισμον υμων B*A (hab BᵃᵇᵐᵍⁱⁿᶠF) | om υμων 3° F* (hab F¹ᵐᵍ) | του αγρου] της γης F (αγρου F¹ᵐᵍ) | θερισμου] αγρου F | ου συλλεξεις] om ου B* (hab BᵃᵇAF)   10 του αμπελ.] τους αμπελ. F   11 ου 3°] ουδε BᵃᵇF   12 βεβηλωσεται A | το ονομα]+το αγιον F | om ειμι A   13 αρπα] αρπασεις AF

ΛΕΥΕΙΤΙΚΟΝ XIX 27

καὶ οὐ μὴ κοιμηθήσεται ὁ μισθὸς τοῦ μισθωτοῦ παρὰ σοὶ ἕως πρωί. Β 14 ¹⁴οὐ κακῶς ἐρεῖς κωφόν, καὶ ἀπέναντι τυφλοῦ οὐ προσθήσεις σκάνδαλον· καὶ φοβηθήσῃ Κύριον τὸν θεόν σου· ἐγώ εἰμι Κύριος ὁ θεὸς ὑμῶν. 15 ¹⁵οὐ ποιήσετε ἄδικον ἐν κρίσει· οὐ λήμψῃ πρόσωπον πτωχοῦ οὐδὲ θαυμάσεις πρόσωπον δυνάστου, ἐν δικαιοσύνῃ κρινεῖς τὸν πλησίον 16 σου. ¹⁶οὐ πορεύσῃ δόλῳ ἐν τῷ ἔθνει σου· οὐκ ἐπιστήσῃ ἐφ᾽ αἷμα 17 τοῦ πλησίον σου· ἐγώ εἰμι Κύριος ὁ θεὸς ὑμῶν. ¹⁷οὐ μισήσεις τὸν ἀδελφόν σου τῇ διανοίᾳ σου· ἐλεγμῷ ἐλέγξεις τὸν πλησίον σου, καὶ οὐ 18 λήμψῃ δι᾽ αὐτὸν ἁμαρτίαν. ¹⁸καὶ οὐκ ἐκδικᾶταί σου ἡ χείρ, καὶ οὐ μηνιεῖς τοῖς υἱοῖς τοῦ λαοῦ σου, καὶ ἀγαπήσεις τὸν πλησίον σου ὡς 19 σεαυτόν· ἐγώ εἰμι Κύριος. ¹⁹Τὸν νόμον μου φυλάξεσθε· τὰ κτήνη σου οὐ κατοχεύσεις ἑτεροζύγῳ, καὶ τὸν ἀμπελῶνά σου οὐ κατασπερεῖς διάφορον, καὶ ἱμάτιον ἐκ δύο ὑφασμένον κίβδηλον οὐκ ἐπιβαλεῖς 20 σεαυτῷ. ²⁰καὶ ἐάν τις κοιμηθῇ μετὰ γυναικὸς κοίτην σπέρματος, καὶ αὕτη οἰκέτις διαπεφυλαγμένη ἀνθρώπῳ, καὶ αὕτη λύτροις οὐ λελύτρωται ἢ ἐλευθερία οὐκ ἐδόθη αὐτῇ, ἐπισκοπὴ ἔσται αὐτοῖς· οὐκ ἀπο-21 θανοῦνται, ὅτι οὐκ ἀπηλευθερώθη. ²¹καὶ προσάξει τῆς πλημμελίας αὐτοῦ τῷ κυρίῳ παρὰ τὴν θύραν τῆς σκηνῆς τοῦ μαρτυρίου κριὸν πλημ-22 μελίας· ²²καὶ ἐξιλάσεται περὶ αὐτοῦ ὁ ἱερεὺς ἐν τῷ κριῷ τῆς πλημμελίας ἔναντι Κυρίου περὶ τῆς ἁμαρτίας ἧς ἥμαρτεν, καὶ ἀφεθήσεται 23 αὐτῷ ἡ ἁμαρτία ἣν ἥμαρτεν. ²³Ὅταν δὲ εἰσέλθητε εἰς τὴν γῆν ἣν Κύριος ὁ θεὸς δίδωσιν ὑμῖν, καὶ καταφυτεύσετε πᾶν ξύλον βρώσιμον, καὶ περικαθαριεῖτε τὴν ἀκαθαρσίαν αὐτοῦ· ὁ καρπὸς αὐτοῦ τρία 24 ἔτη ἔσται ὑμῖν ἀπερικάθαρτος, οὐ βρωθήσεται. ²⁴καὶ τῷ ἔτει τῷ 25 τετάρτῳ ἔσται πᾶς ὁ καρπὸς αὐτοῦ ἅγιος αἰνετὸς τῷ κυρίῳ, ²⁵ἐν δὲ τῷ ἔτει τῷ πέμπτῳ φάγεσθε τὸν καρπόν, πρόσθεμα ὑμῖν τὰ 26 γενήματα αὐτοῦ· ἐγώ εἰμι Κύριος ὁ θεὸς ὑμῶν. ²⁶Μὴ ἔσθετε 27 ἐπὶ τῶν ὀρέων, καὶ οὐκ οἰωνιεῖσθε οὐδὲ ὀρνιθοσκοπήσεσθε. ²⁷οὐ ποιήσετε σισόην ἐκ τῆς κόμης τῆς κεφαλῆς ὑμῶν, οὐδὲ φθερεῖτε τὴν

---

13 μισθωτου] μισθιου A   14 προσθησεις] προθησεις A | εγω]+γαρ F AF
15 ουδε] ου A | θαυμασης F   16 επιστηση] επισυστηση F | εφ αιματι]
εφ αιματι AF   18 μηνιοις A* (impr ο A?) | Κυριος]+ο θεος υμων F
19 φυλαξασθε AF* (φυλαξεσθε F¹ᵐᵍ) | υφασμενων F* (ο superscr F¹ᵛⁱᵈ)
20 λελυτρωται] λυτρωσεται F* (λελυτρ. F¹) [απελευθερωθη F   22 om
καὶ 1° B*ᵛⁱᵈ |σεται περι αυτου ο ιερευς εν τω κρεω της πλημμελιας ενα
B¹ᵃᵗ | αμαρτιας]+αυτου F ;   23 ο θεος]+υμων BᵃᵇAF | καταφυτευσητε
AF | om ο καρπος αυτου A | απερικαθαρτον A   24 αινετος] ανετος F*
(αιν. F¹)   25 καρπον]+αυτου F   26 οιωνισθε A οιωνεισθε F | ορνιθοσκοπηθησεσθε A   27 σισοιν F

ΛΕΥΕΙΤΙΚΟΝ

ὄψιν τοῦ πώγωνος ὑμῶν. ²⁸καὶ ἐντομίδας ἐπὶ ψυχῇ οὐ ποιήσετε ἐν τῷ σώματι ὑμῶν, καὶ γράμματα στικτὰ οὐ ποιήσετε ἐν ὑμῖν· ἐγώ εἰμι Κύριος ὁ θεὸς ὑμῶν. ²⁹οὐ βεβηλώσεις τὴν θυγατέρα σου ἐκπορνεῦσαι αὐτήν· καὶ οὐκ ἐκπορνεύσει ἡ γῆ, καὶ ἡ γῆ πλησθήσεται ἀνομίας. ³⁰τὰ σάββατά μου φυλάξεσθε, καὶ ἀπὸ τῶν ἁγίων μου φοβηθήσεσθε· ἐγώ εἰμι Κύριος. ³¹οὐκ ἐπακολουθήσετε ἐνγαστριμύθοις, καὶ τοῖς ἐπαοιδοῖς οὐ προσκολληθήσεσθε ἐκμιανθῆναι ἐν αὐτοῖς· ἐγώ εἰμι Κύριος ὁ θεὸς ὑμῶν. ³²ἀπὸ προσώπου πολιοῦ ἐξαναστήσῃ, καὶ τιμήσεις πρόσωπον πρεσβυτέρου· καὶ φοβηθήσῃ τὸν θεόν σου· ἐγώ εἰμι Κύριος ὁ θεὸς ὑμῶν. ³³ἐὰν δέ τις προσέλθῃ προσήλυτος ὑμῖν ἐν τῇ γῇ ὑμῶν, οὐ θλίψετε αὐτόν· ³⁴ὡς ὁ αὐτόχθων ἐν ὑμῖν ἔσται ὁ προσήλυτος ὁ προσπορευόμενος πρὸς ὑμᾶς, καὶ ἀγαπήσεις αὐτὸν ὡς σεαυτόν· ὅτι προσήλυτοι ἐγενήθητε ἐν γῇ Αἰγύπτῳ· ἐγώ εἰμι Κύριος ὁ θεὸς ὑμῶν. ³⁵οὐ ποιήσετε ἄδικον ἐν κρίσει, ἐν μέτροις καὶ ἐν σταθμίοις καὶ ἐν ζυγοῖς· ³⁶ζυγὰ δίκαια καὶ στάθμια δίκαια καὶ χοῦς δίκαιος ἔσται ὑμῖν· ἐγώ εἰμι Κύριος ὁ θεὸς ὑμῶν ὁ ἐξαγαγὼν ὑμᾶς ἐκ γῆς Αἰγύπτου. ³⁷καὶ φυλάξεσθε πάντα τὸν νόμον μου καὶ πάντα τὰ προστάγματά μου, καὶ ποιήσετε αὐτά· ἐγώ εἰμι Κύριος ὁ θεὸς ὑμῶν.

¹Καὶ ἐλάλησεν Κύριος πρὸς Μωυσῆν λέγων ²Καὶ τοῖς υἱοῖς Ἰσραὴλ λαλήσεις Ἐάν τις ἀπὸ τῶν υἱῶν Ἰσραὴλ ἢ ἀπὸ τῶν γεγενημένων προσηλύτων ἐν Ἰσραὴλ ὃς ἂν δῷ τοῦ σπέρματος αὐτοῦ ἄρχοντι, θανάτῳ θανατούσθω· τὸ ἔθνος τὸ ἐπὶ τῆς γῆς λιθοβολήσουσιν αὐτὸν ἐν λίθοις. ³καὶ ἐγὼ ἐπιστήσω τὸ πρόσωπόν μου ἐπὶ τὸν ἄνθρωπον ἐκεῖνον καὶ ἀπολῶ αὐτὸν ἐκ τοῦ λαοῦ αὐτοῦ, ὅτι τοῦ σπέρματος αὐτοῦ ἔδωκεν ἄρχοντι, ἵνα μιάνῃ τὰ ἅγιά μου καὶ βεβηλώσῃ τὸ ὄνομα τῶν ἡγιασμένων μοι. ⁴ἐὰν δὲ ὑπερόψει ὑπερίδωσιν οἱ αὐτόχθονες τῆς γῆς τοῖς ὀφθαλμοῖς αὐτῶν ἀπὸ τοῦ ἀνθρώπου ἐκείνου, ἐν τῷ δοῦναι αὐτὸν τοῦ σπέρματος αὐτοῦ ἄρχοντι, τοῦ μὴ ἀποκτεῖναι αὐτόν· ⁵καὶ ἐπιστήσω τὸ πρόσωπόν μου ἐπὶ τὸν ἄνθρωπον ἐκεῖνον καὶ τὴν συγγενίαν

AF 28 εντομιδας] εντομιδα B^{b vid} | επι ψυχη] επι ψυχης A om F* (hab επι ψυχη F¹⁽ᵐᵍ⁾) | ποιησεται F (bis) | om ειμι A   29 om και 1° F | πλησθησεται] εμπλησθησεται A | ανομιας] αδικιας F* (ανομ. F¹ᵐᵍ)   30 om απο των F* (hab F¹⁽ᵐᵍ⁾) | φοβηθησεσθε] pr μη B* (om B^{ab})   31 επακολουθησεται B επακολουθησεσθε A επακολουθησητε F   32 τον θεον σου] pr κυριον F   34 om o 1° A   36 om και σταθμια δικαια F* (hab κ. μετρα κ. σταθμια δικαια και υφι δικαιον F¹ᵐᵍ)   37 φυλαξεσθε] φυλαξασθε A φυλαξετε F   XX 2 om απο 2° AF | γεγενημενων] προσγεγεννημενων A προσγεγενημενων F | Ισραηλ 2°] pr τω A | του σπ.] pr απο A   3 μοι] μου F   4 του μη αποκτ.] om του A

ΛΕΥΕΙΤΙΚΟΝ XX 18

αὐτοῦ, καὶ ἀπολῶ αὐτὸν καὶ πάντας τοὺς ὁμονοοῦντας αὐτῷ, ὥστε B
6 ἐκπορνεύειν αὐτὸν εἰς τοὺς ἄρχοντας, ἐκ τοῦ λαοῦ αὐτῶν. ⁶καὶ
ψυχὴ ἢ ἐὰν ἐπακολουθήσῃ ἐνγαστριμύθοις ἢ ἐπαοιδοῖς ὥστε ἐκπορ-
νεῦσαι ὀπίσω αὐτῶν, ἐπιστήσω τὸ πρόσωπόν μου ἐπὶ τὴν ψυχὴν
7 ἐκείνην καὶ ἀπολῶ αὐτὴν ἐκ τοῦ λαοῦ αὐτῆς. ⁷καὶ ἔσεσθε ἅγιοι, ὅτι
8 ἅγιος ἐγὼ Κύριος ὁ θεὸς ὑμῶν· ⁸καὶ φυλάξεσθε τὰ προστάγματά μου
9 καὶ ποιήσετε αὐτά, ἐγὼ Κύριος ὁ ἁγιάζων ὑμᾶς. ⁹ἄνθρωπος ἄνθρωπος
ὃς ἂν κακῶς εἴπῃ τὸν πατέρα αὐτοῦ ἢ τὴν μητέρα αὐτοῦ θανάτῳ θανα-
τούσθω· πατέρα αὐτοῦ ἢ μητέρα αὐτοῦ κακῶς εἶπεν, ἔνοχος ἔσται.
10 ¹⁰ἄνθρωπος ὃς ἂν μοιχεύσηται γυναῖκα ἀνδρός, ἢ ὃς ἂν μοιχεύσηται
γυναῖκα τοῦ πλησίον, θανάτῳ θανατούσθωσαν ὁ μοιχεύων καὶ ἡ μοι-
11 χευομένη. ¹¹ἐάν τις κοιμηθῇ μετὰ γυναικὸς τοῦ πατρὸς αὐτοῦ,
ἀσχημοσύνην τοῦ πατρὸς αὐτοῦ ἀπεκάλυψεν, θανατούσθω· ἀμφότεροι
12 ἔνοχοί εἰσιν. ¹²καὶ ἐάν τις κοιμηθῇ μετὰ νύμφης αὐτοῦ, θανάτῳ
13 θανατούσθωσαν ἀμφότεροι· ἠσεβήκασιν γάρ, ἔνοχοί εἰσιν. ¹³καὶ
ὃς ἂν κοιμηθῇ μετὰ ἄρσενος κοίτην γυναικός, βδέλυγμα ἐποίησαν
14 ἀμφότεροι· θανατούσθωσαν, ἔνοχοί εἰσιν. ¹⁴ὃς ἐὰν λάβῃ γυναῖκα
καὶ τὴν μητέρα αὐτῆς, ἀνόμημά ἐστιν· ἐν πυρὶ κατακαύσουσιν αὐτὸν
15 καὶ αὐτάς, καὶ οὐκ ἔσται ἀνομία ἐν ὑμῖν. ¹⁵καὶ ὃς ἂν δῷ κοιτασίαν
αὐτοῦ ἐν τετράποδι, θανάτῳ θανατούσθω, καὶ τὸ τετράπουν ἀπο-
16 κτενεῖτε. ¹⁶καὶ γυνὴ ἥτις προσελεύσεται πρὸς πᾶν κτῆνος βιβασθῆναι
αὐτὴν ὑπ᾽ αὐτοῦ, ἀποκτενεῖτε τὴν γυναῖκα καὶ τὸ κτῆνος· θανάτῳ
17 θανατούσθω, ἔνοχοί εἰσιν. ¹⁷ὃς ἐὰν λάβῃ τὴν ἀδελφὴν αὐτοῦ ἐκ
πατρὸς αὐτοῦ ἢ ἐκ μητρὸς αὐτοῦ, καὶ ἴδῃ τὴν ἀσχημοσύνην αὐτῆς καὶ
αὕτη ἴδῃ τὴν ἀσχημοσύνην αὐτοῦ, ὄνειδός ἐστιν, ἐξολεθρευθήσονται
ἐνώπιον υἱῶν γένους αὐτῶν· ἀσχημοσύνην ἀδελφῆς αὐτοῦ ἀπεκάλυ-
18 ψεν, ἁμαρτίαν κομιοῦνται. ¹⁸καὶ ἀνὴρ ὃς ἂν κοιμηθῇ μετὰ γυναικὸς
ἀποκαθημένης καὶ ἀποκαλύψῃ τὴν ἀσχημοσύνην αὐτῆς, τὴν πηγὴν
αὐτῆς ἀπεκάλυψεν, καὶ αὕτη ἀπεκάλυψεν τὴν ῥύσιν τοῦ αἵματος

5 αυτον 2°] αυτους F   6 om η 1° A | εαν] αν F | αυτης] αυτου A AF
7 και εσεσθε αγιοι] pr και αγιασθησεσθαι F^{a mg} | αγιος εγω Κυριος ο θεος υμων] εγω κ̅σ̅ ο θ̅σ̅ υμων αγιος ειμι A   8 ποιησατε F | Κυριος]+ο θ̅σ̅ υμων A
9 om αν A | om αυτου 1° F | η 2°] και F   10 ανθρωπος]+ανθρωπος F | γυναικα 2°] pr την F | πλησιον]+αυτου F   11 εαν] pr και B^{ab}F | θανατουσθω] θανατω θανατουσθωσαν B^{ab}AF | αμφοτεροι· B^{ab}F   12 om και A | om γαρ F   13 εποιησεν· A εποιησαν· F | θανατουσθωσαν] pr θανατω B^{ab}F^{1 mg}   14 εαν] αν AF | ανομια BF^{1 mg} ανομημα AF*   16 υπ αυτου] απ αυτου A | θανατουσθω] θανατουσθωσαν B^{ab}AF   17 ος εαν] ος αν A και ος αν F | αμαρτιαν]+αυτου F | κομιουνται] λημψεται F   18 αποκαλυψει F | om και αυτη απεκαλυψεν F

231

ΛΕΥΕΙΤΙΚΟΝ XX 19

B αὐτῆς· ἐξολεθρευθήσονται ἀμφότεροι ἐκ τοῦ γένους αὐτῶν. ¹⁹καὶ 19
ἀσχημοσύνην ἀδελφῆς πατρός σου καὶ ἀδελφῆς μητρός σου οὐκ ἀποκαλύψεις· τὴν γὰρ οἰκειότητα ἀπεκάλυψεν, ἁμαρτίαν ἀποίσονται.
²⁰ ὃς ἂν κοιμηθῇ μετὰ τῆς συγγενοῦς αὐτοῦ, ἀσχημοσύνην τῆς συγγενοῦς 20
αὐτοῦ ἀπεκάλυψεν· ἄτεκνοι ἀποθανοῦνται. ²¹ὃς ἂν λάβῃ τὴν γυναῖκα 21
τοῦ ἀδελφοῦ αὐτοῦ, ἀκαθαρσία αὐτοῦ ἐστίν· ἀσχημοσύνην ἀδελφοῦ
αὐτοῦ ἀπεκάλυψεν, ἄτεκνοι ἀποθανοῦνται. ²²Καὶ φυλάξασθε 22
πάντα τὰ προστάγματά μου καὶ τὰ κρίματά μου, καὶ ποιήσετε αὐτά·
καὶ οὐ μὴ προσοχθίσῃ ὑμῖν ἡ γῆ εἰς ἣν ἐγὼ εἰσάγω ὑμᾶς ἐκεῖ κατοικεῖν
ἐπ᾽ αὐτῆς. ²³καὶ οὐχὶ πορεύεσθε τοῖς νομίμοις τῶν ἐθνῶν, οὓς ἐξαπο- 23
στέλλω ἀφ᾽ ὑμῶν· ὅτι ταῦτα πάντα ἐποίησαν, καὶ ἐβδελυξάμην αὐτούς.
²⁴καὶ εἶπα ὑμῖν Ὑμεῖς κληρονομήσατε τὴν γῆν αὐτῶν, καὶ ἐγὼ δώσω 24
ὑμῖν αὐτὴν ἐν κτήσει, γῆν ῥέουσαν γάλα καὶ μέλι· ἐγὼ Κύριος ὁ θεὸς
ὑμῶν, ὃς διώρισα ὑμᾶς ἀπὸ πάντων τῶν ἐθνῶν. ²⁵καὶ ἀφοριεῖτε 25
αὐτοὺς ἀνὰ μέσον τῶν κτηνῶν τῶν καθαρῶν καὶ ἀνὰ μέσον τῶν κτηνῶν
τῶν ἀκαθάρτων, καὶ ἀνὰ μέσον τῶν πετεινῶν τῶν καθαρῶν καὶ τῶν
ἀκαθάρτων· καὶ οὐ βδελύξετε τὰς ψυχὰς ὑμῶν ἐν τοῖς κτήνεσιν
καὶ ἐν τοῖς πετεινοῖς καὶ ἐν πᾶσιν τοῖς ἑρπετοῖς τῆς γῆς, ἃ ἐγὼ
ἀφώρισα ὑμῖν ἐν ἀκαθαρσίᾳ. ²⁶καὶ ἔσεσθέ μοι ἅγιοι, ὅτι ἐγὼ ἅγιος, 26
Κύριος ὁ θεὸς ὑμῶν, ὁ ἀφορίσας ὑμᾶς ἀπὸ πάντων τῶν ἐθνῶν εἶναι
ἐμοί. ²⁷Καὶ ἀνὴρ ἢ γυνὴ ὃς ἂν γένηται αὐτῶν ἐγγαστρίμυθος 27
ἢ ἐπαοιδός, θανάτῳ θανατούσθωσαν ἀμφότεροι· λίθοις λιθοβολήσατε
αὐτούς, ἔνοχοί εἰσιν.

¹Καὶ εἶπεν Κύριος πρὸς Μωυσῆν λέγων Εἰπὸν τοῖς ἱερεῦσιν 1 XI
τοῖς υἱοῖς Ἀαρὼν καὶ ἐρεῖς πρὸς αὐτούς Ἐν ταῖς ψυχαῖς οὐ μιανθήσονται ἐν τῷ ἔθνει αὐτῶν, ²ἀλλ᾽ ἢ ἐν τῷ οἰκείῳ τῷ ἔγγιστα 2
αὐτῶν, ἐπὶ πατρὶ καὶ μητρί, καὶ υἱοῖς καὶ θυγατράσιν, ἐπ᾽ ἀδελφῷ

AF 18 του γενους B*vid A] της γενεας Bab (ης, εας sup ras) F 19 απεκαλυψεν] απεκαλυψας A 20 συγγενους 2°] συγγενειας Bat b A συγγενο..|as F 21 ος αν λαβη] pr και ανηρ F | ακαθαρσια] καθα sup ras Bab | om αυτου 2° Bab AF | αδελφου 2°] pr του Bab AF 22 φυλαξεσθε F | τα κριματα] pr παντα F | και ποιησετε] ποιειν A | υμιν] υμας A 23 πορευσεσθε F | ους]+εγω F | εξαποστελω A 24 κληρονομησετε AF | γην ρευουσαν] γη ητις εστιν ρεουσα F 25 αυτους] εαυτους F | ακαθαρτων 1°] μη καθαρων F | om ανα μεσον 3° A | καθαρων και των ακαθαρτων] ακαθ. και των καθ. A | κτηνεσι F | πασι F | om a A 26 αγιος]+ειμι BabAF | εμοι] εμου F 27 αυτων] αυτω F | λιθοβολησετε F XXI 1 τοις υιοις] om τοις F | μιανθησονται] μιανθησεσθε A 2 μητρι] pr επι A | υιοις] pr επι AF | θυγατρασιν] pr επι A

ΛΕΥΕΙΤΙΚΟΝ XXI 18

3 ³καὶ ἀδελφῇ παρθένῳ τῇ ἐγγιζούσῃ αὐτῷ· τῇ μὴ ἐκδεδομένῃ ἀνδρί, B
4 ἐπὶ τούτοις μιανθήσεται. ⁴οὐ μιανθήσεται ἐξάπινα ἐν τῷ λαῷ αὐτοῦ
5 εἰς βεβήλωσιν αὐτοῦ. ⁵καὶ φαλάκρωμα οὐ ξυρηθήσεσθε τὴν κεφαλὴν
ἐπὶ νεκρῷ, καὶ τὴν ὄψιν τοῦ πώγωνος οὐ ξυρήσονται, καὶ ἐπὶ τὰς
6 σάρκας αὐτῶν οὐ κατατεμοῦσιν ἐντομίδας. ⁶ἅγιοι ἔσονται τῷ θεῷ
αὐτῶν, καὶ οὐ βεβηλώσουσιν τὸ ὄνομα τοῦ θεοῦ αὐτῶν· τὰς γὰρ
θυσίας Κυρίου δῶρα τοῦ θεοῦ αὐτῶν αὐτοὶ προσφέρουσιν, καὶ ἔσονται
7 ἅγιοι. ⁷γυναῖκα πόρνην καὶ βεβηλωμένην οὐ λήμψονται, καὶ γυναῖκα
ἐκβεβλημένην ἀπὸ ἀνδρὸς αὐτῆς· ἅγιός ἐστιν τῷ κυρίῳ θεῷ αὐτοῦ,
8 ⁸καὶ ἁγιάσει αὐτόν· τὰ δῶρα Κυρίου θεοῦ ὑμῶν οὗτος προσφέρει·
9 ἅγιος ἔσται, ὅτι ἅγιος ἐγὼ Κύριος ὁ ἁγιάζων αὐτούς. ⁹καὶ θυγάτηρ
ἀνθρώπου ἱερέως ἐὰν βεβηλωθῇ τοῦ ἐκπορνεῦσαι, τὸ ὄνομα τοῦ πατρὸς
10 αὐτῆς αὐτὴ βεβηλοῖ· ἐπὶ πυρὸς κατακαυθήσεται. ¹⁰Καὶ ὁ ἱερεὺς
ὁ μέγας ἀπὸ τῶν ἀδελφῶν αὐτοῦ, τοῦ ἐπικεχυμένου ἐπὶ τὴν κεφαλὴν
τοῦ ἐλαίου τοῦ χριστοῦ καὶ τετελειωμένου ἐνδύσασθαι τὰ ἱμάτια,
11 τὴν κεφαλὴν οὐκ ἀποκιδαρώσει καὶ τὰ ἱμάτια οὐ διαρρήξει, ¹¹καὶ
ἐπὶ πάσῃ ψυχῇ τετελευτηκυίᾳ οὐκ εἰσελεύσεται, ἐπὶ πατρὶ αὐτοῦ
12 οὐδὲ ἐπὶ μητρὶ αὐτοῦ οὐ μιανθήσεται, ¹²καὶ ἐκ τῶν ἁγίων οὐκ ἐξελεύ-
σεται καὶ οὐ βεβηλώσει τὸ ἡγιασμένον τοῦ θεοῦ αὐτοῦ, ὅτι τὸ ἅγιον
13 ἔλαιον τὸ χριστὸν τοῦ θεοῦ ἐπ' αὐτῷ· ἐγὼ Κύριος. ¹³οὗτος παρθένον
14 ἐκ τοῦ γένους αὐτοῦ λήμψεται· ¹⁴χήραν δὲ καὶ ἐκβεβλημένην καὶ
βεβηλωμένην καὶ πόρνην, ταύτας οὐ λήμψεται, ἀλλ' ἢ παρθένον ἐκ
15 τοῦ λαοῦ αὐτοῦ λήμψεται γυναῖκα· ¹⁵καὶ οὐ βεβηλώσει τὸ σπέρμα αὐτοῦ
16 ἐν τῷ λαῷ αὐτοῦ· ἐγὼ Κύριος ὁ ἁγιάζων αὐτόν. ¹⁶Καὶ ἐλάλησεν
17 Κύριος πρὸς Μωυσῆν λέγων ¹⁷Εἰπὸν Ἀαρών Ἄνθρωπος ἐκ τοῦ
γένους σου εἰς τὰς γενεὰς ὑμῶν, τίνι ἐὰν ᾖ ἐν αὐτῷ μῶμος, οὐ
18 προσελεύσεται προσφέρειν τὰ δῶρα τοῦ θεοῦ αὐτοῦ. ¹⁸πᾶς ἄνθρωπος
ᾧ ἂν ᾖ ἐν αὐτῷ μῶμος οὐ προσελεύσεται· ἄνθρωπος χωλὸς ἢ τυφλὸς

3 αδελφη] pr επ B^abAF + αυτου F | εκδεδομενη] εγγιζουσα A | μιανθη- AF
σεται] μιανθησεσθαι A   4 om ου μιανθησεται B*A (hab B^abmgF)
5 ξυρηθησεσθε] ξυρησεται A | ξυρησονται] ξυρηθησονται F   7 λημψονται]
λημψεται F | απο] υπο F | αγιος] pr οτι F | θεω] pr τω F   8 αγιασεις F |
θεου] pr του AF | εσται] εστιν F | om οτι αγιος εγω Κυριος ο αγιαζων
αυτους F* (hab F^1 mg inf)   9 βεβηλωθη] εκβεβλωθη B^ab   10 ενδυ-
σεσθαι F | ιματια 2°] + αυτου F   11 τετελευτηκυιη B   12 το ηγιασμενον]
pr το ονομα F | του θεου 2°] + αυτου F | om εγω Κυριος F   13 παρθενον]
pr γυναικα B^abF | λημψεται] pr ου B* (om B^ab)   14 εκβεβλημενην] εβδε-
λυγμενην A | πορνην και βεβηλ. F | λαου] om A γενους F | λημψεται 2°]
λημψηται F   15 om εν τω λαω αυτου F   17 η] ην A | προσφερων A
18 αν] εαν AF | τυφλος η χωλος B^aF non inst η χ. B^b

ΛΕΥΕΙΤΙΚΟΝ

ἢ κολοβόριν ἢ ὠτότμητος, ¹⁹ἄνθρωπος ᾧ ἐστὶν ἐν αὐτῷ σύντριμμα χειρὸς ἢ σύντριμμα ποδός, ²⁰ἢ κυρτὸς ἢ ἔφηλος ἢ πτίλος τοὺς ὀφθαλμούς, ἢ ἄνθρωπος ᾧ ἂν ᾖ ἐν αὐτῷ ψώρα ἀγρία ἢ λιχὴν ἢ μόνορχις, ²¹πᾶς ᾧ ἐστὶν ἐν αὐτῷ μῶμος ἐκ τοῦ σπέρματος Ἀαρὼν τοῦ ἱερέως οὐ προσεγγιεῖ τοῦ προσενεγκεῖν τὰς θυσίας τῷ θεῷ σου, ὅτι μῶμος ἐν αὐτῷ· τὰ δῶρα τοῦ θεοῦ οὐ προσελεύσεται προσενεγκεῖν. ²²τὰ δῶρα τοῦ θεοῦ τὰ ἅγια τῶν ἁγίων καὶ ἀπὸ τῶν ἁγίων φάγεται· ²³πλὴν πρὸς τὸ καταπέτασμα οὐ προσελεύσεται, καὶ πρὸς τὸ θυσιαστήριον οὐκ ἐγγιεῖ, ὅτι μῶμον ἔχει· καὶ οὐ βεβηλώσει τὸ ἅγιον τοῦ θεοῦ αὐτοῦ, ὅτι ἐγώ εἰμι Κύριος ὁ ἁγιάζων αὐτούς. ²⁴καὶ ἐλάλησεν Μωυσῆς πρὸς Ἀαρὼν καὶ τοὺς υἱοὺς αὐτοῦ καὶ πρὸς πάντας υἱοὺς Ἰσραήλ. ¹Καὶ ἐλάλησεν Κύριος πρὸς Μωυσῆν λέγων ²Εἰπὸν Ἀαρὼν καὶ τοῖς υἱοῖς αὐτοῦ, καὶ προσεχέτωσαν ἀπὸ τῶν ἁγίων τῶν υἱῶν Ἰσραήλ, καὶ οὐ βεβηλώσουσιν τὸ ὄνομα τὸ ἅγιόν μου, ὅσα αὐτοὶ ἁγιάζουσίν μοι· ἐγὼ Κύριος. ³εἰπὸν αὐτοῖς Εἰς τὰς γενεὰς ὑμῶν πᾶς ἄνθρωπος ὃς ἂν προσέλθῃ ἀπὸ τοῦ σπέρματος ὑμῶν πρὸς τὰ ἅγια ὅσα ἂν ἁγιάζωσιν οἱ υἱοὶ Ἰσραὴλ τῷ κυρίῳ, καὶ ἡ ἀκαθαρσία αὐτοῦ ἐπ' αὐτῷ ᾖ, ἐξολεθρευθήσεται ἡ ψυχὴ ἐκείνη ἀπ' ἐμοῦ· ἐγὼ Κύριος ὁ θεὸς ὑμῶν. ⁴καὶ ἄνθρωπος ἐκ τοῦ σπέρματος Ἀαρὼν τοῦ ἱερέως, καὶ οὗτος λεπρᾷ ἢ γονορρυής, τῶν ἁγίων οὐκ ἔδεται ἕως ἂν καθαρισθῇ· καὶ ὁ ἁπτόμενος πάσης ἀκαθαρσίας ψυχῆς, ἢ ἄνθρωπος ᾧ ἂν ἐξέλθῃ ἐξ αὐτοῦ κοίτη σπέρματος, ⁵ὅστις ἂν ἅψηται παντὸς ἑρπετοῦ ἀκαθάρτου ὃ μιανεῖ αὐτόν, ἢ ἐπ' ἀνθρώπῳ ἐν ᾧ μιανεῖ αὐτὸν κατὰ πᾶσαν ἀκαθαρσίαν αὐτοῦ, ⁶ψυχὴ ἥτις ἂν ἅψηται αὐτῶν ἀκάθαρτος ἔσται ἕως ἑσπέρας· οὐκ ἔδεται ἀπὸ τῶν ἁγίων, ἐὰν μὴ λούσηται τὸ σῶμα αὐτοῦ ὕδατι ⁷καὶ δύῃ ὁ ἥλιος, καὶ καθαρὸς ἔσται· καὶ τότε φάγεται τῶν ἁγίων, ὅτι ἄρτος ἐστὶν αὐτοῦ. ⁸θνησιμαῖον καὶ θηριάλωτον οὐ φάγεται, μιανθῆναι αὐτὸν ἐν αὐτοῖς· ἐγὼ Κύριος. ⁹καὶ φυλάξονται τὰ φυλάγματά μου, ἵνα μὴ λάβωσιν δι' αὐτὰ ἁμαρτίαν,

AF 18 κολοβορειν B*A κολοβορρειν B^b(vid) 19 ανθρωπος] pr η B^abF 20 τοις οφθαλμοις A | ω αν] ος αν A ω εαν F | om εν F 21 ω] os A | ου προσεγγιει] ουκ εγγιει B^ab†F | τω θεω σου] του θεου σου A κυριω F 22 του θεου]+αυτου F 23 om αυτου A | om ειμι F 24 Μωυσης προς B^ab (sup ras) F] κ̄ς̄ προς Μωυσην και B* vid A | υιους 2°] pr τους F XXII 2 των υιων] om των A 3 του σπερματος] pr παντος B^abAF om του AF | αγιασωσιν F | om η 2° AF 4 λεπρα] λεπρος A | γονορρυης B*ᵃA] γονορρυη B^bF (γονορυη) | αν 2°] εαν F 5 οστις] pr η F | επ αν- θρωπω] επ ανθρωπου F 6 om αν A | αυτων] αυτου F | om αυτου F 7 δυη B* (δυη B^ab) | των αγιων] pr απο F ; αυτου εστιν F 8 ου φαγεται] ουκ εδε- ται A 9 φυλαξονται] φυλαξουσιν A φυλαξωνται F | μου τα φυλαγματα F

ΛΕΥΕΙΤΙΚΟΝ XXII 22

καὶ ἀποθάνωσιν δι' αὐτό· ἐὰν δὲ βεβηλώσουσιν αὐτά, ἐγὼ Κύριος Β ὁ θεὸς ὁ ἁγιάζων αὐτούς.

10 ¹⁰Καὶ πᾶς ἀλλογενὴς οὐ φάγεται ἅγια· πάροικος ἱερέως ἢ μισθωτὸς 11 οὐ φάγεται ἅγια. ¹¹ἐὰν δὲ ἱερεὺς κτήσηται ψυχὴν ἔνκτητον ἀργυρίου, οὗτος φάγεται ἐκ τῶν ἄρτων αὐτοῦ· καὶ οἰκογενεῖς αὐτοῦ, καὶ οὗτοι 12 φάγονται τῶν ἄρτων αὐτοῦ. ¹²καὶ θυγάτηρ ἀνθρώπου ἱερέως ἐὰν γένηται ἀνδρὶ ἀλλογενεῖ, αὐτὴ τῶν ἀπαρχῶν τοῦ ἁγίου οὐ φάγεται. 13 ¹³καὶ θυγάτηρ ἱερέως ἐὰν γένηται χήρα ἐκβεβλημένη, σπέρμα δὲ μὴ ἦν αὐτῇ, ἐπαναστρέψει ἐπὶ τὸν οἶκον τὸν πατρικὸν κατὰ τὴν νεότητα αὐτῆς, ἀπὸ τῶν ἄρτων τοῦ πατρὸς αὐτῆς φάγεται. καὶ πᾶς ἀλλογενὴς 14 οὐ φάγεται ἀπ' αὐτῶν. ¹⁴καὶ ἄνθρωπος ὃς ἂν φάγῃ ἅγια κατὰ ἄγνοιαν, καὶ προσθήσει τὸ ἐπίπεμπτον αὐτοῦ ἐπ' αὐτὸ καὶ δώσει 15 τῷ ἱερεῖ τὸ ἅγιον. ¹⁵καὶ οὐ βεβηλώσουσιν τὰ ἅγια τῶν υἱῶν Ἰσραὴλ 16 ἃ αὐτοὶ ἀφαιροῦσιν τῷ κυρίῳ, ¹⁶καὶ ἐπάξουσιν ἐφ' ἑαυτοὺς ἀνομίαν πλημμελίας ἐν τῷ ἐσθίειν αὐτοὺς τὰ ἅγια αὐτῶν· ὅτι ἐγὼ Κύριος ὁ ἁγιάζων αὐτούς.

17 ¹⁷Καὶ ἐλάλησεν Κύριος πρὸς Μωυσῆν λέγων ¹⁸Λάλησον Ἀαρὼν καὶ 18 τοῖς υἱοῖς αὐτοῦ καὶ πάσῃ συναγωγῇ Ἰσραὴλ καὶ ἐρεῖς πρὸς αὐτούς Ἄνθρωπος ἄνθρωπος ἀπὸ τῶν υἱῶν Ἰσραὴλ ἢ τῶν υἱῶν τῶν προσηλύτων τῶν προσκειμένων πρὸς αὐτοὺς ἐν Ἰσραὴλ ὃς ἂν προσενέγκῃ τὰ δῶρα αὐτοῦ κατὰ πᾶσαν ὁμολογίαν αὐτῶν ἢ κατὰ πᾶσαν αἵρεσιν 19 αὐτῶν, ὅσα ἂν προσενέγκωσιν τῷ θεῷ εἰς ὁλοκαύτωμα, ¹⁹δεκτὰ ὑμῖν ἄμωμα ἄρσενα ἐκ τῶν βουκολίων καὶ ἐκ τῶν προβάτων καὶ ἐκ τῶν 20 αἰγῶν. ²⁰πάντα ὅσα ἂν ἔχῃ μῶμον ἐν αὐτῷ οὐ προσάξουσιν Κυρίῳ, 21 διότι οὐ δεκτὸν ἔσται ὑμῖν. ²¹καὶ ἄνθρωπος ὃς ἂν προσενέγκῃ θυσίαν σωτηρίου τῷ κυρίῳ, διαστείλας εὐχὴν κατὰ αἵρεσιν ἢ ἐν ταῖς ἑορταῖς ὑμῶν, ἐκ τῶν βουκολίων ἢ ἐκ τῶν προβάτων, ἄμωμον ἔσται 22 εἰσδεκτόν, πᾶς μῶμος οὐκ ἔσται ἐν αὐτῷ. ²²τυφλὸν ἢ συντετριμμένον ἢ γλωσσότμητον ἢ μυρμηκιῶντα ἢ ψωραγριῶντα ἢ λιχῆνας ἔχοντα, οὐ

9 αυτο] αυτα B^abAF | om εαν δε βεβηλωσουσιν αυτα F | βεβηλωσιν A AF
10 αγια 1°] pr τα F   11 om εκ F | αρτων 1°] εργων A | οικογενεις] pr οι
3^aAF | αρτων 2°] αγιων F   12 του αγιου] των αγιων AF   13 ιερεως]
οτ ανθρωπου A | ην] η F | πατρικον]+αυτης F   14 κατ αγνοιαν F | επιπεμπτον] π rescr A¹ | om και 3° A   15 τα αγια] om τα F | αφαιρουσιν]
προσφερουσιν A   18 Ισραηλ] pr υιων F | om απο F* (hab F¹mg) | των
υιων 2°] pr απο A om F | os αν] οσα B^ab   19 υμιν] υμων F | αρσενα]
αρσεναμωμα F (om μωμα F¹)   20 διστι] οτι A | εσται υμιν] υμιν εστιν A
11 ανθρωπος]+ανθρωπος F | κατα αιρεσιν B*A¹] η κατα αιρεσιν B² κατ αιρεσιν
A* η κατα διαιρεσιν F | om η 1° AF | εκ τε των βουκ. F | εν αυτω] επ αυτω
F   22—23 τυφλον...προσδεχθησεται sup ras A^a?   22 om η ψωραγριωντα
3* (hab B^abAF)

235

ΛΕΥΕΙΤΙΚΟΝ

Β προσάξουσιν ταῦτα τῷ κυρίῳ, καὶ εἰς κάρπωσιν οὐ δώσετε ἀπ' αὐτῶν ἐπὶ τὸ θυσιαστήριον τῷ κυρίῳ. ²³καὶ μόσχον ἢ πρόβατον ὠτότμητον ἢ κολοβόκερκον σφάγια ποιήσεις αὐτὰ σεαυτῷ, εἰς δὲ εὐχήν σου οὐ προσδεχθήσεται. ²⁴θλαδίαν καὶ ἐκτεθλιμμένον καὶ ἐκτομίαν καὶ ἀπεσπασμένον, οὐ προσάξεις αὐτὰ τῷ κυρίῳ, καὶ ἐπὶ τῆς γῆς ὑμῶν οὐ ποιήσετε. ²⁵καὶ ἐκ χειρὸς ἀλλογενοῦς οὐ προσοίσετε τὰ δῶρα τοῦ θεοῦ ὑμῶν ἀπὸ πάντων τούτων, ὅτι φθαρτά ἐστιν ἐν αὐτοῖς, μῶμος ἐν αὐτοῖς· οὐ δεχθήσεται ὑμῖν.— ²⁶Καὶ ἐλάλησεν Κύριος πρὸς Μωυσῆν λέγων ²⁷Μόσχον ἢ πρόβατον ἢ αἶγα, ὡς ἂν τεχθῇ, καὶ ἔσται ἑπτὰ ἡμέρας ὑπὸ τὴν μητέρα· τῇ δὲ ἡμέρᾳ τῇ ὀγδόῃ καὶ ἐπέκεινα δεχθήσεται εἰς δῶρα, κάρπωμα Κυρίῳ. ²⁸καὶ μόσχον ἢ πρόβατον, αὐτὴν καὶ τὰ παιδία αὐτῆς, οὐ σφάξεις ἐν ἡμέρᾳ μιᾷ. ²⁹ἐὰν δὲ θύσῃς θυσίαν εὐχὴν χαρμοσύνης Κυρίῳ, εἰσδεκτὸν ὑμῖν θύσετε αὐτό· ³⁰αὐτῇ τῇ ἡμέρᾳ ἐκείνῃ βρωθήσεται, οὐκ ἀπολείψετε ἀπὸ τῶν κρεῶν εἰς τὸ πρωί· ἐγώ εἰμι Κύριος. ³¹Καὶ φυλάξετε τὰς ἐντολάς μου καὶ ποιήσετε αὐτάς. ³²καὶ οὐ βεβηλώσετε τὸ ὄνομα τοῦ ἁγίου, καὶ ἁγιασθήσομαι ἐν μέσῳ τῶν υἱῶν Ἰσραήλ· ἐγὼ Κύριος ὁ ἁγιάζων ὑμᾶς, ³³ὁ ἐξαγαγὼν ὑμᾶς ἐκ γῆς Αἰγύπτου ὥστε εἶναι ὑμῶν θεός· ἐγὼ Κύριος.

¹Καὶ εἶπεν Κύριος πρὸς Μωυσῆν λέγων ²Λάλησον τοῖς υἱοῖς XXIII Ἰσραὴλ καὶ ἐρεῖς πρὸς αὐτούς Αἱ ἑορταὶ Κυρίου ἃς καλέσετε αὐτὰς κλητὰς ἁγίας, αὗταί εἰσιν ἑορταί μου.

³Ἓξ ἡμέρας ποιήσεις ἔργα, καὶ τῇ ἡμέρᾳ τῇ ἑβδόμῃ σάββατα ἀνάπαυσις κλητὴ ἁγία τῷ κυρίῳ· πᾶν ἔργον οὐ ποιήσεις, σάββατά ἐστιν τῷ κυρίῳ ὑμῶν ἐν πάσῃ κατοικίᾳ ὑμῶν.

⁴Αὗται αἱ ἑορταὶ τῷ κυρίῳ, καὶ αὗται, ἁγίας καλέσατε αὐτὰς ἐν τοῖς καιροῖς αὐτῶν. ⁵ἐν τῷ πρώτῳ μηνὶ ἐν τῇ τεσσαρεσκαιδεκάτῃ ἡμέρᾳ τοῦ μηνὸς ἀνὰ μέσον τῶν ἑσπερινῶν πάσχα τῷ κυρίῳ. ⁶καὶ

AF 22 ταυτα] αυτα AF   23 ποιησεις] αποθησεις A | om δε A | ου προσδεχθησεται B*Aa¹] δεχθησεται Bᵃ ου δεχθησεται Bᵇ⁽ᵛⁱᵈ⁾F   24 εκτομιαν] εκτομιδα A | προσαξεις] προσαξετε AF   25 φθαρτα] φθαρματα BᵃᵇF | om μωμος εν αυτοις A | υμιν]+ταυτα Bᵃ pr ταυτα Bᵇᵛⁱᵈ AF   27 μητερα] +αυτου F | Κυριω] pr τω F   28 η] και BᵃᵇF | και 2°] η A | τα παιδια] το παιδιον F | σφαξεις] σφαξετε F   29 χαρμοσυνης] χ sup ras A¹⁻ Κυριω] pr τω F   30 om αυτη F | απολειψεται F   31 ποιησατε F* (ποιησετε F¹ᵐᵍ) | αυτας]+εγω κυριος F   32 ου]+μη F   XXIII 2 εορται 2°] pr αι Bᵃᵇᵐᵍ F   3 κλητη] κτητη F* (λ superscr F¹ᵛⁱᵈ) | ποιησεις 2ᵃ] ποιησετε F | om υμων 1° Bᵃᵇ F   4 και αυται] κληται F | αγιας] αγιαι αι BᵃᵇF | καλεσετε F   5 τεσσαρισκαιδ. Bᵇ

ΛΕΥΕΙΤΙΚΟΝ XXIII 19

ἐν τῇ πεντεκαιδεκάτῃ ἡμέρᾳ τοῦ μηνὸς τούτου ἑορτὴ τῶν ἀζύμων τῷ Β
7 κυρίῳ· ἑπτὰ ἡμέρας ἄζυμα ἔδεσθε. ⁷καὶ ἡ ἡμέρα ἡ πρώτη κλητὴ
8 ἁγία ἔσται ὑμῖν, πᾶν ἔργον λατρευτὸν οὐ ποιήσετε· ⁸καὶ προσ-
άξετε ὁλοκαυτώματα τῷ κυρίῳ ἑπτὰ ἡμέρας, καὶ ἡ ἑβδόμη ἡμέρα
κλητὴ ἁγία ἔσται ὑμῖν· πᾶν ἔργον λατρευτὸν οὐ ποιήσετε.
9 ⁹Καὶ ἐλάλησεν Κύριος πρὸς Μωυσῆν λέγων ¹⁰Εἰπὸν τοῖς υἱοῖς
10 Ἰσραὴλ καὶ ἐρεῖς πρὸς αὐτούς. Ὅταν εἰσέλθητε εἰς τὴν γῆν, ἣν ἐγὼ
δίδωμι ὑμῖν καὶ θερίζητε τὸν θερισμὸν αὐτῆς, καὶ οἴσετε δράγμα
11 ἀπαρχὴν τοῦ θερισμοῦ ὑμῶν πρὸς τὸν ἱερέα· ¹¹καὶ ἀνοίσει τὸ δράγμα
ἔναντι Κυρίου δεκτὸν ὑμῖν, τῇ ἐπαύριον τῆς πρώτης ἀνοίσει αὐτὸ ὁ
12 ἱερεύς. ¹²καὶ ποιήσετε ἐν τῇ ἡμέρᾳ ἐν ᾗ ἂν φέρητε τὸ δράγμα πρό-
13 βατον ἄμωμον ἐνιαύσιον εἰς ὁλοκαύτωμα τῷ κυρίῳ, ¹³καὶ τὴν θυσίαν
αὐτοῦ δύο δέκατα σεμιδάλεως ἀναπεποιημένης ἐν ἐλαίῳ· θυσία τῷ
κυρίῳ, ὀσμὴ εὐωδίας Κυρίῳ· καὶ σπονδὴ αὐτοῦ τὸ τέταρτον τοῦ ἲν
14 οἴνου. ¹⁴καὶ ἄρτον καὶ πεφρυγμένα χίδρα νέα οὐ φάγεσθε ἕως εἰς
αὐτὴν τὴν ἡμέραν ταύτην, ἕως ἂν προσενέγκητε ὑμεῖς τὰ δῶρα τῷ
θεῷ ὑμῶν· νόμιμον αἰώνιον εἰς τὰς γενεὰς ὑμῶν ἐν πάσῃ κατοικίᾳ
ὑμῶν.
15 ¹⁵Καὶ ἀριθμήσετε ὑμεῖς ἀπὸ τῆς ἐπαύριον τῶν σαββάτων, ἀπὸ
τῆς ἡμέρας ἧς ἂν προσενέγκητε τὸ δράγμα τοῦ ἐπιθέματος, ἑπτὰ
16 ἑβδομάδας ὁλοκλήρους· ¹⁶ἕως τῆς ἐπαύριον τῆς ἐσχάτης ἑβδομάδος
ἀριθμήσετε. πεντήκοντα ἡμέρας, καὶ προσοίσετε θυσίαν νέαν τῷ
17 κυρίῳ. ¹⁷ἀπὸ τῆς κατοικίας ὑμῶν προσοίσετε ἄρτους ἐπίθεμα, δύο
ἄρτους· ἐκ δύο δεκάτων σεμιδάλεως ἔσονται, ἐζυμωμένοι πεφθή-
18 σονται πρωτογενημάτων τῷ κυρίῳ. ¹⁸καὶ προσάξει μετὰ τῶν ἄρτων
ἑπτὰ ἀμνοὺς ἀμώμους ἐνιαυσίους καὶ μόσχον ἕνα ἐκ βουκολίου καὶ
κριοὺς δύο ἀμώμους· ἔσονται ὁλοκαύτωμα τῷ κυρίῳ, καὶ αἱ θυσίαι
αὐτῶν καὶ αἱ σπονδαὶ αὐτῶν· θυσίαν ὀσμὴν εὐωδίας τῷ κυρίῳ.
19 ¹⁹καὶ ποιήσουσιν χίμαρον ἐξ αἰγῶν ἕνα περὶ ἁμαρτίας καὶ δύο

8 ολοκαυτωματα F | η ημ. η ε3δ. F   10 om και 3° F | οισεται A | AF
δραγμα] τα δραγματα A   11 αυτο BᵃᵇF] αυτα B*Λ   12 εν η]
εκεινη F | αν] εαν A | αμωμον] αμμον A* (ω superscr A¹)   13 δεκατα]
δεκατας F | αναπεποιημενης] αναπεποιημενας F | τω κυριω] om τω F | οσμη] εις
οσμην F | Κυριω] pr τω A | σπονδη] σπονδην BᵃᵇF | αυτου 2°] αυτω A | ιν] ειν F
14 του θῦ A | εις τας γεν. υμ. νομ. αιων. A   15 αριθμησεται A | υμεις] υμιν F |
εβδομαδες A | ολοκληρους] + αριθμησεις F   16 εβδομαδος F] εβδομαδης B*
εβδομης BᵃᵇA | αριθμησεται A   17 αρτους 1°] αυτους F | εσονται] εσται ο
αρτος ο εις F   18 προσαξει] προσαξετε Bᵃᵗᵇ'F | βουκολιου] βουκολιων
A | εσονται] pr και F | θυσιαν οσμην] θυσια οσμη F   19 ποιησουσιν]
ποιησετε F

237

ΛΕΥΕΙΤΙΚΟΝ

Β ἀμνοὺς ἐνιαυσίους εἰς θυσίαν σωτηρίου μετὰ τῶν ἄρτων τοῦ πρωτογενήματος· ²⁰καὶ ἐπιθήσει αὐτὰ ὁ ἱερεὺς μετὰ τῶν' ἄρτων τοῦ πρωτογενήματος ἐπίθεμα ἔναντι Κυρίου μετὰ τῶν δύο ἀμνῶν· ἅγια ἔσονται τῷ κυρίῳ· τῷ ἱερεῖ τῷ προσφέροντι αὐτά, αὐτῷ ἔσται. ²¹καὶ καλέσετε ταύτην τὴν ἡμέραν κλητήν· ἁγία ἔσται ὑμῖν, πᾶν ἔργον λατρευτὸν οὐ ποιήσετε ἐν αὐτῇ· νόμιμον αἰώνιον εἰς τὰς γενεὰς ὑμῶν ἐν πάσῃ τῇ κατοικίᾳ ὑμῶν. ²²Καὶ ὅταν θερίζητε τὸν θερισμὸν τῆς γῆς ὑμῶν, οὐ συντελέσετε τὸ λοιπὸν τοῦ θερισμοῦ τοῦ ἀγροῦ σου ἐν τῷ θερίζειν σε, καὶ τὰ ἀποπίπτοντα τοῦ θερισμοῦ σου οὐ συλλέξεις· τῷ πτωχῷ καὶ τῷ προσηλύτῳ ὑπολείψῃ αὐτό· ἐγὼ Κύριος ὁ θεὸς ὑμῶν.

²³Καὶ ἐλάλησεν Κύριος πρὸς Μωυσῆν λέγων ²⁴Λάλησον τοῖς υἱοῖς Ἰσραὴλ λέγων Τοῦ μηνὸς τοῦ ἑβδόμου μιᾷ τοῦ μηνὸς ἔσται ὑμῖν ἀνάπαυσις, μνημόσυνον σαλπίγγων, κλητὴ ἁγία ἔσται ὑμῖν· ²⁵πᾶν ἔργον λατρευτὸν οὐ ποιήσετε, καὶ προσάξετε ὁλοκαύτωμα Κυρίῳ. ²⁶Καὶ ἐλάλησεν Κύριος πρὸς Μωυσῆν λέγων ²⁷Καὶ τῇ δεκάτῃ τοῦ μηνὸς τοῦ ἑβδόμου τούτου ἡμέρα ἐξιλασμοῦ, κλητὴ ἁγία ἔσται ὑμῖν· καὶ ταπεινώσετε τὰς ψυχὰς ὑμῶν, καὶ προσάξετε ὁλοκαύτωμα τῷ κυρίῳ. ²⁸πᾶν ἔργον οὐ ποιήσετε ἐν αὐτῇ τῇ ἡμέρᾳ ταύτῃ· ἔστιν γὰρ ἡμέρα ἐξιλασμοῦ αὕτη ὑμῖν, ἐξιλάσασθαι περὶ ὑμῶν ἔναντι Κυρίου τοῦ θεοῦ ὑμῶν. ²⁹πᾶσα ψυχὴ ἥτις μὴ ταπεινωθήσεται ἐν αὐτῇ τῇ ἡμέρᾳ ταύτῃ ἐξολεθρευθήσεται ἐκ τοῦ λαοῦ αὐτῆς. ³⁰καὶ πᾶσα ψυχὴ ἥτις ποιήσει ἔργον ἐν αὐτῇ τῇ ἡμέρᾳ ταύτῃ, ἀπολεῖται ἡ ψυχὴ ἐκείνη ἐκ τοῦ λαοῦ αὐτῆς. ³¹πᾶν ἔργον οὐ ποιήσετε· νόμιμον αἰώνιον εἰς τὰς γενεὰς ὑμῶν ἐν πάσαις κατοικίαις ὑμῶν. ³²σάββατα σαββάτων ἔσται ὑμῖν, καὶ ταπεινώσετε τὰς ψυχὰς ὑμῶν· ἀπὸ ἐνάτης τοῦ μηνὸς ἀπὸ ἑσπέρας ἕως ἑσπέρας σαββατιεῖτε τὰ σάββατα ὑμῶν.

³³Καὶ ἐλάλησεν Κύριος πρὸς Μωυσῆν λέγων ³⁴Λάλησον τοῖς υἱοῖς Ἰσραὴλ λέγων Τῇ πεντεκαιδεκάτῃ τοῦ μηνὸς τοῦ ἑβδόμου τούτου ἑορτὴ σκηνῶν ἑπτὰ ἡμέρας τῷ κυρίῳ. ³⁵καὶ ἡ ἡμέρα ἡ πρώτη κλητὴ ἁγία, πᾶν ἔργον λατρευτὸν οὐ ποιήσετε. ³⁶ἑπτὰ ἡμέρας προσ-

AF   21 κλητην] κλητη AF | ποιησεται A | τη κατοικια] om τη F   22 om σου 2° F | υπολειψη] υπολιψεις F | αυτο] αυτα Bᵃᵇ AF | ο θεος] om ο A   24 εσται υμιν 2°] τω κυριω F   25 Κυριω] pr τω AF   28 om A | εξιλασασθε F   31 κατοικιαις] pr ταις F   32 εσπερας 2°] pr δεκατης του μηνος F | σαββατιειται F   34 εβδ. τουτου sup ras et in mg F¹   36 προσαξετε 1°] προσαξεται A

ΛΕΥΕΙΤΙΚΟΝ XXIV 6

ἄξετε ὁλοκαυτώματα τῷ κυρίῳ· καὶ ἡ ἡμέρα ἡ ὀγδόη ἁγία κλητὴ ἔσται Β
ὑμῖν, καὶ προσάξετε ὁλοκαυτώματα Κυρίῳ· ἐξόδιόν ἐστιν, πᾶν ἔργον
37 λατρευτὸν οὐ ποιήσετε. ³⁷αὗται αἱ ἑορταὶ Κυρίῳ ἃς καλέσετε κλη-
τὰς ἁγίας, ὥστε προσενέγκαι. καρπώματα τῷ κυρίῳ, ὁλοκαυτώματα
καὶ θυσίας αὐτῶν καὶ σπονδὰς αὐτῶν τὸ καθ᾽ ἡμέραν εἰς ἡμέραν·
38 ³⁸πλὴν τῶν σαββάτων Κυρίου καὶ πλὴν τῶν δομάτων ὑμῶν καὶ
πλὴν πασῶν τῶν εὐχῶν ὑμῶν καὶ πλὴν τῶν ἑκουσίων ὑμῶν ἃ ἂν
39 δῶτε τῷ κυρίῳ. ³⁹Καὶ ἐν τῇ πεντεκαιδεκάτῃ ἡμέρᾳ τοῦ μηνὸς
τοῦ ἑβδόμου τούτου, ὅταν συντελέσητε τὰ γενήματα τῆς γῆς, ἑορτά-
σατε τῷ κυρίῳ ζ' ἡμέρας· τῇ ἡμέρᾳ τῇ πρώτῃ ἀνάπαυσις, καὶ τῇ
40 ἡμέρᾳ τῇ ὀγδόῃ ἀνάπαυσις. ⁴⁰καὶ λήμψεσθε τῇ πρώτῃ καρπὸν ξύλου
ὡραῖον καὶ κάλλυνθρα φοινίκων καὶ κλάδους ξύλου δασεῖς καὶ ἰτέας
καὶ ἄγνου κλάδους ἐκ χειμάρρου, εὐφρανθῆναι ἔναντι Κυρίου τοῦ
41 θεοῦ ὑμῶν ἑπτὰ ἡμέρας τοῦ ἐνιαυτοῦ· ⁴¹νόμιμον αἰώνιον εἰς τὰς
42 γενεὰς ὑμῶν. ἐν τῷ μηνὶ τῷ ἑβδόμῳ ἑορτάσετε αὐτήν· ⁴²ἐν σκηναῖς
κατοικήσετε ἑπτὰ ἡμέρας, πᾶς ὁ αὐτόχθων ἐν Ἰσραὴλ κατοικήσει ἐν
43 σκηναῖς· ⁴³ὅπως ἴδωσιν αἱ γενεαὶ ὑμῶν ὅτι ἐν σκηναῖς κατοίκισα
τοὺς υἱοὺς Ἰσραὴλ ἐν τῷ ἐξαγαγεῖν με αὐτοὺς ἐκ γῆς Αἰγύπτου. ἐγὼ
44 Κύριος ὁ θεὸς ὑμῶν. ⁴⁴καὶ ἐλάλησεν Μωυσῆς τὰς ἑορτὰς Κυρίου τοῖς
υἱοῖς Ἰσραήλ.

XXIV ¹Καὶ ἐλάλησεν Κύριος πρὸς Μωυσῆν λέγων ²Ἔντειλαι τοῖς υἱοῖς
2 Ἰσραήλ, καὶ λαβέτωσάν μοι ἔλαιον ἐλάινον καθαρὸν κεκομμένον εἰς
3 φῶς, καῦσαι λύχνον διὰ παντός. ³ἔξωθεν τοῦ καταπετάσματος ἐν τῇ
σκηνῇ τοῦ μαρτυρίου καύσουσιν αὐτὸν Ἀαρὼν καὶ οἱ υἱοὶ αὐτοῦ ἀπὸ
ἑσπέρας ἕως πρωὶ ἐνώπιον Κυρίου ἐνδελεχῶς· νόμιμον αἰώνιον εἰς
4 τὰς γενεὰς ὑμῶν. ⁴ἐπὶ τῆς λυχνίας τῆς καθαρᾶς καύσετε τοὺς λύχνους
5 ἔναντι Κυρίου ἕως τὸ πρωί. ⁵καὶ λήμψεσθε σεμίδαλιν καὶ ποιήσετε
6 αὐτὴν δώδεκα ἄρτους, δύο δεκάτων ἔσται ὁ ἄρτος ὁ εἷς· ⁶καὶ ἐπιθή-

36 ολοκαυτωματα 1°] ολοκαυτωμα A | ογδοη αγια sup ras B¹ᵗᵃ¹ | αγια AF
κλητη] κλητη αγια AF | ολοκαυτωματα 2°] ολοκαυτωμα AF | Κυριω] pr τω
AF   37 Κυριω] pr τω A κυριου F | καλεσετε]+αυτας F   38 πασων]
παντων BA   39 ημερα 1°] pr τη A | εορτασετε AF | ζ'] επτα AF | τη ημερα
2°] τη δε ημ. F   40 λημψεσθε]+εαυτοις F | τη πρωτη] pr τη ημερα BᵃᵇF
(om B*A) | ξυλου 2°] ξυλων A | ιτεας] ιταιας F | ευφρανθηναι] ευφρανθησεσθε
F   42 κατοικησεται A | πας] s sup ras Aᵃ¹   43 ιδωσιν] αν ειδωσιν
F | κατοικισα] κατωκησα A κατωκισα F   44 Κυριου]+του θεου F
XXIV 3 καυσουσιν] pr και BᵃᵇAF | αυτον B*Fᵛⁱᵈ] αυτο Bᵃ⁽ᵛⁱᵈ⁾bA | απο
εσπερας] απ εσπ. A αφ εσπ. F   4 καυσεται A | το πρωι] pr εις Bᵃᵇ om
το A   6 επιθησεται A

ΛΕΥΕΙΤΙΚΟΝ

Β σετε αὐτοὺς δύο θέματα, ἐξ ἄρτους τὸ ἓν· θέμα, ἐπὶ τὴν τράπεζαν τὴν καθαρὰν· ἔναντι Κυρίου. ⁷καὶ ἐπιθήσετε ἐπὶ τὸ θέμα λίβανον ⁷ καθαρὸν καὶ ἅλα, καὶ ἔσονται εἰς ἄρτους εἰς ἀνάμνησιν προκείμενα τῷ κυρίῳ. ⁸τῇ ἡμέρᾳ τῶν σαββάτων προθήσεται ἔναντι Κυρίου διὰ 8 παντὸς ἐνώπιον τῶν υἱῶν Ἰσραήλ, διαθήκην αἰώνιον. ⁹καὶ ἔσται 9 Ἀαρὼν καὶ τοῖς υἱοῖς αὐτοῦ, καὶ φάγονται αὐτὰ ἐν τόπῳ ἁγίῳ· ἔστιν γὰρ ἅγια τῶν ἁγίων τοῦτο αὐτῶν ἀπὸ τῶν θυσιαζομένων τῷ κυρίῳ, νόμιμον αἰώνιον.

¹⁰Καὶ ἐξῆλθεν υἱὸς γυναικὸς Ἰσραηλείτιδος, καὶ οὗτος ἦν υἱὸς 10 Αἰγυπτίου ἐν τοῖς υἱοῖς Ἰσραήλ· καὶ ἐμαχέσαντο ἐν τῇ παρεμβολῇ ὁ ἐκ τῆς Ἰσραηλείτιδος καὶ ὁ ἄνθρωπος ὁ Ἰσραηλείτης, ¹¹καὶ ἐπονο- 11 μάσας ὁ υἱὸς τῆς γυναικὸς τῆς Ἰσραηλείτιδος τὸ ὄνομα κατηράσατο. καὶ ἤγαγον αὐτοὺς πρὸς Μωυσῆν· καὶ τὸ ὄνομα τῆς μητρὸς αὐτοῦ Σαλωμεὶθ θυγάτηρ Δαβρεὶ ἐκ τῆς φυλῆς Δάν. ¹²καὶ ἀπέθεντο αὐτὸν 12 εἰς φυλακήν, διακρῖναι αὐτὸν διὰ προστάγματος Κυρίου. ¹³Καὶ 13 ἐλάλησεν Κύριος πρὸς Μωυσῆν λέγων ¹⁴Ἐξάγαγε τὸν καταρασά- 14 μενον ἔξω τῆς παρεμβολῆς, καὶ ἐπιθήσουσιν πάντες οἱ ἀκούσαντες τὰς χεῖρας αὐτῶν ἐπὶ τὴν κεφαλὴν αὐτοῦ, καὶ λιθοβολήσουσιν αὐτὸν πᾶσα ἡ συναγωγή. ¹⁵καὶ τοῖς υἱοῖς Ἰσραὴλ λάλησον καὶ ἐρεῖς πρὸς 15 αὐτούς Ἄνθρωπος ὃς ἐὰν καταράσηται θεόν, ἁμαρτίαν λήμψεται, ¹⁶ὀνομάζων δὲ τὸ ὄνομα Κυρίου θανάτῳ θανατούσθω· λίθοις λιθοβο- 16 λείτω αὐτὸν πᾶσα συναγωγὴ Ἰσραήλ· ἐάν τε προσήλυτος ἐάν τε αὐτόχθων, ἐν τῷ ὀνομάσαι αὐτὸν τὸ ὄνομα Κυρίου τελευτάτω. ¹⁷καὶ 17 ἄνθρωπος ὃς ἂν πατάξῃ ψυχὴν ἀνθρώπου, καὶ ἀποθάνῃ, θανάτῳ θανατούσθω. ¹⁸καὶ ὃς ἂν πατάξῃ κτῆνος, καὶ ἀποθάνῃ, ἀποτισάτω 18 ψυχὴν ἀντὶ ψυχῆς. ¹⁹καὶ ἐάν τις δῷ μῶμον τῷ πλησίον, ὡς ἐποί- 19 ησεν αὐτῷ, ὡσαύτως ἀντιποιηθήσεται αὐτῷ· ²⁰σύντριμμα ἀντὶ συν- 20 τρίμματος, ὀφθαλμὸν ἀντὶ ὀφθαλμοῦ, ὀδόντα ἀντὶ ὀδόντος, καθότι

AF 6 θεματα] θ sup ras A¹ 7 επιθησεται Α | εις αρτους] οι αρτοι F | προκειμενα] προκιμενοι F 8 προσθησεται F* (προθ. F¹) | ενωπιον] εν ω. παρα F | διαθηκη αιωνιος F 9 αυτων] αυτω AF 10 και 1°] αι sup ras Bᵃ | Ισραηλειτιδος 1°] Ισραηλιτιδος BᵇF Ιεξραηλιτιδος A | Ισραηλειτιδος 2°, Ισραηλειτης] Ισραηλιτ. BᵇAF 11 ο υιος] om ο A | Ισραηλειτιδος] Ισραηλιτ. BᵇAF | κατηρασαντο Aᵛⁱᵈ | αυτους] αυτον BᵃᵇAF | Σαλαμειθ Bᵃᵇ | Δαβρι AF 12 εις φυλακεν] εν φυλακη A 15 λαλησον] λαλησεις F | ανθρωπος ος] ανθρ. ανθρωπος F* (ανηρ ανηρ Fᵃᵐᵍ) | θεον]+αυτου F 16 συναγωγη] pr η BᵗᵐᵍF | om Ισραηλ F 17 ος αν] εαν A | ψυχην] pr πασαν F 19 δω F] δη BA | ωσαυτως] ουτως F | αντιποιηθησεται] om αντι F¹ᵐᵍᵛⁱᵈ 20 καθοτι] καθο F

ΛΕΥΕΙΤΙΚΟΝ XXV 11

21 ἂν. δῷ μῶμον τῷ ἀνθρώπῳ, οὕτως δοθήσεται αὐτῷ. ²¹ ὃς ἂν πατάξῃ B
22 ἄνθρωπον, καὶ ἀποθάνῃ, θανάτῳ θανατούσθω· ²²δικαίωσις μία ἔσται
τῷ προσηλύτῳ καὶ τῷ ἐνχωρίῳ, ὅτι ἐγώ εἰμι Κύριος ὁ θεὸς ὑμῶν.
23 ²³καὶ ἐλάλησεν Μωσῆς τοῖς υἱοῖς Ἰσραὴλ, καὶ ἐξήγαγον τὸν καταρασάμενον ἔξω τῆς παρεμβολῆς καὶ ἐλιθοβόλησαν αὐτὸν ἐν λίθοις·
καὶ οἱ υἱοὶ Ἰσραὴλ ἐποίησαν καθὰ συνέταξεν Κύριος τῷ Μωυσῇ.

V 1 ¹Καὶ ἐλάλησεν Κύριος πρὸς Μωυσῆν ἐν τῷ ὄρει Σεινὰ λέγων
2 ²Λάλησον τοῖς υἱοῖς Ἰσραὴλ. καὶ ἐρεῖς πρὸς αὐτούς Ἐὰν εἰσέλθητε
εἰς τὴν γῆν ἣν ἐγὼ δίδωμι ὑμῖν, καὶ ἀναπαύσεται ἡ γῆ ἣν ἐγὼ δίδωμι
3 ὑμῖν σάββατα τῷ κυρίῳ. ³ἓξ ἔτη σπερεῖς τὸν ἀγρόν σου, καὶ ἓξ
4 ἔτη τεμεῖς τὴν ἄμπελόν σου καὶ συνάξεις τὸν καρπὸν αὐτῆς· ⁴τῷ δὲ
ἔτει τῷ ἑβδόμῳ σάββατα ἀνάπαυσις ἔσται τῇ γῇ, σάββατα τῷ κυρίῳ·
5 τὸν ἀγρόν σου οὐ σπερεῖς, καὶ τὴν ἄμπελόν σου οὐ τεμεῖς, ⁵καὶ τὰ
αὐτόματα ἀναβαίνοντα τοῦ ἀγροῦ σου οὐκ ἐκθερίσεις καὶ τὴν σταφυλὴν τοῦ ἁγιάσματός σου οὐκ ἐκτρυγήσεις· ἐνιαυτὸς ἀναπαύσεως ἔσται
6 τῇ γῇ. ⁶καὶ ἔσται τὰ σάββατα τῆς γῆς βρώματά σοι καὶ τῷ παιδί
σου καὶ τῇ παιδίσκῃ σου καὶ τῷ μισθωτῷ σου καὶ τῷ παροίκῳ τῷ
7 προσκειμένῳ πρὸς σέ· ⁷καὶ τοῖς κτήνεσίν σου καὶ τοῖς θηρίοις τοῖς ἐν
τῇ γῇ σου ἔσται πᾶν τὸ γένημα αὐτοῦ εἰς βρῶσιν.
8 ⁸Καὶ ἐξαριθμήσεις σεαυτῷ ἑπτὰ ἀναπαύσεις ἐτῶν, ἑπτὰ ἔτη ἑπτάκις· καὶ ἔσονταί σοι ἑπτὰ ἑβδομάδες ἐτῶν ἐννέα καὶ τεσσεράκοντα
9 ἔτη. ⁹καὶ διαγγελεῖτε σάλπιγγος φωνῇ ἐν πάσῃ τῇ γῇ ὑμῶν, ἐν τῷ
μηνὶ τῷ ἑβδόμῳ, τῇ δεκάτῃ τοῦ μηνός· τῇ ἡμέρᾳ τοῦ ἱλασμοῦ, διαγγε-
10 λεῖτε σάλπιγγι ἐν πάσῃ τῇ γῇ ὑμῶν. ¹⁰καὶ ἁγιάσατε τὸ ἔτος τὸ
πεντηκοστὸν ἐνιαυτόν, καὶ διαβοήσετε ἄφεσιν ἐπὶ τῆς γῆς πᾶσιν
τοῖς κατοικοῦσιν αὐτήν· ἐνιαυτὸς ἀφέσεως σημασία αὕτη ἔσται ὑμῖν,
καὶ ἀπελεύσεται εἷς ἕκαστος εἰς τὴν κτῆσιν αὐτοῦ, καὶ ἕκαστος εἰς
11 τὴν πατρίδα αὐτοῦ ἀπελεύσεσθε. ¹¹ἀφέσεως σημασία αὕτη, τὸ ἔτος
τὸ πεντηκοστὸν ἐνιαυτὸς ἔσται ὑμῖν· οὐ σπερεῖτε, οὐδὲ ἀμήσετε τὰ
αὐτόματα ἀναβαίνοντα αὐτῆς, καὶ οὐ τρυγήσετε τὰ ἡγιασμένα αὐτῆς·

20 τω ανθρ.] om τω F | δοθησεται] δωσετε F . 22 τω ενχωριω.(ενχ. AF BᵇAF)] om τω A | om ειμι F . 23 Μωυσης AF | εν λιθοις] om εν BᵃᶜF (hab B*ᵇA) +πασα η συναγωγη F | καθα] καθαπέρ Bᵃᵇ . XXV 1 Σινα BᵇAF 2 εαν] οταν F· 5 αναβαινοντα pr τα A | σου 2°] μου A 6 τω παροικω] +σου F 7 τοις εν'τη γη] της γης F | αυτου] σου A .. 8 εσονται σοι] +ημεραι Fᵃᵐᵍ 9 om εν 2° AF | τη δεκ. του μηνος] του μηνος A +τη δεκ. Aᵃᵗᵐᵍ | εξιλασμου F· 10 αγιασέτε BᵃᵇF | το πεντ.] τον πεντ. F | πασι F· | εσται] εστιν. F | om εις 1°. F | εκαστος 1°] pr κατ A | πατριδα] πατριαν F¹ᵐᵍ 11 σημασια BᵃᵇAF] σημασιας B* | το ετος] pr εσται υμιν F |.ουδε] +μη A | αμησητε A | τρυγησεται A

SEPT. 241 Q

ΛΕΥΕΙΤΙΚΟΝ

B ¹²ὅτι ἀφέσεως σημασία ἐστίν, ἅγιον. ἔσται ὑμῖν· ἀπὸ τῶν πεδίων 12 φάγεσθε τὰ γενήματα αὐτῆς. ¹³ἐν τῷ ἔτει τῆς ἀφέσεως σημασίᾳ 13 αὐτῆς ἐπανελεύσεται εἰς τὴν κτῆσιν αὐτοῦ. ¹⁴ἐὰν δὲ ἀποδῷ πρᾶσιν 14 τῷ πλησίον σου, ἐὰν καὶ κτήσῃ παρὰ τοῦ πλησίον σου, μὴ θλιβέτω ἄνθρωπος τὸν πλησίον· ¹⁵κατὰ ἀριθμὸν ἐτῶν μετὰ τὴν σημασίαν 15 κτήσῃ παρὰ τοῦ πλησίον, κατὰ ἀριθμὸν ἐνιαυτῶν γενημάτων ἀποδώσεταί σοι. ¹⁶καθότι ἂν πλεῖον τῶν ἐτῶν πληθύνῃ τὴν ἔνκτησιν 16 αὐτοῦ, καὶ καθότι ἂν ἔλαττον τῶν ἐτῶν ἐλαττονώσῃ τὴν κτῆσιν αὐτοῦ· ὅτι ἀριθμὸν γενημάτων αὐτοῦ οὕτως ἀποδώσεταί σοι. ¹⁷μὴ 17 θλιβέτω ἄνθρωπος τὸν πλησίον, καὶ φοβηθήσῃ Κύριον τὸν θεόν σου· ἐγώ εἰμι Κύριος ὁ θεὸς ὑμῶν. ¹⁸Καὶ ποιήσετε πάντα τὰ δικαιώ- 18 ματά μου καὶ πάσας τὰς κρίσεις μου, καὶ φυλάξασθε καὶ ποιήσετε αὐτά, καὶ κατοικήσετε πεποιθότες· ¹⁹καὶ δώσει ἡ γῆ τὰ ἐκφόρια 19 αὐτῆς, καὶ φάγεσθε εἰς πλησμονήν, καὶ κατοικήσετε πεποιθότες ἐπ' αὐτῆς. ²⁰ἐὰν δὲ λέγητε Τί φαγόμεθα ἐν τῷ ἔτει τῷ ἑβδόμῳ 20 τούτῳ ἐὰν μὴ σπείρωμεν μηδὲ συναγάγωμεν τὰ γενήματα ἡμῶν; ²¹καὶ ἀποστέλλω τὴν εὐλογίαν μου ὑμῖν ἐν τῷ ἔτει τῷ ἕκτῳ, καὶ 21 ποιήσει τὰ γενήματα αὐτῆς εἰς τὰ τρία ἔτη. ²²καὶ σπερεῖτε τὸ 22 ἔτος τὸ ὄγδοον, καὶ φάγεσθε ἀπὸ τῶν γενημάτων παλαιὰ ἕως τοῦ ἔτους τοῦ ἐνάτου· ἕως ἂν ἔλθῃ τὸ γένημα αὐτῆς, φάγεσθε παλαιὰ παλαιῶν. ²³Καὶ ἡ γῆ οὐ πραθήσεται εἰς βεβαίωσιν· ἐμὴ γάρ 23 ἐστιν ἡ γῆ, διότι προσήλυτοι καὶ πάροικοι ὑμεῖς ἐστε ἐναντίον μου· ²⁴καὶ κατὰ πᾶσαν γῆν κατασχέσεως ὑμῶν λύτρα δώσετε τῆς γῆς. 24 ²⁵ἐὰν δὲ πένηται ὁ ἀδελφός σου ὁ μετὰ σοῦ καὶ ἀποδώσεται ἀπὸ 25 τῆς κατασχέσεως αὐτοῦ, καὶ ἔλθῃ ὁ ἀγχιστεύων ἐγγίζων ἔγγιστα αὐτοῦ καὶ λυτρώσεται τὴν πρᾶσιν τοῦ ἀδελφοῦ αὐτοῦ. ²⁶ἐὰν δὲ 26 μὴ ᾖ τινι ὁ ἀγχιστεύων, καὶ εὐπορηθῇ τῇ χειρὶ καὶ εὑρεθῇ αὐτῷ τὸ ἱκανὸν λύτρα αὐτοῦ· ²⁷καὶ συλλογιεῖται τὰ ἔτη τῆς πράσεως αὐτοῦ, 27

AF 13 εν τω ετει] εστω επι Α | εν δε τω ετει F | αυτης] αυτη Α | επανελευσεται] +εκαστος BᵃᵇAF | κτησιν] ενκτησιν Bᵃ εγκτησιν BᵇF · 15 om ετων... κατα αριθμον 2° A 16 πληθυνει F | ενκτησιν] εγκτησιν BᵇF εκτησιν (sic) A | om και AF* (hab BF¹) | om αν 2° F | om ελαττον των ετων Α | ελαττονωσει F | κτησιν] ενκτησιν Bᵃ εγκτ. BᵇF | αυτου ουτως] αυτος F 17 θλιψετω Α | om Κυριος F 18 φυλαξασθε] φυλαξετε F | ποιησετε 2°] ποιησατε Α | αυτα] αυτας Α | κατοικησετε] κατοικησητε A+επι της γης BᵃᵇF 20 om δε Α 21 αποστελω AF 22 το γενημα] τα γενηματα F 23 η γη 1°] om η A* (hab A¹) | βεβαιωσιν] σι sup ras Aᵃ | εμη BᵃᵇAF] μη B* | μου] εμου F 25 αποδωσεται BᵃᵇA] αποδωσετε B* αποδωτε F | εγγιζων εγγιστα αυτου] ο εγγιζων αυτω BᵃᵇF | λυτρωσετε F (item 48) 26 μη η τινι] τινι μη η F | ευπορηθη] ευρεθη Α 27 συλλογιειτε Α | ετη] επι Α

ΛΕΥΕΙΤΙΚΟΝ XXV 39

καὶ ἀποδώσει ὅπερ ἔχει τῷ ἀνθρώπῳ ᾧ ἀπέδοτο ἑαυτὸν αὐτῷ, καὶ B'
28 ἀπελεύσεται εἰς τὴν κατάσχεσιν αὐτοῦ. ²⁸ἐὰν δὲ μὴ εὑρεθῇ ἡ χεὶρ
αὐτοῦ τὸ ἱκανὸν ὥστε ἀποδοῦναι αὐτά, καὶ ἔσται ἡ πρᾶσις τῷ κτησα-
μένῳ αὐτὰ ἕως τοῦ ἕκτου ἔτους· τῆς ἀφέσεως, καὶ ἐξελεύσεται τῇ
29 ἀφέσει, καὶ ἀπελεύσεται εἰς τὴν κατάπαυσιν αὐτοῦ. ²⁹Ἐὰν δέ
τις ἀποδῶται οἰκίαν οἰκητὴν ἐν πόλει τετειχισμένῃ, καὶ ἔσται ἡ
λύτρωσις αὐτῆς· ἕως πληρωθῇ ἐνιαυτὸς ἡμερῶν, ἔσται ἡ λύτρωσις
30 αὐτῆς. ³⁰ἐὰν δὲ μὴ λυτρωθῇ ἕως ἂν πληρωθῇ αὐτῆς ἐνιαυτὸς ὅλος,
κυρωθήσεται ἡ οἰκία ἡ οὖσα ἐν πόλει τῇ ἐχούσῃ τεῖχος βεβαίως τῷ
κτησαμένῳ αὐτὴν εἰς τὰς γενεὰς αὐτοῦ, καὶ οὐκ ἐξελεύσεται ἐν τῇ
31 ἀφέσει. ³¹αἱ δὲ οἰκίαι αἱ ἐν ἐπαύλεσιν, αἷς οὐκ ἔστιν ἐν αὐταῖς
τεῖχος κύκλῳ, πρὸς τὸν ἀγρὸν τῆς γῆς λογισθήτωσαν· λυτρωταὶ διὰ
32 παντὸς ἔσονται, καὶ ἐν τῇ ἀφέσει ἐξελεύσονται. ³²καὶ αἱ πόλεις
τῶν Λευειτῶν, οἰκίαι τῶν πόλεων αὐτῶν κατασχέσεως, λυτρωταὶ διὰ
33 παντὸς ἔσονται τοῖς Λευείταις· ³³καὶ ὃς ἂν λυτρωσάμενος παρὰ τῶν
Λευειτῶν, καὶ ἐξελεύσεται ἡ διάπρασις αὐτῶν οἰκιῶν πόλεως κατα-
σχέσεως αὐτῶν ἐν τῇ ἀφέσει, ὅτι οἰκίαι τῶν πόλεων τῶν Λευειτῶν
34 κατάσχεσις αὐτῶν ἐν μέσῳ υἱῶν Ἰσραήλ. ³⁴καὶ οἱ ἀγροὶ ἀφωρισμένοι
ταῖς πόλεσιν αὐτῶν οὐ πραθήσονται, ὅτι κατάσχεσις αἰωνία τοῦτο
αὐτῶν ἐστιν.

35 ³⁵Ἐὰν δὲ πένηται ὁ ἀδελφός σου καὶ ἀδυνατήσει ταῖς χερσὶν
παρὰ σοῦ, ἀντιλήμψῃ αὐτοῦ ὡς προσηλύτου καὶ παροίκου, καὶ ζήσεται
36 ὁ ἀδελφός σου μετὰ σοῦ. ³⁶οὐ λήμψῃ παρ' αὐτοῦ τόκον οὐδὲ ἐπὶ
πλήθει, καὶ φοβηθήσῃ τὸν θεόν σου· ἐγὼ Κύριος· καὶ ζήσεται ὁ
37 ἀδελφός σου μετὰ σοῦ. ³⁷τὸ ἀργύριόν σου οὐ δώσεις αὐτῷ ἐπὶ
38 τόκῳ, καὶ πλεονασμὸν οὐ δώσεις αὐτῷ τὰ βρώματά σου. ³⁸ἐγὼ
Κύριος ὁ θεὸς ὑμῶν ὁ ἐξαγαγὼν ὑμᾶς ἐκ γῆς Αἰγύπτου, δοῦναι ὑμῖν
39 τὴν γῆν Χανάαν ὥστε εἶναι ὑμῶν θεός. ³⁹ἐὰν δὲ ταπεινωθῇ ὁ

27 οπερ εχει] ο υπερεχει Bᵃᵇ | εαυτον αυτω] αυτον εαυτω A αυτον αυτω F AF
28 ευρεθη] ευπορηθη BᵃᵇF | η χειρ αυτου] αυτου η χει (sic) F | αυτα 1°] αυτω
BᵃᵇF | om εκτου F | τη αφεσει] την αφεσιν A pr ἡ | απελευσεται] επανελευ-
σεται F | καταπαυσιν] κατασχεσιν BᵃᵇF   30 λυτρωθη] λ sup ras Aᵃ |
οικια] a sup ras Aᵃ | πολει] pr τη F   31 αις] αι A | εν αυταις] om εν A |
λογισθητωσαν] λογισθησονται BᵃF | εσονται]+αυται F   32 om αι F |
Λευιτων BᵇAF¹⁽ᵐᵍ⁾ (om F*) (item 33 et infra) | κατασχεσεως αυτων F |
Λευιταις BᵇAF   33 κατασχεσι] κατασχεσεις A pr η F¹   34 αφωρισμενοι]
pr οι F | προθησονται F* (πραθ. F¹ᵐᵍ)   35 ο αδελφος σου 1°]+ο μετα σου
F | αδυνατηση Bᵃᵇ?A | παρα σου] παρα σοι F   36 τοκον] το κακον
A | τον θεον σου] om σου A pr κυριον F   37 πλεονασμον] επι πλεο-
νασμω BᵃᵇF   38 δουναι] δυναι F pr του F¹⁽ᵐᵍ⁾

243   Q 2

ΛΕΥΕΙΤΙΚΟΝ.

B ἀδελφός σου παρὰ σοὶ καὶ πραθῇ σοί, οὐ ιδουλεύσει σοι δουλίαν· οἰκέτου· ⁴⁰ὡς μισθωτὸς ἢ πάροικος ἔσται σοι, ἕως τοῦ ἔτους τῆς ⁴⁰ ἀφέσεως ἐργᾶται παρὰ σοί. ⁴¹καὶ ἐξελεύσεται τῇ ἀφέσει καὶ τὰ ⁴¹ τέκνα αὐτοῦ μετ' αὐτοῦ, καὶ ἀπελεύσεται εἰς τὴν γενεὰν αὐτοῦ· εἰς τὴν κατάσχεσιν τὴν πατρικὴν ἀποδραμεῖται. ⁴²διότι οἰκέται μού ⁴² εἰσιν οὗτοι οὓς ἐξήγαγον ἐκ γῆς Αἰγύπτου, οὐ πραθήσεται ἐν πράσει οἰκέτου. ⁴³οὐ κατατενεῖς αὐτὸν ἐν τῷ μόχθῳ, καὶ φοβηθήσῃ Κύριον ⁴³ τὸν θεόν σου. ⁴⁴καὶ παῖς καὶ παιδίσκη ὅσοι ἂν γένωνταί σοι ἀπὸ ⁴⁴ τῶν ἐθνῶν ὅσοι κύκλῳ σού εἰσιν, ἀπ' αὐτῶν κτήσεσθε δοῦλον καὶ δούλην. ⁴⁵καὶ ἀπὸ τῶν υἱῶν τῶν παροίκων τῶν ὄντων ἐν ὑμῖν, ἀπὸ ⁴⁵ τούτων κτήσεσθε καὶ ἀπὸ τῶν συγγενῶν αὐτῶν ὅσοι ἂν γένωνται ἐν τῇ γῇ ὑμῶν· ἔστωσαν ὑμῖν εἰς κατάσχεσιν. ⁴⁶καὶ καταμεριεῖτε ⁴⁶ αὐτοὺς τοῖς τέκνοις ὑμῶν μεθ' ὑμᾶς, καὶ ἔσονται ὑμῖν κατόχιμοι εἰς τὸν αἰῶνα· τῶν ἀδελφῶν ὑμῶν τῶν υἱῶν Ἰσραήλ, ἕκαστος τὸν ἀδελφὸν αὐτοῦ οὐ κατατενεῖ αὐτὸν ἐν τοῖς μόχθοις. ⁴⁷Ἐὰν δὲ εὕρῃ ⁴⁷ ἡ χεὶρ τοῦ προσηλύτου ἢ τοῦ παροίκου τοῦ παρὰ σοί, καὶ ἀπορηθεὶς ὁ ἀδελφός σου πραθῇ τῷ προσηλύτῳ ἢ τῷ παροίκῳ τῷ παρὰ σοὶ ἐκ γενετῆς προσηλύτῳ, ⁴⁸μετὰ τὸ πραθῆναι αὐτῷ λύτρωσις ἔσται αὐτῷ· ⁴⁸ εἷς τῶν ἀδελφῶν σου λυτρώσεται αὐτόν· ⁴⁹ἀδελφὸς πατρὸς αὐτοῦ ⁴⁹ ἢ υἱὸς ἀδελφοῦ πατρὸς λυτρώσεται αὐτόν, ἢ ἀπὸ τῶν οἰκείων τῶν σαρκῶν αὐτοῦ ἐκ τῆς φυλῆς αὐτοῦ λυτρώσεται αὐτόν· ἐὰν δὲ εὐπορηθεὶς ταῖς χερσὶν λυτρώσηται ἑαυτόν, ⁵⁰καὶ συλλογιεῖται πρὸς τὸν ⁵⁰ κεκτημένον αὐτὸν ἀπὸ τοῦ ἔτους οὗ ἀπέδοτο ἑαυτὸν αὐτῷ ἕως τοῦ ἐνιαυτοῦ τῆς ἀφέσεως, καὶ ἔσται τὸ ἀργύριον τῆς πράσεως αὐτοῦ ὡς μισθίου· ἔτος ἐξ ἔτους ἔσται μετ' αὐτοῦ. ⁵¹ἐὰν δέ τινι πλεῖον τῶν ⁵¹ ἐτῶν ᾖ, πρὸς ταῦτα ἀποδώσει τὰ λύτρα αὐτοῦ ἀπὸ τοῦ ἀργυρίου τῆς πράσεως αὐτοῦ· ⁵²ἐὰν δὲ ὀλίγον καταλειφθῇ ἀπὸ τῶν ἐτῶν εἰς ⁵² τὸν ἐνιαυτὸν τῆς ἀφέσεως, καὶ συλλογιεῖται αὐτῷ κατὰ τὰ ἔτη αὐτοῦ, καὶ ἀποδώσει τὰ λύτρα αὐτοῦ (⁵³)ὡς μισθωτός. ⁵³ἐνιαυτὸς ἐξ ἐνιαυ- ⁵³

AF   39 om σοι 2° B* (hab BᵃAF)   40 μισθωτος] pr o A   41 γενεαν] γην A | αυτου 2°] εαυτου A | εις την κατασχ.] pr και F | πατρικην]+αυτου F | αποδραμειται] αποθανειται A   43 τω μοχθω BᵃᵇAF¹ᵐᵍ (om τω F*)] τω μοσχω B* | om και A* (hab A¹)   44 αν] εαν F | κτησασθε AF 45 συγγενων] συγγενιων F   46 αδελφων] pr δε BᵃᵇᵐᵍF (om B*A) | εκαστος]+υμων F | om αυτον A   47 om του 3° F | om του 3° F | εκ γενετης] pr η F   48 αυτω 2°] αυτου BᵃᵇF | σου] αυτου BᵃAF.   49 om αυτου 1° A | πατρος 2°]+αυτου F | των σαρκων] της σαρκος F | της φυλης]+της σαρκος A | λυτρωσηται] λυτρωται Bᵃᵇ λυτρωσητε A λυτρωσεται F   50 συλλογιειτε A | εαυτον αυτω] εαυτω A | ως] ημερα F | ετος] ετους F   51 πλεον ᾽A   52 om και 1° F | συλλογιειτε AF   53 ενιαυτος] ενιαυτον BᵃᵇF

ΛΕΥΕΙΤΙΚΟΝ XXVI 14

τοῦ ἔσται μετ' αὐτοῦ· οὐ κατατενεῖς αὐτὸν ἐν τῷ μόχθῳ ἐνώπιόν 54 σου. ⁵⁴ἐὰν δὲ μὴ λυτρῶται μετὰ ταῦτα, ἐξελεύσεται ἐν τῷ ἔτει 55 τῆς ἀφέσεως αὐτὸς καὶ τὰ παιδία αὐτοῦ μετ' αὐτοῦ. ⁵⁵ὅτι ἐμοὶ οἱ υἱοὶ Ἰσραὴλ οἰκέται εἰσίν· παῖδές μου οὗτοί εἰσιν οὓς ἐξήγαγον ἐκ γῆς Αἰγύπτου.

XXVI 1 ¹Ἐγὼ Κύριος ὁ θεὸς ὑμῶν· ⁽¹⁾οὐ ποιήσετε ὑμῖν αὐτοῖς χειροποίητα οὐδὲ γλυπτά, οὐδὲ στήλην ἀναστήσετε ὑμῖν, οὐδὲ λίθον σκοπὸν θήσετε 2 ἐν τῇ γῇ ὑμῶν προσκυνῆσαι αὐτῷ· ἐγώ εἰμι Κύριος ὁ θεὸς ὑμῶν· ²τὰ σάββατά μου φυλάξεσθε, καὶ ἀπὸ τῶν ἁγίων μου φοβηθήσεσθε· ἐγώ εἰμι Κύριος.

3 ³Ἐὰν τοῖς προστάγμασίν μου πορεύησθε, καὶ τὰς ἐντολάς μου 4 φυλάσσησθε καὶ ποιήσητε αὐτάς, ⁴καὶ δώσω τὸν ὑετὸν ὑμῖν ἐν καιρῷ αὐτοῦ, καὶ ἡ γῆ δώσει τὰ γενήματα αὐτῆς, καὶ τὰ ξύλα τῶν 5 πεδίων ἀποδώσει τὸν καρπὸν αὐτῶν· ⁵καὶ καταλήμψεται ὑμῖν ὁ ἄμητος τὸν τρύγητον, καὶ ὁ τρύγητος καταλήμψεται τὸν σπόρον, καὶ φάγεσθε τὸν ἄρτον ὑμῶν εἰς πλησμονήν, καὶ κατοικήσετε μετὰ ἀσφαλίας ἐπὶ τῆς γῆς ὑμῶν, καὶ πόλεμος οὐ διελεύσεται διὰ τῆς 6 γῆς ὑμῶν· ⁶καὶ δώσω εἰρήνην ἐν τῇ γῇ ὑμῶν, καὶ κοιμηθήσεσθε καὶ οὐκ ἔσται ὑμᾶς ὁ ἐκφοβῶν, καὶ ἀπολῶ θηρία πονηρὰ ἐκ τῆς γῆς ὑμῶν. 7 ⁷καὶ διώξεσθε τοὺς ἐχθροὺς ὑμῶν, καὶ πεσοῦνται ἐναντίον ὑμῶν φόνῳ· 8 ⁸καὶ διώξονται ἐξ ὑμῶν πέντε ἑκατόν, καὶ ἑκατὸν ὑμῶν διώξονται μυριάδας, καὶ πεσοῦνται οἱ ἐχθροὶ ὑμῶν ἐναντίον ὑμῶν μαχαίρᾳ. 9 ⁹καὶ ἐπιβλέψω ἐφ' ὑμᾶς, καὶ αὐξανῶ ὑμᾶς καὶ πληθυνῶ ὑμᾶς, καὶ 10 στήσω τὴν διαθήκην μου μεθ' ὑμῶν· ¹⁰καὶ φάγεσθε παλαιὰ καὶ 11 παλαιὰ παλαιῶν, καὶ παλαιὰ ἐκ προσώπου νέων ἐξοίσετε· ¹¹ καὶ θ' τὴν διαθήκην μου ἐν ὑμῖν, καὶ οὐ βδελύξεται ἡ ψυχή μου ὑμᾶς· 12 ¹²καὶ ἐνπεριπατήσω ἐν ὑμῖν καὶ ἔσομαι ὑμῖν θεός, καὶ ὑμεῖς ἔσεσθέ 13 μου λαός. ¹³ἐγώ εἰμι Κύριος ὁ θεὸς ὑμῶν ὁ ἐξαγαγὼν ὑμᾶς ἐκ γῆς Αἰγύπτου, ὄντων ὑμῶν δούλων, καὶ συνέτριψα τὸν δεσμὸν τοῦ ζυγοῦ ὑμῶν καὶ ἤγαγον ὑμᾶς μετὰ παρρησίας.
14 ¹⁴Ἐὰν δὲ μὴ ὑπακούσητέ μου, μηδὲ ποιήσητε τὰ προστάγματά

53 ου κατατενεις] om ου κα B*vid (hab Ba(mg)vid) ου κατατενισης A AF 54 λυτρωται] λυτρωσηται F | μετα] κατα F | ετει] ενιαυτω A 55 om εισιν 1° AF XXVI 1 εγω κ̅ς ο θ̅ς υμ. c praec coniunx B | λιθον σκοπον] λιθοσκοπον F 4 του πεδιου F¹ 5 αμητος] αλοητος Ba†bF | υμιν 3°] υμιν F; 6 ο εκφοβων υμας F | εκ] απο F | υμων 2°]+και πολεμος ου διελευσεται δια της γης υμων BabAF 7 διωξεσθε] διωξετε F 11 διαθηκην] σκηνην F 12 υμιν 2°] υμων BabAF | μου] μοι F   14 μου 1°] μοι F

ΛΕΥΕΙΤΙΚΟΝ

Β μου ταῦτα, ¹⁵ἀλλὰ ἀπειθήσητε αὐτοῖς, καὶ τοῖς κρίμασίν μου προσ- 15
οχθίσῃ ἡ ψυχὴ ὑμῶν ὥστε ὑμᾶς μὴ ποιεῖν πάσας τὰς ἐντολάς μου,
ὥστε διασκεδάσαι τὴν διαθήκην μου· ¹⁶καὶ ἐγὼ ποιήσω οὕτως ὑμῖν, 16
καὶ ἐπισυστήσω ἐφ᾿ ὑμᾶς τὴν ἀπορίαν τήν τε ψώραν καὶ τὸν ἴκτερα
καὶ σφακελίζοντας τοὺς ὀφθαλμοὺς ὑμῶν καὶ τὴν ψυχὴν ὑμῶν ἐκτή-
κουσαν· καὶ σπερεῖτε διὰ κενῆς τὰ σπέρματα ὑμῶν καὶ ἔδονται οἱ
ὑπεναντίοι ὑμῶν· ¹⁷καὶ ἐπιστήσω τὸ πρόσωπόν μου ἐφ᾿ ὑμᾶς, καὶ 17
πεσεῖσθε ἐναντίον τῶν ἐχθρῶν, καὶ διώξονται ὑμᾶς οἱ μισοῦντες ὑμᾶς,
καὶ φεύξεσθε οὐθενὸς διώκοντος ὑμᾶς. ¹⁸καὶ ἐὰν ἕως τούτου μὴ 18
ὑπακούσητέ μου, καὶ προσθήσω τοῦ παιδεῦσαι ὑμᾶς ἑπτάκις ἐπὶ
ταῖς ἁμαρτίαις ὑμῶν· ¹⁹καὶ συντρίψω τὴν ὕβριν τῆς ὑπερηφανίας 19
ὑμῶν, καὶ θήσω τὸν οὐρανὸν ὑμῖν σιδηροῦν καὶ τὴν γῆν ὑμῶν ὡσεὶ
χαλκῆν. ²⁰καὶ ἔσται εἰς κενὸν ἡ ἰσχὺς ὑμῶν, καὶ οὐ δώσει ἡ γῆ ὑμῶν 20
τὸν σπόρον αὐτῆς, καὶ τὸ ξύλον τοῦ ἀγροῦ ὑμῶν οὐ δώσει τὸν καρπὸν
αὐτοῦ. ²¹καὶ ἐὰν μετὰ ταῦτα πορεύησθε πλάγιοι καὶ μὴ βούλησθε 21
ὑπακούειν μου, προσθήσω ὑμῖν πληγὰς ἑπτὰ κατὰ τὰς ἁμαρτίας ὑμῶν·
²²καὶ ἀποστέλλω ἐφ᾿ ὑμᾶς τὰ θηρία τὰ ἄγρια τῆς γῆς καὶ κατέδεται 22
ὑμᾶς καὶ ἐξαναλώσει τὰ κτήνη ὑμῶν, καὶ ὀλιγοστοὺς ποιήσω ὑμᾶς,
καὶ ἐρημωθήσονται αἱ ὁδοὶ ὑμῶν. ²³καὶ ἐπὶ τούτοις ἐὰν μὴ παιδευ- 23
θῆτε ἀλλὰ πορεύησθε πρὸς μὲ πλάγιοι, ²⁴πορεύσομαι κἀγὼ μεθ᾿ ὑμῶν 24
θυμῷ πλαγίῳ, καὶ πατάξω ὑμᾶς κἀγὼ ἑπτάκις ἀντὶ τῶν ἁμαρτιῶν
ὑμῶν. ²⁵καὶ ἐπάξω ἐφ᾿ ὑμᾶς μάχαιραν ἐκδικοῦσαν δίκην διαθήκης, 25
καὶ καταφεύξεσθε εἰς τὰς πόλεις ὑμῶν· καὶ ἐξαποστελῶ θάνατον εἰς
ὑμᾶς, καὶ παραδοθήσεσθε εἰς χεῖρας ἐχθρῶν. ²⁶ἐν τῷ θλῖψαι ὑμᾶς 26
σιτοδείᾳ ἄρτων, καὶ πέψουσιν δέκα γυναῖκες τοὺς ἄρτους ὑμῶν ἐν
κλιβάνῳ ἑνί, καὶ ἀποδώσουσιν τοὺς ἄρτους ὑμῶν ἐν σταθμῷ· καὶ
φάγεσθε καὶ οὐ μὴ ἐμπλησθῆτε. ²⁷Ἐὰν δὲ ἐπὶ τούτοις μὴ 27
ὑπακούσητέ μου καὶ πορεύησθε πρὸς μὲ πλάγιοι, ²⁸καὶ αὐτὸς πορεύ- 28
σομαι μεθ᾿ ὑμῶν ἐν θυμῷ πλαγίῳ, καὶ παιδεύσω ὑμᾶς ἐγὼ ἑπτάκις
κατὰ τὰς ἁμαρτίας ὑμῶν· ²⁹καὶ φάγεσθε τὰς σάρκας τῶν υἱῶν ὑμῶν, 29

AF   15 τοις κριμασιν] om τοις F | διασκεδασαι]+υμας F   16 om τε F |
ικτερον AF | om και 4° B^(ab)F (hab B*A)   17 εχθρων]+υμων B^(ab)AF | και
φευξεσθαι ουδενος διωκοντος υμας A^(a?(mg)) | ουδενος F   18 μη υπακου sup
ras A^(a1) | του παιδευσαι] om του AF | επτακις] pr πληγαις F   19 σιδη-
ρουν] pr ως F   21 πορευεσθε A | υμιν] εφ υμας F   22 αποστελω
AF | ται υμας και εξαναλωσει...ερημωθη|σονται rescr A^(b†) | ποιησω] ποιησει
A^(b†)F | ερημωθησονται] ερημοι εσονται F   23 πορευησθε] πορευησθε A
πορευεσθε F   24 πορευσωμαι F | καγω 2°] και εγω F   25 εχθρων]
των εχθρ. υμων F   26 εν τω] εις το A | σιτοδεια] σιτον δια B σιτοδια A*
σιτοδιαν A¹F   27 και] αλλα F | πορευησθε A | om προς με A

ΛΕΥΕΙΤΙΚΟΝ XXVI 43

30 καὶ τὰς σάρκας τῶν θυγατέρων ὑμῶν φάγεσθε· ³⁰ καὶ ἐρημώσω τὰς B
στήλας ὑμῶν, καὶ ἐξολεθρεύσω τὰ ξύλινα χειροποίητα ὑμῶν, καὶ
θήσω τὰ κῶλα ὑμῶν ἐπὶ τὰ κῶλα τῶν εἰδώλων ὑμῶν, καὶ προσοχθιεῖ
31 ἡ ψυχή μου ὑμῖν· ³¹ καὶ θήσω τὰς πόλεις ὑμῶν ἐρήμους, καὶ ἐξερημώσω
τὰ ἅγια ὑμῶν, καὶ οὐ μὴ ὀσφρανθῶ τῆς ὀσμῆς τῶν θυσιῶν ὑμῶν·
32 ³² καὶ ἐξερημώσω ἐγὼ τὴν γῆν ὑμῶν, καὶ θαυμάσονται ἐπ᾽ αὐτῇ οἱ
33 ἐχθροὶ ὑμῶν οἱ ἐνοικοῦντες ἐν αὐτῇ· ³³ καὶ διασπερῶ ὑμᾶς εἰς τὰ ἔθνη,
καὶ ἐξαναλώσει ὑμᾶς ἐπιπορευομένη ἡ μάχαιρα· καὶ ἔσται ἡ γῆ ὑμῶν
34 ἔρημος, καὶ αἱ πόλεις ὑμῶν ἔσονται ἔρημοι. ³⁴ τότε εὐδοκήσει ἡ γῆ
τὰ σάββατα αὐτῆς καὶ πάσας τὰς ἡμέρας τῆς ἐρημώσεως αὐτῆς,
καὶ ὑμεῖς ἔσεσθε ἐν τῇ γῇ τῶν ἐχθρῶν ὑμῶν· τότε σαββατιεῖ ἡ γῆ,
35 καὶ εὐδοκήσει ἡ γῆ τὰ σάββατα αὐτῆς.· ³⁵ πάσας τὰς ἡμέρας τῆς ἐρημώ-
σεως αὐτῆς, σαββατιεῖ ἃ οὐκ ἐσαββάτισεν ἐν τοῖς σαββάτοις ὑμῶν,
36 ἡνίκα κατῳκεῖτε αὐτήν. ³⁶ καὶ τοῖς καταλειφθεῖσιν ἐξ ὑμῶν ἐπάξω
δουλίαν εἰς τὴν καρδίαν αὐτῶν ἐν τῇ γῇ τῶν ἐχθρῶν αὐτῶν, καὶ
διώξεται αὐτοὺς φωνὴ φύλλου φερομένου, καὶ φεύξονται ὡς φεύ-
37 γοντες ἀπὸ πολέμου, καὶ πεσοῦνται οὐθενὸς διώκοντος· ³⁷ καὶ ὑπερό-
ψεται ὁ ἀδελφὸς τὸν ἀδελφὸν ὡσεὶ ἐν πολέμῳ οὐθενὸς κατατρέχοντος,
38 καὶ οὐ δυνήσεσθε ἀντιστῆναι τοῖς ἐχθροῖς ὑμῶν. ³⁸ καὶ ἀπολεῖσθε ἐν
39 τοῖς ἔθνεσιν, καὶ κατέδεται ὑμᾶς ἡ γῆ τῶν ἐχθρῶν ὑμῶν· ³⁹ καὶ
οἱ καταλειφθέντες ἀφ᾽ ὑμῶν καταφθαρήσονται διὰ τὰς ἁμαρτίας ὑμῶν·
40 ἐν τῇ γῇ τῶν ἐχθρῶν αὐτῶν τακήσονται. ⁴⁰ καὶ ἐξαγορεύσουσιν τὰς
ἁμαρτίας αὐτῶν καὶ τὰς ἁμαρτίας τῶν πατέρων αὐτῶν, ὅτι παρέβησαν
41 καὶ ὑπερεῖδόν με, καὶ ὅτι ἐπορεύθησαν ἐναντίον μου πλάγιοι, ⁴¹ καὶ
ἐγὼ ἐπορεύθην μετ᾽ αὐτῶν ἐν θυμῷ πλαγίῳ· καὶ ἀπολῶ αὐτοὺς ἐν
τῇ γῇ τῶν ἐχθρῶν αὐτῶν· τότε ἐντραπήσεται ἡ καρδία αὐτῶν ἡ ἀπε-
42 ρίτμητος, καὶ τότε εὐδοκήσουσιν τὰς ἁμαρτίας αὐτῶν. ⁴² καὶ μνησθή-
σομαι τῆς διαθήκης Ἰακώβ, καὶ τῆς διαθήκης Ἰσαὰκ καὶ τῆς διαθήκης
43 Ἀβραὰμ μνησθήσομαι· καὶ τῆς γῆς μνησθήσομαι. ⁴³ καὶ ἡ γῆ ἐνκα-
ταλειφθήσεται ὑπ᾽ αὐτῶν· τότε προσδέξεται ἡ γῆ τὰ σάββατα αὐτῆς
ἐν τῷ ἐρημωθῆναι αὐτὴν δι᾽ αὐτούς, καὶ αὐτοὶ προσδέξονται τὰς αὐτῶν
ἀνομίας ἀνθ᾽ ὧν τὰ κρίματά μου ὑπερεῖδον καὶ τοῖς προστάγμασίν

30 προσοχθιει] προσοχθιση F   34 om και 1° F | om ἡ γη 3° F AF
36 δουλιαν] διλιαν AF | ουδενος F   37 τον αδελφον]+αυτου F | ουδενος F |
δυνησεται B* δυνησεσθαι B^{ab}A (δυνησεσθε F)   39 υμων 2°] αυτων F+και
δια τας αμαρτιας των πατερων αυτων F   40 μου] εμου A   41 επορευθην]
πορευσομαι F   43 η γη ενκαταλειφθ. (ενκ. B^bF)] εγκαταλειφθ. η γη A | υπ
αυτων] απ αυτων B^{ab}F | αυτης] αυτην A | δι αυτου A* (δι αυτους A¹) | προσ-
δεξωνται F | αυτων 2°] ἐαυτῶν F | υπεριδον AF

ΛΕΥΕΙΤΙΚΟΝ

B μου προσώχθισαν τῇ ψυχῇ αὐτῶν. ⁴⁴καὶ οὐδ᾽ ὣς ὄντων αὐτῶν ἐν 44
τῇ γῇ τῶν ἐχθρῶν αὐτῶν οὐχ ὑπερεῖδον αὐτούς, οὐδὲ προσώχθισα
αὐτοῖς ὥστε ἐξαναλῶσαι αὐτούς, τοῦ διασκεδάσαι τὴν διαθήκην μου
τὴν πρὸς αὐτούς· ὅτι ἐγώ εἰμι Κύριος ὁ θεὸς αὐτῶν. ⁴⁵καὶ μνησθήσο- 45
μαι αὐτῶν τῆς διαθήκης τῆς προτέρας, ὅτε ἐξήγαγον αὐτοὺς ἐκ γῆς
Αἰγύπτου ἐξ οἴκου δουλίας ἔναντι τῶν ἐθνῶν, τοῦ εἶναι αὐτῶν θεός·
ἐγώ εἰμι Κύριος.
⁴⁶Ταῦτα τὰ κρίματά μου καὶ τὰ προστάγματά μου, καὶ ὁ νόμος, ὃν 46
ἔδωκεν Κύριος ἀνὰ μέσον αὐτοῦ καὶ ἀνὰ μέσον τῶν υἱῶν Ἰσραὴλ ἐν τῷ
ὄρει Σεινὰ ἐν χειρὶ Μωυσῆ.

¹Καὶ ἐλάλησεν Κύριος πρὸς Μωυσῆν λέγων ²Λάλησον τοῖς υἱοῖς ¹⁄₂ XXV
Ἰσραὴλ καὶ ἐρεῖς αὐτοῖς Ὃς ἂν εὔξηται εὐχὴν ὥστε τιμὴν τῆς ψυχῆς
αὐτοῦ τῷ κυρίῳ, ³ἔσται ἡ τιμὴ τοῦ ἄρσενος ἀπὸ εἰκοσαετοῦς ἕως 3
ἑξηκονταετοῦς, ἔσται αὐτοῦ ἡ τιμὴ πεντήκοντα δίδραχμα ἀργυρίου
τῷ σταθμῷ τῷ ἁγίῳ· ⁴τῆς δὲ θηλείας ἔσται ἡ συντίμησις τριάκοντα 4
δίδραχμα. ⁵ἐὰν δὲ ἀπὸ πενταετοῦς ἕως εἴκοσι ἐτῶν, ἔσται ἡ τιμὴ 5
τοῦ ἄρσενος εἴκοσι δίδραχμα, τῆς δὲ θηλείας δέκα τέσσερα δίδραχμα.
⁶ἀπὸ δὲ μηνιαίου ἕως πενταετοῦς ἔσται ἡ τιμὴ τοῦ ἄρσενος πέντε 6
δίδραχμα ἀργυρίου, τῆς δὲ θηλείας τρία δίδραχμα. ⁷ἐὰν δὲ ἀπὸ ἑξηκον- 7
ταετῶν καὶ ἐπάνω, ἐὰν μὲν ἄρσεν ᾖ, ἔσται ἡ τιμὴ πέντε καὶ δέκα
δίδραχμα ἀργυρίου, ἐὰν δὲ θήλεια, δέκα δίδραχμα. ⁸ἐὰν δὲ ταπεινὸς 8
ᾖ τιμῇ, στήσεται ἐναντίον τοῦ ἱερέως, καὶ τιμήσεται αὐτὸν ὁ ἱερεύς·
καθάπερ ἰσχύει ἡ χεὶρ τοῦ εὐξαμένου, τιμήσεται αὐτὸν ὁ ἱερεύς. ⁹Ἐὰν 9
δὲ ἀπὸ τῶν κτηνῶν τῶν προσφερομένων ἀπ᾽ αὐτῶν δῶρον τῷ κυρίῳ,
ὃς ἂν δῷ ἀπὸ τούτων τῷ κυρίῳ, ἔσται ἅγιον. ¹⁰οὐκ ἀλλάξει αὐτὸ 10
καλὸν πονηρῷ οὐδὲ πονηρὸν καλῷ· ἐὰν δὲ ἀλλάσσων ἀλλάξῃ αὐτὸ
κτῆνος κτήνει, ἔσται αὐτὸ καὶ τὸ ἄλλαγμα ἅγια. ¹¹ἐὰν δὲ πᾶν κτῆνος 11
ἀκάθαρτον, ἀφ᾽ ὧν οὐ προσφέρεται ἀπ᾽ αὐτῶν δῶρον τῷ κυρίῳ,
στήσει τὸ κτῆνος ἔναντι τοῦ ἱερέως· ¹²καὶ τιμήσεται αὐτὸ ὁ ἱερεὺς 12

AF 44 υπεριδον AF | οτι εγω] εγω γαρ F 45 της προτερας] om της F | εναντιον F 46 om μου 1° F | om μου 2° B^aF | Σινα B^bAF XXVII 2 αυτοις] προς αυτους F | ος αν] pr ανθρωπος F 3 εξηκονταετους] εξηκοστου ετους A 5 εικοσι ετων] εικοστου ετους A εκοσαετων (sic) F | εσται] εστω A | om τεσσερα B^abAF 6 τρια διδρ.] + αργυριου F 7 η τιμη] + αυτου F | om διδραχμα 1° F* (hab διδραγμα F^1 mg) | εαν δε θηλεια] της δε θηλεια F 8 τιμη] pr τη B^abAF | ο ιερευς 1°] om ο B^b | ισχυει] ισχυι AF | του ευξαμενου] αυτου ευξ. A | τιμησεται 2°] pr ουτως F 9 δω F] δη BA 10 πονηρον καλω] πονηρω καλον F | αλλαξης F* (αλλαξη F^1) | αγια] αγιον AF 11 προσφερετε A | εναντιον A 12 τιμησεται] τιμησει A

ΛΕΥΕΙΤΙΚΟΝ XXVII 27

ἀνὰ μέσον καλοῦ καὶ ἀνὰ μέσον πονηροῦ, καὶ καθότι ἂν τιμηθή- B
13 σεται ὁ ἱερεύς, οὕτως στήσεται. ¹³ἐὰν δὲ λυτρούμενος λυτρώσηται
14 αὐτόν, προσθήσει τὸ ἐπίπεμπτον πρὸς τὴν τιμὴν αὐτοῦ. ¹⁴Καὶ
ἄνθρωπος ὃς ἂν ἁγιάσῃ τὴν οἰκίαν αὐτοῦ ἁγίαν τῷ κυρίῳ, καὶ τιμήσεται
αὐτὴν ὁ ἱερεὺς ἀνὰ μέσον καλῆς καὶ ἀνὰ μέσον πονηρᾶς· ὡς ἂν
15 τιμήσεται αὐτὴν ὁ ἱερεύς, οὕτως σταθήσεται. ¹⁵ἐὰν δὲ ὁ ἁγιάσας
αὐτὴν λυτρῶται τὴν οἰκίαν αὐτοῦ, προσθήσει ἐπ᾽ αὐτὸ τὸ ἐπίπεμπτον
16 τοῦ ἀργυρίου τῆς τιμῆς, καὶ ἔσται αὐτῷ. ¹⁶Ἐὰν δὲ ἀπὸ τοῦ
ἀγροῦ τῆς κατασχέσεως αὐτοῦ ἁγιάσῃ ἄνθρωπος τῷ κυρίῳ, καὶ ἔσται
ἡ τιμὴ κατὰ τὸν σπόρον αὐτοῦ, κόρου κριθῶν πεντήκοντα δίδραχμα
17 ἀργυρίου. ¹⁷ἐὰν δὲ ἀπὸ τοῦ ἐνιαυτοῦ τῆς ἀφέσεως ἁγιάσῃ τὸν ἀγρὸν
18 αὐτοῦ, κατὰ τὴν τιμὴν αὐτοῦ στήσεται. ¹⁸ἐὰν δὲ ἔσχατον μετὰ
τὴν ἄφεσιν ἁγιάσῃ τὸν ἀγρὸν αὐτοῦ, προσλογιεῖται αὐτῷ ὁ ἱερεὺς τὸ
ἀργύριον ἐπὶ τὰ ἔτη τὰ ἐπίλοιπα ἕως εἰς τὸν ἐνιαυτὸν τῆς ἀφέσεως,
19 καὶ ἀνθυφαιρεθήσεται ἀπὸ τῆς συντιμήσεως αὐτοῦ. ¹⁹ἐὰν δὲ λυτρῶται
τὸν ἀγρὸν ὁ ἀγοράσας αὐτόν, προσθήσει τὸ ἐπίπεμπτον τοῦ ἀργυρίου
20 πρὸς τὴν τιμὴν αὐτοῦ, καὶ ἔσται αὐτῷ. ²⁰ἐὰν δὲ μὴ λυτρῶται τὸν
ἀγρόν, καὶ ἀποδῶται τὸν ἀγρὸν ἀνθρώπῳ ἑτέρῳ, οὐκέτι μὴ λυτρώσηται
21 αὐτόν· ²¹ἀλλ᾽ ἔσται ὁ ἀγρὸς ἐξεληλυθυίας τῆς ἀφέσεως ἅγιος τῷ
22 κυρίῳ, ὥσπερ ἡ γῆ ἡ ἀφωρισμένη τῷ ἱερεῖ, ἔσται κατάσχεσις. ²²ἐὰν
δὲ ἀπὸ τοῦ ἀγροῦ οὗ κέκτηται, ὃς οὐκ ἔστιν ἀπὸ τοῦ ἀγροῦ τῆς
23 κατασχέσεως αὐτοῦ, ἁγιάσει τῷ κυρίῳ, ²³λογιεῖται πρὸς αὐτὸν ὁ ἱερεὺς
τὸ τέλος τῆς τιμῆς ἐκ τοῦ ἐνιαυτοῦ τῆς ἀφέσεως, καὶ ἀποδώσει τὴν
24 τιμὴν ἐν τῇ ἡμέρᾳ ἐκείνῃ ἅγιον τῷ κυρίῳ· ²⁴καὶ ἐν τῷ ἐνιαυτῷ τῆς
ἀφέσεως ἀποδοθήσεται ὁ ἀγρὸς τῷ ἀνθρώπῳ παρ᾽ οὗ κέκτηται αὐτόν,
25 οὗ ἦν ἡ κατάσχεσις τῆς γῆς. ²⁵καὶ πᾶσα τιμὴ ἔσται σταθμίοις ἁγίοις·
26 εἴκοσι ὀβολοὶ ἔσται τὸ δίδραχμον. ²⁶Καὶ πᾶν πρωτότοκον ὃ ἂν
γένηται ἐν τοῖς κτήνεσίν σου ἔσται τῷ κυρίῳ, καὶ οὐ καθαγιάσει οὐθεὶς
27 αὐτό, ἐάν τε μόσχον ἐάν τε πρόβατον· τῷ κυρίῳ ἐστίν. ²⁷ἐὰν δὲ τῶν

12 τιμηθησεται] τιμησεται AF + αυτο F   13 αυτον] αυτο B^{ab}AF AF
14 αγιασει A | την οικιαν] om την F | αγιαν] αγιον A | αν 2°] εαν F | τιμησεται 2°] τιμησηται F   15 ο αγιασας] om ο F* (superscr F¹) | λυτρωται] λυτρωσητε A | om της τιμης A   16 της κατα|σχεως αυτης] κατασχεσεως αυτου F* (om κατασχεως αυτης F¹) | αγιασει F   19 λυτρωται] λυτρουται A pr λυτρουμενος F | αγορασας] αγιασας B^{ab}AF   20 om και αποδωται τον αγρον B* (hab B^{abmg}AF) | λυτρωσεται A   21 αγιος] + αινετος F | om η 2° A | κατασχεσις B^{ab}AF] κατασχεσεως B* + αυτου F   22 απο 2°] εκ F | αγιαση B^{a?b}A   23 αγιον] αγια F   26 αν] εαν AF | ου καθαγιασει] ουκ αλλαξει F | om αυτο A | εαν τε προβατον εαν τε μοσχον F   27 τω τετραποδων F* (των τετρ. F¹)

249

ΛΕΥΕΙΤΙΚΟΝ

B τετραπόδων τῶν ἀκαθάρτων, ἀλλάξει κατὰ τὴν τιμὴν αὐτοῦ καὶ προσθήσει τὸ ἐπίπεμπτον πρὸς αὐτό, καὶ ἔσται αὐτῷ· ἐὰν δὲ μὴ λυτρῶται, πραθήσεται κατὰ τὸ τίμημα αὐτοῦ. ²⁸Πᾶν δὲ ἀνάθεμα ὃ ἐὰν ἀναθῇ 28 ἄνθρωπος τῷ κυρίῳ ἀπὸ πάντων ὅσα αὐτῷ ἐστιν, ἀπὸ ἀνθρώπου ἕως κτήνους, καὶ ἀπὸ ἀγροῦ κατασχέσεως αὐτοῦ, οὐκ ἀποδώσεται οὐδὲ λυτρώσεται· πᾶν ἀνάθεμα ἅγιον ἁγίων ἔσται τῷ κυρίῳ. ²⁹καὶ πᾶν 29 ὃ ἐὰν ἀνατεθῇ ἀπὸ τῶν ἀνθρώπων οὐ λυτρωθήσεται, ἀλλὰ θανάτῳ θανατωθήσεται. ³⁰Πᾶσα δεκάτη τῆς γῆς, ἀπὸ τοῦ σπέρματος 30 τῆς γῆς καὶ τοῦ καρποῦ τοῦ ξυλίνου, τῷ κυρίῳ ἐστίν· ἅγιον τῷ κυρίῳ. ³¹ἐὰν δὲ λυτρῶται λύτρῳ ἄνθρωπος τὴν δεκάτην αὐτοῦ, τὸ ἐπίπεμπτον 31 προσθήσει πρὸς αὐτό, καὶ ἔσται αὐτῷ. ³²καὶ πᾶσα δεκάτη βοῶν 32 καὶ προβάτων, καὶ πᾶν ὃ ἐὰν ἔλθῃ ἐν τῷ ἀριθμῷ ὑπὸ τὴν ῥάβδον, τὸ δέκατον ἔσται ἅγιον τῷ κυρίῳ. ³³οὐκ ἀλλάξεις καλὸν πονηρῷ· 33 ἐὰν δὲ ἀλλάσσων ἀλλάξῃς αὐτό, καὶ τὸ ἄλλαγμα αὐτοῦ ἔσται ἅγιον· οὐ λυτρωθήσεται. ³⁴Αὗταί εἰσιν αἱ ἐντολαὶ ἃς ἐνετείλατο Κύριος τῷ Μωυσῇ πρὸς 34 τοὺς υἱοὺς Ἰσραὴλ ἐν τῷ ὄρει Σεινά.

AF 27 το επιπεμπτον] + αυτου F   29 και παν] + αναθεμα F | om ου B* (hab B^{a?b}) | λυτρωθησεται] λυτρωσεται A   30 του καρπου] pr απο F | αγιον] αγιων A   31 λυτρωται λυτρω] λυτρουμενος λυτρωται F | το επιπεμπτον] + αυτου F   32 ελθη] διελθη F | τω αρθμω] om τω F   33 αλλαξεις] + αυτο F | καλον πονηρω] + ουδε πονηρον καλω F | αλλαξης] αλλαξεις A   34 Σινα B^bAF
Subscr Λευειτικον B*A Λευιτικον B^bF

ΑΡΙΘΜΟΙ

1 ΚΑΙ ἐλάλησεν Κύριος πρὸς Μωυσῆν ἐν τῇ ἐρήμῳ τῇ Σεινά, ἐν B τῇ σκηνῇ τοῦ μαρτυρίου, ἐν μιᾷ τοῦ μηνὸς τοῦ δευτέρου ἔτους δευτέρου 2 ἐξελθόντων αὐτῶν ἐκ γῆς Αἰγύπτου, λέγων ²Λάβετε ἀρχὴν πάσης συναγωγῆς Ἰσραὴλ κατὰ συγγενίας, κατ' οἴκους πατριῶν, κατὰ ἀριθμὸν 3 ἐξ ὀνόματος, κατὰ κεφαλὴν αὐτῶν· ³πᾶς ἄρσην ἀπὸ εἰκοσαετοῦς καὶ ἐπάνω, πᾶς ὁ ἐκπορευόμενος ἐν δυνάμει Ἰσραήλ, ἐπισκέψασθε αὐτοὺς 4 σὺν δυνάμει αὐτῶν· σὺ καὶ Ἀαρὼν ἐπισκέψασθε αὐτούς. ⁴καὶ μεθ' ὑμῶν ἔσονται ἕκαστος κατὰ φυλὴν ἑκάστου ἀρχόντων· καὶ κατ' οἴκους πα- 5 τριῶν ἔσονται. ⁵καὶ ταῦτα τὰ ὀνόματα τῶν ἀνδρῶν οἵτινες παραστή- 6 σονται μεθ' ὑμῶν· τῶν υἱῶν Ῥουβὴν Ἐλεισοὺρ υἱὸς Σεδιούρ· ⁶τῶν 7 Συμεών· Σαλαμιὴλ υἱὸς Σουρεισαδαί· ⁷τῶν Ἰούδα Νασσὼν υἱὸς Ἀμει- 8 ναδάβ· ⁸τῶν Ἰσσαχὰρ Ναθαναὴλ υἱὸς Σωγάρ· ⁹τῶν Ζαβουλὼν 9 Ἐλιὰβ υἱὸς Χαιλών· (¹⁰)τῶν υἱῶν Ἰωσήφ, τῶν Ἐφράιμ Ἐλεισαμὰ 10 υἱὸς Ἐμιούδ, ¹⁰τῶν Μανασσῆ Γαμαλιὴλ υἱὸς Φαδασσούρ· ¹¹τῶν Βενια- 11 12 μεὶν Ἀβειδὰν υἱὸς Γεδεωνεί· ¹²τῶν Δὰν Ἀχιέζερ υἱὸς Ἀμεισαδαί· 13 14 ¹³τῶν Ἀσὴρ Φαγαιὴλ υἱὸς Ἐχράν· ¹⁴τῶν Γὰδ Ἐλεισὰφ υἱὸς Ῥαγουήλ· 15 16 ¹⁵τῶν Νεφθαλεὶ Ἀχειρὲ υἱὸς Αἰνάν. ¹⁶οὗτοι ἐπίκλητοι τῆς συναγωγῆς, 17 ἄρχοντες τῶν φυλῶν κατὰ πατριάς, χιλίαρχοι Ἰσραὴλ εἰσιν. ¹⁷καὶ

I 1 τη Σεινα (Σινα B^bAF)] om τη F* (hab F¹ mg) | δευτερου 1°]+εν τη AF σκηνη του μαρτυριου F* (om F¹) | δευτερου 2°] pr του F 2 Ισραηλ] pr υιων AF | συγγενιας]+αυτων AF [πατριων]+αυτων AF | ονοματος] ονοματων F+αυτων AF 3 εκπορευομενους A* (impr υ 2° A¹) | επισκεψασθε 1° B^abA (-σθαι B* vid F): 2°, B^bF (-σθαι B*A) 4 εκαστος]+εκαστος AF | φυλην] κεφαλην F | om και 2° B^ab AF 5 των υιων Ρουβην] των Ρουβην B^abF τω Ρουβην A | Ελισουρ AF | υιος Σεδιουρ] υιος Εδιουρ A om F* (hab υιος Σεδιουρ [? Εδιουρ] F¹) 6 τω Συμεων A | Σουρισαδαι AF 7 τω Ιουδα A | Νaασσων AF | Αμιναδαβ A Αμιναδαμ F 8 τω Ισσ. A¹ 9 τω Ζαβ. A¹ | Ελισαμα AF | Σεμιουδ AF 10 Μανασση A | Φαδασσουρ AF 11 Αβιδαν A | Γαδεωνι AF 12 Αμισαδαι AF 14 Ελισαφ AF 15 Νεφθαλι A | Αχιρε AF 16 πατριας]+αυτων AF

ΑΡΙΘΜΟΙ

B ἔλαβεν Μωυσῆς καὶ Ἀαρὼν τοὺς ἄνδρας τούτους τοὺς ἀνακληθέντας ἐξ ὀνόματος, ¹⁸καὶ πᾶσαν τὴν συναγωγὴν συνήγαγον ἐν μιᾷ τοῦ 18 μηνὸς τοῦ δευτέρου ἔτους, καὶ ἐπηξονοῦσαν κατὰ γενέσεις αὐτῶν, κατὰ πατριὰς αὐτῶν, κατὰ ἀριθμὸν ὀνομάτων αὐτῶν, ἀπὸ εἰκοσαετοῦς καὶ ἐπάνω, πᾶν ἀρσενικὸν κατὰ κεφαλὴν αὐτῶν, ¹⁹ὂν τρόπον 19 συνέταξεν Κύριος τῷ Μωυσῇ· καὶ ἐπεσκέπησαν ἐν τῇ ἐρήμῳ τῇ Σεινά. ²⁰Καὶ ἐγένοντο οἱ υἱοὶ Ῥουβὴν πρωτοτόκου Ἰσραὴλ κατὰ 20 συγγενίας αὐτῶν, κατὰ δήμους αὐτῶν, κατ' οἴκους πατριῶν αὐτῶν, κατὰ ἀριθμὸν ὀνομάτων αὐτῶν, κατὰ κεφαλὴν αὐτῶν, πάντα ἀρσενικὰ ἀπὸ εἰκοσαετοῦς καὶ ἐπάνω, πᾶς ὁ ἐκπορευόμενος ἐν τῇ δυνάμει· ²¹ἡ ἐπισκοπὴ αὐτῶν ἐκ τῆς φυλῆς Ῥουβὴν ἐξ καὶ τεσσεράκοντα 21 χιλιάδες καὶ φ'. ²²Τοῖς υἱοῖς Συμεὼν κατὰ συγγενίας αὐτῶν, 22 κατὰ δήμους αὐτῶν, κατ' οἴκους πατριῶν αὐτῶν, κατὰ ἀριθμὸν ὀνομάτων αὐτῶν, κατὰ κεφαλὴν αὐτῶν, πάντα ἀρσενικὰ ἀπὸ εἰκοσαετοῦς καὶ ἐπάνω, πᾶς ὁ ἐκπορευόμενος ἐν τῇ δυνάμει· ²³ἡ ἐπίσκεψις 23 αὐτῶν ἐκ τῆς φυλῆς Συμεὼν ἐννέα καὶ πεντήκοντα χιλιάδες καὶ τριακόσιοι. ²⁴Τοῖς υἱοῖς Ἰούδα κατὰ συγγενίας αὐτῶν, κατὰ 24 (26) δήμους αὐτῶν, κατ' οἴκους πατριῶν αὐτῶν, κατὰ ἀριθμὸν ὀνομάτων αὐτῶν, κατὰ κεφαλὴν αὐτῶν, πάντα ἀρσενικὰ ἀπὸ εἰκοσαετοῦς καὶ ἐπάνω, πᾶς ὁ ἐκπορευόμενος ἐν τῇ δυνάμει· ²⁵ἡ ἐπίσκεψις 25 (27) αὐτῶν ἐκ τῆς φυλῆς Ἰούδα τέσσαρες καὶ ἑβδομήκοντα χιλιάδες καὶ ἑξακόσιοι. ²⁶Τοῖς υἱοῖς Ἰσσαχὰρ κατὰ συγγενίας αὐτῶν, 26 (28) κατὰ δήμους αὐτῶν, κατ' οἴκους πατριῶν αὐτῶν, κατὰ ἀριθμὸν ὀνομάτων αὐτῶν, κατὰ κεφαλὴν αὐτῶν, πάντα ἀρσενικὰ ἀπὸ εἰκοσαετοῦς καὶ ἐπάνω, πᾶς ὁ ἐκπορευόμενος ἐν τῇ δυνάμει· ²⁷ἡ ἐπί- 27 (29) σκεψις αὐτῶν ἐκ τῆς φυλῆς Ἰσσαχὰρ τέσσαρες καὶ πεντήκοντα χιλιάδες καὶ τετρακόσιοι. ²⁸Τοῖς υἱοῖς Ζαβουλὼν κατὰ συγγενίας 28 (30) αὐτῶν, κατὰ δήμους αὐτῶν, κατ' οἴκους πατριῶν αὐτῶν, κατὰ ἀριθμὸν ὀνομάτων αὐτῶν, κατὰ κεφαλὴν αὐτῶν, πάντα ἀρσενικὰ ἀπὸ εἰκοσαετοῦς καὶ ἐπάνω, πᾶς ὁ ἐκπορευόμενος ἐν τῇ δυνάμει· ²⁹ἡ ἐπίσκεψις αὐτῶν ἐκ τῆς φυλῆς Ζαβουλὼν ἑπτὰ καὶ πεν- 29 (31) τήκοντα χιλιάδες καὶ τετρακόσιοι. ³⁰Τοῖς υἱοῖς Ἰωσὴφ υἱοῖς 30 (32)

AF   17 ελαβεν] ελαβον F¹ᵐᵍ   18 την συναγωγην] om την A | συνηγαγον] εξεκκλησιασαν A | επηξονουσαν] επεσκεπησαν AF | αυτων 4°] αυτ.. F   19 τη Σεινα (Σινα BᵇAF)] του Σ. AF   21 επισκοπη] επισκεψις AF | εκ της φυλης Ρουβην εξ και sup ras et in mg Aᵃ? (om εκ της φ. P. A*ᵛⁱᵈ) | φ']   πεντακοσιοι AF   22, 24 συγγενειας BAF   26 om κατα αριθμον ον. αυτων F·   29 εκ της φυλης Ζαβ. επτα και πεντ. χιλιαδες και sup ras Aᵃ? | τετρακοσιοι] πεντακοσιοι A   30 υιοις 2°] υιος A* (υιοις A¹)

252

ΑΡΙΘΜΟΙ I 42

⁷ Ἐφράιμ κατὰ συγγενίας αὐτῶν, κατὰ δήμους ιαὐτῶν, κατ',οἴκους Β
πατριῶν αὐτῶν, κατὰ ἀριθμὸν ὀνομάτων αὐτῶν, κατὰ κεφαλὴν
αὐτῶν, πάντα ἀρσενικὰ ἀπὸ εἰκοσαετοῦς καὶ ἐπάνω, πᾶς ὁ ἐκπο-
(33) 31 ρευόμενος ἐν τῇ δυνάμει· ³¹ἡ ἐπίσκεψις αὐτῶν ἐκ τῆς φυλῆς,
(34) 32 Ἐφράιμ τεσσεράκοντα χιλιάδες καὶ πεντακόσιοι. ...³²Τοῖς υἱοῖς
Μανασσῆ κατὰ συγγενίας αὐτῶν, κατὰ δήμους αὐτῶν, κατ᾽ οἴκους
πατριῶν αὐτῶν, κατὰ ἀριθμὸν ὀνομάτων αὐτῶν, κατὰ κεφαλὴν
αὐτῶν, πάντα ἀρσενικὰ ἀπὸ εἰκοσαετοῦς καὶ ἐπάνω, πᾶς ὁ ἐκπο-
(35) 33 ρευόμενος ἐν τῇ δυνάμει· ³³ἡ ἐπίσκεψις αὐτῶν ἐκ τῆς φυλῆς
(36) 34 Μανασσῆ δύο καὶ τριάκοντα χιλιάδες καὶ τριακόσιοι. .τ ³⁴Τοῖς
υἱοῖς Βενιαμεὶν κατὰ συγγενίας αὐτῶν, κατὰ δήμους αὐτῶν,
κατ᾽ οἴκους πατριῶν αὐτῶν, κατὰ ἀριθμὸν ὀνομάτων αὐτῶν, κατὰ
κεφαλὴν αὐτῶν, πάντα ἀρσενικὰ ἀπὸ εἰκοσαετοῦς καὶ ἐπάνω,
(37) 35 πᾶς ὁ ἐκπορευόμενος ἐν τῇ δυνάμει· ³⁵ἡ ἐπίσκεψις αὐτῶν ἐκ
τῆς φυλῆς Βενιαμεὶν πέντε καὶ τριάκοντα χιλιάδες καὶ τετρα-
(24) 36 κόσιοι. ³⁶Τοῖς υἱοῖς Γὰδ κατὰ συγγενίας αὐτῶν, κατὰ δήμους
αὐτῶν, κατ᾽ οἴκους πατριῶν αὐτῶν, κατὰ ἀριθμὸν ὀνομάτων αὐτῶν,
κατὰ κεφαλὴν αὐτῶν, πάντα ἀρσενικὰ ἀπὸ εἰκοσαετοῦς καὶ ἐπάνω,
(25) 37 πᾶς ὁ ἐκπορευόμενος ἐν τῇ δυνάμει· ³⁷ἡ ἐπίσκεψις αὐτῶν ἐκ τῆς
φυλῆς Γὰδ πέντε καὶ τεσσεράκοντα χιλιάδες καὶ ἑξακόσιοι καὶ
38 πεντήκοντα. ³⁸Τοῖς υἱοῖς Δὰν κατὰ συγγενίας αὐτῶν, κατὰ δήμους
αὐτῶν, κατ᾽ οἴκους πατριῶν αὐτῶν, κατὰ ἀριθμὸν ὀνομάτων αὐτῶν, κατὰ
κεφαλὴν αὐτῶν, πάντα ἀρσενικὰ ἀπὸ εἰκοσαετοῦς καὶ ἐπάνω, πᾶς
39 ὁ ἐκπορευόμενος ἐν τῇ δυνάμει· ³⁹ἡ ἐπίσκεψις αὐτῶν ἐκ τῆς φυλῆς
40 Δὰν δύο καὶ ἑξήκοντα χιλιάδες καὶ ἑπτακόσιοι. . ⁴⁰Τοῖς υἱοῖς
Ἀσὴρ κατὰ συγγενίας αὐτῶν, κατὰ δήμους αὐτῶν, κατ᾽ οἴκους πατριῶν
αὐτῶν, κατὰ ἀριθμὸν ὀνομάτων αὐτῶν, κατὰ κεφαλὴν αὐτῶν, πάντα
ἀρσενικὰ ἀπὸ εἰκοσαετοῦς καὶ ἐπάνω, πᾶς ὁ ἐκπορευόμενος ἐν τῇ
41 δυνάμει· ⁴¹ἡ ἐπίσκεψις αὐτῶν ἐκ τῆς φυλῆς Ἀσὴρ μία καὶ τεσσερά-
42 κοντα χιλιάδες καὶ πεντακόσιοι. ⁴²Τοῖς υἱοῖς Νεφθαλεὶ κατὰ
συγγενίας αὐτῶν, κατὰ δήμους αὐτῶν, κατ᾽ οἴκους πατριῶν αὐτῶν,
κατὰ ἀριθμὸν ὀνομάτων αὐτῶν, κατὰ κεφαλὴν αὐτῶν, πάντα ἀρσενικὰ
ἀπὸ εἰκοσαετοῦς καὶ ἐπάνω, πᾶς ὁ ἐκπορευόμενος ἐν τῇ δυνάμει·

32 Μαννασση A | om κατα αριθμον ον. αυτων B* (hab B^(ab mg inf)) AF
33 Μαννασση A | τριακοσιοι] διακοσιοι AF • **35** της φυλης] om της F*
(superscr F^(1 vid)) **36** κεφαλην] κε sup ras A^(1 at) · **38** κατ οικοις F* (κατ
οικους F¹) **39** επτακοσιοι] εξακοσιοι F **40** πατριων αυτων sup ras pl
litt A^a **42** Νεφθαλι A

ΑΡΙΘΜΟΙ

Β 43 ἡ ἐπίσκεψις αὐτῶν ἐκ τῆς φυλῆς Νεφθαλεὶ τρεῖς καὶ πεντήκοντα 43 χιλιάδες καὶ τετρακόσιοι. 44 Αὕτη ἡ ἐπίσκεψις ἣν ἐπεσκέψαντο 44 Μωυσῆς καὶ Ἀαρὼν καὶ οἱ ἄρχοντες Ἰσραήλ, δώδεκα ἄνδρες· ἀνὴρ εἷς κατὰ φυλὴν μίαν, κατὰ φυλὴν οἴκων πατριᾶς ἦσαν. 45 καὶ ἐγένετο 45 πᾶσα ἡ ἐπίσκεψις υἱῶν Ἰσραὴλ ἐν δυνάμει αὐτῶν ἀπὸ εἰκοσαετοῦς καὶ ἐπάνω, πᾶς ὁ ἐκπορευόμενος παρατάξασθαι ἐν Ἰσραήλ, 46 ἑξακό- 46 σιαι χιλιάδες καὶ τρισχίλιοι καὶ πεντακόσιοι καὶ πεντήκοντα. 47 Οἱ 47 δὲ Λευεῖται ἐκ τῆς φυλῆς τῆς πατριᾶς αὐτῶν οὐκ ἐπεσκέπησαν ἐν τοῖς υἱοῖς Ἰσραήλ. 48 καὶ ἐλάλησεν Κύριος πρὸς Μωυσῆν λέγων 48 49 Ὅρα τὴν φυλὴν τὴν Λευεὶ οὐ συνεπισκέψῃ, καὶ τὸν ἀριθμὸν αὐτῶν 49 οὐ λήμψῃ ἐν μέσῳ υἱῶν Ἰσραήλ. 50 καὶ σὺ ἐπίστησον τοὺς Λευείτας 50 ἐπὶ τὴν σκηνὴν τοῦ μαρτυρίου καὶ ἐπὶ πάντα τὰ σκεύη αὐτῆς καὶ ἐπὶ πάντα ὅσα ἐστὶν ἐν αὐτῇ· αὐτοὶ ἀροῦσιν τὴν σκηνὴν καὶ πάντα τὰ σκεύη αὐτῆς, καὶ αὐτοὶ λειτουργήσουσιν ἐν αὐτῇ, καὶ κύκλῳ τῆς σκηνῆς παρεμβαλοῦσιν. 51 καὶ ἐν τῷ ἐξαίρειν τὴν σκηνὴν καθελοῦσιν 51 αὐτὴν οἱ Λευεῖται, καὶ ἐν τῷ παρεμβάλλειν τὴν σκηνὴν ἀναστήσουσιν· καὶ ὁ ἀλλογενὴς ὁ προσπορευόμενος ἀποθανέτω. 52 καὶ παρεμβα- 52 λοῦσιν οἱ υἱοὶ Ἰσραήλ, ἀνὴρ ἐν τῇ ἑαυτοῦ τάξει καὶ ἀνὴρ κατὰ τὴν ἑαυτοῦ ἡγεμονίαν, σὺν δυνάμει αὐτῶν· 53 οἱ δὲ Λευεῖται παρεμβαλέ- 53 τωσαν ἐναντίον Κυρίου κύκλῳ τῆς σκηνῆς τοῦ μαρτυρίου, καὶ οὐκ ἔσται ἁμάρτημα ἐν υἱοῖς Ἰσραήλ. καὶ φυλάξουσιν οἱ Λευεῖται αὐτοὶ τὴν φυλακὴν τῆς σκηνῆς τοῦ μαρτυρίου. 54 καὶ ἐποίησαν οἱ υἱοὶ Ἰσραὴλ 54 κατὰ πάντα ἃ ἐνετείλατο Κύριος τῷ Μωυσῇ καὶ Ἀαρών, οὕτως ἐποίησαν.

1 Καὶ ἐλάλησεν Κύριος πρὸς Μωυσῆν καὶ Ἀαρὼν λέγων 2 Ἄνθρωπος $^{1}_{2}$ ἐχόμενος αὐτοῦ κατὰ τάγμα, κατὰ σημείας, κατ' οἴκους πατριῶν αὐτῶν, παρεμβαλέτωσαν οἱ υἱοὶ Ἰσραήλ· ἐναντίοι κύκλῳ τῆς σκηνῆς τοῦ μαρτυρίου παρεμβαλοῦσιν οἱ υἱοὶ Ἰσραήλ. 3 Καὶ οἱ παρεμβα- 3

AF   43 Νεφθαλι A | τρις A | τετρακοσιοι] πεντακοσιοι F   44 επεσκεψατο AF* (επεσκεψαντο F¹ᵐᵍ) | ανδρες] αρχοντες (sup ras) Aᵃ | οικου F | πατριας] πατριων F + αυτων AF¹ᵐᵍ   45 υιων] pr των AF | εν δυναμει] συν δυν. BᵃᵇAFᵛⁱᵈ (συναμει F* δυ superscr F¹)   46 τρεις χιλιοι F   47 Λευιται BᵇAF | om φυλης A | της πατριας] om της BᵃᵇAF | ουκ επεσκεπησαν] ου συνεπεσκ. AF   49 την 2°] του F | Λευι BᵇAF | υιων] pr των αδελφων αυτων των A (αδ. αυτ. των sup ras Aᵃ) pr των F   50 om και 6° A   51 παρεμβαλειν F | αναστησουσιν] + αυτην A   52 παρεμβαλλουσιν Bᵃᵗᵇ | εαυτου 1°] αυτου AF   53 παρεμβαλλετωσαν Bᵃᵗᵇ | εναντιον] εναντιοι BᵃᵇAF | om Κυριου AF   54 α] οσα A,   II 2 κατα ταγμα αυτου AF | κατα σημειας (σημιας B* σημαιας BᵃF σημεας BᵇA)] και κατα τας σ. A | εναντιοι] εναντιον AF + κυ A   3 οι] ουτοι A* (οι Aᵃ¹) | παρεμβαλλοντες BᵃᵇAF

ΑΡΙΘΜΟΙ II 19

λόντες κατὰ νότον κατ' ἀνατολὰς τάγμα παρεμβολῆς Ἰούδα σὺν δυνάμει B 4 αὐτῶν, καὶ ὁ ἄρχων τῶν υἱῶν Ἰούδα Ναασσὼν υἱὸς Ἀμειναδάβ. ⁴δύνα- μις αὐτοῦ οἱ ἐπεσκεμμένοι τέσσαρες καὶ ἑβδομήκοντα χιλιάδες καὶ 5 ἑξακόσιοι. ⁵καὶ οἱ παρεμβάλλοντες ἐχόμενοι φυλῆς Ἰσσαχάρ, καὶ 6 ὁ ἄρχων τῶν υἱῶν Ἰσσαχὰρ Ναθαναὴλ υἱὸς Σωγάρ· ⁶δύναμις αὐτοῦ οἱ ἐπεσκεμμένοι τέσσαρες καὶ πεντήκοντα χιλιάδες καὶ τετρακόσιοι. 7 ⁷καὶ οἱ παρεμβάλλοντες ἐχόμενοι φυλῆς Ζαβουλών, καὶ ὁ ἄρχων 8 τῶν υἱῶν Ζαβουλὼν Ἐλιὰβ υἱὸς Χαιλών· ⁸δύναμις αὐτῶν οἱ ἐπεσκεμ- 9 μένοι ἑπτὰ καὶ πεντήκοντα χιλιάδες καὶ τετρακόσιοι. ⁹πάντες οἱ ἐπεσκεμμένοι ἐκ τῆς παρεμβολῆς Ἰούδα ἑκατὸν ὀγδοήκοντα χιλιάδες καὶ ἑξακισχίλιοι καὶ τετρακόσιοι, σὺν δυνάμει αὐτῶν· πρῶτοι ἐξαροῦ- 10 σιν. ¹⁰Τάγμα παρεμβολῆς Ῥουβήν, πρὸς λίβα δύναμις αὐτῶν, 11 καὶ ὁ ἄρχων τῶν υἱῶν Ῥουβὴν Ἐλισοὺρ υἱὸς Σεδιούρ· ¹¹δύναμις αὐτοῦ οἱ ἐπεσκεμμένοι ἓξ καὶ τεσσεράκοντα χιλιάδες καὶ πεντακόσιοι. 12 ¹²καὶ οἱ παρεμβαλόντες ἐχόμενοι αὐτοῦ φυλῆς Συμεών, καὶ ὁ ἄρχων 13 τῶν υἱῶν Συμεὼν Σαλαμιὴλ υἱὸς Σουρισαδαί· ¹³δύναμις αὐτοῦ οἱ ἐπε- 14 σκεμμένοι ἐννέα καὶ πεντήκοντα χιλιάδες καὶ τριακόσιοι. ¹⁴καὶ οἱ παρεμβαλόντες ἐχόμενοι αὐτοῦ φυλῇ Γάδ, καὶ ὁ ἄρχων τῶν υἱῶν Γὰδ 15 Ἐλεισὰφ υἱὸς Ῥαγουήλ· ¹⁵δύναμις αὐτοῦ οἱ ἐπεσκεμμένοι πέντε καὶ 16 τεσσεράκοντα χιλιάδες καὶ ἑξακόσιοι καὶ πεντήκοντα. ¹⁶πάντες οἱ ἐπεσκεμμένοι ἐκ τῆς παρεμβολῆς Ῥουβὴν ἑκατὸν πεντήκοντα μία χιλιάδες καὶ τετρακόσιοι καὶ πεντήκοντα, σὺν δυνάμει αὐτῶν· δεύτεροι 17 ἐξαροῦσιν. ¹⁷Καὶ ἀρθήσεται ἡ σκηνὴ τοῦ μαρτυρίου, καὶ ἡ παρεμ- βολὴ τῶν Λευειτῶν μέσον τῶν παρεμβολῶν· ὡς καὶ παρεμβάλλουσιν, 18 οὕτως καὶ ἐξαροῦσιν ἕκαστος ἐχόμενος καθ' ἡγεμονίαν. ¹⁸Τάγμα παρεμβολῆς Ἐφράιμ παρὰ θάλασσαν σὺν δυνάμει αὐτῶν, καὶ ὁ ἄρχων 19 τῶν υἱῶν Ἐφράιμ Ἐλεισαμὰ υἱὸς Ἐμιούδ· ¹⁹δύναμις αὐτοῦ οἱ ἐπεσκεμ-

---

3 κατα νοτον] πρωτοι AF | κατ] κατα F | om και ο αρχων A* (hab AF A¹ᵗ ⁽ᵐᵍ⁾) | Αμιναδαβ BᵇAF. 4, 6 επεσκεμμενοι] ηριθμημενοι A 7 φυλης BA¹] φυλη A*F. 8 αυτων] αυτου AF 9 παρεμβολης] φυλης AF (hab. παρ. F¹ᵐᵍ: sed pr Ἀκ.) | εκατον] κατον sup ras 7 vel 8 litt Aᵃ | ογδοηκοντα] pr και AF | εξαρουσιν] ανα͗ζευξουσιν A 10 λιβα] νοτον F (λιβα Fᵃ ᵐᵍ) | δυναμις] συν δυναμει AF | Σεδιουρ] Εδιουρ A 11 επεσκεμ- μενοι] ηριθμημενοι A 12 παρεμβαλλοντες BᵃᵇAF | φυλη AF | Σουρι- σαδαει F 13—16 επεσκεμμενοι (ter)] ηριθμημενοι. A 14 παρεμ- βαλλοντες BᵃᵇAF | Ελισαφ AF 16 om εκ BᵃᵇAF | εκατον πεντ. μια] μια και πεντ. και εκ. A εκ. και πεντ. F | εξαρουσιν] ανα͗ζευξουσιν A 17 Λευιτ. AF (ita identidem) | μεσον] ανα μεσων A | των παρ.] om των F. | om και 3° AF | εξαρουσιν] αναζευξουσιν A | καθ ηγεμονιαν] κατα ταγμα αυτων A καθ ηγ. αυτων F 18 παρα] κατα A | Ελισαμα AF | om υιος B* (hab BᵃᵇAF)

255

ΑΡΙΘΜΟΙ

Β μένοι τεσσεράκοντα χιλιάδες καὶ πεντακόσιοι. ²⁰καὶ οἱ παρεμβάλλοντες 20 ἐχόμενοι φυλῆς Μανασσή, καὶ ὁ ἄρχων τῶν υἱῶν Μανασσὴ Γαμαλιὴλ υἱὸς Φαδασσούρ· ²¹δύναμις αὐτοῦ οἱ ἐπεσκεμμένοι δύο καὶ τριάκοντα 21 χιλιάδες καὶ τετρακόσιοι. . ²²καὶ οἱ παρεμβαλόντες ἐχόμενοι, φυλῆς, 22 Βενιαμείν, καὶ ὁ ἄρχων τῶν υἱῶν Βενιαμεὶν Ἀβειδὰν υἱὸς Γαδεωνεί· ²³δύναμις αὐτοῦ οἱ ἐπεσκεμμένοι πέντε καὶ τριάκοντα χιλιάδες καὶ 23 τετρακόσιοι. ²⁴πάντες οἱ ἐπεσκεμμένοι τῆς παρεμβολῆς Ἐφράιμ 24 ἑκατὸν χιλιάδες καὶ ὀκτακισχίλιοι καὶ ἑκατόν, σὺν δυνάμει αὐτῶν· τρίτοι ἐξαροῦσιν. ²⁵Τάγμα παρεμβολῆς Δὰν πρὸς βορρᾶν σὺν 25 δυνάμει αὐτῶν, καὶ ὁ ἄρχων τῶν υἱῶν Δὰν Ἀχιέζερ υἱὸς Ἀμεισαδαί· ²⁶δύναμις αὐτοῦ οἱ ἐπεσκεμμένοι δύο καὶ ἑξήκοντα χιλιάδες καὶ πεντα- 26 κόσιοι. ²⁷καὶ οἱ παρεμβάλλοντες ἐχόμενοι αὐτοῦ φυλῆς Ἀσήρ, καὶ 27 ὁ ἄρχων τῶν υἱῶν Ἀσὴρ Φαγαιὴλ υἱὸς Ἐχράν· ²⁸δύναμις αὐτοῦ 28 οἱ ἐπεσκεμμένοι μία καὶ τεσσεράκοντα χιλιάδες καὶ πεντακόσιοι. ²⁹καὶ οἱ παρεμβάλλοντες ἐχόμενοι φυλῆς Νεφθαλεί, καὶ ὁ ἄρχων 29 τῶν υἱῶν Νεφθαλεὶ Ἀχειρὲ υἱὸς Αἰνάν· ³⁰δύναμις αὐτοῦ οἱ ἐπεσκεμ- 30 μένοι τρεῖς καὶ πεντήκοντα χιλιάδες καὶ τετρακόσιοι. ³¹πάντες οἱ 31 ἐπεσκεμμένοι τῆς παρεμβολῆς Δὰν ἑκατὸν καὶ ν΄, ἑπτὰ χιλιάδες καὶ ἑξακόσιοι· ἔσχατοι ἐξαροῦσιν κατὰ τάγμα αὐτῶν. ³²Αὕτη ἡ ἐπί- 32 σκεψις τῶν υἱῶν Ἰσραὴλ κατ᾽ οἴκους πατριῶν αὐτῶν· πᾶσα ἡ ἐπί- σκεψις τῶν παρεμβολῶν σὺν ταῖς δυνάμεσιν αὐτῶν ἑξακόσιαι χιλιάδες καὶ τρισχίλιοι πεντακόσιοι πεντήκοντα. ³³οἱ δὲ Λευεῖται οὐ συνε- 33 πεσκέπησαν ἐν αὐτοῖς, καθὰ ἐνετείλατο Κύριος τῷ Μωυσῇ. ³⁴καὶ 34 ἐποίησαν οἱ υἱοὶ Ἰσραὴλ πάντα ὅσα συνέταξεν Κύριος τῷ Μωυσῇ.

AF 20 φυλῆς] φυλη Α* (φυλης Α¹) | Μάννασση A (bis) 21 τετρακοσιοι] διακοσιοι B^{ab}A^a (δ sup ras 2 litt) F τριακοσιοι A*^{vid} 22 παρεμβαλλοντες B^{a†b}AF | φυλης] φυλη F | Γαδεωνι AF 24 επεσκεμμενοι] ηριθμημενοι A | εξαρουσιν] αναξευξουσιν A 25 Εχιεζερ F | Αμεισαδαι] Σαμισαδαι A Αμισαδαι F 26 δυναμεις A | επεσκεμμενοι] ηριθμημενοι A | εξηκοντα] εξη sup ras 5 litt (ut vid) B^{ab} | πεντακοσιοι] επτακοσιοι AF· 27 φυλης] φυλη AF | Φαγεηλ F 28 δυναμεις A*^{vid} (ras e A¹) | πεντακοσιοι] επτακοσιοι F 28—29 αδες κ πε[τακοσιοι...αρχων των sup ras A^a 29 παρεμβαλοντες A^a | φυλης] φυλη F | θαλει κ ο αρχων...Αιναν B^{1a?} (om και ο αρχων...Νεφθ. B*^{vid}) | Νεφθαλει 1°] Νεφθαλειμ A^a | Νεφθαλει 2°] Νεφθαλειμ A Νεφθαλι F | Αχιρε AF | Αιμα̣ A 30 τρις F | και τετρακοσιοι sup ras A^{a?} κα (sic) τετρ. F 31 επεσκεμμενοι] αριθμηθεντες A | εκατον και ν̣ επτα] επτα και πεντηκοντα και εκατον A εκατον πεντ. και επτα F | εσχατοι] pr συν δυναμει αυτων AF | εξαρουσιν] αναξευξουσιν A 32 παρεμβολων] ων sup ras A^a | om αυτων 2° F* (hab F^{1mg}) | πεντακοσιοι] pr και AF | πεντη- κοντα] pr και AF^{1(mg)} 33 om εν A 34 παντα οσα] καθα A pr κατα F | συνεταξεν] ενετειλατο A

ΑΡΙΘΜΟΙ III 1 15

οὕτως παρενέβαλον κατὰ τάγμα αὐτῶν, καὶ οὕτως ἐξῆρον ἕκαστος B ἐχόμενοι κατὰ δήμους αὐτῶν, κατ' οἴκους πατριῶν αὐτῶν.

III. 1 ¹Καὶ αὗται αἱ γενέσεις Ἀαρὼν καὶ Μωυσῆ, ἐν ᾗ ἡμέρᾳ ἐλάλησεν 2 Κύριος τῷ Μωυσῇ ἐν ὄρει Σεινά. ²καὶ ταῦτα τὰ ὀνόματα τῶν υἱῶν 3 Ἀαρών· πρωτότοκος Ναδὰβ καὶ Ἀβιούδ, Ἐλεαζὰρ καὶ Ἰθαμάρ· ³ταῦτα τὰ ὀνόματα τῶν υἱῶν Ἀαρών, οἱ ἱερεῖς οἱ ἠλιμμένοι, οὓς ἐτελείωσαν 4 τὰς χεῖρας αὐτῶν ἱερατεύειν. ⁴καὶ ἐτελεύτησεν Ναδὰβ καὶ Ἀβιοὺδ ἔναντι Κυρίου, προσφερόντων αὐτῶν πῦρ ἀλλότριον ἔναντι Κυρίου ἐν τῇ ἐρήμῳ Σεινά, καὶ παιδία οὐκ ἦν αὐτοῖς· καὶ ἱεράτευσεν Ἐλεαζὰρ 5 καὶ Ἰθαμὰρ μετ' Ἀαρὼν τοῦ πατρὸς αὐτῶν. ⁵Καὶ ἐλάλησεν 6 Κύριος πρὸς Μωυσῆν λέγων ⁶Λάβε τὴν φυλὴν Λευεί, καὶ στήσεις 7 αὐτοὺς ἐναντίον Ἀαρὼν τοῦ ἱερέως, καὶ λειτουργήσουσιν αὐτῷ. ⁷καὶ φυλάξουσιν τὰς φυλακὰς αὐτοῦ καὶ τὰς φυλακὰς τῶν υἱῶν Ἰσραὴλ ἔναντι τῆς σκηνῆς τοῦ μαρτυρίου, ἐργάζεσθαι τὰ ἔργα τῆς σκηνῆς· 8 ⁸καὶ φυλάξουσιν πάντα τὰ σκεύη τῆς σκηνῆς τοῦ μαρτυρίου καὶ 9 τὰς φυλακὰς τῶν υἱῶν Ἰσραὴλ κατὰ πάντα τὰ ἔργα τῆς σκηνῆς. ⁹καὶ δώσεις τοὺς Λευείτας Ἀαρὼν καὶ τοῖς υἱοῖς αὐτοῦ τοῖς ἱερεῦσιν· δεδο-10 μένοι δόμα οὗτοί μοί εἰσιν ἀπὸ τῶν υἱῶν Ἰσραήλ. ¹⁰καὶ Ἀαρὼν καὶ τοὺς υἱοὺς αὐτοῦ καταστήσεις ἐπὶ τῆς σκηνῆς τοῦ μαρτυρίου, καὶ φυλάξουσιν τὴν ἱερατίαν αὐτῶν καὶ πάντα τὰ κατὰ τὸν βωμὸν καὶ ἔσω τοῦ καταπετάσματος· καὶ ὁ ἀλλογενὴς ὁ ἁπτόμενος ἀπο-11 θανεῖται. ¹¹Καὶ ἐλάλησεν Κύριος πρὸς Μωυσῆν λέγων ¹²Καὶ 12 ἐγὼ ἰδοὺ εἴληφα τοὺς Λευείτας ἐκ μέσου τῶν υἱῶν Ἰσραὴλ ἀντὶ παντὸς πρωτοτόκου διανοίγοντος μήτραν παρὰ τῶν υἱῶν Ἰσραήλ· 13 λύτρα αὐτῶν ἔσονται, καὶ ἔσονται ἐμοὶ οἱ Λευεῖται. ¹³ἐμοὶ γὰρ πᾶν πρωτότοκον· ἐν ᾗ ἡμέρᾳ ἐπάταξα πᾶν πρωτότοκον ἐν γῇ Αἰγύπτου ἡγίασα ἐμοὶ πᾶν πρωτότοκον ἐν Ἰσραήλ· ἀπὸ ἀνθρώπου ἕως κτήνους 14 ἐμοὶ ἔσονται· ἐγὼ Κύριος. ¹⁴Καὶ ἐλάλησεν Κύριος πρὸς Μωυσῆν 15 ἐν τῇ ἐρήμῳ Σεινὰ λέγων ¹⁵Ἐπίσκεψαι τοὺς υἱοὺς Λευεὶ κατ' οἴκους πατριῶν αὐτῶν, κατὰ δήμους αὐτῶν· πᾶν ἀρσενικὸν ἀπὸ μηνιαίου καὶ

34 παρενεβαλλον F | ταγματα F   III 1 ορει] pr τω A | Σινα BᵇAF AF 2 Ελεαζαρ] pr και AF   3 οι ηλιμμενοι (ηλειμμ. F)] pr και A | om αυτων A | ιερατευειν] pr του A   4 Σινα BᵇAF | ιερατευσεν] ιδου ιερατευσαν F | μετ] μετα Bᵃ ᵇAF | Ααρων sup ras Aᵃ   6 Λευει (Λευι BᵇAF)] pr την AF | εναντι F   7 om τας. φυλακας 2° F   9 Ααρων] + τω αδελφω σου AF | δομα δεδομενοι BᵃAF | μοι] μονοι A   10 κατα τον βωμον] του θυσιαστηριου F | εσω] pr τὰ AF   12 ειληφα] ηλιφα A   13 ηγιασας A 14 Σινα BᵇAF   15 Λευει] Λευι BᵇAᵃ (sup ras) F Ααρων A* ᵛⁱᵈ | κατα δημ. αυτων] + κατα συγγενειας αυτων AF

SEPT.   257   R

III 16 ΑΡΙΘΜΟΙ

B ἐπάνω, ἐπισκέψασθε αὐτούς. ¹⁶καὶ ἐπεσκέψαντο αὐτοὺς Μωυσῆς 16 καὶ Ἀαρὼν διὰ φωνῆς Κυρίου, ὃν τρόπον συνέταξεν αὐτοῖς Κύριος. ¹⁷καὶ ἦσαν οὗτοι οἱ υἱοὶ Λευεὶ ἐξ ὀνομάτων αὐτῶν· Γεδσών, Κααθ καὶ 17 Μεραρεί. ¹⁸καὶ ταῦτα τὰ ὀνόματα τῶν υἱῶν Γεδσὼν κατὰ δήμους 18 αὐτῶν· Λοβενεὶ καὶ Σεμεεί. ¹⁹καὶ υἱοὶ Κααθ κατὰ δήμους αὐτῶν· 19 Ἀμρὰμ καὶ Ἰσσαάρ, Χεβρὼν καὶ Ὀζειήλ. ²⁰καὶ υἱοὶ Μεραρεὶ κατὰ 20 δήμους αὐτῶν· Μοολεὶ καὶ Ὀμουσεί. οὗτοί εἰσιν δῆμοι τῶν Λευειτῶν κατ᾿ οἴκους πατριῶν αὐτῶν. ²¹Τῷ Γεδσὼν δῆμος τοῦ Λοβενεὶ 21 καὶ δῆμος τοῦ Σεμεεί· οὗτοι δῆμοι τοῦ Γεδσών. ²²ἡ ἐπίσκεψις αὐτῶν 22 κατὰ ἀριθμὸν παντὸς ἀρσενικοῦ ἀπὸ μηνιαίου καὶ ἐπάνω, ἡ ἐπίσκεψις αὐτῶν ἑπτακισχίλιοι καὶ πεντακόσιοι. ²³καὶ υἱοὶ Γεδσὼν ὀπίσω 23 τῆς σκηνῆς παρὰ θάλασσαν παρεμβαλοῦσιν· ²⁴καὶ ὁ ἄρχων οἴκου 24 πατριᾶς τοῦ δήμου τοῦ Γεδσὼν Ἐλισὰφ υἱὸς Δαήλ. ²⁵καὶ ἡ φυλακὴ 25 υἱῶν Γεδσὼν ἐν τῇ σκηνῇ τοῦ μαρτυρίου· ἡ σκηνὴ καὶ τὸ κάλυμμα, καὶ τὸ κατακάλυμμα τῆς θύρας τῆς σκηνῆς τοῦ μαρτυρίου, ²⁶καὶ τὰ 26 ἱστία τῆς αὐλῆς, καὶ τὸ καταπέτασμα τῆς πύλης τῆς αὐλῆς τῆς οὔσης ἐπὶ τῆς σκηνῆς, καὶ τὰ κατάλοιπα πάντων τῶν ἔργων αὐτοῦ. ²⁷Τῷ 27 Κααθ δῆμος ὁ Ἀμραμείς, καὶ δῆμος ὁ Σαριείς, καὶ δῆμος ὁ Χεβρωνείς, καὶ δῆμος ὁ Ὀζειηλείς· οὗτοί εἰσιν δῆμοι τοῦ Κααθ ²⁸κατὰ ἀριθμόν, 28 πᾶν ἀρσενικὸν ἀπὸ μηνιαίου καὶ ἐπάνω, ὀκτακισχίλιοι καὶ ἑξακόσιοι, φυλάσσοντες τὰς φυλακὰς τῶν ἁγίων. ²⁹οἱ δῆμοι τῶν υἱῶν Κααθ 29 παρεμβαλοῦσιν ἐκ πλαγίων τῆς σκηνῆς κατὰ λίβα· ³⁰καὶ ὁ ἄρχων 30 οἴκου πατριῶν τῶν δήμων τοῦ Κααθ Ἐλεισαφὰν υἱὸς Ὀζειήλ. ³¹καὶ 31 ἡ φυλακὴ αὐτῶν ἡ κιβωτὸς καὶ ἡ τράπεζα καὶ ἡ λυχνία καὶ τὰ θυσιαστήρια, καὶ τὰ σκεύη τοῦ ἁγίου ὅσα λειτουργοῦσιν ἐν αὐτοῖς, καὶ τὸ κατακάλυμμα καὶ πάντα τὰ ἔργα αὐτῶν. ³²καὶ ὁ ἄρχων 32

AF 15 επισκεψασθε] αριθμησονται A επισκεψη F 16 επεσκεψαντο] ηριθμησεν A επεσκεψατο F | ον τροπον] καθα A 17 οι υιοι] om οι A | Λευι B♭AF | Κααδ A | Μεραρι AF 18—19 om Λοβενει...κατα δημ. αυτων B* (hab B^{ab mg inf}) 18 Λοβενι AF | Σεμει AF^{vid} (Σεμε.) 19 υιοι] pr οι F | Αμραμ] Αμβραμ AF | Ισσαρ F | Οξιηλ AF 20 υιοι] pr ουτοι A pr οι F | Μεραρι AF | Μοολι F | Ομουσι AF 21 Λοβενι AF [om και δημος του Σεμ. F | Σεμει A 22 η επισκεψις 2°] ο αριθμος A 23 υιοι] ουτοι B^{a vid} pr οι AF | της σκηνης]+του μαρτυριου F* (om F¹) | παρα θαλ. παρεμβαλουσιν] παρεμβαλουσιν κατα θαλ. AF 25 φυλακη] φυλη F | om και το καλυμμα F* (hab F^{1 mg}) | om θυρας της A* (hab A^a) 27 Αμραμεις] Αμβρααμ᾿εις᾿ A Αμβραμ᾿εις F | Σαριεις] Ισσαριεις B^{ab} Σααρ᾿εις᾿ A Ισσααρ᾿ εις F | om και δημος ο Χεβρωνεις F | ο Οξειηλεις] ο Οξιηλ᾿εις᾿ A Οξιηλ᾿εις F 29 λιβα BA^a (sup ras)] νοτον A*^{vid} F* (λιβα F^{mg}) 30 ο αρχων] om ο A* (hab A¹) | των δημων] om των A | Ελισαφαν AF | Οξιηλ AF

ΑΡΙΘΜΟΙ III 44

32 ἐπὶ πῶν ἀρχόντων τῶν Λευειτῶν Ἐλεαζὰρ ὁ υἱὸς Ἀαρὼν τοῦ ἱερέως, B
33 καθεσταμένος φυλάσσειν τὰς φυλακὰς τῶν ἁγίων. ³³ Τῷ Μεραρεὶ
34 δῆμος ὁ Μοολεὶ καὶ δῆμος ὁ Μουσεί· οὗτοί εἰσιν δῆμοι Μεραρεί. ³⁴ ἡ
ἐπίσκεψις αὐτῶν· κατὰ ἀριθμόν, πᾶν ἀρσενικὸν ἀπὸ μηνιαίου καὶ
35 ἐπάνω; ἑξακισχίλιοι καὶ πεντήκοντα· ³⁵ καὶ ὁ ἄρχων οἴκου πατριᾶς
τοῦ δήμου τοῦ Μεραρεὶ Σουριὴλ υἱὸς Ἀβειχάιλ· ἐκ πλαγίων τῆς σκηνῆς
36 παρεμβαλοῦσιν πρὸς βορρᾶν. ³⁶ ἡ ἐπίσκεψις ἡ φυλακὴ υἱῶν Μεραρεί·
τὰς κεφαλίδας τῆς σκηνῆς καὶ τοὺς μοχλοὺς αὐτῆς καὶ τοὺς στύλους
αὐτῆς καὶ τὰς βάσεις αὐτῆς, καὶ πάντα τὰ σκεύη αὐτῶν καὶ τὰ ἔργα
37 αὐτῶν, ³⁷ καὶ τοὺς στύλους τῆς αὐλῆς κύκλῳ καὶ τὰς βάσεις αὐτῶν;
38 καὶ τοὺς πασσάλους καὶ τοὺς κάλους αὐτῶν. ³⁸ Καὶ οἱ παρεμ-
βάλλοντες κατὰ πρόσωπον τῆς σκηνῆς τοῦ μαρτυρίου ἀπ᾽ ἀνατολῆς
Μωυσῆς καὶ Ἀαρὼν καὶ οἱ υἱοὶ αὐτοῦ, φυλάσσοντες τὰς φυλακὰς
τοῦ ἁγίου εἰς τὰς φυλακὰς τῶν υἱῶν Ἰσραήλ· καὶ ὁ ἀλλογενὴς ὁ ἁπτό-
39 μενος ἀποθανεῖται. ³⁹ πᾶσα ἡ ἐπίσκεψις τῶν Λευειτῶν, οὓς ἐπε-
σκέψατο Μωυσῆς καὶ Ἀαρὼν διὰ φωνῆς Κυρίου κατὰ δήμους αὐτῶν, πᾶν
40 ἀρσενικὸν ἀπὸ μηνιαίου καὶ ἐπάνω, δύο καὶ εἴκοσι χιλιάδες. ⁴⁰ Καὶ
εἶπεν Κύριος πρὸς Μωυσῆν λέγων Ἐπίσκεψαι πᾶν πρωτότοκον
ἄρσεν τῶν υἱῶν Ἰσραὴλ ἀπὸ μηνιαίου καὶ ἐπάνω, καὶ λάβετε τὸν
41 ἀριθμὸν ἐξ ὀνόματος· ⁴¹ καὶ λήμψῃ τοὺς Λευείτας ἐμοί, ἐγὼ Κύριος,
ἀντὶ πάντων τῶν πρωτοτόκων τῶν υἱῶν Ἰσραήλ, καὶ τὰ κτήνη τῶν
Λευειτῶν ἀντὶ πάντων τῶν πρωτοτόκων ἐν τοῖς κτήνεσιν τῶν υἱῶν
42 Ἰσραήλ. ⁴² καὶ ἐπεσκέψατο Μωυσῆς ὃν τρόπον ἐνετείλατο Κύριος
43 πᾶν πρωτότοκον ἐν τοῖς υἱοῖς Ἰσραήλ· ⁴³ καὶ ἐγένοντο πάντα τὰ πρω-
τότοκα τὰ ἀρσενικὰ κατὰ ἀριθμὸν ἐξ ὀνόματος ἀπὸ μηνιαίου καὶ ἐπάνω
ἐκ τῆς ἐπισκέψεως αὐτῶν δύο καὶ εἴκοσι χιλιάδες, τρεῖς καὶ ἑβδομή-
44 κοντα καὶ διακόσιοι. ⁴⁴ Καὶ ἐλάλησεν Κύριος πρὸς Μωυσῆν

32 επι] pr ⁰ AF | ⁰ υιος] om ο AF | κατεσταμενος B   '33 Μεραρι AF
(bis) AF | Μοολει Bᵃᵇ (Μοολι AF)] Μολει B* |ο'Μουσει] ο Ομουσι AF |
Μεραρει 2°] του Μεραρι AF   34 κατα αριθμον]+παν| αριθμον F* (om
F¹) | om παν αρσενικον A*ᵛⁱᵈ (hab Aᵃ)   35 πατριας] πατριων BᵃᵇAF |
Μεραρι AF | Αβειχαιλ] Αβιχαιλ A Αβιχαια F   36 η φυλακη] της φυλακης
AF | Μεραρι AF | om και τας βασεις αυτης F* (hab F¹ᵐᵍ)·| αυτης 3°] ης sup
ras Aᵃ (αυτων A*ᵛⁱᵈ) | om και τα εργα αυτων F   37 πασσαλους]
+αυτων AF | om και τους καλους αυτων F* (hab F¹ᵐᵍ) | καλους] κλαδους
A   38 απ ανατοληs] απο ανατολων AF | Μωυσης]+δε F | απτομενος]
προσπορευομενος A   39 Λευειτων (Λευιτων BᵇAF)] pr υιων F | μηνιου A*
(μηνιεου A¹)   40 λαβετε] λαβε A | αριθμον]+αυτων AF   41 om των
πρωτοτοκων 1° F (hab πρωτοτοκων F¹) | om εν τοις κτηνεσιν B* (hab Bᵃᵇᵐᵍ)
42 Κυριος]+αυτω AF   43 εγενοντο] εγενετο F | τα αρσ.] om τα AF꜓
τρεις] pr ϗ Bᵃᵇ | διακοσιαι B

III 45 ΑΡΙΘΜΟΙ

Β λέγων ⁴⁵Λάβετε τοὺς Λευείτας ἀντὶ πάντων τῶν πρωτοτόκων τῶν υἱῶν 45
Ἰσραήλ, καὶ τὰ κτήνη τῶν Λευειτῶν ἀντὶ τῶν κτηνῶν αὐτῶν, καὶ
ἔσονται ἐμοὶ οἱ Λευεῖται· ἐγὼ Κύριος. ⁴⁶καὶ τὰ λύτρα, τρεῖς καὶ 46
ἑβδομήκοντα καὶ διακόσιοι, οἱ πλεονάζοντες παρὰ τοὺς Λευείτας ἀπὸ
τῶν πρωτοτόκων τῶν υἱῶν Ἰσραήλ· ⁴⁷καὶ λήμψῃ πέντε σίκλους 47
κατὰ κεφαλήν, κατὰ τὸ δίδραχμον, τὸ ἅγιον λήμψῃ, εἴκοσι ὀβολοὺς
τοῦ σίκλου· ⁴⁸καὶ δώσεις τὸ ἀργύριον Ἀαρὼν καὶ τοῖς υἱοῖς αὐτοῦ, 48
λύτρα τῶν πλεοναζόντων ἐν αὐτοῖς. ⁴⁹καὶ ἔλαβεν Μωυσῆς τὸ 49
ἀργύριον, τὰ λύτρα τῶν πλεοναζόντων, εἰς τὴν ἐκλύτρωσιν τῶν Λευει-
τῶν· ⁵⁰παρὰ τῶν πρωτοτόκων τῶν υἱῶν Ἰσραὴλ ἔλαβεν τὸ ἀργύριον, 50
χιλίους τριακοσίους ἑξήκοντα πέντε σίκλους, κατὰ τὸν σίκλον τὸν
ἅγιον. ⁵¹καὶ ἔδωκεν Μωυσῆς τὰ λύτρα τῶν πλεοναζόντων Ἀαρὼν 51
καὶ τοῖς υἱοῖς αὐτοῦ, διὰ φωνῆς Κυρίου, ὃν τρόπον συνέταξεν Κύριος
τῷ Μωυσῇ.

¹Καὶ ἐλάλησεν Κύριος πρὸς Μωυσῆν καὶ Ἀαρὼν λέγων ²Λάβε τὸ $\frac{1}{2}$ IV
κεφάλαιον τῶν υἱῶν Καὰθ ἐκ μέσου υἱῶν Λευεί, κατὰ δήμους αὐτῶν,
κατ' οἴκους πατριῶν αὐτῶν, ³ἀπὸ εἴκοσι καὶ πέντε ἐτῶν καὶ ἐπάνω 3
καὶ ἕως πεντήκοντα ἐτῶν, πᾶς ὁ εἰσπορευόμενος λειτουργεῖν ποιῆσαι
πάντα τὰ ἔργα ἐν τῇ σκηνῇ τοῦ μαρτυρίου. ⁴καὶ ταῦτα τὰ ἔργα 4
τῶν υἱῶν Καὰθ ἐν τῇ σκηνῇ τοῦ μαρτυρίου· ἅγιον τῶν ἁγίων. ⁵καὶ 5
εἰσελεύσεται Ἀαρὼν καὶ οἱ υἱοὶ αὐτοῦ ὅταν ἐξαίρῃ ἡ παρεμβολή, καὶ
καθελοῦσιν τὸ καταπέτασμα τὸ συσκιάζον, καὶ κατακαλύψουσιν ἐν
αὐτῷ τὴν κιβωτὸν τοῦ μαρτυρίου· ⁶καὶ ἐπιθήσουσιν ἐπ' αὐτὸ κατα- 6
κάλυμμα δέρμα ὑακίνθινον, καὶ ἐπιβαλοῦσιν ἐπ' αὐτὴν ἱμάτιον ὅλον
ὑακίνθινον ἄνωθεν, καὶ διεμβαλοῦσιν τοὺς ἀναφορεῖς. ⁷καὶ ἐπὶ τὴν 7
τράπεζαν τὴν προκειμένην ἐπιβαλοῦσιν ἐπ' αὐτὴν ἱμάτιον ὁλοπόρ-
φυρον καὶ τὰ τρυβλία καὶ τὰς θυίσκας καὶ τοὺς κυάθους καὶ τὰ
σπονδεῖα, ἐν οἷς σπένδει· καὶ οἱ ἄρτοι οἱ διὰ παντὸς ἐπ' αὐτῆς ἔσον-
ται. ⁸καὶ ἐπιβαλοῦσιν ἐπ' αὐτὴν ἱμάτιον κόκκινον, καὶ καλύψουσιν 8

AF 45 λαβετε] λαβε B^{ab}AF   46 τρεῖς] τρειων B^a τριων B^bAF | διακοσιοι] διακοσιων B^{ab}AF   47 om πεντε σικλους F | οβολους του σικλου] οβολοι ο σικλος AF   49 τα λυτρα] om τα A   50 om ελαβεν το αργυριον F | χιλ. τριακοσ. εξηκ. πεντε] πεντε και εξηκ. και τριακοσ. και χιλ. AF | om σικλους A   51 τα λυτρα] pr το αργυριον F | συνεταξεν] ενετειλατο F
IV 2 Κααθ] Καθ A | Λευι B^bAF   3 εικοσι και πεντε ετων] εικοσαετους A | om και 3° A   4 Κααθ] + εκ μεσου υιων Λευι κατα δημους αυτων κατ οικους πατριων αυτων AF   5 εισελευσονται AF | εξαιρη] εξερη A | κιβωτον] σκηνην A   6 διεμβαλουσιν] δι (et o ut vid) sup ras e superser B^a   7 ολοπορφ.] ολον πορφυρουν F | κυεθους B* (κυαθ. B^{ab}) | δια] signa v l prae se fert F

ΑΡΙΘΜΟΙ IV 18

αὐτὴν καλύμματι δερματίνῳ ὑακινθίνῳ, καὶ διεμβαλοῦσιν δι' αὐτῆς B
9 τοὺς ἀναφορεῖς. ⁹καὶ λήμψονται ἱμάτιον ὑακίνθινον καὶ καλύψουσιν
τὴν λυχνίαν τὴν φωτίζουσαν, καὶ τοὺς λύχνους αὐτῆς καὶ τὰς λαβίδας
αὐτῆς καὶ τὰς ἐπαρυστρίδας αὐτῆς, καὶ πάντα τὰ ἄγγια τοῦ ἐλαίου
10 οἷς λειτουργοῦσιν ἐν αὐτοῖς· ¹⁰καὶ ἐμβαλοῦσιν αὐτὴν καὶ πάντα τὰ
σκεύη αὐτῆς εἰς κάλυμμα δερμάτινον ὑακίνθινον, καὶ ἐπιθήσουσιν
11 αὐτὴν ἐπ' ἀναφορέων. ¹¹καὶ ἐπὶ τὸ θυσιαστήριον τὸ χρυσοῦν ἐπι-
καλύψουσιν ἱμάτιον ὑακίνθινον, καὶ καλύψουσιν αὐτὸ καλύμματι
12 δερματίνῳ ὑακινθίνῳ, καὶ διεμβαλοῦσιν τοὺς ἀναφορεῖς αὐτοῦ. ¹²καὶ
λήμψονται πάντα τὰ σκεύη τὰ λειτουργικὰ ὅσα λειτουργοῦσιν ἐν
αὐτοῖς ἐν τοῖς ἁγίοις, καὶ ἐμβαλοῦσιν εἰς ἱμάτιον ὑακίνθινον, καὶ
καλύψουσιν αὐτὰ καλύμματι δερματίνῳ ὑακινθίνῳ, καὶ ἐπιθήσουσιν
13 ἐπὶ ἀναφορεῖς. ¹³καὶ τὸν καλυπτῆρα ἐπιθήσει ἐπὶ τὸ θυσιαστήριον,
14 καὶ ἐπικαλύψουσιν ἐπ' αὐτὸ ἱμάτιον ὁλοπόρφυρον· ¹⁴καὶ ἐπιθήσουσιν
ἐπ' αὐτὸ πάντα τὰ σκεύη ὅσοις λειτουργοῦσιν ἐπ' αὐτὸ ἐν αὐτοῖς,
καὶ τὰ πύρια καὶ τὰς κρεάγρας καὶ τὰς φιάλας καὶ τὸν καλυπτῆρα
καὶ πάντα τὰ σκεύη τοῦ θυσιαστηρίου· καὶ ἐπιβαλοῦσιν ἐπ' αὐτὸ
κάλυμμα δερμάτινον ὑακίνθινον, καὶ διεμβαλοῦσιν τοὺς ἀναφορεῖς
αὐτοῦ· καὶ λήμψονται ἱμάτιον πορφυροῦν καὶ συνκαλύψουσιν τὸν
λουτῆρα καὶ τὴν βάσιν αὐτοῦ, καὶ ἐμβαλοῦσιν αὐτὸ εἰς κάλυμμα
15 δερμάτινον ὑακίνθινον, καὶ ἐπιθήσουσιν ἐπὶ ἀναφορεῖς. ¹⁵καὶ συν-
τελέσουσιν Ἀαρὼν καὶ οἱ υἱοὶ αὐτοῦ καλύπτοντες τὰ ἅγια καὶ πάντα
τὰ σκεύη τὰ ἅγια, ἐν τῷ ἐξαίρειν τὴν παρεμβολήν· καὶ μετὰ ταῦτα
εἰσελεύσονται υἱοὶ Καὰθ αἴρειν, καὶ οὐχ ἅψονται τῶν ἁγίων, ἵνα μὴ
ἀποθάνωσιν. ταῦτα ἀροῦσιν οἱ υἱοὶ Καὰθ ἐν τῇ σκηνῇ τοῦ μαρτυρίου.
16 ¹⁶ἐπίσκοπος Ἐλεαζὰρ υἱὸς Ἀαρὼν τοῦ ἱερέως· τὸ ἔλαιον τοῦ φωτὸς
καὶ τὸ θυμίαμα τῆς συνθέσεως καὶ ἡ θυσία ἡ καθ' ἡμέραν καὶ τὸ
ἔλαιον τῆς χρίσεως, ἡ ἐπισκοπὴ ὅλης τῆς σκηνῆς καὶ ὅσα ἐστὶν ἐν
17 αὐτῇ ἐν τῷ ἁγίῳ, ἐν πᾶσι τοῖς ἔργοις. ¹⁷Καὶ ἐλάλησεν Κύριος
18 πρὸς Μωυσῆν καὶ Ἀαρὼν λέγων ¹⁸Μὴ ὀλεθρεύσητε τῆς φυλῆς τὸν

8 om δι αυτης AF | αναφορεις]+αυτης AF   9 επαρυστιδας A | αγγια AF B*F(α.|για)] αγια A | ελαιου]+αυτης AF | οις] οσοι A ᵛ οσοις F | om εν F
11 καλυψουσιν] επικαλυψουσιν AF | δερματινω] δερματι A | διεμβαλουσιν] εμβαλουσιν F   12 οσα] εις α F | δερματινω] δερματι A | επι] επ F
13 τον καλ. επιθησει] επιθησεις του καλ. A   14 τα σκευη 1°]+αυτου AF | οσοις] οσοι A εν οις F | om επ αυτο 2° AF | διεμβαλουσιν] εμβαλουσιν A | αυτο 4°]^αυτα AF   15 om και παντα τα σκευη τα αγια B* (hab B^{abmg}) | υιοι 2°] pr οι AF   16 ολης] ολη F | εν πασι] pr και AF   18 ολεθρευσητε (ολεθρ. B*^{(vid)b} ᵗ ολοθρ. B^{a t}F)] εξολεθρ. A

ΑΡΙΘΜΟΙ

Β δῆμον τὸν Καὰθ ἐκ μέσου τῶν Λευειτῶν. ¹⁹τοῦτο ποιήσατε αὐτοῖς, καὶ ζήσονται καὶ οὐ μὴ ἀποθάνωσιν, προσπορευομένων αὐτῶν πρὸς τὰ ἅγια τῶν ἁγίων. Ἀαρὼν καὶ οἱ υἱοὶ αὐτοῦ προσπορευέσθωσαν, καὶ καταστήσουσιν αὐτοὺς ἕκαστον κατὰ τὴν ἀναφορὰν αὐτοῦ· ²⁰καὶ οὐ μὴ εἰσέλθωσιν ἰδεῖν ἐξάπινα τὰ ἅγια, καὶ ἀποθανοῦνται.

²¹Καὶ ἐλάλησεν Κύριος πρὸς Μωυσῆν λέγων ²²Λάβε τὴν ἀρχὴν τῶν υἱῶν Γεδσών, καὶ τούτους κατ᾽ οἴκους πατριῶν αὐτῶν, κατὰ δήμους αὐτῶν· ²³ἀπὸ πέντε καὶ εἰκοσαετοῦς καὶ ἐπάνω ἕως πεντηκονταετοῦς ἐπίσκεψαι αὐτούς, πᾶς ὁ εἰσπορευόμενος λειτουργεῖν, ποιεῖν τὰ ἔργα, αὐτοῦ ἐν τῇ σκηνῇ τοῦ μαρτυρίου. ²⁴αὕτη ἡ λειτουργία τοῦ δήμου τοῦ Γεδσών, λειτουργεῖν καὶ αἴρειν· ²⁵καὶ ἀρεῖ τὰς δέρρεις τῆς σκηνῆς, καὶ τὴν σκηνὴν τοῦ μαρτυρίου καὶ τὸ κάλυμμα αὐτῆς, καὶ τὸ κάλυμμα τὸ ὑακίνθινον τὸ ὂν ἐπ᾽ αὐτῆς ἄνωθεν, καὶ τὸ κάλυμμα τῆς θύρας τῆς σκηνῆς τοῦ μαρτυρίου, ²⁶καὶ τὰ ἱστία τῆς αὐλῆς ὅσα ἐπὶ τῆς σκηνῆς τοῦ μαρτυρίου, καὶ τὰ περισσά, καὶ πάντα τὰ σκεύη τὰ λειτουργικὰ ὅσα λειτουργοῦσιν ἐν αὐτοῖς ποιήσουσιν. ²⁷κατὰ στόμα Ἀαρὼν καὶ τῶν υἱῶν αὐτοῦ ἔσται ἡ λειτουργία τῶν υἱῶν Γεδσὼν κατὰ πάσας τὰς λειτουργίας αὐτῶν καὶ κατὰ πάντα τὰ ἔργα δι᾽ αὐτῶν· καὶ ἐπισκέψῃ αὐτοὺς ἐξ ὀνομάτων πάντα τὰ ἀρτὰ ὑπ᾽ αὐτῶν. ²⁸αὕτη ἡ λειτουργία τῶν υἱῶν Γεδσὼν ἐν τῇ σκηνῇ τοῦ μαρτυρίου, καὶ ἡ φυλακὴ αὐτῶν ἐν χειρὶ Ἰθαμὰρ τοῦ υἱοῦ Ἀαρὼν τοῦ ἱερέως. ²⁹Υἱοὶ Μεραρεί, κατὰ δήμους αὐτῶν, κατ᾽ οἴκους πατριῶν αὐτῶν, ἐπισκέψασθε αὐτούς· ³⁰ἀπὸ πέντε καὶ εἰκοσαετοῦς καὶ ἐπάνω ἕως πεντηκονταετοῦς ἐπισκέψασθε αὐτούς, πᾶς ὁ εἰσπορευόμενος λειτουργεῖν τὰ ἔργα τῆς σκηνῆς τοῦ μαρτυρίου. ³¹καὶ ταῦτα τὰ φυλάγματα τῶν αἰρομένων ὑπ᾽ αὐτῶν κατὰ πάντα τὰ ἔργα τῶν ἐν τῇ σκηνῇ τοῦ μαρτυρίου· τὰς κεφαλίδας τῆς σκηνῆς καὶ τοὺς μοχλοὺς καὶ τοὺς στύλους αὐτῆς καὶ τὰς βάσεις αὐτῆς καὶ τὸ κατα-

AF 18 Λευιτων Βᵃᵇ (πολειτ. Β*) AF 19 προσπορευεσθ.] εισπορ. AF 20 τα αγια] το αγιον AF 22 om και τουτους AF | om κατ οικους πατριων αυτων F | om κατα δημους αυτων A 23 επισκεψαι] επισκεψασθαι A επισκεψασθε F | ποιειν] pr και AF | om αυτου AF | εν τη σκηνη] της σκηνης A 24 του Γεδσων] om του A 25 τας δερρεις] τα σκευη Β¹ᵗᵃᵗᵇᵐᵍ | καλυμμα 1°] κατακαλυμμα ΒᵃᵇAF | καλυμμα 2°, 3°] κατακαλυμμα AF | επ αυτης] επ αυτην Βᵃᵇ επ αυτην A 26 om και τα ιστια...του μαρτυριου Β* (hab Βᵃᵇᵐᵍ ⁱⁿᶠ) | τα περισσα] + αυτων AF | λειτουργικα] + αυτων AF | οσα] pr και AF 27 om και 2° A | εργα] αρτα A | δι αυτων] om δι F | τα αρτα] τα εργα Βᵃᵇ om τα F 29 υιοι] pr οι AF | Μεραρι AF 30 επισκεψασθαι F | om της σκηνης F 31 υπ αυτων] υπ αυτου A | των εν τη σκηνη] αυτων εν τη σκ. ΒᵃᵇAF | μοχλους] + αυτης AF | om και τους στυλους αυτης F* (hab F¹ᵐᵍ) | κατακαλυμμα 1°] + της σκηνης A

ΑΡΙΘΜΟΙ IV 45

κάλυμμα, καὶ αἱ βάσεις αὐτῶν καὶ οἱ στύλοι αὐτῶν, καὶ τὸ κατακά- B
32 λυμμα τῆς θύρας τῆς σκηνῆς, ³²καὶ τοὺς στύλους τῆς αὐλῆς κύκλῳ,
καὶ αἱ βάσεις αὐτῶν, καὶ τοὺς στύλους τοῦ καταπετάσματος τῆς
πύλης τῆς αὐλῆς καὶ τὰς βάσεις αὐτῶν καὶ τοὺς πασσάλους αὐτῶν
καὶ τοὺς κάλους αὐτῶν, καὶ πάντα τὰ σκεύη αὐτῶν καὶ πάντα τὰ
λειτουργήματα αὐτῶν, ἐξ ὀνομάτων ἐπισκέψασθε αὐτοὺς καὶ πάντα
33 τὰ σκεύη τῆς φυλακῆς τῶν αἱρομένων ὑπ᾽ αὐτῶν. ³³αὕτη ἡ λειτουρ-
γία δήμου υἱῶν Μεραρεὶ ἐν πᾶσιν τοῖς ἔργοις αὐτῶν ἐν τῇ σκηνῇ
34 τοῦ μαρτυρίου, ἐν χειρὶ Ἰθαμὰρ υἱοῦ Ἀαρὼν τοῦ ἱερέως. ³⁴Καὶ
ἐπεσκέψατο Μωυσῆς καὶ Ἀαρὼν καὶ οἱ ἄρχοντες Ἰσραὴλ τοὺς υἱοὺς
35 Καὰθ κατὰ δήμους αὐτῶν, κατ᾽ οἴκους πατριῶν αὐτῶν, ³⁵ἀπὸ πέντε
καὶ εἰκοσαετοῦς καὶ ἐπάνω ἕως πεντηκονταετοῦς, πᾶς ὁ εἰσπορευό-
36 μενος λειτουργεῖν καὶ ποιεῖν ἐν τῇ σκηνῇ τοῦ μαρτυρίου. ³⁶καὶ
ἐγένετο ἡ ἐπίσκεψις αὐτῶν κατὰ δήμους αὐτῶν δισχίλιοι διακόσιοι
37 πεντήκοντα· ³⁷αὕτη ἡ ἐπίσκεψις δήμου Καάθ, πᾶς ὁ λειτουργῶν
ἐν τῇ σκηνῇ τοῦ μαρτυρίου, καθὰ ἐπεσκέψατο Μωυσῆς καὶ Ἀαρὼν
38 διὰ φωνῆς Κυρίου ἐν χειρὶ Μωυσῆ. ³⁸Καὶ ἐπεσκέπησαν υἱοὶ
39 Γεδσὼν κατὰ δήμους αὐτῶν, κατ᾽ οἴκους πατριῶν αὐτῶν, ³⁹ἀπὸ πέντε
καὶ εἰκοσαετοῦς καὶ ἐπάνω ἕως πεντηκονταετοῦς, πᾶς ὁ εἰσπορευό-
μενος λειτουργεῖν καὶ ποιεῖν τὰ ἔργα ἐν τῇ σκηνῇ τοῦ μαρτυρίου.
40 ⁴⁰καὶ ἐγένετο ἡ ἐπίσκεψις αὐτῶν κατὰ δήμους αὐτῶν, κατ᾽ οἴκους
41 πατριῶν αὐτῶν, δισχίλιοι ἑξακόσιοι τριάκοντα· ⁴¹αὕτη ἡ ἐπίσκεψις
δήμου υἱῶν Γεδσών, πᾶς ὁ λειτουργῶν ἐν τῇ σκηνῇ τοῦ μαρτυρίου,
οὓς ἐπεσκέψατο Μωυσῆς καὶ Ἀαρὼν διὰ φωνῆς Κυρίου ἐν χειρὶ
42 Μωυσῆ. ⁴²Ἐπεσκέπησαν δὲ καὶ δῆμος υἱῶν Μεραρεὶ κατὰ
43 δήμους αὐτῶν, κατ᾽ οἴκους πατριῶν αὐτῶν, ⁴³ἀπὸ πέντε καὶ εἰκο-
σαετοῦς καὶ ἐπάνω ἕως πεντηκονταετοῦς, πᾶς ὁ εἰσπορευόμενος
44 λειτουργεῖν πρὸς τὰ ἔργα τῆς σκηνῆς τοῦ μαρτυρίου. ⁴⁴καὶ ἐγενήθη
ἡ ἐπίσκεψις αὐτῶν κατὰ δήμους αὐτῶν, κατ᾽ οἴκους πατριῶν αὐτῶν,
45 τρισχίλιοι καὶ διακόσιοι· ⁴⁵αὕτη ἡ ἐπίσκεψις δήμου υἱῶν Μεραρεί,

/31 και οι στυλοι αυτων bis scr F | κατακαλυμμα 2°] καλυμμα B^(ab)A AF
32 om και τους πασσαλους αυτων F | καλους BF¹ (καυλους F*)] κλαδους A | επισκεψασθαι F   **33** Μεραρι AF (item 42, 45) | πασι F | υιου] pr του A
35 ποιειν]+τα εργα AF | εν τη σκηνη] της σκηνης A   **36** διακοσιοι] τριακοσιοι A επτακοσιοι F | πεντηκοντα] pr και F   **38** υιοι] pr οι AF
39 εως] pr και A | εν τη σκηνη] της σκηνης F   **40** om και εγενετο η επισκεψις αυτων A | η επισκ. αυτων]+εν τη σκηνη του μαρτυριου F | εξακοσιοι] εξακο sup ras pl litt A^a (bis scr δισχιλιοι A*^(vid))   **42** επεσκεπη F
43 om απο F   **44** εγενηθη] εγενετο AF | αυτων 1°] pr της συγγενειας A | om κατα δημους αυτων A

B οὓς ἐπεσκέψατο Μωυσῆς καὶ Ἀαρὼν διὰ φωνῆς Κυρίου ἐν χειρὶ
Μωυσῆ. ⁴⁶Πάντες οἱ ἐπεσκεμμένοι οὓς ἐπεσκέψατο Μωυσῆς 46
καὶ Ἀαρὼν καὶ οἱ ἄρχοντες Ἰσραήλ, τοὺς Λευείτας, κατὰ δήμους καὶ
κατ' οἴκους πατριῶν, ⁴⁷ἀπὸ πέντε καὶ εἰκοσαετοῦς καὶ ἐπάνω ἕως 47
πεντηκονταετοῦς, πᾶς ὁ εἰσπορευόμενος πρὸς τὸ ἔργον τῶν ἔργων καὶ
τὰ ἔργα τὰ αἰρόμενα ἐν τῇ σκηνῇ τοῦ μαρτυρίου· ⁴⁸καὶ ἐγενήθησαν οἱ 48
ἐπισκεπέντες ὀκτακισχίλιοι πεντακόσιοι ὀγδοήκοντα. ⁴⁹διὰ φωνῆς 49
Κυρίου ἐπεσκέψατο αὐτοὺς ἐν χειρὶ Μωυσῆ, ἄνδρα κατ' ἄνδρα ἐπὶ τῶν
ἔργων αὐτῶν καὶ ἐπὶ ὧν αἴρουσιν αὐτοί· καὶ ἐπεσκέπησαν ὃν τρόπον
συνέταξεν Κύριος τῷ Μωυσῇ.

¹Καὶ ἐλάλησεν Κύριος πρὸς Μωυσῆν λέγων ²Πρόσταξον τοῖς υἱοῖς $\frac{1}{2}$ V
Ἰσραήλ, καὶ ἐξαποστειλάτωσαν ἐκ τῆς παρεμβολῆς πάντα λεπρὸν
καὶ πάντα γονορρυῆ καὶ πάντα ἀκάθαρτον ἐπὶ ψυχῇ· ³ἀπὸ ἀρσενι- 3
κοῦ ἕως θηλυκοῦ, ἐξαποστείλατε ἔξω τῆς παρεμβολῆς, καὶ οὐ μὴ
μιανοῦσιν τὰς παρεμβολὰς αὐτῶν, ἐν οἷς ἐγὼ καταγίνομαι ἐν αὐτοῖς.
⁴καὶ ἐποίησαν οὕτως οἱ υἱοὶ Ἰσραήλ, καὶ ἐξαπέστειλαν αὐτοὺς ἔξω 4
τῆς παρεμβολῆς· καθὰ ἐλάλησεν Κύριος Μωυσῇ, οὕτως ἐποίησαν οἱ
υἱοὶ Ἰσραήλ.
⁵Καὶ ἐλάλησεν Κύριος πρὸς Μωυσῆν λέγων ⁶Λάλησον τοῖς υἱοῖς $\frac{5}{6}$
Ἰσραὴλ λέγων Ἀνὴρ ἢ γυνὴ ὅστις ἐὰν ποιήσῃ ἀπὸ τῶν ἁμαρτιῶν
τῶν ἀνθρωπίνων, καὶ παριδὼν παρίδῃ καὶ πλημμελῶν πλημμελήσῃ
ἡ ψυχὴ ἐκείνη, ⁷ἐξαγορεύσει τὴν ἁμαρτίαν ἣν ἐποίησεν, καὶ ἀπο- 7
δώσει τὴν πλημμελίαν, τὸ κεφάλαιον, καὶ τὸ ἐπίπεμπτον αὐτοῦ
προσθήσει ἐπ' αὐτό, καὶ ἀποδώσει τίνι ἐπλημμέλησεν αὐτῷ. ⁸ἐὰν 8
δὲ μὴ ᾖ τῷ ἀνθρώπῳ ὁ ἀγχιστεύων ὥστε ἀποδοῦναι αὐτῷ τὸ πλημ-
μέλημα πρὸς αὐτόν, τὸ πλημμέλημα τὸ ἀποδιδόμενον Κυρίῳ τῷ ἱερεῖ
ἔσται, πλὴν τοῦ κριοῦ τοῦ ἱλασμοῦ δι' οὗ ἐξιλάσεται ἐν αὐτῷ περὶ
αὐτοῦ. ⁹καὶ πᾶσα ἀπαρχὴ κατὰ πάντα τὰ ἁγιαζόμενα ἐν υἱοῖς 9
Ἰσραήλ, ὅσα ἂν προσφέρωσιν τῷ κυρίῳ τῷ ἱερεῖ, αὐτῷ ἔσται. ¹⁰καὶ 10

AF   **46** επεσκεψατο] επεψατο F | om και 2° B* (hab B^ab) | Ισραηλ] pr υιων AF |
Λευιται B^b AF | δημους]+αυτων AF | om και 3° AF | πατριων]+αυτων AF
48 om και AF | εγεννηθησαν A | επισκεπεντες] επεσκεμμενοι A | ογδοη-
κοντα] και πεντηκοντα A   **49** επεσκεψατο] pr ους A | κατ] κατα A |
αιρουσιν] ερουσιν F   V 2 παρεμβολης] συναγωγης A | γονορυη F   **3** om
μη AF | καταγεινομαι AF   **4** om αυτους A | Μωυση] pr τω AF   **6** om
λεγων F* (hab F¹ mg) | των αμαρτων] pr πασων F | om πλημμελων B^ab AF
7 εποιησεν] ημαρτεν A | τινι] pr ει F   **8** ο αγχιστ.] om ο A | Κυριω] pr
τω AF | εξιλασμου A   **9** κατα] και AF | αν] εαν A | τω κυριω] om
τω AF

ΑΡΙΘΜΟΙ V 22

ἑκάστῳ τὰ ἡγιασμένα αὐτοῦ ἔσται· ἀνὴρ ὃς ἐὰν δῷ τῷ ἱερεῖ, ταὐτῷ B
11 ἔσται. ¹¹Καὶ ἐλάλησεν Κύριος πρὸς Μωυσῆν λέγων ¹²Λάλησον
12 τοῖς υἱοῖς Ἰσραὴλ καὶ ἐρεῖς πρὸς αὐτούς Ἀνδρὸς ἀνδρὸς ἐὰν παραβῇ
13 ἡ γυνὴ αὐτοῦ καὶ παρίδῃ αὐτὸν ὑπεριδοῦσα, ¹³καὶ κοιμηθῇ τις μετ' αὐ-
τῆς κοίτην σπέρματος, καὶ λάθῃ ἐξ ὀφθαλμῶν τοῦ ἀνδρὸς αὐτῆς καὶ
κρύψῃ, αὐτὴ δὲ ᾖ μεμιαμμένη, καὶ μάρτυς μὴ ἦν μετ' αὐτῆς καὶ αὐτὴ
14 μὴ ᾖ συνειλημμένη· ¹⁴καὶ ἐπέλθῃ αὐτῷ πνεῦμα ζηλώσεως καὶ ζηλώσῃ
τὴν γυναῖκα αὐτοῦ, αὐτὴ δὲ μεμίανται, ἢ ἐπέλθῃ αὐτῷ πνεῦμα ζη-
λώσεως καὶ ζηλώσῃ τὴν γυναῖκα αὐτοῦ, αὐτὴ δὲ μὴ ᾖ μεμιαμμένη·
15 ¹⁵καὶ ἄξει ὁ ἄνθρωπος τὴν γυναῖκα αὐτοῦ πρὸς τὸν ἱερέα, καὶ
προσοίσει τὸ δῶρον περὶ αὐτῆς, τὸ δέκατον τοῦ οἰφί, ἄλευρον κρί-
θινον· οὐκ ἐπιχεεῖ ἐπ' αὐτὸ ἔλαιον οὐδὲ ἐπιθήσει ἐπ' αὐτὸ λίβανον,
ἔστιν γὰρ θυσία ζηλοτυπίας, θυσία μνημοσύνου ἀναμιμνήσκουσα
16 ἁμαρτίαν. ¹⁶καὶ προσάξει αὐτὴν ὁ ἱερεύς, καὶ στήσει αὐτὴν ἔναντι
17 Κυρίου· ¹⁷καὶ λήμψεται ὁ ἱερεὺς ὕδωρ καθαρὸν ζῶν ἐν ἀγγίῳ ὀστρα-
κίνῳ, καὶ τῆς γῆς τῆς οὔσης ἐπὶ τοῦ ἐδάφους τῆς σκηνῆς τοῦ μαρ-
18 τυρίου, καὶ λαβὼν ὁ ἱερεὺς ἐμβαλεῖ εἰς τὸ ὕδωρ· ¹⁸καὶ στήσει τὴν
γυναῖκα ὁ ἱερεὺς ἔναντι Κυρίου, καὶ ἀποκαλύψει τὴν κεφαλὴν τῆς
γυναικός, καὶ δώσει ἐπὶ τὰς χεῖρας αὐτῆς τὴν θυσίαν τοῦ μνημοσύ-
νου, τὴν θυσίαν τῆς ζηλοτυπίας· ἐν δὲ τῇ χειρὶ τοῦ ἱερέως ἔσται τὸ
19 ὕδωρ τοῦ ἐλεγμοῦ τοῦ ἐπικαταρωμένου τούτου. ¹⁹καὶ ὁρκιεῖ αὐτὴν
ὁ ἱερεὺς καὶ ἐρεῖ τῇ γυναικί Εἰ μὴ κεκοίμηταί τις μετὰ σοῦ, εἰ μὴ
παραβέβηκας μιανθῆναι ὑπὸ τὸν ἄνδρα τὸν σεαυτῆς, ἀθῴα ἴσθι ἀπὸ
20 τοῦ ὕδατος τοῦ ἐλεγμοῦ τοῦ ἐπικαταρωμένου τούτου. ²⁰εἰ δὲ σὺ παρα-
βέβηκας ὕπανδρος οὖσα ἢ μεμίανσαι, καὶ ἔδωκέν τις τὴν κοίτην αὐτοῦ
21 ἐν σοὶ πλὴν τοῦ ἀνδρός σου· ²¹καὶ ὁρκιεῖ ὁ ἱερεὺς τὴν γυναῖκα ἐν
τοῖς λόγοις τῆς ἀρᾶς ταύτης, καὶ ἐρεῖ ὁ ἱερεὺς τῇ γυναικί Δῴη Κύριός
σε ἐν ἀρᾷ καὶ ἐνόρκιον ἐν μέσῳ τοῦ λαοῦ σου, ἐν τῷ δοῦναι Κύριον
τὸν μηρόν σου διαπεπτωκότα καὶ τὴν κοιλίαν σου πεπρησμένην·
22 ²²καὶ εἰσελεύσεται τὸ ὕδωρ τὸ ἐπικαταρώμενον τοῦτο εἰς τὴν κοιλίαν
σου, πρῆσαι γαστέρα καὶ διαπεσεῖν μηρόν σου. καὶ ἐρεῖ ἡ γυνὴ

i 10 εκαστω] εκαστου B^{ab}AF | om ανηρ ος εαν δω τω ιερει αυτω εσται F* AF
(hab F^{a mg}) | ανηρ] pr και B^{ab}A | εαν] αν A   13 μετ αυτης τις A | η 1°]
pr μη A | ην] η AF | μετ αυτης 2°] κατ αυτης AF   14 αυτη μεμιανται...
ζηλωσεως sup ras A^a | om δε 1° A   15 προσοισει] οισει A | επιχεεις F |
επιθησεις F   18 ο ιερευς την γυναικα AF | om' του μνημοσυνου την
θυσιαν B* (hab B^{ab mg g}A) του μνημ. της θυσιας F | του επικ. τούτου] το επι-
καταρωμενον τουτο AF   19 υπο] προς A   21 λογοις] ορκοις AF | σε
κς A | om σου 3° F

265

ΑΡΙΘΜΟΙ

B Γένοιτο, γένοιτο. ²³καὶ γράψει ὁ ἱερεὺς τὰς ἀρὰς ταύτας εἰς βιβλίον, καὶ ἐξαλείψει εἰς τὸ ὕδωρ τοῦ ἐλεγμοῦ τοῦ ἐπικαταρωμένου· ²⁴καὶ ποτιεῖ τὴν γυναῖκα τὸ ὕδωρ τοῦ ἐλεγμοῦ τοῦ ἐπικαταρωμένου, καὶ εἰσελεύσεται εἰς αὐτὴν τὸ ὕδωρ τὸ ἐπικαταρώμενον τοῦ ἐλεγμοῦ. ²⁵καὶ λήμψεται ὁ ἱερεὺς ἐκ χειρὸς τῆς γυναικὸς τὴν θυσίαν τῆς ζηλοτυπίας, καὶ ἐπιθήσει τὴν θυσίαν ἔναντι Κυρίου καὶ προσοίσει αὐτὴν πρὸς τὸ θυσιαστήριον· ²⁶καὶ δράξεται ὁ ἱερεὺς ἀπὸ τῆς θυσίας
§ א τὸ μνημόσυνον αὐτῆς καὶ ἀνοίσει αὐτὸ ἐπὶ τὸ θυσιαστήριον, καὶ μετὰ ταῦτα ποτιεῖ τὴν γυναῖκα τὸ ὕδωρ. ²⁷καὶ ἔσται ἐὰν ᾖ μεμιαμμένη καὶ λήθῃ λάθῃ τὸν ἄνδρα αὐτῆς, καὶ εἰσελεύσεται εἰς αὐτὴν τὸ ὕδωρ τοῦ ἐλεγμοῦ τὸ ἐπικαταρώμενον, καὶ πρησθήσεται τὴν κοιλίαν, καὶ διαπεσεῖται ὁ μηρὸς αὐτῆς, καὶ ἔσται ἡ γυνὴ εἰς ἀρὰν τῷ λαῷ αὐτῆς· ²⁸ἐὰν δὲ μὴ μιανθῇ ἡ γυνὴ καὶ καθαρὰ ᾖ, καὶ ἀθῴα ἔσται καὶ ἐκσπερματιεῖ σπέρμα. ²⁹Οὗτος ὁ νόμος τῆς ζηλοτυπίας, ᾧ ἐὰν παραβῇ ἡ γυνὴ ὕπανδρος οὖσα καὶ μιανθῇ, ³⁰ἢ ἄνθρωπος ᾧ ἐὰν ἐπέλθῃ ἐπ' αὐτὸν πνεῦμα ζηλώσεως καὶ ζηλώσῃ τὴν γυναῖκα αὐτοῦ· καὶ στήσει τὴν γυναῖκα αὐτοῦ ἔναντι Κυρίου, καὶ ποι-
¶ א ήσει᾽ αὐτῇ ὁ ἱερεὺς πάντα τὸν νόμον τοῦτον· ³¹καὶ ἀθῷος ἔσται ὁ ἄνθρωπος ἀπὸ ἁμαρτίας, καὶ ἡ γυνὴ ἐκείνη λήμψεται τὴν ἁμαρτίαν αὐτῆς.

¹Καὶ ἐλάλησεν Κύριος πρὸς Μωυσῆν λέγων ²Λάλησον τοῖς υἱοῖς Ἰσραὴλ καὶ ἐρεῖς πρὸς αὐτούς Ἀνὴρ ἢ γυνὴ ὃς ἐὰν μεγάλως εὔξηται εὐχὴν ἀφαγνίσασθαι ἁγνείαν Κυρίῳ ³ἀπὸ οἴνου καὶ σίκερα, ἁγνισθήσεται ἀπὸ οἴνου, καὶ ὄξος ἐξ οἴνου καὶ ὄξος ἐκ σίκερα οὐ πίεται, καὶ ὅσα κατεργάζεται ἐκ σταφυλῆς οὐ πίεται, καὶ σταφυλὴν πρόσφατον καὶ σταφίδα οὐ φάγεται. ⁴πάσας τὰς ἡμέρας τῆς εὐχῆς αὐτοῦ ἀπὸ πάντων ὅσα γίνεται ἐξ ἀμπέλου, οἶνον ἀπὸ στεμφύλλων ἕως γιγάρτου οὐ φάγεται. ⁵πάσας τὰς ἡμέρας τοῦ ἁγνισμοῦ ξυρὸν οὐκ ἐπελεύσεται ἐπὶ τὴν κεφαλὴν αὐτοῦ· ἕως ἂν πληρωθῶσιν αἱ

אAF 25 bis scr της ζηλοτυπιας και επιθησει την θυσιαν F | προς] επι AF 26 in fragmm cod א quae sequuntur perier plurima 27 om vid εσται 1° א | εαν]+μεν AF | τω λαω] pr εν אc.aAF 28 bis scr και καθαρα η אvid | αθωος א* (αθωα אc.a) 29 εαν] αν אa (om א*) AF 30. εαν] αν א | om επελθη F | επ αυτον] επ αυτω אc.a | ζηλωσεως...στησει sup ras Bⁱvid | om και στησει την γυναικα αυτου אcerte * 31 και αθωος] καθως F | αμαρτιας. κ η γυνη εκεινη λημψεται την αμαρτιαν αυτης sup ras Aa VI 1—2 και ελαλησεν...ερεις προς αυτους sup ras Aa 2 εαν] αν F 3 οσα κατεργαζεται] οσα κατε sup ras Ba vid. 4 παντων] πασων A | γεινεται A | στεμφυλλων] στεμφυλλου F 5 του αγνισμου] της ευχης του αγνισμου αυτου AF

ΑΡΙΘΜΟΙ VI 19

ἡμέραι ὅσας ηὔξατο Κυρίῳ, ⁵ἅγιος ἔσται τρέφων κόμην τρίχα κεφα-
⁶λῆς. ⁶πάσας τὰς ἡμέρας τῆς εὐχῆς Κυρίῳ ἐπὶ πάσῃ ψυχῇ τετελευ-
⁷τηκυίᾳ οὐκ εἰσελεύσεται. ⁷ἐπὶ πατρὶ καὶ ἐπὶ μητρὶ καὶ ἐπ' ἀδελφῷ
καὶ ἐπ' ἀδελφῇ, οὐ μιανθήσεται ἐπ' αὐτοῖς ἀποθανόντων αὐτῶν, ὅτι
⁸εὐχὴ θεοῦ αὐτοῦ ἐπ' αὐτῷ ἐπὶ κεφαλῆς αὐτοῦ· ⁸πάσας τὰς ἡμέρας
⁹τῆς εὐχῆς αὐτοῦ ἅγιος ἔσται Κυρίῳ. ⁹ἐὰν δέ τις ἀποθάνῃ ἐξάπινα
ἐπ' αὐτῷ, παραχρῆμα μιανθήσεται ἡ κεφαλὴ εὐχῆς αὐτοῦ, καὶ ξυρή-
σεται τὴν κεφαλὴν αὐτοῦ ᾗ ἂν ἡμέρᾳ καθαρισθῇ· τῇ ἡμέρᾳ τῇ ἑβδόμῃ
10 ξυρηθήσεται. ¹⁰καὶ τῇ ἡμέρᾳ τῇ ὀγδόῃ οἴσει δύο τρυγόνας ἢ δύο
νοσσοὺς περιστερῶν πρὸς τὸν ἱερέα ἐπὶ τὰς θύρας τῆς σκηνῆς τοῦ
11 μαρτυρίου, ¹¹καὶ ποιήσει ὁ ἱερεὺς μίαν περὶ ἁμαρτίας καὶ μίαν εἰς
ὁλοκαύτωμα, καὶ ἐξιλάσεται περὶ αὐτοῦ ὁ ἱερεὺς περὶ ὧν ἥμαρτεν
περὶ τῆς ψυχῆς, καὶ ἁγιάσει τὴν ⁸κεφαλὴν αὐτοῦ ἐν ἐκείνῃ τῇ ἡμέρᾳ
12 ¹²ᾗ ἡγιάσθη Κυρίῳ τὰς ἡμέρας τῆς εὐχῆς, καὶ προσάξει ἀμνὸν ἐνι-
αύσιον εἰς πλημμελίαν· καὶ αἱ ἡμέραι αἱ⁹ πρότεραι ἄλογοι ἔσονται,
13 ὅτι ἐμιάνθη κεφαλὴ εὐχῆς αὐτοῦ. ¹³Καὶ οὗτος ὁ νόμος τοῦ
εὐξαμένου· ᾗ ἂν ἡμέρᾳ πληρώσῃ ἡμέρας εὐχῆς αὐτοῦ, προσοίσει αὐ-
14 τὸς παρὰ τὰς θύρας τῆς σκηνῆς τοῦ μαρτυρίου· ¹⁴καὶ προσάξει τὸ
δῶρον αὐτοῦ Κυρίῳ, ἀμνὸν ἐνιαύσιον ἄμωμον ἕνα εἰς ὁλοκαύτωσιν,
καὶ ἀμνάδα ἐνιαυσίαν ἄμωμον μίαν εἰς ἁμαρτίαν, καὶ κριὸν ἕνα
15 ἄμωμον εἰς σωτήριον, ¹⁵καὶ κανοῦν ἀζύμων σεμιδάλεως ἄρτους ἀνα-
πεποιημένους ἐν ἐλαίῳ, καὶ λάγανα ἄζυμα κεχρισμένα ἐν ἐλαίῳ, καὶ
16 θυσία αὐτῶν καὶ σπονδὴ αὐτῶν. ¹⁶καὶ προσοίσει ὁ ἱερεὺς ἔναντι
Κυρίου, καὶ ποιήσει τὸ περὶ ἁμαρτίας αὐτοῦ καὶ τὸ ὁλοκαύτωμα
17 αὐτοῦ· ¹⁷καὶ τὸν κριὸν ποιήσει θυσίαν σωτηρίου Κυρίῳ ἐπὶ τῷ
⁴κανῷ τῶν ἀζύμων, καὶ ποιήσει ὁ ἱερεὺς τὴν θυσίαν αὐτοῦ καὶ τὴν
18 σπονδὴν αὐτοῦ. ¹⁸καὶ ξυρήσεται ὁ ἡγμένος παρὰ τὰς θύρας τῆς
σκηνῆς τοῦ μαρτυρίου⁹ τὴν κεφαλὴν τῆς εὐχῆς αὐτοῦ, καὶ ἐπιθήσει
19 τὰς τρίχας ἐπὶ τὸ πῦρ ὅ ἐστιν ὑπὸ τὴν θυσίαν τοῦ σωτηρίου. ¹⁹καὶ
λήμψεται ὁ ἱερεὺς τὸν βραχίονα ἑφθὸν ἀπὸ τοῦ κριοῦ καὶ ἄρτον ἕνα

5.οσας] ας A   6 της ευχης Κυριω (Bℵᵃ AF] ευχης κυ ℵ* της ευχης ⁕ ℵAF
τω κω ℵᶜ·ᵃ | τετελευτηκυια B   7 om επι 2° Bᵃᵇ F | αυτω] αυτου F
8 Κυριω] pr τω F   9 αποθανη] pr θανατω AF | επ αυτω εξαπινα AF |
ξυρηθησεται] ξυρη sup ras pl litt Aᵃ   10 και τη ημ.] τη δε ημ. AF | νεοσ-
σους A   11 ...εφα[λην] ℵ   12 om η AF | ηγιασθη] ηγιασεν A | Κυριω]
pr τω ℵA | τας ημερας] pr πασας AF | προτεραι] προτερον A προτεροι F |
οτι] οτε A   14 ολοκαυτωσιν] ολοκαυτωμα AF | om ενα 2° ℵ* | σωτηριαν B*
(σωτηριον Bᵃᵇ)   15 θυσιαν AF | σπονδην AF   17 om και 2° ℵ* (hab ɣ
ℵᶜ·ᵃ)   18 ηυγμενος] ευγμ. A*ᵛⁱᵈ (ην sup ras Aᵃ) F | του μαρ|... ℵ | υπο]
επι AF   19 αρτον αζυμον ενα A

ΑΡΙΘΜΟΙ

Β ἄζυμον ἀπὸ τοῦ κανοῦ καὶ λάγανον ἄζυμον ἕν, καὶ ἐπιθήσει ἐπὶ τὰς χεῖρας τοῦ ηὐγμένου, μετὰ τὸ ξυρήσασθαι αὐτὸν τὴν εὐχὴν αὐτοῦ· ²⁰καὶ προσοίσει αὐτὰ ὁ ἱερεὺς ἐπίθεμα ἔναντι Κυρίου· ἅγιον ἔσται 20 τῷ ἱερεῖ ἐπὶ τοῦ στηθυνίου τοῦ ἐπιθέματος καὶ ἐπὶ τοῦ βραχίονος τοῦ ἀφαιρέματος· καὶ μετὰ ταῦτα πίεται ὁ ηὐγμένος οἶνον. ²¹οὗτος ὁ 21 νόμος τοῦ εὐξαμένου ὃς ἂν εὔξηται Κυρίῳ δῶρον αὐτοῦ Κυρίῳ περὶ τῆς εὐχῆς, χωρὶς ὧν ἂν εὕρῃ ἡ χεὶρ αὐτοῦ, κατὰ δύναμιν τῆς εὐχῆς αὐτοῦ ἣν ἂν εὔξηταί κατὰ νόμον ἁγνείας.

§ ℵ ²²Καὶ ἐλάλησεν Κύριος πρὸς Μωυσῆν λέγων· ²³Λάλησον Ἀαρὼν 22 23
καὶ τοῖς υἱοῖς αὐτοῦ λέγων Οὕτως εὐλογήσετε τοὺς υἱοὺς Ἰσραὴλ λέγοντες αὐτοῖς· ²⁷καὶ ἐπιθήσουσιν τὸ ὄνομά μου ἐπὶ τοὺς υἱοὺς 27
¶ ℵ Ἰσραήλ, καὶ ἐγὼ Κύριος¶ εὐλογήσω αὐτούς·

²⁴Εὐλογήσαι σε Κύριος καὶ φυλάξαι, 24
²⁵καὶ ἐπιφάναι Κύριος τὸ πρόσωπον αὐτοῦ ἐπὶ σὲ καὶ ἐλεή- 25
σαι σε·

²⁶ἐπάραι Κύριος τὸ πρόσωπον αὐτοῦ ἐπὶ σὲ καὶ δῴη σοι εἰρήνην. 26

¹Καὶ ἐγένετο ᾗ ἡμέρᾳ συνετέλεσεν Μωυσῆς ὥστε ἀναστῆσαι τὴν 1 σκηνήν, καὶ ἔχρισεν αὐτὴν καὶ ἡγίασεν αὐτὴν καὶ πάντα τὰ σκεύη αὐτῆς καὶ τὸ θυσιαστήριον καὶ πάντα τὰ σκεύη αὐτοῦ, καὶ ἔχρισεν αὐτὰ καὶ ἡγίασεν αὐτά· ²καὶ προσήνεγκαν οἱ ἄρχοντες Ἰσραήλ, ιβ′ 2 ἄρχοντες οἴκων πατριῶν αὐτῶν· οὗτοι ἄρχοντες φυλῶν, οὗτοι οἱ παρεστηκότες ἐπὶ τῆς ἐπισκοπῆς· ³καὶ ἤνεγκαν τὸ δῶρον αὐτῶν 3 ἔναντι Κυρίου, ἐξ ἁμάξας λαμπηνικὰς καὶ ιβ′ βόας, ἅμαξαν παρὰ δύο ἀρχόντων καὶ μόσχον παρὰ ἑκάστου, καὶ προσήγαγον ἐναντίον τῆς
§ ℵ σκηνῆς. ⁴καὶ εἶπεν Κύριος πρὸς Μωυσῆν λέγων ⁵Λάβε παρ' αὐτῶν, 4 5
καὶ ἔσονται πρὸς τὰ ἔργα τὰ λειτουργικὰ τῆς σκηνῆς τοῦ μαρτυρίου·
¶ ℵ καὶ δώσεις αὐτὰ τοῖς Λευείταις,¶ ἑκάστῳ κατὰ τὴν αὐτοῦ λειτουργίαν.
⁶καὶ λαβὼν Μωυσῆς τὰς ἁμάξας καὶ τοὺς βόας ἔδωκεν αὐτὰ τοῖς 6 Λευείταις. ⁷τὰς δύο ἁμάξας καὶ τοὺς τέσσαρες βόας ἔδωκεν τοῖς 7

ℵAF   19 εν] ενα B* (εν B^{ab}) A | ηυγμενου] ευγμενου A* (ηυγμ. A^a) ευξαμενοι F | ευχην] κεφαλην AF   .20 ηυγμενος BA^a] ευγμ. A*F   21 τη ευχης 2°] om της A | ην] ης AF | νομον] pr τον AF   23 om λαλησον...αυτου ℵ* (hab ℵ^{c.a mg}) | om ουτως...λεγοντες F* (hab F^{1 mg inf}) | ευλογησεται ℵ 27 και επιθησουσιν...αυτους uncis incl mox deletis uncis sign " adscr ℵ^{c.a} επι τους υιους] εν τοις υιοις F   24 φυλαξαι]+σε AF   25 om και 1° B^{ab}AF   VII 1 η ημερα] τη ημ. η AF | om και 6° B (hab AF) 2 ιβ′] δωδεκα AF | αρχοντες 3°] pr οι F | οι παρεστ.] om οι B^{ab} οι παρεστηκοντες A   3 τα δωρα AF | ιβ′] δωδεκα AF | προσηγαγον] προσηνεγκαν AF   5 Λευιταις ℵ^{vid} AF   6 Λευιταις B^bA¹ (Λευιτας A*) F 7 τας δυο αμ.] pr ϗ B^{ab} | τεσσαρας B^{ab} F

ΑΡΙΘΜΟΙ VII 25'

8 υἱοῖς Γεδσὼν κατὰ τὰς λειτουργίας αὐτῶν, ⁸καὶ τὰς τέσσαρες ἁμάξας B καὶ τοὺς ὀκτὼ βόας ἔδωκεν τοῖς υἱοῖς Μεραρεὶ κατὰ τὰς λειτουργίας 9 αὐτῶν, διὰ Ἰθάμαρ υἱοῦ Ἀαρὼν τοῦ ἱερέως. ⁹καὶ τοῖς υἱοῖς Κααθ οὐκ ἔδωκεν, ὅτι τὰ λειτουργήματα τοῦ ἁγίου ἔχουσιν· ἐπ᾽ ὤμων ἀροῦ-
10 σιν· ¹⁰καὶ προσήνεγκαν οἱ ἄρχοντες εἰς τὸν ἐγκαινισμὸν τοῦ θυσια-στηρίου ἐν τῇ ἡμέρᾳ ᾗ ἔχρισεν αὐτό, καὶ προσήνεγκαν οἱ ἄρχοντες
11 τὰ δῶρα αὐτῶν ἀπέναντι τοῦ θυσιαστηρίου. ¹¹καὶ εἶπεν Κύριος πρὸς Μωυσῆν Ἄρχων εἷς καθ᾽ ἡμέραν, ἄρχων. καθ᾽ ἡμέραν, προσοί-
12 σουσιν τὰ δῶρα αὐτῶν εἰς τὸν ἐγκαινισμὸν τοῦ θυσιαστηρίου. ¹²Καὶ ἦν ὁ προσφέρων ἐν τῇ ἡμέρᾳ τῇ πρώτῃ τὸ δῶρον αὐτοῦ Νααασσὼν §ℵ
13 υἱὸς Ἀμειναδάβ, ἄρχων τῆς φυλῆς Ἰούδα. ¹³καὶ προσήνεγκεν τὸ δῶρον αὐτοῦ τρυβλίον ἀργυροῦν ἕν, τριάκοντα καὶ ἑκατὸν ὁλκὴ ¶ℵ αὐτοῦ, φιάλην μίαν ἀργυρᾶν, ἑβδομήκοντα σίκλων κατὰ τὸν σίκλον τὸν ἅγιον· ἀμφότερα πλήρη σεμιδάλεως ἀναπεποιημένης ἐν ἐλαίῳ
14 εἰς θυσίαν· ¹⁴θυίσκην μίαν δέκα χρυσῶν, πλήρη θυμιάματος· ¹⁵μόσχον
16 ἕνα ἐκ βοῶν καὶ κριὸν ἕνα, ἀμνὸν ἐνιαύσιον εἰς ὁλοκαύτωμα· ¹⁶καὶ §ℵ
17 χίμαρον ἐξ αἰγῶν ἕνα περὶ ἁμαρτίας· ¹⁷καὶ εἰς θυσίαν σωτηρίου δαμάλεις δύο καὶ κριοὺς πέντε, τράγους πέντε, ἀμνάδας ἐνιαυσίας
18 πέντε· τοῦτο τὸ δῶρον Νααασσὼν υἱοῦ Ἀμειναδάβ. ¹⁸Τῇ ἡμέρᾳ τῇ δευτέρᾳ προσήνεγκεν Ναθαναὴλ υἱὸς Σωγάρ, ἄρχων τῆς φυλῆς
19 Ἰσσαχάρ. ¹⁹καὶ προσήνεγκεν τὸ δῶρον αὐτοῦ τρυβλίον ἀργυροῦν ἕν, τριάκοντα καὶ ἑκατὸν ὁλκὴ αὐτοῦ, φιάλην μίαν ἀργυρᾶν, ἑβδομή-κοντα σίκλων κατὰ τὸν σίκλον τὸν ἅγιον, ἀμφότερα πλήρη σεμι-
20 δάλεως ἀναπεποιημένης ἐν ἐλαίῳ εἰς θυσίαν· ²⁰θυίσκην μίαν δέκα
21 χρυσῶν, πλήρη θυμιάματος· ¶ ²¹μόσχον ἕνα ἐκ βοῶν, κριὸν ἕνα, ¶ℵ
22 ἀμνὸν ἕνα ἐνιαύσιον εἰς ὁλοκαύτωμα· ²²καὶ χίμαρον ἐξ αἰγῶν ἕνα
23 περὶ ἁμαρτίας· ²³καὶ εἰς θυσίαν σωτηρίου δαμάλεις δύο, κριοὺς πέντε, τράγους πέντε, ἀμνάδας ἐνιαυσίας πέντε· τοῦτο τὸ δῶρόν Ναθαναὴλ
24 υἱοῦ Σωγάρ. ²⁴Τῇ ἡμέρᾳ τῇ τρίτῃ ἄρχων τῶν υἱῶν Ζαβουλών,
25 Ἐλιὰβ υἱὸς Χαιλών. ²⁵τὸ δῶρον αὐτοῦ τρυβλίον ἀργυροῦν ἕν, τριά-

8 τεσσαρας B^{ab}AF | Μεραρι AF | υιου] pr του AF   12 εν τη ημ. τη πρ.] ℵAF το δωρον αυτου] το δωρον αυτου τη ημ. τη πρ. A τη ημ. τη πρ. το δ. αυτου F | | Νααασων ℵ* (σ superscr ℵ^{a ?c.a?}) | Αμιναδαβ ℵAF | αρχων] ων sup ras (seq spat 3 litt) A^a   13 προσηνεγκαν ℵ* (προσηνεγκεν ℵ^{c.a}) | πληρης F 15 om και B^{ab}AF | ...α αμνον ℵ | αμνον]+ ενα ℵ^{vid}AF¹   17 om και 2° B^{ab}AF (hab B*ℵ^{vid}) | Αμιναδαβ ℵ (Αμινα...) AF   18 om Ναθαναηλ F | αρχον ℵ* (αρχων ℵ^c)   19 [προσ]ηνεγκαν ℵ* ([προσ]ηνεγκεν ℵ^{c.a}) | πλη-ρης Bℵ* (s ras ℵ^?)   20 om μιαν F | om δεκα χρυσων A* (hab ι´ χρυσω A^{1 mg}) | πλη-ρης Bℵ* (s ras ℵ^?)   21 om ενα 3° F* fort (hab F¹)   23 υιου] υιος F 24 Χαιλων] Χελων F   25 αργυρουν εν] υν ε̄ sup ras A^{a}

ΑΡΙΘΜΟΙ

B κοντα καὶ ἑκατὸν ὁλκὴ αὐτοῦ, φιάλην μίαν ἀργυρᾶν, ἑβδομήκοντα σίκλων κατὰ τὸν σίκλον τὸν ἅγιον, ἀμφότερα πλήρη σεμιδάλεως ἀναπεποιημένης ἐν ἐλαίῳ εἰς θυσίαν· ²⁶θυίσκην μίαν δέκα χρυσῶν, πλήρη ²⁶ θυμιάματος· ²⁷μόσχον ἕνα ἐκ βοῶν, κριὸν ἕνα, ἀμνὸν ἕνα ἐνιαύσιον ²⁷ εἰς ὁλοκαύτωμα· ²⁸καὶ χίμαρον ἐξ αἰγῶν ἕνα περὶ ἁμαρτίας· ²⁹καὶ ²⁸₂₉ εἰς θυσίαν σωτηρίου δαμάλεις δύο, κριοὺς πέντε, ἀμνάδας ἐνιαυσίας πέντε· τοῦτο τὸ δῶρον Ἐλιὰβ υἱοῦ Χαιλών. ³⁰Τῇ ἡμέρᾳ τῇ ³⁰ τετάρτῃ ἄρχων τῶν υἱῶν Ῥουβήν, Ἐλισοὺρ υἱὸς Ἐδισούρ. ³¹τὸ ³¹ δῶρον αὐτοῦ τρυβλίον ἀργυροῦν ἕν, τριάκοντα καὶ ἑκατὸν ὁλκὴ αὐτοῦ, φιάλην μίαν ἀργυρᾶν, ἑβδομήκοντα σίκλων κατὰ τὸν σίκλον τὸν ἅγιον, ἀμφότερα πλήρη σεμιδάλεως ἀναπεποιημένης ἐν ἐλαίῳ εἰς θυσίαν· ³²θυίσκην μίαν δέκα χρυσῶν, πλήρη θυμιάματος· ³³μόσχον ³²₃₃ ἕνα ἐκ βοῶν, κριὸν ἕνα, ἀμνὸν ἕνα ἐνιαύσιον εἰς ὁλοκαύτωμα· ³⁴καὶ ³⁴ χίμαρον ἐξ αἰγῶν ἕνα περὶ ἁμαρτίας· ³⁵καὶ εἰς θυσίαν σωτηρίου ³⁵ δαμάλεις δύο, κριοὺς πέντε, τράγους πέντε, ἀμνάδας ἐνιαυσίας πέντε· τοῦτο τὸ δῶρον Ἐλισοὺρ υἱοῦ Σεδιούρ. ³⁶Τῇ ἡμέρᾳ τῇ πέμπτῃ ³⁶ ἄρχων τῶν υἱῶν Συμεών, Σαλαμιὴλ υἱὸς Σουρισαδαί. ³⁷τὸ δῶρον αὐτοῦ ³⁷ τρυβλίον ἀργυροῦν ἕν, τριάκοντα καὶ ἑκατὸν ὁλκὴ αὐτοῦ, φιάλην μίαν ἀργυρᾶν, ἑβδομήκοντα σίκλων κατὰ τὸν σίκλον τὸν ἅγιον, ἀμφότερα πλήρη σεμιδάλεως ἀναπεποιημένης ἐν ἐλαίῳ εἰς θυσίαν· ³⁸θυίσκην ³⁸ μίαν δέκα χρυσῶν, πλήρη θυμιάματος· ³⁹μόσχον ἕνα ἐκ βοῶν, κριὸν ³⁹ ἕνα, ἀμνὸν ἕνα ἐνιαύσιον εἰς ὁλοκαύτωμα· ⁴⁰καὶ χίμαρον ἐξ αἰγῶν ⁴⁰ ἕνα περὶ ἁμαρτίας· ⁴¹καὶ εἰς θυσίαν σωτηρίου δαμάλεις δύο, κριοὺς ⁴¹ πέντε, ἀμνάδας ἐνιαυσίας πέντε· τοῦτο τὸ δῶρον Σαλαμιὴλ υἱοῦ Σουρισαδαί. ⁴²Τῇ ἡμέρᾳ τῇ ἕκτῃ ἄρχων τῶν υἱῶν Γάδ, Ἐλεισὰφ ⁴² υἱὸς Ῥαγουήλ. ⁴³τὸ δῶρον αὐτοῦ τρυβλίον ἀργυροῦν ἕν, τριάκοντα ⁴³ καὶ ἑκατὸν ὁλκὴ αὐτοῦ, φιάλην μίαν ἀργυρᾶν, ἑβδομήκοντα σίκλων κατὰ τὸν σίκλον τὸν ἅγιον, ἀμφότερα πλήρη σεμιδάλεως ἀναπεποιημένης ἐν ἐλαίῳ εἰς θυσίαν· ⁴⁴θυίσκην μίαν δέκα χρυσῶν, πλήρη ⁴⁴ θυμιάματος· ⁴⁵μόσχον ἕνα ἐκ βοῶν, κριὸν ἕνα, ἀμνὸν ἕνα ἐνιαύσιον ⁴⁵ εἰς ὁλοκαύτωμα· ⁴⁶καὶ χίμαρον ἐξ αἰγῶν ἕνα περὶ ἁμαρτίας· ⁴⁷καὶ εἰς ⁴⁶₄₇ θυσίαν σωτηρίου δαμάλεις δύο, κριοὺς πέντε, τράγους πέντε, ἀμνάδας ἐνιαυσίας πέντε· τοῦτο τὸ δῶρον Ἐλεισὰφ υἱοῦ Ῥαγουήλ. ⁴⁸Τῇ ⁴⁸

AF   29 κριους πεντε] +τραγους πεντε B$^{ab\,mg\,inf}$ AF$^{1\,mg}$ (τρ. ε′) | Χαιλων] Χελων F   30 Εδισουρ] Σεδισουρ B^{ab} Ελισουρ A Σεδιουρ (? Σελ.) F   33 om ενα 3⁰ A   34 εκ] αιγ. F   35 om κριους πεντε A | ενιαυσιους F* (ενιαυσιας F¹)   36 Σαμαλιηλ F   41 κριους πεντε]+τραγους πεντε B$^{ab\,mg\,inf}$ AF$^{1\,mg}$ (τρ. ε′)   42 Ελισαφ AF   45 om ενα 3⁰ A   47 Ελισαφ AF

ΑΡΙΘΜΟΙ VII 70

ἡμέρᾳ τῇ ἑβδόμῃ ἄρχων τῶν υἱῶν Ἐφράιμ, Ἐλισαμὰ υἱὸς Ἐμιούδ. Β
49 ⁴⁹τὸ δῶρον αὐτοῦ τρυβλίον ἀργυροῦν ἕν, τριάκοντα καὶ ἑκατὸν ὁλκὴ
αὐτοῦ, φιάλην μίαν ἀργυρᾶν, ἑβδομήκοντα σίκλων κατὰ τὸν σίκλον
τὸν ἅγιον, ἀμφότερα πλήρη σεμιδάλεως ἀναπεποιημένης ἐν ἐλαίῳ εἰς
50 θυσίαν· ⁵⁰θυίσκην μίαν δέκα χρυσῶν, πλήρη θυμιάματος· ⁵¹μόσχον ἕνα
51
52 ἐκ βοῶν, κριὸν ἕνα, ἀμνὸν ἕνα ἐνιαύσιον εἰς ὁλοκαύτωμα· ⁵²καὶ χίμαρον
53 ἐξ αἰγῶν ἕνα περὶ ἁμαρτίας· ⁵³καὶ εἰς θυσίαν σωτηρίου δαμάλεις
δύο, κριοὺς πέντε, τράγους πέντε, ἀμνάδας ἐνιαυσίας πέντε· τοῦτο τὸ
54 δῶρον Ἐλεισαμὰ υἱοῦ Ἐμιούδ.   ⁵⁴Τῇ ἡμέρᾳ τῇ ὀγδόῃ ἄρχων
55 τῶν υἱῶν Μανασσῆ, Γαμαλιὴλ υἱὸς Φαδασσούρ. ⁵⁵τὸ δῶρον αὐτοῦ
τρυβλίον ἀργυροῦν ἕν, τριάκοντα καὶ ἑκατὸν ὁλκὴ αὐτοῦ, φιάλην
μίαν ἀργυρᾶν, ἑβδομήκοντα σίκλων κατὰ τὸν σίκλον τὸν ἅγιον,
ἀμφότερα πλήρη σεμιδάλεως ἀναπεποιημένης ἐν ἐλαίῳ εἰς θυσίαν·
56 ⁵⁶θυίσκην μίαν δέκα χρυσῶν, πλήρη θυμιάματος· ⁵⁷μόσχον ἕνα ἐκ
57
58 βοῶν, κριὸν ἕνα, ἀμνὸν ἕνα ἐνιαύσιον εἰς ὁλοκαύτωμα· ⁵⁸καὶ χίμαρον
59 ἐξ αἰγῶν ἕνα περὶ ἁμαρτίας· ⁵⁹καὶ εἰς θυσίαν σωτηρίου δαμάλεις
δύο, κριοὺς πέντε, τράγους πέντε, ἀμνάδας ἐνιαυσίας πέντε· τοῦτο
60 τὸ δῶρον Γαμαλιὴλ υἱοῦ Φαδασσούρ.   ⁶⁰Τῇ ἡμέρᾳ τῇ ἐνάτῃ
61 ἄρχων τῶν υἱῶν Βενιαμείν, Ἀβειδὰν υἱὸς Γαδαιωνεί.   ⁶¹τὸ δῶρον
αὐτοῦ τρυβλίον ἀργυροῦν ἕν, τριάκοντα καὶ ἑκατὸν ὁλκὴ αὐτοῦ,
φιάλην μίαν ἀργυρᾶν, ἑβδομήκοντα σίκλων κατὰ τὸν σίκλον τὸν
ἅγιον, ἀμφότερα πλήρη σεμιδάλεως ἀναπεποιημένης ἐν ἐλαίῳ εἰς
62 θυσίαν· ⁶²θυίσκην μίαν δέκα χρυσῶν, πλήρη θυμιάματος· ⁶³μόσχον
63
ἕνα ἐκ βοῶν, κριὸν ἕνα, ἀμνὸν ἕνα ἐνιαύσιον εἰς ὁλοκαύτωμα·
64 ⁶⁴καὶ χίμαρον ἐξ αἰγῶν ἕνα περὶ ἁμαρτίας· ⁶⁵καὶ εἰς θυσίαν σωτη-
65
ρίου δαμάλεις δύο, κριοὺς πέντε, τράγους πέντε, ἀμνάδας ἐνιαυσίας
66 πέντε· τοῦτο τὸ δῶρον Ἀβειδὰν υἱοῦ Γαδεωνεί.   ⁶⁶Τῇ ἡμέρᾳ
67 τῇ δεκάτῃ ἄρχων τῶν υἱῶν Δάν, Ἀχιέζερ υἱὸς Ἀμεισαδαί· ⁶⁷τὸ
δῶρον αὐτοῦ τρυβλίον ἀργυροῦν ἕν, τριάκοντα καὶ ἑκατὸν ὁλκὴ αὐτοῦ,
φιάλην μίαν ἀργυρᾶν, ἑβδομήκοντα σίκλων κατὰ τὸν σίκλον τὸν
ἅγιον, ἀμφότερα πλήρη σεμιδάλεως ἀναπεποιημένης ἐν ἐλαίῳ εἰς
68 θυσίαν· ⁶⁸θυίσκην μίαν δέκα χρυσῶν, πλήρη θυμιάματος· ⁶⁹μόσχον
69
70 ἕνα ἐκ βοῶν, κριὸν ἕνα, ἀμνὸν ἕνα ἐνιαύσιον εἰς ὁλοκαύτωμα· ⁷⁰καὶ

48 Εμιουδ] Σεμουδ F   51 om ενα 3° A   53 Ελισαμα AF AF
54 Μαννασση A   57 om ενα 3°. A   59 om δαμαλεις δυο F* (hab F¹ mg)
60 Αβιδαν A | Γαδεωνι A Γεδεωνι F   62 χρυσω A* (ν superscr A¹) |
πληρης BA   63 om ενα 3° A   65 Αβιδαν AF | Γαδεωνι A Γεδεων F
66 Αμισαδαι AF   69 ενιαυσιον]+αμωμον A

ΑΡΙΘΜΟΙ

χίμαρον ἐξ αἰγῶν ἕνα περὶ ἁμαρτίας· ⁷¹καὶ εἰς θυσίαν σωτηρίου δαμάλεις δύο, κριοὺς πέντε, τράγους πέντε, ἀμνάδας ἐνιαυσίας πέντε· τοῦτο τὸ δῶρον Ἀχιέζερ υἱοῦ Ἀμεισαδαί. ⁷²Τῇ ἡμέρᾳ τῇ ἑνδεκάτῃ ἄρχων τῶν υἱῶν Ἀσήρ, Φαγεὴλ υἱὸς Ἐχράν· ⁷³τὸ δῶρον αὐτοῦ τρυβλίον ἀργυροῦν ἕν, τριάκοντα καὶ ἑκατὸν ὁλκὴ αὐτοῦ, φιάλην μίαν ἀργυρᾶν, ἑβδομήκοντα σίκλων κατὰ τὸν σίκλον τὸν ἅγιον, ἀμφότερα πλήρη σεμιδάλεως ἀναπεποιημένης ἐν ἐλαίῳ εἰς θυσίαν· ⁷⁴θυίσκην μίαν δέκα χρυσῶν, πλήρη θυμιάματος· ⁷⁵μόσχον ἕνα ἐκ βοῶν, κριὸν ἕνα, ἀμνὸν ἕνα ἐνιαύσιον εἰς ὁλοκαύτωμα· ⁷⁶καὶ χίμαρον ἐξ αἰγῶν ἕνα περὶ ἁμαρτίας· ⁷⁷καὶ εἰς θυσίαν σωτηρίου δαμάλεις δύο, κριοὺς πέντε, τράγους πέντε, ἀμνάδας ἐνιαυσίας πέντε· τοῦτο τὸ δῶρον Φαγεὴλ υἱοῦ Ἐχράν. ⁷⁸Τῇ ἡμέρᾳ τῇ δωδεκάτῃ ἄρχων τῶν υἱῶν Νεφθαλεί, Ἀχειρὲ υἱὸς Αἰνάν· ⁷⁹τὸ δῶρον αὐτοῦ τρυβλίον ἀργυροῦν ἕν, τριάκοντα καὶ ἑκατὸν ὁλκὴ αὐτοῦ, φιάλην μίαν ἀργυρᾶν, ἑβδομήκοντα σίκλων κατὰ τὸν σίκλον τὸν ἅγιον, ἀμφότερα πλήρη σεμιδάλεως ἀναπεποιημένης ἐν ἐλαίῳ εἰς θυσίαν. ⁸⁰θυίσκην μίαν δέκα χρυσῶν, πλήρη θυμιάματος· ⁸¹μόσχον ἕνα ἐκ βοῶν, κριὸν ἕνα, ἀμνὸν ἕνα ἐνιαύσιον εἰς ὁλοκαύτωμα· ⁸²καὶ χίμαρον ἐξ αἰγῶν ἕνα περὶ ἁμαρτίας· ⁸³καὶ εἰς θυσίαν σωτηρίου δαμάλεις δύο, κριοὺς πέντε, τράγους πέντε, ἀμνάδας ἐνιαυσίας πέντε· τοῦτο τὸ δῶρον Ἀχειρὲ υἱοῦ Αἰνάν. ⁸⁴Οὗτος ὁ ἐγκαινισμὸς τοῦ θυσιαστηρίου ᾗ ἡμέρᾳ ἔχρισεν αὐτὸ παρὰ τῶν υἱῶν Ἰσραήλ· τρυβλία ἀργυρᾶ δώδεκα, φιάλαι ἀργυραῖ ιβ′, θυίσκαι χρυσαῖ ιβ′. ⁸⁵τριάκοντα καὶ ἑκατὸν σίκλων τὸ τρυβλίον τὸ ἕν, καὶ ἑβδομήκοντα σίκλων ἡ φιάλη ἡ μία· πᾶν τὸ ἀργύριον τῶν σκευῶν δισχίλιοι καὶ τετρακόσιοι σίκλοι, ἐν τῷ σίκλῳ τῶν ἁγίων. ⁸⁶θυίσκαι χρυσαῖ δώδεκα, πλήρεις θυμιάματος· πᾶν τὸ χρυσίον τῶν θυισκῶν εἴκοσι καὶ ἑκατὸν χρυσοῖ. ⁸⁷πᾶσαι αἱ βόες αἱ εἰς ὁλοκαύτωσιν μόσχοι ιβ′· κριοὶ δώδεκα, ἀμνοὶ ἐνιαύσιοι ιβ′, καὶ αἱ θυσίαι αὐτῶν καὶ αἱ σπονδαὶ αὐτῶν· καὶ

AF 71 om τραγους πεντε F* (hab τραγους πεν [sic] F¹ mg) | Αμισαδαι AF 72 Ασηρ A* (ρ superscr A¹) | Φαγαιηλ AF   75 om ενα 3° A   77 om τραγους πεντε F* (hab F¹ mg) | τουτο δωρον A* (τουτο το δ. A¹) | Φαγαι| A Φαγαιηλ F   78 Νεφθαλι A | Αχιρε A   79 πληρης B (ληρης sup ras B¹ᵃᵇ)   80 δεκα χρυ sup ras B¹ᵃᵇ   83 Αχιρε AF   84 υιων] pr αρχοντων Bᵃᵇ⁽ᵐᵍᵍ⁾ pr αρχ. των AF | ιβ′ (bis)] δωδεκα AF   85 η μια] om η B* (superscr Bᵃᵇ) | των αγιων] τω αγιω AF   86 πληρεις] πληρης BF | θυμιαματος]+φιαλαι αργυραι δωδεκα η θυισκη εν τω σικλω των αγιων A (αματος φ. αργ. δωδ. η θυισκη sup ras Aᵃ)   ⸓ 87 om αι 2° AF | ολοκαυτωσιν σιν sup ras Bᵃ (ολοκαυτωμα B* vid) | ιβ′ (bis)] δωδεκα AF | om και 1° Bᵃᵇ AF

ΑΡΙΘΜΟΙ VIII 12

88 χίμαροι ἐξ αἰγῶν δώδεκα περὶ ἁμαρτίας. ⁸⁸πᾶσαι αἱ βόες εἰς θυσίαν B σωτηρίου δαμάλεις εἴκοσι τέσσαρες· καὶ κριοὶ ἑξήκοντα, ἀμνάδες ἑξήκοντα ἐνιαύσιαι ἄμωμοι, τράγοι ἑξήκοντα. αὕτη ἡ ἐγκαίνωσις τοῦ θυσιαστηρίου μετὰ τὸ πληρῶσαι τὰς χεῖρας αὐτοῦ καὶ μετὰ τὸ 89 χρῖσαι αὐτόν. ⁸⁹ἐν τῷ εἰσπορεύεσθαι Μωυσῆν εἰς τὴν σκηνὴν τοῦ μαρτυρίου λαλῆσαι αὐτῷ, καὶ ἤκουσεν τὴν φωνὴν Κυρίου λαλοῦντος πρὸς αὐτὸν ἄνωθεν τοῦ ἱλαστηρίου, ὅ ἐστιν ἐπὶ τῆς κιβωτοῦ τοῦ μαρτυρίου ἀνὰ μέσον τῶν δύο χερουβείμ· καὶ ἐλάλει πρὸς αὐτόν.

III 1/2 ¹Καὶ ἐλάλησεν Κύριος πρὸς Μωυσῆν λέγων ²Λάλησον τῷ Ἀαρὼν καὶ ἐρεῖς πρὸς αὐτόν Ὅταν ἐπιτιθῇς τοὺς λύχνους, ἐκ μέρους κατὰ 3 πρόσωπον τῆς λυχνίας φωτιοῦσιν οἱ ἑπτὰ λύχνοι. ³καὶ ἐποίησεν οὕτως Ἀαρών· ἐκ τοῦ ἑνὸς μέρους κατὰ πρόσωπον τῆς λυχνίας 4 ἐξῆψεν τοὺς λύχνους αὐτῆς. ⁴καὶ αὕτη ἡ κατασκευὴ τῆς λυχνίας· στερεὰ χρυσῆ, ὁ καυλὸς αὐτῆς καὶ τὰ κρίνα αὐτῆς, στερεὰ ὅλη· κατὰ τὸ εἶδος ὃ ἔδειξεν Κύριος τῷ Μωυσῇ, οὕτως ἐποίησεν τὴν λυχνίαν. 5/6 ⁵Καὶ ἐλάλησεν Κύριος πρὸς Μωυσῆν λέγων ⁶Λάβε τοὺς Λευείτας 7 ἐκ μέσου υἱῶν Ἰσραὴλ καὶ ἀφαγνιεῖς αὐτούς. ⁷καὶ οὕτως ποιήσεις αὐτοῖς τὸν ἁγνισμὸν αὐτῶν· περιρανεῖς αὐτοὺς ὕδωρ ἁγνισμοῦ, καὶ ἐπελεύσεται ξυρὸν ἐπὶ πᾶν τὸ σῶμα αὐτῶν, καὶ πλυνοῦσιν τὰ ἱμάτια 8 αὐτῶν, καὶ καθαροὶ ἔσονται. ⁸καὶ λήμψονται μόσχον ἕνα ἐκ βοῶν καὶ τούτου θυσίαν σεμιδάλεως ἀναπεποιημένην ἐν ἐλαίῳ, καὶ μόσχον 9 ἐνιαύσιον ἐκ βοῶν λήμψῃ περὶ ἁμαρτίας. ⁹καὶ προσάξεις τοὺς Λευείτας ἔναντι τῆς σκηνῆς τοῦ μαρτυρίου, καὶ συνάξεις πᾶσαν 10 συναγωγὴν υἱῶν Ἰσραήλ. ¹⁰καὶ προσάξεις τοὺς Λευείτας ἔναντι Κυρίου, καὶ ἐπιθήσουσιν οἱ υἱοὶ Ἰσραὴλ τὰς χεῖρας αὐτῶν ἐπὶ τοὺς 11 Λευείτας· ¹¹καὶ ἀφοριεῖ Ἀαρὼν τοὺς Λευείτας ἀπόδομα ἔναντι Κυρίου παρὰ τῶν υἱῶν Ἰσραήλ, καὶ ἔσονται ὥστε ἐργάζεσθαι τὰ ἔργα Κυρίου. 12 ¹²οἱ δὲ Λευεῖται ἐπιθήσουσιν τὰς χεῖρας ἐπὶ τὰς κεφαλὰς τῶν μόσχων, καὶ ποιήσει τὸν ἕνα περὶ ἁμαρτίας καὶ τὸν ἕνα εἰς ὁλοκαύτωμα

88 om και 1° B^{ab}AF | αμναδες εξηκ. ενιαυσιαι αμωμοι τραγοι εξηκ. B^{a†}] AF αμν. εξηκ. τραγοι εξηκ. ενιαυσιαι αμ. B* τραγοι εξηκ. αμν. εξηκ. ενιαυσιαι (ενιαυσιοι F) αμ. AF | εγκαινωσις] εγκαινισις AF | το 1°] του F 89 χερουβειν F VIII 3 εξηψεν τους λυχνους αυτης sup ras B^a + καθα συνεταξεν κ̅ς̅ τω Μωυση B^{amg inf}AF 4 om αυτης 1° A 6 υιων] pr των AF 7 om αυτοις A | αγνισμον] αγνισμον A αγιασμον F |· περιρανιεις F | om παν A 8 θυσιαν] θυμιαμα F | σεμιδαλεως] σεμιδαλιν AF 9 εναντιον F 11 και αφοριει Ααρων| τους Λευιτας F^{1mg} (om F*) 12 χειρας] +αυτων A

SEPT.   273

VIII 13   ΑΡΙΘΜΟΙ

B Κυρίῳ, ἐξιλάσασθαι περὶ αὐτῶν. ¹³καὶ στήσεις τοὺς Λευείτας ἔναντι Κυρίου, ἔναντι Ἀαρὼν καὶ ἔναντι τῶν υἱῶν αὐτοῦ, καὶ ἀποδώσεις αὐτοὺς ἀπόδομα ἔναντι Κυρίου· ¹⁴καὶ διαστελεῖς τοὺς Λευείτας ἐκ μέσου υἱῶν Ἰσραήλ, καὶ ἔσονται ἐμοί. ¹⁵καὶ μετὰ ταῦτα εἰσελεύσονται οἱ Λευεῖται ἐργάζεσθαι τὰ ἔργα τῆς σκηνῆς τοῦ μαρτυρίου, καὶ καθαριεῖς αὐτούς, καὶ ἀποδώσεις αὐτοὺς ἔναντι Κυρίου. ¹⁶ὅτι ἀπόδομα ἀποδεδομένοι οὗτοί μοί εἰσιν ἐκ μέσου υἱῶν Ἰσραήλ· ἀντὶ τῶν διανοιγόντων πᾶσαν μήτραν πρωτοτόκων πάντων τῶν ἐκ τῶν υἱῶν Ἰσραὴλ εἴληφα αὐτοὺς ἐμοί. ¹⁷ὅτι ἐμοὶ πᾶν πρωτότοκον ἐν υἱοῖς Ἰσραὴλ ἀπὸ ἀνθρώπων ἕως κτήνους· ᾗ ἡμέρᾳ ἐπάταξα πᾶν πρωτότοκον ἐν γῇ Αἰγύπτῳ ἡγίασα αὐτοὺς ἐμοί. ¹⁸καὶ ἔλαβον τοὺς Λευείτας ἀντὶ παντὸς πρωτοτόκου ἐν υἱοῖς Ἰσραήλ. ¹⁹καὶ ἀπέδωκα τοὺς Λευείτας ἀπόδομα δεδομένους Ἀαρὼν καὶ τοῖς υἱοῖς αὐτοῦ ἐκ μέσου υἱῶν Ἰσραήλ, ἐργάζεσθαι τὰ ἔργα τῶν υἱῶν Ἰσραὴλ ἐν τῇ σκηνῇ τοῦ μαρτυρίου καὶ ἐξιλάσκεσθαι περὶ τῶν υἱῶν Ἰσραήλ· καὶ οὐκ ἔσται τοῖς υἱοῖς Ἰσραὴλ προσεγγίζων πρὸς τὰ ἅγια. ²⁰καὶ ἐποίησεν Μωυσῆς καὶ Ἀαρὼν καὶ πᾶσα συναγωγὴ υἱῶν Ἰσραὴλ τοῖς Λευείταις, καθὰ ἐνετείλατο Κύριος τῷ Μωυσῇ περὶ τῶν Λευειτῶν· οὕτως ἐποίησαν αὐτοῖς οἱ υἱοὶ Ἰσραήλ. ²¹καὶ ἡγνίσαντο οἱ Λευεῖται καὶ ἐπλύναντο τὰ ἱμάτια· καὶ ἀπέδωκεν αὐτοὺς Ἀαρὼν ἀπόδομα ἔναντι Κυρίου, καὶ ἐξιλάσατο περὶ αὐτῶν Ἀαρὼν ἀφαγνίσασθαι αὐτούς. ²²καὶ μετὰ ταῦτα εἰσῆλθον οἱ Λευεῖται λειτουργεῖν τὴν λειτουργίαν αὐτῶν ἐν τῇ σκηνῇ τοῦ μαρτυρίου ἔναντι Ἀαρὼν καὶ ἔναντι τῶν υἱῶν αὐτοῦ· καθὼς συνέταξεν Κύριος τῷ Μωυσῇ περὶ τῶν Λευειτῶν, οὕτως ἐποίησαν αὐτοῖς. ²³Καὶ ἐλάλησεν Κύριος πρὸς Μωυσῆν λέγων ²⁴Τοῦτό ἐστιν τὸ περὶ τῶν Λευειτῶν· ἀπὸ πέντε καὶ εἰκοσαετοῦς καὶ ἐπάνω εἰσελεύσονται ἐνεργεῖν ἐν τῇ σκηνῇ τοῦ μαρτυρίου· ²⁵καὶ ἀπὸ πεντηκονταετοῦς ἀποστήσεται τῆς λειτουργίας καὶ οὐκ ἐργάζεται ἔτι, ²⁶καὶ λειτουργήσει ὁ ἀδελφὸς αὐτοῦ ἐν τῇ σκηνῇ τοῦ μαρτυρίου φυλάσσειν φυλακάς, ἔργα δὲ οὐκ ἐργάζεται. οὕτως ποιήσεις τοῖς Λευείταις ἐν ταῖς φυλακαῖς αὐτῶν.

AF   12 Κυριω] pr τω F   13 εναντι 2°] pr και B^{ab}AF | εναντι Κυριου 2°] κω A   14 υιων] pr των F   16 αντι]+δε F | των εκ των υιων] om των 1° B^{ab}A om των εκ F   17 εν υιοις] εξ υιων A | ανθρωπου AF   19 τοις υιοις 2°] pr εν AF. | προσεγγιζων]+των υιων Ισραηλ AF   20 υιων] pr των F   21 επλυναντο] επλυναν AF | ιματια]+αυτων AF | απεδωκαν F   22 εισηλθοσαν AF | καθως] καθα B^{ab}AF   24 τουτεστιν AF | ενεργειν] λειτουργειν λειτουργειαν εν εργοις AF   25 της λειτουργιας] pr απο B^{ab}AF (αποστης λειτουργιας F* απο της λ. F^{1 vid}) | ουκ] ουχι AF | εργαζεται] εργαται AF   26 εργαζεται] εργαται B^{ab}AF

ΑΡΙΘΜΟΙ IX 14

IX 1 ¹Καὶ ἐλάλησεν Κύριος πρὸς Μωυσῆν ἐν τῇ ἐρήμῳ Σεινὰ ἐν τῷ ἔτει Β τῷ δευτέρῳ ἐξελθόντων αὐτῶν ἐκ γῆς Αἰγύπτου, ἐν τῷ μηνὶ τῷ 2 πρώτῳ, λέγων ²Εἰπὸν καὶ ποιείτωσαν οἱ υἱοὶ Ἰσραὴλ τὸ πάσχα 3 καθ' ὥραν αὐτοῦ· ³τῇ τεσσαρεσκαιδεκάτῃ ἡμέρᾳ τοῦ μηνὸς τοῦ πρώτου πρὸς ἑσπέραν ποιήσεις αὐτὸ κατὰ καιρούς, κατὰ τὸν νόμον 4 αὐτοῦ καὶ κατὰ τὴν σύνκρισιν αὐτοῦ ποιήσεις αὐτό. ⁴καὶ ἐλάλησεν 5 Μωυσῆς τοῖς υἱοῖς Ἰσραὴλ ποιῆσαι τὸ πάσχα, ⁵ἐναρχομένου τῇ τεσσαρεσκαιδεκάτῃ ἡμέρᾳ τοῦ μηνὸς ἐν τῇ ἐρήμῳ τοῦ Σεινά· καθὰ συνέ-6 ταξεν Κύριος τῷ Μωυσῇ, οὕτως ἐποίησαν οἱ υἱοὶ Ἰσραήλ. ⁶Καὶ παρεγένοντο οἱ ἄνδρες οἳ ἦσαν ἀκάθαρτοι ἐπὶ ψυχῇ ἀνθρώπου καὶ οὐκ ἠδύναντο ποιῆσαι τὸ πάσχα ἐν τῇ ἡμέρᾳ ἐκείνῃ, καὶ προσῆλθον 7 ἐναντίον Μωυσῆ καὶ Ἀαρὼν ἐν ἐκείνῃ τῇ ἡμέρᾳ· ⁷καὶ εἶπαν οἱ ἄνδρες ἐκεῖνοι πρὸς αὐτόν, Ἡμεῖς ἀκάθαρτοι ἐπὶ ψυχῇ ἀνθρώπου· μὴ οὖν ὑστερήσωμεν προσενέγκαι τὸ δῶρον Κυρίῳ κατὰ καιρὸν αὐτοῦ 8 ἐν μέσῳ υἱῶν Ἰσραήλ; ⁸καὶ εἶπεν Μωυσῆς πρὸς αὐτοὺς Στῆτε αὐτοῦ, 9 καὶ ἀκούσομαι τί ἐντελεῖται Κύριος περὶ ὑμῶν. ⁹Καὶ ἐλάλησεν 10 Κύριος πρὸς Μωυσῆν λέγων ¹⁰Λάλησον τοῖς υἱοῖς Ἰσραὴλ λέγων Ἄνθρωπος ἄνθρωπος ὃς ἐὰν γένηται ἀκάθαρτος ἐπὶ ψυχῇ ἀνθρώπου, ἢ ἐν ὁδῷ μακρὰν ὑμῖν ἢ ἐν ταῖς γενεαῖς ὑμῶν, καὶ ποιήσει τὸ 11 πάσχα Κυρίῳ· ¹¹ἐν τῷ μηνὶ τῷ δευτέρῳ ἐν τῇ τεσσαρεσκαιδεκάτῃ ἡμέρᾳ τὸ πρὸς ἑσπέραν ποιήσουσιν αὐτό. ἐπ' ἀζύμων καὶ πικρίδων 12 φάγονται αὐτό, ¹²οὐ καταλείψουσιν ἀπ' αὐτοῦ εἰς τὸ πρωί, καὶ ὀστοῦν οὐ συντρίψουσιν ἀπ' αὐτοῦ· κατὰ τὸν νόμον τοῦ πάσχα 13 ποιήσουσιν αὐτό. ¹³καὶ ἄνθρωπος ὃς ἐὰν καθαρὸς ᾖ καὶ ἐν ὁδῷ μακρᾷ οὐκ ἔστιν καὶ ὑστερήσῃ ποιῆσαι τὸ πάσχα, ἐξολεθρευθήσεται ἡ ψυχὴ ἐκείνη ἐκ τοῦ λαοῦ αὐτῆς· ὅτι τὸ δῶρον Κυρίῳ οὐ προσήνεγκεν κατὰ τὸν καιρὸν αὐτοῦ, ἁμαρτίαν αὐτοῦ λήμψεται ὁ ἄνθρωπος ἐκεῖνος. 14 ¹⁴ἐὰν δὲ προσέλθῃ πρὸς ὑμᾶς προσήλυτος ἐν τῇ γῇ ὑμῶν καὶ ποιήσει τὸ πάσχα Κυρίῳ, κατὰ τὸν νόμον τοῦ πάσχα καὶ κατὰ τὴν σύνταξιν αὐτοῦ ποιήσει αὐτό· νόμος εἷς ἔσται ὑμῖν καὶ τῷ προσηλύτῳ καὶ τῷ αὐτόχθονι τῆς γῆς.

IX 1 Σινα Β¹AF   3, 5, 11 τεσσαρισκαιδεκ. Βᵃᵇ   3 ποιησεις 1°] AF ποιησετε AF | καιρους] καιρον αυτου Α καιρους αυτου F   5 του Σειναˎ] Σινα Α του Σινα ΒᵇF   6 ψυχη] ψυχην F   7 ειπον Fᶜᵒʳʳ ᵛⁱᵈ | αυτον] αυτους AF | προσενεγκαι] pr ωστε AF   8 προς αυτους Μωυσης Β¹AF | εντελειται] εντελλεται F   10 εαν] αν · F [ανθρωπου] αν (in αν͞ου) sup ras Αᵃ ˎυμιν] pr η εν Α | Κυριω] pr τω AF   11 το προς εσπεραν] om το AF 12 συντριψουσιν] συντριψεται Α   13 εαν] αν AF | μακραν AF | υστερησει F | ποιησαι] pr του Α | κυ AF | προσηνεγκαν Α* (προσηνεγκεν Αᵃ) 14 ποιησει 1°] ποιηση F | ποιησει 2°] ουτως ποιησει Α ουτως ποιησουσιν F

ΑΡΙΘΜΟΙ

B ¹⁵Καὶ τῇ ἡμέρᾳ ᾗ ἐστάθη ἡ σκηνὴ ἐκάλυψεν ἡ νεφέλη τὴν σκηνήν, τὸν οἶκον τοῦ μαρτυρίου· καὶ τὸ ἑσπέρας ἦν ἐπὶ τῆς σκηνῆς ὡς εἶδος πυρὸς ἕως πρωί. ¹⁶οὕτως ἐγίνετο διὰ παντός, ἡ νεφέλη ἐκάλυπτεν αὐτὴν ἡμέρας καὶ εἶδος πυρὸς τὴν νύκτα. ¹⁷καὶ ἡνίκα ἀνέβη ἡ νεφέλη ἀπὸ τῆς σκηνῆς, καὶ μετὰ ταῦτα ἀπῆραν οἱ υἱοὶ Ἰσραήλ· καὶ ἐν τῷ τόπῳ οὗ ἂν ἔστη ἡ νεφέλη, ἐκεῖ παρενέβαλον οἱ υἱοὶ Ἰσραήλ. ¹⁸διὰ προστάγματος Κυρίου παρεμβαλοῦσιν οἱ υἱοὶ Ἰσραήλ, διὰ προστάγματος Κυρίου ἀπαροῦσιν· πάσας τὰς ἡμέρας ἐν αἷς σκιάζει ἡ νεφέλη ἐπὶ τῆς σκηνῆς, παρεμβαλοῦσιν οἱ υἱοὶ Ἰσραήλ. ¹⁹καὶ ὅταν ἐφέλκηται ἡ νεφέλη ἐπὶ τῆς σκηνῆς ἡμέρας πλείους, καὶ φυλάξονται οἱ υἱοὶ Ἰσραὴλ τὴν φυλακὴν τοῦ θεοῦ καὶ οὐ μὴ ἐξάρωσιν· ²⁰καὶ ἔσται ὅταν σκεπάσῃ ἡ νεφέλη ἡμέρας ἀριθμῷ ἐπὶ τῆς σκηνῆς, διὰ φωνῆς Κυρίου παρεμβαλοῦσιν καὶ διὰ προστάγματος Κυρίου ἀπαροῦσιν. ²¹καὶ ἔσται ὅταν γένηται ἡ νεφέλη ἀφ' ἑσπέρας ἕως πρωί, καὶ ἀναβῇ ἡ νεφέλη τὸ πρωί, καὶ ἀπαροῦσιν, ἡμέρας ἢ νυκτός· ²²μηνός, ἡμέρας, πλεοναζούσης τῆς νεφέλης σκιαζούσης ἐπ' αὐτῆς, παρεμβαλοῦσιν οἱ υἱοὶ Ἰσραὴλ καὶ οὐ μὴ ἀπάρωσιν. ²³ὅτι διὰ προστάγματος Κυρίου ἀπαροῦσιν, τὴν φυλακὴν Κυρίου ἣν ἐφυλάξαντο διὰ προστάγματος Κυρίου ἐν χειρὶ Μωυσῆ.

¹Καὶ ἐλάλησεν Κύριος πρὸς Μωυσῆν λέγων ²Ποίησον σεαυτῷ δύο X σάλπιγγας, ἐλατὰς ἀργυρᾶς ποιήσεις σεαυτῷ· καὶ ἔσονταί σοι ἀνακαλεῖν τὴν συναγωγὴν καὶ ἐξαίρειν τὰς παρεμβολάς. ³καὶ σαλπίσεις ἐν αὐταῖς, καὶ συναχθήσεται πᾶσα ἡ συναγωγὴ ἐπὶ τὴν θύραν τῆς σκηνῆς τοῦ μαρτυρίου· ⁴ἐὰν δὲ ἐν μιᾷ σαλπίσωσιν, προσελεύσονται πρὸς σὲ πάντες οἱ ἄρχοντες, ἀρχηγοὶ Ἰσραήλ. ⁵καὶ σαλπιεῖτε σημασίαν, καὶ ἐξαροῦσιν αἱ παρεμβολαὶ αἱ παρεμβαλοῦσαι ἀνατολάς· ⁶καὶ σαλπιεῖτε σημασίαν δευτέραν, καὶ ἐξαροῦσιν αἱ παρεμβολαὶ αἱ παρεμβάλλουσαι λίβα· καὶ σαλπιεῖτε σημασίαν τρίτην, καὶ ἐξαροῦσιν αἱ παρεμβολαὶ αἱ παρεμβάλλουσαι παρὰ θάλασσαν· καὶ σαλπιεῖτε

AF 15 σκηνης] γης A 16 εγεινετο B* (εγιν. Bᵇ) 17 απηρον AF | παρενεβαλλον AF 18 παρεμβαλουσιν 1°] παρεμβαλλ. A | δια προσταγμ. 2°] pr και BᵃᵇAF 19 οταν] οπαν F* (οτ. F¹) | om Ισραηλ F* (superscr F¹) 20 απαρουσιν] εξαρουσιν A 21 εσπερου F | om πρωι και αναβη η νεφελη F | νυκτος]+και αναβη (ανεβη F) η νεφελη απαρουσιν AF 22 μηνος] pr ημερας η AF | om της νεφελης σκιαζουσης AF | παρεμβαλουσιν A | απαρουσιν F 23 om οτι δια προσταγματος Κυριου απαρουσιν F | om ην BᵃᵇAF.| εφυλαξαν AF X 2 αργυρας· ελατας AF | σεαυτω 2°] αυτας Bᵃᵇ (sup ras) AF 3 σαλπιεις BᵃᵇAF 4 σαλπιωσιν F 5 παρεμβαλλ. BᵃᵇAF 6 δευτερον Bᵃᵇ | λιβα] νοτον AF | om παρα A

ΑΡΙΘΜΟΙ X 25

σημασίαν τετάρτην, καὶ ἐξαροῦσιν αἱ παρεμβολαὶ αἱ παρεμβάλλουσαι B
7 πρὸς βορρᾶν· σημασίᾳ σαλπιοῦσιν ἐν τῇ ἐξάρσει αὐτῶν. ⁷καὶ ὅταν
8 συναγάγητε τὴν συναγωγήν, σαλπιεῖτε, καὶ οὐ σημασίᾳ. ⁸καὶ οἱ υἱοὶ
Ἀαρὼν οἱ ἱερεῖς σαλπιοῦσιν ταῖς σάλπιγξιν, καὶ ἔσται ὑμῖν νόμιμον
9 αἰώνιον εἰς τὰς γενεὰς ὑμῶν. ⁹ἐὰν δὲ ἐξέλθητε εἰς πόλεμον ἐν τῇ
γῇ ὑμῶν πρὸς τοὺς ὑπεναντίους τοὺς ἀνθεστηκότας ὑμῖν, καὶ σημα-
νεῖτε ταῖς σάλπιγξιν, καὶ ἀναμνησθήσεσθε ἔναντι Κυρίου, καὶ διασω-
10 θήσεσθε ἀπὸ τῶν ἐχθρῶν ὑμῶν. ¹⁰καὶ ἐν ταῖς ἡμέραις τῆς εὐφροσύνης
ὑμῶν· καὶ ἐν ταῖς ἑορταῖς ὑμῶν καὶ ἐν ταῖς νουμηνίαις ὑμῶν σαλπιεῖτε
ταῖς σάλπιγξιν ἐπὶ τοῖς ὁλοκαυτώμασιν καὶ ἐπὶ ταῖς θυσίαις τῶν σω-
τηρίων ὑμῶν, καὶ ἔσται ὑμῖν ἀνάμνησις ἔναντι τοῦ θεοῦ ὑμῶν· ἐγὼ
Κύριος ὁ θεὸς ὑμῶν.
11 ¹¹Καὶ ἐγένετο ἐν τῷ ἐνιαυτῷ τῷ δευτέρῳ ἐν τῷ μηνὶ τῷ δευτέρῳ
εἰκάδι τοῦ μηνὸς ἀνέβη ἡ νεφέλη ἀπὸ τῆς σκηνῆς τοῦ μαρτυρίου,
12 ¹²καὶ ἐξῆραν οἱ υἱοὶ Ἰσραὴλ σὺν ἀπαρτίαις αὐτῶν ἐν τῇ ἐρήμῳ Σεινά·
13 καὶ ἔστη ἡ νεφέλη ἐν τῇ ἐρήμῳ τοῦ Φαράν. ¹³καὶ ἐξῆραν πρῶτοι
14 διὰ φωνῆς Κυρίου ἐν χειρὶ Μωυσῆ. ¹⁴καὶ ἐξῆραν τάγμα παρεμβολῆς
υἱῶν Ἰούδα πρῶτοι σὺν δυνάμει αὐτῶν, καὶ ἐπὶ τῆς δυνάμεως αὐ-
15 τῶν Ναασσὼν υἱὸς Ἀμειναδάβ· ¹⁵καὶ ἐπὶ τῆς δυνάμεως φυλῆς υἱῶν
16 Ἰσσαχὰρ Ναθαναὴλ υἱὸς Σωγάρ· ¹⁶καὶ ἐπὶ τῆς δυνάμεως φυλῆς
17 υἱῶν Ζαβουλὼν Ἐλιὰβ υἱὸς Χαιλών· ¹⁷καὶ καθελοῦσιν τὴν σκηνὴν
καὶ ἐξαροῦσιν οἱ υἱοὶ Γεδσὼν καὶ οἱ υἱοὶ Μεραρεί, αἴροντες τὴν
18 σκηνήν. ¹⁸Καὶ ἐξῆραν τάγμα παρεμβολῆς Ῥουβὴν σὺν δυνάμει
19 αὐτῶν, καὶ ἐπὶ τῆς δυνάμεως αὐτῶν Ἐλισοὺρ υἱὸς Σεδιούρ· ¹⁹καὶ ἐπὶ
20 τῆς δυνάμεως φυλῆς υἱῶν Συμεὼν Σαλαμιὴλ υἱὸς Σουρισαδαί· ²⁰καὶ
21 ἐπὶ τῆς δυνάμεως φυλῆς υἱῶν Γὰδ Ἐλεισὰφ ὁ τοῦ Ῥαγουήλ. ²¹καὶ
ἐξαροῦσιν οἱ υἱοὶ Καὰθ αἴροντες τὰ ἅγια, καὶ στήσουσιν τὴν σκη-
22 νὴν ἕως παραγένωνται. ²²Καὶ ἐξαροῦσιν τάγμα παρεμβολῆς
Ἐφράιμ σὺν δυνάμει αὐτῶν· ἐπὶ τῆς δυνάμεως αὐτῶν Ἐλισαμὰ υἱὸς
23 Ἐμιούδ· ²³καὶ ἐπὶ τῆς δυνάμεως φυλῆς υἱῶν Μανασσῆ Γαμαλιὴλ
24 ὁ τοῦ Φαδασσούρ· ²⁴καὶ ἐπὶ τῆς δυνάμεως φυλῆς υἱῶν Βενιαμεὶν
25 Ἀβειδὰν ὁ τοῦ Γαδεωνεί. ²⁵Καὶ ἐξαροῦσιν τάγμα παρεμβολῆς
υἱῶν Δὰν ἔσχατοι πασῶν τῶν παρεμβολῶν σὺν δυνάμει αὐτῶν, καὶ

6 om προς B^{ab}AF   9 σημανειτε] σαλπιειτε A   12 Σεινα] Σινα AF
B^b του Σινα AF   14 υιων] pr των A om F | Αμειναδαβ] Αμιναδαβ Ἀ
Αβιναδαβ F   16 Χελων F   17 Μεραρι AF   20 Ελισαφ AF
22 επι της δυν.] pr και B^{ab}AF | Ἐμιουδ] Σεμιουδ F   23 Μαννασση Ἀ
24 Αβιδαν AF | ο του] υιος A | Γαδεωνι AF

Β ἐπὶ τῆς δυνάμεως αὐτῶν Ἀχιέζερ ὁ τοῦ Ἀμεισαδαί· ²⁶καὶ ἐπὶ ιτῆς 26 δυνάμεως φυλῆς υἱῶν Ἀσὴρ Φαγαιὴλ υἱὸς Ἐχράν· ²⁷καὶ ἐπὶ τῆς 27 δυνάμεως φυλῆς υἱῶν Νεφθαλεὶ Ἀχειρὲ υἱὸς Αἰνάν. ²⁸αὗται αἱ 28 στρατιαὶ υἱῶν Ἰσραήλ, καὶ ἐξῆραν σὺν δυνάμει αὐτῶν.. ²⁹Καὶ 29 εἶπεν Μωυσῆς τῷ Ὀβὰβ υἱῷ Ῥαγουὴλ τῷ Μαδιανείτῃ τῷ γαμβρῷ Μωυσῆ Ἐξαίρομεν ἡμεῖς εἰς τὸν τόπον ὃν εἶπεν Κύριος Τοῦτον δώσω ὑμῖν· δεῦρο μεθ' ἡμῶν, καὶ εὖ σε ποιήσομεν, ὅτι Κύριος ἐλάλησεν καλὰ περὶ Ἰσραήλ. ³⁰καὶ εἶπεν πρὸς αὐτόν Οὐ πορεύ- 30 σομαι ἀλλὰ εἰς τὴν γῆν μου καὶ εἰς τὴν γενεάν μου. ³¹καὶ εἶπεν 31 Μὴ ἐγκαταλίπῃς ἡμᾶς, οὗ εἵνεκεν ἦσθα μεθ' ἡμῶν ἐν τῇ ἐρήμῳ, καὶ ἔσῃ ἐν ἡμῖν πρεσβύτης· ³²καὶ ἔσται ἐὰν πορευθῇς μεθ' ἡμῶν, καὶ 32 ἔσται τὰ ἀγαθὰ ἐκεῖνα ὅσα ἐὰν ἀγαθοποιήσῃ Κύριος ἡμᾶς, καὶ εὖ σε ποιήσομεν. ³³Καὶ ἐξῆραν ἐκ τοῦ ὄρους Κυρίου ὁδὸν τριῶν 33 ἡμερῶν· καὶ ἡ κιβωτὸς τῆς διαθήκης Κυρίου προεπορεύετο προτέρα αὐτῶν ὁδὸν τριῶν ἡμερῶν, κατασκέψασθαι αὐτοῖς ἀνάπαυσιν. ³⁵καὶ 35 ἐγένετο ἐν τῷ ἐξαίρειν τὴν κιβωτὸν καὶ εἶπεν Μωυσῆς Ἐξεγέρθητι Κύριε, διασκορπισθήτωσαν οἱ ἐχθροί σου, φυγέτωσαν πάντες οἱ μισοῦντές σε. ³⁶καὶ ἐν τῇ καταπαύσει εἶπεν Ἐπίστρεφε, Κύριε, 36 χιλιάδας μυριάδας ἐν τῷ Ἰσραήλ. ³⁴καὶ ἡ νεφέλη ἐγένετο σκιάζουσα 34 ἐπ' αὐτοῖς ἡμέρας καὶ ἐν τῷ ἐξαίρειν αὐτοὺς ἐκ τῆς παρεμβολῆς.

¹Καὶ ἦν ὁ λαὸς γογγύζων πονηρὰ ἔναντι Κυρίου· καὶ ἤκουσεν 1 Κύριος καὶ ἐθυμώθη ὀργῇ, καὶ ἐξεκαύθη ἐν αὐτοῖς πῦρ παρὰ Κυρίου καὶ κατέφαγεν μέρος τι τῆς παρεμβολῆς. ²καὶ ἐκέκραξεν ὁ λαὸς 2 πρὸς Μωυσῆν· καὶ ηὔξατο Μωυσῆς πρὸς Κύριον, καὶ ἐκόπασεν τὸ πῦρ. ³καὶ ἐκλήθη τὸ ὄνομα τοῦ τόπου ἐκείνου Ἐμπυρισμός, ὅτι 3 ἐξεκαύθη ἐν αὐτοῖς πῦρ παρὰ Κυρίου. ⁴Καὶ ὁ ἐπίμικτος ὁ ἐν αὐ- 4 τοῖς ἐπεθύμησεν ἐπιθυμίαν· καὶ καθίσαντες ἔκλαιον καὶ οἱ υἱοὶ Ἰσραὴλ καὶ εἶπαν Τίς ἡμᾶς ψωμιεῖ κρέας; ⁵ἐμνήσθημεν τοὺς ἰχθύας οὓς 5 ἠσθίομεν ἐν Αἰγύπτῳ δωρεάν, καὶ τοὺς σικύας καὶ τοὺς πέπονας καὶ τὰ πράσα καὶ τὰ κρόμμυα καὶ τὰ σκόρδα· ⁶νυνὶ δὲ ἡ ψυχὴ ἡμῶν 6

AF   25 Αμεισαδαι] Μισαδαι A Αμισαδαι F   26 Εχραν] ρ sup ras Aᵃ
27 Νεφθαλι A | Αχιρε F   29 Οβ. (Ωβ. A) υιω] Ιω.....F* (+βαβ υιω F¹ᵐᵍ) |
Μαδιανιτη BᵇF Μαδιανιτι A | τω γαμβρω] om τω BᵃᵇAF | εξαιρομεν] ρ sup
ras Aᵃ | om ημεις F   30 αλλα] αλλ A αλλ η F   31 εγκαταλειπης AF
32 οσα εαν] οσα αν Bᵃᵇ α αν A   33 της διαθηκης] om της AF
35 εξεγερθητι] εγερθητι Bᵃᵇ   34 om και 2° BᵃᵇAF   XI 1 πονηρα
γογγυζων F   2 ο λαος sup ras Aᵃ   3 om πυρ B*ᵛⁱᵈ (hab BᵃᵇAF)
4 επεθυμησαν AF | om και 4° F | κρεα BᵃᵇAF   5 σικυους Bᵃᵇ | κρομυα
AF   6 νυνι Bᵇ (νυνει B*) A] νυν F

ΑΡΙΘΜΟΙ XI 18

7 κατάξηρος, οὐδὲν πλὴν εἰς τὸ μάννα οἱ ὀφθαλμοὶ ἡμῶν. ⁷τὸ δὲ B
μάννα ὡσεὶ σπέρμα κορίου ἐστίν, καὶ τὸ εἶδος αὐτοῦ εἶδος κρυστάλ-
8 λου. ⁸καὶ διεπορεύετο ὁ λαὸς καὶ συνέλεγον, καὶ ἤληθον αὐτὸ ἐν
τῷ μύλῳ καὶ ἔτριβον ἐν τῇ θυίᾳ, καὶ ἥψουν αὐτὸ ἐν τῇ χύτρᾳ καὶ
ἐποίουν αὐτὸ ἐνκρυφίας· καὶ ἦν ἡ ἡδονὴ αὐτοῦ ὡσεὶ γεῦμα ἐνκρὶς
9 ἐξ ἐλαίου. ⁹καὶ ὅταν κατέβη ἡ δρόσος ἐπὶ τὴν παρεμβολὴν νυκτός,
10 κατέβαινεν τὸ μάννα ἐπ' αὐτῆς. ¹⁰καὶ ἤκουσεν Μωυσῆς κλαιόντων
αὐτῶν κατὰ δήμους αὐτῶν, ἕκαστον ἐπὶ τῆς θύρας αὐτοῦ· καὶ ἐθυ-
11 μώθη ὀργῇ Κύριος σφόδρα, καὶ ἔναντι Μωυσῆ ἦν πονηρόν. ¹¹καὶ
εἶπεν Μωυσῆς πρὸς Κύριον Ἵνα τί ἐκάκωσας τὸν θεράποντά σου;
καὶ διὰ τί οὐχ εὕρηκα χάριν ἐναντίον σου, ἐπιθεῖναι τὴν ὁρμὴν τοῦ
12 λαοῦ τούτου ἐπ' ἐμέ; ¹²μὴ ἐγὼ ἐν γαστρὶ ἔλαβον πάντα τὸν λαὸν
τοῦτον, ἢ ἐγὼ ἔτεκον αὐτούς, ὅτι λέγεις μοι Λάβε αὐτὸν εἰς τὸν κόλ-
πον σου, ὡσεὶ ἄραι τιθηνὸς τὸν θηλάζοντα, εἰς τὴν γῆν ἣν ὤμοσας
13 τοῖς πατράσιν αὐτῶν; ¹³πόθεν μοι κρέα δοῦναι παντὶ τῷ λαῷ
τούτῳ; ὅτι κλαίουσιν ἐπ' ἐμοὶ λέγοντες Δὸς ἡμῖν κρέα ἵνα φάγω-
14 μεν. ¹⁴οὐ δυνήσομαι ἐγὼ μόνος φέρειν τὸν λαὸν τοῦτον, ὅτι βα-
15 ρύτερόν μοί ἐστιν τὸ ῥῆμα τοῦτο. ¹⁵εἰ δὲ οὕτως σὺ ποιεῖς μοι,
ἀπόκτεινόν με ἀναιρέσει, εἰ εὕρηκα ἔλεος παρὰ σοί, ἵνα μὴ ἴδω μου
16 τὴν κάκωσιν. ¹⁶Καὶ εἶπεν Κύριος πρὸς Μωυσῆν Συνάγαγέ μοι
ἑβδομήκοντα ἄνδρας ἀπὸ τῶν πρεσβυτέρων Ἰσραήλ, οὓς αὐτός σοι
εἶδες ὅτι οὗτοί εἰσιν πρεσβύτεροι τοῦ λαοῦ καὶ γραμματεῖς αὐτῶν.
καὶ ἄξεις αὐτοὺς πρὸς τὴν σκηνὴν τοῦ μαρτυρίου, καὶ στήσονται
17 ἐκεῖ μετὰ σοῦ. ¹⁷καὶ καταβήσομαι καὶ λαλήσω ἐκεῖ μετὰ σοῦ, καὶ
ἀφελῶ ἀπὸ τοῦ πνεύματος τοῦ ἐπὶ σοὶ καὶ ἐπιθήσω ἐπ' αὐτούς·
καὶ συναντιλήμψονται μετὰ σοῦ τὴν ὁρμὴν τοῦ λαοῦ, καὶ οὐκ οἴσεις
18 αὐτοὺς σὺ μόνος. ¹⁸καὶ τῷ λαῷ ἐρεῖς Ἁγνίσασθε εἰς αὔριον, καὶ
φάγεσθε κρέα· ὅτι ἐκλαύσατε ἔναντι Κυρίου λέγοντες Τίς ἡμᾶς ψω-
μιεῖ κρέα; ὅτι καλὸν ἡμῖν ἐστιν ἐν Αἰγύπτῳ· καὶ δώσει Κύριος ὑμῖν

6 om ουδεν B* (hab B^ab)   7 ειδος 2°] pr ως AF   8 χυθρα F | om AF
γευμα F   9 κατεβαινε A   10 εκαστος A | επι της θυρας] κατα την θυραν
A | οργη Κυριος] om οργη F* (hab post κυριος F¹⁽ᵐᵍ⁾) | Μωυση ην πονηρο
sup ras Aᵃ   11 ορμην] οργην AF   12 παντα τον λαον] τον παντα λ.
AF | ετεκον] τετοκα A | αυτον] αυτους AF | την γην] om την A   13 om
μοι A | επ εμοι] επ εμε AF   14 βαρυτερον] βαρυ AF* (βαρυς F¹ᵐᵍ) | om
το ρημα τουτο F   15 δε] δ AF | ουτω A | om αναιρεσει F* (hab ανε-
ρεσει F¹⁽ᵐᵍ⁾) | om ει F | ελεος] χαριν F (Ακ. ελεος F¹ᵐᵍ) | την κακωσιν μου
AF   16 αυτος σοι ειδες] αυτος συ οιδας Bᵃ συ αυτος οιδας A σοι αυτος
οιδας F | προς 2°] εις AF   18 ημιν] υμιν A

ΑΡΙΘΜΟΙ

B κρέα φαγεῖν, καὶ φάγεσθε κρέα. ¹⁹οὐχ ἡμέραν μίαν φάγεσθε, οὐδὲ 19 δύο οὐδὲ πέντε ἡμέρας, οὐδὲ δέκα ἡμέρας, οὐδὲ εἴκοσι ἡμέρας· ²⁰ἕως 20 μηνὸς ἡμερῶν φάγεσθε, ἕως ἂν ἐξέλθῃ ἐκ τῶν μυκτήρων ὑμῶν κρέα· καὶ ἔσται ὑμῖν εἰς χολέραν· ὅτι ἠπειθήσατε Κυρίῳ ὅς ἐστιν ἐν ὑμῖν, καὶ ἐκλαύσατε ἐναντίον αὐτοῦ λέγοντες Ἵνα τί ἡμῖν ἐξελθεῖν ἐξ Αἰγύπτου; ²¹καὶ εἶπεν Μωυσῆς πρὸς Κύριον Ἑξακόσιαι χιλιάδες 21 πεζῶν ὁ λαὸς ἐν οἷς εἰμὶ ἐν αὐτοῖς, καὶ σὺ εἶπας Κρέα δώσω αὐτοῖς φαγεῖν, καὶ φάγονται μῆνα ἡμερῶν· ²²μὴ πρόβατα καὶ βόες σφα- 22 γήσονται αὐτοῖς, καὶ ἀρκέσει αὐτοῖς; ἢ πᾶν τὸ ὄψος τῆς θαλάσσης συναχθήσεται αὐτοῖς, καὶ ἀρκέσει αὐτοῖς; ²³καὶ εἶπεν Κύριος πρὸς 23 Μωυσῆν Μὴ χεὶρ Κυρίου οὐκ ἐξαρκέσει; ἤδη γνώσει εἰ ἐπικαταλήμψεταί σε ὁ λόγος μου ἢ οὔ. ²⁴καὶ ἐξῆλθεν Μωυσῆς καὶ ἐλά- 24 λησεν πρὸς τὸν λαὸν τὰ ῥήματα Κυρίου, καὶ συνήγαγεν ἑβδομήκοντα ἄνδρας ἀπὸ τῶν πρεσβυτέρων τοῦ λαοῦ, καὶ ἔστησεν αὐτοὺς κύκλῳ τῆς σκηνῆς. ²⁵καὶ κατέβη Κύριος ἐν νεφέλῃ καὶ ἐλάλησεν πρὸς 25 αὐτόν, καὶ παρείλατο ἀπὸ τοῦ πνεύματος τοῦ ἐπ' αὐτῷ καὶ ἐπέθηκεν ἐπὶ τοὺς ἑβδομήκοντα ἄνδρας τοὺς πρεσβυτέρους· ὡς δὲ ἐπανεπαύσατο τὸ πνεῦμα ἐπ' αὐτούς, καὶ ἐπροφήτευσαν, καὶ οὐκέτι προσέθεντο. ²⁶καὶ κατελείφθησαν δύο ἄνδρες ἐν τῇ παρεμβολῇ, 26 ὄνομα τῷ ἑνὶ Ἐλδὰδ καὶ ὄνομα τῷ δευτέρῳ Μωδάδ, καὶ ἐπανεπαύσατο ἐπ' αὐτοὺς πνεῦμα· καὶ οὗτοι ἦσαν τῶν καταγεγραμμένων, καὶ οὐκ ἦλθον πρὸς τὴν σκηνήν· καὶ ἐπροφήτευσαν ἐν τῇ παρεμβολῇ. ²⁷καὶ προσδραμὼν ὁ νεανίσκος ἀπήγγειλεν Μωυσῇ καὶ εἶπεν 27 λέγων Ἐλδὰδ καὶ Μωδὰδ προφητεύουσιν ἐν τῇ παρεμβολῇ. ²⁸καὶ 28 ἀποκριθεὶς Ἰησοῦς ὁ τοῦ Ναυὴ ὁ παρεστηκὼς Μωυσῇ ὁ ἐκλεκτὸς εἶπεν Κύριε Μωυσῆ, κώλυσον αὐτούς. ²⁹καὶ εἶπεν αὐτῷ Μωυσῆς 29 Μὴ ζηλοῖς σὺ ἐμέ; καὶ τίς δῴη πάντα τὸν λαὸν Κυρίου προφήτας, ὅταν δῷ Κύριος τὸ πνεῦμα οὑτοῦ ἐπ' αὐτούς; ³⁰καὶ ἀπῆλθεν Μωυσῆς 30 εἰς τὴν παρεμβολήν, αὐτὸς καὶ οἱ πρεσβύτεροι Ἰσραήλ. ³¹Καὶ 31 πνεῦμα ἐξῆλθεν παρὰ Κυρίου καὶ ἐξεπέρασεν ὀρτυγομήτραν ἀπὸ τῆς θαλάσσης, καὶ ἐπέβαλεν ἐπὶ τὴν παρεμβολὴν ὁδὸν ἡμέρας ἐντεῦθεν

AF 18 κρεα φαγειν] φαγειν κρεα F   20 om κρεα B^{ab}AF | ημιν εξελθειν] εξηλθομεν F   20—22 εξ Αιγυπτου...αρκεσει αυτοις 2° sup ras A^a   21 om προς Κυριον B^{ab}A^aF | κρεας A^a | om φαγειν A^aF   22 om αυτοις 3° A^a   23 χειρ] pr η A^a | ουκ] ουχι A^aF | εξαρκεσει (εξαρκεσει B^{a†b}) sup ras B^{1†a†} | γνωσει B^{*b}] γνωση B^{ab(vid)}AF | ει] η B   25 ελαλησεν]+ κ̅ς̅ A | επ αυτους το πνευμα AF   26 πνευμα] pr το AF | προς] εις AF   27 Μωυση] pr τω AF   28 ο εκλεκτος]+αυτου AF | Κυριε]+μου AF   29 εμε] μοι AF   31 ορτυγομητρα F | της θαλασσης] om της A

ΑΡΙΘΜΟΙ XII 11

καὶ ὁδὸν ἡμέρας ἐντεῦθεν κύκλῳ τῆς παρεμβολῆς, ὡσεὶ δίπηχυ ἀπὸ B
32 τῆς γῆς. ³² καὶ ἀναστὰς ὁ λαὸς ὅλην τὴν ἡμέραν καὶ ὅλην τὴν νύκτα
καὶ ὅλην τὴν ἡμέραν τὴν ἐπαύριον, καὶ συνήγαγον τὴν ὀρτυγομήτραν·
ὁ τὸ ὀλίγον συνήγαγεν δέκα κόρους· καὶ ἔσφαξαν ἑαυτοῖς ψυγμοὺς
33 κύκλῳ τῆς παρεμβολῆς. ³³ τὰ κρέα ἔτι ἦν ἐν τοῖς ὀδοῦσιν αὐτῶν
πρὶν ἢ ἐκλείπειν, καὶ Κύριος ἐθυμώθη εἰς τὸν λαὸν αὐτοῦ· καὶ Κύριος
34 ἐπάταξεν τὸν λαὸν πληγὴν μεγάλην σφόδρα. ³⁴ καὶ ἐκλήθη τὸ ὄνομα
τοῦ τόπου ἐκείνου Μνήματα τῆς ἐπιθυμίας· ἐκεῖ ἔθαψαν τὸν λαὸν τὸν
35 ἐπιθυμητήν. ³⁵ ἀπὸ Μνημάτων ἐπιθυμίας ἐξῆρεν ὁ λαὸς εἰς Ἀσηρώθ,
καὶ ἐγένετο ὁ λαὸς ἐν Ἀσηρώθ.

1 ¹ Καὶ ἐλάλησεν Μαριὰμ καὶ Ἀαρὼν κατὰ Μωυσῆ ἕνεκεν τῆς γυ-
ναικὸς τῆς Αἰθιοπίσσης ἣν ἔλαβεν Μωυσῆς, ὅτι γυναῖκα Αἰθιόπισσαν
2 ἔλαβεν. ² καὶ εἶπαν Μὴ Μωυσῇ μόνῳ λελάληκεν Κύριος; οὐχὶ καὶ
3 ἡμῖν ἐλάλησεν; καὶ ἤκουσεν Κύριος. ³ καὶ ὁ ἄνθρωπος Μωυσῆς
πραὺς σφόδρα παρὰ πάντας τοὺς ἀνθρώπους τοὺς ὄντας ἐπὶ τῆς
4 γῆς. ⁴ καὶ εἶπεν Κύριος πρὸς Μωυσῆν καὶ Μαριὰμ καὶ Ἀαρών
Ἐξέλθατε ὑμεῖς οἱ τρεῖς τὴν σκηνὴν τοῦ μαρτυρίου· καὶ ἐξῆλθον
5 οἱ τρεῖς εἰς τὴν σκηνὴν τοῦ μαρτυρίου. ⁵ καὶ κατέβη Κύριος ἐν
στύλῳ νεφέλης, καὶ ἔστη ἐπὶ τῆς θύρας τῆς σκηνῆς τοῦ μαρτυρίου·
6 καὶ ἐκλήθησαν Ἀαρὼν καὶ Μαριάμ, καὶ ἐξῆλθοσαν ἀμφότεροι. ⁶ καὶ
εἶπεν πρὸς αὐτούς Ἀκούσατε τῶν λόγων μου· ἐὰν γένηται προφήτης
ὑμῶν Κυρίῳ, ἐν ὁράματι αὐτῷ γνωσθήσομαι καὶ ἐν ὕπνῳ λαλήσω
7 αὐτῷ. ⁷ οὐχ οὕτως ὁ θεράπων μου Μωυσῆς· ἐν ὅλῳ τῷ οἴκῳ μου
8 πιστός ἐστιν· ⁸ στόμα κατὰ στόμα λαλήσω αὐτῷ, ἐν εἴδει καὶ οὐ
δι' αἰνιγμάτων, καὶ τὴν δόξαν Κυρίου εἶδεν· καὶ διὰ τί οὐκ ἐφοβή-
9 θητε καταλαλῆσαι κατὰ τοῦ θεράποντός μου Μωυσῆ; ⁹ καὶ ὀργὴ
10 θυμοῦ Κυρίου ἐπ' αὐτοῖς, καὶ ἀπῆλθεν. ¹⁰ καὶ ἡ νεφέλη ἀπέστη
ἀπὸ τῆς σκηνῆς, καὶ ἰδοὺ Μαριὰμ λεπρῶσα ὡσεὶ χιών. καὶ ἐπέ-
11 βλεψεν Ἀαρὼν ἐπὶ Μαριάμ, καὶ ἰδοὺ λεπρῶσα. ¹¹ καὶ εἶπεν Ἀαρὼν

31 om και οδον ημερας εντευθεν B* (hab B^{ab}AF) | διπηχυν A¹ (διπηχυ A*) AF
32 την επαυριον] τη επ. A | εσφαξαν] εψυξαν AF , 33 εκλιπειν A |
om αυτου B^{ab}AF | επαταξεν κυριος B¹AF | τον λαον 2°] εν τω λαω A
34 εκει] pr οτι AF 35 επιθυμιας] pr της A 35—XII 1 om και εγενετο...
και ελαλησεν B*vid (hab B¹†a†) XII 1 Μαρια F* (Μαριαμ F¹vid) |
Αιθιοπ. (bis)] Αι sup ras A^a (Εθιοπ. A*vid) | ην] ης A 2 λελαληκεν]
ελαλησεν AF | ημιν] pr εν A 4 Κυριος] + παραχρημα B^{ab} (superscr)
AF | Ααρων και Μαριαμ F | την σκηνην 1°] pr εις AF 5 εξηλθον B^{ab}F
6 Κυριω] κυ B*vid | οροματι B* (οραμ. B^{ab}) 7 ουτως] + ως AF
8 Κυριου] μου A 9 απηλθον AF 10 απεστη] απηλθεν A | Αρων A* (α
superscr A¹) | επι] προς AF | επι M. και ιδου] προς M. F* προς M. και ιδου
Μαριαμ F¹

XII 12   ΑΡΙΘΜΟΙ

B πρὸς Μωυσῆν Δέομαι, Κύριε, μὴ συνεπιθῇ ἡμῖν ἁμαρτίαν, διότι ἠγνοήσαμεν καθότι ἡμάρτομεν· ¹²μὴ γένηται ὡσεὶ ἴσον θανάτῳ, ὡσεὶ 12 ἔκτρωμα ἐκπορευόμενον ἐκ μήτρας μητρός· κατεσθίει τὸ ἥμισυ τῶν σαρκῶν αὐτῆς. ¹³καὶ ἐβόησεν Μωυσῆς πρὸς Κύριον λέγων Ὁ θεός, 13 δέομαί σου, ἴασαι αὐτήν. ¹⁴καὶ εἶπεν Κύριος πρὸς Μωυσῆν Εἰ ὁ 14 πατὴρ αὐτῆς πτύων ἐνέπτυσεν εἰς τὸ πρόσωπον αὐτῆς, οὐκ ἐντραπήσεται ἑπτὰ ἡμέρας; ἀφορισθήτω ἑπτὰ ἡμέρας ἔξω τῆς παρεμβολῆς, καὶ μετὰ ταῦτα εἰσελεύσεται. ¹⁵καὶ ἀφωρίσθη Μαριὰμ ἔξω τῆς πα- 15 ρεμβολῆς ἑπτὰ ἡμέρας· καὶ ὁ λαὸς οὐκ ἐξῆρεν ἕως ἐκαθαρίσθη Μαριάμ. ¹καὶ μετὰ ταῦτα ἐξῆρεν ὁ λαὸς ἐξ Ἀσηρώθ, καὶ παρενέβαλον ἐν 1 (16) X τῇ ἐρήμῳ Φαράν.

²Καὶ ἐλάλησεν Κύριος πρὸς Μωυσῆν λέγων ³Ἀπόστειλον ² (¹) (X
σεαυτῷ ἄνδρας, καὶ κατασκεψάσθωσαν τὴν γῆν τῶν Χαναναίων, ³ (²)
ἣν ἐγὼ δίδωμι τοῖς υἱοῖς Ἰσραὴλ εἰς κατάσχεσιν· ἄνδρα ἕνα κατὰ
φυλήν, κατὰ δήμους πατριῶν αὐτῶν ἀποστείλας αὐτούς, πάντα
ἀρχηγὸν ἐξ αὐτῶν. ⁴καὶ ἐξαπέστειλεν αὐτοὺς Μωυσῆς ἐκ τῆς ἐρήμου 4 (3)
Φαρὰν διὰ φωνῆς Κυρίου· πάντες ἄνδρες ἀρχηγοὶ υἱῶν Ἰσραὴλ οὗτοι.
⁵καὶ ταῦτα τὰ ὀνόματα αὐτῶν· τῆς φυλῆς Ῥουβήν, Σαμουὴλ υἱὸς 5 (4)
Ζάκχυρ. ⁶τῆς φυλῆς Συμεών, Σαφὰτ υἱὸς Σουρεί· ⁷τῆς φυλῆς Ἰούδα, 6 (5)
                                                                    7 (6)
Χαλὲβ υἱὸς Ἰεφοννή· ⁸τῆς φυλῆς Ἰσσαχάρ, Ἰλαὰλ υἱὸς Ἰωσήφ· 8 (7)
⁹τῆς φυλῆς Ἐφράιμ, Αὐσὴ υἱὸς Ναυή· ¹⁰τῆς φυλῆς Βενιαμείν, 9 (8)
Φαλτεὶ υἱὸς Ῥαφού· ¹¹τῆς φυλῆς Ζαβουλών, Γουδιὴλ υἱὸς Σουδεί· 11 (10)
¹²τῆς φυλῆς Ἰωσὴφ τῶν υἱῶν Μανασσή, Γαδδεὶ υἱὸς Σουσεί· ¹³τῆς 12 (11)
                                                                  13 (12)
φυλῆς Δάν, Ἀμειὴλ υἱὸς Γαμαί· ¹⁴τῆς φυλῆς Ἀσήρ, Σαθοὺρ υἱὸς 14 (13)
Μειχαήλ· ¹⁵τῆς φυλῆς Νεφθαλεί, Ναβεὶ υἱὸς Ἰαβεί· ¹⁶τῆς φυλῆς 15 (14)
                                                                  16 (15)
Γάδ, Γουδιὴλ υἱὸς Μακχί. ¹⁷ταῦτα τὰ ὀνόματα τῶν ἀνδρῶν οὓς ἀπέ- 17 (16)
στειλεν Μωυσῆς κατασκέψασθαι τὴν γῆν. καὶ ἐπωνόμασεν Μωυσῆς
τὸν Αὐσὴ υἱὸν Ναυὴ Ἰησοῦν. ¹⁸καὶ ἀπέστειλεν αὐτοὺς Μωυσῆς 18 (17)

AF 11 αμαρτια[.] F   12 γενηται] γενοιτο A | ωσει ισον] ως| εισον F |
om ωσει εκτρωμα F* (hab F¹ mg) | κατεσθιει] pr και BabAF | αυτης sup ras Aa
14 εντραπησεται·επτα AF | αφορισθητω] αφορισθησεται A | om επτα ημερας
2° AF   15 εκαθαρισθη] καθερισθη A   XIII 1 παρενεβαλεν A | Φαραν]
pr του BabAF   3 αποστειλας] αποστελεις AF   4 εξαπεστειλεν] απεστειλεν A   5 Σαμουηλ] Σαμαλιηλ A Σαμμου| F | υιος] υιον A | Ζακχυρ]
Ζαχρου A Ζα.χουρ F   6 Σαφατ] Σαφαν F | Σουρι AF   8 Ισαχαρ F |
Ιλααλ] Ιγαλ AF   9 Ναυη] Ναυνα F   10 om F* (hab της φυλης
Βενιαμειν Φαλτι υιος Ραφαν F¹ mg inf) | Φαλτι A   11 om F* (hab της
φυλης Ζαβουλων Γουζιηλ υιος Σουδι F¹ mg inf) | Σουδι A   12 Μαννασση
A | Γαδδι AF | Σουσι AF   13 Αμιηλ AF | Γαμαι] Γαμαλι A M.|Λι F
14 Μιχαηλ BbAF   15 Νεφθαλι A | Ναβει] Ναβα A Ναβι F | Ιαβι AF
16 Τουδιηλ B*(fort) b | Μακχι B*b] Μακοσι Bab Μαχι A Μαχειρ F   17 υιος A

ΑΡΙΘΜΟΙ XIII 30

κατασκέψασθαι τὴν γῆν Χανάαν καὶ εἶπεν πρὸς αὐτούς Ἀνάβητε B
(18) 19 ταύτῃ τῇ ἐρήμῳ, καὶ ἀναβήσεσθε εἰς τὸ ὄρος· ¹⁹καὶ ὄψεσθε τὴν
γῆν, τίς ἐστιν, καὶ τὸν λαὸν τὸν ἐνκαθήμενον ἐπ' αὐτῆς, εἰ ἰσχυρό-
(19) 20 τερός ἐστιν ἢ ἀσθενής, ἢ ὀλίγοι εἰσὶν ἢ πολλοί· ²⁰καὶ τίς ἡ γῆ εἰς
ἣν οὗτοι ἐνκάθηνται ἐπ' αὐτῆς, ἢ καλή ἐστιν ἢ πονηρά· καὶ τίνες
αἱ πόλεις εἰς ἃς οὗτοι κατοικοῦσιν ἐν αὐταῖς, ἢ ἐν τειχήρεσιν ἢ
(20) 21 ἐν ἀτειχίσταις· ²¹καὶ τίς ἡ γῆ, ἢ πίων ἢ παρειμένη, ἢ ἔστιν ἐν αὐτῇ
δένδρα ἢ οὔ. καὶ προσκαρτερήσαντες λήμψεσθε ἀπὸ τῶν καρπῶν
(21) 22 τῆς γῆς. καὶ αἱ ἡμέραι ἡμέραι ἔαρος, πρόδρομοι σταφυλῆς. ²²καὶ
ἀναβάντες κατεσκέψαντο τὴν γῆν, ἀπὸ τῆς ἐρήμου Σεὶν ἕως Ῥαάβ,
(22) 23 εἰσπορευομένων Ἐφαάθ. ²³καὶ ἀνέβησαν κατὰ τὴν ἔρημον καὶ
ἦλθον ἕως Χεβρών, καὶ ἐκεῖ Ἀχειμὰν καὶ Σεσσεὶ καὶ Θελαμείν,
γενεαὶ Ἐνάχ· καὶ Χεβρὼν ἑπτὰ ἔτεσιν ᾠκοδομήθη πρὸ τοῦ Τάνιν
(23) 24 Αἰγύπτου. ²⁴καὶ ἦλθον ἕως Φάραγγος βότρυος, καὶ κατεσκέψαντο
αὐτήν· καὶ ἔκοψαν ἐκεῖθεν κλήματα καὶ βότρυν σταφυλῆς ἕνα
ἐπ' αὐτοῦ, καὶ ἦραν αὐτὸν ἐπ' ἀναφορεῦσιν, καὶ ἀπὸ τῶν ῥοῶν καὶ
(24) 25 ἀπὸ τῶν σικύων. ²⁵τὸν τόπον ἐκεῖνον ἐπωνόμασαν Φάραγξ βότρυος,
(25) 26 διὰ τὸν βότρυν ὃν ἔκοψαν ἐκεῖθεν οἱ υἱοὶ Ἰσραήλ. ²⁶Καὶ
ἀπέστρεψαν ἐκεῖθεν κατασκεψάμενοι τὴν γῆν μετὰ τεσσεράκοντα
(26) 27 ἡμέρας. ²⁷καὶ πορευθέντες ἦλθον πρὸς Μωυσῆν καὶ Ἀαρὼν καὶ
πρὸς πᾶσαν συναγωγὴν υἱῶν Ἰσραὴλ εἰς τὴν ἔρημον Φαρὰν Καδής·
καὶ ἀπεκρίθησαν αὐτοῖς ῥῆμα καὶ πάσῃ συναγωγῇ, καὶ ἔδειξαν
(27) 28 τὸν καρπὸν τῆς γῆς. ²⁸καὶ διηγήσαντο αὐτῷ καὶ εἶπαν Ἤλθαμεν
εἰς τὴν γῆν, ἣν ἀπέστειλας ἡμᾶς, γῆν ῥέουσαν γάλα καὶ μέλι, καὶ
(28) 29 οὗτος ὁ καρπὸς αὐτῆς· ²⁹ἀλλ' ἢ ὅτι θρασὺ τὸ ἔθνος τὸ κατοικοῦν
ἐπ' αὐτῆς, καὶ πόλεις ὀχυραὶ τετειχισμέναι καὶ μεγάλαι σφόδρα,
(29) 30 καὶ τὴν γενεὰν Ἐνὰχ ἑωράκαμεν ἐκεῖ· ³⁰καὶ Ἀμαλὴκ κατοικεῖ ἐν
τῇ γῇ τῇ πρὸς νότον; καὶ ὁ Χετταῖος καὶ ὁ Εὑαῖος καὶ ὁ Ἰεβουσαῖος
καὶ ὁ Ἀμορραῖος κατοικεῖ ἐν τῇ ὀρεινῇ, καὶ ὁ Χαναναῖος κατοικεῖ

19 ει] η AF | ισχυροτερος] ισχυρος AF | η 2°] ει A   20 η 2°] ει A | AF
η 4°] ει AF | η 5°] ει F | ατειχισταις] ατειχιστοις B^ab et (ατιχ.) AF
21 η 4°] ει A | εαρος B^abA] αερος B* F^vid (.ερος) | προδομοι A* (προδρ. A¹)
22 κατεσκεψατο A* (ν superscr A¹) | Σιν AF | Ρααβ] Ρωωβ A Ρωωθ F |
Εφααθ] Αιμαθ A ε.αθ F   23 Αχειμαν] Αχικαμ A Αχιμαν F | Σεσσει]
Σεμει A Σεσει F | Θαλαμει F | Εναχ] Ενακ A   24 ηλθοσαν AF |
κλημα AF | ηρον AF | σικυων] συκων B^abAF   26 επεστρεψαν A | τεσσα-
ρακοντα B^b   27 συναγωγη] pr τη AF   28 ηλθομεν AF | ην] pr εις
AF   29 επ αυτης] την γην AF | πολεις] pr αι AF¹ | om και 2° AF |
Εναχ] Αινακ A Ενακ F   30 τη προς νοτον] om τη AF | ορινη AF

ΑΡΙΘΜΟΙ XIII 31

B παρὰ θάλασσαν. ³¹ καὶ κατεσιώπησεν Χαλὲβ τὸν λαὸν πρὸς 31 (30)
Μωυσῆν καὶ εἶπεν αὐτῷ Οὐχί, ἀλλὰ ἀναβάντες ἀναβησόμεθα καὶ
κατακληρονομήσομεν αὐτήν, ὅτι δυνατοὶ δυνησόμεθα πρὸς αὐτούς·
³² καὶ οἱ ἄνθρωποι οἱ συναναβάντες μετ' αὐτοῦ εἶπαν Οὐκ ἀναβαί- 32 (31)
νομεν, ὅτι οὐ μὴ δυνώμεθα ἀναβῆναι πρὸς τὸ ἔθνος· ὅτι ἰσχυρότερόν
ἐστιν ἡμῶν μᾶλλον. ³³ καὶ ἐξήνεγκαν ἔκστασιν ἐπὶ τῆς γῆς ἣν 33 (32)
κατεσκέψαντο αὐτὴν πρὸς τοὺς υἱοὺς Ἰσραὴλ λέγοντες Τὴν γῆν ἣν
παρήλθομεν αὐτὴν κατασκέψασθαι, γῆ κατέσθουσα τοὺς κατοικοῦν-
τας ἐπ' αὐτῆς ἐστίν. πᾶς ὁ λαὸς ὃν ἑωράκαμεν ἐν αὐτῇ ἄνδρες
ὑπερμήκεις ἐκεῖ· ³⁴ καὶ ἐκεῖ ἑωράκαμεν τοὺς γίγαντας, καὶ ἦμεν 34 (33)
ἐνώπιον αὐτῶν ὡσεὶ ἀκρίδες· ἀλλὰ καὶ οὕτως ἦμεν ἐνώπιον αὐτῶν.

¹ Καὶ ἀναλαβοῦσα πᾶσα ἡ συναγωγὴ ἐνέδωκεν φωνῇ, καὶ ἔκλαιεν 1 X
ὁ λαὸς ὅλην τὴν νύκτα ἐκείνην. ² καὶ διεγόγγυζον ἐπὶ Μωυσῆν καὶ 2
Ἀαρὼν πάντες οἱ υἱοὶ Ἰσραήλ, καὶ εἶπαν πρὸς αὐτοὺς πᾶσα ἡ συνα-
γωγή Ὄφελον ἀπεθάνομεν ἐν γῇ Αἰγύπτῳ, ἢ ἐν τῇ ἐρήμῳ ταύτῃ εἰ
ἀπεθάνομεν· ³ καὶ ἵνα τί Κύριος εἰσάγει ἡμᾶς εἰς τὴν γῆν ταύτην 3
πεσεῖν ἐν πολέμῳ; αἱ γυναῖκες ἡμῶν καὶ τὰ παιδία ἔσονται εἰς
διαρπαγήν· νῦν οὖν βέλτιον ἡμῖν ἐστιν ἀποστραφῆναι εἰς Αἴγυπτον.
⁴ καὶ εἶπαν ἕτερος τῷ ἑτέρῳ Δῶμεν ἀρχηγὸν καὶ ἀποστρέψωμεν εἰς 4
Αἴγυπτον. ⁵ καὶ ἔπεσεν Μωυσῆς καὶ Ἀαρὼν ἐπὶ πρόσωπον ἐναντίον 5
πάσης συναγωγῆς υἱῶν Ἰσραήλ. ⁶ Ἰησοῦς δὲ ὁ τοῦ Ναυὴ καὶ Χαλὲβ 6
ὁ τοῦ Ἰεφοννὴ τῶν κατασκεψαμένων τὴν γῆν διέρρηξαν τὰ ἱμάτια
αὐτῶν, ⁷ καὶ εἶπαν πρὸς πᾶσαν συναγωγὴν υἱῶν Ἰσραὴλ λέγοντες 7
Ἡ γῆ, ἣν κατεσκεψάμεθα αὐτήν, ἀγαθή ἐστιν σφόδρα σφόδρα· ⁸ εἰ 8
αἱρετίζει ἡμᾶς Κύριος, εἰσάξει ἡμᾶς εἰς τὴν γῆν ταύτην καὶ δώσει
αὐτὴν ἡμῖν, γῆ ἥτις ἐστὶν ῥέουσα γάλα καὶ μέλι. ⁹ ἀλλὰ ἀπὸ τοῦ 9
κυρίου μὴ ἀποστάται γίνεσθε· ὑμεῖς δὲ μὴ φοβηθῆτε τὸν λαὸν τῆς
γῆς, ὅτι κατάβρωμα ἡμῖν ἐστιν· ἀφέστηκεν γὰρ ὁ καιρὸς ἀπ' αὐτῶν,
ὁ δὲ κύριος ἐν ἡμῖν· μὴ φοβηθῆτε αὐτούς. ¹⁰ καὶ εἶπεν πᾶσα ἡ συνα- 10
γωγὴ καταλιθοβολῆσαι αὐτούς. καὶ ἡ δόξα Κυρίου ὤφθη ἐν νεφέλῃ
ἐπὶ τῆς σκηνῆς τοῦ μαρτυρίου πᾶσι τοῖς υἱοῖς Ἰσραήλ. ¹¹ Καὶ 11

AF 30 θαλασσαν] + και παρα τον Ιορδανην ποταμον B^{ab (mg)}AF   31 κατακλη-
ρονομησωμεν A   32 μετ αυτου] μετ αυτων] AF | αναβαινομεν] αναβησο-
μεθα F | om μη F* (superscr F¹) | ημων εστιν F   33 om επι B^{ab}AF |
πας] pr και AF | εορακαμεν F¹^{mg} | om εκει AF   34 εορακαμεν F¹^{mg}
XIV 1 ενεδωκεν φωνη] εδωκεν φωνην AF   2 αυτοις F* (αυτους F¹)
3 παιδια] + ημων AF | εις διαρπ. εσονται A | om ημιν B^{ab}   8 αιρετιζει
AF] ερεθιζει B   9 του κυριου] om του F | εστιν] εισιν F   10 ειπαν F |
αυτους] + εν λιθοις B^{ab}AF¹^{ing} (λιθοις F*) | πασι] εν πασιν AF

284

ΑΡΙΘΜΟΙ XIV 24

⸤ εἶπεν Κύριος πρὸς Μωυσῆν Ἕως τίνος παροξύνει με ὁ λαὸς οὗτος; Β
καὶ ἕως τίνος οὐ πιστεύουσίν μοι ἐν πᾶσιν τοῖς σημείοις οἷς ἐποίησα
12 ἐν αὐτοῖς; ¹²πατάξω αὐτοὺς θανάτῳ καὶ ἀπολῶ αὐτούς, καὶ ποιήσω
σὲ καὶ τὸν οἶκον τοῦ πατρός σου εἰς ἔθνος μέγα καὶ πολὺ μᾶλλον ἢ
13 τοῦτο. ¹³καὶ εἶπεν Μωυσῆς πρὸς Κύριον Καὶ ἀκούσεται Αἴγυπτος,
14 ὅτι ἤγαγες τῇ ἰσχύι σου τὸν λαὸν τοῦτον ἐξ αὐτῶν· ¹⁴ἀλλὰ καὶ
πάντες οἱ κατοικοῦντες ἐπὶ τῆς γῆς ταύτης ἀκηκόασιν ὅτι σὺ εἶ
Κύριος ἐν τῷ λαῷ τούτῳ, ὅστις ὀφθαλμοῖς κατ' ὀφθαλμοὺς ὀπτάζῃ,
Κυριε. καὶ ἡ νεφέλη σου ἐφέστηκεν ἐπ' αὐτῶν, καὶ ἐν στύλῳ
νεφέλης συνπορεύῃ πρότερος αὐτῶν τὴν ἡμέραν καὶ ἐν στύλῳ πυρὸς
15 τὴν νύκτα. ¹⁵καὶ ἐκτρίψεις τὸν λαὸν τοῦτον ὡσεὶ ἄνθρωπον ἕνά,
16 καὶ ἐροῦσιν τὰ ἔθνη ὅσοι ἀκηκόασιν τὸ ὄνομά σου λέγοντες ¹⁶Παρὰ
τὸ μὴ δύνασθαι Κύριον εἰσαγαγεῖν τὸν λαὸν τοῦτον εἰς τὴν γῆν ἣν
17 ὤμοσεν αὐτοῖς, κατέστρωσεν αὐτοὺς ἐν τῇ ἐρήμῳ. ¹⁷καὶ νῦν ὑψω-
18 θήτω ἡ ἰσχύς σου, Κύριε, ὃν τρόπον εἶπας λέγων ¹⁸Κύριος μακρό-
θυμος καὶ πολυέλεος καὶ ἀληθινός, ἀφαιρῶν ἀνομίας καὶ ἀδικίας
καὶ ἁμαρτίας· καὶ καθαρισμῷ οὐ καθαριεῖ τὸν ἔνοχον, ἀποδιδοὺς
19 ἁμαρτίας πατέρων ἐπὶ τέκνα ἕως τρίτης καὶ τετάρτης. ¹⁹ἄφες τὴν
ἁμαρτίαν τῷ λαῷ τούτῳ κατὰ τὸ μέγα ἔλεός σου, καθάπερ ἵλεως
20 αὐτοῖς ἐγένου ἀπ' Αἰγύπτου ἕως τοῦ νῦν. ²⁰καὶ εἶπεν Κύριος πρὸς
21 Μωυσῆν Ἵλεως αὐτοῖς εἰμὶ κατὰ τὸ ῥῆμά σου· ²¹ἀλλὰ ζῶ ἐγὼ καὶ
ζῶν τὸ ὄνομά μου, καὶ ἐμπλήσει ἡ δόξα Κυρίου πᾶσαν τὴν γῆν.
22 ²²ὅτι πάντες οἱ ἄνδρες οἱ ὁρῶντες τὴν δόξαν μου καὶ τὰ σημεῖα ἃ
ἐποίησα ἐν Αἰγύπτῳ καὶ ἐν τῇ ἐρήμῳ, καὶ ἐπείρασάν με τοῦτο δέκα-
23 τον καὶ οὐκ εἰσήκουσάν μου τῆς φωνῆς, ²³εἰ μὴν οὐκ ὄψονται τὴν
γῆν ἣν ὤμοσα τοῖς πατράσιν αὐτῶν· ἀλλ' ἢ τὰ τέκνα αὐτῶν ἅ ἐστιν
μετ' ἐμοῦ ὧδε, ὅσοι οὐκ οἴδασιν ἀγαθὸν οὐδὲ κακόν, πᾶς νεώτερος
ἄπειρος, τούτοις δώσω τὴν γῆν· πάντες δὲ οἱ παροξύναντές με
24 οὐκ ὄψονται αὐτήν. ²⁴ὁ δὲ παῖς μου Χαλέβ, ὅτι ἐγενήθη πνεῦμα
ἕτερον ἐν αὐτῷ, καὶ ἐπηκολούθησέν μοι, εἰσάξω αὐτὸν εἰς τὴν γῆν
εἰς ἣν εἰσῆλθεν ἐκεῖ, καὶ τὸ σπέρμα αὐτοῦ κληρονομήσει αὐτήν.

11 πασι AF | σημειοις] θαυμασιοις A   12 απολω] αποκτεινω F* AF
(απολω F¹ mg)   13 ηγαγες] ανηγαγες BᵃᵇAF | τη ισχυι (ισχυει B)] εν
ισχυι AF   14 οφθαλμοις] οφθαλμους A | οπταζη] οπτανη F¹ (vid) pr συ F |
συνπορευη] συμπορευη Bᵇ συ πορευη Bᵃ AF   16 τον λαον τουτον] αυτους A
17 ισχυς] χειρ A   18 τεταρτης]+γενεας AF   19 εγενου αυτοις AF |
απ] απο F   22 τη ερημω]+ταυτη AF | της φωνης μου AF   23 ουδε]
η AF | παροξυνοντες AF | αυτην BᵃᵇAF] την B*   24 εισαξω] pr και AF |
εισηλθ.ν F

ΑΡΙΘΜΟΙ

B ²⁵ὁ δὲ Ἀμαλὴκ καὶ ὁ Χαναναῖος κατοικοῦσιν ἐν τῇ κοιλάδι· αὔ- 25 ριον ἐπιστράφητε ὑμεῖς καὶ ἀπάρατε εἰς τὴν ἔρημον, ὁδὸν θάλασσαν ἐρυθράν. ²⁶Καὶ εἶπεν Κύριος πρὸς Μωυσῆν καὶ Ἀαρὼν λέγων 26 ²⁷Ἕως τίνος τὴν συναγωγὴν τὴν πονηρὰν ταύτην; αὐτοὶ γογγύζουσιν 27 ἐναντίον ἐμοῦ· τὴν γόγγυσιν τῶν υἱῶν Ἰσραήλ, ἣν ἐγόγγυσαν περὶ ὑμῶν, ἀκήκοα. ²⁸εἰπὸν αὐτοῖς Ζῶ ἐγώ, λέγει Κύριος, εἰ μὴν ὃν 28 τρόπον λελαλήκατε, εἰς τὰ ὦτά μου, οὕτως ποιήσω ὑμῖν· ²⁹ἐν τῇ 29 ἐρήμῳ ταύτῃ πεσεῖται τὰ κῶλα ὑμῶν καὶ πᾶσα ἡ ἐπισκοπὴ ὑμῶν καὶ οἱ κατηριθμημένοι ὑμῶν ἀπὸ εἰκοσαετοῦς καὶ ἐπάνω, ὅσοι ἐγόγγυσαν ἐπ' ἐμοί· ³⁰εἰ ὑμεῖς εἰσελεύσεσθε εἰς τὴν γῆν ἐφ' ἣν ἐξέτεινα 30 τὴν χεῖρά μου κατασκηνῶσαι ὑμᾶς ἐπ' αὐτῆς, ἀλλ' ἢ Χαλὲβ υἱὸς Ἰεφοννὴ καὶ Ἰησοῦς ὁ τοῦ Ναυή. ³¹καὶ τὰ παιδία ἃ εἴπατε ἐν διαρ- 31 παγῇ ἔσεσθαι, εἰσάξω αὐτοὺς εἰς τὴν γῆν, καὶ κληρονομήσουσιν τὴν γῆν ἣν ὑμεῖς ἀπέστητε ἀπ' αὐτῆς. ³²καὶ τὰ κῶλα ὑμῶν πεσεῖται ἐν 32 τῇ ἐρήμῳ ταύτῃ· ³³οἱ δὲ υἱοὶ ὑμῶν ἔσονται νεμόμενοι ἐν τῇ ἐρήμῳ 33 τεσσεράκοντα ἔτη, καὶ ἀνοίσουσιν τὴν πορνείαν ὑμῶν ἕως ἀναλωθῇ τὰ κῶλα ὑμῶν ἐν τῇ ἐρήμῳ. ³⁴κατὰ τὸν ἀριθμὸν τῶν ἡμερῶν ὅσας 34 κατεσκέψασθε τὴν γῆν, τεσσεράκοντα ἡμέρας, ἡμέραν τοῦ ἐνιαυτοῦ, λήμψεσθε τὰς ἁμαρτίας ὑμῶν τεσσεράκοντα ἔτη, καὶ γνώσεσθε τὸν θυμὸν τῆς ὀργῆς μου. ³⁵ἐγὼ Κύριος ἐλάλησα, εἰ μὴ οὕτως ποιήσω 35 τῇ συναγωγῇ τῇ πονηρᾷ ταύτῃ τῇ ἐπισυνεσταμένῃ ἐπ' ἐμέ· ἐν τῇ ἐρήμῳ ταύτῃ ἐξαναλωθήσονται καὶ ἐκεῖ ἀποθανοῦνται. ³⁶καὶ οἱ ἄν- 36 θρωποι οὓς ἀπέστειλεν Μωυσῆς κατασκέψασθαι τὴν γῆν, καὶ παραγενηθέντες διεγόγγυσαν κατ' αὐτῆς πρὸς τὴν συναγωγὴν ἐξενέγκαι ῥήματα πονηρὰ περὶ τῆς γῆς, ³⁷καὶ ἀπέθανον οἱ ἄνθρωποι οἱ κατεί- 37 παντες κατὰ τῆς γῆς πονηρὰ ἐν τῇ πληγῇ ἔναντι Κυρίου. ³⁸καὶ 38 Ἰησοῦς υἱὸς Ναυὴ καὶ Χαλὲβ υἱὸς Ἰεφοννὴ ἔζησαν ἀπὸ τῶν ἀνθρώπων ἐκείνων τῶν πεπορευμένων κατασκέψασθαι τὴν γῆν. ³⁹Καὶ 39 ἐλάλησεν Μωυσῆς τὰ ῥήματα ταῦτα πρὸς πάντας υἱοὺς Ἰσραήλ, καὶ

AF 25 επιστραφηται A | υμεις και απαρατε] και απαρατε υμεις A και απαρατε F* +υμεις F¹ᵐᵍ   27 αυτοι] pr a BᵃᵇAF | εμου] μου AF   28 ει μην] ει μη A | om εις τα ωτα μου A   29 πεσειται] αι sup ras B' πεσειτε B*ᵛⁱᵈA | οι κατηριθμ.] οι sup ras Bʔᵛⁱᵈ   30 αυτης] αυτην F | Ναυη | inter υ et η ras 1 lit A'   31 εν διαρπαγη] εις διαρπαγην AF | εσεσθαι] αι sup ras B'· εσονται A | κατακληρονομησουσιν F   32 πεσειτε A   33 om εν τη ερημω 1° F | τεσσαρακοντα Bᵇ | υμων 2°] αυτων A | αναλωθη] αυηλ. Bᵃᵇ pr αν. BᵃᵇF¹   34 αριθμον] αρτον F*ᵛⁱᵈ (αριθμον F¹) | κατεσκεψασθε] επεσκεψασθε Bᵃᵇ | τεσσαρακοντα Bᵇ (bis)   35 ει μη] ει μην BᵃᵇAF   36 εξενεγκαι] αι sup ras B' | περι] επι A   37 οι κατειπαντες] om οι B* (hab BᵃᵇAF) | κατειποντες F | πονηρα κατα της γης AF

ΑΡΙΘΜΟΙ

40 ἐπένθησεν. ὁ λαὸς σφόδρα. ⁴⁰καὶ ὀρθρίσαντες τὸ πρωὶ ἀνέβησαν B
εἰς τὴν κορυφὴν τοῦ ὄρους λέγοντες Ἰδοὺ οἴδε ἡμεῖς ἀναβησόμεθα
41 εἰς τὸν τόπον ὃν εἶπεν Κύριος, ὅτι ἡμάρτομεν. ⁴¹καὶ εἶπεν Μωυσῆς
Ἵνα τί ὑμεῖς παραβαίνετε τὸ ῥῆμα Κυρίου; οὐκ εὔοδα ἔσται ὑμῖν·
42 ⁴²μὴ ἀναβαίνετε, οὐ γάρ ἐστιν Κύριος μεθ' ὑμῶν, καὶ πεσεῖσθε πρὸ
43 προσώπου τῶν ἐχθρῶν ὑμῶν· ⁴³ὅτι ὁ Ἀμαλὴκ καὶ ὁ Χαναναῖος ἐκεῖ
ἔμπροσθεν ὑμῶν, καὶ πεσεῖσθε μαχαίρᾳ· οὗ εἵνεκεν ἀπεστράφητε
44 ἀπειθοῦντες Κυρίῳ, καὶ οὐκ ἔσται Κύριος ἐν ὑμῖν. ⁴⁴καὶ διαβιασά-
μενοι ἀνέβησαν ἐπὶ τὴν κορυφὴν τοῦ ὄρους· ἡ δὲ κιβωτὸς τῆς δια-
45 θήκης Κυρίου καὶ Μωυσῆς οὐκ ἐκινήθησαν ἐκ τῆς παρεμβολῆς· ⁴⁵καὶ
κατέβη ὁ Ἀμαλὴκ καὶ ὁ Χαναναῖος ὁ ἐνκαθήμενος ἐν τῷ ὄρει ἐκείνῳ,
καὶ ἐτρέψαντο αὐτοὺς καὶ κατέκοψαν αὐτοὺς ἕως Ἑρμάν· καὶ ἀπε-
στράφησαν εἰς τὴν παρεμβολήν.

1 ¹Καὶ εἶπεν Κύριος πρὸς Μωυσῆν λέγων ²Λάλησον τοῖς υἱοῖς Ἰσραὴλ
2 καὶ ἐρεῖς πρὸς αὐτούς Ὅταν εἰσέλθητε εἰς τὴν γῆν τῆς κατοικήσεως
3 ὑμῶν ἣν ἐγὼ δίδωμι ὑμῖν, ³καὶ ποιήσεις ὁλοκαυτώματα Κυρίῳ, ὁλο-
κάρπωμα ἢ θυσίαν, μεγαλῦναι εὐχὴν ἢ καθ' ἑκούσιον, ἢ ἐν ταῖς
ἑορταῖς ὑμῶν ποιῆσαι ὀσμὴν εὐωδίας Κυρίῳ, εἰ μὲν ἀπὸ τῶν βοῶν
4 ἢ ἀπὸ τῶν προβάτων· ⁴καὶ προσοίσει ὁ προσφέρων τὸ δῶρον αὐτοῦ
Κυρίῳ, θυσίαν σεμιδάλεως, δέκατον τοῦ οἰφί, ἀναπεποιημένης ἐν ἐλαίῳ
5 ἐν τετάρτῳ τοῦ εἴν. ⁵καὶ οἶνον εἰς σπονδὴν τὸ τέταρτον τοῦ εἰν
ποιήσετε ἐπὶ τῆς ὁλοκαυτώσεως ἢ ἐπὶ τῆς θυσίας· τῷ ἀμνῷ τῷ ἑνὶ
6 ποιήσεις τοσοῦτο, κάρπωμα, ὀσμὴν εὐωδίας τῷ κυρίῳ. ⁶καὶ τῷ
κριῷ, ὅταν ποιῆτε αὐτὸν ἢ εἰς ὁλοκαύτωμα ἢ εἰς θυσίαν, ποιήσεις
θυσίαν σεμιδάλεως δύο δέκατα ἀναπεποιημένης ἐν ἐλαίῳ, τὸ τρίτον
7 τοῦ εἴν. ⁷καὶ οἶνον εἰς σπονδὴν τὸ τρίτον τοῦ εἰν προσοίσετε εἰς
8 ὀσμὴν εὐωδίας Κυρίῳ· ⁸ἐὰν δὲ ἀπὸ τῶν βοῶν ποιῆτε εἰς ὁλο-
9 καύτωμα ἢ εἰς θυσίαν μεγαλῦναι εὐχὴν εἰς σωτήριον Κυρίῳ, ⁹καὶ

---

40 το πρωι] pr εις Bᵃᵇ | εις] επι AF 43 ο Αμαληκ] om ο AF 44 την AF κ.] om την A | της παρεμβ.] pr μεσου AF 45 και κατεβη] κατεβη δε AF | ο Αμαληκ] om ο F | ετρεψατο A | Ερμα AF XV 1 ειπεν] ελαλησεν AF 2 κατοικησεως] κατασχεσεως A 3 ποιησεις] ποιησητε A ποιησετε F | ολοκαυτωματα] καρπωμα AF | Κυριω] pr τω F | ολοκαρπωμα] ολοκαυτωματα A ολοκαυτωμα F | ποιησαι] ποιησεται A 4 αναπεποιημενης] πεφυραμενης A πεφυραμενην F | εν ελαιω εν τετ. του ειν] εν τετ. του ιν (ειν F) ελαιω AF 5 ιν AF (ita fere ubique) | τω ενι] om τω F* (superscr Fᵗ (vid)) 6 om 5 1o AF | om ποιησεις θυσιαν A | αναπεποιημενης] ανα-πεφυραμενης AF 7 προσοισεται A 8 ποιητε απο των βοων AF | εις 1o] pr ποιησεται A¹ᵗᵃᵗ | ολοκαυτωμα] ολοκαυτωσιν F | εις σωτηριον] pr η BᵃᵇAF

Β προσοίσει ἐπὶ τοῦ μόσχου θυσίαν σεμιδάλεως τρία δέκατα ἀναπεποιημένης ἐν ἐλαίῳ, ἥμισυ τοῦ εἴν, ¹⁰κάρπωμα ὀσμὴν εὐωδίας Κυρίῳ. ¹¹οὕτως ποιήσεις τῷ μόσχῳ τῷ ἑνὶ ἢ τῷ κριῷ τῷ ἑνὶ ἢ τῷ ἀμνῷ τῷ ἑνὶ ἐκ τῶν προβάτων ἢ ἐκ τῶν αἰγῶν· ¹²κατὰ τὸν ἀριθμὸν ὧν ἐὰν ποιήσητε, οὕτω ποιήσετε τῷ ἑνὶ κατὰ τὸν ἀριθμὸν αὐτῶν. ¹³πᾶς ὁ αὐτόχθων ποιήσει οὕτως τοιαῦτα, προσενέγκαι καρπώματα εἰς ὀσμὴν εὐωδίας Κυρίῳ. ¹⁴ἐὰν δὲ προσήλυτος ἐν ὑμῖν προσγένηται ἐν τῇ γῇ ὑμῶν ἢ ὃς ἂν γένηται ἐν ὑμῖν ἐν ταῖς γενεαῖς ὑμῶν, καὶ ποιήσει κάρπωμα ὀσμὴν εὐωδίας Κυρίῳ, ὃν τρόπον ποιεῖτε ὑμεῖς, οὕτως ποιήσει ⁽¹⁵⁾ἡ συναγωγὴ Κυρίῳ. ¹⁵νόμος εἷς ἔσται ὑμῖν καὶ τοῖς προσηλύτοις τοῖς προσκειμένοις ἐν ὑμῖν, νόμος αἰώνιος εἰς γενεὰς ὑμῶν· ὡς ὑμεῖς, καὶ ὁ προσήλυτος ἔσται ἔναντι Κυρίου. ¹⁶νόμος εἷς ἔσται καὶ δικαίωμα ἓν ἔσται καὶ τῷ προσηλύτῳ τῷ προσκειμένῳ ἐν ὑμῖν.

¹⁷Καὶ ἐλάλησεν Κύριος πρὸς Μωυσῆν λέγων ¹⁸Λάλησον τοῖς υἱοῖς Ἰσραὴλ καὶ ἐρεῖς πρὸς αὐτούς Ἐν τῷ εἰσπορεύεσθαι ὑμᾶς εἰς τὴν γῆν εἰς ἣν ἐγὼ εἰσάγω ὑμᾶς ἐκεῖ, ¹⁹καὶ ἔσται ὅταν ἔσθητε ὑμεῖς ἀπὸ τῶν ἄρτων τῆς γῆς, ἀφελεῖτε ἀφαίρεμα ἀφόρισμα Κυρίῳ· ²⁰ἀπαρχὴν φυράματος ὑμῶν ἄρτον ἀφαίρεμα ἀφοριεῖτε αὐτό· ὡς ἀφαίρεμα ἀπὸ ἅλω, οὕτως ἀφελεῖτε αὐτόν, ²¹ἀπαρχὴν φυράματος ὑμῶν· καὶ δώσετε Κυρίῳ ἀφαίρεμα εἰς τὰς γενεὰς ὑμῶν. ²²Ὅταν δὲ διαμάρτητε καὶ μὴ ποιήσητε πάσας τὰς ἐντολὰς ταύτας ἃς ἐλάλησεν Κύριος πρὸς Μωυσῆν, ²³καθὰ συνέταξεν Κύριος πρὸς ὑμᾶς ἐν χειρὶ Μωυσῆ, ἀπὸ τῆς ἡμέρας ἧς συνέταξεν Κύριος πρὸς ὑμᾶς καὶ ἐπέκεινα εἰς τὰς γενεὰς ὑμῶν· ²⁴καὶ ἔσται ἐὰν ἐξ ὀφθαλμῶν τῆς συναγωγῆς γενηθῇ ἀκουσίως, καὶ ποιήσῃ πᾶσα ἡ συναγωγὴ μόσχον ἕνα ἐκ βοῶν ἄμωμον εἰς ὁλοκαύτωμα εἰς ὀσμὴν εὐωδίας Κυρίῳ, καὶ θυσίαν τούτου καὶ σπονδὴν αὐτοῦ κατὰ τὴν σύνταξιν, καὶ χίμαρον ἐξ αἰγῶν ἕνα περὶ ἁμαρτίας. ²⁵καὶ ἐξιλάσεται περὶ αὐτοῦ ὁ ἱερεύς, περὶ πάσης συναγωγῆς υἱῶν Ἰσραήλ, καὶ ἀφεθήσεται αὐτοῖς· ὅτι

AF   9 αναπεποιημενης] αναπεφυραμενης AF | ημισυ] ημισει F   10 καρπωμα] pr και οινον εις σπονδην το ημισυ (ημισει F) του ειν (ιν AF) B^{ab}AF | οσμην] οσμη F   12 ων εαν] ον A | ποιησητε] ποιητε F | ουτως AF   14 ποιησει 1° BF¹] ποιηση A ποιησεν (sic) F*   15 om εσται 1° B^{ab}F | γενεας] pr τας AF | εναντι (εναυτι A)] εναντιον F   16 εσται 2°]+υμιν B^{ab}AF | τω προσηλ.] πρω (sic) προσηλ. A   19 αφελειτε (αφαιλειτε F¹)] αφαιρειτε F* | Κυριω] pr τω AF   20 απαρχων A | αφοριειται F | αυτο] αυτον F | αλω] αλωνος AF   21 απαρχην] αρτον απαρχης A | Κυριω] pr τω F   22 διαμαρτητε] διαμαρτυρητε A   23 προς υμας 1°] υμιν AF   24 γενηθη της συναγωγης F | ποιησει B^{ab}A | συνταξιν]+αυτου AF   25 om περι αυτου B^{ab}AF

ΑΡΙΘΜΟΙ XV 39

ἀκούσιόν ἐστιν· καὶ αὐτοὶ ἤνεγκαν τὸ δῶρον αὐτῶν κάρπωμα Κυρίῳ B περὶ τῆς ἁμαρτίας αὐτῶν ἔναντι Κυρίου περὶ τῶν ἀκουσίων αὐτῶν·
26 ²⁶καὶ ἀφεθήσεται κατὰ πᾶσαν συναγωγὴν υἱῶν Ἰσραὴλ καὶ τῷ προσηλύτῳ τῷ προσκειμένῳ πρὸς ὑμᾶς, ὅτι παντὶ τῷ λαῷ ἀκούσιον.
27 ²⁷ἐὰν δὲ ψυχὴ μία ἁμάρτῃ ἀκουσίως, προσάξει αἶγα μίαν ἐνιαυσίαν
28 περὶ ἁμαρτίας· ²⁸καὶ ἐξιλάσεται ὁ ἱερεὺς περὶ τῆς ψυχῆς τῆς ἀκουσιασθείσης καὶ ἁμαρτούσης ἀκουσίως ἔναντι Κυρίου, ἐξιλάσασθαι περὶ
29 αὐτοῦ. ²⁹τῷ ἐγχωρίῳ ἐν υἱοῖς Ἰσραὴλ καὶ τῷ προσηλύτῳ τῷ προσκειμένῳ ἐν αὐτοῖς, νόμος εἷς ἔσται αὐτοῖς, ὃς ἂν ποιήσῃ ἀκουσίως.
30 ³⁰καὶ ψυχὴ ἥτις ποιήσει ἐν χειρὶ ὑπερηφανίας ἀπὸ τῶν αὐτοχθόνων ἢ ἀπὸ τῶν προσηλύτων, τὸν θεὸν οὗτος παροξύνει· ἐξολεθρευθήσεται
31 ἡ ψυχὴ ἐκείνη ἐκ τοῦ λαοῦ αὐτῆς. ³¹ὅτι τὰ ῥήματα Κυρίου ἐφαύλισεν καὶ τὰς ἐντολὰς αὐτοῦ διεσκέδασεν· ἐκτρίψει ἐκτριβήσεται ἡ
32 ψυχὴ ἐκείνη, ἡ ἁμαρτία αὐτῆς ἐν αὐτῇ. ³²Καὶ ἦσαν οἱ υἱοὶ Ἰσραὴλ ἐν τῇ ἐρήμῳ, καὶ εὗρον ἄνδρα συλλέγοντα ξύλα τῇ ἡμέρᾳ
33 τῶν σαββάτων. ³³καὶ προσήγαγον αὐτὸν οἱ εὑρόντες συλλέγοντα ξύλα τῇ ἡμέρᾳ τῶν σαββάτων πρὸς Μωυσῆν καὶ Ἀαρὼν καὶ πρὸς
34 πᾶσαν συναγωγὴν υἱῶν Ἰσραήλ. ³⁴καὶ ἀπέθεντο αὐτὸν εἰς φυλακήν·
35 οὐ γὰρ συνέκριναν τί ποιήσωσιν αὐτόν. ³⁵καὶ ἐλάλησεν Κύριος πρὸς Μωυσῆν λέγων Θανάτῳ θανατούσθω ὁ ἄνθρωπος· λιθοβο-
36 λήσατε αὐτὸν λίθοις πᾶσα ἡ συναγωγή. ³⁶καὶ ἐξήγαγον αὐτὸν πᾶσα ἡ συναγωγὴ ἔξω τῆς παρεμβολῆς· καὶ ἐλιθοβόλησεν αὐτὸν πᾶσα ἡ συναγωγὴ λίθοις ἔξω τῆς παρεμβολῆς, καθὰ συνέταξεν Κύριος
37 τῷ Μωυσῇ. ³⁷Καὶ εἶπεν Κύριος πρὸς Μωυσῆν λέγων ³⁸Λάλησον
38 τοῖς υἱοῖς Ἰσραὴλ καὶ ἐρεῖς πρὸς αὐτούς, καὶ ποιησάτωσαν ἑαυτοῖς κράσπεδα ἐπὶ τὰ πτερύγια τῶν ἱματίων αὐτῶν εἰς τὰς γενεὰς αὐτῶν· καὶ ἐπιθήσετε ἐπὶ τὰ κράσπεδα τῶν πτερυγίων κλῶσμα ὑακίνθινον.
39 ³⁹καὶ ἔσται ὑμῖν ἐν τοῖς κρασπέδοις, καὶ ὄψεσθε αὐτά, καὶ μνησθήσεσθε πασῶν τῶν ἐντολῶν Κυρίου καὶ ποιήσετε αὐτάς, καὶ οὐ δια-

26 κατα πασαν συναγωγην] πασα η συναγωγη A πασῃ συναγωγη F | τω AF προσκειμενω] και τω προσπορευομενω A τω προσπορ. F   28 περι αυτου] + και αφεθησεται αυτω A   29 αυτοις 2°] pr εν F | αν] εαν F   30 ποιησει] pr εαν F | υπερηφανιαν F* (υπερηφανιας F¹ mg vid) | εξολεθρευθησεται] pr και AF   31 τα ρηματα] το ρημα BabAF | η αμαρτια] om η Bab   32 τῃ ημερᾳ] pr εν A | των σαββατων] του σαββατου AF   33 συλλεγοντα (συλλεγοντες B* corr Bab) ξυλα τη ημ. των σαββ.] αυτον συλλεγοντα τα ξυλα A αυτον F   34 αυτον 2°] αυτω AF   35 λιθοις] pr εν A   36 ελιθοβολησαν AF | om πασα η συν. λιθοις εξω της παρεμβολης F | λιθοις] pr εν A | συνεταξεν] ελαλησεν AF | τω Μωυση] προς Μωυσην AF   38 επιθησεται A

SEPT.   289   T

XV 40 ΑΡΙΘΜΟΙ

B στραφήσεσθε ὀπίσω τῶν διανοιῶν ὑμῶν καὶ τῶν ὀφθαλμῶν ἐν οἷς ἐκπορνεύετε ὀπίσω αὐτῶν· ⁴⁰ὅπως ἂν μνησθῆτε καὶ ποιήσητε πάσας 40 τὰς ἐντολάς μου, καὶ ἔσεσθε ἅγιοι τῷ θεῷ ὑμῶν. ⁴¹ἐγὼ Κύριος ὁ 41 θεὸς ὑμῶν, ὁ ἐξαγαγὼν ὑμᾶς ἐκ γῆς Αἰγύπτου εἶναι ὑμῶν θεός· ἐγὼ Κύριος ὁ θεὸς ὑμῶν.

¹Καὶ ἐλάλησεν Κόρε υἱὸς Ἰσσαὰρ υἱοῦ Καὰθ υἱοῦ Λευεί, καὶ 1 XVI Δαθὰν καὶ Ἀβειρὼν υἱοὶ Ἐλιάβ, καὶ Αὖν υἱὸς Φάλεθ υἱοῦ Ῥουβήν· ²καὶ ἀνέστησαν ἔναντι Μωυσῆ, καὶ ἄνδρες τῶν υἱῶν Ἰσραὴλ πεντή- 2 κοντα καὶ διακόσιοι, ἀρχηγοὶ συναγωγῆς, σύνκλητοι βουλῆς καὶ ἄνδρες ὀνομαστοί· ³συνέστησαν ὀπίσω Μωυσῆ καὶ Ἀαρὼν καὶ εἶπαν 3 Ἐχέτω ὑμῖν, ὅτι πᾶσα ἡ συναγωγὴ πάντες ἅγιοι, καὶ ἐν αὐτοῖς Κύριος· καὶ διὰ τί κατανίστασθε ἐπὶ τὴν συναγωγὴν Κυρίου; ⁴καὶ 4 ἀκούσας Μωυσῆς ἔπεσεν ἐπὶ πρόσωπον, ⁵καὶ ἐλάλησεν πρὸς Κόρε 5 καὶ πρὸς πᾶσαν αὐτοῦ τὴν συναγωγὴν λέγων Ἐπέσκεπται καὶ ἔγνω ὁ θεὸς τοὺς ὄντας αὐτοῦ καὶ τοὺς ἁγίους, καὶ προσηγάγετο πρὸς ἑαυτόν, καὶ οὓς ἐξελέξατο ἑαυτῷ προσηγάγετο πρὸς ἑαυτόν. ⁶τοῦτο 6 ποιήσατε· λάβετε ὑμῖν αὐτοῖς πυρεῖα, Κόρε καὶ πᾶσα ἡ συναγωγὴ αὐτοῦ, ⁷καὶ ἐπίθετε ἐπ' αὐτὰ πῦρ, καὶ ἐπίθετε ἐπ' αὐτὰ θυμίαμα 7 ἔναντι Κυρίου αὔριον· καὶ ἔσται ὁ ἀνὴρ ὃν ἐκλέγεται Κύριος, οὗτος ἅγιος· ἱκανούσθω ὑμῖν, υἱοὶ Λευεί. ⁸καὶ εἶπεν Μωυσῆς πρὸς Κόρε 8 Εἰσακούσατέ μου, υἱοὶ Λευεί. ⁹μὴ μικρόν ἐστιν τοῦτο ὑμῖν ὅτι 9 διέστειλεν ὁ θεὸς Ἰσραὴλ ὑμᾶς ἐκ συναγωγῆς Ἰσραήλ, καὶ προσηγάγετο ὑμᾶς πρὸς ἑαυτὸν λειτουργεῖν τὰς λειτουργίας τῆς σκηνῆς Κυρίου καὶ παρίστασθαι ἔναντι τῆς σκηνῆς λατρεύειν αὐτοῖς, ¹⁰καὶ 10 προσηγάγετό σε καὶ πάντας τοὺς ἀδελφούς σου υἱοὺς Λευεὶ μετὰ σοῦ; καὶ ζητεῖτε καὶ ἱερατεύειν; ¹¹οὕτως σὺ καὶ πᾶσα ἡ συναγωγή 11 σου ἡ συνηθροισμένη πρὸς τὸν θεόν· καὶ Ἀαρὼν τίς ἐστιν ὅτι διαγογγύζετε κατ' αὐτοῦ; ¹²καὶ ἀπέστειλεν Μωυσῆς καλέσαι Δαθὰν 12

AF 39 των οφθαλμων] pr οπισω AF + υμων AF | εκπορνευετε] pr υμεις Bᵃᵇ AF 40 μνησθηται, ποιησηται F 41 om Κυριος 1° F | om ο εξαγαγων...ο θεος υμων 2° F XVI 1 Ισσααρ] Ιασ|σααρ F* (Ισααρ F¹) | Λευι AF (ita ubique) Αβιρων F | Αυν] Αυναν AF 3 οπισω Μωυση] επι Μωυσην Bᵃ¹AF ειπαν]+προς αυτους AF 5 om και 5° AF | εξελεξατο] pr ουκ AF | προσηγαγετο 2°] pr ου AF 6 εαυτοις AF | πυρια F (ita F ubique) | εαυτου A 7 om και επιθετε επ αυτα πυρ B* (hab BᵃᵇᵐᵍAF) | om ο ανηρ F | εκλεγεται] εκλελεκται Bᵃᵇ αν εκλεξηται AF 9 υμιν τουτο F | υμας ο θεος Ισρ. AF | om εκ συναγωγης Ισραηλ F* (hab F¹⁽ᵐᵍᵍ⁾) | bis scr κῡ και παριστασθαι εναντι της σκηνης B | εναντιον F | σκηνης 2°] συναγωγης AF 10 om και 4° AF 11 οι συνηθροισμενοι F* (η συνηθροισμενη F¹ᵐᵍ) | τις] τι A

ΑΡΙΘΜΟΙ XVI 27

13 καὶ Ἀβειρὼν υἱοὺς Ἐλιάβ. καὶ εἶπαν Οὐκ ἀναβαίνομεν· ¹³μὴ μικρὸν B
τοῦτο ὅτι ἀνήγαγες ἡμᾶς εἰς γῆν ῥέουσαν γάλα καὶ μέλι, ἀπο-
14 κτεῖναι ἡμᾶς ἐν τῇ ἐρήμῳ, ὅτι κατάρχεις ἡμῶν ἄρχων; ¹⁴εἰ καὶ εἰς
γῆν ῥέουσαν γάλα καὶ μέλι εἰσήγαγες ἡμᾶς, καὶ ἔδωκας ἡμῖν κλῆρον
ἀγροῦ καὶ ἀμπελῶνας. τοὺς ὀφθαλμοὺς τῶν ἀνθρώπων ἐκείνων ἂν
15 ἐξέκοψας· οὐκ ἀναβαίνομεν. ¹⁵καὶ ἐβαρυθύμησεν Μωυσῆς σφόδρα,
καὶ εἶπεν πρὸς Κύριον Μὴ προσχῇς εἰς τὴν θυσίαν αὐτῶν· οὐκ ἐπι-
16 θύμημα οὐδενὸς αὐτῶν εἴληφα, οὐδὲ ἐκάκωσα οὐδένα αὐτῶν. ¹⁶καὶ
εἶπεν Μωυσῆς πρὸς Κόρε Ἁγίασον τὴν συναγωγήν σου, καὶ γίνεσθε
17 ἕτοιμοι ἔναντι Κυρίου σὺ καὶ αὐτοὶ καὶ Ἀαρὼν αὔριον· ¹⁷καὶ λάβετε
ἕκαστος τὸ πυρεῖον αὐτοῦ καὶ ἐπιθήσετε ἐπ᾽ αὐτὰ θυμιάματα, καὶ
προσάξετε ἔναντι Κυρίου ἕκαστος τὸ πυρεῖον αὐτοῦ, πεντήκοντα καὶ
18 διακόσια πυρεῖα, καὶ σὺ καὶ Ἀαρὼν ἕκαστος τὸ πυρεῖον αὐτοῦ. ¹⁸καὶ
ἔλαβεν ἕκαστος τὸ πυρεῖον αὐτοῦ, καὶ ἐπέθηκαν ἐπ᾽ αὐτὰ πῦρ,
καὶ ἐπέβαλον ἐπ᾽ αὐτὸ θυμίαμα· καὶ ἔστησαν παρὰ τὰς θύρας τῆς
19 σκηνῆς τοῦ μαρτυρίου Μωυσῆς καὶ Ἀαρών. ¹⁹καὶ ἐπισυνέστησεν
ἐπ᾽ αὐτοὺς Κόρε τὴν πᾶσαν αὐτοῦ συναγωγὴν παρὰ τὴν θύραν τῆς
σκηνῆς τοῦ μαρτυρίου· καὶ ὤφθη ἡ δόξα Κυρίου πάσῃ τῇ συνα-
20 γωγῇ. ²⁰Καὶ ἐλάλησεν Κύριος πρὸς Μωυσῆν καὶ Ἀαρὼν λέγων
21 ²¹Ἀποσχίσθητε ἐκ μέσου τῆς συναγωγῆς ταύτης, καὶ ἐξαναλώσω
22 αὐτοὺς εἰς ἅπαξ. ²²καὶ ἔπεσαν ἐπὶ πρόσωπον αὐτῶν καὶ εἶπαν
Θεός, θεὸς τῶν πνευμάτων καὶ πάσης σαρκός, εἰ ἄνθρωπος εἷς ἥμαρ-
23 τεν, ἐπὶ πᾶσαν τὴν συναγωγὴν ὀργή Κυρίου; ²³καὶ ἐλάλησεν Κύριος
24 πρὸς Μωυσῆν λέγων ²⁴Λάλησον τῇ συναγωγῇ λέγων Ἀναχωρήσατε
25 κύκλῳ ἀπὸ τῆς συναγωγῆς Κορε. ²⁵καὶ ἀνέστη Μωυσῆς καὶ ἐπο-
ρεύθη πρὸς Δαθὰν καὶ Ἀβειρών, καὶ συνεπορεύθησαν μετ᾽ αὐτοῦ
26 πάντες οἱ πρεσβύτεροι Ἰσραήλ. ²⁶καὶ ἐλάλησεν πρὸς τὴν συναγωγὴν
λέγων Ἀποσχίσθητε ἀπὸ τῶν σκηνῶν τῶν ἀνθρώπων τῶν σκληρῶν
τούτων, καὶ μὴ ἅπτεσθε ἀπὸ πάντων ὧν ἐστὶν αὐτοῖς, μὴ συνα-
27 πόλησθε ἐν πάσῃ τῇ ἀπαρτίᾳ ὑμῶν. ²⁷καὶ ἀπέστησαν ἀπὸ τῆς

---

13 εις γην] pr εις| γης ημας F* (om F¹)   13—14 αρχων. ει και AF AF
(deest interpunct in B)   14 και 1°]+συ AF | γην] την Β (?) | εισηγαγες]
pr ει F | κληρον] καιρον B   17—19 και επιθησεται επ αυτα...του μαρ-
τυριου sup ras A¹   17 θυμιαρα B^{ab}A¹F   18 om και επεθηκαν επ
αυτα πυρ A¹ | επ αυτα] επ αυτο B^{ab} | επιβαλαν F | επ αυτο] επ αυτα B^{ab}A¹F
19 επισυνεστησεν επ αυτους] ο επισυνστησας αυτους F | την πασαν' αυτου]
πασαν αυτου την A¹ | την θυραν] τας θυρας A¹   21 om ταυτης F* (hab
F¹mg)   22 επεσαν] a sup ras B^{1 vid} | θεος θεος] θεε θεε F | οργη] pr η A
24 Κορε]+και Δαθαν και Αβειρων A   25 Αβιρων F   26 ων] οσα AF |
απαρτια υμων] αμαρτια αυτων AF

Β σκηνῆς Κόρε κύκλῳ· καὶ Δαθὰν καὶ Ἀβειρὼν ἐξῆλθον, καὶ ἱστήκεισαν παρὰ τὰς θύρας τῶν σκηνῶν αὐτῶν, καὶ αἱ γυναῖκες αὐτῶν καὶ τὰ τέκνα αὐτῶν καὶ ἡ ἀποσκευὴ αὐτῶν. ²⁸ καὶ εἶπεν Μωυσῆς Ἐν τούτῳ 28 γνώσεσθε ὅτι Κύριος ἀπέστειλέν με ποιῆσαι πάντα τὰ ἔργα ταῦτα, ὅτι οὐκ ἀπ' ἐμαυτοῦ· ²⁹ εἰ κατὰ θάνατον πάντων ἀνθρώπων ἀπο- 29 θανοῦνται οὗτοι, εἰ καὶ κατ' ἐπίσκεψιν πάντων ἀνθρώπων ἐπισκοπὴ ἔσται αὐτῶν, οὐχὶ Κύριος ἀπέσταλκέν με. ³⁰ ἀλλ' ἢ ἐν φάσματι 30 δείξει Κύριος, καὶ ἀνοίξασα ἡ γῆ τὸ στόμα αὐτῆς καταπίεται αὐτοὺς καὶ τοὺς οἴκους αὐτῶν καὶ τὰς σκηνὰς αὐτῶν καὶ πάντα ὅσα ἐστὶν αὐτοῖς, καὶ καταβήσονται ζῶντες εἰς ᾅδου, καὶ γνώσεσθε ὅτι παρώ-ξυναν οἱ ἄνθρωποι οὗτοι τὸν κύριον. ³¹ ὡς δὲ ἐπαύσατο λαλῶν 31 πάντας τοὺς λόγους τούτους, ἐρράγη ἡ γῆ ὑποκάτω αὐτῶν, ³² καὶ 32 ἠνοίχθη ἡ γῆ καὶ κατέπιεν αὐτοὺς καὶ τοὺς οἴκους αὐτῶν καὶ πάντας τοὺς ἀνθρώπους τοὺς ὄντας μετὰ Κόρε καὶ τὰ κτήνη αὐτῶν. ³³ καὶ 33 κατέβησαν αὐτοὶ καὶ ὅσα ἐστὶν αὐτῶν ζῶντα εἰς ᾅδου, καὶ ἐκάλυψεν αὐτοὺς ἡ γῆ, καὶ ἀπώλοντο ἐκ μέσου τῆς συναγωγῆς. ³⁴ καὶ πᾶς 34 Ἰσραὴλ οἱ κύκλῳ αὐτῶν ἔφυγον ἀπὸ τῆς φωνῆς αὐτῶν, ὅτι λέγοντες Μή ποτε καταπίῃ ἡμᾶς ἡ γῆ. ³⁵ καὶ πῦρ ἐξῆλθεν παρὰ Κυρίου 35 καὶ κατέφαγεν τοὺς πεντήκοντα καὶ διακοσίους ἄνδρας τοὺς προσ-φέροντας τὸ θυμίαμα. ³⁶ Καὶ εἶπεν Κύριος πρὸς Μωυσῆν 36 (1) (ΧΙΙ ³⁷ καὶ πρὸς Ἐλεαζὰρ τὸν υἱὸν Ἀαρὼν τὸν ἱερέα Ἀνέλεσθε τὰ 37 (2) πυρεῖα τὰ χαλκᾶ ἐκ μέσου τῶν κατακεκαυμένων, καὶ τὸ πῦρ τὸ ἀλλότριον τοῦτο σπεῖρον ἐκεῖ, ὅτι ἡγίασαν ⁽³⁾ τὰ πυρεῖα τῶν ἁμαρ-τωλῶν τούτων ἐν ταῖς ψυχαῖς αὐτῶν· ³⁸ καὶ ποίησον αὐτὰ λεπίδας 38 (3) ἐλατάς, περίθεμα τῷ θυσιαστηρίῳ, ὅτι προσηνέχθησαν ἔναντι Κυρίου καὶ ἡγιάσθησαν, καὶ ἐγένοντο εἰς σημεῖον τοῖς υἱοῖς Ἰσραήλ. ³⁹ καὶ 39 (4) ἔλαβεν Ἐλεαζὰρ υἱὸς Ἀαρὼν τοῦ ἱερέως τὰ πυρεῖα τὰ χαλκᾶ ὅσα προσήνεγκαν οἱ κατακεκαυμένοι, καὶ προσέθηκαν αὐτὰ περίθεμα τῷ θυσιαστηρίῳ, ⁴⁰ μνημόσυνον τοῖς υἱοῖς Ἰσραήλ, ὅπως ἂν μὴ 40 (5) προσέλθῃ μηθεὶς ἀλλογενής, ὃς οὐκ ἔστιν ἐκ τοῦ σπέρματος Ἀαρών, ἐπιθεῖναι θυμίαμα ἔναντι Κυρίου, καὶ οὐκ ἔσται ὥσπερ Κόρε

AF 27 σκηνης Κορε]+και Δαθαν και Αβειρων A Κορε συναγωγης F | Αβιρων F | ειστηκ. B^{ab} | σκηνων] σκηνωματων AF· 29 om ουχι F* (hab F¹ mg) απεσταλκεν] απεστειλεν AF 30 καταβησονται] ονται sup ras A^a | γνω-σεσθαι (εσθ rescr) A 31 παντα A* (s superscr A¹) | υποκατω]+τω ποδων AF 33 οσα] pr παντα AF | αυτων] αυτοις AF | ζωντες A 34 λεγοντες] pr ειπαν AF 37 τον υιον] om τον F 38 λεπιδες B* (λεπιδας B^{ab}) | τοις υιοις] pr εν A 40 προσελθητε B* (προσελθη B^a) | μηδεις AF

ΑΡΙΘΜΟΙ XVII 3

καὶ ἡ ἐπισύστασις αὐτοῦ· καθὰ ἐλάλησεν Κύριος ἐν χειρὶ Μωυσῆ Β
(6) 41 αὐτῷ. ⁴¹Καὶ ἐγόγγυσαν οἱ υἱοὶ Ἰσραὴλ τῇ αὔριον ἐπὶ
Μωυσῆν καὶ Ἀαρὼν λέγοντες Ὑμεῖς ἀπεκτάνκατε τὸν λαὸν Κυρίου.
(7) 42 ⁴²καὶ ἐγένετο ἐν τῷ ἐπισυστρέφεσθαι τὴν συναγωγὴν ἐπὶ Μωυσῆν
καὶ Ἀαρών, καὶ ὥρμησαν ἐπὶ τὴν σκηνὴν τοῦ μαρτυρίου· καὶ
τήνδε, ἐκάλυψεν αὐτὴν ἡ νεφέλη, καὶ ὤφθη ἡ δόξα Κυρίου.
(8) 43 ⁴³καὶ εἰσῆλθεν Μωυσῆς καὶ Ἀαρὼν κατὰ πρόσωπον τῆς σκηνῆς
(9) 44 τοῦ μαρτυρίου· ⁴⁴καὶ ἐλάλησεν Κύριος πρὸς Μωυσῆν καὶ Ἀαρὼν
(10) 45 λέγων ⁴⁵Ἐκχωρήσατε ἐκ μέσου τῆς συναγωγῆς ταύτης, καὶ ἐξανα-
(11) 46 λώσω αὐτοὺς εἰς ἅπαξ. καὶ ἔπεσαν ἐπὶ πρόσωπον αὐτῶν. ⁴⁶καὶ
εἶπεν Μωυσῆς πρὸς Ἀαρὼν Λάβε τὸ πυρεῖον, καὶ ἐπίθες ἐπ' αὐτὸ
πῦρ ἀπὸ τοῦ θυσιαστηρίου, καὶ ἐπίβαλε ἐπ' αὐτὸ θυμίαμα, καὶ
ἀπένεγκε τὸ τάχος εἰς τὴν παρεμβολήν, καὶ ἐξιλάσεται περὶ
αὐτῶν· ἐξῆλθεν γὰρ ὀργὴ ἀπὸ προσώπου Κυρίου, ἦρκται θραύειν
(12) 47 τὸν λαόν. ⁴⁷καὶ ἔλαβεν Ἀαρὼν καθάπερ ἐλάλησεν αὐτῷ Μωυσῆς,
καὶ ἔδραμεν εἰς τὴν συναγωγήν· καὶ ἤδη ἐνῆρκται ἡ θραῦσις ἐν
τῷ λαῷ. καὶ ἐπέβαλεν τὸ θυμίαμα καὶ ἐξιλάσατο περὶ τοῦ λαοῦ·
(13) 48 ⁴⁸καὶ ἔστη ἀνὰ μέσον τῶν τεθνηκότων καὶ τῶν ζώντων, καὶ
(14) 49 ἐκόπασεν ἡ θραῦσις ἐν τῷ λαῷ. ⁴⁹καὶ ἐγένοντο οἱ τεθνηκότες
ἐν τῇ θραύσει τέσσαρες καὶ δέκα χιλιάδες καὶ ἑπτακόσιοι, χωρὶς
(15) 50 τῶν τεθνηκότων ἕνεκεν Κόρε. ⁵⁰καὶ ἐπέστρεψεν Ἀαρὼν πρὸς
Μωυσῆν ἐπὶ τὴν θύραν τῆς σκηνῆς τοῦ μαρτυρίου, καὶ ἐκόπασεν
ἡ θραῦσις.

(16) 1
II (17) 2 ¹Καὶ ἐλάλησεν Κύριος πρὸς Μωυσῆν λέγων ²Λάλησον τοῖς υἱοῖς
Ἰσραήλ, καὶ λάβε παρ' αὐτῶν ῥάβδον, ῥάβδον κατ' οἴκους πατριῶν
παρὰ πάντων τῶν ἀρχόντων αὐτῶν, κατ' οἴκους πατριῶν αὐτῶν,
δώδεκα ῥάβδους· καὶ ἑκάστου τὸ ὄνομα αὐτοῦ ἐπίγραψον ἐπὶ
(18) 3 τῆς ῥάβδου. ³καὶ τὸ ὄνομα Ἀαρὼν ἐπίγραψον ἐπὶ τῆς ῥάβδου
Λευεί· ἔστιν γὰρ ῥάβδος μία, κατὰ φυλὴν οἴκου πατριῶν αὐτῶν

40 αυτου] ου sup ras B^{ab} | om εν χειρι Μωυση αυτω B* (hab B^{ab(vid)} et AF sine αυτω AF) 41 Ισλ τη B^{ab(mg)} | αυριον] sup ras B^{ab} επαυριον AF | απεκταγκατε B^{a mg vid} 44 om και Ααρων A* (hab A^{1† a†mg}) 45 επεσαν] a sup ras B^{a} επεσον B*^{!}AF 46 απενεγκαι AF | εξιλασεται (εξειλ.) B*] εξειλασε B^{a} (εξιλ. B^{b}) εξιλασαι AF | οργη απο προ sup ras A^{a} (om οργη A*^{vid}) 47 ενηρκται] ενηρκτο B^{a}A ηρκτο F | επεβαλεν] pr ελαβεν και A 48 om εν τω λαω B^{ab}AF XVII 2 πατριων 1°] +αυτων AF | om και 2° A | ραβδου]+αυτου AF 3 Ααρων] αυτου A | om γαρ A

XVII 4 ΑΡΙΘΜΟΙ

B δώσουσιν. ⁴καὶ θήσεις αὐτὰς ἐν τῇ σκηνῇ τοῦ μαρτυρίου κατέ- 4 (19)
ναντι τοῦ μαρτυρίου, ἐν οἷς γνωσθήσομαί σοι ἐκεῖ. ⁵καὶ ἔσται 5 (20)
ὁ ἄνθρωπος ὃν ἐὰν ἐκλέξωμαι αὐτόν, ἡ ῥάβδος αὐτοῦ ἐκβλαστήσει·
καὶ περιελῶ ἀπ' ἐμοῦ τὸν γογγυσμὸν τῶν υἱῶν Ἰσραήλ, ἃ αὐτοὶ
γογγύζουσιν ἐφ' ὑμῖν. ⁶καὶ ἐλάλησεν Μωυσῆς τοῖς υἱοῖς Ἰσραήλ· 6 (21)
καὶ ἔδωκαν αὐτῷ πάντες οἱ ἄρχοντες αὐτῶν ῥάβδον, τῷ ἄρχοντι
τῷ ἑνὶ ῥάβδον κατὰ ἄρχοντα, κατ' οἴκους πατριῶν αὐτῶν, ιβ'
ῥάβδους· καὶ ἡ ῥάβδος Ἀαρὼν ἀνὰ μέσον τῶν ῥάβδων αὐτῶν.
⁷καὶ ἀπέθηκεν Μωυσῆς τὰς ῥάβδους ἔναντι Κυρίου ἐν τῇ σκηνῇ 7 (22)
τοῦ μαρτυρίου. ⁸καὶ ἐγένετο τῇ ἐπαύριον καὶ εἰσῆλθεν Μωυσῆς 8 (23)
καὶ Ἀαρὼν εἰς τὴν σκηνὴν τοῦ μαρτυρίου, καὶ ἰδοὺ ἐβλάστησεν
ἡ ῥάβδος Ἀαρὼν εἰς οἶκον Λευεί, καὶ ἐξήνεγκεν βλαστὸν καὶ
ἐξήνθησεν ἄνθη καὶ ἐβλάστησεν κάρυα. ⁹καὶ ἐξήνεγκεν Μωυσῆς 9 (24)
πάσας τὰς ῥάβδους ἀπὸ προσώπου Κυρίου πρὸς πάντας υἱοὺς
Ἰσραήλ· καὶ εἶδον, καὶ ἔλαβεν ἔκαστος τὴν ῥάβδον αὐτοῦ. ¹⁰καὶ 10 (25)
εἶπεν Κύριος πρὸς Μωυσῆν Ἀπόθες τὴν ῥάβδον Ἀαρὼν ἐνώπιον
τῶν μαρτυρίων εἰς διατήρησιν, σημεῖον τοῖς υἱοῖς τῶν ἀνηκόων·
καὶ παυσάσθω ὁ γογγυσμὸς αὐτῶν ἀπ' ἐμοῦ, καὶ οὐ μὴ ἀπο-
θάνωσιν. ¹¹καὶ ἐποίησεν Μωυσῆς καὶ Ἀαρὼν καθὰ συνέταξεν 11 (26)
Κύριος τῷ Μωυσῇ, οὕτως ἐποίησαν. ¹²Καὶ εἶπαν οἱ υἱοὶ 12 (27)
Ἰσραὴλ πρὸς Μωυσῆν λέγοντες Ἰδοὺ ἐξανηλώμεθα, ἀπολώλαμεν,
παρανηλώμεθα· ¹³πᾶς ὁ ἁπτόμενος τῆς σκηνῆς Κυρίου ἀπο- 13 (28)
θνῄσκει· ἕως εἰς τέλος ἀποθάνωμεν;

¹Καὶ εἶπεν Κύριος πρὸς Ἀαρὼν λέγων Σὺ καὶ οἱ υἱοί σου καὶ 1
ὁ οἶκος πατριᾶς σου λήμψεσθε τὰς ἀπαρχὰς τῶν ἁγίων· σὺ καὶ
οἱ υἱοί σου λήμψεσθε τὰς ἁμαρτίας τῆς ἱερατίας ὑμῶν. ²καὶ τοὺς 2
ἀδελφούς σου, φυλὴν Λευεί, δῆμον τοῦ πατρός σου, προσαγάγου πρὸς
σεαυτόν, καὶ προστεθήτωσάν σοι καὶ λειτουργείτωσάν σοι· καὶ σὺ
καὶ οἱ υἱοί σου μετὰ σοῦ ἀπέναντι τῆς σκηνῆς τοῦ μαρτυρίου. ³καὶ 3
φυλάξονται τὰς φυλακάς σου καὶ τὰς φυλακὰς τῆς σκηνῆς· πλὴν
πρὸς τὰ σκεύη τὰ ἅγια καὶ πρὸς τὸ θυσιαστήριον οὐ προσελεύσον-

AF   5 εαν] αν AF | απ εμου] απο σου AF | των υιων] om των Bᵃᵇ AF | α] οσα
AF   6 ιβ'] δωδεκα AF   7 επεθηκεν F* (απ. F¹⁽ᵛⁱᵈ⁾))   8 Ααρων
2°] pr η AF | εξηνεγκεν] εξηνθησεν A | εξηνθησεν] εξηνεγκεν F | καρυα
B   9 ιδον F | ελαβεν] εβαλεν B ελαβον AF   10 σημειον] pr ως
AF   11 καθα] οσα AF   XVIII 1 πατριας σου] του πατρος
(π..F) σου μετα σου AF | απαρχας] αμαρτιας AF | συ 2°] pr και Bᵃᵇ AF
2 om σοι 1° A   3 om και τας φυλ. της σκηνης F* (hab και τας φυλ. της
σκ. σου AF¹ ᵐᵍ ⁱⁿᶠ)

ΑΡΙΘΜΟΙ XVIII 15

4 ται, καὶ οὐκ ἀποθανοῦνται καὶ οὗτοι καὶ ὑμεῖς. ⁴καὶ προστεθήσονται Β πρὸς σέ, καὶ φυλάξονται τὰς φυλακὰς τῆς σκηνῆς τοῦ μαρτυρίου κατὰ πάσας τὰς λειτουργίας τῆς σκηνῆς, καὶ ὁ ἀλλογενὴς οὐ προσ- 5 ελεύσεται πρὸς σέ. ⁵καὶ φυλάξεσθε τὰς φυλακὰς τῶν ἁγίων καὶ τὰς φυλακὰς τοῦ θυσιαστηρίου, καὶ οὐκ ἔσται θυμὸς ἐν τοῖς υἱοῖς 6 Ἰσραήλ. ⁶καὶ ἐγὼ εἴληφα τοὺς ἀδελφοὺς ὑμῶν τοὺς Λευείτας ἐκ μέσου υἱῶν Ἰσραήλ, δόμα δεδομένον Κυρίῳ, λειτουργεῖν τὰς λειτουρ- 7 γίας τῆς σκηνῆς τοῦ μαρτυρίου· ⁷καὶ σὺ καὶ οἱ υἱοί σου μετὰ σοῦ διατηρήσετε τὴν ἱερατίαν ὑμῶν, κατὰ πάντα τρόπον τοῦ θυσια- στηρίου καὶ τὸ ἔνδοθεν τοῦ καταπετάσματος, καὶ λειτουργήσετε τὰς λειτουργίας δόμα τῆς ἱερατίας ὑμῶν· καὶ ὁ ἀλλογενὴς ὁ προσπορευό- μενος ἀποθανεῖται.
8 ⁸Καὶ ἐλάλησεν Κύριος πρὸς Ἀαρών Καὶ ἐγὼ ἰδοὺ δέδωκα ὑμῖν τὴν διατήρησιν τῶν ἀπαρχῶν ἀπὸ πάντων τῶν ἡγιασμένων μοι παρὰ τῶν υἱῶν Ἰσραήλ· σοὶ δέδωκα αὐτὰ εἰς γέρας καὶ τοῖς υἱοῖς σου 9 μετὰ σέ, νόμιμον αἰώνιον. ⁹καὶ τοῦτο ἔστω ὑμῖν ἀπὸ τῶν ἡγιασ- μένων ἁγίων τῶν καρπωμάτων, ἀπὸ πάντων τῶν δώρων αὐτῶν καὶ ἀπὸ πάντων τῶν θυσιασμάτων καὶ ἀπὸ πάσης πλημμελίας αὐτῶν καὶ ἀπὸ πασῶν τῶν ἁμαρτιῶν, ὅσα ἀποδιδόασίν μοι ἀπὸ πάντων τῶν 10 ἁγίων, σοὶ ἔσται καὶ τοῖς υἱοῖς σου. ¹⁰ἐν τῷ ἁγίῳ τῶν ἁγίων φάγεσθε αὐτά· πᾶν ἀρσενικὸν φάγεται αὐτά, σὺ καὶ οἱ υἱοί σου· ἅγια ἔσται 11 σοι. ¹¹καὶ τοῦτο ἔσται ὑμῖν ἀπαρχῶν δομάτων αὐτῶν, ἀπὸ πάντων τῶν ἐπιθεμάτων τῶν υἱῶν Ἰσραήλ· σοὶ δέδωκα αὐτὰ καὶ τοῖς υἱοῖς σου καὶ ταῖς θυγατράσιν σου μετὰ σοῦ, νόμιμον αἰώνιον· πᾶς καθαρὸς 12 ἐν τῷ οἴκῳ σου ἔδεται αὐτά. ¹²πᾶσα ἀπαρχὴ ἐλαίου καὶ πᾶσα ἀπαρχὴ οἴνου, σίτου ἀπαρχὴ αὐτῶν, ὅσα ἂν δῶσι τῷ κυρίῳ, σοὶ 13 δέδωκα αὐτά. ¹³τὰ πρωτογενήματα πάντα ὅσα ἐν τῇ γῇ αὐτῶν, ὅσα ἂν ἐνέγκωσιν Κυρίῳ, σοὶ ἔσται· πᾶς καθαρὸς ἐν τῷ οἴκῳ σου 14 ἔδεται αὐτά. ¹⁴πᾶν ἀνατεθεματισμένον ἐν υἱοῖς Ἰσραὴλ σοὶ ἔσται. 15 ¹⁵καὶ πᾶν διανοῖγον μήτραν ἀπὸ πάσης σαρκός, ἃ προσφέρουσιν Κυρίῳ ἀπὸ ἀνθρώπου ἕως κτήνους, σοὶ ἔσται· ἀλλ᾽ ἢ λύτροις λυτρω- θήσεται τὰ πρωτότοκα τῶν ἀνθρώπων, καὶ τὰ πρωτότοκα τῶν

---

5 φυλαξετε A | αγιων]+ μου F | εσται]+ ετι AF   6 υιων]. pr. των AF Bᵃᵇ AF   7 διατηρησατε F | ιερατιας] ιερωσυνης F   8 των απαρ- χων Bᵃᵇ] αυτων απ. B* των απ. μου AF   9. θυσιασματων]+ αυτων Bᵃᵇ AF | πλημμελιας] pr της AF | αμαρτιων]+αυτων F | om των 6° F 10 φαγεται] φαγετε B | συ BᵃᵇF] σοι B*A   11 υμιν εσται F   12 οινου σιτου] σιτου και οινου A οινου και σιτου F | δωσι] δωσει Bᵃᵇ δωσιν. AF 14 υιοις] pr τοις A   15 παν] πας A | μητραν] pr πασαν A | α] οσα BᵃA

XVIII 16   ΑΡΙΘΜΟΙ

B κτηνῶν τῶν ἀκαθάρτων λυτρώσῃ. ¹⁶καὶ ἡ λύτρωσίς αὐτοῦ ἀπὸ 16
μηνιαίου· ἡ συντίμησις πέντε σίκλων κατὰ τὸν σίκλον τὸν ἅγιον,
εἴκοσι ὀβολοί εἰσιν. ¹⁷πλὴν πρωτότοκα μόσχων καὶ πρωτότοκα προ- 17
βάτων καὶ πρωτότοκα αἰγῶν οὐ λυτρώσῃ· ἅγιά ἐστιν· καὶ τὸ αἷμα
αὐτῶν προσχεεῖς πρὸς τὸ θυσιαστήριον, καὶ τὸ στέαρ ἀνοίσεις κάρ-
πωμα εἰς ὀσμὴν εὐωδίας Κυρίῳ· ¹⁸καὶ τὰ κρέα ἔσται σοί· καὶ τὸ στηθύ- 18
νιον τοῦ ἐπιθέματος, καὶ κατὰ τὸν βραχίονα τὸν δεξιόν, σοὶ ἔσται.
¹⁹πᾶν ἀφαίρεμα τῶν ἁγίων, ὅσα ἂν ἀφέλωσιν οἱ υἱοὶ Ἰσραὴλ Κυρίῳ, 19
σοὶ δέδωκα καὶ τοῖς υἱοῖς σου καὶ ταῖς θυγατράσιν σου μετὰ σοῦ,
νόμιμον αἰώνιον· διαθήκη ἁλὸς αἰωνίου ἐστὶν ἔναντι Κυρίου σοὶ καὶ
τῷ σπέρματί σου μετὰ σέ. ²⁰καὶ ἐλάλησεν Κύριος πρὸς Ἀαρών Ἐν 20
τῇ γῇ αὐτῶν οὐ κληρονομήσεις, καὶ μερὶς οὐκ ἔσται σοι ἐν αὐτοῖς, ὅτι
ἐγὼ μερίς σου καὶ κληρονομία σου ἐν μέσῳ τῶν υἱῶν Ἰσραήλ.   ²¹Καὶ 21
τοῖς υἱοῖς Λευεὶ ἰδοὺ δέδωκα πᾶν ἐπιδέκατον ἐν Ἰσραὴλ ἐν κλήρῳ
ἀντὶ τῶν λειτουργιῶν αὐτῶν, ὅσα αὐτοὶ λειτουργοῦσιν λειτουργίαν ἐν
τῇ σκηνῇ τοῦ μαρτυρίου. ²²καὶ οὐ προσελεύσονται ἔτι οἱ υἱοὶ Ἰσραὴλ 22
εἰς τὴν σκηνὴν τοῦ μαρτυρίου, λαβεῖν ἁμαρτίαν θανατηφόρον. ²³καὶ 23
λειτουργήσει ὁ Λευείτης αὐτὸς τὴν λειτουργίαν τῆς σκηνῆς τοῦ μαρτυ-
ρίου, καὶ αὐτοὶ λήμψονται τὰ ἁμαρτήματα αὐτῶν, νόμιμον αἰώνιον
εἰς τὰς γενεὰς αὐτῶν· καὶ ἐν μέσῳ υἱῶν Ἰσραὴλ οὐ κληρονομήσουσιν
κληρονομίαν. ²⁴ὅτι τὰ ἐπιδέκατα τῶν υἱῶν Ἰσραὴλ ὅσα ἂν ἀφο- 24
ρίσωσιν Κυρίῳ ἀφαίρεμα δέδωκα τοῖς Λευείταις ἐν κλήρῳ· διὰ
τοῦτο εἴρηκα αὐτοῖς Ἐν μέσῳ υἱῶν Ἰσραὴλ οὐ κληρονομήσουσιν
κλῆρον. ²⁵Καὶ ἐλάλησεν Κύριος πρὸς Μωυσῆν λέγων ²⁶Καὶ τοῖς 25
Λευείταις λαλήσεις καὶ ἐρεῖς πρὸς αὐτούς Ἐὰν λάβητε παρὰ τῶν υἱῶν 26
Ἰσραὴλ τὸ ἐπιδέκατον ὃ δέδωκα ὑμῖν παρ' αὐτῶν ἐν κλήρῳ, καὶ
ἀφελεῖτε ὑμεῖς ἀπ' αὐτοῦ ἀφαίρεμα Κυρίῳ ἐπιδέκατον ἀπὸ τοῦ ἐπι-
δεκάτου. ²⁷καὶ λογισθήσεται ὑμῖν τὰ ἀφαιρέματα ὑμῶν ὡς σῖτος 27
ἀπὸ ἅλω καὶ ἀφαίρεμα ἀπὸ ληνοῦ. ²⁸οὕτως ἀφελεῖτε αὐτοὺς καὶ 28
ὑμεῖς ἀπὸ τῶν ἀφαιρεμάτων Κυρίου ἀπὸ πάντων ἐπιδεκάτων ὑμῶν
ὅσα ἐὰν λάβητε παρὰ τῶν υἱῶν Ἰσραήλ, καὶ δώσετε ἀπ' αὐτῶν
ἀφαίρεμα Ἀαρὼν τῷ ἱερεῖ. ²⁹ἀπὸ πάντων τῶν δομάτων ὑμῶν ἀφελεῖτε 29

AF   17 μοσχων] μοσχου F   18 και 2°] pr καθα B^{ab}AF | om κατα A | εσται
σοι A   19 αν] εαν A | δεδωκα σοι AF   20 Ααρων sup ras F¹ | εν τη
γη] pr λεγων F | om και κληρονομια σου A   23 νιων] pr των A   24 νιων
2°] pr των A   27 om σιτος F | απο αλω] αφ αλωνος AF | αφαιρεμα] pr
ως AF   28 om αυτους AF | των αφαιρεματων] παντων αφαιρεματων A
pr παντων F | επιδεκατων] 'pr των F.| και 2°] κ sup ras B¹ | αφαιρεμα]
+κυριω AF   29 om των 1° B$^{a\,vid}$

ΑΡΙΘΜΟΙ XIX 10

ἀφαίρεμα Κυρίῳ, ἢ ἀπὸ πάντων τῶν ἀπαρχῶν τὸ ἡγιασμένον ἀπ' αὐτοῦ. Ε 30 ³⁰καὶ ἐρεῖς πρὸς αὐτούς Ὅταν ἀφαιρῆτε τὴν ἀπαρχὴν ἀπ' αὐτοῦ, καὶ λογισθήσεται τοῖς Λευείταις ὡς γένημα ἀπὸ ἅλω καὶ ὡς γένημα ἀπὸ 31 ληνοῦ. ³¹καὶ ἔδεσθε αὐτὸ ἐν παντὶ τόπῳ ὑμεῖς καὶ οἱ οἶκοι ὑμῶν, ὅτι μισθὸς οὗτος ὑμῖν ἐστιν ἀντὶ τῶν λειτουργιῶν ὑμῶν τῶν ἐν τῇ 32 σκηνῇ τοῦ μαρτυρίου· ³²καὶ οὐ λήμψεσθε δι' αὐτὸ ἁμαρτίαν, ὅτι ἂν ἀφαιρῆτε τὴν ἀπαρχὴν ἀπ' αὐτοῦ· καὶ τὰ ἅγια τῶν υἱῶν Ἰσραὴλ οὐ βεβηλώσετε, ἵνα μὴ ἀποθάνητε..

X 1,2 ¹Καὶ ἐλάλησεν Κύριος πρὸς Μωυσῆν καὶ Ἀαρὼν λέγων ²Αὕτη ἡ διαστολὴ τοῦ νόμου, ὅσα συνέταξεν Κύριος λέγων Λάλησον τοῖς υἱοῖς Ἰσραήλ, καὶ λαβέτωσαν πρὸς σὲ δάμαλιν πυρρὰν ἄμωμον, ἥτις οὐκ ἔχει ἐν αὐτῇ μῶμον καὶ ᾗ οὐκ ἐπεβλήθη ἐπ' αὐτὴν ζυγός. 3 ³καὶ δώσεις αὐτὴν πρὸς Ἐλεαζὰρ τὸν ἱερέα· καὶ ἐξάξουσιν αὐτὴν ἔξω τῆς παρεμβολῆς εἰς τόπον καθαρόν, καὶ σφάξουσιν αὐτὴν ἐνώ- 4 πιον αὐτοῦ· ⁴καὶ λήμψεται Ἐλεαζὰρ ἀπὸ τοῦ αἵματος αὐτῆς, καὶ ῥανεῖ ἀπέναντι τοῦ προσώπου τῆς σκηνῆς τοῦ μαρτυρίου ἀπὸ τοῦ 5 αἵματος αὐτῆς ἑπτάκις. ⁵καὶ κατακαύσουσιν αὐτὴν ἐναντίον αὐτοῦ· καὶ τὸ δέρμα καὶ τὰ κρέα αὐτῆς καὶ τὸ αἷμα αὐτῆς σὺν τῇ κόπρῳ 6 αὐτῆς κατακαυθήσεται. ⁶καὶ λήμψεται ὁ ἱερεὺς ξύλον κέδρινον καὶ ὕσσωπον καὶ κόκκινον, καὶ ἐμβαλοῦσιν εἰς μέσον τοῦ κατακαύματος 7 τῆς δαμάλεως. ⁷καὶ πλυνεῖ τὰ ἱμάτια αὐτοῦ ὁ ἱερεὺς καὶ λούσεται τὸ σῶμα αὐτοῦ ὕδατι, καὶ μετὰ ταῦτα εἰσελεύσεται εἰς τὴν παρεμ- 8 βολήν· καὶ ἀκάθαρτος ἔσται ὁ ἱερεὺς ἕως ἑσπέρας. ⁸καὶ ὁ κατα- καίων αὐτὴν πλυνεῖ τὰ ἱμάτια αὐτοῦ καὶ λούσεται τὸ σῶμα αὐτοῦ, 9 καὶ ἀκάθαρτος ἔσται ἕως ἑσπέρας. ⁹καὶ συνάξει ἄνθρωπος καθαρὸς τὴν σποδὸν τῆς δαμάλεως καὶ ἀποθήσει ἔξω τῆς παρεμβολῆς εἰς τόπον καθαρόν. καὶ ἔσται τῇ συναγωγῇ υἱῶν Ἰσραὴλ εἰς διατή- 10 ρησιν· ὕδωρ ῥαντισμοῦ, ἅγνισμά ἐστιν. ¹⁰καὶ πλυνεῖ τὰ ἱμάτια ὁ συνάγων τὴν σποδιὰν τῆς δαμάλεως, καὶ ἀκάθαρτος ἔσται ἕως ἑσπέ- ρας· καὶ ἔσται τοῖς υἱοῖς Ἰσραὴλ καὶ τοῖς προσκειμένοις προσηλύτοις

29 om η AF   30 ερεις] ερειτε A | απ αυτου] om απ F* (superscr AF F¹⁽ᵛⁱᵈ⁾) | αλω].αλωνος AF   31 αυτο] αυτα F | υμεις]+και οι υιοι υμων A | οτι] ο F* (οτι F¹⁽ᵛⁱᵈ⁾) | αντι] απο Bᵇ   32 ου λημψεσθε] ουτοι λημψονται A   XIX 2 om προς σε F | δαμαλι sup ras Bᵃᵇ | εν αυτη] εν εαυτη A | επ αυτην] εν αυτη F   3 δωσει F   5 το δερμα]+αυτης AF | τα κρ. αυτης] om αυτης AF   8 το σωμα αυτου]+υδατι A   10 ο συν. την σποδον της δαμ. πλυνει τα ιματια αυτου AF | προσκειμ. προσηλ.] προσηλ. τοις προσκειμ. (προσκιμ. F) εμμεσω υμων AF

ΑΡΙΘΜΟΙ

νόμιμον αἰώνιον. ¹¹Ὁ ἁπτόμενος τοῦ τεθνηκότος πάσης ψυχῆς ἀνθρώπου ἀκάθαρτος ἔσται ἑπτὰ ἡμέρας· ¹²οὗτος ἁγνισθήσεται τῇ ἡμέρᾳ τῇ τρίτῃ καὶ τῇ ἡμέρᾳ τῇ ἑβδόμῃ, καὶ καθαρὸς ἔσται· ἐὰν δὲ μὴ ἀφαγνισθῇ τῇ ἡμέρᾳ τῇ τρίτῃ καὶ τῇ ἡμέρᾳ τῇ ἑβδόμῃ, οὐ καθαρὸς ἔσται. ¹³πᾶς ὁ ἁπτόμενος τοῦ τεθνηκότος ἀπὸ ψυχῆς ἀνθρώπου, ἐὰν ἀποθάνῃ καὶ μὴ ἀφαγνισθῇ, τὴν σκηνὴν Κυρίου ἐμίανεν· ἐκτριβήσεται ἡ ψυχὴ ἐκείνη ἐξ Ἰσραήλ, ὅτι ὕδωρ ῥαντισμοῦ οὐ περιεραντίσθη ἐπ' αὐτόν· ἀκάθαρτός ἐστιν, ἔτι ἡ ἀκαθαρσία αὐτοῦ ἐν αὐτῷ ἐστιν. ¹⁴καὶ οὗτος ὁ νόμος· ἄνθρωπος ἐὰν ἀποθάνῃ ἐν τῇ οἰκίᾳ, πᾶς ὁ εἰσπορευόμενος εἰς τὴν οἰκίαν καὶ ὅσα ἐστὶν ἐν τῇ οἰκίᾳ ἀκάθαρτα ἔσται ἑπτὰ ἡμέρας· ¹⁵καὶ πᾶν σκεῦος ἀνεῳγμένον, ὅσα οὐχὶ δεσμὸν καταδέδεται ἐν αὐτῷ, ἀκάθαρτά ἐστιν. ¹⁶καὶ πᾶς ὃς ἐὰν ἅψηται ἐπὶ προσώπου τοῦ πεδίου τραυματίου ἢ νεκροῦ ἢ ὀστέου ἀνθρωπίνου ἢ μνήματος, ἑπτὰ ἡμέρας ἀκάθαρτος ἔσται. ¹⁷καὶ λήμψονται τῷ ἀκαθάρτῳ ἀπὸ τῆς σποδιᾶς τῆς κατακεκαυμένης τοῦ ἁγνισμοῦ, καὶ ἐκχεοῦσιν ἐπ' αὐτὴν ὕδωρ ζῶν εἰς σκεῦος· ¹⁸καὶ λήμψεται ὕσσωπον καὶ βάψει εἰς τὸ ὕδωρ ἀνὴρ καθαρός, καὶ περιρανεῖ ἐπὶ τὸν οἶκον καὶ ἐπὶ τὰ σκεύη καὶ ἐπὶ τὰς ψυχάς, ὅσαι ἐὰν ὦσιν ἐκεῖ, καὶ ἐπὶ τὸν ἡμμένον τοῦ ὀστέου τοῦ ἀνθρωπίνου ἢ τοῦ τραυματίου ἢ τοῦ τεθνηκότος ἢ τοῦ μνήματος· ¹⁹καὶ περιρανεῖ ὁ καθαρὸς ἐπὶ τὸν ἀκάθαρτον ἐν τῇ ἡμέρᾳ τῇ τρίτῃ καὶ ἐν τῇ ἡμέρᾳ τῇ ἑβδόμῃ, καὶ ἀφαγνισθήσεται τῇ ἡμέρᾳ τῇ ἑβδόμῃ· καὶ πλυνεῖ τὰ ἱμάτια αὐτοῦ καὶ λούσεται ὕδατι, καὶ ἀκάθαρτος ἔσται ἕως ἑσπέρας. ²⁰καὶ ἄνθρωπος ὃς ἐὰν μιανθῇ καὶ μὴ ἀφαγνισθῇ, ἐξολεθρευθήσεται ἡ ψυχὴ ἐκείνη ἐκ μέσου τῆς συναγωγῆς, ὅτι τὰ ἅγια Κυρίου ἐμίανεν· ὅτι ὕδωρ ῥαντισμοῦ οὐ περιεραντίσθη ἐπ' αὐτόν, ἀκάθαρτός ἐστιν. ²¹καὶ ἔσται ὑμῖν νόμιμον αἰώνιον· καὶ ὁ περιραίνων ὕδωρ ῥαντισμοῦ πλυνεῖ τὰ ἱμάτια αὐτοῦ, καὶ ὁ ἁπτόμενος τοῦ ὕδατος τοῦ ῥαντισμοῦ ἀκάθαρτος ἔσται ἕως ἑσπέρας· ²²καὶ παντὸς οὗ ἐὰν ἅψηται αὐτοῦ ὁ

AF 11 επτα ημ.]+εως εσπερας Aᵃᵗᵐᵏ 12 τη ημερα 1°] pr και A | εσται 1°] εστιν A | τη τριτη 2°] bis scr τη B 13 ψυχης] pr πασης AF | Κυριου] pr του F | om επ αυτον F* (hab F¹⁽ᵐᵍ⁾) 14 τη οικια 1°] om τη Bᵃᵇ AF 15 ουχι Bᵃᵇ F] ουκ εχι B* ουκ εχει A | εν αυτω] επ αυτω Bᵃᵗᵇ AF | ακαθαρτον F 16 εαν] αν AF | προσωπον A | ανου A 18 υσσωπιον B* (υσσωπον Bᵃᵇ) | περιρανιει F | επι. του ημμενον (sic) A | τραυματιου] τραυματος A 19 και 2°] pr επιτα A | om και αφαγν. τη ημ. τη εβδ. B* (hab Bᵃᵇ ᵐᵍ ⁱⁿᶠ F και αφαγν. εν τη ημ. τη εβδ. A) | ακάθαρτος] καθαρος F* (ακαθ. F¹⁽ᵛⁱᵈ⁾) 20 εαν] αν AF | μιανθη] post ε ras 1 litt Aᵗ

ἀκάθαρτος, ἀκάθαρτον ἔσται, καὶ ἡ ψυχὴ ἡ ἁπτομένη ἀκάθαρτος ἔσται B ἕως ἑσπέρας.

X 1 ¹Καὶ ἦλθον οἱ υἱοὶ Ἰσραήλ, πᾶσα ἡ συναγωγή, εἰς τὴν ἔρημον Σεὶν ἐν τῷ μηνὶ τῷ πρώτῳ, καὶ κατέμεινεν ὁ λαὸς ἐν Κάδης· καὶ 2 ἐτελεύτησεν ἐκεῖ Μαριάμ, καὶ ἐτάφη ἐκεῖ. ²καὶ οὐκ ἦν ὕδωρ τῇ 3 συναγωγῇ, καὶ ἠθροίσθησαν ἐπὶ Μωυσῆν καὶ Ἀαρών. ³καὶ ἐλοιδορεῖτο ὁ λαὸς πρὸς Μωυσῆν λέγοντες Ὄφελον ἀπεθάνομεν ἐν τῇ 4 ἀπωλίᾳ τῶν ἀδελφῶν ἡμῶν ἔναντι Κυρίου. ⁴καὶ ἵνα τί ἀνήγαγες τὴν συναγωγὴν Κυρίου εἰς τὴν ἔρημον ταύτην ἀποκτεῖναι ἡμᾶς καὶ 5 τὰ κτήνη ἡμῶν; ⁵καὶ ἵνα τί τοῦτο ἀνήγαγες ἡμᾶς ἐξ Αἰγύπτου παραγενέσθαι εἰς τὸν τόπον τοῦτον; τόπος οὗ οὐ σπείρεται, 6 οὐδὲ συκαῖ οὐδὲ ἄμπελοι οὐδὲ ῥόαι, οὐδὲ ὕδωρ ἐστὶν πιεῖν. ⁶καὶ ἦλθεν Μωυσῆς καὶ Ἀαρὼν ἀπὸ προσώπου τῆς συναγωγῆς ἐπὶ τὴν θύραν τῆς σκηνῆς τοῦ μαρτυρίου, καὶ ἔπεσαν ἐπὶ πρόσωπον· 7 καὶ ὤφθη ἡ δόξα Κυρίου πρὸς αὐτούς. ⁷καὶ ἐλάλησεν Κύριος πρὸς 8 Μωυσῆν λέγων ⁸Λάβε τὴν ῥάβδον, καὶ ἐκκλησίασον τῇ συναγωγῇ σὺ καὶ Ἀαρὼν ὁ ἀδελφός σου, καὶ λαλήσατε πρὸς τὴν πέτραν ἔναντι αὐτῶν, καὶ δώσει τὰ ὕδατα αὐτῆς· καὶ ἐξοίσετε αὐτοῖς ὕδωρ ἐκ τῆς πέτρας, καὶ ποτιεῖτε τὴν συναγωγὴν καὶ τὰ κτήνη αὐτῶν. 9 ⁹καὶ ἔλαβεν Μωυσῆς τὴν ῥάβδον τὴν ἀπέναντι Κυρίου, καθὰ συνέ-10 ταξεν Κύριος· ¹⁰καὶ ἐξεκκλησίασεν Μωυσῆς καὶ Ἀαρὼν τὴν συναγωγὴν ἀπέναντι τῆς πέτρας, καὶ εἶπεν πρὸς αὐτούς Ἀκούσατέ μου, 11 οἱ ἀπειθεῖς· μὴ ἐκ τῆς πέτρας ταύτης ἐξάξομεν ὑμῖν ὕδωρ; ¹¹καὶ ἐπάρας Μωυσῆς τὴν χεῖρα αὐτοῦ ἐπάταξεν τὴν πέτραν τῇ ῥάβδῳ δίς, καὶ ἐξῆλθεν ὕδωρ πολύ, καὶ ἔπιεν ἡ συναγωγὴ καὶ τὰ κτήνη 12 αὐτῶν. ¹²καὶ εἶπεν Κύριος πρὸς Μωυσῆν καὶ Ἀαρών Ὅτι οὐκ ἐπιστεύσατε ἁγιάσαι με ἐναντίον υἱῶν Ἰσραήλ, διὰ τοῦτο οὐκ εἰσάξετε 13 ὑμεῖς τὴν συναγωγὴν ταύτην εἰς τὴν γῆν ἣν δέδωκα αὐτοῖς. ¹³τοῦτο ὕδωρ ἀντιλογίας, ὅτι ἐλοιδορήθησαν οἱ υἱοὶ Ἰσραὴλ ἔναντι Κυρίου, καὶ ἡγιάσθη ἐν αὐτοῖς.

14 ¹⁴Καὶ ἀπέστειλεν Μωυσῆς ἀγγέλους ἐκ Κάδης πρὸς βασιλέα Ἐδὼμ λέγων Τάδε λέγει ὁ ἀδελφός σου Ἰσραήλ Σὺ ἐπίστῃ πάντα τὸν

XX 1 Σιν AF | πρωτω] πρω sup ras B^ab (τριτω B* vid). 2 ηθροισθ.] AF συνηθροισθ. AF 3 απεθανομεν] απωλομεθα AF 4, 5 ανηγαγετε B^ab AF 5 τοπον] +τον πονηρον B^ab A (om B* F) | σπειρεται] σπερειται A | ουδε 3°, 4°] ουτε AF. 6 επεσαν B*(vid) AF 8 τη συναγωγη] την συναγωγην AF | εναντιον AF | εξοισεται AF 12 υιων] pr των A | εδωκα A 13 υδωρ] pr το F

ΑΡΙΘΜΟΙ

Β μόχθον τὸν εὑρόντα ἡμᾶς· ¹⁵καὶ κατέβησαν οἱ πατέρες ἡμῶν εἰς Αἴγυπτον, καὶ παρῳκήσαμεν ἐν Αἰγύπτῳ ἡμέρας πλείους, καὶ ἐκάκωσαν ἡμᾶς οἱ Αἰγύπτιοι καὶ τοὺς πατέρας ἡμῶν· ¹⁶καὶ ἀνεβοήσαμεν πρὸς Κύριον, καὶ εἰσήκουσεν Κύριος τῆς φωνῆς ἡμῶν, καὶ ἀποστείλας ἄγγελον ἐξήγαγεν ἡμᾶς ἐξ Αἰγύπτου· καὶ νῦν ἐσμὲν ἐν Καδής, πόλει ἐκ μέρους τῶν ὁρίων σου. ¹⁷παρελευσόμεθα διὰ τῆς γῆς σου· οὐ διελευσόμεθα δι᾿ ἀγρῶν οὐδὲ δι᾿ ἀμπελώνων, οὐδὲ πιόμεθα ὕδωρ ἐκ λάκκου σου· ὁδῷ βασιλικῇ πορευσόμεθα, καὶ οὐκ ἐκκλινοῦμεν δεξιὰ οὐδὲ εὐώνυμα ἕως ἂν παρέλθωμεν τὰ ὅριά σου. ¹⁸καὶ εἶπεν πρὸς αὐτὸν Ἐδώμ Οὐ διελεύσῃ δι᾿ ἐμοῦ· εἰ δὲ μή, ἐν πολέμῳ ἐξελεύσομαι εἰς συνάντησίν σοι. ¹⁹καὶ λέγουσιν αὐτῷ οἱ υἱοὶ Ἰσραήλ Παρὰ τὸ ὄρος παρελευσόμεθα· ἐὰν δὲ τοῦ ὕδατός σου πίωμεν ἐγώ τε καὶ τὰ κτήνη, δώσω τιμήν σοι· ἀλλὰ τὸ πρᾶγμα οὐδέν ἐστιν, παρὰ τὸ ὄρος παρελευσόμεθα. ²⁰ὁ δὲ εἶπεν Οὐ διελεύσῃ δι᾿ ἐμοῦ· καὶ ἐξῆλθεν Ἐδώμ εἰς συνάντησιν αὐτῷ ἐν ὄχλῳ βαρεῖ καὶ ἐν χειρὶ ἰσχυρᾷ. ²¹καὶ οὐκ ἠθέλησεν Ἐδώμ δοῦναι τῷ Ἰσραήλ παρελθεῖν διὰ τῶν ὁρίων αὐτοῦ· καὶ ἐξέκλινεν Ἰσραήλ ἀπ᾿ αὐτοῦ.

²²Καὶ ἀπῆραν ἐκ Καδής· καὶ παρεγένοντο οἱ υἱοὶ Ἰσραήλ, πᾶσα συναγωγή, εἰς Ὡρ τὸ ὄρος. ²³καὶ εἶπεν Κύριος πρὸς Μωυσῆν καὶ Ἀαρὼν ἐν Ὡρ τῷ ὄρει ἐπὶ τῶν ὁρίων γῆς Ἐδώμ λέγων ²⁴Προστεθήτω Ἀαρὼν πρὸς τὸν λαὸν αὐτοῦ, ὅτι οὐ μὴ εἰσέλθητε εἰς τὴν γῆν ἣν δέδωκα τοῖς υἱοῖς Ἰσραήλ, διότι παρωξύνατέ με ἐπὶ τοῦ ὕδατος τῆς λοιδορίας. ²⁵λάβε τὸν Ἀαρὼν καὶ Ἐλεαζὰρ τὸν υἱὸν αὐτοῦ, καὶ ἀναβίβασον αὐτοὺς εἰς Ὡρ τὸ ὄρος ἔναντι πάσης τῆς συναγωγῆς· ²⁶καὶ ἔκδυσον Ἀαρὼν τὴν στολὴν αὐτοῦ καὶ ἔνδυσον Ἐλεαζὰρ τὸν υἱὸν αὐτοῦ, καὶ Ἀαρὼν προστεθεὶς ἀποθανέτω ἐκεῖ. ²⁷καὶ ἐποίησεν Μωυσῆς καθὰ συνέταξεν Κύριος, καὶ ἀνεβίβασεν αὐτὸν εἰς Ὡρ τὸ ὄρος ἐναντίον πάσης τῆς συναγωγῆς. ²⁸καὶ ἐξέδυσεν Ἀαρὼν τὰ ἱμάτια αὐτοῦ καὶ ἐνέδυσεν Ἐλεαζὰρ τὸν υἱὸν αὐτοῦ· καὶ ἀπέθανεν Ἀαρὼν ἐπὶ τῆς κορυφῆς τοῦ ὄρους, καὶ κατέβη Μωυσῆς καὶ Ἐλεαζὰρ ἐκ τοῦ ὄρους. ²⁹καὶ εἶδεν πᾶσα ἡ συναγωγὴ ὅτι ἀπελύθη Ἀαρών· καὶ ἔκλαυσαν τὸν Ἀαρὼν τριάκοντα ἡμέρας πᾶς οἶκος Ἰσραήλ.

AF 15 om και 1° F* (superser F¹) | παρωκηκαμεν F | εν Αιγ.] εις Αιγυπτον A | om ημ. πλ. A | οι Αιγ.]+ημερας πλειους A   16 om ημων F* (superscr F¹) 17 om και B^{ab}AF   19 τε] δε A | κτηνη]+μου AF | παρελευσ. 2°] πορευομεθα A 20 αυτου A   22 συναγωγη] pr η B^{ab}AF   23 Ωρ] pr τω F   24 εδωκα A | Ισραηλ]+εν κατασχεσει AF   25 Ααρων]+τον αδελφον σου A | εναντιον AF 27 Κυριος] pr αυτω B^{ab}+αυτω AF | αυτον] αυτους AF | om της F   28 Ααρων 1°] pr τον AF | ενεδυσεν]+αυτα B^{ab}AF¹+αυτον F* | Ααρων 2°]+εκει A 29 ιδεν A | om πας οικος Ισραηλ F

ΑΡΙΘΜΟΙ XXI 13

XI 1 ¹Καὶ ἤκουσεν ὁ Χαναneίς, βασιλεὺς Ἀράδ, ὁ κατοικῶν κατὰ τὴν B
ἔρημον· ἦλθεν γὰρ Ἰσραὴλ ὁδὸν Ἀθαρείν· καὶ ἐπολέμησεν πρὸς Ἰσραήλ,
2 καὶ κατεπρονόμευσαν ἐξ αὐτῶν αἰχμαλωσίαν. ²καὶ ηὔξατο Ἰσραὴλ
εὐχὴν Κυρίῳ καὶ εἶπεν Ἐάν μοι παραδῷς τὸν λαὸν τοῦτον ὑποχεί-
3 ριον, ἀναθεματιῶ αὐτὸν καὶ τὰς πόλεις αὐτοῦ. ³καὶ εἰσήκουσεν
Κύριος τῆς φωνῆς Ἰσραὴλ καὶ παρέδωκεν τὸν Χαναneὶν ὑποχείριον
αὐτοῦ· καὶ ἀνεθεμάτισεν αὐτὸν καὶ τὰς πόλεις αὐτοῦ, καὶ ἐπεκάλεσαν
τὸ ὄνομα τοῦ τόπου ἐκείνου Ἀνάθεμα.
4 ⁴Καὶ ἀπάραντες ἐξ Ὢρ τοῦ ὄρους ὁδὸν ἐπὶ θάλασσαν ἐρυθρὰν
περιεκύκλωσαν γῆν Ἐδώμ· καὶ ὠλιγοψύχησεν ὁ λαὸς ἐν τῇ ὁδῷ.
5 ⁵καὶ κατελάλει ὁ λαὸς πρὸς τὸν θεὸν καὶ κατὰ Μωυσῆ λέγοντες Ἵνα
τί τοῦτο ἐξήγαγες ἡμᾶς ἐξ Αἰγύπτου ἀποκτεῖναι ἐν τῇ ἐρήμῳ; ὅτι
οὐκ ἔστιν ἄρτος οὐδὲ ὕδωρ, ἡ δὲ ψυχὴ ἡμῶν προσώχθισεν ἐν τῷ
6 ἄρτῳ τῷ διακένῳ. ⁶καὶ ἀπέστειλεν Κύριος εἰς τὸν λαὸν τοὺς ὄφεις
τοὺς θανατοῦντας, καὶ ἔδακνον τὸν λαόν· καὶ ἀπέθανεν λαὸς πολὺς
7 τῶν υἱῶν Ἰσραήλ. ⁷καὶ παραγενόμενος ὁ λαὸς πρὸς Μωυσῆν ἔλεγον
ὅτι Ἡμάρτομεν ὅτι κατελαλήσαμεν κατὰ τοῦ κυρίου καὶ κατὰ σοῦ·
εὖξαι οὖν πρὸς Κύριον, καὶ ἀφελέτω ἀφ' ἡμῶν τὸν ὄφιν. καὶ ηὔξατο
8 Μωυσῆς πρὸς Κύριον περὶ τοῦ λαοῦ. ⁸καὶ εἶπεν Κύριος πρὸς Μωυσῆν
Ποίησον σεαυτῷ ὄφιν, καὶ θὲς αὐτὸν ἐπὶ σημείου· καὶ ἔσται ἐὰν δάκῃ
9 ὄφις ἄνθρωπον, πᾶς ὁ δεδηγμένος ἰδὼν αὐτὸν ζήσεται. ⁹καὶ ἐποί-
ησεν Μωυσῆς ὄφιν χαλκοῦν, καὶ ἔστησεν αὐτὸν ἐπὶ σημείου· καὶ
ἐγένετο ὅταν ἔδακνεν ὄφις ἄνθρωπον, καὶ ἐπέβλεψεν ἐπὶ τὸν ὄφιν
10 τὸν χαλκοῦν, καὶ ἔζη. ¹⁰καὶ ἀπῆραν οἱ υἱοὶ Ἰσραήλ, καὶ παρενέ-
11 βαλον ἐν Ὠβώθ. ¹¹καὶ ἐξάραντες ἐξ Ὠβώθ, καὶ παρενέβαλον ἐν
Χαλγαεὶ ἐκ τοῦ πέραν, ἐν τῇ ἐρήμῳ ἥ ἐστιν κατὰ πρόσωπον Μωὰβ
12 κατὰ ἀνατολὰς ἡλίου. ¹²ἐκεῖθεν ἀπῆραν, καὶ παρενέβαλον εἰς φά-
13 ραγγα Ζάρετ. ¹³ἐκεῖθεν ἀπάραντες παρενέβαλον εἰς τὸ πέραν Ἀρνῶν

XXI 1 Χαναneις] Χαναναιος A Χανανις F | ηλθεν γαρ] οτι ηλθεν AF | AF
Αθαρειμ AF   3 παρεδωκεν]+κυριος F | Χαναni A Χανανιν F | αυτου
1°] αυτω AF | επεκαλεσεν A   4 γην] pr την AF | Εδωμ] Εδεμ F¹ᵐᵍ |
ολιγοψ. F   5 om τουτο AF | εξηγαγετε A | om ημας F* (hab F¹⁽ᵐᵍ⁾) |
αποκτειναι]+ημας AF | διακενω]+τουτω AF   6 οφις A | εδαγνον A
7 ημαρτομεν] ημαρτηκαμεν AF | σου ευξαι ουν sup ras Bᵃᵛⁱᵈ | αφ ημων τον
οφιν ϟ ευξατο Μωυσης προς κν περι του λαου sup ras et in mgg Bᵃᵇ ᵛⁱᵈ
8 οφις] pr ο F¹⁽ᵐᵍ⁾?   9 εδακνεν] εδακεν A om F | οφις] pr ο F¹ᵐᵍ ᵛⁱᵈ
om και 5° F   10—11 om εν Ωβωθ...παρενεβαλον B* (hab Bᵃᵇ ᵐᵍ ⁱⁿᶠ)
11 om και 2° AF | Χαλγαει] Αχελγαι AFᵛⁱᵈ (Αχελ.αι) | εκ του περαν]
τω περαν AF | κατα 2°] κατ AF   12 om εκειθεν...Ζαρετ F | Ζαρε A
13 εκειθεν] pr και AF | περα B* (ν superscr Bᵃᵇ)

301

Β ἐν τῇ ἐρήμῳ, τὸ ἐξέχον ἀπὸ τῶν ὁρίων τῶν Ἀμορραίων· ἔστιν γὰρ
Ἀρνὼν ὅρια Μωὰβ ἀνὰ μέσον Μωὰβ καὶ ἀνὰ μέσον τοῦ Ἀμορραίου.
¹⁴ διὰ τοῦτο λέγεται ἐν βιβλίῳ Πόλεμος τοῦ κυρίου ·   14
     Τὴν Ζωὸβ ἐφλόγισεν
     καὶ τοὺς χειμάρρους Ἀρνών·
¹⁵ καὶ τοὺς χειμάρρους κατέστησεν κατοικίσαι Ἦρ,   15
     καὶ πρόσκειται τοῖς ὁρίοις Μωάβ.
¹⁶ καὶ ἐκεῖθεν τὸ φρέαρ· τοῦτο φρέαρ ὃ εἶπεν Κύριος πρὸς Μωυσῆν 16
Συνάγαγε τὸν λαόν, καὶ δώσω αὐτοῖς ὕδωρ πιεῖν. ¹⁷ τότε ᾖσεν 17
Ἰσραὴλ τὸ ᾆσμα τοῦτο ἐπὶ τοῦ φρέατος
     Ἐξάρχετε αὐτῷ·
     ¹⁸ φρέαρ, ὤρυξαν αὐτὸ ἄρχοντες,   18
     ἐξελατόμησαν αὐτὸ βασιλεῖς ἐθνῶν,
     ἐν τῇ βασιλείᾳ αὐτῶν, ἐν τῷ κυριεῦσαι αὐτῶν.
καὶ ἀπὸ φρέατος εἰς Μανθαναείν· ¹⁹ καὶ ἀπὸ Μανθαναεὶν εἰς Μαναήλ· 19
καὶ ἀπὸ Μαναὴλ εἰς Βαμώθ· ²⁰ καὶ ἀπὸ Βαμὼθ εἰς Ἰανήν, ἥ ἐστιν ἐν 20
τῷ πεδίῳ Μωὰβ ἀπὸ κορυφῆς τοῦ λελαξευμένου, τὸ βλέπον κατὰ
πρόσωπον τῆς ἐρήμου.

²¹ Καὶ ἀπέστειλεν Μωυσῆς πρέσβεις πρὸς Σηὼν βασιλέα Ἀμορ- 21
ραίων λόγοις εἰρηνικοῖς λέγων ²² Παρελευσόμεθα διὰ τῆς γῆς σου· τῇ 22
ὁδῷ πορευσόμεθα, οὐκ ἐκκλινοῦμεν οὔτε εἰς ἀγρὸν οὔτε εἰς ἀμπελῶνα,
οὐ πιόμεθα ὕδωρ ἐκ φρέατός σου· ὁδῷ βασιλικῇ πορευσόμεθα ἕως
παρέλθωμεν τὰ ὅριά σου. ²³ καὶ οὐκ ἔδωκεν Σηὼν τῷ Ἰσραὴλ παρελ- 23
θεῖν διὰ τῶν ὁρίων αὐτοῦ· καὶ συνήγαγεν Σηὼν πάντα τὸν λαὸν αὐτοῦ,
καὶ ἐξῆλθεν παρατάξασθαι Ἰσραὴλ εἰς τὴν ἔρημον· καὶ ἦλθεν εἰς
Εἴσσα, καὶ παρετάξατο τῷ Ἰσραήλ. ²⁴ καὶ ἐπάταξεν αὐτὸν Ἰσραὴλ 24
φόνῳ μαχαίρης, καὶ κατεκυρίευσαν τῆς γῆς αὐτοῦ ἀπὸ Ἀρνὼν ἕως
Ἰαβόκ, ἕως υἱῶν Ἀμμάν· ὅτι Ἰαζὴρ ὅρια υἱῶν Ἀμμών ἐστιν. ²⁵ καὶ 25
ἔλαβεν Ἰσραὴλ πάσας τὰς πόλεις ταύτας· καὶ κατῴκησεν Ἰσραὴλ

AF   13 om εν τη ερημω F | εξεχον Bᵃᵇ AF] εξον B* | om ανα μεσον Μωαβ F
14 λεγετε A | βιβλω A | του κυριου] om του A | Ζοοβ F   16 τουτο φρεαρ]
τουτο εστιν το φρ. A | om συναγαγε τον λαον A (hab συναγαγ—|[συναγαγειν?]
τον λ. F)   18 om εν τη βασ. αυτων B* (hab Bᵃᵇ AF) | Μανθανιν
A Μανθανεν F* (Μανθαναειν F¹)   19 om και απο Μανθ. F* (hab και
απο Μανθανεν Fᵐᵍ [Μανθαναειν F¹ᵐᵍ]) | Μαναηλ (bis)] Μαναναηλ Bᵃᵇᵛⁱᵈ
Νααλιηλ A .α—|ηλ (1°) .α.|λιηλ (2°) F   20 απο 1°] εκ F | Ιανην] ναπην A ͅ
ναπην Ιαννα F   21 Μωυσης] Ισραηλ F | om Σηων F   22 τη οδω] om τη A |
πορευσομεθα 1°] B* ᵇ ᵗ ᶜ ᵗ AF] πορευσομαι Bᵃ | αμπελωνα]+σου A | εως]+ ανˉ.
AF   23 Ισραηλ 2°] pr τω Bᵃᵇ AF | την ερημον F¹ᵐᵍ (πολεμον F*) | Εισσα]
Ιασσα Bᵃ AF   24 μαχαιρας Bᵃᵇ AF | om της γης F | Αμμων] Αμμαν AFͅ

ΑΡΙΘΜΟΙ XXII 3

ἐν πάσαις ταῖς πόλεσιν τῶν Ἀμορραίων, ἐν Ἐσεβὼν καὶ ἐν πάσαις B
26 ταῖς συνκυρούσαις αὐτῇ. ²⁶ἔστιν γὰρ Ἐσεβών, πόλις Σηὼν τοῦ βασι-
λέως τῶν Ἀμορραίων ἐστιν· καὶ οὗτος ἐπολέμησεν βασιλέα Μωὰβ τὸ
πρότερον, καὶ ἔλαβον πᾶσαν τὴν γῆν αὐτοῦ ἀπὸ Ἀροὴρ ἕως Ἀρνών.
27 ²⁷διὰ τοῦτο ἐροῦσιν οἱ αἰνιγματισταί
Ἔλθετε εἰς Ἐσεβών,
ἵνα οἰκοδομηθῇ καὶ κατασκευασθῇ πόλις Σηών.
28   ²⁸ὅτι πῦρ ἐξῆλθεν ἐξ Ἐσεβών,
φλὸξ ἐκ πόλεως Σηών·
καὶ κατέφαγεν ἕως Μωάβ,
καὶ κατέπιεν στήλας Ἀρνών.
29   ²⁹Οὐαί σοι, Μωάβ·
ἀπώλου, λαὸς Χαμώς.
ἀπεδόθησαν οἱ υἱοὶ αὐτῶν διασώζεσθαι,
καὶ αἱ θυγατέρες αὐτῶν αἰχμάλωτοι,
τῷ βασιλεῖ τῶν Ἀμορραίων Σηών.
30   ³⁰καὶ τὸ σπέρμα αὐτῶν ἀπολεῖται, Ἐσεβὼν ἕως Δαιβών,
καὶ αἱ γυναῖκες ἔτι προσεξέκαυσαν πῦρ ἐπὶ Μωάβ.
31 ³¹κατῴκησεν δὲ Ἰσραὴλ ἐν πάσαις ταῖς πόλεσιν τῶν Ἀμορραίων.
32 ³²καὶ ἀπέστειλεν Μωυσῆς κατασκέψασθαι τὴν Ἰαζήρ, καὶ κατελάβοντο
αὐτὴν καὶ τὰς κώμας αὐτῆς, καὶ ἐξέβαλον τὸν Ἀμορραῖον τὸν κατοι-
33 κοῦντα ἐκεῖ. ³³καὶ ἐπιστρέψαντες ἀνέβησαν ὁδὸν τὴν εἰς Βασάν·
καὶ ἐξῆλθεν *Ωγ βασιλεὺς τῆς Βασὰν εἰς συνάντησιν αὐτοῖς, καὶ
34 πᾶς ὁ λαὸς αὐτοῦ εἰς πόλεμον εἰς Ἐδράειν. ³⁴καὶ εἶπεν Κύριος
πρὸς Μωυσῆν Μὴ φοβηθῇς αὐτόν, ὅτι εἰς τὰς χεῖράς σου παρα-
δέδωκα αὐτὸν καὶ πάντα τὸν λαὸν αὐτοῦ καὶ πᾶσαν τὴν γῆν αὐτοῦ·
καὶ ποιήσεις αὐτῷ καθὼς ἐποίησας τῷ Σηὼν βασιλεῖ τῶν Ἀμορραίων,
35 ὃς κατῴκει ἐν Ἐσεβών. ³⁵καὶ ἐπάταξεν αὐτὸν καὶ τοὺς υἱοὺς αὐτοῦ
καὶ πάντα τὸν λαὸν αὐτοῦ, ἕως τοῦ μὴ καταλιπεῖν αὐτοῦ ζωγρείαν·
1 καὶ ἐκληρονόμησαν τὴν γῆν αὐτῶν. ¹καὶ ἀπάραντες οἱ υἱοὶ Ἰσραὴλ
παρενέβαλον ἐπὶ δυσμῶν Μωὰβ παρὰ τὸν Ἰορδάνην κατὰ Ἰερειχώ.
2 ²Καὶ ἰδὼν Βαλὰκ υἱὸς Σεπφὼρ πάντα ὅσα ἐποίησεν Ἰσραὴλ τῷ
3 Ἀμορραίῳ, ³καὶ ἐφοβήθη Μωὰβ τὸν λαὸν σφόδρα, ὅτι πολλοὶ ἦσαν·

25 αυτη] αυταις A   26 εστιν 1°] εστι Bᵃ ει Bᵇ ᵛⁱᵈ | πολεις B*AF (πολις AF
Bᵃᵇ) | om εστιν 2° AF | ελαβεν A | Αρνων] Ανων F   27 οι αινιγμ. Bᵇ] οι
ενιγμ. Bᵃ (οι ε sup ras) AF | ελθατε A   28 εκ Εσ. F   29 απολου A | om
Σηων A   30 απολειτε A | αι γυναικες] + αυτων AF | ετι] οτι F | προσεξεκαυ-
σαν] εξεκαυσαν F   32 κατελαβετο A | κωμας] πολεις F | κατοικουντα] οντα
AF   33 Εδραι F   35 τον λαον] ον λ. F* (τον λ. F¹ (ᵛⁱᵈ)) | καταλειπειν F
XXII 1 Ιεριχω BᵇA

303

XXII 4　　　　　　　　ΑΡΙΘΜΟΙ

B καὶ προσώχθισεν Μωὰβ ἀπὸ προσώπου υἱῶν Ἰσραήλ. ⁴καὶ εἶπεν 4
Μωὰβ τῇ γερουσίᾳ Μαδιάμ Νῦν ἐκλίξει ἡ συναγωγὴ αὕτη πάντας τοὺς
κύκλῳ ἡμῶν, ὡς ἐκλίξαι ὁ μόσχος τὰ χλωρὰ ἐκ τοῦ πεδίου. καὶ
Βαλὰκ υἱὸς Σεπφὼρ βασιλεὺς Μωὰβ ἦν κατὰ τὸν καιρὸν ἐκεῖνον.
⁵καὶ ἀπέστειλεν πρέσβεις πρὸς Βαλαὰμ υἱὸν Βεὼρ Φαθούρα, ὅ ἐστιν 5
ἐπὶ τοῦ ποταμοῦ γῆς υἱῶν λαοῦ αὐτοῦ, καλέσαι αὐτὸν λέγων Ἰδοὺ
λαὸς ἐξελήλυθεν ἐξ Αἰγύπτου, καὶ ἰδοὺ κατεκάλυψεν τὴν ὄψιν τῆς
γῆς· καὶ οὗτος ἐνκάθηται ἐχόμενός μου. ⁶καὶ νῦν δεῦρο ἄρασαί μοι 6
τὸν λαὸν τοῦτον, ὅτι ἰσχύει οὗτος ἢ ἡμεῖς, ἐὰν δυνώμεθα πατάξαι
ἐξ αὐτῶν, καὶ ἐκβαλῶ αὐτοὺς ἐκ τῆς γῆς· ὅτι οἶδα οὓς ἐὰν εὐλογή-
σῃς σύ, εὐλόγηνται, καὶ οὓς ἐὰν καταράσῃ σύ, κεκατήρανται. ⁷καὶ ἐπο- 7
ρεύθη ἡ γερουσία Μωὰβ καὶ ἡ γερουσία Μαδιάμ, καὶ τὰ μαντεῖα ἐν
ταῖς χερσὶν αὐτῶν· καὶ ἦλθον πρὸς Βαλαὰμ καὶ εἶπαν αὐτῷ τὰ
ῥήματα Βαλάκ. ⁸καὶ εἶπεν πρὸς αὐτούς Καταλύσατε αὐτοῦ τὴν νύκτα, 8
καὶ ἀποκριθήσομαι ὑμῖν πράγματα ἃ ἐὰν λαλήσῃ Κύριος πρός μέ.
καὶ κατέμειναν οἱ ἄρχοντες Μωὰβ παρὰ Βαλαάμ. ⁹καὶ ἦλθεν ὁ θεὸς 9
παρὰ Βαλαὰμ καὶ εἶπεν αὐτῷ Τί οἱ ἄνθρωποι οὗτοι παρὰ σοί; ¹⁰καὶ 10
εἶπεν Βαλαὰμ πρὸς τὸν θεόν Βαλὰκ υἱὸς Σεπφὼρ βασιλεὺς Μωὰβ
ἀπέστειλεν αὐτοὺς πρὸς μὲ λέγων ¹¹Ἰδοὺ λαὸς ἐξελήλυθεν ἐξ Αἰγύπτου, 11
καὶ ἰδοὺ κεκάλυφεν τὴν ὄψιν τῆς γῆς, καὶ οὗτος ἐνκάθηται ἐχόμενός
μου· καὶ νῦν δεῦρο ἄρασαί μοι αὐτόν, εἰ ἄρα δυνήσομαι πατάξαι αὐτὸν
καὶ ἐκβαλῶ αὐτὸν ἀπὸ τῆς γῆς. ¹²καὶ εἶπεν ὁ θεὸς πρὸς Βαλαάμ Οὐ 12
πορεύσῃ μετ' αὐτῶν οὐδὲ καταράσῃ τὸν λαόν· ἔστιν γὰρ εὐλογημένος.
¹³καὶ ἀναστὰς Βαλαὰμ τὸ πρωὶ εἶπεν τοῖς ἄρχουσιν Βαλάκ Ἀπο- 13
τρέχετε πρὸς τὸν κύριον ὑμῶν· οὐκ ἀφίησίν με ὁ θεὸς πορεύεσθαι
μεθ' ὑμῶν. ¹⁴καὶ ἀναστάντες οἱ ἄρχοντες Μωὰβ ἦλθον πρὸς Βαλὰκ 14
καὶ εἶπαν Οὐ θέλει Βαλαὰμ πορευθῆναι μεθ' ἡμῶν. ¹⁵καὶ προσέθετο 15
Βαλὰκ ἔτι ἀποστεῖλαι ἄρχοντας πλείους καὶ ἐντιμοτέρους τούτων.
¹⁶καὶ ἦλθον πρὸς Βαλαὰμ καὶ λέγουσιν αὐτῷ Τάδε λέγει Βαλὰκ ὁ 16
τοῦ Σεπφώρ Ἀξιῶ σε, μὴ ὀκνήσῃς ἐλθεῖν πρός μέ· ¹⁷ἐντίμως γὰρ 17

AF　3 υιων] pr των F　　4 ως] ωσει AF | εκλιξαι] εκλιξει AF | τα χλωρα
εκ του πεδιου· και sup ras B^{ab} | βασιλευ F* (βασιλευς F¹) | Βωαβ F* (Μωαβ
F¹(vid))　5 Βεωρ] Βαιωρ A | Φαθουρα] Βαθουρα A | ο] ος AF　6 αρασαι]
καταρασαι A | ισχυει (ισχυι F) ουτος η ημεις BF] ισχυροτερος μου εστιν A |
εαν 1°]+δε F | εκ της sup ras A^a | οιδα]+οτι A | εαν 2°, 3°] αν AF | ευλογη-
σης] ευλογης A | ηυλογηνται F | καικατηρανται F　8 πραγμα A | εαν]
αν AF　9 και ηλθεν ο θ̅ς̅ sup ras B^a | παρα 1° B^a (sup ras)] προς B^b AF
10 αυτους] αγγελους A　11 om ιδου 2° AF | κεκαλυφεν] εκαλυψεν AF |
απο] εκ AF　12 ηυλογημενος F　14 ειπαν] ειπον AF+αυτω AF　15 ετι
Βαλακ AF　16 Βαλακ] Βαλααμ F

304

τιμήσω σε, καὶ ὅσα ἐὰν ¹ εἴπῃς ποιήσω σοι· καὶ δεῦρο ἐπικατάρασαί Β
18 μοι τὸν λαὸν τοῦτον. ¹⁸καὶ ἀπεκρίθη Βαλαὰμ καὶ εἶπεν τοῖς ἄρχουσιν
Βαλάκ Ἐὰν δῷ μοι Βαλὰκ πλήρη τὸν οἶκον αὐτοῦ ἀργυρίου καὶ
χρυσίου, οὐ δυνήσομαι παραβῆναι τὸ ῥῆμα Κυρίου τοῦ θεοῦ, ποιῆσαι
19 αὐτὸ μικρὸν ἢ μέγα ἐν τῇ διανοίᾳ μου. ¹⁹καὶ νῦν ὑπομείνατε αὐτοῦ
καὶ ὑμεῖς τὴν νύκτα ταύτην, καὶ γνώσομαι τί προσθήσει Κύριος λαλῆ-
20 σαι πρὸς μέ. ²⁰καὶ ἦλθεν ὁ θεὸς πρὸς Βαλαὰμ καὶ εἶπεν αὐτῷ
Εἰ καλέσαι σε πάρεισιν οἱ ἄνθρωποι οὗτοι, ἀναστὰς ἀκολούθησον
21 αὐτοῖς· ἀλλὰ τὸ ῥῆμα ὃ ἂν λαλήσω πρὸς σέ, τοῦτο ποιήσεις. ²¹καὶ
ἀναστὰς Βαλαὰμ τὸ πρωὶ ἐπέσαξεν τὴν ὄνον αὐτοῦ, καὶ ἐπορεύθη
22 μετὰ τῶν ἀρχόντων Μωάβ. ²²καὶ ὠργίσθη θυμῷ ὁ θεὸς ὅτι ἐπορεύθη
αὐτός, καὶ ἀνέστη ὁ ἄγγελος τοῦ θεοῦ ἐνδιαβαλεῖν αὐτόν· καὶ αὐτὸς
ἐπιβεβήκει ἐπὶ τῆς ὄνου αὐτοῦ, καὶ δύο παῖδες αὐτοῦ μετ᾽ αὐτοῦ.
23 ²³καὶ ἰδοῦσα ἡ ὄνος τὸν ἄγγελον τοῦ θεοῦ ἀνθεστηκότα ἐν τῇ ὁδῷ καὶ
τὴν ῥομφαίαν ἐσπασμένην ἐν τῇ χειρὶ αὐτοῦ, καὶ ἐξέκλινεν ἡ ὄνος
ἐκ τῆς ὁδοῦ αὐτῆς καὶ ἐπορεύετο εἰς τὸ πεδίον· ¹ καὶ ἐπάταξεν τὴν
24 ὄνον τῇ ῥάβδῳ, τοῦ εὐθῦναι αὐτὴν ἐν τῇ ὁδῷ. ²⁴καὶ ἔστη ὁ ἄγγελος
τοῦ θεοῦ ἐν ταῖς αὔλαξιν τῶν ἀμπέλων, φραγμὸς ἐντεῦθεν καὶ φραγ-
25 μὸς ἐντεῦθεν· ²⁵καὶ ἰδοῦσα ἡ ὄνος τὸν ἄγγελον τοῦ θεοῦ προσέθλιψεν
αὐτὸν πρὸς τὸν τοῖχον, καὶ ἀπέθλιψεν τὸν πόδα Βαλαάμ, καὶ προσέ-
26 θετο ἔτι μαστίξαι αὐτήν. ²⁶καὶ προσέθετο ὁ ἄγγελος τοῦ θεοῦ καὶ
ἀπελθὼν ὑπέστη ἐν τόπῳ στενῷ, εἰς ὃν οὐκ ἦν ἐκκλῖναι δεξιὰν
27 οὐδὲ ἀριστεράν. ²⁷καὶ ἰδοῦσα ἡ ὄνος τὸν ἄγγελον τοῦ θεοῦ συνεκά-
θισεν ὑποκάτω Βαλαάμ· καὶ ἐθυμώθη Βαλαὰμ καὶ ἔτυπτεν τὴν ὄνον
28 τῇ ῥάβδῳ. ²⁸καὶ ἤνοιξεν ὁ θεὸς τὸ στόμα τῆς ὄνου, καὶ λέγει τῷ
29 Βαλαάμ Τί ἐποίησά σοι ὅτι πέπαικάς με τοῦτο τρίτον; ²⁹καὶ εἶπεν
Βαλαὰμ τῇ ὄνῳ Ὅτι ἐμπέπαιχάς μοι· καὶ εἰ εἶχον μάχαιραν ἐν τῇ
30 χειρί, ἤδη ἂν ἐξεκέντησά σε. ³⁰καὶ λέγει ἡ ὄνος τῷ Βαλαὰμ Οὐκ ἐγὼ
ἡ ὄνος σου, ἐφ᾽ ἧς ἐπέβαινες ἀπὸ νεότητός σου ἕως τῆς σήμερον

17 οσα] ο Bᵃᵇ παντα οσα A παντα F | ειπης]+μοι ᾽AF | σοι] σε F AF
18 κριθη Βαλααμ κ ειπεν τοις αρχουσιν in mg et sup ras Aᵃ (om και ειπεν
τοις αρχουσιν Βαλακ A*ᵛⁱᵈ) | Βαλακ] Βαλαμ A | και 3°]η A   20 Βαλααμ]
+νυκτος Bᵃᵇ (superscr) AF | αν] εαν AF | λαλησω] ειπω AF | ποιησεις] ποιης
F   21 αρχοντων] ανδρων A   22 ο θεος] κυριος F | επορευθη] επο-
ρευετο AF | ενδιαβαλλειν AF | om και αυτος επιβεβηκει A | δυο] pr οι BᵃA
23 om αυτης BᵃᵇAF | επαταξεν] επαισεν F | τη ραβδω] pr εν AF+αυτου A
24 αμπελωνων AF   25 αυτον] εαυτην AF | Βαλααμ]+προς τον τοιχον A
26 αριστερα F   27 του θεου]+ανθεστηκοτα εν τη οδω F* (om F¹ᵛⁱᵈ)
28 λεγει] ειπεν A | εποιησα] πεποιηκα AF | τριτον τουτο F   29 ει] η AF
χειρι]+μου AF   30 om σου 1° A | απο] εκ A | σημερον ημ.] ημ. ταυτης A

Β ἡμέρας; μὴ ὑπεροράσει ὑπεριδοῦσα ἐποίησά σοι, οὕτως; ὁ δὲ εἶπεν
Οὐχί. ³¹ἀπεκάλυψεν δὲ ὁ θεὸς τοὺς ὀφθαλμοὺς Βαλαάμ, καὶ ὁρᾷ 31
τὸν ἄγγελον Κυρίου ἀνθεστηκότα ἐν τῇ ὁδῷ, καὶ τὴν μάχαιραν
ἐσπασμένην ἐν τῇ χειρὶ αὐτοῦ, καὶ κύψας προσεκύνησεν τῷ προσώ-
πῳ αὐτοῦ. ³²καὶ εἶπεν αὐτῷ ὁ ἄγγελος τοῦ θεοῦ Διὰ τί ἐπάταξας 32
τὴν ὄνον σου τοῦτο τρίτον; καὶ ἰδοὺ ἐγὼ ἐξῆλθον εἰς διαβολήν ʃ
σου, ὅτι οὐκ ἀστεία ἡ ὁδός σου ἐναντίον μου. ³³καὶ ἰδοῦσά με ἡ 33
ὄνος ἐξέκλινεν ἀπ' ἐμοῦ τρίτον τοῦτο· καὶ εἰ μὴ ἐξέκλινεν, νῦν
οὖν σὲ μὲν ἀπέκτεινα, ἐκείνην δὲ περιεποιησάμην. ³⁴καὶ εἶπεν 34
Βαλαὰμ τῷ ἀγγέλῳ Κυρίου Ἡμάρτηκα, οὐ γὰρ ἠπιστάμην ὅτι σύ
μοι ἀνθέστηκας ἐν τῇ ὁδῷ εἰς συνάντησιν· καὶ νῦν εἰ μή σοι ἀρέσκει,
ἀποστραφήσομαι. ³⁵καὶ εἶπεν ὁ ἄγγελος τοῦ θεοῦ πρὸς Βαλαάμ 35
Συνπορεύθητι μετὰ τῶν ἀνθρώπων· πλὴν τὸ ῥῆμα ὃ ἐὰν εἴπω πρὸς
σέ, τοῦτο φυλάξῃ λαλῆσαι. καὶ ἐπορεύθη Βαλαὰμ μετὰ τῶν ἀρχόν-
των Βαλάκ. ³⁶καὶ ἀκούσας Βαλὰκ ὅτι ἥκει Βαλαάμ, ἐξῆλθεν εἰς 36
συνάντησιν αὐτῷ εἰς πόλιν Μωάβ, ἥτις ἐπὶ τῶν ὁρίων Ἀρνῶν, ὅ
ἐστιν ἐκ μέρους τῶν ὁρίων. ³⁷καὶ εἶπεν Βαλὰκ πρὸς Βαλαάμ Οὐχὶ 37
ἀπέστειλα πρὸς σὲ καλέσαι σε; διὰ τί οὐκ ἤρχου πρὸς μέ; οὐ
δυνήσομαι ὄντως τιμῆσαί σε; ³⁸καὶ εἶπεν Βαλαὰμ πρὸς Βαλάκ Ἰδοὺ 38
ἥκω πρὸς σὲ νῦν· δυνατὸς ἔσομαι λαλῆσαί τι· τὸ ῥῆμα ὃ ἐὰν βάλῃ
ὁ θεὸς εἰς τὸ στόμα μου, τοῦτο λαλήσω. ³⁹καὶ ἐπορεύθη Βαλαὰμ 39
μετὰ Βαλάκ, καὶ ἦλθον εἰς Πόλεις ἐπαύλεων. ⁴⁰καὶ ἔθυσεν Βαλὰκ 40
πρόβατα καὶ μόσχους, καὶ ἀπέστειλεν τῷ Βαλαὰμ καὶ τοῖς ἄρχουσι
τοῖς μετ' αὐτοῦ. ⁴¹καὶ ἐγενήθη πρωί, καὶ παραλαβὼν Βαλὰκ τὸν 41
Βαλαὰμ ἀνεβίβασεν αὐτὸν ἐπὶ τὴν στήλην τοῦ Βάαλ, καὶ ἔδειξεν
αὐτῷ ἐκεῖθεν μέρος τι τοῦ λαοῦ. ¹Καὶ εἶπεν Βαλαὰμ τῷ Βαλάκ 1 ΧΧ
Οἰκοδόμησόν μοι ἐνταῦθα ἑπτὰ βωμούς, καὶ ἑτοίμασόν μοι ἐνταῦθα
ἑπτὰ μόσχους καὶ ἑπτὰ κριούς. ²καὶ ἐποίησεν Βαλὰκ ὃν τρόπον 2
εἶπεν αὐτῷ Βαλαάμ, καὶ ἀνήνεγκεν μόσχον καὶ κριὸν ἐπὶ τὸν βωμόν.
³καὶ εἶπεν Βαλαὰμ πρὸς Βαλάκ Παράστηθι ἐπὶ τῆς θυσίας σου, 3
καὶ πορεύσομαι, εἴ μοι φανεῖται ὁ θεὸς ἐν συναντήσει· καὶ ῥῆμα ὃ

AF 30 ουτως] τουτο A 31 Βαλααμ] pr του A | Κυριου] του θεου AF | τω
προσωπου (sic) A 32 ειπεν] λεγει A | εμου F 33 τουτο τριτον A |
εξεκλινεν 2°]+απ εμου AF | om ουν AF | απεκτεινα] pr αν F | δε B*ᵛⁱᵈ]
δ αν Bᵃᵇ (a sup ras ν superscr) AF 34 εν τη οδω εις συναντ.] εις συναντ.
μοι εν τη οδω AF 36 ητις] η εστιν BᵃᵇAF | ο] η AF 37 οντως
ου δυνησομαι AF 38 προς σε· νυν δυνατος AF|βαλη] εμβαλη AF | το
στομα] την καρδιαν A | λαλησω] φυλαξω λαλησαι A 40 αρχουσιν AF
XXIII 1 ενταυθα 1°] ενταυτα F | ενταυθα 2°] ενταυτα A 2 επι τον
βωμον] om τον F 3 και 2°] εγω δε A | ει μοι] εμοι A* (ι superscr A¹)

ΑΡΙΘΜΟΙ (XXIII 15

ἐάν μοι δείξῃ ἀναγγελῶ σοι. καὶ παρέστη Βαλὰκ ἐπὶ τῆς θυσίας B
αὐτοῦ· καὶ Βαλαὰμ ἐπορεύθη ἐπερωτῆσαι τὸν θεόν, καὶ ἐπορεύθη
4 εὐθεῖαν. ⁴καὶ ἐφάνη ὁ θεὸς τῷ Βαλαάμ, καὶ εἶπεν πρὸς αὐτὸν Βαλαάμ
Τοὺς ἑπτὰ βωμοὺς ἡτοίμασα, καὶ ἀνεβίβασα μόσχον καὶ κριὸν ἐπὶ
5 τὸν βωμόν. ⁵καὶ ἐνέβαλεν ὁ θεὸς ῥῆμα εἰς στόμα Βαλαὰμ καὶ
6 εἶπεν Ἐπιστραφεὶς πρὸς Βαλὰκ οὕτως λαλήσεις. ⁶καὶ ἀπεστράφη
πρὸς αὐτόν· καὶ ὅδε ἐφιστήκει ἐπὶ τῶν ὁλοκαυτωμάτων αὐτοῦ, καὶ
πάντες οἱ ἄρχοντες Μωὰβ μετ' αὐτοῦ. καὶ ἐγενήθη πνεῦμα θεοῦ
7 ἐπ' αὐτῷ· ⁷καὶ ἀναλαβὼν τὴν παραβολὴν αὐτοῦ εἶπεν
Ἐκ Μεσοποταμίας μετεπέμψατό με Βαλάκ,
βασιλεὺς Μωὰβ ἐξ ὀρέων ἀπ' ἀνατολῶν, λέγων
Δεῦρο ἄρασαί μοι τὸν Ἰακώβ,
καὶ δεῦρο ἐπικατάρασαί μοι τὸν Ἰσραήλ.
8 ⁸τί ἀράσωμαι ὃν μὴ καταρᾶται Κύριος;
ἢ τί καταράσωμαι ὃν μὴ καταρᾶται ὁ θεός;
9 ⁹ὅτι ἀπὸ κορυφῆς ὀρέων ὄψομαι αὐτόν,
καὶ ἀπὸ βουνῶν προσνοήσω αὐτόν.
ἰδοὺ λαὸς μόνος κατοικήσει,
καὶ ἐν ἔθνεσιν οὐ συλλογισθήσεται.
10 ¹⁰τίς ἐξηκριβάσατο τὸ σπέρμα Ἰακώβ;
καὶ τίς ἐξαριθμήσεται δήμους Ἰσραήλ;
ἀποθάνοι ἡ ψυχή μου ἐν ψυχαῖς δικαίων,
καὶ γένοιτο τὸ σπέρμα μου ὡς τὸ σπέρμα τούτων.
11 ¹¹καὶ εἶπεν Βαλὰκ πρὸς Βαλαάμ Τί πεποίηκάς μοι; εἰς κατάρασιν
12 ἐχθρῶν μου κέκληκά σε, καὶ ἰδοὺ εὐλόγηκας εὐλογίαν. ¹²καὶ εἶπεν
Βαλαὰμ πρὸς Βαλάκ Οὐχὶ ὅσα ἐὰν ἐμβάλῃ ὁ θεὸς εἰς τὸ στόμα
13 μου, τοῦτο φυλάξω λαλῆσαι; ¹³καὶ εἶπεν πρὸς αὐτὸν Βαλάκ Δεῦρο
ἔτι μετ' ἐμοῦ εἰς τόπον ἄλλον, ἐξ ὧν οὐκ ὄψῃ αὐτὸν ἐκεῖθεν, ἀλλ' ἢ
μέρος τι αὐτοῦ ὄψῃ, πάντας δὲ οὐ μὴ ἴδῃς· καὶ κατάρασαί μοι αὐτὸν
14 ἐκεῖθεν. ¹⁴καὶ παρέλαβεν αὐτὸν εἰς ἀγροῦ σκοπιὰν ἐπὶ κορυφὴν
Λελαξευμένον, καὶ ᾠκοδόμησεν ἐκεῖ ἑπτὰ βωμούς, καὶ ἀνεβίβασεν
15 μόσχον καὶ κριὸν ἐπὶ τὸν βωμόν. ¹⁵καὶ εἶπεν Βαλαὰμ πρὸς Βαλάκ
Παράστηθι ἐπὶ τῆς θυσίας σου, ἐγὼ δὲ πορεύσομαι ἐπερωτῆσαι τὸν

---

5 στομα] pr το B^ab AF '6 εφειστηκει B^ab | των ολοκαυτ.] της ολο- AF καυτωσεως F* (ματων F¹ mg) 8 αρασομαι AF | καταραται 1°] αραται AF | Κυριος] pr ο A | καταρασομαι AF   9 βουνων] pr των A | προνοησω B^ab | om ου A   10 αποθανη F | 11 πεποιηκας] επδιησας AF | ευλογηκας] ευλογησας AF   12 om ἐαν A αν F·   13 εξ ων] εξ ου AF

Β θεόν. ¹⁶ καὶ συνήντησεν ὁ θεὸς τῷ Βαλαὰμ καὶ ἐνέβαλεν ῥῆμα εἰς 16
τὸ στόμα αὐτοῦ καὶ εἶπεν Ἀποστράφητι πρὸς Βαλάκ, καὶ τάδε
λαλήσεις. ¹⁷ καὶ ἀπεστράφη πρὸς αὐτόν· ὁ δὲ ἐφιστήκει ἐπὶ τῆς 17
ὁλοκαυτώσεως αὐτοῦ, καὶ πάντες οἱ ἄρχοντες Μωὰβ μετ' αὐτοῦ.
καὶ εἶπεν αὐτῷ Βαλάκ Τί ἐλάλησεν Κύριος; ¹⁸ καὶ ἀναλαβὼν τὴν 18
παραβολὴν αὐτοῦ εἶπεν

    Ἀνάστηθι Βαλάκ, καὶ ἄκουε·
    ἐνώτισαι μάρτυς, υἱὸς Σεπφώρ.
¹⁹ οὐχ ὡς ἄνθρωπος ὁ θεὸς διαρτηθῆναι,   19
    οὐδὲ ὡς υἱὸς ἀνθρώπου ἀπειληθῆναι·
    αὐτὸς εἴπας οὐχὶ ποιήσει;
    λαλήσει, καὶ οὐχὶ ἐμμενεῖ;
²⁰ ἰδοὺ εὐλογεῖν παρείλημμαι·   20
    εὐλογήσω, καὶ οὐ μὴ ἀποστρέψω.
²¹ οὐκ ἔσται μόχθος ἐν Ἰακώβ,   21
    οὐδὲ ὀφθήσεται πόνος ἐν Ἰσραήλ·
    Κύριος ὁ θεὸς αὐτοῦ μετ' αὐτοῦ,
    τὰ ἔνδοξα ἀρχόντων ἐν αὐτῷ.
²² θεὸς ὁ ἐξαγαγὼν αὐτοὺς ἐξ Αἰγύπτου·   22
    ὡς δόξα μονοκέρωτος αὐτῷ.
²³ οὐ γάρ ἐστιν οἰωνισμὸς ἐν Ἰακώβ,   23
    οὐδὲ μαντεία ἐν Ἰσραήλ.
    κατὰ καιρὸν ῥηθήσεται Ἰακὼβ καὶ τῷ Ἰσραὴλ
    τί ἐπιτέλεσει ὁ θεός.
²⁴ ἰδοὺ λαὸς ὡς σκύμνος ἀναστήσεται,   24
    καὶ ὡς λέων γαυριωθήσεται·
    οὐ κοιμηθήσεται ἕως φάγῃ θήραν,
    καὶ αἷμα τραυματιῶν πίεται.

²⁵ καὶ εἶπεν Βαλὰκ πρὸς Βαλαάμ Οὔτε κατάραις καταράσῃ μοι αὐτόν, 25
οὔτε εὐλογῶν μὴ εὐλογήσῃς αὐτόν. ²⁶ καὶ ἀποκριθεὶς Βαλαὰμ εἶπεν 26
τῷ Βαλάκ Οὐκ ἐλάλησά σοι λέγων Τὸ ῥῆμα ὃ ἐὰν λαλήσῃ ὁ θεός,
τοῦτο ποιήσω; ²⁷ καὶ εἶπεν Βαλὰκ πρὸς Βαλαάμ Δεῦρο παραλάβω 27
σε εἰς τόπον ἄλλον, εἰ ἀρέσει τῷ θεῷ, καὶ κατάρασαί μοι αὐτὸν

AF   16 αποστραφητι B*AF] αποστραφηθι Bᵃ¹ᵇ   17 ο δε] και οδε BᵃᵇAF |
εφειστηκει Bᵃᵇ | παντες] απαντες Bᵃᵇ   19 ουδε] ουδ AF | ουχι 2°] ουκ F
21 τα ενδοξα] τα δε ενδοξα A   22 θεος] pr ο AF | αυτους] αυτον AF | αυτω]
αυτου F   24 γαυρωθησεται BᵃᵇF | ου] pr και F   25 ευλογησεις F
26 και αποκρ.] αποκρ. δε AF   27 om μοι F

ΑΡΙΘΜΟΙ XXIV 8

28 ἐκεῖθεν. ²⁸καὶ παρέλαβεν Βαλὰκ τὸν Βαλαὰμ ἐπὶ κορυφὴν τοῦ Φογώρ, Β
29 τὸ παρατεῖνον εἰς τὴν ἔρημον. ²⁹καὶ εἶπεν Βαλαὰμ πρὸς Βαλὰκ
Οἰκοδόμησόν μοι ὧδε ἑπτὰ βωμούς, καὶ ἑτοίμασόν μοι ὧδε ἑπτὰ
30 μόσχους καὶ ἑπτὰ κριούς. ³⁰καὶ ἐποίησεν Βαλὰκ καθάπερ εἶπεν αὐτῷ
V 1 Βαλαάμ, καὶ ἀνήνεγκεν μόσχον καὶ κριὸν ἐπὶ τὸν βωμόν. ¹Καὶ ἰδὼν
Βαλαὰμ ὅτι καλόν ἐστιν ἔναντι Κυρίου εὐλογεῖν τὸν Ἰσραήλ, οὐκ ἐπορεύθη κατὰ τὸ εἰωθὸς εἰς συνάντησιν τοῖς οἰωνοῖς, καὶ ἀπέστρεψεν
2 τὸ πρόσωπον εἰς τὴν ἔρημον. ²καὶ ἐξάρας Βαλαὰμ τοὺς ὀφθαλμοὺς
αὐτοῦ καθορᾷ τὸν Ἰσραὴλ ἐστρατοπεδευκότα κατὰ φυλάς· καὶ ἐγένετο
3 πνεῦμα θεοῦ ἐν αὐτῷ. ³καὶ ἀναλαβὼν τὴν παραβολὴν αὐτοῦ εἶπεν
Φησὶν Βαλαὰμ υἱὸς Βεώρ,
φησὶν ὁ ἄνθρωπος ὁ ἀληθινῶς ὁρῶν,
4 ⁴φησὶν ἀκούων λόγια θεοῦ,
ὅστις ὅρασιν θεοῦ εἶδεν,
ἐν ὕπνῳ, ἀποκεκαλυμμένοι οἱ ὀφθαλμοὶ αὐτοῦ·
5 ⁵ὡς καλοί σου οἱ οἶκοι, Ἰακώβ,
αἱ σκηναί σου, Ἰσραήλ·
6 ⁶ὡς νάπαι σκιάζουσαι,
καὶ ὡσεὶ παράδεισος ἐπὶ ποταμῶν·
καὶ ὡσεὶ σκηναὶ ἃς ἔπηξεν Κύριος,
ὡσεὶ κέδροι παρ᾽ ὕδατα.
⁷ἐξελεύσεται ἄνθρωπος ἐκ τοῦ σπέρματος αὐτοῦ,
καὶ κυριεύσει ἐθνῶν πολλῶν·
καὶ ὑψωθήσεται ἢ Γὼγ βασιλεία,
καὶ αὐξηθήσεται ἡ βασιλεία αὐτοῦ·
8 ⁸θεὸς ὡδήγησεν αὐτὸν ἐξ Αἰγύπτου,
ὡς δόξα μονοκέρωτος αὐτῷ·
ἔδεται ἔθνη ἐχθρῶν αὐτοῦ,
καὶ τὰ πάχη αὐτῶν ἐκμυελιεῖ,
καὶ ταῖς βολίσιν αὐτοῦ κατατοξεύσει ἐχθρόν.

28 κορυφην] pr την A   XXIV 1 εναντιον AF | ευλογει A* (ν AF
superscr A¹) | ουκ] pr και F | ιωθος B*F (ειωθ. B^{ab}A) | οιωνοις] ωνοις A*
(οι superscr A¹) ιωνοις F | προσωπον]+αυτου B^{ab}AF   2 πνευμα θεου εν
αυτω] επ αυτω πνα θυ A επ αυτον πν. θ. F* (επ αυτω F^{1mg})   3 Βαιωρ A |
αληθεινος A   4 om φησιν...θεου F | θεου 1°]+ισχυρου A | om οστις F* (hab
F^{1?a?mg}) | ειδεν· εν υπνω F | αποκεκαλ: (απεκαλ. A)] pr ras 2 forte litt B^{1?a?}
5 σου οι οικοι] οικοι σου A οι οικοι σου F   6 ως B*^{vid}F] ωσει B^{1?}A |
παραδεισοι B^{ab}AF (παραδισοι) | ποταμω B^bA | om και 2° F* (hab F^{1?a?})
7 βασιλεια 1°]+αυτου AF   8 θεος] pr ο AF | δοξαν F | εκμυελιει BA*
(εκμυελιει A¹F)

309

ΑΡΙΘΜΟΙ

B ⁹κατακλιθεὶς ἀνεπαύσατο ὡς λέων καὶ ὡς σκύμνος· 9
τίς ἀναστήσει αὐτόν;
οἱ εὐλογοῦντές σε εὐλόγηνται,
καὶ οἱ καταρώμενοί σε κεκατήρανται.
¹⁰καὶ ἐθυμώθη Βαλὰκ ἐπὶ Βαλαάμ, καὶ συνεκρότησεν ταῖς χερσὶν 10
αὐτοῦ· καὶ εἶπεν Βαλὰκ πρὸς Βαλαάμ Καταρᾶσθαι τὸν ἐχθρόν μου
κέκληκά σε, καὶ ἰδοὺ εὐλογῶν εὐλόγησας τρίτον τοῦτο. ¹¹νῦν οὖν 11
φεῦγε εἰς τὸν τόπον σου· εἶπα Τιμήσω σε, καὶ νῦν ἐστέρεσέν σε
Κύριος τῆς δόξης. ¹²καὶ εἶπεν Βαλαὰμ πρὸς Βαλάκ Οὐχὶ καὶ τοῖς ἀγγέ- 12
λοις σου οὓς ἀπέστειλας πρός μὲ ἐλάλησα λέγων ¹³Ἐάν μοι δῷ Βαλὰκ 13
πλήρη τὸν οἶκον αὐτοῦ ἀργυρίου καὶ χρυσίου, οὐ δυνήσομαι παρα-
βῆναι τὸ ῥῆμα Κυρίου, ποιῆσαι αὐτὸ πονηρὸν ἢ καλὸν παρ' ἐμαυτοῦ·
ὅσα ἐὰν εἴπῃ ὁ θεός, ταῦτα ἐρῶ. ¹⁴καὶ νῦν ἰδοὺ ἀποτρέχω εἰς τὸν 14
τόπον μου· δεῦρο συμβουλεύσω σοι τί ποιήσει ὁ λαὸς οὗτος τὸν λαόν
σου ἐπ' ἐσχάτου τῶν ἡμερῶν. ¹⁵καὶ ἀναλαβὼν τὴν παραβολὴν αὐτοῦ 15
εἶπεν

Φησὶν Βαλαὰμ υἱὸς Βεώρ,
φησὶν ὁ ἄνθρωπος ὁ ἀληθινὸς ὁρῶν,
¹⁶ἀκούων λόγια θεοῦ, 16
ἐπιστάμενος ἐπιστήμην παρὰ Ὑψίστου,
καὶ ὅρασιν θεοῦ ἰδών,
ἐν ὕπνῳ, ἀποκεκαλυμμένοι οἱ ὀφθαλμοὶ αὐτοῦ·
¹⁷δείξω αὐτῷ, καὶ οὐχὶ νῦν· 17
μακαρίζω, καὶ οὐκ ἐγγίζει·
ἀνατελεῖ ἄστρον ἐξ Ἰακώβ,
καὶ ἀναστήσεται ἄνθρωπος ἐξ Ἰσραήλ,
καὶ θραύσει τοὺς ἀρχηγοὺς Μωάβ,
καὶ προνομεύσει πάντας υἱοὺς Σήθ.
¹⁸καὶ ἔσται Ἐδὼμ κληρονομία, 18
καὶ ἔσται κληρονομία Ἠσαῦ ὁ ἐχθρὸς αὐτοῦ·
καὶ Ἰσραὴλ ἐποίησεν ἐν ἰσχύι.
¹⁹καὶ ἐξεγερθήσεται ἐξ Ἰακώβ, 19
καὶ ἀπολεῖ σωζόμενον ἐκ πόλεως.

AF 9 ηυλογηνται A | καικατηρανται A 10 καταρασθαι B (θαι sup ras)] καταρασασθαι AF (καταρασασθε) | τουτο τριτον AF 11 τοπον] το sup ras B? vid | εστερησεν B^ab AF 13 δω μοι AF | πληρης A | καλον η πονηρον AF | εαν 2°] αν F | ειπη]+μοι AF 14 τοπον] οικον F 15 Βαιωρ A | αληθεινως AF 16 om παρα AF | ιδων· εν υπνω BA^vid F | απεκαλ. A
17 υιους] pr τους A 18 εχθρος] αδελφος F* (εχρος [sic] F^1 mg)

ἈΡΙΘΜΟΙ XXV 7

20 ²⁰ καὶ ἰδὼν τὸν Ἀμαλὴκ καὶ ἀναλαβὼν τὴν παραβολὴν αὐτοῦ εἶπεν   B
    Ἀρχὴ ἐθνῶν Ἀμαλήκ,
    καὶ τὸ σπέρμα αὐτῶν ἀπολεῖται.
21 ²¹ καὶ ἰδὼν τὸν Κεναῖον καὶ ἀναλαβὼν τὴν παραβολὴν αὐτοῦ εἶπεν
    Ἰσχυρὰ ἡ κατοικία σου·
    καὶ ἐὰν θῇς ἐν πέτρᾳ τὴν νοσσιάν σου,
22 ²²καὶ ἐὰν γένηται τῷ Βεὼρ νεοσσιὰ πανουργίας,
    Ἀσσύριοί σε αἰχμαλωτεύσουσιν.
23 ²³ καὶ ἰδὼν τὸν Ὢγ καὶ ἀναλαβὼν τὴν παραβολὴν αὐτοῦ εἶπεν
    Ὢ ὤ, τίς ζήσεται ὅταν θῇ ταῦτα ὁ θεός;
24   ²⁴καὶ ἐξελεύσεται ἐκ χειρὸς Κιτιαίων,
    καὶ κακώσουσιν Ἀσσούρ, καὶ κακώσουσιν Ἑβραίους,
    καὶ αὐτοὶ ὁμοθυμαδὸν ἀπολοῦνται.
25 ²⁵καὶ ἀναστὰς Βαλαὰμ ἀπῆλθεν, ἀποστραφεὶς εἰς τὸν τόπον αὐτοῦ· καὶ
Βαλὰκ ἀπῆλθεν πρὸς ἑαυτόν.

V 1 ¹ Καὶ κατέλυσεν Ἰσραὴλ ἐν Σαττείν· καὶ ἐβεβηλώθη ὁ λαὸς ἐκπορ-
2 νεῦσαι εἰς τὰς θυγατέρας Μωάβ. ²καὶ ἐκάλεσαν αὐτοὺς ἐπὶ ταῖς
θυσίαις τῶν εἰδώλων αὐτῶν, καὶ ἔφαγεν ὁ λαὸς τῶν θυσιῶν αὐτῶν
3 καὶ προσεκύνησαν τοῖς εἰδώλοις αὐτῶν, ³καὶ ἐτελέσθη Ἰσραὴλ τῷ
4 Βεελφεγώρ· καὶ ὠργίσθη θυμῷ Κύριος τῷ Ἰσραήλ. ⁴καὶ εἶπεν
Κύριος τῷ Μωυσῇ Λάβε πάντας τοὺς ἀρχηγοὺς τοῦ λαοῦ καὶ παρα-
δειγμάτισον αὐτοὺς Κυρίῳ ἀπέναντι τοῦ ἡλίου, καὶ ἀποστραφήσεται
5 ὀργὴ Κυρίου ἀπὸ Ἰσραήλ. ⁵καὶ εἶπεν Μωυσῆς ταῖς φυλαῖς Ἰσραήλ
Ἀποκτείνατε ἕκαστος τὸν οἰκεῖον αὐτοῦ τὸν τετελεσμένον τῷ Βεελ-
6 φεγώρ. ⁶καὶ ἰδοὺ ἄνθρωπος τῶν υἱῶν Ἰσραὴλ ἐλθὼν προσήγαγεν
τὸν ἀδελφὸν αὐτοῦ πρὸς τὴν Μαδιανεῖτιν ἐναντίον Μωυσῆ καὶ ἔναντι
πάσης συναγωγῆς υἱῶν Ἰσραήλ, αὐτοὶ δὲ ἔκλαιον παρὰ τὴν θύραν
7 τῆς σκηνῆς τοῦ μαρτυρίου. ⁷καὶ ἰδὼν Φεινεὲς υἱὸς Ἐλεαζὰρ υἱὸς
Ἀαρὼν τοῦ ἱερέως ἐξανέστη ἐκ μέσου τῆς συναγωγῆς, καὶ λαβὼν

21 Κεναιον] Καινεον A | κατοικια] κατοικησις F   22 Βαιωρ A | νοσσια AF
BᵃᵇAF | Συριοι B* (Ασσυριοι Bᵃᵇ) | σε αιχμ.] αιχμ. σε AF¹ᵐᵍ αιχμ. αυτον F*
23 om και ιδων τον Ωγ F | θη BᵃᵇAF] ελθη B*   24 χειρος B*F] χειρων
BᵃᵇA | Κητιαιων A | Εβραιους] Εβερ Fᵃᵐᵍ   XXV 1 Σαττειμ F | om
εκπορνευσαι F* (hab F¹ᵐᵍ) '2 επι ταις θυσιαις] εις τας θυσιας AF |
προσεκυνησεν A   3 ετελεσθη] ετελεσθησαν A εξευχθη Fᵃ?ᵐᵍ | om Ισραηλ
1° A   4 τω Μωυση] προς Μωυσην A | om παντας AF | Κυριω] pr
τω AF | απεναντι] κατεναντι AF | ηλιου] λαου A | οργη] + θυμου BᵃᵇAF
6 Μαδιανιτιν BᵇAF | εναντιον] εναντι A | εναντι] εναντιον BᵃᵇAF | την
θυραν] τας θυρας F   7 Φινεες BᵇAF | υιος 2°] υιου AF

311

ΑΡΙΘΜΟΙ

σειρομάστην ἐν τῇ χειρὶ ⁸εἰσῆλθεν ὀπίσω τοῦ ἀνθρώπου τοῦ Ἰσραη- 8
λείτου εἰς τὴν κάμινον, καὶ ἀπεκέντησεν ἀμφοτέρους, τόν τε ἄνθρωπον
τὸν Ἰσραηλείτην καὶ τὴν γυναῖκα διὰ τῆς μήτρας αὐτῆς· καὶ ἐπαύ-
σατο ἡ πληγὴ ἀπὸ υἱῶν Ἰσραήλ. ⁹καὶ ἐγένοντο οἱ τεθνηκότες ἐκ 9
τῇ πληγῇ τέσσαρες καὶ εἴκοσι χιλιάδες. ¹⁰Καὶ ἐλάλησεν Κύριος 10
πρὸς Μωυσῆν λέγων ¹¹Φινεὲς υἱὸς Ἐλεαζὰρ υἱὸς Ἀαρὼν τοῦ ἱερέως 11
κατέπαυσεν τὸν θυμόν μου ἀπὸ υἱῶν Ἰσραὴλ ἐν τῷ ζηλῶσαί μου
τὸν ζῆλον ἐν αὐτοῖς, καὶ οὐκ ἐξανήλωσα τοὺς υἱοὺς Ἰσραὴλ ἐν τῷ
ζήλῳ μου. ¹²οὕτως εἰπόν Ἰδοὺ ἐγὼ δίδωμι αὐτῷ διαθήκην εἰρήνης, 12
¹³καὶ ἔσται αὐτῷ καὶ τῷ σπέρματι αὐτοῦ μετ' αὐτὸν διαθήκη ἱερατίας 13
αἰωνία, ἀνθ' ὧν ἐζήλωσεν τῷ θεῷ αὐτοῦ καὶ ἐξιλάσατο περὶ τῶν
υἱῶν Ἰσραήλ. ¹⁴τὸ δὲ ὄνομα τοῦ ἀνθρώπου τοῦ Ἰσραηλείτου τοῦ 14
πεπληγότος, ὃς ἐπλήγη μετὰ τῆς Μαδιανείτιδος, Ζαμβρεί, υἱὸς Σαλμών,
ἄρχων οἴκου πατριᾶς τῶν Συμεών· ¹⁵καὶ ὄνομα τῇ γυναικὶ τῇ 15
Μαδιανείτιδι τῇ πεπληγυίᾳ Χασβεί, θυγάτηρ Σοὺρ ἄρχοντος ἔθνους
Ὀμμόθ· οἴκου πατριᾶς ἐστιν τῶν Μαδιάν. ¹⁶Καὶ ἐλάλησεν 16
Κύριος πρὸς Μωυσῆν λέγων Λάλησον τοῖς υἱοῖς Ἰσραὴλ λέγων ¹⁷Ἐ- 17
χθραίνετε τοῖς Μαδιηναίοις καὶ πατάξατε αὐτούς, ¹⁸ὅτι ἐχθραίνουσιν 18
αὐτοὶ ὑμῖν ἐν δολιότητι, ὅσα δολιοῦσιν ὑμᾶς διὰ Φογώρ, καὶ διὰ
Χασβεὶ θυγατέρα ἄρχοντος Μαδιὰν ἀδελφὴν αὐτῶν, τὴν πεπληγυῖαν
ἐν τῇ ἡμέρᾳ τῆς πληγῆς διὰ Φογώρ.

¹⁽¹⁹⁾Καὶ ἐγένετο μετὰ τὴν πληγὴν ⁽¹⁾καὶ ἐλάλησεν Κύριος πρὸς Μωυ- 1 X
σῆν καὶ πρὸς Ἐλεαζὰρ τὸν ἱερέα λέγων ²Λάβε τὴν ἀρχὴν πάσης συνα- 2
γωγῆς υἱῶν Ἰσραὴλ ἀπὸ εἰκοσαετοῦς καὶ ἐπάνω κατ' οἴκους πατριῶν
αὐτῶν, πᾶς ὁ ἐκπορευόμενος παρατάξασθαι ἐν Ἰσραήλ. ³καὶ ἐλάλη- 3
σεν Μωυσῆς καὶ Ἐλεαζὰρ ὁ ἱερεὺς ἐν ἀραβὼθ Μωὰβ ἐπὶ τοῦ
Ἰορδάνου κατὰ Ἰερειχὼ λέγων ⁴Ἀπὸ εἰκοσαετοῦς καὶ ἐπάνω, ὃν 4
τρόπον συνέταξεν Κύριος τῷ Μωυσῇ, σὺ καὶ οἱ υἱοὶ Ἰσραὴλ οἱ
ἐξελθόντες ἐξ Αἰγύπτου. ⁵Ρουβὴν πρωτότοκος Ἰσραήλ. υἱοὶ 5
δὲ Ῥουβήν· Ἐνώχ, καὶ δῆμος τοῦ Ἐνώχ· τῷ Φαλλού, δῆμος τοῦ

AF 8 Ισραηλιτου B^bF | Ισραηλιτην B^bF Ισραηλιτιν A | υιων] pr των AF
11 υιος 2°] υιου B^{ab}AF   12 διαθ. ειρ.] pr την διαθηκην μου A   13 μετ
αυτου A | αιωνιας F   14 Ισραηλιτου B^bA | Μαδειανειτιδος B* Μαδιανι-
τιδος B^bAF | Ζαμβρι AF | Σαλμων] Σαλω A Σαλωμ F | πατριας των
Σ.] πατριας Σ. A πατρια Σ. F   :15 Μαδιανιτιδι B^bAF | Χασβι AF |
Ομμοθ] Σομμωθ AF | Μαδιαμ AF   18 Χασβι AF | Μαδιαμ AF | αδελ-
φην] pr την A   XXVI 1 Μωυσην]+λεγων A | om προς 2° _{Bab}F | Ελαζαρ
A* (ε superscr A¹)   2 συναγωγης] pr της A   3 Ελεαζαρ ο ιερευς] om ο
ιερευς A + μετ αυτων AF | Ιερχω B^bA   4 om συ AF   5 Φαλλου]
Φαυλου B | του Φαλλουει] ο Φαλλουι F

ΑΡΙΘΜΟΙ XXVI 22

6 Φαλλουεί· ⁶τῷ Ἀσρών, δῆμος τοῦ Ἀσρωνεί· τῷ Χαρμεί, δῆμος τοῦ B
7 Χαρμεί. ⁷οὗτοι δῆμοι Ῥουβήν· καὶ ἐγένετο ἡ ἐπίσκεψις αὐτῶν τρεῖς
8 καὶ τεσσεράκοντα χιλιάδες καὶ ἑπτακόσιοι καὶ τριάκοντα. ⁸καὶ υἱοὶ
9 Φαλλού· Ἐλιάβ. ⁹καὶ υἱοὶ Ἐλιάβ· Ναμουὴλ καὶ Δαθὰν καὶ Ἀβειρών·
οὗτοι ἐπίκλητοι τῆς συναγωγῆς, οὗτοί εἰσιν οἱ ἐπισυστάντες ἐπὶ
Μωυσῆν καὶ Ἀαρὼν ἐν τῇ συναγωγῇ Κόρε ἐν τῇ ἐπισυστάσει Κυρίου·
10 ¹⁰καὶ ἀνοίξασα ἡ γῆ τὸ στόμα αὐτῆς κατέπιεν αὐτοὺς καὶ Κόρε, ἐν
τῇ συναγωγῇ αὐτοῦ, ὅτε κατέφαγεν τὸ πῦρ τοὺς πεντήκοντα καὶ
11 διακοσίους, καὶ ἐγενήθησαν ἐν σημείῳ. ¹¹οἱ δὲ υἱοὶ Κόρε οὐκ ἀπέθα-
12 νον. ¹²Καὶ οἱ υἱοὶ Συμεών· ὁ δῆμος τῶν υἱῶν Συμεών· τῷ
Ναμουήλ, δῆμος ὁ Ναμουηλεί· τῷ Ἰαμείν, δῆμος ὁ Ἰαμινεί· τῷ Ἰαχείν,
13 δῆμος ὁ Ἰαχινεί· ¹³τῷ Ζάρα, δῆμος ὁ Ζαραεί· τῷ Σαούλ, δῆμος ὁ Σαουλεί.
14 ¹⁴οὗτοι δῆμοι Συμεὼν ἐκ τῆς ἐπισκέψεως αὐτῶν, δύο καὶ εἴκοσι χιλιάδες
(19) 15 καὶ διακόσιοι. ¹⁵Υἱοὶ δὲ Ἰούδα· Ἢρ καὶ Αὐνάν· καὶ ἀπέθανεν
(20) 16 Ἢρ καὶ Αὐνὰν ἐν γῇ Χανάαν. ¹⁶ἐγένοντο δὲ οἱ υἱοὶ Ἰούδα κατὰ
δήμους αὐτῶν· τῷ Σηλών, δῆμος ὁ Σηλωνεί· τῷ Φάρες, δῆμος ὁ
(21) 17 Φάρες· τῷ Ζάρα, δῆμος ὁ Ζαραεί. ¹⁷καὶ ἐγένετο υἱοὶ Φάρες· τῷ
(22) 18 Ἀσρών, δῆμος ὁ Ἀσρωνεί· τῷ Ἰαμούν, δῆμος ὁ Ἰαμουνεί. ¹⁸οὗτοι
δῆμοι τῷ Ἰούδᾳ κατὰ τὴν ἐπισκοπὴν αὐτῶν, ἐξ καὶ ἑβδομήκοντα χι-
(23) 19 λιάδες καὶ πεντακόσιοι. ¹⁹Καὶ υἱοὶ Ἰσσαχὰρ κατὰ δήμους αὐτῶν·
(24) 20 τῷ Θωλά, δῆμος ὁ Θωλαεί· τῷ Φουά, δῆμος ὁ Φουαεί· ²⁰τῷ Ἰασούβ,
(25) 21 δῆμος Ἰασουβεί· τῷ Σαμαράμ, δῆμος ὁ Σαμαρανεί. ²¹οὗτοι δῆμοι
Ἰσσαχὰρ ἐξ ἐπισκέψεως αὐτῶν, τέσσαρες καὶ ἑξήκοντα χιλιάδες
(26) 22 καὶ τριακόσιοι. ²²Υἱοὶ Ζαβουλὼν κατὰ δήμους αὐτῶν· τῷ
Σάρεδ, δῆμος ὁ Σαρεδεί· τῷ Ἀλλών, δῆμος ὁ Ἀλλωνεί· τῷ Ἀλλήλ,

6 Ασρωμ A | Χαρμει 2°] Χαρμι A   7 τριακοντα] πεντηκοντα A AF
8, υιοι] pr οι F   9 υιοι] pr οι F | Δαθαν] Ναθαν F* (Δαθαν F¹ mg) |
επισυσταντες] επιστάντες A επισυνσταθεντες F [. Κυριου) pr εναντιον F
10 τη συναγωγη] τω θανατω της συναγωγης Bᵃᵇ AF¹ (τω θανατω F¹ mg της
F¹ συναγωγης F¹ᵗ ᵃ ?) | διακοσιους] + ανδρας F   12 οι υιοι] om οι F | ο
δημος] om ο A | Ναμουηλι F | Ιαμιν A | Ιαμινει] Ιαμινι A Ιαμειν F |
Ιαχινει] Ιαχεινι AFᵛⁱᵈ   13 Ζαραι F | Σαουλι F   15 Αυναν 1°]+και
Σηλω (Σηλωμ sine και F) και Φαρες και Ζαρα AF   16 εγενοντο δε]
και εγενοντο AF | οι υιοι] om οι Bᵃᵇ | Σηλωμ F | Σηλωνι AF | Ζαραι F
17 εγενετο] εγενοντο Bᵃᵇ AF | υιοι] pr οι F | Ἀστρων (sic) A | Ἀσρωνι AF |
Ιαμουν] Ιαμουηλ AF | Ιαμουννει] Ιαμουνηλι A Ιεμουηλι F.   18 δημω B*
(δημοι Bᵃᵇ) | τω Ιουδα] του I. A | επισκοπην] επισκεψιν A   19 υιοι] pr
οι F | Θωλαι AF | Φουει B*ᵛⁱᵈ (Φουαει B¹) Φουαι A Φου|.ι F   20 Ιασουβ]
Ρασουβ F* (Ιασ. F¹) | Ιασουβει] ο Ιασουβι AF | Σαμαραμ] Σαμραμ Bᵈ F
Αμβραν A | Σαμαρανει] Σαμραμει Bᵃᵇ Αμβραμει A Σαμβραμι F   21 τρια-
κοσιοι] τετρακοσιοι AF   22 Σαρεδει] ante ει ras 1 lit Bᵗᵛⁱᵈ Σαρεδι F |
Αλλων] Α.λων F | Αλλωνι AF | Αλληλ] Α..ηλ F

313

ΑΡΙΘΜΟΙ

Β δῆμος Ἀλληλεί. ²³οὗτοι δῆμοι Ζαβουλὼν ἐξ ἐπισκέψεως αὐτῶν, 23 (27) ἑξήκοντα χιλιάδες καὶ πεντακόσιοι. ²⁴Υἱοὶ Γὰδ κατὰ δήμους 24 (15) αὐτῶν· τῷ Σαφών, δῆμος ὁ Σαφωνεί· τῷ Ἀγγεί, δῆμος ὁ Ἀγγεί· τῷ Σουνεί, δῆμος ὁ Σουνεί· ²⁵τῷ Ἀζενεί, δῆμος ὁ Ἀζενεί· τῷ 25 (16) Ἀδδεί, δῆμος ὁ Ἀδδεί· ²⁶τῷ Ἀροδεί, δῆμος ὁ Ἀροδεί· τῷ Ἀριήλ, 26 (17) δῆμος ὁ Ἀριηλεί. ²⁷οὗτοι δῆμοι υἱῶν Γὰδ ἐξ ἐπισκέψεως αὐτῶν, 27 (18) τέσσαρες καὶ τεσσεράκοντα χιλιάδες καὶ πεντακόσιοι. ²⁸Υἱοὶ 28 (44) Ἀσὴρ κατὰ δήμους αὐτῶν· τῷ Ἰαμείν, δῆμος ὁ Ἰαμεινεί· τῷ Ἰεσού, δῆμος ὁ Ἰεσουεί· τῷ Βαριά, δῆμος ὁ Βαριαεί· ²⁹τῷ Χόβερ, δῆμος ὁ 29 (45) Χοβερεί· τῷ Μελλιήλ, δῆμος ὁ Μελλιηλεί.´ ³⁰καὶ τὸ ὄνομα θυγα- 30 (46) τρὸς Ἀσὴρ Κάρα. ´³¹οὗτοι δῆμοι Ἀσὴρ ἐξ ἐπισκέψεως αὐτῶν, 31 (47) τρεῖς καὶ τεσσεράκοντα χιλιάδες καὶ χ'. ³²Υἱοὶ Ἰωσὴφ 32 (28) κατὰ δήμους αὐτῶν· Μανασσῆ καὶ Ἐφράιμ. ³³υἱοὶ Μανασσῆ· τῷ 33 (29) Μαχείρ, δῆμος ὁ Μαχειρί· καὶ Μαχεὶρ ἐγέννησεν τὸν Γαλαάδ· τῷ Γαλαάδ, δῆμος ὁ Γαλααδεί. ³⁴καὶ οὗτοι υἱοὶ Γαλαάδ· Ἀχιέζερ, 34 (30) δῆμος ὁ Ἀχιεζειρεί· τῷ Χέλεγ, δῆμος ὁ Χελεγεί· ³⁵τῷ Ἐσριήλ, 35 (31) δῆμος ὁ Ἐσριηλεί· τῷ Σύχεμ, δῆμος ὁ Συχεμεεί· ³⁶τῷ Συμαέρ, 36 (32) δῆμος ὁ Συμαερεί· καὶ Ὄφερ, δῆμος ὁ Ὀφερεί. ³⁷καὶ τῷ Σαλ- 37 (33) παὰδ υἱῷ Ὄφερ οὐκ ἐγένοντο αὐτῷ υἱοί, ἀλλ' ἢ θυγατέρες· καὶ ταῦτα τὰ ὀνόματα τῶν θυγατέρων Σαλπαάδ· Μαλὰ καὶ Νουὰ καὶ Ἐγλὰ καὶ Μελχὰ καὶ Θερσά. ³⁸οὗτοι δῆμοι Μανασσῆ ἐξ ἐπι- 38 (34) σκέψεως αὐτῶν, δύο καὶ πεντήκοντα χιλιάδες καὶ ἑπτακόσιοι. ³⁹καὶ οὗτοι υἱοὶ Ἐφράιμ· τῷ Σουτάλα, δῆμος ὁ Σουταλαεί· τῷ 39 (35) Τάναχ, δῆμος ὁ Ταναχεί. ⁴⁰οὗτοι υἱοὶ Σουτάλα· τῷ Ἐδέν, δῆμος 40 (36)

AF 22 Αλληλει] ο Αλληλι AF vid 24 om Σαφων δημος ο ̣A | Σαφωνι AF | Αγγι AF (bis) | Σουνι AF (bis) 25 Αζενει (bis)] Αζανει Bᵃᵇ Αζαινι AF | Αδδι (bis) AF 26 Αροδει (bis)] Αροαδει Bᵃᵇ⁽ᵛⁱᵈ⁾ Αροαδι AF | om τω Αριηλ δ. ο Αριηλει A | Αριηλι F 27 υιων Γαδ] om υιων A των [Γαδ] Fᵛⁱᵈ | τεσσαρες και τεσσερακ. (τεσσαρακ. Bᵇ) χ.] τεσσερακ. χιλ. και τετρακισχιλιοι A 28 δημου F* (δημους F¹) | Ιαμεινει] Ιαμεινι A Ιαμινι F | Ιεσου] Ιεσουι BᵃᵇA Ιεσσουι F | Ιεσουει] Ιεσουι A Ιεσσουι F | Βαριαει Bᵃᵛⁱᵈ] Βαρια B*ᵛⁱᵈ Βαραι A Βαριαι F 29 Χοβερι AF | Μελλιηλ] Μελχειηλ Bᵃ Μελχιηλ BᵇAF | Μελλιηλει] Μελχιηλει Ba Μελχιηλι Bᵇ Μελχιηλι AF 30 θυγατρος] pr της AF | Καρα] Σαρα BᵃᵇAF 31 χ'] εξακοσιοι AF 32, 33 Μαννασση A 33 Γαλααδι AF 34 Αχιεζειρει] Αχιεζερι AF | Χελεγ] Χελεκ A Χελεχ F | Χελεγει] Χελεκι AF 35 Εσριηλι AF | Συχεμεει] Συχεμει Bᵃᵇ Συχεμι AF 36 Συμαερι AF | Οφερ] pr τω AF | Οφερι AF 37 υιω] υ sup ras Bʳ | om ταυτα BᵃᵇF | ονομα F* (ονοματα F¹) | Μααλα F¹| Νουσα F | Εγλα] Αιγλα AF 38 Μαννασση A | πεντηκοντα] εξηκοντα A | επτακοσιοι] πεντακοσιοι A 39 Σουταλα] Θωσευσαλα A Σουθαλα F | Σουταλαει] Θουθαλαι A Σουθαλαι F | Ταναχι AF 40 Σουταλα] Θουσαλα A Σουθαλα F

ΑΡΙΘΜΟΙ XXVI 58

⁴¹οὗτοι δῆμοι Ἐφράιμ ἐξ ἐπισκέψεως αὐτῶν, δύο καὶ Β τριάκοντα χιλιάδες καὶ πεντακόσιοι· οὗτοι δῆμοι υἱῶν Ἰωσήφ ⁴²κατὰ δήμους αὐτῶν. ⁴²Υἱοὶ Βενιαμεὶν κατὰ δήμους αὐτῶν· τῷ Βάλε, δῆμος ὁ Βαλεεί· τῷ Ἀσυβήρ, δῆμος ὁ Ἀσυβηρεί· τῷ ⁴³Ἰαχειράν, δῆμος ὁ Ἰαχειρανεί· ⁴³τῷ Σωφάν, δῆμος ὁ Σωφανεί. ⁴⁴καὶ ἐγένοντο οἱ υἱοὶ Βάλε Ἀδὰρ καὶ Νοεμανεί. ⁴⁵οὗτοι υἱοὶ Βενιαμεὶν κατὰ δήμους αὐτῶν ἐξ ἐπισκέψεως αὐτῶν, πέντε καὶ τριάκοντα χιλιάδες καὶ πεντακόσιοι. ⁴⁶Καὶ υἱοὶ Δὰν κατὰ δήμους αὐτῶν· τῷ Σαμεί, δῆμος ὁ Σαμεί· οὗτοι δῆμοι Δὰν ⁴⁷κατὰ δήμους αὐτῶν. ⁴⁷πάντες οἱ δῆμοι Σαμεὶ κατ' ἐπισκοπὴν αὐτῶν τέσσαρες καὶ ἑξήκοντα χιλιάδες καὶ χ'. ⁴⁸Υἱοὶ Νεφθαλεὶ κατὰ δήμους αὐτῶν· τῷ Σαήλ, δῆμος ὁ Σαηλεί· τῷ Γαυνεί, δῆμος ὁ Γαυνεί· ⁴⁹τῷ Ἰέσερ, δῆμος ὁ Ἰεσερεί· τῷ Σελλή, δῆμος ὁ Σελλημεί. ⁵⁰οὗτοι δῆμοι Νεφθαλεὶ ἐξ ἐπισκέψεως αὐτῶν, τριάκοντα χιλιάδες καὶ τριακόσιοι. ⁵¹Αὕτη ἡ ἐπίσκεψις υἱῶν Ἰσραήλ, ἑξακόσιαι χιλιάδες καὶ χίλιοι καὶ ἑπτακόσιοι τριάκοντα. ⁵²Καὶ ἐλάλησεν Κύριος πρὸς Μωυσῆν λέγων ⁵³Τούτοις μερισθήσεται ἡ γῆ, κληρονομεῖν ἐξ ἀριθμοῦ ὀνομάτων· ⁵⁴τοῖς πλείοσιν πλεονάσεις τὴν κληρονομίαν, καὶ τοῖς ἐλάττοσιν ἐλαττώσεις τὴν κληρονομίαν αὐτῶν· ἑκάστῳ καθὼς ἐπεσκέπησαν δοθήσεται ἡ κληρονομία αὐτῶν. ⁵⁵διὰ κλήρων μερισθήσεται ἡ γῆ τοῖς ὀνόμασιν, κατὰ φυλὰς πατριῶν αὐτῶν κληρονομήσουσιν· ⁵⁶ἐκ τοῦ κλήρου μεριεῖς τὴν κληρονομίαν αὐτῶν ἀνὰ μέσον πολλῶν καὶ ὀλίγων. ⁵⁷Καὶ υἱοὶ Λευεὶ κατὰ δήμους αὐτῶν· τῷ Γεδσών, δῆμος ὁ Γεδσωνεί· τῷ Καάθ, δῆμος ὁ Κααθεί· τῷ Μεραρεί, δῆμος ὁ Μεραρεί. ⁵⁸οὗτοι δῆμοι υἱῶν Λευεί· δῆμος ὁ Λοβενεί, δῆμος ὁ Χεβρωνεί, δῆμὸς ὁ Κόρε καὶ δῆμος ὁ Μουσεί. καὶ Καὰθ ἐγέννησεν

40 Εδενι AF   42 Βαλει AF | Ασυβηρι AF | Ιαχειραν] Αχιραν A AF Αχιαν F | Ιαχειρανει] Αχιραϊ A Αχιανει F   43 Σωφανι AF   44 οι υιοι] om οι A | Αδερ AF | Νοεμανει] Νοεμα A Νοεμαν F + δημος ο Νοεμανει Bᵃ ᵐᵍ ⁱⁿᶠ + δ. ο Νοεμανι AF   45 υιοι] pr οι F   46 υιοι] pr οι F | Σαμει 1°] Σαμειδη A Σαμι F | Σαμει 2°] Σαμειδηι A Σαμι F | ουτω A* (ουτοι A?) 47 Σαμι F | χ'] εξακοσιοι AF   48 Νεφθαλι A | Σαηλ] Ασηλ Bᵃᵇ Ασιηλ AF | Σαηλει] Ασηλει Bᵃᵇ Ασιηλι AF | Γαυνει 1°] Γωυνι A Ωγυνι F | Γαυνει 2°] Γωυνι AF   49 Ιεσερ] Ιεσρι A | Ιεσερει] Ιεσρι A Ιεσερι F | Σελλη] Σελλημ AF | Σελλημι AF   50 Νεφθαλι A | τριακοντα] τεσσερακοντα B¹ᵃ? (τεσσαρ. Bᵇ) πεντε και τεσσερακοντα AF   51 τριακοντα] pr και BᵃᵇAF   54 ελαττοσι F   57 υιοι] pr οι F | Λευι BᵇAF | Γεδσων] Γεδσωνι A | Γεδσωνει] Γεδσωνι AF | Κααθι AF | Μεραρι AF (bis)   58 Λευι BᵇAF | Λοβενι AF | δημος 2°] pr και A | Χεβρωνει] Χεβρων A Χεβρωνι F | δ. ο Κορε και δ. ο Μουσει] και δ. ο Ομουσει και δ. ο Κορε A και δ. ο Μουσι και δ. ο Κορε F

315

ΑΡΙΘΜΟΙ

Β τὸν Ἀμράμ· ⁵⁹καὶ τὸ ὄνομα τῆς γυναικὸς αὐτοῦ Ἰωχάβεδ, θυγάτηρ Λευεί, ἣ ἔτεκεν τούτους τῷ Λευεὶ ἐν Αἰγύπτῳ· καὶ ἔτεκεν τῷ Ἀμρὰμ τὸν Ἀαρὼν καὶ Μωυσῆν καὶ Μαριὰμ τὴν ἀδελφὴν αὐτῶν. ⁶⁰καὶ ἐγενή- 60 θησαν τῷ Ἀαρὼν ὅ τε Ναδὰβ καὶ Ἀβιοὺδ καὶ Ἐλεαζὰρ καὶ Ἰθαμάρ. ⁶¹καὶ ἀπέθανεν Ναδὰβ καὶ Ἀβιοὺδ ἐν τῷ προσφέρειν αὐτοὺς πῦρ 61 ἀλλότριον ἔναντι Κυρίου ἐν τῇ ἐρήμῳ Σεινά. ⁶²καὶ ἐγενήθησαν 62 ἐξ ἐπισκέψεως αὐτῶν τρεῖς καὶ εἴκοσι χιλιάδες, πᾶν, ἀρσενικὸν ἀπὸ μηνιαίου καὶ ἐπάνω· οὐ γὰρ συνεπεσκέπησαν ἐν μέσῳ υἱῶν Ἰσραήλ, ὅτι οὐ δίδοται αὐτοῖς κλῆρος ἐν μέσῳ υἱῶν Ἰσραήλ. ⁶³Καὶ 63 αὕτη ἡ ἐπίσκεψις Μωυσῆ καὶ Ἐλεαζὰρ τοῦ ἱερέως, οἳ ἐπεσκέψαντο τοὺς υἱοὺς Ἰσραὴλ ἐν ἀραβὼθ Μωὰβ ἐπὶ τοῦ Ἰορδάνου κατὰ Ἰερειχώ· ⁶⁴καὶ ἐν τούτοις οὐκ ἦν ἄνθρωπος τῶν ἐπεσκεμμένων ὑπὸ Μωυσῆ καὶ 64 Ἀαρών, οὓς ἐπεσκέψαντο τοὺς υἱοὺς Ἰσραὴλ ἐν τῇ ἐρήμῳ Σεινά· ⁶⁵ὅτι εἶπεν Κύριος αὐτῷ Θανάτῳ ἀποθανοῦνται ἐν τῇ ἐρήμῳ· καὶ 65 οὐ κατελείφθη ἐξ αὐτῶν οὐδὲ εἷς, πλὴν Χαλὲβ υἱὸς Ἰεφοννὴ καὶ Ἰησοῦς ὁ τοῦ Ναυή.

¹Καὶ προσελθοῦσαι αἱ θυγατέρες Σαλπαὰδ υἱοῦ Ὀφερ υἱοῦ Γαλαὰδ 1 υἱοῦ Μαχείρ, τοῦ δήμου Μανασσῆ τῶν υἱῶν Ἰωσήφ, καὶ ταῦτα τὰ ὀνόματα αὐτῶν· Μαλὰ καὶ Νουὰ καὶ Ἐγλὰ καὶ Μελχὰ καὶ Θερσά· ²καὶ 2 στᾶσαι ἔναντι Μωυσῆ καὶ ἔναντι Ἐλεαζὰρ τοῦ ἱερέως καὶ ἔναντι τῶν ἀρχόντων καὶ ἔναντι πάσης συναγωγῆς ἐπὶ τῆς θύρας τῆς σκηνῆς τοῦ μαρτυρίου λέγουσιν ³Ὁ πατὴρ ἡμῶν ἀπέθανεν ἐν τῇ ἐρήμῳ, καὶ 3 αὐτὸς οὐκ ἦν ἐν μέσῳ τῆς συναγωγῆς τῆς ἐπισυστάσης ἔναντι Κυρίου ἐν τῇ συναγωγῇ Κόρε· ὅτι διὰ ἁμαρτίαν αὐτοῦ ἀπέθανεν, καὶ υἱοὶ οὐκ ἐγένοντο αὐτῷ. ⁴μὴ ἐξαλειφθήτω τὸ ὄνομα τοῦ πατρὸς ἡμῶν 4 ἐκ μέσου τοῦ δήμου αὐτοῦ, ὅτι οὐκ ἔστιν αὐτῷ υἱός· δότε ἡμῖν κατάσχεσιν ἐν μέσῳ ἀδελφῶν πατρὸς ἡμῶν. ⁵καὶ προσήγαγεν Μωυσῆς 5 τὴν κρίσιν αὐτῶν ἔναντι Κυρίου. ⁶καὶ ἐλάλησεν Κύριος πρὸς Μωυσῆν 6 λέγων ⁷Ὀρθῶς θυγατέρες Σαλπαὰδ λελαλήκασιν· δόμα δώσεις αὐταῖς 7 κατάσχεσιν κληρονομίας ἐν μέσῳ ἀδελφῶν πατρὸς αὐτῶν, καὶ περι-

AF 58 Αμβραμ A 59 και το ονομα] το δε ον. AF | αυτου] Αμβραμ A Αμραμ. F | Ιωχαβεθ A | Λευι B^bAF (bis) | Αμβραμ AF 60 εγενηθησαν] ετεχθησαν AF 61 Σινα B^bAF 62 εν μεσω υιων 1°] εν τοις υιοις A 63 οι] οτι A | Ιεριχω B^bA 64 Σινα B^bAF 65 om Κυριος A | αυτω] αυτοις B^abA | ουκ ατελειφθη (sic) F | πλην Χαλεβ υιος Ιεφο sup ras B?^vid | ο του Ναυη] υιος Ναυη AF XXVII 1 Μαννασση A | Μααλα F | Εγλα] Αιγλα AF 2 εναντιον F (quater) | του ιερ.] ου ιερ. F* (τ superscr F^1vid) συναγωγης] pr της A 3 αυτος] ουτος F | δια] δι F 4 εξαλειφθη F | αδ] pr των A 7 ορθως] pr ως A | Σαλπααδ F^vid (Σαλ|παα.ελαληκα|σιν)

316

ΑΡΙΘΜΟΙ XXVII 21

3 θήσεις τὸν κλῆρον τοῦ πατρὸς αὐτῶν αὐταῖς. ⁸καὶ τοῖς υἱοῖς Ἰσραὴλ
λαλήσεις λέγων Ἄνθρωπος ἐὰν ἀποθάνῃ καὶ υἱὸς μὴ ᾖν αὐτῷ, περι-
θήσετε τὴν κληρονομίαν αὐτοῦ τῇ θυγατρὶ αὐτοῦ· ⁹ἐὰν δὲ μὴ ᾖ
θυγάτηρ αὐτῷ, δώσετε τὴν κληρονομίαν τῷ ἀδελφῷ αὐτοῦ· ¹⁰ἐὰν
δὲ μὴ ὦσιν αὐτῷ ἀδελφοί, δώσετε τὴν κληρονομίαν τῷ ἀδελφῷ τοῦ
πατρὸς αὐτοῦ· ¹¹ἐὰν δὲ μὴ ὦσιν ἀδελφοὶ τοῦ πατρὸς αὐτοῦ, δώσετε
τὴν κληρονομίαν τῷ οἰκείῳ τῷ ἔγγιστα αὐτοῦ ἐκ τῆς φυλῆς αὐτοῦ·
κληρονομήσει τὰ αὐτοῦ. καὶ ἔσται τοῦτο τοῖς υἱοῖς Ἰσραὴλ δικαίωμα
κρίσεως, καθὰ συνέταξεν Κύριος τῷ Μωυσῇ.

2 ¹²Καὶ εἶπεν Κύριος πρὸς Μωυσῆν Ἀνάβηθι εἰς τὸ ὄρος τὸ ἐν τῷ
πέραν, τοῦτο τὸ ὄρος Ναβαύ, καὶ ἴδε τὴν γῆν Χανάαν, ἣν ἐγὼ δίδωμι
3 τοῖς υἱοῖς Ἰσραὴλ ἐν κατασχέσει· ¹³καὶ ὄψει αὐτήν, καὶ προστεθήσῃ
πρὸς τὸν λαόν σου καὶ σύ, καθὰ προσετέθη Ἀαρὼν ὁ ἀδελφός σου
4 ἐν τῷ Ὢρ τῷ ὄρει· ¹⁴διότι παρέβητε τὸ ῥῆμά μου ἐν τῇ ἐρήμῳ Σείν,
ἐν τῷ ἀντιπίπτειν τὴν συναγωγήν, ἁγιάσαι με· οὐχ ἡγιάσατέ με ἐπὶ
τῷ ὕδατι ἔναντι αὐτῶν, τοῦτο ἔστιν ὕδωρ ἀντιλογίας ἐν Κάδης ἐν τῇ
5 ἐρήμῳ Σείν. ¹⁵καὶ εἶπεν Μωυσῆς πρὸς Κύριον ¹⁶Ἐπισκεψάσθω
Κύριος ὁ θεὸς τῶν πνευμάτων καὶ πάσης σαρκὸς ἄνθρωπον ἐπὶ τῆς
7 συναγωγῆς ταύτης, ¹⁷ὅστις ἐξελεύσεται πρὸ προσώπου αὐτῶν καὶ
ὅστις εἰσελεύσεται πρὸ προσώπου αὐτῶν, καὶ ὅστις ἐξάξει αὐτοὺς
καὶ ὅστις εἰσάξει αὐτούς, καὶ οὐκ ἔσται ἡ συναγωγὴ Κυρίου ὡσεὶ
8 πρόβατα οἷς οὐκ ἔστιν ποιμήν. ¹⁸καὶ ἐλάλησεν Κύριος πρὸς Μωυσῆν
λέγων Λάβε πρὸς σεαυτὸν τὸν Ἰησοῦν υἱὸν Ναυῆ, ἄνθρωπον ὃς ἔχει
9 πνεῦμα ἐν ἑαυτῷ, καὶ ἐπιθήσεις τὰς χεῖράς σου ἐπ' αὐτόν· ¹⁹καὶ
στήσεις αὐτὸν ἔναντι Ἐλεαζὰρ τοῦ ἱερέως, καὶ ἐντελῇ αὐτῷ ἔναντι
ο πάσης συναγωγῆς, καὶ ἐντελῇ περὶ αὐτοῦ ἐναντίον αὐτῶν· ²⁰καὶ
δώσεις τῆς δόξης σου ἐπ' αὐτόν, ὅπως ἂν εἰσακούσωσιν αὐτοῦ οἱ
ι υἱοὶ Ἰσραήλ. ²¹καὶ ἔναντι Ἐλεαζὰρ τοῦ ἱερέως στήσεται, καὶ ἐπερω-
τήσουσιν αὐτὸν τὴν κρίσιν τῶν δήλων ἔναντι Κυρίου· ἐπὶ τῷ στόματι

8 ην] η AF | την κληρονομιαν] τον κληρον F | αυτου 2°] του sup ras B? AF
—11 δωσεται A (ter)   11 κληρονομησει] ησει sup ras A¹?a? κληρονομησ.ι
| τα αυτου sup ras A¹?a? | om Ισραηλ A   12 περα B* (περαν Bab) | το
ρος 2°] om το BabAF   13 om οψει αυτην και B* vid (hab sup ras et in
agg Ba) | οψη AF | καθως F | τω Ωρ] om τω BabAF   14 παρεβητε το
ημα μου sup ras A¹?a? | Σειν 1°] Σινα A Σιν F | αγιασαι] pr του A | om με
.° F | εναντιον A | τουτο]+δε A | υδωρ] pr το AF | om εν 3° AF | Σειν 2°]
ιν AF   17 ωσει] ως A   18 τον Ιησουν] om τον BabF | πνευμα]+θεου
a?mg | επιθησει A* (επιθησεις A¹)   19 εναντι 2°] εναντιον A | εντελη 2°]
ντειλαι A   20 την δοξαν F | επ αυτον] επ αυτω F* (επ αυτον F¹?) | οπως
r πασαν F | om αν F | οι υιοι] om οι A   21 επερωτησωσιν A

Β αὐτοῦ ἐξελεύσονται καὶ ἐπὶ τῷ στόματι αὐτοῦ εἰσελεύσονται, αὐτὸς καὶ οἱ υἱοὶ Ἰσραὴλ ὁμοθυμαδὸν καὶ πᾶσα ἡ συναγωγή. ²²καὶ ἐποί- 22 ησεν Μωυσῆς καθὰ ἐνετείλατο αὐτῷ Κύριος· καὶ λαβὼν τὸν Ἰησοῦν ἔστησεν αὐτὸν ἐναντίον Ἐλεαζὰρ τοῦ ἱερέως καὶ ἔναντι πάσης συναγωγῆς, ²³καὶ ἐπέθηκεν τὰς χεῖρας αὐτοῦ ἐπ' αὐτόν, καὶ συνέστησεν 23 αὐτόν, καθάπερ συνέταξεν Κύριος τῷ Μωυσῇ.

¹Καὶ ἐλάλησεν Κύριος πρὸς Μωυσῆν λέγων ²Ἔντειλαι τοῖς υἱοῖς ¹₂ Χ Ἰσραὴλ καὶ ἐρεῖς πρὸς αὐτοὺς λέγων Τὰ δῶρά μου δόματά μου καρπώματά μου, εἰς ὀσμὴν εὐωδίας, διατηρήσετε προσφέρειν ἐμοὶ ἐν ταῖς ἑορταῖς μου. ³καὶ ἐρεῖς πρὸς αὐτούς Ταῦτα τὰ καρπώματα ὅσα 3 προσάξετε Κυρίῳ, ἀμνοὺς ἐνιαυσίους ἀμώμους δύο τὴν ἡμέραν εἰς ὁλοκαύτωσιν ἐνδελεχῶς· ⁴τὸν ἀμνὸν τὸν ἕνα ποιήσεις τὸ πρωί, καὶ 4 τὸν ἀμνὸν τὸν δεύτερον ποιήσεις τὸ πρὸς ἑσπέραν. ⁵καὶ ποιήσεις 5 τὸ δέκατον τοῦ οἰφὶ σεμίδαλιν εἰς θυσίαν ἀναπεποιημένην ἐν ἐλαίῳ ἐν τετάρτῳ τοῦ εἴν, ⁶ὁλοκαύτωμα ἐνδελεχισμοῦ, ἡ γενομένη ἐν τῷ 6 ὄρει Σεινὰ εἰς ὀσμὴν εὐωδίας Κυρίῳ· ⁷καὶ σπονδὴν αὐτοῦ τὸ τέταρτον 7 τοῦ εἰν τῷ ἀμνῷ τῷ ἑνί· ἐν τῷ ἁγίῳ σπείσεις σπονδὴν σίκερα Κυρίῳ. ⁸καὶ τὸν ἀμνὸν τὸν δεύτερον ποιήσεις τὸ πρὸς ἑσπέραν· κατὰ τὴν 8 θυσίαν αὐτοῦ καὶ κατὰ τὴν σπονδὴν αὐτοῦ ποιήσετε εἰς ὀσμὴν εὐωδίας Κυρίου. ⁹Καὶ τῇ ἡμέρᾳ τῶν σαββάτων προσάξετε δύο ἀμνοὺς 9 ἐνιαυσίους ἀμώμους καὶ δύο δέκατα σεμιδάλεως ἀναπεποιημένης ἐν ἐλαίῳ εἰς θυσίαν καὶ σπονδήν, ¹⁰ὁλοκαύτωμα σαββάτων ἐν τοῖς 10 σαββάτοις, ἐπὶ τῆς ὁλοκαυτώσεως τῆς διὰ παντός, καὶ τὴν σπονδὴν αὐτοῦ. ¹¹Καὶ ἐν ταῖς νεομηνίαις προσάξετε ὁλοκαυτώματα τῷ 11 κυρίῳ, μόσχους ἐκ βοῶν δύο καὶ κριὸν ἕνα, ἀμνοὺς ἐνιαυσίους ἑπτὰ ἀμώμους· ¹²τρία δέκατα σεμιδάλεως ἀναπεποιημένης ἐν ἐλαίῳ τῷ 1: μόσχῳ τῷ ἑνί, καὶ δύο δέκατα σεμιδάλεως ἀναπεποιημένης ἐν ἐλαίῳ τῷ κριῷ τῷ ἑνί, ¹³δέκατον σεμιδάλεως ἀναπεποιημένης ἐν ἐλαίῳ τῷ 1 ἀμνῷ τῷ ἑνί, θυσίαν ὀσμὴν εὐωδίας, κάρπωμα Κυρίῳ. ¹⁴ἡ σπονδὴ 1{

AF 21 εξελευσοται (sic) A* (ν superscr A¹) 22 εναντιον] εναντι A Ελεαξαρ F | εναντι] εναντιον B^{ab}AF   XXVIII 2 διατηρησετε (διατηρησεται F) BF] διατηρησατε A | εμοι] μοι AF   3 om οσα F   4 ποιησεις (bis)] ποιησεται A ποιησετε F   5 om ποιησεις το δεκατον F τεταρτω] pr τω F | ιν AF   6 Σινα B^bAF   7 σπονδην 1°] σπονδη A ιν AF | σπεισεις] σπ..|σεις F   8 κατα 2°] κα (sic) F | Κυριου] κυριω B^{ab}A 9 εις θυσιαν αναπεποιημενης εν εχαιω AF | σπονδη F   10 ολοκαυτωμι ολοκαυτωματος AF | σαββατων] σαββατου AF   11 νουμηνιαις AF|7 κυριω] om τω AF | om και 2° A   13 δεκατον]+δεκατον B^{ab}A

ΑΡΙΘΜΟΙ XXVIII 31

αὐτῶν τὸ ἥμισυ τοῦ εἲν ἔσται τῷ μόσχῳ τῷ ἑνί, καὶ τὸ τρίτον τοῦ Β
εἲν ἔσται τῷ κριῷ τῷ ἑνί, καὶ τὸ τέταρτον τοῦ εἲν ἔσται τῷ ἀμνῷ
τῷ ἑνί, οἴνου· τοῦτο ὁλοκαύτωμα μῆνα ἐκ μηνὸς εἰς τοὺς μῆνας
15 τοῦ ἐνιαυτοῦ. ¹⁵καὶ χίμαρον ἐξ αἰγῶν ἕνα περὶ ἁμαρτίας Κυρίου·
ἐπὶ τῆς ὁλοκαυτώσεως τῆς διὰ παντὸς ποιηθήσεται, καὶ ἡ σπονδὴ
16 αὐτοῦ. ¹⁶Καὶ ἐν τῷ μηνὶ τῷ πρώτῳ, τεσσαρεσκαιδεκάτῃ ἡμέρᾳ
17 τοῦ μηνός, πάσχα Κυρίου. ¹⁷καὶ τῇ πεντεκαιδεκάτῃ ἡμέρᾳ τοῦ μηνὸς
18 τούτου ἑορτή· ἑπτὰ ἡμέρας ἄζυμα ἔδεσθε. ¹⁸καὶ ἡ ἡμέρα ἡ πρώτη
19 ἐπίκλητος ἁγία ἔσται ὑμῖν· πᾶν ἔργον λατρευτὸν οὐ ποιήσετε· ¹⁹καὶ
προσάξετε ὁλοκαυτώματα καρπώματα Κυρίῳ, μόσχους ἐκ βοῶν δύο,
20 κριὸν ἕνα, ἀμνοὺς ἐνιαυσίους ζ', ἄμωμοι ἔσονται ὑμῖν· ²⁰καὶ θυσία
αὐτῶν σεμίδαλις ἀναπεποιημένη ἐν ἐλαίῳ, τρία δέκατα τῷ μόσχῳ τῷ
21 ἑνὶ καὶ δύο δέκατα τῷ κριῷ τῷ ἑνί, ²¹δέκατον δέκατον ποιήσεις τῷ
22 ἀμνῷ, τῷ ἑνὶ τοῖς ἑπτὰ ἀμνοῖς· ²²καὶ χίμαρον ἐξ αἰγῶν ἕνα περὶ
23 ἁμαρτίας ἐξιλάσασθαι περὶ ὑμῶν· ²³πλὴν τῆς ὁλοκαυτώσεως τῆς διὰ
24 παντὸς τῆς πρωινῆς, ὅ ἐστιν ὁλοκαύτωμα ἐνδελεχισμοῦ. ²⁴ταῦτα
κατὰ ταῦτα ποιήσετε τὴν ἡμέραν εἰς τὰς ἑπτὰ ἡμέρας, δῶρον κάρπωμα
εἰς ὀσμὴν εὐωδίας Κυρίου· ἐπὶ τοῦ ὁλοκαυτώματος τοῦ διὰ παντὸς
25 ποιήσεις τὴν σπονδὴν αὐτοῦ. ²⁵καὶ ἡ ἡμέρα ἡ ἑβδόμη κλητὴ ἁγία
26 ἔσται ὑμῖν, πᾶν ἔργον λατρευτὸν οὐ ποιήσετε ἐν αὐτῇ. ²⁶Καὶ
τῇ ἡμέρᾳ τῶν νέων, ὅταν προσφέρητε θυσίαν νέαν Κυρίῳ τῶν ἑβδο-
μάδων, ἐπίκλητος ἁγία ἔσται ὑμῖν, πᾶν ἔργον λατρευτὸν οὐ ποι-
27 ήσετε. ²⁷καὶ προσάξετε ὁλοκαυτώματα εἰς ὀσμὴν εὐωδίας Κυρίῳ·
μόσχους ἐκ βοῶν δύο, κριὸν ἕνα, ἑπτὰ ἀμνοὺς ἐνιαυσίους ἀμώμους·
28 ²⁸ἡ θυσία αὐτῶν σεμίδαλις ἀναπεποιημένη ἐν ἐλαίῳ, τρία δέκατα τῷ
29 μόσχῳ τῷ ἑνὶ καὶ δύο δέκατα τῷ κριῷ τῷ ἑνί, ²⁹δέκατον δέκατον
30 τῷ ἀμνῷ τῷ ἑνὶ τοῖς ἑπτὰ ἀμνοῖς· ³⁰καὶ χίμαρον ἐξ αἰγῶν ἕνα περὶ
31 ἁμαρτίας ἐξιλάσασθαι περὶ ὑμῶν· ³¹πλὴν τοῦ ὁλοκαυτώματος τοῦ
διὰ παντός· καὶ τὴν θυσίαν αὐτῶν ποιήσετέ μοι, ἄμωμοι ἔσονται

14 αυτων] αυτω A | ιν A (ter) F (2°, 3°) | om τω μοσχω...εσται 2° B* AF (hab B^ab AF) | οινου]...|.ου F   15 Κυριου] κυριω B^ab AF   16 τεσσαρισκαιδεκ. B^b | om πασχα A | Κυριου] κω B^ab mg τω κυριω F om A·   17 om και τη πεντεκαιδεκατη ημερα του μηνος A | εορτη] pr ποιηθησεται A | om επτα ημερας αζυμα εδεσθε A   18, 24, 31 ποιησεται A   19 ολοκαυτωματα] ολοκαυτωμα A | καρπωματα] καρπωμα B^a AF | αμνους ενιαυσ. ζ'] om ζ'. B* (hab B^ab mg) επτα αμ. ενιαυσ. AF | om αμωμοι A   20 θυσια] pr η AF | τω ενι 2°] + ποιησεται A   21 om δεκατον 2° F   22 om περι αμαρτιας A   23 της δια παντος] om της A   24 επτα] δυο sup ras A^a | Κυριου] κυριω B^b AF   27 αμνους ενιαυσ. επτα AF   31 του δια παντος] της νουμηνιας και η θυσια αυτων και το ολοκαυτωμα το δια παντος A

ΑΡΙΘΜΟΙ

Β ὑμῖν, καὶ τὰς σπονδὰς αὐτῶν. ¹Καὶ τῷ μηνὶ τῷ ἑβδόμῳ, μιᾷ τοῦ μηνός, ἐπίκλητος ἁγία ἔσται ὑμῖν, πᾶν ἔργον λατρευτὸν οὐ ποιήσετε· ἡμέρα σημασίας ἔσται ὑμῖν. ²καὶ ποιήσετε ὁλοκαυτώματα εἰς ὀσμὴν εὐωδίας Κυρίῳ, μόσχον ἕνα ἐκ βοῶν, κριὸν ἕνα, ἀμνοὺς ἐνιαυσίους ζ' ἀμώμους· ³ἡ θυσία αὐτῶν σεμίδαλις ἀναπεποιημένη ἐν ἐλαίῳ, τρία δέκατα τῷ μόσχῳ τῷ ἑνὶ καὶ δύο δέκατα τῷ κριῷ τῷ ἑνί, ⁴δέκατον δέκατον τῷ ἀμνῷ τῷ ἑνὶ τοῖς ἑπτὰ ἀμνοῖς· ⁵καὶ χίμαρον ἐξ αἰγῶν ἕνα περὶ ἁμαρτίας ἐξιλάσασθαι περὶ ὑμῶν· ⁶πλὴν τῶν ὁλοκαυτωμάτων τῆς νουμηνίας, καὶ αἱ θυσίαι αὐτῶν καὶ αἱ σπονδαὶ αὐτῶν, καὶ τὰ ὁλοκαυτώματα διὰ παντὸς καὶ αἱ θυσίαι αὐτῶν καὶ αἱ σπονδαὶ αὐτῶν, κατὰ τὴν σύνκρισιν αὐτῶν, εἰς ὀσμὴν εὐωδίας Κυρίου. ⁷Καὶ τῇ δεκάτῃ τοῦ μηνὸς τούτου ἐπίκλητος ἁγία ἔσται ὑμῖν· καὶ κακώσετε τὰς ψυχὰς ὑμῶν, καὶ πᾶν ἔργον οὐ ποιήσετε. ⁸καὶ προσοίσετε ὁλοκαυτώματα εἰς ὀσμὴν εὐωδίας καρπώματα Κυρίῳ, μόσχον ἕνα ἐκ βοῶν, κριὸν ἕνα, ἀμνοὺς ἐνιαυσίους ἑπτά, ἄμωμοι ἔσονται ὑμῖν· ⁹ἡ θυσία αὐτῶν σεμίδαλις ἀναπεποιημένη ἐν ἐλαίῳ, τρία δέκατα τῷ μόσχῳ τῷ ἑνὶ καὶ δύο δέκατα τῷ κριῷ τῷ ἑνί, ¹⁰δέκατον δέκατον τῷ ἀμνῷ τῷ ἑνὶ εἰς τοὺς ἑπτὰ ἀμνούς· ¹¹καὶ χίμαρον ἐξ αἰγῶν ἕνα περὶ ἁμαρτίας ἐξιλάσασθαι περὶ ὑμῶν· πλὴν τὸ περὶ τῆς ἁμαρτίας τῆς ἐξιλάσεως, καὶ ἡ ὁλοκαύτωσις ἡ διὰ παντός, ἡ θυσία αὐτῆς καὶ ἡ σπονδὴ αὐτῆς, κατὰ τὴν σύνκρισιν, εἰς ὀσμὴν εὐωδίας, κάρπωμα Κυρίῳ. ¹²Καὶ τῇ πεντεκαιδεκάτῃ ἡμέρᾳ τοῦ μηνὸς τοῦ ἑβδόμου τούτου ἐπίκλητος ἁγία ἔσται ὑμῖν, πᾶν ἔργον λατρευτὸν οὐ ποιήσετε· καὶ ἑορτάσατε αὐτὴν ἑορτὴν Κυρίου ἑπτὰ ἡμέρας. ¹³καὶ προσάξετε ὁλοκαυτώματα καρπώματα εἰς ὀσμὴν εὐωδίας Κυρίου, τῇ ἡμέρᾳ τῇ πρώτῃ μόσχους ἐκ βοῶν τρεῖς καὶ δέκα, κριοὺς δύο, ἀμνοὺς ἐνιαυσίους ιδ', ἄμωμοι ἔσονται· ¹⁴αἱ θυσίαι αὐτῶν σεμίδαλις ἀναπεποιημένη ἐν ἐλαίῳ, τρία δέκατα τῷ μόσχῳ τῷ ἑνὶ τοῖς τρισκαίδεκα μόσχοις, καὶ δύο δέκατα τῷ κριῷ τῷ ἑνὶ ἐπὶ τοὺς δύο κριούς, ¹⁵δέκατον δέκατον τῷ ἀμνῷ τῷ ἑνὶ ἐπὶ τοὺς ιδ' ἀμνούς·

AF 31 υμιν] υμι sup ras Bᵃ | τας σπονδας] αι σπονδαι AF   XXIX 2 ολοκαυτωμα F | κριον] pr ϛ Bᵃ | om ενα 2° F | ζ'] επτα AF   6 τα ολοκαυτώματα] το ολοκαυτωμα το Bᵈ AF | om και 4° AF | κω̄ Bᵃᵇ AF   7 εργο̄ν] + λατρευτον AF | ποιησεται A   8 προ οισετε] πρ σαξετε F | ολοκαυτωματα] ολοκαυτωμα A το ολοκαυτωμα F | καρπωμα AF | om Κυριω AF | εκ βοων ενα AF | αμωμους A   11 δια] δ sup ras B¹   12 εορτασετε AF | οm αυτην A | Κυριου] κυριω Bᵃᵇ A τω κυριω F   13 ολοκαυτωμα F | καρπώματα] om Bᵃᵇ καρπωμα AF | Κυριου] κυριω Bᵃᵇ AF | τρισκαιδεκα Α | ιδ'] δεκα τεσσαρες AF   14 τρεις και δεκα AF   15 δεκατον 1°] pr και AF | ιδ'] δεκα τεσσαρες και δεκα AF

ΑΡΙΘΜΟΙ XXIX 34

16 ¹⁶καὶ χίμαρον ἐξ αἰγῶν ἕνα περὶ ἁμαρτίας, πλὴν τῆς ὁλοκαυτώσεως
17 τῆς διὰ παντός· αἱ θυσίαι αὐτῶν καὶ αἱ σπονδαὶ αὐτῶν. ¹⁷καὶ τῇ
ἡμέρᾳ τῇ δευτέρᾳ μόσχους ιβ΄, κριοὺς β΄, ἀμνοὺς ἐνιαυσίους ιδ΄ ἀμώ-
18 μους· ¹⁸ἡ θυσία αὐτῶν καὶ ἡ σπονδὴ αὐτῶν τοῖς μόσχοις καὶ τοῖς
κριοῖς καὶ τοῖς ἀμνοῖς κατὰ ἀριθμὸν αὐτῶν, κατὰ τὴν σύνκρισιν
19 αὐτῶν· ¹⁹καὶ χίμαρον ἐξ αἰγῶν ἕνα περὶ ἁμαρτίας, πλὴν τῆς ὁλο-
καυτώσεως τῆς διὰ παντός· αἱ θυσίαι αὐτῶν καὶ αἱ σπονδαὶ αὐτῶν.
20 ²⁰τῇ ἡμέρᾳ τῇ τρίτῃ μόσχους ια΄, κριοὺς δύο, ἀμνοὺς ἐνιαυσίους
21 ιδ΄ ἀμώμους· ²¹ἡ θυσία αὐτῶν καὶ ἡ σπονδὴ αὐτῶν τοῖς μόσχοις καὶ
τοῖς κριοῖς καὶ τοῖς ἀμνοῖς κατὰ ἀριθμὸν αὐτῶν, κατὰ τὴν σύνκρισιν
22 αὐτῶν· ²²καὶ χίμαρον ἐξ αἰγῶν ἕνα περὶ ἁμαρτίας, πλὴν τῆς ὁλο-
καυτώσεως τῆς διὰ παντός· αἱ θυσίαι αὐτῶν καὶ αἱ σπονδαὶ αὐτῶν.
23 ²³τῇ ἡμέρᾳ τῇ τετάρτῃ μόσχους δέκα, κριοὺς δύο, ἀμνοὺς ἐνιαυσίους
24 ιδ΄ ἀμώμους· ²⁴αἱ θυσίαι αὐτῶν καὶ αἱ σπονδαὶ αὐτῶν τοῖς μόσχοις
καὶ τοῖς κριοῖς καὶ τοῖς ἀμνοῖς κατὰ ἀριθμὸν αὐτῶν, κατὰ τὴν σύν-
25 κρισιν αὐτῶν· ²⁵καὶ χίμαρον ἐξ αἰγῶν ἕνα περὶ ἁμαρτίας, πλὴν
τῆς ὁλοκαυτώσεως τῆς διὰ παντός· αἱ θυσίαι αὐτῶν καὶ αἱ σπονδαὶ
26 αὐτῶν. ²⁶τῇ ἡμέρᾳ τῇ πέμπτῃ μόσχους ἐννέα, κριοὺς β΄, ἀμνοὺς
27 ἐνιαυσίους ιδ΄ ἀμώμους· ²⁷αἱ θυσίαι αὐτῶν καὶ αἱ σπονδαὶ αὐτῶν
τοῖς μόσχοις καὶ τοῖς κριοῖς καὶ τοῖς ἀμνοῖς κατὰ ἀριθμὸν αὐτῶν,
28 κατὰ τὴν σύνκρισιν αὐτῶν· ²⁸καὶ χίμαρον ἐξ αἰγῶν ἕνα περὶ ἁμαρ-
τίας, πλὴν τῆς ὁλοκαυτώσεως τῆς διὰ παντός· αἱ θυσίαι αὐτῶν καὶ
29 αἱ σπονδαὶ αὐτῶν. ²⁹τῇ ἡμέρᾳ τῇ ἕκτῃ μόσχους ὀκτώ, κριοὺς δύο,
30 ἀμνοὺς ἐνιαυσίους δέκα τέσσαρες ἀμώμους· ³⁰αἱ θυσίαι αὐτῶν καὶ αἱ
σπονδαὶ αὐτῶν τοῖς μόσχοις καὶ τοῖς κριοῖς καὶ τοῖς ἀμνοῖς κατὰ
31 ἀριθμὸν αὐτῶν, κατὰ τὴν σύνκρισιν αὐτῶν· ³¹καὶ χίμαρον ἐξ αἰγῶν
ἕνα περὶ ἁμαρτίας, πλὴν τῆς ὁλοκαυτώσεως τῆς διὰ παντός· αἱ
32 θυσίαι αὐτῶν καὶ αἱ σπονδαὶ αὐτῶν. ³²τῇ ἡμέρᾳ τῇ ἑβδόμῃ μόσχους
33 ἑπτά, κριοὺς δύο, ἀμνοὺς ἐνιαυσίους ιδ΄· ³³αἱ θυσίαι αὐτῶν καὶ αἱ
σπονδαὶ αὐτῶν τοῖς μόσχοις καὶ τοῖς κριοῖς καὶ τοῖς ἀμνοῖς κατὰ
34 ἀριθμὸν αὐτῶν, κατὰ τὴν σύνκρισιν αὐτῶν· ³⁴καὶ χίμαρον ἐξ αἰγῶν

17 ιβ΄] δωδεκα AF | β΄] δυο AF | ιδ΄] τεσσαρας και δεκα A τεσσαρες AF και δ. F   20 τη ημερα] pr και A | ια΄] ενδεκα AF | ιδ΄] τεσσαρας και δεκα A τεσσαρες και δ. F   21 om και η σπονδη αυτων A   23 ιδ΄] τεσσαρες και δεκα AF   25 περι αμαρτιας] πε|ριας (sic) F   26 μοσχους εννεα] μοσχον ενα F | β΄] δυο AF | ιδ΄] τεσσαρες και δεκα AF   29 δεκα τεσσαρες (τεσσαρας B^b)] τεσσαρες και δεκα AF   32 ιδ΄] τεσσαρες και δεκα AF + αμωμους B^{ab mg}AF   33 αμνοις] μνοις sup ras A^{a?} | om κατα την συνκρ. αυτων F

ΑΡΙΘΜΟΙ

B ἕνα περὶ ἁμαρτίας, πλὴν τῆς ὁλοκαυτώσεως τῆς διὰ παντός· αἱ θυσίαι αὐτῶν καὶ αἱ σπονδαὶ αὐτῶν. ³⁵καὶ τῇ ἡμέρᾳ τῇ ὀγδόῃ ἐξόδιον ἔσται ὑμῖν· πᾶν ἔργον λατρευτὸν οὐ ποιήσετε ἐν αὐτῇ. ³⁶καὶ προσάξετε ὁλοκαυτώματα εἰς ὀσμὴν εὐωδίας, καρπώματα Κυρίου· μόσχον ἕνα, κριὸν ἕνα, ἀμνοὺς ἐνιαυσίους ἑπτὰ ἀμώμους· ³⁷αἱ θυσίαι αὐτῶν καὶ αἱ σπονδαὶ αὐτῶν τῷ μόσχῳ καὶ τῷ κριῷ καὶ τοῖς ἀμνοῖς κατὰ ἀριθμὸν αὐτῶν, κατὰ τὴν σύνκρισιν αὐτῶν· ³⁸καὶ χίμαρον ἐξ αἰγῶν ἕνα περὶ ἁμαρτίας, πλὴν τῆς ὁλοκαυτώσεως τῆς διὰ παντός· αἱ θυσίαι αὐτῶν καὶ αἱ σπονδαὶ αὐτῶν. ³⁹Ταῦτα ποιήσετε Κυρίῳ ἐν ταῖς ἑορταῖς ὑμῶν, πλὴν τῶν εὐχῶν ὑμῶν, καὶ τὰ ἑκούσια ὑμῶν καὶ τὰ ὁλοκαυτώματα ὑμῶν καὶ τὰς θυσίας ὑμῶν καὶ τὰς σπονδὰς ὑμῶν καὶ τὰ σωτήρια ὑμῶν.

¹Καὶ ἐλάλησεν Μωυσῆς τοῖς υἱοῖς Ἰσραὴλ κατὰ πάντα ὅσα ἐνετείλατο Κύριος τῷ Μωυσῇ. ²καὶ ἐλάλησεν Μωυσῆς πρὸς τοὺς ἄρχοντας τῶν φυλῶν Ἰσραὴλ λέγων Τοῦτο τὸ ῥῆμα ὃ συνέταξεν Κύριος· ³ἄνθρωπος ἄνθρωπος ὃς ἂν εὔξηται εὐχὴν Κυρίῳ ἢ ὁμόσῃ ὅρκον ὁρισμῷ ἢ ὁρίσηται περὶ τῆς ψυχῆς αὐτοῦ, οὐ βεβηλώσει τὸ ῥῆμα αὐτοῦ· πάντα ὅσα ἐὰν ἐξέλθῃ ἐκ τοῦ στόματος αὐτοῦ ποιήσει. ⁴ἐὰν δὲ γυνὴ εὔξηται εὐχὴν Κυρίῳ ἢ ὁρίσηται ὁρισμὸν ἐν τῷ οἴκῳ τοῦ πατρὸς αὐτῆς ἐν τῇ νεότητι αὐτῆς, ⁵καὶ ἀκούσῃ ὁ πατὴρ αὐτῆς τὰς εὐχὰς αὐτῆς καὶ τοὺς ὁρισμοὺς αὐτῆς οὓς ὡρίσατο κατὰ τῆς ψυχῆς αὐτῆς· καὶ παρασιωπήσῃ αὐτῆς ὁ πατήρ· καὶ στήσονται πᾶσαι αἱ εὐχαὶ αὐτῆς, καὶ πάντες οἱ ὁρισμοὶ οὓς ὡρίσατο κατὰ τῆς ψυχῆς αὐτῆς μενοῦσιν αὐτῇ. ⁶ἐὰν δὲ ἀνανεύων ἀνανεύσῃ ὁ πατὴρ αὐτῆς ᾗ ἂν ἡμέρᾳ ἀκούσῃ πάσας τὰς εὐχὰς αὐτῆς καὶ τοὺς ὁρισμοὺς οὓς ὡρίσατο κατὰ τῆς ψυχῆς αὐτῆς, οὐ στήσονται· καὶ Κύριος καθαριεῖ αὐτήν, ὅτι ἀνένευσεν ὁ πατὴρ αὐτῆς. ⁷ἐὰν δὲ γενομένη γένηται ἀνδρί, καὶ αἱ εὐχαὶ αὐτῆς ἐπ' αὐτῇ κατὰ τὴν διαστολὴν τῶν χειλέων αὐτῆς, οὓς ὡρίσατο κατὰ τῆς ψυχῆς αὐτῆς, ⁸καὶ ἀκούσῃ ὁ ἀνὴρ αὐτῆς, καὶ παρασιωπήσῃ αὐτῇ ᾗ ἂν ἡμέρᾳ ἀκούσῃ· καὶ οὕτως στήσονται πᾶσαι αἱ εὐχαὶ αὐτῆς, καὶ οἱ ὁρισμοὶ αὐτῆς οὓς ὡρίσατο κατὰ τῆς ψυχῆς αὐτῆς στήσονται. ⁹ἐὰν δὲ ἀνα-

AF 36 ολοκαυτωμα F | εις οσμην ευωδ. καρπ.] καρπ. εις οσμην ευωδ. A | om καρπ. F | Κυριου] τω κω ᴮᵃᵇ κω AF | om ενιαυσιους F 37 την συνκρισιν] συγκρισιν (om την) F 39 ποιησετε] ποιηθησεται F | Κυριω] pr τω AF | om πλην των ευχων υμων F* (hab πλην τ. ευχων Fᵃ ᵐᵍ) | om και τας θυσιας υμων F XXX 1 οσα] α AF 2 Ισραηλ] pr υιων AF 3 Κυριω] pr τω A | η ορισηται (ορισητε A) ορισμω AF | ρημα] ονομα F | εαν] αν AF 5 om ο πατηρ αυτης F | ωρισατο 1°] ορισατο A | αυτης 5°] αυτην F 6 om πασας A | ορισμους]+αυτης A 7 om δε F | αι ευχαι] ευχη A | αυτη] αυτην F | ους] οσα AF 8 πηρ A* (ανηρ A¹)

ΑΡΙΘΜΟΙ XXXI 5

νεύων ἀνανεύσῃ ὁ ἀνὴρ αὐτῆς ᾗ ἐὰν ἡμέρᾳ ἀκούσῃ, πᾶσαι αἱ εὐχαὶ B
αὐτῆς καὶ οἱ ὁρισμοὶ αὐτῆς οὓς ὡρίσατο κατὰ τῆς ψυχῆς αὐτῆς οὐ
μενοῦσιν, ὅτι ὁ ἀνὴρ ἀνένευσεν ἀπ' αὐτῆς· καὶ Κύριος καθαριεῖ
10 αὐτήν. ¹⁰καὶ εὐχὴ χήρας καὶ ἐκβεβλημένης, ὅσα ἂν εὔξηται κατὰ
11 τῆς ψυχῆς αὐτῆς, μενοῦσιν αὐτῇ. ¹¹ἐὰν δὲ ἐν τῷ οἴκῳ τοῦ ἀνδρὸς
αὐτῆς ἡ εὐχὴ αὐτῆς ἢ ὁ ὁρισμὸς κατὰ τῆς ψυχῆς αὐτῆς μεθ' ὅρκου,
12 ¹²καὶ ἀκούσῃ ὁ ἀνὴρ αὐτῆς, καὶ παρασιωπήσῃ αὐτῇ καὶ μὴ ἀνανεύσῃ
αὐτῇ· καὶ στήσονται πᾶσαι αἱ εὐχαὶ αὐτῆς, καὶ πάντες οἱ ὁρισμοὶ
αὐτῆς οὓς ὡρίσατο κατὰ τῆς ψυχῆς αὐτῆς στήσονται κατ' αὐτῆς.
13 ¹³ἐὰν δὲ περιελὼν περιέλῃ ὁ ἀνὴρ αὐτῆς ᾗ ἂν ἡμέρᾳ ἀκούσῃ πάντα,
ὅσα ἐὰν ἐξέλθῃ ἐκ τῶν χειλέων αὐτῆς κατὰ τὰς εὐχὰς αὐτῆς καὶ
κατὰ τοὺς ὁρισμοὺς τοὺς κατὰ τῆς ψυχῆς αὐτῆς, οὐ μενεῖ αὐτῇ· ὁ
14 ἀνὴρ αὐτῆς περιεῖλεν, καὶ Κύριος καθαρίσει αὐτήν. ¹⁴πᾶσα εὐχὴ
καὶ πᾶς ὅρκος δεσμοῦ κακῶσαι ψυχήν, ὁ ἀνὴρ αὐτῆς στήσει αὐτῇ
15 καὶ ὁ ἀνὴρ αὐτῆς περιελεῖ. ¹⁵ἐὰν δὲ σιωπῶν παρασιωπήσῃ αὐτῇ
ἡμέραν ἐξ ἡμέρας, καὶ στήσει αὐτῇ πάσας τὰς εὐχὰς αὐτῆς, καὶ
τοὺς ὁρισμοὺς τοὺς ἐπ' αὐτῆς στήσει αὐτῇ, ὅτι ἐσιώπησεν αὐτῇ τῇ
16 ἡμέρᾳ ᾗ ἤκουσεν. ¹⁶ἐὰν δὲ περιελὼν περιέλῃ αὐτῆς μετὰ τὴν ἡμέ-
17 ραν ἣν ἤκουσεν, καὶ λήμψεται τὴν ἁμαρτίαν αὐτοῦ. ¹⁷ταῦτα τὰ
δικαιώματα ὅσα ἐνετείλατο Κύριος τῷ Μωυσῇ ἀνὰ μέσον ἀνδρὸς
καὶ γυναικὸς αὐτοῦ, καὶ ἀνὰ μέσον πατρὸς καὶ θυγατρὸς ἐν νεότητι
ἐν οἴκῳ πατρός.

XXXI
1 ¹Καὶ ἐλάλησεν Κύριος πρὸς Μωυσῆν λέγων ²Ἐκδίκει τὴν ἐκδί-
2 κησιν υἱῶν Ἰσραὴλ ἐκ τῶν Μαδιανειτῶν, καὶ ἔσχατον προστεθήσῃ
3 πρὸς τὸν λαόν σου. ³καὶ ἐλάλησεν Μωυσῆς πρὸς τὸν λαὸν λέγων
Ἐξοπλίσατε ἐξ ὑμῶν ἄνδρας, παρατάξασθαι ἔναντι Κυρίου ἐπὶ
4 Μαδιάν, ἀποδοῦναι ἐκδίκησιν παρὰ τοῦ κυρίου τῇ Μαδιάν· ⁴χίλιοι
ἐκ φυλῆς, χίλιοι ἐκ φυλῆς· ἐκ πασῶν φυλῶν Ἰσραὴλ ἀποστείλατε
5 παρατάξασθαι. ⁵καὶ ἐξηρίθμησαν ἐκ τῶν χιλιάδων Ἰσραήλ, χιλίους

9 εαν 2°] αν B^{ab vid} AF | ο ανηρ 2°] om ο A | απ] επ AF   10 οσα] A
οσ A   11 κατα της ψ.] pr ο A   12 om και παρασιωπηση B* (hab
B^{a mg}) | om αυτη 2° F | om αυτης 3° AF   13 περιελων] περιαιλων A
περιαιρων F | ακουση· παντα B | εαν 2°] αν AF | των χειλ.] om των F | om
και 1° F* (hab F^{1(vid)}) | καθαριει AF   14 ψυχην] αυτην A | αυτη] αυτην F
15 om δε F | ορισμους]+αυτης A | τους επ αυτης] επ αυτη A | ην] η AF
16 om εαν δε περιελων...ην ηκουσεν B* (hab B^{ab mg inf}) | περιελων] περιαιρων AF
17 γυναικος] pr ανα μεσον AF   XXXI 2 υιων] pr των AF | Μαδιανιτων
B^b AF   3 παραταξασθαι] και παραταξασθε AF | Μαδιαμ AF (bis) | του
κυριου] om του F   4 χιλιοι 1° (χειλ. B*)] χειλιους B^a χιλιους B^b AF | χιλιοι
2° (χειλ. B*)] χειλιους B^a (χιλ. B^b) και χιλιους AF | παραταξασθε A

ΑΡΙΘΜΟΙ

Β ἐκ φυλῆς· ιβ' χιλιάδες, ἐνωπλισμένοι εἰς παράταξιν. ⁶ καὶ ἀπέστειλεν 6 αὐτοὺς Μωυσῆς χιλίους ἐκ φυλῆς, χιλίους ἐκ φυλῆς, σὺν δυνάμει αὐτῶν, καὶ Φινεὲς υἱὸν Ἐλεαζὰρ υἱοῦ Ἀαρὼν τοῦ ἱερέως· καὶ τὰ σκεύη τὰ ἅγια καὶ αἱ σάλπιγγες τῶν σημασιῶν ἐν ταῖς χερσὶν αὐτῶν. ⁷ καὶ παρετάξαντο ἐπὶ Μαδιάν, καθὰ ἐνετείλατο Κύριος τῷ Μωυσῇ, 7 καὶ ἀπέκτειναν πᾶν ἀρσενικόν· ⁸ καὶ τοὺς βασιλεῖς Μαδιὰν ἀπέ- 8 κτειναν ἅμα τοῖς τραυματίαις αὐτῶν, καὶ τὸν Εὐεὶν καὶ τὸν Σοὺρ καὶ τὸν Ῥόκομ καὶ τὸν Οὒρ καὶ τὸν Ῥόβοκ, πέντε βασιλεῖς Μαδιάμ· καὶ τὸν Βαλαὰμ υἱὸν Βεὼρ ἀπέκτειναν ἐν ῥομφαίᾳ σὺν τοῖς τραυματίαις αὐτῶν. ⁹ καὶ ἐπρονόμευσαν τὰς γυναῖκας Μαδιάν, καὶ τὴν 9 ἀποσκευὴν αὐτῶν καὶ τὰ κτήνη αὐτῶν καὶ πάντα τὰ ἔνκτητα αὐτῶν καὶ τὴν δύναμιν αὐτῶν ἐπρονόμευσαν· ¹⁰ καὶ πάσας τὰς πόλεις αὐτῶν 10 τὰς ἐν ταῖς οἰκίαις αὐτῶν καὶ τὰς ἐπαύλεις αὐτῶν ἐνέπρησαν ἐν πυρί. ¹¹ καὶ ἔλαβον πᾶσαν τὴν προνομὴν καὶ πάντα τὰ σκῦλα 11 αὐτῶν, ἀπὸ ἀνθρώπου ἕως κτήνους· ¹² καὶ ἤγαγον πρὸς Μωυσῆν καὶ 12 πρὸς Ἐλεαζὰρ τὸν ἱερέα καὶ πρὸς πάντας υἱοὺς Ἰσραὴλ τὴν αἰχμαλωσίαν καὶ τὰ σκῦλα καὶ τὴν προνομήν, εἰς τὴν παρεμβολὴν εἰς Ἀραβὼθ Μωάβ, ἥ ἐστιν ἐπὶ τοῦ Ἰορδάνου κατὰ Ἰερειχώ. ¹³ Καὶ 13 ἐξῆλθεν Μωυσῆς καὶ Ἐλεαζὰρ ὁ ἱερεὺς καὶ πάντες οἱ ἄρχοντες τῆς συναγωγῆς εἰς συνάντησιν αὐτοῖς ἔξω τῆς παρεμβολῆς· ¹⁴ καὶ ὠργίσθη 14 Μωυσῆς ἐπὶ τοῖς ἐπισκόποις τῆς δυνάμεως, χιλιάρχοις καὶ ἑκατοντάρχοις τοῖς ἐρχομένοις ἐκ τῆς παρατάξεως τοῦ πολέμου· ¹⁵ καὶ εἶπεν 15 αὐτοῖς Μωυσῆς Ἵνα τί ἐζωγρήσατε πᾶν θῆλυ; ¹⁶ αὗται γὰρ ἦσαν τοῖς 16 υἱοῖς Ἰσραὴλ κατὰ τὸ ῥῆμα Βαλαὰμ τοῦ ἀποστῆσαι καὶ ὑπεριδεῖν τὸ ῥῆμα Κυρίου ἕνεκεν Φογώρ, καὶ ἐγένετο ἡ πληγὴ ἐν τῇ συναγωγῇ Κυρίου. ¹⁷ καὶ νῦν ἀποκτείνατε πᾶν ἀρσενικὸν ἐν πάσῃ τῇ ἀπαρ- 17 τίᾳ, καὶ πᾶσαν γυναῖκα ἥτις ἔγνωκεν κοίτην ἄρσενος ἀποκτείνατε· ¹⁸ πᾶσαν τὴν ἀπαρτίαν τῶν γυναικῶν ἥτις οὐκ οἶδεν κοίτην ἄρσενος, 18 ζωγρήσατε αὐτάς. ¹⁹ καὶ ὑμεῖς παρεμβάλετε ἔξω τῆς παρεμβολῆς 19 ἑπτὰ ἡμέρας· πᾶς ὁ ἀνελὼν καὶ ὁ ἁπτόμενος τοῦ τετρωμένου ἁγνι-

AF 5 ιβ'] δωδεκα AF | χιλιαδας A 6 χιλιους 2°] pr και AF | om εκ φυλης 2° Bᵃᵇ | υιον] υιος AF 7 Μαδιαμ AF | τω-Μωυση] om τω Bᵃᵇ om τω M. F 8 Μαδιαμ AF | τον Ροκομ και τον Σουρ AF | Βεωρ] Βαιωρ A | ρομφαιαις A | τοις τραυμ.] ταις τραυμ. A 9 επρονομευσαν 1°] προενομ. AF | Μαδιαμ AF] ενκτητα (ενκτ. Bᵇ)] ενκτηματα A (ενκτ.) F 10 κατοικιαις A κατ οικειαις (sic) F | εν πυρι] om εν Bᵃᵇ 11 προνομην] + αυτων A 12 υιους] pr τους AF | Ιεριχω BᵇA 17 αποκτεινατε 1°] απεκτειναται F | εγνωκεν] εγνω AF | αρσενος] αρενος A* (σ superscr A¹) | αποκτεινατε 2°] αποκτενειτε A απεκτεινατε F 18 πασαν] pr και AF | οιδεν] εγνω AF 19 παρεμβαλειτε AF | αναιλων AF

ΑΡΙΘΜΟΙ XXXI 34

σθήσεται τῇ ἡμέρᾳ τῇ τρίτῃ καὶ τῇ ἡμέρᾳ τῇ ἑβδόμῃ, ὑμεῖς καὶ ἡ
αἰχμαλωσία ὑμῶν· ²⁰καὶ πᾶν περίβλημα καὶ πᾶν σκεῦος δερμάτινον
καὶ πᾶσαν ἐργασίαν ἐξ αἰγίας καὶ πᾶν σκεῦος ξύλινον ἀφαγνιεῖτε.
²¹καὶ εἶπεν Ἐλεαζὰρ ὁ ἱερεὺς πρὸς τοὺς ἄνδρας τῆς δυνάμεως τοὺς
ἐρχομένους ἐκ τῆς παρατάξεως τοῦ πολέμου Τοῦτο τὸ δικαίωμα τοῦ
νόμου ὃ συνέταξεν Κύριος τῷ Μωυσῇ. ²²πλὴν τοῦ χρυσίου καὶ τοῦ
ἀργυρίου καὶ χαλκοῦ καὶ σιδήρου καὶ μολίβου καὶ κασσιτέρου, ²³πᾶν
πρᾶγμα διελεύσεται ἐν πυρί, καὶ καθαρισθήσεται, ἀλλ' ἢ τῷ ὕδατι
τοῦ ἁγνισμοῦ ἁγνισθήσεται· καὶ πάντα ὅσα ἐὰν μὴ διαπορεύηται διὰ
πυρός, διελεύσεται δι' ὕδατος. ²⁴καὶ πλυνεῖσθε τὰ ἱμάτια τῇ ἡμέρᾳ
τῇ ἑβδόμῃ, καὶ καθαρισθήσεσθε· καὶ μετὰ ταῦτα εἰσελεύσεσθε εἰς
τὴν παρεμβολήν. ²⁵Καὶ ἐλάλησεν Κύριος πρὸς Μωυσῆν λέγων
²⁶Λάβε τὸ κεφάλαιον τῶν σκύλων τῆς αἰχμαλωσίας, ἀπὸ ἀνθρώπου
ἕως κτήνους, σὺ καὶ Ἐλεαζὰρ ὁ ἱερεὺς καὶ οἱ ἄρχοντες τῶν πατριῶν
τῆς συναγωγῆς· ²⁷καὶ διελεῖτε τὰ σκῦλα ἀνὰ μέσον τῶν πολεμιστῶν
τῶν ἐκπορευομένων εἰς τὴν παράταξιν καὶ ἀνὰ μέσον πάσης συνα-
γωγῆς. ²⁸καὶ ἀφελεῖτε τέλος Κυρίῳ παρὰ τῶν ἀνθρώπων τῶν πολε-
μιστῶν τῶν ἐκπεπορευμένων εἰς τὴν παράταξιν, μίαν ψυχὴν ἀπὸ
πεντακοσίων, ἀπὸ τῶν ἀνθρώπων καὶ ἀπὸ τῶν κτηνῶν καὶ ἀπὸ
τῶν βοῶν καὶ ἀπὸ τῶν προβάτων καὶ ἀπὸ τῶν αἰγῶν· ²⁹καὶ ἀπὸ
τοῦ ἡμίσους αὐτῶν λήμψεσθε, καὶ δώσεις Ἐλεαζὰρ τῷ ἱερεῖ τὰς
ἀπαρχὰς Κυρίου· ³⁰καὶ ἀπὸ τοῦ ἡμίσους τοῦ τῶν υἱῶν Ἰσραὴλ λήμψῃ
ἕνα ἀπὸ τῶν πεντήκοντα, ἀπὸ τῶν ἀνθρώπων καὶ ἀπὸ τῶν βοῶν
καὶ ἀπὸ τῶν προβάτων καὶ ἀπὸ τῶν ὄνων καὶ ἀπὸ πάντων τῶν
κτηνῶν, καὶ δώσεις αὐτὰ τοῖς Λευείταις τοῖς φυλάσσουσιν τὰς φυ-
λακὰς ἐν τῇ σκηνῇ Κυρίου. ³¹καὶ ἐποίησεν Μωυσῆς καὶ Ἐλεαζὰρ
ὁ ἱερεὺς καθὰ συνέταξεν Κύριος τῷ Μωυσῇ. ³²καὶ ἐγενήθη τὸ πλεό-
νασμα τῆς προνομῆς ὃ ἐπρονόμευσαν οἱ ἄνδρες οἱ πολεμισταὶ ἀπὸ
τῶν προβάτων ἑξακόσιαι χιλιάδες καὶ ἑβδομήκοντα καὶ πέντε χιλι-
άδες· ³³καὶ βόες, δύο καὶ ἑβδομήκοντα χιλιάδες· ³⁴ὄνοι, μία καὶ

22 του αργυριου και του χρυσιου A | κασιτερου F   23 διελευσεται 1°] pr ο AF
B^{ab}AF | εαν] αν B^{ab} om AF | διαπορευεται AF | διελευσεται 2°] pr ου A
24 πλυνεισθε] πλυνειτε F | καθαρισθησεσθαι F   27 εκπορευομενων] εκ-
πεπορευμενων B^{ab} | συναγωγης] pr της A   28 τελος] pr το AF | εκπε-
πορευμενων] εκπορευομενων AF | την παραταξιν] om την F | αιγων] ονων
AF   30 ημισυς B* (ημισους B^{ab}) | του των υιων] τουτων των υιων B*
(του των υι. B^{a?b}) | ενα] εν F | των πεντηκοντα] om των B^{ab} (hab B*AF) |
Λευιταις B^b AF   32 προνομης sup ras B^a | εβδομηκοντα και πεντε χι-
λιαδες] εβδ. χιλιαδες και πεντακισχιλια A πεντακισχιλια F*` (pr και εβδ.
χιλιαδες F^{1 mg inf})   33 βοες] βοων AF   34 ονοι] και ονων AF

Β ἑξήκοντα χιλιάδες· ³⁵ καὶ ψυχαὶ ἀνθρώπων ἀπὸ τῶν γυναικῶν αἳ 35 οὐκ ἔγνωσαν κοίτην ἀνδρός, πᾶσαι ψυχαί, δύο καὶ τριάκοντα χιλιάδες. ³⁶ καὶ ἐγενήθη τὸ ἡμίσευμα, ἡ μερὶς τῶν ἐκπεπορευμένων εἰς 36 τὸν πόλεμον, ἐκ τοῦ ἀριθμοῦ τῶν προβάτων τριακόσιαι καὶ τριάκοντα χιλιάδες καὶ πεντακισχίλιοι καὶ πεντακόσιοι. ³⁷ καὶ ἐγένετο τὸ τέλος 37 Κυρίῳ ἀπὸ τῶν προβάτων ἑξακόσιοι ἑβδομήκοντα πέντε· ³⁸ καὶ βόες 38 ἓξ καὶ τριάκοντα χιλιάδες, καὶ τὸ τέλος Κυρίῳ δύο καὶ ἑβδομήκοντα· ³⁹ καὶ ὄνοι τριάκοντα χιλιάδες καὶ φ΄, καὶ τὸ τέλος Κυρίῳ εἷς καὶ 39 ἑξήκοντα· ⁴⁰ καὶ ψυχαὶ ἀνθρώπων ἑκκαίδεκα χιλιάδες, καὶ τὸ τέλος 40 αὐτῶν Κυρίῳ δύο καὶ τριάκοντα ψυχαί. ⁴¹ καὶ ἔδωκεν Μωυσῆς τὸ 41 τέλος Κυρίῳ τὸ ἀφαίρεμα τοῦ θεοῦ Ἐλεαζὰρ τῷ ἱερεῖ, καθὰ συνέταξεν Κύριος τῷ Μωυσῇ. ⁴² ἀπὸ ἡμισεύματος τῶν υἱῶν Ἰσραήλ, οὓς 42 διεῖλεν Μωυσῆς ἀπὸ τῶν ἀνδρῶν τῶν πολεμιστῶν· ⁴³ καὶ ἐγένετο 43 τὸ ἡμίσευμα ἀπὸ τῆς συναγωγῆς ἀπὸ τῶν προβάτων τριακόσιαι χιλιάδες καὶ τριάκοντα χιλιάδες καὶ ἑπτακισχίλια καὶ πεντακόσια, ⁴⁴ καὶ βόες ἓξ καὶ τριάκοντα χιλιάδες, ⁴⁵ ὄνοι τριάκοντα χιλιάδες 44 καὶ πεντακόσιοι, ⁴⁶ καὶ ψυχαὶ ἀνθρώπων ἓξ καὶ δέκα χιλιάδες· 46 ⁴⁷ καὶ ἔλαβεν Μωυσῆς ἀπὸ τοῦ ἡμισεύματος τῶν υἱῶν Ἰσραὴλ τὸ 47 ἓν ἀπὸ τῶν πεντήκοντα, ἀπὸ τῶν ἀνθρώπων καὶ ἀπὸ τῶν κτηνῶν, καὶ ἔδωκεν αὐτὰ τοῖς Λευείταις τοῖς φυλάσσουσιν τὰς φυλακὰς τῆς σκηνῆς Κυρίου, ὃν τρόπον συνέταξεν Κύριος τῷ Μωυσῇ. ⁴⁸ Καὶ 48 προσῆλθον πρὸς Μωυσῆν πάντες οἱ καθεσταμένοι εἰς τὰς χιλιαρχίας τῆς δυνάμεως χιλίαρχοι καὶ ἑκατόνταρχοι, ⁴⁹ καὶ εἶπαν πρὸς Μωυσῆν 49 Οἱ παῖδές σου εἰλήφασιν τὸ κεφάλαιον τῶν ἀνδρῶν τῶν πολεμιστῶν τῶν παρ' ἡμῶν, καὶ οὐ διαπεφώνηκεν ἀπ' αὐτῶν οὐδὲ εἷς· ⁵⁰ καὶ 50 προσενηνόχαμεν τὸ δῶρον Κυρίῳ ἀνὴρ ὃ εὗρεν σκεῦος χρυσοῦν καὶ χλίδωνα καὶ ψέλιον καὶ δακτύλιον καὶ περιδέξιον καὶ ἐμπλόκιον, ἐξιλάσασθαι περὶ ἡμῶν ἔναντι Κυρίου. ⁵¹ καὶ ἔλαβεν Μωυσῆς καὶ 51 Ἐλεαζὰρ ὁ ἱερεὺς τὸ χρυσίον παρ' αὐτῶν, πᾶν σκεῦος εἰργασμένον· ⁵² καὶ ἐγένετο πᾶν τὸ χρυσίον, τὸ ἀφαίρεμα ὃ ἀφεῖλον Κυρίῳ, ἓξ καὶ 52

AF 35 των γυναικων] γυν, κ sup ras Bᵃ¹ om των F | πασαι ψυχαι] πασα ψυχη
AF 36 εκπεπορευμενων] εκπορευομενων A | τριακοσιαι] + χιλιαδες AF | πεντακισχιλιοι B* ᵛⁱᵈ] επτακισχιλιαι (α 2° sup ras Bᵃ¹) Bᵃᵇ επτακισχιλια AF | πεντακοσιοι B* ᵛⁱᵈ] πεντακοσιαι Bᵃ¹ πεντακοσια AF 37 εξακοσιοι B* ᵛⁱᵈ] εξακοσιαι Bᵃ¹A¹ εξακοσια A*F 39 φ΄] πεντακοσιοι AF | εις] μια F 40 εκκαιδεκα] εξ και δεκα AF 41 καθα] καθαπερ A 42 ημισευματος] pr του BᵃᵇAF 43 απο της συν.] το της συν. A 47 το εν] om το BᵃᵇA | Λευιταις BᵇAF 48 κατεσταμενοι B | χιλιαρας F* (χιλιαρχιας in mg item χι superscr F¹) 49 απ αυτων] επ αυτων F 50 προσενηνοχαμεν] προσανενηνοχαμεν F | om και 2° BᵃᵇAF | εξιλασασθε A | υμων A 52 αφειλαν F

ΑΡΙΘΜΟΙ XXXII 13

δέκα χιλιάδες καὶ ἑπτακόσιοι καὶ πεντήκοντα σίκλοι, παρὰ τῶν χιλι- Β
53 άρχων καὶ παρὰ τῶν ἑκατοντάρχων. ⁵³καὶ οἱ ἄνδρες οἱ πολεμισταὶ
54 ἐπρονόμευσαν ἕκαστος ἑαυτῷ. ⁵⁴καὶ ἔλαβεν Μωυσῆς καὶ Ἐλεαζὰρ
ὁ ἱερεὺς τὸ χρυσίον παρὰ τῶν χιλιάρχων καὶ παρὰ τῶν ἑκατοντάρχων,
καὶ εἰσήνεγκεν αὐτὰ εἰς τὴν σκηνὴν τοῦ μαρτυρίου, μνημόσυνον τῶν
υἱῶν Ἰσραὴλ ἔναντι Κυρίου.

XXXII 1 ¹Καὶ κτήνη πλῆθος ἦν τοῖς υἱοῖς Ῥουβὴν καὶ τοῖς υἱοῖς Γάδ, πλῆθος
σφόδρα· καὶ ἴδον τὴν χώραν Ἰαζὴρ καὶ τὴν χώραν Γαλαάδ, καὶ ἦν
2 ὁ τόπος τόπος κτήνεσιν. ²καὶ προσελθόντες οἱ υἱοὶ Ῥουβὴν καὶ οἱ υἱοὶ
Γὰδ εἶπαν πρὸς Μωυσῆν καὶ πρὸς Ἐλεαζὰρ τὸν ἱερέα καὶ πρὸς τοὺς
3 ἄρχοντας τῆς συναγωγῆς λέγοντες ³Αταρὼθ καὶ Δαιβὼν καὶ Ἰαζὴρ καὶ
Ναμβρὰ καὶ Ἐσεβὼν καὶ Ἐλεαλὴ καὶ Σεβαμὰ καὶ Ναβαὺ καὶ Βαιάν,
4 ⁴τὴν γῆν ἣν παραδέδωκεν Κύριος ἐνώπιον τῶν υἱῶν Ἰσραήλ, γῆ
5 κτηνοτρόφος ἐστίν, καὶ τοῖς παισίν σου κτήνη ὑπάρχει. ⁵καὶ ἔλεγον
Εἰ εὕρομεν χάριν ἐνώπιόν σου, δοθήτω ἡ γῆ αὕτη τοῖς οἰκέταις σου ἐν
6 κατασχέσει, καὶ μὴ διαβιβάσῃς ἡμᾶς τὸν Ἰορδάνην. ⁶καὶ εἶπεν
Μωυσῆς τοῖς υἱοῖς Γὰδ καὶ τοῖς υἱοῖς Ῥουβήν Οἱ ἀδελφοὶ ὑμῶν πορεύ-
7 ονται εἰς πόλεμον, καὶ ὑμεῖς καθήσεσθε αὐτοῦ; ⁷καὶ ἵνα τί διαστρέ-
φετε τὰς διανοίας τῶν υἱῶν Ἰσραήλ, μὴ διαβῆναι εἰς τὴν γῆν ἣν Κύριος
8 δίδωσιν αὐτοῖς; ⁸οὐχ οὕτως ἐποίησαν οἱ πατέρες ὑμῶν, ὅτε ἀπέστειλα
9 αὐτοὺς ἐκ Καδῆς Βαρνὴ κατανοῆσαι τὴν γῆν; ⁹καὶ ἀνέβησαν Φάραγγα
βότρυος, καὶ κατενόησαν τὴν γῆν, καὶ ἀπέστησαν τὴν καρδίαν τῶν
υἱῶν Ἰσραήλ, ὅπως μὴ εἰσέλθωσιν εἰς τὴν γῆν ἣν ἔδωκεν Κύριος
10 αὐτοῖς. ¹⁰καὶ ὠργίσθη θυμῷ Κύριος ἐν τῇ ἡμέρᾳ ἐκείνῃ, καὶ ὤμοσεν
11 λέγων ¹¹Εἰ ὄψονται οἱ ἄνθρωποι οὗτοι οἱ ἀναβάντες ἐξ Αἰγύπτου ἀπὸ
εἰκοσαετοῦς καὶ ἐπάνω, οἱ ἐπιστάμενοι τὸ κακὸν καὶ τὸ ἀγαθόν, τὴν
γῆν ἣν ὤμοσεν τῷ Ἀβραὰμ καὶ Ἰσαὰκ καὶ Ἰακώβ· οὐ γὰρ συνεπηκο-
12 λούθησαν ὀπίσω μου· ¹²πλὴν Χαλὲβ υἱὸς Ἰεφοννὴ ὁ διακεχωρισμένος,
13 καὶ Ἰησοῦς ὁ τοῦ Ναυή, ὅτι συνεπηκολούθησεν ὀπίσω Κυρίου. ¹³καὶ

52 επτακοσιοι] πεντακοσιοι F | εκατονταρχων] εκα sup ras B¹ᵗ AF
XXXII 1 κτηνη] η 2° sup ras seq ras 2 litt in Bᵃ (κτηνους [ϲοπε κτηνων]
B*ᵛⁱᵈ) | πληθος 2°] +πολυ AF   2 αρχοντας] ανδρας A   3 Αταρων A |
Δεβων F | Ναμβρα] Αμβραμ A Ναμρα F | Σεβαμα] Εσεβαμα Bᵃᵇ Σεμαβα F |
Βαιαν BFᵛⁱᵈ (Βαια.)] Βαμα A   4 παραδεδωκεν] παρεδωκεν AF | των υιων]
om των A | κτηνοτροφος γη A   5 ελεγον] ελεγοσαν A | ενωπιον] εναντιον
AF | οικεταις] παισιν A   6 πορευσονται AF | πολεμον] pr τον Bᵃᵇ F
7 διανοιας] καρδιας A | διαβηναι] αναβηναι A   9 αυτοις κυριος AF
11 το αγαθον και το κακον AF | ωμοσα AF | τω Αβρ.] om τω A   12 συνε-
πηκολουθησαν AF | Κυριου] μου A

ΑΡΙΘΜΟΙ

B ὠργίσθη θυμῷ Κύριος ἐπὶ τὸν Ἰσραήλ, καὶ κατερόμβευσεν αὐτοὺς ἐν τῇ ἐρήμῳ τεσσεράκοντα ἔτη, ἕως ἐξανηλώθη πᾶσα ἡ γενεά, οἱ ποιοῦντες τὰ πονηρὰ ἔναντι Κυρίου. ¹⁴ἰδοὺ ἀνέστητε ἀντὶ τῶν ¹⁴ πατέρων ὑμῶν, σύστρεμμα ἀνθρώπων ἁμαρτωλῶν, προσθεῖναι ἔτι ἐπὶ τὸν θυμὸν τῆς ὀργῆς Κυρίου ἐπὶ Ἰσραήλ· ¹⁵ὅτι ἀποστραφήσεσθε ¹⁵ ἀπ᾿ αὐτοῦ προσθεῖναι ἔτι καταλιπεῖν αὐτὸν ἐν τῇ ἐρήμῳ, καὶ ἀνομήσετε εἰς ὅλην τὴν συναγωγὴν ταύτην. ¹⁶καὶ προσῆλθον αὐτῷ καὶ ¹⁶ ἔλεγον Ἐπαύλεις προβάτων οἰκοδομήσωμεν ὧδε τοῖς κτήνεσιν ἡμῶν καὶ πόλεις ταῖς ἀποσκευαῖς ἡμῶν, ¹⁷καὶ ἡμεῖς ἐνοπλισάμενοι προφυ- ¹⁷ λακὴν πρότεροι τῶν υἱῶν Ἰσραήλ, ἕως ἂν ἀγάγωμεν αὐτοὺς εἰς τὸν ἑαυτῶν τόπον· καὶ κατοικήσει ἡ ἀποσκευὴ ἡμῶν ἐν πόλεσιν τετειχισμέναις διὰ τοὺς κατοικοῦντας τὴν γῆν. ¹⁸οὐ μὴ ἀποστραφῶμεν εἰς τὰς ¹⁸ οἰκίας ἡμῶν ἕως ἂν καταμερισθῶσιν οἱ υἱοὶ Ἰσραὴλ ἕκαστος εἰς τὴν κληρονομίαν αὐτοῦ. ¹⁹καὶ οὐκέτι κληρονομήσωμεν ἐν αὐτοῖς ἀπὸ τοῦ πέραν ¹⁹ τοῦ Ἰορδάνου καὶ ἐπέκεινα, ὅτι ἀπέχομεν τοὺς κλήρους ἡμῶν ἐν τῷ πέραν τοῦ Ἰορδάνου ἐν ἀνατολαῖς. ²⁰καὶ εἶπεν πρὸς αὐτοὺς Μωυσῆς Ἐὰν ²⁰ ποιήσητε κατὰ τὸ ῥῆμα τοῦτο, ἐὰν ἐξοπλίσησθε ἔναντι Κυρίου εἰς πόλεμον, ²¹καὶ παρελεύσεται ὑμῶν πᾶς ὁπλίτης τὸν Ἰορδάνην ἔναντι ²¹ Κυρίου ἕως ἂν ἐκτριβῇ ὁ ἐχθρὸς αὐτοῦ ἀπὸ προσώπου αὐτοῦ ²²καὶ ²² κατακυριευθῇ ἡ γῆ ἔναντι Κυρίου, καὶ μετὰ ταῦτα ἀποστραφήσεσθε· καὶ ἔσεσθε ἀθῷοι ἔναντι Κυρίου καὶ ἀπὸ Ἰσραήλ, καὶ ἔσται ἡ γῆ αὕτη ὑμῖν ἐν κατασχέσει ἔναντι Κυρίου. ²³ἐὰν δὲ μὴ ποιήσητε οὕτως, ἁμαρ- ²³ τήσεσθε ἔναντι Κυρίου, καὶ γνώσεσθε τὴν ἁμαρτίαν ὑμῶν ὅταν ὑμᾶς καταλάβῃ τὰ κακά. ²⁴καὶ οἰκοδομήσητε ὑμῖν αὐτοῖς πόλεις τῇ ἀπο- ²⁴ σκευῇ ὑμῶν καὶ ἐπαύλεις τοῖς κτήνεσιν ὑμῶν, καὶ τὸ ἐκπορευόμενον ἐκ τοῦ στόματος ὑμῶν, τοῦτο ποιήσετε. ²⁵καὶ εἶπαν οἱ υἱοὶ Ῥουβὴν ²⁵ καὶ οἱ υἱοὶ Γὰδ πρὸς Μωυσῆν λέγοντες Οἱ παῖδές σου ποιήσουσιν καθὰ ὁ κύριος ἡμῶν ἐντελεῖται. ²⁶ἡ ἀποσκευὴ ἡμῶν καὶ αἱ γυναῖκες ²⁶ ἡμῶν καὶ πάντα τὰ κτήνη ἡμῶν ἔσονται ἐν ταῖς πόλεσιν Γαλαάδ· ²⁷οἱ ²⁷

AF 13 κατερεμβευσεν AF | τεσσαρακοντα B^b | εως]+αν A | εξαναλωθη A 14 συστρεμμα (συνστρ. F)] συντριμμα B^ab | επι Ισρ.] επ Ισρ. A επι τον Ισρ. F 15 καταλειπειν F 16 επαυλις B* (επαυλεις B^ab) | οικοδομησομεν B^abF | ημων 1°] υμων A | κατασκευαις A 17 προφυλακη AF | εαυτω A 19 κληρονομησομεν B^abF | εν αυτοις] εαυτοις A | περαν 2°] περα F 20 εξοπλισησθε] εξοπλισθησεσθαι A 21 οπλιστης A οπλειστης F | εως] ως A 22 om και 4° A 22—24 καταχεσει...υμιν εαν sup ras A? 23 om εναντι Κυριου και γνωσεσθε F 24 οικοδομησεται A¹ οικοδομησετε B^abF | αυτοις] εαυτοις A¹F | την αποσκευην B* (τη αποσκευη B^ab) | om τουτο B^ab vid AF 25 ποιησουσιν bis et paene ter scr F* | ημων] ημιν A¹| εντελειται] εντελλεται B^abF εντεταλται A 26 και παντα τα κτ. ημ. και αι γυναικες ημ. A | κτηνη] σκευη F

ΑΡΙΘΜΟΙ XXXII 40

δὲ παῖδές σου παρελεύσονται πάντες ἐνωπλισμένοι καὶ ἐκτεταγμένοι B 28 ἔναντι Κυρίου εἰς τὸν πόλεμον, ὃν τρόπον ὁ κύριος λέγει. ²⁸Καὶ συνέστησεν αὐτοῖς Μωυσῆς Ἐλεαζὰρ τὸν ἱερέα καὶ Ἰησοῦν υἱὸν Ναυὴ 29 καὶ τοὺς ἄρχοντας πατριῶν τῶν φυλῶν Ἰσραήλ, ²⁹ καὶ εἶπεν πρὸς αὐτοὺς Μωυσῆς Ἐὰν διαβῶσιν οἱ υἱοὶ Ῥουβὴν καὶ οἱ υἱοὶ Γὰδ μεθ' ὑμῶν τὸν Ἰορδάνην, πᾶς ἐνωπλισμένος εἰς πόλεμον ἔναντι Κυρίου, καὶ κατακυριεύσητε τῆς γῆς ἀπέναντι ὑμῶν, καὶ δώσετε αὐτοῖς τὴν γῆν 30 Γαλαὰδ ἐν κατασχέσει· ³⁰ ἐὰν δὲ μὴ διαβῶσιν ἐνωπλισμένοι μεθ' ὑμῶν εἰς τὸν πόλεμον ἔναντι Κυρίου, διαβιβάσατε τὴν ἀποσκευὴν αὐτῶν καὶ τὰς γυναῖκας αὐτῶν καὶ τὰ κτήνη αὐτῶν πρότερα ὑμῶν εἰς γῆν Χανάαν, καὶ συνκατακληρονομηθήσονται ἐν ὑμῖν ἐν τῇ γῇ Χανάαν. 31 ³¹ καὶ ἀπεκρίθησαν οἱ υἱοὶ Ῥουβὴν καὶ υἱοὶ Γὰδ λέγοντες Ὅσα ὁ 32 κύριος λέγει τοῖς θεράπουσιν, οὕτως ποιήσομεν· ³² ἡμεῖς διαβησόμεθα ἐνωπλισμένοι ἔναντι Κυρίου εἰς γῆν Χανάαν, καὶ δώσετε τὴν κατά- 33 σχεσιν ἡμῖν ἐν τῷ πέραν τοῦ Ἰορδάνου. ³³ καὶ ἔδωκεν αὐτοῖς Μωυσῆς, τοῖς υἱοῖς Γὰδ καὶ τοῖς υἱοῖς Ῥουβὴν καὶ τῷ ἡμίσει φυλῆς Μανασσῆ υἱῶν Ἰωσήφ, τὴν βασιλείαν Σηὼν βασιλέως Ἀμορραίων καὶ τὴν βασιλείαν Ὢγ βασιλέως Βασάν, τὴν γῆν καὶ τὰς πόλεις σὺν 34 τοῖς ὁρίοις αὐτῆς, πόλεις τῆς γῆς κύκλῳ. ³⁴ Καὶ οἰκοδόμησαν οἱ 35 υἱοὶ Γὰδ τὴν Δαιβὼν καὶ τὴν Ἀταρὼθ καὶ τὴν Ἀροὴρ ³⁵ καὶ τὴν 36 Σωφὰρ καὶ τὴν Ἰαζήρ, καὶ ὕψωσαν αὐτάς· ³⁶ καὶ Ναμρὰμ καὶ τὴν 37 Βαιθαράν, πόλεις ὀχυρὰς καὶ ἐπαύλεις προβάτων. ³⁷ καὶ οἱ υἱοὶ 38 Ῥουβὴν οἰκοδόμησαν τὴν Ἐσεβὼν καὶ Λεαλὴμ καὶ Καριαιθάμ, ³⁸ καὶ τὴν Βεελμεών, περικεκυκλωμένας, καὶ Σεβαμά· καὶ ἐπωνόμασαν κατὰ 39 τὰ ὀνόματα αὐτῶν τὰ ὀνόματα τῶν πόλεων ἃς ᾠκοδόμησαν. ³⁹ καὶ ἐπορεύθη υἱὸς Μαχεὶρ υἱοῦ Μανασσῆ Γαλαὰδ καὶ ἔλαβεν αὐτήν, καὶ 40 ἀπώλεσεν τὸν Ἀμορραῖον τὸν κατοικοῦντα ἐν αὐτῇ. ⁴⁰ καὶ ἔδωκεν Μωυσῆς τὴν Γαλαὰδ τῷ Μαχεὶρ υἱῷ Μανασσῆ, καὶ κατῴκησεν ἐκεῖ.

27 om και A | κυριος] κ̅ς̅ F* (υπ‹ο superscr F¹)   28 ιερα A   · 29 οι A
υιοι 2°] om οι A | Γαδ] Γαλααδ A | κατακυριευσετε F | δωσεται A   30 τον πολεμον] om τον AF | διαβιβασατε] διαβιβασετε A διαβησετε F pr και B^ab AF | om και τας γυν. αυτων F   31 υιοι 2°] pr οι AF | θεραπουσιν] + αυτου A   32 εναντι κ̅υ̅ ενωπλισμ. A | γην] pr την A | δωσεται A 33 ημισει] ημισυ BAF | Μανασση A | Αμορραιων] pr των A | Βασαν] pr της B^ab AF | αυτης] αυτων F   34 ωκοδομησαν B^ab AF (item 37) | Αταρωθ] Ασταρωθ F¹ vid   35 Σωφαρ] γην Σωφαρ A Σωφαν F   36 Ναμραμ] την N. B^ab την Αμβραν A Ναμραν F | Βαιθαρρα A Βαιθαρραν F | οχυρας] ισχυρας F | επαυλεις] πολεις A   37 Εσεβων B^ab salt AF Εσεβοιν B* fort | Ελεαλημ B^ab Ελεαλη AF | Καριαθαιμ AF   38 και την Βεελμ.] pr και την Βαμω A pr και την Ναβω F | περικεκυκλωμενας] περικεκαλυμμενας AF | Σεβαμα] pr την B^ab AF | και επωνομασαν bis scr F   39—41 Μαννασση A (ter)   39 Γαλααδ] pr εις AF

329

XXXII 41   ΑΡΙΘΜΟΙ

B ⁴¹ καὶ Ἰαεὶρ ὁ τοῦ Μανασσῆ ἐπορεύθη καὶ ἔλαβεν τὰς ἐπαύλεις αὐτῶν, 41
καὶ ἐπωνόμασεν αὐτὰς Ἐπαύλεις Ἰαείρ. ⁴² καὶ Νάβαυ ἐπορεύθη καὶ 42
ἔλαβεν τὴν Καὰθ καὶ τὰς κώμας αὐτῆς, καὶ ἐπωνόμασεν αὐτὰς Νάβωθ
ἐκ τοῦ ὀνόματος αὐτοῦ.

¹ Καὶ οὗτοι σταθμοὶ τῶν υἱῶν Ἰσραήλ, ὡς ἐξῆλθον ἐκ γῆς Αἰγύπτου 1
σὺν δυνάμει αὐτῶν ἐν χειρὶ Μωυσῆ καὶ Ἀαρών· ² καὶ ἔγραψεν Μωυσῆς 2
τὰς ἀπάρσεις αὐτῶν καὶ τοὺς σταθμοὺς αὐτῶν διὰ ῥήματος Κυρίου.
καὶ οὗτοι σταθμοὶ τῆς πορείας αὐτῶν. ³ ἀπῆραν ἐκ Ῥαμεσσῆ τῷ 3
μηνὶ τῷ πρώτῳ, τῇ πεντεκαιδεκάτῃ ἡμέρᾳ τοῦ μηνὸς τοῦ πρώτου·
τῇ ἐπαύριον τοῦ πάσχα ἐξῆλθον οἱ υἱοὶ Ἰσραὴλ ἐν χειρὶ ὑψηλῇ
ἐναντίον πάντων τῶν Αἰγυπτίων· ⁴ καὶ οἱ Αἰγύπτιοι ἔθαπτον ἐξ 4
αὐτῶν τοὺς τεθνηκότας πάντας οὓς ἐπάταξεν Κύριος, πᾶν πρωτό-
τοκον ἐν γῇ Αἰγύπτῳ· καὶ ἐν τοῖς θεοῖς αὐτῶν ἐποίησεν τὴν ἐκδί-
κησιν Κύριος. ⁵ καὶ ἀπάραντες οἱ υἱοὶ Ἰσραὴλ ἐκ Ῥαμεσσῆ 5
παρενέβαλον εἰς Σοκχώθ· ⁶ καὶ ἀπῆραν ἐκ Σοκχὼθ καὶ παρενέβαλον 6
εἰς Βουθάν, ὅ ἐστιν μέρος τῆς ἐρήμου. ⁷ καὶ ἀπῆραν ἐκ Βουθὰν καὶ 7
παρενέβαλον ἐπὶ στόμα Ἐπιρώθ, ὅ ἐστιν ἀπέναντι Βεελσεπφών, καὶ
παρενέβαλον ἀπέναντι Μαγδώλου. ⁸ καὶ ἀπῆραν ἀπέναντι Εἰρὼθ 8
καὶ διέβησαν μέσον τῆς θαλάσσης εἰς τὴν ἔρημον· καὶ ἐπορεύθησαν
ὁδὸν τριῶν ἡμερῶν διὰ τῆς ἐρήμου καὶ παρενέβαλον ἐν Πικρίαις.
⁹ καὶ ἀπῆραν ἐκ Πικριῶν καὶ ἦλθον εἰς Αἰλείμ· καὶ ἐν Αἰλεὶμ ιβ′ 9
πηγαὶ ὑδάτων καὶ ἑβδομήκοντα στελέχη φοινίκων· καὶ παρενέβαλον
ἐκεῖ παρὰ τὸ ὕδωρ. ¹⁰ καὶ ἀπῆραν ἐξ Αἰλεὶμ καὶ παρενέβαλον ἐπὶ 10
θάλασσαν ἐρυθράν· ¹¹ καὶ ἀπῆραν ἀπὸ θαλάσσης ἐρυθρᾶς καὶ παρενέ- 11
βαλον εἰς τὴν ἔρημον Σείν· ¹² καὶ ἀπῆραν ἐκ τῆς ἐρήμου Σεὶν 12
καὶ παρενέβαλον εἰς Ῥαφακά· ¹³ καὶ ἀπῆραν ἐκ Ῥαφακὰ καὶ παρενέ- 13
βαλον ἐν Αἰλείμ· ¹⁴ καὶ ἀπῆραν ἐξ Αἰλεὶμ καὶ παρενέβαλον ἐν 14

AF   41 Ιαειρ 2°] Ιαηρ A   42 Κααθ] Κααναθ A Κανααθ F   XXXIII 1 σταθ-
μοι] pr οι AF   2 απαρσεις BF¹ᵐᵍ] επαρσεις AF* | σταθμοι] pr οι
AF | πορειας A   3 απηραν] pr και A | Ραμεσση B*ᵛⁱᵈ F] Ραμεσσης Bᵃ
(sup ras) A | τω μηνι] τω sup ras Bᵃ | των Αιγ.] om των F   4 ους}
οσους A | Αιγυπτου F   5 και απαραντες] απαρ. δε AF | Ραμεσση] Ραμεσ-
σης Bᵃᵇ | Σοχωθ B* (Σοκχωθ Bᵃᵇ)   6 απηραν] απαραντες A | Σοκχω (ε
sup ras Aᵃ) A | om και 2° A | εις bis scr F | μερος]+τι Bᵃᵇ ᵛⁱᵈ AF   7 Επι-
ρωθ] Ειρωθ Bᵃᵇ AF | Βεελσεφων AF   8 μεσον] περαν F* (μεσ. F¹ᵐᵍ) | δια
της ερημου] εις την ερημον F | ερημου]+αυτοι Bᵃᵇ AF   9 Αιλειμ 2°] Ελειμ
F | ιβ′] δωδεκα AF | υδατων bis scr A | στελεχαι F   11 εις την ερημον]
εν τη ερημω A   11—12 Σειν (bis)] Σιν F om A   12 Ραφακαν A
13—14 Αιλειμ (bis)] Αιλους AF

ΑΡΙΘΜΟΙ XXXIII 38

15 Ῥαφιδείν, καὶ οὐκ ἦν ὕδωρ τῷ λαῷ πιεῖν ἐκεῖ. ¹⁵καὶ ἀπῆραν ἐκ B
16 Ῥαφιδεὶν καὶ παρενέβαλον ἐν τῇ ἐρήμῳ Σεινά· ¹⁶καὶ ἀπῆραν ἐκ
17 τῆς ἐρήμου Σεινὰ καὶ παρενέβαλον ἐν Μνήμασιν ἐπιθυμίας· ¹⁷καὶ
18 ἀπῆραν ἐκ Μνημάτων ἐπιθυμίας καὶ παρενέβαλον ἐν Ἀσηρώθ· ¹⁸καὶ
19 ἀπῆραν ἐξ Ἀσηρὼθ καὶ παρενέβαλον ἐν Ῥαθαμά· ¹⁹καὶ ἀπῆραν ἐκ
20 Ῥαθαμὰ καὶ παρενέβαλον ἐν Ῥεμμὼν Φάρες· ²⁰καὶ ἀπῆραν ἐκ
21 Ῥαμμὼν Φάρες καὶ παρενέβαλον ἐν Λεμωνά· ²¹καὶ ἀπῆραν ἐκ
22 Λεμωνὰ καὶ παρενέβαλον εἰς Δεσσά· ²²καὶ ἀπῆραν ἐκ Δεσσὰ καὶ
23 παρενέβαλον εἰς Μακελλάθ· ²³καὶ ἀπῆραν ἐκ Μακελλὰθ καὶ παρενέ-
24 βαλον εἰς Σάφαρ· ²⁴καὶ ἀπῆραν ἐκ Σάφαρ καὶ παρενέβαλον εἰς
25 Χαραδάθ· ²⁵καὶ ἀπῆραν ἐκ Χαραδὰθ καὶ παρενέβαλον εἰς Μακηλώθ·
26/27 ²⁶καὶ ἀπῆραν ἐκ Μακηλὼθ καὶ παρενέβαλον εἰς Κατάαθ· ²⁷καὶ
28 ἀπῆραν ἐκ Κατάαθ καὶ παρενέβαλον εἰς Τάραθ· ²⁸καὶ ἀπῆραν ἐκ
29 Τάραθ καὶ παρενέβαλον εἰς Ματεκκά· ²⁹καὶ ἀπῆραν ἐκ Ματεκκὰ
30 καὶ παρενέβαλον εἰς Σελμωνά· ³⁰καὶ ἀπῆραν ἐκ Σελμωνὰ καὶ παρενέ-
31 βαλον εἰς Μασσουρώθ· ³¹καὶ ἀπῆραν ἐκ Μασσουροὺθ καὶ παρενέ-
32 βαλον εἰς Βαναία· ³²καὶ ἀπῆραν ἐκ Βαναία καὶ παρενέβαλον εἰς τὸ
33 ὄρος Γαδγάδ· ³³καὶ ἀπῆραν ἐκ τοῦ ὄρους Γαδγὰδ καὶ παρενέβαλον εἰς
34 Σετεβάθα· ³⁴καὶ ἀπῆραν ἐκ Σετεβάθα καὶ παρενέβαλον εἰς Σεβρωνά·
35/36 ³⁵καὶ ἀπῆραν ἐκ Σεβρωνὰ καὶ παρενέβαλον εἰς Γεσσιὼν Γάβερ· ³⁶καὶ
ἀπῆραν ἐκ Γεσσιῶν Γάβερ καὶ παρενέβαλον ἐν τῇ ἐρήμῳ Σείν· καὶ
ἀπῆραν ἐκ τῆς ἐρήμου Σείν καὶ παρενέβαλον εἰς τὴν ἔρημον Φαράν,
37 αὕτη ἐστὶν Κάδης· ³⁷καὶ ἀπῆραν ἐκ Κάδης καὶ παρενέβαλον εἰς
38 ⁶Ὢρ τὸ ὄρος, πλησίον γῆς Ἐδώμ. ³⁸καὶ ἀνέβη Ἀαρὼν ὁ ἱερεὺς διὰ

14 υδωρ τω λ. πιειν εκει] υδ. τω λ. εκει πιειν B* εκει υδ. τω λ. πιειν AF
AF   15 Σεινα] Σινα B^b τη Σινα AF   16 Σινα AF | μνημασι A |
επιθυμιας] pr της B^abAF   16—19 om επιθυμιας (1°)...και απηραν εκ P. A*
(hab sup ras A^a)   17 επιθυμιας] pr της A^aF   18 εξ] εκ F   19 Ρεμ-
μων] Ρεμμωθ F   20 Ραμμων] Ρεμμων A Ρεμμωθ F | Λεμωνα] Λεβωνα
AF   21 Λεβωνα AF | Δεσσα] Ρεσσα AF   22 Ρεσσα AF | εις Μακελ-
λαθ] εις Μακελαθ A εν Μακελαθ F   23 Μακελαθ AF | εις] εν AF | Σαφαρ]
pr ras 1 lit B Αρσαφαρ A Αρσαφαθ F   24 Σαφαρ] Σαρσαφαρ A Αρσαφαθ
F | εις] επι AF   26—27 Καθααθ F (bis)   27 Ταραθ] Θαραθ A Εκαραθ
F   28 Ταραθ] Θαραθ A Εκθαραθ F | Μαθεκκα   29 Μαθεκκα
AF | Σελμωνα] Ασελμωνα AF   30 εκ Ασελμωνα AF   30—31 om
εις Μασσουρωθ...παρενεβαλον F (hab F¹ mgg dextr et inf) | Μασουρουθ AF (bis)
31 Βαναια] Βανικαν A Βανικαν F   32 Βανικαν A Βανακαν F | το ορος]
om το A   32—33 Γαδγαδ] Γα. γα. F (bis)   33 Σετεβαθα] Ετεβαθα
B^abF Ιεταβαθαν A   34 εκ Σετεβαθα] εξ Ετεβαθα B^ab (εξ Εταβαθα F) εξ
Ιεταβαθαν A | Σεβρωνα] Εβρωνα AF   35 εκ Σεβρωνα] εξ Εβρωνα AF |
εις] εν B^ab   35—36 Γεσσιων (bis)] Γεσιων B^abA Γεδσιων F   36 Σιν
AF (bis)   38 ο ιερευς]+πλησιον του ορους A

331

B προστάγματος Κυρίου, καὶ ἀπέθανεν ἐκεῖ ἐν τῷ τεσσερακοστῷ ἔτει τῆς ἐξόδου τῶν υἱῶν Ἰσραὴλ ἐκ γῆς Αἰγύπτου, τῷ μηνὶ τῷ πέμπτῳ, μιᾷ τοῦ μηνός· ³⁹καὶ Ἀαρὼν ἦν τριῶν καὶ εἴκοσι καὶ ἑκατὸν ἐτῶν, 39 ὅτε ἀπέθνησκεν ἐν Ὡρ τῷ ὄρει. ⁴⁰καὶ ἀκούσας ὁ Χανανείς, βασι- 40 λεὺς Ἀράδ· καὶ οὗτος κατῴκει ἐν γῇ Χανάαν, ὅτε εἰσεπορεύοντο οἱ υἱοὶ Ἰσραήλ. ⁴¹καὶ ἀπῆραν ἐξ Ὡρ τοῦ ὄρους καὶ παρενέβαλον εἰς 41 Σελμωνά· ⁴²καὶ ἀπῆραν ἐκ Σελμωνὰ καὶ παρενέβαλον εἰς Φεινώ· 42 ⁴³καὶ ἀπῆραν ἐκ Φεινὼ καὶ παρενέβαλον εἰς Σωβώθ· ⁴⁴καὶ ἀπῆραν 43 ἐκ Σωβὼθ καὶ παρενέβαλον ἐν Γαί, ἐν τῷ πέρα ἐπὶ τῶν ὁρίων Μωάβ· 44 ⁴⁵καὶ ἀπῆραν ἐκ Γαὶ καὶ παρενέβαλον εἰς Δαιβὼν Γάδ· ⁴⁶καὶ ἀπῆραν 45 ἐκ Δαιβὼν Γὰδ καὶ παρενέβαλον ἐν Γελμὼν Δεβλαθάιμ· ⁴⁷καὶ ἀπῆραν 46 ἐκ Γελμὼν Δεβλαθάιμ καὶ παρενέβαλον ἐπὶ τὰ ὄρη τὰ Ἀβαρεὶμ ἀπέ- 47 ναντι Ναβαύ· ⁴⁸καὶ ἀπῆραν ἀπὸ ὀρέων Ἀβαρεὶμ καὶ παρενέβαλον ἐπὶ 48 δυσμῶν Μωάβ, ἐπὶ τοῦ Ἰορδάνου κατὰ Ἰερειχώ· ⁴⁹καὶ παρενέβαλον 49 παρὰ τὸν Ἰορδάνην ἀνὰ μέσον Αἰσιμὼθ ἕως Βελσὰ τὸ κατὰ δυσμὰς Μωάβ.

⁵⁰Καὶ ἐλάλησεν Κύριος πρὸς Μωυσῆν λέγων ἐπὶ δυσμῶν Μωὰβ 50 παρὰ τὸν Ἰορδάνην κατὰ Ἰερειχώ ⁵¹Λάλησον τοῖς υἱοῖς Ἰσραὴλ καὶ 51 ἐρεῖς πρὸς αὐτούς Ὑμεῖς διαβαίνετε τὸν Ἰορδάνην εἰς γῆν Χανάαν· ⁵²καὶ ἀπολεῖτε πάντας τοὺς κατοικοῦντας ἐν τῇ γῇ πρὸ προσώπου 52 ὑμῶν, καὶ ἐξαρεῖτε τὰς σκοπιὰς αὐτῶν, καὶ πάντα τὰ εἴδωλα τὰ χωνευτὰ αὐτῶν ἀπολεῖτε αὐτά, καὶ πάσας τὰς στήλας αὐτῶν ἐξαρεῖτε. ⁵³καὶ ἀπολεῖτε πάντας τοὺς κατοικοῦντας τὴν γῆν καὶ κατοικήσετε 53 ἐν αὐτῇ, ὑμῖν γὰρ δέδωκα τὴν γῆν αὐτῶν ἐν κλήρῳ. ⁵⁴καὶ κατακλη- 54 ρονομήσετε τὴν γῆν αὐτῶν ἐν κλήρῳ κατὰ φυλὰς αὐτῶν· τοῖς πλείοσιν πληθυνεῖτε τὴν κατάσχεσιν αὐτῶν, καὶ τοῖς ἐλάττοσιν ἐλαττώσετε τὴν κατάσχεσιν αὐτῶν· εἰς ὃ ἐὰν ἐξέλθῃ τὸ ὄνομα αὐτοῦ ἐκεῖ, αὐτοῦ ἔσται· κατὰ φυλὰς πατριῶν ὑμῶν κληρονομήσετε. ⁵⁵ἐὰν δὲ μὴ ἀπο- 55 λέσητε τοὺς κατοικοῦντας ἐπὶ τῆς γῆς ἀπὸ προσώπου ὑμῶν, καὶ ἔσται

AF   38 απεθανεν εκει] απεθανεκει (sic) F | τεσσαρακοστω B^{b¦c¦}   40 Χανανι·
B^{ab}AF   41 εις Σελμωνα] εν Σελμ. B^{a¦b}A εισελμωνα (sic) F   42 εις Φει·
νω] εν Φινω A εν Φινων F   43 Φινω A Φινων F | εις Σωβωθ] εν Ωβωθ AF
44 εκ Σωβωθ] εξ Ωβωθ AF | περαν B^{ab}AF   46 εν] εις AF   47 Δαι
βλαθαιν A   48 Ιεριχω B^{b}A   49 Ασιμωθ A | Βελσαττιμ A Βελσαττι·
F | το κατα] om το AF   50 om λεγων B^{ab}AF | παρα τον Ιορδανην] επ
του Ιορδανου A | Ιεριχω B^{b}A + λεγων B^{ab}AF   51 διαβεννετε A   52 om
τα ειδωλα F   53 om παντας AF | κατοικησεται F   54 om και κατακλη
ρονομησετε την γ. αυτων εν κληρω B* (hab B^{ab mg inf}) | κατακληρονομησετε
F | πατριας F | om αυτων 1° AF | εν κληρω] κληρωτι AF | αυτων 2°] υμω·
AF | ελαττωσεται A | εαν] αν B^{ab}AF

ΑΡΙΘΜΟΙ XXXIV 13

ούς εάν καταλίπητε εξ αυτών, σκόλοπες εν τοις οφθαλμοίς υμών B
και βολίδες εν ταις πλευραίς υμών, και εχθρεύσουσιν επι της γης
56 εφ' ην υμείς κατοικήσετε· ⁵⁶και έσται καθότι διεγνώκειν ποιήσαι
αυτούς, ποιήσω υμάς.

¹Και ελάλησεν Κύριος προς Μωυσήν λέγων ²Έντειλαι τοις υιοίς
Ισραήλ και ερείς προς αυτούς Υμείς εισπορεύεσθε εις την γην
Χανάαν· αύτη έσται υμίν εις την κληρονομίαν, γη Χανάαν συν τοις
3 ορίοις αυτής. ³και έσται υμίν το κλίτος το προς λίβα από ερήμου
Σείν έως εχόμενον Εδώμ, και έσται υμίν τα όρια προς λίβα από
4 μέρους της θαλάσσης της αλυκής από ανατολών· ⁴και κυκλώσει υμάς
τα όρια από λιβός προς ανάβασιν Ακραβείν, και παρελεύσεται
Εννάκ, και έσται η· διέξοδος αυτού προς λίβα Καδής του Βαρνή,
5 και εξελεύσεται εις έπαυλιν Αράδ, και παρελεύσεται Ασεμωνα. ⁵και
κυκλώσει τα όρια από Ασεμωνα χειμάρρουν Αιγύπτου, και έσται
6 η διέξοδος η θάλασσα. ⁶και τα όρια της θαλάσσης έσται υμίν· η
θάλασσα η μεγάλη οριεί, τούτο έσται υμίν τα όρια της θαλάσσης.
7 ⁷και τούτο έσται τα όρια υμίν προς βορράν· από της θαλάσσης
8 της μεγάλης καταμετρήσετε υμίν αυτοίς παρά το όρος το όρος· ⁸και
από του όρους το όρος καταμετρήσετε αυτοίς, εισπορευομένων εις
9 Εμάθ, και έσται η διέξοδος αυτών τα όρια Σαράδακ· ⁹και εξελεύσεται
τα όρια Δεφρώνα, και έσται η διέξοδος αυτού Αρσεναείμ· τούτο έσται
10 υμίν όρια από βορρά. ¹⁰και καταμετρήσετε υμίν αυτοίς τα όρια
11 ανατολών από Αρσεναείν Σεπφάμαρ· ¹¹και καταβήσεται τα όρια από
Σεπφάμαρ Βηλά από ανατολών επι πηγάς, και καταβήσεται τα όρια
12 Βηλά επι νώτου θαλάσσης Χενάρα από ανατολών. ¹²και καταβή-
σεται τα όρια επι τον Ιορδάνην, και έσται η διέξοδος θάλασσα η
13 αλυκή. αύτη υμίν έσται η γη και τα όρια αυτής κύκλω. ¹³και

55 ους εαν] ους αν B^(ab)F οσους αν A | καταλειπητε AF | εχθρευσουσιν]+υμιν AF
AF   56 δειεγνωκειν (sic) A | ποιησαι] ποιησεται A | αυτοις F | υμας] υμιν
B*^vid (as sup ras B^a) AF   XXXIV 2 εισπορευεσθαι F | om υμιν F | την
κληρονομιαν] om την B^(ab)AF   3 λιβα 1°] βορρα A | Σιν AF   4 Εννακ]
Σεεννακ AF | Ασελμωνα AF   5 κυκλωσει] κυσει (sic) F | τα ορια] α
ορεια B* τα ορεια B^a? (ορια B^b) | Ασεμωνα] Σελμωνα A Ασελμωνα F | χειμ-
μαρρον A   6 η θαλασσα] om η A | τα ορια 2°] το οριον A   7 υμιν τα
ορια AF | καταμετρησετε] καταμετρησεται BA καταμετρηθησεται F | om το
ορος 2° B^a   8 καταμετρησετε] καταμετρηθησεται AF | Εμαθ] Αιμαθ AF |
αυτων] αυτου B^(ab)AF | Σαραδακ] Σαδαδακ A Σαδδακ F   9 Δεφρωνα]
Εφρωνα B^(ab) Ζεφρωνα A (.εφρωνα F) | Αρσεναειμ] Αρσερναειμ B^(a?b) Ασερναιν
AF   10 αυτοις] εαυτοις A | Αρσεναειν] Ασερναειν B^(a?b)F Ασερναιν A |
Σεπφαμαρ] φαμ sup ras B? Σεπφαμα F   11 Χεναρα] Χενερεθ AF
12 η αλυκη] om η B^(ab) | εσται υμιν AF

333

XXXIV 14   ΑΡΙΘΜΟΙ

B ἐνετείλατο Μωυσῆς τοῖς υἱοῖς Ἰσραὴλ λέγων Αὕτη ἡ γῆ ἣν κατακληρονομήσετε αὐτὴν μετὰ κλήρου, ὃν τρόπον συνέταξεν Κύριος τῷ Μωυσῇ δοῦναι αὐτὴν ταῖς ἐννέα φυλαῖς καὶ τῷ ἡμίσει φυλῆς Μανασσῆ· ¹⁴ὅτι ἔλαβεν φυλὴ υἱῶν Ῥουβὴν καὶ φυλὴ υἱῶν Γὰδ κατ' οἴκους πατριῶν αὐτῶν, καὶ τὸ ἥμισυ φυλῆς Μανασσῆ ἀπέλαβον τοὺς κλήρους αὐτῶν· ¹⁵δύο φυλαὶ καὶ ἥμισυ φυλῆς ἔλαβον τοὺς κλήρους αὐτῶν πέραν τοῦ Ἰορδάνου κατὰ Ἰερειχὼ ἀπὸ νότου κατ' ἀνατολάς. ¹⁶Καὶ ἐλάλησεν Κύριος πρὸς Μωυσῆν λέγων ¹⁷Ταῦτα τὰ ὀνόματα τῶν ἀνδρῶν οἳ κληρονομήσουσιν ὑμῖν τὴν γῆν, Ἐλεαζὰρ ὁ ἱερεὺς καὶ Ἰησοῦς ὁ τοῦ Ναυή. ¹⁸καὶ ἄρχοντα ἕνα ἐκ φυλῆς λήμψεσθε κατακληρονομῆσαι ὑμῖν τὴν γῆν. ¹⁹καὶ ταῦτα τὰ ὀνόματα τῶν ἀνδρῶν· τῆς φυλῆς Ἰούδα, Χαλὲβ υἱὸς Ἰεφοννή· ²⁰τῆς φυλῆς Συμεών, Σαλαμιὴλ υἱὸς Σεμιούδ· ²¹τῆς φυλῆς Βενιαμείν, Ἐλδὰδ υἱὸς Χασλών· ²²τῆς φυλῆς Δάν, ἄρχων Βακχεὶρ υἱὸς Ἐγλεί· ²³τῶν υἱῶν Ἰωσὴφ φυλῆς υἱῶν Μανασσή, ἄρχων Ἀνειὴλ υἱὸς Σουφί· ²⁴τῆς φυλῆς υἱῶν Ἐφράιμ, ἄρχων Καμουὴλ υἱὸς Σαβαθά· ²⁵τῆς φυλῆς Ζαβουλών, ἄρχων Ἐλεισαφὰν υἱὸς Φαρνάχ· ²⁶τῆς φυλῆς υἱῶν Ἰσσαχάρ, ἄρχων Φαλτειὴλ υἱὸς Ὀζά· ²⁷τῆς φυλῆς υἱῶν Ἀσήρ, ἄρχων Ἀχιὼρ υἱὸς Σελεμεί· ²⁸τῆς φυλῆς Νεφθαλεί, ἄρχων Φαδαὴλ υἱὸς Βενιαμειούδ. ²⁹τούτοις ἐνετείλατο Κύριος καταμερίσαι τοῖς υἱοῖς Ἰσραὴλ ἐν γῇ Χανάαν.

¹Καὶ ἐλάλησεν Κύριος πρὸς Μωυσῆν ἐπὶ δυσμῶν Μωὰβ παρὰ τὸν Ἰορδάνην κατὰ Ἰερειχὼ λέγων ²Σύνταξον τοῖς υἱοῖς Ἰσραὴλ καὶ δώσουσιν τοῖς Λευείταις ἀπὸ τῶν κλήρων κατασχέσεως αὐτῶν πόλεις κατοικεῖν, καὶ τὰ προάστια τῶν πόλεων κύκλῳ αὐτῶν δώσουσιν τοῖς Λευείταις· ³καὶ ἔσονται αὐτοῖς αἱ πόλεις κατοικεῖν, καὶ τὰ ἀφορίσματα αὐτῶν ἔσται τοῖς κτήνεσιν αὐτῶν καὶ πᾶσι τοῖς τετράποσιν αὐτῶν. ⁴καὶ τὰ συνκυροῦντα τῶν πόλεων ἃς δώσετε τοῖς Λευείταις

AF   13 om τω Μωυση B^(ab)AF | ημισει] ημισυ F   13—14 Μανασση Α (bis)
15 om αυτων F | Ιεριχω B^bA | κατ ανατ.] προς ανατ. Α κατα ανατ. F
17 om υμιν Α | ο του Ναυη] υιος Ναυη Α   19 υιος Ιεφ.] ο του Ιεφ. F
20 Σεμιουδ] Εμιουδ B^(ab)AF   22 Βακχειρ] Βοκκι Α Βαχχι F | Εγλει] Εκλι
A Ιεκαι F   23 Μαννασση Α | Ανιηλ AF | Σουφι] Ουφιδ AF   24 Σαβαθαν Α Σαφαταν F   25 Ελισαφαν AF   26 Φαλτιηλ AF^vid
(Φα.τιηλ)   27 Αχιωρ] Αχιωβ Α | Σελεμει] λεμ sup ras B^a Σελεμ AF
28 Βενιαμειουδ] Βενιαμιουδ B^b Αμιουδ AF   29 τουτοις] ουτοι οις AF |
καταμερισαι] καταμετρησαι AF | τοις υιοις] τους υιους Α | γη] pr τη γη F
XXXV 1 κϛ προς Μωυσην sup ras A^a | Ιεριχω B^bA   2 Λευιταις (1º)
B^bA^a (sup ras) F | Δευιταις (2º) B^bAF item infra pluries   3 εσονται]
+ τοις Δευιταις F | αι πολεις αυτοις AF | εσται] εσονται F | κτηνεσιν αυτων]
σιν αυτων sup ras 33 circ litt A^a + κατοικειν F | om και πασι τοις τετρ. αυτων
A | πασιν F   4 δωσετε] δωσεται Α (ita infra vv. 7, 8, 13, 14 bis)

ΑΡΙΘΜΟΙ XXXV 19

5 ἀπὸ τείχους τῆς πόλεως καὶ ἔξω δισχιλίους πήχεις κύκλῳ· ⁵καὶ με- Β
τρήσεις ἔξω τῆς πόλεως τὸ κλίτος τὸ πρὸς ἀνατολὰς δισχιλίους πήχεις,
καὶ τὸ κλίτος τὸ πρὸς λίβα δισχιλίους πήχεις, καὶ τὸ κλίτος τὸ πρὸς
θάλασσαν δισχιλίους πήχεις, καὶ τὸ κλίτος τὸ πρὸς βορρᾶν δισχιλίους
πήχεις· καὶ ἡ πόλις μέσον τούτου ἔσται ὑμῖν, καὶ τὰ ὅμορα τῶν πόλεων.
6 ⁶καὶ τὰς πόλεις δώσετε τοῖς Λευείταις, τὰς ἓξ πόλεις τῶν φυγαδευ-
τηρίων ἃς δώσετε φεύγειν ἐκεῖ τῷ φονεύσαντι, καὶ πρὸς ταύταις
7 τεσσεράκοντα καὶ δύο πόλεις· ⁷πάσας τὰς πόλεις δώσετε τοῖς Λευεί-
ταις καὶ τεσσεράκοντα καὶ ὀκτὼ πόλεις, ταύτας καὶ τὰ προάστια
8 αὐτῶν. ⁸καὶ τὰς πόλεις ἃς δώσετε ἀπὸ τῆς κατασχέσεως υἱῶν Ἰσραήλ,
ἀπὸ τῶν τὰ πολλὰ πολλά, καὶ ἀπὸ τῶν ἐλαττόνων ἐλάττω· ἕκαστος
κατὰ τὴν κληρονομίαν αὐτοῦ ἣν κληρονομήσουσιν, δώσουσιν ἀπὸ
τῶν πόλεων τοῖς Λευείταις.
9 ⁹Καὶ ἐλάλησεν Κύριος πρὸς Μωυσῆν λέγων ¹⁰Λάλησον τοῖς υἱοῖς
10
Ἰσραήλ καὶ ἐρεῖς πρὸς αὐτούς Ὑμεῖς διαβαίνετε τὸν Ἰορδάνην εἰς
11 γῆν Χανάαν, ¹¹καὶ διαστελεῖτε ὑμῖν αὐτοῖς πόλεις· φυγαδευτήρια
ἔσται ὑμῖν, φυγεῖν ἐκεῖ τὸν φονευτήν, πᾶς ὁ πατάξας ψυχὴν ἀκου-
12 σίως. ¹²καὶ ἔσονται αἱ πόλεις ὑμῖν φυγαδευτήρια ἀπὸ ἀγχιστεύοντος
τὸ αἷμα, καὶ οὐ μὴ ἀποθάνῃ ὁ φονεύων ἕως ἂν στῇ ἔναντι τῆς συνα-
13 γωγῆς εἰς κρίσιν. ¹³καὶ αἱ πόλεις ἃς δώσετε, τὰς ἓξ πόλεις, φυγαδευ-
14 τήρια ἔσονται ὑμῖν· ¹⁴τρεῖς πόλεις δώσετε πέραν τοῦ Ἰορδάνου, καὶ τὰς
15 τρεῖς πόλεις δώσετε ἐν τῇ γῇ Χανάαν. ¹⁵φυγάδιον ἔσται (¹⁵)τοῖς υἱοῖς
Ἰσραήλ, καὶ τῷ προσηλύτῳ τῷ παροίκῳ τῷ ἐν ὑμῖν· ἔσονται αἱ πόλεις
αὗται εἰς φυγαδευτήριον, φυγεῖν ἐκεῖ παντὶ πατάξαντι ψυχὴν ἀκου-
16 σίως. ¹⁶ἐὰν δὲ ἐν σκεύει σιδήρου πατάξῃ αὐτὸν καὶ τελευτήσῃ,
17 φονευτής ἐστιν· θανάτῳ θανατούσθω ὁ φονευτής. ¹⁷ἐὰν δὲ ἐν λίθῳ
ἐκ χειρὸς ἐν ᾧ ἀποθανεῖται ἐν αὐτῷ πατάξῃ αὐτόν, καὶ ἀποθάνῃ,
18 φονευτής ἐστιν· θανάτῳ θανατούσθω ὁ φονευτής. ¹⁸ἐὰν δὲ ἐν σκεύει
ξυλίνῳ ἐκ χειρὸς ἐξ οὗ ἀποθανεῖται ἐν αὐτῷ πατάξῃ αὐτόν, καὶ
19 ἀποθάνῃ, φονευτής ἐστιν· θανάτῳ θανατούσθω ὁ φονευτής. ¹⁹ὁ ἀγχι-
στεύων τὸ αἷμα, οὗτος ἀποκτενεῖ τὸν φονεύσαντα· ὅταν συναντήσῃ

4 om κυκλω F   5 ανατολας] ανατο sup ras Aᵃ | om και τα ομορα των AF
πολεων F   6 δωσετε 1°] pr as AF | φυγειν BᵃᵇF   7 δωσετε] pr as AF |
om και 1° BᵃᵇAF   8 υιων] pr των AF | κατακληρ. AF   10 διαβεν-
νεται A   11 εαυτοις F | ο παταξας] om ο A   13 τας εξ] om τας F
14 τρεις 1°]. pr τας BᵃᵇAF | περαν] pr εν τω AF | τη γη] om τη AF
15 τω και παροικω Bᵃᵇ και τω π. AF | φευγειν A | παντι παταξαντι] παντα
τον φονευοντα F (πατα. (sic) F¹ᵐᵍ)   17 δε] τε F   18 om εν αυτω A*F
(hab BAᵃ?) | θανατουσθω] αποθανειτε A αποθαναιται F   19 ουτος 1°] αυτος F

XXXV 20 ΑΡΙΘΜΟΙ

B αὐτῷ οὗτος, ἀποκτενεῖ αὐτόν. ²⁰ἐὰν δὲ δι' ἔχθραν ὤσῃ αὐτὸν καὶ 20
ἐπιρίψει ἐπ' αὐτὸν πᾶν σκεῦος ἐξ ἐνέδρου, καὶ ἀποθάνῃ, ²¹ἢ διὰ 21
μῆνιν ἐπάταξεν αὐτὸν τῇ χειρί, καὶ ἀποθάνῃ, θανάτῳ θανατούσθω
ὁ πατάξας, φονευτής ἐστιν· θανάτῳ θανατούσθω ὁ φονεύων· ὁ ἀγχι-
στεύων τὸ αἷμα ἀποκτενεῖ τὸν φονεύσαντα ἐν τῷ συναντῆσαι αὐτῷ.
²²ἐὰν δὲ ἐξάπινα οὐ δι' ἔχθραν ὤσῃ αὐτὸν ἢ ἐπιρίψῃ ἐπ' αὐτὸν 22
πᾶν σκεῦος οὐκ ἐξ ἐνέδρου, ²³ἢ παντὶ λίθῳ ἐν ᾧ ἀποθανεῖται ἐν 23
αὐτῷ οὐκ εἰδώς, καὶ ἐπιπέσῃ ἐπ' αὐτόν, καὶ ἀποθάνῃ, αὐτὸς δὲ οὐκ
ἐχθρὸς αὐτοῦ ἦν οὐδὲ ζητῶν κακοποιῆσαι αὐτόν· ²⁴καὶ κρινεῖ ἡ συνα- 24
γωγὴ ἀνὰ μέσον τοῦ πατάξαντος καὶ ἀνὰ μέσον τοῦ ἀγχιστεύοντος
τὸ αἷμα κατὰ τὰ κρίματα ταῦτα. ²⁵καὶ ἐξελεῖται ἡ συναγωγὴ τὸν 25
φονεύσαντα ἀπὸ τοῦ ἀγχιστεύοντος τὸ αἷμα, καὶ ἀποκαταστήσουσιν
αὐτὸν ἡ συναγωγὴ εἰς τὴν πόλιν τοῦ φυγαδευτηρίου αὐτοῦ οὗ κατέ-
φυγεν, καὶ κατοικήσῃ ἐκεῖ ἕως ἂν ἀποθάνῃ ὁ ἱερεὺς ὁ μέγας, ὃν
ἔχρισαν αὐτὸν τῷ ἐλαίῳ τῷ ἁγίῳ. ²⁶ἐὰν δὲ ἐξόδῳ ἐξέλθῃ ὁ φονεύσας 26
τὰ ὅρια τῆς πόλεως εἰς ἣν κατέφυγεν ἐκεῖ, ²⁷καὶ εὕρῃ αὐτὸν ὁ ἀγχι- 27
στεύων τὸ αἷμα ἔξω τῶν ὁρίων τῆς πόλεως καταφυγῆς αὐτοῦ, καὶ
φονεύσῃ ὁ ἀγχιστεύων τὸ αἷμα τὸν φονεύσαντα, οὐκ ἔνοχός ἐστιν·
²⁸ἐν γὰρ τῇ πόλει τῆς καταφυγῆς κατοικείτω ἕως ἂν ἀποθάνῃ ὁ ἱερεὺς 28
ὁ μέγας· μετὰ τὸ ἀποθανεῖν τὸν ἱερέα τὸν μέγαν ἐπαναστραφήσεται ὁ
φονεύσας εἰς τὴν γῆν τῆς κατασχέσεως αὐτοῦ. ²⁹καὶ ἔσται ταῦτα ὑμῖν 29
εἰς δικαίωμα κρίματος εἰς τὰς γενεὰς ὑμῶν ἐν πάσαις ταῖς κατοικίαις
ὑμῶν. ³⁰πᾶς πατάξας ψυχήν, διὰ μαρτύρων φονεύσεις τὸν φονεύ- 30
σαντα, καὶ μάρτυς εἷς οὐ μαρτυρήσει ἐπὶ ψυχῆς ἀποθανεῖν· ³¹καὶ 31
οὐ λήμψεσθε λύτρα περὶ ψυχῆς παρὰ τοῦ φονεύσαντος τοῦ ἐνόχου
ὄντος ἀναιρεθῆναι, θανάτῳ γὰρ θανατωθήσεται. ³²οὐ λήμψεσθε λύτρα 32
τοῦ φυγεῖν εἰς πόλιν φυγαδευτηρίων, τοῦ πάλιν κατοικεῖν ἐπὶ τῆς
γῆς, ἕως ἂν ἀποθάνῃ ὁ ἱερεὺς ὁ μέγας. ³³καὶ οὐ μὴ φονοκτονήσητε 33
τὴν γῆν εἰς ἣν ὑμεῖς κατοικεῖτε, τὸ γὰρ αἷμα τοῦτο φονοκτονεῖ τὴν
γῆν, καὶ οὐκ ἐξιλασθήσεται ἡ γῆ ἀπὸ τοῦ αἵματος τοῦ ἐκχυθέντος

AF   19 αυτω· ουτος F   20 επιριψη B'AF | om παν σκευος B^ab   21 απο-
κτενει] παταξει A   22 εξαπινης AF | επιρριψη F   23 ουδε] ου F   24—
25 κατα τα κριματα ταυτα...η συν. εις την partim sup ras partim in mg inf
B^ab (om τον φονευσαντα...η συναγωγη B* vid)   25 εξελειτε A | αποκατα-
στησουσιν...φυγ. αυτου] εις την πολιν του φυγαδευτηριου αποκαταστησει αυτον
η συναγωγη A | κατοικησει AF   28 καταφυγης]+αυτου AF | μετα το
αποθ.] pr και B^abAF   30 φονευσει A | ψυχης] ψυχην AF   31 περι] επι
A   32 φυγαδευτηριων] pr των B^abAF   33 εις ην] εφ ης AF | κατοικειτε]
+επ αυτης AF | ουκ] ου μη A | απο] περι F | του εκχυθ.] τ 1° sup ras B^a |
εγχυθεντος B* vid

ΑΡΙΘΜΟΙ XXXVI 10

34 ἐπ' αὐτῆς ἀλλ' ἐπὶ τοῦ αἵματος τοῦ ἐκχέοντος. ³⁴καὶ οὐ μιανεῖτε τὴν B
γῆν ἐφ' ἧς κατοικεῖτε ἐπ' αὐτῆς, ἐφ' ἧς ἐγὼ κατασκηνώσω ἐν ὑμῖν·
ἐγὼ γάρ εἰμι Κύριος κατασκηνῶν ἐν μέσῳ τῶν υἱῶν Ἰσραήλ.

1 ¹Καὶ προσῆλθον οἱ ἄρχοντες φυλῆς υἱῶν Γαλαὰδ υἱοῦ Μαχεὶρ
υἱοῦ Μανασσῆ ἐκ τῆς φυλῆς υἱῶν Ἰωσήφ, καὶ ἐλάλησαν ἔναντι Μωυσῆ
καὶ ἔναντι Ἐλεαζὰρ τοῦ ἱερέως καὶ ἔναντι τῶν ἀρχόντων οἴκων πα-
2 τριῶν υἱῶν Ἰσραήλ· ²καὶ εἶπαν Τῷ κυρίῳ ἡμῶν ἐνετείλατο Κύριος
ἀποδοῦναι τὴν γῆν τῆς κληρονομίας ἐν κλήρῳ τοῖς υἱοῖς Ἰσραήλ, καὶ
τῷ κυρίῳ συνέταξεν Κύριος δοῦναι τὴν κληρονομίαν Σαλπαὰδ τοῦ
3 ἀδελφοῦ ἡμῶν ταῖς θυγατράσιν αὐτοῦ· ³καὶ ἔσονται ἑνὶ τῶν φυλῶν
υἱῶν Ἰσραὴλ γυναῖκες, καὶ ἀφαιρεθήσεται ὁ κλῆρος αὐτῶν ἐκ τῆς
κατασχέσεως τῶν πατέρων ἡμῶν, καὶ προστεθήσεται εἰς κληρονομίαν
τῆς φυλῆς οἷς ἂν γένωνται γυναῖκες, καὶ ἐκ τοῦ κλήρου τῆς κληρονο-
4 μίας ἡμῶν ἀφαιρεθήσεται. ⁴ἐὰν δὲ γένηται ἡ ἄφεσις τῶν υἱῶν
Ἰσραήλ, καὶ προστεθήσεται ἡ κληρονομία αὐτῶν ἐπὶ τὴν κληρονομίαν
τῆς φυλῆς οἷς ἂν γένωνται γυναῖκες, καὶ ἀπὸ τῆς κληρονομίας φυλῆς
5 πατριᾶς ἡμῶν ἀφαιρεθήσεται ἡ κληρονομία αὐτῶν. ⁵καὶ ἐνετείλατο
Μωυσῆς τοῖς υἱοῖς Ἰσραὴλ διὰ προστάγματος Κυρίου λέγων Οὕτως
6 φυλὴ υἱῶν Ἰωσὴφ λέγουσιν. ⁶τοῦτο τὸ ῥῆμα ὃ συνέταξεν Κύριος ταῖς
θυγατράσιν Σαλπαὰδ λέγων Οὗ ἀρέσκει ἐναντίον αὐτῶν ἔστωσαν
γυναῖκες, πλὴν ἐκ τοῦ δήμου τοῦ πατρὸς αὐτῶν ἔστωσαν γυναῖκες.
7 ⁷καὶ οὐχὶ περιστραφήσεται κληρονομία τοῖς υἱοῖς Ἰσραὴλ ἀπὸ
φυλῆς ἐπὶ φυλήν, ὅτι ἕκαστος ἐν τῇ κληρονομίᾳ τῆς φυλῆς τῆς
8 πατριᾶς αὐτοῦ καὶ προσκολληθήσονται υἱοὶ Ἰσραήλ. ⁸καὶ πᾶσα
θυγάτηρ ἀγχιστεύουσα κληρονομίαν ἐκ τῶν φυλῶν υἱῶν Ἰσραήλ, ἑνὶ
τῶν ἐκ τοῦ δήμου τοῦ πατρὸς αὐτῆς ἔσονται γυναῖκες, ἵνα ἀγχιστεύσω-
9 σιν οἱ υἱοὶ Ἰσραὴλ ἕκαστος τὴν κληρονομίαν τὴν πατρικήν· ⁹καὶ οὐ
περιστραφήσεται κλῆρος ἐκ φυλῆς ἐπὶ φυλὴν ἑτέραν, ἀλλὰ ἕκαστος
10 ἐν τῇ κληρονομίᾳ αὐτοῦ προσκολληθήσονται οἱ υἱοὶ Ἰσραήλ. ¹⁰ὃν

34 κατασκηνωσω] κατασκηνω B^{ab}A | εν υμιν] επ αυτης A | κατασκηνων] AF pr o A   XXXVI 1 φυλης 1°] πατριων φυλης A πατριων φυλων F | Καννασση A | υιων 2°] υιων|ιων (sic) F | υιων 3°] pr των B^{ab}AF   2 δουναι κ̄ς A   3 προστεθησονται A | κληρονομιαν] pr την AF | κληρου] κληρους A   4 αφεσις] αφαιρεσις A (αφαιρεσεις) F   6 πλην εκ του δημου του π̄ρ̄ς αυτων εστωσαν γυναικες B^{ab mg inf} (om B*)   7 om και 1° A | κληρονομια 1°] pr η F | om πατριας αυτου και προσ F | om και 2° A | υιοι] pr οι B^{ab}AF   8 om εκ των φυλων A | αγχιστευσωσιν] αγχιστευωσιν F | πατρικην]+αυτου B^{ab}AF   9 om ου A | αλλα] αλλ AF

XXXVI 11 ΑΡΙΘΜΟΙ

B τρόπον συνέταξεν Κύριος Μωυσῆ, οὕτως ἐποίησαν θυγατέρες Σαλπαάδ. ¹¹καὶ ἐγένοντο Θερσὰ καὶ Ἐγλὰ καὶ Μελχὰ καὶ Νουὰ καὶ 11 Μααλὰ θυγατέρες Σαλπαὰδ τοῖς ἀνεψιοῖς αὐτῶν· ¹²ἐκ τοῦ δήμου τοῦ 12 Μανασσῆ υἱῶν Ἰωσὴφ ἐγενήθησαν γυναῖκες· καὶ ἐγένετο ἡ κληρονομία αὐτῶν ἐπὶ τὴν φυλὴν δήμου τοῦ πατρὸς αὐτῶν. ¹³αὗται αἱ ἐντολαὶ 13 καὶ τὰ δικαιώματα καὶ τὰ κρίματα ἃ ἐνετείλατο Κύριος ἐν χειρὶ Μωυσῆ ἐπὶ δυσμῶν Μωὰβ ἐπὶ τοῦ Ἰορδάνου κατὰ Ἰερειχώ.

AF 10 Μωυση] προς Μωυσην AF | θυγατερες] θυγατρασιν B^a θυγατρασι B^b
11 Θερσα...Μααλα] Μαλαα και Θερσα και Αιγλα και Μελχα και Νουα A
Μααλα και Θερσα και Αιγαλ και Μελχα και Νουα F | ανεψιοις] pr υιοις F
12 του Μανασση] om του AF Μαννασση A | εγενηθησαν] + αυτοις A | εγενετο] εγενηθη AF | om την F | δημου 2°] θημον B^{a?b}   13 Ιεριχω B^bAF
Subscr αριθμοι BΛF*⁽¹⁾

ΔΕΥΤΕΡΟΝΟΜΙΟΝ

1 ΟΥΤΟΙ οἱ λόγοι οὓς ἐλάλησεν Μωυσῆς παντὶ Ἰσραὴλ πέραν τοῦ Β Ἰορδάνου ἐν τῇ ἐρήμῳ πρὸς δυσμαῖς πλησίον τῆς ἐρυθρᾶς ἀνὰ μέσον 2 Φαρὰν Τόφολ καὶ Λοβὸν καὶ Αὐλῶν καὶ Καταχρύσεα· ²ἕνδεκα ἡμερῶν 3 ἐν Χωρὴβ ὁδὸς ἐπ' ὄρος Σηεὶρ ἕως Καδὴς Βαρνή. ³καὶ ἐγενήθη ἐν τῷ τεσσερακοστῷ ἔτει, ἐν τῷ ἑνδεκάτῳ μηνὶ μιᾷ τοῦ μηνός, ἐλάλησεν Μωυσῆς πρὸς πάντας υἱοὺς Ἰσραὴλ κατὰ πάντα ὅσα ἐνετείλατο Κύριος 4 αὐτῷ πρὸς αὐτούς, ⁴μετὰ τὸ πατάξαι Σηὼν βασιλέα Ἀμορραίων τὸν κατοικήσαντα ἐν Ἐσεβὼν καὶ Ὢγ βασιλέα τῆς Βασὰν τὸν κατοικήσαντα 5 ἐν Ἀσταρὼθ καὶ ἐν Ἐδράειν, ⁵ἐν τῷ πέραν τοῦ Ἰορδάνου ἐν γῇ Μωὰβ 6 ἤρξατο Μωυσῆς διασαφῆσαι τὸν νόμον τοῦτον λέγων ⁶Κύριος ὁ θεὸς ἡμῶν ἐλάλησεν ἡμῖν ἐν Χωρὴβ λέγων Ἱκανούσθω ὑμῖν κατοικεῖν ἐν τῷ 7 ὄρει τούτῳ· ⁷ἐπιστράφητε καὶ ἀπάρατε ὑμεῖς καὶ εἰσπορεύεσθε εἰς ὄρος Ἀμορραίων καὶ πρὸς πάντας τοὺς περιοίκους Ἀραβά, εἰς ὄρος καὶ πεδίον, καὶ πρὸς λίβα καὶ παραλίαν γῆν Χαναναίων καὶ Ἀντιλίβανον, 8 ἕως τοῦ ποταμοῦ τοῦ μεγάλου Εὐφράτου. ⁸ἴδετε παραδέδωκεν ἐνώπιον ὑμῶν τὴν γῆν· εἰσπορευθέντες κληρονομήσατε τὴν γῆν ἣν ὤμοσα τοῖς πατράσιν ὑμῶν, τῷ Ἀβραὰμ καὶ Ἰσαὰκ καὶ Ἰακώβ, δοῦναι αὐτοῖς 9 καὶ τῷ σπέρματι αὐτῶν μετ' αὐτούς. ⁹καὶ εἶπα πρὸς ὑμᾶς ἐν τῷ 10 καιρῷ ἐκείνῳ λέγων Οὐ δυνήσομαι μόνος φέρειν ὑμᾶς· ¹⁰Κύριος ὁ θεὸς ὑμῶν ἐπλήθυνεν ὑμᾶς, καὶ ἰδού ἐστε σήμερον ὡσεὶ τὰ ἄστρα τοῦ 11 οὐρανοῦ τῷ πλήθει· ¹¹Κύριος ὁ θεὸς τῶν πατέρων ὑμῶν προσθείη ὑμῖν

Inscr δευτερονομιον BAF*?¹? I 1 ουτοι] pr και A 2 εν] εκ AF | AF οδος] οδον F¹ vid 3 τεσσαρακοστω Bᵇ | υιους] pr τους F | αυτω κ̅ς̅ Bᵃ 4 παταξαι]+αυτον F | Σηων] pr τον AF | Αμορραιων (Αμαρρ. F)] pr των AF | Ωγ] pr τον A 7 ορος 1°] pr το F | Χαναναιων] ναι sup ras B¹ vid | Ευφρατου] pr ποταμου Bᵃᵇ F 8 παραδεδωκα AF |⸓ εισπορευθεντες] εισελθοντες AF | Ισαακ] pr τω Bᵃᵇ AF | Ιακωβ] pr τω Bᵃᵇ AF 10 υμων] ημων A | εσται A | ωσει] ως F* (ει superscr F¹) i ·ˈ

339

ΔΕΥΤΕΡΟΝΟΜΙΟΝ

B ὡς ἐστὲ χιλιοπλασίως, καὶ εὐλογήσαι ὑμᾶς καθότι ἐλάλησεν ὑμῖν. ¹²πῶς δυνήσομαι μόνος φέρειν τὸν κόπον ὑμῶν καὶ τὴν ὑπόστασιν 12 ὑμῶν καὶ τὰς ἀντιλογίας ὑμῶν; ¹³δότε ἑαυτοῖς ἄνδρας σοφοὺς καὶ 13 ἐπιστήμονας καὶ συνετοὺς εἰς τὰς φυλὰς ὑμῶν, καὶ καταστήσω ἐφ' ὑμῶν ἡγουμένους ὑμῶν. ¹⁴καὶ ἀπεκρίθητέ μοι καὶ εἴπατε Καλὸν τὸ 14 ῥῆμα ὃ ἐλάλησας ποιῆσαι. ¹⁵καὶ ἔλαβον ἐξ ὑμῶν ἄνδρας σοφοὺς καὶ 15 ἐπιστήμονας καὶ συνετούς, καὶ κατέστησα αὐτοὺς ἡγεῖσθαι ἐφ' ὑμῶν, χιλιάρχους καὶ ἑκατοντάρχους καὶ δεκαδάρχους καὶ γραμματοεισαγωγεῖς τοῖς κριταῖς ὑμῶν. ¹⁶καὶ ἐνετειλάμην τοῖς κριταῖς ὑμῶν ἐν τῷ 16 καιρῷ ἐκείνῳ λέγων Διακούετε ἀνὰ μέσον τῶν ἀδελφῶν ὑμῶν, καὶ κρίνατε δικαίως ἀνὰ μέσον ἀνδρὸς καὶ ἀνὰ μέσον ἀδελφοῦ καὶ ἀνὰ μέσον προσηλύτου αὐτοῦ. ¹⁷οὐκ ἐπιγνώσῃ πρόσωπον ἐν κρίσει· κατὰ 17 τὸν μικρὸν καὶ κατὰ τὸν μέγαν κρινεῖς, οὐ μὴ ὑποστείλῃ πρόσωπον ἀνθρώπου, ὅτι ἡ κρίσις τοῦ θεοῦ ἐστίν· καὶ τὸ ῥῆμα ὃ ἐὰν σκληρὸν ᾖ ἀφ' ὑμῶν, ἀνοίσετε αὐτὸ ἐπ' ἐμέ, καὶ ἀκούσομαι ὑμῶν. ¹⁸καὶ 18 ἐνετειλάμην ὑμῖν ἐν τῷ καιρῷ ἐκείνῳ πάντας τοὺς λόγους οὓς ποιήσετε.

¹⁹Καὶ ἀπάραντες ἐκ Χωρὴβ ἐπορεύθημεν πᾶσαν τὴν ἔρημον τὴν 19 μεγάλην καὶ τὴν φοβερὰν ἐκείνην ἣν εἴδετε, ὁδὸν ὄρους τοῦ Ἀμορραίου, καθότι ἐνετείλατο Κύριος ὁ θεὸς ἡμῶν ἡμῖν, καὶ ἤλθομεν ἕως Κάδης Βαρνή. ²⁰καὶ εἶπα πρὸς ὑμᾶς Ἥλθατε ἕως τοῦ ὄρους τοῦ Ἀμορραίου, ὃ ὁ 20 κύριος ὁ θεὸς ἡμῶν δίδωσιν ὑμῖν· ²¹ἴδετε παραδέδωκεν ὑμῖν Κύριος ὁ θεὸς 21 ἡμῶν πρὸ προσώπου ὑμῶν τὴν γῆν· ἀναβάντες κληρονομήσατε, ὃν τρόπον εἶπεν Κύριος ὁ θεὸς τῶν πατέρων ἡμῶν ὑμῖν· μὴ φοβεῖσθε μηδὲ δειλιάσητε. ²²καὶ προσήλθατέ μοι πάντες καὶ εἴπατε Ἀποστεί- 22 λωμεν ἄνδρας προτέρους ἡμῶν καὶ ἐφοδευσάτωσαν ἡμῖν τὴν γῆν, καὶ ἀπαγγειλάτωσαν ἡμῖν ἀπόκρισιν, τὴν ὁδὸν δι' ἧς ἀναβησόμεθα ἐν αὐτῇ, καὶ τὰς πόλεις εἰς ἃς εἰσπορευσόμεθα εἰς αὐτάς. ²³καὶ ἤρεσεν 23

AF   11 ως εστε] ως εσται A· ωστε F (εσ superscr F¹)   12 φερειν μονος A¹
13 εαυτοις] αυτοις F* (ε superscr F¹) | καταστησω]+αυτους AF | εφ υμων ηγουμενους] εφ υμας ηγο sup ras Aᵃ   14 ακριθητε F* (απεκρ. F¹¹ᵃ
15 ηγεισθε A | εκατοναρχ. F* (εκατοντ. Fᵃ) | δεκαδαρχους] pr πεντηκονταρχους και BᵃᵇAF   16 κρινετε AF | αδελφου] του αδελφου αυτου A|
17 επιγνωση] επιγνωσεσθε A | η σκληρον A | υμων 2°] αυτο AF   18 παντας τους] τους παντας AF   19 Χωρηβ] Σοχωθ A | ο θεος F¹ ᵛⁱᵈ ⁽ᵐᵍ⁾ (οτ F*)   20 του ορους] om του AF | υμιν] ημιν A   21 om υμιν 1 AF | ημων 1°] υμων AF | κληρονομησατε] κληρονομειτε AF | ημων 2°] υμα AF | δειλιασητε Bᵃᵇ (διλ. B* δηλ. F) διλιασηται A   22 om μοι F (superscr F¹) | αποστειλατέ F* (αποστειλωμεν F¹ ᵐᵍ) | απαγγειλατωσαι αναγγειλ. BᵃᵇAF | εισπορευομεθα AF

ΔΕΥΤΕΡΟΝΟΜΙΟΝ I 37

ἐναντίον μου τὸ ῥῆμα, καὶ ἔλαβον ἐξ ὑμῶν ιβ' ἄνδρας, ἄνδρα ἕνα κατὰ B
φυλήν. ²⁴καὶ ἐπιστραφέντες ἀνέβησαν εἰς τὸ ὄρος, καὶ ἤλθοσαν ἕως
Φάραγγος βότρυος, καὶ κατεσκόπευσαν αὐτήν. ²⁵καὶ ἐλάβοσαν ἐν
ταῖς χερσὶν αὐτῶν ἀπὸ τοῦ καρποῦ τῆς γῆς καὶ κατήνεγκαν πρὸς
ἡμᾶς, καὶ ἔλεγον Ἀγαθὴ ἡ γῆ ἣν Κύριος ὁ θεὸς ἡμῶν δίδωσιν ἡμῖν.
²⁶καὶ οὐκ ἠθελήσατε ἀναβῆναι, καὶ ἠπειθήσατε τῷ ῥήματι Κυρίου τοῦ
θεοῦ ἡμῶν· ²⁷καὶ διεγογγύζετε ἐν ταῖς σκηναῖς ὑμῶν καὶ εἴπατε Διὰ τὸ
μισεῖν Κύριον ἡμᾶς ἐξήγαγεν ἡμᾶς ἐκ γῆς Αἰγύπτου, παραδοῦναι ἡμᾶς
εἰς χεῖρας Ἀμορραίων, ἐξολεθρεῦσαι ἡμᾶς· ²⁸ποῦ ἡμεῖς ἀναβαίνομεν;
οἱ ἀδελφοὶ ὑμῶν ἀπέστησαν ὑμῶν τὴν καρδίαν λέγοντες Ἔθνος μέγα
καὶ πολὺ καὶ δυνατώτερον ὑμῶν, καὶ πόλεις μεγάλαι καὶ τετει-
χισμέναι ἕως τοῦ οὐρανοῦ· ἀλλὰ καὶ υἱοὺς γιγάντων ἑωράκαμεν
ἐκεῖ. ²⁹καὶ εἶπα πρὸς ὑμᾶς Μὴ πτήξητε μηδὲ φοβηθῆτε ἀπ' αὐ-
τῶν· ³⁰Κύριος ὁ θεὸς ὑμῶν ὁ προπορευόμενος πρὸ προσώπου ὑμῶν,
αὐτὸς συνεκπολεμήσει αὐτοὺς μεθ' ὑμῶν κατὰ πάντα ὅσα ἐποίησεν
ἡμῖν ἐν γῇ Αἰγύπτῳ. ³¹καὶ ἐν τῇ ἐρήμῳ ταύτῃ ἣν εἴδετε ὁδὸν ὄρους
τοῦ Ἀμορραίου, ὡς ἐτροφοφόρησέν σε Κύριος ὁ θεός σου ὡς εἴ τις
τροφοφορήσει ἄνθρωπος τὸν υἱὸν αὐτοῦ, κατὰ πᾶσαν τὴν ὁδὸν εἰς
ἣν ἐπορεύθητε ἕως ἤλθετε εἰς τὸν τόπον τοῦτον. ³²καὶ ἐν τῷ λόγῳ
τούτῳ οὐκ ἐνεπιστεύσατε Κυρίῳ τῷ θεῷ ἡμῶν, ³³ὃς προπορεύεται
πρότερος ὑμῶν ἐν τῇ ὁδῷ ἐκλέγεσθαι ὑμῖν τόπον, ὁδηγῶν ὑμᾶς ἐν
πυρὶ νυκτός, δεικνύων ὑμῖν τὴν ὁδὸν καθ' ἣν πορεύεσθε ἐπ' αὐτῆς,
καὶ ἐν νεφέλῃ ἡμέρας. ³⁴καὶ ἤκουσεν Κύριος τὴν φωνὴν τῶν λόγων
ὑμῶν, καὶ παροξυνθεὶς ὤμοσεν λέγων ³⁵Εἰ ὄψεταί τις τῶν ἀνδρῶν
τούτων τὴν ἀγαθὴν ταύτην γῆν, ἣν ὤμοσα τοῖς πατράσιν αὐτῶν·
³⁶πλὴν Χαλὲβ υἱὸς Ἰεφοννή, οὗτος ὄψεται αὐτήν, καὶ τούτῳ δώσω
τὴν γῆν ἐφ' ἣν ἐπέβη καὶ τοῖς υἱοῖς αὐτοῦ, διὰ τὸ προσκεῖσθαι
αὐτὸν τὰ πρὸς Κύριον. ³⁷καὶ ἐμοὶ ἐθυμώθη Κύριος δι' ὑμᾶς λέγων

23 εναντιον] ενωπιον AF | ιβ'] δωδεκα AF 25 ελαβοσαν] ελαβον AF | AF
ημιν] ημων F 26 ηθελησα.εν, ηπειθησα.εν F* (ηθελησατε, ηπειθησατε
F¹)) | και 2°] αλλ AF | ημων] υμων AF 27 διεγογγυσατε AF | εις χειρας
Αμ. εξολεθρ. ημας] εις τας χ. των Αμ. εξολεθρ. ημας A εις τας χ. των Αμ.
ιποκτειναι ημας F¹ᵐᵍ ⁱⁿᶠ (om F*) 28 οι αδελφοι] οι δε αδ. AF | την
αρδιαν υμων AF | υμων 3° B*ᵇ] ημων Bᵃᵇ AF 30 υμων 1°] ημων
 | κατα] pr και F | ημιν] υμιν AF | Αιγυπτω]+κατ οφθαλμους αυτων in mg
t sup ras Aᵃ 31 om οδον ορους του Αμ. AF | om τις AF | τροφοφο-
ησει Bᵃ] τροποφορησει B* τροφοφορησαι AF | εις ην] om εις Bᵃ⁽ᵛⁱᵈ⁾ᵇ AF
2 ημων] υμων AF 33 προπορευεται] πορευεται AF | δεικνυων] δειγνυων
AF (διγν.) | πορευεσθαι A | επ αυτης] εν αυτη AF 34 ηκουσεν] pr ως
 | om και 2° A | παραξυνθεις B* (παροξ. Bᵃᵇ) 35 την αγ. ταυτην γην]
ην γην την αγ. ταυτην AF

Β Οὐδὲ σὺ οὐ μὴ εἰσέλθῃς ἐκεῖ. ⁳⁸ Ἰησοῦς υἱὸς Ναυὴ ὁ παρεστηκώς 38 σοι, οὗτος εἰσελεύσεται ἐκεῖ· αὐτὸν κατίσχυσον, ὅτι αὐτὸς κατακληρονομήσει αὐτὴν τῷ Ἰσραήλ. ³⁹καὶ πᾶν παιδίον νέον ὅστις 39 οὐκ οἶδεν σήμερον ἀγαθὸν ἢ κακόν, οὗτοι εἰσελεύσονται ἐκεῖ, καὶ τούτοις δώσω αὐτήν, καὶ αὐτοὶ κληρονομήσουσιν αὐτήν. ⁴⁰καὶ ὑμεῖς 40 ἐπιστραφέντες ἐστρατοπεδεύσατε εἰς τὴν ἔρημον, ὁδὸν τὴν ἐπὶ τῆς ἐρυθρᾶς θαλάσσης. ⁴¹καὶ ἀπεκρίθητέ μοι καὶ εἴπατε Ἡμάρτομεν 41 ἔναντι Κυρίου τοῦ θεοῦ ἡμῶν· ἡμεῖς ἀναβάντες πολεμήσομεν κατὰ πάντα ὅσα ἐνετείλατο Κύριος ὁ θεὸς ἡμῶν ἡμῖν. καὶ ἀναλαβόντες ἕκαστος τὰ σκεύη τὰ πολεμικὰ αὐτοῦ καὶ συναθροισθέντες ἀνεβαίνετε εἰς τὸ ὄρος. ⁴²καὶ εἶπεν Κύριος πρὸς μέ Εἰπὸν αὐτοῖς 42 Οὐκ ἀναβήσεσθε οὐδὲ μὴ πολεμήσετε, οὐ γάρ εἰμι μεθ' ὑμῶν· καὶ οὐ μὴ συντριβῆτε ἐνώπιον τῶν ἐχθρῶν ὑμῶν. ⁴³καὶ ἐλάλησα ὑμῖν, 43 καὶ οὐκ εἰσηκούσατέ μου· καὶ παρέβητε τὸ ῥῆμα Κυρίου, καὶ παραβιασάμενοι ἀνέβητε εἰς τὸ ὄρος. ⁴⁴καὶ ἐξῆλθεν ὁ Ἀμορραῖος ὁ 44 κατοικῶν ἐν τῷ ὄρει ἐκείνῳ εἰς συνάντησιν ὑμῖν, καὶ κατεδίωξαν ὑμᾶς ὡς εἰ ποιήσαισαν αἱ μέλισσαι, καὶ ἐτίτρωσκον ὑμᾶς ἀπὸ Σηεὶρ ἕως Ἑρμά. ⁴⁵καὶ καθίσαντες ἐκλαίετε ἔναντι Κυρίου τοῦ θεοῦ 45 ἡμῶν, καὶ οὐκ εἰσήκουσεν Κύριος τῆς φωνῆς ὑμῶν οὐδὲ προσέσχεν ὑμῖν. ⁴⁶καὶ ἐνεκάθησθε ἐν Καδὴς ἡμέρας πολλάς, ὅσας ποτὲ ἡμέρας 46 ἐνεκάθησθε ἐκεῖ.

¹Καὶ ἐπιστραφέντες ἀπήραμεν εἰς τὴν ἔρημον, ὁδὸν θάλασσαν ἐρυ- 1 II θράν, ὃν τρόπον ἐλάλησεν Κύριος πρὸς μέ, καὶ ἐκυκλώσαμεν τὸ ὄρος τὸ Σηεὶρ ἡμέρας πολλάς. ²καὶ εἶπεν Κύριος πρὸς μέ ³Ἱκανούσθω ὑμῖν ² κυκλοῦν τὸ ὄρος τοῦτο, ἐπιστράφητε οὖν ἐπὶ βορρᾶν· ⁴καὶ τῷ λαῷ 3 ἔντειλαι λέγων Ὑμεῖς παραπορεύεσθε διὰ τῶν ὁρίων τῶν ἀδελφῶν 4 ὑμῶν υἱῶν Ἠσαύ, οἳ κατοικοῦσιν ἐν Σηείρ, καὶ φοβηθήσονται ὑμᾶς καὶ εὐλαβηθήσονται ὑμᾶς σφόδρα. ⁵μὴ συνάψητε πρὸς αὐτοὺς πόλε- 5 μον· οὐ γὰρ μὴ δῶ ὑμῖν ἀπὸ τῆς γῆς αὐτῶν οὐδὲ βῆμα ποδός, ὅτι ἐν κλήρῳ υἱοῖς Ἠσαύ δέδωκα τὸ ὄρος τὸ Σηείρ. ⁶βρώματα ἀργυρίου 6

AF 38 υιος] seq ras 1 (ut vid) lit in B | κατακληρονομησει] κατακληροδοτησει AF | Ισραηλ]+και τα παιδια υμων α ειπατε εν διαρπαγη εσεσθαι (εσεσθε A) AF 39 η sup ras 2 litt B^{ab} | τουτοις] το, οις sup ras B^{?vid} 41 μοι και ειπατε] και ειπατε μοι AF | εναντιον AF | πολεμησωμεν A | ανεβανετε A 42 ειπον] ειπ.. F | αναβησεσθαι A | πολεμησητε F 43 και 3° sup ras B^{ab vid} 44 κατεδιωξεν A | om και 3° B* (hab B^{ab}AF) 45 om του θεου ημων AF 46 om εκει B^{ab}AF II 1 om ερημον B* (hab B^{ab}AF) | το Σηειρ] om το AF 3 επι] προς A 4 om υμας 2° AF 5 δω] δωσω A | οτι sup ras B^a | δεδωκα τοις υιοις Ησαυ B^{a vid} AF 6 αργυριου βρωματα AF

ΔΕΥΤΕΡΟΝΟΜΙΟΝ II 15

ἀγοράσατε παρ' αὐτῶν καὶ φάγεσθε, καὶ ὕδωρ μέτρῳ λήμψεσθε B
7 παρ' αὐτῶν ἀργυρίου καὶ πίεσθε· 7ὁ γὰρ κύριος ὁ θεὸς ἡμῶν εὐλόγησέν σε ἐν παντὶ ἔργῳ τῶν χειρῶν σου· διάγνωθι πῶς διῆλθες τὴν ἔρημον τὴν μεγάλην καὶ τὴν φοβερὰν ἐκείνην· ἰδοὺ τεσσεράκοντα ἔτη Κύριος ὁ θεός σου μετὰ σοῦ, οὐκ ἐπεδεήθης ῥήματος.
8 8καὶ παρήλθομεν τοὺς ἀδελφοὺς ὑμῶν υἱοὺς Ἠσαύ, τοὺς κατοικοῦντας ἐν Σηεὶρ παρὰ τὴν ὁδὸν τὴν Ἀραβὰ ἀπὸ Αἰλὼν καὶ ἀπὸ Γασιὼν Γάβερ· καὶ ἐπιστρέψαντες παρήλθομεν ἔρημον ὁδὸν
9 Μωάβ. 9Καὶ εἶπεν Κύριος πρός μέ Μὴ ἐχθραίνετε τοῖς Μωαβείταις, καὶ μὴ συνάψητε πρὸς αὐτοὺς πόλεμον· οὐ γὰρ μὴ δῶ ἀπὸ τῆς γῆς αὐτῶν ὑμῖν ἐν κλήρῳ, τοῖς γὰρ υἱοῖς Λὼτ δέδωκα τὴν
10 Σηεὶρ κληρονομεῖν. 10οἱ Ὀμμεὶν πρότεροι ἐνεκάθηντο ἐπ' αὐτῆς,
11 ἔθνος μέγα καὶ πολύ, καὶ ἰσχύοντες ὥσπερ οἱ Ἐνακείμ· 11Ῥαφαεὶν λογισθήσονται καὶ οὗτοι ὥσπερ οἱ Ἐνακείμ· καὶ οἱ Μωαβεῖται ἐπο-
12 νομάζουσιν αὐτοὺς Ὀμμείν. 12καὶ ἐν Σηεὶρ ἐνεκάθητο ὁ Χορραῖος πρότερον, καὶ υἱοὶ Ἠσαῦ ἀπώλεσαν αὐτοὺς καὶ ἐξέτριψαν αὐτοὺς ἀπὸ προσώπου αὐτῶν, καὶ κατῳκίσθησαν ἀντ' αὐτῶν· ὃν τρόπον ἐποίησεν Ἰσραὴλ τὴν γῆν τῆς κληρονομίας αὐτοῦ, ἣν δέδωκεν Κύριος
13 αὐτοῖς. 13νῦν οὖν ἀνάστητε καὶ ἀπάρατε. ὑμεῖς, καὶ παραπορεύεσθε
14 τὴν φάραγγα Ζάρετ. καὶ παρήλθομεν τὴν φάραγγα Ζάρετ, 14καὶ αἱ ἡμέραι ἃς παρεπορεύθημεν ἀπὸ Καδὴς Βαρνὴ ἕως οὗ παρήλθομεν τὴν φάραγγα Ζάρετ τριάκοντα καὶ ὀκτὼ ἔτη, ἕως οὗ διέπεσεν πᾶσα γενεὰ ἀνδρῶν πολεμιστῶν ἀποθνήσκοντες ἐκ τῆς παρεμ-
15 βολῆς, καθότι ὤμοσεν αὐτοῖς ὁ θεός· 15καὶ ἡ χεὶρ τοῦ θεοῦ ἦν ἐπ' αὐτοῖς ἐξαναλῶσαι αὐτοὺς ἐκ μέσου τῆς παρεμβολῆς, ἕως οὗ διέπεσαν.

6 παρ αυτων 1°] απ αυτων A   7 ημων] υμων A | διαγνωθι] α sup ras AF ut vid post θ vero ras 1 certe lit B^a? | εκεινην] ταυτην AF* (εκ. F^1mg) | τεσσαρ. B^b   8 υμων] ημων B^abAF] επιστρεψαντες] επιστραφεντες AF | παρηλθομεν] ανεβημεν F | οδον ερημον B^a?A om ερημον F   9 Μωαβιταις B^bA | υμιν απο της γ. αυτων AF | Σηειρ BA*^vid] Αροηρ A^a? (sup ras) F
10 Οομμειν A | προτεροι] το προτερον AF | ισχυοντες ισχυρον AF | Ενακειμ] Ενακειν F*?¹?   11 Ραφαειμ A | Ομμειν A   12 προτερον] pr το B^abAF | υιοι] pr οι AF | εξετριψαν αυτους και απωλεσαν αυτους A | κατοικεισθησαν AF (κατοικισθ.) | της κληρον.] om της AF | δεδωκεν] εδωκεν AF
13 om και απαρατε A | Ζαρετ 1°] Ζαρε.' F | om και παρηλθομεν την φαρ. Ζαρετ A*^vid (hab in mg et sup ras φαραγγα| Ζαρετ...Ζαρε [sic] A^a?) F   14 Ζαρεθ F | γενεα] pr η A | πολεμιστων] pr των F | om αποθνησκοντες A*^vid (hab sup ras et in mg αποθν. εκ της παρεμβ. A^a?) F | αυτοις ο θεος] αυτοις κς ο θ. B^ab κς αυτοις AF   15 του θεου] κυ A | εξαναλωσαι B^ab (εξανηλ. B*)] pr του AF | om μεσου AF | om ου F

ΔΕΥΤΕΡΟΝΟΜΙΟΝ

Β ¹⁶Καὶ ἐγενήθη ἐπεὶ διέπεσαν πάντες οἱ ἄνδρες οἱ πολεμισταὶ 16 ἀποθνήσκοντες ἐκ μέσου τοῦ λαοῦ, ¹⁷καὶ ἐλάλησεν Κύριος πρός με 17 λέγων ¹⁸Σὺ παραπορεύσῃ σήμερον τὰ ὅρια Μωάβ τὴν Σηείρ, ¹⁹καὶ 18 19 προσάξετε ἐγγὺς υἱῶν Ἀμμάν· μὴ ἐχθραίνετε αὐτοῖς καὶ μὴ συνάψητε αὐτοῖς εἰς πόλεμον, οὐ γὰρ μὴ δῶ ἀπὸ τῆς γῆς υἱῶν Ἀμμάν σοι ἐν κλήρῳ, ὅτι τοῖς υἱοῖς Λὼτ δέδωκα αὐτὴν ἐν κλήρῳ. ²⁰γῆ 20 Ῥαφαεὶν λογισθήσεται, καὶ γὰρ ἐπ᾽ αὐτῆς κατῴκουν οἱ Ῥαφαεὶν τὸ πρότερον, καὶ οἱ Ἀμμανεῖται ὀνομάζουσιν αὐτοὺς Ζοχομείν, ²¹ἔθνος 21 μέγα καὶ πολὺ καὶ δυνατώτερον ὑμῶν ὥσπερ οἱ Ἐνακείμ· καὶ ἀπώλεσεν αὐτοὺς Κύριος πρὸ προσώπου αὐτῶν, καὶ κατεκληρονόμησαν καὶ κατῳκίσθησαν ἀντ᾽ αὐτῶν ἕως τῆς ἡμέρας ταύτης· ²²ὥσπερ ἐποίησαν 22 τοῖς υἱοῖς Ἡσαῦ τοῖς κατοικοῦσιν ἐν Σηείρ, ὃν τρόπον ἐξέτριψαν τὸν Χορραῖον ἀπὸ προσώπου αὐτῶν, καὶ κατεκληρονόμησαν καὶ κατῳκίσθησαν ἀντ᾽ αὐτῶν ἕως τῆς ἡμέρας ταύτης· ²³καὶ οἱ Εὐαῖοι οἱ 23 κατοικοῦντες ἐν Ἀσηδὼθ ἕως Γάζης, καὶ οἱ Καππάδοκες οἱ ἐξελθόντες ἐκ Καππαδοκίας ἐξέτριψαν αὐτοὺς καὶ κατῴκίσθησαν ἀντ᾽ αὐτῶν. ²⁴νῦν οὖν ἀνάστητε καὶ ἀπάρατε, καὶ παρέλθατε ὑμεῖς τὴν φάραγγα 24 Ἀρνῶν· ἰδοὺ παραδέδωκα εἰς χεῖράς σου τὸν Σηὼν βασιλέα Ἐσεβὼν τὸν Ἀμορραῖον καὶ τὴν γῆν αὐτοῦ· ἐνάρχου κληρονομεῖν, σύναπτε πρὸς αὐτὸν πόλεμον. ²⁵ἐν τῇ ἡμέρᾳ ταύτῃ ἐνάρχου δοῦναι τὸν τρόμον 25 σου καὶ τὸν φόβον σου ἐπὶ πρόσωπον πάντων τῶν ἐθνῶν τῶν ὑποκάτω τοῦ οὐρανοῦ, οἵτινες ἀκούσαντες τὸ ὄνομά σου ταραχθήσονται, καὶ ὠδῖνες ἕξουσιν ἀπὸ προσώπου σου. ²⁶Καὶ ἀπέστειλα 26 πρέσβεις ἐκ τῆς ἐρήμου Κεδαμὼθ πρὸς Σηὼν βασιλέα Ἐσεβὼν λόγοις εἰρηνικοῖς λέγων ²⁷Παρελεύσομαι διὰ τῆς γῆς σου· ἐν τῇ ὁδῷ 27 παρελεύσομαι, οὐχὶ ἐκκλινῶ δεξιὰ οὐδὲ ἀριστερά. ²⁸βρώματα ἀργυ- 28 ρίου ἀποδώσῃ μοι καὶ φάγομαι, καὶ ὕδωρ ἀργυρίου ἀποδώσῃ μοι καὶ πίομαι· πλὴν ὅτι παρελεύσομαι τοῖς ποσίν, ²⁹καθὼς ἐποίησάν 29

AF   16 επει B^{ab}A] επι B*F   17 με] Μωυσην F   18 παραπορευη AF | την (τη sup ras B^a) Σηειρ] την Αροηρ AF   19 υιων 1°] υμων F* | om και 2° B^a (hab B*^b) | μη 2°] μηδε B^{ab}   20 Ραφαειν 1°] Ραφαειμ A Ραφαεειν F | κατωκουν οι Ραφαειν] οι Ραφαειν(αε sup ras B)κατωκουν B?F οι Ραφαειμ κατ. A | om και 2° B^{ab} | Αμμανιται B^b | επονομαζουσιν B^{ab}AF | Ζοχομειν] χ sup ras B^a? -μμειν (μ superscr) B^{ab} Ζομζομμειν A Ζομμειν F   21 om υμων AF | ωσπερ]+και B^{ab}F | προ] απο AF | om εως της ημερας ταυτης F   22 εποιη-σεν AF | om κατεκληρονομησαν και B* (hab B^{ab mg sup}) | κατεκληρον.]+αυτους F | om εως της ημ. ταυτης A* (hab A^a)   23 Ασηδωθ] Ασηρωθ AF | Καπαδοκιας F   24 om ουν A | om και παρελθατε B* (hab sup ras et in mg B^a) | χειρας] pr τας B^{ab}AF   25 ωδινας B^bA (-δειν.) F   26 Κεδμωθ AF | Εσεβων] των Αμορραιων F* των (?) Εσεβων F^{1 mg}   27 παρελευσομαι 2°] πο-ρευσομαι B^{ab}A | ουχι] ουκ B^aAF ουχ B^b | ουδε] ουτε A   28 ποσιν]+μου AF

ΔΕΥΤΕΡΟΝΟΜΙΟΝ III 2

-μοι οἱ υἱοὶ Ἡσαὺ οἱ κατοικοῦντες ἐν Σηεὶρ καὶ οἱ Μωαβεῖται οἱ Β
κατοικοῦντες ἐν Ἀροήρ, ἕως παρέλθω τὸν Ἰορδάνην εἰς τὴν γῆν
30 ἣν Κύριος ὁ θεὸς ἡμῶν δίδωσιν ἡμῖν. ³⁰καὶ οὐκ ἠθέλησεν Σηὼν
βασιλεὺς Ἐσεβὼν παρελθεῖν ἡμᾶς δι᾽ αὐτοῦ, ὅτι ἐσκλήρυνεν Κύριος
ὁ θεὸς ἡμῶν τὸ πνεῦμα αὐτοῦ καὶ κατίσχυσεν τὴν καρδίαν αὐτοῦ,
31 ἵνα παραδοθῇ εἰς τὰς χεῖράς σου ὡς ἐν τῇ ἡμέρᾳ ταύτῃ. ³¹καὶ
εἶπεν Κύριος πρός μέ Ἰδοὺ ἦργμαι παραδοῦναι πρὸ προσώπου σου
τὸν Σηὼν βασιλέα Ἐσεβὼν τὸν Ἀμορραῖον καὶ τὴν γῆν, αὐτοῦ·
32 ἔναρξαι κληρονομῆσαι τὴν γῆν αὐτοῦ. ³²καὶ ἐξῆλθεν Σηὼν βασι-
λεὺς Ἐσεβὼν εἰς συνάντησιν ἡμῖν, αὐτὸς καὶ πᾶς ὁ λαὸς αὐτοῦ,
33 εἰς πόλεμον Ἰάσσα. ³³καὶ παρέδωκεν αὐτὸν Κύριος ὁ θεὸς ἡμῶν
πρὸ προσώπου ἡμῶν, καὶ ἐπάταξεν αὐτὸν καὶ τοὺς υἱοὺς αὐτοῦ καὶ
34 πάντα τὸν λαὸν αὐτοῦ· ³⁴καὶ ἐκρατήσαμεν πασῶν τῶν πόλεων αὐτοῦ
ἐν τῷ καιρῷ ἐκείνῳ, καὶ ἐξωλεθρεύσαμεν πᾶσαν πόλιν ἑξῆς καὶ
τὰς γυναῖκας αὐτῶν καὶ τὰ τέκνα αὐτῶν· οὐ κατελίπομεν ζωγρείαν.
35 ³⁵πλὴν τὰ κτήνη ἐπρονομεύσαμεν καὶ τὰ σκῦλα τῶν πόλεων ἐλά-
36 βομεν, ³⁶ἐξ Ἀροὴρ ἥ ἐστιν παρὰ τὸ χεῖλος χειμάρρου Ἀρνών, καὶ
τὴν πόλιν τὴν οὖσαν ἐν τῇ φάραγγι, καὶ ἕως ὄρους τοῦ Γαλαάδ·
οὐκ ἐγενήθη πόλις ἥτις διέφυγεν ἡμᾶς, τὰς πάσας παρέδωκεν Κύριος
37 ὁ θεὸς ἡμῶν εἰς τὰς χεῖρας ἡμῶν. ³⁷πλὴν ἐγγὺς υἱῶν Ἀμμὼν οὐ
προσήλθομεν, πάντα τὰ συνκυροῦντα χειμάρρου Ἰαβὸκ καὶ τὰς πόλεις
τὰς ἐν τῇ ὀρεινῇ, καθότι ἐνετείλατο Κύριος ὁ θεὸς ἡμῶν ἡμῖν.

1 ¹Καὶ στραφέντες ἀνέβημεν ὁδὸν τὴν εἰς Βασάν· καὶ ἐξῆλθεν Γὼγ
βασιλεὺς Βασὰν εἰς συνάντησιν ἡμῖν, αὐτὸς καὶ πᾶς ὁ λαὸς αὐτοῦ,
2 εἰς πόλεμον εἰς Ἐδράειμ. ²καὶ εἶπεν Κύριος πρός μέ Μὴ φοβηθῇς
αὐτόν, ὅτι εἰς τὰς χεῖράς σου παραδέδωκα αὐτὸν καὶ πάντα τὸν λαὸν
αὐτοῦ καὶ πᾶσαν τὴν γῆν αὐτοῦ· καὶ ποιήσεις αὐτῷ ὥσπερ ἐποίησας

29 Μοαβιται Bᵇ | Αροηρ] Αροηλ A | εως]+αν AF   30 om Σηων A | AF
υμων A | om ως Bᵃᵇ   31 προ προσωπου σου] σοι A | Εσεβων sup ras Bᵃᵇ |
κληρονομησαι] λ, ρονομησαι sup ras Bᵃᵇ⁽ᵛⁱᵈ⁾   31—32 την γην 2°...Εσεβων
sup ras Bᵃᵇ   32 ημιν] η sup ras B' | Ιασσα] pr εις AF.   33 αυτον Κυριος]
τον κ sup ras B?ᵛⁱᵈ | επαταξεν] επαταξαμεν BᵃᵇF | αυτου 2°] του Ba⁽ᵐᵍ⁾ vid
34 πασαν πολιν] ν 1°, ιν sup ras item inter verba ras aliquid B' (πασας τας
πολεις B*ᵛⁱᵈ) | κατελειπομεν AF | ζωγρεαν B* (ι superscr B') ζωγριαν AF
35 προενομευσαμεν AF+αυτοις A+εν αυτοις F* (εν εαυτοις F¹) . 36 εξ]
απο AF | χειλος] τειχος F | εγενηθη] ην AF   37 εγγυς] εις γην AF |
Αμμαν Ba?ᵇAF | προσηλθαμεν. A | χειμαρρου BF¹] χειμαρρω A χειμαρρων
F*ᵛⁱᵈ | ορινη AF | Κυριος ο θ. ημων ημιν] ημιν κ̄ς̄ ο θ̄ς̄ ημων B?F om ημιν A
III 1 επιστραφεντες BᵃᵇAF | την εις Βασαν] της εις B. A | Γωγ] Ωγ Bᵇᵗᶜ?
AF | Βασαν 2°] pr της BᵃᵇA | ο λαος αυτου]+μετ αυτου AF | Εδραειν AF

345

Β Σηὼν βασιλεῖ τῶν Ἀμορραίων, ὃς κατῴκει ἐν Ἐσεβών. ³καὶ παρέ- 3 δωκεν αὐτὸν Κύριος ὁ θεὸς ἡμῶν εἰς τὰς χεῖρας ἡμῶν, καὶ τὸν Ὢγ βασιλέα τῆς Βασὰν καὶ πάντα τὸν λαὸν αὐτοῦ· καὶ ἐπατάξαμεν αὐτὸν ἕως τοῦ μὴ καταλιπεῖν αὐτοῦ σπέρμα. ⁴καὶ ἐκρατήσαμεν 4 πασῶν τῶν πόλεων αὐτοῦ ἐν τῷ καιρῷ ἐκείνῳ, οὐκ ἦν πόλις ἣν οὐκ ἐλάβομεν παρ' αὐτῶν· ἑξήκοντα πόλεις, πάντα τὰ συνκυροῦντα περίχωρα Ἀργὸβ βασιλέως Ὢγ ἐν Βασάν· ⁵πᾶσαι πόλεις ὀχυραί, 5 τείχη ὑψηλά, πύλαι καὶ μοχλοί· πλὴν τῶν πόλεων τῶν Φερεζαίων τῶν πολλῶν σφόδρα. ⁶ἐξωλεθρεύσαμεν αὐτοὺς ὥσπερ ἐποιήσαμεν 6 τὸν Σηὼν βασιλέα Ἐσεβών, καὶ ἐξωλεθρεύσαμεν πᾶσαν πόλιν ἑξῆς, καὶ τὰς γυναῖκας καὶ τὰ παιδία ⁷καὶ πάντα τὰ κτήνη· καὶ τὰ σκῦλα 7 τῶν πόλεων ἐπρονομεύσαμεν ἑαυτοῖς. ⁸καὶ ἐλάβομεν ἐν τῷ καιρῷ 8 ἐκείνῳ τὴν γῆν ἐκ χειρῶν δύο βασιλέων τῶν Ἀμορραίων, οἳ ἦσαν πέραν τοῦ Ἰορδάνου ἀπὸ τοῦ χειμάρρου Ἀρνῶν καὶ ἕως Ἀερμών· ⁹οἱ Φοίνικες ἐπονομάζουσιν τὸ Ἀερμὼν Σανιώρ, καὶ ὁ Ἀμορραῖος 9 ἐπωνόμασεν αὐτὸ Σανείρ· ¹⁰πᾶσαι πόλεις Μεισώρ, καὶ πᾶσα Γαλαάδ, 10 καὶ πᾶσα Βασὰν ἕως Ἑλχὰ καὶ Ἐδράειμ, πόλεις βασίλειαι τοῦ Ὢγ ἐν τῇ Βασάν· ¹¹ὅτι πλὴν Ὢγ βασιλεὺς Βασὰν κατελείφθη ὑπὸ τῶν 11 Ῥαφαείν. ἰδοὺ ἡ κλίνη αὐτοῦ κλίνη σιδηρᾶ, ἰδοὺ αὕτη ἐν τῇ ἄκρᾳ τῶν υἱῶν Ἀμμών· ἐννέα πηχῶν τὸ μῆκος αὐτῆς καὶ τεσσάρων πηχῶν τὸ εὖρος, ἐν πήχει ἀνδρός. ¹²καὶ τὴν γῆν ἐκείνην ἐπρονομεύσαμεν 12 ἐν τῷ καιρῷ ἐκείνῳ ἀπὸ Ἀροήρ, ἥ ἐστιν ἐπὶ τοῦ χείλους χειμάρρου Ἀρνών, καὶ τὸ ἥμισυ ὄρους Γαλαάδ· καὶ τὰς πόλεις αὐτοῦ ἔδωκα τῷ Ῥουβὴν καὶ τῷ Γάδ. ¹³καὶ τὸ κατάλοιπον τοῦ Γαλαὰδ καὶ πᾶσαν τὴν 13 Βασάν, βασιλείαν Ὤγ, ἔδωκα τῷ ἡμίσει φυλῆς Μανασσή, καὶ πᾶσαν περίχωρον Ἀργόβ, πᾶσαν γῆν Βασὰν ἐκείνην, γῇ Ῥαφαεὶν λογισθήσεται. ¹⁴καὶ Ἰαεὶρ υἱὸς Μανασσὴ ἔλαβεν πᾶσαν περίχωρον 14

AF   2 Σηων] pr τω AF | Εσεβων] βῶ sup ras Aᵃ   3 και τον Ωγ] pr αυτον A | επαταξεν F* (επαταξαμεν F¹ᵛⁱᵈ) | καταλειπειν F   4 om συνκυρουντα BᵃAF | Βασαν] pr τη F   6 om αυτους Bᵗ | Εσεβων...εξης lacera in F | γυναικας]+αυτων AF | παιδια] τεκνα F   8 και εως] εως A εως ορους F   9 επονομαζουσιν] επωνομασαν (sup ras) Bᵃᵇᶜᵛⁱᵈ | Αρμων B* (Αερμ. Bᵃ) | επων. Bᵃᵇ] επονομασεν B*AF | Σανιρ F   10 Μισωρ F | Εδραειν AF | βασιλειαι AF | του Ωγ] om του F* (hab F¹ᵐᵍ)   11 υπο] απο BᵗAF | εν τη ακρα] εν τη sup ras Bᵗ | Αμμαν BᵃᵗᵇAF | πηχεων AF (bis) | (2°) | ευρος]+αυτης BᵃᵇAF   12 επρονομευσαμεν] εκληρονομησαμεν BᵃᵇAF | επι του χειλους παρα το χειλος BᵃᵇAF | ορους] pr του BᵃᵇAF   13 om βασιλειαν F*ᵛⁱᵈ (hab F¹ᵐᵍ) | Γωγ] Ωγ BᵃᵇAF | ημισει AF] ημισυ B | Μαννασση A | περιχ.] pr την AF | γην Βασαν 2°] την B. AF   14 Μαννασση A | περιχωρον] pr την BᵃᵇAF

ΔΕΥΤΕΡΟΝΟΜΙΟΝ III 25

Ἀρβὸκ ἕως τῶν ὁρίων Γαρτασεὶ καὶ Ὀμαχαθεί· ἐπωνόμασεν αὐτὰς B
ἐπὶ τῷ ὀνόματι αὐτοῦ τὴν Βασσεμὰθ Αὐὼθ Ἰαεὶρ ἕως τῆς ἡμέρας
ταύτης. ¹⁵καὶ τῷ Μαχεὶρ ἔδωκα τὴν Γαλαάδ. ¹⁶καὶ τῷ Ῥουβὴν
καὶ τῷ Γὰδ δέδωκα ἀπὸ τῆς Γαλαὰδ ἕως χειμάρρου Ἀρνών, καὶ ἕως
τοῦ Ἰαβόκ· ὁ χειμάρρους ὅριον τοῖς υἱοῖς Ἀμμάν· ¹⁷καὶ ἡ Ἀραβὰ
καὶ ὁ Ἰορδάνης, ὅριον Μαχανάρεθ καὶ ἕως θαλάσσης Ἀραβά,
θαλάσσης ἁλυκῆς, ὑπὸ Ἀσηδὼθ τὴν Φασγὰ ἀνατολῶν.

¹⁸Καὶ ἐνετειλάμην ὑμῖν ἐν τῷ καιρῷ ἐκείνῳ λέγων Κύριος ὁ θεὸς
ἡμῶν ἔδωκεν ὑμῖν τὴν γῆν ταύτην ἐν κλήρῳ· ἐνοπλισάμενοι προπο-
ρεύεσθε πρὸ προσώπου τῶν ἀδελφῶν ὑμῶν υἱῶν Ἰσραήλ, πᾶς δυνα-
τός. ¹⁹πλὴν αἱ γυναῖκες ὑμῶν καὶ τὰ τέκνα ὑμῶν καὶ τὰ κτήνη
ὑμῶν, οἶδα ὅτι πολλὰ κτήνη ὑμῖν, κατοικείτωσαν ἐν ταῖς πόλεσιν
ὑμῶν αἷς ἔδωκα ὑμῖν· ²⁰ἕως ἂν καταπαύσῃ Κύριος ὁ θεὸς ὑμῶν τοὺς
ἀδελφοὺς ὑμῶν ὥσπερ καὶ ὑμᾶς, καὶ κατακληρονομήσουσιν καὶ οὗτοι
τὴν γῆν ἣν Κύριος ὁ θεὸς ἡμῶν δίδωσιν αὐτοῖς ἐν τῷ πέραν τοῦ
Ἰορδάνου, καὶ ἐπαναστραφήσεσθε ἕκαστος εἰς τὴν κληρονομίαν αὐ-
τοῦ ἣν ἔδωκα ὑμῖν. ²¹καὶ τῷ Ἰησοῖ ἐνετειλάμην ἐν τῷ καιρῷ ἐκείνῳ
λέγων Οἱ ὀφθαλμοὶ ὑμῶν ἑωράκασιν πάντα ὅσα ἐποίησεν Κύριος ὁ
θεὸς ἡμῶν τοῖς δυσὶ βασιλεῦσι τούτοις· οὕτως ποιήσει Κύριος ὁ θεὸς
ἡμῶν πάσας τὰς βασιλείας ἐφ' ἃς σὺ διαβαίνεις ἐκεῖ· ²²οὐ φοβηθή-
σῃ, ὅτι Κύριος ὁ θεὸς ἡμῶν αὐτὸς πολεμεῖ περὶ ὑμῶν. ²³Καὶ
ἐδεήθην ἐναντίον Κυρίου ἐν τῷ καιρῷ ἐκείνῳ λέγων ²⁴Κύριε ὁ θεός,
σὺ ἤρξω δεῖξαι τῷ σῷ θεράποντι τὴν ἰσχύν σου καὶ τὴν δύναμίν
σου καὶ τὴν χεῖρα τὴν κραταιὰν καὶ τὸν βραχίονα τὸν ὑψηλόν· τίς
γάρ ἐστιν θεὸς ἐν τῷ οὐρανῷ ἢ ἐπὶ τῆς γῆς, ὅστις ποιήσει καθὰ
σὺ ἐποίησας καὶ κατὰ τὴν ἰσχύν σου; ²⁵διαβὰς οὖν ὄψομαι τὴν

14 Αρβοκ] Αργοβ B^ab AF | Γαρτασει] Γαργασει B^at bt AF | Ομαχαθει] ο AF
Ιαειρ AF | επονομασεν F | αυτας] αυτο AF | Βασσεμαθ Αυωθ] Βασαν
Αυωθ B^ab(vid) (ut vid) AF   16 τω Γαδ δει|δωκα B* τω Γαδδει| εδωκα
B^ab τω Γαδ εδωκα AF | Αρνων] + μεσον του χειμαρρου οριον B^ab(mg)AF
17 Μαχαναρεθ] εθ sup ras B¹ απο Μαχενερεθ AF | Φασγα] φαραγγα F
18 ημων] υμων AF | εδωκεν] δεδωκεν AF | προπορευεσθαι A   19 κτηνη
2°] pr τα A   20 om υμων 1° A | κατακληρονομησωσι B^b | ημων] υμων
AF | αυτοις sup ras 5 (ut vid) litt B^a?   21 Ιησου AF | ημων 1°]
υμων A | πασαις ταις βασιλειαις F | διαβεννις A   22 φοβηθηση B* vid]
φοβηθησεσθε B^ab A (φοβηθησεσθαι F + απ αντων AF | θεος] hiat F |
πολεμει] πολεμησει B^ab AF (..λεμησει)   23 εδεθην A* (η superscr
A¹) | om εναντιον B^at b AF   24 ο θεος B* vid] κε̅ B^a AF |·ηρξαι AF |
τω σω...την κραταιαν] mutila multa in F | om εστιν AF | εν τω ουρ.]
om τω AF | της γης] om της B^at b | καθα] κα saltem sup ras B?̣ | εποιη-
σας συ AF

III 26 ΔΕΥΤΕΡΟΝΟΜΙΟΝ

Β γῆν τὴν ἀγαθὴν ταύτην τὴν οὖσαν πέραν τοῦ Ἰορδάνου, τὸ ὄρος τὸ ἀγαθὸν καὶ τὸν Ἀντιλίβανον. ²⁶καὶ ὑπερεῖδεν Κύριος ἐμὲ ἕνεκεν 26 ὑμῶν, καὶ οὐκ εἰσήκουσέν μου· καὶ εἶπεν Κύριος πρὸς μέ Ἱκανούσθω σοι, μὴ προσθῇς ἔτι λαλῆσαι τὸν λόγον τοῦτον. ²⁷ἀνάβηθι ἐπὶ 27 κορυφῇ Λελαξευμένου, καὶ ἀναβλέψας τοῖς ὀφθαλμοῖς κατὰ θάλασσαν καὶ βορρᾶν καὶ λίβα καὶ ἀνατολάς, καὶ ἴδε τοῖς ὀφθαλμοῖς σου· ὅτι οὐ διαβήσῃ τὸν Ἰορδάνην τοῦτον. ²⁸καὶ ἔντειλαι Ἰησοῖ καὶ 28 κατίσχυσον αὐτὸν καὶ παρακάλεσον αὐτόν, ὅτι οὗτος διαβήσεται πρὸ προσώπου τοῦ λαοῦ τούτου, καὶ αὐτὸς κατακληρονομήσει αὐτοῖς τὴν γῆν ἣν ἑώρακας. ²⁹καὶ ἐνεκαθήμεθα ἐν νάπῃ σύνεγγυς οἴκου 29 Φογώρ.

¹Καὶ νῦν, Ἰσραήλ, ἄκουε τῶν δικαιωμάτων καὶ τῶν κριμάτων, ὅσα 1 IV ἐγὼ διδάσκω ὑμᾶς σήμερον ποιεῖν, ἵνα ζῆτε καὶ πολυπλασιασθῆτε, καὶ εἰσελθόντες κληρονομήσητε τὴν γῆν ἣν Κύριος ὁ θεὸς τῶν πατέρων ὑμῶν δίδωσιν ὑμῖν. ²οὐ προσθήσεσθε πρὸς τὸ ῥῆμα ὃ ἐγὼ ἐντέλλομαι 2 ὑμῖν, καὶ οὐκ ἀφελεῖτε ἀπ' αὐτοῦ· φυλάσσεσθε τὰς ἐντολὰς Κυρίου τοῦ θεοῦ ὑμῶν, ὅσα ἐγὼ ἐντέλλομαι ὑμῖν σήμερον. ³οἱ ὀφθαλμοὶ 3 ὑμῶν ἑωράκασιν πάντα ὅσα ἐποίησεν Κύριος ὁ θεὸς ἡμῶν τῷ Βεελφεγώρ, ὅτι πᾶς ἄνθρωπος ὅστις ἐπορεύθη ὀπίσω Βεελφεγώρ, ἐξέτριψεν αὐτὸν Κύριος ὁ θεὸς ὑμῶν ἐξ ἡμῶν· ⁴ὑμεῖς δὲ οἱ προσκεί- 4 μενοι Κυρίῳ τῷ θεῷ ὑμῶν ζῆτε πάντες ἐν τῇ σήμερον. ⁵ἴδετε δέδειχα 5 ὑμῖν δικαιώματα καὶ κρίσεις καθὰ ἐνετείλατό μοι Κύριος, ποιῆσαι οὕτως ἐν τῇ γῇ εἰς ἣν ὑμεῖς εἰσπορεύεσθε ἐκεῖ κληρονομεῖν αὐτήν· ⁶καὶ φυλάξεσθε καὶ ποιήσετε, ὅτι αὕτη ἡ σοφία ὑμῶν καὶ ἡ σύνεσις 6 ἐναντίον πάντων ἐθνῶν, ὅσοι ἐὰν ἀκούσωσιν πάντα τὰ δικαιώματα ταῦτα καὶ ἐροῦσιν Ἰδοὺ λαὸς σοφὸς καὶ ἐπιστήμων τὸ ἔθνος τὸ μέγα τοῦτο. ⁷ὅτι ποῖον ἔθνος μέγα ᾧ ἐστιν αὐτῷ θεὸς ἐγγίζων αὐτοῖς 7 ὡς Κύριος ὁ θεὸς ἡμῶν ἐν πᾶσιν οἷς ἐὰν αὐτὸν ἐπικαλεσώμεθα; ⁸καὶ 8

AF   25 ορος]+τουτο B^{ab}A   27 κορυφην AF | λελαξευμενου] pr του AF | αναβλεψον AF | οφθαλμοις 1°]+σου F | λιβα] νοτον AF   28 Ιησου F | και παρακαλ. αυτον και κατισχ. αυτον B˚ | κατισχυσον] ενισχυσον A | και αυτος] και ουτος B^{ab} ουτος F*^{vid} (και αυτος F^{1mg}) | την γην] πασαν B^{ab}   IV 1 κριματων] ρηματων A | om και πολυπλασιασθητε AF   2 προσθησεσθε] προσθησετε B^{a}A | υμιν 1°]+σημερον B^{ab(mgg)} | τας εντολας] pr πασας B˚ | υμων B*^{vid} AF] ημων B˚ | οσα] οσας B^{ab}F | υμιν 2° sup ras B^{a}   3 ημων 1°] υμων A | υμων 2°] ημων B˚AF | ημων 2°] υμων B˚AF   4 υμων] ημων B^{ab} | σημερον]+ημερα F   5 δικ. και κρισεις] τα δικ. και τας κρισ. F | Κυριος]+ο θ͞ς μου AF | ποιησαι] pr του F | ουτως]+υμας AF | om εις F | om υμεις A | κληρονομησαι F   6 εθνων] pr των B^{a}AF | εαν] αν AF   7 αυτω] pr εν A | εαν] αν AF

ΔΕΥΤΕΡΟΝΟΜΙΟΝ IV 20

ποῖον ἔθνος μέγα ᾧ ἐστὶν αὐτῷ δικαιώματα καὶ κρίματα δίκαια κατὰ Β
9 πάντα τὸν νόμον τοῦτον ὃν ἐγὼ δίδωμι ὑμῖν σήμερον; ⁹πρόσεχε
σεαυτῷ καὶ φύλαξον τὴν ψυχήν σου σφόδρα, μὴ ἐπιλάθῃ πάντας τοὺς
λόγους οὓς ἑωράκασιν οἱ ὀφθαλμοί σου, καὶ μὴ ἀποστήτωσαν ἀπὸ τῆς
καρδίας σου πάσας τὰς ἡμέρας τῆς ζωῆς σου· καὶ συμβιβάσεις τοὺς
10 υἱούς σου καὶ τοὺς υἱοὺς τῶν υἱῶν σου· ¹⁰ἡμέραν ἣν ἔστητε ἐναντίον
Κυρίου τοῦ θεοῦ ἡμῶν ἐν Χωρὴβ τῇ ἡμέρᾳ τῆς ἐκκλησίας, ὅτε εἶπεν
Κύριος πρὸς μέ Ἐκκλησίασον πρὸς μὲ τὸν λαόν, καὶ ἀκουσάτωσαν τὰ
ῥήματά μου, ὅπως μάθωσιν φοβεῖσθαί με πάσας τὰς ἡμέρας ἃς αὐτοὶ
11 ζῶσιν ἐπὶ τῆς γῆς, καὶ τοὺς υἱοὺς αὐτῶν διδάξουσιν. ¹¹καὶ προσήλθετε
καὶ ἔστητε ὑπὸ τὸ ὄρος· καὶ τὸ ὄρος ἐκαίετο πυρὶ ἕως τοῦ οὐρανοῦ,
12 σκότος, γνόφος, θύελλα, φωνὴ μεγάλη. ¹²καὶ ἐλάλησεν Κύριος πρὸς
ὑμᾶς ἐκ μέσου τοῦ πυρός· φωνὴν ῥημάτων ἣν ὑμεῖς ἠκούσατε, καὶ
13 ὁμοίωμα οὐκ εἴδετε ἀλλ᾽ ἢ φωνήν· ¹³καὶ ἀνήγγειλεν ὑμῖν τὴν διαθήκην
αὐτοῦ ἣν ἐνετείλατο ὑμῖν ποιεῖν, τὰ δέκα ῥήματα, καὶ ἔγραψεν αὐτὰ
14 ἐπὶ δύο πλάκας λιθίνας. ¹⁴καὶ μοὶ ἐνετείλατο Κύριος ἐν τῷ καιρῷ
ἐκείνῳ διδάξαι ὑμᾶς δικαιώματα καὶ κρίσεις, ποιεῖν αὐτὰ ὑμᾶς ἐπὶ
15 τῆς γῆς εἰς ἣν ὑμεῖς εἰσπορεύεσθε ἐκεῖ κληρονομεῖν αὐτήν. ¹⁵καὶ
φυλάξεσθε σφόδρα τὰς ψυχὰς ὑμῶν, ὅτι οὐκ εἴδετε ὁμοίωμα ἐν τῇ
ἡμέρᾳ ᾗ ἐλάλησεν Κύριος πρὸς ὑμᾶς ἐν Χωρὴβ ἐν τῷ ὄρει ἐκ μέσου
16 τοῦ πυρός· ¹⁶μὴ ἀνομήσητε καὶ ποιήσητε ὑμῖν ἑαυτοῖς γλυπτὸν
17 ὁμοίωμα, πᾶσαν εἰκόνα, ὁμοίωμα ἀρσενικοῦ ἢ θηλυκοῦ, ¹⁷ὁμοίωμα
παντὸς κτήνους τῶν ὄντων ἐπὶ τῆς γῆς, ὁμοίωμα παντὸς ὀρνέου
18 πτερωτοῦ ὃ πέταται ὑπὸ τὸν οὐρανόν, ¹⁸ὁμοίωμα παντὸς ἑρπετοῦ
ὃ ἕρπει ἐπὶ τῆς γῆς, ὁμοίωμα παντὸς ἰχθύος, ἅ ἐστιν ἐν τοῖς
19 ὕδασιν ὑποκάτω τῆς γῆς· ¹⁹καὶ μὴ ἀναβλέψας εἰς τὸν οὐρανὸν
καὶ ἰδὼν τὸν ἥλιον καὶ τὴν σελήνην καὶ τοὺς ἀστέρας καὶ πάντα
τὸν κόσμον τοῦ οὐρανοῦ πλανηθεὶς προσκυνήσῃς αὐτοῖς καὶ λατρεύ-
σῃς αὐτοῖς, ἃ ἀπένειμεν Κύριος ὁ θεός σου αὐτὰ πᾶσιν τοῖς ἔθνεσιν
20 τοῖς ὑποκάτω τοῦ οὐρανοῦ. ²⁰ὑμᾶς δὲ ἔλαβεν ὁ θεὸς καὶ ἐξήγαγεν ἡμᾶς

8 αυτω] pr εν A | υμιν] ενωπιον (in mg) υμων Bᵃᵇ AF. 9 φυλαξον] φυλαξαι AF
Bᵃᵇ | της καρδιας] ης, as sup ras Bᵃᵇ | συμβιβα|εις A* (σ superscr A¹) | τους
υιους 2°] τους υιους των υιους (sic) F   10 εναντιον B*ᵛⁱᵈ] ενωπιον Bᵃᵇ
(ωπ sup ras 3 litt) AF | ημων] υμων A σου F | ας] οσας Bᵃᵇ A | διδαξωσιν F
11 προσηλθατε F | om φωνη AF | om μεγαλη B*ᵛⁱᵈ AF   12 Κυριος]+ο
θς (superscr) Bᵃ | προς υμας]+ εν τω ορει Bᵃᵇ ᵐᵍ AF | om ην AF   14 μοι]
εμοι AF | υμας αυτα AF | εισπορευεσθαι AF | κληρονομησαι AF   15 ομοι-
ωμα ουκ ειδετε B?   16 εαυτοις] αυτοις AF | η] και A   18 α] οσα AF
19 προσκυνησεις A | om αυτα Bᵃ?ᵇ | πασι Bᵇ F   20 ο θεος] pr κς AF |
ημας] υμας AF

349

ΔΕΥΤΕΡΟΝΟΜΙΟΝ

ἐκ γῆς Αἰγύπτου, ἐκ τῆς καμίνου τῆς σιδηρᾶς, ἐξ Αἰγύπτου, εἶναι αὐτῷ λαὸν εὔκληρον ὡς ἐν τῇ ἡμέρᾳ ταύτῃ. ²¹ καὶ Κύριος ἐθυμώθη μοι περὶ τῶν λεγομένων ὑφ᾽ ὑμῶν, καὶ ὤμοσεν ἵνα μὴ διαβῶ τὸν Ἰορδάνην τοῦτον, καὶ ἵνα μὴ εἰσέλθω εἰς τὴν γῆν ἣν Κύριος ὁ θεός σου δίδωσίν σοι ἐν κλήρῳ. ²² ἐγὼ γὰρ ἀποθνήσκω ἐν τῇ γῇ ταύτῃ, καὶ οὐ διαβαίνω τὸν Ἰορδάνην· ὑμεῖς δὲ διαβαίνετε καὶ κληρονομήσετε τὴν γῆν τὴν ἀγαθὴν ταύτην. ²³ προσέχετε ὑμῖν, μὴ ἐπιλάθησθε τὴν διαθήκην Κυρίου τοῦ θεοῦ ὑμῶν ἣν διέθετο πρὸς ὑμᾶς, καὶ ποιήσητε ὑμῖν ἑαυτοῖς γλυπτὸν ὁμοίωμα πάντων ὧν συνέταξεν Κύριος ὁ θεός σου· ²⁴ ὅτι Κύριος ὁ θεός σου πῦρ καταναλίσκον ἐστίν, θεὸς ζηλωτής. ²⁵ Ἐὰν δὲ γεννήσῃς υἱοὺς καὶ υἱοὺς τῶν υἱῶν σου, καὶ χρονίσητε ἐπὶ τῆς γῆς, καὶ ἀνομήσητε καὶ ποιήσητε γλυπτὸν ὁμοίωμα παντός, καὶ ποιήσητε τὰ πονηρὰ ἐναντίον Κυρίου τοῦ θεοῦ ὑμῶν παροργίσαι αὐτόν· ²⁶ διαμαρτύρομαι ὑμῖν σήμερον τόν τε οὐρανὸν καὶ τὴν γῆν, ὅτι ἀπωλίᾳ ἀπολεῖσθε ἀπὸ τῆς γῆς εἰς ἣν ὑμεῖς διαβαίνετε τὸν Ἰορδάνην ἐκεῖ κληρονομῆσαι· οὐχὶ πολυχρονιεῖτε ἡμέρας ἐπ᾽ αὐτῆς, ἀλλ᾽ ἢ ἐκτριβῇ ἐκτριβήσεσθε. ²⁷ καὶ διασπερεῖ Κύριος ὑμᾶς ἐν πᾶσιν τοῖς ἔθνεσιν, καὶ καταλειφθήσεσθε ὀλίγοι ἀριθμῷ ἐν τοῖς ἔθνεσιν εἰς οὓς εἰσάξει Κύριος ὑμᾶς ἐκεῖ. ²⁸ καὶ λατρεύσετε ἐκεῖ θεοῖς ἑτέροις, ἔργοις χειρῶν ἀνθρώπων, ξύλοις καὶ λίθοις, οἳ οὐκ ὄψονται οὔτε μὴ ἀκούσωσιν οὔτε μὴ φάγωσιν οὔτε μὴ ὀσφρανθῶσιν. ²⁹ καὶ ζητήσετε ἐκεῖ Κύριον τὸν θεὸν ἡμῶν, καὶ εὑρήσετε, ὅταν ἐκζητήσητε αὐτὸν ἐξ ὅλης τῆς καρδίας σου καὶ ἐξ ὅλης τῆς ψυχῆς σου ⁽³⁰⁾ ἐν τῇ θλίψει σου· ³⁰ καὶ εὑρήσουσίν σε πάντες οἱ λόγοι οὗτοι ἐπ᾽ ἐσχάτῳ τῶν ἡμερῶν, καὶ ἐπιστραφήσῃ πρὸς Κύριον τὸν θεόν σου καὶ εἰσακούσῃ τῆς φωνῆς αὐτοῦ· ³¹ ὅτι θεὸς οἰκτείρμων Κύριος ὁ θεός σου, οὐκ ἐνκαταλείψει σε οὐδὲ μὴ ἐκτρίψει σε, οὐκ ἐπιλήσεται τὴν διαθήκην τῶν

AF   20 om εκ γης Αιγ. F | ευκληρον] ενκληρον Bᵃ εγκλ. BᵇAF   21 Κυριος 1°] + ο θς Bᵃ ᵐᵍ | υμων] ημων A | om σου AF   22 Ιορδανην] + τουτον Bᵃ ᵐᵍ F | om ταυτην F* ᵛⁱᵈ (hab F¹ ᵐᵍ)   23 υμιν 1°] υμεις BᵃA | και ποιησητε (ποιησετε A)] pr κ̅ ανομησητε Bᵃᵇ⁽ᵐᵍ⁾ | εαυτοις] αυτοις AF | συνεταξεν] + σοι Bᵃᵇ (superscr) F   24 καταναλισκων Bᵃᵇ   25 τα πονηρα] πονηρα Bᵃ πονηρον Bᵇ το πονηρον AF | εναντι AF   26 om διαβαινετε B* ᵛⁱᵈ (hab διαβαινετε τον sup ras [ν superscr] Bᵃ) διαβεννετε A | Ιορδανην (Bᵃ ᵐᵍ)] + τουτον F | om εκει F | κληρονομησαι] + αυτην AF   27 ολιγω A | τοις εθνεσιν 2°] pr πασι Bᵃ pr πασιν A   28 ουτε 1° B* ᵛⁱᵈ] ουδε (δε sup ras) BᵃᵇAF | ουτε μη φαγ. ουτε μη οσφρ.] ουδε μη φαγ. ουδε μη οσφρ. A ουδε μη οσφρ. ουδε μη φαγ. F   29 ζητησετε] εκζητησεται A εκζητησετε F | ημων] υμων F | ευρησετε] + αυτον AF | σου 1°] υμων (sup ras?) A   30 εσχατου AF | προς] επι AF   31 θεος 1°] κυριος ο θεος σου F (om σου F¹) | om ο θεος F* (hab superscr F¹) | εγκαταλιψει A εγκαταλειψη F | εκτριψη AF

ΔΕΥΤΕΡΟΝΟΜΙΟΝ IV 43

32 πατέρων σου ἣν ὤμοσεν αὐτοῖς. ³²ἐπερωτήσατε ἡμέρας προτέρας τὰς B γενομένας προτέρας σου ἀπὸ τῆς ἡμέρας ἧς ἔκτισεν ὁ θεὸς ἄνθρωπον ἐπὶ τῆς γῆς, καὶ ἐπὶ τὸ ἄκρον τοῦ οὐρανοῦ ἕως ἄκρου τοῦ οὐρανοῦ, εἰ 33 γέγονεν κατὰ τὸ ῥῆμα τὸ μέγα τοῦτο, εἰ ἤκουσται τοιοῦτο· ³³εἰ ἀκήκοεν ἔθνος φωνὴν θεοῦ ζῶντος λαλοῦντος ἐκ μέσου τοῦ πυρός, ὃν τρόπον 34 ἀκήκοας σὺ καὶ ἔζησας· ³⁴εἰ ἐπείρασεν ὁ θεὸς εἰσελθὼν λαβεῖν ἑαυτῷ ἔθνος ἐκ μέσου ἔθνους ἐν πειρασμῷ καὶ ἐν σημείοις καὶ ἐν τέρασιν καὶ ἐν πολέμῳ καὶ ἐν χειρὶ κραταιᾷ καὶ ἐν βραχίονι ὑψηλῷ καὶ ἐν ὁράμασιν μεγάλοις, κατὰ πάντα ὅσα ἐποίησεν ὁ θεὸς ἡμῶν ἐν Αἰγύπτῳ 35 ἐνώπιον σου ⁽³⁵⁾βλέποντος· ³⁵ὥστε εἰδῆσαί σε ὅτι Κύριος ὁ θεὸς σου, 36 οὗτος θεός ἐστιν, καὶ οὐκ ἔστιν ἔτι πλὴν αὐτοῦ. ³⁶ἐκ τοῦ οὐρανοῦ ἀκουστὴ ἐγένετο ἡ φωνὴ αὐτοῦ παιδεῦσαί σε, καὶ ἐπὶ τῆς γῆς ἔδειξέν σοι τὸ πῦρ αὐτοῦ τὸ μέγα, καὶ τὰ ῥήματα αὐτοῦ ἤκουσας ἐκ μέσου 37 τοῦ πυρός. ³⁷διὰ τὸ ἀγαπῆσαι αὐτὸν τοὺς πατέρας σου, καὶ ἐξελέξατο τὸ σπέρμα αὐτῶν μετ' αὐτοὺς ὑμᾶς, καὶ ἐξήγαγέν σε αὐτὸς ἐν τῇ ἰσχύι 38 αὐτοῦ τῇ μεγάλῃ ἐξ Αἰγύπτου, ³⁸καὶ ἐξολεθρεῦσαι ἔθνη μεγάλα καὶ ἰσχυρότερά σου πρὸ προσώπου σου, εἰσαγαγεῖν σε, δοῦναί σοι τὴν 39 γῆν αὐτῶν κληρονομεῖν, καθὼς ἔχεις σήμερον. ³⁹καὶ γνώσῃ σήμερον καὶ ἐπιστραφήσῃ τῇ διανοίᾳ, ὅτι Κύριος ὁ θεός σου, οὗτος θεὸς ἐν τῷ 40 οὐρανῷ ἄνω καὶ ἐπὶ τῆς γῆς κάτω, καὶ οὐκ ἔστιν ἔτι πλὴν αὐτοῦ· ⁴⁰καὶ φυλάξασθε τὰ δικαιώματα αὐτοῦ, καὶ τὰς ἐντολὰς αὐτοῦ ὅσας ἐγὼ ἐντέλλομαί σοι σήμερον, ἵνα εὖ σοι γένηται καὶ τοῖς υἱοῖς σου μετὰ σέ, ὅπως μακροήμεροι γένησθε ἐπὶ τῆς γῆς ἧς Κύριος ὁ θεός σου δίδωσίν σοι πάσας τὰς ἡμέρας.
41 ⁴¹Τότε ἀφώρισεν Μωυσῆς τρεῖς πόλεις πέραν τοῦ Ἰορδάνου ἀπὸ 42 ἀνατολῶν ἡλίου, ⁴²φεύγειν ἐκεῖ τὸν φονευτὴν ὃς ἂν φονεύσῃ τὸν πλησίον οὐκ εἰδώς, καὶ οὗτος οὐ μισῶν αὐτὸν πρὸ τῆς ἐχθὲς οὐδὲ πρὸ τῆς τρίτης· καὶ καταφεύξεται εἰς μίαν τῶν πόλεων τούτων, καὶ ζή-
43 σεται· ⁴³τὴν Βόσορ ἐν τῇ ἐρήμῳ ἐν τῇ γῇ τῇ πεδινῇ τῷ Ῥουβήν, καὶ

.31 αυτοις]+κ̅σ̅ Bᵃ 32 ανθρωπον] pr τον· A | om εως ακρου του ουρ. F* AF (hab F¹ᵐᵍ) | ακρου] pr του Bᵃᵇ.| om ει ηκουσται τοιουτο A 34 om και εν οραμασιν μεγαλοις B* (hab [partim sup ras ut vid] Bᵃ ᵐᵍ ⁱⁿᶠ) | εποιησεν] +υμιν F | ο θεος 2°] pr κ̅σ̅. BᵃAF 35 ειδησαι] ειδεναι AF | ουτος] αυτος AF | ετι] αλλος A 36 ακουστη εγενετο η φωνη] ακουστην σοι εποιησεν την φωνην AF 38 om και 1°. BᵃᵇAF | αυτων] ταυτην F | εχεις] εχθεις (sic) F 40. φυλαξασθε] φυλαξη AF. | δικαιωματαν|του F | οσας] as Bᵃᵇ | μακροημεροι] μακροχρονιοι A. 42 φυγειν BᵇF | φονευτην]+ος αν φυγη εκει ϗ ζησεται Bᵃᵇ ᵐᵍ ⁱⁿᶠ | προ 1°] προς F | εχθες] χθες Bᵇ | ουδε προ της τριτης] και τριτης BᵃᵇAF 43 τη ερημω] τω πεδιω F | πεδεινη B*ᵃ (πεδινη Bᶜ) παιδινη A

ΔΕΥΤΕΡΟΝΟΜΙΟΝ

B τὴν Ῥαμὼθ ἐν Γαλαὰδ τῷ Γαδδεί, καὶ τὴν Γαυλὼν ἐν Βασὰν τῷ Μανασσή.

⁴⁴Οὗτος ὁ νόμος ὃν παρέθετο Μωυσῆς ἐνώπιον υἱῶν Ἰσραήλ· ⁴⁵ταῦτα τὰ μαρτύρια καὶ τὰ δικαιώματα καὶ τὰ κρίματα ὅσα ἐλάλησεν Μωυσῆς τοῖς υἱοῖς Ἰσραήλ, ἐξελθόντων αὐτῶν ἐκ γῆς Αἰγύπτου, ⁴⁶ἐν τῷ πέραν τοῦ Ἰορδάνου, ἐν φάραγγι ἐγγὺς οἴκου Φογώρ, ἐν γῇ Σηὼν βασιλέως τῶν Ἀμορραίων, ὃς κατῴκει ἐν Ἐσεβών, οὓς ἐπάταξεν Μωσῆς καὶ οἱ υἱοὶ Ἰσραήλ, ἐξελθόντων αὐτῶν ἐκ γῆς Αἰγύπτου. ⁴⁷καὶ ἐκληρονόμησαν τὴν γῆν αὐτοῦ καὶ τὴν γῆν Γὼγ βασιλέως τῆς Βασάν, δύο βασιλέων τῶν Ἀμορραίων οἳ ἦσαν πέραν τοῦ Ἰορδάνου κατ᾽ ἀνατολὰς ἡλίου· ⁴⁸ἀπὸ Ἀροὴρ ἥ ἐστιν ἐπὶ τὸ χεῖλος χειμάρρου Ἀρνών, καὶ ἐπὶ τοῦ ὄρους τοῦ Σηὼν ὅ ἐστιν Ἀερμών, ⁴⁹πᾶσαν τὴν Ἀραβὰ πέραν τοῦ Ἰορδάνου κατ᾽ ἀνατολὰς ἡλίου ἀπὸ Ἀσηδὼθ τὴν λαξευτήν.

¹Καὶ ἐκάλεσεν Μωυσῆς πάντα Ἰσραὴλ καὶ εἶπεν πρὸς αὐτούς Ἄκουε Ἰσραὴλ τὰ δικαιώματα καὶ τὰ κρίματα ὅσα ἐγὼ λαλῶ ἐν τοῖς ὠσὶν ὑμῶν ἐν τῇ ἡμέρᾳ ταύτῃ, καὶ μαθήσεσθε αὐτὰ καὶ φυλάξεσθε ποιεῖν αὐτά. ²Κύριος ὁ θεὸς ὑμῶν διέθετο πρὸς ὑμᾶς διαθήκην ἐν Χωρήβ. ³οὐχὶ τοῖς πατράσιν ὑμῶν διέθετο Κύριος τὴν διαθήκην ταύτην ἀλλ᾽ ἢ πρὸς ὑμᾶς· ὑμεῖς ὧδε πάντες ζῶντες σήμερον. ⁴πρόσωπον κατὰ πρόσωπον ἐλάλησεν Κύριος πρὸς ὑμᾶς ἐν τῷ ὄρει ἐκ μέσου τοῦ πυρός, ⁵κἀγὼ εἱστήκειν ἀνὰ μέσον Κυρίου καὶ ὑμῶν ἐν τῷ καιρῷ ἐκείνῳ, ἀναγγεῖλαι ὑμῖν τὰ ῥήματα Κυρίου, ὅτι ἐφοβήθητε ἀπὸ προσώπου τοῦ πυρὸς καὶ οὐκ ἀνέβητε εἰς τὸ ὄρος, λέγων ⁶Ἐγὼ Κύριος ὁ θεός σου ὁ ἐξαγαγών σε ἐκ γῆς Αἰγύπτου, ἐξ οἴκου δουλίας. ⁷Οὐκ ἔσονταί σοι θεοὶ ἕτεροι πρὸ προσώπου μου. ⁸Οὐ ποιήσεις σεαυτῷ εἴδωλον οὐδὲ παντὸς ὁμοίωμα, ὅσα ἐν τῷ οὐρανῷ ἄνω καὶ ὅσα ἐν τῇ γῇ κάτω καὶ ὅσα ἐν τοῖς ὕδασιν ὑποκάτω τῆς γῆς. ⁹οὐ προσκυνήσεις αὐτοῖς οὐδὲ μὴ λατρεύσῃς αὐτοῖς· ἐγὼ γάρ

AF   43 Ραμμωθ A | Γαδδι AF | Μαννασση A   44 ενωπιον νιων sup ras et in mg B^{ab} εν. των υιων F   45 om και τα κριματα B* (hab B^{a(mg)}) | οσα] ο... F | ελαλησεν] ενετειλατο F | Ισραηλ]+εν τη ερημω AF   46 ους] ον B^{ab}AF | Μωυσης AF   47 Γωγ] Ωγ B^{ab}F | της B.] ης sup ras B^{a?} | κατ] κατα AF   48 επι 1° sup ras B^a | το χειλος] του χειλους B^aAF   49 περαν] pr ο εστιν A | κατ] κατα AF | απο] υπο B^bF   V 1 ν τη ημερα] ταυτη in mg et sup ras B^a   3 om Κυριος A   4 om εν τω ορει A   5 καγω] και εγω B^{ab} | ιστηκει B^{ab}AF | υμων] pr ανα μεσον F | τα ρηματα] ενωπιον A   6 εγω]+την B^{ab}AF | ο εξαγαγων] οστις εξηγαγον AF   7 προ προσωπου μου] πλὴν εμου AF   8 ειδωλον] γλυπτον AF | τω υδατι A   9 προσκυνησῃς F | ουδε μη] και ου A | λατρευσεις A | εγω γαρ] οτι εγω B^{ab}AF

ΔΕΥΤΕΡΟΝΟΜΙΟΝ V 22

εἰμὶ Κύριος ὁ θεός σου, θεὸς ζηλωτής, ἀποδιδοὺς ἁμαρτίας πατέρων B
10 ἐπὶ τέκνα ἐπὶ τρίτην καὶ τετάρτην γενεὰν τοῖς μισοῦσίν με, ¹⁰καὶ
ποιῶν ἔλεος εἰς χιλιάδας τοῖς ἀγαπῶσίν με καὶ τοῖς φυλάσσουσιν
11 τὰ προστάγματά μου. ¹¹Οὐ λήμψῃ τὸ ὄνομα Κυρίου τοῦ θεοῦ σου
ἐπὶ ματαίῳ· οὐ γὰρ μὴ καθαρίσῃ Κύριος τὸν λαμβάνοντα τὸ ὄνομα
12 αὐτοῦ ἐπὶ ματαίῳ. ¹²Φύλαξαι τὴν ἡμέραν τῶν σαββάτων ἁγιά-
13 ζειν αὐτήν, ὃν τρόπον ἐνετείλατό σοι Κύριος ὁ θεός σου. ¹³ἓξ ἡμέρας
14 ἐργᾷ καὶ ποιήσεις πάντα τὰ ἔργα σου, ¹⁴τῇ δὲ ἡμέρᾳ τῇ ἑβδόμῃ
σάββατα Κυρίῳ τῷ θεῷ σου· οὐ ποιήσεις ἐν αὐτῇ πᾶν ἔργον, σὺ
καὶ οἱ υἱοί σου καὶ ἡ θυγάτηρ σου, ὁ παῖς σου· καὶ ἡ παιδίσκη σου,
ὁ βοῦς σου καὶ τὸ ὑποζύγιόν σου καὶ πᾶν κτῆνός σου, ὁ προσήλυτος ὁ
παροικῶν ἐν σοί· ἐν γὰρ ἓξ ἡμέραις ἐποίησεν Κύριος τόν τε οὐρανὸν
καὶ τὴν γῆν καὶ τὴν θάλασσαν καὶ πάντα τὰ ἐν αὐτοῖς· ἵνα ἀνα-
15 παύσηται ὁ παῖς σου καὶ ἡ παιδίσκη σου ὥσπερ καὶ σύ. ¹⁵καὶ
μνησθήσῃ ὅτι οἰκέτης ἦσθα ἐν γῇ Αἰγύπτῳ, καὶ ἐξήγαγέν σε Κύριος ὁ
θεός σου ἐκεῖθεν ἐν χειρὶ κραταιᾷ καὶ ἐν βραχίονι ὑψηλῷ· διὰ τοῦτο
συνέταξέν σοι Κύριος ὁ θεός σου ὥστε φυλάσσεσθαι τὴν ἡμέραν τῶν
16 σαββάτων καὶ ἁγιάζειν αὐτήν. ¹⁶Τίμα τὸν πατέρα σου καὶ τὴν
μητέρα σου, ὃν τρόπον ἐνετείλατο Κύριος ὁ θεός σου, ἵνα εὖ σοι
γένηται, καὶ ἵνα μακροχρόνιοι ἦτε ἐπὶ τῆς γῆς ἧς Κύριος ὁ θεός σου
17—19 δίδωσίν σοι. ¹⁷Οὐ μοιχεύσεις. ¹⁸Οὐ φονεύσεις. ¹⁹Οὐ
20 κλέψεις. ²⁰Οὐ ψευδομαρτυρήσεις κατὰ τοῦ πλησίον σου μαρ-
(18) 21 τυρίαν ψευδῆ. ²¹Οὐκ ἐπιθυμήσεις τὴν γυναῖκα τοῦ πλησίον
σου· οὐκ ἐπιθυμήσεις τὴν οἰκίαν τοῦ πλησίον σου οὔτε τὸν ἀγρὸν
αὐτοῦ οὔτε τὸν παῖδα αὐτοῦ οὔτε τὴν παιδίσκην αὐτοῦ, οὔτε τοῦ
βοὸς αὐτοῦ οὔτε τοῦ ὑποζυγίου αὐτοῦ οὔτε παντὸς κτήνους αὐτοῦ,
οὔτε ὅσα τῷ πλησίον σού ἐστιν.
(19) 22 ²²Τὰ ῥήματα ταῦτα ἐλάλησεν Κύριος πρὸς πᾶσαν συναγωγὴν
ὑμῶν ἐν τῷ ὄρει ἐκ μέσου τοῦ πυρός· σκότος, γνόφος, θύελλα, φωνὴ
μεγάλη· καὶ οὐ προσέθηκεν· καὶ ἔγραψεν αὐτὰ ἐπὶ δύο πλάκας,

---

9 om με B^ab   11 Κυριος] + ο θς σου B^ab mg   14 Κυριω τω θεω] ω τω θω̄ AF
sup ras B^a κυριω του θεου (sic) F | οι υιοι] ο υιος B^ab AF | om σου 8° B^ab | ο
προσηλυτος] pr και B^ab AF | om εν γαρ εξ ημεραις...τα εν αυτοις B^ab (uncis
inclus) AF | η παιδισκη σου 2°] + ϗ το υποζυγιον σου B^ab   15 σοι] σε A |
φυλασσεσθαι] φυλαξεσθαι A + σε B^ab AF   16 ενετειλατο] + σοι B^ab AF | μα-
κροχρονιοι ητε] οι ητε sup ras B^ab μακροχρονιος γενη A μακροχρονιος εση F
17—18 ου φον. ου μοιχ. AF   21 ουτε 1°, 2°, 3°] ουδε AF | ουτε 4°, 5°]
ουδε A | οσα] pr παντα B^a (in mg et sup ras) AF | τω πλησιον B*^vid AF] του
πλ. B?   22 om υμων F | πλακας] + λιθινας B^ab mg AF

ΔΕΥΤΕΡΟΝΟΜΙΟΝ

B καὶ ἔδωκέν μοι. ²³καὶ ἐγένετο ὡς ἠκούσατε τὴν φωνὴν ἐκ μέσου 23 (20) τοῦ πυρός, καὶ τὸ ὄρος ἐκαίετο πυρί, καὶ προσήλθετε πρός με πάντες οἱ ἡγούμενοι τῶν φυλῶν ὑμῶν καὶ ἡ γερουσία ὑμῶν· ²⁴καὶ 24 (21) ἐλέγετε Ἰδοὺ ἔδειξεν Κύριος ὁ θεὸς ἡμῶν τὴν δόξαν αὐτοῦ, καὶ τὴν φωνὴν αὐτοῦ ἠκούσαμεν ἐκ μέσου τοῦ πυρός· ἐν τῇ ἡμέρᾳ ταύτῃ ἴδομεν ὅτι λαλήσει θεὸς πρὸς ἄνθρωπον, καὶ ζήσεται. ²⁵καὶ νῦν 25 (22) μὴ ἀποθάνωμεν, ὅτι ἐξαναλώσει ἡμᾶς τὸ πῦρ τὸ μέγα τοῦτο, ἐὰν προσθώμεθα ἡμεῖς ἀκοῦσαι τὴν φωνὴν Κυρίου τοῦ θεοῦ ἡμῶν ἔτι, καὶ ἀποθανούμεθα. ²⁶τίς γὰρ σὰρξ ἥτις ἤκουσεν φωνὴν θεοῦ 26 (23) ζῶντος λαλοῦντος ἐκ μέσου τοῦ πυρὸς ὡς ἡμεῖς, καὶ ζήσεται; ²⁷πρόσελθε σὺ καὶ ἄκουσον ὅσα ἐὰν εἴπῃ Κύριος ὁ θεὸς ἡμῶν, 27 (24) καὶ σὺ λαλήσεις πρὸς ἡμᾶς πάντα ὅσα ἂν λαλήσῃ Κύριος ὁ θεὸς ἡμῶν πρὸς σέ, καὶ ἀκουσόμεθα καὶ ποιήσομεν. ²⁸καὶ ἤκουσεν 28 (25) Κύριος τὴν φωνὴν τῶν λόγων ὑμῶν λαλούντων πρός μέ, καὶ εἶπεν Κύριος πρὸς μέ Ἤκουσα τὴν φωνὴν τῶν λόγων τοῦ λαοῦ τούτου ὅσα ἐλάλησαν πρὸς σέ· ὀρθῶς πάντα ὅσα ἐλάλησαν. ²⁹τίς 29 (26) δώσει οὕτως εἶναι τὴν καρδίαν αὐτῶν ἐν αὐτοῖς ὥστε φοβεῖσθαί με καὶ φυλάσσεσθαι τὰς ἐντολάς μου πάσας τὰς ἡμέρας, ἵνα εὖ ᾖ αὐτοῖς καὶ τοῖς υἱοῖς αὐτῶν δι' αἰῶνος; ³⁰βάδισον εἰπὸν αὐτοῖς 30 (27) Ἀποστράφητε ὑμεῖς εἰς τοὺς οἴκους ὑμῶν. ³¹σὺ δὲ αὐτοῦ στῆθι 31 (28) μετ' ἐμοῦ, καὶ λαλήσω πρὸς σὲ τὰς ἐντολὰς καὶ τὰ δικαιώματα καὶ τὰ κρίματα ὅσα διδάξεις αὐτούς· καὶ ποιείτωσαν ἐν τῇ γῇ ἣν ἐγὼ δίδωμι αὐτοῖς ἐν κλήρῳ. ³²καὶ φυλάξεσθε ποιεῖν ὃν 32 (29) τρόπον ἐνετείλατό σοι Κύριος ὁ θεός σου· οὐκ ἐκκλινεῖτε εἰς δεξιὰ οὐδὲ εἰς ἀριστερά, ³³κατὰ πᾶσαν τὴν ὁδὸν ἣν ἐνετείλατό 33 (30) σοι Κύριος ὁ θεός σου πορεύεσθαι ἐν αὐτῇ· ὅπως καταπαύσῃ σε, καὶ εὖ σοι ᾖ, καὶ μακροημερεύσητε ἐπὶ τῆς γῆς ἧς κληρονομήσετε.

¹Καὶ αὗται αἱ ἐντολαὶ καὶ τὰ δικαιώματα καὶ τὰ κρίματα, ὅσα 1 V ἐνετείλατο ὁ θεὸς ἡμῶν διδάξαι ὑμᾶς ποιεῖν οὕτως ἐν τῇ γῇ εἰς ἣν ὑμεῖς εἰσπορεύεσθε ἐκεῖ κληρονομῆσαι αὐτήν, ἵνα φοβῆσθε Κύριον 2

AF 22 μοι] εμοι AF + κ̅ς̅ Bᵃᵇ (superser) 23 της φωνης F | προσηλθατε F 24 εδειξεν] + ημιν AF | ημων] + ημιν Bᵃᵇ | ειδομεν A ειδαμεν F | θεος 2°] pr ο BᵃᵇAF 25 προσθωμεν AF | ακουσαι ημεις AF | της φωνης F 26 ητ̣ι̣ς̣ η τίς (sic) F 27 οσα 1°] pr παντα Bᵃᵇᵐᵍ | ημων 1°] + προς σε AF | om και συ λαλησεις...ο θεος ημων (2°) B* (hab Bᵃᵇᵐᵍ ⁱⁿᶠ AF) | αν] εαν AF 28 ελαλησεν 1° F 29 ειναι ουτως. Bᶦᵛⁱᵈ A | φυλασσεσθαι] φυλασσειν AF 31 ποιειτωσαν] + ουτω Bᵃᵇ 32 εκκλινειτε] εκκλινεις AF | om εις 1° A 33 κ̅ς̅ ο θ̅ς̅ σου σοι A | om εν αυτη AF | μακροημερευ|εσητε B* μακροημερευητε Bᵃᵇ | ης] ην AF | κληρονομησητε F VI 1 ο θεος] pr κ̅ς̅ Bᵃᵇ (superser) AF | εισπορευεσθαι υμεις A υμεις εισπορευεσθαι F | om αυτην BᵃᵗAF

ΔΕΥΤΕΡΟΝΟΜΙΟΝ VI 15

τὸν θεὸν ὑμῶν· φυλάσσεσθε πάντα τὰ δικαιώματα αὐτοῦ καὶ τὰς B
ἐντολὰς αὐτοῦ ὅσας ἐγὼ ἐντέλλομαί σοι σήμερον, σὺ καὶ οἱ υἱοί
σου καὶ οἱ υἱοὶ τῶν υἱῶν σου πάσας τὰς ἡμέρας τῆς ζωῆς σου, ἵνα
3 μακροημερεύσητε. ³καὶ ἄκουσον, Ἰσραήλ, καὶ φύλαξαι ποιεῖν, ὅπως εὖ
σοι ᾖ, καὶ ἵνα πληθυνθῆτε σφόδρα, καθάπερ ἐλάλησεν Κύριος ὁ θεὸς
4 τῶν πατέρων σου δοῦναί σοι γῆν ῥέουσαν γάλα καὶ μέλι. ⁴Καὶ
ταῦτα τὰ δικαιώματα καὶ τὰ κρίματα ὅσα ἐνετείλατο Κύριος τοῖς υἱοῖς
Ἰσραήλ, ἐξελθόντων αὐτῶν ἐκ γῆς Αἰγύπτου ⁕Ακουε, Ἰσραήλ· Κύριος ὁ
5 θεὸς ἡμῶν Κύριος εἷς ἐστιν· ⁵καὶ ἀγαπήσεις Κύριον τὸν θεόν σου
ἐξ ὅλης τῆς διανοίας σου καὶ ἐξ ὅλης τῆς ψυχῆς σου καὶ ἐξ ὅλης
6 τῆς δυνάμεώς σου. ⁶καὶ ἔσται τὰ ῥήματα ταῦτα, ὅσα ἐγὼ ἐντέλλομαί
7 σοι σήμερον, ἐν τῇ καρδίᾳ σου καὶ ἐν τῇ ψυχῇ σου· ⁷καὶ προβι-
βάσεις τοὺς υἱούς σου, καὶ λαλήσεις ἐν αὐτοῖς καθήμενος ἐν οἴκῳ
8 καὶ πορευόμενος ἐν ὁδῷ καὶ κοιταζόμενος καὶ διανιστάμενος· ⁸καὶ
ἀφάψεις αὐτὰ εἰς σημεῖον ἐπὶ τῆς χειρός σου, καὶ ἔσται ἀσάλευτον
9 πρὸ ὀφθαλμῶν σου· ⁹καὶ γράψετε αὐτὰ ἐπὶ τὰς φλιὰς τῶν οἰκιῶν
10 ὑμῶν καὶ τῶν πυλῶν ὑμῶν. ¹⁰Καὶ ἔσται ὅταν εἰσαγάγῃ σε
Κύριος ὁ θεός σου εἰς τὴν γῆν ἣν ὤμοσεν Κύριος τοῖς πατράσιν σου,
τῷ Ἀβραὰμ καὶ Ἰσαὰκ καὶ Ἰακώβ, δοῦναί σοι πόλεις μεγάλας καὶ
11 καλὰς ἃς οὐκ ᾠκοδόμησας, ¹¹οἰκίας πλήρεις πάντων ἀγαθῶν ἃς οὐκ ἐνέ-
πλησας, λάκκους λελατομημένους οὓς οὐκ ἐλατόμησας, ἀμπελῶνας καὶ
2 ἐλαιῶνας οὓς οὐ κατεφύτευσας, καὶ φαγὼν καὶ ἐμπλησθεὶς ¹²πρόσεχε
σεαυτῷ μὴ ἐπιλάθῃ Κυρίου τοῦ θεοῦ σου τοῦ ἐξαγαγόντος σε ἐκ γῆς
3 Αἰγύπτου, ἐξ οἴκου δουλίας. ¹³Κύριον τὸν θεόν σου φοβηθήσῃ καὶ
αὐτῷ λατρεύσεις, καὶ πρὸς αὐτὸν κολληθήσῃ, καὶ τῷ ὀνόματι αὐτοῦ ὀμῇ.
4 ¹⁴οὐ πορεύεσθε ὀπίσω θεῶν ἑτέρων ἀπὸ τῶν ἐθνῶν τῶν περικύκλῳ
5 ὑμῶν, ¹⁵ὅτι θεὸς ζηλωτὴς Κύριος ὁ θεός σου ἐν σοί· μὴ ὀργισθεὶς θυ-

---

2 ημων AF* (υμ. F¹ᵐᵍ) | οσας] as Bᵃ?ᵇAF | om τας 2° A | ινα 2°] ιν AF
altem sup ras B? 3 φυλαξαι] αι sup ras (seq spat 1 ut vid litt) B? | οπως
3* ᵛⁱᵈ AF] ινα Bᵃ (sup ras 4 vel 5 litt) | σοι η] η σοι AF 4 και τα κρ.]
ατα κρ. F | Κυριος 1° Bᵃ (k̄s seq ras 3 vel 4 litt) A] Μωυσης B* ᵛⁱᵈ F | Ισραηλ
°]+εν τη ερημω Bᵃᵇᵐᵍ A 5 διανοιας σου sup ras Bᵃ | διανοιας] καρδιας
AF 7 προβιβασεις]+αυτα Bᵃᵇ (superscr) AF | διανισταμενος] ανιστ. A
ὶ εσται ασαλευτον] ασαλευτα F 9 γραψετε] γραψεις A . 10 om
Κυριος 2° AF | Ισαακ, Ιακωβ] τω Ισ., τω Ιακ. Bᵃᵇ F 11 ελατομησας]
ξελατ. Bᵃᵇ AF 12 επιλαθη] pr πλατυνθη η καρδια σου και 13 φο-
βηθήσῃ] προσκυνησεις A | αυτω]+μονω A | λατρευσης. A | τω ονοματι] pr
τι Bᵃᵇ AF · 14 ου πορευεσθε] ου μη πορευσεσθε A ου μη πορευ.σθε
F | των εθνων] pr των θεων Bᵃᵇ AF 15 θυμωθη] θυμω Bᵃ?ᵇ

ΔΕΥΤΕΡΟΝΟΜΙΟΝ

Β μωθῇ Κύριος ὁ θεός σού σοι· ἐξολεθρεύσει σε ἀπὸ προσώπου τῆς γῆς. ¹⁶ Οὐκ ἐκπειράσεις Κύριον τὸν θεόν σου, ὃν τρόπον ἐξεπει- 16 ράσατε ἐν τῷ Πειρασμῷ. ¹⁷ φυλάσσων φυλάξῃ τὰς ἐντολὰς Κυρίου 17 τοῦ θεοῦ σου, τὰ μαρτύρια καὶ τὰ δικαιώματα ὅσα ἐνετείλατό σοι· ¹⁸ καὶ ποιήσεις τὸ ἀρεστὸν καὶ τὸ καλὸν ἐναντίον Κυρίου τοῦ θεοῦ 18 ὑμῶν, ἵνα εὖ σοι γένηται, καὶ εἰσέλθῃς καὶ κληρονομήσῃς τὴν γῆν τὴν ἀγαθὴν ἣν ὤμοσεν Κύριος τοῖς πατράσιν ὑμῶν· ¹⁹ ἐκδιῶξαι πάντας 19 τοὺς ἐχθρούς σου 'πρὸ προσώπου σου, καθὰ ἐλάλησεν Κύριος. ²⁰ Καὶ 20 ἔσται ὅταν ἐρωτήσῃ σε ὁ υἱός σου αὔριον λέγων Τί ἐστιν τὰ μαρτύρια καὶ τὰ δικαιώματα καὶ τὰ κρίματα ὅσα ἐνετείλατο Κύριος ὁ θεὸς ἡμῶν ἡμῖν; ²¹ καὶ ἐρεῖς τῷ υἱῷ σου Οἰκέται ἦμεν τῷ Φαραὼ ἐν γῇ Αἰγύπτῳ, 21 καὶ ἐξήγαγεν ἡμᾶς Κύριος ἐκεῖθεν ἐν χειρὶ κραταιᾷ καὶ ἐν βραχίονι ὑψηλῷ· ²² καὶ ἔδωκεν Κύριος σημεῖα καὶ τέρατα μεγάλα καὶ πονηρὰ 22 ἐν Αἰγύπτῳ ἐν Φαραὼ καὶ ἐν τῷ οἴκῳ αὐτοῦ ἐνώπιον ἡμῶν, ²³ καὶ 23 ἡμᾶς ἐξήγαγεν ἐκεῖθεν δοῦναι ἡμῖν τὴν γῆν ταύτην ἣν ὤμοσεν δοῦναι τοῖς πατράσιν ἡμῶν· ²⁴ καὶ ἐνετείλατο ἡμῖν Κύριος ποιεῖν πάντα 24 τὰ δικαιώματα ταῦτα, φοβεῖσθαι Κύριον τὸν θεὸν ἡμῶν, ἵνα εὖ ᾖ ἡμῖν πάσας τὰς ἡμέρας, ἵνα ζῶμεν ὥσπερ καὶ σήμερον· ²⁵ καὶ ἐλεη- 25 μοσύνη ἔσται ἡμῖν ἐὰν φυλασσώμεθα ποιεῖν πάσας τὰς ἐντολὰς ταύτας ἐναντίον Κυρίου τοῦ θεοῦ ἡμῶν, καθὰ ἐνετείλατο ἡμῖν Κύριος.

¹ Ἐὰν δὲ εἰσαγάγῃ σε Κύριος ὁ θεός σου εἰς τὴν γῆν εἰς ἣν εἰσ- 1 VII πορεύῃ ἐκεῖ κληρονομῆσαι, καὶ ἐξαρεῖ ἔθνη μεγάλα ἀπὸ προσώπου σου, τὸν Χετταῖον καὶ Ἀμορραῖον καὶ Γεργεσαῖον καὶ Χαναναῖον καὶ Φερεζαῖον καὶ Εὐαῖον καὶ Ἰεβουσαῖον, ἑπτὰ ἔθνη πολλὰ καὶ

AF   15 σοι 2°] pr εν F | εξολεθρευσει B*vid] εξολεθρευση (ση sup ras seq ras 1 lit) BᵗAF pr και AF | γης bis scr F   16 εξεπειρασατε] τε sup ras 4 litt Bᵃ εξεπειρασασθαι B*vid A εξεπειρασασθε F   17 τα μαρτυρια] και τα μ. αυτου AF | δικαιωμοτα] + αυτου F   18 το καλον και το αρεστον AF | υμων 1°] σου Bᵃ (sup ras) AF | κληρονομησεις A | τοις πατρασιν] pr δουναι A | υμων 2°] σου BᵃF   19 om Κυριος AF   20 τι] τινα AF   22 εν τω οικω αυτου] + και εν τη δυναμει αυτου F   23 ημας εξηγαγεν] εξηγαγεν ημας A + κϲ ο θϲ ημων AF | εκειθεν] + ινα εισαγαγη ημας Bᵃᵇ ᵐᵍAF | ην bis scr Bᵗ | ωμοσεν] + κϲ ο θϲ ημων AF | δουναι τοις πατρ. ημων] τοις πατρ. ημων δουναι ημιν AF   24 παντα τα δικ. ταυτα] πασας τας εντολας και τα κριματα AF | φοβεισθαι] αι sup ras Bᵃᵇ φοβεισθε B*vidA | ευ η ημιν] πολυημεροι ωμεν A   25 ταυτας] του νομου τουτου F | εναντι BᵃᵗᵇAF | καθα] καθοτι Bᵃᵇ | om Κυριος AF   VII 1 εαν δε εισαγ. σε K. ο θεος] και εσται εν τω εισαγαγειν σε κν τον θν AF | εις ην... κληρονομησαι sup ras Bᵃᵇ + αυτην AF | εξαρη AF | μεγαλα] + και πολλα και ισχυρα Bᵃvid + και πολλα AF | Αμ. και Γεργ.] Γεργ. και Αμ. Bᵗ τον Γεργ. και τον Αμ. AF | τον Χαν. και τον Φερ. και τον Ευ. F | Ιεβουσαιον] pr τον AF | πολλα] μεγαλα B*vid (πολ sup ras seq ras 1 lit Bᵃ) pr μεγαλα και AF

ΔΕΥΤΕΡΟΝΟΜΙΟΝ VII 13

2 ἰσχυρότερα ὑμῶν, ²καὶ παραδώσει αὐτοὺς Κύριος ὁ θεός σου εἰς τὰς B χεῖράς σου, καὶ πατάξεις αὐτούς, ἀφανισμῷ ἀφανιεῖς αὐτούς· οὐ 3 διαθήσῃ πρὸς αὐτοὺς διαθήκην, οὐδὲ μὴ ἐλεήσητε αὐτούς, ³οὐδὲ μὴ γαμβρεύσητε πρὸς αὐτούς· τὴν θυγατέρα σου οὐ δώσεις τῷ υἱῷ αὐτοῦ, 4 καὶ τὴν θυγατέρα αὐτοῦ οὐ λήμψῃ τῷ υἱῷ σου· ⁴ἀποστήσει γὰρ τὸν υἱόν σου ἀπ᾽ ἐμοῦ, καὶ λατρεύσει θεοῖς ἑτέροις, καὶ ὀργισθήσεται 5 θυμῷ Κύριος εἰς ὑμᾶς, καὶ ἐξολεθρεύσει σε τὸ τάχος. ⁵ἀλλ᾽ οὕτως ποιήσετε αὐτοῖς· τοὺς βωμοὺς αὐτῶν καθελεῖτε, καὶ τὰς στήλας αὐτῶν συντρίψετε, καὶ τὰ ἄλση αὐτῶν ἐκκόψετε, καὶ τὰ γλυπτὰ τῶν θεῶν 6 αὐτῶν κατακαύσετε πυρί· ⁶ὅτι λαὸς ἅγιος εἶ Κυρίῳ τῷ θεῷ σου, καὶ σὲ προείλατο Κύριος ὁ θεός σου, εἶναί σε αὐτῷ λαὸν περιούσιον παρὰ 7 πάντα τὰ ἔθνη ὅσα ἐπὶ προσώπου τῆς γῆς. ⁷οὐχ ὅτι πολυπληθεῖτε παρὰ πάντα τὰ ἔθνη, προείλατο Κύριος ὑμᾶς καὶ ἐξελέξατο ὑμᾶς· 8 ὑμεῖς γάρ ἐστε ὀλιγοστοὶ παρὰ πάντα τὰ ἔθνη· ⁸ἀλλὰ παρὰ τὸ ἀγαπᾶν Κύριον ὑμᾶς, καὶ διατηρῶν τὸν ὅρκον ὃν ὤμοσεν τοῖς πατράσιν ὑμῶν, ἐξήγαγεν Κύριος ὑμᾶς ἐν χειρὶ κραταιᾷ, καὶ ἐλυτρώσατό 9 ἐξ οἴκου δουλίας, ἐκ χειρὸς Φαραὼ βασιλέως Αἰγύπτου. ⁹καὶ γνώσεσθε σήμερον ὅτι Κύριος ὁ θεός σου, οὗτος θεός, θεὸς πιστός, ὁ φυλάσσων διαθήκην καὶ ἔλεος τοῖς ἀγαπῶσιν αὐτὸν καὶ τοῖς φυλάσ-
10 σουσιν τὰς ἐντολὰς αὐτοῦ εἰς χιλίας γενεάς, ¹⁰καὶ ἀποδιδοὺς τοῖς μισοῦσιν κατὰ πρόσωπον ἐξολεθρεῦσαι αὐτούς· καὶ οὐχὶ βραδυνεῖ 11 τοῖς μισοῦσιν· κατὰ πρόσωπον ἀποδώσει αὐτοῖς. ¹¹καὶ φυλάξῃ τὰς ἐντολὰς αὐτοῦ καὶ τὰ δικαιώματα αὐτοῦ καὶ τὰ κρίματα αὐτοῦ ὅσα 12 ἐγὼ ἐντέλλομαί σοι σήμερον ποιεῖν. ¹²Καὶ ἔσται ἐὰν ἀκούσητε τὰ δικαιώματα ταῦτα, καὶ φυλάξητε καὶ ποιήσητε αὐτά, καὶ διαφυλάξει Κύριος ὁ θεός σού σοι τὴν διαθήκην καὶ τὸ ἔλεος ὃ ὤμοσεν τοῖς 13 πατράσιν ὑμῶν· ¹³καὶ ἀγαπήσει σε Κύριος καὶ εὐλογήσει σε καὶ

2 ελεησητε] ελεησης B^abAF   5 αυτοις] αυτους F | συντρειψετε (συντριψ. AF B^b) ϗ sup ras B^ab | εκκοψετε] εκ (seq ras 2 litt), κο, sup ras B^ab | om των θεων B^a?b | κατακαυσεται A   6 om σε 2° B^a?bAF | της γης] pr πασης B^ab (superscr)   7 εσται B* (εστε B^a)   8 το αγαπαν] το αγα sup ras A^a (παραπανταπαν [sic] A*) | om και 1° A | Κυριος υμας] + εκειθεν AF | κραταια] + ϗ εν βραχιονι (βραχειονι B^a) υψηλω B^ab(mg)AF | ελυτρωσατο] + σε ϗ̅ς̅ B^ab + σε AF   9 γνωσεσθε] γνωση B^abAF, | om σημερον B^abAF | θεος 2°] pr ο F | θεος 3°] pr ο B^abAF | πιστος] pr ο AF | διαθηκην και ελεος] την δ. (+ αυτου B^ab) και το ελ. (+ αυτου F) B^abAF   10—11 αποδωσει αυτοις και sup ras B^a   11 om αυτου 1° B^a?bAF | om αυτου 2° B^abAF | αυτου 3°] ταυτα B^aAF^1mg (om αυτου F*)   12 εαν] ηνικα αν B^abAF | τα δικ.] pr παντα AF | om αυτα B^a?b | διαφυλαξει] φυλαξει F | om σου F | ο 2°] καθα AF   13 om Κυριος B^a?bAF

VII 14 ΔΕΥΤΕΡΟΝΟΜΙΟΝ

B πληθυνεῖ σε, καὶ εὐλογήσει τὰ ἔκγονα τῆς κοιλίας σου καὶ τὸν καρπὸν τῆς γῆς σου, τὸν σῖτόν σου καὶ τὸν οἶνόν σου καὶ τὸ ἔλαιόν σου, τὰ βουκόλια τῶν βοῶν σου καὶ τὰ ποίμνια τῶν προβάτων σου, ἐπὶ τῆς γῆς ὡς ὤμοσεν Κύριος τοῖς πατράσιν σου δοῦναί σοι. ¹⁴εὐλογητὸς ἔσῃ παρὰ πάντα τὰ ἔθνη· οὐκ ἔσται ἐν ὑμῖν ἄγονος οὐδὲ στεῖρα, καὶ ἐν τοῖς κτήνεσίν σου. ¹⁵καὶ περιελεῖ Κύριος ἀπὸ σοῦ πᾶσαν μαλακίαν· καὶ πάσας νόσους Αἰγύπτου τὰς πονηρὰς ἃς ἑώρακας καὶ ὅσα ἔγνως οὐκ ἐπιθήσει ἐπὶ σέ, καὶ ἐπιθήσει αὐτὰ ἐπὶ πάντας τοὺς μισοῦντάς σε. ¹⁶καὶ φάγῃ πάντα τὰ σκῦλα τῶν ἐθνῶν ἃ Κύριος ὁ θεός σου δίδωσίν σοι· οὐ φείσεται ὁ ὀφθαλμός σου ἐπ᾽ αὐτοῖς, καὶ οὐ λατρεύσεις τοῖς θεοῖς αὐτῶν, ὅτι σκῶλον τοῦτό ἐστίν σοι. ¹⁷Ἐὰν δὲ λέγῃς ἐν τῇ διανοίᾳ σου ὅτι Πολὺ τὸ ἔθνος τοῦτο ἢ ἐγώ, πῶς δυνήσομαι ἐξολεθρεῦσαι αὐτούς; ¹⁸οὐ φοβηθήσῃ αὐτούς· μνείᾳ μνησθήσῃ ὅσα ἐποίησεν Κύριος ὁ θεός σου τῷ Φαραὼ καὶ πᾶσι τοῖς Αἰγυπτίοις, ¹⁹τοὺς πειρασμοὺς τοὺς μεγάλους οὓς ἴδοσαν οἱ ὀφθαλμοί σου, τὰ σημεῖα καὶ τὰ τέρατα, τὴν χεῖρα τὴν κραταιὰν καὶ τὸν βραχίονα τὸν ὑψηλόν, ὡς ἐξήγαγέν σε Κύριος ὁ θεός σου· οὕτως ποιήσει Κύριος ὁ θεὸς ἡμῶν πᾶσιν τοῖς ἔθνεσιν οὓς σὺ φοβῇ ἀπὸ προσώπου αὐτῶν. ²⁰καὶ τὰς σφηκίας ἀποστελεῖ Κύριος ὁ θεός σου εἰς αὐτούς, ἕως ἂν ἐκτριβῶσιν οἱ καταλελιμμένοι καὶ οἱ κεκρυμμένοι ἀπὸ σοῦ· ²¹οὐ τρωθήσῃ ἀπὸ προσώπου αὐτῶν, ὅτι Κύριος ὁ θεός σου ἐν σοί, θεὸς μέγας καὶ κραταιός. ²²καὶ καταναλώσει Κύριος ὁ θεός σου τὰ ἔθνη ταῦτα ἀπὸ προσώπου σου κατὰ μικρὸν μικρόν· οὐ δυνήσῃ ἐξαναλῶσαι αὐτοὺς τὸ τάχος, ἵνα μὴ γένηται ἡ γῆ ἔρημος καὶ πληθυνθῇ ἐπὶ σὲ τὰ θηρία τὰ ἄγρια. ²³καὶ παραδώσει αὐτοὺς Κύριος ὁ θεός σου εἰς τὰς χεῖράς σου, καὶ ἀπολεῖς αὐτοὺς ἀπωλίᾳ μεγάλῃ ἕως ἂν ἐξολεθρεύσῃ αὐτούς· ²⁴καὶ παραδώσει τοὺς βασιλεῖς αὐτῶν εἰς τὰς χεῖρας ὑμῶν, καὶ ἀπολεῖται τὸ ὄνομα αὐτῶν ἐκ τοῦ τόπου ἐκείνων· οὐκ ἀντιστήσεται οὐδεὶς κατὰ πρόσωπόν σου, ἕως ἂν ἐξολεθρεύσῃ αὐτούς. ²⁵τὰ γλυπτὰ τῶν θεῶν αὐτῶν

AF 13 εκγονα F¹ (εγγ. F*ᵛⁱᵈ) | om και 5° A | ως] ης AF   15 Κυριος]+ο θς Bᵃ (in mg et sup ras)+ο θεος σου AF | ας BA¹] α A*F | om παντας F 16 om και 2° Bᵃ⁺ᵇ | ου 2°]+μη AF | εστι A* (ν superscr A¹)   17 om σου Bᵃ⁺ᵇ   18 om ου φοβ. αυτους B* (hab Bᵃᵇ superscr)   19 ιδοσαν B*ᵛⁱᵈ] εωρακασιν partim sup ras partim in mg Bᵃᵇ ιδον A ειδον F | τερατα]+τα μεγαλα εκεινα Bᵃ AF | ημων] υμων Bᵇ | πασι F   20—21 om και τας σφηκιας...απο προσωπου αυτων B* (hab Bᵃᵇ ᵐᵍ ⁱⁿᶠ AF)   23 απολεις] απολεσει A | εξολεθρευσει (-σει A)] εξολοθρευσητε Bᵃᵇ   24 εκεινων] εκεινου B*ᵛⁱᵈ (ων sup ras B¹) AF | εξολεθρευσῃς BᵃᵇAF

358

ΔΕΥΤΕΡΟΝΟΜΙΟΝ

καύσετε ἐν πυρί· οὐκ ἐπιθυμήσεις ἀργύριον καὶ χρυσίον ἀπ᾿ αὐτῶν· Β
οὐ λήμψῃ σεαυτῷ, μὴ πταίσῃς δι᾿ αὐτό, ὅτι βδέλυγμα Κυρίῳ τῷ θεῷ
26 σού ἐστιν· ²⁶καὶ οὐκ εἰσοίσεις βδέλυγμα εἰς τὸν οἶκόν σου, καὶ
ἔσῃ ἀνάθημα ὥσπερ τοῦτο· προσοχθίσματι προσοχθιεῖς καὶ βδελύγ-
ματι βδελύξῃ, ὅτι ἀνάθημά ἐστιν.

VIII 1 ¹Πάσας τὰς ἐντολὰς ἃς ἐγὼ ἐντέλλομαι ὑμῖν σήμερον φυλάξεσθε
ποιεῖν, ἵνα ζῆτε καὶ πολυπλασιασθῆτε, καὶ εἰσελθόντες κληρονο-
μήσητε τὴν γῆν ἣν Κύριος ὁ θεὸς ὑμῶν ὤμοσεν τοῖς πατράσιν ὑμῶν.
2 ²καὶ μνησθήσῃ πᾶσαν τὴν ὁδὸν ἣν ἤγαγέν σε Κύριος ὁ θεός σου ἐν τῇ
ἐρήμῳ, ὡς ἂν κακώσῃ σε καὶ ἐκπειράσῃ σε, καὶ διαγνωσθῇ τὰ ἐν
3 τῇ καρδίᾳ σου, εἰ φυλάξῃ τὰς ἐντολὰς αὐτοῦ ἢ οὔ. ³καὶ ἐκάκωσέν σε
καὶ ἐλιμαγχόνησέν σε, καὶ ἐψώμισέν σε τὸ μάννα ὃ οὐκ εἴδησαν οἱ
πατέρες σου· ἵνα ἀναγγείλῃ σοι ὅτι οὐκ ἐπ᾿ ἄρτῳ μόνῳ ζήσεται ὁ
ἄνθρωπος, ἀλλ᾿ ἐπὶ παντὶ ῥήματι τῷ ἐκπορευομένῳ διὰ στόματος
4 θεοῦ ζήσεται ὁ ἄνθρωπος. ⁴τὰ ἱμάτιά σου οὐκ ἐπαλαιώθη ἀπὸ σοῦ, τὰ
ὑποδήματά σου οὐ κατετρίβη ἀπὸ σοῦ, οἱ πόδες σου οὐκ ἐτυλώθησαν
5 ἰδοὺ τεσσεράκοντα ἔτη. ⁵καὶ γνώσῃ τῇ καρδίᾳ σου ὅτι ὡς εἴ τις
παιδεύσαι ἄνθρωπος τὸν υἱὸν αὐτοῦ, οὕτως Κύριος ὁ θεός σου παιδεύ-
6 σει σε· ⁶καὶ φυλάξῃ τὰς ἐντολὰς Κυρίου τοῦ θεοῦ σου, πορεύεσθαι
7 ταῖς ὁδοῖς αὐτοῦ καὶ φοβεῖσθαι αὐτόν. ⁷ὁ γὰρ Κύριος ὁ θεός σου
εἰσάγει σε εἰς γῆν ἀγαθὴν καὶ πολλήν, οὗ χείμαρροι ὑδάτων, πηγαὶ
8 ἀβύσσων ἐκπορευόμεναι διὰ τῶν πεδίων καὶ διὰ τῶν ὀρέων· ⁸γῆ
πυροῦ καὶ κριθῆς, ἄμπελοι, συκαῖ, ῥόαι, γῆ ἐλαίας ἐλαίου καὶ μέλιτος·
9 ⁹γῆ ἐφ᾿ ἧς οὐ μετὰ πτωχίας φάγῃ τὸν ἄρτον σου, καὶ οὐκ ἐνδεηθήσῃ
ἐπ᾿ αὐτῆς οὐδέν· γῆ ἧς οἱ λίθοι σίδηρος, καὶ ἐκ τῶν ὀρέων αὐτῆς
10 μεταλλεύσεις χαλκόν· ¹⁰καὶ φάγῃ καὶ ἐμπλησθήσῃ, καὶ εὐλογήσεις

25 κατακαυσετε A (-ται) F | om εν Bᵃ⁺ᵇAF | ουκ] pr και A | και B*ᵛⁱᵈ] AF
ου sup ras Bᵃ ουδε Bᵇ (δε superscr) AF | ου λημψη] pr 𝕜 (superscr) Bᵃᵇ λαβειν
AF   26 εση αναθημα] αναθεμα εση AF | βδελυγματα F | αναθημα 2°]
αναθεμα AF   VIII 1 εντολας]+ταυτας BᵃᵐᵍF | υμιν sup ras 3 litt Bᵃᵇ |
εισελθοντες] οντες sup ras Bᵃᵇ εισελθητε και B*ᵛⁱᵈA om F | την γην]+την
αγαθην AF | Κυριος ο θεος υμων ωμοσεν] ωμοσεν (ω sup ras) κ̄ς̄ ο θ̄ς̄ υμων B?
ωμοσεν κ̄ς̄ AF   2 ως] οπως BᵃᵇAF | om αν F | εκπειραση] πειραση AF |
τας εντολας αυτου] τα εν τη καρδια σου F   3 ελιμανχονησεν B* (ελιμαγχ.
BᵇA) ελιμαχθονησεν F | μαννα]+εν τη ερημω Bᵃᵇᵐᵍ | ειδησαν] ηδεισαν AF |
τω εκπορ.] τον AF   4 om ουκ επαλαιωθη απο σου τα υποδηματα σου AF |
τεσσαρακοντα Bᵇ   5 παιδευσαι ανθρ.] ανθρ. παιδευση AF   6 ταις οδοις]
pr εν BᵃᵇAF | φοβεισθε A   7 εισαξει A | γην αγαθην] την γην την αγ.
A | πηγαι] pr και Bᵃᵇ (superscr) AF | δια των πε sup ras et in mg Bᵃᵇ | δια
των ορεων και δ. των πεδιων (παιδ. A) AF   8 συκαι] pr και F | ροαι]
pr 𝕜 (superscr) Bᵃᵇ   9 ουδεν επ αυτης BˀAF | λιθοι]+αυτης AF

359

ΔΕΥΤΕΡΟΝΟΜΙΟΝ

B Κύριον τὸν θεόν σου ἐπὶ τῆς γῆς τῆς ἀγαθῆς ἧς ἔδωκέν σοι. ¹¹πρόσεχε 11
σεαυτῷ μὴ ἐπιλάθῃ Κυρίου τοῦ θεοῦ σου, τοῦ μὴ φυλάξαι τὰς ἐντολὰς
αὐτοῦ καὶ τὰ κρίματα καὶ τὰ δικαιώματα αὐτοῦ, ὅσα ἐγὼ ἐντέλλομαί
σοι σήμερον· ¹²μὴ φαγὼν καὶ ἐμπλησθείς, καὶ οἰκίας καλὰς οἰκοδομή- 12
σας καὶ κατοικήσας ἐν αὐταῖς, ¹³καὶ τῶν βοῶν σου πληθυνθέντων καὶ 13
τῶν προβάτων σου πληθυνθέντων, ἀργυρίου καὶ χρυσίου πληθυνθέντος
σοι, καὶ πάντων ὅσων ἔσται σοι πληθυνθέντων σοι, ¹⁴ὑψωθῇς τῇ 14
καρδίᾳ καὶ ἐπιλάθῃ Κυρίου τοῦ θεοῦ σου τοῦ ἐξαγαγόντος σε ἐκ γῆς
Αἰγύπτου, ἐξ οἴκου δουλίας· ¹⁵τοῦ ἀγαγόντος σε διὰ τῆς ἐρήμου τῆς 15
μεγάλης καὶ τῆς φοβερᾶς ἐκείνης, οὗ ὄφις δάκνων καὶ σκορπίος καὶ
δίψα, οὗ οὐκ ἦν ὕδωρ· τοῦ ἐξαγαγόντος σοι ἐκ πέτρας ἀκροτόμου
πηγὴν ὕδατος· ¹⁶τοῦ ψωμίσαντός σε τὸ μάννα ἐν τῇ ἐρήμῳ, ὃ 16
οὐκ ᾔδεισαν οἱ πατέρες σου, ἵνα κακώσῃ σε καὶ ἐκπειράσῃ σε, καὶ
εὖ σε ποιήσῃ ἐπ' ἐσχάτων τῶν ἡμερῶν σου· ¹⁷μὴ εἴπῃς ἐν τῇ 17
καρδίᾳ σου Ἡ ἰσχύς μου καὶ τὸ κράτος τῆς χειρός μου ἐποίησέν μοι
τὴν δύναμιν τὴν μεγάλην ταύτην. ¹⁸καὶ μνησθήσῃ Κυρίου τοῦ θεοῦ 18
σου, ὅτι αὐτός σοι δίδωσι τὴν ἰσχὺν τοῦ ποιῆσαι δύναμιν, καὶ ἵνα
στήσῃ τὴν διαθήκην ἣν ὤμοσεν Κύριος τοῖς πατράσιν σου ὡς σήμερον.
¹⁹καὶ ἔσται ἐὰν λήθῃ ἐπιλάθῃ Κυρίου τοῦ θεοῦ σου, καὶ πορευθῇς 19
ὀπίσω θεῶν ἑτέρων καὶ λατρεύσῃς αὐτοῖς, διαμαρτύρομαι ὑμῖν σήμερον
ὅτι ἀπωλίᾳ ἀπολεῖσθε· ²⁰καθὰ καὶ τὰ λοιπὰ ἔθνη ὅσα Κύριος ἀπολ- 20
λύει πρὸ προσώπου ὑμῶν, οὕτως ἀπολεῖσθε ἀνθ' ὧν οὐκ ἠκούσατε τῆς
φωνῆς Κυρίου τοῦ θεοῦ ὑμῶν.

¹Ἄκουε, Ἰσραήλ· σὺ διαβαίνεις σήμερον τὸν Ἰορδάνην τοῦτον 1 IX
εἰσελθεῖν κληρονομῆσαι ἔθνη μεγάλα καὶ ἰσχυρότερα μᾶλλον ἢ ὑμεῖς,
πόλεις μεγάλας καὶ τειχήρεις ἕως τοῦ οὐρανοῦ, ²λαὸν μέγαν καὶ πολὺν 2
καὶ εὐμήκη, υἱοὺς Ἐνάκ, οὓς σὺ οἶσθας καὶ σὺ ἀκήκοας Τίς ἀντιστήσε-

AF   10 εδωκεν σοι]+κς ο θς σου Bᵃ   11 om μη 2° A | αυτου τας εντ. AF
12 εμπλησθης A εμπληθεις F | ωκοδομησας A   13 om πληθυνθεντων 1°
Bᵃ?ᵇAF | om σου 2° F | πληθυν̣θεντων (2°) B*] πληθυνθ. B? + σοι Bᵃᵇ
(superscr) AF | πληθυνθεντος] πληθυνθεντων F | εσται σοι] σοι εσται BᵃᵇA
σοι εστιν F | om σοι 3° Bᵃᵇ   14 τη καρδια]+σου AF | om εκ γης Αιγ. B*
(hab Bᵃᵇ)   15 εξαγαγοντος] εγαγοντος A* (εξαγαγ. A¹)   16 ερημω]+ο
ουκ ειδης συ Bᵃᵇ⁽ᵐᵍ⁾ | ο B*ⱽⁱᵈ) ϗ sup ras Bᵃ | ηδεισαν] η, ει, sup ras Bᵃ (ειδη-
σαν B*ⱽⁱᵈ) | εκπειραση] pr ινα AF | και ευ σε ποιηση] ευ σε ποιησαι AF |
εσχατων] εσχατω A | των ημερων] om των Bᵃ?ᵇ om των ημερων AF
17 μη] pr και AF | η ισχυς σου bis scr F   18 διδωσι την ισχυν] διδωσιν ισχυν
BᵃAF | om και 2° A | διαθηκην]+αυτου BᵃᵇᵐᵍAF | om Κυριος AF | παρασιν
F* (τ superscr F¹)   19 λατρευσης αυτοις]+και προσκυνησης αυτοις Bᵃᵇ⁽ᵐᵍᵍ⁾AF
(bis scr αυτοις 1°) | σημερον]+τον τε ουρανον και την γην Bᵃᵇ ᵐᵍ ˢᵘᵖ AF
20 Κυριος]+ο θς (superscr) Bᵃᵇ   IX 1 om τουτον Bᵃ?ᵇAF | κληρονο-
μησαι] pr και A   2 ευμηκεις A | οισθας] ησθα A οισθα F | om συ 2° A

ΔΕΥΤΕΡΟΝΟΜΙΟΝ IX 12

3 ται κατὰ πρόσωπον υἱῶν Ἐνάκ; ³καὶ γνώσῃ σήμερον ὅτι Κύριος ὁ
θεός σου, οὗτος προπορεύεται πρὸ προσώπου σου· πῦρ καταναλίσκον
ἐστίν· οὗτος ἐξολεθρεύσει αὐτούς, καὶ οὗτος ἀποστρέψει αὐτοὺς ἀπὸ
4 προσώπου σου, καὶ ἀπολεῖς αὐτοὺς καθάπερ εἶπέν σοι Κύριος. ⁴μὴ
εἴπῃς ἐν τῇ καρδίᾳ σου, ἐν τῷ ἐξαναλῶσαι Κύριον τὸν θεόν σου τὰ
ἔθνη ταῦτα ἀπὸ προσώπου, λέγων Διὰ τὴν δικαιοσύνην μου εἰσήγαγέν
5 με Κύριος κληρονομῆσαι τὴν γῆν τὴν ἀγαθὴν ταύτην. ⁵οὐχὶ διὰ τὴν
δικαιοσύνην σου οὐδὲ διὰ τὴν ὁσιότητα τῆς καρδίας σου σὺ εἰσπορεύῃ
κληρονομῆσαι τὴν γῆν αὐτῶν, ἀλλὰ διὰ τὴν ἀσέβειαν τῶν ἐθνῶν
τούτων Κύριος ἐξολεθρεύσει αὐτοὺς ἀπὸ προσώπου σου· καὶ ἵνα στήσῃ
τὴν διαθήκην αὐτοῦ ἣν ὤμοσεν τοῖς πατράσιν ὑμῶν, τῷ Ἀβραὰμ καὶ
6 τῷ Ἰσαὰκ καὶ τῷ Ἰακώβ. ⁶καὶ γνώσῃ σήμερον ὅτι οὐχὶ διὰ τὰς
δικαιοσύνας σου Κύριος ὁ θεός σου δίδωσίν σοι τὴν γῆν τὴν ἀγαθὴν
7 ταύτην κληρονομῆσαι, ὅτι λαὸς σκληροτράχηλος εἶ. ⁷μνήσθητι μὴ
ἐπιλάθῃ ὅσα παρώξυνας Κύριον τὸν θεόν σου ἐν τῇ ἐρήμῳ· ἀφ' ἧς
ἡμέρας ἐξήλθετε ἐξ Αἰγύπτου καὶ ἤλθετε εἰς τὸν τόπον τοῦτον, ἀπει-
8 θοῦντες διετελεῖτε τὰ πρὸς Κύριον. ⁸καὶ ἐν Χωρὴβ παρωξύνατε
9 Κύριον, καὶ ἐθυμώθη ἐφ' ὑμῖν ἐξολεθρεῦσαι ὑμᾶς, ⁹ἀναβαίνοντός μου
εἰς τὸ ὄρος λαβεῖν τὰς πλάκας τὰς λιθίνας, πλάκας διαθήκης ἃς διέθετο
Κύριος πρὸς ὑμᾶς· καὶ κατεγινόμην ἐν τῷ ὄρει τεσσεράκοντα ἡμέρας
καὶ τεσσεράκοντα νύκτας· ἄρτον οὐκ ἔφαγον καὶ ὕδωρ οὐκ ἔπιον.
10 ¹⁰καὶ ἔδωκεν Κύριος ἐμοὶ τὰς δύο πλάκας τὰς λιθίνας, γεγραμμένας ἐν
τῷ δακτύλῳ τοῦ θεοῦ, καὶ ἐπ' αὐταῖς ἐγέγραπτο πάντες οἱ λόγοι οὓς
1 ἐλάλησεν Κύριος πρὸς ὑμᾶς ἐν τῷ ὄρει ἡμέρᾳ ἐκκλησίας· ¹¹καὶ ἐγένετο
διὰ τεσσεράκοντα ἡμερῶν καὶ τεσσεράκοντα νυκτῶν ἔδωκεν Κύριος
2 ἐμοὶ τὰς δύο πλάκας τὰς λιθίνας, πλάκας διαθήκης. ¹²καὶ εἶπεν
Κύριος πρὸς μέ Ἀνάστηθι, κατάβηθι τὸ τάχος ἐντεῦθεν, ὅτι ἠνόμησεν ὁ
λαός σου οὓς ἐξήγαγες ἐκ γῆς Αἰγύπτου· παρέβησαν ταχὺ ἐκ τῆς ὁδοῦ ἧς

3 προπορευσεται B^{ab}A | καταναλισκων BA | απο] προ B^{ab}AF | προσ. AF
ου 2°]+και εξολεθρευσει αυτους AF | απολει AF | αυτους 3°]+εν ταχει AF
εξανηλωσαι B* (εξαναλ. B^{ab}) | τα εθνη] om τα B^{ab} | απο] προ B^{ab}AF |
προσωπου]+σου AF | τας δικαιοσυνας AF | ταυτην]+αλλα δια την ασεβειαν
των εθνων τουτων κ̅ς̅ εξολεθρευσει αυτους προ προσωπου σου AF   5 ουδε]
αι A | ασεβ.] ανομιαν AF | om αυτου AF | ωμοσεν]+κ̅ς̅ AF | τω Αβρ. και
τω Ισ. και τω Ιακ.] Αβρ. και Ισ. και Ιακ. AF   6 om σημερον A | ουχι]
υ AF | om σου 2° A | om ταυτην F   7 εξηλθατε F | εξ Αιγ.] εκ γης Αιγ.
| και] εως AF   8 εθυμωθη]+κ̅ς̅ AF   9 κατεγεινομην B*A (κατεγιν.
B^bF) | τεσσαρακοντα B^{ab} (bis: item 11 bis)   10 Κυριος εμοι] μοι κ̅ς̅ AF |
γεγραμμενας] pr τας A | εγεγραπτο] επεγραπτο A | εν τω ορει]+εκ μέσου του
πυρος A^{a(mg)} F | ημερα εκκλησιας A^{a(mg)}   11 τεσσερακοντα 2°] pr δια AF |
Κυριος εμοι] μοι κ̅ς̅ AF | διαθηκης] pr της A   12 καταβηθι] pr και AF

361

IX 13 . ΔΕΥΤΕΡΟΝΟΜΙΟΝ

B ἐνετείλω αὐτοῖς, καὶ ἐποίησαν ἑαυτοῖς χώνευμα. ¹³καὶ εἶπεν Κύριος 13
πρός μέ Λελάληκα πρὸς σὲ ἅπαξ καὶ δὶς λέγων Ἑώρακα τὸν λαὸν
τοῦτον, καὶ ἰδοὺ λαὸς σκληροτράχηλός ἐστιν· ¹⁴καὶ νῦν ἔασόν με ἐξολε- 14
θρεῦσαι αὐτούς, καὶ ἐξαλείψω τὸ ὄνομα αὐτῶν ὑποκάτωθεν τοῦ οὐρανοῦ,
καὶ ποιήσω σε εἰς ἔθνος μέγα καὶ ἰσχυρὸν καὶ πολὺ μᾶλλον ἢ τοῦτο.
¹⁵καὶ ἐπιστρέψας κατέβην ἐκ τοῦ ὄρους, καὶ τὸ ὄρος ἐκαίετο πυρὶ ἕως τοῦ 15
οὐρανοῦ, καὶ αἱ δύο πλάκες ἐπὶ ταῖς δυσὶ χερσίν μου. ¹⁶καὶ ἰδὼν ὅτι 16
ἡμάρτετε ἐναντίον Κυρίου τοῦ θεοῦ ὑμῶν, καὶ ἐποιήσατε ὑμῖν ἑαυτοῖς
χωνευτόν, καὶ παρέβητε ἀπὸ τῆς ὁδοῦ ἧς ἐνετείλατο ὑμῖν Κύριος, ¹⁷καὶ 17
ἐπιλαβόμενος τῶν δύο πλακῶν ἔρριψα αὐτὰς ἀπὸ τῶν δύο χειρῶν μου
καὶ συνέτριψα ἐναντίον ὑμῶν. ¹⁸καὶ ἐδεήθην ἐναντίον Κυρίου δεύτε- 18
ρον καθάπερ καὶ τὸ πρότερον τεσσεράκοντα ἡμέρας καὶ τεσσεράκοντα
νύκτας· ἄρτον οὐκ ἔφαγον καὶ ὕδωρ οὐκ ἔπιον· περὶ πασῶν τῶν
ἁμαρτιῶν ὑμῶν ὧν ἡμάρτετε, ποιῆσαι τὸ πονηρὸν ἐναντίον Κυρίου τοῦ
θεοῦ παροξῦναι αὐτόν. ¹⁹καὶ ἔκφοβός εἰμι διὰ τὴν ὀργὴν καὶ τὸν θυμόν, 19
ὅτι παρωξύνθη Κύριος ἐφ᾽ ὑμῖν ἐξολεθρεῦσαι ὑμᾶς· καὶ εἰσήκουσεν
Κύριος ἐμοῦ καὶ ἐν τῷ καιρῷ τούτῳ. ²⁰καὶ ἐπὶ Ἀαρὼν ἐθυμώθη ἐξολε- 20
θρεῦσαι αὐτόν, καὶ ηὐξάμην καὶ περὶ Ἀαρὼν ἐν τῷ καιρῷ ἐκείνῳ.
²¹καὶ τὴν ἁμαρτίαν ὑμῶν ἣν ἐποιήσατε, τὸν μόσχον, ἔλαβον αὐτὸν καὶ 21
κατέκαυσα αὐτὸν ἐν πυρί, καὶ συνέκοψα αὐτὸν καταλέσας σφόδρα ἕως
ἐγένετο λεπτόν· καὶ ἐγένετο ὡσεὶ κονιορτός, καὶ ἔρριψα τὸν κονιορ-
τὸν εἰς τὸν χειμάρρουν τὸν καταβαίνοντα ἐκ τοῦ ὄρους. ²²καὶ ἐν τῷ 22
Ἐνπυρισμῷ καὶ ἐν τῷ Πειρασμῷ καὶ ἐν τοῖς Μνήμασιν τῆς ἐπιθυμίας
παροξύνοντες ἦτε Κύριον. ²³καὶ ὅτε ἐξαπέστειλεν Κύριος ὑμᾶς ἐκ 23
Καδὴς Βαρνὴ λέγων Ἀνάβητε καὶ κληρονομήσατε τὴν γῆν ἣν δίδωμι
ὑμῖν, καὶ ἠπειθήσατε τῷ ῥήματι Κυρίου τοῦ θεοῦ ὑμῶν, καὶ οὐκ ἐπι-
στεύσατε αὐτῷ, καὶ οὐκ εἰσηκούσατε τῆς φωνῆς αὐτοῦ. ²⁴ἀπειθοῦντες 24
ἦτε τὰ πρὸς Κύριον ἀπὸ τῆς ἡμέρας ἧς ἐγνώσθη ὑμῖν. ²⁵καὶ ἐδεήθην 25

AF 12 om και 2° AF | χωνευμα] χωνευτα A   13 λελαληκα] pr λεγων B$^{ab(mg)}$
14 om και νυν AF | σε εις] σεις (sic) F | και πολυ και ισχ. A   15 om εως
του ουρανου AF | πλακες]+των μαρτυριων AF | om δυσι AF   16 εναντι
AF | εαυτοις] αυτοις A | χωνευτον] pr μοσχον AF | παρεβητε]+ταχυ AF |
απο] εκ F | υμιν Κυριος] κ̅ς̅ υμιν AF + ποιειν F   17 ερειψα A | om δυο 2°
AF | συνετριψα]+αυτας AF+απο των χειρων μου F* (om F$^{1 vid}$)   18 εναντιον
1°] εναντι A^{r} | τεσσαρακοντα B^{b} (bis) | om ποιησαι το πονηρον F*^{vid} (hab
F$^{1 mg}$) | εναντιον 2°] εναντι A | του θεου]+υμων AF | παροξυναι] pr του AF
19 εξολεθρ.] pr του AF | τουτω] εκεινω A   20 εθυμωθη]+κ̅ς̅ σφοδρα
AF | εξολεθρευσαι] pr του AF   21 συνεκοψα] συνετριψα AF | κατα-
λεσας] και κατηλασα AF | εως]+ου AF | εγενετο 2°] εγενηθη AF | εκ] απο A
22 Κυριον]+τον θ̅ν̅ υμων AF   23 απεστειλεν A | υμας κ̅ς̅ A | om και
2° AF | διδωμι] pr εγω A   24 απο της ημερας ης] αφ ης ημ. AF

362

ΔΕΥΤΕΡΟΝΟΜΙΟΝ X 7

ἐναντίον Κυρίου τεσσεράκοντα ἡμέρας καὶ τεσσεράκοντα νύκτας ὅσας B
26 ἐδεήθην, εἶπεν γὰρ Κύριος ἐξολεθρεῦσαι ὑμᾶς· 26καὶ ηὐξάμην πρὸς τὸν
θεὸν καὶ εἶπα Κύριε βασιλεῦ τῶν θεῶν, μὴ ἐξολεθρεύσῃς τὸν λαόν σου
καὶ τὴν μερίδα σου ἣν ἐλυτρώσω, οὓς ἐξήγαγες ἐκ γῆς Αἰγύπτου ἐν τῇ
ἰσχύι σου τῇ μεγάλῃ καὶ ἐν τῇ χειρί σου τῇ κραταιᾷ καὶ ἐν τῷ βρα-
27 χίονί σου τῷ ὑψηλῷ· 27μνήσθητι Ἀβραὰμ καὶ Ἰσαὰκ καὶ Ἰακὼβ τῶν
θεραπόντων σου οἷς ὤμοσας κατὰ σεαυτοῦ· μὴ ἐπιβλέψῃς ἐπὶ τὴν
σκληρότητα τοῦ λαοῦ τούτου καὶ τὰ ἀσεβήματα καὶ τὰ ἁμαρτήματα
28 αὐτῶν· 28μὴ εἴπωσιν οἱ κατοικοῦντες τὴν γῆν ὅθεν ἐξήγαγες ἡμᾶς
ἐκεῖθεν λέγοντες Παρὰ τὸ μὴ δύνασθαι Κύριον εἰσαγαγεῖν αὐτοὺς εἰς
τὴν γῆν ἣν εἶπεν αὐτοῖς, καὶ παρὰ τὸ μισῆσαι αὐτούς, ἐξήγαγεν αὐτοὺς
29 ἐν τῇ ἐρήμῳ ἀποκτεῖναι αὐτούς. 29καὶ οὗτοι λαός σου καὶ κλῆρός σου,
οὓς ἐξήγαγες ἐκ γῆς Αἰγύπτου ἐν τῇ ἰσχύι σου τῇ μεγάλῃ καὶ ἐν τῇ
χειρί σου τῇ κραταιᾷ καὶ ἐν τῷ βραχίονί σου τῷ ὑψηλῷ.
1 1Ἐν ἐκείνῳ τῷ καιρῷ εἶπεν Κύριος πρὸς μέ Λάξευσον σεαυτῷ
δύο πλάκας λιθίνας ὥσπερ τὰς πρώτας, καὶ ἀνάβηθι πρός με εἰς τὸ
2 ὄρος, καὶ ποιήσεις σεαυτῷ κιβωτὸν ξυλίνην· 2καὶ γράψεις ἐπὶ τὰς
πλάκας τὰ ῥήματα ἃ ἦν ἐν ταῖς πλαξὶν ταῖς πρώταις ἃς συνέτριψας,
3 καὶ ἐμβαλεῖς αὐτὰ εἰς τὴν κιβωτόν. 3καὶ ἐποίησα κιβωτὸν ἐκ ξύλων
ἀσήπτων, καὶ ἐλάξευσα τὰς πλάκας λιθίνας ὡς αἱ πρῶται, καὶ ἀνέ-
4 βην εἰς τὸ ὄρος, καὶ αἱ δύο πλάκες ἐπὶ ταῖς χερσίν μου. 4καὶ
ἔγραψεν ἐπὶ τὰς πλάκας κατὰ τὴν γραφὴν τὴν πρώτην τοὺς δέκα
λόγους, οὓς ἐλάλησεν Κύριος πρὸς ὑμᾶς ἐν τῷ ὄρει ἐκ μέσου τοῦ
5 πυρός, καὶ ἔδωκεν αὐτὰς Κύριος ἐμοί. 5καὶ ἐπιστρέψας κατέβην ἐκ
τοῦ ὄρους, καὶ ἐνέβαλον τὰς πλάκας εἰς τὴν κιβωτὸν ἣν ἐποίησα,
6 καὶ ἦσαν ἐκεῖ καθὰ ἐνετείλατό μοι Κύριος. 6καὶ οἱ υἱοὶ Ἰσραὴλ
ἀπῆραν ἐκ Βηρὼθ υἱῶν Ἰακεὶμ Μεισαδαί· ἐκεῖ ἀπέθανεν Ἀαρὼν καὶ
7 ἐτάφη ἐκεῖ, καὶ ἱεράτευσεν Ἐλεαζὰρ υἱὸς αὐτοῦ ἀντ' αὐτοῦ. 7ἐκεῖ-
θεν ἀπῆραν εἰς Γαδγάδ, καὶ ἀπὸ Γαδγὰδ εἰς Ταιβάθα· γῆ χείμαρροι

25 εναντι AF | τεσσαρακοντα B^a (bis)   26 ηυξαμην AF | Κυριε]+ AF
κε AF | μεριδα] κληρονομιαν AF | ελυτρωσω]+ εν τη ισχυι σου τη μεγαλη
AF | τη χειρι] om τη A | υψηλω] μεγαλω A   27 ποντων σου οις ωμοσας
A^1 a†(mg)] τα ασεβ. και τα αμαρτ.] επι τα αμαρτ. αυτων και επι τα ασεβ. AF
28 μη 1°]+ ποτε AF | εξηγαγες] εξηγαγεν A | αυτοις] αυτων. B*vid (αυτοις
B^ab AF) | μισησαι] + κν AF | εν τη ερημω αποκτειν. αυτ.] αποκτειν. (απο-
κτιν. F*vid) εν τη ερημω AF   29 om και εν τη χειρι σου τη κραταια AF
X 1 ωσπερ] υπερ A | ξυλινην] λιθινην A   2 γραψεις] γραψω AF | a]
οσα AF | ας] αις AF | αυτα] αυτας AF   3 πλακας] pr δυο AF | λιθινας]
pr τας AF | ως] ωσπερ AF | χερσιν] pr δυσι F   6 Μισαδαι F | εκει 1°] pr
και A   7 Γαλγα.' (1°) F | om και απο Γαδγαδ F | Ταιβαθα] Ιεταβαθα A
Ιτεβαθα F | χειμαρρου AF

363

ΔΕΥΤΕΡΟΝΟΜΙΟΝ

B ὑδάτων. ⁸ἐν ἐκείνῳ τῷ καιρῷ διέστειλεν Κύριος τὴν φυλὴν τὴν Λευεὶ αἴρειν τὴν κιβωτὸν τῆς διαθήκης Κυρίου, παρεστάναι ἔναντι Κυρίου, λειτουργεῖν καὶ ἐπεύχεσθαι ἐπὶ τῷ ὀνόματι αὐτοῦ ἕως τῆς ἡμέρας ταύτης. ⁹διὰ τοῦτο οὐκ ἔστιν τοῖς Λευείταις μερὶς καὶ κλῆρος ἐν τοῖς ἀδελφοῖς αὐτῶν· Κύριος αὐτὸς κλῆρος αὐτοῦ, καθότι εἶπεν αὐτῷ. ¹⁰κἀγὼ ἱστήκειν ἐν τῷ ὄρει τεσσεράκοντα ἡμέρας καὶ τεσσεράκοντα νύκτας, καὶ ἤκουσεν Κύριος ἐμοῦ καὶ ἐν τῷ καιρῷ τούτῳ, καὶ οὐκ ἠθέλησεν. Κύριος ἐξολεθρεῦσαι ὑμᾶς. ¹¹καὶ εἶπεν Κύριος πρὸς μέ Βάδιζε, ἄπαρον ἐναντίον τοῦ λαοῦ τούτου, καὶ εἰσπορευέσθωσαν καὶ κληρονομείτωσαν τὴν γῆν ἣν ὤμοσα τοῖς πατράσιν αὐτῶν δοῦναι αὐτοῖς.

¹²Καὶ νῦν, Ἰσραήλ, τί Κύριος ὁ θεός σου αἰτεῖται παρὰ σοῦ ἀλλ' ἢ φοβεῖσθαι Κύριον τὸν θεόν σου, καὶ πορεύεσθαι ἐν πάσαις ταῖς ὁδοῖς αὐτοῦ, καὶ ἀγαπᾶν αὐτόν, καὶ λατρεύειν Κυρίῳ τῷ θεῷ σου ἐξ ὅλης τῆς καρδίας σου καὶ ἐξ ὅλης τῆς ψυχῆς σου, ¹³φυλάσσεσθαι τὰς ἐντολὰς Κυρίου τοῦ θεοῦ σου καὶ τὰ δικαιώματα αὐτοῦ, ὅσα ἐγὼ ἐντέλλομαί σοι σήμερον, ἵνα εὖ σοι ᾖ; ¹⁴ἰδοὺ Κυρίου τοῦ θεοῦ σου ὁ οὐρανὸς καὶ ὁ οὐρανὸς τοῦ οὐρανοῦ, ἡ γῆ καὶ πάντα ὅσα ἐστὶν ἐν αὐτῇ· ¹⁵πλὴν τοὺς πατέρας ὑμῶν προείλατο Κύριος ἀγαπᾶν αὐτούς, καὶ ἐξελέξατο τὸ σπέρμα αὐτῶν μετ' αὐτοὺς ὑμᾶς παρὰ πάντα τὰ ἔθνη κατὰ τὴν ἡμέραν ταύτην. ¹⁶καὶ περιτεμεῖσθε τὴν σκληροκαρδίαν ὑμῶν, καὶ τὸν τράχηλον ὑμῶν οὐ σκληρυνεῖτε· ¹⁷ὁ γὰρ Κύριος ὁ θεὸς ὑμῶν, οὗτος θεὸς τῶν θεῶν καὶ κύριος τῶν κυρίων, ὁ θεὸς ὁ μέγας καὶ ἰσχυρὸς καὶ ὁ φοβερός, ὅστις οὐ θαυμάζει πρόσωπον οὐδ' οὐ μὴ λάβῃ δῶρον· ¹⁸ποιῶν κρίσιν προσηλύτῳ καὶ ὀρφανῷ καὶ χήρᾳ, καὶ ἀγαπᾷ τὸν προσήλυτον δοῦναι αὐτῷ ἄρτον καὶ ἱμάτιον. ¹⁹καὶ ἀγαπήσετε τὸν προσήλυτον· προσήλυτοι γὰρ ἦτε ἐν γῇ Αἰγύπτῳ. ²⁰Κύριον τὸν θεόν σου φοβηθήσῃ καὶ αὐτῷ λατρεύσεις, καὶ πρὸς αὐτὸν κολληθήσῃ, καὶ τῷ ὀνόματι αὐτοῦ ὀμῇ· ²¹οὗτος καύχημά σου καὶ οὗτος θεός σου, ὅστις ἐποίησεν ἐν σοὶ τὰ μεγάλα καὶ τὰ ἔνδοξα ταῦτα ἃ

AF 8 Λευι B^bAF | παραστηναι F | επευχεσθαι] επεχευσθαι A 9 εσται] εσται AF | Λευιταις B^bF | καθοτι] καθα AF 10 ιστηκειν (ειστ. B^b (vid))] εστην AF | τεσσαρακοντα B_b (bis) | ηκουσεν] εισηκουσεν AF | εμοῦ] μου AF 11 εναντι AF | αυτων] υμων A | αυτοις) pr αυτην A 12 αιτειται] αιτει F | om και 2° AF 13 φυλασσεσθε A 14 κ̅ς̅ ο θ̅ς̅ B* ^vid (κ̅υ̅ του θ̅υ̅ B^ab) 16 σκληρυνειτε] + ετι AF 17 και ισχυρος] ο ισχ. A και ο ισχ. F | ουδ ου] ουδε AF 18 αγαπαν A | προσηλυτον] πλησιον A | δουναι] pr του F 20 φοβηθηση] προσκυνησεις A | αυτω] + μονω A | τω ονοματι] pr επι AF | αυτου (sic) F 21 ουτος bis] αυτος AF | om εν AF

ΔΕΥΤΕΡΟΝΟΜΙΟΝ XI 11

ἴδοσαν οἱ ὀφθαλμοί σου. ²²ἐν ἑβδομήκοντα ψυχαῖς κατέβησαν οἱ B πατέρες σου εἰς Αἴγυπτον, νυνὶ δὲ ἐποίησέν σε Κύριος ὁ θεός σου ὡσεὶ τὰ ἄστρα τοῦ οὐρανοῦ τῷ πλήθει. ¹Καὶ ἀγαπήσεις Κύριον τὸν θεόν σου, καὶ φυλάξῃ τὰ φυλάγματα αὐτοῦ καὶ τὰ δικαιώματα αὐτοῦ καὶ τὰς κρίσεις αὐτοῦ πάσας τὰς ἡμέρας. ²καὶ γνώσεσθε σήμερον ὅτι οὐχὶ τὰ παιδία ὑμῶν, ὅσοι οὐκ οἴδασιν οὐδὲ ἴδοσαν τὴν παιδίαν Κυρίου τοῦ θεοῦ σου καὶ τὰ μεγαλεῖα αὐτοῦ καὶ τὴν χεῖρα τὴν κραταιὰν καὶ τὸν βραχίονα τὸν ὑψηλόν, ³καὶ τὰ σημεῖα αὐτοῦ καὶ τὰ τέρατα αὐτοῦ ὅσα ἐποίησεν ἐν μέσῳ Αἰγύπτου Φαραὼ βασιλεῖ Αἰγύπτου καὶ πάσῃ τῇ γῇ αὐτοῦ, ⁴καὶ ὅσα ἐποίησεν τὴν δύναμιν τῶν Αἰγυπτίων, τὰ ἅρματα αὐτῶν καὶ τὴν ἵππον αὐτῶν καὶ τὴν δύναμιν αὐτῶν, ὡς ἐπέκλυσεν τὸ ὕδωρ τῆς θαλάσσης τῆς ἐρυθρᾶς ἐπὶ προσώπου αὐτῶν, καταδιωκόντων αὐτῶν ἐκ τῶν ὀπίσω ὑμῶν, καὶ ἀπώλεσεν αὐτοὺς Κύριος ἕως τῆς σήμερον ἡμέρας, ⁵καὶ ὅσα ἐποίησεν ἡμῖν ἐν τῇ ἐρήμῳ ἕως ἤλθετε εἰς τὸν τόπον τοῦτον, ⁶καὶ ὅσα ἐποίησεν τῷ Δαθὰν καὶ Ἀβειρὼν υἱοῖς Ἐλιὰβ υἱοῦ Ῥουβήν, οὓς ἀνοίξασα ἡ γῆ τὸ στόμα αὐτῆς κατέπιεν αὐτοὺς καὶ τοὺς οἴκους αὐτῶν καὶ τὰς σκηνὰς αὐτῶν καὶ πᾶσαν αὐτῶν τὴν ὑπόστασιν τὴν μετ' αὐτῶν ἐν μέσῳ παντὸς Ἰσραήλ· ⁷ὅτι οἱ ὀφθαλμοὶ ὑμῶν ἑώρακαν πάντα τὰ ἔργα Κυρίου ὅσα ἐποίησεν ὑμῖν σήμερον. ⁸καὶ φυλάξεσθε πάσας τὰς ἐντολὰς αὐτοῦ ὅσας ἐγὼ ἐντέλλομαί σοι σήμερον, ἵνα ζῆτε καὶ πολυπλασιασθῆτε, καὶ εἰσελθόντες κληρονομήσετε τὴν γῆν εἰς ἣν ὑμεῖς διαβαίνετε τὸν Ἰορδάνην ἐκεῖ κληρονομῆσαι αὐτήν· ⁹ἵνα μακροημερεύσητε ἐπὶ τῆς γῆς ἧς ὤμοσεν Κύριος τοῖς πατράσιν ὑμῶν δοῦναι αὐτοῖς καὶ τῷ σπέρματι αὐτῶν μετ' αὐτούς, γῆν ῥέουσαν γάλα καὶ μέλι. ¹⁰ἔστιν γὰρ ἡ γῆ εἰς ἣν εἰσπορεύῃ ἐκεῖ κληρονομῆσαι αὐτήν, οὐχ ὥσπερ γῆ Αἰγύπτου ἐστίν, ὅθεν ἐκπεπόρευσθε ἐκεῖθεν, ὅταν σπείρωσιν τὸν σπόρον καὶ ποτίζωσιν τοῖς ποσὶν αὐτῶν ὡσεὶ κῆπον λαχανίας· ¹¹ἡ δὲ γῆ εἰς ἣν εἰσπορεύῃ ἐκεῖ κληρονομῆσαι αὐτὴν γῆ

21 ιδοσαν] ιδον A ειδον F 22 εβδομηκοντα]+πεντε AF XI 1 και AF τα δικ. αυτου]+και τας εντολας αυτου AF 2 ιδοσαν] ειδον AF 3 om αυτου 2° F | οσα] α F | βασιλει] βασιλεως A 4 την δυναμιν 1°] τη δυναμι (sic) A¹¹ | om και την δυναμιν αυτων AF | Κυριος]+ο θς AF 5 ημιν] ημιν AF | εως] ως A | ηλθετε] εισηλθετε A 6 Αβειρων] pr τω F 7 εωρακαν] εωρων AF | Κυριου]+τα μεγαλα AF 8 σοι] υμιν AF | εισελθοντες] εισελθητε και AF | κληρονομησητε AF | διαβεννετε A 9 μακροημερευσηται A 10 εισπορευη] εισπορευεσθαι υμεις A υμεις εισπορευεσθαι F | γη 2°] pr η AF | om εστιν 2° A | εκπεπορευσθε] εκπορευεσθαι A εκπορευεσθε F | σπειρωσι AF | ποτιζωσι AF | om αυτων AF | ωσει] ως F 11 εισπορευη] pr συ AF

ΔΕΥΤΕΡΟΝΟΜΙΟΝ XI 12

Β ὀρεινὴ καὶ πεδινή, ἐκ τοῦ ὑετοῦ τοῦ οὐρανοῦ πίεται ὕδωρ· ¹²γῆ ἦν
Κύριος ὁ θεός σου ἐπισκοπεῖται αὐτὴν διὰ παντός, οἱ ὀφθαλμοὶ
Κυρίου τοῦ θεοῦ σου ἐπ' αὐτῆς ἀπ' ἀρχῆς τοῦ ἐνιαυτοῦ καὶ ἕως
συντελείας τοῦ ἐνιαυτοῦ. ¹³Ἐὰν δὲ ἀκοῇ εἰσακούσητε πάσας τὰς ἐντολὰς ἃς ἐγὼ ἐντέλλομαί
σοι σήμερον, ἀγαπᾶν Κύριον τὸν θεόν σου καὶ λατρεύειν αὐτῷ ἐξ
ὅλης τῆς καρδίας σου καὶ ἐξ ὅλης τῆς ψυχῆς σου, ¹⁴καὶ δώσει τὸν
ὑετὸν τῇ γῇ σου καθ' ὥραν πρόιμον καὶ ὄψιμον, καὶ εἰσοίσεις τὸν
σῖτόν σου καὶ τὸν οἶνόν σου καὶ τὸ ἔλαιόν σου· ¹⁵καὶ δώσει χορτάσματα ἐν τοῖς ἀγροῖς σου τοῖς κτήνεσίν σου. ¹⁶καὶ φαγὼν καὶ
ἐμπλησθεὶς ⁽¹⁶⁾πρόσεχε σεαυτῷ μὴ πλατυνθῇ ἡ καρδία σου, καὶ παραβῆτε καὶ λατρεύσητε θεοῖς ἑτέροις καὶ προσκυνήσητε αὐτοῖς· ¹⁷καὶ
θυμωθεὶς ὀργῇ Κύριος ἐφ' ὑμῖν καὶ συνσχῇ τὸν οὐρανόν, καὶ
οὐκ ἔσται ὁ ὑετὸς καὶ ἡ γῆ οὐ δώσει τὸν καρπὸν αὐτῆς, καὶ ἀπολεῖσθε
ἐν τάχει ἀπὸ τῆς γῆς τῆς ἀγαθῆς ἧς ἔδωκεν ὁ κύριος ὑμῖν. ¹⁸καὶ
ἐμβαλεῖτε τὰ ῥήματα ταῦτα εἰς τὴν καρδίαν ὑμῶν καὶ εἰς τὴν ψυχὴν
ὑμῶν, καὶ ἀφάψετε αὐτὰ εἰς σημεῖον ἐπὶ τῆς χειρὸς ὑμῶν, καὶ ἔσται
ἀσάλευτον πρὸ ὀφθαλμῶν ὑμῶν· ¹⁹καὶ διδάξετε αὐτὰ τὰ τέκνα ὑμῶν
λαλεῖν ἐν αὐτοῖς, καθημένου σου ἐν οἴκῳ καὶ πορευομένου σου ἐν
ὁδῷ, καὶ καθεύδοντός σου καὶ διανισταμένου σου· ²⁰καὶ γράψετε
αὐτὰ ἐπὶ τὰς φλιὰς τῶν οἰκιῶν ὑμῶν καὶ τῶν πυλῶν ὑμῶν, ²¹ἵνα
μακροημερεύσητε, καὶ αἱ ἡμέραι τῶν υἱῶν ὑμῶν ἐπὶ τῆς γῆς ἧς
ὤμοσεν Κύριος τοῖς πατράσιν ὑμῶν δοῦναι αὐτοῖς καθὼς αἱ ἡμέραι
τοῦ οὐρανοῦ ἐπὶ τῆς γῆς. ²²καὶ ἔσται ἐὰν ἀκοῇ ἀκούσητε πάσας τὰς
ἐντολὰς ταύτας ὅσας ἐγὼ ἐντέλλομαί σοι σήμερον ποιεῖν, ἀγαπᾶν
Κύριον τὸν θεὸν ἡμῶν καὶ πορεύεσθαι ἐν πάσαις ταῖς ὁδοῖς αὐτοῦ
προσκολλᾶσθαι αὐτῷ· ²³καὶ ἐκβαλεῖ Κύριος πάντα τὰ ἔθνη ταῦτα
ἀπὸ προσώπου ὑμῶν, καὶ κληρονομήσετε ἔθνη μεγάλα καὶ ἰσχυρὰ
μᾶλλον ἢ ὑμεῖς. ²⁴πάντα τὸν τόπον οὗ ἐὰν πατήσῃ τὸ ἴχνος τοῦ
ποδὸς ὑμῶν, ὑμῖν ἔσται· ἀπὸ τῆς ἐρήμου καὶ Ἀντιλιβάνου, καὶ ἀπὸ

AF 11 ορινη AF 12 συντελειας] της συντελειας AF 13 εισακουσητε]
ακουσητε AF | εντολας]+αυτον AF | ας] οσας AF | om σου 3° A 14 τη
γη] της γης A | προιμον B*AF] πρωιμον Bᵇ | εισοισει F¹ 15 δωσεις AF
εν ταις αγροις] τοις | τοις αγροις F | τοις κτηνεσιν] pr και εν A 17 οργη]
οργισθη A | ο υετος] om ο AF | ο κυριος] ο θ̅ς̅ A | αυτοις] αυτα AF | καθημενου σου] καθημενους AF | πορευομενου σου] πορευομενους AF | καθευδοντος
σου] κοιταζομενους AF | διανισταμενου σου] διανισταμενους AF 20 οικιων]
οικων AF 21 μακροημερευσητε] πολυημερευσητε AF 22 οσας] as AF
σοι] υμιν AF | om και 2° AF | πορευεσθε B | προσκολλασθαι] pr και AF
23 ισχυρα] ισχυροτερα AF 24 ου εαν] ον αν F | του ποδος] των ποδων F

ΔΕΥΤΕΡΟΝΟΜΙΟΝ XII 3

τοῦ ποταμοῦ τοῦ μεγάλου, ποταμοῦ Εὐφράτου, καὶ ἕως τῆς θαλάσσης B τῆς ἐπὶ δυσμῶν ἔσται τὰ ὅριά σου. ²⁵ οὐκ ἀντιστήσεται οὐδεὶς κατὰ πρόσωπον ὑμῶν· τὸν τρόμον ὑμῶν καὶ τὸν φόβον ὑμῶν ἐπιθήσει Κύριος ὁ θεὸς ὑμῶν ἐπὶ πρόσωπον πάσης τῆς γῆς ἐφ᾽ ἧς ἐὰν ἐπιβῆτε ἐπ᾽ αὐτῆς, ὃν τρόπον ἐλάλησεν πρὸς ὑμᾶς. ²⁶ Ἰδοὺ ἐγὼ δίδωμι ἐνώπιον ὑμῶν σήμερον τὴν εὐλογίαν καὶ τὴν κατάραν· ²⁷ τὴν εὐλογίαν, ἐὰν ἀκούσητε τὰς ἐντολὰς Κυρίου τοῦ θεοῦ ὑμῶν ἃς ἐγὼ ἐντέλλομαι ὑμῖν σήμερον· ²⁸ καὶ αἱ κατάραι, ἐὰν μὴ ἀκούσητε τὰς ἐντολὰς Κυρίου τοῦ θεοῦ ὑμῶν ὅσα ἐγὼ ἐντέλλομαι ὑμῖν σήμερον, καὶ πλανηθῆτε ἀπὸ τῆς ὁδοῦ ἧς ἐνετειλάμην ὑμῖν, πορευθέντες λατρεύειν θεοῖς ἑτέροις οὓς οὐκ οἴδατε. ²⁹ καὶ ἔσται ὅταν εἰσαγάγῃ σε Κύριος ὁ θεός σου εἰς τὴν γῆν εἰς ἣν διαβαίνεις ἐκεῖ κληρονομῆσαι αὐτήν, καὶ δώσεις εὐλογίαν ἐπ᾽ ὄρος Γαριζεὶν καὶ τὴν κατάραν ἐπ᾽ ὄρος Γαιβάλ. ³⁰ οὐκ ἰδοὺ ταῦτα πέραν τοῦ Ἰορδάνου ὀπίσω ὁδὸν δυσμῶν ἡλίου ἐν γῇ Χανάαν, τὸ κατοικοῦν ἐπὶ δυσμῶν ἐχόμενον τοῦ Γολγόλ, πλησίον τῆς δρυὸς τῆς ὑψηλῆς; ³¹ ὑμεῖς γὰρ διαβαίνετε τὸν Ἰορδάνην, εἰσελθόντες κληρονομῆσαι τὴν γῆν ἣν Κύριος ὁ θεὸς ὑμῶν δίδωσιν ὑμῖν ἐν κλήρῳ πάσας τὰς ἡμέρας, καὶ κατοικήσετε ἐν αὐτῇ· ²³² καὶ φυλάξεσθε τοῦ ποιεῖν πάντα τὰ προστάγματα αὐτοῦ καὶ τὰς κρίσεις ταύτας ὅσας ἐγὼ δίδωμι ἐνώπιον ὑμῶν σήμερον.

¹ Καὶ ταῦτα τὰ προστάγματα καὶ αἱ κρίσεις ἃς φυλάξετε τοῦ ποιεῖν ἐν τῇ γῇ, ᾗ Κύριος ὁ θεὸς τῶν πατέρων ἡμῶν δίδωσιν ὑμῖν ἐν κλήρῳ πάσας τὰς ἡμέρας ἃς ὑμεῖς ζῆτε ἐπὶ τῆς γῆς. ² ἀπωλίᾳ ἀπολεῖτε πάντας τοὺς τόπους ἐν οἷς ἐλάτρευσαν ἐκεῖ τοῖς θεοῖς αὐτῶν, οὓς ὑμεῖς κληρονομεῖτε αὐτούς, ἐπὶ τῶν ὀρέων τῶν ὑψηλῶν καὶ ἐπὶ τῶν θινῶν καὶ ὑποκάτω δένδρου δασέος· ³ καὶ κατασκάψατε τοὺς βωμοὺς

24 σου] υμων AF 25 τον φοβον υμων και τον τρομον υμων AF | AF προσωπον] προσωπου AF | εαν] αν AF | ελαλησεν]+κς AF | προς υμας] π αυτης F 26 ενωπιον υμων σημερον] σημερον εναντιον υμων A | την υλογιαν] ευλογιας AF | την καταραν] καταρας AF 27 την ευλογιαν] τας υλογιας F | ας] οσας AF 28 αι καταραι] τας καταρας AF | ακουσητε] ισακουσητε AF | οσα] οσας AF | ενετειλαμ.. F | ους] οις AF | ουκ οιδατε sup ras A¹ 29 om εις 2° A | διαβεννις A | ευλογιαν] pr την AF | Γαριζειν] Γαζιρειν A | Γαιβα.' F 30 om δυσμων 1° F | Γολγο.' F 31 om ιμιν F | και κατοικησετε] pr και κληρονομησετε αυτην A και κληρονομησετε F | ιν αυτη] αυτην F 32 αυτου] αυτων A | ταυτας] αυτας AF
XII 1 αι κρισεις] τα κριματα AF | ας] α AF | φυλαξετε] φυλαξεσθε AF | ποιειν] ποιησαι AF | εν τη γη] επι της γης AF | η] ης AF | ημων] υμων AF ² απολειται A | πάντας τους τοπους] παντα τα εθνη A | εκει]+τα εθνη F | κληρονομειτε]. κατακληρον. AF | δενδρου] pr παντος F¹ᵐᵍ | δασεως AF ³ κατασκεψατε B* (κατασκαψ. Bᵃᵇ)] κατασκαψετε F | βωμους] aliq emend Bᵛⁱᵈ

ΔΕΥΤΕΡΟΝΟΜΙΟΝ

B αὐτῶν, καὶ συντρίψετε τὰς στήλας αὐτῶν, καὶ τὰ ἄλση αὐτῶν ἐκκόψετε, καὶ τὰ γλυπτὰ τῶν θεῶν αὐτῶν κατακαύσατε πυρί· καὶ ἀπολεῖται τὸ ὄνομα αὐτῶν ἐκ τοῦ τόπου ἐκείνου. ⁴οὐ ποιήσετε 4 οὕτως Κυρίῳ τῷ θεῷ ὑμῶν· ⁵ἀλλ' ἢ εἰς τὸν τόπον ὃν ἂν ἐκλέξηται 5 Κύριος ὁ θεός σου ἐν μιᾷ τῶν πόλεων ὑμῶν, ἐπονομάσαι τὸ ὄνομα αὐτοῦ ἐκεῖ ἐπικληθῆναι, καὶ ἐκζητήσατε ἐκεῖ· ⁶καὶ οἴσετε 6 τὰ ὁλοκαυτώματα ὑμῶν, καὶ τὰς ὁμολογίας ὑμῶν, τὰ πρωτότοκα τῶν βοῶν ὑμῶν καὶ τῶν προβάτων ὑμῶν· ⁷καὶ φάγεσθε ἐκεῖ 7 ἐναντίον Κυρίου τοῦ θεοῦ ὑμῶν, καὶ εὐφρανθήσεσθε ἐπὶ πᾶσιν οὗ ἂν τὴν χεῖρα ἐπιβάλητε, ὑμεῖς καὶ οἱ οἶκοι ὑμῶν, καθότι εὐλόγησέν σε Κύριος ὁ θεός σου. ⁸οὐ ποιήσετε πάντα ἃ ἡμεῖς ποιοῦμεν ὧδε 8 σήμερον, ἕκαστος τὸ ἀρεστὸν ἐνώπιον αὐτοῦ· ⁹οὐ γὰρ ἥκατε ἕως 9 τοῦ νῦν εἰς τὴν κατάπαυσιν καὶ εἰς τὴν κληρονομίαν ἣν Κύριος ὁ θεὸς ἡμῶν δίδωσιν ὑμῖν. ¹⁰καὶ διαβήσεσθε τὸν Ἰορδάνην, καὶ 10 κατοικήσετε ἐπὶ τῆς γῆς ἧς Κύριος ὁ θεὸς ἡμῶν κατακληρονομεῖ ὑμῖν, καὶ καταπαύσει ὑμᾶς ἀπὸ πάντων τῶν ἐχθρῶν ὑμῶν τῶν κύκλῳ, καὶ κατοικήσετε μετὰ ἀσφαλίας. ¹¹καὶ ἔσται ὁ τόπος ὃν 11 ἂν ἐκλέξηται Κύριος ὁ θεός σου ἐπικληθῆναι τὸ ὄνομα αὐτοῦ ἐκεῖ, οἴσετε πάντα ὅσα ἐγὼ ἐντέλλομαι ὑμῖν σήμερον, τὰ ὁλοκαυτώματα ὑμῶν καὶ τὰ θυσιάσματα ὑμῶν, καὶ τὰ ἐπιδέκατα ὑμῶν καὶ τὰς ἀπαρχὰς τῶν χειρῶν ὑμῶν, καὶ πᾶν ἐκλεκτὸν τῶν δώρων ὑμῶν ὅσα ἐὰν εὔξησθε τῷ θεῷ· ¹²καὶ εὐφρανθήσεσθε ἐναντίον Κυρίου τοῦ 12 θεοῦ ὑμῶν, ὑμεῖς καὶ οἱ υἱοὶ ὑμῶν καὶ αἱ θυγατέρες ὑμῶν, οἱ παῖδες ὑμῶν καὶ αἱ παιδίσκαι ὑμῶν, καὶ ὁ Λευείτης ὁ ἐπὶ τῶν πυλῶν ὑμῶν, ὅτι οὐκ ἔστιν αὐτῷ μερὶς οὐδὲ κλῆρος μεθ' ὑμῶν. ¹³πρόσεχε 13 σεαυτῷ μὴ ἀνενέγκῃς τὰ ὁλοκαυτώματά σου ἐν παντὶ τόπῳ οὗ ἐὰν ἴδῃς, ¹⁴ἀλλ' ἢ εἰς τὸν τόπον ὃν ἂν ἐκλέξηται Κύριος ὁ θεός σου 14

AF 3 κατακαυσετε A κατακαυσεται F | απολειτε A 5 σου] υμων AF | πολεων] φυλων AF | εκζητησατε] εκζητησετε AF+𝔍 ελευσεσθε B^{ab}+και εισελευσεσθε AF 6 οισετε]+εκει B^{ab} (superscr) AF | και τας ομολ. υμων]+και τα θυσιασματα υμων και τας απαρχας υμων και τα εκουσια υμων A+και τας θυσιας υμων (om F* hab F¹ ᵐᵍ) και τας απαρχας υμων και τας ευχας υμων και τα εκουσια υμων F | τα πρωτοτοκα] pr και A 7 εναντι F | αν] εαν AF | την χ. επιβαλητε] επιβαλητε τας χειρας AF+υμων F | ηυλογησεν AF 8 ημεις ποιουμεν] υμεις ποιειτε F | ενωπιον] εναντιον AF 9 ημων BF¹ (ημων F*)] υμων A 10 ημων] υμων AF | κατακληρονομει] κατακληρονομησει AF 11 σου] υμων AF | οισετε] pr εκει AF | om και τας απαρχας των χειρων υμων F | και παν] pr και τα δοματα υμων AF | εκ]λεκτον B* εκλε|κτον B^b | εαν] αν AF | τω θεω]+υμων AF 12 εναντι AF | αι παιδ.] αι (1°) sup ras A^a | Λευιτης B^bAF

ΔΕΥΤΕΡΟΝΟΜΙΟΝ   XII 25

αὐτὸν ἐν μιᾷ τῶν φυλῶν σου· ἐκεῖ ἀνοίσετε τὰ ὁλοκαυτώματα ὑμῶν, B
15 καὶ ἐκεῖ ποιήσεις πάντα ὅσα ἐγὼ ἐντέλλομαί σοι σήμερον. ¹⁵ἀλλ' ἢ
ἐν πάσῃ ἐπιθυμίᾳ σου θύσεις καὶ φάγῃ κρέα κατὰ τὴν εὐλογίαν
Κυρίου τοῦ θεοῦ σου ἣν ἔδωκέν σοι ἐν πάσῃ πόλει· ὁ ἀκάθαρτος ἐν
σοὶ καὶ ὁ καθαρὸς ἐπὶ τὸ αὐτὸ φάγεται αὐτό, ὡς δορκάδα ἢ ἔλαφον·
16 ¹⁶πλὴν τὸ αἷμα οὐ φάγεσθε, ἐπὶ τὴν γῆν ἐκχεεῖτε αὐτὸ ὡς ὕδωρ.
17 ¹⁷οὐ δυνήσῃ φαγεῖν ἐν ταῖς πόλεσίν σου τὸ ἐπιδέκατον τοῦ σίτου
σου καὶ τοῦ οἴνου σου καὶ τοῦ ἐλαίου σου, τὰ πρωτότοκα τῶν βοῶν
σου, καὶ πάσας εὐχὰς ὅσας ἂν εὔξησθε καὶ τὰς ὁμολογίας ὑμῶν,
18 καὶ τὰς ἀπαρχὰς τῶν χειρῶν σου· ¹⁸ἀλλ' ἢ ἐναντίον Κυρίου τοῦ
θεοῦ σου φάγῃ αὐτὸ ἐν τῷ τόπῳ ᾧ ἂν ἐκλέξηται Κύριος ὁ θεός
σου αὐτῷ, σὺ καὶ ὁ υἱός σου καὶ ἡ θυγάτηρ σου, ὁ παῖς σου καὶ
ἡ παιδίσκη σου, καὶ ὁ προσήλυτος ὁ ἐν ταῖς πόλεσιν ὑμῶν· καὶ
εὐφρανθήσῃ ἐναντίον Κυρίου τοῦ θεοῦ σου ἐπὶ πάντα οὗ ἂν ἐπι-
19 βάλῃς τὴν χεῖρά σου. ¹⁹πρόσεχε σεαυτῷ μὴ ἐνκαταλίπῃς τὸν
20 Λευείτην πάντα τὸν χρόνον ὅσον ἐὰν ζῇς ἐπὶ τῆς γῆς. ²⁰Ἐὰν
δὲ ἐμπλατύνῃ Κύριος ὁ θεός σου τὰ ὅριά σου καθάπερ ἐλάλησέν
σοι, καὶ ἐρεῖς Φάγομαι κρέα· ἐὰν ἐπιθυμήσῃ ἡ ψυχή σου ὥστε
21 φαγεῖν κρέα, ἐν πάσῃ ἐπιθυμίᾳ τῆς ψυχῆς σου φάγῃ κρέα. ²¹ἐὰν
δὲ μακρὰν ἀπέχῃ σου ὁ τόπος ὃν ἂν ἐκλέξηται Κύριος ὁ θεός σου
ἐκεῖ ἐπικληθῆναι τὸ ὄνομα αὐτοῦ, καὶ θύσεις ἀπὸ τῶν βοῶν σου
καὶ ἀπὸ τῶν προβάτων σου, ὧν ἂν δῷ ὁ θεός σοι, ὃν τρόπον ἐνε-
τειλάμην σοι, καὶ φάγῃ ἐν ταῖς πόλεσίν σου κατὰ τὴν ἐπιθυμίαν
22 τῆς ψυχῆς σου· ²²ὡς ἔσθεται ἡ δορκὰς καὶ ἡ ἔλαφος, οὕτως φάγῃ
23 αὐτό· ὁ ἀκάθαρτος ἐν σοὶ καὶ ὁ καθαρὸς ὡσαύτως ἔδεται. ²³πρόσεχε
ἰσχυρῶς τοῦ μὴ φαγεῖν αἷμα, ὅτι αἷμα αὐτοῦ ψυχή· οὐ βρωθήσεται
24 ἡ ψυχὴ μετὰ τῶν κρεῶν· ²⁴οὐ φάγεσθε, ἐπὶ τὴν γῆν ἐκχεεῖτε αὐτὸ
25 ὡς ὕδωρ· ²⁵οὐ φάγῃ αὐτό, ἵνα εὖ σοι γένηται καὶ τοῖς υἱοῖς σου

14 φυλων] πολεων AF | ανοισετε] ανοισεις AF | υμων] σου AF   15 φαγεται] AF
φαγετε A   17 των β. σου]+και των προβατων σου AF | ευχας] pr τας F | om
και 4° A | σου 6°] υμων AᵃF   17—18 των χ. υμων αλλ η εναντι sup ras et
in mg Aᵃ (om των χ. υμ. A*ᵛⁱᵈ)   18 εναντιον 1°] εναντι AᵃF | αυτο] αυτα
AF | ω] ου AF | αυτω συ και ο υιος σου και η θυγ. σου bis scr B* (uncis incl
συ...αυτω 2° Bᵃᵇ) | ο υιος] οι υιοι F | om ο παις σου και η παιδ. σου F* (hab
F¹ᵐᵍ) | και 4°] pr και ο Λευιτης AF | υμων] σου AF | εναντιον 2°] εναντι
AF | αν] εαν A   19 εγκαταλιπης Bᵇ εγκαταλειπης AF | Λευιτην BᵇAF |
παντα τον χρ. οσον] οσον αν χρονον A | om εαν F | ζη A   20 ερεις] ειπης
A | επιθυμησει A | ψυχης] καρδιας A   21 μακραν] μακροτερον AF | om
εκει AF | αυτου]+εκει Aᵃ (om A*ᵛⁱᵈ) F | ων αν δω ο θεος σοι] ως αν δῷ σοι ο
θ̄ς̄ σου A ων αν δω ο θεος σου F¹⁽ᵐᵍ⁾ (om F*ᵛⁱᵈ)   22 εσθετε B* (εσθεται
Bᵃᵇ) AF   23 οτι] το γαρ AF

SEPT.   369   2 A

ΔΕΥΤΕΡΟΝΟΜΙΟΝ

B μετὰ σέ, ἐὰν ποιήσῃς τὸ καλὸν καὶ τὸ ἀρεστὸν ἐναντίον Κυρίου τοῦ θεοῦ σου. ²⁶πλὴν τὰ ἅγιά σου, ἐὰν γένηταί σοι, καὶ τὰς εὐχάς 26 σου λαβὼν ἥξεις εἰς τὸν τόπον ὃν ἂν ἐκλέξηται Κύριος ὁ θεός σου ἐπικληθῆναι τὸ ὄνομα αὐτοῦ ἐκεῖ· ²⁷καὶ ποιήσεις τὰ ὁλοκαυτώματά 27 σου· τὰ δὲ κρέα φάγῃ. ²⁸φυλάσσου καὶ ἄκουε καὶ ποιήσεις πάντας 28 τοὺς λόγους οὓς ἐγὼ ἐντέλλομαί σοι· ἵνα εὖ σοι γένηται καὶ τοῖς υἱοῖς σου δι' αἰῶνος, ἐὰν ποιήσῃς τὸ καλὸν καὶ τὸ ἀρεστὸν ἐναντίον Κυρίου τοῦ θεοῦ σου. ²⁹Ἐὰν δὲ ἐξολεθρεύσῃ Κύριος ὁ θεός 29 σου τὰ ἔθνη, εἰς οὓς εἰσπορεύῃ ἐκεῖ κληρονομῆσαι τὴν γῆν αὐτῶν, ἀπὸ προσώπου σου, καὶ κατακληρονομήσῃς αὐτήν, καὶ κατοικήσῃς ἐν τῇ γῇ αὐτῶν· ³⁰πρόσεχε σεαυτῷ μὴ ἐκζητήσῃς ἐπακολουθῆσαι 30 αὐτοῖς μετὰ τὸ ἐξολεθρευθῆναι αὐτοὺς ἀπὸ προσώπου σου, λέγων Πῶς ποιοῦσιν τὰ ἔθνη ταῦτα τοῖς θεοῖς αὐτῶν; ποιήσω κἀγώ. ³¹οὐ 31 ποιήσεις οὕτως τῷ θεῷ σου· τὰ γὰρ βδελύγματα Κυρίου, ἃ ἐμίσησεν, ἐποίησαν ἐν τοῖς θεοῖς αὐτῶν, ὅτι τοὺς υἱοὺς αὐτῶν καὶ τὰς θυγατέρας αὐτῶν κατακαίουσιν ἐν πυρὶ τοῖς θεοῖς αὐτῶν. ³²Πᾶν 32 (1) (XIII ῥῆμα ὃ ἐγὼ ἐντέλλομαι ὑμῖν σήμερον, τοῦτο φυλάξῃ ποιεῖν· οὐ προσθήσεις ἐπ' αὐτό, οὐδὲ ἀφελεῖς ἀπ' αὐτοῦ.

¹Ἐὰν δὲ ἀναστῇ ἐν σοὶ προφήτης ἢ ἐνυπνιαζόμενος τὸ 1 (2) XIII ἐνύπνιον καὶ δῷ σοι σημεῖον ἢ τέρας, ²καὶ ἔλθῃ τὸ σημεῖον ἢ 2 (3) τὸ τέρας ὃ ἐλάλησεν πρὸς σὲ λέγων Πορευθῶμεν καὶ λατρεύσωμεν θεοῖς ἑτέροις οὓς οὐκ οἴδατε· ³οὐκ ἀκούσεσθε τῶν λόγων 3 (4) τοῦ προφήτου ἐκείνου ἢ τοῦ ἐνυπνιαζομένου τὸ ἐνύπνιον ἐκεῖνο· ὅτι πειράζει Κύριος ὁ θεός σου ὑμᾶς, εἰδέναι εἰ ἀγαπᾶτε τὸν θεὸν ὑμῶν ἐξ ὅλης τῆς καρδίας σου καὶ ἐξ ὅλης τῆς ψυχῆς ὑμῶν. ⁴ὀπίσω Κυρίου τοῦ θεοῦ ὑμῶν πορεύεσθε, καὶ ταῦτον 4 (5) φοβηθήσεσθε καὶ τῆς φωνῆς αὐτοῦ ἀκούσεσθε καὶ αὐτῷ προσ-

AF   25 μετα σε] + εις τον αιωνα AF | εναντι AF   26 εαν γενηται σοι] α αν σοι γενηται AF | ο θεος σου] + αυτον B^{ab} + αυτω AF   27 τα δε κρεα φαγη] pr τα κρεα ανοισεις επι το θυσιαστηριον κῡ του θῡ σου το δε αιμα των θυσιων σου προσχεεις προς την βασιν του θυσιαστηριου κῡ του θῡ σου AF   28 καλον bis scr F | εναντι AF   29 εισπορευη] pr συ AF | την γην B^{a!b}AF] αυτην γ. B* | om σου 2° B* (hab B^{ab (mg)}AF) | κατακληρονομησεις A | αυτην] αυτους AF | κατοικησεις A   30 λεγων] pr ου μη εκζητησης τους θεους αυτων AF | καγω] και εγω A   31 τω θεω] pr κῶ AF | τα γαρ βδ.] τα βδ. γαρ A | Κυριου a] a κς AF | om εν 1° AF | τους υιους] pr και F | om εν 2° F   32 υμιν] σοι AF | προσθησει A* (s superscr A¹) XIII 1 το ενυπνιον] om το AF | δω] δωσει A   2 om και ελθη...τερας F* (hab F¹ mg inf) | ους] οις AF   3 σου bis] υμων AF | ειδεναι] pr του AF | τον θεον] pr κν AF   4 τουτον] αυτον AF | φοβηθησεσθε] + και τας εντολας αυτου φυλαξεσθε AF | ακουσεσθε] + και αυτω δουλευσετε AF

ΔΕΥΤΕΡΟΝΟΜΙΟΝ XIII 16

(6) 5 τεθήσεσθε. 5καὶ ὁ προφήτης ἐκεῖνος ἢ ὁ τὸ ἐνύπνιον ἐνυπνια- B
ζόμενος ἐκεῖνος ἀποθανεῖται· ἐλάλησεν γὰρ πλανῆσαί σε ἀπὸ
Κυρίου τοῦ θεοῦ σου τοῦ ἐξαγαγόντος σε ἐκ γῆς Αἰγύπτου, τοῦ
λυτρωσαμένου σε ἐκ τῆς δουλίας, ἐξῶσαί σε ἀπὸ τῆς ὁδοῦ ἧς
ἐνετείλατό σοι Κύριος ὁ θεός σου πορεύεσθαι ἐν αὐτῇ· καὶ ἀφανι-
(7) 6 εῖς τὸν πονηρὸν ἐξ ὑμῶν αὐτῶν. 6Ἐὰν δὲ παρακαλέσῃ σε
ὁ ἀδελφός σου ἐκ πατρός σου ἢ ἐκ μητρός σου, ἢ ὁ υἱός σου
ἢ ἡ θυγάτηρ σου, ἢ ἡ γυνὴ ἡ ἐν κόλπῳ σου, ἢ φίλος ἴσος τῆς
ψυχῆς σου, λάθρα λέγων Βαδίσωμεν καὶ λατρεύσωμεν θεοῖς
(8) 7 ἑτέροις οὓς οὐκ ᾔδεις σὺ καὶ οἱ πατέρες σου, 7ἀπὸ τῶν θεῶν
τῶν ἐθνῶν τῶν περικύκλῳ ὑμῶν, τῶν ἐγγιζόντων σοι ἢ τῶν
(9) 8 μακρὰν ἀπὸ σοῦ, ἀπ' ἄκρου τῆς γῆς ἕως ἄκρου τῆς γῆς· 8οὐ
συνθελήσεις αὐτῷ καὶ οὐκ εἰσακούσῃ αὐτοῦ, καὶ οὐ φείσεται ὁ
ὀφθαλμός σου ἐπ' αὐτῷ, οὐκ ἐπιποθήσεις ἐπ' αὐτῷ οὐδ' οὐ μὴ
(10) 9 σκεπάσῃς αὐτόν. 9ἀναγγέλλων ἀναγγελεῖς περὶ αὐτοῦ, αἱ χεῖρές
σου ἔσονται ἐπ' αὐτὸν ἐν πρώτοις ἀποκτεῖναι αὐτόν, καὶ αἱ
(11) 10 χεῖρες παντὸς τοῦ λαοῦ ἐπ' ἐσχάτῳ· 10καὶ λιθοβολήσουσιν αὐτὸν
ἐν λίθοις, καὶ ἀποθανεῖται, ὅτι ἐζήτησεν ἀποστῆσαί σε ἀπὸ
Κυρίου τοῦ θεοῦ σου τοῦ ἐξαγαγόντος σε ἐκ γῆς Αἰγύπτου, ἐξ
(12) 11 οἴκου δουλίας. 11καὶ πᾶς Ἰσραὴλ ἀκούσας φοβηθήσεται, καὶ
οὐ προσθήσει ἔτι ποιῆσαι κατὰ τὸ ῥῆμα τὸ πονηρὸν τοῦτο ἐν
(13) 12 ὑμῖν. 12Ἐὰν δὲ ἀκούσῃς ἐν μιᾷ τῶν πόλεών σου ὧν
Κύριος ὁ θεός σου δίδωσίν σοι κατοικεῖν σε ἐκεῖ λεγόντων
(14) 13 13Ἐξήλθοσαν ἄνδρες παράνομοι ἐξ ὑμῶν, καὶ ἀπέστησαν πάν-
τας τοὺς κατοικοῦντας τὴν γῆν αὐτῶν λέγοντες Πορευθῶμεν καὶ
(15) 14 λατρεύσωμεν θεοῖς ἑτέροις οὓς οὐκ ᾔδειτε· 14καὶ ἐρωτήσεις καὶ
ἐραυνήσεις σφόδρα, καὶ ἰδοὺ ἀληθῶς σαφῶς ὁ λόγος, γεγένηται
(16) 15 τὸ βδέλυγμα τοῦτο ἐν ὑμῖν· 15ἀναιρῶν ἀνελεῖς πάντας τοὺς
κατοικοῦντας ἐν τῇ γῇ ἐκείνῃ ἐν φόνῳ μαχαίρας, ἀναθέματι
(17) 16 ἀναθεματιεῖτε αὐτὴν καὶ πάντα τὰ ἐν αὐτῇ. 16καὶ πάντα τὰ

5 αποπλανησαι F | απο 2⁰] εκ AF | αφανιειτε AF   6 η γυνη]+σου AF | AF
φιλος ισος] ο φιλος ο ισος A ο φ. σου ο.ισος F | τη ψυχη A | βαδισωμεν] πορευ-
θωμεν AF | ους] οις AF   8 σου] μου F | ουδ ου] ουδε AF   9 αι χ. σου
εσονται] και η χειρ σου εσται AF | επ αυτον] επ αυτω AF   11 προσθησου-
σιν AF | το ρ. το πονηρον] το πον. ρ. A   12 om σου 1⁰ F | om σε AF |
λεγοντων] λεγων F   13 εξηλθον AF | υμων] ημων AF | γην] πολιν AF |
ους] οις AF   14 και ερωτησεις] pr και εξετασεις A και ετασεις F | εραυνη-
σεις B* (ερευν. Bᵇ)] εξεραυνησεις A εξερευνησεις F | αληθης AF | γενηται F*
(γεγεν. F¹)   15 αναιρων ανελεις αναιλων αναιλεις A | παντας] παντα F |
γη] πολει AF | μαχαιρης A

371   2 A 2

XIII 17 ΔΕΥΤΕΡΟΝΟΜΙΟΝ

B σκῦλα αὐτῆς συνάξεις εἰς τὰς διόδους αὐτῆς, καὶ ἐνπρήσεις τὴν πόλιν ἐν πυρὶ καὶ πάντα τὰ σκῦλα αὐτῆς πανδημεὶ ἐναντίον Κυρίου τοῦ θεοῦ σου· καὶ ἔσται ἀοίκητος εἰς τὸν αἰῶνα, οὐκ ἀνοικοδομηθήσεται ἔτι. ¹⁷καὶ οὐ προσκολληθήσεται ἐν τῇ χειρί σου 17 (18) οὐδὲν ἀπὸ τοῦ ἀναθέματος, ἵνα ἀποστραφῇ Κύριος ἀπὸ θυμοῦ τῆς ὀργῆς αὐτοῦ, καὶ δώσει σοι ἔλεος καὶ ἐλεήσει σε καὶ πληθυνεῖ σε ὃν τρόπον ὤμοσεν τοῖς πατράσιν σου, ¹⁸ἐὰν ἀκούσῃς 18 (19) τῆς φωνῆς Κυρίου τοῦ θεοῦ σου, φυλάσσειν τὰς ἐντολὰς αὐτοῦ ὅσας ἐγὼ ἐντέλλομαί σοι σήμερον, ποιεῖν τὸ ἀρεστὸν καὶ τὸ καλὸν ἐναντίον Κυρίου τοῦ θεοῦ σου.

¹Υἱοί ἐστε Κυρίου τοῦ θεοῦ ὑμῶν, οὐκ ἐπιθήσετε φαλάκρωμα ἀνὰ 1 XIV μέσον τῶν ὀφθαλμῶν ὑμῶν ἐπὶ νεκρῷ· ²ὅτι λαὸς ἅγιος εἶ Κυρίῳ τῷ 2 θεῷ σου, καὶ σὲ ἐξελέξατο Κύριος ὁ θεός σου γενέσθαι σε αὐτῷ λαὸν περιούσιον ἀπὸ πάντων τῶν ἐθνῶν τῶν ἐπὶ προσώπου τῆς γῆς. ³Οὐ φάγεσθε πᾶν βδέλυγμα. ⁴ταῦτα κτήνη ἃ φάγεσθε· ³⁄₄ μόσχον ἐκ βοῶν, καὶ ἀμνὸν ἐκ προβάτων, καὶ χίμαρον ἐξ αἰγῶν, ⁵ἔλαφον καὶ δορκάδα καὶ πύγαργον, ὄρυγα καὶ καμηλοπάρδαλιν· 5 ⁶πᾶν κτῆνος διχηλοῦν ὁπλὴν καὶ ὀνυχιστῆρας ὀνυχίζον δύο χηλῶν 6 καὶ ἀνάγον μηρυκισμὸν ἐν τοῖς κτήνεσιν, ταῦτα φάγεσθε. ⁷καὶ ταῦτα 7 οὐ φάγεσθε ἀπὸ τῶν ἀναγόντων μηρυκισμὸν καὶ ἀπὸ τῶν διχηλούντων τὰς ὁπλὰς καὶ ὀνυχιζόντων ὀνυχιστῆρας, τὸν κάμηλον καὶ δασύποδα καὶ χοιρογρύλλιον· ὅτι ἀνάγουσιν μηρυκισμὸν καὶ ὁπλὴν οὐ διχηλοῦσιν, ἀκάθαρτα ταῦτα ὑμῖν ἐστιν. ⁸καὶ τὸν ὗν, ὅτι διχηλεῖ ὁπλὴν 8 τοῦτο καὶ ὀνυχίζει ὀνυχιστῆρας ὁπλῆς, καὶ τοῦτο μηρυκισμὸν οὐ μαρυκᾶται, ἀκάθαρτον τοῦτο ὑμῖν· ἀπὸ τῶν κρεῶν αὐτῶν οὐ φάγεσθε, τῶν θνησιμαίων αὐτῶν οὐχ ἅψεσθε. ⁹Καὶ ταῦτα φάγεσθε ἀπὸ 9 πάντων τῶν ἐν τῷ ὕδατι· πάντα ὅσα ἐστὶν ἐν αὐτοῖς πτερύγια καὶ

AF 16 συναξεις] συνα|ξει sup ras B^{ab} | πανδημι AF | εναντι AF 17 om και 1° AF | ουδεν απο του αναθ. εν τη χ. σου AF | θυμου] pr του F | δωσει] δωη F | και πληθυνει σε και ελεησει σε A | ον τροπον] pr και πλησθησι καθως ελαλησεν σοι A pr καθ. ελαλ. σοι F | ωμοσεν]+ κ̅ς̅ AF 18 εαν]+ δε A¹ (superscr) F | ακουσης] εισακουσητε AF | τὰς εντολας] pr πασας AF | οσας] ας AF | το καλον και το αρεστον AF | εναντι AF XIV 1 ουκ επιθησετε (επιθησεται A)] pr ου φοιβησετε B^{abmg}AF 2 om σε 1° A*^{vid} (hab A^{?(mg)}) F | γενεσθε A | om σε 2° A 4 κτηνη] pr τα AF 5 δορκαδα]+ και βουβαλον και τραγελαφον AF | πυδαργον A | ορυγα] pr και AF 6 διχηλουν] διχηλευον A | ονυχιζων A | αναγων B 7 χοιρογυ|λιον B χυρογυλιον A* (χυρογρ. A¹) F | αναγουσιν] αναγει A αναγουσιν | σιν (sic) F | μηρυκισμον 2°] + ταυτα AF | ακαθαρτα ταυτα] om ταυτα AF 8 om οπλην A | ονυχιστηρας] ονυχας AF | ου μαρυκαται] ουκ αναμαρυκαται A | των θνησιμ.] pr και AF 9 τω υδατι] τοις υδασιν AF | om εν 2° AF

ΔΕΥΤΕΡΟΝΟΜΙΟΝ XIV 25

10 λεπίδες φάγεσθε. ¹⁰καὶ πάντα ὅσα οὐκ ἔστιν αὐτοῖς πτερύγια, καὶ B
11 λεπίδες οὐ φάγεσθε, ἀκάθαρτα ὑμῖν ἐστιν. ¹¹Πᾶν ὄρνεον καθα-
12 ρὸν φάγεσθε. ¹²καὶ ταῦτα οὐ φάγεσθε ἀπ' αὐτῶν· τὸν ἀετὸν καὶ
13 τὸν γρύπα καὶ τὸν ἁλιάετον, ¹³καὶ τὸν γύπα καὶ τὸν ἴκτινα καὶ τὰ
(15) 14 ὅμοια αὐτῷ, ¹⁴καὶ στρουθὸν καὶ γλαῦκα καὶ λάρον, ¹⁵καὶ ἀρωδιὸν
(16) 15
(17) 16 καὶ κύκνον καὶ εἶβιν, ¹⁶καὶ καταράκτην καὶ ἱέρακα καὶ τὰ ὅμοια
(18) 17 αὐτῷ, καὶ ὕποπα καὶ νυκτικόρακα, ¹⁷καὶ πελεκᾶνα καὶ χαραδριὸν
(19) 18 καὶ τὰ ὅμοια αὐτῷ, καὶ πορφυρίωνα καὶ νυκτερίδα. ¹⁸πάντα τὰ
ἑρπετὰ τῶν πετεινῶν ἀκάθαρτα ὑμῖν ἐστιν, οὐ φάγεσθε ἀπ' αὐτῶν.
(20) 19 ¹⁹πᾶν πετεινὸν καθαρὸν φάγεσθε. ²⁰Πᾶν θνησιμαῖον οὐ φά-
(21) 20
γεσθε· τῷ παροίκῳ τῷ ἐν ταῖς πόλεσίν σου δοθήσεται καὶ φά-
γεται, ἢ ἀποδώσῃ τῷ ἀλλοτρίῳ· ὅτι λαὸς ἅγιος εἶ Κυρίῳ τῷ θεῷ
(22) 21 σου. οὐχ ἑψήσεις ἄρνα ἐν γάλακτι μητρὸς αὐτοῦ. ²¹Δεκάτην
ἀποδεκατώσεις παντὸς γενήματος τοῦ σπέρματός σου, τὸ γένημα
(23) 22 τοῦ ἀγροῦ σου ἐνιαυτὸν κατ' ἐνιαυτόν, ²²καὶ φάγῃ αὐτὸ ἐν τῷ
τόπῳ ᾧ ἂν ἐκλέξηται Κύριος ὁ θεός σου ἐπικληθῆναι τὸ ὄνομα αὐτοῦ
ἐκεῖ· οἴσετε τὰ ἐπιδέκατα τοῦ σίτου σου καὶ τοῦ οἴνου σου καὶ τοῦ
ἐλαίου σου, τὰ πρωτότοκα τῶν βοῶν σου καὶ τῶν προβάτων σου,
ἵνα μάθῃς φοβεῖσθαι Κύριον τὸν θεόν σου πάσας τὰς ἡμέρας.
(24) 23 ²³ἐὰν δὲ μακρὰν γένηται ἀπὸ σοῦ ἡ ὁδός, καὶ μὴ δύνῃ ἀναφέρειν
αὐτά, ὅτι μακρὰν ἀπὸ σοῦ ὁ τόπος ὃν ἂν ἐκλέξηται Κύριος ὁ θεός
σου ἐπικληθῆναι τὸ ὄνομα αὐτοῦ ἐκεῖ, ὅτι εὐλογήσει σε Κύριος
(25) 24 ὁ θεός σου· ²⁴καὶ ἀποδώσῃ αὐτὰ ἀργυρίου, καὶ λήμψῃ τὸ ἀργύριον
ἐν ταῖς χερσίν σου καὶ πορεύσῃ εἰς τὸν τόπον ὃν ἂν ἐκλέξηται
(26) 25 Κύριος ὁ θεός σου αὐτόν· ²⁵καὶ δώσεις ἀργύριον ἐπὶ παντὸς οὗ

9 φαγεσθε 2°] pr ταυτα A   9—10 ες φαγεσθε| και παντα οσα ουκ εστι AF sup ras Bᵃ   10 και 2°] ουδε AF | ακαθαρτα]+ταυτα AF | υμιν εστιν] εσται υμιν AF   12 om ου A* (superscr A¹) | αλιαιτον (sic) B αλιετον AF 13 τα ομ. αυτω]+και παντα κορακα και τα ομοια αυτω Aᵃ⁺(mg)F   14 γλαυκαν B* (γλαυκα Bᵇ) | λαρον]+και ιερακα και τα ομοια αυτω AF   15 αρωδιον B*A] ερωδ. BᵇF | ειβιν B* (ιβιν Bᵇ) ιβην A ιβειν F   16 om και ιερακα και τα ομοια αυτω AF | υποπα B*F (υπωπα A)] εποπα Bᵃᵇ+και πορφυριωνα AF   17 om και πορφυριωνα AF   18 ακαθαρτα]+ταυτα A | εστιν υμιν AF   20 παν θνησιμ.] pr και AF | τω θεω σου (in mg et sup ras Aᵃ)] +και ευφρανθηση sup ras Aᵃ | μητρος αυτου]+ος γαρ ποιει τουτο ως ει θυσει ασφαλακα μνημα εστιν τω θεω Ιακωβ (ita ut vid) F¹ᵐᵍ   21 παντος γενηματος] παν το γενημα A   22 om και 1° F | φαγη αυτο]+εναντι κυ του θῡ σου AF | τω τοπω] om τω A | αυτου· εκει AF | οισεις AF | τα πρωτοτοκα] pr και AF   23 η οδος απο σου AF | ευλογησει] ευλογηση A ηυλογησεν F   24 om σου 2° A | αυτον]+επικληθηναι το ονομα αυτου εκει Bᵃᵇ(mg)   25 αργυριον] pr το AF

373

ΔΕΥΤΕΡΟΝΟΜΙΟΝ

B ἐὰν ἐπιθυμεῖ ἡ ψυχή σου· καὶ φάγῃ ἐκεῖ ἐναντίον Κυρίου τοῦ θεοῦ σου, καὶ εὐφρανθήσῃ σὺ καὶ ὁ υἱός σου ²⁶καὶ ὁ Λευείτης ὁ ἐν 26 (27) ταῖς πόλεσίν σου, ὅτι οὐκ ἔστιν αὐτῷ μερὶς οὐδὲ κλῆρος μετὰ σοῦ. ²⁷μετὰ τρία ἔτη ἐξοίσεις πᾶν τὸ ἐπιδέκατον τῶν γενημάτων σου· 27 (28) ἐν τῷ ἐνιαυτῷ ἐκείνῳ θήσεις αὐτὸ ἐν ταῖς πόλεσίν σου. ²⁸καὶ 28 (29) ἐλεύσεται ὁ Λευείτης, ὅτι οὐκ ἔστιν αὐτῷ μερὶς οὐδὲ κλῆρος μετὰ σοῦ, καὶ ὁ προσήλυτος καὶ ὁ ὀρφανὸς καὶ ἡ χήρα ἡ ἐν ταῖς πόλεσίν σου, καὶ φάγονται καὶ ἐμπλησθήσονται, ἵνα εὐλογήσῃ σε Κύριος ὁ θεός σου ἐν πᾶσιν τοῖς ἔργοις οἷς ἐὰν ποιῇς.

¹Δι' ἑπτὰ ἐτῶν ποιήσεις ἄφεσιν. ²καὶ οὕτως τὸ πρόσταγμα τῆς $\frac{1}{2}$ XV ἀφέσεως· ἀφήσεις πᾶν χρέος ἴδιον ὃ ὀφείλει σοι ὁ πλησίον, καὶ τὸν ἀδελφόν σου οὐκ ἀπαιτήσεις· ἐπικέκληται γὰρ ἡ ἄφεσις Κυρίῳ τῷ θεῷ σου. ³τὸν ἀλλότριον ἀπαιτήσεις ὅσα ἐὰν ᾖ σοι παρ' αὐτῷ, τοῦ 3 ἀδελφοῦ σου ἄφεσιν ποιήσεις τοῦ χρέους σου· ⁴ὅτι οὐκ ἔσται ἐν 4 σοὶ ἐνδεής, ὅτι εὐλογῶν εὐλογήσει σε Κύριος ὁ θεός σου ἐν τῇ γῇ ᾗ Κύριος ὁ θεός σου δίδωσίν σοι ἐν κλήρῳ κατακληρονομεῖν σε αὐτήν· ⁵ἐὰν δὲ ἀκοῇ εἰσακούσητε τῆς φωνῆς Κυρίου τοῦ θεοῦ ὑμῶν, φυλάσσειν 5 καὶ ποιεῖν πάσας τὰς ἐντολὰς ταύτας ὅσας ἐγὼ ἐντέλλομαί σοι σήμερον. ⁶ὅτι Κύριος ὁ θεός σου εὐλόγησέν σε ὃν τρόπον ἐλάλησέν 6 σοι, καὶ δανιεῖς ἔθνεσιν πολλοῖς, σὺ δὲ οὐ δανιῇ, καὶ ἄρξεις ἐθνῶν πολλῶν, σοῦ δὲ οὐκ ἄρξουσιν. ⁷Ἐὰν δὲ γένηται ἐν σοὶ ἐνδεὴς 7 τῶν ἀδελφῶν σου ἐν μιᾷ τῶν πόλεων σου ἐν τῇ γῇ ᾗ Κύριος ὁ θεός σου δίδωσίν σοι, οὐκ ἀποστέρξεις τὴν καρδίαν σου, οὐδ' οὐ μὴ συνσφίγξῃς τὴν χεῖρά σου ἀπὸ τοῦ ἀδελφοῦ σου τοῦ ἐπιδεομένου· ⁸ἀνοίγων 8 ἀνοίξεις τὰς χεῖράς σου αὐτῷ, δάνιον δανιεῖς αὐτῷ ὅσον ἐπιδέεται, καθότι ἐνδεεῖται. ⁹πρόσεχε σεαυτῷ μὴ γένηται ῥῆμα κρυπτὸν ἐν 9 τῇ καρδίᾳ σου, ἀνόμημα, λέγων Ἐγγίζει τὸ ἔτος τὸ ἕβδομον, ἔτος τῆς ἀφέσεως, καὶ πονηρεύσηται ὁ ὀφθαλμός σου τῷ ἀδελφῷ σου

AF   25 εαν] αν F | επιθυμει] επιθυμη AF | η ψυχη σου]+επι βουσι η επι προβατοις επι οινω η επι σικερα η επι παντος ου εαν επιθυμη η ψυχη σου AF | εναντι AF | om και ευφρανθηση A | υιος] οικος AF   26 Λευιτης AF (item 28) | om αυτω A   28 ευλογησει A | πασι F | εργοις]+σου AF XV 2 επικεκλ. γαρ] οτι επικεκλ. AF | η αφεσις] om η AF   3 του αδελφου] τω δε αδελφω AF   4 ευλογων] pr δια το ρημα τουτο F¹ᵐᵍ | κατακληρονομειν σε] κατακληρονομησαι AF   5 ακοη] ακουη A | εισακουσης A | om και ποιειν A | οσας] ας AF   6 εθνεσι A | αρξεις] συ αρξη A αρξεις συ F | εθνων πολλων] πολλων εθνων A   7 των αδελφων] pr εκ AF | διδ. σοι]+εν κληρω A | αποστερξεις] αποστρεψεις AF | ουδ ου] ουδε AF | συσφιγξεις A 8 επιδεεται] αν επιδεηται AF | καθοτι ενδεειται] και καθ οσον υστερειται AF 9 om εν τη καρδια σου F*ᵛⁱᵈ (hab Fᵐᵍ) | της αφεσεως] om της A

ΔΕΥΤΕΡΟΝΟΜΙΟΝ XV 20

τῷ ἐπιδεομένῳ, καὶ οὐ δώσεις αὐτῷ, καὶ καταβοήσεται κατὰ σοῦ πρὸς B
10 Κύριον, καὶ ἔσται ἐν σοὶ ἁμαρτία μεγάλη. ¹⁰διδοὺς δώσεις αὐτῷ,
δάνιον δανιεῖς αὐτῷ ὅσον ἐπιδέεται, καθότι ἐνδεεῖται· καὶ οὐ λυπη-
θήσῃ τῇ καρδίᾳ σου διδόντος σου αὐτῷ, ὅτι διὰ τὸ ῥῆμα τοῦτο εὐλο-
γήσει σε Κύριος ὁ θεός σου ἐν πᾶσιν τοῖς ἔργοις καὶ ἐν πᾶσιν οὗ
11 ἂν ἐπιβάλῃς τὴν χεῖρά σου. ¹¹οὐ γὰρ μὴ ἐκλίπῃ ἐνδεὴς ἀπὸ τῆς γῆς·
διὰ τοῦτο ἐγώ σοι ἐντέλλομαι ποιεῖν τὸ ῥῆμα τοῦτο λέγων Ἀνοίγων
ἀνοίξεις τὰς χεῖράς σου τῷ ἀδελφῷ σου τῷ πένητι καὶ τῷ ἐπιδεομένῳ
12 τῷ ἐπὶ τῆς γῆς σου. ¹²Ἐὰν δὲ πραθῇ σοι ὁ ἀδελφός σου ὁ
Ἑβραῖος καὶ ἡ Ἑβραία, δουλεύσει σοι ἐξ ἔτη, καὶ τῷ ἑβδόμῳ ἐξα-
13 ποστελεῖς αὐτὸν ἐλεύθερον ἀπὸ σοῦ. ¹³ὅταν δὲ ἐξαποστέλλῃς αὐτὸν
14 ἐλεύθερον ἀπὸ σοῦ, οὐκ ἐξαποστελεῖς αὐτὸν κενόν· ¹⁴ἐφόδιον ἐφο-
διάσεις αὐτὸν ἀπὸ τῶν προβάτων σου καὶ ἀπὸ τοῦ σίτου σου καὶ
ἀπὸ τοῦ οἴνου σου· καθὰ εὐλόγησέν σε Κύριος ὁ θεός σου, δώσεις
15 αὐτῷ. ¹⁵καὶ μνησθήσῃ ὅτι οἰκέτης ἦσθα ἐν γῇ Αἰγύπτου, καὶ ἐλυτρώ-
σατό σε Κύριος ὁ θεός σου ἐκεῖθεν· διὰ τοῦτο ἐγώ σοι ἐντέλλομαι
16 ποιεῖν τὸ ῥῆμα τοῦτο. ¹⁶ἐὰν δὲ λέγῃ πρός σε Οὐκ ἐξελεύσομαι ἀπὸ
σοῦ, ὅτι ἠγάπηκέν σε καὶ τὴν οἰκίαν σου, ὅτι εὖ αὐτῷ ἐστιν παρὰ σοί·
17 ¹⁷καὶ λήμψῃ τὸ ὀπήτιον καὶ τρυπήσεις τὸ ὠτίον αὐτοῦ πρὸς τὴν θύραν,
καὶ ἔσται σοι οἰκέτης εἰς τὸν αἰῶνα· καὶ τὴν παιδίσκην σου ποιήσεις
18 ὡσαύτως. ¹⁸οὐ σκληρὸν ἔσται ἐναντίον σου ἐξαποστελλομένων αὐτῶν
ἐλευθέρων ἀπὸ σοῦ, ὅτι ἐφέτιον μισθὸν τοῦ μισθωτοῦ ἐδούλευσέν
σοι ἐξ ἔτη· καὶ εὐλογήσει σε Κύριος ὁ θεός σου ἐν πᾶσιν οἷς ἐὰν
19 ποιῇς. ¹⁹Πᾶν πρωτότοκον ὃ ἐὰν τεχθῇ ἐν ταῖς βουσίν σου καὶ
ἐν τοῖς προβάτοις σου, τὰ ἀρσενικὰ ἁγιάσεις Κυρίῳ τῷ θεῷ σου·
οὐκ ἐργᾷ ἐν τῷ πρωτοτόκῳ μόσχῳ σου, καὶ οὐ μὴ κείρῃς τὰ πρωτότοκα
20 τῶν προβάτων σου· ²⁰ἔναντι Κυρίου φάγῃ αὐτὸ ἐνιαυτὸν ἐξ ἐνιαυτοῦ
ἐν τῷ τόπῳ ᾧ ἐὰν ἐκλέξηται Κύριος ὁ θεός σου, σὺ καὶ ὁ οἶκός σου.

9 δωσεις] δως F | βοησεται AF   10 διδους] μεταδιδους F | θανιον] pr AF
και B^{ab} (superscr) AF | επιδεεται] αν επιδεηται σου AF | om καθοτι ενδεειται
AF | λυπηθηση] λυπηση A | πασι (1°) AF | εργοις]+σου AF   11 εκλειπη
AF | γης 1°]+σου AF | om ποιειν A | επιδεομενω] δεομενω A ενδεομενω F
12 και 1°] η AF | σοι 1°] οι sup ras A^a   13 om οταν δε...απο σου B* (hab
B^{ab mg}) | εξαποστελλης] εξαποστελεις F* (εξαποστελλεις F¹^(vid)) | κενον] καινον A
14 του οινου] της ληνου AF | om σου 3° F | ηυλογησεν AF   15 Αιγυπτου
AF | om και ελυτρωσατο...εκειθεν B* (hab B^{ab mg}) | om σε F   16 ηγα-
πησεν AF | εστιν αυτω AF   17 om και 1° AF | ωτιον] ους AF | προς]
επι F | θυραν]+επι τον σταθμον A^a (sup ras) F¹^{mg} | σοι οικετης] οικ. σου
AF   18 om σε B   19 εαν] αν F | τοις βουσιν AF | τα πρωτοτοκα]
το πρωτοτοκον AF   20 Κυριου]+του θυ σου AF | εαν] αν AF

ΔΕΥΤΕΡΟΝΟΜΙΟΝ

B ²¹καὶ ἐὰν ᾖ ἐν αὐτῷ μῶμος, χωλὸν ἢ τυφλόν, μῶμον πονηρόν, οὐ θύσεις αὐτὸ Κυρίῳ τῷ θεῷ σου· ²²ἐν ταῖς πόλεσίν σου φάγῃ αὐτό, ὁ ἀκάθαρτος ἐν σοὶ καὶ ὁ καθαρὸς ὡσαύτως ἔδεται, ὡς δορκάδα ἢ ἔλαφον· ²³πλὴν αἷμα οὐ φάγεσθε, ἐπὶ τὴν γῆν ἐκχεεῖς αὐτὸ ὡς ὕδωρ.

¹Φύλαξαι τὸν μῆνα τῶν νέων, καὶ ποιήσεις τὸ πάσχα Κυρίῳ τῷ θεῷ σου, ὅτι ἐν τῷ μηνὶ τῶν νέων ἐξῆλθες ἐξ Αἰγύπτου νυκτός. ²καὶ θύσεις τὸ πάσχα Κυρίῳ τῷ θεῷ σου, πρόβατα καὶ βόας, ἐν τῷ τόπῳ ᾧ ἐὰν ἐκλέξηται Κύριος ὁ θεός σου αὐτὸν ἐπικληθῆναι τὸ ὄνομα αὐτοῦ ἐκεῖ. ³οὐ φάγῃ ἐπ' αὐτοῦ ζύμην· ἑπτὰ ἡμέρας φάγῃ ἐπ' αὐτοῦ ἄζυμα, ἄρτον κακώσεως, ὅτι ἐν σπουδῇ ἐξήλθετε ἐξ Αἰγύπτου, ἵνα μνησθῆτε τὴν ἡμέραν τῆς ἐξοδίας ὑμῶν ἐκ γῆς Αἰγύπτου πάσας τὰς ἡμέρας τῆς ζωῆς ὑμῶν. ⁴οὐκ ὀφθήσεταί σοι ζύμη ἐν πᾶσι τοῖς ὁρίοις σου ἑπτὰ ἡμέρας, καὶ οὐ κοιμηθήσεται ἀπὸ τῶν κρεῶν ὧν ἐὰν θύσῃς τὸ ἑσπέρας τῇ ἡμέρᾳ τῇ πρώτῃ εἰς τὸ πρωί. ⁵οὐ δυνήσῃ θῦσαι τὸ πάσχα ἐν οὐδεμιᾷ τῶν πόλεών σου ὧν Κύριος ὁ θεός σου δίδωσίν σοι· ⁶ἀλλ' ἢ εἰς τὸν τόπον ὃν ἐὰν ἐκλέξηται Κύριος ὁ θεός σου ἐπικληθῆναι τὸ ὄνομα αὐτοῦ ἐκεῖ, θύσεις τὸ πάσχα ἑσπέρας πρὸς δυσμὰς ἡλίου ἐν τῷ καιρῷ ᾧ ἐξῆλθες ἐξ Αἰγύπτου· ⁷καὶ ἑψήσεις καὶ ὀπτήσεις καὶ φάγῃ ἐν τῷ τόπῳ οὗ ἐὰν ἐκλέξηται Κύριος ὁ θεός σου αὐτόν· καὶ ἀποστραφήσῃ τὸ πρωὶ καὶ ἐλεύσῃ εἰς τοὺς οἴκους σου. ⁸ἐξ ἡμέρας φάγῃ ἄζυμα, καὶ τῇ ἡμέρᾳ τῇ ἑβδόμῃ ἐξόδιον, ἑορτὴ Κυρίῳ τῷ θεῷ σου· οὐ ποιήσεις ἐν αὐτῇ πᾶν ἔργον, πλὴν ὅσα ποιηθήσεται ψυχῇ. ⁹ἑπτὰ ἑβδομάδας ἐξαριθμήσεις σεαυτῷ· ἀρξαμένου σου δρέπανον ἐπ' ἀμητὸν ἄρξῃ ἐξαριθμῆσαι ἑπτὰ ἑβδομάδας. ¹⁰Καὶ ποιήσεις ἑορτὴν ἑβδομάδων Κυρίῳ τῷ θεῷ σου καθότι ἡ χείρ σου ἰσχύει, ὅσα ἂν δῷ Κύριος ὁ θεός σου· ¹¹καὶ εὐφρανθήσῃ ἐναντίον τοῦ θεοῦ σου, καὶ ὁ υἱός σου καὶ ἡ θυγάτηρ σου, ὁ παῖς σου καὶ ἡ παιδίσκη σου, καὶ ὁ Λευείτης καὶ ὁ προσήλυτος

AF   21 και εαν] εαν δε AF | η] pr μη B* (om Bᵃᵇ) | μωμον πονηρον] η και πας μωμος πονηρος AF   22 εδεται] φαγεται AF   23 αιμα] pr το AF+αυτου F | φαγεσθε] φαγη AF   XVI 1 om τω 2° F   2 εαν] αν AF | θεος] θ sup ras Bᵇ⁽ᶜ⁾   3 εξηλθατε F | om εξ Αιγ. ινα μνησθητε F* (hab F¹⁽ᵐᵍ⁾ vid) | εξ Αιγ.]+νυκτος Aᵃ (sup ras) | om ινα Aᵃ | μνη sup ras Aᵃ 4 πασιν A | εαν] αν AF | θυσῃς] θυσητε AF   6 εαν] αν AF | θυσεις] θυσαι A | δυσμαις AF | εξ] εκ γης AF   7 ου εαν] ω αν AF | ελευσῃ] απελευσῃ AF | τους οι|κουσου (sic) F   8 ψυχη] ψυχηι (sic) Bᵇ   9 επτα εβδομαδας] +ολοκληρους A (α εβδ. ολο sup ras Aᵃ seq ut vid spat 3 litt) F   10 τιμησει F | ισχυι (sic) η χειρ σου AF | δω]+σοι καθοτι ηυλογησεν σε AF 11 εναντι AF | του θεου σου] pr κυριου F | και 2°] pr σu AF | Λευειτης (Λευιτ. BᵇAF item 14)]+ο εν ταις πολεσιν σου AF

ΔΕΥΤΕΡΟΝΟΜΙΟΝ. XVII 2

καὶ ὁ ὀρφανὸς καὶ ἡ χήρα ἡ οὖσα ἐν ὑμῖν, ἐν τῷ τόπῳ ᾧ ἐὰν ἐκλέξη- B ται Κύριος ὁ θεός σου ἐπικληθῆναι τὸ ὄνομα αὐτοῦ ἐκεῖ· ¹²καὶ μνησθήσῃ ὅτι οἰκέτης ἐγένου ἐν γῇ Αἰγύπτῳ, καὶ φυλάξῃ καὶ ποιήσεις τὰς ἐντολὰς ταύτας. ¹³Ἑορτὴν σκηνῶν ποιήσεις σεαυτῷ ἑπτὰ ἡμέρας ἐν τῷ συναγαγεῖν σε ἐκ τοῦ ἅλωνός σου καὶ ἀπὸ τῆς ληνοῦ σου· ¹⁴καὶ εὐφρανθήσῃ ἐν τῇ ἑορτῇ σου, σὺ καὶ ὁ υἱός σου καὶ ἡ θυγάτηρ σου, ὁ παῖς σου καὶ ἡ παιδίσκη σου, καὶ ὁ Λευείτης καὶ ὁ προσήλυτος καὶ ὁ ὀρφανὸς καὶ ἡ χήρα ἡ οὖσα ἐν ταῖς πόλεσίν σου. ¹⁵ἑπτὰ ἡμέρας ἑορτάσεις Κυρίῳ τῷ θεῷ σου ἐν τῷ τόπῳ ᾧ ἐὰν ἐκλέξηται Κύριος ὁ θεός σου αὐτῷ· ἐὰν δὲ εὐλογήσῃ σε Κύριος ὁ θεός σου ἐν πᾶσιν γενήμασίν σου καὶ ἐν παντὶ ἔργῳ τῶν χειρῶν σου, καὶ ἔσῃ εὐφραινόμενος. ¹⁶τρεῖς καιροὺς τοῦ ἐνιαυτοῦ ὀφθήσεται πᾶν ἀρσενικόν σου ἐναντίον Κυρίου τοῦ θεοῦ σου ἐν τῷ τόπῳ ᾧ ἐὰν ἐκλέξηται αὐτὸν Κύριος, ἐν τῇ ἑορτῇ τῶν ἀζύμων, καὶ ἐν τῇ ἑορτῇ τῶν ἑβδομάδων, καὶ ἐν τῇ ἑορτῇ τῆς σκηνοπηγίας. οὐκ ὀφθήσῃ ἐνώπιον Κυρίου τοῦ θεοῦ σου κενός· ¹⁷ἕκαστος κατὰ δύναμιν τῶν χειρῶν ὑμῶν, κατὰ τὴν εὐλογίαν Κυρίου τοῦ θεοῦ σου ἣν ἔδωκέν σοι.

¹⁸Κριτὰς καὶ γραμματοεισαγωγεῖς ποιήσεις σεαυτῷ ἐν ταῖς πόλεσίν σου αἷς Κύριος ὁ θεός σου δίδωσίν σοι κατὰ φυλάς, καὶ κρινοῦσιν τὸν λαὸν κρίσιν δικαίαν· ¹⁹οὐκ ἐπιγνώσονται πρόσωπον, οὐδὲ λήμψονται δῶρον· τὰ γὰρ δῶρα ἀποτυφλοῖ ὀφθαλμοὺς σοφῶν καὶ ἐξαρεῖ λόγους δικαίων. ²⁰δικαίως τὸ δίκαιον διώξῃ, ἵνα ζῆτε καὶ εἰσελθόντες κληρονομήσητε τὴν γῆν ἣν Κύριος ὁ θεός σου δίδωσίν σοι. ²¹Οὐ φυτεύσεις σεαυτῷ ἄλσος· πᾶν ξύλον παρὰ τὸ θυσιαστήριον τοῦ θεοῦ σου οὐ ποιήσεις σεαυτῷ. ²²οὐ στήσεις σεαυτῷ στήλην, ἃ ἐμίσησεν Κύριος ὁ θεός σου. ¹Οὐ θύσεις Κυρίῳ τῷ θεῷ σου μόσχον ἢ πρόβατον ἐν ᾧ ἐστιν ἐν αὐτῷ μῶμος, πᾶν ῥῆμα πονηρόν, ὅτι βδέλυγμα Κυρίῳ τῷ θεῷ σού ἐστιν. ²Ἐὰν δὲ εὑρεθῇ ἐν μιᾷ τῶν

11 om ουσα AF | εαν] αν AF | om σου 6° F* (superser F¹) +αυτον AF AF
2 εγενου] ησθα AF | φυλαξη] φυλαξεις AF   13 σκηνων] pr των AF |
ποιησεις] ποιεις A | του αλωνος] της αλ. AF   14 εν τη εορτη] εναντι κυ του
AF   15 εαν 1°] αν AF | αυτω] αυτον επικληθηναι το ονομα αυτου εκει
(αυτον επικλη sup ras Aᵃ) F | ευλογησει F | πασι AF | γενημασιν] pr
οις AF   16 καιρου A* (s superscr A¹) | om σου 1° F | εναντι F | εαν]
ν AF | om αυτον A   17 εκαστατα (sic) F* (εκαστος κατα F¹(vid) |
ποιησεις] καταστησεις AF | ταις πολεσιν] pr πασαις AF   19 ουκ
επιγνωσ.] pr ουκ εκκλινουσιν (εκκλειν. F) κρισιν AF | δωρον] δωρα AF | αποτυφλοι] εκτυφλοι AF | εξαρει] εξαιρει Bᵃᵇ AF   20 διωξη] φυλαξη A | om
ου F   21 παν, ξυλον· F | του θεου σου· F pr κυ AF   22 om ου στησεις
εαυτω F   XVII 1 θυσεις] προσοισεις AF   2 ευρεθη] +εν σοι AF

ΔΕΥΤΕΡΟΝΟΜΙΟΝ

B πόλεών σου, ὧν Κύριος ὁ θεός σου δίδωσίν σοι, ἀνὴρ ἢ γυνὴ ὃς ποιήσει τὸ πονηρὸν ἐναντίον Κυρίου τοῦ θεοῦ σου, παρελθεῖν τὴν διαθήκην αὐτοῦ, ³καὶ ἐλθόντες λατρεύσωσιν θεοῖς ἑτέροις καὶ προσκυνήσουσιν αὐτοῖς, τῷ ἡλίῳ ἢ τῇ σελήνῃ ἢ παντὶ τῶν ἐκ τοῦ κόσμου τοῦ οὐρανοῦ ἃ οὐ προσέταξεν, ⁴καὶ ἀναγγελῇ σοι· καὶ ἐκζητήσεις σφόδρα, καὶ ἰδοὺ ἀληθῶς γέγονεν τὸ ῥῆμα, γεγένηται τὸ βδέλυγμα τοῦτο ἐν Ἰσραήλ· ⁵καὶ ἐξαρεῖς τὸν ἄνθρωπον ἐκεῖνον ἢ τὴν γυναῖκα ἐκείνην, καὶ λιθοβολήσετε αὐτοὺς ἐν λίθοις, καὶ τελευτήσουσιν. ⁶ἐπὶ δυσὶν μάρτυσιν ἢ ἐπὶ τρισὶν μάρτυσιν ἀποθανεῖται ὁ ἀποθνήσκων· οὐκ ἀποθανεῖται ἐφ᾽ ἑνὶ μάρτυρι. ⁷καὶ ἡ χεὶρ τῶν μαρτύρων ἔσται ἐπ᾽ αὐτῷ ἐν πρώτοις θανατῶσαι αὐτόν, καὶ ἡ χεὶρ τοῦ λαοῦ ἐπ᾽ ἐσχάτων· καὶ ἐξαρεῖς τὸν πονηρὸν ἐξ ὑμῶν αὐτῶν. ⁸Ἐὰν δὲ ἀδυνατήσῃ ἀπὸ σοῦ ῥῆμα ἐν κρίσει ἀνὰ μέσον αἷμα αἵματος, καὶ ἀνὰ μέσον κρίσις κρίσεως, καὶ ἀνὰ μέσον ἁφὴ ἁφῆς, καὶ ἀνὰ μέσον ἀντιλογία ἀντιλογίας, ῥήματα κρίσεως ἐν ταῖς πόλεσιν ὑμῶν· καὶ ἀναστὰς ἀναβήσῃ εἰς τὸν τόπον ὃν ἂν ἐκλέξηται Κύριος ὁ θεός σου ἐκεῖ, ⁹καὶ ἐλεύσῃ πρὸς τὸν κριτὴν ὃς ἂν γένηται ἐν ταῖς ἡμέραις ἐκείναις, καὶ ἐκζητήσαντες ἀναγγελοῦσίν σοι τὴν κρίσιν. ¹⁰καὶ ποιήσεις κατὰ τὸ πρᾶγμα ὃ ἐὰν ἀναγγείλωσίν σοι ἐκ τοῦ τόπου οὗ ἂν ἐκλέξηται Κύριος ὁ θεός σου, καὶ φυλάξῃ ποιῆσαι πάντα ὅσα ἐὰν νομοθετηθῇ σοι· ¹¹κατὰ τὸν νόμον καὶ κατὰ τὴν κρίσιν ἣν ἂν εἴπωσίν σοι ποιήσεις, οὐκ ἐκκλινεῖς ἀπὸ τοῦ ῥήματος οὗ ἐὰν ἀναγγείλωσίν σοι δεξιὰ οὐδὲ ἀριστερά. ¹²καὶ ὁ ἄνθρωπος ὃς ἂν ποιήσῃ ἐν ὑπερηφανίᾳ ὥστε μὴ ὑπακοῦσαι τοῦ ἱερέως τοῦ παρεστηκότος λειτουργεῖν ἐπὶ τῷ ὀνόματι Κυρίου τοῦ θεοῦ σου, ἢ τοῦ κριτοῦ ὃς ἂν ᾖ ἐν ταῖς ἡμέραις ἐκείναις, καὶ ἀποθανεῖται ὁ ἄνθρωπος ἐκεῖνος, καὶ ἐξαρεῖς τὸν πονη-

AF 2 os] οστις AF | ποιησει B*ᵛⁱᵈAF] ποιηση B? | εναντι AF | αυτου] κυριοι του θεου F 3 ελθοντες] απελθοντες AF | προσκυνησωσιν F | των εκ του κοσμου] τω κοσμω τω εκ A τω εκ του κοσμου F | προσεταξεν] προσεταξα AF+σοι I 4 ανηγγελη A | om τουτο A*ᵛⁱᵈ (λυγμα] τουτο in mg et sup ras Aᵃ) Ισραηλ] pr τω A 5 εξαρεις] εξαξεις BᵇAF | εκεινην]+οιτινες (οιτεινες A εποιησαν το πραγμα το πονηρον τουτο επι την πυλην AF | και λιθοβολησετε (λιθοβοληεσεται B) αυτους εν λιθοις και τελευτησουσιν BF] και τελευτησουσιν και λιθοβολησουσιν αυτους εν λιθοις A 6 om επι 2° F 7 το λαου] pr παντος AF | εσχατω AF | εξαρειτε AF 8 ρημα απο σου F | υμων] σου AF | εκει] pr επικληθηναι το ονομα αυτου AF 9 τον κριτην] pr τους ιερεις τους Λευιτας και προς AF 10 πραγμα] ρημα AF | εαν bis αν AF | ὁ θεος σου]+επικληθηναι το ονομα αυτου εκει AF | φυλαξη]+σφοδρα F | παντα] pr κατα AF 11 αν] εαν AF | αναγγειλωσιν] αναγγειλωσι (sic) A 12 αν 1°] εάν AF^ | εν υπερη bis scr F | ωστε] του AF | η] γεντι AF | εν ται εν] ταις (sic) F | εξαρειτε F

ΔΕΥΤΕΡΟΝΟΜΙΟΝ XVIII 3

13 ὃν ἐξ Ἰσραήλ. ¹³καὶ πᾶς ὁ λαὸς ἀκούσας φοβηθήσεται καὶ οὐκ ἀσε- B
ήσει ἔτι.

¹⁴Ἐὰν δὲ εἰσέλθῃς εἰς τὴν γῆν ἣν Κύριος ὁ θεός σου δίδωσίν
οι, καὶ κληρονομήσῃς αὐτὴν καὶ κατοικήσῃς ἐπ᾽ αὐτήν, καὶ εἴπῃς
αταστήσω ἐπ᾽ ἐμαυτὸν ἄρχοντα καθὰ καὶ τὰ λοιπὰ ἔθνη τὰ κύκλῳ μου·
15 καθιστῶν καταστήσεις ἐπὶ σεαυτὸν ἄρχοντα ὃν ἂν ἐκλέξηται Κύριος
θεὸς αὐτόν· ἐκ τῶν ἀδελφῶν σου καταστήσεις ἐπὶ σεαυτὸν ἄρχον-
α· οὐ δυνήσῃ καταστῆσαι ἐπὶ σεαυτὸν ἄνθρωπον ἀλλότριον, ὅτι
16 ὐκ ἀδελφός σού ἐστιν. ¹⁶διότι οὐ πληθυνεῖ ἑαυτῷ ἵππον, οὐδὲ μὴ ἀπο-
τρέψῃ τὸν λαὸν εἰς Αἴγυπτον, ὅπως μὴ πληθύνῃ αὐτῷ ἵππον· ὁ δὲ
17 ύριος εἶπεν Οὐ προσθήσετε ἀποστρέψαι τῇ ὁδῷ ταύτῃ ἔτι. ¹⁷καὶ
ὐ πληθυνεῖ ἑαυτῷ γυναῖκας, οὐδὲ μεταστήσεται αὐτοῦ ἡ καρδία· καὶ
18 ργύριον καὶ χρυσίον οὐ πληθυνεῖ ἑαυτῷ σφόδρα. ¹⁸καὶ ὅταν καθίσῃ
πὶ τῆς ἀρχῆς αὐτοῦ, καὶ γράψει αὐτῷ τὸ δευτερονόμιον τοῦτο εἰς
ις ιβλίον παρὰ τῶν ἱερέων τῶν Λευειτῶν, ¹⁹καὶ ἔσται μετ᾽ αὐτοῦ καὶ ἀνα-
νώσεται ἐν αὐτῷ πάσας τὰς ἡμέρας τῆς ζωῆς αὐτοῦ, ἵνα μάθῃ φοβεῖ-
θαι Κύριον τὸν θεόν σου καὶ φυλάσσεσθαι πάσας τὰς ἐντολὰς ταύτας
αὶ τὰ δικαιώματα ταῦτα ποιεῖν· ²⁰ἵνα μὴ ὑψωθῇ ἡ καρδία αὐτοῦ ἀπὸ
ῶν ἀδελφῶν αὐτοῦ, ἵνα μὴ παραβῇ ἀπὸ τῶν ἐντολῶν δεξιὰ ἢ ἀρι-
τερά, ὅπως ἂν μακροχρονίσῃ ἐπὶ τῆς ἀρχῆς αὐτοῦ αὐτὸς καὶ οἱ υἱοὶ
ὐτοῦ ἐν τοῖς υἱοῖς Ἰσραήλ.

¹Οὐκ ἔσται τοῖς ἱερεῦσιν τοῖς Λευείταις, ὅλῃ φυλῇ Λευεί, μερὶς οὐδὲ
λῆρος μετὰ Ἰσραήλ· καρπώματα Κυρίου ὁ κλῆρος αὐτῶν, φάγονται
ὐτά. ²κλῆρος δὲ οὐκ ἔσται αὐτοῖς ἐν τοῖς ἀδελφοῖς αὐτῶν· Κύριος
ὐτὸς κλῆρος αὐτοῦ, καθότι εἶπεν αὐτῷ. ³καὶ αὕτη ἡ κρίσις τῶν
ρέων· τὰ παρὰ τοῦ λαοῦ, παρὰ τῶν θυόντων τὰ θύματα, ἐάν τε
όσχον ἐάν τε πρόβατον· καὶ δώσει τῷ ἱερεῖ τὸν βραχίονα καὶ τὰ

12 εξ] εν Α | Ισραηλ] υμων αυτων F* (Ισρ. F¹ mg) 14 σοι]+εν κληρω AF
| αυτην 1°] αυτης Α | κατοικησεις Α | αυτην 2°] αυτης AF | om επ 2°
F (superscr F¹) | αρχοντας Α 15 καθιστησεις Α | ο θεος]+σου AF
διοτι] πλην AF | αυτω] εαυτω AF | ειπεν]+υμιν AF | προσθησετε (-ται
Ε προσθησεσθε AF 17 om γυναικας...εαυτω B* (hab Bᵃᵇᵐᵍ ⁱⁿᶠ) | ουδε
μ ιστησεται] ινα μη μεταστη AF 18 οταν] pr εσται AF | της αρχης] pr
τ διφρου AF | αυτω] εαυτω AF | Λειιτων BᵇAF 19 ημερας] pr εντολας F*
(F¹) | σου B | και 3° AF | ταυτας] αυτου F | ποιειν]+αυτα AF
2 ιυτου 1°] σου Β | μακροχρονιση] μακροχρονιος η AF | αυτου 4°]+μετ αυτου
  οι υιοι αυτου μετ αυτου εν τοις υιοις Ιηλ in mg et sup ras) Aᵃ | om εν F
III 1 ιερευσι Α | Λευιταις BᵇAF | φυλη] pr τη F | Λευι BᵇAF | καρπωμα
Κυριου] κω Α 2 αυτοις] αυτω AF | εν τοις αδελφοις] εκ των αδελφων
αυτων] αυτου AF | ειπεν] ωμοσεν F 3 τα θυματα] τας θυσιας AF | om
τ 1° F

XVIII 4 ΔΕΥΤΕΡΟΝΟΜΙΟΝ

B σιαγόνια καὶ τὸ ἔνυστρον. ⁴καὶ τὰς ἀπαρχὰς τοῦ σίτου σου καὶ τοῦ οἴνου σου καὶ τοῦ ἐλαίου σου, καὶ τὴν ἀπαρχὴν τῶν κουρῶν τῶν προβάτων σου δώσεις αὐτῷ· ⁵ὅτι αὐτὸν ἐξελέξατο Κύριος ἐκ πασῶν τῶν φυλῶν σου, παρεστάναι ἔναντι Κυρίου τοῦ θεοῦ, λειτουργεῖν καὶ εὐλογεῖν ἐπὶ τῷ ὀνόματι αὐτοῦ, αὐτὸς καὶ οἱ υἱοὶ αὐτοῦ ἐν τοῖς υἱοῖς Ἰσραήλ. ⁶Ἐὰν δὲ παραγένηται ὁ Λευείτης ἐκ μιᾶς τῶν πόλεων 6 ἐκ πάντων τῶν υἱῶν Ἰσραὴλ οὗ αὐτὸς παροικεῖ, καθότι ἐπιθυμεῖ ἡ ψυχὴ αὐτοῦ, εἰς τὸν τόπον ὃν ἂν ἐκλέξηται, ⁷λειτουργήσει τῷ 7 ὀνόματι Κυρίου τοῦ θεοῦ. αὐτοῦ ὥσπερ πάντες οἱ ἀδελφοὶ αὐτοῦ. οἱ Λευεῖται οἱ παρεστηκότες ἐκεῖ ἐναντίον Κυρίου τοῦ θεοῦ σου· ⁸μερίδα μεμερισμένην φάγεται, πλὴν τῆς πράσεως τῆς κατὰ πατριάν. 8 ⁹Ἐὰν δὲ εἰσέλθῃς εἰς τὴν γῆν ἣν Κύριος ὁ θεός σου δίδωσίν σοι, οὐ 9 μαθήσῃ ποιεῖν κατὰ τὰ βδελύγματα τῶν ἐθνῶν ἐκείνων. ¹⁰οὐχ εὑρε- 10 θήσεται ἐν σοὶ περικαθαίρων τὸν υἱὸν αὐτοῦ καὶ τὴν θυγατέρα αὐτοῦ ἐν πυρί, μαντευόμενος μαντείαν, κληδονιζόμενος καὶ οἰωνιζόμενος, φαρμακοῖς ¹¹ἐπαείδων ἐπαοιδήν, ἐνγαστρίμυθος καὶ τερατοσκόπος, 11 ἐπερωτῶν τοὺς νεκρούς. ¹²ἔστιν γὰρ βδέλυγμα Κυρίῳ τῷ θεῷ σου 12 πᾶς ποιῶν ταῦτα· ἕνεκεν γὰρ τῶν βδελυγμάτων τούτων Κύριος ἐξολεθρεύσει αὐτοὺς ἀπὸ σοῦ. ¹³τέλειος ἔσῃ ἐναντίον Κυρίου τοῦ 13 θεοῦ σου· ¹⁴τὰ γὰρ ἔθνη ταῦτα οὓς σὺ κατακληρονομεῖς αὐτούς, οὗτοι 14 κληδόνων καὶ μαντειῶν ἀκούσονται· καὶ σοὶ οὐχ οὕτως ἔδωκεν Κύριος ὁ θεός σου. ¹⁵Προφήτην ἐκ τῶν ἀδελφῶν σου ὡς ἐμὲ ἀναστήσει 15 Κύριος ὁ θεός σου σοί, αὐτοῦ ἀκούσεσθε. ¹⁶κατὰ πάντα ὅσα ᾐτήσω 16 παρὰ Κυρίου τοῦ θεοῦ σου ἐν Χωρὴβ τῇ ἡμέρᾳ τῆς ἐκκλησίας λέγοντες Οὐ προσθήσομεν ἀκοῦσαι τὴν φωνὴν Κυρίου τοῦ θεοῦ σου, καὶ τὸ πῦρ τὸ μέγα τοῦτο οὐκ ὀψόμεθα ἔτι, οὐδὲ μὴ ἀποθάνωμεν. ¹⁷καὶ εἶπεν 17 Κύριος πρὸς μέ Ὀρθῶς πάντα ὅσα ἐλάλησαν πρὸς σέ· ¹⁸προφήτην 18 ἀναστήσω αὐτοῖς ἐκ τῶν ἀδελφῶν αὐτῶν ὥσπερ σέ, καὶ δώσω τὰ

AF   5 Κυριος]+ο θς σου AF | του θεου]+σου AF | αυτου] κυ AF | εν τοις υιοις Ισρ.] πασας τας ημερας AF   6 Λευιτης BᵇAF | πολεων]+υμων AF | παντων των | υι sup ras Bᵃᵇ | εκλεξηται] ι sup ras Bᵃᶜ+ κς AF   7 λειτουργησει] λ sup ras Bᵃᶜ pr και AF | Λευιται BᵇAF | εναντι AF | om του θεου σου AF   9 om σου A   10 ευρεθησεται] ευρησεται A | και 1°] η AF | om εν πυρι F | κληδονιζ.] pr και AF | φαρμακος AF   11 επαειδων] επαοιδων BᵇA επαδων F | τερατοσκοτος (sic) A | επερωτων] pr και AF   12 βδελυγματω F* (ν superscr F¹ᵛⁱᵈ) | Κυριος]+ο θεος σου AF | σου 2°] pr προσωπου AF   13 εναντι A   14 κατακληρονομησεις F | κληδονων] κληδονισμιων AF | και σοι] σοι δε AF   15 om ως εμε F* (hab·F¹ᵐᵍ) | σοι κς ο θς σου AF   16 om του 1° F | σου 2°] ημων AF   17 om προς σ AF   18 των αδελφων] pr μεσου AF | τα ρηματα] το ρημα AF

ΔΕΥΤΕΡΟΝΟΜΙΟΝ XIX 7

ῥήματά μου ἐν τῷ στόματι αὐτοῦ, καὶ λαλήσει αὐτοῖς καθότι ἂν Β ἐντείλωμαι αὐτῷ· ¹⁹καὶ ὁ ἄνθρωπος ὃς ἐὰν μὴ ἀκούσῃ ὅσα ἐὰν λαλήσῃ ὁ προφήτης ἐκεῖνος ἐπὶ τῷ ὀνόματί μου, ἐγὼ ἐκδικήσω ἐξ αὐτοῦ. ²⁰πλὴν ὁ προφήτης ὃς ἂν ἀσεβήσῃ λαλῆσαι ἐπὶ τῷ ὀνόματί μου ῥῆμα ὃ οὐ προσέταξα λαλῆσαι, καὶ ὃς ἂν λαλήσῃ ἐν ὀνόματι θεῶν ἑτέρων, ἀποθανεῖται ὁ προφήτης ἐκεῖνος. ²¹ἐὰν δὲ εἴπῃς ἐν τῇ καρδίᾳ σου Πῶς γνωσόμεθα τὸ ῥῆμα ὃ οὐκ ἐλάλησεν Κύριος; ²²ὅσα ἐὰν λαλήσῃ ὁ προφήτης ἐκεῖνος τῷ ὀνόματι Κυρίου, καὶ μὴ γένηται καὶ μὴ συμβῇ, τοῦτο τὸ ῥῆμα ὃ οὐκ ἐλάλησεν Κύριος· ἐν ἀσεβείᾳ ἐλάλησεν ὁ προφήτης ἐκεῖνος, οὐκ ἀφέξεσθε αὐτοῦ. :

XIX ¹ ¹Ἐὰν δὲ ἀφανίσῃ Κύριος ὁ θεός σου τὰ ἔθνη ἃ ὁ θεὸς δίδωσίν σοι τὴν γῆν, καὶ κατακληρονομήσητε αὐτούς, καὶ κατοικήσητε ἐν ταῖς πόλεσιν αὐτῶν καὶ ἐν τοῖς οἴκοις αὐτῶν, ²τρεῖς πόλεις διαστελεῖς σεαυτῷ ἐν μέσῳ τῆς γῆς σου ἧς Κύριος ὁ θεός σου δίδωσίν σοι. ³στόχασαί σοι τὴν ὁδόν· καὶ τριμεριεῖς τὰ ὅρια τῆς γῆς σου ἣν καταμεριεῖ σοι Κύριος ὁ θεός σου, καὶ ἔσται καταφυγὴ ἐκεῖ παντὶ φονευτῇ. ⁴τοῦτο δὲ ἔσται τὸ πρόσταγμα τοῦ φονευτοῦ ὃς ἂν φύγῃ ἐκεῖ καὶ ζήσεται· ὃς ἂν πατάξῃ τὸν πλησίον αὐτοῦ οὐκ εἰδώς, καὶ οὗτος οὐ μισῶν αὐτὸν πρὸ τῆς ἐχθὲς καὶ τρίτης. ⁵καὶ ὃς ἂν εἰσέλθῃ μετὰ τοῦ πλησίον εἰς τὸν δρυμὸν συναγαγεῖν ξύλα, καὶ ἐκκρουσθῇ ἡ χεὶρ αὐτοῦ τῇ ἀξίνῃ κόπτοντος τὸ ξύλον, καὶ ἐκπεσὸν τὸ σιδήριον ἀπὸ τοῦ ξύλου τύχῃ τοῦ πλησίον, καὶ ἀποθάνῃ, οὗτος καταφεύξεται εἰς μίαν τῶν πόλεων τούτων καὶ ζήσεται· ⁶ἵνα μὴ διώξας ὁ ἀγχιστεύων τοῦ αἵματος ὀπίσω τοῦ φονεύσαντος, ὅτι παρατεθέρμανται τῇ καρδίᾳ, καὶ καταλάβῃ αὐτόν, ἐὰν μακροτέρα ᾖ ἡ ὁδός, καὶ πατάξῃ αὐτοῦ ψυχήν· καὶ τούτῳ οὐκ ἔστιν κρίσις θανάτου, ὅτι οὐ μισῶν ἦν αὐτὸν πρὸ τῆς ἐχθὲς οὐδὲ πρὸ τῆς τρίτης. ⁷διὰ τοῦτο ἐγὼ ἐντέλλομαί σοι

19 ο ανθρωπος]+εκεινος AF | ακουση]+των λογων αυτου AF | εαν 2°] AF F | om εκεινος AF | επι τω ον. μου ο προφ. A | εκδικω F   20 ἂν 1°] ν A | ρημα επι τω ον. μου AF | προσεταξα (προσ|εταξα B* προσε|ταξα Bᵇ)] αυτω AF | εν] επ AF   21 ειπης] λεγης F   22 εαν] αν F | om εκει; 1° AF | τω ονοματι] pr επι AF | γενηται]+το ρημα AF | om μη 2° | om ο 2° F | om εκεινος 2° A* (hab A¹?ᵃ?(mg) F | αυτου] pr απ AF IX 1 ο θεος 2°]+σου AF | γην]+αυτων AF | κατακληρονομησεις AF | τοικησης AF | και εν τοις οικοις αυτων bis scr F   3 καταμεριει F | φουτη] pr τω A   4 εσται] εστιν AF | ουκ ειδως] ακουσιως AF | χθες ᵒ | τριτης] pr προ της AF   5 πλησιον]+αυτου AF | εκκρουσθη A*ᵛⁱᵈ F] εκκρουση Aᵃ   6 του αιματος] το αιμα F | τη καρδια] τη αυτου A την καρδιαν αυτου F | ην] η AF | ψυχην] pr την AF+και αποθανη F | χθες Bᵇ | ουδε] και AF   7 σοι εντελλομαι AF

381

ΔΕΥΤΕΡΟΝΟΜΙΟΝ XIX 8

Β τὸ ῥῆμα τοῦτο λέγων Τρεῖς πόλεις διαστελεῖς σεαυτῷ. ⁸ἐὰν δὲ 3 ἐμπλατύνῃ Κύριος ὁ θεός σου τὰ ὅριά σου ὃν τρόπον ὤμοσεν τοῖς πατράσιν σου, καὶ δῷ σοι Κύριος πᾶσαν τὴν γῆν ἣν εἶπεν δοῦναι τοῖς πατράσιν σου, ⁹ἐὰν ἀκούσῃς ποιεῖν πάσας τὰς ἐντολὰς ταύτας ἃς 9 ἐγὼ ἐντέλλομαί σοι σήμερον, ἀγαπᾶν Κύριον τὸν θεόν σου, πορεύεσθαι ἐν πάσαις ταῖς ὁδοῖς αὐτοῦ πάσας τὰς ἡμέρας· καὶ προσθήσεις σαυτῷ ἔτι τρεῖς πόλεις πρὸς τὰς τρεῖς ταύτας· ¹⁰καὶ οὐκ ἐκχυθήσεται 10 αἷμα ἀναίτιον ἐν τῇ γῇ ᾗ Κύριος ὁ θεός σου δίδωσίν σοι ἐν κλήρῳ, καὶ οὐκ ἔσται ἐν σοὶ αἵματι ἔνοχος. ¹¹ἐὰν δὲ γένηται ἐν σοὶ ἄνθρωπος 11 μισῶν τὸν πλησίον, καὶ ἐνεδρεύσῃ αὐτὸν καὶ ἐπαναστῇ ἐπ' αὐτὸν καὶ πατάξῃ αὐτοῦ ψυχήν, καὶ ἀποθάνῃ, καὶ φύγῃ εἰς μίαν τῶν πόλεων τούτων· ¹²καὶ ἀποστελοῦσιν ἡ γερουσία τῆς πόλεως αὐτοῦ καὶ λήμ- 12 ψονται αὐτὸν ἐκεῖθεν, καὶ παραδώσουσιν αὐτὸν εἰς χεῖρας τῶν ἀγχιστευόντων τοῦ αἵματος, καὶ ἀποθανεῖται· ¹³οὐ φείσεται ὁ ὀφθαλμός 13 σου ἐπ' αὐτῷ, καὶ καθαριεῖς τὸ αἷμα τὸ ἀναίτιον ἐξ Ἰσραήλ, καὶ εὖ σοι ἔσται. ¹⁴Οὐ μετακινήσεις ὅρια τοῦ πλησίον ἃ ἔστησαν οἱ 14 πατέρες σου ἐν τῇ κληρονομίᾳ ᾗ κατεκληρονομήθης ἐν τῇ γῇ ᾗ Κύριος ὁ θεός σου δίδωσίν σοι ἐν κλήρῳ. ¹⁵Οὐκ ἐμμενεῖ μάρτυς 15 εἷς μαρτυρῆσαι κατὰ ἀνθρώπου κατὰ πᾶσαν ἀδικίαν καὶ κατὰ πᾶν ἁμάρτημα καὶ κατὰ πᾶσαν ἁμαρτίαν ἣν ἂν ἁμάρτῃ· ἐπὶ στόματος δύο μαρτύρων καὶ ἐπὶ στόματος τριῶν μαρτύρων στήσεται πᾶν ῥῆμα. ¹⁶ἐὰν δὲ καταστῇ μάρτυς ἄδικος κατὰ ἀνθρώπου καταλέγων αὐτοῦ 16 ἀσέβειαν, ¹⁷καὶ γνώσονται οἱ δύο ἄνθρωποι οἷς ἐστιν αὐτοῖς ἡ ἀντι- 17 λογία ἔναντι Κυρίου καὶ ἔναντι τῶν ἱερέων καὶ ἔναντι τῶν κριτῶν οἳ ἐὰν ὦσιν ἐν ταῖς ἡμέραις ἐκείναις, ¹⁸καὶ ἐξετάσωσιν οἱ κριταὶ ἀκριβῶς, 18 καὶ ἰδοὺ μάρτυς ἄδικος ἐμαρτύρησεν ἄδικα, ἀντέστη κατὰ τοῦ ἀδελφοῦ αὐτοῦ· ¹⁹καὶ ποιήσετε αὐτῷ ὃν τρόπον ἐπονηρεύσατο ποιῆσαι 19 κατὰ τοῦ ἀδελφοῦ αὐτοῦ, καὶ ἐξαρεῖς τὸν πονηρὸν ἐξ ὑμῶν αὐτῶν.

AF 8—9 om πασαν...ακουσης B* vid (hab Bab (mg inf)) 9 ακουσης] εισακουση A εισακουσης F | σοι εντελλομαι F | σαυτω] αυτω B* vid σεαυτω AF | τρεις 2°] τρις A | ταυτας 2°] pr πολεις A 10 γη]+σου AF | η] ην AF | om σου A 11 om εν σοι AF | πλησιον]+αυτου AF | αυτου ψυχην] αυτου την ψ. A αυτου ψυχη F 12 των αγχιστευοντων] τω αγχιστευοντι AF 14 πλησιον] om AF | πατερες] προτεροι A | κληρονομια]+σου AF | η 1°] ην A | η 2°] ην AF | εν κληρω]+κληρονομησαι αυτην Aᵃ (ɛν κληρω κληρονομησαι αυτην in mg et sup ras) 15 εμμενεις B* (εμμενει Bab) | αν] εαν AF [στησεται] σταθησεται AF 17 γνωσονται] στησονται BabAF | εαν] αν AF 19 ποιησεται A | επονηρευσατο]+τω πλησιον A | om κατα του αδελφου αυτου A | εξαρειτε AF

382

ΔΕΥΤΕΡΟΝΟΜΙΟΝ XX 10

20 ²⁰καὶ οἱ ἐπίλοιποι ἀκούσαντες φοβηθήσονται, καὶ οὐ προσθήσουσιν Β
21 ἔτι ποιῆσαι κατὰ τὸ ῥῆμα τοῦτο τὸ πονηρὸν ἐν ὑμῖν. ²¹οὐ φείσεται ὁ ὀφθαλμός σου ἐπ᾿ αὐτῷ· ψυχὴν ἀντὶ ψυχῆς, ὀφθαλμὸν ἀντὶ ὀφθαλμοῦ, ὀδόντα ἀντὶ ὀδόντος, χεῖρα ἀντὶ χειρός, πόδα ἀντὶ ποδός.

XX 1 ¹Ἐὰν δὲ ἐξέλθῃς εἰς πόλεμον ἐπὶ τοὺς ἐχθρούς σου, καὶ ἴδῃς ἵππον καὶ ἀναβάτην καὶ λαὸν πλείονά σου, οὐ φοβηθήσῃ ἀπ᾿ αὐτῶν· ὅτι
2 Κύριος ὁ θεός σου μετὰ σοῦ, ὁ ἀναβιβάσας σε ἐκ γῆς Αἰγύπτου. ²καὶ ἔσται ὅταν ἐγγίσῃς τῷ πολέμῳ, καὶ προσεγγίσας ὁ ἱερεὺς λαλήσει τῷ
3 λαῷ ³καὶ ἐρεῖ πρὸς αὐτούς Ἄκουε, Ἰσραήλ· ὑμεῖς πορεύεσθε σήμερον εἰς τὸν πόλεμον ἐπὶ τοὺς ἐχθροὺς ὑμῶν, μὴ ἐκλυέσθω ἡ καρδία ὑμῶν, μὴ φοβεῖσθε μηδὲ θραύεσθε μηδὲ ἐκκλίνετε ἀπὸ προσώπου αὐτῶν·
4 ⁴ὅτι Κύριος ὁ θεὸς ὑμῶν ὁ προπορευόμενος μεθ᾿ ὑμῶν, συνεκπολεμῆ-
5 σαι ὑμῖν τοὺς ἐχθροὺς ὑμῶν, διασῶσαι ὑμᾶς. ⁵καὶ λαλήσουσιν οἱ γραμματεῖς πρὸς τὸν λαὸν λέγοντες Τίς ὁ ἄνθρωπος ὁ οἰκοδομήσας οἰκίαν καινὴν καὶ οὐκ ἐνεκαίνισεν αὐτήν; πορευέσθω καὶ ἀποστρα-φήτω εἰς τὴν οἰκίαν αὐτοῦ, μὴ ἀποθάνῃ ἐν τῷ πολέμῳ καὶ ἄνθρωπος
6 ἕτερος ἐνκαινιεῖ αὐτήν. ⁶καὶ τίς ὁ ἄνθρωπος ὅστις ἐφύτευσεν ἀμ-πελῶνα καὶ οὐκ εὐφράνθη ἐξ αὐτοῦ; πορευέσθω καὶ ἀποτραφήτω εἰς τὴν οἰκίαν αὐτοῦ, μὴ ἀποθάνῃ ἐν τῷ πολέμῳ καὶ ἄνθρωπος ἕτερος
7 εὐφρανθήσεται ἐξ αὐτοῦ. ⁷καὶ τίς ὁ ἄνθρωπος ὅστις μεμνήστευται γυναῖκα καὶ οὐκ ἔλαβεν αὐτήν; πορευέσθω καὶ ἀποστραφήτω εἰς τὴν οἰκίαν αὐτοῦ, μὴ ἀποθάνῃ ἐν τῷ πολέμῳ καὶ ἄνθρωπος ἕτερος
8 λήμψεται αὐτήν. ⁸καὶ προσθήσουσιν οἱ γραμματεῖς λαλῆσαι πρὸς τὸν λαὸν καὶ ἐροῦσιν Τίς ὁ ἄνθρωπος ὁ φοβούμενος καὶ δειλὸς τῇ καρδίᾳ; πορευέσθω καὶ ἀποστραφήτω εἰς τὴν οἰκίαν αὐτοῦ, ἵνα μὴ
9 δειλιάνῃ τὴν καρδίαν τοῦ ἀδελφοῦ αὐτοῦ ὥσπερ ἡ αὐτοῦ. ⁹καὶ ἔσται ὅταν παύσωνται οἱ γραμματεῖς λαλοῦντες πρὸς τὸν λαόν, καὶ κατα-
10 στήσουσιν ἄρχοντας τῆς στρατιᾶς προηγουμένους τοῦ λαοῦ. ¹⁰Ἐὰν δὲ προσέλθῃς πρὸς πόλιν ἐκπολεμῆσαι αὐτούς, καὶ ἐκκαλέσαι αὐτοὺς

20 προσθησουσιν] σου|σιν in mg et sup ras A^avid | ποιησαι] ποιειν A | το AF πονηρον τουτο AF 21 σου] σ sup ras A^a | οφθαλμον| αντι...οδοντος in mg et sup ras A^a | ποδα αντι ποδος χειρα αντι χειρος F | ποδος]+καθοτι αν δω μωμον τω πλησιον ουτως δοθησεται αυτω B^abmg inf A XX 1 απ] επ F | om μετα σου F 3 πορευεσθε] προσπορευεσθαι A προσπορευεσθε F·| τον πολεμον] om τον AF | εκκλινετε] εκκλεινητε A εκκλεινηται F 4 δια-σωσαι] pr και AF 5 αποστραφητω] επιστραφητω AF | ετερος] εταιρος A | ενκαινιει (εγκενιει A) αυτην] κληρονομησει αυτον F 6 ηυφρανθη AF | επιστραφητω AF 7 ο ανθρωπος] om ο F* (superscr F¹) | αποστραφητω] επιστραφητω AF 8 δειλιανη (διλ. B*A)] διλα|νη F | του αδελφου] pr αυτου και A 9 στρατειας F 10 αυτους 1°] αυτην AF | εκκαλεσαι] εκκα-λεση A εκκαλεσης F

383

XX 11 ΔΕΥΤΕΡΟΝΟΜΙΟΝ

Β μετ᾽ εἰρήνης. ¹¹ἐὰν μὲν εἰρηνικὰ ἀποκριθῶσίν σοι καὶ ἀνοίξωσίν 11 σοι, ἔσται πᾶς ὁ λαός, οἱ εὑρεθέντες ἐν αὐτῇ, ἔσονταί σοι φορολόγητοι καὶ ὑπήκοοί σου· ¹²ἐὰν δὲ μὴ ὑπακούσωσίν σοι καὶ ποιῶσιν πρὸς 12 σὲ πόλεμον, περικαθιεῖς αὐτήν, ¹³ἕως ἂν παραδῷ σοι αὐτὴν Κύριος 13 ὁ θεός σου εἰς τὰς χεῖράς σου, καὶ πατάξεις πᾶν ἀρσενικὸν αὐτῆς ἐν φόνῳ μαχαίρας, ¹⁴πλὴν τῶν γυναικῶν καὶ τῆς ἀποσκευῆς· καὶ 14 ὅσα ἂν ὑπάρχῃ ἐν τῇ πόλει καὶ πᾶσαν τὴν ἀπαρτίαν προνομεύσεις σεαυτῷ, καὶ φάγῃ πᾶσαν τὴν προνομὴν τῶν ἐχθρῶν σου ὧν Κύριος ὁ θεός σου δίδωσίν σοι. ¹⁵οὕτως ποιήσεις πάσας τὰς πόλεις τὰς 15 μακρὰν οὔσας σου σφόδρα· οὐχὶ ἐκ τῶν πόλεων τῶν ἐθνῶν τούτων ¹⁶ὧν Κύριος ὁ θεός σου δίδωσίν σοι κληρονομεῖν τὴν γῆν αὐτῶν, 16 οὐ ζωγρήσετε πᾶν ἐνπνέον, ¹⁷ἀλλ᾽ ἢ ἀναθέματι ἀναθεματιεῖτε αὐτούς, 17 τὸν Χετταῖον καὶ Ἀμορραῖον καὶ Χαναναῖον καὶ Φερεζαῖον καὶ Εὑαῖον καὶ Ἰεβουσαῖον, ὃν τρόπον ἐνετείλατό σοι Κύριος ὁ θεός σου· ¹⁸ἵνα μὴ 18 διδάξωσιν ὑμᾶς ποιεῖν πάντα τὰ βδελύγματα αὐτῶν ὅσα ἐποίησαν τοῖς θεοῖς αὐτῶν, καὶ ἁμαρτήσεσθε ἐναντίον Κυρίου τοῦ θεοῦ ὑμῶν. ¹⁹Ἐὰν 19 δὲ περικαθίσῃς περὶ πόλιν μίαν ἡμέρας πλείους ἐκπολεμῆσαι αὐτὴν εἰς κατάλημψιν αὐτῆς, οὐχὶ ἐξολεθρεύσεις τὰ δένδρα αὐτῆς ἐπιβαλεῖν ἐπ᾽ αὐτὰ σίδηρον· ἀλλ᾽ ἢ ἀπ᾽ αὐτοῦ φάγῃ, αὐτὸ δὲ οὐκ ἐκκόψεις. μὴ ἄνθρωπος τὸ ξύλον τὸ ἐν τῷ ἀγρῷ, εἰσελθεῖν ἀπὸ προσώπου σου εἰς τὸν χάρακα; ²⁰ἀλλὰ ξύλον ὃ ἐπίστασαι ὅτι οὐ καρπόβρωτόν ἐστιν, 20 τοῦτο ὀλεθρεύσεις καὶ ἐκκόψεις καὶ οἰκοδομήσεις χαράκωσιν ἐπὶ τὴν πόλιν ἥτις ποιεῖ πρὸς σὲ τὸν πόλεμον, ἕως ἂν παραδοθῇ.

¹Ἐὰν δὲ εὑρεθῇ τραυματίας ἐν τῇ γῇ ᾗ Κύριος ὁ θεός σου δί- 1 δωσίν σοι κληρονομῆσαι, πεπτωκὼς ἐν τῷ πεδίῳ, καὶ οὐκ οἴδασιν τὸν πατάξαντα, ²ἐξελεύσεται ἡ γερουσία σου καὶ οἱ κριταί σου, καὶ 2 ἐκμετρήσουσιν ἐπὶ τὰς πόλεις τὰς κύκλῳ τοῦ τραυματίου· ³καὶ ἔσται 3

AF   11 εαν μεν] pr και εσται Aa | αποκριθωσιν σοι] αποκριθωσι B^b | αυτη] τη πολει A | om σοι 3° A | φορολογητοι A φορολογ... F | σου] σοι AF 12 και ποιωσιν] και| ποιω sup ras B^a και ποιησωσιν AF | περικαθιεις] περικαθαριεις A*^vid   13 εως αν παραδω σοι] και παραδωσει AF   14 οσα] pr παντα τα κτηνη και παντα AF | και φαγη πασαν bis scr A*   15 σου] pr απο AF | ουχι] pr αι AF | εκ] απο AF | των πολεων των εθνων] των εθνων των πολεων F   16 ων] pr ιδου δε απο των πολεων τουτων AF | κληρονομειν] κληρονομησαι F | ζωγρησετε (ζωγρησεται BA)]+απ αυτων AF 17 αλλ η] αλλα AF | om αναθεματι F | Αμ. και Χαν.] τον Αμ. και τον Χαν. AF | Φερεζαιον] pr τον F | Ευαιον]+χ Γεργεσαιον B^{ab(mg)} | Ιεβουσαιον] +και Γεργεσαιον AF   18 βδελυγμα F   19 om μιαν AF | πλειους] πλειονας A | ουχι] ουκ AF | αυτα] αυτας F | αλλ η] αλλα AF | αγρω] δρυμω AF .   20 ξυλον] pr το AF | εξολεθρευσεις AF   XXI 1 η] ην AF 2 om σου 1° F | om επι A

384

ΔΕΥΤΕΡΟΝΟΜΙΟΝ XXI 16

ἡ πόλις ἡ ἐγγίζουσα τῷ τραυματίᾳ, καὶ λήμψεται ἡ γερουσία τῆς B
πόλεως ἐκείνης δάμαλιν ἐκ βοῶν, ἥτις οὐκ εἴργασται καὶ ἥτις
4 οὐχ εἵλκυσεν ζυγόν· ⁴καὶ καταβιβάσουσιν ἡ γερουσία τῆς πόλεως
ἐκείνης δάμαλιν εἰς φάραγγα τραχεῖαν, ἥτις οὐκ εἴργασται οὐδὲ σπεί-
5 ρεται, καὶ νευροκοπήσουσιν τὴν δάμαλιν ἐν τῇ φάραγγι. ⁵καὶ προσ-
ελεύσονται οἱ ἱερεῖς οἱ Λευεῖται, ὅτι αὐτοὺς ἐπέλεξεν Κύριος ὁ θεὸς
παρεστηκέναι αὐτῷ καὶ εὐλογεῖν ἐπὶ τῷ ὀνόματι αὐτοῦ, καὶ ἐπὶ τῷ
6 στόματι αὐτῶν ἔσται πᾶσα ἀντιλογία καὶ πᾶσα ἀφή· ⁶καὶ πᾶσα ἡ
γερουσία τῆς πόλεως ἐκείνης οἱ ἐγγίζοντες τῷ τραυματίᾳ νίψονται
τὰς χεῖρας ἐπὶ τὴν κεφαλὴν τῆς δαμάλεως τῆς νενευροκοπημένης ἐν
7 τῇ φάραγγι, ⁷καὶ ἀποκριθέντες ἐροῦσιν Αἱ χεῖρες ἡμῶν οὐκ ἐξέχεαν
8 τὸ αἷμα τοῦτο, καὶ οἱ ὀφθαλμοὶ ἡμῶν οὐχ ἑωράκασιν· ⁸ἵλεως γενοῦ
τῷ λαῷ σου Ἰσραήλ, οὓς ἐλυτρώσω, Κύριε, ἵνα μὴ γένηται αἷμα
ἀναίτιον ἐν τῷ λαῷ σου Ἰσραήλ. καὶ ἐξιλασθήσεται αὐτοῖς τὸ αἷμα.
9 ⁹σὺ δὲ ἐξαρεῖς τὸ αἷμα τὸ ἀναίτιον ἐξ ὑμῶν αὐτῶν· ἐὰν ποιήσῃς
10 τὸ καλὸν καὶ τὸ ἀρεστὸν ἔναντι Κυρίου τοῦ θεοῦ σου. ¹⁰Ἐὰν
δὲ ἐξελθὼν εἰς πόλεμον ἐπὶ τοὺς ἐχθρούς σου, καὶ παραδῷ σοι
Κύριος ὁ θεός σου εἰς τὰς χεῖράς σου, καὶ προνομεύσεις τὴν προνο-
11 μὴν αὐτῶν, ¹¹καὶ ἴδῃς ἐν τῇ προνομῇ γυναῖκα καλὴν τῷ εἴδει, καὶ
12 ἐνθυμηθῇς αὐτῆς καὶ λάβῃς αὐτὴν σαυτῷ γυναῖκα, ¹²καὶ εἰσάξεις
αὐτὴν ἔνδον εἰς τὴν οἰκίαν σου, καὶ ξυρήσεις τὴν κεφαλὴν αὐτῆς
13 καὶ περιονυχιεῖς αὐτήν· ¹³καὶ περιελεῖς τὰ ἱμάτια τῆς αἰχμαλωσίας
ἀπ' αὐτῆς, καὶ καθιεῖται ἐν τῇ οἰκίᾳ σου καὶ κλαύσεται τὸν πατέρα
καὶ τὴν μητέρα μηνὸς ἡμέρας· καὶ μετὰ ταῦτα εἰσελεύσῃ πρὸς αὐ-
14 τὴν καὶ συνοικισθήσῃ αὐτῇ, καὶ ἔσται σου γυνή. ¹⁴καὶ ἔσται ἐὰν
μὴ θέλῃς αὐτήν, ἐξαποστελεῖς αὐτὴν ἐλευθέραν, καὶ πράσει οὐ
πραθήσεται ἀργυρίου· οὐκ ἀθετήσεις αὐτήν, διότι ἐταπείνωσας αὐ-
15 τήν. ¹⁵Ἐὰν δὲ γένωνται ἀνθρώπῳ δύο γυναῖκες, μία αὐτῶν
ἠγαπημένη καὶ μία αὐτῶν μισουμένη, καὶ τέκωσιν αὐτῷ ἡ ἠγαπη-
μένη καὶ ἡ μισουμένη, καὶ γένηται υἱὸς πρωτότοκος τῆς μισουμένης·
16 ¹⁶καὶ ἔσται ᾗ ἂν ἡμέρᾳ κατακληρονομῇ τοῖς υἱοῖς αὐτοῦ τὰ ὑπάρ-

---

3 ητις 2°] ειτις A   4 δαμαλιν 1°] pr την AF   5 Λευιται B^bAF | AF
αυτος F* (αυτους F^1 vid) | επελεξεν] εξελεξατο A επελεξατο F | ο θεος]+σου
AF | στοματι] ονοματι A   7 ερουσιν bis scr F,   8 Κυριε]+εκ
γης Αιγυπτου AF   9 ποιησης] ποιησητε F | om Κυριου A | om σου A
10 εξελθων] εξελθης AF | σοι] αυτους AF | προνομευσης F   11 σεαυτω AF
13 αιχμαλωσιας]+αυτης AF | καθιειται AF] καθιεται B | πατερα]+αυτης
A | σου 2°] σοι A   16 κατακληρονομη] κατακληροδοτη AF | υιος F*
(υιοις F^1(vid))

B χοντα αὐτοῦ, οὐ δυνήσεται πρωτοτοκεῦσαι τῷ υἱῷ τῆς ἠγαπημένης, ὑπεριδὼν τὸν υἱὸν τῆς μισουμένης τὸν πρωτότοκον· ¹⁷ἀλλὰ τὸν πρωτότοκον υἱὸν τῆς μισουμένης ἐπιγνώσεται δοῦναι αὐτῷ διπλᾶ ἀπὸ πάντων ὧν ἂν εὑρεθῇ αὐτῷ, ὅτι οὗτός ἐστιν ἀρχὴ τέκνων αὐτοῦ, καὶ τούτῳ καθήκει τὰ πρωτοτοκεῖα. ¹⁸Ἐὰν δέ τινι ᾖ υἱὸς ἀπειθὴς καὶ ἐρεθιστής, οὐχ ὑπακούων φωνὴν πατρὸς καὶ φωνὴν μητρός, καὶ παιδεύσωσιν αὐτὸν καὶ μὴ εἰσακούῃ αὐτῶν· ¹⁹καὶ συλλαβόντες αὐτὸν ὁ πατὴρ αὐτοῦ καὶ ἡ μήτηρ αὐτοῦ καὶ ἐξάξουσιν αὐτὸν ἐπὶ τὴν γερουσίαν τῆς πόλεως αὐτοῦ καὶ ἐπὶ τὴν πύλην τοῦ τόπου, ²⁰καὶ ἐροῦσιν τοῖς ἀνδράσιν τῆς πόλεως αὐτῶν Ὁ υἱὸς ἡμῶν οὗτος ἀπειθεῖ καὶ ἐρεθίζει, οὐχ ὑπακούει τῆς φωνῆς ἡμῶν, συμβολοκοπῶν οἰνοφλυγεῖ· ²¹καὶ λιθοβολήσουσιν αὐτὸν οἱ ἄνδρες τῆς πόλεως αὐτοῦ ἐν λίθοις, καὶ ἀποθανεῖται· καὶ ἐξαρεῖς τὸν πονηρὸν ἐξ ὑμῶν αὐτῶν, καὶ οἱ ἐπίλοιποι ἀκούσαντες φοβηθήσονται. ²²Ἐὰν δὲ γένηται ἔν τινι ἁμαρτία κρίμα θανάτου, καὶ ἀποθάνῃ, καὶ κρεμάσητε αὐτὸν ἐπὶ ξύλου· ²³οὐ κοιμηθήσεται τὸ σῶμα αὐτοῦ ἐπὶ τοῦ ξύλου, ἀλλὰ ταφῇ θάψετε αὐτὸ ἐν τῇ ἡμέρᾳ ἐκείνῃ, ὅτι κεκαταραμένος ὑπὸ θεοῦ πᾶς κρεμάμενος ἐπὶ ξύλου· καὶ οὐ μιανεῖτε τὴν γῆν ἣν Κύριος ὁ θεός σου δίδωσίν σοι ἐν κλήρῳ.

¹Μὴ ἰδὼν τὸν μόσχον τοῦ ἀδελφοῦ σου ἢ τὸ πρόβατον αὐτοῦ X πλανώμενα ἐν τῇ ὁδῷ, μὴ ὑπερίδῃς αὐτά· ἀποστροφῇ ἀποστρέψεις αὐτὰ τῷ ἀδελφῷ σου καὶ ἀποδώσεις αὐτῷ. ²ἐὰν δὲ μὴ ἐγγίζῃ ὁ ἀδελφός σου πρὸς σὲ μηδὲ ἐπίστῃ αὐτόν, συνάξεις αὐτὸν ἔνδον εἰς τὴν οἰκίαν σου, καὶ ἔσται μετὰ σοῦ ἕως ἂν ζητήσῃ αὐτὰ ὁ ἀδελφός σου, καὶ ἀποδώσεις αὐτῷ. ³οὕτως ποιήσεις τὸν ὄνον αὐτοῦ, καὶ οὕτως ποιήσεις κατὰ πᾶσαν ἀπωλίαν τοῦ ἀδελφοῦ σου· ὅσα ἐὰν ἀπο-

AF   16 τω υιω] τον υιον AF   17 πρωτοτοκια F   18 om δε F | πατρος] +αυτου AF | om και φωνην μητρος F | μητρος]+αυτου A | παιδευωσιν AF   18—19 om αυτον και μη εισακουη (εισακουσης A¹) αυτων και συλλαβοντες B* (hab B^(ab(mg)))   19 om και 3° AF | του τοπου] της πολεως αυτου A του τοπου αυτων F   20 om και ερουσιν τοις ανδρασιν της πολεως αυτων F | αυτων] αυτου A | ο υιος] pr λεγοντες F¹^(mg) | ουχ υπακουει] ουκ ακουει A | οινοφρυγει B* (οινοφλ. B^(ab))   21 αυτον B^(ab)AF] αυτους B*   22 om εν F | κρεμασητε] κρεμαση A   23 ου κοιμ.] ουκ επικοιμ. AF | αυτο] αυτον AF | κεκατηραμενος AF | ου 2°]+μη AF | μιανειτε] μιανειται A | μιανηται F   XXII 1 πλανωμενον F |: om μη 2° AF | αυτω]+αυτα A^(a†mg) αυτα τω αδελφω σου F   2 προς σε ο αδ. σου AF | επιστη AF] εγγιζη B | αυτον 1°] αυτο (sup ras) A^(a†) | συναξεις BA¹^(†a†) (sup ras seq spat 4 vel 5 litt)] συνεξεις F | αυτον 2°] αυτα AF | αυτω] pr αυτα AF   3 αυτου 1°]+και ουτως ποιησεις το ιματιον αυτου AF

ΔΕΥΤΕΡΟΝΟΜΙΟΝ XXII 19

4 λῆται παρ᾽ αὐτοῦ καὶ εὕρῃς, οὐ δυνήσῃ ὑπεριδεῖν. ⁴Οὐκ ὄψῃ τὸν
ὄνον τοῦ ἀδελφοῦ σου ἢ τὸν μόσχον αὐτοῦ πεπτωκότας ἐν τῇ ὁδῷ·
5 μὴ ὑπερίδῃς αὐτούς· ἀνιστῶν ἀναστήσεις μετ᾽ αὐτοῦ. ⁵Οὐκ ἔσται
σκεύη ἀνδρὸς ἐπὶ γυναικί, οὐδὲ μὴ ἐνδύσηται ἀνὴρ στολὴν γυναικίαν·
6 ὅτι βδέλυγμα Κυρίῳ τῷ θεῷ σού ἐστιν πᾶς ποιῶν ταῦτα. ⁶Ἐὰν
δὲ συναντήσῃς νοσσιᾷ ὀρνέων πρὸ προσώπου σου ἐν τῇ ὁδῷ ἢ ἐπὶ
παντὶ δένδρει ἢ ἐπὶ τῆς γῆς, νοσσοῖς ἢ ᾠοῖς, καὶ ἡ μήτηρ θάλπῃ
ἐπὶ τῶν νοσσῶν ἢ ἐπὶ τῶν ᾠῶν, οὐ λήμψῃ τὴν μητέρα μετὰ τῶν
7 τέκνων· ⁷ἀποστολῇ ἀποστελεῖς τὴν μητέρα, τὰ δὲ παιδία λήμψῃ
8 σεαυτῷ, ἵνα εὖ σοι γένηται καὶ πολυήμερος γένῃ. ⁸ˈἘὰν οἰ-
κοδομήσῃς οἰκίαν καινήν, καὶ ποιήσεις στεφάνην τῷ δώματί σου·
καὶ οὐ ποιήσεις φόνον ἐν τῇ οἰκίᾳ σου, ἐὰν πέσῃ ὁ πεσὼν
9 ἀπ᾽ αὐτοῦ. ⁹Οὐ κατασπερεῖς τὸν ἀμπελῶνά σου δίφορον, ἵνα
μὴ ἁγιασθῇ τὸ γένημα καὶ τὸ σπέρμα ὃ ἐὰν σπείρῃ μετὰ τοῦ
10 γενήματος τοῦ ἀμπελῶνός σου. ¹⁰οὐκ ἀροτριάσεις ἐν μόσχῳ καὶ
11 ὄνῳ ἐπὶ τὸ αὐτό. ¹¹οὐκ ἐνδύσῃ κίβδηλον, ἔρια καὶ λίνον ἐν τῷ
12 αὐτῷ. ¹²Στρεπτὰ ποιήσεις σεαυτῷ ἐπὶ τῶν τεσσάρων κρασπέ-
δων τῶν περιβολαίων σου, ἃ ἐὰν περιβάλῃ ἐν αὐτοῖς.
13 ¹³Ἐὰν δέ τις λάβῃ γυναῖκα καὶ συνοικήσῃ αὐτῇ, καὶ μισήσῃ
14 αὐτήν, ¹⁴καὶ ἐπιθῇ αὐτῇ προφασιστικοὺς λόγους, καὶ κατενέγκῃ
αὐτῆς ὄνομα πονηρὸν καὶ λέγῃ Τὴν γυναῖκα ταύτην εἴληφα, καὶ
15 προσελθὼν αὐτῇ οὐχ εὕρηκα αὐτῆς τὰ παρθένια· ¹⁵καὶ λαβὼν ὁ
πατὴρ τῆς παιδὸς καὶ ἡ μήτηρ ἐξοίσουσιν τὰ παρθένια τῆς παιδὸς
16 πρὸς τὴν γερουσίαν ἐπὶ τὴν πύλην, ¹⁶καὶ ἐρεῖ ὁ πατὴρ τῆς παιδὸς
τῇ γερουσίᾳ Τὴν θυγατέρα μου ταύτην δέδωκα τῷ ἀνθρώπῳ τούτῳ
17 γυναῖκα, καὶ μισήσας αὐτὴν ¹⁷νῦν οὗτος ἐπιτίθησιν αὐτῇ προφα-
σιστικοὺς λόγους, λέγων Οὐχ εὕρηκα τῇ θυγατρί σου παρθένια, καὶ
ταῦτα τὰ παρθένια τῆς θυγατρός μου, καὶ ἀναπτύξουσιν τὸ ἱμάτιον
18 ἐναντίον τῆς γερουσίας τῆς πόλεως. ¹⁸καὶ λήμψεται ἡ γερουσία τῆς
19 πόλεως ἐκείνης τὸν ἄνθρωπον ἐκεῖνον καὶ παιδεύσουσιν αὐτόν, ¹⁹καὶ

3 ευρης]+αυτα AF | υπεριδειν]+αυτα Aᵃ⁽ᵐᵍ⁾ 4 οψη] υπεροψη in AF mg et sup ras Aᵃ? | πεπτωκοτα AF | υπερειδης F | αυτους] αυτα AF | ανα-στησεις]+αυτα A | μετ αυτου] μετα σου A 5 om οτι A 6 δενδρει (δενδρι B*A)] δενδρω BᵃᵇF 7 πολυημερος] μακροημερος F | γενη] εση AF 8 εαν]+δε AF | om και 1° A | αυτου] αυτης A 9 κατασπερει σον αμπ. B*ᵛⁱᵈ (κατασπερεις τον αμπ. Bᵃᵇ) | διφορον BFᵛⁱᵈ (ras a teste Field) διά-φορον AF* (δι.φορον) | σπειρης AF 11 εν τω αυτω] επι το αυτο' A 12 εαν] αν AF | περιβαλη BAF*] περιβαλλη F¹ 14 τα παρθ.] om τα F 17 νυν ουτος] αυτος νυν AF | εναντι AF | πολεως]+εκεινης Aᵃ? (ως εκει|νης in mg et sup ras) 18 παιδευσωσιν A

XXII 20 ΔΕΥΤΕΡΟΝΟΜΙΟΝ

ζημιώσουσιν αὐτὸν ἑκατὸν σίκλους καὶ δώσουσιν τῷ πατρὶ τῆς νεάνιδος, ὅτι ἐξήνεγκεν ὄνομα πονηρὸν ἐπὶ παρθένον Ἰσραηλεῖτιν· καὶ αὐτοῦ ἔσται γυνή, οὐ δυνήσεται ἐξαποστεῖλαι αὐτὴν τὸν ἅπαντα χρόνον. ²⁰ἐὰν δὲ ἐπ' ἀληθείας γένηται ὁ λόγος οὗτος καὶ μὴ 20 εὑρεθῇ παρθένια τῇ νεάνιδι, ²¹καὶ ἐξάξουσιν τὴν νεᾶνιν ἐπὶ τὰς 21 θύρας τοῦ πατρὸς αὐτῆς, καὶ λιθοβολήσουσιν αὐτὴν ἐν λίθοις καὶ ἀποθανεῖται, ὅτι ἐποίησεν ἀφροσύνην ἐν υἱοῖς Ἰσραήλ, ἐκπορνεῦσαι τὸν οἶκον τοῦ πατρὸς αὐτῆς· καὶ ἐξαρεῖς τὸν πονηρὸν ἐξ ὑμῶν αὐτῶν. ²²Ἐὰν δὲ εὑρεθῇ ἄνθρωπος κοιμώμενος μετὰ γυναικὸς συνοι- 22 κισμένης ἀνδρί, ἀποκτενεῖτε ἀμφοτέρους, τὸν ἄνδρα τὸν κοιμώμενον μετὰ τῆς γυναικὸς καὶ τὴν γυναῖκα· καὶ ἐξαρεῖς τὸν πονηρὸν ἐξ Ἰσραήλ. ²³Ἐὰν δὲ γένηται παῖς παρθένος μεμνηστευμένη 23 ἀνδρί, καὶ εὑρὼν αὐτὴν ἄνθρωπος ἐν πόλει κοιμηθῇ μετ' αὐτῆς· ²⁴ἐξάξετε ἀμφοτέρους ἐπὶ τὴν πύλην τῆς πόλεως αὐτῶν, καὶ λιθοβο- 24 ληθήσονται ἐν λίθοις καὶ ἀποθανοῦνται· τὴν νεᾶνιν, ὅτι οὐκ ἐβόησεν ἐν τῇ πόλει, καὶ τὸν ἄνθρωπον, ὅτι ἐταπείνωσεν τὴν γυναῖκα τοῦ πλησίον· καὶ ἐξαρεῖς τὸν πονηρὸν ἐξ ὑμῶν αὐτῶν. ²⁵Ἐὰν δὲ 25 ἐν πεδίῳ εὕρῃ ἄνθρωπος τὴν παῖδα τὴν μεμνηστευμένην καὶ βιασάμενος κοιμηθῇ μετ' αὐτῆς, ἀποκτενεῖτε τὸν κοιμώμενον μετ' αὐτῆς μόνον, ²⁶καὶ τῇ νεάνιδι οὐκ ἔστιν ἁμάρτημα θανάτου. ὡς εἴ τις 26 ἐπαναστῇ ἄνθρωπος ἐπὶ τὸν πλησίον καὶ φονεύσῃ αὐτοῦ ψυχήν, οὕτως τὸ πρᾶγμα τοῦτο· ²⁷ὅτι ἐν τῷ ἀγρῷ εὗρεν αὐτήν, ἐβόησεν ἡ 27 νεᾶνις ἡ μεμνηστευμένη, καὶ οὐκ ἦν ὁ βοηθήσων αὐτῇ. ²⁸Ἐὰν 28 δέ τις εὕρῃ τὴν παῖδα τὴν παρθένον ἥτις οὐ μεμνήστευται, καὶ βιασάμενος κοιμηθῇ μετ' αὐτῆς, καὶ εὑρεθῇ· ²⁹δώσει ὁ ἄνθρωπος ὁ 29 κοιμηθεὶς μετ' αὐτῆς τῷ πατρὶ τῆς νεάνιδος πεντήκοντα δίδραχμα ἀργυρίου, καὶ αὐτοῦ ἔσται γυνή, ἀνθ' ὧν ἐταπείνωσεν αὐτήν· οὐ

AF 19 Ισραηλιτιν B^bF | δυνησει A* (δυνησεται A^?)   21 θυρας] + οικου A + του οικου F | του πατρος] om του A | αυτην] + οι ανδρες της πολεως αυτης AF   22 om κοιμωμενος F | συνωκισμενης AF | αμφ.] pr αμα A | τον ανδρα] τον τε ανδρα A | Ισραηλ] υμων F   23 εμνηστευμενη A | om εν πολει A^vid (εν πολει κοιμηθη sup ras A^a | μετ αυτης] ταυτης A (sed τ 1° referend ad μετ 'cuius duae poster litt per ras exciderunt)   24 om αυτων 1° F | πλησιον] + αυτου AF   25 τον κοιμ.] pr τον ἀνον AF   26 και τη νεάνιδι] τη δε νεαν. AF + ου ποιησετε ουδεν B^ab(mg) F + οὐ ποιησεται ουδεν A | ουκ εστιν] + τη νεανιδι B^ab (superscr) AF | ως ει] pr οτι AF | επι sup ras B^a | πλησιον] + αυτου AF   27 ουκ ην ο βοηθησων] ο βοηθων ουκ εστιν αυτη A ο βοηθησων ουκ ην αυτη F   28 βιασαμενος] + αυτην AF   29 διδραγμα F | ανθ ων] ανθ ου A

388

ΔΕΥΤΕΡΟΝΟΜΙΟΝ XXIII 14

(XIII) (1) 30 δυνήσεται ἐξαποστεῖλαι αὐτὴν τὸν ἅπαντα χρόνον. ¹³⁰Οὐ B
λήμψεται ἄνθρωπος τὴν γυναῖκα τοῦ πατρὸς αὐτοῦ, καὶ οὐκ ἀποκαλύψει συνκάλυμμα τοῦ πατρὸς αὐτοῦ.
(XIII) (2) 1 ¹Οὐκ εἰσελεύσονται θλαδίας οὐδὲ ἀποκεκομμένος εἰς ἐκκλησίαν
(4) 3 Κυρίου. ³οὐκ εἰσελεύσεται Ἀμμανείτης οὐδὲ Μωαβείτης εἰς ἐκκλησίαν Κυρίου· καὶ ἕως δεκάτης γενεᾶς οὐκ εἰσελεύσεται εἰς
(5) 4 ἐκκλησίαν Κυρίου καὶ ἕως εἰς τὸν αἰῶνα, ⁴παρὰ τὸ μὴ συναντῆσαι αὐτοὺς ὑμῖν μετὰ ἄρτων καὶ ὕδατος ἐν τῇ ὁδῷ ¹ἐκπορευομένων ὑμῶν ἐξ Αἰγύπτου, καὶ ὅτι ἐμισθώσαντο ἐπὶ σὲ τὸν
(6) 5 Βαλαὰμ υἱὸν Βεὼρ ἐκ ´τῆς· Μεσοποταμίας καταρᾶσθαι· ⁵καὶ οὐκ ἠθέλησεν Κύριος ὁ θεός σου εἰσακοῦσαι τοῦ Βαλαάμ, καὶ μετέστρεψεν Κύριος ὁ θεός σου τὰς κατάρας εἰς εὐλογίαν, ὅτι
(7) 6 ἠγάπησέν σε Κύριος ὁ θεός σου. ⁶οὐ προσαγορεύσεις εἰρηνικὰ αὐτοῖς καὶ συμφέροντα αὐτοῖς πάσας τὰς ἡμέρας σου εἰς τὸν
(8) 7 αἰῶνα. ⁷οὐ βδελύξῃ Ἰδουμαῖον, ὅτι ἀδελφός σού ἐστιν· οὐ
(9) 8 βδελύξῃ Αἰγύπτιον, ὅτι πάροικος ἐγένου ἐν τῇ γῇ αὐτοῦ· ⁸υἱοὶ ἐὰν γενηθῶσιν αὐτοῖς, γενεᾷ τρίτῃ εἰσελεύσονται εἰς ἐκκλησίαν
(10) 9 Κυρίου. ⁹Ἐὰν δὲ ἐξέλθῃς παρεμβαλεῖν ἐπὶ τοὺς ἐχθρούς
(11) 10 σου, καὶ φυλάξῃ ἀπὸ παντὸς ῥήματος πονηροῦ. ¹⁰ἐὰν ᾖ ἐν σοὶ ἄνθρωπος ὃς οὐκ ἔσται καθαρὸς ἐκ ῥύσεως αὐτοῦ νυκτός, καὶ
(12) 11 ἐξελεύσεται εἰς τὴν παρεμβολήν. ¹¹καὶ ἔσται τὸ πρὸς ἑσπέραν λούσεται τὸ σῶμα αὐτοῦ ὕδατι, καὶ δεδυκότος ἡλίου εἰσελεύσεται
(14) 13 εἰς τὴν παρεμβολήν. ¹³καὶ πάσσαλος ἔσται σοι ἐπὶ τῆς ζώνης σου, καὶ ἔσται ὅταν διακαθιζάνῃς ἔξω, καὶ ὀρύξεις ἐν αὐτῷ καὶ
(15) 14 ἐπάγων καλύψεις τὴν ἀσχημοσύνην σου· ¹⁴ὅτι Κύριος ὁ θεός σου ἐνπεριπατεῖ ἐν τῇ παρεμβολῇ σου, ἐξελέσθαι σε καὶ παραδοῦναι τὸν ἐχθρόν σου πρὸ προσώπου σου· καὶ ἔσται ἡ παρεμβολή

30 αποκαλυψει] ανακαλυψει AF   XXIII 1 εισελευσονται] εισελευσεται AF B^a1b1 AF | ουδε] και AF | αποκεκ. εις εκκλ. Κυριου] αποκεκ. εις οικον κυ (κεκομμενος...κυ in mg et sup ras) A^a   2 ουκ εισελευσεται εκ πορνης εις εκκλησιαν κυ B^ab mg et sup ras A^a (om B*F)   3 Αμμανιτης ουδε Μωαβιτης B^b Αμμ. και Μωαβ. A Μωαβ. και Αμμ. F   4 της Μεσοπ.] om της F | καταρασθαι] καταρασασθαι σε AF   5 ευλογιας AF   6 om σου F 7 αυτου] αυτων F   8 γεννηθωσιν AF | εισελευσονται] εισελευ sup ras A^a 9 επι τους εχθρους] pr εις πολεμον A^a | ρηματος πονηρου] πον. πραγματος A πον. ρηματος F   10 εσται] εστιν AF | εξελευσεται]+εξω της παρεμβολης και ουκ εισελευσεται AF   12 και τοπος εσται σοι εξω (om εξω F) της παρεμβολης και εξελευση εκει εξω B^ab,mg AF (om B*)   13 πασσαλος] σαλος sup ras B^ab | επαγαγων AF | σου 2°]+εν αυτω AF   14 om σου 2° AF* (hab F¹) | παραδουναι]+σοι A | προ προσωπου] εις τας χειρας AF

389

ΔΕΥΤΕΡΟΝΟΜΙΟΝ

σου ἁγία, καὶ οὐκ ὀφθήσεται ἐν σοὶ ἀσχημοσύνη πράγματος, καὶ ἀποστρέψει ἀπὸ σοῦ.

¹⁵Οὐ παραδώσεις παῖδα τῷ κυρίῳ, ὃς προστέθειταί σοι παρὰ ¹⁶μετὰ σοῦ κατοικήσει, ἐν ὑμῖν· κατοικήσει οὗ ἐὰν ἀρέσῃ αὐτῷ, οὐ θλίψεις αὐτόν. ¹⁷Οὐκ ἔσται πόρνη ἀπὸ θυγατέρων Ἰσραήλ, καὶ οὐκ ἔσται πορνεύων ἀπὸ υἱῶν Ἰσραήλ· οὐκ ἔσται τελεσφόρος ἀπὸ θυγατέρων Ἰσραήλ, καὶ οὐκ ἔσται τελισκόμενος ἀπὸ υἱῶν Ἰσραήλ. ¹⁸οὐ προσοίσεις μίσθωμα πόρνης οὐδὲ ἄλλαγμα κυνὸς εἰς τὸν οἶκον Κυρίου τοῦ θεοῦ σου πρὸς πᾶσαν εὐχήν, ὅτι βδέλυγμα Κυρίῳ τῷ θεῷ σού ἐστιν καὶ ἀμφότερα. ¹⁹Οὐκ ἐκτοκιεῖς τῷ ἀδελφῷ σου τόκον ἀργυρίου καὶ τόκον βρωμάτων καὶ τόκον παντὸς πράγματος οὗ ἂν ἐκδανίσῃς· ²⁰τῷ ἀλλοτρίῳ ἐκτοκιεῖς, τῷ δὲ ἀδελφῷ σου οὐκ ἐκτοκιεῖς, ἵνα εὐλογήσῃ σε Κύριος ὁ θεός σου ἐν πᾶσι τοῖς ἔργοις σου ἐπὶ τῆς γῆς εἰς ἣν εἰσπορεύῃ ἐκεῖ κληρονομεῖν αὐτήν.

²¹Ἐὰν δὲ εὔξῃ εὐχὴν Κυρίῳ τῷ θεῷ σου, οὐ χρονιεῖς ἀποδοῦναι αὐτήν, ὅτι ἐκζητῶν ἐκζητήσει Κύριος ὁ θεός σου παρὰ σοῦ, καὶ ἔσται ἐν σοὶ ἁμαρτία· ²²ἐὰν δὲ μὴ θέλῃς εὔξασθαι, οὐκ ἔστιν ἐν σοὶ ἁμαρτία. ²³τὰ ἐκπορευόμενα διὰ τῶν χειλέων σου φυλάξῃ, καὶ ποιήσεις ὃν τρόπον εὔξω τῷ θεῷ δόμα ὃ ἐλάλησας τῷ στόματί σου.

*²⁴Ἐὰν δὲ εἰσέλθῃς εἰς ἀμητὸν τοῦ πλησίον σου, καὶ συλλέξεις ἐν ταῖς χερσίν σου στάχυς, καὶ δρέπανον οὐ μὴ ἐπιβάλῃς ἐπ' ἀμητὸν τοῦ πλησίον σου. ²⁵Ἐὰν δὲ εἰσέλθῃς εἰς τὸν ἀμπελῶνα τοῦ πλησίον σου, φάγῃ σταφυλὴν ὅσον ψυχήν σου ἐμπλησθῆναι, εἰς δὲ ἄγγος οὐκ ἐμβαλεῖς.

¹Ἐὰν δέ τις λάβῃ γυναῖκα καὶ συνοικήσῃ αὐτῇ, καὶ ἔσται ἐὰν μὴ εὕρῃ χάριν ἐναντίον αὐτοῦ ὅτι εὗρεν ἐν αὐτῇ ἄσχημον πρᾶγμα, καὶ γράψει αὐτῇ βιβλίον ἀποστασίου καὶ δώσει εἰς τὰς χεῖρας αὐτῆς,

AF 14 ασχημο... F   15 κυριω]+αυτου AF.   16 om κατοικησει εν υμιν F | κατοικησει 2°]+εν παντι τοπω AF | εαν αρεση] αρεσκη A αν αρεσκη F   17 θυγατερων 1°] pr των A | τελισκομενος]+προς πασαν ευχην A^{a?}   19 τοκον αργ. τω αδ. σου A | αν] εαν F   20 δε] hiat F | πασιν A | κληρονομησαι AF   21 om Κυριω F   22 θελησης F | om εν F   23 ηυξω AF | τω θεω] κω τω θω σου AF | om τω στοματι σου A*^{vid} (hab A^{a!mg}) 24, 25 transp ut vid A^a (sup ras rescr)   24 συλλεξεις] συναξεις A^a | επ αμητον] επι τον αμητον A^aF   25 του πλ.] το sup ras B^{ab} | οσον]+αν A^a | ψυχη A^a | εμβαλεις] εκβαλεις A^aF   XXIV 1 εαν δε τις...εξαποστε sup ras A^a | συνοικησει A^a συνωκηση (sic) F | om μη F | ευρεν] ευρηκεν A^aF | om και δωσει A^a

ΔΕΥΤΕΡΟΝΟΜΙΟΝ XXIV 14

2 καὶ ἐξαποστελεῖ αὐτὴν ἐκ τῆς οἰκίας αὐτοῦ· ²καὶ ἀπελθοῦσα γένηται B
3 ἀνδρὶ ἑτέρῳ, ³καὶ μισήσῃ αὐτὴν ὁ ἀνὴρ ὁ ἔσχατος, καὶ γράψει αὐτῇ βιβλίον ἀποστασίου καὶ δώσει εἰς τὰς χεῖρας αὐτῆς καὶ ἐξαποστελεῖ αὐτὴν ἐκ τῆς οἰκίας αὐτοῦ, καὶ ἀποθάνῃ ὁ ἀνὴρ ὁ ἔσχατος ὃς ἔλαβεν
4 αὐτὴν αὐτῷ γυναῖκα· ⁴οὐ δυνήσεται ὁ ἀνὴρ ὁ πρότερος ἐξαποστείλας αὐτὴν ἐπαναστρέψας λαβεῖν αὐτὴν ἑαυτῷ γυναῖκα μετὰ τὸ μανθῆναι αὐτήν, ὅτι βδέλυγμά ἐστιν ἐναντίον Κυρίου τοῦ θεοῦ σου· καὶ οὐ μια-
5 νεῖτε τὴν γῆν ἣν Κύριος ὁ θεός σου δίδωσίν σοι ἐν κλήρῳ. ,⁵Ἐὰν δέ τις λάβῃ γυναῖκα προσφάτως, οὐκ ἐξελεύσεται εἰς τὸν πόλεμον, καὶ οὐκ ἐπιβληθήσεται αὐτῷ οὐδὲν πρᾶγμα· ἀθῷος ἔσται ἐν τῇ οἰκίᾳ αὐτοῦ ἐνιαυτὸν ἕνα· εὐφρανεῖ τὴν γυναῖκα αὐτοῦ ἣν ἔλαβεν.
6 ⁶Οὐκ ἐνεχυράσεις μύλον οὐδὲ ἐπιμύλιον, ὅτι ψυχὴν οὗτος ἐνεχυ-
7 ράζει. ⁷Ἐὰν δὲ ἁλῷ ἄνθρωπος κλέπτων ψυχὴν τῶν ἀδελφῶν αὐτοῦ τῶν υἱῶν Ἰσραήλ, καὶ καταδυναστεύσας αὐτὸν ἀποδῶται, ἀποθανεῖται ὁ κλέπτης ἐκεῖνος· καὶ ἐξαρεῖς τὸν πονηρὸν ἐξ ὑμῶν αὐτῶν.
8 ⁸Πρόσεχε σεαυτῷ ἐν τῇ ἁφῇ τῆς λέπρας· φυλάξῃ σφόδρα ποιεῖν κατὰ πάντα τὸν νόμον ὃν ἐὰν ἀναγγείλωσιν ὑμῖν οἱ ἱερεῖς οἱ Λευεῖται·
9 ὃν τρόπον ἐνετειλάμην ὑμῖν, φυλάξασθε ποιεῖν. ⁹μνήσθητι ὅσα ἐποίησεν Κύριος ὁ θεός σου τῇ Μαριὰμ ἐν τῇ ὁδῷ, ἐκπορευομένων ὑμῶν ἐξ Αἰγύπτου.
10 ¹⁰Ἐὰν ὀφείλημα ᾖ ἐν τῷ πλησίον σου, ὀφείλημα ὁτιοῦν, καὶ εἰσε-
11 λεύσῃ εἰς τὴν οἰκίαν αὐτοῦ ἐνεχυράσαι τὸ ἐνέχυρον αὐτοῦ· ¹¹ἔξω στήσῃ, καὶ ὁ ἄνθρωπος οὗ τὸ δάνιόν σού ἐστιν ἐν αὐτῷ ἐξοίσει
12 σοι τὸ ἐνέχυρον ἔξω. ¹²ἐὰν δὲ ὁ ἄνθρωπος πένηται, οὐ κοιμη-
13 θήσῃ ἐν τῷ ἐνεχύρῳ· ¹³ἀποδόσει ἀποδώσεις τὸ ἐνέχυρον αὐτοῦ πρὸς δυσμαῖς ἡλίου, καὶ κοιμηθήσεται ἐν τῷ ἱματίῳ αὐτοῦ, καὶ εὐλογήσει σε, καὶ ἔσται σοι ἐλεημοσύνη ἐναντίον Κυρίου τοῦ θεοῦ
14 σου. ¹⁴Οὐκ ἀπαδικήσεις μισθὸν πένητος καὶ ἐνδεοῦς ἐκ τῶν

3 γραψη F | δωσει]+αυτη F | εξαποστελη A | και 5°],η AF | ανηρ 2°] AF +αυτης F | αυτω] εαυτω AF ' 4 εξαποστειλας] pr ο AF | εναντιον] εναντι A om F | σου 2°] υμων AF | σοι] υμιν AF 5 τον πολεμον] om τον A | ουθεν A 6 ενεχυρασεις] ενεχυρας A ενεχυρα vel forte ενεχυρας F* ενεχυρασει τις F¹ | μυλον] υ sup ras Bᵃᵇ 7 των αδελφων] pr εκ AF | αυτου] αυτων F | εξαρειτε AF | om αυτων A*ᵛⁱᵈ (hab Aᵃᵗᵐᵍ) 8 εαν] αν AF | Λευιται BᵇAF (ita pluries infra) | φυλαξεσθε AF 10 εαν]+δε F | οτιουν]+τι AF | και] ουκ BᵃᵇAF | om αυτου 2° AF 12 ενεχυρω] ιματιω F+αυτου AF 13 om αποδοσει...ιματιω B* (hab Bᵃᵇᵐᵍⁱⁿᶠ) | αποδωσεις]+αυτω F | ενεχυρον] ιματιον AF | περι δυσμας AF | σοι εσται AF 14 απαδικησεις] αποστερησεις AF

ΔΕΥΤΕΡΟΝΟΜΙΟΝ

B ἀδελφῶν σου ἢ ἐκ τῶν προσηλύτων τῶν ἐν ταῖς πόλεσίν σου· ¹⁵αὐθημερὸν ἀποδώσεις τὸν μισθὸν αὐτοῦ, οὐκ ἐπιδύσεται ὁ ἥλιος ἐπ' αὐτῷ· ὅτι πένης ἐστὶν καὶ ἐν αὐτῷ ἔχει τὴν ἐλπίδα, καὶ καταβοήσεται κατὰ σοῦ πρὸς Κύριον, καὶ ἔσται ἐν σοὶ ἁμαρτία. ¹⁶Οὐκ ἀποθανοῦνται πατέρες ὑπὲρ τέκνων, καὶ υἱοὶ οὐκ ἀποθανοῦνται ὑπὲρ πατέρων· ἕκαστος ἐν τῇ ἑαυτοῦ ἁμαρτίᾳ ἀποθανεῖται. ¹⁷Οὐκ ἐκκλινεῖς κρίσιν προσηλύτου καὶ ὀρφανοῦ καὶ χήρας· ¹⁸ὅτι οἰκέτης ἦσθα ἐν γῇ Αἰγύπτῳ, καὶ ἐλυτρώσατό σε Κύριος ὁ θεός σου ἐκεῖθεν· διὰ τοῦτο ἐγώ σοι ἐντέλλομαι ποιεῖν τὸ ῥῆμα τοῦτο. ¹⁹Ἐὰν δὲ ἀμήσῃς ἀμητὸν ἐν τῷ ἀγρῷ σου, καὶ ἐπιλάθῃ δράγμα ἐν τῷ ἀγρῷ σου, οὐκ ἀναστραφήσῃ λαβεῖν αὐτό· τῷ προσηλύτῳ καὶ τῷ ὀρφανῷ καὶ τῇ χήρᾳ ἔσται, ἵνα εὐλογήσῃ σε Κύριος ὁ θεός σου ἐν πᾶσι τοῖς ἔργοις τῶν χειρῶν σου. ²⁰ἐὰν δὲ ἐλαιολογῇς, οὐκ ἐπαναστρέψεις καλαμήσασθαι τὰ ὀπίσω σου· τῷ προσηλύτῳ καὶ τῷ ὀρφανῷ καὶ τῇ χήρᾳ ἔσται· καὶ μνησθήσῃ ὅτι οἰκέτης ἦσθα ἐν γῇ Αἰγύπτῳ· διὰ τοῦτο ἐγώ σοι ἐντέλλομαι ποιεῖν τὸ ῥῆμα τοῦτο. ²¹ἐὰν δὲ τρυγήσῃς τὸν ἀμπελῶνά σου, οὐκ ἐπανατρυγήσεις αὐτὸν τὰ ὀπίσω σου· τῷ προσηλύτῳ καὶ τῷ ὀρφανῷ καὶ τῇ χήρᾳ ἔσται· ²²καὶ μνησθήσῃ ὅτι οἰκέτης ἦσθα ἐν γῇ Αἰγύπτῳ· διὰ τοῦτο ἐγώ σοι ἐντέλλομαι ποιεῖν τὸ ῥῆμα τοῦτο.

X ¹Ἐὰν δὲ γένηται ἀντιλογία ἀνὰ μέσον ἀνθρώπων, καὶ προσέλθωσιν εἰς κρίσιν, καὶ δικαιώσωσιν τὸ δίκαιον καὶ καταγνῶσιν τοῦ ἀσεβοῦς· ²καὶ ἔσται ἐὰν ἄξιος ᾖ πληγῶν ὁ ἀσεβῶν, καθιεῖς αὐτὸν ἐναντίον αὐτῶν. ³καὶ ἀριθμῷ ⁽³⁾τεσσεράκοντα μαστιγώσουσιν αὐτόν, οὐ προσθήσουσιν· ἐὰν δὲ προσθῇς μαστιγῶσαι ὑπὲρ ταύτας τὰς πληγὰς πλείους, ἀσχημονήσει ὁ ἀδελφός σου ἐναντίον σου. ⁴Οὐ φιμώσεις βοῦν ἀλοῶντα. ⁵Ἐὰν δὲ κατοικῶσιν ἀδελφοὶ ἐπὶ τὸ

AF 15 καταβοησεται] pr ου AF | κατα] περι A | σου] σε B* vid 16 πατερες] πρς A*. (πρες A^a?) | om εν AF. 17 χηρας] + και ουκ ενεχυρας ιματιον χηρας B^{ab mg} AF 18 οτι] pr και μνησθηση B^{ab mg} AF. 19 om δε AF | αμητον] + σου AF | om και επιλαθη...αγρω σου B* (hab B^{ab} [superscr] AF) | επαναστραφηση AF | τω προσηλυτω] pr τω πτωχω και AF 20 pr vv 21—22 F | ελαιολογης] ελεαλογησης AF | επαναστρεψεις] επαναστραφηση F | καλαμησασθε A 21 om δε F | τρυγησης] τρυγησεις F | om αυτον AF XXV 1 εις κρισιν] + και κρινωσιν AF. | δικαιωσουσιν A | το δικαιον] τον δ. AF 2 καθιεις] pr και AF | εναντιον αυτων] εναντι των κριτων και μαστιγωσουσιν αυτον εναντιον αυτων κατα την ασεβειαν αυτου AF. 3 om και AF | τεσσαρακοντα B^{b†}| προσθης] προσθωσιν AF. | μαστιγωσαι] + αυτον AF | τας πληγας] om τας AF 5 κατοικουσιν F

ΔΕΥΤΕΡΟΝΟΜΙΟΝ XXV 18

αὐτό, καὶ ἀποθάνῃ εἰς αὐτῶν, σπέρμα δὲ μὴ ἦν αὐτῷ, οὐκ ἔσται ἡ B
γυνὴ τοῦ τεθνηκότος ἔξω ἀνδρὶ μὴ ἐγγίζοντι· ὁ ἀδελφὸς τοῦ ἀνδρὸς
αὐτῆς εἰσελεύσεται πρὸς αὐτὴν καὶ λήμψεται αὐτὴν ἑαυτῷ γυναῖκα
6 καὶ συνοικήσει αὐτῇ. ⁶καὶ ἔσται τὸ παιδίον ὃ ἐὰν τέκῃ κατασταθήσεται ἐκ τοῦ ὀνόματος τοῦ τετελευτηκότος, καὶ οὐκ ἐξαλειφθή-
7 σεται τὸ ὄνομα αὐτοῦ ἐξ Ἰσραήλ. ⁷ἐὰν δὲ μὴ βούληται ὁ ἄνθρωπος
λαβεῖν τὴν γυναῖκα τοῦ ἀδελφοῦ αὐτοῦ, καὶ ἀναβήσεται ἡ γυνὴ
ἐπὶ τὴν πύλην ἐπὶ τὴν γερουσίαν· καὶ ἐρεῖ Οὐ θέλει ὁ ἀδελφὸς
τοῦ ἀνδρός μου ἀναστῆσαι τὸ ὄνομα τοῦ ἀδελφοῦ αὐτοῦ ἐν Ἰσραήλ·
8 οὐκ ἠθέλησεν ὁ ἀδελφὸς τοῦ ἀνδρός μου. ⁸καὶ καλέσουσιν αὐτὸν
ἡ γερουσία τῆς πόλεως αὐτοῦ καὶ ἐροῦσιν αὐτῷ, καὶ στὰς εἴπῃ
9 Οὐ βούλομαι λαβεῖν αὐτήν· ⁹καὶ προσελθοῦσα ἡ γυνὴ τοῦ ἀδελφοῦ
αὐτοῦ ἔναντι τῆς γερουσίας, καὶ ὑπολύσει τὸ ὑπόδημα αὐτοῦ τὸ ἓν
ἀπὸ τοῦ ποδὸς αὐτοῦ, καὶ ἐμπτύσεται κατὰ πρόσωπον αὐτοῦ, καὶ
ἀποκριθεῖσα ἐρεῖ Οὕτως ποιήσουσιν τῷ ἀνθρώπῳ ὃς οὐκ οἰκοδομήσει
10 τὸν οἶκον τοῦ ἀδελφοῦ αὐτοῦ ἐν Ἰσραήλ· ¹⁰καὶ κληθήσεται τὸ ὄνομα
11 αὐτοῦ ἐν Ἰσραὴλ Οἶκος τοῦ ὑπολυθέντος τὸ ὑπόδημα. ¹¹Ἐὰν
δὲ μάχωνται ἄνθρωποι ἐπὶ τὸ αὐτό, ἄνθρωπος μετὰ τοῦ ἀδελφοῦ
αὐτοῦ, καὶ προσέλθῃ γυνὴ ἑνὸς αὐτῶν ἐξελέσθαι τὸν ἄνδρα αὐτῆς
ἐκ χειρὸς τοῦ τύπτοντος αὐτόν, καὶ ἐκτείνασα τὴν χεῖρα ἐπιλά-
12 βηται τῶν διδύμων αὐτοῦ, ¹²ἀποκόψεις τὴν χεῖρα· οὐ φείσεται ὁ
13 ὀφθαλμός σου ἐπ' αὐτῇ. ¹³Οὐκ ἔσται σοι ἐν τῷ μαρσίππῳ
14 στάθμιον καὶ στάθμιον, μέγα ἢ μικρόν· ¹⁴οὐκ ἔσται ἐν τῇ οἰκίᾳ
15 σου μέτρον καὶ μέτρον, μέγα ἢ μικρόν· ¹⁵στάθμιον ἀληθινὸν καὶ
δίκαιον ἔσται σοι, ἵνα πολυήμερος γένῃ ἐπὶ τῆς γῆς ἧς Κύριος ὁ θεός
17 σου δίδωσίν σοι ἐν κλήρῳ. ¹⁷Μνήσθητι ὅσα ἐποίησέν σοι
18 Ἀμαλὴκ ἐν τῇ ὁδῷ ἐκπορευομένου σου ἐκ γῆς Αἰγύπτου, ¹⁸πῶς
ἀντέστη σοι ἐν τῇ ὁδῷ καὶ ἔκοψέν σου τὴν οὐραγίαν, τοὺς κοπιῶντας

* 5 αυτων] pr εξ AF | ην] η AF | τεθνηκοτος] τετελευτηκοτος A ᴬ 6 το AF
παιδιον] το πρωτον F^{a.mg} | εαν τεκη] αν τεχθη AF | Ισραηλ] ιλῆ.. F
7 ο ανθρωπος] om ο A | om του αδελφου 2° A   8 αυτου] εκεινης AF
9 αυτου 1°]+προς αυτον AF | υπολυσεται F | κατα προσωπον] εις το προσ. AF |
om αποκριθεισα F | οικοδομησουσιν A | om εν Ισραηλ A   11 ανθρωποι]
+δυο B^{ab mg}A (om B*F) | γυνη] pr η A   12 χειρα]+αυτης AF
13 ουκ εσται] pr και A | om σοι AF | μαρσιππω]+σου AF   14 η] και AF
15 εσται σοι]+και μετρον αληθινον και δικαιον εσται σοι B^{ab mg}A (om B*F)
16 οτι βδελυγμα κῶ τω θῶ σου πας ποιων ταυτα πας ποιων αδικον B^{ab (mg)}F
οτι βδ. κῶ τω θῶ σου εστιν πας ποιων αδικον (ταυτα A*) sup ras A^a (om B*)
17 εκ γης] εξ AF

XXV 19   ΔΕΥΤΕΡΟΝΟΜΙΟΝ

B ὀπίσω σου, σὺ δὲ ἐπείνας καὶ ἐκοπίας, καὶ οὐκ ἐφοβήθη τὸν θεόν· ¹⁹καὶ ἔσται ἡνίκα ἐὰν καταπαύσῃ σε Κύριος ὁ θεός σου ἀπὸ πάντων 19 τῶν ἐχθρῶν σου τῶν κύκλῳ σου ἐν τῇ γῇ ᾗ Κύριος ὁ θεός σου δίδωσίν σοι κληρονομῆσαι, ἐξαλείψεις τὸ ὄνομα Ἀμαλὴκ ἐκ τῆς ὑπὸ τὸν οὐρανόν, καὶ οὐ μὴ ἐπιλάθῃ.

¹Καὶ ἔσται ἐὰν εἰσέλθῃς εἰς τὴν γῆν ἣν Κύριος ὁ θεός σου 1 Χ δίδωσίν σοι κληρονομῆσαι, καὶ κατακληρονομήσῃς αὐτὴν καὶ κατοικήσῃς ἐπ' αὐτήν, ²καὶ λήμψῃ ἀπὸ τῆς ἀπαρχῆς τῶν καρπῶν τῆς 2 γῆς σου ἧς Κύριος ὁ θεός σου δίδωσίν σοι, καὶ ἐμβαλεῖς εἰς κάρταλλον, καὶ πορεύσῃ εἰς τὸν τόπον ὃν ἂν ἐκλέξηται Κύριος ὁ θεός σου ἐπικληθῆναι τὸ ὄνομα αὐτοῦ ἐκεῖ· ³καὶ ἐλεύσῃ πρὸς τὸν ἱερέα 3 ὃς ἔσται ἐν ταῖς ἡμέραις ἐκείναις καὶ ἐρεῖς πρὸς αὐτόν Ἀναγγέλλω σήμερον Κυρίῳ τῷ θεῷ μου ὅτι εἰσελήλυθα εἰς τὴν γῆν ἣν ὤμοσεν Κύριος τοῖς πατράσιν ἡμῶν δοῦναι ἡμῖν. ⁴καὶ λήμψεται ὁ ἱερεὺς 4 τὸν κάρταλλον ἐκ τῶν χειρῶν σου, καὶ θήσει αὐτὸν ἀπέναντι τοῦ θυσιαστηρίου Κυρίου τοῦ θεοῦ σου· ⁵καὶ ἀποκριθεὶς ἐρεῖ ἔναντι Κυρίου 5 τοῦ θεοῦ σου Συρίαν ἀπέβαλεν ὁ πατήρ μου καὶ κατέβη εἰς Αἴγυπτον, καὶ παρῴκησεν ἐκεῖ ἐν ἀριθμῷ βραχεῖ, καὶ ἐγένετο ἐκεῖ εἰς ἔθνος μέγα καὶ πλῆθος πολύ. ⁶καὶ ἐκάκωσαν ἡμᾶς οἱ Αἰγύπτιοι, καὶ 6 ἐταπείνωσαν ἡμᾶς καὶ ἐπέθηκαν ἡμῖν ἔργα σκληρά· ⁷καὶ ἀνεβοή- 7 σαμεν πρὸς Κύριον τὸν θεὸν ἡμῶν, καὶ εἰσήκουσεν Κύριος τῆς φωνῆς ἡμῶν, καὶ ἴδεν τὴν ταπείνωσιν ἡμῶν καὶ τὸν θλιμμὸν ἡμῶν· ⁸καὶ 8 ἐξήγαγεν ἡμᾶς Κύριος ἐξ Αἰγύπτου αὐτὸς ἐν ἰσχύι αὐτοῦ τῇ μεγάλῃ καὶ ἐν χειρὶ κραταιᾷ καὶ βραχίονι ὑψηλῷ, καὶ ἐν ὁράμασιν μεγάλοις καὶ ἐν σημείοις καὶ ἐν τέρασιν· ⁹καὶ εἰσήγαγεν ἡμᾶς εἰς τὸν 9 τόπον τοῦτον, καὶ ἔδωκεν ἡμῖν τὴν γῆν ταύτην, γῆν ῥέουσαν γάλα καὶ μέλι. ¹⁰καὶ νῦν ἰδοὺ ἐνήνοχα τὴν ἀπαρχὴν τῶν γενημάτων 10

AF 18 εφοβηθη] εφοβηθης B^{ab}F | θεον] κν A   19 om σου 2° A | om των κυκλω A* (hab A^{a(mg)}) | om σου 3° F | om εν τη γη A | διδωσιν σοι] +εν κληρω εν τη γη A^{amg} εν κληρω F | κατακληρονομησαι AF   XXVI 1 διδωσιν σοι]+εν κληρω AF | κληρονομησαι] κατακληρονομησαι αυτην AF | om και κατακληρονομησης αυτην AF | αυτην 2°] αυτης AF   2 ης] ην A | διδωσιν σοι]+εν κληρω AF   3 εσται] αν ην (η F) AF | αναγγελιω F | μου] σου F   4 αυτον] αυτο A | απεναντι του] θυσιαστηριον in mg et sup ras A^a   5 αποκριθεις ερει] αποκριθηση και ερεις AF | Συριαν] σ|συριαν (sic) F | απεβαλεν] απελαβεν AF | πολυ]+και μεγα AF   7 ημων 1°] pr των πρων AF | ειδεν A | και τον θλ.] pr και τον μοχθον ημων AF   8 αυτου τη μεγ.] om αυτου τη AF | βραχιονι] pr εν AF | υψηλω) pr αυτου τω AF·] και εν σημιοις F^{1(mg) vid} (om F*)   9 εις τον τοπον] pr' εις την γην ταυτην A

ΔΕΥΤΕΡΟΝΟΜΙΟΝ XXVI 19

τῆς γῆς ἧς ἔδωκάς μοι, Κύριε, γῆν ῥέουσαν γάλα καὶ μέλι. καὶ Β
11 προσκυνήσεις ἔναντι Κυρίου τοῦ θεοῦ σου· ¹¹καὶ εὐφρανθήσῃ ἐν
πᾶσιν τοῖς ἀγαθοῖς οἷς ἔδωκέν σοι Κύριος ὁ θεός σου, καὶ ἡ οἰκία
12 σου καὶ ὁ Λευείτης καὶ ὁ προσήλυτος ὁ ἐν σοί. ¹²Ἐὰν δὲ
συντελέσῃς ἀποδεκατῶσαι πᾶν τὸ ἐπιδέκατον τῶν γενημάτων σου
ἐν τῷ ἔτει τῷ τρίτῳ, τὸ δεύτερον ἐπιδέκατον δώσεις τῷ Λευείτῃ
καὶ τῷ προσηλύτῳ καὶ τῷ ὀρφανῷ καὶ τῇ χήρᾳ, καὶ φάγονται ἐν
13 ταῖς πόλεσίν σου καὶ εὐφρανθήσονται. ¹³καὶ ἐρεῖς ἐναντίον Κυρίου
τοῦ θεοῦ σου Ἐξεκάθαρα τὰ ἅγια ἐκ τῆς οἰκίας μου, καὶ ἔδωκα αὐτὰ
τῷ Λευείτῃ καὶ τῷ προσηλύτῳ καὶ τῷ ὀρφανῷ καὶ τῇ χήρᾳ, κατὰ
πάσας τὰς ἐντολὰς ἃς ἐνετείλω μοι· οὐ παρῆλθον τὴν ἐντολήν σου
14 καὶ οὐκ ἐπελαθόμην· ¹⁴καὶ οὐκ ἔφαγον ἐν ὀδύνῃ μου ἀπ' αὐτῶν,
οὐκ ἐκάρπωσα ἀπ' αὐτῶν εἰς ἀκάθαρτον, οὐκ ἔδωκα ἀπ' αὐτῶν τῷ
τεθνηκότι· ἐπήκουσα τῆς φωνῆς Κυρίου τοῦ θεοῦ ἡμῶν, ἐπήκουσα
15 καθότι ἐνετείλω μοι. ¹⁵κάθιδε ἐκ τοῦ οἴκου τοῦ ἁγίου σου ἐκ τοῦ
οὐρανοῦ, καὶ εὐλόγησον τὸν λαόν σου τὸν Ἰσραὴλ καὶ τὴν γῆν ἣν
ἔδωκας αὐτοῖς, καθὰ ὤμοσας τοῖς πατράσιν ἡμῶν δοῦναι ἡμῖν γῆν
16 ῥέουσαν γάλα καὶ μέλι. ¹⁶Ἐν τῇ ἡμέρᾳ ταύτῃ Κύριος ὁ θεός
σου ἐνετείλατό σοι ποιῆσαι πάντα τὰ δικαιώματα καὶ τὰ κρίματα·
καὶ φυλάξεσθε καὶ ποιήσετε αὐτὰ ἐξ ὅλης τῆς καρδίας ὑμῶν καὶ ἐξ
17 ὅλης τῆς ψυχῆς ὑμῶν. ¹⁷τὸν θεὸν εἵλου σήμερον εἶναί σου θεόν,
καὶ πορεύεσθαι ἐν πάσαις ταῖς ὁδοῖς αὐτοῦ, καὶ φυλάσσεσθαι τὰ
18 δικαιώματα καὶ τὰ κρίματα, καὶ ὑπακούειν τῆς φωνῆς αὐτοῦ· ¹⁸καὶ
Κύριος εἵλατό σε σήμερον γενέσθαι σε αὐτῷ λαὸν περιούσιον,
19 καθάπερ εἶπεν, φυλάσσειν τὰς ἐντολὰς αὐτοῦ· ¹⁹καὶ εἶναί σε ὑπεράνω
πάντων τῶν ἐθνῶν, ὡς ἐποίησέν σε ὀνομαστὸν καὶ καύχημα καὶ
δοξαστόν, εἶναί σε λαὸν ἅγιον Κυρίῳ τῷ θεῷ σου, καθὼς ἐλάλησεν.

10 εδωκεν F | Κυριε] om A κυριος F | μελι] με| (sic) F | και προσκυν.] pr και AF
αφησεις αυτα εναντι (αυτο απεναντι F) κυ του θυ σου AF | εναντι] pr εκει AF
11 εν πασιν] επι πασι A εν πασι F | η οικια BA¹] τη οικια A* την οικιαν F*
(η οικια F¹ vid) 12 των γεν.]+της γης AF | ευφρανθησονται] εμπλησθη-
σονται AF 13 εναντι AF | αγια]+μου A | εντολας]+σου F 14 om
ουκ εκαρπωσα απ αυτων B* (hab B^{ab mg} AF) | επηκουσα 1°] υπηκουσα A |
ημων] μου AF | επηκουσα 2°] εποιησα AF | καθοτι] καθα AF 15 κατιδε
AF | σου 1°] σ sup ras (seq spat 1 lit) A^a | om εκ του ουρανου F 16 om
ο θεος σου F | παντα] pr κατα A | δικαιωματα]+ταυτα AF | φυλαξασθε
F | ποιησατε F 17 om πασαις AF | φυλασεσθαι F* (φυλασσ. F¹) | κρι-
ματα]+αυτου AF 18 om σε 1° F | ειπεν]+σοι AF | τας εντολας] pr
πασας AF 19 σε 2° BA^{a1} F] σοι A* vid

395

ΔΕΥΤΕΡΟΝΟΜΙΟΝ

¹Καὶ προσέταξεν Μωυσῆς καὶ ἡ γερουσία Ἰσραηλειτῶν Φυλάσ- σεσθε πάσας τὰς ἐντολὰς ταύτας ὅσας ἐγὼ ἐντέλλομαι ὑμῖν σήμερον. ²καὶ ἔσται ᾗ ἂν ἡμέρᾳ διαβῆτε τὸν Ἰορδάνην εἰς τὴν γῆν ἣν Κύριος ὁ θεός σου δίδωσίν σοι, καὶ στήσεις σεαυτῷ λίθους μεγάλους καὶ κονιάσεις αὐτοὺς κονίᾳ· ³καὶ γράψεις ἐπὶ τῶν λίθων τούτων πάντας τοὺς λόγους τοῦ νόμου τούτου, ὡς ἂν διαβῆτε τὸν Ἰορδάνην, ἡνίκα ἐὰν εἰσέλθητε εἰς τὴν γῆν ἣν Κύριος ὁ θεὸς τῶν πατέρων σου δίδωσίν σοι, γῆν ῥέουσαν γάλα καὶ μέλι, ὃν τρόπον εἶπεν Κύριος ὁ θεὸς τῶν πατέρων σού σοι. ⁴καὶ ἔσται ὡς ἂν διαβῆτε τὸν Ἰορδάνην, στήσετε τοὺς λίθους τούτους οὓς ἐγὼ ἐντέλλομαί σοι σήμερον ἐν ὄρει Γαιβάλ, καὶ κονιάσεις αὐτοὺς κονίᾳ. ⁵καὶ οἰκοδομήσεις ἐκεῖ θυσιαστήριον Κυρίῳ τῷ θεῷ σου, θυσιαστήριον ἐκ λίθων, οὐκ ἐπιβαλεῖς ἐπ' αὐτὸ σίδηρον· ⁶λίθους ὁλοκλήρους οἰκοδομήσεις· θυσιαστήριον Κυρίῳ τῷ θεῷ σου, καὶ ἀνοίσεις ἐπ' αὐτὸ τὰ ὁλοκαυτώματα Κυρίῳ τῷ θεῷ σου· ⁷καὶ θύσεις ἐκεῖ θυσίαν σωτηρίου, καὶ φάγῃ καὶ ἐμπλησθήσῃ καὶ εὐφρανθήσῃ ἐναντίον Κυρίου τοῦ θεοῦ σου· ⁸καὶ γράψεις ἐπὶ τῶν λίθων πάντα τὸν νόμον τοῦτον σαφῶς σφόδρα. ⁹Καὶ ἐλάλησεν Μωυσῆς καὶ οἱ ἱερεῖς οἱ Λευεῖται παντὶ Ἰσραὴλ λέγοντες Σιώπα καὶ ἄκουε, Ἰσραήλ· ἐν τῇ ἡμέρᾳ ταύτῃ γέγονας εἰς λαὸν Κυρίῳ τῷ θεῷ σου. ¹⁰καὶ εἰσακούσῃ τῆς φωνῆς Κυρίου τοῦ θεοῦ σου, καὶ ποιήσεις πάσας τὰς ἐντολὰς αὐτοῦ καὶ τὰ δικαιώματα αὐτοῦ ὅσα ἐγὼ ἐντέλλομαί σοι σήμερον.

¹¹Καὶ ἐνετείλατο Μωυσῆς τῷ λαῷ ἐν τῇ ἡμέρᾳ ἐκείνῃ λέγων ¹²Οὗτοι στήσονται εὐλογεῖν τὸν λαὸν ἐν ὄρει Γαριζείν, διαβάντες τὸν Ἰορδάνην· Συμεών, Λευεί, Ἰουδά, Ἰσσαχάρ, Ἰωσὴφ καὶ Βενιαμείν. ¹³καὶ οὗτοι στήσονται ἐπὶ τῆς κατάρας ἐν ὄρει Γαιβάλ· Ῥουβήν, Γὰδ καὶ Ἀσήρ, Ζαβουλών, Δὰν καὶ Νεφθαλεί. ¹⁴Καὶ ἀποκριθέντες οἱ Λευεῖται ἐροῦσιν παντὶ Ἰσραὴλ φωνῇ μεγάλῃ ¹⁵Ἐπικατάρατος ἄνθρωπος ὅστις ποιήσει γλυπτὸν καὶ χωνευτόν, βδέλυγμα

AF XXVII 1 Ισραηλειτων B*ᵛⁱᵈ] Ισραηλ λεγων BᵃAF | om ταυτας F
2 κονιας A* (κονια A?)   3 om τουτων AF | εαν] αν A | εισελθης A | των πατερων] ων πατερων A* (τ superscr A¹)   5 κω τω θω σου θυσιαστηριον A | αυτο] αυτους AF   6 θυσιαστηριον] pr το AF | αυτο] αυτου AF | τα ολοκαυτωματα] ολοκαυτωματα A ολοκαυτωμα F   7 om εκει AF | θυσιαν σωτηριου] θυσιαστηριον A+κω τω θω σου A+κυριω F | φαγη]+εκει AF | εναντι AF   9 οι Λευειται (Λευιτ. BᵇAF item 14)] pr και A   10 οσα] α F·   11 τω λαω] pr παντι Aᵃ (παντι τω λαω ex sup ras)   12 Λευι BᵇAF pr και A | Ιουδας AF | Ισαχαρ F* (Ισσ. F¹) | Βενιαμειν] ιν sup ras Aᵃ   14 παντι Ισρ.] τω Ισρ. F   15 ανθρωπος] pr ο AF | βδελυγμα κω sup ras Aᵃ (inter υ, γ ras 3 litt)

ΔΕΥΤΕΡΟΝΟΜΙΟΝ XXVIII 4

Κυρίῳ, ἔργον χειρῶν τεχνιτῶν, καὶ θήσει αὐτὸ ἐν ἀποκρύφῳ. καὶ B
16 ἀποκριθεὶς ὁ λαὸς ἐροῦσιν Γένοιτο. ¹⁶Ἐπικατάρατος ὁ ἀτιμάζων πατέρα αὐτοῦ ἢ μητέρα αὐτοῦ. καὶ ἐροῦσιν πᾶς ὁ λαός
17 Γένοιτο. ¹⁷Ἐπικατάρατος ὁ μετατιθεὶς ὅρια τοῦ πλησίον. καὶ
18 ἐροῦσιν πᾶς ὁ λαός Γένοιτο. ¹⁸Ἐπικατάρατος ὁ πλανῶν τυφλὸν
19 ἐν ὁδῷ. καὶ ἐροῦσιν πᾶς ὁ λαός Γένοιτο. ¹⁹Ἐπικατάρατος ὃς ἂν ἐκκλίνῃ κρίσιν προσηλύτου καὶ ὀρφανοῦ καὶ χήρας. καὶ ἐροῦσιν πᾶς
20 ὁ λαός Γένοιτο. ²⁰Ἐπικατάρατος ὁ κοιμώμενος μετὰ γυναικὸς ἐκ πατρὸς αὐτοῦ, ὅτι ἀπεκάλυψεν συνκάλυμμα τοῦ πατρὸς αὐτοῦ. καὶ
21 ἐροῦσιν πᾶς ὁ λαὸς Γένοιτο. ²¹Ἐπικατάρατος ὁ κοιμώμενος
22 μετὰ παντὸς κτήνους. καὶ ἐροῦσιν πᾶς ὁ λαός Γένοιτο. ²²Ἐπικατάρατος ὁ κοιμώμενος μετὰ ἀδελφῆς πατρὸς ἢ μητρὸς αὐτοῦ. καὶ
23 ἐροῦσιν πᾶς ὁ λαός Γένοιτο. ²³Ἐπικατάρατος ὁ κοιμώμενος μετὰ νύμφης αὐτοῦ. καὶ ἐροῦσιν πᾶς ὁ λαός Γένοιτο. Ἐπικατάρατος ὁ κοιμώμενος μετὰ ἀδελφῆς γυναικὸς αὐτοῦ. καὶ ἐροῦσιν πᾶς ὁ
24 λαός Γένοιτο. ²⁴Ἐπικατάρατος ὁ τύπτων τὸν πλησίον αὐτοῦ
25 δόλῳ. καὶ ἐροῦσιν πᾶς ὁ λαός Γένοιτο. ²⁵Ἐπικατάρατος ὃς ἂν λάβῃ δῶρα πατάξαι ψυχὴν αἵματος ἀθῴου. καὶ ἐροῦσιν πᾶς ὁ λαὸς
26 Γένοιτο. ²⁶Ἐπικατάρατος πᾶς ἄνθρωπος ὃς οὐκ ἐμμένει ἐν πᾶσιν τοῖς λόγοις τοῦ νόμου τούτου ποιῆσαι αὐτούς. καὶ ἐροῦσιν πᾶς ὁ λαὸς Γένοιτο.

III 1. ¹Καὶ ἔσται ἐὰν ἀκοῇ ἀκούσῃς τῆς φωνῆς Κυρίου τοῦ θεοῦ σου, φυλάσσειν καὶ ποιεῖν πάσας τὰς ἐντολὰς ταύτας ἃς ἐγὼ ἐντέλλομαί σοι σήμερον, καὶ δώσει σε Κύριος ὁ θεός σου ὑπεράνω ἐπὶ πάντα τὰ
2 ἔθνη τῆς γῆς· ²καὶ ἥξουσιν ἐπὶ σὲ πᾶσαι αἱ εὐλογίαι αὗται καὶ εὑρήσουσίν σε, ἐὰν ἀκοῇ ἀκούσῃς τῆς φωνῆς Κυρίου τοῦ θεοῦ σου.
3 ³εὐλογημένος σὺ ἐν πόλει, καὶ εὐλογημένος σὺ ἐν ἀγρῷ· ⁴εὐλογημένα
4 τὰ ἔκγονα τῆς κοιλίας σου, τὰ βουκόλια τῶν βοῶν σου καὶ τὰ ποίμνια

15 τεχνιτων] τεχνιτου AF | ο λαος] pr πας AF | ερουσιν] ερει AF | γενοιτο] AF +γενοιτο F   16 γενοιτο]+γενοιτο A   19 ος αν] pr πας F   20 εκ πατρος] του π. AF   21 om παντος A | ερουσιν] ερει F   22 αδελφης] +αυτου F | πατρος] pr εκ AF | μητρος] pr εκ AF   23 νυμφης] πενθερας AF | om επικαταρατος 2°...γενοιτο 2° AF   24 om αυτου AF   26 ανθρωπος] pr ο AF | ος] οστις A | πασι BᵇAF | νομου] βιβλιου F | ποιησαι] pr του AF   XXVIII 1 και εσται]+ως αν διαβητε τον Ιορδανην εις την γην ην κ̄ς̄ ο θ̄ς̄ υμων διδωσιν υμιν AF | ακουσης] εισακουσητε AF | σου 1°] υμων AF | ταυτας] om A αυτου F | om σου 2° A | επι παντα τα εθνη] παντων των εθνων AF.   2 ακουσης] εισακουσης A   4 κοιλιας σου]+και τα γενηματα της γης σου Bᵃᵇ⁽ᵐᵍ⁾F + και τα εκγονα της γης σου A

397

XXVIII 5   ΔΕΥΤΕΡΟΝΟΜΙΟΝ

B τῶν προβάτων σου· ⁵εὐλογημέναι αἱ ἀποθῆκαί σου καὶ τὰ ἐνκα- 5
ταλίμματά σου. ⁶εὐλογημένος σὺ ἐν τῷ εἰσπορεύεσθαί σε, καὶ 6
εὐλογημένος σὺ ἐν τῷ ἐκπορεύεσθαί σε. ⁷παραδῷ Κύριος ὁ θεός 7
σου τοὺς ἐχθρούς σου τοὺς ἀνθεστηκότας σοι συντετριμμένους πρὸ
προσώπου σου· ὁδῷ μιᾷ ἐξελεύσονται πρὸς σέ, καὶ ἐν ἑπτὰ ὁδοῖς
φεύξονται ἀπὸ προσώπου σου. ⁸ἀποστείλαι Κύριος ἐπὶ σὲ τὴν 8
εὐλογίαν ἐν τοῖς ταμείοις σου, καὶ ἐπὶ πάντα οὗ ἂν ἐπιβάλῃς
τὴν χεῖρά σου ἐπὶ τῆς γῆς ἧς Κύριος ὁ θεός σου δίδωσίν σοι.
⁹ἀναστήσαι σε Κύριος ἑαυτῷ λαὸν ἅγιον, ὃν τρόπον ὤμοσεν τοῖς 9
πατράσιν σου, ἐὰν ἀκούσῃς τῆς φωνῆς Κυρίου τοῦ θεοῦ σου
καὶ πορευθῇς ἐν πάσαις ταῖς ὁδοῖς αὐτοῦ. ¹⁰καὶ ὄψονταί σε 10
πάντα τὰ ἔθνη τῆς γῆς ὅτι τὸ ὄνομα Κυρίου ἐπικέκληταί σοι, καὶ
φοβηθήσονταί σε. ¹¹καὶ πληθυνεῖ σε Κύριος ὁ θεός σου εἰς ἀγαθὰ ἐν 11
τοῖς ἐκγόνοις τῆς κοιλίας σου καὶ ἐπὶ τοῖς γενήμασιν τῆς γῆς σου
καὶ ἐπὶ τοῖς ἐκγόνοις τῶν κτηνῶν σου, ἐπὶ τῆς γῆς ἧς ὤμοσεν Κύριος
τοῖς πατράσιν σου δοῦναί σοι. ¹²ἀνοίξαι σοι Κύριος τὸν θησαυρὸν 12
αὐτοῦ τὸν ἀγαθόν, τὸν οὐρανόν, δοῦναι τὸν ὑετὸν τῇ γῇ σου ἐπὶ καιροῦ,
εὐλογῆσαι πάντα τὰ ἔργα τῶν χειρῶν σου· καὶ δανιεῖς ἔθνεσιν πολλοῖς,
σὺ δὲ οὐ δανιῇ. ¹³καταστήσαι σε Κύριος ὁ θεός σου εἰς κεφαλὴν καὶ 13
μὴ εἰς οὐράν, καὶ ἔσῃ τότε ἐπάνω καὶ οὐκ ἔσῃ ὑποκάτω, ἐὰν ἀκούσῃς
τῆς φωνῆς Κυρίου τοῦ θεοῦ σου ὅσα ἐγὼ ἐντέλλομαί σοι σήμερον
φυλάσσειν· ¹⁴οὐ παραβήσῃ ἀπὸ πασῶν τῶν ἐντολῶν ὧν ἐγὼ ἐντέλ- 14
λομαί σοι σήμερον δεξιὰ οὐδὲ ἀριστερά, πορεύεσθαι ὀπίσω θεῶν
ἑτέρων λατρεύειν αὐτοῖς. ¹⁵Καὶ ἔσται ἐὰν μὴ εἰσακούσῃς τῆς 15
φωνῆς Κυρίου τοῦ θεοῦ σου, φυλάσσεσθαι πάσας τὰς ἐντολὰς αὐτοῦ
ὅσας ἐγὼ ἐντέλλομαί σοι σήμερον, καὶ ἐλεύσονται ἐπὶ σὲ πᾶσαι αἱ
κατάραι αὗται· καὶ καταλήμψονταί σε. ¹⁶ἐπικατάρατος σὺ ἐν πόλει, 16
καὶ ἐπικατάρατος σὺ ἐν ἀγρῷ· ¹⁷ἐπικατάρατοι αἱ ἀποθῆκαί σου καὶ τὰ 17

AF   6 ευλογημενος bis] ευλογητος A   7 παραδω] παραδοι F+σοι A | om σου
3° F* (hab F¹⁽ᵛⁱᵈ⁾) | οδω] pr εν A   8 ταμειοις (ταμιοις B)] ταμειοις AF |
επι παντα] εν πασιν AF   9 om σε F | Κυριος]+ο θς σου AF | ακουσης] εισα-
κουσης AF (-ση) | om πασαις AF   10 om σε 2° F   11 εν] επι AF | της
(1°? 2°?) sup ras Bᵃᵇ | επι τοις εκγ. των κτ. σου και επι τοις γεν. (γενημασι
A) της γης σου AF | ης]+η B* (om Bᵃᵗᵇ)   12 om σοι F* (superscr
F¹⁽ᵛⁱᵈ⁾) | τον αγαθον αυτου A | ουρανιον A | καιρου]+αυτου AF | δανιεις]
εκδανιεις A | εθνεσι A | δανιη]+και αρξεις (+συ AF) εθνων πολλων σου δε
ουκ αρξουσιν Bᵃᵇ ᵐᵍ ⁱⁿᶠ AF   13 ακουσης] εισακουσης F | της φωνης] των
εντολων AF | φυλασσειν]+και ποιειν AF   14 πασων των εντολων] παντων
των λογων AF | ουδε] η A·   15 φυλασσεσθαι] φυλασσειν (+και A) ποιειν
AF   17 επικαταρατοι] τα sup ras B¹ᵗᵃᵗ

398

ΔΕΥΤΕΡΟΝΟΜΙΟΝ XXVIII 31

18 ἐγκαταλίμματά σου· ¹⁸ἐπικατάρατα τὰ ἔκγονα τῆς κοιλίας σου καὶ τὰ Β
γενήματα τῆς γῆς σου, τὰ βουκόλια τῶν βοῶν σου καὶ τὰ ποίμνιά
19 τῶν προβάτων σου· ¹⁹ἐπικατάρατος σὺ ἐν τῷ ἐκπορεύεσθαί σε,
20 καὶ ἐπικατάρατος σὺ ἐν τῷ εἰσπορεύεσθαί σε. ²⁰ἀποστείλαι Κύριος
ἐπὶ σὲ τὴν ἔνδειαν καὶ τὴν ἐκλιμίαν καὶ τὴν ἀνάλωσιν ἐπὶ πάντα
οὗ ἂν ἐπιβάλῃς τὴν χεῖρά σου, ἕως ἂν ἐξολεθρεύσῃ σε, καὶ ἕως
ἂν ἀπολέσῃ σε ἐν τάχει διὰ τὰ πονηρὰ ἐπιτηδεύματά σου, διότι
21 ἐνκατέλιπές με. ²¹προσκολλήσαι Κύριος εἰς σὲ τὸν θάνατον, ἕως
ἂν ἐξαναλώσῃ σε ἀπὸ τῆς γῆς εἰς ἣν εἰσπορεύῃ ἐκεῖ κληρονομῆσαι
22 αὐτήν. ²²πατάξαι σε Κύριος ἐν ἀπορίᾳ καὶ πυρετῷ καὶ ῥίγει καὶ
ἐρεθισμῷ καὶ ἀνεμοφθορίᾳ καὶ τῇ ὤχρᾳ, καὶ καταδιώξονταί σε ἕως
23 ἂν ἀπολέσωσίν σε. ²³καὶ ἔσται σοι ὁ οὐρανὸς ὁ ὑπὲρ κεφαλῆς σου
24 χαλκοῦς, καὶ ἡ γῆ ἡ ὑποκάτω σου σιδηρᾶ. ²⁴δῴη Κύριος ὁ θεός
σου τὸν ὑετὸν τῇ γῇ σου κονιορτόν, καὶ χοῦς ἐκ τοῦ οὐρανοῦ κατα-
25 βήσεται, ἕως ἂν ἐκτρίψῃ σε, καὶ ἕως ἂν ἀπολέσῃ σε ἐν τάχει. ²⁵δῴη
σε Κύριος ἐπισκοπὴν ἐναντίον τῶν ἐχθρῶν· ἐν ὁδῷ μιᾷ ἐξελεύσῃ
πρὸς αὐτούς, καὶ ἐν ἑπτὰ ὁδοῖς φεύξῃ ἀπὸ προσώπου αὐτῶν, καὶ
26 ἔσῃ διασπορὰ ἐν πάσαις βασιλείαις τῆς γῆς. ²⁶καὶ ἔσονται οἱ νεκροὶ
ὑμῶν κατάβρωμα τοῖς πετεινοῖς τοῦ οὐρανοῦ καὶ τοῖς θηρίοις τῆς γῆς,
27 καὶ οὐκ ἔσται ὁ ἐκφοβῶν. ²⁷πατάξαι σε Κύριος ἕλκει Αἰγυπτίῳ
εἰς τὴν ἕδραν καὶ ψώρᾳ ἀγρίᾳ καὶ κνήφῃ, ὥστε μὴ δύνασθαί σε
28 ἰαθῆναι. ²⁸πατάξαι σε Κύριος παραπληξίᾳ ἀορασίας καὶ ἐκστάσει
29 διανοίας· ²⁹καὶ ἔσῃ ψηλαφῶν μεσημβρίας, ὡς εἴ τις ψηλαφήσαι
τυφλὸς ἐν τῷ σκότει, καὶ οὐκ εὐοδώσει τὰς ὁδούς σου· καὶ ἔσῃ τότε
ἀδικούμενος καὶ διαρπαζόμενος πάσας τὰς ἡμέρας, καὶ οὐκ ἔσται
30 ὁ βοηθῶν. ³⁰γυναῖκα λήμψῃ, καὶ ἀνὴρ ἕτερος ἕξει αὐτήν· οἰκίαν
οἰκοδομήσεις, καὶ οὐκ οἰκήσεις ἐν αὐτῇ· ἀμπελῶνα φυτεύσεις, καὶ
31 οὐ τρυγήσεις αὐτόν. ³¹ὁ μόσχος σου ἐσφαγμένος ἐναντίον σου, καὶ

19 εκπορευεσθαι] εισπορ. AF | εισπορευεσθαι] εκπορ. AF 20 απο- AF
στειλαι] εξαποστειλαι AF¹ (εξαποοστ. F*) | επι σε] σοι AF | αν 1°] εαν A |
χειρα σου]+οσα εαν (αν F) ποιησης AF | omⁱ αν 3° A | ενκατελιπες (εγκ.
Bᵇ)] εγκατελειπας A εγκατελειπες F 21 ην]+συ AF 22 om εν
AF | ερεθισμω]+και φονω AF | καταδιωξονται] καταδιωξωσιν F 23 om
σοι AF | ο υπερ κεφ.] om ο F | η υποκατω] om η F 24 om ο θς σου
AF | καταβησεται]+επι σε AF | om. εν ταχει AF 25 επισκοπην B*A]
επικοπην BᵃᵇF | εχθρων]+σου AF | διασπορα] pr εν AF | βασιλειαις] pr
ταις AF 26 εκφοβων] αποσοβων Aᵃ (sup ras) F 27 ελκει] pr ευ
AF | εις την εδραν] εν ταις εδραις AF | δυνασαι F 28 αορασιας] αορασια
Bᵃᵇ και αορασια AF | εκστασει] pr εν F 29 om τις AF | τυφλος] pr ο
AF | εσται]+σοι AF 30 ου]+μη AF

ΧΧVIII 32 ΔΕΥΤΕΡΟΝΟΜΙΟΝ

B οὐ φάγῃ ἐξ αὐτοῦ· ὁ ὄνος σου ἡρπασμένος ἀπὸ σοῦ, καὶ οὐκ ἀποδοθήσεταί σοι· τὰ πρόβατά σου δεδομένα τοῖς ἐχθροῖς σου, ³²καὶ οἱ ὀφθαλμοί σου βλέψονται σφακελίζοντες εἰς αὐτά· οὐκ ἰσχύσει σου ἡ χείρ. ³³τὰ ἐκφόρια τῆς γῆς σου καὶ πάντας τοὺς πόνους σου φάγεται ἔθνος ὃ οὐκ ἐπίστασαι, καὶ ἔσῃ ἀδικούμενος καὶ τεθραυσμένος πάσας τὰς ἡμέρας. ³⁴καὶ ἔσῃ παράπληκτος διὰ τὰ ὁράματα τῶν ὀφθαλμῶν σου ἃ βλέψῃ. ³⁵πατάξαι σε Κύριος ἐν ἕλκει πονηρῷ ἐπὶ τὰ γόνατα καὶ ἐπὶ τὰς κνήμας, ὥστε μὴ δύνασθαί σε ἰαθῆναι, ἀπὸ ἴχνους τῶν ποδῶν σου ἕως τῆς κορυφῆς σου. ³⁶ἀπαγάγοι Κύριός σε καὶ τοὺς ἄρχοντάς σου οὓς ἐὰν καταστήσῃς ἐπὶ σεαυτὸν ἐπ᾽ ἔθνος ὃ οὐκ ἐπίστασαι σὺ καὶ οἱ πατέρες σου, καὶ λατρεύσεις ἐκεῖ θεοῖς ἑτέροις, ξύλοις καὶ λίθοις. ³⁷καὶ ἔσῃ ἐκεῖ ἐν αἰνίγματι καὶ παραβολῇ καὶ διηγήματι ἐν πᾶσιν τοῖς ἔθνεσιν εἰς οὓς ἀπαγάγῃ σε Κύριος ἐκεῖ. ³⁸σπέρμα πολὺ ἐξοίσεις εἰς τὸ πεδίον, καὶ ὀλίγα εἰσοίσεις, ὅτι κατέδεται αὐτὰ ἡ ἀκρίς. ³⁹ἀμπελῶνα φυτεύσεις καὶ κατεργᾷ, καὶ οἶνον οὐ πίεσαι οὐδὲ εὐφρανθήσῃ ἐξ αὐτοῦ, ὅτι καταφάγεται αὐτὰ ὁ σκώληξ. ⁴⁰ἐλαῖαι ἔσονταί σοι ἐν πᾶσι τοῖς ὁρίοις σου, καὶ ἔλαιον οὐ χρίσῃ, ὅτι ἐκρυήσεται ἡ ἐλαία σου. ⁴¹υἱοὺς καὶ θυγατέρας γεννήσεις, καὶ οὐκ ἔσονται· ἀπελεύσονται γὰρ ἐν αἰχμαλωσίᾳ. ⁴²πάντα τὰ ξύλινά σου καὶ τὰ γενήματα τῆς γῆς σου ἐξαναλώσει ἡ ἐρυσίβη. ⁴³ὁ προσήλυτος ὁ ἐν σοὶ ἀναβήσεται ἄνω ἄνω, σὺ δὲ καταβήσῃ κάτω κάτω. ⁴⁴οὗτος δανιεῖ σοι, σὺ δὲ τούτῳ οὐ δανιεῖς· οὗτος ἔσται κεφαλή, σὺ δὲ ἔσῃ οὐρά. ⁴⁵καὶ ἐλεύσονται ἐπὶ σὲ πᾶσαι αἱ κατάραι αὗται καὶ καταδιώξονταί σε καὶ καταλήμψονταί σε, ἕως ἂν ἐξολεθρεύσῃ σε καὶ ἕως ἂν ἀπολέσῃ σε· ὅτι οὐκ εἰσήκουσας τῆς φωνῆς Κυρίου τοῦ θεοῦ σου, φυλάξαι τὰς ἐντολὰς αὐτοῦ καὶ τὰ δικαιώματα ὅσα ἐνετείλατό σοι. ⁴⁶καὶ ἔσται ἐν σοὶ

AF **31** ονος] οινος A | ηρπαγμενος F | διαδεδομενα F **31—32** τοις εχθροις σου] + ϗ ουκ εσται σοι· οι υιοι σου ϗ αι θυγατερες σου δεδομεναι εθνει ετερω B^{ab mg} + και ουκ εσται σοι ο βοηθων· οι υιοι σου και αι θυγ. σου δεδομενα (δεδομεναι F) εθνει ετερω AF **32** βλεψονται] εσονται A οψονται F | ουκ) pr και AF | η χειρ σου AF **33** εκφορτια B **35** ιαθηναι σε AF **36** εαν] αν AF | καταστησει A* καταστησεις A¹ | σεαυτον] εα sup ras A^a | επ] εις AF | και οι πα sup ras A^a (pr ras 2 litt) **37** πασι B^bF | απαγαγη] pr αν A αν απαγοι F **40** om σοι F **41** γενησεις F | εσονται] + σοι AF **42** σου της γης A | ερισυβη A **43** ο εν σοι] ος εστιν εν σοι AF | αναβησεται] + επι σε AF **44** συ 1°] σοι A | κεφαλη] εις κεφαλην AF | ουρα] εις ουραν AF **45** εξολεθρευση σε] εξολεθρευσεαι A* (εξολεθρευσε σαι A¹) | απολεσαι A | εισηκουσας] ηκουσας A | φυλαξαι] του φυλασσεσθαι AF + σε πασας A | δικαιωματα] + αυτου AF

ΔΕΥΤΕΡΟΝΟΜΙΟΝ XXVIII 56

47 σημεία και τέρατα εν τω σπέρματί σου έως του αιώνος, 47ἀνθ' ὧν οὐκ B
ἐλάτρευσας Κυρίῳ τῷ θεῷ σου ἐν ευφροσύνη και αγαθή διανοία διά το
48 πλήθος πάντων. 48και λατρεύσεις τοις εχθροίς σου, οὓς επαπο-
στελεί Κύριος επί σε, εν λιμώ και εν εκλείψει πάντων· και επιθήσει
κλοιον σιδηρούν επί τον τράχηλόν σου, έως ἂν εξολεθρεύση σε.
49 49ἐπάξει Κύριος επί σε έθνος μακρόθεν απ' εσχάτου της γης ωσεί
50 ὅρμημα ἀετοῦ, ἔθνος ὃ οὐκ ἀκούσῃ τῆς φωνῆς αὐτοῦ, 50ἔθνος αναιδές
προσώπω, ὅστις ου θαυμάσει πρόσωπον πρεσβύτου και νέον οὐκ ἐλε-
51 ήσει. 51και κατέδεται τα έκγονα των κτηνών σου και τα γενήματα
της γης σου, ὥστε μη καταλιπείν σοι σίτον, οίνον, έλαιον, τα βουκόλια
των βοών σου και τα ποίμνια των προβάτων σου, έως ἂν απολέση σε
52 52και εκτρίψη σε εν ταις πόλεσίν σου, έως ἂν καθαιρεθώσιν τα
τείχη τα υψηλά και τα οχυρά, εφ' οις συ πέποιθας επ' αυτοίς, εν
πάση τη γη σου· και θλίψει σε εν ταις πόλεσίν σου αίς έδωκέν
53 σοι. 53και φάγη τα έκγονα της κοιλίας σου, κρέα υιών σου και
θυγατέρων σου όσα έδωκέν σοι, εν τη στενοχωρία σου και εν τη
54 θλίψει σου, ή θλίψει σε ο εχθρός σου. 54ὁ ἁπαλὸς ὁ εν σοι και
ο τρυφερός σφόδρα βασκανεί τω οφθαλμώ τον αδελφόν και την
γυναίκα την εν κόλπω και τα καταλελιμμένα τέκνα α ἂν κατα-
55 λειφθή, 55ώστε δούναι ενί αυτών από των σαρκών των τέκνων
αυτού ὧν αν κατέσθη, διά το μη καταλιφθήναι αυτώ ουδέν εν τη
στενοχωρία σου και εν τη θλίψει σου ή ἂν θλίψωσίν σε οι εχθροί
56 σου εν πάσαις ταις πόλεσίν σου. 56και η απαλή εν υμίν και η
τρυφερά, ης ουχί πείραν έλαβεν ο πους αυτής βαίνειν επί της γης
διά την τρυφερότητα, βασκανεί τω οφθαλμώ αυτής τον άνδρα αυτής

46 εν τω σπερμ.] pr και AF | του αιωνος] om του AF   47 αγαθη] pr AF
εν A^{a mg}F | διανοια] καρδια AF   48 om ους επαποστελει K. F | οις επα-
ποστελλει A | om επι σε A | εν λιμω] + και δειψει και εν γυμνοτητι A + και εν
διψει και εν γυμνοτητι F   49 ο] ου AF   50 πρεσβυτου] πρεσβυτερου
AF | ελεησοι B^{edit}   51 καταλειπειν F | ελαιον] pr και A | τα βουκολια] om
τα AF   πολεσιν 2°] pr πασαις AF | σοι] + κς ο θς σου AF   53 om σου 2° F | σοι]
+ κς ο θς σου AF   54 ο εν σοι] om ο AF | βασκανει B* | οφθαλμω]
+ αυτου AF | αδελφον] + αυτου AF | γυναικα] + αυτου A | κολπω] τω κ. αυτου
AF | τα καταλελιμμενα (τα καταλελειμμ. B^{ab})] καταλελιμμενα A (κατα-
λελειμμ. F) | τεκνα] pr τα A | καταλειφθη B^{ab} (καταλιφθη B*)] καταλειφθωσιν
F + αυτω AF   55 κατεσθιη F | καταλειφθηναι B^{ab} (καταλιφθ. B*) F]
καταλελειφθαι A | ουδεν] μηθεν (μιθεν A) AF | σου om 1° AF | η] ras aliq
superius B[?] | αν] εαν F | θλιψωσιν] θλιψει A θλιψουσιν F | οι εχθροι] ο
εχθρος A   56 τρυφερα + σφοδρα AF | τρυφεροτητα] + και δια την απαλο-
τητα AF.

SEPT.   401   2 C

ΔΕΥΤΕΡΟΝΟΜΙΟΝ

B τὸν ἐν κόλπῳ αὐτῆς καὶ τὸν υἱὸν καὶ τὴν θυγατέρα αὐτῆς, ⁵⁷καὶ τὸ 57 χόριον αὐτῆς τὸ ἐξελθὸν διὰ τῶν μηρῶν αὐτῆς καὶ τὸ τέκνον ὃ ἂν τέκῃ· καταφάγεται γὰρ αὐτὰ διὰ τὴν ἔνδειαν πάντων κρυφῇ ἐν τῇ στενοχωρίᾳ σου καὶ ἐν τῇ θλίψει σου ᾗ θλίψει σε ὁ ἐχθρός σου ἐν ταῖς πόλεσίν σου· ⁵⁸ἐὰν μὴ εἰσακούσῃς ποιεῖν πάντα τὰ ῥήματα τοῦ 58 νόμου τούτου τὰ γεγραμμένα ἐν τῷ βιβλίῳ τούτῳ, φοβεῖσθαι τὸ ὄνομα τὸ ἔντιμον τὸ θαυμαστὸν τοῦτο, Κύριον τὸν θεόν σου. ⁵⁹καὶ παρα- 59 δοξάσει Κύριος τὰς πληγάς σου καὶ τὰς πληγὰς τοῦ σπέρματός σου, πληγὰς μεγάλας καὶ θαυμαστάς, καὶ νόσους πονηρὰς καὶ πιστάς. ⁶⁰καὶ ἐπιστρέψει πᾶσαν τὴν ὀδύνην Αἰγύπτου τὴν πονηρὰν 60 ἣν διευλαβοῦ ἀπὸ προσώπου αὐτῶν, καὶ κολληθήσονται ἐν σοί. ⁶¹καὶ πᾶσαν μαλακίαν καὶ πᾶσαν πληγὴν τὴν μὴ γεγραμμένην ἐν 61 τῷ βιβλίῳ τοῦ νόμου τούτου ἐπάξει Κύριος ἐπὶ σέ, ἕως ἂν ἐξολεθρεύσῃ σε. ⁶²καὶ καταλειφθήσεσθε ἐν ἀριθμῷ βραχεῖ, ἀνθ᾽ ὧν 62 ὅτι ἦτε ὡσεὶ τὰ ἄστρα τοῦ οὐρανοῦ τῷ πλήθει, ὅτι οὐκ εἰσηκούσας τῆς φωνῆς Κυρίου τοῦ θεοῦ σου. ⁶³καὶ ἔσται ὃν τρόπον 63 ¶F εὐφράνθη¶ Κύριος ἐφ᾽ ὑμῖν εὖ ποιῆσαι ὑμᾶς, οὕτως εὐφρανθήσεται Κύριος ἐφ᾽ ὑμῖν ἐξολεθρεῦσαι ὑμᾶς· καὶ ἐξαρθήσεσθε ἐν τάχει ἀπὸ τῆς γῆς εἰς ἣν εἰσπορεύῃ ἐκεῖ κληρονομεῖν αὐτήν. ⁶⁴καὶ δια- 64 σπερεῖ σε Κύριος ὁ θεός σου εἰς πάντα τὰ ἔθνη, ἀπ᾽ ἄκρου τῆς γῆς ἕως ἄκρου τῆς γῆς, καὶ δουλεύσεις ἐκεῖ θεοῖς ἑτέροις, ξύλοις καὶ λίθοις, οὓς οὐκ ἠπίστω σὺ καὶ οἱ πατέρες σου. ⁶⁵ἀλλὰ καὶ ἐν 65 τοῖς ἔθνεσιν ἐκείνοις οὐκ ἀναπαύσει σε, οὐδ᾽ οὐ μὴ γένηται στάσις τῷ ἴχνει τοῦ ποδός σου· καὶ δώσει σοι Κύριος ἐκεῖ καρδίαν ἑτέραν ἀπειθοῦσαν καὶ ἐκλιπόντας ὀφθαλμοὺς καὶ τηκομένην ψυχήν. ⁶⁶καὶ 66 ἔσται ἡ ζωή σου κρεμαμένη ἀπέναντι τῶν ὀφθαλμῶν σου, καὶ φοβηθήσῃ ἡμέρας καὶ νυκτός, καὶ οὐ πιστεύσεις τῇ ζωῇ σου· ⁶⁷τὸ πρωὶ 67

AF 56 κολπω] pr τω AF | αυτης 5° Bᵃ (superscr ης) AF] αυτου B* 57 τεκνον]+αυτης AF | αν] εαν AF | om σου 1°, 2° AF | η]+αν A | om σου 3° F | ταις πολεσιν] pr πασαις AF 58 εαν]+δε F | εισακουσητε AF | φοβεισθε A | εντιμον]+και A+τουτο και F 59 om τας πληγας σου και F | om και νοσους πονηρας και πιστας B* (hab Bᵃᵇ ᵐᵍ AF) 60 επιστρεψει]+επι σε AF | om εν F 61 om πασαν 2° A | την μη γεγραμμ.]+και πασαν την γεγραμμενην A+και την γεγραμμ. F | τουτου]+και πασαν την γεγραμμενην Bᵃᵇ ᵐᵍ 62 καταλειφθησεσθε (καταλειφθησεσθαι A)] καταλειψει σε F | τω πληθει] εις πληθος F | εισηκουσατε AF | σου] υμων AF 63 ηυφρανθη AFᵛⁱᵈ | υμας 1°]+και πληθυναι υμας A | om εν ταχει A | εισπορευη B (-ει A*ᵛⁱᵈ)] υμεις εισπορευεσθαι Aᵃ (εσθαι εκει κληρο sup ras et in mg) | κληρονομησαι A 64 ους] οις A 65 ουδ ου] ουδε A | om ετεραν A | απειθουσαν] αθυμουσαν A | εκλιποντας] εκλειποντα A 66 κρεμαμενη] κεκραμένη A

402

ΔΕΥΤΕΡΟΝΟΜΙΟΝ XXIX 11

ἐρεῖς Πῶς ἂν γένοιτο ἑσπέρα; καὶ τὸ ἑσπέρας ἐρεῖς Πῶς ἂν γένοιτο Β
πρωί; ἀπὸ τοῦ φόβου τῆς καρδίας σου ἃ φοβηθήσῃ, καὶ ἀπὸ τῶν
68 ὁραμάτων τῶν ὀφθαλμῶν σου ὧν ὄψῃ. ⁶⁸καὶ ἀποστρέψει σε Κύριος
εἰς Αἴγυπτον ἐν πλοίοις, ἐν τῇ ὁδῷ ᾗ εἶπα Οὐ προσθήσει ἔτι ἰδεῖν
αὐτήν· καὶ πραθήσεσθε ἐκεῖ τοῖς ἐχθροῖς ὑμῶν εἰς παῖδας καὶ παιδί-
σκας, καὶ οὐκ ἔσται ὁ κτώμενος.

XIX (69) 1 ¹Οὗτοι οἱ λόγοι τῆς διαθήκης οὓς ἐνετείλατο Κύριος Μωσῇ
στῆσαι τοῖς υἱοῖς Ἰσραὴλ ἐν γῇ Μωάβ, πλὴν τῆς διαθήκης ἧς διέ-
XIX) (1) 2 θετο αὐτοῖς ἐν Χωρήβ. ²Καὶ ἐκάλεσεν Μωυσῆς πάντας τοὺς
υἱοὺς Ἰσραὴλ καὶ εἶπεν πρὸς αὐτούς Ὑμεῖς ἑωράκατε πάντα ὅσα
ἐποίησεν Κύριος ἐν γῇ Αἰγύπτῳ ἐνώπιον ὑμῶν Φαραὼ καὶ τοῖς
(2) 3 θεράπουσιν αὐτοῦ καὶ πάσῃ τῇ γῇ αὐτοῦ· ³τοὺς πειρασμοὺς τοὺς
μεγάλους οὓς ἑωράκασιν οἱ ὀφθαλμοί σου, τὰ σημεῖα καὶ τὰ τέρατα
(3) 4 τὰ μεγάλα ἐκεῖνα· ⁴καὶ οὐκ ἔδωκεν Κύριος ὁ θεὸς ὑμῖν καρδίαν
εἰδέναι καὶ ὀφθαλμοὺς βλέπειν καὶ ὦτα ἀκούειν ἕως τῆς ἡμέρας
(4) 5 ταύτης. ⁵καὶ ἤγαγεν ὑμᾶς ἐν τῇ ἐρήμῳ τεσσεράκοντα ἔτη· οὐκ ἐπα-
λαιώθη τὰ ἱμάτια ὑμῶν, καὶ τὰ ὑποδήματα ὑμῶν οὐ κατετρίβη
(5) 6 ἀπὸ τῶν ποδῶν ὑμῶν. ⁶ἄρτον οὐκ ἐφάγετε, οἶνον καὶ σίκερα
(6) 7 οὐκ ἐπίετε, ἵνα γνῶτε ὅτι Κύριος ὁ θεὸς ὑμῶν ἐγώ. ⁷καὶ ἤλθετε
ἕως τοῦ τόπου τούτου, καὶ ἐξῆλθεν Σηὼν βασιλεὺς Ἐσεβὼν καὶ
Ὢγ βασιλεὺς Βασὰν εἰς συνάντησιν ὑμῖν ἐν πολέμῳ· καὶ ἐπατά-
(7) 8 ξαμεν αὐτούς, ⁸καὶ ἐλάβομεν τὴν γῆν αὐτῶν, καὶ ἔδωκα αὐτὴν
ἐν κλήρῳ τῷ Ῥουβὴν καὶ τῷ Γαδδεὶ καὶ τῷ ἡμίσει φυλῆς Μανασσῆ.
(8) 9 ⁹καὶ φυλάξεσθε ποιεῖν πάντας τοὺς λόγους τῆς διαθήκης ταύτης,
(9) 10 ἵνα συνῆτε πάντα ὅσα ποιήσετε. ¹⁰Ὑμεῖς ἑστήκατε πάντες
σήμερον ἐναντίον Κυρίου τοῦ θεοῦ ὑμῶν, οἱ ἀρχίφυλοι ὑμῶν καὶ ἡ
γερουσία ὑμῶν καὶ οἱ κριταὶ ὑμῶν καὶ οἱ γραμματοεισαγωγεῖς
(10) 11 ὑμῶν, πᾶς ἀνὴρ Ἰσραήλ· ¹¹αἱ γυναῖκες ὑμῶν καὶ τὰ ἔκγονα ὑμῶν
καὶ ὁ προσήλυτος ὁ ἐν μέσῳ τῆς παρεμβολῆς ὑμῶν, ἀπὸ ξυλο-

68 πλοιν|οις B* (πλοιοις B^ab) | εν 2°] pr και A | om. η· B | προσθησει] A προσθησεσθαι A | πραθησεσθαι A   XXIX 1 ους] ης A | Μωση] τω Μωυση A   2 τους υιους] om τους A | τοις θεραπουσιν] pr πασι A   3 εωρακασιν] ειδον A | εκεινα]+την χειρα την κραταιαν και τον βραχιονα τον υψηλον B^ab mg A   4 εδωκ bis scr A* | βλεπειν sup ras (seq ras 2 litt) A^a pr του A | ωτα] pr τα A   5 τεσσερακοντα ετη εν τη ερημω (ετη sup ras pr ras 2 fort litt) A | τεσσαρακ. Bb [επαλαιωθησαν A   6 Κυριος] pr ουτος A | om εγω A   7 Βασαν] pr της A | υμιν] ημιν A | πολεμω] pr τω A   8 ημισυ A | Μανασση A   9 ταυτης]+ποιειν αυτους A | ποιησητε A   10 σημερον παντες A | εναντι A   11 αι γυναικες] pr και A | εκγονα] τεκνα A

XXIX 12 ΔΕΥΤΕΡΟΝΟΜΙΟΝ

B κόπου ὑμῶν καὶ ἕως ὑδροφόρου ὑμῶν, ¹²παρελθεῖν ἐν τῇ διαθήκῃ 12 (11)
Κυρίου τοῦ θεοῦ ὑμῶν καὶ ἐν ταῖς ἀραῖς αὐτοῦ, ὅσα Κύριος ὁ θεός
σου διατίθεται πρὸς σὲ σήμερον· ¹³ἵνα στήσῃ σε αὐτῷ εἰς λαὸν 13 (12)
καὶ αὐτὸς ἔσται σου θεός, ὃν τρόπον εἶπέν σοι, καὶ ὃν τρόπον
ὤμοσεν τοῖς πατράσιν σου Ἀβραὰμ καὶ Ἰσαὰκ καὶ Ἰακώβ.
§ F ¹⁴καὶ οὐχ ὑμῖν μόνοις ἐγὼ διατίθεμαι τὴν διαθήκην ταύτην §καὶ 14 (13)
τὴν ἀρὰν ταύτην, ¹⁵ἀλλὰ καὶ τοῖς ὧδε οὖσι μεθ᾽ ἡμῶν σήμερον 15 (14)
ἐναντίον Κυρίου τοῦ θεοῦ ὑμῶν, καὶ τοῖς μὴ οὖσιν ὧδε σήμερον
μεθ᾽ ὑμῶν. ¹⁶ὅτι ὑμεῖς οἴδατε πῶς κατοικήσαμεν ἐν γῇ Αἰγύπτῳ, 16 (15)
ὡς παρήλθαμεν ἐν μέσῳ τῶν ἐθνῶν, ὡς παρήλθετε. ¹⁷καὶ ἴδετε τὰ 17 (16)
βδελύγματα αὐτῶν καὶ τὰ εἴδωλα αὐτῶν, ξύλον καὶ λίθον, ἀρ-
γύριον καὶ χρυσίον, ἅ ἐστιν παρ᾽ αὐτοῖς· ¹⁸μή τίς ἐστιν ἐν ὑμῖν 18 (17)
ἀνὴρ ἢ γυνὴ ἢ πατριὰ ἢ φυλή, τίνος ἡ διάνοια ἐξέκλινεν ἀπὸ
Κυρίου τοῦ θεοῦ ὑμῶν, πορευθέντες λατρεύειν τοῖς θεοῖς τῶν
ἐθνῶν ἐκείνων· μή τίς ἐστιν ἐν ὑμῖν ῥίζα ἄνω φύουσα ἐν χολῇ
καὶ πικρίᾳ· ¹⁹καὶ ἔσται ἐὰν ἀκούσῃ τὰ ῥήματα τῆς ἀρᾶς ταύτης, 19 (18)
καὶ ἐπιφημίσηται ἐν τῇ καρδίᾳ αὐτοῦ λέγων Ὅσιά μοι γένοιτο,
ὅτι ἐν τῇ ἀποπλανήσει τῆς καρδίας μου πορεύσομαι, ἵνα μὴ
συναπολέσῃ ὁ ἁμαρτωλὸς τὸν ἀναμάρτητον· ²⁰οὐ μὴ θελήσῃ 20 (19)
ὁ θεὸς εὐιλατεῦσαι αὐτῷ, ἀλλ᾽ ἢ τότε ἐκκαυθήσεται ὀργὴ Κυρίου
καὶ ὁ ζῆλος αὐτοῦ ἐν τῷ ἀνθρώπῳ ἐκείνῳ, καὶ κολληθήσονται
ἐν αὐτῷ πᾶσαι αἱ ἀραὶ τῆς διαθήκης ταύτης αἱ γεγραμμέναι ἐν
τῷ βιβλίῳ τούτῳ, καὶ ἐξαλείψει Κύριος τὸ ὄνομα αὐτοῦ ἐκ τῆς
ὑπὸ τὸν οὐρανόν. ²¹καὶ διαστελεῖ αὐτὸν Κύριος εἰς κακὰ ἐκ πάν- 21 (20)
των υἱῶν Ἰσραήλ, κατὰ πάσας τὰς ἀρὰς τῆς διαθήκης τὰς γεγραμ-
μένας ἐν τῷ βιβλίῳ τοῦ νόμου τούτου. ²²καὶ ἐροῦσιν ἡ γενεὰ ἡ 22 (21)
ἑτέρα, οἱ υἱοὶ ὑμῶν οἳ ἀναστήσονται μεθ᾽ ὑμᾶς, καὶ ὁ ἀλλότριος ὃς
ἂν ἔλθῃ ἐκ γῆς μακρόθεν, καὶ ὄψονται τὰς πληγὰς τῆς γῆς ἐκείνης

AF 11 om και 3° A   12 εν τη διαθηκη] την διαθηκην A | υμων] σου A
13 αυτω] εαυτω A | om εις A   15 ουσιν AF | μεθ ημων σημερον] σημ.
μεθ ημων A | εναντι AF | ωδε σημερον μεθ υμων] μεθ ημων ωδε σημ. A
ωδε μεθ ημων σημ. F + εναντι κυ του θυ υμων A^(a †mg)   16 πως]
ως AF | κατωκησαμεν AF | ως 1°] pr και AF | παρηλθαμεν] παρηλθομεν
B^(ab)AF | ως 2°] ους AF | παρηλθετε] παρηλθομεν A   17 και τα]
κατα A* (και τα A¹) | om και τα ειδ. αυτων F*^(vid) (hab F¹^(mg))   18 υμων]
ημων A | πορευθεντες] πορευεσθαι AF | ριζα] + πικριας AF | εν χολη
B^(ab)F¹^(vid)] ενοχλη B*AF* | πικρια] πικρα F* (πικρια F¹^(vid))   20 θε-
λησει AF | ο.θεος] κυριος F | ευιλατευσαι B^bF (ευειλ. B*)] ευειλατευειν A |
τουτω] του νομου τουτου AF   21 υιων] pr των AF | τας γεγραμμενας]
της γεγραμμενης AF   22: πηγας F* (πλ. F¹^(vid))

ΔΕΥΤΕΡΟΝΟΜΙΟΝ XXX 6

(22) 23 καὶ τὰς νόσους αὐτῆς ἃς ἀπέστειλεν Κύριος ἐπ' αὐτήν, ²³θεῖον Β
καὶ ἅλα κατακεκαυμένον, πᾶσα ἡ γῆ αὐτῆς οὐ σπαρήσεται, οὐδὲ
ἀνατελεῖ οὐδὲ μὴ ἀναβῇ ἐπ' αὐτὴν πᾶν χλωρόν· ὥσπερ κατε-
στράφη Σόδομα καὶ Γόμορρα, Ἀδαμὰ καὶ Σεβωείμ, ἃς κατέστρε-
(23) 24 ψεν Κύριος ἐν θυμῷ καὶ ὀργῇ. ²⁴καὶ ἐροῦσιν πάντα τὰ ἔθνη Διὰ
τί ἐποίησεν Κύριος οὕτως τῇ γῇ ταύτῃ; τίς ὁ θυμὸς τῆς ὀργῆς
(24) 25 ὁ μέγας οὗτος; ²⁵καὶ ἐροῦσιν Ὅτι κατελίποσαν τὴν διαθήκην
Κυρίου τοῦ θεοῦ τῶν πατέρων αὐτῶν, ἃ διέθετο τοῖς πατράσιν
(25) 26 αὐτῶν ὅτε ἐξήγαγεν αὐτοὺς ἐκ γῆς Αἰγύπτου, ²⁶καὶ πορευθέντες
ἐλάτρευσαν θεοῖς ἑτέροις οὓς οὐκ ἠπίσταντο, οὐδὲ διένειμεν αὐτοῖς·
(26) 27 ²⁷καὶ ὠργίσθη θυμῷ Κύριος ἐπὶ τὴν γῆν ἐκείνην· ἐπαγαγεῖν
ἐπ' αὐτὴν κατὰ πάσας τὰς κατάρας τὰς γεγραμμένας ἐν τῷ βιβλίῳ
(27) 28 τοῦ νόμου τούτου· ²⁸καὶ ἐξῆρεν αὐτοὺς Κύριος ἀπὸ τῆς γῆς αὐτῶν
ἐν θυμῷ καὶ ὀργῇ καὶ παροξυσμῷ μεγάλῳ σφόδρα, καὶ ἐξέβαλεν
(28) 29 αὐτοὺς εἰς γῆν ἑτέραν ὡσεὶ νῦν. ²⁹τὰ κρυπτὰ Κυρίῳ τῷ θεῷ
ὑμῶν, τὰ δὲ φανερὰ ὑμῖν καὶ τοῖς τέκνοις ὑμῶν εἰς τὸν αἰῶνα,
ποιεῖν πάντα τὰ ῥήματα τοῦ νόμου τούτου.

XXX 1 ¹Καὶ ἔσται ὡς ἂν ἔλθωσιν ἐπὶ σὲ πάντα τὰ ῥήματα ταῦτα, ἡ εὐλογία
καὶ ἡ κατάρα ἣν ἔδωκα πρὸ προσώπου σου, καὶ δέξῃ εἰς τὴν καρδίαν σου
2 ἐν πᾶσιν τοῖς ἔθνεσιν οὗ ἐάν σε διασκορπίσῃ Κύριος ἐκεῖ, ²καὶ ἐπιστρα-
φήσῃ ἐπὶ Κύριον τὸν θεόν σου, καὶ εἰσακούσῃ τῆς φωνῆς αὐτοῦ κατὰ
πάντα ὅσα ἐγὼ ἐντέλλομαί σοι σήμερον ἐξ ὅλης τῆς καρδίας σου καὶ ἐξ
3 ὅλης τῆς ψυχῆς σου, ³καὶ ἰάσεται Κύριος τὰς ἁμαρτίας σου· καὶ ἐλεήσει
σε, καὶ πάλιν συνάξει σε ἐκ πάντων τῶν ἐθνῶν εἰς οὓς διεσκόρπισέν
4 σε Κύριος ἐκεῖ. ⁴ἐὰν ᾖ ἡ διασπορά σου ἀπ' ἄκρου τοῦ οὐρανοῦ
ἕως ἄκρου τοῦ οὐρανοῦ, ἐκεῖθεν συνάξει σε Κύριος ὁ θεός σου, καὶ
5 ἐκεῖθεν λήμψεταί σε Κύριος ὁ θεός σου· ⁵καὶ εἰσάξει σε ὁ θεός
σου ἐκεῖθεν εἰς τὴν γῆν ἣν ἐκληρονόμησαν οἱ πατέρες σου, καὶ
κληρονομήσεις αὐτήν· καὶ εὖ σε ποιήσει, καὶ πλεοναστόν σε ποιήσει
6 ὑπὲρ τοὺς πατέρας σου. ⁶καὶ περικαθαριεῖ Κύριος τὴν καρδίαν

23 αυτης A | Σεβωειν AF | οργη]+αυτου AF   24 ουτως κ̄ς A   25 κατε- AF
λιποσαν] κατελειπον AF   26 ετεροις]+και προσεκυνησαν αυτοις AF | ους]
οις AF   27 κ̄ς θυμω AF | εκεινην] ε 2° sup ras B¹ᵛⁱᵈ | καταρας] αρας της
διαθηκης AF   28 om απο της γης αυτων A | om εις γην F*ᵛⁱᵈ (hab
F¹⁽ᵐᵍ⁾) | om ετεραν ωσει νυν F* (hab ετεραν εως νυν F¹ᵐᵍ)   29 υμων bis]
ημων AF | υμιν] ημιν AF   XXX 1 om και 2° B* (hab ϟ superscr
B?) | εδωκα] δεδωκα AF | πασι F | διασκορπ. σε AF | Κυριος]+ο θ̄ς σου AF
2 εισακουση] υπακουση AF | εντελλομαι σοι] pr ras 3 litt A? σοι εντελλομαι F
3 ιασεται AF | Κυριος 2°]+ο θ̄ς σου AF   4 om κ̄ς ο θ̄ς σου 2° AF   5 ο
θεος σου] pr κ̄ς AF | om εκειθεν AF

ΔΕΥΤΕΡΟΝΟΜΙΟΝ

B σου καὶ τὴν καρδίαν τοῦ σπέρματός σου, ἀγαπᾶν Κύριον τὸν θεόν σου ἐξ ὅλης. τῆς καρδίας σου καὶ ἐξ ὅλης τῆς ψυχῆς σου, ἵνα ζῇς σύ. ⁷καὶ δώσει Κύριος. ὁ θεός σου τὰς ἀρὰς ταύτας ἐπὶ τοὺς ἐχθρούς σου καὶ ἐπὶ τοὺς μισοῦντάς σε, οἳ ἐδίωξάν σε. ⁸καὶ σὺ ἐπιστραφήσῃ ἐπὶ Κύριον καὶ εἰσακούσῃ τῆς φωνῆς Κυρίου τοῦ θεοῦ σου, καὶ ποιήσεις τὰς ἐντολὰς αὐτοῦ ὅσας ἐγὼ ἐντέλλομαί σοι σήμερον· ⁹καὶ εὐλογήσει σε Κύριος ὁ θεός σου ἐν παντὶ ἔργῳ τῶν χειρῶν σου, ἐν τοῖς ἐκγόνοις τῆς κοιλίας σου καὶ ἐν τοῖς γενήμασιν τῆς γῆς σου καὶ ἐν τοῖς ἐκγόνοις τῶν κτηνῶν σου. ὅτι ἐπιστρέψει Κύριος ὁ θεός σου εὐφρανθῆναι ἐπὶ σοὶ εἰς ἀγαθά, καθότι ηὐφράνθη ἐπὶ τοῖς πατράσιν σου· ¹⁰ἐὰν εἰσακούσῃς τῆς φωνῆς Κυρίου τοῦ θεοῦ σου, φυλάσσεσθαι τὰς ἐντολὰς αὐτοῦ καὶ τὰ δικαιώματα αὐτοῦ καὶ τὰς κρίσεις αὐτοῦ τὰς γεγραμμένας ἐν τῷ βιβλίῳ τοῦ νόμου τούτου, ἐὰν ἐπιστραφῇς ἐπὶ Κύριον τὸν θεόν σου ἐξ ὅλης τῆς καρδίας σου καὶ ἐξ ὅλης τῆς ψυχῆς σου. ¹¹Ὅτι ἡ ἐντολὴ αὕτη ἣν ἐγὼ ἐντέλλομαί σοι σήμερον οὐχ ὑπέρογκός ἐστιν, οὐδὲ μακρὰν ἀπὸ σοῦ. ¹²οὐκ ἐν τῷ οὐρανῷ ἄνω ἐστὶν λέγων Τίς ἀναβήσεται ἡμῖν εἰς τὸν οὐρανὸν καὶ λήμψεται αὐτὴν ἡμῖν, καὶ ἀκούσαντες αὐτὸ ποιήσομεν; ¹³οὐδὲ πέραν τῆς θαλάσσης ἐστίν, λέγων Τίς διαπεράσει ἡμῖν εἰς τὸ πέραν τῆς θαλάσσης, καὶ λάβῃ ἡμῖν αὐτὴν καὶ ἀκουστὴν ἡμῖν ποιήσῃ αὐτήν, καὶ ποιήσομεν; ¹⁴ἔστιν σου ἐγγὺς τὸ ῥῆμα σφόδρα ἐν τῷ στόματί σου καὶ ἐν τῇ καρδίᾳ σου καὶ ἐν ταῖς χερσίν σου αὐτὸ ποιεῖν. ¹⁵Ἰδοὺ δέδωκα πρὸ προσώπου σου σήμερον τὴν ζωὴν καὶ τὸν θάνατον, τὸ ἀγαθὸν καὶ τὸ κακόν. ¹⁶ἐὰν εἰσακούσῃς τὰς ἐντολὰς Κυρίου τοῦ θεοῦ σου ἃς ἐγὼ ἐντέλλομαί σοι σήμερον, ἀγαπᾶν Κύριον τὸν θεόν σου, πορεύεσθαι ἐν πάσαις ταῖς ὁδοῖς αὐτοῦ, φυλάσσεσθαι τὰ δικαιώματα αὐτοῦ καὶ τὰς κρίσεις αὐτοῦ· καὶ ζήσεσθε καὶ πολλοὶ ἔσεσθε, καὶ εὐλογήσει σε Κύριος ὁ θεός σου ἐν πάσῃ τῇ γῇ εἰς ἣν εἰσπορεύῃ ἐκεῖ κληρονομεῖν αὐτήν.

AF 6 ινα ζης συ] + και το σπερμα σου Aᵃ (ινα...αρας [7] in mg et sup ras) 7 om ο θεος σου A   8 om επι Κυριον AF | οσας] as F   9 ευλογησει] πολυωρησει AF | εν τοις εκγ. των κτ. σου και εν τοις γεν. της γης σου AF | σοι] σε AF   10 εισακουσης (εισ|ακ. B* εισα|κ. Bᵇ) BF] εισακουση A | φυλασσεσθε A | τας εντολας] pr και ποιειν πασας AF | κρισις A   11 om ουδε μακραν απο σου F | απο σου] + εστιν A   12 om ανω A*ᵛⁱᵈ (οὖνω a sup ras Aᵃ) F | ημιν 1°] ημων AF | αυτην ημιν] ημιν αυτην AF | αυτο] αυτην AF 13 om B* (hab Bᵃᵇ ᵐᵍ ˢᵘᵖAF) | λαβη] λημψεται AF | ακουστην ημιν ποιηση αυτην και] ακουσαντες αυτην AF ·   14 εγγυς σου εστιν AF | om σφοδρα F | ποιειν αυτο AF   15 υμων F* (σου F¹ ᵐᵍ)   16 εαν] + δε AF | εισακουσητε AF | σου 1°] υμων AF | as] οσας AF | σοι] .υμιν E | φυλασσεσθαι] και φυλασσειν AF | τα δικ. αυτου] pr τας εντολας αυτου και A | τας κρισεις αυτου] pr τας εντολας αυτου και F | κληρονομησαι AF |

ΔΕΥΤΕΡΟΝΟΜΙΟΝ XXXI 8

17 ¹⁷καὶ ἐὰν μεταστῇ ἡ καρδία σου καὶ μὴ εἰσακούσῃς, καὶ πλανηθεὶς B
18 προσκυνήσῃς θεοῖς ἑτέροις καὶ λατρεύσῃς αὐτοῖς, ¹⁸ἀναγγέλλω σοι
σήμερον ὅτι ἀπωλίᾳ ἀπολεῖσθε, καὶ οὐ μὴ πολυήμεροι γένησθε
ἐπὶ τῆς γῆς εἰς ἣν ὑμεῖς διαβαίνετε τὸν Ἰορδάνην ἐκεῖ κληρονομεῖν
19 αὐτήν. ¹⁹διαμαρτύρομαι ὑμῖν σήμερον τόν τε οὐρανὸν καὶ τὴν γῆν,
τὴν ζωὴν καὶ τὸν θάνατον δέδωκα πρὸ προσώπου ὑμῶν, τὴν εὐλογίαν
καὶ τὴν κατάραν· ἔκλεξαι τὴν ζωὴν σύ, ἵνα ζῇς σὺ καὶ τὸ σπέρμα σου,
20 ²⁰ἀγαπᾶν Κύριον τὸν θεόν σου, εἰσακούειν τῆς φωνῆς αὐτοῦ καὶ
ἔχεσθαι αὐτοῦ· ὅτι τοῦτο ἡ ζωή σου καὶ ἡ μακρότης τῶν ἡμερῶν σου·
τὸ κατοικεῖν σε ἐπὶ τῆς γῆς ἧς ὤμοσεν Κύριος τοῖς πατράσιν σου
Ἀβραὰμ καὶ Ἰσαὰκ καὶ Ἰακὼβ δοῦναι αὐτοῖς.

XXI 1 ¹Καὶ συνετέλεσεν Μωυσῆς λαλῶν πάντας τοὺς λόγους τούτους
2 πρὸς πάντας υἱοὺς Ἰσραήλ· ²καὶ εἶπεν πρὸς αὐτούς Ἑκατὸν καὶ
εἴκοσι ἐτῶν ἐγώ εἰμι σήμερον, οὐ δυνήσομαι ἔτι εἰσπορεύεσθαι καὶ
ἐκπορεύεσθαι· Κύριος δὲ εἶπεν πρὸς μέ Οὐ διαβήσῃ τὸν Ἰορδάνην
3 τοῦτον. ³Κύριος ὁ θεός σου ὁ προπορευόμενος πρὸ προσώπου σου·
οὗτος ἐξολεθρεύσει τὰ ἔθνη ταῦτα ἀπὸ προσώπου σου, καὶ κατακληρονομήσεις
αὐτούς· καὶ Ἰησοῦς ὁ προπορευόμενος πρὸ προσώπου σου,
4 καθὰ ἐλάλησεν Κύριος. ⁴καὶ ποιήσει Κύριος ὁ θεός σου αὐτοῖς καθὰ
ἐποίησεν Σηὼν καὶ Ὤγ, τοῖς δυσὶ βασιλεῦσιν τῶν Ἀμορραίων οἳ ἦσαν
πέραν τοῦ Ἰορδάνου, καὶ τῇ γῇ αὐτῶν, καθότι ἐξωλέθρευσεν αὐτοὺς
5 ⁵καὶ παρέδωκεν αὐτοὺς Κύριος ὑμῖν· καὶ ποιήσετε αὐτοῖς καθότι
6 ἐνετειλάμην ὑμῖν. ⁶ἀνδρίζου καὶ ἴσχυε, μὴ φοβοῦ μηδὲ δειλιάσῃς
μηδὲ πτοηθῇς ἀπὸ προσώπου αὐτῶν· ὅτι Κύριος ὁ θεός σου ὁ προπορευόμενος
μεθ' ὑμῶν ἐν ὑμῖν, οὔτε μή σε ἀνῇ οὔτε μή σε ἐνκα-
7 ταλίπῃ. ⁷Καὶ ἐκάλεσεν Μωυσῆς Ἰησοῦν καὶ εἶπεν αὐτῷ ἔναντι
παντὸς Ἰσραήλ Ἀνδρίζου καὶ ἴσχυε· σὺ γὰρ εἰσελεύσῃ πρὸ προσώπου τοῦ λαοῦ τούτου εἰς τὴν γῆν ἣν ὤμοσεν Κύριος τοῖς πατράσιν
8 ἡμῶν δοῦναι αὐτοῖς, καὶ σὺ κατακληρονομήσεις αὐτοῖς· ⁸καὶ Κύριος

17 προσκυνησεις AF | λατρευσεις A   18 της γης]+ης κ̅ς̅ ο θ̅ς̅ σου AF
διδωσιν σοι AF | κληρονομησαι AF   19 εκλεξαι] και εκλεξεται A* και
εκλεξαι A¹ᵃ? (εκλεξε) F | ζωην 2°] ευλογιαν A | om συ 1° AF   20 σου
2°] αυτου B | το κατοικειν] om το AF   XXXI 2 και 3°] η A   3 ουτος]
αυτος AF   4 om ο θεος σου AF | αυτοις κ̅ς̅ A | καθα] καθως AF | τοις
δυσι] om τας AF | βασιλευσει (sic) AF   5 υμιν 1°] ενωπιον υμων AF |
om και ποιησετε...υμιν 2° B* (hab Bᵃᵇ⁽ᵐᵍ⁾ AF) | καθοτι] καθα F   6 δειλιασης] διλια A δηλια F | ο προπορ.] pr ουτος AF | om εν υμιν AF | ουτε 1°]
ου AF | ουτε 2°] ουδ ου A | εγκαταλειπη BᵇAF   7 ημων] αυτων A υμων
F | αυτοις 2°] pr αυτην AF   8 και κ̅ς̅ ο συνπροπορ. A

407

XXXI 9 ΔΕΥΤΕΡΟΝΟΜΙΟΝ

B ὁ συνπορευόμενος μετὰ σοῦ οὐκ ἀνήσει σε οὐδὲ μὴ ἐνκαταλίπῃ σε, μὴ φοβοῦ μηδὲ δειλία. ⁹Καὶ ἔγραψεν Μωυσῆς τὰ ῥήματα τοῦ νόμου τούτου εἰς βιβλίον, καὶ ἔδωκεν τοῖς ἱερεῦσιν τοῖς αἴρουσιν τὴν κιβωτὸν τῆς διαθήκης Κυρίου καὶ τοῖς πρεσβυτέροις τῶν υἱῶν Ἰσραήλ. ¹⁰καὶ ἐνετείλατο αὐτοῖς Μωυσῆς ἐν τῇ ἡμέρᾳ ἐκείνῃ λέγων Μετὰ ἑπτὰ ἔτη ἐν καιρῷ ἐνιαυτοῦ ἀφέσεως ἐν ἑορτῇ σκηνοπηγίας, ¹¹ἐν τῷ συνπορεύεσθαι πάντα Ἰσραὴλ ὀφθῆναι ἐνώπιον Κυρίου τοῦ θεοῦ ὑμῶν, ἐν τῷ τόπῳ ᾧ ἂν ἐκλέξηται Κύριος, ἀναγνώσεσθε τὸν νόμον τοῦτον ἐναντίον παντὸς Ἰσραὴλ εἰς τὰ ὦτα αὐτῶν· ¹²ἐκκλησιάσας τὸν λαόν, τοὺς ἄνδρας καὶ τὰς γυναῖκας καὶ τὰ ἔκγονα καὶ τὸν προσήλυτον τὸν ἐν ταῖς πόλεσιν ὑμῶν, ἵνα ἀκούσωσιν καὶ ἵνα μάθωσιν φοβεῖσθαι Κύριον τὸν θεὸν ὑμῶν, καὶ ἀκούσονται ποιεῖν πάντας τοὺς λόγους τοῦ νόμου τούτου· ¹³καὶ οἱ υἱοὶ αὐτῶν οἳ οὐκ οἴδασιν ἀκούσονται, καὶ μαθήσονται φοβεῖσθαι Κύριον τὸν θεόν σου πάσας τὰς ἡμέρας ὅσας αὐτοὶ ζῶσιν ἐπὶ τῆς γῆς εἰς ἣν ὑμεῖς διαβαίνετε τὸν Ἰορδάνην ἐκεῖ κληρονομεῖν αὐτήν.

¹⁴Καὶ εἶπεν Κύριος πρὸς Μωυσῆν Ἰδοὺ ἠγγίκασιν αἱ ἡμέραι τοῦ θανάτου σου· κάλεσον Ἰησοῦν, καὶ στῆτε παρὰ τὰς θύρας τῆς σκηνῆς τοῦ μαρτυρίου, καὶ ἐντελοῦμαι αὐτῷ. καὶ ἐπορεύθη Μωυσῆς καὶ Ἰησοῦς εἰς τὴν σκηνὴν τοῦ μαρτυρίου, καὶ ἔστησαν παρὰ τὰς θύρας τῆς σκηνῆς τοῦ μαρτυρίου. ¹⁵καὶ κατέβη Κύριος ἐν νεφέλῃ, καὶ ἔστη παρὰ τὰς θύρας τῆς σκηνῆς τοῦ μαρτυρίου· καὶ ἔστη ὁ στύλος τῆς νεφέλης παρὰ τὰς θύρας τῆς σκηνῆς. ¹⁶Καὶ εἶπεν Κύριος πρὸς Μωυσῆν Ἰδοὺ σὺ κοιμᾷ μετὰ τῶν πατέρων σου, καὶ ἀναστὰς ὁ λαὸς οὗτος ἐκπορνεύσει ὀπίσω θεῶν ἀλλοτρίων τῆς γῆς εἰς ἣν οὗτος εἰσπορεύεται, καὶ καταλείψουσίν με, καὶ διασκεδάσουσιν τὴν διαθήκην μου ἣν διεθέμην αὐτοῖς. ¹⁷καὶ ὀργισθήσομαι θυμῷ εἰς αὐτοὺς ἐν τῇ ἡμέρᾳ ἐκείνῃ, καὶ καταλείψω αὐτοὺς καὶ ἀποστρέψω

AF 8 μετα σου] pr σοι AF | ουδε] ουδ ου A | εγκαταλειπη B^bA εγκαταλεψη (sic) F | om σε 2° F   9 τα ρηματα] pr παντα AF | εδωκεν]+αυτο F | ιερευσι AF+τοις υιοις Λευι AF | αιρουσι AF | των υιων] om των F   10 Μωυσης αυτοις AF   11 υμων] σου AF | ω] ον A | Κυριος]+ο θς̄ σου A^{a†(mg)} | αναγνωσεσθαι A | εναντι F   12 εκκλησιασας] εκκλησιασατε AF | προσηλυτον]+σου A | υμων 1°] σου AF   13 σου] υμων AF | οσας] ας F | κληρονομειν] κληρονομησαι AF   14—15 om και εντελουμαι...μαρτυριου 3° B*^{vid} (εντελουμαι αυτω sup ras και επορευθη...ο στυλος in mg inf B^{ab}) 15 νεφελη] στυλω νεφελης AF | παρα bis] επι AF | σκηνης 2°]+του μαρτυριου ^{Bab(mg)} A*^{vid} (σκηνης] του μαρτ. in mg et sup ras A^{a†})   16 κοιμα] κοιμασαι A | εισπορευεται]+εκει εις αυτην AF | καταλειψουσιν] εγκαταλ. AF   17 εις αυτους] αυτοις A

ΔΕΥΤΕΡΟΝΟΜΙΟΝ XXXI 28

τὸ πρόσωπόν μου ἀπ᾽ αὐτῶν, καὶ ἔσται κατάβρωμα· καὶ εὑρήσουσιν B
αὐτὸν κακὰ πολλὰ καὶ θλίψεις, καὶ ἐρεῖ ἐν τῇ ἡμέρᾳ ἐκείνῃ Διότι
18 οὐκ ἔστιν Κύριος ὁ θεός μου ἐν ἐμοί, εὕροσάν με τὰ κακὰ ταῦτα. ¹⁸ἐγὼ
δὲ ἀποστροφῇ ἀποστρέψω τὸ πρόσωπόν μου ἀπ᾽ αὐτῶν ἐν τῇ ἡμέρᾳ
ἐκείνῃ διὰ πάσας τὰς κακίας ἃς ἐποίησαν, ὅτι ἀπέστρεψαν ἐπὶ θεοὺς
19 ἀλλοτρίους. ¹⁹καὶ γράψατε τὰ ῥήματα τῆς ᾠδῆς ταύτης, καὶ διδάξετε
αὐτὴν τοὺς υἱοὺς Ἰσραήλ, καὶ ἐμβαλεῖτε αὐτὴν εἰς τὸ στόμα αὐτῶν,
ἵνα μοι γένηται ἡ ᾠδὴ αὕτη κατὰ πρόσωπον, μαρτυροῦσα ἐν υἱοῖς
20 Ἰσραήλ. ²⁰εἰσάξω γὰρ αὐτοὺς εἰς τὴν γῆν τὴν ἀγαθὴν ἣν ὤμοσα τοῖς
πατράσιν αὐτῶν, δοῦναι αὐτοῖς γῆν ῥέουσαν γάλα καὶ μέλι· καὶ φά-
γονται καὶ ἐμπλησθέντες κορήσουσιν, καὶ ἐπιστραφήσονται ἐπὶ θεοὺς
ἀλλοτρίους καὶ παροξυνοῦσίν με καὶ διασκεδάσουσιν τὴν διαθήκην
21 μου. ²¹καὶ ἀντικαταστήσεται ἡ ᾠδὴ αὕτη κατὰ πρόσωπον μαρτυροῦσα·
οὐ γὰρ μὴ ἐπιλησθῇ ἀπὸ στόματος τοῦ σπέρματος αὐτῶν· ἐγὼ γὰρ
οἶδα τὴν πονηρίαν αὐτῶν, ὅσα ποιοῦσιν ὧδε σήμερον πρὸ τοῦ εἰσα-
γαγεῖν με αὐτοὺς εἰς τὴν γῆν τὴν ἀγαθὴν ἣν ὤμοσα τοῖς πατράσιν
22 αὐτῶν. ²²καὶ ἔγραψεν Μωυσῆς τὴν ᾠδὴν ταύτην ἐν ἐκείνῃ τῇ ἡμέρᾳ,
23 καὶ ἐδίδαξεν αὐτὴν τοὺς υἱοὺς Ἰσραήλ. ²³καὶ ἐνετείλατο Ἰησοῖ καὶ
εἶπεν Ἀνδρίζου καὶ ἴσχυε· σὺ γὰρ εἰσάξεις τοὺς υἱοὺς Ἰσραὴλ εἰς τὴν
24 γῆν ἣν ὤμοσεν Κύριος αὐτοῖς, καὶ αὐτὸς ἔσται μετὰ σοῦ. ²⁴Ἡνίκα
δὲ συνετέλεσεν Μωυσῆς γράφων πάντας τοὺς λόγους τοῦ νόμου
25 τούτου εἰς βιβλίον ἕως εἰς τέλος, ²⁵καὶ ἐνετείλατο τοῖς Λευείταις τοῖς
26 αἴρουσιν τὴν κιβωτὸν τῆς διαθήκης Κυρίου λέγων ²⁶Λαβόντες τὸ
βιβλίον τοῦ νόμου τούτου θήσετε αὐτὸ ἐκ πλαγίων τῆς κιβωτοῦ τῆς
διαθήκης Κυρίου τοῦ θεοῦ ὑμῶν, καὶ ἔσται ἐκεῖ ἐν σοὶ εἰς μαρτύριον·
27 ²⁷ὅτι ἐγὼ ἐπίσταμαι τὸν ἐρεθισμόν σου καὶ τὸν τράχηλόν σου τὸν
σκληρόν. ἔτι γὰρ ἐμοῦ ζῶντος μεθ᾽ ὑμῶν σήμερον παραπικραίνοντες
ἦτε τὰ πρὸς τὸν θεόν· πῶς οὐχὶ καὶ ἔσχατον τοῦ θανάτου μου;
28 ²⁸ἐκκλησιάσατε πρὸς μὲ τοὺς φυλάρχους ὑμῶν καὶ τοὺς κριτὰς ὑμῶν

17 πολλα] μεγαλα F | om ερει B*· (hab B^{a mg}) | εμοι] υμιν A ημιν F AF
18 επεστρεψαν AF   19 και 1°]+νυν A | γραψατε] συνγραψατε F |
διδαξατε A | om αυτην 1° A | εμβαλετε AF | γενηται μοι AF | om κατα προσ-
ωπον AF | μαρτυρουσα] εις μαρτυριον AF   20 om δουναι αυτοις AF | om
και φαγονται A*^{vid} (φαγονται ʖ| εμ Aa¹ (mgg)) F*^{vid} (και φαγονται F¹^{mg vid}) |
αλλοτριους]+και λατρευσουσιν αυτοις AF | διαθηκην μου]+ην διεθεμην αυτοις
AF   21 και αντικαταστ.] pr και εσται οταν ευρωσιν αυτον κακα πολλα και
θλιψεις AF | προσωπον]+αυτων AF | στοματος]+αυτων και απο στοματος
AF | ποιουσιν]+μοι A   22 όμ ταυτην A   23 ενετειλατο]+Μωυσης AF |
Ιησοι] Ιησου υιω Ναυη AF | ειπεν]+αυτω AF | om εσται F   25 Λευιται
B^bAF | αιρουσι A   26 θησεται A   28 και τους κριτας] pr και τους
πρεσβυτερους υμων AF

XXXI 29 ΔΕΥΤΕΡΟΝΟΜΙΟΝ

Β καὶ τοὺς γραμματοεισαγωγεῖς ὑμῶν, ἵνα λαλήσω εἰς τὰ ὦτα αὐτῶν πάντας τοὺς λόγους τούτους, καὶ διαμαρτύρομαι αὐτοῖς τόν τε οὐρανὸν καὶ τὴν γῆν. ²⁹οἶδα γὰρ ὅτι ἔσχατον τῆς τελευτῆς μου ἀνομίᾳ ἀνο- 29 μήσετε, καὶ ἐκκλινεῖτε ἀπὸ τῆς ὁδοῦ ἧς ἐνετειλάμην ὑμῖν· τὰ κακὰ ἔσχατον τῶν ἡμερῶν, ὅτι ποιήσετε τὰ πονηρὰ ἐναντίον Κυρίου, παροργίσαι αὐτὸν ἐν τοῖς ἔργοις τῶν χειρῶν ὑμῶν.

*³⁰Καὶ ἐλάλησεν Μωυσῆς εἰς τὰ ὦτα πάσης ἐκκλησίας τὰ ῥήματα 30 τῆς ᾠδῆς ταύτης ἕως εἰς τέλος.

¹Πρόσεχε, οὐρανέ, καὶ λαλήσω·
καὶ ἀκουέτω ἡ γῆ ῥήματα ἐκ στόματός μου.
²προσδοκάσθω ὡς ὑετὸς τὸ ἀπόφθεγμά μου,
καὶ καταβήτω ὡς δρόσος τὰ ῥήματά μου·
ὡσεὶ ὄμβρος ἐπ' ἄγρωστιν,
καὶ ὡσεὶ νιφετὸς ἐπὶ χόρτον.
³ὅτι τὸ ὄνομα Κυρίου ἐκάλεσα·
δότε μεγαλωσύνην τῷ θεῷ ἡμῶν.
⁴θεός, ἀληθινὰ τὰ ἔργα αὐτοῦ,
καὶ πᾶσαι αἱ ὁδοὶ αὐτοῦ κρίσεις·
θεὸς πιστός, καὶ οὐκ ἔστιν ἀδικία·
δίκαιος καὶ ὅσιος Κύριος.
⁵ἡμάρτοσαν, οὐκ αὐτῷ τέκνα, μωμητά· 5
γενεὰ σκολιὰ καὶ διεστραμμένη.
⁶ταῦτα Κυρίῳ ἀνταποδίδοτε οὕτω, 6
λαὸς μωρὸς καὶ οὐχὶ σοφός;
οὐκ αὐτὸς οὗτός σου πατὴρ ἐκτήσατό σε,
καὶ ἐποίησέν σε;
⁷μνήσθητε ἡμέρας αἰῶνος,
σύνετε ἔτη γενεῶν γενεαῖς.
ἐπερώτησον τὸν πατέρα σου, καὶ ἀναγγελεῖ σοι·
τοὺς πρεσβυτέρους σου, καὶ ἐροῦσίν σοι.
⁸ὅτε διεμέριζεν ὁ ὕψιστος ἔθνη, 8

AF   28 διαμαρτυρωμαι AF   29 ανομησητε A | εκκ..νει|τε F | απο] εκ AF | τα κακα] pr και συναντησετε υμιν A και συναντησεται υμ. F | τα πονηρα] το πονηρον AF | εναντι AF   30 εκκλησιας] pr της A+Ισραηλ AF   XXXII 1 η γη] om η AF   3 το ονομα] om το AF   4 αδικια] +εν αυτω F^amg   5 ημαρτοσαν· ουκ αυτω· τεκνα F   6 ανταποδιδοτε. ουτως F | σε 2°]+και εκτισεν σε AF   7 μνησθησθητε F* (μνησθητε F¹) | γενεων γενεαις] γενεας γενεων F   7—8 συνετε ετη γενεας γενεων (in mg) επερωτησον...αγγελων θῦ (sup ras) A^a   8 διεμερισεν F

ΔΕΥΤΕΡΟΝΟΜΙΟΝ XXXII 17

ὡς διέσπειρεν υἱοὺς Ἀδάμ, B
ἔστησεν ὅρια ἐθνῶν
κατὰ ἀριθμὸν ἀγγέλων θεοῦ.
9 ⁹καὶ ἐγενήθη μερὶς Κυρίου λαὸς αὐτοῦ Ἰακώβ,
σχοίνισμα κληρονομίας αὐτοῦ Ἰσραήλ.
10 ¹⁰αὐτάρκησεν αὐτὸν ἐν τῇ ἐρήμῳ,
ἐν δίψει καύματος, ἐν γῇ ἀνύδρῳ·
ἐκύκλωσεν αὐτὸν καὶ ἐπαίδευσεν αὐτόν,
καὶ διεφύλαξεν αὐτὸν ὡς κόραν ὀφθαλμοῦ.
11 ¹¹ὡς ἀετὸς σκεπάσαι νοσσιὰν αὐτοῦ,
καὶ ἐπὶ τοῖς νοσσοῖς αὐτοῦ ἐπεπόθησεν,
διεὶς τὰς πτέρυγας αὐτοῦ ἐδέξατο αὐτούς,
καὶ ἀνέλαβεν αὐτοὺς ἐπὶ τῶν μεταφρένων αὐτοῦ.
12 ¹²Κύριος μόνος ἦγεν αὐτούς,
οὐκ ἦν μετ' αὐτῶν θεὸς ἀλλότριος.
13 ¹³ἀνεβίβασεν αὐτοὺς ἐπὶ τὴν ἰσχὺν τῆς γῆς,
ἐψώμισεν αὐτοὺς γενήματα ἀγρῶν·
ἐθήλασαν μέλι ἐκ πέτρας,
καὶ ἔλαιον ἐκ στερεᾶς πέτρας·
14 ¹⁴βούτυρον βοῶν καὶ γάλα προβάτων,
μετὰ στέατος ἀρνῶν καὶ κριῶν,
υἱῶν ταύρων καὶ τράγων
μετὰ στέατος νεφρῶν πυροῦ,
καὶ αἷμα σταφυλῆς ἔπιεν οἶνον.
15 ¹⁵καὶ ἔφαγεν Ἰακὼβ καὶ ἐνεπλήσθη,
καὶ ἀπελάκτισεν ὁ ἠγαπημένος,
ἐλιπάνθη, ἐπαχύνθη, ἐπλατύνθη·
καὶ ἐνκατέλιπεν τὸν θεὸν τὸν ποιήσαντα αὐτόν,
καὶ ἀπέστη ἀπὸ θεοῦ σωτῆρος αὐτοῦ.
16 ¹⁶παρώξυνάν με ἐπ' ἀλλοτρίοις,
ἐν βδελύγμασιν αὐτῶν παρεπίκρανάν με·
17 ¹⁷ἔθυσαν δαιμονίοις καὶ οὐ θεῷ,
θεοῖς οἷς οὐκ ᾔδεισαν·

8 ως] ους Aᵃ   10 εν τη ερημω] εν γη εν γη| ερ. (sic) F | om γη AF | AF κορην BᵇA   11 αυτου 4°] αυτων F ·   12 ουκ ην] pr και AF   14 επιον A επι.ν F   15 ενεπλησθη]+και επαχυνθη F | ενκατελιπεν (εγκ. Bᵇ)] εγκατελειπεν AF | τον θεον] om τον AF   16 εβδελ. A*.(εν βδελ. A¹) | παρεπικραναν] εξεπικρ. AF

411

XXXII 18   ΔΕΥΤΕΡΟΝΟΜΙΟΝ

B   καινοὶ πρόσφατοι ἥκασιν,
    οὓς οὐκ ᾔδεισαν οἱ πατέρες αὐτῶν.
 18 θεὸν τὸν γεννήσαντά σε ἐνκατέλιπες,
    καὶ ἐπελάθου θεοῦ τοῦ τρέφοντός σε.
 19 καὶ ἴδεν Κύριος καὶ ἐζήλωσεν,
    καὶ παρωξύνθη δι' ὀργὴν υἱῶν αὐτοῦ καὶ θυγατέρων·
 20 καὶ εἶπεν Ἀποστρέψω τὸ πρόσωπόν μου ἀπ' αὐτῶν,
    καὶ δείξω τί ἔσται αὐτοῖς ἐπ' ἐσχάτων ἡμερῶν.
    ὅτι γενεὰ ἐξεστραμμένη ἐστίν,
    υἱοὶ οἷς οὐκ ἔστιν πίστις ἐν αὐτοῖς.
 21 αὐτοὶ παρεζήλωσάν με ἐπ' οὐ θεῷ,
    παρώξυνάν με ἐν τοῖς εἰδώλοις αὐτῶν·
    κἀγὼ παραζηλώσω αὐτοὺς ἐπ' οὐκ ἔθνει,
    ἐπ' ἔθνει ἀσυνέτῳ παροργιῶ αὐτούς.
 22 ὅτι πῦρ ἐκκέκαυται ἐκ τοῦ θυμοῦ μου,
    καυθήσεται ἕως ᾅδου κάτω·
    καταφάγεται γῆν καὶ τὰ γενήματα αὐτῆς,
    φλέξει θεμέλια ὀρέων.
 23 συνάξω εἰς αὐτοὺς κακά,
    καὶ τὰ βέλη μου συνπολεμήσω εἰς αὐτούς.
 24 τηκόμενοι λιμῷ καὶ βρώσει ὀρνέων,
    καὶ ὀπισθότονος ἀνίατος·
    ὀδόντας θηρίων ἀποστελῶ εἰς αὐτούς,
    μετὰ θυμοῦ συρόντων ἐπὶ γῆν.
 25 ἔξωθεν ἀτεκνώσει αὐτοὺς μάχαιρα,
    καὶ ἐκ τῶν ταμείων φόβος·
    νεανίσκος σὺν παρθένῳ,
    θηλάζων μετὰ καθεστηκότος πρεσβύτου.
 26 εἶπα Διασπερῶ αὐτούς,
    παύσω δὲ ἐξ ἀνθρώπων τὸ μνημόσυνον αὐτῶν·
 27 εἰ μὴ δι' ὀργὴν ἐχθρῶν, ἵνα μὴ μακροχρονίσωσιν,

AF   17 προσφατοι] pr και A | ηδεισαν] ειδησαν B   18 ενκατελιπες (εγκ.
Bᵇ ε 2° sup ras Bᶠ)] εγκατελειπες AF   19 ειδεν AF   20 εσχατω
F | om ημερων AF   21 παρωξυναν] παρωργισαν A   22 κατω]
κατωτατου Fᵃ   23 συνπολεμησω (συμπολεμησω Bᵇ)] συντελεσω AF
24 οπιστοτονος A | αποστελω] επαποστ. A | γην] της γης A γης F   25 τα-
μειων] ταμιειων AF | πρεσβυτου] πρεσβυτερου AF   26 παυσω] καταπαυσω
AF | δε] δη A   27 μακροχρονισωσιν BF¹ᵛⁱᵈ] μακροχρονισουσιν A μακρο-
χρονιοι ωσιν F

ΔΕΥΤΕΡΟΝΟΜΙΟΝ XXXII 38

ἵνα μὴ συνεπιθῶνται οἱ ὑπεναντίοι· B
μὴ εἴπωσιν Ἡ χεὶρ ἡμῶν ἡ ὑψηλὴ
καὶ οὐχὶ Κύριος ἐποίησεν ταῦτα πάντα.
28 ²⁸ἔθνος ἀπολωλεκὸς βουλήν ἐστιν,
καὶ οὐκ ἔστιν ἐν αὐτοῖς ἐπιστήμη.
29 ²⁹οὐκ ἐφρόνησαν συνιέναι·
ταῦτα καταδεξάσθωσαν εἰς τὸν ἐπιόντα χρόνον.
30 ³⁰πῶς διώξεται εἰς χιλίους,
καὶ δύο μετακινήσουσιν μυριάδας,
εἰ μὴ ὁ θεὸς ἀπέδοτο αὐτούς,
καὶ Κύριος παρέδωκεν αὐτούς;
31 ³¹ὅτι οὐκ ἔστιν ὡς ὁ θεὸς ἡμῶν οἱ θεοὶ αὐτῶν·
οἱ δὲ ἐχθροὶ ἡμῶν ἀνόητοι.
32 ³²ἐκ γὰρ ἀμπέλου Σοδόμων ἡ ἄμπελος αὐτῶν,
καὶ ἡ κληματὶς αὐτῶν ἐκ Γομόρρας·
σταφυλὴ αὐτῶν σταφυλὴ χολῆς,
βότρυς πικρίας αὐτοῖς·
33 ³³θυμὸς δρακόντων ὁ οἶνος αὐτῶν,
καὶ θυμὸς ἀσπίδων ἀνίατος.
34 ³⁴οὐκ ἰδοὺ ταῦτα συνῆκται παρ' ἐμοί,
καὶ ἐσφράγισται ἐν τοῖς θησαυροῖς μου;
35 ³⁵ἐν ἡμέρᾳ ἐκδικήσεως ἀνταποδώσω,
ὅταν σφαλῇ ὁ πούς αὐτῶν·
ὅτι ἐγγὺς ἡμέρα ἀπωλίας αὐτοῖς,
καὶ πάρεστιν ἕτοιμα ὑμῖν.
36 ³⁶ὅτι κρινεῖ Κύριος τὸν λαὸν αὐτοῦ,
καὶ ἐπὶ τοῖς δούλοις αὐτοῦ παρακληθήσεται·
ἴδεν γὰρ παραλελυμένους αὐτοὺς
καὶ ἐκλελοιπότας ἐν ἐπαγωγῇ καὶ παρειμένους.
37 ³⁷καὶ εἶπεν Κύριος Ποῦ εἰσιν οἱ θεοὶ αὐτῶν,
ἐφ' οἷς ἐπεποίθεισαν ἐπ' αὐτοῖς;
38 ³⁸ὧν τὸ στέαρ τῶν θυσιῶν αὐτῶν ἠσθίετε,
καὶ ἐπίνετε τὸν οἶνον τῶν σπονδῶν αὐτῶν·

27 ινα 2°] pr και AF | η υψηλη] om η AF* (superscr F¹) | παντα ταυτα F AF
28 εθνος] pr οτι AF   29 συνιεναι ταυτα· καταδεξ. AF   30 Κυριος] pr ο
A | παρεδω|κ.αυτους F   32 σταφυλη 1°] pr η AF   35 οταν] pr εν καιρω
AF | αυτοις] αυτων AF   36 ειδεν AF   37 θεοι αυτων] θεοισαυτων (sic)
A   38 αυτων 1°] αυτω A* (αυτων A¹) | εσθιετε A

ΔΕΥΤΕΡΟΝΟΜΙΟΝ

ἀναστήτωσαν καὶ βοηθησάτωσαν ὑμῖν,
καὶ γενηθήτωσαν ὑμῖν σκεπασταί·
³⁹ἴδετε ἴδετε ὅτι ἐγώ εἰμι,
καὶ οὐκ ἔστιν θεὸς πλὴν ἐμοῦ·
ἐγὼ ἀποκτέννω καὶ ζῆν ποιήσω·
πατάξω, κἀγὼ ἰάσομαι·
καὶ οὐκ ἔστιν ὃς ἐξελεῖται ἐκ τῶν χειρῶν μου.
⁴⁰ὅτι ἀρῶ εἰς τὸν οὐρανὸν τὴν χεῖρά μου,
καὶ ὀμοῦμαι τὴν δεξιάν μου
καὶ ἐρῶ Ζῶ ἐγὼ εἰς τὸν αἰῶνα·
⁴¹ὅτι παροξυνῶ ὡς ἀστραπὴν τὴν μάχαιράν μου,
καὶ ἀνθέξεται κρίματος ἡ χείρ μου,
καὶ ἀποδώσω δίκην τοῖς ἐχθροῖς,
καὶ τοῖς μισοῦσιν ἀνταποδώσω·
⁴²μεθύσω τὰ βέλη μου ἀφ᾽ αἵματος
τραυματιῶν καὶ αἰχμαλωσίας,
ἀπὸ κεφαλῆς ἀρχόντων ἐχθρῶν.
⁴³εὐφράνθητε, οὐρανοί, ἅμα αὐτῷ,
καὶ προσκυνησάτωσαν αὐτῷ υἱοὶ θεοῦ·
εὐφράνθητε, ἔθνη, μετὰ τοῦ λαοῦ αὐτοῦ,
καὶ ἐνισχυσάτωσαν αὐτῷ πάντες ἄγγελοι θεοῦ·
ὅτι τὸ αἷμα τῶν υἱῶν αὐτοῦ ἐκδικᾶται,
καὶ ἐκδικήσει, καὶ ἀνταποδώσει δίκην τοῖς ἐχθροῖς·
καὶ τοῖς μισοῦσιν ἀνταποδώσει,
καὶ ἐκκαθαριεῖ Κύριος τὴν γῆν τοῦ λαοῦ αὐτοῦ.
⁴⁴Καὶ ἔγραψεν Μωσῆς τὴν ᾠδὴν ταύτην ἐν ἐκείνῃ τῇ ἡμέρᾳ, καὶ ἐδίδαξεν αὐτὴν τοὺς υἱοὺς Ἰσραήλ· καὶ εἰσῆλθεν Μωυσῆς καὶ ἐλάλησεν πάντας τοὺς λόγους τοῦ νόμου τούτου εἰς τὰ ὦτα τοῦ λαοῦ, αὐτὸς καὶ Ἰησοῦς ὁ τοῦ Ναυή. ⁴⁵καὶ ἐξετέλεσεν Μωυσῆς λαλῶν παντὶ Ἰσραήλ· ⁴⁶καὶ εἶπεν πρὸς αὐτοὺς Προσέχετε τῇ καρδίᾳ ἐπὶ πάντας τοὺς λόγους τούτους οὓς ἐγὼ διαμαρτύρομαι ὑμῖν σήμερον, ἃ ἐντε-

AF 39 αποκτενω AF | καγω] και εγω F   41 χειρ] χ sup ras B^{ab} | μου 2°]+ϗ εκδικησει A^{a?mg} | αποδωσω] ανταποδ. AF | μισουσιν BF*^{vid}]+με A μισουσι με F^{1vid}   42 αιματος]+και η μαχαιρα μου καταφαγεται κρεα αφ αιματος AF | εχθρων] εθνων A   43 αυτω 1°]+παντες A | υιοι] παντες αγγελοι F | αυτω 3°] αυτους A* (αυτο A?) F | εκδικαται] εκδικειται A εκϑ·τειται F | εχθροις]+αυτου AF | om Κυριος F   44 Μωσης] Μωυσης AF | εισηλθεν] προσηλθεν AF | Μωυσης]+προς τον λαον AF   45 εξετελεσεν] συνετελεσεν AF | λαλων]+τους λογους τουτους AF   46 καρδια]+υμων AF

414

ΔΕΥΤΕΡΟΝΟΜΙΟΝ XXXIII 6

λεῖσθε τοῖς υἱοῖς ὑμῶν, φυλάσσειν καὶ ποιεῖν πάντας τοὺς λόγους τοῦ B
47 νόμου τούτου· ⁴⁷ὅτι οὐχὶ λόγος κενὸς οὗτος ὑμῖν, ὅτι αὕτη ἡ ζωὴ ὑμῶν,
καὶ ἕνεκεν τοῦ λόγου τούτου μακροημερεύσετε ἐπὶ τῆς γῆς εἰς ἣν
ὑμεῖς διαβαίνετε τὸν Ἰορδάνην ἐκεῖ κληρονομῆσαι.
48 ⁴⁸Καὶ ἐλάλησεν Κύριος πρὸς Μωυσῆν ἐν τῇ ἡμέρᾳ ταύτῃ λέγων
49 ⁴⁹Ἀνάβηθι εἰς τὸ ὄρος τὸ Ἀβαρείν, τοῦτο ὄρος Ναβαὺ ὅ ἐστιν ἐν γῇ
Χανάαν κατὰ πρόσωπον Ἰερειχώ, καὶ ἴδε τὴν γῆν Χανάαν ἣν ἐγὼ
50 δίδωμι τοῖς υἱοῖς Ἰσραήλ· ⁵⁰καὶ τελεύτα ἐν τῷ ὄρει εἰς ὃ ἀναβαίνεις
ἐκεῖ, καὶ προστέθητι πρὸς τὸν λαόν σου, ὃν τρόπον ἀπέθανεν Ἀαρὼν
ὁ ἀδελφός σου ἐν Ὢρ τῷ ὄρει καὶ προσετέθη πρὸς τὸν λαὸν αὐτοῦ·
51 ⁵¹ὅτι ἠπειθήσατε τῷ ῥήματί μου ἐν τοῖς υἱοῖς Ἰσραὴλ ἐπὶ τοῦ ὕδατος
Ἀντιλογίας Κάδης ἐν τῇ ἐρήμῳ Σείν, διότι οὐχ ἡγιάσατέ με ἐν τοῖς
52 υἱοῖς Ἰσραήλ. ⁵²ἀπέναντι ὄψῃ τὴν γῆν, καὶ ἐκεῖ οὐκ εἰσελεύσῃ.
III 1 ¹Καὶ αὕτη ἡ εὐλογία ἣν εὐλόγησεν Μωυσῆς ἄνθρωπος τοῦ θεοῦ
2 τοὺς υἱοὺς Ἰσραὴλ πρὸ τῆς τελευτῆς αὐτοῦ. ²καὶ εἶπεν
Κύριος ἐκ Σεινὰ ἥκει,
καὶ ἐπέφανεν ἐκ Σηεὶρ ἡμῖν·
καὶ κατέσπευσεν ἐξ ὄρους Φαρὰν σὺν μυριάσιν Καδής,
ἐκ δεξιῶν αὐτοῦ ἄγγελοι μετ᾽ αὐτοῦ.
3 ³καὶ ἐφείσατο τοῦ λαοῦ αὐτοῦ,
καὶ πάντες οἱ ἡγιασμένοι ὑπὸ τὰς χεῖράς σου·
καὶ οὗτοι ὑπὸ σέ εἰσιν,
καὶ ἐδέξατο ἀπὸ τῶν λόγων αὐτοῦ,
4 ⁴νόμον ὃν ἐνετείλατο ὑμῖν Μωυσῆς,
κληρονομίαν συναγωγαῖς Ἰακώβ.
5 ⁵καὶ ἔσται ἐν τῷ ἠγαπημένῳ ἄρχων,
συναχθέντων ἀρχόντων λαῶν
ἅμα φυλαῖς Ἰσραήλ.
6 ⁶Ζήτω Ῥουβὴν καὶ μὴ ἀποθανέτω,
καὶ ἔστω πολὺς ἐν ἀριθμῷ.

46 εντελεισθαι ΒΑ   47 κενος] καινος A | μακροημερευσητε A | κληρο- AF
νομησαι]+αυτην AF   48 ταυτη] εκεινη F   49 Αβαρειμ AF | Χανααν 1°]
Μωαβ AF | Ιεριχω B^bA | ιδε] ιδετε A*^vid (seq ras 2 litt in A') | Ισραηλ]+
εις κατασχεσιν AF   50 om εν Ωρ τω ορει F* (hab F¹^mg)   51 οτι] διοτι
AF | αντιλογιας] pr της F | Σιν AF | ηγιασατε με]+επι του υδατος της αντι-
λογιας F   52 απεναντι] pr οτι AF   XXXIII 1 om και F | ηυλογησεν
AF | της τελευτης] om της A   2 Σινα B^bAF   3 om και εφεισατο
του λαου αυτου F   4 νομον] λογον F | υμιν Μωυσης] M. ημιν A ημιν
M. F   5 om αρχων A   6 εστω] pr Συμεων A

415

ΔΕΥΤΕΡΟΝΟΜΙΟΝ

B ⁷Καὶ αὕτη Ἰούδα·
Εἰσάκουσον, Κύριε, φωνῆς Ἰούδα,
καὶ εἰς τὸν λαὸν αὐτοῦ ἔλθοις ἄν·
καὶ αἱ χεῖρες αὐτοῦ διακρινοῦσιν αὐτῷ,
καὶ βοηθὸς ἐκ τῶν ἐχθρῶν ἔσῃ.

⁸Καὶ τῷ Λευεὶ εἶπεν
Δότε Λευεὶ δήλους αὐτοῦ,
καὶ ἀλήθειαν αὐτοῦ τῷ ἀνδρὶ τῷ ὁσίῳ,
ὃν ἐπείρασαν αὐτὸν ἐν Πείρᾳ,
ἐλοιδόρησαν αὐτὸν ἐπὶ ὕδατος Ἀντιλογίας.

⁹λέγων τῷ πατρὶ καὶ τῇ μητρί Οὐχ ἑόρακά σε,
καὶ τοὺς ἀδελφοὺς αὐτοῦ οὐκ ἐπέγνω,
καὶ τοὺς υἱοὺς αὐτοῦ ἀπέγνω·
ἐφύλαξεν τὰ λόγιά σου,
καὶ τὴν διαθήκην σου διετήρησεν.

¹⁰δηλώσουσιν τὰ δικαιώματά σου τῷ Ἰακώβ,
καὶ τὸν νόμον σου τῷ Ἰσραήλ·
ἐπιθήσουσιν θυμίαμα ἐν ὀργῇ σου
διὰ παντὸς ἐπὶ τὸ θυσιαστήριόν σου.

¹¹εὐλόγησον, Κύριε, τὴν ἰσχὺν αὐτοῦ,
καὶ τὰ ἔργα τῶν χειρῶν αὐτοῦ δέξαι·
κάταξον ὀσφὺν ἐχθρῶν ἐπανεστηκότων αὐτῷ,
καὶ οἱ μισοῦντες αὐτὸν μὴ ἀναστήτωσαν.

¹²Καὶ τῷ Βενιαμεὶν εἶπεν
Ἠγαπημένος ὑπὸ Κυρίου κατασκηνώσει πεποιθώς,
καὶ ὁ θεὸς σκιάζει ἐπ᾽ αὐτῷ πάσας τὰς ἡμέρας,
καὶ ἀνὰ μέσον τῶν ὤμων αὐτοῦ κατέπαυσεν.

¹³Καὶ τῷ Ἰωσὴφ εἶπεν
Ἐπ᾽ εὐλογίας Κυρίου ἡ γῆ αὐτοῦ,
ἀπὸ ὡρῶν οὐρανοῦ καὶ· δρόσου,
καὶ ἀπὸ ἀβύσσων πηγῶν κάτωθεν,

AF 7 φωνης] pr της A | ελθοις αν] εισελθοις αν A εισελθοι|σαν F | om και 3° AF | εχθρων]+αυτου AF   8 Λευι bis AF | επι] εφ AF   9 λεγων] pr ο B^(ab (mg sinistr)) AF | πατρι]+αυτου AF | μητρι]+αυτου AF | εορακα B*F] εωρ. B^(a†b)A | ουκ επεγνω] ουκ εγνω A^(a (mg)) (et ut vid A*)+κ τους αδελφους αυτου (sup ras) A^a | om και τους υιους αυτου απεγνω A | απεγνω] ουκ επεγνω F   10 οργη] εορτη A^(b¦vid) (certe superscr ε ante ο) F | του θυσιαστηριου A   11 εχθρων επανεστηκ. αυτω] επανεστηκ. εχθρ. αυτου AF   12 σκιασει F | τας ημερας] om τας F | om και 3° A   13 επ] απ AF | ωρων] ορεων A

ΔΕΥΤΕΡΟΝΟΜΙΟΝ XXXIII 22

14 ¹⁴καὶ καθ' ὥραν γενημάτων ἡλίου τροπῶν,
    καὶ ἀπὸ συνόδων μηνῶν,
15 ¹⁵ἀπὸ κορυφῆς ὀρέων ἀρχῆς,
    καὶ ἀπὸ κορυφῆς βουνῶν ἀενάων·
16 ¹⁶καὶ καθ' ὥραν γῆς πληρώσεως·
    καὶ τὰ δεκτὰ τῷ ὀφθέντι ἐν τῷ βάτῳ
    ἔλθοισαν ἐπὶ κεφαλὴν Ἰωσήφ,
    καὶ ἐπὶ κορυφῆς δοξασθεὶς ἐπ' ἀδελφοῖς.
17 ¹⁷πρωτότοκος ταύρου τὸ κάλλος αὐτοῦ,
    κέρατα μονοκέρωτος τὰ κέρατα αὐτοῦ·
    ἐν αὐτοῖς ἔθνη κερατιεῖ ἅμα ἕως ἐπ' ἄκρου γῆς.
    αὗται μυριάδες Ἐφράιμ,
    καὶ αὗται χιλιάδες Μανασσή.
18 ¹⁸Καὶ τῷ Ζαβουλὼν εἶπεν
    Εὐφράνθητι, Ζαβουλών, ἐν ἐξοδίᾳ σου,
    καὶ Ἰσσαχὰρ ἐν τοῖς σκηνώμασιν αὐτοῦ.
19 ¹⁹ἔθνη ἐξολεθρεύσουσιν· καὶ ἐπικαλέσεσθε ἐκεῖ,
    καὶ θύσετε θυσίαν δικαιοσύνης·
    ὅτι πλοῦτος θαλάσσης θηλάσει σε,
    καὶ ἐμπόρια παράλιον κατοικούντων.
20 ²⁰Καὶ τῷ Γὰδ εἶπεν
    Εὐλογημένος ἐμπλατύνων Γάδ·
    ὡς λέων ἀνεπαύσατο,
    συντρίψας βραχίονα καὶ ἄρχοντα.
21 ²¹καὶ ἴδεν ἀπαρχὴν αὐτοῦ,
    ὅτι ἐκεῖ ἐμερίσθη γῆ ἀρχόντων,
    συνηγμένων ἅμα ἀρχηγοῖς λαῶν·
    δικαιοσύνην Κύριος ἐποίησεν
    καὶ κρίσιν αὐτοῦ μετὰ Ἰσραήλ.
22 ²²Καὶ τῷ Δὰν εἶπεν
    Δὰν σκύμνος λέοντος,
    καὶ ἐκπηδήσεται ἐκ τοῦ Βασάν.

14 om και 1° F | τροπον F | μηνων] σεληνης F¹ᵐᵍ (pr ut vid Συμ; F¹ sed AF om Fᵃ⁽) 15 απο 1°] pr και AF ε_ 16 τω 2°] τη AF | επ] εν AF 17 επ] απ AF | γης] pr της AF | Μανασση A 19 επικαλεσασθε AF | θυσετε]+εκει A 20 ηυλογημενος A 21 ειδεν AF | λαων] αυτων A 22 om Δαν 2° F* (hab F¹⁽ᵐᵍ⁾) | εκπηδησεται] εκπηδησει A

ΔΕΥΤΕΡΟΝΟΜΙΟΝ

²³Καὶ τῷ Νεφθαλεὶμ εἶπεν
Νεφθαλεὶμ πλησμονὴ δεκτῶν,
καὶ ἐμπλησθήτω εὐλογίαν παρὰ Κυρίου·
θάλασσαν καὶ λίβα κληρονομήσει.
²⁴Καὶ τῷ Ἀσὴρ εἶπεν
Εὐλογητὸς ἀπὸ τέκνων Ἀσήρ,
καὶ ἔσται δεκτὸς τοῖς ἀδελφοῖς αὐτοῦ.
βάψει ἐν ἐλαίῳ τὸν πόδα αὐτοῦ·
²⁵σίδηρος καὶ χαλκὸς τὸ ὑπόδημα αὐτοῦ ἔσται,
ὡς αἱ ἡμέραι σου ἡ ἰσχύς σου.
²⁶οὐκ ἔστιν ὥσπερ ὁ θεὸς τοῦ ἠγαπημένου·
ὁ ἐπιβαίνων ἐπὶ τὸν οὐρανὸν βοηθός σου,
καὶ ὁ μεγαλοπρεπὴς τοῦ στερεώματος·
²⁷καὶ σκεπάσει σε θεοῦ ἀρχή,
καὶ ὑπὸ ἰσχὺν βραχιόνων ἀενάων·
ἐκβαλεῖ ἀπὸ προσώπου σου ἐχθρόν,
λέγων Ἀπόλοιο.
²⁸καὶ κατασκηνώσει Ἰσραὴλ πεποιθώς,
μόνος ἐπὶ γῆς Ἰακώβ·
ἐπὶ σίτῳ καὶ οἴνῳ,
καὶ ὁ οὐρανός σοι συννεφὴς δρόσῳ.
²⁹μακάριος σύ, Ἰσραήλ·
τίς ὅμοιός σοι, λαὸς σωζόμενος ὑπὸ Κυρίου;
ὑπερασπιεῖ ὁ βοηθός σου,
καὶ ἡ μάχαιρα καύχημά σου·
καὶ ψεύσονταί σε οἱ ἐχθροί σου,
καὶ σὺ ἐπὶ τὸν τράχηλον αὐτῶν ἐπιβήσῃ.

¹Καὶ ἀνέβη Μωυσῆς ἀπὸ ἀραβὼθ Μωὰβ ἐπὶ τὸ ὄρος Ναβαὺ ἐπὶ κορυφὴν Φασγά, ἥ ἐστιν ἐπὶ προσώπου Ἰερειχώ· καὶ ἔδειξεν αὐτῷ Κύριος πᾶσαν τὴν γῆν Γαλαὰδ ἕως Δάν, ²καὶ πᾶσαν τὴν γῆν Νεφθαλεί, καὶ πᾶσαν τὴν γῆν Ἐφράιμ καὶ Μανασσή, καὶ πᾶσαν

AF 23 Νεφθαλειμ 1°] Νεφθαλει AF | Νεφθαλειμ 2°] Νεφθαλει A Νεφθαλι F | ευλογιας AF 24 ευλογητος] ηυλογημενος A ευλογημενος F 25 το υποδημα] om το F | ως] pr και AF 27 σκεπασει σε Bᵃᵇ A⁇] σκεπασις B* F σκεπασεις A* | om σε A* F (hab BA¹) | αρχη Bᵃᵇ] αρχης B* F αρχην A | εκβαλει] pr και Bᵃᵇ ⁽ᵐᵍ⁾ AF 28 μονος πεποιθως AF | σιτω και οινω] σιτου και οινου AF | σοι συννεφης] συννεφης αυτω A αυτω συννεφης F 29 om Ισραηλ F | σοι] σου A | ψ..σονται F XXXIV 1 προσωπον A | Ιεριχω Bᵇ A (item 3, 8) | om εως Δαν A 2 Νεφθαλειμ AF | Μαννασση A

ΔΕΥΤΕΡΟΝΟΜΙΟΝ XXXIV 12

3 τὴν γῆν Ἰούδα ἕως τῆς θαλάσσης τῆς ἐσχάτης, ³καὶ τὴν ἔρημον, B
4 καὶ τὰ περίχωρα Ἱερειχώ, πόλιν φοινίκων, ἕως Σήγωρ. ⁴καὶ εἶπεν
Κύριος πρὸς Μωυσῆν Αὕτη ἡ γῆ ἣν ὤμοσα Ἀβραὰμ καὶ Ἰσαὰκ καὶ
Ἰακὼβ λέγων Τῷ σπέρματι ὑμῶν δώσω αὐτήν· καὶ ἔδειξα τοῖς ὀφθαλ-
5 μοῖς σου, καὶ ἐκεῖ οὐκ εἰσελεύσῃ. ⁵καὶ ἐτελεύτησεν Μωυσῆς οἰκέτης
6 Κυρίου ἐν γῇ Μωὰβ διὰ ῥήματος Κυρίου. ⁶καὶ ἔθαψαν αὐτὸν ἐν
Γαὶ ἐγγὺς οἴκου Φογώρ· καὶ οὐκ οἶδεν οὐδεὶς τὴν ταφὴν αὐτοῦ ἕως τῆς
7 ἡμέρας ταύτης. ⁷Μωυσῆς δὲ ἦν ἑκατὸν καὶ εἴκοσι ἐτῶν ἐν τῷ
τελευτᾶν αὐτόν· οὐκ ἠμαυρώθησαν οἱ ὀφθαλμοὶ αὐτοῦ, οὐδὲ ἐφθάρη-
8 σαν. ⁸καὶ ἔκλαυσαν οἱ υἱοὶ Ἰσραὴλ Μωυσῆν ἐν ἀραβὼθ Μωὰβ
ἐπὶ τοῦ Ἰορδάνου κατὰ Ἱερειχὼ τριάκοντα ἡμέρας· καὶ συνετελέσθησαν
9 αἱ ἡμέραι πένθους κλαυθμοῦ Μωυσῆ. ⁹Καὶ Ἰησοῦς υἱὸς Ναυὴ
ἐνεπλήσθη πνεύματος συνέσεως, ἐπέθηκεν γὰρ Μωυσῆς τὰς χεῖρας
αὐτοῦ ἐπ' αὐτόν· καὶ εἰσήκουσαν αὐτοῦ οἱ υἱοὶ Ἰσραήλ, καὶ ἐποίησαν,
10 καθότι ἐνετείλατο Κύριος τῷ Μωυσῇ. ¹⁰Καὶ οὐκ ἀνέστη ἔτι
προφήτης ἐν Ἰσραὴλ ὡς Μωσῆς, ὃν ἔγνω Κύριος αὐτὸν πρόσωπον
11 κατὰ πρόσωπον· ¹¹ἐν πᾶσι τοῖς σημείοις καὶ τέρασιν, ὃν ἀπέστειλεν
αὐτὸν Κύριος ποιῆσαι αὐτὰ ἐν γῇ Αἰγύπτῳ Φαραὼ καὶ τοῖς θερά-
12 πουσιν αὐτοῦ καὶ πάσῃ τῇ γῇ αὐτοῦ, ¹²τὰ θαυμάσια τὰ μεγάλα
καὶ τὴν χεῖρα τὴν κραταιάν, ἃ ἐποίησεν Μωυσῆς ἔναντι παντὸς
Ἰσραήλ.

4 αυτην sup ras Aᵃ (seq ras pl litt) | om και 4° AF | εδειξα]+αυτην AF AF
5 ετελευτησεν]+εκει AF | Μωυσης B*AF] Μωυσῆ ὁ Bᵇ   6 ἐν Γαι]+εν
γη Μωαβ AF | οικου] pr του F | ταφην] τελευτην AF¹ᵐᵍ   7 τελευταν]
τελευτησαι A | εφθαρησαν] εφθαρη (εφθαρησαν F) τα χελυνια (χελυμια F*
χελυν. F¹ᵐᵍ) αυτου AF   8 Μωυσην] pr τον AF   10 Μωυσης AF
11 πασιν A | om παση A   12 τα θαυμασια] pr και AF | την χειρα] pr
πασαν AF
Subscr δευτερονομιον BAF

ΙΗΣΟΥΣ

B   ΚΑΙ ἐγένετο μετὰ τὴν τελευτὴν Μωυσῆ εἶπεν Κύριος τῷ Ἰησοῖ υἱῷ ¹ I
Ναυὴ τῷ ὑπουργῷ Μωυσῆ λέγων ²Μωυσῆς ὁ θεράπων μου τετελεύ- ²
τηκεν. νῦν οὖν ἀναστὰς διάβηθι τὸν Ἰορδάνην, σὺ καὶ πᾶς ὁ λαὸς
οὗτος, εἰς τὴν γῆν ἣν ἐγὼ δίδωμι αὐτοῖς. ³πᾶς ὁ τόπος ἐφ' ὃν ἂν ₃
ἐπιβῆτε τῷ ἴχνει τῶν ποδῶν ὑμῶν, ὑμῖν δώσω αὐτόν, ὃν τρόπον
εἴρηκα τῷ Μωυσῆ· ⁴τὴν ἔρημον καὶ τὸν Ἀντιλίβανον ἕως τοῦ ποταμοῦ ₄
τοῦ μεγάλου, ποταμοῦ Εὐφράτου, καὶ ἕως τῆς θαλάσσης τῆς ἐσχάτης·
ἀφ' ἡλίου δυσμῶν ἔσται τὰ ὅρια ὑμῶν. ⁵οὐκ ἀντιστήσεται ἄνθρωπος ₅
κατενώπιον ὑμῶν πάσας τὰς ἡμέρας τῆς ζωῆς σου· καὶ ὥσπερ ἤμην
μετὰ Μωυσῆ, οὕτως ἔσομαι καὶ μετὰ σοῦ, καὶ οὐκ ἐνκαταλείψω σε
οὐδὲ ὑπερόψομαί σε. ⁶ἴσχυε καὶ ἀνδρίζου· σὺ γὰρ διελεῖς τῷ λαῷ ₆
τούτῳ τὴν γῆν ἣν ὤμοσα τοῖς πατράσιν ὑμῶν δοῦναι αὐτοῖς. ⁷ἴσχυε ₇
οὖν καὶ ἀνδρίζου φυλάσσεσθαι καὶ ποιεῖν καθότι ἐνετείλατό σοι
Μωυσῆς ὁ παῖς μου, καὶ οὐκ ἐκκλινεῖς ἀπ' αὐτῶν εἰς δεξιὰ οὐδὲ
εἰς ἀριστερά, ἵνα συνῇς ἐν πᾶσιν οἷς ἐὰν πράσσῃς. ⁸καὶ οὐκ ἀπο- ₈
στήσεται ἡ βίβλος τοῦ νόμου τούτου ἐκ τοῦ στόματός σου, καὶ
μελετήσεις ἐν αὐτῇ ἡμέρας καὶ νυκτός, ἵνα εἰδῇς ποιεῖν πάντα τὰ
γεγραμμένα· τότε εὐοδωθήσῃ καὶ εὐοδώσει τὰς ὁδούς σου, καὶ τότε

AF   Inscr Ιησους BF+υιος Ναυη A   I 1 sqq multa exesa rescr Aᵗ
1 Μωυση 1°]+δουλου κυριου F | ειπεν] pr και A | Ιησου AF | υπουργω]
λιτουργω A   2 Ιορδανην]+τουτον F   3 om ο F   4 Αντιλιβ.]+του-
τον F | εως 2°] pr πασαν την γην του Χετταιου F | om εσται A* (hab Aᵃᵗ⁽ᵐᵍ⁾) |
τα ορια υμων sup ras (pr ras 1 lit) Aᵃ   5 ενκαταλεψω (εγκ. BᵇF)]
εγκαταλειπω A   6 διελεις] αποδιελεις Bᵃᵇ ᵐᵍ αποδιαστελεις AF | υμων]
αυτων sup ras Aᵃᵗ | δουναι αυτοις sup ras Aᵃᵗ   7 ανδριζου· φυλασεσθε (sic)
F | om και 2° F | καθοτι] pr κατα παντα τον νομον F | om και 3° F | om
εις 1° AF | ουδε] η AF | ινα συνηης] ιν...ιννης F   8 αυτη Bᵃᵇ] αυτω Bᵃᵇᵗ
AF | ειδης] συνης AF | γεγραμμενα]+εν αυτω F | τοτε 1°] pr οτι F |
ευοδωσει] ευοδωσεις AF

420

ΙΗΣΟΥΣ II I

9 συνήσεις. ⁹ἰδοὺ ἐντέταλμαί· σοι· ἴσχυε καὶ ἀνδρίζου, μὴ δειλιάσῃς B
μηδὲ φοβηθῇς, ὅτι μετὰ σοῦ Κύριος ὁ θεός σου εἰς πάντα οὗ ἐὰν
10 πορεύῃ. ¹⁰Καὶ ἐνετείλατο Ἰησοῦς τοῖς γραμματεῦσιν τοῦ λαοῦ λέ-
11 γων ¹¹Εἰσέλθατε κατὰ μέσον τῆς παρεμβολῆς τοῦ λαοῦ, καὶ ἐντείλασθε
τῷ λαῷ λέγοντες Ἑτοιμάζεσθε ἐπισιτισμόν, ὅτι ἔτι τρεῖς ἡμέραι καὶ
ὑμεῖς διαβαίνετε τὸν Ἰορδάνην τοῦτον, εἰσελθόντες κατασχεῖν τὴν
12 γῆν ἣν Κύριος ὁ θεὸς τῶν πατέρων ὑμῶν δίδωσιν ὑμῖν. ¹²Καὶ
τῷ Ῥουβὴν καὶ τῷ Γὰδ καὶ τῷ ἡμίσει φυλῆς Μανασσῆ εἶπεν Ἰησοῦς
13 ¹³Μνήσθητε τὸ ῥῆμα ὃ ἐνετείλατο ὑμῖν Μωυσῆς ὁ παῖς Κυρίου λέγων
Κύριος ὁ θεὸς ὑμῶν κατέπαυσεν ὑμᾶς καὶ ἔδωκεν ὑμῖν τὴν γῆν ταύτην.
14 ¹⁴αἱ γυναῖκες ὑμῶν καὶ τὰ παιδία ὑμῶν καὶ τὰ κτήνη ὑμῶν κατοι-
κείτωσαν ἐν τῇ γῇ ᾗ ἔδωκεν ὑμῖν· ὑμεῖς δὲ διαβήσεσθε εὔζωνοι
πρότεροι τῶν ἀδελφῶν ὑμῶν, πᾶς ὁ ἰσχύων, καὶ συμμαχήσετε αὐτοῖς
15 ¹⁵ἕως ἂν καταπαύσῃ Κύριος ὁ θεὸς ἡμῶν τοὺς ἀδελφοὺς ὑμῶν ὥσπερ
καὶ ὑμᾶς, καὶ κληρονομήσωσιν καὶ οὗτοι τὴν γῆν ἣν Κύριος ὁ θεὸς
ἡμῶν δίδωσιν αὐτοῖς· καὶ ἀπελεύσεσθε ἕκαστος εἰς τὴν κληρονομίαν
αὐτοῦ, ἣν δέδωκεν ὑμῖν Μωυσῆς εἰς τὸ πέραν τοῦ Ἰορδάνου ἐπ᾽ ἀνατο-
16 λῶν ἡλίου. ¹⁶καὶ ἀποκριθέντες τῷ Ἰησοῖ εἶπαν Πάντα ὅσα ἂν
ἐντείλῃ ἡμῖν ποιήσομεν, καὶ εἰς πάντα τόπον οὗ ἐὰν ἀποστείλῃς
17 ἡμᾶς πορευσόμεθα. ¹⁷κατὰ πάντα ὅσα ἠκούσαμεν Μωυσῆ ἀκουσόμεθα
σοῦ· πλὴν ἔστω Κύριος ὁ θεὸς ἡμῶν μετὰ σοῦ ὃν τρόπον ἦν μετὰ
18 Μωυσῆ. ¹⁸ὁ δὲ ἄνθρωπος ὃς ἐὰν ἀπειθήσῃ σοι, καὶ ὅστις μὴ ἀκούσῃ
τῶν ῥημάτων σου καθότι ἂν αὐτῷ ἐντείλῃ, ἀποθανέτω. ἀλλὰ ἴσχυε
καὶ ἀνδρίζου.
Ι 1 ¹Καὶ ἀπέστειλεν Ἰησοῦς υἱὸς Ναυὴ ἐκ Σαττεὶν δύο νεανίσκους

9 εντεταλμαι] εντελλομαι A | ισχυε] ισ... F | μη δειλιασης (διλ. A)] AF
..διλιασεις F | φοβηθης] πτοηθης F | om σου 2° A | παντα] + τοπον F |
εαν] αν F   10 γραμματευσι A   11 εντιλασθαι A | ετοιμαζεσθε
(ετοιμαζεσθαι A)] ετοιμασατε εαυτοις F | om και 2° A | διαβαινετε (δια-
βαινεται F)] διαβησεσθαι A | υμιν] + κληρονομησαι F   12 Ιησους]
κυριος λεγων F   13 ρημα] + κ͞υ AF | ενετειλατο] ελαλησεν F.   14 om
και τα κτηνη υμων F* (hab F¹ᵐᵍ) | υμιν] + Μωυσης περαν του Ιορδανου F |
διαβησεσθαι A | προτεροι] προτερον A | συμμαχησεται BA συμμαχησατε Fᵃ |
αυτοις] pr ras 1 lit Aˀ (εαυτοις A*ᵛⁱᵈ)   15 ημων 1°] υμων F | κληρο-
νομησουσιν A | ημων 2°] υμων A | αυτου] εαυτου AF¹ + και κληρονομησετε
αυτην F | εδωκεν F | Μωυσης] + δουλος κυριου F | εις το περαν] εν τω π.
AF | επ] απ A απο F   16 Ιησοι Bᵃᵇ (in mg et sup ras) F*] Ιησου AF¹ |
αν] ᾱ sup ras Bˀ | ημας] ημῖν F   17 Κυριος] "adest litura sed fortuita
vid" in B   18 εαν] αν F | απιθησει A | οστις] ος εαν A os αν F | om
αν F* (hab superser F¹) | εντειλη αυτω AF | αλλα] pr πλην F   II 1 εκ,
Σαττει A εξαττειν (sic) F | νεανισκους] pr ανδρας F

421

ΙΗΣΟΥΣ

Β κατασκοπεῦσαι λέγων Ἀνάβητε καὶ ἴδετε τὴν γῆν καὶ τὴν Ἰερειχώ. καὶ πορευθέντες εἰσῆλθοσαν οἱ δύο νεανίσκοι εἰς Ἰερειχώ, καὶ εἰσῆλθοσαν εἰς οἰκίαν γυναικὸς πόρνης ᾗ ὄνομα Ῥαάβ, καὶ κατέλυσαν ἐκεῖ. ²καὶ ἀπηγγέλη τῷ βασιλεῖ Ἰερειχὼ λέγοντες Εἰσπεπόρευνται ὧδε 2 ἄνδρες τῶν υἱῶν Ἰσραὴλ κατασκοπεῦσαι τὴν γῆν. ³καὶ ἀπέστειλεν ὁ 3 βασιλεὺς Ἰερειχὼ καὶ εἶπεν πρὸς Ῥαὰβ λέγων Ἐξάγαγε τοὺς ἄνδρας τοὺς εἰσπεπορευμένους εἰς τὴν οἰκίαν σου τὴν νύκτα· κατασκοπεῦσαι γὰρ τὴν γῆν ἥκασιν. ⁴καὶ λαβοῦσα ἡ γυνὴ τοὺς δύο ἄνδρας ἔκρυψεν 4 αὐτούς, καὶ εἶπεν αὐτοῖς λέγουσα Εἰσεληλύθασιν πρός με οἱ ἄνδρες· ⁵ὡς δὲ ἡ πύλη ἐκλείετο ἐν τῷ σκότει, καὶ οἱ ἄνδρες ἐξῆλθον. οὐκ ἐπί- 5 σταμαι ποῦ πεπόρευνται· καταδιώξατε ὀπίσω αὐτῶν, εἰ καταλήμψεσθε αὐτούς. ⁶αὕτη δὲ ἀνεβίβασεν αὐτοὺς ἐπὶ τὸ δῶμα, καὶ ἔκρυψεν 6 αὐτοὺς ἐν τῇ λινοκαλάμῃ τῇ ἐστοιβασμένῃ αὐτῇ ἐπὶ τοῦ δώματος. ⁷καὶ οἱ ἄνδρες κατεδίωξαν ὀπίσω αὐτῶν ὁδὸν τὴν ἐπὶ τοῦ Ἰορδάνου 7 ἐπὶ τὰς διαβάσεις, καὶ ἡ πύλη ἐκλείσθη. ⁸καὶ ἐγένετο ὡς ἐξήλθοσαν 8 οἱ διώκοντες ὀπίσω αὐτῶν, ⁽⁸⁾καὶ αὐτοὶ δὲ πρὶν ἢ κοιμηθῆναι αὐτούς, αὕτη δὲ ἀνέβη ἐπὶ τὸ δῶμα πρὸς αὐτοὺς ⁹καὶ εἶπεν πρὸς αὐτούς 9 Ἐπίσταμαι ὅτι δέδωκεν ὑμῖν Κύριος τὴν γῆν, ἐπιπέπτωκεν γὰρ
¶ F ὁ φόβος ὑμῶν ἐφ' ἡμᾶς.¶ ¹⁰ἀκηκόαμεν γὰρ ὅτι κατεξήρανεν Κύριος ὁ 10 θεὸς τὴν ἐρυθρὰν θάλασσαν ἀπὸ προσώπου ὑμῶν, ὅτε ἐξεπορεύεσθε ἐκ γῆς Αἰγύπτου, καὶ ὅσα ἐποίησεν τοῖς δυσὶ βασιλεῦσιν τῶν Ἀμορραίων οἳ ἦσαν πέραν τοῦ Ἰορδάνου, τῷ Σηὼν καὶ Ὤγ, οὓς ἐξωλεθρεύσατε αὐτούς. ¹¹καὶ ἀκούσαντες ἡμεῖς ἐξέστημεν τῇ καρδίᾳ ἡμῶν, καὶ 11 οὐκ ἔστη ἔτι πνεῦμα ἐν οὐδενὶ ἡμῶν ἀπὸ προσώπου ὑμῶν· ὅτι Κύριος ὁ θεὸς ὑμῶν ὃς ἐν οὐρανῷ ἄνω καὶ ἐπὶ τῆς γῆς κάτω. ¹²καὶ 12 νῦν ὀμόσατέ μοι Κύριον τὸν θεόν, ὅτι ποιῶ ὑμῖν ἔλεος, ποιήσατε

AF 1 κατασκοπευσαι]+κρυβη F | Ιεριχω B^bA (ita pluries) | εισηλθοσαν οι δυο νεαν.] οι δυο νεαν. ηλθον A οι δυο ανδρες ηλθον F | εισηλθοσαν 2°] εισηλθον AF | οικιαν] pr την A   2 om λεγοντες A | εισπεπορ. ωδε ανδρες] ιδου ανδρες εισπεπορ. ωδε A ιδου εισπεπορευνται (εισπεπορευνται F¹⁽ᵛⁱᵈ⁾) ωδε ανδρες την νυκτα F   3 εξαγαγε] εισαγαγε A | εις την οικιαν] pr προς σε οι.εισηλθον F | γην]+πασαν F   4 om δυο A | εκρυψεν αυτους]+εις την λινοκαλαμην F | προς με]+ωδε A | οι ανδρες]+και ουκ εγνων ποθεν εισιν F 5 καταδιωξατε]+ταχεως F | αυτων] ων sup ras A¹ | καταλημψεσθαι BA 6 τη λινοκαλαμη] pr τοις ξυλοις F   8 εξηλθοσαν] εξηλθον AF | καταδιωκοντες AF | om δε A | αυτη δε] και αυτη F | υμας F | κυριος] υμιν ο κς B^ab κς υμιν A κυριος ο θεος υμων υμιν F | om γαρ F | εφ] προς A | εφ η|…, F | ημας] η sup ras A^a² (υμας A*⁽ᵛⁱᵈ⁾)   10 την ερυθραν θαλ.] την θαλ. την ερ. A | εκ γης] εξ A | εξολεθρευσατε A   11 om ημων 2° A | ος] θς A 12 ποιησατε] pr και B^ab (ϗ superscr) A

ΙΗΣΟΥΣ II 24

13 καὶ ὑμεῖς ἔλεος ἐν τῷ οἴκῳ τοῦ πατρός μου. ¹³καὶ ζωγρήσατε τὸν Β οἶκον τοῦ πατρός μου, τὴν μητέρα μου καὶ τοὺς ἀδελφούς μου καὶ πάντα τὸν οἶκόν μου καὶ πάντα ὅσα ἐστὶν αὐτοῖς, καὶ ἐξελεῖσθε τὴν ψυχήν 14 μου ἐκ θανάτου. ¹⁴καὶ εἶπαν αὐτῇ οἱ ἄνδρες Ἡ ψυχὴ ἡμῶν ἀνθ' ὑμῶν εἰς θάνατον, καὶ αὐτὴ εἶπεν Ὡς ἂν παραδοῖ Κύριος ὑμῖν τὴν πόλιν, 15 ποιήσετε εἰς ἐμὲ ἔλεος καὶ ἀλήθειαν. ¹⁵καὶ κατεχάλασεν αὐτοὺς διὰ § F 16 τῆς θυρίδος· ¹⁶καὶ εἶπεν αὐτοῖς Εἰς τὴν ὀρεινὴν ἀπέλθετε, μὴ συναντήσωσιν ὑμῖν οἱ καταδιώκοντες, καὶ κρυβήσεσθε ἐκεῖ τρεῖς ἡμέρας ἕως ἂν ἀποστρέψωσιν οἱ καταδιώκοντες ὀπίσω ὑμῶν, καὶ μετὰ ταῦτα 17 ἀπελεύσεσθε εἰς τὴν ὁδὸν ὑμῶν. ¹⁷καὶ εἶπαν οἱ ἄνδρες πρὸς αὐτὴν 18 Ἀθῷοί ἐσμεν τῷ ὅρκῳ σου τούτῳ· ¹⁸ἰδοὺ ἡμεῖς εἰσπορευόμεθα εἰς μέρος τῆς πόλεως, καὶ θήσεις τὸ σημεῖον, τὸ σπαρτίον τὸ κόκκινον τοῦτο ἐκδήσεις εἰς τὴν θυρίδα δι' ἧς κατεβίβασας ἡμᾶς δι' αὐτῆς, τὸν δὲ πατέρα σου καὶ τὴν μητέρα σου καὶ τοὺς ἀδελφούς σου καὶ πάντα τὸν οἶκον τοῦ πατρός σου συνάξεις πρὸς σεαυτὴν εἰς τὴν οἰκίαν σου. 19 ¹⁹καὶ ἔσται πᾶς ὃς ἂν ἐξέλθῃ τὴν θύραν τῆς οἰκίας σου ἔξω, ἔνοχος ἑαυτῷ ἔσται, ἡμεῖς δὲ ἀθῷοι τῷ ὅρκῳ σου τούτῳ· καὶ ὅσοι ἐὰν γένωνται 20 μετὰ σοῦ ἐν τῇ οἰκίᾳ σου, ἡμεῖς ἔνολοι ἐσόμεθα. ²⁰ἐὰν δέ τις ἡμᾶς ἀδικήσῃ ἢ καὶ ἀποκαλύψῃ τοὺς λόγους ἡμῶν τούτους, ἐσόμεθα ἀθῷοι 21 τῷ ὅρκῳ σου τούτῳ. ²¹καὶ εἶπεν αὐτοῖς Κατὰ τὸ ῥῆμα ὑμῶν ἔστω· 22 καὶ ἐξαπέστειλεν αὐτούς. ²²καὶ ἐπορεύθησαν καὶ ἤλθοσαν εἰς τὴν ὀρεινήν, καὶ κατέμειναν ἐκεῖ τρεῖς ἡμέρας· καὶ ἐξεζήτησαν οἱ καταδιώ-23 κοντες πάσας τὰς ὁδούς, καὶ οὐχ εὕροσαν. ²³καὶ ὑπέστρεψαν οἱ δύο νεανίσκοι καὶ κατέβησαν ἐκ τοῦ ὄρους, καὶ διέβησαν πρὸς Ἰησοῦν υἱὸν 24 Ναυή, καὶ διηγήσαντο αὐτῷ πάντα τὰ συμβεβηκότα αὐτοῖς. ²⁴καὶ εἶπαν πρὸς Ἰησοῦν ὅτι Παρέδωκεν Κύριος πᾶσαν τὴν γῆν ἐν χειρὶ ἡμῶν, καὶ κατέπτηκεν πᾶς ὁ κατοικῶν τὴν γῆν ἐκείνην ἀφ' ἡμῶν.

13 την μητερα] pr και A | τους αδελφους μου]+και τας αδελφας μου A | om AF και παντα τον οικον μου A 14 παραδω A | ποιησατε A | εις εμε] μετ εμου A 15 θυριδος]+...|αυτης εν τω τιχει και αυτη εν τω τιχει εκαθητο F 16 ορινην AF (item 22) |·απελθατε AF | om αν A | αποστρεψωσιν] αναστρ. A επιστρ. F 17 προς αυτην οι ανδρες A | τουτω]+ω ωρκισας ημας F 18 τουτο· A | om εις 2º A | δι αυτης] εν αυτη A | τον δε πατερα] και τον π. AF 19 αν] εαν F | θυραν της οικιας] οικιαν A | τουτω] pr ω ωρκισας ημας F | εσομεθα]+εαν χειρ αψηται αυτων F ᵃᵐᵍ 20 om αν AF | τουτω]+ω ωρκισας ημας F 21 εστω] ουτως εσται AF | αυτους]+και επορευθησαν· και εδησεν το σημιον το κοκκινον εν τη θυριδι F 22 ηλθοσαν] ηλθον A | ημερας]+εως επεστρεψαν οι καταδιωκοντες F | ευροσαν] ευρον AF 23 διεβησαν]+τον Ιορδανην· και ηλθον F 24 Ιησουν]+υιον Ναυη F | Κυριος]+ο θεος ημων F | εν χειρι ημων πασαν την γην AF | κατεπτηκεν] κατεπτηξεν F

423

ΙΗΣΟΥΣ

B ¹Καὶ ὤρθρισεν Ἰησοῦς τὸ πρωὶ καὶ ἀπῆρεν ἐκ Σαττείν·,καὶ ἤλθοσαν ἕως τοῦ Ἰορδάνου, καὶ κατέλυσαν ἐκεῖ πρὸ τοῦ διαβῆναι. ²καὶ ἐγένετο μετὰ τρεῖς ἡμέρας διῆλθον οἱ γραμματεῖς διὰ τῆς παρεμβολῆς ,³καὶ ἐνετείλαντο τῷ λαῷ λέγοντες Ὅταν ἴδητε τὴν κιβωτὸν τῆς διαθήκης Κυρίου τοῦ θεοῦ ἡμῶν καὶ τοὺς ἱερεῖς ἡμῶν καὶ τοὺς Λευείτας αἴροντας αὐτήν, ἀπαρεῖτε ἀπὸ τῶν τόπων ὑμῶν καὶ πορεύεσθε ὀπίσω αὐτῆς. ⁴ἀλλὰ μακρὰν ἔστω ἀνὰ μέσον ἡμῶν καὶ ἐκείνης, ὅσον δισχιλίους πήχεις στήσεσθε· μὴ προσεγγίσητε αὐτῇ· ἵν᾽ ἐπίστησθε τὴν ὁδὸν ἣν πορεύεσθε αὐτήν· οὐ γὰρ πεπόρευσθε τὴν ὁδὸν ἀπ᾽ ἐχθὲς καὶ τρίτης ἡμέρας. ⁵καὶ εἶπεν Ἰησοῦς τῷ λαῷ Ἁγνίσασθε εἰς αὔριον, ὅτι αὔριον ποιήσει ἐν ἡμῖν Κύριος θαυμαστά. ⁶καὶ εἶπεν Ἰησοῦς τοῖς ἱερεῦσιν Ἄρατε τὴν κιβωτὸν τῆς διαθήκης Κυρίου καὶ προπορεύεσθε τοῦ λαοῦ. καὶ ἦραν οἱ ἱερεῖς τὴν κιβωτὸν τῆς διαθήκης Κυρίου καὶ ἐπορεύοντο ἔμπροσθεν τοῦ λαοῦ. ⁷Καὶ εἶπεν Κύριος πρὸς Ἰησοῦν Ἐν τῇ ἡμέρᾳ ταύτῃ ἄρχομαι ὑψῶσαί σε κατενώπιον πάντων υἱῶν Ἰσραήλ, ἵνα γνῶσιν, καθότι ἤμην μετὰ Μωυσῆ, οὕτως ἔσομαι καὶ μετὰ σοῦ. ⁸καὶ νῦν ἔντειλαι τοῖς ἱερεῦσιν τοῖς αἴρουσιν τὴν κιβωτὸν τῆς διαθήκης λέγων Ὡς ἂν εἰσέλθητε ἐπὶ μέσου τοῦ ὕδατος τοῦ Ἰορδάνου, καὶ ἐν τῷ Ἰορδάνῃ στήσεσθε. ⁹Καὶ εἶπεν Ἰησοῦς τοῖς υἱοῖς Ἰσραήλ Προσ- αγάγετε ὧδε καὶ ἀκούσατε τὸ ῥῆμα Κυρίου τοῦ θεοῦ ἡμῶν. ¹⁰ἐν τούτῳ γνώσεσθε ὅτι θεὸς ζῶν ἐν ὑμῖν, καὶ ὀλεθρεύων ὀλεθρεύσει ἀπὸ προσώπου ἡμῶν τὸν Χαναναῖον καὶ τὸν Χετταῖον καὶ τὸν Φερεζαῖον καὶ τὸν Εὐαῖον καὶ τὸν Ἀμορραῖον καὶ τὸν Γεργεσαῖον καὶ τὸν Ἰεβουσαῖον. ¹¹ἰδοὺ ἡ κιβωτὸς διαθήκης Κυρίου πάσης τῆς γῆς διαβαίνει τὸν Ἰορδάνην. ¹²προχειρίσασθε ὑμῖν δώδεκα ἄνδρας ἀπὸ τῶν υἱῶν Ἰσραήλ, ἕνα ἀφ᾽ ἑκάστης φυλῆς. ¹³καὶ ἔσται ὡς ἂν καταπαύσωσιν

AF III 1 απηρον A απηραν F | εκ Σαττειν] εκαττειν (sic) F | ηλθοσαν] ηλθον AF | Ιορδανου]+παντες· αυτος και οι υιοι Ισραηλ F   2 εγενετο] εγενηθη AF | τρις A | διηλθον] pr και F | της παρεμβολης] pr μεσης F   3 ειδητε F | Λευιτας BᵇAF | απαρειτε] pr και υμεις F | πορευεσθε] πορευσεσθε Bᵃᵇ   4 ημων] υμων AF | ινα AF | πορευεσθε] πορευσεσθε Bᵃᵇ πορευ-ησθε F | απ εχθες] απο χθες Bᵇ   5 λαω]+λεγων F | αγνισασθαι A | αυριον] pr την AF | εν ημιν Κ.] κ̅ς̅ εν υμιν Α κ. μεθ υμων F | θαυμασια AF   6 προπορευεσθαι A | του λαου 1°] pr εμπροσθεν F.   7 ταυτη] αυτη A | om παντων F | υιων] pr των A   8 ιερευσι A | αιρουσι F | διαθηκης] +κυριου F | μεσου] μερους AF   10 εν τουτω] pr και ειπεν Ιησους F | θεος] εγω κ̅ς̅ A | υμιν] ημιν F | Φερ. και τον Ευ. και τον Αμ. και τον Γεργ.] Ευ. και τον Φερεζεον και τον Γεργ. και τον Αμ. A Ευ. και τον Φερεζαιον και τον Αμ. και τον Γεργ. F.   11 διαθηκης] pr της AF | διαβαινει] pr εμπροσθεν υμων F   12 προχειρισασθε (προχειρισασθαι A προχιρισασθε F)] pr νυν ουν F | ενα] pr ανδρα F | αφ] εφ A

ΙΗΣΟΥΣ IV 5

οἱ πόδες τῶν ἱερέων τῶν αἰρόντων τὴν κιβωτὸν τῆς διαθήκης Κυρίου B
πάσης τῆς γῆς ἐν τῷ ὕδατι τοῦ Ἰορδάνου, τὸ ὕδωρ τοῦ Ἰορδάνου
14 ἐκλείψει, τὸ δὲ ὕδωρ τὸ καταβαῖνον στήσεται. ¹⁴Καὶ ἀπῆρεν ὁ
λαὸς ἐκ τῶν σκηνωμάτων αὐτῶν διαβῆναι τὸν Ἰορδάνην, οἱ δὲ ἱερεῖς
15 ἦροσαν τὴν κιβωτὸν τῆς διαθήκης πρότεροι τοῦ λαοῦ. ¹⁵ὡς δὲ
εἰσεπορεύοντο οἱ ἱερεῖς οἱ αἴροντες τὴν κιβωτὸν τῆς διαθήκης ἐπὶ
τὸν Ἰορδάνην, καὶ οἱ πόδες τῶν ἱερέων τῶν αἰρόντων τὴν κιβωτὸν τῆς
διαθήκης Κυρίου ἐβάφησαν εἰς μέρος τοῦ ὕδατος τοῦ Ἰορδάνου· ὁ δὲ
Ἰορδάνης ἐπλήρου καθ' ὅλην τὴν κρηπῖδα αὐτοῦ, ὡσεὶ ἡμέραι θερισμοῦ
16 πυρῶν· ¹⁶καὶ ἔστη τὰ ὕδατα τὰ καταβαίνοντα ἄνωθεν, ἔστη πῆγμα ἓν
ἀφεστηκὸς μακρὰν σφόδρα σφοδρῶς ἕως μέρους Καθιαιρείν, τὸ δὲ
καταβαῖνον κατέβη εἰς τὴν θάλασσαν Ἀραβά, θάλασσαν ἁλός, ἕως εἰς
17 τὸ τέλος ἐξέλιπεν· καὶ ὁ λαὸς ἱστήκει ἀπέναντι Ἱερειχώ. ¹⁷καὶ ἔστησαν
οἱ ἱερεῖς οἱ αἴροντες τὴν κιβωτὸν τῆς διαθήκης Κυρίου ἐπὶ ξηρᾶς ἐν
μέσῳ τοῦ Ἰορδάνου· καὶ πάντες οἱ υἱοὶ Ἰσραὴλ διέβαινον διὰ ξηρᾶς,
IV 1 ἕως συνετέλεσεν πᾶς ὁ λαὸς διαβαίνων τὸν Ἰορδάνην. ¹Καὶ ἐπεὶ
συνετέλεσεν πᾶς ὁ λαὸς διαβαίνων τὸν Ἰορδάνην, καὶ εἶπεν Κύριος τῷ
2 Ἰησοῖ λέγων ²Παραλαβὼν ἄνδρας ἀπὸ τοῦ λαοῦ, ἕνα ἀφ' ἑκάστης
3 φυλῆς, ³σύνταξον αὐτοῖς Καὶ ἀνέλεσθε ἐκ μέσου τοῦ Ἰορδάνου
ἑτοίμους δώδεκα λίθους, καὶ τούτους διακομίσαντες ἅμα ὑμῖν καὶ
αὐτοῖς θέτε αὐτοὺς ἐν τῇ στρατοπεδίᾳ ὑμῶν, οὗ ἐὰν παρεμβάλητε ἐκεῖ
4 τὴν νύκτα. ⁴καὶ ἀνακαλεσάμενος Ἰησοῦς δώδεκα ἄνδρας τῶν ἐνδόξων
5 ἀπὸ τῶν υἱῶν Ἰσραήλ, ἕνα ἀφ' ἑκάστης φυλῆς, ⁵εἶπεν αὐτοῖς Προσ-
αγάγετε ἔμπροσθέν ¶ μου πρὸ προσώπου Κυρίου εἰς μέσον τοῦ ¶ F
Ἰορδάνου, καὶ ἀνελόμενος ἐκεῖθεν ἕκαστος λίθον ἀράτω ἐπὶ τῶν ὤμων

13 καταβαινων F+ανωθεν F | στησεται]+σωρος εις F 14 απηρεν] AF
pr εγενετο ως F | ηροσαν] ηραν AF | διαθηκης]+κυ̅ AF 15 om της
διαθηκης 2° AF | om Κυριου AF | μερος] pr το AF 16 εστη 1°] εστη|σαν
F | τα καταβ.] om τα AF | αφεστηκως F | σφοδρα εως μερους sup ras Aᵃ? (om
σφοδρως) | σφοδρως]+'ανι' (sic) F | Καριαθιαριμ A Καριαθιαρειμ F | om θα-
λασσαν Αραβα A | αλος]των αλων A της αοικητου των αλων F | om εως 2° F |
εξελειπεν AF | εισηκει Bᵃᵇ 17 Ιορδανου]+ετοιμη F* (ετοιμως F¹(vid)) | εως]
+ου F IV 1 επισυνετ. BᵇAF | τω Ιησοι] προς Ιησουν AF 2 ανδρας
απο του λαου] απο του λαου δωδεκα ανδρας A δωδεκα ανδρας α. τ. λ. F |
ενα] εν A* (ενα A¹) pr ανδρα F | αφ] εφ A 3 αυτοις]+λεγων AF
om και 1° A | ανελεσθε (ανελεσθαι F)]+εντευθεν A+εαυτοις εντευθεν F |
Ιορδανου]+απο στασεως ποδων των ιερεων F | διακομισαντας F | om και
3° AF | θετε] θησεται A | om αυτους F | στρατοπεδια :BᐧF (στρατοπαιδια
A)] στρατοπεδεια Bᵃᵇ | παρεμβαληται A 4 των ενδοξων] pr εκ F
5 αυτοις]+Ιησους AF | εις sup ras Aᵃ? | αρατω εκειθεν εκαστους λιθον
ενα A

IV 6 ΙΗΣΟΥΣ

B αὐτοῦ κατὰ τὸν ἀριθμὸν τῶν δώδεκα φυλῶν τοῦ Ἰσραήλ. ⁶ἵνα ὑπάρ- 6
χωσιν ὑμῖν οὗτοι εἰς σημεῖον κείμενον διὰ παντός· ἵνα ὅταν ἐρωτᾷ σε
ὁ υἱός σου αὔριον λέγων Τί εἰσιν οἱ λίθοι οὗτοι ἡμῖν; ⁷ καὶ σὺ δηλώσεις 7
τῷ υἱῷ σου λέγων ὅτι Ἐξέλιπεν ὁ Ἰορδάνης ποταμὸς ἀπὸ προσώπου
κιβωτοῦ διαθήκης Κυρίου πάσης τῆς γῆς, ὡς διέβαινεν αὐτόν. καὶ
ἔσονται οἱ λίθοι οὗτοι ὑμῖν μνημόσυνον τοῖς υἱοῖς Ἰσραὴλ ἕως τοῦ
αἰῶνος. ⁸καὶ ἐποίησαν οὕτως οἱ υἱοὶ Ἰσραὴλ καθότι ἐνετείλατο 8
Κύριος τῷ Ἰησοῖ· καὶ λαβόντες δώδεκα λίθους ἐκ μέσου τοῦ Ἰορδάνου,
καθάπερ συνέταξεν Κύριος τῷ Ἰησοῖ ἐν τῇ συντελείᾳ τῆς διαβάσεως
τῶν υἱῶν Ἰσραήλ, καὶ διεκόμισαν ἅμα ἑαυτοῖς εἰς τὴν παρεμβολὴν καὶ
ἀπέθηκαν ἐκεῖ. ⁹ἔστησεν δὲ Ἰησοῦς καὶ ἄλλους δώδεκα λίθους ἐν 9
αὐτῷ τῷ Ἰορδάνῃ ἐν τῷ γενομένῳ τόπῳ ὑπὸ τοὺς πόδας τῶν ἱερέων
τῶν αἰρόντων τὴν κιβωτὸν τῆς διαθήκης Κυρίου, καὶ εἰσὶν ἐκεῖ ἕως τῆς
σήμερον ἡμέρας. ¹⁰ ἱστήκεισαν δὲ οἱ ἱερεῖς οἱ αἴροντες τὴν κιβωτὸν 10
§ F τῆς διαθήκης ἐν τῷ Ἰορδάνῃ ἕως οὗ ¹συνετέλεσεν Ἰησοῦς πάντα ἃ
ἐνετείλατο Κύριος ἀναγγεῖλαι τῷ λαῷ· καὶ ἔσπευσεν ὁ λαός, καὶ
διέβησαν. ¹¹ καὶ ἐγένετο ὡς συνετέλεσεν πᾶς ὁ λαὸς διαβῆναι, καὶ 11
διέβη ἡ κιβωτὸς τῆς διαθήκης Κυρίου, καὶ οἱ λίθοι ἔμπροσθεν αὐτῶν.
¹² καὶ διέβησαν οἱ υἱοὶ Ῥουβὴν καὶ οἱ υἱοὶ Γὰδ καὶ οἱ ἡμίσεις φυλῆς 12
Μανασσῆ διεσκευασμένοι ἔμπροσθεν τῶν υἱῶν Ἰσραήλ, καθάπερ
ἐνετείλατο αὐτοῖς Μωυσῆς. ¹³τετρακισμύριοι εὔζωνοι εἰς μάχην 13
διέβησαν ἐναντίον Κυρίου εἰς πόλεμον πρὸς τὴν Ἰερειχὼ πόλιν. ¹⁴ἐν 14
ἐκείνῃ τῇ ἡμέρᾳ ηὔξησεν Κύριος τὸν Ἰησοῦν ἐναντίον τοῦ παντὸς
γένους Ἰσραήλ, καὶ ἐφοβοῦντο αὐτὸν ὥσπερ Μωυσῆν, ὅσον χρόνον
ἔζη. ¹⁵Καὶ εἶπεν Κύριος τῷ Ἰησοῖ λέγων ¹⁶"Εντελαι τοῖς ἱερεῦσιν 15/16
τοῖς αἴρουσιν τὴν κιβωτὸν τῆς διαθήκης τοῦ μαρτυρίου Κυρίου ἐκβῆναι
ἐκ τοῦ Ἰορδάνου. ¹⁷καὶ ἐνετείλατο Ἰησοῦς τοῖς ἱερεῦσιν λέγων Ἔκβητε 17
ἐκ τοῦ Ἰορδάνου. ¹⁸καὶ ἐγένετο ὡς ἐξέβησαν οἱ ἱερεῖς οἱ αἴροντες τὴν 18
κιβωτὸν τῆς διαθήκης Κυρίου ἐκ τοῦ Ἰορδάνου καὶ ἔθηκαν τοὺς πόδας

AF   5 om δωδεκα A   6 υπαρχωσιν] inter ω, σ ras 1 lit A?   6—7 τι εισιν
...διεβαινεν αυτον sup ras Aᵃ?   7 εξελειπεν A | υμιν οι λιθοι ουτοι A
8 εαυτοις] αυτοις A | απεθηκαν] απεθηκεν αυτους A   9 εστησεν] εστηκεν
A | Ιορδανω A   10 ειστηκεισαν Bᵃᵇ A | om ου A | ...νετελεσεν F | α]
οσα A | Κυριος]+τω Ιησοι AF | τω λαω]+κατα παντα οσα ενετειλατο Κυριος
αυτω F | διεβησαν] διεβη A   11 Κυριου]+και οι ιερεις προτεροι F |
εμπροσθεν] προτεροι F   12 οι υιοι 1°] om οι F   14 η|υξησεν B*
ηυ|ξησεν Bᵇ | του παντος] παντος του AF | ωσπερ] ον τροπον F+εφοβουντο
AF   15 Ιησου F   16 om της διαθηκης F* (hab F¹ᵐᵍ) | μαρτυριου
in mg et sup ras Aᵃ? | om Κυριου F   18 του Ιορδ.] pr μεσου AF

ΙΗΣΟΥΣ V 5

ἐπὶ τῆς γῆς, ὥρμησεν τὸ ὕδωρ τοῦ Ἰορδάνου κατὰ χώραν, καὶ ἐπο- B
19 ρεύετο καθὰ ἐχθὲς καὶ τρίτην ἡμέραν δι' ὅλης τῆς κρηπῖδος. ¹⁹καὶ ὁ
λαὸς ἀνέβη ἐκ τοῦ Ἰορδάνου δεκάτῃ τοῦ μηνὸς τοῦ πρώτου· καὶ κατε-
στρατοπέδευσαν οἱ υἱοὶ Ἰσραὴλ ἐν Γαλγάλοις κατὰ μέρος τὸ πρὸς
20 ἡλίου ἀνατολὰς ἀπὸ τῆς Ἰερειχώ. ²⁰καὶ τοὺς δώδεκα λίθους τούτους
21 οὓς ἔλαβεν ἐκ τοῦ Ἰορδάνου ἔστησεν Ἰησοῦς ἐν Γαλγάλοις ²¹λέγων
Ὅταν ἐρωτῶσιν ὑμᾶς οἱ υἱοὶ ὑμῶν λέγοντες Τί εἰσιν οἱ λίθοι οὗτοι;
22 ²²ἀναγγείλατε τοῖς υἱοῖς ὑμῶν ὅτι Ἐπὶ ξηρᾶς διέβη Ἰσραὴλ τὸν
23 Ἰορδάνην τοῦτον, ²³ἀποξηράναντος Κυρίου τοῦ θεοῦ ἡμῶν τὸ ὕδωρ τοῦ
Ἰορδάνου ἐκ τῶν ἔμπροσθεν αὐτῶν μέχρι οὗ διέβησαν· καθάπερ
ἐποίησεν Κύριος ὁ θεὸς ἡμῶν τὴν ἐρυθρὰν θάλασσαν, ἣν ἀπεξήρανεν
24 Κύριος ὁ θεὸς ἡμῶν ἔμπροσθεν ἡμῶν ἕως παρήλθομεν· ²⁴ὅπως γνῶσιν
πάντα τὰ ἔθνη τῆς γῆς ὅτι ἡ δύναμις τοῦ κυρίου ἰσχυρά ἐστιν, καὶ ἵνα
ὑμεῖς σέβησθε Κύριον τὸν θεὸν ἡμῶν ἐν παντὶ ἔργῳ.

V 1 ¹Καὶ ἐγένετο ὡς ἤκουσαν οἱ βασιλεῖς τῶν Ἀμορραίων οἳ ἦσαν
πέραν τοῦ Ἰορδάνου καὶ οἱ βασιλεῖς τῆς Φοινίκης οἱ παρὰ τὴν
θάλασσαν, ὅτι ἀπεξήρανεν Κύριος ὁ θεὸς τὸν Ἰορδάνην ποταμὸν ¶ F
ἐκ τῶν ἔμπροσθεν τῶν υἱῶν Ἰσραὴλ ἐν τῷ διαβαίνειν αὐτούς, καὶ
ἐτάκησαν αὐτῶν αἱ διάνοιαι καὶ κατεπλάγησαν, καὶ οὐκ ἦν ἐν αὐτοῖς
φρόνησις οὐδεμία ἀπὸ προσώπου τῶν υἱῶν Ἰσραήλ.

2 ²Ὑπὸ δὲ τοῦτον τὸν καιρὸν εἶπεν Κύριος τῷ Ἰησοῖ Ποίησον
σεαυτῷ μαχαίρας πετρίνας ἐκ πέτρας ἀκροτόμου, καὶ καθίσας περί-
3 τεμε τοὺς υἱοὺς Ἰσραήλ. ³καὶ ἐποίησεν Ἰησοῦς μαχαίρας πετρίνας
ἀκροτόμους, καὶ περιέτεμεν τοὺς υἱοὺς Ἰσραὴλ ἐπὶ τοῦ καλουμένου
4 τόπου Βουνὸς τῶν ἀκροβυστιῶν. ⁴ὃν δὲ τρόπον περιεκάθαρεν Ἰησοῦς
τοὺς υἱοὺς Ἰσραήλ· ὅσοι ποτὲ ἐγένοντο ἐν τῇ ὁδῷ, καὶ ὅσοι ποτὲ
5 ἀπερίτμητοι ἦσαν τῶν ἐξεληλυθότων ἐξ Αἰγύπτου, ⁵πάντας τούτους
περιέτεμεν Ἰησοῦς· ⁽⁶⁾τεσσεράκοντα γὰρ καὶ δύο ἔτη ἀνέστραπται

18 γης] ξηρας AF | s γης ωρμη sup ras Bᵃᵇ | ωρμησεν] pr και AF | χθες Bᵇ AF
19 Ιορδανη F;* (Ιορδανου F¹⁽ᵛⁱᵈ⁾) | υιοισλ B* (υιοι Ισλ Bᵃᵗᵇ) | μερος] pr το F
20 om τουτους A | ελαβον F | εκ Γαλγ.] pr και ειπεν προς τους υιους Ισραηλ F
21 ερωτησωσιν F | οι υιοι υμων υμας AF   22 αναγγειλατε (αναγγειλαται A)]
αναγγελειτε F. | οτι] pr λέγοντες F | om Ισραηλ A* (hab Ιηλ Aᵃᵗ⁽ᵐᵍ⁾) | om
τουτον A   23 κυ του sup ras B¹ᵗᵃ? | om ημων 1° F | των εμπρ.] του εμπρ.
AF | μεχρις Bᵃᵇ⁽ᵛⁱᵈ⁾| εποιησαν A | om ο θεος ημων 1° F | om ην F | ο θεος
ημων 2°]+την ερυθραν θαλασσαν F | om εμπροσθεν ημων F* (superscr F¹⁽ᵛⁱᵈ⁾)
24 Κυριον τον θεον] τον κυ θυ A | υμων AF | εργω] χρονω AF   V 1 οι
βασιλεις 1°] pr παντες F | Ιορδανου]+παρα την θαλασσαν F | διαβαινεν] δια-
βηναι A | ετακησαν] κατετακ. A | αι διανοιαι αυτων A   2 om πετρινας A |
Ισραηλ]+εκ δευτερου A   3 πετρινας]+εαυτω A   4 περιεκαθηρεν A | τοις
υιοις A*ᵛⁱᵈ

ΙΗΣΟΥΣ

Ἰσραὴλ ἐν τῇ ἐρήμῳ τῇ Μαδβαρείτιδι· ⁶διὸ οἱ ἀπερίτμητοὶ ἦσαν οἱ 6
πλεῖστοι αὐτῶν τῶν μαχίμων τῶν ἐξεληλυθότων ἐκ γῆς Αἰγύπτου,
οἱ ἀπειθήσαντες τῶν ἐντολῶν τοῦ θεοῦ, οἷς καὶ διώρισεν μὴ ἰδεῖν
αὐτοὺς τὴν γῆν ἣν ὤμοσεν Κύριος τοῖς πατράσιν ἡμῶν δοῦναι, γῆν
ῥέουσαν γάλα καὶ μέλι. ⁷ἀντὶ δὲ τούτων ἀντικατέστησεν τοὺς υἱοὺς 7
αὐτῶν, οὓς Ἰησοῦς περιέτεμεν διὰ τὸ αὐτοὺς γεγεννῆσθαι κατὰ τὴν
ὁδὸν ἀπεριτμήτους. ⁸περιτμηθέντες δὲ ἡσυχίαν εἶχον, αὐτόθι καθή- 8
μενοι ἐν τῇ παρεμβολῇ, ἕως ὑγιάσθησαν. ⁹καὶ εἶπεν Κύριος τῷ 9
Ἰησοῖ υἱῷ Ναυή Ἐν τῇ σήμερον ἡμέρᾳ ἀφεῖλον τὸν ὀνειδισμὸν
Αἰγύπτου ἀφ' ὑμῶν. καὶ ἐκάλεσεν τὸ ὄνομα τοῦ τόπου ἐκείνου Γάλ-
γαλα. ¹⁰Καὶ ἐποίησαν οἱ υἱοὶ Ἰσραὴλ τὸ πάσχα τῇ τεσσαρεσκαι- 10
δεκάτῃ ἡμέρᾳ τοῦ μηνὸς ἀπὸ ἑσπέρας, ἀπὸ δυσμῶν Ἰερειχὼ ἐν τῷ
πέραν τοῦ Ἰορδάνου ἐν τῷ πεδίῳ· ¹¹καὶ ἐφάγοσαν ἀπὸ τοῦ σίτου τῆς 11
γῆς ἄζυμα καὶ νέα. ¹²ἐν ταύτῃ τῇ ἡμέρᾳ ⁽¹²⁾ἐξέλιπεν τὸ μάννα μετὰ 12
τὸ βεβρωκέναι αὐτοὺς ἐκ τοῦ σίτου τῆς γῆς, καὶ οὐκέτι ὑπῆρχεν τοῖς
υἱοῖς Ἰσραὴλ μάννα· ἐκαρπίσαντο δὲ τὴν κουρὰν τῶν Φοινίκων ἐν
τῷ ἐνιαυτῷ ἐκείνῳ.

¹³Καὶ ἐγένετο ὡς ἦν Ἰησοῦς ἐν Ἰερειχώ, καὶ ἀναβλέψας τοῖς 13
ὀφθαλμοῖς ἴδεν ἄνθρωπον ἑστηκότα ἐναντίον αὐτοῦ, καὶ ἡ ῥομφαία
ἐσπασμένη ἐν τῇ χειρὶ αὐτοῦ. καὶ προσελθὼν Ἰησοῦς εἶπεν αὐτῷ
Ἡμέτερος εἶ ἢ τῶν ὑπεναντίων; ¹⁴ὁ δὲ εἶπεν αὐτῷ Ἐγὼ ἀρχιστρά- 14
τηγος δυνάμεως Κυρίου νυνὶ παραγέγονα. καὶ Ἰησοῦς ἔπεσεν ἐπὶ
πρόσωπον ἐπὶ τὴν γῆν καὶ εἶπεν αὐτῷ Δέσποτα, τί προστάσσεις τῷ
σῷ οἰκέτῃ; ¹⁵καὶ λέγει ὁ ἀρχιστράτηγος Κυρίου πρὸς Ἰησοῦν Λῦσαι τὸ 15
ὑπόδημα ἐκ τῶν ποδῶν σου· ὁ γὰρ τόπος ἐφ' ᾧ νῦν ἕστηκας ἅγιός ἐστιν.

AF 5 Μαδβαρειτιδι] Μαβδαρειτιδι B^abA (Μαβδαριτιδι) 6 οι απεριτμη-
τοι] om οι A | διωρισεν]+κ̅ς̅ αυτοις A | ημων] αυτων A | δουναι]+ημιν A
7 περιετεμεν Ιησους AF^vid | δια το] pr οτι ακροβυστοι ησαν F | γεγενησθαι
AF 8 ειχον] εσχον A ηγον F | αυτοθι] αυτοι A 9 om υιω Ναυη
AF | Γαλγαλα]+εως της ημερας ταυτης· (10) και παρενεβαλον οι υιοι Ισραηλ
εν Γαλγαλοις F 10 τη τεσσ.] om τη A τεσσαρισκαιδεκ. B^b | om ημερα
F | απο εσπερας] αφ εσπερου A αφ εσπερας F | απο 2°] επι B^abAF | δυσμω
F* (δυσμων F¹) | om εν τω περαν του Ιορδανου A 11 εφαγον AF |
της γης]+τη επαυριον του πασχα F^amg 12 ταυτη τη ημερα] αυτη τη
ωρα F* αυτη τη ημ. F¹ | εξελιπεν] εξελειπεν A επαυσατο F | κουραν] χωραν
AF 13 οφθαλμοις]+αυτου AF | ειδεν F | om εστηκοτα F*vid (hab
F¹vid(mgg)) | ρομφαια]+αυτου F 14 νυνι B^b (νυνει B*)] νυν AF |
προσωπον]+αυτου F | και ειπεν αυτω] pr και προσεκυνησεν F 15 λεγει]
ειπεν A | λυσαι] λυσον A | υποδημα]+σου F | νυν] συ A συ νυν F | εστηκας]
+επ αυτου AF | εστιν]+και εποιησεν Ιησους ουτως F

428

ΙΗΣΟΥΣ

VI 1 ¹καὶ Ἱερειχὼ συνκεκλεισμένη καὶ ὠχυρωμένη, καὶ οὐθεὶς ἐξεπορεύετο Β
2 ἐξ αὐτῆς οὐδὲ εἰσεπορεύετο. ²καὶ εἶπεν Κύριος πρὸς Ἰησοῦν Ἰδοὺ
ἐγὼ παραδίδωμι τὴν Ἱερειχὼ ὑποχειρίαν καὶ τὸν βασιλέα αὐτῆς τὸν
3 ἐν αὐτῇ, δυνατοὺς ὄντας ἐν ἰσχύι. ³σὺ δὲ περίστησον αὐτῇ τοὺς
4 μαχίμους κύκλῳ. ⁴καὶ ἔσται ὡς ἂν σαλπίσητε τῇ σάλπιγγι, ἀνακρα-
5 γέτω πᾶς ὁ λαὸς ἅμα· ⁵καὶ ἀνακραγόντων αὐτῶν πεσεῖται αὐτόματα
τὰ τείχη τῆς πόλεως, καὶ εἰσελεύσεται πᾶς ὁ λαὸς ὁρμήσας ἕκαστος
6 κατὰ πρόσωπον εἰς τὴν πόλιν. ⁶Καὶ εἰσῆλθεν Ἰησοῦς ὁ τοῦ
7 Ναυὴ πρὸς τοὺς ἱερεῖς ⁷καὶ εἶπεν αὐτοῖς λέγων Παραγγείλατε τῷ
λαῷ περιελθεῖν καὶ κυκλῶσαι τὴν πόλιν, καὶ οἱ μάχιμοι παρα-
8 πορευέσθωσαν ἐνωπλισμένοι ἐναντίον Κυρίου· ⁸καὶ ἑπτὰ ἱερεῖς
ἔχοντες ἑπτὰ σάλπιγγας ἱερὰς παρελθέτωσάν ὡσαύτως ἐναντίον τοῦ
κυρίου καὶ σημαινέτωσαν εὐτόνως· καὶ ἡ κιβωτὸς τῆς διαθήκης Κυρίου
9 ἐπακολουθείτω. ⁹οἱ δὲ μάχιμοι ἔμπροσθεν παραπορευέσθωσαν, καὶ οἱ
ἱερεῖς οἱ οὐραγοῦντες ὀπίσω τῆς κιβωτοῦ τῆς διαθήκης Κυρίου σαλπί-
10 ζοντες. ¹⁰τῷ δὲ λαῷ ἐνετείλατο Ἰησοῦς λέγων Μὴ βοᾶτε, μηδὲ ἀκου-
σάτω μηθεὶς ὑμῶν τὴν φωνήν, ἕως ἂν ἡμέραν αὐτὸς διαγγείλῃ
11 ἀναβοῆσαι· καὶ τότε ἀναβοήσετε. ¹¹καὶ περιελθοῦσα ἡ κιβωτὸς τῆς
διαθήκης τοῦ θεοῦ εὐθέως ἀπῆλθεν εἰς τὴν παρεμβολήν, καὶ ἐκοιμήθη
12 ἐκεῖ. ¹²Καὶ τῇ ἡμέρᾳ τῇ δευτέρᾳ ἀνέστη Ἰησοῦς τὸ πρωί, καὶ ᾖραν

VI 1 ωχυρωμενη]+απο προσωπου των υιων Ισραηλ F | ουθεις] ουδεις AF | AF εισεπορευετο ουδε εξεπορευετο εξ αυτης F   2 om εγω F [την I. υποχειριαν] υποχειριον σου (σοι F) την Ιερειχω (Ιεριχω A) AF | τον εν αυτη δυνατους]· τους εν αυτη δυν. F | om οντας A   3 αυτη]+παντας A | μαχιμους] μαχητας A | κυκλω]+παντας· και κυκλωσατε την γην παντες ανδρες πολεμου κυκλω της πολεως απαξ ουτως ποιησετε εξ ημερας· και τη εβδομη οι ιερεις λημψονται επτα κερατινας του ιωβηλ ενωπιον της κιβωτου· και τη ημερα τη εβδομη κυκλωσατε την πολιν επτακις· και οι ιερεις σαλπιουσιν εν ταις κερατιναις· F   4 σαλπιγγι]+του ιωβηλ εν τω ακουσαι (+υμας F¹) της κερατινης F | ανακραγετω] ανακραγετωσαν F | om αμα AF   5 ανακραγεντων A ανακραγε... F (lacera quae seq) | πολεως]+υπο[κα]τω αυτων F^vid | εις την πολιν κατα προσ. A   6 του]. υιος AF | ιερεις]+και ειπεν προς αυτους· λαβετε την κιβωτον της διαθηκης κυριου· και επτα ιερεις λημψονται επτα κερατινας του ιωβηλ κατα προσωπον κιβωτου κυριου F.   7 κυκλωσαι] κυκλωσατε F | εναντι AF   8 και επτα] pr και εγενετο ως ειπεν Ιησους προς τον λαον F | εχοντες] ε 2° sup ras B? εχον|... F (lacera quae seq) | παρελθατωσαν AF (παρελ|.ατωσαν) | εναντι F | επακολουθειτω]+αυτοις F 9 παραπορ. εμπροσθεν A | οι ουραγουντες] pr σαλπιζοντες ταις κερατιναις F | της διαθηκης | om της F | σαλπιζοντες] pr πορευομενοι και A πορ. και σαλπ. ταις κερατιναις F   10 βοατω A | μηδε] και μη A | μηθεις] μηδεις F | την φωνην υμων AF | ημερα (seq ras 1 lit) A? (ημεραν A*vid), διαγγειλη αυτος AF | αναβοησετε (αναβοησεται F)] αναβοησατε A   11 του θεου] κυριου F+την πολιν AF

ΙΗΣΟΥΣ

B οἱ ἱερεῖς τὴν κιβωτὸν τῆς διαθήκης Κυρίου, ¹³καὶ οἱ ἑπτὰ ἱερεῖς οἱ 13
φέροντες τὰς σάλπιγγας τὰς ἑπτὰ προεπορεύοντο ἐναντίον Κυρίου.
καὶ μετὰ ταῦτα εἰσεπορεύοντο οἱ μάχιμοι, καὶ ὁ λοιπὸς ὄχλος ὄπισθε
τῆς κιβωτοῦ τῆς διαθήκης Κυρίου· καὶ οἱ ἱερεῖς ἐσάλπισαν ταῖς
σάλπιγξι καὶ ὁ λοιπὸς ὄχλος ἅπας περιεκύκλωσε τὴν πόλιν ἐγγύθεν,
¹⁴καὶ ἀπῆλθεν πάλιν εἰς τὴν παρεμβολήν. οὕτως ἐποίει ἐπὶ ἓξ 14
ἡμέρας. ¹⁵καὶ τῇ ἡμέρᾳ τῇ ἑβδόμῃ ἀνέστησαν ὄρθρου, καὶ περιῆλθοσαν 15
τὴν πόλιν ἑξάκις· ¹⁶καὶ τῇ περιόδῳ τῇ ἑβδόμῃ ἐσάλπισαν οἱ ἱερεῖς, καὶ 16
εἶπεν ὁ Ἰησοῦς τοῖς υἱοῖς Ἰσραήλ Κεκράξατε· παρέδωκεν γὰρ Κύριος
ὑμῖν τὴν πόλιν. ¹⁷καὶ ἔσται ἡ πόλις ἀνάθεμα, αὐτὴ καὶ πάντα ὅσα 17
ἐστὶν ἐν αὐτῇ, Κυρίῳ σαβαώθ· πλὴν Ῥαὰβ τὴν πόρνην περιποιή-
σασθε, αὐτὴν καὶ ὅσα ἐστὶν ἐν τῷ οἴκῳ αὐτῆς. ¹⁸ἀλλὰ ὑμεῖς φυλάξασθε 18
σφόδρα ἀπὸ τοῦ ἀναθέματος, μή ποτε ἐνθυμηθέντες ὑμεῖς αὐτοὶ
λάβητε ἀπὸ τοῦ ἀναθέματος καὶ ποιήσητε τὴν παρεμβολὴν τῶν υἱῶν
Ἰσραὴλ ἀνάθεμα, καὶ ἐκτρίψητε ἡμᾶς. ¹⁹καὶ πᾶν ἀργύριον ἢ χρυσίον 19
ἢ χαλκὸς ἢ σίδηρος ἅγιον ἔσται τῷ κυρίῳ· εἰς θησαυρὸν Κυρίου
εἰσενεχθήσεται. ²⁰καὶ ἐσάλπισαν ταῖς σάλπιγξιν οἱ ἱερεῖς· ὡς δὲ 20
ἤκουσεν ὁ λαὸς τῶν σαλπίγγων, ἠλάλαξεν πᾶς ὁ λαὸς ἅμα ἀλαλαγμῷ
μεγάλῳ καὶ ἰσχυρῷ. καὶ ἔπεσεν ἅπαν τὸ τεῖχος κύκλῳ, καὶ ἀνέβη
πᾶς ὁ λαὸς εἰς τὴν πόλιν. ²¹καὶ ἀνεθεμάτισεν αὐτὴν Ἰησοῦς καὶ 21
ὅσα ἦν ἐν τῇ πόλει, ἀπὸ ἀνδρὸς καὶ ἕως γυναικός, ἀπὸ νεανίσκου
καὶ ἕως πρεσβύτου, καὶ ἕως μόσχου καὶ ὑποζυγίου, ἐν στόματι

AF 12 om της διαθηκης A | 13 οι επτα ιερεις] οι ιερεις οι επτα AF |
οι φεροντες] αιροντες A | τας επτα σαλπ. AF | Κυριου 1°] pr του A pr
κιβωτου F | οπισθεν F | 13—14 μετα ταυτα...εις την παρεμβ.]
οι ιερεις εσαλπισαν ταις σαλπιγξιν και ο λοιπος οχλος απας και απηλθον
παλιν εις την παρεμβολην· και μετα ταυτα εισεπορευοντο οι μαχιμοι και ο
λοιπος οχλος οπισθεν της κιβωτου της διαθηκης κυ A   13 οπισθε της
κιβ. της] πισθεν της κιβ. τ sup ras B¹ᵗᵃᵇ om της κιβωτου F* (hab κιβωτου
F¹⁽ᵐᵍ⁾) | σαλπιγξιν AF+τη ημερα τη δευτερα F | om και ο λοιπος οχλος απας
περιεκυκλ. την πολιν F   14 απηλθον AF   15 και 1°]+εγενετο F |
ορθρου (ορθου A)] pr εν τη αναβασει του F | περιηλθοσαν] περιηλθον AF |
εξακις] επτακις AF   16 οι ιερεις]+ταις σαλπιγξιν F | ο Ιησους] om ο AF |
τοις υιοις Ισρ.] προς τον λαον F | παρεδωκεν] παραδεδωκεν A | την πολιν υμιν
AF   17 om εν 1° F | Κυριω σαβαωθ] τω κω των δυναμεων AF | περιποιη-
σασθαι A | οσα] pr παντα AF | αυτης]+οτι εκρυψεν τους αγγελους ους απεστει-
λαμεν F   18 φυλαξασθε] φυλαξατε A | om σφοδρα AF | om αυτοι AF |
λαβηται A | ποιησετε A | εκτριψητε (εκτριψηται A)] εκτριψετε F   19 η
1°] και AF | η 2°] και τας AF | η 3°] και F | εισενεγχθ. A¹   20 τοις
σαλπ. A | των σαλπ.] pr την φωνην AF | om απαν AF | πολιν]+εκαστος
εξ εναντιας αυτου· και κατελαβετο την πολιν F   21 αναθεματισαν AF | om
Ιησους AF | om και 3° AF | πρεσβυτου] πρεσβυτερου AF | υποζυγιου (υ|πο-
ζυου [sic] F)] pr εως προβατου και A εως προβ. και εως F

430

ΙΗΣΟΥΣ VII 3

22 ρομφαίας. ²²Καὶ τοῖς δυσὶν νεανίσκοις τοῖς κατασκοπεύσασιν B
εἶπεν Ἰησοῦς Εἰσέλθατε εἰς τὴν οἰκίαν τῆς γυναικός, καὶ ἐξαγάγετε
23 αὐτὴν ἐκεῖθεν καὶ ὅσα ἐστὶν αὐτῇ. ²³καὶ εἰσῆλθον οἱ δύο νεανίσκοι οἱ
κατασκοπεύσαντες τὴν πόλιν εἰς τὴν οἰκίαν τῆς γυναικός, καὶ ἐξηγά-
γοσαν Ῥαὰβ τὴν πόρνην καὶ τὸν πατέρα αὐτῆς καὶ τὴν μητέρα αὐτῆς
καὶ τοὺς ἀδελφοὺς αὐτῆς καὶ τὴν συγγενίαν αὐτῆς καὶ πάντα ὅσα ¶ F
24 ἦν αὐτῆς, καὶ κατέστησαν αὐτὴν ἔξω τῆς παρεμβολῆς Ἰσραήλ. ²⁴καὶ
ἡ πόλις ἐνεπρήσθη ἐν πυρισμῷ σὺν πᾶσιν τοῖς ἐν αὐτῇ· πλὴν ἀργυρίου
καὶ χρυσίου καὶ χαλκοῦ καὶ σιδήρου ἔδωκαν εἰς θησαυρὸν Κυρίου
25 εἰσενεχθῆναι. ²⁵καὶ Ῥαὰβ τὴν πόρνην καὶ πάντα τὸν οἶκον τὸν
πατρικὸν αὐτῆς ἐζώγρησεν Ἰησοῦς καὶ κατῴκησεν ἐν τῷ Ἰσραὴλ ἕως
τῆς σήμερον ἡμέρας, διότι ἔκρυψεν τοὺς κατασκοπεύσαντας οὓς
26 ἀπέστειλεν Ἰησοῦς κατασκοπεῦσαι τὴν Ἰερειχώ. ²⁶Καὶ ὥρκισεν
Ἰησοῦς ἐν τῇ ἡμέρᾳ ἐκείνῃ ἐναντίον Κυρίου λέγων Ἐπικατάρατος
ὁ ἄνθρωπος ὃς οἰκοδομήσει τὴν πόλιν ἐκείνην· ἐν τῷ πρωτοτόκῳ
αὐτοῦ θεμελιώσει αὐτήν, καὶ ἐν τῷ ἐλαχίστῳ αὐτοῦ ἐπιστήσει τὰς
πύλας αὐτῆς. καὶ οὕτως ἐποίησεν Ὀζὰν ὁ ἐκ Βαιθήλ· ἐν τῷ Ἀβειρὼν
τῷ πρωτοτόκῳ ἐθεμελίωσεν αὐτήν, καὶ ἐν τῷ ἐλαχίστῳ διασωθέντι
27 ἐπέστησεν τὰς πύλας αὐτῆς. ²⁷Καὶ ἦν Κύριος μετὰ Ἰησοῦ,
καὶ ἦν τὸ ὄνομα αὐτοῦ κατὰ πᾶσαν τὴν γῆν.

II 1 ¹Καὶ ἐπλημμέλησαν οἱ υἱοὶ Ἰσραὴλ πλημμελίαν μεγάλην· καὶ
ἐνοσφίσαντο ἀπὸ τοῦ ἀναθέματος· καὶ ἔλαβεν Ἀχὰρ υἱὸς Χαρμεὶ υἱοῦ
Ζαμβρεὶ υἱοῦ Ζάρα ἐκ τῆς φυλῆς Ἰούδα ἀπὸ τοῦ ἀναθέματος· καὶ § F
2 ἐθυμώθη ὀργῇ Κύριος τοῖς υἱοῖς Ἰσραήλ. ²Καὶ ἀπέστειλεν Ἰησοῦς
ἄνδρας εἰς Γαί, ἥ ἐστιν κατὰ Βαιθήλ, λέγων Κατασκέψασθε τὴν Γαί.
3 ³καὶ ἀνέβησαν οἱ ἄνδρες καὶ κατεσκέψαντο τὴν Γαί, ⁽³⁾καὶ ἀνέστρεψαν
πρὸς Ἰησοῦν καὶ εἶπαν πρὸς αὐτόν Μὴ ἀναβήτω πᾶς ὁ λαός, ἀλλ' ὡς
δισχίλιοι ἢ τρισχίλιοι ἄνδρες ἀναβήτωσαν καὶ ἐκπολιορκησάτωσαν

22 δυσιν] δυο AF | οσα] pr παντα AF | αυτη] pr εν A + καθως ωμοσατε AF
αυτη F^amg 23 εξηγαγοσαν] εξηγαγον AF | Ρααβ] pr την AF | την
συγγενιαν (συγγενειαν B^ab)...ην αυτης] παντα οσα ην αυτη· και πασαν την
συγγενειαν αυτης A   24 ενεπρησθη] ενεπυρισθη A | ενπυρισμω (εμπ.
B^ab)] εν πυρι A   25 om παντα A   26 om εναντιον Κυριου A | οικοδο-
μησει] pr αν στησει και A | θεμελιωσει] εθεμελιωσεν A | Οζαν] Βͨζαν B^amg
ο Αζαν A | διασωθεντι ελαχιστω A | τας πυλας] om τας A   VII 1 om
μεγαλην A | Αχαρ] Αχαν A | Χαρμι A | Ζαμβρει] Ζαβρι A Ζαμβρι F
2 ανδρας] + απο Ιερειχω F | κατα Βαιθηλ] την κατα Βηθαυν A | λεγων] +
αναβαντες F | κατασκεψασθαι A | Γαι 2°] γην AF   3 Γαι (sup ras B')]
pr γην A | αναβητω] αναβαινετω AF | εκπολιορκ.] εκπολιορκ. A

B τὴν πόλιν· μὴ ἀναγάγῃς ἐκεῖ τὸν λαὸν πάντα, ὀλίγοι γάρ εἰσιν. ⁴καὶ 4
ἀνέβησαν ὡσεὶ τρισχίλιοι ἄνδρες, καὶ ἔφυγον ἀπὸ προσώπου τῶν
ἀνδρῶν Γαί. ⁵καὶ ἀπέκτειναν ἀπ' αὐτῶν ἄνδρες Γαὶ εἰς τριάκοντα 5
καὶ ἓξ ἄνδρας, καὶ κατεδίωξαν αὐτοὺς ἀπὸ τῆς πύλης καὶ συνέτριψαν
αὐτοὺς ἀπὸ τοῦ καταφεροῦς· καὶ ἐπτοήθη ἡ καρδία τοῦ λαοῦ καὶ
ἐγένετο ὥσπερ ὕδωρ. ⁶καὶ διέρρηξεν Ἰησοῦς τὰ ἱμάτια αὐτοῦ· καὶ 6
ἔπεσεν Ἰησοῦς ἐπὶ τὴν γῆν ἐπὶ πρόσωπον ἐναντίον Κυρίου ἕως
ἑσπέρας, αὐτὸς καὶ οἱ πρεσβύτεροι Ἰσραήλ, καὶ ἐπεβάλοντο χοῦν
ἐπὶ τὰς κεφαλὰς αὐτῶν. ⁷καὶ εἶπεν Ἰησοῦς Δέομαι, Κύριε, ἵνα τί 7
διεβίβασεν ὁ παῖς σου τὸν λαὸν τοῦτον τὸν Ἰορδάνην, παραδοῦναι
αὐτὸν τῷ Ἀμορραίῳ ἀπολέσαι ἡμᾶς; καὶ εἰ κατεμείναμεν καὶ κατῳ-
κίσθημεν παρὰ τὸν Ἰορδάνην. ⁸καὶ τί ἐρῶ, ἐπεὶ μετέβαλεν Ἰσραὴλ 8
αὐχένα ἀπέναντι τοῦ ἐχθροῦ αὐτοῦ; ⁹καὶ ἀκούσας ὁ Χαναναῖος καὶ 9
πάντες οἱ κατοικοῦντες τὴν γῆν περικυκλώσουσιν ἡμᾶς καὶ ἐκτρίψουσιν
ἡμᾶς ἀπὸ τῆς γῆς· καὶ τί ποιήσεις τὸ ὄνομά σου τὸ μέγα; ¹⁰Καὶ 10
εἶπεν Κύριος πρὸς Ἰησοῦν Ἀνάστηθι· ἵνα τί τοῦτο σὺ πέπτωκας ἐπὶ
πρόσωπόν σου; ¹¹ἡμάρτηκεν ὁ λαὸς καὶ παρέβη τὴν διαθήκην ἣν 11
διεθέμην πρὸς αὐτούς· κλέψαντες ἀπὸ τοῦ ἀναθέματος ἐνέβαλον εἰς
τὰ σκεύη αὐτῶν. ¹²οὐ μὴ δύνωνται οἱ υἱοὶ Ἰσραὴλ ὑποστῆναι κατὰ 12
πρόσωπον τῶν ἐχθρῶν αὐτῶν· αὐχένα ὑποστρέψουσιν ἔναντι τῶν
ἐχθρῶν αὐτῶν, ὅτι ἐγενήθησαν ἀνάθεμα· οὐ προσθήσω ἔτι εἶναι
μεθ' ὑμῶν, ἐὰν μὴ ἐξάρητε τὸ ἀνάθεμα ἐξ ὑμῶν αὐτῶν. ¹³ἀναστὰς 13
ἁγίασον τὸν λαόν, καὶ εἰπὸν ἁγιασθῆναι εἰς αὔριον. τάδε λέγει
Κύριος ὁ θεὸς Ἰσραήλ Τὸ ἀνάθεμα ἐν ὑμῖν ἐστιν· οὐ δυνήσεσθε ἀντι-
στῆναι ἀπέναντι τῶν ἐχθρῶν ὑμῶν, ἕως ἂν ἐξάρητε τὸ ἀνάθεμα ἐξ
ὑμῶν. ¹⁴καὶ συναχθήσεσθε πάντες τὸ πρωὶ κατὰ φυλάς, καὶ ἔσται 14
ἡ φυλὴ ἣν ἂν δείξῃ Κύριος, προσάξετε κατὰ δήμους· καὶ τὸν δῆμον ὃν
ἐὰν δείξῃ Κύριος, προσάξετε κατ' οἴκον· καὶ τὸν οἶκον ὃν ἐὰν δείξῃ

AF 3 παντα] απαντα AF 4 ωσει] εκει ως AF | των ανδρων] om των A
5 om και απεκτειναν...Γαι F | om εις AF | ανδρας] a 2° sup ras Aᵃ¹ | και 4°]
εως AF | απο] επι AF 6 ιματι|αυτου A | αυτου] εαυτου F | om επι προσ-
ωπον F | εναντι A | επεβαλοντο χουν] επεβαλον τον χουν AF | τας κεφαλας]
την κεφαλην AF 7 Κυριε]+κε AF | ινα τι] δια τι A | διεβιβασεν] pr
διαβιβαζων F | om και 3° F | κατοικισθημεν F 8 επει] επι F | μετελαλεν
(sic) F | αυχεναπεναντι F | του εχθρου] om του F 9 ποιησει F 11 o
λαος]+σου F | διαθηκην]+μου AF | κλεψαντες] pr και AF | ενεβαλεν F*
(ενεβαλον F¹⁽ᵛⁱᵈ⁾) 12 εχθρων 1°...αυτων 3° sup ras Aᵃ¹ | υποστρεψουσιν]
επιστρεψ· Bᵃᵇᵐᵍ Aᵃ¹ F | εναντι κατα προσωπον Aᵃ¹ εναντιον F | ειναι] pr του
F 13 ταδε] pr οτι F | εστιν εν υμιν AF | δυνησεσθαι A | υμων 2°]+αυτων
A 14 συναχθησεσθαι A | φυλας]+υμων F | δειξη 1°] ενδειξη F | εαν 1°]
αν AF | δειξη 2°] ενδειξη AF | οικον 1°] οικους AF | εαν 2°] αν AF | δειξη 3°]
ενδειξη AF

432

ΙΗΣΟΥΣ VII 26

15 Κύριος, προσάξετε κατ' ἄνδρα. ¹⁵καὶ ὃς ἂν ἐνδειχθῇ, κατακαυθήσεται B ἐν πυρί, καὶ πάντα ὅσα ἐστὶν αὐτῷ· ὅτι παρέβη τὴν διαθήκην Κυρίου 16 καὶ ἐποίησεν ἀνόμημα ἐν Ἰσραήλ. ¹⁶Καὶ ὤρθρισεν Ἰησοῦς καὶ προσήγαγεν τὸν λαὸν κατὰ φυλάς· καὶ ἐνεδείχθη ἡ φυλὴ Ἰούδα. 17 ¹⁷καὶ προσήχθη κατὰ δήμους, καὶ ἐνεδείχθη δῆμος Ζαραεί· καὶ προσ-18 ήχθη κατὰ ἄνδρα, ¹⁸καὶ ἐνεδείχθη Ἀχὰρ υἱὸς Ζαμβρεὶ υἱοῦ Ζάρα. 19 ¹⁹καὶ εἶπεν Ἰησοῦς τῷ Ἀχάρ Δὸς δόξαν σήμερον τῷ κυρίῳ θεῷ Ἰσραήλ, καὶ δὸς τὴν ἐξομολόγησιν καὶ ἀνάγγειλόν μοι τί ἐποίησας, καὶ μὴ 20 κρύψῃς ἀπ' ἐμοῦ. ²⁰καὶ ἀπεκρίθη Ἀχὰρ τῷ Ἰησοῖ καὶ εἶπεν Ἀληθῶς ἥμαρτον ἐναντίον Κυρίου θεοῦ Ἰσραήλ· οὕτως καὶ οὕτως ἐποίησα. 21 ²¹ἴδον ἐν τῇ προνομῇ ψιλὴν ποικίλην καὶ διακόσια δίδραχμα ἀργυρίου καὶ γλῶσσαν μίαν χρυσῆν πεντήκοντα διδράχμων, καὶ ἐνθυμηθεὶς αὐτῶν ἔλαβον· καὶ ἰδοὺ αὐτὰ ἐνκέκρυπται ἐν τῇ σκηνῇ μου, καὶ 22 τὸ ἀργύριον κέκρυπται ὑποκάτω αὐτῶν. ²²καὶ ἀπέστειλεν Ἰησοῦς ἀγγέλους, καὶ ἔδραμον εἰς τὴν σκηνὴν εἰς τὴν παρεμβολήν· καὶ ταῦτα ἦν ἐνκεκρυμμένα εἰς τὴν σκηνήν, καὶ τὸ ἀργύριον ὑποκάτω αὐτῶν. 23 ²³καὶ ἐξήνεγκαν αὐτὰ ἐκ τῆς σκηνῆς καὶ ἤνεγκαν πρὸς Ἰησοῦν καὶ 24 τοὺς πρεσβυτέρους Ἰσραήλ, καὶ ἔθηκαν αὐτὰ ἔναντι Κυρίου. ²⁴καὶ ἔλαβεν Ἰησοῦς τὸν Ἀχὰρ υἱὸν Ζάρα καὶ ἀνήγαγεν αὐτὸν εἰς φάραγγα Ἀχώρ, καὶ τοὺς υἱοὺς αὐτοῦ καὶ τὰς θυγατέρας αὐτοῦ καὶ τοὺς μόσχους αὐτοῦ καὶ τὰ ὑποζύγια αὐτοῦ καὶ πάντα τὰ πρόβατα αὐτοῦ καὶ τὴν σκηνὴν αὐτοῦ καὶ πάντα τὰ ὑπάρχοντα αὐτοῦ, καὶ πᾶς ὁ λαὸς 25 μετ' αὐτοῦ· καὶ ἀνήγαγεν αὐτοὺς εἰς Ἐμεκαχώρ. ²⁵καὶ εἶπεν Ἰησοῦς τῷ Ἀχάρ Τί ὠλέθρευσας ἡμᾶς; ἐξολεθρεύσαι σε Κύριος, καθὰ καὶ 26 σήμερον. καὶ ἐλιθοβόλησαν αὐτὸν λίθοις πᾶς Ἰσραήλ, ²⁶καὶ ἐπέστησαν αὐτῷ σωρὸν λίθων μέγαν· καὶ ἐπαύσατο Κύριος τοῦ θυμοῦ

15 αν] εαν F | ενδειχθη (ενδιχθη AF)] + δια κυριου F | και παντα] pr αυτος AF F | εποιησαν A 16 Ιησους] + το πρωι F   17 δημους] + Ιουδα F | Ζαραει] ο Ζαριει A ο Ζαρι F | προσηχθη 2°] + δημος ο Ζαραει (Ζαραι F.) AF | κατα ανδρα] κατ ανδρας A κατα ανδρας F + και ενεδειχθη οικος Ζαμβρι και προσηχθη ο οικος αυτου κατα ανδρας F   18 Αχαν A | υιος Ζαμβρει] υιος Ζαμβρι A ο υιος Χαρμει υιου Ζαμβρι F | Ζαρα] + της φυλης Ιουδα F   19 Αχαν A | τω κ. θεω] κυριω τω θεω F | δος 2°] + αυτω F   20 Αχαν A | Ιησου F | θεου] pr του F   21 ειδον F | ποικιλην] + καλην AF (pr μιαν Fᵃ mg) | διδραχμων] ιδ sup ras B*(δραχμων B* vid) om F* (hab Fᵃ! mg) + και εκατον..|ολκη.......|αυτου· F | ενκεκρυπται] ενεκρυπται A εγκεκρ. BᵇF | εν τη σκηνη] pr εν τη γη AF   22 εδραμον] μον sup ras B! | om εις την σκηνην 1° F | ενκεκρυμμενα (εγκεκρ. Bᵇ)] κεκρυμμενα AF | εις την σκηνην 2°] εν τη γη A εν τη σκηνη F   23 τους πρεσβ.] pr προς A pr προς παντας F   24 ο λαος] Ισραηλ AF | αυτους] αυτον A   25 om τω Αχαρ A | om σε A* (superscr A¹) | αυτον] αυτους F | λιθοις πας Ισραηλ] πας Ισρ. εν λιθοις AF

VIII 1   ΙΗΣΟΥΣ

B τῆς ὀργῆς. διὰ τοῦτο ἐπωνόμασεν αὐτὸ Ἐμεκαχὼρ ἕως τῆς ἡμέρας ταύτης.

¹Καὶ εἶπεν Κύριος πρὸς Ἰησοῦν Μὴ φοβηθῇς μηδὲ δειλιάσῃς· λάβε 1 VII μετὰ σοῦ τοὺς ἄνδρας πάντας τοὺς πολεμιστάς, καὶ ἀναστὰς ἀνάβηθι εἰς Γαί· ἰδοὺ δέδωκα εἰς τὰς χεῖράς σου τὸν βασιλέα Γαὶ καὶ τὴν γῆν αὐτοῦ. ²καὶ ποιήσεις τὴν Γαὶ ὃν τρόπον ἐποίησας τὴν Ἰερειχὼ 2 καὶ τὸν βασιλέα αὐτῆς, καὶ τὴν προνομὴν τῶν κτηνῶν προνομεύσεις σεαυτῷ. κατάστησον δὲ σεαυτῷ ἔνεδρα τῇ πόλει εἰς τὰ ὀπίσω. ³καὶ 3 ἀνέστη Ἰησοῦς καὶ πᾶς ὁ λαὸς ὁ πολεμιστὴς ὥστε ἀναβῆναι εἰς Γαί· ἐπέλεξεν δὲ Ἰησοῦς τριάκοντα χιλιάδας ἀνδρῶν δυνατοὺς ἐν ἰσχύι, καὶ ἀπέστειλεν αὐτοὺς νυκτός. ⁴καὶ ἐνετείλατο αὐτοῖς λέγων 4 Ὑμεῖς ἐνεδρεύσατε ὀπίσω τῆς πόλεως· μὴ μακρὰν γίνεσθε ἀπὸ τῆς πόλεως, καὶ ἔσεσθε πάντες ἕτοιμοι. ⁵καὶ ἐγὼ καὶ πάντες οἱ μετ' ἐμοῦ 5 προσάξομεν πρὸς τὴν πόλιν, καὶ ἔσται ὡς ἂν ἐξέλθωσιν οἱ κατοικοῦντες Γαὶ εἰς συνάντησιν ἡμῖν καθάπερ καὶ πρώην, καὶ φευξόμεθα ἀπὸ προσώπου αὐτῶν. ⁶καὶ ὡς ἂν ἐξέλθωσιν ὀπίσω ἡμῶν, ἀπο- 6 σπάσομεν αὐτοὺς ἀπὸ τῆς πόλεως· καὶ ἐροῦσιν Φεύγουσιν οὗτοι ἀπὸ προσώπου ἡμῶν ὃν τρόπον καὶ ἔμπροσθεν. ⁷ὑμεῖς δὲ ἐξαναστή- 7 σεσθε ἐκ τῆς ἐνέδρας, καὶ πορεύσεσθε εἰς τὴν πόλιν. ⁸κατὰ τὸ 8 ῥῆμα τοῦτο ποιήσετε· ἰδοὺ ἐντέταλμαι ὑμῖν. ⁹καὶ ἀπέστειλεν αὐτοὺς 9 Ἰησοῦς, καὶ ἐπορεύθησαν εἰς τὴν ἐνέδραν· καὶ ἐνεκάθισαν ἀνὰ μέσον Βαιθὴλ καὶ ἀνὰ μέσον Γαί, ἀπὸ θαλάσσης τῆς Γαί. ¹⁰Καὶ ὀρθρί- 10 σας Ἰησοῦς τὸ πρωὶ ἐπεσκέψατο τὸν λαόν· καὶ ἀνέβησαν αὐτοὶ καὶ οἱ πρεσβύτεροι κατὰ πρόσωπον τοῦ λαοῦ ἐπὶ Γαί. ¹¹καὶ πᾶς ὁ λαὸς ὁ 11 πολεμιστὴς μετ' αὐτοῦ ἀνέβησαν, καὶ πορευόμενοι ἦλθον ἐξ ἐναντίας τῆς πόλεως ἀπ' ἀνατολῶν, ¹²καὶ τὰ ἔνεδρα τῆς πόλεως ἀπὸ θαλάσσης. 12 ¹⁴καὶ ἐγένετο ὡς ἴδεν βασιλεὺς Γαί, ἔσπευσεν καὶ ἐξῆλθεν εἰς συνάν- 14

AF   26 οργης] +αυτου F   VIII 1 σου] σεαυτου AF | τους ανδρας παντας] παντας τους ανδρας A om παντας F* (hab F¹ᵐᵍ) | και την γην αυτου] pr και τον λαον αυτου και την πολιν αυτου F   2 ποιησης A | την Γαι] τη Γαι AF+και τω βασιλει αυτης F | την Ιερειχω] τη Ιεριχω A | την Ιερειχω F | τον βασιλεα] τω βασιλει AF | κτηνων]+αυτων F | σεαυτω 2°] αυτω ανδρας F | εις τα οπισω τη π. F   3 επελεξεν δε] και επελεξεν AF 4 ενεδρευσετε A | γινεσθη BᵇA (γινεσθαι F] γεινεσθε B* | om απο A | εσεσθε] εσθε (sic) F   5 παντες οι] πας ο λαος (+ο A) AF | προς την π.] προς τ sup ras Bⁱᵗᵃ? | πρωην] πρωτην F   6 αποσπασομεν] αποστησομεν A αποσπασωμεν F   7 πορευεσθε F | πολιν]+και εμπρησ.τε αυτην πυρι και F 8 ποιησατε AF | εντεταλμαι] εντελλομαι F   9 αυτους] αυτου F | της Γαι] om της F   10 ωρθρισας F | αυτοι] αυτος AF | πρεσβυτεροι]+Ισραηλ AF   11 πορευομεναι A | απ] απο AF   14 ειδεν F | βασιλευς] pr ο AF | Γαι] pr της AF | εις συναντ. αυτοις] υνᾱ|τησιν αυ sup ras Bᵃ

434

ΙΗΣΟΥΣ VIII 25

τησιν αὐτοῖς ἐπ' εὐθείας εἰς τὸν πόλεμον, αὐτὸς καὶ πᾶς ὁ λαὸς ὁ B
μετ' αὐτοῦ· καὶ αὐτὸς οὐκ ᾔδει ὅτι ἔνεδρα αὐτῷ ἐστιν ὀπίσω τῆς πόλεως.
15 ¹⁵καὶ ἴδεν καὶ ἀνεχώρησεν Ἰησοῦς καὶ Ἰσραὴλ ἀπὸ προσώπου αὐτῶν.
16 ¹⁶καὶ κατεδίωξαν ὀπίσω τῶν υἱῶν Ἰσραήλ, καὶ αὐτοὶ ἀπέστησαν
17 ἀπὸ τῆς πόλεως· ¹⁷οὐ κατελείφθη οὐθεὶς ἐν τῇ Γαὶ ὃς οὐ κατεδίωξεν
ὀπίσω Ἰσραήλ· καὶ κατέλιπον τὴν πόλιν ἀνεῳγμένην, καὶ κατε-
18 δίωξαν ὀπίσω Ἰσραήλ. ¹⁸καὶ εἶπεν Κύριος πρὸς Ἰησοῦν Ἔκτεινον
τὴν χεῖρά σου ἐν τῷ γαίσῳ τῷ ἐν τῇ χειρί σου ἐπὶ τὴν πόλιν, εἰς
γὰρ τὰς χεῖράς σου παραδέδωκα αὐτήν· καὶ τὰ ἔνεδρα ἐξαναστή-
σονται ἐν τάχει ἐκ τοῦ τόπου αὐτῶν. καὶ ἐξέτεινεν Ἰησοῦς τὴν
19 χεῖρα αὐτοῦ, τὸν γαῖσον, ἐπὶ τὴν πόλιν· ¹⁹καὶ τὰ ἔνεδρα ἐξανέστησαν
ἐν τάχει ἐκ τοῦ τόπου αὐτῶν καὶ ἐξήλθοσαν ὅτε ἐξέτεινεν τὴν
χεῖρα, καὶ ἤλθοσαν ἐπὶ τὴν πόλιν καὶ κατελάβοντο αὐτήν· καὶ σπεύ-
20 σαντες ἐνέπρησαν τὴν πόλιν ἐν πυρί. ²⁰καὶ περιβλέψαντες οἱ
κάτοικοι Γαὶ εἰς τὰ ὀπίσω αὐτῶν, καὶ ἐθεώρουν καπνὸν ἀναβαίνοντα
ἐκ τῆς πόλεως εἰς τὸν οὐρανόν· καὶ οὐκέτι εἶχον ποῦ φύγωσιν
21 ὧδε ἢ ὧδε. ²¹καὶ Ἰησοῦς καὶ πᾶς Ἰσραὴλ εἶδον ὅτι ἔλαβον τὰ ἔνεδρα
τὴν πόλιν, καὶ ὅτι ἀνέβη ὁ καπνὸς τῆς πόλεως εἰς τὸν οὐρανόν· καὶ
22 μεταβαλόμενοι ἐπάταξαν τοὺς ἄνδρας τῆς Γαί. ²²καὶ οὗτοι ἐξήλθοσαν
ἐκ τῆς πόλεως εἰς συνάντησιν, καὶ ἐγενήθησαν ἀνὰ μέσον τῆς παρεμ-
βολῆς, οὗτοι ἐντεῦθεν καὶ οὗτοι ἐντεῦθεν· καὶ ἐπάταξαν ἕως τοῦ
23 μὴ καταλειφθῆναι αὐτῶν σεσωσμένον καὶ διαπεφευγότα. ²³καὶ τὸν
βασιλέα τῆς Γαὶ συνέλαβον ζῶντα, καὶ προσήγαγον αὐτὸν πρὸς
24 Ἰησοῦν. ²⁴καὶ ὡς ἐπαύσαντο οἱ υἱοὶ Ἰσραὴλ ἀποκτέννοντες πάντας
τοὺς ἐν τῇ Γαὶ τοὺς ἐν τοῖς πεδίοις καὶ ἐν τῷ ὄρει ἐπὶ τῆς καταβάσεως
οὗ κατεδίωξαν αὐτοὺς ἀπ' αὐτῆς εἰς τέλος, καὶ ἀπέστρεψεν Ἰησοῦς εἰς
25 Γαί, καὶ ἐπάταξεν αὐτὴν ἐν στόματι ῥομφαίας. ²⁵καὶ ἐγενήθησαν οἱ

14 ο μετ αυτου] om ο μετ AF | οπισω της πολ.] απο της πολ. οπισω A AF
15 ειδεν F | Ισραηλ] pr πας AF   16 απεστησαν απο] ησαν απ sup ras B^a(vid)
17 ουδεις AF | om και κατελιπον...Ισραηλ 2° AF   18 εις γαρ] οτι εις AF |
τας χειρας] την χειρα AF | την χειρα αυτου τον γαισον] τον γ. (το γ. F) και
την χ. αυτου AF   19 ηλθοσαν] εισηλθον AF | επι] εις AF | κατελαβον F
20 περιβλεψαντες] εμβλεψ. F | κατοικοι] κατοικουντες AF | om και 2° AF |
εθεωρουν] εωρων AF | καπνον αναβ.] αναβ. τον καπνον AF | om εκ AF
20—21 om και ουκετι...ουρανον A   20 ουκετι] ουκ F   21 μεταβαλλο-
μενοι A   22 εξηλθον AF | συναντησιν]+αυτων F | της παρεμβολης]
pr του Ισραηλ F. | εκαταξαν] επαταξεν AF+αυτους A+αυτους Ισραηλ F |
αυτων] pr εξ F   24 εν τη Γαι] εκ της Γ. AF | om επι AF | om απ
αυτης A επ αυτης F | εις τελος] pr εως AF | απεστρεψεν] επεστρ. AF | Ιη-
σους] αυτους A | ρομφαιας] μαχαιρας B^abmg F   25 εγενηθησαν] εγενοντο F |
οι πεσοντες] pr παντες F

VIII 27 ΙΗΣΟΥΣ

B πεσόντες ἐν τῇ ἡμέρᾳ ἐκείνῃ ἀπὸ ἀνδρὸς καὶ ἕως γυναικὸς δώδεκα χιλιάδες, πάντας τοὺς κατοικοῦντας Γαί. ²⁷πλὴν τῶν σκύλων τῶν ἐν 27 τῇ πόλει πάντα ἃ ἐπρονόμευσαν ἑαυτοῖς οἱ υἱοὶ Ἰσραὴλ κατὰ πρόσταγμα Κυρίου, ὃν τρόπον συνέταξεν Κύριος τῷ Ἰησοῖ. ²⁸καὶ ἐνέ- 28 πύρισεν Ἰησοῦς τὴν πόλιν ἐν πυρί· χῶμα ἀοίκητον εἰς τὸν αἰῶνα ἔθηκεν αὐτὴν ἕως τῆς ἡμέρας ταύτης. ²⁹καὶ τὸν βασιλέα τῆς Γαὶ 29 ἐκρέμασεν ἐπὶ ξύλου διδύμου, καὶ ἦν ἐπὶ τοῦ ξύλου ἕως ἑσπέρας· καὶ ἐπιδύνοντος τοῦ ἡλίου συνέταξεν Ἰησοῦς καὶ καθείλοσαν αὐτοῦ τὸ σῶμα ἀπὸ τοῦ ξύλου καὶ ἔριψαν αὐτὸν εἰς τὸν βόθρον, καὶ ἐπέστησαν αὐτῷ σωρὸν λίθων ἕως τῆς ἡμέρας ταύτης.

¹Ὡς δ' ἤκουσαν οἱ βασιλεῖς τῶν Ἀμορραίων οἱ ἐν τῷ πέραν τοῦ 1 IX Ἰορδάνου, οἱ ἐν τῇ ὀρεινῇ καὶ οἱ ἐν τῇ πεδινῇ καὶ οἱ ἐν πάσῃ τῇ παραλίᾳ τῆς θαλάσσης τῆς μεγάλης καὶ οἱ πρὸς τῷ Ἀντιλιβάνῳ, καὶ οἱ Χετταῖοι καὶ οἱ Χαναναῖοι καὶ οἱ Φερεζαῖοι καὶ οἱ Εὐαῖοι καὶ οἱ Ἀμορραῖοι καὶ οἱ Γεργεσαῖοι καὶ οἱ Ἰεβουσαῖοι, ²συνῆλθοσαν ἐπὶ 2 τὸ αὐτὸ ἐκπολεμῆσαι Ἰησοῦν καὶ Ἰσραὴλ ἅμα πάντες.

³Τότε ᾠκοδόμησεν Ἰησοῦς θυσιαστήριον Κυρίῳ τῷ θεῷ Ἰσραὴλ 3 (30) (VI ἐν ὄρει Γαιβάλ, ⁴καθότι ἐνετείλατο Μωυσῆς ὁ θεράπων Κυρίου τοῖς 4 (31) υἱοῖς Ἰσραήλ, καθὰ γέγραπται ἐν τῷ νόμῳ Μωυσῆ, θυσιαστήριον λίθων ὁλοκλήρων ἐφ' οὓς οὐκ ἐπεβλήθη σίδηρος· καὶ ἀνεβίβασεν ἐκεῖ ὁλοκαυτώματα Κυρίῳ, θυσίαν σωτηρίου. ⁵καὶ ἔγραψεν 5 (32) Ἰησοῦς ἐπὶ τῶν λίθων τὸ δευτερονόμιον, νόμον Μωυσῆ, ἐνώπιον υἱῶν Ἰσραήλ. ⁶καὶ πᾶς Ἰσραὴλ καὶ οἱ πρεσβύτεροι αὐτῶν καὶ οἱ 6 (33) δικασταὶ καὶ οἱ γραμματεῖς αὐτῶν παρεπορεύοντο ἔνθεν καὶ ἔνθεν τῆς κιβωτοῦ ἀπέναντι, καὶ οἱ ἱερεῖς καὶ οἱ Λευεῖται ᾖραν τὴν κιβωτὸν τῆς διαθήκης Κυρίου, καὶ ὁ προσήλυτος καὶ ὁ αὐτόχθων, οἳ ἦσαν ἥμισυ πλησίον ὄρους Γαριζείν, καὶ οἳ ἦσαν ἥμισυ πλησίον

AF 27 των σκυλων] pr των κτηνων και AF | om παντα a A | παντα..|προν. F | om εαυτοις A | οι υιοι] om οι F | προσταγμα] pr το F 28 εθηκεν αυτην εις τον αιωνα F 29 καθειλον AF | το σωμα αυτου AF | εριψαν Bᵇ (ερειψ. B*)] ερριψαν AF | αυτω] αυτην F | λιθων]+μεγαν F IX 1—8 ordinem Hebr seq AF 1 (inc) nonnulla desiderantur in F | δ] δε Fᵛⁱᵈ | οι βασιλεις] pr παντες AFᵛⁱᵈ (....ες) | Χαναναιοι...Γεργεσαιοι] Αμ. και οι Γεργ. και οι Χαν. και οι Φερ. και οι Ευ. AF 2 συνηλθον AF 3 ωκοδουησεν AF | Κυριω τω θεω] τω κ̅ω̅ θ̅ω̅ A 4 om τω F | λιθων] pr εκ F | σιδηρος] pr επ αυτους F (επαυτουσιδ.) | Κυριω] pr τω AF | θυσιαν] pr και Bᵃ (ϗ superser) AF 4—5 rescr τηριον και εγραψεν Ιησους Aᵇᵗ 5 ενωπιον] pr ον εγραψεν AF 6 δικασται]+αυτων AF quae seq mutila sunt in F | om και 7° A | Λευιται BᵇAF | Κυριου 1°]+απε[ναντι] Fᵛⁱᵈ | οι ησαν ημισυ 1°] ησαν οι ημισεις AFᵛⁱᵈ (ησαν οι...)+αυτων F | οι ησαν ημισυ 2°] οι ημισεις (μισει F* ημισει F¹⁽ᵛⁱᵈ⁾) αυτων AF.

436

ΙΗΣΟΥΣ IX 16

ὄρους Γαιβάλ· καθότι ἐνετείλατο Μωυσῆς ὁ θεράπων Κυρίου B
(34) 7 εὐλογῆσαι τὸν λαὸν ἐν πρώτοις. ⁷καὶ μετὰ ταῦτα οὕτως ἀνέγνω
Ἰησοῦς πάντα τὰ ῥήματα τοῦ νόμου τούτου, τὰς εὐλογίας καὶ τὰς
(35) 8 κατάρας κατὰ πάντα τὰ γεγραμμένα ἐν τῷ νόμῳ Μωυσῆ· ⁸οὐκ ἦν
ῥῆμα ἀπὸ πάντων ὧν ἐνετείλατο Μωυσῆς τῷ Ἰησοῖ ὃ οὐκ ἀνέγνω
Ἰησοῦς εἰς τὰ ὦτα πάσης ἐκκλησίας υἱῶν Ἰσραήλ, τοῖς ἀνδράσιν
καὶ ταῖς γυναιξὶν καὶ τοῖς παιδίοις, καὶ τοῖς προσηλύτοις τοῖς προσ-
πορευομένοις τῷ Ἰσραήλ.
(IX) (3) 9 ⁹Καὶ οἱ κατοικοῦντες Γαβαὼν ἤκουσαν πάντα ὅσα ἐποίησεν
(4) 10 Κύριος τῇ Ἱερειχὼ καὶ τῇ Γαί. ¹⁰καὶ ἐποίησαν καί γε αὐτοὶ μετὰ
πανουργίας, καὶ ἐλθόντες ἐπεσιτίσαντο καὶ ἡτοιμάσαντο· καὶ
λαβόντες σάκκους παλαιοὺς ἐπὶ τῶν ὤμων αὐτῶν καὶ ἀσκοὺς
(5) 11 οἴνου παλαιοὺς καὶ κατερρωγότας ἀποδεδεμένους, ¹¹καὶ τὰ κοῖλα
τῶν ὑποδημάτων αὐτῶν καὶ τὰ σανδάλια αὐτῶν παλαιὰ καὶ κατα-
πεπελματωμένα ἐν τοῖς ποσὶν αὐτῶν, καὶ τὰ ἱμάτια αὐτῶν πε-
παλαιωμένα ἐπάνω αὐτῶν· καὶ ὁ ἄρτος αὐτῶν τοῦ ἐπισιτισμοῦ
(6) 12 ξηρὸς καὶ εὐρωτιῶν καὶ βεβρωμένος. ¹²καὶ ἦλθοσαν πρὸς Ἰησοῦν
εἰς τὴν παρεμβολήν. Ἰσραὴλ εἰς Γάλγαλα, καὶ εἶπαν πρὸς Ἰησοῦν
καὶ Ἰσραὴλ Ἐκ γῆς μακρόθεν ἥκαμεν, καὶ νῦν διάθεσθε ἡμῖν
(7) 13 διαθήκην. ¹³καὶ εἶπαν οἱ υἱοὶ Ἰσραὴλ πρὸς τὸν Χορραῖον Ὅρα μὴ
(8) 14 ἐν ἐμοὶ κατοικεῖς, καὶ πῶς σοι διαθῶμαι διαθήκην; ¹⁴καὶ εἶπαν πρὸς
Ἰησοῦν Οἰκέται σού ἐσμεν. καὶ εἶπεν πρὸς αὐτοὺς Ἰησοῦς Πόθεν
(9) 15 ἐστέ, καὶ πόθεν παραγεγόνατε; ¹⁵καὶ εἶπαν Ἐκ γῆς μακρόθεν
σφόδρα ἥκασιν οἱ παῖδές σου ἐν ὀνόματι Κυρίου τοῦ θεοῦ σου·
ἀκηκόαμεν γὰρ τὸ ὄνομα αὐτοῦ, καὶ ὅσα ἐποίησεν ἐν Αἰγύπτῳ,
(10) 16 ¹⁶καὶ ὅσα ἐποίησεν τοῖς βασιλεῦσιν τῶν Ἀμορραίων οἳ ἦσαν πέραν
τοῦ Ἰορδάνου, τῷ Σηὼν βασιλεῖ τῶν Ἀμορραίων καὶ τῷ Ὢγ
βασιλεῖ τῆς Βασάν, ὃς κατῴκει ἐν Ἀσταρὼθ καὶ ἐν Ἐδράειν.

6 καθοτι] καθα AF | τον λαον]+Ισραηλ A+Κυριου F   7 om ουτως AF
AF | om Ιησους AF | του νομου τουτου] ταυτα F | τω νομω] om τω F
8 om νιων A | Ισραηλ 1°] hiat F multa desiderantur usque Ισραηλ 2°. | om
και 3° A (hab F .αι) | προσπορ.] προπορ. A (...πορ. F)   9 Κυριος] Ιησους
A | Ιεριχω A   10 ωμων] ονων A   11 om και 3° F | επανω] επ AF | ο
αρτος] οι αρτοι AF | του επισιτισμ. αυτων AF | ξηρος] ξηροι A εγενηθησαν
ξηροι F | om και ευρωτιων AF | βεβρωμενοι AF   12 ηλθον AF | Ισραηλ
1°] αυτων A | Ισραηλ 2°] προς παντα Ισλ A προς παντα τον λαον F | διαθεσ-
θαι A   13 εμοι] ημιν F | κατωκεις A | σοι διαθωμαι] διαθωμαι σοι A
διαθωμεθα σοι F   14 εστε] εσται F   15 ειπαν]+προς αυτον AF |
om του F | οσα] pr παντα F   16 οσα] pr παντα F | τοις βασιλευσιν] τοις
δυσι βασιλευσι AF | των Αμορραιων 2°] Εσεβων AF | Ασταγωθ B^b

437

ΙΗΣΟΥΣ

Β ¹⁷καὶ ἀκούσαντες εἶπαν πρὸς ἡμᾶς οἱ πρεσβύτεροι ἡμῶν καὶ 17 (11)
πάντες οἱ κατοικοῦντες τὴν γῆν ἡμῶν λέγοντες Λάβετε ἑαυτοῖς
ἐπισιτισμὸν εἰς τὴν ὁδὸν καὶ πορεύθητε εἰς συνάντησιν αὐτῶν, καὶ
ἐρεῖτε πρὸς αὐτούς Οἰκέται σού ἐσμεν, καὶ νῦν διάθεσθε ἡμῖν
διαθήκην. ¹⁸οὗτοι οἱ ἄρτοι, θερμοὺς ἐφωδιάσθημεν αὐτοὺς ἐν 18 (12)
τῇ ἡμέρᾳ ᾗ ἐξήλθομεν παραγενέσθαι πρὸς ὑμᾶς, νῦν δὲ ἐξηράν-
θησαν καὶ γεγόνασιν βεβρωμένοι· ¹⁹καὶ οὗτοι οἱ ἀσκοὶ τοῦ οἴνου 19 (13)
οὓς ἐπλήσαμεν καινούς, καὶ οὗτοι ἐρρώγασιν· καὶ τὰ ἱμάτια ἡμῶν
καὶ τὰ ὑποδήματα ἡμῶν πεπαλαίωται ἀπὸ τῆς πολλῆς ὁδοῦ
σφόδρα. ²⁰καὶ ἔλαβον οἱ ἄρχοντες τοῦ ἐπισιτισμοῦ αὐτῶν, καὶ 20 (14)
Κύριον οὐκ ἐπηρώτησαν. ²¹καὶ ἐποίησεν Ἰησοῦς πρὸς αὐτοὺς 21 (15)
εἰρήνην· καὶ διέθεντο πρὸς αὐτοὺς διαθήκην τοῦ διασῶσαι αὐτούς,
καὶ ὤμοσαν αὐτοῖς οἱ ἄρχοντες τῆς συναγωγῆς. ²²Καὶ 22 (16)
ἐγένετο μετὰ τρεῖς ἡμέρας μετὰ τὸ διαθέσθαι πρὸς αὐτοὺς δια-
θήκην, ἤκουσαν ὅτι ἐγγύθεν αὐτῶν εἰσιν, καὶ ὅτι ἐν αὐτοῖς κατοι-
κοῦσιν. ²³καὶ ἀπῆραν οἱ υἱοὶ Ἰσραὴλ καὶ ἦλθον εἰς τὰς πόλεις 23 (17)
αὐτῶν· αἱ δὲ πόλεις αὐτῶν Γαβαὼν καὶ Κεφειρὰ καὶ Βειρών,
καὶ πόλεις Ἰαρείν. ²⁴καὶ οὐκ ἐμαχέσαντο αὐτοῖς οἱ υἱοὶ Ἰσραήλ, 24 (18)
ὅτι ὤμοσαν αὐτοῖς πάντες οἱ ἄρχοντες Κύριον τὸν θεὸν Ἰσραήλ·
καὶ διεγόγγυσαν πᾶσα ἡ συναγωγὴ ἐπὶ τοῖς ἄρχουσιν. ²⁵καὶ 25 (19)
εἶπαν οἱ ἄρχοντες πάσῃ τῇ συναγωγῇ Ἡμεῖς ὠμόσαμεν αὐτοῖς
Κύριον τὸν θεὸν Ἰσραήλ, καὶ νῦν οὐ δυνησόμεθα ἅψασθαι αὐτῶν·
²⁶τοῦτο ποιήσομεν, ζωγρῆσαι αὐτούς, καὶ περιποιησόμεθα αὐτούς· 26 (20)
καὶ οὐκ ἔσται καθ' ἡμῶν ὀργὴ διὰ τὸν ὅρκον ὃν ὠμόσαμεν αὐτοῖς.
²⁷ζήσονται, καὶ ἔσονται ξυλοκόποι καὶ ὑδροφόροι πάσῃ τῇ συνα- 27 (21)
γωγῇ, καθάπερ εἶπαν αὐτοῖς οἱ ἄρχοντες. ²⁸καὶ συνεκάλεσεν 28 (22)
αὐτοὺς Ἰησοῦς καὶ εἶπεν αὐτοῖς Διὰ τί παρελογίσασθέ με λέγοντες
Μακρὰν ἀπὸ σοῦ ἐσμεν σφόδρα, ὑμεῖς δὲ ἐγχώριοί ἐστε, τῶν
κατοικούντων ἐν ἡμῖν; ²⁹καὶ νῦν ἐπικατάρατοί ἐστε· οὐ μὴ 29 (23)
ἐκλίπῃ ἐξ ὑμῶν δοῦλος οὐδὲ ξυλοκόπος ἐμοὶ καὶ τῷ θεῷ μου. ³⁰καὶ 30 (24)

AF 17 om ακουσαντες AF | εαυτοις] υμιν αυτοις F | ερειται A | σου] υμων AF | διαθεσθαι A   18 αρτοι]+ημων F   19 διαρρωγασιν F | ημων 2°] υμων A | πεπαλαιωνται AF   20 τους επισιτισμους A | Κυριον] pr τον F | ουκ] ου Bᵇ επερωτησαν AF   21 διεθετο AF   22 εισιν αυτων AF   23 ηλθον] εξηλθαν A ηλθαν F | Χεφειρα A | Βειρων] Βηθωρ Bᵃᵇᵐᵍ Βηρωθ AF | Ιαρειμ AF   24 οι υιοι] om F | αρχοντες]+της συναγωγης AF | Κυριον τον θεον] τον κν θν AF | συναγωγη]+Ισραηλ F   25 οι αρχοντες] pr παντες AF | om παση AF   26 om και περιποιησομεθα αυτους F   27 καθαπερ] pr και εποιησαν πασα η συναγωγη F   28 λεγοντες]+οτι F | εσμεν απο σου AF | εστε] εσμεν F* (εστε F¹)   29 εκλειπη AF | om ουδε AF | ξυλοκοπος]+και υδροφορος F

ΙΗΣΟΥΣ X 6

ἀπεκρίθησαν τῷ Ἰησοῖ λέγοντες Ἀνηγγέλη ἡμῖν ὅσα συνέταξεν B
Κύριος ὁ θεός σου Μωυσῇ τῷ παιδὶ αὐτοῦ, δοῦναι ὑμῖν τὴν γῆν
ταύτην, καὶ ἐξολεθρεῦσαι ἡμᾶς καὶ πάντας τοὺς κατοικοῦντας
ἐπ᾽ αὐτῆς ἀπὸ προσώπου ὑμῶν· καὶ ἐφοβήθημεν σφόδρα περὶ
τῶν ψυχῶν ἡμῶν ἀπὸ ' προσώπου ὑμῶν, καὶ ἐποιήσαμεν τὸ
(25) 31 πρᾶγμα τοῦτο· ³¹καὶ νῦν ἰδοὺ ἡμεῖς ὑποχείριοι ὑμῖν· ὡς ἀρέσκει
(26) 32 ὑμῖν καὶ ὡς δοκεῖ ὑμῖν, ποιήσατε ἡμῖν. ³²καὶ ἐποίησαν αὐτοῖς
οὕτως· καὶ ἐξείλατο αὐτοὺς Ἰησοῦς ἐν τῇ ἡμέρᾳ ἐκείνῃ ἐκ χειρῶν
(27) 33 υἱῶν Ἰσραήλ, καὶ οὐκ ἀνεῖλον αὐτούς. ³³καὶ κατέστησεν αὐτοὺς
Ἰησοῦς ἐν τῇ ἡμέρᾳ ἐκείνῃ ξυλοκόπους καὶ ὑδροφόρους πάσῃ
τῇ συναγωγῇ καὶ τῷ θυσιαστηρίῳ τοῦ θεοῦ· διὰ τοῦτο ἐγένοντο οἱ
κατοικοῦντες Γαβαὼν ξυλοκόποι καὶ ὑδροφόροι τοῦ θυσιαστηρίου
τοῦ θεοῦ ἕως τῆς σήμερον ἡμέρας¶ καὶ εἰς τὸν τόπον ὃν ἐὰν ἐκλέ- ¶ F
ξηται Κύριος.

X 1   ¹Ὡς δὲ ἤκουσεν. Ἀδωνιβέζεκ βασιλεὺς Ἰερουσαλὴμ ὅτι ἔλαβεν
Ἰησοῦς τὴν Γαὶ καὶ ἐξωλέθρευσεν αὐτήν· ὃν τρόπον ἐποίησαν τὴν
Ἰερειχὼ καὶ τὸν βασιλέα αὐτῆς, οὕτως ἐποίησαν τὴν Γαὶ καὶ τὸν
βασιλέα αὐτῆς, καὶ ὅτι αὐτομόλησαν οἱ κατοικοῦντες Γαβαὼν πρὸς
2 Ἰησοῦν καὶ πρὸς Ἰσραήλ· ²καὶ ἐφοβήθησαν ἀπ᾽ αὐτῶν σφόδρα· ᾔδει
γὰρ ὅτι μεγάλη πόλις Γαβαὼν ὡσεὶ μία τῶν μητροπόλεων, καὶ πάντες
3 οἱ ἄνδρες αὐτῆς ἰσχυροί. ³καὶ ἀπέστειλεν Ἀδωνιβέζεκ βασιλεὺς
Ἰερουσαλὴμ πρὸς Αἰλὰμ βασιλέα Χεβρὼν καὶ πρὸς Φειδὼν βασιλέα
Ἰερειμοὺθ καὶ πρὸς Ἰέφθα βασιλέα Λαχεὶς καὶ πρὸς Δαβεὶν βασιλέα
4 Ὀδολλὰμ λέγων ⁴Δεῦτε ἀνάβητε πρὸς μὲ καὶ βοηθήσατέ μοι, καὶ
ἐκπολεμήσωμεν Γαβαών· αὐτομόλησαν γὰρ πρὸς Ἰησοῦν καὶ πρὸς
5 τοὺς υἱοὺς Ἰσραήλ. ⁵καὶ ἀνέβησαν οἱ πέντε βασιλεῖς τῶν Ἰεβου-
σαίων, βασιλεὺς Ἰερουσαλὴμ καὶ βασιλεὺς Χεβρὼν καὶ βασιλεὺς
Ἰερειμοὺθ καὶ βασιλεὺς Λαχεὶς καὶ βασιλεὺς Ὀδολλάμ, αὐτοὶ καὶ
πᾶς ὁ λαὸς αὐτῶν, καὶ περιεκάθισαν τὴν Γαβαὼν καὶ ἐξεπολιόρκουν
6 αὐτήν. ⁶καὶ ἀπέστειλαν οἱ κατοικοῦντες Γαβαὼν πρὸς Ἰησοῦν εἰς

30 λεγοντες]+οτι F | ανηγγελη] απηγγελη A pr αγγελια F | υμιν F* AF
(ημιν F¹) | om ο θεος σου F | M. τω παιδι] M. παιδι A τω M. π. F | ημων]
υμων A   31 ημεις] η sup ras A¹ | υμιν 1°] υμων F | υμιν 3°] ημιν A |
ποιησατε] ποιησαι A   32 χειρων] χειρος AF   33 om δια τουτο...του θεου
2° A | ημερας] ημε|...F | εαν] αν A   X 1 εποιησεν A (bis) | Ιεριχω
BᵇA | την Γαι 2°] pr και A | ηυτομολησαν A   2 απ αυτων] εν εαυτοις A |
ηδει (ειδη B)] ηδισαν A | μεγαλη πολις] η πολις μεγαλη A | μια] pr και A
3 Φειδων] Φεραam A | Ιεριμουθ A | Ιεφθα] Ιαφιε A | Δαβειν (Λαβειν Bᵇ)]
Δαβειρ A   4 ηυτομολησαν A   5 Ιεριμουθ A | Οδολλαμ Bᵃᵇ (Οδολαμ
B*)] Οδολλαχ A   6 απεστειλαν] α 2° sup ras A¹ (απεστειλον A*ᵛⁱᵈ)

Β τὴν παρεμβολὴν Ἰσραὴλ εἰς Γάλγαλα λέγοντες Μὴ ἐκλύσῃς τὰς χεῖράς σου ἀπὸ τῶν παίδων σου· ἀνάβηθι πρὸς ἡμᾶς τὸ τάχος καὶ ἐξελοῦ ἡμᾶς καὶ βοήθησον ἡμῖν· ὅτι συνηγμένοι εἰσὶν ἐφ᾽ ἡμᾶς πάντες οἱ βασιλεῖς τῶν Ἀμορραίων οἱ κατοικοῦντες τὴν ὀρεινήν. ⁷καὶ ἀνέβη Ἰησοῦς ἐκ Γαλγάλων, αὐτὸς καὶ πᾶς ὁ λαὸς ὁ πολεμιστὴς μετ᾽ αὐτοῦ, πᾶς δυνατὸς ἐν ἰσχύι. ⁸καὶ εἶπεν Κύριος πρὸς Ἰησοῦν Μὴ φοβηθῇς αὐτούς, εἰς γὰρ τὰς χεῖράς σου παραδέδωκα αὐτούς· οὐχ ὑπολειφθήσεται ἐξ αὐτῶν οὐθεὶς ἐνώπιον ὑμῶν. ⁹καὶ ἐπεὶ παρεγένετο ἐπ᾽ αὐτοὺς Ἰησοῦς ἄφνω, ὅλην τὴν νύκτα εἰσεπορεύθη ἐκ Γαλγάλων. ¹⁰καὶ ἐξέστησεν αὐτοὺς Κύριος ἀπὸ προσώπου τῶν υἱῶν Ἰσραήλ, καὶ συνέτριψεν αὐτοὺς Κύριος συντρίψει μεγάλῃ ἐν Γαβαών· καὶ κατεδίωξαν αὐτοὺς ὁδὸν ἀναβάσεως Ὡρωνείν, καὶ κατέκοπτον αὐτοὺς ἕως Ἀζηκὰ καὶ ἕως Μακηδά. ¹¹ἐν τῷ δὲ φεύγειν αὐτοὺς ἀπὸ προσώπου τῶν υἱῶν Ἰσραὴλ ἐπὶ τῆς καταβάσεως Ὡρωνείν, καὶ Κύριος ἐπέρριψεν αὐτοῖς λίθους χαλάζης ἐκ τοῦ οὐρανοῦ ἕως Ἀζηκά· καὶ ἐγένοντο πλείους οἱ ἀποθανόντες διὰ τοὺς λίθους τῆς χαλάζης ἢ οὓς ἀπέκτειναν οἱ υἱοὶ Ἰσραὴλ μαχαίρᾳ ἐν τῷ πολέμῳ. ¹²Τότε ἐλάλησεν Ἰησοῦς πρὸς Κύριον, ᾗ ἡμέρᾳ παρέδωκεν ὁ θεὸς τὸν Ἀμορραῖον ὑποχείριον Ἰσραήλ, ἡνίκα συνέτριψεν αὐτοὺς ἐν Γαβαὼν καὶ συνετρίβησαν ἀπὸ προσώπου υἱῶν Ἰσραήλ· καὶ εἶπεν Ἰησοῦς

Στήτω ὁ ἥλιος κατὰ Γαβαών,
καὶ ἡ σελήνη κατὰ φάραγγα Αἰλών.
¹³καὶ ἔστη ὁ ἥλιος καὶ ἡ σελήνη ἐν στάσει,
ἕως ἠμύνατο ὁ θεὸς τοὺς ἐχθροὺς αὐτῶν.

καὶ ἔστη ὁ ἥλιος κατὰ μέσον τοῦ οὐρανοῦ, οὐ προεπορεύετο εἰς δυσμὰς εἰς τέλος ἡμέρας μιᾶς. ¹⁴καὶ οὐκ ἐγένετο ἡμέρα τοιαύτη οὐδὲ τὸ πρότερον οὐδὲ τὸ ἔσχατον ὥστε ἐπακοῦσαι θεὸν ἀνθρώπου· ὅτι Κύριος συνεπολέμησεν τῷ Ἰσραήλ. ¹⁶Καὶ ἔφυγον οἱ πέντε βασιλεῖς οὗτοι, καὶ κατεκρύβησαν εἰς τὸ σπήλαιον τὸ ἐν Μακηδά. ¹⁷καὶ ἀπηγγέλη τῷ Ἰησοῦ λέγοντες Εὕρηνται οἱ πέντε βασιλεῖς κεκρυμμένοι ἐν τῷ σπηλαίῳ τῷ ἐν Μακηδά. ¹⁸καὶ εἶπεν Ἰησοῦς Κυλίσατε λίθους ἐπὶ τὸ στόμα τοῦ σπηλαίου, καὶ κατα-

A 6 βοηθησον] β rescr Aᵃ 8 υπολειφθησεται Bᵃᵇ (υπολιφθ. B*)] υποστησεται A 9 επει] επι A | εισεπορευθη] επορευθη Ιησους A 10 om των υιων A | συντριψιν μεγαλην A | Ωρωνειν] Βηθωρων A | αυτους εως] τους εως sup ras Aᵃ¹ 11 των υιων] om των A | Ωρωνειν] Βηθωρων A | επιριψεν A 12 παρεδωκεν] pr η A | ο θεος] pr κ̅ς̅ A | om υιων A 15 και επεστρεψεν Ιησους καὶ πας ο λαος Ι̅η̅λ̅ μετ αυτου εις την παρεμβολην εις Γαλγαλα Bᵇ ᶜ ᵐᵍ (om B*A) 17 Ιησοι A 18 καταστησατε] καταστησεται επ αυτου A

ΙΗΣΟΥΣ X 29

19 στήσατε ἄνδρας φυλάσσειν ἐπ' αὐτούς· ¹⁹ὑμεῖς δὲ μὴ ἐστήκατε κατα- B
διώκοντες ὀπίσω τῶν ἐχθρῶν ὑμῶν, καὶ καταλάβετε τὴν οὐραγίαν
αὐτῶν καὶ μὴ ἀφῆτε εἰσελθεῖν εἰς τὰς πόλεις αὐτῶν· παρέδωκεν
20 γὰρ αὐτοὺς Κύριος ὁ θεὸς ἡμῶν εἰς τὰς χεῖρας ἡμῶν. ²⁰καὶ ἐγένετο ὡς
κατέπαυσεν Ἰησοῦς καὶ πᾶς υἱὸς Ἰσραὴλ κόπτοντες αὐτοὺς κοπὴν
μεγάλην σφόδρα ἕως εἰς τέλος, καὶ οἱ διασωζόμενοι διεσώθησαν εἰς
21 τὰς πόλεις τὰς ὀχυράς. ²¹καὶ ἀπεστράφη πᾶς ὁ λαὸς πρὸς Ἰησοῦν
εἰς Μακηδὰ ὑγιεῖς, καὶ οὐκ ἔγρυξεν οὐθεὶς τῶν υἱῶν Ἰσραὴλ τῇ
22 γλώσσῃ αὐτοῦ. ²²καὶ εἶπεν Ἰησοῦς Ἀνοίξατε τὸ σπήλαιον, καὶ
23 ἐξαγάγετε τοὺς πέντε βασιλεῖς τούτους ἐκ τοῦ σπηλαίου. ²³καὶ
ἐξηγάγοσαν τοὺς πέντε βασιλεῖς ἐκ τοῦ σπηλαίου, τὸν βασιλέα
Ἰερουσαλὴμ καὶ τὸν βασιλέα Χεβρὼν καὶ τὸν βασιλέα Ἱερειμοὺθ
24 καὶ τὸν βασιλέα Λαχεὶς καὶ τὸν βασιλέα Ὀδολλάμ. ²⁴καὶ ἐπεὶ ἐξή-
γαγον αὐτοὺς πρὸς Ἰησοῦν, καὶ συνεκάλεσεν Ἰησοῦς πάντα Ἰσραὴλ
καὶ τοὺς ἐναρχομένους τοῦ πολέμου τοὺς συνπορευομένους αὐτῷ λέγων
αὐτοῖς Προπορεύεσθε καὶ ἐπίθετε τοὺς πόδας ὑμῶν ἐπὶ τοὺς τραχή-
λους αὐτῶν. καὶ προσελθόντες ἐπέθηκαν τοὺς πόδας αὐτῶν ἐπὶ
25 τοὺς τραχήλους αὐτῶν. ²⁵καὶ εἶπεν πρὸς αὐτοὺς Ἰησοῦς Μὴ φοβη-
θῆτε αὐτοὺς μηδὲ δειλιάσητε· ἀνδρίζεσθε καὶ ἰσχύετε, ὅτι οὕτως ποιήσει
Κύριος πᾶσι τοῖς ἐχθροῖς ὑμῶν οὓς ὑμεῖς καταπολεμεῖτε αὐτούς.
26 ²⁶καὶ ἀπέκτεινεν αὐτοὺς Ἰησοῦς, καὶ ἐκρέμασεν αὐτοὺς ἐπὶ πέντε
27 ξύλων· καὶ ἦσαν κρεμάμενοι ἐπὶ τῶν ξύλων ἕως ἑσπέρας. ²⁷καὶ
8 ἐγενήθη πρὸς ἡλίου δυσμὰς ἐνετείλατο Ἰησοῦς, καὶ καθεῖλον αὐτοὺς
ἀπὸ τῶν ξύλων, καὶ ἔρριψαν αὐτοὺς εἰς τὸ σπήλαιον εἰς ὃ κατεφύγο-
σαν ἐκεῖ, καὶ ἐκύλισαν λίθους ἐπὶ τὸ σπήλαιον ἕως τῆς σήμερον
28 ἡμέρας. ²⁸Καὶ τὴν Μακηδὰν ἐλάβοσαν ἐν τῇ ἡμέρᾳ ἐκείνῃ, καὶ
ἐφόνευσαν αὐτὴν ἐν στόματι μαχαίρας καὶ ἐξωλέθρευσαν πᾶν ἔνπνεον
ὁ ἐν αὐτῇ, καὶ οὐ κατελείφθη ἐν αὐτῇ οὐδεὶς διασεσωσμένος καὶ
διαπεφευγώς· καὶ ἐποίησαν τῷ βασιλεῖ Μακηδὰν ὃν τρόπον ἐποίησαν
29 τῷ βασιλεῖ Ἰερειχώ. ²⁹Καὶ ἀπῆλθεν Ἰησοῦς καὶ πᾶς Ἰσραὴλ

19 αφητε]+αυτους A | αυτων 2°] αυτω sup ras B?vid   20 πας υιος] A
παντες οι υιοι A | κοπτοντες αυτους bis scr A   21 επεστραφη A | υγιεις]
υγιης B? (superscr ης) | ουθεις] ουδεις A   22 εξαγαγετε] εξενεγκατε A
23 om και εξηγ. τους πεντε βασιλεις εκ του σπηλ. B* (hab Ba mg inf A) | βασιλεις]
+τουτους A | Ιεριμουθ A   24 τους συνπορ. (συμπορ. BbA)] pr και
A | προσπορευεσθε A   25 Ιησους αν] sup ras Aa? (om Ιησους A*) | ουτως·
A   27 ενετειλατο] pr και A | καθειλεν A | κατεφυγον A | εκυλισαν] επε-
κυλισαν BabA   28 Μακηδα A (bis) | ελαβον A | μαχαιρας] ξιφους Bab mg A |
παν ενπν.] pr αυτους και· A | εν αυτη,1°] pr ο ην Bab | ουδεις εν αυτη A |
Ιεριχω A   29 Ισραηλ] ο λαος ο A

ΙΗΣΟΥΣ

B μετ' αὐτοῦ ἐκ Μακηδὰ εἰς Λεβνά, καὶ ἐπολιόρκει Λεβνά. ³⁰καὶ παρέ- 30
δωκεν αὐτὴν Κύριος εἰς χεῖρας Ἰσραήλ, καὶ ἔλαβον αὐτὴν καὶ τὸν
βασιλέα αὐτῆς, καὶ ἐφόνευσεν αὐτὴν ἐν στόματι ξίφους καὶ πᾶν
ἔνπνεον ἐν αὐτῇ, καὶ οὐ κατελείφθη ἐν αὐτῇ διασεσωσμένος καὶ
διαπεφευγώς· καὶ ἐποίησαν τῷ βασιλεῖ αὐτῆς ὃν τρόπον ἐποίησαν
τῷ βασιλεῖ Ἰερειχώ. ³¹Καὶ ἀπῆλθεν Ἰησοῦς καὶ πᾶς Ἰσραὴλ 31
μετ' αὐτοῦ ἐκ Λεβνὰ εἰς Λαχείς, καὶ περιεκάθισεν αὐτὴν καὶ ἐπολιόρκει
αὐτήν. ³²καὶ παρέδωκεν Κύριος τὴν Λαχεὶς εἰς τὰς χεῖρας Ἰσραήλ, 32
καὶ ἔλαβεν αὐτὴν ἐν τῇ ἡμέρᾳ τῇ δευτέρᾳ, καὶ ἐφόνευσαν αὐτὴν ἐν
στόματι ξίφους, καὶ ἐξωλέθρευσαν αὐτὴν ὃν τρόπον ἐποίησαν τὴν
Λεβνά. ³³Τότε ἀνέβη Αἰλὰμ βασιλεὺς Γάζης βοηθήσων τῇ 33
Λαχείς· καὶ ἐπάταξεν αὐτὸν Ἰησοῦς ἐν στόματι ξίφους καὶ τὸν λαὸν
αὐτοῦ, ἕως τοῦ μὴ καταλειφθῆναι αὐτῶν σεσωσμένον καὶ διαπεφευ-
γότα. ³⁴Καὶ ἀπῆλθεν Ἰησοῦς καὶ πᾶς Ἰσραὴλ μετ' αὐτοῦ ἐκ 34
Λαχεὶς εἰς Ὀδολλάμ, καὶ περιεκάθισεν αὐτὴν καὶ ἐπολιόρκησεν
αὐτήν. ³⁵καὶ παρέδωκεν αὐτὴν Κύριος ἐν χειρὶ Ἰσραήλ, καὶ ἔλαβεν 35
αὐτὴν ἐν τῇ ἡμέρᾳ ἐκείνῃ, καὶ ἐφόνευσεν αὐτὴν ἐν στόματι ξίφους,
καὶ πᾶν ἐνπνέον ἐν αὐτῇ ἐφόνευσαν, ὃν τρόπον ἐποίησαν τῇ
Λαχείς. ³⁶Καὶ ἀπῆλθεν Ἰησοῦς καὶ πᾶς Ἰσραὴλ μετ' αὐτοῦ εἰς 36
§ F Χεβρών, καὶ περιεκάθισεν αὐτήν· ³⁷καὶ ἐπάταξεν αὐτὴν ἐν στόματι 37
ξίφους καὶ πᾶν ἐνπνέον ὅσα ἦν ἐν αὐτῇ· οὐκ ἦν διασεσωσμένος· ὃν
τρόπον ἐποίησαν τὴν Ὀδολλάμ, ἐξωλέθρευσαν αὐτὴν καὶ ὅσα ἦν ἐν
αὐτῇ. ³⁸Καὶ ἀπέστρεψεν Ἰησοῦς καὶ πᾶς Ἰσραὴλ εἰς Δαβείρ, καὶ 38
περικαθίσαντες αὐτὴν ³⁹ἔλαβον αὐτὴν καὶ τὸν βασιλέα αὐτῆς καὶ τὰς 39
κώμας αὐτῆς, καὶ ἐπάταξαν αὐτὴν ἐν στόματι ξίφους, καὶ ἐξωλέθρευσαν
αὐτὴν καὶ πᾶν ἐνπνέον ἐν αὐτῇ, καὶ οὐ κατέλιπον αὐτῇ οὐδένα
διασεσωσμένον· ὃν τρόπον ἐποίησαν τὴν Χεβρὼν καὶ τῷ βασιλεῖ
αὐτῆς, οὕτως ἐποίησαν τῇ Δαβεὶρ καὶ τῷ βασιλεῖ αὐτῆς. ⁴⁰Καὶ 40
ἐπάταξεν Ἰησοῦς πᾶσαν τὴν γῆν τῆς ὀρεινῆς καὶ τὴν Ναβαὶ καὶ τὴν

AF 29 εκ] εν A | Λεβνα bis] Λεβμνα A   30 και 1°] + κϛ A* (ras A¹?) |
εις χειρας] εν χειρι A | ελαβεν A | εφονευσαν Bᵃᵇ A | ξιφους] μαχαιρας Bᵃʰ ᵐᵍ |
διασεσωσμενος] pr ουδε εις A | εποιησεν A bis | Ιερειχω] Ιερει sup ras Bᵃ
Ιερεχω A   31 Λεβνα] Λαβμνα A | περιεκαθισαν A   32 εφονευσαν A | εξω-
λεθρευσαν A | εποιησεν A | την Λεβνα] τη Λαβμνα A   33 αυτων] αυτω A
34 εκ] εις B | επολιορκησεν] επολιορκει A   36 περιεκαθισαν A   37 επα-
ταξαν A | παν ενπνεον (εμπν. Bᵇ ita ubique] παντα τα εννηεοντα A | ουκ
ην] pr και F | τη Οδολλαμ AF | om ην 3° F   39 τας κωμας] τας πασας
κ. A πασας τας κ. F | κατελειπον AF | om αυτη AF | τη Χεβρων AF | om
και τω βασιλει αυτης 1° AF | τω βασ. αυτης 2°] + καθαπερ εποιησαν τῃ
Λεβμνα (Λεμνα F) και τω βασιλει αυτης AF   40 Ναβαι] Ναγεβ AF

ΙΗΣΟΥΣ XI 7

πεδινὴν καὶ τὴν Ἀσηδὼθ καὶ τοὺς βασιλεῖς αὐτῆς· οὐ κατέλιπον B
αὐτῶν σεσωσμένον, καὶ πᾶν ἐνπνέον ζωῆς ἐξωλέθρευσεν, ὃν τρόπον
41 ἐνετείλατο Κύριος ὁ θεὸς Ἰσραήλ· 41ἀπὸ Καδὴς Βαρνὴ ἕως Γάζης,
42 πᾶσαν τὴν Γόσομ ἕως τῆς Γαβαών. 42καὶ πάντας τοὺς βασιλεῖς αὐτῶν
καὶ τὴν γῆν αὐτῶν ἐπάταξεν Ἰησοῦς εἰς ἅπαξ· ὅτι Κύριος ὁ θεὸς
Ἰσραὴλ συνεπολέμει τῷ Ἰσραήλ.

XI 1   1Ὡς δὲ ἤκουσεν Ἰαβεὶς βασιλεὺς Ἀσώρ, ἀπέστειλεν πρὸς Ἰωβὰβ
βασιλέα Μαρρὼν καὶ πρὸς βασιλέα Συμοὼν καὶ πρὸς βασιλέα Ἀζείφ,
2 2καὶ πρὸς τοὺς βασιλεῖς τοὺς κατὰ Σιδῶνα τὴν μεγάλην, εἰς τὴν ὀρεινὴν
καὶ εἰς τὴν Ῥαβὰ ἀπέναντι Κενερώθ, καὶ εἰς τὸ πεδίον καὶ εἰς Φεναεδδώρ,
3 3καὶ εἰς τοὺς παραλίους (3)Χαναναίους ἀπὸ ἀνατολῶν καὶ εἰς τοὺς παρα-
λίους Ἀμορραίους καὶ Εὐαίους καὶ Ἰεβουσαίους καὶ Φερεζαίους τοὺς ἐν
4 τῷ ὄρει καὶ τοὺς Χετταίους τοὺς ὑπὸ τὴν ἔρημον εἰς τὴν Μασευμάν. 4καὶ
ἐξῆλθον αὐτοὶ καὶ οἱ βασιλεῖς αὐτῶν μετ' αὐτῶν, ὥσπερ ἡ ἄμμος τῆς θα-
5 λάσσης τῷ πλήθει, καὶ ἵπποι καὶ ἅρματα πολλὰ σφόδρα. 5καὶ συνῆλθον
πάντες οἱ βασιλεῖς αὐτοὶ καὶ παρεγένοντο ἐπὶ τὸ αὐτό, καὶ παρενέ-
6 βαλον ἐπὶ τοῦ ὕδατος Μαρρὼν πολεμῆσαι τὸν Ἰσραήλ. 6καὶ εἶπεν
Κύριος πρὸς Ἰησοῦν Μὴ φοβηθῇς ἀπὸ προσώπου αὐτῶν, ὅτι αὔριον
ταύτην τὴν ὥραν ἐγὼ παραδίδωμι τετροπωμένους αὐτοὺς ἐναντίον τοῦ
Ἰσραήλ· τοὺς ἵππους αὐτῶν νευροκοπήσεις, καὶ τὰ ἅρματα αὐτῶν
7 κατακαύσεις ἐν πυρί. 7καὶ ἦλθεν Ἰησοῦς καὶ πᾶς ὁ λαὸς ὁ πολεμιστὴς
ἐπ' αὐτοὺς ἐπὶ τὸ ὕδωρ Μαρρὼν ἐξάπινα, καὶ ἐπέπεσαν ἐπ' αὐτοὺς ἐν

40 κατελιπον] κατελειπαν A κατελειπον F | αυτων] εν αυτη AF | σεσω- AF
σμενον] διασεσωσμ. AF | ζωης] εξ αυτης A | εξωλεθρευσαν A   41 απο
Καδης] pr και απεκτεινεν αυτους Ιησους AF | Γοσομ] pr γην AF   42 παν-
τας] πασας A | αυτων] αυτου A τουτους F | και 2°] τους κατα A | επαταξεν]
ελαβεν AF | om ο θεος Ισραηλ A   XI 1 Ιαβειν F | Μαρρων BF (Μαρρω.')]
Μαδων A | Συμοων] Σομερων AF | Αζειφ] Αχιφ A Αχειβ F   2 τους
βασιλεις] om τους. F | τους κατα Σιδ.] την κατα Σιδ. F | Ραβα] Ραβαθ A
Ραθ F | Κενερωθ] Χενερεθθι A Χενερεθ F | Φεναεδδωρ] Ναφεδωρ A* Να-
φεθδωρ A¹F   3 παραλιους 2°] a 2° sup ras 3 circ litt A¹ | Αμορραιους]
Χαναναιους A* (Αμορρ sup ras Aᵃ?) | Ευ. και Ιεβ. (Ιβ. Bᵇ) και Φερ. τους
εν τω ορει και τους Χεττ.] τους Χεττ. και Φερεζεους (sic) και Ιεβ. τους εν
τω ορει A τους Χεττ. και Φερεζαιους και Ιεβουσαιους τους εν τω ορει και τους
Ευαιους F | ερημον] Αερμων AF | Μασευμαν] Μασσηφαθ A Μασσηφα F
4 μετ αυτων] pr οι F | της θαλασσης] pr η παρα το χειλος A pr η επι του χει-
λους F   5 αυτοι] ουτοι AF | παρεγενοντο] ηλθον F | επι το αυτο] προς
αυτον A | παρενεβαλον]+επι το αυτο AF | Μερρων AF   6 ταυτην την
ωραν] την ωραν ταυτην AF | τετροπ. αυτους] αυτους τετροπ. A αυτους τετρωμ.
F | του Ισραηλ] υιων Ισρ. A των υιων Ισρ. F | om εν AF | om πυρι F
7 επ αυτους 1°] μετ αυτου F | Μερρων F | επεπεσαν] επεσαν A | επ αυτους 2°
BF¹] αυτοις AF*

443

B τῇ ὀρεινῇ. ⁸καὶ παρέδωκεν αὐτοὺς Κύριος ὑποχειρίους Ἰσραήλ, καὶ 8 κόπτοντες αὐτοὺς κατεδίωκον ἕως Σιδῶνος τῆς μεγάλης καὶ ἕως Μασερὼν καὶ ἕως τῶν πεδίων Μασσὼχ κατ' ἀνατολάς· καὶ κατέκοψαν αὐτοὺς ἕως τοῦ μὴ καταλειφθῆναι αὐτῶν διασεσωσμένον. ⁹καὶ 9 ἐποίησεν αὐτοῖς Ἰησοῦς ὃν τρόπον ἐνετείλατο αὐτῷ Κύριος· τοὺς ἵππους αὐτῶν ἐνευροκόπησεν καὶ τὰ ἅρματα αὐτῶν ἐνέπρησεν ἐν πυρί. ¹⁰Καὶ ἀπεστράφη Ἰησοῦς ἐν τῷ καιρῷ ἐκείνῳ, καὶ κατε- 10 λάβετο Ἀσὼρ καὶ τὸν βασιλέα αὐτῆς· ἦν δὲ Ἀσὼρ τὸ πρότερον ἄρχουσα πασῶν τῶν βασιλειῶν τούτων. ¹¹καὶ ἀπέκτειναν πᾶν 11 ἐνπνέον ἐν αὐτῇ ἐν ξίφει καὶ ἐξωλέθρευσαν πάντας, καὶ οὐ κατελείφθη ἐν αὐτῇ ἐνπνέον· καὶ τὴν Ἀσὼρ ἐνέπρησαν ἐν πυρί. ¹²καὶ πάσας 12 τὰς πόλεις τῶν βασιλέων καὶ τοὺς βασιλεῖς αὐτῶν ἔλαβεν Ἰησοῦς καὶ ἀνεῖλεν αὐτοὺς ἐν στόματι ξίφους, καὶ ἐξωλέθρευσαν αὐτοὺς ὃν τρόπον συνέταξεν Μωυσῆς ὁ παῖς Κυρίου. ¹³ἀλλὰ πάσας τὰς πόλεις τὰς 13 κεχωματισμένας οὐκ ἐνέπρησεν Ἰσραήλ· πλὴν Ἀσὼρ μόνην ἐνέπρησεν Ἰσραήλ. ¹⁴καὶ πάντα τὰ σκῦλα αὐτῆς ἐπρονόμευσαν ἑαυτοῖς οἱ υἱοὶ 14 Ἰσραήλ· αὐτοὺς δὲ πάντας ἐξωλέθρευσαν ἐν στόματι ξίφους ἕως ἀπώλεσεν αὐτούς, οὐ κατέλιπον ἐξ αὐτῶν οὐδὲ ἓν ἐνπνέον. ¹⁵ὃν 15 τρόπον συνέταξεν Κύριος τῷ Μωυσῇ τῷ παιδὶ αὐτοῦ, καὶ Μωυσῆς ὡσαύτως ἐνετείλατο τῷ Ἰησοῖ, καὶ οὕτως ἐποίησεν Ἰησοῦς· οὐ παρέβη οὐδὲν ἀπὸ πάντων ὧν συνέταξεν αὐτῷ Μωυσῆς. ¹⁶Καὶ ἔλαβεν 16 Ἰησοῦς πᾶσαν τὴν γῆν τὴν ὀρεινὴν καὶ πᾶσαν τὴν Ἀδεβ κ[αὶ] πᾶσαν τὴν γῆν Γόσομ καὶ τὴν πεδινὴν καὶ τὴν πρὸς δυσμαῖς, καὶ τὸ ὄρος Ἰσραὴλ καὶ τὰ ταπεινὰ ¹⁷τὰ πρὸς τῷ ὄρει ἀπὸ ὄρους Ἀχέλ, καὶ ὃ 17 προσαναβαίνει εἰς Σηεὶρ καὶ ἕως Βαλαγάδ, καὶ τὰ πεδία τοῦ Λιβάνου ὑπὸ τὸ ὄρος τὸ Ἀερμών· καὶ πάντας τοὺς βασιλεῖς αὐτῶν ἔλαβεν καὶ

AF 8 κατεδιωκον]+αυτους A | Σειδωνος B* (Σιδων. B^b AF) | Μασερων] Μασρεφωθμαειμ A Μασρεφωθμαιθ F^vid | Μασσωχ] Μασσηφα A Μασηκαφατ F | κατ] κατα F | om και 5° AF | κατεκοψεν A | om μη F | διασεσωσμ.]+και διαπεφευγοτα F 9 ον τροπον] καθοτι A | αρματα]+αυτα F | ενεπρησεν] κατεκαυσεν AF 10 απεστραφη] επεστρεψεν AF | Ιησους]+και πας Ισραηλ μετ αυτου F | Ασωρ 1°] pr την F | ην δε Ασωρ] οτι Ασωρ ην A η δε Ασωρ ην F | αρχουσαν F 11 απεκτεινεν A | ξιφει] στοματι ξιφους AF | εξωλεθρευσεν AF | συνεταξεν] ενετειλατο F 13 ενεπρησεν 2°] pr αυτην AF | Ισραηλ 2°] Ιησους A 14 ξιφους]+οι υιοι Ισραηλ F | απωλεσαν F | κατελειπον AF | om εξ AF | ουδε εν] ουδεν F 15 τω Μωυση] om τω F | ουδεν] ουδε αυτω Μωυσης] κ̅ς̅ τω Μωυση AF 16 την Αδεβ] την γην την Ναγεβ A τ[ην] γην] Αγ.β F | ορος] οριον A | ταπεινα] πεδινα A 17 om απο ορους A[F] Αχελ] Αλακ A Ααλακ F | Σηειρα A | Βαλγαδ A | τα πεδια] το πεδιον AF το Αερμων] om το F | τους βασ. αυτων παντας AF

ΙΗΣΟΥΣ XII 5

18 ἀνεῖλεν καὶ ἀπέκτεινεν. ¹⁸καὶ πλείους ἡμέρας ἐποίησεν Ἰησοῦς πρὸς B
19 τοὺς βασιλεῖς τούτους τὸν πόλεμον. ¹⁹οὐκ ἦν πόλις ἣν οὐκ ἔλαβεν
20 Ἰσραήλ· πάντα ἐλάβοσαν ἐν πολέμῳ, ²⁰ὅτι διὰ Κυρίου ἐγένετο κατισχῦσαι αὐτῶν τὴν καρδίαν συναντᾶν εἰς πόλεμον πρὸς Ἰσραήλ, ἵνα ἐξολεθρευθῶσιν, ὅπως μὴ δοθῇ αὐτοῖς ἔλεος ἀλλ᾽ ἵνα ἐξολεθρευθῶσιν
21 ὃν τρόπον εἶπεν Κύριος πρὸς Μωυσῆν. ²¹Καὶ ἦλθεν Ἰησοῦς ἐν τῷ καιρῷ ἐκείνῳ καὶ ἐξωλέθρευσεν τοὺς Ἐνακεὶμ ἐκ τῆς ὀρεινῆς, ἐκ Χεβρὼν καὶ ἐκ Δαβεὶρ καὶ ἐξ Ἀναβὼθ καὶ ἐκ παντὸς γένους Ἰσραὴλ καὶ ἐκ παντὸς ὄρους Ἰούδα, σὺν ταῖς πόλεσιν αὐτῶν· καὶ ἐξωλέθρευσεν
22 αὐτοὺς Ἰησοῦς. ²²οὐ κατελείφθη τῶν Ἐνακεὶμ ἀπὸ τῶν υἱῶν Ἰσραήλ,
23 ἀλλὰ πλὴν ἐν Γάζῃ καὶ ἐν Ἀσελδὼ κατελείφθη. ²³καὶ ἔλαβεν Ἰησοῦς πᾶσαν τὴν γῆν, καθότι ἐνετείλατο Κύριος τῷ Μωυσῇ· καὶ ἔδωκεν αὐτοὺς Ἰησοῦς ἐν κληρονομίᾳ Ἰσραὴλ ἐν μερισμῷ κατὰ φυλὰς αὐτῶν. καὶ ἡ γῆ κατέπαυσεν πολεμουμένη.

II 1 ¹Καὶ οὗτοι οἱ βασιλεῖς τῆς γῆς οὓς ἀνεῖλον οἱ υἱοὶ Ἰσραὴλ καὶ κατεκληρονόμησαν τὴν γῆν αὐτῶν πέραν τοῦ Ἰορδάνου ἀφ᾽ ἡλίου ἀνατολῶν, ἀπὸ φάραγγος Ἀρνῶν ἕως τοῦ ὄρους Ἀερμών, καὶ πᾶσαν
2 τὴν γῆν Ἀραβὰ ἀπ᾽ ἀνατολῶν· ²Σηὼν τὸν βασιλέα τῶν Ἀμορραίων, ὃς κατῴκει ἐν Ἑσεβών, κυριεύων ἀπὸ Ἀρνών, ἥ ἐστιν ἐν τῇ φάραγγι κατὰ μέρος τῆς φάραγγος, καὶ τὸ ἥμισυ τῆς Γαλαὰδ ἕως Ἰαβόκ, ὅρια
3 υἱῶν Ἀμμών, ³καὶ Ἀραβὰ ἕως τῆς θαλάσσης Χενέρεθ κατ᾽ ἀνατολὰς καὶ ἕως τῆς θαλάσσης Ἀραβά, θάλασσαν τῶν ἁλῶν ἀπὸ ἀνατολῶν
4 ὁδὸν τὴν κατὰ Ἀσειμώθ, ἀπὸ Θαιμὰν τὴν ὑπὸ Μηδὼθ Φασγά· ⁴καὶ Ὢγ βασιλεὺς Βασὰ ὑπελείφθη ἐκ τῶν γιγάντων, ὁ κατοικῶν ἐν
5 Ἀσταρὼθ καὶ ἐν Ἐδράειν, ⁵ἄρχων ἀπὸ ὄρους Ἀερμὼν καὶ ἀπὸ Σεκχαί, καὶ πᾶσαν τὴν Βασὰν ἕως ὁρίων Γεργεσεὶ καὶ τὴν Μαχεὶ καὶ τὸ ἥμισυ

17 ανειλεν]+αυτους AF   18 ημερας πλιους A | βασιλεις τουτους] AF βασιλεις| τους F   19 ουκ ην] pr και AF | ην ουκ ελαβεν] ητις ου παρεδωκεν τοις υιοις AF | παντα] παντας A πασας F | ελαβοσαν] ελαβεν A ελαβον F 20 την καρδιαν αυτων AF   21 (inc) nonnulla desiderantur in F | Αναβωθ] Ανωβ AF | γενους] ορους A οριου F   22 κατελειφθη 1°] κατελειφθησαν A | των Ενακειμ] τω Ενακιμ A | απο] υπο A | Γαζη] Γαζηβ A+και εν Γεθ AF | Ασελδω] Αδωθ A Ασηδωθ F | κατελειφθη 2°] κατελειφθησαν AF 23 αυτους] αὐτὴν Aᵃ? (ην sup ras) αυτοις F* (αυτους F¹)   XII 1 ανειλεν AF | οι υιοι Ισρ.] pr Μωυσης και AF (Μω|...s και) om οι A | κατεκληη... ομησαν την|..ν αυτων πε|.αν F | αφ] απο AF | Αερμων] a rescr Aᵇ? | om γην AF | απ] απο AF   2 τον βασ..των Αμορρ.] βασιλεα Αμορραιων F | Αρνων] Αροηρ AF | φαραγγι]+Αρνων F   3 Χενερεθ] Χεννερεθ A της Χενερεθ F | κατα Ασειμωθ] κατ Ασι. A κατ Αισι. Fᵛⁱᵈ (κατα|ισ.) | απο 2°] υπο AF | υπο] απο F | Μηδωθ] Ασηδωθ AF   4 Βασαν AF | Εδραειμ F   5 Σεκχαι] Ασελχα A Σελχα F | Γεργεσει] Γεσουρι AF | Μαχει] Μαχατι A Μαχαθι F

XII 6 ΙΗΣΟΥΣ

B Γαλαάδ, ὁρίων Σηὼν βασιλέως Ἐσεβών. ⁶Μωυσῆς ὁ παῖς Κυρίου καὶ 6
οἱ υἱοὶ Ἰσραὴλ ἐπάταξαν αὐτούς· καὶ ἔδωκεν αὐτὴν Μωυσῆς ἐν κληρο-
νομίᾳ Ῥουβὴν καὶ Γὰδ καὶ τῷ ἡμίσει φυλῆς Μανασσῆ. ⁷Καὶ 7
οὗτοι οἱ βασιλεῖς τῶν Ἀμορραίων οὓς ἀνεῖλεν Ἰησοῦς καὶ οἱ υἱοὶ Ἰσραὴλ
ἐν τῷ πέραν τοῦ Ἰορδάνου παρὰ θάλασσαν Βαλαγαδὰ ἐν πεδίῳ
Λιβάνῳ καὶ ἕως τοῦ ὄρους Χελχὰ ἀναβαινόντων εἰς Σηείρ, καὶ ἔδωκεν
αὐτὸν Ἰησοῦς ταῖς φυλαῖς Ἰσραὴλ κληρονομεῖν κατὰ κλῆρον αὐτῶν,
⁸ἐν τῷ ὄρει καὶ ἐν τῷ πεδίῳ καὶ ἐν Ἀραβὰ καὶ ἐν Ἀσηδὼθ καὶ ἐν τῇ 8
ἐρήμῳ καὶ Ναγεβ, τὸν Χετταῖον καὶ τὸν Ἀμορραῖον καὶ τὸν Χαναναῖον
καὶ τὸν Φερεζαῖον καὶ τὸν Εὐαῖον καὶ τὸν Ἰεβουσαῖον· ⁹καὶ τὸν 9
βασιλέα Ἰερειχὼ καὶ τὸν βασιλέα τῆς Γαί, ἥ ἐστιν πλησίον Βαιθήλ,
¹⁰βασιλέα Ἰερουσαλήμ, βασιλέα Χεβρών, ¹¹βασιλέα Ἰερειμούθ, βασιλέα ¹⁰₁₁
⁋F Λαχείς, ¹²βασιλέα Αἰλάμ,⁋ βασιλέα Γάζερ, ¹³βασιλέα Δαβείρ, βασιλέα ¹²₁₃
Ἄσει, ¹⁴βασιλέα Ἑρμάθ, βασιλέα Αἰράθ, βασιλέα Ἀράθ, ¹⁵βασιλέα ¹⁴₁₅
Λεβνά, βασιλέα Ὀδολλάμ, ¹⁶βασιλέα Ἠλάδ, ¹⁷βασιλέα Ἀταφούτ, ¹⁶₁₇
βασιλέα Ὄφερ, ¹⁸βασιλέα Ὀφὲκ τῆς Ἀρώκ, ¹⁹βασιλέα Ἀσόμ, ²⁰βασιλέα 18—20
Συμοών, βασιλέα Μαμρώθ, βασιλέα Ἀζείφ, ²¹,²²βασιλέα Κάδης, βασιλέα 21—22
Ζακάχ, βασιλέα Μαρεδὼθ καὶ βασιλέα Ἰεκὸμ τοῦ Χερμέλ, ²³βασιλέα 23
Ἐλδὼμ τοῦ Φεννεδδώρ, βασιλέα Γεεὶ τῆς Γαλειλαίας, ²⁴βασιλέα Θαρσά· 24
πάντες οὗτοι βασιλεῖς εἴκοσι ἐννέα.

¹Καὶ Ἰησοῦς πρεσβύτερος προβεβηκὼς τῶν ἡμερῶν. καὶ εἶπεν 1 XI
Κύριος πρὸς Ἰησοῦν Σὺ προβέβηκας τῶν ἡμερῶν, καὶ ἡ γῆ ὑπολέ-
λειπται πολλὴ εἰς κληρονομίαν. ²καὶ αὕτη ἡ γῆ καταλελιμμένη· ὅρια 2

AF 5 βασιλεως] ω sup ras A^{ab} (βασιλευς A*^{fort}) 6 αυτην] αυτους F*
(αυτην F¹^{(vid)}) | κληρονομια] κληρω AF | ημισει] ημισυ F 7 Ιησους sup
ras A^{a1} (Μωυσης A*^{fort}) | θαλασσαν] pr την A | Βαλαγαδα] Βαλγαδ A
Βααλγαδ F | πεδιω] pr τω AF | Λιβανω B*^{b}] του Λιβανου B^{a mg} AF |
του ορους] om του AF | Χελχα] του Αλοκ A του Αλακ F | Σηειρ] Σεειρα
AF | αυτον] αυτην AF | κληρονομειν] κληρονομιαν AF | αυτων] αυτου F
8 Ασηδωθ] Μηδωθ A | Ναγεβ] εν Αγεβ A εν Ναγεβ F | Φερεζεον A 9 om
και 1° AF | Ιερειχω B^bA | Βαιθηλ] Γεθ A 10 βασιλεα 1°] pr και F
11 Ιερειμουθ] Ιεριμου A Ιεριμουθ F 12 Αιλαμ] Εγλωμ A Εγλων F 13 Ασει]
Γαδερ A 14 Ερμα A | βασ. Αιραθ βασ. Αραθ] βασ. Αδερ A 15 Λεβνα]
Λεβμνα A 16 Ηλαδ] Μακηδα A 17 Αταφουτ (τ 2° sup ras B^a)]
Θαφφου A 18 Οφεκ] Αφεκ A | om της Αρωκ A 19 Ασομ] Ασωρ A
20 Συμοων] Σαμρων A + βασιλεα Φασγα A (βασιλεα sup ras A^a) | Μαμρωθ]
Μαρων A | Αζειφ] Αχσαφ A 21—22 βασ. Καδης βασ. Ζακαχ βασ.
Μαρεδωθ] βασ. Θαναχ βασ. Μαγεδδων βασ. Κεδες A | Ιεκομ] Ιεκοναμ A
23 Ελδωμ] Αδδωρ A | Φεννεδδωρ (Φενεδδωρ B^{a(txt)b} Φενναεδδωρ B^{a mg})]
Ναφεδδωρ A | Γεει] Γωειμ A | Γαλειλαιας (λα sup ras B^a Γαλιλαιας B^b)]
Γελγεα A 24 Θαρσα] Θερμα A | εννεα] pr και A XIII 1 η γη]+η A

446

ΙΗΣΟΥΣ XIII 14

3 Φυλιστιείμ, ὁ Γεσειρεὶ καὶ ὁ Χαναναῖος· ³ἀπὸ τῆς ἀοικήτου τῆς κατὰ Β πρόσωπον Αἰγύπτου ἕως τῶν ὁρίων Ἀκκαρὼν ἐξ εὐωνύμων τῶν Χαναναίων προσλογίζεται ταῖς πέντε σατραπίαις τῶν Φυλιστιείμ, τῷ Γαζαίῳ καὶ τῷ Ἀζωτείῳ καὶ τῷ Ἀσκαλωνείτῃ καὶ τῷ Γεθθαίῳ καὶ τῷ
4 Ἀκκαρωνείτῃ καὶ τῷ Εὐαίῳ· ⁴ἐκ Θαιμὰν καὶ πάσῃ γῇ Χανάαν ἐναντίον
5 Γάζης, καὶ οἱ Σιδώνιοι ἕως Ταφὲκ ἕως τῶν ὁρίων τῶν Ἀμορραίων· ⁵καὶ πᾶσαν τὴν γῆν Γαλιὰθ Φυλιστιείμ καὶ πάντα τὸν Λίβανον ἀπὸ ἀνατολῶν ἡλίου, ἀπὸ Γαλγαὰ ὑπὸ τὸ ὄρος τὸ Ἀερμὼν ἕως τῆς εἰσόδου
6 Ἐμάθ· ⁶πᾶς ὁ κατοικῶν τὴν ὀρεινὴν ἀπὸ τοῦ Λιβάνου ἕως τῆς Μασερεθμεμφωνμάιμ, πάντας τοὺς Σιδωνίους, ἐγὼ αὐτοὺς ἐξολεθρεύσω ἀπὸ προσώπου Ἰσραήλ· ἀλλὰ διάδος αὐτὴν ἐν κλήρῳ τῷ Ἰσραήλ, ὃν
7 τρόπον σοι ἐνετειλάμην. ⁷καὶ νῦν μέρισον τὴν γῆν ταύτην ἐν κληρονομίᾳ ταῖς ἐννέα φυλαῖς καὶ τῷ ἡμίσει φυλῆς Μανασσῆ, ἀπὸ τοῦ Ἰορδάνου ἕως τῆς θαλάσσης τῆς μεγάλης κατὰ δυσμὰς ἡλίου δώσεις
8 αὐτήν· ἡ θάλασσα ἡ μεγάλη ὁριεῖ. ⁸ταῖς φυλαῖς καὶ τῷ ἡμίσει φυλῆς Μανασσῆ, τῷ Ῥουβὴν καὶ τῷ Γάδ, ἔδωκεν Μωυσῆς ἐν τῷ πέραν τῷ Ἰορδάνῃ· κατ' ἀνατολὰς ἡλίου δέδωκεν αὐτῷ Μωυσῆς. ὁ παῖς Κυρίου,
9 ⁹ἀπὸ Ἀροήρ, ἥ ἐστιν ἐπὶ τοῦ χείλους χειμάρρου Ἀρνών, καὶ τὴν πόλιν τὴν ἐν μέσῳ τῆς φάραγγος, καὶ πᾶσαν τὴν Μεισὼρ ἀπὸ Δαιδαβάν·
10 ¹⁰πάσας τὰς πόλεις Σηὼν βασιλέως Ἀμορραίων, ὃς ἐβασίλευσεν ἐν
11 Ἐσεβών, ἕως τῶν ὁρίων υἱῶν Ἀμμών· ¹¹καὶ τὴν Γαλααδεῖτιδα καὶ τὰ ὅρια Γεσειρεὶ καὶ τοῦ Μαχατεί, πᾶν ὄρος Ἀερμών, καὶ πᾶσαν τὴν
12 Βασανεῖτιν ἕως Ἀχά· ¹²πᾶσαν τὴν βασιλείαν Ὢγ ἐν τῇ Βασανείτιδι, ὃς ἐβασίλευσεν ἐν Ἐδράειν καὶ ἐν Ἀσταρώθ· οὗτος κατελείφθη ἀπὸ
13 τῶν γιγάντων, καὶ ἐπάταξεν αὐτὸν Μωυσῆς καὶ ἐξωλέθρευσεν. ¹³καὶ οὐκ ἐξωλέθρευσαν οἱ υἱοὶ Ἰσραὴλ τὸν Γεσειρεὶ καὶ τὸν Μαχατεὶ καὶ τὸν Χαναναῖον· καὶ κατῴκει βασιλεὺς Γεσειρεὶ καὶ ὁ Μαχατεὶ ἐν τοῖς
14 υἱοῖς Ἰσραὴλ ἕως τῆς σήμερον ἡμέρας. ¹⁴πλὴν τῆς φυλῆς Λευεὶ οὐκ

2 Γεσειρει] Γεσουρι A   3 Αζωτιω A | Ασκαλωνιτη B^b A | Ακκα- A ρωνιτη B^b A   4 Θαιμαν] Θεμαν A | γη] pr τη A | om Γαζης A | Σειδωνιοι B* (Σιδ. B^b) | Ταφεκ] Αφεκα A   5 Γαλιαθ] Γαβλι A | απο 1°] απ A | Γαλγαλ A | Εμαθ] Αιμαθ A   6 Μασερεθμεμφωνμαιμ] Μασερεφωθμαιμ A | Σειδωνιους B* (Σιδ. B^b) | ενετειλ. σοι A   7 φυλης] pr της A | Μαννασση A   8 ταις φυλ.] ταις δε δυο φυλ. A | Μανασση (ita et A)]+τοις μετ αυτου A | εδωκεν] pr ην A | αυτω] αυτην A   9 Δαιδαβαν] Μαιδαβαν B^a?b Μαιδαβα (β sup ras A^a†) A   10 Αμορραιων] pr των A | εβασιλευσεν] βασιλευς B   11 Γαλααδιτιδα B^b Γαλααδιτιν A | Γεσειρει] Γεσουρι A | Μαχατει] Μαχαθι A | Βασανιτιν A | Αχα] Ελχα A   12 πασαν] pr και A | Βασανειτιδι] Βασαν A | Εδραειν και εν Ασταρωθ] Ασταρωθ και Νεεδραειμ A   13 Γεσειρει] Γεσουρι A (bis) | Μαχατει] Μαχαθι A (bis) | σημερον ημερας] ημ. ταυτης A   14 της φυλης Λευει] τη φυλη τη Λευι A

ἐδόθη κληρονομία· Κύριος ὁ θεὸς Ἰσραήλ, οὗτος αὐτῶν κληρονομία, καθὰ εἶπεν αὐτοῖς Κύριος. καὶ οὗτος ὁ καταμερισμὸς ὃν κατεμέρισεν Μωυσῆς τοῖς υἱοῖς Ἰσραὴλ ἐν ἀραβὼθ Μωὰβ ἐν τῷ πέραν τοῦ Ἰορδάνου κατὰ Ἰερειχώ. ¹⁵Καὶ ἔδωκεν Μωυσῆς τῇ φυλῇ Ῥουβὴν κατὰ δήμους αὐτῶν. ¹⁶καὶ ἐγενήθη αὐτῶν τὰ ὅρια ἀπὸ Ἀροήρ, ἥ ἐστιν κατὰ πρόσωπον φάραγγος Ἀρνών, καὶ ἡ πόλις ἡ ἐν τῇ φάραγγι Ἀρνών· καὶ πᾶσαν τὴν Μεισὼρ ¹⁷ἕως Ἐσεβών, καὶ πάσας τὰς πόλεις τὰς οὔσας ἐν τῇ Μεισώρ, καὶ Δαιβὼν καὶ Βαιμὼν Βάαλ καὶ οἴκου Μεελβὼθ ¹⁸καὶ Βάσαν καὶ Βακεδμὼθ καὶ Μαιφάαθ, ¹⁹καὶ Καριαθάιμ καὶ Σεβαμὰ καὶ Σεραδὰ καὶ Σείων ἐν τῷ ὄρει Ἔναβ, ²⁰καὶ Βαιθφογὼρ καὶ Ἀσηδὼθ Φασγὰ καὶ Βαιθθασεινώθ, ²¹καὶ πάσας τὰς πόλεις τοῦ Μεισώρ, καὶ πᾶσαν τὴν βασιλείαν τοῦ Σηὼν βασιλέως τῶν Ἀμορραίων, ὃν ἐπάταξεν Μωυσῆς αὐτὸν καὶ τοὺς ἡγουμένους Μαδιάμ, καὶ τὸν Εὐεὶ καὶ τὸν Ῥόβοκ καὶ τὸν Σοὺρ καὶ τὸν Οὐρ καὶ τὸν Ῥόβε ἄρχοντα, ἔναρα Σειών, καὶ τοὺς κατοικοῦντας Σειών. ²²καὶ τὸν Βαλαὰμ τὸν τοῦ Βεὼρ τὸν μάντιν ἀπέκτειναν ἐν τῇ ῥοπῇ. ²³ἐγένετο δὲ τὰ ὅρια Ῥουβήν, Ἰορδάνης ὅριον. αὕτη ἡ κληρονομία υἱῶν Ῥουβὴν κατὰ δήμους αὐτῶν, αἱ πόλεις αὐτῶν καὶ αἱ ἐπαύλεις αὐτῶν. ²⁴Ἔδωκεν δὲ Μωυσῆς τοῖς υἱοῖς Γὰδ κατὰ δήμους αὐτῶν. ²⁵καὶ ἐγένετο τὰ ὅρια αὐτῶν Ἰαζήρ, πᾶσαι αἱ πόλεις Γαλαὰδ καὶ τὸ ἥμισυ γῆς υἱῶν Ἀμμὼν ἕως Ἀραβά, ἥ ἐστιν κατὰ πρόσωπον Ἀράδ, ²⁶καὶ ἀπὸ Ἐσεβὼν ἕως ἀραβὼθ κατὰ τὴν Μασσηφά, καὶ Βοτανεὶ καὶ Βαὰν ἕως τῶν ὁρίων Δαιβών, ²⁷καὶ Ἐναδὼμ καὶ Ὀθαργαεὶ καὶ Βαινθαναβρὰ καὶ Σοκχωθὰ καὶ Σαφὰν καὶ τὴν λοιπὴν βασιλείαν Σηὼν βασιλέως Ἐσεβών· καὶ ὁ Ἰορδάνης ὁριεῖ ἕως μέρους τῆς θαλάσσης Χενέρεθ πέραν τοῦ Ἰορδάνου ἀπ' ἀνατολῶν. ²⁸αὕτη ἡ κληρονομία υἱῶν Γὰδ κατὰ δήμους αὐτῶν· αὐχένα ἐπιστρέψουσιν ἐναντίον τῶν ἐχθρῶν αὐτῶν· ὅτι ἐγενήθη κατὰ

14 Ιεριχω B^bA 16 αυτων] αυτω A | η εν] om η A | Μισωρ A 17 Μεισωρ] Βισωρ A | Δαιβωρ A | Βαιμων Βααλ] Βαμωθ Βααλ A | οικους A | Μεελβωθ] Βελαμων A 18 Βασαν και Βακεδμωθ και Μαιφααθ] Ιασσα και Κεδημωθ και Μηφααθ A 19 Σεραδα] Σαρθ A | Σειων (Σιων B^b)] Σιωρ A | Εναβ] Ενακ A 20 Βεθφογωρ A | Βαιθθασεινωθ] Βησιμουθ A 21 Μισωρ A | Σηων] Σηωρ A | Ευι A | Ροβοκ] Ροκομ A | Ροβε] Ρεβεκ A | αρχοντα B*^bA] αρχοντας B^vid | om εναρα A | Σειων 1°] Σηωρ A | Σειων 2°] Σιωρ B^b την γην A 23 εγενετο] pr ras 1 (?) lit B' | om αυτων 2° A 25 το ημισυ] om το A | Αραβα] Αρωηρ A | Αραδ] Ραββα A 26 αραβωθ] Ραμωθ A | Μασσηφα] Μασφα A | Βοτανει] Βοτανιν A | Βααν] Μααν B^ab Μαναιμ A | των οριων B^b (των ορειων B*)] om των A | Δαιβων] Δαβειρ A 27 Εναδωμ] Νεμεκ Βηθαραμ A | om και Οθαργαει A | Βαινθαναβρα] Βηθαμνα A | Σοκχωθα] Σωχω A | Σαφων A | om και 7° A | οριει] μεριει A | Χενερωθ A 28 αυτων 1°]+και κατα πολις αυτων A | om αυχενα...πολεις αυτων A

ΙΗΣΟΥΣ XIV 8

29 δήμους αὐτῶν· αἱ πόλεις αὐτῶν καὶ αἱ ἐπαύλεις αὐτῶν. ²⁹Καὶ B ἔδωκεν Μωυσῆς τῷ ἡμίσει φυλῆς Μανασσῆ κατὰ δήμους αὐτῶν. 30 ³⁰καὶ ἐγένετο τὰ ὅρια αὐτῶν ἀπὸ Μαανὰ καὶ πᾶσα βασιλεία Βασανεὶ καὶ πᾶσα βασιλεία Ὢγ βασιλέως Βασάν, καὶ πάσας τὰς κώμας 31 Ἰαεὶρ αἵ εἰσιν ἐν τῇ Βασανείτιδι, ἑξήκοντα πόλεις· ³¹καὶ τὸ ἥμισυ τῆς Γαλαάδ, καὶ ἐν Ἀσταρὼθ καὶ ἐν Ἐδράειν πόλεις βασιλείας Ὢγ ἐν Βασανείτιδι, τοῖς υἱοῖς Μαχεὶρ υἱοῖς Μανασσῆ καὶ τοῖς ἡμίσεσιν υἱοῖς 32 Μαχεὶρ υἱοῖς Μανασσῆ κατὰ δήμους αὐτῶν. ³²Οὗτοι οὓς κατεκληρονόμησεν Μωυσῆς πέραν τοῦ Ἰορδάνου ἐν ἀραβὼθ Μωάβ, ἐν τῷ πέραν τοῦ Ἰορδάνου τοῦ κατὰ Ἰερειχὼ ἐπ᾽ ἀνατολῶν.

XIV 1 ¹Καὶ οὗτοι οἱ κατακληρονομήσαντες υἱῶν Ἰσραὴλ ἐν τῇ γῇ Χανάαν, οἷς κατεκληρονόμησεν αὐτοῖς Ἐλεαζὰρ ὁ ἱερεὺς καὶ Ἰησοῦς ὁ τοῦ Ναυὴ 2 καὶ οἱ ἄρχοντες πατριῶν φυλῶν τῶν υἱῶν Ἰσραήλ. ²κατὰ κλήρους ἐκληρονόμησαν, ὃν τρόπον ἐνετείλατο Κύριος ἐν χειρὶ Ἰησοῦ ταῖς 3 ἐννέα φυλαῖς καὶ τῷ ἡμίσει φυλῆς, ³ἀπὸ τοῦ πέραν τοῦ Ἰορδάνου. 4 καὶ τοῖς Λευείταις οὐκ ἔδωκεν κλῆρον ἐν αὐτοῖς, ⁴ὅτι ἦσαν οἱ υἱοὶ Ἰωσὴφ δύο φυλαὶ Μανασσῆ καὶ Ἐφράιμ· καὶ οὐκ ἐδόθη μερὶς ἐν τῇ γῇ τοῖς Λευείταις, ἀλλ᾽ ἢ πόλεις κατοικεῖν καὶ τὰ ἀφωρισμένα 5 αὐτῶν τοῖς κτήνεσιν καὶ τὰ κτήνη αὐτῶν. ⁵ὃν τρόπον ἐνετείλατο Κύριος τῷ Μωυσῇ, οὕτως ἐποίησαν οἱ υἱοὶ Ἰσραήλ, καὶ ἐμέρισαν τὴν 6 γῆν. ⁶Καὶ προσῆλθοσαν οἱ υἱοὶ Ἰούδα πρὸς Ἰησοῦν ἐν Γαλγάλ, καὶ εἶπεν πρὸς αὐτὸν Χαλὲβ ὁ τοῦ Ἰεφοννὴ ὁ Κενεζαῖος Σὺ ἐπίστῃ τὸ ῥῆμα ὃ ἐλάλησεν Κύριος πρὸς Μωυσῆν ἄνθρωπον τοῦ θεοῦ περὶ ἐμοῦ 7 καὶ σοῦ ἐν Κάδης Βαρνή. ⁷τεσσεράκοντα γὰρ ἐτῶν ἤμην ὅτε ἀπέστειλέν με Μωυσῆς ὁ παῖς τοῦ θεοῦ ἐκ Κάδης Βαρνὴ κατασκοπεῦσαι τὴν γῆν, 8 καὶ ἀπεκρίθην αὐτῷ λόγον κατὰ τὸν νοῦν αὐτοῦ. ⁸οἱ δὲ ἀδελφοί μου οἱ ἀναβάντες μετ᾽ ἐμοῦ μετέστησαν τὴν καρδίαν τοῦ λαοῦ, ἐγὼ δὲ

30 Μαανα] Μαναιμ A | βασιλεια Βασανει] Βασα A | Ιαιρ A | Βασανιτιδι A A
31 Ασταρωθ] Ασθαρωμ A | Εδραιμ A | βασιλειας] pr της A | Βασανειτιδι] τη Βασανιτιδι A | τοις υιοις] pr και εδοθησαν A | υιοις 2°] υιον A | υιοις Μαχειρ υιοις Μανασση (2°)] της φυλης Μα|νασση εγενηθησαν τα ορια κατα φυλας αυ|των και sup ras Aᵃ᾿ 31—32 κατα δημους αυτων...επ ανατολων] κατα δ. αυτων· ουτοι ους | κατεκληρ. Μ. περᾶ | του χειμαρρου εν α. Μ. εν τω | περαν του Ι. κατα Ιεριχω | απο ανατολων sup ras Aᵃ᾿ | εν τω πέ|ραν του Ιο sup ras Bᵃᵇ XIV 1 om εν τη γη A | κατεκληρονομησαν A | εαυτοις A
2 εκληρονομηθησαν Bᵃᵇ (superscr θη) | εν χειρι Ιησου] τω Ιησου A 3 Λευιταις BᵇA (item 4) 4 αυτων] αυτοις A | om και τα κτηνη A 5 οι υιοι] τοις υιοις A | εμερισαντο A 6 προσηλθον A | Γαλγαλ] Γαλγαλοις A | Καδης] seq ras 3 fort litt in A 7 τεσσαρακ. Bᵇ | ο παις του θεου] δουλος κ̄υ A | om εκ Καδης Βαρνη A | απεκριθησαν A 8 οι δε αδ. μου οι αναβαντες] οι αδ. οι συναναβ. A | καρδιαν] διανοιαν A

SEPT. 449 2 F

ΙΗΣΟΥΣ

B προσέθην ἐπακολουθῆσαι Κυρίῳ τῷ θεῷ μου. ⁹καὶ ὤμοσεν Μωυσῆς 9 ἐν ἐκείνῃ τῇ ἡμέρᾳ λέγων Ἡ γῆ ἐφ᾽ ἣν ἐπέβης σοὶ ἔσται ἐν κλήρῳ καὶ τοῖς τέκνοις σου εἰς τὸν αἰῶνα, ὅτι προσετέθης ἐπακολουθῆσαι ὀπίσω Κυρίου τοῦ θεοῦ ἡμῶν. ¹⁰καὶ νῦν διέθρεψέν με Κύριος ὃν τρόπον 10 εἶπεν τοῦτο τεσσερακοστὸν καὶ πέμπτον ἔτος ἀφ᾽ οὗ ἐλάλησεν Κύριος τὸ ῥῆμα τοῦτο πρὸς Μωυσῆν, καὶ ἐπορεύθη Ἰσραὴλ ἐν τῇ ἐρήμῳ. καὶ νῦν ἰδοὺ ἐγὼ σήμερον ὀγδοήκοντα καὶ πέντε ἐτῶν· ¹¹ἔτι εἰμὶ σήμερον 11 ἰσχύων ὡσεὶ ὅτε ἀπέστειλέν με Μωυσῆς, ὡσαύτως ἰσχύω νῦν εἰσελθεῖν καὶ ἐξελθεῖν εἰς τὸν πόλεμον. ¹²καὶ νῦν αἰτοῦμαί σε τὸ ὄρος τοῦτο, 12 καθὰ εἶπεν Κύριος τῇ ἡμέρᾳ ἐκείνῃ· ὅτι σὺ ἀκήκοας τὸ ῥῆμα τοῦτο τῇ ἡμέρᾳ ἐκείνῃ. νυνὶ δὲ οἱ Ἐνακεὶμ ἐκεῖ εἰσιν, πόλεις ὀχυραὶ καὶ μεγάλαι· ἐὰν οὖν Κύριος μετ᾽ ἐμοῦ ᾖ, ἐξολεθρεύσω αὐτοὺς ὃν τρόπον εἶπέν μοι Κύριος. ¹³καὶ εὐλόγησεν αὐτὸν Ἰησοῦς, καὶ ἔδωκεν Χεβρὼν 13 τῷ Χαλὲβ υἱῷ Ἰεφοννὴ υἱῷ Κενὲζ ἐν κλήρῳ. ¹⁴διὰ τοῦτο ἐγενήθη ἡ 14 Χεβρὼν τῷ Χαλὲβ τῷ τοῦ Ἰεφοννὴ τοῦ Κενεζαίου ἐν κλήρῳ ἕως τῆς ἡμέρας ταύτης, διὰ τὸ αὐτὸν ἐπακολουθῆσαι τῷ προστάγματι Κυρίου θεοῦ Ἰσραήλ. ¹⁵τὸ δὲ ὄνομα τῆς Χεβρὼν ἦν τὸ πρότερον 15 πόλις Ἀργόβ· μητρόπολις τῶν Ἐνακεὶμ αὕτη. καὶ ἡ γῆ ἐκόπασεν τοῦ πολέμου.

¹Καὶ ἐγένετο τὰ ὅρια φυλῆς Ἰούδα κατὰ δήμους αὐτῶν ἀπὸ τῶν 1 X ὁρίων τῆς Ἰουδαίας, ἀπὸ τῆς ἐρήμου Σεὶν ἕως Καδὴς πρὸς λίβα. ²καὶ 2 ἐγενήθη αὐτῶν τὰ ὅρια ἀπὸ λιβὸς ἕως μέρους τῆς θαλάσσης τῆς ἁλυκῆς, ἀπὸ τῆς λοφιᾶς τῆς φερούσης ἐπὶ λίβα· ³καὶ διαπορεύεται 3 ἀπέναντι τῆς προσαναβάσεως Ἀκραβείν, καὶ ἐκπεριπορεύεται Ἐννακ, καὶ ἀναβαίνει ἐπὶ λιβὸς ἐπὶ Καδὴς Βαρνή, καὶ ἐκπορεύεται Ἀσωρών, καὶ προσαναβαίνει εἰς Σαράδα, καὶ ἐκπορεύεται τὴν κατὰ δυσμὰς Καδής, ⁴καὶ ἐκπορεύεται ἐπὶ Σελμώναν, καὶ διεκβαλεῖ ἕως φάραγγος 4

A · 8 προσεθην] προσετεθην B^ab (superscr τε) A   9 ην] ης A | προσετεθης] προσετεθην A | οπισω Κυριου του θεου ημων] κω τω θω μου A   10 τεσσαρακ. B^b   11 εισελθειν B*vid] εξελθειν B^ab (ξ sup ras 2 litt) A | εξελθειν B*vid]-εισελθειν B^ab (ισ sup ras) A   12 τη ημερα εκεινη] pr εν A (bis) | Ενακιμ A   13 Χεβρων] pr τη (sic) A | τω Χαλεβ υιω] υιω Χαλεβ τω A | υιω Κενεζ] τω Κενεζεω A   14 εγενηθης A* | η Χεβρων] om η A | του Ιεφ.] om του A | ημερας ταυτης] σημερον ημερας A | θεου] pr του A   15 της Χεβρων] om της A | om ην A | Αργοβ] Αρβο A | Ενακιμ A   XV 1 Ιουδαιας] Ιδουμαιας A | της ερημου] των οριων A | Σειν] Σιμ A | λιβα] νοτον A   2 λιβος] νοτον A | της θαλασσης] om της B^ab(vid) A | λιβα] νοτον A   3 Ακραββειμ sup ras A^tvid | Εννακ] Σεννακ B^ab (pr Σ in mg sinistr) Σενα A | επι 1°] απο B^abmg A | λιβος] νοτου A | Ασωρων] Εσρωμ A | Σαραδα] Αδδαρα A | εκπορευεται 2°] περιπορευετε A   4 εκπορευεται] πορευετε A | Σελμωναν] Ασεμωνα A | διεκβαλλει B^ab A

ΙΗΣΟΥΣ XV 14

Αἰγύπτου, καὶ ἔσται αὐτοῦ ἡ διέξοδος τῶν ὁρίων ἐπὶ τὴν θάλασσαν· B
5 τοῦτό ἐστιν αὐτῶν ὅρια ἀπὸ λιβός. ⁵καὶ τὰ ὅρια ἀπὸ ἀνατολῶν πᾶσα
ἡ θάλασσα ἡ ἁλυκὴ ἕως τοῦ Ἰορδάνου. καὶ τὰ ὅρια αὐτῶν ἀπὸ βορρᾶ,
καὶ ἀπὸ τῆς λοφιᾶς τῆς θαλάσσης καὶ ἀπὸ τοῦ μέρους τοῦ Ἰορδάνου
6 ⁶ἐπιβαίνει τὰ ὅρια ἐπὶ Βαιθαγλάαμ, καὶ παραπορεύεται ἀπὸ βορρᾶ ἐπὶ
Βαιθαραβά, καὶ προσαναβαίνει τὰ ὅρια ἐπὶ λίθον Βαίων υἱοῦ Ῥουβήν·
7 ⁷καὶ προσαναβαίνει τὰ ὅρια ἐπὶ τὸ τέταρτον τῆς φάραγγος Ἀχώρ, καὶ
καταβαίνει ἐπὶ Τααγάδ, ἥ ἐστιν ἀπέναντι τῆς προσβάσεως Ἀδδαμείν.
ἥ ἐστιν κατὰ λίβα τῇ φάραγγι, καὶ διεκβαλεῖ ἐπὶ τὸ ὕδωρ πηγῆς ἡλίου,
8 καὶ ἔσται αὐτοῦ ἡ διέξοδος πηγὴ Ῥωγήλ· ⁸καὶ ἀναβαίνει τὰ ὅρια εἰς
φάραγγα Ὀνὸμ ἐπὶ νότου τοῦ Ἰεβοὺς ἀπὸ λιβός, αὕτη ἐστὶν Ἰερουσαλήμ, καὶ ἐκβάλλει τὰ ὅρια ἐπὶ κορυφὴν ὄρους ἥ ἐστιν κατὰ πρόσωπον
φάραγγος Ὀνὸμ πρὸς θαλάσσης, ἥ ἐστιν ἐκ μέρους γῆς Ῥαφαεὶν ἐπὶ
9 βορρᾶ· ⁹καὶ διεκβάλλει τὸ ὅριον ἀπὸ κορυφῆς τοῦ ὄρους ἐπὶ πηγὴν
ὕδατος Μαφθώ, καὶ διεκβάλλει εἰς τὸ ὄρος Ἐφρών, καὶ ἄξει τὸ ὅριον
10 Ἰεβάαλ, αὕτη ἐστὶν πόλις Ἰαρείμ· ¹⁰καὶ περιελεύσεται ὅριον ἀπὸ Βάαλ
ἐπὶ θάλασσαν, καὶ παρελεύσεται εἰς ὄρος Ἀσσὰρ ἐπὶ νώτου πόλιν
Ἰαρεὶν ἀπὸ βορρᾶ, αὕτη ἐστὶ Χασλών, καὶ καταβήσεται ἐπὶ πόλιν
11 ἡλίου, καὶ παρελεύσεται ἐπὶ λίβα· ¹¹καὶ διεκβαλεῖ τὸ ὅριον κατὰ νώτου
Ἀκκαρὼν ἐπὶ βορρᾶν, καὶ διεκβαλεῖ τὰ ὅρια εἰς Σοκχώθ, καὶ παρελεύσεται ὅρια ἐπὶ λίβα, καὶ διεκβαλεῖ ἐπὶ Λεμνά, καὶ ἔσται ἡ διέξοδος
12 τῶν ὁρίων ἐπὶ θάλασσαν. ¹²καὶ τὰ ὅρια αὐτῶν ἀπὸ θαλάσσης, ἡ
θάλασσα ἡ μεγάλη ὁριεῖ. ταῦτα τὰ ὅρια υἱῶν Ἰούδα κύκλῳ κατὰ
13 δήμους αὐτῶν. ¹³Καὶ τῷ Χαλὲβ υἱῷ Ἰεφοννὴ ἔδωκεν μερίδα ἐν
μέσῳ υἱῶν Ἰούδα ἀπὸ προστάγματος τοῦ θεοῦ, καὶ ἔδωκεν αὐτῷ
Ἰησοῦς τὴν πόλιν Ἀρβὸκ μητρόπολιν Ἐνάκ, αὕτη ἐστὶν Χεβρών.
14 ¹⁴καὶ ἐξωλέθρευσεν ἐκεῖθεν Χαλὲβ υἱὸς Ἰεφοννὴ τοὺς τρεῖς υἱοὺς

4 τουτο] ταυτα A | ορια] pr τα A | λιβος] νοτου A   5 απο βορρα] επι βορ- A
ραν A·   6 Βαιθαγλααμ] Βαιθαλα A   7 επι 2°] απο A | τὰ Ἀγὰδ B^b Γαλγαλ
A | προσαναβασεως A | Αδδαμειν] Αδομμι A | λιβα] νοτον A | τη φαραγγι]
om τη A? (φαρ sup ras 5 circ litt ut vid) | διεκβαλλει B^abA | πηγης] pr της A
8 Ονομ] Εννομ A (bis) | νοτου] νωτου A | του Ιεβους] om του A | om απο
λιβος A | εκβαλλει] διεκβαλλει A | θαλασση B^ab | Ραφαειμ A | βορραν A
9 υδατος] pr του A | Μαφθω] Ναφθω A | εις το ορος] ορους A | αξει] εξαξει
A· | Ιεβααλ] εις Βααλ A | Ιαριμ A·   10 απο] επι A | παρελευσεται εις
ορος Ασσαρ (Ἀσσαρες B^ab)] εις ορος Σηειρ και παρελευσετε A | Ιαριμ A·|
Χασαλων A | λιβα] νοτον A·   11 διεκβαλει (ter)] διεκβαλλει B^abA |
Σοκχωθ] Ακκαρωνα A | ορια επι λιβα] ορος γης Βαλα A* o. γ. Γαβαλα A^{1?a†} |
Λεμνα] Ιαβνηλ A   13 απο] δια B^{ab mg} A | Αρβεκ A | μητροπολις A
14—15 paene evan multa in A

451

B Ἐνάκ, τὸν Σουσεὶ καὶ Θοαλμεὶ καὶ τὸν Ἀχειμά. ¹⁵καὶ ἀνέβη ἐκεῖθεν 15
Χαλὲβ ἐπὶ τοὺς κατοικοῦντας Δαβείρ· τὸ δὲ ὄνομα Δαβεὶρ ἦν τὸ
πρότερον Πόλις γραμμάτων. ¹⁶καὶ εἶπεν Χαλέβ Ὃς ἐὰν λάβῃ καὶ 16
ἐκκόψῃ τὴν Πόλιν τῶν γραμμάτων καὶ κυριεύσῃ αὐτῆς, δώσω αὐτῷ
τὴν Ἀσχαν θυγατέρα μου εἰς γυναῖκα. ¹⁷καὶ ἔλαβεν αὐτὴν Γοθονιὴλ 17
υἱὸς Κενὲζ ἀδελφοῦ Χαλέβ· καὶ ἔδωκεν αὐτῷ τὴν Ἀσχαν θυγατέρα
αὐτοῦ γυναῖκα. ¹⁸καὶ ἐγένετο ἐν τῷ ἐκπορεύεσθαι αὐτὴν καὶ συνεβου- 18
λεύσατο αὐτῷ λέγουσα Αἰτήσομαι τὸν πατέρα μου ἀγρόν· καὶ ἐβόησεν
ἐκ τοῦ ὄνου. καὶ εἶπεν αὐτῇ Χαλέβ Τί ἐστίν σοι; ¹⁹καὶ εἶπεν αὐτῷ 19
Δός μοι εὐλογίαν, ὅτι εἰς γῆν Νάγεβ δέδωκάς με· δός μοι τὴν Βοθθανείς.
καὶ ἔδωκεν αὐτῇ τὴν Γοναιθλὰν τὴν ἄνω καὶ τὴν Γοναιθλὰν τὴν
κάτω. ²⁰Αὕτη ἡ κληρονομία φυλῆς υἱῶν Ἰούδα. ²¹Ἐγενή- 20
θησαν δὲ πόλεις αὐτῶν πόλεις πρὸς τῇ φυλῇ υἱῶν Ἰούδα ἐφ' ὁρίων 21
Ἐδὼμ ἐπὶ τῆς ἐρήμου, Καιβαισελεὴλ καὶ Ἄρα καὶ Ἀσὼρ ²²καὶ Ἰκὰμ 22
καὶ Ῥεγμὰ καὶ Ἀρουὴλ ²³καὶ Κάδης καὶ Ἀσοριωνάιν καὶ Μαινὰμ 23
²⁴καὶ Βαλμαινὰν καὶ αἱ κῶμαι αὐτῶν, ²⁵καὶ αἱ πόλεις Ἀσερών 24
αὕτη Ἀσώρ, ²⁶καὶ Σὴν καὶ Σαλμάα καὶ Μωλαδὰ ²⁷καὶ Σερεὶ καὶ 25
Βαιφάλαδ ²⁸καὶ Χολασεωλὰ καὶ Βηρσάβεε καὶ αἱ κῶμαι αὐτῶν καὶ αἱ 28
ἐπαύλεις αὐτῶν, ²⁹Βαλὰ καὶ Βακὼκ καὶ Ἀσομ ³⁰καὶ Ἐλβωυδὰδ καὶ 29
Βαιθὴλ καὶ Ἑρμὰ ³¹καὶ Σεκελὰκ καὶ Μαχαρεὶμ καὶ Σεθεννὰκ 31
³²καὶ Λαβὼς καὶ Σαλὴ καὶ Ἐρωμώθ, πόλεις κθ' καὶ αἱ κῶμαι 32
αὐτῶν. ³³Ἐν τῇ πεδινῇ Ἀσταὼλ καὶ Ῥαὰ καὶ Ἀσσὰ ³⁴καὶ 33
Ῥαμὲν καὶ Τανὼ καὶ Ἰλουθὼθ καὶ Μαιανεὶ ³⁵καὶ Ἰερμοὺθ καὶ Ὀδολλὰμ 35
καὶ Μεμβρὰ καὶ Σαωχὼ καὶ Ἰαζηκὰ ³⁶καὶ Σακαρεὶμ καὶ Γαδηρὰ καὶ αἱ 36

A 14 Σουσαι A | Θοαλμει] τον Θαλμαι A | Αχιμα A   15 om το δε
ονομα Δαβειρ A | το προτ. ην A   16 εαν] αν A | om και εκκοψη A |
δωσω] pr και A | την Ασχαν] Αχσαν A   17 Χαλεβ]+ο νεωτερος A |
Ασχαν] Αχσαν A | γυναικα] pr αυτω εις A   18 εγενετο] εγενηθη A |
εκπορευεσθαι] εισπορ. A | εκ] απο A   19 την Βοθθανεις] Γωλαθμαιμ A |
αυτη]+Χαλεβ A | om την Γον. την ανω και A | Γοναιθλαν 2°] Γωλαθ A
21 πολεις 1°] pr αι A | πολεις προς τη φυλη] πολις πρωτη φυλης A | εφ] επι A
21—28 Καιβαισελεηλ...Βηρσαβεε] Κασθεηλ· και Εδραι| και Ιαγουρ· και Κινα·
και Διμωνα·| και Αδαδα· και Κεδες· και Ιθναζιφ·| και Τελεμ· και Βαλωθ· και
πο|λις Ασερωμ· αυτη Ασωρ· Αμαμ·| και Σαμαα· και Μωδαδα· και Α|σεργαδδα·
και Βαιθφαλεθ· και| Ασαρσουλα· και Βηρσαβεθ·| A   29—32 Βαλα...Ερω-
μωθ] Βααλα· και Αυειμ| και Ασεμ· και Ελθωδαδ· και Χα|σειρ· και Ερμαλ και
(αι A* superscr κ A¹) Σικελεγ·| και Βεδεβηνα· και Σανσαννα·| και Λαβωθ· και
Σελεειμ· και| Ρεμμων· A   32 κθ'] εικοσι και εννεα A   33—36 Ασταωλ
...Σακαρειμ] Εσθαολι και Σαραα·| και Ασνα· και Ραμεν και Ζανω| [ο A¹ᵐᵍ]
και Αδιαθαειμ και Ηναειμ και| Ιερμιμουθ και Οδολλα και Νεμρα (εμρα A*
superscr N A¹)· | και Σωχω· και Αζηκα· και Σαρ|γαρειμ· A

452

ΙΗΣΟΥΣ   XV 59 a

37 ἐπαύλεις αὐτῆς, πόλεις δέκα τέσσαρες καὶ αἱ κῶμαι αὐτῶν· ³⁷Σεννὰ καὶ Β
38 Ἀδασὰν καὶ Μαγαδὰ Γὰδ ³⁸καὶ Δαλὰλ καὶ Μασφὰ καὶ Ἰακαρεὴλ ³⁹καὶ
39
40 Μαχὴς καὶ Βασηδὼθ καὶ Ἰδεαδαλεὰ ⁴⁰καὶ Χαβρὰ καὶ Μαχὲς καὶ
41 Μααχὼς ⁴¹καὶ Γεδδὼρ καὶ Βαγαδιὴλ καὶ Νωμὰν καὶ Μακηδάν, πόλεις
42 δέκα ἓξ καὶ αἱ κῶμαι αὐτῶν· ⁴²Λεμνὰ καὶ Ἰθακ καὶ Ἀνὼχ ⁴³καὶ Ἰανὰ
43
44 καὶ Νασεὶβ ⁴⁴καὶ Κεειλὰμ καὶ Ἀκιεζεὶ καὶ Κεζεὶβ καὶ Βαθησὰρ καὶ
45 Αἰλών, πόλεις δέκα καὶ αἱ κῶμαι αὐτῶν· ⁴⁵Ακκαρὼν καὶ αἱ κῶμαι
46 αὐτῆς καὶ αἱ ἐπαύλεις αὐτῶν· ⁴⁶ἀπὸ Ἀκκαρὼν Γέμνα· καὶ πᾶσαι ὅσαι
47 εἰσὶν πλησίον Ἀσηδὼθ καὶ αἱ κῶμαι αὐτῶν· ⁴⁷Ασειεδὼθ καὶ αἱ κῶμαι
αὐτῆς καὶ αἱ ἐπαύλεις αὐτῆς· Γάζα καὶ αἱ κῶμαι αὐτῆς καὶ αἱ ἐπαύλεις
αὐτῆς ἕως τοῦ χειμάρρου Αἰγύπτου· καὶ ἡ θάλασσα ἡ μεγάλη
48 διορίζει.   ⁴⁸Καὶ ἐν τῇ ὀρεινῇ Σαμείρ καὶ Ἰεθέρ καὶ Σωχὰ ⁴⁹καὶ
49
50 Ρεννὰ καὶ Πόλις γραμμάτων, αὕτη Δαβείρ, ⁵⁰καὶ Ἀνὼν καὶ Ἐσκαι-
51 μὰν καὶ Αἰσὰμ ⁵¹καὶ Γόσομ καὶ Χαλοὺ καὶ Χαννά, πόλεις ἕνδεκα
52 καὶ αἱ κῶμαι αὐτῶν· ⁵²Αἰρὲμ καὶ Ρεμνὰ καὶ Σομὰ ⁵³καὶ Ἰεμάειν καὶ
53
54 Βαιθαχοὺ καὶ Φακουὰ ⁵⁴καὶ Εὐμὰ καὶ πόλις Ἀρβόκ, αὕτη ἐστὶν Χεβρών,
55 καὶ Σώρθ, πόλεις ἐννέα καὶ αἱ ἐπαύλεις αὐτῶν· ⁵⁵Μαὼρ καὶ Χερμὲλ
56 καὶ Οζεὶβ καὶ Ἰτὰν ⁵⁶καὶ Ἰαριὴλ καὶ Ἰαρεικὰμ καὶ Ζακανάειμ ⁵⁷καὶ
57
58 Γαβαὰ καὶ Θαμναθά, πόλεις ἐννέα καὶ αἱ κῶμαι αὐτῶν· ⁵⁸Ἀλουὰ καὶ
59 Βαιθσοὺρ καὶ Γεδδὼν ⁵⁹καὶ Μαγαρὼθ καὶ Βαιθανὰμ καὶ Θεκούμ, πόλεις
59 a ἓξ καὶ αἱ κῶμαι αὐτῶν· ⁵⁹ᵃΘεκὼ καὶ Ἐφράθα, αὕτη ἐστὶν Βαιθλέεμ,
καὶ Φαγὼρ καὶ Αἰτὰν καὶ Κουλὸν καὶ Τατὰμ καὶ Ἐωβῆς καὶ Καρὲμ καὶ
Γαλὲμ καὶ Θεθὴρ καὶ Μανοχώ, πόλεις ἕνδεκα καὶ αἱ κῶμαι αὐτῶν·

37—41 Σεννα...Μακηδαν] Σενναμ·| και Αδασα και Μαγδαλ Γαδ· και Δαλαα·| A
και Μασφα· και Ιεχθαηλ· και Λαχεις| και Μασχαθ και Εγλωμ και· Χαβ-
βα·| και Λαμας και Χαθλως και Γαδηρωθ·| και Βηθδαγων και Νωμα και
Μακηδα (nonnulla vix possunt legi) A   38 Μασφα] Φασμα Bᵃᵇᵐᵍ
39 Μαχης] Λαχης Bᵃᵇ (superscr λ)   42—44 Λεμνα...Αιλων] Λεβνα· και
Αθερ| και Ιεφθα και Ασεννα· και Νεσιβ·| και Κεειλα και Αχζεκ· και Μαρησα·|
και Εδωμ (multa perobscura) A | δεκα] εννεα A   45 αυτων] ων sup ras
Bᵃ αυτης A   46 απο] pr και A | Γεμνα] Ιεμναι A | Ἀσηδωθ] Ασδωμ A |
om αυτων A   47 om Ασειεδωθ και αι κωμαι A   48—51 Σαμειρ...
Χαννα] Σαφειρ· και| Ιεθερ· και Σωχω· και Ρεννα| πολις· γρ. αυτη εστι| Δαβειρ·
και Ανωβ· και Εσθεμω| και Ανειμ·| και Γοσομ· και Χιλουω| και Γηλων· A
51 ενδεκα] δεκα A   52—54 Αιρεμ...Ευμα] Ερεβ· και Εσαν· και Ρουμα·
και| Ιανουμ· και Βεθθαπφουε· και| Αφακα· και Χαμματα· A   54 Αρβοκ]
Αρβοα A | Σωρθ] Σωραιθ Bᵃᵇ ᵛ:ᵈ (superscr αι) Σιωρ A | επαυλεις] κωμαι A
55—57 Μαωρ...Θαμναθα] Μαων· και Χερμελ·| και Ζιφ· και Ιεττα· και Ιεζδρα-
ελ·| και Ιεκδααμ· και Ζανω Ακειμ·| και Γαβαα· και Θαμνα· A   58—59 A-
λουα.. Θεκουμ] Αλουλ· και Βεθσουρ· και Γεδωρ| και Μαρωθ· και Βαιθανων·
και Ελθεκεν· A   59 a Βηθλεεμ A | Αιταν...Θεθηρ] Αιταμ· και Κουλον· και
Ταταμ·| και Σωρης· και Καρεμ· και Γαλλιμ·| και Βαιθηρ· A

453

XV 60   ΙΗΣΟΥΣ

B ⁶⁰Καριαθβάαλ, αὕτη ἡ πόλις Ἰαρείμ, καὶ Σωθηβά, πόλεις δύο καὶ αἱ 60
ἐπαύλεις αὐτῶν· ⁶¹καὶ Βαδδαργεὶς καὶ Θαραβαὰμ καὶ Αἰνὼν ⁶²καὶ ⁶¹₆₂
Αἰχιοζὰ ⁽⁶²⁾καὶ Ναφλαζὼν καὶ αἱ πόλεις Σάδωμ· καὶ Ἀκνάδης, πόλεις
ἑπτὰ καὶ αἱ κῶμαι αὐτῶν. ⁶³Καὶ ὁ Ἰεβουσαῖος κατῴκει ἐν Ἱερου- 63
σαλήμ, καὶ οὐκ ἠδυνάσθησαν οἱ υἱοὶ Ἰούδα ἀπολέσαι αὐτούς· καὶ
κατῴκησαν οἱ Ἰεβουσαῖοι ἐν Ἱερουσαλὴμ ἕως τῆς ἡμέρας ἐκείνης.

¹Καὶ ἐγένετο τὰ ὅρια υἱῶν Ἰωσὴφ ἀπὸ τοῦ Ἰορδάνου τοῦ κατὰ 1 XVI
Ἱερειχὼ ἀπ' ἀνατολῶν, καὶ ἀναβήσεται ἀπὸ Ἱερειχὼ εἰς τὴν ὀρεινὴν
τὴν ἔρημον εἰς Βαιθὴλ Λοῦζα, ²καὶ ἐξελεύσεται εἰς Βαιθήλ, καὶ παρε- 2
λεύσεται ἐπὶ τὰ ὅρια τοῦ Χαταρωθεί, ³καὶ διελεύσεται ἐπὶ τὴν θάλασ- 3
σαν ἐπὶ τὰ ὅρια Ἀπταλεὶμ ἕως τῶν ὁρίων Βαιθωρὼν τὴν κάτω,
καὶ ἔσται ἡ διέξοδος αὐτῶν ἐπὶ τὴν θάλασσαν. ⁴καὶ ἐκληρονόμησαν 4
οἱ υἱοὶ Ἰωσήφ, Ἐφράιμ καὶ Μανασσή. ⁵Καὶ ἐγενήθη ὅρια υἱῶν 5
Ἐφράιμ κατὰ δήμους αὐτῶν· καὶ ἐγενήθη τὰ ὅρια τῆς κληρονομίας
αὐτῶν ἀπὸ ἀνατολῶν Ἀσταρὼθ καὶ Ἐρὸκ ἕως Βαιθωρὼν τὴν ἄνω
καὶ Γαζαρά. ⁶καὶ ἐλεύσεται τὰ ὅρια ἐπὶ τὴν θάλασσαν εἰς 6
Ἰκασμὼν ἀπὸ βορρᾶ Θερμά· περιελεύσεται εἰς ἀνατολὰς εἰς Θηνασὰ
καὶ Σελλησά, καὶ παρελεύσεται ἀπ' ἀνατολῶν εἰς Ἰανῶκα ⁷καὶ εἰς 7
Μαχὼ καὶ Ἀσταρώθ, καὶ αἱ κῶμαι αὐτῶν· καὶ ἐλεύσεται ἐπὶ Ἰερειχώ,
καὶ διεκβαλεῖ ἐπὶ τὸν Ἰορδάνην. ⁸καὶ ἀπὸ Ταφοὺ πορεύσεται τὰ 8
ὅρια ἐπὶ θάλασσαν ἐπὶ Χελκανά, καὶ ἔσται ἡ διέξοδος αὐτῶν ἐπὶ
θάλασσαν· αὕτη ἡ κληρονομία φυλῆς Ἐφράιμ κατὰ δήμους αὐτῶν.
⁹καὶ αἱ πόλεις αἱ ἀφορισθεῖσαι τοῖς υἱοῖς Ἐφράιμ ἀνὰ μέσον τῆς 9
κληρονομίας υἱῶν Μανασσή, πᾶσαι αἱ πόλεις καὶ αἱ κῶμαι αὐτῶν.
¹⁰καὶ οὐκ ἀπώλεσεν Ἐφράιμ τὸν Χαναναῖον τὸν κατοικοῦντα ἐν 10
Γάζερ· καὶ κατῴκει ὁ Χαναναῖος ἐν τῷ Ἐφράιμ ἕως τῆς ἡμέρας

A   60 η πολις Ιαρειμ] πολις Ιαριμ A | Σωθηβα] Αρεββα A   61 om και 1°
A   61—62 Θαραβααμ...Ακναδης] Βηθαραβα· και| Μαδων· και Σοχοχα· και
Νεβσα| και αι πολις αλων· και Ηγαδδι·| A   62 Αιχιοζα] Αιοχιοζα Bᵃ
63 Ιεβουσαιος]+ος Bᵃᵇ (superscr os post αι) | ηδυνηθησαν A | κατωκησαν] in
ησαν ras aliq inferius B κατωκεισαν A   XVI 1 Ιερχω BᵇA (bis) | απ]
απο A | και αναβησ.] pr την ερημον A | om Λουζα A   2 εις] απο A |
Βαιθηλ]+Λουζα A | Χαταρωθει] Αρχιαταρωθ A   3 επι 2°] εις A | Απτα-
λειμ] του Ιεφαλθι A | την κατω] της κ. A   5 ορια] pr τα A | Ασταρωθ]
Αταρωθ A | Εροκ] Αδαρ A | την ανω] της α. A   6 ελευσεται] διελευσεται
A | Ικασμων] Μαχθωθ A | om Θερμα A | περιελευσεται] και παρελευσεται A |
εις 2°] επι Bᵃᵇ επ A | Θηνασα και Σελλησα] Τηναθσηλω A | Ιανωκα] Ιανω A
7 om και 1° A | Μαχω και Ασταρωθ] Αταρωθ και Νααραθα A | ελευσεται]
διελευσεται A | επι] εις A | Ιεριχω BᵇA | διεκβαλει B*A] διεκβαλλει Bᵃᵇ
8 Ταφου] Εφφουε A | πορευσεται] παρελευσεται A·| τα ορια] om τα A |
Χελκανα] χειμαρρουν Κανα A | αυτων] αυτου A | φυλης]+υιων A

ΙΗΣΟΥΣ   XVII 9

ταύτης, ἕως ἀνέβη Φαραὼ βασιλεὺς Αἰγύπτου καὶ ἔλαβεν αὐτὴν καὶ Β ἐνέπρησεν αὐτὴν ἐν πυρί, καὶ τοὺς Χαναναίους καὶ τοὺς Φερεζαίους καὶ τοὺς κατοικοῦντας ἐν Γάζερ ἐξεκέντησαν· καὶ ἔδωκεν αὐτὴν Φαραὼ, ἐν φερνῇ τῇ θυγατρὶ αὐτοῦ.

XVII 1 ¹Καὶ ἐγένετο τὰ ὅρια φυλῆς υἱῶν Μανασσή, ὅτι οὗτος πρωτότοκος τῷ Ἰωσήφ· τῷ Μαχεὶρ πρωτοτόκῳ Μανασσῆ πατρὶ Γαλαάδ, ἀνὴρ 2 γὰρ πολεμιστὴς ἦν, ἐν τῇ Γαλααδείτιδι καὶ ἐν τῇ Βασανείτιδι. ²καὶ ἐγενήθη τοῖς υἱοῖς Μανασσὴ τοῖς λοιποῖς κατὰ δήμους αὐτῶν, τοῖς υἱοῖς Ἰέζει καὶ τοῖς υἱοῖς Κέλεζ καὶ τοῖς υἱοῖς Ἰεζειὴλ καὶ τοῖς υἱοῖς Σύχεμ καὶ τοῖς υἱοῖς Συμαρεὶμ καὶ τοῖς υἱοῖς Ὀφερ· οὗτοι οἱ ἄρσενες 3 κατὰ δήμους αὐτῶν. ³καὶ τῷ Σαλπαὰδ υἱῷ Ὀφερ, οὐκ ἦσαν αὐτῷ υἱοὶ ἀλλ' ἢ θυγατέρες· καὶ ταῦτα τὰ ὀνόματα τῶν θυγατέρων Σαλ- 4 παάδ· Μααλὰ καὶ Νουὰ καὶ Ἐγλὰ καὶ Μελχὰ καὶ Θερσά. ⁴καὶ ἔστησαν ἐναντίον Ἐλεαζὰρ τοῦ ἱερέως καὶ ἐναντίον Ἰησοῦ καὶ ἐναντίον τῶν ἀρχόντων λέγουσαι Ὁ θεὸς ἐνετείλατο διὰ χειρὸς Μωυσῆ δοῦναι ἡμῖν κληρονομίαν ἐν μέσῳ τῶν ἀδελφῶν ἡμῶν. καὶ ἐδόθη αὐταῖς διὰ προστάγματος Κυρίου κλῆρος ἐν τοῖς ἀδελφοῖς 5 τοῦ πατρὸς αὐτῶν. ⁵καὶ ἔπεσεν ὁ σχοινισμὸς αὐτῶν ἀπὸ Ἀνασσά, 6 καὶ πεδίον Λαβὲκ ἐκ τῆς Γαλαὰδ ἥ ἐστιν πέραν τοῦ Ἰορδάνου· ⁶ὅτι θυγατέρες υἱῶν Μανασσὴ ἐκληρονόμησαν κλῆρον ἐν μέσῳ τῶν ἀδελ- φῶν αὐτῶν. ἡ δὲ γῆ Γαλαὰδ ἐγενήθη τοῖς υἱοῖς Μανασσὴ τοῖς κατα- 7 λελιμμένοις. ⁷καὶ ἐγενήθη ὅρια υἱῶν Μανασσὴ Δηλανάθ, ἥ ἐστιν κατὰ πρόσωπον υἱῶν Ἀνάθ, καὶ πορεύεται ἐπὶ τὰ ὅρια ἐπὶ Ἰαμεὶν 8 καὶ Ἰασσεὶβ ἐπὶ πηγὴν Θαφθώθ· ⁸τῷ Μανασσῆ ἔσται, καὶ Θαφὲθ 9 ἐπὶ τῶν ὁρίων Μανασσὴ τοῖς υἱοῖς Ἐφράιμ. ⁹καὶ καταβήσεται τὰ ὅρια ἐπὶ φάραγγα Καρανὰ ἐπὶ λίβα κατὰ φάραγγα Ἰαριήλ, τερέ- μινθὸς τῷ Ἐφράιμ ἀνὰ μέσον πόλεως Μανασσή· καὶ ὅρια Μανασσὴ ἐπὶ τὸν βορρᾶν εἰς τὸν χειμάρρουν. καὶ ἔσται αὐτοῦ ἡ διέξοδος

10 αυτην 1°] την πολιν A | εξεκεντησεν A ·· XVII 1 Μαννασση (1°) A | A om εν 1° A | Γαλααδιτιδι A   2 Ιεζει] Αχιεζερ A | Κελεζ] Φελεκ A | Ιεζειηλ] Εριηλ A | Συχεμ] Σεχεμ A¹ (υιοισεχεμ A*) | Συμαρειμ] Σέμιραε A | οι αρσενες] om οι A   3 Σαλφααδ A (bis) | Μαλα A | Εγλα] γ sup ras B² Αιγλαμ A   4 Ιησου] + υιον Ναυη A | ο θεος] pr α A | κληρος δια προσ- ταγμ. κυ A   5 αυτων απο Ανασσα και] Μανασση A | Λαβεκ] in β ras aliq inferius B² | της] γης A | Γαλααδ] sup ras Aᵃ²+ και της Βασαν A   7 Δη- λαναθ] απο Ασηρ Μαχθωθ A | υιων Αναθ] Συχεμ A | om επι 1° A | Ιαμιν A | Ιασσειβ (Ιασσηβ Bᵃᵇ⁽ᵛⁱᵈ⁾)] εις Ιασιφ A | πηγην] την γην A | Θαφθωθ] Να- φεθ Bᵃᵇ ᵐᵍ Θαθφωθ A   ·   8 Θαφεθ] Θαθφωθ A | om τοις υιοις Εφραιμ A   9 om και καταβησεται τα ορια A | Καρανα] Καναι A | φαραγγα 2°] pr την A | Ιαριηλ] Ιαειρ A | τερεμινθος] η τερεβινθος A | τον βορραν] βορρα A

B θάλασσα ¹⁰ἀπὸ λιβὸς τῷ Ἐφράιμ, καὶ ἐπὶ βορρᾶν Μανασσή· καὶ 10
ἔσται ἡ θάλασσα ὅρια αὐτοῖς· καὶ ἐπὶ Ἰασὴβ συνάψουσιν ἐπὶ
βορρᾶν, καὶ τῷ Ἰσσαχὰρ ἀπ' ἀνατολῶν. ¹¹καὶ ἔσται Μανασσὴ 11
ἐν Ἰσσαχὰρ καὶ ἐν Ἀσὴρ Καιθοὰν καὶ αἱ κῶμαι αὐτῶν, καὶ τοὺς
κατοικοῦντας Δὼρ καὶ τὰς κώμας αὐτῆς, καὶ τοὺς κατοικοῦντας Μαγεδ-
δὼ καὶ τὰς κώμας αὐτῆς, καὶ τὸ τρίτον τῆς Μαφετὰ καὶ τὰς κώμας
αὐτῆς. ¹²καὶ οὐκ ἠδυνάσθησαν οἱ υἱοὶ Μανασσὴ ἐξολεθρεῦσαι τὰς 12
πόλεις ταύτας· καὶ ἤρχετο ὁ Χαναναῖος κατοικεῖν ἐν τῇ γῇ ταύτῃ.
¹³καὶ ἐγενήθη καὶ ἐπεὶ κατίσχυσαν οἱ υἱοὶ Ἰσραήλ, καὶ ἐποίησαν 13
τοὺς Χαναναίους ὑπηκόους, ἐξολεθρεῦσαι δὲ αὐτοὺς οὐκ ἐξωλέθρευ-
σαν. ¹⁴Ἀντεῖπαν δὲ οἱ υἱοὶ Ἰωσὴφ τῷ Ἰησοῦ λέγοντες Διὰ τί 14
ἐκληρονόμησας ἡμᾶς κλῆρον ἕνα καὶ σχοίνισμα ἕν; ἐγὼ δὲ λαὸς
πολύς εἰμι,. καὶ ὁ θεὸς εὐλόγησέν με. ¹⁵καὶ εἶπεν αὐτοῖς Ἰησοῦς 15
Εἰ λαὸς πολὺς εἶ, ἀνάβηθι εἰς τὸν δρυμὸν καὶ ἐκκάθαρον σεαυτῷ,
εἰ στενοχωρεῖ σε τὸ ὄρος τὸ Ἐφράιμ. ¹⁶καὶ εἶπαν Οὐκ ἀρέσκει 16
ἡμῖν τὸ ὄρος τὸ Ἐφράιμ· καὶ ἵππος ἐπίλεκτος καὶ σίδηρος τῷ
Χαναναίῳ τῷ κατοικοῦντι ἐν αὐτῷ ἐν Βαιθαισὰν καὶ ἐν ταῖς κώμαις
αὐτῆς, ἐν τῇ κοιλάδι Ἰσραήλ. ¹⁷καὶ εἶπεν Ἰησοῦς τοῖς υἱοῖς Ἰωσήφ 17
Εἰ λαὸς πολύς εἶ καὶ ἰσχὺν μεγάλην ἔχεις, οὐκ ἔσται σοι κλῆρος
εἷς· ¹⁸ὁ γὰρ δρυμὸς ἔσται σοι, ὅτι δρυμός ἐστιν, καὶ ἐκκαθαριεῖς 18
αὐτόν, καὶ ἔσται σοι· καὶ ὅταν ἐξολεθρεύσῃς τὸν Χαναναῖον, ὅτι
ἵππος ἐπίλεκτός ἐστιν αὐτῷ· σὺ γὰρ ὑπερισχύεις αὐτοῦ.

¹Καὶ ἐξεκκλησιάσθη πᾶσα συναγωγὴ υἱῶν Ἰσραὴλ εἰς Σηλώ, καὶ 1 X
ἔπηξαν ἐκεῖ τὴν σκηνὴν τοῦ μαρτυρίου, καὶ ἡ γῆ ἐκρατήθη ὑπ' αὐτῶν.
²καὶ κατελείφθησαν οἱ υἱοὶ Ἰσραὴλ οἱ οὐκ ἐκληρονόμησαν, ἑπτὰ φυλαί. 2
³καὶ εἶπεν Ἰησοῦς τοῖς υἱοῖς Ἰσραήλ Ἕως τίνος ἐκλυθήσεσθε κληρο- 3
νομῆσαι τὴν γῆν ἣν ἔδωκεν Κύριος ὁ θεὸς ἡμῶν; ⁴δότε ἐξ ὑμῶν 4

A 9 om θαλασσα A   10 post λιβος ras 2 litt A' | Μανασση] pr τω A | Ιασηβ]
Ασηρ A | απ] απο A   11 Καιθοαν B*ᵇ] Βαιθσαν Bᵃ ᵐᵍ A | Δωρ] Εδωρ
Bᵃᵇ ᵐᵍ | Μαγεδδωρ A | και το τριτον] pr και τους κατοικουντας Ταναχ και τας
κωμας αυτης A | Μαφετα] Ναφεθα A   12 ηδυνηθησαν A | ηρχετο] ηρξατο
A   13 om και 2° A | επικατισχυσαν Bᵇ A | Χαναιους A | εξολεθρευσαι]
ολεθρευσει A   14 Ιησοι A | ευλογησεν με] με ηυλογησεν A   15 ει 2°]
+συ A | εκκαθαρον] εκκαθαρισον A | το Εφραιμ] om το A   16 ειπαν]
+οι υιοι Ιωσηφ A | αρεσκει] αρκεσει Bᵃ αρκει A | om το Εφραιμ A | om εν
αυτω A | εν] ενεκ τω (ut vid) Bᵃ⁽ᵛⁱᵈ⁾ ᵐᵍ | Βαιθαισαν] Βαιθσαν A | Ισραηλ]
Ιεζραελ A   17 Ιωσηφ]+λεγων A   18 om εστιν A | υπερισχυεις
Bᵃᵇ (περισχυεις B*)] υπερισχυσεις A | αυτου] αυτον A   XVIII 1 Σηλωμ
A | εκρατηθη] εκραταιωθη A   2 ουκ εκληρονομησαν] ου κατεκληρον. A
3 Ιησους τοις υιοις Ισρ.] αυτοις Ιησους A | εδωκεν]+ημιν A | ημων] pr των
πατερων A

ΙΗΣΟΥΣ XVIII 14

τρεῖς ἄνδρας ἐκ φυλῆς, καὶ ἀναστάντες διελθέτωσαν τὴν γῆν, καὶ B διαγραψάτωσαν αὐτὴν ἐναντίον μου καθὰ δεήσει διελθεῖν αὐτήν. καὶ 5 διῆλθοσαν πρὸς αὐτόν, ⁵ καὶ διεῖλεν αὐτοῖς ἑπτὰ μερίδας. Ἰούδας στήσεται αὐτοῖς ὅριον ἀπὸ λιβός, καὶ οἱ υἱοὶ Ἰωσὴφ στήσονται αὐτοῖς 6 ἀπὸ βορρᾶ. ⁶ὑμεῖς δὲ μερίσατε τὴν γῆν ἑπτὰ μερίδας καὶ ἐνέγκατε πρὸς μὲ ὧδε, καὶ ἐξοίσω ὑμῖν κλῆρον ἔναντι Κυρίου τοῦ θεοῦ ἡμῶν. 7 ⁷ οὐ γάρ ἐστιν μερὶς τοῖς υἱοῖς Λευεὶ ἐν ὑμῖν, ἱερατεία γὰρ Κυρίου μερὶς αὐτοῦ· καὶ Γὰδ καὶ Ῥουβὴν καὶ τὸ ἥμισυ φυλῆς Μανασσὴ ἐλάβοσαν τὴν κληρονομίαν αὐτῶν πέραν τοῦ Ἰορδάνου ἐπ' ἀνατολῆς, 8 ἣν ἔδωκεν αὐτοῖς Μωυσῆς ὁ παῖς Κυρίου. ⁸ καὶ ἀναστάντες οἱ ἄνδρες ἐπορεύθησαν. καὶ ἐνετείλατο Ἰησοῦς τοῖς ἀνδράσιν τοῖς πορευομένοις χωροβατῆσαι τὴν γῆν λέγων Πορεύεσθε καὶ χωροβατήσατε τὴν γῆν, καὶ παραγενήθητε πρὸς μέ· καὶ ὧδε ἐξοίσω ὑμῖν κλῆρον 9 ἔναντι Κυρίου ἐν Σηλώ. ⁹ καὶ ἐπορεύθησαν καὶ ἐχωροβάτησαν τὴν γῆν, καὶ ἴδοσαν αὐτήν, καὶ ἔγραψαν αὐτὴν κατὰ πόλεις ἑπτὰ μερίδας 10 εἰς βιβλίον, καὶ ἤνεγκαν πρὸς Ἰησοῦν. ¹⁰ καὶ ἐνέβαλεν αὐτοῖς Ἰησοῦς 11 κλῆρον ἐν Σηλὼ ἔναντι Κυρίου. ¹¹ καὶ ἐξῆλθεν ὁ κλῆρος Βενιαμεὶν πρῶτος κατὰ δήμους αὐτῶν· καὶ ἐξῆλθεν ὅρια τοῦ κλήρου αὐτῶν 12 ἀνὰ μέσον Ἰούδα καὶ ἀνὰ μέσον τῶν υἱῶν Ἰωσήφ. ¹² καὶ ἐγενήθη αὐτῶν τὰ ὅρια ἀπὸ βορρᾶ· ἀπὸ τοῦ Ἰορδάνου προσαναβήσεται τὰ ὅρια κατὰ νώτου Ἰερειχὼ ἀπὸ βορρᾶ, καὶ ἀναβήσεται ἐπὶ τὸ ὄρος ἐπὶ τὴν θάλασσαν, καὶ ἔσται αὐτοῦ ἡ διέξοδος Μαβδαρεῖτις Βαιθών· 13 ¹³καὶ διελεύσεται ἐκεῖθεν τὰ ὅρια Λουζα ἐπὶ νώτου Λουζα ἀπὸ λιβὸς αὐτῆς, αὕτη ἐστὶν Βαιθήλ· καὶ καταβήσεται τὰ ὅρια Μααταρωθορὲχ 14 ἐπὶ τὴν ὀρεινήν, ἥ ἐστιν πρὸς λίβα Βαιθωρών, ἡ κάτω· ¹⁴ καὶ διελεύσεται τὰ ὅρια καὶ παρελεύσεται ἐπὶ τὸ ὄρος τὸ βλέπον παρὰ θάλασσαν ἀπὸ λιβός, ἀπὸ τοῦ ὄρους ἐπὶ πρόσωπον Βαιθωρὼν λίβα, καὶ ἔσται αὐτοῦ ἡ διέξοδος εἰς Καριαθβάαλ, αὕτη ἐστὶν Καριαθιαρείν, πόλις

4 διελθατωσαν A | μου] εμου B^{ab} A | διελθειν B* A] διελειν B^{a'} | διηλθο- A σαν] ηλθον A   5 om αυτοις 3° A   6 εναντιον A   7 Λευι A | ιερατεια (sic) γαρ] οτι η ιερατια A | αυτου] αυτων A | φυλης]+υιων (sup ras) A^{a?} | Μαννασση sup ras A^{a?} | αυτων] εαυτων B^{ab} | ανατολας A   8 πορευεσθε] πορευθητε A | χωροβατησατε] βατησατε sup ras A^{a?} | και ωδε] ωδε και A .   9 ιδοσαν] ιδον A | πολεις (πολις A)]+αυτης A | Ιησουν]+εις Σηλω A 10 εναντιον A   11 κληρος]+φυλης B^{ab(mg)} | Βενιαμειν] Μανασση A | των υιων] om των A   12 Ιεριχω B^bA | απο] επι A | επι την θαλασσαν] κατα θαλ. A | Μαβδαρειτις (Μαβδαριτις A)] pr η B^{ab}A | Βαιθαυν. A 13 νωτου] νοτου A | om αυτης A | Μααταρωθορεχ] απο Αταρωθ Αδδαρ A 14 παρελευσεται] διελευσεται A | ορος] μερος B^{ab} A | παρα] εις A | Καριαθιαριμ A

457

B υἱῶν Ἰούδα· τοῦτό ἐστιν τὸ μέρος τὸ πρὸς θάλασσαν. ¹⁵καὶ μέρος 15
τὸ πρὸς λίβα ἀπὸ μέρους Καριαθβάαλ· καὶ διελεύσεται ὅρια εἰς
Γασείν, ἐπὶ πηγὴν ὕδατος Ναφθώ· ¹⁶καὶ καταβήσεται τὰ ὅρια ἐπὶ 16
μέρους, τοῦτό ἐστιν κατὰ πρόσωπον νάπης Σοννάμ, ὅ ἐστιν ἐκ μέρους
Ἐμεκραφαεὶν ἀπὸ βορρᾶ· καὶ καταβήσεται Γαίεννα ἐπὶ νώτον
Ἰεβουσαὶ ἀπὸ λιβός, καταβήσεται ἐπὶ πηγὴν Ῥωγήλ· ¹⁷καὶ διελεύσε- 17
ται ἐπὶ πηγὴν Βαιθσάμυς, καὶ παρελεύσεται ἐπὶ Γαλιαώθ, ἥ ἐστιν
ἀπέναντι πρὸς ἀνάβασιν Αἰθαμείν, καὶ καταβήσεται ἐπὶ λίθον Βαίων
υἱῶν Ῥουβήν· ¹⁸καὶ διελεύσεται κατὰ νώτου Βαιθαραβὰ ἀπὸ βορρᾶ, 18
καὶ καταβήσεται ¹⁹ἐπὶ τὰ ὅρια ἐπὶ νῶτον θάλασσαν ἀπὸ βορρᾶ· καὶ 19
ἔσται ἡ διέξοδος τῶν ὁρίων ἐπὶ λοφιὰν τῆς θαλάσσης, τῶν ἁλῶν
ἐπὶ βορρᾶν εἰς μέρος τοῦ Ἰορδάνου ἀπὸ λιβός· ταῦτα τὰ ὅριά ἐστιν
ἀπὸ λιβός. ²⁰καὶ ὁ Ἰορδάνης ὁριεῖ ἀπὸ μέρους ἀνατολῶν. αὕτη 20
ἡ κληρονομία υἱῶν Βενιαμείν, τὰ ὅρια αὐτῆς κύκλῳ κατὰ δήμους.
²¹καὶ ἐγενήθησαν αἱ πόλεις τῶν υἱῶν Βενιαμεὶν κατὰ δήμους αὐτῶν 21
Ἰερειχὼ καὶ Βεθεγαιὼ καὶ Ἀμεκασεὶς ²²καὶ Βαιθαβαρὰ καὶ Σαρὰ 22
καὶ Βησανὰ ²³καὶ Αἰείν καὶ Φαρὰ καὶ Ἰεφραθὰ ²⁴καὶ Καραφὰ καὶ ²³₂₄
Κεφειρὰ καὶ Μονεὶ καὶ Γάβαα, πόλεις δέκα δύο καὶ αἱ κῶμαι αὐτῶν·
²⁵Γαβιὼν καὶ Ῥαμὰ καὶ Βεηρωθὰ ²⁶καὶ Μασσημὰ καὶ Μειρὼν καὶ ²⁵₂₆
Ἀμωκὴ ²⁷καὶ Φειρὰ καὶ Καφὰν καὶ Νακὰν καὶ Σεληκὰν καὶ Θαρεηλὰ 27
²⁸καὶ Ἰεβούς, αὕτη ἐστὶν Ἱερουσαλήμ, καὶ πόλεις καὶ Γαβαωθιαρείμ, 28
πόλεις τρεῖς καὶ δέκα καὶ αἱ κῶμαι αὐτῶν. αὕτη ἡ κληρονομία υἱῶν
Βενιαμεὶν κατὰ δήμους αὐτῶν.

¹Καὶ ἐξῆλθεν ὁ δεύτερος κλῆρος τῶν υἱῶν Συμεών· καὶ ἐγενήθη 1 X
ἡ κληρονομία αὐτῶν ἀνὰ μέσον κλήρων υἱῶν Ἰούδα. ²καὶ ἐγενήθη ὁ 2
κλῆρος αὐτῶν Βηρσάβεε καὶ Σάμαα καὶ Κωλαδὰμ ³καὶ Ἀρσωλὰ 3

A 15 ορια] pr τα A | Γασειν] Γαιν A 16 μερους] + του ορους A | τουτο] ο A | Σονναμ] υιου Εννομ A | Εμεκραφαειμ A | Γαιεννα] επι Γαι Οννομ A | νοτον] νωτου A | Ιεβουσαι] Ιεβους A | καταβησεται 2°] pr και A 17 Βαιθσαμυς] Σαμε A | Γαλιαωθ] Αγαλλιλωθ A | Αιθαμειν] Εδωμι A | Βαιων] Βααμ A | υιων] υιου A 19 om επι τα ορια A | νωτον] νωτου A | θαλασσαν] Βαιθαλαγα A | η διεξοδος] pr αυτου A | επι βορραν] απο βορρα A | om εστιν A 20—21 Βαινιαμιν A (bis) 21 Ιεριχω Bb A 21—24 Βεθεγαιω...Μονει] Βη|θαγλα· και Αμεκκα· Σεις· και Βαιθα|ραβα· και Σεμριμ· και Βηθηλ· και Ανειμ·| και Αφαρ· και Αφρα· και Αικαρεν·| και Καφηραμμιν· A 24 δεκα δυο] δωδεκα A 25 Βεηρωθα] Βηρωθ A 26—27 Μασσημα...Θαρεηλα] Μασφα· και Χεφειρα· και Αμωσα·| και Ρεκεμ· και Ιερφαηλ· και Θαραλα·| A 28 και Ιεβους] pr και Σηλαλεφ A | om και πολεις A | Γαβαωθιαρειμ] Γαβααθ και πολις Ιαριμ A | τρεις (τρις Bb) και δεκα] δεκατρις A | Βαινιαμιν A XIX 1 ο δευτερος κληρος] ο κλ. ο δευτ. A | των υιων Συμεων] τω Συμ. A | κληρων] κληρου A 2—6 Σαμαα και Κωλαδαμ (Μωλαδαμ Ba(vid)mg Κω|λα-

ΙΗΣΟΥΣ XIX 20

$^4_5$ καὶ Βωλὰ καὶ Ἰάσον ⁴καὶ Ἐλθούλὰ καὶ Βουλὰ καὶ Ἑρμὰ ⁵καὶ Σικε- B
6 λὰκ καὶ Βαιθμαχερὲβ καὶ Σαρσουσεὶν ⁶καὶ Βαθαρὼθ καὶ οἱ ἀγροὶ
7 αὐτῶν, πόλεις δέκα τρεῖς καὶ αἱ κῶμαι αὐτῶν· ⁷Ἐρεμμὼν καὶ Θαλχὰ
8 καὶ Ἰέθερ καὶ Ἀσάν, πόλεις τέσσαρες καὶ αἱ κῶμαι αὐτῶν ⁸κύκλῳ
τῶν πόλεων αὐτῶν ἕως Βαρὲκ πορευομένων Βάμεθ κατὰ λίβα· αὕτη ἡ
9 κληρονομία φυλῆς υἱῶν Συμεὼν κατὰ δήμους αὐτῶν. ⁹ἀπὸ τοῦ κλήρου
Ἰούδα ἡ κληρονομία φυλῆς υἱῶν Συμεών, ὅτι ἐγενήθη ἡ μερὶς υἱῶν
Ἰούδα μείζων τῆς αὐτῶν· καὶ ἐκληρονόμησαν οἱ υἱοὶ Συμεὼν ἐν μέσῳ
τοῦ κλήρου αὐτῶν.
10   ¹⁰Καὶ ἐξῆλθεν ὁ κλῆρος ὁ τρίτος τῷ Ζαβουλὼν κατὰ δήμους αὐτῶν.
ἔσται τὰ ὅρια τῆς κληρονομίας αὐτῶν Ἐσεδεκγωλά· ὅρια αὐτῶν
11 ¹¹ἡ θάλασσα καὶ Μαραγελδά, καὶ συνάψει ἐπὶ Βαιθαραβὰ εἰς τὴν
12 φάραγγα, ἥ ἐστιν κατὰ πρόσωπον Ἰεκμάν· ¹²καὶ ἀνέστρεψεν ἀπὸ
Σεδδοὺκ ἐξ ἐναντίας ἀπ' ἀνατολῶν Βαιθσάμυς ἐπὶ τὰ ὅρια Χασελω-
θαίθ, καὶ διελεύσεται ἐπὶ Δαβειρώθ, καὶ προσαναβήσεται ἐπὶ Φαγγαί·
13 ¹³καὶ ἐκεῖθεν περιελεύσεται ἐξ ἐναντίας ἐπ' ἀνατολὰς ἐπὶ Γεβερέ,
ἐπὶ πόλιν Κατασέμ, καὶ διελεύσεται ἐπὶ Ῥεμμωνὰ Ἁμαθὰρ Ἀοζά·
14 ¹⁴καὶ περιελεύσεται ὅρια ἐπὶ βορρᾶν ἐπὶ Ἀμώθ, καὶ ἔσται ἡ διέξοδος
15 αὐτῶν ἐπὶ Γαιφαὴλ ¹⁵καὶ Κατανὰθ καὶ Ναβαὰλ καὶ Συμοὼν καὶ
16 Ἱερειχὼ καὶ Βαιθμάν. ¹⁶αὕτη ἡ κληρονομία φυλῆς υἱῶν Ζαβουλὼν
κατὰ δήμους αὐτῶν, πόλεις καὶ αἱ κῶμαι αὐτῶν.
$^{17}_{18}$ ¹⁷Καὶ τῷ Ἰσσαχὰρ ἐξῆλθεν ὁ κλῆρος ὁ τέταρτος. ¹⁸καὶ ἐγενήθη
19 τὰ ὅρια αὐτῶν Ἰαζὴλ καὶ Χασαλὼθ καὶ Σουνὰν ¹⁹καὶ Ἀγεὶν καὶ
20 Σιωνὰ καὶ Ῥεηρὼθ καὶ Ἀναχερέθ ²⁰καὶ Δαβειρὼν καὶ Κεισὼν καὶ

λαμ per ras B^b)...Βαθαρωθ] Σαβεε· και Μωλαδα·| και Σερσουλα· και Βαθουλ· A
και| Βελβωλα· και Ασομ· και Ελθουδαδ·| και Ερμα· και Σεκελα· και Βαιθαμμαρι|-
χασβωθ· και Ασερσουσιμ· και Βαι|θαλβαθ A   7 Ερεμμων...Ασαν] Αιν· και
Ρεμμωθ· και Βεθερ· και| Ασαμ· A   8 κυκλω] pr αι περι A | αυτων] τουτων A |
Βαρεκ] Βαλεκ B^{ab} Βααλθερηρραμμωθ A | Βαμεθ] Ιαμεθ A | δημους] κληρους A
9 om του κληρου A | Ιουδα 1°] pr του (superscr) B^{ab} pr των υιων A | η μερις]
om η | οι υιοι] om οι A   10 εσται] pr και A | Εσεδεκγωλα] εως
Σαρθιδ A | ορια] pr τα A   11 Μαραγελδα] Μαριλα A | Βαιθαραβα] Δαβα-
σθαι A | Ιεκμαν] Ιεκναμ A   12 αναστρεψει A | Σεδδουκ] Σαριδ A | απ]
απο A | Βαιθσαμυς] Σαμε A | Χασελωθαιθ] Χασαλωθβαθωρ A | Δαβειρωθ (Δα-
βραθ A)] pr τα ορια A | Φαγγαι] Ιαφαγαι A   13 επ] επι A | Γεβερε]
Γαιθθα A | Κατασεμ] Κασιμ A | Ρεμμωνα Αμαθαρ Αοζα] Ρεμμώναμ· Μαθα-
ριμ· Αννουα A   14 ορια] pr επι τα A | om επι 1° A | βορρα· A | Αμωθ]
Ενναθωθ A | Γαιφαηλ] Γαι Ιεφθαηλ A   15 Κατανα ...και Βαιθμαν] Κατ-
ταθ· και Νααλωλ·| και Σεμρων και Ιαδηλα· και Βαιθλεεμ·| A   16 φυλης]
pr της A | πολεις] αι πολις αυτων A   18—21 Ιαζηλ...και Ρεηρωθ (Ρεηθα
B^{a (vid) mg})...και Βηρσαφης] Ιεζραελ· και Αχασε|λωθ· και Σουναμ· και Αφερα-
εμ·| και Σειαν· και Ρεναθ· και Αρρανεθ·| και Ραββωθ· και Κεσιων· και

459

XIX 21 ΙΗΣΟΥΣ

B ʽΡέβες ²¹καὶ ʽΡέμμας καὶ Ἰεὼν καὶ Τομμὰν καὶ Αἰμαρὲκ καὶ Βηρ- 21 σαφής. ²²καὶ συνάψει τὰ ὅρια ἐπὶ Γαιθβὼρ καὶ ἐπὶ Σαλεὶμ κατὰ 22 θάλασσαν καὶ Βαιθσάμυς· καὶ ἔσται αὐτοῦ ἡ διέξοδος τῶν ὁρίων ὁ Ἰορδάνης. ²³αὕτη ἡ κληρονομία φυλῆς υἱῶν Ἰσσαχὰρ κατὰ δήμους 23 αὐτῶν, αἱ πόλεις καὶ αἱ κῶμαι αὐτῶν. ²⁴Καὶ ἐξῆλθεν ὁ κλῆρος ὁ πέμπτος Ἀσήρ. ²⁵καὶ ἐγενήθη τὰ ὅρια 24 αὐτῶν ἐξ Ἑλεκὲθ καὶ Ἀλὲφ καὶ Βαίθοκ καὶ Κεὰφ ²⁶καὶ Ἐλειμέλεκ καὶ 26 Ἀμιὴλ καὶ Μαασά· καὶ συνάψει τῷ Καρμήλῳ κατὰ θάλασσαν καὶ τῷ Σειὼν καὶ Λαβανάθ. ²⁷καὶ ἐπιστρέψει ἀπ᾽ ἀνατολῶν ἡλίου καὶ 27 Βαιθεγενέθ, καὶ συνάψει τῷ Ζαβουλὼν καὶ ἐκ Γαὶ καὶ Φθαιὴλ κατὰ βορρᾶν, καὶ εἰσελεύσεται ὅρια Σαφθαιβαιθμὲ καὶ Ἰναήλ, καὶ διελεύσεται εἰς Χωβαμασομὲλ ²⁸καὶ Ἐλβὼν καὶ ʽΡαὰβ καὶ Ἐμεμαὼν καὶ 28 Κανθὰν ἕως Σιδῶνος τῆς μεγάλης· ²⁹καὶ ἀναστρέψει τὰ ὅρια εἰς ʽΡαμὰ 29 καὶ ἕως πηγῆς Μασφασσὰτ καὶ τῶν Τυρίων· καὶ ἀναστρέψει τὰ ὅρια ἐπὶ Ἰασείφ, καὶ ἔσται ἡ διέξοδος αὐτοῦ ἡ θάλασσα καὶ ἀπὸ Λὲβ καὶ Ἐχοζὸβ ³⁰καὶ Ἀρχὼβ καὶ Ἀφὲκ καὶ ʽΡαού. ³¹αὕτη ἡ κληρονομία 30 φυλῆς υἱῶν Ἀσὴρ κατὰ δήμους αὐτῶν, πόλεις καὶ αἱ κῶμαι αὐτῶν. 31

³²Καὶ τῷ Νεφθαλεὶ ἐξῆλθεν ὁ κλῆρος ὁ ἕκτος. ³³καὶ ἐγενήθη 32 τὰ ὅρια αὐτῶν Μοολὰμ καὶ Μωλὰ καὶ Βεσεμιεὶν καὶ Ἀρμὲ καὶ Νάβωκ 33 καὶ Ἰεφθαμαὶ ἕως Δωδάμ· καὶ ἐγενήθησαν αἱ διέξοδοι αὐτοῦ ὁ Ἰορδάνης. ³⁴καὶ ἐπιστρέφει τὰ ὅρια ἐπὶ θάλασσαν Ἐνὰθ Θαβώρ, καὶ 34 διελεύσεται ἐκεῖθεν Ἰακᾶνα, καὶ συνάψει τῷ Ζαβουλὼν ἀπὸ νότου, καὶ Ἀσὴρ συνάψει κατὰ θάλασσαν, καὶ ὁ Ἰορδάνης ἀπ᾽ ἀνατολῶν ἡλίου. ³⁵καὶ αἱ πόλεις τειχήρεις τῶν Τυρίων, Τύρος καὶ Ὠμαθά, 35 Δακὲθ καὶ Κενέρεθ· ³⁶καὶ Ἀρμαὶθ καὶ Ἀραὴλ καὶ Ἀσὼρ ³⁷καὶ Κάδες 36 37

A Λεμε·| και Ραμαθ· και Ηνγαννιμ·| και Ηναδδα· και Βαιθφασηε· A   22 Γαιθβωρ] Θαφωθ A | Σαλειμ] Σασειμαθ A | Βαιθσαμυς] Βαιθσμας A | om αυτου A | οριων]+αυτων A   23 κωμαι] επαυλις A   24 Ασηρ]+κατα δημους αυτων A 25—26 εξ Ελεκεθ...Μαασα] Χελκαθ·| και Οολει· και Βατνε· και Αχσαφ·| και Αμαδ· και Μασαψ· A   26 Σειων] Σειωρ A   27 om και 2° A | Βαιθεγενεθ] Βηθδαγων A | τω Ζαβουλων και εκ sup ras Bᵃᵇ | εκ Γαι και Φθαιηλ] εν Γαι Ιεφθαηλ A | ορια] pr τα A | Σαφθαιβαιθμε και Ιναηλ] Ασαφθα· Βηθαεμεκ· και πο|ρευεται το μεθοριον· Ανιηλ·| A | Χωβαμασομελ] Χαβωλ απο αριστερων A   28 Ελβων...Κανθαν] Αχραν· και Ρωβ·| και Αμων· και Κανα·| Σειδωνος B* (Σιδ. Bᵇ A)   29 πηγης Μασφασσατ] πολεως οχυρωματος A | om και 3° A | Ιασειφ] Σουσα A | Λεβ] του σχοινισματος A | om και 7° A 29—30 Εχοζοβ...Ρααυ] Αχζειφ (Αζειφ A* superscr χ A¹)· και Αμμα· και| Αφεκ· και Ραωβ· πολις εικοσι δυο A   31 om πολεις A   33 εγενηθη] εγενετο A | Μοολαμ...Ιεφθαμαι] Μελεφ· και Μηλων·| και Βεσενανιμ· και Αρμαι· και| Νακεβ· και Ιαβνηλ· A | Δωδαμ] ακρου A   34 Εναθ] Αζανωθ A | Ιακανα] Ικωκ A | Ασηρ] pr τω A   35 αι πολεις] πολις A   35— 38 Ωμαθα...Θεσσαμυς] Αμαθ· και| Ρεκκαθ· και Χενεροθ· και Αδαμι| και Ραμα· και

460

38 καὶ Ἀσσαρεὶ καὶ πηγὴ Ἀσὸρ ³⁸καὶ Κερωὲ καὶ Μεγαλά, Ἀρεὶμ καὶ Β
39 Βαιθθαμὲ καὶ Θεσσάμυς. ³⁹αὕτη ἡ κληρονομία φυλῆς υἱῶν Νε-
φθαλεί.
40 ⁴⁰Καὶ τῷ Δὰν ἐξῆλθεν ὁ κλῆρος ὁ ἕβδομος. ⁴¹καὶ ἐγενήθη τὰ ὅρια
41
42 αὐτῶν Σαρὰθ καὶ Ἀσά, πόλεις Σάμμαυς, ⁴²καὶ Σαλαβεὶν καὶ Ἀμμὼν
43 καὶ Σειλαθὰ ⁴³καὶ Αἰλὼν καὶ Θαμνᾶθα καὶ Ἀκκαρὼν ⁴⁴καὶ Ἀλκαθὰ
44
45 καὶ Βεγεθὼν καὶ Γεβεελὰν ⁴⁵καὶ Αζὼρ καὶ Βαναιβακὰτ καὶ Γεθρεμ-
46 μών, ⁴⁶καὶ ἀπὸ θαλάσσης Ἱερακὼν ὅριον πλησίον Ἰόππης· ⁴⁸αὕτη
48
ἡ κληρονομία φυλῆς υἱῶν Δὰν κατὰ δήμους αὐτῶν,' αἱ πόλεις αὐτῶν
48 a καὶ αἱ κῶμαι αὐτῶν. ⁴⁸ᵃκαὶ οὐκ ἐξέθλιψαν οἱ υἱοὶ Δὰν τὸν Ἀμορ-
ραῖον τὸν θλίβοντα αὐτοὺς ἐν τῷ ὄρει· καὶ οὐκ εἴων αὐτοὺς οἱ
Ἀμορραῖοι καταβῆναι εἰς τὴν κοιλάδα, καὶ ἔθλιψαν ἀπ' αὐτῶν
47 τὸ ὅριον τῆς μερίδος αὐτῶν. ⁴⁷καὶ ἐπορεύθησαν οἱ υἱοὶ Ἰούδα καὶ
ἐπολέμησαν τὴν Λαχείς, καὶ κατελάβοντο αὐτὴν καὶ ἐπάταξαν αὐ-
τὴν ἐν στόματι μαχαίρας, καὶ κατῴκησαν αὐτὴν καὶ ἐκάλεσαν τὸ
47 a ὄνομα αὐτῆς Λασεννδάκ. ⁴⁷ᵃκαὶ ὁ Ἀμορραῖος ὑπέμεινεν τοῦ
κατοικεῖν ἐν Ἐλὼμ καὶ ἐν Σαλαμείν· καὶ ἐβαρύνθη ἡ χεὶρ τοῦ
49 Ἐφράιμ ἐπ' αὐτούς, καὶ ἐγένοντο αὐτοῖς εἰς φόρον. ⁴⁹Καὶ
ἐπορεύθησαν ἐμβατεῦσαι τὴν γῆν κατὰ τὸ ὅριον αὐτῶν. καὶ ἔδωκαν
50 οἱ υἱοὶ Ἰσραὴλ κλῆρον Ἰησοῖ τῷ υἱῷ Ναυὴ ἐν αὐτοῖς ⁵⁰διὰ προστά-
γματος τοῦ θεοῦ· καὶ ἔδωκαν αὐτῷ τὴν πόλιν ἣν ᾐτήσατο Θαμαρ-
χάρης, ἥ ἐστιν ἐν τῷ ὄρει Ἐφράιμ· καὶ ᾠκοδόμησεν τὴν πόλιν,
51 καὶ κατῴκει ἐν αὐτῇ. ⁵¹Αὗται αἱ διαιρέσεις ἃς κατεκληρονό-
μησεν Ἐλεαζὰρ ὁ ἱερεὺς καὶ Ἰησοῦς ὁ τοῦ Ναυῆ καὶ οἱ ἄρχοντες
τῶν πατριῶν ἐν ταῖς φυλαῖς Ἰσραὴλ κατὰ κλήρους ἐν Σηλὼ ἐναν-
τίον τοῦ κυρίου παρὰ τὰς θύρας τῆς σκηνῆς τοῦ μαρτυρίου· καὶ
ἐπορεύθησαν ἐμβατεῦσαι τὴν γῆν.

X 1 ¹Καὶ ἐλάλησεν Κύριος τῷ Ἰησοῖ λέγων ²Λάλησον τοῖς υἱοῖς Ἰσραὴλ
2
λέγων Δότε τὰς πόλεις τῶν φυγαδευτηρίων ἃς εἶπα πρὸς ὑμᾶς διὰ

Ασωρ· και Κεδες·| και Εδραει· και πηγη Ασορ· και| Ιαριων· και Μαγδαλιη A
Ωραμ· και| Βαιναθαθ· και Θασμους· πολις δεκα εννεα A · 39 Νεφθαλει]
post Νε| ras aliq B? Νεφθαλι A   41—45 Σαραθ...Βαναιβακατ] Σαραα·
και| Εσθαολ· και| πολις Σαμες· και Σαλαμειν· και| Ιααλων· και Ιεθλα· και
Ελων· και| Θαμνα· και Ακκαρων· και Ελθεκω| και Γαβαθων· και Βααλων· και
Ιουθ·| και Βανηβαρακ· A   48 om αυτων 2° A   48 a καταβηναι] καταβαι-
νιν A | εθλιψαν] εθλιβον A   47 Ιουδα] Δαν A | Λαχεις] Λεσεμ A | μαχαι-
ρης A | κατωκησαν] κατεπατησαν A | Λασεννδακ] Λεσεν Δαν A   47 a Σαλα-
μειμ A | αυτους] αυτοις A   49 τω υιω] om τω A   50 Θαμαρχαρης]
Θαμνασαραχ Bᵃ ᵐᵍ Θαμναθσαρα A   51 κατεκληρονομησαν A | των πατριων]
om των A | Ισραηλ] pr του A | εναντι A | του κυριου] om του Bᵃᵇ A

B Μωυσῆ. ³φυγαδευτήριον τῷ φονευτῇ τῷ πατάξαντι ψυχὴν ἀκουσίως· 3 καὶ ἔσονται ὑμῖν αἱ πόλεις φυγαδευτήριον, καὶ οὐκ ἀποθανεῖται ὁ φονευτὴς ὑπὸ τοῦ ἀγχιστεύοντος τὸ αἷμα, ἕως ἂν καταστῇ ἐναντίον τῆς συναγωγῆς εἰς κρίσιν. ⁷καὶ διέστειλεν τὴν Κάδης ἐν τῇ Γαλει- 7 λαίᾳ ἐν τῷ ὄρει τῷ Νεφθαλεί, καὶ Συχὲμ ἐν τῷ ὄρει τῷ Ἐφράιμ, καὶ τὴν πόλιν Ἀρβόκ, αὕτη ἐστὶν Χεβρὼν ἐν τῷ ὄρει τῷ Ἰούδα. ⁸καὶ ἐν τῷ πέραν τοῦ Ἰορδάνου ἔδωκεν Βόσορ ἐν τῇ ἐρήμῳ ἐν τῷ 8 πεδίῳ ἀπὸ τῆς φυλῆς Ῥουβήν, καὶ Ἀρημὼθ ἐν τῇ Γαλαὰδ ἐκ τῆς φυλῆς Γάδ, καὶ τὴν Γαυλὼν ἐν τῇ Βασανείτιδι ἐκ τῆς φυλῆς Μανασσή. ⁹αὗται αἱ πόλεις αἱ ἐπίκλητοι τοῖς υἱοῖς Ἰσραὴλ καὶ τῷ προσηλύτῳ τῷ 9 προσκειμένῳ ἐν αὐτοῖς, καταφυγεῖν ἐκεῖ παντὶ παίοντι ψυχὴν ἀκουσίως, ἵνα μὴ ἀποθάνῃ ἐν χειρὶ τοῦ ἀγχιστεύοντος τὸ αἷμα, ἕως ἂν καταστῇ ἔναντι τῆς συναγωγῆς εἰς κρίσιν.

¹Καὶ προσῆλθοσαν οἱ ἀρχιπατριῶται τῶν υἱῶν Λευεὶ πρὸς Ἐλεα- 1 ζὰρ τὸν ἱερέα καὶ Ἰησοῦν τὸν τοῦ Ναυὴ καὶ πρὸς τοὺς ἀρχιφύλους πατριῶν ἐκ τῶν φυλῶν Ἰσραήλ, ²καὶ εἶπον πρὸς αὐτοὺς ἐν Σηλὼ 2 ἐν γῇ Χανάαν λέγοντες Ἐνετείλατο Κύριος ἐν χειρὶ Μωυσῆ δοῦναι ἡμῖν πόλεις κατοικεῖν καὶ τὰ περισπόρια τοῖς κτήνεσιν ἡμῶν. ³καὶ 3 ἔδωκαν οἱ υἱοὶ Ἰσραὴλ τοῖς Λευείταις ἐν τῷ κατακληρονομεῖν διὰ προστάγματος Κυρίου τὰς πόλεις καὶ τὰ περισπόρια αὐτῶν. ⁴καὶ 4 ἐξῆλθεν ὁ κλῆρος τῷ δήμῳ Καάθ, καὶ ἐγένετο τοῖς υἱοῖς Ἀαρὼν τοῖς ἱερεῦσιν τοῖς Λευείταις ἀπὸ φυλῆς Ἰούδα καὶ ἀπὸ φυλῆς Συμεὼν καὶ ἀπὸ φυλῆς Βενιαμεὶν κληρωτεὶ πόλεις ιγ· ⁵καὶ τοῖς υἱοῖς 5 Καὰθ τοῖς καταλελιμμένοις ἐκ τῆς φυλῆς Ἐφράιμ καὶ ἐκ τῆς φυλῆς

A XX 3 παταξαντι ψυχην ακουσιως] τι ψυχην a sup ras A^{aʔ} | υπο] απο A
4—6 και φευξεται εις μιαν των πολεων τουτων· και στησετε| επι την θυραν της πολεως·| και λαλησει εν τοις ωσιν τῶ| πρεσβυτερων της πολεως ε|κεινης τους λογους τουτους·| και επιστρεψουσιν αυτον η συ|ναγωγη προς αυτους· και δω|σουσιν αυτω τοπον· και κατοι|κησει μετ αυτων· (5) και οτι διω|ξεται ο αγχιστευων το αιμα·| οπισω αυτου· και ου συνκλισουσι̊| τον φονευσαντα εν τη χειρι| αυτου· οτι ουκ ειδως επαταξεν τον πλησιον αυτου· και ου| μισων αυτος αυτον απ εχθες·| και τριτην· (6) και κατοικησει εν| τη πολει εκεινη εως της κατα| προσωπον της συναγωγης| εις κρισιν· εως αποθανη ο ιε|ρευς ο μεγας ος εσται εν ταις| ημεραις εκειναις· τοτε επιστρε|ψει ο φονευσας· και ελευσεται| εις την πολιν αυτου· και προς τον οικον αυτου· και προς πο|λιν οθεν εφυγεν εκειθεν·| A (om B) 7 διεστειλαν A | Κεδες A | Γαλιλαια B^b A | Αρβο A 8 Ιορδανου]+Ιεριχω απ ανατολων A | εδωκαν A | Βοσορ] pr την A | Αρημωθ] Ραμωθ A | om εκ της φυλης Γαδ A | Γαυλων] Γωλαν A | Βασανιτιδι A 9 εν χειρι] εκ χειρος A
XXI 1 προσηλθον A | Λευι B^b A | Ιησουν] pr προς A | Ισραηλ] pr των υιων A 2 ειπαν A | τα περισπορια (-ρεια B*)] om A 3 Λευιταις B^b A (item infra pluries) | κατακληρονομει]+αυτους A 4 φυλης 3°] pr της A | Βαινιαμιν A (ita 9, 17) | κληρωτι A (item 5, 6, 7, 8) | ιγ'] δεκα τρις A

ΙΗΣΟΥΣ XXI 20

Δὰν καὶ ἀπὸ τοῦ ἡμίσους φυλῆς Μανασσῆ κληρωτεὶ πόλεις δέκα· B
6 ⁶καὶ τοῖς υἱοῖς Γεδσὼν ἀπὸ τῆς φυλῆς Ἰσσαχὰρ καὶ ἀπὸ τῆς φυλῆς
Ἀσὴρ καὶ ἀπὸ τῆς φυλῆς Νεφθαλεὶ καὶ ἀπὸ τοῦ ἡμίσους φυλῆς
7 Μανασσῆ ἐν τῷ Βασὰν πόλεις δέκα τρεῖς· ⁷καὶ ἐν τοῖς υἱοῖς Μεραρεὶ
κατὰ δήμους αὐτῶν ἀπὸ φυλῆς Ῥουβὴν καὶ ἀπὸ φυλῆς Γὰδ καὶ
8 ἀπὸ φυλῆς Ζαβουλῶν κληρωτεὶ πόλεις δώδεκα.   ⁸Καὶ ἔδωκαν οἱ
υἱοὶ Ἰσραὴλ τοῖς Λευείταις τὰς πόλεις καὶ τὰ περισπόρια αὐτῶν ὃν
9 τρόπον ἐνετείλατο Κύριος τῷ Μωυσῇ κληρωτεί. ⁹καὶ ἔδωκεν ἡ φυλὴ
υἱῶν Ἰούδα καὶ ἡ φυλὴ υἱῶν Συμεὼν καὶ ἀπὸ τῆς φυλῆς υἱῶν
10 Βενιαμεὶν τὰς πόλεις ταύτας· καὶ ἐπεκλήθησαν ¹⁰τοῖς υἱοῖς Ἀαρὼν
ἀπὸ τοῦ δήμου τοῦ Καὰθ τῶν υἱῶν Λευεί, ὅτι τοῦτο ἐγενήθη ὁ κλῆρος.
11 ¹¹καὶ ἔδωκεν αὐτοῖς τὴν Καραθαρβὸκ μητρόπολιν τῶν Ἐνάκ, αὕτη
12 ἐστὶν Χεβρὼν ἐν τῷ ὄρει Ἰούδα· τὰ δὲ περισπόρια κύκλῳ αὐτῆς ¹²καὶ
τοὺς ἀγροὺς τῆς πόλεως καὶ τὰς κώμας αὐτῆς ἔδωκεν Ἰησοῦς τοῖς
13 υἱοῖς Χαλὲβ υἱοῦ Ἰεφοννῇ ἐν κατασχέσει. ¹³καὶ τοῖς υἱοῖς Ἀαρὼν
ἔδωκεν τὴν πόλιν φυγαδευτήριον τῷ φονεύσαντι, τὴν Χεβρὼν καὶ
τὰ ἀφωρισμένα τὰ σὺν αὐτῇ, καὶ τὴν Λεμνὰ καὶ τὰ ἀφωρισμένα
14 τὰ πρὸς αὐτῆ, ¹⁴καὶ τὴν Αἰλὼμ καὶ τὰ ἀφωρισμένα αὐτῇ, καὶ τὴν
15 Τεμὰ καὶ τὰ ἀφωρισμένα αὐτῇ, ¹⁵καὶ τὴν Γελλὰ καὶ τὰ ἀφωρισμένα
16 αὐτῇ, καὶ τὴν Δαβεὶρ καὶ τὰ ἀφωρισμένα αὐτῇ, ¹⁶καὶ Ἄσα καὶ τὰ
ἀφωρισμένα αὐτῇ, καὶ Τανὺ καὶ τὰ ἀφωρισμένα αὐτῇ, καὶ Βαιθσάμυς
καὶ τὰ ἀφωρισμένα αὐτῇ· πόλεις ἐννέα παρὰ τῶν δύο φυλῶν τούτων.
17 ¹⁷καὶ παρὰ τῆς φυλῆς Βενιαμεὶν τὴν Γαβαὼν καὶ τὰ ἀφωρισμένα
18 αὐτῇ, καὶ Γάθεθ καὶ τὰ ἀφωρισμένα αὐτῇ, ¹⁸καὶ Ἀναθὼθ καὶ τὰ ἀφω-
ρισμένα αὐτῇ, καὶ Γαμαλὰ καὶ τὰ ἀφωρισμένα αὐτῇ, πόλεις τέσσαρες.
19 ¹⁹πᾶσαι αἱ πόλεις υἱῶν Ἀαρὼν τῶν ἱερέων δέκα τρεῖς. ²⁰καὶ τοῖς
20

5 ημισους] ημισεις A   6 Γεδσων] Γε|δεων B* (Γεδ|σων B^{ab}) Γησωρ A | A
Ισσαχαρ και απο της φυ|λης Ασηρ και απο της| φυ sup ras B^a? | Νεφθαλι A |
ημισους] ημισει A | τω Βασαν] τη Βασαν A+κληρωτι A   7 om εν B^{ab}A |
Μεραρι A | φυλης 1°, 2°, 3°] pr της A   8 Λευιταις B^bA   9 om
ταυτας A | επεκληθησαν] επεκληρωθησαν A   10 Λευι A | τουτο] τουτοις
B^{ab} A   11 εδωκαν A | Καριαθαρβοκ A | Ιουδα] pr τω A | κυκλω] pr
τα A   12 τοις υιοις X. υιου] τω Χαλεβ υιω A   13 Ααρων]+του
ιερεως A | om εδωκεν A | συν αυτη] προς αυτη| A | Λεμνα] Λεβνα A | τα προς
αυτη] om τα A   14 Αιλωμ] Ιεθερ A | αυτη 1°] τα προς αυτη A | Τεμα]
Εσθεμω A | αυτη 2°] τα προς αυτην A   15 Γελλα] Ωλων A | αυτη 1°, 2°]
pr τα προς A   16 Ασα] Αιν A | αυτη 1°] pr τα προς A | om Τανυ...
αυτη 2° A | Βεθσαμες A | αυτη 3°] pr τα προς A   17 την Γαβαων] της
Γαβ. A | αυτη 1°] τα προς αυτην A | Γαθεθ] Γαβεε A | αυτη 2°] pr τα προς A
18 αυτη 1°] pr τα προς A | Γαμαλα] την Αλμων A | αυτη 2°] τα προς αυτην A
19 δεκα τρεις] πολις δεκα τρις· και| τα περισπορια αυτων A

ΙΗΣΟΥΣ

B δήμοις υἱοῖς Καὰθ τοῖς Λευείταις τοῖς καταλελιμμένοις ἀπὸ τῶν υἱῶν Καάθ, καὶ ἐγενήθη πόλις τῶν ἱερέων αὐτῶν ἀπὸ φυλῆς Ἐφράιμ· ²¹καὶ ἔδωκαν αὐτοῖς τὴν πόλιν τοῦ φυγαδευτηρίου τὴν τοῦ φονεύ- 21 σαντος, τὴν Συχὲμ καὶ τὰ ἀφωρισμένα αὐτῇ, καὶ Γαζαρὰ καὶ τὰ πρὸς αὐτὴν καὶ τὰ ἀφωρισμένα αὐτῇ, ²²καὶ Βαιθωρὼν καὶ τὰ ἀφωρισμένα 22 αὐτῇ, πόλεις τέσσαρες. ²³καὶ ἐκ τῆς φυλῆς Δὰν τὴν Ἐλκωθάιμ 23 καὶ τὰ ἀφωρισμένα αὐτῇ, καὶ τὴν Γεθεδὰν καὶ τὰ ἀφωρισμένα αὐτῇ, ²⁴καὶ Αἰλὼν καὶ τὰ ἀφωρισμένα αὐτῇ, καὶ Γεθερεμμὼν καὶ τὰ ἀφω- 24 ρισμένα αὐτῇ, πόλεις τέσσαρες. ²⁵καὶ ἀπὸ τοῦ ἡμίσους φυλῆς 25 Μανασσή, τὴν Ταναχ καὶ τὰ ἀφωρισμένα αὐτῇ, καὶ τὴν Ἰεβαθὰ καὶ τὰ ἀφωρισμένα αὐτῇ, πόλεις δύο. ²⁶πᾶσαι πόλεις δέκα καὶ τὰ ἀφω- 26 ρισμένα αὐτῇ τὰ πρὸς αὐταῖς τοῖς δήμοις υἱῶν Καὰθ τοῖς ὑπολελιμμένοις. ²⁷καὶ τοῖς υἱοῖς Γεδσὼν τοῖς Λευείταις ἐκ τοῦ ἡμίσους φυλῆς 27 Μανασσῆ τὰς πόλεις τὰς ἀφωρισμένας τοῖς φονεύσασι, τὴν Γαυλὼν ἐν τῇ Βασανείτιδι καὶ τὰ ἀφωρισμένα αὐτῇ, καὶ τὴν Βοσορὰν καὶ τὰ ἀφωρισμένα αὐτῇ, πόλεις δύο. ²⁸καὶ ἐκ τῆς φυλῆς Ἰσσαχὰρ 28 τὴν Κεισὼν καὶ τὰ ἀφωρισμένα αὐτῇ, καὶ Δεββὰ καὶ τὰ ἀφωρισμένα αὐτῇ, ²⁹καὶ τὴν Ρεμμὰθ καὶ τὰ ἀφωρισμένα αὐτῇ, καὶ Πηγὴν γραμ- 29 μάτων καὶ τὰ ἀφωρισμένα αὐτῇ, πόλεις τέσσαρες. ³⁰καὶ ἐκ τῆς 30 φυλῆς Ἀσὴρ τὴν Βασελλὰν καὶ τὰ ἀφωρισμένα αὐτῇ, καὶ Δαββὼν καὶ τὰ ἀφωρισμένα αὐτῇ, ³¹καὶ Χελκὰτ καὶ τὰ ἀφωρισμένα αὐτῇ, 31 καὶ Ῥαὰβ καὶ τὰ ἀφωρισμένα αὐτῇ, πόλεις τέσσαρες. ³²καὶ ἐκ τῆς 32 φυλῆς Νεφθαλεὶ τὴν πόλιν τὴν ἀφωρισμένην τῷ φονεύσαντι, τὴν Κάδες ἐν τῇ Γαλειλαίᾳ καὶ τὰ ἀφωρισμένα αὐτῇ, καὶ τὴν Νεμμὰθ

A   20 υιοις] υιων A | Λευιταις B^b A | ιερεων] οριων A   21 φονευσαντος] φονευοντος A | αυτη 1°] τα προς αυτη | A | Γαζαρα] την Γαζερ A | αυτη 2°] pr τα προς A   22 Βαιθωρων] pr την Καβσαειμ και τα αφωρισμενα τα προς αυτη και την ανω A | αυτη] τα προς αυτη A   23 Ελκωθαιμ] Ελθεκω A | αυτη 1°] τα προς αυτην A | Γεθεδαν] Γεθαιβαν B^a(vid) Γαβεθων A | αυτη 2°] pr τα προς A   24 Αιλων] Ιαλων A | αυτη 1°] pr τα προς A | Γεθερεμμων] την Γεθρεμμων A | αυτη 2°] pr τα προς A   25 φυλης] pr της B^ab | Ταναχ] Θααναχ A | αυτη 1°] pr τα προς A | Ιεβαθα] Βαιθσα A | αυτη 2°] pr τα προς A   26 πασαι] pr αι A | om αυτη | αυταις] αυτας A   27 Γεδσων] Γηρσων A | Λευιταις A | Γαυλων] Γωλαν A | Βασανιτιδι A | αυτη 1°] pr τα προς (ρ sup ras A¹) A | Βοσοραν] Βεεθαρα A | αυτη 2°] pr τα προς A   28 εκ] απο A | Κεισων] Κισιων A | αυτη 1°] pr τα προς A | Δεββα] Δεβραθ A | αυτη 2°] pr τα προς A   29 Ρεμμαθ] Ιερμωθ A | αυτη 1°, 2°] pr τα προς A   30 Βασελλαν] Μασααλ A | αυτη 1°] pr τα προς A | Δαββων] την Αβδων A | αυτη 2°] pr τα προς A   31 Χελκατ] Θελκαθ A | αυτη 1°] pr τα προς A | Ρααβ] την Ροωβ A | αυτη 2°] pr τα προς A   32 Κεδες A | Γαλιλαια B^b A | αυτη 1°] pr τα προς A | Νεμμαθ] Εμαθδωρ A

ΙΗΣΟΥΣ XXI 42 d

καὶ τὰ ἀφωρισμένα αὐτῇ, καὶ Θεμμὼν καὶ τὰ ἀφωρισμένα αὐτῇ, Β 33 πόλεις τρεῖς. ³³πᾶσαι αἱ πόλεις τοῦ Γεδσὼν κατὰ δήμους αὐτῶν 34 πόλεις δέκα τρεῖς. ³⁴καὶ τῷ δήμῳ υἱῶν Μεραρεὶ τοῖς Λευείταις τοῖς λοιποῖς ἐκ τῆς φυλῆς Ζαβουλὼν τὴν Μαὰν καὶ τὰ περισπόρια αὐτῆς, 35 καὶ τὴν Κάδης καὶ τὰ περισπόρια αὐτῆς, ³⁵καὶ Σελλὰ καὶ τὰ περι-36 σπόρια αὐτῆς, πόλεις τρεῖς. ³⁶καὶ πέραν τοῦ Ἰορδάνου, τοῦ κατὰ Ἰερειχὼν ἐκ τῆς φυλῆς Ῥουβὴν τὴν πόλιν τὸ φυγαδευτήριον τοῦ φονεύσαντος, τὴν Βόσορ ἐν τῇ ἐρήμῳ, τὴν Μεισὼ καὶ τὰ περι-37 σπόρια αὐτῆς, ⁽³⁷⁾καὶ τὴν Ἰαζὴρ καὶ τὰ περισπόρια αὐτῆς, ³⁷καὶ τὴν Δεκμὼν καὶ τὰ περισπόρια αὐτῆς, καὶ τὴν Μαφὰ καὶ τὰ περι- (36) 38 σπόρια αὐτῆς, πόλεις τέσσαρες. ³⁸καὶ ἀπὸ τῆς φυλῆς Γὰδ τὴν πόλιν τὸ φυγαδευτήριον τοῦ φονεύσαντος, καὶ τὴν Ῥαμὼθ ἐν τῇ Γαλαὰδ καὶ τὰ περισπόρια αὐτῆς, τὴν Καμέιν καὶ τὰ περισπόρια αὐτῆς, (37) 39 ³⁹καὶ τὴν Ἑσβὼν καὶ τὰ περισπόρια αὐτῆς, καὶ τὴν Ἰαζὴρ καὶ τὰ (38) 40 περισπόρια αὐτῆς· αἱ πᾶσαι πόλεις τέσσαρες. ⁴⁰πᾶσαι πόλεις τοῖς υἱοῖς Μεραρεὶ κατὰ δήμους αὐτῶν τῶν καταλελιμμένων ἀπὸ τῆς (39) 41 φυλῆς Λευεί· καὶ ἐγενήθη τὰ ὅρια αἱ πόλεις δέκα δύο. ⁴¹πᾶσα πόλις τῶν Λευειτῶν ἐν μέσῳ κατασχέσεως υἱῶν Ἰσραὴλ τεσσεράκοντα (40) 42 ὀκτὼ πόλεις, καὶ τὰ περισπόρια αὐτῶν ⁴²κύκλῳ τῶν πόλεων τούτων· πόλις καὶ τὰ περισπόρια κύκλῳ τῆς πόλεως πάσαις ταῖς πόλεσιν 42 a ταύταις. ⁴²ᵃκαὶ συνετέλεσεν Ἰησοῦς διαμερίσας τὴν γῆν ἐν τοῖς 42 b ὁρίοις αὐτῶν. ⁴²ᵇκαὶ ἔδωκαν οἱ υἱοὶ Ἰσραὴλ μερίδα τῷ Ἰησοῖ κατὰ πρόσταγμα Κυρίου· ἔδωκαν αὐτῷ τὴν πόλιν ἣν ᾐτήσατο· τὴν Θαμ-42 c νασάραχ ἔδωκαν αὐτῷ ἐν τῷ ὄρει Ἐφράιμ. ⁴²ᶜκαὶ ᾠκοδόμησεν 42 d Ἰησοῦς τὴν πόλιν καὶ ᾤκησεν ἐν αὐτῇ. ⁴²ᵈκαὶ ἔλαβεν Ἰησοῦς τὰς μαχαίρας τὰς πετρίνας, ἐν αἷς περιέτεμεν τοὺς υἱοὺς Ἰσραὴλ τοὺς γενομένους ἐν τῇ ὁδῷ ἐν τῇ ἐρήμῳ, καὶ ἔθηκεν αὐτὰς ἐν Θαμνασαχαράθ.

32 αυτη 2°] τα προς αυτην A* (τα προς αυτη A') | Θεμμων] (Τέμμων A Bᵃʳᵇ ᵛⁱᵈ)] την Νοεμμων A | αυτη 3°] pr τα προς A 33 Γεδσων] Γηρσων A | δεκα τρεις πολεις B? 34 Μεραρι A | Λευιταις A | Ζαβουλων] pr υιων A | Μααν] Εκναμ A | την Καδης] Καροα A 35 om και 1° A | Σελλα] Δαμνα A | αυτης]+και την Νααλωλ, και, τα], περισπορια αυτης A | τρεις] τεσσαρες A 36 του κατα] om του A | Ιερειχων (Ιεριχων Bᵇ ᵛⁱᵈ)] Ιεριχω A | την Μεισω] τη Μισωρ A 37 Δεκμων] Γεδσων A | Μαφα] Μασφα A 38. του φυγαδειτηριου A | om και 2° A | τη Γαλααδ] γη Γαλ. A | την Καμειν] και την Μαναιμ A 39 Εσεβων A | αι πασαι] πασαι αι A 40 πασαι] +αι A | Μεραρι A | Λευει (Λευι Bᵇ)] του Λευι A | αι πολεις] om αι A | δεκα δυο] δωδεκα A 41 πασα πολις] πασαι αι πολις A | Λευιτων Bᵇ A | τεσσαρακ. Bᵇ 42 κυκλω·1°]. κυ sup ras A¹ | της πολεως] των πολεων A 42 a αυτων] αυτης A 42 b κατα προσταγμα] διὰ προσταγματος A | Θαμνασαραχ] Θαμνασαχαρ A 42 d εθηκαν A | Θαμνασαχαραθ] Θαμνασαχαρ A

ΙΗΣΟΥΣ

B ⁴³Καὶ ἔδωκεν Κύριος τῷ Ἰσραὴλ πᾶσαν τὴν γῆν ἣν ὤμοσεν 43 (41) δοῦναι τοῖς πατράσιν αὐτῶν, καὶ κατεκληρονόμησαν αὐτὴν καὶ κατῴκησαν ἐν αὐτῇ. ⁴⁴καὶ κατέπαυσεν αὐτοὺς Κύριος κυκλόθεν, 44 (42) καθότι ὤμοσεν τοῖς πατράσιν αὐτῶν· οὐκ ἀνέστη οὐθεὶς κατενώπιον αὐτῶν ἀπὸ πάντων τῶν ἐχθρῶν αὐτῶν· πάντας τοὺς ἐχθροὺς αὐτῶν παρέδωκεν Κύριος εἰς τὰς χεῖρας αὐτῶν. ⁴⁵οὐ διέπεσεν 45 (43) ἀπὸ πάντων τῶν ῥημάτων τῶν καλῶν ὧν ἐλάλησεν Κύριος τοῖς υἱοῖς Ἰσραήλ· πάντα παρεγένετο.

¹Τότε συνεκάλεσεν Ἰησοῦς τοὺς υἱοὺς Ῥουβὴν καὶ τοὺς υἱοὺς Γὰδ 1 XXII καὶ τὸ ἥμισυ φυλῆς Μανασσῆ, ²καὶ εἶπεν αὐτοῖς Ὑμεῖς ἀκηκόατε 2 πάντα ὅσα ἐνετείλατο ὑμῖν Μωυσῆς ὁ παῖς Κυρίου, καὶ ἐπηκούσατε τῆς φωνῆς μου κατὰ πάντα ὅσα ἐνετείλατο ὑμῖν. ³οὐκ ἐνκαταλελοί- 3 πατε τοὺς ἀδελφοὺς ὑμῶν ταύτας τὰς ἡμέρας πλείους· ἕως τῆς σήμερον ἡμέρας ἐφυλάξασθε τὴν ἐντολὴν Κυρίου τοῦ θεοῦ ὑμῶν. ⁴νῦν δὲ 4 κατέπαυσεν Κύριος ὁ θεὸς ἡμῶν τοὺς ἀδελφοὺς ἡμῶν, ὃν τρόπον εἶπεν αὐτοῖς· νῦν οὖν ἀποστραφέντες ἀπέλθατε εἰς τοὺς οἴκους ὑμῶν καὶ εἰς τὴν γῆν τῆς κατασχέσεως ὑμῶν, ἣν ἔδωκεν ὑμῖν Μωυσῆς ἐν τῷ πέραν τοῦ Ἰορδάνου. ⁵ἀλλὰ φυλάξασθε ποιεῖν 5 σφόδρα τὰς ἐντολὰς καὶ τὸν νόμον ὃν ἐνετείλατο ἡμῖν ποιεῖν Μωυσῆς ὁ παῖς Κυρίου, ἀγαπᾶν Κύριον τὸν θεὸν ἡμῶν, πορεύεσθαι πάσαις ταῖς ὁδοῖς αὐτοῦ, φυλάξασθαι τὰς ἐντολὰς αὐτοῦ καὶ προσκεῖσθαι αὐτῷ, καὶ λατρεύειν αὐτῷ ἐξ ὅλης τῆς διανοίας ὑμῶν καὶ ἐξ ὅλης τῆς ψυχῆς ὑμῶν. ⁶καὶ ηὐλόγησεν αὐτοὺς Ἰησοῦς, καὶ ἐξαπέστει- 6 λεν αὐτούς· καὶ ἐπορεύθησαν εἰς τοὺς οἴκους αὐτῶν. ⁷Καὶ τῷ 7 ἡμίσει φυλῆς Μανασσῆ ἔδωκεν Μωυσῆς ἐν τῇ Βασανείτιδι, καὶ τῷ ἡμίσει ἔδωκεν Ἰησοῦς μετὰ τῶν ἀδελφῶν αὐτοῦ ἐν τῷ πέραν τοῦ Ἰορδάνου παρὰ θάλασσαν. καὶ ἡνίκα ἐξαπέστειλεν αὐτοὺς Ἰησοῦς εἰς τοὺς οἴκους αὐτῶν καὶ εὐλόγησεν αὐτούς, ⁸καὶ ἐν χρήμασιν πολλοῖς 8 ἀπῆλθοσαν εἰς τοὺς οἴκους αὐτῶν· καὶ κτήνη πολλὰ σφόδρα καὶ

A 44 κς´ αυτους B? | ουθεις] ουδεις A | εις τας χειρας] pr αυτοις A
45 παρεγενοντο A   XXII 1 υιους Ρουβην] Ρουβηνιτας A | ημισει B* (ημισυ Bᵇ)   2 υμιν 1°] ημιν A | επηκουσατε] ουκ εισηκουσατε A | ενετειλατο] ενετειλαμην A   3 ενκαταλελοιπατε (ενκ. Bᵃᵇ) ἐ|καταλειπατε (sic) A | υμων 1°] ημων A | πλειους (πλιους A)] pr και A | εφυλαξεσθε (sic) B εφυλαξατε A
4 νυν 1°] νυνι A   5 σφοδρα ποιειν A | ημων] υμων A | πασαις] pr εν A | φυλαξασθαι] φυλασσεσθαι A | διανοιας] καρδιας A   6 ευλογησεν A   7 τω ημισει 1°] τοις ημισει A | τη] η sup ras 3 circ litt Aᵃ? | Βασανειτιδι] Βασαν A | τω ημισει 2°] τοις ημισιν (sic) A | αυτου] αυτων A | om εν τω περαν του Ιορδανου A   8 και 1°] λεγων A | χρημασι A | πολλοις· A

ΙΗΣΟΥΣ XXII 19

ἀργύριον καὶ χρυσίον καὶ σίδηρον καὶ ἱματισμὸν πολὺν καὶ διεί- B
9 λαντο, τὴν προνομὴν τῶν ἐχθρῶν, μετὰ τῶν ἀδελφῶν αὐτῶν. ⁹Καὶ
ἐπορεύθησαν οἱ υἱοὶ Ῥουβὴν καὶ οἱ υἱοὶ Γὰδ καὶ τὸ ἥμισυ φυλῆς
υἱῶν Μανασσῆ ἀπὸ τῶν υἱῶν Ἰσραὴλ ἐν Σηλὼ ἐν γῇ Χανάαν ἀπελ-
θεῖν εἰς τὴν Γαλαὰδ εἰς γῆν κατασχέσεως αὐτῶν, ἣν ἐκληρονόμησαν
10 αὐτὴν διὰ προστάγματος Κυρίου ἐν χειρὶ Μωυσῆ. ¹⁰καὶ ἦλθον εἰς
Γάλγαλα τοῦ Ἰορδάνου, ἥ ἐστιν ἐν γῇ Χανάαν· καὶ ᾠκοδόμησαν οἱ
υἱοὶ Γὰδ καὶ οἱ υἱοὶ Ῥουβὴν καὶ τὸ ἥμισυ φυλῆς Μανασσῆ ἐκεῖ βωμὸν
11 ἐπὶ τοῦ Ἰορδάνου, βωμὸν μέγαν ἐπὶ τοῦ ἰδεῖν. ¹¹καὶ ἤκουσαν οἱ
υἱοὶ Ἰσραὴλ λεγόντων Ἰδοὺ ᾠκοδόμησαν οἱ υἱοὶ Γὰδ καὶ οἱ υἱοὶ Ῥουβὴν
καὶ τὸ ἥμισυ φυλῆς Μανασσῆ βωμὸν ἐπὶ τῶν ὁρίων γῆς Χανάαν ἐπὶ
12 τοῦ Γαλαὰδ τοῦ Ἰορδάνου ἐν τῷ πέραν υἱῶν Ἰσραήλ. ¹²καὶ συνη-
θροίσθησαν πάντες οἱ υἱοὶ Ἰσραὴλ εἰς Σηλὼ ὥστε ἀναβάντες ἐκπο-
13 λεμῆσαι αὐτούς. ¹³Καὶ ἀπέστειλαν οἱ υἱοὶ Ἰσραὴλ πρὸς τοὺς
υἱοὺς Ῥουβὴν καὶ πρὸς τοὺς υἱοὺς Γὰδ καὶ πρὸς τοὺς υἱοὺς ἥμισυ φυλῆς
Μανασσῆ εἰς γῆν Γαλαὰδ τόν τε Φεινεὲς υἱὸν Ἐλεαζὰρ υἱοῦ Ἀαρὼν
14 τοῦ ἀρχιερέως ¹⁴καὶ δέκα τῶν ἀρχόντων μετ' αὐτοῦ· ἄρχων εἷς ἀπὸ
οἴκου πατριᾶς ἀπὸ πασῶν φυλῶν Ἰσραήλ· ἄρχοντες οἴκων πατριῶν
15 εἰσιν, χιλίαρχοι Ἰσραήλ. ¹⁵καὶ παρεγένοντο πρὸς τοὺς υἱοὺς Γὰδ
καὶ πρὸς τοὺς υἱοὺς Ῥουβὴν καὶ πρὸς τοὺς ἡμίσεις φυλῆς Μανασσῆ
16 εἰς τὴν Γαλαάδ, καὶ ἐλάλησαν πρὸς αὐτοὺς λέγοντες ¹⁶Τάδε λέγει
πᾶσα ἡ συναγωγὴ Κυρίου Τίς ἡ πλημμελία αὕτη ἣν ἐπλημμελήσατε
ἐναντίον τοῦ θεοῦ Ἰσραήλ, ἀποστραφῆναι σήμερον ἀπὸ Κυρίου οἰκοδο-
μήσαντες ὑμῖν ἑαυτοῖς βωμόν, ἀποστάτας ὑμᾶς γενέσθαι ἀπὸ τοῦ
17 κυρίου; ¹⁷μὴ μικρὸν ἡμῖν τὸ ἁμάρτημα Φογώρ; ὅτι οὐκ ἐκαθαρίσθη-
μεν ἀπ' αὐτοῦ ἕως τῆς ἡμέρας ταύτης, καὶ ἐγενήθη πληγὴ ἐν τῇ
18 συναγωγῇ Κυρίου. ¹⁸καὶ ὑμεῖς ἀπεστράφητε σήμερον ἀπὸ Κυρίου·
καὶ ἔσται ἐὰν ἀποστῆτε σήμερον ἀπὸ Κυρίου, καὶ αὔριον ἐπὶ πάντα
19 Ἰσραὴλ ἔσται ἡ ὀργή. ¹⁹καὶ νῦν εἰ μικρὰ ἡ γῆ ὑμῶν τῆς κατασχέσεως

8 om και σιδηρον A | πολιν]+σφοδρα A | om και 7° Bᵃ⁽ᵛⁱᵈ⁾ᵇ A | εχθρων] A
+αυτων A   9 om νιων 1° A | Μανασση] Μαν sup ras Bᵃʳ | εν 1°]
εκ A | εν γη] εκ γης A | την Γαλααδ] γην Γαλ. A | om αυτην A   10 ηλ-
θοσαν A | Γαλγαλα] Γαλιλωθ A | Ρουβην και οι υιοι Γαδ A | ημισει A |
om επι 2° Bᵃᵇ A   11 Ρουβην και οι υιοι Γαδ A | ημισει B* (ημισυ Bᵇ) A |
επι των οριων] εφ οριων Bᵃ⁽ᵛⁱᵈ⁾ᵇ A | Γαλααδ] Γαλιλωθ A   12 αναβαντες]
αναβηναι A   13 om τους υιους 3° A | ημισυ] το ημισει A.| Φινεες BᵇA
14 φυλων] pr των A.   15 Ρουβην και προς τους υιους Γαδ A   16 εναντι A |
του θεου] pr κυ | ωκοδομησαντες A | om υμιν A | του κυριου] om του A
17 ημιν] υμιν A | ουκ εκαθαρισθημεν] ου κεκαθαρισμεθα A   18 απεστραφητε]
αποστραφησεσθαι A | σημερον απο 2° in mg et sup ras Aᵃʳ (om σημερον 2°
A*ᵛⁱᵈ) | η οργη] om η A   19 η γη υμων] υμιν η γη A

Β ὑμῶν, διάβητε εἰς τὴν γῆν τῆς κατασχέσεως Κυρίου οὗ κατασκηνοῖ ἐκεῖ ἡ σκηνὴ Κυρίου, καὶ κατακληρονομήσετε ἐν ἡμῖν· καὶ μὴ ἀποστάται ἀπὸ θεοῦ γενήθητε, καὶ μὴ ἀπόστητε ἀπὸ Κυρίου διὰ τὸ οἰκοδομῆσαι ὑμᾶς βωμὸν ἔξω τοῦ θυσιαστηρίου Κυρίου τοῦ θεοῦ ἡμῶν. ²⁰οὐκ ἰδοὺ Ἀχὰρ ὁ τοῦ Ζάρα πλημμελίᾳ ἐπλημμέλησεν ἀπὸ τοῦ 20 ἀναθέματος, καὶ ἐπὶ πᾶσαν συναγωγὴν Ἰσραὴλ ἐγενήθη ὀργή; καὶ οὗτος εἷς μόνος αὐτὸς ἀπέθανεν τῇ ἑαυτοῦ ἁμαρτίᾳ. ²¹Καὶ 21 ἀπεκρίθησαν οἱ υἱοὶ Ῥουβὴν καὶ οἱ υἱοὶ Γὰδ καὶ τὸ ἥμισυ φυλῆς Μανασσή, καὶ ἐλάλησαν τοῖς χιλιάρχοις Ἰσραὴλ λέγοντες ²² Ὁ θεὸς 22 θεός ἐστιν Κύριος, καὶ ὁ θεὸς θεὸς αὐτὸς οἶδεν, καὶ Ἰσραὴλ αὐτὸς γνώσεται· εἰ ἐν ἀποστασίᾳ ἐπλημμελήσαμεν ἔναντι τοῦ κυρίου, μὴ ῥύσαιτο ἡμᾶς ἐν ταύτῃ· ²³καὶ εἰ ᾠκοδομήσαμεν αὑτοῖς βωμὸν ὥστε 23 ἀποστῆναι ἀπὸ Κυρίου τοῦ θεοῦ ἡμῶν, ὥστε ἀναβιβάσαι ἐπ' αὐτὸν θυσίαν ὁλοκαυτωμάτων ὥστε ποιῆσαι ἐπ' αὐτοῦ θυσίαν σωτηρίου, Κύριος ἐκζητήσει. ²⁴ἀλλ' ἕνεκεν εὐλαβείας ῥήματος ἐποιήσαμεν 24 τοῦτο λέγοντες Ἵνα μὴ εἴπωσιν αὔριον τὰ τέκνα ὑμῶν τοῖς τέκνοις ἡμῶν Τί ὑμῖν Κυρίῳ τῷ θεῷ Ἰσραήλ; ²⁵καὶ ὅρια ἔθηκεν Κύριος 25 ἀνὰ μέσον ἡμῶν καὶ ὑμῶν τὸν Ἰορδάνην, καὶ οὐκ ἔστιν ὑμῖν μερὶς Κυρίου· καὶ ἀπαλλοτριώσουσιν οἱ υἱοὶ ὑμῶν τοὺς υἱοὺς ἡμῶν, ἵνα μὴ σέβωνται Κύριον. ²⁶καὶ εἴπαμεν ποιῆσαι οὕτως τοῦ οἰκοδομῆσαι 26 τὸν βωμὸν τοῦτον, οὐχ ἕνεκεν καρπωμάτων οὐδὲ ἕνεκεν θυσιῶν, ²⁷ἀλλ' ἵνα ᾖ τοῦτο μαρτύριον ἀνὰ μέσον ἡμῶν καὶ ὑμῶν καὶ ἀνὰ 27 μέσον τῶν γενεῶν ἡμῶν μεθ' ἡμᾶς, τοῦ λατρεύειν λατρίαν Κυρίῳ ἐναντίον αὐτοῦ ἐν τοῖς καρπώμασιν ἡμῶν καὶ ἐν ταῖς θυσίαις ἡμῶν καὶ ἐν ταῖς θυσίαις τῶν σωτηρίων· καὶ οὐκ ἐροῦσιν τὰ τέκνα ὑμῶν τοῖς τέκνοις ἡμῶν αὔριον Οὐκ ἔστιν ὑμῖν μερὶς Κυρίου. ²⁸καὶ εἴ- 28 παμεν Ἐὰν γένηταί ποτε καὶ λαλήσωσιν πρὸς ἡμᾶς καὶ ταῖς γενεαῖς ἡμῶν αὔριον, καὶ ἐροῦσιν Ἴδετε ὁμοίωμα τοῦ θυσιαστηρίου Κυρίου,

A 19 εις] επι A | σκηνη] κιβωτος A | κατακληρονομησατε A | αποσταται απο θεου] απο κυ αποστατε A | και 4°]+υμεις (superscr) Bᵃᵇ | μη αποστητε απο Κυριου] απο ημων μη αποστητε A 20 Αχαρ] Αχαν A | επλημμελησεν] ε 3° sup ras Aᵃ? | συναγωγην] pr την A | εγενηθη] ενηθη sup ras B¹ᵗᵃ? | μονος] +ην μη μονος A | αυτος] ουτος A 21 ημισει A 22 εστιν Κυριος] κς εστιν A | θεος 4°]+κς A | αποστασια] αποστασει A | του κυριου] om του A | ρυσετο A | ταυτη] pr τη ημερα A 23 αυτοις] εαυτοις A | ωστε 3°] pr η A | Κυριος]+αυτος A 24 αυριον ειπωσιν A | τι υμιν] pr λεγοντες A 25 υμων και ημων A 27 μαρτυριον τουτο A | ημων και υμων] υμων και ανα μεσον ημων A | γενεων] τεκνων A | ημας] η sup ras Bᵃ (υμας B*ᵛⁱᵈ) | Κυριω] κυ A | om και εν ταις θυσιαις ημων A | σωτηριων]+ημων Bᵃᵇ⁽ᵐᵍ⁾A | ημων· αυριον A 28 λαλησωσι A | και 3°] η Bᵇ⁽ᵐᵍ⁾ pr η A

ΙΗΣΟΥΣ XXIII 2

ὃ ἐποίησαν οἱ πατέρες ἡμῶν οὐχ ἕνεκεν καρπωμάτων οὐδὲ ἕνεκεν B
θυσιῶν, ἀλλὰ μαρτύριόν ἐστιν ἀνὰ μέσον ὑμῶν καὶ ἀνὰ μέσον ἡμῶν
29 καὶ ἀνὰ μέσον τῶν υἱῶν ἡμῶν. ²⁹μὴ γένοιτο οὖν ἡμᾶς ἀποστραφῆναι
ἀπὸ Κυρίου ἐν ταῖς σήμερον ἡμέραις, ἀποστῆσαι ἀπὸ Κυρίου ὥστε
οἰκοδομῆσαι ἡμᾶς θυσιαστήριον τοῖς καρπώμασιν καὶ ταῖς θυσίαις
σαλαμεὶν καὶ τῇ θυσίᾳ τοῦ σωτηρίου, πλὴν τοῦ θυσιαστηρίου Κυρίου
30 ὅ ἐστιν ἐναντίον τῆς σκηνῆς αὐτοῦ. ³⁰Καὶ ἀκούσας Φεινεὲς ὁ
ἱερεὺς καὶ πάντες οἱ ἄρχοντες τῆς συναγωγῆς Ἰσραὴλ οἳ ἦσαν
μετ᾽ αὐτοῦ τοὺς λόγους οὓς ἐλάλησαν οἱ υἱοὶ Ῥουβὴν καὶ οἱ υἱοὶ
31 Γὰδ καὶ τὸ ἥμισυ φυλῆς Μανασσή, καὶ ἤρεσεν αὐτοῖς. ³¹καὶ εἶπεν
Φεινεὲς ὁ ἱερεὺς τοῖς υἱοῖς Ῥουβὴν καὶ τοῖς υἱοῖς Γὰδ καὶ τῷ ἡμίσει
φυλῆς Μανασσῆ Σήμερον ἐγνώκαμεν ὅτι μεθ᾽ ἡμῶν Κύριος, διότι
οὐκ ἐπλημμελήσατε ἐναντίον Κυρίου πλημμελίαν, καὶ ὅτι ἐρύσασθε
32 τοὺς υἱοὺς Ἰσραὴλ ἐκ χειρὸς Κυρίου. ³²καὶ ἀπέστρεψεν Φεινεὲς ὁ
ἱερεὺς καὶ οἱ ἄρχοντες ἀπὸ τῶν υἱῶν Ῥουβὴν καὶ ἀπὸ τῶν υἱῶν Γὰδ
καὶ ἀπὸ τοῦ ἡμίσους φυλῆς Μανασσὴ ἐκ τῆς Γαλαὰδ εἰς γῆν Χανάαν
33 πρὸς τοὺς υἱοὺς Ἰσραήλ, καὶ ἀπεκρίθησαν αὐτοῖς τοὺς λόγους. ³³καὶ
ἤρεσεν τοῖς υἱοῖς Ἰσραήλ· καὶ ἐλάλησαν πρὸς τοὺς υἱοὺς Ἰσραήλ,
καὶ εὐλόγησαν τὸν θεὸν υἱῶν Ἰσραήλ, καὶ εἶπαν μηκέτι ἀναβῆναι
πρὸς αὐτοὺς εἰς πόλεμον ἐξολεθρεῦσαι τὴν γῆν τῶν υἱῶν Ῥουβὴν
καὶ τῶν υἱῶν Γὰδ καὶ τοῦ ἡμίσους φυλῆς Μανασσή· καὶ κατῴκησαν
34 ἐπ᾽ αὐτῆς. ³⁴καὶ ἐπωνόμασεν Ἰησοῦς τὸν βωμὸν τῶν Ῥουβὴν καὶ
τῶν Γὰδ καὶ τοῦ ἡμίσους φυλῆς Μανασσή, καὶ εἶπεν ὅτι Μαρτύριόν
ἐστιν ἀνὰ μέσον αὐτῶν ὅτι Κύριος ὁ θεὸς αὐτῶν ἐστιν.

III 1 ¹Καὶ ἐγένετο μεθ᾽ ἡμέρας πλείους μετὰ τὸ καταπαῦσαι Κύριον
τὸν Ἰσραὴλ ἀπὸ πάντων τῶν ἐχθρῶν αὐτῶν κυκλόθεν, καὶ Ἰησοῦς
2 πρεσβύτερος προβεβηκὼς ταῖς ἡμέραις· ²καὶ συνεκάλεσεν Ἰησοῦς
πάντας τοὺς υἱοὺς Ἰσραὴλ καὶ τὴν γερουσίαν αὐτῶν καὶ τοὺς ἄρχοντας
αὐτῶν καὶ τοὺς γραμματεῖς αὐτῶν καὶ τοὺς δικαστὰς αὐτῶν, καὶ

28 ημων και ανα μεσον υμων A | υιων] τεκνων A 29 αποστραφηναι] απο- A
στηναι A | ταις σ. ημεραις] τη σ. ημερα A | om αποστησαι απο Κυριου A |
σαλαμιν A | του σωτηριου] των σωτηριων A | Κυριου 3°] + του θῦ ημων A |
εναντιον] απεναντιον A 30 ακουσας] ακουσαντες A | Φινεες B^b A (item 31,
32) | om Ισραηλ A | το ημισυ] οι ημισεις A 32 αρχοντες] + των (sup ras
A^a¹) πατριων A | της Γαλααδ] γης Γαλ. A 33 ευλογησαν τον θ. υιων
Ισρ. και ελαλησεν προς τους υιους Ισρ. A | υιών Ρουβην] ν Pou sup ras B^ab
34 των Ρουβην] του Ρουβην A | των Γαδ] τω Γαδ A | του ημισους] τω ημισει
A | θεος] + θς A   XXIII 1 Ισραηλ] pr θῦ A | ταις ημεραις] om ταις A
2 και 2°] κατα A | δικαστας αυτων και τ. γραμματεις A

XXIII 3 ΙΗΣΟΥΣ

B εἶπεν πρὸς αὐτούς Ἐγὼ γεγήρακα καὶ προβέβηκα ταῖς ἡμέραις. ³ὑμεῖς 3
δὲ ἑοράκατε ὅσα ἐποίησεν Κύριος ὁ θεὸς ἡμῶν πᾶσιν τοῖς ἔθνεσιν
τούτοις ἀπὸ προσώπου ἡμῶν, ὅτι Κύριος ὁ θεὸς ἡμῶν ὁ ἐκπολεμήσας
ἡμῖν. ⁴ἴδετε ὅτι ὅπερ εἶπα ὑμῖν, τὰ ἔθνη τὰ καταλελιμμένα ὑμῖν ταῦτα 4
ἐν τοῖς κλήροις εἰς τὰς φυλὰς ὑμῶν· ἀπὸ τοῦ Ἰορδάνου πάντα τὰ
ἔθνη καὶ ἐξωλέθρευσα, καὶ ἀπὸ τῆς θαλάσσης τῆς μεγάλης ὁριεῖ
ἐπὶ δυσμὰς ἡλίου. ⁵Κύριος δὲ ὁ θεὸς ἡμῶν, οὗτος ἐξολεθρεύσει αὐτοὺς 5
ἀπὸ προσώπου ἡμῶν, ἕως ἂν ἀπόλωνται· καὶ ἀποστελεῖ αὐτοῖς τὰ
θηρία τὰ ἄγρια, ἕως ἂν ἐξολεθρεύσῃ αὐτοὺς καὶ τοὺς βασιλεῖς αὐτῶν
ἀπὸ προσώπου ὑμῶν· καὶ κατακληρονομήσατε τὴν γῆν αὐτῶν, καθὰ
ἐλάλησεν Κύριος ὁ θεὸς ἡμῶν ὑμῖν. ⁶κατισχύσατε οὖν σφόδρα 6
φυλάσσειν καὶ ποιεῖν πάντα τὰ γεγραμμένα ἐν τῷ βιβλίῳ τοῦ νόμου
Μωυσῆ, ἵνα μὴ ἐκκλίνητε εἰς δεξιὰν ἢ εὐώνυμα· ⁷ὅπως μὴ εἰσέλθητε 7
εἰς τὰ ἔθνη τὰ καταλελιμμένα ταῦτα· καὶ τὰ ὀνόματα τῶν θεῶν
αὐτῶν οὐκ ὀνομασθήσεται ἐν ὑμῖν· οὐ μὴ προσκυνήσετε αὐτοῖς οὐδὲ
μὴ λατρεύσετε αὐτοῖς, ⁸ἀλλὰ Κυρίῳ τῷ θεῷ ἡμῶν προσκολληθήσεσθε, 8
καθάπερ ἐποιήσατε ἕως τῆς ἡμέρας ταύτης. ⁹καὶ ἐξολεθρεύσει αὐτοὺς 9
Κύριος ἀπὸ προσώπου ὑμῶν, ἔθνη μεγάλα καὶ ἰσχυρά, καὶ οὐθεὶς
ἀντέστη κατενώπιον ἡμῶν ἕως τῆς ἡμέρας ταύτης· ¹⁰εἷς ὑμῶν ἐδίωξεν 10
χιλίους, ὅτι Κύριος ὁ θεὸς ἡμῶν ἐξεπολέμει ἡμῖν, καθάπερ εἶπεν
ἡμῖν. ¹¹καὶ φυλάξασθε σφόδρα τοῦ ἀγαπᾶν Κύριον τὸν θεὸν ἡμῶν. 11
¹²ἐὰν γὰρ ἀποστραφῆτε καὶ προσθῆσθε τοῖς ὑπολειφθεῖσιν ἔθνεσιν 12
τούτοις τοῖς μεθ' ὑμῶν, καὶ ἐπιγαμίας ποιήσητε πρὸς αὐτούς, καὶ
συνκαταμιγῆτε αὐτοῖς καὶ αὐτοὶ ὑμῖν, ¹³γινώσκετε ὅτι οὐ μὴ προσθῇ 13
Κύριος τοῦ ἐξολεθρεῦσαι τὰ ἔθνη ταῦτα ἀπὸ προσώπου ὑμῶν· καὶ
ἔσονται ὑμῖν εἰς παγίδας καὶ εἰς σκάνδαλα καὶ εἰς ἥλους ἐν ταῖς
πτέρναις ὑμῶν καὶ εἰς βολίδας ἐν τοῖς ὀφθαλμοῖς ὑμῶν, ἕως ἂν
ἀπόλησθε ἀπὸ τῆς γῆς τῆς ἀγαθῆς ταύτης ἣν ἔδωκεν ὑμῖν Κύριος

A 2 προς αυτους] αυτοις A | εγω] pr ιδου B^{ab mg}   3 εωρακατε B^b | οσα] pr· παντα A | πασι A | εθνεσι A | ημων 2°, 3°] υμων A | ο εκπολεμησας] pr αυτος A | ημων] υμιν A   4 οπερ ειπα] επεριφα A | και 1°] α A   5 ημων 1°, 2°] υμων A | ουτος] αυτος A | αποστελει] αποστειλα A | εξολεθρευση] εξολεθρευσει A | υμιν] ημιν A   6 εκκλινηται A | δεξια A | ευωνυμα] pr εις A   7 ου (ουδε B^{ab}) μη προσκυνησετε (προσκυνησητε B^b) αυτοις ουδε μη λατρευσετε (λατρευσητε B^b)] ουτε| μη λατρευσηται αυτοις· ουτε| μη προσκυνησηται A   8 αλλα| A | προσκολλησεσθαι A | post ταυτης ras και| A*   9 και 1° sup ras A* | εξολεθρευσει] εξωλεθρευσεν A | κς αυτους A | και 3°]+υμιν A | ουθεις] ουδεις A | ημων] υμων A   10 εξεπολεμει] pr ουτος A   11 φυλαξεσθε B^{ab}   12 προσθησθε] υπολειφθηται A | om τοις μεθ υμων A | υμιν] υμεις A   13 γινωσκετε] γνωσει γνωσεσθε A | πακιδας B* (παγ. B^b) | ην] ης A

ΙΗΣΟΥΣ   XXIV 7

14 ὁ θεὸς ὑμῶν. ¹⁴ἐγὼ δὲ ἀποτρέχω τὴν ὁδὸν καθὰ καὶ πάντες οἱ B
ἐπὶ τῆς γῆς· καὶ γνώσεσθε τῇ καρδίᾳ ὑμῶν καὶ τῇ ψυχῇ ὑμῶν διότι
οὐκ ἔπεσεν εἷς λόγος ἀπὸ πάντων τῶν λόγων ὧν εἶπεν Κύριος ὁ
θεὸς ἡμῶν πρὸς πάντα τὰ ἀνήκοντα ἡμῖν, οὐ διεφώνησεν ἐξ αὐτῶν.
15 ¹⁵καὶ ἔσται ὃν τρόπον ἥκει πρὸς ἡμᾶς πάντα τὰ ῥήματα τὰ καλὰ
ἃ ἐλάλησεν Κύριος πρὸς ἡμᾶς, οὕτως ἐπάξει Κύριος ὁ θεὸς ἐφ᾽ ὑμᾶς
πάντα τὰ ῥήματα τὰ πονηρά, ἕως ἂν ἐξολεθρεύσῃ ὑμᾶς ἀπὸ τῆς
16 γῆς τῆς ἀγαθῆς ταύτης ἧς ἔδωκεν Κύριος ὑμῖν, ¹⁶ἐν τῷ παραβῆναι
ὑμᾶς τὴν διαθήκην Κυρίου τοῦ θεοῦ ἡμῶν ἣν ἐνετείλατο ἡμῖν, καὶ
πορευθέντες λατρεύσητε θεοῖς ἑτέροις καὶ προσκυνήσητε αὐτοῖς.

XXIV 1 ¹Καὶ συνήγαγεν Ἰησοῦς πάσας φυλὰς Ἰσραὴλ εἰς Σηλώ, καὶ
συνεκάλεσεν τοὺς πρεσβυτέρους αὐτῶν καὶ τοὺς γραμματεῖς αὐτῶν
καὶ τοὺς δικαστὰς αὐτῶν, καὶ ἔστησεν αὐτοὺς ἀπέναντι τοῦ θεοῦ.
2 ²καὶ εἶπεν Ἰησοῦς πρὸς πάντα τὸν λαόν Τάδε λέγει Κύριος ὁ θεὸς
Ἰσραήλ Πέραν τοῦ ποταμοῦ κατῴκησαν οἱ πατέρες ὑμῶν τὸ ἀπ᾽ ἀρχῆς,
Θάρα ὁ πατὴρ Ἀβραὰμ καὶ ὁ πατὴρ Ναχώρ· καὶ ἐλάτρευσαν θεοῖς
3 ἑτέροις. ³καὶ ἔλαβον τὸν πατέρα ὑμῶν τὸν Ἀβραὰμ ἐκ τοῦ πέραν
τοῦ ποταμοῦ, καὶ ὡδήγησα αὐτὸν ἐν πάσῃ τῇ γῇ· καὶ ἐπλήθυνα
4 αὐτοῦ σπέρμα καὶ ἔδωκα αὐτῷ τὸν Ἰσαάκ, ⁴καὶ τῷ Ἰσαὰκ τὸν Ἰακὼβ
καὶ τὸν Ἠσαύ· ἔδωκα τῷ Ἠσαὺ τὸ ὄρος τὸ Σηεὶρ κληρονομῆσαι
αὐτῷ. καὶ Ἰακὼβ καὶ οἱ υἱοὶ αὐτοῦ κατέβησαν εἰς Αἴγυπτον, καὶ
ἐγένοντο ἐκεῖ εἰς ἔθνος μέγα καὶ πολὺ καὶ κραταιόν· καὶ ἐκάκωσαν
5 αὐτοὺς οἱ Αἰγύπτιοι. ⁵καὶ ἐπάταξαν τὴν Αἴγυπτον ἐν οἷς ἐποίησαν
6 αὐτοῖς. καὶ μετὰ ταῦτα ἐξήγαγεν ⁶τοὺς πατέρας ἡμῶν ἐξ Αἰγύπτου,
καὶ εἰσήλθατε εἰς τὴν θάλασσαν τὴν ἐρυθράν· καὶ κατεδίωξαν οἱ
Αἰγύπτιοι ὀπίσω τῶν πατέρων ἡμῶν ἐν ἅρμασιν καὶ ἐν ἵπποις εἰς
7 τὴν θάλασσαν τὴν ἐρυθράν. ⁷καὶ ἀνεβοήσαμεν πρὸς Κύριον· καὶ
ἔδωκεν νεφέλην καὶ γνόφον ἀνὰ μέσον ἡμῶν καὶ ἀνὰ μέσον τῶν

14 υμων 2°] ημων A | ουκ επεσεν sup ras Aᵃ¹ | λογος εις A | παντα τα A ανηκοντα ημιν] υμας· παντα ηκει υμιν A | ου] pr εν A | διεφωνησεν] διαπεφωνηκεν A   15 προς ημας 1°] εφ υμας A | κακα A* (καλα A¹) | προς ημας 2°] εφ υμας A | om ο θεος A | Κυριος υμιν] υμιν κ̄ς̄ ο θ̄ς̄ υμων A   16 παραβηναι] παραβαινειν A | ημων] υμων A | ημιν] υμιν A   XXIV 1 φυλας] pr τας A | εις] εν A | τους πρεσβ.] pr παντας A | αυτων 1°] pr Ισλ και τους αρχοντας A | εστησεν αυτους] εστησαν A | απεναντι] εναντιον A .   2 ταδε λεγει] pr λεγων A | Ισραηλ] pr του A | περαν] pr λεγων A | κατωκησαν] παρωκησαν A   3 τον Αβρααμ] om τον A | αυτου σπερμα] το σπ. αυτου A | και 4°] +γε A   4 εδωκα] pr και A | κληρονομησαι] κληρονομιαν A   5 επαταξαν] επαταξα Bᵃᵇ επαταξεν κ̄ς̄ A | οις] pr σημιοις A | εποιησεν A | αυτοις] pr εν A 6 τους πατερας ημων] υμας A | om την ερυθραν 1° A | ημων 2°] υμων A .   ϟ

ΧΧΙV 8   ΙΗΣΟΥΣ

Β Αἰγυπτίων· καὶ ἐπήγαγεν ἐπ' αὐτοὺς τὴν θάλασσαν καὶ ἐκάλυψεν αὐτούς. καὶ εἴδοσαν οἱ ὀφθαλμοὶ ὑμῶν ὅσα ἐποίησεν Κύριος ἐν γῇ Αἰγύπτῳ· καὶ ἦτε ἐν τῇ ἐρήμῳ ἡμέρας πλείους. ⁸καὶ ἤγαγεν ἡμᾶς 8 εἰς γῆν Ἀμορραίων τῶν κατοικούντων πέραν τοῦ Ἰορδάνου, καὶ παραδέδωκεν αὐτοὺς Κύριος εἰς τὰς χεῖρας ἡμῶν· καὶ κατεκληρονομήσατε τὴν γῆν αὐτῶν, καὶ ἐξωλεθρεύσατε αὐτοὺς ἀπὸ προσώπου ὑμῶν. ⁹καὶ ἀνέστη Βαλὰκ ὁ τοῦ Σεπφὼρ βασιλεὺς Μωὰβ καὶ παρε- 9 τάξατο τῷ Ἰσραήλ, καὶ ἀποστείλας ἐκάλεσεν τὸν Βαλαὰμ ἀράσασθαι ἡμῖν. ¹⁰καὶ οὐκ ἠθέλησεν Κύριος ὁ θεός σου ἀπολέσαι σε· καὶ 10 εὐλογίαν εὐλόγησεν ἡμᾶς, καὶ ἐξείλατο ἡμᾶς ἐκ χειρῶν αὐτῶν, καὶ παρέδωκεν αὐτούς. ¹¹καὶ διέβητε τὸν Ἰορδάνην, καὶ παρεγενήθητε 11 εἰς Ἰερειχώ· καὶ ἐπολέμησαν πρὸς ἡμᾶς οἱ κατοικοῦντες Ἰερειχώ, ὁ Ἀμορραῖος καὶ ὁ Χαναναῖος, καὶ ὁ Φερεζαῖος καὶ ὁ Εὐαῖος καὶ ὁ Ἰεβουσαῖος καὶ ὁ Χετταῖος καὶ ὁ Γεργεσαῖος· καὶ παρέδωκεν αὐτοὺς Κύριος εἰς τὰς χεῖρας ἡμῶν. ¹²καὶ ἐξαπέστειλεν προτέραν ἡμῶν 12 τὴν σφηκίαν, καὶ ἐξαπέστειλεν αὐτοὺς ἀπὸ προσώπου ἡμῶν, δώδεκα βασιλεῖς τῶν Ἀμορραίων, οὐκ ἐν τῇ ῥομφαίᾳ σου οὐδὲ ἐν τῷ τόξῳ σου. ¹³καὶ ἔδωκεν ὑμῖν γῆν ἐφ' ἣν οὐκ ἐκοπιάσατε ἐπ' αὐτῆς καὶ 13 πόλεις ἃς οὐκ ᾠκοδομήκατε, καὶ κατῳκίσθητε ἐν αὐταῖς· καὶ ἀμπελῶνας καὶ ἐλαιῶνας οὓς οὐκ ἐφυτεύσατε ὑμεῖς ἔδεσθε. ¹⁴καὶ 14 νῦν φοβήθητε Κύριον καὶ λατρεύσατε αὐτῷ ἐν εὐθύτητι καὶ ἐν δικαιοσύνῃ, καὶ περιέλεσθε τοὺς θεοὺς τοὺς ἀλλοτρίους οἷς ἐλάτρευσαν οἱ πατέρες ἡμῶν ἐν τῷ πέραν τοῦ ποταμοῦ καὶ ἐν Αἰγύπτῳ, καὶ λατρεύετε Κυρίῳ. ¹⁵εἰ δὲ μὴ ἀρέσκει ὑμῖν λατρεύειν Κυρίῳ, ἐκλέ- 15 ξασθε ὑμῖν ἑαυτοῖς σήμερον τίνι λατρεύσητε, εἴτε τοῖς θεοῖς τῶν πατέρων ὑμῶν τοῖς ἐν τῷ πέραν τοῦ ποταμοῦ, εἴτε τοῖς θεοῖς τῶν Ἀμορραίων ἐν οἷς ὑμεῖς κατοικεῖτε ἐπὶ τῆς γῆς αὐτῶν· ἐγὼ δὲ καὶ ἡ οἰκία μου λατρεύσομεν Κυρίῳ, ὅτι ἅγιός ἐστιν. ¹⁶καὶ ἀποκριθεὶς ὁ 16

A   7 αυτους 2°] pr επ A | ιδοσαν A | υμων] ημων A   8 ημας] υμας A | Ιορδανου]+και παρεταξατο υμιν A | παραδεδωκεν] παρεδωκεν A | τας χειρας] om τας A | ημων] υμων A   9 ημιν] υμιν A   10 om ο θεος σου A | ημας 1°, 2°] υμας A | χειρων] pr των A | om και παρεδωκεν αυτους A   11 Ιεριχω BᵇA (bis) | ημας] υμας A | Χαν. και...ο Γεργ.] Φερεζεος και ο Χαν. και ο Χεττ. και ο Γεργ. και ο Ευ. και ο Ιεβ. A | om Κυριος A | τας χειρας] om τας A   12 εξαπεστειλεν] εξεβαλεν A | ημων 2°] υμων A | βασιλεις] πολις A   13 η A* (ην A¹) | εκοπιασατε] ατε sup ras Bᵗᵛⁱᵈ | αυτης] αυτην A | om ουκ 2° A | ῳκοδομησατε A | ουκ εφυτευσατε] ου κατεφυτευσατε A   14 Κυριον] pr τον A | δικαιοσυνη και εν ευθυτητι A | ημων] υμων A | λατρευετε] λατρευσατε A   15 εκλεξασθε] ελεσθε A | εαυτοις] αυτοις A | λατρευσηται A | η οικια] ο οικος A | λατρευσωμεν A

ΙΗΣΟΥΣ XXIV 31

λαὸς εἶπεν Μὴ γένοιτο ἡμῖν καταλιπεῖν Κύριον, ὥστε λατρεύειν θεοῖς Β 17 ἑτέροις. ¹⁷Κύριος ὁ θεὸς ἡμῶν αὐτὸς θεός ἐστιν· αὐτὸς ἀνήγαγεν ἡμᾶς καὶ τοὺς πατέρας ἡμῶν ἐξ Αἰγύπτου, καὶ διεφύλαξεν ἡμᾶς ἐν πάσῃ τῇ ὁδῷ ᾗ ἐπορεύθημεν ἐν αὐτῇ, καὶ ἐν πᾶσιν τοῖς ἔθνεσιν οὓς 18 παρήλθομεν δι' αὐτῶν· ¹⁸καὶ ἐξέβαλεν Κύριος τὸν Ἀμορραῖον καὶ πάντα τὰ ἔθνη τὰ κατοικοῦντα τὴν γῆν ἀπὸ προσώπου ἡμῶν. ἀλλὰ 19 καὶ ἡμεῖς λατρεύσομεν Κυρίῳ, οὗτος γὰρ θεὸς ἡμῶν ἐστιν. ¹⁹καὶ εἶπεν Ἰησοῦς πρὸς τὸν λαόν. Οὐ μὴ δύνησθε λατρεύειν Κυρίῳ· ὅτι θεὸς ἅγιός ἐστιν, καὶ ζηλώσας οὗτος οὐκ ἀνήσει ὑμῶν τὰ ἁμαρτήματα 20 καὶ τὰ ἀνομήματα ὑμῶν. ²⁰ἡνίκα ἐὰν ἐνκαταλίπητε Κύριον καὶ λατρεύσητε θεοῖς ἑτέροις, καὶ ἐπελθὼν κακώσει ὑμᾶς καὶ ἐξαναλώσει 21 ὑμᾶς ἀνθ' ὧν εὖ ἐποίησεν ὑμᾶς. ²¹καὶ εἶπεν ὁ λαὸς πρὸς Ἰησοῦν 22 Οὐχί, ἀλλὰ Κυρίῳ λατρεύσομεν. ²²καὶ εἶπεν Ἰησοῦς πρὸς τὸν λαόν Μάρτυρες ὑμεῖς καθ' ὑμῶν, ὅτι ὑμεῖς ἐξελέξασθε Κυρίῳ λατρεύειν 23 αὐτῷ. ²³καὶ νῦν περιέλεσθε τοὺς θεοὺς τοὺς ἀλλοτρίους τοὺς ἐν ὑμῖν, καὶ εὐθύνατε τὴν καρδίαν ὑμῶν πρὸς Κύριον θεὸν Ἰσραήλ. 24 ²⁴καὶ εἶπεν ὁ λαὸς πρὸς Ἰησοῦν Κυρίῳ λατρεύσομεν, καὶ τῆς φωνῆς 25 αὐτοῦ ἀκουσόμεθα. ²⁵καὶ διέθετο Ἰησοῦς διαθήκην πρὸς τὸν λαὸν ἐν τῇ ἡμέρᾳ ἐκείνῃ, καὶ ἔδωκεν αὐτῷ νόμον καὶ κρίσιν ἐν Σηλὼ 26 ἐνώπιον τῆς σκηνῆς τοῦ θεοῦ Ἰσραήλ. ²⁶Καὶ ἔγραψεν τὰ ῥήματα ταῦτα εἰς βιβλίον, νόμον τοῦ θεοῦ· καὶ ἔλαβεν λίθον μέγαν καὶ 27 ἔστησεν αὐτὸν Ἰησοῦς ὑπὸ τὴν τερέμινθον ἀπέναντι Κυρίου. ²⁷καὶ εἶπεν Ἰησοῦς πρὸς τὸν λαόν Ἰδοὺ ὁ λίθος οὗτος ἔσται ἐν ὑμῖν εἰς μαρτύριον, ὅτι αὐτὸς ἀκήκοεν πάντα τὰ λεχθέντα αὐτῷ ὑπὸ Κυρίου ὅ τι ἐλάλησεν πρὸς ἡμᾶς σήμερον· καὶ ἔσται οὗτος ἐν ὑμῖν εἰς μαρτύριον ἐπ' ἐσχάτων τῶν ἡμερῶν, ἡνίκα ἐὰν ψεύσησθε Κυρίῳ 28 τῷ θεῷ μου. ²⁸καὶ ἀπέστειλεν Ἰησοῦς τὸν λαόν, καὶ ἐπορεύθησαν 31 ἕκαστος εἰς τὸν τόπον αὐτοῦ. ³¹καὶ ἐλάτρευσεν Ἰσραὴλ τῷ κυρίῳ πάσας τὰς ἡμέρας Ἰησοῦ καὶ πάσας τὰς ἡμέρας τῶν πρεσβυτέρων, ὅσοι ἐφείλκυσαν τὸν χρόνον μετὰ Ἰησοῦ καὶ ὅσοι ἴδοσαν πάντα τὰ ἔργα Κυρίου ὅσα ἐποίησεν τῷ Ἰσραήλ.

16 καταλειπειν A   17 Κυριος] και γαρ A | om αυτος θεος A | εξ] εκ A γης A   18 λατρευσωμεν A | θεος] pr ο A   19 Κυριω]+τω θεω A | αμαρτηματα]+υμων A   20 εαν] αν A | ενκαταλιπητε (εγκ. B^b)] εγκαταλειπητε A | Κυριον] pr τον A | om και 1° A* (superscr A¹) | ετεροις] αλλοτριοις A | υμας 3°] υμιν A   21 λατρευσωμεν A   22 Κυριω] τον κν A   24 λατρευσωμεν A   26 τερεβινθον A   27 εν υμιν 1°] ημιν A | αυτος] ουτος A | om αυτω A | ο τι] οσα A | ημας] υμας A | εσται ουτος] ουτος εσται A | εαν] αν A | μου] ημων A   28 εξαπεστειλεν A | om και επορευθησαν A | εκαστον A   31 εφιλκυσαν A | ειδοσαν A

473

XXIV 29   ΙΗΣΟΥΣ

B ²⁹Καὶ ἐγένετο μετ' ἐκεῖνα καὶ ἀπέθανεν Ἰησοῦς υἱὸς Ναυὴ 29
δοῦλος Κυρίου ἑκατὸν δέκα ἐτῶν. ³⁰καὶ ἔθαψαν αὐτὸν πρὸς τοῖς 30
ὁρίοις τοῦ κλήρου αὐτοῦ ἐν Θαμναθασαχαρὰ ἐν τῷ ὄρει τῷ Ἐφράιμ, ἀπὸ
βορρᾶ τοῦ ὄρους τοῦ Γαλααδ· ³⁰ᵃ ἐκεῖ ἔθηκαν μετ' αὐτοῦ εἰς τὰ μνῆμα, 30 a
εἰς ὃ ἔθαψαν αὐτὸν ἐκεῖ, τὰς μαχαίρας τὰς πετρίνας ἐν αἷς περιέτεμεν
τοὺς υἱοὺς Ἰσραὴλ ἐν Γαλγάλοις, ὅτε ἐξήγαγεν αὐτοὺς ἐξ Αἰγύπτου
καθὰ συνέταξεν αὐτοῖς Κύριος· καὶ ἐκεῖ εἰσιν ἕως τῆς σήμερον
ἡμέρας. ³²καὶ τὰ ὀστᾶ Ἰωσὴφ ἀνήγαγον οἱ υἱοὶ Ἰσραὴλ ἐξ Αἰγύπτου 32
καὶ κατώρυξαν ἐν Σικίμοις, ἐν τῇ μερίδι τοῦ ἀγροῦ οὗ ἐκτήσατο
Ἰακὼβ παρὰ τῶν Ἀμορραίων τῶν κατοικούντων ἐν Σικίμοις ἀμνάδων
ἑκατόν. ³³Καὶ ἐγένετο μετὰ ταῦτα καὶ Ἐλεαζὰρ υἱὸς Ἀαρὼν ὁ 33
ἀρχιερεὺς ἐτελεύτησεν καὶ ἐτάφη ἐν Γαβαὰρ Φεινεὲς τοῦ υἱοῦ αὐτοῦ,
ἣν ἔδωκεν αὐτῷ ἐν τῷ ὄρει τῷ Ἐφράιμ. ³³ᵃἐν ἐκείνῃ τῇ ἡμέρᾳ λαβόντες 33 a
οἱ υἱοὶ Ἰσραὴλ τὴν κιβωτὸν τοῦ θεοῦ περιεφέροσαν ἐν ἑαυτοῖς· καὶ
Φεινεὲς ἱεράτευσεν ἀντὶ Ἐλεαζὰρ τοῦ πατρὸς αὐτοῦ ἕως ἀπέθανεν,
καὶ κατωρύγη ἐν Γαβαὰρ τῇ ἑαυτῶν. ³³ᵇοἱ δὲ υἱοὶ Ἰσραὴλ ἀπήλθοσαν 33 b
ἕκαστος εἰς τὸν τόπον αὐτῶν καὶ εἰς τὴν ἑαυτῶν πόλιν. καὶ ἐσέβοντο
οἱ υἱοὶ Ἰσραὴλ τὴν Ἀστάρτην καὶ Ἀσταρὼθ καὶ τοὺς θεοὺς τῶν ἐθνῶν
τῶν κύκλῳ αὐτῶν· καὶ παρέδωκεν αὐτοὺς Κύριος εἰς χεῖρας Ἐγλὼμ
τῷ βασιλεῖ Μωάβ, καὶ ἐκυρίευσεν αὐτῶν ἔτη δέκα ὀκτώ.

A 29 δεκα] pr και A   30 Θαμναθασαχαρα] Θαμνασαχαρ A | τω·Εφραιμ]
om τω A | του Γαλααδ] Γαας A   30 a εκει 1°] pr και A | μνημα] μνημιον A |
εις ο] εν ω A | om αυτοις A | κ̅ς̅ και sup ras Bᵃ   32 κατωρυξαν]+αυτα
A | εκατον]+και (sup ras B?) εδωκεν αυτην (αυτη A* superscr ν A¹) Ιωσηφ εν
μεριδι Bᵃᵇ⁽ᵐᵍ⁾ A   33 υιος] pr ο A | αρχιερευς] ιερευς A | Γαβααρ] Γαβααθ
A | Φινεες A   33 a κιβωτον]+της διαθηκης A | περιεφερον A | εν εαυτοις]
εν εαυ sup ras Bᵃᵇᵛⁱᵈ | Φινεες A | κατωριχθη A | Γαβααρ] Γαβααθ A | τη
εαυτων] γη εαυτων Bᵃᵇ τη εαυτου A   33 b αυτων 1°] εαυτων A | την εαυτων]
την γην εαυτ. B* (om γην B¹?ᵃᵇ) | Ασταρωθ] pr την A | κατεκυριευσεν A
Subscr Ιησους υιος Ναυη BA

ΚΡΙΤΑΙ

I 1 ¹·ΚΑΙ ἐγένετο μετὰ τὴν τελευτὴν Ἰησοῦ καὶ ἐπηρώτων οἱ υἱοὶ Β
Ἰσραὴλ διὰ τοῦ Κυρίου λέγοντες Τίς ἀναβήσεται ἡμῖν πρὸς τοὺς
2 Χαναναίους ἀφηγούμενος τοῦ πολεμῆσαι πρὸς αὐτούς; ²καὶ εἶπεν
Κύριος Ἰούδας ἀναβήσεται, ἰδοὺ δέδωκα τὴν γῆν ἐν τῇ χειρὶ αὐτοῦ.
3 ³καὶ εἶπεν Ἰούδας τῷ Συμεὼν ἀδελφῷ αὐτοῦ Ἀνάβηθι μετ' ἐμοῦ ἐν τῷ
κλήρῳ μου, καὶ παραταξώμεθα πρὸς τοὺς Χαναναίους, καὶ πορεύσομαι
κἀγὼ μετὰ σοῦ ἐν τῷ κλήρῳ σου. καὶ ἐπορεύθη μετ' αὐτοῦ Συμεών.
4 ⁴καὶ ἀνέβη Ἰούδας· καὶ παρέδωκεν Κύριος τὸν Χαναναῖον καὶ τὸν
Φερεζαῖον εἰς τὰς χεῖρας αὐτῶν, καὶ ἔκοψαν αὐτοὺς ἐν Βέζεκ εἰς δέκα
5 χιλιάδας ἀνδρῶν, ⁵καὶ κατέλαβον τὸν Ἀδωνιβέζεκ ἐν τῇ Βέζεκ, καὶ
παρετάξαντο πρὸς αὐτόν· καὶ ἔκοψαν τὸν Χαναναῖον καὶ Φερεζαῖον.
6 ⁶καὶ ἔφυγεν Ἀδωνιβέζεκ· καὶ κατέδραμον ὀπίσω αὐτοῦ καὶ κατε-
λάβοσαν αὐτόν, καὶ ἀπέκοψαν τὰ ἄκρα τῶν χειρῶν αὐτοῦ καὶ τὰ ἄκρα
7 τῶν ποδῶν αὐτοῦ. ⁷καὶ εἶπεν Ἀδωνιβέζεκ Ἑβδομήκοντα βασιλεῖς τὰ
ἄκρα τῶν χειρῶν αὐτῶν καὶ τὰ ἄκρα τῶν ποδῶν αὐτῶν ἀποκεκομμένοι
ἦσαν συλλέγοντες τὰ ὑποκάτω τῆς τραπέζης μου· καθὼς οὖν ἐποίησα,
οὕτως ἀνταπέδωκέν μοι ὁ θεός. καὶ ἄγουσιν αὐτὸν εἰς Ἰερουσαλήμ,

I 1 δια του Κυριου] εν κω A | τους Χαναναιους] τον Χαναναιον A | πολεμη- A
σεσαι (sic) A | προς αυτους] εν αυτω A   2 δεδωκα την γην] α την γην sup
ras A^(a?) | εν τη χειρι] εν χειρι (sup ras) A^(a?)   3 τω Συμεων αδελφω] προς
Σ. τον αδελφον A | παραταξωμεθα προς τους Χαν.] πολεμησω εν τω Χαναναιω
A | καγω] και γε εγω A | μετα σου] εν τω sup ras B^a   4 παρεδωκεν]
εδωκεν A | τον Φερεζαιον] om τον B*^vid (τον| Φε sup ras et in mg B?) | εις τας
χειρας αυτων] εν χειρι αυτου A | εκοψαν] επαταξαν B^(ab mg) επαταξεν A |
Βαζεκ A | om εις 2° A   5 κατελαβον] ευρον A   5—6 om εν τη Βεζεκ...
Αδωνιβεζεκ 2° B* (hab B^(ab mg inf))   5 παρεταξαντο προς αυτον] επολεμησαν
εν αυτω A | εκοψαν] επαταξεν A | Φερεζαιον] τον Φερεζεον A   6 κατε-
λαβοσαν] ελαβοσαν B^(ab) ελαβον A | και απεκοψαν] om και B*^vid (και απ|εκο
sup ras et in mg B?)   7 χειρων sup ras B^a | ησαν· συλλεγοντες A | ανταπε-
δωκεν] ανταπε sup ras B^(11 a?)

Β καὶ ἀπέθανεν ἐκεῖ. ⁸Καὶ ἐπολέμουν οἱ υἱοὶ Ἰούδα τὴν Ἱερου- 8
σαλήμ, καὶ κατελάβοντο αὐτὴν καὶ ἐπάταξαν αὐτὴν ἐν στόματι
ῥομφαίας, καὶ τὴν πόλιν ἐνέπρησαν ἐν πυρί. ⁹καὶ μετὰ ταῦτα κατέ- 9
βησαν οἱ υἱοὶ Ἰούδα τοῦ πολεμῆσαι πρὸς τὸν Χαναναῖον τὸν κατοικοῦντα
τὴν ὀρεινὴν καὶ τὸν νότον καὶ τὴν πεδινήν. ¹⁰καὶ ἐπορεύθη Ἰούδας 10
πρὸς τὸν Χαναναῖον τὸν κατοικοῦντα ἐν Χεβρών, καὶ ἐξῆλθεν Χεβρὼν
ἐξ ἐναντίας· καὶ τὸ ὄνομα ἦν Χεβρὼν τὸ πρότερον Καριαρβοξέφερ·
καὶ ἐπάταξαν τὸν Σεσσεὶ καὶ Ἀχιναὰν καὶ Θολμείν, γεννήματα τοῦ
Ἐνάκ. ¹¹καὶ ἀνέβησαν ἐκεῖθεν πρὸς τοὺς κατοικοῦντας Δαβείρ· τὸ 11
δὲ ὄνομα τῆς Δαβεὶρ ἦν ἔμπροσθεν Καριασσώφαρ, πόλις γραμμάτων.
¹²καὶ εἶπεν Χαλέβ Ὃς ἐὰν πατάξῃ τὴν πόλιν τῶν γραμμάτων καὶ 12
προκαταλάβηται αὐτήν, δώσω αὐτῷ τὴν Ἀζὰ θυγατέρα μου εἰς γυναῖκα.
¹³καὶ προκατελάβετο αὐτὴν Γοθονιὴλ υἱὸς Κενὲζ ἀδελφοῦ Χαλὲβ 13
ὁ νεώτερος· καὶ ἔδωκεν αὐτῷ Χαλὲβ τὴν Ἀζὰ θυγατέρα αὐτοῦ εἰς
γυναῖκα. ¹⁴καὶ ἐγένετο ἐν τῇ εἰσόδῳ αὐτῆς καὶ ἐπέσεισεν αὐτὴν 14
Γοθονιὴλ τοῦ αἰτῆσαι παρὰ τοῦ πατρὸς αὐτῆς ἀγρόν· καὶ ἐγόγγυζεν
καὶ ἔκραξεν ἀπὸ τοῦ ὑποζυγίου Εἰς γῆν νότου ἐκδέδοσαί με. καὶ
εἶπεν αὐτῇ Χαλέβ Τί ἐστίν σοι; ¹⁵καὶ εἶπεν αὐτῷ Ἀσχά Δός δή μοι 15
εὐλογίαν, ὅτι εἰς γῆν νότου ἐκδέδοσαί με, καὶ δώσεις μοι λύτρωσιν
ὕδατος. καὶ ἔδωκεν αὐτῇ Χαλὲβ κατὰ τὴν καρδίαν αὐτῆς λύτρωσιν
μετεώρων καὶ λύτρωσιν ταπεινῶν. ¹⁶Καὶ οἱ υἱοὶ Ἰοθὸρ τοῦ 16
Κειναίου τοῦ γαμβροῦ Μωυσέως ἀνέβησαν ἐκ πόλεως τῶν φοινίκων
μετὰ τῶν υἱῶν Ἰούδα εἰς τὴν ἔρημον τὴν οὖσαν ἐν τῷ νότῳ Ἰούδα,
ἥ ἐστιν ἐπὶ καταβάσεως Ἀράδ· κατῴκησαν μετὰ τοῦ λαοῦ. ¹⁷καὶ 17
ἐπορεύθη Ἰούδας μετὰ Συμεὼν τοῦ ἀδελφοῦ αὐτοῦ καὶ ἔκοψεν τὸν

Α 8 ρομφαιας] μαχαιρας Α 9 Χαναναιον] Χανα sup ras Bᵃᵇ 10 om
εν Χεβρων και εξηλθεν Χεβρων Α | και το ον. ην Χεβρων] το δε ον. Χ. ην Α |
το προτερον] εμπροσθεν Α | Καριαρβοκσεφερ Α | επαταξεν Α | Σεσσει] Γεθθι
Α | Αχινααν] Αχειμαν Bᵃᵇ ᵐᵍ τον Αχιμααμ Α | Θολμειν] τον Θαμει Α | Ενακ]
Εναμ Α 11 ανεβησαν] επορευθησαν Α | το δε ον.] και το ον. Α | της
Δαβειρ] om της Α | om Καριασσωφαρ Α 12 εαν] αν Α | Αζα] Ασχα
Bᵃᵇ ᵐᵍ Ασχαν Α 13 Κενεζ] Κενεχ Α | αδελφου] αδελφος Α | Χαλεβ
1°] λεβ sup ras Aᵃ¹ | νεωτερος]+υπερ αυτον Α | om Χαλεβ 2° Α | Αζα]
Ασχα Bᵃᵇ ᵐᵍ Ασχαν Α 14 τη εισοδω αυτης] τω εισπορευεσθαι αυτην Α | om
Γοθονιηλ Α | του αιτησαι] αιτησας Α | αγρον] pr τον Α | εγογγυζεν]+επανω
του υποζυγιου Α 15 om δη Α | λυτρωσιν 2°, 3°] pr την Α 16 και
οι sup ras Bᵇ | Ιοθορ] Ιωαβ Α | Κειναιου (ν sup ras ut vid)] Κιν. BᵇΑ | του
γαμβρου] πενθερου Α | Μωυσεως] Μωυση Α | πολεως] pr της Α | μετα των
υιων] προς τους υιους Α | την ουσαν εν τω νοτω Ιουδα] Ιουδα την ουσαν εν
τω νοτω Α | om η εστιν Α | Αραδ]+και Bᵃᵇ+και επορευθη και Α | κατωκησεν
Α 17 εκοψεν] επαταξαν Α

ΚΡΙΤΑΙ I 27

Χαναναῖον τὸν κατοικοῦντα Σεφέκ, καὶ ἐξωλέθρευσαν αὐτούς· καὶ Β
18 ἐκάλεσεν τὸ ὄνομα τῆς πόλεως Ἀνάθεμα. ¹⁸καὶ οὐκ ἐκληρονόμησεν
Ἰούδας τὴν Γάζαν οὐδὲ τὰ ὅρια αὐτῆς, οὐδὲ τὴν Ἀσκάλωνα οὐδὲ τὰ
ὅρια αὐτῆς, οὐδὲ τὴν Ἀκκαρὼν οὐδὲ τὰ ὅρια αὐτῆς, οὐδὲ τὴν Ἄζωτον
19 οὐδὲ τὰ περισπόρια αὐτῆς. ¹⁹καὶ ἦν Κύριος μετὰ Ἰούδα· καὶ ἐκληρο-
νόμησεν τὸ ὄρος, ὅτι οὐκ ἠδυνάσθησαν ἐξολεθρεῦσαι τοὺς κατοικοῦντας
20 τὴν κοιλάδα, ὅτι Ῥηχὰβ διεστείλατο αὐτοῖς. ²⁰καὶ ἔδωκαν τῷ Χαλὲβ
τὴν Χεβρών, καθὼς ἐλάλησεν Μωσῆς· καὶ ἐκληρονόμησεν ἐκεῖθεν τὰς
21 τρεῖς πόλεις τῶν υἱῶν Ἐνάκ. ²¹καὶ τὸν Ἰεβουσαῖον τὸν κατοικοῦντα
ἐν Ἰερουσαλὴμ οὐκ ἐκληρονόμησαν οἱ υἱοὶ Βενιαμείν· καὶ κατῴκησεν ὁ
Ἰεβουσαῖος μετὰ τῶν υἱῶν Βενιαμεὶν ἐν Ἰερουσαλὴμ ἕως τῆς ἡμέρας
22 ταύτης. ²²Καὶ ἀνέβησαν οἱ υἱοὶ Ἰωσὴφ καί γε αὐτοὶ εἰς Βαιθήλ,
23 καὶ Κύριος ἦν μετ᾽ αὐτῶν. ²³καὶ παρενέβαλον καὶ κατεσκέψαντο
24 Βαιθήλ· τὸ δὲ ὄνομα τῆς πόλεως αὐτῶν ἦν ἔμπροσθεν Λούζα. ²⁴καὶ
εἶδον οἱ φυλάσσοντες, καὶ ἰδοὺ ἀνὴρ ἐξεπορεύετο ἐκ τῆς πόλεως· καὶ
ἔλαβον αὐτόν, καὶ εἶπον αὐτῷ Δεῖξον ἡμῖν τῆς πόλεως τὴν εἴσοδον,
25 καὶ ποιήσομεν μετὰ σοῦ ἔλεος. ²⁵καὶ ἔδειξεν αὐτοῖς τὴν εἴσοδον τῆς
πόλεως· καὶ ἐπάταξαν τὴν πόλιν ἐν στόματι ῥομφαίας, τὸν δὲ ἄνδρα
26 καὶ τὴν συγγενίαν αὐτοῦ ἐξαπέστειλαν. ²⁶καὶ ἐπορεύθη ὁ ἀνὴρ εἰς
γῆν Χεττείν, καὶ ᾠκοδόμησεν ἐκεῖ πόλιν καὶ ἐκάλεσεν τὸ ὄνομα αὐτῆς
27 Λούζα. τοῦτο τὸ ὄνομα αὐτῆς ἕως τῆς ἡμέρας ταύτης. ²⁷Καὶ
οὐκ ἐξῆρεν Μανασσὴ τὴν Βαιθσάν, ἥ ἐστιν Σκυθῶν πόλις, οὐδὲ τὰς
θυγατέρας αὐτῆς οὐδὲ τὰ περίοικα αὐτῆς, οὐδὲ τὴν Θανὰκ οὐδὲ τὰς
θυγατέρας αὐτῆς, οὐδὲ τοὺς κατοικοῦντας Δὼρ οὐδὲ τὰς θυγατέρας
αὐτῆς, οὐδὲ τὸν κατοικοῦντα Βαλὰκ οὐδὲ τὰ περίοικα αὐτῆς οὐδὲ τὰς
θυγατέρας αὐτῆς, οὐδὲ τοὺς κατοικοῦντας Μαγεδὼ οὐδὲ τὰ περίοικα
αὐτῆς οὐδὲ τὰς θυγατέρας αὐτῆς, οὐδὲ τοὺς κατοικοῦντας Ἰεβλαὰμ οὐδὲ

17 Σεφεκ] Σεφερ A | και εξωλεθρ.] pr και ανεθεματισαν αυτην A | αυτους] A
αυτην A | εκαλεσαν A | Αναθεμα] εξολεθρευσις A   18 Γαζερ A*vid | ουδε
(septies)] και A | τα ορια Bᵇ (ορεια B*) (ter)] το οριον A   19 κ̄ς̄ ην A |
ηδυνασθησαν] εδυνατο A | εξολεθρευσαι] κληρονομησαι A | αυτοις] αυτην A
20 εδωκεν A | την] Χαλεβ A* (τω Χ. A¹) | καθως] καθα A | Μωυσης A | των
υιων] και εξηρεν εκειθεν τους τρις υιους A   21 εκληρονομησαν] εξηραν A |
Βαινιαμιν A (bis) | om εν Ιερουσαλημ 2° A   22 om και 2° A*.(superscr ϛ
A¹) | Κυριος ην] Ιουδας A   23 και κατεσκεψαντο] οικος Ι̅σ̅λ̅ κατα A | om
αυτων A   24 ιδον A | και ιδου ανηρ εξεπορευετο] ανδρα εκπορευομενον A |
ελαβαν A | την εισοδον της πολεως A   26 επορευθη] απηλθεν A | Χεττιειμ
A | το ονομα 2°] om το A   27 εξηρεν] εκληρονομησεν A | Μανασσης A |
Βαιθσαν] Βαιθηλ A | περιοικα 1°] περισπορια A | Θανακ] Εκθανααδ A | ουδε
4°, 6°, 7°, 9°, 10°, 12°] και A | τον κατοικουντα] τους κατοικουντας A | Βαλακ]
Βαλααμ A | om ουδε τα περιοικα αυτης 2°, 3°, 4° A | Μαγεδων A

Β τὰ περίοικα αὐτῆς οὐδὲ τὰς θυγατέρας αὐτῆς·, καὶ ἤρξατο ὁ Χαναναῖος κατοικεῖν ἐν τῇ γῇ ταύτῃ. ²⁸ καὶ ἐγένετο ὅτε. ἐνίσχυσεν ·Ἰσραήλ, 28 καὶ ἐποίησεν τὸν Χαναναῖον εἰς φόρον, καὶ ἐξαίρων οὐκ ἐξῆρεν αὐτόν. ²⁹ Καὶ Ἐφράιμ οὐκ ἐξῆρεν τὸν Χαναναῖον τὸν κατοικοῦντα 29 ἐν Γάζερ· καὶ κατῴκησεν ὁ Χαναναῖος ἐν μέσῳ αὐτοῦ ἐν Γάζερ, καὶ ἐγένετο εἰς φόρον. ³⁰ Καὶ Ζαβουλὼν οὐκ ἐξῆρεν τοὺς κατοικοῦντας 30 Κεδρὼν οὐδὲ τοὺς κατοικοῦντας Δωμανά· καὶ κατῴκησεν ὁ Χαναναῖος ἐν μέσῳ αὐτῶν, καὶ ἐγένετο αὐτῷ εἰς φόρον. · ³¹ Καὶ Ἀσὴρ οὐκ ἐξῆ- 31 ρεν τοὺς κατοικοῦντας Ἀκχώ, καὶ ἐγένετο αὐτῷ εἰς φόρον, καὶ τοὺς κατοικοῦντας Δὼρ καὶ τοὺς κατοικοῦντας Σιδῶνα καὶ τοὺς κατοικοῦντας Δαλάφ, τὸν Ἀσχαζεὶ καὶ τὸν Χεβδὰ καὶ τὸν Ναεὶ καὶ τὸν Ἐρεώ. ³² καὶ κατῴκησεν ὁ Ἀσὴρ ἐν μέσῳ τοῦ Χαναναίου τοῦ κατοικοῦντος 32 τὴν γῆν, ὅτι οὐκ ἠδυνήθη ἐξᾶραι αὐτόν. ³³ Καὶ Νεφθαλεὶ 33 οὐκ ἐξῆρεν τοὺς κατοικοῦντας Βαιθσάμυς καὶ τοὺς κατοικοῦντας Βαιθανάχ· καὶ κατῴκησεν Νεφθαλεὶ ἐν μέσῳ τοῦ Χαναναίου τοῦ κατοικοῦντος τὴν γῆν, οἱ δὲ κατοικοῦντες Βαιθσάμυς καὶ τὴν Βαιθενὲθ ἐγένοντο αὐτοῖς εἰς φόρον. ³⁴ Καὶ ἐξέθλιψεν ὁ Ἀμορραῖος τοὺς 34 υἱοὺς Δὰν εἰς τὸ ὄρος, ὅτι οὐκ ἀφῆκαν αὐτὸν καταβῆναι εἰς τὴν κοιλάδα. ³⁵ καὶ ἤρξατο ὁ Ἀμορραῖος κατοικεῖν ἐν τῷ ὄρει τῷ ὀστρακώδει, ἐν ᾧ αἱ 35 ἄρκοι καὶ ἐν ᾧ αἱ ἀλώπηκες, ἐν τῷ Μυρσινῶνι καὶ ἐν Θαλαβείν· καὶ ἐβαρύνθη χεὶρ οἴκου Ἰωσὴφ ἐπὶ τὸν Ἀμορραῖον, καὶ ἐγενήθη αὐτοῖς εἰς φόρον. ³⁶ καὶ τὸ ὅριον τοῦ Ἀμορραίου ἀπὸ τῆς ἀναβάσεως 36 Ἀκραβεὶν ἀπὸ τῆς Πέτρας καὶ ἐπάνω.

¹Καὶ ἀνέβη ἄγγελος Κυρίου ἀπὸ Γαλγὰλ ἐπὶ τὸν Κλαυθμῶνα καὶ 1 II ἐπὶ Βαιθὴλ καὶ ἐπὶ τὸν οἶκον Ἰσραήλ, καὶ εἶπεν πρὸς αὐτούς Τάδε λέγει Κύριος Ἀνεβίβασα ὑμᾶς ἐξ Αἰγύπτου, καὶ εἰσήγαγον ὑμᾶς εἰς τὴν γῆν ἣν ὤμοσα τοῖς πατράσιν ὑμῶν, καὶ εἶπα Οὐ διασκεδάσω τὴν διαθήκην μου τὴν μεθ' ὑμῶν εἰς τὸν αἰῶνα. ²καὶ ὑμεῖς οὐ διαθήσεσθε 2

A   27 Χαναιος A   28 εποιησεν] εθετο A   29 Χαναιον A | κατωκησεν] κατωκει A   30 Κεδρων] Χεβρων A | ουδε] και A | Δωμανα] Εναμμαν A | om αυτω A   31 τον Ασχαζει...Ερεω] και τον Ασχενδει· και τῇ| Σχεδιαν· και την Αφεκ· και τῇ| Ρωβ· A   32 κατω|σεν B* (κατωκη|σεν Bᵃ ⁽ᵐᵍ⁾) | ο Ασηρ] om o A | ηδυνηθη] εδυνασθη A   33 Νεφθαλει 1°] Νεφθαλιμ A | Βεθσαμυς A (bis) | και 2°] ουδε A | Βαιθαναχ] Βαιθενεθ A | Νεφθαλει 2°] Ισλ A | του Χαναναιος (sic) A | Βαιθενεθ] Βεθενεκ A | εγενοντο] εγενηθησαν A   34 αφηκεν A | αυτον] αυτην A   35 τω οστρακωδει] του Μυρσινωνος A | εν ω 1°] ου A | om εν ω 2° | αλωπεκες Bᵇ ⁽ᵛⁱᵈ⁾ A | om εν τω Μυρσινωνι και εν Θαλαβειν A | εγενηθη] εγενετο A | om αυτοις A   36 Αμορραιου]+ο Ιδουμαιος A | απο της αναβασεως] επανω A | απο 2°] επι A   II 1 ταδε... ανεβιβασα] κς κς· ανεβιβασεν A | εισηγαγεν A | ωμοσεν A | υμων 1°]+του δουναι υμιν A | ειπα] ειπεν υμιν A

διαθήκην τοῖς ἐνκαθημένοις εἰς τὴν γῆν ταύτην, οὐδὲ τοῖς θεοῖς αὐτῶν B προσκυνήσετε, ἀλλὰ τὰ γλυπτὰ αὐτῶν συντρίψετε, τὰ θυσιαστήρια αὐτῶν καθελεῖτε· καὶ οὐκ εἰσηκούσατε τῆς φωνῆς μου, ὅτι ταῦτα 3 ἐποιήσατε. ³κἀγὼ εἶπον Οὐ μὴ ἐξαρῶ αὐτοὺς ἐκ προσώπου ὑμῶν, καὶ ἔσονται ὑμῖν εἰς συνοχάς, καὶ οἱ θεοὶ αὐτῶν ἔσονται ὑμῖν εἰς 4 σκάνδαλον. ⁴καὶ ἐγένετο ὡς ἐλάλησεν ὁ ἄγγελος Κυρίου τοὺς λόγους τούτους πρὸς πάντας υἱοὺς Ἰσραήλ, καὶ ἐπῆραν ὁ λαὸς τὴν φωνὴν 5 αὐτῶν καὶ ἔκλαυσαν. ⁵καὶ ἐπωνόμασαν τὸ ὄνομα τοῦ τόπου ἐκείνου Κλαυθμῶνες· καὶ ἐθυσίασαν ἐκεῖ τῷ κυρίῳ.
6 ⁶Καὶ ἐξαπέστειλεν Ἰησοῦς τὸν λαόν, καὶ ἦλθεν ἀνὴρ εἰς τὴν 7 κληρονομίαν αὐτοῦ κατακληρονομῆσαι τὴν γῆν. ⁷καὶ ἐδούλευσεν ὁ λαὸς τῷ κυρίῳ πάσας τὰς ἡμέρας Ἰησοῦ καὶ πάσας τὰς ἡμέρας τῶν πρεσβυτέρων, ὅσοι ἐμακροημέρευσαν μετὰ Ἰησοῦ, ὅσοι ἔγνωσαν πᾶν 8 τὸ ἔργον Κυρίου τὸ μέγα, ὅσα ἐποίησεν ἐν τῷ Ἰσραήλ. ⁸καὶ ἐτελεύ-9 τησεν Ἰησοῦς υἱὸς Ναυὴ δοῦλος Κυρίου, υἱὸς ἑκατὸν δέκα ἐτῶν. ⁹καὶ ἔθαψαν αὐτὸν ἐν ὁρίῳ τῆς κληρονομίας αὐτοῦ ἐν Θαμναθάρες ἐν ὄρει 10 Ἐφράιμ, ἀπὸ βορρᾶ τοῦ ὄρους Γάας. ¹⁰καί γε πᾶσα ἡ γενεὰ ἐκείνη προσετέθη πρὸς τοὺς πατέρας αὐτῶν· καὶ ἀνέστη γενεὰ ἑτέρα μετ' αὐτούς, οἳ οὐκ ἔγνωσαν τὸν κύριον καί γε τὸ ἔργον ὃ ἐποίησεν ἐν 11 τῷ Ἰσραήλ. ¹¹Καὶ ἐποίησαν οἱ υἱοὶ Ἰσραὴλ τὸ πονηρὸν ἐνώπιον 12 Κυρίου, καὶ ἐλάτρευσαν τοῖς Βααλείμ. ¹²καὶ ἐνκατέλιπον τὸν κύριον τὸν θεὸν τῶν πατέρων αὐτῶν τὸν ἐξαγαγόντα αὐτοὺς ἐκ γῆς Αἰγύπτου, καὶ ἐπορεύθησαν ὀπίσω θεῶν ἑτέρων ἀπὸ τῶν θεῶν τῶν ἐθνῶν τῶν περικύκλῳ αὐτῶν, καὶ προσεκύνησαν αὐτοῖς· καὶ παρώργισαν τὸν 13 κύριον ¹³καὶ ἐγκατέλιπον αὐτόν, καὶ ἐλάτρευσαν τῷ Βάαλ καὶ ταῖς 14 Ἀστάρταις. ¹⁴καὶ ὠργίσθη θυμῷ Κύριος ἐν τῷ Ἰσραήλ, καὶ παρέδωκεν αὐτοὺς εἰς χεῖρας προνομευόντων, καὶ κατεπρονόμευσαν αὐτούς·

2 προσκυνησετε] ου μη προσκυνησηται Α | τα θυσιαστηρια] pr και Α | Α καθελειτε] κατακαυσεται Α | οτι] οτε Α   3 καγω ειπον] και εγω ειπα Α | ου μη εξαρω] ου προσθη|σω του μετοικισαι τον λαον| ον ειπα του εξολεθρευσαι Α   4 παντας υιους] παντα Α | επηρεν Α .   5 και επωνομασαν] δια τουτο εκληθη Α | Κλαυθμων Α | εθυσιασαν] εθυσαν Α   6 ηλθεν ανηρ] απηλθα| οι υιοι Ισλ εκαστος εις τον οικον| αυτου και Α | αυτου] του Α   7 οσα] ο Α | om εν Α   8 om υιος Α   9 οριω] ορει Α | Θαμναθαρες] Θαμναθαρ· εως Α   10 om γε Α (bis) | προσετεθησαν Bᵃᵇ (superscr σαν) Α | οι] οσοι Α | εποιησαν Α | om εν Α   11 ενωπιον] εναντιον Α | ελατρευσαν] ελατρευον Α | Βααλιμ Α   12 ενκατελιπον (εγκ. Bᵇ)] εγκατελειπον Α | τον θεον] om τον Α | των εθνων] αυτων Α   13 εγκατελειπον Α | αυτον] τον κυριον Α | τω Βααλ] τη Β. Α   14 om εν 1º Α | εις χειρας] εν χειρι Α | κατεπρονομευσαν] επρονομευσαν· Α

479

Β καὶ ἀπέδοτο αὐτοὺς ἐν χερσὶ τῶν ἐχθρῶν αὐτῶν κυκλόθεν, καὶ οὐκ ἠ-
δυνήθησαν ἔτι ἀντιστῆναι κατὰ πρόσωπον τῶν ἐχθρῶν αὐτῶν
¹⁵ἐν πᾶσιν οἷς ἐξεπορεύοντο. καὶ χεὶρ Κυρίου ἦν ἐπ' αὐτοὺς· εἰς 15
κακά, καθὼς ἐλάλησεν Κύριος, καὶ καθὼς ὤμοσεν Κύριος αὐτοῖς, καὶ
ἐξέθλιψεν αὐτοὺς σφόδρα. ¹⁶καὶ ἤγειρεν Κύριος κριτάς, καὶ ἔσωσεν 16
αὐτοὺς Κύριος ἐκ χειρὸς τῶν προνομευόντων αὐτούς. ¹⁷καί γε τῶν 17
κριτῶν οὐχ ὑπήκουσαν, ὅτι ἐξεπόρνευσαν ὀπίσω θεῶν ἑτέρων καὶ
προσεκύνησαν αὐτοῖς, καὶ ἐξέκλιναν ταχὺ ἐκ τῆς ὁδοῦ ἧς ἐπορεύθησαν
οἱ πατέρες αὐτῶν τοῦ εἰσακούειν τῶν λόγων Κυρίου· οὐκ ἐποίησαν
οὕτως. ¹⁸καὶ ὅτι ἤγειρεν Κύριος κριτὰς αὐτοῖς, καὶ ἦν Κύριος μετὰ 18
τοῦ κριτοῦ, καὶ ἔσωσεν αὐτοὺς ἐκ χειρὸς ἐχθρῶν αὐτῶν πάσας τὰς
ἡμέρας τοῦ κριτοῦ· ὅτι παρεκλήθη Κύριος ἀπὸ τοῦ στεναγμοῦ αὐτῶν
ἀπὸ προσώπου τῶν πολιορκούντων αὐτοὺς καὶ ἐκθλιβόντων αὐτούς.
¹⁹καὶ ἐγένετο ὡς ἀπέθνησκεν ὁ κριτής, καὶ ἀπέστρεψαν καὶ πάλιν 19
διέφθειραν ὑπὲρ τοὺς πατέρας αὐτῶν πορεύεσθαι ὀπίσω θεῶν ἑτέρων,
λατρεύειν αὐτοῖς καὶ προσκυνεῖν αὐτοῖς· οὐκ ἀπέριψαν τὰ ἐπιτηδεύ-
ματα αὐτῶν καὶ τὰς ὁδοὺς αὐτῶν τὰς σκληράς. ²⁰καὶ ὠργίσθη θυμῷ 20
Κύριος ἐν τῷ Ἰσραὴλ καὶ εἶπεν Ἀνθ' ὧν ὅσα ἐγκατέλιπον τὸ ἔθνος
τοῦτο τὴν διαθήκην μου ἣν ἐνετειλάμην τοῖς πατράσιν αὐτῶν, καὶ
οὐκ εἰσήκουσαν τῆς φωνῆς μου, ²¹καί γε ἐγὼ οὐ προσθήσω τοῦ ἐξᾶραι 21
ἄνδρα ἐκ προσώπου αὐτῶν ἀπὸ τῶν ἐθνῶν ὧν κατέλιπεν Ἰησοῦς υἱὸς
Ναυὴ ἐν τῇ γῇ· καὶ ἀφῆκεν ²²τοῦ πειράσαι ἐν αὐτοῖς τὸν Ἰσραήλ, εἰ 22
φυλάσσονται τὴν ὁδὸν Κυρίου πορεύεσθαι ἐν αὐτῇ, ὃν τρόπον ἐφύλαξαν
οἱ πατέρες αὐτῶν, ἢ οὔ. ²³καὶ ἀφήσει Κύριος τὰ ἔθνη ταῦτα τοῦ μὴ 23
ἐξᾶραι αὐτὰ τὸ τάχος, καὶ οὐ παρέδωκεν αὐτὰ ἐν χειρὶ Ἰησοῦ. ¹Καὶ 1 III
ταῦτα τὰ ἔθνη ἃ ἀφῆκεν Κύριος αὐτὰ ὥστε πειράσαι ἐν αὐτοῖς τὸν
Ἰσραήλ, πάντας τοὺς μὴ ἐγνωκότας τοὺς πολέμους Χανάαν, ²πλὴν διὰ 2
τὰς γενεὰς υἱῶν Ἰσραὴλ τοῦ διδάξαι αὐτοὺς πόλεμον, πλὴν οἱ ἔμπρο-
σθεν αὐτῶν οὐκ ἔγνωσαν αὐτά· ³τὰς πέντε σατραπίας τῶν ἀλλοφύλων 3

A   14 απεδοντο A | χερσι] χειρι A | εχθρων αυτων] προνομευοντων A | ηδυνα-
σθησαν A | των εχθρων 2°] om των A   15 εξεπορευοντο] επορευοντο A | επ
αυτους] αυτοις A | om αυτοις A   16 om Κυριος 2° A   17 κριτων] αυτων A |
ουχ υπηκουσαν] ουκ επηκ. A | αυτοις] + και παρωργισαν τον κν A | των λογων]
εντολας A   18 αυτοις κς κριτας A | εκ χειρος εχθρων] εν χειρι των κριτων
A | απο 2°] και προ A | om και εκθλιβοντων αυτους A   19 πορευεσθαι]
πορευθηναι A | τας οδους αυτων τας] ουκ απεστησαν απο της οδου αυτων της
A   20 εγκατελειπαν A | εισηκουσαν] υπηκουσαν A   21 om γε A |
κατελειπεν A | om υιος Ναυη εν τη γη A   22 εφυλαξαν] εφυλαξαντο
A | οι πατερες αυτων] υιοι Ἰσλ A | om η ου A   23 αφησει] αφηκεν
A   III 1 om α A | Κυριος] Ιησους A   2 υιων] pr των A

ΚΡΙΤΑΙ III 15

καὶ πάντα τὸν Χαναναῖον καὶ τὸν Σιδώνιον καὶ τὸν Εὐαῖον τὸν Β
κατοικοῦντα τὸν Λίβανον ἀπὸ τοῦ ὄρους τοῦ Ἀερμὼν ἕως Λαβὼ Ἐμάθ.
4 ⁴καὶ ἐγένετο ὥστε πειράσαι ἐν αὐτοῖς τὸν Ἰσραήλ, γνῶναι εἰ ἀκούσονται τὰς ἐντολὰς Κυρίου ἃς ἐνετείλατο τοῖς πατράσιν αὐτῶν ἐν χειρὶ
5 Μωυσῆ. ⁵καὶ οἱ υἱοὶ Ἰσραὴλ κατῴκησαν ἐν μέσῳ τοῦ Χαναναίου
καὶ τοῦ Χετταίου καὶ τοῦ Ἀμορραίου καὶ τοῦ Φερεζαίου καὶ τοῦ Εὐαίου
6 καὶ τοῦ Ἰεβουσαίου. ⁶καὶ ἔλαβον τὰς θυγατέρας αὐτῶν ἑαυτοῖς εἰς
γυναῖκας, καὶ τὰς θυγατέρας αὐτῶν ἔδωκαν τοῖς υἱοῖς αὐτῶν, καὶ
ἐλάτρευσαν τοῖς θεοῖς αὐτῶν.
7 ⁷Καὶ ἐποίησαν οἱ υἱοὶ Ἰσραὴλ τὸ πονηρὸν ἐναντίον Κυρίου, καὶ
ἐπελάθοντο Κυρίου τοῦ θεοῦ αὐτῶν, καὶ ἐλάτρευσαν τοῖς Βααλεὶμ καὶ
8 τοῖς ἄλσεσιν. ⁸καὶ ὠργίσθη θυμῷ Κύριος ἐν τῷ Ἰσραήλ, καὶ ἀπέδοτο
αὐτοὺς ἐν χειρὶ Χουσαρσαθάιμ βασιλέως ποταμῶν Συρίας. καὶ ἐδού-
9 λευσαν οἱ υἱοὶ Ἰσραὴλ τῷ Χουσαρσαθάιμ ἔτη ὀκτώ. ⁹καὶ ἐκέκραξαν
οἱ υἱοὶ Ἰσραὴλ πρὸς Κύριον· καὶ ἤγειρεν Κύριος σωτῆρα τῷ Ἰσραήλ,
καὶ ἔσωσεν αὐτούς, τὸν Γοθονιὴλ υἱὸν Κενὲζ ἀδελφοῦ Χαλὲβ τὸν
10 νεώτερον ὑπὲρ αὐτόν. ¹⁰καὶ ἐγένετο ἐπ' αὐτὸν πνεῦμα Κυρίου,
καὶ ἔκρινεν τὸν Ἰσραήλ. καὶ ἐξῆλθεν εἰς πόλεμον πρὸς Χουσαρ-
σαθάιμ· καὶ παρέδωκεν Κύριος ἐν χειρὶ αὐτοῦ τὸν Χουσαρσαθάιμ
βασιλέα Συρίας ποταμῶν, καὶ ἐκραταιώθη χεὶρ αὐτοῦ ἐπὶ τὸν Χου-
11 σαρσαθάιμ. ¹¹καὶ ἡσύχασεν ἡ γῆ τεσσεράκοντα ἔτη· καὶ ἀπέθανεν
Γοθονιὴλ υἱὸς Κενέζ.
12 ¹²Καὶ προσέθεντο οἱ υἱοὶ Ἰσραὴλ ποιῆσαι τὸ πονηρὸν ἐνώπιον
Κυρίου· καὶ ἐνίσχυσεν Κύριος τὸν Ἐγλὼμ βασιλέα Μωὰβ ἐπὶ τὸν
13 Ἰσραήλ, διὰ τὸ πεποιηκέναι αὐτοὺς τὸ πονηρὸν ἔναντι Κυρίου. ¹³καὶ
συνήγαγεν πρὸς ἑαυτὸν πάντας τοὺς υἱοὺς Ἀμμὼν καὶ Ἀμαλήκ, καὶ
ἐπορεύθη καὶ ἐπάταξεν τὸν Ἰσραήλ, καὶ ἐκληρονόμησεν τὴν πόλιν
14 τῶν φοινίκων. ¹⁴καὶ ἐδούλευσαν οἱ υἱοὶ Ἰσραὴλ τῷ Ἐγλὼμ βασιλεῖ
15 Μωὰβ ἔτη δέκα ὀκτώ. ¹⁵καὶ ἐκέκραξαν οἱ υἱοὶ Ἰσραὴλ πρὸς Κύριον·
καὶ ἤγειρεν αὐτοῖς σωτῆρα τὸν Ἀὼδ υἱὸν Γηρὰ υἱὸν τοῦ Ἰεμενεί,

3 Αερμων] Βαλαερμω] Α | Λοβω Ημαθ Α   7 εναντι Α | επελαθεντο Α | Α
του θεου] om του Α | ταις Βααλειμ Α   8 εν χειρι] εις χειρας Α | ποτα-
μων Συριας] Σ. Μεσοποταμιας ποταμων Α | ετη οκτω] οκτω ετη sup ras Aᵃ¹
9 και εκεκραξεν] και εκε sup ras Aᵃ¹ | το Γοθ. A* (τον Γοθ. A¹) | υπερ
αυτον] αυτου και εισηκουσαν αυτου Α   10 εις πολεμον] επι τον π. Α |
om προς Χουσαρσ. Α | om ποταμων Α | om και εκρατ. χειρ αυτου επι τον Χ. Α
11 τεσσερακοντα (τεσσαρακ. Bᵇ) ετη] ετη πεντηκοντα Α   12 ενωπιον]
εναντι Α   13 συνηγαγεν] προσηγαγεν Α | εαυτον] αυτον Α   15 σω-
τηρα] pr κs Α | υιον 2°] υιου Α

Β ἄνδρα ἀμφοτεροδέξιον. καὶ ἐξαπέστειλαν οἱ υἱοὶ Ἰσραὴλ δῶρα ἐν χειρὶ αὐτοῦ τῷ Ἐγλὼμ βασιλεῖ Μωάβ. ¹⁶καὶ ἐποίησεν ἑαυτῷ Ἀὼδ 16 μάχαιραν δίστομον, σπιθαμῆς τὸ μῆκος αὐτῆς, καὶ περιεζώσατο αὐτὴν ὑπὸ τὸν μανδύαν ἐπὶ τὸν μηρὸν τὸν δεξιὸν αὐτοῦ. ¹⁷καὶ ἐπορεύθη 17 καὶ προσήνεγκεν τὰ δῶρα Ἐγλὼμ βασιλεῖ Μωάβ· καὶ Ἐγλὼμ ἀνὴρ ἀστεῖος σφόδρα. ¹⁸καὶ ἐγένετο ἡνίκα συνετέλεσεν Ἀὼδ προσφέρων 18 τὰ δῶρα, καὶ ἐξαπέστειλεν τοὺς φέροντας τὰ δῶρα· ¹⁹καὶ αὐτὸς 19 ὑπέστρεψεν ἀπὸ τῶν γλυπτῶν τῶν μετὰ τῆς Γαλγάλ, καὶ εἶπεν Ἀὼδ Λόγος μοι κρύφιος πρὸς σέ, βασιλεῦ. καὶ εἶπεν Ἐγλὼμ πρὸς αὐτόν Σιώπα· καὶ ἐξαπέστειλεν ἀφ' ἑαυτοῦ πάντας τοὺς ἐφεστῶτας ἐπ' αὐτόν. ²⁰καὶ Ἀὼδ εἰσῆλθεν πρὸς αὐτόν· καὶ αὐτὸς ἐκάθητο ἐν τῷ ὑπερῴῳ 20 τῷ θερινῷ τῷ ἑαυτοῦ μονώτατος. καὶ εἶπεν Ἀὼδ Λόγος θεοῦ μοι πρὸς σέ, βασιλεῦ. καὶ ἐξανέστη ἀπὸ τοῦ θρόνου Ἐγλὼμ ἐγγὺς αὐτοῦ· ²¹καὶ ἐγένετο ἅμα τῷ ἀναστῆναι αὐτόν, καὶ ἐξέτεινεν Ἀὼδ 21 τὴν λεῖρα τὴν ἀριστερὰν αὐτοῦ καὶ ἔλαβεν τὴν μάχαιραν ἐπάνωθεν τοῦ μηροῦ αὐτοῦ τοῦ δεξιοῦ καὶ ἐνέπηξεν αὐτὴν ἐν τῇ κοιλίᾳ αὐτοῦ, ²²καὶ ἐπεισήνεγκεν καί γε τὴν λαβὴν ὀπίσω τῆς φλογός· καὶ ἀπέ- 22 κλεισεν τὸ στέαρ κατὰ τῆς φλογός, ὅτι οὐκ ἐξέσπασεν τὴν μάχαιραν ἐκ τῆς κοιλίας αὐτοῦ. ²³καὶ ἐξῆλθεν Ἀὼδ τὴν προστάδα, καὶ ἐξῆλθεν 23 τοὺς διατεταγμένους, καὶ ἀπέκλεισεν τὰς θύρας τοῦ ὑπερῴου κατ' αὐτοῦ, καὶ ἐσφήνωσεν. ²⁴καὶ αὐτὸς ἐξῆλθεν· καὶ οἱ παῖδες αὐτοῦ ἐπῆλθον 24 καὶ εἶδον, καὶ ἰδοὺ αἱ θύραι τοῦ ὑπερῴου ἐσφηνωμέναι· καὶ εἶπαν Μή ποτε ἀποκενοῖ τοὺς πόδας αὐτοῦ ἐν τῷ ταμείῳ τῷ θερινῷ; ²⁵καὶ 25 ὑπέμειναν ἕως ᾐσχύνοντο. καὶ ἰδοὺ οὐκ ἔστιν ὁ ἀνοίγων τὰς θύρας τοῦ ὑπερῴου· καὶ ἔλαβον τὴν κλεῖδα καὶ ἤνοιξαν, καὶ ἰδοὺ ὁ κύριος αὐτῶν πεπτωκὼς ἐπὶ τὴν γῆν τεθνηκώς. ²⁶καὶ Ἀὼδ διεσώθη ἕως 26 ἐθορυβοῦντο, καὶ οὐκ ἦν ὁ προσνοῶν αὐτῷ· καὶ αὐτὸς παρῆλθεν

A 15 εξαπεστειλαν] απεστειλαν A 16 om αυτης A | μανδυαν (ν fort sup ras B¹)]+αυτου A 17 om και επορευθη A | Εγλωμ] pr τω A 18 ηνικα] ως A | φεροντας] αιροντας A 19 αυτος] Εγλωμ A | υπεστρεψεν] ανεστρεψεν A | των μετα] om των A | προς αυτον] πασιν A | σιωπα] εκ μεσου A | εξαπεστειλεν...επ αυτον] εξηλθο͞ι απ αυτου παντες οι παραστη|κοντες αυτω A. 20 τω εαυτου] αυτου A 21 του αναστ. A | om αυτον A | om και 1°² A | επανωθεν] απο A | του δεξιου αυτου A | εν τη κοιλια αυτου] εις την κοιλιαν Εγλωμ A. 22 φλογος 1°] φλεγος A | στερ A* (στεαρ A¹).| φλογος 2°] φλεβος A. 23 την προσταδα] pr εις A | om και εξηλθεν τους διατεταγμενους A | κατ αυτου] επ αυτον A 24 επηλθον (πηλ sup ras Bᵃᵇ)]' εισηλθον A | ειδον].ιδον A | εσφηνωμεναι] αποκεκλισμεναι A | αποκενοι...τω θερινω] prosι διφρους καθηται εν τη αποχωρησει του κοιτωνος A 25 υπεμειναν εως ησχυν.] προσεμειναν αισχυνομενοι A | εστιν] ην A

ΚΡΙΤΑΙ

27 τὰ γλυπτὰ, καὶ διεσώθη εἰς Σετειρωθα. ²⁷καὶ· ἐγένετο ἡνίκα· ἦλθεν Β
Ἀὼδ εἰς γῆν Ἰσραήλ, καὶ ἐσάλπισεν ἐν κερατίνῃ ἐν τῷ ὄρει Ἐφράιμ·
καὶ κατέβησαν σὺν αὐτῷ οἱ υἱοὶ Ἰσραὴλ ἀπὸ τοῦ ὄρους, καὶ αὐτὸς
28 ἔμπροσθεν αὐτῶν. ²⁸καὶ εἶπεν πρὸς αὐτούς Κατάβητε ὀπίσω μου, ὅτι
παρέδωκεν Κύριος ὁ θεὸς τοὺς ἐχθροὺς ἡμῶν, τὴν Μωάβ, ἐν χειρὶ ἡμῶν.
καὶ κατέβησαν ὀπίσω αὐτοῦ; καὶ προκατελάβοντο τὰς διαβάσεις τοῦ
29 Ἰορδάνου τῆς Μωάβ, καὶ οὐκ ἀφῆκεν ἄνδρα διαβῆναι. ¹²⁹καὶ ἐπάταξαν
τὴν Μωὰβ ἐν τῇ ἡμέρᾳ ἐκείνῃ ὡσεὶ δέκα χιλιάδας ἀνδρῶν, πᾶν
30 λιπαρὸν καὶ πάντα ἄνδρα δυνάμεως, καὶ οὐ διεσώθη ὁ ἀνήρ. ¹ ³⁰ καὶ
ἐνετράπη Μωὰβ ἐν τῇ ἡμέρᾳ ἐκείνῃ ὑπὸ χεῖρα Ἰσραήλ, καὶ ἡσύχα-
σεν ἡ γῆ ὀγδοήκοντα ἔτη· καὶ ἔκρινεν αὐτοὺς Ἀὼδ ἕως οὗ ἀπέ-
θανεν.
31 ³¹Καὶ μετ' αὐτὸν ἀνέστη Σαμαγὰρ υἱὸς Δεινάχ, καὶ ἐπάταξεν τοὺς
ἀλλοφύλους εἰς χ' ἄνδρας ἐν τῷ ἀροτρόποδι τῶν βοῶν, καὶ ἔσωσεν
καί γε αὐτὸς τὸν Ἰσραήλ.

IV 1 ¹Καὶ προσέθεντο οἱ υἱοὶ Ἰσραὴλ ποιῆσαι τὸ πονηρὸν ἐνώπιον
2 Κυρίου· καὶ Ἀὼδ ἀπέθανεν. ²καὶ ἀπέδοτο τοὺς υἱοὺς Ἰσραὴλ Κύριος
ἐν χειρὶ Ἰαβεὶν βασιλέως Χανάαν, ὃς ἐβασίλευσεν ἐν Ἀσώρ· καὶ
ὁ ἄρχων τῆς δυνάμεως αὐτοῦ Σεισαρά, καὶ αὐτὸς κατῴκει ἐν Ἀρεισὼθ
3 τῶν ἐθνῶν. ³καὶ ἐκέκραξαν οἱ υἱοὶ Ἰσραὴλ πρὸς Κύριον, ὅτι ἐννα-
κόσια ἅρματα σιδηρᾶ ἦν αὐτῷ, καὶ αὐτὸς ἔθλιψεν τὸν Ἰσραὴλ κατὰ
4 κράτος εἴκοσι ἔτη. ⁴Καὶ Δεββωρὰ γυνὴ προφῆτις γυνὴ Λαφει-
5 δώθ, αὐτὴ ἔκρινεν τὸν Ἰσραὴλ ἐν τῷ καιρῷ ἐκείνῳ. ᴬ ⁵καὶ αὐτὴ
ἐκάθητο ὑπὸ φοίνικα Δεββωρὰ ἀνὰ μέσον τῆς Βαμὰ καὶ ἀνὰ μέσον
τῆς Βαιθήλ ἐν τῷ ὄρει Ἐφράιμ, καὶ ἀνέβαινον πρὸς αὐτὴν οἱ υἱοὶ
6 Ἰσραὴλ εἰς κρίσιν. ⁶καὶ ἀπέστειλεν Δεββωρὰ καὶ ἐκάλεσεν τὸν
Βαρὰκ υἱὸν Ἀβεινέεμ ἐκ Κάδης Νεφθαλείμ, καὶ εἶπεν πρὸς αὐτόν

26 εις] εως A | Σετειρωθα] Σεειρωθα A   27 om Αωδ εις γην Ισρ. A
A | om εν A   28 καταβητε (τε sup ras B^b)] καταβαινετε A | κ̄ς ο θ̄ς
του sup ras B^{a?} | ημων 2°] υμων A | αφηκαν A   29 τη ημερα εκεινη] τω καιρω
εκεινω A | παν λιπαρον] παντας τους μαχητας A | παντα ανδρα] παντας
ανδρας A | ο ανηρ] om ο A   30 χειρα] pr την A | Αωδ] Αυωδ (superscr
v) B^{ab} | απεθανεν] a 1° sup ras B?   31 μετ αυτον] μετα τουτου A |
Σαμεγαρ A | Δειναχ] Αναθ A | χ'] εξακοσιους A | αρατροποδι A | των βοων]
εκτος μοσχω βοων A | om και A   IV 1 προσεθεντο]+ετι A |
ενωπιον] εναντι A | Αωδ] Αυωδ (superscr v) B^{ab}   2 τους υιους Ισρ.]
αυτους A | Ιαβειν]. Ιαμειν A | Χανααν sup ras B? | εν 2°] ras aliq B? |
Σισαρα (ras 1 lit post a 2°) A | Αρεισωθ] Ασειρωθ A   4 Λαφιδωθ A
5 της Βαμα]. Ιαμα A | της Βαιθηλ] om της A | τω ορει] om τω A | ανε-
βαινον] ανεβησαν A | εις κρισιν] εκει του κρινεσθαι A   6 Βαραχ A |
Αβινεεμ A | Καδης Νεφθαλειμ] Κεδες Νεφθαλει A

IV 7 ΚΡΙΤΑΙ

B Οὐχὶ ἐνετείλατο Κύριος ὁ θεὸς Ἰσραὴλ σοι(καὶ)ἀπελεύσῃ εἰς ὄρος Θαβώρ, καὶ λήμψῃ μετὰ σεαυτοῦ δέκα χιλιάδας ἀνδρῶν ἐκ τῶν υἱῶν Νεφθαλεὶ καὶ ἐκ τῶν υἱῶν Ζαβουλών, 7καὶ ἐπάξω πρὸς σὲ εἰς τὸν 7 χειμάρρουν Κεισὼν ἐπὶ τὸν Σεισαρὰ ἄρχοντα τῆς δυνάμεως Ἰαβείν, καὶ τὰ ἅρματα αὐτοῦ καὶ τὸ πλῆθος αὐτοῦ, καὶ παραδώσω αὐτὸν εἰς τὰς χεῖράς σου; 8καὶ εἶπεν πρὸς αὐτὴν Βαράκ Ἐὰν πορευθῇς 8 μετ' ἐμοῦ πορεύσομαι, καὶ ἐὰν μὴ πορευθῇς οὐ πορεύσομαι· ὅτι οὐκ οἶδα τὴν ἡμέραν ἐν ᾗ εὐοδοῖ τὸν ἄγγελον Κύριος μετ' ἐμοῦ. ' 9καὶ 9 εἶπεν Πορευομένη πορεύσομαι μετὰ σοῦ· πλὴν γίνωσκε ὅτι οὐκ ἔσται τὸ προτέρημά σου ἐπὶ τὴν ὁδὸν ἣν σὺ πορεύῃ, ὅτι ἐν χειρὶ γυναικὸς ἀποδώσεται Κύριος τὸν Σεισαρά. καὶ ἀνέστη Δεββωρὰ καὶ ἐπορεύθη μετὰ Βαρὰκ ἐκ Κάδης. 10καὶ ἐβόησεν Βαρὰκ τὸν Ζαβουλὼν καὶ τὸν 10 Νεφθαλεὶ ἐκ Κάδης, καὶ ἀνέβησαν κατὰ πόδας αὐτοῦ δέκα χιλιάδες ἀνδρῶν· καὶ ἀνέβη μετ' αὐτοῦ Δεββωρά. 11καὶ Χάβερ ὁ Κειναῖος 11 ἐχωρίσθη ἀπὸ Καινὰ ἀπὸ τῶν υἱῶν Ἰωβὰβ γαμβροῦ Μωυσῆ, καὶ ἔπηξεν τὴν σκηνὴν αὐτοῦ ἕως δρυὸς πλεονεκτούντων, ἥ ἐστιν ἐχόμενα Κέδες. 12καὶ ἀνηγγέλη Σεισαρὰ ὅτι ἀνέβη Βαρὰκ υἱὸς Ἀβεινέεμ 12 εἰς ὄρος Θαβώρ. 13καὶ ἐκάλεσεν Σεισαρὰ πάντα τὰ ἅρματα αὐτοῦ, 13 ἐννακόσια ἅρματα σιδηρᾶ, καὶ πάντα τὸν λαὸν τὸν μετ' αὐτοῦ ἀπὸ Ἀρείσωθ τῶν ἐθνῶν εἰς τὸν χειμάρρουν Κεισών. 14καὶ εἶπεν Δεβ- 14 βωρὰ πρὸς Βαράκ Ἀνάστηθι, ὅτι αὕτη ἡ ἡμέρα ἐν ᾗ παρέδωκεν Κύριος τὸν Σεισαρὰ ἐν τῇ χειρί σου, ὅτι Κύριος ἐξελεύσεται ἔμπροσθέν σου. καὶ κατέβη Βαρὰκ κατὰ τοῦ ὄρους Θαβώρ, καὶ δέκα χιλιάδες ἀνδρῶν ὀπίσω αὐτοῦ. 15καὶ ἐξέστησεν Κύριος τὸν Σεισαρὰ καὶ πάντα 15 τὰ ἅρματα αὐτοῦ καὶ πᾶσαν τὴν παρεμβολὴν αὐτοῦ ἐν στόματι ῥομφαίας ἐνώπιον Βαράκ· καὶ κατέβη Σεισαρὰ ἐπάνωθεν τοῦ ἅρματος αὐτοῦ καὶ ἔφυγεν τοῖς ποσὶν αὐτοῦ. 16καὶ Βαρὰκ διώκων ὀπίσω 16

A 6. ουχι]+συ A | om σοι A | εκ] απο A (bis) | Νεφθαλι A   7 απαξω A | προς σε εις] σε προς A | Κισων A | Σισαρα A (item infra ubique) | Ιαβειν] Ιαμειν A | εις τας χειρας] εν χειρι A   8 Βαραχ A (item 9, 14 bis, 15, 16, 22) | πορευθης 2°]+ μετ εμου A | κς του αγγελον A   9 ειπεν]+ προς αυτον Δεββωρα A | πορευσομενη A | επι] εις A | μετα 2°] μετ αυτου A | Καδης] Κειδες A   10 εβοησεν] παρηγγειλεν A | τον Ζαβ. και τον Νεφθαλει] τω Ζαβ. και τω Νεφθαλι A | εκ Καδης] εις (A¹ [εκ A* vid]) Κειδες A | Δεββ. ανεβη μετ αυτου A   11 Χαβερ ο Κειναιος (Κιν. Bᵇ)] οι πλησιον του Κειναιου A | εχωρισθησαν A | om απο Καινα A | εως δρυος] προς δρυν A | πλεονεκτουντων] αναπαυομενων A   12 ανηγγελη Σεισαρα] ανηγγειλαν τω Σισ. A | Αβεινεεμ] Ιαβινεεμ A | εις] επ A   13 εννακοσια] pr οτι A | σιδηρα] +ην αυτω A | τον μετ αυτου | om τον A   14 παρεδωκεν] παραδωσει A | τη χειρι] om τη A | οτι 2°] ουχ ιδου A | εξελευσεται] ελευσεται A | κατα] απο A   15 επανωθεν] απο A

ΚΡΙΤΑΙ V I

τῶν ἁρμάτων καὶ ὀπίσω τῆς παρεμβολῆς ἕως Ἀρείσωθ τῶν ἐθνῶν· B
καὶ ἔπεσεν πᾶσα παρεμβολὴ Σεισαρὰ ἐν στόματι ῥομφαίας, οὐ κατε-
17 λείφθη ἕως ἑνός. ¹⁷καὶ Σεισαρὰ ἔφυγεν τοῖς ποσὶν αὐτοῦ εἰς σκηνὴν
Ἰαὴλ γυναικὸς Χάβερ ἑταίρου τοῦ Κειναίου, ὅτι εἰρήνη ἦν ἀνὰ μέσον
Ἰαβεὶν βασιλέως Ἀσὼρ καὶ ἀνὰ μέσον οἴκου Χάβερ τοῦ Κειναίου.
18 ¹⁸καὶ ἐξῆλθεν Ἰαὴλ εἰς συνάντησιν Σεισαρὰ καὶ εἶπεν αὐτῷ Ἔκκλινον,
κύριέ μου, ἔκκλινον πρὸς μέ, μὴ φοβοῦ. καὶ ἐξέκλινεν πρὸς αὐτὴν
19 εἰς τὴν σκηνήν· καὶ περιέβαλεν αὐτὸν ἐπιβολαίῳ. ¹⁹καὶ εἶπεν
Σεισαρὰ πρὸς αὐτήν Πότισόν με δὴ μικρὸν ὕδωρ, ὅτι ἐδίψησα. καὶ
ἤνοιξεν τὸν ἀσκὸν τοῦ γάλακτος καὶ ἐπότισεν αὐτόν, καὶ περιέβαλεν
20 αὐτόν. ²⁰καὶ εἶπεν πρὸς αὐτὴν Σεισαρά Στῆθι δὴ ἐπὶ τὴν θύραν
τῆς σκηνῆς, καὶ ἔσται ἐὰν ἀνὴρ ἔλθῃ πρὸς σὲ καὶ ἐρωτήσῃ σε καὶ
21 εἴπῃ Εἰ ἔστιν ὧδε ἀνήρ; καὶ ἐρεῖς Οὐκ ἔστιν. ²¹καὶ ἔλαβεν Ἰαὴλ
γυνὴ Χάβερ τὸν πάσσαλον τῆς σκηνῆς καὶ ἔθηκέν τὴν σφῦραν ἐν τῇ
χειρὶ αὐτῆς, καὶ εἰσῆλθεν πρὸς αὐτὸν ἐν κρυφῇ καὶ ἔπηξεν τὸν
πάσσαλον ἐν τῷ κροτάφῳ αὐτοῦ, καὶ διεξῆλθεν ἐν τῇ γῇ· καὶ αὐτὸς
22 ἐξεστὼς ἐσκοτώθη καὶ ἀπέθανεν. ²²καὶ ἰδοὺ Βαρὰκ διώκων τὸν
Σεισαρά, καὶ ἐξῆλθεν Ἰαὴλ εἰς συνάντησιν αὐτῷ καὶ εἶπεν αὐτῷ Δεῦρο
καὶ δείξω σοι τὸν ἄνδρα ὃν σὺ ζητεῖς. καὶ εἰσῆλθεν πρὸς αὐτήν, καὶ
ἰδοὺ Σεισαρὰ ἐρριμμένος νεκρός, καὶ ὁ πάσσαλος ἐν τῷ κροτάφῳ
23 αὐτοῦ. ²³καὶ ἐτρόπωσεν ὁ θεὸς ἐν τῇ ἡμέρᾳ ἐκείνῃ τὸν Ἰαβεὶν
24 βασιλέα Χανάαν ἔμπροσθεν τῶν υἱῶν Ἰσραήλ. ²⁴καὶ ἐπορεύετο χεὶρ
τῶν υἱῶν Ἰσραὴλ πορευομένη καὶ σκληρυνομένη ἐπὶ Ἰαβεὶν βασιλέα
V 1 Χανάαν, ἕως οὗ ἐξωλέθρευσαν τὸν Ἰαβεὶν βασιλέα Χανάαν. ¹Καὶ
ἦσαν Δεββωρὰ καὶ Βαρὰκ υἱὸς Ἀβινεέμ ἐν τῇ ἡμέρᾳ ἐκείνῃ λέγοντες
A

16 εως] pr και A | Αρεισωθ] δρυμον A | παρεμβολη] pr η A   17 εφυγεν] A
ανεχωρησεν A | om εταιρου A | om ην A   18 συναντησιν] απαντησιν A |
αυτω] προς αυτον A | εκκλινον] εκνευσον A (bis) | εξεκλινεν] εκνευσεν (sic)
A | αυτην] αυτον A | περιεβαλεν] συνεκαλυψεν A | επιβολαιω] εν τη δερρει
αυτης A   19 περιεβαλεν αυτον] συνεκαλυψεν το προσωπον αυτου A
20 om Σεισαρα A | om δη A | επι την θυραν] εν τη θυρα A | ανηρ] τις A |
ειπη (bis scr B)] +σοι A | om ει A [ωδε] ενταυθα A | ερει A* (ερεις A¹)
21 και ελαβεν] pr και συνεκαλυψεν αυτον εν τη| δερρει αυτης A | εν κρυφη]
ησυχη A | επηξεν] εθηκεν A | τω κροταφω] τη γναθω A | διεξηλθεν] διηλασεν
A | εξεστως εσκοτωθη] απεσκαρισεν| αναμεσον των γονατων αυτης| και εξε-
ψυξεν A   22 συναντησιν] απαντην A | αυτω 1°] αυτου A | ερριμμενος]
πεπτωκως A | τω κροταφω] τῇ γναθω A   23 ετροπωσεν] εταπεινωσεν
A | ο θεος] pr κ̅ς̅ A | τον Ἰαβειν β. Χ. εν τη ημερα εκεινη A | εμπροσθεν]
ενωπιον A   24 επορευετο] επορευθη A | των υιων] κ̅υ̅ υιων A | om
ου A | τον Ιαβειν β. Χ.] αυτον A   V 1 ησεν A | Βαραχ A | Αβινεεμ
A | λεγοντες] και ειπεν εν τη ωδη A·

ΚΡΙΤΑΙ

B ²Ἀπεκαλύφθη ἀποκάλυμμα ἐν Ἰσραὴλ·
ἐν τῷ ἀκουσιασθῆναι λαὸν εὐλογεῖτε Κύριον.
³ἀκούσατε βασιλεῖς, καὶ ἐνωτίσασθε σατράπαι·
ἐγώ εἰμι τῷ κυρίῳ, ἐγώ εἰμι ᾄσομαι,
ψαλῶ τῷ κυρίῳ τῷ θεῷ Ἰσραήλ.
⁴Κύριε, ἐν τῇ ἐξόδῳ σου ἐν Σηείρ,
ἐν τῷ ἀπαίρειν σε ἐξ ἀγροῦ Ἐδώμ,
γῆ ἐσείσθη καὶ ὁ οὐρανὸς ἔσταξεν δρόσους,
καὶ αἱ νεφέλαι ἔσταξαν ὕδωρ.
⁵ὄρη ἐσαλεύθησαν ἀπὸ προσώπου Κυρίου Ἐλωεί,
τοῦτο Σεινὰ ἀπὸ προσώπου Κυρίου θεοῦ Ἰσραήλ.
⁶ἐν ἡμέραις Σαμεγὰρ υἱοῦ Ἀνάθ, ἐν ἡμέραις Ἰαήλ,
ἐξέλιπον ὁδοὺς καὶ ἐπορεύθησαν ἀτραπούς,
ἐπορεύθησαν ὁδοὺς διεστραμμένας.
⁷ἐξέλιπον δυνατοὶ ἐν Ἰσραήλ, ἐξέλιπον,
ἕως οὗ ἀναστῇ Δεββωρά,
ἕως οὗ ἀναστῇ μήτηρ ἐν Ἰσραήλ.
⁸ἐξελέξαντο θεοὺς καινούς,
ὅτε ἐπολέμησαν πόλεις ἀρχόντων·
θυρεὸς ἐὰν ὀφθῇ καὶ λόγχη
ἐν τεσσεράκοντα χιλιάσιν ἐν Ἰσραήλ.
⁹ἡ καρδία μου εἰς τὰ διατεταγμένα τῷ Ἰσραήλ·
οἱ ἑκουσιαζόμενοι ἐν λαῷ, εὐλογεῖτε Κύριον.
¹⁰ἐπιβεβηκότες ἐπὶ ὄνου θηλείας μεσημβρίας,
καθήμενοι ἐπὶ κριτηρίου
καὶ πορευόμενοι ἐπὶ ὁδοὺς συνέδρων ἐφ᾽ ὁδῷ·
¹¹διηγεῖσθε ⁽¹¹⁾ἀπὸ φωνῆς ἀνακρουομένων,

A 2 απεκαλυφθη...λαον] εν τω αρξασθαι αρχηγους εν Ιηλ| εν προαιρεσει λαου A | K.] pr τον A   3 om και A | ενωτιζεσθαι A | σατρ.]+δυνατοι A | om ειμι 1° A | om εγω ειμι 2° A | om τω κυριω 2° A | τω θεω] τ, θῶ sup ras B^(ab) 4 εν 2°] εκ A | εσταξεν δροσους] εξεσταθη A | και 2°]+γε A | αι νεφελαι] om αι A   5 om Ελωει A | Σινα B^b   6 Αναθ] Κεναθ A | εν 2° bis scr B | εξελειπον A | οδους 1°] βασιλεις A | ατραπους] τριβους A | διεστρεμμενας A   7 εξελιπον (bis)] εξελειπεν A | δυνατοι] φραζων A | αναστη 1°] εξανεστη A | εως ου 2°] οτι A | αναστη 2°] ανεστη A | Ισραηλ] pr τω A   8 εξελεξαντο] ηρετισαν A | καινους (κεν. A* καιν. A^(1 vid))] seq spat 1 lit in B | οτε επολεμησαν...λογχη] ως αρτο| κριθινον σκεπη νεανιδων| σιρομαστων·| ανηφθη και σιρομαστης A | τεσσαρακ. B^b | om εν Ισραηλ A   9 διατετα|να B | εκουσιαζομενοι] δυνασται A | εν λαω] του λαου A | Κυριον] pr τον A   10 ονου θηλειας (θηλιας B* θηλειας B^(ab)) μεσημβριας] υποζυγιων A | κριτηριου] λαμπηνων A | om και πορευομενοι επι οδους συνεδρων εφ οδω A   11 διηγεισθε απο φωνης] φθεγξασθαι φωνην A

ΚΡΙΤΑΙ¹ V 17

ἀνὰ μέσον ὑδρευομένων·... B
ἐκεῖ δώσουσιν δικαιοσύνας.
Κύριε, δικαιοσύνας αὔξησον ἐν Ἰσραήλ·
τότε κατέβη εἰς τὰς πόλεις λαὸς Κυρίου.

12 ¹²ἐξεγείρου ἐξεγείρου, Δεββωρά,
ἐξεγείρου ἐξεγείρου, λάλησον ᾠδήν·
ἀνάστα, Βαράκ,
καὶ αἰχμαλώτισον αἰχμαλωσίαν σου, υἱὸς Ἀβεινέεμ.

13 ¹³τότε κατέβη κατάλημμα τοῖς ἰσχυροῖς·
λαὸς Κυρίου κατέβη αὐτῷ ἐν τοῖς κραταιοῖς ⁽¹⁴⁾ἐξ ἐμοῦ.

14 ¹⁴Ἐφράιμ ἐξερίζωσεν αὐτοὺς ἐν τῷ Ἀμαλήκ·
ὀπίσω σου, Βενιαμείν, ἐν τοῖς λαοῖς σου·
ἐν ἐμοὶ Μαχεὶρ κατέβησαν ἐξερευνῶντες,
καὶ ἀπὸ Ζαβουλὼν ἕλκοντες ἐν ῥάβδῳ διηγήσεως γραμματέως.

15 ¹⁵καὶ ἀρχηγοὶ ἐν Ἰσσαχὰρ μετὰ Δεββώρας καὶ Βαράκ.
οὕτως Βαρὰκ ἐν κοιλάσιν ἀπέστειλεν ἐν ποσὶν αὐτοῦ·
εἰς τὰς μερίδας Ῥουβὴν
μεγάλοι ἐξικνούμενοι καρδίαν...

16 ¹⁶εἰς τί ἐκάθισαν ἀνὰ μέσον τῆς διγομίας
τοῦ ἀκοῦσαι συρισμοῦ ἀγγέλων;
εἰς διαιρέσεις Ῥουβὴν
μεγάλοι ἐξετασμοὶ καρδίας.

17 ¹⁷Γαλαὰδ ἐν τῷ πέραν τοῦ Ἰορδάνου ἐσκήνωσεν·
καὶ Δὰν εἰς τί παροικεῖ πλοίοις;
Ἀσὴρ ἐκάθισεν παραλίαν θαλασσῶν·

11 υδρευομενων] ευφραινομενων Α | Κύριε] κω Α | αυξησον] ενισχυσαν Α | Α Ισραηλ] pr τω Α | πολεις] + αυτου Α | λαος] pr ο Α   12 Δεββωρα] +. εξεγειρου μυριαδας μετα λαου Α | λαλησον ωδην] λαλει μετ ωδης Α | αναστα Βαρακ] ενισχυων εξαναστασο Βαρακ| και ενισχυσον Δεββωρα τον Βαραχ| Α | om και Α | αιχμαλωτευσον Α | Αβινεεμ Α   13 τοτε...εξ εμου] ποτε εμεγα|λυνεν η ισχυς αυτου· κε· ταπει|νωσον μοι τους ισχυροτερους μου· | Α   14 Εφραιμ εξεριζωσεν] λαος Εφρ. ετιμωρησατο Α | τω Αμαληκ οπισω] κοιλαδι αδελφου Α| τοις λαοις] om τοις Α | εν εμοι] εξ εμου Α | εξεραυνωντες B*ᵇA (εξερευν. Bᵃ) | απο] εκ Α | ελκοντες...γραμματεως] κ̅ς̅ επολεμει μοι| εν δυνατοις εκειθεν· εν σκη|πτρω Α   15—16 και αρχηγοι...εξετασμοι] ενισχύοντος ηγησεως| εν Ισσαχαρ μετα Δεββωρας| εξαπεστειλεν πεζους αυτου εις| την κοιλαδα· ινα σοι κατοικης| εμμεσω χειλεων εξετείνεν| τοις ποσιν αυτου διαιρεσεις| Ρουβην μεγαλοι ακριβασμοι καρ|διας· ινα τι μοι καθησαι ανα μεσ|ο των Μοσφαιθαμ· του εισακουεῖ| συρισμους εξεγειρουντων· του| διελθειν εις τα του Ρουβην·| μεγαλοι εξιχνιασμοι Α   17 Ιορδανου] ου bis scr B* Ιορδ. οὖ Bᵇ | κατεσκηνωσεν Α | εις τι] ινα τι Α | εκαθισεν...σκηνωσει] παρωκησεν παρ αιγιαλον| θαλασσων· και επι τας διακοπας| αυτου κατεσκηνωσεν·| Α

487

B   καὶ ἐπὶ διεξόδοις αὐτοῦ σκηνώσει.
     ¹⁸Ζαβουλὼν λαὸς ὠνείδισεν ψυχὴν αὐτοῦ εἰς θάνατον,   18
     καὶ Νεφθαλεὶ ἐπὶ ὕψη ἀγροῦ.
     ¹⁹ἦλθον αὐτῶν βασιλεῖς· παρετάξαντο·   19
     τότε ἐπολέμησαν βασιλεῖς Χανάαν,
     ἐν Θαναὰχ ἐπὶ ὕδατι Μεγεδδώ·
     δῶρον ἀργυρίου οὐκ ἔλαβον.
     ²⁰ἐξ οὐρανοῦ παρετάξαντο οἱ ἀστέρες,   20
     ἐκ τρίβων αὐτῶν παρετάξαντο μετὰ Σεισαρά.
     ²¹χειμάρρους Κεισὼν ἐξέσυρεν αὐτούς,   21
     χειμάρρους ἀρχαίων, χειμάρρους Κεισών·
     καταπατήσει αὐτὸν ψυχή μου δυνατή.
     ²²τότε ἐνεποδίσθησαν πτέρναι ἵππου,   22
     σπουδῇ ἔσπευσαν ἰσχυροὶ αὐτοῦ.
     ²³Καταρᾶσθε Μηρώζ, εἶπεν ἄγγελος Κυρίου, καταρᾶσθε·   23
     ἐπικατάρατος πᾶς ὁ κατοικῶν αὐτήν·
     ὅτι οὐκ ἦλθοσαν εἰς βοήθειαν Κυρίου,
     εἰς βοήθειαν ἐν δυνατοῖς.
     ²⁴εὐλογηθείη ἐν γυναιξὶν Ἰαήλ,   24
     γυνὴ Χάβερ τοῦ Κειναίου·
     ἀπὸ γυναικῶν ἐν σκηναῖς εὐλογηθείη.
     ²⁵ὕδωρ ᾔτησεν, γάλα ἔδωκεν, ἐν λεκάνῃ   25
     ὑπερεχόντων προσήνεγκεν βούτυρον.
     ²⁶χεῖρα αὐτῆς ἀριστερὰν εἰς πάσσαλον ἐξέτεινεν   26
     καὶ δεξιὰν αὐτῆς εἰς σφῦραν κοπιώντων,
     καὶ ἐσφυροκόπησεν Σεισαρά,

A   18 ωνειδισεν] ονιδισας A | Νεφθαλειμ A   19 ηλθ. αυτ. c praec coniunx
B | om αυτων A | παρεταξαντο] pr και A | Θανααχ] Θενναχ A | υδατι] υδα-
τος A | δωρον] πλεονεξιαν A   20 εξ ουρανου...Σεισαρα] εκ του ουνου επο-
λεμη|θησαν· αστερες εκ της ταξεως| αυτων επολεμησαν μετα Ιηλ| A   21 εξε-
συρεν] εξεβαλεν A | αρχαιων] καδησειμ A   22 ενεποδισθησαν] απεκοπη-
σαν A | σπουδη εσπευσαν ισχυροι] Αμμαδαρωθ δυνατων A   23 καταρασθε
1° (καταρασθαι B)] καταρασαιαι A | Μηρωζ] Μαζωρ A | αγγελος] pr ο A |
καταρασθε 2°] καταρασει A | επικαταρατος...αυτην] καταρασασθαι τους ενοικους
αυτης A | βοηθειαν 1°] pr την A | εις βοηθειαν εν] βοηθος ημων κ̄ς̄ εν μαχηταις
A   24 εν γυναιξιν] εκ γυναικων A | Ιαηλ] Ἰηλ A | Χαβερ] Χαλεβ A |
Κιναιου B^b | απο γυναικων εν σκηναις] εκ γυν. εν σκηνη A   25 ητησεν] +
αυτην A | γαλα] pr και A | εδωκεν] + αυτω A | λακανη A | υπερεχοντων
προσηνεγκεν] ισχυρων προσηγγισεν A   26 χειρα αυτης αρ.] την χ.
αυτης την αρ. A | om και 1° A | δεξιαν] pr την A | σφυραν κοπιωντων]
αποτομας κατακοπων A | εσφυροκοπησεν] απετεμεν A | Σισαρα A

ΚΡΙΤΑΙ VI 3

διήλωσεν κεφαλὴν αὐτοῦ καὶ ἐπάταξεν, ... B
διήλωσεν κρόταφον αὐτοῦ.

27 *²⁷ἀνὰ μέσον τῶν ποδῶν αὐτῆς κατεκυλίσθη,*
ἔπεσεν καὶ ἐκοιμήθη ἀνὰ μέσον τῶν ποδῶν αὐτῆς·
κατακλιθεὶς ἔπεσεν·
καθὼς κατεκλίθη, ἐκεῖ ἔπεσεν ἐξοδευθείς.

28 *²⁸διὰ τῆς θυρίδος παρέκυψεν μήτηρ Σεισαρὰ ἐκτὸς τοῦ τοξικοῦ*
Διότι ἠσχύνθη ἅρμα αὐτοῦ;
διότι ἐχρόνισαν πόδες ἁρμάτων αὐτοῦ; Λ

29 *²⁹αἱ σοφαὶ ἄρχουσαι αὐτῆς ἀπεκρίθησαν πρὸς αὐτήν,*
καὶ αὐτὴ ἀπέστρεψεν λόγους αὐτῆς ἑαυτῇ·

30 *³⁰Οὐχ εὑρήσουσιν αὐτὸν διαμερίζοντα σκῦλα;*
οἰκτείρμων οἰκτειρήσει εἰς κεφαλὴν ἀνδρός·
σκῦλα βαμμάτων τῷ Σεισαρά,
σκῦλα βαμμάτων ποικιλίας,
βάμματα ποικιλτῶν αὐτά, τῷ τραχήλῳ αὐτοῦ σκῦλα.

31 *³¹οὕτως ἀπόλοιντο πάντες οἱ ἐχθροί σου, Κύριε·*
καὶ οἱ ἀγαπῶντες αὐτὸν ὡς ἔξοδος ἡλίου ἐν δυνάμει αὐτοῦ.

Καὶ ἡσύχασεν ἡ γῆ τεσσεράκοντα ἔτη.

VI 1 ¹Καὶ ἐποίησαν οἱ υἱοὶ Ἰσραὴλ τὸ πονηρὸν ἐνώπιον Κυρίου, καὶ
2 ἔδωκεν αὐτοὺς Κύριος ἐν χειρὶ Μαδιὰμ ἑπτὰ ἔτη. ²καὶ ἴσχυσεν χεὶρ
Μαδιὰμ ἐπὶ Ἰσραήλ· καὶ ἐποίησαν ἑαυτοῖς οἱ υἱοὶ Ἰσραὴλ ἀπὸ προσ-
ώπου Μαδιὰμ τὰς τρυμαλιὰς τὰς ἐν τοῖς ὄρεσιν καὶ τὰ σπήλαια καὶ
3 τὰ κρεμαστά. ³καὶ ἐγένετο ἐὰν ἔσπειραν οἱ υἱοὶ Ἰσραήλ, καὶ ἀνέβαιναν

26 διηλωσεν 1°...κροταφον] απετριψεν την κεφαλης (sic) αυτου| και συνε- A
θλασεν και διηλασε| την γναθον A   27 κατεκυλισθη] συγκαμψας A | om και
A | ανα μεσον 2°] μεταξυ A | των ποδων 2°] om των A | κατακλισθεις B* (κατα-
κλιθεις Bᵃᵇ) | om κατακλιθεις επεσεν A | καθως κατεκλιθη] εν ω εκαμψεν A |
εξοδευθεις] ταλαιπωρος A   28 παρεκυψεν...τοξικου] διεκυπτεν και κα|τε-
μανθανεν η μηρ, Σισαρα δια της| δικτυωτης επιβλεπουσα επι τους| μεταστρε-
φοντας Σισαρα| A | διοτι] δια τι A(bis) | ησχυνθη αρμα αυτου] ησχατισεν το αρμα
αυτου| παραγενεσθαι A' | ποδες] ιχνη A   29 αι σοφαι αρχουσαι] σοφαι αρχου-
σων A | απεκριθησαν] ανταπεκριναντο A | αυτην] την sup ras Bᵃᵇ | αυτη]+δε
A | απεστρεψεν...εαυτη] απε|κρινατο εν ρημασιν αυτης| A   30 ουχ] ουχι A |
οικτερμων...ανδρος] φιλιαζων φιλοις| εις κεφαλην δυνατοι (sic) A | τω Σεισαρα
σκυλα βαμματω| sup ras Bᵃᵇ | τω Σεισαρα] Σισαρα A | βαμματα...σκυλα]
βαθη ποικιλων περι| τραχηλον αυτου σκυλον A   31 ως εξοδος...δυναμει]
καθως η ανατολη του ηλιου εν| δυναστειαις A | τεσσαρακ. Bb   VI 1 ενω-
πιον] εναντι A | εδωκεν] παρεδωκεν A   2 ισχυσεν] κατεσχυσεν A | τας
τρυμαλιας τας] ανδρας A | τα σπηλαια και τα κρεμαστα] τοις σπηλαιοις
και τοις οχυρωμασιν A   3 εαν] οταν A | εσπειραν οι υιοι] εσπειρεν ανηρ
A | ανεβαινεν A

VI 4 ΚΡΙΤΑΙ

B Μαδιὰμ καὶ Ἀμαλήκ, καὶ οἱ υἱοὶ ἀνατολῶν συνανέβαινον,αὐτοῖς· καὶ παρενέβαλον εἰς αὐτούς, ⁴καὶ κατέφθειραν τοὺς καρποὺς αὐτῶν ἕως 4 ἐλθεῖν εἰς Γάζαν, καὶ οὐ κατέλιπον ὑπόστασιν ζωῆς ἐν τῇ γῇ Ἰσραὴλ οὐδὲ ἐν τοῖς ποιμνίοις ταῦρον καὶ ὄνον. ⁵ὅτι αὐτοὶ καὶ αἱ κτήσεις 5 αὐτῶν ἀνέβαινον, καὶ αἱ σκηναὶ αὐτῶν παρεγίνοντο, καθὼς ἀκρὶς εἰς πλῆθος, καὶ αὐτοῖς καὶ τοῖς καμήλοις αὐτῶν οὐκ ἦν ἀριθμός· καὶ ἤρχοντο εἰς τὴν γῆν Ἰσραὴλ καὶ διέφθειρον αὐτήν, ⁶καὶ ἐπτώχευσεν 6 Ἰσραὴλ σφόδρα ἀπὸ προσώπου Μαδιάμ. ⁷Καὶ ἐβόησαν οἱ υἱοὶ 7 Ἰσραὴλ πρὸς Κύριον ἀπὸ προσώπου Μαδιάμ. ⁸καὶ ἐξαπέστειλεν 8 Κύριος ἄνδρα προφήτην πρὸς τοὺς υἱοὺς Ἰσραήλ, καὶ εἶπεν αὐτοῖς Τάδε λέγει Κύριος ὁ θεὸς Ἰσραὴλ Ἐγώ εἰμι ὃς ἀνήγαγον ὑμᾶς ἐκ γῆς Αἰγύπτου, καὶ ἐξήγαγον ὑμᾶς ἐξ οἴκου δουλίας ὑμῶν, ⁹καὶ ἐρρυ- 9 σάμην ὑμᾶς ἐκ χειρὸς Αἰγύπτου καὶ ἐκ χειρὸς πάντων τῶν θλιβόντων ὑμᾶς, καὶ ἐξέβαλον αὐτοὺς ἐκ προσώπου ὑμῶν, καὶ ἔδωκα ὑμῖν τὴν γῆν αὐτῶν· ¹⁰καὶ εἶπα ὑμῖν Ἐγὼ Κύριος ὁ θεὸς ὑμῶν, οὐ φοβηθήσεσθε 10 τοὺς θεοὺς τοῦ Ἀμορραίου, ἐν οἷς ὑμεῖς καθήσεσθε ἐν τῇ γῇ αὐτῶν· καὶ οὐκ εἰσηκούσατε τῆς φωνῆς μου. ¹¹Καὶ ἦλθεν ἄγγελος Κυρίου 11 καὶ ἐκάθισεν ὑπὸ τὴν τερέμινθον τὴν ἐν Ἐφραθὰ ἐν τῇ Ἰωὰς πατρὸς τοῦ Ἐσδρεί· καὶ Γεδεὼν υἱὸς αὐτοῦ ῥαβδίζων σῖτον ἐν ληνῷ εἰς ἐκφυγεῖν ἀπὸ προσώπου τοῦ Μαδιάμ. ¹²καὶ ὤφθη αὐτῷ ὁ ἄγγελος 12 Κυρίου καὶ εἶπεν πρὸς αὐτόν Κύριος μετὰ σοῦ, ἰσχυρὸς τῶν δυνάμεων. ¹³καὶ εἶπεν πρὸς αὐτὸν Γεδεών Ἐν ἐμοί, κύριέ μου, καὶ εἰ ἔστιν 13 Κύριος μεθ᾽ ἡμῶν, εἰς τί εὗρεν ἡμᾶς τὰ κακὰ ταῦτα; καὶ ποῦ ἐστιν πάντα τὰ θαυμάσια αὐτοῦ ἃ διηγήσαντο ἡμῖν οἱ πατέρες ἡμῶν λέγοντες

A 3 συνανεβαινον αυτοις] και ανεβαινον επ αυτον Α | παρενεβαλλον Α | εις] επ Α   4 κατεφθειραν].διεφθειραν Α | τους καρπους αυτων] τα εκφορια της γης Α | ελθειν] pr του Α | ου κατελιπον] ουχ υπελειποντο Α | om τη γη Α | ουδε εν τοις ποιμνιοις,ταυρον] και ποιμνιον και μοσχον Α   5 και αι κτησεις] τα κτηνη Α | αι σκηναι] τας σκηνας Α | παρεγινοντο‿Bᵇ (παρεγεινοντο B*A)] pr παρεφερον Α | καθως] ως Α | ταις καμ. Α | ηρχοντο εις την γην] παρεγεινοντο εν τη γη Α | και διεφθειρον] του διαφθιρειν Α 7 εβοησαν] εκεκραξαν οι υιοι Ιηλ προς| κν̄ · και εγενετο επι εκεκραξαν Α | απο προσωπου Μαδιαμ] περι Μαδ. Α   8 ος ανηγαγον] ο αναβιβασας Α | εκ γης] εξ Α   8—9 om και εξηγαγον...Αιγυπτου Α   9 υμας] υ sup ras Bᵃᵇ   10 καθησεσθε] ενοικειτε Α   11 υπο] επι Α | τερεμινθον] δρυν Α | εν 1°] pr ουσαν Α | εν τη Ιωας] την „του Ι. Α | του Εσδρει] Αβιεζρι Α | υιος] pr ο Α | ραβδιζων σιτον] εραβδιζεν πυρους Α | εις εκφυγειν] του εκφ. Α | απο πρ. του Μαδιαμ] εκ πρ. Μαδ. Α, ¦ 12 ωφθη αυτω] ευρεν αυτον Α | ο αγγελος] om ο Α | ισχυρος των δυν.] δυνατος τη ισχυι Α   13 κυριε μου] κ̄ς κ̄ς · Α | εις τι] ινα τι Α | τα κακα] pr παντα Α | α] οσα Α

Μὴ οὐχὶ ἐξ Αἰγύπτου ἀνήγαγεν ἡμᾶς Κύριος; καὶ νῦν ἐξέρριψεν ἡμᾶς Β
καὶ ἔδωκεν ἡμᾶς ἐν χειρὶ Μαδιάμ. ¹⁴καὶ ἐπέστρεψεν πρὸς αὐτὸν
ὁ ἄγγελος Κυρίου καὶ εἶπεν Πορεύου ἐν ἰσχύι σου ταύτῃ, καὶ σώσεις
τὸν Ἰσραὴλ ἐκ χειρὸς Μαδιάμ· ἰδοὺ ἐξαπέσταλκά σε. ¹⁵καὶ εἶπεν
πρὸς αὐτὸν Γεδεών ·Ἐν ἐμοί, κύριέ μου, ἐν τίνι σώσω τὸν Ἰσραήλ;
ἰδοὺ ἡ χιλιάς μου ἠσθένησεν ἐν Μανασσῆ, καὶ ἐγώ εἰμι ὁ μικρότερος
ἐν οἴκῳ πατρός μου. ¹⁶καὶ εἶπεν πρὸς αὐτὸν ὁ ἄγγελος Κυρίου
Κύριος ἔσται μετὰ σοῦ, καὶ πατάξεις τὴν Μαδιὰμ ὡσεὶ ἄνδρα ἕνα.
¹⁷καὶ εἶπέν πρὸς αὐτὸν Γεδεών Εἰ δὲ εὗρον ἔλεος ἐν ὀφθαλμοῖς σου
καὶ ποιήσεις μοι σήμερον πᾶν ὅ τι ἐλάλησας μετ' ἐμοῦ, ¹⁸μὴ χωρισθῇς
ἐντεῦθεν ἕως τοῦ ἐλθεῖν με πρός σέ· καὶ ἐξοίσω τὴν θυσίαν καὶ θήσω
ἐνώπιόν σου. καὶ εἶπεν Ἐγώ εἰμι καθίσομαι ἕως τοῦ ἐπιστρέψαι σε.
¹⁹καὶ Γεδεὼν εἰσῆλθεν καὶ ἐποίησεν ἔριφον αἰγῶν καὶ οἰφὶ ἀλεύρου,
ἄζυμα; καὶ τὰ κρέα ἔθηκεν ἐν τῷ κοφίνῳ, καὶ τὸν ζωμὸν ἔβαλεν ἐν
τῇ χύτρᾳ, καὶ ἐξήνεγκεν αὐτὰ πρὸς αὐτὸν ὑπὸ τὴν τερέμινθον· καὶ
προσήγγισεν. ²⁰καὶ εἶπέν πρὸς αὐτὸν ὁ ἄγγελος τοῦ θεοῦ Λάβε
τὰ κρέα καὶ τὰ ἄζυμα καὶ θὲς πρὸς τὴν πέτραν ἐκείνην, καὶ τὸν
ζωμὸν ἐχόμενα ἔκχεε. καὶ ἐποίησεν οὕτως. ²¹καὶ ἐξέτεινεν ὁ ἄγγελος
Κυρίου τὸ ἄκρον τῆς ῥάβδου τῆς ἐν χειρὶ αὐτοῦ καὶ ἥψατο τῶν κρεῶν
καὶ τῶν ἀζύμων, καὶ ἀνέβη πῦρ ἐκ τῆς πέτρας καὶ κατέφαγεν τὰ κρέα
καὶ τοὺς ἀζύμους· καὶ ὁ ἄγγελος Κυρίου ἐπορεύθη ἀπὸ ὀφθαλμῶν
αὐτοῦ. ²²καὶ εἶδεν Γεδεὼν ὅτι ἄγγελος Κυρίου οὗτός ἐστιν· καὶ εἶπεν
Γεδεών Ἆ ἆ, κύριέ μου Κύριε, ὅτι εἶδον ἄγγελον Κυρίου πρόσωπον
πρόσωπον. ²³καὶ εἶπεν αὐτῷ Κύριος Εἰρήνη σοι, μὴ φοβοῦ, οὐ μὴ
ἀποθάνῃς. ²⁴καὶ ᾠκοδόμησεν ἐκεῖ Γεδεὼν θυσιαστήριον τῷ κυρίῳ,
καὶ ἐπεκάλεσεν αὐτῷ Εἰρήνη Κυρίου, ἕως τῆς ἡμέρας ταύτης ἔτι αὐτοῦ
ὄντος ἐν Ἐφραθὰ πατρὸς τοῦ Ἐσδρεί. ²⁵Καὶ ἐγένετο ἐν τῇ νυκτὶ

13 om μη A | ανηγαγεν] εξηγαγεν A | εξερριψεν] απωσατο A | ημας 3°] A
+ κ̅ς̅ A | εδωκεν] παρεδωκεν A   14 επεστρεψεν] επεβλεψεν A | ειπεν]
+αυτω A | ισχυι] pr τη A | om ταυτη A | ιδου] pr και A   15 om μου 1°
A | ησθενησεν] ταπινοτερα A | Μαννασση A | ο μικροτερος] μικρος A | εν οικω
πατρος] τω οικω του π̅ρ̅ς̅ A   17 ει δε] και ει A | σημειον παν ο τι ελαλησας]
σημειον οτι συ λαλεις A   18 χωρισθης] κεινηθης A | εξοισω] οισω A | θυσιαν]
+ μου A | καθισομαι] καθιομαι B καθησομαι A   19 εισ|ηλθεν B* εισηλθεν
Bᵇ | εθηκεν] επεθηκεν A | εν τω κοφινω] επι το κανουν A | εβαλεν εν τη χυτρα]
ενεχεεν εις χυτραν A | om αυτα A | τερεμινθον] δρυν A | προσηγγισεν] προσ-
εκυνησεν A   20 του θεου] κ̅υ̅ A | τα αζυμα] τους αρτους τους αζυμους A | om
εχομενα A | εκχεε] εκχαιο A   21 χειρι] pr τη A | ανεβη] ανηφθη A | επορευθη]
απηλθεν A | απο] εξ A   22 ειδεν] ιδεν A | om ουτος A | om μου A | ειδον]
ιδον A | αγγελον] pr τον A | προσωπον 2°] pr προς A   23 om ου A   24 επεκα-
λεσεν αυτω] εκαλεσεν αυτο A | Εσδρει] Ιεζρι A   25 εγενετο] εγενηθη A | om εν A

VI 26 ΚΡΙΤΑΙ

B ἐκείνῃ καὶ εἶπεν αὐτῷ Κύριος Λάβε τὸν μόσχον τὸν ταῦρον ὅς ἐστιν τῷ πατρί σου καὶ μόσχον δεύτερον ἑπταετῆ, καὶ καθελεῖς τὸ θυσιαστήριον τοῦ Βάαλ ὅ ἐστιν τῷ πατρί σου, καὶ τὸ ἄλσος τὸ ἐπ' αὐτὸ ὀλεθρεύσεις· ²⁶καὶ οἰκοδομήσεις θυσιαστήριον τῷ κυρίῳ τῷ θεῷ σου ἐπὶ κορυφὴν 26 τοῦ Μαουὲκ τούτου ἐν τῇ παρατάξει, καὶ λήμψῃ τὸν μόσχον τὸν δεύτερον καὶ ἀνοίσεις ὁλοκαύτωμα ἐν τοῖς ξύλοις τοῦ ἄλσους οὗ ἐξολεθρεύσεις. ²⁷καὶ ἔλαβεν Γεδεὼν δέκα ἄνδρας ἀπὸ τῶν δούλων 27 ἑαυτοῦ, καὶ ἐποίησεν ὃν τρόπον ἐλάλησεν πρὸς αὐτὸν Κύριος· καὶ ἐγενήθη ὡς ἐφοβήθη τὸν οἶκον τοῦ πατρὸς αὐτοῦ καὶ τοὺς ἄνδρας τῆς πόλεως τοῦ ποιῆσαι (ἡμέρας,) καὶ ἐποίησεν νυκτός. ²⁸καὶ ὤρθρισαν οἱ 28 ἄνδρες τῆς πόλεως τὸ πρωί, καὶ ἰδοὺ καθῄρητο τὸ θυσιαστήριον τοῦ Βάαλ, καὶ τὸ ἄλσος τὸ ἐπ' αὐτῷ ὠλέθρευτο· καὶ εἶδαν τὸν μόσχον τὸν δεύτερον, ὃν ἀνήνεγκεν ἐπὶ τὸ θυσιαστήριον τὸ ᾠκοδομημένον. ²⁹καὶ 29 εἶπεν ἀνὴρ πρὸς τὸν πλησίον αὐτοῦ Τίς ἐποίησεν τὸ ῥῆμα τοῦτο; καὶ ἐπεζήτησαν καὶ ἠρεύνησαν, καὶ ἔγνωσαν ὅτι Γεδεὼν υἱὸς Ἰωὰς ἐποίησεν τὸ ῥῆμα τοῦτο. ³⁰καὶ εἶπον οἱ ἄνδρες τῆς πόλεως πρὸς Ἰωάς 30 Ἐξένεγκε τὸν υἱόν σου καὶ ἀποθανέτω, ὅτι καθεῖλεν τὸ θυσιαστήριον τοῦ Βάαλ, καὶ ὅτι ὠλέθρευσεν τὸ ἄλσος τὸ ἐπ' αὐτῷ. ³¹καὶ εἶπεν 31 Γεδεὼν υἱὸς Ἰωὰς τοῖς ἀνδράσιν πᾶσιν οἳ ἐπανέστησαν αὐτῷ Μὴ ὑμεῖς νῦν δικάζεσθε ὑπὲρ τοῦ Βάαλ; ἢ ὑμεῖς σώσετε αὐτόν; ὃς ἐὰν δικάσηται αὐτῷ, θανατωθήτω ἕως πρωί· εἰ θεός ἐστιν, δικαζέσθω αὐτῷ, ὅτι καθεῖλεν τὸ θυσιαστήριον αὐτοῦ. ³²καὶ ἐκάλεσεν αὐτὸ 32 ἐν τῇ ἡμέρᾳ ἐκείνῃ Ἀρβάαλ, λέγων Δικασάσθω ἐν αὐτῷ ὁ Βάαλ, ὅτι καθῃρέθη τὸ θυσιαστήριον αὐτοῦ. ³³Καὶ πᾶσα Μαδιὰμ καὶ 33

A 25 ταυρον] σιτευτον A | ος εστιν τω πατρι] του πρς A | om και 3° A | δευτερον επταετη] τον δευτ. τον επτ. A | τω πατρι] του πρς A | αυτο] αυτης A | ολεθρευσεις] εκκοψαται A   26 τω κυριω] om τω A | επι] pr τω οφθεντι σοι A | κορυφην] της κορυφης A | του Μαουεκ] του ορους Μαωχ A | ου εξολεθρευσεις] ο εκκοψεις A   27 δεκα] τρισκαιδεκα A | εαυτου] αυτου A | ον τροπον] καθα A | του ποιησαι] μη π. A   ' 28 καθηρητο B^{ab} (καθειρ. B*)] κατεσκαμμενον A | ωλεθρευτο] εκκεκομμενον · A | ειδαν τον μοσχον... ανηνεγκεν] ο μοσχος ο σιτευτος ανη|νεγμενος εις ολοκαυτωμα A   29 ρημα] πραγμα A (bis) | επεζητησαν...εγνωσαν] ανηταζον και εξεζητουν| και ειπαν] om οτι A | υιος] pr ο A   30 ειπαν A | εξενεγκε] εξαγαγε A | καθειλεν] κατεσκαψεν A | ωλεθρευσεν] εκοψεν A   31 om Γεδεων υιος A | τοις ανδρασιν πασιν οι επανεστησαν αυτω] προς τους ανδρας τους εσταμενους επ αυτον A | υπερ] περι A | σωσετε] σωζεται A | εαν δικασηται] αντεδικησεν A | θανατωθητω] αποθανειται A | εστιν θεος A | δικαζεσθω αυτω] αυτος εκδικησει αυτον A | καθειλεν] κατεσκαψεν A   32 Αρβααλ] δικαστηριον του Βααλ A | om λεγων...ο Βααλ A | καθηρεθη] κατεσκαψεν A

492

ΚΡΙΤΑΙ VII 3

Ἀμαλὴκ καὶ υἱοὶ ἀνατολῶν συνήχθησαν ἐπὶ τὸ αὐτό, καὶ παρενέ- B
34 βαλον ἐν κοιλάδι Ἐζερεέλ. ³⁴καὶ πνεῦμα Κυρίου ἐνεδυνάμωσεν τὸν
Γεδεών, καὶ ἐσάλπισεν ἐν κερατίνῃ, καὶ ἐφοβήθη Ἀβιέζερ ὀπίσω
35 αὐτοῦ. ³⁵καὶ ἀγγέλους ἀπέστειλεν εἰς πάντα Μανασσὴ καὶ ἐν Ἀσὴρ
καὶ ἐν Ζαβουλὼν καὶ Νεφθαλεί, καὶ ἀνέβη εἰς συνάντησιν αὐτῶν.
36 ³⁶καὶ εἶπεν Γεδεὼν πρὸς τὸν θεόν Εἰ σὺ σώζεις ἐν χειρί μου τὸν
37 Ἰσραὴλ καθὼς ἐλάλησας, ³⁷ἰδοὺ ἐγὼ τίθημι τὸν πόκον τοῦ ἐρίου ἐν
τῇ ἅλωνι· ἐὰν δρόσος γένηται ἐπὶ τὸν πόκον μόνον καὶ ἐπὶ πᾶσαν
τὴν γῆν ξηρασία, γνώσομαι ὅτι σώσεις ἐν χειρί μου τὸν Ἰσραὴλ
38 καθὼς ἐλάλησας. ³⁸καὶ ἐγένετο οὕτως· καὶ ὤρθρισεν τῇ ἐπαύριον
καὶ ἐξεπίασεν τὸν πόκον, καὶ ἔσταξεν δρόσος ἀπὸ τοῦ πόκου, πλήρης
39 λεκάνη ὕδατος. ³⁹καὶ εἶπεν Γεδεὼν πρὸς τὸν θεόν Μὴ δὴ ὀργι-
σθήτω ὁ θυμός σου ἐν ἐμοί, καὶ λαλήσω ἔτι ἅπαξ· πειράσω δὲ καί
γε ἔτι ἅπαξ ἐν τῷ πόκῳ, καὶ γενέσθω ἡ ξηρασία ἐπὶ τὸν πόκον
40 μόνον, καὶ ἐπὶ πᾶσαν τὴν γῆν γενηθήτω δρόσος. ⁴⁰καὶ ἐποίησεν
οὕτως ὁ θεὸς ἐν τῇ νυκτὶ ἐκείνῃ· καὶ ἐγένετο ξηρασία ἐπὶ τὸν πόκον
II 1 μόνον, καὶ ἐπὶ πᾶσαν τὴν γῆν ἐγενήθη δρόσος. ¹Καὶ ὤρθρισεν
Ἰαρβάλ, αὐτός ἐστιν Γεδεών, καὶ πᾶς ὁ λαὸς μετ' αὐτοῦ, καὶ παρε-
νέβαλον ἐπὶ πηγὴν Ἀράδ· καὶ παρεμβολὴ Μαδιὰμ ἦν αὐτῷ ἀπὸ
2 βορρᾶ ἀπὸ Γαβααθαμωρὰ ἐν κοιλάδι. ²καὶ εἶπεν Κύριος πρὸς Γεδεών
Πολὺς ὁ λαὸς ὁ μετὰ σοῦ ὥστε μὴ παραδοῦναί με τὴν Μαδιὰμ ἐν
χειρὶ αὐτῶν, μή ποτε καυχήσηται Ἰσραὴλ ἐπ' ἐμὲ λέγων Ἡ χείρ μου
3 ἔσωσέν με. ³καὶ νῦν λάλησον δὴ ἐν ὠσὶν τοῦ λαοῦ λέγων Τίς ὁ
φοβούμενος καὶ δειλός; ἐπιστρεφέτω καὶ ἐκχωρείτω ἀπὸ ὄρους Γαλαάδ.

33 και παρενεβαλον] pr και διεβησαν A | κοιλαδι] pr τη A | Εζερεελ] A
Ιεζραελ A 34 Κυριου] θῡ A | εφοβηθη] εβοησεν A 35 απεστειλεν] εξα-
πεστειλεν A | εις παντα Μανασση] εν παντι Μαν. A | και 2°] + εβο|ησεν και
αυτος οπισω αυτου| και εξαπεστειλεν αγγελους A | εν Νεφθαλι A | ανεβη εις
συναντησιν αυτων] ανεβησαν εις απαντησιν αυτου A 36 om συ A | χειρι]
pr τη A | καθως] ον τροπον A 37 τιθημι] απεριδομαι A | του εριου] των
εριων A | τω αλωνι A | εαν] pr και A | γνωσομαι] pr και A | σωζεις A·|
χειρι] pr τη A | καθως] ον τροπον A 38 ωρθρισεν]+Γεδεων A | εξεπια-
σεν] απεπιασεν A | εσταξεν δροσος] απερρυη η δρ. A | απο] εκ A 39 τον
1°] ον A* (τ superscr A¹) | om δη A | λαλησω]+προς σε A | πειρασω] pr και
A | om δε και γε A | γενεσθω] γενηθητω A | η ξηρασια] om η A | τον ποκον]
την π. A | και επι] επι δε A 40 ο θ͞ς ουτως A | και επι] επι δε A | εγε-
νηθη] εγενετο A VII 1 Ιαρβαλ] Ιροβααλ A | μετ αυτου] pr ο A | παρενε-
βαλεν A | πηγην Αραδ] την γην Ιαερ A | Μαδιαμ]+και Αμαληκ A | Γαβααθ-
αμωρα] του βωμου του Αβωρ A | κοιλαδι] pr τη A 2 εσωκεν (sic) A
3 νυν] ειπεν κ͞ς προς αυτον A | εν ωσιν] εις τα ωτα A | ο φοβ. και δειλος]
δειλος και φοβ. A | επιστρεφετω...επεστρεψεν] αποστραφητω· και εξωρμη|σεν
απο του ορους του Γαλααδ·| και απεστραφησαν A

ΚΡΙΤΑΙ

Β καὶ ἐπέστρεψεν ἀπὸ τοῦ λαοῦ εἴκοσι καὶ δύο χιλιάδες, καὶ δέκα χιλιάδες ὑπελείφθησαν. ⁴καὶ εἶπεν Κύριος πρὸς Γεδεών Ἔτι ὁ λαὸς 4 πολύς· κατένεγκον αὐτοὺς πρὸς τὸ ὕδωρ, καὶ ἐκκαθαρῶ σοι αὐτὸν ἐκεῖ· καὶ ἔσται ὃν ἐὰν εἴπω πρὸς σέ Οὗτος πορεύσεται, σὺν σοί, αὐτὸς πορεύσεται σὺν σοί· καὶ πᾶς ὃν ἐὰν εἴπω πρὸς σέ Οὗτος οὐ πορεύσεται μετὰ σοῦ, αὐτὸς οὐ πορεύσεται μετὰ σοῦ. ⁵καὶ κατήνεγκεν 5 τὸν λαὸν πρὸς τὸ ὕδωρ· καὶ εἶπεν Κύριος πρὸς Γεδεών Πᾶς ὃς ἂν λάψῃ τῇ γλώσσῃ αὐτοῦ ἀπὸ τοῦ ὕδατος ὡς ἐὰν λάψῃ ὁ κύων, στήσεις αὐτὸν κατὰ μόνας, καὶ πᾶς ὃς ἐὰν κλίνῃ ἐπὶ τὰ γόνατα αὐτοῦ πιεῖν. ⁶καὶ ἐγένετο ὁ ἀριθμὸς τῶν λαψάντων ἐν χειρὶ αὐτῶν πρὸς τὸ στόμα 6 αὐτῶν τριακόσιοι ἄνδρες; καὶ πᾶν τὸ κατάλοιπον τοῦ λαοῦ ἔκλιναν ἐπὶ τὰ γόνατα αὐτῶν πιεῖν ὕδωρ. ⁷καὶ εἶπεν Κύριος πρὸς Γεδεών Ἐν 7 τοῖς τριακοσίοις ἀνδράσιν τοῖς λάψασιν σώσω ὑμᾶς καὶ δώσω τὴν Μαδιὰμ ἐν χειρί σου, καὶ πᾶς ὁ λαὸς πορεύσονται ἀνὴρ εἰς τὸν τόπον αὐτοῦ. ⁸καὶ ἔλαβον τὸν ἐπισιτισμὸν τοῦ λαοῦ ἐν χειρὶ αὐτῶν καὶ τὰς 8 κερατίνας αὐτῶν· καὶ τὸν πάντα ἄνδρα Ἰσραὴλ ἐξαπέστειλεν ἄνδρα εἰς σκηνὴν αὐτοῦ, καὶ τοὺς τριακοσίους ἄνδρας κατίσχυσεν. καὶ ἡ παρεμβολὴ Μαδιὰμ ἦσαν αὐτοῦ ὑποκάτω ἐν τῇ κοιλάδι. ⁹Καὶ 9 ἐγενήθη ἐν τῇ νυκτὶ ἐκείνῃ καὶ εἶπεν πρὸς αὐτὸν Κύριος Ἀνάστας κατάβηθι ἐν τῇ παρεμβολῇ, ὅτι παρέδωκα αὐτὴν ἐν τῇ χειρί σου. ¹⁰καὶ εἰ φοβῇ σὺ καταβῆναι, κατάβηθι σὺ καὶ Φαρὰ τὸ παιδάριόν σου 10 εἰς τὴν παρεμβολήν, ¹¹καὶ ἀκούσῃ τί λαλήσουσιν· καὶ μετὰ τοῦτο 11 ἰσχύσουσιν αἱ χεῖρές σου καὶ καταβήσῃ ἐν τῇ παρεμβολῇ. καὶ κατέβη αὐτὸς καὶ Φαρὰ τὸ παιδάριον αὐτοῦ πρὸς ἀρχὴν τῶν πεντήκοντα οἳ ἦσαν ἐν τῇ παρεμβολῇ. ¹²καὶ Μαδιὰμ καὶ Ἀμαλὴκ καὶ 12 πάντες υἱοὶ ἀνατολῶν βεβλημένοι ἐν τῇ κοιλάδι ὡσεὶ ἀκρὶς εἰς πλῆθος,

Α 4 κατενεγκον] καταγαγε Α | προς] εις Α | εκκαθαρω σοι αυτον εκει] δοκιμω αυτους σοι εκειθεν Α | συν σοι] μετα σου (bis) | πας] παν Β παντα Α | προς σε 2°] σοι Α | ουτος 2°] οτι Α 5 κατηνεγκεν] κατεβιβασεν Α | προς 1°] εις Α | λαψη 1°] ληψη Α | απο] εκ Α | λαψη 2°] λημψη Α | κλινη επι] καμψη Α | πιειν] pr του Α + μεταστησεις αυτον καθ αυτον Α 6 ο αριθμος] pr πας Α | λαμψαντων Α | χειρι] τη γλωσση Α | om προς το στομα αυτων Α | παν το καταλοιπον] πας ο επιλοιπος Α | εκλιναν] εκαμψαν Α | αυτων 3°] αυτου Α | πιειν] pr του Α ι 7 λαμψασιν Α | δωσω] παραδωσω Α | την Μαδιαμ] om την Α | πορευσονται] αποτρεχετω Α 8 χειρι] ταις χερσιν Α | τον παντα] om τον Α | σκηνην] το σκηνωμα Α | και τους τριακοσιους ανδρας κατισχυσεν] των δε τριακοσιων ανδρων εκρατησεν Α | και] η δε Α | ησαν αυτου υποκατω] ην υποκατωθεν αυτου Α 9 αναστας] αναβηθι Α | καταβηθι] + το ταχος Α | εν τη παρεμβ.] εις την παρεμβολην εντευθεν Α 10 και ει] ει δε Α 11 λαλησουσιν] λαλουσιν Α | τουτο] ταυτα Α | προς αρχην] εις μερος Α | οι ησαν εν] των εν Α 12 βεβλημενοι] παρεμβεβληκεισαν Α | ωσει] ως Α

ΚΡΙΤΑΙ VII 20

καὶ ταῖς καμήλοις αὐτῶν οὐκ ἦν ἀριθμός, ἀλλὰ ἦσαν ὡς ἡ ἄμμος ἡ Β
13 ἐπὶ χείλους τῆς θαλάσσης εἰς πλῆθος. ¹³καὶ ἦλθεν Γεδεών, καὶ ἰδοὺ
ἀνὴρ ἐξηγούμενος τῷ πλησίον αὐτοῦ ἐνύπνιον, καὶ εἶπεν Ἐνύπνιον
ἰδοὺ ἐνυπνιασάμην, καὶ ἰδοὺ μαγὶς ἄρτου κριθίνου στρεφομένη ἐν
τῇ παρεμβολῇ Μαδιάμ, καὶ ἦλθεν ἕως τῆς σκηνῆς καὶ ἐπάταξεν αὐτήν,
14 καὶ ἔπεσεν, καὶ ἀνέστρεψεν αὐτὴν ἄνω, καὶ ἔπεσεν ἡ σκηνή. ¹⁴καὶ
ἀπεκρίθη ὁ πλησίον αὐτοῦ καὶ εἶπεν Οὐκ ἔστιν αὕτη εἰ μὴ ῥομφαία
Γεδεὼν υἱοῦ Ἰωὰς ἀνδρός Ἰσραήλ· παρέδωκεν ὁ θεὸς ἐν χειρὶ αὐτοῦ
15 τὴν Μαδιὰμ καὶ πᾶσαν τὴν παρεμβολήν. ¹⁵καὶ ἐγένετο ὡς ἤκουσεν
Γεδεών τὴν ἐξήγησιν τοῦ ἐνυπνίου καὶ τὴν σύνκρισιν αὐτοῦ, καὶ
προσεκύνησεν Κυρίῳ, καὶ ὑπέστρεψεν εἰς τὴν παρεμβολὴν Ἰσραὴλ
καὶ εἶπεν Ἀνάστητε, ὅτι παρέδωκεν Κύριος ἐν χειρὶ ἡμῶν τὴν παρεμ-
16 βολὴν Μαδιάμ. ¹⁶καὶ διεῖλεν τοὺς τριακοσίους ἄνδρας εἰς τρεῖς
ἀρχάς, καὶ ἔδωκεν κερατίνας ἐν χειρὶ πάντων καὶ ὑδρείας κενὰς καὶ
17 λαμπάδας ἐν ταῖς ὑδρείαις, ¹⁷καὶ εἶπεν πρὸς αὐτούς Ἀπ' ἐμοῦ ὄψεσθε
καὶ οὕτως ποιήσετε· καὶ ἰδοὺ ἐγὼ εἰσπορεύομαι ἐν ἀρχῇ τῆς παρεμ-
18 βολῆς, καὶ ἔσται καθὼς ἂν ποιήσω οὕτως ποιήσετε· ¹⁸καὶ σαλπιῶ
ἐν τῇ κερατίνῃ ἐγώ, καὶ πάντες μετ' ἐμοῦ σαλπιεῖτε ἐν ταῖς κερατί-
ναις κύκλῳ ὅλης τῆς παρεμβολῆς, καὶ ἐρεῖτε Τῷ κυρίῳ καὶ τῷ
19 Γεδεών. ¹⁹Καὶ εἰσῆλθεν Γεδεὼν καὶ οἱ ἑκατὸν ἄνδρες οἱ
μετ' αὐτοῦ ἐν ἀρχῇ τῆς παρεμβολῆς ἐν ἀρχῇ τῆς φυλακῆς μέσης·
καὶ ἐγείροντες ἤγειραν τοὺς φυλάσσοντας, καὶ ἐσάλπισαν ἐν ταῖς
κερατίναις, καὶ ἐξετίναξαν τὰς ὑδρείας τὰς ἐν ταῖς χερσὶν αὐτῶν.
20 ²⁰καὶ ἐσάλπισαν αἱ τρεῖς ἀρχαὶ ἐν ταῖς κερατίναις, καὶ συνέτριψαν
τὰς ὑδρείας, καὶ ἐκράτησαν ἐν χερσὶν ἀριστεραῖς αὐτῶν τὰς λαμπάδας
καὶ ἐν χερσὶν δεξιαῖς αὐτῶν τὰς κερατίνας τοῦ σαλπίζειν, καὶ

12 om αυτων A | αλλα] αλλ A | ως] ωσπερ A | χειλους] το χειλος A A
13 ηλθεν 1°] εισηλθεν A | εξηγουμενος] εξηγειται A | ενυπνιον 1°] pr το A |
ενυπνιον ιδου ενυπνιασαμην] ιδου το ενυπνιον ο ηνυπνιασθη A | στρεφομενη]
κυλιομενη A | ηλθεν 2°] ηλθον A | σκηνης]+Μαδιαμ A | ανεστρεψεν] κατε-
στρεψεν A 14 ει μη] αλλ η A . ο θεος] κς A 15 εξηγησιν] διηγη-
σιν A | Κυριω] κν A | υπεστρεψεν] επεστρεψεν A | om Ισραηλ A | ημων]
υμων A 16 om εις A | υδριας A (item infra) | εν ταις υδρειαις] εμμεσω των
υδριων A 17 ποιησεται A (bis) | εν αρχη] εμμεσω A | καθως αν] ως εαν A
18 om εν 1°, 2° A | μετ εμου] pr οι A | σαλπιειτε] pr και A | κυκλω] pr και
υμεις A 19 οι εκατον] om οι A | οι μετ αυτου] om οι A | εν αρχη 1°]
εν μερει A | εν αρχη 2°] αρχομενης A | μεσης] της μεσουσης A | εγειροντες
ηγειραν] εγερσει ηγειρεν A | om εν 3° A | χειρσιν B* χερσι Bᵇ (χερσιν A)
[20 εκρατησαν εν χερσιν (χειρσιν B* χερσιν Bᵇ) αριστεραις] ελαβοντο εν τη χειρι
τη αριστερα A | αυτων 1°] αυτων| των A | om τας λαμπαδας A | χερσιν (χειρσιν
B* χερσι Bᵇ) δεξιαις αυτ. τας κερατινας] τη χειρι τη δεξια αυτ. αι κερατιναι A

495

VII 21 ΚΡΙΤΑΙ

B ἀνέκραξαν Ῥομφαία τῷ κυρίῳ καὶ τῷ Γεδεών. ²¹καὶ ἔστησαν ἀνὴρ 21 ἐφ᾽ ἑαυτῷ κύκλῳ τῆς παρεμβολῆς, καὶ ἔδραμεν πᾶσα ἡ παρεμβολή, καὶ ἐσήμαναν καὶ ἔφυγαν. ²²καὶ ἐσάλπισαν ἐν ταῖς τριακοσίαις 22 κερατίναις, καὶ ἔθηκεν Κύριος τὴν ῥομφαίαν ἀνδρὸς ἐν τῷ πλησίον αὐτοῦ ἐν πάσῃ τῇ παρεμβολῇ· καὶ ἔφυγεν ἡ παρεμβολὴ ἕως Βηθσεεδτὰ Γαραγάθα, ἕως χείλους Ἀβωμεουλὰ ἐπὶ Ταβάθ. ²³καὶ ἐβόησαν 23 ἀνὴρ Ἰσραὴλ ἀπὸ Νεφθαλεὶ καὶ ἀπὸ Ἀσὴρ καὶ ἀπὸ παντὸς Μανασσή, καὶ ἐδίωξαν ὀπίσω Μαδιάμ. ²⁴Καὶ ἀγγέλους ἀπέστειλεν Γεδεὼν 24 ἐν παντὶ ὄρει Ἐφράιμ λέγων Κατάβητε εἰς συνάντησιν Μαδιάμ, καὶ καταλάβετε ἑαυτοῖς τὸ ὕδωρ ἕως Βαιθηρὰ καὶ τὸν Ἰορδάνην· καὶ ἐβόησεν πᾶς ἀνὴρ Ἐφράιμ, καὶ προκατελάβοντο τὸ ὕδωρ ἕως Βαιθηρὰ καὶ τὸν Ἰορδάνην. ²⁵καὶ συνέλαβον τοὺς ἄρχοντας Μαδιάμ, καὶ τὸν 25 Ὠρὴβ καὶ τὸν Ζήβ, καὶ ἀπέκτειναν τὸν Ὠρὴβ ἐν Σούρ, καὶ τὸν Ζὴβ ἀπέκτειναν ἐν Ἰακεφζήφ· καὶ κατεδίωξαν Μαδιάμ, καὶ τὴν κεφαλὴν Ὠρὴβ καὶ Ζὴβ ἤνεγκαν πρὸς Γεδεὼν ἀπὸ πέραν τοῦ Ἰορδάνου. ¹καὶ 1 VI. εἶπαν πρὸς Γεδεὼν ἀνὴρ Ἐφράιμ Τί τὸ ῥῆμα τοῦτο ἐποίησας ἡμῖν τοῦ μὴ καλέσαι ἡμᾶς ὅτε ἐπορεύθης παρατάξασθαί ἐν Μαδιάμ; καὶ διελέξαντο πρὸς αὐτὸν ἰσχυρῶς. ²καὶ εἶπεν πρὸς αὐτούς. Τί ἐποίησα 2 νῦν καθὼς ὑμεῖς; ἢ οὐχὶ κρεῖσσον ἐπιφυλλὶς Ἐφράιμ ἢ τρυγητὸς Ἀβιέζερ; ³ἐν χειρὶ ὑμῶν παρέδωκεν Κύριος τοὺς ἄρχοντας Μαδιάμ, 3 τὸν Ὠρὴβ καὶ τὸν Ζήβ· καὶ τί ἠδυνήθην ποιῆσαι ὡς ὑμεῖς; τότε ἀνέθη τὸ πνεῦμα αὐτῶν ἀπ᾽ αὐτοῦ ἐν τῷ λαλῆσαι αὐτὸν τὸν λόγον τοῦτον. ⁴Καὶ ἦλθεν Γεδεὼν ἐπὶ τὸν Ἰορδάνην, καὶ διέβη αὐτὸς 4 καὶ οἱ τριακόσιοι ἄνδρες οἱ μετ᾽ αὐτοῦ πεινῶντες καὶ διώκοντες. ⁵καὶ εἶπεν τοῖς ἀνδράσιν Σοκχώθ Δότε δὴ ἄρτους εἰς τροφὴν τῷ 5

A 21 εστησαν] εστησεν B* vid (a sup ras Bᵃ) A | ανηρ εφ εαυτω] εκαστος καθ εαυτον A | εφυγον A 22 εν ταις τριακ. κερατιναις] αἱ κερατιναι A | εθηκεν] εθετο A | την ρομφαιαν] μαχαιραν A | εν 3°] pr και A | πασῃ] ολη A | η παρεμβ.] pr πασα A | Βηθσεεδτα Γαραγαθα] της Βαεεττα A | -εως χειλους (ειλους A* χ superscr A¹)] pr και συνηγμενη A | Αβωμεουλα επι Ταβαθ] Βασελμεουλα και επι Γαβαθ A 23 εβοησεν A | απο 1°, 3°] εκ A | Νεφθαλειμ A | απο 2°] εξ A | Μαννασσή A | εδιωξαν] κατεδιωξαν A 24 εξαπεστειλεν A | ορει] ορω B* fort (ορει "hab ras in fin") A | καταβητε εις συναντ. M.] αναστητε A | om εως 2° A 25 αρχοντας] pr δυο A | om και 2° A | Σουρ] Σουρειν A | εν 2° bis scr B* ἐν Ἐνιακ. Bᵇ | Ιακεφζηβ A | απο περαν] εκ του π. A VIII 1 ειπεν A | Γεδεων] αυτον A | επορευθης] εξεπορευου A | παραταξασθαι] πολεμησαι A | Μαδιαμ] pr τη A | διελεξαντο] εκρινοντο A | προς αυτον] μετ αυτου A | ισχυρως] κραταιως A 2 om η 1° A | κρεισσον] κριττω A | επιφυλλιδες A 3 ηδυνηθην] ηδυνασθην A | ως] καθως A | υμεις]+και κατεπαυσαν A | ανεθη] ανηκε (sic) A 4 οι τριακοσιοι] διακοσιοι A | οι μετ αυτου] om οι A | πεινωντες και διωκοντες] ολιγοψυχουντες και πεινωντες A 5 om εις τροφην A

ΚΡΙΤΑΙ VIII 15

λαῷ τούτῳ τῷ ἐν ποσίν μου, ὅτι ἐκλείπουσιν· καὶ ἰδοὺ ἐγώ εἰμι Β 6 διώκων ὀπίσω τοῦ Ζέβεε καὶ Σελμανὰ βασιλέων Μαδιάμ. ⁶καὶ εἶπον οἱ ἄρχοντες Σοκχώθ Μὴ χεὶρ Ζέβεε καὶ Σελμανὰ νῦν ἐν χειρί σου; 7 οὐ δώσομεν τῇ δυνάμει σου ἄρτους. ⁷καὶ εἶπεν Γεδεών. Διὰ τοῦτο ἐν τῷ δοῦναι Κύριον τὸν Ζέβεε καὶ Σελμανὰ ἐν χειρί μου, καὶ ἐγὼ ἀλοήσω τὰς σάρκας ὑμῶν ἐν ταῖς ἀκάνθαις τῆς ἐρήμου καὶ ἐν ταῖς 8 ἀβαρκηνείν. ⁸καὶ ἀνέβη ἐκεῖθεν εἰς Φανουήλ, καὶ ἐλάλησεν πρὸς αὐτοὺς ὡσαύτως· καὶ ἀπεκρίθησαν αὐτῷ οἱ ἄνδρες Φανουὴλ ὃν τρόπον 9 ἀπεκρίθησαν ἄνδρες Σοκχώθ. ⁹καὶ εἶπεν Γεδεὼν πρὸς ἄνδρας Φανουήλ Ἐν ἐπιστροφῇ μου μετ᾽ εἰρήνης τὸν πύργον τοῦτον κατα-10 σκάψω. ¹⁰Καὶ Ζέβεε καὶ Σελμανὰ ἐν Καρκάρ, καὶ ἡ παρεμβολὴ αὐτῶν μετ᾽ αὐτῶν ὡσεὶ δέκα πέντε χιλιάδες, πάντες οἱ καταλελιμμένοι ἀπὸ πάσης παρεμβολῆς. ἀλλοφύλων· καὶ ⁰ἱ πεπτωκότες ἑκατὸν 11 εἴκοσι χιλιάδες ἀνδρῶν σπωμένων ῥομφαίαν. ¹¹καὶ ἀνέβη Γεδεὼν ὁδὸν τῶν σκηνούντων ἐν σκηναῖς ἀπὸ ἀνατολῶν τῆς Νάβαι καὶ Ἰεγεβάλ· καὶ ἐπάταξεν τὴν παρεμβολήν, καὶ ἡ παρεμβολὴ ἦν πεποι-12 θυῖα. ¹²καὶ ἔφυγον Ζέβεε καὶ Σελμανά· καὶ ἐδίωξεν ὀπίσω αὐτῶν, καὶ ἐκράτησεν τοὺς δύο βασιλεῖς Μαδιάμ, τὸν Ζέβεε καὶ τὸν Σελμανά, 13 καὶ πᾶσαν τὴν παρεμβολὴν ἐξέστησεν. ¹³καὶ ἐπέστρεψεν Γεδεὼν υἱὸς Ἰωὰς ἀπὸ τῆς παρατάξεως ἀπὸ ἐπάνωθεν τῆς παρατάξεως Ἄρες. 14 ¹⁴καὶ συνέλαβεν παιδάριον ἀπὸ τῶν ἀνδρῶν Σοκχώθ, καὶ ἐπηρώτησεν αὐτόν· καὶ ἔγραψεν πρὸς αὐτὸν τὰ ὀνόματα τῶν ἀρχόντων Σοκχὼθ 15 καὶ τῶν πρεσβυτέρων αὐτῶν, ἑβδομήκοντα καὶ ἑπτὰ ἄνδρας. ¹⁵καὶ

5 om τουτο A | τω εν ποσιν μου] τω μετ εμου A | εκλειπουσιν] πεινωσιν A | A και ιδου εγω ειμι διωκων] εγω δε διωκω A | του Ζεβεε] om του Ζε A (Ζε superscr A¹) | Σαλμανα A (ita ubique) | βασιλεως A   6 ειπαν A | χειρι] pr τη A | ου] οτι A | δυναμει] στρατεια A   7 δια τουτο] ουχ ουτως A | χειρι] pr τη A | om εγω A | αλοησω] καταξανω A | αβαρκηνειν] βαρκομμεί A   8 ωσαυ-τως] κατα ταυτα A | απεκριθ.] + αυτω A | ανδρες 2°] pr οι A   9 om Γεδεων A | προς ανδρας] τοις ἀνδρασιν A | Φανουηλ] + λεγων A | επιστροφη μου] τω επιστρεφειν με A | κατασκαψω τον πυργον τουτον A   10 Καρκα A | δεκα πεντε] πεντε και δεκα A | οι καταλελιμμενοι (καταλελειμμ. B^{ab})] κατα-λειφθεντες A | απο πασης παρεμβ. αλλοφυλων] υιοι ανατολων A | πεπτωκοτες] + ησαν A | εκατον] + και A | σπωμενων] εσπασμενων A   11 των σκηνουν-των] κατοικουντων A | om απο A | Ναβαι] Ναβεθ A | και Ιεγεβαλ] εξ εναντιας Ζεβε A | και η] η δε A   12 εφυγεν A | παρεμβολην] + αυτων A | εξεστη-σεν] εξετριψεν A   13 επεστρεψεν] ανεστρεψεν A | απο της παραταξεως] εκ του πολεμου A | om επανωθεν A | της παραταξεως] αναβασεως A   14 συνε-λαβον A | απο] εκ A | εγραψεν] απεγραψατο A | αυτον 2°] αυτους A | τα ονοματα των αρχ. Σ. και των πρεσβ. αιτων] τους αρχοντας Σ. και τους πρεσβυ-τερους αυτης A | om και 5° A

VIII 16 ΚΡΙΤΑΙ

B παρεγένετο Γεδεὼν πρὸς τοὺς ἄρχοντας Σοκχὼθ καὶ εἶπεν Ἰδοὺ Ζέβεε καὶ Σελμανά, ἐν οἷς ὠνειδίσατέ με λέγοντες Μὴ χεὶρ Ζέβεε καὶ Σελμανὰ νῦν ἐν χειρί σου, ὅτι δώσομεν τοῖς ἀνδράσιν τοῖς ἐκλιποῦσιν ἄρτους; ¹⁶καὶ ἔλαβεν τοὺς πρεσβυτέρους τῆς πόλεως ἐν ταῖς ἀκάνθαις τῆς 16 ἐρήμου καὶ ταῖς βαρακηνείμ, καὶ ἠλόησεν ἐν αὐτοῖς τοὺς ἄνδρας τῆς πόλεως· ¹⁷καὶ τὸν πύργον Φανουὴλ κατέστρεψεν, καὶ ἀπέκτεινεν 17 τοὺς ἄνδρας τῆς πόλεως. ¹⁸καὶ εἶπεν πρὸς Ζέβεε καὶ Σελμανά Ποῦ 18 οἱ ἄνδρες οὓς ἀπεκτείνατε ἐν Θαβώρ; καὶ εἶπαν Ὡς σὺ ὡς αὐτοί, εἰς ὁμοίωμα υἱοῦ βασιλέως. ¹⁹καὶ εἶπεν Γεδεὼν Ἀδελφοί μου καὶ υἱοὶ 19 τῆς μητρός μου ἦσαν· ζῇ Κύριος, εἰ ἐζωογονήκειτε αὐτούς, οὐκ ἂν ἀπέκτεινα ὑμᾶς. ²⁰καὶ εἶπεν Ἰέθερ τῷ πρωτοτόκῳ αὐτοῦ Ἀνάστας 20 ἀπόκτεινον αὐτούς· καὶ οὐκ ἔσπασεν τὸ παιδάριον τὴν ῥομφαίαν αὐτοῦ· ὅτι ἐφοβήθη, ὅτι ἔτι νεώτερος ἦν. ²¹καὶ εἶπεν Ζέβεε καὶ 21 Σελμανά Ἀνάστα σὺ καὶ συνάντησον ἡμῖν, ὅτι ὡς ἀνδρὸς ἡ δύναμίς σου. καὶ ἀνέστη Γεδεὼν καὶ ἀπέκτεινεν τὸν Ζέβεε καὶ τὸν Σαλμανά, καὶ ἔλαβεν τοὺς μηνίσκους τοὺς ἐν τοῖς τραχήλοις τῶν καμήλων αὐτῶν. ²²Καὶ εἶπον ἀνὴρ Ἰσραὴλ πρὸς Γεδεών Κύριε, ἄρξον 22 ἡμῶν καὶ σὺ καὶ ὁ υἱός σου· ὅτι σὺ ἔσωσας ἡμᾶς ἐκ χειρὸς Μαδιάμ. ²³καὶ εἶπεν πρὸς αὐτοὺς Γεδεών Οὐκ ἄρξω ἐγώ, καὶ οὐκ ἄρξει ὁ υἱός 23 μου ἐν ὑμῖν· Κύριος ἄρξει ὑμῶν. ²⁴καὶ εἶπεν Γεδεὼν πρὸς αὐτούς 24 Αἰτήσομαι παρ' ὑμῶν αἴτημα, καὶ δότε μοι ἀνὴρ ἐνώτιον ἐκ σκύλων αὐτοῦ· ὅτι ἐνώτια χρυσᾶ αὐτοῖς, ὅτι Ἰσμαηλεῖται ἦσαν. ²⁵καὶ εἶπαν 25 Διδόντες δώσομεν· καὶ ἀνέπτυξεν τὸ ἱμάτιον αὐτοῦ, καὶ ἔβαλεν ἐκεῖ ἀνὴρ ἐνώτιον σκύλων αὐτοῦ. ²⁶καὶ ἐγένετο ὁ σταθμὸς τῶν ἐνωτίων 26 τῶν χρυσῶν ὧν ᾔτησεν χίλιοι καὶ πεντακόσιοι χρυσοῖ, παρὲξ τῶν

A   15 Σοκχωθ]+και εισηλθεν προς τους αρχοντας Σοκχωθ A | ειπεν]+αυτοις A | εν οις] δι ους A | χειρὶ] pr τη A | ανδρασιν]+σου Ἀ | εκλιπουσιν] εκλελυμένοις A   16 ελαβον A | τους πρεσβ.] pr τους αρχοντας και A | εν ταις ακανθαις] pr και κατεξανεν αυτους A | ηλοησεν] κατεξανεν A | τους ανδρας της πολεως] ανδρας Σοκχωθ A   17 κατεστρεψεν] κατεσκαψεν A   18 ως συ...βασιλεως] ωσει συ· ομοιος συ· ομοιος αυτων| ως ειδος μορφη υιων βασιλεω.| A   19 ησαν] εισιν A | ζη Κυριος] pr και ωμοσεν αυτοις A | εξωογονησατε A   20 Ιεθερ] pr τω A | το παιδ.]+αυτου A | ρομφαιαν] μαχαιραν A | om ετι A | ην νεωτερος A   21 αναστα]+δη A | συναντησον] απαντησον A | ανδρος] ανηρ A | σου] αυτου A | απεκτεινεν] ανειλεν A   22 ειπεν A | προς Γεδεων κ. αρξον ημων] προς Γ. αρχε εν ημιν sup ras A¹ | om και 2° A | ο υιος] οι υιοι A | συ εσωσας] σεσωκας A   23 εγω]+υμων A | εν υμιν] υμων A   24 προς αυτους Γεδεων A | αιτημα] αιτησιν A | εκ σκύλων] τῶν σκ. A | αυτοις] pr πολλα ην A | Ισμαηλιται Bᵇ   25 εβαλεν] ερριψεν A | ενωτιον]+χρυσουν A | σκύλων] pr των A   26 εγενετο] εγενηθη A | ητησεν] ητησατο A | χιλιοι] pr σικλοι A | πεντακοσιοι] επτακοσιοι A | χρυσοι] χρυσου A | παρεξ] πλην A

498

ΚΡΙΤΑΙ IX 2

μηνίσκων καὶ τῶν στραγγαλίδων· καὶ τῶν ἱματίων καὶ πορφυρίδων B τῶν ἐπὶ βασιλεῦσι Μαδιάμ, καὶ ἐκτὸς τῶν περιθεμάτων ἃ ἦν ἐν 27 τοῖς τραχήλοις τῶν καμήλων αὐτῶν. ²⁷καὶ ἐποίησεν αὐτὸ Γεδεὼν εἰς ἐφώθ, καὶ ἔστησεν αὐτὸ ἐν πόλει αὐτοῦ Ἐφραθά· καὶ ἐξεπόρνευσεν πᾶς Ἰσραὴλ ὀπίσω αὐτοῦ ἐκεῖ, καὶ ἐγένετο τῷ Γεδεὼν καὶ 28 τῷ οἴκῳ αὐτοῦ εἰς σκῶλον.· ²⁸καὶ συνεστάλη Μαδιὰμ ἐνώπιον υἱῶν Ἰσραήλ, καὶ οὐ προσέθηκαν ἆραι κεφαλὴν αὐτῶν. καὶ ἡσύχασεν 29 ἡ γῆ τεσσεράκοντα ἔτη ἐν ἡμέραις Γεδεών. ²⁹Καὶ ἐπορεύθη 30 Ἰεαροβάαλ υἱὸς Ἰωὰς καὶ ἐκάθισεν ἐν οἴκῳ αὐτοῦ. ³⁰καὶ τῷ Γεδεὼν ἦσαν ἑβδομήκοντα υἱοὶ ἐκπεπορευμένοι ἐκ μηρῶν αὐτοῦ, ὅτι γυναῖκες 31 πολλαὶ ἦσαν αὐτῷ. ³¹καὶ παλλακὴ αὐτοῦ ἦν ἐν Συχέμ· καὶ ἔτεκεν 32 αὐτῷ καί γε αὐτὴ υἱόν, καὶ ἔθηκεν τὸ ὄνομα αὐτοῦ Ἀβειμέλεχ. ³²καὶ ἀπέθανεν Γεδεὼν υἱὸς Ἰωὰς ἐν πόλει αὐτοῦ, καὶ ἐτάφη ἐν τῷ τάφῳ 33 Ἰωὰς τοῦ πατρὸς αὐτοῦ ἐν Ἐφραθὰ Ἀβιεσδρί. ³³Καὶ ἐγένετο καθὼς ἀπέθανεν Γεδεών, καὶ ἐπέστρεψαν οἱ υἱοὶ Ἰσραὴλ καὶ ἐξεπόρνευσαν ὀπίσω τῶν Βααλείμ, καὶ ἔθηκαν ἑαυτοῖς τῷ Βάαλ διαθήκην τοῦ εἶναι 34 αὐτοῖς αὐτὸν εἰς θεόν.· ³⁴καὶ οὐκ ἐμνήσθησαν οἱ υἱοὶ Ἰσραὴλ Κυρίου τοῦ θεοῦ τοῦ ῥυσαμένου αὐτοὺς ἐκ χειρὸς πάντων τῶν θλιβόντων 35 αὐτοὺς κυκλόθεν. ³⁵καὶ οὐκ ἐποίησαν ἔλεος μετὰ τοῦ οἴκου Ἱεροβάαλ, αὐτός ἐστιν Γεδεών, κατὰ πάντα τὰ ἀγαθὰ ἃ ἐποίησεν μετὰ Ἰσραήλ.

IX 1 ¹Καὶ ἐπορεύθη Ἀβειμέλεχ υἱὸς Ἱεροβάαλ εἰς Συχὲμ πρὸς ἀδελφοὺς μητρὸς αὐτοῦ, καὶ ἐλάλησεν πρὸς αὐτοὺς καὶ πρὸς πᾶσαν συγγε- 2 νίαν οἴκου πατρὸς μητρὸς αὐτοῦ λέγων ²Λαλήσατε δὴ ἐν τοῖς ὠσὶν

26 μηνισκων...πορφυριδων] σιωνων και των ορμισκων ενφωθ και των περι- A βολαιων των πορφυρων A | βασιλευσι] τοις βασιλευσιν A | εκτος] πλην A | περιθεματων a ην] κλοιων των χρυσων των A | 27 εφωθ] εφουδ A | αυτου 1°] αυτους A | Εφραθα] Εφραιμ A | σκωλον] σκανδαλον A 28 συνεσταλη] εκετραπη A | ενωπιον] απο προσωπου A | om υιων A | προσεθηκαν] προσεθεντο A | τεσσερακ. (τεσσαρακ. Bᵇ) ετη] ετη τεσσερακοντα A 29 Ιεροβααλ A | εκαθισεν] κατωκησεν A | οικω] pr τω A 31 παλλακη] pr η A | ην] η A | Συχεμ] Σικιμοις A | om και 2° A' | εθηκεν] επεθηκεν A | αυτου 2°] αυτω A | Αβιμελεχ A (ita ubique) 32 πολει αυτου] πολεια αγαθη A | Αβιεσδρι] πρς Αβιεζρει A 33 εγενετο] εγενηθη A | καθως] ως A | επεστρεψαν] απεστραφησαν A | εθηκαν εαυτοις] εθεντο αυτοις A | τω Βααλ] του Βααλβεερ εις A 34 υιοι] οι sup ras Aᵃ | θεου]+ αυτων A | ρυσαμενου] σα sup ras post ου ras 1 lit Aᵃ | παντων] αντ sup ras Aᵃ | θλιβοντων αυτους] εχθρων αυτων A | κυκλοθεν] λο sup ras Aᵃ 35 om αυτος εστιν A | παντα τα αγαθα α] πασαν την αγαθωσυνην ην A | μετα] μ sup ras Aᵃ IX 1 Συχεμ] Σικιμα A | αδελφους μητρος] τους αδ. της μρς A | συγγενιαν (συγγενειαν Bᵃᵇ) οικου] την συγγενειαν του οικου A | om πατρος A | μητρος 2°] pr της A 2 τοις ωσιν] om τοις A

ΚΡΙΤΑΙ IX 3

B πάντων τῶν ἀνδρῶν Συχέμ Τί τὸ ἀγαθὸν ὑμῖν, κυριεύσαι ὑμῶν ἑβδομήκοντα ἄνδρας, πάντας υἱοὺς Ἱεροβάαλ, ἢ κυριεύειν ὑμῶν ἄνδρα ἕνα; καὶ μνήσθητε ὅτι ὀστοῦν ὑμῶν καὶ σὰρξ ὑμῶν εἰμι. ³καὶ ἐλάλησαν περὶ αὐτοῦ οἱ ἀδελφοὶ τῆς μητρὸς αὐτοῦ ἐν τοῖς ὠσὶν πάντων τῶν ἀνδρῶν Συχέμ πάντας τοὺς λόγους τούτους· καὶ ἔκλινεν ἡ καρδία αὐτῶν ὀπίσω Ἀβειμέλεχ, ὅτι εἶπαν Ἀδελφὸς ἡμῶν ἐστιν, ⁴καὶ ἔδωκαν αὐτῷ ἑβδομήκοντα ἀργυρίου ἐξ οἴκου Βααλβερίθ· καὶ ἐμισθώσατο ἑαυτῷ Ἀβειμέλεχ ἄνδρας κενοὺς καὶ δειλούς, καὶ ἐπορεύθησαν ὀπίσω αὐτοῦ. ⁵καὶ εἰσῆλθεν εἰς τὸν οἶκον τοῦ πατρὸς αὐτοῦ εἰς Ἐφράθα καὶ ἀπέκτεινεν τοὺς ἀδελφοὺς αὐτοῦ υἱοὺς Ἱεροβάαλ ἑβδομήκοντα ἄνδρας ἐπὶ λίθον ἕνα· καὶ κατελείφθη Ἰωαθὰν υἱὸς Ἱεροβάαλ ὁ νεώτερος, ὅτι ἐκρύβη. ⁶Καὶ συνήχθησαν πάντες ἄνδρες Σικίμων καὶ πᾶς οἶκος Βηθμααλών, καὶ ἐπορεύθησαν καὶ ἐβασίλευσαν τὸν Ἀβειμέλεχ πρὸς τῇ βαλάνῳ τῇ εὑρετῇ τῆς στάσεως τῆς ἐν Σικίμοις. ⁷καὶ ἀνηγγέλη τῷ Ἰωαθάν· καὶ ἐπορεύθη καὶ ἔστη ἐπὶ κορυφὴν ὄρους Γαρειζείν, καὶ ἐπῆρεν τὴν φωνὴν αὐτοῦ καὶ ἔκλαυσεν, καὶ εἶπεν αὐτοῖς Ἀκούσατέ μου, ἄνδρες Σικίμων, καὶ ἀκούσεται ὑμῶν ὁ θεός. ⁸πορευόμενα ἐπορεύθη τὰ ξύλα τοῦ χρῖσαι ἐφ' ἑαυτὰ βασιλέα, καὶ εἶπον τῇ ἐλαίᾳ Βασίλευσον ἐφ' ἡμῶν. ⁹καὶ εἶπεν αὐτοῖς ἡ ἐλαία Μὴ ἀπολείψασα τὴν πιότητά μου, ἐν ᾗ δοξάσουσι τὸν θεὸν ἄνδρες, πορεύσομαι κινεῖσθαι ἐπὶ τῶν ξύλων; ¹⁰καὶ εἶπον τὰ ξύλα τῇ συκῇ Δεῦρο βασίλευσον ἐφ' ἡμῶν. ¹¹καὶ εἶπεν αὐτοῖς ἡ συκῆ Μὴ ἀπολείψασα ἐγὼ τὴν γλυκύτητά μου καὶ τὰ γενήματά μου τὰ ἀγαθὰ πορεύσομαι κινεῖσθαι ἐπὶ τῶν ξύλων; ¹²καὶ εἶπαν τὰ ξύλα πρὸς τὴν ἄμπελον Δεῦρο σὺ βασίλευσον ἐφ' ἡμῶν. ¹³καὶ εἶπεν αὐτοῖς

A 2 om παντων A | Συχεμ] Σικιμων A | τι το αγαθον υμιν] ποιον βελτιον εστιν A | κυριευσαι (ai fort sup ras B?)] το αρχειν A | σαρξ υμων και οστουν A | ειμι] pr εγω A   3 Συχεμ] Σικιμων A | η καρδια] om η A   4 εξ οικου] εκ του οικου A | Βααλβεριθ] Βααλ διαθηκης A | εαυτω] εν αυτοις A | δειλους] θαμβουμενους A   5 Εφραθα] Εφραιμ A | κατελειφθη B^{ab} (κατελιφθη B*)] απελειφθη A | Ιωαθαν] Ιαθαμ A   6 ανδρες] pr οι A | οικος] pr ο A | Βηθμααλων] Μααλλων A | Αβειμελεχ]+εις βασιλεα A | om τη ευρετη A | om της 2º A   7 ανηγγελη] ανηγγειλαν A | Ιωαθαμ A | κορυφην] της κορυφης A | ορους pr του A | Γαρειζειν] Γαζιρειν A | εκλαυσεν]+επ αυτοις A | ακουσεται] ακουσαι A   8 επορευθη] επορευθησαν A | τα ξυλα] post τα ras 2 fort litt B^{?vid} | εφ εαυτα] εαυτοις A   9 ελεα B* (ελαια B^{a(vid)b}) | om μη A | απολειψασα] αφεισα A | εν η...ανδρες] ην εν εμοι εδοξασεν ο θς και αν̅οι A | πορευσομαι κινεισθαι επι] πορευθω αρχειν A   10 ειπαν A   11 om μη A | απολειψασα (απο|λειψ. B*^{vid} απο|λειψ. B^{ab})] αφεισα A | om εγω A | τα γενηματα] το γενημα A | τα αγαθα] το αγαθον A | πορευσομαί κινεισθαι επι] και πορευθω αρχειν A | των ξυλων] om των A   12 προς την αμπελον] τη αμπελω A | om συ A

500

ἡ ἄμπελος Μὴ ἀπολείψασα τὸν οἶνόν μου τὸν εὐφραίνοντά θεὸν B
καὶ ἀνθρώπους πορεύσομαι κινεῖσθαι ἐπὶ τῶν ξύλων; ¹⁴καὶ εἶπαν
πάντα τὰ ξύλα τῇ ῥάμνῳ Δεῦρο σὺ βασίλευσον ἐφ' ἡμῶν. · ¹⁵καὶ
εἶπεν ἡ ῥάμνος πρὸς τὰ ξύλα Εἰ ἐν ἀληθείᾳ χρίετέ με ὑμεῖς τοῦ
βασιλεύειν ἐφ' ὑμᾶς, δεῦτε ὑπόστητε ἐν τῇ σκιᾷ μου· καὶ εἰ μή,
ἐξέλθῃ πῦρ ἀπ' ἐμοῦ καὶ καταφάγῃ τὰς κέδρους τοῦ Λιβάνου. ¹⁶καὶ
νῦν εἰ ἐν ἀληθείᾳ καὶ τελειότητι ἐποιήσατε καὶ ἐβασιλεύσατε τὸν
Ἀβειμέλεχ, καὶ εἰ ἀγαθωσύνην ἐποιήσατε μετὰ Ἱεροβάαλ καὶ μετὰ
τοῦ οἴκου αὐτοῦ, καὶ εἰ ὡς ἀνταπόδοσις χειρὸς αὐτοῦ ἐποιήσατε αὐτῷ·
¹⁷ὡς παρετάξατο ὁ πατήρ μου ὑπὲρ ὑμῶν καὶ ἐξέρριψεν τὴν ψυχὴν
αὐτοῦ ἐξ ἐναντίας καὶ ἐρύσατο ὑμᾶς ἐκ χειρὸς Μαδιάμ, ¹⁸καὶ ὑμεῖς
ἐπανέστητε ἐπὶ τὸν οἶκον τοῦ πατρός μου σήμερον καὶ ἀπεκτείνατε
τοὺς υἱοὺς αὐτοῦ ἑβδομήκοντα ἄνδρας ἐπὶ λίθον ἕνα, καὶ ἐβασιλεύσατε
τὸν Ἀβειμέλεχ υἱὸν παιδίσκης αὐτοῦ ἐπὶ τοὺς ἄνδρας Σικίμων, ὅτι
ἀδελφὸς ὑμῶν ἐστιν· ¹⁹καὶ εἰ ἐν ἀληθείᾳ καὶ τελειότητι ἐποιήσατε μετὰ
Ἱεροβάαλ καὶ μετὰ τοῦ οἴκου αὐτοῦ ἐν τῇ ἡμέρᾳ ταύτῃ, εὐφρανθείητε
ἐν Ἀβειμέλεχ, καὶ εὐφρανθείη καί γε αὐτὸς ἐφ' ὑμῖν. ²⁰εἰ δὲ οὔ, ἐξέλ-
θοι πῦρ ἀπὸ Ἀβειμέλεχ καὶ φάγοι τοὺς ἄνδρας Σικίμων καὶ τὸν οἶκον
Βηθμααλλών, καὶ ἐξέλθοι πῦρ ἀπὸ ἀνδρῶν Σικίμων καὶ ἐκ τοῦ οἴκου
Βηθμααλλὼν καὶ καταφάγοι τὸν Ἀβειμέλεχ. ²¹καὶ ἔφυγεν Ἰωαθὰν καὶ
ἀπέδρα, καὶ ἐπορεύθη ἕως Βαιὴρ καὶ ᾤκησεν ἐκεῖ ἀπὸ προσώπου Ἀβει-
μέλεχ ἀδελφοῦ αὐτοῦ. ²²Καὶ ἦρξεν Ἀβειμέλεχ ἐπὶ Ἰσραὴλ τρία
ἔτη. ²³καὶ ἐξαπέστειλεν ὁ θεὸς πνεῦμα πονηρὸν ἀνὰ μέσον Ἀβειμέλεχ
καὶ ἀνὰ μέσον τῶν ἀνδρῶν Σικίμων, καὶ ἠθέτησαν ἄνδρες Σικίμων
ἐν τῷ οἴκῳ Ἀβειμέλεχ· ²⁴τοῦ ἐπαγαγεῖν τὴν ἀδικίαν τῶν ἑβδομήκοντα
υἱῶν Ἱεροβάαλ καὶ τὰ αἵματα αὐτῶν, τοῦ θεῖναι ἐπὶ Ἀβειμέλεχ τὸν

13 om μη A | απολειψασα] αφεισα A | τον ευφραινοντα θεον και ανθρ.] A
την ευφροσυνην την παρα του θῦ των ανων A | πορευσομαι κινεισθαι επι]
πορευθω αρχειν A | των ξυλων] om των A   14 om παντα A | τη ραμνω]
προς την ραμνον A   15 υμεις χριετε με A | του βασιλευειν] εις βασιλεα A |
υμας] υμων A | υποστητε εν τη σκια] πεποιθατε εν τη σκεπη A | απ εμου] εκ
της ραμνου A | καταφαγοι A   16 τελειοτητι] pr εν A | αγαθωσυνην] καθως
A | ως ανταποδοσις χειρος] κατα το ανταποδομα της χ. A   17 παρεταξατο]
επολεμησεν A | εξερριψεν] ερριψεν A | ερυσατο] εξειλατο A   18 παιδισκης]
pr της A   19 om μετα 2° A | om εν 2° A | ευφρανθειητε] pr ευλογηθει-
ηται υμεις και A | om και γε A | εφ] εν A   20 ει δε ου] και με μη A | εξελθη
A | απο 1°] εξ A | φαγοι] καταφαγοι A | Βηθμααλλων bis] Μααλλων A | και
3°] + ει μη A | εκ] απο A   21 εφυγεν Ιωαθαν και απεδρα] απεδρα Ιωθαμ
A | εως Βαιηρ] εν οδω και εφυγεν εις Ραρα A | ωκησεν] κατωκησεν A | αδελ-
φου] pr του A   22 επι] εν A   23 ανδρες] pr οι A   24 τα
αιματα] το αιμα A | του θειναι] επιθειναι A

ΚΡΙΤΑΙ

B ἀδελφὸν αὐτῶν ὃς ἀπέκτεινεν αὐτούς, καὶ ἐπὶ ἄνδρας Σικίμων, ὅτι ἐνίσχυσαν τὰς χεῖρας αὐτοῦ ἀποκτεῖναι τοὺς ἀδελφούς. ²⁵καὶ ἔθηκαν 25 αὐτῷ οἱ ἄνδρες Σικίμων ἐνεδρεύοντας ἐπὶ τὰς κεφαλὰς τῶν ὀρέων, καὶ διήρπαζον πάντα ὃς παρεπορεύετο ἐπ' αὐτοὺς ἐν τῇ ὁδῷ· καὶ ἀπηγγέλη τῷ βασιλεῖ Ἀβειμέλεχ. ²⁶καὶ ἦλθεν Γάλααδ υἱὸς Ἰωβηλ καὶ 26 οἱ ἀδελφοὶ αὐτοῦ καὶ παρῆλθον ἐν Σικίμοις, καὶ ἤλπισαν ἐν αὐτῷ οἱ ἄνδρες Σικίμων. ²⁷καὶ ἐξῆλθον εἰς ἀγρὸν καὶ ἐτρύγησαν τοὺς 27 ἀμπελῶνας αὐτῶν καὶ ἐπάτησαν, καὶ ἐποίησαν ἐλλουλείμ, καὶ εἰσήνεγκαν εἰς οἶκον θεοῦ αὐτῶν καὶ ἔφαγον καὶ εἶπον καὶ κατηράσαντο τὸν Ἀβειμέλεχ. ²⁸καὶ εἶπεν Γάαδ υἱὸς Ἰωβηλ Τίς ἐστιν Ἀβειμέλεχ 28 καὶ τίς ἐστιν υἱὸς Συχέμ ὅτι δουλεύσομεν αὐτῷ; οὐχ υἱὸς Ἰεροβάαλ, καὶ Ζεβούλ, ἐπίσκοπος αὐτοῦ, δοῦλος αὐτοῦ σὺν τοῖς ἀνδράσιν Ἐμμὼρ πατρὸς Συχέμ; καὶ τί ὅτι δουλεύσομεν αὐτῷ ἡμεῖς; ²⁹καὶ 29 τίς δῴη τὸν λαὸν τοῦτον ἐν χειρί μου; καὶ μεταστήσω τὸν Ἀβειμέλεχ καὶ ἐρῶ πρὸς αὐτόν Πλήθυνον τὴν δύναμίν σου καὶ ἔξελθε. ³⁰καὶ 30 ἤκουσεν Ζεβοὺλ ἄρχων τῆς πόλεως τοὺς λόγους Γάλααδ υἱοῦ Ἰωβηλ, καὶ ὠργίσθη θυμῷ αὐτός. ³¹καὶ ἀπέστειλεν ἀγγέλους πρὸς Ἀβειμέλεχ 31 ἐν κρυφῇ λέγων Ἰδοὺ Γάλααδ υἱὸς Ἰωβηλ καὶ οἱ ἀδελφοὶ αὐτοῦ ἔρχονται εἰς Συχέμ, καὶ ἰδοὺ αὐτοὶ περικάθηνται τὴν πόλιν ἐπὶ σέ. ³²καὶ νῦν ἀναστὰς νυκτὸς σὺ καὶ ὁ λαὸς ὁ μετὰ σοῦ, καὶ ἐνέδρευσον 32 ἐν τῷ ἀγρῷ· ³³καὶ ἔσται τὸ πρωὶ ἅμα τῷ ἀνατεῖλαι τὸν ἥλιον ὀρθριεῖς 33 καὶ ἐκτενεῖς ἐπὶ τὴν πόλιν, καὶ ἰδοὺ αὐτὸς καὶ ὁ λαὸς ὁ μετ' ἀυτοῦ ἐκπορεύονται πρὸς σέ, καὶ ποιήσεις αὐτῷ ὅσα ἂν εὕρῃ ἡ χείρ σου. ³⁴καὶ ἀνέστη Ἀβειμέλεχ καὶ πᾶς ὁ λαὸς μετ' αὐτοῦ νυκτός, καὶ 34 ἐνήδρευσαν ἐπὶ Συχὲμ τέτρασιν ἀρχαῖς. ³⁵καὶ ἐξῆλθεν Γάλααδ υἱὸς 35

A 24 ος απεκτεινεν] τον αποκτειναντα A | ανδρας Σικ.] τους ανδρασικιμων A | οτι ενισχυσαν] τους κατισχυσαντας A | τας χειρας] om τας A | αποκτειναι] pr ωστε A | τους αδελφους]+αυτου B^(ab(mg)) αυτους A   25 εθηκαν] εθεντο A | ενεδρευοντας] ενεδρα A | διηρπαζον] ανηρπαζον A | παντα ος παρεπορευετο] παντας τους διαπορευομενους A | om βασιλει A   26 Ιωβηλ] Αβεδ A | om και παρηλθον A | εν Σικιμοις] εις Σικιμα A | ηλπισαν εν] επεποιθησαν A   27 εξηλθον] ηλθον A | επατησαν] κατεπατουν A | ελλουλειμ] χορους A | εισηνεγκαν] εισηλθον A | ειπον] επιον A | κατηρασαντο] κατηρωντο A   28 Ιωβηλ] Αβεδ A | τις 1°] τι A | Αβειμελεκ B* (Αβειμελεχ B^(a?b)) | υιος 2°] pr ο A | ουχ]+ουτος A | και τι οτι]καθοτι A   29 προς αυτον] τω Αβιμελεχ A   30 Γαλααδ] Γααδ A | Ιωβηλ] Αβεδ A | ωργισθη θυμω] εθυμωθη οργη A | om αυτος A   31 εν κρυφη] μετα δωρων A | Γαλααδ] Γααδ A | Ιωβηλ] Αβελ A | ερχονται] παραγεγονασιν A | Συχεμ] Σικιμα A | ιδου αυτοι] οιδε A | περικαθηνται] πολιορκουσιν A   32 αναστας] αναστηθι A   33 ορθριεις] και ορθρισεις A | οσα αν] καθαπερ εαν A   34 μετ' αυτου] pr ο A | Συχεμ] Σικιμα A | τετρασιν αρχαις] τεσσαρας αρχας A   35 και εξηλθεν] pr και εγενετο πρωι A | Γαλααδ] Γααδ A

ΚΡΙΤΑΙ IX 45

Ἰωβηλ καὶ ἔστη πρὸς τῇ θύρᾳ τῆς πύλης τῆς πόλεως, καὶ ἀνέστη B
36 Ἀβειμέλεχ καὶ ὁ λαὸς ὁ μετ' αὐτοῦ ἀπὸ τοῦ ἐνέδρου. ³⁶καὶ εἶδεν
Γάλααδ υἱὸς Ἰωβηλ τὸν λαόν, καὶ εἶπεν πρὸς Ζεβούλ Ἰδοὺ λαὸς καταβαίνει ἀπὸ κεφαλῶν τῶν ὀρέων· καὶ εἶπεν πρὸς αὐτὸν Ζεβούλ Τὴν
37 σκιὰν τῶν ὀρέων σὺ βλέπεις ὡς ἄνδρας. ³⁷καὶ προσέθετο ἔτι Γάλααδ
τοῦ λαλῆσαι καὶ εἶπεν Ἰδοὺ λαὸς καταβαίνων κατὰ θάλασσαν ἀπὸ
τοῦ ἐχόμενα ὀμφαλοῦ τῆς γῆς, καὶ ἀρχὴ ἑτέρα ἔρχεται διὰ ὁδοῦ Ἠλων-
38 μαωνεμείν. ³⁸καὶ εἶπεν πρὸς αὐτὸν Ζεβούλ Καὶ ποῦ ἐστιν τὸ στόμα
σου ὡς ἐλάλησας Τίς ἐστιν Ἀβειμέλεχ ὅτι δουλεύσομεν αὐτῷ; μὴ
οὐχὶ οὗτος ὁ λαὸς ὃν ἐξουδένωσας; ἔξελθε δὴ νῦν καὶ παράταξαι
39 αὐτῷ. ³⁹καὶ ἐξῆλθεν Γάλααδ ἐνώπιον ἀνδρῶν Συχὲμ καὶ παρετάξατο
40 πρὸς Ἀβειμέλεχ. ⁴⁰καὶ ἐδίωξεν αὐτὸν Ἀβειμέλεχ καὶ ἔφυγεν ἀπὸ
προσώπου αὐτοῦ, καὶ ἔπεσαν τραυματίαι πολλοὶ ἕως τῆς θύρας τῆς
41 πύλης.. ⁴¹καὶ εἰσῆλθεν Ἀβειμέλεχ ἐν Ἀρημά· καὶ ἐξέβαλεν Ζεβούλ
42 τὸν Γάλααδ καὶ τοὺς ἀδελφοὺς αὐτοῦ μὴ οἰκεῖν ἐν Συχέμ. ⁴²καὶ
ἐγένετο τῇ ἐπαύριον καὶ ἐξῆλθεν ὁ λαὸς εἰς ἀγρὸν καὶ ἀνήγγειλεν
43 τῷ Ἀβειμέλεχ. ⁴³καὶ ἔλαβεν τὸν λαὸν καὶ διεῖλεν αὐτοὺς εἰς τρεῖς
ἀρχάς, καὶ ἐνήδρευσεν ἐν ἀγρῷ καὶ εἶδεν καὶ ἰδοὺ ὁ λαὸς ἐξῆλθεν ἐκ
44 τῆς πόλεως, καὶ ἀνέστη ἐπ' αὐτοὺς καὶ ἐπάταξεν αὐτούς. ⁴⁴καὶ
Ἀβειμέλεχ καὶ οἱ ἀρχηγοὶ οἱ μετ' αὐτοῦ ἐξέτειναν καὶ ἔστησαν παρὰ
τὴν θύραν τῆς πύλης τῆς πόλεως, καὶ αἱ δύο ἀρχαὶ ἐξέτειναν ἐπὶ
45 πάντας τοὺς ἐν τῷ ἀγρῷ καὶ ἐπάταξαν αὐτούς. ⁴⁵καὶ Ἀβειμέλεχ
παρετάσσετο ἐν τῇ πόλει ὅλην τὴν ἡμέραν ἐκείνην, καὶ κατελάβετο
τὴν πόλιν καὶ τὸν λαὸν τὸν ἐν αὐτῇ ἀπέκτεινεν, καὶ καθεῖλεν

35 Ιωβηλ] Σαβετ A | τη πυλη A | απο του ενεδρου] εκ των ενεδρων A | A
36 Γαλααδ] Γαδ A | Ιωβηλ] Αβεδ A | καταβαινει] καταβαινων A | κεφαλων] των
κορυφων A | βλεπεις] ορας A   37 ομφαλου] pr του A | ετερα] μια A |
ερχεται] παραγεινεται A | δια οδου Ηλωνμαωνεμειν] απο οδου δρυος αποβλεποντων A   38 om και 2° A | εστιν 1°]+νυν A | ως ελαλησας] το λεγον A |
τις] που A | μη ουχι] ουκ ιδου A | ουτος]+εστιν A | εξουδενωσας]+εν αυτω
A | om δη A | παραταξαι αυτω] πολεμει προς αυτον A   39 Γαλααδ] Γααδ
A | ενωπιον] απο προσωπου A | ανδρων] pr των A | Συχεμ] Σικιμων A |
παρεταξατο προς] επολεμησεν εν A   40 εδιωξεν] κατεδιωξεν A | om και
εφυγεν A | επεσον A | πολλαι A | της θυρας της πυλης] θυρων της πολεως A
41 εισηλθεν] εκαθεισεν A | Αριμα A | Γαλααδ] Γααδ A | μη] pr του A | Συχεμ]
Σικιμοις A   42 εγενετο] εγενηθη A | αγρον] pr τον Bᵃᵇ (superser) το
παιδιον A | ανηγγειλεν] απηγγελη A   43 ελαβεν] παρελαβεν A | αυτους]
αυτον A | om εις A | αγρω] αυτω A | ο λαος] om o A | ανεστη επ αυτους]
επανεστη αυτοις A   44 οι αρχηγοι οι] αι αρχαι αι A | εξετειναν 1°] εξεταθησαν A | εστησαν] εξεστησαν A | θυραν της πυλης (υλης sup ras Bᵃᵇ)] πυλην
A | εξετειναν 2°] εξεχυθησαν A | επαταξεν A   45 Αβειμελεχ] β sup ras A? |
παρετασσετο] επολεμει A | απεκτεινεν] ανειλεν A

B τὴν πόλιν καὶ ἔσπειρεν εἰς ἅλας. ⁴⁶καὶ ἤκουσαν πάντες οἱ ἄνδρες πύρ- 46
γων Συχέμ, καὶ ἦλθον εἰς συνέλευσιν Βαιθηρβεριθ. ⁴⁷καὶ ἀνηγγέλη 47
τῷ Ἀβειμέλεχ ὅτι συνήχθησαν πάντες οἱ ἄνδρες πύργων Συχέμ.
⁴⁸καὶ ἀνέβη Ἀβειμέλεχ εἰς ὄρος Ἑρμών, καὶ πᾶς ὁ λαὸς ὁ 48
μετ' αὐτοῦ· καὶ ἔλαβεν Ἀβειμέλεχ τὰς ἀξίνας ἐν τῇ χειρὶ αὐτοῦ,
καὶ ἔκοψεν κλάδον ξύλου καὶ ἦρεν, καὶ ἔθηκεν ἐπ' ὤμων αὐτοῦ,
καὶ εἶπεν τῷ λαῷ τῷ μετ' αὐτοῦ *Ὁ εἴδετέ με ποιοῦντα, ταχέως ποιή-
σατε ὡς ἐγώ. ⁴⁹καὶ ἔκοψαν καί γε ἀνὴρ κλάδον πᾶς ἀνὴρ καὶ 49
ἐπορεύθησαν ὀπίσω Ἀβειμέλεχ, καὶ ἐπέθηκαν ἐπὶ τὴν συνέλευσιν,
καὶ ἐνεπύρισαν ἐπ' αὐτοὺς τὴν συνέλευσιν ἐν πυρί· καὶ ἀπέθανον
καί γε πάντες οἱ ἄνδρες πύργου Σικίμων ὡς χίλιοι ἄνδρες καὶ
γυναῖκες. ⁵⁰Καὶ ἐπορεύθη Ἀβειμέλεχ ἐκ Βαιθηρβεριθ καὶ παρενέ- 50
βαλεν ἐν Θηβής, καὶ κατέλαβεν αὐτήν. ⁵¹καὶ πύργος ἰσχυρὸς ἦν ἐν 51
μέσῳ τῆς πόλεως, καὶ ἔφυγον ἐκεῖ πάντες οἱ ἄνδρες καὶ αἱ γυναῖκες
τῆς πόλεως, καὶ ἔκλεισαν ἔξωθεν αὐτῶν καὶ ἀνέβησαν ἐπὶ τὸ δῶμα
τοῦ πύργου. ⁵²καὶ ἦλθεν Ἀβειμέλεχ ἕως τοῦ πύργου, καὶ παρε- 52
τάξαντο αὐτῷ· καὶ ἤγγισεν Ἀβειμέλεχ ἕως τῆς θύρας τοῦ πύργου τοῦ
ἐμπρῆσαι αὐτὸν ἐν πυρί. ⁵³καὶ ἔρριψεν γυνὴ μία κλάσμα ἐπιμυλίου 53
ἐπὶ κεφαλὴν Ἀβειμέλεχ, καὶ ἔκλασεν τὸ κρανίον αὐτοῦ. ⁵⁴καὶ 54
ἐβόησεν ταχὺ πρὸς τὸ παιδάριον τὸ αἶρον τὰ σκεύη αὐτοῦ καὶ εἶπεν
αὐτῷ Σπάσον τὴν ρομφαίαν μου καὶ θανάτωσόν με, μή ποτε εἴπωσιν
Γυνὴ ἀπέκτεινεν αὐτόν. καὶ ἐξεκέντησεν αὐτὸν τὸ παιδάριον αὐτοῦ,
καὶ ἀπέθανεν. ⁵⁵καὶ εἶδεν ἀνὴρ Ἰσραὴλ ὅτι ἀπέθανεν Ἀβειμέλεχ· 55
καὶ ἐπορεύθησαν ἀνὴρ εἰς τὸν τόπον αὐτοῦ. ⁵⁶καὶ ἐπέστρεψεν ὁ 56

A 45 την πολιν καθειλεν (η, π, λιν, κα|θ sup ras A¹ post κα seq ras
2 circ litt) A | εις] αυτην A   46 Συχεμ] Σικιμων A | ηλθον] εισηλ-
θον A | συνελευσιν Βαιθηρβεριθ] το οχυρωμα οικου του Βααλ διαθη-
κης A   47 απηγγελη A | πυργων] του πυργου A | Συχεμ] Σικιμων
A   48 και 2°] pr αυτος A | τας αξινας Bb (αξειν. B*)] αξινην A | κλαδον
ξυλου] φορτιον ξυλων A | ηρεν και εθηκεν επ ωμων] ελαβεν αυτο και επεθηκεν
επι τους ωμους A | τω λαω τω] προς τον λαον τον A | ο] τι A | ως]+και A
49 om γε A | ανηρ] αυτοι εκαστος A | κλαδον] φορτιον A | om πας ανηρ A
και επορευθ.] pr και ηραν A | om οπισω Αβειμελεχ A | την συνελευσιν]
το οχυρωμα A (bis) | ενεπυρισαν] ενεπρησαν A | om και γε 2° A | ως] ωσει A
50 om εκ Βαιθηρβεριθ και παρενεβαλεν A | εν Θηβης] εις Θαιβαις A + και
περιεκαθεισεν επ αυτην A | κατελαβεν] προκατελαβοντο A   51 ισχυρος
ην] ην υψηλος A | της πολεως 2°] pr και παντες οι ηγουμενοι A | εκλεισαν
εξωθεν αυτων] απεκλεισαν εφ εαυτους A   52 παρεταξαντο αυτω] εξεπολεμησαν
αυτον A | του εμπρησαι] ενπρησαι A   53 επιμυλιον] μυλου A | κεφαλην] pr
την A | εκλασεν] συνεθλασεν A   54 ταχυ] το ταχος A | το αιρον] τον αιροντα
A | om και ειπεν αυτω A | ρομφαιαν] μαχαιραν A | om μου A | απεθανεν]+
Αβιμελεχ A   55 ιδεν A | επορευθησαν] απηλθον A   56 απεστρεψεν A

ΚΡΙΤΑΙ X 10

θεὸς τὴν πονηρίαν Ἀβειμέλεχ, ἣν ἐποίησεν τῷ πατρὶ αὐτοῦ ἀπο- B
57 κτεῖναι τοὺς ἑβδομήκοντα ἀδελφοὺς αὐτοῦ. ⁵⁷ καὶ τὴν πᾶσαν πονηρίαν ἀνδρῶν Συχὲμ ἐπέστρεψεν ὁ θεὸς εἰς κεφαλὴν αὐτῶν· καὶ ἐπῆλθεν ἐπ' αὐτοὺς ἡ κατάρα Ἰωαθὰν υἱοῦ Ἱεροβάαλ.

X 1 ¹ Καὶ ἀνέστη μετὰ Ἀβειμελεχ τοῦ σῶσαι τὸν Ἰσραὴλ Θωλά, υἱὸς Φουά, υἱὸς πατραδέλφου αὐτοῦ, ἀνὴρ Ἰσσαχάρ· καὶ αὐτὸς ᾤκει ἐν
2 Σαμεὶρ ἐν ὄρει Ἐφράιμ. ² καὶ ἔκρινεν τὸν Ἰσραὴλ εἴκοσι τρία ἔτη, καὶ ἀπέθανεν καὶ ἐτάφη ἐν Σαμείρ.
3 ³ Καὶ ἀνέστη μετ' αὐτὸν Ἰαεὶρ ὁ Γαλαάδ, καὶ ἔκρινεν τὸν Ἰσραὴλ
4 εἴκοσι δύο ἔτη. ⁴ καὶ ἦσαν αὐτῷ τριάκοντα καὶ δύο υἱοὶ ἐπιβαίνοντες ἐπὶ τριάκοντα δύο πώλους, καὶ τριάκοντα δύο πόλεις αὐτοῖς· καὶ ἐκάλουν αὐτὰς Ἐπαύλεις Ἰαεὶρ ἕως τῆς ἡμέρας ταύτης, ἐν γῇ Γαλαάδ.
5 ⁵ καὶ ἀπέθανεν Ἰαείρ, καὶ ἐτάφη ἐν Ῥαμνών. ⁶ Καὶ προσέθεντο
6 οἱ υἱοὶ Ἰσραὴλ ποιῆσαι τὸ πονηρὸν ἐνώπιον Κυρίου, καὶ ἐδούλευσαν τοῖς Βααλεὶμ καὶ ταῖς Ἀσταρὼθ καὶ τοῖς θεοῖς Ἀρὰδ καὶ τοῖς θεοῖς Σιδῶνος καὶ τοῖς θεοῖς Μωὰβ καὶ τοῖς θεοῖς υἱῶν Ἀμμὼν καὶ τοῖς θεοῖς Φυλιστιείμ· καὶ ἐνκατέλιπον τὸν κύριον καὶ οὐκ ἐδούλευσαν
7 αὐτῷ. ⁷ καὶ ὠργίσθη θυμῷ Κύριος ἐν Ἰσραήλ, καὶ ἀπέδοτο αὐτοὺς ἐν
8 χειρὶ Φυλιστιεὶμ καὶ ἐν χειρὶ υἱῶν Ἀμμών. ⁸ καὶ ἔθλιψαν καὶ ἔθλασαν τοὺς υἱοὺς Ἰσραὴλ ἐν τῷ καιρῷ ἐκείνῳ δέκα ὀκτὼ ἔτη, τοὺς πάντας υἱοὺς Ἰσραὴλ τοὺς ἐν τῷ πέραν τοῦ Ἰορδάνου ἐν γῇ τοῦ Ἀμορρεὶ
9 τοῦ ἐν Γαλαάδ. ⁹ καὶ διέβησαν οἱ υἱοὶ Ἀμμὼν τὸν Ἰορδάνην παρατάξασθαι πρὸς Ἰούδαν καὶ Βενιαμεὶν καὶ πρὸς Ἐφράιμ· καὶ ἐθλίβη
10 Ἰσραὴλ σφόδρα. ¹⁰ καὶ ἐβόησαν οἱ υἱοὶ Ἰσραὴλ πρὸς Κύριον λέγοντες

---

56 πονηριαν] κακιαν A   57 πονηριαν] κακιαν A | Συχεμ] Σικιμων A | A απεστρεψεν A | ο θεος] K̄S̄ A | κεφαλην] pr την A | Ιωαθαμ A | υιου Ιεροβααλ] του υιου αυτου A · '' X 1 ωκει] κατωκει A | Σαμειρ] Σαμαρεια A.   2 τον Ισραηλ] om τον A | τρια] pr και A | Σαμειρ] Σαμαρεια A   3 Γαλααδ] Γαλααδιτης A | δυο] pr και A   4 ησαν] εγενοντο A | επιβαινοντες] επιβεβηκοτες A | δυο 2°] pr και A | εκαλουν] εκαλεσεν· A | ταυτης]+αι εισιν A | γη Γαλααδ (Γααδ B* λ superscr ιBᵃ)] τη Γαλααδ A   5 Ιαειρ] Αειρ A | Ραμνων] Ραμμω A.   6 ποιησαι] pr του (superscr Bᵃᵇ) ενωπιον] εναντι A | εδουλευσαν] ελατρευσαν A | τοις . Βααλειμ] ταις B. A | Αραδ και τοις θ. Σιδ.] Σιδ. και τοις θ. Συριας A | Φυλιστιειμ] των αλλοφυλων A | ενκατελιπον (εγκ. Bᵇ)] εγκατελειπον A   7 ωργισθη θυμω] εθυμωθη A | Ισραηλ] pr τω A | Φυλιστιειμ] αλλοφυλων A   8 εθλιψαν] εσαθρωσαν A | καιρω] ενιαυτω A | δεκα οκτω] οκτω και δεκα A | τους παντας] παντας τους A | τους εν τω . περαν] om τους A | γη] pr . τη A | Αμορρει] Αμορραιου A | του εν Γαλααδ] εν τη Γαλααδιτιδι A   9 παραταξασθαι] εκπολεμησαι A | προς Ιουδαν] και εν τω Ιουδα A | προς 2°] εν τω οικω A | εθλιβη Bᵇ (εθλειβη B*) εθλιβησαν οι υιοι A

ΚΡΙΤΑΙ

Ἡμάρτομέν σοι, ὅτι ἐνκατελίπομεν τὸν θεὸν καὶ ἐδουλεύσαμεν τῷ Βααλείμ. ¹¹καὶ εἶπεν Κύριος πρὸς τοὺς υἱοὺς Ἰσραὴλ Μὴ οὐχὶ ἐξ Αἰγύπτου καὶ ἀπὸ τοῦ Ἀμορραίου καὶ ἀπὸ υἱῶν Ἀμμὼν καὶ ἀπὸ Φυλιστιεὶμ ¹²καὶ Σιδωνίων καὶ Ἀμαλὴκ καὶ Μαδιάμ, οἳ ἔθλιψαν ὑμᾶς, καὶ ἐβοήσατε πρὸς μέ, καὶ ἔσωσα ὑμᾶς ἐκ χειρὸς αὐτῶν; ¹³καὶ ὑμεῖς ἐγκατελίπετέ με καὶ ἐδουλεύσατε θεοῖς ἑτέροις· διὰ τοῦτο οὐ προσθήσω τοῦ σῶσαι ὑμᾶς. ¹⁴πορεύεσθε καὶ βοήσατε πρὸς τοὺς θεοὺς οὓς ἐξελέξασθε ἑαυτοῖς, καὶ αὐτοὶ σωσάτωσαν ὑμᾶς ἐν καιρῷ θλίψεως ὑμῶν. ¹⁵καὶ εἶπαν οἱ υἱοὶ Ἰσραὴλ πρὸς Κύριον Ἡμάρτομεν, ποίησον σὺ ἡμῖν κατὰ πᾶν τὸ ἀγαθὸν ἐν ὀφθαλμοῖς σου· πλὴν ἐξελοῦ ἡμᾶς ἐν τῇ ἡμέρᾳ ταύτῃ. ¹⁶καὶ ἐξέκλιναν τοὺς θεοὺς τοὺς ἀλλοτρίους ἐκ μέσου αὐτῶν, καὶ ἐδούλευσαν τῷ κυρίῳ μόνῳ· καὶ ὠλιγώθη ἡ ψυχὴ αὐτοῦ ἐν κόπῳ Ἰσραήλ. ¹⁷Καὶ ἀνέβησαν οἱ υἱοὶ Ἀμμὼν καὶ παρενέβαλον ἐν Γαλαάδ, καὶ συνήχθησαν οἱ υἱοὶ Ἰσραὴλ καὶ παρενέβαλον ἐν τῇ σκοπιᾷ. ¹⁸καὶ εἶπον ὁ λαὸς οἱ ἄρχοντες Γαλαάδ, ἀνὴρ πρὸς τὸν πλησίον αὐτοῦ Τίς ὁ ἀνὴρ ὅστις ἂν ἄρξηται παρατάξασθαι πρὸς υἱοὺς Ἀμμών, καὶ ἔσται εἰς ἄρχοντα πᾶσιν τοῖς κατοικοῦσιν Γαλαάδ;

¹Καὶ Ἰεφθάε ὁ Γαλααδείτης ἐπηρμένος δυνάμει, καὶ αὐτὸς υἱὸς γυναικὸς πόρνης, ἣ ἐγέννησεν τῷ Γαλαὰδ τὸν Ἰεφθάε. ²καὶ ἔτεκεν ἡ γυνὴ Γαλαὰδ αὐτῷ υἱούς· καὶ ἡδρύνθησαν οἱ υἱοὶ τῆς γυναικός, καὶ ἐξέβαλον τὸν Ἰεφθάε καὶ εἶπαν αὐτῷ Οὐ κληρονομήσεις ἐν τῷ οἴκῳ τοῦ πατρὸς ἡμῶν, ὅτι υἱὸς γυναικὸς ἑταίρας σύ. ³καὶ ἔφυγεν Ἰεφθάε

10 ενκατελιπομεν (εγκ. B^b)] εγκατελειπομεν A | θεον] κν θν ημων A | εδουλευσαμεν] ελατρευσαμεν A | τω Βααλειμ] ταις B. A   11 μη ουχι] om μη A | εξ Αιγυπτου] Αιγυπτιοι A | απο του Αμορραιου (ου 1°, 2° sup ras item post ου 1° ras aliq B^a)] Αμορραιοι A | απο νιων] οι υιοι A | Αμμων]+και Μωαβ A | απο Φυλιστιειμ] οι αλλοφυλοι A   12 Σιδωνιων B^b (Σειδ. B*)] Σιδωνιοι A | Μαδιαμ και Αμαληκ A | om οι A | εθλιψαν] εξεθλειψαν A | εβοησατε] εκεκραξατε A | με] εμε B^{ab}   13 εγκατελειπετε A | εδουλευσατε] ελατρευσαται A | υμας] ημας A   14 πορευεσθε] βαδιξετε A | βοησατε] βοαται A   15 παν το αγαθον εν οφθαλμοις (το sup ras B^{ab})] παντα οσα αν αρεσκη ενωπιον A | πλην]+κε A   16 εξεκλιναν] μετεστησαν A | εδουλευσαν] ελατρευσαν A | μονω] και ουκ ευηρεστησαν εν τω λαω A | ωλιγωθη (ωλιωθη B* γ superscr B^{ab}) η ψυχη αυτου] ωλιγοψυχησεν A | κοπω] pr τω A   17 συνηχθησαν] εξηλθον A | σκοπια] Μασσηφα A   18 ο λαος οι αρχ.] οι αρχ. του λαου A | ο ανηρ] om ο A | οστις αν αρξηται] ος αρξεται A | παραταξασθαι] πολεμησαι A | προς υιους] εν τοις υιοις A | αρχοντα] κεφαλην A   XI 1 Γαλααδιτις A | επηρμενος δυναμει] δυνατος εν ισχυι A | αυτος]+ην A | η εγεννησεν] και ετεκεν A   2 υιους] pr δυο A | ειπαν] ειπον A | υιος γυναικος εταιρας] γυναικος υιος ετερας A   3 εφυγεν] απεδρα A

ΚΡΙΤΑΙ XI 13

ἀπὸ προσώπου ἀδελφῶν αὐτοῦ, καὶ ᾤκησεν ἐν γῇ Τώβ· καὶ συνεστρά- B
4 φησαν πρὸς Ἰεφθάε ἄνδρες κενοί, καὶ ἐξῆλθον μετ᾽ αὐτοῦ. ⁴Καὶ
5 ἐγένετο ἡνίκα παρετάξαντο οἱ υἱοὶ Ἀμμὼν μετὰ Ἰσραήλ, ⁵καὶ ἐπορεύ-
θησαν οἱ πρεσβύτεροι Γαλαὰδ λαβεῖν τὸν Ἰεφθάε ἀπὸ τῆς γῆς Τώβ·
6 ⁶καὶ εἶπαν τῷ Ἰεφθάε Δεῦρο καὶ ἔσῃ ἡμῖν εἰς ἀρχηγόν, καὶ παρα-
7 ταξώμεθα πρὸς υἱοὺς Ἀμμών. ⁷καὶ εἶπεν Ἰεφθάε τοῖς πρεσβυτέροις
Γαλαάδ Οὐχὶ ὑμεῖς ἐμισήσατέ με, καὶ ἐξεβάλετέ με ἐκ τοῦ οἴκου
τοῦ πατρός μου, καὶ ἐξαπεστείλατέ με ἀφ᾽ ὑμῶν; καὶ διὰ τί ἤλθατε
8 πρὸς μὲ νῦν ἡνίκα χρῄζετε; ⁸καὶ εἶπαν οἱ πρεσβύτεροι Γαλαὰδ πρὸς
Ἰεφθάε Διὰ τοῦτο νῦν ἐπεστρέψαμεν πρὸς σέ, καὶ πορεύσῃ μεθ᾽ ἡμῶν
καὶ παρατάξῃ πρὸς υἱοὺς Ἀμμών· καὶ ἔσῃ ἡμῖν εἰς ἄρχοντα, πᾶσιν τοῖς
9 οἰκοῦσιν Γαλαάδ. ⁹καὶ εἶπεν Ἰεφθάε πρὸς τοὺς πρεσβυτέρους Γαλαάδ
Εἰ ἐπιστρέφετέ με ὑμεῖς παρατάξασθαι ἐν υἱοῖς Ἀμμὼν καὶ παραδῷ
10 Κύριος αὐτοὺς ἐνώπιον ἐμοῦ, καὶ ἐγὼ ἔσομαι ὑμῖν εἰς ἄρχοντα; ¹⁰καὶ
εἶπαν οἱ πρεσβύτεροι Γαλαὰδ πρὸς Ἰεφθάε Κύριος ἔστω ἀκούων
11 ἀνὰ μέσον ἡμῶν εἰ μὴ κατὰ τὸ ῥῆμά σου οὕτως ποιήσομεν. ¹¹καὶ
ἐπορεύθη Ἰεφθάε μετὰ τῶν πρεσβυτέρων Γαλαάδ, καὶ ἔθηκαν αὐτὸν ὁ
λαὸς ἐπ᾽ αὐτοὺς εἰς κεφαλὴν καὶ εἰς ἀρχηγόν· καὶ ἐλάλησεν Ἰεφθάε
12 τοὺς λόγους αὐτοῦ πάντας ἐνώπιον Κυρίου ἐν Μασσηφά. ¹²Καὶ
ἀπέστειλεν Ἰεφθάε ἀγγέλους πρὸς βασιλέα υἱῶν Ἀμμὼν λέγων Τί
13 ἐμοὶ καὶ σοί, ὅτι ἦλθες πρὸς μὲ τοῦ παρατάξασθαι ἐν τῇ γῇ μου; ¹³καὶ
εἶπεν βασιλεὺς υἱῶν Ἀμμὼν πρὸς τοὺς ἀγγέλους Ἰεφθάε Ὅτι ἔλαβεν
Ἰσραὴλ τὴν γῆν μου ἐν τῷ ἀναβαίνειν αὐτὸν ἐξ Αἰγύπτου ἀπὸ
Ἀρνὼν καὶ ἕως Ἰαβὸκ καὶ ἕως τοῦ Ἰορδάνου· καὶ νῦν ἐπίστρεψον

3 απο] εκ A | αδελφων] pr των A | κατωκησεν A | συνεστραφησαν] συνε- A
λεγοντο A | Ιεφθαε 2°] pr τον A | κενοι] λιτοι A | εξηλθον] συνεξεπορευοντο A
4. εγενετο] +μεθ ημερας A | ηνικα παρεταξαντο] και επολεμησαν A   5 και
επορεύθησαν] pr και εγενήθη ηνικα| επολεμουσαν οι υιοι Αμμω| μετα Ιηλ
A | Γαλααδ] Ιηλ A | λαβειν] παραλαβειν A | απο της γης] εν γη A .   6 τω
Ιεφθ.] προς Ιεφθ. A | αρχηγον] ηγουμενον A | παραταξωμεθα] πολεμησωμεν
A | προς υιους] εν τοις υιοις A   7 ουχι] ουχ A_| διαττι] τι οτι A | om
νυν A | χρηζετε] εθλιβηται A   8 δια τουτο] ουχ ουτως A | επεστρε-
ψαμεν] ηλθομεν A | πορευση μεθ ημων] συνπορευση ημιν A | παραταξη προς
υιους] πολεμησομεν εν τοις υιοις A | αρχοντα] κεφαλην A | πασι A | κατοι-
κουσιν A   9 παραταξασθαι] πολεμησαι A | υιοις] pr τοις A | om
και 3° A | υμιν εσομαι A | αρχοντα] κεφαλην A   10 εστω] εσται A |
ακουων] pr ο A   11 εθηκαν] κατεστησαν A | ο λαος αυτου A | αυτους]
αυτων A | om και 3° A | αρχηγον] ηγουμενον A | παντας τ. λογους αυτου
A .   12 σοι] συ A | ηλθες] ηκεις A | προς με] +συ A | του παραταξασθαι]
πολεμησαι με A   13 οτι] διοτι A | τω αναβαινειν αυτον] τη αναβασει
αυτου A | om και 2° A

507

B αὐτὰς ἐν εἰρήνῃ, καὶ πορεύσομαι. ¹⁴καὶ προσέθηκεν ἔτι Ἰεφθάε 14 καὶ ἀπέστειλεν ἀγγέλους πρὸς βασιλέα υἱῶν Ἀμμών, ¹⁵καὶ εἶπεν 15 αὐτῷ Οὕτω λέγει Ἰεφθάε Οὐκ ἔλαβεν Ἰσραὴλ τὴν γῆν Μωὰβ καὶ τὴν γῆν υἱῶν Ἀμμών. ¹⁶ὅτι ἐν τῷ ἀναβαίνειν αὐτοὺς ἐξ Αἰγύπτου 16 ἐπορεύθη Ἰσραὴλ ἐν τῇ ἐρήμῳ ἕως θαλάσσης Σείφ, καὶ ἦλθεν εἰς Καδής. ¹⁷καὶ ἀπέστειλεν Ἰσραὴλ ἀγγέλους πρὸς βασιλέα Ἐδώμ 17 λέγων Παρελεύσομαι δὴ ἐν τῇ γῇ σου· καὶ οὐκ ἤκουσεν βασιλεὺς Ἐδώμ· καὶ πρὸς βασιλέα Μωὰβ ἀπέστειλεν, καὶ οὐκ εὐδόκησεν. καὶ ἐκάθισεν Ἰσραὴλ ἐν Καδής, ¹⁸καὶ ἐπορεύθη ἐν τῇ ἐρήμῳ, καὶ ἐκύκλω- 18 σεν τὴν γῆν Ἐδώμ καὶ τὴν γῆν Μωάβ· καὶ ἦλθεν ἀπὸ ἀνατολῶν ἡλίου τῇ γῇ Μωὰβ καὶ παρενέβαλον ἐν πέραν Ἀρνών, καὶ οὐκ εἰσῆλθεν ἐν ὁρίοις Μωάβ, ὅτι Ἀρνῶν ὅριον Μωάβ. ¹⁹καὶ ἀπέστειλεν 19 Ἰσραὴλ ἀγγέλους πρὸς Σηὼν βασιλέα τοῦ Ἀμορραίου βασιλέα Ἐσεβών, καὶ εἶπεν αὐτῷ Ἰσραήλ Παρέλθωμεν δὴ ἐν τῇ γῇ σου ἕως τοῦ τόπου ἡμῶν. ²⁰καὶ οὐκ ἐνεπίστευσεν Σηὼν τῷ Ἰσραὴλ παρελθεῖν ἐν ὁρίῳ 20 αὐτοῦ· καὶ συνῆξεν Σηὼν τὸν πάντα λαὸν αὐτοῦ, καὶ παρενέβαλον εἰς Ἰάσα· καὶ παρετάξατο πρὸς Ἰσραήλ. ²¹καὶ παρέδωκεν Κύριος ὁ θεὸς 21 Ἰσραὴλ τὸν Σηὼν καὶ πάντα τὸν λαὸν αὐτοῦ ἐν χειρὶ Ἰσραήλ, καὶ ἐπάταξεν αὐτόν· καὶ ἐκληρονόμησεν Ἰσραὴλ τὴν πᾶσαν γῆν τοῦ Ἀμορραίου τοῦ κατοικοῦντος τὴν γῆν ἐκείνην, ²²ἀπὸ Ἀρνῶν καὶ ἕως τοῦ Ἰαβὸκ 22 καὶ ἀπὸ τῆς ἐρήμου ἕως τοῦ Ἰορδάνου. ²³καὶ νῦν Κύριος ὁ θεὸς 23 Ἰσραὴλ ἐξῆρεν τὸν Ἀμορραῖον ἀπὸ προσώπου λαοῦ αὐτοῦ Ἰσραήλ· καὶ σὺ κληρονομήσεις αὐτόν; ²⁴οὐχὶ ἃ ἐὰν κληρονομήσει σε Ἀμὼς 24

A 13 εν ειρηνη] μετ ιρηνης A | και πορευσομαι] και απεστρεψαν οι αγγελοι προς Ιεφθαε A 14 om και προσεθηκεν ετι Ιεφθαε A | απεστειλεν] +Ιεφθαε A | βασιλεα] pr τον A 15 και ειπεν αυτω] λεγων A | ουτω] ταδε A | Ισραηλ] Ιεφθαε A 16 om οτι A | τω αναβαινειν αυτους] τη αναβασει αυτων A | επορευθη] pr αλλ A | Σειφ] ερυθρας A | εις] εως A 17 εξαπεστειλεν A | om δη A | εν τη γη] δια της γης A | βασιλευς] pr ο A | και 3°]+γε A | ευδοκησεν] ηθελησεν A 18 επορευθη] διηλθεν A | ηλθεν] παρεγενετο A | απο ανατολων] κατ ανατολας A | τη γη] της γης A | περαν] pr τω A | εισηλθον A | εν οριοις] εις το οριον A | οριον] pr ην A 19 om του Αμορραιου βασιλεα A | Εσεβων]+τον Αμορραιον A | παρελθωμεν] παρελευσομαι A | om δη A | εν τη γη] δια της γης A | ημων] μου A 20 ενεπιστευσεν Σηων τω Ισρ. παρελθειν εν οριω] ηθελησεν διελθειν τον Ιηλ δια των οριων A | συνηξεν] συνηγαγεν A | τον παντα] παντα τον A | παρενεβαλεν A | Ιασα] Ιηλ A | παρεταξατο] επολεμησεν A | προς] μετα A 21 αυτον] αυτους A | την πασαν] πασαν την A | την γην εκεινην] εν τη γη A 22 απο Αρνων] pr και εκληρονομησεν την την οριον του Αμορραιου A | εως 2°] pr και A 23 om Ισραηλ A | απο] εκ A | λαου] pr του A | αυτον]+επι σου A 24 α εαν] οσα A | κληρονομησει σε] κατεκληρονομησεν σοι A | Αμως] Χαμως B^{ab}A

ΚΡΙΤΑΙ XI 34

ὁ θεός σου, αὐτὰ κληρονομήσεις; καὶ τοὺς πάντας οὓς ἐξῆρεν Κύριος Β ὁ θεὸς ἡμῶν ἀπὸ προσώπου ἡμῶν, αὐτοὺς κληρονομήσομεν. ²⁵καὶ νῦν μὴ ἐν ἀγαθῷ ἀγαθώτερος σὺ ὑπὲρ Βαλὰκ υἱὸν Σεπφὼρ βασιλέα Μωάβ; μὴ μαχόμενος ἐμαχέσατο μετὰ Ἰσραὴλ ἢ πολεμῶν ἐπολέμησεν αὐτὸν ²⁶ἐν τῷ οἰκῆσαι ἐν Ἐσεβὼν καὶ ἐν τοῖς ὁρίοις αὐτῆς καὶ ἐν γῇ Ἀροὴρ καὶ ἐν τοῖς ὁρίοις αὐτῆς καὶ ἐν πάσαις ταῖς πόλεσιν ταῖς παρὰ τὸν Ἰορδάνην τριακόσια ἔτη; καὶ διὰ τί οὐκ ἐρρύσω αὐτοὺς ἐν τῷ καιρῷ ἐκείνῳ; ²⁷καὶ νῦν ἐγώ εἰμι οὐχ ἥμαρτόν σοι, καὶ σὺ ποιεῖς μετ' ἐμοῦ πονηρίαν τοῦ παρατάξασθαι ἐν ἐμοί· κρίναι Κύριος κρίνων σήμερον ἀνὰ μέσον υἱῶν Ἰσραὴλ καὶ ἀνὰ μέσον υἱῶν Ἀμμών. ²⁸καὶ οὐκ ἤκουσεν βασιλεὺς υἱῶν Ἀμμὼν τῶν λόγων Ἰεφθάε ὧν ἀπέστειλεν πρὸς αὐτόν. ²⁹Καὶ ἐγένετο ἐπὶ Ἰεφθάε πνεῦμα Κυρίου, καὶ παρῆλθεν τὸν Γαλαὰδ καὶ τὸν Μανασσή, καὶ παρῆλθεν τὴν σκοπιὰν Γαλαὰδ εἰς τὸ πέραν υἱῶν Ἀμμών. ³⁰καὶ ηὔξατο Ἰεφθάε εὐχὴν τῷ Κυρίῳ καὶ εἶπεν Ἐὰν διδοὺς δῷς τοὺς υἱοὺς Ἀμμὼν ἐν τῇ χειρί μου, ³¹καὶ ἔσται ὁ ἐκπορευόμενος ὃς ἐὰν ἐξέλθῃ ἀπὸ τῆς θύρας τοῦ οἴκου μου εἰς συνάντησίν μου ἐν τῷ ἐπιστρέφειν με ἐν εἰρήνῃ ἀπὸ υἱῶν Ἀμμών, καὶ ἔσται τῷ κυρίῳ· ἀνοίσω αὐτὸν ὁλοκαύτωμα. ³²καὶ παρῆλθεν Ἰεφθάε πρὸς υἱοὺς Ἀμμὼν παρατάξασθαι πρὸς αὐτούς, καὶ παρέδωκεν αὐτοὺς Κύριος ἐν χειρὶ αὐτοῦ. ³³καὶ ἐπάταξεν αὐτοὺς ἀπὸ Ἀροὴρ ἕως ἐλθεῖν ἄχρις Ἀρνών, ἐν ἀριθμῷ εἴκοσι πόλεις, καὶ ἕως Ἐβελχαρμείν, πληγὴν μεγάλην σφόδρα· καὶ συνεστάλησαν οἱ υἱοὶ Ἀμμὼν ἀπὸ προσώπου υἱῶν Ἰσραήλ. ³⁴Καὶ ἦλθεν Ἰεφθάε εἰς Μασσηφὰ εἰς τὸν οἶκον αὐτοῦ, καὶ ἰδοὺ ἡ θυγάτηρ αὐτοῦ ἐξεπορεύετο εἰς ὑπάντησιν ἐν τυμπάνοις καὶ χοροῖς· καὶ ἦν

24 τους παντας ους] παντα οσα A | εξηρεν] κατεκληρονομησεν σοι A | om A απο προσωπου ημων A | αυτους] αυτα A | κληρονομησωμεν A 25 εν αγαθω αγαθωτερος] κρεισσων A | συ] pr ει A | υπερ] του A | υιου A | βασιλεα] βασιλεως A | μαχομενος] μαχη A | αυτον] αυτοις A 26 οικησαι] οικω Ἰηλ A | τοις οριοις (bis)] ταις θυγατρασιν A | γη Αροηρ] Ιαζηρ A | om και 5° A | δια τι] διοτι A | ερρυσω] ερυσαντο A 27 om νυν A | om ειμι A | παραταξασθαι] πολεμησαι A | κρινων] pr ο A | υιων (bis)] pr των A 28 εισηκουσεν A | των λογων] pr και ουκ εισηκουσεν A 29 εγενετο] εγενηθη A | παρηλθεν (bis)] διεβη A | τον Γαλ.] την γην Γαλ. A | Μανασση A | εις το περαν] pr και απο σκοπιας Γαλααδ A 30 διδους δως] παραδωσει παραδως μοι A | τη χειρι] om τη A 31 εαν] αν A | απο της θυρας] εκ των θυρων A | απαντησιν A | επιστρεφειν] επιστρεψαι A | υιων] pr των A | ανοισω] pr και A 32 παρηλθεν] διεβη A | υιους] pr. τους A | παραταξασθαι] του πολεμησαι A 33 εως 1°] pr και A | ελθειν] pr του A | αχρις Αρνων] εις Σεμωειθ A | om εν αριθμω A | om και 2° A | Ἐβελχαρμειν] Αβελ αμπελωνων A | συνεσταλησαν] ενετραπησαν A 34 εισηλθεν A | υπαντησιν] απαντησιν αυτου A | om ην A

B αὕτη μονογενής, οὐκ ἦν αὐτῷ ἕτερος υἱὸς ἢ θυγάτηρ. ³⁵καὶ ἐγένετο ὡς 35 εἶδεν αὐτὴν αὐτός, διέρρηξεν τὰ ἱμάτια αὐτοῦ καὶ εἶπεν Ἆ ἆ θυγάτηρ μου, ταραχῇ ἐτάραξάς με, καὶ σὺ ἦς ἐν τῷ ταράχῳ μου· καὶ ἐγώ εἰμι ἤνοιξα κατὰ σοῦ τὸ στόμα μου πρὸς Κύριον, καὶ οὐ δυνήσομαι ἐπιστρέψαι. ³⁶ἡ δὲ εἶπεν πρὸς αὐτόν Πάτερ, ἤνοιξας τὸ στόμα σου 36 πρὸς Κύριον· ποίησόν μοι ὃν τρόπον ἐξῆλθεν ἐκ στόματός σου, ἐν τῷ ποιῆσαί σοι Κύριον ἐκδίκησιν ἀπὸ τῶν ἐχθρῶν σου, ἀπὸ υἱῶν Ἀμμών. ³⁷καὶ ἥδε εἶπεν πρὸς τὸν πατέρα αὐτῆς Ποιησάτω δὴ ὁ πατήρ μου τὸν 37 λόγον τοῦτον· ἔασόν με δύο μῆνας καὶ πορεύσομαι καὶ καταβήσομαι ἐπὶ τὰ ὄρη, καὶ κλαύσομαι ἐπὶ τὰ παρθένιά μου, ἐγώ εἰμι καὶ αἱ συνεταιρίδες μου. ³⁸καὶ εἶπεν Πορεύου· καὶ ἀπέστειλεν αὐτὴν δύο 38 μῆνας. καὶ ἐπορεύθη αὐτὴ καὶ αἱ συνεταιρίδες αὐτῆς, καὶ ἔκλαυσεν ἐπὶ τὰ παρθένια αὐτῆς ἐπὶ τὰ ὄρη. ³⁹καὶ ἐγένετο ἐν τέλει τῶν δύο 39 μηνῶν καὶ ἐπέστρεψεν πρὸς τὸν πατέρα αὐτῆς, καὶ ἐποίησεν ἐν αὐτῇ τὴν εὐχὴν αὐτοῦ ἣν ηὔξατο· καὶ αὕτη οὐκ ἔγνω ἄνδρα. καὶ ἐγένετο εἰς πρόσταγμα ἐν Ἰσραήλ· ⁴⁰ἀπὸ ἡμερῶν εἰς ἡμέρας ἐπορεύοντο θυγατέρες 40 Ἰσραὴλ θρηνεῖν τὴν θυγατέρα Ἰεφθάε Γαλαὰδ ἐπὶ τέσσαρες ἡμέρας ἐν τῷ ἐνιαυτῷ. ¹Καὶ ἐβόησεν ἀνὴρ Ἐφράιμ, καὶ παρῆλθαν εἰς 1 XI βορρᾶν καὶ εἶπαν πρὸς Ἰεφθάε Διὰ τί παρῆλθες παρατάξασθαι ἐν υἱοῖς Ἀμμὼν καὶ ἡμᾶς οὐ κέκληκας πορευθῆναι μετὰ σοῦ; τὸν οἶκόν σου ἐμπρήσομεν ἐπὶ σὲ ἐν πυρί. ²καὶ εἶπεν Ἰεφθάε πρὸς αὐτούς 2 Ἀνὴρ μαχητὴς ἤμην ἐγὼ καὶ ὁ λαός μου καὶ οἱ υἱοὶ Ἀμμὼν σφόδρα· καὶ ἐβόησα ὑμᾶς, καὶ οὐκ ἐσώσατέ με ἐκ χειρὸς αὐτῶν. ³καὶ εἶδον ὅτι 3

A   34 μονογενης] +αυτω αγαπητη A | ην αυτω ετερος] εστιν αυτω πλην αυτης A 35 εγενετο] εγενηθη A | ως] ηνικα A | om αυτος A | διερρηξεν] pr και A | αυτου] αυτης A | α α] οιμμοι (sic) A | θυγατερ A | ταραχη...ταραχω] εμπεποδεσταγη (sic) και σεμνοτατη] εις σκωλον εγενου εν οφθαλ|μοις A | και εγω ειμι (ει μη B)] εγω δε A | κατα σου το στομα μου] το στ. μου περι σου A | αποστρεψαι A   36 η δε] και A | πατερ]+μου A | ηνοιξας] pr ει εν εμοι A | ποιησον] ποιει A | εν τω ποιησαι σοι Κυριον εκδικησιν] ανθ ων εποιησεν σοι κ̅ς̅ εκδικησεις A | απο (bis)] εκ A | υιων] pr των A   37 om ηδε A | ποιησατω δη ο πατηρ μου] και ποιησον μοι A | τον λογον τουτον] το ρημα τουτο A | om τα ορη και κλαυσομαι επι τα A¹ (ᵐᵍᵍ) | εγω ειμι] και εγω A | συν|εταιρ. B* συνε|ταιρ. Bb   38 εξαπεστειλεν A   39 εν τελει των] μετα τελος A | επεστρεψεν] ανεκαμψεν A | εποιησεν εν αυτη] επετελεσεν Ιεφθαε A | εγενετο] εγενηθη A   40 απο] εξ A | συνεπορευοντο A | θυγατερες] pr αι A | Γαλααδ] Γαλααδιτου A | om επι A | τεσσαρας BᵇA   XII 1 εβοησεν ανηρ] συνηχθησαν οι υιοι A | παρηλθαν] ηλθον A | βορραν] Κεφεινα A | ειπαν] ειπον A | δια τι] τι οτι A | παρηλθες παραταξασθαι] επορευθης πολεμειν A | υιοις] pr τοις A | om επι σε A   2 προς αυτους Ιεφθ. A | μαχητης] αντιδικων A | οι υιοι] om οι A | σφοδρα] pr εταπεινουν με A | υμας] pr πρός A   3 ιδον Aᵢ

ΚΡΙΤΑΙ XII 12

οὐκ εἶ σωτήρ, καὶ ἔθηκα τὴν ψυχήν μου ἐν χειρί μου καὶ παρῆλθον B πρὸς υἱοὺς Ἀμμών, καὶ ἔδωκεν αὐτοὺς Κύριος ἐν χειρί μου· καὶ εἰς τί 4 ἀνέβητε ἐπ᾽ ἐμὲ ἐν τῇ ἡμέρᾳ ταύτῃ παρατάξασθαι ἐν ἐμοί; ⁴καὶ συνέστρεψεν Ἰεφθάε τοὺς πάντας ἄνδρας Γαλαὰδ καὶ παρετάξατο τῷ Ἐφράιμ· καὶ ἐπάταξαν ἄνδρες Γαλαὰδ τὸν Ἐφράιμ, ὅτι εἶπαν οἱ διασωζόμενοι τοῦ Ἐφράιμ Ὑμεῖς Γαλαὰδ ἐν μέσῳ τοῦ Ἐφράιμ καὶ ἐν 5 μέσῳ τοῦ Μανασσή. ⁵καὶ προκατελάβετο Γαλαὰδ τὰς διαβάσεις τοῦ Ἰορδάνου τοῦ Ἐφράιμ· καὶ εἶπαν αὐτοῖς οἱ διασωζόμενοι Ἐφράιμ Διαβῶμεν· καὶ εἶπαν αὐτοῖς οἱ ἄνδρες Γαλαάδ Μὴ Ἐφραθείτης εἶ; 6 καὶ εἶπεν Οὔ. ⁶καὶ εἶπαν αὐτῷ Εἰπὸν δὴ Στάχυς. καὶ οὐ κατεύθυνεν τοῦ λαλῆσαι οὕτως, καὶ ἐπελάβοντο αὐτοῦ καὶ ἔθυσαν αὐτὸν πρὸς τὰς διαβάσεις τοῦ Ἰορδάνου· καὶ ἔπεσαν ἐν τῷ καιρῷ ἐκείνῳ 7 ἀπὸ Ἐφράιμ τεσσεράκοντα δύο χιλιάδες. ⁷Καὶ ἔκρινεν Ἰεφθάε τὸν Ἰσραὴλ ἑξήκοντα ἔτη· καὶ ἀπέθανεν Ἰεφθάε ὁ Γαλααδείτης, καὶ ἐτάφη ἐν πόλει αὐτοῦ ἐν Γαλαάδ.
8 ⁸Καὶ ἔκρινεν μετ᾽ αὐτὸν τὸν Ἰσραὴλ Ἀβαισὰν ἀπὸ Βαιθλέεμ. 9 ⁹καὶ ἦσαν αὐτῷ τριάκοντα υἱοὶ καὶ τριάκοντα θυγατέρες, ἃς ἐξαπέστειλεν ἔξω, καὶ τριάκοντα θυγατέρας εἰσήνεγκεν τοῖς υἱοῖς αὐτοῦ 10 ἔξωθεν· καὶ ἔκρινεν τὸν Ἰσραὴλ ἑπτὰ ἔτη. ¹⁰καὶ ἀπέθανεν Ἀβαισάν, καὶ ἐτάφη ἐν Βαιθλέεμ.
11 ¹¹Καὶ ἔκρινεν μετ᾽ αὐτὸν τὸν Ἰσραὴλ Αἰλὼμ ὁ Ζαβουλωνείτης δέκα 12 ἔτη. ¹²καὶ ἀπέθανεν Αἰλὼμ ὁ Ζαβουλωνείτης, καὶ ἐτάφη ἐν Αἰλὼμ ἐν γῇ Ζαβουλών.

3 ει σωτηρ] ην ο σωζων A | εθηκα] εθεμην A | χειρι] pr τη A | παρηλθον] A διεβην A | υιους] pr τους A | παρεδωκεν A | εν χειρι 2°] ενωπιον A | εις τι] ινα τι A | επ εμε] προς με A | om εν A | παραταξασθαι] του πολεμειν A 4 συνεστρεψεν] συνηθροισεν A | τους παντας] παντας τους A | παρεταξατο τω Εφρ.] επολεμει τον Εφρ. A | διασωζομενοι] διασεσωσμενοι A | του Εφραιμ 2°] om του A | του Μανασση] Μανναση A 5 προκατελαβοντο A | Γαλααδ] pr ανδρες A | ειπαν] pr εγενηθη οτι A | διασωζομενοι] διασεσωσμενοι A | Εφραιμ] pr του A | Εφραθειτης ει] υμεις εκ του Εφραιμ A | ειπεν] ειπαν A | ου] ουκ εσμεν A 6 ειπαν] ειπεν A | αυτω] αυτοις A | ειπον] ειπαται A | σταχυς] συνθημα A | om ου A | κατηυθυναν A | αυτου] αυτων A | εθυσαν αυτον προς] σφαζουσιν αυτους επι A | εν τω κ. εκεινω απο Εφρ.] εξ Εφρ. τω κ. εκ. A | τεσσερακ. (τεσσαρακ. Bᵇ) δυο] δυο τεσσερακ. A | χιλιαδες]+ανδρων A 7 εξηκοντα] εξ A | Γαλααδιτης A | πολει] pr τη A | om εν 2° A 8 Αβαισαν] Εσεβων A | απο] εκ A 9 ησαν] εγενοντο A | ας εξαπεστειλεν] εξαπεσταλμεναι A | θυγατερας (θυγατερες B)] γυναικες A | εισηνεγκεν] εισηγαγεν A 10 Αβαισαν] εν Εσεβων A | Βηθλεεμ A 11 Αιλων A | Ζαβουνιτης A | δεκα] pr και εκρινεν τον Ιηλ A 12 Αιλων A | Ζαβουνιτης A | εταφη εν Αιλωμ] εν Αιλειμ και εθαψαν αυτον A

B. ¹³Καὶ ἔκρινεν μετ' αὐτὸν τὸν Ἰσραὴλ Ἀβδὼν υἱὸς Ἑλλὴλ ὁ Φαρα- 13
θωνείτης. ¹⁴καὶ ἦσαν αὐτῷ τεσσεράκοντα υἱοὶ καὶ τριάκοντα υἱῶν υἱοί, 14
ἐπιβαίνοντες ἐπὶ ἑβδομήκοντα πώλους· καὶ ἔκρινεν τὸν Ἰσραὴλ ὀκτὼ
ἔτη. ¹⁵καὶ ἀπέθανεν Ἀβδὼν υἱὸς Ἑλλὴλ ὁ Φαραθωνείτης, καὶ ἐτάφη 15
ἐν Φαραθὼμ ἐν γῇ Ἐφράιμ ἐν ὄρει τοῦ Ἀμαλήκ.

¹Καὶ προσέθηκαν οἱ υἱοὶ Ἰσραὴλ ποιῆσαι τὸ πονηρὸν ἐνώπιον 1 XI
Κυρίου, καὶ παρέδωκεν αὐτοὺς Κύριος ἐν χειρὶ Φυλιστιεὶμ τεσσερά-
κοντα ἔτη. ²Καὶ ἦν ἀνὴρ εἷς ἀπὸ Σαρὰλ ἀπὸ δήμου συγγενείας τοῦ 2
Δανεὶ καὶ ὄνομα αὐτῷ Μανῶε, καὶ γυνὴ αὐτῷ στεῖρα καὶ οὐκ ἔτεκεν.
³καὶ ὤφθη ἄγγελος Κυρίου πρὸς τὴν γυναῖκα καὶ εἶπεν πρὸς αὐτήν 3
Ἰδοὺ σὺ στεῖρα καὶ οὐ τέτοκας, καὶ συλλήμψῃ υἱόν. ⁴καὶ νῦν 4
φύλαξαι δὴ καὶ μὴ πίῃς οἶνον καὶ μέθυσμα, καὶ μὴ φάγῃς πᾶν
ἀκάθαρτον· ⁵ὅτι ἰδοὺ σὺ ἐν γαστρὶ ἔχεις καὶ τέξῃ υἱόν, καὶ σίδηρος 5
οὐκ ἀναβήσεται ἐπὶ τὴν κεφαλὴν αὐτοῦ, ὅτι ναζεὶρ θεοῦ ἔσται τὸ
παιδάριον ἀπὸ τῆς κοιλίας· καὶ αὐτὸς ἄρξεται τοῦ σῶσαι τὸν Ἰσραὴλ
ἐκ χειρὸς Φυλιστιείμ. ⁶καὶ εἰσῆλθεν ἡ γυνὴ καὶ εἶπεν τῷ ἀνδρὶ 6
αὐτῆς λέγουσα Ἄνθρωπος θεοῦ ἦλθεν πρός μέ, καὶ εἶδος αὐτοῦ ὡς
εἶδος ἀγγέλου θεοῦ φοβερὸν σφόδρα· καὶ οὐκ ἠρώτησα αὐτὸν πόθεν
ἐστίν, καὶ τὸ ὄνομα αὐτοῦ οὐκ ἀπήγγειλέν μοι. ⁷καὶ εἶπέν μοι Ἰδοὺ 7
σὺ ἐν γαστρὶ ἔχεις καὶ τέξῃ υἱόν· καὶ νῦν μὴ πίῃς οἶνον καὶ μέθυσμα,
καὶ μὴ φάγῃς πᾶν ἀκάθαρτον, ὅτι ἅγιον θεοῦ ἔσται τὸ παιδάριον
ἀπὸ γαστρὸς ἕως ἡμέρας θανάτου αὐτοῦ. ⁸καὶ προσηύξατο Μανῶε 8
πρὸς Κύριον καὶ εἶπεν Ἐν ἐμοί, Κύριε Ἀδωναῖε, τὸν ἄνθρωπον

A 13 Αβδων] Λαβδωμ A | Ελληλ] Σελλημ A | Φραθωνιτης A 14 ησαν]
εγενοντο A | τεσσαρακοντα B^b | υιων υιοι] υιοι των υιων αυτου A | επιβαι-
νοντες επιβεβηκοτες A 15 Αβδων] Λαβδω] A | Ελληλ (Ελληχ B* vid)]
Σελλημ A | Φραθωνιτης A | Φαραθωμ] Φραθων A | του Αμαληκ] Λαναχ A
XIII 1 προσεθηκαν] προσεθεντο A | ενωπιον] εναντιον A | om Κυριου A | Φυ-
λιστιειμ] αλλοφυλων A | τεσσαρακ. B^b   2 ην] εγενετο A | om εις A | απο
(bis)] εκ A | Σαραα A | δημου συγγενειας του Δανει (Δὰν B^b)] της φυλης του Δαν
A | γυνη αυτω] η γυνη αυτου A | ετεκεν] ετικτεν A   3 προς 2° sup ras B^{ab}
ιδου]+δη A | και 4°] pr και εγγαστρι εξεις A | συλλημψῃ] τεξῃ A   4 om
δη A [μεθυσμα] σικερα A   5 εχεις] εξεις A | ουκ αναβ. σιδηρος A | ναζειρ]
ηγιασμενον ναζιραιον A | θεου εσται] εσται τω θω A | απο της κοιλιας] εκ
της γαστρος A | του σωσαι] σωζειν A | Φυλιστιειμ] αλλοφυλων A   6 εισηλ-
θεν] ηλθεν A | ανθρωπος] pr οτι A | θεου (bis)] pr του A | ειδος 1°] η ορασεις
A | ειδος 2°] ορασις A | φοβερον] επιφανης A | om ουκ 1° A | ηρωτησα] ηρω-
των A   7 εχεις] εξεις A | μεθυσμα] σικερα A | παν ακαθαρτον] πασαν
ακαθαρσιαν A | αγιον] ναζειραιον A | εσται] εστιν A | γαστρος] pr της A
8 προσηυξατο] εδεηθη A | προς Κυριον] του κυ A | om Αδωναιε A | τον αν-
θρωπον] ανος A

ΚΡΙΤΑΙ XIII 20

τοῦ θεοῦ ὃν ἀπέστειλας; ἐλθέτω δὴ ἔτι πρὸς ἡμᾶς, καὶ συνβιβασάτω B
9 ἡμᾶς τί ποιήσωμεν τῷ παιδίῳ τῷ τικτομένῳ. ⁹καὶ εἰσήκουσεν ὁ θεὸς
τῆς φωνῆς Μανῶε, καὶ ἦλθεν ὁ ἄγγελος τοῦ θεοῦ ἔτι πρὸς τὴν γυναῖκα·
καὶ αὕτη ἐκάθητο ἐν ἀγρῷ, καὶ Μανῶε ὁ ἀνὴρ αὐτῆς οὐκ ἦν μετ' αὐτῆς.
10 ¹⁰καὶ ἐτάχυνεν ἡ γυνὴ καὶ ἔδραμεν καὶ ἀνήγγειλεν τῷ ἀνδρὶ αὐτῆς,
καὶ εἶπεν πρὸς αὐτόν Ἰδοὺ ὦπται πρός με ὁ ἀνὴρ ὃς ἦλθεν ἐν ἡμέρᾳ
11 πρὸς μέ. ¹¹καὶ ἀνέστη καὶ ἐπορεύθη Μανῶε ὀπίσω τῆς γυναικὸς
αὐτοῦ, καὶ ἦλθεν πρὸς τὸν ἄνδρα καὶ εἶπεν αὐτῷ Εἰ σὺ εἶ ὁ ἀνὴρ
12 ὁ λαλήσας πρὸς τὴν γυναῖκα; καὶ εἶπεν ὁ ἄγγελος Ἐγώ. ¹²καὶ
εἶπεν Μανῶε Νῦν ἐλεύσεται ὁ λόγος σου· τίς ἔσται κρίσις τοῦ παιδίου
13 καὶ τὰ ποιήματα αὐτοῦ; ¹³καὶ εἶπεν ὁ ἄγγελος Κυρίου πρὸς Μανῶε
14 Ἀπὸ πάντων ὧν εἴρηκα πρὸς τὴν γυναῖκα φυλάξεται· ¹⁴ἀπὸ παντὸς
ὃ ἐκπορεύεται ἐξ ἀμπέλου τοῦ οἴνου οὐ φάγεται, καὶ οἶνον καὶ
σίκερα μέθυσμα μὴ πιέτω, καὶ πᾶν ἀκάθαρτον μὴ φαγέτω· πάντα
15 ὅσα ἐνετειλάμην αὐτῷ φυλάξεται. ¹⁵καὶ εἶπεν Μανῶε πρὸς τὸν
ἄγγελον Κυρίου Κατάσχωμεν ὧδέ σε, καὶ ποιήσωμεν ἐνώπιόν σου
16 ἔριφον αἰγῶν. ¹⁶καὶ εἶπεν ὁ ἄγγελος Κυρίου πρὸς Μανῶε Ἐὰν
κατάσχῃς με, οὐ φάγομαι ἀπὸ τῶν ἄρτων σου· καὶ ἐὰν ποιήσῃς
ὁλοκαύτωμα, τῷ κυρίῳ ἀνοίσεις αὐτό· ὅτι οὐκ ἔγνω Μανῶε ὅτι
17 ἄγγελός Κυρίου αὐτός. ¹⁷καὶ εἶπεν Μανῶε πρὸς τὸν ἄγγελον Κυρίου
18 Τί τὸ ὄνομά σοι; ὅτι ἔλθοι τὸ ῥῆμά σου, καὶ δοξάσομέν σε. ¹⁸καὶ
εἶπεν αὐτῷ ὁ ἄγγελος Κυρίου Εἰς τί τοῦτο ἐρωτᾷς τὸ ὄνομά μου;
19 καὶ αὐτό ἐστιν θαυμαστόν. ¹⁹καὶ ἔλαβεν Μανῶε τὸν ἔριφον τῶν
αἰγῶν καὶ τὴν θυσίαν καὶ ἀνήνεγκεν ἐπὶ τὴν πέτραν τῷ κυρίῳ, καὶ
20 διεχώρισεν ποιῆσαι· καὶ Μανῶε καὶ ἡ γυνὴ αὐτοῦ βλέποντες. [²⁰καὶ

8 ¹ἀπεστειλας]+προς ημας A | om ετι A | συνβιβασατω (συμβ. B^{ab})] φωτι- A
σατω A | παιδιω] παιδαριω A   9 εισηκουσεν] επηκουσεν A | ηλθεν]
παρεγενετο A | και αυτη εκαθητο] αυτης καθημενης A | αγρω] pr τω A
10 εξεδραμεν A | απηγγειλεν A | προς με 1°] μοι A | ος ηλθεν (ras θ B^b)] ο ελ-
θων A | εν ημερα προς με (post ημ. ras aliq B^a)] προς με τη ημ. εκεινη A
11 Μανωε και επορ. A | om και ηλθεν A   12 ειπεν]+δε A | ελευσεται ο
λογος] ελθοντος του ρηματος A | τις ε. κρισις] τι ε. το κριμα A | παιδιου] παι-
δαριου A | ποιηματα] εργα A   13 ειρηκα] ειπα A | φυλαξεται] φυλαξασθω
A   14 παντος ο] παντων οσα A | εκπορευται A | του οινου] om του A |
om μεθυσμα A | αυτω B*A] αυτη (η sup ras) B^f | φυλαξεται] φυλαξασθω A
15 κατασχωμεν ωδε] βιασωμεθα δη A | ποιησομεν A | ενωπιον] εναντιον A
16 κατασχης] βιαση A | φαγομαι] γομαι sup ras B^a | om απο A | ποιησεις A |
τω κυριω] om τω A | αυτος] εστιν A   17 το ονομα] om το A | οτι ελθοι]
ινα οταν ελθη A | om και 2° A | δοξασωμεν A   18 εις τι] ινα τι
A   19 και διεχωρισεν ποιησαι] τω θαυμαστα ποιουντι κω A | βλεποντες]
εθεωρουν A

B ἐγένετο ἐν τῷ ἀναβῆναι τὴν φλόγα ἐπάνω τοῦ θυσιαστηρίου ἕως τοῦ οὐρανοῦ, καὶ ἀνέβη ὁ ἄγγελος Κυρίου ἐν τῇ φλογὶ τοῦ θυσιαστηρίου· καὶ Μανῶε καὶ ἡ γυνὴ αὐτοῦ, βλέποντες, καὶ ἔπεσαν ἐπὶ πρόσωπον αὐτῶν ἐπὶ τὴν γῆν. ²¹καὶ οὐ προσέθηκεν ἔτι ὁ ἄγγελος 21 Κυρίου ὀφθῆναι πρὸς Μανῶε καὶ πρὸς τὴν γυναῖκα αὐτοῦ· τότε ἔγνω Μανῶε ὅτι ἄγγελος Κυρίου οὗτος. ²²καὶ εἶπεν Μανῶε πρὸς 22 τὴν γυναῖκα αὐτοῦ Θανάτῳ ἀποθανούμεθα, ὅτι θεὸν εἴδομεν. ²³καὶ 23 εἶπεν αὐτῷ ἡ γυνὴ αὐτοῦ Εἰ ἤθελεν ὁ κύριος θανατῶσαι ἡμᾶς, οὐκ ἂν ἔλαβεν ἐκ χειρὸς ἡμῶν ὁλοκαύτωμα καὶ θυσίαν, καὶ οὐκ ἂν ἔδειξεν ἡμῖν ταῦτα πάντα· καὶ καθὼς καιρός, οὐκ ἂν ἠκούτισεν ἡμᾶς ταῦτα. ²⁴Καὶ 24 ἔτεκεν ἡ γυνὴ υἱόν, καὶ ἐκάλεσεν τὸ ὄνομα αὐτοῦ Σαμψών· καὶ ἡδρύνθη τὸ παιδάριον, καὶ εὐλόγησεν αὐτὸ Κύριος. ²⁵καὶ ἤρξατο 25 πνεῦμα Κυρίου συνεκπορεύεσθαι αὐτῷ ἐν παρεμβολῇ Δὰν καὶ ἀνὰ μέσον Σαραὰ καὶ ἀνὰ μέσον Ἐσθαόλ. ¹Καὶ κατέβη Σαμψὼν 1 XIV εἰς Θαμνάθα, καὶ εἶδεν γυναῖκα εἰς Θαμνάθα ἀπὸ τῶν θυγατέρων τῶν ἀλλοφύλων. ²καὶ ἀνέβη καὶ ἀπήγγειλεν τῷ πατρὶ αὐτοῦ, καὶ 2 τῇ μητρὶ αὐτοῦ καὶ εἶπεν Γυναῖκα ἑόρακα ἐν Θαμνάθα ἀπὸ τῶν θυγατέρων Φυλιστιείμ, καὶ νῦν λάβετε αὐτὴν ἐμοὶ εἰς γυναῖκα. ³καὶ 3 εἶπεν αὐτῷ ὁ πατὴρ αὐτοῦ καὶ ἡ μήτηρ αὐτοῦ Μὴ οὐκ εἰσὶν θυγατέρες τῶν ἀδελφῶν σου καὶ ἐκ παντὸς τοῦ λαοῦ μου γυνή, ὅτι σὺ πορεύῃ λαβεῖν γυναῖκα ἀπὸ τῶν ἀλλοφύλων τῶν ἀπεριτμήτων; καὶ εἶπεν Σαμψὼν πρὸς τὸν πατέρα αὐτοῦ Ταύτην λάβε μοι, ὅτι αὕτη εὐθεῖα ἐν ὀφθαλμοῖς μου. ⁴καὶ ὁ πατὴρ αὐτοῦ καὶ ἡ μήτηρ αὐτοῦ οὐκ ἔγνω- 4 σαν ὅτι παρὰ Κυρίου ἐστίν, ὅτι ἐκδίκησιν αὐτὸς ζητεῖ ἐκ τῶν ἀλλοφύλων. καὶ ἐν τῷ καιρῷ ἐκείνῳ οἱ ἀλλόφυλοι κυριεύοντες ἐν Ἰσραήλ. ⁵καὶ κατέβη Σαμψὼν καὶ ὁ πατὴρ αὐτοῦ καὶ ἡ μήτηρ 5 αὐτοῦ εἰς Θαμνάθα· καὶ ἦλθεν ἕως τοῦ ἀμπελῶνος Θαμνάθα, καὶ

A **20** επανωθεν A | εως του ουρανου] εις τον ουρανον A | θυσιαστηριου 2°] +εις τον ουρανον A | βλεποντες] εθεωρουν A | επεσον A **21** ουτος] εστιν A **22** ειδομεν] εωρακαμεν A **23** ει] +ουν A | ηθελεν] βουλετε A | ο κυριος] om o A | ελαβεν] εδεξατο A | χειρος] των χειρων A | εδειξεν ημιν] εφωτισεν ημας A | παντα ταυτα A | καιρος] pr o A | ηκουτισεν ημας] ακουστα εποιησεν ημιν A **24** om υιον A | ηδρυνθη...Κυριος] ηυλογησεν αυ|τον κς· και ηυξηθη το παιδαριον| A **25** συμπορευεσθαι A | om και 2° A | Σαρα A | Εσθαολ] Εθαελ A XIV **1** εις 2°] εν A | απο] εκ A | αλλοφυλων]+και ηρεσεν ενωπιον αυτου A· **2** om αυτου 1° A | εωρακα B^bA | Φυλιστιειμ] των αλλοφυλων A | αυτην εμοι] μοι αυτην A **3** εισιν θυγατερες] εστιν απο των θυγατερων A | εκ παντος του λαου] εν παντι τω λαω A | απο] εκ A | αυτη ευθεια] ηρεσεν A· **4** εκδικησιν] ανταποδομα A | εκζητει A | οι αλλοφυλοι] om οι A | κυριευοντες] εκυριευον A | εν Ισρ.] των υιων Ισρ. A· **5** ηλθεν] εξεκλεινεν A | εως του αμπελωνος] εις αμπελωνα A

ΚΡΙΤΑΙ XIV 15

6 ἰδοὺ σκύμνος λέοντος ὠρυόμενος εἰς συνάντησιν αὐτοῦ. ⁶καὶ ἥλατο Β
ἐπ᾽ αὐτὸν πνεῦμα Κυρίου, καὶ συνέτριψεν αὐτὸν ὡσεὶ συντρίψει
ἔριφον· καὶ οὐδὲν ἦν ἐν ταῖς χερσὶν αὐτοῦ. καὶ οὐκ ἀπήγγειλεν
7 τῷ πατρὶ αὐτοῦ καὶ τῇ μητρὶ αὐτοῦ ὃ ἐποίησεν. ⁷καὶ κατέβησαν
8 καὶ ἐλάλησαν τῇ γυναικί, καὶ ηὐθύνθη ἐν ὀφθαλμοῖς Σαμψών. ⁸καὶ
ὑπέστρεψεν μεθ᾽ ἡμέρας λαβεῖν αὐτήν· καὶ ἐξέκλινεν ἰδεῖν τὸ πτῶμα
τοῦ λέοντος, καὶ ἰδοὺ συναγωγὴ μελισσῶν ἐν τῷ στόματι τοῦ λέοντος
9 καὶ μέλι. ⁹καὶ ἐξεῖλεν αὐτὸ εἰς χεῖρας, καὶ ἐπορεύετο· πορευόμενος
καὶ ἐσθίων· καὶ ἐπορεύθη πρὸς τὸν πατέρα αὐτοῦ καὶ τὴν μη-
τέρα αὐτοῦ, καὶ ἔδωκεν αὐτοῖς καὶ ἔφαγον, καὶ οὐκ ἀπήγγειλεν
10 αὐτοῖς ὅτι ἀπὸ τοῦ στόματος τοῦ λέοντος ἐξεῖλεν τὸ μέλι. ¹⁰καὶ
κατέβη ὁ πατὴρ αὐτοῦ πρὸς τὴν γυναῖκα· καὶ ἐποίησεν ἐκεῖ Σαμψὼν
11 πότον ζ΄ ἡμέρας, ὅτι οὕτως ποιοῦσιν οἱ νεανίσκοι. ¹¹καὶ ἐγένετο
ὅτε εἶδον αὐτόν, καὶ ἔλαβον τριάκοντα κλητούς, καὶ ἦσαν μετ᾽ αὐτοῦ.
12 ¹²καὶ εἶπεν αὐτοῖς Σαμψών Πρόβλημα ὑμῖν προβάλλομαι· ἐὰν ἀπαγ-
γέλλοντες ἀπαγγείλητε αὐτὸ ἐν ταῖς ἑπτὰ ἡμέραις τοῦ πότου καὶ
εὕρητε, δώσω ὑμῖν τριάκοντα σινδόνας καὶ τριάκοντα στολὰς ἱματίων·
13 ¹³καὶ ἐὰν μὴ δύνησθε ἀπαγγεῖλαί μοι, δώσετε ὑμεῖς ἐμοὶ τριάκοντα
ὀθόνια καὶ τριάκοντα ἀλλασσομένας στολὰς ἱματίων. καὶ εἶπαν αὐτῷ
14 Προβαλοῦ τὸ πρόβλημα καὶ ἀκουσόμεθα αὐτό. ¹⁴καὶ εἶπεν αὐτοῖς

Τί βρωτὸν ἐξῆλθεν ἐκ βιβρώσκοντος
καὶ ἀπὸ ἰσχυροῦ γλυκύ;

15 καὶ οὐκ ἠδύναντο ἀπαγγεῖλαι τὸ πρόβλημα ἐπὶ τρεῖς ἡμέρας. ¹⁵καὶ
ἐγένετο ἐν τῇ ἡμέρᾳ τῇ τετάρτῃ καὶ εἶπαν τῇ γυναικὶ Σαμψών
Ἀπάτησον δὴ τὸν ἄνδρα σου καὶ ἀπαγγειλάτω σοι τὸ πρόβλημα,
μή ποτε κατακαύσωμέν σε καὶ τὸν οἶκον τοῦ πατρός σου ἐν πυρί·

5 λεοντων A | συναντησιν] απαντησιν A   6 ηλατο] κατηυθυνεν A | συνε- A τριψεν] διεσπασεν A | συντριψει] διασπασαι A | εριφον]+αιγων A | ταις χερ-σιν] τη χειρι A | και 5°]. ουδε A | om αυτου 3° A | ο] α A·   7 ηυθυνθη εν οφθαλμοις] ηρεσεν ενωπιον A   8 επεστρεψεν A | συναγωγη] συστροφη A | μελι]+ην A.   9 χειρας] το στομα A+αυτου B^{ab} (superscr) A | επορευετο] εκορευθη A | εσθιων] αισθων A | τὴν μητερα] pr προς (ς| προς in mg et sup ras) B^{a?} A | απο του στοματος] εκ της εξεως A   10 ζ΄ ημερας] ημ.' επτα A | ποιουσιν] εποιουν A   11 οτε ειδον...κλητους] εν τω φοβεισθαι αυ|τους αυτον προσκατεστησα| αυτω ετερους τριακοντα| A   12 προβλημα υμ. προ-βαλλομαι] προβαλω υμ. προβλημα A | εαν] pr και A | αυτο] μοι το προβλημα A 13 δυνησθε] δυνασθητε A | δωσετε] και. δωσεται A | οθονια] σινδονας A | om αλλασσομενας A | προβλημα]+σου A [αυτο] σου A   14 τι βρωτον εξ· εκ βιβρ.] εκ του εσθον|τος εξηλθεν βρωσεις A | απο] εξ A | γλυκυ] pr εξηλθεν A | ηδυναντο] ηδυνασθησαν A | επι τρ. ημ. το προβλημα A   15 κατακαυσω-μεν] εμπυρισωμεν A

β ἦ ἐκβιάσαι ἡμᾶς κεκλήκατε; ¹⁶καὶ ἔκλαυσεν ἡ γυνὴ Σαμψὼν πρὸς 16
αὐτὸν καὶ εἶπεν Πλὴν μεμίσηκάς με καὶ οὐκ ἠγάπησάς με, ὅτι
τὸ πρόβλημα ὃ προεβάλου τοῖς υἱοῖς τοῦ λαοῦ μου οὐκ ἀπήγγειλάς
μοι. καὶ εἶπεν αὐτῇ Σαμψών Εἰ τῷ πατρί μου καὶ τῇ μητρί μου
οὐκ ἀπήγγελκα, σοὶ ἀπαγγείλω; ¹⁷καὶ ἔκλαυσεν πρὸς αὐτὸν ἐπὶ 17
τὰς ἑπτὰ ἡμέρας ἃς ἦν αὐτοῖς ὁ πότος· καὶ ἐγένετο ἐν τῇ ἡμέρᾳ
τῇ ἑβδόμῃ καὶ ἀπήγγειλεν αὐτῇ, ὅτι παρενώχλησεν αὐτῷ· καὶ αὐτὴ
ἀπήγγειλεν τοῖς υἱοῖς τοῦ λαοῦ αὐτῆς. ¹⁸καὶ εἶπαν αὐτῷ οἱ ἄνδρες 18
τῆς πόλεως ἐν τῇ ἡμέρᾳ τῇ ἑβδόμῃ πρὸ τοῦ ἀνατεῖλαι τὸν ἥλιον
Τί γλυκύτερον μέλιτος,
καὶ τί ἰσχυρότερον λέοντος;
καὶ εἶπεν αὐτοῖς Σαμψών
Εἰ μὴ ἠροτριάσατε ἐν τῇ δαμάλει μου,
οὐκ ἂν ἔγνωτε τὸ πρόβλημά μου.
¹⁹καὶ ἥλατο ἐπ' αὐτὸν πνεῦμα. Κυρίου, καὶ κατέβη εἰς Ἀσκάλωνα 19
καὶ ἐπάταξεν ἐξ αὐτῶν τριάκοντα ἄνδρας καὶ ἔλαβεν· τὰ ἱμάτια
αὐτῶν, καὶ ἔδωκεν τὰς στολὰς τοῖς ἀπαγγείλασιν τὸ πρόβλημα·
καὶ ὠργίσθη θυμῷ Σαμψών, καὶ ἀνέβη εἰς τὸν οἶκον τοῦ πατρὸς
αὐτοῦ. ²⁰καὶ ἐγένετο ἡ γυνὴ Σαμψὼν ἑνὶ τῶν φίλων αὐτοῦ ὧν 20
ἐφιλίασεν. ¹Καὶ ἐγένετο μεθ' ἡμέρας ἐν ἡμέραις θερισμοῦ 1 XV
πυρῶν καὶ ἐπεσκέψατο Σαμψὼν τὴν γυναῖκα αὐτοῦ ἐν ἐρίφῳ αἰγῶν,
καὶ εἶπεν Εἰσελεύσομαι πρὸς τὴν γυναῖκά μου εἰς τὸ ταμεῖον· καὶ
οὐκ ἔδωκεν αὐτὸν ὁ πατὴρ αὐτῆς εἰσελθεῖν. ²καὶ εἶπεν ὁ πατὴρ 2
αὐτῆς Λέγων εἶπα ὅτι μισῶν ἐμίσησας αὐτήν, καὶ ἔδωκα αὐτὴν
ἑνὶ τῶν ἐκ τῶν φίλων σου· μὴ οὐχὶ ἡ ἀδελφὴ αὐτῆς ἡ νεωτέρα
αὐτῆς ἀγαθωτέρα ὑπὲρ αὐτήν; ἔστω δή σοι ἀντὶ αὐτῆς. ³καὶ εἶπεν 3

A   15 εκβιασαι ημας κεκληκατε] πτωχευσαι εκαλεσατε ημας A   16 ειπεν 1°]
+αυτω A | om πλην A | ηγαπηκας A | ουκ απηγγ. μοι] καμοι ουκ απηγγ.
αυτο A | ει] ιδου A quae seq perobscura sunt in A usque 19 inc | απηγγελκα]
απηγγειλα αυτο A | σοι] και συ A^vid | απαγγελω A   17 προς] επ A |
ας], εν αις A | αυτοις] εν αυταις A | παρηνωχλησεν B^bA | αυτω] αυτον A.
18 om εν 1° A | προ του ανατειλαι] πριν δυναι A | ηροτριασατε εν τη δαμαλει
(δαμαλι B). μου] κατεδαμασατε μου την δαμαλιν A | εγνωτε] ευρητε A
19 ηλατο] κατευθυνεν A | επαταξεν] επεσεν A | εξ αυτων] εκειθεν A | τα
ιματια] τας στολας A | om τας στολας A | ωργισθη θυμω] εθυμωθη οργη A
20 εγενετο] συνωκησεν A | ενι των φιλων αυτου ων εφιλ.] τω νυμφαγωγω
αυτου ος ην εταιρος αυτου A   XV 1 εν εριφω] φερων αιριφον A | το
ταμειον B! (ταμιον B*)] τον κοιτωνα A | εδωκεν] αφηκεν A | εισελθειν] +προς
αυτην A   2 λεγων ειπα] ειπας A | εμεισησα A | επι των εκ των φιλων]
τω συνεταιρω A | μη ουχι] ουχ ιδου A | om αυτης 3° A | αγαθωτερα υπερ
αυτην] κρεισσων αυτης εστιν A | σοι δη A ¹ αντι] αντ A

ΚΡΙΤΑΙ XV 12

αὐτοῖς, Σαμψών 'Ηθῴωμαι καὶ τὸ ἅπαξ ἀπὸ ἀλλοφύλων, ὅτι ποιῶ B
4 ἐγὼ μετ', αὐτῶν. πονηρίαν. ⁴καὶ ἐπορεύθη Σαμψὼν καὶ συνέλαβεν
τριακοσίας ἀλώπηκας, καὶ ἔλαβεν λαμπάδας, καὶ ἐπέστρεψεν κέρκον
πρὸς κέρκον, καὶ ἔθηκεν λαμπάδα μίαν ἀνὰ μέσον τῶν δύο κέρκων
5 καὶ ἔδησεν. ⁵καὶ ἐξέκαυσεν πῦρ ἐν ταῖς λαμπάσιν, καὶ ἐξαπέστειλεν
ἐν τοῖς στάχυσιν τῶν ἀλλοφύλων· καὶ ἐκάησαν ἀπὸ ἅλωνος καὶ
6 ἕως σταχύων ὀρθῶν, καὶ ἕως ἀμπελῶνος καὶ ἐλαίας. ⁶καὶ εἶπαν
οἱ ἀλλόφυλοι Τίς ἐποίησεν ταῦτα; καὶ εἰπάν· Σαμψὼν ὁ νυμφίος
τοῦ Θαμνεί, ὅτι ἔλαβέν τὴν γυναῖκα αὐτοῦ καὶ ἔδωκεν αὐτὴν τῷ ἐκ
τῶν φίλων αὐτοῦ· καὶ ἀνέβησαν οἱ ἀλλόφυλοι καὶ ἐνέπρησαν αὐτὴν
7 καὶ τὸν πατέρα αὐτῆς ἐν πυρί. ⁷καὶ εἶπεν αὐτοῖς Σαμψών·'Ἐὰν
ποιήσητε οὕτως ταύτην, ὅτι εἰ μὴν ἐκδικήσω ἐν ὑμῖν, καὶ ἔσχατον
8 κοπάσω. ⁸καὶ ἐπάταξεν αὐτοὺς κνήμην ἐπὶ μηρόν, πληγὴν μεγαλην·
9 καὶ κατέβη καὶ ἐκάθισεν ἐν τρυμαλιᾷ τῆς πέτρας Ἠτάμ. ⁹Καὶ
ἀνέβησαν οἱ ἀλλόφυλοι καὶ παρενέβαλον ἐν Ἰούδᾳ, καὶ ἐξερίφησαν
10 ἐν Λεύει. ¹⁰καὶ εἶπαν ἀνὴρ Ἰούδα Εἰς τί ἀνέβητε ἐφ' ἡμᾶς; καὶ
εἶπον οἱ ἀλλόφυλοι Δῆσαι τὸν Σαμψὼν ἀνέβημεν, καὶ ποιῆσαι
11 αὐτῷ ὃν τρόπον ἐποίησεν ἡμῖν. ¹¹καὶ κατέβησαν τρισχίλιοι ἄνδρες
ἀπὸ Ἰούδα εἰς τρυμαλιὰν πέτρας Ἠτάμ, καὶ εἶπαν τῷ Σαμψών
Οὐκ οἶδας ὅτι κυριεύσουσίν οἱ ἀλλόφυλοι ἡμῶν, καὶ τί τοῦτο ἐποίησας
ἡμῖν; καὶ εἶπεν αὐτοῖς Σαμψών Ὃν τρόπον ἐποίησάν μοι, οὕτως
12 ἐποίησα αὐτοῖς. ¹²καὶ εἶπαν αὐτῷ Δῆσαί σε κατέβημεν, τοῦ δοῦναί
σε ἐν χειρὶ ἀλλοφύλων. καὶ εἶπέν αὐτοῖς Σαμψών Ὀμόσατέ μοι

3 αυτοις] αυτω A | ηθωωμαι Bᵃᵇ (ηθωμ. B*)] αθωος ειμι A | om και 2° A
A | αλλοφυλων] pr των A | εγω ποιω A | μετ αυτων πονηριαν] μεθ υμων
κακα A   4 αλωπεκας BᵇA | επεστρεψεν] συνεδησεν A | κερκων]+εν τω
μεσω A | om και εδησεν A   5 εξεκαυσεν] εξηψεν A | εν τοις σταχυσιν]
εις τα δραγματα | εκαησαν] ενεπυρισεν τους ταχυας (sic)| και τα προτεθερι-
σμενα A | απο αλωνος και εως σταχυων ορθων] απο στυβης και εως εστωτος A
6 νυμφιος] γαμβρος A | Θαμνει] Θαμναθαιου A | εκ των φιλων] συνεταιρω
A | ενεβησαν A | ενεπρησαν] ενεπυρισαν A | αυτην και τον πατ. αυτης] pr
την οικιαν του πατρ. αυτης και A.   7 om ταυτην A | οτι ει μην...
κοπασω] ουκ ευδοκησω | αλλα την εκδικησιν μου εξ ενος και εκαστου υμων ποιη-
σομαι | A.   8 γνημην A | εκαθισεν...πετρας] κατεβη παρα τω χειμαρρω
εν τω σπηλαιω A   9 παρενεβαλοσαν A | εν Ιουδα] επι τον Ιουδαν A |
Λευι A   10 ειπαν]+αυτοις πας A | εις τι] ινα τι A | ειπον] ειπαν A
11 τρισχιλιοι ανδρες (ισχειλιοι ᾱ| sup ras Bᵃ?)] τρις χιλιαδες ανδρων A | απο]
εξ A | εις τρυμαλιαν] επι την οπην A | πετρας] pr της A | τῷ Σαμψων] προς
Σ. A | κυριευσουσιν] αρχουσιν A | ημων οι αλλοφ. A | τι τουτο] ινα τι ταυτα A |
μοι (sup ras B¹ᵛⁱᵈ)] ημιν A | ουτως] ου | sup ras B¹ᵛⁱᵈ | εποιησα] εποιησαμεν
A ὁ   12 δησαι] pr του A | του δουναι σε εν χειρι] και παραδουναι σε εις
χειρας A

Β μή ποτε συναντήσητε ἐν ἐμοὶ ὑμεῖς. ¹³καὶ εἶπον αὐτῷ λέγοντες 13
Οὐχί, ὅτι ἀλλ᾽ ἢ δεσμῷ δήσομέν σε καὶ παραδώσομέν σε ἐν χειρὶ
αὐτῶν, καὶ θανάτῳ οὐ θανατώσομέν σε· καὶ ἔδησαν αὐτὸν ἐν δυσὶ
καλωδίοις καινοῖς, καὶ ἀνήνεγκαν αὐτὸν ἀπὸ τῆς πέτρας ἐκείνης.
¹⁴καὶ ἦλθον ἕως Σιαγόνος· καὶ οἱ ἀλλόφυλοι ἠλάλαξαν καὶ ἔδραμον 14
εἰς συνάντησιν αὐτοῦ· καὶ ἥλατο ἐπ᾽ αὐτὸν πνεῦμα Κυρίου, καὶ
ἐγενήθη τὰ καλῴδια τὰ ἐπὶ βραχίοσιν αὐτοῦ ὡσεὶ στιππύον ὃ
ἐξεκαύθη ἐν πυρί, καὶ ἐτάκησαν δεσμοὶ αὐτοῦ ἀπὸ χειρῶν αὐτοῦ.
¹⁵καὶ εὗρεν σιαγόνα ὄνου ἐκρεριμμένην, καὶ ἐξέτεινεν τὴν χεῖρα 15
αὐτοῦ καὶ ἔλαβεν αὐτήν, καὶ ἐπάταξεν ἐν αὐτῇ χιλίους ἄνδρας.
¹⁶καὶ εἶπεν Σαμψὼν 16
Ἐν σιαγόνι ὄνου ἐξαλείφων ἐξήλειψα αὐτούς,
ὅτι ἐν τῇ σιαγόνι τοῦ ὄνου ἐπάταξα χιλίους ἄνδρας.
¹⁷καὶ ἐγένετο ὡς ἐπαύσατο λαλῶν, καὶ ἔρριψεν τὴν σιαγόνα ἐκ 17
τῆς χειρὸς αὐτοῦ, καὶ ἐκάλεσεν τὸν τόπον ἐκεῖνον Ἀναίρεσις σιαγόνος.
¹⁸καὶ ἐδίψησεν σφόδρα, καὶ ἔκλαυσεν πρὸς Κύριον καὶ εἶπεν Σὺ 18
εὐδόκησας ἐν χειρὶ δούλου σου τὴν σωτηρίαν τὴν μεγάλην ταύτην,
καὶ νῦν ἀποθανοῦμαι τῷ δίψει καὶ ἐμπεσοῦμαι ἐν χειρὶ τῶν ἀπερι-
τμήτων. ¹⁹καὶ ἔρρηξεν ὁ θεὸς τὸν λάκκον τὸν ἐν τῇ Σιαγόνι καὶ 19
ἐξῆλθεν ἐξ αὐτοῦ ὕδωρ· καὶ ἔπιεν, καὶ ἐπέστρεψεν τὸ πνεῦμα
αὐτοῦ καὶ ἔζησεν. διὰ τοῦτο ἐκλήθη τὸ ὄνομα αὐτῆς Πηγὴ τοῦ
ἐπικαλουμένου, ἥ ἐστιν ἐν Σιαγόνι, ἕως τῆς ἡμέρας ταύτης. ²⁰καὶ 20
ἔκρινεν τὸν Ἰσραὴλ ἐν ἡμέραις ἀλλοφύλων εἴκοσι ἔτη. ¹Καὶ 1 XVI
ἐπορεύθη Σαμψὼν εἰς Γάζαν, καὶ εἶδεν ἐκεῖ γυναῖκα πόρνην καὶ
εἰσῆλθεν πρὸς αὐτήν. ²καὶ ἀνηγγέλη τοῖς Γαζαίοις λέγοντες Ἥκει 2
Σαμψὼν ὧδε. καὶ ἐκύκλωσαν καὶ ἐνήδρευσαν ἐπ᾽ αὐτὸν ὅλην τὴν

A. 12 μη ποτε...υμεις] μη αποκτει[ναι με υμεις· και παραδοτε]με αυτοις· μη
ποτε απαντησηται υμεις εν εμοι· A 13 ειπον] ωμοσαν A | οτι αλλ η]
αλλα A | εν χειρι] εις χειρας A | και θανατω] θαν. δε A | εν δυσι] δυο A | ανη-
νεγκαν] ανηγαγον A | απο] εκ A | om εκεινης A 14 ηλθον] αυτος ηλθεν
A | ηλαλαξαν]+εις απαντησιν αυτου A | ηλατο] κατηυθυνεν A | εγενηθη]
εγενοντο A | επι βραχιοσιν] εν τοις βραχ. A | ο εξεκαυθη εν πυρι] ηνικα αν
οσφρανθη πυρος A | ετακησαν...χειρων] διελυ[θησαν οι δεσμοι απο των βρα|χιο-
νων A 15 εκρεριμμ.] ερριμμ. εν τη οδω A 16 τη σιαγονι του ονου]
σιαγ. ονου A 17 ως] ηνικα A | επαυσατο] συνετελεσεν A | εκ] απο A
18 εκλαυσεν] εβοησεν A | ευδοκησας] εδωκας A | δουλου] pr του A | τω διψει]
εν δ. A 19 ερρηξεν] ηνοιξεν A | τον λακκον τον εν τη σιαγονι] το τραυμα
της σιαγονος A | υδωρ] υδατα A | αυτου 2°]+εν αυτω A | εζησεν] ανεψυξεν
A | αυτης] της πληγης A | πηγη...σιαγονι] επικλητος σιαγονος A 20 ετη
εικοσι A XVI 1 Σαμψων]+εκειθεν A 2 απηγγελη A | ωδε] εν-
ταυθα A | om επ A

ΚΡΙΤΑΙ XVI 12

νύκτα ἐν τῇ πύλῃ τῆς πόλεως· καὶ ἐκώφευσαν ὅλην τὴν νύκτα B
3 λέγοντες Ἕως διαφαύσῃ ὁ ὄρθρος, καὶ φονεύσωμεν αὐτόν. ³καὶ
ἐκριμήθη Σαμψὼν ἕως μεσονυκτίου· καὶ ἀνέστη ἐν ἡμίσει τῆς νυκτός,
καὶ ἐπελάβετο τῶν θυρῶν τῆς πύλης τῆς πόλεως σὺν τοῖς δυσὶ
σταθμοῖς, καὶ ἀνεβάστασεν αὐτὰς σὺν τῷ μοχλῷ καὶ ἔθηκεν ἐπ᾿ ὤμων
αὐτοῦ, καὶ ἀνέβη ἐπὶ τὴν κορυφὴν τοῦ ὄρους τοῦ ἐπὶ προσώπου
4 Χεβρών, καὶ ἔθηκεν αὐτὰ ἐκεῖ. ⁴Καὶ ἐγένετο μετὰ τοῦτο καὶ
5 ἠγάπησεν γυναῖκα ἐν Ἀλσωρήχ, καὶ ὄνομα αὐτῇ Δαλειδά. ⁵καὶ
ἀνέβησαν πρὸς αὐτὴν οἱ ἄρχοντες τῶν ἀλλοφύλων καὶ εἶπαν αὐτῇ
Ἀπάτησον αὐτόν, καὶ ἴδε ἐν τίνι ἡ ἰσχὺς αὐτοῦ ἡ μεγάλη καὶ ἐν
τίνι δυνησόμεθα αὐτῷ καὶ δήσομεν αὐτὸν τοῦ ταπεινῶσαι αὐτόν·
6 καὶ ἡμεῖς δώσομέν σοι ἀνὴρ χιλίους καὶ ἑκατὸν ἀργυρίου. ⁶καὶ εἶπεν
Δαλειδὰ πρὸς Σαμψών Ἀπάγγειλον δή μοι ἐν τίνι ἡ ἰσχύς σου ἡ
7 μεγάλη, καὶ ἐν τίνι δεθήσῃ τοῦ ταπεινωθῆναί σε. ⁷καὶ εἶπεν πρὸς
αὐτὴν Σαμψών Ἐὰν δήσωσίν με ἐν ἑπτὰ νευρέαις ὑγραῖς μὴ διεφθαρ-
8 μέναις, καὶ ἀσθενήσω καὶ ἔσομαι ὡς εἷς τῶν ἀνθρώπων. ⁸καὶ
ἀνήνεγκαν αὐτῇ οἱ ἄρχοντες τῶν ἀλλοφύλων ἑπτὰ νευρὰς ὑγρὰς
9 μὴ διεφθαρμένας, καὶ ἔδησεν αὐτὸν ἐν αὐταῖς· ⁹καὶ τὸ ἔνεδρον αὐτῇ
ἐκάθητο ἐν τῷ ταμείῳ, καὶ εἶπεν αὐτῷ Ἀλλόφυλοι ἐπὶ σέ, Σαμψών·
καὶ διέσπασεν τὰς νευρέας ὡς εἴ τις ἀποσπάσοι στρέμμα στιππύου
ἐν τῷ ὀσφρανθῆναι αὐτὸ πυρός· καὶ οὐκ ἐγνώσθη ἡ ἰσχὺς αὐτοῦ.
10 ¹⁰καὶ εἶπεν Δαλειδὰ πρὸς Σαμψών Ἰδοὺ ἐπλάνησάς με καὶ ἐλάλησάς
11 πρὸς μὲ ψευδῆ· νῦν οὖν ἀνάγγειλόν μοι ἐν τίνι δεθήσῃ. ¹¹καὶ εἶπεν
πρὸς αὐτήν Ἐὰν δεσμεύοντες δήσωσίν με ἐν καλωδίοις καινοῖς οἷς
οὐκ ἐγένετο ἐν αὐτοῖς ἔργον, καὶ ἀσθενήσω καὶ ἔσομαι ὡς εἷς τῶν
12 ἀνθρώπων. ¹²καὶ ἔλαβεν Δαλειδὰ καλώδια καινὰ καὶ ἔδησεν αὐτὸν

2 εν τη πυλη] επι της πυλης Α. | διαφαυση ο ορθρος] φωτος πρωι A | A
και 5°] pr μεινωμεν A | φονευσωμεν] αποκτεινωμεν A 3 εν ημισει της
νυκτος] περι το μεσονυκτιον Α | συν. τοις δυσι σταθμοις] και των δυο σταθμων
A | εθηκεν επ ωμων] επεθηκεν επι τω ωμω A | ανεβη] ανηνεγκεν αυτα A | του
επι προσωπου] ο εστιν επι προσωπον A 4 τουτο] ταυτα A. | εν Αλσωρηχ]
η sup. ras. B¹ επι του χειμαρρου Σωρηχ A | Δαλιδα A υ . 5 αρχοντες]
σατραπαι A | αυτη] προς αυτην A | αυτου]+εστιν A | αυτω] προς αυτον A |
του ταπ.] ωστε ταπ. A. 6 Δαλιδα A | αναγγειλον A | om δη A 7 νευραις
A | διεφθαρμεναις] ηρημωμεναις A. 8 αρχοντες] σατραπαι A | διεφθαρμεναις]
ηρημωμενας A 9 αυτη] αυτου A. | εκαθητο]+αυτου A | αυτω] προς αυτον
A | διεσπασεν] διερρηξεν A | νευρας A | ως ει τις αποσπασοι...στιππυου] ον
τροπον διασπαται κλωσμα του αποτιναγματος A 10 Δαλιδα A | επλανησας]
παρελογισω A | om ουν A | αναγγειλον]+δη A 11 δεσμευοντες] δεσμω A |
δησουσιν A | καλωδιοις] pr επτα A | om καινοις A | οις ουκ εγενετο εν αυτοις]
εν οις ουκ εγενηθη A 12 ελαβεν]+αυτω A | Δαλιδα A | om καλωδια A,

ΚΡΙΤΑΙ

B ἐν αὐτοῖς, καὶ τὰ ἔνεδρα ἐξῆλθεν ἐκ τοῦ ταμείου, καὶ εἶπεν Ἀλλόφυλοι ἐπὶ σέ, Σαμψών· καὶ διέσπασεν αὐτὰ ἀπὸ βραχιόνων αὐτοῦ ὡς σπαρτίον. ¹³καὶ εἶπεν Δαλειδὰ πρὸς Σαμψών Ἰδοὺ ἐπλάνησάς με 13 καὶ ἐλάλησας πρὸς ἐμὲ ψευδῆ· ἀπάγγειλον δή μοι ἐν τίνι δεθήσῃ. καὶ εἶπεν πρὸς αὐτήν Ἐὰν ὑφάνῃς τὰς ἑπτὰ σειρὰς τῆς κεφαλῆς μου σὺν τῷ διάσματι καὶ ἐνκρούσῃς τῷ πασσάλῳ εἰς τὸν τοῖχον, καὶ ἔσομαι ὡς εἷς τῶν ἀνθρώπων ἀσθενής. ¹⁴καὶ ἐγένετο ἐν τῷ 14 κοιμᾶσθαι αὐτὸν καὶ ἔλαβεν Δαλειδὰ τὰς ἑπτὰ σειρὰς τῆς κεφαλῆς αὐτοῦ καὶ ὕφανεν ἐν τῷ διάσματι, καὶ ἔπηξεν τῷ πασσάλῳ εἰς τὸν τοῖχον, καὶ εἶπεν Ἀλλόφυλοι ἐπὶ σέ, Σαμψών· καὶ ἐξυπνίσθη ἐκ τοῦ ὕπνου αὐτοῦ, καὶ ἐξῆρεν τὸν πάσσαλον τοῦ ὑφάσματος ἐκ τοῦ τοίχου. ¹⁵καὶ εἶπεν Δαλειδὰ πρὸς Σαμψών Πῶς λέγεις, Ἠγάπηκά σε, καὶ 15 οὐκ ἔστιν ἡ καρδία σου μετ' ἐμοῦ; τοῦτο τρίτον ἐπλάνησάς με, καὶ οὐκ ἀπήγγειλάς μοι ἐν τίνι ἡ ἰσχύς σου ἡ μεγάλη. ¹⁶καὶ ἐγένετο 16 ὅτε ἐξέθλιψεν αὐτὸν ἐν λόγοις αὐτῆς πάσας τὰς ἡμέρας καὶ ἐστενοχώρησεν αὐτόν, καὶ ὠλιγοψύχησεν· ἕως τοῦ ἀποθανεῖν. ¹⁷καὶ 17 ἀνήγγειλεν αὐτῇ τὴν πᾶσαν καρδίαν αὐτοῦ καὶ εἶπεν αὐτῇ Σίδηρος οὐκ ἀνέβη ἐπὶ τὴν κεφαλήν μου, ὅτι ἅγιος θεοῦ ἐγώ εἰμι ἀπὸ κοιλίας μητρός μου· ἐὰν οὖν, ξυρήσωμαι, ἀποστήσεται ἀπ' ἐμοῦ ἡ ἰσχύς μου, καὶ ἀσθενήσω καὶ ἔσομαι ὡς πάντες οἱ ἄνθρωποι. ¹⁸καὶ 18 εἶδεν Δαλειδὰ ὅτι ἀπήγγειλεν αὐτῇ πᾶσαν τὴν καρδίαν αὐτοῦ, καὶ ἀπέστειλεν καὶ ἐκάλεσεν τοὺς ἄρχοντας τῶν ἀλλοφύλων λέγουσα

A 12 om και τα ενεδρα εξηλθεν εκ του ταμείου (ταμιου B) A | ειπεν] + προς αυτον A | αλλοφυλοι] pr οι A | Σαμψων] + και το ενεδρον εκαθητο εν τω ταμειω A | διεσπασεν] εσπασεν A | βραχιονων] pr των A | σπαρτιον] ραμμα A 13 Δαλιδα A | ιδου] ως νυν A | επλανησας] παρελογισω A | εμε] με A | αναγγειλον A | συν τω διασματι] μετα του διασματος A | τω πασσ.] pr εν A | ασθενης ως εις των ανων A 14 εγενετο εν τω κοιμασθαι αυτον] εκοιμισεν αυτον Δαλιδα A | ελαβεν] εδιασατο A | om Δαλειδα A | τας επτα σειρας] τους επτα βοστρυχους A | και υφανεν...τω πασσαλω] μετα της εκστασεως και κατεκρουσεν εν τοις πασσαλοις A | ειπεν] + προς αυτον A | αλλοφυλοι] pr οι A | εξυπνισθη] ηγερθη A | εξηρεν τον πασσαλον του υφασματος] εξεσπασεν τους πασσαλους συν τω υφασματι A | τοιχου] + και το διασμα· και ουκ εγνωσθη η ισχυς αυτου A   15 Δαλειδα πρὸς Σαμψων] προς αυτον Δαλιδα A | λεγεις] ερεις A | ουκ εστιν η καρδια σου] η κ. σου εστιν A | τριτον] pr το A | επλανησας| παρελογισω A   16 εξεθλιψεν] κατειργασατο A | εν λογοις] τοις λ. A | πασας τας ημ.] ολην την νυκτα A | εστενοχωρησεν] παρηνωχλησεν A | ολιγοψυχησεν A | του αποθανειν] εις θανατον A   17 απηγγειλεν A | την πασαν καρδιαν] παντα τα απο καρδιας· A | σιδηρος] ξυρον A | ανεβη] αναβήσεται A | αγιος] ναζειραιος A | απο] εκ A | εαν ουν] και εαν A | ξυρήσωμαι A | ασθενησω A*· (ασθενησω A¹) | ως παντες οι ανθρ.] κατα παντας τους ανους A 18 ιδεν A | Δαλιδα A | ανηγγειλεν A | πασαν την καρδιαν] παντα τα απο καρδιας A | om και εκαλεσεν A | τους αρχοντας] παντας τ. σατραπας A

ΚΡΙΤΑΙ XVI 25

Ἀνάβητε ἔτι τὸ ἅπαξ τοῦτο, ὅτι ἀπήγγειλέν μοι τὴν πᾶσαν καρδίαν B
αὐτοῦ· καὶ ἀνέβησαν πρὸς αὐτὴν οἱ ἄρχοντες τῶν ἀλλοφύλων, καὶ
19 ἀνήνεγκαν τὸ ἀργύριον ἐν χερσὶν αὐτῶν. ¹ ¹⁹καὶ ἐκοίμισεν Δαλειδὰ
τὸν Σαμψὼν ἐπὶ τὰ γόνατα αὐτῆς, καὶ ἐκάλεσεν ἄνδρα καὶ ἐξύρησεν τὰς
ἑπτὰ σείρας τῆς κεφαλῆς αὐτοῦ· καὶ ἤρξατο ταπεινῶσαι αὐτόν, καὶ
20 ἀπέστη ἡ ἰσχὺς αὐτοῦ ἀπ' αὐτοῦ. ¹ ²⁰καὶ εἶπεν Δαλειδὰ Ἀλλόφυλοι
ἐπὶ σέ, Σαμψών. καὶ ἐξυπνίσθη ἐκ τοῦ ὕπνου αὐτοῦ καὶ εἶπεν
Ἐξελεύσομαι ὡς ἅπαξ καὶ ἅπαξ, καὶ ἐκτιναχθήσομαι καὶ αὐτὸς
21 οὐκ ἔγνω ὅτι ἀπέστη ὁ κύριος ἀπάνωθεν αὐτοῦ. ¹ ²¹καὶ ἐκράτησαν
αὐτὸν οἱ ἀλλόφυλοι καὶ ἐξέκοψαν τοὺς ὀφθαλμοὺς αὐτοῦ, καὶ κατή-
νεγκαν αὐτὸν εἰς Γάζαν καὶ ἐπέδησαν αὐτὸν ἐν πέδαις χαλκείαις·
22 καὶ ἦν ἀλήθων ἐν οἴκῳ τοῦ δεσμωτηρίου. ²²καὶ ἤρξατο θρὶξ τῆς
κεφαλῆς αὐτοῦ βλαστάνειν, καθὼς ἐξυρήσατο.
23 ²³Καὶ οἱ ἄρχοντες τῶν ἀλλοφύλων συνήχθησαν θῦσαι θυσίασμα
μέγα τῷ Δαγὼν θεῷ αὐτῶν καὶ εὐφρανθῆναι, καὶ εἶπαν Ἔδωκεν
24 ὁ θεὸς ἐν χειρὶ ἡμῶν τὸν Σάμψων τὸν ἐχθρὸν ἡμῶν. ²⁴καὶ εἶδαν
αὐτὸν ὁ λαός, καὶ ὕμνησαν τὸν θεὸν αὐτῶν ὅτι Παρέδωκεν ὁ θεὸς
ἡμῶν τὸν ἐχθρὸν ἡμῶν ἐν χειρὶ ἡμῶν, τὸν ἐρημοῦντα τὴν γῆν ἡμῶν
25 καὶ ὃς ἐπλήθυνεν τοὺς τραυματίας ἡμῶν. ¹ ²⁵καὶ ὅτε ἠγαθύνθη ἡ
καρδία αὐτῶν, καὶ εἶπαν Καλέσατε τὸν Σαμψὼν ἐξ οἴκου φυλακῆς,
καὶ παιξάτω ἐνώπιον ἡμῶν. καὶ ἐκάλεσαν τὸν Σαμψὼν ἀπὸ οἴκου
δεσμωτηρίου, καὶ ἔπαιζεν ἐνώπιον αὐτῶν· καὶ ἐράπιζον αὐτόν, καὶ

18 om ἔτι A | om τοῦτο A | ἀνήγγειλεν A | τὴν πᾶσαν καρδίαν] πᾶσαν A
τὴν κακίαν A | οἱ ἄρχοντες] πᾶσαι αἱ σατραπίαι A | ἀνήνεγκαν] ἤνεγκαν A |
χερσιν (χειρσιν B)] pr ταις A · 19 om Δαλειδὰ A | τον Σαμψων] αυτω A |
επι τα γονατα] ανα μεσον των γονατων A | ανδρα] τον κουρεα A | τας ε.
σειρας] τους ε. βοστρυχους A | ταπεινωσαι αυτον] ταπεινουσθαι A   20 ει-
πεν]+αυτω A | Δαλίδα A | αλλοφυλοι] pr οι A | εξυπνισθη] εξηγερθη A | ως
απαξ και απαξ] και ποιησω καθως αει A | εκτιναχθησομαι] αποτιναξομαι A |
απεστη ο κυριος] κς απεστη A | απανωθεν] απ Α · 21 εκρατησαν αυτον]
επελαβοντο αυτου A | εξεκοψαν]·εξωρυξαν A | κατηνεγκαν] κατηγαγον A |
επεδησαν αυτον A | πεδαις χαλκειαις] παιδες χαλκαις A | του δεσμωτηριου]
της φυλακης A   22 θριξ] pr η A | βλαστανειν] ανατειλε A | καθως εξυρη-
σατο] ηνικα εξυρηθη A   23 αρχοντες] σατραπαι A | θυσαι] θυσιασαι
(superscr σια) B⋅ pr του A | θυσιασμα μεγα] θυσιαν μεγαλην A | τω Δαγων
θεω] Δ. τω θω A | ευφρανθηναι] pr του A | εδωκεν] παρεδωκεν A | θεος]
+ημων A | τον Σαμψων] om τον A   23—24 ημων 2°...τραυματιας
ημων partim in mg et ad calc partim ut vid sup ras B¹   24 ειδαν]
ιδεν A | υμνησαν] ηνεσαν A | τον θεον] τους θεους A | οτι] και ειταν A |
τον ερημουντα] και τον εξερημουντα A | και ος]·οστις A   25 οτε] pr
εγενετο A | απο οικου δεσμωτηριου] εξ οικου της φυλακης A | om και επαιζεν
ενωπιον αυτων A | εραπιζον αυτον] ενεπαιζον αυτω A

521

XVI 26 ΚΡΙΤΑΙ

B ἔστησαν αὐτὸν ἀνὰ μέσον τῶν κιόνων. ²⁶καὶ εἶπεν Σαμψὼν πρὸς 26
τὸν νεανίαν τὸν κρατοῦντα τὴν χεῖρα αὐτοῦ. Ἄφες με καὶ ψηλαφήσω
τοὺς κίονας, ἐφ᾽ οἷς ὁ οἶκος στήκει ἐπ᾽ αὐτούς, καὶ ἐπιστηριχθήσομαι
ἐπ᾽ αὐτούς. ²⁷καὶ ὁ οἶκος πλήρης τῶν ἀνδρῶν καὶ τῶν γυναικῶν, 27
καὶ ἐκεῖ πάντες οἱ ἄρχοντες τῶν ἀλλοφύλων, καὶ ἐπὶ τὸ δῶμα ὡς
ἑπτακόσιοι ἄνδρες καὶ γυναῖκες οἱ θεωροῦντες ἐν παιγνίαις Σαμψών.
²⁸καὶ ἔκλαυσεν Σαμψὼν πρὸς Κύριον καὶ εἶπεν Ἀδωναίε, Κύριε, 28
μνήσθητι δή μου νῦν καὶ ἐνίσχυσόν με ἔτι τὸ ἅπαξ τοῦτο, θεέ· καὶ
ἀνταποδώσω ἀνταπόδοσιν μίαν περὶ τῶν δύο ὀφθαλμῶν μου τοῖς
ἀλλοφύλοις. ²⁹καὶ περιέλαβεν Σαμψὼν τοὺς δύο κίονας τοῦ οἴκου 29
ἐφ᾽ οὓς ὁ οἶκος ἱστήκει, καὶ ἐπεστηρίχθη ἐπ᾽ αὐτούς, καὶ ἐκράτησεν
ἕνα τῇ δεξιᾷ αὐτοῦ καὶ ἕνα τῇ ἀριστερᾷ αὐτοῦ. ³⁰καὶ εἶπεν Σαμψών 30
Ἀποθανέτω ψυχή μου μετὰ ἀλλοφύλων· καὶ ἐβάσταξεν ἐν ἰσχύι,
καὶ ἔπεσεν ὁ οἶκος ἐπὶ τοὺς ἄρχοντας καὶ ἐπὶ πάντα τὸν λαὸν
τὸν ἐν αὐτῷ· καὶ ἦσαν οἱ τεθνηκότες οὓς ἐθανάτωσεν Σαμψὼν ἐν
τῷ θανάτῳ αὐτοῦ πλείους ἢ οὓς ἐθανάτωσεν ἐν τῇ ζωῇ αὐτοῦ.
³¹καὶ κατέβησαν οἱ ἀδελφοὶ αὐτοῦ καὶ ὁ οἶκος τοῦ πατρὸς αὐτοῦ, 31
καὶ ἔλαβον αὐτὸν καὶ ἀνέβησαν· καὶ ἔθαψαν αὐτὸν ἀνὰ μέσον
Σαραὰ καὶ ἀνὰ μέσον Ἐσθαὸλ ἐν τῷ τάφῳ Μανῶε τοῦ πατρὸς αὐτοῦ.
καὶ αὐτὸς ἔκρινεν τὸν Ἰσραὴλ εἴκοσι ἔτη.

¹Καὶ ἐγένετο ἀνὴρ ἀπὸ ὄρους Ἐφράιμ, καὶ ὄνομα αὐτῷ Μειχαίας. 1 X
²καὶ εἶπεν τῇ μητρὶ αὐτοῦ Οἱ χίλιοι καὶ ἑκατὸν οὓς ἔλαβες ἀργυρίου 2
σεαυτῇ, καί με ἠράσω καὶ προσεῖπας ἐν ὠσί μου, ἰδοὺ τὸ ἀργύριον

A : 25 κιονων] δυο στυλων A   26 τον νεανιαν τον κρατ. την χ. αυτου] το
παι|δαριον τον χειραγωγουντα| αυτον A | αφες με...επιστηριχθησομαι] επανα-
παυσον με δη| και ποιησον ψηλαφησαι με| επι τους στυλους· εφ ων· ο οι|κος
επεστηρικτο επ αυτων·| και επιστηρισον με A | επ αυτους] + ο δε παις εποιησεν
ουτως A   27 και ο] ο δε A | πληρης] pr ην A | των ανδρων] om των A | των
γυν.] om των A | αρχοντες] σατραπαι A | το δωμα] του δωματος A | ως επτα-
κοσιοι] ωσει τρισχειλιοι A | οι θεωρ. εν παιγνιαις] εμβλεποντες εμπαιζομενον
τον A   28 εκλαυσεν] εβοησεν A | Αδωναιε] κε A | om δη A | om νυν A |
ετι] pr δη πλην A | om θεε A | ανταποδωσω ανταποδοσιν μιαν] εκδικησω εκδι-
κησιαν A | περι] αντι A | τοις αλλοφυλοις] εκ των αλλοφυλων A : 29 κιονας]
στυλους A | του οικου] τους μεσους A | ους] ων A | ιστηκει] επεστηρικτο επ
αυτων A | επεστηριχθη] επεστηριατο A | αυτους] αυτοις A | om και εκρατησεν
A | τη δεξια] pr εν A | τη αριστερα] pr εν A   30 ψυχη] pr η A | αλλοφυ-
λων] pr των A | εβασταξεν] εκλεινεν A | αρχοντας] σατραπας A | ησαν] εγενοντο
A | η] υπερ A   31 ο οικος] pr πας A | Εσθαοά Bᵇ ᵛⁱᵈ   XVII 1 εγε-
νετο] εγενηθη A | απο] εξ A | Μειχαιας] Μιχα A   2. οι χιλιοι Bᵇ (χειλ.
Bᵃ)] χιλιους A | ους (τους B) ελαβες αργυριου σεαυτη] αργ. τους λημφθεντας
σοι A | με ηρασω] εξωρκισας A | προσειπας] ειπας A | ωσι] τοις ωσιν A

ΚΡΙΤΑΙ XVII 12

παρ' ἐμοί, ἐγὼ ἔλαβον αὐτό. καὶ εἶπεν ἡ μήτηρ αὐτοῦ· Εὐλογητὸς Β 3 ὁ υἱός μου τῷ κυρίῳ. ³καὶ ἀπέδωκεν τοὺς χιλίους καὶ ἑκατὸν τοῦ ἀργυρίου· τῇ μητρὶ αὐτοῦ· καὶ εἶπεν ἡ μήτηρ αὐτοῦ Ἁγιάζουσα ἡγίακα τὸ ἀργύριον τῷ κυρίῳ ἐκ χειρός μου τῷ υἱῷ μου τοῦ ποιῆσαι γλυπτὸν 4 καὶ χωνευτόν, καὶ νῦν ἀποδώσω σοι αὐτό. ⁴καὶ ἀπέδωκεν· τὸ ἀργύριον τῇ μητρὶ αὐτοῦ· καὶ ἔλαβεν ἡ μήτηρ αὐτοῦ διακοσίους ἀργυρίου· καὶ ἔδωκεν αὐτὸ ἀργυροκόπῳ, καὶ ἐποίησεν αὐτὸ γλυπτὸν 5 καὶ χωνευτόν· καὶ ἐγενήθη ἐν οἴκῳ Μειχαία. ⁵καὶ ὁ οἶκος Μειχαία αὐτῷ οἶκος θεοῦ· καὶ ἐποίησεν ἐφὼδ καὶ θαραφείν, καὶ ἐπλήρωσεν 6 τὴν χεῖρα ἀπὸ ἑνὸς υἱῶν αὐτοῦ, καὶ ἐγένετο αὐτῷ εἰς ἱερέα. ⁶ἐν δὲ ταῖς ἡμέραις ἐκείναις οὐκ ἦν βασιλεὺς ἐν Ἰσραήλ· ἀνὴρ τὸ εὐθὲς 7 ἐν ὀφθαλμοῖς αὐτοῦ ἐποίει. ⁷Καὶ ἐγενήθη νεανίας ἐκ Βηθλέεμ 8 δήμου Ἰούδα, καὶ αὐτὸς Λευείτης· καὶ οὗτος παρῴκει ἐκεῖ. ⁸καὶ ἐπορεύθη ὁ ἀνὴρ ἀπὸ Βηθλέεμ τῆς πόλεως Ἰούδα παροικῆσαι ἐν ᾧ ἐὰν εὕρῃ τόπῳ, καὶ ἦλθεν ἕως ὄρους Ἐφράιμ καὶ ἕως οἴκου 9 Μειχαία, τοῦ ποιῆσαι ὁδὸν αὐτοῦ. ⁹καὶ εἶπεν αὐτῷ Μειχαίας Πόθεν ἔρχῃ; καὶ εἶπεν πρὸς αὐτόν. Λευείτης εἰμὶ ἀπὸ Βαιθλέεμ Ἰούδα, 10 καὶ ἐγὼ πορεύομαι παροικῆσαι ἐν ᾧ ἐὰν εὕρω τόπῳ. ¹⁰καὶ εἶπεν αὐτῷ Μειχαίας Κάθου μετ' ἐμοῦ, καὶ γίνου μοι εἰς πατέρα καὶ εἰς ἱερέα, καὶ ἐγὼ δώσω σοι δέκα ἀργυρίου εἰς ἡμέραν καὶ στολὴν 11 ἱματίων καὶ τὰ πρὸς ζωήν σου. ¹¹καὶ ἐπορεύθη ὁ Λευείτης καὶ ἤρξατο παροικεῖν παρὰ τῷ ἀνδρί· καὶ ἐγενήθη ὁ νεανίας παρ' αὐτῷ 12 ὡς εἷς ἀπὸ υἱῶν αὐτοῦ. ¹²καὶ ἐπλήρωσεν Μειχαίας τὴν χεῖρα τοῦ Λευείτου, καὶ ἐγένετο αὐτῷ εἰς ἱερέα· καὶ ἐγένετο ἐν οἴκῳ Μειχαία.

2 ευλογητος] ευλογημενος A   3 αγιαζουσα ηγιακα] αγιασμω ηγίασα A | A χειρος] pr της A | τω υιω μου] κατα μονας A | om και χωνευτον | αποδωσω] pr επιστρεψω αυτα σοι και A   4 αργυριου] pr του A | αργυροκοπω] τω χωνευτη A | εγενηθη] εγενετο A | οικω Μειχαια] τω οικω Μειχα A   5 οικος Μειχαια] ανηρ Μειχα A | εφουδ κ. θεραπειν A | επληρωσεν] ενεπλησεν A· | om απο A | υιων] pr των A | εγενετο] εγενηθη A | om αυτω 2° A   6 om δε A | ευθες] αγαθον A   7 εγενηθη] εγενετο A | νεανιας] παιδαριον A | Ιουδα]+εκ της συγγενειας Ιουδα A | Λευιτ. A (item 9, 11, 12, 13) | ουτος] αυτος A   8 απο Βηθλεεμ της π. I.] εκ της π. I. Βηθλεεμ A | παροικησαι] παροικειν A | εν ω] ου A | om τοπω A | ηλθεν εως ορους] εγενηθη εις ορος A | om και 3° A | Μειχα A | οδον] pr την A   9 Μειχα A | ειμι] pr εγω A | απο Βαιθλεεμ Ιουδα] εκ Βηθλεεμ δημου Ιουδα εκ της συγγενειας Ιουδα A | παροικησαι] παροικειν A | εν ω] ου A | om τοπω A   10 Μειχα A | γινου Bᵇ (γεινου B*)] γενου A | ημερας A | στολην] ζευγος A | τα προς ζωην] προς το ζην A   11 ο νεανιας παρ αυτω] αυτω το παιδαριον A | απο υιων] των υιων A   12 επληρωσεν] ενεπλησεν A | Μειχα A (bis) | εγενετο: 1°] εγενηθη A | αυτω]+το παιδαριον A | εγενετο 2°] ην A | οικω] pr τω A

XVII 13 ΚΡΙΤΑΙ

B ¹³καὶ εἶπεν Μειχαίας Νῦν ἔγνων ὅτι ἀγαθυνεῖ Κύριος ἐμοί, ὅτι ἐγένετό 13
μοι ὁ Λευείτης εἰς ἱερέα.

¹Ἐν ταῖς ἡμέραις ἐκείναις οὐκ ἦν βασιλεὺς ἐν Ἰσραήλ· καὶ ἐν 1
ταῖς ἡμέραις ἐκείναις ἡ φυλὴ Δὰν ἐζήτει αὐτῇ κληρονομίαν κατοικῆσαι,
ὅτι οὐκ ἐνέπεσεν αὐτῇ ἕως τῆς ἡμέρας ἐκείνης ἐν μέσῳ φυλῶν
Ἰσραὴλ κληρονομία. ²καὶ ἀπέστειλαν οἱ υἱοὶ Δὰν ἀπὸ δήμων αὐτῶν 2
πέντε ἄνδρας υἱοὺς δυνάμεως ἀπὸ Σαραὰ καὶ ἀπὸ Ἐσθαὸλ τοῦ κατα-
σκέψασθαι τὴν γῆν καὶ ἐξιχνιάσαι αὐτήν, καὶ εἶπαν πρὸς αὐτούς
Πορεύεσθε καὶ ἐξιχνιάσατε τὴν γῆν. καὶ ἦλθον ἕως ὄρους Ἐφράιμ
ἕως οἴκου Μειχαία· καὶ ηὐλίσθησαν ἐκεῖ· ⁽³⁾αὐτοὶ ³ἐν οἴκῳ Μειχαία. 3
καὶ αὐτοὶ ἐπέγνωσαν τὴν φωνὴν τοῦ νεανίσκου τοῦ Λευείτου, καὶ
ἐξέκλιναν ἐκεῖ καὶ εἶπαν αὐτῷ Τίς ἤνεγκέν σε ὧδε; καὶ τί σὺ ποιεῖς
ἐν τῷ τόπῳ τούτῳ; καὶ τί σοι ὧδε; ⁴καὶ εἶπεν πρὸς αὐτούς Οὕτως 4
καὶ οὕτως ἐποίησέν μοι Μειχαίας καὶ ἐμισθώσατό με, καὶ ἐγενόμην
αὐτῷ εἰς ἱερέα. ⁵καὶ εἶπαν αὐτῷ Ἐρώτησον δὴ ἐν τῷ θεῷ, καὶ 5
γνωσόμεθα εἰ εὐοδωθήσεται ἡ ὁδὸς ἡμῶν, ἐν ᾗ ἡμεῖς πορευόμεθα
ἐν αὐτῇ. ⁶καὶ εἶπεν αὐτοῖς ὁ ἱερεύς Πορεύεσθε ἐν εἰρήνῃ· ἐνώπιον 6
Κυρίου ἡ ὁδὸς ὑμῶν ἐν ᾗ πορεύεσθε ἐν αὐτῇ. ⁷Καὶ ἐπορεύθησαν 7
οἱ πέντε ἄνδρες καὶ ἦλθον εἰς Λαισα· καὶ εἶδαν τὸν λαὸν τὸν ἐν
μέσῳ αὐτῆς καθήμενον ἐπ᾽ ἐλπίδι, ὡς κρίσις Σιδωνίων ἡσυχάζουσα·
καὶ οὐκ ἔστιν διατρέπων ἢ καταισχύνων λόγον ἐν τῇ γῇ, κληρονόμος
ἐκπιέζων θησαυροῦ· καὶ μακράν εἰσιν Σιδωνίων, καὶ λόγον οὐκ ἔχουσιν
πρὸς ἄνθρωπον. ⁸καὶ ἦλθον οἱ πέντε ἄνδρες πρὸς τοὺς ἀδελφοὺς 8
αὐτῶν εἰς Σαραὰ καὶ Ἐσθαόλ, καὶ εἶπαν τοῖς ἀδελφοῖς αὐτῶν Τί

A 13 Μειχα A | αγαθυνει] ηγαθοποιησεν A | Κυριος εμοι] με κ̄ς̄ A | εγενετο] εγενηθη A | XVIII 1 εζητει η φ. του Δαν A | εαυτη A |⁽καtοικησαι] του κατοικειν A | της ημ. εκεινης] των ημερων εκεινων A. 2 εξαπεστειλαν A | απο δημων] εκ των συγγενειων A | ανδρας]+απο μερους αυτων A | απο Σαραα]· εξ Αραα A | om απο 3° A | Εσθαοα Bᵇ | εξιχνιασατε] εξεραυνησατε A | ηλθον εως ορους] παρεγενοντο εις ορος A | Μειχα A | ηυλισθησαν] κατεπαυσαν A | om αυτοι A 3 εν] αυτων οντων παρα τω A | Μειχα A | νεανισκου] ται-δαριου του νεωτερου A | Λευιτου A | ηνεγκεν] ηγαγεν A | om συ A | εν τω τοπω τουτω] ενταυθα A | σοι]+εστιν A 4 Μειχα A | εγενομην] εγενηθην A 5 ευοδωθησεται] κατευοδοι A | εν η] ην A | εν αυτη] επ αυτης A 6 πορευεσθε (πορευεσθαι A)]+και A | εν ειρηνη] εις ειρηνην A | εν η] καθ ην υμεις A. 7 ηλθον] παρεγενοντο A | ειδαν] ιδον A | εν μεσω αυτης] κατοικουντα εν αυτη A | επ] εν A | ως κρισις Σιδωνιων (Σειδ. B* Σιδ. Bᵇ) ησυχαζουσα] κατα την συγκρισιν των Σιδω|νιων ησυχαζοντας εν ελπιδι A | ουκ εστιν διατρεπων η καταισχ. λογον] μη δυναμενους λαλησαι ρημα A | om κληρον. εκπιεζων θησαυρου A | και 5°] οτι A | Σιδωνιων 2° (Σειδ. B*)] απο Σιδωνος A | λογον ουκ εχουσιν προς ανθρ.] λογος ουκ ην αυτοις μετα Συριας A 8 ηλθον] παρεγενοντο A | ειπον τοις αδελφοις] ελεγον αυτοις οι αδελφοι A

ΚΡΙΤΑΙ XVIII 18

9 ὑμεῖς. κάθησθε; ⁹καὶ εἶπαν Ἀνάστητε καὶ ἀναβῶμεν ἐπ' αὐτούς; Β ὅτι εἴδομεν τὴν γῆν, καὶ ἰδοὺ ἀγαθὴ σφόδρα· καὶ ὑμεῖς ἡσυχάζετε; μὴ ὀκνήσητε· τοῦ πορευθῆναι καὶ εἰσελθεῖν τοῦ κληρονομῆσαι τὴν 10 γῆν. ¹⁰καὶ ἡνίκα ἂν ἔλθητε, εἰσελεύσεσθε πρὸς λαὸν ἐπ' ἐλπίδι, καὶ ἡ γῆ πλατεῖα, ὅτι ἔδωκεν αὐτὴν ὁ θεὸς ἐν χειρὶ ὑμῶν, τόπος ὅπου 11 οὐκ ἔστιν ἐκεῖ ὑστέρημα παντὸς ῥήματος τῶν ἐν τῇ γῇ. ¹¹Καὶ ἀπῆραν ἐκεῖθεν ἀπὸ δήμων τοῦ Δάν, ἀπὸ Σαραὰ καὶ ἀπὸ Ἐσθαόλ, 12 ἑξακόσιοι ἄνδρες ἐζωσμένοι σκεύη παρατάξεως. ¹²καὶ ἀνέβησαν καὶ παρενέβαλον ἐν Καριαθιαρεὶμ ἐν Ἰούδα· διὰ τοῦτο ἐκλήθη ἐν ἐκείνῳ τῷ τόπῳ Παρεμβολὴ Δάν, ἕως τῆς ἡμέρας ταύτης· ἰδοὺ ὀπίσω 13 Καριαθιαρείμ. ¹³καὶ παρῆλθον ἐκεῖθεν ὄρος Ἐφράιμ καὶ ἦλθον 14 ἕως οἴκου Μειχαία. ¹⁴καὶ ἀπεκρίθησαν οἱ πέντε ἄνδρες οἱ πεπορευμένοι κατασκέψασθαι τὴν γῆν Λάισα καὶ εἶπαν πρὸς τοὺς ἀδελφοὺς αὐτῶν Ἔγνωτε ὅτι ἔστιν ἐν τῷ οἴκῳ τούτῳ ἐφὼδ καὶ θεραφεὶν καὶ 15 γλυπτὸν καὶ χωνευτόν· καὶ νῦν γνῶτε ὅ τι ποιήσετε. ¹⁵καὶ ἐξέκλιναν ἐκεῖ καὶ εἰσῆλθον εἰς τὸν οἶκον τοῦ νεανίσκου τοῦ Λευείτου, 16 οἶκον Μειχαία, καὶ ἠρώτησαν αὐτὸν εἰς εἰρήνην. ¹⁶καὶ οἱ ἑξακόσιοι ἄνδρες οἱ ἀνεζωσμένοι τὰ σκεύη τῆς παρατάξεως αὐτῶν ἑστῶτες 17 παρὰ θύρας τῆς πύλης, οἱ ἐκ τῶν υἱῶν Δάν. ¹⁷καὶ ἀνέβησαν οἱ 18 πέντε ἄνδρες οἱ πορευθέντες κατασκέψασθαι τὴν γῆν, ¹⁸καὶ εἰσῆλθον

9 αυτους] αυτην A | οτι]+εισ|ηλθαμεν· και ενεπεριεπατησα|μεν εν τη γη A εως σει γησαι· και| ειδομεν τον λαον τον κατοι|κουντα εν αυτη εν ελπιδι κατα| συγκριμα των Σιδωνιων· και| μακραν απεχοντες εκ Σιδω|νος· και λογος ουκ ην αυτοις| μετα Συριας· αλλα αναστητε| και αναβωμεν επ αυτους οτι| A | ειδομεν] ευρηκαμεν A | ησυχαζετε] σιωπαται A | και εισελθειν του κληρονομησαι] του ελθειν και κατακληρονομησαι A   10 om και 1° A | ελθητε] εισελθητε A | εισελευσεσθε] ηξετε A | επ ελπιδι] πεποιθοτα A | πλατεια] ευρυχωρος A | εδωκεν] παρεδωκεν A | οπου]. ου A | των εν. τη γη] οσα εν τ. γ. A   11 απο δημων] εκ συγγενειας A | απο 2°] εκ A | om απο 3° A | εζωσμενοι] περιεζωσμενοι A | παραταξεως] πολεμικα A   12 παρενεβαλοσαν A | om εν 3° A | τω τ. εκεινω A | οπισω] κατοπισθεν A   13 om και 1° A | παρηλθον A | ορος] και ηλθον εως του ορους A | Μειχα A·   14 πεπορευμενοι] πορευομενοι A | αυτου B*: (αυτων B^{ab}A) | εγνωτε] ει οιδατε A | om εστιν A | τω οικω τουτω] τοις οικοις τουτοις A | εφουδ A | ο τι] om ο A | ποιησεται A   15 εισηλθοσαν A | νεανισκου] παιδαριου A | οικον 2°] pr εις B^{amg} pr εις τον A | Μειχα A | ηρωτησαν αυτον εις ειρηνην] ησπασαντο αυτον A   16 οι ανεζωσμενοι] περιεζωσμενοι A | τα σκευη της παραταξεως] σκ. πολεμικα A | εστωτες παρα θυρας] εστηλωμενοι π. την θυραν A | της πυλης] του πυλωνος A | των υιων Δαν] ν υιων Δα sup ras A¹   17 πορευθεντες] πορευομενοι A | την γην.]+επελθοντες εκει ελαβον το γλυπτον και το εφουδ· και το θεραφειν και το χωνευτο| και ο ιερευς εστηλωμενος παρα| τη θυρα του πυλωνος και οι εξα|κοσιοι ανδρες περιεζωσμενοι| σκευη πολεμικα· A   18 εισηλθον] pr ουτοι A

XVIII 19   ΚΡΙΤΑΙ

B ἐκεῖ εἰς οἶκον Μειχαία, καὶ ὁ ἱερεὺς ἑστώς· ͵καὶ ἔλαβον ͵τὸ ͵γλυπτὸν καὶ ͵τὸ ἐφὼδ καὶ τὸ θεραφεὶν, καὶ ͵τὸ χωνευτόν. ͵ καὶ εἶπεν πρὸς αὐτοὺς ὁ ͵ἱερεύς͵ Τί ͵ὑμεῖς ποιεῖτε; ¹⁹ καὶ ͵εἶπαν αὐτῷ· Κώφευσον, 19 ἐπίθες τὴν ͵χεῖρά σου ͵ἐπὶ τὸ ͵στόμα σου, καὶ δεῦρο ͵μεθ' ἡμῶν καὶ γένου ͵ἡμῖν εἰς πατέρα καὶ εἰς ἱερέα· μὴ ἀγαθὸν εἶναί σε ἱερέα οἴκου ἀνδρὸς ἑνός, ἢ ͵γενέσθαι ͵σε ἱερέα φυλῆς καὶ οἴκου εἰς δῆμον Ἰσραήλ; ²⁰ καὶ ἠγαθύνθη ἡ καρδία τοῦ ἱερέως, καὶ ἔλαβεν τὸ ἐφὼδ καὶ τὸ 20 θεραφεὶν καὶ ͵τὸ γλυπτὸν καὶ τὸ ͵χωνευτόν, ͵καὶ ἦλθεν ͵ἐν μέσῳ τοῦ λαοῦ. ²¹ καὶ ἐπέστρεψαν ͵καὶ ἀπῆλθαν, ͵ καὶ ͵ ἔθηκαν τὰ ͵ τέκνα καὶ 21 τὴν κτῆσιν καὶ τὸ βάρος ἔμπροσθεν αὐτῶν. ²² αὐτοὶ ἐμάκρυναν ἀπὸ 22 οἴκου ͵ Μειχαία, καὶ ἰδοὺ Μειχαίας καὶ οἱ ἄνδρες οἱ ἐν͵ ταῖς ͵οἰκίαις ταῖς μετὰ οἴκου ͵Μειχαία ἐβόησαν καὶ κατελάβοντο ͵ τοὺς υἱοὺς͵ Δάν͵ ²³ καὶ ͵ ἐπέστρεψαν ͵ τὸ πρόσωπον ͵ αὐτῶν ͵ υἱοὶ ͵Δὰν ͵καὶ ͵εἶπαν τῷ 23 Μειχαίᾳ Τί ἐστίν σοι ͵ὅτι ἐβόησας; ²⁴ καὶ ͵εἶπεν ͵ Μειχαίας ͵Ὅτι τὸ 24 γλυπτόν ͵μου ὃ ἐποίησα ἐλάβετε καὶ τὸν ἱερέα, καὶ ἐπορεύθητε· καὶ τί ἐμοὶ ͵ἔτι; ͵ καὶ τί τοῦτο λέγετε πρὸς ͵μέ Τί κράζεις; ²⁵ καὶ 25 εἶπον πρὸς αὐτὸν οἱ υἱοὶ Δὰν Μὴ ἀκουσθήτω δὴ φωνή σου μεθ' ἡμῶν, μὴ ποτε συναντήσωσιν ἐν ἡμῖν ἄνδρες πικροὶ ψυχῇ, καὶ προσθήσουσιν ψυχὴν καὶ τὴν ψυχὴν τοῦ οἴκου σου. ²⁶ καὶ ἐπορεύθησαν 26 οἱ υἱοὶ Δὰν εἰς ὁδὸν ͵αὐτῶν· ͵ καὶ εἶδεν ͵ Μειχαίας ὅτι δυνατώτεροί ͵εἰσιν ὑπὲρ αὐτόν, καὶ ἐπέστρεψεν εἰς τὸν οἶκον αὐτοῦ. ²⁷ καὶ οἱ υἱοὶ 27 Δὰν ἔλαβον ὃ ἐποίησεν Μειχαίας καὶ τὸν ἱερέα ὃς ἦν αὐτῷ, καὶ ἦλθον ἐπὶ Λαισὰ ἐπὶ λαὸν ἡσυχάζοντα καὶ πεποιθότα ͵ἐπ' ἐλπίδι· καὶ ἐπάταξαν ͵ αὐτοὺς ἐν στόματι ῥομφαίας, καὶ τὴν πόλιν ἐνέπρησαν ἐν πυρί. ͵ ²⁸ καὶ οὐκ ἦν ὁ ῥυόμενος, ὅτι μακράν ἐστιν ἀπὸ Σιδωνίων, 28

A 18 om εκει A | οικον] ο 2° sup ras A^{aᵗ} (οικεν A*ᵛⁱᵈ) | Μειχα A | om και ο ιερευς εστως A | εφουδ A   19 αυτω] προς αυτον A | δευρο] ελθε A | γενου] εση A | αγαθον] βελτιον A | γενεσθαι] γεινεσθαι A | οικου εις δημον] συγγενειας εν A   20 εφουδ A | εισηλθεν A   21 τα τεκνα... το βαρος] την πανοικειαν| και την κτησιν αυτου την εν|δοξον A   22 αυτοι εμακρυναν] αυτων δε μαμακρυνκοτων· (sic) A | οικου 1°] pr του A | Μειχα A (ter) | ανδρες]+ο λαος A | εν ταις οικιαις ταις μετα οικου] οντες| εν τοις οικοις οι συν τω οικω| μετα A | εβοησαν και κατελαβοντο] εκραζον κατοπισω Δα| και εβοησαν προς A   23 το προσ. αυτων υιοι Δ.] και Δ. κατα προσ. αυτων A | τω Μειχαια] προς Μιχα A   24 Μειχα A | επορευθητε] απηλθαται A | om τι 2° A | λεγεται A | προς με] μοι A | τι 3°] + τουτο A   25 φωνη] pr η A | συναντησωσιν] απαντησωσιν A | om εν A | προσθησουσιν] προσθησεις A | ψυχην 1°] την ψυχην σου A   26 οδον] pr την A | Μιχα A | δυνατωτεροι] ισχυροτεροι A | υπερ αυτον] αυτου A | επεστρεψεν] εξενευσεν και ανεστρεψεν A   27 οι υιοι Δαν] αυτοι A | ο] οσα A | Μειχα A | επι 1°] εως A | om επ (εφ B* επ B^{ab}) ελπιδι A | om εν πυρι A   28 ην] εστιν A | ο ρυομενος] εξερουμενος A | Σειδ. B* (Σιδ. B^b)

ΚΡΙΤΑΙ XIX 6

καὶ λόγος οὐκ ἔστιν αὐτοῖς μετὰ ἀνθρώπου, καὶ αὐτὴ ἐν τῇ κοιλάδι B
τοῦ οἴκου Ραάβ. καὶ ᾠκοδόμησαν τὴν πόλιν καὶ κατεσκήνωσαν
29 ἐν αὐτῇ, ²⁹καὶ ἐκάλεσαν τὸ ὄνομα τῆς πόλεως· Δάν, ἐν ὀνόματι Δὰν
πατρὸς αὐτῶν ὃς ἐτέχθη τῷ Ἰσραήλ· καὶ Οὐλαμάις τὸ ὄνομα τῆς
30 πόλεως τὸ πρότερον. ³⁰καὶ ἔστησαν ἑαυτοῖς οἱ υἱοὶ Δὰν τὸ γλυπτόν·
καὶ Ἰωναθὰμ υἱὸς Γηρσὸμ υἱὸς Μανασσή, αὐτὸς καὶ οἱ υἱοὶ αὐτοῦ
31 ἦσαν ἱερεῖς τῇ φυλῇ Δὰν ἕως ἡμέρας ἀποικίας τῆς γῆς. ³¹καὶ ἔθηκαν
αὐτοῖς τὸ γλυπτὸν ὃ ἐποίησεν Μειχαίας πάσας τὰς ἡμέρας ἃς ἦν
ὁ οἶκος τοῦ θεοῦ ἐν Σηλώμ. ⁽¹⁾καὶ ἐγένετο ἐν ταῖς ἡμέραις ἐκείναις
καὶ οὐκ ἦν βασιλεὺς ἐν Ἰσραήλ.

IX 1 ¹Καὶ ἐγένετο ἀνὴρ Λευείτης παροικῶν ἐν μηροῖς ὄρους Ἐφράιμ,
2 καὶ ἔλαβεν αὐτῷ γυναῖκα παλλακὴν ἀπὸ Βηθλέεμ Ἰούδα. ²καὶ
ἐπορεύθη ἀπ' αὐτοῦ ἡ παλλακὴ αὐτοῦ, καὶ ἀπῆλθεν παρ' αὐτοῦ
εἰς οἶκον πατρὸς αὐτῆς, εἰς Βηθλέεμ Ἰούδα· καὶ ἦν ἐκεῖ ἡμέρας
3 δ' μηνῶν. ³καὶ ἀνέστη ὁ ἀνὴρ αὐτῆς καὶ ἐπορεύθη ὀπίσω αὐτῆς
τοῦ. λαλῆσαι ἐπὶ καρδίαν αὐτῆς, τοῦ ἐπιστρέψαι αὐτὴν αὐτῷ· καὶ
νεανίας αὐτοῦ μετ' αὐτοῦ καὶ ζεῦγος ὄνων. καὶ ἥδε εἰσήνεγκεν
αὐτὸν εἰς οἶκον πατρὸς αὐτῆς· καὶ εἶδεν αὐτόν ὁ πατὴρ τῆς νεάνιδος,
4 καὶ ηὐφράνθη εἰς συνάντησιν αὐτοῦ. ⁴καὶ κατέσχεν αὐτὸν ὁ γαμβρὸς
αὐτοῦ ὁ πατὴρ τῆς νεάνιδος, καὶ ἐκάθισεν μετ' αὐτοῦ ἐπὶ τρεῖς ἡμέρας,
5 καὶ ἔφαγον καὶ ἔπιον, καὶ ηὐλίσθησαν ἐκεῖ. ⁵καὶ ἐγένετο τῇ ἡμέρᾳ
τῇ τετάρτῃ καὶ ὤρθρισαν τὸ πρωὶ καὶ ἀνέστη τοῦ πορευθῆναι· καὶ
εἶπεν ὁ πατὴρ τῆς νεάνιδος πρὸς τὸν νυμφίον αὐτοῦ Στήρισόν σου
6 τὴν καρδίαν ψωμῷ ἄρτου, καὶ μετὰ τοῦτο πορεύσεσθε. ⁶καὶ ἐκάθισεν

28 ανθρωπου] ανων A | τη κοιλαδι] κοιλαδι η εστιν A | Ρααβ] Τωβ A | A κατεσκηνωσαν] κατοικησαν A   29 εν ονοματι]-κατα το ονομα A | om Δαν 2° A | πατρος]. pr του A | ετεχθη] εγενηθη A | Ουλαμαις το ον. της πολεως] ην Αλεις ον. τη πολει A   30 εστησαν] ανεστησαν A | Δαν] pr του A | το γλυπτον]+Μειχα A | Ιωναθαν A | Γερσωμ A | υιος 2°] υιον A | Μαννασση A | ημερας αποικιας της γης] της μετοικεσιας του Δα| A 31 εθηκαν] εταξαν A | ο εποιησεν Μειχαιας] Μειχα ο εποιησεν A | as] οσας A | Σηλω A | βασιλευς ουκ ην A   XIX 1 Λευιτης A | ελαβεν]+ο ανηρ A | αυτω] εαυτω A | απο] εκ A   2 επορευθη απ αυτου] ωργισθη αυτω A | παρ απ A | οικον πατρος] τον οικον του π. A | ην] εγενετο A | δ' μηνων] τετραμηνον A   2—3 επορευθη...νεα| (1°) sup ras et in mg inf B¹¹   3 οπισω] κατοπισθεν A | καρδιαν] pr την A | του επιστρεψαι] διαλλαξαι A | αυτω] εαυτω | και απαγαγειν αυτην παλιν προς αυτον· A | νεανιας (a 2° superscr) Bᵃᵇ] νεανις B* το παιδαριον A | ονων] υποζυγιων A | ηδε εισηνεγκεν αυτον] επορευθη A | εις οικον] εως οικου A | πατρος] pr του ιδεν A | ηυφρανθη] πατην A | συναντησιν] απαντησιν A   4 κατεσχεν] εισηγαγεν A | επι τρεις ημ.] ημ. τρεις A | ηυλισθησαν] υπνωσαν A   5 πορευθ.] απελθειν A | νυμφ.] γαμβρον A | την κ. σου A | ψωμω] ω 2° sup ras Bᵃ κλασματι A | πορευεσθαι A   6 εκαθεισαν A

527

B καὶ ἔφαγον οἱ δύο ἐπὶ τὸ αὐτὸ καὶ ἔπιον· καὶ εἶπεν ὁ πατὴρ τῆς νεάνιδος πρὸς τὸν ἄνδρα Ἄγε δή, αὐλίσθητι, καὶ ἀγαθυνθήσεται ἡ καρδία σου. καὶ ἀνέστη ὁ ἀνὴρ τοῦ πορεύεσθαι, καὶ ἐβιάσατο 7 αὐτὸν ὁ γαμβρὸς αὐτοῦ, καὶ ἐκάθισεν, καὶ ηὐλίσθη ἐκεῖ. ⁸καὶ 8 ὤρθρισεν τὸ πρωὶ τῇ ἡμέρᾳ τῇ πέμπτῃ τοῦ πορευθῆναι, καὶ εἶπεν ὁ πατὴρ τῆς νεάνιδος Στήρισον δὴ τὴν καρδίαν σου, καὶ στράτευσον ἕως κλῖναι τὴν ἡμέραν· καὶ ἔφαγον οἱ δύο. ⁹καὶ ἀνέστη ὁ ἀνὴρ 9 τοῦ πορευθῆναι, αὐτὸς καὶ ἡ παλλακὴ αὐτοῦ καὶ ὁ νεανίας αὐτοῦ, καὶ εἶπεν αὐτῷ ὁ γαμβρὸς αὐτοῦ, ὁ πατὴρ τῆς νεάνιδος Ἰδοὺ δὴ ἠσθένησεν ἡ ἡμέρα εἰς τὴν ἑσπέραν· αὐλίσθητι ὧδε καὶ ἀγαθυνθήσεται ἡ καρδία σου, καὶ ὀρθριεῖτε αὔριον εἰς ὁδὸν ὑμῶν καὶ πορεύσῃ εἰς τὸ σκήνωμά σου. ¹⁰καὶ οὐκ εὐδόκησεν ὁ ἀνὴρ αὐλισθῆναι, καὶ 10 ἀνέστη καὶ ἀπῆλθεν, καὶ ἦλθεν ἕως ἀπέναντι Ἰεβούς, αὕτη ἐστὶν Ἰερουσαλήμ· καὶ μετ' αὐτοῦ ζεῦγος ὄνων. ἐπισεσαγμένων, καὶ ἡ παλλακὴ αὐτοῦ μετ' αὐτοῦ. ¹¹καὶ ἤλθοσαν ἕως Ἰεβούς· καὶ ἡ ἡμέρα 11 προβεβήκει σφόδρα, καὶ εἶπεν ὁ νεανίας πρὸς τὸν κύριον αὐτοῦ Δεῦρο δὴ καὶ ἐκκλίνωμεν εἰς πόλιν τοῦ Ἰεβουσεὶν ταύτην, καὶ αὐλισθῶμεν ἐν αὐτῇ. ¹²καὶ εἶπεν πρὸς αὐτὸν ὁ κύριος αὐτοῦ Οὐκ ἐκκλι- 12 νοῦμεν εἰς πόλιν ἀλλοτρίαν ἐν ᾗ οὐκ ἔστιν ἀπὸ υἱῶν Ἰσραὴλ ὧδε, καὶ παρελευσόμεθα ἕως Γαβαά. ¹³καὶ εἶπεν τῷ νεανίᾳ αὐτοῦ Δεῦρο 13 καὶ ἐγγίσωμεν ἑνὶ τῶν τόπων, καὶ αὐλισθησόμεθα ἐν Γαβαὰ ἢ ἐν Ῥαμά. ¹⁴καὶ παρῆλθον καὶ ἐπορεύθησαν, καὶ ἔδυ ὁ ἥλιος αὐτοῖς 14 ἐχόμενα τῆς Γαβαά, ἥ ἐστιν τῷ Βενιαμείν. ¹⁵καὶ ἐξέκλιναν ἐκεῖ 15 τοῦ εἰσελθεῖν αὐλισθῆναι ἐν Γαβαά· καὶ εἰσῆλθον καὶ ἐκάθισαν ἐν

A 6 οι δυο επι το αυτο] επι το αυτο αμφοτεροι A | αγε δη] αρξαμενος A | αγαθυνθησεται] αγαθυνθητω A 7 του πορευεσθαι] απελθειν A | εκαθισεν και] παλιν A . 8 πεμπτη] τριτη A | πορευθηναι] απελθειν A | om δη A | σου]+αρτω A | στρατευσον] στρατευσητι A | κλιναι] κλεινη A | την ημεραν] η ημερα A | εφαγον]+και επιον A | οι δυο] αμφοτεροι A 9 πορευθηναι] απελθειν A | ο νεανιας] το παιδαριον A | ησθενησεν η ημ. εις την εσπ.] εις εσπ. κεκλικεν η ημ. A | αυλισθητι] καταλυσον A | ωδε]+ετι σημερον και μειναται ωδε A | αγαθυνθησεται] αγαθυνθητω A | οδον] pr την A | πορευση] απελευση A 10 ευδοκησεν] ηθελησεν A | ηλθεν εως απεναντι] παρεγενοντο εως κατεναντι A | ονων] υποζυγιων A 11 και ηλθοσαν εως] ετι αυτων οντων κατα A | προβεβηκει] κεκλικυια A | ο νεανιας] το παιδαριον A | πολιν του Ιεβουσειν] την π. του Ιεβουσαιου A 12 ο κς αυτου προς αυτον A | ουκ εκκλινουμεν] ου μη εκκλεινω A | αλλοτριαν] αλλοτριου A | om εν A | απο υιων] εκ των υιων A | om ωδε A 13 νεανια] παιδαριω A | εγγισωμεν] ελθωμεν A | ενι] εις ενα A | αυλισθησομεθα] αυλισθωμεν A | om η εν Ραμα A 14 επορευθησαν] απηλθον εν Γαβαα A | om αυτοις A | τω Βενιαμειν] του Βενιαμειν A 15 αυλισθηναι] καταλυσαι A

ΚΡΙΤΑΙ XIX 24

τῇ πλατείᾳ τῆς πόλεως, καὶ οὐκ ἦν ἀνὴρ συνάγων αὐτοὺς εἰς οἰκίαν B
16 αὐλισθῆναι. ¹⁶καὶ ἰδοὺ ἀνὴρ πρεσβύτης ἤρχετο ἐξ ἔργων αὐτοῦ
ἐξ ἀγροῦ ἐν ἑσπέρᾳ, καὶ ὁ ἀνὴρ ἦν ἐξ ὄρους Ἐφράιμ καὶ αὐτὸς
17 παρῴκει ἐν Γαβαά, καὶ οἱ ἄνδρες τοῦ τόπου υἱοὶ Βενιαμείν. ¹⁷καὶ
ἦρεν τοὺς ὀφθαλμοὺς αὐτοῦ καὶ εἶδεν τὸν ὁδοιπόρον ἄνδρα ἐν τῇ
πλατείᾳ τῆς πόλεως· καὶ εἶπεν ὁ ἀνὴρ ὁ πρεσβύτης Ποῦ πορεύῃ,
18 καὶ πόθεν ἔρχῃ; ¹⁸καὶ εἶπεν πρὸς αὐτόν Παραπορευόμεθα· ἡμεῖς
ἀπὸ Βηθλέεμ Ἰούδα ἕως μηρῶν ὄρους Ἐφράιμ· ἐκεῖθεν ἐγώ εἰμι,
καὶ ἐπορεύθην ἕως Βηθλέεμ Ἰούδα, καὶ εἰς τὸν οἶκόν μου ἐγὼ πορεύ-
19 ομαι, καὶ οὐκ ἔστιν ἀνὴρ συνάγων με εἰς τὴν οἰκίαν. ¹⁹καί γε
ἄχυρα καὶ χορτάσματά ἐστιν τοῖς ὄνοις ἡμῶν, καὶ ἄρτοι καὶ οἶνός
ἐστιν ἐμοὶ καὶ τῇ παιδίσκῃ καὶ τῷ νεανίσκῳ μετὰ τῶν παιδίων σου·
20 οὐκ ἔστιν ὑστέρημα παντὸς πράγματος. ²⁰καὶ εἶπεν ὁ ἀνὴρ ὁ
πρεσβύτης. Εἰρήνη σοι· πλὴν πᾶν ὑστέρημά σου ἐπ᾽ ἐμέ, πλὴν ἐν
21 τῇ πλατείᾳ οὐ μὴ αὐλισθήσῃ. ²¹καὶ εἰσήνεγκεν αὐτὸν εἰς τὸν οἶκον
αὐτοῦ, καὶ τόπον ἐποίησεν τοῖς ὄνοις· καὶ αὐτοὶ ἐνίψαντο τοὺς πόδας
22 αὐτῶν, καὶ ἔφαγον καὶ ἔπιον. ²²αὐτοὶ δ᾽ ἀγαθύνοντες καρδίαν αὐτῶν,
καὶ ἰδοὺ ἄνδρες τῆς πόλεως υἱοὶ παρανόμων ἐκύκλωσαν τὴν οἰκίαν
κρούοντες ἐπὶ τὴν θύραν, καὶ εἶπον πρὸς τὸν ἄνδρα τὸν κύριον τοῦ
οἴκου τὸν πρεσβύτην λέγοντες Ἐξένεγκε τὸν ἄνδρα ὃς εἰσῆλθεν εἰς
23 τὴν οἰκίαν σου, ἵνα γνῶμεν αὐτόν. ²³καὶ ἐξῆλθεν πρὸς αὐτοὺς ὁ
ἀνὴρ ὁ κύριος τοῦ οἴκου καὶ εἶπεν Μή, ἀδελφοί, μὴ κακοποιήσητε
δὴ μετὰ τὸ εἰσελθεῖν τὸν ἄνδρα τοῦτον εἰς τὴν οἰκίαν μου· μὴ ποιήσητε
24 τὴν ἀφροσύνην ταύτην. ²⁴ἴδε ἡ θυγάτηρ μου ἡ παρθένος καὶ ἡ
παλλακὴ αὐτοῦ· ἐξάξω αὐτάς, καὶ ταπεινώσατε αὐτὰς καὶ ποιήσατε

15 ην] εστιν A | συναγων] pr ο A | οικιαν] τον οικον A | αυλισθηναι] κατα- A
λυσαι A   16 ηρχετο] εισηλθεν A | εξ εργων] απο των ε. A | εξ αγρου εν
εσπερα] εκ του αγρου εσπερας A | om A | Γαβα A   17 ηρεν τους
οφθ. αυτου] αναβλεψας τοις οφθαλμοις A | ιδεν A | τον οδοιπ. ανδρα] τον ανδρα
τον οδοιπ. A   18 παραπορευομεθα] διαβαινομεν A | απο Β. Ι.] εκ Β. της
Ι. A | ορους] pr εως A | Εφραιμ] pr του A | εκειθεν εγω] εγω δε εκ. A | πορευ-
ομαι] αποτρεχω A   19 εστιν 1°, 2°] υπαρχει A | και 3°] + γε A | αρτοι]
αρτος A | εμοι] μοι A | τη παιδισκη και τω νεανισκω] τη δουλη σου και τω
παιδαριω A | μετα των παιδιων σου] τοις δουλοις σου A   20 υστερημα]
pr το A | ου μη αυλισθησῃ] μη καταλυσῃς A   21 εισηνεγκεν] εισηγαγεν A |
τον οικον] την οικιαν A | τοπον εποιησεν] παρενεβαλεν A | ονοις] υποζυγιοις
αυτου A | om αυτοι A | ενιψαντο] ενιψεν A   22 αυτοι δ αγαθυνοντες] αυ-
των δε αγαθυνθεντων A | καρδιαν] τη καρδια A | ανδρες] pr οι A | περικυκλωσαν
A | κρουοντες επι] και εκρουσαν A | ειπαν A | του οικου] της οικιας A | εξενεγκε]
εξαγαγε A | ος εισηλθεν] τον ελθοντα A   23 του οικου] της οικιας A |
ειπεν] + προς αυτους A | μη 1°] μηδαμως A | κακοποιησητε] πονηρευσησθαι A |
εισελθειν] εισεληλυθεναι A   24 ιδε] ιδου A | εξαξω] + δη A

XIX 25 ΚΡΙΤΑΙ

B αὐταῖς τὸ ἀγαθὸν ἐν ὀφθαλμοῖς ὑμῶν· καὶ τῷ ἀνδρὶ τούτῳ οὐ ποιήσετε τὸ ῥῆμα τῆς ἀφροσύνης ταύτης. ²⁵ καὶ οὐκ εὐδόκησαν οἱ ἄνδρες 25 τοῦ εἰσακοῦσαι αὐτοῦ· καὶ ἐπελάβετο ὁ ἀνὴρ τῆς παλλακῆς αὐτοῦ καὶ ἐξήγαγεν αὐτὴν πρὸς αὐτοὺς ἔξω· καὶ ἔγνωσαν αὐτὴν, καὶ ἐνέπαιζον ἐν αὐτῇ ὅλην τὴν νύκτα ἕως πρωί, καὶ ἐξαπέστειλαν αὐτὴν ὡς· ἀνέβη τὸ πρωί. ²⁶ καὶ ἦλθεν ἡ γυνὴ πρὸς τὸν ὄρθρον, 26 καὶ ἔπεσεν παρὰ τὴν θύραν τοῦ οἴκου οὗ ἦν αὐτῆς ἐκεῖ ὁ ἀνήρ, ἕως τοῦ διαφῶσαι. ²⁷ καὶ ἀνέστη ὁ ἀνὴρ αὐτῆς τὸ πρωὶ καὶ ἤνοιξεν 27 τὰς θύρας τοῦ οἴκου, καὶ ἐξῆλθεν τοῦ πορευθῆναι τὴν ὁδὸν αὐτοῦ· καὶ ἰδοὺ ἡ γυνὴ ἡ παλλακὴ αὐτοῦ πεπτωκυῖα παρὰ τὰς θύρας τοῦ οἴκου, καὶ αἱ χεῖρες αὐτῆς ἐπὶ τὸ πρόθυρον. ²⁸ καὶ εἶπεν πρὸς αὐτήν 28 Ἀνάστα καὶ ἀπέλθωμεν· καὶ οὐκ ἀπεκρίθη, ὅτι ἦν νεκρά. καὶ ἔλαβεν αὐτὴν ἐπὶ τὸν ὄνον, καὶ ἐπορεύθη εἰς τὸν τόπον αὐτοῦ. ²⁹ καὶ 29 ἔλαβεν τὴν ῥομφαίαν καὶ ἐκράτησεν τὴν παλλακὴν αὐτοῦ, καὶ ἐμέλισεν αὐτὴν εἰς δώδεκα μέλη, καὶ ἀπέστειλεν αὐτὰ ἐν παντὶ ὁρίῳ Ἰσραήλ. ³⁰ καὶ ἐγένετο πᾶς ὁ βλέπων ἔλεγεν Οὐκ ἐγένετο καὶ 30 οὐχ ἑόραται ὡς αὕτη ἀπὸ ἡμέρας ἀναβάσεως υἱῶν Ἰσραὴλ ἐκ γῆς Αἰγύπτου καὶ ἕως τῆς ἡμέρας ταύτης· θέσθε ὑμῖν αὐτοὶ ἐπ' αὐτὴν βουλὴν καὶ λαλήσατε. ¹ Καὶ ἐξῆλθον πάντες οἱ υἱοὶ Ἰσραήλ, 1 XX καὶ ἐξεκκλησιάσθη ἡ συναγωγὴ ὡς ἀνὴρ εἷς ἀπὸ Δὰν καὶ ἕως Βηρσάβεε καὶ γῆ τοῦ Γαλαὰδ πρὸς Κύριον εἰς Μασσηφά. ² καὶ ἐστάθησαν 2 κατὰ πρόσωπον Κυρίου πᾶσαι αἱ φυλαὶ τοῦ Ἰσραὴλ ἐν ἐκκλησίᾳ

A 24 ου ποιησετε] μη ποιησηται A 25 ευδοκησαν] ηθελησαν A | του εισακουσαι] ακουσαι A | ενεπαιζον] ενεπεξαν A | om εν A | ως ανεβη το πρωι] αμα τω αναβαινειν τον ορθρον A 26 προς τον ορθρον] το πρωι A | του οικου] του πυλωνος του οικ. του ανδρος A | αυτης εκει ο ανηρ] ο κ̅ς αυτης εκει A | του διαφωσαι (τ. διαφυσαι B^{ab})] ου διεφανσεν A 27 ανηρ] κυριος A | πορευθηναι] απελθειν A | αυτου η παλλακη A | τας θυρας 2°] την θυραν A | om του οικου 2° A 28 αναστα] αναστηθι A | απεκριθη]+αυτω A | οτι ην νεκρα] αλλα τεθνηκει A | ανελαβεν A | τον ονον] το υπο|ζυγιον και ανεστη ο ανηρ A | επορευθη] απηλθεν A | αυτου]+και ηλθεν εις τον οικον αυτου| A 29 ρομφαιαν] μαχαιραν A | εκρατησεν την παλλακην] επελαβετο της παλλακης A | αυτην]+κατα τα οστα αυτης A | μελη] μεριδας A | απεστειλεν αυτα εν παντι οριω] εξαπεστειλε|ν αυτας εις πασας τας φυλας A 30 βλεπων] ορων A | ουκ εγενετο και ουχ εοραται] ουτε εγενετο ουτε ωφθη A | ως αυτη] ουτως A | ημερας 1°] pr της A | εκ γης] εξ A | om και 3° A | ταυτης]+και ενετειλατο τοις| ανδρασιν οις εξαπεστειλεν| λεγων· ταδε ερειτε προς πα̅|τα ανδρα Ιη̅λ ει γεγονεν κατα| το ρημα τουτο· απο της ημε|ρας αναβασεως υιων Ιη̅λ εξ Αι|γυπ̅του εως της ημερας ταυτης| A | θεσθε] θεσθαι δη A | υμιν αυτοι] εαυτοις A | επ αυτην βουλην] β. περι αυτης A XX 1 η συναγωγη] pr πασα A | του Γαλ.] om του A 2 εσταθησαν...Κυριου] εστη το κλειμα παντος του λαου και A | του Ισρ.] om του A | εκκλησια] pr τη A

530

ΚΡΙΤΑΙ XX 14

τοῦ λαοῦ τοῦ θεοῦ, τετρακόσιαι χιλιάδες ἀνδρῶν πεζῶν, ἕλκοντες Β
3 ῥομφαίαν. ³καὶ ἤκουσαν οἱ υἱοὶ Βενιαμεὶν ὅτι ἀνέβησαν οἱ υἱοὶ
Ἰσραὴλ εἰς Μασσηφά· καὶ ἐλθόντες εἶπαν οἱ υἱοὶ Ἰσραὴλ Λαλήσατε
4 ποῦ ἐγένετο ἡ πονηρία αὕτη; ⁴καὶ ἀπεκρίθη ὁ ἀνὴρ ὁ Λευείτης, ὁ ἀνὴρ
τῆς γυναικὸς τῆς φονευθείσης, καὶ εἶπεν Εἰς Γαβαὰ τῆς Βενιαμεὶν
5 ἦλθον ἐγὼ καὶ ἡ παλλακή μου τοῦ αὐλισθῆναι· ⁵καὶ ἀνέστησαν
ἐπ' ἐμὲ οἱ ἄνδρες τῆς Γαβαὰ καὶ ἐκύκλωσαν ἐπ' ἐμὲ ἐπὶ τὴν οἰκίαν
νυκτός· ἐμὲ ἠθέλησαν φονεῦσαι καὶ τὴν παλλακήν μου ἐταπείνωσαν,
6 καὶ ἀπέθανεν. ⁶καὶ ἐκράτησα τὴν παλλακήν μου καὶ ἐμέλισα αὐτήν,
καὶ ἀπέστειλα ἐν παντὶ ὁρίῳ κληρονομίας υἱῶν Ἰσραήλ, ὅτι ἐποίησαν
7 ζέμα καὶ ἀπόπτωμα ἐν Ἰσραήλ· ⁷ἰδοὺ πάντες ὑμεῖς υἱοὶ Ἰσραὴλ
8 δότε ἑαυτοῖς λόγον καὶ βουλὴν ἐκεῖ. ⁸καὶ ἀνέστη πᾶς ὁ λαὸς ὡς
ἀνὴρ εἷς λέγοντες Οὐκ ἀπελευσόμεθα ἀνὴρ εἰς σκήνωμα αὐτοῦ, καὶ
9 οὐκ ἐπιστρέψομεν ἀνὴρ εἰς οἶκον αὐτοῦ· ⁹καὶ νῦν τοῦτο τὸ ῥῆμα
10 ὃ ποιηθήσεται· τῇ Γαβαά· ἀναβησόμεθα ἐπ' αὐτὴν ἐν κλήρῳ· ¹⁰πλὴν
λημψόμεθα δέκα ἄνδρας τοῖς ἑκατὸν εἰς πάσας φυλὰς Ἰσραήλ, καὶ
ἑκατὸν τοῖς χιλίοις, καὶ χιλίους τοῖς μυρίοις, λαβεῖν ἐπισιτισμὸν
τοῦ ποιῆσαι ἐλθεῖν αὐτοὺς εἰς Γαβαὰ Βενιαμείν, ποιῆσαι αὐτῇ κατὰ
11 πᾶν τὸ ἀπόπτωμα ὃ ἐποίησεν ἐν Ἰσραήλ. ¹¹καὶ συνήχθη πᾶς
12 ἀνὴρ Ἰσραὴλ εἰς τὴν πόλιν ὡς ἀνὴρ εἷς. ¹²Καὶ ἀπέστειλαν αἱ
φυλαὶ Ἰσραὴλ ἄνδρας ἐν πάσῃ φυλῇ Βενιαμεὶν λέγοντες Τίς ἡ
13 πονηρία αὕτη ἡ γενομένη ἐν ὑμῖν; ¹³καὶ νῦν δότε τοὺς ἄνδρας υἱοὺς
παρανόμων τοὺς ἐν Γαβαά, καὶ θανατώσομεν αὐτοὺς καὶ ἐκκαθα-
ριοῦμεν πονηρίαν ἀπὸ Ἰσραήλ. καὶ οὐκ εὐδόκησαν οἱ υἱοὶ Βενιαμεὶν
14 ἀκοῦσαι τῆς φωνῆς τῶν ἀδελφῶν αὐτῶν υἱῶν Ἰσραήλ. ¹⁴καὶ

2 ελκοντες] σπωμενων A   3 Ισραηλ 1°]+προς κν A | om ελθοντες A | A
πονηρια] κακια A   4 Λευιτης A | φονευθεισης] πεφονευμενης A | παλ-
λακη] γυνη A.| του αυλισθηναι] καταλυσαι A.   5 της Γαβαα] pr οι παρα A |
om επ εμε (2°) B^{avid} | περιεκυκλωσαν A | εμε 2°] pr και A | φονευσαι] απο-
κτειναι A | εταπεινωσαν]+και ενεπεξαν αυτη A   6 εκρατησα] επελαβο-
μην A | την παλλακην] της παλλακης A | εξαπεστειλα A | om υιων A | ζεμα
και αποπτ.] αφροσυνην A | Ισρ. 2°] pr τω A   7 om υμεις A | υιοι] pr οι
A.| εαυτοις] αυτοις A | εκει] ωδε A   8 λεγοντες] λεγων A | απελευσομεθα]
εισελευσ. A | σκηνωμα] pr το A | επιστρεψομεν] εκκλεινουμεν A | οικον] pr
τον A   9 ποιηθησεται] ποιησομεν A   10 πλην] και A | εις πασας
φυλας] ταις πασαις φυλαις A | του ποιησαι ελθειν αυτους εις Γ. B.] τω λαω
τοις εισπορευ|ομενοις επιτελεσαι τη Γ.| του B. A | om ποιησαι αυτη A | κατα
παν το αποπτωμα ο εποιησεν] κατα πασαν την αφροσυνην ην εποιησαν A
11 εις την πολιν] εκ των πολεων A | εις 2°]+ερχομενος A   12 εξαπεστειλαν
A | πονηρια] κακια A   13 υιοὺς παρανομων] τους ασεβεις A | Γαβαα]+τους
υιους βελιαμ A | εκκαθαριουμεν πονηριαν] εξαρουμεν κακιαν A | απο] εξ A | ευ-
δοκησαν οι υιοι B. ακουσαι] ηκουσαν εισακουσαι υιοι B. A | υιων] pr των A

Β συνήχθησαν οἱ υἱοὶ Βενιαμεὶν ἀπὸ τῶν πόλεων αὐτῶν εἰς Γαβαὰ ἐξελθεῖν εἰς παράταξιν πρὸς υἱοὺς Ἰσραήλ. ¹⁵καὶ ἐπεσκέπησαν οἱ 15 υἱοὶ Βενιαμεὶν ἐν τῇ ἡμέρᾳ ἐκείνῃ ἀπὸ τῶν πόλεων εἴκοσι τρεῖς χιλιάδες, ἀνὴρ ἕλκων ῥομφαίαν, ἐκτὸς τῶν οἰκούντων τὴν Γαβαά, οἱ ἐπεσκέπησαν ἑπτακόσιοι ἄνδρες, ¹⁶ἐκλεκτοὶ ⁽¹⁶⁾ἐκ παντὸς λαοῦ ἀμφοτεροδέξιοι· 16 πάντες οὗτοι σφενδονῆται ἐν λίθοις πρὸς τρίχα καὶ οὐκ ἐξαμαρτάνοντες. ¹⁷καὶ ἀνὴρ Ἰσραὴλ ἐπεσκέπησαν ἐκτὸς τοῦ Βενιαμεὶν 17 τετρακόσιαι χιλιάδες ἀνδρῶν ἑλκόντων ῥομφαίαν· πάντες οὗτοι ἄνδρες παρατάξεως. ¹⁸καὶ ἀνέστησαν καὶ ἀνέβησαν εἰς Βαιθήλ, καὶ 18 ἠρώτησαν ἐν τῷ θεῷ, καὶ εἶπαν οἱ υἱοὶ Ἰσραήλ Τίς ἀναβήσεται ἡμῖν ἐν ἀρχῇ εἰς παράταξιν πρὸς υἱοὺς Βενιαμείν; καὶ εἶπεν Κύριος Ἰούδας ἐν ἀρχῇ ἀναβήσεται ἀφηγούμενος. ¹⁹καὶ ἀνέστησαν οἱ υἱοὶ 19 Ἰσραὴλ τὸ πρωὶ καὶ παρενέβαλον ἐπὶ Γαβαά. ²⁰καὶ ἐξῆλθον πᾶς 20 ἀνὴρ Ἰσραὴλ εἰς παράταξιν πρὸς Βενιαμεὶν καὶ συνῆψαν αὐτοῖς ἐπὶ Γαβαά· ²¹καὶ ἐξῆλθον οἱ υἱοὶ Βενιαμεὶν ἀπὸ τῆς Γαβαά, καὶ διέφθειραν 21 ἐν Ἰσραὴλ ἐν τῇ ἡμέρᾳ ἐκείνῃ δύο καὶ εἴκοσι χιλιάδας ἀνδρῶν ἐπὶ τὴν γῆν. ²²καὶ ἐνίσχυσαν ἀνὴρ Ἰσραήλ, καὶ προσέθηκαν συνάψαι 22 παράταξιν ἐν τῷ τόπῳ ὅπου συνῆψαν ἐν τῇ ἡμέρᾳ τῇ πρώτῃ. ²³καὶ 23 ἀνέβησαν οἱ υἱοὶ Ἰσραὴλ καὶ ἔκλαυσαν ἐνώπιον Κυρίου ἕως ἑσπέρας, καὶ ἠρώτησαν ἐν Κυρίῳ λέγοντες Εἰ προσθῶμεν ἐγγίσαι εἰς παράταξιν πρὸς υἱοὺς Βενιαμεὶν ἀδελφοὺς ἡμῶν; καὶ εἶπεν Κύριος· Ἀνάβητε πρὸς αὐτούς. ²⁴Καὶ προσῆλθον οἱ υἱοὶ Ἰσραὴλ πρὸς 24 υἱοὺς Βενιαμεὶν ἐν τῇ ἡμέρᾳ τῇ β'. ²⁵καὶ ἐξῆλθον οἱ υἱοὶ Βενιαμεὶν 25 εἰς συνάντησιν αὐτοῖς ἀπὸ τῆς Γαβαὰ ἐν τῇ ἡμέρᾳ τῇ β', καὶ διέφθειραν

A 14 απο] εκ A | εις παραταξιν προς. υιους] του πολεμησαι μετα υιων A
15 απο] εκ A | τρεις] και πεντε A | ανηρ ελκων] ανδρων σπωμενων A | εκτος] χωρεις A | κατοικουντων A | οι 2°] ουτοι A   16 εκλεκτοι] +νεανισκοι A | om εκ παντος λαου A | εν λιθοις] βαλλοντες λιθους A | τριχα] pr την A | ουκ εξαμαρτ.] ου διαμαρτ. A   17 ανηρ] pr πας A | εκτος] χωρεις A | του B.] των υιων B. A | ελκοντων] σπωμενων A | παραταξεως] πολεμαται A   18 επηρωτησαν A | εν αρχη 1°] αφηγουμενος A | εις παραταξιν προς υιους] πολεμησαι μετα A | om εν αρχη 2° A   19 om το πρωι A | Γαβαα] pr την A   20 εξηλθεν A | πας ανηρ Ισρ.] Ιηλ και πας α. A | παραταξιν προς] πολεμον μετα A | συνηψαν αυτοις επι] παρεταξατο| μετ αυτων εις πολεμον· ανηρ Ιηλ προς την Γ. A   21 απο της Γ.] εκ της πολεως A | εν τη ημ. εκ. εν Ιηλ] A.   22 ε|ισχυσαν B* (ενι|σχυσαν B^b)] ενισχυσεν A | προσεθηκαν] προσεθεντο A | συναψαι παραταξιν] παραταξαι πολεμον A | οπου συνηψαν] ω παρεταξαντο εκει A.   23 επηρωτησαν A | προσθω προσεγγισαι A | παραταξιν προς υιους B. αδ. ημων] πολεμον μετα B. του αδελφου μου A | Κυριος] pr ο A | αυτους] αυτον A   24 προσ|ηλθον B* προ|σ. B^a προ|ηλθ. B^b προσηλθοσαν A | om υιους A | β'] δευτερα A   25 εξηλθον οι υιοι] εξηλθεν A | συναν. αυτοις] απαν. αυτων A | απο (bis)] εκ A | β'] δευτερα A | διεφθειρεν A

532

26 ἀπὸ υἱῶν Ἰσραὴλ ἔτι η' καὶ ι' χιλιάδας ἀνδρῶν ἐπὶ τὴν γῆν. ³¹ ²⁶καὶ Β ἀνέβησαν πάντες οἱ υἱοὶ Ἰσραὴλ καὶ πᾶς ὁ λαὸς καὶ ἦλθον εἰς Βαιθήλ, καὶ ἔκλαυσαν καὶ ἐκάθισαν' ἐκεῖ ἐνώπιον Κυρίου, καὶ ἐνήστευσαν ἐν τῇ ἡμέρᾳ ἐκείνῃ ἕως ἑσπέρας, καὶ ἀνήνεγκαν ὁλοκαυτώσεις καὶ 27 τελείας ἐνώπιον Κυρίου· ²⁷ὅτι ἐκεῖ κιβωτὸς διαθήκης Κυρίου, τοῦ 28 θεοῦ, ²⁸καὶ Φεινεὲς υἱὸς Ἐλεαζὰρ υἱοῦ Ἀαρὼν παρεστηκὼς ἐνώπιον αὐτῆς ἐν ταῖς ἡμέραις ἐκείναις. καὶ ἐπηρώτησαν οἱ υἱοὶ Ἰσραὴλ ἐν Κυρίῳ λέγοντες Εἰ προσθῶμεν ἔτι ἐξελθεῖν εἰς παράταξιν πρὸς υἱοὺς Βενιαμεὶν ἀδελφοὺς ἡμῶν, ἢ ἐπίσχωμεν; καὶ εἶπεν Κύριος 29 Ἀνάβητε, ὅτι αὔριον δώσω αὐτοὺς εἰς τὰς χεῖρας ὑμῶν. ²⁹καὶ ἔθηκαν 30 οἱ υἱοὶ Ἰσραὴλ ἔνεδρα τῇ Γαβαὰ κύκλῳ. ³⁰Καὶ ἀνέβησαν οἱ υἱοὶ Ἰσραὴλ πρὸς υἱοὺς Βενιαμεὶν ἐν τῇ ἡμέρᾳ τῇ τρίτῃ, καὶ συνῆψαν 31 πρὸς τὴν Γαβαὰ ὡς ἅπαξ καὶ ἅπαξ. ³¹καὶ ἐξῆλθον οἱ υἱοὶ Βενιαμεὶν εἰς συνάντησιν τοῦ λαοῦ καὶ ἐξεκενώθησαν τῆς πόλεως, καὶ ἤρξαντο πατάσσειν ἀπὸ τοῦ λαοῦ τραυματίας ὡς ἅπαξ καὶ ἅπαξ ἐν ταῖς ὁδοῖς, ἥ ἐστιν μία ἀναβαίνουσά εἰς Βαιθὴλ καὶ μία εἰς Γαβαὰ ἐν ἀγρῷ, 32 ὡς τριάκοντα ἄνδρας ἐν Ἰσραήλ. ³²καὶ εἶπαν οἱ υἱοὶ Βενιαμεὶν Πίπτουσιν ἐνώπιον ἡμῶν ὡς τὸ πρῶτον. καὶ οἱ υἱοὶ Ἰσραὴλ εἶπον Φύγωμεν καὶ ἐκκενώσωμεν αὐτοὺς ἀπὸ τῆς πόλεως εἰς τὰς ὁδούς· 33 καὶ ἐποίησαν οὕτως. ³³καὶ πᾶς ἀνὴρ ἀνέστη ἐκ τοῦ τόπου αὐτοῦ, καὶ συνῆψαν ἐν Βάαλ Θαμάρ· καὶ τὸ ἔνεδρον Ἰσραὴλ ἐπήρχετο ἐκ 34 τοῦ τόπου αὐτοῦ ἀπὸ Μαραγαβέ. ³⁴καὶ ἦλθον ἐξ ἐναντίας Γαβαὰ δέκα χιλιάδες ἀνδρῶν ἐκλεκτῶν ἐκ παντὸς Ἰσραήλ· καὶ παράταξις

25 υιων Ισρ.] του λαου Α | om ετι Α | η' και ι'] οκτω και δεκα Α | γην] Α +παντες ουτοι ελκοντες (εσπα[σ]μενοι εσπασμενοι Α) ρομφαιαν Β^aΑ 26 ηλθοσαν Α | ενωπιον (bis)] εναντι Α | ολοκαυτωσεις και τελειας (τελιας Β*.^e 2° superscr Β^{ab})] ολοκαυτωματα σωτηριου Α 27 οτι] και Α pr και επηρωτησαν οι υιοι Ιηλ εν κω Α | κιβωτος] pr η Α | του θεου] εν ταις ημεραις εκειναις Α 28 Φινεες Α | om και επηρωτησαν οι υιοι Ισρ. εν Κυριω | λεγοντες] λεγων Α | προσθω Α | παραταξιν προς υιους Β. αδελφους ημων] πολεμον μετα υιων Β. του αδελφου μου Α | επισχωμεν] κοπασω Α | δωσω αυτους εις τας χ. υμων] παραδωσω αυτον εν χειρι σου Α ___ 29 τη Γ'.] pr. εν Α , 30 ανεβησαν οι υιοι Ισρ. προς υιους] εταξεν Ιηλ προς τον Α | συνηψαν προς την Γ. ως] παρεταξαντο προς Γ. καθως Α 31 συναντησιν] απαντησιν Α | εξεκενωθησαν] εξειλκυσθησαν εκ Α | πατασσειν] τυπτειν εκ Α | ως] καθως Α | μια 2°]+αναβαινουσα Α | αγρω] pr τω Α | ως] ωσει Α | Ισραηλ] pr τω Α 32 πιπτουσιν] προσκοπτουσιν Α | ως το πρωτον] καθως εμπροσθεν Α | ειπαν Α | εκκενωσωμεν] εκσπασωμεν ρΑ | απο] εκ Α | om και εποιησαν ουτως Α 33 ανηρ]+Ιηλ Α | αυτου 1°] αυτων Β^{ab} | om και συνηψαν Α | επηρχετο] επαλαιεν Α | Μαραγαβε] δυσμων της Γαβαα Α 34 ηλθον] παρεγενοντο Α | Γαβαα] pr της Α | παραταξις βαρεια] πολεμος εβαρυνθη Α

ΚΡΙΤΑΙ

B βαρεία, καὶ αὐτοὶ οὐκ ἔγνωσαν ὅτι φθάνει ἐπ᾽ αὐτοὺς ἡ κακία. ³⁵καὶ ἐπάταξεν Κύριος τὸν Βενιαμεὶν ἐνώπιον υἱῶν Ἰσραήλ, καὶ 35 διέφθειραν οἱ υἱοὶ Ἰσραὴλ ἐκ τοῦ Βενιαμεὶν ἐν τῇ ἡμέρᾳ ἐκείνῃ εἴκοσι καὶ πέντε χιλιάδας καὶ ἑκατὸν ἄνδρας· πάντες οὗτοι εἷλκον ῥομφαίαν. ³⁶Καὶ εἶδον οἱ υἱοὶ Βενιαμεὶν ὅτι ἐπλήγησαν· καὶ 36 ἔδωκεν ἀνὴρ Ἰσραὴλ τόπον τῷ Βενιαμείν, ὅτι ἤλπισαν πρὸς τὸ ἔνεδρον ὃ ἔθηκεν ἐπὶ τὴν Γαβαά. ³⁷καὶ ἐν τῷ αὐτοὺς ὑποχωρῆσαι 37 καὶ τὸ ἔνεδρον ἐκινήθη· καὶ ἐξέτειναν ἐπὶ τὴν Γαβαά, καὶ ἐξεχύθη τὸ ἔνεδρον, καὶ ἐπάταξαν τὴν πόλιν ἐν στόματι ῥομφαίας. ³⁸καὶ 38 σημεῖον ἦν τοῖς υἱοῖς Ἰσραὴλ μετὰ τοῦ ἐνέδρου τῆς μάχης, ἀνενέγκαι αὐτοὺς σύσσημον καπνοῦ ἀπὸ τῆς πόλεως. ³⁹καὶ εἶδον οἱ υἱοὶ 39 Ἰσραὴλ ὅτι προκατελάβετο τὸ ἔνεδρον τὴν Γαβαά, καὶ ἔστησαν ἐν τῇ παρατάξει· καὶ Βενιαμεὶν ἤρξατο πατάσσειν τραυματίας ἐν ἀνδράσιν Ἰσραὴλ ὡς τριάκοντα ἄνδρας, ὅτι εἶπαν Πάλιν πτώσει πίπτουσιν ἐνώπιον ἡμῶν, ὡς ἡ παράταξις ἡ πρώτη. ⁴⁰καὶ τὸ 40 σύσσημον ἀνέβη ἐπὶ πλεῖον ἐπὶ τῆς πόλεως ὡς στύλος καπνοῦ· καὶ ἐπέβλεψεν Βενιαμεὶν ὀπίσω αὐτοῦ, καὶ ἰδοὺ ἀνέβη ἡ συντέλεια τῆς πόλεως ἕως οὐρανοῦ. ⁴¹καὶ ἀνὴρ Ἰσραὴλ ἐπέστρεψεν· καὶ 41 ἔσπευσαν ἄνδρες Βενιαμείν, ὅτι εἶδον ὅτι συνήντησεν ἐπ᾽ αὐτοὺς ἡ πονηρία. ⁴²καὶ ἐπέβλεψαν ἐνώπιον υἱῶν Ἰσραὴλ εἰς ὁδὸν τῆς 42 ἐρήμου καὶ ἔφυγον· καὶ ἡ παράταξις ἔφθασεν ἐπ᾽ αὐτούς, καὶ οἱ ἀπὸ τῶν πόλεων διέφθειρον αὐτοὺς ἐν μέσῳ αὐτῶν. ⁴³καὶ κατέ- 43 κοπτον τὸν Βενιαμείν, καὶ ἐδίωξαν αὐτὸν ἀπὸ Νουὰ κατὰ πόδα

A 34 φθανει επ αυτους] αφηπται αυτων A   35 επαταξεν] ετροπωσεν A | ενωπιον υιων] κατα προσωπον A | εκ του B.] εν τω B. A | ειλκον] σπωμενοι A   36 ειδον οι υιοι] ειδεν A | επληγησαν] τετροπωται A | τω B. τοπον A | προς] επι A | εθηκεν επι] εταξαν προς A | Γαβαα]+και το ενεδρον ο εταξαν προς την Γαβαα A   37 om και εν τω αυτους υποχωρησαι A | εκινηθη] ὡρμησεν A | εξετειναν επι] εξεχυθησαν προς A | εξεχυθη] επορευθη A | την π.] pr ολην A   38 σημειον] η συνταγη A | τοις υιοις] ανδρι A | μετα του ενεδρου της μαχης] προς το ενεδρον μαχαιρα A | ανενεγκαι] pr του A | συσσ. καπνου] πυργον του κ. A | om απο A   39 ειδον...παραταξει] pr ως Βα ανεστρεψεν ανηρ Ιηλ εν τω πολεμω A | ηρξατο πατασσειν] ηρκται του τυπτειν A | ανδρασιν] τω ανδρι A | ως] ωσει A | παλιν πτωσει πιπτουσιν ενωπιον] πλην τροπου|μενος τροπουται εναντιον A | ως η παραταξις η πρωτη] καθως ο πολεμος εμπροσθεν| A   40 το συσσ. ανεβη] ο πυργος ηρξατο αραβαινει A | om επι πλειον A | επι 2°] εκ A | om και A | η συντελεια] om η A | εως ουρανου] εις τον ουνον A   41 απεστρεψεν A | εσπευσεν ανηρ A | οτι ειδον...πονηρια] και ιδεν| οτι ηπται αυτου η κακακια (sic) A   42 επεβλεψαν] εκλεισαν A | υιων] ανδρος A | οδον] pr την A | om και εφυγον A | η παραταξις] ο πολεμος A | εφθασεν επ αυτους] κατεφθασεν αυτον A | διεφθειραν A | αυτους 2°] αυτον A   43 κατεκοπτον] εκοψαν A | Βενιαμιν A | και εδιωξαν...αναβολας] καταπαυσαι

ΚΡΙΤΑΙ XXI 5

44 αὐτοῦ ἕως ἀπέναντι Γαβαὰ πρὸς ἀνατολὰς ἡλίου. ⁴⁴καὶ ἔπεσαν B
ἀπὸ Βενιαμεὶν δέκα ὀκτὼ χιλιάδες ἀνδρῶν, οἱ πάντες οὗτοι ἄνδρες
45 δυνάμεως. ⁴⁵καὶ ἐπέβλεψαν οἱ λοιποὶ καὶ ἔφευγον εἰς τὴν ἔρημον
πρὸς τὴν πέτραν τοῦ Ρεμμών, καὶ ἐκαλαμήσαντο ἐξ αὐτῶν οἱ υἱοὶ
Ἰσραὴλ πεντακισχιλίους ἄνδρας· καὶ κατέβησαν ὀπίσω αὐτῶν οἱ
υἱοὶ Ἰσραὴλ ἕως Γεδάν, καὶ ἐπάταξαν ἐξ αὐτῶν δισχιλίους ἄνδρας.
46 ⁴⁶καὶ ἐγένοντο πάντες οἱ πίπτοντες ἀπὸ Βενιαμεὶν, εἴκοσι πέντε
χιλιάδες ἀνδρῶν ἑλκόντων ῥομφαίαν ἐν τῇ ἡμέρᾳ ἐκείνῃ, οἱ πάντες
47 οὗτοι ἄνδρες δυνάμεως. ⁴⁷καὶ ἐπέβλεψαν οἱ λοιποὶ καὶ ἔφυγον
εἰς τὴν ἔρημον πρὸς τὴν πέτραν τοῦ Ρεμμὼν ἑξακόσιοι ἄνδρες, καὶ
48 ἐκάθισαν ἐν πέτρᾳ Ρεμμὼν τέσσαρες μῆνας. ⁴⁸καὶ οἱ υἱοὶ Ἰσραὴλ
ἐπέστρεψαν πρὸς υἱοὺς Βενιαμείν, καὶ ἐπάταξαν αὐτοὺς ἐν στόματι
ῥομφαίας ἀπὸ πόλεως Μεθλὰ καὶ ἕως κτήνους καὶ ἕως παντὸς τοῦ
εὑρισκομένου εἰς πάσας τὰς πόλεις· καὶ τὰς πόλεις τὰς εὑρεθείσας
XXI 1 ἐνέπρησαν ἐν πυρί. ¹Καὶ οἱ υἱοὶ Ἰσραὴλ ὤμοσαν ἐν Μασσηφὰ
λέγοντες Ἀνὴρ ἐξ ἡμῶν οὐ δώσει θυγατέρα αὐτοῦ τῷ Βενιαμεὶν
2 εἰς γυναῖκα. ²καὶ ἦλθεν ὁ λαὸς εἰς Βαιθήλ, καὶ ἐκάθισαν ἐκεῖ ἕως
ἑσπέρας ἐνώπιον τοῦ θεοῦ· καὶ ἦραν φωνὴν αὐτῶν καὶ ἔκλαυσαν
3 κλαυθμὸν μέγαν, ³καὶ εἶπαν Εἰς τί, Κύριε θεὲ Ἰσραήλ, ἐγενήθη
4 αὕτη, τοῦ ἐπισκεπῆναι σήμερον ἀπὸ Ἰσραὴλ φυλὴν μίαν; ⁴καὶ
ἐγένετο τῇ ἐπαύριον καὶ ὤρθρισεν ὁ λαός, καὶ ᾠκοδόμησαν ἐκεῖ
5 θυσιαστήριον, καὶ ἀνήνεγκαν ὁλοκαυτώσεις καὶ τελείας. ⁵καὶ εἶπον

αυτον καταπαυσι] και κατεπαυσεν αυτον εξ εναν|τιας της Γαβαα· απο ανατολων A
A 44 απο Βεν.] εκ του Βεν. A | δεκα οκτω] οκτω και δ. A | οι παντες
ουτοι ανδρες δυναμεως] συν πασιν τουτοις ανδρες δυνατοι A 45 επεβλεψαν]
εξεκλειναν A | om οι λοιποι A | εφυγον A | του Ρεμμων] την P. A | εξ αυτων]
αυτον A | οι υιοι Ισρ. 1°] εν τοις οδοις A | πεντακισχιλιους ανδρας] πεντε
χιλιαδας ανδρων A | κατεβησαν] προσεκολληθησαν A | αυτων 2°] αυτου A | om
οι υιοι Ισρ. 2° A | Γεδαν] Γαλααδ A 46 πιπτοντες] πεπτωκοτες A | απο
Βεν.] εν τω Βεν. A | πεντε] και πεντες (sic) A | ελκοντων] σπωμενων A | οι
παντες ουτοι] συν πασι τουτοις A | δυναμεως] δυνατοι A 47 επεβλεψαν]
εξεκλειναν A | om οι λοιποι A | του Ρεμμων] την P. A | πετρα] pr τη A |
Ρεμμων 2°] Εμμων B* (P superscr B?) | τεσσαρες (τεσσαρας Bᵇ) μηνας]
τετραμηνον A 48 οι υιοι] ανηρ A | επεστρεψαν προς υιους] απεκλεισεν
τους υιους A | Μεθλα και εως] εξης A | om και 4° A | ευρισκομενου] ευρε-
θεντος A | ενεπρησαν] εξαπεστειλαν A XXI 1 οι υιοι] ανηρ A |
ωμοσεν A | λεγων A | ημων] υμων A? (ημ. A*ᵛⁱᵈ) | δωσεται A | θυγατερα] pr
την A 2 ηλθεν] παρεγενοντο πας A | Βαιθηλ] pr Μασσηφα και A | ηραν
φωνην] επηραν την φ. A 3 εις τι] ινα τι A | θεε] ο θς̄ A | αυτη]+εν τω Ιηλ
A | απο Ισρ.] εν τω Ιηλ A 4 τη επ.] pr εν A | ωκοδομησεν A | ανηνεγκεν
A | ολοκαυτωσεις και τελειας] ολοκαυτωματα σωτηριου A 5 ειπαν A

Β οἱ υἱοὶ Ἰσραὴλ Τίς οὐκ ἀνέβη ἐν τῇ ἐκκλησίᾳ ἀπὸ πασῶν φυλῶν Ἰσραὴλ πρὸς Κύριον; ὅτι ὁ ὅρκος μέγας ἦν τοῖς οὐκ ἀναβεβηκόσιν πρὸς Κύριον εἰς Μασσηφά, λέγοντες Θανάτῳ θανατωθήσεται. ⁶καὶ 6 παρεκλήθησαν οἱ υἱοὶ Ἰσραὴλ πρὸς Βενιαμεὶν ἀδελφὸν αὐτῶν, καὶ εἶπαν Ἐξεκόπη σήμερον φυλὴ μία ἀπὸ Ἰσραήλ· ⁷τί ποιήσωμεν αὐτοῖς 7 τοῖς περισσοῖς τοῖς ὑπολειφθεῖσιν εἰς γυναῖκας; καὶ ἡμεῖς ὠμόσαμεν ἐν Κυρίῳ τοῦ μὴ δοῦναι αὐτοῖς ἀπὸ τῶν θυγατέρων ἡμῶν εἰς γυναῖκας. ⁸καὶ εἶπαν Τίς εἷς ἀπὸ φυλῶν Ἰσραὴλ ὃς οὐκ ἀνέβη πρὸς Κύριον 8 εἰς Μασσηφά; καὶ ἰδοὺ οὐκ ἦλθεν ἀνὴρ εἰς τὴν παρεμβολὴν ἀπὸ Ἰαβεὶς Γαλαὰδ εἰς τὴν ἐκκλησίαν. ⁹καὶ ἐπεσκέπη ὁ λαός, καὶ οὐκ ἦν 9 ἐκεῖ ἀνὴρ ἀπὸ οἰκούντων Ἰαβεὶς Γαλαάδ. ¹⁰καὶ ἀπέστειλεν ἐκεῖ 10 ἡ συναγωγὴ δώδεκα χιλιάδας ἀνδρῶν ἀπὸ υἱῶν τῆς δυνάμεως, καὶ ἐνετείλαντο αὐτοῖς λέγοντες Πορεύεσθέ καὶ πατάξατε τοὺς οἰκοῦντας Ἰαβεὶς Γαλαὰδ ἐν στόματι ῥομφαίας. ¹¹καὶ τοῦτο ποιήσετε· πᾶν 11 ἄρσεν καὶ πᾶσαν γυναῖκα εἰδυῖαν κοίτην ἄρσενος ἀναθεματιεῖτε, τὰς δὲ παρθένους περιποιήσεσθε. καὶ ἐποίησαν οὕτως· ¹²καὶ εὗρον ἀπὸ 12 οἰκούντων Ἰαβεὶς Γαλαὰδ τετρακοσίας νεάνιδας παρθένους, αἵτινες οὐκ ἔγνωσαν ἄνδρα εἰς κοίτην ἄρσενος, καὶ ἤνεγκαν αὐτὰς εἰς τὴν παρεμβολὴν εἰς Σηλὼν τὴν ἐν γῇ Χανάαν. ¹³Καὶ ἀπέστειλεν 13 πᾶσα ἡ συναγωγὴ καὶ ἐλάλησαν πρὸς τοὺς υἱοὺς Βενιαμεὶν ἐν τῇ πέτρᾳ Ῥεμμών, καὶ ἐκάλεσαν αὐτοὺς εἰς εἰρήνην. ¹⁴καὶ ἐπέστρεψεν 14 Βενιαμεὶν πρὸς τοὺς υἱοὺς Ἰσραὴλ ἐν τῷ καιρῷ ἐκείνῳ, καὶ ἔδωκαν αὐτοῖς οἱ υἱοὶ Ἰσραὴλ τὰς γυναῖκας ἃς ἐζωοποίησαν ἀπὸ τῶν θυγατέρων Ἰαβεὶς Γαλαάδ· καὶ ἤρεσεν αὐτοῖς οὕτως. ¹⁵καὶ ὁ λαὸς παρε- 15 κλήθη ἐπὶ τῷ Βενιαμείν, ὅτι ἐποίησεν Κύριος διακοπὴν ἐν ταῖς φυλαῖς Ἰσραήλ. ¹⁶Καὶ εἶπον οἱ πρεσβύτεροι τῆς συναγωγῆς Τί ποιή- 16 σωμεν τοῖς περισσοῖς εἰς γυναῖκας; ὅτι ἠφανίσθη ἀπὸ Βενιαμεὶν γυνή.

Α   5 ουκ ανεβη] ο μη αναβας Α | απο] εκ Α | ο ορκος] om. ο Α | ην τοις ουκ αναβεβ.] εν τω μη αναβαντι Α | θανατωθησεται] αποθανειται Α   6 προς] περι Α | αδελφον] του αδελφου Α | εξεκοπη] αφηρηται Α | απο] εξ Α·   7 om αυτοις τοις περισσοις Α   8 εις απο φ. Ι. ος] μια των φ. Ι. ητις Α   9 επεσκεπη] απεσκοπει Α | ουκ ην] ιδου ουκ εστιν Α | οικουντων] pr των Α   10 απεστειλαν Α | υιων] pr των Α | πορευεσθε] πορευθητε Α | τους οικουντας] παντας τ. κατοικ. Α | ρομφαιας]+και τας γυναικας και τον λαον Α   11 τουτο] ουτος ο λογος· ον Α | αρσεν] αρσενικον Α | γυναικαν B* (γιναικα B^b) | ειδυιαν] γινωσκυσαν Α | om τας δε παρθενους περιποιησεσθε και εποιησαν ουτως Α   12 οικουντων] των κατοικ. Α | αιτινες] αι Α | ηνεγκαν] ηγον Α | Σηλωμ Α | την εν] η εστιν εν Α   13 τους υιους Βεν.] Βεν. τον Α   14 απέστρεψεν Α | om οι υιοι Ισρ. Α | ας εζωοποιησαν απο] αιτεινες ησαν εκ Α | θυγατερων] γιναικων Α   15 om επι Α   16 ειπαν Α | περισσοις] επιλοιποις Α | ηφανισθη] ηφανισται Α | απο Βεν.] εκ του Βεν. Α

ΚΡΙΤΑΙ XXI 25

17 ¹⁷καὶ εἶπαν Κληρονομία διασωζομένων τῷ Βενιαμείν· καὶ οὐκ ἐξα- Β
18 λειφθήσεται φυλὴ ἀπὸ Ἰσραήλ. ¹⁸ὅτι ἡμεῖς οὐ δυνησόμεθα δοῦναι
αὐτοῖς γυναῖκας ἀπὸ τῶν θυγατέρων ἡμῶν, ὅτι ὠμόσαμεν ἐν υἱοῖς
Ἰσραὴλ λέγοντες Ἐπικατάρατος ὁ διδοὺς γυναῖκα τῷ Βενιαμείν.
19 ¹⁹καὶ εἶπαν Ἰδοὺ δὴ ἑορτὴ Κυρίου ἐν Σηλὼν ἀφ' ἡμερῶν εἰς ἡμέρας, ἥ
ἐστιν ἀπὸ βορρᾶ τῆς Βαιθὴλ κατ' ἀνατολὰς ἡλίου ἐπὶ τῆς ὁδοῦ τῆς
ἀναβαινούσης ἀπὸ Βαιθὴλ εἰς Συχὲμ καὶ ἀπὸ νότου τῆς Λεβωνά.
20 ²⁰καὶ ἐνετείλαντο τοῖς υἱοῖς Βενιαμεὶν λέγοντες Πορεύεσθε, ἐνεδρεύσατε
21 ἐν τοῖς ἀμπελῶσιν· ²¹καὶ ὄψεσθε, καὶ ἰδοὺ ἐὰν ἐξέλθωσιν αἱ θυγατέρες
τῶν οἰκούντων Σηλὼν χορεύειν ἐν τοῖς χοροῖς, καὶ ἐξελεύσεσθε ἐκ
τῶν ἀμπελώνων καὶ ἁρπάσατε ἑαυτοῖς ἀνὴρ γυναῖκα ἀπὸ τῶν θυγατέρων
22 Σηλών, καὶ πορεύεσθε εἰς γῆν Βενιαμείν. ²²καὶ ἔσται ὅταν ἔλθω-
σιν οἱ πατέρες αὐτῶν ἢ οἱ ἀδελφοὶ αὐτῶν κρίνεσθαι πρὸς ὑμᾶς, καὶ
ἐροῦμεν αὐτοῖς *Ἔλεος ποιήσατε ἡμῖν αὐτάς, ὅτι οὐκ ἐλάβομεν ἀνὴρ
γυναῖκα αὐτοῦ ἐν τῇ παρατάξει, ὅτι οὐχ ὑμεῖς ἐδώκατε αὐτοῖς· ὡς
23 κλῆρος πλημμελήσατε. ²³καὶ ἐποίησαν οὕτως οἱ υἱοὶ Βενιαμείν, καὶ
ἔλαβον γυναῖκας εἰς ἀριθμὸν αὐτῶν ἀπὸ τῶν χορευουσῶν ὧν ἥρπασαν·
καὶ ἐπορεύθησαν καὶ ὑπέστρεψαν εἰς τὴν κληρονομίαν αὐτῶν, καὶ
24 ᾠκοδόμησαν τὰς πόλεις καὶ ἐκάθισαν ἐν αὐταῖς. ²⁴καὶ περιεπάτησαν
ἐκεῖθεν οἱ υἱοὶ Ἰσραὴλ ἐν τῷ καιρῷ ἐκείνῳ ἀνὴρ εἰς φυλὴν αὐτοῦ
καὶ εἰς συγγενίαν αὐτοῦ, καὶ ἐξῆλθον ἐκεῖθεν ἀνὴρ εἰς κληρονομίαν
25 αὐτοῦ. ²⁵ἐν δὲ ταῖς ἡμέραις ἐκείναις οὐκ ἦν βασιλεὺς ἐν Ἰσραήλ·
ἀνὴρ τὸ εὐθὲς ἐνώπιον αὐτοῦ ἐποίει.

17 κληρονομα bis scr A | διασωζομενων] διασεσωμενη A | ουκ εξαλειφθη- A
σεται] ου μη εξαλειφθη A | απο] εξ A 18 οτι 1°] και A | εν υιοις] οι
υιοι A   19 om ιδου δη A | Κυριου] τω κω A | Σηλω A | επι της οδου
της αναβαινουσης απο] εν τη οδω τη αναβαινουση εκ A | Συχεμ] Σικιμα A | της
Λεβωνα] pr του Λιβανου A   20 πορευεσθε] διελθατε και A   21 εαν]
ως αν A | οικουντων] κατοικουντων A'| Σηλων 1°] Σηλω εν Σηλω A | χορευειν]
χορευσαι A | τοις χοροις] om τοις A | εκ] απο A | αρπασετε A | ανηρ εαυτοις A |
γυναικας A | Σηλων 2°] Σηλω A | πορευεσθε] απελευσασθαι A   22 αυτοις] προς
αυτους A | ελεος ποιησατε] ελεησαται A | om ημιν A | αυτας] αυτους A | τη
παραταξει] τω πολεμω A | οτι ουχ] ου γαρ A | ως κληρος] κατα τον καιρον A |
23 εις αριθμον] κατα τον αρ. A | ων ηρπασαν] ας διηρπ. A | om επορευθησαν
και A | υπεστρεψαν εις] απεστρ. επι A | τας πολεις] εαυτοις π. A | εκαθισαν]
κατωκησαν A ·   24 φυλην] pr την A | συγγενιαν (συγγενειαν B^{a?b}A)] pr
την A | εξηλθον] απηλθεν A | κληρονομιαν] pr την A ·|25 om δε A | ανηρ]
+ εκαστος A | ενωπιον] εν οφθαλμοις A
A Subscr κριται ΒΑ

ΡΟΥΘ

B ΚΑΙ ἐγένετο ἐν τῷ κρίνειν τοὺς κριτὰς καὶ ἐγένετο λιμὸς ἐν 1 I
τῇ γῇ· καὶ ἐπορεύθη ἀνὴρ ἀπὸ Βαιθλέεμ τῆς Ἰούδα τοῦ παροικῆσαι ἐν
ἀγρῷ Μωάβ, αὐτὸς καὶ ἡ γυνὴ αὐτοῦ καὶ οἱ υἱοὶ αὐτοῦ. ²καὶ ὄνομα τῷ 2
ἀνδρὶ Ἀβειμέλεχ, καὶ ὄνομα τοῖς δυσὶν υἱοῖς αὐτοῦ Μααλὼν καὶ
Κελαιών, Ἐφραθαῖοι ἐκ Βαιθλέεμ τῆς Ἰούδα· καὶ ἤλθοσαν εἰς ἀγρὸν
Μωὰβ καὶ ἦσαν ἐκεῖ. ³καὶ ἀπέθανεν Ἀβειμέλεχ ὁ ἀνὴρ τῆς Νωεμείν, 3
καὶ κατελείφθη αὕτη καὶ οἱ δύο υἱοὶ αὐτῆς. ⁴καὶ ἐλάβοσαν ἑαυτοῖς 4
γυναῖκας Μωαβείτιδας· ὄνομα τῇ μιᾷ Ὀρφά, καὶ ὄνομα τῇ δευτέρᾳ
Ῥούθ· καὶ κατῴκησαν ἐκεῖ ὡς δέκα ἔτη. ⁵καὶ ἀπέθανον καί γε 5
ἀμφότεροι, Μααλὼν καὶ Χελαιών· καὶ κατελείφθη ἡ γυνὴ ἀπὸ τοῦ
ἀνδρὸς αὐτῆς καὶ ἀπὸ τῶν δύο υἱῶν αὐτῆς. ⁶Καὶ ἀνέστη αὕτη καὶ 6
αἱ δύο νύμφαι αὐτῆς καὶ ἀπέστρεψαν ἐξ ἀγροῦ Μωάβ, ὅτι ἤκουσαν ἐν
ἀγρῷ Μωὰβ ὅτι Ἐπέσκεπται Κύριος τὸν λαὸν αὐτοῦ, δοῦναι αὐτοῖς
ἄρτους. ⁷καὶ ἐξῆλθεν ἐκ τοῦ τόπου οὗ ἦν ἐκεῖ, καὶ αἱ δύο νύμφαι 7
αὐτῆς μετ᾽ αὐτῆς· καὶ ἐπορεύοντο ἐν τῇ ὁδῷ τοῦ ἐπιστρέψαι εἰς τὴν
γῆν Ἰούδα. ⁸καὶ εἶπεν Νωεμεὶν ταῖς νύμφαις αὐτῆς Πορεύεσθε δή, 8
ἀποστράφητε ἑκάστη εἰς οἶκον μητρὸς αὐτῆς· ποιήσαι Κύριος μεθ᾽ ὑμῶν
ἔλεος, καθὼς ἐποιήσατε μετὰ τῶν τεθνηκότων καὶ μετ᾽ ἐμοῦ· ⁹δῴη 9
Κύριος ὑμῖν καὶ εὕροιτε ἀνάπαυσιν, ἑκάστη ἐν οἴκῳ ἀνδρὸς αὐτῆς.
καὶ κατεφίλησεν αὐτάς· καὶ ἐπῆραν τὴν φωνὴν αὐτῶν καὶ ἔκλαυσαν.
¹⁰καὶ εἶπαν αὐτῇ Μετὰ σοῦ ἐπιστρέφομεν εἰς τὸν λαόν σου. ¹¹καὶ 10 11

A I 1 εν τω κρινειν] pr εν ταις ημεραις A | Βηθλεεμ A (item 2) | υιοι] pr
δυο A   2 Αβειμελεχ] Αλιμελεκ A | και ονομα 2°] pr και ονομα τη γυναικι
αυτου Νοεμμειν A | Κελαιων] Χελεων A   3 Αλιμελεκ A | Νοεμμει A
4 Μωαβιτιδας A   5 απεθαναν A | om και γε A | Χελαιων] Χελεων A
6 επεστρεψαν A   7 εξηλθαν A | ην] ησαν A | την γην] om την A
8 Νοομμει A | νυμφαις] pr δυσι A | πορευεσθε] πορευθητε A | αποστραφητε]
+ δη A | οικον μητρος] τον οικον του πρς A   9 δωη] δω A | ευροιτε] ευ-
ρηται A   10 επιστρεψομεν A

538

ΡΟΥΘ II 2

εἶπεν Νωεμείν Ἐπιστράφητε δή, θυγατέρες μου· καὶ ἵνα τί πορεύεσθε B
μετ' ἐμοῦ; μὴ ἔτι μοι υἱοὶ ἐν τῇ κοιλίᾳ μου, καὶ ἔσονται ὑμῖν εἰς
12 ἄνδρας; ¹²ἐπιστράφητε δή, θυγατέρες μου, διότι γεγήρακα τοῦ μὴ
εἶναι ἀνδρί· ὅτι εἶπα ὅτι ἔστιν μοι ὑπόστασις τοῦ γενηθῆναί με ἀνδρὶ
13 καὶ τέξομαι υἱούς, ¹³μὴ αὐτοὺς προσδέξεσθε ἕως οὗ ἁδρυνθῶσιν; ἢ
αὐτοῖς κατασχεθήσεσθε τοῦ μὴ γενέσθαι ἀνδρί; μὴ δὴ θυγατέρες
μου, ὅτι ἐπικράνθη μοι ὑπὲρ ὑμᾶς, ὅτι ἐξῆλθεν ἐν ἐμοὶ χεὶρ Κυρίου.
14 ¹⁴καὶ ἐπῆραν τὴν φωνὴν αὐτῶν καὶ ἔκλαυσαν ἔτι· καὶ κατεφίλησεν
Ὀρφὰ τὴν πενθερὰν αὐτῆς· καὶ ἐπέστρεψεν εἰς τὸν λαὸν αὐτῆς, Ῥοὺθ
15 δὲ ἠκολούθησεν αὐτῇ. ¹⁵καὶ εἶπεν Νωεμεὶν πρὸς Ῥοὺθ Ἰδοὺ ἀνέστρεψεν
σύννυμφός σου πρὸς λαὸν αὐτῆς καὶ πρὸς τοὺς θεοὺς αὐτῆς·
16 ἐπιστράφητι δὴ καὶ σὺ ὀπίσω τῆς συννύμφου σου. ¹⁶εἶπεν δὲ Ῥοὺθ Μὴ
ἀπαντήσαι ἐμοὶ τοῦ καταλιπεῖν σε ἢ ἀποστρέψαι ὄπισθέν σου, ὅτι
σὺ ὅπου ἐὰν πορευθῇς πορεύσομαι, καὶ οὗ ἐὰν αὐλισθῇς αὐλισθήσομαι·
17 ὁ λαός σου λαός μου, καὶ ὁ θεός σου θεός μου· ¹⁷καὶ οὗ ἐὰν ἀποθάνῃς
ἀποθανοῦμαι, κἀκεῖ ταφήσομαι. τάδε ποιήσαι μοι Κύριος καὶ τάδε
18 προσθείη, ὅτι θάνατος διαστελεῖ ἀνὰ μέσον ἐμοῦ καὶ σοῦ. ¹⁸ἰδοῦσα
δὲ Νωεμεὶν ὅτι κραταιοῦται αὐτὴ τοῦ πορεύεσθαι μετ' αὐτῆς, ἐκόπασεν
19 τοῦ λαλῆσαι πρὸς αὐτὴν ἔτι. ¹⁹Ἐπορεύθησαν δὲ ἀμφότεραι ἕως
τοῦ παραγενέσθαι αὐτὰς εἰς Βαιθλέεμ. καὶ ἤχησεν πᾶσα ἡ πόλις
20 ἐπ' αὐτῆς, καὶ εἶπον Αὕτη ἐστὶν Νωεμείν; ²⁰καὶ εἶπεν πρὸς αὐτάς
Μὴ δὴ καλεῖτέ με Νωεμείν, καλέσατέ με Πικράν, ὅτι ἐπικράνθη ἐν
21 ἐμοὶ ὁ ἱκανὸς σφόδρα. ²¹ἐγὼ πλήρης ἐπορεύθην, καὶ κενὴν ἀπέστρεψέν
με ὁ κύριος· καὶ ἵνα τί καλεῖτέ με Νωεμείν, καὶ Κύριος
22 ἐταπείνωσέν με, καὶ ὁ ἱκανὸς ἐκάκωσέν με; ²²καὶ ἐπέστρεψεν
Νωεμεὶν καὶ Ῥοὺθ ἡ Μωαβεῖτις ἡ νύμφη αὐτῆς ἐπιστρέφουσα ἐξ
ἀγροῦ Μωάβ· αὗται δὲ παρεγενήθησαν εἰς Βαιθλέεμ ἐν ἀρχῇ θερισμοῦ
κριθῶν.

II 1 ¹Καὶ τῇ Νωεμεὶν ἀνὴρ γνώριμος τῷ ἀνδρὶ αὐτῆς· ὁ δὲ ἀνὴρ δυνατὸς
2 ἰσχύι ἐκ τῆς συγγενίας Ἀβειμέλεχ, καὶ ὄνομα αὐτῷ Βόος. ²καὶ εἶπεν
Ῥοὺθ ἡ Μωαβεῖτις πρὸς Νωεμείν Πορευθῶ δὴ εἰς ἀγρόν, καὶ συνάξω ἐν

11 Νοομμειν A | θυγ. μου]+πορευθηται A| ανδρες A   13 επικρ. μοι] A
+σφοδρα A   14 εκλαυσαι sup ras B^{ab}   15 Νοεμεἰν A | συννυμφος]
pr η A | επιστραφητι B*A] επιστραφηθι B^{1b}   16 om συ A   17 κς
μοι A   18 Νοεμμειν A   19 αυτης] αυτη A | ἐστιν] pr τι A | Νοομμειν A   20 om δη A | Νοομμειν A | πικραν] πικριαν A   21 Νοομμειν
A | om και ο ικανος εκακωσεν με A   22 Νοομμειν A | Μωαβιτεις A |
αυτης]+μετ αυτης A   II 1 ισχυι] pr εν A | Αβιμελεχ A   2 Μωαβιτις A | Νοομμει A

Β τοῖς στάχυσιν κατόπισθεν οὗ ἐὰν εὕρω χάριν ἐν ὀφθαλμοῖς αὐτοῦ. εἶπεν δὲ αὐτῇ Πορεύου, θυγάτηρ. ⟨ ³καὶ ἐπορεύθη, καὶ συνέλεξεν ἐν τῷ 3 ἀγρῷ κατόπισθεν τῶν θεριζόντων· καὶ περιέπεσεν περιπτώματι τῇ μερίδι τοῦ ἀγροῦ Βόος, τοῦ ἐκ συγγενείας Ἀβειμέλεχ. ⁴Καὶ ἰδοὺ 4 Βόος ἦλθεν ἐκ Βαιθλέεμ καὶ εἶπεν τοῖς θερίζουσιν Κύριος μεθ' ὑμῶν· καὶ εἶπον αὐτῷ Εὐλογήσαι σε Κύριος. ⁵καὶ εἶπεν Βόος τῷ παιδαρίῳ 5 αὐτοῦ τῷ ἐφεστῶτι ἐπὶ τοὺς θερίζοντας Τίνος ἡ νεᾶνις αὕτη; ⁶καὶ 6 ἀπεκρίθη τὸ παιδάριον τὸ ἐφεστὸς ἐπὶ τοὺς θερίζοντας καὶ εἶπεν Ἡ παῖς ἡ Μωαβεῖτίς ἐστιν, ἡ ἀποστραφεῖσα μετὰ Νοεμεὶν ἐξ ἀγροῦ Μωάβ· ⁷καὶ εἶπεν Συλλέξω δὴ καὶ συνάξω ἐν τοῖς δράγμασιν ὄπισθεν 7 τῶν θεριζόντων· καὶ ἦλθεν καὶ ἔστη ἀπὸ πρωίθεν καὶ ἕως ἑσπέρας, οὐ κατέπαυσεν ἐν τῷ ἀγρῷ μικρόν. ⁸καὶ εἶπεν Βόος πρὸς Ῥοὺθ 8 Οὐκ ἤκουσας, θυγάτηρ; μὴ πορευθῇς ἐν ἀγρῷ συλλέξαι ἑτέρῳ· καὶ σὺ οὐ πορεύσῃ ἐντεῦθεν, ὧδε κολλήθητι μετὰ τῶν κορασίων μου. ⁹οἱ 9 ὀφθαλμοί σου εἰς τὸν ἀγρὸν οὗ ἐὰν θερίζωσιν, καὶ πορεύσῃ κατόπισθεν αὐτῶν· ἰδοὺ ἐνετειλάμην τοῖς παιδαρίοις τοῦ μὴ ἅψασθαί σου· καὶ ὅ τι διψήσεις, καὶ πορευθήσῃ εἰς τὰ σκεύη καὶ πίεσαι ὅθεν ἂν ὑδρεύωνται τὰ παιδάρια. ¹⁰καὶ ἔπεσεν ἐπὶ πρόσωπον αὐτῆς καὶ προσεκύνησεν 10 ἐπὶ τὴν γῆν, καὶ εἶπεν πρὸς αὐτόν Τί ὅτι εὗρον χάριν ἐν ὀφθαλμοῖς σου τοῦ ἐπιγνῶναί με, καὶ ἐγώ εἰμι ξένη; ¹¹καὶ ἀπεκρίθη Βόος 11 καὶ εἶπεν αὐτῇ Ἀπαγγελίᾳ ἀπηγγέλη μοι ὅσα πεποίηκας μετὰ τῆς πενθερᾶς σου μετὰ τὸ ἀποθανεῖν τὸν ἄνδρα σου, καὶ πῶς κατέλιπες τὸν πατέρα σου καὶ τὴν μητέρα σου καὶ τὴν γῆν γενέσεώς σου, καὶ ἐπορεύθης πρὸς λαὸν ὃν οὐκ ᾔδεις ἐχθὲς καὶ τρίτης. ¹²ἀποτίσαι 12 Κύριος τὴν ἐργασίαν σου· γένοιτο ὁ μισθός σου πλήρης παρὰ Κυρίου θεοῦ Ἰσραήλ, πρὸς ὃν ἦλθες πεποιθέναι ὑπὸ τὰς πτέρυγας αὐτοῦ. ¹³ἡ δὲ εἶπεν Εὕροιμι χάριν ἐν ὀφθαλμοῖς σου, κύριε, ὅτι 13 παρεκάλεσάς με, καὶ ὅτι ἐλάλησας ἐπὶ καρδίαν τῆς δούλης σου, καὶ ἰδοὺ ἐγὼ ἔσομαι ὡς μία τῶν παιδισκῶν σου. ¹⁴καὶ εἶπεν αὐτῇ 14 Βόος Ἤδη ὥρα τοῦ φαγεῖν, πρόσελθε ὧδε καὶ φάγεσαι τῶν ἄρτων, καὶ βάψεις τὸν ψωμόν σου τῷ ὄξει. καὶ ἐκάθισεν Ῥοὺθ ἐκ πλαγίων τῶν θεριζόντων· καὶ ἐβούνισεν αὐτῇ Βόος ἄλφιτον, καὶ

A 2 θυγατηρ ΒΑ 3 συνελεξεν] pr ελθουσα Α | κατοπισθεν] οπισθεν Α | Αλιμελεχ Α 4 Βεθλεεμ Α | ειπον] ειπαν Α | κς (2°) sup ras Β^(t vid)d 5 om αυτου Α 6 Μωαβιτεις Α | Νοομμειν Α 8 θυγατερ Α | συλλ. εν αγρω ετ. Α 9 θεριζωσι Α | υδρευονται Α 10 επι την γην] pr επι προσωπον Α | ειπεν προς αυτον] προσεκυνησεν αυτον και ειπεν Α 11 οσα] pr παντα Α | κατελειπες Α | χθες Β^b 12 γενοιτο] pr και Α | πληρης| παρα κυ sup ras et in mg Β^a 13 κυριε]+μου Α 14 τω οξει] pr εν Β^(ab) (superscr) Α

15 ἔφαγεν καὶ ἐνεπλήσθη καὶ κατέλιπεν, ¹⁵καὶ ἀνέστη τοῦ συλλέγειν. Β
καὶ ἐνετείλατο Βόος τοῖς παιδαρίοις αὐτοῦ λέγων Καί γε ἀνὰ μέσον.
16 τῶν δραγμάτων συλλεγέτω, καὶ μὴ καταισχύνητε αὐτήν· ¹⁶καὶ βαστά-
ζοντες βαστάξατε αὐτῇ, καί γε παραβάλλοντες παραβαλεῖτε αὐτῇ
ἐκ τῶν βεβουνισμένων· καὶ φάγεται καὶ συλλέξει, καὶ οὐκ ἐπιτι-
17 μήσετε αὐτῇ. ¹⁷καὶ συνέλεξεν ἐν τῷ ἀγρῷ ἕως ἑσπέρας, καὶ
18 ἐράβδισεν ἃ συνέλεξεν, καὶ ἐγενήθη ὡς οἰφὶ κριθῶν. ¹⁸Καὶ
ἦρεν καὶ εἰσῆλθεν εἰς τὴν πόλιν· καὶ εἶδεν ἡ πενθερὰ αὐτῆς ἃ
συνέλεξεν, καὶ ἐξενέγκασα Ῥοὺθ ἔδωκεν αὐτῇ ἃ κατέλιπεν ἐξ ὧν
19 ἐνεπλήσθη. ¹⁹καὶ εἶπεν αὐτῇ ἡ πενθερὰ αὐτῆς Ποῦ συνέλεξάς
σήμερον καὶ ποῦ ἐποίησας; εἴη ὁ ἐπιγνούς σε εὐλογημένος. καὶ
ἀνήγγειλεν Ῥοὺθ τῇ πενθερᾷ αὐτῆς ποῦ ἐποίησεν, καὶ εἶπέν Τὸ
20 ὄνομα τοῦ ἀνδρὸς μεθ' οὗ ἐποίησα σήμερον Βόος. ²⁰καὶ εἶπεν
Νωεμεὶν τῇ νύμφῃ αὐτῆς Εὐλογητός ἐστιν τῷ κυρίῳ, ὅτι οὐκ ἐγκα-
τέλιπεν τὸ ἔλεος αὐτοῦ μετὰ τῶν ζώντων καὶ μετὰ τῶν τεθνηκότων.
καὶ εἶπεν αὐτῇ Νωεμείν Ἐγγίζει ἡμῖν ὁ ἀνήρ, ἐκ τῶν ἀγχιστευόντων
21 ἡμᾶς ἐστιν. ²¹καὶ εἶπεν Ῥοὺθ πρὸς τὴν πενθερὰν αὐτῆς Καί γε
ὅτι εἶπεν πρός μέ Μετὰ τῶν παιδαρίων μου κολλήθητι ἕως ἂν τελέ-
22 σωσιν ὅλον τὸν ἀμητὸν ὅς ὑπάρχει μοι. ²²καὶ εἶπεν Νωεμεὶν
πρὸς Ῥοὺθ τὴν νύμφην αὐτῆς Ἀγαθόν, θυγάτηρ, ὅτι ἐπορεύθης
μετὰ τῶν κορασίων αὐτοῦ, καὶ οὐκ ἀπαντήσονταί σοι ἐν ἀγρῷ
23 ἑτέρῳ. ²³καὶ προσεκολλήθη Ῥοὺθ τοῖς κορασίοις Βόος συλλέγειν
ἕως οὗ συνετέλεσεν τὸν θερισμὸν τῶν κριθῶν καὶ τῶν πυρῶν. *καὶ * iii E. R.
ἐκάθισεν μετὰ τῆς πενθερᾶς αὐτῆς.

II 1 ¹Εἶπεν δὲ αὐτῇ Νωεμεὶν ἡ πενθερὰ αὐτῆς Θυγάτηρ, οὐ μὴ ζητήσω
2 σοι ἀνάπαυσιν ἵνα εὖ γένηταί σοι; ²καὶ νῦν οὐχὶ Βόος γνώριμος ἡμῶν,
οὗ ἦς μετὰ τῶν κορασίων αὐτοῦ; ἰδοὺ αὐτὸς λικμᾷ τὸν ἅλωνα τῶν
3 κριθῶν ταύτῃ τῇ νυκτί. ³σὺ δὲ λούσῃ καὶ ἀλείψῃ καὶ περιθήσεις τὸν
ἱματισμόν σου ἐπὶ σέ, καὶ ἀναβήσῃ ἐπὶ τὸν ἅλω· μὴ γνωρισθῇς τῷ
4 ἀνδρὶ ἕως οὗ συντελέσαι αὐτόν πιεῖν καὶ φαγεῖν· ⁴καὶ ἔσται ἐν τῷ
κοιμηθῆναι αὐτὸν καὶ γνώσῃ τὸν τόπον ὅπου κοιμᾶται ἐκεῖ, καὶ ἐλεύσῃ

14 κατελειπεν A   15 Βοοζ A   16 αυτη 1°] αυτην A | φαγεται] A
αφετε A   18 ιδεν A | κατελειπεν A   19 απηγγειλεν A   20 Νοομ-
μειν A (bis) | ενκατελιπεν (εγκ. B^b)] εγκατελειπεν A   21 μου] των εμων
A | κολληθητι] προσκολληθι A   22 Νοομμει A | θυγατηρ BA   23 των
πυρων] pr τον θερισμον A   III 1 αυτη Νωεμειν η πενθ.] Νοομμει τη
νυμφη A | θυγατηρ BA | ζητησω] ευρω A   ' 3 περιθησει A | σε] σεαυτη A |
γνωρισθης τω] γνωρισθητω B^b | πιειν (πειν B*) και φαγειν] φ. και πιειν A
4 τον τοπον οπου κοι sup ras B^1?a^b | οπου] ου A

III 5 ΡΟΥΘ

Β καὶ ἀποκαλύψεις τὰ πρὸς ποδῶν αὐτοῦ καὶ κοιμηθήσῃ, καὶ αὐτὸς ἀπαγγελεῖ σοι ἃ ποιήσεις. ⁵εἶπεν δὲ Ῥοὺθ πρὸς αὐτήν Πάντα ὅσα 5 ἐὰν εἴπῃς ποιήσω. ⁶Καὶ κατέβη εἰς τὸν ἅλω, καὶ ἐποίησεν 6 κατὰ πάντα ὅσα ἐνετείλατο αὐτῇ ἡ πενθερὰ αὐτῆς. ⁷καὶ ἔφαγεν 7 Βόος καὶ ἠγαθύνθη ἡ καρδία αὐτοῦ, καὶ ἦλθεν κοιμηθῆναι ἐν μερίδι τῆς στοιβῆς· ἡ δὲ ἦλθεν κρυφῇ καὶ ἀπεκάλυψεν τὰ πρὸς ποδῶν αὐτοῦ. ⁸ἐγένετο δὲ ἐν τῷ μεσονυκτίῳ καὶ ἐξέστη ὁ ἀνὴρ καὶ 8 ἐταράχθη, καὶ ἰδοὺ γυνὴ κοιμᾶται πρὸς ποδῶν αὐτοῦ. ⁹εἶπεν δέ 9 Τίς εἶ σύ; ἡ δὲ εἶπεν Ἐγώ εἰμι Ῥοὺθ ἡ δούλη σου, καὶ περιβαλεῖς τὸ πτερύγιόν σου ἐπὶ τὴν δούλην σου, ὅτι ἀγχιστεὺς εἶ σύ. ¹⁰καὶ 10 εἶπεν Βόος Εὐλογημένη σὺ τῷ κυρίῳ θεῷ, θύγατερ, ὅτι ἠγάθυνας τὸ ἔλεός σου τὸ ἔσχατον ὑπὲρ τὸ πρῶτον τὸ μὴ πορευθῆναι ὀπίσω νεανιῶν, εἴτοι πτωχὸς εἴτοι πλούσιος. ¹¹καὶ νῦν, θύγατερ, 11 μὴ φοβοῦ· πάντα ὅσα ἐὰν εἴπῃς ποιήσω σοι· οἶδεν γὰρ πᾶσα φυλὴ λαοῦ μου ὅτι γυνὴ δυνάμεως εἶ σύ. ¹²καὶ ὅτι ἀληθῶς ἀγχιστεὺς 12 ἐγώ εἰμι· καί γέ ἐστιν ἀγχιστεὺς ἐγγίων ὑπὲρ ἐμέ. ¹³αὐλίσθητι 13 τὴν νύκτα, καὶ ἔσται τὸ πρωὶ ἐὰν ἀγχιστεύσῃ σε, ἀγαθόν, ἀγχιστευέτω· ἐὰν δὲ μὴ βούληται ἀγχιστεῦσαί σε, ἀγχιστεύσω σε ἐγώ, ζῇ Κύριος, σὺ εἰ Κύριος· κοιμήθητι ἕως πρωί. ¹⁴καὶ ἐκοιμήθη πρὸς 14 ποδῶν αὐτοῦ ἕως πρωί· ἡ δὲ ἀνέστη πρὸ τοῦ ἐπιγνῶναι ἄνδρα τὸν πλησίον αὐτοῦ· καὶ εἶπεν Βόος Μὴ γνωσθήτω ὅτι ἦλθεν γυνὴ εἰς τὴν ἅλωνα. ¹⁵καὶ εἶπεν αὐτῇ Φέρε τὸ περίζωμα τὸ ἐπάνω σου. 15 καὶ ἐκράτησεν αὐτό, καὶ ἐμέτρησεν ἓξ κριθῶν καὶ ἐπέθηκεν ἐπ' αὐτήν· καὶ εἰσῆλθεν εἰς τὴν πόλιν. ¹⁶καὶ Ῥοὺθ εἰσῆλθεν πρὸς τὴν πενθερὰν 16 αὐτῆς· ἡ δὲ εἶπεν αὐτῇ Θύγατερ· καὶ εἶπεν αὐτῇ πάντα ὅσα ἐποίησεν αὐτῇ ὁ ἀνήρ. ¹⁷καὶ εἶπεν αὐτῇ Τὰ ἓξ τῶν κριθῶν ταῦτα ἔδωκέν μοι, 17 ὅτι εἶπεν πρός μέ Μὴ εἰσέλθῃς κενὴ πρὸς τὴν πενθεράν σου. ¹⁸ἡ 18 δὲ εἶπεν Κάθου, θύγατερ, ἕως τοῦ ἐπιγνῶναί σε πῶς οὐ πεσεῖται ῥῆμα· οὐ γὰρ μὴ ἡσυχάσῃ ὁ ἀνὴρ ἕως ἂν τελέσῃ τὸ ῥῆμα σήμερον.

¹Καὶ Βόος ἀνέβη ἐπὶ τὴν πύλην καὶ ἐκάθισεν ἐκεῖ, καὶ ἰδοὺ ὁ 1 1 ἀγχιστευτὴς παρεπορεύετο ὃν εἶπεν Βόος. καὶ εἶπεν πρὸς αὐτὸν Βόος Ἐκκλίνας κάθισον ὧδε, κρύφιε· καὶ ἐξέκλινεν καὶ ἐκάθισεν.

A · 4 κοιμηθήσῃ sup ras B¹ ᵛⁱᵈ   7 Βοος] + και επιεν A | κρύβη A | αυτου 2°] + και εκαθευδεν A   8 εξεστη] εξανεστη A   9 τι B* (τις BᵃᵇA) | αγχιστευεισυ (sic) B* (αγχιστευς ει συ BᵃᵇA) . . 10 om θεω A | το ελεος σου] σου το ελαιον A | πορευθηναι] + σε Bᵃᵇ (superscr) A   12 εστι B*.(εστιν BᵃᵇA)   ᵤ 13 om συ ει Κυριος A   14 την αλωνα] τον αλω A   16 om αυτη 1° A | θυγατερ] τις ει θυγατηρ A   18 ησυχασει A | σημερον sup ras B¹ ᵛⁱᵈ   IV 1 και Βοος ανε sup ras B¹ | κρυφιε] κρυφη A

2 ²καὶ ἔλαβεν Βόος δέκα ἄνδρας· ἀπὸ τῶν πρεσβυτέρων τῆς πόλεως Β
3 καὶ εἶπεν Καθίσατε ὧδε· καὶ ἐκάθισαν. ³καὶ εἶπεν Βόος τῷ ἀγχιστεῖ
Τὴν μερίδα τοῦ ἀγροῦ ἥ ἐστιν τοῦ ἀδελφοῦ ἡμῶν τοῦ Ἀβειμέλεχ,
4 ἣ δέδοται Νωεμεὶν τῇ ἐπιστρεφούσῃ ἐξ ἀγροῦ Μωάβ, ⁴κἀγὼ εἶπα
Ἀποκαλύψω τὸ οὖς σου λέγων Κτῆσαι ἐναντίον τῶν καθημένων καὶ
ἐναντίον τῶν πρεσβυτέρων τοῦ λαοῦ μου· εἰ ἀγχιστεύεις, ἀγχίστευε·
εἰ δὲ μὴ ἀγχιστεύεις, ἀνάγγειλόν μοι, καὶ γνώσομαι ὅτι οὐκ ἔστιν
παρὲξ σοῦ τοῦ ἀγχιστεῦσαι, κἀγώ εἰμι μετὰ σέ. .ὁ δὲ εἶπεν Ἐγώ
5 εἰμι ἀγχιστεύσω. ⁵καὶ εἶπεν Βόος Ἐν ἡμέρᾳ τοῦ κτήσασθαί σε
τὸν ἀγρὸν ἐκ χειρὸς Νωεμεὶν καὶ παρὰ Ῥοὺθ τῆς Μωαβείτιδος
γυναικὸς τοῦ τεθνηκότος, καὶ αὐτὴν κτήσασθαί σε δεῖ, ὥστε ἀναστῆσαι
6 τὸ ὄνομα τοῦ τεθνηκότος ἐπὶ τῆς κληρονομίας αὐτοῦ. ⁶καὶ εἶπεν
ὁ ἀγχιστεύς Οὐ δυνήσομαι ἀγχιστεῦσαι ἐμαυτῷ, μή ποτε διαφθείρω
τὴν κληρονομίαν μου· ἀγχίστευσον σεαυτῷ τὴν ἀγχιστείαν μου,
7 ὅτι οὐ δυνήσομαι ἀγχιστεῦσαι. ⁷καὶ τοῦτο τὸ δικαίωμα ἔμπροσθεν
ἐν τῷ Ἰσραὴλ ἐπὶ τὴν ἀγχιστείαν καὶ ἐπὶ τὸ ἀντάλλαγμα, τοῦ στῆσαι
πάντα λόγον· καὶ ὑπελύετο ὁ ἀνὴρ τὸ ὑπόδημα αὐτοῦ καὶ ἐδίδου
τῷ πλησίον αὐτοῦ τῷ ἀγχιστεύοντι τὴν ἀγχιστείαν αὐτοῦ· καὶ τοῦτο
8 ἦν μαρτύριον ἐν Ἰσραήλ. ⁸καὶ εἶπεν ὁ ἀγχιστεὺς τῷ Βόος Κτῆσαι
σεαυτῷ τὴν ἀγχιστείαν μου· καὶ ὑπελύσατο τὸ ὑπόδημα αὐτοῦ καὶ
9 ἔδωκεν αὐτῷ. ⁹Καὶ εἶπεν Βόος τοῖς πρεσβυτέροις καὶ παντὶ
τῷ λαῷ Μάρτυρες ὑμεῖς σήμερον ὅτι κέκτημαι πάντα τὰ τοῦ Ἀβει-
μέλεχ καὶ πάντα ὅσα ὑπάρχει τῷ Χελαιὼν καὶ τῷ Μααλὼν ἐκ
10 χειρὸς Νωεμείν· ¹⁰καί γε Ῥοὺθ τὴν Μωαβεῖτιν τὴν γυναῖκα Μααλὼν
κέκτημαι ἐμαυτῷ εἰς γυναῖκα τοῦ ἀναστῆσαι τὸ ὄνομα τοῦ τεθνηκότος
ἐπὶ τῆς κληρονομίας αὐτοῦ, καὶ οὐκ ἐξολεθρευθήσεται τὸ ὄνομα
τοῦ τεθνηκότος ἐκ τῶν ἀδελφῶν αὐτοῦ καὶ ἐκ τῆς φυλῆς λαοῦ αὐτοῦ·
11 μάρτυρες ὑμεῖς σήμερον. ¹¹καὶ εἴποσαν πᾶς ὁ λαὸς οἱ ἐν τῇ πύλῃ
Μάρτυρες. καὶ οἱ πρεσβύτεροι εἴποσαν Δῴη Κύριος τὴν γυναῖκά
σου τὴν εἰσπορευομένην εἰς τὸν οἶκόν σου ὡς Ῥαχὴλ καὶ ὡς Λείαν,
αἳ ᾠκοδόμησαν ἀμφότεραι τὸν οἶκον τοῦ Ἰσραὴλ καὶ ἐποίησαν
12 δύναμιν ἐν Ἐφράθα· καὶ ἔσται ὄνομα ἐν Βαιθλέεμ. ¹²καὶ γένοιτο

3 om τω αγχιστει A | η 1°] ητις A | Αβιμελεχ A   5 Νοομμει A | A
Μωαβιτιδος A | αναστησαι] αναστησασθαι σε A   6 αγχιστιαν A (item 8)
7 εν τω Ισραηλ] om εν τω A | παντα] παν B τον A | om τω αγχιστευ-
οντι A   8 Βοοζ A   9 om Βοος A | Αβιμελεχ A | Χαιλεων
A | Νοομμει A   10 εμαυτω] seq ras 1 lit A' (εμαυτων A*ᵛⁱᵈ) | λαου] pr
του A   11 ειποσαν 1°] ειπαν A | γυναικαν A | Ραχην A | οικοδομησαν
A | του Ισρ.] om του A | εποιησαν] ποιησαι A

ὁ οἶκός σου ὡς ὁ οἶκος Φάρες, ὃν ἔτεκεν Θαμὰρ τῷ Ἰούδᾳ, ἐκ τοῦ σπέρματος οὗ δώσει Κύριός σοι ἐκ τῆς παιδίσκης ταύτης. ¹³Καὶ ἔλαβεν Βόος τὴν Ῥούθ, καὶ ἔδωκεν αὐτῇ Κύριος κύησιν, καὶ ἔτεκεν υἱόν. ¹⁴καὶ εἶπαν αἱ γυναῖκες πρὸς Νωεμείν Εὐλογητὸς Κύριος ὃς οὐ κατέλυσέ σοι σήμερον τὸν ἀγχιστέα, καὶ καλέσαι τὸ ὄνομά σου ἐν Ἰσραήλ· ¹⁵καὶ ἔσται σοι εἰς ἐπιστρέφοντα ψυχὴν καὶ τοῦ διαθρέψαι τὴν πολιάν σου, ὅτι ἡ νύμφη ἡ ἀγαπήσασά σε ἔτεκεν αὐτόν, ἥ ἐστιν ἀγαθή σοι ὑπὲρ ἑπτὰ υἱούς. ¹⁶καὶ ἔλαβεν Νωεμεὶν τὸ παιδίον καὶ ἔθηκεν εἰς τὸν κόλπον αὐτῆς, καὶ ἐγενήθη αὐτῷ εἰς τιθηνόν. ¹⁷καὶ ἐκάλεσαν αὐτοῦ αἱ γείτονες ὄνομα λέγουσαι Ἐτέχθη υἱὸς τῇ Νωεμείν, καὶ ἐκάλεσαν τὸ ὄνομα αὐτοῦ Ὠβήδ· οὗτος πατὴρ Ἰεσσαὶ πατρὸς Δαυείδ.

¹⁸Καὶ αὗται αἱ γενέσεις Φάρες· Φάρες ἐγέννησεν τὸν Ἐσρών, ¹⁹Ἐσρὼν δὲ ἐγέννησεν τὸν Ἀρράν, καὶ Ἀρρὰν ἐγέννησεν τὸν Ἀμειναδάβ, ²⁰καὶ Ἀμειναδὰβ ἐγέννησεν τὸν Ναασσών, καὶ Ναασσὼν ἐγέννησεν τὸν Σαλμάν, ²¹καὶ Σαλμὰν ἐγέννησεν τὸν Βόος, καὶ Βόος ἐγέννησεν τὸν Ὠβήδ, ²²καὶ Ὠβὴδ ἐγέννησεν τὸν Ἰεσσαί, καὶ Ἰεσσαὶ ἐγέννησεν τὸν Δαυείδ.

A 13 Ρουθ] +και εγενετο αυτω εις γυναικα | και εισηλθεν προς αυτην | A | κ̄ς κοιησιν αυτη A | ετεκεν] εγεννησεν A   14 Νοομμειν A | καταλυσαι A   15 νυμφη]+σου A   16 Νοομμειν A | εθηκεν]+αυτο A   17 Δα̅δ̅ A   18 Εσρωμ A   19 om δε A | om και A | Αρραν 2°]+δε A | Αμιναδαβ A (item 20)   20 Σαλμων A (item 21)   22 Δαυειδ] Δα̅δ̅ τον βασιλεα A   Subscr Ρουθ B τελος της Ρουθ A

ΒΑΣΙΛΕΙΩΝ Α.

I 1 ἌΝΘΡΩΠΟΣ ἦν ἐξ Ἀρμαθάιμ Σειφὰ ἐξ ὄρους Ἐφράιμ, καὶ ὄνομα B αὐτῷ Ἐλκανά, υἱὸς Ἰερεμεὴλ υἱοῦ Ἠλείου υἱοῦ Θόκε ἐν Νασεὶβ Ἐφράιμ. 2 ²καὶ τούτῳ δύο γυναῖκες· ὄνομα τῇ μιᾷ Ἄννα, καὶ ὄνομα τῇ δευτέρᾳ Φεννάνα· καὶ ἦν τῇ Φεννάνᾳ παιδία, καὶ τῇ Ἄννᾳ οὐκ ἦν παιδίον. 3 ³καὶ ἀνέβαινεν ὁ ἄνθρωπος ἐξ ἡμερῶν εἰς ἡμέρας ἐκ πόλεως αὐτοῦ ἐξ Ἀρμαθάιμ προσκυνεῖν καὶ θύειν τῷ κυρίῳ θεῷ σαβαὼθ εἰς Σηλώ· καὶ ἐκεῖ Ἡλεὶ καὶ οἱ δύο υἱοὶ αὐτοῦ Ὀφνεὶ καὶ Φεινεὲς ἱερεῖς τοῦ 4 κυρίου. ⁴Καὶ ἐγενήθη ἡμέρα καὶ ἔθυσεν Ἑλκανά, καὶ ἔδωκεν τῇ 5 Φεννάνᾳ γυναικὶ αὐτοῦ καὶ τοῖς υἱοῖς αὐτῆς μερίδας· ⁵καὶ τῇ Ἄννᾳ ἔδωκεν μερίδα μίαν, ὅτι οὐκ ἦν αὐτῇ παιδίον, πλὴν ὅτι τὴν Ἄνναν ἠγάπα Ἐλκανὰ ὑπὲρ ταύτην. καὶ Κύριος ἀπέκλεισεν τὰ περὶ τὴν 6 μήτραν αὐτῆς, ⁶ὅτι οὐκ ἔδωκεν αὐτῇ Κύριός παιδίον, κατὰ τὴν θλῖψιν αὐτῆς καὶ κατὰ τὴν ἀθυμίαν τῆς θλίψεως αὐτῆς· καὶ ἠθύμει διὰ τοῦτο, ὅτι συνέκλεισεν Κύριος τὰ περὶ τὴν μήτραν αὐτῆς, τοῦ μὴ δοῦναι αὐτῇ 7 παιδίον. ⁷οὕτως ἐποίει ἐνιαυτὸν κατ᾽ ἐνιαυτὸν ἐν τῷ ἀναβαίνειν 8 αὐτὴν εἰς οἶκον Κυρίου, καὶ ἠθύμει καὶ ἔκλαιεν, καὶ οὐκ ἤσθιεν. ⁸καὶ εἶπεν αὐτῇ Ἐλκανὰ ὁ ἀνὴρ αὐτῆς Ἄννα· καὶ εἶπεν αὐτῷ, Ἰδοὺ ἐγώ, κύριε· καὶ εἶπεν αὐτῇ Τί ἐστιν σοι ὅτι κλαίεις; καὶ ἵνα τί οὐκ ἐσθίεις; καὶ ἵνα τί τύπτει σε ἡ καρδία σου; οὐκ ἀγαθὸς ἐγώ σοι ὑπὲρ δέκα

I 1 ανθρ. ην] και εγενετο ᾱνος εις A (και εγενετο...υιος rescr vid A^(a?)) | A Σειφα] Σωφιμ A | Ιερεμεηλ] Ιεροαμ A | Ηλειου] Ελιου A | υιου Θοκε] om υιου B*^(vid) (υυ sup ras Θο iň mg B^f) υιου Θοου A | εν Νασειβ] υιου Σουπ A | Εφραιμ] Εφραθαιος A   2 και τη Αννα] τη δε Αννα A   3 ο ανθρ.] †εκεινος A | εκ π. αυτου εξ Αρμαθεμ (sic) εξ ημ. εις ημερας (s ras A?) A | om και θυειν A | τω κυριω] om τω A | εις 2°] εν A | οι δυο] om οι A | Οφνι A | Φινεες A   4 τοις υιοις] pr πασιν A | μεριδας] pr και ταις θυγατρασιν αυτης A   5 μια A | οτι 2°] επι A | Κυριος] pr o A | απεκλεισεν] συναπεκλισεν A 6 συνεκλεισεν] συναπεκλισεν A   7 ουτως] pr και A   8 om αντω A | om κυριε A | ινα τι 1°] δια τί A | τυπτεις εν καρδια A | αγαθος εγω] εγώ ειμι αγ. A

SEPT.   545   2 M

ΒΑΣΙΛΕΙΩΝ Α

Β τέκνα; ⁹Καὶ ἀνέστη μετὰ τὸ φαγεῖν αὐτοὺς ἐν Σηλώ, καὶ κατέστη 9 ἐνώπιον Κυρίου· καὶ Ἡλεὶ ὁ ἱερεὺς ἐπὶ τοῦ δίφρου ἐπὶ τῶν φλιῶν ναοῦ Κυρίου. ¹⁰καὶ αὐτὴ κατώδυνος ψυχῇ, καὶ προσηύξατο πρὸς 10 Κύριον λέγουσα καὶ ἔκλαυσεν· ¹¹καὶ ηὔξατο εὐχὴν Κυρίῳ λέγουσα 11 Ἀδωναὶ Κύριε Ἐλωὲ σαβαώθ, ἐὰν ἐπιβλέπων ἐπιβλέψῃς τὴν ταπείνωσιν τῆς δούλης σου καὶ μνησθῇς μου καὶ δῷς τῇ δούλῃ σου σπέρμα ἀνδρῶν, καὶ δώσω αὐτὸν ἐνώπιόν σου δοτὸν ἕως ἡμέρας θανάτου αὐτοῦ· καὶ οἶνον καὶ μέθυσμα οὐ πίεται, καὶ σίδηρος οὐκ ἀναβήσεται ἐπὶ τὴν κεφαλὴν αὐτοῦ. ¹²καὶ ἐγενήθη ὅτε ἐπλήθυνεν προσευχομένη 12 ἐνώπιον Κυρίου, καὶ Ἡλεὶ ὁ ἱερεὺς ἐφύλαξεν τὸ στόμα αὐτῆς. ¹³καὶ 13 αὐτὴ ἐλάλει ἐν τῇ καρδίᾳ αὐτῆς, καὶ τὰ χείλη αὐτῆς ἐκινεῖτο καὶ φωνὴ αὐτῆς οὐκ ἠκούετο· καὶ ἐλογίσατο αὐτὴν Ἡλεὶ εἰς μεθύουσαν· ¹⁴καὶ 14 εἶπεν αὐτῇ τὸ παιδάριον Ἡλεί Ἕως πότε μεθυσθήσῃ; περιελοῦ τὸν οἶνόν σου καὶ πορεύου ἐκ προσώπου Κυρίου. ¹⁵καὶ ἀπεκρίθη Ἄννα 15 καὶ εἶπεν Οὐχί· κύριε· γυνὴ ᾗ σκληρὰ ἡμέρα ἐγώ εἰμι, καὶ οἶνον καὶ μέθυσμα οὐ πέπωκα, καὶ ἐκχέω τὴν ψυχήν μου ἐνώπιον Κυρίου· ¹⁶μὴ δῷς τὴν δούλην σου εἰς θυγατέρα λοιμήν, ὅτι ἐκ πλήθους ἀδο- 16 λεσχίας μου ἐκτέτακα ἕως νῦν. ¹⁷καὶ ἀπεκρίθη Ἡλεὶ καὶ εἶπεν αὐτῇ 17 Πορεύου εἰς εἰρήνην· ὁ θεὸς Ἰσραὴλ δῴη σοι πᾶν αἴτημά σου ὃ ᾐτήσω παρ' αὐτοῦ. ¹⁸καὶ εἶπεν Εὗρεν ἡ δούλη σου χάριν ἐν ὀφθαλμοῖς σου. 18 καὶ ἐπορεύθη ἡ γυνὴ εἰς τὴν ὁδὸν αὐτῆς· καὶ εἰσῆλθεν εἰς τὸ κατάλυμα αὐτῆς, καὶ ἔφαγεν μετὰ τοῦ ἀνδρὸς αὐτῆς καὶ ἔπιεν, καὶ τὸ πρόσωπον αὐτῆς οὐ συνέπεσεν ἔτι. ¹⁹Καὶ ὀρθρίζουσιν τὸ πρωὶ καὶ προσ- 19 κυνοῦσιν τῷ κυρίῳ, καὶ πορεύονται τὴν ὁδὸν αὐτῶν. καὶ εἰσῆλθεν Ἐλκανὰ εἰς τὸν οἶκον αὐτοῦ Ἁρμαθαίμ, καὶ ἔγνω τὴν Ἄνναν γυναῖκα αὐτοῦ, καὶ ἐμνήσθη αὐτῆς Κύριος. ²⁰καὶ συνέλαβεν, καὶ ἐγενήθη τῷ 20 καιρῷ τῶν ἡμερῶν καὶ ἔτεκεν υἱόν, καὶ ἐκάλεσεν τὸ ὄνομα αὐτοῦ Σαμουὴλ καὶ εἶπεν Ὅτι παρὰ Κυρίου θεοῦ σαβαὼθ ᾐτησάμην αὐτόν. ²¹καὶ ἀνέβη ὁ ἄνθρωπος Ἐλκανὰ καὶ πᾶς ὁ οἶκος αὐτοῦ θῦσαι ἐν 21

Α 9 ανεστη] + Αννα Α | Σηλωμ Α + και μετα το πιειν Α | Ηλει] Ηδει Α | επι του διφρου] pr εμαθετο (sic) A   10 λεγουσα και] και κλαιουσα Α
11 Κυριω] pr τω Α | Κυριε] και Α | Ελωαι Α | την ταπεινωσιν] επι την ταπιν. (ν τ rescr A?) A | και δως] pr και μη επιλαθης της δουλης σου Α | δοτον εν. σου Α | ημερα Α | ου] + μη Α | πιεται] πιητε Α   12 προσευχομενην Α* (ras ν 2° Α¹) | αυτης] της sup ras Α¹   13 αυτη] Αννα Α | και 2°] πλην Α | Ηλεισμεθ. (sic) Β   14 σου] + απο σου Α   15 κυριε] κεν Α* κε Α? (sic) + μου Α | ενωπιον κυ την ψ. μου Α   16 μου] + και αθυμιας (αθ sup ras 3 fort litt A¹) A   18 om αυτης 2° Α   19 πορευονται] + και ηλθον Α | εγνω] + Ελκανα Α   20 om και συνελαβεν Α | τω καιρω] pr εν Α | και ετεκεν] pr και συνελαβεν Αννα Α

ΒΑΣΙΛΕΙΩΝ Α΄ II 4

Σηλὼμ τὴν θυσίαν τῶν ἡμερῶν καὶ τὰς εὐχὰς αὐτοῦ καὶ πάσας τὰς B 22 δεκάτας τῆς γῆς αὐτοῦ· ²²καὶ Ἄννα οὐκ ἀνέβη μετ᾽ αὐτοῦ, ὅτι εἶπεν τῷ ἀνδρὶ αὐτῆς Ἕως τοῦ ἀναβῆναι τὸ παιδάριον, ἐὰν ἀπογαλακτίσω αὐτό, καὶ ὀφθήσεται τῷ προσώπῳ Κυρίου, καὶ καθήσεται ἐκεῖ ἕως αἰῶνος. 23 ²³καὶ εἶπεν αὐτῇ Ἐλκανὰ ὁ ἀνήρ αὐτῆς Ποίει τὸ ἀγαθὸν ἐν ὀφθαλμοῖς σου, κάθου ἕως ἂν ἀπογαλακτίσῃς αὐτό· ἀλλὰ στήσαι Κύριος τὸ ἐξελθὸν ἐκ τοῦ στόματός σου. καὶ ἐκάθισεν ἡ γυνὴ καὶ ἐθήλασεν 24 τὸν υἱὸν αὐτῆς ἕως ἂν ἀπογαλακτίσῃ αὐτόν. ²⁴Καὶ ἀνέβη μετ᾽ αὐτοῦ εἰς Σηλὼμ ἐν μόσχῳ τριετίζοντι καὶ ἄρτοις καὶ οἰφὶ σεμιδάλεως καὶ νέβελ οἴνου. καὶ εἰσῆλθεν εἰς οἶκον Κυρίου ἐν Σηλώμ, καὶ τὸ παιδάριον μετ᾽ αὐτῶν· καὶ προσήγαγον ἐνώπιον Κυρίου, καὶ ἔσφαξεν ὁ πατὴρ αὐτοῦ τὴν θυσίαν ἣν ἐποίει ἐξ ἡμερῶν εἰς ἡμέρας τῷ κυρίῳ. 25 καὶ προσήγαγεν τὸ παιδάριον, ²⁵καὶ ἔσφαξεν τὸν μόσχον· καὶ προσ- 26 ήγαγεν Ἄννα ἡ μήτηρ τοῦ παιδαρίου πρὸς Ἠλεὶ ²⁶καὶ εἶπεν Ἐν ἐμοί, κύριε· ζῇ ἡ ψυχή σου, ἐγὼ ἡ γυνὴ ἡ καταστᾶσά ἐνώπιόν σου μετὰ 27 σοῦ ἐν τῷ προσεύξασθαι πρὸς Κύριον. ²⁷ὑπὲρ τοῦ παιδαρίου τούτου προσηυξάμην, καὶ ἔδωκεν Κύριος τὸ αἴτημά μου ὃ ᾐτησάμην παρ᾽ αὐ- 28 τοῦ· ²⁸κἀγὼ κιχρῶ αὐτὸν τῷ κυρίῳ πάσας τὰς ἡμέρας ἃς ζῇ αὐτός, χρῆσιν τῷ κυρίῳ.

II 1 ¹Καὶ εἶπεν ·
*Ἐστερεώθη ἡ καρδία μου ἐν Κυρίῳ,   * ii E. R.
ὑψώθη κέρας μου ἐν θεῷ μου·
ἐπλατύνθη ἐπὶ ἐχθροὺς τὸ στόμα μου,
εὐφράνθην ἐν σωτηρίᾳ σου.

2   ²ὅτι οὐκ ἔστιν ἅγιος ὡς Κύριος,
         καὶ οὐκ ἔστιν δίκαιος ὡς ὁ θεὸς ἡμῶν,
         οὐκ ἔστιν ἅγιος πλὴν σοῦ.

3   ³μὴ καυχᾶσθε καὶ μὴ λαλεῖτε ὑψηλά,
         μὴ ἐξελθάτω μεγαλορημοσύνη ἐκ τοῦ στόματος ὑμῶν·
         ὅτι θεὸς γνώσεως Κύριος,
         καὶ θεὸς ἑτοιμάζων ἐπιτηδεύματα αὐτοῦ.

4   ·   ⁴τόξον δυνατῶν ἠσθένησεν,

23 αν] ου A   24 Σηλωμ 1°]+ηνικα απεγαλακτισεν αυτον A | οιφει A | A οικον] pr τον A | om εν 2° A | προσηγαγεν] προσηγαγον A   25 του παιδαριου] το παιδαριον A   26 κυριε] κ̅ς̅ A | σου 1°]+κ̅ε̅ μου A | μετα σου εν τω] εν τουτω A   27 Κυριος]+μοι A   II 1 και ειπεν] pr και προσηυξατο Αννα A | το στομα μου επ εχθρους μου A | ευφρανθην] οτι ηυφρ. A 2 om οτι A | ουκ εστιν 2°...πλην σου] ουκ εστιν πλην σου και ουκ εστιν δικ. ως ο θ̅ς̅ ημων. A   3 υψηλα]+εις υπεροχην A | γνωσεων A | αυτου] αυτων A

547

ΒΑΣΙΛΕΙΩΝ Α

καὶ ἀσθενοῦντες περιεζώσαντο δύναμιν·
⁵πλήρεις ἄρτων ἠλαττώθησαν,
... καὶ ἀσθενοῦντες παρῆκαν γῆν.
ὅτι στεῖρα ἔτεκεν ἑπτά,
καὶ ἡ πολλὴ ἐν τέκνοις ἠσθένησεν.
⁶Κύριος θανατοῖ καὶ ζωογονεῖ,
κατάγει εἰς ᾅδου καὶ ἀνάγει·
⁷Κύριος πτωχίζει καὶ πλουτίζει,
ταπεινοῖ καὶ ἀνυψοῖ.
⁸ἀνιστᾷ ἀπὸ γῆς πένητα,
καὶ ἀπὸ κοπρίας ἐγείρει πτωχόν·
καθίσαι μετὰ δυναστῶν λαῶν,
καὶ θρόνον δόξης κατακληρονομῶν αὐτοῖς.
διδοὺς εὐχὴν τῷ εὐχομένῳ,
καὶ εὐλόγησεν ἔτη δικαίου.
⁹ὅτι οὐκ ἐν ἰσχύι δυνατὸς ἀνήρ·
¹⁰Κύριος ἀσθενῆ ποιήσει ἀντίδικον αὐτοῦ·
Κύριος ἅγιος.
10 a μὴ καυχάσθω ὁ φρόνιμος ἐν τῇ φρονήσει αὐτοῦ,
καὶ μὴ καυχάσθω ὁ δυνατὸς ἐν τῇ δυνάμει αὐτοῦ,
καὶ μὴ καυχάσθω ὁ πλούσιος ἐν τῷ πλούτῳ αὐτοῦ·
10 b ἀλλ' ἢ ἐν τούτῳ καυχάσθω ὁ καυχώμενος,
συνίειν καὶ γινώσκειν τὸν κύριον,
καὶ ποιεῖν κρίμα καὶ δικαιοσύνην ἐν μέσῳ τῆς γῆς.
(10 b) Κύριος ἀνέβη εἰς οὐρανούς, καὶ ἐβρόντησεν·
αὐτὸς κρινεῖ ἄκρα γῆς.
καὶ δίδωσιν ἰσχὺν τοῖς βασιλεῦσιν ἡμῶν,
καὶ ὑψώσει κέρας χριστοῦ αὐτοῦ.
¹¹Καὶ κατέλιπεν αὐτὸν ἐκεῖ ἐνώπιον Κυρίου, ⁽¹¹⁾καὶ ἀπῆλθεν εἰς
Ἁρμαθάιμ· καὶ τὸ παιδάριον ἦν λειτουργῶν τῷ προσώπῳ Κυρίου
ἐνώπιον Ἡλεὶ τοῦ ἱερέως.
¹²Καὶ υἱοὶ Ἡλεὶ τοῦ ἱερέως υἱοὶ λοιμοί, οὐκ εἰδότες τὸν κύριον.
⁽¹³⁾καὶ τὸ δικαίωμα τοῦ ἱερέως παρὰ τοῦ λαοῦ παντὸς τοῦ θύοντος. ¹³καὶ
ἤρχετο τὸ παιδάριον τοῦ ἱερέως ὡς ἂν ἡψήθη τὸ κρέας, καὶ κρεάγρα

A 5 ασθενουντες] οι πινωντες A   8 καθισαι]+αυτον A | δικαιων A
9 ενισχυει fort BA   10 χρειστου (ρειστο sup ras) Bᵃ (χριστου BᵇA)
11 κατελιπεν] κατελειπον A | απηλθον A | Αρμαθαιμ]+εις τον οικον αυτων A
12 υιοι ιο] pr οι A | θὔοντος A   13 ηψηθη] η´ ιο sup ras Bᵃᵇ ᵛⁱᵈ

ΒΑΣΙΛΕΙΩΝ Α

14 τριόδους ἐν τῇ χειρὶ αὐτοῦ· ¹⁴καὶ ἐπάταξεν αὐτὴν εἰς τὸν λέβητα τὸν Β μέγαν ἢ εἰς τὸ χαλκίον ἢ εἰς τὴν κύθραν· πᾶν ὃ ἐὰν ἀνέβη ἐν τῇ κρεάγρα ἐλάμβανεν ἑαυτῷ ὁ ἱερεύς· κατὰ τάδε ἐποίουν παντὶ Ἰσραήλ, 15 τοῖς ἐρχομένοις θῦσαι Κυρίῳ ἐν Σηλώμ. ¹⁵καὶ πρὶν θυμιαθῆναι τὸ στέαρ ἤρχετο τὸ παιδάριον τοῦ ἱερέως καὶ ἔλεγεν τῷ ἀνδρὶ τῷ θύοντι Δὸς κρέας ὀπτῆσαι τῷ ἱερεῖ, καὶ οὐ μὴ λάβω παρὰ σοῦ ἑφθὸν ἐκ 16 τοῦ λέβητος. ¹⁶καὶ ἔλεγεν ὁ ἀνὴρ ὁ θύων Θυμιαθήτω πρῶτον ὡς καθήκει τὸ στέαρ, καὶ λάβε σεαυτῷ ἐκ πάντων ὧν ἐπιθυμεῖ ἡ ψυχή σου. καὶ εἶπεν Οὐχί, ὅτι νῦν δώσεις· καὶ ἐὰν μή, λήμψομαι κραταιῶς. 17 ¹⁷καὶ ἦν ἡ ἁμαρτία ἐνώπιον Κυρίου τῶν παιδαρίων μεγάλη σφόδρα, 18 ὅτι ἠθέτουν τὴν θυσίαν Κυρίου. ¹⁸καὶ Σαμουὴλ ἦν λειτουργῶν ἐνώ- 19 πιον Κυρίου, παιδάριον περιεζωσμένον ἐφοὺδ βάρ. ¹⁹καὶ διπλοΐδα μικρὰν ἐποίησεν αὐτῷ ἡ μήτηρ αὐτοῦ, καὶ ἀνέφερεν αὐτῷ ἐξ ἡμερῶν εἰς ἡμέρας ἐν τῷ ἀναβαίνειν αὐτὴν μετὰ τοῦ ἀνδρὸς αὐτῆς θῦσαι τὴν 20 θυσίαν τῶν ἡμερῶν. ²⁰καὶ εὐλόγησεν Ἠλεὶ τὸν Ἐλκανὰ καὶ τὴν γυναῖκα αὐτοῦ λέγων Ἀποτίσαι σοι Κύριος σπέρμα ἐκ τῆς γυναικὸς ταύτης ἀντὶ τοῦ χρέους οὗ ἔχρησας Κυρίῳ· καὶ ἀπῆλθεν ὁ ἄνθρωπος 21 εἰς τὸν τόπον αὐτοῦ. ²¹καὶ ἐπεσκέψατο Κύριος τὴν Ἅνναν, καὶ ἔτεκεν ἔτι τρεῖς υἱοὺς καὶ δύο θυγατέρας· καὶ ἐμεγαλύνθη τὸ παιδάριον 22 Σαμουὴλ ἐνώπιον Κυρίου. ²²Καὶ Ἠλεὶ πρεσβύτης σφόδρα, καὶ 23 ἤκουσεν ἃ ἐποίουν οἱ υἱοὶ αὐτοῦ τοῖς υἱοῖς Ἰσραήλ· ²³καὶ εἶπεν αὐτοῖς Ἵνα τί ποιεῖτε κατὰ τὸ ῥῆμα τοῦτο ὃ ἐγὼ ἀκούω ἐκ στόματος παντὸς 24 τοῦ λαοῦ Κυρίου; ²⁴μή, τέκνα, ὅτι οὐκ ἀγαθὴ ἡ ἀκοὴ ἣν ἐγὼ ἀκούω· μὴ ποιεῖτε οὕτως, ὅτι οὐκ ἀγαθαὶ αἱ ἀκοαὶ ἃς ἐγὼ ἀκούω, τοῦ μὴ 25 δουλεύειν λαὸν θεῷ. ²⁵ἐὰν ἁμαρτάνων ἁμάρτῃ ἀνὴρ εἰς ἄνδρα, καὶ προσεύξονται ὑπὲρ αὐτοῦ πρὸς Κύριον· καὶ ἐὰν τῷ κυρίῳ ἁμάρτῃ, τίς προσεύξεται ὑπὲρ αὐτοῦ; καὶ οὐκ ἤκουον τῆς φωνῆς τοῦ πατρὸς 26 αὐτῶν, ὅτι βουλόμενος ἐβούλετο Κύριος διαφθεῖραι αὐτούς. ²⁶καὶ τὸ παιδάριον Σαμουὴλ ἐπορεύετο, καὶ ἀγαθὸν καὶ μετὰ Κυρίου καὶ μετὰ 27 ἀνθρώπων. ²⁷Καὶ ἦλθεν ἄνθρωπος θεοῦ πρὸς Ἠλεὶ καὶ εἶπεν

14 εις τον λεβητα] pr εις τον λουτηρα η. εις τον (sic) A | το χαλκιον A (χαλκιο sup ras B^(ab vid)) η εις την κυθραν] την χυτραν η εις τον χαλκον A | ο ιερευς εαυτω A | ταδε] ταυτα δε A   15 εφθον] pr κρεας A   16 om και ελεγεν A | ανηρ] αος (sic) A | οτι] τι A   17 ενωπιον...σφοδρα] των παιδαριω| μεγαλη σφοδρα ενωπιον κυ| A   20 κ̅ς̅ σοι A | χρεους ου] ras aliq in s ου B² | Κυριω] pr τω B^(a (mg) vid) A   21 και ετεκεν] pr και συνελαβεν A 22 α] pr συμπαντα A | Ισραηλ]+και ως| εκομιζον τας γυναικας τας παρε|στωσας παρα την θυραν της σκη|νης του μαρτυριου A   23 ακουω]+ρηματα πονηρα A | om παντος A | Κυριου]+τουτου A   25 αμαρταννων αμαραννη (sic) A | υπερ 2°] περι A   26 επορευετο]+μεγαλυνομενον A   27 ανθρωπος] pr ο A

ΒΑΣΙΛΕΙΩΝ Α

Β Τάδε λέγει Κύριος Ἀποκαλυφθεὶς ἀπεκαλύφθην πρὸς οἶκον πατρός σου, ὄντων αὐτῶν ἐν γῇ Αἰγύπτῳ δούλων τῷ οἴκῳ Φαραώ. ²⁸καὶ ἐξελεξάμην τὸν οἶκον τοῦ πατρός σου ἐκ πάντων τῶν σκήπτρων Ἰσραὴλ ἐμοὶ ἱερατεύειν, καὶ ἀναβαίνειν ἐπὶ θυσιαστήριόν μου καὶ θυμιᾶν θυμίαμα καὶ αἴρειν ἐφούδ· καὶ ἔδωκα τῷ οἴκῳ τοῦ πατρός σου τὰ πάντα τοῦ πυρὸς υἱῶν Ἰσραὴλ εἰς βρῶσιν. ²⁹καὶ ἵνα τί ἐπέβλεψας ἐπὶ τὸ θυμίαμά μου καὶ εἰς τὴν θυσίαν μου ἀναιδεῖ ὀφθαλμῷ; καὶ ἐδόξασας τοὺς υἱούς σου ὑπὲρ ἐμὲ ἐνευλογεῖσθαι ἀπαρχῆς πάσης θυσίας Ἰσραὴλ ἔμπροσθέν μου; ³⁰διὰ τοῦτο τάδε εἶπεν Κύριος ὁ θεὸς Ἰσραήλ Εἶπα Ὁ οἶκός σου καὶ ὁ οἶκος τοῦ πατρός σου διελεύσεται ἐνώπιόν μου ἕως αἰῶνος. καὶ νῦν φησὶν Κύριος Μηδαμῶς ἐμοί, ὅτι ἀλλ' ἢ τοὺς δοξάζοντάς με δοξάσω, καὶ ὁ ἐξουθενῶν με ἀτιμωθήσεται. ³¹ἰδοὺ ἡμέραι ἔρχονται καὶ ἐξολεθρεύσω τὸ σπέρμα σου καὶ τὸ σπέρμα οἴκου πατρός σου, ³²καὶ οὐκ ἔσται σου πρεσβύτης ἐν οἴκῳ μου πάσας τὰς ἡμέρας. ³³καὶ ἄνδρα οὐκ ἐξολεθρεύσω ἀπὸ τοῦ θυσιαστηρίου μου, ἐκλιπεῖν τοὺς ὀφθαλμοὺς αὐτοῦ καὶ καταρρεῖν τὴν ψυχὴν αὐτοῦ· καὶ πᾶς περισσεύων οἴκου σου πεσοῦνται ἐν ῥομφαίᾳ ἀνδρῶν. ³⁴καὶ τοῦτό σοι τὸ σημεῖον ὃ ἥξει ἐπὶ τοὺς δύο υἱούς σου τούτους, Ὀφνεὶ καὶ Φεινεές, ἐν ἡμέρᾳ μιᾷ ἀποθανοῦνται ἀμφότεροι. ³⁵καὶ ἀναστήσω ἐμαυτῷ ἱερέα πιστόν, ὃς πάντα τὰ ἐν τῇ καρδίᾳ μου καὶ τὰ ἐν τῇ ψυχῇ μου ποιήσει· καὶ οἰκοδομήσω αὐτῷ οἶκον πιστόν, καὶ διελεύσεται ἐνώπιον χριστοῦ μου πάσας τὰς ἡμέρας. ³⁶καὶ ἔσται ὁ περισσεύων ἐν οἴκῳ ἥξει προσκυνεῖν αὐτῷ ὀβολοῦ ἀργυρίου λέγων Παράριψόν με ἐπὶ μίαν τῶν ἱερατειῶν σου φαγεῖν ἄρτον.

¹Καὶ τὸ παιδάριον Σαμουὴλ ἦν λειτουργῶν τῷ κυρίῳ ἐνώπιον ΙΙΙ Ἡλεὶ τοῦ ἱερέως· καὶ ῥῆμα Κυρίου ἦν τίμιον ἐν ταῖς ἡμέραις ἐκείναις, οὐκ ἦν ὅρασις διαστέλλουσα. ²καὶ ἐγένετο ἐν τῇ ἡμέρᾳ ἐκείνῃ καὶ Ἡλεὶ ἐκάθητο ἐν τῷ τόπῳ αὐτοῦ, καὶ οἱ ὀφθαλμοὶ αὐτοῦ ἤρξαντο βαρύνεσθαι καὶ οὐκ ἠδύνατο βλέπειν· ³καὶ ὁ λύχνος τοῦ θεοῦ πρὶν ἐπισκευασθῆναι, καὶ Σαμουὴλ ἐκάθευδεν ἐν τῷ ναῷ οὗ ἡ κιβωτὸς τοῦ

A   27 γη] τη A   28 επελεξαμην A | των σκηπτρων] om των A | ιερατευειν] ιερεα|ψευειν A | om και 2° A | θυσιαστηριον] pr το A | εφουδ]+ ενωπιον εμου A   29 επεβλεψατε A | om μου 2° A   30 ειπα] ειπας A | δοξαζω A | ατιμασθησεται A   32 πασας τας ημερας] pr και επι|βλεψη κραταιωμα μουων εν πα|σιν οις αγαθυνει τον Ἰσλ και ου|κ εσται πρεσβυτης εν τω οικω σου| A   33 εκλειπειν A | παν περισσευοντα A   34 ηξαι A | Οφνει] προς Εφνει A | Φινεες A | αμφοτεραι A   35 ημερας]+και   36 om και 1° A | ο περισσευων] pr πας A | οικω]+σου A | προσκυνειν] προσκυνησαι A | αργυριου]+και εν αρτω εν (sic) A | om σου A   III 2 εκαθητο] εκαθευδεν B^{ab}A   3 ναω] οικω κ̅υ̅ A

ΒΑΣΙΛΕΙΩΝ Α΄. III 19

4 θεοῦ. ⁴καὶ ἐκάλεσεν Κύριος Σαμουὴλ Σαμουήλ· καὶ εἶπεν Ἰδοὺ ἐγώ. Β
5 ⁵καὶ ἔδραμεν πρὸς Ἡλεὶ καὶ εἶπεν Ἰδοὺ ἐγώ, ὅτι κέκληκάς με· καὶ
εἶπεν Οὐ κέκληκά σε· ἀνάστρεφε, κάθευδε. καὶ ἀνέστρεψεν καὶ
6 ἐκάθευδεν. ⁶καὶ προσέθετο Κύριος καὶ ἐκάλεσεν Σαμουὴλ Σαμουήλ·
καὶ ἐπορεύθη πρὸς Ἡλεὶ τὸ δεύτερον καὶ εἶπεν Ἰδοὺ ἐγώ, ὅτι κέκληκάς
7 με· καὶ εἶπεν Οὐ κέκληκά σε· ἀνάστρεφε, κάθευδε. ⁷καὶ Σαμουὴλ
8 πρὶν γνῶναι θεὸν καὶ ἀποκαλυφθῆναι αὐτῷ ῥῆμα Κυρίου. ⁸καὶ
προσέθετο Κύριος καλέσαι Σαμουὴλ ἐν τρίτῳ· καὶ ἀνέστη καὶ ἐπορεύθη πρὸς Ἡλεὶ καὶ εἶπεν Ἰδοὺ ἐγώ, ὅτι κέκληκάς με. καὶ ἐσοφί-
9 σατο Ἡλεὶ ὅτι Κύριος κέκληκεν τὸ παιδάριον. ⁹καὶ εἶπεν Ἀνάστρεφε,
κάθευδε, τέκνον· καὶ ἔσται ἐὰν καλέσῃ σε, καὶ ἐρεῖς Λάλει, ὅτι ἀκούει
ὁ δοῦλός σου. καὶ ἐπορεύθη Σαμουὴλ καὶ ἐκοιμήθη ἐν τῷ τόπῳ
10 αὐτοῦ. ¹⁰καὶ ἦλθεν Κύριος καὶ κατέστη, καὶ ἐκάλεσεν αὐτὸν ὡς
ἅπαξ καὶ ἅπαξ· καὶ εἶπεν Σαμουὴλ Λάλει, ὅτι ἀκούει ὁ δοῦλός σου.
11 ¹¹καὶ εἶπεν Κύριος πρὸς Σαμουὴλ Ἰδοὺ ἐγὼ ποιῶ τὰ ῥήματά μου ἐν
Ἰσραήλ· παντὸς ἀκούοντος αὐτά, ἠχήσει ἀμφότερα τὰ ὦτα αὐτοῦ.
12 ¹²ἐν τῇ ἡμέρᾳ ἐκείνῃ ἐπεγερῶ ἐπὶ Ἡλεὶ πάντα ὅσα ἐλάλησα εἰς τὸν
13 οἶκον αὐτοῦ, ἄρξομαι καὶ ἐπιτελέσω. ¹³καὶ ἀνήγγελκα αὐτῷ ὅτι
ἐκδικῶ ἐγὼ τὸν οἶκον αὐτοῦ ἕως αἰῶνος ἐν ἀδικίαις υἱῶν αὐτοῦ, ὅτι κακολογοῦντες θεὸν υἱοὶ αὐτοῦ, καὶ οὐκ ἐνουθέτει αὐτοὺς (¹⁴)καὶ οὐδ᾿ οὕτως.
14 ¹⁴ὤμοσα τῷ οἴκῳ Ἡλεί Εἰ ἐξιλασθήσεται ἀδικία οἴκου Ἡλεὶ ἐν θυμιά-
15 ματι καὶ ἐν θυσίαις ἕως αἰῶνος. ¹⁵καὶ κοιμᾶται Σαμουὴλ ἕως πρωί,
καὶ ὤρθρισεν τὸ πρωὶ καὶ ἤνοιξεν τὰς θύρας οἴκου Κυρίου· καὶ
16 Σαμουὴλ ἐφοβήθη ἀπαγγεῖλαι τὴν ὅρασιν Ἡλεί. ¹⁶καὶ εἶπεν Ἡλεὶ
17 πρὸς Σαμουὴλ Σαμουὴλ τέκνον· καὶ εἶπεν Ἰδοὺ ἐγώ. ¹⁷καὶ εἶπεν Τί τὸ
ῥῆμα τὸ λαληθὲν πρὸς σέ; μὴ δὴ κρύψῃς ἀπ᾿ ἐμοῦ· τάδε ποιήσαι σοι
ὁ θεός, ἐὰν κρύψῃς ἀπ᾿ ἐμοῦ ῥῆμα ἐκ πάντων λόγων τῶν λαληθέντων
18 σοι ἐν τοῖς ὠσίν σου. ¹⁸καὶ ἀπήγγειλεν Σαμουὴλ πάντας τοὺς λόγους,
καὶ οὐκ ἔκρυψεν ἀπ᾿ αὐτοῦ· καὶ εἶπεν Ἡλεί Κύριος αὐτός· τὸ ἀγα-
19 θὸν ἐνώπιον αὐτοῦ ποιήσει. ¹⁹Καὶ ἐμεγαλύνθη Σαμουὴλ καὶ ἦν
Κύριος μετ᾿ αὐτοῦ, καὶ οὐκ ἔπεσεν ἀπὸ πάντων τῶν λόγων αὐτοῦ

4 εκαλεσ sup ras Bᵃ   5 om και εδραμεν προς H. και ειπεν A | κεκληκας] A
κεκληκα A   6 εκαλεσεν]+ετι A | και επορευθη] pr και ανεστη Σαμουηλ A |
με] μ sup ras A¹ | σε]+υιε μου A | καθευδε] pr ϗ (superscr) Bᵃᵇ   7 πριν]+η
A | θεον] pr τον A   8 Σαμουηλ] pr επι A   9 ειπεν]+Ηλει τω Σαμουηλ A |
λαλει]+κε A   10 απαξ 2°] +Σαμουηλ Σαμουηλ A   11 παντος] pr ωστε A
13 ανηγγελκα] ανηνέγκα A | εκδικησω A | εγω] επι A   15 αναγγειλαι A |
Ηλει] pr τω A   17 δη κρυψης] διακρυψης A   18 απηγγειλεν]+αυτω
A | ποιησει] pr αυτος A   19 κ̅ς̅ ην A | om παντων B* ᵛⁱᵈ hab Bᵃᵗᵐᵍ (Mai)

551

ΒΑΣΙΛΕΙΩΝ Α

Β ἐπὶ τὴν γῆν. ²⁰καὶ ἔγνωσαν πᾶς Ἰσραὴλ ἀπὸ Δὰν καὶ ἕως Βηρσάβεε 20
ὅτι πιστὸς Σαμουὴλ εἰς προφήτην τῷ κυρίῳ. ²¹καὶ προσέθετο Κύριος 21
δηλωθῆναι ἐν Σηλώμ, ὅτι ἀπεκαλύφθη Κύριος πρὸς Σαμουήλ· καὶ
ἐπιστεύθη Σαμουὴλ προφήτης γενέσθαι τῷ κυρίῳ εἰς πάντα Ἰσραὴλ
ἀπ' ἄκρων τῆς γῆς καὶ ἕως ἄκρων. καὶ Ἡλεὶ πρεσβύτης σφόδρα, καὶ
οἱ υἱοὶ αὐτοῦ πορευόμενοι ἐπορεύοντο, καὶ πονηρὰ ἡ ὁδὸς αὐτῶν
ἐνώπιον Κυρίου.

Καὶ ἐγενήθη ἐν ταῖς ἡμέραις ἐκείναις καὶ συναθροίζονται ἀλλό- 1 IV
φυλοι εἰς πόλεμον ἐπὶ Ἰσραήλ· καὶ ἐξῆλθεν Ἰσραὴλ εἰς ἀπάντησιν
αὐτοῖς εἰς πόλεμον, καὶ παρεμβάλλουσιν ἐπὶ Ἀβενέζερ, καὶ οἱ ἀλλό-
φυλοι παρεμβάλλουσιν ἐν Ἀφέκ. ²καὶ παρατάσσονται οἱ ἀλλόφυλοι 2
εἰς πόλεμον ἐπὶ Ἰσραήλ· καὶ ἔκλινεν ὁ πόλεμος, καὶ ἔπταισεν ἀνὴρ
Ἰσραὴλ ἐνώπιον ἀλλοφύλων, καὶ ἐπλήγησαν ἐν τῇ παρατάξει ἐν
ἀγρῷ τέσσαρες χιλιάδες ἀνδρῶν. ³καὶ ἦλθεν ὁ λαὸς εἰς τὴν παρεμ- 3
βολήν, καὶ εἶπαν οἱ πρεσβύτεροι Ἰσραὴλ Κατὰ τί ἔπταισεν ἡμᾶς
Κύριος σήμερον ἐνώπιον ἀλλοφύλων; λάβωμεν τὴν κιβωτὸν τοῦ
θεοῦ ἡμῶν ἐκ Σηλώμ, καὶ ἐξελθέτω ἐκ μέσου ἡμῶν καὶ σώσει ὑμᾶς ἐκ
χειρὸς ἐχθρῶν ἡμῶν. ⁴καὶ ἀπέστειλεν ὁ λαὸς εἰς Σηλώμ, καὶ αἴρουσιν 4
ἐκεῖθεν τὴν κιβωτὸν Κυρίου καθημένου χερουβείμ· καὶ ἀμφότεροι
οἱ υἱοὶ Ἡλεὶ μετὰ τῆς κιβωτοῦ, Ὀφνεὶ καὶ Φεινεές. ⁵καὶ ἐγενήθη 5
ὡς ἦλθεν κιβωτὸς Κυρίου εἰς τὴν παρεμβολήν, καὶ ἀνέκραξεν πᾶς
Ἰσραὴλ φωνῇ μεγάλῃ, καὶ ἤχησεν ἡ γῆ. ⁶καὶ ἤκουσαν οἱ ἀλλόφυλοι 6
τῆς κραυγῆς, καὶ εἶπον οἱ ἀλλόφυλοι Τίς ἡ κραυγὴ ἡ μεγάλη αὕτη
ἐν παρεμβολῇ τῶν Ἑβραίων; καὶ ἔγνωσαν ὅτι κιβωτὸς Κυρίου ἥκει εἰς
τὴν παρεμβολήν. ⁷καὶ ἐφοβήθησαν οἱ ἀλλόφυλοι καὶ εἶπον Οὗτοι οἱ 7
θεοὶ ἥκασιν πρὸς αὐτοὺς εἰς τὴν παρεμβολήν· οὐαὶ ἡμῖν· ἐξελοῦ
ἡμᾶς, Κύριε, σήμερον, ὅτι οὐ γέγονεν τοιαύτη ἐχθὲς καὶ τρίτην.
⁸οὐαὶ ἡμῖν, τίς ἐξελεῖται ἡμᾶς ἐκ χειρὸς τῶν θεῶν τῶν στερεῶν 8
τούτων; οὗτοι οἱ θεοὶ οἱ πατάξαντες τὴν Αἴγυπτον ἐν πάσῃ πληγῇ

Α 20 Βηρσαβεαι A 21 τω κυριω] του κυ A | om και 3° A IV 1 εις
απαντ. αυτοις Ιηλ A | παρεμβαλλουσιν 1°] παρεμβαλουσιν A | Αβεννεζερ A |
παρεμβαλλουσιν 2° BA¹] παρεμβαλουσιν A* 2 τεσσαρω A 3 λαβωμεν]
+προς ημας εκ Σηλωμ A | την κιβ.]+της διαθηκης A | εκ Σηλωμ] εις Σ. A | εκ
μεσου] εμμεσω A | υμας] ημας A 4 την κιβ.]+της διαθηκης A | Κυριου]
+των δυναμεων A | χερουβειν A | οι υιοι] om οι A | της κιβ.]+της διαθηκης
του θυ A | Φινεες A 5 κιβωτος]+διαθηκης A 6 της κραυγης]
pr την φωνην A | κραυγη]+του αλαλαγμου A 7 om ουαι ημιν A |
οτι] pr ουαι ημιν A | χθες Bᵇ | τριτης A 8 τουτων] του|τω A | ουτοι
+εισιν A'

ΒΑΣΙΛΕΙΩΝ · Α   IV 20

9 καὶ ἐν τῇ ἐρήμῳ. ⁹κραταιοῦσθε καὶ γίνεσθε εἰς ἄνδρας καὶ πολε- B
10 μήσατε αὐτούς. ¹⁰καὶ ἐπολέμησαν αὐτούς· καὶ πταίει ἀνὴρ Ἰσραήλ,
καὶ ἔφυγεν ἕκαστος εἰς σκήνωμα αὐτοῦ· καὶ ἐγένετο πληγὴ μεγάλη
11 σφόδρα, καὶ ἔπεσαν ἐξ Ἰσραὴλ τριάκοντα χιλιάδες ταγμάτων. ¹¹καὶ
κιβωτὸς θεοῦ ἐλήμφθη, καὶ ἀμφότεροι υἱοὶ Ἠλεὶ ἀπέθανον, Ὀφνεὶ καὶ
12 Φεινεές. ¹²Καὶ ἔδραμεν ἀνὴρ Ἰεμειναῖος ἐκ τῆς παρατάξεως καὶ
ἦλθεν εἰς Σηλὼμ ἐν τῇ ἡμέρᾳ ἐκείνῃ, καὶ τὰ ἱμάτια αὐτοῦ διερρηγότα
13 καὶ γῆ ἐπὶ τῆς κεφαλῆς αὐτοῦ. ¹³καὶ ἦλθεν, καὶ ἰδοὺ Ἠλεὶ ἐπὶ τοῦ
δίφρου παρὰ τὴν πύλην σκοπεύων τὴν ὁδόν, ὅτι ἦν καρδία αὐτοῦ
ἐξεστηκυῖα περὶ τῆς κιβωτοῦ τοῦ θεοῦ· καὶ ὁ ἄνθρωπος εἰσῆλθεν
14 εἰς τὴν πόλιν ἀπαγγεῖλαι, καὶ ἀνεβόησεν ἡ πόλις. ¹⁴καὶ ἤκουσεν
Ἠλεὶ τὴν φωνὴν τῆς βοῆς καὶ εἶπεν Τίς ἡ βοὴ τῆς φωνῆς ταύτης;
15 καὶ ὁ ἄνθρωπος σπεύσας εἰσῆλθεν καὶ ἀπήγγειλεν τῷ Ἠλεί. ¹⁵καὶ
Ἠλεὶ υἱὸς ἐνενήκοντα ἐτῶν, καὶ οἱ ὀφθαλμοὶ αὐτοῦ ἐπανέστησαν
καὶ οὐκ ἔβλεπεν· καὶ εἶπεν Ἠλεὶ τοῖς ἀνδράσιν τοῖς περιεστηκόσιν
16 αὐτῷ Τίς ἡ φωνὴ τοῦ ἤχους τούτου; ¹⁶καὶ ὁ ἀνὴρ σπεύσας προσῆλθεν
Ἠλεὶ καὶ εἶπεν αὐτῷ Ἐγώ εἰμι ὁ ἥκων ἐκ τῆς παρεμβολῆς, κἀγὼ
πέφευγα ἐκ τῆς παρατάξεως σήμερον. καὶ εἶπεν Τί τὸ γεγονὸς
17 ῥῆμα, τέκνον; ¹⁷καὶ ἀπεκρίθη τὸ παιδάριον καὶ εἶπεν Πέφευγεν
ἀνὴρ Ἰσραὴλ ἐκ προσώπου ἀλλοφύλων, καὶ ἐγένετο πληγὴ μεγάλη ἐν
τῷ λαῷ, καὶ ἀμφότεροι οἱ υἱοί σου τεθνήκασιν, καὶ ἡ κιβωτὸς τοῦ
18 θεοῦ ἐλήμφθη. ¹⁸καὶ ἐγένετο ὡς ἐμνήσθη τῆς κιβωτοῦ τοῦ θεοῦ,
καὶ ἔπεσεν ἀπὸ τοῦ δίφρου ὀπισθίως ἐχόμενος τῆς πύλης, καὶ
συνετρίβη ὁ νῶτος αὐτοῦ καὶ ἀπέθανεν, ὅτι πρεσβύτης ὁ ἄνθρωπος
19 καὶ βαρύς· καὶ αὐτὸς ἔκρινεν τὸν Ἰσραὴλ εἴκοσι ἔτη. ¹⁹Καὶ
νύμφη αὐτοῦ γυνὴ Φεινεὲς συνειληφυῖα τοῦ τεκεῖν· καὶ ἤκουσεν τὴν
ἀγγελίαν ὅτι ἐλήμφθη ἡ κιβωτὸς τοῦ θεοῦ καὶ ὅτι τέθνηκεν ὁ πενθερὸς
αὐτῆς καὶ ὁ ἀνὴρ αὐτῆς, καὶ ἔκλαυσεν καὶ ἔτεκεν, ὅτι ἐπεστράφησαν
20 ἐπ᾿ αὐτὴν ὠδῖνες αὐτῆς· ²⁰καὶ ἐν τῷ καιρῷ αὐτῆς ἀποθνήσκει. καὶ
εἶπον αὐτῇ αἱ γυναῖκες αἱ παρεστηκυῖαι αὐτῇ Μὴ φοβοῦ, ὅτι υἱὸν

9 ανδρας]+αλλοφυλοι| μηποτε δουλευσητε τοις Εβραιοις καθως εδουλευσαν A
ημιν και εσεσθαι εις ανδρας A | και πολεμησατε] και πολεμη| sup ras A?vid
10 επεσον A   11 κιβ. θεου] η κιβ. του θυ A | υιοι] pr οι A | Ηλει] Ηδει
A·*vid | Φινεες A   12 Ιεμμναιος A   13 Ηλει]+εκαθητο A | καρδια]
pr η A | απαγγ. εις την πολιν A·   14 βοη της φωνης] φωνη της βοης A
15 υιος]+ων A | ενενηκοντα]+και οκτω A | αυτου] αυτων A | ηχου A
16 προσηλθεν]+προς A | καγω] και εγω A | εκ της παραταξ. πεφευγα A
17 πληγη μεγ. εγενετο A | τεθνηκασιν]+Οφνει και Φινεες A   18 βαρυς
sup ras B^ab | εικοσιν A   19 Φινεες A   20 παρεστηκυ|ιαι B* παρεστη-
κυι|αι B^b παρεστηκυιαι A

553

B τέτοκας· καὶ οὐκ ἀπεκρίθη, καὶ οὐκ ἐνόησεν ἡ καρδία αὐτῆς. ²¹καὶ 21 ἐκάλεσεν τὸ παιδάριον Οὐαὶ βαρχαβώθ, ὑπὲρ τῆς κιβωτοῦ τοῦ θεοῦ καὶ ὑπὲρ τοῦ πενθεροῦ αὐτῆς καὶ ὑπὲρ τοῦ ἀνδρὸς αὐτῆς. ²²καὶ 22 εἶπαν Ἀπῴκισται δόξα Ἰσραήλ, ἐν τῷ λημφθῆναι τὴν κιβωτὸν Κυρίου.

¹Καὶ ἀλλόφυλοι ἔλαβον τὴν κιβωτὸν τοῦ θεοῦ καὶ εἰσήνεγκαν 1 V αὐτὴν ἐξ Ἀβεννὴρ εἰς Ἄζωτον. ²καὶ ἔλαβον ἀλλόφυλοι τὴν κιβωτὸν 2 Κυρίου καὶ εἰσήνεγκαν αὐτὴν εἰς οἶκον Δαγών, καὶ παρέστησαν αὐτὴν παρὰ Δαγών. ³καὶ ὤρθρισαν οἱ Ἀζώτιοι καὶ εἰσῆλθον εἰς οἶκον 3 Δαγών, καὶ εἶδον καὶ ἰδοὺ Δαγὼν πεπτωκὼς ἐπὶ πρόσωπον αὐτοῦ ἐνώπιον κιβωτοῦ τοῦ θεοῦ· καὶ ἤγειραν τὸν Δαγὼν καὶ κατέστησάν εἰς τὸν τόπον αὐτοῦ. καὶ ἐβαρύνθη χεὶρ Κυρίου ἐπὶ τοὺς Ἀζωτίους καὶ ἐβασάνισεν αὐτούς, καὶ ἐπάταξεν αὐτοὺς εἰς τὰς ἕδρας αὐτῶν, τὴν Ἄζωτον καὶ τὰ ὅρια αὐτῆς. ⁴καὶ ἐγένετο ὅτε ὤρθρισαν τὸ πρωί, 4 καὶ ἰδοὺ Δαγὼν πεπτωκὼς ἐπὶ πρόσωπον αὐτοῦ ἐνώπιον κιβωτοῦ διαθήκης Κυρίου· καὶ κεφαλὴ Δαγὼν καὶ ἀμφότερα τὰ ἴχνη χειρῶν αὐτοῦ ἀφῃρημένα ἐπὶ τὰ ἐμπρόσθια ἀμαφὲθ ἕκαστοι, καὶ ἀμφότεροι οἱ καρποὶ τῶν χειρῶν αὐτοῦ πεπτωκότες ἐπὶ τὸ πρόθυρον, πλὴν ἡ ῥάχις Δαγὼν ὑπελείφθη. ⁵διὰ τοῦτο οὐκ ἐπιβαίνουσιν οἱ ἱερεῖς 5 Δαγὼν καὶ πᾶς ὁ εἰσπορευόμενος εἰς οἶκον Δαγὼν ἐπὶ βαθμὸν οἴκου Δαγὼν ἐν Ἀζώτῳ ἕως τῆς ἡμέρας ταύτης, ὅτι ὑπερβαίνοντες ὑπερβαίνουσιν. ⁶καὶ ἐβαρύνθη χεὶρ Κυρίου ἐπὶ Ἄζωτον καὶ ἐπήγαγεν 6 αὐτοῖς, καὶ ἐξέζεσεν αὐτοῖς εἰς τὰς ναῦς, καὶ μέσον τῆς χώρας αὐτῆς ἀνεφύησαν μύες· καὶ ἐγένετο σύγχυσις θανάτου μεγάλη ἐν τῇ πόλει. ⁷καὶ εἶδον οἱ ἄνδρες Ἀζώτου ὅτι οὕτως, καὶ λέγουσιν ὅτι Οὐ καθήσεται 7 κιβωτὸς τοῦ θεοῦ μεθ' ἡμῶν, ὅτι σκληρὰ χεὶρ αὐτοῦ ἐφ' ἡμᾶς καὶ ἐπὶ Δαγὼν θεὸν ἡμῶν. ⁸καὶ ἀποστέλλουσιν καὶ συνάγουσιν τοὺς 8 σατράπας τῶν ἀλλοφύλων πρὸς αὐτοὺς καὶ λέγουσιν Τί ποιήσωμεν κιβωτῷ θεοῦ Ἰσραήλ; καὶ λέγουσιν οἱ Γεθθαῖοι Μετελθέτω κιβωτὸς

A 21 Ουαι χαβωθ A | υπερ 1°] pr και ειπαν A | αυτης 2°]+απωκεισται δοξα απο Ἰσλ˙ εν τω| λημφθηναι την κιβωτον κῡ˙και| δια το τεθνηκεναι τον πενθερὸ| αυτης· και τον ανδρα αυτης A   22 ειπεν A | Ισραηλ] pr απο A | εν τω λημφθ. τ. κ. Κ.] οτι ελημφθη η κιβωτος του θῡ A   V 1 Αβεννηρ] Αβεννεζερ A 2 Κυριου] pr του A   3 Αζωτιοι]+τη επαυριον A | εισηλθαν A | ειδον] ιδαν A | αυτου 1°]+επι την γην A | του θεου] ου θῡ sup ras Bᵃᵇ | κατεστησαν] +αυτον A | τα ορια] το οριον A   4 το πρωι]+τη επαυριον A | αυτου 1°] αυτων B+επι την γην A | κεφαλη] pr η A | εκαστον A   5 βαθμον]+ · πλην η ραιχεις, γαζεε A   6 επι] επ A | ναυς] εδρας A | συνχυσις] χυσις A 7 ιδον A | om και 2° A | θεου]+Ἰσλ (superscr) Bᵃᵇ+Ἰηλ A   8 σατράπας] pr παντας A | Γεθθαιοι]+μείοι A

ΒΑΣΙΛΕΙΩΝ Α΄ VI 6

τοῦ θεοῦ πρὸς ἡμᾶς· καὶ μετῆλθεν κιβωτὸς τοῦ θεοῦ εἰς Γέθθα. Β
9 ⁹καὶ ἐγενήθη μετὰ τὸ μετελθεῖν αὐτὴν καὶ γίνεται χεὶρ Κυρίου
τῇ πόλει, τάραχος μέγας σφόδρα· καὶ ἐπάταξεν τοὺς ἄνδρας τῆς
πόλεως ἀπὸ μικροῦ ἕως μεγάλου, καὶ ἐπάταξεν αὐτοὺς εἰς τὰς
10 ἕδρας αὐτῶν. καὶ ἐποίησαν ἑαυτοῖς οἱ Γεθθαῖοι ἕδρας, ¹⁰καὶ ἐξαπο-
στέλλουσιν τὴν κιβωτὸν τοῦ θεοῦ εἰς Ἀσκάλωνα. καὶ ἐγενήθη ὡς
εἰσῆλθεν κιβωτὸς θεοῦ εἰς Ἀσκάλωνα, καὶ ἐβόησαν οἱ Ἀσκαλω-
νεῖται λέγοντες Τί ἀπεστρέψατε πρὸς ἡμᾶς τὴν κιβωτὸν τοῦ θεοῦ
11 Ἰσραὴλ, θανατῶσαι ἡμᾶς καὶ τὸν λαὸν ἡμῶν; ¹¹καὶ ἐξαποστέλλουσιν
καὶ συνάγουσιν τοὺς σατράπας τῶν ἀλλοφύλων καὶ εἶπον Ἐξαπο-
στείλατε τὴν κιβωτὸν τοῦ θεοῦ Ἰσραήλ, καὶ καθισάτω εἰς τὸν
τόπον αὐτῆς, καὶ οὐ μὴ θανατώσῃ ἡμᾶς καὶ τὸν λαὸν ἡμῶν· ὅτι
ἐγενήθη σύγχυσις ἐν ὅλῃ τῇ πόλει βαρεῖα σφόδρα, ὡς εἰσῆλθεν
12 κιβωτὸς θεοῦ Ἰσραὴλ ἐκεῖ. ¹²καὶ οἱ ζῶντες καὶ οὐκ ἀποθανόντες
ἐπλήγησαν εἰς τὰς ἕδρας· καὶ ἀνέβη ἡ κραυγὴ τῆς πόλεως εἰς τὸν
VI 1 οὐρανόν. ¹Καὶ ἦν ἡ κιβωτὸς ἐν ἀγρῷ τῶν ἀλλοφύλων ἑπτὰ
2 μῆνας, καὶ ἐξέζεσεν ἡ γῆ αὐτῶν μύας. ²καὶ καλοῦσιν ἀλλόφυλοι τοὺς
ἱερεῖς καὶ τοὺς μάντεις καὶ τοὺς ἐπαοιδοὺς αὐτῶν λέγοντες Τί ποιήσω-
μεν κιβωτῷ Κυρίου; γνωρίσατε ἡμῖν ἐν τίνι ἀποστελοῦμεν αὐτὴν
3 εἰς τὸν τόπον αὐτῆς. ³καὶ εἶπαν Εἰ ἐξαποστέλλετε ὑμεῖς τὴν κιβωτὸν
διαθήκης θεοῦ Κυρίου Ἰσραήλ, μὴ δὴ ἐξαποστείλητε αὐτὴν κενήν,
ἀλλὰ ἀποδιδόντες ἀπόδοτε αὐτῇ τῆς βασάνου, καὶ τότε ἰαθήσεσθε, καὶ
4 ἐξιλασθήσεται ὑμῖν· μὴ οὐκ ἀποστῇ ἡ χεὶρ αὐτοῦ ἀφ᾽ ὑμῶν; ⁴καὶ
λέγουσιν Τί τὸ τῆς βασάνου ἀποδώσομεν αὐτῇ; καὶ εἶπαν Κατ᾽ ἀρι-
θμὸν τῶν σατραπῶν τῶν ἀλλοφύλων πέντε ἕδρας χρυσᾶς, ὅτι πταῖσμα
5 ἐν ὑμῖν καὶ τοῖς ἄρχουσιν ὑμῶν καὶ τῷ λαῷ· ⁵καὶ μῦς χρυσοῦς
ὁμοίωμα τῶν μυῶν ὑμῶν τῶν διαφθειρόντων τὴν γῆν. καὶ δώσετε τῷ
κυρίῳ δόξαν, ὅπως κουφίσῃ τὴν χεῖρα αὐτοῦ ἀφ᾽ ὑμῶν καὶ ἀπὸ τῶν
6 θεῶν ὑμῶν καὶ ἀπὸ τῆς γῆς ὑμῶν. ⁶καὶ ἵνα τί βαρύνετε τὰς καρδίας
ὑμῶν, ὡς ἐβάρυνεν Αἴγυπτος καὶ Φαραώ τὴν καρδίαν αὐτῶν; οὐχὶ ὅτε

8 του θεου 1°]. θ̄υ Ισ̄λ A | κιβωτος 2°] η κειτος (sic) A   9 τη πολει] A
pr εν A | εως] pr. και A | οι Γεθθ. εαυτοις A   10 om και εγενηθη...εις
Ασκαλωνα A | Ασκαλωνιται Bᵇ A | om προς ημας A   11 αποστελλουσιν
A | τοὺς σατρ.] pr παντας A | ειπαν A | συγχυσις]+θανατου A | om Ισραηλ
2°] A   VI 1 κιβωτος]+κ̄υ A | των bis scr A   2 κιβωτω] pr τη Bᵃᵇ
(superscr) A | Κυριου] pr του A | εν τινι] pr και A | αποστελλουμεν (sic) A
3 ειπον A | κ̄υ θ̄υ A | εξαποστειλητε] αποστειλητε A [καινην A | η χείρ]
om η A   4 κατ] κατα A | χρυσας]+και πεντε μυας χρυσους A   5 και
μυς χρυσους] και ποιησεται ομοιωμα των εδρων υμων και A | κουφισει A
6 εβαρυνεν] εβαρυνθη A

ΒΑΣΙΛΕΙΩΝ Α

Β ἐνέπαιξεν αὐτοῖς, ἐξαπέστειλαν αὐτοὺς καὶ ἀπῆλθον; ⁷καὶ νῦν λάβετε 7 καὶ ποιήσατε ἅμαξαν καινὴν καὶ δύο βόας πρωτοτοκούσας ἄνευ τῶν τέκνων· καὶ ζεύξατε τὰς βόας ἐν τῇ ἁμάξῃ, καὶ ἀπαγάγετε τὰ τέκνα ἀπὸ ὄπισθεν αὐτῶν εἰς οἶκον. ⁸καὶ λήμψεσθε τὴν κιβωτὸν καὶ θήσετε 8 αὐτὴν ἐπὶ τὴν ἅμαξαν, καὶ τὰ σκεύη τὰ χρυσᾶ ἀποδώσετε αὐτῇ τῆς βασάνου καὶ οὐ θήσετε ἐν θέματι βερεχθὰν ἐκ μέρους αὐτῆς; καὶ ἐξαποστελεῖτε αὐτὴν καὶ ἀπελάσατε αὐτήν, καὶ ἀπελεύσεσθε. ⁹καὶ ὄψεσθε, εἰ εἰς ὁδὸν ὅριον αὐτῆς πορεύσεται κατὰ Βαιθσάμυς, 9 αὐτὸς πεποίηκεν ἡμῖν τὴν κακίαν ταύτην τὴν μεγάλην· καὶ ἐὰν μή, καὶ γνωσόμεθα ὅτι οὐ χεὶρ αὐτοῦ. ἧπται ἡμῶν, ἀλλὰ σύνπτωμα τοῦτο γέγονεν ἡμῖν. ¹⁰καὶ ἐποίησαν οἱ ἀλλόφυλοι οὕτως, καὶ ἔλαβον δύο 10 βόας· πρωτοτοκούσας καὶ ἔζευξαν αὐτὰς ἐν τῇ ἁμάξῃ, καὶ τὰ τέκνα αὐτῶν ἀπεκώλυσαν εἰς οἶκον· ¹¹καὶ ἔθεντο τὴν κιβωτὸν ἐπὶ τὴν ἅμαξαν, 11 καὶ τὸ θέμα εργαβ καὶ τοὺς μῦς τοὺς χρυσοῦς. ¹²καὶ κατεύθυναν αἱ 12 βόες ἐν τῇ ὁδῷ εἰς ὁδὸν Βαιθσάμυς, ἐν τρίβῳ ἑνὶ ἐπορεύοντο καὶ ἐκοπίων, καὶ οὐ μεθίσταντο δεξιὰ οὐδὲ ἀριστερά· καὶ οἱ σατράπαι τῶν ἀλλοφύλων ἐπορεύοντο ὀπίσω αὐτῆς ἕως ὁρίων Βαιθσάμυς. ¹³καὶ οἱ 13 ἐν Βαιθσάμυς ἐθέριζον θερισμὸν πυρῶν ἐν κοιλάδι, καὶ ᾖραν ὀφθαλμοὺς αὐτῶν καὶ εἶδον κιβωτὸν Κυρίου, καὶ ηὐφράνθησαν εἰς ἀπάντησιν αὐτῆς. ¹⁴καὶ ἡ ἅμαξα εἰσῆλθεν εἰς ἀγρὸν Ὡσῆε τὸν ἐν Βαιθ- 14 σάμυς, καὶ ἔστησαν ἐκεῖ παρ' αὐτῇ λίθον μέγαν· καὶ σχίζουσιν τὰ ξύλα τῆς ἁμάξης, καὶ τὰς βόας ἀνήνεγκαν εἰς ὁλοκαύτωσιν τῷ κυρίῳ. ¹⁵καὶ οἱ Λευεῖται ἀνήνεγκαν τὴν κιβωτὸν τοῦ κυρίου καὶ 15 τὸ θέμα εργαβ μετ' αὐτῆς καὶ τὰ ἐπ' αὐτῆς σκεύη τὰ χρυσᾶ, καὶ ἔθεντο ἐπὶ τοῦ λίθου τοῦ μεγάλου· καὶ οἱ ἄνδρες Βαιθσάμυς ἀνήνεγκαν ὁλοκαυτώσεις καὶ θυσίας ἐν τῇ ἡμέρᾳ ἐκείνῃ τῷ κυρίῳ. ¹⁶καὶ οἱ 16 πέντε σατράπαι τῶν ἀλλοφύλων ἑώρων, καὶ ἀνέστρεψαν εἰς Ἀσκάλωνα τῇ ἡμέρᾳ ἐκείνῃ. ¹⁷καὶ αὗται αἱ ἕδραι αἱ χρυσαῖ ἃς ἀπέδωκαν 17

A   6 εξαπεστειλεν A | απηλθαν A   7 καινην]+μιαν A | ανευ] αν|ου A | om απο A   8 κιβωτον]+κυ A | αυτη] αυτα A | βερεχθαν (βερσεχθαν B^(ab vid))] αργοϛ A | εξαποστειλατε A | om και απελασατε αυτην A | απελευσεται A 9 ει] εις A | οριον] οριων A | κατα] pr και A | Βεθθαμυς A | την μεγαλην ταυτην A   11 κιβωτον]+κυ A | εργαβ] αργοϛ A | τους 2° bis scr A | χρυσους] +και τας εικονας των εδρων αυτων A   12 κατηυθυναν A | Βαιθσαμυς 1°] Βεθσαμυς A | Βαιθσαμυς 2°] Βεθθαμυς A | ειδον] ιδαν A | ευφρανθησαν A   14 Ωσηε] Ιησου A | Βεθσαμυς A | αυτη] αυτην A | om εις 2° A | ολοκαυτωσιν] ολοκαρπωσιν A   15 του κυριου] om του A | εργαβ] αργοϛ A | χρυσα]+α (superscr) B^(ab) | Βεθθαμυς A | θυσιας] εθυσαν θυσιαν A   16 ανεστρεψαν] α 2° ras A | Ασκαλωνα] Ακκαρων A 17 om εδραι A

ΒΑΣΙΛΕΙΩΝ Α VII 6

οἱ ἀλλόφυλοι τῆς βασάνου τῷ κυρίῳ· τῆς Ἀζώτου μίαν, τῆς Γάζης B 18 μίαν, τῆς Ἀσκάλωνος μίαν, τῆς Γεθ μίαν, τῆς Ἀκκαρὼν μίαν. ¹⁸καὶ μῦς οἱ χρυσοῖ κατ' ἀριθμὸν πασῶν πόλεων τῶν ἀλλοφύλων τῶν πέντε σατραπῶν ἐκ πόλεως ἐστερεωμένης καὶ ἕως κώμης τοῦ Φερεζαίου καὶ ἕως λίθου τοῦ μεγάλου, οὗ ἐπέθηκαν ἐπ' αὐτοῦ τὴν κιβωτὸν 19 διαθήκης Κυρίου, τοῦ ἐν ἀγρῷ Ὡσῆε τοῦ Βαιθσαμυσείτου. ¹⁹Καὶ οὐκ ἠσμένισαν οἱ υἱοὶ Ἰεχονίου ἐν τοῖς ἀνδράσιν Βαιθσάμυς, ὅτι εἶδαν κιβωτὸν Κυρίου· καὶ ἐπάταξεν ἐν αὐτοῖς ἑβδομήκοντα ἄνδρας καὶ πεντήκοντα χιλιάδας ἀνδρῶν. καὶ ἐπένθησεν ὁ λαός, ὅτι ἐπάταξεν 20 Κύριος ἐν τῷ λαῷ πληγὴν μεγάλην σφόδρα. ²⁰καὶ εἶπαν οἱ ἄνδρες οἱ ἐκ Βαιθσάμυς Τίς δυνήσεται διελθεῖν ἐνώπιον τοῦ ἁγίου τούτου; 21 καὶ πρὸς τίνα ἀναβήσηται κιβωτὸς Κυρίου ἀφ' ἡμῶν; ²¹καὶ ἀποστέλλουσιν ἀγγέλους πρὸς τοὺς κατοικοῦντας Καριαθιαρεὶμ λέγοντες Ἀπεστρόφασιν ἀλλόφυλοι τὴν κιβωτὸν Κυρίου· κατάβητε καὶ ἀνα- VII 1 γάγετε αὐτὴν πρὸς ἑαυτούς. ¹καὶ ἔρχονται οἱ ἄνδρες Καριαθιαρεὶμ καὶ ἀνάγουσιν τὴν κιβωτὸν διαθήκης Κυρίου, καὶ εἰσάγουσιν αὐτὴν εἰς οἶκον Ἀμειναδὰβ τὸν ἐν τῷ βουνῷ· καὶ τὸν Ἐλεαζὰρ υἱὸν αὐ- 2 τοῦ ἡγίασαν φυλάσσειν τὴν κιβωτὸν διαθήκης Κυρίου. ²Καὶ ἐγενήθη ἀφ' ἧς ἡμέρας ἦν ἡ κιβωτὸς ἐν Καριαθιαρείμ, ἐπλήθυναν αἱ ἡμέραι· καὶ ἐγένοντο εἴκοσι ἔτη, καὶ ἐπέβλεψεν πᾶς οἶκος Ἰσραὴλ 3 ὀπίσω Κυρίου. ³καὶ εἶπεν Σαμουὴλ πρὸς πάντα οἶκον Ἰσραὴλ λέγων Εἰ ἐν ὅλῃ καρδίᾳ ὑμῶν ὑμεῖς ἐπιστρέφετε πρὸς Κύριον, περιέλετε θεοὺς ἀλλοτρίους ἐκ μέσου ὑμῶν καὶ τὰ ἄλση, καὶ ἑτοιμάσατε τὰς καρδίας ὑμῶν πρὸς Κύριον καὶ δουλεύσατε αὐτῷ μόνῳ· καὶ ἐξελεῖται 4 ὑμᾶς ἐκ χειρὸς ἀλλοφύλων. ⁴καὶ περιεῖλον οἱ υἱοὶ Ἰσραὴλ τὰς 5 Βααλεὶμ καὶ τὰ ἄλση Ἀσταρώθ, καὶ ἐδούλευσαν Κυρίῳ μόνῳ. ⁵Καὶ εἶπεν Σαμουὴλ Ἀθροίσατε πάντα Ἰσραὴλ εἰς Μασσηφάθ, καὶ προσ- 6 εύξομαι περὶ ὑμῶν πρὸς Κύριον. ⁶καὶ συνήχθησαν εἰς Μασσηφάθ, καὶ ὑδρεύονται ὕδωρ καὶ ἐξέχεαν ἐνώπιον Κυρίου ἐπὶ τὴν γῆν· καὶ ἐνήστευσαν ἐν τῇ ἡμέρᾳ ἐκείνῃ καὶ εἶπαν Ἡμαρτήκαμεν ἐνώπιον Κυρίου· καὶ ἐδίκαζεν Σαμουὴλ τοὺς υἱοὺς Ἰσραὴλ εἰς Μασσηφάθ.

18 om χρυσοι A | πολεων] pr των A | σατραπιων A | Φερεζεου A | επεθη- A καν] επεθεσαν A | αυτου] αυτους B | Κυριου]+και εως της ημερας ταυτης A | Ωσηε] Ιησου A | Βεθθαμυσιτου A   19 οι υιοι] om οι A | Βεθθαμυς A | ειδαν] ειδον A   20 Βεθσαμυς A | του αγιου] pr κῡ του θῡ A | αναβησεται A 21 αποστελουσιν A | Καριαθειαρειμ A | απεστραφησαν B^a ?   VII 1 Αμιναδαβ A | ηγιασαν] ηναγκασαν A   2 Καρειαθιαρειμ A | οικος] pr ο A 3 θεους αλλοτριους] τους θεους τους αλλ. A   4 περιειλαν A | Κυριω] pr τω A   5 παντα] pr τον A | Μασσηφαθ] θ sup ras B^vid Μασηφατι A^vid   6 Μασηφατ A (bis) | υδρευον|τας A

557

ΒΑΣΙΛΕΙΩΝ Α

B ⁷καὶ ἤκουσαν οἱ ἀλλόφυλοι ὅτι συνηθροίσθησαν πάντες οἱ υἱοὶ Ἰσραὴλ 7
εἰς Μασσηφάθ, καὶ ἀνέβησαν σατράπαι ἀλλοφύλων ἐπὶ Ἰσραήλ·
καὶ ἀκούουσιν οἱ υἱοὶ Ἰσραήλ, καὶ ἐφοβήθησαν ἀπὸ προσώπου
ἀλλοφύλων. ⁸καὶ εἶπαν οἱ υἱοὶ Ἰσραὴλ πρὸς Σαμουὴλ Μὴ παρα- 8
σιωπήσῃς ἀφ᾽ ἡμῶν τοῦ μὴ βοᾶν πρὸς Κύριον θεόν σου, καὶ σώσει
ἡμᾶς ἐκ χειρὸς ἀλλοφύλων. ⁹καὶ ἔλαβεν Σαμουὴλ ἄρνα γαλαθηνὸν 9
ἕνα καὶ ἀνήνεγκεν αὐτὸν ὁλοκαύτωσιν σὺν παντὶ τῷ λαῷ τῷ κυρίῳ·
καὶ ἐβόησεν Σαμουὴλ πρὸς Κύριον περὶ Ἰσραήλ, καὶ ἐπήκουσεν αὐτοῦ
Κύριος. ¹⁰καὶ ἦν Σαμουὴλ ἀναφέρων τὴν ὁλοκαύτωσιν,· καὶ ἀλλό- 10
φυλοι προσῆγον εἰς πόλεμον ἐπὶ Ἰσραήλ· καὶ ἐβρόντησεν Κύριος ἐν
φωνῇ μεγάλῃ ἐν τῇ ἡμέρᾳ ἐκείνῃ ἐπὶ τοὺς ἀλλοφύλους, καὶ συνεχύ-
θησαν καὶ ἔπταισαν ἐνώπιον Ἰσραήλ. ¹¹καὶ ἐξῆλθαν ἄνδρες Ἰσραὴλ 11
ἐκ Μασσηφὰθ καὶ κατεδίωξαν τοὺς ἀλλοφύλους, καὶ ἐπάταξαν αὐτοὺς
ἕως ὑποκάτω τοῦ Βαιθχόρ. ¹²καὶ ἔλαβεν Σαμουὴλ λίθον ἕνα καὶ 12
ἔστησεν αὐτὸν ἀνὰ μέσον Μασσηφὰθ καὶ ἀνὰ μέσον τῆς παλαιᾶς, καὶ
ἐκάλεσεν τὸ ὄνομα αὐτοῦ Ἀβενέζερ, Λίθος τοῦ βοηθοῦ, καὶ εἶπεν
Ἕως ἐνταῦθα ἐβοήθησεν ἡμῖν Κύριος. ¹³καὶ ἐταπείνωσεν Κύριος 13
τοὺς ἀλλοφύλους, καὶ οὐ προσέθεντο ἔτι προσελθεῖν εἰς ὅριον Ἰσραήλ·
καὶ ἐγενήθη χεὶρ Κυρίου ἐπὶ τοὺς ἀλλοφύλους πάσας τὰς ἡμέρας τοῦ
Σαμουήλ. ¹⁴καὶ ἀπεδόθησαν αἱ πόλεις ἃς ἔλαβον οἱ ἀλλόφυλοι παρὰ 14
τῶν υἱῶν Ἰσραήλ, καὶ ἀπέδωκαν αὐτὰς τῷ Ἰσραὴλ ἀπὸ Ἀσκάλωνος
ἕως Ἀζόβ, καὶ τὸ ὅριον Ἰσραὴλ ἀφείλαντο ἐκ χειρὸς ἀλλοφύλων·
καὶ ἦν εἰρήνη ἀνὰ μέσον Ἰσραὴλ καὶ ἀνὰ μέσον τοῦ Ἀμορραίου.
¹⁵καὶ ἐδίκαζεν Σαμουὴλ τὸν Ἰσραὴλ πάσας τὰς ἡμέρας τῆς ζωῆς 15
αὐτοῦ· ¹⁶καὶ ἐπορεύετο κατ᾽ ἐνιαυτὸν ἐνιαυτὸν καὶ ἐκύκλου Βαιθὴλ 16
καὶ τὴν Γάλγαλα καὶ τὴν Μασσηφάθ, καὶ ἐδίκαζεν τὸν Ἰσραὴλ ἐν
πᾶσι τοῖς ἡγιασμένοις τούτοις. ¹⁷ἡ δὲ ἀποστροφὴ αὐτοῦ εἰς Ἀρμαθάιμ, 17
ὅτι ἐκεῖ ἦν ὁ οἶκος αὐτοῦ· καὶ ἐδίκαζεν ἐκεῖ τὸν Ἰσραήλ, καὶ ᾠκοδό-
μησεν ἐκεῖ θυσιαστήριον τῷ κυρίῳ.

¹Καὶ ἐγένετο ὡς ἐγήρασεν Σαμουήλ, καὶ κατέστησεν τοὺς υἱοὺς 1 VIII
αὐτοῦ δικαστὰς τῷ Ἰσραήλ. ²καὶ ταῦτα τὰ ὀνόματα τῶν υἱῶν 2
αὐτοῦ· πρωτότοκος Ἰωήλ, καὶ ὄνομα τοῦ δευτέρου Ἀβιά, δικασταὶ

A | 7 οι αλλοφ.] om οι A | ακουουσιν οι] ακουσιν (sic) οτι A   10 επι 1°] πι sup
ras B^{ab} | om και συνεχυ. και επταισαν ενωπιον Ισρ. A   11 om και εξηλθαν
...αλλοφυλους A | επαταξεν A | του Βαιθχορ] του (το sup ras A¹) Βελχορ A
12 αυτον] αυτο A | Μασηφα A   13 προσελθειν] επερθει A | εγενηθη] εγενετο
A | του Σαμ.] om του A   14 αυτας] αυτα A | Ασκαλωνος] Ακκαρων A | Αζοβ]
Γεθ A | Αμμοραιου A   16 ενιαυτον] το sup ras 3 litt A¹ | εκυκλου] A | Μαση-
φα A | πασιν A   17 om εκει 2° A   VIII 2 δευτερου] +αυτου A | δικαστας A

ΒΑΣΙΛΕΙΩΝ Α VIII 18

3 ἐν Βηρσάβεε. ³καὶ οὐκ ἐπορεύθησαν οἱ υἱοὶ αὐτοῦ ἐν ὁδῷ αὐτοῦ, B
καὶ ἐξέκλιναν ὀπίσω τῆς συντελείας καὶ ἐλάμβανον δῶρα καὶ ἐξέκλινον
4 δικαιώματα. ⁴καὶ συναθροίζονται ἄνδρες Ἰσραὴλ καὶ παραγίνονται
5 εἰς Ἀρμαθάιμ πρὸς Σαμουήλ, ⁵καὶ εἶπαν αὐτῷ Ἰδοὺ σὺ γεγήρακας,
καὶ οἱ υἱοί σου οὐ πορεύονται ἐν τῇ ὁδῷ σου· καὶ νῦν κατάστησον
6 ἐφ' ἡμᾶς βασιλέα δικάζειν ἡμᾶς καθὰ καὶ τὰ λοιπὰ ἔθνη. ⁶καὶ
πονηρὸν τὸ ῥῆμα ἐν ὀφθαλμοῖς Σαμουήλ, ὡς εἶπαν Δὸς ἡμῖν βασιλέα
7 δικάζειν ἡμᾶς· καὶ προσηύξατο Σαμουὴλ πρὸς Κύριον. ⁷καὶ εἶπεν
Κύριος πρὸς Σαμουὴλ Ἄκουε τῆς φωνῆς τοῦ λαοῦ καθὰ ἂν λαλήσωσίν
σοι· ὅτι οὐ σὲ ἐξουθενήκασιν, ἀλλ' ἢ ἐμὲ ἐξουδενώκασιν τοῦ μὴ
8 βασιλεύειν ἐπ' αὐτῶν. ⁸κατὰ πάντα τὰ ποιήματα ἃ ἐποίησάν μοι
ἀφ' ἧς ἡμέρας ἀνήγαγον αὐτοὺς ἐξ Αἰγύπτου ἕως τῆς ἡμέρας ταύτης,
καὶ ἐγκατέλιπόν με καὶ ἐδούλευον θεοῖς ἑτέροις, οὕτως αὐτοὶ ποιοῦσιν
9 καὶ σοί. ⁹καὶ νῦν ἄκουε τῆς φωνῆς αὐτῶν, πλὴν ὅτι διαμαρτυρόμενος
διαμαρτύρῃ αὐτοῖς, καὶ ἀπαγγελεῖς αὐτοῖς τὸ δικαίωμα τοῦ βασιλέως
10 ὃς βασιλεύσει ἐπ' αὐτούς. ¹⁰Καὶ εἶπεν Σαμουὴλ πᾶν τὸ ῥῆμα
11 τοῦ κυρίου πρὸς τὸν λαὸν τοὺς αἰτοῦντας παρ' αὐτοῦ βασιλέα, ¹¹καὶ
εἶπεν Τοῦτο ἔσται τὸ δικαίωμα τοῦ βασιλέως ὃς βασιλεύσει ἐφ' ὑμᾶς·
τοὺς υἱοὺς ὑμῶν λήμψεται, καὶ θήσεται αὐτοὺς ἐν ἅρμασιν αὐτοῦ
12 καὶ ἱππεῦσιν αὐτοῦ καὶ προτρέχοντας τῶν ἁρμάτων αὐτοῦ, ¹²καὶ
θέσθαι αὐτοὺς ἑαυτῷ χιλιάρχους καὶ ἑκατοντάρχους, καὶ θερίζειν
θερισμὸν αὐτοῦ καὶ τρυγᾶν τρυγητὸν αὐτοῦ, καὶ ποιεῖν σκεύη πολεμικὰ
13 αὐτοῦ καὶ σκεύη ἁρμάτων αὐτοῦ· ¹³καὶ τὰς θυγατέρας ὑμῶν λήμψεται
14 εἰς μυρεψοὺς καὶ εἰς μαγειρίσσας καὶ εἰς πεσσούσας· ¹⁴καὶ τοὺς
ἀγροὺς ὑμῶν καὶ τοὺς ἀμπελῶνας ὑμῶν καὶ τοὺς ἐλαιῶνας ὑμῶν
15 τοὺς ἀγαθοὺς λήμψεται καὶ δώσει τοῖς δούλοις αὐτοῦ· ¹⁵καὶ τὰ
σπέρματα ὑμῶν καὶ τοὺς ἀμπελῶνας ὑμῶν ἀποδεκατώσει, καὶ δώσει
16 τοῖς εὐνούχοις αὐτοῦ καὶ τοῖς δούλοις αὐτοῦ· ¹⁶καὶ τοὺς δούλους ὑμῶν
καὶ τὰς δούλας ὑμῶν καὶ τὰ βουκόλια ὑμῶν καὶ τὰ ἀγαθὰ καὶ τοὺς
17 ὄνους ὑμῶν λήμψεται καὶ ἀποδεκατώσει εἰς τὰ ἔργα αὐτοῦ, ¹⁷καὶ τὰ
18 ποίμνια ὑμῶν ἀποδεκατώσει· καὶ ὑμεῖς ἔσεσθε αὐτῷ δοῦλοι. ¹⁸καὶ

3 ελαμβαναν A | εξεκλινον] εξεκλιναν A   4 ανδρες] pr παντες A | A προς Σαμουηλ εις Αρμ. A   6 πονηρον] pr ην A | εν οφθαλμοις] ενωπιον A | ημας] pr εφ A   7 εξουδενωκασιν] εξουθενηκασιν A | αυτων] αυτους A
8 om τα ποιηματα A | εως] pr και A | εγκατελειπον A | om και σοι A
9 και 1°]+συ A | αυτοις 1°] υ sup ras A¹ | βασιλευει A   10 του κυριου] om του A   11 εφ] υμας B* εφ υ|μας Bᵇ | υιους υμων] ο, υ 3° sup ras A¹
13 υμων] αυτων A   14 om υμων 2° A   15 το σπερμα A   16 om και 4° A   17 το ποιμνια (sic) A

ΒΑΣΙΛΕΙΩΝ Α

βοήσεσθε ἐν τῇ ἡμέρᾳ ἐκείνῃ ἐκ προσώπου βασιλέως ὑμῶν οὗ ἐξελέξασθε ἑαυτοῖς· καὶ οὐκ ἐπακούσεται Κύριος ὑμῶν ἐν ταῖς ἡμέραις ἐκείναις, ὅτι ὑμεῖς ἐξελέξασθε ἑαυτοῖς βασιλέα. ¹⁹Καὶ οὐκ ἠ- 19 βούλετο ὁ λαὸς ἀκοῦσαι τοῦ Σαμουήλ, καὶ εἶπαν αὐτῷ Οὐχί, ἀλλ' ἢ βασιλεὺς ἔσται ἐφ' ἡμᾶς, ²⁰καὶ ἐσόμεθα καὶ ἡμεῖς κατὰ πάντα 20 τὰ ἔθνη· καὶ δικάσει ἡμᾶς βασιλεὺς ἡμῶν, καὶ ἐξελεύσεται ἔμπροσθεν ἡμῶν, καὶ πολεμήσει τὸν πόλεμον ἡμῶν. ²¹καὶ ἤκουσεν Σαμουὴλ 21 πάντας τοὺς λόγους τοῦ λαοῦ, καὶ ἐλάλησεν αὐτοὺς εἰς τὰ ὦτα Κυρίου. ²²καὶ εἶπεν Κύριος πρὸς Σαμουὴλ Ἄκουε τῆς φωνῆς αὐτῶν καὶ 22 βασίλευσον αὐτοῖς βασιλέα. καὶ εἶπεν Σαμουὴλ πρὸς ἄνδρας Ἰσραήλ Ἀποτρεχέτω ἕκαστος εἰς τὴν πόλιν αὐτοῦ.

¹Καὶ ἀνὴρ ἐξ υἱῶν Βενιαμείν, καὶ ὄνομα αὐτῷ Κείς, υἱὸς Ἀβειήλ 1 IX υἱοῦ Ἀρὲδ υἱοῦ Βαχεὶ υἱοῦ Ἀφὲκ υἱοῦ ἀνδρὸς Ἰεμειναίου, ἀνὴρ δυνατός. ²καὶ τούτῳ υἱός, καὶ ὄνομα αὐτῷ Σαούλ, εὐμεγέθης, ἀνὴρ 2 ἀγαθός, καὶ οὐκ ἦν ἐν υἱοῖς Ἰσραὴλ ἀγαθὸς ὑπὲρ αὐτόν, ὑπερωμίαν καὶ ἐπάνω ὑψηλὸς ὑπὲρ πᾶσαν τὴν γῆν. ³καὶ ἀπώλοντο αἱ ὄνοι Κεὶς 3 πατρὸς Σαούλ· καὶ εἶπεν Κεὶς πρὸς Σαοὺλ τὸν υἱὸν αὐτοῦ Λάβε μετὰ σεαυτοῦ ἓν τῶν παιδαρίων, καὶ ἀνάστητε καὶ πορεύθητε καὶ ζητήσατε τὰς ὄνους. ⁴καὶ διῆλθον δι' ὄρους Ἐφράιμ καὶ διῆλ- 4 θον διὰ τῆς γῆς Σελχά, καὶ οὐχ εὗρον· καὶ διῆλθον διὰ τῆς γῆς Ἐασακέμ, καὶ οὐκ ἦν· καὶ διῆλθον διὰ τῆς γῆς Ἰακείμ, καὶ οὐχ εὗρον. ⁵αὐτῶν ἐλθόντων εἰς τὴν Σείφ, καὶ Σαοὺλ εἶπεν τῷ 5 παιδαρίῳ αὐτοῦ τῷ μετ' αὐτοῦ Δεῦρο καὶ ἀναστρέψωμεν, μὴ ἀνεὶς ὁ πατήρ μου τὰς ὄνους φροντίζει περὶ ἡμῶν. ⁶καὶ εἶπεν αὐτῷ τὸ 6 παιδάριον Ἰδοὺ δὴ ἄνθρωπος τοῦ θεοῦ ἐν τῇ πόλει ταύτῃ, καὶ ὁ ἄνθρωπος ἔνδοξος, πᾶν ὃ ἐὰν λαλήσῃ παραγινόμενον παρέσται· καὶ νῦν πορευθῶμεν, ὅπως ἀπαγγείλῃ ἡμῖν τὴν ὁδὸν ἡμῶν ἐφ' ἣν ἐπορεύθημεν ἐπ' αὐτήν. ⁷καὶ εἶπεν Σαοὺλ τῷ παιδαρίῳ αὐτοῦ τῷ 7 μετ' αὐτοῦ Καὶ ἰδοὺ πορευσόμεθα, καὶ τί οἴσομεν τῷ ἀνθρώπῳ τοῦ θεοῦ; ὅτι οἱ ἄρτοι ἐκλελοίπασιν ἐκ τῶν ἀγγίων ἡμῶν, καὶ πλεῖον

A 19 εβουλετο A | ακουσαι] pr του A | ουχι] ουχ A | βασιλευς] pr οτι A
21 αυτους] αυτοις A | Κυριου] κυ sup ras B¹ᵗᵃᵇ   22 και ειπεν 1°] και ει sup ras B¹ᵗᵃᵇ | ανδρας] ανορας A   IX 1 και 1°]+ην A | Αβιηλ A | Βαχει] Βεχωραθ A | Αφαχ A* Αφιχ A¹ᵗ | του Ιεμυναιου A   3 οι ονοι A | πατρος] του προς (sic) A   4 διηλθον 1°] διηλθαν A | Σελχα] Σαλισσα A | Εασακεμ] Σααλειμ A | Ιακειμ] Ιεμειναιου A   5 αυτων]+δε A | την Σειφ] γην Σ. A | αναστρεψωμεν] αποστρεψ. A | φροντιξη A   6 ανθρωπος 1°] ο κ̅ς θ̅ς A¹ (ο α̅ν̅ο̅ς A*ᵛⁱᵈ) | πορευθωμεν]+εκει A | απηγγειλα A   7 οισομεν] εισοισομεν A | οι αρτοι] om οι A | αγγιων (αγγειων Bᵃᵇ)] αιτιων A

ΒΑΣΙΛΕΙΩΝ Ά   IX 19

οὐκ ἔστιν μεθ᾽ ἡμῶν, εἰσενεγκεῖν τῷ ἀνθρώπῳ τοῦ θεοῦ τὸ ὑπάρχον Β
8 ἡμῖν. ⁸καὶ προσέθετο τὸ παιδάριον ἀποκριθῆναι τῷ Σαοὺλ καὶ εἶπεν
Ἰδοὺ εὕρηται ἐν τῇ χειρί μου τέταρτον σίκλου ἀργυρίου, καὶ δώσεις
9 τῷ ἀνθρώπῳ τοῦ θεοῦ, καὶ ἀπαγγελεῖ ἡμῖν τὴν ὁδὸν ἡμῶν. ⁹καὶ
ἔμπροσθεν ἐν Ἰσραὴλ τάδε ἔλεγεν ἕκαστος, ἐν τῷ πορεύεσθαι ἐπερωτᾶν
τὸν θεόν Δεῦρο πορευθῶμεν πρὸς τὸν βλέποντα· ὅτι τὸν προφήτην
10 ἐκάλει ὁ λαὸς ἔμπροσθεν Ὁ βλέπων. ¹⁰καὶ εἶπεν Σαοὺλ πρὸς
τὸ παιδάριον αὐτοῦ Ἀγαθὸν τὸ ῥῆμα, δεῦρο καὶ πορευθῶμεν· καὶ
ἐπορεύθησαν εἰς τὴν πόλιν οὗ ἦν ἐκεῖ ὁ ἄνθρωπος ὁ τοῦ θεοῦ:
11 ¹¹αὐτῶν ἀναβαινόντων τὴν ἀνάβασιν τῆς πόλεως, καὶ αὐτοὶ εὑρίσκουσιν
τὰ κοράσια ἐξεληλυθότα ὑδρεύεσθαι ὕδωρ, καὶ λέγουσιν αὐταῖς Εἰ
12 ἔστιν ἐνταῦθα ὁ βλέπων; ¹²καὶ ἀπεκρίθη τὰ κοράσια αὐτοῖς καὶ
λέγουσιν αὐτοῖς Ἔστιν, ἰδοὺ κατὰ πρόσωπον ὑμῶν· νῦν διὰ τὴν
ἡμέραν ἥκει εἰς τὴν πόλιν, ὅτι θυσία σήμερον τῷ λαῷ ἐν Βαμά.
13 ¹³ὡς ἂν εἰσέλθητε τὴν πόλιν, οὕτως εὑρήσετε αὐτὸν ἐν τῇ πόλει
πρὶν ἀναβῆναι αὐτὸν εἰς Βαμὰ τοῦ φαγεῖν· ὅτι οὐ μὴ φάγῃ ὁ λαὸς
ἕως τοῦ εἰσελθεῖν αὐτόν, ὅτι οὗτος εὐλογεῖ τὴν θυσίαν, καὶ μετὰ
ταῦτα ἐσθίουσιν οἱ ξένοι· καὶ νῦν ἀνάβητε, ὅτι διὰ τὴν ἡμέραν
14 εὑρήσετε αὐτόν. ¹⁴καὶ ἀναβαίνουσιν τὴν πόλιν· αὐτῶν εἰσπορευ-
ομένων εἰς μέσον τῆς πόλεως, καὶ ἰδοὺ Σαμουὴλ ἐξῆλθεν εἰς ἀπάν-
15 τησιν αὐτῶν, τοῦ ἀναβῆναι εἰς Βαμά. ¹⁵Καὶ Κύριος ἀπεκά-
λυψεν τὸ ὠτίον Σαμουὴλ ἡμέρᾳ μιᾷ ἔμπροσθεν τοῦ ἐλθεῖν πρὸς αὐτὸν
16 Σαοὺλ λέγων ¹⁶Ὡς ὁ καιρὸς αὔριον ἀποστελῶ πρὸς σὲ ἄνδρα ἐκ τῆς
Βενιαμείν, καὶ χρίσεις αὐτὸν εἰς ἄρχοντα ἐπὶ τὸν λαόν μου Ἰσραήλ,
καὶ σώσει τὸν λαόν μου ἐκ χειρὸς ἀλλοφύλων· ὅτι ἐπέβλεψα ἐπὶ
17 τὴν ταπείνωσιν τοῦ λαοῦ μου, ὅτι ἦλθεν βοὴ αὐτῶν πρός μέ· ¹⁷καὶ
Σαμουὴλ εἶδεν τὸν Σαούλ, καὶ Κύριος ἀπεκρίθη αὐτῷ Ἰδοὺ ἄνθρωπος
18 ὃν εἶπά σοι Οὗτος ἄρξει ἐν τῷ λαῷ μου. ¹⁸καὶ προσήγαγεν Σαοὺλ
πρὸς Σαμουὴλ εἰς μέσον τῆς πόλεως καὶ εἶπεν Ἀπάγγειλον δὴ ποῖος
19 ὁ οἶκος τοῦ βλέποντος. ¹⁹καὶ ἀπεκρίθη Σαμουὴλ τῷ Σαοὺλ καὶ

7 μεθ ημων] εν ημιν A | εισενεγκειν] pr του A   8 δωσεις] δω|σειε A A
9 om εν 1° A | ελεγαν A | επερωτησαι A | τον θεον] om τον A | δευρο] δευτε
και A   10 ο του θεου] om ο A   11 υδρευεσθαι] υδρευσασθαι A (post
υδρ. ras 3 litt A¹)   12 om αυτοις 2° A | νυν] pr ταχινον A   13 Βανά
A | εισελθειν] ελθειν A | ταυτα sup ras Bᵃᵇ   14 απαντησιν] pr την A
15 και κ̅σ̅] απεκαλυψεν το ωτιον Σα|μουηλ ημερα μια εμπροσθε| του ελθειν
Σαουλ προς αυτον λεγω| Aᵃ? (om A*)   16 καιρος]+ουτος A | αυριον·
bis scr A | αποστελλω A | της Βενιαμειν] γης Βενιαμειν A | post με ras
aliq B?   18 προσ|ηγαγεν B* προση|γαγεν Bᵇ | δη]+μοι A | ο οικος]
om ο A

SEPT.   561   2 N

ΒΑΣΙΛΕΙΩΝ Α IX 20

Β εἶπεν Ἐγώ εἰμι αὐτός· ἀνάβηθι ἔμπροσθέν μου εἰς Βαμὰ καὶ φάγε μετ' ἐμοῦ σήμερον, καὶ ἐξαποστελῶ σε πρωὶ καὶ πάντα τὰ ἐν τῇ καρδίᾳ σου ἀπαγγελῶ σοι. ²⁰καὶ περὶ τῶν ὄνων σου τῶν ἀπολωλυιῶν 20 σήμερον τριταίων, μὴ θῇς τὴν καρδίαν σου αὐταῖς, ὅτι εὕρηνται· καὶ τίνι τὰ ὡραῖα τοῦ Ἰσραήλ, οὐ σοὶ καὶ τῷ οἴκῳ τοῦ πατρός σου; ²¹καὶ ἀπεκρίθη Σαοὺλ καὶ εἶπεν Οὐχὶ ἀνδρὸς υἱὸς Ἰεμειναίου ἐγώ 21 εἰμι τοῦ μικροῦ σκήπτρου φυλῆς Ἰσραήλ; καὶ τῆς φυλῆς τῆς ἐλαχίστης ἐξ ὅλου σκήπτρου Βενιαμείν; καὶ ἵνα τί ἐλάλησας πρὸς ἐμὲ κατὰ τὸ ῥῆμα τοῦτο; ²²καὶ ἔλαβεν Σαμουὴλ τὸν Σαοὺλ καὶ τὸ παιδάριον 22 αὐτοῦ καὶ εἰσήγαγεν αὐτοὺς εἰς τὸ κατάλυμα, καὶ ἔθετο αὐτοῖς ἐκεῖ τόπον ἐν πρώτοις τῶν κεκλημένων ὡσεὶ ἑβδομήκοντα ἀνδρῶν. ²³καὶ εἶπεν Σαμουὴλ τῷ μαγείρῳ Δός μοι τὴν μερίδα ἣν ἔδωκά σοι, ἥν 23 εἶπά σοι θεῖναι αὐτὴν παρὰ σοί. ²⁴καὶ ἥψησεν ὁ μάγειρος τὴν κωλέαν 24 καὶ παρέθηκεν αὐτὴν ἐνώπιον Σαούλ· καὶ εἶπεν Σαμουὴλ τῷ Σαούλ Ἰδοὺ ὑπόλιμμα, παράθες αὐτὸ ἐνώπιόν σου καὶ φάγε, ὅτι εἰς μαρτύριον τέθειταί σοι παρὰ τοὺς ἄλλους· ἀπόκνιζε. καὶ ἔφαγεν Σαοὺλ μετὰ Σαμουὴλ ἐν τῇ ἡμέρᾳ ἐκείνῃ. ²⁵καὶ κατέβη ἐκ τῆς Βαμὰ ἐν τῇ πόλει· 25 καὶ διέστρωσαν τῷ Σαοὺλ ἐπὶ τῷ δώματι, ⁽²⁶⁾καὶ ἐκοιμήθη. ²⁶καὶ ἐγέ- 26 νετο ὡς ἀνέβαινεν ὁ ὄρθρος, καὶ ἐκάλεσεν Σαμουὴλ τὸν Σαοὺλ ἐπὶ τῷ δώματι λέγων Ἀνάστα, καὶ ἐξαποστελῶ σε· καὶ ἀνέστη Σαούλ, καὶ ἐξῆλθεν αὐτὸς καὶ Σαμουὴλ ἕως ἔξω. ²⁷αὐτῶν καταβαινόντων εἰς 27 μέρος τῆς πόλεως, καὶ Σαμουὴλ εἶπεν τῷ Σαοὺλ Εἰπὸν τῷ νεανίσκῳ καὶ διελθέτω ἔμπροσθεν ἡμῶν καὶ σὺ στῆθι ὡς σήμερον καὶ ἄκουσον ῥῆμα θεοῦ. ¹καὶ ἔλαβεν Σαμουὴλ τὸν φακὸν τοῦ ἐλαίου καὶ ἐπέχεεν 1 X ἐπὶ τὴν κεφαλὴν αὐτοῦ, καὶ ἐφίλησεν αὐτὸν καὶ εἶπεν αὐτῷ Οὐχὶ κέχρικέν σε Κύριος εἰς ἄρχοντα ἐπὶ τὸν λαὸν αὐτοῦ, ἐπὶ Ἰσραήλ; καὶ σὺ ἄρξεις ἐν λαῷ Κυρίου, καὶ σὺ σώσεις αὐτὸν ἐκ χειρὸς ἐχθρῶν αὐτοῦ κυκλόθεν. ²καὶ τοῦτό σοι τὸ σημεῖον ὅτι ἔχρισέν σε Κύριος 2 ἐπὶ κληρονομίαν αὐτοῦ εἰς ἄρχοντα· ὡς ἂν ἀπέλθῃς σήμερον ἀπ' ἐμοῦ, καὶ εὑρήσεις δύο ἄνδρας πρὸς τοῖς τάφοις Ῥαχὴλ ἐν τῷ ὄρει Βενιαμεὶν ἁλλομένους μεγάλα, καὶ ἐροῦσίν σοι Εὕρηνται αἱ ὄνοι ἃς ἐπορεύθητε

Α 19 εξαποστελλω Α   20 σου των απολωλυιων] των απο|λωλυειων σου Α | τω οικω] pr παντι Α   21 Ιεμιναιου Α | μικρου Βᵃᵇ (μεικρ. Β*)] μικροτερου Α | εμε] με Α   22 om εκει Α   24 κωλεαν]+και το επ αυτης Α | υπολειμμα Βᵃ⁽ᵛⁱᵈ⁾Α | μαρτυριαν Α | τεθειται] τεθεσται Α | τους αλλους] του α̅ν̅ο̅υ̅ Α | αποκνιζει Α   25 την πολει Β* (τη π. Βᵃᵇ)   26 Σαουλ και εξηλθεν] και εξ. Σ. Α   27 και συ στηθι] pr και διηλθεν Α | ακουσον] ακουστον σοι Α   Χ 1 om εν Α | om συ 2° Α   2 εχρισεν] κεχρικεν Α | Βενιαμειν] pr του Α

ζητεῖν· καὶ ἰδοὺ ὁ πατήρ σου ἀποτετίνακται τὸ ῥῆμα τῶν ὄνων, καὶ Β
3 ἐδαψιλεύσατο δι᾿ ὑμᾶς λέγων Τί ποιήσω ὑπὲρ τοῦ υἱοῦ μου; ³καὶ
ἀπελεύσει ἐκεῖθεν καὶ ἐπέκεινα ἥξεις ἕως τῆς δρυὸς Θαβώρ, καὶ
εὑρήσεις ἐκεῖ τρεῖς ἄνδρας ἀναβαίνοντας πρὸς τὸν θεὸν εἰς Βαιθήλ,
ἕνα αἴροντα τρία αἰγίδια καὶ ἕνα αἴροντα τρία ἀγγεῖα ἄρτων καὶ ἕνα
4 αἴροντα ἀσκὸν οἴνου· ⁴καὶ ἐρωτήσουσίν σε τὰ εἰς εἰρήνην καὶ δώσουσίν
5 σοι δύο ἀπαρχὰς ἄρτων, καὶ λήμψῃ ἐκ τῆς χειρὸς αὐτῶν. ⁵καὶ μετὰ
ταῦτα εἰσελεύσῃ εἰς τὸν βουνὸν τοῦ θεοῦ, οὗ ἐστιν ἐκεῖ τὸ ἀνάστεμα
τῶν ἀλλοφύλων, ἐκεῖ Νασεὶβ ὁ ἀλλόφυλος· καὶ ἔσται ὡς ἂν εἰσέλθητε
ἐκεῖ εἰς τὴν πόλιν, καὶ ἀπαντήσεις χορῷ προφητῶν καταβαινόντων
ἐκ τῆς Βαμά, καὶ ἔμπροσθεν αὐτῶν νάβαλ καὶ τύμπανον καὶ αὐλὸς
6 καὶ κινύρα, καὶ αὐτοὶ προφητεύοντες· ⁶καὶ ἐφαλεῖται ἐπὶ σὲ πνεῦμα
Κυρίου καὶ προφητεύσεις μετ᾿ αὐτῶν, καὶ στραφήσῃ εἰς ἄνδρα ἄλλον.
7 ⁷καὶ ἔσται ὅταν ἥξει τὰ σημεῖα ταῦτα ἐπὶ σέ, ποίει πάντα ὅσα ἐὰν
8 εὕρῃ ἡ χείρ σου, ὅτι θεὸς μετὰ σοῦ. ⁸καὶ καταβήσῃ ἔμπροσθεν τῆς
Γαλαάδ, καὶ ἰδοὺ καταβαίνω πρὸς σὲ ἀνενεγκεῖν ὁλοκαύτωσιν καὶ
θυσίας εἰρηνικάς· ἑπτὰ ἡμέρας διαλείψεις ἕως τοῦ ἐλθεῖν με πρὸς
9 σέ, καὶ γνωρίσω σοι ἃ ποιήσεις. ⁹Καὶ ἐγενήθη ὥστε ἐπι-
στραφῆναι τῷ ὤμῳ αὐτοῦ ἀπελθεῖν ἀπὸ Σαμουήλ, μετέστρεψεν αὐτῷ
ὁ θεὸς καρδίαν ἄλλην· καὶ ἦλθεν πάντα τὰ σημεῖα ἐν τῇ ἡμέρᾳ ἐκείνῃ.
10 ¹⁰καὶ ἔρχεται ἐκεῖθεν εἰς τὸν βουνόν, καὶ ἰδοὺ χορὸς προφητῶν ἐξ ἐναν-
τίας αὐτοῦ· καὶ ἥλατο ἐπ᾿ αὐτὸν πνεῦμα θεοῦ καὶ ἐπροφήτευσεν ἐν
11 μέσῳ αὐτῶν. ¹¹καὶ ἐγενήθησαν πάντες οἱ εἰδότες αὐτὸν ἐχθὲς καὶ
τρίτην καὶ εἶδον, καὶ ἰδοὺ αὐτὸς ἐν μέσῳ τῶν προφητῶν· καὶ εἶπεν
ὁ λαὸς ἕκαστος πρὸς τὸν πλησίον αὐτοῦ Τί τοῦτο τὸ γεγονὸς τῷ υἱῷ
12 Κείς; ἦ καὶ Σαοὺλ ἐν προφήταις; ¹²καὶ ἀπεκρίθη τις αὐτῶν καὶ
εἶπεν Καὶ τίς πατὴρ αὐτοῦ; διὰ τοῦτο ἐγενήθη εἰς παραβολήν *Η
13 καὶ Σαοὺλ ἐν προφήταις; ¹³καὶ συνετέλεσεν προφητεύων, καὶ ἔρχεται
14 εἰς τὸν βουνόν. ¹⁴Καὶ εἶπεν ὁ οἰκεῖος αὐτοῦ πρὸς αὐτὸν καὶ
πρὸς τὸ παιδάριον αὐτοῦ Ποῦ ἐπορεύθητε; καὶ εἶπαν Ζητεῖν τὰς
ὄνους· καὶ εἴδαμεν ὅτι οὐκ εἰσίν, καὶ εἰσήλθομεν πρὸς Σαμουήλ.

2 αποτετινακται ο πηρ σου A | εδαψιδευσατο A | υμας] ημας A   3 απε- A
λευση B^{ab}A | αγγια A | ασκον] ασ sup ras A¹   5 om εκει 1° A | ανα-
στημα A | Νασιβ A | ναβλα A | τυμπανα A   6 μετ] επ A | στρα-
φησει A   8 Γαλααδ] Γαλγαλα A | καταβαινω] pr εγω κα| A | θυσιας] pr
θυσαι A   10 βουνον]+των προφητων A | εφροφητευσεν] προεφητευσεν A
11 απαντες A | ειδοτες] ιδοντες A | εχθες (εκθες A)] χθες B^b | τριτης A |
ειδον] ιδον A | προφητων]+προφητευων A | ειπεν] ειπαν A | το γεγ.] ο 1°
"vid aliq passum esse" in B   13 συνετελεσεν]+εν A¹   14 ειδομεν A

B ¹⁵καὶ εἶπεν ὁ οἰκεῖος πρὸς Σαοὺλ Ἀπάγγειλον δή μοι τί εἶπέν σοι 15
Σαμουήλ. ¹⁶καὶ εἶπεν Σαοὺλ πρὸς τὸν οἰκεῖον αὐτοῦ Ἀπήγγειλεν 16
ἀπαγγέλλων μοι ὅτι εὕρηνται αἱ ὄνοι· τὸ δὲ ῥῆμα τῆς βασιλείας
οὐκ ἀπήγγειλεν αὐτῷ. ¹⁷Καὶ παρήγγειλεν Σαμουὴλ παντὶ τῷ λαῷ πρὸς Κύριον εἰς 17
Μασσηφά, ¹⁸καὶ εἶπεν πρὸς υἱοὺς Ἰσραὴλ Τάδε εἶπεν Κύριος ὁ θεὸς 18
Ἰσραὴλ λέγων Ἐγὼ ἀνήγαγον τοὺς υἱοὺς Ἰσραὴλ ἐξ Αἰγύπτου, καὶ
ἐξειλάμην ὑμᾶς ἐκ χειρὸς Φαραὼ βασιλέως Αἰγύπτου καὶ ἐκ πασῶν
τῶν βασιλειῶν τῶν θλιβουσῶν ὑμᾶς. ¹⁹καὶ ὑμεῖς σήμερον ἐξουθενή- 19
κατε τὸν θεόν, ὃς αὐτός ἐστιν ὑμῶν σωτὴρ ἐκ πάντων τῶν κακῶν
ὑμῶν καὶ θλίψεων ὑμῶν, καὶ εἴπατε Οὐχί, ἀλλ' ἢ ὅτι βασιλέα στήσεις
ἐφ' ἡμῶν. καὶ νῦν κατάστητε ἐνώπιον Κυρίου κατὰ τὰ σκῆπτρα
ὑμῶν καὶ κατὰ τὰς φυλὰς ὑμῶν. ²⁰καὶ προσήγαγεν Σαμουὴλ πάντα 20
τὰ σκῆπτρα Ἰσραήλ, καὶ κατακληροῦται σκῆπτρον Βενιαμείν· ²¹καὶ 21
προσάγει σκῆπτρον Βενιαμεὶν εἰς φυλάς, καὶ κατακληροῦται φυλὴ
Ματταρεί· καὶ προσάγουσιν τὴν φυλὴν Ματταρεὶ εἰς ἄνδρας, καὶ
κατακληροῦται Σαοὺλ υἱὸς Κείς. καὶ ἐζήτει αὐτόν, καὶ οὐχ εὑρίσκετο.
²²καὶ ἐπηρώτησεν Σαμουὴλ ἔτι ἐν Κυρίῳ Εἰ ἔρχεται ὁ ἀνὴρ ἐνταῦθα; 22
καὶ εἶπεν Κύριος Ἰδοὺ αὐτὸς κέκρυπται ἐν τοῖς σκεύεσιν. ²³καὶ 23
ἔδραμεν καὶ λαμβάνει αὐτὸν ἐκεῖθεν, καὶ κατέστησεν ἐν μέσῳ τοῦ
λαοῦ· καὶ ὑψώθη ὑπὲρ πάντα τὸν λαὸν ὑπερωμίαν καὶ ἐπάνω. ²⁴καὶ 24
εἶπεν Σαμουὴλ πρὸς πάντα τὸν λαόν Εἰ ἑοράκατε ὃν ἐκλέλεκται
ἑαυτῷ Κύριος, ὅτι οὐκ ἔστιν αὐτῷ ὅμοιος ἐν πᾶσιν ὑμῖν; καὶ ἔγνωσαν
πᾶς ὁ λαὸς καὶ εἶπαν Ζήτω ὁ βασιλεύς. ²⁵Καὶ εἶπεν Σαμουὴλ 25
πρὸς τὸν λαὸν τὸ δικαίωμα τοῦ βασιλέως, καὶ ἔγραψεν ἐν βιβλίῳ
καὶ ἔθηκεν ἐνώπιον Κυρίου· καὶ ἐξαπέστειλεν Σαμουὴλ πάντα τὸν
λαόν, καὶ ἀπῆλθεν ἕκαστος εἰς τὸν τόπον αὐτοῦ. ²⁶καὶ Σαοὺλ ἀπῆλθεν 26
εἰς τὸν οἶκον αὐτοῦ εἰς Γαβαά· καὶ ἐπορεύθησαν υἱοὶ δυνάμεων ὧν
ἥψατο Κύριος καρδίας αὐτῶν μετὰ Σαούλ. ²⁷καὶ υἱοὶ λοιμοὶ εἶπαν Τίς 27
σώσει ἡμᾶς οὗτος; καὶ ἠτίμασαν αὐτόν, καὶ οὐκ ἤνεγκαν αὐτῷ δῶρα.

A 15 ειπεν 2°] ειπειν A   16 αυτω]+ ο ειπεν Σαμουηλ A   17 Μασηφα A
18 υιους Ισρ. 2°] τον Ἰσλ A | εκθλιβουσων A | υμας 2°] υ ras Aʳ   19 εξου-
θενηκατε] εξουδενωκατε A | σωτηρ υμων A | om οτι A | στησεις (η sup ras Bᵇ
ε sup ras'A¹)] pr κατα Bᵃᵇ ᵐᵍ | φυλας] χιλιαδας A   20 Σαμουηλ] Ἰσλ A |
Ισραηλ] Σαμουηλ A   21 Ματταρει 2°] Ματταρειτ A   22 επερωτησεν
A | Σαμουηλ] pr ετι A | ει ερχεται] εισερχεται A | ο ανηρ ενταυθα] ετι εν-
τευθα (sic) ανηρ A   24 nonnulla perier in A | απαντα A | εορακατε (ορα-
κατε Aᵛⁱᵈ)] εωρακατε Bᵃᵇ | αυτω ομοιος] ..οιος αυτω A | ειπαν ζητω] ζη|..ιπαν
A   26 Γαβαα] Γαβα|αθα A | δυναμεων] δυναμενοι A   27 υιοι] pr οι A

ΒΑΣΙΛΕΙΩΝ Α

XI 11

XI 1. ¹Καὶ ἐγενήθη ὡς μετὰ μῆνα (¹)καὶ ἀνέβη Ναὰς ὁ Ἀμμανείτης καὶ B παρεμβάλλει ἐπὶ Ἰαβεὶς Γαλαάδ· καὶ εἶπον πάντες οἱ ἄνδρες Ἰαβεὶς πρὸς Ναὰς τὸν Ἀμμανείτην Διάθου ἡμῖν διαθήκην καὶ δουλεύσομέν 2 σοι. ²καὶ εἶπεν πρὸς αὐτοὺς Ναὰς ὁ Ἀμμανείτης Ἐν ταύτῃ διαθήσομαι ὑμῖν διαθήκην, ἐν τῷ ἐξορύξαι ὑμῶν πάντα ὀφθαλμὸν δεξιόν, 3 καὶ θήσομαι ὄνειδος ἐπὶ Ἰσραήλ. ³καὶ λέγουσιν αὐτῷ οἱ ἄνδρες Ἰαβεὶς Ἄνες ἡμῖν ἑπτὰ ἡμέρας καὶ ἀποστελοῦμεν ἀγγέλους εἰς πᾶν ὅριον Ἰσραήλ· ἐὰν μὴ ᾖ ὁ σώζων ἡμᾶς, ἐξελευσόμεθα πρὸς ὑμᾶς. 4 ⁴καὶ ἔρχονται οἱ ἄγγελοι εἰς Γαβαὰ πρὸς Σαούλ, καὶ λαλοῦσιν τοὺς λόγους εἰς τὰ ὦτα τοῦ λαοῦ· καὶ ἦραν πᾶς ὁ λαὸς τὴν φωνὴν 5 αὐτῶν καὶ ἔκλαυσαν. ⁵καὶ ἰδοὺ Σαοὺλ ἤρχετο μετὰ τὸ πρωὶ ἐξ ἀγροῦ· καὶ εἶπεν Σαοὺλ Τί ὅτι κλαίει ὁ λαός; καὶ διηγοῦνται αὐτῷ 6 τὰ ῥήματα τῶν υἱῶν Ἰαβείς. ⁶καὶ ἐφήλατο πνεῦμα Κυρίου ἐπὶ Σαούλ, ὡς ἤκουσεν τὰ ῥήματα ταῦτα, καὶ ἐθυμώθη ἐπ' αὐτοὺς ὀργὴ 7 αὐτοῦ σφόδρα. ⁷καὶ ἔλαβεν δύο βόας καὶ ἐμέλισεν αὐτάς, καὶ ἀπέστειλεν εἰς πᾶν ὅριον Ἰσραὴλ ἐν χειρὶ ἀγγέλων λέγων ᵃὉς οὐκ ἔστιν ἐκπορευόμενος ὀπίσω Σαοὺλ καὶ ὀπίσω Σαμουήλ, κατὰ τάδε ποιήσουσιν τοῖς βουσὶν αὐτοῦ· καὶ ἐπῆλθεν ἔκστασις Κυρίου 8 ἐπὶ τὸν λαὸν Ἰσραήλ, καὶ ἐβόησαν ὡς ἀνὴρ εἷς. ⁸καὶ ἐπισκέπτεται αὐτοὺς Ἀβιέζεκ ἐν Βαμὰ πάντα ἄνδρα Ἰσραὴλ ἑξακοσίας χιλιάδας καὶ 9 ἄνδρας Ἰούδα ἑβδομήκοντα χιλιάδας, ⁹καὶ εἶπεν τοῖς ἀγγέλοις τοῖς ἐρχομένοις Τάδε ἐρεῖτε τοῖς ἀνδράσιν Ἰαβεὶς Αὔριον ὑμῖν ἡ σωτηρία διαθερμάναντος τοῦ ἡλίου. καὶ ἦλθον οἱ ἄγγελοι εἰς τὴν πόλιν καὶ 10 ἀπαγγέλλουσιν τοῖς ἀνδράσιν Ἰαβείς, καὶ εὐφράνθησαν. ¹⁰καὶ εἶπαν οἱ ἄνδρες Ἰαβεὶς πρὸς Ναὰς τὸν Ἀμμανείτην Αὔριον ἐξελευσόμεθα πρὸς ὑμᾶς, καὶ ποιήσετε ἡμῖν τὸ ἀγαθὸν ἐνώπιον ὑμῶν. 11 ¹¹καὶ ἐγενήθη μετὰ τὴν αὔριον καὶ ἔθετο Σαοὺλ τὸν λαὸν εἰς τρεῖς ἀρχάς, καὶ εἰσπορεύονται μέσον τῆς παρεμβολῆς ἐν φυλακῇ τῇ ἑωθινῇ, καὶ ἔτυπτον τοὺς υἱοὺς Ἀμμὼν ἕως διεθερμάνθη ἡ ἡμέρα· καὶ ἐγενήθησαν, οἱ ὑπολελιμμένοι διεσπάρησαν, καὶ οὐχ ὑπελείφθη-

XI 1 Αμανιτης A | παρεμβαλει A | επι] επ A | ειπον] ειπαν A | Αμανιτην A A 2 Αμανιτης A | ταυτη]+τη διαθηκη | om διαθηκην A | om υμων A | Ισραηλ] pr παντα A   3 Ειαβεις A | αποστελλωμεν A* (ου pro ω Aᵛⁱᵈ) | om η A | εξελευσομεθα] pr και A   4 Γαβαα] Γαβα|αθα A* Γα|αθα Aᵃ⁺   5 ο λαος οτι κλαιει A   5—6 om των υιων Ιαβεις...τα ρηματα A   7 αγγελων]+αυτων A | ος ουκ εστιν bis scr A   8 επισκεπεται B | Αβιεζεκ] εν Βεζεκ A | om εν Βαμα A | παντα] παν B   9 Ιαβεις 1°] Ειαβεις Γαλααδ A | αυριον]+εσται A | ηλθαν A | απαγγελουσιν A | Ιαβεις 2°] Ειαβεις A | ηυφρανθησαν A   10 Ειαβεις A | Αμανιτην A | ποιησεται A   11 εωθινη] πρωεινη A | ετυπτον] επληξεν A | οι bis scr A

565

ΒΑΣΙΛΕΙΩΝ Α

B σαν ἐν αὐτοῖς δύο κατὰ τὸ αὐτό. ¹²καὶ εἶπεν ὁ λαὸς πρὸς Σαμουήλ Τίς ὁ εἴπας ὅτι Σαοὺλ οὐ βασιλεύσει ἡμῶν; παράδος τοὺς ἄνδρας καὶ θανατώσομεν αὐτούς. ¹³καὶ εἶπεν Σαμουὴλ Οὐκ ἀποθανεῖται οὐδεὶς ἐν τῇ ἡμέρᾳ ταύτῃ, ὅτι σήμερον Κύριος ἐποίησεν σωτηρίαν ἐν Ἰσραήλ. ¹⁴Καὶ εἶπεν Σαμουὴλ πρὸς τὸν λαὸν λέγων Πορευθῶμεν εἰς Γάλγαλα καὶ ἐγκαινίσωμεν ἐκεῖ τὴν βασιλείαν. ¹⁵καὶ ἐπορεύθη πᾶς ὁ λαὸς εἰς Γάλγαλα, καὶ ἔχρισεν Σαμουὴλ ἐκεῖ τὸν Σαοὺλ εἰς βασιλέα ἐνώπιον Κυρίου ἐν Γαλγάλοις, καὶ ἔθυσεν ἐκεῖ θυσίας καὶ εἰρηνικὰς ἐνώπιον Κυρίου· καὶ εὐφράνθη Σαμουὴλ καὶ πᾶς Ἰσραὴλ ὥστε λίαν. ¹Καὶ εἶπεν Σαμουὴλ πρὸς πάντα Ἰσραήλ Ἰδοὺ ἤκουσα XII φωνῆς ὑμῶν εἰς πάντα ὅσα εἴπατέ μοι, καὶ ἐβασίλευσα ἐφ᾽ ὑμᾶς βασιλέα. ²καὶ νῦν ἰδοὺ ὁ βασιλεὺς διαπορεύεται ἐνώπιον ὑμῶν, κἀγὼ γεγήρακα καὶ καθήσομαι, καὶ οἱ υἱοί μου ἰδοὺ ἐν ὑμῖν· κἀγὼ ἰδοὺ διελήλυθα ἐνώπιον ὑμῶν ἐκ νεότητος καὶ ἕως τῆς ἡμέρας ταύτης. ³ἰδοὺ ἐγώ, ἀποκρίθητε κατ᾽ ἐμοῦ ἐνώπιον Κυρίου καὶ ἐνώπιον χριστοῦ αὐτοῦ· μόσχον τίνος εἴληφα ἢ ὄνον τίνος εἴληφα, ἢ τίνα κατεδυνάστευσα ὑμῶν ἢ τίνα ἐξεπίεσα, ἢ ἐκ χειρὸς τίνος εἴληφα ἐξίλασμα καὶ ὑπόδημα; ἀποκρίθητε κατ᾽ ἐμοῦ καὶ ἀποδώσω ὑμῖν. ⁴καὶ εἶπαν πρὸς Σαμουήλ Οὐκ ἠδίκησας ἡμᾶς, καὶ οὐ κατεδυνάστευσας καὶ οὐκ ἔθλασας ἡμᾶς, καὶ οὐκ εἴληφας ἐκ χειρὸς οὐδενὸς οὐδέν. ⁵καὶ εἶπεν Σαμουὴλ πρὸς τὸν λαόν Μάρτυς Κύριος ἐν ὑμῖν καὶ μάρτυς χριστὸς αὐτοῦ σήμερον ἐν ταύτῃ τῇ ἡμέρᾳ, ὅτι οὐχ εὑρήκατε ἐν χειρί μου οὐθέν· καὶ εἶπαν Μάρτυς. ⁶καὶ εἶπεν Σαμουὴλ πρὸς τὸν λαὸν λέγων Μάρτυς Κύριος ὁ ποιήσας τὸν Μωυσῆν καὶ τὸν Ἀαρών, ὁ ἀναγαγὼν τοὺς πατέρας ἡμῶν ἐξ Αἰγύπτου. ⁷καὶ νῦν κατάστητε καὶ δικάσω ὑμᾶς ἐνώπιον Κυρίου, καὶ ἀπαγγελῶ ὑμῖν τὴν πᾶσαν δικαιοσύνην Κυρίου, ἃ ἐποίησεν ἐν ὑμῖν καὶ ἐν τοῖς πατράσιν ὑμῶν· ⁸ὡς εἰσῆλθεν Ἰακὼβ καὶ οἱ υἱοὶ αὐτοῦ εἰς Αἴγυπτον, καὶ ἐταπείνωσεν αὐτοὺς Αἴγυπτος· καὶ ἐβόησαν οἱ πατέρες ἡμῶν πρὸς Κύριον, καὶ ἀπέστειλεν Κύριος τὸν Μωυσῆν καὶ τὸν Ἀαρών, καὶ ἐξήγαγον τοὺς

A .13 Σαμουηλ] Σαουλ B^{amg} A | εποιησεν κ̅ς̅ A   14 πορευθωμων A* (ω 2° improb A¹) | εις] ε saltem sup ras B^{a?}   15 εις βασ. τον Σαουλ A | Σαμουηλ 2°]+εκει A | ωστε] εως τε A | λειαν BA   XII 1 Ισραηλ] pr ανδρα A   2 καγω 1°] και εγω A | καθησομαι] θησομαι A* (pr κα superscr A^{a?}) | νεοτητος]+μου A   3 om υμων A | εξεπιασα A | και 2°] η A   4 om και ουκ εθλασας A   5 ουθεν] ουδεν A   6 Μωσην A | ο αναγ.] pr ¹και A t 7 δικασω] δικαιωσω A | τας πασας δικαι|ωσυνας (sic) A | α] ας A | om εν 1° A   8 Μωσην A | εξηγαγεν A

ΒΑΣΙΛΕΙΩΝ Α XII 21

πατέρας ἡμῶν ἐξ Αἰγύπτου, καὶ κατῴκισεν αὐτοὺς ἐν τῷ τόπῳ τούτῳ· Β
9 ⁹καὶ ἐπελάθοντο Κυρίου τοῦ θεοῦ αὐτῶν, καὶ ἀπέδοτο αὐτοὺς εἰς
χεῖρας Σεισαρά, ἀρχιστρατήγῳ Ἰαβεὶς βασιλέως Ἀσώρ, καὶ εἰς χεῖρας
ἀλλοφύλων καὶ εἰς χεῖρας βασιλέως Μωάβ, καὶ ἐπολέμησεν ἐν αὐτοῖς.
10 ¹⁰καὶ ἐβόησαν πρὸς Κύριον καὶ ἔλεγον Ἡμάρτομεν, ὅτι ἐγκατελίπομεν
τὸν κύριον καὶ ἐδουλεύσαμεν τοῖς Βααλεὶμ καὶ τοῖς ἄλσεσιν· καὶ
11 νῦν ἐξελοῦ ἡμᾶς ἐκ χειρὸς ἐχθρῶν ἡμῶν, καὶ δουλεύσομέν σοι. ¹¹καὶ
ἀπέστειλεν τὸν Ἱεροβοάμ καὶ τὸν Βαρὰκ καὶ τὸν Ἰεφθάε καὶ τὸν
Σαμουήλ, καὶ ἐξείλατο ὑμᾶς ἐκ χειρὸς ἐχθρῶν ὑμῶν τῶν κυκλόθεν· καὶ
12 κατῳκεῖτε πεποιθότες. ¹²καὶ εἴδετε ὅτι Ναὰς βασιλεὺς υἱῶν Ἀμμὼν
ἦλθεν ἐφ᾽ ὑμᾶς, καὶ εἴπατε Οὐχί, ἀλλ᾽ ἢ ὅτι βασιλεὺς βασιλεύσει
13 ἐφ᾽ ἡμῶν. ¹³καὶ νῦν ἰδοὺ ὁ βασιλεὺς ὃν ἐξελέξασθε, καὶ ἰδοὺ δέδωκεν
14 Κύριος ἐφ᾽ ὑμᾶς βασιλέα. ¹⁴ἐὰν φοβηθῆτε τὸν κύριον καὶ δουλεύσητε
αὐτῷ καὶ ἀκούσητε τῆς φωνῆς αὐτοῦ καὶ μὴ ἐρίσητε τῷ στόματι Κυρίου,
καὶ ἦτε καὶ ὑμεῖς καὶ ὁ βασιλεὺς ὁ βασιλεύων ἐφ᾽ ὑμῶν ὀπίσω Κυρίου
15 πορευόμενοι· ¹⁵ἐὰν δὲ μὴ ἀκούσητε τῆς φωνῆς Κυρίου καὶ ἐρίσητέ
τῷ στόματι Κυρίου, καὶ ἔσται χεὶρ Κυρίου ἐπὶ ὑμᾶς καὶ ἐπὶ τὸν
16 βασιλέα ὑμῶν. ¹⁶καὶ νῦν κατάστητε καὶ ἴδετε τὸ ῥῆμα τὸ μέγα
17 τοῦτο ὃ ὁ κύριος ποιήσει ἐν ὀφθαλμοῖς ὑμῶν. ¹⁷οὐχὶ θερισμὸς πυρῶν
σήμερον; ἐπικαλέσομαι Κύριον καὶ δώσει φωνὰς καὶ ὑετόν, καὶ γνῶτε
καὶ ἴδετε ὅτι ἡ κακία ὑμῶν μεγάλη ἣν ἐποιήσατε ἐνώπιον Κυρίου
18 αἰτήσαντες ἑαυτοῖς βασιλέα.¶   ¹⁸Καὶ ἐπεκαλέσατο Σαμουὴλ ¶ Α
τὸν κύριον, καὶ ἔδωκεν Κύριος φωνὰς καὶ ὑετὸν ἐν τῇ ἡμέρᾳ ἐκείνῃ·
καὶ ἐφοβήθησαν πᾶς ὁ λαὸς τὸν κύριον σφόδρα καὶ τὸν Σαμουήλ.
19 ¹⁹καὶ εἶπαν πᾶς ὁ λαὸς πρὸς Σαμουὴλ Πρόσευξαι ὑπὲρ τῶν δούλων
σου πρὸς Κύριον θεόν σου, καὶ οὐ μὴ ἀποθάνωμεν· ὅτι προστεθείκαμεν
πρὸς πάσας τὰς ἁμαρτίας ἡμῶν κακίαν, αἰτήσαντες ἑαυτοῖς βασιλέα.
20 ²⁰καὶ εἶπεν Σαμουὴλ πρὸς τὸν λαόν Μὴ φοβεῖσθε· ὑμεῖς πεποιήκατε
τὴν πᾶσαν κακίαν ταύτην, πλὴν μὴ ἐκκλίνητε ἀπὸ ὄπισθεν Κυρίου,
21 καὶ δουλεύσατε τῷ κυρίῳ ἐν ὅλῃ καρδίᾳ ὑμῶν. ²¹καὶ μὴ παραβῆτε
ὀπίσω τῶν μηθὲν ὄντων, οἳ οὐ περανοῦσιν οὐθὲν καὶ οἱ οὐκ ἐξελοῦνται,

8 κατωκησεν Α   ·9 του κυ θυ Α | Σισαρα Α | αρχιστρατηγου Ειαβεις Α | Α
om εν Α   10 nonnulla perier in Α | εγκατελιπομεν] εγκαταλελοι..μεν Α
11 απεστειλεν]+κϛ Α | Ιεροβοαμ]....βααλ Α | πεποιθως Α   12 ιδετε Α | om
οτι 2° Α | εφ ημων]+και κϛ ο θϛ ημων βασιλευς ημων Β^{ab(mg)}Α   13 εξελεξ.]
+ον ητισασθαι (sic) Α   14 πορευομενων Β* (πορευομενοι Β^{ab}Α)
15 εισακουσητε Α | ερεισητε Α | επι 1°] εις Α   17 Κυριον] pr τον Α |
om Κυριου Α (sed ενωπιον adfecit virgula sup ν 2° Α') | εαυτοις βασι|...rell
desiderantur in Α usque xiv 9

567

ὅτι οὐθέν εἰσιν. ²²ὅτι οὐκ ἀπώσεται Κύριος τὸν λαὸν αὐτοῦ διὰ τὸ ὄνομα αὐτοῦ τὸ μέγα, ὅτι ἐπιεικῶς Κύριος προσελάβετο ὑμᾶς αὑτῷ εἰς λαόν. ²³καὶ ἐμοὶ μηδαμῶς τοῦ ἁμαρτεῖν τῷ κυρίῳ ἀνιέναι τοῦ προσεύχεσθαι περὶ ὑμῶν· καὶ δουλεύσω τῷ κυρίῳ, καὶ δείξω ὑμῖν τὴν ὁδὸν τὴν ἀγαθὴν καὶ τὴν εὐθεῖαν. ²⁴πλὴν φοβεῖσθε τὸν κύριον καὶ δουλεύσατε αὐτῷ ἐν ἀληθείᾳ καὶ ἐν ὅλῃ καρδίᾳ ὑμῶν, ὅτι εἴδετε ἃ ἐμεγάλυνεν μεθ᾽ ὑμῶν· ²⁵καὶ ἐὰν κακίᾳ κακοποιήσητε, καὶ ὑμεῖς καὶ ὁ βασιλεὺς ὑμῶν προστεθήσεσθε.

²Καὶ ἐκλέγεται Σαοὺλ ἑαυτῷ τρεῖς χιλιάδας ἀνδρῶν ἐκ τῶν ἀνδρῶν Ἰσραήλ· καὶ ἦσαν μετὰ Σαοὺλ δισχίλιοι ἐν Μαχεμὰς καὶ ἐν τῷ ὄρει Βαιθήλ, χίλιοι ἦσαν μετὰ Ἰωναθὰν ἐν Γαβεὲ τοῦ Βενιαμείν· καὶ τὸ κατάλοιπον τοῦ λαοῦ ἐξαπέστειλεν ἕκαστον εἰς τὸ σκήνωμα αὐτοῦ. ³καὶ ἐπάταξεν Ἰωναθὰν τὸν Νασεὶβ τὸν ἀλλόφυλον τὸν ἐν τῷ βουνῷ, καὶ ἀκούουσιν οἱ ἀλλόφυλοι· καὶ Σαοὺλ σάλπιγγι σαλπίζει εἰς πᾶσαν τὴν γῆν λέγων Ἠθετήκασιν οἱ δοῦλοι. ⁴καὶ πᾶς Ἰσραὴλ ἤκουσεν λεγόντων Πέπαικεν Σαοὺλ τὸν Νασεὶβ τὸν ἀλλόφυλον, καὶ ᾐσχύνθησαν Ἰσραὴλ ἐν τοῖς ἀλλοφύλοις· καὶ ἀνέβησαν οἱ υἱοὶ Ἰσραὴλ ὀπίσω Σαοὺλ ἐν Γαλγάλοις. ⁵καὶ οἱ ἀλλόφυλοι συνάγονται εἰς πόλεμον ἐπὶ Ἰσραήλ, καὶ ἀναβαίνουσιν ἐπὶ Ἰσραὴλ τριάκοντα χιλιάδες ἁρμάτων καὶ ἓξ χιλιάδες ἱππέων καὶ λαὸς ὡς ἡ ἄμμος ἡ παρὰ τὴν θάλασσαν τῷ πλήθει· καὶ ἀναβαίνουσιν καὶ παρεμβάλλουσιν ἐν Μαχεμὰς ἐξ ἐναντίας Βαιθωρὼν κατὰ νότου. ⁶καὶ ἀνὴρ Ἰσραὴλ εἶδεν ὅτι στενῶς αὐτῷ μὴ προσάγειν αὐτόν, καὶ ἐκρύβη ὁ λαὸς ἐν τοῖς σπηλαίοις καὶ ἐν ταῖς μάνδραις καὶ ἐν ταῖς πέτραις καὶ ἐν τοῖς βόθροις καὶ ἐν τοῖς λάκκοις. ⁷καὶ οἱ διαβαίνοντες διέβησαν τὸν Ἰορδάνην εἰς γῆν Γὰδ καὶ Γαλαάδ· καὶ Σαοὺλ ἔτι ἦν ἐν Γαλγάλοις, καὶ πᾶς ὁ λαὸς ἐξέστη ὀπίσω αὐτοῦ. ⁸Καὶ διέλιπεν ἑπτὰ ἡμέρας τῷ μαρτυρίῳ, ὡς εἶπεν Σαμουήλ· καὶ οὐ παρεγένετο Σαμουὴλ εἰς Γάλγαλα, καὶ διεσπάρη ὁ λαὸς αὐτοῦ ἀπ᾽ αὐτοῦ. ⁹καὶ εἶπεν Σαοὺλ Προσαγάγετε ὅπως ποιήσω ὁλοκαύτωσιν καὶ εἰρηνικάς· καὶ ἀνήνεγκεν τὴν ὁλοκαύτωσιν. ¹⁰καὶ ἐγένετο ὡς συνετέλεσεν ἀναφέρων τὴν ὁλοκαύτωσιν, καὶ Σαμουὴλ παραγίνεται· καὶ ἐξῆλθεν Σαοὺλ εἰς ἀπάντησιν αὐτῷ εὐλογῆσαι αὐτόν. ¹¹καὶ εἶπεν Σαμουὴλ Τί πεποίηκας; καὶ εἶπεν Σαοὺλ Ὅτι εἶδον ὡς διεσπάρη ὁ λαὸς ἀπ᾽ ἐμοῦ, καὶ σὺ οὐ παρεγένου ὡς διετάξω ἐν τῷ μαρτυρίῳ τῶν ἡμερῶν, καὶ οἱ ἀλλόφυλοι συνήχθησαν εἰς Μαχεμάς, ¹²καὶ εἶπα

22 επιεικως] επει η̅ ως B^{ab} XIII 5 Βαιθωρων] Βαιθσωρων (σ superscr) B^{ab} 9 προσ'αγαγετε B* προσα|γαγετε B^{b}

ΒΑΣΙΛΕΙΩΝ Α   XIV 3

Νῦν καταβήσονται οἱ ἀλλόφυλοι πρὸς μὲ εἰς Γάλγαλα, καὶ τοῦ Β προσώπου τοῦ κυρίου οὐκ ἐδεήθην· καὶ ἐνεκρατευσάμην καὶ ἀνήνεγκα 13 τὴν ὁλοκαύτωσιν. ¹³καὶ εἶπεν Σαμουὴλ πρὸς Σαούλ Μεματαίωταί σοι, ὅτι οὐκ ἐφύλαξας τὴν ἐντολήν μου ἥν ἐνετείλατό σοι Κύριος· ὡς νῦν 14 ἡτοίμασεν Κύριος τὴν βασιλείαν σου ἕως αἰῶνος ἐπὶ Ἰσραήλ. ¹⁴καὶ νῦν ἡ βασιλεία σου οὐ στήσεται, καὶ ζητήσει Κύριος ἑαυτῷ ἄνθρωπον κατὰ τὴν καρδίαν αὐτοῦ, καὶ ἐντελεῖται Κύριος αὐτῷ εἰς ἄρχοντα ἐπὶ τὸν 15 λαὸν αὐτοῦ, ὅτι οὐκ ἐφύλαξας ὅ τι ἐνετείλατό σοι Κύριος. ¹⁵Καὶ ἀνέστη Σαμουὴλ καὶ ἀπῆλθεν ἐκ Γαλγάλων εἰς ὁδὸν αὐτοῦ· καὶ τὸ κατάλιμμα τοῦ λαοῦ ἀνέβη ὀπίσω Σαοὺλ εἰς ἀπάντησιν ὀπίσω τοῦ λαοῦ τοῦ πολεμιστοῦ. αὐτῶν παραγενομένων ἐκ Γαλγάλων εἰς Γαβαὰ Βενιαμείν, καὶ ἐπεσκέψατο Σαοὺλ τὸν λαὸν τὸν εὑρεθέντα μετ' αὐτοῦ 16 ὡς ἑξακοσίους ἄνδρας. ¹⁶καὶ Σαοὺλ καὶ Ἰωναθὰν υἱὸς αὐτοῦ καὶ ὁ λαὸς καὶ οἱ εὑρεθέντες μετ' αὐτῶν ἐκάθισαν ἐν Γαβεὲ Βενιαμεὶν καὶ 17 ἔκλαιον, καὶ οἱ ἀλλόφυλοι παρεμβεβλήκεισαν εἰς Μαχεμάς. ¹⁷καὶ ἐξῆλθεν διαφθείρων ἐξ ἀγροῦ ἀλλοφύλων τρισὶν ἀρχαῖς· ἡ ἀρχὴ ἡ 18 μία ἐπιβλέπουσα ὁδὸν Γοφερὰ ἐπὶ τὴν Σωγάλ, ¹⁸καὶ ἡ μία ἀρχὴ ἐπιβλέπουσα ὁδὸν Βαιθωρών, καὶ ἡ ἀρχὴ ἡ μία ἐπιβλέπουσα ὁδὸν 19 Γαβεὲ τὴν εἰσκύπτουσαν ἐπὶ Γαὶ τὴν Σαμείν. ¹⁹καὶ τέκτων σιδήρου οὐχ εὑρίσκετο ἐν πάσῃ γῇ Ἰσραήλ, ὅτι εἶπον οἱ ἀλλόφυλοι Μὴ 20 ποιήσωσιν οἱ Ἑβραῖοι ῥομφαίαν καὶ δόρυ. ²⁰καὶ κατέβαινον πᾶς Ἰσραὴλ εἰς γῆν ἀλλοφύλων χαλκεύειν ἕκαστος τὸ θέριστρον αὐτοῦ καὶ τὸ σκεῦος, καὶ ἕκαστος τὴν ἀξίνην αὐτοῦ καὶ τὸ δρέπανον 21 αὐτοῦ. ²¹καὶ ἦν ὁ τρυγητὸς ἕτοιμος τοῦ θερίζειν· τὰ δὲ σκεύη ἦν τρεῖς σίκλοι εἰς τὸν ὀδόντα, καὶ τῇ ἀξίνῃ καὶ τῷ δρεπάνῳ ὑπόστασις 22 ἦν ἡ αὐτή. ²²καὶ ἐγενήθη ἐν ταῖς ἡμέραις τοῦ πολέμου Μαχεμάς, καὶ οὐχ εὑρέθη ῥομφαία καὶ δόρυ ἐν χειρὶ παντὸς τοῦ λαοῦ τοῦ μετὰ Σαοὺλ καὶ μετὰ Ἰωναθάν, καὶ εὑρέθη τῷ Σαοὺλ καὶ τῷ Ἰωναθὰν 23 υἱῷ αὐτοῦ. ²³καὶ ἐξῆλθεν ἐξ ὑποστάσεως τῶν ἀλλοφύλων τὴν ἐν τῷ πέραν Μαχεμάς· καὶ τῷ πατρὶ αὐτοῦ οὐκ ἀπήγγειλεν.

XIV 1 ¹Καὶ γίνεται ἡμέρα καὶ εἶπεν Ἰωναθὰν υἱὸς Σαοὺλ τῷ παιδαρίῳ τῷ αἴροντι τὰ σκεύη αὐτοῦ Δεῦρο καὶ διαβῶμεν εἰς Μεσσὰβ τῶν ἀλλοφύλων τὴν ἐν τῷ πέραν ἐκείνῳ· καὶ τῷ πατρὶ αὐτοῦ οὐκ ἀπήγ- 2 γειλεν. ²καὶ Σαοὺλ ἐκάθητο ἐπ' ἄκρου τοῦ βουνοῦ ὑπὸ τὴν ῥόαν τὴν 3 ἐκ Μαγών, καὶ ἦσαν μετ' αὐτοῦ ὡς ἑξακόσιοι ἄνδρες. ³καὶ Ἀχιὰ υἱὸς Ἀχιτὼβ ἀδελφοῦ Ἰωχαβὴλ υἱοῦ Φεινεὲς υἱοῦ Λευεὶ ἱερεὺς τοῦ

16 Ιωαθαν B* (Ιων. B^{ab})   XIV 1 γεινεται B

XIV 4   ΒΑΣΙΛΕΙΩΝ Α

^B θεοῦ ἐν Σηλὼμ αἴρων ἐφούδ· καὶ ὁ λαὸς οὐκ ᾔδει ὅτι πεπόρευται Ἰωναθάν. ⁴ καὶ ἀνὰ μέσον τῆς διαβάσεως οὗ ἐζήτει Ἰωναθὰν διαβῆναι 4 ὑπόστασιν τῶν ἀλλοφύλων καὶ ἀκρωτήριον πέτρας ἔνθεν καὶ ἀκρωτήριον πέτρας ἔνθεν, καὶ ὁδοὺς πέτρας ἐκ τούτου· ὄνομα τῷ ἑνὶ Βαζὲς καὶ ὄνομα τῷ ἄλλῳ Σενναάρ· ⁵ἡ ὁδὸς ἡ μία ἀπὸ βορρᾶ ἐρχομένῳ Μαχμάς, 5 καὶ ἡ ὁδὸς ἡ ἄλλη ἀπὸ νότου ἐρχομένῳ Γαβαέ. ⁶καὶ εἶπεν Ἰωναθὰν 6 πρὸς τὸ παιδάριον τὸ αἶρον τὰ σκεύη αὐτοῦ Δεῦρο διαβῶμεν εἰς Μεσσὰφ τῶν ἀπεριτμήτων τούτων, εἴ τι ποιῆσαι ἡμῖν Κύριος· ὅτι οὐκ ἔστιν τῷ κυρίῳ συνεχόμενον σώζειν ἐν πολλοῖς ἢ ἐν ὀλίγοις. ⁷καὶ εἶπεν αὐτῷ ὁ αἴρων τὰ σκεύη αὐτοῦ Ποίει πᾶν ὃ ἐὰν ἡ καρδία 7 σου ἐκκλίνῃ· ἰδοὺ ἐγὼ μετὰ σοῦ, ὡς ἡ καρδία σοῦ καρδία μου. ⁸καὶ 8 εἶπεν Ἰωναθάν Ἰδοὺ ἡμεῖς διαβαίνομεν πρὸς τοὺς ἄνδρας καὶ κατακυλισθησόμεθα πρὸς αὐτούς· ⁹ἐὰν τάδε εἴπωσιν πρὸς ἡμᾶς Ἀπόστητε 9 §A ἐκεῖ ἕως ἂν ἀπαγγείλωμεν ὑμῖν, καὶ στησόμεθα ἐφ' ἑαυτοῖς §καὶ οὐ μὴ ἀναβῶμεν ἐπ' αὐτούς· ¹⁰καὶ ἐὰν τάδε εἴπωσιν πρὸς ἡμᾶς 10 Ἀνάβητε πρὸς ἡμᾶς, καὶ ἀναβησόμεθα, ὅτι παραδέδωκεν αὐτοὺς Κύριος εἰς τὰς χεῖρας ἡμῶν· τοῦτο ἡμῖν τὸ σημεῖον. ¹¹καὶ εἰσῆλθον ἀμφότεροι 11 εἰς Μεσσὰφ τῶν ἀλλοφύλων· καὶ λέγουσιν οἱ ἀλλόφυλοι Ἰδοὺ οἱ Ἑβραῖοι ἐκπορεύονται ἐκ τῶν τρωγλῶν αὐτῶν, οὗ ἐκρύβησαν ἐκεῖ. ¹²καὶ ἀπεκρίθησαν οἱ ἄνδρες Μεσσὰφ πρὸς Ἰωναθὰν καὶ πρὸς τὸν 12 αἴροντα τὰ σκεύη αὐτοῦ καὶ λέγουσιν Ἀνάβητε πρὸς ἡμᾶς, καὶ γνωριοῦμεν ὑμῖν ῥῆμα. καὶ εἶπεν Ἰωναθὰν πρὸς τὸν αἴροντα τὰ σκεύη αὐτοῦ Ἀνάβηθι ὀπίσω μου, ὅτι παρέδωκεν αὐτοὺς Κύριος εἰς χεῖρας Ἰσραήλ. ¹³καὶ ἀνέβη Ἰωναθὰν ἐπὶ τὰς χεῖρας αὐτοῦ 13 καὶ ἐπὶ τοὺς πόδας αὐτοῦ, καὶ ὁ αἴρων τὰ σκεύη αὐτοῦ μετ' αὐτοῦ· καὶ ἐπέβλεψαν κατὰ πρόσωπον Ἰωναθάν, καὶ ἐπάταξεν αὐτούς, καὶ ὁ αἴρων τὰ σκεύη αὐτοῦ ἐπεδίδου ὀπίσω αὐτοῦ. ¹⁴καὶ ἐγενήθη 14 ἡ πληγὴ ἡ πρώτη ἣν ἐπάταξεν Ἰωναθὰν καὶ ὁ αἴρων τὰ σκεύη αὐτοῦ ὡς εἴκοσι ἄνδρες, ἐν βολίσι καὶ κόχλαξιν τοῦ πεδίου. ¹⁵καὶ ἐγενήθη 15 ἔκστασις ἐν τῇ παρεμβολῇ καὶ ἐν ἀγρῷ, καὶ πᾶς ὁ λαός, οἱ ἐν Μεσσὰφ καὶ οἱ διαφθείροντες, ἐξέστησαν, καὶ αὐτοὶ οὐκ ἤθελον ποιεῖν· καὶ ἐθάμβησεν ἡ γῆ, καὶ ἐγενήθη ἔκστασις παρὰ Κυρίου. ¹⁶καὶ εἶδον 16 οἱ σκοποὶ τοῦ Σαοὺλ ἐν Γαβεὲ Βενιαμείν, καὶ ἰδοὺ ἡ παρεμβολὴ τετα-

A   9 ...και ου μη αναβωμεν A   10 τας χειρας] om τας A   11 Μεσσαφ] Μεσαβ A   12 Μεσσαφ] της Μεσαβ A | προς 1°] πρωτον A | χειρας] pr τας A   14 ανδρας A | εν βολισι] εν βολισι και εν πετροβολοις A | κοχλαξιν] εν κοχλασιν A   15 εκστασις 1°] εκστασεις A | οι εν Μεσσαφ] ο εν Μεσαβ A | ποιειν] πονειν A   16 ιδον A | Σαουλ] Λαουλ A | Γαβαα A

570

ΒΑΣΙΛΕΙΩΝ Α   XIV 28

17 ραγμένη ἔνθεν καὶ ἔνθεν. ¹⁷καὶ εἶπεν Σαοὺλ τῷ λαῷ τῷ μετ' αὐτοῦ Β
Ἐπισκέψασθε δὴ καὶ ἴδετε τίς πεπόρευται ἐξ ὑμῶν· καὶ ἐπεσκέψαντο,
18 καὶ ἰδοὺ οὐχ εὑρίσκετο Ἰωναθὰν καὶ ὁ αἴρων τὰ σκεύη αὐτοῦ. ¹⁸καὶ
εἶπεν Σαοὺλ τῷ Ἀχειά Προσάγαγε τὸ ἐφούδ· ὅτι αὐτὸς ἦρεν τὸ
19 ἐφοὺδ ἐν τῇ ἡμέρᾳ ἐκείνῃ ἐνώπιον Ἰσραήλ. ¹⁹καὶ ἐγενήθη ὡς
ἐλάλει Σαοὺλ πρὸς τὸν ἱερέα, καὶ ὁ ἦχος ἐν τῇ παρεμβολῇ τῶν ἀλλο-
φύλων ἐπορεύετο πορευόμενος καὶ ἐπλήθυνεν· και εἶπεν Σαοὺλ πρὸς
20 τὸν ἱερέα Συνάγαγε τὰς χεῖράς σου. ²⁰καὶ ἀνέβη Σαοὺλ καὶ πᾶς
ὁ λαὸς ὁ μετ' αὐτοῦ, καὶ ἔρχονται ἕως τοῦ πολέμου· καὶ ἰδοὺ ἐγένετο
ῥομφαία ἀνδρὸς ἐπὶ τὸν πλησίον αὐτοῦ, σύγχυσις μεγάλη σφόδρα.
21 ²¹καὶ οἱ δοῦλοι οἱ ὄντες ἐχθὲς καὶ τρίτην ἡμέραν μετὰ τῶν ἀλλοφύλων,
οἱ ἀναβάντες εἰς τὴν παρεμβολήν, ἀνεστράφησαν καὶ αὐτοὶ εἶναι
22 μετὰ Ἰσραὴλ τῶν μετὰ Σαοὺλ καὶ Ἰωναθάν. ²²καὶ πᾶς Ἰσραὴλ
οἱ κρυπτόμενοι ἐν τῷ ὄρει Ἐφράιμ, καὶ ἤκουσαν ὅτι πεφεύγασιν
ἀλλόφυλοι, καὶ συνάπτουσιν καὶ αὐτοὶ ὀπίσω αὐτῶν εἰς πόλεμον.
23 ²³καὶ ἔσωσεν Κύριος ἐν τῇ ἡμέρᾳ ἐκείνῃ τὸν Ἰσραήλ· καὶ ὁ πόλεμος
διῆλθεν τὴν Βαμώθ, καὶ πᾶς ὁ λαὸς ἦν μετὰ Σαοὺλ ὡς δέκα χιλιάδες
ἀνδρῶν· καὶ ἦν ὁ πόλεμος διεσπαρμένος εἰς ὅλην πόλιν ἐν τῷ ὄρει τῷ
24 Ἐφράιμ. ²⁴καὶ Σαοὺλ ἠγνόησεν ἄγνοιαν μεγάλην ἐν τῇ ἡμέρᾳ
ἐκείνῃ, καὶ ἀρᾶται τῷ λαῷ λέγων Ἐπικατάρατος ὁ ἄνθρωπος ὃς
φάγεται ἄρτον ἕως ἑσπέρας, καὶ ἐκδικήσω τὸν ἐχθρόν μου· καὶ
25 οὐκ ἐγεύσατο πᾶς ὁ λαὸς ἄρτου, καὶ πᾶσα ἡ γῆ ἠρίστα. ²⁵καὶ Ἰάαλ
26 δρυμὸς ἦν μελισσῶνος κατὰ πρόσωπον τοῦ ἀγροῦ. ²⁶καὶ εἰσῆλθεν
ὁ λαὸς εἰς τὸν μελισσῶνα, καὶ ἰδοὺ ἐπορεύετο λαλῶν· καὶ ἰδοὺ
οὐκ ἦν ἐπιστρέφων τὴν χεῖρα αὐτοῦ εἰς τὸ στόμα αὐτοῦ, ὅτι ἐφοβήθη
27 ὁ λαὸς τὸν ὅρκον Κυρίου. ²⁷καὶ Ἰωναθὰν οὐκ ἀκηκόει ἐν τῷ ὁρκίζειν
τὸν πατέρα αὐτοῦ τὸν λαόν· καὶ ἐξέτεινεν τὸ ἄκρον τοῦ σκήπτρου
αὐτοῦ τοῦ ἐν τῇ χειρὶ αὐτοῦ καὶ ἔβαψεν αὐτὸ εἰς τὸ κηρίον τοῦ
μέλιτος, καὶ ἐπέστρεψεν τὴν χεῖρα αὐτοῦ εἰς τὸ στόμα αὐτοῦ, καὶ
28 ἀνέβλεψαν οἱ ὀφθαλμοὶ αὐτοῦ. ²⁸καὶ ἀπεκρίθη εἷς ἐκ τοῦ λαοῦ
καὶ εἶπεν Ὁρκίσας ὥρκισεν ὁ πατήρ σου τὸν λαὸν λέγων Ἐπικα-
τάρατος ὁ ἄνθρωπος ὃς φάγεται ἄρτον σήμερον· καὶ ἐξελύθη ὁ λαός.

17 τις] τι ο A^vid | ευρισκεται A   18 Αχια B^bA | αυτος ηρεν το εφουδ] A
ην η κειβωτος του θυ A   20 ανεβη] ανεβοησεν A   21 χθες B^b | μετα
των αλ|αλλοφυλων εκθες και τριτην ημ. A | αναβαντες] αναβαινοντες A | ανε-
στραφησαν] επεστραφ. A   22 Ισραηλ] pr ανηρ A | αλλοφυλοι] pr οι A
23 την Βαμωθ] τη Θαυν A^vid | πολιν] pr την A | τω Εφραιμ] om τω A
25 Ιααλ] Ιαρ A   26 om ιδου 2° A   27 ορκωζειν A | κηριον B^aA]
σκηπτρον B*   28 τον λαον] τω λαω A

B ²⁹καὶ ἔγνω Ἰωναθὰν καὶ εἶπεν Ἀπήλλαχεν ὁ πατήρ μου τὴν γῆν· 29
ἴδε διότι εἶδον οἱ ὀφθαλμοί μου, ὅτι ἐγευσάμην βραχὺ τοῦ μέλιτος
τούτου. ³⁰ ἀλλ᾽ ὅτι ἔφαγεν ἔσθων ὁ λαὸς σήμερον τῶν σκύλων τῶν 30
ἐχθρῶν αὐτῶν ὧν εὗρεν, ὅτι νῦν ἂν μείζων ἡ πληγὴ ἡ ἐν τοῖς
ἀλλοφύλοις. ³¹ καὶ ἐπάταξεν ἐν τῇ ἡμέρᾳ ἐκείνῃ ἐκ τῶν ἀλλο- 31
φύλων ἐν Μαχεμάς, καὶ ἐκοπίασεν ὁ λαὸς σφόδρα. ³² καὶ ἐκλίθη 32
ὁ λαὸς εἰς τὰ σκῦλα· καὶ ἔλαβεν ὁ λαὸς ποίμνια καὶ βουκόλια καὶ
τέκνα βοῶν, καὶ ἔσφαξεν ἐπὶ τὴν γῆν· καὶ ἤσθιεν ὁ λαὸς σὺν τῷ
αἵματι. ³³ καὶ ἀπηγγέλη Σαοὺλ λέγοντες Ἡμάρτηκεν ὁ λαὸς τῷ 33
κυρίῳ, φαγὼν σὺν τῷ αἵματι· καὶ εἶπεν Σαοὺλ Ἐν Γεθθάιμ κυλίσατέ
μοι λίθον ἐνταῦθα μέγαν. ³⁴ καὶ εἶπεν Σαοὺλ Διασπάρητε ἐν τῷ 34
λαῷ, καὶ εἴπατε αὐτοῖς προσάγειν ἐνταῦθα ἕκαστος τὸν μόσχον
αὐτοῦ καὶ ἕκαστος τὸ πρόβατον ἑαυτοῦ, καὶ σφαζέτω ἐπὶ τούτου,
καὶ οὐ μὴ ἁμάρτητε τῷ κυρίῳ τοῦ ἐσθίειν σὺν τῷ αἵματι· καὶ προσῆγεν
πᾶς ὁ λαὸς ἕκαστος τὸ ἐν τῇ χειρὶ αὐτοῦ, καὶ ἔσφαζον ἐκεῖ. ³⁵ καὶ 35
ᾠκοδόμησεν ἐκεῖ Σαοὺλ θυσιαστήριον τῷ κυρίῳ· τοῦτο ἤρξατο Σαοὺλ
οἰκοδομῆσαι θυσιαστήριον τῷ κυρίῳ. ³⁶ Καὶ εἶπεν Σαοὺλ Κατα- 36
βῶμεν ὀπίσω τῶν ἀλλοφύλων τὴν νύκτα, καὶ διαρπάσωμεν ἐν αὐτοῖς
ἕως διαφαύσῃ ἡμέρα, καὶ μὴ ὑπολίπωμεν ἐν αὐτοῖς ἄνδρα· καὶ
εἶπαν Πᾶν τὸ ἀγαθὸν ἐνώπιόν σου ποίει· καὶ εἶπεν ὁ ἱερεύς Προσέλ-
θωμεν ἐνταῦθα πρὸς τὸν θεόν. ³⁷ καὶ ἐπηρώτησεν Σαοὺλ τὸν θεόν 37
Εἰ καταβῶ ὀπίσω τῶν ἀλλοφύλων; εἰ παραδώσεις αὐτοὺς εἰς χεῖρας
Ἰσραήλ; καὶ οὐκ ἀπεκρίθη αὐτῷ ἐν τῇ ἡμέρᾳ ἐκείνῃ. ³⁸ καὶ εἶπεν 38
Σαοὺλ Προσαγάγετε ἐνταῦθα πάσας τὰς γωνίας τοῦ Ἰσραήλ, καὶ
γνῶτε καὶ ἴδετε ἐν τίνι γέγονεν ἡ ἁμαρτία αὕτη σήμερον· ³⁹ ὅτι ζῇ 39
Κύριος ὁ σώσας τὸν Ἰσραήλ, ὅτι ἐὰν ἀποκριθῇ κατὰ Ἰωναθὰν τοῦ
υἱοῦ μου, θανάτῳ ἀποθανεῖται. καὶ οὐκ ἦν ὁ ἀποκρινόμενος ἐκ
παντὸς τοῦ λαοῦ. ⁴⁰ καὶ εἶπεν παντὶ Ἰσραήλ Ὑμεῖς ἔσεσθε εἰς δουλείαν, 40
καὶ ἐγὼ καὶ Ἰωναθὰν ὁ υἱός μου ἐσόμεθα εἰς δουλείαν· καὶ εἶπεν
ὁ λαὸς πρὸς Σαούλ Τὸ ἀγαθὸν ἐνώπιόν σου ποίει. ⁴¹ καὶ εἶπεν 41
Σαοὺλ Κύριε ὁ θεὸς Ἰσραήλ, τί ὅτι οὐκ ἀπεκρίθης τῷ δούλῳ

A 29 ειδον] ιδον A | om μου 2° A   30 σημερον ο λαος A | μειζων]+ην Bᵃᵇ
(superscr) A | η εν] om η A   31 Μαχμας A   32 εκεκλιθη A
33 Σαουλ 1°] pr τω A | λεγοντες]+οτι A | ο λαος ημαρτηκεν A | φαγως A |
Γεθθαιμ] Γεθεμ A | ενταυθα λιθον A   34 προσαγαγειν A | εαυτου] αυτου A |
σφαζετω] σφαξατω A | τουτου]+αυτα A | και φαγεται αυτα A | εσθιειν A | προσηγαγεν
A | τη χειρι] om τη A | αυτου 2°]+την νυκταν A | εσφαξον] εσφαξεν A
36 διαφωση A | ημερα] pr η A | υπολειπωμεν BᵃᵇA | ειπαν] ειπεν A | προσ|ελ-
θωμεν B*. προσελ|θωμεν Bᵇ   37 αυτου B* (αυτους Bᵃᵇ)   38 προσαγαγε A
40 Ισραηλ] pr ανδρι Bᵃᵇ (superscr) A   41 om τι A | απεκριθη A

ΒΑΣΙΛΕΙΩΝ ΑΙ XIV 52

σου σήμερον; ή εν εμοί ή εν Ιωναθάν τω υιω μου ή αδικία; B
Κύριε ο θεός Ισραήλ, δος δήλους· και εάν τάδε είπη, δος δή τω
λαω σου Ισραήλ, δος δή οσιότητα. και κληρούται Ιωναθάν και
42 Σαούλ, και ο λαός εξήλθεν. ⁴²και είπεν Σαούλ Βάλετε ανά μέσον
εμού και ανά μέσον Ιωναθάν του υιού μου· ον αν κατακληρώσηται
Κύριος, αποθανέτω. και είπεν ο λαός προς Σαούλ Ούκ έστιν το
ρήμα τούτο. και κατεκράτησεν Σαούλ του λαού, και βάλλουσιν ανά
μέσον αυτού και ανά μέσον Ιωναθάν του υιού αυτού, και κατα-
43 κληρούται Ιωναθάν. ⁴³και είπεν Σαούλ προς Ιωναθάν Απάγγειλόν
μοι τί πεποίηκας· και απήγγειλεν αυτω Ιωναθάν και είπεν Γευόμενος
εγευσάμην εν άκρω τω σκήπτρω τω εν τη χειρί μου βραχύ μέλι,
44 ιδού εγώ αποθνήσκω. ⁴⁴και είπεν αυτω Σαούλ Τάδε ποιήσαι μοι
45 ο θεός και τάδε προσθείη, ότι θανάτω αποθανή σήμερον. ⁴⁵και
είπεν ο λαός προς Σαούλ Ει σήμερον θανατωθήσεται ο ποιήσας την
σωτηρίαν την μεγάλην ταύτην εν Ισραήλ; ζη Κύριος, ει πεσείται
τριχός της κεφαλής αυτού επί την γην· ότι ο λαός του θεού εποίησεν
την ημέραν ταύτην. και προσηύξατο ο λαός περί Ιωναθάν εν τη ημέρα
46 εκείνη, και ουκ απέθανεν. ⁴⁶και ανέβη Σαούλ από όπισθεν των αλλο-
47 φύλων· και οι αλλόφυλοι απήλθον εις τον τόπον αυτών. ⁴⁷Και
Σαούλ έλαχεν του βασιλεύειν, κατακληρούται έργον επί Ισραήλ· και
επολέμει κύκλω πάντας τους εχθρούς αυτού, εις τον Μωάβ και εις
τους υιούς Αμμών και εις τους υιούς Εδώμ και εις τον Βαιθεώρ και
εις βασιλέα Σουβά και εις τους αλλοφύλους· ου αν εστράφη εσώζετο.
48 ⁴⁸και εποίησεν δύναμιν αυνανείν, και επάταξεν τον Αμαλήκ, και εξείλατο
49 τον Ισραήλ εκ χειρός των καταπατούντων αυτόν. ⁴⁹Και ήσαν
υιοί Σαούλ Ιωναθάν και Ιεσσιούλ και Μελχεισά· και ονόματα των
δύο θυγατέρων αυτού, όνομα τη πρωτοτόκω Μερόβ, και όνομα τη
50 δευτέρα Μελχόλ. ⁵⁰και όνομα τη γυναικί αυτού Αχινόομ, θυγάτηρ
Αχεινάας· και όνομα τω αρχιστρατήγω Αβεννήρ, υιός Νηρεί υιού
51 οικείου Σαούλ. ⁵¹και Κείς πατήρ Σαούλ, και Νήρ πατήρ Αβεννήρ
52 υιός Ιαμείν υιού Αβειήρ. ⁵²Και ην ο πόλεμος κραταιός επί

41 ειπη] ειπης A | om δος δη 1° A | και 4° sup ras 4 ut vid litt. Bᵃᵇ A
42 βαλετε] λαβετε A **43** γευομενος] γευσαμενος A **45** την μεγ. τ. εν
Ισραηλ] εν Ιλημ| την μεγ. τ. A | ζη Κυριος] pr ιλεως A | τριχος] pr απο της
A | om εν 2° A **47** om κατακληρουται εργον A | Βαιθεωρ] Βεθωρ A | ανε-
στραφη Bᶜ **48** om αυνανειν A | επαταξεν A] εποιησεν B **49** υιοι]
pr οι A | Ιεσσιουλ] Ισουει A | Μελχεισα] Μελχισουε A | om Μεροβ και ονομα
τη δευτερα A **50** Αχεινοομ A | Αχειναας] Αχιμαας A | Αβεννηρ A | Νηρει]
Νηρ A **51** Αβεννηρ] Αβαινηρ A | Ειαμειν A | Αβειηρ] Αβιηλ A

XV 1 ΒΑΣΙΛΕΙΩΝ Α

B τοὺς ἀλλοφύλους πάσας τὰς ἡμέρας Σαούλ· καὶ ἰδὼν Σαοὺλ πάντα ἄνδρα δυνατὸν καὶ πάντα ἄνδρα υἱὸν δυνάμεως, καὶ συνήγαγεν αὐτοὺς πρὸς αὐτόν. ¹Καὶ εἶπεν Σαμουὴλ πρὸς Σαοὺλ Ἐμὲ ἀπέστειλεν Κύριος χρῖσαι 1 σε εἰς βασιλέα ἐπὶ Ἰσραήλ, καὶ νῦν ἄκουε τῆς φωνῆς Κυρίου. ²τάδε 2 εἶπεν Κύριος σαβαώθ Νῦν ἐκδικήσω ἃ ἐποίησεν Ἀμαλὴκ τῷ Ἰσραήλ, ὡς ἀπήντησεν αὐτῷ ἐν τῇ ὁδῷ ἀναβαίνοντος αὐτοῦ ἐξ Αἰγύπτου. ³καὶ νῦν πορεύου καὶ πατάξεις τὸν Ἀμαλὴκ καὶ Ἰερεὶμ καὶ πάντα 3 τὰ αὐτοῦ, καὶ οὐ περιποιήσῃ ἐξ αὐτοῦ καὶ ἐξολεθρεύσεις αὐτόν. καὶ ἀναθεματιεῖς αὐτὸν καὶ πάντα τὰ αὐτοῦ, καὶ οὐ φείσῃ ἀπ' αὐτοῦ· καὶ ἀποκτενεῖς ἀπὸ ἀνδρὸς καὶ ἕως γυναικὸς καὶ ἀπὸ νηπίου ἕως θηλάζοντος, καὶ ἀπὸ μόσχου ἕως προβάτου καὶ ἀπὸ καμήλου ἕως ὄνου. ⁴Καὶ παρήγγειλεν Σαοὺλ τῷ λαῷ, καὶ ἐπισκέπτεται αὐτοὺς 4 ἐν Γαλγάλοις τετρακοσίας χιλιάδας ταγμάτων, καὶ τὸν Ἰούδαν τριάκοντα χιλιάδας ταγμάτων. ⁵καὶ ἦλθεν Σαοὺλ ἕως τῶν πόλεων Ἀμαλήκ, 5 καὶ ἐνήδρευσεν ἐν τῷ χειμάρρῳ. ⁶καὶ εἶπεν Σαοὺλ πρὸς τὸν Κειναῖον 6 Ἄπελθε καὶ ἔκκλινον ἐκ μέσου τοῦ Ἀμαληκείτου, μὴ προσθῶ σε μετ' αὐτοῦ, καὶ σὺ ἐποίησας ἔλεος μετὰ τῶν υἱῶν Ἰσραὴλ ἐν τῷ ἀναβαίνειν αὐτοὺς ἐξ Αἰγύπτου· καὶ ἐξέκλινεν ὁ Κειναῖος ἐκ μέσου Ἀμαλήκ. ⁷καὶ ἐπάταξεν Σαοὺλ τὸν Ἀμαλὴκ ἀπὸ Εὐειλὰτ ἕως Ἀσσοὺρ 7 ἐπὶ προσώπου Αἰγύπτου. ⁸καὶ συνέλαβεν τὸν Ἀγὰγ βασιλέα Ἀμαλὴκ 8 ζῶντα; καὶ πάντα τὸν λαὸν Ἰερεὶμ ἀπέκτεινεν ἐν στόματι ῥομφαίας. ⁹καὶ περιεποιήσατο Σαοὺλ καὶ πᾶς ὁ λαὸς τὸν Ἀγὰγ ζῶντα, καὶ 9 τὰ ἀγαθὰ τῶν ποιμνίων καὶ τῶν βουκολίων καὶ τῶν ἐδεσμάτων καὶ τῶν ἀμπελώνων καὶ πάντων τῶν ἀγαθῶν, καὶ οὐκ ἐβούλετο αὐτὰ ἐξολεθρεῦσαι· καὶ πᾶν ἔργον ἠτιμωμένον καὶ ἐξουδενωμένον ἐξωλέθρευσαν. ¹⁰Καὶ ἐγενήθη ῥῆμα Κυρίου πρὸς Σαμουὴλ λέγων 10 ¹¹Παρακέκλημαι ὅτι ἐβασίλευσα τὸν Σαοὺλ εἰς βασιλέα, ὅτι ἀπέστρε- 11 ψεν ἀπὸ ὄπισθέν μου καὶ τοὺς λόγους μου οὐκ ἐτήρησεν. καὶ ἠθύμησεν Σαμουήλ, καὶ ἐβόησεν πρὸς Κύριον ὅλην τὴν νύκτα. ¹²καὶ ὤρθρισεν 12 Σαμουὴλ καὶ ἐπορεύθη εἰς ἀπάντησιν Ἰσραὴλ πρωΐ· καὶ ἀπηγγέλη

A XV 1 επι Ισρ.] pr επι τον λαον αυτου A | ακουε] ακουσον A | της φωνης] +των λογων A   2 Αμαληχ A   3 Ιερειμ A | τα αυτου 1°] om τα A | περιποιησει A | αναθεματιει A   4 επισκεπεται B | τετρακοσιας] δεκα A | τον Ιουδαν τριακ. χιλ. ταγματων] δεκα χιλ. ταγμ. Ιουδα A   5 πολεων] πολεμωι A | Αμαληχ A | ενεδρευσεν A   6 Κιναιον A | Αμαληκιτου A | των νιων] pr παντων A | Κιναιος A   7 Ευειλατ] Ευιλα A | Ασσουρ] Σουρ A | επι] pr η A   8 τον λαον]+εξωλεθρευσεν A | Ιερειμ] Ηρειμ A   9 εξολεθρ. αυτα A | εξωλεθρευσεν A   11 om οτι εβασιλευσα A | ετηρησεν] εστησεν A   12 Ισραηλ] pr τω A | απηγγελη] απηγγειλεν A

ΒΑΣΙΛΕΙΩΝ Α XV 26

τῷ Σαοὺλ λέγοντες Ἥκει Σαμουὴλ εἰς Κάρμηλον, καὶ ἀνέστακεν Β
13 αὐτῷ χεῖρα. καὶ ἐπέστρεψεν τὸ ἅρμα καὶ κατέβη εἰς Γάλγαλα ¹³πρὸς
Σαούλ, καὶ ἰδοὺ αὐτὸς ἀνέφερεν ὁλοκαύτωσιν τῷ κυρίῳ, τὰ πρῶτα
τῶν σκύλων ὧν ἤνεγκεν ἐξ Ἀμαλήκ. καὶ παρεγένετο Σαμουὴλ πρὸς
Σαούλ, καὶ εἶπεν αὐτῷ Σαοὺλ Εὐλογητὸς σὺ τῷ κυρίῳ· ἔστησα ὅσα
14 ἐλάλησεν Κύριος. ¹⁴καὶ εἶπεν Σαμουὴλ Καὶ τίς ἡ φωνὴ τοῦ ποιμνίου
15 τούτου ἐν τοῖς ὠσίν μου, καὶ φωνὴ τῶν βοῶν ἣν ἐγὼ ἀκούω; ¹⁵καὶ
εἶπεν Σαοὺλ Ἐξ Ἀμαλὴκ ἤνεγκα αὐτά, ἃ περιεποιήσατο ὁ λαός, τὰ
κράτιστα τοῦ ποιμνίου καὶ τῶν βοῶν, ὅπως τυθῇ τῷ κυρίῳ θεῷ σου·
16 καὶ τὰ λοιπὰ ἐξωλέθρευσα. ¹⁶καὶ εἶπεν Σαμουὴλ πρὸς Σαοὺλ Ἄνες,
καὶ ἀπαγγελῶ σοι ἃ ἐλάλησεν Κύριος πρὸς μὲ τὴν νύκτα· καὶ εἶπεν
17 αὐτῷ Λάλησον. ¹⁷καὶ εἶπεν Σαμουὴλ πρὸς Σαοὺλ Οὐχὶ μικρὸς σὺ
εἶ ἐνώπιον αὐτοῦ, ἡγούμενος σκήπτρου φυλῆς Ἰσραήλ; καὶ ἔχρισέν
18 σε Κύριος εἰς βασιλέα ἐπὶ Ἰσραήλ. ¹⁸καὶ ἀπέστειλέν σε Κύριος ἐν
ὁδῷ καὶ εἶπέν σοι Πορεύθητι καὶ ἐξολέθρευσον· ἀνελεῖς τοὺς ἁμαρ-
τάνοντας εἰς ἐμέ, τὸν Ἀμαλήκ, καὶ πολεμήσεις αὐτοὺς ἕως συντελέσῃς
19 αὐτούς. ¹⁹καὶ ἵνα τί οὐκ ἤκουσας φωνῆς Κυρίου, ἀλλ᾽ ὥρμησας τοῦ
θέσθαι ἐπὶ τὰ σκῦλα καὶ ἐποίησας τὸ πονηρὸν ἐνώπιον Κυρίου;
20 ²⁰καὶ εἶπεν Σαοὺλ πρὸς Σαμουὴλ Διὰ τὸ ἀκοῦσαί με τῆς φωνῆς τοῦ
λαοῦ· καὶ ἐπορεύθην τῇ ὁδῷ ᾗ ἀπέστειλέν με Κύριος, καὶ ἤγαγον
21 τὸν Ἀγὰγ βασιλέα Ἀμαλήκ, καὶ τὸν Ἀμαλὴκ ἐξωλέθρευσα. ²¹καὶ
ἔλαβεν ὁ λαὸς τῶν σκύλων ποίμνια καὶ βουκόλια τὰ πρῶτα τοῦ
22 ἐξολεθρεύματος, ἐνώπιον Κυρίου θεοῦ ἡμῶν ἐν Γαλγάλοις. ²²καὶ
εἶπεν Σαμουὴλ Εἰ θελητὸν τῷ κυρίῳ ὁλοκαυτώματα καὶ θυσίας ὡς
τὸ ἀκοῦσαι φωνῆς Κυρίου; ἰδοὺ ἀκοὴ ὑπὲρ θυσίαν ἀγαθήν, καὶ ἡ
23 ἐπακρόασις ὑπὲρ στέαρ κριῶν. ²³ὅτι ἁμαρτία οἰώνισμά ἐστιν,
ὀδύνη καὶ πόνος θεραπείαν ἐπάγουσιν· ὅτι ἐξουδένωσας τὸ ῥῆμα
Κυρίου, καὶ ἐξουδενώσει σε Κύριος μὴ εἶναι βασιλέα ἐπὶ Ἰσραήλ.
24 ²⁴καὶ εἶπεν Σαοὺλ πρὸς Σαμουὴλ Ἡμάρτηκα· ὅτι παρέβην τὸν λόγον
Κυρίου καὶ τὸ ῥῆμά σου, ὅτι ἐφοβήθην τὸν λαὸν καὶ ἤκουσα τῆς
25 φωνῆς αὐτῶν. ²⁵καὶ νῦν ἆρον δὴ τὸ ἁμάρτημά μου καὶ ἀνάστρεψον
26 μετ᾽ ἐμοῦ, καὶ προσκυνήσω κυρίῳ τῷ θεῷ σου. ²⁶καὶ εἶπεν Σαμουὴλ

12 Σαουλ] Σαμουηλ Α | Σαμουηλ 2°] Σαουλ Α | ανεστακεν] pr ιδου Α Α
13 πρωτα] προβατα Α   14 τουτου] αυτη Α | ην] ων Α   15 τω κυριω
θεω] κῶ τω θῶ Α   17 ει συ Α   18 om ανελεις Α | συντελεσεις Α
19 φωνης] pr της Α   20 επορευθη Α* (επορευθην Α¹) | τη οδω] pr εν Α |
απεστειλεν] απεσταλκεν Α   21 σκυλων] κυκλων Α | ενωπιον] pr θυσαι Α
22 ολοκαυτωμα κ. θυσια Α   23 θεραπειαν] θεραφειν Α | τα ρημα (sic) Β*
24 ηκουσα] pr ουκ Α   25 τω θεω] om τω Α

575

ΒΑΣΙΛΕΙΩΝ Α

B πρὸς Σαούλ Οὐκ ἀναστρέφω μετὰ σοῦ, ὅτι ἐξουδένωσας τὸ ῥῆμα Κυρίου, καὶ ἐξουδενώσει σε Κύριος τοῦ μὴ εἶναι βασιλέα ἐπὶ τὸν Ἰσραήλ. ²⁷καὶ ἐπέστρεψεν Σαμουὴλ τὸ πρόσωπον αὐτοῦ τοῦ ἀπελθεῖν, 27 καὶ ἐκράτησεν Σαοὺλ τοῦ πτερυγίου τῆς διπλοΐδος αὐτοῦ καὶ διέρρηξεν αὐτό. ²⁸καὶ εἶπεν πρὸς αὐτὸν Σαμουὴλ Διέρρηξεν Κύριος τὴν βασιλείαν 28 σου ἀπὸ Ἰσραὴλ ἐκ χειρός σου σήμερον, καὶ δώσει αὐτὴν τῷ πλησίον σου τῷ ἀγαθῷ ὑπὲρ σέ· ²⁹καὶ διαιρεθήσεται Ἰσραὴλ εἰς δύο, καὶ 29 οὐκ ἀποστρέψει οὐδὲ μετανοήσει, ὅτι οὐχ ὡς ἄνθρωπός ἐστιν τοῦ μετανοῆσαι αὐτός. ³⁰καὶ εἶπεν Σαοὺλ Ἡμάρτηκα, ἀλλὰ δόξασόν με δὴ 30 ἐνώπιον πρεσβυτέρων Ἰσραὴλ καὶ ἐνώπιον λαοῦ μου, καὶ ἀνάστρεψον μετ' ἐμοῦ καὶ προσκυνήσω τῷ κυρίῳ θεῷ σου. ³¹καὶ ἀνέστρεψεν 31 Σαμουὴλ ὀπίσω Σαούλ, καὶ προσεκύνησεν τῷ κυρίῳ. ³²Καὶ 32 εἶπεν Σαμουὴλ Προσαγάγετέ μοι τὸν Ἀγὰγ βασιλέα Ἀμαλήκ· καὶ προσῆλθεν πρὸς αὐτὸν Ἀγὰγ τρέμων. καὶ εἶπεν Ἀγάγ Εἰ οὕτως πικρὸς ὁ θάνατος; ³³καὶ εἶπεν Σαμουὴλ πρὸς Ἀγάγ Καθότι ἠτέκνωσεν γυναῖκας 33 ἡ ῥομφαία σου, οὕτως ἀτεκνωθήσεται ἐκ γυναικῶν ἡ μήτηρ σου· καὶ ἔσφαξεν Σαμουὴλ τὸν Ἀγὰγ ἐνώπιον Κυρίου ἐν Γαλγάλ. ³⁴Καὶ 34 ἀπῆλθεν Σαμουὴλ εἰς Ἁρμαθαίμ· καὶ Σαοὺλ ἀνέβη εἰς τὸν οἶκον αὐτοῦ εἰς Γαβαά. ³⁵καὶ οὐ προσέθετο Σαμουὴλ ἔτι ἰδεῖν τὸν Σαοὺλ ἕως 35 ἡμέρας θανάτου αὐτοῦ, ὅτι ἐπένθει Σαμουὴλ ἐπὶ Σαούλ, καὶ Κύριος μετεμελήθη ὅτι ἐβασίλευσεν τὸν Σαοὺλ ἐπὶ Ἰσραήλ.

¹Καὶ εἶπεν Κύριος πρὸς Σαμουὴλ Ἕως πότε σὺ πενθεῖς ἐπὶ 1 Σαούλ, κἀγὼ ἐξουδένωκα αὐτὸν μὴ βασιλεύειν ἐπὶ Ἰσραήλ; πλῆσον τὸ κέρας σου ἐλαίου, καὶ δεῦρο ἀποστείλω σε πρὸς Ἰεσσαὶ ἕως εἰς Βηθλέεμ, ὅτι ἑόρακα ἐν τοῖς υἱοῖς αὐτοῦ ἐμοὶ βασιλεύειν. ²καὶ εἶπεν 2 Σαμουήλ Πῶς πορευθῶ; καὶ ἀκούσεται Σαοὺλ καὶ ἀποκτενεῖ με. καὶ εἶπεν Κύριος Δάμαλιν βοῶν λάβε ἐν τῇ χειρί σου καὶ ἐρεῖς Θῦσαι ἥκω τῷ κυρίῳ· ³καὶ καλέσεις τὸν Ἰεσσαὶ εἰς τὴν θυσίαν, καὶ γνωριῶ 3 σοι ἃ ποιήσεις, καὶ χρίσεις ὃν ἐὰν εἴπω πρὸς σέ. ⁴καὶ ἐποίησεν 4 Σαμουὴλ πάντα ἃ ἐλάλησεν αὐτῷ Κύριος, καὶ ἦλθεν εἰς Βηθλέεμ. καὶ ἐξέστησαν οἱ πρεσβύτεροι τῆς πόλεως τῇ ἀπαντήσει αὐτοῦ καὶ εἶπαν Ἡ εἰρήνη ἡ εἴσοδός σου, ὁ βλέπων; ⁵καὶ εἶπεν Εἰρήνη· θῦσαι 5 τῷ κυρίῳ ἥκω, ἁγιάσθητε καὶ εὐφράνθητε μετ' ἐμοῦ σήμερον. καὶ

Λ 26 αναστρεψω A | τα| ρημα B* (το ρ. B^{ab}) 27 απεστρεψεν A 29 ουδε] και ου A 30 Ισρ. και εν. λαου μου] λαου μου και εν. Ἰσλ A | τω κυριω θεω] κω τω θω A 31 προσκυνησεν]+Σαουλ A 32 προσ|αγαγετε B* προ|σαγ. B^b | ο θανατος] om α A 34 τον οικον] om τον A XVI 1 καγω] και εγω A | εωρακα B^b 2 δαμαλι A | τω κω ηκω A 3 την θυσιαν] om την A | γνωρισω A 4 om η 1° A

ΒΑΣΙΛΕΙΩΝ Α XVI 18

ἡγίασεν τὸν Ἰεσσαὶ καὶ τοὺς υἱοὺς αὐτοῦ, καὶ ἐκάλεσεν αὐτοὺς εἰς B
6 τὴν θυσίαν. ⁶καὶ ἐγενήθη ἐν τῷ αὐτοὺς εἰσιέναι καὶ εἶδεν τὸν Ἐλιάβ,
7 καὶ εἶπεν Ἀλλὰ καὶ ἐνώπιον Κυρίου χριστὸς αὐτοῦ. ⁷καὶ εἶπεν Κύριος
πρὸς Σαμουὴλ Μὴ ἐπιβλέψῃς ἐπὶ τὴν ὄψιν αὐτοῦ μηδὲ εἰς τὴν ἕξιν
μεγέθους αὐτοῦ, ὅτι ἐξουδένωκα αὐτόν· ὅτι οὐχ ὡς ἐμβλέψεται ἄνθρωπος, ὄψεται ὁ θεός· ὅτι ἄνθρωπος ὄψεται εἰς πρόσωπον, ὁ δὲ θεὸς
8 ὄψεται εἰς καρδίαν. ⁸καὶ ἐκάλεσεν Ἰεσσαὶ τὸν Ἀμειναδάβ, καὶ
παρῆλθεν κατὰ πρόσωπον Σαμουήλ, καὶ εἶπεν Οὐδὲ τοῦτον ἐξελέξατο
9 ὁ θεός. ⁹καὶ παρήγαγεν Ἰεσσαὶ τὸν Σαμά· καὶ εἶπεν Καὶ ἐν τούτῳ
10 οὐκ ἐξελέξατο Κύριος. ¹⁰καὶ παρήγαγεν Ἰεσσαὶ τοὺς ἑπτὰ υἱοὺς
αὐτοῦ ἐνώπιον Σαμουήλ· καὶ εἶπεν Σαμουὴλ Οὐκ ἐξελέξατο Κύριος
11 ἐν τούτοις. ¹¹καὶ εἶπεν Σαμουὴλ πρὸς Ἰεσσαί Ἐκλελοίπασιν τὰ
παιδάρια; καὶ εἶπεν Ἔτι ὁ μικρός· ἰδοὺ ποιμαίνει ἐν τῷ ποιμνίῳ·
καὶ εἶπεν Σαμουὴλ πρὸς Ἰεσσαί Ἀπόστειλον καὶ λάβε αὐτόν, ὅτι οὐ
12 μὴ κατακλιθῶμεν ἕως τοῦ ἐλθεῖν αὐτόν. ¹²καὶ ἀπέστειλεν καὶ εἰσήγαγεν αὐτόν· καὶ οὗτος πυρράκης μετὰ κάλλους ὀφθαλμῶν, καὶ
ἀγαθὸς ὁράσει Κυρίῳ· καὶ εἶπεν Κύριος πρὸς Σαμουὴλ Ἀνάστα καὶ
13 χρῖσον τὸν Δαυείδ, ὅτι οὗτος ἀγαθός ἐστιν. ¹³καὶ ἔλαβεν Σαμουὴλ
τὸ κέρας τοῦ ἐλαίου καὶ ἔχρισεν αὐτὸν ἐν μέσῳ τῶν ἀδελφῶν αὐτοῦ·
καὶ ἐφήλατο πνεῦμα Κυρίου ἐπὶ Δαυεὶδ ἀπὸ τῆς ἡμέρας ἐκείνης καὶ
14 ἐπάνω· καὶ ἀνέστη Σαμουὴλ καὶ ἀπῆλθεν εἰς Ἁρμαθάιμ. ¹⁴Καὶ
πνεῦμα Κυρίου ἀπέστη ἀπὸ Σαούλ, καὶ ἔπνιγεν αὐτὸν πνεῦμα
15 πονηρὸν παρὰ Κυρίου. ¹⁵καὶ εἶπαν οἱ παῖδες Σαοὺλ πρὸς αὐτόν
16 Ἰδοὺ δὴ πνεῦμα Κυρίου πονηρὸν πνίγει σε· ¹⁶εἰπάτωσαν δὴ οἱ
δοῦλοί σου ἐνώπιόν σου καὶ ζητησάτωσαν τῷ κυρίῳ ἡμῶν ἄνδρα
εἰδότα ψάλλειν ἐν κινύρᾳ· καὶ ἔσται ἐν τῷ εἶναι πνεῦμα πονηρὸν
ἐπὶ σοὶ καὶ ψαλεῖ ἐν τῇ κινύρᾳ αὐτοῦ, καὶ ἀγαθόν σοι ἔσται καὶ
17 ἀναπαύσει σε. ¹⁷καὶ εἶπεν Σαοὺλ πρὸς τοὺς παῖδας αὐτοῦ Ἴδετε
δή μοι ἄνδρα ὀρθῶς ψάλλοντα, καὶ εἰσαγάγετε αὐτὸν πρός ἐμέ.
18 ¹⁸καὶ ἀπεκρίθη εἷς τῶν παιδαρίων αὐτοῦ καὶ εἶπεν Ἰδοὺ ἑόρακα υἱὸν
τῷ Ἰεσσαὶ Βηθλεεμείτην καὶ αὐτὸν εἰδότα ψαλμόν, καὶ ὁ ἀνὴρ συνετὸς
καὶ ὁ ἀνὴρ πολεμιστὴς καὶ σοφὸς λόγῳ, καὶ ἀνὴρ ἀγαθὸς τῷ εἴδει,

6 εισειεναι (sic) αυτους A | ιδεν A   7 επιβλεψης] επιστρεψης A | την A
οψιν] το προσωπον A | ο δε θεος] θς̄ δε A   8 Αμιναδαβ A | ο θεος] κ̄ς̄ A
9 Σαμμα A   10 Σαμουηλ 2°]+προς Ιεσσαι A   11 αυτον 2°]+ενταυθα A
12 om και 6° A | Δαυειδ] Δαδ̄ A (ita fere ubique)   15 Σαουλ] αυτου A
16 ειδοτα] ιδοντα A | πνευμα πον. επι σοι] εν σοι πνευμα πονηρον A | ψαλει]
ψαλλειν A   17 om μοι A | εμε] με A   18 om και ειπεν A | εωρακα
B^b | ψαλμον] ψαλλειν A | σοφος] συνετος A | ειδει] ιδειν A

SEPT. 577 2 O

ΒΑΣΙΛΕΙΩΝ Α

Β καὶ Κύριος μετ' αὐτοῦ. ¹⁹καὶ ἀπέστειλεν Σαοὺλ ἀγγέλους πρὸς Ἰεσσαὶ 19 λέγων Ἀπόστειλον πρός με τὸν υἱόν σου Δαυεὶδ τὸν ἐν τῷ ποιμνίῳ σου. ²⁰καὶ ἔλαβεν Ἰεσσαὶ γόμορ ἄρτων καὶ ἀσκὸν οἴνου καὶ ἔριφον 20 αἰγῶν ἕνα, καὶ ἐξαπέστειλεν ἐν χειρὶ Δαυεὶδ τοῦ υἱοῦ αὐτοῦ πρὸς Σαούλ. ²¹καὶ εἰσῆλθεν Δαυεὶδ πρὸς Σαούλ, καὶ παριστήκει ἐνώπιον 21 αὐτοῦ· καὶ ἠγάπησεν αὐτὸν σφόδρα, καὶ ἐγενήθη αὐτῷ αἴρων τὰ σκεύη αὐτοῦ. ²²καὶ ἀπέστειλεν Σαοὺλ πρὸς Ἰεσσαὶ λέγων Παριστάσθω 22 δὴ Δαυεὶδ ἐνώπιον ἐμοῦ, ὅτι εὗρεν χάριν ἐν ὀφθαλμοῖς μου. ²³καὶ 23 ἐγενήθη ἐν τῷ εἶναι πνεῦμα πονηρὸν ἐπὶ Σαοὺλ καὶ ἐλάμβανεν Δαυεὶδ τὴν κινύραν καὶ ἔψαλλεν ἐν τῇ χειρὶ αὐτοῦ, καὶ ἀνέψυχεν Σαοὺλ καὶ ἀγαθὸν αὐτῷ, καὶ ἀφίστατο ἀπ' αὐτοῦ τὸ πνεῦμα τὸ πονηρόν.

¹Καὶ συνάγουσιν ἀλλόφυλοι τὰς παρεμβολὰς αὐτῶν εἰς πόλεμον, 1 XV καὶ συνάγονται εἰς Σοκχὼθ τῆς Ἰδουμαίας, καὶ παρεμβάλλουσιν ἀνὰ μέσον Σοκχὼθ καὶ ἀνὰ μέσον Ἀζηκὰ Ἐφερμέμ. ²καὶ Σαοὺλ καὶ οἱ 2 ἄνδρες Ἰσραὴλ συνάγονται καὶ παρεμβάλλουσιν ἐν τῇ κοιλάδι· αὐτοὶ παρατάσσονται εἰς πόλεμον ἐξ ἐναντίας ἀλλοφύλων. ³καὶ ἀλλόφυλοί 3 ἵστανται ἐπὶ τοῦ ὄρους ἐνταῦθα, καὶ Ἰσραὴλ ἵσταται ἐπὶ τοῦ ὄρους ἐνταῦθα, κύκλῳ ἀνὰ μέσον αὐτῶν. ⁴καὶ ἐξῆλθεν ἀνὴρ δυνατὸς ἐκ 4 τῆς παρατάξεως τῶν ἀλλοφύλων, Γολιὰθ ὄνομα αὐτῷ, ἐκ Γέθ· ὕψος αὐτοῦ τεσσάρων πήχεων καὶ σπιθαμῆς. ⁵καὶ περικεφαλαία ἐπὶ τῆς 5 κεφαλῆς αὐτοῦ, καὶ θώρακα ἀλυσιδωτὸν αὐτὸς ἐνδεδυκώς, καὶ ὁ σταθμὸς τοῦ θώρακος αὐτοῦ πέντε χιλιάδες σίκλων χαλκοῦ καὶ σιδήρου· ⁶καὶ κνημῖδες χαλκαῖ ἐπάνω τῶν σκελῶν αὐτοῦ, καὶ ἀσπὶς χαλκῆ ἀνὰ 6 μέσον τῶν ὤμων αὐτοῦ· ⁷καὶ ὁ κοντὸς τοῦ δόρατος αὐτοῦ ὡσεὶ μέσα- 7 κλον ὑφαινόντων, καὶ ἡ λόγχη αὐτοῦ ἑξακοσίων σίκλων σιδήρου· καὶ ὁ αἴρων τὰ ὅπλα αὐτοῦ προεπορεύετο αὐτοῦ. ⁸καὶ ἀνέστη καὶ ἀνε- 8 βόησεν εἰς τὴν παράταξιν Ἰσραὴλ καὶ εἶπεν αὐτοῖς Τί ἐκπορεύεσθε παρατάξασθαι πολέμῳ ἐξ ἐναντίας ἡμῶν; οὐκ ἐγώ εἰμι ἀλλόφυλος, καὶ ὑμεῖς Ἑβραῖοι καὶ Σαούλ; ἐκλέξασθε ἑαυτοῖς ἄνδρα καὶ καταβήτω πρός με· ⁹καὶ ἐὰν δυνηθῇ πρός με πολεμῆσαι καὶ ἐὰν πατάξῃ με, καὶ 9 ἐσόμεθα ὑμῖν εἰς δούλους· ἐὰν δὲ ἐγὼ δυνηθῶ καὶ πατάξω αὐτόν,

A 19 om Σαουλ A | Δαδ τον υιον σου A 20 αιγων] pr εξ A 21 παρειστηκει B^{ab}A | τα σκευη] om τα A 22 παρειστασθω B* (παριστ. B^aA) 23 τη χειρι] om τη A XVII 1 εις Σοκχωθ] εισογχω A | Ιδουμαιας] Ιου|-δαιας A | Σοκχωθ 2°] Σογχω A | Εφερμεμ] εν Αφεσδομμειν A 3 κυκλω] και ο αυλων A 4 τεσσαρων] εξ A 5 περικεφαλαιαν A | θωρακος] χωρακος A 7 υφαινοντος A | εξακοσιοι A | προσπορευετο (sic) A 8 ανεστη] εστη A | εις] προς A | τι] ετι A | εκπορευεσθαι A | και Σαουλ] του Σ. A | εαυτοις] αυτοις A 9 εμε] με A | εσομεθα] εσομαι|θα A | om δε A

ΒΑΣΙΛΕΙΩΝ Α　　　　　　　　　　XVII 32

10 ἔσεσθε ἡμῖν εἰς δούλους καὶ δουλεύσετε ἡμῖν. ¹⁰καὶ εἶπεν ὁ ἀλλόφυ- B
λος Ἰδοὺ ἐγὼ ὠνείδισα τὴν παράταξιν Ἰσραὴλ σήμερον ἐν τῇ ἡμέρᾳ
11 ταύτῃ· δότε μοι ἄνδρα καὶ μονομαχήσομεν ἀμφότεροι. ¹¹καὶ ἤκουσεν
Σαοὺλ καὶ πᾶς Ἰσραὴλ τὰ ῥήματα τοῦ ἀλλοφύλου ταῦτα, καὶ ἐξέ-
32 στησαν καὶ ἐφοβήθησαν σφόδρα. ³²Καὶ εἶπεν Δαυεὶδ πρὸς Σαούλ

9 δουλευσατε A   10 μονομαχησωμεν A   11 του αλλοφ.] pr αυτου A A
12—31 και ειπεν Δαδ· υιος αυ͞ου Εφρα|θαι· ου ουτος εκ Βηθλεεμ| Ιουδα· και
ονομα αυτω Ιεσσαι| και αυτω οκτω υιοι· και ο ανηρ|'εν ταις ημεραις Σαουλ πρε|-
σβυτερος εληλυθως εν ανδρα|σιν· (13) και επορευθησαν οι τρεις| υιοι Ιεσσαι οι
μειζονες επο|ρευθησαν οπισω Σαουλ· εις| πολεμον· και ονομα των υιω͞| αυτου των
πορευθεντων| εις τον πολεμον Ελιαβ· ο πρω|τοτοκος αυτου· και ο δευτερος| αυτου
Αμιναδαβ· και ο τριτος| αυτου Σαμμα· (14) και Δαδ αυτος| εστιν ο νεωτερος· και
οι τρεις| οι μιζονες επορευθησαν| οπισω Σαουλ· (15) και Δαδ· απηλθεν| και ανε-
στρεψεν απο του Σαουλ| ποιμαινων τα| προβατα του| πατρος αυτου εν Βηθλεεμ·|
(16) και προηγεν ο αλλοφυλος ορ|θριζων και οψιζων· και εστη|λωθη τεσσερα-
κοντα ημερας·| (17) και ειπεν Ιεσσαι προς Δαδ· λαβε| δη τοις αδελφοις σου οιφει|
τουτου και δεκα αρτους·|| τουτους· και διαδραμε εις| την παρεμβολην και δος τοις|
αδελφοις σου· (18) και τας δεκα| στρυφαλιδας (ν superser A¹)·του γαλακτος|
τουτου εισοισεις τω χειλε|αρχω και τους αδελφους σου| επισκεψη εις ειρηνην·
και| οσα αν χρηζωσιν γνωση·| (19) και Σαουλ· αυτος και πας ανηρ| Ιηλ εν τη
κοιλαδι της δρυος| πολεμουντες μετα των αλ|λοφυλων·| (20) και ωρθρισεν Δαδ
το πρωι· και| αφηκεν τα προβατα φυλακει| και ελαβεν και απηλθεν κα|θα ενετε-
λατο αυτω Ιεσσαι·| και ηλθεν εις την στρογγυλω|σιν και δυναμιν την εκπορευο-
μενην εις την παραταξιν| και ηλαλαξαν εν τω πολεμω·| (21) και παρεταξαντο
Ισλ· και οι αλ|λοφυλοι παραταξιν εξ εναντιας| παραταξεως·| (22) και αφηκεν
Δαδ τα σκευη αυτου| αφ εαυτου επι χειρα φυλακος| και εδραμεν εις την παρα-
ταξιν·| και ηλθεν· και ηρωτησεν τους| αδελφους αυτου εις ειρηνην·| (23) και αυτου
λαλουντος μετ αυτω͞| ιδου ανηρ· ο αμεσσαιος ανεβε|ν Γολιαθ· ο Φιλιστιαιος
ονο|μα αυτω εκ Γεθ· εκ των παρα|ταξεων των αλλοφυλων· και| ελαλησεν κατα
ρηματα ταυτα·| και ηκουσεν Δαδ· (24) και πας ανηρ| Ιηλ· εν τω ιδειν αυτους
τον αν|δρα· και εφυγον εκ προσωπου| αυτου και εφοβηθησαν σφο|δρα· (25) και
ειπεν ανηρ Ιηλ· ει εο|ρακατε τον ανδρα τον αναβαινο|τα τουτον οτι ονιδισεν τον
Ισλ| ανεβη και εσται ανηρ· ος αν πα|ταξη αυτον πλουτισει αυτον| ο βασιλευς
πλουτον μεγαν και| την θυγατερα αυτου δωσει αυτω| και τον οικον του πρ͞ς αυ-
του| ποιησει ελευθερον εν τω Ιηλ| (26) και ειπεν Δαδ προς τους ανδρας| τους
συνεστηκοτας μετ αυ|του λεγων· η ποιηθησεται τω| ανδρι ος αν παταξει τον αλ-
'λο|φυλον εκεινον· και αφελει ονι|δισμον απο Ιηλ· οτι τις αλλοφυ|λος ο απεριτμη-
τος αυτος οτι| ωνιδισεν παραταξιν θυ ζωντος| (27) και ειπεν αυτω ο λαος κατα
το| ρημα τουτο λεγων ουτως ποιη|θησεται τω ανδρι ος αν παταξι αυτον·| (28) και
ηκουσεν Ελιαβ ο α|δελφος (β', ο 1°, a sup ras Aᵃ¹) αυτου ο μιζων εν τω λα|λειν
αυτον προς τους ανδρας·| και ωργισθη θυμω Ελιαβ· εν τω| Δαδ· και ειπεν· ινα
τι τουτο κατεβης| και επι τινα αφηκας τα μικρα προ|βατα εκεινα εν τη ερημω·
εγω| οιδα την υπερηφανιαν· σου·| και την κακιαν της καρδιας σου| οτι ενεκεν
του ιδειν τον πολε|μον κατεβης·| (29) και ειπεν Δαδ· τι εποιησα νυν·| ουχι
ρημα εστιν (30) και επεστρεψεν|| παρ αυτου εις· αιναντιον ετερου| και ειπεν

Β Μὴ δὴ συνπεσέτω καρδία τοῦ κυρίου μου ἐπ' αὐτόν· ὁ δοῦλός σου πορεύσεται καὶ πολεμήσει μετὰ τοῦ ἀλλοφύλου τούτου. ³³καὶ εἶπεν 33 Σαοὺλ πρὸς Δανειδ Οὐ μὴ δύνῃ πορευθῆναι πρὸς τὸν ἀλλόφυλον τοῦ πολεμεῖν μετ' αὐτοῦ, ὅτι παιδάριον εἶ σύ, καὶ αὐτὸς ἀνὴρ πολεμιστὴς ἐκ νεότητος αὐτοῦ. ³⁴καὶ εἶπεν Δανειδ πρὸς Σαοὺλ Ποιμαίνων 34 ἦν ὁ δοῦλός σου τῷ πατρὶ αὐτοῦ ἐν τῷ ποιμνίῳ· καὶ ὅταν ἤρχετο ὁ λέων καὶ ἡ ἄρκος καὶ ἐλάμβανεν πρόβατον ἐκ τῆς ἀγέλης, ³⁵καὶ 35 ἐξεπορευόμην ὀπίσω αὐτοῦ καὶ ἐπάταξα αὐτόν, καὶ ἐξέσπασα ἐκ τοῦ στόματος αὐτοῦ· καὶ εἰ ἐπανίστατο ἐπ' ἐμέ, καὶ ἐκράτησα τοῦ φάρυγγος αὐτοῦ καὶ ἐπάταξα καὶ ἐθανάτωσα αὐτόν. ³⁶καὶ τὴν ἄρκον 36 ἔτυπτεν ὁ δοῦλός σου καὶ τὸν λέοντα, καὶ ἔσται ὁ ἀλλόφυλος ὁ ἀπερίτμητος ὡς ἓν τούτων· οὐχὶ πορεύσομαι καὶ πατάξω αὐτόν, καὶ ἀφελῶ σήμερον ὄνειδος ἐξ Ἰσραήλ; διότι τίς ὁ ἀπερίτμητος οὗτος ὃς ὠνείδισεν παράταξιν θεοῦ ζῶντος; ³⁷Κύριος ὃς ἐξείλατό με ἐκ χειρὸς τοῦ λέοντος 37 καὶ ἐκ χειρὸς τῆς ἄρκου, αὐτὸς ἐξελεῖταί με ἐκ χειρὸς τοῦ ἀλλοφύλου τοῦ ἀπεριτμήτου τούτου. καὶ εἶπεν Σαοὺλ πρὸς Δανειδ Πορεύου, καὶ ἔσται Κύριος μετὰ σοῦ. ³⁸καὶ ἐνέδυσεν Σαοὺλ τὸν Δανειδ μαν- 38 δύαν καὶ περικεφαλαίαν χαλκῆν περὶ τὴν κεφαλὴν αὐτοῦ, ³⁹καὶ ἔζωσεν 39 τὸν Δανειδ τὴν ῥομφαίαν αὐτοῦ ἐπάνω τοῦ μανδύου αὐτοῦ· καὶ ἐκοπίασεν περιπατήσας ἅπαξ καὶ δίς. καὶ εἶπεν Δανειδ πρὸς Σαοὺλ Οὐ μὴ δύνωμαι πορευθῆναι ἐν τούτοις, ὅτι οὐ πεπείραμαι· καὶ ἀφαιροῦσιν αὐτὰ ἀπ' αὐτοῦ. ⁴⁰καὶ ἔλαβεν τὴν βακτηρίαν αὐτοῦ ἐν τῇ 40 χειρὶ αὐτοῦ, καὶ ἐξελέξατο ἑαυτῷ πέντε λίθους τελείους ἐκ τοῦ χειμάρρου καὶ ἔθετο αὐτοὺς ἐν τῷ καδίῳ τῷ ποιμενικῷ τῷ ὄντι αὐτῷ εἰς συλλογήν, καὶ σφενδόνην αὐτοῦ ἐν τῇ χειρὶ αὐτοῦ· καὶ προσῆλθεν πρὸς τὸν ἄνδρα τὸν ἀλλόφυλον. ⁴²καὶ εἶδεν Γολιὰδ τὸν Δανειδ καὶ 42 ἠτίμασεν αὐτόν, ὅτι αὐτὸς ἦν παιδάριον καὶ αὐτὸς πυρράκης μετὰ κάλλους ὀφθαλμῶν. ⁴³καὶ εἶπεν ὁ ἀλλόφυλος πρὸς Δανειδ Ὡσεὶ 43

A κατα το ρημα τουτο· | και απεκριθη αυτω ο λαος κατα | το ρημα του πρωτου· (31) και ηκουσθη|σαν οι λογοι ους ελαλησεν Δαδ· | και ανηγγελησαν οπισω Σαουλ| και παρελαβεν αυτον· | A (om B)   32 καρδια] pr η A   33 δυνη] δυνηθηση A | μετ αυτου] προς αυτον A | παιδαριον] παιδιον A   35 του φαρυγγος] της φ. A   36 την αρκον...τον λεοντα] τον| λεοντα και την αρκον ετυπτεν| ο δουλος σου· A | ουχει A | ονιδος σημερον A   37 Κυριος 1°] pr και ειπεν Δαδ A | αυτος] ουτος A | κ̅ς̅ εσται A   38 om Δανειδ A | μανδυαν]+ αυτου A | περι] επι A.   39 τον Δανειδ] Δαδ θωρακαν και περιεζωσατο Δαδ A| εκοπιασεν] εποκασεν (sic) A | περιπατησαι A | απαξ] απας A | εν τουτοις πορ. A | αφαιρουσιν] διαφερουσιν A   40 om τελειους A.   41 και επο|ρευθη ο αλλοφυλος πορευομενος| και ενγιζων προς Δαδ· και ανηρ| ο αιρων τον θυραιον εμπροσθεν| αυτου· και επεβλεψεν ο αλλοφυ|λος· A (om B).   42 ιδεν A | Γολιαθ A

ΒΑΣΙΛΕΙΩΝ Α XVII 54

κύων ἐγώ εἰμι, ὅτι σὺ ἔρχῃ ἐπ' ἐμέ ἐν ῥάβδῳ καὶ λίθοις; καὶ εἶπεν Β Δαυείδ Οὐχί, ἀλλ' ἢ χείρω κυνός. καὶ κατηράσατο ὁ ἀλλόφυλος τὸν 44 Δαυείδ ἐν τοῖς θεοῖς ἑαυτοῦ. ⁴⁴καὶ εἶπεν ὁ ἀλλόφυλος πρὸς Δαυείδ Δεῦρο πρὸς μὲ καὶ δώσω τὰς σάρκας σου τοῖς πετεινοῖς τοῦ οὐρανοῦ 45 καὶ τοῖς κτήνεσιν τῆς γῆς. ⁴⁵καὶ εἶπεν Δαυείδ πρὸς τὸν ἀλλόφυλον Σὺ ἔρχῃ πρὸς μὲ ἐν ῥομφαίᾳ καὶ ἐν δόρατι καὶ ἐν ἀσπίδι, κἀγὼ πορεύομαι πρὸς σὲ ἐν ὀνόματι Κυρίου θεοῦ σαβαὼθ παρατάξεως Ἰσραὴλ 46 ἣν ὠνείδισας. ⁽⁴⁶⁾σήμερον· ⁴⁶καὶ ἀποκλείσει σε Κύριος σήμερον εἰς τὴν χεῖρά μου, καὶ ἀποκτενῶ σε καὶ ἀφελῶ τὴν κεφαλήν σου ἀπὸ σοῦ, καὶ δώσω τὰ κῶλά σου καὶ τὰ κῶλα παρεμβολῆς ἀλλοφύλων ἐν ταύτῃ τῇ ἡμέρᾳ τοῖς πετεινοῖς τοῦ οὐρανοῦ καὶ τοῖς θηρίοις τῆς γῆς· καὶ γνώ- 47 σεται πᾶσα ἡ γῆ ὅτι ἔστιν θεὸς ἐν Ἰσραήλ. ⁴⁷καὶ γνώσεται πᾶσα ἡ ἐκκλησία αὕτη ὅτι οὐκ ἐν ῥομφαίᾳ καὶ δόρατι σώζει Κύριος· ὅτι τοῦ Κυρίου ὁ πόλεμος, καὶ παραδώσει Κύριος ὑμᾶς εἰς χεῖρας ἡμῶν. 48 ⁴⁸καὶ ἀνέστη ὁ ἀλλόφυλος καὶ ἐπορεύθη εἰς συνάντησιν Δαυείδ. 49 ⁴⁹καὶ ἐξέτεινεν Δαυείδ τὴν χεῖρα αὐτοῦ εἰς τὸ κάδιον καὶ ἔλαβεν ἐκεῖθεν λίθον ἕνα, καὶ ἐσφενδόνησεν καὶ ἐπάταξεν τὸν ἀλλόφυλον ἐπὶ τὸ μέτωπον αὐτοῦ, καὶ διέδυ ὁ λίθος διὰ τῆς περικεφαλαίας εἰς τὸ μέτωπον 51 αὐτοῦ, καὶ ἔπεσεν ἐπὶ πρόσωπον αὐτοῦ ἐπὶ τὴν γῆν. ⁵¹καὶ ἔδραμεν Δαυείδ καὶ ἐπέστη ἐπ' αὐτόν, καὶ ἔλαβεν τὴν ῥομφαίαν αὐτοῦ καὶ ἐθανάτωσεν αὐτὸν καὶ ἀφεῖλεν τὴν κεφαλὴν αὐτοῦ· καὶ εἶδον οἱ ἀλλό- 52 φυλοι ὅτι τέθνηκεν ὁ δυνατὸς αὐτῶν, καὶ ἔφυγον. ⁵²καὶ ἀνίστανται ἄνδρες Ἰσραὴλ καὶ Ἰούδα καὶ ἠλάλαξαν, καὶ κατεδίωξαν ὀπίσω αὐτῶν ἕως εἰσόδου Γὲθ καὶ ἕως τῆς πύλης Ἀσκάλωνος· καὶ ἔπεσαν τραυματίαι τῶν ἀλλοφύλων ἐν τῇ ὁδῷ τῶν πυλῶν καὶ ἕως Γὲθ καὶ ἕως 53 Ἀκκαρών. ⁵³καὶ ἀνέστρεψαν ἄνδρες Ἰσραὴλ ἐκκλίνοντες ὀπίσω 54 τῶν ἀλλοφύλων, καὶ κατεπάτουν τὰς παρεμβολὰς αὐτῶν. ⁵⁴καὶ ἔλαβεν Δαυείδ τὴν κεφαλὴν τοῦ ἀλλοφύλου καὶ ἤνεγκεν αὐτὴν

43 επ εμε] προς με A | λιθω A | om και ειπεν Δαυειδ ουχι αλλ, η A χειρω κυνος A | θεοις] ειδωλοις A   44 δωσω] παραδωσω A | κτηνεσιν] θηριοις A   45 σαβαωθ θυ A   46 σημ. εις την χειρα μου] εν τη χειρι μου σημ. A | αποκτεινω A | τη ημερα ταυτη A   48 επορευθη]+και ηγγισεν A | Δαυειδ]+και εταχυνεν Δαδ και| εδραμεν εις την παραταξιν του| αλλοφυλου· A   49 om εκειθεν A | εις 2°] επι A   50 και εκρα|ταιωσεν Δαδ υπερ τον αλλοφυ|λον εν τη σφενδονη· και εν| τω λιθω· και επαταξεν τον αλ|λοφυλον και εθανατωσεν αυτο| και ρομφαια, ουκ ην εν χειρι| Δαδ· A (om B)   51 ρομφ. αυτου]+και εξεπασεν| αυτην εκ του κολαιου αυτης| A | αφειλεν]+εν αυτη A | ιδαν A | εφυγαν A   52 Γὲθ 1°] Γαι A | επεσον A | εως 3°] εις A   53 απεστρεψαν A

ΒΑΣΙΛΕΙΩΝ Α

B εἰς Ἰερουσαλήμ, καὶ τὰ σκεύη αὐτοῦ ἔθηκεν ἐν τῷ σκηνώματι αὐτοῦ.

⁶Καὶ ἐξῆλθον αἱ χορεύουσαι εἰς συνάντησιν Δαυεὶδ ἐκ πασῶν 6 XV πόλεων Ἰσραὴλ ἐν τυμπάνοις καὶ ἐν χαρμοσύνῃ καὶ ἐν κυμβάλοις· ⁷καὶ ἐξῆρχον αἱ γυναῖκες καὶ ἔλεγον 7
Ἐπάταξεν Σαοὺλ ἐν χιλιάσιν αὐτοῦ,
καὶ Δαυεὶδ ἐν μυριάσιν αὐτοῦ.
⁸καὶ πονηρὸν ἐφάνη τὸ ῥῆμα ἐν ὀφθαλμοῖς Σαοὺλ περὶ τοῦ λόγου 8 τούτου, καὶ εἶπεν Τῷ Δαυεὶδ ἔδωκαν τὰς μυριάδας, καὶ ἐμοὶ ἔδωκαν τὰς χιλιάδας. ⁹καὶ ἦν Σαοὺλ ὑποβλεπόμενος τὸν Δαυεὶδ ἀπὸ τῆς ἡμέρας 9 ἐκείνης καὶ ἐπέκεινα. ¹²καὶ ἐφοβήθη Σαοὺλ ἀπὸ προσώπου Δαυείδ, 12 ¹³καὶ ἀπέστησεν αὐτὸν ἀπ᾽ αὐτοῦ καὶ κατέστησεν αὐτὸν ἑαυτῷ χιλίαρ- 13 χον· καὶ ἐξεπορεύετο καὶ εἰσεπορεύετο ἔμπροσθεν τοῦ λαοῦ. ¹⁴καὶ 14 ἦν Δαυεὶδ ἐν πάσαις ταῖς ὁδοῖς αὐτοῦ συνίων, καὶ Κύριος μετ᾽ αὐτοῦ.

A 55—XVIII 5 και ως ειδεν Σαουλ·| τον Δαδ· εκπορευομενον εις| απαντησιν του αλλοφυλου| ειπεν προς Αβενηρ τον αρχον|τα της δυναμεως· υιος τινος| ο νεανισκος ουτος·| και ειπεν Αβεννηρ· ξη η ψυχη| σου βασιλευ ει οιδα·| (56) και ειπεν ο βασιλευς επηρωτη|σον συ υιος τινος ο νεανισκος| ουτος· (57) και ως επεστρεψεν| Δαδ του παταξαι τον αλλοφυλō| και παρελαβεν αυτον Αβαινηρ·| και εισηγαγεν αυτον ενωπιō| Σαουλ· και η κεφαλη του αλλο|φυλου εν τη χειρι| αυτου·| (58) και ειπεν προς αυτον Σαουλ·| υιος τινος ει παιδαριον· και| ειπεν Δαδ υιος δουλου σου·| Ιεσσαι του Βηθλεεμειτου·| (1) και εγενετο ως συνετελεσεν| λαλων προς Σαουλ· και η ψυ|χη Ιωναθαν συνεδεθη τη ψυ|χη Δαδ· και ηγαπησεν αυτον| Ιωναθαν κατα την ψυχην αυ|του· (2) και ελαβεν αυτον Σαουλ·| εν τη ημερα εκεινη· και ουκ ε|δωκεν αυτον επιστρεψαι εν| τω οικω του π̅ρ̅ς αυτου·| (3) και διεθετο Ιωναθαν· και Δαδ·| εν τω αγαπαν αυτον κατα την| ψυχην αυτου· (4) και εξεδυσα|το Ιωναθαν τον επενδυτην| τον επανω· και εδωκεν αυτō| τω Δαδ και το (sic) μανδυαν αυτου| και εως της ρομφαιας αυτου| και εως του τοξου αυτου· και| εως της ζωνης αυτου· (5) και εξε|πορευετο Δαδ· εν πασιν οις| απεστειλεν αυτον Σαουλ· συνη|κεν· και κατεστησεν αυτον Σα|ουλ επι τους ανδρας του πολεμου| και ηρεσεν εν οφθαλμοις παν|τος του λαου· και γε εν οφθαλμοις| δουλων Σαουλ· (6) και εγενηθη εν τω εισπορευε|σθαι αυτους εν τω επιστρεφει| Δαδ απο του παταξαι τον αλλοφυλō| A (om B)   XVIII 6 πο̄λεων] pr των A·| Ισραηλ] + και χορευουσαι εις| απαντησιν Σαουλ του βασιλεως| A | om εν 2° A   7 εξηρχον] εξηλθον A | γυναικες] + αι παιζουσαι A·   8 εδωκαν τω Δαδ A | χιλιαδας] + και τι| αυτω πλην η βασιλεια· A   10—11· και εγενηθη απο της επαυριον| και επεσεν π̅ν̅α θ̅υ̅ πονηρον επι| Σαουλ· και προεφητευσεν εν μεσω οικου αυτου· και Δαδ εψαλλεν| εν χειρι αυτου· ως καθ᾽ εκαστην| ημεραν· και το δορυ εν τη χειρει| Σαουλ·   (11) και ηρεν Σαουλ· το δορυ| και ειπεν παταξω εν Δαδ·| και εν| τω τοιχω· και εξεκλινεν Δαδ απο| προσωπου αυτου δεις· A (om B)   12 Δαυειδ] +]οτι ην κ̅ς μετ αυτου και απο Σαουλ απεστη· A   13 αυτον 1°] + Σαουλ A

ΒΑΣΙΛΕΙΩΝ Α XIX 1

15 ¹⁵καὶ εἶδεν Σαοὺλ ὡς αὐτὸς συνίει σφόδρα, καὶ εὐλαβεῖτο ἀπὸ προσώ- B
16 που αὐτοῦ. ¹⁶καὶ πᾶς Ἰσραὴλ καὶ Ἰούδας ἠγάπα τὸν Δαυείδ, ὅτι
20 αὐτὸς εἰσεπορεύετο καὶ ἐξεπορεύετο πρὸ προσώπου τοῦ λαοῦ. ²⁰καὶ
ἠγάπησεν Μελχὸλ ἡ θυγάτηρ Σαοὺλ τὸν Δαυείδ, καὶ ἀπηγγέλη Σαοὺλ
21 καὶ ηὐθύνθη ἐν τοῖς ὀφθαλμοῖς αὐτοῦ· ²¹καὶ εἶπεν Σαοὺλ Δώσω αὐτὴν
αὐτῷ, καὶ ἔσται αὐτῷ εἰς σκάνδαλον. καὶ ἦν ἐπὶ Σαοὺλ χεὶρ ἀλλο-
22 φύλων. ²²καὶ ἐνετείλατο Σαοὺλ τοῖς παισὶν αὐτοῦ λέγων Λαλήσατε
ὑμεῖς λάθρα τῷ Δαυεὶδ λέγοντες Ἰδοὺ ὁ βασιλεὺς θέλει ἐν σοί, καὶ
πάντες οἱ παῖδες αὐτοῦ ἀγαπῶσίν σε, καὶ σὺ ἐπιγάμβρευσον τῷ
23 βασιλεῖ. ²³καὶ ἐλάλησαν οἱ παῖδες Σαοὺλ εἰς τὰ ὦτα Δαυεὶδ τὰ
ῥήματα ταῦτα· καὶ εἶπεν Δαυεὶδ Κοῦφον ἐν ὀφθαλμοῖς ὑμῶν ἐπιγαμ-
24 βρεῦσαι βασιλεῖ; κἀγὼ ἀνὴρ ταπεινὸς καὶ οὐχὶ ἔνδοξος. ²⁴καὶ
ἀπήγγειλαν οἱ παῖδες Σαοὺλ αὐτῷ κατὰ τὰ ῥήματα ταῦτα ἃ ἐλάλησεν
25 Δαυείδ. ²⁵καὶ εἶπεν Σαοὺλ Τάδε ἐρεῖτε τῷ Δαυεὶδ Οὐ βούλεται ὁ
βασιλεὺς ἐν δόματι ἀλλ' ἢ ἐν ἑκατὸν ἀκροβυστίαις ἀλλοφύλων, ἐκδική-
σαι ἐχθροὺς τοῦ βασιλέως. καὶ Σαοὺλ ἐλογίσατο αὐτὸν ἐμβαλεῖν
26 εἰς χεῖρας τῶν ἀλλοφύλων. ²⁶καὶ ἀπαγγέλλουσιν οἱ παῖδες Σαοὺλ τῷ
Δαυεὶδ τὰ ῥήματα ταῦτα, καὶ εὐθύνθη ὁ λόγος ἐν ὀφθαλμοῖς Δαυεὶδ
27 ἐπιγαμβρεῦσαι τῷ βασιλεῖ· ²⁷καὶ ἀνέστη Δαυεὶδ καὶ ἐπορεύθη αὐτὸς
καὶ οἱ ἄνδρες αὐτοῦ, καὶ ἐπάταξεν ἐν τοῖς ἀλλοφύλοις ἑκατὸν ἄνδρας,
καὶ ἀνήνεγκεν τὰς ἀκροβυστίας αὐτῶν τῷ βασιλεῖ, καὶ ἐπιγαμβρεύεται
τῷ βασιλεῖ, καὶ δίδωσιν αὐτῷ τὴν Μελχὸλ θυγατέρα αὐτοῦ αὐτῷ
28 εἰς γυναῖκα. ²⁸καὶ εἶδεν Σαοὺλ ὅτι Κύριος μετὰ Δαυεὶδ καὶ πᾶς Ἰσραὴλ
XIX 1 ἠγάπα αὐτόν, ²⁹καὶ προσέθετο εὐλαβεῖσθαι ἀπὸ Δαυεὶδ ἔτι. . ¹Καὶ

15 ιδεν A   16 εξεπορ. και εισεπορ. A   17—19 και ειπεν Σαουλ· προς A
Δαδ ιδου η θυ|γατηρ μου η μειζων Μεροβ·|| αυτην δωσω σοι εις γυναικα·
και| πλην γινου μοι εις υιον δυναμεως| και πολεμει τους πολεμους κυ| και Σαουλ·
ειπεν μη εστω χειρ μου| επ αυτω· και εσται επ αυτον χειρι αλλοφυλων·| (18) και
ειπεν Δαδ προς Σαουλ· τις εγω| ειμι· και τις η ζωη της συγγενει|ας σου πρς μου
εν Ιηλ· οτι εσομαι| γαμβρος του βασιλεως· (19) και εγε|νηθη εν τω καιρω του
δοθηναι| την Μεροβ θυγατερα Σαουλ· τω Δαδ| και αυτη εδοθη τω Ιηλ τω
Μοου|λαθειτη εις γυναικα·| A (om B)   20 ηυθυνθη] ευθυνθη το ρημα A |
τοις οφθ.] om τοις A   21 εις|κανδαλον A   22 και ενετειλατο] pr και
ειπεν Σαουλ προς τον Δαδ εν ταις| δυσιν επιγαμβρευσεις μοι σημε|ρον· A | λαθρα
τω Δαυειδ] τον Δαδ λαθρα A | θελει εν σοι ο βασ. A   23 τα ρηματα]
pr κατα A | κουφον] pr ει B^{ab} (superscr) A | ανηρ] ανος A   25 δοματι]
δοτι A | om εκδικησαι...των αλλοφυλων A   26 Δαυειδ 1º] Δαδ BA   27 και
ανεστη] pr και| ουκ επληρωθησαν αι ημεραι| A | om εκατον A | ανηνεγκεν τας
ακροβ.] ηνεγκεν ακροβ. A | τω βασιλει] pr και επληρωσεν αυτας A | την
Μελχολ] pr Σαουλ A   28 ιδεν A | οτι] pr και εγνω A   29—30 ετι]+

ΧΙΧ 2   ΒΑΣΙΛΕΙΩΝ Α

ἐλάλησεν Σαοὺλ πρὸς Ἰωναθὰν τὸν υἱὸν αὐτοῦ καὶ πρὸς πάντας τοὺς παῖδας αὐτοῦ θανατῶσαι τὸν Δαυείδ. ²καὶ Ἰωναθὰν υἱὸς Σαοὺλ ᾑρεῖτο 2 τὸν Δαυεὶδ σφόδρα· ⁽²⁾καὶ ἀπήγγειλεν Ἰωναθὰν τῷ Δαυεὶδ λέγων Σαοὺλ ζητεῖ θανατῶσαί σε· φύλαξαι οὖν αὔριον πρωί, καὶ κρύβηθι καὶ κάθισον κρυβῇ· ³καὶ ἐγὼ ἐξελεύσομαι καὶ στήσομαι ἐχόμενος τοῦ 3 πατρός μου ἐν ἀγρῷ οὗ ἐὰν ᾖς ἐκεῖ, καὶ ἐγὼ λαλήσω περὶ σοῦ πρὸς τὸν πατέρα μου· καὶ ὄψομαι ὅ τι ἐὰν ᾖ, καὶ ἀπαγγελῶ σοι. ⁴καὶ 4 ἐλάλησεν Ἰωναθὰν περὶ Δαυεὶδ ἀγαθὰ πρὸς Σαοὺλ τὸν πατέρα αὐτοῦ, καὶ εἶπεν πρὸς αὐτόν Μὴ ἁμαρτησάτω ὁ βασιλεὺς εἰς τὸν δοῦλόν σου Δαυείδ, ὅτι οὐχ ἡμάρτηκεν εἰς σέ, καὶ τὰ ποιήματα αὐτοῦ ἀγαθὰ σφόδρα· ⁵καὶ ἔθετο τὴν ψυχὴν αὐτοῦ ἐν τῇ χειρὶ αὐτοῦ καὶ ἐπάταξεν τὸν ἀλλό- 5 φυλον, καὶ ἐποίησεν Κύριος σωτηρίαν μεγάλην, καὶ πᾶς Ἰσραὴλ εἶδον καὶ ἐχάρησαν· καὶ ἵνα τί ἁμαρτάνεις εἰς αἷμα ἀθῷον θανατῶσαι τὸν Δαυεὶδ δωρεάν; ⁶καὶ ἤκουσεν Σαοὺλ τῆς φωνῆς Ἰωναθάν, καὶ ὤμοσεν 6 Σαοὺλ λέγων Ζῇ Κύριος, εἰ ἀποθανεῖται. ⁷καὶ ἐκάλεσεν Ἰωναθὰν τὸν 7 Δαυεὶδ καὶ ἀπήγγειλεν αὐτῷ πάντα τὰ ῥήματα ταῦτα· καὶ εἰσήγαγεν Ἰωναθὰν τὸν Δαυεὶδ πρὸς Σαούλ, καὶ ἦν ἐνώπιον αὐτοῦ ὡσεὶ ἐχθὲς καὶ τρίτην ἡμέραν. ⁸Καὶ προσέθετο ὁ πόλεμος γενέσθαι πρὸς Δαυείδ· 8 καὶ κατίσχυσεν Δαυεὶδ καὶ ἐπολέμησεν τοὺς ἀλλοφύλους, καὶ ἐπάταξεν ἐν αὐτοῖς πληγὴν μεγάλην σφόδρα, καὶ ἔφυγον ἐκ προσώπου αὐτοῦ. ⁹καὶ ἐγένετο πνεῦμα θεοῦ πονηρὸν ἐπὶ Σαούλ, καὶ αὐτὸς ἐν οἴκῳ 9 καθεύδων, καὶ δόρυ ἐν τῇ χειρὶ αὐτοῦ, καὶ Δαυεὶδ ἔψαλλεν ταῖς χερσὶν αὐτοῦ. ¹⁰καὶ ἐζήτει Σαοὺλ πατάξαι τὸ δόρυ εἰς Δαυείδ, καὶ ἀπέστη 10 Δαυεὶδ ἐκ προσώπου Σαούλ· καὶ ἐπάταξεν τὸ δόρυ εἰς τὸν τοῖχον, καὶ Δαυεὶδ ἀνεχώρησεν καὶ διεσώθη. ¹¹καὶ ἐγενήθη ἐν τῇ νυκτὶ ἐκείνῃ 11 ⁽¹¹⁾καὶ ἀπέστειλεν Σαοὺλ ἀγγέλους εἰς οἶκον Δαυεὶδ φυλάξαι αὐτόν, τοῦ θανατῶσαι αὐτὸν πρωί· καὶ ἀπήγγειλεν τῷ Δαυεὶδ Μελχὸλ ἡ γυνὴ αὐτοῦ λέγουσα Ἐὰν μὴ σὺ σώσῃς τὴν ψυχὴν σαυτοῦ τὴν νύκτα ταύτην, αὔριον θανατωθήσῃ. ¹²καὶ κατάγει ἡ Μελχὸλ τὸν Δαυεὶδ 12 διὰ τῆς θυρίδος, καὶ ἀπῆλθεν καὶ ἔφυγεν καὶ σώζεται. ¹³καὶ ἔλαβεν 13

A και εγενετο Σαουλ· εχθρευων| τον Δαδ πασας τας ημερας· (30) και| εξηλθον οι αρχοντες των αλ|λοφυλων· και εγενετο αφ ικα|νου εξοδιας αυτων συνηκεν| Δαδ παρα παντας τους δουλους| Σαουλ· και ετιμηθη το ονομα| αυτου σφοδρα·| A (om B) XIX 1 τον Δαυειδ] αυτον A. 2 υιος] pr o A | Σαουλ ζητει] ς. Σ. ο πηρ| μου A | om ουν A | κρυβηθι] pr ras 1 lit A | κρυβη] κρυφη A 4 αγαθα 2°] +σοι A ·7 αυτω]+Ιωναθαν A | χθες Bᵇ 8 γινεσθαι A | om προς Δαυειδ (Δαδ B) A | εν αυτοις] αυτους A 9 θεου] κυ A | Δαυειδ] pr ιδου A | ταις χερσιν] pr εν A 10 Δαυειδ 1°]+και εν τω τοιχω A | διεσωθη] εξεσπασθη A 11 σωσεις A | σεαυτου A | νυκταν A

584

ἡ Μελχὸλ τὰ κενοτάφια καὶ ἔθετο ἐπὶ τὴν κλίνην, καὶ ἧπαρ τῶν Β 14 αἰγῶν ἔθετο πρὸς κεφαλῆς αὐτοῦ, καὶ ἐκάλυψεν αὐτὰ ἱματίῳ. *14*καὶ ἀπέστειλεν Σαοὺλ ἀγγέλους λαβεῖν τὸν Δαυείδ, καὶ λέγουσιν ἐνο- 15 χλεῖσθαι αὐτόν. *15*καὶ ἀποστέλλει ἐπὶ τὸν Δαυεὶδ λέγων Ἀγάγετε 16 αὐτὸν ἐπὶ τῆς κλίνης πρὸς μὲ τοῦ θανατῶσαι αὐτόν. *16*καὶ ἔρχονται οἱ ἄγγελοι, καὶ ἰδοὺ τὰ κενοτάφια ἐπὶ τῆς κλίνης, καὶ ἧπαρ τῶν 17 αἰγῶν πρὸς κεφαλῆς αὐτοῦ. *17*καὶ εἶπεν Σαοὺλ τῇ Μελχὸλ Ἵνα τί οὕτως παρελογίσω με, καὶ ἐξαπέστειλας τὸν ἐχθρόν μου καὶ διεσώθη; καὶ εἶπεν Μελχὸλ τῷ Σαοὺλ Αὐτὸς εἶπεν Ἐξαπόστειλόν με· εἰ δὲ μή, 18 θανατώσω σε. *18*Καὶ Δαυεὶδ ἔφυγεν καὶ διεσώθη, καὶ παραγίνεται πρὸς Σαμουὴλ εἰς Ἀρμαθάιμ, καὶ ἀπαγγέλλει αὐτῷ πάντα ὅσα ἐποίησεν αὐτῷ Σαούλ· καὶ ἐπορεύθη Δαυεὶδ καὶ Σαμουηλ, καὶ 19 ἐκάθισαν ἐν Αὐὰθ ἐν Ῥαμά. *19*καὶ ἀπηγγέλη τῷ Σαοὺλ λέγοντες 20 Ἰδοὺ Δαυεὶδ ἐν Αὐὰθ ἐν Ῥαμά. *20*καὶ ἀπέστειλεν Σαοὺλ ἀγγέλους λαβεῖν τὸν Δαυείδ· καὶ εἶδαν τὴν ἐκκλησίαν τῶν προφητῶν, καὶ Σαμουὴλ εἱστήκει καθεστηκὼς ἐπ' αὐτῶν. καὶ ἐγενήθη ἐπὶ τοὺς 21 ἀγγέλους τοῦ Σαοὺλ πνεῦμα θεοῦ, καὶ προφητεύουσιν. *21*καὶ ἀπηγγέλη τῷ Σαούλ, καὶ ἀπέστειλεν ἀγγέλους ἑτέρους, καὶ ἐπροφήτευσαν καὶ αὐτοί· καὶ προσέθετο Σαοὺλ ἀποστεῖλαι ἀγγέλους τρίτους, καὶ ἐπρο- 22 φήτευσαν καὶ αὐτοί. *22*καὶ ἐθυμώθη ὀργῇ Σαούλ, καὶ ἐπορεύθη καὶ αὐτὸς εἰς Ἀρμαθάιμ, καὶ ἔρχεται ἕως τοῦ φρέατος τοῦ ἅλω τοῦ ἐν τῷ Σεφεί, καὶ ἠρώτησεν καὶ εἶπεν Ποῦ Σαμουὴλ καὶ Δαυείδ; καὶ εἶπεν 23 Ἰδοὺ ἐν Αὐὰθ ἐν Ῥαμά. *23*καὶ ἐπορεύθη ἐκεῖθεν ἐν Αὐὰθ ἐν Ῥαμά, καὶ ἐγενήθη καὶ ἐπ' αὐτῷ πνεῦμα θεοῦ, καὶ ἐπορεύετο προφητεύων 24 ἕως τοῦ ἐλθεῖν αὐτὸν εἰς Αὐὰθ ἐν Ῥαμά. *24*καὶ ἐξεδύσατο τὰ ἱμάτια αὐτοῦ καὶ ἐπροφήτευσεν ἐνώπιον αὐτῶν, καὶ ἔπεσεν γυμνὸς ὅλην τὴν ἡμέραν ἐκείνην καὶ ὅλην τὴν νύκτα· διὰ τοῦτο ἔλεγον Εἰ καὶ Σαοὺλ ἐν προφήταις;

13 καινοταφια A (item 16) | εθετο 1°] εθηκεν A   14 απεστειλεν] A αποστελει A | ενοχλεισθαι] ενοχλειαι vel forte ενοχλεισαι Bb   15 αποστελλει] απο|στελει του ιδειν A   17 τη Μελχολ] η sup ras B' | εξ-απεστειλες A | Μολχολ A | ειπεν]+προς με A | θανατωσω σε] θανατω σαι A   18 διεσωθη] εσωθη A | απαγγελει A | om αυτω 2° A | Αυαθ] Ναυιωθ A   19 απηγγελλη A | ιδου]+δη A | Αυαθ] Ναυιωθ A   20 προφητων]+των προφητευοντων A | ιστηκει A | προφητευουσιν]+και γε αυτοι A   21 προεφητευσαν A (bis)   22 ερχονται A | αλω του εν Σεφει] μεγαλου του εν Σοκχω A | ειπεν] ειπαν B^(ab)A | Αυαθ] Ναυιωθ A   23 Αυαθ 1°] Ναυιωθ A | επορευετο] επορευθη A | προφητευων] pr πορευομενος και A | εις Αυαθ] εν Ναυιωθ A   24 εξεδυσατο]+και αυτος A | επροφητευσεν]+και γε αυτος A | νυκταν A | ει] η A

XX 1 ΒΑΣΙΛΕΙΩΝ Α

B ¹Καὶ ἀπέδρα Δαυεὶδ ἐξ Ἀναθ ἐν Ῥαμά, καὶ ἔρχεται ἐνώπιον 1
Ἰωναθὰν καὶ εἶπεν Τί πεποίηκα, καὶ τί τὸ ἀδίκημά μου, καὶ τί ἡμάρτηκα ἐνώπιον τοῦ πατρός σου ὅτι ἐπιζητεῖ τὴν ψυχήν μου; ²καὶ 2
εἶπεν αὐτῷ Ἰωναθάν Μηδαμῶς σοι, οὐ μὴ ἀποθάνῃς· ἰδοὺ οὐ μὴ
ποιήσῃ ὁ πατήρ μου ῥῆμα μικρὸν καὶ οὐκ ἀποκαλύψει τὸ ὠτίον μου·
καὶ τί ὅτι κρύψει ὁ πατήρ μου τὸ ῥῆμα τοῦτο; οὐκ ἔστιν τοῦτο. ³καὶ 3
ἀπεκρίθη Δαυεὶδ τῷ Ἰωναθὰν καὶ εἶπεν Γινώσκων οἶδεν ὁ πατήρ σου
ὅτι εὕρηκα χάριν ἐν ὀφθαλμοῖς σου, καὶ εἶπεν μὴ γνῶναι τοῦτο Ἰωναθάν, μὴ οὐ βούληται· ἀλλὰ ζῇ Κύριος καὶ ζῇ ἡ ψυχή σου, ὅτι καθὼς
εἶπεν, ἐμπέπλησται ἀνὰ μέσον μου καὶ τοῦ θανάτου. ⁴καὶ εἶπεν 4
Ἰωναθὰν πρὸς Δαυείδ Τί ἐπιθυμεῖ ἡ ψυχή σου, καὶ τί ποιήσω σοι;
⁵καὶ εἶπεν Δαυεὶδ πρὸς Ἰωναθάν Ἰδοὺ δὴ νεομηνία αὔριον, καὶ ἐγὼ 5
καθίσας οὐ καθήσομαι φαγεῖν, καὶ ἐξαποστελεῖς με καὶ κρυβήσομαι ἐν
τῷ πεδίῳ ἕως δείλης. ⁶ἐὰν ἐπισκεπτόμενος ἐπισκέψηταί με ὁ πατήρ 6
σου, καὶ ἐρεῖς Παραιτούμενος παρῃτήσατο ἀπ᾽ ἐμοῦ Δαυεὶδ δραμεῖν ἕως
εἰς Βηθλέεμ τὴν πόλιν αὐτοῦ, ὅτι θυσία τῶν ἡμερῶν ἐκεῖ ὅλῃ τῇ φυλῇ.
⁷ἐὰν τάδε εἴπῃ Ἀγαθῶς, εἰρήνη τῷ δούλῳ σου· καὶ ἐὰν σκληρῶς 7
ἀποκριθῇ σοι, γνῶθι ὅτι συντετέλεσται ἡ κακία παρ᾽ αὐτοῦ. ⁸καὶ 8
ποιήσεις ἔλεος μετὰ τοῦ δούλου σου, ὅτι εἰσήγαγες εἰς διαθήκην Κυρίου
τὸν δοῦλόν σου μετὰ σεαυτοῦ· καὶ εἰ ἔστιν ἀδικία ἐν τῷ δούλῳ σου,
θανάτωσόν με σύ· καὶ ἕως τοῦ πατρός σου ἵνα τί οὕτως εἰσάγεις
με; ⁹καὶ εἶπεν Ἰωναθάν Μηδαμῶς σοι, ὅτι ἐὰν γινώσκων γνῶ ὅτι 9
συντετέλεσται ἡ κακία παρὰ τοῦ πατρός μου τοῦ ἐλθεῖν ἐπὶ σέ, καὶ
ἐὰν μὴ ᾖ εἰς τὰς πόλεις σου, ἐγὼ ἀπαγγέλλω σοι. ¹⁰καὶ εἶπεν Δαυεὶδ 10
πρὸς Ἰωναθάν Τίς ἀπαγγείλῃ μοι ἐὰν ἀποκριθῇ ὁ πατήρ σου σκληρῶς; ¹¹καὶ εἶπεν Ἰωναθὰν πρὸς Δαυείδ Πορεύου καὶ μένε εἰς ἀγρόν· 11
καὶ ἐκπορεύονται ἀμφότεροι εἰς ἀγρόν. ¹²Καὶ εἶπεν Ἰωναθὰν 12
πρὸς Δαυείδ Κύριος ὁ θεὸς Ἰσραήλ οἶδεν ὅτι ἀνακρινῶ τὸν πατέρα
μου ὡς ἂν ὁ καιρὸς τρισσῶς, καὶ ἰδοὺ ἀγαθὸν ᾖ περὶ Δαυείδ, καὶ

A XX 1 Δαυειδ] Ιηλ A | εξ Αναθ] εν Ναυιωθ A | και ειπεν ενωπιον Ιων. A
2 σοι] συ A | ρημα μικρον] ρημα μεγα η ρημα μι|κρον (ρημα μι sup ras A¹ om
ρημα 2° A*ᵛⁱᵈ) A | ο πατηρ 2°] ο πατ sup ras Bᵃᵇ   3 εν οφθαλμοις] ενωπιον A | γνωναι] γνωτω A | βουλεται A | ειπεν 3°] ειπον A | εμπεπλησται]
πεπληρωται A | μου και του θανατου] εμοι| και ανα μεσον του π̄ρ̄ς̄ σου εως|
θαν. A   4 om τι 2° A   5 καθησομαι]+μετα του βασιλεως A |
κρυβησομαι] πορευσομαι A | δειλης]+της τριτης A   6 απ εμου] απο του
A | om εως A   7 ειπης A | εαν 2°]+δε A   8 εις διαθηκην κ̄ῡ εισηγαγες
A | om αδικια A   9 σοι 1°] συ A | απαγγελω A   10 τις] pr
και A | απαγγελει A | αποκριθη] μηοκριθη (sic) A   12 αγαθον η] εαν
ην αγ. A

ΒΑΣΙΛΕΙΩΝ Α XX 27

13 οὐ·μὴ ἀποστείλω πρὸς σὲ εἰς ἀγρόν· ¹³τάδε ποιῆσαι ὁ θεὸς τῷ B Ἰωναθὰν καὶ τάδε προσθείη· ὅτι ἀνοίσω τὰ κακὰ ἐπὶ σὲ καὶ ἀποκαλύψω τὸ ὠτίον σου, καὶ ἐξαποστελῶ σε καὶ ἀπελεύσῃ εἰς εἰρήνην, καὶ
14 ἔσται Κύριος μετὰ σοῦ καθὼς ἦν μετὰ τοῦ πατρός μου. ¹⁴καὶ μὲν ἔτι μου ζῶντος, καὶ ποιήσεις ἔλεος μετ᾿ ἐμοῦ· καὶ ἐὰν θανάτῳ ἀπο-
15 θάνω, ¹⁵οὐκ ἐξαρεῖς ἔλεός σου ἀπὸ τοῦ οἴκου μου ἕως τοῦ αἰῶνος· καὶ εἰ μή, ἐν τῷ ἐξαίρειν Κύριον τοὺς ἐχθροὺς Δαυεὶδ ἕκαστον ἀπὸ προσώπου τῆς γῆς, (¹⁶)εὑρεθῆναι τὸ ὄνομα τοῦ Ἰωναθὰν ἀπὸ τοῦ οἴκου
17 Δαυείδ· καὶ ἐκζητήσαι Κύριος ἐχθροὺς τοῦ Δαυείδ. ¹⁷καὶ προσέθετο ἔτι Ἰωναθὰν ὀμόσαι τῷ Δαυείδ, ὅτι ἠγάπησεν ψυχὴν ἀγαπῶντος αὐτόν.
18 ¹⁸καὶ εἶπεν Ἰωναθάν Αὔριον νουμηνία καὶ ἐπισκεπήσῃ, ὅτι ἐπι-
19 σκεπήσεται καθέδρα σου. ¹⁹καὶ τρισσεύσεις καὶ ἐπισκέψῃ καὶ ἥξεις εἰς τὸν τόπον σου οὗ κρυβῇς ἐν τῇ ἡμέρᾳ τῇ ἐργασίμῃ, καὶ καθήσῃ
20 παρὰ τὸ ἐργὰβ ἐκεῖνο. ²⁰καὶ ἐγὼ τρισσεύσω ταῖς σχίζαις ἀκοντί-
21 ζων, ἐκπέμπων εἰς τὴν Ἁρματταρεί. ²¹καὶ ἰδοὺ ἀποστέλλω τὸ παιδάριον λέγων Δεῦρο εὑρέ μοι τὴν γοῦζαν· ἐὰν εἴπω λέγων τῷ παιδαρίῳ Ὧδε ἡ σχίζα ἀπὸ σοῦ καὶ ὧδε, λάβε αὐτήν, παραγίνου· ὅτι εἰρήνη
22 σοι καὶ οὐκ ἔστιν λόγος Κυρίου, ζῇ Κύριος. ²²ἐὰν τάδε εἴπω τῷ νεανίσκῳ Ὧδε ἡ σχίζα ἀπὸ σοῦ καὶ ἐπέκεινα, πορεύου, ὅτι ἐξαπέσταλκέν
23 σε Κύριος. ²³καὶ τὸ ῥῆμα ὃ ἐλαλήσαμεν ἐγὼ καὶ σύ, ἰδοὺ Κύριος
24 μάρτυς ἀνὰ μέσον ἐμοῦ καὶ σοῦ ἕως αἰῶνος. ²⁴Καὶ κρύπτεται Δαυεὶδ ἐν ἀγρῷ, καὶ παραγίνεται ὁ μὴν καὶ ἔρχεται ὁ βασιλεὺς ἐπὶ τὴν
25 τράπεζαν τοῦ φαγεῖν. ²⁵καὶ ἐκάθισεν ἐπὶ τὴν καθέδραν αὐτοῦ ὡς ἅπαξ καὶ ἅπαξ ἐπὶ τῆς καθέδρας παρὰ τοῖχον, καὶ προέφθασεν τὸν Ἰωναθάν, καὶ ἐκάθισεν Ἀβεννὴρ ἐκ πλαγίων Σαούλ, καὶ ἐπεσκέπη ὁ τόπος
26 Δαυείδ. ²⁶καὶ οὐκ ἐλάλησεν Σαοὺλ ἐν τῇ ἡμέρᾳ ἐκείνῃ, ὅτι εἴρηκεν
27 Σύμπτωμα φαίνεται μὴ καθαρὸς εἶναι, ὅτι οὐ κεκαθάρισται. ²⁷καὶ ἐγενήθη τῇ ἐπαύριον τοῦ μηνὸς τῇ ἡμέρᾳ τῇ δευτέρᾳ καὶ ἐπεσκέπη ὁ τόπος τοῦ Δαυείδ, καὶ εἶπεν Σαοὺλ πρὸς Ἰωναθὰν τὸν υἱὸν αὐτοῦ Τί

12 αποστελλω A   13 ο θεος] k̅s̅ A | εξαποστελλω A   14 και μεν] A καν μεν B^{ab} και με| A | ελεος μετ εμου] μετ εμου ελεος k̅υ̅ A   15 om σου A | ευρεθηναι] εξαρθηναι A | του Ιων.] om του A   17 Δαυειδ]+εν τω ηγαπηκεναι αυτον A | ηγαπησεν] ηγαπηκεν A   18 ειπεν]+αυτω A | νεομηνια.A   19 κρυβης] εκρυβης A | καθηση] καθισεις A | εργαβ] εργον A   20 ακοντιζων] pr θηρα A | εκπεμπων] ει πεμπων A | Αρματταρει] Λααρματταραι A   21 γουζαν] σχιζαν A | om Κυριου A .   22 ωδε] ιδε A | σχιζα] +εκει A   24 αγρω] pr τω A   25 εκαθισεν 1°]+ο βασιλευς A | και εκαθισεν (2°) bis scr A | Αβεννηρ] Αβενηρ ενωπιον αυτου A   26 ουκ ελαλησεν] ουκ ελα sup ras A¹ | Σαουλ]+ουδεν A | ειρηκεν] ειπεν A | συ|πτωμα A   27 om τη ημερα A

ΒΑΣΙΛΕΙΩΝ Α

Β ὅτι οὐ παραγέγονεν ὁ υἱὸς Ἰεσσαὶ καὶ ἐχθὲς καὶ σήμερον ἐπὶ τὴν τράπεζαν; ²⁸καὶ ἀπεκρίθη Ἰωναθὰν τῷ Σαοὺλ καὶ εἶπεν αὐτῷ Παρῄ- 28 τηται Δαυεὶδ παρ᾽ ἐμοῦ ἕως εἰς Βηθλέεμ τὴν πόλιν αὐτοῦ πορευθῆναι, ²⁹καὶ εἶπεν Ἐξαπόστειλον δή με, ὅτι θυσία τῆς φυλῆς ἡμῖν ἐν τῇ 29 πόλει καὶ ἐνετείλαντο πρὸς μὲ οἱ ἀδελφοί μου· καὶ νῦν εἰ εὕρηκα χάριν ἐν ὀφθαλμοῖς σου, διασωθήσομαι δὴ καὶ ὄψομαι τοὺς ἀδελφούς μου· διὰ τοῦτο οὐ παραγέγονεν ἐπὶ τὴν τράπεζαν τοῦ βασιλέως. ³⁰καὶ ἐθυμώθη ὀργῇ Σαοὺλ ἐπὶ Ἰωναθὰν σφόδρα καὶ εἶπεν αὐτῷ 30 Υἱὲ κορασίων αὐτομολούντων, οὐ γὰρ οἶδα ὅτι μέτοχος εἶ σὺ τῷ υἱῷ Ἰεσσαὶ εἰς αἰσχύνην σου καὶ εἰς αἰσχύνην ἀποκαλύψεως μητρός σου; ³¹ὅτι πάσας τὰς ἡμέρας ἃς ὁ υἱὸς Ἰεσσαὶ ζῇ ἐπὶ τῆς γῆς 31 οὐχ ἑτοιμασθήσεται ἡ βασιλεία σου· νῦν οὖν ἀποστείλας λάβε τὸν νεανίαν, ὅτι υἱὸς θανάτου οὗτος. ³²καὶ ἀπεκρίθη Ἰωναθὰν τῷ 32 Σαοὺλ Ἵνα τί ἀποθνήσκει; τί πεποίηκεν; ³³καὶ ἐπῆρεν Σαοὺλ τὸ 33 δόρυ ἐπὶ Ἰωναθὰν τοῦ θανατῶσαι αὐτόν, καὶ ἔγνω Ἰωναθὰν ὅτι συντετέλεσται ἡ κακία αὕτη παρὰ τοῦ πατρὸς αὐτοῦ θανατῶσαι τὸν Δαυείδ. ³⁴καὶ ἀνεπήδησεν Ἰωναθὰν ἀπὸ τῆς τραπέζης ἐν ὀργῇ 34 θυμοῦ, καὶ οὐκ ἔφαγεν ἐν· τῇ δευτέρᾳ τοῦ μηνὸς ἄρτον, ὅτι συνετέλεσεν ἐπ᾽ αὐτὸν ὁ πατὴρ αὐτοῦ. ³⁵Καὶ ἐγενήθη πρωὶ καὶ 35 ἐξῆλθεν Ἰωναθὰν εἰς ἀγρόν, καθὼς ἐτάξατο εἰς τὸ μαρτύριον Δανείδ, καὶ παιδάριον μικρὸν μετ᾽ αὐτοῦ. ³⁶καὶ εἶπεν τῷ παιδαρίῳ Δράμε, εὑρέ 36 μοι τὰς σχίζας ἐν αἷς ἐγὼ ἀκοντίζω· καὶ τὸ παιδάριον ἔδραμε, καὶ αὐτὸς ἠκόντιζε τῇ σχίζῃ, καὶ παρήγαγεν αὐτήν. ³⁷καὶ ἦλθεν τὸ παι- 37 δάριον ἕως τοῦ τόπου τῆς σχίζης οὗ ἠκόντιζεν Ἰωναθάν· ³⁸καὶ 38 ἀνεβόησεν Ἰωναθὰν ὀπίσω τοῦ νεανίου καὶ εἶπεν Ἐκεῖ ἡ σχίζα ἀπὸ σοῦ καὶ ἐπέκεινα· ⁽³⁸⁾καὶ ἀνεβόησεν Ἰωναθὰν ὀπίσω τοῦ παιδαρίου αὐτοῦ λέγων Ταχύνας σπεῦσον καὶ μὴ στῇς· καὶ ἀνέλεξε τὸ παιδάριον Ἰωναθὰν τὰς σχίζας πρὸς τὸν κύριον αὐτοῦ. ³⁹καὶ τὸ 39 παιδάριον οὐκ ἔγνω οὐθὲν παρὲξ Ἰωναθὰν καὶ Δαυείδ. ⁴⁰καὶ Ἰω- 40 ναθὰν ἔδωκεν τὰ σκεύη αὐτοῦ ἐπὶ τὸ παιδάριον αὐτοῦ, καὶ εἶπεν

Α 27 ο υιος] om ο Α | εχθες B* (εκθες A)] χθες B^b   28 παρηηται] παρητε Α   29 με δη Α | ημιν] ειμι Α | εντειλατο π. μ. ο αδελφος Α | νυν ει] νυνι Α   30 σφοδρα κα sup ras A¹ | εις αισχυνην 1°] αισ|χυνην Α | σου· και sup ras A¹   32 Σαουλ] +τω p̄r̄ι αυτου και ειπεν προς| αυτον Α   33 om του θανατωσαι αυτον και εγνω Ιωναθαν Α   34 απεπηδησεν Α | θυμω Α | τη δευτ.] pr ημερα Α | αρτον]+οτι εθραυσθη επι τον| Δαδ· Α   35 Δαδ εις το μαρτυριον Α   36 εδραμεν (ρα sup ras A¹) Α | ηκοντιζεν Α | σχιζει Α   37 ηκοντισεν Α   38 om και ανεβοησεν Ιωναθαν Α | ανεβοησεν 2°] εβοησεν Α | ανελεξεν Α | σχιζας]+και ηνεγκεν τας σχιζας B^{ab mg}A   39—40 om ουκ εγνω...επι το παιδαριον Α

ΒΑΣΙΛΕΙΩΝ Α XXI 7

41 τῷ παιδαρίῳ αὐτοῦ Πορεύου, εἴσελθε εἰς τὴν πόλιν. ⁴¹καὶ ὡς εἰσῆλθεν B τὸ παιδάριον, καὶ Δαυειδ ἀνέστη ἀπὸ τοῦ ἀργὰβ καὶ ἔπεσεν ἐπὶ πρόσωπον αὐτοῦ καὶ προσεκύνησεν αὐτῷ τρίς, καὶ κατεφίλησεν ἕκαστος τὸν πλησίον αὐτοῦ, καὶ ἔκλαυσεν ἕκαστος τῷ πλησίον αὐτοῦ 42 ἕως συντελείας μεγάλης. ⁴²καὶ εἶπεν Ἰωναθάν Πορεύου εἰς εἰρήνην, καὶ ὡς ὀμωμόκαμεν ἡμεῖς ἀμφότεροι ἐν ὀνόματι Κυρίου λέγοντες Κύριος ἔσται μάρτυς ἀνὰ μέσον ἐμοῦ καὶ σοῦ, καὶ ἀνὰ μέσον τοῦ
(1) (1) 43 σπέρματός σου ἕως αἰῶνος. ⁴³καὶ ἀνέστη Δαυειδ καὶ ἀπῆλθεν, καὶ Ἰωναθὰν εἰσῆλθεν εἰς τὴν πόλιν.

XI (2) 1 ¹Καὶ ἔρχεται Δαυειδ εἰς Νόμβα πρὸς Ἀβιμέλεχ τὸν ἱερέα· καὶ ἐξέστη Ἀβειμέλεχ τῇ ἀπαντήσει αὐτοῦ καὶ εἶπεν αὐτῷ Τί ὅτι σὺ
(3) 2 μόνος καὶ οὐθεὶς μετὰ σοῦ; ²καὶ εἶπεν Δαυειδ τῷ ἱερεῖ Ὁ βασιλεὺς ἐντέταλταί μοι ῥῆμα σήμερον καὶ εἶπέν μοι Μηδεὶς γνώτω τὸ ῥῆμα περὶ οὗ ἐγὼ ἀποστέλλω σε καὶ ὑπὲρ οὗ ἐντέταλμαί σοι· καὶ τοῖς παιδαρίοις διαμεμαρτύρημαι ἐν τῷ τόπῳ τῷ λεγομένῳ Θεοῦ πίστις,
(4) 3 Φελλανεὶ Μαεμωνεί. ³καὶ νῦν εἰσὶν ὑπὸ τὴν χεῖρά σου πέντε ἄρτοι;
(5) 4 δὸς εἰς χεῖρά μου τὸ εὑρεθέν. ⁴καὶ ἀπεκρίθη ὁ ἱερεὺς τῷ Δαυειδ καὶ εἶπεν Οὐκ εἰσὶν ἄρτοι βέβηλοι ὑπὸ τὴν χεῖρά μου, ὅτι ἀλλ' ἢ ἄρτοι ἅγιοί εἰσιν· εἰ πεφυλαγμένα τὰ παιδάριά ἐστιν ἀπὸ γυναικός,
(6) 5 καὶ φάγεται. ⁵καὶ ἀπεκρίθη Δαυειδ τῷ ἱερεῖ καὶ εἶπεν αὐτῷ Ἀλλὰ ἀπὸ γυναικὸς ἀπεσχήμεθα ἐχθὲς καὶ τρίτην ἡμέραν· ἐν τῷ ἐξελθεῖν με εἰς ὁδὸν γέγονε πάντα τὰ παιδάρια ἡγνισμένα. καὶ αὕτη ἡ ὁδὸς
(7) 6 βέβηλος; διότι ἁγιασθήσεται σήμερον διὰ τὰ σκεύη μου. ⁶καὶ ἔδωκεν αὐτῷ Ἀβειμέλεχ ὁ ἱερεὺς τοὺς ἄρτους τῆς προθέσεως, ὅτι οὐκ ἦν ἐκεῖ ἄρτοι, ὅτι ἀλλ' ἢ ἄρτοι τοῦ προσώπου, οἱ ἀφῃρημένοι ἐκ προσώπου
(8) 7 Κυρίου παρατεθῆναι ἄρτον θερμὸν ᾗ ἡμέρᾳ ἔλαβεν αὐτούς. ⁷καὶ ἐκεῖ ἦν ἐν τῶν παιδαρίων τοῦ Σαοὺλ ἐν τῇ ἡμέρᾳ ἐκείνῃ συνεχόμενος Νεεσσαρὰν ἐνώπιον Κυρίου, καὶ ὄνομα αὐτῷ Δωὴκ ὁ Σύρος,

40 εισελθε] pr και A   **41** ως εισηλθεν το παιδ.] το παιδ. εισηλθεν A | A αργαβ] υπνου A | αυτου 1°]+επι την γην A | τω πλησιον] τον πλ. A **42** Ιωναθαν]+τω Δαδ A | ομωμεκαμεν B* (ομωμοκ. Bᵃ) ωμωμοκ. A | αμφοτεροι ημεις A | μαρτυς] μαρ sup ras A¹   XXI **1** Νομβα] Νοβα A | Αβιμελεχ] Αμιμελεχ A | Αβειμελεχ] Αβιμελεχ A | om συ A | ουδεις A   **2** τω ιερει] pr τω Αβιμελεχ A | σημερον ρημα A | μηδεις γνωτω] μη γν. μηδεις A | αποστελω A | εντεταλμαι Bᵃᵇ (εντεταλμε B*)] εντελλομαι A | Φελλανει Μαεμωνει] Φελμωνι Αλμωνι A   **3** εισιν] pr ει A | χειρα 2°] χειρας A **4** οτι]+η A | αρτοι αγιοι εισιν] αρτος αγιος εστιν A | παιδαρια] παιδια A | εστιν] εισιν A | απο γυν.] pr πλην A   **5** εχθες (εκθες A)] χθες Bᵇ | γεγονε (-νεν A)]+εν A   **6** Αβιμελεχ A | αρτοι 1°] αρτος A | προσωπου 1°] προφητου A   **7** Νεσσαραν A

ΒΑΣΙΛΕΙΩΝ· Α

B νέμων τὰς ἡμιόνους Σαούλ. ⁸καὶ εἶπεν Δαυεὶδ πρὸς Ἀβειμέλεχ 8 (9)
Ἴδε εἰ ἔστιν ἐνταῦθα ὑπὸ τὴν χεῖρά σου δόρυ ἢ ῥομφαία, ὅτι τὴν
ῥομφαίαν μου καὶ τὰ σκεύη οὐκ εἴληφα ἐν τῇ χειρί μου, ὅτι ἦν τὸ
ῥῆμα τοῦ βασιλέως κατὰ σπουδήν. ⁹καὶ εἶπεν ὁ ἱερεύς Ἰδοὺ ἡ 9 (10)
ῥομφαία Γολιὰθ τοῦ ἀλλοφύλου, ὃν ἐπάταξας ἐν τῇ κοιλάδι Ἡλά·
καὶ αὐτὴ ἐνειλημένη ἦν ἐν ἱματίῳ· εἰ ταύτην λήμψῃ, σεαυτῷ λάβε,
ὅτι οὐκ ἔστιν ἑτέρα παρὲξ ταύτης ἐνταῦθα. καὶ εἶπεν Δαυεὶδ Ἰδοὺ
οὐκ ἔστιν ὥσπερ αὐτή, δός μοι αὐτήν. °καὶ ἔδωκεν αὐτὴν αὐτῷ· 10 (11)
καὶ ἀνέστη Δαυεὶδ καὶ ἔφυγεν ἐν τῇ ἡμέρᾳ ἐκείνῃ ἐκ προσώπου
Σαούλ.   Καὶ ἦλθεν Δαυεὶδ πρὸς Ἀγχοὺς βασιλέα Γέθ· ¹¹καὶ 11 (12)
εἶπαν οἱ παῖδες Ἀγχοὺς πρὸς αὐτόν Οὐχὶ οὗτος Δαυεὶδ ὁ βασιλεὺς
τῆς γῆς; οὐχὶ τούτῳ ἐξῆρχον αἱ χορεύουσαι λέγουσαι
  Ἐπάταξεν Σαοὺλ ἐν χιλιάσιν αὐτοῦ,
  καὶ Δαυεὶδ ἐν μυριάσιν αὐτοῦ;
¹²καὶ ἔθετο Δαυεὶδ τὰ ῥήματα ἐν τῇ καρδίᾳ αὐτοῦ, καὶ ἐφοβήθη 12 (13)
σφόδρα ἀπὸ προσώπου Ἀγχοὺς βασιλέως Γέθ. ¹³καὶ ἠλλοίωσεν 13 (14)
τὸ πρόσωπον αὐτοῦ ἐνώπιον αὐτοῦ καὶ προσεποιήσατο ἐν τῇ
ἡμέρᾳ ἐκείνῃ, καὶ ἐτυμπάνιζεν ἐπὶ ταῖς θύραις τῆς πόλεως καὶ
παρεφέρετο ἐν ταῖς χερσὶν αὐτοῦ καὶ ἔπιπτεν ἐπὶ τὰς θύρας τῆς
πύλης, καὶ τὰ σίελα αὐτοῦ κατέρρει ἐπὶ τὸν πώγονα αὐτοῦ. ¹⁴καὶ 14 (15)
εἶπεν Ἀγχοὺς πρὸς τοὺς παῖδας αὐτοῦ Ἰδοὺ ἴδετε ἄνδρα ἐπιλημ-
πτον· ἵνα τί εἰσηγάγετε αὐτὸν πρὸς μέ; ¹⁵ἐλαττοῦμαι ἐπιλήμπτων 15 (16)
ἐγώ, ὅτι εἰσαγιόχατε αὐτὸν ἐπιλημπτεύεσθαι πρὸς μέ; οὗτος οὐκ
εἰσελεύσεται εἰς οἰκίαν.

¹Καὶ ἀπῆλθεν ἐκεῖθεν Δαυεὶδ καὶ διεσώθη, καὶ ἔρχεται εἰς τὸ 1
σπήλαιον τὸ Ὀδολλάμ· καὶ ἀκούουσιν οἱ ἀδελφοὶ αὐτοῦ καὶ ὁ οἶκος
τοῦ πατρὸς αὐτοῦ, καὶ καταβαίνουσιν πρὸς αὐτὸν ἐκεῖ. ²καὶ συνήγοντο 2
πρὸς αὐτὸν πᾶς ἐν ἀνάγκῃ καὶ πᾶς ὑπόχρεως καὶ πᾶς κατώδυνος
ψυχῇ, καὶ ἦν ἐπ' αὐτῶν ἡγούμενος· καὶ ἦσαν μετ' αὐτοῦ ὡς τετρα-
κόσιοι ἄνδρες. ³Καὶ ἀπῆλθεν Δαυεὶδ ἐκεῖθεν εἰς Μασσηφὰ τῆς 3
Μωάβ, καὶ εἶπεν πρὸς βασιλέα Μωὰβ Γινέσθωσαν δὴ ὁ πατήρ μου

A   8 Αχιμελεκ A | ιδε B^(ab)] ειδε B*A | χειραν A | σκευη]+μου A | κατα σπουδην] κατασπευδον A   9 ενειλημενη] ειλημμενη A | ιματιω]+ οπισω της επωμιδος A | λημψη] λημ sup ras B^a ληψη B^b   11 ουχι 2°] ουχει A | εξηρχον] ηρχον A   12 εθετο] εθηκεν A   13 το προσωπον] τον τροπον A | κατερει (sic) τα σιελα αυτου A   15 ελαττουμαι] pr η A | εισαγειοχατε B* εισαγηοχ. B^(ab) εισαγιαχ. A | οικιαν] οικια| μου A   XXII. 1 απηλθεν] απηλλαγη A | Δαδ εκειθεν A | ερχεται και διεσωθη A | Οδολαμ A | ο οικος] pr πας A   2 και 1° sup ras B^(ab) | om και πας υποχρεως A | om πας 3° A | ψυχη] pr τη A | αυτου ως] ου ω sup ras B   3 Μασηφα A | και ειπεν προς βασιλεα Μωαβ bis scr B* (om 1° B^(ab))

ΒΑΣΙΛΕΙΩΝ Α   XXII 1-5

καὶ ἡ μήτηρ μου παρὰ σοί, ἕως ὅτου γνῶ τί ποιήσει μοι ὁ θεός. Β
4 ⁴καὶ παρεκάλεσεν τὸ πρόσωπον τοῦ βασιλέως Μωάβ, καὶ κατῴκουν
5 μετ᾽ αὐτοῦ πάσας τὰς ἡμέρας ὄντος τοῦ Δαυεὶδ ἐν τῇ περιοχῇ. ⁵καὶ
εἶπεν Γὰδ ὁ προφήτης πρὸς Δαυεὶδ Μὴ κάθου ἐν τῇ περιοχῇ, πορεύου
καὶ ἥξεις εἰς γῆν Ἰούδα. καὶ ἐπορεύθη Δαυείδ, καὶ ἦλθεν καὶ ἐκάθισεν
6 ἐν πόλει Σαρείκ. ⁶Καὶ ἤκουσεν Σαοὺλ ὅτι ἔγνωσται Δαυεὶδ καὶ οἱ
ἄνδρες οἱ μετ᾽ αὐτοῦ· καὶ Σαοὺλ ἐκάθητο ἐν τῷ βουνῷ ὑπὸ τὴν
ἄρουραν τὴν ἐν Βαμά, καὶ τὸ δόρυ ἐν τῇ χειρὶ αὐτοῦ, καὶ πάντες
7 οἱ παῖδες αὐτοῦ παρειστήκεισαν αὐτῷ. ⁷καὶ εἶπεν Σαοὺλ πρὸς τοὺς
παῖδας αὐτοῦ τοὺς παρεστηκότας αὐτῷ· καὶ εἶπεν αὐτοῖς Ἀκούσατε δή,
υἱοὶ Βενιαμείν· εἰ ἀληθῶς πᾶσιν ὑμῖν δώσει ὁ υἱὸς Ἰεσσαὶ ἀγροὺς
καὶ ἀμπελῶνας, καὶ πάντας ὑμᾶς τάξει ἑκατοντάρχους καὶ χιλιάρχους;
8 ⁸ὅτι σύγκεισθε πάντες ὑμεῖς ἐπ᾽ ἐμέ, καὶ οὐκ ἔστιν ὁ ἀποκαλύπτων
τὸ ὠτίον μου ἐν τῷ διαθέσθαι τὸν υἱόν μου διαθήκην μετὰ τοῦ υἱοῦ
Ἰεσσαί, καὶ οὐκ ἔστιν πονῶν περὶ ἐμοῦ ἐξ ὑμῶν καὶ ἀποκαλύπτων
τὸ ὠτίον μου, ὅτι ἐπήγειρεν ὁ υἱός μου τὸν δοῦλόν μου ἐπ᾽ ἐμὲ εἰς ἐχθρόν,
9 ὡς ἡ ἡμέρα αὕτη. ⁹καὶ ἀποκρίνεται Δωὴκ ὁ Σύρος ὁ καθεστηκὼς ἐπὶ τὰς
ἡμιόνους Σαοὺλ καὶ εἶπεν Ἑόρακα τὸν υἱὸν Ἰεσσαὶ παραγινόμενον εἰς
10 Νόμβα πρὸς Ἀβειμέλεχ υἱὸν Ἀχιτὼβ τὸν ἱερέα· ¹⁰καὶ ἠρώτα αὐτῷ διὰ
τοῦ θεοῦ, καὶ ἐπισιτισμὸν ἔδωκεν αὐτῷ, καὶ τὴν ῥομφαίαν Γολιὰδ τοῦ
11 ἀλλοφύλου ἔδωκεν αὐτῷ. ¹¹καὶ ἀπέστειλεν ὁ βασιλεὺς καλέσαι τὸν
Ἀβειμέλεχ υἱὸν Ἀχιτὼβ καὶ πάντας τοὺς υἱοὺς τοῦ πατρὸς αὐτοῦ τοὺς
ἱερεῖς τοὺς ἐν Νόμμα· καὶ παρεγένοντο πάντες πρὸς τὸν βασιλέα.
12 ¹²καὶ εἶπεν Σαοὺλ Ἄκουε δή, υἱὲ Ἀχιτώβ· καὶ εἶπεν Ἰδοὺ ἐγώ· λάλει,
13 κύριε. ¹³καὶ εἶπεν αὐτῷ Σαοὺλ Ἵνα τί συνέθου κατ᾽ ἐμοῦ σὺ καὶ
ὁ υἱὸς Ἰεσσαί, δοῦναί σε αὐτῷ ἄρτον καὶ ῥομφαίαν, καὶ ἐρωτᾶν αὐτῷ
14 διὰ τοῦ θεοῦ, θέσθαι αὐτὸν ἐπ᾽ ἐμὲ εἰς ἐχθρόν, ὡς ἡ ἡμέρα αὕτη; ¹⁴καὶ
ἀπεκρίθη τῷ βασιλεῖ καὶ εἶπεν Καὶ τίς ἐν πᾶσιν τοῖς δούλοις σου ὡς
Δαυεὶδ πιστός, καὶ γαμβρὸς τοῦ βασιλέως καὶ ἄρχων παντὸς παράγ-
15 γέλματός σου καὶ ἔνδοξος ἐν τῷ οἴκῳ σου; ¹⁵ἢ σήμερον ἦργμαι

3 τι] ο τι A   4 om οντος A   5 Ιουδα] pr του A | πολει Σαρεικ] A τη π. Αριαθ A   6 Βαμα] Ραμμα A   7 Βενιαμειν] Ιεμεννι A | ει] οι B | αμπωλωνας A | χειλιαρχους και εκατονταρχους A   8 συνκεισθαι A | ο αποκαλ.] om ο A | μετα του] μετ αυ|του A | εξ υμων περι εμου A | ο υιος] om o A   9 Δωηγ A | εωρακα B^(a?b) | Νοβα A | Αμμελεχ A   10 ρομ-, φαια A | Γολιαθ A   11 ο βασιλευς] pr Σαουλ A | Αβειμελεχ] Αχιμελεκ A | Αχιτωβ] +τον ιερεαν A | ιερεις]+του κυ A | Νομμα] Νοβαθ A   13 συ κατ εμου A | αυτω αρτον] αυτον A | ερωταν αυτω] επερωταν αυτον A
14 απεκριθη]+Αχιμελεχ A | παραγελματος A   15 η 1°] ως A

XXII 16 ΒΑΣΙΛΕΙΩΝ Α

Β ἐρωτᾶν αὐτῷ διὰ τοῦ θεοῦ; μηδαμῶς· μὴ δότω ὁ βασιλεὺς κατὰ τοῦ δούλου αὐτοῦ λόγον καὶ ἐφ' ὅλον τὸν οἶκον τοῦ πατρὸς αὐτοῦ, ὅτι οὐκ ᾔδει ὁ δοῦλος ὁ σὸς ἐν πᾶσιν τούτοις ῥῆμα μικρὸν ἢ μέγα. ¹⁶καὶ εἶπεν ὁ βασιλεὺς Σαοὺλ Θανάτῳ ἀποθανῇ, Ἀβειμέλεχ, σὺ καὶ 16 πᾶς ὁ οἶκος τοῦ πατρός σου. ¹⁷καὶ εἶπεν ὁ βασιλεὺς τοῖς παρα- 17 τρέχουσιν τοῖς ἐφεστηκόσιν πρὸς αὐτόν Προσαγάγετε καὶ θανατοῦτε τοὺς ἱερεῖς τοῦ κυρίου, ὅτι ἡ χεὶρ αὐτῶν μετὰ Δαυείδ, καὶ ὅτι ἔγνωσαν ὅτι φεύγει αὐτὸς καὶ οὐκ ἀπεκάλυψαν τὸ ὠτίον μου· καὶ οὐκ ἐβουλήθησαν οἱ παῖδες τοῦ βασιλέως ἐπενεγκεῖν τὰς χεῖρας αὐτῶν ἁμαρτῆσαι εἰς τοὺς ἱερεῖς Κυρίου. ¹⁸καὶ εἶπεν ὁ βασιλεὺς τῷ Δωὴκ Ἐπι- 18 στρέφου σὺ καὶ ἀπάντα εἰς τοὺς ἱερεῖς· καὶ ἐπεστράφη Δωὴκ ὁ Σύρος καὶ ἐθανάτωσεν τοὺς ἱερεῖς Κυρίου ἐν τῇ ἡμέρᾳ ἐκείνῃ, τριακοσίους καὶ πέντε ἄνδρας, πάντας αἴροντας ἐφούδ. ¹⁹καὶ τὴν 19 Νόμβα τὴν πόλιν τῶν ἱερέων ἐπάταξεν ἐν στόματι ῥομφαίας ἀπὸ ἀνδρὸς ἕως γυναικός, ἀπὸ νηπίου ἕως θηλάζοντος, καὶ μόσχου καὶ ὄνου καὶ προβάτου. ²⁰Καὶ διασώζεται υἱὸς εἷς τῷ Ἀβειμέλεχ υἱῷ 20 Ἀχειτώβ, καὶ ὄνομα αὐτῷ Ἀβιαθάρ, καὶ ἔφυγεν ὀπίσω Δαυείδ. ²¹καὶ 21 ἀπήγγειλεν Ἀβιαθὰρ τῷ Δαυεὶδ ὅτι ἐθανάτωσεν Σαοὺλ πάντας τοὺς ἱερεῖς τοῦ κυρίου. ²²καὶ εἶπεν Δαυεὶδ τῷ Ἀβιαθάρ Ἤδειν ὅτι ἐν 22 τῇ ἡμέρᾳ ἐκείνῃ ὅτι Δωὴκ ὁ Σύρος ὅτι ἀπαγγέλλων ἀπαγγελεῖ τῷ Σαούλ· ἐγώ εἰμι αἴτιος τῶν ψυχῶν οἴκου τοῦ πατρός σου. ²³κάθου 23 μετ' ἐμοῦ, μὴ φοβοῦ· ὅτι οὗ ἐὰν ζητῶ τῇ ψυχῇ μου τόπον, ζητήσῳ καὶ τῇ ψυχῇ σου, ὅτι πεφύλαξαι σὺ παρ' ἐμοί.

¹Καὶ ἀπηγγέλη τῷ Δαυεὶδ λέγοντες Ἰδοὺ οἱ ἀλλόφυλοι πολεμοῦσιν 1 ἐν τῇ Κεειλά, καὶ αὐτοὶ διαρπάζουσιν· καταπατοῦσιν τοὺς ἅλως. ²καὶ 2 ἐπηρώτησεν Δαυεὶδ διὰ τοῦ κυρίου λέγων Εἰ πορευθῶ καὶ πατάξω τοὺς ἀλλοφύλους τούτους; καὶ εἶπεν Κύριος Πορεύου, καὶ πατάξεις ἐν τοῖς ἀλλοφύλοις τούτοις καὶ πατάξεις τὴν Κεειλά· ³καὶ εἶπαν οἱ 3 ἄνδρες τοῦ Δαυεὶδ πρὸς αὐτόν Ἰδοὺ ἡμεῖς ἐνταῦθα ἐν τῇ Ἰουδαίᾳ φοβούμεθα, καὶ πῶς ἔσται ἐὰν πορευθῶμεν εἰς Κεειλά; εἰς τὰ σκῦλα τῶν ἀλλοφύλων εἰσπορευσόμεθα; ⁴καὶ προσέθετο Δαυεὶδ ἐρωτῆσαι 4

A 15 κατα του δουλου] και τα| θουλου A | αυτου 2°] μου B^{ab mg}A   16 Αχιμελεχ A   17 προς αυτον] επ αυτω A   18 επεστραφη] απεστρ. A | εν τη ημ.] pr και εθανατωσεν A | εφουδ]+λινον A   19 Νοβα A | προβατου]+εν στοματι ρομφαιας A   20 Αβειμελεχ] Αχιμελεχ A | Αχιτωβ A | εφυγεν] εφυ| A   21 om και απηγγ. Αβιαθαρ τω Δαυειδ A   22 om οτι 1°, 3° A | απαγγελει] απαγγελλει A | ψυχων]+εκεινων A   23 ζητω] pr ζη A | φεφυλαξαι A   XXIII 1 om καταπατουσιν A | αλω BA   2 Κυριος]+προς Δαδ A | om πορευου A | παταξεις 2°] σωσεις A   3 εισπορευσομεθα] ει πορ. A   4 προσεθετο]+ετι A

592

ἔτι διὰ τοῦ κυρίου· καὶ ἀπεκρίθη αὐτῷ Κύριος καὶ εἶπεν πρὸς αὐτόν ⁴Ἀνάστηθι καὶ κατάβηθι εἰς Κεειλά, ὅτι ἐγὼ παραδίδωμι τοὺς ἀλλοφύλους εἰς χεῖράς σου. ⁵καὶ ἐπορεύθη Δαυεὶδ καὶ οἱ ἄνδρες οἱ μετ' αὐτοῦ εἰς Κεειλὰ καὶ ἐπολέμησεν ἐν τοῖς ἀλλοφύλοις· καὶ ἔφυγον ἐκ προσώπου αὐτοῦ, καὶ ἀπήγαγεν τὰ κτήνη αὐτῶν, καὶ ἐπάταξεν ἐν αὐτοῖς πληγὴν μεγάλην· καὶ ἔσωσεν Δαυεὶδ τοὺς κατοικοῦντας 6 Κεειλά. ⁶Καὶ ἐγένετο ἐν τῷ φυγεῖν Ἀβιαθὰρ υἱὸν Ἀβειμέλεχ πρὸς Δαυείδ, καὶ αὐτὸς μετὰ Δαυεὶδ εἰς Κεειλὰ κατέβη, ἔχων ἐφοὺδ 7 ἐν τῇ χειρὶ αὐτοῦ. ⁷καὶ ἀπηγγέλη τῷ Σαοὺλ ὅτι ἥκει Δαυεὶδ εἰς Κεειλά, καὶ εἶπεν Σαούλ Πέπρακεν αὐτὸν ὁ θεὸς εἰς χεῖράς μου, 8 ὅτι ἀποκέκλεισται εἰσελθὼν εἰς πόλιν θυρῶν καὶ μοχλῶν. ⁸καὶ παρήγγειλεν Σαοὺλ παντὶ τῷ λαῷ εἰς πόλεμον καταβαίνειν εἰς Κεειλά, 9 συνέχειν τὸν Δαυεὶδ καὶ τοὺς ἄνδρας αὐτοῦ. ⁹καὶ ἔγνω Δαυεὶδ ὅτι οὐ παρασιωπᾷ Σαοὺλ περὶ αὐτοῦ τὴν κακίαν, καὶ εἶπεν Δαυεὶδ πρὸς 10 Ἀβιαθὰρ τὸν ἱερέα Προσάγαγε τὸ ἐφοὺδ Κυρίου. ¹⁰καὶ εἶπεν Δαυεὶδ Κύριε ὁ θεὸς Ἰσραήλ, ἀκούων ἀκήκοεν ὁ δοῦλός σου ὅτι ζητεῖ Σαοὺλ 11 ἐλθεῖν ἐπὶ Κεειλὰ διαφθεῖραι τὴν πόλιν δι' ἐμέ. ¹¹εἰ ἀποκλεισθήσεται; καὶ νῦν εἰ καταβήσεται Σαοὺλ καθὼς ἤκουσεν ὁ δοῦλός σου; Κύριε ὁ θεὸς Ἰσραήλ, ἀπάγγειλον τῷ δούλῳ σου. ⁽¹²⁾καὶ εἶπεν Κύριος 13 Ἀποκλεισθήσεται. ¹³καὶ ἀνέστη Δαυεὶδ καὶ οἱ ἄνδρες οἱ μετ' αὐτοῦ ὡς τετρακόσιοι καὶ ἐξῆλθον ἐκ Κεειλά, καὶ ἐπορεύοντο οὗ ἐὰν ἐπορεύθησαν· καὶ τῷ Σαοὺλ ἀπηγγέλη ὅτι διασέσωται Δαυεὶδ ἐκ Κεειλά, 14 καὶ ἀνῆκεν τοῦ ἐξελθεῖν. ¹⁴Καὶ ἐκάθισεν ἐν τῇ ἐρήμῳ ἐν Μασερὲμ ἐν τοῖς στενοῖς, καὶ ἐκάθητο ἐν τῇ ἐρήμῳ ἐν τῷ ὄρει Ζείφ, ἐν τῇ γῇ τῇ αὐχμώδει· καὶ ἐζήτει αὐτὸν Σαοὺλ πάσας τὰς ἡμέρας, καὶ οὐ 15 παρέδωκεν αὐτὸν Κύριος εἰς τὰς χεῖρας αὐτοῦ. ¹⁵καὶ εἶδεν Δαυεὶδ ὅτι ἐξέρχεται Σαοὺλ τοῦ ζητεῖν τὸν Δαυείδ· καὶ Δαυεὶδ ἐν τῷ ὄρει τῷ 16 αὐχμώδει ἐν τῇ καινῇ Ζείφ. ¹⁶καὶ ἀνέστη Ἰωναθὰν υἱὸς Σαοὺλ καὶ ἐπορεύθη πρὸς Δαυεὶδ εἰς Καινήν, καὶ ἐκραταίωσεν τὰς χεῖρας αὐτοῦ

4 om αυτω A | αναστηθι]+προς αυτον A   5 απηγαγεν] pr ουκ A A 6. Αβειμελεχ] Αχιμελεχ A | εφουδ κατε|βη εχων A   7 om οτι ηκει Δ. εις Κεειλα και ειπεν Σαουλ A | ο Δαυειδ B^{ab} Σαουλ B* | αποκεκλι|ται A 9 περι αυτου Σ. ου παρεσιωπα A   10 διαφθειραι] διαφθει|ρεν A   12 και ειπεν Δαδ ει παραδω|σουσιν παρα της Κεειλα εμε και| τους ανδρας μου εις χειρας Σαουλ·| και ειπεν κς παραδωσουσιν·| A (om B)   13 τετρακοσιοι] υ A | εαν] αν A | Σαουλ] Δαυειδ B | διασέσωται] διασέσωσται B^{ab (vid)} A   14 εκάθισεν] +Δαδ A | Μασερεθ A | εν τω ορει εν τη ερημω (2°) A | Ζειφ] Ζ, φ sup ras A^a | εν τη γη τη αυχμωδει B^{ab} (αυχμωδες B*)] εις ορος το αυχμωδες εν γη αυχμωδει A   15 ειδεν] ιδον A | εξερχεται] ερχεται A | του ζητειν] om του A | εν τη καινη Ζειφ]+τη (γη Mai) καινη B* (om B^{1 (vid) ab}) Ζειφ εν τη καινη A

ΒΑΣΙΛΕΙΩΝ Α

ἐν Κυρίῳ. ¹⁷καὶ εἶπεν πρὸς αὐτόν Μὴ φοβοῦ· ὅτι οὐ μὴ εὕρῃ σε ἡ χεὶρ Σαοὺλ τοῦ πατρός μου, καὶ σὺ βασιλεύσεις ἐπὶ Ἰσραὴλ καὶ ἐγὼ ἔσομαί σοι εἰς δεύτερον· καὶ Σαοὺλ ὁ πατήρ μου οἶδεν οὕτως. ¹⁸καὶ διέθεντο ἀμφότεροι διαθήκην ἐνώπιον Κυρίου· καὶ ἐκάθητο Δαυεὶδ ἐν Καινῇ, καὶ Ἰωναθὰν ἀπῆλθεν εἰς οἶκον αὐτοῦ. ¹⁹Καὶ ἀνέβησαν οἱ Ζειφαῖοι ἐκ τῆς αὐχμώδους πρὸς Σαοὺλ ἐπὶ τὸν βουνὸν λέγοντες Οὐκ ἰδοὺ Δαυεὶδ κέκρυπται παρ' ἡμῖν ἐν Νεσσαρὰ ἐν τοῖς στενοῖς ἐν τῇ καινῇ ἐν τῷ βουνῷ τοῦ Ἐχελὰ τοῦ ἐκ δεξιῶν τοῦ Ἰεσσαιμού; ²⁰καὶ νῦν πᾶν τὸ πρὸς ψυχὴν τοῦ βασιλέως εἰς κατάβασιν καταβαινέτω πρὸς ἡμᾶς· κεκλείκασιν αὐτὸν εἰς τὰς χεῖρας τοῦ βασιλέως. ²¹καὶ εἶπεν αὐτοῖς Σαοὺλ Εὐλογημένοι ὑμεῖς τῷ κυρίῳ, ὅτι ἐπονέσατε περὶ ἐμοῦ· ²²πορεύθητε δὴ καὶ ἑτοιμάσατε ἔτι, καὶ γνῶτε τὸν τόπον αὐτοῦ οὗ ἔσται ὁ πούς αὐτοῦ ἐν τάχει ἐκεῖ οὗ εἴπετε, μή ποτε πανουργεύσηται. ²³καὶ ἴδετε καὶ γνῶτε, καὶ πορευσόμεθα μεθ' ὑμῶν· καὶ ἔσται εἰ ἔστιν ἐπὶ τῆς γῆς, καὶ ἐξερευνήσω αὐτὸν ἐν πάσαις χιλιάσιν Ἰούδα. ²⁴καὶ ἀνέστησαν οἱ Ζειφαῖοι καὶ ἐπορεύθησαν ἔμπροσθεν Σαούλ· καὶ Δαυεὶδ καὶ οἱ ἄνδρες αὐτοῦ ἐν τῇ ἐρήμῳ τῇ Μαὰν καθ' ἑσπέραν ἐκ δεξιῶν τοῦ Ἰεσσαιμού. ²⁵καὶ ἐπορεύθη Σαοὺλ καὶ οἱ ἄνδρες αὐτοῦ ζητεῖν αὐτόν· καὶ ἀπήγγειλαν τῷ Δαυείδ, καὶ κατέβη εἰς τὴν πέτραν τὴν ἐν τῇ ἐρήμῳ Μαάν· καὶ ἤκουσεν Σαούλ, καὶ κατεδίωξεν ὀπίσω Δαυεὶδ εἰς τὴν ἔρημον Μαάν. ²⁶καὶ πορεύονται Σαοὺλ καὶ οἱ ἄνδρες αὐτοῦ ἐκ μέρους τοῦ ὄρους τούτου, καὶ ἦν Δαυεὶδ καὶ οἱ ἄνδρες αὐτοῦ ἐκ μέρους τοῦ ὄρους τούτου· καὶ ἦν Δαυεὶδ σκεπαζόμενος πορεύεσθαι ἀπὸ προσώπου Σαούλ, καὶ Σαοὺλ καὶ οἱ ἄνδρες αὐτοῦ παρενέβαλον ἐπὶ Δαυεὶδ καὶ τοὺς ἄνδρας αὐτοῦ συλλαβεῖν αὐτούς. ²⁷καὶ ἄγγελος πρὸς Σαοὺλ ἦλθεν λέγων Σπεῦδε καὶ δεῦρο, ὅτι ἐπέθεντο οἱ ἀλλόφυλοι ἐπὶ τὴν γῆν. ²⁸καὶ ἀνέστρεψεν Σαοὺλ μὴ καταδιώκειν ὀπίσω Δαυείδ, καὶ ἐπορεύθη εἰς συνάντησιν τῶν ἀλλοφύλων· διὰ τοῦτο ἐπεκλήθη ὁ τόπος ἐκεῖνος Πέτρα ἡ μερισθεῖσα. ¹καὶ ἀνέστη Δαυεὶδ ἐκεῖθεν καὶ ἐκάθισεν ἐν τοῖς στενοῖς Ἐνγάδδει.

A . . 17 και εγω] και ε sup ras B^avid   18 Δαδ εκαθητο A   19 Ζιφαιοι A |
Μεσαρα A   20 κεκλεικασιν] και κεκλικ. A   22 γνωτε]+και ιδετε A |
om αυτου 1° A | ειπατε A | πανουργευσητε A   23 ιδετε και γνωτε] γνωτε |
και ειδετε εκ παντων των το | πων οπου κρυβεται εκει | και επιστρεψατε προς με
εις | αιτοιμον A | εξεραυνησω A | πασαις] πασιν A   24 και επορευθησαν οι
Ζιφαιοι A | Δανειδ και sup ras B[?]vid | Μαων A   25 Σαουλ 1°] Σ sup ras
A[?]vid | απηγγειλαν] απηγγελη A | Μαων A (bis)   26 μερους (bis)] μεσον A |
τουτου· 1°] pr εκ A | του ὄρους 2°] om ορους B^a om του ορους B^b | ην 2°]
εγενετο A   27 ηλθεν προς Σαουλ A | οι αλλοφ.] om οι A   XXIV.1 om
και εκαθισεν A

ΒΑΣΙΛΕΙΩΝ Α XXIV 12

2 ²Καὶ ἐγενήθη, ὡς ἀνέστρεψεν Σαοὺλ ἀπὸ ὄπισθεν τῶν ἀλ- B
λοφύλων, καὶ ἀπηγγέλη αὐτῷ λεγόντων ὅτι Δαυεὶδ ἐν τῇ ἐρήμῳ
3 Ἐνγάδδει. ³καὶ ἔλαβεν μεθ᾿ ἑαυτοῦ τρεῖς χιλιάδας ἀνδρῶν ἐκλεκτοὺς ἐκ παντὸς Ἰσραήλ, καὶ ἐπορεύθη ζητεῖν τὸν Δαυεὶδ καὶ τοὺς
4 ἄνδρας αὐτοῦ ἐπὶ πρόσωπον Ἐδδαιέμ. ⁴καὶ ἦλθεν εἰς τὰς ἀγέλας
τῶν ποιμνίων τὰς ἐπὶ τῆς ὁδοῦ, καὶ ἦν ἐκεῖ σπήλαιον· καὶ Σαοὺλ
εἰσῆλθεν παρασκευάσασθαι, καὶ Δαυεὶδ καὶ οἱ ἄνδρες αὐτοῦ ἐσώ-
5 τερον τοῦ σπηλαίου ἐκάθηντο. ⁵καὶ εἶπον οἱ ἄνδρες Δαυεὶδ πρὸς
αὐτόν Ἰδοὺ ἡ ἡμέρα αὕτη ἣν εἶπεν Κύριος πρὸς σέ, παραδοῦναι τὸν
ἐχθρόν σου εἰς τὰς χεῖράς σου· καὶ ποιήσεις αὐτῷ ὡς ἀγαθὸν ἐν
ὀφθαλμοῖς σου. καὶ ἀνέστη Δαυεὶδ καὶ ἀφεῖλεν τὸ πτερύγιον τῆς
6 διπλοΐδος τῆς Σαοὺλ λαθραίως. ⁶καὶ ἐγενήθη μετὰ ταῦτα καὶ
ἐπάταξεν καρδία Δαυεὶδ αὐτόν, ὅτι ἀφεῖλεν τὸ πτερύγιον τῆς
7 διπλοΐδος αὐτοῦ. ⁷καὶ εἶπεν Δαυεὶδ πρὸς τοὺς ἄνδρας αὐτοῦ Μηδαμῶς μοι παρὰ Κυρίου, εἰ ποιήσω τὸ ῥῆμα τοῦτο τῷ χριστῷ
Κυρίου, ἐπενέγκαι χεῖρά μου ἐπ᾿ αὐτόν· ὅτι χριστὸς Κυρίου ἐστὶν
8 οὗτος. ⁸καὶ ἔπεισεν Δαυεὶδ τοὺς ἄνδρας αὐτοῦ ἐν λόγοις, καὶ οὐκ
ἔδωκεν αὐτοῖς ἀναστάντας θῦσαι τὸν Σαούλ. καὶ ἀνέστη Σαοὺλ
9 καὶ κατέβη τὴν ὁδόν. ⁹καὶ ἀνέστη Δαυεὶδ ὀπίσω αὐτοῦ ἐκ τοῦ
σπηλαίου· καὶ ἐβόησεν Δαυεὶδ ὀπίσω Σαοὺλ λέγων Κύριε βασιλεῦ·
καὶ ἐπέβλεψεν Σαοὺλ εἰς τὰ ὀπίσω αὐτοῦ, καὶ ἔκυψεν Δαυεὶδ ἐπὶ
10 πρόσωπον αὐτοῦ ἐπὶ τὴν γῆν καὶ προσεκύνησεν αὐτῷ. ¹⁰καὶ
εἶπεν Δαυεὶδ πρὸς Σαούλ Ἵνα τί ἀκούεις τῶν λόγων τοῦ λαοῦ
11 λεγόντων Ἰδοὺ Δαυεὶδ ζητεῖ τὴν ψυχήν σου; ¹¹ἰδοὺ ἐν τῇ ἡμέρᾳ
ταύτῃ ἑοράκασιν οἱ ὀφθαλμοί σου ὡς παρέδωκέν σε Κύριος σήμερον εἰς χεῖρά μου ἐν τῷ σπηλαίῳ, καὶ οὐκ ἠβουλήθην ἀποκτεῖναί σε, καὶ ἐφεισάμην σου καὶ εἶπα Οὐκ ἐποίσω χεῖρά μου ἐπὶ
12 κύριόν μου, ὅτι χριστὸς Κυρίου οὗτός ἐστιν. ¹²καὶ ἰδοὺ τὸ
πτερύγιον τῆς διπλοΐδος σου ἐν τῇ χειρί μου· ἐγὼ ἀφῄρηκα τὸ
πτερύγιον καὶ οὐκ ἀπέκτανκά σε· καὶ γνῶθι καὶ ἴδε σήμερον ὅτι

2 λεγοντων] λεγων A   3 εαυτους A | Εδδαιεμ]+της θη|ρας των| ελα- A
φων B^a mg Αειμειν A* Αειαμειν (α superscr) A¹   4 εισηλθεν Σαουλ A
5 ειπαν A | η ημερα] om η A   7 Κυριου 1°] κω A | τω χριστω] pr τω κυριω
μου A | επενεγκειν A | Κυριου 3°] κυ (υ sup ras A^a) A.   8 αυτοις] αυτους
A | θυσαι] θανατωσαι A | Σαουλ 2°]+εκ του σπηλαιου A | την οδον] pr εις A
9 Δαυειδ οπισω 1°] δ, o sup ras B!^vid | εκ του σπηλαιου] pr και εξηλθεν A |
κυριε] +μου A | εις τα οπισω] om εις τα A | εκυψεν] εκρυψεν A   11 εωρακασιν B^ab | σημερον κς A | χειρα] χειρας A | εβουληθην A | χριστος Κυριου]
χρηστος κς A | om ουτος A   12 και ιδου] pr και περ μου A | το πτερυγιον 2°]
+του ιματιου A | απεκταγκα B^ab A (απεκτανκα B*).

595   2 F 2

Β οὐκ ἔστιν κακία ἐν τῇ χειρί μου οὐδὲ ἀσέβεια καὶ ἀθέτησις, καὶ οὐχ ἡμάρτηκα εἰς σέ· καὶ σὺ δεσμεύεις τὴν ψυχήν μου λαβεῖν αὐτήν. ¹³δικάσαι Κύριος ἀνὰ μέσον ἐμοῦ καὶ σοῦ, καὶ ἐκδικήσαι ¹³ με Κύριος ἐκ σοῦ, καὶ χείρ μου οὐκ ἔσται ἐπὶ σοί· ¹⁴καθὼς λέγεται ¹⁴ ἡ παραβολὴ ἡ ἀρχαία Ἐξ ἀνόμων ἐξελεύσεται πλημμελία· καὶ ἡ χείρ μου οὐκ ἔσται ἐπὶ σέ. ¹⁵καὶ νῦν ὀπίσω τίνος σὺ ἐκπορεύῃ, ¹⁵ βασιλεῦ Ἰσραήλ; ὀπίσω τίνος καταδιώκεις σύ; ὀπίσω κυνὸς τεθνηκότος καὶ ὀπίσω ψύλλου ἑνός. ¹⁶γένοιτο Κύριος εἰς κριτὴν καὶ ¹⁶ δικαστὴν ἀνὰ μέσον ἐμοῦ καὶ ἀνὰ μέσον σοῦ· ἴδοι Κύριος καὶ κρίναι τὴν κρίσιν μου καὶ δικάσαι μοι ἐκ χειρός σου. ¹⁷καὶ ¹⁷ ἐγένετο ὡς συνετέλεσεν Δαυεὶδ τὰ ῥήματα ταῦτα λαλῶν πρὸς Σαούλ, καὶ εἶπεν Σαούλ Ἡ φωνή σου αὕτη, τέκνον· Δαυείδ; καὶ ἦρεν τὴν φωνὴν αὐτοῦ Σαοὺλ καὶ ἔκλαυσεν. ¹⁸καὶ εἶπεν Σαοὺλ ¹⁸ πρὸς Δαυεὶδ Δίκαιος σὺ ὑπὲρ ἐμέ, ὅτι σὺ ἀνταπέδωκάς μοι ἀγαθά, ἐγὼ δὲ ἀνταπέδωκά σοι κακά. ¹⁹καὶ σὺ ἀπήγγειλάς μοι σήμερον ¹⁹ ἃ ἐποίησάς μοι ἀγαθά, ὡς ἀπέκλεισέν με Κύριος σήμερον εἰς χεῖράς σου καὶ οὐκ ἀπέκτεινάς με· ²⁰καὶ ὅτι εἰ εὕροιτό τις τὸν ²⁰ ἐχθρὸν αὐτοῦ ἐν θλίψει καὶ ἐκπέμψαι αὐτὸν ἐν ὁδῷ ἀγαθῇ, καὶ Κύριος ἀνταποτίσει αὐτῷ ἀγαθά, καθὼς πεποίηκας σήμερον. ²¹καὶ ²¹ νῦν ἰδοὺ ἐγὼ γινώσκω ὅτι βασιλεύων βασιλεύσεις, καὶ στήσεται ἐν χερσίν σου βασιλεία Ἰσραήλ. ²²καὶ νῦν ὄμοσόν μοι ἐν Κυρίῳ ὅτι ²² οὐκ ἐξολεθρεύσεις τὸ σπέρμα μου ὀπίσω μου, καὶ οὐκ ἀφανιεῖς τὸ ὄνομά μου ἐκ του οἴκου τοῦ πατρός μου. ²³καὶ ὤμοσεν Δαυεὶδ τῷ ²³ Σαούλ· καὶ ἀπῆλθεν Σαοὺλ εἰς τὸν τόπον αὐτοῦ, καὶ Δαυεὶδ καὶ οἱ ἄνδρες αὐτοῦ ἀνέβησαν εἰς τὴν Μεσσαρὰ στενήν.

¹Καὶ ἀπέθανεν Σαμουήλ, καὶ συναθροίζονται πᾶς Ἰσραὴλ καὶ ¹ κόπτονται αὐτόν, καὶ θάπτουσιν αὐτὸν ἐν οἴκῳ αὐτοῦ ἐν Ἀρμαθάιμ. καὶ ἀνέστη Δαυεὶδ καὶ κατέβη εἰς τὴν ἔρημον Μαάν. ²Καὶ ἦν ² ἄνθρωπος ἐν τῇ Μαάν, καὶ τὰ ποίμνια αὐτοῦ ἐν τῷ Καρμήλῳ· καὶ ὁ ἄνθρωπος μέγας σφόδρα, καὶ τούτῳ ποίμνια τρισχίλια καὶ αἶγες χίλιαι· καὶ ἐγενήθη ἐν τῷ κείρειν τὸ ποίμνιον αὐτοῦ ἐν τῷ Καρμήλῳ. ³καὶ ὄνομα τῷ ἀνθρώπῳ Ναβάλ, καὶ ὄνομα τῇ γυναικὶ αὐτοῦ Ἀβειγαία· ³

A 12 εν τη χειρι μου κακια A | ασεβ. και αθετ.] αθετησεις ουδε ασεβ. A 13 χειρ] pr η A 15 om συ 2° A 17 λαλων τα ρ. ταυτα A | Σαουλ την φ. αυτου A 18 εγω] λεγω A 20 ει ευροιτο] ευρων A | εκπεμψει A | ανταποτισει] ανταποδωσει A | om αγαθα A 21 βασιλεια] βασιλεα A 23 Μεσαρας A XXV 1 αυτον 2°] αυτον B* (αυτον BᵃᵇA) Αρμαθαιμ] Ραμα A | Μααν] Φαραν A 2 εν τη Μααν] Μαων A | χιλιαι αιγες A | το ποιμνιον] τα ποιμνια A 3 Αβειγαια] Αβιραια A

ΒΑΣΙΛΕΙΩΝ Α XXV 16

καὶ ἡ γυνὴ αὐτοῦ ἀγαθὴ συνέσει καὶ ἀγαθὴ τῷ εἴδει σφόδρα, καὶ Β
ὁ ἄνθρωπος σκληρὸς καὶ πονηρὸς ἐν ἐπιτηδεύμασιν, καὶ ὁ ἄνθρωπος
4 κυνικός. ⁴καὶ ἤκουσεν Δαυεὶδ ἐν τῇ ἐρήμῳ ὅτι κείρει Ναβὰλ ὁ Καρ-
5 μήλιος τὸ ποίμνιον αὐτοῦ· ⁵καὶ Δαυεὶδ ἀπέστειλεν δέκα παιδάρια, καὶ
εἶπεν τοῖς παιδαρίοις. Ἀνάβητε εἰς Κάρμηλον καὶ ἀπέλθατε πρὸς
6 Ναβάλ, καὶ ἐρωτήσατε αὐτὸν ἐπὶ τῷ ὀνόματί μου εἰς εἰρήνην, ⁶καὶ
ἐρεῖτε τάδε Εἰς ὥρας καὶ σὺ ὑγιαίνων· ὁ οἶκός σου καὶ πάντα τὰ σὰ
7 ὑγιαίνοντα. ⁷καὶ νῦν ἰδοὺ ἀκήκοα ὅτι κείρουσίν σοι· νῦν οἱ ποιμένες
σου οἳ ἦσαν μεθ᾽ ἡμῶν ἐν τῇ ἐρήμῳ, καὶ οὐκ ἀπεκωλύσαμεν αὐτοὺς
καὶ οὐκ ἐνετειλάμεθα αὐτοῖς οὐθὲν πάσας τὰς ἡμέρας ὄντων αὐτῶν ἐν
8 Καρμήλῳ. ⁸ἐρώτησον τὰ παιδάριά σου, καὶ ἀπαγγελοῦσίν σοι· καὶ
εὑρέτωσαν τὰ παιδάριά σου χάριν ἐν ὀφθαλμοῖς σου, ὅτι ἐφ᾽ ἡμέραν
ἀγαθὴν ἥκομεν· δὸς δὴ ὃ ἐὰν εὕρῃ ἡ χείρ σου τῷ υἱῷ σου τῷ Δαυείδ.
9 ⁹καὶ ἔρχονται τὰ παιδάρια καὶ λαλοῦσιν τοὺς λόγους τούτους πρὸς
Ναβὰλ καὶ πάντα τὰ ῥήματα ταῦτα ἐν τῷ ὀνόματι Δαυείδ· καὶ ἀνεπή-
10 δησεν ¹⁰καὶ ἀπεκρίθη Ναβὰλ τοῖς παισὶν Δαυεὶδ καὶ εἶπεν Τίς ὁ
Δαυεὶδ καὶ τίς ὁ υἱὸς Ἰεσσαί; σήμερον πεπληθυμμένοι εἰσὶν οἱ δοῦλοι
11 ἀναχωροῦντες ἕκαστος ἐκ προσώπου τοῦ κυρίου αὐτοῦ. ¹¹καὶ λήμ-
ψομαι τοὺς ἄρτους μου καὶ τὸν οἶνόν μου καὶ τὰ θύματά μου ἃ τέθυκα
τοῖς κείρουσίν μου τὰ πρόβατα, καὶ δώσω αὐτὰ ἀνδράσιν οἷς οὐκ οἶδα
12 πόθεν εἰσίν; ¹²καὶ ἀπεστράφησαν τὰ παιδάρια Δαυεὶδ εἰς ὁδὸν
αὐτῶν, καὶ ἀνέστρεψαν καὶ ἦλθον καὶ ἀνήγγειλαν τῷ Δαυεὶδ
13 κατὰ τὰ ῥήματα ταῦτα. ¹³καὶ εἶπεν Δαυεὶδ τοῖς ἀνδράσιν αὐτοῦ
Ζώσασθε ἕκαστος τὴν ῥομφαίαν αὐτοῦ· καὶ ἀνέβησαν ὀπίσω Δαυεὶδ ὡς
τετρακόσιοι ἄνδρες, καὶ οἱ διακόσιοι ἐκάθισαν μετὰ τῶν σκευῶν.
14 ¹⁴καὶ τῇ Ἀβειγαίᾳ γυναικὶ Ναβὰλ ἀπήγγειλεν ἓν τῶν παιδαρίων λέγων
Ἰδοὺ Δαυεὶδ ἀπέστειλεν ἀγγέλους ἐκ τῆς ἐρήμου εὐλογῆσαι κύριον
15 ἡμῶν, καὶ ἐξέκλινεν ἀπ᾽ αὐτῶν. ¹⁵καὶ οἱ ἄνδρες ἀγαθοὶ ἡμῖν σφόδρα·
οὐκ ἀπεκώλυσαν ἡμᾶς οὐδὲ ἐνετείλαντο ἡμῖν πάσας τὰς ἡμέρας ἃς
16 ἦμεν παρ᾽ αὐτοῖς· ¹⁶καὶ ἐν τῷ εἶναι ἡμᾶς ἐν ἀγρῷ (¹⁶)ὡς τεῖχος ἦσαν

3 συνεσει] pr τη A | αγαθη 2°] καλη A | πονηρος και σκληρος A   5 απε- A
στειλεν Δαδ A | ειπεν]+Δαδ A   6 ο οικος] pr και Bᵃ (superscr ϗ) A
8 om σου 1°, 2° A | τω υιω σου] pr τοις παισιν σου A | τω Δαυειδ] om τω A
9 παιδαρια]+Δαδ A | om τους λογους τουτους A | προς N.] τω N. A | και 3°]
κατα A   10 απεκριθη] ειπεν A | ειπεν] απεκριθη A | ο Δαυειδ] om ο A |
ο υιος] om ο A   12 ηλθαν A | τα ρηματα] pr παντα A   13 και ανε-
βησαν] pr και πε|ριεζωσαντο ανηρ την μαχαιραν αυτου και περιεζωσατο και| Δαδ
την μαχαιραν αυτου A   14 Αβιγαια A (ita ubique) | απεστειλεν Δαδ A. |
κυριον] pr τον A   15 ημιν 2°]+ουδεν A

ΒΑΣΙΛΕΙΩΝ Α

Β περὶ ἡμᾶς καὶ τὴν νύκτα καὶ τὴν ἡμέραν πάσας τὰς ἡμέρας ἃς ἤμεθα παρ' αὐτοῖς ποιμαίνοντες τὸ ποίμνιον. ¹⁷καὶ νῦν γνῶθι καὶ ἴδε τί σὺ 17 ποιήσεις, ὅτι συντετέλεσται ἡ κακία εἰς τὸν κύριον ἡμῶν καὶ εἰς τὸν οἶκον αὐτοῦ· καὶ οὗτος υἱὸς λοιμὸς καὶ οὐκ ἔστιν λαλῆσαι πρὸς αὐτόν. ¹⁸καὶ ἔσπευσεν Ἀβειγαία καὶ ἔλαβεν διακοσίους ἄρτους καὶ 18 δύο ἀγγεῖα οἴνου καὶ πέντε πρόβατα πεποιημένα καὶ πέντε οἰφὶ ἀλφίτου καὶ γόμορ ἐν σταφίδος καὶ διακοσίας παλάθας, καὶ ἔθετο ἐπὶ τοὺς ὄνους· ¹⁹καὶ εἶπεν τοῖς παιδαρίοις αὐτῆς Προπορεύεσθε ἔμπροσθέν 19 μου, καὶ ἰδοὺ ἐγὼ ὀπίσω ὑμῶν παραγίνομαι. καὶ τῷ ἀνδρὶ αὐτῆς οὐκ ἀπήγγειλεν. ²⁰καὶ ἐγενήθη αὐτῆς ἐπιβεβηκυίης ἐπὶ τὴν ὄνον καὶ 20 καταβαινούσης ἐν σκέπῃ τοῦ ὄρους, καὶ ἰδοὺ Δαυεὶδ καὶ οἱ ἄνδρες αὐτοῦ κατέβαινον εἰς συνάντησιν αὐτῆς· καὶ ἀπήντησεν αὐτοῖς. ²¹καὶ 21 Δαυεὶδ εἶπεν Ἴσως εἰς ἄδικον πεφύλακα πάντα τὰ αὐτοῦ ἐν τῇ ἐρήμῳ καὶ οὐκ ἐνετειλάμεθα λαβεῖν ἐκ πάντων τῶν αὐτοῦ οὐθέν, καὶ ἀνταπέδωκέν μοι πονηρὰ ἀντὶ ἀγαθῶν· ²²τάδε ποιήσαι ὁ θεὸς 22 τῷ Δαυεὶδ καὶ τάδε προσθείη, εἰ ὑπολείψομαι ἐκ πάντων τῶν τοῦ Ναβὰλ ἕως πρωὶ οὐροῦντα πρὸς τοῖχον. ²³καὶ εἶδεν Ἀβειγαία τὸν 23 Δαυείδ, καὶ ἔσπευσεν καὶ κατεπήδησεν ἀπὸ τῆς ὄνου καὶ ἔπεσεν ἐνώπιον Δαυεὶδ ἐπὶ πρόσωπον αὐτῆς, καὶ προσεκύνησεν αὐτῷ ἐπὶ τὴν γῆν ²⁴ἐπὶ τοὺς πόδας αὐτοῦ καὶ εἶπεν Ἐν ἐμοί, κύριέ μου, ἡ 24 ἀδικία μου· λαλησάτω δὴ ἡ δούλη σου εἰς τὰ ὦτά σου, καὶ ἄκουσον τῆς δούλης σου λόγον. ²⁵μὴ δὴ θέσθω ὁ κύριός μου καρδίαν αὐτοῦ ἐπὶ 25 τὸν ἄνθρωπον τὸν λοιμὸν τοῦτον, ὅτι κατὰ τὸ ὄνομα αὐτοῦ οὗτός ἐστιν· Ναβὰλ ὄνομα αὐτῷ καὶ ἀφροσύνη μετ' αὐτοῦ· καὶ ἐγὼ ἡ δούλη σου οὐκ εἶδον τὰ παιδάριά σου ἃ ἀπέστειλας. ²⁶καὶ νῦν, κύριε, ζῇ 26 Κύριος καὶ ζῇ ἡ ψυχή σου, καθὼς ἐκώλυσέν σε Κύριος τοῦ μὴ ἐλθεῖν εἰς αἷμα ἀθῷον καὶ σώζειν τὴν χεῖρά σού σοι· καὶ νῦν γένοιντο ὡς Ναβὰλ οἱ ἐχθροί σου καὶ οἱ ζητοῦντες τῷ κυρίῳ μου κακά. ²⁷καὶ νῦν 27 λάβε τὴν εὐλογίαν ἣν ἐνήνοχεν ἡ δούλη σου τῷ κυρίῳ μου, καὶ δώσεις τοῖς παιδαρίοις τοῖς παρεστηκόσιν τῷ κυρίῳ μου. ²⁸ἆρον δὴ τὸ 28 ἀνόμημα τῆς δούλης σου, ὅτι πρίων ποιήσει Κύριος τῷ κυρίῳ μου

A 16 ποιμανοντες (sic) B* (ποιμαιν. B^{ab}) 17 τον οικον] pr παντα A 18 οιφει A | τους ονους] τας ον. A 19 προπορεψεσθαι A | αυτης 2°] + Ναβαλ A 20 επιβεβηκυεις A | κατεβαινον] κατεβαιναν A 23 ιδεν A 24 επι τους ποδας] pr και επεσεν A | της δουλης σου λογον] τον λογον τῆς δ. σ. A 25 μη δη θεσθω o sup ras A¹ | τουτον] + επι Ναβαλ A | ουτος...μετ αυτου] και αφροσυνη μετ αυτου· αυτος εστιν| Ναβαλ και αφροσυνη μετ αυτου| A | ουχ ιδον A | παιδιαρια A 27 - ευλογιαν] + ταυτην A | μου 1°] + λαβε A 28 om ποιων A

ΒΑΣΙΛΕΙΩΝ Α XXV 40

οἶκον πιστόν, ὅτι πόλεμον κυρίου μου ὁ κύριος πολεμεῖ, καὶ κα- B
29 κία οὐχ εὑρεθήσεται ἐν σοὶ πώποτε. ²⁹καὶ ἀναστήσεται ἄνθρωπος καταδιώκων σε καὶ ζητῶν τὴν ψυχήν σου, καὶ ἔσται ψυχὴ κυρίου μου ἐνδεδεμένη ἐν δεσμῷ τῆς ζωῆς παρὰ Κυρίῳ τῷ θεῷ, καὶ ψυχὴν ἐχθρῶν
30 σου σφενδονήσεις ἐν μέσῳ τῆς σφενδόνης. ³⁰καὶ ἔσται ὅτι ποιήσει Κύριος τῷ κυρίῳ μου πάντα ὅσα ἐλάλησεν ἀγαθὰ ἐπὶ σέ, καὶ ἐντε-
31 λεῖταί σοι εἰς ἡγούμενον ἐπὶ Ἰσραήλ. ³¹καὶ οὐκ ἔσται σοι τοῦτο βδελυγμὸς καὶ σκάνδαλον τῷ κυρίῳ μου, ἐκχέαι αἷμα ἀθῷον δωρεὰν καὶ σῶσαι χεῖρα κυρίου μου αὐτῷ· καὶ ἀγαθώσαι Κύριος τῷ κυρίῳ μου,
32 καὶ μνησθήσῃ τῆς δούλης σου ἀγαθῶσαι αὐτῇ. ³²καὶ εἶπεν Δαυεὶδ τῇ Ἀβειγαίᾳ Εὐλογητὸς Κύριος ὁ θεὸς Ἰσραὴλ ὃς ἀπέστειλέν σε εἰς ἀπάν-
33 τησίν μου. ³³καὶ εὐλογητὸς ὁ τρόπος σου, καὶ εὐλογημένη σὺ ἡ ἀποκωλύσασά με σήμερον ἐν ταύτῃ μὴ ἐλθεῖν εἰς αἵματα καὶ σῶσαι χεῖρά
34 μου ἐμοί. ³⁴πλὴν ὅτι ζῇ Κύριος ὁ θεὸς Ἰσραὴλ ὃς ἀπεκώλυσέν με σήμερον τοῦ κακοποιῆσαί σε, ὅτι εἰ μὴ ἔσπευσας καὶ παρεγένου εἰς ἀπάντησίν μοι, τότε εἶπα Εἰ ὑπολειφθήσεται τῷ Ναβὰλ ἕως φωτὸς
35 τοῦ πρωὶ οὐρῶν πρὸς τοῖχον. ³⁵καὶ ἔλαβεν Δαυεὶδ ἐκ χειρὸς αὐτῆς πάντα ἃ ἔφερεν αὐτῷ, καὶ εἶπεν αὐτῇ Ἀνάβηθι εἰς εἰρήνην εἰς οἶκόν σου· βλέπε, ἤκουσα τῆς φωνῆς σου καὶ ᾑρέτισα τὸ πρόσωπόν σου.
36 ³⁶καὶ παρεγενήθη Ἀβειγαία πρὸς Ναβάλ· καὶ ἰδοὺ αὐτῷ πότος βασιλέως καὶ ἡ καρδία Ναβὰλ ἀγαθὴ ἐπ᾽ αὐτόν, καὶ αὐτὸς μεθύων ἕως σφόδρα· καὶ οὐκ ἀπήγγειλεν αὐτῷ ῥῆμα μικρὸν ἢ μέγα ἕως φωτὸς τοῦ
37 πρωί. ³⁷καὶ ἐγένετο πρωὶ ὡς ἐξένηψεν ἀπὸ τοῦ οἴνου Ναβάλ, ἀπήγγειλεν ἡ γυνὴ αὐτοῦ τὰ ῥήματα ταῦτα, καὶ ἐναπέθανεν ἡ καρδία
38 αὐτοῦ ἐν αὐτῷ, καὶ αὐτὸς γίνεται ὡς λίθος· ³⁸καὶ ἐγένετο ὡσεὶ δέκα
39 ἡμέραι καὶ ἐπάταξεν Κύριος τὸν Ναβάλ, καὶ ἀπέθανεν. ³⁹καὶ ἤκουσεν Δαυεὶδ καὶ εἶπεν Εὐλογητὸς Κύριος ὃς ἔκρινεν τὴν κρίσιν τοῦ ὀνειδισμοῦ μου ἐκ χειρὸς Ναβάλ, καὶ τὸν δοῦλον αὐτοῦ περιεποιήσατο ἐκ χειρὸς κακῶν· καὶ τὴν κακίαν Ναβὰλ ἀπέστρεψεν Κύριος εἰς κεφαλὴν αὐτοῦ. καὶ ἀπέστειλεν Δαυεὶδ καὶ ἐλάλησεν περὶ Ἀβειγαίας λαβεῖν
40 αὐτὴν ἑαυτῷ εἰς γυναῖκα. ⁴⁰καὶ ἦλθον οἱ παῖδες Δαυεὶδ πρὸς

28 om πιστον A | κυριος 2°] + μου A   **29** ανθρωπος] αος (sic) A | σε] A σει A | ζητω A | ψυχη] pr η A | εχθρων] pr των A   **30** σοι] + κϲ A
31 σκανδαλον] + καρδιας A | αυτη] αυτην A   **32** σε] + σημερον A | μου] εμοι A   **34** απαντησιν μοι] απαντην μου A   **35** χειρος] pr της A
36 om αυτω A | βασιλεως] pr εν οικω αυτου ὡς ποτος B^(ab(mg)) pr εν τω οικω αυτου ως ποτος του A   **37** ως 1°] ἕως A | ως 2°] ωσει A   **39** Δαυειδ 1°] + οτι απεθανεν Ναβαλ A | μου] εμου A | Ναβαλ 1°] pr του A | Αβειγαιας] Αβιγαια A

ΒΑΣΙΛΕΙΩΝ Α XXV 41

B Ἀβειγαίαν εἰς Κάρμηλον καὶ ἐλάλησαν αὐτῇ λέγοντες Δαυεὶδ ἀπέστειλεν ἡμᾶς πρὸς σὲ λαβεῖν σε αὐτῷ εἰς γυναῖκα. ⁴¹καὶ ἀνέστη καὶ προσε- 41 κύνησεν ἐπὶ τὴν γῆν ἐπὶ πρόσωπον καὶ εἶπεν Ἰδοὺ ἡ δούλη σου εἰς παιδίσκην νίψαι πόδας τῶν παίδων σου. ⁴²καὶ ἀνέστη Ἀβειγαία 42 καὶ ἐπέβη ἐπὶ τὴν ὄνον, καὶ πέντε κοράσια ἠκολούθουν αὐτῇ, καὶ ἐπορεύθη ὀπίσω τῶν παίδων Δαυείδ, καὶ γίνεται αὐτῷ εἰς γυναῖκα. ⁴³καὶ τὴν Ἀχεινάαν ἔλαβεν Δαυείδ ἐξ Ἰσραήλ, καὶ ἀμφότεραι ἦσαν 43 αὐτῷ γυναῖκες. ⁴⁴καὶ Σαοὺλ ἔδωκεν Μελχὸλ τὴν θυγατέρα αὐτοῦ τὴν 44 γυναῖκα Δαυεὶδ τῷ Φαλτεὶ υἱῷ Ἀμεὶς τῷ ἐκ Ῥομμά.

¹Καὶ ἔρχονται οἱ Ζειφαῖοι ἐκ τῆς αὐχμώδους πρὸς τὸν Σαοὺλ 1 εἰς τὸν βουνὸν λέγοντες Ἰδοὺ Δαυεὶδ σκεπάζεται μεθ' ἡμῶν ἐν τῷ βουνῷ τῷ Χελμὰθ τοῦ κατὰ πρόσωπον τοῦ Ἰεσσαιμοῦ. ²καὶ ἀνέστη 2 Σαοὺλ καὶ κατέβη εἰς τὴν ἔρημον Ζείφ, καὶ μετ' αὐτοῦ τρεῖς χιλιάδες ἀνδρῶν ἐκλεκτοὶ ἐξ Ἰσραήλ, ζητεῖν τὸν Δαυεὶδ ἐν τῇ ἐρήμῳ Ζείφ. ³καὶ παρενέβαλεν Σαοὺλ ἐν τῷ βουνῷ τοῦ Ἐχελὰ ἐπὶ προσώπου 3 τοῦ Ἰεσσαιμοῦ ἐπὶ τῆς ὁδοῦ, καὶ Δαυεὶδ ἐκάθισεν ἐν τῇ ἐρήμῳ· καὶ εἶδεν Δαυεὶδ ὅτι ἥκει Σαοὺλ ὀπίσω αὐτοῦ εἰς τὴν ἔρημον. ⁴καὶ 4 ἀπέστειλεν Δαυεὶδ κατασκόπους, καὶ ἔγνω ὅτι ἥκει Σαοὺλ ἕτοιμος ἐκ Κεειλά. ⁵καὶ ἀνέστη Δαυεὶδ λάθρα καὶ εἰσπορεύεται εἰς τὸν τόπον 5 οὗ ἐκάθευδεν ἐκεῖ Σαούλ, καὶ ἐκεῖ Ἀβεννὴρ υἱὸς Νὴρ ἀρχιστράτηγος αὐτοῦ· καὶ Σαοὺλ ἐκάθευδεν ἐν λαμπήνῃ, καὶ ὁ λαὸς παρεμβεβληκὼς κύκλῳ αὐτοῦ. ⁶καὶ ἀπεκρίθη Δαυεὶδ καὶ εἶπεν πρὸς Ἀβειμέλεχ τὸν 6 Χετταῖον καὶ πρὸς Ἀβεσσὰ υἱὸν Σαρουίας ἀδελφὸν Ἰωὰβ λέγων Τίς εἰσελεύσεται μετ' ἐμοῦ πρὸς Σαοὺλ εἰς τὴν παρεμβολήν; καὶ εἶπεν Ἀβεισά Ἐγὼ εἰσελεύσομαι μετὰ σοῦ. ⁷καὶ εἰσπορεύεται Δαυεὶδ καὶ 7 Ἀβεισὰ εἰς τὸν λαὸν τὴν νύκτα, καὶ ἰδοὺ Σαοὺλ καθεύδων ὕπνῳ ἐν λαμπήνῃ, καὶ τὸ δόρυ αὐτοῦ ἐνπεπηγὸς εἰς τὴν γῆν πρὸς κεφαλῆς αὐτοῦ, καὶ Ἀβεννὴρ καὶ ὁ λαὸς αὐτοῦ ἐκάθευδεν κύκλῳ αὐτοῦ. ⁸καὶ 8 εἶπεν Ἀβεισὰ πρὸς Δαυεὶδ Ἀπέκλεισεν σήμερον Κύριος τὸν ἐχθρόν σου εἰς τὰς χεῖράς σου· καὶ νῦν πατάξω αὐτὸν τῷ δόρατι εἰς τὴν γῆν,

A 40 Αβειγαιαν] Αβιγαια A   41 επι προσωπον επι την γην A | σου 2°] του κυριου μου A   42 και ανεστη] pr και εταχυνεν A   43 Αχιναμμ A | Ισραηλ] Ιξαελ A | ησαν αμφοτεραι A   44 Φαλτι A | Αμεις] Λαις A | Ρομμα] Γαλλει A (Γαδδει forte A*)   XXVI 1 Ζιφαιοι A | προς] προς (bis scr) A | μεθ ημων] παρ ημιν A | τω Χελμαθ] του Αχιλα A | Ειεσσαιμου A   2 ανεστη] κατεβη A | κατεβη] επορευθη A | εκλεκτων A   3 επι προσωπου] pr του A | ειδεν] ειπεν A   5 εισπορευεται] πορευεται A   6 Αβειμελεχ (Αβιμ. A)] Αχειμελεχ Bᵃ | Αβεσσα] Αβισαι A | Σαρουιας] Σαρουεια A | Αβεισα] Αβισάι A (ita infra ubique) | εισελευσομαι] εισπορευομαι A   7 om υπνω A | om αυτου 1° A   8 κς σημερον A | τας χειρας] om τας A

9 ἅπαξ, καὶ οὐ δευτερώσω αὐτῷ. ⁹καὶ εἶπεν Δαυεὶδ πρὸς Ἀβεισά Μὴ
ταπεινώσῃς αὐτόν, ὅτι τίς ἐποίσει χεῖρα αὐτοῦ ἐπὶ χριστὸν Κυρίου
10 καὶ ἀθῳωθήσεται; ¹⁰καὶ εἶπεν Δαυείδ Ζῇ Κύριος, ἐὰν μὴ Κύριος
παιδεύσῃ αὐτόν, ἢ ἡ ἡμέρα αὐτοῦ ἔλθῃ καὶ ἀποθάνῃ, ἢ εἰς πόλεμον
11 καταβῇ καὶ προστεθῇ· ¹¹μηδαμῶς μοι παρὰ Κυρίου ἐπενεγκεῖν χεῖρά
μου ἐπὶ χριστὸν Κυρίου. καὶ νῦν λάβε δὴ τὸ δόρυ ἀπὸ πρὸς κεφαλῆς
αὐτοῦ καὶ τὸν φακὸν τοῦ ὕδατος, καὶ ἀπέλθωμεν καθ' ἑαυτούς.
12 ¹²καὶ ἔλαβεν Δαυείδ τὸ δόρυ καὶ τὸν φακὸν τοῦ ὕδατος ἀπὸ πρὸς
κεφαλῆς αὐτοῦ, καὶ ἀπῆλθον καθ' ἑαυτούς· καὶ οὐκ ἦν ὁ βλέπων,
καὶ οὐκ ἦν ὁ γινώσκων, καὶ οὐκ ἦν ὁ ἐξεγειρόμενος· πάντες ὑπνοῦντες,
13 ὅτι θάμβος Κυρίου ἐπέσεν ἐπ' αὐτούς. ¹³καὶ διέβη Δαυεὶδ εἰς τὸ
πέραν καὶ ἔστη ἐπὶ τὴν κορυφὴν τοῦ ὄρους μακρόθεν, καὶ πολλὴ ἡ
14 ὁδὸς ἀνὰ μέσον αὐτῶν. ¹⁴καὶ προσεκαλέσατο Δαυεὶδ τὸν λαόν, καὶ
τῷ Ἀβεννήρ ἐλάλησεν λέγων Οὐκ ἀποκριθήσει, Ἀβεννήρ; καὶ εἶπεν
15 Τίς εἶ σὺ ὁ καλῶν; ¹⁵καὶ εἶπεν Δαυεὶδ πρὸς Ἀβεννήρ Οὐκ ἀνὴρ σύ;
καὶ τίς ὡς σὺ ἐν Ἰσραήλ; καὶ διὰ τί οὐ φυλάσσεις τὸν κύριόν σου
τὸν βασιλέα; ὅτι εἰσῆλθεν εἷς ἐκ τοῦ λαοῦ διαφθεῖραι τὸν βασιλέα
16 κύριόν σου. ¹⁶καὶ οὐκ ἀγαθὸν τὸ ῥῆμα τοῦτο ὃ πεποίηκας· ζῇ Κύριος,
ὅτι υἱοὶ θανατώσεως ὑμεῖς οἱ φυλάσσοντες τὸν βασιλέα κύριον ὑμῶν
τὸν χριστὸν Κυρίου· καὶ νῦν ἴδε δὴ τὸ δόρυ τοῦ βασιλέως καὶ ὁ φακὸς
17 τοῦ ὕδατος, ποῦ ἐστιν τὰ πρὸς κεφαλῆς αὐτοῦ. ¹⁷καὶ ἐπέγνω Σαοὺλ
τὴν φωνὴν τοῦ Δαυεὶδ καὶ εἶπεν Ἡ φωνή σου, τέκνον, αὕτη, Δαυείδ;
18 καὶ εἶπεν Δαυεὶδ Δοῦλός σου, κύριε βασιλεῦ. ¹⁸καὶ εἶπεν Ἵνα τί τοῦτο
καταδιώκει ὁ κύριος ὀπίσω τοῦ δούλου αὐτοῦ; ὅτι τί ἡμάρτηκα, καὶ τί
19 εὑρέθη ἐν ἐμοὶ ἀδίκημα; ¹⁹καὶ νῦν ἀκουσάτω ὁ κύριός μου ὁ βασιλεὺς
τὸ ῥῆμα τοῦ δούλου αὐτοῦ· εἰ ὁ θεὸς ἐπισείει σε ἐπ' ἐμέ, ὀσφρανθείη
θυσίας σου· καὶ εἰ υἱοὶ ἀνθρώπων, ἐπικατάρατοι οὗτοι ἐνώπιον Κυρίου,
ὅτι ἐξέβαλόν με σήμερον μὴ ἐστηρίσθαι ἐν κληρονομίᾳ Κυρίου,
20 λέγοντες Πορεύου, δούλευε θεοῖς ἑτέροις. ²⁰καὶ νῦν μὴ πέσοι τὸ αἷμά
μου ἐπὶ τὴν γῆν ἐξ ἐναντίας προσώπου Κυρίου· ὅτι ἐξελήλυθεν ὁ
βασιλεὺς Ἰσραὴλ ζητεῖν ψυχήν μου, καθὼς καταδιώκει ὁ νυκτικόραξ

9 ταπεινωσης] διαφθειρης A | αθοωθησεται B*A   10 εαν] pr οτι A | παι- A
δευση] παιση A | om η 2° A   11 om μοι A | επηνεγκεν. A   12 om του
υδατος A | om αυτου A | Κυριου] ks B   14 αποκριθηση B^{ab}A | καλων]
+ με προς τον βασιλεα A   15 κυριου 2°] pr τον A   16 κυριον] pr τον
A | χριστον Κυριου] ras ku A ^{vid} seq ras pl litt in A   17 αυτη τεκνον A
18 ειπεν]+ Δαδ A | ο κυριος καταδιωκει A | om τι 2° A   19 ακουσατω]+
δη A | επ] εις A | θυσια A | επικαταρατοι] επικαταγαγοι A | om ουτοι A
20 ψυχην] pr την A

ΧΧVI 21   ΒΑΣΙΛΕΙΩΝ Α

Β ἐν τοῖς ὄρεσιν.. ²¹καὶ εἶπεν Σαοὺλ Ἡμάρτηκα· ἐπίστρεφε, τέκνον 21
Δαυείδ· ὅτι οὐ κακοποιήσω σε, ἀνθ' ὧν ἔντιμος ψυχή μου ἐν ὀφθαλμοῖς
σου· καὶ ἐν τῇ σήμερον μεματαίωμαι καὶ ἠγνόηκα πολλὰ σφόδρα.
²²καὶ ἀπεκρίθη Δαυεὶδ καὶ εἶπεν Ἰδοὺ τὸ δόρυ τοῦ βασιλέως, διελθέτω 22
εἷς τῶν παιδαρίων καὶ λαβέτω αὐτό. ²³καὶ Κύριος ἐπιστρέψει ἑκάστῳ 23
τὰς δικαιοσύνας αὐτοῦ καὶ τὴν πίστιν αὐτοῦ· ὡς παρέδωκέν σε Κύριος
σήμερον εἰς χεῖράς μου, καὶ οὐκ ἠθέλησα ἐπενεγκεῖν χεῖρά μου ἐπὶ
χριστὸν Κυρίου. ²⁴καὶ ἰδοὺ καθὼς ἐμεγαλύνθη ἡ ψυχή σου σήμερον ἐν 24
ταύτῃ ἐν ὀφθαλμοῖς μου, οὕτως μεγαλυνθείη ἡ ψυχή μου ἐνώπιον
Κυρίου, καὶ σκεπάσαι με· καὶ ἐξελεῖταί με ἐκ πάσης θλίψεως. ²⁵καὶ 25
εἶπεν Σαοὺλ πρὸς Δαυεὶδ Εὐλογημένος σύ, τέκνον, καὶ ποιῶν ποιήσεις
καὶ δυνάμενος δυνήσει. καὶ ἀπῆλθεν Δαυεὶδ εἰς τὸν τόπον αὐτοῦ, καὶ
Σαοὺλ ἀνέστρεψεν εἰς τὴν ὁδὸν αὐτοῦ.

¹Καὶ εἶπεν Δαυεὶδ ἐν τῇ καρδίᾳ αὐτοῦ λέγων Νῦν προστεθήσομαι 1 XXV
ἐν ἡμέρᾳ μιᾷ εἰς χεῖρας Σαούλ, καὶ οὐκ ἔστιν μοι ἀγαθὸν ἐὰν μὴ σωθῶ
εἰς γῆν ἀλλοφύλων καὶ ἀνῇ Σαοὺλ τοῦ ζητεῖν με εἰς πᾶν ὅριον Ἰσραήλ,
καὶ σωθήσομαι ἐκ χειρὸς αὐτοῦ. ²καὶ ἀνέστη Δαυεὶδ καὶ οἱ τετρα- 2
κόσιοι ἄνδρες μετ' αὐτοῦ πρὸς Ἀγχοὺς υἱὸν Ἀμμὰχ βασιλέα Γέθ.
³καὶ ἐκάθισεν Δαυεὶδ μετὰ Ἀγχούς, αὐτὸς καὶ οἱ ἄνδρες αὐτοῦ ἕκαστος 3
καὶ ὁ οἶκος αὐτοῦ, καὶ Δαυεὶδ καὶ ἀμφότεραι αἱ γυναῖκες αὐτοῦ
Ἀχεινάαμ ἡ Ἰσραηλεῖτις καὶ Ἀβειγαία ἡ γυνὴ Ναβὰλ τοῦ Καρμηλίου.
⁴καὶ ἀνηγγέλη τῷ Σαοὺλ ὅτι πέφευγεν Δαυεὶδ εἰς Γέθ· καὶ οὐ προσέ- 4
θετο ἔτι ζητεῖν αὐτόν. ⁵καὶ εἶπεν Δαυεὶδ πρὸς Ἀγχούς Εἰ δὴ εὕρηκεν 5
ὁ δοῦλός σου χάριν ἐν ὀφθαλμοῖς σου, δότωσάν δή μοι τόπον ἐν μιᾷ
τῶν πόλεων τῶν κατ' ἀγρὸν καὶ καθήσομαι ἐκεῖ· καὶ ἵνα τί κάθηται
ὁ δοῦλός σου ἐν πόλει βασιλευομένῃ μετὰ σοῦ; ⁶καὶ ἔδωκεν αὐτῷ ἐν 6
τῇ ἡμέρᾳ ἐκείνῃ τὴν Σεκελάκ· διὰ τοῦτο ἐγενήθη Σεκελὰκ τῷ βασιλεῖ
τῆς Ἰουδαίας ἕως τῆς ἡμέρας ταύτης. ⁷Καὶ ἐγενήθη ὁ ἀριθμὸς τῶν 7

A 21 σε]+ετι A | om και 2° B^{a vid} A (hab B*ᵇ) | ηγνοησα A   23 om
σημερον A   24 σκεπασαι με] εσκεπασοι μαι A | εξελειται] εξελοιτο A
25 ευλογημενον A | τεκνον]+ Δαδ A | δυνηση B^{a t bᵇ} A | τον τοπον] την οδον
A | ανεστρεψεν] απεστρ. A | την οδον] τον τοπον A   XXVII 1 Δαυ B*
(Δαυειδ B^{a mg b}) | λεγων νυν sup ras Bᵃ | ανη] εαν η B ηλθεν A   2 Δαυειδ]
+ και διεβη αυτος A | τετρακοσιοι] εξακοσιοι A | μετ αυτου] pr ο A |
προς Αγχους] pr και επορευθη A | Αμμαχ] Μωαβ A   3 και εκαθεισεν
Σαουλ μ. Αγχους sup ras A¹ | Αγχους]+ εν Γεθ A | Αχινααμ A | Ισραηλειτις]
Ειζραηλειτις A | Αβιγαια A   4 πεφευγεν] φευγεν A   5 καθησομαι]
καθισον με A | εκει και sup ras Bᵃ   6 αυτω]+ Αγχους A | Σεκελάκ 1°]
Σικελαγ A | om δια τουτο εγενηθη Σεκελακ A

ΒΑΣΙΛΕΙΩΝ Α XXVIII 6

ἡμερῶν ὧν ἐκάθισεν Δαυεὶδ ἐν ὁδῷ τῶν ἀλλοφύλων τέσσαρας μῆνας. Β
8 ⁸καὶ ἀνέβαινεν Δαυεὶδ καὶ οἱ ἄνδρες αὐτοῦ καὶ ἐπετίθεντο ἐπὶ πάντα
τὸν Γεσειρὶ καὶ ἐπὶ τὸν Ἀμαληκείτην· καὶ ἰδοὺ ἡ γῆ κατῳκεῖτο ἀπὸ
ἀνηκόντων ἡ ἀπὸ Γελαμψοὺρ τετειχισμένων καὶ ἕως τῆς Αἰγύπτου.
9 ⁹καὶ ἔτυπτε τὴν γῆν, καὶ οὐκ ἐζωογόνει ἄνδρα καὶ γυναῖκα· καὶ
ἐλάμβανεν ποίμνια καὶ βουκόλια καὶ ὄνους καὶ καμήλους καὶ ἱματι-
10 σμόν, καὶ ἀνέστρεψαν καὶ ἤρχοντο πρὸς Ἀγχούς. ¹⁰καὶ εἶπεν Ἀγχοὺς
πρὸς Δαυεὶδ Ἐπὶ τίνα ἐπέθεσθε σήμερον; καὶ εἶπεν Δαυεὶδ πρὸς
Ἀγχοὺς Κατὰ νότον τῆς Ἰουδαίας καὶ κατὰ νότον Ἰεσμεγὰ καὶ κατὰ
11 νότον τοῦ Κενεζεί. ¹¹καὶ ἄνδρα καὶ γυναῖκα οὐκ ἐζωογόνησα τοῦ
εἰσαγαγεῖν εἰς Γέθ, λέγων Μὴ ἀναγγείλωσιν εἰς Γὲθ καθ' ἡμῶν
λέγοντες Τάδε Δαυεὶδ ποιεῖ. καὶ τόδε τὸ δικαίωμα αὐτοῦ πάσας τὰς
12 ἡμέρας ἃς ἐκάθητο Δαυεὶδ ἐν ἀγρῷ τῶν ἀλλοφύλων. ¹²καὶ ἐπιστεύθη
Δαυεὶδ ἐν τῷ Ἀγχοὺς σφόδρα, λέγων Ἤσχυνται αἰσχυνόμενος ἐν τῷ
λαῷ αὐτοῦ, ἐν Ἰσραήλ· καὶ ἔσται μοι δοῦλός εἰς τὸν αἰῶνα.
II 1 ¹Καὶ ἐγενήθη ἐν ταῖς ἡμέραις ἐκείναις καὶ συναθροίζονται ἀλλό-
φυλοι ἐν ταῖς παρεμβολαῖς αὐτῶν, ἐξελθεῖν πολεμεῖν μετὰ Ἰσραήλ·
καὶ εἶπεν Ἀγχοὺς πρὸς Δαυεὶδ Γινώσκων γνώσει ὅτι μετ' ἐμοῦ
2 ἐξελεύσει εἰς πόλεμον σὺ καὶ οἱ ἄνδρες σου. ²καὶ εἶπεν Δαυεὶδ πρὸς
Ἀγχούς Οὕτω νῦν γνώσει ἃ ποιήσει ὁ δοῦλός σου· καὶ εἶπεν Ἀγχοὺς
πρὸς Δαυεὶδ Οὕτως ἀρχισωματοφύλακα θήσομαί σε πάσας τὰς
ἡμέρας.
3 ³Καὶ Σαμουὴλ ἀπέθανεν, καὶ ἐκόψαντο αὐτὸν πᾶς Ἰσραήλ, καὶ
θάπτουσιν αὐτὸν ἐν Ἁρμαθαὶμ ἐν πόλει αὐτοῦ. καὶ Σαοὺλ περιεῖλεν
4 τοὺς ἐγγαστριμύθους καὶ τοὺς γνώστας ἀπὸ τῆς γῆς. ⁴καὶ συνα-
θροίζονται οἱ ἀλλόφυλοι καὶ ἔρχονται καὶ παρεμβάλλουσιν εἰς Σωμάν·
καὶ συναθροίζει Σαοὺλ πάντα ἄνδρα Ἰσραήλ, καὶ παρεμβάλλουσιν
5 εἰς Γελβουέ. ⁵καὶ εἶδεν Σαοὺλ τὴν παρεμβολὴν τῶν ἀλλοφύλων,
6 καὶ ἐφοβήθη καὶ ἐξέστη ἡ καρδία αὐτοῦ σφόδρα. ⁶καὶ ἐπηρώτησεν
Σαοὺλ διὰ Κυρίου, καὶ οὐκ ἀπεκρίθη αὐτῷ Κύριος ἐν τοῖς ἐνυ-

7 ων εκαθισεν Δ.] Δαδ ων εκαθ. A | τεσσαρας μηνας] ημερας τεσσαρες μ. A A
8 Γεσειρι] Γεσερει και τον Γεξραιον A | Αμαλακιτην A | κατωκειτο η γη A |
η απο Γελαμσουρ απο ανηκοντων A | της Αιγ.] γης Αιγ. A   9 ετυπτε]
ετυπτεν Δαδ A | ανεστρεψαν] επεστρ. A   10 Ιεσμεγα] Ισράμηλει A |
Κενεζει] Κηνει A   11 εποιει Δαδ A | τοδε] ταδε A   12 Δ. εν τω Αγχους]
Αγχους εν τω Δαδ A | μοι] μου A   XXVIII 1 εγενηθη] εγενετο A | om
εξελθειν A | μετα] επι A | γνωση Bᵃᵗ ᵇA (item 2) | εξελευση Bᵃᵗ ᵇA | πολε-
μον] pr τον A   3 Αρμαθαιμ] Ραμα A | γνωστας] πλωστας A   4 οι
αλλοφ.] om οι A | Σωμαν] Γωναμαν A   5 ιδεν A

ΒΑΣΙΛΕΙΩΝ Α

Β πνίοις καὶ ἐν τοῖς δήλοις καὶ ἐν τοῖς προφήταις. ⁷καὶ εἶπεν 7
Σαοὺλ τοῖς παισὶν αὐτοῦ Ζητήσατέ μοι γυναῖκα ἐνγαστρίμυθον, καὶ
πορεύσομαι πρὸς αὐτὴν καὶ ζητήσω ἐν αὐτῇ· καὶ εἶπαν οἱ παῖδες
αὐτοῦ πρὸς αὐτόν Ἰδοὺ γυνὴ ἐνγαστρίμυθος ἐν Ἀελδώρ. ⁸καὶ συνε- 8
καλύψατο Σαοὺλ καὶ περιεβάλετο ἱμάτια ἕτερα, καὶ πορεύεται αὐτὸς
καὶ δύο ἄνδρες μετ᾽ αὐτοῦ, καὶ ἔρχονται πρὸς τὴν γυναῖκα νυκτὸς καὶ
εἶπεν αὐτῇ Μάντευσαι δή μοι ἐν τῷ ἐνγαστριμύθῳ καὶ ἀνάγαγέ μοι
ὃν ἐὰν εἴπω σοι. ⁹καὶ εἶπεν ἡ γυνὴ πρὸς αὐτόν Ἰδοὺ δὴ σὺ οἶδας 9
ὅσα ἐποίησεν Σαούλ, ὡς ἐξωλέθρευσεν τοὺς ἐνγαστριμύθους καὶ τοὺς
γνώστας ἀπὸ τῆς γῆς· καὶ ἵνα τί σὺ παγιδεύεις τὴν ψυχήν μου
θανατῶσαι αὐτήν; ¹⁰καὶ ὤμοσεν αὐτῇ Σαοὺλ λέγων Ζῇ Κύριος, εἰ 10
ἀπαντήσεταί σοι ἀδικία ἐν τῷ λόγῳ τούτῳ. ¹¹καὶ εἶπεν ἡ γυνὴ Τίνα 11
ἀναγάγω σοι; καὶ εἶπεν Τὸν Σαμουὴλ ἀνάγαγέ μοι. ¹²καὶ εἶδεν ἡ γυνὴ 12
τὸν Σαμουήλ, καὶ ἀνεβόησεν φωνῇ μεγάλῃ· καὶ εἶπεν ἡ γυνὴ πρὸς Σαούλ
Ἵνα τί παρελογίσω με; καὶ σὺ εἶ Σαούλ. ¹³καὶ εἶπεν αὐτῇ ὁ βασιλεύς 13
Μὴ φοβοῦ, εἰπὸν τίνα ἑόρακας· καὶ εἶπεν αὐτῷ Θεοὺς ἑόρακα ἀναβαί-
νοντας ἐκ τῆς γῆς. ¹⁴καὶ εἶπεν αὐτῇ Τί ἔγνως; καὶ εἶπεν αὐτῷ Ἄνδρα 14
ὄρθιον ἀναβαίνοντα ἐκ τῆς γῆς, καὶ οὗτος διπλοΐδα ἀναβεβλημένος.
καὶ ἔγνω Σαοὺλ ὅτι Σαμουὴλ οὗτος, καὶ ἔκυψεν ἐπὶ πρόσωπον αὐτοῦ
ἐπὶ τὴν γῆν καὶ προσεκύνησεν αὐτῷ. ¹⁵καὶ εἶπεν Σαμουὴλ Ἵνα τί 15
παρηνώχλησάς μοι ἀναβῆναί με; καὶ εἶπεν Σαοὺλ Θλίβομαι σφόδρα,
καὶ οἱ ἀλλόφυλοι πολεμοῦσιν ἐν ἐμοί, καὶ ὁ θεὸς ἀφέστηκεν ἀπ᾽ ἐμοῦ
καὶ οὐκ ἐπακήκοέν μοι ἔτι καὶ ἐν χειρὶ τῶν προφητῶν καὶ ἐν τοῖς
ἐνυπνίοις· καὶ νῦν κέκληκά σε γνωρίσαι μοι τί ποιήσω. ¹⁶καὶ εἶπεν 16
Σαμουὴλ Ἵνα τί ἐπερωτᾷς με, καὶ Κύριος ἀφέστηκεν ἀπὸ σοῦ καὶ
γέγονεν μετὰ τοῦ πλησίον σου; ¹⁷καὶ πεποίηκεν Κύριός σοι καθὼς 17
ἐλάλησεν Κύριος ἐν χειρί μου, καὶ διαρρήξει Κύριος τὴν βασιλείαν
σου ἐκ χειρός σου καὶ δώσει αὐτὴν τῷ πλησίον σου, τῷ Δαυείδ.
¹⁸διότι οὐκ ἤκουσας φωνῆς Κυρίου καὶ οὐκ ἐποίησας θυμὸν ὀργῆς 18
αὐτοῦ ἐν Ἀμαλήκ, διὰ τοῦτο τὸ ῥῆμα ἐποίησεν Κύριός σοι τῇ ἡμέρᾳ
ταύτῃ. ¹⁹καὶ παραδώσει Κύριος τὸν Ἰσραὴλ μετὰ σοῦ εἰς χεῖρας 19
ἀλλοφύλων, καὶ αὔριον σὺ καὶ οἱ υἱοί σου μετὰ σοῦ πεσοῦνται, καὶ

A 7 ειπαν] ειπον A | Αελδωρ] Νηνδωρ A   8 συνεκαλυψατο] περιεκαλ. A
9 γνωστας] γνωτας A* (σ superscr A¹) | πακιδευεις B* (παγιδ. Bᵃᵇ A)
10 Σαουλ]+εν κω A | αναντησεται A   12 ιδεν A | μεγαλην A   13 ειπον
ειπε A | εωρακας, εωρακα Bᵇ   14 ορθριον A | αναβεβλ. διπλοειδα A
15 Σαμουηλ]+προς Σαουλ A | μοι 1°] με A | αναβησαι A | μοι 2°] μου A
16 επερωτας] επερωτησας A   17 Κυριος 2°]+σοι A | διαρηξει A | αυτην
αυτω A   18 φωνης] pr της A | το ρημα]+τουτο A | σοι κς A

ΒΑΣΙΛΕΙΩΝ Α   XXIX 5

20 τὴν παρεμβολὴν Ἰσραὴλ δώσει Κύριος εἰς χεῖρας ἀλλοφύλων., ²⁰καὶ B ἔσπευσεν Σαοὺλ καὶ ἔπεσεν ἑστηκὼς ἐπὶ τὴν γῆν, καὶ ἐφοβήθη σφόδρα ἀπὸ τῶν λόγων Σαμουήλ· καὶ ἰσχὺς ἐν αὐτῷ οὐκ ἦν ἔτι, οὐ γὰρ ἔφαγεν ἄρτον ὅλην τὴν ἡμέραν καὶ ὅλην τὴν νύκτα ἐκείνην. 21 ²¹καὶ εἰσῆλθεν ἡ γυνὴ πρὸς Σαούλ, καὶ εἶδεν ὅτι ἔσπευσεν σφόδρα· καὶ εἶπεν πρὸς αὐτόν Ἰδοὺ δὴ ἤκουσεν ἡ δούλη σου τῆς φωνῆς σου, καὶ ἐθέμην τὴν ψυχήν μου ἐν τῇ χειρί μου, καὶ ἤκουσα τοὺς λόγους οὓς 22 ἐλάλησάς μοι· ²²καὶ νῦν ἄκουσον δὴ φωνῆς τῆς δούλης σου, καὶ παραθήσω ἐνώπιόν σου ψωμὸν ἄρτου, καὶ φάγε· καὶ ἔσται ἐν σοὶ 23 ἰσχύς, ὅτι πορεύσῃ ἐν ὁδῷ. ²³καὶ οὐκ ἐβουλήθη φαγεῖν· καὶ παρεβιάζοντο αὐτὸν οἱ παῖδες αὐτοῦ καὶ ἡ γυνή, καὶ ἤκουσεν τῆς φωνῆς 24 αὐτῶν, καὶ ἀνέστη ἀπὸ τῆς γῆς καὶ ἐκάθισεν ἐπὶ τὸν δίφρον. ²⁴καὶ τῇ γυναικὶ ἦν δάμαλις νομὰς ἐν τῇ οἰκίᾳ· καὶ ἔσπευσεν καὶ ἔθυσεν 25 αὐτήν, καὶ ἔλαβεν ἄλευρα καὶ ἐφύρασεν καὶ ἔπεψεν ἄζυμα, ²⁵καὶ προσήγαγεν ἐνώπιον Σαοὺλ καὶ ἐνώπιον τῶν παίδων αὐτοῦ· καὶ ἔφαγον, καὶ ἀνέστησαν καὶ ἀπῆλθον τὴν νύκτα ἐκείνην.

XIX 1 ¹Καὶ συναθροίζουσιν ἀλλόφυλοι πάσας τὰς παρεμβολὰς αὐτῶν εἰς 2 Ἀφέκ, καὶ Ἰσραὴλ παρενέβαλεν ἐν Ἀεδδὼν τὴν ἐν Ἰσραήλ. ²καὶ σατράπαι ἀλλοφύλων παρεπορεύοντο εἰς ἑκατοντάδας καὶ χιλιάδας, καὶ Δαυεὶδ καὶ οἱ ἄνδρες αὐτοῦ παρεπορεύοντο ἐπ᾽ ἐσχάτων μετὰ 3 Ἀγχούς. ³καὶ εἶπον οἱ σατράπαι τῶν ἀλλοφύλων Τίνες οἱ διαπορευόμενοι οὗτοι; καὶ εἶπεν Ἀγχοὺς πρὸς τοὺς στρατηγοὺς τῶν ἀλλοφύλων Οὐχ οὗτος Δαυεὶδ ὁ δοῦλος Σαοὺλ βασιλέως Ἰσραήλ; γέγονεν μεθ᾽ ἡμῶν ἡμέρας τοῦτο δεύτερον ἔτος, καὶ οὐχ εὕρηκα ἐν αὐτῷ οὐδὲν ἀφ᾽ ἧς ἡμέρας ἐνέπεσεν πρός με καὶ ἕως τῆς ἡμέρας ταύτης. 4 ⁴καὶ ἐλυπήθησαν ἐπ᾽ αὐτῷ οἱ στρατηγοὶ τῶν ἀλλοφύλων καὶ λέγουσιν αὐτῷ Ἀπόστρεψον τὸν ἄνδρα εἰς τὸν τόπον αὐτοῦ οὗ κατέστησας αὐτὸν ἐκεῖ, καὶ μὴ ἐρχέσθω μεθ᾽ ἡμῶν εἰς τὸν πόλεμον καὶ μὴ γινέσθω ἐπίβουλος τῆς παρεμβολῆς· καὶ ἐν τίνι διαλλαγήσεται οὗτος τῷ κυρίῳ 5 αὐτοῦ; οὐχὶ ἐν ταῖς κεφαλαῖς τῶν ἀνδρῶν ἐκείνων; ⁵οὐχ οὗτος Δαυεὶδ ᾧ ἐξῆρχον ἐν χοροῖς λέγοντες

Ἐπάταξεν Σαοὺλ ἐν χιλιάσιν αὐτοῦ,
καὶ Δαυεὶδ ἐν μυριάσιν αὐτοῦ;

20 ουκ ην εν αυτω A | ημεραν]+εκεινην A | om εκεινην A   21 ιδεν A A | εσπευδεν A | om ηκουσεν A   22 φωνης] pr της A | πορευη A 24 αυτην] αυτο A | επεψεν] επεμψεν A   XXIX 1 συναθροιζονται A | Αεδδων] Αενδωρ A | Ισραηλ 2°] Ιϲραελ A   2 αλλοφυλων] pr των A | επ εσχατω A   3 βασιλεως] φυλης A | γεγονεν] pr os A | ουθεν] ουδεν A 4 εις τον τοπον] pr και αποστραφητω A | ουχει A

ΒΑΣΙΛΕΙΩΝ Α

B ⁶καὶ ἐκάλεσεν Ἀγχοὺς τὸν Δαυεὶδ καὶ εἶπεν αὐτῷ Ζῇ Κύριος, ὅτι 6
εὐθὴς σὺ καὶ ἀγαθὸς ἐν ὀφθαλμοῖς μου, καὶ ἡ ἔξοδός σου καὶ ἡ εἴσοδός
σου μετ' ἐμοῦ ἐν τῇ παρεμβολῇ· καὶ ὅτι οὐχ εὕρηκα κατὰ σοῦ κακίαν
ἀφ' ἧς ἡμέρας ἥκεις πρὸς μὲ ἕως τῆς σήμερον ἡμέρας, καὶ ἐν ὀφθαλ-
μοῖς τῶν σατραπῶν ἀγαθὸς σύ. ⁷καὶ νῦν ἀνάστρεφε καὶ πορεύου εἰς 7
εἰρήνην, καὶ οὐ μὴ ποιήσεις κακίαν ἐν ὀφθαλμοῖς τῶν σατραπῶν τῶν
ἀλλοφύλων. ⁸καὶ εἶπεν Δαυεὶδ πρὸς Ἀγχοὺς Τί πεποίηκά σοι καὶ 8
τί εὗρες ἐν τῷ δούλῳ σου ἀφ' ἧς ἡμέρας ἤμην ἐνώπιόν σου καὶ ἕως
τῆς ἡμέρας ταύτης, ὅτι οὐ μὴ ἔλθω πολεμῆσαι τοὺς ἐχθροὺς τοῦ κυρίου
μου τοῦ βασιλέως; ⁹καὶ ἀπεκρίθη Ἀγχοὺς πρὸς Δαυεὶδ Οἶδα ὅτι 9
ἀγαθὸς σὺ ἐν ὀφθαλμοῖς μου, ἀλλ' οἱ σατράπαι τῶν ἀλλοφύλων λέ-
γουσιν Οὐχ ἥξει μεθ' ἡμῶν εἰς πόλεμον. ¹⁰καὶ νῦν ὄρθρισον τὸ 10
πρωὶ σὺ καὶ οἱ παῖδες τοῦ κυρίου σου οἱ ἥκοντες μετὰ σοῦ, καὶ
πορεύεσθε εἰς τὸν τόπον οὗ κατέστησα ὑμᾶς ἐκεῖ· καὶ λόγον λοιμὸν
μὴ θῇς ἐν καρδίᾳ σου, ὅτι ἀγαθὸς σὺ ἐνώπιόν μου· καὶ ὀρθρίσατε
ἐν τῇ ὁδῷ καὶ φωτισάτω ὑμῖν, καὶ πορεύθητε. ¹¹καὶ ὤρθρισεν 11
Δαυεὶδ αὐτὸς καὶ οἱ ἄνδρες αὐτοῦ ἀπελθεῖν καὶ φυλάσσειν τὴν γῆν
τῶν ἀλλοφύλων, καὶ οἱ ἀλλόφυλοι ἀνέβησαν πολεμεῖν ἐπὶ Ἰσραήλ.

¹Καὶ ἐγενήθη εἰσελθόντος Δαυεὶδ καὶ τῶν ἀνδρῶν αὐτοῦ εἰς Κεειλὰ 1 X
τῇ ἡμέρᾳ τῇ τρίτῃ, καὶ Ἀμαλὴκ ἐπέθετο ἐπὶ τὸν νότον καὶ ἐπὶ
Σεκελάκ, καὶ ἐπάταξεν τὴν Σεκελὰκ καὶ ἐνεπύρισεν αὐτὴν ἐν πυρί·
²καὶ τὰς γυναῖκας καὶ πάντα τὰ ἐν αὐτῇ ἀπὸ μικροῦ ἕως μεγάλου, 2
οὐκ ἐθανάτωσαν ἄνδρα καὶ γυναῖκα ἀλλ' ἠχμαλώτευσαν· καὶ ἀπῆλθον
εἰς τὴν ὁδὸν αὐτῶν. ³καὶ ἦλθεν Δαυεὶδ καὶ οἱ ἄνδρες αὐτοῦ εἰς τὴν 3
πόλιν, καὶ ἰδοὺ ἐνπεπύρισται ἐν πυρί, αἱ δὲ γυναῖκες αὐτῶν καὶ οἱ
υἱοὶ αὐτῶν καὶ αἱ θυγατέρες αὐτῶν ἠχμαλωτευμένοι. ⁴καὶ ἦρεν Δαυεὶδ 4
καὶ οἱ ἄνδρες αὐτοῦ τὴν φωνὴν αὐτῶν, καὶ ἔκλαυσαν ἕως ὅτου οὐκ ἦν
ἐν αὐτοῖς ἰσχὺς ἔτι κλαίειν. ⁵καὶ ἀμφότεραι αἱ γυναῖκες Δαυεὶδ ἠχμα- 5
λωτεύθησαν, Ἀχεινόομ ἡ Ἰσραηλεῖτις καὶ Ἀβειγαία ἡ γυνὴ Ναβὰλ
τοῦ Καρμηλίου. ⁶καὶ ἐθλίβη Δαυεὶδ σφόδρα, ὅτι εἶπεν ὁ λαὸς λιθο- 6

A 6 κατα σου] εν σοι A | σημερον ημερας] ημερας της σημ. A | αγαθος] pr
ουκ A   7 αναστραφε A   9 προς Δαυειδ] pr και ειπεν A | μου]
+καθως αγγελος θῦ A   10 πρωει (sic) sup ras A¹ | om συ A | πορευεσθαι
A | om εκει A | om εν καρδια σου A (aliq deesse ind Aᵃ¹) | μου] εμου A |
ορθρισατε] διορθρ. A   11 απελθειν] + το πρωει A | επι] προς A
XXX 1 Κεειλα] Σικελαγ A | Σεκελακ 1°] την Σικελαγ A | Σεκελακ 2°] Σικελαγ
A | ενεπυρισεν] ενεπρησεν A   2 και τας γιν.] pr και ηχμαλωτευσαν A |
εως] pr και A | εθανατωσεν (sic) A   3 αιχμαλωτευμενοι (sic) A   4 αυ-
του BᵃᵇA] αυτων B* | εκλαυσαν] ᾳ 2° sup ras A¹   5 Αχιναam (αμ sup
ras A¹) A | Ιϛραηλειτις A | Αβιγαια A

βολῆσαι αὐτόν, ὅτι κατώδυνος ψυχὴ παντὸς τοῦ λαοῦ ἑκάστου ἐπὶ B
τοὺς υἱοὺς αὐτοῦ καὶ ἐπὶ τὰς θυγατέρας αὐτοῦ· καὶ ἐκραταιώθη Δαυειδ
7 ἐν Κυρίῳ θεῷ αὐτοῦ. ⁷καὶ εἶπεν Δαυειδ πρὸς Ἀβιαθὰρ τὸν ἱερέα υἱὸν
8 Ἀχειμέλεχ Προσάγαγε τὸ ἐφούδ. ⁸καὶ ἐπηρώτησεν Δαυειδ διὰ τοῦ
κυρίου λέγων Εἰ καταδιώξω ὀπίσω τοῦ γεδδοὺρ τούτου, εἰ καταλήμ-
ψομαι αὐτούς; καὶ εἶπεν αὐτῷ Καταδίωκε, ὅτι καταλαμβάνων κατα-
9 λήμψῃ καὶ ἐξαιρούμενος ἐξελῇ. ⁹καὶ ἐπορεύθη Δαυειδ αὐτὸς καὶ οἱ τε-
τρακόσιοι ἄνδρες μετ' αὐτοῦ, καὶ ἔρχονται ἕως τοῦ χειμάρρου Βοσόρ· καὶ
10 οἱ περισσοὶ ἔστησαν. ¹⁰καὶ οἱ περισσοὶ ἐδίωξαν ἐν τετρακοσίοις ἀνδρά-
σιν, ὑπέστησαν δὲ διακόσιοι ἄνδρες οἵτινες ἐκάθισαν πέραν τοῦ χειμάρ-
11 ρου τοῦ Βοσόρ. ¹¹Καὶ εὑρίσκουσιν ἄνδρα Αἰγύπτιον ἐν ἀγρῷ, καὶ
λαμβάνουσιν αὐτὸν καὶ ἄγουσιν αὐτὸν πρὸς Δαυειδ ἐν ἀγρῷ· καὶ
12 διδόασιν αὐτῷ ἄρτον καὶ ἔφαγεν, καὶ ἐπότισαν αὐτὸν ὕδωρ· ¹²καὶ
διδόασιν αὐτῷ κλάσμα παλάθης καὶ ἔφαγεν, καὶ κατέστη τὸ πνεῦμα
αὐτοῦ ἐν αὐτῷ, ὅτι οὐ βεβρώκει ἄρτον καὶ οὐ πεπώκει ὕδωρ τρεῖς
13 ἡμέρας καὶ τρεῖς νύκτας. ¹³καὶ εἶπεν αὐτῷ Δαυειδ Τίνος σὺ εἶ, καὶ
πόθεν εἶ; καὶ εἶπεν τὸ παιδάριον τὸ Αἰγύπτιον Ἐγώ εἰμι δοῦλος
ἀνδρὸς Ἀμαληκείτου, καὶ κατέλιπέν με ὁ κύριός μου, ὅτι ἠνωχλήθην
14 ἐγὼ σήμερον τριταῖος. ¹⁴καὶ ἡμεῖς ἐπεθέμεθα ἐπὶ νότον τοῦ Χολθει
καὶ ἐπὶ τὰ τῆς Ἰουδαίας μέρη καὶ ἐπὶ τὸν Γελβουε, καὶ τὴν Σεκελὰκ
15 ἐνεπυρίσαμεν ἐν πυρί. ¹⁵καὶ εἶπεν πρὸς αὐτὸν Δαυειδ Εἰ κατάξεις
με ἐπὶ τὸ γεδδοὺρ τοῦτο; καὶ εἶπεν Ὄμοσον δή μοι κατὰ τοῦ θεοῦ μὴ
θανατώσειν με καὶ μὴ παραδοῦναί με εἰς χεῖρας τοῦ κυρίου μου, καὶ
16 κατάξω σε ἐπὶ τὸ γεδδοὺρ τοῦτο. ¹⁶καὶ κατήγαγεν αὐτὸν ἐκεῖ, καὶ
ἰδοὺ οὗτοι διακεχυμένοι ἐπὶ πρόσωπον πάσης τῆς γῆς, ἐσθίοντες καὶ
πίνοντες καὶ ἑορτάζοντες ἐν πᾶσι τοῖς σκύλοις τοῖς μεγάλοις οἷς
17 ἔλαβον ἐκ γῆς ἀλλοφύλων καὶ ἐκ γῆς Ἰουδα. ¹⁷καὶ ἦλθεν ἐπ' αὐτοὺς
Δαυειδ, καὶ ἐπάταξεν αὐτοὺς ἀπὸ ἑωσφόρου ἕως δείλης καὶ τῇ ἐπαύ-
ριον, καὶ οὐκ ἐσώθη ἐξ αὐτῶν ἀνὴρ ὅτι ἀλλ' ἢ τετρακόσια παιδάρια ἃ
18 ἦν ἐπιβεβηκότα ἐπὶ τὰς καμήλους καὶ ἔφυγον. ¹⁸καὶ ἀφείλατο Δαυειδ

7. Αχιμελεκ A | εφουδ]+και προσηγαγεν Αβιαθαρ το εφουδ προς Δαδ A
A 8 ει 2°] και A 9. om αυτος A | τετρακοσιοι] εξακοσιοι A |
ερχονται] ερχεται A 10 και οι περισσοι εδιωξαν] και εξεδιωκεν Δαδ A |
εν] συν A 11 εφαγεν] φα sup ras 3 vel 4 litt A¹ 12 παλαθης]+και
διακοσιους σταφιδας A | εν] επ A 13 κατελειπεν A. 14 Χολθει]
Χερηθει A | τον Γελβουε] νοτον Χαλεβ A | Σεκελακ] Σικελα A 15 αυτον]
αυ sup ras A¹ | om μου A 16 κατηγαγεν] κατηγεν A | om και πινοντες
A | πασιν A 17 om Δαυειδ A | αυτους 2°]+Δαδ A | ουκ εσωθη] ου περιε-
σωθη A | αλλ] λ 2° sup ras A¹ | τετρακοσιοι A | εφυγαν A ·

ΒΑΣΙΛΕΙΩΝ· Α

B πάντα ἃ ἔλαβον οἱ Ἀμαληκεῖται, καὶ ἀμφοτέρας τὰς γυναῖκας αὐτοῦ ἐξείλατο. ¹⁹καὶ οὐ διεφώνησεν αὐτοῖς ἀπὸ μικροῦ ἕως μεγάλου, καὶ ἀπὸ τῶν σκύλων καὶ ἕως υἱῶν καὶ θυγατέρων καὶ ἕως πάντων ὧν ἔλαβον αὐτῶν, καὶ πάντα ἐπέστρεψεν Δαυείδ. ²⁰καὶ ἔλαβεν πάντα τὰ ποίμνια καὶ τὰ βουκόλια καὶ ἀπήγαγεν ἔμπροσθεν τῶν σκύλων· καὶ τοῖς σκύλοις ἐκείνοις ἐλέγετο Ταῦτα τὰ σκῦλα Δαυείδ. ²¹Καὶ παραγίνεται Δαυεὶδ πρὸς τοὺς διακοσίους ἄνδρας τοὺς ἐκλυθέντας τοῦ πορεύεσθαι ὀπίσω Δαυείδ, καὶ ἐκάθισεν αὐτοὺς ἐν τῷ χειμάρρῳ τῷ Βεανά, καὶ ἐξῆλθον εἰς ἀπάντησιν Δαυεὶδ καὶ εἰς ἀπάντησιν τοῦ λαοῦ τοῦ μετ' αὐτοῦ, καὶ προσήγαγεν Δαυεὶδ ἕως τοῦ λαοῦ, καὶ ἠρώτησαν αὐτὸν τὰ εἰς εἰρήνην. ²²καὶ ἀπεκρίθη πᾶς ἀνὴρ λοιμὸς καὶ πονηρὸς τῶν ἀνδρῶν τῶν πολεμιστῶν τῶν πορευθέντων μετὰ Δαυεὶδ καὶ εἶπαν Ὅτι οὐ κατεδίωξαν μεθ' ἡμῶν, οὐ δώσομεν αὐτοῖς ἐκ τῶν σκύλων ὧν ἐξειλάμεθα, ὅτι ἀλλ' ἢ ἕκαστος τὴν γυναῖκα αὐτοῦ καὶ τὰ τέκνα αὐτοῦ ἀπαγέσθωσαν καὶ ἀποστρεφέτωσαν. ²³καὶ εἶπεν Δαυείδ Οὐ ποιήσετε οὕτως μετὰ τὸ παραδοῦναι τὸν κύριον ἡμῖν καὶ φυλάξαι ἡμᾶς, καὶ παρέδωκεν Κύριος τὸν γεδδοὺρ τὸν ἐπερχόμενον ἐφ' ἡμᾶς εἰς χεῖρας ἡμῶν. ²⁴καὶ τίς ὑπακούσεται ὑμῶν τῶν λόγων τούτων; ὅτι οὐχ ἧττον ὑμῶν εἰσιν· διότι κατὰ τὴν μερίδα τοῦ καταβαίνοντος εἰς πόλεμον οὕτως ἔσται μερὶς καθημένου ἐπὶ τὰ σκεύη· κατὰ τὸ αὐτὸ μεριοῦνται. ²⁵καὶ ἐγενήθη ἀπὸ τῆς ἡμέρας ἐκείνης καὶ ἐπάνω, καὶ ἐγένετο εἰς πρόσταγμα καὶ δικαίωμα τῷ Ἰσραὴλ ἕως τῆς σήμερον. ²⁶Καὶ ἦλθεν Δαυεὶδ εἰς Σεκελάκ, καὶ ἀπέστειλεν τοῖς πρεσβυτέροις τῶν σκύλων Ἰούδα καὶ τοῖς πλησίον αὐτοῦ λέγων Ἰδοὺ ἀπὸ τῶν σκύλων τῶν ἐχθρῶν Κυρίου· ²⁷τοῖς ἐν Βαιθσοὺρ καὶ τοῖς ἐν Ῥαμὰ νότου καὶ τοῖς ἐν Γεθθὸρ ²⁸καὶ τοῖς ἐν Ἀροὴρ καὶ τοῖς Ἀμμαδεὶ καὶ τοῖς ἐν Σαφεὶ καὶ τοῖς ἐν Ἐσθείε ²⁹καὶ τοῖς ἐν Γὲθ καὶ τοῖς ἐν Κειμὰθ καὶ τοῖς ἐν Σαφὲκ καὶ τοῖς ἐν Θειμὰθ καὶ τοῖς ἐν Καρμήλῳ καὶ τοῖς ἐν ταῖς πόλεσιν τοῦ Ἰσραὴλ καὶ τοῖς ἐν ταῖς πόλεσιν τοῦ Κενεζεί ³⁰καὶ

A 18 εξειλατο]+Δαδ A   19 και εως υιων και θυγ. και απο των σκυλων A | παντα] παντας A   20 ελαβεν]+Δαδ A | τα σκυλα] om τα A   21 om διακοσιους A | Βεανα] Βεχωρ A | τα εις ειρ.] om τα εις A   22 οτι 1°] διοτι A | γυναικαν A | επαγεσθωσαν A | επιστρεφετωσαν A   23 ουτως]+αδελφοι μου A   24 επακουσεται A | om εισιν A | μεριδαν A | μερις καθημενου] η μερις του καθ. A   25 δικαιωμα] pr εις A   26 Σικελαγ A | των σκ. τοις πρεσβ. A | ιδου]+υμιν ευλογια A   27 Βαιθσουρ] Βαιθηλ A | Ραμαθ A | Γεθθορ] Ειεθερ A   28 Αμμαδει και τοις εν Σαφει] εν Σαφαμως A | Εσθειε] Εσθεμα A   29 Γεθ...Κενεζει] Ραχηλ και τοις εν ταις πολεσιν του Ιεραμηλει και τοις εν ταις πολεσιν του Κει|ναιου· A

ΒΑΣΙΛΕΙΩΝ. Α [XXXI. 12

31 τοῖς ἐν Ἱερεμούθ καὶ τοῖς ἐν Βηρσάβεε καὶ τοῖς ἐν Νοὼ ³¹ καὶ τοῖς ἐν Β Χεβρών, καὶ πάντας τοὺς τόπους οὓς διῆλθεν Δανειδ ἐκεῖ, αὐτὸς καὶ οἱ ἄνδρες αὐτοῦ.

XI 1 ¹Καὶ οἱ ἀλλόφυλοι ἐπολέμουν ἐπὶ Ἰσραήλ, καὶ ἔφυγον οἱ ἄνδρες Ἰσραὴλ ἐκ προσώπου τῶν ἀλλοφύλων καὶ πίπτουσιν τραυματίαι ἐν 2 τῷ ὄρει τῷ Γελβούε. ²καὶ συνάπτουσιν ἀλλόφυλοι τῷ Σαοὺλ καὶ τοῖς υἱοῖς αὐτοῦ, καὶ τύπτουσιν ἀλλόφυλοι τὸν Ἰωναθὰν καὶ τὸν Ἰωναδὰβ 3 καὶ τὸν Μελχεισὰ υἱὸν Σαούλ. ³καὶ βαρύνεται ὁ πόλεμος ἐπὶ Σαούλ, καὶ εὑρίσκουσιν αὐτὸν οἱ ἀκοντισταί, ἄνδρες τοξόται, καὶ ἐτραυματίσθη 4 εἰς τὰ ὑποχόνδρια. ⁴καὶ εἶπεν Σαοὺλ πρὸς τὸν αἴροντα τὰ σκεύη αὐτοῦ Σπάσαι τὴν ῥομφαίαν σου καὶ ἀποκέντησόν με ἐν αὐτῇ, μὴ ἔλθωσιν οἱ ἀπερίτμητοι οὗτοι καὶ ἀποκεντήσωσίν με καὶ ἐμπαίξωσίν μοι. καὶ οὐκ ἐβούλετο ὁ αἴρων τὰ σκεύη αὐτοῦ, ὅτι ἐφοβήθη σφόδρα· καὶ 5 ἔλαβεν Σαοὺλ τὴν ῥομφαίαν καὶ ἐπέπεσεν ἐπ' αὐτήν. ⁵καὶ εἶδεν ὁ αἴρων τὰ σκεύη αὐτοῦ ὅτι τέθνηκεν Σαούλ, καὶ ἐπέπεσεν καὶ αὐτὸς ἐπὶ 6 τὴν ῥομφαίαν αὐτοῦ καὶ ἀπέθανεν μετ' αὐτοῦ. ⁶καὶ ἀπέθανεν Σαοὺλ καὶ οἱ τρεῖς υἱοὶ αὐτοῦ καὶ ὁ αἴρων τὰ σκεύη αὐτοῦ ἐν τῇ ἡμέρᾳ ἐκείνῃ 7 κατὰ τὸ αὐτό. ⁷καὶ εἶδον οἱ ἄνδρες Ἰσραὴλ οἱ ἐν τῷ πέραν τῆς κοιλάδος καὶ οἱ ἐν τῷ πέραν τοῦ Ἰορδάνου ὅτι ἔφυγον οἱ ἄνδρες Ἰσραήλ, καὶ ὅτι τέθνηκεν Σαοὺλ καὶ οἱ υἱοὶ αὐτοῦ, καὶ καταλείπουσιν τὰς πόλεις αὐτῶν καὶ φεύγουσιν· καὶ ἔρχονται οἱ ἀλλόφυλοι καὶ 8 κατοικοῦσιν ἐν αὐταῖς. ⁸Καὶ ἐγενήθη τῇ ἐπαύριον, ἔρχονται οἱ ἀλλόφυλοι ἐκδιδύσκειν τοὺς νεκρούς· καὶ εὑρίσκουσιν Σαοὺλ 9 καὶ τοὺς τρεῖς υἱοὺς αὐτοῦ πεπτωκότας ἐπὶ τὰ ὄρη Γελβούε. ⁹καὶ ἀποστρέφουσιν αὐτὸν καὶ ἐξέδυσαν τὰ σκεύη αὐτοῦ, καὶ ἀποστέλλουσιν αὐτὰ εἰς γῆν ἀλλοφύλων κύκλῳ, εὐαγγελίζοντες τοῖς εἰδώλοις 10 αὐτῶν καὶ τῷ λαῷ· ¹⁰καὶ ἀνέθηκαν τὰ σκεύη αὐτοῦ εἰς τὸ Ἀσταρτεῖον, 11 καὶ τὸ σῶμα αὐτοῦ κατέπηξαν ἐν τῷ τείχει Βαιθέμ. ¹¹καὶ ἀκούουσιν οἱ κατοικοῦντες Ἰαβεὶς τῆς Γαλααδείτιδος ἃ ἐποίησαν οἱ ἀλλόφυλοι 12 τῷ Σαούλ. ¹²καὶ ἀνέστησαν πᾶς ἀνὴρ δυνάμεως καὶ ἐπορεύθησαν

30 Ιερειμουθ...Νοο] Ραμμα· και τοις| εν Βωρασαν· και τοις εν Αθαγ· A | και 3° A sup ras B¹ (πα B* vid)   31 παντας] pr εις A   XXXI 1 εφυγεν A
2 Ιωναδαβ] Αμιναδαβ A | Μελχεισα] Μελχιρουε A | υιον] υιους A   3 επι Σαουλ| επι Σαουλ A   4 αποκεντησουσιν A   5 ιδεν A   6 αυτου 2°] +και παντες οι ανδρες αυτου A   7 ιδον A | om της κοιλαδος και οι εν τω περαν A   8 ερχονται] pr και A | om και ευρισκουσιν Σ. και τους τρεις υιους A   9 λαω]+αυτων A   10 Ασταρτιον A | Βαιθεμ] Βηθσαν A   11 ακουουσιν]+περι αυτου A | Ειαβεις A (item 12, 13) | εποιησαν] a sup ras A¹
12 ανεστησαν] ανεστη A

ΒΑΣΙΛΕΙΩΝ Α

B ὅλην τὴν νύκτα, καὶ ἔλαβον τὸ σῶμα Σαοὺλ καὶ τὸ σῶμα Ἰωναθὰν τοῦ υἱοῦ αὐτοῦ ἀπὸ τείχους Βαιθσάμ, καὶ φέρουσιν αὐτοὺς εἰς Ἰαβεὶς καὶ κατακαίουσιν αὐτοὺς ἐκεῖ. [13] καὶ λαμβάνουσιν τὰ ὀστᾶ αὐτῶν καὶ 13 θάπτουσιν ὑπὸ τὴν ἄρουραν τὴν Ἰαβείς, καὶ νηστεύουσιν ἑπτὰ ἡμέρας. καὶ ἐγένετο μετὰ τὸ ἀποθανεῖν Σαούλ, καὶ Δαυεὶδ ἀνέστρεψεν τύπτων τὸν Ἀμαλήκ· καὶ ἐκάθισεν Δαυεὶδ ἐν Σεκελὰκ ἡμέρας δύο.

A 12 ολη A* (ν superscr A¹).| Βαιθσαμ] Βηθσαν A | om εις A | αυτους] αυτου A 13 om και εγενετο...ημερας δυο A
Subscr βασιλειων α BA

ΒΑΣΙΛΕΙΩΝ Β

I 1 ΚΑΙ ἐγένετο μετὰ τὸ ἀποθανεῖν Σαούλ, καὶ Δαυεὶδ ἀνέστρεψεν B
τύπτων τὸν Ἀμαλήκ· καὶ ἐκάθισεν Δαυεὶδ ἐν Σεκελὰκ ἡμέρας δύο.
2 ²καὶ ἐγενήθη τῇ ἡμέρᾳ τῇ τρίτῃ καὶ ἰδοὺ ἀνὴρ ἦλθεν ἐκ τῆς παρεμβολῆς
ἐκ τοῦ λαοῦ Σαούλ, καὶ τὰ ἱμάτια αὐτοῦ διερρωγότα καὶ γῆ ἐπὶ τῆς
κεφαλῆς αὐτοῦ· καὶ ἐγένετο ἐν τῷ εἰσελθεῖν αὐτὸν πρὸς Δαυεὶδ
3 καὶ ἔπεσεν ἐπὶ τὴν γῆν καὶ προσεκύνησεν αὐτῷ. ³καὶ εἶπεν αὐτῷ
Δαυεὶδ Πόθεν σὺ παραγίνῃ; καὶ εἶπεν πρὸς αὐτόν Ἐκ τῆς παρεμ-
4 βολῆς Ἰσραὴλ ἐγὼ διασέσωμαι. ⁴καὶ εἶπεν αὐτῷ Δαυεὶδ Τίς ὁ λόγος
οὗτος; ἀπάγγειλόν μοι. καὶ εἶπεν ὅτι Ἔφυγεν ὁ λαὸς ἐκ τοῦ πολέμου,
καὶ πεπτώκασι πολλοὶ ἐκ τοῦ λαοῦ καὶ ἀπέθανον· καὶ ἀπέθανεν καὶ
5 Σαούλ, καὶ Ἰωναθὰν ὁ υἱὸς αὐτοῦ ἀπέθανεν. ⁵καὶ εἶπεν Δαυεὶδ
τῷ παιδαρίῳ τῷ ἀπαγγέλλοντι αὐτῷ Πῶς οἶδας ὅτι τέθνηκεν Σαοὺλ
6 καὶ Ἰωναθὰν ὁ υἱὸς αὐτοῦ; ⁶καὶ εἶπεν τὸ παιδάριον τὸ ἀπαγγέλλον
αὐτῷ Περιπτώματι περιέπεσαν ἐν τῷ ὄρει τῷ Γελβουέ, καὶ ἰδοὺ Σαοὺλ
ἐπεστήρικτο ἐπὶ τὸ δόρυ αὐτοῦ, καὶ ἰδοὺ τὰ ἅρματα καὶ οἱ ἱππάρχαι
7 συνῆψαν αὐτοῦ. ⁷καὶ ἐπέβλεψεν ἐπὶ τὰ ὀπίσω αὐτοῦ, καὶ εἶδεν
8 καὶ ἐκάλεσέν με, καὶ εἶπα Ἰδοὺ ἐγώ. ⁸καὶ εἶπέν μοι Τίς εἶ σύ;
9 καὶ εἶπα Ἀμαληκείτης ἐγώ εἰμι. ⁹καὶ εἶπεν πρὸς μέ Στῆθι δὴ ἐπάνω
μου καὶ θανάτωσόν με, ὅτι κατέσχεν με σκότος δεινόν, ὅτι πᾶσα
10 ἡ ψυχή μου ἐν ἐμοί. ¹⁰καὶ ἐπέστην ἐπ' αὐτὸν καὶ ἐθανάτωσα αὐτόν,
ὅτι ᾔδειν ὅτι οὐ ζήσεται μετὰ τὸ πεσεῖν αὐτόν· καὶ ἔλαβον τὸ βασίλειον

I 1, Δαυειδ 1° (plene) BA | Σικελαγ A   2 τη ημερα] pr εν A | om ηλθεν A
A | διερρηγοτα A | επι την γην] pr επι προσωπον A   3 παραγινη B^b (παρα-
γεινη B*)] παραγινου A | διασεσωμαι B^{ab}A   4 αυτω bis scr A | αναγ-
γειλον A | om οτι εφυγεν...πολεμου και A | πολλοι πεπτωκασιν A | om και
απεθανον A | om και 5° A   5 om τω παιδαριω A   6 Γεβουε A |
ιππαρχοι A | αυτω 2°] +και επεσεν A   7 ειδεν] ιδεν με A   8 om μοι
A | ειπα] +προς αυτον A   9 θανατωσεις A   10 εθανατωσα] seq ras
1 lit (ι ut vid) in A | ηδειν (ειδην B* ηδ. B^a) οτι} ημ|δεινονη (sic) A

ΒΑΣΙΛΕΙΩΝ Β

B τὸ ἐπὶ τὴν κεφαλὴν αὐτοῦ καὶ τὸν χλίδωνα τὸν ἐπὶ τοῦ βραχίονος αὐτοῦ, καὶ ἐνήνοχα αὐτὰ τῷ κυρίῳ μου ὧδε. ¹¹καὶ ἐκράτησεν Δαυεὶδ 11 τῶν ἱματίων αὐτοῦ καὶ διέρρηξεν αὐτά, καὶ πάντες οἱ ἄνδρες οἱ μετ᾽ αὐτοῦ διέρρηξαν τὰ ἱμάτια αὐτῶν. ¹²καὶ ἐκόψαντο καὶ ἐνήστευσαν 12 καὶ ἔκλαυσαν ἕως δείλης ἐπὶ Σαοὺλ καὶ ἐπὶ Ἰωναθὰν τὸν υἱὸν αὐτοῦ καὶ ἐπὶ τὸν λαὸν Ἰούδα καὶ ἐπὶ τὸν οἶκον Ἰσραήλ, ὅτι ἐπλήγησαν ἐν ῥομφαίᾳ. ¹³καὶ εἶπεν Δαυεὶδ τῷ παιδαρίῳ τῷ ἀπαγγέλλοντι αὐτῷ 13 Πόθεν εἶ σύ; καὶ εἶπεν Υἱὸς ἀνδρὸς παροίκου Ἀμαληκείτου ἐγώ εἰμι. ¹⁴καὶ εἶπεν αὐτῷ Δαυεὶδ Πῶς οὐκ ἐφοβήθης ἐπενεγκεῖν χεῖρά σου 14 διαφθεῖραι τὸν χριστὸν Κυρίου; ¹⁵καὶ ἐκάλεσεν Δαυεὶδ ἐν τῶν παιδα- 15 ρίων αὐτοῦ καὶ εἶπεν Προσελθὼν ἀπάντησον αὐτῷ· καὶ ἐπάταξεν αὐτόν, καὶ ἀπέθανεν. ¹⁶καὶ εἶπεν Δαυεὶδ πρὸς αὐτόν Τὸ αἷμά σου 16 ἐπὶ τὴν κεφαλήν σου, ὅτι τὸ στόμα σου ἀπεκρίθη κατὰ σοῦ λέγων ὅτι Ἐγὼ ἐθανάτωσα τὸν χριστὸν Κυρίου. ¹⁷Καὶ ἐθρήνησεν 17 Δαυεὶδ τὸν θρῆνον τοῦτον ἐπὶ Σαοὺλ καὶ ἐπὶ Ἰωναθὰν τὸν υἱὸν αὐτοῦ, ¹⁸καὶ εἶπεν τοῦ διδάξαι τοὺς υἱοὺς Ἰούδα· ἰδοὺ γέγραπται ἐπὶ βιβλίου 18 τοῦ εὐθοῦς.

¹⁹Στήλωσον, Ἰσραήλ, ὑπὲρ τῶν τεθνηκότων ἐπὶ τὰ ὕψη σου 19
    τραυματιῶν·
πῶς ἔπεσαν. δυνατοί.
²⁰μὴ ἀναγγείλητε ἐν Γέθ,   20
    καὶ μὴ εὐαγγελίσησθε ἐν ταῖς ἐξόδοις Ἀσκάλωνος·
μή ποτε εὐφρανθῶσιν θυγατέρες ἀλλοφύλων,
μή ποτε ἀγαλλιάσωνται θυγατέρες τῶν ἀπεριτμήτων.
²¹ὄρη τὰ ἐν Γελβοῦε,   21
    μὴ καταβῇ δρύσος καὶ μὴ ὑετὸς ἐφ᾽ ὑμᾶς καὶ ἀγροὶ ἀπαρχῶν·
ὅτι ἐκεῖ προσωχθίσθη θυρεὸς δυνατῶν·
θυρεὸς Σαοὺλ οὐκ ἐχρίσθη ἐν ἐλαίῳ.

A   **10** ωδε] προς με A   **11** των- ιματιων] τα ιματια A | om διερρηξαν τα ιματια αυτων A   **12** εκλαυσαν και ενηστευσαν A   **14** διαφθειραι τον χριστον] ραι τον χρι in mg et sup ras A^a (διαφθ. χρηστον A* vid)   **15** om αυτον A   **16** προς αυτον Δαδ A | κυ A* vid (χυ A?) **17** τουτο B* (τουτον B^a)·   **18** Ιουδα] Ιηλ τοξον A   **19** υπερ των τεθν. επι τα υψη] επι τα υψη σου περι τεθν. A | om τραυματιων A   **20** μη αναγγειλητε] αναγγειλατε A   **21** καταβη (καταβοι B) δροσος] καταβητω δρ. A (βητω δρο sup ras A^a?) | και μη] μηδε A | υετος]+πεσοι A | θυρεος δυνατων θυρεος] θυραι θανατων θυραιος (sic) A | εχρισθη B^b (εχρεισθη B*?)] εχρηθη A | ελαιω] λαι sup ras A^a

ΒΑΣΙΛΕΙΩΝ' Β   II 5

22 ²²ἀφ' αἵματος τραυματιῶν, ἀπὸ στέατος δυνατῶν, B
τόξον Ἰωναθὰν οὐκ ἀπεστράφη κενὸν εἰς τὰ ὀπίσω,
καὶ ῥομφαία Σαοὺλ οὐκ ἀνέκαμψεν κενή.

23 ²³Σαοὺλ καὶ Ἰωναθάν, οἱ ἠγαπημένοι καὶ ὡραῖοι, οὐ διακεχω-
ρισμένοι·
εὐπρεπεῖς ἐν τῇ ζωῇ αὐτῶν, καὶ ἐν τῷ θανάτῳ αὐτῶν οὐ
διεχωρίσθησαν.
ὑπὲρ ἀετοὺς κοῦφοι,
καὶ ὑπὲρ λέοντας ἐκραταιώθησαν.

24 ²⁴θυγατέρες Ἰσραήλ, ἐπὶ Σαοὺλ κλαύσατε·
κλαύσατε τὸν ἐνδιδύσκοντα ὑμᾶς κόκκινα μετὰ κόσμου
ὑμῶν,
τὸν ἀναφέροντα κόσμον χρυσοῦν ἐπὶ τὰ ἐνδύματα ὑμῶν.

25 ²⁵πῶς ἔπεσαν δυνατοὶ ἐν μέσῳ τοῦ πολέμου·
Ἰωναθάν, ἐπὶ τὰ ὕψη σου τραυματίαι.

26 ²⁶ἀλγῶ ἐπὶ σοί, ἀδελφέ μου Ἰωναθάν·
ὡραιώθης μοι σφόδρα.
ἐθαυμαστώθη ἡ ἀγάπησίς σου ἐμοὶ
ὑπὲρ ἀγάπησιν γυναικῶν.

27 ²⁷πῶς ἔπεσαν δυνατοί,
καὶ ἀπώλοντο σκεύη πολεμικά.

II 1 ¹Καὶ ἐγένετο μετὰ ταῦτα καὶ ἐπηρώτησεν Δαυεὶδ ἐν Κυρίῳ λέγων
Εἰ ἀναβῶ εἰς μίαν τῶν πόλεων Ἰούδα; καὶ εἶπεν Κύριος πρὸς αὐτόν
Ἀνάβηθι. καὶ εἶπεν Δαυείδ Ποῦ ἀναβῶ; καὶ εἶπεν Εἰς Χεβρών.
2 ²καὶ ἀνέβη ἐκεῖ Δαυεὶδ εἰς Χεβρὼν καὶ ἀμφότεραι αἱ γυναῖκες αὐτοῦ,
Ἀχινόομ ἡ Ἰσραηλεῖτις καὶ Ἀβειγαία ἡ γυνὴ Ναβὰλ τοῦ Καρμηλίου,
3 ³καὶ οἱ ἄνδρες οἱ μετ' αὐτοῦ ἕκαστος καὶ ὁ οἶκος αὐτοῦ, καὶ κατῴκουν
4 ἐν ταῖς πόλεσιν Χεβρών. ⁴καὶ ἔρχονται ἄνδρες τῆς Ἰουδαίας καὶ
χρίουσιν τὸν Δαυεὶδ ἐκεῖ τοῦ βασιλεύειν ἐπὶ τὸν οἶκον Ἰούδα.
Καὶ ἀπήγγειλαν τῷ Δαυεὶδ λέγοντες ὅτι οἱ ἄνδρες Ἰαβεὶς τῆς
5 Γαλααδείτιδος ἔθαψαν τὸν Σαούλ. ⁵καὶ ἀπέστειλεν Δαυεὶδ ἀγγέλους

22 απο sup ras Aᵃ? (και A*ᵛⁱᵈ) | τοξον] ο 2° sup ras Aᵃ (τοξων A*) | A
ανεκαψεν A   24 om κλαυσατε 2° A | τον ενδιδυσκ.] τον ε sup ras Aᵃ? (om
τον A*) | χρυσουν] χρυσιον A   25 εν μεσω του πολεμου] εν μεσω πολεμου A
(sed ras μεσω πο Aᵃᵛⁱᵈ) | τραυματιας A   26 αγαπησιν] αγαπην A   II 2 om
εις Χεβρων A | Ιϲραηλειτις A | Αβιγαια A | Καρμηλειτου A   3 ανδρες]
+αυτου A | εκαστος] pr ους ανηγαγεν Δαδ A | κατοικουν A   4 εκει τον
Δαδ| επι τον οικον Ιουδα τον βασι|λευειν επ αυτους A | λεγοντες] seq ras 3 litt
in A | Ειαβεις της Γαλααδιτ. A (item 5) | εθαψαν] pr ras 2 litt A

ΒΑΣΙΛΕΙΩΝ Β

(B) (A) πρὸς τοὺς ἡγουμένους Ἰαβεὶς τῆς Γαλααδείτιδος, καὶ εἶπεν πρὸς αὐτούς·
¶ B Εὐλογημένοι ὑμεῖς τῷ κυρίῳ, ὅτι πεποιήκατε τὸ ἔλεος τοῦ θεοῦ ἐπὶ
τὸν κύριον ὑμῶν Σαούλ, καὶ ἐθάψατε αὐτόν. ⁶καὶ νῦν ποιῆσαι 6
Κύριος μεθ' ὑμῶν ἔλεος καὶ ἀλήθειαν, καί γε ἐγὼ ποιήσω μεθ' ὑμῶν
τὸ ἀγαθὸν τοῦτο, ὅτι ἐποιήσατε τὸ ῥῆμα τοῦτο. ⁷καὶ νῦν κραταιού- 7
σθωσαν αἱ χεῖρες ὑμῶν καὶ γίνεσθε εἰς υἱοὺς δυνατούς, ὅτι τέθνηκεν ὁ
§ B ˢκύριος ὑμῶν Σαούλ, καί γε ἐμὲ κέχρικεν ὁ οἶκος Ἰούδα ἐφ' ἑαυτὸν
εἰς βασιλέα. ⁸Καὶ Ἀβεννὴρ υἱὸς Νὴρ ἀρχιστράτηγος τοῦ Σαοὺλ 8
ἔλαβεν τὸν Ἰεβόσθε υἱὸν Σαοὺλ καὶ ἀνεβίβασεν αὐτὸν ἐκ τῆς
παρεμβολῆς εἰς Μανάεμ, ⁹καὶ ἐβασίλευσεν αὐτὸν ἐπὶ τὴν Γαλααδεῖτιν 9
καὶ ἐπὶ τὸν Θασειρεὶ καὶ ἐπὶ τὸν Ἰσραὴλ καὶ ἐπὶ τὸν Ἐφράιμ καὶ ἐπὶ
τὸν Βενιαμεὶν καὶ ἐπὶ πάντα Ἰσραήλ. ¹⁰τεσσεράκοντα ἐτῶν Ἰεβόσθε 10
¶ B υἱὸς Σαοὺλ ὅτε ἐβασίλευσεν¶ ἐπὶ τὸν Ἰσραήλ, καὶ δύο ἔτη ἐβασίλευσεν,
πλὴν τοῦ οἴκου Ἰούδα οἳ ἦσαν ὀπίσω Δαυείδ. ¹¹καὶ ἐγένοντο αἱ 11
ἡμέραι ἃς Δαυεὶδ ἐβασίλευσεν ἐν Χεβρὼν ἐπὶ τὸν οἶκον Ἰούδα ἑπτὰ
ἔτη καὶ ἐξ μῆνας. ¹²Καὶ ἐξῆλθεν Ἀβενὴρ υἱὸς Νὴρ καὶ οἱ παῖδες 12
Ἰεβόσθαι υἱοῦ Σαοὺλ ἐκ Μανάεμ εἰς Γαβαώ· ¹³καὶ Ἰωὰβ υἱὸς Σαρουιὰ 13
καὶ οἱ παῖδες Δαυεὶδ ἐξῆλθον ἐκ Χεβρὼν καὶ συναντῶσιν αὐτοῖς ἐπὶ τὴν
§ B κρήνην τὴν Γαβαὼν ἐπὶ τὸ αὐτό, καὶ ἐκάθισαν οὗτοι ἐπὶ ˢτὴν κρήνην
τὴν Γαβαὼν ἐντεῦθεν καὶ οὗτοι ἐπὶ τὴν κρήνην ἐντεῦθεν. ¹⁴καὶ 14
εἶπεν Ἀβεννὴρ πρὸς Ἰωάβ Ἀναστήτωσαν δὴ τὰ παιδάρια καὶ παιξά-
τωσαν ἐνώπιον ἡμῶν· καὶ εἶπεν Ἰωάβ Ἀναστήτωσαν. ¹⁵καὶ ἀνέστησαν 15
καὶ παρῆλθον ἐν ἀριθμῷ τῶν παίδων Βενιαμεὶν δώδεκα τῶν Ἰεβόσθε
υἱοῦ Σαοὺλ καὶ δώδεκα ἐκ τῶν παίδων Δαυείδ. ¹⁶καὶ ἐκράτησαν 16
ἕκαστος τῇ χειρὶ τὴν κεφαλὴν τοῦ πλησίον αὐτοῦ, καὶ μάχαιρα αὐτοῦ
εἰς πλευρὰν τοῦ πλησίον αὐτοῦ, καὶ πίπτουσιν κατὰ τὸ αὐτό· καὶ
ἐκλήθη τὸ ὄνομα τοῦ τόπου ἐκείνου Μερὶς τῶν ἐπιβούλων, ἥ ἐστιν
ἐν Γαβαών. ¹⁷καὶ ἐγένετο ὁ πόλεμος σκληρὸς ὥστε λίαν ἐν τῇ 17
ἡμέρᾳ ἐκείνῃ· καὶ ἔπταισεν Ἀβεννὴρ καὶ ἄνδρες Ἰσραὴλ ἐνώπιον

A 5 Γαλααδει||... B quae seq (5—7) abscissa sunt in B   7 χειρες
...οτι] χε...| νεσ...| τους ͧοτι...| B | εφ εαυτον εις βασιλεα] εις βασ. εφ
εαυτους A   8 Ιεβοσθαι A | om εις Μαναεμ A   9 Γααδιτιν
A | επι τον 1ᵒ] ͥ το sup ras Aᵃ | Θασειρει] Θασουρ A | Ισραηλ 1ᵒ] Ιηλ A |
παντα Ισραηλ] Ιηλ απαντα A   10 τεσσαρακ. Bᵃᵇ | Ειεβοσθαι A | οτε]
οτι A* (οται Aᵃ⁏) | εβασιλευσεν... B (quae seq deficiunt in B nisi paucae
litt ad dextr abscissi folii) | του οικου] τους οικους A* ᵛⁱᵈ (ras s utrumque Aᵃ)
13 εξηλθοσαν A | κρηνην 1ᵒ] κρ sup ras Aᵃᵗ | Γαβαων 1ᵒ] pr εν A | ουτοι 1ᵒ]
αυτοι A | την κρηνην (2ᵒ) Bᵛⁱᵈ (......ην)] om την A | την Γαβαων 2ᵒ] την Γαλ B
om A   14 Αβενηρ A | πεξατωσαν (seq ras 2 litt bis scr εν in A*) A
15 Ειεβοσθαι A | εκ sup ras Aˡ   16 πλευραν] πλαγιον A   17 λειαν BA

18 παίδων Δαυείδ. ¹⁸καὶ ἐγένοντο ἐκεῖ τρεῖς υἱοὶ Σαρουιά, Ἰωὰβ καὶ Β
 Ἀβεσσὰ καὶ Ἀσαήλ· καὶ Ἀσαὴλ κοῦφος τοῖς ποσὶν αὐτοῦ ὡσεὶ μία
19 δορκὰς ἐν ἀγρῷ. ¹⁹καὶ κατεδίωξεν Ἀσαὴλ ὀπίσω Ἀβεννήρ, καὶ
 οὐκ ἐξέκλινεν τοῦ πορεύεσθαι εἰς δεξιὰ οὐδὲ εἰς ἀριστερὰ κατόπισθεν
20 Ἀβεννήρ. ²⁰καὶ ἐπέβλεψεν Ἀβεννὴρ εἰς τὰ ὀπίσω αὐτοῦ καὶ εἶπεν
21 Εἰ σὺ εἶ αὐτὸς Ἀσαήλ; καὶ εἶπεν Ἐγώ εἰμι. ²¹καὶ εἶπεν αὐτῷ
 Ἀβεννήρ Ἔκκλινον σὺ εἰς τὰ δεξιὰ ἢ εἰς τὰ ἀριστερά, καὶ κάτασχε
 σαυτῷ ἓν τῶν παιδαρίων καὶ λάβε σεαυτῷ τὴν πανοπλίαν αὐτοῦ·
22 καὶ οὐκ ἠθέλησεν Ἀσαὴλ ἐκκλῖναι ἐκ τῶν ὄπισθεν αὐτοῦ. ¹²²καὶ
 προσέθετο ἔτι Ἀβεννὴρ λέγων τῷ Ἀσαήλ Ἀπόστηθι ἀπ' ἐμοῦ, ἵνα μὴ
 πατάξω σε εἰς τὴν γῆν· καὶ πῶς ἀρῶ τὸ πρόσωπόν μου πρὸς Ἰωάβ;
23 ²³καὶ ποῦ ἐστιν ταῦτα; ἐπίστρεφε πρὸς Ἰωὰβ τὸν ἀδελφόν σου·
 καὶ οὐκ ἐβούλετο τοῦ ἀποστῆναι. καὶ τύπτει αὐτὸν Ἀβεννὴρ ἐν τῷ
 ὀπίσω τοῦ δόρατος ἐπὶ τὴν ψόαν, καὶ διεξῆλθεν τὸ δόρυ ἐκ τῶν
 ὀπίσω αὐτοῦ, καὶ πίπτει ἐκεῖ καὶ ἀποθνῄσκει ὑποκάτω αὐτοῦ· καὶ
 ἐγένετο πᾶς ὁ ἐρχόμενος ἕως τοῦ τόπου οὗ ἔπεσεν ἐκεῖ Ἀσαὴλ καὶ
24 ἀπέθανεν, καὶ ὑφίστατο. ²⁴καὶ κατεδίωξεν Ἰωὰβ καὶ Ἀβεσσὰ ὀπίσω
 Ἀβεννήρ, καὶ ὁ ἥλιος ἔδυνεν· καὶ αὐτοὶ εἰσῆλθον ἕως τοῦ βουνοῦ
25 Ἀμμάν, ὅ ἐστιν ἐπὶ προσώπου Γαί, ὁδὸν ἔρημον Γαβαών.. ²⁵καὶ
 συναθροίζονται υἱοὶ Βενιαμεὶν οἱ ὀπίσω Ἀβεννήρ, καὶ ἐγενήθησαν
26 εἰς συνάντησιν μίαν καὶ ἔστησαν ἐπὶ κεφαλὴν βουνοῦ ἑνός. ²⁶καὶ
 ἐκάλεσεν Ἀβεννὴρ Ἰωὰβ καὶ εἶπεν Μὴ εἰς νῖκος καταφάγεται ἡ
 ῥομφαία; ἢ οὐκ οἶδας ὅτι πικρὰ ἔσται εἰς τὰ ἔσχατα; καὶ ἕως πότε οὐ
 μὴ εἴπῃς τῷ λαῷ ἀναστρέφειν ἀπὸ ὄπισθεν τῶν ἀδελφῶν ἡμῶν;
27 ²⁷καὶ εἶπεν Ἰωὰβ Ζῇ Κύριος, ὅτι εἰ μὴ ἐλάλησας, διότι τότε ἐκ πρωίθεν
28 ἀνέβη ὁ λαὸς ἕκαστος κατόπισθεν τοῦ ἀδελφοῦ αὐτοῦ. ²⁸καὶ ἐσάλ-
 πισεν Ἰωὰβ τῇ σάλπιγγι, καὶ ἀπέστησαν πᾶς ὁ λαὸς καὶ οὐ κατεδίωξαν
29 ὀπίσω τοῦ Ἰσραήλ, καὶ οὐ προσέθεντο ἔτι τοῦ πολεμεῖν. ²⁹καὶ
 Ἀβεννὴρ καὶ οἱ ἄνδρες αὐτοῦ ἀπῆλθον εἰς δυσμὰς ὅλην τὴν νύκτα
 ἐκείνην, καὶ διέβαινον τὸν Ἰορδάνην καὶ ἐπορεύθησαν ὅλην τὴν
30 παρατείνουσαν, καὶ ἔρχονται εἰς τὴν παρεμβολήν. ³⁰καὶ Ἰωὰβ

17 παιδων] pr των A   18 Σαρουιας A | Αβεσσα] Αβισαι A | om και Ασαηλ A
1° A | ωσει] ως η A·   19 δεξια] pr τα A | αριστερα] pr τα A.   20 om ει 2° A |
ειπεν 2°] + αυτω A·   21 τα δεξια] om τα A ι sup ras Aᵃ¹ | κατασχε] α 2°
sup ras Bᵇ | σαυτω] σεαυτω A | Ασαηλ εκκλεινεν (sic) εκ τ sup ras A¹
23 επιστρεφε] αποστρ. A | ψοιαν A | διεξηλθεν] εξηλθεν A | υφειστατο B
24 Αβεσσα] Αβισαι A | Αμμα A·   25 συν|αντησιν Bᵃ συν|αντησιν ᵇ Bᵇ
26 η ρομφ.] om η A | οιδες A | αναστρεφειν] επιστρ. A·   27 πρωιθεν]
πρωεισθαιν (sic) A·   29 νυκταν A | διεβαινον A | την παρεμβ.] om την A

ΒΑΣΙΛΕΙΩΝ Β

B ἀνέστρεψεν ὄπισθεν ἀπὸ τοῦ Ἀβεννὴρ καὶ συνήθροισεν πάντα τὸν λαόν, καὶ ἐπεσκέπησαν τῶν παίδων Δαυεὶδ ἐννέα καὶ δέκα ἄνδρες. ³¹καὶ Ἀσαὴλ ⁽³¹⁾καὶ οἱ παῖδες Δαυεὶδ ἐπάταξαν τῶν υἱῶν Βενιαμεὶν 31 τῶν ἀνδρῶν Ἀβεννὴρ τριακοσίους ἑξήκοντα ἄνδρας παρ' αὐτοῦ. ³²καὶ αἴρουσιν τὸν Ἀσαὴλ καὶ θάπτουσιν αὐτὸν ἐν τῷ τάφῳ τοῦ 32 πατρὸς αὐτοῦ ἐν Βαιθλέεμ· καὶ ἐπορεύθη Ἰωὰβ καὶ οἱ ἄνδρες οἱ μετ' αὐτοῦ ὅλην τὴν νύκτα, καὶ διέφαυσεν αὐτοῖς ἐν Χεβρών.

¹Καὶ ἐγένετο ὁ πόλεμος ἐπὶ πολὺ ἀνὰ μέσον τοῦ οἴκου Σαοὺλ καὶ 1 III ἀνὰ μέσον τοῦ οἴκου Δαυείδ· καὶ ὁ οἶκος Δαυεὶδ ἐπορεύετο καὶ ἐκραταιοῦτο, καὶ ὁ οἶκος Σαοὺλ ἐπορεύετο καὶ ἠσθένει. ²Καὶ ἐτέ- 2 χθησαν τῷ Δαυεὶδ υἱοὶ ἐν Χεβρών, καὶ ἦν ὁ πρωτότοκος αὐτοῦ Ἀμνὼν τῆς Ἀχεινόομ τῆς Ἰσραηλίτιδος, ³καὶ ὁ δεύτερος αὐτοῦ Δαλουιὰ τῆς 3 Ἀβειγαίας τῆς Καρμηλίας, καὶ ὁ τρίτος Ἀβεσσαλὼμ υἱὸς Μααχὰ θυγατρὸς Θομμεὶ βασιλέως Γεσείρ, ⁴καὶ ὁ τέταρτος Ὀρνεὶλ υἱὸς Φεγγειθ, 4 καὶ ὁ πέμπτος Σαβατεια τῆς Ἀβειτάλ, ⁵καὶ ὁ ἕκτος Ἰεθεραὰμ τῆς Αἰγὰλ 5 γυναικὸς Δαυείδ· οὗτοι ἐτέχθησαν τῷ Δαυεὶδ ἐν Χεβρών. ⁶Καὶ 6 ἐγένετο ἐν τῷ εἶναι τὸν πόλεμον ἀνὰ μέσον τοῦ οἴκου Σαοὺλ, καὶ ἀνὰ μέσον τοῦ οἴκου Δαυείδ, καὶ Ἀβεννὴρ ἦν κρατῶν τοῦ οἴκου Σαούλ. ⁷καὶ τῷ Σαοὺλ παλλακὴ Ῥεσφὰ θυγάτηρ Ἰάλ· καὶ εἶπεν 7 Μεμφιβόσθε υἱὸς Σαοὺλ πρὸς Ἀβεννὴρ Τί ὅτι εἰσῆλθες πρὸς τὴν παλλακὴν τοῦ πατρός μου; ⁸καὶ ἐθυμώθη σφόδρα Ἀβεννὴρ περὶ τοῦ 8 λόγου Μεμφιβόσθε καὶ εἶπεν Ἀβεννὴρ πρὸς αὐτόν Μὴ κεφαλὴ κυνὸς ἐγώ εἰμι; ἐποίησα ἔλεος σήμερον μετὰ τοῦ οἴκου Σαοὺλ τοῦ πατρός σου καὶ περὶ ἀδελφῶν καὶ γνωρίμων, καὶ οὐκ ηὐτομόλησα εἰς τὸν οἶκον Δαυείδ· καὶ ἐπιζητεῖς ἐπ' ἐμὲ ὑπὲρ ἀδικίας γυναικὸς σήμερον; ⁹τάδε ποιῆσαι ὁ θεὸς τῷ Ἀβεννὴρ καὶ τάδε προσθείη αὐτῷ, ὅτι καθὼς 9 ὤμοσεν Κύριος τῷ Δαυείδ, ὅτι οὕτως ποιήσω αὐτῷ ἐν τῇ ἡμέρᾳ ταύτῃ· ¹⁰περιελεῖν τὴν βασιλείαν ἀπὸ τοῦ οἴκου Σαούλ, καὶ τοῦ ἀναστῆσαι τὸν 10 θρόνον Δαυεὶδ ἐπὶ Ἰσραὴλ καὶ ἐπὶ τὸν Ἰούδαν ἀπὸ Δὰν ἕως Βηρσάβεε. ¹¹καὶ οὐκ ἠδυνάσθη ἔτι Μεμφιβόσθε ἀποκριθῆναι τῷ Ἀβεννὴρ 11

A ` 30 ανεστρεψεν] απέστρ. A | οπισθεν απο] απο οπισω A | συνηθροισαν A | επεσκοπησαν B 32 ερουσιν A | om εν 2° A | Βηθλεεμ A | ολην την νυκτα Ιωαβ και οι ανδρες οι μετ αυτου A III 2 Αχιναam A | Ιϛραηλιτιδος A 3 Αβιγαια A | Μααχαθ A | Θολμει A | Γεσσιρ A 4 τεταρταιος A | Ορνειλ B^edit] Ορνιας A | Φενγιθ A | Σαφατια A | Αβιταλ A 5 Ειεθαραam A | Αιγας A 6 του οικου 1°, 2°] om του A 6—7 Αβεννηρ...παλλακη sup ras A¹?ª? 7 Ιαλ (vel forte Ιαα) B*] Ιοδ vel forte Ιολ B? Ιολ A | Μεμφιβοσθε] Ιεβοσθε A¹?ª? 8 και εθυμωθη σφοδρα] Αβεννηρ περι] του λογου Ιε|βοσθε A¹⁽ᵐᵍ⁾ | σημερον εποιησα ελαιος A | γνωριμων] pr περι (superscr) B^ab 9 om εν τη ημερα ταυτη A 10 εως] pr και A 11 εδυνασθη A | Μεμφιβοσθαι A

12 ῥῆμα ἀπὸ τοῦ φοβεῖσθαι αὐτόν. ¹²Καὶ ἀπέστειλεν Ἀβεννὴρ
ἀγγέλους πρὸς Δαυεὶδ εἰς Θαιλὰμ οὗ ἦν παραχρῆμα λέγων Διάθου
διαθήκην σου μετ᾽ ἐμοῦ, καὶ ἰδοὺ ἡ χείρ μου μετὰ σοῦ ἐπιστρέψαι
13 πρὸς σὲ πάντα τὸν οἶκον Ἰσραήλ. ¹³καὶ εἶπεν Δαυεὶδ Ἐγὼ καλῶς
διαθήσομαι πρὸς σὲ διαθήκην, πλὴν λόγον ἕνα ἐγὼ αἰτοῦμαι παρὰ σοῦ
λέγων Οὐκ ὄψει τὸ πρόσωπόν μου ἐὰν μὴ ἀγάγῃς τὴν Μελχὸλ
14 θυγατέρα Σαούλ, παραγινομένου ἰδεῖν τὸ πρόσωπόν μου. ¹⁴καὶ
ἐξαπέστειλεν Δαυεὶδ πρὸς Μεμφιβόσθε υἱὸν Σαοὺλ ἀγγέλους λέγων
Ἀπόδος μοι τὴν γυναῖκά μου τὴν Μελχόλ, ἣν ἔλαβον ἐν ἑκατὸν
15 ἀκροβυστίαις ἀλλοφύλων. ¹⁵καὶ ἀπέστειλεν Μεμφιβόσθε καὶ ἔλαβεν
16 αὐτὴν παρὰ τοῦ ἀνδρὸς αὐτῆς, παρὰ Φαλτιὴλ υἱοῦ Σελλῆς. ¹⁶καὶ
ἐπορεύετο ὁ ἀνὴρ αὐτῆς μετ᾽ αὐτῆς κλαίων ὀπίσω αὐτῆς ἕως Βαρακεὶ
καὶ εἶπεν πρὸς αὐτὸν Ἀβεννὴρ Πορεύου, ἀνάστρεφε· καὶ ἀνέ-
17 στρεψεν. ¹⁷Καὶ εἶπεν Ἀβεννὴρ πρὸς τοὺς πρεσβυτέρους Ἰσραὴλ
λέγων Ἐχθὲς καὶ τρίτην ἐζητεῖτε τὸν Δαυεὶδ βασιλεύειν ἐφ᾽ ὑμῶν.
18 ¹⁸καὶ νῦν ποιήσατε, ὅτι Κύριος ἐλάλησεν περὶ Δαυεὶδ λέγων Ἐν χειρὶ
τοῦ δούλου μου Δαυεὶδ σώσω τὸν Ἰσραὴλ ἐκ χειρὸς ἀλλοφύλων καὶ ἐκ
19 χειρὸς πάντων τῶν ἐχθρῶν αὐτῶν. ¹⁹καὶ ἐλάλησεν Ἀβεννὴρ ἐν
τοῖς ὠσὶν Βενιαμείν, καὶ ἐπορεύθη Ἀβεννὴρ τοῦ λαλῆσαι εἰς τὰ ὦτα
τοῦ Δαυεὶδ εἰς Χεβρὼν πάντα ὅσα ἤρεσεν ἐν ὀφθαλμοῖς Ἰσραὴλ
20 καὶ ἐν ὀφθαλμοῖς παντὸς οἴκου Βενιαμείν. ²⁰καὶ ἦλθεν Ἀβεννὴρ
πρὸς Δαυεὶδ εἰς Χεβρὼν καὶ μετ᾽ αὐτοῦ εἴκοσι ἄνδρες· καὶ ἐποίησεν
21 Δαυεὶδ τῷ Ἀβεννὴρ καὶ τοῖς ἀνδράσιν τοῖς μετ᾽ αὐτοῦ πότον. ²¹καὶ εἶπεν
Ἀβεννὴρ πρὸς Δαυεὶδ Ἀναστήσομαι δὴ καὶ πορεύσομαι, καὶ συνα-
θροίσω πρὸς κύριόν μου τὸν βασιλέα πάντα Ἰσραήλ, καὶ διαθήσομαι
μετ᾽ αὐτοῦ διαθήκην, καὶ βασιλεύσεις ἐπὶ πᾶσιν οἷς ἐπιθυμεῖ ἡ ψυχὴ
σου. καὶ ἀπέστειλεν Δαυεὶδ τὸν Ἀβεννήρ, καὶ ἐπορεύθησαν ἐν εἰρήνῃ.
22 ²²καὶ ἰδοὺ οἱ παῖδες Δαυεὶδ καὶ Ἰωὰβ παρεγίνοντο ἐκ τῆς ἐξοδίας, καὶ
σκῦλα πολλὰ ἔφεραν μετ᾽ αὐτῶν· καὶ Ἀβεννὴρ οὐκ ἦν μετὰ Δαυεὶδ
23 εἰς Χεβρών, ὅτι ἀπεστάλκει αὐτὸν καὶ ἀπεληλύθει ἐν εἰρήνῃ. ²³καὶ

12 Θαιλαμουην B^b Θηλαμου γην A | σου 1°] συ A | μετ εσου (sic) B* A (μετα σου B^c) | επιστρεψαι] pr του A | προς 2°] επι A   13 ενα] post ε seq ras 1 lit (ι ut vid) in A | οψη A | παραγινομενου (παραγειν. B παρα sup ras A¹)]+σου A   14 εξαπεστειλεν] απεστειλεν A | αγγ. προς Μεμφιβοσθαι υιον Σ. A | ην ελαβον...αλλοφυλων sup ras A¹ | ελαβον]+εμαυτω A¹ | αλλοφυλον B^edit   15 Μεμφιβοσθαι A | Σελλης] Λαεις A   16 επορευετο (ε sup ras 3 litt A¹)]+συν αυτη A | Βαρακει] Βαουρειμ A   18 Δαδ του δουλου μου A   19 εν τοις ωσιν] pr και γε A | του Δ.] om του A   21 κυριον] pr τον (superscr) A^a? | παντα] pr τον A   22 παρεγινοντο (παρεγεινοντο B*)] παρεγενοντο B^b? | εφερον A | εις] εν A

ΒΑΣΙΛΕΙΩΝ Β

Ἰωὰβ καὶ πᾶσα ἡ στρατεία αὐτοῦ ἤχθησαν, καὶ ἀπηγγέλη τῷ Ἰωὰβ λέγοντες Ἥκει Ἀβεννὴρ υἱὸς Νὴρ πρὸς Δαυείδ, καὶ ἀπέσταλκεν αὐτὸν καὶ ἀπῆλθεν ἐν εἰρήνῃ. ²⁴καὶ εἰσῆλθεν Ἰωὰβ πρὸς τὸν βασιλέα καὶ εἶπεν Τί τοῦτο ἐποίησας; ἰδοὺ ἦλθεν Ἀβεννὴρ πρὸς σέ, καὶ ἵνα τί ἐξαπέσταλκας αὐτὸν καὶ ἀπελήλυθεν ἐν εἰρήνῃ; ²⁵ἦ οὐκ οἶδας τὴν κακίαν Ἀβεννὴρ υἱοῦ Νήρ, ὅτι ἀπατῆσαί σε παρεγένετο καὶ γνῶναι τὴν ἔξοδόν σου καὶ τὴν εἴσοδόν σου καὶ γνῶναι ἅπαντα ὅσα σὺ ποιεῖς; ²⁶καὶ ἀνέστρεψεν Ἰωὰβ ἀπὸ τοῦ Δαυεὶδ καὶ ἀπέστειλεν ἀγγέλους ὀπίσω Ἀβεννήρ, καὶ ἐπιστρέφουσιν αὐτὸν ἀπὸ τοῦ φρέατος τοῦ Σεειράμ· καὶ Δαυεὶδ οὐκ ᾔδει. ²⁷καὶ ἐπέστρεψεν τὸν Ἀβεννὴρ εἰς Χεβρών, καὶ ἐξέκλινεν αὐτὸν Ἰωὰβ ἐκ πλαγίων τῆς πύλης λαλῆσαι πρὸς αὐτόν, ἐνεδρεύων· καὶ ἐπάταξεν αὐτὸν ἐκεῖ εἰς τὴν ψόαν, καὶ ἀπέθανεν ἐν τῷ αἵματι Ἀσαὴλ τοῦ ἀδελφοῦ Ἰωάβ. ²⁸καὶ ἤκουσεν Δαυεὶδ μετὰ ταῦτα καὶ εἶπεν Ἀθῷός εἰμι ἐγὼ καὶ ἡ βασιλεία μου ἀπὸ Κυρίου καὶ ἕως αἰῶνος ἀπὸ τῶν αἱμάτων Ἀβεννὴρ υἱοῦ Νήρ. ²⁹καταντησάτωσαν ἐπὶ κεφαλὴν Ἰωὰβ καὶ ἐπὶ πάντα τὸν οἶκον τοῦ πατρὸς αὐτοῦ, καὶ μὴ ἐκλίποι ἐκ τοῦ οἴκου Ἰωὰβ γονορρυὴς καὶ λεπρὸς καὶ κρατῶν σκυτάλης καὶ πίπτων ἐν ῥομφαίᾳ καὶ ἐλασσούμενος ἄρτοις. ³⁰Ἰωὰβ δὲ καὶ Ἀβεσσὰ ὁ ἀδελφὸς αὐτοῦ διεπαρετηροῦντο τὸν Ἀβεννὴρ ἀνθ' ὧν ἐθανάτωσεν τὸν Ἀσαὴλ τὸν ἀδελφὸν αὐτῶν ἐν Γαβαὼν ἐν τῷ πολέμῳ. ³¹Καὶ εἶπεν Δαυεὶδ πρὸς Ἰωὰβ καὶ πρὸς πάντα τὸν λαὸν τὸν μετ' αὐτοῦ Διαρρήξατε τὰ ἱμάτια ὑμῶν καὶ περιζώσασθε σάκκους καὶ κόπτεσθε ἐνώπιον Ἀβεννήρ· καὶ ὁ βασιλεὺς Δαυεὶδ ἐπορεύετο ὀπίσω τῆς κλίνης. ³²καὶ θάπτουσιν τὸν Ἀβεννὴρ εἰς Χεβρών· καὶ ἦρεν ὁ βασιλεὺς τὴν φωνὴν αὐτοῦ καὶ ἔκλαυσεν ἐπὶ τοῦ τάφου αὐτοῦ, καὶ ἔκλαυσεν πᾶς ὁ λαὸς ἐπὶ Ἀβεννήρ. ³³καὶ ἐθρήνησεν ὁ βασιλεὺς ἐπὶ Ἀβεννὴρ καὶ εἶπεν

Εἰ κατὰ τὸν θάνατον Ναβὰλ ἀποθανεῖται Ἀβεννήρ;
³⁴αἱ χεῖρές σου οὐκ ἐδέθησαν,
οἱ πόδες σου οὐκ ἐν πέδαις·
οὐ προσήγαγεν ὡς Ναβάλ,,
ἐνώπιον υἱῶν ἀδικίας ἔπεσας.

καὶ συνήχθη πᾶς ὁ λαὸς τοῦ κλαῦσαι αὐτόν. ³⁵καὶ ἦλθεν πᾶς ὁ λαὸς

A   23 στρατια A   .24 εισηλθεν] απηλθεν A | απελυλθεν] απηλθεν A
25 om η A | παρεγενετο] παραγεγονεν A   ‛27 εις] επι A | ψοιαν A
28 om εγω A   29 γονορυης A | σκυταλη A   30 Αβεσσα] Ασαι A
31 διαρρηξατε] ξατ sup ras A^{a¹} | σακκους (σακ|σους B*)] υ sup ras A^{a¹} | ενωπιον Αβεννηρ] Αβεννηρ· εμπροσθεν A   32 εις] εν A   34 ποδες σου ουκ εν πεδαις ου] παιδες σου ου εν παιδες σου (sic) A | Ναβαλ] Ναφα A

ΒΑΣΙΛΕΙΩΝ Β IV 8

περιδειπνῆσαι τὸν Δαυειδ ἄρτοις ἔτι οὔσης ἡμέρας· καὶ ὤμοσεν Δαυειδ B
λέγων Τάδε ποιήσαι μοι ὁ θεὸς καὶ τάδε προσθείη, ὅτι ἐὰν μὴ δύῃ
36 ὁ ἥλιος, οὐ μὴ γεύσωμαι ἄρτου ἢ ἀπὸ παντός τινος. ³⁶ καὶ ἔγνω πᾶς ὁ
λαός, καὶ ἤρεσεν ἐνώπιον αὐτῶν πάντα ὅσα ἐποίησεν ὁ βασιλεὺς
37 ἐνώπιον τοῦ λαοῦ. ³⁷ καὶ ἔγνω πᾶς ὁ λαὸς καὶ πᾶς Ἰσραὴλ ἐν τῇ
ἡμέρᾳ ἐκείνῃ ὅτι οὐκ ἐγένετο παρὰ τοῦ βασιλέως θανατῶσαι τὸν
38 Ἀβεννὴρ υἱὸν Νήρ. ³⁸ Καὶ εἶπεν ὁ βασιλεὺς πρὸς τοὺς παῖδας
αὐτοῦ Οὐκ οἴδατε ὅτι ἡγούμενος μέγας πέπτωκεν ἐν τῇ ἡμέρᾳ ταύτῃ
39 ἐν τῷ Ἰσραήλ; ³⁹ καὶ ὅτι ἐγώ εἰμι σήμερον συγγενὴς καὶ καθεσταμένος
ὑπὸ βασιλέως; οἱ δὲ ἄνδρες οὗτοι υἱοὶ Σαρουίας σκληρότεροί μού εἰσιν·
IV 1 ἀποδῷ Κύριος τῷ ποιοῦντι πονηρὰ κατὰ τὴν κακίαν αὐτοῦ. ¹ Καὶ
ἤκουσεν Μεμφιβόσθε υἱὸς Σαοὺλ ὅτι τέθνηκεν Ἀβεννὴρ ἐν Χεβρών,
καὶ ἐξελύθησαν αἱ χεῖρες αὐτοῦ, καὶ πάντες οἱ ἄνδρες Ἰσραὴλ παρεί-
2 θησαν. ²καὶ δύο ἄνδρες ἡγούμενοι συστρεμμάτων τῷ Μεμφιβόσθε
υἱῷ Σαούλ· ὄνομα τῷ ἑνὶ Βαανά, καὶ ὄνομα τῷ δευτέρῳ Ρηχάβ, υἱοὶ
Ρεμμὼν τοῦ Βηρωθαίου ἐκ τῶν υἱῶν Βενιαμείν, ὅτι Βηρὼθ ἐλογίζετο
3 τοῖς υἱοῖς Βενιαμείν. ³καὶ ἀπέδρασαν οἱ Βηρωθαῖοι εἰς Γεθθάι, καὶ
4 ἦσαν ἐκεῖ παροικοῦντες ἕως τῆς ἡμέρας ταύτης. ⁴Καὶ τῷ Ἰωναθὰν
υἱῷ Σαοὺλ υἱὸς πεπληγὼς τοὺς πόδας υἱὸς ἐτῶν πέντε, καὶ οὗτος
ἐν τῷ ἐλθεῖν τὴν ἀγγελίαν Σαοὺλ καὶ Ἰωναθὰν τοῦ υἱοῦ αὐτοῦ ἐξ
Ἰσραήλ, καὶ ἦρεν αὐτὸν ὁ τιθηνὸς αὐτοῦ καὶ ἔφυγεν· καὶ ἐγένετο
ἐν τῷ σπεύδειν αὐτὸν καὶ ἀναχωρεῖν, καὶ ἔπεσεν καὶ ἐχωλάνθη·
5 καὶ ὄνομα αὐτῷ Μεμφιβόσθε. ⁵Καὶ ἐπορεύθησαν υἱοὶ Ρεμμὼν
τοῦ Βηρωθαίου Ρεκχὰ καὶ Βαὰμ καὶ εἰσῆλθον ἐν τῷ καύματι τῆς
ἡμέρας εἰς οἶκον Μεμφιβόσθε, καὶ αὐτὸς ἐκάθευδεν ἐν τῇ κοίτῃ τῆς
6 μεσημβρίας. ⁶καὶ ἰδοὺ ἡ θυρωρὸς τοῦ οἴκου ἐκάθαιρεν πυροὺς καὶ
ἐνύσταξεν καὶ ἐκάθευδεν, καὶ Ρεκχὰ καὶ Βαμμὰ οἱ ἀδελφοὶ διελαθον·
7 ⁷καὶ εἰσῆλθον εἰς τὸν οἶκον, καὶ Μεμφιβόσθε ἐκάθευδεν ἐπὶ τῆς κλίνης
αὐτοῦ ἐν τῷ κοιτῶνι αὐτοῦ· καὶ τύπτουσιν αὐτὸν καὶ θανατοῦσιν,
καὶ ἀναφαιροῦσιν τὴν κεφαλὴν αὐτοῦ, καὶ ἔλαβον τὴν κεφαλὴν αὐτοῦ
8 καὶ ἀπῆλθον ὁδὸν τὴν κατὰ δυσμὰς ὅλην τὴν νύκτα. ⁸καὶ ἤνεγκαν

35 παραδειπνισαι A | αρτους A. 36 πας ο λ. εγνω A | λαου]+αγαθον A A
37 θανατωσαι] pr του A   38 om εν 2° A   39 κατεσταμενος B | αποδω]
ανταποδοι A   IV 1 Μεμφιβοσθαι A   2 συσστρεμ. A | των Μεμφιβοσθαι
A | om οτι Βηρωθ...Βενιαμειν A   3 Γεθθαι] Γεθθειμ A   4 Ισραηλ]
Ιηλ A | ο τιθηνος B*ᵇ] η τιθ. BᵃᵇA | Μεμφιβοσθαι A (item 5, 7, 8 bis, 12)
5 υιοι] pr οι A | Ρεκχα] Ρηχαβ A | Βααμ] Βαανα A   6 Ρεκχα] Ρηχαβ A |
Βαμμα] Βαανα A   7 θανατουσιν]+αυτον A | αναφαιρουσιν] αφαιρουσιν
Bᵇ αφερουσιν A | νυκταν A

ΒΑΣΙΛΕΙΩΝ Β

B τὴν κεφαλὴν Μεμφιβόσθε τῷ Δαυεὶδ εἰς Χεβρών, καὶ εἶπαν πρὸς τὸν βασιλέα Ἰδοὺ ἡ κεφαλὴ Μεμφιβόσθε υἱοῦ Σαοὺλ τοῦ ἐχθροῦ σου, ὃς ἐζήτει τὴν ψυχήν σου· καὶ ἔδωκεν Κύριος τῷ κυρίῳ βασιλεῖ ἐκδίκησιν τῶν ἐχθρῶν αὐτοῦ ὡς ἡ ἡμέρα αὕτη, ἐκ Σαοὺλ τοῦ ἐχθροῦ σου καὶ ἐκ τοῦ σπέρματος αὐτοῦ. ⁹καὶ ἀπεκρίθη Δαυεὶδ τῷ Ῥεκχὰ 9 καὶ τῷ Βαὰμ ἀδελφῷ αὐτοῦ υἱοῖς Ῥεμμὼν τοῦ Βηρωθαίου καὶ εἶπεν αὐτοῖς Ζῇ Κύριος ὃς ἐλυτρώσατο τὴν ψυχήν μου ἐκ πάσης θλίψεως, ¹⁰ὅτι ὁ ἀπαγγείλας μοι ὅτι τέθνηκεν Σαοὺλ καὶ αὐτὸς ἦν ὡς εὐαγγελι- 10 ζόμενος ἐνώπιόν μου, καὶ κατέσχον αὐτὸν καὶ ἀπέκτεινα ἐν Σεκελάκ, ᾧ ἔδει με δοῦναι εὐαγγέλια. ¹¹καὶ νῦν ἄνδρες πονηροὶ ἀπεκτάν- 11 κασιν ἄνδρα δίκαιον ἐν τῷ οἴκῳ αὐτοῦ ἐπὶ τῆς κοίτης αὐτοῦ· καὶ νῦν ἐκζητήσω τὸ αἷμα αὐτοῦ ἐκ χειρὸς ὑμῶν καὶ ἐξολεθρεύσω ὑμᾶς ἐκ τῆς γῆς. ¹²καὶ ἐνετείλατο Δαυεὶδ τοῖς παιδαρίοις αὐτοῦ καὶ ἀποκτέν- 12 νουσιν αὐτούς· καὶ κολοβοῦσιν τὰς χεῖρας αὐτῶν καὶ τοὺς πόδας αὐτῶν καὶ ἐκρέμασαν αὐτοὺς ἐπὶ τῆς κρήνης ἐν Χεβρών, καὶ τὴν κεφαλὴν Μεμφιβόσθε ἔθαψαν ἐν τῷ τάφῳ Ἀβεννὴρ υἱοῦ Νήρ.

¹Καὶ παραγίνονται πᾶσαι αἱ φυλαὶ Ἰσραὴλ πρὸς Δαυεὶδ εἰς 1 V Χεβρὼν καὶ εἶπαν αὐτῷ Ἰδοὺ ὀστᾶ σου καὶ σάρκες σου ἡμεῖς. ²καὶ 2 ἐχθὲς καὶ τρίτην ὄντος Σαοὺλ βασιλέως ἐφ᾽ ἡμῖν σὺ ἦσθα ὁ ἐξάγων καὶ εἰσάγων τὸν Ἰσραήλ, καὶ εἶπεν Κύριος πρὸς σέ Σὺ ποιμανεῖς τὸν λαόν μου τὸν Ἰσραήλ, καὶ σὺ ἔσει εἰσηγούμενος ἐπὶ τὸν Ἰσραήλ. ³καὶ ἔρχονται πάντες οἱ πρεσβύτεροι Ἰσραὴλ πρὸς τὸν βασιλέα 3 εἰς Χεβρών, καὶ διέθετο αὐτοῖς ὁ βασιλεὺς Δαυεὶδ διαθήκην ἐν Χεβρὼν ἐνώπιον Κυρίου, καὶ χρίουσιν τὸν Δαυεὶδ εἰς βασιλέα ἐπὶ πάντα Ἰσραήλ. ⁴Υἱὸς τριάκοντα ἐτῶν Δαυεὶδ ἐν τῷ βασιλεῦσαι αὐτόν, 4 καὶ τεσσεράκοντα ἔτη ἐβασίλευσεν· ⁵ἑπτὰ ἔτη καὶ ἓξ μῆνας ἐβασίλευ- 5 σεν ἐν Χεβρὼν ἐπὶ τὸν Ἰουδά, καὶ τριάκοντα τρία ἔτη ἐβασίλευσεν ἐπὶ πάντα Ἰσραὴλ καὶ Ἰουδαν ἐν Ἰερουσαλήμ. ⁶Καὶ ἀπῆλθεν 6 Δαυεὶδ καὶ οἱ ἄνδρες αὐτοῦ εἰς Ἰερουσαλὴμ πρὸς τὸν Ἰεβουσαῖον

A 8 ειπον A | η κεφ.] om η A | εχθρου 1°] seq ras 1 lit in A (-ρους A*vid) | εζητει] ε 2° sup ras A¹ | κυριω]+μου A   9 Ρεκχα] Ρηχαβ A | Βααμ] Βαανα A   10 μου] εμου A | απεκτεινα]+αυτον A | Σικελαν A   11 απεκτανκ. B*A (απεκταγκ. B^b) | κοιτης] κλινης B^ab   12 αποκτενουσιν B^bvid A | αυτους 1°] αυτον B   V 2 και εχθες] κα χθες Bb εχθες A | ημιν] ημων A | εισαγων και εξαγων A | κ̅ς sup ras A¹ | ποιμαινεις A | εση B^abA | εις ηγουμενον B^abA   3 εν Χ. εν. κ̅υ̅ διαθηκην (διαθ. A^mg) A   4 Δαυειδ] pr ην A (ην Δαυειδ [sic] sup ras A^a¹ seq ras 1 forte lit) | βασιλευσαι] βασιλευειν A | τεσσαρακ. B^b   5 εν Χεβρω] εβασ. επι τον Ιουδαν| επτα ετη και εξ μηνας· και| εν Ιλημ εβασ. τριακο|τα και τρια ετη επι παντα Ιηλ·| και Ιουδαν A | Ιουδα] Ιουδαν B¹A

ΒΑΣΙΛΕΙΩΝ Β V 20

τὸν κατοικοῦντα τὴν γῆν, καὶ ἐρρέθη τῷ Δαυεὶδ Οὐκ εἰσελεύσει ὧδε, Β
ὅτι ἀντέστησαν οἱ τυφλοὶ καὶ οἱ χωλοὶ λέγοντες ὅτι Οὐκ εἰσελεύσεται
7 Δαυεὶδ ὧδε. ⁷καὶ κατελάβετο Δαυεὶδ τὴν περιοχὴν Σειών, αὕτη ἡ
8 πόλις τοῦ Δαυείδ. ⁸καὶ εἶπεν Δαυεὶδ τῇ ἡμέρᾳ ἐκείνῃ Πᾶς τύπτων
Ἰεβουσαῖον ἁπτέσθω ἐν παραξιφίδι καὶ τοὺς χωλοὺς καὶ τοὺς τυφλοὺς
καὶ τοὺς μισοῦντας τὴν ψυχὴν Δαυείδ· διὰ τοῦτο ἐροῦσιν Τυφλοὶ
9 καὶ χωλοὶ οὐκ εἰσελεύσονται εἰς οἶκον Κυρίου. ⁹καὶ ἐκάθισεν Δαυεὶδ
ἐν τῇ περιοχῇ, καὶ ἐκλήθη αὕτη ἡ πόλις Δαυείδ· καὶ ᾠκοδόμησεν
10 αὐτὴν πόλιν κύκλῳ ἀπὸ τῆς ἄκρας καὶ τὸν οἶκον αὐτοῦ. ¹⁰καὶ
διεπορεύετο Δαυεὶδ πορευόμενος καὶ μεγαλυνόμενος, καὶ Κύριος Παν-
11 τοκράτωρ μετ' αὐτοῦ. ¹¹καὶ ἀπέστειλεν Χειρὰμ βασιλεὺς Τύρου ἀγ-
γέλους πρὸς Δαυεὶδ καὶ ξύλα κέδρινα καὶ τέκτονας ξύλων καὶ τέ-
12 κτονας λίθων, καὶ ᾠκοδόμησαν οἶκον τῷ Δαυείδ. ¹²καὶ ἔγνω Δαυεὶδ
ὅτι ἡτοίμασεν αὐτὸν Κύριος εἰς βασιλέα ἐπὶ Ἰσραήλ, καὶ ὅτι ἐπήρθη ἡ
βασιλεία αὐτοῦ διὰ τὸν λαὸν αὐτοῦ Ἰσραήλ.
13 ¹³Καὶ ἔλαβεν Δαυεὶδ ἔτι γυναῖκας καὶ παλλακὰς ἐξ Ἰερουσαλὴμ
μετὰ τὸ ἐλθεῖν αὐτὸν εἰς Χεβρών· καὶ ἐγένοντο τῷ Δαυεὶδ ἔτι υἱοὶ καὶ
14 θυγατέρες. ¹⁴καὶ ταῦτα τὰ ὀνόματα τῶν γεννηθέντων αὐτῷ ἐν Ἰερου-
15 σαλήμ· Σαμμοῦς καὶ Σωβὰβ καὶ Ναθὰν καὶ Σαλωμών, ¹⁵καὶ Ἐβεὰρ καὶ
16 Ἐλεισοῦς καὶ Νάφεκ καὶ Ἰεφίες, ¹⁶καὶ Ἐλεισαμὰ καὶ Ἐπιδαὲ καὶ
Ἐλειφάαθ, Σαμαέ, Ἰεσσειβάθ, Ναθάν, Γαλαμαάν, Ἰεβαάρ, Θησοῦς,
Ἐλφάλατ, Ναγέδ, Νάφεκ, Ἰαναθά, Λεασαμύς, Βααλειμάθ, Ἐλειφάαθ.
17 ¹⁷Καὶ ἤκουσαν ἀλλόφυλοι ὅτι κέχρισται Δαυεὶδ βασιλεὺς ἐπὶ
Ἰσραήλ, καὶ ἀνέβησαν πάντες οἱ ἀλλόφυλοι ζητεῖν τὸν Δαυείδ· καὶ
18 ἤκουσεν Δαυείδ, καὶ κατέβη εἰς τὴν περιοχήν. ¹⁸καὶ οἱ ἀλλόφυλοι
19 παραγίνονται καὶ συνέπεσαν εἰς τὴν κοιλάδα τῶν Τιτάνων. ¹⁹καὶ
ἠρώτησεν Δαυεὶδ διὰ Κυρίου λέγων Εἰ ἀναβῶ πρὸς τοὺς ἀλλοφύλους
καὶ παραδώσεις αὐτοὺς εἰς τὰς χεῖράς μου; καὶ εἶπεν Κύριος πρὸς
Δαυεὶδ Ἀνάβαινε, ὅτι παραδιδοὺς παραδώσω τοὺς ἀλλοφύλους εἰς
20 τὰς χεῖράς σου. ²⁰καὶ ἦλθεν Δαυεὶδ ἐκ τῶν ἐπάνω διακοπῶν καὶ
ἔκοψεν τοὺς ἀλλοφύλους ἐκεῖ, καὶ εἶπεν Δαυεὶδ Διέκοψεν Κύριος τοὺς

6 εισελευση Bᵃᵇ A | om Δαυειδ 2° A   7 Σειων] Σιων BᵇA   8 την ψυχην] A
om την A   9 η πολις αυτη A   10 διεπορευετο] επορευετο A | Κυριος]
+ ο θ̄ς̄ A   11 λιθων]+τοιχου A   13 παλλ. και γυναικας (s ult sup
ras A¹) A | εις] εκ A | ετι τω Δαδ A   14 Σαμμουε A | Σωβαβ] Σωβαδαν A
15 Εβεαρ] Ιεβαρ A | Ελισους A | Ιεφιες] Αφιε A   16 Ελισαμα A | Επι-
δαε] Ελιδαε A | Ελειφααθ 1°] Ελιφ. A | om Σαμαε... Ελειφααθ (2°) A
18 κοιλαδαν A | Τειτανων B* (Τιτ. BᵇA item 22)   20 εκοψεν] διεκοψεν
A | Δαδ ειπεν A

ΒΑΣΙΛΕΙΩΝ Β

B ἐχθροὺς ἀλλοφύλους ἐνώπιον ἐμοῦ ὡς διακόπτεται ὕδατα· διὰ τοῦτο ἐκλήθη τὸ ὄνομα τοῦ τόπου ἐκείνου Ἐπάνω διακοπῶν. ²¹καὶ κα- 21 ταλιμπάνουσιν ἐκεῖ τοὺς θεοὺς αὐτῶν, καὶ ἐλάβοσαν αὐτοὺς Δαυεὶδ καὶ οἱ ἄνδρες οἱ μετ᾽ αὐτοῦ. ²²Καὶ προσέθεντο ἔτι ἀλλόφυλοι τοῦ 22 ἀναβῆναι, καὶ συνέπεσαν ἐν τῇ κοιλάδι τῶν Τιτάνων. ²³καὶ ἐπηρώ- 23 τησεν Δαυεὶδ διὰ Κυρίου, καὶ εἶπεν Κύριος Οὐκ ἀναβήσει εἰς συνάντησιν αὐτῶν, ἀποστρέφου ἀπ᾽ αὐτῶν καὶ παρέσει αὐτοῖς πλησίον τοῦ κλαυθμῶνος. ²⁴καὶ ἔσται ἐν τῷ ἀκοῦσαί σε τὴν φωνὴν τοῦ 24 συνκλεισμοῦ ἀπὸ τοῦ ἄλσους τοῦ κλαυθμῶνος, τότε καταβήσει πρὸς αὐτούς, ὅτι τότε ἐξελεύσεται Κύριος ἔμπροσθέν σου κόπτειν ἐν τῷ πολέμῳ τῶν ἀλλοφύλων. ²⁵καὶ ἐποίησεν Δαυεὶδ καθὼς ἐνετείλατο 25 αὐτῷ Κύριος, καὶ ἐπάταξεν τοὺς ἀλλοφύλους ἀπὸ Γαβαὼν ἕως τῆς γῆς Γαζηρά.

¹Καὶ συνήγαγεν ἔτι Δαυεὶδ πάντα νεανίαν ἐξ Ἰσραὴλ ὡς ἑβδομή- 1 VI κοντα χιλιάδας. ²καὶ ἀνέστη καὶ ἐπορεύθη Δαυεὶδ καὶ πᾶς ὁ λαὸς 2 ὁ μετ᾽ αὐτοῦ ἀπὸ τῶν ἀρχόντων Ἰούδα ἐν ἀναβάσει, τοῦ ἀναγαγεῖν ἐκεῖθεν τὴν κιβωτὸν τοῦ θεοῦ, ἐφ᾽ ἣν ἐπεκλήθη τὸ ὄνομα Κυρίου τῶν δυνάμεων καθημένου ἐπὶ τῶν χερουβεὶν ἐπ᾽ αὐτῆς. ³καὶ ἐπεβί- 3 βασεν τὴν κιβωτὸν Κυρίου ἐφ᾽ ἅμαξαν καινὴν καὶ ἦρεν αὐτὴν εἰς οἶκον Ἀμειναδὰβ τοῦ ἐν τῷ βουνῷ· καὶ Ὀζὰ καὶ οἱ ἀδελφοὶ αὐτοῦ υἱοὶ Ἀμειναδὰβ ἦγαν τὴν ἅμαξαν ⁴σὺν τῇ κιβωτῷ, καὶ οἱ ἀδελφοὶ 4 αὐτοῦ ἐπορεύοντο ἔμπροσθεν τῆς κιβωτοῦ. ⁵καὶ Δαυεὶδ καὶ οἱ υἱοὶ 5 Ἰσραὴλ παίζοντες ἐνώπιον Κυρίου ἐν ὀργάνοις ἡρμοσμένοις, ἐν ἰσχύι καὶ ἐν ᾠδαῖς καὶ ἐν κινύραις καὶ ἐν νάβλαις καὶ ἐν τυμπάνοις καὶ ἐν κυμβάλοις καὶ ἐν αὐλοῖς. ⁶καὶ παραγίνονται ἕως ἅλω Νωδάβ· καὶ 6 ἐξέτεινεν Ὀζὰ τὴν χεῖρα αὐτοῦ ἐπὶ τὴν κιβωτὸν τοῦ θεοῦ κατασχεῖν αὐτήν· καὶ ἐκράτησεν αὐτήν, ὅτι περιέσπασεν αὐτὸν ὁ μόσχος, τοῦ κατασχεῖν αὐτήν. ⁷καὶ ἐθυμώθη Κύριος τῷ Ὀζά, καὶ ἔπαισεν αὐτὸν 7

A 20 εχθρους] +μου A | αλλοφ. 2°] pr τους A   21 ελαβοσαν αυτους A.] ελαβεν Δαδ αυτους A   · 23 αναβησει B*ᵇ] αναβηση Bᵃᵇ A | αυτων αποστρεφου αυτ (om απ) sup ras A¹ | παρεση Bᵃᵇ A   24 om απο A | καταβηση Bᵃᵇ A | εξελευσεται] e 4° sup ras Aᵃ   25 γης] Γαζης A   VI 1 νεαν B* (νεανιαν [ιαν in mg] Bᵃᵇ)   2 Δαδ και επορ. A | om ο 2° A | Κυριου] pr του A | καθημενω B   3 επ αμαξαν BA | καινην] κενην A | Αμιναδαβ A (bis) | Οζα] Αζα A | ηγον A | την αμαξαν]+την καινην A 4 συν τη κιβ.] pr και ηραν αυτην απο οικου| Αμιναδαβ εν βουνω A | om επορευοντο εμπρ. της κιβ. A   5 εν οργ.] pr και A | εν ισχ.] pr και A | κινυρα A   6 om και 1° A | ἁλῶν Ὠδαβ Bᵇ | αλω] αλωμωνος A. | Νωδαβ] Ναχων A | Οζα] Αζζα A | περιεσπασεν] signa v 1 prae se fert Bᵗ ᵗˣᵗ ᵉᵗ ᵐᵍ περισπασεν A | αυτον] αυτην A   7 Οζα] Αζζαν A

ἐκεῖ ὁ θεός, καὶ ἀπέθανεν ἐκεῖ παρὰ τὴν κιβωτὸν τοῦ κυρίου ἐνώπιον Β 8 τοῦ θεοῦ. ⁸καὶ ἠθύμησεν Δαυεὶδ ὑπὲρ οὗ διέκοψεν Κύριος διακοπὴν ἐν τῷ Ὀζά· καὶ ἐκλήθη ὁ τόπος ἐκεῖνος Διακοπὴ Ὀζὰ ἕως τῆς ἡμέρας 9 ταύτης. ⁹καὶ ἐφοβήθη Δαυεὶδ τὸν κύριον ἐν τῇ ἡμέρᾳ ἐκείνῃ λέγων 10 Πῶς εἰσελεύσεται πρὸς μὲ ἡ κιβωτὸς Κυρίου; ¹⁰καὶ οὐκ ἐβούλετο Δαυεὶδ τοῦ ἐκκλῖναι πρὸς αὐτὸν τὴν κιβωτὸν διαθήκης Κυρίου εἰς τὴν πόλιν Δαυείδ· καὶ ἀπέκλινεν αὐτὴν Δαυεὶδ εἰς οἶκον Ἀβεδδαρὰ τοῦ 11 Γεθθαίου. ¹¹καὶ ἐκάθισεν ἡ κιβωτὸς τοῦ κυρίου εἰς οἶκον Ἀβεδδαρὰ τοῦ Γεθθαίου μῆνας τρεῖς· καὶ εὐλόγησεν Κύριος ὅλον τὸν οἶκον 12 Ἀβεδδαρὰ καὶ πάντα τὰ αὐτοῦ. ¹²Καὶ ἀπηγγέλη τῷ βασιλεῖ Δαυεὶδ λέγοντες Ηὐλόγησεν Κύριος τὸν οἶκον Ἀβεδδαρὰ καὶ πάντα τὰ αὐτοῦ ἕνεκεν τῆς κιβωτοῦ τοῦ θεοῦ· καὶ ἐπορεύθη Δαυεὶδ καὶ ἀνήγαγεν τὴν κιβωτὸν τοῦ κυρίου ἐκ τοῦ οἴκου Ἀβεδδαρὰ εἰς τὴν πόλιν Δαυεὶδ 13 ἐν εὐφροσύνῃ. ¹³καὶ ἦσαν μετ' αὐτῶν αἴροντες τὴν κιβωτὸν ἑπτὰ 14 χοροί, καὶ θύμα μόσχος, καὶ ἄρνα. ¹⁴καὶ Δαυεὶδ ἀνεκρούετο ἐν ὀργάνοις ἡρμοσμένοις ἐνώπιον Κυρίου, καὶ ὁ Δαυεὶδ ἐνδεδυκὼς στολὴν 15 ἔξαλλον. ¹⁵καὶ Δαυεὶδ καὶ πᾶς ὁ οἶκος Ἰσραὴλ ἀνήγαγον τὴν κιβωτὸν 16 Κυρίου μετὰ κραυγῆς καὶ μετὰ φωνῆς σάλπιγγος. ¹⁶καὶ ἐγένετο τῆς κιβωτοῦ παραγινομένης ἕως πόλεως Δαυείδ, καὶ Μελχὸλ ἡ θυγάτηρ Σαοὺλ διέκυπτεν διὰ τῆς θυρίδος, καὶ εἶδεν τὸν βασιλέα Δαυεὶδ ὀρχούμενον καὶ ἀνακρουόμενον ἐνώπιον Κυρίου, καὶ ἐξουδένωσεν αὐτὸν ἐν 17 τῇ καρδίᾳ ἑαυτῆς. ¹⁷καὶ φέρουσιν τὴν κιβωτὸν τοῦ κυρίου καὶ ἀνέθηκαν αὐτὴν εἰς τὸν τόπον αὐτῆς εἰς μέσον τῆς σκηνῆς ἧς ἔπηξεν αὐτῇ Δαυείδ· καὶ ἀνήνεγκεν αὐτῇ ὁλοκαυτώματα ἐνώπιον Κυρίου, καὶ εἰρη- 18 νικάς. ¹⁸καὶ συνετέλεσεν Δαυεὶδ συναναφέρων τὰς ὁλοκαυτώσεις καὶ τὰς εἰρηνικάς, καὶ εὐλόγησεν τὸν λαὸν ἐν ὀνόματι Κυρίου τῶν 19 δυνάμεων. ¹⁹καὶ διεμέρισεν παντὶ τῷ λαῷ εἰς πᾶσαν τὴν δύναμιν τοῦ Ἰσραὴλ ἀπὸ Δὰν ἕως Βηρσάβεε, ἀπὸ ἀνδρὸς ἕως γυναικός, ἑκάστῳ κολλυρίδα ἄρτου καὶ ἐσχαρίτην καὶ λάγανον ἀπὸ τηγάνου· καὶ ἀπῆλ- 20 θεν πᾶς ὁ λαὸς ἕκαστος εἰς τὸν οἶκον αὐτοῦ. ²⁰Καὶ ἐπέστρεψεν Δαυεὶδ εὐλογῆσαι τὸν οἶκον αὐτοῦ, καὶ ἐξῆλθεν Μελχὸλ ἡ θυγάτηρ

7 ο θεος]+επι προπετεια A   8 ηθυμησεν] ηθυμωσεν A | υπερ B¹A] A οπερ B* | Οζα (bis)] Αζζα A | ημερας ταυτης] σημερον ημερας A   9 Κυριου] pr του A   10 του Γ.] ο sup ras A¹   11 η κιβ. του κυριου] εκει γλωσσοκομον κυ A | Αβεδδαρα 1°] Αβεδδαδομ A | ολον...παντα τα] τον A, και ολον τον οικον A   12 ευλογησεν A   14 ηρμοσ|μενοις B* ηρμο|σμενοις Bᵃᵇ 15 ανηγαγεν A   16 κιβωτου]+κυ A | ανακρ. και ορχ. A | εαυτῆς] αυτου A   17 του κυριου] om του A | αυτης] εαυτης A | Δαυειδ] Δαυ sup ras Bᵃ¹ | ανηνέγκεν] ανηγαγεν Δαδ A | om αυτη A   19 εως 1°] ἕως A¹ | om εκαστω A | λαγ. απο τηγ. και εσχαριτης A | εκαστος] εκαστο| B

ΒΑΣΙΛΕΙΩΝ Β

Β Σαοὺλ εἰς ἀπάντησιν Δαυεὶδ καὶ εὐλόγησεν αὐτὸν καὶ εἶπεν Τί δεδόξασται σήμερον ὁ βασιλεὺς Ἰσραήλ, ὃς ἀπεκαλύφθη σήμερον ἐν ὀφθαλμοῖς παιδισκῶν τῶν δούλων ἑαυτοῦ καθὼς ἀποκαλύπτεται ἀποκαλυφθεὶς εἷς τῶν ὀρχουμένων. ²¹ καὶ εἶπεν Δαυεὶδ πρὸς Μελχόλ 21 Ἐνώπιον Κυρίου ὀρχήσομαι· εὐλογητὸς Κύριος ὃς ἐξελέξατό με ὑπὲρ τὸν πατέρα σου καὶ ὑπὲρ πάντα τὸν οἶκον αὐτοῦ, καταστῆσαί με εἰς ἡγούμενον ἐπὶ τὸν λαὸν αὐτοῦ ἐπὶ τὸν Ἰσραήλ· καὶ παίξομαι καὶ ὀρχήσομαι ἐνώπιον Κυρίου, ²² καὶ ἀποκαλυφθήσομαι ἔτι οὕτως, καὶ 22 ἔσομαι ἀχρεῖος ἐν ὀφθαλμοῖς σου, καὶ μετὰ τῶν παιδισκῶν ὧν εἶπάς με δοξασθῆναι. ²³ καὶ τῇ Μελχὸλ θυγατρὶ Σαοὺλ οὐκ ἐγένετο παιδίον 23 ἕως τῆς ἡμέρας τοῦ ἀποθανεῖν αὐτήν.

¹Καὶ ἐγένετο ὅτε ἐκάθισεν ὁ βασιλεὺς ἐν τῷ οἴκῳ αὐτοῦ, καὶ 1 VI Κύριος κατεκληρονόμησεν αὐτὸν κύκλῳ ἀπὸ πάντων τῶν ἐχθρῶν αὐτοῦ τῶν κύκλῳ, ²καὶ εἶπεν ὁ βασιλεὺς πρὸς Ναθὰν τὸν προφήτην 2 Ἰδοὺ δὴ ἐγὼ κατοικῶ ἐν οἴκῳ κεδρίνῳ, καὶ ἡ κιβωτὸς τοῦ θεοῦ κάθηται ἐν μέσῳ τῆς σκηνῆς. ³καὶ εἶπεν Ναθὰν πρὸς τὸν βασιλέα Πάντα ὅσα 3 ἂν ἐν τῇ καρδίᾳ σου βάδιζε καὶ ποίει, ὅτι Κύριος μετὰ σοῦ. ⁴Καὶ 4 ἐγένετο τῇ νυκτὶ ἐκείνῃ καὶ ἐγένετο ῥῆμα Κυρίου πρὸς Ναθὰν λέγων ⁵Πορεύου καὶ εἰπὸν πρὸς τὸν δοῦλόν μου Δαυείδ Τάδε λέγει Κύριος 5 Οὐ σὺ οἰκοδομήσεις μοι οἶκον τοῦ κατοικῆσαί με. ⁶ὅτι οὐ κατῴκηκα 6 ἐν οἴκῳ ἀφ' ἧς ἡμέρας ἀνήγαγον ἐξ Αἰγύπτου τοὺς υἱοὺς Ἰσραὴλ ἕως τῆς ἡμέρας ταύτης, καὶ ἤμην ἐνπεριπατῶν ἐν καταλύματι καὶ ἐν σκηνῇ. ⁷ἐν πᾶσιν οἷς διῆλθον ἐν παντὶ Ἰσραὴλ εἰ λαλῶν ἐλάλησα πρὸς 7 μίαν φυλὴν τοῦ Ἰσραὴλ ᾧ ἐνετειλάμην ποιμαίνειν τὸν λαόν μου Ἰσραὴλ λέγων Ὅτι οὐκ ᾠκοδομήκατέ μοι οἶκον κέδρινον; ⁸καὶ νῦν 8 τάδε ἐρεῖς τῷ δούλῳ μου Δαυείδ Τάδε λέγει Κύριος Παντοκράτωρ Ἔλαβόν σε ἐκ τῆς μάνδρας τῶν προβάτων τοῦ εἶναί σε εἰς ἡγούμενον ἐπὶ τὸν λαόν μου ἐπὶ τὸν Ἰσραήλ, ⁹καὶ ἤμην μετὰ σοῦ ἐν πᾶσιν 9 οἷς ἐπορεύου, καὶ ἐξωλέθρευσα πάντας τοὺς ἐχθρούς σου ἀπὸ προσώπου σου, καὶ ἐποίησά σε ὀνομαστὸν κατὰ τὸ ὄνομα τῶν μεγάλων τῶν ἐπὶ τῆς γῆς. ¹⁰καὶ θήσομαι τόπον τῷ λαῷ μου τῷ 10 Ἰσραὴλ καὶ καταφυτεύσω αὐτόν, καὶ κατασκηνώσει καθ' ἑαυτὸν καὶ

A 21 om ορχ. ευλογητος Κυριος A | καταστησαι] pr του A | om ενωπιον Κυριου 2° A 22 om και αποκαλυφθ. A | δοξασθηναι] pr μη (superscr) David VII 1 εκαθισεν]+Δαδ A | om των κυκλω A 3 om αν A
4 τη νυκτι] pr εν A 5 ειπον] ειπε A 6 τους υιους Ιηλ εξ Αιγ. A 7 ω] ων A | μου] τον A | οτι] τι A 8 των προβατων] pr απο οπισθεν A | om τον λαον μου επι τον A 10 om και 3° A | ενκατασκηνωσει A | εαυτον] αυτον A

ΒΑΣΙΛΕΙΩΝ Β VII 25

οὐ μεριμνήσει οὐκέτι, καὶ οὐ προσθήσει οὐκέτι υἱὸς ἀδικίας τοῦ Β
11 ταπεινῶσαι αὐτόν. καθὼς ἀπ᾽ ἀρχῆς, ¹¹ἀπὸ τῶν ἡμερῶν ὧν ἔταξα
κριτὰς ἐπὶ τὸν λαόν μου Ἰσραήλ· καὶ ἀναπαύσω σε ἀπὸ πάντων
τῶν ἐχθρῶν σου, καὶ ἀπαγγελεῖ σοι Κύριος ὅτι οἶκον οἰκοδομήσεις
12 αὐτῷ. ¹²καὶ ἔσται ⁽¹²⁾ἐὰν πληρωθῶσιν αἱ ἡμέραι σου καὶ κοιμηθήσῃ
μετὰ τῶν πατέρων σου, καὶ ἀναστήσω τὸ σπέρμα σου μετὰ σὲ ὃς
13 ἔσται ἐκ τῆς κοιλίας σου, καὶ ἑτοιμάσω τὴν βασιλείαν αὐτοῦ· ¹³αὐτὸς
οἰκοδομήσει μοι οἶκον τῷ ὀνόματί μου, καὶ ἀνορθώσω τὸν θρόνον
14 αὐτοῦ ἕως εἰς τὸν αἰῶνα. ¹⁴ἐγὼ ἔσομαι αὐτῷ εἰς πατέρα καὶ αὐτὸς
ἔσται μοι εἰς υἱόν· καὶ ἐὰν ἔλθῃ ἀδικία αὐτοῦ, καὶ ἐλέγξω αὐτὸν ἐν
15 ῥάβδῳ ἀνδρῶν καὶ ἐν ἁφαῖς υἱῶν ἀνθρώπων, ¹⁵τὸ δὲ ἔλεός μου
οὐκ ἀποστήσω ἀπ᾽. αὐτοῦ καθὼς ἀπέστησα ἀφ᾽ ὧν ἀπέστησα ἐκ
16 προσώπου μου. ¹⁶καὶ πιστωθήσεται ὁ οἶκος αὐτοῦ καὶ ἡ βασιλεία
αὐτοῦ ἕως αἰῶνος ἐνώπιον ἐμοῦ, καὶ ὁ θρόνος αὐτοῦ ἔσται ἀνωρθωμένος
17 εἰς τὸν αἰῶνα. ¹⁷κατὰ πάντας τοὺς λόγους τούτους καὶ κατὰ πᾶσαν
18 τὴν ὅρασιν ταύτην, οὕτως ἐλάλησεν Ναθὰν πρὸς Δαυείδ. ¹⁸Καὶ
εἰσῆλθεν ὁ βασιλεὺς Δαυεὶδ καὶ ἐκάθισεν ἐνώπιον Κυρίου, καὶ εἶπεν
Τίς εἰμι ἐγώ, κύριέ μου Κύριε, καὶ τίς ὁ οἶκός μου, ὅτι ἠγάπηκάς με ἕως
19 τούτων; ¹⁹καὶ κατεσμικρύνθην μικρὸν ἐνώπιόν σου, κύριέ μου,
καὶ ἐλάλησας ὑπὲρ τοῦ οἴκου τοῦ δούλου σου εἰς μακράν· οὗτος δὲ
20 ὁ νόμος τοῦ ἀνθρώπου, κύριέ μου Κύριε. ²⁰καὶ τί προσθήσει Δαυεὶδ
ἔτι τοῦ λαλῆσαι πρὸς σέ; καὶ νῦν σὺ οἶδας τὸν δοῦλόν σου, Κύριε.
21 ²¹διὰ τὸν δοῦλόν σου πεποίηκας· καὶ κατὰ τὴν καρδίαν σου ἐποίησας
22 πᾶσαν τὴν μεγαλωσύνην ταύτην, γνωρίσαι τῷ δούλῳ σου, ²²ἕνεκεν τοῦ
μεγαλῦναί σε, Κύριε κύριέ μου· ὅτι οὐκ ἔστιν ὡς σύ, καὶ οὐκ ἔστιν
23 θεὸς πλὴν σοῦ ἐν πᾶσιν οἷς ἠκούσαμεν ἐν τοῖς ὠσὶν ἡμῶν. ²³καὶ
τίς ὡς λαός σου Ἰσραὴλ ἔθνος ἄλλο ἐν τῇ γῇ; ὡς ὡδήγησεν αὐτὸν
ὁ θεὸς τοῦ λυτρώσασθαι αὐτῷ λαόν, τοῦ θέσθαι σε ὄνομα, τοῦ ποιῆσαι
μεγαλωσύνην καὶ ἐπιφάνειαν, τοῦ ἐκβαλεῖν σε ἐκ προσώπου τοῦ
λαοῦ σου, οὗ ἐλυτρώσω σεαυτῷ ἐξ Αἰγύπτου, ἔθνη καὶ σκηνώματα;
24 ²⁴καὶ ἡτοίμασας σεαυτῷ τὸν λαόν σου Ἰσραὴλ λαὸν ἕως αἰῶνος, καὶ
25 σύ, Κύριε, ἐγένου αὐτοῖς εἰς θεόν. ²⁵καὶ νῦν, κύριέ μου, ῥῆμα ὃ
ἐλάλησας περὶ τοῦ δούλου σου καὶ τοῦ οἴκου αὐτοῦ πίστωσον ἕως

| 10 ουκετι 2°] ετι A   11 Ισραηλ] pr τον A·   14 αυτω] υτ sup ras A¹ | A
αδικια] η αδικεια A | αφαις] αφεσει A   16 ανορθωμενος A   19 κατε-
σμικρυνθη A | om Κυριε 3° A   21 δουλον] λογον A | μεγαλωσυνην] + σου
A | ταυτην γνωρ.] ταυτην γ sup ras A¹ | τω δουλω] τον δουλον A   22 μεγα-
λυναι] μεγαλυνθηναι A

SEPT.   625   2 R

Β τοῦ αἰῶνος, Κύριε Παντοκράτωρ, θεὲ τοῦ Ἰσραήλ· καὶ νῦν καθὼς ἐλάλησας ²⁶μεγαλυνθείη τὸ ὄνομά σου ἕως αἰῶνος. ²⁷Κύριε Παντοκράτωρ, θεὸς Ἰσραήλ, ἀπεκάλυψας τὸ ὠτίον τοῦ δούλου σου λέγων Οἶκον οἰκοδομήσω σοι· διὰ τοῦτο εὗρεν ὁ δοῦλός σου τὴν καρδίαν ἑαυτοῦ τοῦ προσεύξασθαι πρὸς σὲ τὴν προσευχὴν ταύτην. ²⁸καὶ νῦν, κύριέ μου Κύριε, σὺ εἶ ὁ θεός, καὶ οἱ λόγοι σου ἔσονται ἀληθινοί, καὶ ἐλάλησας ὑπὲρ τοῦ δούλου σου τὰ ἀγαθὰ ταῦτα. ²⁹καὶ νῦν ἄρξαι καὶ εὐλόγησον τὸν οἶκον τοῦ δούλου σου, τοῦ εἶναι εἰς τὸν αἰῶνα ἐνώπιόν σου· ὅτι σὺ εἶ, κύριέ μου Κύριε, ἐλάλησας, καὶ ἀπὸ τῆς εὐλογίας εὐλογηθήσεται ὁ οἶκος τοῦ δούλου σου εἰς τὸν αἰῶνα.

¹Καὶ ἐγένετο μετὰ ταῦτα καὶ ἐπάταξεν Δαυεὶδ τοὺς ἀλλοφύλους V καὶ ἐτροπώσατο αὐτούς· καὶ ἔλαβεν Δαυεὶδ τὴν ἀφωρισμένην ἐκ χειρὸς τῶν ἀλλοφύλων. ²καὶ ἐπάταξεν Δαυεὶδ τὴν Μωάβ, καὶ διεμέτρησεν αὐτοὺς ἐν σχοινίοις, κοιμίσας αὐτοὺς ἐπὶ τὴν γῆν· καὶ ἐγένετο τὰ δύο σχοινίσματα τοῦ θανατῶσαι, καὶ τὰ δύο σχοινίσματα ἐζώγρησεν· καὶ ἐγένετο Μωὰβ τῷ Δαυεὶδ εἰς δούλους φέροντας ξένια. ³καὶ ἐπάταξεν Δαυεὶδ τὸν Ἀδρααζαρ υἱὸν Ῥαὰβ βασιλέα Σουβά, πορευομένου αὐτοῦ ἐπιστῆσαι τὴν χεῖρα αὐτοῦ ἐπὶ τὸν ποταμὸν Εὐφράτην. ⁴καὶ προκατελάβετο Δαυεὶδ τῶν αὐτοῦ χίλια ἅρματα καὶ ἑπτὰ χιλιάδας ἱππέων καὶ εἴκοσι χιλιάδας ἀνδρῶν πεζῶν· καὶ παρέλυσεν Δαυεὶδ πάντα τὰ ἅρματα, καὶ ὑπελίπετο ἑαυτῷ ἑκατὸν ἅρματα. ⁵καὶ παραγίνεται Συρία Δαμασκοῦ βοηθῆσαι τῷ Ἀδρααζαρ βασιλεῖ Σουβά, καὶ ἐπάταξεν Δαυεὶδ ἐν τῷ Σύρῳ εἴκοσι δύο χιλιάδας ἀνδρῶν. ⁶καὶ ἔθετο Δαυεὶδ φρουρὰν ἐν Συρίᾳ τῇ κατὰ Δαμασκόν, καὶ ἐγένετο ὁ Σύρος τῷ Δαυεὶδ εἰς δούλους φέροντας ξένια· καὶ ἔσωσεν Κύριος τὸν Δαυεὶδ ἐν πᾶσιν οἷς ἐπορεύετο. ⁷καὶ ἔλαβεν Δαυεὶδ τοὺς χλιδῶνας τοὺς χρυσοῦς οὓς ἐποίησεν ἐπὶ τῶν παίδων τῶν Ἀδρααζαρ βασιλέως Σουβά, καὶ ἤνεγκεν αὐτὰ εἰς Ἰερουσαλήμ· καὶ ἔλαβεν αὐτὰ Σουσακεὶμ βασιλεὺς Αἰγύπτου ἐν τῷ ἀναβῆναι αὐτὸν εἰς Ἰερουσαλὴμ ἐν ἡμέραις

Α 25 του αιωνος] om του A | om Κυριε παντοκρ. θεε του Ισρ. A | νυν 2°] ποιησον A   26 μεγαλυνθειη] pr και A | εως αιωνος]+κε παντο|κρατωρ θε επι τον Ιηλ· ο οικος του δου|λου σου Δαδ εσται ανωρθωμενος| ενωπιον σου A 27 Κυριε] pr οτι A | θεος Ισρ.] ο θς του Ισλ | και νυν καθως ελαλησας μεγαλυν|θειη το ονομα σου εως αιωνος λε|γει κς παντοκρατωρ θς Ιηλ· A | οικοδημησω A   28 om Κυριε A   29 αξαι A | ελαλησα Bb | ευλογιας] +σου A   VIII 2 αυτους 1°] αυτην A | om εν A | εγενετο] εγενοντο A | om του θανατωσαι και τα δυο σχοιν. A | εζωγρησαν A | om τω Δαυειδ A   4 χιλια] επτα A | υπελειπετο A | εαυτω] αυτω εξ αυτων A   5 om δυο A   7 ους εποιησεν] οι ησαν A | των Αδρ.] του Αδρ. A

ΒΑΣΙΛΕΙΩΝ Β   IX 2

8 Ἱεροβοὰμ υἱοῦ Σολομῶντος. ⁸καὶ ἐκ τῆς Μασβὰκ ἔλαβεν ὁ βασιλεὺς Β Δαυεὶδ ἐκ τῶν ἐκλεκτῶν πόλεων τοῦ Ἀδραάζαρ χαλκὸν πολὺν σφόδρα· ἐν αὐτῷ ἐποίησεν Σαλωμὼν τὴν θάλασσαν τὴν χαλκῆν 9 καὶ τοὺς στύλους καὶ τοὺς λουτῆρας καὶ πάντα τὰ σκεύη. ⁹Καὶ ἤκουσεν Θόου ὁ βασιλεὺς Ἡμὰθ ὅτι ἐπάταξεν Δαυεὶδ πᾶσαν τὴν 10 δύναμιν Ἀδραάζαρ, ¹⁰καὶ ἀπέστειλεν Θόου Ἰεδδουρὰν τὸν υἱὸν αὐτοῦ πρὸς βασιλέα Δαυεὶδ ἐρωτῆσαι αὐτὸν τὰ εἰς εἰρήνην καὶ εὐλογῆσαι αὐτὸν ὑπὲρ οὗ ἐπάταξεν τὸν Ἀδραάζαρ· καὶ ἐπάταξεν αὐτόν, ὅτι κείμενος ἦν τῷ Ἀδραάζαρ· καὶ ἐν ταῖς χερσὶν αὐτοῦ ἦσαν σκεύη 11 ἀργυρᾶ καὶ σκεύη χρυσᾶ καὶ σκεύη χαλκᾶ. ¹¹καὶ ταῦτα ἡγίασεν ὁ βασιλεὺς τῷ κυρίῳ μετὰ τοῦ ἀργυρίου καὶ μετὰ τοῦ χρυσίου οὗ 12 ἡγίασεν ἐκ πασῶν τῶν πόλεων ὧν κατεδυνάστευσεν· ¹²ἐκ τῆς Ἰδουμαίας καὶ ἐκ γῆς Μωὰβ καὶ ἐκ τῶν υἱῶν Ἀμμὼν καὶ ἐκ τῶν ἀλλοφύλων καὶ ἐξ Ἀμαλὴκ καὶ ἐκ τῶν σκύλων Ἀδραάζαρ υἱοῦ Ῥαὰβ 13 βασιλέως Σουβά. ¹³καὶ ἐποίησεν Δαυεὶδ ὄνομα· καὶ ἐν τῷ ἀνακάμπτειν αὐτὸν ἐπάταξεν τὴν Ἰδουμαίαν ἐν Γεβελεμ εἰς ὀκτὼ καὶ δέκα 14 χιλιάδας. ¹⁴καὶ ἔθετο ἐν τῇ Ἰδουμαίᾳ φρουράν, ἐν πάσῃ τῇ Ἰδουμαίᾳ, καὶ ἐγένοντο πάντες οἱ Ἰδουμαῖοι δοῦλοι τῷ βασιλεῖ· καὶ ἔσωσεν Κύριος τὸν Δαυεὶδ ἐν πᾶσιν οἷς ἐπορεύετο.

15 ¹⁵Καὶ ἐβασίλευσεν Δαυεὶδ ἐπὶ Ἰσραήλ· καὶ ἦν ποιῶν κρίμα καὶ 16 δικαιοσύνην ἐπὶ πάντα τὸν λαὸν αὐτοῦ. ¹⁶καὶ Ἰωὰβ υἱὸς Σαρουίας ἐπὶ τῆς στρατείας, καὶ Ἰωσαφὰτ υἱὸς Ἀχειὰ ἐπὶ τῶν ὑπομνημάτων, 17 ¹⁷καὶ Σαδδοὺκ υἱὸς Ἀχειτὼβ καὶ Ἀχειμέλεχ υἱὸς Ἀβιαθὰρ ἱερεῖς, καὶ 18 Ἀσὰ ὁ γραμματεύς, ¹⁸καὶ Βαναὶ υἱὸς Ἰανὰκ σύμβουλος, καὶ ὁ Χελεθθεὶ καὶ ὁ Φελεττεί· υἱοὶ Δαυεὶδ αὐλάρχαι ἦσαν.

IX 1 ¹Καὶ εἶπεν Δαυεὶδ Εἰ ἔστιν ἔτι ὑπολελειμμένος τῷ οἴκῳ Σαούλ, 2 καὶ ποιήσω μετ᾽ αὐτοῦ ἔλεος ἕνεκεν Ἰωναθάν; ²καὶ ἐκ τοῦ οἴκου Σαοὺλ παῖς ἦν καὶ ὄνομα αὐτῷ Σειβά, καὶ καλοῦσιν αὐτὸν πρὸς Δαυείδ· καὶ εἶπεν πρὸς αὐτὸν ὁ βασιλεύς Εἰ σὺ εἶ Σειβά; καὶ εἶπεν Ἐγώ

7 Ιεροβοαμ] Ροβοαμ A   8 Μασβαχ A | εκ των εκλ. πολεων των Αδρ. ελα- A βεν ο βασ. Δαδ A | Σαλωμων (ο superscr) B^{ab}   9 Θουου] Θαει A   10 Θοου] Θαει A | Ιεδδουραν] pr τον A | αντικειμενος A   11 ο βασιλευς]+Δαδ A | om μετα 2° A   12 γης Μωαβ] της M. A | εξ Αμαληκ και εκ των αλλοφυλων A | Σωβα A   13 Γεβελεμ] Γημαλα A | Γεβελεμεις B^b 14 Ιδουμαια 2°]+εθηκεν εστηλωμενους A | οι Ιδουμαιοι] om οι A   15 ην] +Δαδ A   16 Σαρουια A | στρατιας A | Ιωσαφατ] Ιωσαφ A | Αχεια] Αχιμελεχ A   17 Σαδουχ A | Αχιτωβ A | Αχιμελεχ A | Ασα] Σαραιας A 18 Βαναι υιος Ιανακ] Βαναγαιας υιος Ιωδαε A | συμβολος A | Χελεθθει] Χερεθθει A | ο Φελεττει] Οφελεθθει A^{vid} | υιοι] pr και B^{ab mg}   IX 1 om ετι A | υπολελειμμ. BA   2 Σιβα A (ita ubique)

ΒΑΣΙΛΕΙΩΝ Β

B δοῦλος σός. ³καὶ εἶπεν ὁ βασιλεύς Εἰ ὑπολέλειπται ἐκ τοῦ οἴκου 3
Σαοὺλ ἔτι ἀνήρ, καὶ ποιήσω μετ' αὐτοῦ ἔλεος θεοῦ; καὶ εἶπεν Σειβὰ
πρὸς τὸν βασιλέα Ἔτι ἔστιν υἱὸς τῷ Ἰωναθὰν πεπληγὼς τοὺς πόδας.
⁴καὶ εἶπεν ὁ βασιλεὺς Ποῦ οὗτος; καὶ εἶπεν Σειβὰ πρὸς τὸν βασιλέα 4
Ἰδοὺ ἐν οἴκῳ Μαχεὶρ υἱοῦ Ἀμαὴρ ἐκ τῆς Λαδαβάρ. ⁵καὶ ἀπέστειλεν 5
ὁ βασιλεὺς Δαυεὶδ καὶ ἔλαβεν αὐτὸν ἐκ τοῦ οἴκου Μαχεὶρ υἱοῦ Ἀμειὴλ
ἐκ τῆς Λαδαβάρ. ⁶καὶ παραγίνεται Μεμφιβόσθε υἱὸς Ἰωναθὰν υἱοῦ 6
Σαοὺλ πρὸς τὸν βασιλέα Δαυείδ, καὶ ἔπεσεν ἐπὶ πρόσωπον αὐτοῦ
καὶ προσεκύνησεν αὐτῷ· καὶ εἶπεν αὐτῷ Δαυεὶδ Μεμφιβόσθε· καὶ
εἶπεν Ἰδοὺ ὁ δοῦλός σου. ⁷καὶ εἶπεν αὐτῷ Δαυεὶδ Μὴ φοβοῦ, ὅτι 7
ποιῶν ποιήσω μετὰ σοῦ ἔλεος διὰ Ἰωναθὰν τὸν πατέρα σου, καὶ
ἀποκαταστήσω σοι πάντα ἀγρὸν Σαοὺλ πατρὸς τοῦ πατρός σου, καὶ
σὺ φάγῃ ἄρτον ἐπὶ τῆς τραπέζης μου διὰ παντός. ⁸καὶ προσεκύνησεν 8
Μεμφιβόσθε καὶ εἶπεν Τίς εἰμι ὁ δοῦλός σου ὅτι ἐπέβλεψας ἐπὶ
τὸν κύνα τὸν τεθνηκότα τὸν ὅμοιον ἐμοί; ⁹καὶ ἐκάλεσεν ὁ βασιλεὺς 9
Σειβὰ τὸ παιδάριον Σαοὺλ καὶ εἶπεν πρὸς αὐτόν Πάντα ὅσα ἐστὶν
τῷ Σαοὺλ καὶ ὅλῳ τῷ οἴκῳ αὐτοῦ δέδωκα τῷ υἱῷ τοῦ κυρίου σου.
¹⁰καὶ ἐργᾷ αὐτῷ τὴν γῆν, σὺ καὶ οἱ υἱοί σου καὶ οἱ δοῦλοί σου, καὶ 10
εἰσοίσεις τῷ υἱῷ τοῦ κυρίου σου ἄρτους καὶ ἔδεται ἄρτους· καὶ Μεμφι-
βόσθε υἱὸς τοῦ κυρίου σου φάγεται διὰ παντὸς ἄρτον ἐπὶ τῆς τραπέζης
μου. καὶ τῷ Σειβὰ ἦσαν πέντε καὶ δέκα υἱοὶ καὶ εἴκοσι δοῦλοι. ¹¹καὶ 11
εἶπεν Σειβὰ πρὸς τὸν βασιλέα Κατὰ πάντα ὅσα ἐντέταλται ὁ κύριός
μου ὁ βασιλεὺς τῷ δούλῳ αὐτοῦ, οὕτως ποιήσει ὁ δοῦλός σου. καὶ
Μεμφιβόσθε ἤσθιεν ἐπὶ τῆς τραπέζης Δαυεὶδ καθὼς εἷς τῶν υἱῶν
αὐτοῦ τοῦ βασιλέως. ¹²καὶ τῷ Μεμφιβόσθε υἱὸς μικρὸς καὶ ὄνομα 12
αὐτῷ Μειχά. καὶ πᾶσα ἡ κατοίκησις αὐτοῦ οἴκον Σειβὰ δοῦλοι τοῦ
Μεμφιβόσθε. ¹³καὶ Μεμφιβόσθε κατῴκει ἐν Ἰερουσαλήμ, ὅτι ἐπὶ 13
τῆς τραπέζης τοῦ βασιλέως διὰ παντὸς ἤσθιεν· καὶ αὐτὸς ἦν χωλὸς
ἀμφοτέροις τοῖς ποσὶν αὐτοῦ.

¹Καὶ ἐγένετο μετὰ ταῦτα καὶ ἀπέθανεν βασιλεὺς υἱῶν Ἀμμών, 1 X
καὶ ἐβασίλευσεν Ἀννὼν υἱὸς αὐτοῦ ἀντ' αὐτοῦ. ²καὶ εἶπεν Δαυεὶδ 2
Ποιήσω ἔλεος μετὰ Ἀννὼν υἱοῦ Ναάς, ὃν τρόπον ἐποίησεν ὁ πατὴρ

A 3 εκ του οικου] τω οικω A 4 Αμαηρ] Αμιηλ A | Λαβαδαρι A
5 Αμειηλ] Αμιηλ A 6 Μεμφιβοσθαι A (bis: item 8, 10, 12 bis) |
αυτω 1°] αυτων A | om ιδου A 7 ελαιος μετα σου A | om πατρος 1° A
9 υιω του κυριου] οικω τω κυριω A 10 εργαν A | αρτους 2°] αυτους A |
δια παντος αρτον] αρτους δια π. A 11 om αυτου 2° A 12 Μιχα A |
του Μεμφ.] τω Μεμφιβοσθαι A 13 κατοικει A | ησθιεν δια παντος A
X 1 Αννων] Αων A 2 πατηρ αυτου] πα|του A

ΒΑΣΙΛΕΙΩΝ Ι Β

αὐτοῦ μετ' ἐμοῦ ἔλεος· καὶ ἀπέστειλεν Δαυεὶδ παρακαλέσαι αὐτὸν B
ἐν χειρὶ τῶν δούλων αὐτοῦ περὶ τοῦ πατρὸς αὐτοῦ· καὶ παρεγένοντο
3 οἱ παῖδες Δαυεὶδ εἰς τὴν γῆν υἱῶν Ἀμμών. ³καὶ εἶπον οἱ ἄρχοντες
υἱῶν Ἀμμὼν πρὸς Ἀννὼν τὸν κύριον αὐτῶν Μὴ παρὰ τὸ δοξάζειν
Δαυεὶδ τὸν πατέρα σου ἐνώπιόν σου, ὅτι ἀπέστειλέν σοι παρακαλοῦν-
τας; ἀλλ' ὅπως οὐχὶ ἐρευνήσωσιν τὴν πόλιν καὶ κατασκοπήσωσιν
αὐτὴν καὶ τοῦ κατασκέψασθαι αὐτὴν ἀπέστειλεν Δαυεὶδ τοὺς παῖδας
4 αὐτοῦ πρὸς σέ; ⁴καὶ ἔλαβεν Ἀννὼν τοὺς παῖδας Δαυεὶδ καὶ ἐξύρησεν
τοὺς πώγωνας αὐτῶν καὶ ἀπέκοψεν τοὺς μανδύας αὐτῶν ἐν τῷ ἡμίσει
5 ἕως τῶν ἰσχίων αὐτῶν, καὶ ἐξαπέστειλεν αὐτούς. ⁵καὶ ἀπήγγειλαν
τῷ Δαυεὶδ ὑπὲρ τῶν ἀνδρῶν, καὶ ἀπέστειλεν εἰς ἀπαντὴν αὐτῶν,
ὅτι ἦσαν οἱ ἄνδρες ἠτιμασμένοι σφόδρα· καὶ εἶπεν ὁ βασιλεύς
Καθίσατε ἐν Ἰερειχὼ ἕως τοῦ ἀνατεῖλαι τοὺς πώγωνας ὑμῶν, καὶ
6 ἐπιστραφήσεσθε. ⁶καὶ εἶδαν οἱ υἱοὶ Ἀμμὼν ὅτι κατῃσχύνθησαν
ὁ λαὸς Δαυείδ· καὶ ἀπέστειλαν οἱ υἱοὶ Ἀμμὼν καὶ ἐμισθώσαντο τὴν
Συρίαν καὶ Ῥοὼβ, εἴκοσι χιλιάδας πεζῶν· καὶ τὸν βασιλέα Ἀμαλήκ,
7 χιλίους ἄνδρας, καὶ Εἰστώβ, δώδεκα χιλιάδας ἀνδρῶν. ⁷καὶ ἤκουσεν
Δαυείδ, καὶ ἀπέστειλεν τὸν Ἰωὰβ καὶ πᾶσαν τὴν δύναμιν, τοὺς
8 δυνατούς. ⁸καὶ ἐξῆλθαν οἱ υἱοὶ Ἀμμὼν καὶ παρετάξαντο πόλεμον
παρὰ τῇ θύρᾳ τῆς πύλης Συρίας Σουβὰ καὶ Ῥοὼβ καὶ Εἰστὼβ καὶ
9 Ἀμαλήκ, μόνοι ἐν ἀγρῷ. ⁹καὶ εἶδεν Ἰωὰβ ὅτι ἐγενήθη πρὸς αὐτὸν
ἀντιπρόσωπον τοῦ πολέμου ἐκ τοῦ κατὰ πρόσωπον ἐξ ἐναντίας καὶ
ἐκ τοῦ ὄπισθεν, καὶ ἐπέλεξεν ἐκ πάντων τῶν νεανίσκων Ἰσραήλ,
10 καὶ παρετάξαντο ἐξ ἐναντίας Συρίας. ¹⁰καὶ τὸ κατάλοιπον τοῦ λαοῦ
ἔδωκεν ἐν χειρὶ Ἀβεισὰ τοῦ ἀδελφοῦ αὐτοῦ, καὶ παρετάξαντο ἐξ
11 ἐναντίας υἱῶν Ἀμμών, ¹¹καὶ εἶπεν Ἐὰν κραταιωθῇ Συρία ὑπὲρ ἐμέ,
καὶ ἔσεσθέ μοι εἰς σωτηρίαν· καὶ ἐὰν υἱοὶ Ἀμμὼν κραταιωθῶσιν ὑπὲρ
12 σέ, καὶ ἐσόμεθα τοῦ σῶσαί σε. ¹²ἀνδρίζου καὶ κραταιωθῶμεν ὑπὲρ
τοῦ λαοῦ ἡμῶν καὶ περὶ τῶν πόλεων τοῦ θεοῦ ἡμῶν, καὶ Κύριος
13 ποιήσει τὸ ἀγαθὸν ἐν ὀφθαλμοῖς αὐτοῦ. ¹³καὶ προσῆλθεν Ἰωὰβ
καὶ ὁ λαὸς αὐτοῦ μετ' αὐτοῦ εἰς πόλεμον πρὸς Συρίαν, καὶ ἔφυγαν

3 Ανων A (item 4) | αλλ οπως ουχι] ουκ ινα A | απεστειλεν] στειλ sup A ras Bᵃ? 5 απηγγειλαν] ανηγγ. A | απαντησιν A | Ιεριχω BᵇA 6 ιδαν A | Δαυειδ] pr εν A | Ροωβ]+και την Συριαν Σουβα A | Αμαληκ] Μααχα A | Ιστωβ A (item 8) 7 τον Ιωαβ] om τον A 8 εξηλθον A | πυλης A] πολης· Bᵗˣᵗ πολεως Bᵃ ᵐᵍ | Ροαβ A | Αμαληκ (a 2° sup ras B?)] Μααχα A 9 om εξ εναντιας 1° A | των νεανισκων] νεανιων A 10 Αβεισα] Αβισαι A 11 εισωτηριαν B* (εις σωτ. Bᵃᵇ) | υιοι] pr οι A . 13 om μετ αυτου A | εφυγον A

ΒΑΣΙΛΕΙΩΝ Β

Β ἀπὸ προσώπου αὐτοῦ. ¹⁴καὶ οἱ υἱοὶ Ἀμμὼν εἶδαν ὅτι ἔφυγεν Συρία, 14 καὶ ἔφυγαν ἀπὸ προσώπου Ἀβεισὰ καὶ εἰσῆλθαν εἰς τὴν πόλιν· καὶ ἀνέστρεψαν Ἰωὰβ ἀπὸ τῶν υἱῶν Ἀμμών, καὶ παρεγένοντο εἰς Ἰερουσαλήμ. ¹⁵καὶ εἶδεν Συρία ὅτι ἔπταισεν ἔμπροσθεν Ἰσραήλ, 15 καὶ συνήχθησαν ἐπὶ τὸ αὐτό. ¹⁶καὶ ἀπέστειλεν Ἀδρααζὰρ καὶ 16 συνήγαγεν τὴν Συρίαν τὴν ἐκ τοῦ πέραν τοῦ ποταμοῦ Χαλαμάκ, καὶ παρεγένοντο Αἰλάμ· καὶ Σωβὰκ ἄρχων τῆς δυνάμεως Ἀδρααζὰρ ἔμπροσθεν αὐτῶν. ¹⁷καὶ ἀνηγγέλη τῷ Δαυείδ, καὶ συνήγαγεν τὸν 17 πάντα Ἰσραήλ, καὶ διέβη τὸν Ἰορδάνην καὶ παρεγένοντο εἰς Αἰλάμ· καὶ παρετάξατο Δαυεὶδ ἀπέναντι Συρίας καὶ ἐπολέμησαν μετ' αὐτοῦ. ¹⁸καὶ ἔφυγεν Συρία ἀπὸ προσώπου Ἰσραήλ· καὶ ἀνεῖλεν Δαυεὶδ ἐκ 18 τῆς Συρίας ἑπτακόσια ἅρματα καὶ τεσσεράκοντα χιλιάδας ἱππέων· καὶ Σωβὰκ τὸν ἄρχοντα τῆς δυνάμεως αὐτοῦ ἐπάταξεν, καὶ ἀπέθανεν ἐκεῖ. ¹⁹καὶ εἶδαν πάντες οἱ βασιλεῖς οἱ δοῦλοι Ἀδρααζὰρ ὅτι ἔπταισαν 19 ἔμπροσθεν Ἰσραήλ, καὶ ηὐτομόλησαν μετὰ Ἰσραὴλ καὶ ἐδούλευσαν αὐτοῖς· καὶ ἐφοβήθη Συρία τοῦ σῶσαι ἔτι τοὺς υἱοὺς Ἀμμών.

¹Καὶ ἐγένετο ἐπιστρέψαντος τοῦ ἐνιαυτοῦ εἰς τὸν καιρὸν τῆς 1 XI ἐξοδίας τῶν βασιλέων καὶ ἀπέστειλεν Δαυεὶδ τὸν Ἰωὰβ καὶ τοὺς παῖδας αὐτοῦ μετ' αὐτοῦ καὶ τὸν πάντα Ἰσραήλ, καὶ διέφθειραν τοὺς υἱοὺς Ἀμμών· καὶ διεκάθισαν ἐπὶ Ῥαββάθ, καὶ Δαυεὶδ ἐκάθισεν ἐν Ἰερουσαλήμ.

²Καὶ ἐγένετο πρὸς ἑσπέραν καὶ ἀνέστη Δαυεὶδ ἀπὸ τῆς κοίτης 2 αὐτοῦ καὶ περιεπάτει ἐπὶ τοῦ δώματος τοῦ οἴκου τοῦ βασιλέως, καὶ εἶδεν γυναῖκα λουομένην ἀπὸ τοῦ δώματος, καὶ ἡ γυνὴ καλὴ τῷ εἴδει σφόδρα. ³καὶ ἀπέστειλεν Δαυεὶδ καὶ ἐζήτησεν τὴν γυναῖκα, καὶ 3 εἶπεν Οὐχὶ αὕτη Βηρσάβεε θυγάτηρ Ἐλιὰβ γυνὴ Οὐρείου τοῦ Χετταίου; ⁴καὶ ἀπέστειλεν Δαυεὶδ ἀγγέλους καὶ ἔλαβεν αὐτήν, καὶ εἰσῆλθεν 4 πρὸς αὐτὴν καὶ ἐκοιμήθη μετ' αὐτῆς· καὶ αὕτη ἁγιαζομένη ἀπὸ ἀκαθαρσίας αὐτῆς· καὶ ἀπέστρεψεν εἰς τὸν οἶκον αὐτῆς. ⁵καὶ ἐν γαστρὶ 5 ἔλαβεν ἡ γυνή, καὶ ἀποστείλασα ἀπήγγειλεν τῷ Δαυεὶδ καὶ εἶπεν Ἐγώ εἰμι ἐν γαστρὶ ἔχω. ⁶καὶ ἀπέστειλεν Δαυεὶδ πρὸς Ἰωὰβ λέγων 6

A 13 αυτου 3°]+Συρια A   14 ειδον A | Αβεισα] Αβισαι A | ανεστρεψαν B*] ανεστρεψεν B^{ab}A   16 την εκ] om την A | om Χαλαμακ A | Σαβακ A | Αδραζαρ B* (a 3° superser B^{ab})   17 Δ. απεναντι Συριας] Συρια απεναντι Δαδ B^{ab mg} Συρια κατεναντι Δαδ A   18 om Συρια B* (hab B^{ab(mg)}A) | Ισραηλ] Δαδ A | τεσσαρακ. B^b | Σωβακ] pr τον A   19 ηυτομολησαν]+ και εθεντο| διαθηκην B^{ab mg}   XI 1 απαντα A | διεκαθισαν] εκαθισαν A 2 τη κοιτης A (sic: κο sup ras A¹) | λουμενην A   3 Βηθσαβεε A | θυγατηρ] pr η A | γυνη] pr η A | Ουριου B^bA (ita ubique)   4 απεστρεψεν]+αυτην A

630

ΒΑΣΙΛΕΙΩΝ Β XI 19

Ἀπόστειλον πρός με τὸν Οὐρείαν τὸν Χετταῖον· καὶ ἀπέστειλεν Β 7 Ἰωὰβ τὸν Οὐρείαν πρὸς Δαυείδ. ⁷καὶ παραγίνεται Οὐρείας καὶ εἰσῆλθεν πρὸς αὐτόν, καὶ ἐπηρώτησεν Δαυεὶδ εἰς εἰρήνην Ἰωὰβ καὶ εἰς εἰρήνην 8 τοῦ λαοῦ καὶ εἰς εἰρήνην τοῦ πολέμου. ⁸καὶ εἶπεν Δαυεὶδ τῷ Οὐρείᾳ Κατάβηθι εἰς τὸν οἶκόν σου καὶ νίψαι τοὺς πόδας σου· καὶ ἐξῆλθεν Οὐρείας ἐξ οἴκου τοῦ βασιλέως, καὶ ἐξῆλθεν ὀπίσω αὐτοῦ ἄρσις 9 τοῦ βασιλέως. ⁹καὶ ἐκοιμήθη Οὐρείας παρὰ τῇ θύρᾳ τοῦ βασιλέως μετὰ τῶν δούλων τοῦ κυρίου αὐτοῦ, καὶ οὐ κατέβη εἰς τὸν οἶκον αὐτοῦ. 10 ¹⁰καὶ ἀνήγγειλαν τῷ Δαυεὶδ λέγοντες ὅτι Οὐ κατέβη Οὐρείας· εἰς τὸν οἶκον αὐτοῦ. καὶ εἶπεν Δαυεὶδ πρὸς Οὐρείαν Οὐχὶ ἐξ ὁδοῦ 11 σὺ ἔρχῃ; τί ὅτι οὐ κατέβης εἰς τὸν οἶκόν σου; ¹¹καὶ εἶπεν Οὐρείας πρὸς Δαυεὶδ Ἡ κιβωτὸς καὶ Ἰσραὴλ καὶ Ἰούδας κατοικοῦσιν, ἐν σκηναῖς, καὶ ὁ κύριός μου Ἰωὰβ καὶ οἱ δοῦλοι τοῦ κυρίου μου ἐπὶ πρόσωπον τοῦ ἀγροῦ παρεμβάλλουσιν· καὶ ἐγὼ εἰσελεύσομαι εἰς τὸν οἶκόν μου φαγεῖν καὶ πιεῖν καὶ κοιμηθῆναι μετὰ τῆς γυναικός μου; 12 πῶς; ζῇ ἡ ψυχή σου, εἰ ποιήσω τὸ ῥῆμα τοῦτο. ¹²καὶ εἶπεν Δαυεὶδ πρὸς Οὐρείαν Κάθισον ἐνταῦθα καί γε σήμερον, καὶ αὔριον ἐξαποστελῶ σε· καὶ ἐκάθισεν Οὐρείας ἐν Ἰερουσαλὴμ ἐν τῇ ἡμέρᾳ ἐκείνῃ 13 καὶ τῇ ἐπαύριον. ¹³καὶ ἐκάλεσεν αὐτὸν Δαυείδ, καὶ ἔφαγεν ἐνώπιον αὐτοῦ καὶ ἔπιεν, καὶ ἐμέθυσεν αὐτόν· καὶ ἐξῆλθεν ἑσπέρας τοῦ κοιμηθῆναι ἐπὶ τῆς κοίτης αὐτοῦ μετὰ τῶν δούλων τοῦ κυρίου αὐτοῦ, καὶ εἰς 14 τὸν οἶκον αὐτοῦ οὐ κατέβη. ¹⁴καὶ ἐγένετο πρωὶ καὶ ἔγραψεν Δαυεὶδ 15 βιβλίον πρὸς Ἰωάβ, καὶ ἀπέστειλεν ἐν χειρὶ Οὐρείου. ¹⁵καὶ ἔγραψεν ἐν βιβλίῳ λέγων Εἰσάγαγε τὸν Οὐρείαν ἐξ ἐναντίας τοῦ πολέμου τοῦ κραταιοῦ, καὶ ἀποστραφήσεσθε ἀπὸ ὄπισθεν αὐτοῦ, καὶ πληγή-16 σεται καὶ ἀποθανεῖται. ¹⁶καὶ ἐγενήθη ἐν τῷ φυλάσσειν Ἰωὰβ ἐπὶ τὴν πόλιν καὶ ἔθηκεν τὸν Οὐρείαν εἰς τὸν τόπον οὗ ᾔδει ὅτι ἄνδρες 17 δυνάμεως ἐκεῖ. ¹⁷καὶ ἐξῆλθον οἱ ἄνδρες τῆς πόλεως καὶ ἐπολέμουν μετὰ Ἰωάβ· καὶ ἔπεσαν ἐκ τοῦ λαοῦ ἐκ τῶν δούλων Δαυείδ· καὶ 18 ἀπέθαναν, καί γε Οὐρείας ὁ Χετταῖος. ¹⁸καὶ ἀπέστειλεν Ἰωὰβ καὶ ἀπήγγειλεν τῷ βασιλεῖ Δαυεὶδ πάντας τοὺς λόγους τοῦ πολέμου 19 λαλῆσαι πρὸς τὸν βασιλέα. ¹⁹καὶ ἐνετείλατο τῷ ἀγγέλῳ λέγων Ἐν τῷ συντελέσαι πάντας τοὺς λόγους τοῦ πολέμου λαλῆσαι πρὸς τὸν

7 om και εισηλθεν A | επηρωτησεν] η 1º sup ras A¹ (επαιρ. A*) .9 θυ- A ρα]+οικου A   10 κατεβη] καταβη A* κατα3ης (s superscr) A¹   11 η κιβ.] pr ει A | παρεμβαλουσιν A | και εγω] καγω A | πειν B* (πιειν Bᵃ¹ᵇA) | πως] pr και A   12 γε] πε A   13 επι] pr και A | αυτου 3º] αυτων A 14 απεστειλεν]+Δαδ A.   17 εκ 1º] απο A | απεθανεν A ... 18 om Δαυειδ A | om λαλησαι προς τον βασ. A

631

B βασιλέα, [20]καὶ ἔσται ἐὰν ἀναβῇ ὁ θυμὸς τοῦ βασιλέως καὶ εἴπῃ σοι Τί [20] ὅτι ἠγγίσατε πρὸς τὴν πόλιν πολεμῆσαι; οὐκ ᾔδειτε ὅτι τοξεύσουσιν ἀπάνωθεν τοῦ τείχους; [21]τίς ἐπάταξεν τὸν Ἀβειμέλεχ υἱὸν Ἱεροβοὰμ [21] υἱοῦ Νήρ; οὐχὶ γυνὴ ἔρριψεν κλάσμα ἐπ' αὐτὸν μύλου ἐπάνωθεν τοῦ τείχους καὶ ἀπέθανεν ἐν Θαμασί; ἵνα τί προσηγάγετε πρὸς τὸ τεῖχος; καὶ ἐρεῖς Καί γε Οὐρείας ὁ δοῦλός σου ὁ Χετταῖος ἀπέθανεν. [22]καὶ ἐπορεύθη ὁ ἄγγελος Ἰωὰβ πρὸς τὸν βασιλέα εἰς Ἱερουσαλήμ, [22] καὶ παρεγένετο καὶ ἀπήγγειλεν τῷ Δαυεὶδ πάντα ὅσα ἀπήγγειλεν αὐτῷ Ἰωάβ, πάντα τὰ ῥήματα τοῦ πολέμου. καὶ ἐθυμώθη Δαυεὶδ πρὸς Ἰωάβ, καὶ εἶπεν πρὸς τὸν ἄγγελον Ἵνα τί προσηγάγετε πρὸς τὴν πόλιν τοῦ πολεμῆσαι; οὐκ ᾔδειτε ὅτι πληγήσεσθε ἀπὸ τοῦ τείχους; τίς ἐπάταξεν τὸν Ἀβειμέλεχ υἱὸν Ἱεροβοάμ; οὐχὶ γυνὴ ἔρριψεν ἐπ' αὐτὸν κλάσμα μύλου ἀπὸ τοῦ τείχους καὶ ἀπέθανεν ἐν Θαμασί; ἵνα τί προσηγάγετε πρὸς τὸ τεῖχος; [23]καὶ εἶπεν ὁ ἄγγελος [23] πρὸς Δαυεὶδ Ὅτι ἐκραταίωσαν ἐφ' ἡμᾶς οἱ ἄνδρες καὶ ἐξῆλθαν ἐφ' ἡμᾶς εἰς τὸν ἀγρόν, καὶ ἐγενήθημεν ἐπ' αὐτοὺς ἕως τῆς θύρας τῆς πύλης· [24]καὶ ἐτόξευσαν οἱ τοξεύοντες πρὸς τοὺς παῖδάς σου [24] ἀπάνωθεν τοῦ τείχους, καὶ ἀπέθαναν τῶν παίδων τοῦ βασιλέως, καί γε ὁ δοῦλός σου Οὐρείας ὁ Χετταῖος ἀπέθανεν. [25]καὶ εἶπεν Δαυεὶδ [25] πρὸς τὸν ἄγγελον Τάδε ἐρεῖς πρὸς Ἰωάβ Μὴ πονηρὸν ἔστω ἐν ὀφθαλμοῖς σου τὸ ῥῆμα τοῦτο, ὅτι ποτὲ μὲν οὕτως καὶ ποτὲ οὕτως φάγεται ἡ μάχαιρα· κραταίωσον τὸν πόλεμόν σου πρὸς τὴν πόλιν καὶ κατάσπασον αὐτήν· καὶ κραταίωσον αὐτόν. [26]καὶ ἤκουσεν ἡ γυνὴ Οὐρείου [26] ὅτι ἀπέθανεν Οὐρείας ὁ ἀνὴρ αὐτῆς, καὶ ἐκόψατο τὸν ἄνδρα αὐτῆς. [27]καὶ διῆλθεν τὸ πένθος, καὶ ἀπέστειλεν Δαυεὶδ καὶ συνήγαγεν αὐτὴν [27] εἰς τὸν οἶκον αὐτοῦ, καὶ ἐγενήθη αὐτῷ εἰς γυναῖκα καὶ ἔτεκεν αὐτῷ υἱόν· καὶ πονηρὸν ἐφάνη τὸ ῥῆμα ὃ ἐποίησεν Δαυεὶδ ἐν ὀφθαλμοῖς Κυρίου. [1]Καὶ ἀπέστειλεν Κύριος τὸν Ναθὰν τὸν προφήτην πρὸς [1] Δαυείδ, καὶ εἰσῆλθεν πρὸς αὐτὸν καὶ εἶπεν αὐτῷ Δύο ἦσαν ἄνδρες ἐν πόλει μιᾷ, εἷς πλούσιος καὶ εἷς πένης. [2]καὶ τῷ πλουσίῳ ἦν [2] ποίμνια καὶ βουκόλια πολλὰ σφόδρα· [3]καὶ τῷ πένητι οὐδὲν ἀλλ' ἢ [3] ἀμνὰς μία μικρά, ἣν ἐκτήσατο καὶ περιεποιήσατο καὶ ἐξέθρεψεν αὐτήν, καὶ ἡδρύνθη μετ' αὐτοῦ καὶ μετὰ τῶν υἱῶν αὐτοῦ ἐπὶ τὸ αὐτό·

A 20 om οτι 1° A | ηγγισατε] ηργασατε A | πολεμησαι] pr του A | τοξευσουσιν] πληγησεσθαι B$^{ab\ mg}$ τοξευουσιν A 21 Αβιμελεχ A | επ αυτον κλασμα A | Θαμασει A (item 22) 22 Αβιμελεκ A 23 εφ 2°] προς A 24 απεθαναν] απεθανον A 25 ουτώς καταφαγετε A | σου 2°] συ A 26 τον ανδρα] pr επι A 27 διηλθεν] ηλθεν A | εφανη πονηρον A XII 1 αυτω] προς αυτον A | ανδρες ησαν A

ἐκ τοῦ ἄρτου αὐτοῦ ἤσθιεν καὶ ἐκ τοῦ ποτηρίου αὐτοῦ ἔπινεν καὶ 4 ἐν τῷ κόλπῳ αὐτοῦ ἐκάθευδεν καὶ ἦν αὐτῷ ὡς θυγάτηρ. ⁴καὶ ἦλθεν πάροδος τῷ ἀνδρὶ τῷ πλουσίῳ, καὶ ἐφείσατο λαβεῖν ἐκ τῶν ποιμνίων αὐτοῦ καὶ ἐκ τῶν βουκολίων αὐτοῦ τοῦ ποιῆσαι τῷ ξένῳ ὁδοιπόρῳ ἐλθόντι πρὸς αὐτόν, καὶ ἔλαβεν τὴν ἀμνάδα τοῦ πένητος καὶ ἐποίησεν 5 αὐτὴν τῷ ἀνδρὶ τῷ ἐλθόντι πρὸς αὐτόν. ⁵καὶ ἐθυμώθη ὀργῇ Δαυεὶδ σφόδρα τῷ ἀνδρί, καὶ εἶπεν Δαυεὶδ πρὸς Ναθάν Ζῇ Κύριος, ὅτι υἱὸς 6 θανάτου ὁ ἀνὴρ ὁ ποιήσας τοῦτο, ⁶καὶ τὴν ἀμνάδα ἀποτίσει ἑπταπλασίονα ἀνθ' ὧν. ὅτι ἐποίησεν τὸ ῥῆμα τοῦτο καὶ περὶ οὗ οὐκ ἐφεί-7 σατο. ⁷Καὶ εἶπεν Ναθὰν πρὸς Δαυείδ Σὺ εἶ ὁ ἀνὴρ ὁ ποιήσας τοῦτο· ὅτι τάδε λέγει Κύριος ὁ θεὸς Ἰσραήλ Ἐγώ εἰμι ὁ χρίσας σε εἰς βασιλέα ἐπὶ Ἰσραήλ, καὶ ἐγώ εἰμι ἐρυσάμην σε ἐκ χειρὸς Σαούλ· 8 ⁸καὶ ἔδωκά σοι τὸν οἶκον τοῦ κυρίου σου καὶ τὰς γυναῖκας τοῦ κυρίου σου ἐν τῷ κόλπῳ σου, καὶ ἔδωκά σοι τὸν οἶκον Ἰσραὴλ καὶ Ἰούδα· 9 καὶ εἰ μικρόν ἐστιν, προσθήσω σοι κατὰ ταῦτα. ⁹ὅτι ἐφαύλισας τὸν λόγον Κυρίου τοῦ ποιῆσαι τὸ πονηρὸν ἐν ὀφθαλμοῖς αὐτοῦ· τὸν Οὐρείαν τὸν Χετταῖον ἐπάταξας ἐν ῥομφαίᾳ, καὶ τὴν γυναῖκα αὐτοῦ ἔλαβες σεαυτῷ εἰς γυναῖκα, καὶ αὐτὸν ἀπέκτεινας ἐν ῥομφαίᾳ υἱῶν 10 Ἀμμών· ¹⁰καὶ νῦν οὐκ ἀποστήσεται ῥομφαία ἐκ τοῦ οἴκου σου ἕως αἰῶνος, ἀνθ' ὧν ὅτι ἐξουδένωσας, καὶ ἔλαβες τὴν γυναῖκα τοῦ Οὐρείου 11 τοῦ Χετταίου τοῦ εἶναί σοι εἰς γυναῖκα. ¹¹τάδε λέγει Κύριος Ἰδοὺ ἐγὼ ἐξεγείρω ἐπὶ σὲ κακὰ ἐκ τοῦ οἴκου σου, καὶ λήμψομαι τὰς γυναῖκάς σου κατ' ὀφθαλμούς σου καὶ δώσω τῷ πλησίον σου, καὶ κοιμηθήσεται 12 μετὰ τῶν γυναικῶν σου ἐναντίον τοῦ ἡλίου τούτου· ¹²ὅτι σὺ ἐποίησας κρυβῇ, κἀγὼ ποιήσω τὸ ῥῆμα τοῦτο ἐναντίον παντὸς Ἰσραὴλ καὶ 13 ἀπέναντι τούτου τοῦ ἡλίου. ¹³Καὶ εἶπεν Δαυεὶδ τῷ Ναθάν Ἡμάρτηκα τῷ κυρίῳ. καὶ εἶπεν Ναθὰν πρὸς Δαυείδ Καὶ Κύριος παρε-14 βίβασεν τὸ ἁμάρτημά σου· οὐ μὴ ἀποθάνῃς. ¹⁴πλὴν ὅτι παροξύνων παρώξυνας τοὺς ἐχθροὺς Κυρίου ἐν τῷ ῥήματι τούτῳ, καί γε ὁ υἱός σου 15 ὁ τεχθείς σοι θανάτῳ ἀποθανεῖται. ¹⁵Καὶ ἀπῆλθεν Ναθὰν εἰς τὸν οἶκον αὐτοῦ· καὶ ἔθραυσεν Κύριος τὸ παιδίον ὃ ἔτεκεν ἡ γυνὴ

4 λαβειν]+αυτην A | om αυτου 1° A | του ποιησαι] τω π. A | om οδοι- A πορω A   5 τω ανδρι σφοδρα σφοδρα| Δαδ A   6 αποτισει] a sup ras A¹ (αμναδαν ποτισει A*) | επταπλασιον A   7 om οτι A.| om ει A | ερρυσαμην A   8 om και 2° A | εν τω| κολπω σου εδωκα (a sup ras A¹) τας γυν. του| κυριου σου A | κατα] και A   9 οτι] τι A | υιω Bedit   10 αποστησαι A·| εξουδενωσας]+με A   11 εξεγερω A* (εξεγειρω [ι superser] A¹) . 12 κρυβη] κρυβδην A   13 om ου A   14 Κυριου] pr του A
15 εθραυσεν] signa v l prae se fert B?txt et mg | παιδιον] παιδαριον A

Β Οὐρείου τῷ Δαυείδ, καὶ ἠρρώστησεν. ¹⁶καὶ ἐζήτησεν Δαυεὶδ τὸν θεὸν 16
περὶ τοῦ παιδαρίου, καὶ ἐνήστευσεν Δαυεὶδ νηστείαν καὶ εἰσῆλθεν καὶ
ηὐλίσθη ἐπὶ τῆς γῆς. ¹⁷καὶ ἀνέστησαν ἐπ' αὐτὸν οἱ πρεσβύτεροι 17
τοῦ οἴκου ἐγεῖραι αὐτὸν ἀπὸ τῆς γῆς, καὶ οὐκ ἠθέλησεν· καὶ οὐ
συνέφαγεν αὐτοῖς ἄρτον. ¹⁸καὶ ἐγένετο ἐν τῇ ἡμέρᾳ τῇ ἑβδύμῃ καὶ 18
ἀπέθανε τὸ παιδάριον· καὶ ἐφοβήθησαν οἱ δοῦλοι Δαυεὶδ ἀναγγεῖλαι
αὐτῷ ὅτι τέθνηκεν τὸ παιδάριον, ὅτι εἶπαν Ἰδοὺ ἐν τῷ ἔτι τὸ παι-
δάριον ζῆν ἐλαλήσαμεν πρὸς αὐτόν, καὶ οὐκ εἰσήκουσεν τῆς φωνῆς
ἡμῶν· καὶ πῶς εἴπωμεν πρὸς αὐτὸν ὅτι τέθνηκεν τὸ παιδάριον; καὶ
ποιήσει κακά. ¹⁹καὶ συνῆκεν Δαυεὶδ ὅτι οἱ παῖδες αὐτοῦ ψιθυρί- 19
ζουσιν, καὶ ἐνόησεν Δαυεὶδ ὅτι τέθνηκεν τὸ παιδάριον· καὶ εἶπεν
Δαυεὶδ πρὸς τοὺς παῖδας αὐτοῦ Εἰ τέθνηκεν τὸ παιδάριον; καὶ
εἶπαν Τέθνηκεν. ²⁰καὶ ἀνέστη Δαυεὶδ ἐκ τῆς γῆς, καὶ ἐλούσατο καὶ 20
ἠλείψατο καὶ ἤλλαξεν τὰ ἱμάτια αὐτοῦ, καὶ εἰσῆλθεν εἰς τὸν οἶκον τοῦ
θεοῦ καὶ προσεκύνησεν αὐτῷ· καὶ εἰσῆλθεν εἰς τὸν οἶκον αὐτοῦ,
καὶ ᾔτησεν ἄρτον φαγεῖν, καὶ παρέθηκαν αὐτῷ ἄρτον καὶ ἔφαγεν.
²¹καὶ εἶπαν οἱ παῖδες αὐτοῦ πρὸς αὐτόν Τί τὸ ῥῆμα τοῦτο ὃ ἐποίησας; 21
ἕνεκα τοῦ παιδαρίου ἔτι ζῶντος ἐνήστευες καὶ ἔκλαιες καὶ ἠγρύπνεις·
καὶ ἡνίκα ἀπέθανεν τὸ παιδάριον, ἀνέστης καὶ ἔφαγες ἄρτον καὶ
πέπωκας. ²²καὶ εἶπεν Δαυεὶδ Ἐν τῷ τὸ παιδάριον ἔτι ζῆν ἐνήστευσα 22
καὶ ἔκλαυσα, ὅτι εἶπα Τίς οἶδεν εἰ ἐλεήσει με Κύριος, καὶ ζήσεται
τὸ παιδάριον; ²³καὶ νῦν τέθνηκεν, ἵνα τί τοῦτο ἐγὼ νηστεύω; μὴ 23
δυνήσομαι αὐτὸ ἐπιστρέψαι ἔτι; ἐγὼ πορεύσομαι πρὸς αὐτόν, καὶ
αὐτὸς οὐκ ἀναστρέψει πρὸς μέ. ²⁴καὶ παρεκάλεσεν Δαυεὶδ Βηρ- 24
σάβεε τὴν γυναῖκα αὐτοῦ, καὶ εἰσῆλθεν πρὸς αὐτὴν καὶ ἐκοιμήθη
μετ' αὐτῆς· καὶ συνέλαβεν καὶ ἔτεκεν υἱόν, καὶ ἐκάλεσεν τὸ ὄνομα
αὐτοῦ Σαλωμών, καὶ Κύριος ἠγάπησεν αὐτόν. ²⁵καὶ ἀπέστειλεν ἐν 25
χειρὶ Ναθὰν τοῦ προφήτου, καὶ ἐκάλεσεν τὸ ὄνομα αὐτοῦ Ἰδεδεί,
ἕνεκεν Κυρίου.

²⁶Καὶ ἐπολέμησεν Ἰωὰβ ἐν Ῥαββὰθ υἱῶν Ἀμμών, καὶ κατέλαβεν 26
τὴν πόλιν τῆς βασιλείας. ²⁷καὶ ἀπέστειλεν Ἰωὰβ ἀγγέλους πρὸς 27
Δαυεὶδ καὶ εἶπεν Ἐπολέμησα ἐν Ῥαββὰθ καὶ κατελαβόμην τὴν πόλιν
τῶν ὑδάτων. ²⁸καὶ νῦν συνάγαγε τὸ κατάλοιπον τοῦ λαοῦ, καὶ παρέμ- 28

A 16 ηυλισθη] pr εκοιμηθη και A 17 οι πρεσβ. του] οικου αυτου επ
αυτον A | εγειραι] pr του A 18 ζην το παιδ. A 20 παρεθηκεν
A 21 ενεκα του παιδαριου ετι] ενε|κεν του παιδαριου· οτι A 23 τεθνη
κεν]+το παιδαριον A | επιστρεψαι αυτο A 24 Βηρσαβεε] την Βηθ
A | την γυναικα] om την A | Σαλομων B^b 25 Ιδεδει] Ειεδιδια A
26 Ραβαθ A 27 εν] προς A 23 τοναταλοιπον A | παρεμβαλλει A^c

ΒΑΣΙΛΕΙΩΝ·ΙΒ   XIII 8

βαλε ἐπὶ τὴν πόλιν καὶ προκαταλαβοῦ αὐτήν· ἵνα μὴ προκαταλά- B
29 βωμαι ἐγὼ τὴν πόλιν καὶ κληθῇ τὸ ὄνομά μου ἐπ' αὐτήν. ²⁹καὶ συνή-
γαγεν Δαυεὶδ πάντα τὸν λαὸν καὶ ἐπορεύθη εἰς Ῥαββάθ, καὶ ἐπολέ-
30 μησεν ἐν αὐτῇ καὶ κατελάβετο αὐτήν. ³⁰καὶ ἔλαβεν τὸν στέφανον
Μελχὸλ τοῦ βασιλέως αὐτῶν ἀπὸ τῆς κεφαλῆς αὐτοῦ, καὶ ὁ σταθμὸς
αὐτοῦ τάλαντον χρυσίου καὶ λίθου τιμίου, καὶ ἦν ἐπὶ τῆς κεφαλῆς
31 Δαυείδ· καὶ σκῦλα τῆς πόλεως ἐξήνεγκεν πολλὰ σφόδρα. ³¹καὶ τὸν
λαὸν τὸν ὄντα ἐν αὐτῇ ἐξήγαγεν, καὶ ἔθηκεν ἐν τῷ πρίονι· καὶ ἐν
τριβόλοις τοῖς σιδηροῖς καὶ διήγαγεν αὐτοὺς διὰ τοῦ πλινθείου· καὶ
οὕτως ἐποίησεν πάσαις ταῖς πόλεσιν υἱῶν Ἀμμών. καὶ ἐπέστρεψεν
Δαυεὶδ καὶ πᾶς ὁ λαὸς εἰς Ἰερουσαλήμ.
1   ¹Καὶ ἐγενήθη μετὰ ταῦτα καὶ τῷ Ἀβεσσαλὼμ υἱῷ Δαυεὶδ ἀδελφὴ
καλὴ τῷ εἴδει σφόδρα, καὶ ὄνομα αὐτῇ Θημάρ, καὶ ἠγάπησεν αὐτὴν
2 Ἀμνὼν υἱὸς Δαυείδ. ²καὶ ἐθλίβετο Ἀμνὼν ὥστε ἀρρωστεῖν διὰ
Θημὰρ τὴν ἀδελφὴν αὐτοῦ, ὅτι παρθένος ἦν αὐτή· καὶ ὑπέρογκον
3 ἐν ὀφθαλμοῖς Ἀμνὼν τοῦ ποιῆσαί τι αὐτῇ. ³καὶ ἦν τῷ Ἀμνὼν
ἑταῖρος, καὶ ὄνομα αὐτῷ Ἰωναδάμ, υἱὸς Σαμαὰ τοῦ ἀδελφοῦ Δαυείδ·
4 καὶ Ἰωναδὰμ ἀνὴρ σοφὸς σφόδρα. ⁴καὶ εἶπεν αὐτῷ Τί σοι ὅτι σὺ
οὕτως ἀσθενής, υἱὲ τοῦ βασιλέως, τὸ πρωὶ πρωί; οὐκ ἀπαγγέλλεις
μοι; καὶ εἶπεν αὐτῷ Ἀμνών Θημὰρ τὴν ἀδελφὴν Ἀβεσσαλὼμ τοῦ
5 ἀδελφοῦ μου ἐγὼ ἀγαπῶ. ⁵καὶ εἶπεν αὐτῷ Ἰωναδάμ Κοιμήθητι
ἐπὶ τῆς κοίτης σου καὶ μαλακίσθητι, καὶ εἰσελεύσεται ὁ πατήρ σου τοῦ
ἰδεῖν σε, καὶ ἐρεῖς πρὸς αὐτόν. Ἐλθέτω δὴ Θημὰρ ἡ ἀδελφή μου,
καὶ ψωμισάτω με καὶ ποιησάτω κατ' ὀφθαλμούς μου βρῶμα, ὅπως
6 ἴδω καὶ φάγω ἐκ τῶν χειρῶν αὐτῆς. ⁶καὶ ἐκοιμήθη Ἀμνὼν καὶ
ἠρρώστησεν, καὶ εἰσῆλθεν ὁ βασιλεὺς ἰδεῖν αὐτόν· καὶ εἶπεν Ἀμνὼν
πρὸς τὸν βασιλέα Ἐλθέτω δὴ Θημὰρ ἡ ἀδελφή μου πρὸς μέ, καὶ
κολλυρισάτω ἐν ὀφθαλμοῖς μου δύο κολλύρας καὶ φάγομαι ἐκ τῆς
7 χειρὸς αὐτῆς. ⁷καὶ ἀπέστειλεν Δαυεὶδ πρὸς Θημὰρ εἰς τὸν οἶκον
λέγων Πορεύθητι δὴ εἰς τὸν οἶκον τοῦ ἀδελφοῦ σου καὶ ποίησον
8 αὐτῷ βρῶμα. ⁸καὶ ἐπορεύθη Θημὰρ εἰς τὸν οἶκον Ἀμνὼν ἀδελφοῦ

28 μου] αυτου A   29 εις] προς A   30 om Μελχολ A   31 om A
οντα A | εξηγαγον A | τριβολοις) pr τοις A | σιδηροις]+και υποτομευσιν σιδη-
ροις A | διηγαγεν] απηγαγεν A | πλινθιου Bᵇ A | τοις πολ. A   XIII 1 Θα-
μαρ A (ita ubique) | Αμμων A (item 2 bis, 3, 4, 6 bis, 10 [1°])   2 υπε-
ρογκον]+και A | αυτη τι A   3 Ιωναδαμ B*ᵇ bis] Ιωναδαβ Bᵃ⁽ᵛⁱᵈ⁾ᵇ A
4 ασθενεις A | απαγγελεις A   5 Ιωναδαμ] Ιωναδαβ A | ελθατω A | om
δη A   6 ελθατω A | κολλυρας (κολλουρας B)] κολλυριδας^A   7 Θαμαρ
A | οικον 2°]+Αμνων A | βρωμα] pr το A

XIII 9 ΒΑΣΙΛΕΙΩΝ Β

B αὐτῆς, καὶ αὐτὸς κοιμώμενος· καὶ ἔλαβεν τὸ σταῖς καὶ ἐφύρασεν καὶ ἐκολλύρισεν κατ' ὀφθαλμοὺς αὐτοῦ, καὶ ἤψησεν τὰς κολλυρίδας. ⁹καὶ ἔλαβεν τὸ τήγανον καὶ κατεκένωσεν ἐνώπιον αὐτοῦ, καὶ οὐκ ἐθέ- 9 λησεν φαγεῖν· καὶ εἶπεν Ἀμνών Ἐξαγάγετε πάντα ἄνδρα ἐπάνωθέν μου· καὶ ἐξήγαγον πάντα ἄνδρα ἀπὸ ἐπάνωθεν αὐτοῦ. ¹⁰καὶ εἶπέν 10 Ἀμνὼν πρὸς Θημάρ Εἰσένεγκε τὸ βρῶμα εἰς τὸ ταμεῖον, καὶ φάγομαι ἐκ τῆς χειρός σου· καὶ ἔλαβεν Θημὰρ τὰς κολλυρίδας ἃς ἐποίησεν καὶ εἰσήνεγκεν τῷ Ἀμνὼν ἀδελφῷ αὐτῆς εἰς τὸν κοιτῶνα, ¹¹καὶ προσή- 11 γαγεν αὐτῷ τοῦ φαγεῖν, καὶ ἐπελάβετο αὐτῆς καὶ εἶπεν αὐτῇ Δεῦρο κοιμήθητι μετ' ἐμοῦ, ἀδελφή μου. ¹²καὶ εἶπεν αὐτῷ Μή, ἀδελφέ 12 μου, μὴ ταπεινώσῃς με, διότι οὐ ποιηθήσεται οὕτως ἐν Ἰσραήλ· μὴ ποιήσῃς τὴν ἀφροσύνην ταύτην. ¹³καὶ ἐγὼ ποῦ ἀποίσω τὸ ὄνειδός 13 μου; καὶ σὺ ἔσῃ ὡς εἷς τῶν ἀφρόνων ἐν Ἰσραήλ· καὶ νῦν λάλησον δὴ πρὸς τὸν βασιλέα, ὅτι οὐ μὴ κωλύσει με ἀπὸ σοῦ. ¹⁴καὶ οὐκ ἠθέλη- 14 σεν Ἀμνὼν τοῦ ἀκοῦσαι τῆς φωνῆς αὐτῆς, καὶ ἐκραταίωσεν ὑπὲρ αὐτὴν καὶ ἐταπείνωσεν αὐτήν, καὶ ἐκοιμήθη μετ' αὐτῆς. ¹⁵καὶ ἐμίση- 15 σεν αὐτὴν Ἀμνὼν μῖσος μέγα σφόδρα, ὅτι μέγα τὸ μῖσος ὃ ἐμίσησεν αὐτήν, μείζων ἡ κακία ἡ ἐσχάτη ἢ ἡ πρώτη, ὑπὲρ τὴν ἀγάπην ἣν ἠγάπησεν αὐτήν. καὶ εἶπεν αὐτῇ Ἀμνών Ἀνάστηθι καὶ πορεύου. ¹⁶καὶ εἶπεν αὐτῷ Θημὰρ περὶ τῆς κακίας τῆς μεγάλης ταύτης Ὑπὲρ 16 ἑτέραν ἣν ἐποίησας μετ' ἐμοῦ τοῦ ἐξαποστεῖλαί με· καὶ οὐκ ἠθέλησεν Ἀμνὼν ἀκοῦσαι τῆς φωνῆς αὐτῆς. ¹⁷καὶ ἐκάλεσεν τὸ παιδάριον 17 αὐτοῦ τὸν προεστηκότα τοῦ οἴκου καὶ εἶπεν αὐτῷ Ἐξαποστείλατε δὴ ταύτην ἀπ' ἐμοῦ ἔξω, καὶ ἀπόκλεισον τὴν θύραν ὀπίσω αὐτῆς. ¹⁸καὶ ἐπ' αὐτῆς ἦν χιτὼν καρπωτός, ὅτι οὕτως ἐνεδιδύσκοντο αἱ 18 θυγατέρες τοῦ βασιλέως αἱ παρθένοι τοὺς ἐπενδύτας αὐτῶν· καὶ ἐξήγαγεν αὐτὴν ὁ λειτουργὸς αὐτοῦ ἔξω καὶ ἀπέκλεισεν τὴν θύραν ὀπίσω αὐτῆς. ¹⁹καὶ ἔλαβεν Θημὰρ σποδὸν καὶ ἐπέθηκεν σποδὸν ἐπὶ τὴν 19 κεφαλὴν αὐτῆς, καὶ τὸν χιτῶνα τὸν καρπωτὸν τὸν ἐπ' αὐτῆς διέρρηξεν καὶ ἐπέθηκεν τὰς χεῖρας αὐτῆς ἐπὶ τὴν κεφαλὴν αὐτῆς, καὶ ἐπορεύθη πορευομένη καὶ κράζουσα. ²⁰καὶ εἶπεν πρὸς αὐτὴν Ἀβεσσαλὼμ ὁ ἀδελφὸς αὐτῆς Μὴ Ἀμνὼν ὁ ἀδελφός σου ἐγένετο μετὰ σοῦ; καὶ νῦν, ἀδελφή μου, κώφευσον, ὅτι ἀδελφός σού ἐστιν· μὴ θῇς τὴν

A 8 .σταις] στεαρ A | εκολλουρισεν B | ηψησεν] ηψεν A | κολλουριδας B
9 ηθελησεν A | εξηγαγεν A^vid 10 εισενεγκατε A | κοιτωναν
11 om αυτη A 13 Ισραηλ] Ιλημ A | κωλυση A 14 εκραταιωθ
εκραταιωθη A 15 om ο A | om μειζων...πρωτη A | om και 3°
16 εταιραν B | του.εξαποστ.] om του A ? 17 οικου]+αυτου A 19
σποδον 2° A | την κεφαλην 1°] της κεφαλης A 20 σου 1°] μου A

636

ΒΑΣΙΛΕΙΩΝ Β XIII 32

καρδίαν σου τοῦ λαλῆσαι εἰς τὸ ῥῆμα τοῦτο. καὶ ἐκάθισεν Θημὰρ B
21 χηρεύουσα ἐν οἴκῳ Ἀβεσσαλὼμ τοῦ ἀδελφοῦ αὐτῆς. ²¹καὶ ἤκουσεν ὁ
βασιλεὺς Δαυεὶδ πάντας τοὺς λόγους τούτους καὶ ἐθυμώθη σφόδρα·
καὶ οὐκ ἐλύπησεν τὸ πνεῦμα Ἀμνὼν τοῦ υἱοῦ αὐτοῦ, ὅτι ἠγάπα αὐτόν,
22 ὅτι πρωτότοκος αὐτοῦ ἦν. ²²καὶ οὐκ ἐλάλησεν Ἀβεσσαλὼμ μετὰ
Ἀμνὼν ἀπὸ πονηροῦ ἕως ἀγαθοῦ, ὅτι ἐμίσει Ἀβεσσαλὼμ τὸν Ἀμνὼν
23 ἐπὶ λόγου οὗ ἐταπείνωσεν Θημὰρ τὴν ἀδελφὴν αὐτοῦ. ²³Καὶ
ἐγένετο εἰς διετηρίδα ἡμερῶν καὶ ἦσαν κείροντες τῷ Ἀβεσσαλὼμ
ἐν Βαιλασὼρ τῇ ἐχόμενα Ἐφράιμ, καὶ ἐκάλεσεν Ἀβεσσαλὼμ πάντας
24 τοὺς υἱοὺς τοῦ βασιλέως. ²⁴καὶ ἦλθεν Ἀβεσσαλὼμ πρὸς τὸν βασιλέα
καὶ εἶπεν Ἰδοὺ δὴ κείρουσιν τῷ δούλῳ σου, πορευθήτω δὴ ὁ βασιλεὺς
25 καὶ οἱ παῖδες αὐτοῦ μετὰ τοῦ δούλου σου. ²⁵καὶ εἶπεν ὁ βασιλεὺς
πρὸς Ἀβεσσαλώμ Μὴ δή, υἱέ μου, μὴ πορευθῶμεν πάντες ἡμεῖς,
καὶ οὐ μὴ καταβαρυνθῶμεν ἐπὶ σέ· καὶ ἐβιάσατο αὐτόν, καὶ οὐκ ἠθέ-
26 λησεν τοῦ πορευθῆναι καὶ εὐλόγησεν αὐτόν. ²⁶καὶ εἶπεν Ἀβεσσα-
λώμ Καὶ εἰ μή, πορευθήτω δὴ μεθ᾽ ἡμῶν Ἀμνὼν ὁ ἀδελφός μου·
27 καὶ εἶπεν αὐτῷ ὁ βασιλεύς Ἵνα τί πορευθῇ μετὰ σοῦ; ²⁷καὶ ἐβιάσατο
αὐτὸν Ἀβεσσαλώμ, καὶ ἀπέστειλεν μετ᾽ αὐτοῦ τὸν Ἀμνὼν καὶ πάντας
τοὺς υἱοὺς τοῦ βασιλέως· καὶ ἐποίησεν Ἀβεσσαλὼμ πότον κατὰ τὸν
28 πότον τοῦ βασιλέως. ²⁸καὶ ἐνετείλατο Ἀβεσσαλὼμ τοῖς παιδαρίοις
αὐτοῦ λέγων Ἴδετε ὡς ἂν ἀγαθυνθῇ ἡ καρδία Ἀμνὼν ἐν τῷ οἴνῳ
καὶ εἴπω πρὸς ὑμᾶς, πατάξατε τὸν Ἀμνὼν καὶ θανατώσατε αὐτόν·
μὴ φοβηθῆτε, ὅτι οὐχὶ ἐγώ εἰμι ὁ ἐντελλόμενος ὑμῖν; ἀνδρίζεσθε
29 καὶ γίνεσθε εἰς υἱοὺς δυνάμεως. ²⁹καὶ ἐποίησαν τὰ παιδάρια Ἀβεσ-
σαλὼν τῷ Ἀμνὼν καθὰ ἐνετείλατο αὐτοῖς Ἀβεσσαλώμ· καὶ ἀνέ-
στησαν πάντες οἱ υἱοὶ τοῦ βασιλέως, καὶ ἐπεκάθισαν ἀνὴρ ἐπὶ τὴν
30 ἡμίονον αὐτοῦ καὶ ἔφυγαν. ³⁰καὶ ἐγένετο αὐτῶν ὄντων ἐν τῇ ὁδῷ,
καὶ ἡ ἀκοὴ ἦλθεν πρὸς Δαυεὶδ λέγων Ἐπάταξεν Ἀβεσσαλὼμ πάντας
31 τοὺς υἱοὺς τοῦ βασιλέως, καὶ οὐ κατελείφθη ἐξ αὐτῶν οὐδὲ εἷς. ³¹καὶ
ἀνέστη ὁ βασιλεὺς καὶ διέρρηξεν τὰ ἱμάτια αὐτοῦ καὶ ἐκοιμήθη ἐπὶ
τὴν γῆν, καὶ πάντες οἱ παῖδες αὐτοῦ οἱ περιεστῶτες αὐτῷ διέρρηξαν
32 τὰ ἱμάτια αὐτῶν. ³²καὶ ἀπεκρίθη Ἰωναδὰβ υἱὸς Σαμὰ ἀδελφοῦ Δαυεὶδ
καὶ εἶπεν Μὴ εἰπάτω ὁ κύριός μου ὁ βασιλεὺς ὅτι πάντα τὰ παιδάρια
τοὺς υἱοὺς τοῦ βασιλέως ἐθανάτωσεν, ὅτι Ἀμνὼν μονώτατος ἀπέθανεν·

21 ο βασ. Δ. ηκουσεν A   23 Βελλασωρ A | βασιλεως] s sup ras Aᵃ¹ A
25 του πορευ.] om του A   28 ο εντελλ.] om ο Bᵃᵇ | ανδριζεσθαι
A | γινεσθαι A   29 επεκαθισεν A | ανηρ] εκαστος A | εφυγον A   31 οι
περιεστ.] om οι A   32 om και ειπεν A | ειπατω] ει πως A | παιδαρια]
παιδια A

ΧΙΙΙ 33 ΒΑΣΙΛΕΙΩΝ Β

B ὅτι ἐπὶ στόματος Ἀβεσσαλὼμ ἦν κείμενος ἀπὸ τῆς ἡμέρας ἧς ἐταπείνωσεν Θημὰρ τὴν ἀδελφὴν αὐτοῦ. ³³καὶ νῦν μὴ θέσθω ὁ κύριός 33 μου ὁ βασιλεὺς ἐπὶ τὴν καρδίαν αὐτοῦ ῥῆμα λέγων Πάντες οἱ υἱοὶ τοῦ βασιλέως ἀπέθαναν, ὅτι ἀλλ᾽ ἢ Ἀμνὼν μονώτατος ἀπέθανεν. ³⁴καὶ 34 ἀπέδρα Ἀβεσσαλώμ. καὶ ἦρεν τὸ παιδάριον ὁ σκοπὸς τοὺς ὀφθαλμοὺς αὐτοῦ καὶ εἶδεν, καὶ ἰδοὺ λαὸς πολὺς πορευόμενος ἐν τῇ ὁδῷ ὄπισθεν αὐτοῦ ἐκ πλευρᾶς τοῦ ὄρους ἐν τῇ καταβάσει· καὶ παρεγένετο ὁ σκοπὸς καὶ ἀπήγγειλεν τῷ βασιλεῖ καὶ εἶπεν Ἄνδρας ἑώρακα ἐκ τῆς ὁδοῦ τῆς Ὠρωνὴν ἐκ μέρους τοῦ ὄρους. ³⁵καὶ εἶπεν 35 Ἰωναδὰβ πρὸς τὸν βασιλέα Ἰδοὺ οἱ υἱοὶ τοῦ βασιλέως πάρεισιν· κατὰ τὸν λόγον τοῦ δούλου σου, οὕτως ἐγένετο. ³⁶καὶ ἐγένετο ἡνίκα 36 συνετέλεσεν λαλῶν, καὶ ἰδοὺ οἱ υἱοὶ τοῦ βασιλέως ἦλθαν, καὶ ἐπῆραν τὴν φωνὴν αὐτῶν καὶ ἔκλαυσαν, καί γε ὁ βασιλεὺς καὶ πάντες οἱ παῖδες αὐτοῦ ἔκλαυσαν κλαυθμὸν μέγαν. ³⁷καὶ Ἀβεσσαλὼμ ἔφυγεν 37 καὶ ἐπορεύθη πρὸς Θολμαίημ υἱὸν Ἐμιοὺδ βασιλέα Γεδσοὺρ εἰς τὴν Μαχάδ· καὶ ἐπένθησεν ὁ βασιλεὺς Δαυεὶδ ἐπὶ τὸν υἱὸν αὐτοῦ πάσας τὰς ἡμέρας. ³⁸Καὶ Ἀβεσσαλὼμ ἀπέδρα καὶ ἐπορεύθη εἰς 38 Γεδσούρ, καὶ ἦν ἐκεῖ ἔτη τρία. ³⁹καὶ ἐκόπασεν ὁ βασιλεὺς Δαυεὶδ τοῦ 39 ἐξελθεῖν πρὸς Ἀβεσσαλώμ, ὅτι παρεκλήθη ἐπὶ Ἀμνὼν ὅτι ἀπέθανεν. ¹καὶ ἔγνω Ἰωὰβ υἱὸς Σαρουίας ὅτι ἡ καρδία τοῦ βασιλέως 1 ἐπὶ Ἀβεσσαλώμ. ²καὶ ἀπέστειλεν Ἰωὰβ εἰς Θεκῶε, καὶ ἔλαβεν ἐκεῖθεν 2 γυναῖκα σοφὴν καὶ εἶπεν πρὸς αὐτήν Πένθησον δὴ καὶ ἔνδυσαι ἱμάτια πενθικὰ καὶ μὴ ἀλείψῃ ἔλαιον, καὶ ἔσῃ ὡς γυνὴ πενθοῦσα ἐπὶ τεθνηκότι, τοῦτο ἡμέρας πολλάς· ³καὶ ἐλεύσῃ πρὸς τὸν βασιλέα 3 καὶ λαλήσεις πρὸς αὐτὸν κατὰ τὸ ῥῆμα τοῦτο. καὶ ἔθηκεν Ἰωὰβ τοὺς λόγους ἐν τῷ στόματι αὐτῆς. ⁴καὶ εἰσῆλθεν ἡ γυνὴ ἡ Θεκωεῖτις 4 πρὸς τὸν βασιλέα, καὶ ἔπεσεν ἐπὶ πρόσωπον αὐτῆς εἰς τὴν γῆν καὶ προσεκύνησεν αὐτῷ καὶ εἶπεν Σῶσον, βασιλεῦ, σῶσον. ⁵καὶ 5 εἶπεν πρὸς αὐτὴν ὁ βασιλεύς Τί ἔστιν σοι; ἡ δὲ εἶπεν Καὶ μάλα γυνὴ χήρα ἐγώ εἰμι, καὶ ἀπέθανεν ὁ ἀνήρ μου· ⁶καί γε τῇ δούλῃ 6 σου δύο υἱοί, καὶ ἐμαχέσαντο ἀμφότεροι ἐν τῷ ἀγρῷ, καὶ οὐκ ἦν ὁ ἐξαιρούμενος ἀνὰ μέσον αὐτῶν, καὶ ἔπαισεν ὁ εἷς τὸν ἕνα ἀδελφὸν αὐτοῦ καὶ ἐθανάτωσεν αὐτόν. ⁷καὶ ἰδοὺ ἐπανέστη ὅλη ἡ πατριὰ πρὸς 7

A 33 ρημα] pr το A | απεθαναν] απεθανον A | om αλλ η A 34 πλευρας] πλευρου A | του ορους 1°] τους ορ. B* (s impr B^b) | εωρακα] εορ. A | της Ωρωνην] των ορεων η| A^vid 36 μεγαν] + σφοδρα A 37 Θολμαιημ] Θολομαι A | την Μαχαδ] γην M. A | om ο βασιλευς A 38 απεδρα Αβεσσ. A 39 Δαδ βασιλευς A XIV 2 τουτο ημερας πολλας πενθ. επι τεθν. A 3 εν τῳ στοματι] εις το στομα A 4 εις] επι A | om και ειπεν A 6 ο εις] om ο A

τὴν δούλην σου καὶ εἶπαν Δὸς τὸν παίσαντα τὸν ἀδελφὸν αὐτοῦ B
καὶ θανατώσομεν αὐτὸν ἀντὶ τῆς ψυχῆς τοῦ ἀδελφοῦ αὐτοῦ οὗ ἀπέ-
κτεινεν, καὶ ἐξαροῦμεν καί γε τὸν κληρονόμον ὑμῶν· καὶ σβέσουσιν
τὸν ἄνθρακά μου τὸν καταλειφθέντα ὥστε μὴ θέσθαι τῷ ἀνδρί μου
8 κατάλειμμα καὶ ὄνομα ἐπὶ προσώπου τῆς γῆς. ⁸καὶ εἶπεν ὁ βασιλεύς
Ὑγιαίνουσα βάδιζε εἰς τὸν οἶκόν σου, κἀγὼ ἐντελοῦμαι περὶ σοῦ.
9 ⁹καὶ εἶπεν ἡ γυνὴ ἡ Θεκωεῖτις πρὸς τὸν βασιλέα Ἐπ᾽ ἐμέ, κύριέ
μου βασιλεῦ, ἡ ἀνομία καὶ ἐπὶ τὸν οἶκον τοῦ πατρός μου, καὶ ὁ
10 βασιλεὺς καὶ ὁ θρόνος αὐτοῦ ἀθῷος. ¹⁰καὶ εἶπεν ὁ βασιλεύς Τίς
ὁ λαλῶν πρὸς σέ; καὶ ἄξεις αὐτὸν πρὸς ἐμέ, καὶ οὐ προσθήσει ἔτι
11 ἅψασθαι αὐτοῦ. ¹¹καὶ εἶπεν Μνημονευσάτω δὴ ὁ βασιλεὺς τὸν κύριον
θεὸν αὐτοῦ, πληθυνθῆναι ἀγχιστέα τοῦ αἵματος τοῦ διαφθεῖραι, καὶ
οὐ μὴ ἐξάρωσιν τὸν υἱόν μου· καὶ εἶπεν. Ζῇ Κύριος, εἰ πεσεῖται
12 ἀπὸ τῆς τριχὸς τοῦ υἱοῦ σου ἐπὶ τὴν γῆν. ¹²καὶ εἶπεν Ααλησάτω
δὴ ἡ δούλη σου πρὸς τὸν κύριόν μου βασιλέα ῥῆμα· καὶ εἶπεν Λάλη-
13 σον. ¹³καὶ εἶπεν ἡ γυνή Ἵνα τί ἐλογίσω τοιοῦτο ἐπὶ λαὸν θεοῦ;
ἢ ἐκ στόματος τοῦ βασιλέως ὁ λόγος οὗτος ὡς πλημμέλεια, τοῦ μὴ
14 ἐπιστρέψαι τὸν βασιλέα τὸν ἐξωσμένον αὐτοῦ; ¹⁴ὅτι θανάτῳ ἀποθα-
νούμεθα, καὶ ὥσπερ τὸ ὕδωρ τὸ καταφθειρόμενον ἐπὶ τῆς γῆς ὃ οὐ
συναχθήσεται· καὶ λήμψεται ὁ θεὸς ψυχήν, καὶ λογιζόμενος τοῦ
15 ἐξῶσαι ἀπ᾽ αὐτοῦ ἐξωσμένον. ¹⁵καὶ νῦν ὃ ἦλθον λαλῆσαι πρὸς
τὸν βασιλέα κύριόν μου τὸ ῥῆμα τοῦτο, ὅτι ὄψεταί με ὁ λαός, καὶ ἐρεῖ
ἡ δούλη σου Λαλησάτω δὴ πρὸς τὸν βασιλέα, εἴ πως ποιήσει ὁ βασιλεὺς
16 τὸ ῥῆμα τῆς δούλης αὐτοῦ· ¹⁶ὅτι ἀκούσει ὁ βασιλεύς· ῥυσάσθω τὴν
δούλην αὐτοῦ ἐκ χειρὸς τοῦ ἀνδρὸς τοῦ ζητοῦντος ἐξᾶραί με καὶ τὸν
17 υἱόν μου ἀπὸ κληρονομίας θεοῦ. ¹⁷καὶ εἶπεν ἡ γυνή Εἴη δὴ ὁ λόγος
τοῦ κυρίου μου τοῦ βασιλέως εἰς θυσίας, ὅτι καθὼς ἄγγελος θεοῦ
οὕτως ὁ κύριός μου ὁ βασιλεὺς τοῦ ἀκούειν τὸ ἀγαθὸν καὶ τὸ πονηρόν,
18 καὶ Κύριος ὁ θεός σου ἔσται μετὰ σοῦ. ¹⁸καὶ ἀπεκρίθη ὁ βασιλεὺς
καὶ εἶπεν πρὸς τὴν γυναῖκα Μὴ δὴ κρύψῃς ἀπ᾽ ἐμοῦ ῥῆμα ὃ ἐγὼ
ἐπερωτῶ σε· καὶ εἶπεν ἡ γυνή Λαλησάτω δὴ ὁ κύριός μου ὁ βασιλεύς.
19 ¹⁹καὶ εἶπεν ὁ βασιλεύς Μὴ ἡ χεὶρ Ἰωὰβ ἐν παντὶ τούτῳ μετὰ σοῦ;

7 παισαντα] πεσαντα A | καταλειμμα και ονομα] ονομα και λημμα A A
10 ου]+μη A   11 πληθυνθηναι] πληθυναι A | om απο A   12 ειπεν 1°]+
η γυνη A | βασιλεα] pr του A   13 τοιουτον A | τον βασ.] pr προς A
14 ψυχην] pr την A | και 3°] signa v l prae se fert B^txt et mg | λογιζομενος]
διαλογιζ. λογισμους A | εξωσμενον A   15 κυριον] pr τον B^ab (superscr)
A | ποιηση A   16 ακουει A | ρυσασθω]+δη A | μου]+κατα το αυτο A
17 θυσιαν A | θεου] pr του A   19 μετα σου εν π. τουτω A

Β καὶ εἶπεν ἡ γυνὴ τῷ βασιλεῖ Ζῇ ἡ ψυχή σου, κύριέ μου βασιλεῦ, εἰ ἔστιν εἰς τὰ δεξιὰ ἢ εἰς τὰ ἀριστερὰ ἐκ πάντων ὧν ἐλάλησεν ὁ κύριός μου ὁ βασιλεύς· ὅτι ὁ δοῦλός σου Ἰωὰβ αὐτὸς ἐνετείλατό μοι; καὶ αὐτὸς ἔθετο ἐν τῷ στόματι τῆς δούλης σου πάντας τοὺς λόγους τούτους· ²⁰ἕνεκεν τοῦ περιελθεῖν τὸ πρόσωπον τοῦ ῥήματος 20 τούτου ὃ ἐποίησεν ὁ δοῦλός σου Ἰωάβ, τὸν δόλον τοῦτον· καὶ ὁ κύριός μου σοφὸς καθὼς σοφία ἀγγέλου τοῦ θεοῦ, τοῦ γνῶναι πάντα τὰ ἐν τῇ γῇ. ²¹καὶ εἶπεν ὁ βασιλεὺς πρὸς Ἰωάβ Ἰδοὺ δὴ ἐποίησά σοι 21 κατὰ τὸν λόγον σου τοῦτον· ἐπίστρεψον τὸ παιδάριον τὸν Ἀβεσσαλώμ. ²²καὶ ἔπεσεν Ἰωὰβ ἐπὶ πρόσωπον αὐτοῦ ἐπὶ τὴν γῆν καὶ 22 προσεκύνησεν καὶ εὐλόγησεν τὸν βασιλέα, καὶ εἶπεν Ἰωάβ Σήμερον ἔγνω ὁ δοῦλός σου ὅτι εὗρον χάριν ἐν ὀφθαλμοῖς σου, κύριέ μου βασιλεῦ, ὅτι ἐποίησεν ὁ κύριός μου ὁ βασιλεὺς τὸν λόγον τοῦ δούλου αὐτοῦ. ²³καὶ ἀνέστη Ἰωὰβ καὶ ἐπορεύθη εἰς Γεδσούρ, καὶ ἤγαγεν τὸν 23 Ἀβεσσαλὼμ εἰς Ἰερουσαλήμ. ²⁴καὶ εἶπεν ὁ βασιλεύς Ἀποστρα- 24 φήτω εἰς τὸν οἶκον αὐτοῦ, καὶ τὸ πρόσωπόν μου μὴ βλεπέτω· καὶ ἀπέστρεψεν Ἀβεσσαλὼμ εἰς τὸν οἶκον αὐτοῦ, καὶ τὸ πρόσωπον τοῦ βασιλέως οὐκ εἶδεν. ²⁵καὶ ὡς Ἀβεσσαλὼμ οὐκ ἦν ἀνὴρ ἐν παντὶ 25 Ἰσραὴλ αἰνετὸς σφόδρα· ἀπὸ ἴχνους ποδὸς αὐτοῦ καὶ ἕως κορυφῆς αὐτοῦ οὐκ ἦν ἐν αὐτῷ μῶμος. ²⁶καὶ ἐν τῷ κείρεσθαι αὐτὸν τὴν 26 κεφαλὴν αὐτοῦ, καὶ ἐγένετο ἀπ' ἀρχῆς ἡμερῶν εἰς ἡμέρας ὡς ἂν ἐκείρετο, ὅτι κατεβαρύνετο ἐπ' αὐτόν, καὶ κειρόμενος αὐτὴν ἔστησεν τὴν τρίχα τῆς κεφαλῆς αὐτοῦ διακοσίους σίκλους ἐν τῷ σίκλῳ τῷ βασιλικῷ. ²⁷καὶ ἐτέχθησαν τῷ Ἀβεσσαλὼμ τρεῖς υἱοὶ καὶ θυγάτηρ 27 μία, καὶ ὄνομα αὐτῇ Θημάρ· αὕτη ἦν γυνὴ καλὴ σφόδρα, καὶ γίνεται γυνὴ τῷ Ῥοβοὰμ υἱῷ Σαλωμὼν καὶ τίκτει αὐτῷ τὸν Ἀβιαθάρ. ²⁸Καὶ 28 ἐκάθισεν Ἀβεσσαλὼμ ἐν Ἰερουσαλὴμ δύο ἔτη ἡμερῶν καὶ τὸ πρόσωπον τοῦ βασιλέως οὐκ εἶδεν. ²⁹καὶ ἀπέστειλεν Ἀβεσσαλὼμ πρὸς 29 Ἰωὰβ ἀποστεῖλαι αὐτὸν πρὸς τὸν βασιλέα, καὶ οὐκ ἠθέλησεν ἐλθεῖν πρὸς αὐτόν· καὶ ἀπέστειλεν ἐκ δευτέρου πρὸς αὐτόν, καὶ οὐκ ἠθέλησεν παραγενέσθαι. ³⁰καὶ εἶπεν πρὸς τοὺς παῖδας αὐτοῦ Ἀβεσσαλώμ 30 Ἴδετε ἡ μερὶς ἐν ἀγρῷ τοῦ Ἰωὰβ ἐχόμενά μου, καὶ αὐτῷ κριθαὶ ἐκεῖ· πορεύεσθε καὶ ἐμπρήσατε αὐτὴν ἐν πυρί· καὶ ἐνέπρησαν αὐτὰς οἱ

A 19 ºπαντων] + τουτων A | στοματι] + μου A   20 περιελθειν] περιελευ A | δολον] signa v l prae se fert B^{txt et mg} λογον A | μου] + Ιωαβ A   21 επι- στρεψον] pr και πορευθητι και A   24 απεστρεψεν] επεστρ. A | Αβεσσ.] pr ο A   25 ανηρ] + καλος A   26 καερεσθαι (αε sup ras A¹) A   27 Αβεσσαλωμ] βασιλει A | Θαμαρ A | ην] η A | Σαλομων B^b | Αβιαθαρ] Αβιαν A   30 παιδας] παι A | η] ει A | εκει] (sic) εισι A

ΒΑΣΙΛΕΙΩΝ Β   XV 8

παῖδες Ἀβεσσαλώμ, τὴν μερίδα. καὶ παραγίνονται οἱ δοῦλοι Ἰωὰβ B
πρὸς αὐτὸν διερρηχότες τὰ ἱμάτια αὐτῶν καὶ εἶπαν Ἐνεπύρισαν
31 οἱ δοῦλοι Ἀβεσσαλὼμ τὴν μερίδα ἐν πυρί. ³¹ καὶ ἀνέστη Ἰωὰβ
καὶ ἦλθεν πρὸς Ἀβεσσαλὼμ εἰς τὸν οἶκον, καὶ εἶπεν πρὸς αὐτόν
32 Ἵνα τί οἱ παῖδές σου ἐνεπύρισαν τὴν μερίδα τὴν ἐμὴν ἐν πυρί; ³² καὶ
εἶπεν Ἀβεσσαλὼμ πρὸς Ἰωάβ Ἰδοὺ ἀπέστειλα πρὸς σὲ λέγων Ἧκε
ὧδε καὶ ἀποστελῶ σε πρὸς τὸν βασιλέα λέγων Ἵνα τί ἦλθον ἐκ
Γεδσούρ; ἀγαθόν μοι ἦν εἶναι ἐκεῖ· καὶ νῦν ἰδοὺ τὸ πρόσωπον τοῦ
βασιλέως οὐκ εἶδον· εἰ δέ ἐστιν ἐν ἐμοὶ ἀδικία, καὶ θανάτωσόν με.
33 ³³ καὶ εἰσῆλθεν Ἰωὰβ πρὸς τὸν βασιλέα καὶ ἀπήγγειλεν αὐτῷ, καὶ
ἐκάλεσεν τὸν Ἀβεσσαλώμ. καὶ εἰσῆλθεν πρὸς τὸν βασιλέα καὶ
προσεκύνησεν αὐτῷ, καὶ ἔπεσεν ἐπὶ πρόσωπον αὐτοῦ ἐπὶ τὴν γῆν
καὶ κατὰ πρόσωπον τοῦ βασιλέως. καὶ κατεφίλησεν ὁ βασιλεὺς
τὸν Ἀβεσσαλώμ.
XV 1 ¹ Καὶ ἐγένετο μετὰ ταῦτα καὶ ἐποίησεν ἑαυτῷ Ἀβεσσαλὼμ ἅρματα
καὶ ἵππους καὶ πεντήκοντα ἄνδρας παρατρέχειν ἔμπροσθεν αὐτοῦ.
2 ² καὶ ὤρθρισεν Ἀβεσσαλὼμ καὶ ἔστη ἀνὰ χεῖρα τῆς ὁδοῦ τῆς πύλης·
καὶ ἐγένετο πᾶς ἀνὴρ ᾧ ἐγένετο κρίσις ἦλθεν πρὸς τὸν βασιλέα εἰς
κρίσιν, καὶ ἐβόησεν πρὸς αὐτὸν Ἀβεσσαλὼμ καὶ ἔλεγεν αὐτῷ Ἐκ
ποίας πόλεως σὺ εἶ; καὶ εἶπεν Ἐκ μιᾶς φυλῶν Ἰσραὴλ ὁ δοῦλός
3 σου. ³ καὶ εἶπεν πρὸς αὐτὸν ὁ Ἀβεσσαλώμ Ἰδοὺ οἱ λόγοι σου
ἀγαθοὶ καὶ εὔκολοι, καὶ ἀκούων οὐκ ἔστιν σου παρὰ τοῦ βασιλέως.
4 ⁴ καὶ εἶπεν Ἀβεσσαλώμ Τίς με καταστήσει κριτὴν ἐν τῇ γῇ, καὶ
ἐπ' ἐμὲ ἐλεύσεται πᾶς ἀνὴρ ᾧ ἐὰν ᾖ ἀντιλογία καὶ κρίσις καὶ δικαιώσω
5 αὐτόν; ⁵ καὶ ἐγένετο ἐν τῷ ἐγγίζειν ἄνδρα τοῦ προσκυνῆσαι αὐτῷ,
καὶ ἐξέτεινε τὴν χεῖρα αὐτοῦ καὶ ἐπελαμβάνετο αὐτοῦ καὶ κατε-
6 φίλησεν αὐτόν. ⁶ καὶ ἐποίησεν Ἀβεσσαλὼμ κατὰ τὸ ῥῆμα τοῦτο
παντὶ Ἰσραὴλ τοῖς παραγινομένοις εἰς κρίσιν πρὸς τὸν βασιλέα, καὶ
7 ἰδιοποιεῖτο Ἀβεσσαλὼμ τὴν καρδίαν ἀνδρῶν Ἰσραήλ. ⁷ Καὶ
ἐγένετο ἀπὸ τέλους τεσσεράκοντα ἐτῶν καὶ εἶπεν Ἀβεσσαλὼμ πρὸς
τὸν πατέρα αὐτοῦ Πορεύσομαι δὴ καὶ ἀποτίσω τὰς εὐχάς μου ἃς
8 ηὐξάμην τῷ κυρίῳ ἐν Χεβρών. ⁸ ὅτι εὐχὴν ηὔξατο ὁ δοῦλός σου
ἐν τῷ οἰκεῖν με ἐν Γεδσοὺρ ἐν Συρίᾳ λέγων Ἐὰν ἐπιστρέφων ἐπι-

30 αυτων] εαυτων A   31 ενεπυρ. οι π. σου A   32 ειναι] ετι ειν. με A | A
ουκ ειδον το προσ. του βασ. A | om εν A   33 ανηγγειλεν A | τον Αβεσσ. 1°]
om τον A   XV 1 εαυτω] αυτω A   2 Αβεσσ. προς αυτον A | ει συ A | ει-
πεν]+ο ανηρ A   3 ο Αβεσσ.] om ο A | σου ουκ εστιν A . 4 om και 2° A |
εμε] εμου A | ελευσεται] επελευσ. A | ω] ου A   5 εξετεινεν A | επελαμβανετο]
κατελαμβ. A   7 τεσσαρακ. B^b | ευξαμην A   8 επιστρεψη] επιστρεψει A

ΒΑΣΙΛΕΙΩΝ Β

στρέψη με Κύριος εἰς Ἰερουσαλήμ, καὶ λατρεύσω τῷ κυρίῳ. ⁹καὶ εἶπεν αὐτῷ ὁ βασιλεὺς Βάδιζε εἰς εἰρήνην· καὶ ἀναστὰς ἐπορεύθη εἰς Χεβρών. ¹⁰καὶ ἀπέστειλεν Ἀβεσσαλὼμ κατασκόπους ἐν πάσαις φυλαῖς Ἰσραὴλ λέγων Ἐν τῷ ἀκοῦσαι ὑμᾶς τὴν φωνὴν τῆς κερατίνης καὶ ἐρεῖτε Βεβασίλευκεν βασιλεὺς Ἀβεσσαλὼμ ἐν Χεβρών. ¹¹καὶ μετὰ Ἀβεσσαλὼμ ἐπορεύθησαν διακόσιοι ἄνδρες ἐξ Ἰερουσαλὴμ κλητοί· καὶ πορευόμενοι τῇ ἁπλότητι αὐτῶν καὶ οὐκ ἔγνωσαν πᾶν ῥῆμα. ¹²καὶ ἀπέστειλεν Ἀβεσσαλὼμ τῷ Ἀχειτόφελ τῷ Θεκωνεὶ σύμβουλον Δαυεὶδ ἐν πόλει αὐτοῦ εἰς Γωλὰ ἐν τῷ θυσιάζειν αὐτόν· καὶ ἐγένετο σύντριμμα ἰσχυρόν, καὶ ὁ λαὸς ὁ πορευόμενος καὶ πολὺς μετὰ Ἀβεσσαλώμ. ¹³Καὶ παρεγένετο ὁ ἀπαγγέλλων πρὸς Δαυεὶδ λέγων Ἐγενήθη ἡ καρδία ἀνδρῶν Ἰσραὴλ ὀπίσω Ἀβεσσαλώμ. ¹⁴καὶ εἶπεν Δαυεὶδ πᾶσιν τοῖς παισὶν αὐτοῦ τοῖς μετ' αὐτοῦ τοῖς ἐν Ἰερουσαλήμ Ἀνάστητε καὶ φύγωμεν, ὅτι οὐκ ἔστιν ἡμῖν σωτηρία ἀπὸ προσώπου Ἀβεσσαλώμ· ταχύνατε τοῦ πορευθῆναι, ἵνα μὴ ταχύνῃ καὶ καταλάβῃ ἡμᾶς, καὶ ἐξώσῃ ἐφ' ἡμᾶς τὴν κακίαν καὶ πατάξῃ τὴν πόλιν στόματι μαχαίρης. ¹⁵καὶ εἶπον οἱ παῖδες τοῦ βασιλέως πρὸς τὸν βασιλέα Κατὰ πάντα ὅσα αἱρεῖται ὁ κύριος ἡμῶν ὁ βασιλεύς, ἰδοὺ οἱ παῖδές σου. ¹⁶καὶ ἐξῆλθεν ὁ βασιλεὺς καὶ πᾶς ὁ οἶκος αὐτοῦ τοῖς ποσὶν αὐτῶν· καὶ ἀφῆκεν ὁ βασιλεὺς δέκα γυναῖκας τῶν παλλακῶν αὐτοῦ φυλάσσειν τὸν οἶκον. ¹⁷καὶ ἐξῆλθεν ὁ βασιλεὺς ·καὶ πάντες οἱ παῖδες αὐτοῦ πεζῇ, καὶ ἔστησαν ἐν οἴκῳ τῷ Μακράν. ¹⁸καὶ πάντες οἱ παῖδες αὐτοῦ ἀνὰ χεῖρα αὐτοῦ παρῆγον καὶ πᾶς ὁ Χεττεὶ καὶ πᾶς ὁ Φελετθεί, καὶ ἔστησαν ἐπὶ τῆς ἐλαίας ἐν τῇ ἐρήμῳ· καὶ πᾶς ὁ λαὸς παρεπορεύετο ἐχόμενος αὐτοῦ, καὶ πάντες οἱ περὶ αὐτὸν καὶ πάντες οἱ ἁδροὶ καὶ πάντες οἱ μαχηταί, ἑξακόσιοι ἄνδρες, καὶ παρῆσαν ἐπὶ χεῖρα αὐτοῦ· καὶ πᾶς ὁ Χερεθθεὶ καὶ πᾶς ὁ Φελεθθεὶ καὶ πάντες οἱ Γεθθαῖοι, οἱ ἑξακόσιοι ἄνδρες οἱ ἐλθόντες τοῖς ποσὶν αὐτῶν εἰς Γέθ. καὶ πορευόμενοι ἐπὶ πρόσωπον τοῦ βασιλέως. ¹⁹καὶ εἶπεν ὁ βασιλεὺς πρὸς Σεθθεὶ τὸν Γεθθαῖον Ἵνα τί πορεύῃ καὶ σὺ

A 8 Κυριος] pr ο A   10 om εν 1° A | om βασιλευς A   11 τη απλοτητι] pr εν A   12 Θεκωνει] Γιλωναιω A | συμβουλον] τω συμβουλω A | εις] εν A | αυτον]+τας θυσιας A | σύντριμμα B^b (συντρειμμα B*) signa v l prae se fert in B^(txt et mg) συστρεμμα A | ο πορευομ.] om ο A   13 ο απαγγελλων] signa v l prae se fert B^(txt et mg) αγγελλων A   14 αναστατε BA |·ταχυνατε] pr και A | μαχαιρας B^(ab) A   15 ειπαν A | αιρειται] ερειται A   16 δεκα γ.] τας δε γ. A   17 πεζοι A   18 παρηγον ανα χειρα αυτου A | om Χεττει...πας ο (4°) A | οι εξακοσιοι] om οι 1° A a sup ras A¹ | τοις ποσιν] εν ταις πολεσιν A   19 Σεθθει] Εθθει A

ΒΑΣΙΛΕΙΩΝ Β   XV 30

μεθ' ἡμῶν; ἐπίστρεφε καὶ οἴκει μετὰ τοῦ βασιλέως, ὅτι ξένος εἶ B
20 σὺ καὶ ὅτι μετῴκηκας σὺ ἐκ τοῦ τόπου σου. ²⁰εἰ ἐχθὲς παραγέγονας,
καὶ σήμερον κινήσω σε μεθ' ἡμῶν; καί γε μεταναστήσεις τὸν τόπον
σου· ἐχθὲς ἡ ἐξέλευσίς σου, καὶ σήμερον μετακινήσω σε μεθ' ἡμῶν
τοῦ πορευθῆναι; καὶ ἐγὼ πορεύσομαι ἐφ' οὗ ἂν ἐγὼ πορευθῶ·
ἐπιστρέφου καὶ ἐπίστρεψον τοὺς ἀδελφούς σου μετὰ σοῦ, καὶ Κύριος
21 ποιήσει μετὰ σοῦ ἔλεος καὶ ἀλήθειαν. ²¹καὶ ἀπεκρίθη Ἐθθεὶ τῷ
βασιλεῖ καὶ εἶπεν Ζῇ Κύριος καὶ ζῇ ὁ κύριός μου ὁ βασιλεύς, ὅτι
εἰς τὸν τόπον οὗ ἐὰν ᾖ ὁ κύριός μου, καὶ ἐὰν εἰς θάνατον καὶ ἐὰν
22 εἰς ζωήν, ὅτι ἐκεῖ ἔσται ὁ δοῦλός σου. ²²καὶ εἶπεν ὁ βασιλεὺς πρὸς
Σεθθεί Δεῦρο καὶ διάβαινε μετ' ἐμοῦ· καὶ παρῆλθεν Σεθθεὶ ὁ Γεθθαῖος
23 καὶ πάντες οἱ παῖδες αὐτοῦ καὶ πᾶς ὁ ὄχλος ὁ μετ' αὐτοῦ. ²³καὶ
πᾶσα ἡ γῆ ἔκλαιεν φωνῇ μεγάλῃ· καὶ πᾶς ὁ λαὸς παρεπορεύοντο
ἐν τῷ χειμάρρῳ τῶν κέδρων, καὶ ὁ βασιλεὺς διέβη τὸν χειμάρρουν
Κεδρών· καὶ πᾶς ὁ λαὸς καὶ ὁ βασιλεὺς παρεπορεύοντο ἐπὶ πρόσωπον
24 ὁδοῦ τὴν ἔρημον. ²⁴καὶ ἰδοὺ καί γε Σαδδὼκ καὶ πάντες οἱ Λευεῖται
μετ' αὐτοῦ αἴροντες τὴν κιβωτὸν διαθήκης Κυρίου ἀπὸ Βαιθάρ· καὶ
ἔστησαν τὴν κιβωτὸν τοῦ θεοῦ, καὶ ἀνέβη Ἀβιαθάρ, ὡς ἐπαύσατο
25 πᾶς ὁ λαὸς παρελθεῖν ἐκ τῆς πόλεως. ²⁵καὶ εἶπεν ὁ βασιλεὺς τῷ
Σαδδὼκ Ἀπόστρεψον τὴν κιβωτὸν τοῦ θεοῦ εἰς τὴν πόλιν· ἐὰν εὕρω
χάριν ἐν ὀφθαλμοῖς Κυρίου, καὶ ἐπιστρέψει με καὶ δείξει μοι αὐτὴν
26 καὶ τὴν εὐπρέπειαν αὐτῆς· ²⁶καὶ ἐὰν εἴπῃ οὕτως Οὐκ ἠθέληκα ἐν
σοί, ἰδοὺ ἐγώ εἰμι, ποιείτω μοι κατὰ τὸ ἀγαθὸν ἐν ὀφθαλμοῖς αὐτοῦ.
27 ²⁷καὶ εἶπεν ὁ βασιλεὺς τῷ Σαδὼκ τῷ ἱερεῖ Ἴδετε, σὺ ἐπιστρέφεις
εἰς τὴν πόλιν ἐν εἰρήνῃ, καὶ Ἀχειμαίας ὁ υἱός σου καὶ Ἰωναθὰν ὁ
28 υἱὸς Ἀβιαθὰρ οἱ δύο υἱοὶ ὑμῶν μεθ' ὑμῶν· ²⁸ἴδετε, ἐγώ εἰμι στρα-
τεύομαι ἐν ἀραβὼθ τῆς ἐρήμου ἕως τοῦ ἐλθεῖν ῥῆμα παρ' ὑμῶν τοῦ
29 ἀπαγγεῖλαί μοι. ²⁹καὶ ἀπέστρεψεν Σαδὼκ καὶ Ἀβιαθὰρ τὴν κιβωτὸν
30 εἰς Ἰερουσαλήμ, καὶ ἐκάθισεν ἐκεῖ. ³⁰καὶ Δαυεὶδ ἀνέβαινεν ἐν τῇ
ἀναβάσει τῶν ἐλαιῶν καὶ τὴν κεφαλὴν ἐπικεκαλυμμένος, καὶ αὐτὸς
ἐπορεύετο ἀνυπόδετος· καὶ πᾶς ὁ λαὸς ὁ μετ' αὐτοῦ ἐπεκάλυψεν ἀνὴρ

20 χθες Bᵇ (bis) | om και γε μεταναστησεις...μεθ ημων A   21 εαν 1°] A
αν A | μου 2°] + ο βασιλευς A   22 διαβαινε] διανεβαι A | ο οχλος] om ο A
23 om εν τω χειμ. των Κεδρων A | διεβη] παρερχομενος A | τον χειμ. Κεδρων]
εν τω χειμ. των Κ. A | om και ο βασιλευς 2° A   24 Λευιται A | ως] εως A
25 πολιν] + και καθισατω εις τον τοπον αυτου A | om μοι A   27 Σαδωκ]
Ιαβοκ A | Αχιμαας A | υμων 1°] om μων B* (superscr Bᵃᵇ) om υμων A
29 απεστρεψαν A | την κιβ.] + του θῡ A   30 εν τη αναβασει] εκ της
αναβασεως A | ελαιων Bᵃᵇ (ελεων B*) A] + αναβαινων και κλαιων A | ο
2°] οι A

ΒΑΣΙΛΕΙΩΝ Β

Β τὴν κεφαλὴν αὐτοῦ, καὶ ἀνέβαινον ἀναβαίνοντες καὶ κλαίοντες. ³¹καὶ ₃₁ ἀνηγγέλη Δαυεὶδ λέγοντες Καὶ Ἀχειτόφελ ἐν τοῖς συστρεφομένοις μετὰ Ἀβεσσαλώμ· καὶ εἶπεν Δαυείδ Διασκέδασον δὴ τὴν βουλὴν Ἀχειτόφελ, Κύριε ὁ θεός μου. ³²καὶ ἦν Δαυεὶδ ἐρχόμενος ἕως τοῦ ₃₂ Ῥοώς, οὗ προσεκύνησεν ἐκεῖ τῷ θεῷ· καὶ ἰδοὺ εἰς ἀπαντὴν αὐτῷ Χουσεὶ ὁ Ἀρχί, ἑταῖρος Δαυείδ, διερρηχὼς τὸν χιτῶνα αὐτοῦ καὶ γῆ ἐπὶ τῆς κεφαλῆς αὐτοῦ. ³³καὶ εἶπεν αὐτῷ Δαυεὶδ Ἐὰν μὲν διαβῇς ₃₃ μετ' ἐμοῦ, καὶ ἔσῃ ἐπ' ἐμὲ εἰς βάσταγμα. ³⁴καὶ ἂν εἰς τὴν πόλιν ₃₄ ἐπιστρέψῃς, καὶ ἐρεῖς τῷ Ἀβεσσαλώμ Διεληλύθασιν οἱ ἀδελφοί σου, καὶ ὁ βασιλεὺς κατόπισθέν μου διελήλυθεν ὁ πατήρ σου· καὶ νῦν παῖς σού εἰμι, βασιλεῦ, ἔασόν με ζῆσαι· παῖς τοῦ πατρός σου ἤμην τότε καὶ ἀρτίως, καὶ νῦν ἐγὼ δοῦλος σός· καὶ διασκεδάσεις μοι τὴν βουλὴν Ἀχειτόφελ. ³⁵καὶ ἰδοὺ μετὰ σοῦ ἐκεῖ Σαδὼκ καὶ Ἀβιαθὰρ ₃₅ οἱ ἱερεῖς· καὶ ἔσται πᾶν ῥῆμα ὃ ἐὰν ἀκούσῃς ἐξ οἴκου τοῦ βασιλέως, καὶ ἀναγγελεῖς τῷ Σαδὼκ καὶ τῷ Ἀβιαθὰρ τοῖς ἱερεῦσιν. ³⁶ἰδοὺ ₃₆ ἐκεῖ μετ' αὐτῶν δύο υἱοὶ αὐτῶν, Ἀχειμάας υἱὸς τῷ Σαδὼκ καὶ Ἰωναθὰν υἱὸς τῷ Ἀβιαθάρ· καὶ ἀποστελεῖτε ἐν χειρὶ αὐτῶν πρὸς μὲ πᾶν ῥῆμα ὃ ἐὰν ἀκούσητε. ³⁷καὶ εἰσῆλθεν Χουσεὶ ὁ ἑταῖρος Δαυεὶδ εἰς τὴν ₃₇ πόλιν, καὶ Ἀβεσσαλὼμ εἰσεπορεύετο εἰς Ἰερουσαλήμ. ¹Καὶ ₁ Χ Δαυεὶδ παρῆλθεν βραχύ τι ἀπὸ τῆς Ῥοώς, καὶ ἰδοὺ Σειβὰ τὸ παιδάριον Μεμφιβόσθε εἰς ἀπαντὴν αὐτοῦ, καὶ ζεῦγος ὄνων ἐπισεσαγμένων, καὶ ἐπ' αὐτοῖς διακόσιοι ἄρτοι καὶ ἑκατὸν σταφίδες καὶ ἑκατὸν φοίνικες καὶ νέβελ οἴνου. ²καὶ εἶπεν ὁ βασιλεὺς πρὸς Σειβά Τί ₂ ταῦτά σοι; καὶ εἶπεν Σειβά Τὰ ὑποζύγια τῇ οἰκίᾳ τοῦ βασιλέως τοῦ ἐπικαθῆσθαι, καὶ οἱ ἄρτοι καὶ οἱ φοίνικες εἰς βρῶσιν τοῖς παιδαρίοις, καὶ ὁ οἶνος πιεῖν τοῖς ἐκλελυμένοις ἐν τῇ ἐρήμῳ. ³καὶ εἶπεν ὁ ₃ βασιλεύς Καὶ ποῦ ὁ υἱὸς τοῦ κυρίου σου; καὶ εἶπεν Σειβὰ πρὸς τὸν βασιλέα Ἰδοὺ κάθηται ἐν Ἰερουσαλήμ, ὅτι εἶπεν Σήμερον ἐπιστρέψουσίν μοι οἶκος Ἰσραὴλ τὴν βασιλείαν τοῦ πατρός μου. ⁴καὶ εἶπεν ₄ ὁ βασιλεὺς τῷ Σειβά Ἰδοὺ σοὶ πάντα ὅσα ἐστὶν Μεμφιβόσθε. καὶ εἶπεν Σειβά Προσκυνήσας εὕροιμι χάριν ἐν ὀφθαλμοῖς σου, κύριέ μου

A 31 Δαδ ανηγγελη A | om και 2° A 32 ερχομενος] εισερχ. A | Ροως] signa v·l prae se fert B⁺ ᵗˣᵗ ᵉᵗ ᵐᵍ | απαντησιν A | αυτω] αυτου A | αρχιεταιρος Bᵃᵇ (αρ-χειεταιρος A)] αρχιετερος B* | Δαδιερρηχως (sic) A | τον χιτωνα] τα ιματια A 33 om μεν A 34 αν] εαν A | διεληλυθεν] και εληλυθεν A | σος] σου A 36 Αχειμαας υιος] Αχιμασσυιος A* (σ 2° ras Aᵛⁱᵈ) 37 εταιρος] αρχιεταιρος A | εισεπορευετο εις Ιερ.] επο. εις την πολιν A XVI 1 Σειβα] Σιββα A (item 2 [2°], 3, 4 bis) | Μεμφιβοσθαι A (item 4) | απαντην] απαντησιν A | αυ-τοι B* (αυτοις Bᵃᵇ) 2 πειν B* | ειλελυμενοις Bᵛⁱᵈ 3 οικος] pr ο A

ΒΑΣΙΛΕΙΩΝ Β XVI 18

5 βασιλεῦ. ⁵Καὶ ἦλθεν ὁ βασιλεὺς Δαυεὶδ ἕως Βουρείμ· καὶ Β ἰδοὺ ἐκεῖθεν ἀνὴρ ἐξεπορεύετο ἐκ συγγενείας οἴκου Σαούλ, καὶ ὄνομα αὐτῷ Σεμεεὶ υἱὸς Γηρά· ἐξῆλθεν ἐκπορευόμενος καὶ καταρώμενος 6 ⁶καὶ λιθάζων ἐν λίθοις τὸν Δαυεὶδ καὶ πάντας τοὺς παῖδας τοῦ βασιλέως Δαυείδ· καὶ πᾶς ὁ λαὸς ἦν καὶ πάντες οἱ δυνατοὶ ἐκ δεξιῶν 7 αὐτοῦ καὶ ἐξ εὐωνύμων τοῦ βασιλέως. ⁷καὶ οὕτως ἔλεγεν Σεμεεὶ ἐν τῷ καταρᾶσθαι αὐτόν Ἔξελθε ἔξελθε, ἀνὴρ αἱμάτων καὶ ἀνὴρ 8 ὁ παράνομος. ⁸ἐπέστρεψεν ἐπὶ σὲ Κύριος πάντα τὰ αἵματα τοῦ οἴκου Σαούλ, ὅτι ἐβασίλευσας ἀντ' αὐτοῦ, καὶ ἔδωκεν Κύριος τὴν βασιλείαν ἐν χειρὶ Ἀβεσσαλὼμ τοῦ υἱοῦ σου· καὶ ἰδοὺ σὺ ἐν τῇ 9 κακίᾳ σου, ὅτι ἀνὴρ αἱμάτων σύ. ⁹καὶ εἶπεν Ἀβεισὰ υἱὸς Σαρουίας πρὸς τὸν βασιλέα Ἵνα τί καταρᾶται ὁ κύων ὁ τεθνηκὼς οὗτος τὸν κύριόν μου τὸν βασιλέα; διαβήσομαι δὴ καὶ ἀφελῶ τὴν κεφαλὴν 10 αὐτοῦ. ¹⁰καὶ εἶπεν ὁ βασιλεύς Τί ἐμοὶ καὶ ὑμῖν, υἱοὶ Σαρουίας; καὶ ἄφετε αὐτὸν καὶ οὕτως καταράσθω, ὅτι Κύριος εἶπεν αὐτῷ 11 καταρᾶσθαι τὸν Δαυείδ· καὶ τίς ἐρεῖ Ὡς τί ἐποίησας οὕτως; ¹¹καὶ εἶπεν Δαυεὶδ πρὸς Ἀβεισὰ καὶ πρὸς πάντας τοὺς παῖδας αὐτοῦ Ἰδοὺ ὁ υἱός μου ὁ ἐξελθὼν ἐκ τῆς κοιλίας μου ζητεῖ τὴν ψυχήν μου, καὶ προσέτι νῦν ὁ υἱὸς τοῦ Ἰεμεινεί· ἄφετε αὐτὸν καταρᾶσθαι, 12 ὅτι εἶπεν αὐτῷ Κύριος· ¹²εἴ πως ἴδοι Κύριος ἐν τῇ ταπεινώσει μου, καὶ ἐπιστρέψει μοι ἀγαθὰ ἀντὶ τῆς κατάρας αὐτοῦ τῇ ἡμέρᾳ ταύτῃ. 13 ¹³καὶ ἐπορεύθη Δαυεὶδ καὶ οἱ ἄνδρες αὐτοῦ ἐν τῇ ὁδῷ· καὶ Σεμεεὶ ἐπορεύετο ἐκ πέρας τοῦ ὄρους ἐχόμενα αὐτοῦ πορευόμενος καὶ καταρώμενος καὶ λιθάζων ἐν λίθοις ἐκ πλαγίων αὐτοῦ καὶ τῷ χοῒ πάσσων. 14 ¹⁴καὶ ἦλθεν ὁ βασιλεὸς καὶ πᾶς ὁ λαὸς αὐτοῦ ἐκλελυμένοι, καὶ 15 ἀνέψυξαν ἐκεῖ. ¹⁵Καὶ Ἀβεσσαλὼμ καὶ πᾶς ἀνὴρ Ἰσραὴλ 16 εἰσῆλθον εἰς Ἰερουσαλήμ, καὶ Ἀχειτόφελ μετ' αὐτοῦ. ¹⁶καὶ ἐγενήθη ἡνίκα ἦλθεν Χουσεὶ ὁ Ἀρχί, ἑταῖρος Δαυεὶδ πρὸς Ἀβεσσαλώμ, καὶ 17 εἶπεν Χουσεὶ πρὸς Ἀβεσσαλώμ Ζήτω ὁ βασιλεύς. ¹⁷καὶ εἶπεν Ἀβεσσαλὼμ πρὸς Χουσεί Τοῦτο τὸ ἔλεός σου μετὰ τοῦ ἑταίρου σου; ἵνα 18 τί οὐκ ἀπῆλθες μετὰ τοῦ ἑταίρου σου; ¹⁸καὶ εἶπεν Χουσεὶ πρὸς Ἀβεσσαλώμ Οὐχί, ἀλλὰ κατόπισθεν οὗ ἐξελέξατο Κύριος καὶ ὁ

5 Βουρειμ] signa v 1 prae se fert B¹ txt et mg Βαουρειμ A   6 om εν A | A om ην A   7 om εξελθε 2° A · · 8 κ̅ς̅ επι σε A   10 om και 2° A
11 Αβισαι A | Ιεμεινει] Ειεμενει A | αυτον] αυτων A | καταρασθαι] καταρασαι Bᵃ καταρασθω A   12 επιστρεψει] + κ̅ς̅ A | αυτου] ταυτης A' | τη ημερα] pr εν A   13 εκ περας] εις πλευρας A | χοι πασσων] χοει πασων A·   14 λαος αυτου εκλελυμενοι] ο εκλελυμενος A | ανεψυχαν A ,   15 ανηρ] ο λαος A
16 ηλθεν] εισηλθεν A | Χουσι A (bis: item 17, 18)

645

ΒΑΣΙΛΕΙΩΝ Β

B λαὸς οὗτος καὶ πᾶς ἀνὴρ Ἰσραήλ, αὐτῷ ἔσομαι καὶ μετ' αὐτοῦ καθήσομαι. ¹⁹καὶ τὸ δεύτερον τίνι ἐγὼ δουλεύσω; οὐχὶ ἐνώπιον τοῦ υἱοῦ αὐτοῦ; καθάπερ ἐδούλευσα ἐνώπιον τοῦ πατρός σου, οὕτως ἔσομαι ἐνώπιον σοῦ. ²⁰καὶ εἶπεν Ἀβεσσαλὼμ πρὸς Ἀχειτόφελ Φέρετε ἑαυτοῖς βουλὴν τί ποιήσωμεν. ²¹καὶ εἶπεν Ἀχειτόφελ πρὸς Ἀβεσσαλώμ Εἴσελθε πρὸς τὰς παλλακὰς τοῦ πατρός σου ἃς κατέλειπεν φυλάσσειν τὸν οἶκον, καὶ ἀκούσεται πᾶς Ἰσραὴλ ὅτι κατῄσχυνας τὸν πατέρα σου, καὶ ἐνισχύσουσιν αἱ χεῖρες πάντων τῶν μετὰ σοῦ. ²²καὶ ἔπηξαν τὴν σκηνὴν τῷ Ἀβεσσαλὼμ ἐπὶ τὸ δῶμα, καὶ εἰσῆλθεν Ἀβεσσαλὼμ πρὸς τὰς παλλακὰς τοῦ πατρὸς αὐτοῦ κατ' ὀφθαλμοὺς παντὸς Ἰσραήλ. ²³καὶ ἡ βουλὴ Ἀχειτόφελ ἣν ἐβουλεύσατο ἐν ταῖς ἡμέραις ταῖς πρώταις ὃν τρόπον ἐπερωτήσῃ ἐν λόγῳ τοῦ θεοῦ· οὕτως πᾶσα ἡ βουλὴ τῷ Ἀχειτόφελ καί γε τῷ Δαυεὶδ καί γε τῷ Ἀβεσσαλώμ. ¹Καὶ εἶπεν Ἀχειτόφελ πρὸς Ἀβεσσαλώμ Ἐπιλέξω δὴ ἐμαυτῷ δώδεκα χιλιάδας ἀνδρῶν, καὶ ἀναστήσομαι καὶ καταδιώξω ὀπίσω Δαυεὶδ τὴν νύκτα. ²καὶ ἐπελεύσομαι ἐπ' αὐτόν, καὶ αὐτὸς κοπιῶν καὶ ἐκλελυμένος χερσίν, καὶ ἐκστήσω αὐτόν, καὶ φεύξεται πᾶς ὁ λαὸς ὁ μετ' αὐτοῦ καὶ πατάξω τὸν βασιλέα μονώτατον· ³καὶ ἐπιστρέψω πάντα τὸν λαὸν πρὸς σέ, ὃν τρόπον ἐπιστρέφει ἡ νύμφη πρὸς τὸν ἄνδρα αὐτῆς· πλὴν ψυχὴν ἑνὸς ἀνδρὸς σὺ ζητεῖς, καὶ παντὶ τῷ λαῷ ἔσται ἐν εἰρήνῃ. ⁴καὶ εὐθὴς ὁ λόγος ἐν ὀφθαλμοῖς Ἀβεσσαλὼμ καὶ ἐν ὀφθαλμοῖς πάντων τῶν πρεσβυτέρων Ἰσραήλ. ⁵Καὶ εἶπεν Ἀβεσσαλώμ Καλέσατε δὴ καί γε τὸν Χουσεὶ τὸν Ἀραχεί, καὶ ἀκούσωμεν τί ἐν τῷ στόματι αὐτοῦ, καί γε αὐτοῦ. ⁶καὶ εἰσῆλθεν Χουσεὶ πρὸς Ἀβεσσαλώμ· καὶ εἶπεν Ἀβεσσαλὼμ πρὸς αὐτὸν λέγων Κατὰ τὸ ῥῆμα τοῦτο ὃ ἐλάλησεν Ἀχειτόφελ· ποιήσομεν κατὰ τὸν λόγον αὐτοῦ; εἰ δὲ μή, σὺ λάλησον. ⁷καὶ εἶπεν Χουσεὶ πρὸς Ἀβεσσαλώμ Οὐκ ἀγαθὴ αὕτη ἡ βουλὴ ἣν ἐβουλεύσατο Ἀχειτόφελ τὸ ἅπαξ τοῦτο. ⁸καὶ εἶπεν Χουσεί Σὺ οἶδας τὸν πατέρα σου καὶ τοὺς ἄνδρας αὐτοῦ ὅτι δυνατοί εἰσιν σφόδρα καὶ κατάπικροι τῇ ψυχῇ αὐτῶν, ὡς ἄρκος ἠτεκνωμένη ἐν ἀγρῷ καὶ ὡς ὗς τραχεῖα ἐν τῷ πεδίῳ· καὶ ὁ πατήρ σου ἀνὴρ πολεμιστὴς καὶ οὐ μὴ καταλύσῃ τὸν λαόν. ⁹ἰδοὺ γὰρ αὐτὸς νῦν

A 18 αυτω] ουτως A   19 ενωπιον 2°] pr και A   20 Αχιτοφελ B^(ab) A
21 κατελιπεν B^b | ακουσονται A | κατησχυνας] ησχυνας A   22 τω Αβεσσ. την σκηνην A | om προς τας παλλακας A   23 επηρωτηση A | Αχιτοφελ A
XVII 1 Αχιτ. A (item 6, 7)   2 om και 4° A | εκφευξεται A   3 om
A.   5 ακουσωμεν] ακουσομαιν A   6 om ο A   7 Χουσι A (item 15) | εβουλευσατο] ατο sup ras A¹   8 om και ως υς τραχ. εν τω πεδ. και ο A

κέκρυπται ἐν ἑνὶ τῶν βουνῶν ἢ ἐν ἑνὶ τῶν τόπων· καὶ ἔσται ἐν τῷ Β ἐπιπεσεῖν αὐτοῖς ἐν ἀρχῇ καὶ ἀκούσῃ ἀκούων, καὶ εἶπεν Ἐγενήθη 10 θραῦσις ἐν τῷ λαῷ τῷ ὀπίσω Ἀβεσσαλώμ· ¹⁰καί γε αὐτὸς υἱὸς δυνάμεως, οὗ ἡ καρδία καθὼς ἡ καρδία τοῦ λέοντος, τηκομένη τακήσεται· ὅτι οἶδεν πᾶς Ἰσραὴλ ὅτι δυνατὸς ὁ πατήρ σου καὶ υἱοὶ δυνάμεως 11 οἱ μετ' αὐτοῦ. ¹¹ὅτι οὕτως συμβουλεύων ἐγὼ συνεβούλευσα· καὶ συναγόμενος συναχθήσεται ἐπὶ σὲ πᾶς Ἰσραὴλ ἀπὸ Δὰν καὶ ἕως Βηρσάβεε, ὡς ἡ ἄμμος ἡ ἐπὶ τῆς θαλάσσης εἰς πλῆθος, καὶ τὸ 12 πρόσωπόν σου πορευόμενον ἐν μέσῳ αὐτῶν· ¹²καὶ ἥξομεν πρὸς αὐτὸν εἰς ἕνα τῶν τόπων οὗ ἐὰν εὕρωμεν αὐτὸν ἐκεῖ, καὶ παρεμβαλοῦμεν ἐπ' αὐτὸν ὡς πίπτει ἡ δρόσος ἐπὶ τὴν γῆν, καὶ οὐχ ὑπολειψόμεθα ἐν αὐτῷ καὶ τοῖς ἀνδράσιν τοῖς μετ' αὐτοῦ καί γε ἕνα. 13 ¹³καὶ ἐὰν εἰς τὴν πόλιν συναχθῇ, καὶ λήμψεται πᾶς Ἰσραὴλ πρὸς τὴν πόλιν ἐκείνην σχοινία καὶ συροῦμεν αὐτὴν ἕως εἰς τὸν χειμάρρουν, 14 ὅπως μὴ καταλειφθῇ ἐκεῖ μηδὲ λίθος. ¹⁴καὶ εἶπεν Ἀβεσσαλὼμ καὶ πᾶς ἀνὴρ Ἰσραήλ Ἀγαθὴ ἡ βουλὴ Χουσεὶ τοῦ Ἀραχεὶ ὑπὲρ τὴν βουλὴν Ἀχειτόφελ τὴν ἀγαθήν· καὶ Κύριος ἐνετείλατο διασκεδάσαι τὴν βουλὴν Ἀχειτόφελ, ὅπως ἂν ἐπαγάγῃ Κύριος ἐπὶ Ἀβεσσαλὼμ τὰ κακὰ 15 πάντα. ¹⁵καὶ εἶπεν Χουσεὶ ὁ τοῦ Ἀραχεὶ πρὸς Σαδὼκ καὶ Ἀβιαθὰρ τοὺς ἱερεῖς Οὕτως καὶ οὕτως συνεβούλευσεν Ἀχειτόφελ τῷ Ἀβεσσαλὼμ καὶ τοῖς πρεσβυτέροις Ἰσραήλ, καὶ οὕτως καὶ οὕτως συνεβούλευσα 16 ἐγώ. ¹⁶καὶ νῦν ἀποστείλατε ταχὺ καὶ ἀναγγείλατε τῷ Δαυεὶδ λέγοντες Μὴ αὐλισθῇς τὴν νύκτα ἐν ἀραβὼθ τῆς ἐρήμου, καί γε διαβαίνων σπεῦσον, μή ποτε καταπείσῃ τὸν βασιλέα καὶ πάντα 17 τὸν λαὸν τὸν μετ' αὐτοῦ. ¹⁷καὶ Ἰωναθὰν καὶ Ἀχειμὰς εἱστήκεισαν ἐν τῇ πηγῇ Ῥωγήλ, καὶ ἐπορεύθη ἡ παιδίσκη καὶ ἀνήγγειλεν αὐτοῖς· καὶ αὐτοὶ πορεύονται καὶ ἀναγγέλλουσιν τῷ βασιλεῖ Δαυείδ, ὅτι 18 οὐκ ἐδύναντο ὀφθῆναι τοῦ εἰσελθεῖν εἰς τὴν πόλιν. ¹⁸καὶ εἶδεν αὐτοὺς παιδάριον, καὶ ἀπήγγειλαν τῷ Ἀβεσσαλώμ· καὶ ἐπορεύθησαν οἱ δύο ταχέως καὶ εἰσῆλθαν εἰς οἰκίαν ἀνδρὸς ἐν Βαορείμ, καὶ αὐτῷ 19 λάκκος ἐν τῇ αὐλῇ, καὶ κατέβησαν ἐκεῖ. ¹⁹καὶ ἔλαβεν ἡ γυνὴ καὶ

---

9 ακουων] pr ο A   10 υιοι] pr οι A   11 om συμβουλευων A | A συνεβουλευσα] συνεβουλευσατο A   12 προς] επ A | και 4°] pr και εν πασιν A   13 Ισραηλ] pr ανηρ A   14 Αχιτοφελ A (bis) | om την αγαθην A | Αχειτοφελ 2°] + την αγαθην (αγα sup ras A¹) A   15 om ο του Αραχει A | Αχιτοφελ (χ sup ras A¹) A   16 αναγγειλατε] απαγγ. A | καταπειση] καταπιη A | om παντα   17 Αχιμαας A (item 20) | ιστηκεισαν A | αναγγελουσιν A | εδυναντο] ενεδυσαντο A   18 απηγγειλεν A | εισηλθον A | Βαορειμ] signa v l prae se fert B†txt et mg Βαουρειμ A

ΒΑΣΙΛΕΙΩΝ Β

Β διεπέτασεν τὸ ἐπικάλυμμα ἐπὶ πρόσωπον τοῦ λάκκου καὶ ἔψυξεν ἐπ' αὐτῷ ἀραφώθ, καὶ οὐκ ἐγνώσθη ῥῆμα. ²⁰καὶ ἦλθαν οἱ παῖδες Ἀβεσσαλὼμ πρὸς τὴν γυναῖκα εἰς τὴν οἰκίαν καὶ εἶπαν Ποῦ Ἀχειμὰς καὶ Ἰωναθάν; καὶ εἶπεν αὐτοῖς ἡ γυνή Παρῆλθαν μικρὸν τοῦ ὕδατος· καὶ ἐζήτησαν καὶ οὐχ εὗραν, καὶ ἀνέστρεψαν εἰς Ἰερουσαλήμ. ²¹ἐγένετο δὲ μετὰ τὸ ἀπελθεῖν αὐτοὺς καὶ ἀνέβησαν ἐκ τοῦ λάκκου, καὶ ἐπορεύθησαν καὶ ἀνήγγειλαν τῷ βασιλεῖ Δαυείδ, καὶ εἶπαν πρὸς Δαυείδ Ἀνάστητε καὶ διάβητε ταχέως τὸ ὕδωρ, ὅτι οὕτως ἐβουλεύσατο περὶ ὑμῶν Ἀχειτόφελ. ²²καὶ ἀνέστη Δαυεὶδ καὶ πᾶς ὁ λαὸς ὁ μετ' αὐτοῦ καὶ διέβησαν τὸν Ἰορδάνην ἕως τοῦ φωτὸς τοῦ πρωί, ἕως ἑνὸς οὐκ ἔλαθεν ὃς οὐ διῆλθεν τὸν Ἰορδάνην. ²³καὶ Ἀχειτόφελ εἶδεν ὅτι οὐκ ἐγενήθη ἡ βουλὴ αὐτοῦ, καὶ ἐπέσαξεν τὴν ὄνον αὐτοῦ καὶ ἀνέστη καὶ ἀπῆλθεν εἰς τὸν οἶκον αὐτοῦ εἰς τὴν πόλιν αὐτοῦ· καὶ ἐνετείλατο τῷ οἴκῳ αὐτοῦ, καὶ ἀπήγξατο καὶ ἀπέθανεν, καὶ ἐτάφη ἐν τῷ τάφῳ τοῦ πατρὸς αὐτοῦ. ²⁴Καὶ Δαυεὶδ διῆλθεν εἰς Μαναειμ, καὶ Ἀβεσσαλὼμ διέβη τὸν Ἰορδάνην αὐτὸς καὶ πᾶς ἀνὴρ Ἰσραὴλ μετ' αὐτοῦ. ²⁵καὶ τὸν Ἀμεσσεὶ κατέστησεν Ἀβεσσαλὼμ ἀντὶ Ἰωὰβ ἐπὶ τῆς δυνάμεως· καὶ Ἀμεσσεὶ υἱὸς ἀνδρὸς καὶ ὄνομα αὐτῷ Ἰοθόρ ὁ Ἰσραηλείτης, οὗτος εἰσῆλθεν πρὸς Ἀβειγαίαν θυγατέρα Ναὰς ἀδελφοῦ Σαρουίας μητρὸς Ἰωάβ. ²⁶καὶ παρενέβαλεν πᾶς Ἰσραὴλ καὶ Ἀβεσσαλὼμ εἰς τὴν γῆν Γαλαάδ. ²⁷καὶ ἐγένετο ἡνίκα ἦλθεν Δαυεὶδ εἰς Μααναειμ, Οὐεσβεὶ υἱὸς Ναᾶς ἐκ Ῥαβὰθ υἱῶν Ἀμμὼν καὶ Μαχεὶρ υἱὸς Ἀμειὴλ ἐκ Λωδαβὰρ καὶ Βερζελλεὶ ὁ Γαλααδείτης ἐκ Ῥωγελλεὶμ ²⁸ἤνεγκαν δέκα κοίτας καὶ ἀμφιτάπους καὶ λέβητας δέκα καὶ σκεύη κεράμου, καὶ πυροὺς καὶ κριθὰς καὶ ἄλευρον καὶ ἄλφιτον, καὶ κύαμον καὶ φακὸν ²⁹καὶ μέλι καὶ βούτυρον, καὶ πρόβατα καὶ σαφφὼθ βοῶν· καὶ προσήνεγκαν τῷ Δαυεὶδ καὶ τῷ λαῷ τῷ μετ' αὐτοῦ φαγεῖν, ὅτι εἶπεν Ὁ λαὸς πεινῶν καὶ ἐκλελυμένος καὶ διψῶν ἐν τῇ ἐρήμῳ.

¹Καὶ ἐπεσκέψατο Δαυεὶδ τὸν λαὸν τὸν μετ' αὐτοῦ, καὶ κατέστησεν ἐπ' αὐτῶν χιλιάρχους καὶ ἑκατοντάρχους. ²καὶ ἀπέστειλεν Δαυεὶδ

A 19 εψυξεν] εκυψεν A | αραφωθ] αραβωθωθ A | εγνωθη B 20 παρηλθον A | ευραν] a sup ras A^{a1} | ανεστρεψεν A 21 αναστητε] αναστατε A*vid (η sup ras A^{a1}) 22 ο μετ αυτου] om ο A | διηλθεν] signa v 1 prae se fert B^{†txt et mg} 23 αυτου 5°] εαυτου A | ταφω] οικω A 24 Μαναειν A | διεβη] διηλθεν A | om ανηρ A 25 Αμεσσαει A (bis) | αντι] τω A | Ισραηλειτης] Ισμαηλειτης A 27 Ραββαθ A | υιων] υιος A | Μαχιρ A | Αμηρ A | Βερζελλι A | Ρωγελειμ A 28 om και σκευη κεραμου A . 29 προσηνεγκαν τω] ν τω sup ras A^{a1} διψω (sic) και εκλελυγμενος (sic) A XVIII 1 εκατονταρχους και χιλιαρχους A

ΒΑΣΙΛΕΙΩΝ Β XVIII 12

τὸν λαὸν τὸ τρίτον ἐν χειρὶ Ἰωάβ, καὶ τὸ τρίτον ἐν χειρὶ Ἀβεισὰ Β
υἱοῦ Σαρουίας ἀδελφοῦ Ἰωάβ, καὶ τὸ τρίτον ἐν χειρὶ Ἐθθεὶ τοῦ
Γεθθαίου· καὶ εἶπεν Δαυεὶδ πρὸς τὸν λαόν. Ἐξελθὼν ἐξελεύσομαι
3 καί γε ἐγὼ μεθ᾿ ὑμῶν. ³καὶ εἶπαν Οὐκ ἐξελεύσῃ, ὅτι ἐὰν φυγῇ
φύγωμεν, οὐ θήσουσιν ἐφ᾿ ἡμᾶς καρδίαν, καὶ ἐὰν ἀποθάνωμεν τὸ
ἥμισυ ἡμῶν, οὐ θήσουσιν ἐφ᾿ ἡμᾶς καρδίαν, ὅτι σὺ ὡς ἡμεῖς δέκα
χιλιάδες· καὶ νῦν ἀγαθὸν ὅτι ἔσῃ ἡμῖν ἐν τῇ πόλει βοήθεια. τοῦ
4 βοηθεῖν. ⁴καὶ εἶπεν πρὸς αὐτοὺς ὁ βασιλεύς Ὃ ἐὰν ἀρέσῃ ἐν
ὀφθαλμοῖς ὑμῶν ποιήσω· καὶ ἔστη ὁ βασιλεὺς ἀνὰ χεῖρα τῆς πύλης,
5 καὶ πᾶς ὁ λαὸς ἐξεπορεύετο εἰς ἑκατοντάδας καὶ εἰς χιλιάδας. ⁵καὶ
ἐνετείλατο ὁ βασιλεὺς τῷ Ἰωὰβ καὶ τῷ Ἀβεισὰ καὶ τῷ Ἐθθεὶ λέγων
Φείσασθέ μου τοῦ παιδαρίου τοῦ Ἀβεσσαλώμ· καὶ πᾶς ὁ λαὸς
ἤκουσεν ἐντελλομένου τοῦ βασιλέως πᾶσιν τοῖς ἄρχουσιν ὑπὲρ
6 Ἀβεσσαλώμ. ⁶καὶ ἐξῆλθεν πᾶς ὁ λαὸς εἰς τὸν δρυμὸν ἐξ ἐναντίας
7 Ἰσραήλ· καὶ ἐγένετο ὁ πόλεμος ἐν τῷ δρυμῷ Ἐφράιμ. ⁷καὶ ἔπταισεν
ἐκεῖ ὁ λαὸς Ἰσραὴλ ἐνώπιον τῶν παίδων Δαυείδ, καὶ ἐγένετο ἡ θραῦσις
8 μεγάλη ἐν τῇ ἡμέρᾳ ἐκείνῃ, εἴκοσι χιλιάδες ἀνδρῶν. ⁸καὶ ἐγένετο
ἐκεῖ ὁ πόλεμος διεσπαρμένος ἐπὶ πρόσωπον πάσης τῆς γῆς· καὶ
ἐπλεόνασεν ὁ δρυμὸς τοῦ καταφαγεῖν ἐκ τοῦ λαοῦ ὑπὲρ οὓς κατέφαγεν
9 ἐν τῷ λαῷ ἡ μάχαιρα ἐν τῇ ἡμέρᾳ ἐκείνῃ. ⁹καὶ συνήντησεν Ἀβεσ-
σαλὼμ ἐνώπιον τῶν παίδων Δαυείδ· καὶ Ἀβεσσαλὼμ ἐπιβεβηκὼς
ἐπὶ τοῦ ἡμιόνου αὐτοῦ, καὶ εἰσῆλθεν ὁ ἡμίονος ὑπὸ τὸ δάσος τῆς
δρυὸς τῆς μεγάλης, καὶ ἐκρεμάσθη ἡ κεφαλὴ αὐτοῦ ἐν τῇ δρυί·
καὶ ἐκρεμάσθη ἀνὰ μέσον τοῦ οὐρανοῦ καὶ ἀνὰ μέσον τῆς γῆς, καὶ ὁ
10 ἡμίονος ὑποκάτω αὐτοῦ παρῆλθεν. ¹⁰καὶ εἶδεν ἀνὴρ εἷς καὶ ἀνήγ-
γειλεν Ἰωὰβ καὶ εἶπεν Ἰδοὺ ἑόρακα τὸν Ἀβεσσαλὼμ κρεμάμενον
11 ἐν τῇ δρυί. ¹¹καὶ εἶπεν Ἰωὰβ τῷ ἀνδρὶ τῷ ἀναγγέλλοντι Καὶ
ἰδοὺ ἑόρακας· τί ὅτι οὐκ ἐπάταξας αὐτὸν εἰς τὴν γῆν; καὶ ἐγὼ ἂν
12 δεδώκειν σοι δέκα ἀργυρίου καὶ παραζώνην μίαν. ¹²εἶπεν δὲ ὁ ἀνὴρ
πρὸς Ἰωάβ Καὶ ἐγώ εἰμι ἵστημι ἐπὶ τὰς χεῖράς μου χιλίους σίκλους
ἀργυρίου, οὐ μὴ ἐπιβάλω χεῖρά μου ἐπὶ τὸν υἱὸν τοῦ βασιλέως· ὅτι

2 το τριτον 1°] τον τρ. A | Αβισαει A   3 ειπαν] ει sup ras A?·ᵛⁱᵈ | om του A βοηθειν A   5 Αβισαι A | om και πας ο λαος..:υπερ Αβεσσαλωμ A·
6 εξ εναντιας] εναντιον A | Εφραιμ sup ras A¹   7 ο λαος] pr πας A
8 om εν τω λαω A   9 του ημιονου] της ημ. Bᵃᵇ ᵐᵍ | ο ημιονος bis] η ημ.
Bᵃᵇ (η 1° superscr) | το δασος] δρασος A | εκρεμασθη 1°] εκρεμασεν A | υπο-
κατω] pr o A   10 ιδεν A | και ειπεν] signa v l prae se fert B?ᵗˣᵗ ᵉᵗ ᵐᵍ |
εν] επι A   11 αναγγελλοντι] αγγελλοντι αυτω A | εωρακας Bᵃᵇ   12 μου
1°]+ου A | σικλους] s sup ras A¹ | χειρα] pr την A

649

ΧVIII 13   ΒΑΣΙΛΕΙΩΝ Β

B ἐν τοῖς ὠσὶν ἡμῶν ἐνετείλατο ὁ βασιλεὺς σοὶ καὶ Ἀβεισὰ καὶ τῷ Ἐθθεὶ λέγων Φυλάξατέ μοι τὸ παιδάριον τὸν Ἀβεσσαλώμ· ¹³μὴ ποιῆσαι ἐν τῇ ψυχῇ αὐτοῦ ἄδικον· καὶ πᾶς ὁ λόγος οὐ λήσεται ἀπὸ τοῦ βασιλέως, καὶ σὺ στήσῃ ἐξ ἐναντίας. ¹⁴καὶ εἶπεν Ἰωάβ Τοῦτο ἐγὼ ἄρξομαι· οὐχ οὕτως μενῶ ἐνώπιόν σου. καὶ ἔλαβεν Ἰωὰβ τρία βέλη ἐν τῇ χειρὶ αὐτοῦ, καὶ ἐνέπηξαν αὐτὰ ἐν τῇ καρδίᾳ Ἀβεσσαλώμ, ἔτι αὐτοῦ ζῶντος ἐν τῇ καρδίᾳ τῆς δρυός. ¹⁵καὶ ἐκύκλωσαν δέκα παιδάρια αἴροντα τὰ σκεύη Ἰωάβ, καὶ ἐπάταξαν τὸν Ἀβεσσαλὼμ καὶ ἐθανάτωσαν αὐτόν. ¹⁶καὶ ἐσάλπισεν Ἰωὰβ ἐν κερατίνῃ, καὶ ἀπέστρεψεν ὁ λαὸς τοῦ μὴ διώκειν ὀπίσω Ἰσραήλ, ὅτι ἐφείδετο Ἰωὰβ τοῦ λαοῦ. ¹⁷καὶ ἔλαβεν τὸν Ἀβεσσαλὼμ καὶ ἔρριψεν αὐτὸν εἰς χάσμα μέγα ἐν τῷ δρυμῷ εἰς τὸν βόθυνον τὸν μέγαν, καὶ ἐστήλωσεν ἐπ' αὐτὸν σωρὸν λίθων μέγαν σφόδρα· καὶ πᾶς Ἰσραὴλ ἔφυγεν ἀνὴρ εἰς τὸ σκήνωμα αὐτοῦ. ¹⁸καὶ Ἀβεσσαλὼμ ἔτι ζῶν καὶ ἔστησεν ἑαυτῷ τὴν στήλην ἐν ᾗ ἐλήμφθη καὶ ἐστήλωσεν αὐτὴν λαβεῖν, τὴν στήλην τὴν ἐν τῇ κοιλάδι τοῦ βασιλέως, ὅτι εἶπεν οὐκ ἔστιν αὐτῷ υἱὸς ἕνεκεν τοῦ ἀναμνῆσαι τὸ ὄνομα αὐτοῦ· καὶ ἐκάλεσεν τὴν στήλην Χεὶρ Ἀβεσσαλὼμ ἕως τῆς ἡμέρας ταύτης. ¹⁹Καὶ Ἀχειμάας υἱὸς Σαδὼκ εἶπεν Δράμω δὴ καὶ εὐαγγελιῶ τῷ βασιλεῖ ὅτι ἔκρινεν Κύριος ἐκ χειρὸς τῶν ἐχθρῶν αὐτοῦ. ²⁰καὶ εἶπεν αὐτῷ Ἰωάβ Οὐκ ἀνὴρ εὐαγγελίας σὺ ἐν τῇ ἡμέρᾳ ταύτῃ, καὶ εὐαγγελιῇ ἐν ἡμέρᾳ ἄλλῃ· ἐν δὲ τῇ ἡμέρᾳ ταύτῃ οὐκ εὐαγγελιῇ, οὗ εἵνεκεν ὁ υἱὸς τοῦ βασιλέως ἀπέθανεν. ²¹καὶ εἶπεν Ἰωὰβ τῷ Χουσεί Βαδίσας ἀνάγγειλον τῷ βασιλεῖ ὅσα εἶδες· καὶ προσεκύνησεν Χουσεὶ τῷ Ἰωὰβ καὶ ἐξῆλθεν. ²²καὶ προσέθετο ἔτι Ἀχειμάας υἱὸς Σαδὼκ καὶ εἶπεν πρὸς Ἰωάβ Καὶ ἔστω ὅτι δράμω καί γε ἐγὼ ὀπίσω τοῦ Χουσεί· καὶ εἶπεν Ἰωάβ Ἵνα τί τοῦτο τρέχεις, υἱέ μου; δεῦρο, οὐκ ἔστιν σοι εὐαγγελία εἰς ὠφελίαν πορευομένῳ. ²³καὶ εἶπεν Τί γὰρ ἐὰν δραμοῦμαι; καὶ εἶπεν αὐτῷ Ἰωάβ Δράμε· καὶ ἔδραμεν Ἀχειμάας ὁδὸν τὴν τοῦ Κεχὰρ καὶ ὑπερέβη τὸν Χουσεί. ²⁴καὶ Δαυεὶδ ἐκάθητο ἀνὰ μέσον τῶν δύο πυλῶν· καὶ ἐπορεύθη

A   12 Αβισαι A | τον Αβεσσ.] το Αβεσσ. A* (ν superscr A^{a?})   13 ψυχη sup ras A^{b?} | ο λογος] om ο A   14 ουχ] ο sup κ B^{vid} | ομ ουχ ουτως μενω A | om σου A | ενεπηξαν A | εν τη καρδια 1°] εις την καρδιαν A | ετι] εἰ B* ετι]
15 επαταξεν A | Αβεσσαλωμ A | εθανατωσεν A   16 απεστρεψεν] ε 2° sup ras A
17 om αυτον 1° A | εστηλωσεν] ras aliq in ν B^{?vid} | om επ B* (hab B^{ab} [s] perscr] A) | Ισραηλ] signa ν 1 prae se fert B^{?txt et mg}   18 om ετι ζων...εν A | στηλην 2°] στηλωσιν A | οτι] pr ως A | αυτου] μου A | στηλην 3°]+επι ονοματι αυτου και εκαλεσεν την στηλην A   19 Αχιμαας A (item 22 et infr
20 ενεκεν A   21 om τω βασιλει A   22 εστω] εσται A | ομ γε A | τῇ χεις] pr συ A | ευαγγελια B^b (item 25) | εις] προς A' . 23 Καιχαρ A

650

ΒΑΣΙΛΕΙΩΝ Β XIX 3

ὁ σκοπὸς εἰς τὸ δῶμα τῆς πύλης πρὸς τὸ τεῖχος, καὶ ἐπῆρεν τοὺς B
ὀφθαλμοὺς αὐτοῦ καὶ εἶδεν, καὶ ἰδοὺ ἀνὴρ τρέχων μόνος ἐνώπιον
25 αὐτοῦ. ²⁵καὶ ἀνεβόησεν ὁ σκοπὸς καὶ ἀπήγγειλεν τῷ βασιλεῖ· καὶ
εἶπεν ὁ βασιλεύς Εἰ μόνος ἐστίν, εὐαγγελία ἐν τῷ στόματι αὐτοῦ.
26 καὶ ἐπορεύετο πορευόμενος καὶ ἐγγίζων. ²⁶καὶ εἶδεν ὁ σκοπὸς ἄνδρα
ἕτερον τρέχοντα, καὶ ἐβόησεν ὁ σκοπὸς πρὸς τῇ πύλῃ καὶ εἶπεν
Ἰδοὺ ἀνὴρ ἕτερος τρέχων μόνος· καὶ εἶπεν ὁ βασιλεύς Καί γε οὗτος
27 εὐαγγελιζόμενος. ²⁷καὶ εἶπεν ὁ σκοπός Ἐγὼ ὁρῶ τὸν δρόμον τοῦ
πρώτου ὡς δρόμον Ἀχειμάας υἱοῦ Σαδώκ· καὶ εἶπεν ὁ βασιλεύς Ἀνὴρ
28 ἀγαθὸς οὗτος, καί γε εἰς εὐαγγελίαν ἀγαθὴν ἐλεύσεται. ²⁸καὶ ἐβόησεν
Ἀχειμάας καὶ εἶπεν πρὸς τὸν βασιλέα Εἰρήνη· καὶ προσεκύνησεν
τῷ βασιλεῖ ἐπὶ πρόσωπον αὐτοῦ ἐπὶ τὴν γῆν καὶ εἶπεν Εὐλογητὸς
Κύριος ὁ θεός σου ὃς ἀπέκλεισεν τοὺς ἄνδρας τοὺς μισοῦντας τὴν
29 χεῖρα αὐτῶν ἐν τῷ κυρίῳ μου τῷ βασιλεῖ. ²⁹καὶ εἶπεν ὁ βασιλεύς
Εἰρήνη τῷ παιδαρίῳ τῷ Ἀβεσσαλώμ; καὶ εἶπεν Ἀχειμάας Εἶδον
τὸ πλῆθος τὸ μέγα τοῦ ἀποστεῖλαι τὸν δοῦλον τοῦ βασιλέως Ἰωὰβ
30 καὶ τὸν δοῦλόν σου, καὶ οὐκ ἔγνων τί ἐκεῖ. ³⁰καὶ εἶπεν ὁ βασιλεύς
31 Ἐπίστρεψον, στηλώθητι ὧδε· καὶ ἐπεστράφη καὶ ἔστη. ³¹καὶ ἰδοὺ ὁ
Χουσεὶ παρεγένετο καὶ εἶπεν τῷ βασιλεῖ Εὐαγγελισθήτω ὁ κύριός μου
ὁ βασιλεύς, ὅτι ἔκρινέν σοι Κύριος σήμερον ἐκ χειρὸς πάντων τῶν
32 ἐπεγειρομένων ἐπὶ σέ. ³²καὶ εἶπεν ὁ βασιλεὺς πρὸς τὸν Χουσεί
Εἰ εἰρήνη τῷ παιδαρίῳ τῷ Ἀβεσσαλώμ; καὶ εἶπεν ὁ Χουσεί Γένοιντο
ὡς τὸ παιδάριον οἱ ἐχθροὶ τοῦ κυρίου μου τοῦ βασιλέως καὶ πάντες
(1) 33 ὅσοι ἐπανέστησαν ἐπ᾽ αὐτὸν εἰς κακά. ³³καὶ ἐταράχθη ὁ βασιλεύς,
καὶ ἀνέβη εἰς τὸ ὑπερῷον τῆς πύλης καὶ ἔκλαυσεν· καὶ οὕτως εἶπεν
ἐν τῷ πορεύεσθαι αὐτόν Υἱέ μου υἱέ μου Ἀβεσσαλώμ, τίς δῴη τὸν
θάνατόν μου ἀντὶ σοῦ; ἐγὼ ἀντὶ σοῦ, Ἀβεσσαλώμ υἱέ μου υἱέ μου.
X (2) 1 ¹Καὶ ἀνηγγέλη τῷ Ἰωὰβ λέγοντες Ἰδοὺ ὁ βασιλεὺς κλαίει καὶ
(3) 2 πενθεῖ ἐπὶ Ἀβεσσαλώμ. ²καὶ ἐγένετο ἡ σωτηρία ἐν τῇ ἡμέρᾳ ἐκείνῃ
εἰς πένθος παντὶ τῷ λαῷ, ὅτι ἤκουσεν ὁ λαὸς ἐν τῇ ἡμέρᾳ ἐκείνῃ
(4) 3 λέγων ὅτι Λυπεῖται ὁ βασιλεὺς ἐπὶ τῷ υἱῷ αὐτοῦ. ³καὶ διεκλέπτετο
ὁ λαὸς ἐν τῇ ἡμέρᾳ ἐκείνῃ τοῦ εἰσελθεῖν εἰς τὴν πόλιν, καθὼς δια-

, 25 επορευετο] εγενετο A   27 και ειπεν 1°] ειπεν δε A | ανηρ B¹ᵗ ᵃᵗA] A
ανδρ B*ᶠᵒʳᵗ   28 ειρηνη· και sup ras Ba²ᵇ | μισουντας Bᵇ (μεισ. B*)] αντα-
ραντας A   29 τω Αβεσσ.] om τω A | τουτοστειλαι B* (του αποστ. Bᵃᵇ)
30 om ωδε A   31 ειπεν]+ο Χουσει A | ευαγγελισθητω]+δη A | επεγειρο-
μενων] εγειρ. A   32 om ει A | ο Χουσει] om ο A   33 om υιε
μου 2° A | om εγω αντι σου A   XIX 1 αναγγελη B* (αηγγ. Bᵃᵇ
[η superscr])

ΒΑΣΙΛΕΙΩΝ Β

Β κλέπτεται ὁ λαὸς οἱ αἰσχυνόμενοι ἐν τῷ αὐτοὺς φεύγειν ἐν τῷ πολέμῳ. ⁴καὶ ὁ βασιλεὺς ἔκρυψεν τὸ πρόσωπον αὐτοῦ· καὶ ἔκραξεν 4 (5) ὁ βασιλεὺς φωνῇ μεγάλῃ λέγων Υἱέ μου Ἀβεσσαλώμ, Ἀβεσσαλὼμ υἱέ μου. ⁵καὶ εἰσῆλθεν Ἰωὰβ πρὸς τὸν βασιλέα εἰς τὸν οἶκον καὶ 5 (6) εἶπεν Κατῄσχυνας σήμερον τὸ πρόσωπον πάντων τῶν δούλων σου τῶν ἐξαιρουμένων σε σήμερον· καὶ τὴν ψυχὴν τῶν υἱῶν σου καὶ τῶν θυγατέρων σου καὶ τὴν ψυχὴν τῶν γυναικῶν σου καὶ τῶν παλλακῶν σου, ⁶τοῦ ἀγαπᾶν τοὺς μισοῦντάς σε καὶ μισεῖν τοὺς ἀγαπῶντάς 6 (7) σε, καὶ ἀνήγγειλας σήμερον ὅτι οὔκ εἰσὶν οἱ ἄρχοντές σου οὐδὲ παῖδες· ὅτι ἔγνωκα σήμερον ὅτι εἰ Ἀβεσσαλὼμ ἔζη, πάντες ἡμεῖς σήμερον νεκροί, ὅτι τότε τὸ εὐθὲς ἦν ἐν ὀφθαλμοῖς σου. ⁷καὶ νῦν 7 (8) ἀναστὰς ἔξελθε καὶ λάλησον εἰς τὴν καρδίαν τῶν δούλων σου, ὅτι ἐν Κυρίῳ ὤμοσα ὅτι εἰ μὴ ἐκπορεύσῃ σήμερον, εἰ αὐλισθήσεται ἀνὴρ μετὰ σοῦ τὴν νύκτα ταύτην· καὶ ἐπίγνωθι σεαυτῷ καὶ κακόν σοι τοῦτο ὑπὲρ πᾶν τὸ κακὸν τὸ ἐπελθόν σοι ἐκ νεότητός σου ἕως τοῦ νῦν. ⁸καὶ ἀνέστη ὁ βασιλεὺς καὶ ἐκάθισεν ἐν τῇ πύλῃ, καὶ 8 (9) πᾶς ὁ λαὸς ἀνήγγειλαν λέγοντες Ἰδοὺ ὁ βασιλεὺς κάθηται ἐν τῇ πύλῃ· καὶ εἰσῆλθεν πᾶς ὁ λαὸς κατὰ πρόσωπον τοῦ βασιλέως.

Καὶ Ἰσραὴλ ἔφυγεν ἀνὴρ εἰς τὰ σκηνώματα αὐτοῦ. ⁹καὶ ἦν πᾶς 9 (10) ὁ λαὸς κρινόμενος ἐν πάσαις φυλαῖς Ἰσραὴλ λέγοντες Ὁ βασιλεὺς Δαυεὶδ ἐρύσατο ἡμᾶς ἐκ χειρὸς ἀπὸ πάντων τῶν ἐχθρῶν ἡμῶν, καὶ αὐτὸς ἐξείλατο ἡμᾶς ἐκ χειρὸς ἀλλοφύλων· καὶ νῦν πέφευγεν ἀπὸ τῆς γῆς καὶ ἀπὸ τῆς βασιλείας αὐτοῦ καὶ ἀπὸ Ἀβεσσαλώμ. ¹⁰ὃν 10 (11) ἐχρίσαμεν ἐφ' ἡμῶν, ἀπέθανεν ἐν τῷ πολέμῳ· καὶ νῦν ἵνα τί ὑμεῖς κωφεύετε τοῦ ἐπιστρέψαι πρὸς τὸν βασιλέα; καὶ τὸ ῥῆμα παντὸς Ἰσραὴλ ἦλθεν πρὸς τὸν βασιλέα. ¹¹Καὶ ὁ βασιλεὺς Δαυεὶδ 11 (12) ἀπέστειλεν πρὸς Σαδὼκ καὶ πρὸς Ἀβιαθὰρ τοὺς ἱερεῖς λέγων Λαλήσατε πρὸς τοὺς πρεσβυτέρους Ἰούδα λέγοντες Ἵνα τί γίνεσθε ἔσχατοι τοῦ ἐπιστρέψαι πρὸς τὸν βασιλέα εἰς τὸν οἶκον αὐτοῦ; καὶ λόγος παντὸς Ἰσραὴλ ἦλθεν πρὸς τὸν βασιλέα. ¹²ἀδελ- 12 (13) φοί μοι ὑμεῖς, ὀστᾶ μου καὶ σάρκες μου ὑμεῖς· ἵνα τί γίνεσθε ἔσχατοι τοῦ ἐπιστρέψαι τὸν βασιλέα εἰς τὸν οἶκον αὐτοῦ; ¹³καὶ τῷ 13 (14)

A 3 οι αισχυνομενοι] ο αισχυνομενος A | αυτους φευγειν] φυγειν αυτους A | τω πολεμω] om τω A   4 εκρυψεν] επεκρυψεν A | φωνη] pr εν A | om Αβεσσ. 2⁰ A | υιε μου (2⁰)]+ υιε μου A   5 εξαιρουμενων] εξαιρουντων A | την ψυχην 2⁰] om την A | των παλλακων] pr ψυχην A   6 του μισ. B* τους μεισ⁘ Bᵃ (τους μισ. Bᵇ) | εγνωκαν A | νεκροι σημ. A | ευθης A   7 μετα σου ανηρ A   9 ερυσατο] ερρυσ. A | εξειλατο] ερρυσατο A | om και 5⁰ A 10 ον] pr και Αβεσσαλωμ A   11 om απεστειλεν A | om προς 2⁰ A | παντος] παντι A

ΒΑΣΙΛΕΙΩΝ Β XIX.24

Ἀμεσσαεὶ ἐρεῖτε Οὐχὶ ὀστοῦν μου καὶ σάρξ μου σύ; καὶ νῦν τάδε B ποιήσαι μοι ὁ θεὸς καὶ τάδε προσθείη, εἰ μὴ ἄρχων δυνάμεως ἔσῃ
(15) 14 ἐνώπιον ἐμοῦ πάσας τὰς ἡμέρας ἀντὶ Ἰωάβ. ¹⁴καὶ ἔκλινεν τὴν καρδίαν παντὸς ἀνδρὸς Ἰούδα ἕως ἀνδρὸς ἑνός· καὶ ἀπέστειλαν πρὸς τὸν βασιλέα λέγοντες Ἐπιστράφητι σὺ καὶ πάντες οἱ δοῦλοί
(16) 15 σου. ¹⁵καὶ ἐπέστρεψεν ὁ βασιλεὺς καὶ ἦλθεν ἕως τοῦ Ἰορδάνου· καὶ ἄνδρες Ἰούδα ἦλθαν εἰς Γάλγαλα τοῦ πορεύεσθαι εἰς ἀπαντὴν
(17) 16 τοῦ βασιλέως, διαβιβάσαι τὸν βασιλέα τὸν Ἰορδάνην. ¹⁶Καὶ ἐτάχυνεν Σεμεεὶ υἱὸς Γηρὰ υἱοῦ τοῦ Ἰεμενεὶ ἐκ Βαουρεὶμ καὶ κατέβη
(18) 17 μετὰ ἀνδρὸς Ἰούδα εἰς ἀπαντὴν τοῦ βασιλέως Δαυείδ, ¹⁷καὶ χίλιοι οἱ ἄνδρες μετ' αὐτοῦ Βενιαμείν, καὶ Σειβὰ τὸ παιδάριον τοῦ οἴκου Σαοὺλ καὶ δέκα πέντε υἱοὶ αὐτοῦ μετ' αὐτοῦ καὶ εἴκοσι δοῦλοι αὐτοῦ μετ' αὐτοῦ· καὶ κατεύθυναν τὸν Ἰορδάνην ἔμπροσθεν τοῦ βασιλέως,
(19) 18 ¹⁸καὶ ἐλειτούργησαν τὴν λειτουργίαν τοῦ διαβιβάσαι τὸν βασιλέα· καὶ διέβη ἡ διάβασις ἐξεγεῖραι τὸν οἶκον τοῦ βασιλέως καὶ τοῦ ποιῆσαι τὸ εὐθὲς ἐν ὀφθαλμοῖς αὐτοῦ. καὶ Σεμεεὶ υἱὸς Γηρὰ ἔπεσεν ἐπὶ πρόσωπον αὐτοῦ ἐνώπιον τοῦ βασιλέως, διαβαίνοντος αὐτοῦ
(20) 19 τὸν Ἰορδάνην, ¹⁹καὶ εἶπεν πρὸς τὸν βασιλέα Μὴ διαλογισάσθω ὁ κύριός μου ἀνομίαν, καὶ μὴ μνησθῇς ὅσα ἠδίκησεν ὁ παῖς σου ἐν τῇ ἡμέρᾳ ᾗ ὁ κύριός μου ἐξεπορεύετο ἐξ Ἰερουσαλήμ, τοῦ θέσθαι
(21) 20 τὸν βασιλέα εἰς τὴν καρδίαν αὐτοῦ· ²⁰ὅτι ἔγνω ὁ δοῦλός σου ὅτι ἐγὼ ἥμαρτον, καὶ ἰδοὺ ἐγὼ ἦλθον σήμερον πρότερος παντὸς οἴκου Ἰωσὴφ τοῦ καταβῆναι εἰς ἀπαντὴν τοῦ κυρίου μου τοῦ βασιλέως.
(22) 21 ²¹καὶ ἀπεκρίθη Ἀβεισὰ υἱὸς Σαρουίας καὶ εἶπεν Μὴ ἀντὶ τούτου οὐ
(23) 22 θανατωθήσεται Σεμεεί, ὅτι κατηράσατο τὸν χριστὸν Κυρίου; ²²καὶ εἶπεν Δαυείδ Τί ἐμοὶ καὶ ὑμῖν, υἱοὶ Σαρουίας, ὅτι γίνεσθέ μοι σήμερον εἰς ἐπίβουλον; σήμερον οὐ θανατωθήσεταί τις ἀνὴρ ἐξ Ἰσραήλ, ὅτι οὐκ οἶδα εἰ σήμερον βασιλεύω ἐγὼ ἐπὶ τὸν Ἰσραήλ;
(24) 23 ²³καὶ εἶπεν ὁ βασιλεὺς πρὸς Σεμεεί Οὐ μὴ ἀποθάνῃς· καὶ ὤμοσεν
(25) 24 αὐτῷ ὁ βασιλεύς. ²⁴Καὶ Μεμφιβόσθε υἱὸς υἱοῦ Σαοὺλ κατέβη

13 Αμισσαι A | ερειται A | πασας] πασαις A   14 επιστραφηθι B^(a†b†)A A (επιστραφηθει) | δουλοις σου A   15 ηλθαν] ηλθον A | απαντησιν A | om τον βασιλεα A   16 απαντησιν A | om Δαυειδ A   17 οι ανδρες] om οι A | Βενιαμειν] pr εκ του B^(a mg) | Σιβα A (item 29) | om και εικοσι δ. αυτου μετ αυτου A   18 λειτουργιαν]+του βασιλεως A | τον βασιλεα] αυτον A | η διαβασις] om η A | εξεγειραι] pr του A | om αυτου ενωπιον A   19 η ο κ. μου εξεπορευετο] η εξεπορ. ο κ. μου ο βασιλευς A | καρκαρδιαν A   20 καταβηναι]+με A   21 Αβεισα] ο Αβισαι A | και ειπεν] λεγων A   22 om μοι A | σημερον 3°]+εμοι A | εγω βασιλευω A   24 Μεμφιβοσθαι A (item 25, 26, 30) | om υιου A

ΧΙΧ 25   ΒΑΣΙΛΕΙΩΝ· Β

Β εἰς ἀπαντὴν τοῦ βασιλέως, καὶ οὐκ ἐθεράπευσεν τοὺς πόδας αὐτοῦ
οὐδὲ ὠνυχίσατο οὐδὲ ἐποίησεν τὸν μύστακα αὐτοῦ καὶ τὰ ἱμάτια
αὐτοῦ οὐκ ἀπέπλυνεν ἀπὸ τῆς ἡμέρας ἧς ἀπῆλθεν ὁ βασιλεὺς ἕως
τῆς ἡμέρας ἧς αὐτὸς παρεγένετο ἐν εἰρήνῃ. ²⁵ καὶ ἐγένετο ὅτε εἰσ- 25 (26)
ῆλθεν εἰς Ἰερουσαλὴμ εἰς ἀπάντησιν τοῦ βασιλέως, καὶ εἶπεν αὐτῷ
ὁ βασιλεύς Τί ὅτι οὐκ ἐπορεύθης μετ' ἐμοῦ, Μεμφιβόσθε ; ²⁶ καὶ 26 (27)
εἶπεν πρὸς αὐτὸν Μεμφιβόσθε Κύριέ μου βασιλεῦ, ὁ δοῦλός σου
παρελογίσατό με· ὅτι εἶπεν ὁ παῖς σου αὐτῷ Ἐπίσαξόν μοι τὴν
ὄνον καὶ ἐπιβῶ ἐπ' αὐτὴν καὶ πορεύσομαι μετὰ τοῦ βασιλέως, ὅτι
χωλὸς ὁ δοῦλός σου. ²⁷ καὶ μεθώδευσεν ὁ δοῦλός σου πρὸς τὸν 27 (28)
κύριόν μου, πρὸς τὸν βασιλέα· καὶ ὁ κύριός μου ὁ βασιλεὺς ἐποί-
ησεν τὸ καλὸν ἐνώπιον ὡς ἄγγελος τοῦ θεοῦ. καὶ ποίησον τὸ
ἀγαθὸν ἐν ὀφθαλμοῖς σου. ²⁸ ὅτι οὐκ ἦν πᾶς ὁ οἶκος τοῦ πατρός 28 (29)
μου ἀλλ' ἢ ὅτι ἄνδρες θανάτου τῷ κυρίῳ μου τῷ βασιλεῖ, καὶ ἔθηκας
τὸν δοῦλόν σου ἐν τοῖς ἐσθίουσιν τὴν τράπεζάν σου· καὶ τί ἐστιν
μοι ἔτι δικαίωμα καὶ τοῦ κεκραγέναι με ἔτι πρὸς τὸν βασιλέα; ²⁹ καὶ 29 (30)
εἶπεν αὐτῷ ὁ βασιλεύς Ἵνα τί λαλεῖς ἔτι τοὺς λόγους σου; εἶπον
Σὺ καὶ Σειβὰ διελεῖσθε τὸν ἀγρόν. ³⁰ καὶ εἶπεν Μεμφιβόσθε πρὸς 30 (31)
τὸν βασιλέα Καί γε τὰ πάντα λαβέτω μετὰ τὸ παραγενέσθαι τὸν
κύριόν μου τὸν βασιλέα ἐν εἰρήνῃ εἰς τὸν οἶκον αὐτοῦ. ³¹ Καὶ 31 (32)
Βερζελλεὶ ὁ Γαλααδείτης κατέβη ἐκ Ῥωγελλεὶμ καὶ διέβη μετὰ τοῦ
βασιλέως τὸν Ἰορδάνην ἐκπέμψαι αὐτὸν τὸν Ἰορδάνην. ³² καὶ 32 (33)
Βερζελλεὶ ἀνὴρ πρεσβύτερος σφόδρα, υἱὸς ὀγδοήκοντα ἐτῶν, καὶ
αὐτὸς διέθρεψεν τὸν βασιλέα ἐν τῷ οἰκεῖν αὐτὸν ἐν Μαναειμ, ὅτι
ἀνὴρ μέγας ἐστὶν σφόδρα. ³³ καὶ εἶπεν ὁ βασιλεὺς πρὸς Βερζελλεί 33 (34)
Σὺ διαβήσῃ μετ' ἐμοῦ, καὶ διαθρέψω τὸ γῆράς σου μετ' ἐμοῦ ἐν
Ἰερουσαλήμ. ³⁴ καὶ εἶπεν Βερζελλεὶ πρὸς τὸν βασιλέα Πόσαι 34 (35)
ἡμέραι ἡμερῶν ζωῆς μου, ὅτι ἀναβήσομαι μετὰ τοῦ βασιλέως εἰς
Ἰερουσαλήμ; ³⁵ υἱὸς ὀγδοήκοντα ἐτῶν ἐγώ εἰμι σήμερον· εἰ μὴν 35 (36)
γνώσομαι ἀνὰ μέσον ἀγαθοῦ καὶ κακοῦ εἰς πονηρόν; εἰ γεύσεται ὁ
δοῦλός σου ἔτι ὃ φάγομαι ἢ πίομαι; ἢ ἀκούσομαι ἔτι φωνὴν ἀδόν-
των καὶ ἀδουσῶν; ἵνα τί ἔσται ἔτι ὁ δοῦλός σου εἰς φορτίον ἐπὶ τὸν
κύριόν μου τὸν βασιλέα; ³⁶ ὡς βραχὺ διαβήσεται ὁ δοῦλός σου τὸν 36 (37)

Α   24 απαντησιν Α | απεπλυνεν] επλυνεν Α | om αυτος Α   25 εισ|·
ηλθεν Β* εισηλ|θεν Β^b   26 om μου Α   27 ο δουλος Β*Α] τω δουλω
Β^a | om προς 2° Α   28 πας ο οικος] παροικος Α | μου 1°] σου Α   30 om
γε Α   31 Γαλααδιτης Α   32 ανηρ πρεσβυτερ sup ras Β^1 ? a ?   33 om
προς Α | το γηρας] τον οικον Α | om μετ εμου Α   34 ημερων] ετων
Α | εις] εν Α   35 ει μην] μη Α | om εις πονηρον Α | ει 2°] η Α | ετι 1°] οτι
Α | η 2°] και Α | και 2°] η Α | ο δ. σου ετι Α

ΒΑΣΙΛΕΙΩΝ Β   XX 3

Ἰορδάνην μετὰ τοῦ βασιλέως· καὶ ἵνα τί ἀνταποδίδωσίν μοι ὁ B
(38) 37 βασιλεὺς τὴν ἀνταπόδοσιν ταύτην; ³⁷καθισάτω δὴ ὁ δοῦλός σου
καὶ ἀποθανοῦμαι ἐν τῇ πόλει μου παρὰ τῷ τάφῳ τοῦ πατρός μου
καὶ τῆς μητρός μου· καὶ ἰδοὺ ὁ δοῦλός σου Χαμαὰμ διαβήσεται
μετὰ τοῦ κυρίου μου τοῦ βασιλέως, καὶ ποίησον αὐτῷ τὸ ἀγαθὸν
(39) 38 ἐν ὀφθαλμοῖς σου. ³⁸καὶ εἶπεν ὁ βασιλεὺς Μετ᾽ ἐμοῦ διαβήτω
Χαμαάμ, κἀγὼ ποιήσω αὐτῷ τὸ ἀγαθὸν ἐν ὀφθαλμοῖς σου, καὶ
(40) 39 πάντα ὅσα ἐκλέξῃ ἐπ᾽ ἐμοὶ ποιήσω σοι. ³⁹καὶ διέβη πᾶς ὁ λαὸς
τὸν Ἰορδάνην, καὶ ὁ βασιλεὺς διέβη· καὶ κατεφίλησεν ὁ βασιλεὺς
τὸν Βερζελλεὶ καὶ εὐλόγησεν αὐτόν, καὶ ἐπέστρεψεν εἰς τὸν τόπον
(41) 40 αὐτοῦ. ⁴⁰Καὶ διέβη ὁ βασιλεὺς εἰς Γάλγαλα, καὶ Χαμαὰμ
διέβη μετ᾽ αὐτοῦ· καὶ πᾶς ὁ λαὸς Ἰούδα διαβαίνοντες μετὰ τοῦ
(42) 41 βασιλέως καί γε τὸ ἥμισυ τοῦ λαοῦ Ἰσραήλ. ⁴¹καὶ ἰδοὺ πᾶς ἀνὴρ
Ἰσραὴλ παρεγένοντο πρὸς τὸν βασιλέα, καὶ εἶπον πρὸς τὸν βασι-
λέα Τί ὅτι ἔκλεψάν σε οἱ ἀδελφοὶ ἡμῶν ἀνὴρ Ἰούδα᾽ καὶ διεβίβα-
σαν τὸν βασιλέα καὶ τὸν οἶκον αὐτοῦ τὸν Ἰορδάνην, καὶ πάντες
(43) 42 ἄνδρες Δαυεὶδ μετ᾽ αὐτοῦ; ⁴²καὶ ἀπεκρίθη πᾶς ἀνὴρ Ἰούδα πρὸς
ἄνδρα Ἰσραὴλ καὶ εἶπαν Διότι ἐγγίζει πρὸς μὲ ὁ βασιλεύς· καὶ
ἵνα τί οὕτως ἐθυμώθης περὶ τοῦ λόγου τούτου; μὴ βρώσει ἐφάγα-
(44) 43 μεν ἐκ τοῦ βασιλέως, ἢ δόμα ἔδωκεν ἢ ἄρσιν ἦρεν ἡμῖν; ⁴³καὶ
ἀπεκρίθη ἀνὴρ Ἰσραὴλ τῷ ἀνδρὶ Ἰούδα καὶ εἶπεν Δέκα χεῖρές μοι
ἐν τῷ βασιλεῖ, καὶ πρωτότοκος ἐγὼ ἢ σύ, καί γε ἐν τῷ Δαυεὶδ εἰμι
ὑπὲρ σέ. καὶ ἵνα τί τοῦτο ὕβρισάς με καὶ οὐκ ἐλογίσθη ὁ λόγος
μου πρῶτός μοι τοῦ Ἰούδα, ἐπιστρέψαι τὸν βασιλέα ἐμοί; καὶ
ἐσκληρύνθη ὁ λόγος ἀνδρὸς Ἰούδα ὑπὲρ τὸν λόγον ἀνδρὸς Ἰσραήλ.
1 ¹Καὶ ἐκεῖ ἐπικαλούμενος υἱὸς παράνομος καὶ ὄνομα αὐτῷ Σάβεε,
υἱὸς Βοχορεί, ἀνὴρ ὁ Ἰεμενεί· καὶ ἐσάλπισεν τῇ κερατίνῃ καὶ εἶπεν
Οὐκ ἔστιν ἡμῖν μερὶς ἐν Δαυεὶδ οὐδὲ κληρονομία ἡμῖν ἐν τῷ υἱῷ
2 Ἰεσσαί· ἀνὴρ εἰς τὰ σκηνώματά σου, Ἰσραήλ. ²καὶ ἀνέβη πᾶς
Ἰσραὴλ ἀπὸ ὄπισθεν Δαυεὶδ ὀπίσω Σάβεε υἱοῦ Βοχορεί· καὶ ἀνὴρ
Ἰούδα ἐκολλήθη τῷ βασιλεῖ αὐτῶν ἀπὸ τοῦ Ἰορδάνου καὶ ἕως Ἱερου-
3 σαλήμ. ³Καὶ εἰσῆλθεν Δαυεὶδ εἰς τὸν οἶκον αὐτοῦ εἰς Ἱερου-
σαλήμ· καὶ ἔλαβεν ὁ βασιλεὺς τὰς δέκα γυναῖκας τὰς παλλακὰς αὐτοῦ,
ἃς ἀφῆκεν φυλάσσειν τὸν οἶκον, καὶ ἔδωκεν αὐτὰς ἐν οἴκῳ φυλακῆς,

37 Χαμααμ] Χανααν A (item 38, 40)   38 Χααμ B* (Χαμααμ [μα A
superscr] B^{ab}) | εκλεξη] εκδεξηται A   40 ο βασιλευς] πας ο λαος A
41 ειπαν A   42 ο βασιλευς]+μου A | ουτως] τουτο A | βρωσει] βρωσιν
A | εφαγομεν A | εδωκεν] δεδωκεν A   43 om Ιουδα 2° A   XX 1 επικαλ.
εκει A | Σαβεε] Αβεε A | Ειεμενει A | τη κερατινη] pr εν A | μερις ημιν A
2 Ισραηλ] pr ανηρ A | Ιερουσαλημ] Ιηλμ A' (Ιηλ A* vid)   3 παλλακιδας A

Β καὶ διέθρεψεν αὐτὰς καὶ πρὸς αὐτὰς οὐκ εἰσῆλθεν, καὶ ἦσαν συνεχόμεναι ἕως ἡμέρας θανάτου αὐτῶν, χῆραι ζῶσαι. ⁴Καὶ εἶπεν ὁ 4 βασιλεὺς πρὸς Ἀμεσσαεί Βόησόν μοι τὸν ἄνδρα Ἰούδα τρεῖς ἡμέρας, σὺ δὲ αὐτοῦ στῆθι. ⁵καὶ ἐπορεύθη Ἀμεσσαεὶ τοῦ βοῆσαι τὸν Ἰούδαν, 5 καὶ ἐχρόνισεν ἀπὸ τοῦ καιροῦ οὗ ἐτάξατο αὐτῷ. ⁶καὶ εἶπεν 6 Δαυεὶδ πρὸς Ἀβεισά Νῦν κακοποιήσει ἡμᾶς Σάβεε υἱὸς Βοχορεὶ ὑπὲρ Ἀβεσσαλώμ· καὶ νῦν σὺ λάβε μετὰ σεαυτοῦ τοὺς παῖδας τοῦ κυρίου σου καὶ καταδίωξον ὀπίσω αὐτοῦ, μή ποτε ἑαυτῷ εὕρῃ πόλεις ὀχυρὰς καὶ σκιάσει τοὺς ὀφθαλμοὺς ἡμῶν. ⁷καὶ ἐξῆλθεν ὀπίσω 7 αὐτοῦ Ἀβεσσὰ καὶ οἱ ἄνδρες Ἰωὰβ καὶ ὁ Χελεθθεὶ καὶ ὁ Φελεθθεὶ καὶ πάντες οἱ δυνατοί, καὶ ἐξῆλθαν ἐξ Ἰερουσαλὴμ διῶξαι ὀπίσω Σάβεε υἱοῦ Βοχορεί. ⁸καὶ αὐτοὶ παρὰ τῷ λίθῳ τῷ μεγάλῳ τῷ ἐν Γαβαών, 8 καὶ Ἀμεσσαεὶ ἦλθεν ἔμπροσθεν αὐτῶν· καὶ Ἰωὰβ περιεζωσμένος μανδύαν τὸ ἔνδυμα αὐτοῦ, καὶ ἐπ' αὐτῷ περιεζωσμένος μάχαιραν ἐζευγμένην ἐπὶ τῆς ὀσφύος αὐτοῦ ἐν κολεῷ αὐτῆς· καὶ ἡ μάχαιρα ἐξῆλθεν, καὶ αὐτὴ ἐξῆλθεν καὶ ἔπεσεν. ⁹καὶ εἶπεν Ἰωὰβ τῷ Ἀμεσσαεί 9 Εἰ ὑγιαίνεις, ἀδελφέ; καὶ ἐκράτησεν ἡ χεὶρ ἡ δεξιὰ Ἰωὰβ τοῦ πώγωνος Ἀμεσσαεὶ τοῦ καταφιλῆσαι αὐτόν. ¹⁰καὶ Ἀμεσσαεὶ οὐκ ἐφυλάξατο 10 τὴν μάχαιραν τὴν ἐν τῇ χειρὶ Ἰωάβ· καὶ ἔπαισεν αὐτὸν ἐν αὐτῇ Ἰωὰβ εἰς τὴν ψόαν, καὶ ἐξεχύθη ἡ κοιλία αὐτοῦ εἰς τὴν γῆν, καὶ οὐκ ἐδευτέρωσεν αὐτῷ, καὶ ἀπέθανεν. καὶ Ἰωὰβ καὶ Ἀβεισὰ ὁ ἀδελφὸς αὐτοῦ ἐδίωξεν ὀπίσω Σάβεε υἱοῦ Βοχορεί. ¹¹καὶ ἀνὴρ ἔστη ἐπ' αὐτὸν 11 τῶν παιδαρίων Ἰωὰβ καὶ εἶπεν Τίς ὁ βουλόμενος Ἰωάβ, καὶ τίς τοῦ Δαυεὶδ ὀπίσω Ἰωάβ; ¹²καὶ Ἀμεσσαεὶ πεφυρμένος ἐν τῷ αἵματι ἐν 12 μέσῳ τῆς τρίβου, καὶ εἶδεν ἀνὴρ ὅτι εἱστήκει πᾶς ὁ λαός· καὶ ἀπέστρεψαν τὸν Ἀμεσσαεὶ ἐκ τῆς τρίβου εἰς ἀγρὸν καὶ ἐπέρριψεν ἐπ' αὐτὸν ἱμάτιον, καθότι εἶδεν πάντα τὸν ἐρχόμενον ἐπ' αὐτὸν ἑστηκότα. ¹³ἡνίκα δὲ ἔφθασεν ἐκ τῆς τρίβου, παρῆλθεν πᾶς ἀνὴρ Ἰσραὴλ ὀπίσω 13 Ἰωὰβ τοῦ διῶξαι ὀπίσω Σάβεε υἱοῦ Βοχορεί. ¹⁴καὶ διῆλθεν ἐν πάσαις 14 φυλαῖς Ἰσραὴλ εἰς Ἀβὲλ καὶ εἰς Βαιθμαχά, καὶ πάντες ἐν Χαρρεὶ καὶ ἐξεκκλησιάσθησαν· καὶ ἦλθεν κατόπισθεν αὐτοῦ. ¹⁵καὶ παρε- 15

A 6 Αβισαει A | om συ A | om μετα σεαυτου A | εαυτω ευρη] ευρη αυτω A
7 αυτου]+Αβεσ|σα Bᵃ (in mg et sup ras) | Χελεθθει] Χερεθθει Bᵃᵇ ᵛⁱᵈ (ρ superscr) Χορεθθει A | εξηλθαν] εξαν A | Σαβεε] Αβεε A   8 αυτοι] αυτω A | τω εν Γαβ.] των εν Γαβ. A | om και αυτη εξηλθεν A   9 om ει A | αδελφε]+μου Αμεσσαει A | om Ιωαβ 2° A   10 εφυλατο A* (ἡ superscr A¹) | εις 1°] επι A | ψοιαν A | Αβισαει A | εδιωξαν A   11 οπ Ιωαβ 1° A   12 Αμεσσαει 1°] Αβεσσαει B Αμεσαι A | ειδεν 1°] ιδεν A | αυτη| pr ο A | ειστηκει Bᵇ] ιστ. Bᵃ | επερριψαν A   14 Βηθμαχα A | ηλθον A

ΒΑΣΙΛΕΙΩΝ Β   XXI 1

γενήθησαν καὶ ἐπολιόρκουν ἐπ' αὐτὸν ἐν Ἀβέλ. τὴν Βαιθμαχά, καὶ B
ἐξέχεαν πρόσχωμα πρὸς τὴν πόλιν καὶ ἔστη ἐν τῷ προτειχίσματι·
16 καὶ πᾶς ὁ λαὸς ὁ μετὰ Ἰωάβ ἐνοοῦσαν καταβαλεῖν τὸ τεῖχος· ¹⁶καὶ
ἐβόησεν γυνὴ σοφὴ ἐκ τοῦ τείχους· καὶ εἶπεν Ἀκούσατε ἀκούσατε,
εἴπατε δὴ πρὸς Ἰωάβ Ἔγγισον ἕως ὧδε, καὶ λαλήσω πρὸς αὐτόν.
17 ¹⁷καὶ προσήγγισεν πρὸς αὐτήν, καὶ εἶπεν ἡ γυνή Εἰ σὺ εἶ Ἰωάβ; ὁ δὲ
εἶπεν Ἐγώ. εἶπεν δὲ αὐτῷ Ἄκουσον τοὺς λόγους τῆς δούλης σου· καὶ
18 εἶπεν Ἰωάβ Ἀκούω ἐγώ εἰμι. ¹⁸καὶ εἶπεν λέγουσα Λόγον ἐλάλησαν
ἐν πρώτοις λέγοντες Ἡρωτημένος ἠρωτήθη ἐν τῇ Ἀβέλ. καὶ ἐν Δὰν εἰ
ἐξέλιπον ἃ ἔθεντο οἱ πιστοὶ τοῦ Ἰσραήλ· ἐρῶντες ἐπερωτήσουσιν
19 ἕνα ἐν Ἀβέλ καὶ οὕτως, εἰ ἐξέλιπον. ¹⁹ἐγώ εἰμι εἰρηνικὰ τῶν
στηριγμάτων Ἰσραήλ, σὺ δὲ ζητεῖς θανατῶσαι πόλιν καὶ μητρόπολιν
20 ἐν Ἰσραήλ· ἵνα τί καταποντίζεις κληρονομίαν Κυρίου; ²⁰καὶ ἀπεκρίθη
Ἰωὰβ καὶ εἶπεν Ἵλεώς μοι ἵλεώς μοι, εἰ καταποντιῶ καὶ εἰ φθερῶ·
21 ²¹οὐχ οὗτος ὁ λόγος· ὅτι ἀνὴρ ἐξ ὄρους Ἐφράιμ, Σάβεε υἱὸς Βοχορεὶ
ὄνομα αὐτοῦ, καὶ ἐπῆρεν τὴν χεῖρα αὐτοῦ ἐπὶ τὸν βασιλέα Δαυείδ.
δότε αὐτόν μοι μόνον, καὶ ἀπελεύσομαι ἀπάνωθεν τῆς πόλεως. καὶ
εἶπεν ἡ γυνὴ πρὸς Ἰωάβ Ἰδοὺ ἡ κεφαλὴ αὐτοῦ ῥιφήσεται πρὸς σὲ
22 διὰ τοῦ τείχους. ²²καὶ εἰσῆλθεν ἡ γυνὴ πρὸς πάντα τὸν λαόν, καὶ
ἐλάλησεν πρὸς πᾶσαν τὴν πόλιν ἐν τῇ σοφίᾳ αὐτῆς· καὶ ἀφεῖλεν
τὴν κεφαλὴν Σάβεε υἱοῦ Βοχορεί, καὶ ἀφεῖλεν καὶ ἔβαλεν πρὸς Ἰωάβ.
καὶ ἐσάλπισεν ἐν κερατίνῃ, καὶ διεσπάρησαν ἀπὸ τῆς πόλεως
ἀπ' αὐτοῦ ἀνὴρ εἰς τὰ σκηνώματα αὐτοῦ· καὶ Ἰωὰβ ἀπέστρεψεν
εἰς Ἰερουσαλὴμ πρὸς τὸν βασιλέα:
23 ²³Καὶ Ἰωὰβ πρὸς πάσῃ τῇ δυνάμει Ἰσραήλ, καὶ Βαναίας υἱὸς
24 Ἀχειλοὺθ ἐπὶ τοῦ Χελεθθεὶ καὶ ἐπὶ τοῦ Φελεθθεί, ²⁴καὶ Ἀδωνειράμ
25 ἐπὶ τοῦ φόρου, καὶ Ἰωσαφὰθ υἱὸς Ἀχειλοὺθ ἀναμιμνήσκων, ²⁵καὶ
26 Ἰησοῦς ὁ γραμματεύς, καὶ Σαδὼκ καὶ Ἀβιαθὰρ ἱερεῖς, ²⁶καί γε Εἵρας ὁ
Ἰαρεὶν ἦν ἱερεὺς τοῦ Δαυείδ.
XI 1 ¹Καὶ ἐγένετο λιμὸς ἐν ταῖς ἡμέραις Δαυεὶδ τρία ἔτη, ἐνιαυτὸς
ἐχόμενος ἐνιαυτοῦ, καὶ ἐξήτησεν Δαυεὶδ τὸ πρόσωπον τοῦ κυρίου· καὶ

15 την Βαιθμ.] εν Βηθμ. A | προχωμα A | ο μετα] om ο A.   16 om A
ακουσατε 2° A | Ιωαβ] pr τον A | om εως A   17 προσηγγισεν] ηγγισεν A
18 ηρωτηθην A | εξελειπον A (bis) | ερωντες] ερωντες A | om ενα A
19 ινα τι] pr και A   20 om μοι 1° A | φθερω] διαφθειρω A.   21 απα-
νοθεν B* (απανωθεν B^{a†b}) | η κεφ.] om η A | om προς σε A   22 εβαλεν]
ελαβεν A | κερατινη] pr τη A   23 Αχειλουθ] Ιωδαε A | Χερεθθει A | επι
του (2°)] ο A   24 Αδωνιραμ A | Ιωσαφατ A | Αχιλουθ A   25 Ιησους]
Ισους A   26 Ιαρειν] Ιαειρει A

εἶπεν Κύριος Ἐπὶ Σαοὺλ καὶ ἐπὶ τὸν οἶκον αὐτοῦ ἀδικία διὰ τὸ αὐτὸν θανάτῳ αἱμάτων, περὶ οὗ ἐθανάτωσεν τοὺς Γαβαωνείτας. ²καὶ ἐκάλεσεν ὁ βασιλεὺς Δαυεὶδ τοὺς Γαβαωνείτας καὶ εἶπεν πρὸς αὐτούς· καὶ οἱ Γαβαωνεῖται οὐχ υἱοὶ Ἰσραὴλ εἰσιν, ὅτι ἀλλ᾽ ἢ ἐκ τοῦ αἵματος τοῦ Ἀμορραίου, καὶ οἱ υἱοὶ Ἰσραὴλ ὤμοσαν αὐτοῖς· καὶ ἐζήτησεν Σαοὺλ πατάξαι αὐτοὺς ἐν τῷ ζηλῶσαι αὐτὸν τοὺς υἱοὺς Ἰσραὴλ καὶ Ἰούδα· ³καὶ εἶπεν Δαυεὶδ πρὸς τοὺς Γαβαωνείτας Τί ποιήσω ὑμῖν καὶ ἐν τίνι ἐξιλάσωμαι, καὶ εὐλογήσετε τὴν κληρονομίαν Κυρίου; ⁴καὶ εἶπαν αὐτῷ οἱ Γαβαωνεῖται Οὐκ ἔστιν ἡμῖν ἀργύριον καὶ χρυσίον μετὰ Σαοὺλ καὶ μετὰ τοῦ οἴκου αὐτοῦ, καὶ οὐκ ἔστιν ἡμῖν ἀνὴρ θανατῶσαι ἐν Ἰσραήλ. καὶ εἶπεν Τί ὑμεῖς λέγετε καὶ ποιήσω ὑμῖν; ⁵καὶ εἶπαν πρὸς τὸν βασιλέα Ὁ ἀνὴρ συνετέλεσεν ἐφ᾽ ἡμᾶς καὶ ἐδίωξεν ἡμᾶς, ὃς παρελογίσατο ἐξολεθρεῦσαι ἡμᾶς· ἀφανίσωμεν αὐτὸν τοῦ μὴ ἑστάναι αὐτὸν ἐν παντὶ ὁρίῳ Ἰσραήλ. ⁶δότω ἡμῖν ἑπτὰ ἄνδρας ἐκ τῶν υἱῶν αὐτοῦ, καὶ ἐξηλιάσωμεν αὐτοὺς τῷ κυρίῳ ἐν Γαβαὼν Σαοὺλ ἐκλεκτοὺς Κυρίου. καὶ εἶπεν ὁ βασιλεύς Ἐγὼ δώσω. ⁷καὶ ἐφείσατο ὁ βασιλεὺς ἐπὶ Μεμφιβόσθε υἱὸν Ἰωναθὰν υἱοῦ Σαοὺλ διὰ τὸν ὅρκον Κυρίου τὸν ἀνὰ μέσον αὐτῶν, καὶ ἀνὰ μέσον Δαυεὶδ καὶ ἀνὰ μέσον Ἰωναθὰν υἱοῦ Σαούλ. ⁸καὶ ἔλαβεν ὁ βασιλεὺς τοὺς δύο υἱοὺς Ῥεσφὰ θυγατρὸς Αἰὰ οὓς ἔτεκεν τῷ Σαούλ, τὸν Ἑρμωνοεὶ καὶ τὸν Μεμφιβόσθε, καὶ τοὺς πέντε υἱοὺς Μιχὸλ θυγατρὸς Σαοὺλ οὓς ἔτεκεν τῷ Σερεὶ υἱῷ Βερζελλεὶ τῷ Μωουλαθεί, ⁹καὶ ἔδωκεν αὐτοὺς ἐν χειρὶ τῶν Γαβαωνειτῶν· καὶ ἐξηλίασαν αὐτοὺς ἐν τῷ ὄρει ἔναντι Κυρίου, καὶ ἔπεσαν οἱ ἑπτὰ αὐτοὶ ἐπὶ τὸ αὐτό· καὶ αὐτοὶ δὲ ἐθανατώθησαν ἐν ἡμέραις θερισμοῦ ἐν πρώτοις, ἐν ἀρχῇ θερισμοῦ κριθῶν. ¹⁰καὶ ἔλαβεν Ῥεσφὰ θυγάτηρ Αἰὰ τὸν σάκκον καὶ ἔπηξεν αὐτῇ πρὸς τὴν πέτραν ἐν ἀρχῇ θερισμοῦ κριθῶν ἕως ἔσταξεν ἐπ᾽ αὐτοὺς ὕδωρ ἐκ τοῦ οὐρανοῦ, καὶ οὐκ ἔδωκεν τὰ πετεινὰ τοῦ οὐρανοῦ καταπαῦσαι ἐπ᾽ αὐτοὺς ἡμέρας καὶ τὰ θηρία τοῦ ἀγροῦ νυκτός. ¹¹καὶ ἀπηγγέλη τῷ Δαυεὶδ ὅσα ἐποίησεν Ῥεσφὰ θυγάτηρ Αἰὰ παλλακὴ Σαούλ· καὶ ἐξελύθησαν, καὶ κατέλαβεν αὐτοὺς Δὰν υἱὸς Ἰωὰ ἐκ τῶν ἀπογόνων τῶν γιγάντων. ¹²καὶ ἐπορεύθη Δαυεὶδ καὶ ἔλαβεν τὰ ὀστᾶ Σαοὺλ καὶ τὰ ὀστᾶ Ἰωναθὰν τοῦ υἱοῦ αὐτοῦ παρὰ τῶν ἀνδρῶν υἱῶν Ἰαβεὶς Γαλαάδ, οἳ ἔκλεψαν αὐτοὺς ἐκ τῆς

A XXI 1 Γαβαωνιτ. A (item 2 bis, 3, 4) 2 ουχι A | του Αμορραιου] om του A | αυτους 2°] αυτον A 3 εξιλασομαι A 6 δοτε A | εκλεκτος A
7 Μεμφιβοσθαι A (item 8) | υιον 1°] υιον A 8 ο βασιλευς] Ιωναθαν A | Ρεσφα] Ρεφφαθ A | Ερμωνιει A | Μιχολ] Μελχολ A | Σερει] Εσδρι A | Μοουλαθειτη A 9 εναντιον A | om εν 5° A 10 υδωρ επ αυτους A
12 εκλεψαν] εθαψαν A

πλατείας Βαίθ, ὅτι ἔστησαν αὐτοὺς ἐκεῖ οἱ ἀλλόφυλοι ἐν ἡμέρᾳ 13 ᾗ ἐπάταξαν οἱ ἀλλόφυλοι τὸν Σαοὺλ ἐν Γελβουε. ¹³καὶ ἀνήνεγκεν ἐκεῖθεν τὰ ὀστᾶ Σαοὺλ καὶ τὰ ὀστᾶ Ἰωνάθαν τοῦ υἱοῦ αὐτοῦ, 14 καὶ συνήγαγεν τὰ ὀστᾶ τῶν ἐξηλιασμένων. ¹⁴καὶ ἔθαψαν τὰ ὀστᾶ Σαοὺλ καὶ τὰ ὀστᾶ Ἰωνάθαν τοῦ υἱοῦ αὐτοῦ καὶ τῶν ἡλιασθέντων τῶν ἐν γῇ Βενιαμεὶν ἐν τῇ πλευρᾷ ἐν τῷ τάφῳ Κεὶς τοῦ πατρὸς αὐτοῦ· καὶ ἐποίησαν πάντα ὅσα ἐνετείλατο ὁ βασιλεύς, καὶ ἐπήκουσεν ὁ θεὸς τῇ γῇ μετὰ ταῦτα.

15 ¹⁵Καὶ ἐγενήθη ἔτι πόλεμος τοῖς ἀλλοφύλοις μετὰ Ἰσραήλ· καὶ κατέβη Δαυεὶδ καὶ οἱ παῖδες αὐτοῦ μετ' αὐτοῦ καὶ ἐπολέμησαν 16 μετὰ τῶν ἀλλοφύλων· καὶ ἐπορεύθη Δαυείδ. ¹⁶καὶ Ἰεσβὶ ὃς ἦν ἐν τοῖς ἐκγόνοις τοῦ Ῥαφά, καὶ ὁ σταθμὸς τοῦ δόρατος αὐτοῦ τριακοσίων σίκλων ὁλκῇ χαλκοῦ, καὶ αὐτὸς περιεζωσμένος κορύνην, 17 καὶ διενοεῖτο πατάξαι τὸν Δαυείδ. ¹⁷καὶ ἐβοήθησεν αὐτῷ Ἀβεσσὰ υἱὸς Σαρουίας, καὶ ἐπάταξεν τὸν ἀλλόφυλον καὶ ἐθανάτωσεν αὐτόν· τότε ὤμοσαν οἱ ἄνδρες Δαυεὶδ λέγοντες Οὐκ ἐξελεύσῃ ἔτι μεθ' ἡμῶν 18 εἰς πόλεμον, καὶ οὐ μὴ σβέσῃς τὸν λύχνον Ἰσραήλ. ¹⁸Καὶ ἐγενήθη μετὰ ταῦτα ἔτι πόλεμος ἐν Γέθ μετὰ τῶν ἀλλοφύλων· τότε ἐπάταξεν Ὀεβοχὰ ὁ Ἀστατωθεὶ τὸν Σὲφ τὸν ἐν τοῖς ἐκγόνοις τοῦ 19 Ῥαφά. ¹⁹καὶ ἐγένετο ὁ πόλεμος ἐν Ῥὸμ μετὰ τῶν ἀλλοφύλων· καὶ ἐπάταξεν Ἐλεανὰν υἱὸς Ἀριωργεὶμ ὁ Βαιθλεεμμείτης τὸν Γοδολίαν τὸν Χετταῖον, καὶ τὸ ξύλον τοῦ δόρατος αὐτοῦ ὡς ἀντίον ὑφαινόντων. 20 ²⁰καὶ ἐγένετο ἔτι πόλεμος ἐν Γέθ· καὶ ἦν ἀνὴρ Μαδών, καὶ οἱ δάκτυλοι τῶν χειρῶν αὐτοῦ καὶ οἱ δάκτυλοι τῶν ποδῶν αὐτοῦ ἓξ καὶ ἕξ, εἴκοσι 21 τέσσαρες ἀριθμῷ· καί γε αὐτὸς ἐτέχθη τῷ Ῥαφά. ²¹καὶ ὠνείδισεν τὸν Ἰσραήλ, καὶ ἐπάταξεν αὐτὸν Ἰωναθὰν υἱὸς Σεμεεὶ ἀδελφοῦ Δαυείδ. 22 ²²οἱ τέσσαρες οὗτοι ἐτέχθησαν ἀπόγονοι τῶν γιγάντων ἐν Γὲθ τῷ Ῥαφὰ οἶκος, καὶ ἔπεσαν ἐν χειρὶ Δαυεὶδ καὶ ἐν χειρὶ τῶν δούλων αὐτοῦ.

XXII 1 ¹Καὶ ἐλάλησεν Δαυεὶδ τῷ κυρίῳ τοὺς λόγους τῆς ᾠδῆς ταύτης ἐν ᾗ ἡμέρᾳ ἐξείλατο αὐτὸν Κύριος ἐκ χειρὸς πάντων τῶν ἐχθρῶν αὐτοῦ 2 καὶ ἐκ χειρὸς Σαούλ. ²καὶ εἶπεν

12 Βαιθ] Βηθσαν A | επαταξαν] + αυτον A | εν Γ'. τον Σαουλ A A
14 εθαψεν A | των εν γη] εν τη γη A   15 επορευθη] εξελυθη A
16 Ιεσβι] εν Νοβ A | ολκης A   17 Αβισαει A | ει B* (εις Bᵃᵇ?) |
Ισραηλ] μου A   18 Οεβοχα] signa v l adscr Bᵗ ᵐᵍ Σεβοχαει A | Αστατωθει] Αουσαστωνθει A | Σεφ] Σεφε A   19 Ρομ] Γοβ A | επεταξεν A | Βηθλεεμιτης A | Γοδολιαν] Γολιαθ A | Χετταιον] signa v l prae se fert Bᵗ ᵗˣᵗ ᵉᵗ ᵐᵍ Γεθθαιων A   20 om' εξ 2° A | γε] Γεθ A   22 om ετεχθησαν A | τω Ραφα εν Γεθ A | om οικος A   XXII· 1 ημερα η A

ΒΑΣΙΛΕΙΩΝ· Β

Ὠδή.

Κύριε, πέτρα μου καὶ ὀχύρωμά μου, καὶ ἐξαιρούμενός με ἐμοί·
³ὁ θεός μου φύλαξ ἔσται μου, πεποιθὼς ἔσομαι ἐπ' αὐτῷ· 3
ὑπερασπιστής μου καὶ κέρας σωτηρίας μου, ἀντιλήμπτωρ μου
  καὶ καταφυγή μου σωτηρίας μου·
ἐξ ἀδίκου σώσεις με.
⁴αἰνετὸν ἐπικαλέσομαι Κύριον,
  καὶ ἐκ τῶν ἐχθρῶν μου σωθήσομαι.
⁵ὅτι περιέσχον με συντριμμοὶ θανάτου,
  χείμαρροι ἀνομίας ἐθάμβησάν με·
⁶ὠδῖνες θανάτου ἐκύκλωσάν με, 6
  προέφθασάν με σκληρότητες θανάτου.
⁷ἐν τῷ θλίβεσθαί με ἐπικαλέσομαι Κύριον,
  καὶ πρὸς τὸν θεόν μου βοήσομαι,
  καὶ ἐπακούσεται ἐκ ναοῦ αὐτοῦ φωνῆς μου,
  καὶ ἡ κραυγή μου ἐν τοῖς ὠσὶν αὐτοῦ.
⁸καὶ ἐταράχθη καὶ ἐσείσθη ἡ γῆ, 8
  καὶ τὰ θεμέλια τοῦ οὐρανοῦ συνεταράχθησαν,
  καὶ ἐσπαράχθησαν, ὅτι ἐθυμώθη Κύριος αὐτοῖς.
⁹ἀνέβη καπνὸς ἐν τῇ ὀργῇ αὐτοῦ, 9
  καὶ πῦρ ἐκ στόματος αὐτοῦ κατέδεται·
  ἄνθρακες ἐξεκαύθησαν ἀπ' αὐτοῦ.
¹⁰καὶ ἔκλινεν οὐρανοὺς καὶ κατέβη, 10
  καὶ γνόφος ὑποκάτω τῶν ποδῶν αὐτοῦ.
¹¹καὶ ἐπεκάθισεν ἐπὶ χερουβεὶν καὶ ἐπετάσθη, 11
  καὶ ὤφθη ἐπὶ πτερύγων ἀνέμου·
¹²καὶ ἔθετο σκότος ἀποκρυφῆς αὐτοῦ κύκλῳ αὐτοῦ, 12
  ἡ σκηνὴ αὐτοῦ σκότος ὑδάτων·
  ἐπάχυνεν ἐν νεφέλαις ἀέρος.
¹³ἀπὸ τοῦ φέγγους ἐναντίον αὐτοῦ 13
  ἐξεκαύθησαν ἄνθρακες πυρός.
¹⁴ἐβρόντησεν ἐξ οὐρανοῦ Κύριος, 14

A 2 om ωδη A   3 φυλαξ]+μου (superscr) B^{ab} | μου 2°] μοι ᵇ|
υπερασπιτης B* (υπερασπιστ. B^{ab}) | σωτηριας 2°] σωτηρια A* (s superscr A¹)
7 επακουσετε A   8 συνεταραχθησαν] εταραχθησαν A | εσπαραχθησαν]
εταραχθησαν A   11 επεκαθισεν] εκαθισεν A | χερουβειμ A | ανεμων A
12 αποκρυφην A | κυκλω αυτ., σκοτ. υδ., c seqq coniunx B | αερων A

καὶ ὁ ὕψιστος ἔδωκεν φωνὴν αὐτοῦ·

15 ¹⁵καὶ ἀπέστειλεν βέλη καὶ ἐσκόρπισεν αὐτούς,
ἀστραπὴν καὶ ἐξέστησεν αὐτούς·
16* ¹⁶καὶ ὤφθησαν ἀφέσεις θαλάσσης
καὶ ἀπεκαλύφθη θεμέλια τῆς οἰκουμένης,
ἐν τῇ ἐπιτιμήσει Κυρίου,
ἀπὸ πνοῆς πνεύματος θυμοῦ αὐτοῦ.
17 ¹⁷ἀπέστειλεν ἐξ ὕψους καὶ ἔλαβέν με,
εἵλκυσέν με ἐξ ὑδάτων πολλῶν·
18 ¹⁸ἐρύσατό με ἐξ ἐχθρῶν μου ἰσχύος,
ἐκ τῶν μισούντων με, ὅτι ἐκραταιώθησαν ὑπὲρ ἐμέ.
19 ¹⁹προέφθασάν με ἡμέραι θλίψεώς μου,
καὶ ἐγένετο Κύριος ἐπιστήριγμά μου·
20 ²⁰καὶ ἐξήγαγέν με εἰς πλατυσμόν,
καὶ ἐξείλατό με, ὅτι εὐδόκησεν ἐν ἐμοί·
21 ²¹καὶ ἀνταπέδωκέν μοι Κύριος κατὰ τὴν δικαιοσύνην μου,
κατὰ τὴν καθαριότητα τῶν χειρῶν μου ἀνταπέδωκέν μοι.
22 ²²ὅτι ἐφύλαξα ὁδοὺς Κυρίου,
καὶ οὐκ ἠσέβησα ἀπὸ τοῦ θεοῦ μου·
23 ²³ὅτι πάντα τὰ κρίματα αὐτοῦ κατεναντίον μου,
καὶ τὰ δικαιώματα αὐτοῦ, οὐκ ἀπέστην ἀπ' αὐτῶν.
24 ²⁴καὶ ἔσομαι ἄμωμος αὐτῷ
καὶ προφυλάξομαι ἀπὸ τῆς ἀνομίας μου·
25 ²⁵καὶ ἀποδώσει μοι Κύριος κατὰ τὴν δικαιοσύνην μου
καὶ κατὰ τὴν καθαριότητα τῶν χειρῶν μου ἐνώπιον τῶν
ὀφθαλμῶν αὐτοῦ.
26 ²⁶μετὰ ὁσίου ὁσιωθήσῃ,
καὶ μετὰ ἀνδρὸς τελείου τελειωθήσῃ·
27 ²⁷καὶ μετὰ ἐκλεκτοῦ ἐκλεκτὸς ἔσῃ,
καὶ μετὰ στρεβλοῦ στρεβλωθήσῃ.
28 ²⁸καὶ τὸν λαὸν τὸν πτωχὸν σώσεις,
καὶ ὀφθαλμοὺς ἐπὶ μετεώρων ταπεινώσεις.
29 ²⁹ὅτι σὺ ὁ λύχνος μου, Κύριε,
καὶ Κύριος ἐκλάμψει μοι τὸ σκότος μου.
30 ³⁰ὅτι ἐν σοὶ δραμοῦμαι μονόζωνος,

17 ελαβεν] ανελαβεν A   18 ερρυσατο B$^{a?b}$A | ισχυος] ισχυρος A A
23 απεστην] απεστησαν A | απ αυτων] pr απ αυτου ουκ απεστην B   25 ενω-
πιον] εναντιον A   27 στρεβλωθηση] διαστρεψεις A ·   29 Κυριος]+μου A

XXII 31   ΒΑΣΙΛΕΙΩΝ Β

καὶ ἐν τῷ θεῷ μου ὑπερβήσομαι τεῖχος..
³¹ὁ ἰσχυρός, ἄμωμος ἡ ὁδὸς αὐτοῦ,
τὸ ῥῆμα Κυρίου κραταιόν, πεπυρωμένον·
ὑπερασπιστής ἐστιν πᾶσιν τοῖς πεποιθόσιν ἐπ᾽ αὐτῷ.
³²τίς ἰσχυρὸς πλὴν Κυρίου;
καὶ τίς κτίστης ἔσται πλὴν τοῦ θεοῦ ἡμῶν;
³³ὁ ἰσχυρὸς ὁ κραταιῶν με δυνάμει,
καὶ ἐξετίναξεν ἄμωμον τὴν ὁδόν μου·
³⁴τιθεὶς τοὺς πόδας μου ὡς ἐλάφων,
καὶ ἐπὶ τὰ ὕψη ἱστῶν με·
³⁵διδάσκων χεῖράς μου εἰς πόλεμον,
καὶ κατάξας τόξον χαλκοῦν ἐν βραχίονί μου.
³⁶καὶ ἔδωκάς μοι ὑπερασπισμὸν σωτηρίας μου,
καὶ ἡ ὑπακοή σου ἐπλήθυνέν με.
³⁷εἰς πλατυσμὸν εἰς τὰ διαβήματά μου ὑποκάτω μου,
καὶ οὐκ ἐσαλεύθησαν τὰ σκέλη μου.
³⁸διώξω ἐχθρούς μου καὶ ἀφανιῶ αὐτούς,
καὶ οὐκ ἀναστρέψω ἕως συντελέσω αὐτούς·
³⁹καὶ θλάσω αὐτοὺς καὶ οὐκ ἀναστήσονται,
καὶ πεσοῦνται ὑπὸ τοὺς πόδας μου.
⁴⁰καὶ ἐνισχύσεις με δυνάμει εἰς πόλεμον·
κάμψεις τοὺς ἐπανιστανομένους μοι ὑποκάτω μου.
⁴¹καὶ τοὺς ἐχθρούς μου ἔδωκάς μοι νῶτον,
τοὺς μισοῦντάς με, καὶ ἐθανάτωσας αὐτούς.
⁴²βοήσονται καὶ οὐκ ἔστιν βοηθός·
πρὸς Κύριον, καὶ οὐχ ὑπήκουσεν αὐτῶν.
⁴³καὶ ἐλέανα αὐτοὺς ὡς χνοῦν γῆς·
ὡς πηλὸν ἐξόδων ἐλέπτυνα αὐτούς.
⁴⁴καὶ ῥύσῃ με ἐκ μάχης λαῶν,
φυλάξεις με εἰς κεφαλὴν ἐθνῶν.
λαὸς ὃν οὐκ ἔγνων ἐδούλευσάν μοι·
⁴⁵υἱοὶ ἀλλότριοι ἐψεύσαντό μοι,
εἰς ἀκοὴν ὠτίου ἤκουσάν μου·

A   30 om μου A   31 om κραταιον A   33 δυναμιν A | εξετιναξεν] εξετεινεν A   34 ταψη B* (τα υψη [υ superscr] B^{ab})   35 εν βραχιονι] τους βραχιονας A   36 η υπακοη] om η A   37 πλασυσμον A   38 αφανισω A   39 και θλασω] pr και τελεσω αυτους A   40 καμψει A   42 εστιν] εσται A   43 εξ οδων B^b   44 εδουλευσεν A   45 ηκουσαν] υπηκουσαν A

ΒΑΣΙΛΕΙΩΝ Β   XXIII 5

46 ⁴⁶υἱοὶ ἀλλότριοι ἀπορριφήσονται·
   καὶ σφαλοῦσιν ἐκ τῶν συγκλεισμῶν αὐτῶν.
47 ⁴⁷ζῇ Κύριος καὶ εὐλογητὸς ὁ φύλαξ μου,
   καὶ ὑψωθήσεται ὁ θεός μου, ὁ φύλαξ τῆς σωτηρίας
   μου.
48 ⁴⁸ ἰσχυρὸς Κύριος. ὁ διδοὺς ἐκδικήσεις ἐμοί,
   παιδεύων λαοὺς ὑποκάτω μου,
49 ⁴⁹καὶ ἐξάγων με ἐξ ἐχθρῶν μου·
   καὶ ἐκ τῶν ἐπεγειρομένων μοι ὑψώσεις με,
   ἐξ ἀνδρὸς ἀδικημάτων ῥύσῃ με.
50 ⁵⁰διὰ τοῦτο ἐξομολογήσομαί σοι, Κύριε, ἐν τοῖς ἔθνεσιν,
   καὶ ἐν τῷ ὀνόματί σου ψαλῶ·
51 ⁵¹μεγαλύνων σωτηρίας βασιλέως αὐτοῦ,
   καὶ ποιῶν ἔλεος τῷ χριστῷ αὐτοῦ,
   τῷ Δαυεὶδ καὶ τῷ σπέρματι αὐτοῦ ἕως αἰῶνος.

III 1 ¹Καὶ οὗτοι οἱ λόγοι Δαυεὶδ οἱ ἔσχατοι·
      Πιστὸς Δαυεὶδ υἱὸς Ἰεσσαί,
      καὶ πιστὸς ἀνὴρ ὃν ἀνέστησεν Κύριος ἐπὶ χριστὸν θεοῦ
      Ἰακώβ,
      καὶ εὐπρεπεῖς ψαλμοὶ Ἰσραήλ.
    2 ²πνεῦμα Κυρίου ἐλάλησεν ἐν ἐμοί,
      καὶ ὁ λόγος αὐτοῦ ἐπὶ γλώσσης μου.
    3 ³λέγει ὁ θεὸς Ἰσραήλ·
      ἐμοὶ ἐλάλησεν φύλαξ ἐξ Ἰσραήλ Παραβολὴν εἰπόν
      Ἐν ἀνθρώπῳ πῶς κραταιώσητε φόβον χριστοῦ;
    4 ⁴καὶ ἐν θεῷ φωτὶ πρωίας ἀνατεῖλαι ἥλιος,
      τὸ πρωὶ οὐ Κύριος παρῆλθεν ἐκ φέγγους·
      καὶ ὡς ἐξ ὑετοῦ χλόης ἀπὸ γῆς.
    5 ⁵οὐ γὰρ οὗτος ὁ οἶκός μου μετὰ Ἰσχυροῦ;
      διαθήκην γὰρ αἰώνιον ἔθετό μοι,
      ἑτοίμην ἐν παντὶ καιρῷ, πεφυλαγμένην,

47 υψωθησεται] υψωθητω A | om μου 2° A   48 ισχυρος] υψηλος A
A | παιδων B* (παιδευων [ευ superscr] Bab)   49 om και εξαγων...μου
A | επεγειρομενων] επανισταμενων A   XXIII 1 ανηρ] pr o A | θεου]
pr κυ A   3 om εξ A | κραταιωσατε A' | χριστου (χυ B)] κυ A
4 ηλιος] pr o A | ου Bb | om Κυριος A   5 ετοιμην εθετο μοι A | πεφυ-
λαγμενον A

ΧΧΙΙΙ 6   ΒΑΣΙΛΕΙΩΝ Β

B ὅτι πᾶσα σωτηρία μου καὶ πᾶν θέλημα·
ὅτι οὐ μὴ βλαστήσῃ⁽⁶⁾ὁ παράνομος.
⁶ὥσπερ ἄκανθα ἐξωσμένη πάντες οὗτοι, 6
ὅτι οὐ χειρὶ λημφθήσονται·
⁷καὶ ἀνὴρ οὐ κοπιάσει ἐν αὐτοῖς·
καὶ πλῆρες σιδήρου καὶ ξύλον δόρατος,
καὶ ἐν πυρὶ καύσει, καὶ θήσονται αἰσχύνην· αὐτῶν.
⁸Ταῦτα τὰ ὀνόματα τῶν δυνατῶν Δαυείδ· Ἰεβόσθε ὁ Χαναναῖος 8
ἄρχων τοῦ τρίτου ἐστίν· Ἀδεινὼν ὁ Ἀσωναῖος, οὗτος ἐσπάσατο τὴν
ῥομφαίαν αὐτοῦ ἐπὶ ὀκτακοσίους στρατιώτας εἰς ἅπαξ. ⁹καὶ μετ᾽ αὐτὸν 9
Ἐλεανὰν υἱὸς πατραδέλφου αὐτοῦ, υἱὸς Σουσεὶ τοῦ ἐν τοῖς τρισὶν
δυνατοῖς μετὰ Δαυείδ· καὶ ἐν τῷ ὀνειδίσαι αὐτὸν ἐν τοῖς ἀλλοφύλοις
συνήχθησαν ἐκεῖ εἰς πόλεμον, καὶ ἀνεβόησεν ἀνὴρ Ἰσραήλ. ¹⁰αὐτὸς 10
ἀνέστη καὶ ἐπάταξεν ἐν τοῖς ἀλλοφύλοις ἕως οὗ ἐκοπίασεν ἡ χεὶρ
αὐτοῦ, καὶ προσεκολλήθη ἡ χεὶρ αὐτοῦ πρὸς τὴν μάχαιραν· καὶ
ἐποίησεν Κύριος σωτηρίαν μεγάλην ἐν τῇ ἡμέρᾳ ἐκείνῃ, καὶ ὁ λαὸς
ἐκάθητο ὀπίσω αὐτοῦ πλὴν ἐκδιδύσκειν. ¹¹καὶ μετ᾽ αὐτὸν Σαμαιὰ 11
υἱὸς Ἀσὰ ὁ Ἀρουχαῖος· καὶ συνήχθησαν οἱ ἀλλόφυλοι εἰς Θηρία,
καὶ ἦν ἐκεῖ μερὶς τοῦ ἀγροῦ πλήρης φακοῦ, καὶ ὁ λαὸς ἔφυγεν ἐκ
προσώπου ἀλλοφύλων. ¹²καὶ ἐστηλώθη ἐν μέσῳ τῆς μερίδος, καὶ 12
ἐξείλατο αὐτὴν καὶ ἐπάταξεν τοὺς ἀλλοφύλους, καὶ ἐποίησεν Κύριος
σωτηρίαν μεγάλην. ¹³Καὶ κατέβησαν τρεῖς ἀπὸ τῶν τριάκοντα 13
καὶ κατέβησαν εἰς Καδὼν πρὸς Δαυεὶδ εἰς τὸ σπήλαιον Ὀδολλάμ·
καὶ τάγμα τῶν ἀλλοφύλων, καὶ παρενέβαλον ἐν τῇ κοιλάδι Ῥαφαείμ.
¹⁴καὶ Δαυεὶδ τότε ἐν τῇ περιοχῇ, καὶ τὸ ὑπόστημα τῶν ἀλλοφύλων 14
τότε ἐν Βαιθλέεμ. ¹⁵καὶ ἐπεθύμησεν Δαυεὶδ καὶ εἶπεν Τίς ποτιεῖ με 15
ὕδωρ ἐκ τοῦ λάκκου τοῦ ἐν Βαιθλέεμ τοῦ ἐν τῇ πύλῃ; τὸ δὲ σύστεμα
τῶν ἀλλοφύλων τότε ἐν Βαιθλέεμ. ¹⁶καὶ διέρρηξαν οἱ τρεῖς δυνατοὶ 16
ἐν τῇ παρεμβολῇ τῶν ἀλλοφύλων καὶ ὑδρεύσαντο ὕδωρ ἐκ τοῦ λάκκου
τοῦ ἐν Βαιθλέεμ τοῦ ἐν τῇ πύλῃ, καὶ ἔλαβαν καὶ παρεγένοντο πρὸς

A   5 βλαστηση] βαστασῃ A   6 ουτοι] αυτοι A   7 om ου A | κοπασει
A | θησονται] κανθησεται A | αισχυνη A   8 Δαυειδ] pr του A | Ιεβοσθαι
A | τριτου]+αυτος A | Αδειν A | Ασωναος A | om ουτος...αυτου A | οκτακο-
σιους] τριακοσιους Bᵐᵍ | στρατιωτας] τραυματιας Bᵃ ᵐᵍA   9 Ελεαναν]
Ελεαζαρ A | Σουσει (Δουδει Bᵇ ᵛⁱᵈ)] Σωσει A | του bis scr B (? Σουσειτου
του) | om και 2⁰ A   10 εκοπασεν A   11 om και 1⁰ A | Σαμαια]
Σαμμεας A | Ασα] Αγοα A | μερι A | πληρεις A   13 Καδων (Καδῶ B*
Κασῶ [σ superscr] Bᵃᵇ)] Κασωαρ A | om και 4⁰ A | Ραφαειν A   14 υπο-
στεμα A | Βηθλεεμ A (item 15 bis, 16, 24)   15 συστημα Bᵇ | εν 3⁰] ε
B*ᵛⁿᵈ εν (ν superscr) Bᵃᵇ   16 ελαβον A

664

ΒΑΣΙΛΕΙΩΝ Β XXIII 34

Δαυείδ, καὶ οὐκ ἠθέλησεν πιεῖν αὐτό· καὶ ἔσπεισεν αὐτὸ τῷ κυρίῳ Β
17 ¹⁷καὶ εἶπεν Ἵλεώς μοι, Κύριε, τοῦ ποιῆσαι τοῦτο· εἰ αἷμα τῶν ἀνδρῶν
τῶν πορευθέντων ἐν ταῖς ψυχαῖς αὐτῶν πίομαι; καὶ οὐκ ἠθέλησεν
18 πιεῖν αὐτό. ταῦτα ἐποίησαν οἱ τρεῖς δυνατοί. ¹⁸καὶ Ἀβεισὰ ἀδελφὸς
Ἰωάβ, υἱὸς Σαρουίας, αὐτὸς ἄρχων ἐν τοῖς τρισίν, καὶ αὐτὸς ἐξήγειρεν
τὸ δόρυ αὐτοῦ ἐπὶ τριακοσίους τραυματίας· καὶ αὐτῷ ὄνομα ἐν τοῖς
19 τρισίν· ¹⁹ἐκ τῶν τριῶν ἐκείνων ἔνδοξος, καὶ ἐγένετο αὐτοῖς εἰς ἄρχοντα,
20 καὶ ἕως τῶν τριῶν οὐκ ἦλθε. ²⁰καὶ Βαναίας υἱὸς Ἰωδάε, ἀνὴρ αὐτὸς
πολλοστὸς ἔργοις ἀπὸ Καβεσεήλ, καὶ αὐτὸς ἐπάταξεν τοὺς δύο υἱοὺς
Ἀριὴλ τοῦ Μωάβ· καὶ αὐτὸς κατέβη καὶ ἐπάταξε τὸν λέοντα ἐν
21 μέσῳ τοῦ λάκκου ἐν τῇ ἡμέρᾳ τῆς χιόνος. ²¹αὐτὸς ἐπάταξεν τὸν
ἄνδρα τὸν Αἰγύπτιον, ἄνδρα ὁρατόν· ἐν δὲ τῇ χειρὶ τοῦ Αἰγυπτίου
δόρυ ὡς ξύλον διαβάθρας· καὶ κατέβη πρὸς αὐτὸν ἐν τῷ δόρατι καὶ
ἥρπασεν τὸ δόρυ ἐκ τῆς χειρὸς τοῦ Αἰγυπτίου, καὶ ἀπέκτεινεν αὐτὸν
22 ἐν τῷ δόρατι αὐτοῦ. ²²ταῦτα ἐποίησεν Βαναίας υἱὸς Ἰωδάε, καὶ αὐτῷ
23 ὄνομα ἐν τοῖς τρισὶν τοῖς δυνατοῖς· ²³ἐκ τῶν τριῶν ἔνδοξος, καὶ πρὸς
τοὺς τρεῖς οὐκ ἦλθεν, καὶ ἔταξεν αὐτὸν Δαυεὶδ εἰς τὰς ἀκοὰς αὐ-
24 τοῦ. Καὶ ταῦτα τὰ ὀνόματα τῶν δυνατῶν Δαυεὶδ βασιλέως. ²⁴Ἀσαὴλ
ἀδελφὸς Ἰωάβ, οὗτος ἐν τοῖς τριάκοντα· Ἐλεανὰν υἱὸς Δουδεὶ πατρα-
25 δέλφου αὐτοῦ ἐν Βαιθλέεμ· ²⁵Σαιμὰ ὁ Ῥουδαῖος· ²⁶Σελλῆς ὁ Κελωθεί·
27 Εἴρας υἱὸς Εἰσκὰ ὁ Θεκωείτης· ²⁷Ἀβιεέζερ ὁ Ἀνωθείτης, ἐκ τῶν υἱῶν
28 τοῦ Ἀνωθείτου· ²⁸Ἐλλὼν ὁ Ἀωείτης· Νοερὲ ὁ Ἐντωφατείτης. ²⁹Ἐσθαεὶ
31 υἱὸς Ῥειβὰ ἐκ Γαβαὲθ υἱὸς Βενιαμεὶν τοῦ Ἐφραθαίου· ³¹Ἀσβὼθ ὁ Βαρδια-
32 μείτης· ³²Ἐμασοῦ ὁ Σαλαβωνείτης· υἱοὶ Ἀσάν, Ἰωναθάν· ³³Σαμνὰν
34 ὁ Ἀρωδείτης· Ἀμνὰν υἱὸς Ἀραὶ Σαραουρείτης· ³⁴Ἀλειφάλεθ υἱὸς τοῦ
Ἀσβείτου υἱὸς τοῦ Μαχαχααχεί· Ἐλιὰβ υἱὸς Ἀχειτόφελ τοῦ Γελωνείτου·

16 πειν Β* (πιειν [ι ins] Bᵇ) | αυτο 1°] αυτον A | εσπεισεν] επισεν A A
18 Αβισαι A   19 εις] επ A | ηθελε Β* (ηλθεν Bᵃᵇ ᵐᵍ)   20 Ιωιαδαε A
(item 22) | Καβεσεηλ] Καταβεσθηλ Bᵃ ᵐᵍ | om τους δυο υιους...και επαταξε A
21 ορατην A | om ως ξυλον...το δορυ A | τω δορατι] δ pro τ 1° B* ᵛⁱᵈ (τ B¹)
23 εις] προς Bᵇᴬ   24 Δουδει] Λουδει Α | εν 2°] εκ A   25 Σαιμα]
Σαμμαι Α | Ρουδαιος] Αρουδαιος· Ενακα ο Αρωδαιος·   26 Σελλης]
Ελλης Α | Κελωθει] Φελλωνει Α | Ιρας Α | Εισκα] Εκκας Α   27 Αβιεζερ
BᵇA | Ανωθειτης] Αναθωθειτης A | Ανωθειτου] Ασωθειτου A   28 Ελλων]
Σελλωμ A | Αωειτης] Ελωειτης A | Νοερε] Μαεραει A | Εντωφατειτης] Νεπω-
φαθειτης A   29 Εσθαει...Βενιαμειν] Αλαφ υιος Βααναι A B   30 om
B (hab Αθθαι εκ Νααλεας A)   31 Ασβω|θ B* Ασμωθ| Bᵇ Αειελβων ο
Αρωβωθειας· Μωθ A | Βαρδιαμειτης] Βαρωμειτης A   32 Εμασου] Ελιαβ
A   33 Σαμναν Bˣᵇ Σαμνας Bᵃ ᵛⁱᵈ A | Αραι] Αραδ A | Σαραουρειτης]
Αραρειτης A   34 Ελιφαλετ A | Ασβειτου] Αιτουε A | Μαχαχααχει]
Μαχαται A | Ελιαβ] Ουελιαφ A | Αχιτ. A | Γειλωνιτου A

665

ΒΑΣΙΛΕΙΩΝ Β

B ³⁵Ἀσαραὶ ὁ Καρμήλιος τοῦ Οὐραιοερχεί· ³⁶Γαὰλ υἱὸς Ναθὰν ἀπὸ δυνάμεως, υἱὸς Γαλααδδεί· ³⁷Ἐλειὲ ὁ Ἀμμανείτης· Γελωρὲ ὁ Βηθωραῖος αἴρων τὰ σκεύη Ἰωάβ, υἱὸς Σαρουίας· ³⁸Εἴρας ὁ Αἰθειραῖος· Γηράβ ὁ Ἐθθεναῖος· ³⁹Οὐρείας ὁ Χετταῖος· πάντες τριάκοντα καὶ ἑπτά. ³⁰Ἀδαοὶ ἀπὸ χειμάρρων, ³¹Γαδαβιὴλ υἱὸς τοῦ Ἀραβωθαίου.

¹Καὶ προσέθετο ὀργὴν Κύριος ἐκκαῆναι ἐν Ἰσραήλ, καὶ ἐπέσεισεν τὸν Δαυεὶδ ἐν αὐτοῖς λέγων Βάδιζε ἀρίθμησον τὸν Ἰσραὴλ καὶ τὸν Ἰουδά. ²καὶ εἶπεν ὁ βασιλεὺς πρὸς Ἰωὰβ ἄρχοντα τῆς ἰσχύος τὸν μετ' αὐτοῦ Δίελθε δὴ πάσας φυλὰς Ἰσραὴλ ἀπὸ Δὰν καὶ ἕως Βηρσάβεε καὶ ἐπίσκεψαι τὸν λαόν, καὶ γνώσομαι τὸν ἀριθμὸν τοῦ λαοῦ. ³καὶ εἶπεν Ἰωὰβ πρὸς τὸν βασιλέα Καὶ προσθείη Κύριος ὁ θεὸς πρὸς τὸν λαὸν ὥσπερ αὐτοὺς καὶ ὥσπερ αὐτοὺς ἑκατονταπλασίονα, καὶ ὀφθαλμοὶ τοῦ κυρίου μου τοῦ βασιλέως ὁρῶντες· καὶ ὁ κύριός μου ὁ βασιλεὺς ἵνα τί βούλεται ἐν τῷ λόγῳ τούτῳ; ⁴καὶ ὑπερίσχυσεν ὁ λόγος τοῦ βασιλέως πρὸς Ἰωὰβ καὶ εἰς τοὺς ἄρχοντας τῆς δυνάμεως· καὶ ἐξῆλθεν Ἰωὰβ καὶ οἱ ἄρχοντες τῆς ἰσχύος ἐνώπιον τοῦ βασιλέως ἐπισκέψασθαι τὸν λαὸν Ἰσραήλ. ⁵καὶ διέβησαν τὸν Ἰορδάνην, καὶ παρενέβαλον ἐν Ἀροήλ ἐκ δεξιῶν τῆς πόλεως τῆς ἐν μέσῳ τῆς φάραγγος Γὰδ καὶ Ἐλιέζερ. ⁶καὶ ἦλθον εἰς τὴν Γαλαὰδ καὶ εἰς τὴν Θαβασὼν ἥ ἐστιν Ναδασαί, καὶ παρεγένοντο εἰς Δὰν Εἰδὰν καὶ Οὐδάν, καὶ ἐκύκλωσαν εἰς Σιδῶνα· ⁷καὶ ἦλθαν εἰς Μάψαρ Τύρου καὶ πάσας τὰς πόλεις τοῦ Εὐαίου καὶ τοῦ Χαναναίου· καὶ ἦλθαν κατὰ νότον Ἰούδα εἰς Βηρσάβεε, ⁸καὶ περιώδευσαν ἐν πάσῃ τῇ γῇ· καὶ παρεγένοντο ἀπὸ τέλους ἐννέα μηνῶν καὶ εἴκοσι ἡμερῶν εἰς Ἱερουσαλήμ· ⁹καὶ ἔδωκεν Ἰωὰβ τὸν ἀριθμὸν τῆς ἐπισκέψεως τοῦ λαοῦ πρὸς τὸν βασιλέα· καὶ ἐγένετο Ἰσραὴλ ὀκτακόσιαι χιλιάδες ἀνδρῶν δυνάμεως σπωμένων ῥομφαίαν, καὶ ἀνὴρ Ἰούδα πεντακόσιαι χιλιάδες ἀνδρῶν μαχητῶν. ¹⁰Καὶ

A 35 του Ουραιοερχει] Φαραει ο Αραχειεις A   36 απο δυν.] απολυδυναμεως B πολλυσδυναμεως A | Γαλααδδει] Γαδδι A   37 Ελειε] Σβλεγι A | Αμανιτης A | Βηθωραιος] Βηρωθαιος Bᵃᵇ A | υιος] υιου A   38 Αιθειραιος (Εθειρ Bᵃᵇ)] Εθραιος A | Γηραβ] Γαρηθ A | Εθθεναιος] Τεθριτης A   39 Ουριας Bᵇ A 30—31 om Αδαοι...Αραβωθαιου A | Αδαοι] Αδροι Bᵃᵇ   XXIV 1 οργη κ̄ς̄ B* (κ̄ς̄ οργην Bᵇ ᵛⁱᵈ)] οργη κ̄ῡ Bᵃ ᵐᵍ A | επεσεισε A | Ιουδαν Bᵇ A   2 Ισραηλ] pr του A   3 ο θεος]+σου A | om και ωσπερ αυτους A | εκατονταπλασιον A | οφθαλμοι] pr οι A | κυριον, κυριος 2°(sic) A   4 του λαου Ισρ.] τον λαο| τον.Ισρ. Bᵇ   5 Αροηρ A | Ελιαζηρ A   6 την Γαλααδ] om την A | την Θαβασων] γην Εθαων A | om η εστιν A | Αδασαι A | Ειδαι Ιαραν A | Ουδαν] Ιουδαν A | Σιδωνα Bᵇ A (Σειδ. B*)]+την μεγαλην A 7 ηλθαν 1°] ηλθον A | νοτον Ιουδα] τον Ιορδανην A | Βηρσαβαιε 9 οκτακ.] ο sup ras B? ᵛⁱᵈ | χιλιαδες 1°] χιλι| A

ΒΑΣΙΛΕΙΩΝ Β	XXIV 20

ἐπάταξεν καρδία Δαυεὶδ αὐτὸν μετὰ τὸ ἀριθμῆσαι τὸν λαόν· καὶ εἶπεν Β
Δαυεὶδ πρὸς Κύριον Ἥμαρτον σφόδρα ὃ ἐποίησα· νῦν, Κύριε, παρα-
βίβασον δὴ τὴν ἀνομίαν τοῦ δούλου σου, ὅτι ἐμωράνθην σφόδρα.
11 ¹¹καὶ ἀνέστη Δαυεὶδ τὸ πρωί· καὶ λόγος Κυρίου ἐγένετο πρὸς Γὰδ
12 τὸν προφήτην τὸν ὁρῶντα Δαυεὶδ λέγων. ¹²Πορεύθητι καὶ λάλησον
πρὸς Δαυεὶδ λέγων Τάδε λέγει Κύριος Τρία ἐγώ εἰμι αἴρω ἐπὶ σέ, καὶ
13 ἔκλεξαι σεαυτῷ ἓν ἐξ αὐτῶν καὶ ποιήσω σοι. ¹³καὶ εἰσῆλθεν Γὰδ
πρὸς Δαυείδ, καὶ ἀνήγγειλεν αὐτῷ καὶ εἶπεν αὐτῷ Ἔκλεξαι σεαυτῷ
γενέσθαι, εἰ ἔλθῃ σοι τρία ἔτη λιμὸς ἐν τῇ γῇ σου, ἢ τρεῖς μῆνας
φεύγειν σε ἔμπροσθεν τῶν ἐχθρῶν σου καὶ ἔσονται διώκοντές σε,
ἢ γενέσθαι τρεῖς ἡμέρας θάνατον ἐν τῇ γῇ σου· νῦν οὖν γνῶθι καὶ
14 ἴδε τί ἀποκριθῶ τῷ ἀποστείλαντί με ῥῆμα. ¹⁴καὶ εἶπεν Δαυεὶδ πρὸς
Γάδ Στενά μοι πάντοθεν σφόδρα ἐστίν· ἐμπεσοῦμαι δὴ ἐν χειρὶ
Κυρίου, ὅτι πολλοὶ οἱ οἰκτειρμοὶ αὐτοῦ σφόδρα, εἰς δὲ χεῖρας ἀνθρώπου
15 οὐ μὴ ἐμπέσω. ¹⁵καὶ ἐξελέξατο ἑαυτῷ Δαυεὶδ τὸν θάνατον· καὶ
ἡμέραι θερισμοῦ πυρῶν, καὶ ἔδωκεν Κύριος ἐν Ἰσραὴλ θάνατον ἀπὸ
πρωΐθεν ἕως ὥρας ἀρίστου· καὶ ἤρξατο ἡ θραῦσις ἐν τῷ λαῷ, καὶ
ἀπέθανεν ἐκ τοῦ λαοῦ ἀπὸ Δὰν καὶ ἕως Βηρσάβεε, ἑβδομήκοντα
16 χιλιάδες ἀνδρῶν. ¹⁶καὶ ἐξέτεινεν ὁ ἄγγελος τοῦ θεοῦ τὴν χεῖρα αὐτοῦ
εἰς Ἰερουσαλὴμ τοῦ διαφθεῖραι αὐτήν, καὶ παρεκλήθη Κύριος ἐπὶ
τῇ κακίᾳ καὶ εἶπεν τῷ ἀγγέλῳ τῷ διαφθείροντι ἐν τῷ λαῷ Πολὺ
νῦν, ἄνες τὴν χεῖρά σου· καὶ ὁ ἄγγελος Κυρίου ἦν παρὰ τῷ ἅλῳ
17 Ὀρνὰ τοῦ Ἰεβουσαίου. ¹⁷καὶ εἶπεν Δαυεὶδ πρὸς Κύριον, ἐν τῷ
ἰδεῖν αὐτὸν τὸν ἄγγελον τύπτοντα ἐν τῷ λαῷ, καὶ εἶπεν Ἰδοὺ ἐγώ
εἰμι ἠδίκησα, καὶ οὗτοι τὰ πρόβατα τί ἐποίησαν; γενέσθω δὴ ἡ χείρ
8 σου ἐν ἐμοὶ καὶ ἐν τῷ οἴκῳ τοῦ πατρός μου. ¹⁸Καὶ ἦλθεν Γὰδ
πρὸς Δαυεὶδ ἐν τῇ ἡμέρᾳ ἐκείνῃ καὶ εἶπεν αὐτῷ Ἀνάβηθι καὶ στῆσον
9 τῷ κυρίῳ θυσιαστήριον ἐν τῷ ἅλωνι Ὀρνὰ τοῦ Ἰεβουσαίου. ¹⁹καὶ
ἀνέβη Δαυεὶδ κατὰ τὸν λόγον Γὰδ καθ' ὃν τρόπον ἐνετείλατο αὐτῷ
ο Κύριος. ²⁰καὶ διέκυψεν Ὀρνά, καὶ εἶδεν τὸν βασιλέα καὶ τοὺς παῖδας

10 ο] οτι A | εποιησα]+το ρημα τουτο A | νυν c praec coniunx B♭ | om A
ιη A	11 Δαυειδ 2°] pr τον A	12 om ταδε λεγει Κυριος A | αιρω]
ρω A	13 om εκλεξαι σεαυτω γενεσθαι A | ει ελθη] εισελθη A | διω-
:οντες σε] διωκειν σε B^(a (vid) mg) A | τρεις 2°] τις A | ημας B* (ημερας B^(ab) [ερ
uperscr])	14 στενο| A | ανθρωπω A	15 Δαδ εαυτω A | om
ορας A	16 om του θεου A | επι] εν A | πολυ νυν] πολυν A | Κυριου]
ω (sic) A | τω αλω] τη αλω A	17 τυπτοντα] pr τον A | ηδικησα]
ιμαρτηκα ϗ εγω ειμι ο ποιμην B^(ab mg)+και εγω ο ποιμην εκακοποιησα A
8 αναβηθι] α 1° superscr B^(ab) | τω αλωνι] τη αλ. A

XXIV 21   ΒΑΣΙΛΕΙΩΝ Β

B αὐτοῦ παραπορευομένους ἐπάνω αὐτοῦ· καὶ ἐξῆλθεν Ὀρνὰ καὶ προσεκύνησεν τῷ βασιλεῖ ἐπὶ πρόσωπον αὐτοῦ ἐπὶ τὴν γῆν. ²¹καὶ εἶπεν 21 Ὀρνά Τί ὅτι ἦλθεν ὁ κύριός μου ὁ βασιλεὺς πρὸς τὸν δοῦλον αὐτοῦ; καὶ εἶπεν Δαυείδ Κτήσασθαι παρὰ σοῦ τὸν ἅλωνα, τοῦ οἰκοδομῆσαι θυσιαστήριον τῷ κυρίῳ. καὶ συνεσχέθη ἡ θραῦσις ἐπάνω τοῦ λαοῦ. ²²καὶ εἶπεν Ὀρνὰ πρὸς Δαυείδ Λαβέτω καὶ ἀνενεγκέτω ὁ κύριός μου ὁ 22 βασιλεὺς τῷ κυρίῳ τὸ ἀγαθὸν ἐν ὀφθαλμοῖς αὐτοῦ· ἰδοὺ οἱ βόες εἰς ὁλοκαύτωμα, καὶ οἱ τροχοὶ καὶ τὰ σκεύη τῶν βοῶν εἰς ξύλα. ²³τὰ 23 πάντα ἔδωκεν Ὀρνὰ τῷ βασιλεῖ· καὶ εἶπεν Ὀρνὰ πρὸς τὸν βασιλέα Κύριος ὁ θεός σου εὐλογήσαι σε. ²⁴καὶ εἶπεν ὁ βασιλεὺς πρὸς Ὀρνά 24 Οὐχί, ὅτι ἀλλὰ κτώμενος κτήσομαι παρὰ σοῦ ἐν ἀλλάγματι, καὶ οὐκ ἀνοίσω τῷ κυρίῳ μου θεῷ μου ὁλοκαύτωμα δωρεάν. καὶ ἐκτήσατο Δαυεὶδ τὸν ἅλωνα καὶ τοὺς βόας ἐν ἀργυρίῳ σίκλων πεντήκοντα. ²⁵καὶ ᾠκοδόμησεν ἐκεῖ Δαυεὶδ θυσιαστήριον Κυρίῳ, καὶ ἀνήνεγκεν 25 ὁλοκαυτώσεις καὶ εἰρηνικάς· καὶ προσέθηκεν Σαλωμὼν ἐπὶ τὸ θυσιαστήριον ἐπ' ἐσχάτῳ, ὅτι μικρὸν ἦν ἐν πρώτοις. καὶ ἐπήκουσεν Κύριος τῇ γῇ, καὶ συνεσχέθη ἡ θραῦσις ἐπάνωθεν Ἰσραήλ.

A   21 τον αλωνα] την αλ. A | συνεσχεσθη A   22 ανενεγκετω B* (ανενεγκατω [a superscr] B¹ᵗA̓)] ποιησατω Bᵃᵇ ᵛⁱᵈ ᵐᵍ | βοεις B* (βοες εις [ες superscr] Bᵃᵇ) | ολοκαυτωματα A   23 om σου A   24 om αλλα A | om μου 1° A | τον αλωνα] την αλω A   25 om εκει A | Κυριω] pr τω A | συνεσχεσθη A
Subscr βασιλειων β BA

ΒΑΣΙΛΕΙΩΝ Γ

1 ΚΑΙ ὁ βασιλεὺς Δαυεὶδ πρεσβύτερος προβεβηκὼς ἡμέραις, καὶ B 2 περιέβαλλον αὐτὸν ἱματίοις, καὶ οὐκ ἐθερμαίνετο. ²καὶ εἶπον οἱ παῖδες αὐτοῦ Ζητησάτωσαν τῷ βασιλεῖ παρθένον νεάνιδα, καὶ παραστήσεται τῷ βασιλεῖ καὶ. ἔσται αὐτὸν θάλπουσα καὶ κοιμηθήσεται 3 μετ᾽ αὐτοῦ, καὶ θερμανθήσεται ὁ κύριός μου ὁ βασιλεύς. ³καὶ ἐζήτησαν νεάνιδα καλὴν ἐκ παντὸς ὁρίου Ἰσραήλ· καὶ εὗρον τὴν Ἀβεισὰ 4 τὴν Σωμανεῖτιν, καὶ ἤνεγκαν αὐτὴν πρὸς τὸν βασιλέα. ⁴καὶ ἡ νεᾶνις καλὴ ἕως σφόδρα· καὶ ἦν θάλπουσα τὸν βασιλέα καὶ. ἐλειτούργει 5 αὐτῷ, καὶ ὁ βασιλεὺς οὐκ ἔγνω αὐτήν. ⁵καὶ Ἀδωνείας υἱὸς Ἀγγεὶθ ἐπήρετο λέγων Ἐγὼ βασιλεύσω· καὶ ἐποίησεν ἑαυτῷ ἅρματα καὶ 6 ἱππεῖς καὶ πεντήκοντα ἄνδρας παρατρέχειν ἔμπροσθεν αὐτοῦ. ⁶καὶ οὐκ ἀπεκώλυσεν αὐτὸν ὁ πατὴρ αὐτοῦ οὐδέποτε λέγων Διὰ τί σὺ ἐποίησας; καί γε αὐτὸς ὡραῖος τῇ ὄψει σφόδρα, καὶ αὐτὸν ἔτεκεν 7 ὀπίσω Ἀβεσσαλώμ. ⁷καὶ ἐγένοντο οἱ λόγοι αὐτοῦ μετὰ Ἰωὰβ τοῦ υἱοῦ Σαρουίας καὶ μετὰ Ἀβιαθὰρ τοῦ ἱερέως, καὶ ἐβοήθουν ὀπίσω 8 Ἀδωνειού. ⁸καὶ Σαδὼκ ὁ ἱερεὺς καὶ Βαναίας υἱὸς Ἰωδάε καὶ Ναθὰν ὁ προφήτης καὶ Σεμεεὶ καὶ Ῥησεὶ καὶ υἱοὶ δυνατοὶ τοῦ Δαυεὶδ οὐκ ἦσαν 9 ὀπίσω Ἀδωνειού. ⁹καὶ ἐθυσίασεν Ἀδωνειοῦ πρόβατα καὶ μόσχους καὶ ἄρνας μετὰ Αἰθὴ τοῦ Ζωελεθεὶ ὃς ἦν ἐχόμενα τῆς Ῥωγήλ, καὶ ἐκάλεσεν τοὺς ἀδελφοὺς αὐτοῦ καὶ τοὺς ἁδροὺς Ἰούδα παῖδας τοῦ

I 2 ειπαν A | τω βασιλει 1°] pr τω κυριω ημων A | παραστησεται] + ενωπιον A A | μου] ημων B^{ab mg} A   3 Αβεισα] Αβισαγ A (ita ubique) | Σωμανιτην A 4 νεανεανις A | τον βασ.· θαλπουσα A   5 Αδωνιας A (item 9 [pro Αδωνειου], 11, 13, 18, 24, 41, 42, 50, 51) | Αγιθ A | παρατρεχειν εμπρ.] εἶ εμ sup ras B^b παρατρεχοντας εμπρ. A   6 απεκωλυεν A | τι] ras aliq B? | om τη οψει A   7 Αδωνιου A (item 8, 25, 49)   8. Βαναιας] αια sup ras A¹ | Ιωιαδαε A (item 32, 36, 38, 44)   9 εθυασεν A | μοσχους] βοας A | μετα Αιθη του Ζωελεθει] παρα τον λιθον του Ζωελεθ A | Ρωγηλ] pr πηγης A | τους αδελφ. αυτου] παντας τ.| α. αυτ. τους] υιους του βασιλεως· A | τους αδρους] παντας τους ανδρας (ανδρ. sup ras A^{a?}) A | Ιουδα παιδ sup ras A^{a?}

669

ΒΑΣΙΛΕΙΩΝ Γ

Β βασιλέως· ¹⁰καὶ τὸν Ναθὰν τὸν προφήτην καὶ Βαναίαν καὶ τοὺς δυνατοὺς καὶ τὸν Σαλωμὼν ἀδελφὸν αὐτοῦ οὐκ ἐκάλεσεν. ¹¹καὶ εἶπεν Ναθὰν πρὸς Βηρσάβεε μητέρα Σαλωμὼν λέγων Οὐκ ἤκουσας ὅτι ἐβασίλευσεν Ἀδωνείας υἱὸς Ἀγγείθ, καὶ ὁ κύριος ἡμῶν Δαυεὶδ οὐκ ἔγνω; ¹²καὶ νῦν δεῦρο συμβουλεύσω σοι δὴ συμβουλίαν, καὶ ἐξελοῦ τὴν ψυχήν σου καὶ τὴν ψυχὴν τοῦ υἱοῦ σου Σαλωμών. ¹³δεῦρο εἴσελθε πρὸς τὸν βασιλέα Δαυεὶδ καὶ ἐρεῖς πρὸς αὐτὸν λέγουσα Οὐχὶ σύ, κύριέ μου βασιλεῦ, ὤμοσας τῇ δούλῃ σου λέγων ὅτι Ὁ υἱός σου Σαλωμὼν βασιλεύσει μετ' ἐμέ, καὶ αὐτὸς καθιεῖται ἐπὶ τοῦ θρόνου μου; καὶ τί ὅτι ἐβασίλευσεν Ἀδωνείας; ¹⁴καὶ ἰδοὺ ἔτι λαλούσης σου ἐκεῖ μετὰ τοῦ βασιλέως καὶ ἐγὼ εἰσελεύσομαι ὀπίσω καὶ πληρώσω τοὺς λόγους σου. ¹⁵καὶ εἰσῆλθεν Βηρσάβεε πρὸς τὸν βασιλέα εἰς τὸ ταμεῖον· καὶ ὁ βασιλεὺς πρεσβύτης σφόδρα, καὶ Ἀβεισὰ ἡ Σωμανεῖτις ἡ λειτουργοῦσα τῷ βασιλεῖ. ¹⁶καὶ ἔκυψεν Βηρσάβεε καὶ προσεκύνησεν τῷ βασιλεῖ· καὶ εἶπεν ὁ βασιλεύς Τί ἔστιν σοι; ¹⁷ἡ δὲ εἶπεν Κύριε, σὺ ὤμοσας ἐν τῷ θεῷ σου τῇ δούλῃ σου λέγων ὅτι Ὁ υἱός σου Σαλωμὼν βασιλεύσει μετ' ἐμέ, καὶ καθήσεται ἐπὶ τοῦ θρόνου μου. ¹⁸καὶ νῦν ἰδοὺ Ἀδωνείας ἐβασίλευσεν, καὶ σύ, κύριέ μου βασιλεῦ, οὐκ ἔγνως· ¹⁹καὶ ἐθυσίασεν μόσχους καὶ ἄρνας καὶ πρόβατα εἰς πλῆθος, καὶ ἐκάλεσεν πάντας τοὺς υἱοὺς τοῦ βασιλέως καὶ Ἀβιαθὰρ τὸν ἱερέα καὶ Ἰωὰβ τὸν ἄρχοντα τῆς δυνάμεως, καὶ τὸν Σαλωμὼν τὸν δοῦλόν σου οὐκ ἐκάλεσεν. ²⁰καὶ σύ, κύριέ μου βασιλεῦ, οἱ ὀφθαλμοὶ παντὸς Ἰσραὴλ πρὸς σέ, ἀπαγγεῖλαι αὐτοῖς τίς καθήσεται ἐπὶ τοῦ θρόνου τοῦ κυρίου μου τοῦ βασιλέως μετ' αὐτόν. ²¹καὶ ἔσται ὡς ἂν κοιμηθῇ ὁ κύριός μου ὁ βασιλεὺς μετὰ τῶν πατέρων αὐτοῦ, καὶ ἔσομαι ἐγὼ καὶ Σαλωμὼν ὁ υἱός μου ἁμαρτωλοί. ²²καὶ ἰδοὺ ἔτι αὐτῆς λαλούσης μετὰ τοῦ βασιλέως καὶ Ναθὰν ὁ προφήτης ἦλθεν. ²³καὶ ἀνήγγελη τῷ βασιλεῖ Ἰδοὺ Ναθὰν ὁ προφήτης· καὶ εἰσῆλθεν κατὰ πρόσωπον τοῦ βασιλέως, καὶ προσεκύνησεν τῷ βασιλεῖ κατὰ πρόσωπον αὐτοῦ ἐπὶ τὴν γῆν. ²⁴καὶ εἶπεν Ναθάν Κύριέ μου βασιλεῦ, 2.

Α 10 Σαλωμωντα A | αδελφον] pr τον A   11 Βηθσαβεε A (item 15) | Αγγιθ A | Δαυειδ] pr βασιλευς A* pr ο βασ. A¹ (o superscr)   13 Σαλ. ο υιο σου A | καθιεται Bᵃ⁺ᵇ] καθιεται B*   14 σου λαλουσης A | οπισω]+σα A   15 Σουμανιτης A* | om η 2° A   17 κυριε]+μου βασιλευ A |, τϵ θεω] pr κῶ A | Σαλ. ο υιος σου A | καθησεται] pr αυτος A   19 υιους (sic) A   20 βασιλευς] β impr Bᵛⁱᵈ   21 ο υιος μου Σαλ.   23 και απηγγελη τω βασιλει ιδου Να|θαν ο προφητης. ηλθε| και ανηγγελη βασιλει ιδου Ναθαν ο προ|φητης B* (και απηγγελη...ηλθε uncis incl και ανηγγελη τω| βασιλει λεγοντων· ιδου Ναθαν| ο προφητης· A | προσω 1°] pr το A   24 βασιλευς B* (βασιλευ Bᵃᵇ)

ΒΑΣΙΛΕΙΩΝ Γ   I 38

¹ σὺ εἶπας Ἀδωνείας βασιλεύσει ὀπίσω μου, καὶ αὐτὸς καθήσεται ἐπὶ B
25 τοῦ θρόνου μου; ²⁵ὅτι κατέβη σήμερον καὶ ἐθυσίασεν μόσχους καὶ
ἄρνας καὶ πρόβατα εἰς πλῆθος, καὶ ἐκάλεσεν πάντας τοὺς υἱοὺς τοῦ
βασιλέως καὶ τοὺς ἄρχοντας τῆς δυνάμεως καὶ Ἀβιαθὰρ τὸν ἱερέα·
καὶ ἰδού· εἰσιν ἐσθίοντες καὶ πίνοντες ἐνώπιον αὐτοῦ, καὶ εἶπαν
26 Ζήτω ὁ βασιλεὺς Ἀδωνειού. ²⁶καὶ ἐμὲ αὐτὸν τὸν δοῦλόν σου καὶ
Σαδὼκ τὸν ἱερέα καὶ Βαναίαν υἱὸν Ἰωδαε καὶ Σαλωμὼν τὸν δοῦλόν
27 σου οὐκ ἐκάλεσεν. ²⁷εἰ διὰ τοῦ κυρίου μου τοῦ βασιλέως γέγονεν
τὸ ῥῆμα τοῦτο, καὶ οὐκ ἐγνώρισας τῷ δούλῳ σου τίς καθήσεται ἐπὶ
28 τὸν θρόνον τοῦ κυρίου μου βασιλέως μετ' αὐτόν; ²⁸καὶ ἀπεκρίθη
Δαυεὶδ καὶ εἶπεν Καλέσατέ μοι τὴν Βηρσάβεε· καὶ εἰσῆλθεν ἐνώπιον
29 τοῦ βασιλέως, καὶ ἔστη ἐνώπιον αὐτοῦ. ²⁹καὶ ὤμοσεν ὁ βασιλεὺς
καὶ εἶπεν Ζῇ Κύριος ὃς ἐλυτρώσατο τὴν ψυχήν μου ἐκ πάσης θλίψεως,
30 ³⁰ὅτι καθὼς ὤμοσά σοι ἐν Κυρίῳ τῷ θεῷ Ἰσραὴλ λέγων ὅτι Σαλωμὼν
ὁ υἱός σου βασιλεύσει μετ' ἐμὲ καὶ αὐτὸς καθήσεται ἐπὶ τοῦ θρόνου
31 μου ἀντ' ἐμοῦ, ὅτι οὕτως ποιήσω τῇ ἡμέρᾳ ταύτῃ. ³¹καὶ ἔκυψεν
Βηρσάβεε ἐπὶ πρόσωπον ἐπὶ τὴν γῆν, καὶ προσεκύνησεν τῷ βασιλεῖ
32 καὶ εἶπεν Ζήτω ὁ κύριός μου ὁ βασιλεὺς Δαυεὶδ εἰς τὸν αἰῶνα. ³²καὶ
εἶπεν ὁ βασιλεὺς Δαυείδ Καλέσατέ μοι Σαδὼκ τὸν ἱερέα καὶ Ναθὰν
τὸν προφήτην καὶ Βαναίαν υἱὸν Ἰωδαε· καὶ εἰσῆλθον ἐνώπιον τοῦ
33 βασιλέως. ³³καὶ εἶπεν ὁ βασιλεὺς αὐτοῖς Λάβετε τοὺς δούλους τοῦ
κυρίου ὑμῶν μεθ' ὑμῶν καὶ ἐπιβιβάσατε τὸν υἱόν μου Σαλωμὼν ἐπὶ
34 τὴν ἡμίονον τὴν ἐμὴν καὶ καταγάγετε αὐτὸν εἰς τὴν Γειών, ³⁴καὶ
χρίσατε αὐτὸν ἐκεῖ, Σαδὼκ ὁ ἱερεὺς καὶ Ναθὰν ὁ προφήτης, εἰς
βασιλέα ἐπὶ Ἰσραήλ, καὶ σαλπίσατε κερατίνῃ καὶ ἐρεῖτε Ζήτω
35 ὁ βασιλεὺς Σαλωμών. ³⁵καὶ καθήσεται ἐπὶ τοῦ θρόνου μου καὶ
βασιλεύσει ἀντ' ἐμοῦ, καὶ ἐγὼ ἐνετειλάμην τοῦ εἶναι εἰς ἡγούμενον
36 ἐπὶ Ἰσραὴλ καὶ Ἰουδά. ³⁶καὶ ἀπεκρίθη Βαναίας υἱὸς Ἰωδαε τῷ
βασιλεῖ καὶ εἶπεν Γένοιτο· οὕτως πιστώσαι ὁ θεὸς τοῦ κυρίου μου
7 τοῦ βασιλέως. ³⁷καθὼς ἦν Κύριος μετὰ τοῦ κυρίου μου τοῦ βασιλέως,
οὕτως εἴη μετὰ Σαλωμών, καὶ μεγαλύναι τὸν θρόνον αὐτοῦ ὑπὲρ τὸν
3 θρόνον τοῦ κυρίου μου τοῦ βασιλέως Δαυείδ. ³⁸καὶ κατέβη Σαδὼκ

24 Αδωνιας B^b (item 41, 42, 50, 51) | βασιλευσει] pr συ A   25 εθυσιασεν] A
θυμιασεν A | ιερεα] αρχιερεα A | Αδωνιου B^b (item 49)   27 του κυριου...
ο ρημα bis scr A   28 Δανειδ] pr ο βασιλευς A   30 τω θεω] om τω
33 μεθ υμ. τους δουλους του κ. υμ. A | Σαλ. τον υιον μου A | κατα-
αγατε A | τὴν Γειων] τον Γιων A.   34 χρισατωσαν A   35 και 1°] pr
αι ανα|βησεσθαι οπισω αυτου και εισε|λευσεται A | βασιλευσει]+αυτος A | om
:s A | Ιουδα] επι Ιουδαν A   36 ο θεος] pr κ̄ς A   37 om ουτως A

ΒΑΣΙΛΕΙΩΝ Γ

B ὁ ἱερεὺς καὶ Ναθὰν ὁ προφήτης καὶ Βαναίας υἱὸς Ἰωδαε καὶ ὁ Χερεθθεὶ καὶ ὁ Φελεθθεί, καὶ ἐπεκάθισαν τὸν Σαλωμὼν ἐπὶ τὴν ἡμίονον τοῦ βασιλέως Δαυεὶδ καὶ ἀπήγαγον αὐτὸν 'εἰς τὴν Γειών.. ³⁹ καὶ ἔλαβεν Σαδὼκ ὁ ἱερεὺς τὸ κέρας τοῦ ἐλαίου ἐκ τῆς σκηνῆς καὶ ἔχρισεν τὸν Σαλωμών, καὶ ἐσάλπισεν τῇ κερατίνῃ· καὶ εἶπεν πᾶς ὁ λαός Ζήτω ὁ βασιλεὺς Σαλωμών. ⁴⁰ καὶ ἀνέβη πᾶς ὁ λαὸς ὀπίσω αὐτοῦ, καὶ ἐχόρευον ἐν χοροῖς καὶ εὐφραινόμενοι εὐφροσύνην μεγάλην· καὶ ἐρράγη ἡ γῆ ἐν τῇ φωνῇ αὐτῶν. ⁴¹ καὶ ἤκουσεν Ἀδωνείας καὶ πάντες οἱ κλητοὶ αὐτοῦ, καὶ αὐτοὶ συνετέλεσαν φαγεῖν· καὶ ἤκουσεν Ἰωὰβ τὴν φωνὴν τῆς κερατίνης καὶ εἶπεν Τίς ἡ φωνὴ τῆς πόλεως ἠχούσης; ⁴² ἔτι αὐτοῦ λαλοῦντος καὶ ἰδοὺ Ἰωναθὰν υἱὸς Ἀβιαθὰρ τοῦ ἱερέως εἰσῆλθεν, καὶ εἶπεν Ἀδωνείας Εἴσελθε, ὅτι ἀνὴρ δυνάμεως εἶ σύ, καὶ ἀγαθὰ εὐαγγέλισαι. ⁴³ καὶ ἀπεκρίθη Ἰωναθὰν καὶ εἶπεν Καὶ μάλα ὁ κύριος ἡμῶν ὁ βασιλεὺς Δαυεὶδ ἐβασίλευσεν τὸν Σαλωμών· ⁴⁴ καὶ ἀπέστειλεν ὁ βασιλεὺς μετ' αὐτοῦ τὸν Σαδὼκ τὸν ἱερέα καὶ Ναθὰν τὸν προφήτην καὶ Βαναιου υἱὸν Ἰωδαε καὶ τὸν Χερεθθεὶ καὶ τὸν Φελεθθεί, καὶ ἐπεκάθισαν αὐτὸν ἐπὶ τὴν ἡμίονον τοῦ βασιλέως· ⁴⁵ καὶ ἔχρισαν αὐτὸν Σαδὼκ ὁ ἱερεὺς καὶ Ναθὰν ὁ προφήτης ἐν τῇ Γειών, καὶ ἀνέβησαν ἐκεῖθεν εὐφραινόμενοι, καὶ ἤχησεν ἡ πόλις· αὕτη ἡ φωνὴ ἣν ἠκούσατε. ⁴⁶ καὶ ἐκάθισεν Σαλωμὼν ἐπὶ θρόνον βασιλείας, ⁴⁷ καὶ εἰσῆλθον οἱ δοῦλοι τοῦ βασιλέως εὐλογῆσαι τὸν κύριον ἡμῶν τὸν βασιλέα Δαυεὶδ λέγοντες Ἀγαθύναι ὁ θεὸς τὸ ὄνομα Σαλωμὼν ὑπὲρ τὸ ὄνομά σου, καὶ μεγαλύναι τὸν θρόνον αὐτοῦ ὑπὲρ τὸν θρόνον σου· καὶ προσεκύνησεν ὁ βασιλεὺς ἐπὶ τὴν κοίτην, ⁴⁸ καί γε οὕτως εἶπεν ὁ βασιλεύς Εὐλογητὸς Κύριος ὁ θεὸς Ἰσραήλ, ὃς ἔδωκεν σήμερον ἐκ τοῦ σπέρματός μου καθήμενον ἐπὶ τοῦ θρόνου μου, καὶ οἱ ὀφθαλμοί μου βλέπουσιν. ⁴⁹ καὶ ἐξανέστησαν πάντες οἱ κλητοὶ Ἀδωνειού, καὶ ἦλθον ἀνὴρ εἰς τὴν ὁδὸν αὐτοῦ. ⁵⁰ καὶ Ἀδωνείας ἐφοβήθη ἀπὸ προσώπου Σαλωμών, καὶ ἀνέστη καὶ ἀπῆλθεν καὶ ἐπελάβετο τῶν κεράτων τοῦ θυσιαστηρίου. ⁵¹ καὶ ἀνηγγέλη τῷ Σαλωμὼν λέγοντες Ἰδοὺ Ἀδωνείας ἐφοβήθη τὸν βασιλέα Σαλωμών, καὶ κατέχει τῶν

A 38 om Δαυειδ A | τον Γιων A   42 Ιωαναθαν A | εισηλθεν] ηλθεν A
43 ειπεν]+τω Αδωνια A   44 μετ αυτου ο βασ. A | Ναθαν] pr τον
A | Βαναιαν A   45 εχρισεν A | προφητης]+εις βασιλεαν (sic) A | τ
Γιων A | φωνη]κουσατε A   46 βασιλειας] pr της A   47 ευλογησαν
ευλογησεν A* (ν impr Aᵃ?) | αγαθυνε A | Σαλωμων]+του υιου σου A | κοιτην
+αυτου A   48 εδωκεν]+μοι A | om μου 2° A   49 και 1°] pr
εξεστησαν A | Αδωνειου] του Αδωνιου A | ηλθον] απηλθεν A   51
ανηγγελη...θυσιαστηριου bis scr A* (uncis incl 2° Aᵇ?)

ΒΑΣΙΛΕΙΩΝ Γ

κεράτων τοῦ θυσιαστηρίου, λέγων Ὁμοσάτω μοι σήμερον Σαλωμὼν B
52 εἰ οὐ θανατώσει τὸν δοῦλον αὐτοῦ ἐν ῥομφαίᾳ. ⁵²καὶ εἶπεν Σαλωμών
Ἐὰν γένηται εἰς υἱὸν δυνάμεως, εἰ πεσεῖται τῶν τριχῶν αὐτοῦ ἐπὶ
53 τὴν γῆν· καὶ ἐὰν κακία εὑρεθῇ ἐν αὐτῷ, θανατωθήσεται. ⁵³καὶ
ἀπέστειλεν ὁ βασιλεὺς Σαλωμών, καὶ κατήνεγκεν αὐτὸν ἀπάνωθεν
τοῦ θυσιαστηρίου· καὶ εἰσῆλθεν καὶ προσεκύνησεν τῷ Σαλωμών, καὶ
εἶπεν αὐτῷ Σαλωμών Δεῦρο εἰς τὸν οἶκόν σου.

I 1 ¹Καὶ ἤγγισαν αἱ ἡμέραι Δαυεὶδ ἀποθανεῖν αὐτόν, καὶ ἀπεκρίνατο
2 Σαλωμὼν υἱῷ αὐτοῦ λέγων ²Ἐγὼ εἰμι πορεύομαι ἐν ὁδῷ πάσης τῆς γῆς·
3 καὶ ἰσχύσεις καὶ ἔσῃ εἰς ἄνδρα· ³καὶ φυλάξεις φυλακὴν θεοῦ σου τοῦ
πορεύεσθαι ἐν ταῖς ὁδοῖς αὐτοῦ, φυλάσσειν τὰς ἐντολὰς αὐτοῦ καὶ τὰ
δικαιώματα καὶ τὰ κρίματα τὰ γεγραμμένα ἐν νόμῳ Μωυσέως, ἵνα
4 συνήσεις ἃ ποιήσεις κατὰ πάντα ὅσα ἂν ἐντείλωμαί σοι· ⁴ἵνα στήσῃ
Κύριος τὸν λόγον αὐτοῦ ὃν ἐλάλησεν λέγων Ἐὰν φυλάξωσιν οἱ υἱοί σου
τὴν ὁδὸν αὐτῶν πορεύεσθαι ἐνώπιον ἐμοῦ ἐν ἀληθείᾳ ἐν ὅλῃ καρδίᾳ
αὐτῶν, λέγων Οὐκ ἐξολοθρευθήσεταί σοι ἀνὴρ ἐπάνωθεν θρόνου
5 Ἰσραήλ. ⁵καί γε σὺ ἔγνως ὅσα ἐποίησέν μοι Ἰωὰβ υἱὸς Σαρουίας,
ὅσα ἐποίησεν τοῖς δυσὶν ἄρχουσιν τῶν δυνάμεων Ἰσραήλ, Ἀβεννὴρ
υἱῷ Νὴρ καὶ τῷ Ἀμεσσαιὰ υἱῷ Ἰέθερ, καὶ ἀπέκτεινεν αὐτοὺς καὶ
ἔταξεν τὰ αἵματα πολέμου ἐν τῇ ζώνῃ αὐτοῦ τῇ ἐν τῇ ὀσφύι αὐτοῦ
6 καὶ ἐν τῷ ὑποδήματι αὐτοῦ τῷ ἐν τῷ ποδὶ αὐτοῦ. ⁶καὶ ποιήσεις κατὰ
τὴν σοφίαν σου, καὶ σὺ κατάξεις τὴν πολιὰν αὐτοῦ ἐν εἰρήνῃ εἰς ᾅδου.
7 ⁷καὶ τοῖς υἱοῖς Βερζελλεὶ τοῦ Γαλααδείτου ποιήσεις ἔλεος, καὶ ἔσονται
ἐν τοῖς ἐσθίουσιν τὴν τράπεζάν σου· ὅτι οὕτως ἤγγισάν μοι ἐν τῷ με
8 ἀποδιδράσκειν ἀπὸ προσώπου Ἀβεσσαλὼμ τοῦ ἀδελφοῦ σου. ⁸καὶ
ἰδοὺ μετὰ σοῦ Σεμεεὶ υἱὸς Γηρὰ υἱὸς τοῦ Ἰεμεινεὶ ἐκ Βααθουρείμ· καὶ
αὐτὸς κατηράσατό με κατάραν ὀδυνηρὰν τῇ ἡμέρᾳ ᾗ ἐπορευόμην εἰς
παρεμβολάς, καὶ αὐτὸς κατέβη εἰς ἀπαντήν μου εἰς τὸν Ἰορδάνην· καὶ
9 ὤμοσα αὐτῷ ἐν Κυρίῳ λέγων Εἰ θανατώσω σε ἐν ῥομφαίᾳ. ⁹καὶ
οὐ μὴ ἀθῳώσῃς αὐτόν, ὅτι ἀνὴρ σοφὸς εἶ σύ, καὶ γνώσῃ ἃ ποιήσεις

51 Σαλωμων 3°] pr ο βασιλευς A 53 Σαλ. ο βασ. A | Σαλωμων 2°] pr A
βασιλει A   II 1 om αυτον A | Σαλωμων] pr τω A   3 φυλακην] pr
την A | του πορευεσθαι] τουτοπνευσθαι A | δικαιωματα]+αυτου A | κριματα (χρ.
B ᵉᵈⁱᵗ)]+και τα μαρτυρια αυτου A | νομω] pr τω A | συνησεις (συνησης Bᵃᵇ)]
συνιης A | om αν A   4 στησει A | ελαλησεν]+περι εμου A | εμου] μου A |
αυτων 2°]+και εν ολη ψυχη αυτων A | εξολεθρ. A | θρονου] pr του A
5 μοι] εποιησεν A | υιοσαρουιας A | Αμμεσα A | πολεμου]+εν ειρηνη και
εδωκεν αιμα αθωον A | τω εν] του εν A   6 συ] ον A | πολιαν] πολιν B
7 Γαλααδιτ. A | om με A   8 Ιεμενει A | Βααθουρειμ].signa v 1, prae
se fert Bᵗˣᵗ ᵉᵗ ᵐᵍ Βαθουρειμ A | κατηρησατο A | απαντησιν A |

673

ΒΑΣΙΛΕΙΩΝ Γ

Β αὐτῷ· καὶ κατάξεις τὴν πολιὰν αὐτοῦ ἐν αἵματι εἰς ᾅδου. ¹⁰καὶ ἐκοιμήθη 10
Δαυεὶδ μετὰ τῶν πατέρων αὐτοῦ, καὶ ἐτάφη ἐν πόλει Δαυείδ. ¹¹καὶ 11
αἱ ἡμέραι ἃς ἐβασίλευσεν Δαυεὶδ ἐπὶ τὸν Ἰσραὴλ τεσσεράκοντα ἔτη·
ἐν Χεβρὼν ἐβασίλευσεν ἔτη ἑπτά, καὶ ἐν Ἰερουσαλὴμ τριάκοντα
τρία ἔτη.

¹²Καὶ Σαλωμὼν ἐκάθισεν ἐπὶ θρόνου Δαυεὶδ τοῦ πατρὸς αὐτοῦ, 12
καὶ ἡτοιμάσθη ἡ βασιλεία αὐτοῦ σφόδρα. ¹³καὶ εἰσῆλθεν Ἀδωνείας 13
πρὸς Βηρσάβεε μητέρα Σαλωμὼν καὶ προσεκύνησεν αὐτῇ· ἡ δὲ
εἶπεν Εἰρήνη ἡ εἴσοδός σου; καὶ εἶπεν Εἰρήνη· ¹⁴λόγος μοι πρὸς 14
σέ. καὶ εἶπεν αὐτῷ Λάλησον. ¹⁵καὶ εἶπεν αὐτῇ Σὺ οἶδας ὅτι ἐμοὶ 15
ἦν ἡ βασιλεία καὶ ἐπ᾽ ἐμὲ ἔθετο πᾶς Ἰσραὴλ τὸ πρόσωπον αὐτοῦ εἰς
βασιλέα· καὶ ἐστράφη ἡ βασιλεία καὶ ἐγενήθη τῷ ἀδελφῷ μου, ὅτι
παρὰ Κυρίου ἐγένετο αὐτῷ. ¹⁶καὶ νῦν αἴτησιν μίαν ἐγὼ αἰτοῦμαι 16
παρὰ σοῦ, μὴ ἀποστρέψῃς τὸ πρόσωπόν σου. καὶ εἶπεν αὐτῷ Βηρσάβεε
Λάλει. ¹⁷καὶ εἶπεν αὐτῇ Εἰπὸν δὴ πρὸς Σαλωμὼν τὸν βασιλέα, ὅτι 17
οὐκ ἀποστρέψει τὸ πρόσωπον αὐτοῦ ἀπὸ σοῦ· καὶ δώσει μοι τὴν
Ἀβεισὰ τὴν Σωμανεῖτιν εἰς γυναῖκα. ¹⁸καὶ εἶπεν Βηρσάβεε Καλῶς, 18
ἐγὼ λαλήσω περὶ σοῦ τῷ βασιλεῖ. ¹⁹καὶ εἰσῆλθεν Βηρσάβεε πρὸς 19
τὸν βασιλέα Σαλωμὼν λαλῆσαι αὐτῷ περὶ Ἀδωνειού· καὶ ἐξανέστη
ὁ βασιλεὺς εἰς ἀπαντὴν αὐτῇ καὶ κατεφίλησεν αὐτήν, καὶ ἐκάθισεν
ἐπὶ τοῦ θρόνου· καὶ ἐτέθη θρόνος τῇ μητρὶ τοῦ βασιλέως, καὶ ἐκάθισεν
ἐκ δεξιῶν αὐτοῦ. ²⁰καὶ εἶπεν αὐτῷ Αἴτησιν μίαν ἐγὼ μικρὰν αἰτοῦμαι 20
παρὰ σοῦ, μὴ ἀποστρέψῃς τὸ πρόσωπόν σου, καὶ εἶπεν αὐτῇ ὁ
βασιλεὺς Αἴτησαι, μῆτερ ἐμή, καὶ οὐκ ἀποστρέψω σε. ²¹καὶ εἶπεν 21
Δοθήτω δὴ Ἀβεισὰ ἡ Σωμανεῖτις τῷ Ἀδωνειὰ τῷ ἀδελφῷ σου εἰς
γυναῖκα. ²²καὶ ἀπεκρίθη Σαλωμὼν ὁ βασιλεὺς καὶ εἶπεν τῇ μητρὶ 22
αὐτοῦ Καὶ ἵνα τί σὺ ᾔτησαι τὴν Ἀβεισὰ τῷ Ἀδωνειά; καὶ αἴτησαι
αὐτῷ τὴν βασιλείαν· ὅτι οὗτος ἀδελφός μου ὁ μέγας, ὑπὲρ ἐμέ, καὶ
αὐτῷ Ἀβιαθὰρ ὁ ἱερεὺς καὶ αὐτῷ Ἰωὰβ ὁ υἱὸς Σαρουίας ὁ ἀρχι-
στράτηγος ἑταῖρος. ²³καὶ ὤμοσεν ὁ βασιλεὺς Σαλωμὼν κατὰ τοῦ 23
κυρίου λέγων Τάδε ποιήσαι μοι ὁ θεὸς καὶ τάδε προσθείη, ὅτι κατὰ

Α 9 πολιαν] πολιν Β 11 τεσσαρακ. Bᵇ | τριακοντα] pr εβασιλευσεν Α |
τρια] pr και Α 12 Σολομων Α | θρονου] pr του Α | αυτου 1°] + ετων δωδεκα Α
13 Αδωνιας BᵇA + υιος Αγειθ Α | αυτη] + αυτην Α 14 λογος] pr και ειπεν
Α | ειπεν] ειπον Α 15 βασιλεα] βασιλεια Α 16 σου 2°] μου Α 17 τη
ειπον δη προς Σαλωμω sup ras Bᵃ¹ | Αβεισα] Αβισαγ Α (item 21) | Σουμανιτην
Α | om εις Α 19 Αδωνιου Α (item 28 [pro Αδωνεια]) [απαντησιν Α | θρο-
νου] + αυτου Α 20 μικραν εγω Α | om αυτη Α | μητερ Α | και 3°] οτι Α
21 Σουμανιτις Α | Αδωνια Bᵇ (item 22, 23, 24, 28) Α 22 ο βασ. Σ. Α | om
τι Α | Αβεισα] Αβισαγ την Σουμανιτιν Α | ο μεγας] om ο A* (superscr A¹)

674

ΒΑΣΙΛΕΙΩΝ Γ II 32

24 της ψυχης αυτου ελάλησεν Αδωνεια τον λόγον τούτον. ²⁴και νυν, ζη B Κύριος ος ητοίμασέν με, και έθετό με επι τον θρόνον Δαυειδ του πατρός μου, και αυτός εποίησέν μοι οίκον καθως ελάλησεν Κύριος, 25 ότι σήμερον θανατωθήσεται Αδωνειά. ²⁵και εξαπέστειλεν Σαλωμων ο βασιλεύς εν χειρι Βαναιου υιου Ιωδαε και ανειλεν αυτόν, και 26 απέθανεν Αδωνείας εν τη ημέρα εκείνη. ²⁶και τω Αβιαθαρ τω ιερει ειπεν ο βασιλεύς Απότρεχε συ εις Αναθωθ εις αγρόν σου, ότι ανηρ θανάτου ει συ εν τη ημέρα ταύτη· και ου θανατώσω σε, ότι ηρας την κιβωτον της διαθήκης Κυρίου ενώπιον του πατρός μου, και ότι 27 εκακουχήθης εν απασιν οις εκακουχήθη ο πατήρ μου. ²⁷και εξέβαλεν Σαλωμων τον Αβιαθαρ του μη είναι ιερέα του κυρίου, πληρωθηναι 28 το ρημα Κυρίου ο ελάλησεν επι τον οίκον Ηλει εν Σηλώμ. ²⁸και η ακοη ηλθεν έως Ιωαβ του υιου Σαρουίας, ότι Ιωαβ ην κεκλικως οπίσω Αδωνεία, και οπίσω Αβεσσαλωμ ουκ έκλινεν· και έφυγεν Ιωαβ εις το σκήνωμα του κυρίου και κατέσχεν των κεράτων του 29 θυσιαστηρίου. ²⁹και απηγγέλη τω Σαλωμων λέγοντες ότι Έφυγεν Ιωαβ εις την σκηνην του κυρίου, και ιδου κατέχει των κεράτων του θυσιαστηρίου. και απέστειλεν Σαλωμων προς Ιωαβ λέγων Τί γέγονέν σοι ότι πέφευγας εις το θυσιαστήριον; και ειπεν Ιωαβ Ότι εφοβήθην απο προσώπου σου, και έφυγον προς Κύριον. και απέστειλεν ο Σαλωμων τον Βαναιου υιον Ιωδαε λέγων Πορεύου και 30 άνελε αυτόν, και θάψον αυτόν. ³⁰και ηλθεν Βαναιου υιος Ιωδαε εις την σκηνην του κυρίου και ειπεν αυτω Τάδε λέγει ο βασιλεύς Έξελθε· και ειπεν Ιωαβ Ουκ εκπορεύομαι, ότι ώδε αποθανούμαι· και απέστρεψεν Βαναίας υιος Ιωδαε και ειπεν τω βασιλει λέγων 31 Τάδε λελάληκεν Ιωαβ και τάδε αποκέκριταί μοι. ³¹και ειπεν αυτω ο βασιλεύς Πορεύου και ποίησον αυτω καθως είρηκεν, και άνελε αυτον και θάψεις αυτόν· και εξαρεις σήμερον το αίμα ο δω- 32 ρεαν εξέχεεν απ' εμου και απο του οίκου του πατρός μου. ³²και απέστρεψεν Κύριος το αίμα της αδικίας αυτου εις κεφαλην αυτου και απήντησεν τοις δυσιν ανθρώποις τοις δικαίοις και αγαθοις υπέρ αυτον και απέκτεινεν αυτούς εν ρομφαία, και ο πατήρ μου

23 ψυχης] ευχης A | Αδωνιας A (item 24)   25 ο βασ. Σαλ. A | Βανιου A A | Ιωιαδαε A (item 29, 30 bis, 34, 35) | Αδωνιας B^bA·   26 εις Αγ. αποτρ. συ A | της διαθηκης] om της A | πασιν A·   28 ακοη ηλθεν [η 1° superscr] B^a (vid) b] | om του υιου Σαρουιας A | Αβεσσαλωμ] A|βεσ sup ras B¹ fort   29 πεφυγας A | Κυριον] pr τον A | ο Σαλ.] Σαλ. ο βασιλευς A | Βαναιαν A   30 εις] pr προς Ιωαβ A | εκπορευσομαι A | Βαναιας] Βανιου A | ελαληκεν A   31 εξεχεεν] + Ιωαβ A   32 και 2°] ως B^a mg A

ΒΑΣΙΛΕΙΩΝ Γ

B Δανειδ οὐκ ἔγνω τὸ αἷμα αὐτῶν, τὸν Ἀβεννὴρ υἱὸν Νὴρ ἀρχιστράτηγον Ἰσραὴλ καὶ τὸν Ἀμεσσὰ τὸν Ἰέθερ ἀρχιστράτηγον Ἰούδα. ³³καὶ ₃₃ ἐπεστράφη τὰ αἵματα αὐτοῦ εἰς κεφαλὴν αὐτοῦ καὶ εἰς κεφαλὴν τοῦ σπέρματος αὐτοῦ εἰς τὸν αἰῶνα· καὶ τῷ Δαυειδ καὶ τῷ σπέρματι αὐτοῦ καὶ τῷ οἴκῳ αὐτοῦ καὶ τῷ θρόνῳ αὐτοῦ γένοιτο εἰρήνη ἕως αἰῶνος παρὰ Κυρίου. ³⁴καὶ ἀπήντησεν Ἰωδαε τῷ Ἰωὰβ καὶ ἐθανάτωσεν ₃₄ αὐτόν· καὶ ἔθαψεν αὐτὸν ἐν τῷ οἴκῳ αὐτοῦ ἐν τῇ ἐρήμῳ. ³⁵καὶ ἔδωκεν ₃₅ ὁ βασιλεὺς τὸν Βαναιου υἱὸν Ἰωδαε ἀντ᾽ αὐτοῦ ἐπὶ τὴν στρατηγίαν· καὶ ἡ βασιλεία κατωρθοῦτο ἐν Ἰερουσαλήμ. καὶ Σαδὼκ τὸν ἱερέα, ἔδωκεν αὐτὸν ὁ βασιλεὺς εἰς ἱερέα πρῶτον ἀντὶ Ἀβιαθάρ. ³⁵ᵃ Καὶ ₃₅ ἔδωκεν Κύριος φρόνησιν τῷ Σαλωμὼν καὶ σοφίαν πολλὴν σφόδρα καὶ πλάτος καρδίας ὡς ἡ ἄμμος ἡ παρὰ τὴν θάλασσαν. *³⁵ᵇ καὶ ₃₅ ἐπληθύνθη ἡ φρόνησις Σαλωμὼν πάντων ἀρχαίων υἱῶν καὶ ὑπὲρ πάντας φρονίμους Αἰγύπτου. ³⁵ᶜ καὶ ἔλαβεν τὴν θυγατέρα Φαραώ, ₃₅ καὶ εἰσήγαγεν αὐτὴν εἰς τὴν πόλιν Δανειδ ἕως συντελέσαι αὐτὸν τὸν οἶκον Κυρίου ἐν πρώτοις καὶ τὸ τεῖχος Ἰερουσαλὴμ κυκλόθεν· ἐν ἑπτὰ ἔτεσιν ἐποίησεν καὶ συνετέλεσεν. ³⁵ᵈ καὶ ἦν τῷ Σαλωμὼν ₃₅ ἑβδομήκοντα χιλιάδες αἴροντες ἄρσιν καὶ ὀγδοήκοντα χιλιάδες λατόμων ἐν τῷ ὄρει. ³⁵ᵉ καὶ ἐποίησεν Σαλωμὼν τὴν θάλασσαν καὶ τὰ ὑπο- ₃₅ στηρίγματα καὶ τοὺς λουτῆρας τοὺς μεγάλους καὶ τοὺς στύλους καὶ τὴν κρήνην τῆς αὐλῆς καὶ τὴν θάλασσαν τὴν χαλκῆν. καὶ ᾠκοδόμησεν τὴν ἄκραν ἔπαλξιν ἐπ᾽ αὐτῆς· διέκοψεν τὴν πόλιν Δανειδ. ³⁵ᶠ οὕτως ₃₅ θυγάτηρ Φαραὼ ἀνέβαινεν ἐκ τῆς πόλεως Δανειδ εἰς τὸν οἶκον αὐτῆς ὃν ᾠκοδόμησεν αὐτῇ. τότε ᾠκοδόμησεν τὴν ἄκραν. ³⁵ᵍ καὶ Σαλωμὼν ₃₅ ἀνέφερεν τρεῖς ἐν τῷ ἐνιαυτῷ ὁλοκαυτώσεις καὶ εἰρηνικὰς ἐπὶ τὸ θυσιαστήριον ὃ ᾠκοδόμησεν τῷ κυρίῳ, καὶ ἐθυμία ἐνώπιον Κυρίου. καὶ συνετέλεσεν τὸν οἶκον. ³⁵ʰ καὶ οὗτοι οἱ ἄρχοντες οἱ κατεσταμένοι ₃₅ ἐπὶ τὰ ἔργα τοῦ Σαλωμών· τρεῖς χιλιάδες καὶ ἑξακόσιοι ἐπιστάται τοῦ λαοῦ τῶν ποιούντων τὰ ἔργα. ³⁵ⁱ καὶ ᾠκοδόμησεν τὴν Ἀσσοὺρ ₃₅ καὶ τὴν Μαγαὼ καὶ τὴν Γάζερ καὶ τὴν Βαιθωρὼν ἐπάνω καὶ τὰ Βαλλάθ. "³⁵ᵏ πλὴν μετὰ τὸ οἰκοδομῆσαι αὐτὸν τὸν οἶκον τοῦ κυρίου ₃₅

A 32 om Ισραηλ...αρχιστρατηγον A   33 επεστραφη] απεστρ. A | αυτου 1°] αυτων A | κεφαλην 2°] pr την Ἁ | Δαδ (sic) A   34 και 1°] pr και ανεβη Βαναιας υιος Ιωιαδαε A   35 στρατηγειαν A | κατωρθουτον A | om αυτον A   35 a τω Σαλ. φρονησιν A   35 c τον οικον] pr τον οικον αυτου και A | om εν 2° A   35 d ην] ησαν A | om αιροντες αρσιν και ογδοηκοντα χιλιαδες A   35 g om εν A   35 h του λαου τω λαω A   35 i Μαγαω] Μαγδω A | Γαζερ] Αζερ A | Βαιθωρωθ A | Βαλλαθ] Βαλαλαθ A

ΒΑΣΙΛΕΙΩΝ Γ II 45

καὶ τὸ τεῖχος Ἰερουσαλὴμ κύκλῳ, μετὰ ταῦτα ᾠκοδόμησεν τὰς πόλεις B
35 1 ταύτας. ³⁵¹Καὶ ἐν τῷ ἔτι Δαυεὶδ ζῆν ἐνετείλατο τῷ Σαλωμὼν λέγων
Ἰδοὺ μετὰ σοῦ Σεμεεὶ υἱὸς Γηρά, υἱὸς τοῦ σπέρματός τοῦ Ἰεμείνεὶ ἐκ
5 m Χεβρών· ³⁵ᵐοὗτος κατηράσατό με κατάραν ὀδυνηρὰν ἐν ᾗ ἡμέρᾳ ἐπο-
35 n ρευόμην εἰς παρεμβολάς· ³⁵ⁿκαὶ αὐτὸς κατέβαινεν εἰς ἀπαντήν μοι ἐπὶ
τὸν Ἰορδάνην, καὶ ὤμοσα αὐτῷ κατὰ τοῦ κυρίου λέγων Εἰ θανατωθήσεται
35 o ἐν ῥομφαίᾳ· ³⁵ᵒκαὶ νῦν μὴ ἀθῳώσῃς αὐτόν, ὅτι ἀνὴρ φρόνιμος σύ,
καὶ γνώσῃ ἃ ποιήσεις αὐτῷ· καὶ κατάξεις τὴν πολιὰν αὐτοῦ ἐν αἵματι
36 εἰς ᾅδου. ³⁶καὶ ἐκάλεσεν ὁ βασιλεὺς τὸν Σεμεεὶ καὶ εἶπεν αὐτῷ. Οἰκο-
δόμησον οἶκον σεαυτῷ ἐν Ἰερουσαλὴμ καὶ κάθου ἐκεῖ, καὶ οὐκ ἐξελεύσῃ
37 ἐκεῖθεν οὐδαμοῦ. ³⁷καὶ ἔσται ἐν τῇ ἡμέρᾳ τῆς ἐξόδου σου καὶ διαβήσῃ
τὸν χειμάρρουν Κεδρών, γινώσκων γνώσῃ ὅτι θανάτῳ ἀποθανῇ· τὸ
αἷμά σου ἔσται ἐπὶ τὴν κεφαλήν σου. καὶ ὥρκισεν αὐτὸν ὁ βασιλεὺς
38 ἐν τῇ ἡμέρᾳ ἐκείνῃ. ³⁸καὶ εἶπεν Σεμεεὶ πρὸς τὸν βασιλέα Ἀγαθὸν
τὸ ῥῆμα ὃ ἐλάλησας, κύριέ μου βασιλεῦ· οὕτω ποιήσει ὁ δοῦλός σου.
39 καὶ ἐκάθισεν Σεμεεὶ ἐν Ἰερουσαλὴμ τρία ἔτη. ³⁹καὶ ἐγενήθη μετὰ τὰ
τρία ἔτη καὶ ἀπέδρασαν δύο δοῦλοι τοῦ Σεμεεὶ πρὸς Ἀγχοὺς υἱὸν
Ἀμησὰ βασιλέα Γέθ· καὶ ἀπηγγέλη τῷ Σεμεεὶ λέγοντες Ἰδοὺ οἱ δοῦλοί
40 σου ἐν Γέθ. ⁴⁰καὶ ἀνέστη Σεμεεὶ καὶ ἐπέσαξε τὴν ὄνον αὐτοῦ καὶ
ἐπορεύθη εἰς Γέθ πρὸς Ἀγχούς, τοῦ ἐκζητῆσαι τοὺς δούλους αὐτοῦ·
41 καὶ ἐπορεύθη Σεμεεὶ καὶ ἤγαγεν τοὺς δούλους αὐτοῦ ἐκ Γέθ. ⁴¹καὶ
ἀπηγγέλη τῷ Σαλωμὼν λέγοντες ὅτι Ἐπορεύθη Σεμεεὶ ἐξ Ἰερουσαλὴμ
42 εἰς Γέθ καὶ ἀπέστρεψεν τοὺς δούλους αὐτοῦ. ⁴²καὶ ἀπέστειλεν ὁ
βασιλεὺς καὶ ἐκάλεσεν τὸν Σεμεεί, καὶ εἶπεν πρὸς αὐτόν Οὐχὶ ὥρκισά
σε κατὰ τοῦ κυρίου καὶ ἐπεμαρτυράμην σοι λέγων Ἐν ᾗ ἂν ἡμέρᾳ
ἐξέλθῃς ἐξ Ἰερουσαλὴμ καὶ πορευθῇς εἰς δεξιὰ ἢ εἰς ἀριστερά, γινώσκων
43 γνώσῃ ὅτι θανάτῳ ἀποθανῇ; ⁴³καὶ τί ὅτι οὐκ ἐφύλαξας τὸν ὅρκον
44 Κυρίου καὶ τὴν ἐντολὴν ἣν ἐνετειλάμην κατὰ σοῦ; ⁴⁴καὶ εἶπεν ὁ
βασιλεὺς πρὸς Σεμεεί Σὺ οἶδας πᾶσαν τὴν κακίαν σου ἣν ἔγνω ἡ
καρδία σου, ἃ ἐποίησας τῷ Δαυεὶδ τῷ πατρί μου· καὶ ἀνταπέδωκεν
45 Κύριος τὴν κακίαν σου εἰς κεφαλήν σου. ⁴⁵καὶ ὁ βασιλεὺς Σαλωμὼν
ηὐλογημένος, καὶ ὁ θρόνος Δαυεὶδ ἔσται ἕτοιμος ἐνώπιον Κυρίου εἰς

35 1 ετι ζην Δαδ A | του σπερμ.] om του A | Ιεμενει A   35 m κατη- A
ρησατο A   35 n απαντησιν A   35 o συ] pr ει A | πολιαν] πολιν B
36 εκαλεσεν ο βασ.] αποστειλας ο βασ. εκαλεσεν A | ω|κοδομησον B | σεαυτω
οικον A   37 εξοδου] εξοδιας A   38 ουτως A   39 τα τρια] om τα A |
του Σεμεει] τω Σ. A | Αγχους υιον Αμησα] Αγχις υιον Μααχα A   40 επε-
ταξεν A | Αγχις A   41 απεστρεψεν] επεστρ. A   42 αποθανη]+και ειπας
μοι αγαθον το ρημα ο ηκουσα A   43 Κυριου] pr του A | την εντολην] om
την A   44 οιδας] εγνως A   45 ευλογημενος A | εσται ετοιμος] αιτοιμος A

Β τὸν αἰῶνα. ⁴⁶καὶ ἐνετείλατο ὁ βασιλεὺς Σαλωμὼν τῷ Βαναιᾷ υἱῷ 46
Ἰωδάε, καὶ ἐξῆλθεν καὶ ἀνεῖλεν αὐτόν. ⁴⁶ᵃΚαὶ ἦν ὁ βασιλεὺς 46 a
Σαλωμὼν φρόνιμος σφόδρα καὶ σοφός· καὶ Ἰουδὰ καὶ Ἰσραὴλ πολλοὶ
σφόδρα ὡς ἡ ἄμμος ἡ ἐπὶ τῆς θαλάσσης εἰς πλῆθος, ἐσθίοντες
καὶ πίνοντες καὶ χαίροντες. ⁴⁶ᵇκαὶ Σαλωμὼν ἦν ἄρχων ἐν πάσαις 46 b
ταῖς βασιλείαις, καὶ ἦσαν προσφέροντες δῶρα καὶ ἐδούλευον τῷ
Σαλωμὼν πάσας τὰς ἡμέρας τῆς ζωῆς αὐτοῦ. ⁴⁶ᶜκαὶ Σαλωμὼν 46 c
ἤρξατο ἀνοίγειν τὰ δυναστεύματα τοῦ Λιβάνου· ⁴⁶ᵈκαὶ αὐτὸς ᾠκο- 46 d
δόμησεν τὴν Θερμαὶ ἐν τῇ ἐρήμῳ. ⁴⁶ᵉκαὶ τοῦτο τὸ ἄριστον τῷ 46 e
Σαλωμών· τριάκοντα κόροι σεμιδάλεως καὶ ἑξήκοντα κόροι ἀλεύρου
κεκοπανισμένου, δέκα μόσχοι ἐκλεκτοὶ καὶ εἴκοσι βόες νομάδες
καὶ ἑκατὸν πρόβατα, ἐκτὸς ἐλάφων καὶ δορκάδων καὶ ὀρνίθων
ἐκλεκτῶν νομάδων. ⁴⁶ᶠοὐκ ἦν ἄρχων ἐν παντὶ πέραν τοῦ ποτα- 46 f
μοῦ ἀπὸ Ῥαφεὶ ἕως Γάζης, ἐν πᾶσιν τοῖς βασιλεῦσιν πέραν τοῦ
ποταμοῦ; ⁴⁶ᵍκαὶ ἦν αὐτῷ εἰρήνη ἐκ πάντων τῶν μερῶν αὐτοῦ 46 g
κυκλόθεν· καὶ κατῴκει Ἰουδὰ καὶ Ἰσραὴλ πεποιθότες, ἕκαστος ὑπὸ
τὴν ἄμπελον αὐτοῦ καὶ ὑπὸ τὴν συκῆν αὐτοῦ, ἐσθίοντες καὶ πίνοντες
ἀπὸ Δὰν καὶ ἕως Βηρσάβεε πάσας τὰς ἡμέρας Σαλωμών. ⁴⁶ʰκαὶ 46 h
οὗτοι οἱ ἄρχοντες τοῦ Σαλωμών· Ἀζαριοὺ υἱὸς Σαδὼκ τοῦ ἱερέως, καὶ
Ὀρνειοὺ υἱὸς Ναθάν, ἄρχων τῶν ἐφεστηκότων, καὶ ἔδραμεν ἐπὶ τὸν
οἶκον αὐτοῦ· καὶ Σουβὰ γραμματεύς, καὶ Βασὰ υἱὸς Ἀχειθάλαμ ἀναμι-
μνήσκων, καὶ Ἀβεὶ υἱὸς Ἰωὰβ ἀρχιστράτηγος, καὶ Ἀχειρὲ υἱὸς Ἐδραεὶ
ἐπὶ τὰς ἄρσεις, καὶ Βαναιὰ υἱὸς Ἰωδάε ἐπὶ τῆς αὐλαρχίας καὶ ἐπὶ
τοῦ πλινθείου, καὶ Καχοὺρ υἱὸς Ναθὰν ὁ σύμβουλος. ⁴⁶ⁱκαὶ ἦσαν 46 i
τῷ Σαλωμὼν τεσσεράκοντα χιλιάδες τοκάδες ἵπποι εἰς ἅρματα, καὶ
δώδεκα χιλιάδες ἵππων· ⁴⁶ᵏκαὶ ἦν ἄρχων ἐν πᾶσιν τοῖς βασιλεῦσιν 46 k
ἀπὸ τοῦ ποταμοῦ καὶ ἕως γῆς ἀλλοφύλων καὶ ἕως ὁρίων Αἰγύπτου.
⁴⁶ˡΣαλωμὼν υἱὸς Δαυεὶδ ἐβασίλευσεν ἐπὶ Ἰσραὴλ καὶ Ἰουδὰ ἐν 46 l
Ἰερουσαλήμ. ²θυμιῶντες ἐπὶ τοῖς ὑψηλοῖς, ὅτι οὐκ ᾠκοδομήθη οἶκος 2
τῷ κυρίῳ ἕως νῦν. ³καὶ ἠγάπησεν Σαλωμὼν τὸν κύριον, πορεύεσθαι 3
ἐν τοῖς προστάγμασιν Δαυεὶδ τοῦ πατρὸς αὐτοῦ, πλὴν ἐν τοῖς ὑψηλοῖς

A 46 Βαναιαυ A | υιω ͜ Ιωδαε] τω Ιωιαδαε A | αυτον]+και απεθανεν·
A 46 a—l om και ην ο βασιλευς...εν Ιερουσαλημ. A. 46 h Ορ-
νιου B^b | πλινθιον B^b , 46 i τεσσαρακ. B^b III 2 θυμιωντες]
pr. της δε βασιλειας εδρασθεισης| εν χειρι Σαλωμων επιγαμια| εποιησατο
Σαλωμων προς Φα|ραω βασιλεα Αιγυπτου· και ελα|βεν την θυγατερα Φαραω
και| εισηγαγεν αυτην εις την πο|λιν Δαδ εως ου συνετελεσεν| οικοδομων τον οικον
εαυτου| και τον οικον κυ· και το τειχος| Ιηλ (sic) κυκλω· πλην ο λαος ησαν
A | επι] εν A | κυριω] ονοματι κυ A | [νυν] των ημερων εκεινων A*⁺

ΒΑΣΙΛΕΙΩΝ Γ III 16

4 ἔθυεν καὶ ἐθυμία. ⁴καὶ ἀνέστη καὶ ἐπορεύθη εἰς Γαβαὼν θῦσαι B ἐκεῖ, ὅτι αὐτὴ ὑψηλοτάτη καὶ μεγάλη· χιλίαν ὁλοκαύτωσιν ἀνήνεγκεν 5 Σαλωμὼν ἐπὶ τὸ θυσιαστήριον ⁽⁵⁾ἐν Γαβαών. ⁵καὶ ὤφθη Κύριος τῷ Σαλωμὼν ἐν ὕπνῳ τὴν νύκτα· καὶ εἶπεν Κύριος πρὸς Σαλωμών 6 Αἴτησαί τι αἴτημα σαυτῷ. ⁶καὶ εἶπεν Σαλωμών Σὺ ἐποίησας μετὰ τοῦ δούλου σου Δαυεὶδ τοῦ πατρός μου ἔλεος μέγα, καθὼς διῆλθεν ἐνώπιόν σου ἐν ἀληθείᾳ καὶ ἐν δικαιοσύνῃ καὶ ἐν εὐθύτητι καρδίας μετὰ σοῦ, καὶ ἐφύλαξας αὐτῷ τὸ ἔλεός τὸ μέγα τοῦτο, δοῦναι τὸν υἱὸν αὐτοῦ 7 ἐπὶ τοῦ θρόνου αὐτοῦ ὡς ἡ ἡμέρα αὕτη. ⁷καὶ νῦν, Κύριε ὁ θεός μου, σὺ ἔδωκας τὸν δοῦλόν σου ἀντὶ Δαυεὶδ τοῦ πατρός μου· καὶ ἐγώ εἰμι παιδάριον μικρόν, καὶ οὐκ οἶδα τὴν ἔξοδόν μου καὶ τὴν εἴσοδόν μου. 8 ⁸ὁ δὲ δοῦλός σου ἐν μέσῳ τοῦ λαοῦ σου, ὃν ἐξελέξω, λαὸν πολὺν 9 ὃς οὐκ ἀριθμηθήσεται. ⁹καὶ δώσεις τῷ δούλῳ σου καρδίαν ἀκούειν καὶ διακρίνειν τὸν λαόν σου ἐν δικαιοσύνῃ, καὶ τοῦ συνιεῖν ἀνὰ μέσον ἀγαθοῦ καὶ κακοῦ· ὅτι τίς δυνήσεται κρίνειν τὸν λαόν σου τὸν 10 βαρὺν τοῦτον; ¹⁰καὶ ἤρεσεν ἐνώπιον Κυρίου ὅτι ᾐτήσατο Σαλωμὼν 11 τὸ ῥῆμα τοῦτο. ¹¹καὶ εἶπεν Κύριος πρὸς αὐτόν Ἀνθ' ὧν ᾐτήσω παρ' ἐμοῦ τὸ ῥῆμα τοῦτο, καὶ οὐκ ᾐτήσω σαυτῷ ἡμέρας πολλὰς καὶ οὐκ ᾐτήσω πλοῦτον οὐδὲ ᾐτήσω ψυχὰς ἐχθρῶν σου, ἀλλ' ᾐτήσω 12 σαυτῷ τοῦ συνιεῖν τοῦ εἰσακούειν κρίμα· ¹²ἰδοὺ πεποίηκα τὸ ῥῆμά σου· ἰδοὺ δέδωκά σοι καρδίαν φρονίμην καὶ σοφήν· ὡς σὺ οὐ γέγονεν 13 ἔμπροσθέν σου, καὶ μετὰ σὲ οὐκ ἀναστήσεται ὅμοιός σοι. ¹³καὶ ἃ οὐκ ᾐτήσω δέδωκά σοι, καὶ πλοῦτον καὶ δόξαν, ὡς οὐ γέγονεν ἀνὴρ 14 ὅμοιός σοι ἐν βασιλεῦσιν· ¹⁴καὶ ἐὰν πορευθῇς ἐν τῇ ὁδῷ μου φυλάσσειν τὰς ἐντολάς μου καὶ τὰ προστάγματά μου ὡς ἐπορεύθη 15 Δαυεὶδ ὁ πατήρ σου, καὶ πληθυνῶ τὰς ἡμέρας σου. ¹⁵καὶ ἐξυπνίσθη Σαλωμών, καὶ ἰδοὺ ἐνύπνιον· καὶ ἀνέστη καὶ παραγίνεται εἰς Ἱερουσαλήμ, καὶ ἔστη κατὰ πρόσωπον τοῦ θυσιαστηρίου τοῦ κατὰ πρόσωπον κιβωτοῦ διαθήκης Κυρίου ἐν Σειών, καὶ ἀνήγαγεν ὁλοκαυτώσεις καὶ ἐποίησεν εἰρηνικάς, καὶ ἐποίησεν πότον μέγαν ἑαυτῷ καὶ πᾶσιν τοῖς 16 παισὶν ἑαυτοῦ. ¹⁶Τότε ὤφθησαν δύο γυναῖκες πόρναι τῷ βασιλεῖ

3 εθυεν] pr αυτος A   4 επορευθη]+ο βασιλευς A | χιλιαν] λιαν A | A θυσιαστηριον]+εκεινο A   5 Κ. τω Σαλ.] τω Σαλ. ο κ̅ς A | σεαυτω A 6 του δουλου] om του A | ελεος 2°]+σου A | επι] pr καθημενον A | 7 εισοδον μου και την εξοδον A   8 αριθμηθησεται]+και ου ψηφισθησεται απο πληθους A   9 om και 3° A | συνιειν] συνιεναι A   10 ηρεσεν]+ο λογος A   11 ητησω 3°]+σεαυτω A   12 το ρημα] pr κατα A | σοφην και φρονιμην A   13 δεδωκα] εδωκα A | om ανηρ A | βασιλευσιν]+πασας τας ημερας σου A   14 τα προστ. μου και τας εντολας μου A   15 Σιων Bᵇ A

ΒΑΣΙΛΕΙΩΝ Γ.

Β καὶ ἔστησαν ἐνώπιον αὐτοῦ. ¹⁷καὶ εἶπεν ἡ γυνὴ ἡ μία Ἐν ἐμοί, 17
κύριε· ἐγὼ καὶ ἡ γυνὴ αὕτη οἰκοῦμεν ἐν οἴκῳ ἑνί, καὶ ἐτέκομεν ἐν τῷ
οἴκῳ. ¹⁸καὶ ἐγενήθη ἐν τῇ ἡμέρᾳ τῇ τρίτῃ τεκούσης μου καὶ ἔτεκεν 18
καὶ ἡ γυνὴ αὕτη· καὶ ἡμεῖς κατὰ τὸ αὐτό, καὶ οὐκ ἔστιν οὐθεὶς
μεθ' ἡμῶν παρὲξ ἀμφοτέρων ἡμῶν ἐν τῷ οἴκῳ. ¹⁹καὶ ἀπέθανεν 19
ὁ υἱὸς τῆς γυναικὸς ταύτης τὴν νύκτα, ὡς ἐπεκοιμήθη ἐπ' αὐτόν· ²⁰καὶ 20
ἀνέστη μέσης τῆς νυκτὸς καὶ ἔλαβεν τὸν υἱόν μου ἐκ τῶν ἀγκαλῶν
μου καὶ ἐκοίμισεν αὐτὸν ἐν τῷ κόλπῳ αὐτῆς, καὶ τὸν υἱὸν αὐτῆς τὸν
τεθνηκότα ἐκοίμισεν ἐν τῷ κόλπῳ μου. ²¹καὶ ἀνέστην τὸ πρωὶ 21
θηλάσαι τὸν υἱόν μου, καὶ ἐκεῖνος ἦν τεθνηκώς· καὶ ἰδοὺ κατενόησα
αὐτὸν πρωί, καὶ ἰδοὺ οὐκ ἦν ὁ υἱός μου ὃν ἔτεκον. ²²καὶ εἶπεν ἡ γυνὴ 22
ἡ ἑτέρα Οὐχί, ἀλλὰ ὁ υἱός μου ὁ ζῶν, ὁ δὲ υἱός σου ὁ τεθνηκώς· καὶ
ἐλάλησαν ἐνώπιον τοῦ βασιλέως. ²³καὶ εἶπεν ὁ βασιλεὺς αὐταῖς 23
Σὺ λέγεις Οὗτος ὁ υἱός μου ὁ ζῶν, καὶ ὁ υἱὸς ταύτης ὁ τεθνηκώς· καὶ
σὺ λέγεις Οὐχί, ἀλλὰ ὁ υἱός μου ὁ ζῶν, καὶ ὁ υἱός σου ὁ τεθνηκώς.
²⁴καὶ εἶπεν ὁ βασιλεὺς Λάβετε μάχαιραν· καὶ προσήνεγκαν τὴν 24
μάχαιραν ἐνώπιον τοῦ βασιλέως. ²⁵καὶ εἶπεν ὁ βασιλεὺς Διέλετε τὸ 25
παιδίον τὸ θηλάζον τὸ ζῶν εἰς δύο, καὶ δότε τὸ ἥμισυ αὐτοῦ ταύτῃ καὶ
τὸ ἥμισυ αὐτοῦ ταύτῃ. ²⁶καὶ ἀπεκρίθη ἡ γυνὴ ἧς ἦν ὁ υἱὸς ὁ ζῶν καὶ 26
εἶπεν πρὸς τὸν βασιλέα, ὅτι ἐταράχθη ἡ μήτρα αὐτῆς ἐπὶ τῷ υἱῷ αὐτῆς,
καὶ εἶπεν Ἐν ἐμοί, κύριε, δότε αὐτῇ τὸ παιδίον καὶ θανάτῳ μὴ
θανατώσητε αὐτόν· καὶ αὕτη εἶπεν Μήτε ἐμοὶ μήτε αὐτῇ ἔστω· διέλετε.
²⁷καὶ ἀπεκρίθη ὁ βασιλεὺς καὶ εἶπεν Δότε τὸ παιδίον τῇ εἰπούσῃ Δότε 27
αὐτῇ αὐτὸ καὶ θανάτῳ μὴ θανατώσητε αὐτόν· αὐτὴ ἡ μήτηρ αὐτοῦ.
²⁸καὶ ἤκουσαν πᾶς Ἰσραὴλ τὸ κρίμα τοῦτο ὃ ἔκρινεν ὁ βασιλεύς· καὶ 28
ἐφοβήθησαν ἀπὸ προσώπου τοῦ βασιλέως, ὅτι εἶδον ὅτι φρόνησις
θεοῦ ἐν αὐτῷ τοῦ ποιεῖν δικαίωμα.

¹Καὶ ἦν ὁ βασιλεὺς Σαλωμὼν βασιλεύων ἐπὶ Ἰσραήλ. ²καὶ οὗτοι 1,2
ἄρχοντες οἳ ἦσαν αὐτοῦ· Ἀζαρεὶ υἱὸς Σαδώκ, ³καὶ Ἐλιὰφ καὶ Ἀχειὰ 3

A   17 κυριε]+μου A | ωκουμεν A   18 αυτη η γυνη A | om και 5° A |
μεθ ημων] εν τω οικω A   19 om της γυναικος A | επεκοιμηθη] εκοιμηθη A
20 μου 2°]+και η δουλη σου υπνου A   21 πρωι 2°] pr το A   22 ουχι]
+αλλ η ο υιος σου εστιν ο νεκρος| υιος δε εμος ο ζων· η δε αλλ η (sic)| και αυτη
ελεγεν ουχι A | αλλ A | ελαλησαν] ελαλησας A   23 om και 3° A | αλλα...
τεθνηκως] αλλ η ο υιος σου| ο τεθνηκως· και ο υιος μου ο ζῶ| A   24 λαβετε]
+μοι A   {25 ημισυ 1°] ημισου B* (ημισυ Bᵇ)   26 ο υιος ην A | το παιδιον]
+το ζων A | αυτον] αυτο A | διελετε]+αυτο A   27 δοτε 1°]+αυτη A | το
παιδιον]+το-ζων A | αυτον]ταυτο A   28 ηκουσεν A | om o 1° A
IV 2 αρχοντες] pr οι A | Αζαριας A | Σαδωκ]+ο ιερευς A   3 om και 1°
A | Ελιαφ] Εναρεφ A | Αχια A

ΒΑΣΙΛΕΙΩΝ Γ IV 18

υἱὸς Σαβὰ γραμματεῖς, καὶ Ἰωσαφὰθ υἱὸς Ἀχειλιὰδ ὑπομιμνήσκων, B
⁴καὶ Σαδοὺχ καὶ Ἀβιαθὰρ ἱερεῖς, ⁵καὶ Ὀρνειὰ υἱὸς Ναθὰν ἐπὶ τῶν
καθεσταμένων, καὶ Ζαβοὺθ υἱὸς Ναθὰν ἑταῖρος τοῦ βασιλέως, ⁶καὶ
Ἀχεὶ ἦν οἰκονόμος, καὶ Ἐλιὰκ ὁ οἰκονόμος, καὶ Ἐλιὰβ υἱὸς Σὰφ ἐπὶ
τῆς πατριᾶς, καὶ Ἀδωνειρὰμ υἱὸς Ἐφρὰ ἐπὶ τῶν φόρων. ⁷καὶ τῷ Σαλω-
μὼν δώδεκα καθεσταμένοι ἐπὶ πάντα Ἰσραήλ, χορηγεῖν τῷ βασιλεῖ καὶ
τῷ οἴκῳ αὐτοῦ· μῆνα ἐν τῷ ἐνιαυτῷ ἐγίνετο ἐπὶ τὸν ἕνα χορηγεῖν.
⁸καὶ ταῦτα τὰ ὀνόματα αὐτῶν· Βαιὼρ ἐν ὄρει Ἐφράιμ, εἶς· ⁹υἱὸς Ῥηχας
ἐν Μαχεμὰς καὶ Βηθαλαμεὶ καὶ Βαιθσάμυς καὶ Ἐλὼμ ἕως Βαιθλαμάν,
εἶς· ¹⁰υἱὸς Ἔσωθ, Βηρνεμαλουσαμηνχὰ καὶ Ῥησφαραχείν. ¹¹ἀνὰ Δὰν
καὶ ἀνὰ Φαθεί, ἀνὴρ Ταβληθεί, θυγάτηρ Σαλωμὼν ἦν αὐτῷ εἰς γυναῖ-
κα, εἶς· ¹²Βακχὰ υἱὸς Ἀχειμάχ, Πολαμὰχ καὶ Μεκεδώ, καὶ πᾶς ὁ οἶκος
Δὰν ὁ παρὰ Σεσαθὰν ὑποκάτω τοῦ Ἐσραε, καὶ ἐκ Βαισαφοὺτ Ἐβελ-
μαωλὰ ἕως Μαέβερ Λουκάμ, εἶς· ¹³υἱὸς Γάβερ Ἐρεμὰθ Γαλαάθ, τούτῳ
σχοίνισμα Ἐρεταβὰμ ἐν τῇ Βασάν, ἑξήκοντα πόλεις μεγάλαι τειχήρεις
¹⁴καὶ μοχλοὶ χαλκοῖ, εἶς· ¹⁴Ἀχειναὰβ υἱὸς Ἀχέλ, Μααναείον· ¹⁵Ἀχει-
μάας ἐν Νεφθαλεί, καὶ οὗτος ἔλαβεν τὴν Βασεμμὰθ θυγατέρα Σαλω-
(18) ¹⁶μών, εἶς· ¹⁶Βαανὰ υἱὸς Χουσεὶ ἐν τῇ Μααλά, εἶς· ¹⁷υἱὸς Ἠλὰ ἐν
(19) 18 τῷ Βενιαμείν· ¹⁸υἱὸς Ἀδαὶ ἐν τῇ γῇ Γὰδ τῇ Σηὼν βασιλέως τοῦ
Ἐσεβὼν καὶ Ὢγ βασιλέως τοῦ Βασάν· καὶ νασὲφ εἷς ἐν γῇ

3 Σαβα] Σεισα A | Ιωσαφατ A | Αχειλιαδ] Αχιμα A | υπομιμνησκων] A
αναμιμν. A 4 και 1°] ρϊ και Βαναιας| υιος Ιωιαδαε· επι της στρατειας| A |
Σαδωκ A 5 Ορνεια (Ορνια Bᵇ)] Αζαριας A | Ζαββουθ A | Ναθαν 2°]+ιε-
ρευς A 6 Αχει] Αχισαρ A | Σαφ] Σαφατ A ! Αδωνιραμ A | Εφρα] Αβαω A
7 κατεσταμενοι B | εν τω ενιαυτω] om εν τω A 8 Βαιωρ] Βεν υιος Ωρ A |
om εις A 9 Ρηχας] Δακαρ A | Μαχμας A | Βηθαλαμει] εν Σαλαβειμ A |
Βεθσαμυς A | Ελωμ] Αιαλωμ A | Βηθαναν A | om εις A 10—11 Εσωθ
...Ταβληθει (Ταβληθλει Bᵃᵇ ᵛⁱᵈ [λ superscr])] Εσδ εν A|ραβωθ αυτου Σολω και
πασα| η γη Οφερ υιον Αβιναδαβ πασα| Νεφαδδωρ Ταφατα· A 11 om εις
2° A 12—13 Βακχα...Ερεταβαμ] Βαανα υιος Ελουδ την Θααναχ·| και
Μεμαγεδαω· και πας ο οικος| Σαν ο παρα Εσλιανθαν υποκατω| του Ιεζραελ· και
εκ Βεθσαν εως| Αβελμαουλα· εως Μεμβραδει εκ| Μααν εις υιος Γαβερ εν Ραμωθ·|
Γαλααδ αυτω ο Ανωθ Ιαρειρ υκου| Μανασση Γαλααδ τουτω σχοινι|σμα Εργαβ
η A 13 μεγαλ B* (μεγαλαι Bᵃᵇ) | om εις A 14 Αχεινααβ] Αιναδαβ
A | Αχελ Μααναειον] Σαδωκ Μααναιμ A 15 Αχιμαας Bᵇ A | ουτως B*
(ουτος Bᵃᵇ) | Βασεμμαθ] Μάσεμαθ A | εις]+γυναικα A 16 Βαανας A | εν
τη Μααλα] εν Ασηρ| και εν Μααλωτ A | om εις A 17—19 υιος (pr α B)
Ηλα...Ισσαχαρ] Ιωσαφατ υιος| Φαρρου εν Ισσαχαρ (χαρ sup ras A¹)· Σεμεει
υιος| Ηλα εν τω Βενιαμειν· Γαβερ υιος| Αδαι εν τη γη Γαλααδ· τη Σηων·| βασι-
λεως Εσεβων του Αμορραι|ου· και Ωγ βασιλεως του Βασαν·| και εν Ασιφ (νασιφ
[ε impr] A²)· εν γη (20) Ιουδα·| και Ιηλ πολλοι ως η αμμος η επι| της θαλασ-
σης εις πληθος εσθο|τες· και πινοντες· και ευφραι|νομενοι·| (21) και Σαλωμων
ην εξουσιαζων εν| πασιν τοις βασιλειοις απο του| ποταμου γης αλλοφυλων· και|

681

ΒΑΣΙΛΕΙΩΝ Γ

Β Ἰούδα· ¹⁹Ἰωσαφὰτ υἱὸς Φουασοὺδ ἐν Ἰσσαχάρ. ²⁰καὶ ἐχορήγουν 19 (17) 20 (7) οἱ καθεσταμένοι οὕτως τῷ βασιλεῖ Σαλωμών, καὶ πάντα διάγγελματα ἐπὶ τὴν τράπεζαν τοῦ βασιλέως, ἕκαστος μῆνα αὐτοῦ· οὐ παραλλάσσουσιν λόγον· ²¹καὶ τὰς κριθὰς καὶ τὸ ἄχυρον τοῖς 21 (8) ἵπποις καὶ τοῖς ἅρμασιν ἦρον εἰς τὸν τόπον οὗ ἂν ᾖ ὁ βασιλεύς, ἕκαστος κατὰ τὴν σύνταξιν αὐτοῦ. ²²καὶ ταῦτα τὰ δέοντα τῷ 22 (2) Σαλωμὼν ἐν ἡμέρᾳ μιᾷ· τριάκοντα κόροι σεμιδάλεως καὶ ἑξήκοντα κόροι ἀλεύρου κεκοπανισμένου, ²³καὶ δέκα μόσχοι ἐκλεκτοὶ καὶ 23 (3) εἴκοσι βόες νομάδες καὶ ἑκατὸν πρόβατα, ἐκτὸς ἐλάφων καὶ δορκάδων καὶ ὀρνίθων ἐκλεκτῶν, σιτευτά· ²⁴ὅτι ἦν ἄρχων πέραν 24 (4) τοῦ ποταμοῦ, καὶ ἦν αὐτῷ εἰρήνη ἐκ πάντων τῶν μερῶν κυκλόθεν. ²⁵καὶ ἔδωκεν Κύριος φρόνησιν τῷ Σαλωμὼν καὶ σοφίαν πολλὴν 25 (9) σφόδρα καὶ χύμα καρδίας ὡς ἡ ἄμμος ἡ παρὰ τὴν θάλασσαν. ²⁶καὶ ἐπληθύνθη Σαλωμὼν σφόδρα ὑπὲρ τὴν φρόνησιν πάντων 26 (10) ἀρχαίων ἀνθρώπων καὶ ὑπὲρ πάντας φρονίμους Αἰγύπτου. ²⁷καὶ 27 (11) ἐσοφίσατο ὑπὲρ πάντας τοὺς ἀνθρώπους, καὶ ἐσοφίσατο ὑπὲρ Γαιθὰν τὸν Ζαρείτην καὶ τὸν Αἰνὰν καὶ τὸν Χαλκὰδ καὶ Δαραλά, υἱὸς Μάλ. ²⁸καὶ ἐλάλησεν Σαλωμὼν τρισχιλίας παραβολάς, καὶ 28 (12) ἦσαν ᾠδαὶ αὐτοῦ πεντακισχίλιαι. ²⁹καὶ ἐλάλησεν ὑπὲρ τῶν 29 (13) ξύλων ἀπὸ τῆς κέδρου τῆς ἐν τῷ Λιβάνῳ καὶ ἕως τῆς ὑσσώπου τῆς ἐκπορευομένης διὰ τοῦ τοίχου, καὶ ἐλάλησεν περὶ τῶν κτηνῶν καὶ περὶ τῶν πετεινῶν καὶ περὶ τῶν ἑρπετῶν καὶ περὶ τῶν ἰχθύων. ³⁰καὶ παρεγίνοντο πάντες οἱ λαοὶ ἀκοῦσαι τῆς σοφίας 30 (14) Σαλωμών, καὶ παρὰ πάντων τῶν βασιλέων τῆς γῆς ὅσοι ἤκουον τῆς σοφίας αὐτοῦ.

A εως οριου Αιγυπτου· προσεγγιζοντες δωρα· και δουλευοντες| τω Σαλωμων πασας ημερας| ζωης αυτου| A   20—30 hunc ord sequitur A: 22—24, 20—21, 25—30   20 διαγγελματα] pr τα A   21 τον αχυρον A | ηρον] ηγον A   22 τω Σαλ.] om τω A | σιμεδαλεως A   23 om και 1º A | εκλεκτων] pr εκλεκτα A   24 αρχων]+εν παντι A | ποταμου]+απο Θαψα· και εως εν πασιν βασιλευσιν περαν| του ποταμου· A | ειρηνη ην αυτω A | μερων] ͼ ημερων A | κυκλοθεν]+και κατωκει Ιουδας και Ισλ πεποιθοτες εκαστος υπο την αμπελον αυτου· και υπο την συκην| αυτου· εσθιοντες και πινοντες·| απο Δαν· και εως Βηρσαβεε πασας| τας ημερας Σαλωμων·| και ην τω Σαλωμων τεσσερακο|τα χιλιαδες τοκαδεοιππων (sic) εἰς| αρματα· και δωδεκα χιλιαδες ιππεων A   25 σοφιαν τω Σαλω|μων· και φρονησιν A | χυμμα A   26 Σαλωμων] pr η σοφια A | ανθρωπων]+ ανθρωπων· A   27 Ζαρειτην] Εζραηλιτην A | Αιναν] Ημαν A | Χαλκαδ] Χαλχαλ A | Ααραλα] τον Ααραα A | υιος Μαλ] υιους Μαουλ· και ην ονομαστος εν πασιν τοις εθνεσιν κυκλω·* A   29 υπερ] περι A | υσσπου A   30 Σαλωμων] Σολομων A | της σοφιας 2º] την σοφιαν A

ΒΑΣΙΛΕΙΩΝ · Γ

) (1) 31 ³¹Καὶ ἔλαβεν Σαλωμὼν τὴν θυγατέρα Φαραὼ ἑαυτῷ εἰς γυναῖκα, B
καὶ εἰσήγαγεν αὐτὴν εἰς τὴν πόλιν Δαυεὶδ ἕως συντελέσαι αὐτὸν
τὸν οἶκον Κυρίου καὶ τὸν οἶκον ἑαυτοῦ καὶ τὸ τεῖχος Ἰερουσαλήμ.
) (16) 32 ³²ὅτε ἀνέβη Φαραὼ βασιλεὺς Αἰγύπτου, καὶ προκατελάβετο τὴν
Γάζερ καὶ ἐνέπυρισεν αὐτὴν καὶ τὸν Χαναανείτην τὸν κατοικοῦντα
ἐν Μεργάβ· καὶ ἔδωκεν αὐτὰς Φαραὼ ἀποστολὰς θυγατρὶ αὐτοῦ
(17) 33 γυναικὶ Σαλωμών· ³³καὶ Σαλωμὼν ᾠκοδόμησεν τὴν Γάζερ.
(15) 1 ¹Καὶ ἀπέστειλεν Χειρὰμ βασιλεὺς Τύρου τοὺς παῖδας αὐτοῦ
χρῖσαι τὸν Σαλωμὼν ἀντὶ Δαυεὶδ τοῦ πατρὸς αὐτοῦ, ὅτι ἀγαπῶν ἦν
(16) 2 Χειρὰμ τὸν Δαυεὶδ πάσας τὰς ἡμέρας. ²καὶ ἀπέστειλεν Σαλω-
(17) 3 μὼν πρὸς Χειρὰμ λέγων ³Σὺ οἶδας Δαυεὶδ τὸν πατέρα μου ὅτι
οὐκ ἐδύνατο οἰκοδομῆσαι οἶκον τῷ ὀνόματι Κυρίου θεοῦ μου ἀπὸ
προσώπου τῶν πολέμων τῶν κυκλωσάντων αὐτόν, ἕως τοῦ
(18) 4 δοῦναι αὐτοὺς ὑπὸ τὰ ἴχνη τῶν ποδῶν αὐτοῦ. ⁴καὶ νῦν
ἀνέπαυσε Κύριος ὁ θεός μου ἐμοὶ κυκλόθεν· οὐκ ἔστιν ἐπίβουλος
(19) 5 καὶ οὐκ ἔστιν ἁμάρτημα πονηρόν. ⁵καὶ ἰδοὺ ἐγὼ λέγω Οἰκο-
δομήσω οἶκον τῷ ὀνόματι Κυρίου θεοῦ μου, καθὼς ἐλάλησεν
Κύριος ὁ θεὸς πρὸς Δαυεὶδ τὸν πατέρα μου λέγων Ὁ υἱός σου
ὃν δώσω ἀντὶ σοῦ ἐπὶ τὸν θρόνον σου, οὗτος οἰκοδομήσει τὸν
(20) 6 οἶκον τῷ ὀνόματί μου. ⁶καὶ νῦν ἔντειλαι, καὶ κοψάτωσάν μοι
ξύλα ἐκ τοῦ Λιβάνου· καὶ ἰδοὺ οἱ δοῦλοί μου μετὰ τῶν δούλων
σου, δουλείας σου δώσω σοι κατὰ πάντα ὅσα ἐὰν εἴπῃς, ὅτι σὺ
οἶδας ὅτι οὐκ ἔστιν ἡμῖν ἰδίως ξύλα κόπτειν καθὼς οἱ Σιδώνιοι.
(21) 7 ⁷καὶ ἐγενήθη καθὼς ἤκουσεν Χειρὰμ τῶν λόγων Σαλωμών, ἐχάρη
σφόδρα καὶ εἶπεν Εὐλογητὸς ὁ θεὸς σήμερον ὃς ἔδωκεν τῷ Δαυεὶδ
(22) 8 υἱὸν φρόνιμον ἐπὶ τὸν λαὸν τὸν πολὺν τοῦτον. ⁸καὶ ἀπέστειλεν
πρὸς Σαλωμὼν λέγων Ἀκήκοα περὶ πάντων ὧν ἀπέσταλκας πρὸς
(23) 9 μέ· ἐγὼ ποιήσω πᾶν θέλημά σου, ξύλα κέδρινα καὶ πεύκινα. ⁹οἱ
δοῦλοί μου κατάξουσιν αὐτὰ ἐκ τοῦ Λιβάνου εἰς τὴν θάλασσαν,
ἐγὼ θήσομαι αὐτὰ σχεδίας ἕως τοῦ τόπου οὗ ἐὰν ἀποστείλῃς πρὸς
μέ, καὶ ἐκτινάξω αὐτὰ ἐκεῖ καὶ σὺ ἀρεῖς· καὶ ποιήσεις τὸ θέλημά

ᴀᴅ 31—33 om και ελαβεν...Γαζερ 2° A . V 1 χρισαι τον Σαλ.] pros| A
Σαλωμων· ηκουσεν· γαρ οτι αυ|τον. εχρισαν εις βασιλεα A | τον Δ.] τ sup
ras ιBᵃ . 3 ηδυνατο A | των πολ.] om των A | δουναι]+κν A 4 ανε-
παυσε| A | αμαρτημα] απαντημα A 6 μετα] pr εστωσαν A | δουλειας]
και μισθον δουλιας A | δωσω] δουλευσω A | εαν] αν A | ιδιως] ανηρ ειδως
A | κοπτειν ξυλα A | Σιδωνιοι BᵇA Σειδ. B* 7 ος εδωκεν] ο δους A
8 απεστειλεν]+Χειραμ A | επεσταλκας A | ξυλα] pr εις A 9 εγω] pr
και A | σχεδιας]+εν τη θαλασση A | εαν] αν A | om εκει A

ΒΑΣΙΛΕΙΩΝ Γ

B μου τοῦ δοῦναι ἄρτους τῷ οἴκῳ μου. ¹⁰καὶ ἦν Χειρὰμ διδοὺς τῷ 10 (24)
Σαλωμὼν κέδρους καὶ πᾶν θέλημα αὐτοῦ. ¹¹καὶ Σαλωμὼν ἔδωκεν 11 (25)
τῷ Χειρὰμ εἴκοσι χιλιάδας κόρους πυροῦ, καὶ μαχεὶρ τῷ οἴκῳ
αὐτοῦ καὶ εἴκοσι χιλιάδας βαὶθ ἐλαίου κεκομμένου· κατὰ τοῦτο
ἐδίδου Σαλωμὼν τῷ Χειρὰμ κατ' ἐνιαυτόν. ¹²καὶ Κύριος ἔδωκεν 12 (26)
σοφίαν τῷ Σαλωμών, καθὼς ἐλάλησεν αὐτῷ· καὶ ἦν εἰρήνη ἀνὰ
μέσον Χειρὰμ καὶ ἀνὰ μέσον Σαλωμών, καὶ διέθεντο διαθήκην
ἀνὰ μέσον ἑαυτῶν. ¹³Καὶ ἀνήνεγκεν ὁ βασιλεὺς φόρον καὶ 13 (27)
ἐκ παντὸς Ἰσραήλ, καὶ ἦν ὁ φόρος τριάκοντα χιλιάδες ἀνδρῶν.
¹⁴καὶ ἀπέστειλεν αὐτοὺς εἰς τὸν Λίβανον, δέκα χιλιάδες ἐν τῷ 14 (28)
μηνί, ἀλλασσόμενοι· μῆνα ἦσαν ἐν τῷ Λιβάνῳ καὶ δύο μῆνας ἐν
οἴκῳ αὐτῶν· καὶ Ἀδωνειρὰμ ἐπὶ τοῦ φόρου. ¹⁵καὶ ἦν τῷ Σαλωμὼν 15 (29)
ἑβδομήκοντα χιλιάδες αἴροντες ἄρσιν καὶ ὀγδοήκοντα χιλιάδες
λατόμων ἐν τῷ ὄρει, ¹⁶χωρὶς ἀρχόντων τῶν καθεσταμένων ἐπὶ 16 (30)
τῶν ἔργων τῶν Σαλωμών, τρεῖς χιλιάδες καὶ ἑξακόσιοι ἐπιστάται, οἱ
ποιοῦντες τὰ ἔργα. ¹⁷καὶ ἡτοίμασαν τοὺς λίθους καὶ τὰ ξύλα 17 (32 ᵇ)
τρία ἔτη. ¹Καὶ ἐγενήθη ἐν τῷ τεσσερακοστῷ καὶ τετρακοσι- 1 VI
οστῷ ἔτει τῆς ἐξόδου υἱῶν Ἰσραὴλ ἐξ Αἰγύπτου, τῷ ἔτει τῷ τετάρτῳ
ἐν μηνὶ τῷ δευτέρῳ βασιλεύοντος τοῦ βασιλέως Σαλωμὼν ἐπὶ
Ἰσραήλ, ²καὶ αἴρουσιν λίθους μεγάλους τιμίους εἰς τὸν θεμέλιον 2 (31) (\
τοῦ οἴκου καὶ λίθους ἀπελεκήτους· ³καὶ ἐπελέκησαν οἱ υἱοὶ 3 (32 ᵃ)
Σαλωμὼν καὶ οἱ υἱοὶ Χειράμ, καὶ ἔβαλαν αὐτούς. ⁴ἐν τῷ ἔτει 4 (37) (\
τῷ τετάρτῳ ἐθεμελίωσεν τὸν οἶκον Κυρίου, ἐν μηνὶ Νεισῷ καὶ τῷ
δευτέρῳ μηνί. ⁵ἐν ἑνδεκάτῳ ἐνιαυτῷ ἐν μηνὶ Βαάδ, οὗτος ὁ μὴν ὁ 5 (38)
ὄγδοος, συνετελέσθη ὁ οἶκος εἰς πάντα λόγον αὐτοῦ καὶ εἰς πᾶσαν
διάταξιν αὐτοῦ. ⁶καὶ ὁ οἶκος ὃν ᾠκοδόμησεν ὁ βασιλεὺς τῷ 6 (2)
κυρίῳ, τεσσεράκοντα μῆκος αὐτοῦ, καὶ εἴκοσι ἐν πήχει πλάτος

A   9 μου 2°] σου Bᵃᵗᵇ   10 κεδρους (κεδρευς A)]+και πευκας A   11 κο-
ρους] signa v l prae se fert Bᵃ ᵗˣᵗ ᵉᵗ ᵐᵍ κορων A | μαχειρ] μαχαλ A² (μαλαλ
A*),| βεθ A   13 βασιλευς]+Σαλωμων A | om και 2° A   14 χιλιαδας
A | αλασσομεναι A | Αδωνιραμ A   16 των καθεσταμενων (κατεστ. B)]
om των A | επι των εργων των Σαλ. (τω Σαλ. Bᵇ)] τω Σαλ. επι των εργων
A | τρις A | εξακοσιοι] πεντακοσιοι A | επισταται]+του λαου A   17 και
ητοιμασαν] pr και ενετειλατο ο βασιλευς και αιρουσιν λιθους μεγαλους λιθους
τιμιους εις τον θεμελιον του| οικου· και λιθους απελεκητους και επελεκησαν οι
υιοι Σαλω|μων· και οι υιοι Χειραμ· και οι| Βιβλιοι· A | τα ξυλα και τους λιθ. A
VI 1 τεσσαρακ. Bᵇ | υιων].pr των A | Ισραηλ 2°]+και ωκοδομει τον οικο| τω
κω A   2—5 om A   2 και αιρουσιν] κ ενετειλατο| ο βασιλευς ινα (mg
αιρωσιν (ω superscr) Bᵃᵇ   4 om δευτερω B* (hab Bᵃ)   6 βασιλευς]+Σαλω
μων A | τεσσερακοντα (τεσσαρακ. Bᵇ)]+πηχεις Bᵃᵇ ᵐᵍ εξηκοντα πηχων A

ΒΑΣΙΛΕΙΩΝ Γ

(3) 7 αὐτοῦ, καὶ πέντε καὶ εἴκοσι ἐν πήχει τὸ ὕψος αὐτοῦ. ⁷καὶ τὸ β
αἰλὰμ κατὰ πρόσωπον τοῦ ναοῦ, εἴκοσι ἐν πήχει μῆκος αὐτοῦ εἰς
(14) 8 τὸ πλάτος τοῦ οἴκου κατὰ πρόσωπον τοῦ οἴκου. ⁸καὶ ᾠκοδόμησεν
(4) 9 τὸν οἶκον καὶ συνετέλεσεν αὐτόν. ⁹καὶ ἐποίησεν τῷ οἴκῳ θυρίδας
(5) 10 παρακυπτομένας κρυπτάς. ¹⁰καὶ ἔδωκεν ἐπ᾽ αὐτὸν τοῖχον τοῦ
(6) 11 οἴκου μέλαθρα κυκλόθεν τῷ ναῷ καὶ τῷ δαβείρ. ¹¹ἡ πλευρὰ ἡ
ὑποκάτω πέντε πήχεων ἐν πήχει τὸ πλάτος αὐτῆς, καὶ τὸ μέσον
ἕξ, καὶ ἡ τρίτη ἑπτὰ ἐν πήχει τὸ πλάτος αὐτῆς· ὅτι διάστημα
ἔδωκεν τῷ οἴκῳ κυκλόθεν ἔξωθεν τοῦ οἴκου, ὅπως μὴ ἐπιλαμ-
(7) 12 βάνωνται τῶν τοίχων τοῦ οἴκου. ¹²καὶ ὁ οἶκος ἐν τῷ οἰκοδο-
μεῖσθαι αὐτὸν λίθοις ἀκροτόμοις ἀργοῖς ᾠκοδομήθη· καὶ σφῦρα
καὶ πέλεκυς καὶ πᾶν σκεῦος σιδηροῦν οὐκ ἠκούσθη ἐν τῷ οἴκῳ
(8) 13 ἐν τῷ οἰκοδομεῖσθαι αὐτόν. ¹³καὶ ὁ πυλὼν τῆς πλευρᾶς τῆς
ὑποκάτωθεν ὑπὸ τὴν ὠμίαν τοῦ οἴκου τὴν δεξιάν, καὶ ἑλικτὴ
(9) 14 ἀνάβασις εἰς τὸ μέσον καὶ ἐκ τῆς μέσης ἐπὶ τὰ τριώροφα. ¹⁴καὶ
ᾠκοδόμησεν τὸν οἶκον καὶ συνετέλεσεν αὐτόν· καὶ ἐκοιλοστάθμη-
(10) 15 σεν τὸν οἶκον κέδροις. ¹⁵καὶ ᾠκοδόμησεν τοὺς ἐνδέσμους δι᾽ ὅλου
τοῦ οἴκου πέντε ἐν πήχει τὸ ὕψος αὐτοῦ, καὶ συνέσχεν τὸν
(15) 16 σύνδεσμον ἐν ξύλοις κεδρίνοις. ¹⁶καὶ ᾠκοδόμησεν τοὺς τοίχους τοῦ
οἴκου διὰ ξύλων κεδρίνων ἀπὸ τοῦ ἐδάφους τοῦ οἴκου καὶ ἕως τῶν
δοκῶν καὶ ἕως τῶν τοίχων· ἐκοιλοστάθμησεν συνεχόμενος ξύλοις
(16) 17 ἔσωθεν, καὶ περιέσχεν τὸ ἔσω τοῦ οἴκου ἐν πλευραῖς πευκίναις. ¹⁷καὶ
ᾠκοδόμησεν τοὺς εἴκοσι πήχεις ἀπ᾽ ἄκρου τοῦ τοίχου, τὸ πλευρὸν
τὸ ἓν ἀπὸ τοῦ ἐδάφους ἕως τῶν δοκῶν· καὶ ἐποίησεν ἐκ τοῦ δαβείρ

6 πεντε και εικοσι] τριακοντα A | το υψος] om το A   7 ναου]+του οικου A
και A | om εικοσι A | εις το πλατος του οικου] κατα προ|σωπον εις το υψος
του οικου| δεκα πηχεις πλατος αυτου A   . 10, επ. αυτον τοιχον] επι τον τ.
A | κυκλοθεν]+συν τυχοις (sic) του οικου· | κυκλοθεν A | δαβειρ]+και εποι-
ησεν πλευρας κυκλοθε| A   11 πεντε] εξ A | om εν πηχει (1°) A | εξ]+πη-
χεων πλατος A | διαστηματα A   12 ηκουσθη] ηκουσται A | εν τω
οικω A   13 ειλικτη A   14 κεδροις] pr φατνωσεσιν και διαταξεσιν A
15 συνδεσμον] ενδεσμον (ν 2° sup ras Aᵃ¹) A | κεδρινοις]+και εγενετο λογος
κυ προς Σαλω|μων (λογος κυ προς Σαλω sup ras A¹) λεγων ο οικος ουτος ον συ|
ωκοδομεις· εαν οδευης τοις| προσταγμασιν μου· και τα κριμα|τα μου ποιης και
φυλασσης πασας| τας εντολας μου αναστρεφεσθαι| επ αυταις· στησω τον λογον
μου| συν σοι ον ελαλησα προς Δαδ| τον πατερα σου· και κατασκηνω|σω εμμεσω
υιων Ἰσλ· και ουκ εγ|καταλειψω τον λαον μου Ἰσλ·| και ωκοδομησεν Σαλωμων
τον| οικον· και συνετελεσεν αυτον·| A ··   16 οικου 1°] + εσωθεν A |
τοιχων και εως των δοκων A | συνεχομενος (συν|εχ. B* συνε|χ. Bᵇ⁽ᵛⁱᵈ⁾)]
συνεχομενα BᵇA   17 το πλευρον bis scr B | εδαφους]+του οικου A | εποιη-
σεν]+αυτω A | εκ] εσωθεν A .

685

ΒΑΣΙΛΕΙΩΝ Γ

Β εἰς τὸ ἅγιον τῶν ἁγίων. ¹⁸καὶ τεσσεράκοντα πηχῶν ἦν ὁ ναὸς 18 (17
κατὰ πρόσωπον τοῦ δαβεὶρ ἐν μέσῳ τοῦ οἴκου ἔσωθεν, δοῦναι
ἐκεῖ τὴν κιβωτὸν διαθήκης Κυρίου. ¹⁹εἴκοσι πήχεις μῆκος, καὶ 19 (20)
εἴκοσι πήχεις πλάτος, καὶ εἴκοσι πήχεις τὸ ὕψος αὐτοῦ. ²⁰καὶ 20 (21)
περιέσχεν αὐτὸν χρυσίῳ συνκεκλεισμένῳ· καὶ ἐποίησεν θυσια-
στήριον κατὰ πρόσωπον τοῦ δαβεὶρ καὶ περιέσχεν αὐτὸν χρυσίῳ.
²¹καὶ ὅλον τὸν οἶκον περιέσχεν χρυσίῳ ἕως συντελείας παντὸς 21 (22)
τοῦ οἴκου. ²²καὶ ἐποίησεν ἐν τῷ δαβεὶρ δύο χερουβεὶν δέκα πή- 22 (23)
χεων μέγεθος ἐσταθμωμένον. ²³καὶ πέντε πήχεων πτερύγιον 23 (24)
αὐτοῦ· τὸ δεύτερον δὲ ἐν πήχει δέκα ἀπὸ μέρους πτερυγίου αὐτοῦ.
²⁴οὕτως τῷ χερούβ τῷ δευτέρῳ, ἐν μέτρῳ ἑνὶ συντέλεια μία· 24 (25)
ἀμφοτέροις συντέλεια μία· ²⁵καὶ τὸ ὕψος τοῦ χερουβεὶν ἐν πήχει, 25 (26)
καὶ οὕτως τὸ χερουβεὶν τὸ δεύτερον. ²⁶καὶ ἀμφότερα χερουβεὶν 26 (27)
ἐν μέσῳ τοῦ οἴκου τοῦ ἐσωτάτου· καὶ διεπέτασεν τὰς πτέρυγας
αὐτῶν, καὶ ἥπτετο πτέρυξ μία τοῦ τοίχου, καὶ πτέρυξ ἥπτετο τοῦ
τοίχου τοῦ δευτέρου· καὶ αἱ πτέρυγες αὐτοῦ αἱ ἐν μέσῳ τοῦ οἴκου
ἥπτοντο πτέρυξ πτέρυγος. ²⁷καὶ περιέσχεν τὰ χερουβεὶν χρυσίῳ. 27 (28)
²⁸πάντας τοὺς τοίχους τοῦ οἴκου κύκλῳ ἐκκολαπτὰ ἔγραψεν 28 (29)
γραφίδι χερουβείν, καὶ φοίνικες τῷ ἐσωτέρῳ καὶ τῷ ἐξωτέρῳ. ²⁹καὶ 29 (30)
τὸ ἔδαφος τοῦ οἴκου περιέσχεν χρυσίῳ, τοῦ ἐσωτάτου καὶ τοῦ
ἐξωτάτου. ³⁰καὶ τῷ θυρώματι τοῦ δαβεὶρ ἐποίησεν θύρας ξυλίνων 30 (31)
ἀρκευθίνων· ³¹στραὶ τετραπλῶς. ³²ἐν ἀμφοτέραις ταῖς θύραις ξύλα 31 (33)
32 (34)

Α 18 τεσσαρακ. Bᵇ | ο ναος] ο οικος| ουτος ο ναος ο εσωτατος· και δι[α κεδρου
προς τον οικον εσω| πλοκην επαναστασεις· και πε|ταλα· και αναγλυφα παντα
κεδρω α| ουκ εφαινετο λιθος Α | δουναι] pr ητοιμασεν Α   19 εικοσι 1°] pr
και εις προσωπον του δαβειρ Α | om και 2° Α | om εικοσι 2° Α   20 αυτον
1°] αυτο Α | θυσιαστηριον]+κε|δρου· και περιεπλησεν Σαλω|μων τον οικον
ενδοθεν χρυ|σιω αποκλιστω· και παρηγαγε| εν καθηλωμασιν χρυσιου· Α | αυτου
2°] αυτο Α   21 οικου]+και ολον το εσω του δα|βειρ επεταλωσεν χρυσιω·
Α   22 χερουβειν (χερεβειν Α)]+ξυλων κυπαρισινων (sic) Α | εσταθ-
μωμενων Α   23 πτερυγιον] πτερυγιων Α | αυτου 1°]+το εν Α | το δευ-
τερον δε εν π. δεκα] και πε|τε πηχεων πτερυγιον αυτου| το δευτερον δεκα ετ
πηχει| Α | αυτου 2°]+και εως μερους πτερυγιου αυτου| και δεκα εν πηχει Α
24 αμφοτεροις]+τοις χερουβειν Α | om συντελεια μια (2°) Α   25 χερουβειν
1°] χερουβ του ενος δεκα Α | το χερουβειν το δευτερον] του χερου3 του δευτε-
ρου Α   26 αμφοτερα χερουβειν] εθηκεν αμφ. τα χερ. Α | πτερυξ μια]
η πτερυξ του ενος Α | πτερυξ 2°] η πτ. του χερουβ του δευτερου Α | αι πτε-
ρυγες αυτου] πτερυγες αυτων Α | ηπτοντο] ηπτετο Α   27 χερουβιν Bʰ
28 παντας] pr και Α | εκκολαμτα Α | φοινικες]+και περιγλυφα εγκυπτοντα
Α   ·; 29 τω εξωτατου B* (του εξ. Bᵃᵇ)   30 ξυλινων] εκ ξυλων
Α | αρκευθινων]+και φλιας πενταπλας| και δυο θυρας ξυλων πυκνων (sic)
και ενκολαπτα επ αυτων εν|κεκολαμμενα χερουβειν· και| φοινικας· και πεταλα

ΒΑΣΙΛΕΙΩΝ.ΙΓ VII 9

πεύκινα· δύο πτυχαὶ καὶ ἡ θύρα ἡ μία καὶ στροφεῖς αὐτῶν, καὶ δύο B
(35) 33 πτυχαὶ ἡ θύρα ἡ δευτέρα, στρεφόμενα. ³³ἐκκεκολαμμένα χερουβεὶν
καὶ φοίνικες καὶ διαπεπετασμένα πέταλα, καὶ περιεχόμενα χρυσίῳ
(36) 34 καταγομένῳ ἐπὶ τὴν ἐκτύπωσιν... ³⁴καὶ ᾠκοδόμησεν τὴν αὐλὴν
τὴν ἐσωτάτην, τρεῖς στίχους ἀπελεκήτων, καὶ στίχος κατειργα-
σμένης κέδρου κυκλόθεν. καὶ ᾠκοδόμησε καταπέτασμα τῆς αὐλῆς
(13) 1 τοῦ αἰλάμ. τοῦ οἴκου τοῦ κατὰ πρόσωπον τοῦ ναοῦ... ¹Καὶ
ἀπέστειλεν ὁ βασιλεὺς Σαλωμὼν καὶ ἔλαβεν τὸν Χειρὰμ ἐκ Τύρου,
(14) 2 ²υἱὸν γυναικὸς χήρας, καὶ οὗτος ἀπὸ τῆς φυλῆς Νεφθαλεί, καὶ
ὁ πατὴρ αὐτοῦ ἀνὴρ Τύριος, τέκτων χαλκοῦ καὶ πεπληρωμένος
τῆς τέχνης καὶ συνέσεως καὶ γνώσεως τοῦ ποιεῖν πᾶν ἔργον ἐν
χαλκῷ· καὶ εἰσηνέχθη πρὸς τὸν βασιλέα Σαλωμών, καὶ ἐποίησεν
(15) 3 πάντα τὰ ἔργα. ³καὶ ἐχώνευσεν τὸ αἰλὰμ τοῦ οἴκου, ὀκτὼ καὶ δέκα
πήχεις ὕψος τοῦ στύλου· καὶ περίμετρον τέσσαρες καὶ δέκα πήχεις
ἐκύκλου αὐτόν, τὸ πάχος τοῦ στύλου· τεσσάρων δακτύλων τὰ
(16) 4 κοιλώματα. καὶ οὕτως στύλος ὁ δεύτερος. ⁴καὶ δύο ἐπιθέματα
ἐποίησεν, δοῦναι ἐπὶ τὰς κεφαλὰς τῶν στύλων, χωνευτά· πέντε
(17) 5 πήχεις τὸ ὕψος τοῦ ἐπιθέματος τοῦ ἑνός. ⁵καὶ ἐποίησεν δύο
δίκτυα περικαλύψαι τὸ ἐπίθεμα τῶν στύλων, καὶ δίκτυον τῷ
(18) 6 ἐπιθέματι τῷ ἑνὶ· καὶ δίκτυον τῷ ἐπιθέματι τῷ δευτέρῳ. ⁶καὶ
ἔργον κρεμαστόν, δύο στίχοι ῥοῶν χαλκῶν δεδικτυωμένοι, ἔργον
κρεμαστόν, στίχος ἐπὶ στίχον· καὶ οὕτως ἐποίησεν τῷ ἐπιθέματι
(21) 7 τῷ δευτέρῳ. ⁷καὶ ἔστησέν τοὺς στύλους τοῦ αἰλὰμ τοῦ ναοῦ· καὶ
ἔστησεν τὸν στύλον τὸν ἕνα καὶ ἐπεκάλεσεν τὸ ὄνομα αὐτοῦ
Ἰαχούμ, καὶ ἔστησεν τὸν στύλον τὸν δεύτερον καὶ ἐπεκάλεσεν
(19) 8 τὸ ὄνομα αὐτοῦ Βάλαζ. ⁸καὶ ἐπὶ τῶν κεφαλῶν τῶν στύλων
(20) 9 ἔργον κρίνου κατὰ τὸ αἰλὰμ τεσσάρων πηχῶν· ⁹καὶ μέλαθρον

διαπεπε|τασμενα· και περιεσχεν χρυσιω| και κατεβαινεν επι τα χερουβει| και A
επι τους φοινικας το χρυσιο| και ουτως εποιησεν τω πυλωνι του να|ου (om του
ναου A* vid) φλιαι ξυλων αρκευθου A . 32 εν (αιν Avid)] pr και A | om
και 1°, 2° A 33 εκκεκολαμμενα] εισηκολ. A 34 κεδρου]+εν τω
ετει τω τεταρτω΄| εθεμελιωσεν τον οικον κυ| εν μηνι Ζειου· εν μηνι βερο|ρω
μηνι εν ενδεκατω ενιαυ|τω εν μηνι Βουλ· ουτος ο μην| ογδοος συνετελεσθη ο
οικος| εις παντα λογον αυτου και εις| πασαν διαταξιν αυτου και ωκο|δομησεν
αυτον εν επτα ετεσι| A | om κυκλοθεν...ναου A | του αιλαμ. sup ras B1ʔa?
VII 38—50 anteponit A 2 υιον A | Νεφθαλειμ A | Τυριος] τιμιος
A | γνωσεως] επιγνωσεως A | εισηνεχθη] εισηχθη A 3 το αιλαμ] τους
δυο στυλους τω αιλ. A | στυλος] pr ο A 4 χωνευτα]+χαλκα A | ενος]
+και πεντε πηχεις το υψος του επιθεμα|τος του δευτερου· A 5 om ενι
και δικτ. τω επιθ. τω A . : 7—10 hunc ord sequitur A: 8, 9, 7, 10
7 Ιαχουν A | Βαλαζ] Boos A 8 επι] pr επιθεματα A

687

VII 10   ΒΑΣΙΛΕΙΩΝ Γ

Β ἐπ' ἀμφοτέρων τῶν στύλων, καὶ ἐπάνωθεν τῶν πλευρῶν ἐπίθεμα
τὸ μέλαθρον τῷ πήχει. ¹⁰καὶ ἐποίησεν τὴν θάλασσαν δέκα ἐν 10 (23)
πήχει ἀπὸ τοῦ τείχους αὐτῆς ἕως τοῦ χείλους αὐτῆς, στρογγύλον
κύκλῳ τὸ αὐτό· πέντε ἐν πήχει τὸ ὕψος αὐτῆς, καὶ συνηγμένοι
τρεῖς καὶ τριάκοντα ἐν πήχει. ¹¹καὶ ὑποστηρίγματα ὑποκάτωθεν 11 (24)
τοῦ χείλους αὐτῆς κυκλόθεν ἐκύκλουν αὐτὴν δέκα ἐν πήχει κυ-
κλόθεν· ¹²καὶ τὸ χεῖλος αὐτῆς ὡς ἔργον χείλους ποτηρίου, βλαστὸς 12 (26)
κρίνου, καὶ τὸ πάχος αὐτοῦ παλαιστής. ¹³καὶ δώδεκα βόες ὑπο- 13 (25)
κάτω τῆς θαλάσσης, οἱ τρεῖς ἐπιβλέποντες βορρᾶν, καὶ οἱ τρεῖς
ἐπιβλέποντες θάλασσαν, καὶ οἱ τρεῖς ἐπιβλέποντες νότον, καὶ οἱ
τρεῖς ἐπιβλέποντες ἀνατολήν. καὶ πάντα τὰ ὀπίσθια εἰς τὸν
οἶκον, καὶ ἡ θάλασσα ἐπ' αὐτῶν ἐπάνωθεν. ¹⁴καὶ ἐποίησεν δέκα 14 (27)
μεχωνὼθ χαλκᾶς· πέντε πήχεις μῆκος τῆς μεχωνὼθ τῆς μιᾶς,
καὶ τέσσαρες πήχεις πλάτος αὐτῆς, καὶ ἓξ ἐν πήχει ὕψος αὐτῆς.
¹⁵καὶ τοῦτο τὸ ἔργον τῶν μεχωνώθ· συνκλειστὸν αὐτοῖς, καὶ 15 (28)
συνκλειστὸν ἀνὰ μέσον τῶν ἐξεχομένων. ¹⁶καὶ ἐπὶ τὰ συνκλεί- 16 (29)
σματα αὐτῶν ἀνὰ μέσον ἐξεχομένων λέοντες· καὶ βόες καὶ
χερουβείν· καὶ ἐπὶ τῶν ἐξεχομένων οὕτως· καὶ ἐπάνωθεν, καὶ
ὑποκάτωθεν τῶν λεόντων καὶ τῶν βοῶν χῶραι, ἔργον καταβάσεως.
¹⁷καὶ τέσσαρες τροχοὶ χαλκοῖ τῇ μεχωνὼθ τῇ μιᾷ, καὶ τὰ προσέ- 17 (30)
χοντα χαλκᾶ καὶ τέσσερα μέρη αὐτῶν, ὠμίαι ὑποκάτω τῶν λουτή-
ρων. ¹⁸καὶ χεῖρες ἐν τοῖς τροχοῖς ἐν τῷ μεχωνώθ· καὶ τὸ 18 (32)
ὕψος τοῦ τροχοῦ τοῦ ἑνὸς πήχεος καὶ ἡμίσους. ¹⁹καὶ τὸ ἔργον· 19 (33)
τῶν τροχῶν ἔργον τροχῶν ἅρματος· αἱ χεῖρες αὐτῶν καὶ οἱ νῶτοι

A   9 το μελαθρον] om το A | τω πηχει (παχει Bᵃᵇ)] και των ροων πεντε |
στι|χοι κυκλω επι της κεφαλιδος| της δευτερας· A   10 και 1°] pr και επι|
των κεφαλων εργον κρινους (sic)| καὶ ετελειωθη το εργον των| στυλων· A |
θαλασσαν]+αυτην A | τειχους E*ᵇ] χειλους Bᵃ ᵐᵍ A | το υψος] om το A |
πηχει 3°]+εκυ|κλουν αυτην κυκλω A   12 και το χειλος...παλαιστης] δυο
στιχοι των υποστηριγμα|των κεχυμενοι εν τη χυσει| αυτης εστωτες· A
13 η θαλ. επ αυτων επανωθεν| και π. τα οπισθια εις τον οικο| A | επανωθεν]
+και το παχος αυτου παλαιστης| και το χειλος αυτης ως εργον| χειλους ποτη-
ριου βλαστος κρι|νου· δισχιλιους χοεις χωρουν|τας· A'   14 δεκα μεχ.] ται
μεχ. δεκα A   16 και...εξεχομενων (1°) bis scr B* uncis incl 1° Bᵃᵇ | και
1° non inst Bᵇ | συνκλεισματα] συγκλιματα A   17 τεσσαρα Bᵃ¹ᵇ | ωμιαι|
+αυτοις A | λουτηρων]+αι ωμιαι καιχυμεναι (sic) απο περαν ανδρος προσκε-
με|ναι· και στομα αυτου εσωθεν| της κεφαλιδος ανωθεν εν πηχει και στομ|
αυτου στρογγυλο| ποιημα ουτως πηχεος και ημι|σους του πηχεος (πηχεως Aᵃ
o sup ras Aᵃ)· και γε επι στο|ματος αυτου διατορευματα (δατορ. A* ι super
A¹) και|διαπηγαι αυτων τετραγωνα ου| στρογγυλα· A   18 και 1°] pr και
τεσσαρες τροχοι· εις υποκατωθεν των διαπηγω| A | τροχρου A | ημισους]+
πηχεος A   19 αυτων 1°]+και αυχενες αυτων A

(34) 20 αὐτῶν καὶ ἡ πραγματεία αὐτῶν πάντα χωνευτά. ²⁰αἱ τέσσαρες B ὠμίαι ἐπὶ τῶν τεσσάρων γωνιῶν τῆς μεχωνὼθ τῇ μιᾷ, ἐκ τῆς (35) 21 μεχωνὼθ οἱ ὦμοι αὐτῆς· ²¹καὶ ἐπὶ τῆς κεφαλῆς τῆς μεχωνὼθ ἥμισυ τοῦ πήχεος μέγεθος αὐτῆς, στρογγύλον κύκλῳ ἐπὶ τῆς κεφαλῆς τῆς μεχωνώθ· καὶ ἀρχὴ χειρῶν αὐτῆς καὶ τὰ συγκλείσματα (36) 22 αὐτῆς· καὶ ἠνοίγετο ἐπὶ τέσσαρας ἀρχὰς τῶν χειρῶν αὐτῆς. ²²καὶ τὰ συγκλείσματα αὐτῆς χερουβεὶν καὶ λέοντες καὶ φοίνικες ἑστῶτα, (37) 23 ἐχόμενον ἕκαστον κατὰ πρόσωπον ἔσω καὶ τὰ κυκλόθεν. ²³κατ' αὐτὴν ἐποίησεν πάσας τὰς δέκα μεχωνώθ, τάξιν μίαν καὶ μέτρον (38) 24 ἐν πάσαις. ²⁴καὶ ἐποίησεν δέκα χυτροκαύλους χαλκοῦς, τεσσεράκοντα χοεῖς χωροῦντας τὸν χυτρόκαυλον τὸν ἕνα μετρήσει· ὁ χυτρόκαυλος ὁ εἷς ἐπὶ τῇ μεχωνὼθ τῇ μιᾷ, ταῖς δέκα μεχωνώθ. (39) 25 ²⁵καὶ ἔθετο τὰς πέντε μεχωνὼθ ἀπὸ τῆς ὠμίας τοῦ οἴκου ἐξ ἀριστερῶν· καὶ ἡ θάλασσα ἀπὸ τῆς ὠμίας τοῦ οἴκου ἐκ δεξιῶν (40) 26 κατ' ἀνατολὰς ἀπὸ τοῦ κλίτους τοῦ νότου. ²⁶καὶ ἐποίησεν Χειρὰμ τοὺς λέβητας καὶ τὰς θερμάστρεις καὶ τὰς φιάλας· καὶ συνετέλεσεν Χειρὰμ ποιῶν πάντα τὰ ἔργα ἃ ἐποίησεν τῷ βασιλεῖ Σαλωμὼν (41) 27 ἐν οἴκῳ Κυρίου. ²⁷στύλους δύο καὶ τὰ στρεπτὰ τῶν στύλων ἐπὶ τῶν κεφαλῶν τῶν στύλων δύο· καὶ τὰ δίκτυα δύο τοῦ καλύπτειν ἀμφότερα τὰ στρεπτὰ τῶν γλυφῶν τὰ ὄντα ἐπὶ τῶν στύλων· (42) 28 ²⁸τὰς ῥόας τετρακοσίας ἀμφοτέροις τοῖς δικτύοις, δύο στίχοι ῥοῶν τῷ δικτύῳ τῷ ἑνὶ περικαλύπτειν ἀμφότερα τὰ ὄντα τὰ στρεπτὰ (43) 29 τῆς μεχωνὼθ ἐπ' ἀμφοτέροις τοῖς στύλοις· ²⁹καὶ τὰς μεχωνὼθ (44) 30 δέκα, καὶ τοὺς χυτροκαύλους δέκα ἐπὶ τῶν μεχωνώθ· ³⁰καὶ τὴν θάλασσαν μίαν, καὶ τοὺς βόας δώδεκα ὑποκάτω τῆς θαλάσσης· (45) 31 ³¹καὶ τοὺς λέβητας καὶ τὰς θερμάστρεις καὶ τὰς φιάλας καὶ πάντα τὰ σκεύη ἃ ἐποίησεν Χειρὰμ τῷ βασιλεῖ Σαλωμὼν τῷ οἴκῳ Κυρίου· καὶ οἱ στύλοι τεσσεράκοντα καὶ ὀκτὼ τοῦ οἴκου τοῦ βασιλέως καὶ τοῦ οἴκου Κυρίου· πάντα τὰ ἔργα τοῦ βασιλέως ἐποίησεν Χειρὰμ (47) 32 χαλκᾶ ἄρδην. ³²οὐκ ἦν σταθμὸς τοῦ χαλκοῦ οὗ ἐποίησεν πάντα τὰ ἔργα ταῦτα ἐκ πλήθους σφόδρα· οὐκ ἦν τέρμα τῶν σταθμῶν

19 πραγματια (α 1° sup ras Aᵃ) A | παντα] pr ισα A   20 τη μια] A της μιας A   21 om αυτης 1° A | αυτης 3°]+εξ αυτης A | τεσσαρας] τας A   22 λεοντας A | προσωπον]+αυτου A   23 ταξις μια A | εν]+τερμα εν A   24 χυτρογαυλ. A (ter : item 29) | τεσσαρακ. Bᵇ (item 31) | χωρουντα A | μετρησει] τεσσαρων πηχων A | της μεχ. της μιας A   25 τας πεντε μεχ.] τας μεχ. πεντε A | εξ αριστερων] εκ δεξιων και πεντε επ ωμιαν του| οικου εξ αρ. αυτου A | ωμιας 2°] ωμιδος A   26 τα θερμ. B* (τας θ. Bᵃᵇ)   29 των μεχ.] της μεχ. A   31 θερμαστρις A | om και 6° A | Κυριου 2°] pr του A

SEPT. 689 2 X

Β τοῦ χαλκοῦ. ³³ἐν τῷ περιοίκῳ τοῦ Ἰορδάνου ἐχώνευσεν αὐτὰ 33 (46)
ἐν τῷ πάχει τῆς γῆς, ἀνὰ μέσον Σοκχὼθ καὶ ἀνὰ μέσον Σειρά.
³⁴καὶ ἔλαβεν ὁ βασιλεὺς Σαλωμὼν τὰ σκεύη ἃ ἐποίησεν ἐν οἴκῳ, τὸ 34 (48)
θυσιαστήριον, τὸ χρυσοῦν, καὶ τὴν τράπεζαν ἐφ' ἧς οἱ ἄρτοι
τῆς προσφορᾶς χρυσῆν, ³⁵καὶ τὰς λυχνίας πέντε ἐξ ἀριστερῶν 35 (49)
καὶ πέντε ἐκ δεξιῶν κατὰ πρόσωπον τοῦ δαβεὶρ χρυσᾶς συνκλει-
ομένας, καὶ τὰ λαμπαδεῖα καὶ τοὺς λύχνους καὶ τὰς ἐπαρύστρις
χρυσᾶς· ³⁶καὶ τὰ πρόθυρα καὶ οἱ ἧλοι καὶ αἱ φιάλαι καὶ τὰ τρυβλία 36 (50)
καὶ αἱ θυίσκαι χρυσαῖ, συνκλειστά· καὶ τὰ θυρώματα τῶν θυρῶν
τοῦ οἴκου τοῦ ἐσωτάτου ἁγίου τῶν ἁγίων, καὶ τὰς θύρας τοῦ ναοῦ
χρυσᾶς. ³⁷καὶ ἀνεπληρώθη τὸ ἔργον ὃ ἐποίησεν Σαλωμὼν οἴκου 37 (51)
Κυρίου· καὶ εἰσήνεγκεν Σαλωμὼν τὰ ἅγια Δαυεὶδ τοῦ πατρὸς
αὐτοῦ καὶ πάντα τὰ ἅγια Σαλωμών, τὸ ἀργύριον καὶ τὸ χρυσίον
ἔδωκεν εἰς τοὺς θησαυροὺς οἴκου Κυρίου. ³⁸Καὶ τὸν οἶκον ἑαυ- 38 (1)
τῷ ᾠκοδόμησεν Σαλωμὼν τρισκαίδεκα ἔτη. ³⁹καὶ ᾠκοδόμησεν τὸν 39 (2)
οἶκον δρυμῷ τοῦ Λιβάνου· ἑκατὸν πήχεις μῆκος αὐτοῦ, καὶ πεντή-
κοντα πήχεις πλάτος αὐτοῦ· καὶ τριῶν στίχων στύλων κεδρίνων,
καὶ ὠμίαι κέδριναι τοῖς στύλοις. ⁴⁰καὶ ἐφάτνωσεν τὸν οἶκον 40 (3)
ἄνωθεν ἐπὶ τῶν πλευρῶν τῶν στύλων· καὶ ἀριθμὸς τῶν στύλων
τεσσεράκοντα καὶ πέντε ὁ στίχος, ⁴¹καὶ μέλαθρα τρία, καὶ χώρα 41 (4)
ἐπὶ χώραν τρισσῶς. ⁴²καὶ πάντα τὰ θυρώματα καὶ αἱ χῶραι 42 (5)
τετράγωνοι μεμελαθρωμέναι, καὶ ἀπὸ τοῦ θυρώματος ἐπὶ θύραν
τρισσῶς. ⁴³καὶ τὸ αἰλὰμ τῶν στύλων πεντήκοντα μῆκος καὶ 43 (6)
πεντήκοντα ἐν πλάτει ἐζυγωμένα, αἰλὰμ ἐπὶ πρόσωπον αὐτῶν·
καὶ στύλοι καὶ πάχος ἐπὶ πρόσωπον αὐτῆς τοῖς αἰλαμμείν. ⁴⁴καὶ τὸ 44 (7)
αἰλὰμ τῶν θρόνων οὗ κρινεῖ ἐκεῖ, αἰλὰμ τοῦ κριτηρίου. ⁴⁵καὶ 45 (8)

A 32 χαλκου 2°]+στιλβοντος A   33 αυτα]+ο βασιλευς A | [Σειρα] Σιαραμ
A   34 και ελαβεν...εν οικω] και εδωκεν ο βασιλευς Σαλωμω| επι παντα τα
σκευη απο του πληθους| σφοδρα· σφοδρα· ουκ ην σταθμος| του χαλκου· και
εποιησεν Σαλω|μων παντα τα σκευη τα εν τω οικω| κ̅υ̅· A   35 εκ δεξιων
και πεντε εξ αριστερων A | δα|βερρ A | συνκλειομενας (συγκλ. B^(ab))] συγκαι-
ομενας A | λαμπαδια B^bA | επαρυστριδας A | χρυσας]+τρεις A   36 των
αγιων] om των A | του ναου] pr του οικου A   37 Σαλωμων 1°] pr ο βασι-
λεως A | χρυσιον]+και τα σκευη A   38 εαυτω] αυτου A | ετη] αιτεσι
και συνετελεσεν] ολον του οικον αυτου· A   39 δρυμου A | μηκος] pr το A
αυτου 2°]+και τριακοντα πηχων υψος αυτου A   40 εφατνωσεν] εταφνωσε
A | τεσσαρακ. B^b | ο στιχος] pr δεκα και πεντε A   42—43 τρισσως...
πλατει sup ras et in mg A^(a?)   43 πεντηκοντα 1°] εποιησεν πεντ. πηχ
A |.πεντηκοντα 2°] τριακοντα A | αυτης τοις αιλαμμειν] αυτων τοις ελαμμειμ
44. αιλαμ 2°] pr το A | κριτηριου (κρητ. B* κριτ. B^b)]+εποιησεν· και ωρ
φωσεν εν κεδρω απο του εδαφους| εως του εδαφους· A

ΒΑΣΙΛΕΙΩΝ Γ VIII 8

ὁ οἶκος αὐτῶν, ἐν οἴκῳ καθήσεται ἐκεῖ, αὐλὴ μία ἐξ ἐλισσομένης B
τούτοις κατὰ τὸ ἔργον τοῦτο· καὶ οἶκον τῇ θυγατρὶ Φαραὼ ἦν
(9) 46 ἔλαβεν Σαλωμὼν κατὰ τὸ αἰλὰμ τοῦτο. ⁴⁶πάντα ταῦτα ἐκ λίθων
τιμίων κεκολαμμένα ἐκ διαστήματος ἔσωθεν καὶ ἐκ τοῦ θεμελίου
(10) 47 ἕως τῶν γεισῶν· καὶ ἔξωθεν εἰς τὴν αὐλὴν τὴν μεγάλην ⁴⁷τὴν
τεθεμελιωμένην ἐν τιμίοις λίθοις μεγάλοις, λίθοις δεκαπήχεσιν καὶ
(11) 48 τοῖς ὀκταπήχεσιν· ⁴⁸καὶ ἐπάνωθεν τιμίοις κατὰ τὸ μέτρον ἀπελε-
(12) 49 κήτων καὶ κέδροις. ⁴⁹τῆς αὐλῆς τῆς μεγάλης κύκλοι τρεῖς στίχοι
(1) 50 ἀπελεκήτων καὶ στίχος κεκολλημένης κέδρου. ⁵⁰καὶ συνετέλεσεν
Σαλωμὼν ὅλον τὸν οἶκον αὐτοῦ.

I 1 ¹Καὶ ἐγένετο ὡς συνετέλεσεν Σαλωμὼν τοῦ οἰκοδομῆσαι τὸν οἶκον
Κυρίου καὶ τὸν οἶκον ἑαυτοῦ, μετὰ εἴκοσι ἔτη, τότε ἐξεκκλησίασεν
ὁ βασιλεὺς Σαλωμὼν πάντας τοὺς πρεσβυτέρους Ἰσραὴλ ἐν Σειὼν τοῦ
ἐνεγκεῖν τὴν κιβωτὸν διαθήκης Κυρίου ἐκ πόλεως Δαυείδ, αὕτη ἐστὶν
:—4 Σειών, ²ἐν μηνὶ Ἀθαμείν. ³καὶ ἦραν οἱ ἱερεῖς τὴν κιβωτὸν ⁴καὶ τὸ
σκήνωμα τοῦ μαρτυρίου καὶ τὰ σκεύη τὰ ἅγια τὰ ἐν τῷ σκηνώματι τοῦ
5 μαρτυρίου· ⁵καὶ ὁ βασιλεὺς καὶ πᾶς Ἰσραὴλ ἔμπροσθεν τῆς κιβωτοῦ
6 θύοντες πρόβατα, βόας, ἀναρίθμητα. ⁶καὶ εἰσφέρουσιν οἱ ἱερεῖς τὴν
κιβωτὸν εἰς τὸν τόπον αὐτῆς, εἰς τὸ δαβεὶρ τοῦ οἴκου, εἰς τὰ ἅγια τῶν
7 ἁγίων, ὑπὸ τὰς πτέρυγας τῶν χερουβείν. ⁷ὅτι τὰ χερουβεὶν διαπε-
πετασμένα ταῖς πτέρυξιν ἐπὶ τὸν τόπον τῆς κιβωτοῦ· καὶ περιε-
κάλυπτον τὰ χερουβεὶν ἐπὶ τὴν κιβωτὸν καὶ ἐπὶ τὰ ἅγια αὐτῆς
8 ἐπάνωθεν, ⁸καὶ ὑπερεῖχον τὰ ἡγιασμένα· καὶ ἐνεβλέποντο αἱ κεφα-
λαὶ τῶν ἡγιασμένων ἐκ τῶν ἁγίων εἰς πρόσωπον τοῦ δαβείρ, καὶ

45 ο οικος αυτων εν οικω] οικος αυτω εν ω A | εξ ελισσομενης (εξελ. Bᵇ)] Λ
εξελισσομενη A   46 τιμιων]+μετρον απελεκητων A | εσωθεν]+και εξωθεν A
47 om εν A   48, τιμιοις] pr λιθοις A   49 κυκλως (sic) A | τρεις στι-
χοι] τρισεπιχοι (sic) A | κεκολαμμενης A   50 συνετελεσεν (συντ. B*)...
αυτου] οικοδομησε‖ αυλην οικου κυ την εσωτατην| των αιλαμ του οικου του κατα
προ|σωπον του ναου· A   VIII 1 om και εγενετο...ετη A [ως συνετελεσεν]
εν τω συντελεσαι Bᵃᵇ | τον οικο͂| (1°) sup ras Bˡᵗᵃ | Ισραηλ]+συν πασας κεφα-
λας τω| ραβδων επησμενους των πατε|ρων των υιων Ισλ προς τον βασιλεα Σαλω-
μων A | Σιων BᵇA (bis) | ενεγκειν] ανενεγκειν A | Κυριου 2°] κ̅ς̅ A   2 εν
μηνι Αθαμειν] και εξεκκλησιασθησαν προς| τον βασιλεα Σαλωμων πας ανηρ| Ισλ
εν μ. Αθανειμ εν τη εορτη| αυτος ο μην εβδομηκοστος εβδο|μος· και ηλθεν παν-
τες οι πρεσβυ|τεροι Ισλ· A   4 και 1°] pr και ανεβιβασαν την| κιβωτον κυ
A | τα σκευη] pr παντα A | μαρτυριου 2°]+και ανεβιβασαν αυτα οι| ιερεις και
οι Λευιται A,   5 βασιλευς]+Σαλωμων A | πας Ισραηλ] πασα συναγωγη|
Ιηλ οι συντεταγμενοι επ αυτον| συν αυτω A | βοας αναριθμητα] καὶ βοας| α ου
ψηφισθησεται αναριθμητα| απο πληθους· A   6 κιβωτον]+διαθηκης κ̅υ̅ A |
δαβειρ] χρηματιστηρ| Bᵃᵗᵇ¹ᵐᵍ   7 om επι 2° A

691   2 X 2

ΒΑΣΙΛΕΙΩΝ Γ

B οὐκ ὠπτάνοντο ἔξω. ⁹οὐκ ἦν ἐν τῇ κιβωτῷ πλὴν δύο πλάκες λίθιναι, 9
πλάκες τῆς διαθήκης ἃ ἔθηκεν Μωυσῆς ἐν Χωρήβ, ἃ διέθετο Κύριος
μετὰ τῶν υἱῶν Ἰσραὴλ ἐν τῷ ἐκπορεύεσθαι αὐτοὺς ἐκ γῆς Αἰγύπτου.
¹⁰καὶ ἐγένετο ὡς ἐξῆλθον οἱ ἱερεῖς ἐκ τοῦ ἁγίου, καὶ ἡ νεφέλη ἔπλησεν 10
τὸν οἶκον· ¹¹καὶ οὐκ ἠδύναντο οἱ ἱερεῖς στήκειν λειτουργεῖν ἀπὸ 11
προσώπου τῆς νεφέλης, ὅτι ἔπλησεν δόξα Κυρίου τὸν οἶκον. ¹⁴Καὶ 14
ἀπέστρεψεν ὁ βασιλεὺς τὸ πρόσωπον αὐτοῦ, καὶ εὐλόγησεν ὁ
βασιλεὺς πάντα Ἰσραήλ· καὶ πᾶσα ἐκκλησία Ἰσραὴλ ἱστήκει· ¹⁵καὶ 15
εἶπεν Εὐλογητὸς Κύριος ὁ θεὸς Ἰσραὴλ σήμερον, ὃς ἐλάλησεν ἐν
τῷ στόματι αὐτοῦ περὶ Δαυεὶδ τοῦ πατρός μου καὶ ἐν ταῖς χερσὶν
αὐτοῦ ἐπλήρωσεν λέγων ¹⁶Ἀφ' ἧς ἡμέρας ἐξήγαγον τὸν λαόν μου τὸν 16
Ἰσραὴλ ἐξ Αἰγύπτου, οὐκ ἐξελεξάμην ἐν πόλει ἐν ἑνὶ σκήπτρῳ
Ἰσραήλ, τοῦ οἰκοδομῆσαι οἶκον τοῦ εἶναι τὸ ὄνομά μου ἐκεῖ· καὶ
ἐξελεξάμην ἐν Ἰερουσαλὴμ μεῖναι τὸ ὄνομά μου ἐκεῖ, καὶ ἐξελε-
ξάμην τὸν Δαυεὶδ τοῦ εἶναι ἐπὶ τὸν λαόν μου τὸν Ἰσραήλ. ¹⁷καὶ 17
ἐγένετο ἐπὶ τῆς καρδίας τοῦ πατρός μου οἰκοδομῆσαι οἶκον τῷ ὀνόματι
Κυρίου θεοῦ Ἰσραήλ. ¹⁸καὶ εἶπεν Κύριος πρὸς Δαυεὶδ τὸν πατέρα 18
μου Ἀνθ' ὧν ἦλθεν ἐπὶ τὴν καρδίαν σου τοῦ οἰκοδομῆσαι οἶκον τῷ
ὀνόματί μου, καλῶς ἐποίησας ὅτι ἐγενήθη ἐπὶ τὴν καρδίαν σου. ¹⁹σὺ 19
οὐκ οἰκοδομήσεις τὸν οἶκον· ἀλλ' ἢ ὁ υἱός σου ὁ ἐξελθὼν ἐκ τῶν
πλευρῶν σου, οὗτος οἰκοδομήσει τὸν οἶκον τῷ ὀνόματί μου. ²⁰καὶ 20
ἀνέστησεν Κύριος τὸ ῥῆμα αὐτοῦ ὃ ἐλάλησεν· καὶ ἀνέστην ἀντὶ
Δαυεὶδ τοῦ πατρός μου, καὶ ἐκάθισα ἐπὶ τοῦ θρόνου Ἰσραὴλ καθὼς
ἐλάλησεν, καὶ ᾠκοδόμησα τὸν οἶκον τῷ ὀνόματι Κυρίου θεοῦ Ἰσραήλ.
²¹καὶ ἐθέμην ἐκεῖ τόπον τῇ κιβωτῷ ἐν ᾗ ἐστιν ἐκεῖ διαθήκη Κυρίου 21
ἣν διέθετο Κύριος μετὰ τῶν πατέρων ἡμῶν ἐν τῷ ἐξαγαγεῖν αὐτὸν
αὐτοὺς ἐκ γῆς Αἰγύπτου. ²²Καὶ ἀνέστη Σαλωμὼν κατὰ πρόσ- 22
ωπον τοῦ θυσιαστηρίου Κυρίου ἐνώπιον πάσης ἐκκλησίας Ἰσραήλ,
καὶ διεπέτασεν τὰς χεῖρας αὐτοῦ εἰς τὸν οὐρανὸν ²³καὶ εἶπεν Κύριε

A 8 οπτανοντο A | εξω] +και εγενοντο εκει εως της ημερας ταυτης A 9 a 1°]
as A | Μωσης A | εν X.] pr εκει A | των υιων] om των A 10 οικον]+κυ
A 11 εδυναντο A | στηκειν] στηναι A | δοξα] seq ras 1 lit in A | οικον]
+κυ A 14 και 1°] pr τοτε ειπεν Σαλωμων· κς ειπεν| του σκηνωσαι εν
γνοφω· οικοδο|μησα οικον κατοικητηριου σοι| εδρασμα της καθεδρας σου αιωνος
A | ειστηκει B^ab 15 τω στοματι] om τω A 16 om και εξε-
λεξαμην εν Ιερουσ. μειναι το ον. μου εκει A | om επι A 17 του πατρος]
pr Δαδ A | Ισλ sup ras A¹ 18 του οικοδ.] om του A 19 συ
ουκ] πλην ου συ A 20 ελαλησεν 2°]+κς B^ab (superscr) A 22 ανεστη]
εστη A

ΒΑΣΙΛΕΙΩΝ. Γ. VIII 33

ὁ θεὸς Ἰσραήλ, οὐκ ἔστιν ὡς σὺ θεὸς ἐν τῷ οὐρανῷ ἄνω καὶ ἐπὶ Ε
τῆς γῆς κάτω, φυλάσσων διαθήκην, καὶ ἔλεος τῷ δούλῳ σου, τῷ
24 πορευομένῳ ἐνώπιόν σου, ἐν ὅλῃ τῇ καρδίᾳ αὐτοῦ, ²⁴ ἃ ἐφύλαξας
τῷ δούλῳ σου Δαυεὶδ τῷ πατρί μου· καὶ γὰρ ἐλάλησας ἐν τῷ στόματί
25 σου, καὶ ἐν χερσίν σου ἐπλήρωσας ὡς ἡ ἡμέρα αὕτη. ²⁵ καὶ νῦν,
Κύριε ὁ θεὸς Ἰσραήλ, φύλαξον τῷ δούλῳ σου τῷ Δαυεὶδ τῷ πατρί
μου ἃ ἐλάλησας αὐτῷ λέγων Οὐκ ἐξαρθήσεταί σου ἀνὴρ ἐκ προσώπου
μου καθήμενος ἐπὶ θρόνου Ἰσραήλ, πλὴν ἐὰν φυλάξωνται τὰ τέκνα
σου τὰς ὁδοὺς αὐτῶν τοῦ πορεύεσθαι ἐνώπιον ἐμοῦ καθὼς ἐπορεύθης
26 ἐνώπιον ἐμοῦ. ²⁶ καὶ νῦν, Κύριε ὁ θεὸς Ἰσραήλ, πιστωθήτω δὴ τὸ
27 ῥῆμά σου τῷ Δαυεὶδ τῷ πατρί μου. ²⁷ ὅτι εἰ ἀληθῶς κατοικήσει
ὁ θεὸς μετὰ ἀνθρώπων ἐπὶ τῆς γῆς; εἰ ὁ οὐρανὸς καὶ ὁ οὐρανὸς
τοῦ οὐρανοῦ οὐκ ἀρκέσουσίν σοι, πλὴν καὶ ὁ οἶκος οὗτός ὃν
28 ᾠκοδόμησα τῷ ὀνόματί σου; ²⁸ καὶ ἐπιβλέψῃ ἐπὶ τὴν δέησίν
μου, Κύριε ὁ θεὸς Ἰσραήλ, ἀκούειν τῆς τέρψεως ἧς ὁ δοῦλός σου
29 προσεύχεται ἐνώπιόν σου πρὸς σὲ σήμερον, ²⁹ τοῦ εἶναι ὀφθαλμούς
σου ἠνεῳγμένους εἰς τὸν οἶκον τοῦτον ἡμέρας καὶ νυκτός, εἰς τὸν
τόπον ὃν εἶπας Ἔσται τὸ ὄνομά μου ἐκεῖ, τοῦ εἰσακούειν τῆς προσ-
ευχῆς ἧς προσεύχεται ὁ δοῦλός σου εἰς τὸν τόπον τοῦτον ἡμέρας καὶ
30 νυκτός. ³⁰ καὶ εἰσακούσῃ τῆς δεήσεως τοῦ δούλου σου καὶ τοῦ λαοῦ
σου Ἰσραήλ, ἃ ἂν προσεύξωνται εἰς τὸν τόπον τοῦτον· καὶ σὺ εἰσ-
ακούσῃ ἐν τῷ τόπῳ τῆς κατοικήσεώς σου ἐν οὐρανῷ, καὶ ποιήσεις καὶ
31 ἵλεως ἔσῃ. ³¹ ὅσα ἂν ἁμάρτῃ ἕκαστος τῷ πλησίον αὐτοῦ, καὶ ἐὰν
λάβῃ ἐπ' αὐτὸν ἀρὰν τοῦ ἀρᾶσθαι αὐτόν, καὶ ἔλθῃ καὶ ἐξαγορεύσῃ
32 κατὰ πρόσωπον τοῦ θυσιαστηρίου σου ἐν τῷ οἴκῳ τούτῳ· ³² καὶ σὺ
εἰσακούσει ἐκ τοῦ οὐρανοῦ καὶ ποιήσεις, καὶ κρινεῖς τὸν λαόν σου
Ἰσραήλ, ἀνομηθῆναι ἄνομον, δοῦναι τὴν ὁδὸν αὐτοῦ εἰς κεφαλὴν
αὐτοῦ, καὶ τοῦ δικαιῶσαι δίκαιον, δοῦναι αὐτῷ κατὰ τὴν δικαιοσύνην
33 αὐτοῦ. ³³ ἐν τῷ πταῖσαι τὸν λαόν σου Ἰσραὴλ ἐνώπιον ἐχθρῶν ὅτι
ἁμαρτήσονταί σοι, καὶ ἐπιστρέψουσιν καὶ ἐξομολογήσονται τῷ ὀνόματί

23 ανω] α sup ras Aᵃ¹ | τη καρδια] om τη A   24 μου]+οσα ελαλησας A
αυτω A | om γαρ A | τω στοματι] om τω A   25 τω Δαυειδ] om τω A
26 πιστωθητω] πιστωθη A | τω Δαυειδ] ο ελαησας τω δου|λω σου Δαδ· A
27 ο θεος] om ο A | ο ουρανος 2°] om ο A | om τω ονοματι σου A   28 την
δεησιν] pr προσευχην δουλου σου και A | om Κυριε A | τερψεως]+και της
προσευχης A   29 ανεωγμενους A | ημερας και νυκτος (1°)] v. και ημ. A |
ο δουλος σ. προσευχ. A   30 δεησεως] φωνης A | om και του λαου σου A |
προσευξωνται] προσευχωνται A | ουρανω] pr τω A | ποιησης A   31 επ] αυ-
τον B* e|π αυτον Bᵇ | αρασθαι] αρασασθαι A   32 εισακουση BᵃᵇA |
ανο|ηθηναι A | δικαιωσυνην A   33 επιστρεψουσιν]+πρός σε A

693

VIII 34 ΒΑΣΙΛΕΙΩΝ Γ΄

B σου, καὶ προσεύξονται καὶ δεηθήσονται ἐν τῷ οἴκῳ τούτῳ. ³⁴καὶ σὺ εἰσακούσῃ ἐκ τοῦ οὐρανοῦ καὶ ἵλεως ἔσῃ ταῖς ἁμαρτίαις τοῦ δούλου σου Ἰσραήλ, καὶ ἀποστρέψεις αὐτοὺς εἰς τὴν γῆν ἣν ἔδωκας τοῖς πατράσιν αὐτῶν. ³⁵ἐν τῷ συσχεθῆναι τὸν οὐρανὸν καὶ μὴ γενέσθαι ὑετὸν ὅτι ἁμαρτήσονταί σοι, καὶ προσεύξονται εἰς τὸν τόπον τοῦτον καὶ ἐξομολογήσονται τῷ ὀνόματί σου, καὶ ἀπὸ τῶν ἁμαρτιῶν αὐτῶν ἀποστρέψουσιν ὅταν ταπεινώσῃς αὐτούς· ³⁶καὶ εἰσακούσῃ ἐκ τοῦ οὐρανοῦ καὶ ἵλεως ἔσῃ ταῖς ἁμαρτίαις τοῦ δούλου σου καὶ τοῦ λαοῦ σου Ἰσραήλ· ὅτι δηλώσεις αὐτοῖς τὴν ὁδὸν τὴν ἀγαθὴν πορεύεσθαι ἐν αὐτῇ, καὶ δώσεις ὑετὸν ἐπὶ τὴν γῆν ἣν ἔδωκας τῷ δούλῳ σου ἐν κληρονομίᾳ... ³⁷λιμὸς ἐὰν γένηται, θάνατος ἐὰν γένηται, ὅτι ἔσται ἐνπυρισμός, βροῦχος, ἐρυσίβη ἐὰν γένηται, καὶ ἐὰν θλίψῃ αὐτὸν ἐχθρὸς αὐτοῦ ἐν μιᾷ τῶν πόλεων αὐτοῦ, πᾶν συνάντημα, πᾶν πόνον, ³⁸πᾶσαν προσευχήν, πᾶσαν δέησιν ἐὰν γένηται παντὶ ἀνθρώπῳ, ὡς ἂν γνῶσιν ἕκαστος ἁφὴν καρδίας αὐτοῦ, καὶ διαπετάσῃ τὰς χεῖρας αὐτοῦ εἰς τὸν οἶκον τοῦτον· ³⁹καὶ σὺ εἰσακούσῃ ἐκ τοῦ οὐρανοῦ ἐξ ἑτοίμου κατοικητηρίου σου καὶ ἵλεως ἔσῃ, καὶ ποιήσεις καὶ δώσεις ἀνδρὶ κατὰ τὰς ὁδοὺς αὐτοῦ καθὼς ἂν γνῷς τὴν καρδίαν αὐτοῦ, ὅτι σὺ μονώτατος οἶδας τὴν καρδίαν πάντων υἱῶν ἀνθρώπων, ⁴⁰ὅπως φοβῶνταί σε πάσας τὰς ἡμέρας ὅσας αὐτοὶ ζῶσιν ἐπὶ τῆς γῆς ἧς ἔδωκας τοῖς πατράσιν ἡμῶν. ⁴¹καὶ τῷ ἀλλοτρίῳ ὃς οὐκ ἔστιν ἀπὸ λαοῦ σου οὗτος, ⁴²καὶ ἥξουσιν καὶ προσεύξονται εἰς τὸν τόπον τοῦτον· ⁴³καὶ σὺ εἰσακούσῃ ἐκ τοῦ οὐρανοῦ ἐξ ἑτοίμου κατοικητηρίου σου, καὶ ποιήσεις κατὰ πάντα ὅσα ἂν ἐπικαλέσηταί σε ὁ ἀλλότριος, ὅπως γνῶσιν πάντες οἱ λαοὶ τὸ ὄνομά σου καὶ φοβῶνταί σε καθὼς ὁ λαός σου Ἰσραήλ, καὶ γνῶσιν ὅτι τὸ ὄνομά σου ἐπικέκληται ἐπὶ τὸν οἶκον τοῦτον ὃν ᾠκοδόμησα. ⁴⁴ὅτι ἐξελεύσεται ὁ λαός σου εἰς πόλεμον ἐπὶ τοὺς ἐχθροὺς αὐτοῦ ἐν ὁδῷ ᾗ ἐπιστρέψεις αὐτούς, καὶ προσεύξονται ἐν ὀνόματι Κυρίου ὁδὸν τῆς πόλεως ἧς ἐξελέξω ἐν αὐτῇ καὶ τοῦ οἴκου οὗ ᾠκοδόμησα τῷ ὀνόματί σου· ⁴⁵καὶ σὺ εἰσακούσει

A 33 δεηθησονται] + προς σε A   34 εισ|ακουσαν B* ει|σακ. Bᵃ | δουλου] λαου
Bᵃᵇ   35 εις τον τοπον] ει, τοπον sup ras Aᵃ? | αποστρεψουσιν] επιστρεψ. A
36 δουλου] λαου A | γην] + σου A | δουλω] λαω A   37 γενηται 1°] + εν τη γη
A | βρουχος] pr ικτερος A | εαν θλιψη] εκθλιψει A | παν 2°] παντα A   38 αν-
θρώπω] + παντος λαου| σου Ἰσλ A   39 τας οδους (οδον A)] pr πασας
40 om οσας A | της γης] pr προσωπον πασης A   41 σου] + Ἰσλ A | ουτος
+ και ελθη απο| γης μακροθεν ενεκα ονοματος| σου· οτι ακουσουσιν το ονομα|
το μεγα· και την χειρα σου| την ισχυουσαν· και βραχιονα σου| τον εκτεταμενον
A   43 om συ A | λαοι] + της γης A | οικον] οι|κ sup ras B? (το|πον B*ᵛⁱᵈ
om τουτον A   44 οδον] οδος A   45 om συ A | εισακουση Bᵃᵇ A

ἐκ τοῦ οὐρανοῦ τῆς δεήσεως αὐτῶν καὶ τῆς προσευχῆς αὐτῶν, καὶ B
46 ποιήσεις τὸ δικαίωμα αὐτοῖς. ⁴⁶ὅτι ἁμαρτήσονταί σοι, ὅτι οὐκ ἔστιν
ἄνθρωπος ὃς οὐχ ἁμαρτήσεται, καὶ ἐπάξεις αὐτοὺς καὶ παραδώσεις
αὐτοὺς ἐνώπιον ἐχθρῶν, καὶ αἰχμαλωτιοῦσιν οἱ αἰχμαλωτίζοντες εἰς
47 γῆν μακρὰν καὶ ἐγγύς, ⁴⁷καὶ ἐπιστρέψουσιν καρδίας αὐτῶν ἐν τῇ
γῇ οὗ μετήχθησαν ἐκεῖ, καὶ ἐπιστρέψωσιν ἐν γῇ μετοικίας αὐτῶν
καὶ δεηθῶσίν σου λέγοντες Ἡμάρτομεν, ἠδικήσαμεν, ἠνομήσαμεν·
48 ⁴⁸καὶ ἐπιστρέψωσιν πρὸς σὲ ἐν ὅλῃ καρδίᾳ αὐτῶν καὶ ἐν ὅλῃ ψυχῇ
αὐτῶν ἐν τῇ γῇ ἐχθρῶν αὐτῶν οὗ μετήγαγες αὐτούς, καὶ προσεύξονται
πρὸς σὲ ὁδὸν γῆς αὐτῶν ἧς ἔδωκας τοῖς πατράσιν αὐτῶν, τῆς πόλεως
49 ἧς ἐξελέξω καὶ τοῦ οἴκου οὗ ᾠκοδόμηκα τῷ ὀνόματί σου· ⁴⁹καὶ εἰσα-
50 κούσῃ ἐκ τοῦ οὐρανοῦ ἐξ ἑτοίμου κατοικητηρίου σου, ⁵⁰καὶ ἵλεως
ἔσῃ ταῖς ἀδικίαις αὐτῶν αἷς ἥμαρτόν σοι καὶ κατὰ πάντα τὰ ἀθετή-
ματα αὐτῶν ἃ ἠθέτησάν σοι, καὶ δώσεις αὐτοὺς εἰς οἰκτειρμοὺς ἐνώπιον
51 αἰχμαλωτευόντων αὐτοὺς καὶ οἰκτειρήσουσιν εἰς αὐτούς· ⁵¹ὅτι λαός
σου καὶ κληρονομία σου, οὓς ἐξήγαγες ἐκ γῆς Αἰγύπτου ἐκ μέσου
52 χωνευτηρίου σιδήρου. ⁵²καὶ ἔστωσαν οἱ ὀφθαλμοί σου καὶ τὰ ὦτά
σου ἠνεῳγμένα εἰς τὴν δέησιν τοῦ δούλου σου καὶ εἰς τὴν δέησιν
τοῦ λαοῦ σου Ἰσραήλ, εἰσακούειν αὐτῶν ἐν πᾶσιν οἷς ἂν ἐπικαλέ-
53 σωνταί σε. ⁵³καὶ σὺ διέστειλας σαυτῷ εἰς κληρονομίαν ἐκ πάντων
τῶν λαῶν τῆς γῆς, καθὼς ἐλάλησας ἐν χειρὶ δούλου σου Μωυσῇ,
ἐν τῷ ἐξαγαγεῖν σε τοὺς πατέρας ἡμῶν ἐκ γῆς Αἰγύπτου, κύριε
53 a Κύριε. ⁵³ᵃΤότε ἐλάλησεν Σαλωμὼν ὑπὲρ τοῦ οἴκου ὡς συνετέλεσεν
τοῦ οἰκοδομῆσαι αὐτόν

Ἥλιον ἐγνώρισεν ἐν οὐρανῷ Κύριος·
εἶπεν τοῦ κατοικεῖν ἐκ γνόφου.
Οἰκοδόμησον οἶκόν μου, οἶκον ἐκπρεπῆ σαυτῷ,
τοῦ κατοικεῖν ἐπὶ καινότητος.
54 οὐκ ἰδοὺ αὕτη γέγραπται ἐν βιβλίῳ τῆς ᾠδῆς; ⁵⁴Καὶ ἐγένετο

---

45 της προσευχης αυτων και της δεησεως αυτων A¹· 46 αμαρτησεται]+σοι A | A | επαξεις] επαρεις επ A | αιχμαλωτιουσιν]+αυτους A | αιχμαλωτιζοντες]+αυτους A | γην] την γ. του εχθρου A 47 και δεηθωσιν σου εν γη μετοικειας αυτων A | ηνομ. ηδικ. A 48 προσευξωνται A | ωκοδομησα A 49 σου] +την προσευχην αυτων και την| δεησιν αυτων και ποιησεις| κρισιν αυτων· A 50 εσται B* (εση τ. [η superscr] Bᵃᵇ) | ημαρτοσαν A | om εις 2° A 51 σου 2°]+εισιν A 52 αν] εαν A 53 και] οτι Bᵇᵐᵍ A | διεστειλας]+αυτους A | Μωση δουλου σου A | εκ γης] εξ A | om κυριε Κυριε A | εκ γνοφου (εκνοφου B)] εν γνοφω A | εκπρεπη] ευπρεπη A | σαυτω 2°] σεαυτω A | κενοτητος A | ουκ ιδου] ουχι A | βιβλω A

B ὡς συνετέλεσεν Σαλωμὼν προσευχόμενος πρὸς Κύριον ὅλην τὴν προσευχὴν καὶ τὴν δέησιν ταύτην, καὶ ἀνέστη ἀπὸ προσώπου τοῦ θυσιαστηρίου Κυρίου, ὀκλακὼς ἐπὶ τὰ γόνατα αὐτοῦ καὶ αἱ χεῖρες αὐτοῦ διαπεπετασμέναι εἰς τὸν οὐρανόν. ⁵⁵καὶ ἔστη καὶ 55 εὐλόγησεν πᾶσαν ἐκκλησίαν Ἰσραὴλ φωνῇ μεγάλῃ λέγων ⁵⁶Εὐλο- 56 γητὸς Κύριος σήμερον, ὃς ἔδωκεν κατάπαυσιν τῷ λαῷ αὐτοῦ Ἰσραὴλ κατὰ πάντα ὅσα ἐλάλησεν· οὐ διεφώνησεν λόγος εἷς ἐν πᾶσιν τοῖς λόγοις αὐτοῦ τοῖς ἀγαθοῖς οἷς ἐλάλησεν ἐν χειρὶ δούλου αὐτοῦ Μωυσῆ. ⁵⁷γένοιτο Κύριος ὁ θεὸς ἡμῶν μεθ᾽ ἡμῶν καθὼς ἦν μετὰ 57 τῶν πατέρων ἡμῶν· μὴ ἐγκαταλίποιτο ἡμᾶς μηδὲ ἀποστρέψοιτο ἡμᾶς, ⁵⁸ἐπικλῖναι καρδίας ἡμῶν ἐπ᾽ αὐτὸν τοῦ πορεύεσθαι ἐν πάσαις 58 ὁδοῖς αὐτοῦ καὶ φυλάσσειν πάσας ἐντολὰς αὐτοῦ καὶ προστάγματα αὐτοῦ ἃ ἐνετείλατο τοῖς πατράσιν ἡμῶν. ⁵⁹καὶ ἔστωσαν οἱ 59 λόγοι οὗτοι ὡς δεδέημαι ἐνώπιον Κυρίου θεοῦ ἡμῶν ἐγγίζοντες πρὸς Κύριον θεὸν ἡμῶν ἡμέρας καὶ νυκτός, τοῦ ποιεῖν τὸ δικαίωμα τοῦ δούλου σου Ἰσραὴλ ῥῆμα ἡμέρας ἐν ἡμέρᾳ ἐνιαυτοῦ· ⁶⁰ὅπως γνῶσιν 60 πάντες οἱ λαοὶ τῆς γῆς ὅτι Κύριος ὁ θεός, αὐτὸς θεὸς καὶ οὐκ ἔστιν ἔτι. ⁶¹καὶ ἔστωσαν αἱ καρδίαι ἡμῶν τέλειαι πρὸς Κύριον θεὸν ἡμῶν, 61 καὶ ὁσίως πορεύεσθαι ἐν τοῖς προστάγμασιν αὐτοῦ καὶ φυλάσσειν ἐντολὰς αὐτοῦ ὡς ἡ ἡμέρα αὕτη. ⁶²Καὶ ὁ βασιλεὺς καὶ πάντες οἱ 62 υἱοὶ Ἰσραὴλ ἔθυσαν θυσίαν ἐνώπιον Κυρίου. ⁶³καὶ ἔθυσεν ὁ βασι- 63 λεὺς Σαλωμὼν τὰς θυσίας τῶν εἰρηνικῶν ὧν ἔθυσεν τῷ κυρίῳ, βοῶν δύο καὶ εἴκοσι χιλιάδες· καὶ ἐνεκαίνισεν τὸν οἶκον Κυρίου ὁ βασιλεὺς καὶ πάντες οἱ υἱοὶ Ἰσραήλ. ⁶⁴τῇ ἡμέρᾳ ἐκείνῃ ἡγίασεν ὁ βασιλεὺς τὸ 64 μέσον τῆς αὐλῆς τὸ κατὰ πρόσωπον τοῦ οἴκου Κυρίου· ὅτι ἐποίησεν ἐκεῖ τὴν ὁλοκαύτωσιν καὶ τὰς θυσίας καὶ τὰ στέατα τῶν εἰρηνικῶν, ὅτι τὸ θυσιαστήριον τὸ χαλκοῦν τὸ ἐνώπιον Κυρίου μικρὸν τοῦ μὴ δύνασθαι τὴν ὁλοκαύτωσιν καὶ τὰς θυσίας τῶν εἰρηνικῶν ὑπενεγκεῖν. ⁶⁵καὶ ἐποίησεν Σαλωμὼν τὴν ἑορτὴν ἐν τῇ ἡμέρᾳ ἐκείνῃ καὶ πᾶς 65

A **54** οκακλως A | γονα A **56** οσα] α A | λογος] λογοις A | Μωση δουλου αυτου A **57** εγκαταλειπ. A | αποστρεψαιτο A. **58** επ αυτον] signa v l prae se fert B⁽ᵗˣᵗ ᵉᵗ ᵐᵍ⁾ προς αυτον A | πασαις] πασας B* (πασαις [ι ins] Bᵃᵇ) **59** λογοι]+μου A | ως] ους A | δουλου] signa v l prae se fert B⁽ᵗˣᵗ ᵉᵗ ᵐᵍ⁾ | σου) +και το δικαιωμα λαου σου A | ενιαυτου] αυτου A **60** ο θεος αυτος θεος] αυτος ο θς A **61** θεον] pr τον A **62** Ισραηλ]+μετ αυτου A **63** ων Bᵃᵇ ᵐᵍ] ην B* **** A | δυο] sub v latet "σ vel ο" (? ε) in B | εικοσι και δυο A | χιλιαδες] χιλιαδας· και προβατων εκατον εικοσι χιλιαδας· A | ενεκενισεν A. **64** ολοκαυτωσιν 1°]+και το δωρον A | την ολοκαυτωσιν 2°]+και το δωρον A | οπ υπενεγκειν A **65** εν τη ημ. εκ. την εορτην A

ΒΑΣΙΛΕΙΩΝ Γ   IX 8

Ἰσραὴλ μετ᾿ αὐτοῦ, ἐκκλησία μεγάλη ἀπὸ τῆς εἰσόδου Ἡμὰθ ἕως B
ποταμοῦ Αἰγύπτου, ἐνώπιον Κυρίου θεοῦ ἡμῶν ἐν τῷ οἴκῳ ᾧ ᾠκοδό-
μησεν, ἐσθίων καὶ πίνων καὶ εὐφραινόμενος ἐνώπιον Κυρίου θεοῦ
66 ἡμῶν ἑπτὰ ἡμέρας. ⁶⁶καὶ ἐν τῇ ἡμέρᾳ τῇ ὀγδόῃ ἐξαπέστειλεν τὸν
λαόν, καὶ εὐλόγησεν αὐτόν, καὶ ἀπῆλθεν ἕκαστος εἰς τὰ σκηνώματα
αὐτοῦ χαίροντες· καὶ ἀγαθῇ ἡ καρδία ἐπὶ τοῖς ἀγαθοῖς οἷς ἐποίησεν
Κύριος τῷ Δαυεὶδ δούλῳ αὐτοῦ καὶ τῷ Ἰσραὴλ λαῷ αὐτοῦ.
ἰ 1. ¹Καὶ ἐγενήθη ὡς συνετέλεσεν Σαλωμὼν οἰκοδομεῖν τὸν οἶκον
Κυρίου καὶ τὸν οἶκον τοῦ βασιλέως καὶ πᾶσαν τὴν πραγματείαν
2 Σαλωμὼν ὅσα ἠθέλησεν ποιῆσαι, ²καὶ ὤφθη Κύριος τῷ Σαλωμὼν
3 δεύτερον καθὼς ὤφθη ἐν Γαβαώθ, ³καὶ εἶπεν πρὸς αὐτὸν Κύριος
Ἤκουσα τῆς φωνῆς τῆς προσευχῆς σου καὶ τῆς δεήσεώς σου ἧς
ἐδεήθης ἐνώπιον ἐμοῦ· πεποίηκά σοι κατὰ πᾶσαν τὴν προσευχήν σου,
ἡγίακα τὸν οἶκον τοῦτον ὃν ᾠκοδόμησας, τοῦ θέσθαι τὸ ὄνομά μου
ἐκεῖ εἰς τὸν αἰῶνα· καὶ ἔσονται οἱ ὀφθαλμοί μου ἐκεῖ εἰς τὸν αἰῶνα,
4 καὶ ἡ καρδία μου πάσας τὰς ἡμέρας. ⁴καὶ σὺ ἐὰν πορευθῇς ἐνώπιον
ἐμοῦ καθὼς ἐπορεύθη Δαυεὶδ ὁ πατήρ σου ἐν ὁσιότητι καρδίας καὶ
ἐν εὐθύτητι καὶ τοῦ ποιεῖν κατὰ πάντα ἃ ἐνετειλάμην αὐτῷ, καὶ τὰ
5 προστάγματά μου καὶ τὰς ἐντολάς μου φυλάξῃς· ⁵καὶ ἀναστήσω
τὸν θρόνον τῆς βασιλείας σου ἐπὶ Ἰσραὴλ εἰς τὸν αἰῶνα καθὼς
ἐλάλησα τῷ Δαυεὶδ πατρί σου λέγων Οὐκ ἐξαρθήσεταί σοι ἀνὴρ
6 ἡγούμενος ἐν Ἰσραήλ. ⁶ἐὰν δὲ ἀποστραφέντες ἀποστραφῆτε ὑμεῖς
καὶ τὰ τέκνα ὑμῶν ἀπ᾿ ἐμοῦ, καὶ μὴ φυλάξητε τὰς ἐντολάς μου καὶ
τὰ προστάγματά μου ἃ ἔδωκεν Μωυσῆς ἐνώπιον ὑμῶν, καὶ πορευθῆτε
7 καὶ δουλεύσητε θεοῖς ἑτέροις καὶ προσκυνήσητε αὐτοῖς· ⁷καὶ ἐξαρῶ
τὸν Ἰσραὴλ ἀπὸ τῆς γῆς ἧς ἔδωκα αὐτοῖς, καὶ τὸν οἶκον τοῦτον ὃν
ἡγίασα τῷ ὀνόματί μου ἀπορίψω ἐκ προσώπου μου, καὶ ἔσται Ἰσραὴλ
8 εἰς ἀφανισμὸν καὶ εἰς λάλημα εἰς πάντας τοὺς λαούς. ⁸καὶ ὁ οἶκος

65 Ημαθ] Αιμαθ A | οικοδομησεν A | ημερας]+και επτα ημερας τεσ|σαρες A
και δεκα ημερας A   66 ευλογησεν αυτον] ευλογησαν τον βασιλεα A |
απηλθον A | αυτου 1°] αυτων Bᵃᵇ(ων superscr) | η καρδια] om η A | τοις αγα-
θοις] pr πασιν A | λαω Ισλ A   IX 1 οικοδομειν] οικοδομων Bᵃᵇᵐᵍ A | και
πασαν την πραγματιαν sup ras A¹   2 ωφθη 2°]+αυτω A | Γαβαων A
3 κ͞ς προς αυτον A [om σου 2° A [ηγιασα A | om εκει εις τον αιωνα (2°)
A | μου 3°]+εκει A   4 εμου] μου A | Δα͞δ BA | om και 2°, 3° A | ε|νε-
τειλα· μην (μ sup ras A¹) A   5 om της βασιλειας A | τω A. πατρι]
A. τω πατρι A | σοι] σου A | ηκουμενος A   6 πορευθητε (πορευθηται
A)] ore sup ras A¹ | δουλευσητε Bᵃᵇ (δουλευσηται B*)] δουλευσεται A
7 και εξαρω...αυτοις bis scr A | μου 1°] σου A | αποριψω B* απορριψω
Bᵃᵇ A | εις 3°] ε sup ras A¹

IX 9   ΒΑΣΙΛΕΙΩΝ Γ

B οὗτος ἔσται ὁ ὑψηλός, πᾶς ὁ διαπορευόμενος δι' αὐτοῦ ἐκστήσεται καὶ συριεῖ, καὶ ἐροῦσιν Ἕνεκα τίνος ἐποίησεν Κύριος οὕτως τῇ γῇ ταύτῃ καὶ τῷ οἴκῳ τούτῳ; ⁹καὶ ἐροῦσιν Ἀνθ' ὧν ἐνκατέλιπον Κύριον 9 θεὸν αὐτῶν, ὃς ἐξήγαγεν τοὺς πατέρας αὐτῶν ἐξ Αἰγύπτου, ἐξ οἴκου δουλείας, καὶ ἀντελάβοντο θεῶν ἀλλοτρίων καὶ προσεκύνησαν αὐτοῖς καὶ ἐδούλευσαν αὐτοῖς, διὰ τοῦτο ἐπήγαγεν ἐπ' αὐτοὺς τὴν κακίαν ταύτην.   Τότε ἀνήγαγεν Σαλωμὼν τὴν θυγατέρα Φαραὼ ἐκ πόλεως Δαυεὶδ εἰς οἶκον αὐτοῦ ὃν ᾠκοδόμησεν αὐτῷ ἐν ταῖς ἡμέραις ἐκείναις.   ¹⁰Εἴκοσι ἔτη ἐν οἷς οἰκοδόμησεν Σαλωμὼν τοὺς δύο 10 οἴκους, τὸν οἶκον Κυρίου καὶ τὸν οἶκον τοῦ βασιλέως, ¹¹Χειρὰμ 11 βασιλεὺς Τύρου ἀντελάβετο τοῦ Σαλωμὼν ἐν ξύλοις κεδρίνοις καὶ ἐν ξύλοις πευκίνοις καὶ ἐν χρυσίῳ καὶ ἐν παντὶ θελήματι αὐτοῦ. τότε ἔδωκεν ὁ βασιλεὺς τῷ Χειρὰμ εἴκοσι πόλεις ἐν τῇ γῇ τῇ Γαλειλαίᾳ. ¹²καὶ ἐξῆλθεν Χειρὰμ ἐκ Τύρου καὶ ἐπορεύθη εἰς τὴν 12 Γαλειλαίαν τοῦ ἰδεῖν τὰς πόλεις ἃς ἔδωκεν αὐτῷ Σαλωμών· καὶ οὐκ ἤρεσεν αὐτῷ. ¹³καὶ εἶπεν Τί αἱ πόλεις αὗται ἃς ἔδωκάς 13 μοι, ἀδελφέ; καὶ ἐκάλεσεν αὐτάς Ὅριον ἕως τῆς ἡμέρας ταύτης. ¹⁴καὶ ἤνεγκεν Χειρὰμ τῷ Σαλωμὼν ἑκατὸν καὶ εἴκοσι τάλαντα 14 χρυσίου.   ²⁶Καὶ ναῦν ὑπὲρ οὗ ἐποίησεν Σαλωμὼν ὁ βασιλεὺς 26

A 8 ο υψηλος] om ο A   9 εγκατελιπον B^b εγκατελειπον A | Κυριον] pr τον A | δουλιας A | αντελαβοντον A | αλλοτριων] ετερων A | om και εδουλευσαν αυτοις A | επηγαγεν (επηγαγε B^b)]+κϛ B^abA | την κακιαν] pr συμπασαν A | οικον] pr τον A | αυτω] εαυτω A | εν ταις ημ. εκ.] pr και εγενετο A   10 ωκοδομησεν A   11 om και εν ξ. πευκινοις A | om εν 4° A | εδωκεν] ωκοδομησεν A | βασιλευς 2°]+Σαλωμων A | om γη τη A | Γαλιλ. B^bA (item 12)   12 ηρεσαν A   13 αυτας] αυτα A 15—25 αυτη η πραγματια της προ|νομης ης ανηνέγκεν ὁ βασιλευς Σαλωμων οικοδομησαι| του οικον κυ̅ και τον οικον του| βασιλεως· και συν την Μελω| και την ακραν του περιφραξαι| τον φραγμον της πολεως Δαδ| και την Ασσουρ και την Μεδα| και το τειχος Ιλημ̅ και την Εσερ| και την Μαγδω και την Γεζερ| (16) Φαραω βασιλευς Αιγυπτου ανε|βη και κατελαβετο την Γεζερ και| ενεπρησεν αυτην εν πυρι· και| συν τον Χαναναιον τον καθημε|νον εν τη πολει απεκτεινεν| και εδωκεν αυτην αποστολας| τη θυγατρι αυτου γυναικι Σαλω|μων· (17) και ωκο-δομησεν Σαλω|μων και την Βαιθωρων την κατωτατην· (18) και την| Βαλαθ· και την Θερμαθ· και την ε|ρημω· και την γη (19) πασας τας| πολεις των σκηνωματων·| αι (as A*) ησαν τω Σαλωμων· και τας| πολεις των αρματων· και πασας| τας πολεις των ιππεων· και τη| πραγματιαν Σαλωμων ην επρα|γματευ-σατο (επραγματευσαντο A*) οικοδομησαι| εν Ιλημ̅ και εν τω Λιβανω·| και εν παση τη γη του μη καταρξαι| αυτου (20) παντα τον λαον τον υπο|λελιμμενον υπο του Αμορραι|ου (ορραι sup ras A¹)· και του Χετταιου· και του| Φερεζαιου· και του Χαναναιου| και του Ευαιου· και του Ιεβουσαιου και του Γεργεσαιου· του| μη εκ των υιων Ισλ̅ οντων (21) τα| τεκνα αυτων τα υπολελιμμε|να μετ αυτους

ΒΑΣΙΛΕΙΩΝ Γ   Χ 9

ἐν Ἐμαέσειων Γάβερ, τὴν οὖσαν ἐχομένην Αἰλὰθ ἐπὶ τοῦ χείλους Β
27 τῆς ἐσχάτης θαλάσσης ἐν γῇ Ἐδώμ. ²⁷καὶ ἀπέστειλεν Χειρὰμ ἐν
τῇ νηὶ τῶν παίδων αὐτοῦ ἄνδρας ναυτικοὺς ἐλαύνειν εἰδότας θάλασσαν
28 μετὰ τῶν παίδων Σαλωμών. ²⁸καὶ ἦλθον εἰς Σωφηρά, καὶ ἔλαβον
ἐκεῖθεν χρυσίου ἑκατὸν εἴκοσι τάλαντα καὶ ἤνεγκαν τῷ βασιλεῖ
Σαλωμών.
1 ¹Καὶ βασίλισσα Σαβὰ ἤκουσεν τὸ ὄνομα Σαλωμὼν καὶ τὸ ὄνομα
2 Κυρίου, καὶ ἦλθεν πειράσαι αὐτὸν ἐν αἰνίγμασιν. ²καὶ ἦλθεν ἐν
Ἰερουσαλὴμ ἐν δυνάμει βαρείᾳ σφόδρα· καὶ κάμηλοι αἴρουσαι ἡδύ-
σματα καὶ χρυσὸν πολὺν σφόδρα καὶ λίθον τίμιον· καὶ εἰσῆλθεν πρὸς
Σαλωμὼν καὶ ἐλάλησεν αὐτῷ πάντα ὅσα ἦν ἐν τῇ καρδίᾳ αὐτῆς.
3 ³καὶ ἀπήγγειλεν αὐτῇ Σαλωμὼν πάντας τοὺς λόγους αὐτῆς· οὐκ ἦν
λόγος παρεωραμένος παρὰ τοῦ βασιλέως ὃν οὐκ ἀπήγγειλεν αὐτῇ.
4 ⁴καὶ εἶδεν βασίλισσα Σαβὰ πᾶσαν φρόνησιν Σαλωμών, καὶ τὸν οἶκον
5 ὃν ᾠκοδόμησεν, ⁵καὶ τὰ βρώματα Σαλωμὼν καὶ τὴν καθέδραν παίδων
αὐτοῦ καὶ τὴν στάσιν λειτουργῶν αὐτοῦ καὶ τὸν ἱματισμὸν αὐτοῦ καὶ
τοὺς οἰνοχόους αὐτοῦ καὶ τὴν ὁλοκαύτωσιν αὐτοῦ ἣν ἀνέφερεν ἐν
6 οἴκῳ Κυρίου, καὶ ἐξ ἑαυτῆς ἐγένετο. ⁶καὶ εἶπεν πρὸς τὸν βασιλέα
7 Σαλωμών Ἀληθινὸς ὁ λόγος ὃν ἤκουσα ἐν τῇ γῇ μου ⁷περὶ τοῦ λόγου
σου καὶ περὶ τῆς φρονήσεώς σου· ⁽⁷⁾καὶ οὐκ ἐπίστευσα τοῖς λαλοῦσίν
μοι, ἕως ὅτου παρεγενόμην καὶ ἑωράκασιν οἱ ὀφθαλμοί μου, καὶ ἰδοὺ
οὐκ εἰσὶν τὸ ἥμισυ καθὼς ἀπήγγειλάν μοι, προστέθεικας ἀγαθὰ πρὸς
8 αὐτὰ ἐπὶ πᾶσαν τὴν ἀκοὴν ἣν ἤκουσα ἐν τῇ γῇ μου. ⁸μακάριαι αἱ
γυναῖκές σου, μακάριοι οἱ παῖδές σου οὗτοι οἱ παρεστηκότες ἐνώπιόν
9 σου δι' ὅλου, οἱ ἀκούοντες πᾶσαν τὴν φρόνησίν σου· ⁹γένοιτο Κύριος

τη γη ους ουκ ηδυναντο οι υιοι Ισλ εξολε|θρευσαι αυτους· και ανηγαγεν| αυτους A
Σαλωμων εις φορον| δουλειας εως της ημερας ταυ|της· (22) και εκ των υιων Ισλ
ουκ ειδωκεν Σαλωμων εις πραγμα| οτι αυτοι ησαν ανδρες πολεμει|σται και παιδες
αυτου και αρχον|τες αυτου και τρισσοι αυτου και αρχο|τες αυτου των αρμάτων και
ιππεις (αυτου και τρισσοι...ιππεις sup ras A¹)| αυτου· (23) ουτοι οι αρχοντες οι
εστη|λωμενοι οι επι του εργου του Σα|λωμων πεντηκοντα και πεν|τακοσιοι επικρα-
τουντες εν τω| λαω οι ποιουντες εν τω εργω| (24) πλην θυγατηρ Φαραω ανεβη|| εκ
πολεως Δαδ· προς οικον αυτης| ον ωκοδομησεν συν την Μελω·| (25) και ανεβιβασεν
Σαλωμων τρεις| καθοδους εν τω ενιαυτω· ολοκαυ|τωμα και ειρηνικας επι του θυσια-
στηριου ον (sic) ωκοδομησεν| τω κω̄· και εθυμια|αυτος εις| προσωπον κῡ· και απηρ-
τισεν| συν τον οικον· A (om B) · 26 ο βας. Σαλ. A | Εμαεσειων] Γασιων A
28 Σωφαρα A | ελαβεν A | εκατον] τετρακοσια και A   Χ 1 βασιλεισσ. A
(item 4, 10, 13) | εν αινιγμ.] αιν ενιγμ. A · 2 εν 1°] εις A¹| om και 3° A |
χρυσιον A · 3 παρα] υπο B^{ab mg} A 5 παιδων] pr των A · 7 εορακ.
A | εισιν] signa v l adscr B^{† mg} εστιν A | καθ. απηγγ. μοι το ημισυ A | αγαθα]
pr σοφιαν και A |.επει B* (επι B^b) · 8 παρεστηκοτες] παραστηκοντες A

ΒΑΣΙΛΕΙΩΝ Γ

Β ὁ θεός σου εὐλογημένος ὃς ἠθέλησεν ἐν σοὶ δοῦναί σε ἐπὶ θρόνου Ἰσραηλ, διὰ τὸ ἀγαπᾶν Κύριον τὸν Ἰσραὴλ στῆσαι εἰς τὸν αἰῶνα· καὶ ἔθετό σε βασιλέα ἐπ' αὐτοὺς τοῦ ποιεῖν κρίμα ἐν δικαιοσύνῃ καὶ ἐν κρίμασιν αὐτῶν. ¹⁰καὶ ἔδωκεν τῷ Σαλωμὼν ἑκατὸν εἴκοσι τάλαντα 10 χρυσίου καὶ ἡδύσματα πολλὰ σφόδρα καὶ λίθον τίμιον· οὐκ ἐληλύθει κατὰ τὰ ἡδύσματα ἐκεῖνα ἔτι εἰς πλῆθος ἃ ἔδωκεν βασίλισσα Σαβὰ τῷ βασιλεῖ Σαλωμών. ¹¹καὶ ἡ ναῦς Χειρὰμ ἦν αἴρουσα τὸ χρυσίον 11 ἐκ Σουφείρ· ἤνεγκεν ξύλα πελεκητὰ πολλὰ σφόδρα καὶ λίθον τίμιον. ¹²καὶ ἐποίησεν ὁ βασιλεὺς τὰ ξύλα τὰ πελεκητὰ ὑποστηρίγματα 12 οἴκου Κυρίου καὶ τοῦ οἴκου τοῦ βασιλέως, καὶ νάβλας καὶ κινύρας τοῖς ᾠδοῖς· οὐκ ἐληλύθει τοιαῦτα ξύλα πελεκητὰ ἐπὶ τῆς γῆς, οὐδὲ ὤφθησάν που ἕως τῆς ἡμέρας ταύτης. ¹³καὶ ὁ βασιλεὺς Σαλωμὼν 13 ἔδωκεν τῇ βασιλίσσῃ Σαβὰ πάντα ὅσα ἠθέλησεν, ὅσα ᾐτήσατο, ἐκτὸς πάντων ὧν δεδώκει αὐτῇ διὰ χειρὸς τοῦ βασιλέως Σαλωμών· καὶ ἀπεστράφη, καὶ ἦλθεν εἰς τὴν γῆν αὐτῆς, αὐτὴ καὶ πάντες οἱ παῖδες αὐτῆς.

¹⁴Καὶ ἦν ὁ σταθμὸς τοῦ χρυσίου τοῦ ἐληλυθότος τῷ Σαλωμὼν 14 ἐν ἐνιαυτῷ ἑνὶ ἑξακόσια καὶ ἑξήκοντα ἓξ τάλαντα χρυσίου, ¹⁵χωρὶς 15 τῶν φόρων τῶν ὑποτεταγμένων τῶν ἐμπόρων καὶ πάντων τῶν βασιλέων τοῦ πέραν καὶ τῶν σατραπῶν τῆς γῆς. ¹⁶καὶ ἐποίησεν 16 Σαλωμὼν τριακόσια δόρατα χρυσᾶ ἐλατά· τριακόσιοι χρυσοῖ ἐπῆσαν ἐπὶ τὸ δόρυ τὸ ἕν· ¹⁷καὶ τριακόσια ὅπλα χρυσᾶ ἐλατά· καὶ τρεῖς μναῖ 17 ἐνῆσαν χρυσοῦ εἰς τὸ ὅπλον τὸ ἕν· καὶ ἔδωκεν αὐτὰ εἰς οἶκον δρυμοῦ τοῦ Λιβάνου. ¹⁸καὶ ἐποίησεν ὁ βασιλεὺς θρόνον ἐλεφάντινον μέγαν, 18 καὶ περιεχρύσωσεν αὐτὸν χρυσίῳ δοκίμῳ. ¹⁹ἓξ ἀναβαθμοὶ τῷ θρόνῳ, 19 καὶ προτομαὶ μόσχων τῷ θρόνῳ ἐκ τῶν ὀπίσω αὐτοῦ ἔνθεν καὶ ἔνθεν ἐπὶ τοῦ τόπου τῆς καθέδρας, καὶ δύο λέοντες ἑστηκότες παρὰ τὰς χεῖρας, ²⁰καὶ δώδεκα λέοντες ἑστῶτες ἐπὶ τῶν ἓξ ἀναβαθμῶν ἔνθεν 20 καὶ ἔνθεν· οὐ γέγονεν οὕτως πάσῃ βασιλείᾳ. ²¹καὶ πάντα τὰ 21 σκεύη τὰ ὑπὸ τοῦ Σαλωμὼν γεγονότα χρυσᾶ, καὶ λουτῆρες χρυσοῖ,

A   9 εν δικαιοσυνη] και δικαιωσυνην A | αυτων] εαυτων A   10 om ετι A | om βασιλει A   11 ην B¹?ᵇ⁽ᵛⁱᵈ⁾] η·η B*⁽ᵛⁱᵈ⁾ ᵃᶜ ᵐᵍ η A | ηνεγκεν] + εκ Σουφειρ A | ξυλοπελεκ. A   12 οικου 1°] pr του A | κινυρας και ναβλας A | εληυθει A | om πελεκητα 2°...ωφθησαν A   13 αυτη 1°] αυτω A | om αυτη 2° A   14 ο σταθμος] om ο A | τω Σαλ.] του Σαλ. A | om και 2° A   15 των εμπορων] και των εμπ. των ροπωπωλων A περα A   16 Σαλωμων] pr ο βασιλευς A   17 om χρυσα A | επησαν χρυσου] χρυσιου ενησαν. A | αυτα] +ο βασιλευς A   18 δοκιμον A 19 αυτου]+χειρες επι του θρονου A | τοπου] θρονου A   19—20 om εστηκοτες...λεοντες A   20 εστωτες] +εκει A   21 τα υπο] του το του A | Σαλωμων] pr βασιλεως A | χρυσα γεγονοτα A

ΒΑΣΙΛΕΙΩΝ ´ Γ   X 30

πάντα τὰ σκεύη δρυμοῦ οἴκου τοῦ Λιβάνου χρυσίῳ συνκεκλεισμένα· Β
οὐκ ἦν ἀργύριον, ὅτι οὐκ ἦν λογιζόμενον ἐν ταῖς ἡμέραις Σαλωμών.
22 ²²ὅτι ναῦς Θαρσεὶς τῷ βασιλεῖ ἐν τῇ θαλάσσῃ μετὰ τῶν νηῶν Χειράμ-
μία διὰ τριῶν ἐτῶν ἤρχετο τῷ βασιλεῖ ναῦς ἐκ Θαρσεὶς χρυσίου καὶ
) (15) 23 ἀργυρίου καὶ λίθων τορευτῶν καὶ πελεκητῶν.   ²³αὕτη ἦν ἡ πρα-
γματεία τῆς προνομῆς ἧς ἀνήνεγκεν ὁ βασιλεὺς Σαλωμὼν οἰκοδο-
μῆσαι τὸν οἶκον Κυρίου καὶ τὸν οἶκον τοῦ βασιλέως καὶ τὸ τεῖχος
Ἰερουσαλὴμ καὶ τὴν ἄκραν, τοῦ περιφράξαι τὸν φραγμὸν τῆς
πόλεως Δανείδ, καὶ τὴν Ἀσσοὺρ καὶ τὴν Μαδιὰν καὶ τὴν Γάζερ
(17^b-19)(17^{b-19})καὶ τὴν Βαιθωρὰμ τὴν ἀνωτέρω καὶ τὴν Ἰεθερμάθ, καὶ πά-
σας τὰς πόλεις τῶν ἁρμάτων καὶ πάσας τὰς πόλεις τῶν ἱππέων·
24 ²⁴καὶ τὴν πραγματείαν Σαλωμὼν ἣν ἐπραγματεύσατο οἰκοδομῆσαι
(20) ἐν Ἰερουσαλὴμ καὶ ἐν πάσῃ τῇ γῇ τοῦ μὴ κατάρξαι αὐτοῦ ⁽²⁰⁾πάντα
τὸν λαὸν τὸν ὑποδεδειγμένον ὑπὸ τοῦ Χετταίου καὶ τοῦ Ἀμορραίου
καὶ τοῦ Φερεζαίου καὶ τοῦ Χαναναίου καὶ τοῦ Εὐαίου καὶ τοῦ
Ἰεβουσαίου καὶ τοῦ Γεργεσαίου, τῶν μὴ ἐκ τῶν υἱῶν Ἰσραὴλ
(21) ὄντων, ⁽²¹⁾τὰ τέκνα αὐτῶν τὰ ὑπολελειμμένα μετ᾽ αὐτοὺς ἐν τῇ γῇ
οὓς οὐκ ἐδύναντο οἱ υἱοὶ Ἰσραὴλ ἐξολεθρεῦσαι αὐτούς, καὶ ἀνήγαγεν
(22) 25 αὐτοὺς Σαλωμὼν εἰς φόρον ἕως τῆς ἡμέρας ταύτης.   ²⁵καὶ ἐκ τῶν
υἱῶν Ἰσραὴλ οὐκ ἔδωκε Σαλωμὼν πρᾶγμα, ὅτι αὐτοὶ ἦσαν ἄνδρες
οἱ πολεμισταὶ καὶ παῖδες αὐτοῦ καὶ ἄρχοντες τῶν ἁρμάτων αὐτοῦ
ς) (23) 26 καὶ ἱππεῖς αὐτοῦ.   ²⁶καὶ ἐμεγαλύνθη Σαλωμὼν ὑπὲρ πάντας τοὺς
(24) 27 βασιλεῖς πλούτῳ καὶ φρονήσει.   ²⁷καὶ πάντες βασιλεῖς τῆς γῆς
ἐζήτουν τὸ πρόσωπον Σαλωμὼν τοῦ ἀκοῦσαι τῆς φρονήσεως αὐτοῦ
(25) 28 ἧς ἔδωκεν Κύριος τῇ καρδίᾳ αὐτοῦ.   ²⁸καὶ αὐτοὶ ἔφερον ἕκαστος
τὰ δῶρα αὐτοῦ, σκεύη χρυσᾶ καὶ ἱματισμόν, στακτὴν καὶ ἡδύσματα
(26) 29 καὶ ἵππους καὶ ἡμιόνους τὸ κατ᾽ ἐνιαυτὸν ἐνιαυτῷ.   ²⁹καὶ ἦσαν
τῷ Σαλωμὼν τέσσαρες χιλιάδες θήλειαι ἵπποι εἰς ἅρματα καὶ
δώδεκα χιλιάδες ἱππέων, καὶ ἔθετο αὐτὰς ἐν ταῖς πόλεσι τῶν
(V) (1) 30 ἁρμάτων καὶ μετὰ τοῦ βασιλέως ἐν Ἰερουσαλήμ. ³⁰καὶ ἦν
ἡγούμενος πάντων τῶν βασιλέων ἀπὸ τοῦ ποταμοῦ καὶ ἕως γῆς

21 δρυμου οικου] οικου του δρ. A | Λιβανου] Λαβανω A | συνκεκλεισμενα A
(συνκεκλισμ. B^a συγκεκλεισμ. B^b)] συνκεκλισμενοι B* συγκεκλισμενω A | λογι-
ζομενον] λογισμενον (sic) A | Σαλωμων 2°]+εις οτιουν A   22 λιθων τορ. και
πελεκ.] οδοντω| ελεφαντινων και πιθηκων·| και ταωνων·| A ;   23—25 om
αυτη ην η πραγματεια...ιππεις αυτου A ,   26 βασιλεις]+της γης A
28 εκαστος] προς αυτον A | σκευη]   pr σκευη αργυρα και A | ενιαυτω] ενιαυτον A
29 και 1°] pr και συνελεξεν Σαλωμων αρμα|τα και ιππους· A | σαν τω Σαλω-
μων...αρματα sup ras A¹ | τεσσερακοντα A¹ | εις] pr και A¹ | πολεσῑ| A

ΒΑΣΙΛΕΙΩΝ Γ

Β ἀλλοφύλων καὶ ἕως ὁρίων Αἰγύπτου. ³¹ καὶ ἔδωκεν ὁ βασιλεὺς 31 (27) τὸ χρυσίον καὶ τὸ ἀργύριον ἐν Ἰερουσαλὴμ ὡς λίθους, καὶ τὰς κέδρους ἔδωκεν ὡς συκαμίνους τὰς ἐν τῇ πεδινῇ εἰς πλῆθος. ³² καὶ ἡ ἔξοδος Σαλωμὼν τῶν ἱππέων καὶ ἐξ Αἰγύπτου καὶ ἐκ 32 (28) Θεκουε ἔμποροι τοῦ βασιλέως, καὶ ἐλάμβανεν ,ἐκ Θεκουε ἐν ἀλλάγματι· ³³ καὶ ἀνέβαινεν ἡ ἔξοδος ἐξ Αἰγύπτου ἅρμα ἀντὶ 33 (29) ἑκατὸν ἀργυρίου, καὶ ἵππος ἀντὶ πεντήκοντα ἀργυρίου· καὶ οὕτω τοῖς βασιλεῦσιν πᾶσιν Χεττιεὶν καὶ βασιλεῦσιν Συρίας κατὰ θάλασσαν ἐξεπορεύοντο.

¹Καὶ ὁ βασιλεὺς Σαλωμὼν ἦν φιλογύνης. ⁽³⁾καὶ ἦσαν αὐτῷ 1 ἄρχουσαι ἑπτακόσιαι καὶ παλλακαὶ τριακόσιαι. ⁽¹⁾καὶ ἔλαβεν γυναῖκας ἀλλοτρίας, καὶ τὴν θυγατέρα Φαραώ· Μωαβείτιδας, Ἀμμανίτιδας, Σύρας καὶ Ἰδουμαίας, Χετταίας καὶ Ἀμορραίας· ²ἐκ τῶν 2 ἐθνῶν ὧν ἀπεῖπεν Κύριος τοῖς υἱοῖς Ἰσραήλ Οὐκ εἰσελεύσεσθε εἰς αὐτοὺς καὶ αὐτοὶ οὐκ εἰσελεύσονται εἰς ὑμᾶς, μὴ ἐκκλίνωσιν τὰς καρδίας ὑμῶν ὀπίσω εἰδώλων αὐτῶν, εἰς αὐτοὺς ἐκολλήθη Σαλωμὼν τοῦ ἀγαπῆσαι. ³καὶ ἐγενήθη ἐν καιρῷ γήρους Σαλωμὼν 3 (4) καὶ οὐκ ἦν ἡ καρδία αὐτοῦ τελεία μετὰ Κυρίου θεοῦ αὐτοῦ καθὼς ἡ καρδία Δαυεὶδ τοῦ πατρὸς αὐτοῦ· ⁴καὶ ἐξέκλιναν αἱ γυναῖκες αἱ 4 (3) ἀλλότριαι τὴν καρδίαν αὐτοῦ ὀπίσω θεῶν αὐτῶν. ⁵τότε ᾠκοδό- 5 (7) μησεν Σαλωμὼν ὑψηλὸν τῷ Χαμὼς εἰδώλῳ Μωάβ, καὶ τῷ βασιλεῖ αὐτῶν εἰδώλῳ υἱῶν Ἀμμών, ⁶καὶ τῇ Ἀστάρτῃ βδελύγματι Σιδω- 6 (5) νίων· ⁷καὶ οὕτως ἐποίησεν πάσαις ταῖς γυναιξὶν αὐτοῦ ταῖς 7 (8) ἀλλοτρίαις· ἐθυμίων καὶ ἔθυον τοῖς εἰδώλοις αὐτῶν. ⁸καὶ ἐποίησεν 8 (6)

Α   31 το αργυριον και το χρυσιον Α | πεδεινη Β* πεδινη Β^bΑ (παιδινη)   32 εξοδον Α | Σαλ. των ιππεων] των ιππων Σαλ. Α | om και 2° Α | Θεκουε εμποροι] Θεκου|εεμ'· ποροι Α | Θεκουε 2°] Θεκουεεμ Α   33 εξ Αιγ. αρμα] αρματα εξ Αιγ. Α | om και ιππος αντι πεντ. αργ. Α | om και 3° Α | ουτως Α | πασιν τοις βασιλευσιν Α | om Χεττιειν Α   XI 1 ην φιλογυνης] φιλογυναιος ην Α | om και ησαν...τριακοσιαι Α | αλλοτριας]+πολλας Α | Μωαβιτ. και Αμμανιτ. Α | Συρας και Ιδουμ.] και Ιδουμ. Συριας Α   2 εισελευσεσθαι ΒΑ | υμων] αυτων Α | αγαπησαι]+και ησαν αυτω γυναι|κες αρχουσαι επτακοσιαι· και παλ|λακαι τριακοσιαι· και εκκλιναν (sic)| γυναικες αυτου την καρδιαν| αυτου· Α   3 γηρως Α | Σαλωμων]+και αι γυναικες| αυτου εξεκλιναν την καρδιαν| αυτου οπισω (οπισων Α* ν impr A^b¹) θεων ετερων| Α | η καρδια (1°)] om η A | του πατρος] om του Α   4 om A   5 τοτε] pr και επορευ|θη Σαλωμων οπισω της Ασταρ|της βδελυγματι (sic) Σιδωνιων· και| οπισω των βασιλεων αυτου·| ειδωλου υιων Αμμων· και (ων και sup ras A¹) εποι|ησεν Σαλωμων το πονηρον εν ω|πιω κυ και ουκ επορευθη οπι|σω κυ ως Δαδ ο πατηρ αυτου·| Α | Σαλωμων] Σ sup ras A¹ | Μωαβ (β sup ras A^a seq ras 1 lit)]+εν τω ορει ο επι προσωπω| Ιλημ (λ sup ras A^a) | βασιλει αυτων] Μελχο Α   6 Σειδωνειων Β* Σιδωνιων Β^bΑ   7 εθυμιων] pr αι Α   8 om A

ΒΑΣΙΛΕΙΩΝ Γ   XI 19

Σαλωμών το πονηρόν ενώπιον Κυρίου· ουκ επορεύθη οπίσω Κυρίου Β
9 ως Δαυειδ ο πατήρ αυτού. ⁹Και ωργίσθη Κύριος επί Σαλωμών,
ότι εξέκλινεν καρδίαν αυτού από Κυρίου θεού Ισραήλ του οφθέντος αυτώ
10 δις ¹⁰και εντειλαμένω αυτώ υπέρ του λόγου τούτου το παράπαν μη
πορευθήναι οπίσω θεών ετέρων και φυλάξασθαι ποιήσαι α ενετείλατο
αυτώ Κύριος ο θεός· ουδ' ην η καρδία αυτού τελεία μετά Κυρίου κατά
11 την καρδίαν Δαυειδ του πατρός αυτού. ¹¹και είπεν Κύριος προς
Σαλωμών Ανθ' ων εγένετο ταύτα μετά σου και ουκ εφύλαξας τας
εντολάς μου και τα προστάγματά μου α ενετειλάμην σοι, διαρρήσσων
διαρρήξω την βασιλείαν σου εκ χειρός σου και δώσω αυτήν τω δούλω
12 σου. ¹²πλην εν ταις ημέραις σου ου ποιήσω αυτά δια Δαυειδ τον
13 πατέρα σου· εκ χειρός υιού σου λήμψομαι αυτήν. ¹³πλην όλην την
βασιλείαν ου μη λάβω· σκήπτρον εν δώσω τω υιώ σου δια Δαυειδ τον
14 δούλον μου και δια Ιερουσαλήμ την πόλιν ην εξελεξάμην. ¹⁴Και
ήγειρεν Κύριος σαταν τω Σαλωμών τον Αδέρ τον Ιδουμαίον ⁽²³⁾και τον
Εσρώμ υιόν Ελιαδάε τον εν Ραεμμααέρ Αδράζαρ βασιλέα Σουβά
κύριον αυτού· ⁽²⁴⁾και συνηθροίσθησαν επ' αυτόν άνδρες, και ην άρχων
συστρέμματος και προκατελάβετο την Δαμάσεκ· ⁽²⁵⁾και ήσαν σαταν τω
Ισραήλ πάσας τας ημέρας Σαλωμών· και Αδέρ ο Ιδουμαίος εκ του
15 σπέρματος της βασιλείας εν Ιδουμαία. ¹⁵και εγένετο εν τω εξολε-
θρεύσαι Δαυειδ τον Εδώμ εν τω πορευθήναι Ιωάβ άρχοντα της
στρατείας θάπτειν τους τραυματίας, έκοψαν παν αρσενικόν εν τη
16 Ιδουμαία· ¹⁶ότι εξ μήνας ενεκάθητο εκεί Ιωάβ και πας Ισραήλ εν
τη Ιδουμαία, έως ότου εξωλέθρευσεν παν αρσενικόν εν τη Ιδουμαία.
17 ¹⁷και απέδρα Αδέρ αυτός και πάντες οι Ιδουμαίοι των παίδων του
πατρός αυτού μετ' αυτού, και εισήλθον εις Αίγυπτον· και Αδέρ
18 παιδάριον μικρόν. ¹⁸και ανίστανται άνδρες εκ της πόλεως Μαδιάμ
και άρχοντες εις Φαράν, και λαμβάνουσιν άνδρας μετ' αυτών και
έρχονται προς Φαραώ βασιλέα Αιγύπτου· και εισήλθεν Αδέρ προς
19 Φαραώ, και έδωκεν αυτώ οίκον και άρτους διέταξεν αυτώ. ¹⁹και
εύρεν Αδέρ χάριν εναντίον Φαραώ σφόδρα, και έδωκεν αυτώ γυναίκα

10 εντειλαμενου A | φυλαξασθαι] φυλαξαι και A | om ουδ ην...πατρος | A αυτού A   11 τα προσταγμ. μου και τας εντολας μου A | α] as A | διαρρηξω] διαρρησω A   13 βασιλειαν]+ολην A   14 om και τον Εσρωμ...ο Ιδουμαιος A   15 αρχοντα] pr τον A | στρατειας] δυναμεως A 16 ενεκαθητο] εκαθητο A | οτου] ου A | εξολεθρευσεν A | εν τη Ιδουμ.] εκ της Ιδουμαιας A   17 οι Ιδουμ.] pr ανδρες B^{abmg vid} ανδρες Ιδουμ. Α | εισηλθεν A 18 αρχοντες] ερχονται B^{abmg} A | αυτων]+απο Φαραν A | ερχονται]+εις Αιγυπτον A | αυτω 2°]+και γην εδωκεν αυτω A

703

ΒΑΣΙΛΕΙΩΝ Γ

ἀδελφὴν τῆς γυναικὸς αὐτοῦ, ἀδελφὴν Θεκεμείνας τῆς μείζω. ²⁰καὶ ²⁰ ἔτεκεν αὐτῷ ἡ ἀδελφὴ Θεκεμείνας τῷ Ἀδὲρ τὸν Γανηβὰθ υἱὸν αὐτῆς· καὶ ἐξέθρεψεν αὐτὸν Θεκεμείνα ἐν μέσῳ υἱῶν Φαραώ, καὶ ἦν Γανηβὰθ ἐν μέσῳ υἱῶν Φαραώ. ²¹καὶ Ἀδὲρ ἤκουσεν ἐν Αἰγύπτῳ 21 ὅτι κεκοίμηται Δαυεὶδ μετὰ τῶν πατέρων αὐτοῦ, καὶ ὅτι τέθνηκεν Ἰωὰβ ὁ ἄρχων τῆς στρατείας· καὶ εἶπεν Ἀδὲρ πρὸς Φαραώ Ἐξαπόστειλόν με, καὶ ἀποστρέψω εἰς τὴν γῆν μου. ²²καὶ εἶπεν Φαραὼ τῷ Ἀδέρ 22 Τίνι σὺ ἐλαττονῇ μετ' ἐμοῦ, καὶ ἰδοὺ σὺ ζητεῖς ἀπελθεῖν εἰς τὴν γῆν σου; καὶ εἶπεν αὐτῷ Ἀδέρ Ὅτι ἐξαποστέλλων ἐξαποστελεῖς με· καὶ ἀνέστρεψεν Ἀδὲρ εἰς τὴν γῆν αὐτοῦ. ⁽²⁵⁾αὕτη ἡ κακία ἣν ἐποίησεν Ἀδέρ· καὶ ἐβαρυθύμησεν Ἰσραήλ, καὶ ἐβασίλευσεν ἐν τῇ Ἐδώμ. ²⁶Καὶ 26 Ἰεροβοὰμ υἱὸς Ναβὰθ ὁ Ἐφραθεὶ ἐκ τῆς Σαρειρὰ υἱὸς γυναικὸς χήρας, ὁ δοῦλος Σαλωμών. ²⁷καὶ τοῦτο τὸ πρᾶγμα ὡς ἐπήρατο χεῖρας 27 ἐπὶ βασιλέα. Σαλωμὼν ᾠκοδόμησεν τὴν ἄκραν· συνέκλεισεν τὸν φραγμὸν τῆς πόλεως Δαυεὶδ τοῦ πατρὸς αὐτοῦ. ²⁸καὶ ὁ ἄνθρω- 28 πος Ἰεροβοὰμ ἰσχυρὸς δυνάμει· καὶ εἶδεν Σαλωμὼν τὸ παιδάριον ὅτι ἀνὴρ ἔργων ἐστίν, καὶ κατέστησεν αὐτὸν ἐπὶ τὰς ἄρσεις οἴκου Ἰωσήφ. ²⁹καὶ ἐγενήθη ἐν τῷ καιρῷ ἐκείνῳ καὶ Ἰεροβοὰμ ἐξῆλθεν 29 ἐξ Ἰερουσαλήμ, καὶ εὗρεν αὐτὸν Ἀχείας ὁ Σηλωνείτης ὁ προφήτης ἐν τῇ ὁδῷ, καὶ ἀπέστησεν αὐτὸν ἐκ τῆς ὁδοῦ· καὶ ὁ Ἀχείας περιβεβλημένος ἱματίῳ καινῷ, καὶ ἀμφότεροι ἐν τῷ πεδίῳ. ³⁰καὶ 30 ἐπελάβετο Ἀχειὰ τοῦ ἱματίου αὐτοῦ τοῦ καινοῦ τοῦ ἐπ' αὐτῷ καὶ διέρρηξεν αὐτὸ δώδεκα ῥήγματα· ³¹καὶ εἶπεν τῷ Ἰεροβοάμ Λάβε 31 σεαυτῷ δέκα ῥήγματα, ὅτι τάδε λέγει Κύριος ὁ θεὸς Ἰσραήλ Ἰδοὺ ἐγὼ ῥήσσω τὴν βασιλείαν ἐκ χειρὸς Σαλωμών, καὶ δώσω σοι δέκα σκῆπτρα· ³²καὶ δύο σκῆπτρα ἔσονται αὐτῷ διὰ Δαυεὶδ τὸν δοῦλόν 32

A 19 Θεκεμιν. A (item 20 bis) | την μιζω A 20 Φαραω 1°] α 2° sup ras A¹ | om και ην Γ. εν μ. υιων Φ. A 21 Αιγυπτου A | πατερων αυτ.] ων α sup ras A¹ 22 om τω Αδερ A | αυτου]+και ηγειρεν κ̄ς̄ σαταν τω Σαλωμω| τον Ραζων υιον Ελιαδαε τον Βα|ραμεεθ Αδαδεξερ (sic) βασιλεα Σου|βα κυριον αυτου και συνηθροι|σθησαν εν (sic) αυτον ανδρες· και ην| αρχων συστρεμματος εν τω| αποκτεννειν Δαδ αυτους· και| επορευθησαν Δαμασκον και ε|καθισαν εν αυτη· και εβασιλευ|σαν εν Δαμασκω· και εγενετο| αντικειμενος τω Ισ̄λ̄ πασας| τας ημερας Σαλωμων A | om ην εποιησεν A | τη Εδωμ] τω Ε. A 26 Ναβατ A | Εφραθι A | Σαρειρα] Σαριδα A | υιος γυν. χηρας] και ονομα της μρ̄ς̄ αυτου| Σαρουα γυνη χηρα A | ο δουλος] om ο A | Σαλωμων]+και υψωσεν χειρα εν τω|βασιλει A 27 χειρα A | συνεκλεισεν] pr και A 28 οτι] o sup ras A¹ | τας αρσεις] om τας A 29 Αχιας A (bis) | Σηλωνιτης A 30 Αχια A | αυτο] αυτα A 31 σκηπτρα] ρηγματα A 32 τον δουλον μου Δ. A

704

ΒΑΣΙΛΕΙΩΝ Γ΄   XI 43

μου καὶ διὰ Ἱερουσαλὴμ τὴν πόλιν ἣν ἐξελεξάμην ἐν αὐτῇ. ἐκ B
33 πασῶν φυλῶν Ἰσραήλ· ³³ἀνθ᾽ ὧν κατέλιπέν με, καὶ ἐποίησεν
τῇ Ἀστάρτῃ βδελύγματι Σιδωνίων ˙ καὶ τῷ Χαμὼς καὶ ἐν τοῖς
εἰδώλοις Μωὰβ καὶ τῷ βασιλεῖ αὐτῶν προσοχθίσματι υἱῶν Ἀμμών,
καὶ οὐκ ἐπορεύθη ἐν ταῖς ὁδοῖς μου τοῦ ποιῆσαι τὸ εὐθὲς ἐνώπιον
34 ἐμοῦ ὡς Δαυεὶδ ὁ πατὴρ αὐτοῦ. ³⁴καὶ οὐ μὴ λάβω ὅλην τὴν
βασιλείαν ἐκ χειρὸς αὐτοῦ, διότι ἀντιτασσόμενος ἀντιτάξομαι αὐτῷ
πάσας τὰς ἡμέρας τῆς ζωῆς αὐτοῦ, διὰ Δαυεὶδ τὸν δοῦλόν μου
35 ὃν ἐξελεξάμην αὐτόν. ³⁵καὶ λήμψομαι τὴν βασιλείαν ἐκ χειρὸς
36 τοῦ υἱοῦ αὐτοῦ, καὶ δώσω σοι τὰ δέκα σκῆπτρα· ³⁶τῷ δὲ υἱῷ
αὐτοῦ δώσω τὰ δύο σκῆπτρα, ὅπως ᾖ θέσις τῷ δούλῳ μου Δαυεὶδ
πάσας τὰς ἡμέρας ἐνώπιον ἐμοῦ ἐν Ἱερουσαλὴμ τῇ πόλει, ᾗ ἐξελε-
37 ξάμην ἐμαυτῷ τοῦ θέσθαι ὄνομά μου ἐκεῖ. ³⁷καὶ σὲ λήμψομαι
καὶ βασιλεύσεις ἐν οἷς ἐπιθυμεῖ ἡ ψυχή σου, καὶ σὺ ἔσῃ βασιλεὺς
38 ἐπὶ τὸν Ἰσραήλ. ³⁸καὶ ἔσται ἐὰν φυλάξῃς πάντα ὅσα ἂν ἐντεί-
λωμαί σοι καὶ πορευθῇς ἐν ταῖς ὁδοῖς μου, καὶ ποιήσῃς τὸ εὐθὲς
ἐνώπιον ἐμοῦ τοῦ φυλάξασθαι τὰς ἐντολάς μου καὶ τὰ προστάγματά
μου καθὼς ἐποίησεν Δαυεὶδ ὁ δοῦλός μου· καὶ ἔσομαι μετὰ σοῦ
καὶ οἰκοδομήσω σοι οἶκον πιστὸν καθὼς οἰκοδόμησα τῷ Δαυείδ.
40 ⁴⁰καὶ ἐζήτησεν Σαλωμὼν θανατῶσαι τὸν Ἱεροβοάμ· καὶ ἀνέστη
καὶ ἀπέστη καὶ ἀπέδρα εἰς Αἴγυπτον πρὸς Σουσακεὶμ βασιλέα
41 Αἰγύπτου, καὶ ἦν ἐν Αἰγύπτῳ ἕως οὗ ἀπέθανεν Σαλωμών. ⁴¹καὶ
τὰ λοιπὰ τῶν ῥημάτων Σαλωμὼν καὶ πάντα ὅσα ἐποίησεν καὶ
πᾶσαν τὴν φρόνησιν αὐτοῦ, οὐκ ἰδοὺ ταῦτα γέγραπται ἐν βιβλίῳ
42 ῥημάτων Σαλωμών; ⁴²καὶ αἱ ἡμέραι ἃς ἐβασίλευσεν Σαλωμὼν
43 ἐν Ἱερουσαλὴμ τεσσεράκοντα ἔτη. ⁴³καὶ ἐκοιμήθη Σαλωμὼν μετὰ
τῶν πατέρων αὐτοῦ, καὶ ἔθαψαν αὐτὸν ἐν πόλει Δαυεὶδ τοῦ πατρὸς
αὐτοῦ. καὶ ἐγενήθη ὡς ἤκουσεν Ἱεροβοὰμ υἱὸς Ναβάτ, καὶ αὐτοῦ

33 κατελειπεν A | Ασταρτη] Ασ sup ras A¹ | βδελιγματη A | Σειδωνιων A B* (Σιδ. B^bA) | τω Χαμως] τοις X. A | om εν 1° A | υιων] υιω A | επορευθη]+ενωπιον κυ̅ · A | εμου]+και διακριβειας μου και| κρεις (sic) μου A 34 αυτον]+ος εφυ|λαξεν εντολας μου· και ακρι|βασμον· A   36 τα δυο] om τα A | η 2°] ην A | ονομα] pr το A   38 τοις οδ. A | ποιησεις A | εμου] μου A* (ε superscr A¹) | του φυλαξ.] om του A | εσομαι] α sup ras A¹ | om σοι 2° A | ωκοδομησα A | Δαυειδ 2°]+και| δωσω σοι τον Ισλ̅ και κακουχη|σω το σπερμα Ισλ̅· δια ταυτην| πλην ου πασας τας ημερας| A   40 ανεστη] +Ιεροβοαμ A | om και απεστη A | Αιγυπτω] Αιγυπτου A | ου] σου A 41 ρηματων 1°] λογων A | γεγραπται] γεγραμμενα A   42 Ιερουσαλημ] +επι παντα| Ισλ A | τεσσαρακ. B^b(vid)   43 om και εγενηθη...πατερων αυτου A

ΒΑΣΙΛΕΙΩΝ Γ

Β ἔτι ὄντος ἐν Αἰγύπτῳ, ὡς ἔφυγεν ἐκ προσώπου Σαλωμὼν καὶ ἐκάθητο ἐν Αἰγύπτῳ, κατευθύνειν· καὶ ἔρχεται εἰς τὴν πόλιν αὐτοῦ εἰς τὴν γῆν Σαρειρὰ τὴν ἐν ὄρει Ἐφράιμ. καὶ ὁ βασιλεὺς Σαλωμὼν ἐκοιμήθη μετὰ τῶν πατέρων αὐτοῦ, καὶ ἐβασίλευσεν Ῥοβοὰμ υἱὸς αὐτοῦ ἀντ' αὐτοῦ.

¹Καὶ πορεύεται βασιλεὺς Ῥοβοὰμ εἰς Σίκιμα, ὅτι εἰς Σίκιμα ι ΙΙ ἤρχοντο πᾶς Ἰσραὴλ βασιλεῦσαι αὐτόν. ³καὶ ἐλάλησεν ὁ λαὸς πρὸς 3 τὸν βασιλέα Ῥοβοὰμ λέγοντες ⁴Ὁ πατήρ σου ἐβάρυνεν τὸν κλοιὸν 4 ἡμῶν· καὶ σὺ νῦν κούφισον ἀπὸ τῆς δουλείας τοῦ πατρός σου τῆς σκληρᾶς καὶ ἀπὸ τοῦ κλοιοῦ αὐτοῦ τοῦ βαρέως οὗ ἔδωκεν ἐφ' ἡμᾶς, καὶ δουλεύσομέν σοι. ⁵καὶ εἶπεν πρὸς αὐτούς Ἀπέλθετε ἕως ἡμερῶν 5| τριῶν, καὶ ἀναστρέψατε πρὸς μέ· καὶ ἀπῆλθον. ⁶καὶ παρήγγειλεν ὁ 6 βασιλεὺς τοῖς πρεσβυτέροις, οἳ ἦσαν παρεστῶτες ἐνώπιον Σαλωμὼν τοῦ πατρὸς αὐτοῦ ἔτι ζῶντος αὐτοῦ, λέγων Πῶς ὑμεῖς βουλεύεσθε καὶ ἀποκριθῶ τῷ λαῷ τούτῳ λόγον; ⁷καὶ ἐλάλησαν πρὸς αὐτὸν λέγοντες 7| Εἰ ἐν τῇ ἡμέρᾳ ταύτῃ ἔσῃ δοῦλος τῷ λαῷ τούτῳ, καὶ δουλεύσῃς αὐτοῖς καὶ λαλήσῃς αὐτοῖς λόγους ἀγαθούς, καὶ ἔσονταί σοι δοῦλοι πάσας τὰς ἡμέρας. ⁸καὶ ἐνκατέλιπεν τὴν βουλὴν τῶν πρεσβυτέρων 8| ἃ συνεβουλεύσαντο αὐτῷ, καὶ συνεβουλεύσατο μετὰ τῶν παιδαρίων τῶν ἐκτραφέντων μετ' αὐτοῦ τῶν παρεστηκότων πρὸ προσώπου αὐτοῦ ⁹καὶ εἶπεν αὐτοῖς Τί ὑμεῖς συμβουλεύετε; καὶ τί ἀποκριθῶ 9| τῷ λαῷ τούτῳ τοῖς λέγουσι πρὸς μὲ λεγόντων Κούφισον ἀπὸ τοῦ κλοιοῦ οὗ ἔδωκεν ὁ πατήρ σου ἐφ' ἡμᾶς; ¹⁰καὶ ἐλάλησαν πρὸς αὐτὸν 10 τὰ παιδάρια τὰ ἐκτραφέντα μετ' αὐτοῦ, οἱ παρεστηκότες πρὸ προσώπου αὐτοῦ, λέγοντες Τάδε λαλήσεις τῷ λαῷ τούτῳ τοῖς λαλήσασι πρὸς σὲ λέγοντες Ὁ πατήρ σου ἐβάρυνεν τὸν κλοιὸν ἡμῶν, καὶ σὺ νῦν κούφισον ἀφ' ἡμῶν· τάδε λαλήσεις πρὸς αὐτούς Ἡ μικρότης μου παχυτέρα τῆς ὀσφύος τοῦ πατρός μου. ¹¹καὶ νῦν ὁ πατήρ μου ιι ἐπεσάσσετο ὑμᾶς κλοιῷ βαρεῖ, κἀγὼ προσθήσω ἐπὶ τὸν κλοιὸν ὑμῶν· ὁ πατήρ μου ἐπαίδευσεν ὑμᾶς ἐν μάστιγξίν, ἐγὼ δὲ παιδεύσω ὑμᾶς ἐν

A XII 1 βασιλευς] pr ο A | ηρχετο A | αυτον] + και εγενετο ως ηκουσεν Ιερο|-βοαμ· υιος Ναβατ· και αυτου ετι| οντος εν Αιγυπτω ως εφυγεν| εκ προσωπου του του (sic) βασιλε|ως Σαλωμων· και επεστρεψε| Ιεροβοαμ εξ Αιγυπτου και απε|στειλαν και εκαλεσαν αυτον| και ηλθεν Ιεροβοαμ· και πασα| η εκκλησια Ισλ· A   4 το κλοιον A   5 απελθατε A | τριων ημ. A   6 βασιλευς] + Ροβοαμ A | βουλευεσθε] βουλεσθαι A   7 αυτοις 1°] + και ειξις (sic) αυτοις A | λαλησεις A   8 εγκατελιπεν B^b εγκατελειπεν A (item 13 [-πε B^b]) | αυτου 2°] pr σου A   9 συμβουλευετε] βουλευεται A | λεγουσι] signa v l prae se fert B^? txt et mg λαλησασιν A   10 λαλησασιν A | της οσφυος] υπερ την οσφυν A   11 επεσασετο A | μαστιξιν B^bA (μαστιξειν)

12 σκορπίοις. ¹²καὶ παρεγένοντο πᾶς Ἰσραὴλ πρὸς τὸν βασιλέα Ῥοβοὰμ B
ἐν τῇ ἡμέρᾳ τῇ τρίτῃ, καθότι ἐλάλησεν αὐτοῖς ὁ βασιλεὺς λέγων
13 Ἀναστράφητε πρός με τῇ ἡμέρᾳ τῇ τρίτῃ. ¹³ καὶ ἀπεκρίθη ὁ βασιλεὺς
πρὸς τὸν λαὸν σκληρά, καὶ ἐνκατέλιπεν Ῥοβοὰμ τὴν βουλὴν τῶν
14 πρεσβυτέρων ἃ συνεβουλεύσαντο αὐτῷ, ¹⁴καὶ ἐλάλησεν πρὸς αὐτοὺς
κατὰ τὴν βουλὴν τῶν παιδαρίων λέγων Ὁ πατήρ μου ἐβάρυνεν τὸν
κλοιὸν ὑμῶν, κἀγὼ προσθήσω ἐπὶ τὸν κλοιὸν ὑμῶν· ὁ πατήρ μου
ἐπαίδευσεν ὑμᾶς ἐν μάστιγξιν, κἀγὼ παιδεύσω ὑμᾶς ἐν σκορπίοις.
15 ¹⁵καὶ οὐκ ἤκουσεν ὁ βασιλεὺς τοῦ λαοῦ, ὅτι ἦν μεταστροφὴ παρὰ
Κυρίου, ὅπως στήσῃ τὸ ῥῆμα αὐτοῦ ὃ ἐλάλησεν ἐν χειρὶ Ἀχειὰ τοῦ
16 Σηλωνείτου περὶ Ἱεροβοὰμ υἱοῦ Ναβάτ. ¹⁶καὶ εἶδον πᾶς Ἰσραὴλ ὅτι
οὐκ ἤκουσεν ὁ βασιλεὺς αὐτῶν· καὶ ἀπεκρίθη ὁ λαὸς τῷ βασιλεῖ
λέγων Τίς ἡμῖν μερὶς ἐν Δαυείδ; καὶ οὐκ ἔστιν ἡμῖν κληρονομία ἐν
υἱῷ Ἰεσσαί· ἀπότρεχε, Ἰσραήλ, εἰς τὰ σκηνώματά σου· νῦν βόσκε
τὸν οἶκόν σου, Δαυείδ. καὶ ἀπῆλθεν Ἰσραὴλ εἰς τὰ σκηνώματα
18 αὐτοῦ. ¹⁸καὶ ἀπέστειλεν ὁ βασιλεὺς τὸν Ἀρὰμ τὸν ἐπὶ τοῦ φόρου,
καὶ ἐλιθοβόλησαν αὐτὸν ἐν λίθοις καὶ ἀπέθανεν· καὶ ὁ βασιλεὺς
19 Ῥοβοὰμ ἔφθασεν ἀναβῆναι τοῦ φυγεῖν εἰς Ἰερουσαλήμ. ¹⁹καὶ ἠθέτησεν
20 Ἰσραὴλ εἰς τὸν οἶκον Δαυεὶδ ἕως τῆς ἡμέρας ταύτης. ²⁰καὶ ἐγένετο
ὡς ἤκουσεν πᾶς Ἰσραὴλ ὅτι ἀνέκαμψεν Ῥοβοάμ, καὶ ἀπέστειλεν
καὶ ἐκάλεσεν αὐτὸν εἰς τὴν συναγωγήν, καὶ ἐβασίλευσαν αὐτὸν ἐπὶ
Ἰσραήλ· καὶ οὐκ ἦν ὀπίσω Δαυεὶδ παρὲξ σκήπτρου Ἰούδα καὶ
21 Βενιαμείν, μόνοι. ²¹Καὶ Ῥοβοὰμ εἰσῆλθεν εἰς Ἰερουσαλήμ, καὶ
ἐξεκκλησίασεν τὴν συναγωγὴν Ἰούδα καὶ σκῆπτρον Βενιαμείν, ἑκατὸν
καὶ εἴκοσι χιλιάδες νεανιῶν ποιούντων πόλεμον, τοῦ πολεμεῖν πρὸς
οἶκον Ἰσραήλ, ἐπιστρέψαι τὴν βασιλείαν Ῥοβοὰμ υἱῷ Σαλωμών.
22 ²²καὶ ἐγένετο λόγος Κυρίου πρὸς Σαμαίαν ἄνθρωπον τοῦ θεοῦ λέγων
23 ²³Εἰπὸν τῷ Ῥοβοὰμ υἱῷ Σαλωμὼν βασιλεῖ Ἰούδα καὶ πρὸς πάντα
24 οἶκον Ἰούδα καὶ Βενιαμεὶν καὶ τῷ καταλοίπῳ τοῦ λαοῦ λέγων ²⁴Τάδε
λέγει Κύριος Οὐκ ἀναβήσεσθε οὐδὲ πολεμήσετε μετὰ τῶν ἀδελφῶν

14 αυτους] + και συνελαλη|σεν προς αυτους A | μαστιξιν B^b (-ξι) A A
15 ελαλησεν] + κ̅ς A | Αχια A | Σηλωνιτου A   16 λεγων] pr λογον A |
ημιν 2°] υμιν A | αποτρ. εις τα σκ. σου Ισλ̅ A | αυτου] + και υιων Ισλ̅
των| καθημενων εν πολεσιν Ιου|δα και εβασιλευσεν επ αυτων| Ροβοαμ· A
18 ο βασιλευς 1°] + Ροβοαμ A | Αραμ] Αδωνιραμ A | αυτον] + πας Ιηλ A | ανα-
βηναι] + επι το αρμα A   20 om πας A | Ροβοαμ] Ιεροβοαμ B^{ab mg} A |
εκαλεσεν] εισηγαγεν A | Δαυειδ] pr του οικου A   21 εξεκκλησιασεν A | και
εικοσι] ογδοηκοντα A   23 βασιλεα A   24 αναβησεσθαι A | ουδε] + μη
A | πολεμησαιτε A

ΒΑΣΙΛΕΙΩΝ· Γ

ὑμῶν υἱῶν Ἰσραήλ· ἀποστρεφέτω ἕκαστος εἰς τὸν οἶκον ἑαυτοῦ, ὅτι παρ' ἐμοῦ γέγονεν τὸ ῥῆμα τοῦτο. · καὶ ἤκουσαν τοῦ λόγου Κυρίου, καὶ κατέπαυσαν τοῦ πορευθῆναι κατὰ τὸ ῥῆμα Κυρίου.·

24a Καὶ ὁ βασιλεὺς Σαλωμὼν κοιμᾶταί μετὰ τῶν πατέρων αὐτοῦ, καὶ θάπτεται μετὰ τῶν πατέρων αὐτοῦ ἐν πόλει Δανείδ· καὶ ἐβασίλευσεν Ῥοβοὰμ υἱὸς αὐτοῦ ἀντ' αὐτοῦ· ἐν Ἰερουσαλήμ, υἱὸς ὢν ἑκκαίδεκα ἐτῶν ἐν τῷ βασιλεύειν αὐτόν· καὶ δώδεκα ἔτη ἐβασίλευσεν ἐν Ἰερουσαλήμ. καὶ ὄνομα τῆς μητρὸς αὐτοῦ Ναανάν, θυγάτηρ Ἀνὰ υἱοῦ Ναὰς βασιλέως Ἀμμών· καὶ ἐποίησεν τὸ πονηρὸν ἐνώπιον Κυρίου καὶ οὐκ ἐπορεύθη ἐν ὁδῷ Δανεὶδ τοῦ πατρὸς αὐτοῦ. 24b Καὶ ἦν ἄνθρωπος ἐξ ὄρους Ἐφράιμ δοῦλος τῷ Σαλωμών, καὶ ὄνομα αὐτῷ Ἰεροβοάμ, καὶ ὄνομα τῆς μητρὸς αὐτοῦ Σαρεισά, πόρνη· καὶ ἔδωκεν αὐτὸν Σαλωμὼν εἰς ἄρχοντα σκυτάλης ἐπὶ τὰς ἄρσεις οἴκου. Ἰωσήφ. καὶ ᾠκοδόμησεν Σαλωμὼν τὴν Σαρειρὰ τὴν ἐν ὄρει Ἐφράιμ, καὶ ἦσαν αὐτῷ ἅρματα τριακόσια ἵππων· οὗτος ᾠκοδόμησεν τὴν ἄκραν ἐν ταῖς ἄρσεσιν οἴκου Ἐφράιμ· οὗτος συνέκλεισεν τὴν πόλιν Δανείδ, καὶ. ἦν ἐπαιρόμενος ἐπὶ τὴν βασιλείαν. 24c καὶ ἐζήτει Σαλωμὼν θανατῶσαι αὐτόν· καὶ ἐφοβήθη καὶ ἀπέδρα· αὐτὸς πρὸς Σουσακεὶμ βασιλέα Αἰγύπτου, καὶ ἦν μετ' αὐτοῦ ἕως ἀπέθανεν Σαλωμών. 24d καὶ ἤκουσεν Ἰεροβοὰμ ἐν Αἰγύπτῳ ὅτι τέθνηκεν Σαλωμών, καὶ ἐλάλησεν εἰς τὰ ὦτα Σουσακεὶμ βασιλέως Αἰγύπτου λέγων Ἐξαπόστειλόν με, καὶ ἀπελεύσομαι ἐγὼ εἰς. τὴν γῆν μου· καὶ εἶπεν αὐτῷ Σουσακείμ Αἴτησαί τι αἴτημα καὶ δώσω σοι. 24e καὶ Σουσακεὶμ ἔδωκεν τῷ Ἰεροβοὰμ τὴν Ἀνὼ ἀδελφὴν Θεκεμείνας τὴν πρεσβυτέραν τῆς γυναικὸς αὐτοῦ αὐτῷ εἰς γυναῖκα· αὕτη ἡ μεγάλη ἐν μέσῳ τῶν θυγατέρων τοῦ βασιλέως, καὶ ἔτεκεν τῷ Ἰεροβοὰμ τὸν Ἀβιὰ υἱὸν αὐτοῦ. 24f καὶ εἶπεν Ἰεροβοὰμ πρὸς Σουσακείμ Ὄντως ἐξαπόστειλόν με, καὶ ἀπελεύσομαι. καὶ ἐξῆλθεν Ἰεροβοὰμ ἐξ Αἰγύπτου, καὶ ἦλθεν εἰς γῆν Σαρειρὰ τὴν ἐν ὄρει Ἐφράιμ· καὶ συνάγεται ἐκεῖ πᾶν σκῆπτρον Ἐφράιμ· καὶ ᾠκοδόμησεν Ἰεροβοὰμ ἐκεῖ χάρακα.· 24g Καὶ ἠρρώστησε τὸ παιδάριον αὐτοῦ ἀρρωστίᾳ κραταιᾷ σφόδρα· καὶ ἐπορεύθη Ἰεροβοὰμ ἐπερωτῆσαι ὑπὲρ τοῦ παιδαρίου· καὶ εἶπε πρὸς Ἀνὼ τὴν γυναῖκα αὐτοῦ Ἀνάστηθι, πορεύου· ἐπερώτησον τὸν θεὸν ὑπὲρ τοῦ παιδαρίου, εἰ ζήσεται ἐκ τῆς ἀρρωστίας αὐτοῦ. 24h καὶ ἄνθρωπος ἦν ἐν Σηλὼ καὶ ὄνομα αὐτῷ Ἀχειά, καὶ οὗτος ἦν υἱὸς ἑξήκοντα ἐτῶν, καὶ ῥῆμα Κυρίου μετ' αὐτοῦ. καὶ

A   24 αποστρεφετω] αναστρ. A | εαυτου] αυτου A   24 a—z om και βασιλευς...κατα το ρημα Κυριου A   24 b επισαρσεις B* (επι τας αρσ. [τ* superscr] Bᵃᵇ) | Αρειρα B* (Σαρ. B¹ᵃᵛⁱᵈ sed σ superser post α)

ΒΑΣΙΛΕΙΩΝ Γ   XII 24 q

εἶπεν Ἱεροβοὰμ πρὸς τὴν γυναῖκα αὐτοῦ Ἀνάστηθι καὶ λάβε εἰς B
τὴν χεῖρά σου τῷ ἀνθρώπῳ τοῦ θεοῦ ἄρτους καὶ κολλύρια τοῖς τέκνοις
24 i αὐτοῦ καὶ σταφυλὴν καὶ στάμνον μέλιτος. ²⁴ⁱ καὶ ἀνέστη ἡ γυνή, καὶ
ἔλαβεν εἰς τὴν χεῖρα αὐτῆς ἄρτους καὶ δύο κολλύρια καὶ σταφυλὴν
καὶ στάμνον μέλιτος τῷ Ἀχειά· καὶ ὁ ἄνθρωπος πρεσβύτερος, καὶ
24 k οἱ ὀφθαλμοὶ αὐτοῦ ἠμβλυώπουν τοῦ ἰδεῖν. ²⁴ᵏ καὶ ἀνέστη ἐκ Σαρειρὰ
καὶ πορεύεται· καὶ ἐγένετο ἐλθούσης αὐτῆς εἰς τὴν πόλιν πρὸς Ἀχειὰ
τὸν Σηλωνείτην, καὶ εἶπεν Ἀχειὰ τῷ παιδαρίῳ αὐτοῦ Ἔξελθε δὴ εἰς
ἀπαντὴν Ἀνὼ τῇ γυναικὶ Ἱεροβοάμ καὶ ἐρεῖς αὐτῇ Εἴσελθε καὶ μὴ
24 l στῇς, ὅτι τάδε λέγει Κύριος Σκληρὰ ἐγὼ ἐπαποστέλλω ἐπὶ σέ. ²⁴ˡ καὶ
εἰσῆλθεν Ἀνὼ πρὸς τὸν ἄνθρωπον τοῦ θεοῦ, καὶ εἶπεν αὐτῇ Ἀχειά
Ἵνα τί μοι ἐνήνοχας ἄρτους καὶ σταφυλὴν καὶ κολλύρια καὶ στάμνον
μέλιτος; τάδε λέγει Κύριος Ἰδοὺ σὺ ἀπελεύσῃ ἀπ᾽ ἐμοῦ, καὶ ἔσται
εἰσελθούσης σου τὴν πύλην εἰς Σαρειρά, καὶ τὰ κοράσιά σου ἐξελεύ-
σονταί σοι εἰς συνάντησιν καὶ ἐροῦσίν σοι Τὸ παιδάριον τέθνηκεν.
4 m ²⁴ᵐ ὅτι τάδε λέγει Κύριος Ἰδοὺ ἐγὼ ἐξολεθρεύσω τοῦ Ἱεροβοὰμ οὐροῦντα
πρὸς τοῖχον, καὶ ἔσονται οἱ τεθνηκότες τοῦ Ἱεροβοὰμ ἐν τῇ πόλει,
καταφάγονται οἱ κύνες, καὶ τὸν τεθνηκότα ἐν τῷ ἀγρῷ καταφάγεται
τὰ πετεινὰ τοῦ οὐρανοῦ. καὶ τὸ παιδάριον κόψεται Οὐαὶ κύριε, ὅτι
4 n εὑρέθη ἐν αὐτῷ ῥῆμα καλὸν περὶ τοῦ κυρίου. ²⁴ⁿ καὶ ἀπῆλθεν ἡ γυνὴ ὡς
ἤκουσεν· καὶ ἐγένετο ὡς εἰσῆλθεν εἰς τὴν Σαρειρά, καὶ τὸ παιδάριον
ἀπέθανεν, καὶ ἐξῆλθεν ἡ κραυγὴ εἰς ἀπαντήν. Καὶ ἐπορεύθη Ἱερο-
βοὰμ εἰς Σίκιμα τὴν ἐν ὄρει Ἐφράιμ καὶ συνήθροισεν ἐκεῖ τὰς φυλὰς
4 o τοῦ Ἰσραήλ, καὶ ἀνέβη ἐκεῖ Ῥοβοὰμ υἱὸς Σαλωμών. ²⁴ᵒ καὶ λόγος
Κυρίου ἐγένετο πρὸς Σαμαίαν τὸν Ἐνλαμεὶ λέγων Λάβε σεαυτῷ
ἱμάτιον καινὸν τὸ οὐκ εἰσεληλυθὸς εἰς ὕδωρ, καὶ ῥῆξον αὐτὸ δώδεκα
ῥήγματα· καὶ δώσεις τῷ Ἱεροβοάμ, καὶ ἐρεῖς αὐτῷ Τάδε λέγει Κύριος
Λάβε σεαυτῷ δώδεκα ῥήγματα τοῦ περιβαλέσθαι σε. καὶ ἔλαβεν
Ἱεροβοάμ καὶ εἶπεν Σαμαίας Τάδε λέγει Κύριος ἐπὶ τὰς δέκα φυλὰς
4 p τοῦ Ἰσραήλ. ²⁴ᵖ Καὶ εἶπεν ὁ λαὸς πρὸς Ῥοβοὰμ υἱὸν Σαλωμών
Ὁ πατήρ σου ἐβάρυνεν τὸν κλοιὸν αὐτοῦ ἐφ᾽ ἡμᾶς, καὶ ἐβάρυνεν τὰ
βρώματα τῆς τραπέζης αὐτοῦ· καὶ νυνὶ κουφιεῖς σὺ ἐφ᾽ ἡμᾶς, καὶ δου-
λεύσομέν σοι. καὶ εἶπεν Ῥοβοὰμ πρὸς τὸν λαόν Ἔτι τριῶν ἡμερῶν καὶ
4 q ἀποκριθήσομαι ὑμῖν ῥῆμα. ²⁴ᑫ καὶ εἶπεν Ῥοβοάμ Εἰσαγάγετέ μοι τοὺς
πρεσβυτέρους, καὶ συμβουλεύσομαι μετ᾽ αὐτῶν τί ἀποκριθῶ τῷ λαῷ
ῥῆμα ἐν τῇ ἡμέρᾳ τῇ τρίτῃ. καὶ ἐλάλησεν Ῥοβοὰμ εἰς τὰ ὦτα αὐτῶν
καθὼς ἀπέστειλεν ὁ λαὸς πρὸς αὐτόν· καὶ εἶπον οἱ πρεσβύτεροι τοῦ

24 p Ροβοαμ 2° Bᵇ] Ιεροβοαμ B*   24 q om ωτα B* (hab Bᵇ ᵐᵍ)

ΒΑΣΙΛΕΙΩΝ Γ

Β λαοῦ Οὕτως ἐλάλησεν πρὸς σὲ ὁ λαός. ²⁴ʳκαὶ διεσκέδασεν Ῥοβοὰμ τὴν βουλὴν αὐτῶν, καὶ οὐκ ἤρεσεν ἐνώπιον αὐτοῦ· καὶ ἀπέστειλεν καὶ εἰσήγαγεν τοὺς συντρόφους αὐτοῦ, καὶ ἐλάλησεν αὐτοῖς τὰ αὐτά Καὶ ταῦτα ἀπέστειλεν πρὸς μὲ λέγων ὁ λαός. καὶ εἶπαν οἱ σύντροφοι αὐτοῦ Οὕτως λαλήσεις πρὸς τὸν λαὸν λέγων Ἡ μικρότης μου παχυτέρα ὑπὲρ τὴν ὀσφὺν τοῦ πατρός μου· ὁ πατήρ μου ἐμαστίγου ὑμᾶς μάστιγξιν, ἐγὼ δὲ κατάρξω ὑμᾶς ἐν σκορπίοις. ²⁴ˢκαὶ ἤρεσεν τὸ ῥῆμα ἐνώπιον Ῥοβοάμ· καὶ ἀπεκρίθη τῷ λαῷ καθὼς συνεβούλευσαν αὐτῷ οἱ σύντροφοι αὐτοῦ τὰ παιδάρια. ²⁴ᵗκαὶ εἶπεν πᾶς ὁ λαὸς ὡς ἀνὴρ εἷς ἕκαστος τῷ πλησίον αὐτοῦ, καὶ ἀνέκραξαν ἅπαντες λέγοντες Οὐ μερὶς ἡμῖν ἐν Δαυεὶδ οὐδὲ κληρονομία ἐν υἱῷ Ἰεσσαί· εἰς τὰ σκηνώματά σου, Ἰσραήλ, ὅτι οὗτος ὁ ἄνθρωπος οὐκ εἰς ἄρχοντα οὐδὲ εἰς ἡγούμενον. ²⁴ᵘκαὶ διεσπάρη πᾶς ὁ λαὸς ἐκ Σικίμων, καὶ ἀπῆλθεν ἕκαστος εἰς τὸ σκήνωμα αὐτοῦ. καὶ κατεκράτησεν Ῥοβοάμ, καὶ ἀπῆλθεν καὶ ἀνέβη ἐπὶ τὸ ἅρμα αὐτοῦ καὶ εἰσῆλθεν εἰς Ἱερουσαλήμ· καὶ πορεύονται ὀπίσω αὐτοῦ πᾶν σκῆπτρον Ἰούδα καὶ πᾶν σκῆπτρον Βενιαμείν. ²⁴ˣΚαὶ ἐγένετο ἐνισταμένου τοῦ ἐνιαυτοῦ καὶ συνήθροισεν Ῥοβοὰμ πάντα ἄνδρα Ἰούδα καὶ Βενιαμείν, καὶ ἀνέβη τοῦ πολεμεῖν πρὸς Ἱεροβοὰμ εἰς Σίκιμα. ²⁴ʸκαὶ ἐγένετο ῥῆμα Κυρίου πρὸς Σαμαίαν ἄνθρωπον τοῦ θεοῦ·Εἰπὸν τῷ Ῥοβοὰμ βασιλεῖ Ἰούδα καὶ πρὸς πάντα οἶκον Ἰούδα καὶ Βενιαμεὶν καὶ πρὸς τὸ κατάλειμμα τοῦ λαοῦ λέγων Τάδε λέγει Κύριος Οὐκ ἀναβήσεσθε οὐδὲ πολεμήσετε πρὸς τοὺς ἀδελφοὺς ὑμῶν υἱοὺς Ἰσραήλ· ἀναστρέφετε ἕκαστος εἰς τὸν οἶκον αὐτοῦ, ὅτι παρ᾽ ἐμοῦ γέγονεν τὸ ῥῆμα τοῦτο. ²⁴ᶻκαὶ ἤκουσαν τοῦ λόγου Κυρίου, καὶ ἀνέσχον τοῦ πορευθῆναι, κατὰ τὸ ῥῆμα Κυρίου.

²⁵Καὶ ᾠκοδόμησεν Ἱεροβοὰμ τὴν Σίκιμα τὴν ἐν ὄρει Ἐφράιμ, καὶ κατῴκει ἐν αὐτῇ· καὶ ἐξῆλθεν ἐκεῖθεν καὶ ᾠκοδόμησεν τὴν Φανουήλ. ²⁶καὶ εἶπεν Ἱεροβοὰμ ἐν τῇ καρδίᾳ αὐτοῦ Ἰδοὺ νῦν ἐπιστρέψει ἡ βασιλεία ἐν οἴκῳ Δαυείδ· ²⁷ἐὰν ἀναβῇ ὁ λαὸς οὗτος ἀναφέρειν θυσίαν ἐν οἴκῳ Κυρίου εἰς Ἱερουσαλήμ, καὶ ἐπιστραφήσεται καρδία τοῦ λαοῦ πρὸς Κύριον καὶ κύριόν αὐτῶν, πρὸς Ῥοβοὰμ βασιλέα Ἰούδα, καὶ ἀποκτενοῦσίν με. ²⁸καὶ ἐβουλεύσατο ὁ βασιλεύς, καὶ ἐπορεύθη καὶ ἐποίησεν δύο δαμάλεις χρυσᾶς, καὶ εἶπεν πρὸς τὸν λαόν Ἱκανούσθω

Α   24·r μαστιξιν Β^b   24 t ουκ| Β* ου|κ Β^b   24 y θεου]+λεγω Β^(ab,mg)   26 εν οικω] εις τον οικον Α   · 27 θυσιας Α | του λαου] om· του Α | με]+και| επιστραφησονται προς Ροβοαμ| βασιλεα Ιουδα·| Α   28 εβουλευσατο ο βασ. και επορ.] επορευθη ο βασιλευς Α | ικανουσθαι Α

ΒΑΣΙΛΕΙΩΝ Γ΄. XIII 6

ὑμῖν ἀναβαίνειν εἰς Ἱερουσαλήμ· ἰδοὺ θεοί σου, Ἰσραήλ, οἱ ἀναγα- B
29 γόντες σε ἐκ γῆς Αἰγύπτου. ²⁹καὶ ἔθετο τὴν μίαν εἰς Βαιθήλ, καὶ
30 τὴν μίαν ἔδωκεν ἐν Δάν. ³⁰καὶ ἐγένετο ὁ λόγος οὗτος εἰς ἁμαρτίαν·
31 καὶ ἐπορεύετο ὁ λαὸς πρὸ προσώπου τῆς μιᾶς, ἕως Δάν. ³¹καὶ
ἐποίησεν οἴκους ἐφ᾽ ὑψηλῶν, καὶ ἐποίησεν ἱερεῖς μέρος τι ἐκ τοῦ
32 λαοῦ οἳ οὐκ ἦσαν ἐκ τῶν υἱῶν Λευεί. ³²καὶ ἐποίησεν Ἱεροβοὰμ
ἑορτὴν ἐν τῷ μηνὶ τῷ ὀγδόῳ ἐν τῇ πεντεκαιδεκάτῃ ἡμέρᾳ τοῦ μηνὸς
κατὰ τὴν ἑορτὴν τὴν ἐν γῇ Ἰούδα, καὶ ἀνέβη ἐπὶ τὸ θυσιαστήριον
ὃ ἐποίησεν ἐν Βαιθὴλ τοῦ θύειν ταῖς δαμάλεσιν αἷς ἐποίησεν, καὶ
33 παρέστησεν ἐν Βαιθὴλ τοὺς ἱερεῖς τῶν ὑψηλῶν ὧν ἐποίησεν. ³³καὶ
ἀνέβη ἐπὶ τὸ θυσιαστήριον ὃ ἐποίησεν τῇ πεντεκαιδεκάτῃ ἡμέρᾳ ἐν
τῷ μηνὶ τῷ ὀγδόῳ, ἐν τῇ ἑορτῇ ᾗ ἐπλάσατο ἀπὸ καρδίας αὐτοῦ,
καὶ ἐποίησεν ἑορτὴν τοῖς υἱοῖς Ἰσραήλ. καὶ ἀνέβη ἐπὶ τὸ θυσιαστήριον
τοῦ ἐπιθῦσαι.
1 ¹Καὶ ἰδοὺ ἄνθρωπος τοῦ θεοῦ ἐξ Ἰούδα παρεγένετο ἐν λόγῳ
Κυρίου εἰς Βαιθήλ, καὶ Ἱεροβοὰμ εἱστήκει ἐπὶ τὸ θυσιαστήριον
2 ἐπιθῦσαι. ²καὶ ἐπεκάλεσεν πρὸς τὸ θυσιαστήριον ἐν λόγῳ Κυρίου
Θυσιαστήριον, θυσιαστήριον, τάδε λέγει Κύριος Ἰδοὺ υἱὸς τίκτεται
τῷ οἴκῳ Δαυείδ, Ἰωσείας ὄνομα αὐτῷ, καὶ θύσει ἐπὶ σὲ τοὺς ἱερεῖς τῶν
ὑψηλῶν τῶν ἐπιθυόντων ἐπὶ σέ, καὶ ὀστᾶ ἀνθρώπων καύσει ἐπὶ σέ·
3 ³καὶ δώσει ἐν τῇ ἡμέρᾳ ἐκείνῃ τέρας, λέγων Τοῦτο τὸ ῥῆμα ὃ ἐλάλησεν
Κύριος λέγων Ἰδοὺ τὸ θυσιαστήριον ῥήγνυται, καὶ ἐκχυθήσεται ἡ
4 πιότης ἡ ἐπ᾽ αὐτῷ. ⁴καὶ ἐγένετο ὡς ἤκουσεν ὁ βασιλεὺς Ἱεροβοὰμ
τῶν λόγων τοῦ ἀνθρώπου τοῦ θεοῦ τοῦ ἐπικαλεσαμένου ἐπὶ τὸ θυσια-
στήριον τὸ ἐν Βαιθήλ, καὶ ἐξέτεινεν ὁ βασιλεὺς τὴν χεῖρα αὐτοῦ
ἀπὸ τοῦ θυσιαστηρίου λέγων Συλλάβετε αὐτόν· καὶ ἰδοὺ ἐξηράνθη
ἡ χεὶρ αὐτοῦ ἣν ἐξέτεινεν ἐπ᾽ αὐτόν, καὶ οὐκ ἠδυνήθη ἐπιστρέψαι
5 αὐτὴν πρὸς αὐτόν. ⁵καὶ τὸ θυσιαστήριον ἐρράγη, καὶ ἐξεχύθη ἡ
πιότης ἀπὸ τοῦ θυσιαστηρίου κατὰ τὸ τέρας ὃ ἔδωκεν ὁ ἄνθρωπος τοῦ
6 θεοῦ ἐν λόγῳ Κυρίου. ⁶καὶ εἶπεν ὁ βασιλεὺς Ἱεροβοὰμ τῷ ἀνθρώπῳ
τοῦ θεοῦ Δεήθητι τοῦ θεοῦ σου, καὶ ἐπιστρεψάτω ἡ χείρ μου πρὸς

28 θεοι] pr οι A | αναγαγοντες σε] ανηγαγον τε A* ανηγαγον γε A¹ᵛⁱᵈ A
29 εις] εν A 31 εφ] επι A | om ουκ A | Λευι A 33 εποιησεν 1°] +εν
Βαιθηλ A | αυτου] εαυτου (ε superscr) A¹ | ανεβη 2°] επεβη A XIII 1 παρε-
γενετο εξ Ιουδα A | ιστηκει A | θυσιαστηριον]+αυτου A 2 Κυριου]+και
ειπεν A | ταδε] α δε A | Ιωσιας B¹A | θυσει] επιθυσει A | τους ιερεις]· post
τους ins υ A* | om και οστα ανθρ. κ. επι σε A 3 δωσει] εδωκεν A | το
ρημα] τερας A | επ] εν A 4 αυτον 3°] εαυτον A 5 om ο 1° A
6 του θεου 2°] pr του προσωπου (προσ. του ante θεου) Bᵃᵇᵐᵍ pr τω προσωπω
κ̅υ̅ A | σου]+και προσευξαι περι εμου A

711

Β μέ. καὶ ἐδεήθη ὁ ἄνθρωπος τοῦ θεοῦ τοῦ προσώπου Κυρίου, καὶ ἐπέστρεψεν τὴν χεῖρα τοῦ βασιλέως πρὸς αὐτόν, καὶ ἐγένετο καθὼς τὸ πρότερον. ⁷καὶ ἐλάλησεν ὁ βασιλεὺς πρὸς τὸν ἄνθρωπον τοῦ ₇ θεοῦ Εἴσελθε μετ᾽ ἐμοῦ εἰς οἶκον καὶ ἀρίστησον, καὶ δώσω σοι δόμα. ⁸καὶ εἶπεν ὁ ἄνθρωπος τοῦ θεοῦ πρὸς τὸν βασιλέα Ἐάν μοι δῷς 8 τὸ ἥμισυ τοῦ οἴκου σου, οὐκ εἰσελεύσομαι μετὰ σοῦ, οὐδὲ μὴ φάγω ἄρτον οὐδὲ μὴ πίω ὕδωρ ἐν τῷ τόπῳ τούτῳ. ⁹ὅτι οὕτως ἐνετείλατό μοι 9 ἐν λόγῳ Κύριος λέγων Μὴ φάγῃς ἄρτον καὶ μὴ πίῃς ὕδωρ καὶ μὴ ἐπιστρέψῃς ἐν τῇ ὁδῷ ᾗ ἐπορεύθης ἐν αὐτῇ. ¹⁰καὶ ἀπῆλθεν ἐν ὁδῷ ἄλλῃ, 10 καὶ οὐκ ἀνέστρεψεν ἐν τῇ ὁδῷ ᾗ ἦλθεν ἐν αὐτῇ εἰς Βαιθήλ. ¹¹Καὶ 11 πρεσβύτης εἷς προφήτης κατῴκει εἰς Βαιθήλ, καὶ ἔρχονται οἱ υἱοὶ αὐτοῦ καὶ διηγήσαντο αὐτῷ ἅπαντα τὰ ἔργα ἃ ἐποίησεν ὁ ἄνθρωπος τοῦ θεοῦ ἐν τῇ ἡμέρᾳ ἐν Βαιθήλ, τοὺς λόγους οὓς ἐλάλησεν τῷ βασιλεῖ· καὶ ἐπέστρεψαν τὸ πρόσωπον τοῦ πατρὸς αὐτῶν. ¹²καὶ 12 ἐλάλησεν πρὸς αὐτοὺς ὁ πατὴρ αὐτῶν λέγων Ποίᾳ ὁδῷ πεπόρευται; καὶ δεικνύουσιν αὐτῷ οἱ υἱοὶ αὐτοῦ τὴν ὁδὸν ἐν ᾗ ἀνῆλθεν ὁ ἄνθρωπος τοῦ θεοῦ ὁ ἐλθὼν ἐξ Ἰούδα. ¹³καὶ εἶπεν τοῖς υἱοῖς αὐτοῦ Ἐπισάξατέ 13 μοι τὸν ὄνον· καὶ ἐπέσαξαν αὐτῷ τὸν ὄνον, καὶ ἐπέβη ἐπ᾽ αὐτόν. ¹⁴καὶ ἐπορεύθη κατόπισθεν τοῦ ἀνθρώπου τοῦ θεοῦ, καὶ εὗρεν αὐτὸν 14 καθήμενον ὑπὸ δρῦν καὶ εἶπεν αὐτῷ Εἰ σὺ εἶ ὁ ἄνθρωπος τοῦ θεοῦ ὁ ἐληλυθὼς ἐξ Ἰούδα; καὶ εἶπεν αὐτῷ Ἐγώ. ¹⁵καὶ εἶπεν αὐτῷ Δεῦρο 15 μετ᾽ ἐμοῦ καὶ φάγε ἄρτον. ¹⁶καὶ εἶπεν Οὐ μὴ δύνωμαι· τοῦ ἐπι- 16 στρέψαι μετὰ σοῦ, οὐδὲ μὴ φάγομαι ἄρτον οὐδὲ πίομαι ὕδωρ ἐν τῷ τόπῳ τούτῳ. ¹⁷ὅτι οὕτως ἐντέταλταί μοι ἐν λόγῳ Κύριος λέγων 17 Μὴ φάγῃς ἄρτον ἐκεῖ καὶ μὴ πίῃς ὕδωρ, καὶ μὴ ἐπιστρέψῃς ἐκεῖ ἐν τῇ ὁδῷ ᾗ ἐπορεύθης ἐν αὐτῇ. ¹⁸καὶ εἶπεν πρὸς αὐτόν Κἀγὼ 18 προφήτης εἰμὶ καθὼς σύ, καὶ ἄγγελος λελάληκεν πρὸς μὲ ἐν ῥήματι Κυρίου λέγων Ἐπίστρεψον αὐτὸν πρὸς σεαυτὸν εἰς τὸν οἶκόν σου, καὶ φαγέτω ἄρτον καὶ πιέτω ὕδωρ· καὶ ἐψεύσατο αὐτῷ. ¹⁹καὶ 19 ἐπέστρεψεν αὐτόν, καὶ ἔφαγεν ἄρτον ἐν τῷ οἴκῳ αὐτοῦ καὶ ἔπιεν

A   6 το προτερον] om το A   7 αριστησον] αριστη A   8 δως μοι A
9 om και 1° A | om εν 2° B* vid (hab B^{ab (mg)})   11 προφ. εις πρεσβ. A | εις 2°]
εν A | ερχονται] ερχον|και A* | απαντα] παντα A | ημερα] μ sup ras A^{a1} | επεστρεψαν] απεστρ. A   12 αυτους] αυτον A | ανηλθεν] απηλθεν A | ελθων]
εξελθων A ,   13 αυτου] ου sup ras A¹ | τον ονον (bis)] την ο. A | αυτω]
αυτην A   14 om και επορευθη A | υπο] επι A | om του θεου 2° A
15 εμου] + εις την οικιαν A   16 του επιστρεψαι] om του A | om
μη 2° A   17 μη 1°] pr ου A | εκει αρτον A   18 προς με] μοι A |
επιστρεψαι A | om εις τον A | φαγεται A | πιεται A   19 αυτον] + εν
εαυτω A

712

ΒΑΣΙΛΕΙΩΝ Γ XIII 32

20 ὕδωρ. ²⁰καὶ ἐγένετο αὐτῶν καθημένων, καὶ ἐγένετο λόγος Κυρίου πρὸς B
21 τὸν προφήτην τὸν ἐπιστρέψαντα αὐτόν· ²¹καὶ εἶπεν πρὸς τὸν
ἄνθρωπον τοῦ θεοῦ τὸν ἥκοντα ἐξ Ἰούδα λέγων Τάδε λέγει Κύριος
Ἀνθ' ὧν παρεπίκρανας τὸ ῥῆμα Κυρίου, καὶ οὐκ ἐφύλαξας τὴν
22 ἐντολὴν ἣν ἐνετείλατό σοι Κύριος ὁ θεός σου· ²²καὶ ἐπέστρεψας,
καὶ ἔφαγες ἄρτον καὶ ἔπιες ὕδωρ ἐν τῷ τόπῳ τούτῳ ᾧ ἐλάλησεν πρὸς
σὲ λέγων Οὐ μὴ φάγῃς ἄρτον καὶ μὴ πίῃς ὕδωρ· οὐ μὴ εἰσέλθῃ
23 τὸ σῶμά σου εἰς τὸν τάφον τῶν πατέρων σου. ²³καὶ ἐγένετο μετὰ
τὸ φαγεῖν ἄρτον καὶ πιεῖν ὕδωρ, καὶ ἐπέσαξεν αὐτῷ τὸν ὄνον, καὶ
24 ἐπέστρεψεν ⁽²⁴⁾καὶ ἀπῆλθεν. ²⁴καὶ εὗρεν αὐτὸν λέων ἐν τῇ ὁδῷ καὶ
ἐθανάτωσεν αὐτόν· καὶ ἦν τὸ σῶμα αὐτοῦ ἐρριμμένον ἐν τῇ ὁδῷ, καὶ ὁ
25 ὄνος εἱστήκει παρ' αὐτό, καὶ ὁ λέων εἱστήκει παρὰ τὸ σῶμα. ²⁵καὶ
ἰδοὺ ἄνδρες παραπορευόμενοι καὶ εἶδον τὸ θνησιμαῖον ἐρριμμένον ἐν
τῇ ὁδῷ, καὶ ὁ λέων εἱστήκει ἐχόμενα τοῦ θνησιμαίου· καὶ εἰσῆλθον
καὶ ἐλάλησαν ἐν τῇ πόλει οὗ ὁ προφήτης ὁ πρεσβύτης κατῴκει ἐν
26 αὐτῇ. ²⁶καὶ ἤκουσεν ὁ ἐπιστρέψας αὐτὸν ἐκ τῆς ὁδοῦ, καὶ εἶπεν
Ὁ ἄνθρωπος τοῦ θεοῦ οὗτός ἐστιν ὃς παρεπίκρανε τὸ ῥῆμα Κυρίου.
28 ²⁸καὶ ἐπορεύθη καὶ εὗρεν τὸ σῶμα αὐτοῦ ἐρριμμένον ἐν τῇ ὁδῷ,
καὶ ὁ ὄνος καὶ ὁ λέων εἱστήκεισαν παρὰ τὸ σῶμα, καὶ οὐκ ἔφαγεν
ὁ λέων τὸ σῶμα τοῦ ἀνθρώπου τοῦ θεοῦ, καὶ οὐ συνέτριψεν τὸν ὄνον.
29 ²⁹καὶ ἦρεν ὁ προφήτης τὸ σῶμα τοῦ ἀνθρώπου τοῦ θεοῦ καὶ ἐπέθηκεν
30 αὐτὸ ἐπὶ τὸν ὄνον, καὶ ἐπέστρεψεν αὐτὸν εἰς τὴν πόλιν ³⁰ὁ προφήτης
τοῦ θάψαι αὐτὸν ⁽³⁰⁾ἐν τῷ τάφῳ ἑαυτοῦ· καὶ ἐκόψαντο αὐτόν Οὐαὶ
31 ἀδελφέ. ³¹καὶ ἐγένετο μετὰ τὸ κόψασθαι αὐτὸν καὶ εἶπεν τοῖς υἱοῖς
αὐτοῦ λέγων Ἐὰν ἀποθάνω, θάψατέ με ἐν τῷ τάφῳ τούτῳ οὗ ὁ ἄνθρωπος τοῦ θεοῦ τέθαπται ἐν αὐτῷ· παρὰ τὰ ὀστᾶ αὐτοῦ θέτε με, ἵνα
32 σωθῶσι τὰ ὀστᾶ μου μετὰ τῶν ὀστῶν αὐτοῦ. ³²ὅτι γινόμενον ἔσται
τὸ ῥῆμα ὃ ἐλάλησεν ἐν λόγῳ Κυρίου ἐπὶ τοῦ θυσιαστηρίου ἐν Βαιθὴλ

20 καθημενων] (καθημενον A)] + επι της τραπεζης B^(ab(mg))A · 22 ω] ως A
A | om ου 1° A   23 πειν B* (πιειν B^(a†b †)) | τον ονον] την ο· τω'προφητη A
24 om και ο λεων εισηκει παρα A   25 ειδον] ιδον A | το θνησιμαιον] seq ras
2 circ litt in A | εριμμ. A |, ιστηκει A | εχομενα (sic) A | εισηλθεν
A | ελαλησεν A   26 παρεπικρανεν A | Κυριου] + και εδωκεν αυτον| ο k̅s̅
τω λεοντι και συνετριψεν| αυτον· και εθανατωσεν αυτον| κατα το ρημα k̅υ̅
ο ελαλησεν αυτω| και ελαλησεν προς τους υιους| αυτου τω λεγειν επισαξατε μοι|
την ονον και επεσαξαν· A   28 ευρεν] ερρεν A | ο ονος] om ο A | εισιτη-·
κεισαν B*^b]ιστ. B^a A   28—29 om και ου συνετριψεν...του θεου A
29 αυτον] + και ηλθεν A | πολιν] + του προ(φητου του πρεσβυτερου του
κοι|ψασθαι και του θαψαι αυτον και| ανεπαυσεν το νεκρομαιον αυτου·| A
30 εαυτου] αυτου A | εκοψατο A | αδελφαι A   31 om τουτω A | εν αυτω]
παρ αυτου A | σωθωσιν A   32 εν Βαιθηλ] pr του A

ΒΑΣΙΛΕΙΩΝ Γ   XIII 33

B καὶ ἐπὶ τοὺς οἴκους τοὺς ὑψηλοὺς τοὺς ἐν Σαμαρείᾳ.   ³³Καὶ μετὰ **33** τὸ ῥῆμα τοῦτο οὐκ ἐπέστρεψεν Ἱεροβοὰμ ἀπὸ τῆς κακίας αὐτοῦ, καὶ ἐπέστρεψεν καὶ ἐποίησεν ἐκ μέρους τοῦ λαοῦ ἱερεῖς ὑψηλῶν· ὁ βουλόμενος, ἐπλήρου τὴν χεῖρα αὐτοῦ, καὶ ἐγένετο ἱερεὺς εἰς τὰ ὑψηλά.   ³⁴καὶ ἐγένετο τὸ ῥῆμα τοῦτο εἰς ἁμαρτίαν τῷ οἴκῳ Ἱεροβοὰμ **34** καὶ εἰς ὄλεθρον καὶ εἰς ἀφανισμὸν ἀπὸ προσώπου τῆς γῆς.

A   **33** εγενετο] εγεινετο A   XIV 1—20 εν τω καιρω εκεινω ηρρωστη|στησεν Αβια υιος Ιεροβοαμ·| (**2**) και ειπεν ο Ιεροβοαμ προς την| γυναικα αυτου αναστηθι και αλ|λοιωθηση· και ου γνωσονται| οτι συ γυνη Ιεροβοαμ· και πο|ρευθηση εις Σηλω και ιδου εκει| Αχια ο προφητης· αυτος ελαλη|σεν εμε του βασιλευσαι επι το| λαον τουτον (**3**) και λαβε εις την| χειρα σου τω ανω̄ του θῡ αρτους| και κολ-λυριδα τοις τεκνοις αυτου| και σταφιδας και σταμνον μελι|τος και ελευση προς αυτον· αυτος| αναγγειλη σοι τι εσται τω παιδι·| (**4**) και εποιησεν ουτως γυνη Ιε|ροβοαμ· και ανεστη και επορευ|θη εις Σηλω και εισηλθεν εν οικω Αχια· και ο ανος πρεσβυτερος| του ιδειν· και ημβλυωπουν οι| οφθαλμοι αυτου απο γη-ρους| αυτου·| (**5**) και κ̄ς ειπεν προς Αχια· ιδου γυ|νη του Ιεροβοαμ εισερχεται| του εκζητησαι ρημα παρα σου·| υιον (sic) αυτης οτι αρρωστος εστῑ·| κατα τουτο και κατα τουτο λαλη|σεις προς αυτην·| και εγενετο εν τω εισερχεσθαι| αυτην και αυτη απεξενουτο| (**6**) και εγενετο ως ηκουσεν Αχια| την φωνην ποδων αυ-της εισερ|χομενης αυτης εν τω ανοιγμα|τι· και ειπεν εισελθε γυνη Ιερο|βοαμ· ινα τι συ τουτο απεξε|νουσαι και εγω ειμι αποστολος| προς σε σκληρος· (**7**) πο-ρευθεισα| ειπον τω Ιεροβοαμ·| ταδε λεγει κ̄ς ο θ̄ς Ισλ̄· ανθ ου οσο̄| υψωσα σε απο μεσου λαου· και| εδωκα σε ηγουμενον επι τον| λαον μου Ιηλ̄· (**8**) και ερ-ρηξα συν| το βασιλειον απο του οικου Δαδ̄·| και εδωκα αυτο σοι· και ουκ ε|γε-νου ως ο δουλος μου Δαδ̄ ος| εφυλαξεν τας εντολας μου· και| ος επορευθη οπισω μου εν| παση καρδια αυτου ποιησαι| εκαστος το ευθες εν οφθαλμοις| μου· (**9**) και επονηρευσω του ποι|ησαι παρα παντος οσοι εγενον|το εις προσ-ωπον σου· και εποι|ρευθης και εποιησας σεαυτω| θεους ετερους χωνευτα τον| παροργισαι με· και εμε ερριψας| οπισω σωματος σου· (**10**) δια τουτο| εγω αγω κακιαν προς σε εις οι|κον Ιεροβοαμ εξολεθρευσω| του Ιεροβοαμ ουρουντα προς| τοιχον εχομενον και εγκατα||λελιμμενον εν Ιηλ̄· και επιλε|ξω οικου Ιεροβοαμ· καθως ε|πιλεγετε η κοπρος ως τελιω|θηναι αυτον· (**11**) οι τεθνηκοτες| του Ιερο-βοαμ· εν τη πολει κα|ταφαγονται οι κυνες· και τον| τεθνηκοτα εν τω αγρω καταφαγονται τα πετεινα του ουρα|νου οτι κ̄ς ελαλησεν (**12**) και συ·| αναστα-σα πορευθητι εις τον| οικον σου εν τω εισερχεσθ| 3| ποδα σου την πολιν απο-θανειται το παιδαριον (ap sup ras 3 ut vid litt)· (**13**) και κοψον|ται αυτον πᾱς Ισλ̄· και θαψουσῑ| αυτον οτι ουτος μονος εισε|λευσεται τω Ιεροβοαμ· προς τα|φο̄ν· οτι ευρεθη εν αυτω ρημα| καλον περι του κ̄ῡ θῡ Ισλ̄· εν οικω Ιεροβοαμ· (**14**) και αναστησει| κ̄ς εαυτω βασιλεα επι Ισλ̄· ος πληξει τον οικον Ιεροβοαμ ταυτη| τη ημερα· και τι και νυν (**15**) κ̄ς| πληξει τον Ισλ̄· καθα κινιται ο ανεμος ε̄ν τω υδατι και εκτε|λει τον Ισλ̄· απο ανω της χθονος| της αγαθης ταυτης η̄ς εδωκε̄| τοις πατρασιν αυτων· και λικ|μησει αυτους απο περαν του| ποταμοῦ ανθ ου οσον εποιησα| τα αλση αυτων παροργιζοντες| τον κ̄ῡ· (**16**) και παρα-δωσει κ̄ς τον Ισλ̄| χαριν αμαρτιων Ιεροβοαμ| ος ημαρτεν· και ος εξημαρτεν| τον Ισλ̄·| (**17**) και ανεστη η γυνη Ιεροβοαμ·| και επορευθη εις γην Σαριρα·|

ΒΑΣΙΛΕΙΩΝ Γ.   XIV 31

²¹ Καὶ Ῥοβοὰμ υἱὸς Σαλωμὼν ἐβασίλευσεν ἐπὶ Ἰουδά· υἱὸς τεσσερά- B κοντα καὶ ἑνὸς ἐνιαυτῶν Ῥοβοὰμ ἐν τῷ βασιλεύειν αὐτόν· καὶ δέκα ἑπτὰ ἔτη ἐβασίλευσεν ἐν Ἰερουσαλήμ, τῇ πόλει ἣν ἐξελέξατο Κύριος θέσθαι τὸ ὄνομα αὐτοῦ ἐκεῖ ἐκ πασῶν φυλῶν τοῦ Ἰσραήλ· ²² καὶ τὸ ὄνομα τῆς μητρὸς αὐτοῦ Μααχὰμ Ἀμμανεῖτις. ²²καὶ ἐποίησεν Ῥοβοὰμ τὸ πονηρὸν ἐνώπιον Κυρίου· καὶ παρεζήλωσεν αὐτὸν ἐν πᾶσιν οἷς ἐποίησαν οἱ πατέρες αὐτῶν ἐν ταῖς ἁμαρτίαις αὐτῶν αἷς ²³ ἥμαρτον. ²³καὶ ᾠκοδόμησαν ἑαυτοῖς ὑψηλὰ καὶ στήλας καὶ ἄλση ἐπὶ πάντα βουνὸν ὑψηλὸν καὶ ὑποκάτω παντὸς ξύλου συσκίου. ²⁴ ²⁴καὶ σύνδεσμος ἐγενήθη ἐν τῇ γῇ, καὶ ἐποίησαν ἀπὸ πάντων τῶν βδελυγμάτων τῶν ἐθνῶν ὧν ἐξῆρεν Κύριος ἀπὸ προσώπου ²⁵ υἱῶν Ἰσραήλ. ²⁵Καὶ ἐγένετο ἐν τῷ ἐνιαυτῷ τῷ πέμπτῳ βασιλεύοντος Ῥοβοὰμ ἀνέβη Σουσακεὶμ βασιλεὺς Αἰγύπτου ἐπὶ Ἱερουσαλήμ, ²⁶ ²⁶καὶ ἔλαβεν πάντας τοὺς θησαυροὺς οἴκου Κυρίου καὶ τοὺς θησαυροὺς οἴκου τοῦ βασιλέως καὶ τὰ δόρατα τὰ χρυσᾶ ἃ ἔλαβεν Δαυεὶδ ἐκ χειρὸς τῶν παίδων Ἀδραάζαρ βασιλέως Σουβὰ καὶ εἰσήνεγκεν αὐτὰ ²⁷ εἰς Ἱερουσαλήμ, τὰ πάντα ἃ ἔλαβεν ὅπλα τὰ χρυσᾶ. ²⁷καὶ ἐποίησεν Ῥοβοὰμ ὁ βασιλεὺς ὅπλα χαλκᾶ ἀντ' αὐτῶν· καὶ ἐπέθεντο ἐπ' αὐτὸν οἱ ἡγούμενοι τῶν παρατρεχόντων, οἱ φυλάσσοντες τὸν πυλῶνα οἴκου ²⁸ βασιλέως. ²⁸καὶ ἐγένετο ὅτε εἰσεπορεύετο ὁ βασιλεὺς εἰς οἶκον Κυρίου, καὶ ᾖρον αὐτὰ οἱ παρατρέχοντες καὶ ἀπηρείδοντο αὐτὰ εἰς ²⁹ τὸ θεὲ τῶν παρατρεχόντων. ²⁹Καὶ τὰ λοιπὰ τῶν λόγων Ῥοβοὰμ καὶ πάντα ἃ ἐποίησεν, οὐκ ἰδοὺ ταῦτα γεγραμμένα ἐν βιβλίῳ λόγων ³⁰ τῶν ἡμερῶν τοῖς βασιλεῦσιν Ἰούδα; ³⁰καὶ πόλεμος ἦν ἀνὰ μέσον ³¹ Ῥοβοὰμ καὶ ἀνὰ μέσον Ἱεροβοὰμ πάσας τὰς ἡμέρας. ³¹καὶ ἐκοιμήθη Ῥοβοὰμ μετὰ τῶν πατέρων αὐτοῦ, καὶ θάπτεται μετὰ τῶν

γενετο ως εισηλθεν εν| τω προθυρω του οικου και το| παιδαριον απεθανεν A
18) και εθα|ψαν αυτον· και εκοψαντο αυτο| πας Ισλ̄ κατα το ρημα κῡ ο ελα|λη-
σεν εν χειρι δουλου αυτου·| Αχια του προφητου (19) και περισ|σον ρηματων
ιεροβοαμ· οσα| επολεμησεν και οσα εβασι|λευσεν ιδου αυτα γεγραμμενα| επι
βιβλιου ρηματων των ημε|ρων των βασιλεων Ισλ̄ (20) και αι| ημεραι ας εβασι-
λευσεν Ιερο|βοαμ εικοσι δυο ετη· και εκοι|μηθη μετα των πρ̄ων αυτου·| και εβα-
σιλευσεν Ναβατ̄ υιος| αυτου αντ αυτου| A (om B)   21 Ιουδαν A | τεσσαρακ.
3ᵇ | ενος] signa v l prae se fert B†txt et mg | δεκα επτα] επτα και δεκα A | εκει]
+και A | το ονομα 2°(μα A ᵃ¹)] om το A | Μααχαμ] signa v l prae se fert B†txt et mg
Νααμα A | Αμμανειτις] η Αμανιτις A   22 παρεζηλωσαν A | αυτων 1°] αυ-
-ου A | εν 2°] pr και A   23 ωκοδομησαν]+και αυτοι A | υψηλον] υψηλου A
24 των βδελ.] om των A   26 om παντας A | om α 2° A | ελαβεν 2°]+και
ελαβεν A | χρυσα 2°]+οσα εποιησε Σαλωμων και απη|νεγκεν αυτα εις Αιγυπτον
Bᵃ†bᵇ mg inf+οσα εποιησεν Σαλωμων A   27 ο βασιλευς P. A | αντ αυτων
οπλα χαλκα A | βασιλεως] pr του A   28 ηραν A   29 α] οσα A

ΧV. 1 ΒΑΣΙΛΕΙΩΝ Γ

B πατέρων αὐτοῦ ἐν πόλει Δαυείδ· καὶ ἐβασίλευσεν Ἀβιοὺ υἱὸς αὐτοῦ ἀντ᾽ αὐτοῦ.

¹Καὶ ἐν τῷ ὀκτωκαιδεκάτῳ ἔτει βασιλεύοντος Ἱεροβοὰμ υἱοῦ 1 X Ναβὰθ βασιλεύει Ἀβιοὺ υἱὸς Ἱεροβοὰμ ἐπὶ Ἰουδά, ²καὶ ἓξ ἔτη 2 ἐβασίλευσεν· καὶ ὄνομα τῆς μητρὸς αὐτοῦ Μααχά, θυγάτηρ Ἀβεσσαλώμ. ³καὶ ἐπορεύθη ἐν ταῖς ἁμαρτίαις τοῦ πατρὸς αὐτοῦ αἷς 3 ἐποίησεν ἐνώπιον αὐτοῦ, καὶ οὐκ ἦν ἡ καρδία αὐτοῦ τελεία μετὰ Κυρίου θεοῦ αὐτοῦ ὡς ἡ καρδία τοῦ πατρὸς αὐτοῦ. ⁴ὅτι διὰ Δαυεὶδ 4 ἔδωκεν αὐτῷ Κύριος κατάλειμμα, ἵνα στήσῃ τέκνα αὐτοῦ μετ᾽ αὐτὸν καὶ στήσῃ τὴν Ἰερουσαλήμ, ⁵ὡς ἐποίησεν Δαυεὶδ τὸ εὐθὲς ἐνώπιον 5 Κυρίου, οὐκ ἐξέκλινεν ἀπὸ πάντων ὧν ἐνετείλατο αὐτῷ πάσας τὰς ἡμέρας τῆς ζωῆς αὐτοῦ. ⁷καὶ τὰ λοιπὰ τῶν λόγων Ἀβιοὺ καὶ πάντα 7 ἃ ἐποίησεν, οὐκ ἰδοὺ ταῦτα γεγραμμένα ἐπὶ βιβλίῳ λόγων τῶν ἡμερῶν τοῖς βασιλεῦσιν Ἰούδα; καὶ πόλεμος ἦν ἀνὰ μέσον Ἀβιοὺ καὶ ἀνὰ μέσον Ἱεροβοάμ. ⁸καὶ ἐκοιμήθη Ἀβιοὺ μετὰ τῶν πατέρων 8 αὐτοῦ ἐν τῷ εἰκοστῷ καὶ τετάρτῳ ἔτει τοῦ Ἱεροβοάμ, καὶ θάπτεται μετὰ τῶν πατέρων αὐτοῦ ἐν πόλει Δαυείδ· καὶ βασιλεύει Ἀσὰ υἱὸς αὐτοῦ ἀντ᾽ αὐτοῦ.

⁹Ἐν τῷ ἐνιαυτῷ τῷ τετάρτῳ καὶ εἰκοστῷ τοῦ Ἱεροβοὰμ βασιλέως 9 Ἰσραὴλ βασιλεύει Ἀσὰ ἐπὶ Ἰούδαν, ¹⁰καὶ τεσσεράκοντα καὶ ἓν 10 ἔτος ἐβασίλευσεν ἐν Ἰερουσαλήμ· καὶ ὄνομα τῆς μητρὸς αὐτοῦ Ἀνά, θυγάτηρ Ἀβεσσαλώμ. ¹¹καὶ ἐποίησεν Ἀσὰ τὸ εὐθὲς ἐνώπιον Κυρίου 11 ὡς Δαυεὶδ ὁ πατὴρ αὐτοῦ. ¹²καὶ ἀφεῖλεν τὰς τελετὰς ἀπὸ τῆς γῆς, 12 καὶ ἐξαπέστειλεν πάντα τὰ ἐπιτηδεύματα ἃ ἐποίησαν οἱ πατέρες αὐτοῦ. ¹³καὶ τὴν Ἀνὰ τὴν μητέρα αὐτοῦ μετέστησεν τοῦ μὴ εἶναι 13 ἡγουμένην, καθὼς ἐποίησεν σύνοδον ἐν τῷ ἄλσει αὐτῆς· καὶ ἐξέκοψεν Ἀσὰ τὰς καταδύσεις αὐτῆς καὶ ἐνέπρησεν πυρὶ ἐν τῷ χειμάρρῳ τῶν κέδρων. ¹⁴τὰ δὲ ὑψηλὰ οὐκ ἐξῆρεν· πλὴν ἡ καρδία Ἀσὰ ἦν τελεία μετὰ Κυρίου πάσας τὰς ἡμέρας αὐτοῦ. ¹⁵καὶ εἰσήνεγκεν τοὺς κίονας τοῦ

A 31 Δαυειδ]+και ονομα της μρς αυτου| Νααμα η Αμανιτις A   XV 1 Ναβαθ B^ab A | Ιουδαν A   2´εξ] pr δεκα A | εβασιλευσεν]+εν Ιλημ A   3 ται αμ.] pr πασαις A | καρδια 2°]+Δαδ A   4 Κυριος]+ο θς A | καταλειμμα +εν Ισλ A | τεκνα] pr τα A   5 αυτου]+εκτος εν ρηματι| Ουριου του Χετταιου· και πολε|μος ην μεταξυ (sic) Ροβοαμ· και με|τοξυ (sic) Ιεροβοαμ πασας τας ημερας| της ζωης αυτων·| A   7 α] οσα A | βιβλιου A   8 om εν τω εικ. και τετ. ετει του Ιερ. A | om μετα των πατ. αυτου   9 εν τω ενιαυτω τω τετ. και εικοστω] και εν ετει εικοστου (sic) A   10 τεσσαρακ. B^b | Ανα] Μααχα A (item 13)   12 αυτου] ου sup ras A¹ (αυτων A*vid) 13 om μη A | συν|οδον B* συνο|δον B^b   14 η καρδια] om η A   14—15 αυτου και| εισην sup ras B^ab

ΒΑΣΙΛΕΙΩΝ Γ   XV 25

πατρὸς αὐτοῦ, καὶ τοὺς κίονας αὐτοῦ εἰσήνεγκεν εἰς τὸν οἶκον Κυρίου B
16 ἀργυροῦς καὶ χρυσοῦς καὶ σκεύη. ¹⁶καὶ πόλεμος ἦν ἀνὰ μέσον Ἀσὰ καὶ
17 ἀνὰ μέσον Βαασὰ βασιλέως Ἰσραὴλ πάσας τὰς ἡμέρας. ¹⁷καὶ ἀνέβη
Βαασὰ βασιλεὺς Ἰσραὴλ ἐπὶ Ἰούδαν, καὶ ᾠκοδόμησεν τὴν Ῥααμὰ τοῦ μὴ
18 εἶναι ἐκπορευόμενον καὶ εἰσπορευόμενον τῷ Ἀσὰ βασιλεῖ Ἰούδα. ¹⁸καὶ
ἔλαβεν Ἀσὰ τὸ ἀργύριον καὶ τὸ χρυσίον τὸ εὑρεθὲν ἐν τοῖς θησαυροῖς
τοῦ οἴκου τοῦ βασιλέως, καὶ ἔδωκεν αὐτὰ εἰς χεῖρας παίδων αὐτοῦ· καὶ
ἐξαπέστειλεν αὐτοὺς ὁ βασιλεὺς Ἀσὰ πρὸς υἱὸν Ἀδὲρ υἱὸν Ταβερεμὰ
υἱοῦ Ἀζεὶν βασιλέως Συρίας τοῦ κατοικοῦντος ἐν Δαμασκῷ λέγων
19 ¹⁹Διάθου διαθήκην ἀνὰ μέσον ἐμοῦ καὶ τοῦ πατρός μου καὶ τοῦ
πατρός σου· ἰδοὺ ἐξαπέσταλκά σοι δῶρα ἀργύριον καὶ χρυσίον·
δεῦρο διασκέδασον τὴν διαθήκην σου τὴν πρὸς Βαασὰ βασιλέα Ἰσραήλ,
20 καὶ ἀναβήσεται ἀπ' ἐμοῦ. ²⁰καὶ ἤκουσεν υἱὸς Ἀδὲρ τοῦ βασιλέως
Ἀσά, καὶ ἀπέστειλεν τοὺς ἄρχοντας τῆς δυνάμεως τῶν αὐτοῦ ταῖς
πόλεσιν τοῦ Ἰσραήλ· καὶ ἐπάταξαν τὴν Ἀὶν τὴν Δὰν καὶ τὴν Ἀδελμὰθ
21 καὶ πᾶσαν τὴν Χεζράθ, ἕως πάσης τῆς γῆς Νεφθαλεί. ²¹καὶ ἐγένετο
ὡς ἤκουσεν Βαασά, καὶ διέλιπεν τοῦ οἰκοδομεῖν τὴν Ῥααμὰ, καὶ
22 ἀνέστρεψεν εἰς Θερσά. ²²καὶ ὁ βασιλεὺς Ἀσὰ παρήγγειλεν παντὶ
Ἰούδᾳ εἰς Αἰνακείμ, καὶ αἴρουσιν τοὺς λίθους τῆς Ῥααμὰ καὶ τὰ
ξύλα αὐτῆς ἃ ᾠκοδόμησεν Βαασά, καὶ ᾠκοδόμησεν ἐν αὐτοῖς ὁ
23 βασιλεὺς Ἀσὰ πᾶν βουνὸν Βενιαμεὶν καὶ τὴν σκοπιάν. ²³καὶ τὰ
λοιπὰ τῶν λόγων Ἀσά, καὶ πᾶσα ἡ δυναστεία αὐτοῦ ἣν ἐποίησεν,
οὐκ ἰδοὺ ταῦτα γεγραμμένα ἐστὶν ἐπὶ βιβλίῳ λόγων τῶν ἡμερῶν
τοῖς βασιλεῦσιν Ἰούδα; πλὴν ἐν τῷ καιρῷ τοῦ γήρως αὐτοῦ ἐπόνεσεν
24 τοὺς πόδας αὐτοῦ. ²⁴καὶ ἐκοιμήθη Ἀσὰ καὶ θάπτεται μετὰ τῶν
πατέρων αὐτοῦ ἐν πόλει Δανείδ· καὶ βασιλεύει Ἰωσαφὰθ υἱὸς αὐτοῦ
ἀντ' αὐτοῦ.
25 ²⁵Καὶ Ναβὰθ υἱὸς Ἱεροβοὰμ βασιλεύει ἐπὶ Ἰσραὴλ ἐν ἔτει δευτέρῳ

16 ημερας] + αυτου A   17. Ρααμα] Ραμμαν A | μη ειναι] μη ε sup A
as A¹   18 το αργ.] pr συμπαν A | τοις θησ.] om τοις A | του οικου] om
ου A | του βασιλεως] pr κυ | και εν τοις θησαυροις οικου A | om αυτα A |
om και εξαπεστ. αυτους A | Ταβερεμα] Ταβευραημα A | Αζειν] Αζαηλ A
19 εμου 1°] + και ανα μεσον σου A | του πατρος (1°)] pr ανα μεσον A | δωρον
A | om Βαασα A   20 των δυναμαιων A | επαταξεν A | Αιν] Ναιν A |
την Δαν] pr και A | Αδελμαθ και π. την Χεζραθ] Αβελ ουκου (sic) Μααχα, και
πασαν την Χενερεθ· A   21 om και διελιπεν A | Ραμμα A (item 22)
2 Ιουδα] pr τω λαω A | Αννακειμ A | om εν αυτοις A | om Ασα 2° A |
ταν BA   23 ην εποιησεν] και παντα α εποιησαν (sic) και τας πολις
ις ωκοδομησεν A | εισ τιν A* (ι 1° ras A¹ʳ) | βιβλιου A | γηρους A   24 Ασα]
+ μετα των πρων αυτου A | Δανειδ] + του πρς αυτου A | βασιλευει] εβασι-
λευσεν A | Ιωσαφατ A   25 Ναβαθ (Ναβατ Bᵃᵇ)] Ναδαβ A

717

ΒΑΣΙΛΕΙΩΝ Γ

B τοῦ Ἀσὰ βασιλέως Ἰούδα, καὶ ἐβασίλευσεν ἐν Ἰσραὴλ ἔτη δύο. ²⁶καὶ ἐποίησεν τὸ πονηρὸν ἐνώπιον Κυρίου, καὶ ἐπορεύθη ἐν ὁδῷ τοῦ πατρὸς αὐτοῦ καὶ ἐν ταῖς ἁμαρτίαις αὐτοῦ αἷς ἐξήμαρτεν τὸν Ἰσραήλ. ²⁷καὶ περιεκάθισεν αὐτὸν Βαασὰ υἱὸς Ἀχειὰ ἐπὶ τὸν οἶκον Βελαάν· ὁ υἱὸς Ἀχειὰ καὶ ἐχάραξεν αὐτὸν ἐν Γαβαθὼν τῇ τῶν ἀλλοφύλων· καὶ Ναβὰθ καὶ πᾶς Ἰσραὴλ περιεκάθητο ἐπὶ Γαβαθών. ²⁸καὶ ἐθανάτωσεν αὐτὸν Βαασὰ ἐν ἔτει τρίτῳ βασιλέως τοῦ Ἀσὰ υἱοῦ Ἀβιού, καὶ ἐβασίλευσεν. ²⁹καὶ ἐγένετο ὡς ἐβασίλευσεν, καὶ ἐπάταξεν τὸν οἶκον Ἱεροβοάμ, καὶ οὐχ ὑπελίπετο πᾶσαν πνοὴν τοῦ Ἱεροβοὰμ ἕως τοῦ ἐξολεθρεῦσαι αὐτόν, κατὰ τὸ ῥῆμα Κυρίου ὃ ἐλάλησεν ἐν χειρὶ δούλου Ἀχειὰ τοῦ Σηλωνείτου ³⁰περὶ τῶν ἁμαρτιῶν Ἱεροβοάμ, ὡς ἐξήμαρτεν τὸν Ἰσραήλ, καὶ ἐν τῷ παροργισμῷ αὐτοῦ ᾧ παρώργισεν τὸν κύριον θεὸν τοῦ Ἰσραήλ. ³¹καὶ τὰ λοιπὰ τῶν λόγων Ναβὰτ καὶ πάντα ἃ ἐποίησεν, οὐκ ἰδοὺ ταῦτα γεγραμμένα ἐστὶν ἐν βιβλίῳ λόγων τῶν ἡμερῶν τοῖς βασιλεῦσιν Ἰσραήλ; ³³Καὶ ἐν τῷ ἔτει τῷ τρίτῳ βασιλέως Ἰούδα βασιλεύει Βαασὰ υἱὸς Ἀχειὰ ἐπὶ Ἰσραὴλ ἐν Θερσὰ εἴκοσι καὶ τέσσαρα ἔτη. ³⁴καὶ ἐποίησεν τὸ πονηρὸν ἐνώπιον Κυρίου, καὶ ἐπορεύθη ἐν ὁδῷ Ἱεροβοὰμ υἱοῦ Ναβὰθ καὶ ἐν ταῖς ἁμαρτίαις αὐτοῦ, ὡς ἐξήμαρτεν τὸν Ἰσραήλ. ¹καὶ ἐγένετο λόγος Κυρίου ἐν χειρὶ Εἰοὺ υἱοῦ Ἀνανεὶ πρὸς Βαασά ²Ἀνθ' ὧν ὕψωσά σε ἀπὸ τῆς γῆς καὶ ἔδωκά σε ἡγούμενον ἐπὶ τὸν λαόν μου Ἰσραήλ, καὶ ἐπορεύθης ἐν τῇ ὁδῷ Ἱεροβοὰμ καὶ ἐξήμαρτες τὸν λαόν μου τὸν Ἰσραὴλ τοῦ παροργίσαι με ἐν τοῖς ματαίοις αὐτῶν, ³ἰδοὺ ἐγὼ ἐξεγείρω ὀπίσω Βαασὰ καὶ ὄπισθεν τοῦ οἴκου αὐτοῦ, καὶ δώσω τὸν οἶκον αὐτοῦ ὡς τὸν οἶκον Ἱεροβοὰμ υἱοῦ Ναβάθ. ⁴τὸν τεθνηκότα τοῦ Βαασὰ ἐν τῇ πόλει; καταφάγονται αὐτὸν οἱ κύνες, καὶ τὸν τεθνηκότα αὐτοῦ ἐν τῷ πεδίῳ, καταφάγονται αὐτὸν τὰ

A 25 εν 2°] επι A | δυο ετη A (post ετη ras και A¹°)   27 Αχια (1°) A | Βελααν ο υιος Αχεια] Εισαχαρ A | εχαραξεν] επαταξεν A | αυτον]+Βαασα A | Ναβαθ (Ναβατ Bᵃᵇ)] Ναβαδ A   28 βασ. του Ασα υιον Αβιου] Ασα βασ. Ιουδα A | εβασιλευσεν]+αντ αυτου A   29 οικον] συμπαντα οικου A | και ουχ υπελιπετο...αυτον] εως ου εξολοθρευσαι αυτον και ουχ υπελιπετο π. πν. του Ιερο|βοαμ A   29—30 om κατα το ρημα...αμ. Ιεροβοαμ A | Σηλωνιτου Bᵇ   30 ως] ος ημαρτεν και ος A | ω] ως A | του Ισραηλ om του A   31 Ναβατ] Ναδαβ A | α] οσα A | ουκ (ουχ B* ουκ Bᵃᵇ) ιδου ουχι A | om εστιν A | βασιλευσειν A   32 και πολεμος ην μεταξυ Ασα και| μεταξυ Βαασα βασιλεως Ισλ·| πασας τας ημερας αυτων·| A   33 βασιλευει pr του Ασα A | Αχια A | Ισραηλ] pr παντα A | τεσσερα A.   34 υιου Ναβαθ (Ναβατ Bᵃᵇ)] υιος Ναβατ A | om αυτου A   XVI 1 Ειου] Ει.. A (item 7, 12) | Ανανι A   2 λαον] δουλον A | τον Ισραηλ] om τον   3 αυτου 2°] σου A | Ναβατ BᵃᵇA   4 om αυτου 1° A

718

ΒΑΣΙΛΕΙΩΝ Γ	XVI 17

5 πετεινὰ τοῦ οὐρανοῦ. ⁵καὶ τὰ λοιπὰ τῶν λόγων Βαασὰ καὶ πάντα B
ἃ ἐποίησεν καὶ αἱ δυναστεῖαι αὐτοῦ, οὐκ ἰδοὺ ταῦτα γεγραμμένα ἐν
6 βιβλίῳ λόγων τῶν ἡμερῶν τῶν βασιλέων Ἰσραήλ; ⁶καὶ ἐκοιμήθη
Βαασὰ μετὰ τῶν πατέρων αὐτοῦ, καὶ θάπτεται ἐν Θερσά· καὶ βασι-
λεύει Ἠλαὰν υἱὸς αὐτοῦ ἀντ' αὐτοῦ ἐν τῷ εἰκοστῷ ἔτει βασιλέως
7 Ἀσά. ⁷καὶ ἐν χειρὶ Εἰοὺ Ἀνανεὶ ἐλάλησεν Κύριος ἐπὶ Βαασὰ
καὶ ἐπὶ τὸν οἶκον αὐτοῦ πᾶσαν τὴν κακίαν ἣν ἐποίησεν ἐνώπιον
Κυρίου τοῦ παροργίσαι αὐτὸν ἐν τοῖς ἔργοις τῶν χειρῶν αὐτοῦ, τοῦ
εἶναι κατὰ τὸν οἶκον Ἱεροβοὰμ καὶ ὑπὲρ τοῦ πατάξαι αὐτόν.
8 ⁸Καὶ Ἠλὰ υἱὸς Βαασὰ ἐβασίλευσεν ἐπὶ Ἰσραὴλ δύο ἔτη ἐν Θερσά.
9 ⁹καὶ συνέστρεψεν ἐπ' αὐτὸν Ζαμβρεὶ ὁ ἄρχων τῆς ἡμίσους τῆς ἵππου,
καὶ αὐτὸς ἦν ἐν Θερσὰ πίνων μεθύων ἐν τῷ οἴκῳ Ὠσά, τοῦ οἰκονόμου
10 ἐν Θερσά. ¹⁰καὶ εἰσῆλθεν Ζαμβρεὶ καὶ ἐπάταξεν αὐτὸν καὶ ἐθανάτωσεν
11 αὐτόν, καὶ ἐβασίλευσεν ἀντ' αὐτοῦ. ¹¹καὶ ἐγενήθη ἐν τῷ βασιλεῦσαι
αὐτὸν ἐν τῷ καθίσαι αὐτὸν ἐπὶ τοῦ θρόνου αὐτοῦ, καὶ ἐπάταξεν ὅλον
12 τὸν οἶκον Βαασά, ¹²κατὰ τὸ ῥῆμα ὃ ἐλάλησεν Κύριος ἐπὶ τὸν οἶκον
13 Βαασὰ καὶ πρὸς Εἰοὺ τὸν προφήτην ¹³περὶ πασῶν ἁμαρτιῶν Βαασὰ
καὶ Ἠλὰ τοῦ υἱοῦ αὐτοῦ, ὡς ἐξήμαρτεν τὸν Ἰσραὴλ τοῦ παροργίσαι
14 Κύριον τὸν θεὸν Ἰσραὴλ ἐν τοῖς ματαίοις αὐτῶν. ¹⁴καὶ τὰ λοιπὰ τῶν
λόγων Ἠλὰ ἃ ἐποίησεν, οὐκ ἰδοὺ ταῦτα γεγραμμένα ἐν βιβλίῳ λόγων
τῶν ἡμερῶν τῶν βασιλέων Ἰσραήλ;
15 ¹⁵Καὶ Ζαμβρεὶ ἐβασίλευσεν ἑπτὰ ἔτη ἐν Θερσά· καὶ ἡ παρεμβολὴ
16 Ἰσραὴλ ἐπὶ Γαβαὼν τὴν τῶν ἀλλοφύλων. ¹⁶καὶ ἤκουσεν ὁ λαὸς
ἐν τῇ παρεμβολῇ λεγόντων Συνεστράφη Ζαμβρεὶ καὶ ἔπαισεν τὸν
βασιλέα· καὶ ἐβασίλευσαν ἐν Ἰσραὴλ τὸν Ζαμβρεὶ τὸν ἡγούμενον
17 τῆς στρατείας ἐπὶ Ἰσραὴλ ἐν τῇ ἡμέρᾳ ἐκείνῃ ἐν τῇ παρεμβολῇ. ¹⁷καὶ

5 a] οσα A | ουκ (ουχ B* ουκ Bᵃᵇ: item 14, 20, 27) ιδου] ουχι A | εν] επι A A
3 Ηλααν] Ηλα A   7 Ιου B* (Ειου Bᵃ) | Ανανει (Αναs Bᵃ ᵐᵍ)] υιον Ανανια του
προφητου A [επι 1°] περι A | ͑οm και επι τον οικον αυτου πασαν A | κατα τον
οικον] καθως ο οικος A   8 και Ηλα...Θερσα] ͑εν ετει εικοστω και εκτω επι
του Ασα βασιλε|ως Ιουδα εβασιλευσεν Ηλα υιος| Βαασα επι Ισλ· εν Θερσα δυο
͑τη| A   9 Ζαμβρει (Ζαμβρι A ubique)] pr παις αυτου A | Ωσα] Αρσα A
10 αυτου 2°]+εν ετει εικοστω και εβδομω του| Ασα βασιλεως Ιουδα A   11 om
και εγενηθη εν τω βασ. αυτον A | om και 2° A | οικον]+αυτου του A | Βαασα]
+|ουχ υπελειπεν αυτω ουρουντα| προς τοιχον και αγχειστεις αυτου| και εταιρον
αυτου· και εξετριψεν| Ζαμβρι ολον τον οικον Βαασα A   12 ο ελαλησεν
Κυριος] κυ ο ελαλησεν A   13 αμαρτιων] pr των A | ως] pr ου| ημαρτον· και
A | τον θεον] om των A | Ισραηλ] pr του A | εν] και A   14 α] pr και
ταντα A   15 και 1°] pr εν ετει εικοστω και εβδομω του| Ασα βασιλεως Ιουδα·
A | εβασ. Ζαμβρι A | ετη] ημερας A ͮ| Γαβαθων A | την των αλλ.] τη τ. α. A
16 επεσεν B*A (επαισεν Bᵇ) | στρατειας] στρατιας εν τη ημερα εκεινη A

719

XVI 18 ΒΑΣΙΛΕΙΩΝ Γ

Β ἀνέβη Ζαμβρεὶ καὶ πᾶς Ἰσραὴλ μετ' αὐτοῦ ἐν Γαβαθὼν καὶ περιεκάθισαν ἐπὶ Θερσά. ¹⁸καὶ ἐγενήθη ὡς εἶδεν Ζαμβρεὶ ὅτι προκατείλημπται 18 αὐτοῦ ἡ πόλις, καὶ πορεύονται εἰς ἄντρον τοῦ οἴκου τοῦ βασιλέως, καὶ ἐνεπύρισεν ὁ βασιλεὺς ἐπ' αὐτὸν τὸν οἶκον τοῦ βασιλέως, καὶ ἀπέθανεν· ¹⁹ὑπὲρ τῶν ἁμαρτιῶν αὐτοῦ ὧν ἐποίησεν τοῦ ποιῆσαι τὸ 19 πονηρὸν ἐνώπιον Κυρίου, πορευθῆναι ἐν ὁδῷ Ἱεροβοὰμ υἱοῦ Ναβὰτ καὶ ἐν ταῖς ἁμαρτίαις αὐτοῦ, ὡς ἐξήμαρτεν τὸν Ἰσραήλ. ²⁰καὶ τὰ λοιπὰ τῶν 20 λόγων Ζαμβρεὶ καὶ τὰς συνάψεις αὐτοῦ ἃς συνῆψεν, οὐκ ἰδοὺ ταῦτα γεγραμμένα ἐν βιβλίῳ λόγων τῶν ἡμερῶν τῶν βασιλέων Ἰσραήλ;

²¹Τότε μερίζεται ὁ λαὸς Ἰσραήλ· ἥμισυ τοῦ λαοῦ γίνεται ὀπίσω 21 Θαμνεὶ υἱοῦ Γωνὰθ τοῦ βασιλεῦσαι αὐτόν, καὶ τὸ ἥμισυ τοῦ λαοῦ γίνεται ὀπίσω Ζαμβρεί. ²²καὶ ἡττήθη ὁ λαὸς ὁ ὢν ὀπίσω Θαμνεὶ 22 υἱοῦ Γωνάθ· καὶ ἀπέθανεν Θαμνεὶ καὶ Ἰωρὰμ ὁ ἀδελφὸς αὐτοῦ ἐν τῷ καιρῷ ἐκείνῳ, καὶ ἐβασίλευσεν Ζαμβρεὶ μετὰ Θαμνεί. ²³ἐν 23 τῷ ἔτει τῷ τριακοστῷ καὶ πρώτῳ τοῦ βασιλέως Ἀσὰ βασιλεύει Ζαμβρεὶ ἐπὶ Ἰσραὴλ δώδεκα ἔτη· ἐν Θερσὰ βασιλεύει ἓξ ἔτη. ²⁴καὶ ἐκτήσατο Ζαμβρεὶ τὸ ὄρος τὸ Σεμερὼν παρὰ Σέμηρ τοῦ 24 κυρίου τοῦ ὄρους ἐν δύο ταλάντων ἀργυρίου, καὶ ᾠκοδόμησεν τὸ ὄρος· καὶ ἐπεκάλεσαν τὸ ὄνομα τοῦ ὄρους οὗ ᾠκοδόμησαν ἐπὶ τῷ ὀνόματι Σάμηρ τοῦ κυρίου τοῦ ὄρους Σαεμηρών. ²⁵καὶ ἐποίησεν 25 Ζαμβρεὶ τὸ πονηρὸν ἐνώπιον Κυρίου· ἐπονηρεύσατο ὑπὲρ πάντας τοὺς γενομένους ἔμπροσθεν αὐτοῦ. ²⁶καὶ ἐπορεύθη ἐν πάσῃ ὁδῷ 26 Ἱεροβοὰμ υἱοῦ Ναβὰτ καὶ ἐν ταῖς ἁμαρτίαις αὐτοῦ αἷς ἐξήμαρτεν τὸν Ἰσραὴλ τοῦ παροργίσαι ἐν τοῖς ματαίοις αὐτῶν. ²⁷καὶ τὰ 27 λοιπὰ τῶν λόγων Ζαμβρεὶ καὶ πάντα ἃ ἐποίησεν καὶ ἡ δυναστεία αὐτοῦ, οὐκ ἰδοὺ ταῦτα γεγραμμένα ἐν βιβλίῳ λόγων τῶν ἡμερῶν βασιλέων Ἰσραήλ; ²⁸καὶ ἐκοιμήθη Ζαμβρεὶ μετὰ τῶν πατέρων 28

Α   17 εν] εκ Α | ενι Α* vid (επι Α¹?)   18 προκατηλημπται Α | πορευονται] εισπορ. Α | αντρον] αντρο (sic) Ba⸎mg | και ενε|πυρισεν ο β. και| ενεπυρισεν Β| ενεπυρισεν 2°] ενεπυρισαν Α | βασιλεως 2°]+.εν πυρι Α   19 πορευθηναι] pr του Α | αυτου 2°]+αις εποιησεν Α   20 ουκ ιδου] ουχι Α | εν βιβλιω] επι βιβλιου Α   21 ημισυ 1°] pr το Α | Θαμνι Α (item 22 bis) | Ζαμβρει]+και υπερισχυσεν ο λαος| ο ακολουθων τω Ζαμβρι Α   22 om και ηττηθη Β (habet Α) | om υιου Γωναθ και απεθανεν Θαμνει Α | ο Ιωραμ αδελφος Α   23 πρωτω]+ετει Α | του βασ. Ασα] τω Α. βασιλεως Ιουδα Α | om ετη 1°   Α   24 Σεμερων] Εμερων Α | επεκαλεσεν Α | ωκοδομησαν] ωκοδομησε Α | Σαμηρ] Σεμηρ Α | Σαεμηρων] Σομηρων Α   25 επονηρευσατο] pr κ Α   26 οδω] pr τη Α | παροργισαι]+τον| κν θν Ισλ Α   27 δυ ναστεια] δυναστιαι Α | αυτου]+ην εποιησεν Α | ουκ ιδου] ουχι Α | βασ λεων] pr των Α

720

ΒΑΣΙΛΕΙΩΝ' Γ XVI, 33

αὐτοῦ, καὶ θάπτεται ἐν Σαμαρείᾳ· καὶ βασιλεύει Ἀχαὰβ υἱὸς αὐτοῦ Β ἀντ' αὐτοῦ.

28 a ²⁸ᵃΚαὶ ἐν τῷ ἐνιαυτῷ τῷ ἑνδεκάτῳ ἔτει τοῦ Ζαμβρεὶ, βασιλεύει Ἰωσαφὰθ υἱὸς Ἀσά· βασιλεύει ἐτῶν τριάκοντα καὶ πέντε ἐν τῇ βασιλείᾳ αὐτοῦ, καὶ εἴκοσι πέντε ἔτη βασιλεύει ἐν Ἰερουσαλήμ·
28 b καὶ ὄνομα τῆς μητρὸς αὐτοῦ Γαβουζά, θυγάτηρ Σελεεί. ²⁸ᵇκαὶ ἐπορεύθη ἐν τῇ ὁδῷ Ἀσὰ τοῦ πατρὸς αὐτοῦ, καὶ οὐκ ἐξέκλινεν ἀπ' αὐτῆς τοῦ ποιεῖν τὸ εὐθὲς ἐνώπιον Κυρίου· πλὴν τῶν ὑψηλῶν οὐκ ἐξῆραν,
28 c ἔθυον ἐν τοῖς ὑψηλοῖς καὶ ἐθυμίων. ²⁸ᶜκαὶ ἃ συνέθετο Ἰωσαφάθ, καὶ πᾶσα δυναστεία ἣν ἐποίησεν, καὶ οὓς ἐπολέμησεν, οὐκ ἰδοὺ ταῦτα γεγραμμένα ἐν βιβλίῳ λόγων τῶν ἡμερῶν τῶν βασιλέων Ἰούδα;
28 d ²⁸ᵈκαὶ τὰ λοιπὰ τῶν συμπλοκῶν ἃς ἐπέθεντο ἐν ταῖς ἡμέραις Ἀσὰ τοῦ
28 e πατρὸς αὐτοῦ ἐξῆρεν ἀπὸ τῆς γῆς. ²⁸ᵉκαὶ βασιλεὺς οὐκ ἦν ἐν Συρίᾳ·
28 f νασεὶβ ὁ βασιλεύς. ²⁸ᶠἐποίησεν ναῦν εἰς Θαρσεὶς πορεύεσθαι εἰς Σωφείρ, πορεύεσθαι ἐπὶ τὸ χρυσίον· καὶ οὐκ ἐπορεύθη, ὅτι συνετρίβη ἡ ναῦς
28 g ἐν Γασιὼν Γάβερ. ²⁸ᵍτότε εἶπεν βασιλεὺς Ἰσραὴλ πρὸς Ἰωσαφάθ Ἐξαποστελῶ τοὺς παῖδάς σου καὶ τὰ παιδάριά μου ἐν τῇ νηί· καὶ
28 h οὐκ ἐβούλετο Ἰωσαφάθ. ²⁸ʰκαὶ ἐκοιμήθη Ἰωσαφὰθ μετὰ τῶν πατέρων αὐτοῦ ἐν πόλει Δαυείδ· καὶ ἐβασίλευσεν Ἰωρὰμ υἱὸς αὐτοῦ ἀντ' αὐτοῦ.
29. ²⁹Ἐν ἔτει δευτέρῳ τῷ Ἰωσαφὰθ βασιλεύει Ἀχαὰβ υἱὸς Ζαμβρεί·
30 ἐβασίλευσεν ἐπὶ Ἰσραὴλ ἐν Σαμαρείᾳ εἴκοσι καὶ δύο ἔτη. ³⁰καὶ ἐποίησεν Ἀχαὰβ τὸ πονηρὸν ἐνώπιον Κυρίου· ἐπονηρεύσατο ὑπὲρ
31 πάντας τοὺς ἔμπροσθεν αὐτοῦ. ³¹καὶ οὐκ ἦν αὐτῷ ἱκανὸν τοῦ πορεύεσθαι ἐν ταῖς ἁμαρτίαις Ἱεροβοὰμ υἱοῦ Ναβάτ, καὶ ἔλαβεν γυναῖκα τὴν Ἰεζάβελ θυγατέρα Ἰεθεβάαλ βασιλέως Σιδωνίων, καὶ
32 ἐπορεύθη καὶ ἐδούλευσεν τῷ Βάαλ καὶ προσεκύνησεν αὐτῷ. ³²καὶ ἔστησεν θυσιαστήριον τῷ Βάαλ ἐν οἴκῳ τῶν προσοχθισμάτων αὐτοῦ
33 ὃν ᾠκοδόμησεν ἐν Σαμαρείᾳ. ³³καὶ ἐποίησεν Ἀχαὰβ ἄλσος· καὶ προσέθηκεν Ἀχαὰβ τοῦ ποιῆσαι παροργίσματα τοῦ παροργίσαι τὴν

28 Σαμαρια A (item 29) | βασιλευει] εβασιλευσεν A   28 a—h om A και εν τω ενιαυτω...αυτου αντ αυτου A   28 e νασειβ] pr ϗ (superscr) Bᵃᵇ | βασιλευς 2°]+Ιωσαφαθ Bᵃᵇ ᵐᵍ   28 f ουκ] B* ου|κ Bᵇ   28 g σου] μου Bᵃᵇ (μ superscr) | μου] σου Bᵃᵇ (σ superscr)   29 om εν ετει δευτερω τω Ιωσαφαθ βασιλευει A | Αχααβ] pr Ιωσ B pr ο δε A | Ισραηλ]+·εν ετει τρια|κοστω και ογδοω του Ασα βασιλε|ως Ιουδα· βασιλευσας δε Αχααβ·| υιος Ζαμβρι επι Ισλ̄ A | om και A   30 Αχααβ]+υιος Ζαμβρι A | om επονηρευσατο A   31 του πορευεσθαι] om του A | Ιεθεβααλ] Ιαβααλ A | βασιλεως] βασιλευς A | Σειδωνιων B* (Σιδ. BᵇA)   32 εν οικω] ενωπιον A | ον] ων A   33 om παροργισματα A | την ψυχην αυτου] τον| κν̄ θν̄ Ισλ̄· A

SEPT. 721 2 Z

ΒΑΣΙΛΕΙΩΝ Γ

Β ψυχὴν αὐτοῦ, τοῦ ἐξολοθρευθῆναι· ἐκακοποίησεν ὑπὲρ πάντας τοὺς βασιλεῖς Ἰσραὴλ τοὺς γενομένους ἔμπροσθεν αὐτοῦ. ³⁴Ὠκοδό- 34 μησεν Ἀχειὴλ ὁ Βαιθηλείτης τὴν Ἰερειχώ· ἐν τῷ Ἀβειρὼν τῷ πρωτοτόκῳ αὐτοῦ ἐθεμελίωσεν αὐτήν, καὶ τῷ Ζεγοὺβ τῷ νεωτέρῳ αὐτοῦ ἐπέστησεν θύρας αὐτῆς, κατὰ τὸ ῥῆμα Κυρίου ὃ ἐλάλησεν ἐν χειρὶ Ἰησοῦ υἱοῦ Ναυή.

¹Καὶ εἶπεν Ἡλειοὺ ὁ προφήτης ὁ Θεσβείτης ἐκ Θεσβὼν τῆς 1 17 Γαλαὰδ πρὸς Ἀχαὰβ Ζῇ Κύριος ὁ θεὸς τῶν δυνάμεων, ὁ θεὸς Ἰσραὴλ ᾧ παρέστην ἐνώπιον αὐτοῦ, εἰ ἔσται τὰ ἔτη ταῦτα δρόσος καὶ ὑετός· ὅτι εἰ μὴ διὰ στόματος λόγου μου. ²Καὶ ἐγένετο ῥῆμα Κυρίου 2 πρὸς Ἡλειού ³Πορεύου ἐντεῦθεν κατὰ ἀνατολάς, καὶ κρύβηθι ἐν τῷ 3 χειμάρρῳ Χορρὰθ τοῦ ἐπὶ προσώπου τοῦ Ἰορδάνου. ⁴καὶ ἔσται 4 ἐκ τοῦ χειμάρρου πίεσαι ὕδωρ, καὶ τοῖς κόραξιν ἐντελοῦμαι διατρέφειν σε ἐκεῖ. ⁵καὶ ἐποίησεν Ἡλειοὺ κατὰ τὸ ῥῆμα Κυρίου, καὶ ἐκάθισεν 5 ἐν τῷ χειμάρρῳ Χορρὰθ ἐπὶ προσώπου τοῦ Ἰορδάνου. ⁶καὶ οἱ 6 κόρακες ἔφερον αὐτῷ ἄρτους τὸ πρωὶ καὶ κρέα τὸ δειλῆς, καὶ ἐκ τοῦ χειμάρρου ἔπινεν ὕδωρ. ⁷καὶ ἐγένετο μετὰ ἡμέρας καὶ ἐξηράνθη 7 ὁ χείμαρρους, ὅτι οὐκ ἐγένετο ὑετὸς ἐπὶ τῆς γῆς. ⁸Καὶ ἐγένετο 8 ῥῆμα Κυρίου πρὸς Ἡλειού ⁹Ἀνάστηθι καὶ πορεύου εἰς Σάρεπτα τῆς 9 Σειδωνίας· ἰδοὺ ἐντέταλμαι ἐκεῖ γυναικὶ χήρᾳ τοῦ διατρέφειν σε. ¹⁰καὶ ἀνέστη καὶ ἐπορεύθη εἰς Σάρεπτα, εἰς τὸν πυλῶνα τῆς πόλεως· 10 καὶ ἰδοὺ ἐκεῖ γυνὴ χήρα συνέλεγεν ξύλα, καὶ ἐβόησεν ὀπίσω αὐτῆς Ἡλειοὺ καὶ εἶπεν αὐτῇ Λάβε δὴ ὀλίγον ὕδωρ εἰς ἄγγος καὶ πίομαι. ¹¹καὶ ἐπορεύθη λαβεῖν, καὶ ἐβόησεν ὀπίσω αὐτῆς Ἡλειοὺ καὶ εἶπεν 11 Λήμψῃ δή μοι ψωμὸν ἄρτου τοῦ ἐν τῇ χειρί σου. ¹²καὶ εἶπεν ἡ γυνή 12 Ζῇ Κύριος ὁ θεός σου, εἰ ἔστιν μοι ἐνκρυφίας ἀλλ' ἢ ὅσον δρὰξ ἀλεύρου ἐν τῇ ὑδρίᾳ, καὶ ὀλίγον ἔλαιον ἐν τῷ καψάκῃ· καὶ ἰδοὺ συλλέγω δύο ξυλάρια, καὶ εἰσελεύσομαι καὶ ποιήσω αὐτὸ ἐμαυτῇ καὶ τοῖς τέκνοις μου, καὶ φαγόμεθα, καὶ ἀποθανούμεθα. ¹³καὶ εἶπεν 13 πρὸς αὐτὴν Ἡλειοὺ Θάρσει, εἴσελθε καὶ ποίησον κατὰ τὸ ῥῆμά σου.

A 33 om του εξολοθρ. εκακοποιησεν A | 34 ωκοδομησεν] pr εν ταις ημεραις αυτου A | Αχιηλ ο Βαιθιλιτης A | Σεγουβ A   XVII 1 Ηλιου A (ita ubique) | om Θεσβειτης A   2 ρημα] λογος A   3 κατ ανατολας A | του επι] om του A   5 και 1°] pr και επορευθη A | om Ηλ. κατα το ρημα Κυριου A | προσωπον A   6 αρτους]+και κρεας A | κρεα] αρτον και κρεας A   8 Ηλειου]+λεγων A   9 πορευου]] πορευθητει A | Σαρεπτα] Σεφθα A | Σιδωνιας (Σειδ. B* Σιδ. BᵇA)]+και καθηση εκει A   10 ειπον Bᵇ | δη]+μοι A   11 αρτου του] αρτον A   12 εστιν] εσται A | καμψακη A | ξυληρια A | φαγομεθα]+αυτο A   13 Ηλιου προς αυτην A

ΒΑΣΙΛΕΙΩΝ Γ   XVIII 2

ἀλλὰ ποίησον ἐμοὶ ἐκεῖθεν ἐνκρυφίαν μικρὸν ἐν πρώτοις καὶ ἐξοίσεις B
14 μοι, σαυτῇ δὲ καὶ τοῖς τέκνοις σου ποιήσεις ἐπ' ἐσχάτου, ¹⁴ὅτι τάδε
λέγει Κύριος Ἡ ὑδρία τοῦ ἀλεύρου οὐκ ἐκλείψει καὶ ὁ καψάκης τοῦ
ἐλαίου οὐκ ἐλαττονήσει ἕως ἡμέρας τοῦ δοῦναι Κύριον τὸν ὑετὸν
15 ἐπὶ τῆς γῆς. ¹⁵καὶ ἐπορεύθη ἡ γυνὴ καὶ ἐποίησεν· καὶ ἤσθιεν αὐτὴ
16 καὶ αὐτὸς καὶ τὰ τέκνα αὐτῆς. ¹⁶καὶ ἡ ὑδρία τοῦ ἀλεύρου οὐκ ἐξέλιπεν
καὶ ὁ καψάκης τοῦ ἐλαίου οὐκ ἐλαττονώθη, κατὰ τὸ ῥῆμα Κυρίου ὃ
17 ἐλάλησεν ἐν χειρὶ Ἠλειού. ¹⁷καὶ ἐγένετο μετὰ ταῦτα καὶ ἠρρώστησεν
ὁ υἱὸς τῆς γυναικὸς τῆς κυρίας τοῦ οἴκου· καὶ ἦν ἡ ἀρρωστία αὐτοῦ
18 κραταιὰ σφόδρα ἕως οὗ οὐχ ὑπελείφθη ἐν αὐτῷ πνεῦμα. ¹⁸καὶ
εἶπεν πρὸς Ἠλειού Τί ἐμοὶ καὶ σοί, ὁ ἄνθρωπος τοῦ θεοῦ; εἰσῆλθες
πρὸς μὲ τοῦ ἀναμνῆσαι ἀδικίας μου καὶ θανατῶσαι τὸν υἱόν μου;
19 ¹⁹καὶ εἶπεν Ἠλειού πρὸς τὴν γυναῖκα Δός μοι τὸν υἱόν σου· καὶ
ἔλαβεν αὐτὸν ἐκ τοῦ κόλπου αὐτῆς καὶ ἀνήνεγκεν αὐτὸν εἰς τὸ ὑπερῷον
20 ἐν ᾧ αὐτὸς ἐκάθητο ἐκεῖ, καὶ ἐκοίμισεν αὐτὸν ἐπὶ τῆς κλίνης. ²⁰καὶ
ἀνεβόησεν Ἠλειού καὶ εἶπεν Οἴμοι Κύριε, ὁ μάρτυς τῆς χήρας, μεθ' ἧς
ἐγὼ κατοικῶ μετ' αὐτῆς, σὺ κεκάκωκας τοῦ θανατῶσαι τὸν υἱὸν
21 αὐτῆς. ²¹καὶ ἐνεφύσησεν τῷ παιδαρίῳ τρίς, καὶ ἐπεκαλέσατο τὸν
κύριον καὶ εἶπεν Κύριε ὁ θεός μου, ἐπιστραφήτω δὴ ἡ ψυχὴ τοῦ
22 παιδαρίου τούτου εἰς αὐτόν. ²²καὶ ἐγένετο οὕτως, καὶ ἀνεβόησεν τὸ
23 παιδάριον. ²³καὶ κατήγαγεν αὐτὸν ἀπὸ τοῦ ὑπερῴου εἰς τὸν οἶκον
καὶ ἔδωκεν αὐτὸν τῇ μητρὶ αὐτοῦ· καὶ εἶπεν Ἠλειού Βλέπε, ζῇ ὁ
24 υἱός σου. ²⁴καὶ εἶπεν ἡ γυνὴ πρὸς Ἠλειού Ἰδοὺ ἔγνωκα ὅτι σὺ
ἄνθρωπος θεοῦ, καὶ ῥῆμα Κυρίου ἐν στόματί σου ἀληθινόν.
I 1 ¹Καὶ ἐγένετο μεθ' ἡμέρας πολλὰς καὶ ῥῆμα Κυρίου ἐγένετο πρὸς
Ἠλειοὺ ἐν τῷ ἐνιαυτῷ τῷ τρίτῳ λέγων Πορεύθητι καὶ ὄφθητι τῷ
2 Ἀχαάβ, καὶ δώσω ὑετὸν ἐπὶ πρόσωπον τῆς γῆς. ²καὶ ἐπορεύθη
Ἠλειοὺ τοῦ ὀφθῆναι τῷ Ἀχαάβ, καὶ ἡ λιμὸς κραταιὰ ἐν Σαμαρείᾳ.

13 εμοι] μοι A | εσχατου] εσχατων A   14 Κυριος] + ο θ̅ς̅ Ἰσλ̅· A | τον A
υετον] om τον A | της γης] pr προσωπου A   15 εποιησεν] + κατα το ρημα
Ηλιου A | αυτος και αυτη A | αυτης] + και απο της ημερας ταυτης A   16 εξ-
ελειπεν A | ελαττονηθη A   17 ταυτα] pr τα ρηματα A | om ην A
18 ο ανθρωπος] ανθρωπε A | αδικιας] pr τας A   19 Ηλιου B^b (item 20, 23,
24) | σου] σοι A | ανηνεγκεν] ανηγαγεν A | εκοιμησεν A | κλινης] + αυτου A
20 οιμμοι B* (οιμμοι B^bA)   21 τρεις A | αυτο A* (αυτον [ν superscr] A¹)
22. ανεβοησεν] + και ηκουσεν | κ̅ς̅ εν φωνη Ηλια· και απεστραφη η ψυχη του
παιδαριου προς εγκατον αυτος και εζησεν· | και ελαβεν Ηλιου A   23 αυτον
2°] αυτο A   24 εγνωκα] pr τουτο A | συ ανθρ. θεου] α̅ν̅ο̅ς̅ θ̅υ̅ ει A | αληθινον]
αληθεια A*vid (αληθεινο| A?)   XVIII 2 Ηλιου B^b (item infra ut vid
ubique) | του οφθ.] τω οφθ. A | η] ην A | κραταιος A | Σαμαρια A·

723   2 Z 2

ΒΑΣΙΛΕΙΩΝ Γ

B ³καὶ ἐκάλεσεν Ἀχαὰβ τὸν Ἀβδειοὺ τὸν οἰκονόμον· καὶ Ἀβδειοὺ ἦν 3 φοβούμενος τὸν κύριον σφόδρα. ⁴καὶ ἐγένετο ἐν τῷ τύπτειν τὴν 4 Ἰεζάβελ τοὺς προφήτας Κυρίου καὶ ἔλαβεν Ἀβδειοὺ ἑκατὸν ἄνδρας προφήτας καὶ ἔκρυψεν αὐτοὺς κατὰ πεντήκοντα ἐν σπηλαίῳ, καὶ διέτρεφεν αὐτοὺς ἐν ἄρτῳ καὶ ὕδατι. ⁵καὶ εἶπεν Ἀχαὰβ πρὸς 5 Ἀβδειοὺ Δεῦρο καὶ διέλθωμεν ἐπὶ τὴν γῆν ἐπὶ πηγὰς τῶν ὑδάτων καὶ ἐπὶ χειμάρρους, ἐάν πως εὕρωμεν βοτάνην καὶ περιποιησώμεθα ἵππους καὶ ἡμιόνους, καὶ οὐκ ἐξολοθρευθήσονται ἀπὸ τῶν σκηνῶν. ⁶καὶ ἐμέρισαν ἑαυτοῖς τὴν ὁδὸν τοῦ διελθεῖν αὐτήν· Ἀχαὰβ ἐπορεύθη 6 ἐν ὁδῷ μιᾷ, καὶ Ἀβδειοὺ ἐπορεύθη ἐν ὁδῷ ἄλλῃ μόνος. ⁷Καὶ ἦν 7 Ἀβδειοὺ ἐν τῇ ὁδῷ μόνος, καὶ ἦλθεν Ἡλειοὺ εἰς συνάντησιν αὐτοῦ μόνος· καὶ Ἀβδειοὺ ἔσπευσεν καὶ ἔπεσεν ἐπὶ πρόσωπον αὐτοῦ καὶ εἶπεν Εἰ σὺ εἶ αὐτός, κύριέ μου Ἡλειού; ⁸καὶ εἶπεν Ἡλειοὺ αὐτῷ 8 Ἐγώ· πορεύου, λέγε τῷ κυρίῳ σου Ἰδοὺ Ἡλειού. ⁹καὶ εἶπεν Ἀβδειοὺ 9 Τί ἡμάρτηκα, ὅτι δίδως τὸν δοῦλόν σου εἰς χεῖρα Ἀχαὰβ τοῦ θανατῶσαί με; ¹⁰ζῇ Κύριος ὁ θεός σου, εἰ ἔστιν ἔθνος ἢ βασιλεία οὗ 10 οὐκ ἀπέστειλεν ὁ κύριός μου ζητεῖν σε, καὶ εἰ εἶπον Οὐκ ἔστιν· καὶ ἐνέπρησεν τὴν βασιλείαν καὶ τὰς χώρας αὐτῆς, ὅτι οὐχ εὕρηκέν σε. ¹¹καὶ νῦν σὺ λέγεις Πορεύου, ἀνάγγελλε τῷ κυρίῳ σου. ¹²καὶ ἔσται ¹¹₁₂ ἐὰν ἐγὼ ἀπέλθω ἀπὸ σοῦ, καὶ πνεῦμα Κυρίου ἀρεῖ σε εἰς τὴν γῆν ἣν οὐκ οἶδα· καὶ εἰσελεύσομαι ἀπαγγεῖλαι τῷ Ἀχαάβ, καὶ ἀποκτενεῖ με· καὶ ὁ δοῦλός σού ἐστιν φοβούμενος τὸν κύριον ἐκ νεότητος αὐτοῦ. ¹³καὶ οὐκ ἀπηγγέλη σοι τῷ κυρίῳ μου οἷα πεποίηκα ἐν τῷ ἀποκτείνειν 13 Ἰεζάβελ τοὺς προφήτας Κυρίου, καὶ ἔκρυψα ἀπὸ τῶν προφητῶν Κυρίου ἑκατὸν ἄνδρας ἀνὰ πεντήκοντα ἐν σπηλαίῳ καὶ ἔθρεψα ἐν ἄρτοις καὶ ὕδατι; ¹⁴καὶ νῦν σὺ λέγεις μοι Πορεύου, λέγε τῷ κυρίῳ 14 σου Ἰδοὺ Ἡλειού· καὶ ἀποκτενεῖ με. ¹⁵καὶ εἶπεν Ἡλειοὺ Ζῇ Κύριος 15 τῶν δυνάμεων ᾧ παρέστην ἐνώπιον αὐτοῦ, ὅτι σήμερον ὀφθήσομαι αὐτῷ. ¹⁶καὶ ἐπορεύθη Ἀβδειοὺ εἰς συναντὴν τῷ Ἀχαὰβ καὶ 16

A 3 τον Αβδειου (Αβδιου BᵇA et infra)] om τον A 4 την Ιεζ.] om την A
5 επι την γην] εις το παιδιον A | πηγας] pr τας A | χειμαρρους] pr παντας A | ευρομεν A | περιποιησομεθα A | εξολεθρ. A | σκηνων] κτηνων A 6 εμερισαν εαυτοις] εμερισεν αυτοις A | μια 1°] αλλη μονος A 7 om μονος 1° A | ηλθεν] απηλθεν A 8 om αυτω A | λεγε] ειπον A 9 διδως] δωσεις A | χειρας A 10 εθνη A | απεστειλεν] απεσταλκεν με A | om ει 2° A | τας χωρας αυτης και την βασιλειαν A 11 πορευου συ λεγεις A | αναγγελλε] pr και A | σου]+ιδου Ηλειου A· 12 την γην] om την A | και αποκτενει] pr και ουχ ευρησει σαι A 13 απηγγελη] απηγγ. A | αποκτεννειν A | πεντηκοντα]+ανδρας A | εθρεψα]+αυτους A | αρτω A
14 om μοι A | λεγε] pr και A 16 συναντησιν A

ΒΑΣΙΛΕΙΩΝ Γ· XVIII 27

ἀπήγγειλεν αὐτῷ· καὶ ἐξέδραμεν Ἀχαὰβ καὶ ἐπορεύθη εἰς συνάντησιν Β
17 Ἠλειού. ¹⁷Καὶ ἐγένετο ὡς εἶδεν Ἀχαὰβ τὸν Ἠλειού, καὶ εἶπεν
18 Ἀχαὰβ πρὸς Ἠλειού Εἰ σὺ εἶ αὐτὸς ὁ διαστρέφων τὸν Ἰσραήλ; ¹⁸καὶ
εἶπεν Ἠλειού Οὐ διαστρέφω τὸν Ἰσραήλ, ὅτι ἀλλ᾽ ἢ σὺ καὶ ὁ οἶκος
τοῦ πατρός σου ἐν τῷ καταλιμπάνειν ὑμᾶς τὸν κύριον θεὸν ὑμῶν,
19 καὶ ἐπορεύθης ὀπίσω τῶν Βααλείμ. ¹⁹καὶ νῦν ἀπόστειλον, συνά-
θροισον πρὸς μὲ πάντα Ἰσραὴλ εἰς ὄρος τὸ Καρμήλιον, καὶ τοὺς
προφήτας τῆς αἰσχύνης τετρακοσίους καὶ πεντήκοντα καὶ τοὺς προ-
20 φήτας τῶν ἀλσῶν τετρακοσίους, ἐσθίοντας τράπεζαν Ἰεζάβελ. ²⁰καὶ
ἀπέστειλεν Ἀχαὰβ εἰς πάντα Ἰσραήλ, καὶ ἐπισυνήγαγεν πάντας
21 τοὺς προφήτας εἰς ὄρος τὸ Καρμήλιον. ²¹καὶ προσήγαγεν Ἠλειού
πρὸς πάντας· καὶ εἶπεν αὐτοῖς Ἠλειού Ἕως πότε ὑμεῖς χωλανεῖτε
ἐπ᾽ ἀμφοτέραις ταῖς ἰγνύαις; εἰ ἔστιν Κύριος ὁ θεός, πορεύεσθε
ὀπίσω αὐτοῦ· εἰ δὲ Βάαλ, πορεύεσθε ὀπίσω αὐτοῦ. καὶ οὐκ ἀπεκρίθη
22 ὁ λαὸς λόγον. ²²καὶ εἶπεν Ἠλειού πρὸς τὸν λαόν Ἐγὼ ὑπολέλειμμαι
προφήτης τοῦ κυρίου μονώτατος, καὶ οἱ προφῆται τοῦ Βάαλ τετρα-
κόσιοι καὶ πεντήκοντα ἄνδρες, καὶ οἱ προφῆται τοῦ ἄλσους τετρα-
23 κόσιοι· ²³δότωσαν ἡμῖν δύο βόας, καὶ ἐκλεξάσθωσαν ἑαυτοῖς τὸν ἕνα,
καὶ μελισάτωσαν καὶ ἐπιθέτωσαν ἐπὶ τῶν ξύλων καὶ πῦρ μὴ
ἐπιθέτωσαν· καὶ ἐγὼ ποιήσω τὸν βοῦν τὸν ἄλλον, καὶ πῦρ οὐ μὴ
24 ἐπιθῶ. ²⁴καὶ βοᾶτε ἐν ὀνόματι θεῶν ὑμῶν, καὶ ἐγὼ ἐπικαλέσομαι
ἐν ὀνόματι Κυρίου τοῦ θεοῦ μου· καὶ ἔσται ὁ θεὸς ὃς ἐὰν ἐπακούσῃ
ἐν πυρί, οὗτος θεός. καὶ ἀπεκρίθησαν πᾶς ὁ λαὸς καὶ εἶπον Καλὸν
25 τὸ ῥῆμα ὃ ἐλάλησας. ²⁵καὶ εἶπεν Ἠλειού τοῖς προφήταις τῆς αἰσχύνης
Ἐκλέξασθε ἑαυτοῖς τὸν μόσχον τὸν ἕνα καὶ ποιήσατε πρῶτοι, ὅτι
πολλοὶ ὑμεῖς, καὶ ἐπικαλέσασθε ἐν ὀνόματι θεοῦ ὑμῶν, καὶ πῦρ μὴ
26 ἐπιθῆτε. ²⁶καὶ ἔλαβον τὸν μόσχον καὶ ἐποίησαν, καὶ ἐπεκαλοῦντο
ἐν ὀνόματι τοῦ Βάαλ ἐκ πρωίθεν ἕως μεσημβρίας καὶ εἶπον Ἐπάκουσον
ἡμῶν, ὁ Βάαλ, ἐπάκουσον ἡμῶν· καὶ οὐκ ἦν φωνὴ καὶ οὐκ ἦν ἀκρόασις·
27 καὶ διέτρεχον ἐπὶ τοῦ θυσιαστηρίου οὗ ἐποίησαν. ²⁷καὶ ἐγένετο

17 om και εγεν. ως ειδεν Αχ. τον Ηλειου A   18 καταλειμμανειν A | A
επορευθη A | των Βααλειμ] του Βααλειμ A   19 εις] προς το A | και τους
προφ. 1°] pr του| Βααλ· τετρακοσιους πεντηκον|τα· και προφητας A | om και 4°
A   20 επισυνηγαγεν] συνηγαγεν A   21 παντας] παντα τον λαον A |
κϛ εστιν A | Βααλ] ο Βααλ A (bis) | αυτος A | λαος]+αυτω A
22 οι προφηται (2°)] om οι A | om τετρακοσιοι 2° A   23 εγλεξ. B* (εκλεξ.
B^b [item 25]) | om και επιθετωσαν επι των ξυλων A | και πυρ 2°] pr και δωσω
επι τα ξυλα A   24 θεων] θεου A | ειπον] ειπαν A   25 εκλεξασθαι A|
επικαλεσθε] επικαλεισθαι A   26 ελαβεν A | μοσχον]+ον εδωκεν αυτοις
A | επακουσον 1°] εκασον A

Β μεσημβρία καὶ ἐμυκτήρισεν αὐτοὺς Ἠλειοὺ ὁ Θεσβείτης καὶ εἶπεν
Ἐπικαλεῖσθε ἐν φωνῇ μεγάλῃ, ὅτι θεός ἐστιν, ὅτι ἀδολεσχία αὐτῷ
ἐστιν, καὶ ἅμα μή ποτε χρηματίζει αὐτός, ἢ μή ποτε καθεύδει αὐτός,
καὶ ἐξαναστήσεται. ²⁶καὶ ἐπεκαλοῦντο ἐν φωνῇ μεγάλῃ, καὶ κατε- 28
τέμνοντο ἐν μαχαίρᾳ καὶ σειρομάσταις ἕως ἐκχύσεως αἵματος ἐπ᾽ αὐτούς,
²⁹καὶ ἐπροφήτευσαν ἕως οὗ παρῆλθεν τὸ δειλινόν. καὶ ἐγένετο ὡς 29
ὁ καιρὸς τοῦ ἀναβῆναι τὴν θυσίαν, καὶ ἐλάλησεν Ἠλειοὺ πρὸς τοὺς
προφήτας τῶν προσοχθισμάτων λέγων Μετάστητε ἀπὸ τοῦ νῦν,
καὶ ἐγὼ ποιήσω τὸ ὁλοκαύτωμά μου· καὶ μετέστησαν καὶ ἀπῆλθον.
³⁰καὶ εἶπεν Ἠλειοὺ πρὸς τὸν λαόν Προσαγάγετε πρὸς μέ· καὶ προσή- 30
γαγεν πᾶς ὁ λαὸς πρὸς αὐτόν. ³¹καὶ ἔλαβεν Ἠλειοὺ δώδεκα λίθους 31
κατ᾽ ἀριθμὸν φυλῶν Ἰσραήλ, ὡς ἐλάλησεν Κύριος πρὸς αὐτὸν λέγων
Ἰσραὴλ ἔσται τὸ ὄνομά σου. ³²καὶ ᾠκοδόμησεν τοὺς λίθους ἐν 32
ὀνόματι Κυρίου, καὶ ἰάσατο τὸ θυσιαστήριον τὸ κατεσκαμμένον, καὶ
ἐποίησεν θάλασσαν χωροῦσαν δύο μετρητὰς σπέρματος κυκλόθεν τοῦ
θυσιαστηρίου. ³³καὶ ἐστοίβασεν τὰς σχίδακας ἐπὶ τὸ θυσιαστήριον 33
ὃ ἐποίησεν, καὶ ἐμέλισεν τὸ ὁλοκαύτωμα καὶ ἐπέθηκεν τὰς σχίδακας,
καὶ ἐστοίβασεν ἐπὶ τὸ θυσιαστήριον. ³⁴καὶ εἶπεν Λάβετέ μοι τέσσαρας 34
ὑδρίας ὕδατος, καὶ ἐπιχέετε ἐπὶ τὸ ὁλοκαύτωμα καὶ ἐπὶ τὰς σχίδακας·
καὶ ἐποίησαν οὕτως. καὶ εἶπεν Δευτερώσατε· καὶ ἐδευτέρωσαν. καὶ
εἶπεν Τρισσώσατε· καὶ ἐτρίσσευσαν. ³⁵καὶ διεπορεύετο τὸ ὕδωρ κύκλῳ 35
τοῦ θυσιαστηρίου, καὶ τὴν θάλασσαν ἔπλησαν ὕδατος. ³⁶καὶ ἀνεβόησεν 36
Ἠλειοὺ εἰς τὸν οὐρανὸν καὶ εἶπεν Κύριε ὁ θεὸς Ἀβραὰμ καὶ Ἰσαὰκ
καὶ Ἰσραήλ, ἐπάκουσόν μου, Κύριε, ἐπάκουσόν μου σήμερον ἐν πυρί,
καὶ γνώτωσαν πᾶς ὁ λαὸς οὗτος ὅτι σὺ Κύριος ὁ θεὸς Ἰσραήλ, κἀγὼ
δοῦλός σου καὶ διὰ σὲ πεποίηκα τὰ ἔργα ταῦτα. ³⁷ἐπάκουσόν μου, 37
Κύριε, ἐπάκουσόν μου, καὶ γνώτω ὁ λαὸς οὗτος ὅτι σὺ Κύριος ὁ θεός,
καὶ σὺ ἔστρεψας τὴν καρδίαν τοῦ λαοῦ τούτου ὀπίσω. ³⁸καὶ ἔπεσεν 38
πῦρ παρὰ Κυρίου ἐκ τοῦ οὐρανοῦ, καὶ κατέφαγεν τὰ ὁλοκαυτώματα

A 27 Θεσβιτης B^bA | επικαλεισθαι A 28 κατετεμνοντο]+κατα το κριμα
αυτων A | μαχαιραις A | σειρομασταις (σιρ. A)] pr εν A 29 επροφητευ-
σαν...εγενετο] και εγενετο ως παρηλθεν το δι|λεινον· και επροφητευον A |
θυσιαν]+κ:ι ουκ ην φωνη A | και εγω] καγω A 30 αυτον]+και ιασατο
το θυσιαστηριον κυ| το κατεσκαμμενον· A 31 κατ] κατα A | Ισραηλ] του
Ιακωβ A 32 om και ιασ. το θυσ. το κατεσκ. A 33 τας σχιδ. (2°)] pr
επι A 34 om και εποιησαν ουτως A | ετρισσωσαν A 36 και 1°] pr
και εγενετο κατα αναβασιν το υδωρ A | Ισραηλ] Ιακωβ A | om επακουσον
1°...μου 2° A | om εν πυρι A | om και 5° A | om πας ο λαος ουτος A | συ]+τ
ει A 37 γνωτω] γνωτωσαν A | om ουτος A | συ]+ει A | θεος]+μονος A |
εστρεψας] επεστρ. A

ΒΑΣΙΛΕΙΩΝ Γ XIX 4

καὶ τὰς σχίδακας καὶ τὸ ὕδωρ τὸ ἐν τῇ θαλάσσῃ, καὶ τοὺς λίθους καὶ B
39 τὸν χοῦν ἐξελίξεν τὸ πῦρ. ³⁹καὶ ἔπεσεν πᾶς ὁ λαὸς ἐπὶ πρόσωπον
40 αὐτῶν καὶ εἶπον Ἀληθῶς Κύριος ὁ θεός· αὐτὸς ὁ θεός· ⁴⁰καὶ εἶπεν
Ἠλειοὺ πρὸς τὸν λαόν Συλλάβετε τοὺς προφήτας τοῦ Βάαλ, μηθεὶς
σωθήτω ἐξ αὐτῶν· καὶ συνέλαβον αὐτούς, καὶ κατάγει αὐτοὺς Ἠλειοὺ
41 εἰς τὸν χειμάρρουν Κεισὼν καὶ ἔσφαξεν αὐτοὺς ἐκεῖ. ⁴¹Καὶ εἶπεν
Ἠλειοὺ τῷ Ἀχαὰβ Ἀνάβηθι καὶ φάγε καὶ πίε, ὅτι φωνὴ τῶν ποδῶν
42 τοῦ ὑετοῦ. ⁴²καὶ ἀνέβη Ἀχαὰβ τοῦ φαγεῖν καὶ πιεῖν· καὶ Ἠλειοὺ
ἀνέβη ἐπὶ τὸν Κάρμηλον, καὶ ἔκυψεν ἐπὶ τὴν γῆν καὶ ἔθηκεν τὸ πρόσ-
43 ωπον ἑαυτοῦ ἀνὰ μέσον τῶν γονάτων ἑαυτοῦ, ⁴³καὶ εἶπεν τῷ παιδαρίῳ
αὐτοῦ Ἀνάβηθι καὶ ἐπίβλεψον ὁδὸν τῆς θαλάσσης. καὶ ἐπέβλεψεν
τὸ παιδάριον καὶ εἶπεν Οὐκ ἔστιν οὐθέν· καὶ εἶπεν Ἠλειού Καὶ σὺ
44 ἐπίστρεψον ἑπτάκι, καὶ ἀπόστρεψον ἑπτάκι. ⁴⁴καὶ ἀπέστρεψεν
τὸ παιδάριον ἑπτάκι· καὶ ἐγένετο ἐν τῷ ἑβδόμῳ, καὶ ἰδοὺ νεφέλη
μικρὰ ὡς ἴχνος ἀνδρὸς ἀνάγουσα ὕδωρ. καὶ εἶπεν Ἀνάβηθι καὶ εἰπὸν
Ἀχαάβ Ζεῦξον τὸ ἅρμα σου καὶ κατάβηθι, μὴ καταλάβῃ σε ὁ ὑετός.
45 ⁴⁵καὶ ἐγένετο ἕως ὧδε καὶ ὧδε, καὶ ὁ οὐρανὸς συνεσκότασεν νεφέλαις
καὶ πνεύματι, καὶ ἐγένετο ὁ ὑετὸς μέγας· καὶ ἔκλαεν καὶ ἐπορεύετο
46 Ἀχαὰβ εἰς Ἰσραήλ. ⁴⁶καὶ χεὶρ Κυρίου ἐπὶ τὸν Ἠλειού· καὶ συνέ-
σφιγξεν τὴν ὀσφὺν αὐτοῦ, καὶ ἔτρεχεν ἔμπροσθεν Ἀχαὰβ εἰς Ἰσραήλ.
1 ¹Καὶ ἀνήγγειλεν Ἀχαὰβ τῇ Ἰεζάβελ γυναικὶ αὐτοῦ πάντα ἃ ἐποίησεν
2 Ἠλειοὺ καὶ ὡς ἀπέκτεινεν τοὺς προφήτας ἐν ῥομφαίᾳ. ²καὶ ἀπέστειλεν
Ἰεζάβελ πρὸς Ἠλειοὺ καὶ εἶπεν Εἰ σὺ εἶ Ἠλειοὺ καὶ ἐγὼ Ἰεζάβελ, τάδε
ποιήσαι μοι ὁ θεὸς καὶ τάδε προσθείη, ὅτι ταύτην τὴν ὥραν αὔριον
3 θήσομαι τὴν ψυχήν σου καθὼς ψυχὴν ἑνὸς ἐξ αὐτῶν. ³καὶ ἐφοβήθη
Ἠλειού, καὶ ἀνέστη καὶ ἀπῆλθεν κατὰ τὴν ψυχὴν ἑαυτοῦ, καὶ ἔρχεται
4 εἰς Βηρσάβεε γῆν Ἰούδα, καὶ ἀφῆκεν τὸ παιδάριον αὐτοῦ ἐκεῖ. ⁴καὶ

38 το υδωρ...τον χουν] τους λιθους και τον χουν και| το υδωρ το εν τη A
θαλασση A | εξελειξεν A   39 επεσεν πας ο λ.] ειδαν πας ο λ. και επεσαν
A | ειπαν A | om ο θεος 1° A | αυτος]+εστιν A   40 om Ηλειου 2° A
41 τω Αχ.] προς Αχ. A | ποδων B^{ab ing} A] βοων B* 42 πειν B* (πιειν B^{a? b})|
επι τον Καρμηλον] εις την κορυφην του Καρμηλου A | το προσωπον] om το
A | εαυτου (bis)] αυτου A   43 αυτου] εαυτου A | και επεβλεψεν] pr και
ανεβη A | επτακι 1°] επτακις A (item 44) | om και αποστρ. επτακι A
44 απεστρεψεν] επεστρ. A | αναβηθι και ειπον τω (sic) Αχααβ ζευξον το sup
ras A^{a?}.   45 ωδε 2°] pr εως A | εκλαιεν A | επορευετο] επορευθη A |
Ισραηλ] Ιεζραελ A   46 επι] pr εγενετο A | εις] pr του ελθειν A |
Ισραηλ] Ιεζαβελ A   XIX 1 τους προφ.] pr παντας A   2 Ιεζαβελ]
+αγγελον A | Ηλειου 2°] Ηλιας A | και εγω] καγω A | ποιησαι μοι ο θεος]
ποιησαισαν μοι οι θεοι A | προσθειησαν A | την ω. ταυτην A   3 Βερσα-
βεε A | γην Ι.] την Ι. A

ΒΑΣΙΛΕΙΩΝ Γ

Β αὐτὸς ἐπορεύθη ἐν τῇ ἐρήμῳ ὁδὸν ἡμέρας, καὶ ἦλθεν καὶ ἐκάθισεν ὑποκάτω ραθμέν· καὶ ᾐτήσατο τὴν ψυχὴν αὐτοῦ ἀποθανεῖν καὶ εἶπεν Ἱκανούσθω νῦν, λάβε δὴ τὴν ψυχήν μου ἀπ' ἐμοῦ, Κύριε, ὅτι οὐ κρείσσων ἐγώ εἰμι ὑπὲρ τοὺς πατέρας μου. ⁵καὶ ἐκοιμήθη 5 καὶ ὕπνωσεν ἐκεῖ ὑπὸ φυτόν· καὶ ἰδού τις ἥψατο αὐτοῦ καὶ εἶπεν αὐτῷ Ἀνάστηθι καὶ φάγε. ⁶καὶ ἐπέβλεψεν Ἡλειού, καὶ ἰδοὺ πρὸς 6 κεφαλῆς αὐτοῦ ἐνκρυφίας ὀλυρείτης καὶ καψάκης ὕδατος· καὶ ἀνέστη καὶ ἔφαγεν καὶ ἔπιεν, καὶ ἐπιστρέψας ἐκοιμήθη. ⁷καὶ ἐπέστρεψεν 7 ὁ ἄγγελος Κυρίου ἐκ δευτέρου, καὶ ἥψατο αὐτοῦ καὶ εἶπεν αὐτῷ Ἀνάστα, φάγε· ὅτι πολλὴ ἀπὸ σοῦ ἡ ὁδός. ⁸καὶ ἀνέστη καὶ ἔφαγεν καὶ ἔπιεν· 8 καὶ ἐπορεύθη ἐν τῇ ἰσχύι τῆς βρώσεως ἐκείνης τεσσεράκοντα ἡμέρας καὶ τεσσεράκοντα νύκτας ἕως ὄρους Χωρήβ. ⁹Καὶ εἰσῆλθεν ἐκεῖ 9 εἰς τὸ σπήλαιον καὶ κατέλυσεν ἐκεῖ· καὶ ἰδοὺ ῥῆμα Κυρίου πρὸς αὐτόν. καὶ εἶπεν Τί σὺ ἐνταῦθα, Ἡλειού; ¹⁰καὶ εἶπεν Ἡλειού Ζηλῶν ἐζήλωκα 10 τῷ κυρίῳ Παντοκράτορι, ὅτι ἐνκατέλιπόν σε οἱ υἱοὶ Ἰσραήλ· τὰ θυσιαστήριά σου κατέσκαψαν καὶ τοὺς προφήτας σου ἀπέκτειναν ἐν ρομφαίᾳ, καὶ ὑπολέλειμμαι ἐγὼ μονώτατος, καὶ ζητοῦσί μου τὴν ψυχὴν λαβεῖν αὐτήν. ¹¹καὶ εἶπεν Ἐξελεύσῃ αὔριον καὶ στήσῃ 11 ἐνώπιον Κυρίου ἐν τῷ ὄρει· ἰδοὺ παρελεύσεται Κύριος. καὶ πνεῦμα μέγα κραταιὸν διαλῦον ὄρη καὶ συντρῖβον πέτρας ἐνώπιον Κυρίου, ἐν τῷ πνεύματι Κυρίου· καὶ μετὰ τὸ πνεῦμα συνσεισμός, οὐκ ἐν τῷ συνσεισμῷ Κύριος· ¹²καὶ μετὰ τὸν συνσεισμὸν πῦρ, οὐκ ἐν τῷ 12 πυρὶ Κύριος· καὶ μετὰ τὸ πῦρ φωνὴ αὔρας λεπτῆς. ¹³καὶ ἐγένετο ὡς 13 ἤκουσεν Ἡλειού, καὶ ἐπεκάλυψεν τὸ πρόσωπον αὐτοῦ ἐν τῇ μηλωτῇ ἑαυτοῦ, καὶ ἐξῆλθεν καὶ ἔστη ὑπὸ σπήλαιον· καὶ ἰδοὺ πρὸς αὐτὸν φωνὴ καὶ εἶπεν Τί σὺ ἐνταῦθα, Ἡλειού; ¹⁴καὶ εἶπεν Ἡλειού Ζηλῶν 14 ἐζήλωκα τῷ κυρίῳ Παντοκράτορι, ὅτι ἐγκατέλιπόν σε οἱ υἱοὶ Ἰσραήλ, τὴν διαθήκην σου καὶ τὰ θυσιαστήριά σου καθεῖλαν καὶ τοὺς προφήτας σου ἀπέκτειναν ἐν ρομφαίᾳ, καὶ ὑπολέλιμμαι ἐγὼ μονώτατος, καὶ ζητοῦσι τὴν ψυχήν μου λαβεῖν αὐτήν. ¹⁵καὶ εἶπεν Κύριος πρὸς 15 αὐτόν Πορεύου, ἀνάστρεφε εἰς τὴν ὁδόν σου, καὶ ἥξεις εἰς τὴν ὁδὸν

A 4 Ραθμεν] Ραμαθ A | νυν]+κε A | om δη A   5 om και 5° A   6 εγκρ. ολυριτης B^b A | καμψακης A   7 αναστα] αναστηθει A   8 τεσσαρακ. B^b (bis) | opous]+του θυ A | Χωρηβ] pr του A   10 εζηλωκα] εζηλωσα A | εγκατελιπον B^b εγκατελειπον A | om και 2° A | ζητουσιν A | την ψυχη μου A   11 εν τω ορει ενωπιον κυ· A | ιδου] pr και A | κς παρελευσετα A | εν 2°] pr ουκ A   12 λεπτης]+|κακει κς| A   13 σπηλαιον] p το A   14 εζηλωσα A | εγκατελειπον A | om σε B^b(vid) | om την διαθηκη σου και A | ρομφαιαις A | υπολελειμμαι B^b(vid) (ι superscr) A | ζητουσιν A

ΒΑΣΙΛΕΙΩΝ Γ   XX 4

ἐρήμου Δαμασκοῦ· καὶ ἥξεις καὶ χρίσεις τὸν Ἀζαὴλ εἰς βασιλέα τῆς B
16 Συρίας· ¹⁶καὶ τὸν υἱὸν Εἰοὺ υἱοῦ Ναμεσθεὶ χρίσεις εἰς βασιλέα ἐπὶ
Ἰσραήλ· καὶ τὸν Ἐλεισαῖε υἱὸν Σαφὰθ χρίσεις ἐξ Ἐβαλμαουλὰ προ-
17 φήτην ἀντὶ σοῦ. ¹⁷καὶ ἔσται τὸν σωζόμενον ἐκ ῥομφαίας Ἀζαὴλ
θανατώσει Εἰού, καὶ τὸν σωζόμενον ἐκ ῥομφαίας Εἰοὺ θανατώσει
18 Ἐλεισαῖε. ¹⁸καὶ καταλείψεις ἐν Ἰσραὴλ ἑπτὰ χιλιάδας ἀνδρῶν,
πάντα γόνατα ἃ οὐκ ὤκλασαν γόνυ τῷ Βάαλ, καὶ πᾶν στόμα ὃ οὐ
19 προσεκύνησεν αὐτῷ. ¹⁹Καὶ ἀπῆλθεν ἐκεῖθεν, καὶ εὑρίσκει τὸν
Ἐλεισαῖε υἱὸν Σαφάτ, καὶ αὐτὸς ἠροτρία ἐν βουσίν· δώδεκα ζεύγη
ἐνώπιον αὐτοῦ, καὶ αὐτὸς ἐν τοῖς δώδεκα· ἐπῆλθεν ἐπ' αὐτόν, καὶ
20 ἐπέρριψε τὴν μηλωτὴν αὐτοῦ ἐπ' αὐτόν. ²⁰καὶ κατέλιπεν Ἐλει-
σαῖε τὰς βόας, καὶ κατέδραμεν ὀπίσω Ἠλειοὺ καὶ εἶπεν Καταφιλήσω
τὸν πατέρα μου καὶ ἀκολουθήσω ὀπίσω σου· καὶ εἶπεν Ἠλειού
21 Ἀνάστρεφε, ὅτι πεποίηκά σοι. ²¹καὶ ἀνέστρεψεν ἐξόπισθεν αὐτοῦ,
καὶ ἔλαβεν τὰ ζεύγη τῶν βοῶν καὶ ἔθυσεν καὶ ἤψησεν αὐτὰ ἐν τοῖς
σκεύεσι τῶν βοῶν, καὶ ἔδωκεν τῷ λαῷ καὶ ἔφαγον· καὶ ἀνέστη καὶ
ἐπορεύθη ὀπίσω Ἠλειού, καὶ ἐλειτούργει αὐτῷ.

1 ¹Καὶ ἀμπελὼν εἷς ἦν τῷ Ναβουθαὶ τῷ Ἰσραηλείτῃ παρὰ τῷ ἅλῳ
2 Ἀχαὰβ βασιλέως Σαμαρείας. ²καὶ ἐλάλησεν Ἀχαὰβ πρὸς Ναβουθαὶ
λέγων Δός μοι τὸν ἀμπελῶνά σου καὶ ἔσται μοι εἰς κῆπον λαχάνων,
ὅτι ἐγγίων οὗτος τῷ οἴκῳ μου, καὶ δώσω σοι ἀμπελῶνα ἄλλον ἀγαθὸν
ὑπὲρ αὐτόν· εἰ δὲ ἀρέσκει ἐνώπιόν σου, δώσω σοι ἀργύριον ἄλλαγμα
3 ἀμπελῶνός σου τούτου, καὶ ἔσται μοι εἰς κῆπον λαχάνων. ³καὶ εἶπεν
Ναβουθαὶ πρὸς Ἀχαὰβ Μὴ γένοιτό μοι παρὰ θεοῦ μου δοῦναι κλη-
4 ρονομίαν πατέρων μου σοί. ⁴καὶ ἐγένετο τὸ πνεῦμα Ἀχαὰβ τεταρα-
γμένον, καὶ ἐκοιμήθη ἐπὶ τῆς κλίνης αὐτοῦ καὶ συνεκάλυψεν τὸ πρόσω-

---

15 χρισεις] χρησεις εκει A | τον Αζαηλ] om τον A   16 Ειου] Ηιου A | A
om υιου Ναμεσθει χρισεις εις A | Ελισαιε B^b Ελισσαιε A (ita fere ubique) |
Σαφατ A | χρισεις εξ Εβαλμαουλα] απο Αβελμαουλ χρησεις A   17 Ειου 1º]
Ιηου A | om και τον σωζ. εκ ρομφ. Ειου A   18 om γονυ A | προσκυνησει A
19 ζευγη] βοων A | επηλθεν] και απηλθεν Ελισσαιε A | επερριψεν A
20 κατελειπεν A | κατεδραμεν] επεδρ. A | Ηλειου 2º] αυτω A | αναστρεφε] pr
πορευου A   21 τα ζευγη] το ζευγος A | om και 4º A | εν τοις σκευεσιν των
βοων ηψησεν αυτα A   XX (= XXI in A) 1 αμπελων] pr εγενετο μετα
τα ρηματα ταυτα A | ην εις A | Ισραηλιτ. B^bA (item 6, 7, 15, 16 bis,
27)   2 εγγιων B*A (εγγειων B^a [e ins]) | αλλαγμα] ανταλλαγμα A |
αμπελωνος] pr του A | om σου 3º A   3 Ναβουθα A* (Ναβουθαι A¹) | om
μοι A   4 εγενετο το πν. Αχ. τεταραγμ.] ηλθεν Αχααβ προς οικον αυ-
του| συγκεχυμενος και εκλελυμε|νος επι τω λογω ως ελαλησεν| προς αυτον
Ναβουθαι ο Ισραηλι|της και ειπεν ου δωσω σοι κληρο|νομιαν π̅ρ̅ω̅ν̅ μου· | A

ΒΑΣΙΛΕΙΩΝ Γ XX 5

πον αὐτοῦ, καὶ οὐκ ἔφαγεν ἄρτον. ⁵καὶ εἰσῆλθεν Ἰεζάβελ ἡ γυνὴ αὐτοῦ πρὸς αὐτὸν καὶ ἐλάλησεν πρὸς αὐτόν Τί τὸ πνεῦμά σου τεταραγμένον, καὶ οὐκ εἶ σὺ ἐσθίων ἄρτον; ⁶καὶ εἶπεν πρὸς αὐτήν Ὅτι ἐλάλησα πρὸς Ναβουθαὶ τὸν Ἰσραηλείτην λέγων Δός μοι τὸν ἀμπελῶνά σου ἀργυρίου· εἰ δὲ βούλει, δώσω σοι ἀμπελῶνα ἄλλον ἀντ᾽ αὐτοῦ· καὶ εἶπεν Οὐ δώσω σοι κληρονομίαν πατέρων μου. ⁷καὶ εἶπεν πρὸς αὐτὸν Ἰεζάβελ ἡ γυνὴ αὐτοῦ Σὺ νῦν οὕτως ποιεῖς βασιλέα ἐπὶ Ἰσραήλ; ἀνάστηθι, φάγε ἄρτον καὶ σαυτοῦ γενοῦ· ἐγὼ δώσω σοι τὸν ἀμπελῶνα Ναβουθαὶ τοῦ Ἰσραηλείτου. ⁸καὶ ἔγραψεν βιβλίον ἐπὶ τῷ ὀνόματι Ἀχαὰβ καὶ ἐσφραγίσατο τῇ σφραγῖδι αὐτοῦ, καὶ ἀπέστειλεν τὸ βιβλίον πρὸς τοὺς πρεσβυτέρους καὶ τοὺς ἐλευθέρους τοὺς κατοικοῦντας μετὰ Ναβουθαί. ⁹καὶ ἐγέγραπτο ἐν τοῖς βιβλίοις λέγων Νηστεύσατε νηστείαν, καὶ καθίσατε τὸν Ναβουθαὶ ἐν ἀρχῇ τοῦ λαοῦ· ¹⁰καὶ ἐνκαθίσατε δύο ἄνδρας, υἱοὺς παρανόμων,⟩ ¹³καὶ ¹⁰/¹³ ἐκάθισαν ἐξ ἐναντίας αὐτοῦ, καὶ κατεμαρτύρησαν αὐτοῦ λέγοντες Ηὐλόγηκας θεὸν καὶ βασιλέα· καὶ ἐξήγαγον αὐτὸν ἔξω τῆς πόλεως καὶ ἐλιθοβόλησαν αὐτὸν λίθοις, καὶ ἀπέθανεν. ¹⁴καὶ ἀπέστειλαν πρὸς Ἰεζάβελ λέγοντες Λελιθοβόληται Ναβουθαὶ καὶ τέθνηκεν. ¹⁵καὶ ἐγένετο ὡς ἤκουσεν Ἰεζάβελ, καὶ εἶπεν πρὸς Ἀχαάβ Ἀνάστα, κληρονόμει τὸν ἀμπελῶνα Ναβουθαὶ τοῦ Ἰσραηλείτου ὃς οὐκ ἔδωκέν σοι ἀργυρίου, ὅτι οὐκ ἔστιν Ναβουθαὶ ζῶν, ὅτι τέθνηκεν. ¹⁶καὶ ἐγένετο ὡς ἤκουσεν Ἀχαὰβ ὅτι τέθνηκεν Ναβουθαὶ ὁ Ἰσραηλείτης, καὶ διέρρηξεν τὰ ἱμάτια ἑαυτοῦ καὶ περιεβάλετο σάκκον· καὶ ἐγένετο μετὰ ταῦτα καὶ ἀνέστη καὶ κατέβη Ἀχαὰβ εἰς τὸν ἀμπελῶνα Ναβουθαὶ τοῦ Ἰσραηλείτου κληρονομῆσαι αὐτόν. ¹⁷Καὶ εἶπεν

A 5 προς αυτον Ιεζ. η γυνη αυτου A | και 2°] pr και εισηλθεν προς αυτον A 6 ελαλησα] a 2° sup ras B? | Ισραηλιτ. B^b (item 7, 15, 16 bis, 27) | βουλη A | αντ αυτου] αντι τουτου A | μου]+σοι A 7 αυτου] post υ 2° ras aliq in fine lin B? | om συ A | βασιλεα] βασιλειαν A 8 τους ελευθ.] pr προς A | τους κατοικ.] pr οι εν τη πολει αυτου A 9 νηστιαν A 10 ενκαθισατε (ενκ. B^b)] καθισατε A | παρανομων]+εξ εναντιας αυτου| και καταμαρτυρησατωσαν αυτου| λεγοντες· ηυλογησεν θν και βα|σιλεα· και εξαγγετωσαν αυτον| και λιθοβολησατωσαν αυτον·| και αποθανετω·| (11) και εποιησαν οι ανδρες πολεως| αυτου οι πρεσβυτεροι και οι ελευ|θεροι οι καθημενοι εν πολει αυτου καθα απεστειλεν προς| αυτους Ιεζαβελ· καθα γεγραπται| εν τοις βιβλιοις απεστειλεν| προς αυτους· (12) εκαλεσεν νηστιᾶ·| και εκαθισαν τον Ναβουθ εν| κεφαλη του λαου (13) και ηλθον δυο| ανδρες οι υιοι παρανομων A 13 ο αυτου 2° A | λεγοντες] pr ανδρες| της αποστασιας (αποστασια A* s super A¹) του Ναβουθαι·| κατεναντι του λαου A | ηυλογηκας] ηυλογησεν Ναβουθ A | λιθοις] pr εν A 15 Ιεζαβελ]+οτι λελιθοβοληται Ναβουθαι και| απεθανεν· A | ειπεν]+Ιεζαβελ A 16 εαυτου] αυτου A | Αχααβ και κατεβη

730

ΒΑΣΙΛΕΙΩΝ Γ. XXI 1

18 Κύριος πρὸς Ἠλειοὺ τὸν Θεσβείτην λέγων. ¹⁸Ἀνάστηθι καὶ κατάβηθι B
εἰς ἀπαντὴν Ἀχαὰβ βασιλέως Ἰσραὴλ τοῦ ἐν Σαμαρείᾳ, ὅτι οὗτος
ἐν ἀμπελῶνι Ναβουθαί, ὅτι καταβέβηκεν ἐκεῖ κληρονομῆσαι αὐτόν.
19 ¹⁹καὶ λαλήσεις πρὸς αὐτὸν λέγων Τάδε λέγει Κύριος Ὡς σὺ ἐφόνευσας
καὶ ἐκληρονόμησας, διὰ τοῦτο τάδε λέγει Κύριος Ἐν παντὶ τόπῳ
ᾧ ἔλιξαν αἱ ὗες καὶ οἱ κύνες τὸ αἷμα Ναβουθαί, ἐκεῖ λίξουσιν οἱ
20 κύνες τὸ αἷμά σου, καὶ αἱ πόρναι λούσονται ἐν τῷ αἵματί σου. ²⁰καὶ
εἶπεν Ἀχαὰβ πρὸς Ἠλειού Εἰ εὕρηκάς με, ὁ ἐχθρός μου; καὶ εἶπεν
Εὕρηκα, διότι μάτην πέπρασαι ποιῆσαι τὸ πονηρὸν ἐνώπιον Κυρίου,
21 παροργίσαι αὐτόν. ²¹ἰδοὺ ἐγὼ ἐπάγω ἐπὶ σὲ κακά, καὶ ἐκκαύσω
ὀπίσω σου καὶ ἐξολεθρεύσω τοῦ Ἀχαὰβ οὐροῦντα πρὸς τοῖχον καὶ
22 συνεχόμενον καὶ ἐνκαταλελειμμένον ἐν Ἰσραήλ· ²²καὶ δώσω τὸν
οἶκόν σου ὡς τὸν οἶκον Ἱεροβοὰμ υἱοῦ Ναβὰθ καὶ ὡς τὸν οἶκον Βαασὰ
υἱοῦ Ἀχειά, περὶ τῶν παροργισμάτων ὧν παρώργισας καὶ ἐξήμαρτες
23 τὸν Ἰσραήλ. ²³καὶ τῇ Ἰεζάβελ ἐλάλησεν Κύριος λέγων Οἱ κύνες
24 καταφάγονται αὐτὴν ἐν τῷ προτειχίσματι τοῦ Ἰσραήλ. ²⁴τὸν τεθνη-
κότα τοῦ Ἀχαὰβ ἐν τῇ πόλει φάγονται οἱ κύνες, καὶ τὸν τεθνηκότα
25 αὐτοῦ ἐν τῷ πεδίῳ φάγονται τὰ πετεινὰ τοῦ οὐρανοῦ. ²⁵πλὴν
ματαίως Ἀχαάβ, ὡς ἐπράθη ποιῆσαι τὸ πονηρὸν ἐνώπιον Κυρίου,
26 ὡς μετέθηκεν αὐτὸν Ἰεζάβελ ἡ γυνὴ αὐτοῦ· ²⁶καὶ ἐβδελύχθη σφόδρα
πορεύεσθαι ὀπίσω τῶν βδελυγμάτων κατὰ πάντα ἃ ἐποίησεν ὁ
Ἀμορραῖος, ὃν ἐξωλέθρευσεν Κύριος ἀπὸ προσώπου υἱῶν Ἰσραήλ.
27 ²⁷καὶ ὑπὲρ τοῦ λόγου ὡς κατενύγη Ἀχαὰβ ἀπὸ προσώπου τοῦ
κυρίου, καὶ ἐπορεύετο κλαίων καὶ διέρρηξεν τὸν χιτῶνα αὐτοῦ καὶ
ἐζώσατο σάκκον ἐπὶ τὸ σῶμα αὐτοῦ καὶ ἐνήστευσεν· καὶ περιεβάλετο
σάκκον ἐν τῇ ἡμέρᾳ ᾗ ἐπάταξεν Ναβουθαὶ τὸν Ἰσραηλείτην, καὶ
28 ἐπορεύθη. ²⁸καὶ ἐγένετο ῥῆμα Κυρίου ἐν χειρὶ δούλου αὐτοῦ Ἠλειοὺ
29 περὶ Ἀχαάβ, καὶ εἶπεν Κύριος ²⁹Ἑώρακας ὡς κατενύγη Ἀχαὰβ ἀπὸ
προσώπου μου; οὐκ ἐπάξω τὴν κακίαν ἐν ταῖς ἡμέραις αὐτοῦ· καὶ ἐν
ταῖς ἡμέραις υἱοῦ αὐτοῦ ἐπάξω τὴν κακίαν.

1 ¹Καὶ συνήθροισεν υἱὸς Ἀδὲρ πᾶσαν τὴν δύναμιν αὐτοῦ καὶ ἀνέβη

17 Ηλιου B^bA (item 20 et infra) | Θεσβιτην B^bA   18 απαντησιν A | A
om οτι 2⁰ A | κατεβηκεν (sic) A | om εκει A   19 εκληρονομησα A | οι
κυνες και αι υες A | om οι κυνες (2⁰) A | αι πορναι] om αι A   21 εξολοθρευσω
B⁺A | εγκαταλελειμμενον B^{ab}A   22 Ναβατ B^{a1b}A | Αχια A   24 φα-
γονται (bis)] καταφαγονται A   25 ματαιως]+επραθη A | ως:1⁰].os A·
[26 ον].ων A   27 ως] ου A | του κυριου] om του A | om επι το σωμα...
σακκον (2⁰) A | επορευθη]+κεκλιμενος A   29 εορακας A | υιου] pr του
A | κακιαν 2⁰].+επι τον οικον αυτου A   XXI (=XX in A) 1 συνηθροισεν
υιος Αδερ] υιος Αδερ βασιλευς Συριας συνηθρ. A

Β καὶ· περιεκάθισεν ἐπὶ Σαμάρειαν, καὶ τριάκοντα καὶ δύο **βασιλεῖς**
μετ' αὐτοῦ, καὶ πᾶς ἵππος καὶ ἅρμα· καὶ ἀνέβησαν καὶ περιεκάθισαν
ἐπὶ Σαμάρειαν, καὶ ἐπολέμησαν ἐπ' αὐτήν. ²καὶ ἀπέστειλεν πρὸς ₂
Ἀχαὰβ βασιλέα Ἰσραὴλ εἰς τὴν πόλιν ⁽³⁾καὶ εἶπεν πρὸς αὐτόν Τάδε
λέγει υἱὸς Ἁδέρ ³Τὸ ἀργύριόν σου καὶ τὸ χρυσίον σου ἐμόν ἐστιν, ₃
καὶ αἱ γυναῖκές σου καὶ τὰ τέκνα σου ἐμά ἐστιν. ⁴καὶ ἀπεκρίθη ₄
βασιλεὺς Ἰσραὴλ καὶ εἶπεν Καθὼς ἐλάλησας, κύριε βασιλεῦ, σὸς ἐγώ
εἰμι καὶ πάντα τὰ ἐμά. ⁵καὶ ἀνέστρεψαν οἱ ἄγγελοι καὶ εἶπον Τάδε ₅
λέγει υἱὸς Ἁδέρ Ἐγὼ ἀπέστρεψα λέγων Τὸ ἀργύριόν σου καὶ τὸ
χρυσίον σου καὶ τὰς γυναῖκάς σου δώσεις ἐμοί· ⁶ὅτι ταύτην τὴν ὥραν ₆
αὔριον ἀποστελῶ τοὺς παῖδάς μου πρὸς σέ, καὶ ἐρευνήσουσιν τὸν
οἶκόν σου καὶ τοὺς οἴκους τῶν παίδων σου· καὶ ἔσται τὰ ἐπιθυμήματα
ὀφθαλμῶν αὐτῶν ἐφ' ἃ ἂν ἐπιβάλωσι τὰς χεῖρας αὐτῶν, καὶ λήμψονται.
⁷καὶ ἐκάλεσεν ὁ βασιλεὺς Ἰσραὴλ πάντας τοὺς πρεσβυτέρους καὶ ₇
εἶπεν Γνῶτε δὴ καὶ ἴδετε ὅτι κακίαν οὗτος ζητεῖ, ὅτι ἀπέσταλκεν
πρὸς μὲ περὶ τῶν γυναικῶν μου καὶ περὶ τῶν υἱῶν μου καὶ περὶ τῶν
θυγατέρων μου· τὸ ἀργύριόν μου καὶ τὸ χρυσίον μου οὐκ ἀπεκώλυσα
ἀπ' αὐτοῦ. ⁸καὶ εἶπαν αὐτῷ οἱ πρεσβύτεροι καὶ πᾶς ὁ λαός Μὴ ₈
ἀκούσῃς καὶ μὴ θελήσῃς. ⁹καὶ εἶπεν τοῖς ἀγγέλοις υἱοῦ Ἁδέρ Λέγετε ₉
τῷ κυρίῳ ὑμῶν Πάντα ὅσα ἀπέσταλκας πρὸς τὸν δοῦλόν σου ἐν
πρώτοις ποιήσω, τὸ δὲ ῥῆμα τοῦτο οὐ δυνήσομαι ποιῆσαι· καὶ ἀπῆ-
ραν οἱ ἄνδρες καὶ ἐπέστρεψαν αὐτῷ λόγον. ¹⁰καὶ ἀπέστειλεν πρὸς ₁₀
αὐτὸν υἱὸς Ἁδὲρ λέγων Τάδε ποιῆσαι μοι ὁ θεὸς καὶ τάδε προσθείη, εἰ
ἐκποιήσει ὁ χοῦς Σαμαρείας ταῖς ἀλώπεξιν παντὶ τῷ λαῷ τοῖς πεζοῖς
μου. ¹¹καὶ ἀπεκρίθη βασιλεὺς Ἰσραὴλ καὶ εἶπεν Ἱκανούσθω· μὴ ₁₁
καυχάσθω ὁ κυρτὸς ὡς ὁ ὀρθός. ¹²καὶ ἐγένετο ὅτε ἀπεκρίθη αὐτῷ ₁₂
τὸν λόγον τοῦτον, πίνων ἦν αὐτὸς καὶ πάντες βασιλεῖς μετ' αὐτοῦ ἐν
σκηναῖς· καὶ εἶπεν τοῖς παισὶν αὐτοῦ Οἰκοδομήσατε χάρακα· καὶ

A 1 Σαμαριαν (1°) A | om και 5° A | περιεκαθισαν] περιεκαθισεν A | επο-
λεμησεν A   2 απεστειλεν]+αγγελους A | υιος] pr ο A   3 σου 4°]
+τα καλα A   4 βασιλευς] pr ο A | ελαλησας]+μοι A | κυριε]+μου A |
ειμι εγω A   5 ειπον] ειπαν προς αυτον A | υιος] pr ο A | om λεγων A |
σου 3°]+και τα τεκνα σου A | εμοι δωσεις A   6 αποστελλω A | ερευ-
νησουσιν A | επιθυμηματα] επιθυμητα A | επιβαλωσιν A   7 πρεσβυτεροι]
+της γης A | το χρυσ. μου και το αργ. μου A   8 αυτω] υ sup ras B?
9 λεγεται A | υμων]+τω βασιλει A | om εν πρωτοις A | επεστρεψαν] απε-
στρεψαν A   10 απεστειλεν] ανταπεστειλεν A | ποιησαι μοι ο θεος
ποιησαισαν μοι οι θεοι A | προσθειη] προσθειησαν A | εκποιησει] εκ sup ras
(π pro ε B*ᵛⁱᵈ) B¹ | Σαμαριας A | αλωπεξιν B*A] αλωπηξιν (η superscr) Bᵃ
11 om και ειπεν A   12 οτε] ως A | βασιλεις] pr οι Bᵃᵇ (superscr) A

ΒΑΣΙΛΕΙΩΝ Γ   XXI 23

13 ἔθεντο χάρακα ἐπὶ τὴν πόλιν. ¹³καὶ ἰδοὺ προφήτης εἷς προσῆλθεν Β
τῷ βασιλεῖ Ἰσραὴλ, καὶ εἶπεν Τάδε λέγει Κύριος· Εἰ ἑόρακας
τὸν ὄχλον τὸν μέγαν τοῦτον; ἰδοὺ ἐγὼ δίδωμι αὐτὸν σήμερον εἰς
14 χεῖρας σάς, καὶ γνώσῃ ὅτι ἐγὼ Κύριος. ¹⁴καὶ εἶπεν Ἀχαὰβ Ἐν
τίνι; καὶ εἶπεν Τάδε λέγει Κύριος Ἐν τοῖς παιδαρίοις τῶν ἀρχόντων
τῶν χορῶν. καὶ εἶπεν Ἀχαὰβ Τίς συνάψει τὸν πόλεμον; καὶ εἶπεν
15 Σύ. ¹⁵καὶ ἐπεσκέψατο Ἀχαὰβ τοὺς ἄρχοντας, τὰ παιδάρια τῶν
χορῶν, καὶ ἐγένετο διακόσια καὶ τριάκοντα· καὶ μετὰ ταῦτα ἐπε-
16 σκέψατο τὸν λαόν; πᾶν υἱὸν δυνάμεως, ἑξήκοντα. ¹⁶καὶ ἐξῆλθεν
μεσημβρίας· καὶ υἱὸς Ἀδὲρ πίνων μεθύων ἐν Σοκχὼθ αὐτὸς καὶ οἱ
17 βασιλεῖς, τριάκοντα καὶ δύο, βασιλεῖς συνβοηθοὶ μετ' αὐτοῦ. ¹⁷καὶ
ἐξῆλθον ἄρχοντες παιδάρια τῶν χορῶν ἐν πρώτοις· καὶ ἀποστέλλου-
σιν καὶ ἀπαγγέλλουσιν τῷ βασιλεῖ Συρίας λέγοντες Ἄνδρες ἐξεληλύ-
18 θασιν ἐκ Σαμαρείας. ¹⁸εἰπεῖν αὐτοῖς, εἰς εἰρήνην, οὐ γὰρ ἐκπορεύονται,
συλλαβεῖν αὐτοὺς ζῶντας· καὶ εἰς πόλεμον, ζῶντας συλλαβεῖν αὐτούς·
19 ¹⁹καὶ μὴ ἐξελθάτωσαν ἐκ τῆς πόλεως ἄρχοντα τὰ παιδάρια, ἄρχοντα
20 τῶν χορῶν, καὶ ἡ δύναμις ὀπίσω αὐτῶν. ²⁰ἐπάταξεν ἕκαστος τὸν
παρ' αὐτοῦ, καὶ ἐδευτέρωσεν ἕκαστος τὸν παρ' αὐτοῦ, καὶ ἔφυγεν
Συρία· καὶ κατεδίωξεν αὐτοὺς Ἰσραήλ, καὶ σώζεται υἱὸς Ἀδὲρ
21 βασιλέως Συρίας ἐφ' ἵππου ἱππέως. ²¹καὶ ἐξῆλθεν βασιλεὺς Ἰσραὴλ
καὶ ἔλαβεν πάντας τοὺς ἵππους καὶ τὰ ἅρματα, καὶ ἐπάταξεν
22 πληγὴν μεγάλην ἐν Συρίᾳ. ²²καὶ προσῆλθεν ὁ προφήτης πρὸς
βασιλέα Ἰσραὴλ καὶ εἶπεν Κραταιοῦ καὶ γνῶθι καὶ ἴδε τί ποιήσεις,
ὅτι ἐπιστρέφοντος τοῦ ἐνιαυτοῦ υἱὸς Ἀδὲρ βασιλεὺς Συρίας ἀνα-
23 βαίνει ἐπὶ σέ. ²³Καὶ οἱ παῖδες βασιλέως Συρίας καὶ εἶπον
Θεὸς ὀρέων θεὸς Ἰσραὴλ καὶ οὐ θεὸς κοιλάδος, διὰ τοῦτο ἐκραταίωσεν

13 τω βασ.] pr τω Αχααβ A | εωρακας Bᵃᵇ | τον οχλον] pr παντα A | εις A χειρας σας σημερον A   14 χορων] πολεων A   15 om Αχααβ A | τους αρχ. τα παιδ. των χορων] τους παιδας των αρχο[των των χωρων· A | εγενετο] εγενοντο A | διακοσια και τριακ.] τριακοσιοι τριακοντα δυο A | τον λαον] pr συμπαντα A | παν] παντα A | εξηκοντα] επτα χιλιαδας A   16 Σοκχω A 17 αρχοντες παιδαρια] παιδαρια αρχοντων A | χορων] χωρων A | αποστελ-λουσιν...Συριας] απεστειλεν υιος Αδερ και ανηγγειλαν αυτω A | Σαμαριας A   18 ειπειν] και ειπεν A | εις 1°] pr ει A | om ου γαρ A | συλλαβειν 1°] συλλαβετε A | εις 2°] pr η A | πολεμον]+εξηλθον A | συλλαβειν 2°] συλλαβεται A   19 και 1° bis scr A (και| και) | εκ της πολεως... αρχοντα 2°] τα παιδαρια| εκ της πολεως αρχοντων| A | χορων] χωρων A 20 om και εδευτερωσεν εκ. τον παρ αυτου A | βασιλευς A | ιππου ιππεως] ιππων συν ιππευσιν τισιν A   21 Ισραηλ] Συριας A | om παντας A | εν Συρια πλ. μεγαλην A   22 ειπεν]+αυτω A | επιστρεφοντος] επιστρεψαντος A | αναβαινει] ανεισιν A   23 και ειπον] ειπαν προς αυτον A | θεος 2°] pr κ̅ς̅ ο A | κοιλαδων A | εκραταιωσεν] εκρατησεν Bᵃᵐᵍ

B ὑπὲρ ἡμᾶς· ἐὰν δὲ πολεμήσομεν αὐτοὺς κατ' εὐθύ, εἰ μὴ κραταιώσομεν ὑπὲρ αὐτούς. ²⁴καὶ τὸ ῥῆμα τοῦτο ποίησον· ἀπόστησον τοὺς 24 βασιλεῖς ἕκαστον εἰς τὸν τόπον αὐτῶν καὶ θοῦ ἀντ' αὐτῶν σατράπας, ²⁵καὶ ἀλλάξομέν σοι δύναμιν κατὰ τὴν δύναμιν τὴν πεσοῦσαν καὶ 25 ἵππον κατὰ τὸν ἵππον καὶ ἅρματα κατὰ τὰ ἅρματα, καὶ πολεμήσομεν πρὸς αὐτοὺς κατ' εὐθύ, καὶ κραταιώσομεν ὑπὲρ αὐτούς. καὶ ἤκουσεν τῆς φωνῆς αὐτοῦ, καὶ ἐποίησεν οὕτως. ²⁶καὶ ἐγένετο ἐπιστρέψαντος 26 τοῦ ἐνιαυτοῦ καὶ ἐπεσκέψατο υἱὸς Ἀδὲρ τὴν Συρίαν, καὶ ἀνέβη εἰς Ἀφέκα εἰς πόλεμον ἐπὶ Ἰσραήλ. ²⁷καὶ οἱ υἱοὶ Ἰσραὴλ ἐπεσκέπησαν, 27 καὶ παρεγένοντο εἰς ἀπαντὴν αὐτῷ· καὶ παρενέβαλεν Ἰσραὴλ ἐξ ἐναντίας αὐτῶν ὡσεὶ δύο ποίμνια αἰγῶν, καὶ Συρία ἔπλησεν τὴν γῆν. ²⁸καὶ προσῆλθεν ὁ ἄνθρωπος τοῦ θεοῦ καὶ εἶπεν τῷ βασιλεῖ 28 Ἰσραὴλ Τάδε λέγει Κύριος Ἀνθ' ὧν εἶπεν Συρία Θεὸς ὀρέων Κύριος ὁ θεὸς Ἰσραήλ, καὶ οὐ θεὸς κοιλάδων αὐτός· καὶ δώσω τὴν δύναμιν τὴν μεγάλην ταύτην εἰς χεῖρα σήν, καὶ γνώσῃ ὅτι ἐγὼ Κύριος· ²⁹καὶ 29 παρεμβαλοῦσιν οὗτοι ἀπέναντι τούτων ἑπτὰ ἡμέρας. καὶ ἐγένετο ἐν τῇ ἡμέρᾳ τῇ ἑβδόμῃ καὶ προσήγαγεν ὁ πόλεμος, καὶ ἐπάταξεν Ἰσραὴλ τὴν Συρίαν ἑκατὸν χιλιάδας πεζῶν μιᾷ ἡμέρᾳ. ³⁰καὶ ἔφυγον 30 οἱ κατάλοιποι εἰς Ἀφέκα εἰς τὴν πόλιν, καὶ ἔπεσεν τὸ τεῖχος ἐπὶ εἴκοσι καὶ ἑπτὰ χιλιάδας ἀνδρῶν τῶν καταλοίπων· καὶ υἱὸς Ἀδὲρ ἔφυγεν καὶ εἰσῆλθεν εἰς τὸν οἶκον τοῦ κοιτῶνος εἰς τὸ ταμεῖον. ³¹καὶ εἶπεν τοῖς παισὶν αὐτοῦ Οἶδα ὅτι βασιλεῖς Ἰσραὴλ βασιλεῖς 31 ἐλέους εἰσίν· ἐπιθώμεθα δὴ σάκκους ἐπὶ τὰς ὀσφύας ἡμῶν καὶ σχοινία ἐπὶ τὰς κεφαλὰς ἡμῶν καὶ ἐξέλθωμεν ἔτι πρὸς βασιλέα Ἰσραήλ, εἴ πως ζωογονήσει τὰς ψυχὰς ἡμῶν. ³²καὶ περιεζώσαντο 32 σάκκους περὶ τὰς ὀσφύας αὐτῶν καὶ ἔθεσαν σχοινία ἐπὶ τὰς κεφαλὰς αὐτῶν, καὶ εἶπον τῷ βασιλεῖ Ἰσραὴλ Δοῦλός σου υἱὸς Ἀδὲρ λέγει Ζησάτω δὴ ἡ ψυχὴ ἡμῶν· καὶ εἶπεν Εἰ ἔτι ζῇ; ὁ ἀδελφός μού ἐστιν. ³³καὶ οἱ ἄνδρες οἰωνίσαντο καὶ ἐσπείσαντο, καὶ ἀνελέξαν τὸν λόγον 33 ἀπὸ τοῦ στόματος αὐτοῦ καὶ εἶπον Ἀδελφός σου υἱὸς Ἀδέρ. καὶ

A 24 σατραπας αντ αυτων A   25 πεσουσαν]+απο σου A | την ιππον A | ηκουσεν BA*ᵛⁱᵈ] ακουσεν Aᵃ¹ (a sup ras) | αυτου] αυτων A   26 Αφεκαν A
27 επεσκεπησαν]+και διοικηθησαν A | απαντησιν A | αυτω] αυτων A | παρενεβαλεν Ισραηλ] παρενεβαλον οι υιοι Ισλ· A   28 ο ανθρ.] om ο A | om και ειπεν A | τω βασιλει] προς βασιλεα A | om ειπεν 2° A | θεος 1°] pr ο A | και δωσω] δωσει A   29 ουτοι] αυτοι A | ημερα τη εβδ.] εβδ. ημερα A | μια ημερα] εν ημ. μια A   30 ταμειον A   31 ειπεν τοις παισιν] ειπαν προς αυτον παιδες A | οιδα] ιδου δη οιδαμεν A | Ισραηλ] pr οικου A | δη] ουν A | om ετι A·   32 περι] επι A | εθεσαν] εθηκαν A | ειπον] ειπαν A | ζησατω] ζητω A | ημων] μου Bᵃᵐᵍ A   33 απο] εκ A | ειπον] ειπεν A | Αδερ]+λεγει λεγει A* (ras λεγει 1° A¹)

ΒΑΣΙΛΕΙΩΝ Γ   XXII 2

εἶπεν Εἰσέλθατε καὶ λάβετε αὐτόν· καὶ ἐξῆλθεν πρὸς αὐτὸν υἱὸς
34 Ἀδέρ, καὶ ἀναβιβάζουσιν αὐτὸν πρὸς αὐτὸν ἐπὶ τὸ ἅρμα. ⁴³⁴καὶ
εἶπεν πρὸς αὐτόν Τὰς πόλεις ἃς ἔλαβεν ὁ πατήρ μου παρὰ τοῦ
πατρός σου ἀποδώσω σοι, καὶ ἐξόδους θήσεις σαυτῷ ἐν Δαμασκῷ,
καθὼς ἔθετο ὁ πατήρ μου ἐν Σαμαρείᾳ· καὶ ἐγὼ ἐν διαθήκῃ ἐξαποστελῶ
35 σε. καὶ διέθετο αὐτῷ διαθήκην, καὶ ἐξαπέστειλεν αὐτόν.   ³⁵Καὶ
ἄνθρωπος εἷς ἐκ τῶν υἱῶν τῶν προφητῶν εἶπεν πρὸς τὸν πλησίον
αὐτοῦ ἐν λόγῳ Κυρίου Πάταξον δή με· καὶ οὐκ ἠθέλησεν πατάξαι
36 ὁ ἄνθρωπος αὐτόν. ³⁶καὶ εἶπεν πρὸς αὐτόν Ἀνθ᾽ ὧν οὐκ ἤκουσας
τῆς φωνῆς Κυρίου, καὶ ἰδοὺ σὺ ἀποτρέχεις ἀπ᾽ ἐμοῦ, καὶ πατάξει
σε λέων· καὶ ἀπῆλθεν ἀπ᾽ αὐτοῦ, καὶ εὑρίσκει αὐτὸν λέων καὶ
37 ἐπάταξεν αὐτόν. ³⁷καὶ εὑρίσκει ἄνθρωπον ἄλλον καὶ εἶπεν Πάταξόν
με δή· καὶ ἐπάταξεν αὐτὸν ὁ ἄνθρωπος, πατάξας καὶ συνέτριψεν.
38 ³⁸καὶ ἐπορεύθη ὁ προφήτης καὶ ἔστη τῷ βασιλεῖ Ἰσραὴλ ἐπὶ τῆς
39 ὁδοῦ, καὶ κατεδήσατο τελαμῶνι τοὺς ὀφθαλμοὺς αὐτοῦ. ³⁹καὶ ἐγένετο
ὡς παρεπορεύετο ὁ βασιλεύς, καὶ οὗτος ἐβόα πρὸς τὸν βασιλέα· καὶ
εἶπεν Ὁ δοῦλός σου ἐξῆλθεν ἐπὶ τὴν στρατείαν τοῦ πολέμου, καὶ
ἰδοὺ ἀνὴρ ἐξήγαγεν πρός με ἄνδρα καὶ εἶπεν πρὸς μέ Φύλαξον
τοῦτον τὸν ἄνδρα· ἐὰν δὲ ἐκπηδῶν ἐκπηδήσῃ, καὶ ἔσται ἡ ψυχή
40 σου ἀντὶ τῆς ψυχῆς αὐτοῦ, ἢ τάλαντον ἀργυρίου στήσεις. ⁴⁰καὶ
ἐγενήθη, περιεβλέψατο ὁ δοῦλός σου ὧδε καὶ ὧδε, καὶ οὗτος οὐκ
ἦν. καὶ εἶπεν πρὸς αὐτὸν ὁ βασιλεὺς Ἰσραήλ Ἰδοὺ καὶ τὰ ἔνεδρα
41 παρ᾽ ἐμοὶ ἐφόνευσας. ⁴¹καὶ ἔσπευσεν καὶ ἀφεῖλεν τὸν τελαμῶνα
ἀπὸ τῶν ὀφθαλμῶν αὐτοῦ, καὶ ἐπέγνω αὐτὸν ὁ βασιλεὺς Ἰσραὴλ
42 ὅτι ἐκ τῶν προφητῶν οὗτος. ⁴²καὶ εἶπεν πρὸς αὐτόν Τάδε λέγει
Κύριος Διότι ἐξήνεγκας σὺ ἄνδρα ὀλέθριον ἐκ χειρός σου, καὶ ἔσται ἡ
ψυχή σου ἀντὶ τῆς ψυχῆς αὐτοῦ, καὶ ὁ λαός σου ἀντὶ τοῦ λαοῦ αὐτοῦ.
43 ⁴³καὶ ἀπῆλθεν ὁ βασιλεὺς Ἰσραὴλ συνκεχυμένος καὶ ἐκλελυμένος, καὶ
ἔρχεται εἰς Σαμάρειαν.

XXII 1 ¹Καὶ ἐκάθισεν τρία ἔτη καὶ οὐκ ἦν πόλεμος ἀνὰ μέσον Συρίας καὶ
2 ἀνὰ μέσον Ἰσραήλ. ²καὶ ἐγενήθη ἐν τῷ ἐνιαυτῷ τῷ τρίτῳ, καὶ

33 αρμα]+προς αυτον A   34 εξοδους B*A] εξοδον Bᵃᵐᵍ | διαθηκη] A
Δαμασκω A   35 με δη A | ο ανος παταξαι αυτον· A   36 om και 2° A
37 om και ευρισκει...επαταξεν αυτον A·   38 ταλαμωνι A   39 ο βασ-
ιαρεπορευετο A | στρατιαν A | εξηγαγεν] εισηγαγεν A | om προς με (2°) A |
ον ανδρα τουτον A | om δε A | εκπηδηση] ηδ sup ras Bᵃᵇ   41 ταλαμωνα
A | αυτου] αυτων A | επεγνω] εγνω A   42 εξηνεγκας] εξηγαγες A | σου
ο] μου BᵃᵇA   43 Ισραηλ]+προς οικον αυτου A   XXII 2 εγενηθη]
γενετο A

XXII 3 ΒΑΣΙΛΕΙΩΝ Γ

Β κατέβη Ἰωσαφὰτ βασιλεὺς Ἰούδα πρὸς βασιλέα Ἰσραήλ. ³καὶ εἶπεν 3
βασιλεὺς Ἰσραὴλ πρὸς τοὺς παῖδας αὐτοῦ Εἰ οἴδατε ὅτι ἡμῖν Ῥεμμὰθ
Γαλαάδ, καὶ ἡμεῖς σιωπῶμεν λαβεῖν αὐτὴν ἐκ χειρὸς βασιλέως Συρίας;
⁴καὶ εἶπεν βασιλεὺς Ἰσραὴλ πρὸς Ἰωσαφάτ Ἀναβῃ ση μεθ' ἡμῶν εἰς 4
Ῥεμμὰθ Γαλαὰδ εἰς πόλεμον; καὶ εἶπεν Ἰωσαφάτ Καθὼς ἐγώ, καὶ σὺ
οὕτως, καθὼς ὁ λαός μου ὁ λαός σου, καθὼς οἱ ἵπποι μου οἱ ἵπποι
σου. ⁵καὶ εἶπεν Ἰωσαφὰτ βασιλεὺς Ἰούδα πρὸς βασιλέα Ἰσραήλ 5
Ἐπερωτήσατε δὴ σήμερον τὸν κύριον. ⁶καὶ συνήθροισεν βασιλεὺς 6
Ἰσραὴλ πάντας τοὺς προφήτας ὡς τετρακοσίους ἄνδρας, καὶ εἶπεν
αὐτοῖς ὁ βασιλεύς Εἰ πορευθῶ εἰς Ῥεμμὰθ Γαλαὰδ εἰς πόλεμον ἢ
ἐπέχω; καὶ εἶπαν Ἀνάβαινε, καὶ διδοὺς δώσει Κύριος εἰς χεῖρας τοῦ
βασιλέως. ⁷καὶ εἶπεν Ἰωσαφὰτ πρὸς βασιλέα Ἰσραήλ Οὐκ ἔστιν 7
ὧδε προφήτης τοῦ κυρίου, καὶ ἐπερωτήσομεν τὸν κύριον δι' αὐτοῦ;
⁸καὶ εἶπεν ὁ βασιλεὺς Ἰσραὴλ πρὸς Ἰωσαφάτ Εἷς ἐστιν ἀνὴρ εἰς 8
τὸ ἐπερωτῆσαι τὸν κύριον δι' αὐτοῦ, καὶ ἐγὼ μεμίσηκα αὐτόν, ὅτι
οὐ λαλεῖ περὶ ἐμοῦ καλὰ ἀλλ' ἢ κακά, Μειχαίας υἱὸς Ἰεμάς. καὶ
εἶπεν Ἰωσαφὰτ βασιλεὺς Ἰούδα Μὴ λεγέτω ὁ βασιλεὺς οὕτως. ⁹καὶ 9
ἐκάλεσεν ὁ βασιλεὺς Ἰσραὴλ εὐνοῦχον ἕνα καὶ εἶπεν Τάχος Μειχαίαν
υἱὸν Ἰεμιά. ¹⁰καὶ ὁ βασιλεὺς Ἰσραὴλ καὶ Ἰωσαφὰτ βασιλεὺς Ἰούδα 10
ἐκάθηντο ἀνὴρ ἐπὶ τοῦ θρόνου αὐτοῦ ἔνοπλοι ἐν ταῖς πύλαις Σα-
μαρείας, καὶ πάντες οἱ προφῆται ἐπροφήτευον ἐνώπιον αὐτῶν. ¹¹καὶ 11
ἐποίησεν ἑαυτῷ Σεδεκίας υἱὸς Χαανὰ κέρατα σιδηρᾶ καὶ εἶπεν Τάδε
λέγει Κύριος Ἐν τούτοις κερατιεῖς τὴν Συρίαν ἕως συντελεσθῇ. ¹²καὶ 12
πάντες οἱ προφῆται ἐπροφήτευον οὕτως λέγοντες Ἀνάβαινε εἰς
Ῥεμμὰθ Γαλαάδ, καὶ εὐοδώσει· καὶ δώσει Κύριος εἰς χεῖράς σου
καὶ τὸν βασιλέα Συρίας. ¹³καὶ ὁ ἄγγελος ὁ πορευθεὶς καλέσαι τὸν 13
Μειχαίαν ἐλάλησεν αὐτῷ λέγων Ἰδοὺ δὴ λαλοῦσιν πάντες οἱ προ-
φῆται ἐν στόματι ἐπὶ καλὰ κατὰ τοῦ βασιλέως· γίνου δὴ καὶ σὺ εἰς
λόγους σου εἰς κατὰ τοὺς λόγους ἑνὸς τούτων, καὶ λάλησον καλά.
¹⁴καὶ εἶπεν Μειχαίας Ζῇ Κύριος ὅτι ἃ ἂν εἴπῃ Κύριος πρός με, ταῦτα

Α 4 αναβηση] αναβηθι A | εις Ρ. Γ. εις πολεμον] εις πολ. Ρ. Γ. A | Ιωσαφατ
+ προς βασιλεα Ισλ A   6 βασιλευς] pr ο A | ως] ωστε A | επεχω] επισχ
A | αναβενναι A | και 4°] οτι A | διδους] διδως A   7 Ιωσαφαθ (θ superscr
Bᵃ (item 8 bis, 10, 18, 29, 30, 32 [10]) | βασιλεα] pr τον A | ουκ] pr αρα A
του κυριου] + ουκετι A   8 εις 1°] ετι A | Μιχ. Bᵇ A (item infra ubique)
Ιεμιας] Ιεμαα A   9 ταχος] pr το A | Ιεμια] Ιεμαα A   10 εκαθη
A | αυτου B*ᵇ] αυτων Bᵃ A | πυλαις] πυλεσιν A   11 εαυτω] αυτω A
Χαανα] Χανανα A   12 προεφητευον A | om και 4° A | om Συρια
13 επι] ενι A | κατα] περι A | γινου Bᵇ (γειν. B*)] καινου A | om εις 2°.
14 α αν] εαν A

ΒΑΣΙΛΕΙΩΝ Γ XXII 26

15 λαλήσω. ¹⁵καὶ ἦλθεν πρὸς τὸν βασιλέα καὶ εἶπεν αὐτῷ ὁ βασιλεὺς Β Μειχαία, εἰ ἀναβῶ εἰς 'Ρεμμὰθ Γαλαὰδ εἰς πόλεμον ἢ ἐπίσχω;. καὶ εἶπεν Ἀνάβαινε, καὶ εὐοδώσει Κύριος εἰς χεῖρα τοῦ βασι-
16 λέως. ¹⁶καὶ εἶπεν αὐτῷ ὁ βασιλεὺς Πεντάκις ἐγὼ ἐξορκίζω σε
17 ὅπως λαλήσῃς πρὸς μὲ ἀλήθειαν ἐν ὀνόματι Κυρίου. ¹⁷καὶ εἶπεν Οὐχ οὕτως· ἑώρακα τὸν πάντα Ἰσραὴλ διεσπαρμένους ἐν τοῖς ὄρεσιν ὡς ποίμνιον ᾧ οὐκ ἔστι ποιμήν· καὶ εἶπεν Κύριος Οὐ Κύριος τούτοις θεός; ἕκαστος εἰς τὸν οἶκον αὐτοῦ ἐν εἰρήνῃ ἀναστρεφέτω.
18 ¹⁸καὶ εἶπεν βασιλεὺς Ἰσραὴλ πρὸς Ἰωσαφὰτ βασιλέα Ἰούδα Οὐκ εἶπα
19 πρὸς σέ Οὐ προφητεύει οὗτός μοι καλά, διότι ἀλλ᾿ ἢ κακά; ¹⁹καὶ εἶπεν Μειχαίας Οὐχ οὕτως, οὐκ ἐγώ, ἄκουε ῥῆμα. Κυρίου, οὐχ οὕτως. εἶδον θεὸν Ἰσραὴλ καθήμενον ἐπὶ θρόνου αὐτοῦ, καὶ πᾶσα ἡ στρατεία τοῦ οὐρανοῦ εἱστήκει περὶ αὐτὸν ἐκ δεξιῶν αὐτοῦ καὶ ἐξ εὐωνύμων
20 αὐτοῦ. ²⁰καὶ εἶπεν Κύριος Τίς ἀπατήσει τὸν Ἀχαὰβ βασιλέα Ἰσραήλ, καὶ ἀναβήσεται καὶ πεσεῖται ἐν Ῥεμμὰθ Γαλαάδ; καὶ εἶπεν οὗτος
21 οὕτως, καὶ οὗτος οὕτως. ²¹καὶ ἐξῆλθεν πνεῦμα καὶ ἔστη ἐνώπιον
22 Κυρίου καὶ εἶπεν Ἐγὼ ἀπατήσω αὐτόν. ²²καὶ εἶπεν πρὸς αὐτὸν Κύριος Ἐν τίνι; καὶ εἶπεν Ἐξελεύσομαι καὶ ἔσομαι πνεῦμα ψευδὲς εἰς τὸ στόμα πάντων τῶν προφητῶν αὐτοῦ· καὶ εἶπεν Ἀπατήσεις
23 καί γε δυνήσει· ἔξελθε καὶ ποίησον οὕτως. ²³καὶ νῦν ἰδοὺ ἔδωκεν Κύριος πνεῦμα ψευδὲς ἐν στόματι πάντων τῶν προφητῶν σου
24 τούτων, καὶ Κύριος ἐλάλησεν ἐπὶ σὲ κακά. ²⁴καὶ προσῆλθεν Σεδεκιοὺ υἱὸς Χανάαν καὶ ἐπάταξεν τὸν Μειχαίαν ἐπὶ τὴν σιαγόνα καὶ εἶπεν
25 Ποῖον πνεῦμα Κυρίου τὸ λαλῆσαν ἐν σοί; ²⁵καὶ εἶπεν Μειχαίας Ἰδοὺ σὺ ὄψῃ τῇ ἡμέρᾳ ἐκείνῃ ὅταν εἰσέλθῃς ταμεῖον τοῦ ταμείου
26 τοῦ κρυφίου. ²⁶καὶ εἶπεν ὁ βασιλεὺς Ἰσραὴλ Λάβετε τὸν Μειχαίαν καὶ ἀποστρέψατε αὐτὸν πρὸς Σεμὴρ τὸν βασιλέα τῆς πόλεως· καὶ τῷ

15 ο βασ. αυτω A | ειπεν 2°]+προς αυτον A | ευοδωσει]+και δωσει A | A χειρα] χειρας A' (16 και ειπεν bis scr B* | πεντακις] ετι δις Bᵃᵐᵍ A (ετι δεις) ποσακις Bᵗᵇ | εξορκιζω] ορκιζω A | λαλησεις A 17 εορακα A | παντα τον ΙσλⱽA | διεσπαρμενον A | om θεος A | αναστρ. εκ. εις τον οικον αυτου εν ειρηνην (sic) A 18 βασιλευς] pr ο A | ου] pr οτι A 19 θεον] pr τον κν A | θρονου] pr του A | ιστηκει BᵃA | om αυτου 2° A 20 Ραμμαθ A | om και ουτος (ουτως Bᵃᵇ ουτος B* ᵃ ᵗ ᶜ) ουτως A 22 κς προς αυτο·] A | και εσομαι bis scr B* (impr 1° Bᵃᵇ) | εις το στομα] εν στοματι A | δυνηση BᵃᵇA 24 Σεδεκιου] Σεδεκιας A | ποιον]+τουτο παρηλθεν A | Κυριου]+παρ εμου A 25 om συ A | οψει Bᵃᵇ | τη ημερα] pr εν A | ταμιειον, ταμιειου A | κρυφιου] κρυβηναι BᵃᵇᵐᵍA 26 om Ισραηλ A | Σεμηρ] Αμμων A | βασιλεα] αρχοντα A | τω Ιωας] προς I. A

ΧΧΙΙ 27   ΒΑΣΙΛΕΙΩΝ. Γ

B Ἰωὰς υἱῷ τοῦ βασιλέως ²⁷εἰπὸν θέσθαι τοῦτον ἐν φυλακῇ, καὶ ἐσθίειν 27
αὐτὸν ἄρτον θλίψεως καὶ ὕδωρ θλίψεως ἕως τοῦ ἐπιστρέψαι με
ἐν εἰρήνῃ. ²⁸καὶ εἶπεν Μειχαίας Ἐὰν ἐπιστρέφων ἐπιστρέψῃς ἐν 28
εἰρήνῃ, οὐ λελάληκεν Κύριος ἐν ἐμοί. ²⁹Καὶ ἀνέβη βασιλεὺς 29
Ἰσραὴλ καὶ Ἰωσαφὰτ βασιλεὺς [Ἰούδα] μετ᾽ αὐτοῦ εἰς Ῥεμμὰθ Γαλαάδ.
³⁰καὶ εἶπεν βασιλεὺς Ἰσραὴλ πρὸς Ἰωσαφὰτ βασιλέα Ἰούδα Συνκαλύ- 30
ψομαι καὶ εἰσελεύσομαι εἰς τὸν πόλεμον, καὶ σὺ ἔνδυσαι τὸν ἱμα-
τισμόν μου· καὶ συνεκαλύψατο βασιλεὺς Ἰσραήλ, καὶ εἰσῆλθεν
εἰς τὸν πόλεμον. ³¹καὶ βασιλεὺς Συρίας ἐνετείλατο τοῖς ἄρχουσι 31
τῶν ἁρμάτων αὐτοῦ τριάκοντα καὶ δυσὶν λέγων Μὴ πολεμεῖτε μικρὸν
καὶ μέγαν ἀλλ᾽ ἢ τὸν βασιλέα Ἰσραὴλ μονώτατον. ³²καὶ ἐγένετο 32
ὡς εἶδον οἱ ἄρχοντες τῶν ἁρμάτων τὸν Ἰωσαφὰθ βασιλέα Ἰούδα,
καὶ αὐτοὶ εἶπον Φαίνεται βασιλεὺς Ἰσραὴλ οὗτος· καὶ ἐκύκλωσαν
αὐτὸν πολεμῆσαι· καὶ ἀνέκραξεν Ἰωσαφάθ. ³³καὶ ἐγένετο ὡς εἶδον 33
οἱ ἄρχοντες τῶν ἁρμάτων ὅτι οὐκ ἔστιν βασιλεὺς Ἰσραὴλ οὗτος,
καὶ ἀπέστρεψαν ἀπ᾽ αὐτοῦ. ³⁴καὶ ἐπέτεινεν εἰς τὸ τόξον εὐστόχως 34
καὶ ἐπάταξεν τὸν βασιλέα Ἰσραὴλ ἀνὰ μέσον τοῦ πνεύμονος καὶ
ἀνὰ μέσον τοῦ θώρακος· καὶ εἶπεν τῷ ἡνιόχῳ αὐτοῦ Ἐπίστρεψον
τὰς χεῖράς σου καὶ ἐξάγαγέ με ἐκ τοῦ πολέμου, ὅτι τέτρωμαι. ³⁵καὶ 35
ἐτροπώθη ὁ πόλεμος ἐν τῇ ἡμέρᾳ ἐκείνῃ· καὶ ὁ βασιλεὺς ἦν ἑστηκὼς
ἐπὶ τοῦ ἅρματος ἐξ ἐναντίας Συρίας ἀπὸ πρωὶ ἕως ἑσπέρας, καὶ
ἀπεχύννετο αἷμα ἐκ τῆς πληγῆς εἰς τὸν κόλπον τοῦ ἅρματος·
καὶ ἀπέθανεν ἑσπέρας, καὶ ἐξεπορεύετο τὸ αἷμα τῆς τροπῆς ἕως
τοῦ κόλπου τοῦ ἅρματος. ³⁶καὶ ἔστη ὁ στρατοκῆρυξ δύνοντος τοῦ 36
ἡλίου λέγων Ἕκαστος εἰς τὴν ἑαυτοῦ πόλιν καὶ εἰς τὴν ἑαυτοῦ
γῆν, ³⁷ὅτι τέθνηκεν ὁ βασιλεύς· καὶ ἦλθον εἰς τὴν Σαμάρειαν, καὶ 37
ἔθαψαν τὸν βασιλέα ἐν Σαμαρείᾳ. ³⁸καὶ ἀπένιψαν τὸ αἷμα ἐπὶ 38
τὴν κρήνην Σαμαρείας, καὶ ἐξέλιξαν αἱ ὗες καὶ οἱ κύνες τὸ αἷμα·

A   26 υιω] υιον A   27 ειπον] + ταδε λεγει ὁ βασιλευς A | θεσθαι
BA | εσθιειν] εσθιετω A | om αυτον A | επιστρεψαι με] επιστρεψωμεν A
28 ου λελαληκεν] ουκ ελαλησεν A | εμοι]+και ειπεν ακουσατε λαοι παντες
A   30 συνκαλυψομαι (συγκ. B^(ab))] συγκαλυψοῖ με A | βασιλευς 2°]
pr ο A   31 δυσιν] δυο A | η] ην A   , 32 ιδον A | τον. Ιωσ.] των
Ι. A |.Ιωσαφαθ] Ιωσαφατ B^(ab)A (item 41, 45, 46 bis, 52)   33 εγε-
νετο] εγενοντο A | ιδον A | απεστρεψαν B*A] ανεστρ. B^(ab)   34 επετεινεν]
ενετεινεν A | το τοξον] om το A | τας χειρας] την χειρα A,   35 απεχυν-
νετο] απέχυννε τὸ B^b απεχύννετο τὸ B^c | της τροπης] pr εκ A,   36 στρα-
τοκηρυξ]+εν τη παρεμβολη A | γην].+αποτρεχετω A   37 την Σαμα-
ρειαν]|Σαμαριαν A.| Σαμαρια A   38 αιμα 1°] αρμα A | εξελειξαν A |
αιμα 2°]+αυτου A

·738

ΒΑΣΙΛΕΙΩΝ Γ΄   XXII 53

καὶ αἱ πόρναι ἐλούσαντο ἐν τῷ αἵματι, κατὰ τὸ ῥῆμα Κυρίου· ὃ Β
39 ἐλάλησεν. ³⁹καὶ τὰ λοιπὰ τῶν λόγων Ἀχαὰβ καὶ πάντα ἃ ἐποίησεν,
καὶ οἶκον ἐλεφάντινον ὃν ᾠκοδόμησεν καὶ πάσας τὰς πόλεις ἃς
ἐποίησεν, καὶ ἰδοὺ ταῦτα γέγραπται ἐν βιβλίῳ λόγων τῶν ἡμερῶν
40 τῶν βασιλέων Ἰσραήλ. ⁴⁰καὶ ἐκοιμήθη Ἀχαὰβ μετὰ τῶν πατέρων
αὐτοῦ, καὶ ἐβασίλευσεν Ὀχοζείας υἱὸς αὐτοῦ ἀντ' αὐτοῦ.
41   ⁴¹Καὶ Ἰωσαφὰθ υἱὸς Ἀσὰ ἐβασίλευσεν ἐπὶ Ἰουδά· ἔτει τετάρτῳ
42 τῷ Ἀχαὰβ ἐβασίλευσεν. ⁴²Ἰωσαφὰθ υἱὸς τριάκοντα καὶ πέντε ἐτῶν
ἐν τῷ βασιλεύειν αὐτόν, καὶ εἴκοσι καὶ πέντε ἔτη ἐβασίλευσεν ἐν
Ἱερουσαλήμ· καὶ ὄνομα τῇ μητρὶ αὐτοῦ Ἀζαεβὰ θυγάτηρ Σεμεεί.
43 ⁴³καὶ ἐπορεύθη ἐν πάσῃ ὁδῷ Ἀσὰ τοῦ πατρὸς αὐτοῦ· οὐκ ἐξέκλινεν
44 ἀπ' αὐτῆς, τοῦ ποιῆσαι τὸ εὐθὲς ἐν ὀφθαλμοῖς Κυρίου· ⁴⁴πλὴν
τῶν ὑψηλῶν οὐκ ἐξῆρεν, ἔτι ὁ λαὸς ἐθυσίαζεν καὶ ἐθυμίων ἐν
45 τοῖς ὑψηλοῖς. ⁴⁵καὶ εἰρήνευσεν Ἰωσαφὰθ μετὰ βασιλέως Ἰσραήλ.
46 ⁴⁶καὶ τὰ λοιπὰ τῶν λόγων Ἰωσαφὰθ καὶ αἱ δυναστεῖαι αὐτοῦ, ὅσα
ἐποίησεν, οὐκ ἰδοὺ ταῦτα ἐνγεγραμμένα ἐν βιβλίῳ λόγων Ἰωσαφάθ;
51 ⁵¹καὶ ἐκοιμήθη μετὰ τῶν πατέρων αὐτοῦ, καὶ ἐτάφη ἐν πόλει
Δαυεὶδ τοῦ πατρὸς αὐτοῦ· καὶ ἐβασίλευσεν Ἰωρὰμ υἱὸς αὐτοῦ ἀντ'
αὐτοῦ.
52   ⁵²Καὶ Ὀχοζείας υἱὸς Ἀχαὰβ ἐβασίλευσεν ἐπὶ Ἰσραὴλ ἐν Σαμαρείᾳ
ἐν ἔτει ἑπτακαιδεκάτῳ Ἰωσαφὰθ βασιλεῖ Ἰούδα· καὶ ἐβασίλευσεν ἐν
53 Ἰσραὴλ ἔτη δύο. ⁵³καὶ ἐποίησεν τὸ πονηρὸν ἐναντίον Κυρίου, καὶ
ἐπορεύθη ἐν ὁδῷ τοῦ πατρὸς αὐτοῦ Ἀχαὰβ καὶ ἐν ὁδῷ Ἰεζάβελ τῆς
μητρὸς αὐτοῦ καὶ ἐν ταῖς ἁμαρτίαις οἴκου Ἱεροβοὰμ υἱοῦ Ναβὰτ ὃς

39 και οικον...εποιησεν bis scr B* (improb 1° B¹ᵇ) | εν βι|βλιου A A
40 Οχοζιας BᵇA   41 Ιουδαν A | Αχααβ]+βασιλεως Ισλ A   42 Ιω-
σαφαθ (Ιωσαφατ Bᵃᵇ)] Ιωσαφ' A | Αζαεβα] Αξουβα A | Σεμεει] Σαλαλα A
43 εν οφθαλμοις] ενωπιον A   45 βασιλεων A   46 δυναστιαι A | εποιη-
σεν]+και οσα επολεμησεν| A | ουκ (ουχ B* ουκ Bᵃᵇ) ιδου] ουχι ταυτα A |
ενγεγραμμενα (εγγεγρ. Bᵃᵇ)] γεγραμμενα A | Ιωσαφαθ 2°] των ημερων των| βα-
σιλεων Ιουδα A   47—50 και περισσον| του ενδιηλλαγμενου ουχ υπε|λειφθη
εν ημεραις Ασα πατρος| αυτου επελεξεν απο της γης'| (48) και βασιλευς ουκ ην
εν Εδωμ| εστηλωμενος'| και ο βασιλευς (49) Ιωσαφατ εποιησε| νηας του πο-
ρευθηναι Ωφειρδε| εις χρυσιον και ουκ επορευθησα| οτι συνετριβησαν νηες εν
Ασε|ων Γαβερ'| (50) τοτε ειπεν Οχοζιας υιος Αχααβ'| προς Ιωσαφατ' πορευ-
θητωσαν (sic)| δουλοι σου μετα των δουλων μου| και ταις ναυσιν και ουκ ηθε-
λησε| Ιωσαφατ'| A (om B)   51 εκοιμηθη]+Ιωσαφατ A | και εταφη ἐ| πο
sup ras et in mgg Bᵃᵇ (om και εταφη B* ᵛⁱᵈ) | εν πολει] pr παρα τοις πατρα-
σιν αυτου A   52 Οχοζιας BᵇA | Σαμαρια A | επτακαιδεκατω] επτα και
δεκα· του A | βασιλει] βασιλεως A | δυο ετη A   53 εναντιον] ενωπιον
A | Αχααβ του πατρος αυτου A | om οικου A

XXII 54 ΒΑΣΙΛΕΙΩΝ Γ

B ἐξήμαρτεν τὸν Ἰσραήλ. ⁵⁴καὶ ἐδούλευσεν τοῖς Βααλεὶμ καὶ προσεκύ- 54
νησεν αὐτοῖς, καὶ παρώργισεν τὸν κύριον θεὸν Ἰσραὴλ κατὰ πάντα
τὰ γενόμενα ἔμπροσθεν αὐτοῦ. καὶ ἠθέτησεν Μωὰβ ἐν Ἰσραὴλ μετὰ
τὸ ἀποθανεῖν Ἀχαάβ.

A   **54** om και ηθετησεν...Αχααβ B¹A
  Subscr βασιλειων γ BA

ΒΑΣΙΛΕΙΩΝ Δ

I 1 ΚΑΙ ἠθέτησεν Μωὰβ ἐν Ἰσραὴλ μετὰ τὸ ἀποθανεῖν Ἀχαάβ. Β 2 ²καὶ ἔπεσεν Ὀχοζείας διὰ τοῦ δικτυωτοῦ τοῦ ἐν τῷ ὑπερῴῳ αὐτοῦ τῷ ἐν Σαμαρείᾳ, καὶ ἠρρώστησεν· καὶ ἀπέστειλεν ἀγγέλους καὶ εἶπεν πρὸς αὐτούς Δεῦτε καὶ ἐπιζητήσατε ἐν τῷ Βάαλ μυῖαν θεὸν Ἀκκαρών, εἰ ζήσομαι ἐκ τῆς ἀρρωστίας μου ταύτης· καὶ ἐπορεύθησαν ἐπερωτῆσαι 3 δι' αὐτοῦ. ³καὶ ἄγγελος Κυρίου ἐκάλεσεν Ἠλειοὺ τὸν Θεσβείτην λέγων Ἀναστὰς δεῦρο εἰς συνάντησιν τῶν ἀγγέλων Ὀχοζείου βασιλέως Σαμαρείας καὶ λαλήσεις πρὸς αὐτούς Εἰ παρὰ τὸ μὴ εἶναι θεὸν ἐν Ἰσραὴλ ὑμεῖς πορεύεσθε ἐπιζητῆσαι ἐν τῷ Βάαλ μυῖαν θεὸν Ἀκκαρών; 4 ⁽⁴⁾καὶ οὐχ οὕτως· ⁴ὅτι τάδε λέγει Κύριος Ἡ κλίνη ἐφ' ἧς ἀνέβης ἐκεῖ οὐ καταβήσῃ ἀπ' αὐτῆς, ὅτι θανάτῳ ἀποθανῇ. καὶ ἐπορεύθη Ἠλειοὺ 5 καὶ εἶπεν πρὸς αὐτούς. ⁵καὶ ἐπεστράφησαν οἱ ἄγγελοι πρὸς αὐτόν, 6 καὶ εἶπεν πρὸς αὐτούς Τί ὅτι ἐπεστρέψατε; ⁶καὶ εἶπαν πρὸς αὐτόν Ἀνὴρ ἀνέβη εἰς συνάντησιν ἡμῶν καὶ εἶπεν πρὸς ἡμᾶς Δεῦτε ἐπιστράφητε πρὸς τὸν βασιλέα τὸν ἀποστείλαντα ὑμᾶς καὶ λαλήσατε πρὸς αὐτόν Τάδε λέγει Κύριος Εἰ παρὰ τὸ μὴ εἶναι θεὸν ἐν Ἰσραὴλ σὺ πορεύῃ ζητῆσαι ἐν τῇ Βάαλ μυῖαν θεὸν Ἀκκαρών; οὐχ οὕτως· ἡ κλίνη ἐφ' ἧς ἀνέβης ὅτι οὐ καταβήσῃ ἀπ' αὐτῆς, ὅτι θανάτῳ 7 ἀποθανῇ. ⁷καὶ ἐλάλησεν πρὸς αὐτούς Τίς ἡ κρίσις τοῦ ἀνδρὸς τοῦ ἀναβάντος εἰς συνάντησίν ὑμῖν καὶ λαλήσαντος πρὸς ὑμᾶς τοὺς λόγους 8 τούτους; ⁸καὶ εἶπον πρὸς αὐτόν Ἀνὴρ δασὺς καὶ ζώνην δερματίνην περιεζωσμένος τὴν ὀσφὺν αὐτοῦ· καὶ εἶπεν Ἠλειοὺ ὁ Θεσβείτης οὗτός

I 2 Οχοζιας BᵇA | δικτυωτου] δικτυου του A | τω εν Σ.] του εν Σ. A | A επιζητησατε] επερωτησατε A | τω Βααλ] τη Β. A | αυτου 2°] αυτων A 3 Ηλιου BᵇA (ita ubique) | Θεσβιτ. BᵇA (item 8) | αναστας δευρο] αναστηθι και πορευθητι A | Οχοζιου BᵇA | Σαμαριας A   4. κλινη]+σου A | οτι]+εκει A   5 επεστρεψατε] επεστραφηται A   6 Ισραηλ] Ἰλημ A | om τη κλινη A   8 om αυτου A | εστιν ουτος A

ΒΑΣΙΛΕΙΩΝ Δ

Β ἐστιν. ⁹καὶ ἀπέστειλεν πρὸς αὐτὸν πεντηκόνταρχον καὶ τοὺς πεντή- 9
κοντα αὐτοῦ, καὶ ἀνέβη πρὸς αὐτόν· καὶ ἰδοὺ Ἡλειοὺ ἐκάθητο ἐπὶ
τῆς κορυφῆς τοῦ ὄρους. καὶ ἐλάλησεν ὁ πεντηκόνταρχος πρὸς αὐτὸν
καὶ εἶπεν Ἄνθρωπε τοῦ θεοῦ, ὁ βασιλεὺς ἐκάλεσέν σε, κατάβηθι.
¹⁰καὶ ἀπεκρίθη Ἡλειοὺ καὶ εἶπεν πρὸς τὸν πεντηκόνταρχον Καὶ εἰ 10
ἄνθρωπος θεοῦ ἐγώ, καταβήσεται πῦρ ἐκ τοῦ οὐρανοῦ καὶ καταφάγεται
σὲ καὶ τοὺς πεντήκοντά σου· καὶ κατέβη πῦρ ἐκ τοῦ οὐρανοῦ καὶ
κατέφαγεν αὐτὸν καὶ τοὺς πεντήκοντα αὐτοῦ. ¹¹καὶ προσέθετο ὁ 11
βασιλεὺς καὶ ἀπέστειλεν πρὸς αὐτὸν ἄλλον πεντηκόνταρχον καὶ
τοὺς πεντήκοντα αὐτοῦ· καὶ ἐλάλησεν ὁ πεντηκόνταρχος πρὸς αὐτὸν
καὶ εἶπεν Ἄνθρωπε τοῦ θεοῦ, τάδε λέγει ὁ βασιλεύς Ταχέως κατάβηθι.
¹²καὶ ἀπεκρίθη Ἡλειοὺ καὶ ἐλάλησεν πρὸς αὐτὸν καὶ εἶπεν Εἰ ἄνθρωπος 12
θεοῦ ἐγώ, καταβήσεται πῦρ ἐκ τοῦ οὐρανοῦ καὶ καταφάγεταί σε καὶ
τοὺς πεντήκοντά σου· καὶ κατέβη πῦρ ἐκ τοῦ οὐρανοῦ καὶ κατέφαγεν
αὐτὸν καὶ τοὺς πεντήκοντα αὐτοῦ. ¹³καὶ προσέθετο ὁ βασιλεὺς ἔτι 13
ἀποστεῖλαι ἡγούμενον καὶ τοὺς πεντήκοντα αὐτοῦ· καὶ ἦλθεν ὁ πεντη-
κόνταρχος ὁ τρίτος καὶ ἔκαμψεν ἐπὶ τὰ γόνατα αὐτοῦ κατέναντι
Ἡλειού, καὶ ἐδεήθη αὐτοῦ καὶ ἐλάλησεν πρὸς αὐτὸν καὶ εἶπεν Ἄνθρωπε
τοῦ θεοῦ, ἐντιμωθήτω ἡ ψυχή μου καὶ ἡ ψυχὴ τῶν δούλων σου
τούτων ἐν ὀφθαλμοῖς σου· ¹⁴ἰδοὺ κατέβη πῦρ ἐκ τοῦ οὐρανοῦ καὶ 14
κατέφαγεν τοὺς δύο πεντηκοντάρχους τοὺς πρώτους· καὶ νῦν ἐντι-
μωθήτω δὴ ἡ ψυχή μου ἐν ὀφθαλμοῖς σου. ¹⁵καὶ ἐλάλησεν ἄγγελος 15
Κυρίου πρὸς Ἡλειοὺ καὶ εἶπεν Κατάβηθι μετ' αὐτοῦ, μὴ φοβηθῇς
ἀπὸ προσώπου αὐτῶν· καὶ ἀνέστη Ἡλειοὺ καὶ κατέβη μετ' αὐτοῦ
πρὸς τὸν βασιλέα. ¹⁶καὶ ἐλάλησεν πρὸς αὐτὸν καὶ εἶπεν Ἡλειού 16
Τάδε λέγει Κύριος Τί ὅτι ἀπέστειλας ζητῆσαι ἐν τῇ Βάαλ μυῖαν θεὸν
Ἀκκαρών; οὐχ οὕτως· ἡ κλίνη ἐφ' ἧς ἀνέβης ἐκεῖ οὐ καταβήσῃ
ἀπ' αὐτῆς, ὅτι θανάτῳ ἀποθανῇ. ¹⁷καὶ ἀπέθανεν κατὰ τὸ ῥῆμα 17
Κυρίου ὃ ἐλάλησεν Ἡλειού. ¹⁸καὶ τὰ λοιπὰ τῶν λόγων Ὀχοζείου 18
ἃ ἐποίησεν, οὐκ ἰδοὺ ταῦτα γεγραμμένα ἐπὶ βιβλίῳ λόγων τῶν

Α   9 πεντηκονταρχον] pr ηγουμενον Α | ανεβη]+και ηλθεν Α   10 θεου]
pr του Α | πεντηκοντα 1°] seq ras 1 lit in Α   11 προσεθετο] προσεθηκεν Α:
item 13 | και ελαλ.] pr και ανεβη Α   12 θεου] pr του Α | εγω] pr ειμι Α
13 om ετι Α | ηγουμενον]+πεντηκονταρχον τριτον Α | ηλθεν] αναβας ηλθεν
προς αυτον Α | αυτου 2°] εαυτου Α | τουτων]+των πεντηκοντα Α   14 πρω-
τους]+και τους πεντηκοντα αυτων Α | μου] τῶν δουλων σου Α   16 om
Ηλειου Α | τι οτι απεστ. ζητησαι] ανθ ων εξαπεστει|λας αγγελους επερωτησαι
Α | Ακκαρων]+παρα το| μη ειναι θεον εν Ἰσλ τοῦ εκζητη|σαι εν ρηματι αυ-
του Α   17 απεθανεν]+Οχοζιας Α   18 om Α | Ὀχοζίου Β^b

ΒΑΣΙΛΕΙΩΝ Δ   1118

18 a ἡμερῶν τοῖς βασιλεῦσιν Ἰσραήλ; ¹⁸ᵃκαὶ Ἰωράμ υἱὸς Ἀχαὰβ ᾿βάσι- Β
. λεύει ἐπὶ Ἰσραὴλ ἐν Σαμαρείᾳ ἔτη δέκα δύο, ἐν ἔτει ὀκτωκαιδεκάτῳ
18 b Ἰωσαφὰθ βασιλέως Ἰούδα· ¹⁸ᵇ καὶ ἐποίησεν· τὸ πονηρὸν ἐνώπιον
18 c Κυρίου, πλὴν οὐχ ὡς οἱ ἀδελφοὶ αὐτοῦ οὐδὲ ὡς ἡ μήτηρ αὐτοῦ· ¹⁸ᶜ καὶ
ἀπέστειλεν ἱτὰς στήλας τοῦ Βάαλ ἃς ἐποίησεν ὁ πατήρ, αὐτοῦ κᾶὶ
συνέτριψεν αὐτάς· πλὴν ἐν ταῖς ἁμαρτίαις οἴκου Ἱεροβοὰμ ὃς ἐξή-
18 d μαρτεν τὸν Ἰσραὴλ ἐκολλήθη, οὐκ ἀπέστη ἀπ᾽ αὐτῶν. , ¹⁸ᵈ καὶ ἐθυ-
μώθη ὀργῇ Κύριος εἰς τὸν οἶκον Ἀχαάβ.   κ

1 . . ¹Καὶ ἐγένετο ἐν τῷ ἀνάγειν Κύριον τὸν Ἠλειοὺ ἐν συνσεισμῷ
ὡς εἰς τὸν οὐρανόν, καὶ ἐπορεύθη Ἠλειοὺ καὶ Ἐλεισαῖε ἐξ Ἱερειχώ.
2 ²καὶ εἶπεν Ἠλειοὺ πρὸς Ἐλεισαῖε Ἰδοὺ δὴ ἐνταῦθα κάθου, ὅτι ὁ θεὸς
ἀπέσταλκέν με ἕως Βαιθήλ. καὶ εἶπεν Ἐλεισαῖε Ζῇ Κύριος καὶ ζῇ
3 ἡ ψυχή σου, εἰ καταλείψω σε· καὶ ἦλθεν εἰς Βαιθήλ. ³καὶ ἦλθον
οἱ υἱοὶ τῶν προφητῶν οἱ ἐν Βαιθὴλ πρὸς Ἐλεισαῖε· καὶ εἶπον πρὸς
αὐτόν Εἰ ἔγνως ὅτι Κύριος σήμερον λαμβάνει τὸν κύριον σου ἀπά-
4 νωθεν τῆς κεφαλῆς σου; καὶ εἶπεν Κἀγὼ ἔγνωκα, σιωπᾶτε. ⁴καὶ
εἶπεν Ἠλειοὺ πρὸς Ἐλεισαῖε Κάθου δὴ ἐνταῦθα, ὅτι Κύριος ἀπέ-
σταλκέν με εἰς Ἱερειχώ· καὶ εἶπεν Ζῇ Κύριος καὶ ζῇ ἡ ψυχή σου,
5 εἰ ἐνκαταλείψω σε· καὶ ἦλθον εἰς Ἱερειχώ. ⁵καὶ ἤγγισαν οἱ υἱοὶ
τῶν προφητῶν οἱ ἐν Ἱερειχὼ πρὸς Ἐλεισαῖε, καὶ εἶπαν πρὸς αὐτόν
Εἰ ἔγνως ὅτι σήμερον λαμβάνει Κύριος τὸν κύριόν σου ἐπάνωθεν
6 τῆς κεφαλῆς σου; καὶ εἶπεν Καί γε ἐγὼ ἔγνων, σιωπᾶτε. ⁶καὶ εἶπεν
αὐτῷ Ἠλειοὺ Κάθου δὴ ὧδε, ὅτι Κύριος ἀπέσταλκέν με ἕως εἰς
τὸν Ἰορδάνην· καὶ εἶπεν Ἐλεισαῖε Ζῇ Κύριος καὶ ζῇ ἡ ψυχή σου,
7 εἰ ἐνκαταλείψω σε· καὶ ἐπορεύθησαν ἀμφότεροι. ⁷καὶ πεντήκοντα
ἄνδρες υἱοὶ τῶν προφητῶν καὶ ἔστησαν ἐξ ἐναντίας μακρόθεν· καὶ
8 ἀμφότεροι ἔστησαν ἐπὶ τοῦ Ἰορδάνου. ⁸καὶ ἔλαβεν Ἠλειοὺ τὴν

18 a βασιλευει] εβασιλευσεν A | Σαμαρια A | om δεκα A | Ιωσαφατ Bᵃ¹ᵇA A
18 b ουδε] ουδ A   18 c απεστειλεν] απεστησεν A   18 d Αχααβ]
+και εβασιλευσεν Ιωραμ| αδελφος αυτου αντ αυτου·| εν ετει δευτερω Ιωραμ
υιω| Ιωσαφατ· βασιλει Ιουδα οτι ου|κ ην αυτω υιος· και τα λοιπα τω| λογων
Οχοζιου οσα εποιησεν| ουχ ιδου ταυτα γεγραμμενα| επι βιβλιου λογων των
ημερω| τοις βασιλευσιν Ισλ· A   II 1 om ως A | Ελισαιε Bᵇ Ελισσαιε
A (ita fere ubique) | εξ Ιερειχω] εκ Γαλγαλων Bᵃᵇ ᵐᵍ A   2 ιδου δη
ενταυθα καθου] καθου δη ενταυτα (sic) A | ο θεος] κς A | απεσταλκεν]
απεστειλεν A   ³ εν] εις A | αυτον]+ οι υιοι των προφητων A |
επανωθεν Bᵃᵇ (superscr ε) Aᵛⁱᵈ | καγω] και εγω A   4 Ιερειχω 1°
B*A] Ιερειχω Bᵃ | ειπεν 2°]+Ελισσαιε A | Ιερειχω 2°] Ιερειχω BᵃA (item
infra)   5 ειπον A | απανωθεν A | εγνων] εγνωκα A   6 om' αυτω
A | om εως A

743

ΒΑΣΙΛΕΙΩΝ Δ

B μηλωτὴν αὐτοῦ καὶ εἴλησεν καὶ ἐπάταξεν τὸ ὕδωρ, καὶ διῃρέθη, τὸ ὕδωρ ἔνθα καὶ ἔνθα· καὶ διέβησαν ἀμφότεροι ἐν ἐρήμῳ. ⁹καὶ ἐγένετο 9 ἐν τῷ διαβῆναι αὐτοὺς καὶ Ἡλειοὺ εἶπεν πρὸς Ἐλεισαῖε Τί ποιήσω σοι πρὶν ἢ ἀναλημφθῆναί με ἀπὸ σοῦ; καὶ εἶπεν Ἐλεισαῖε Γενηθήτω δὴ διπλᾶ ἐν πνεύματί σου ἐπ᾽ ἐμέ. ¹⁰καὶ εἶπεν Ἡλειοὺ Ἐσκλήρυνας τοῦ αἰτήσασθαι· ἐὰν ἴδῃς με ἀναλαμβανόμενον ἀπὸ σοῦ, καὶ ἔσται οὕτως· καὶ ἐὰν μή, οὐ μὴ γένηται. ¹¹καὶ ἐγένετο αὐτῶν πορευομένων, ἐπορεύοντο καὶ ἐλάλουν· καὶ ἰδοὺ ἅρμα πυρὸς καὶ ἵππος πυρός, καὶ διέστειλεν ἀνὰ μέσον ἀμφοτέρων· καὶ ἀνελήμφθη Ἡλειοὺ ἐν συνσεισμῷ ὡς εἰς τὸν οὐρανόν. ¹²καὶ Ἐλεισαῖε ἑώρα, καὶ ἐβόα Πάτερ πάτερ, ἅρμα Ἰσραὴλ καὶ ἱππεὺς αὐτοῦ· καὶ οὐκ εἶδεν αὐτὸν ἔτι, καὶ ἐπελάβετο τῶν ἱματίων αὐτοῦ καὶ διέρρηξεν αὐτὰ εἰς δύο ῥήγματα. ¹³καὶ ὕψωσεν τὴν μηλωτὴν Ἡλειοὺ ἣ ἔπεσεν ἐπάνωθεν Ἐλεισαῖε· καὶ ἔστη ἐπὶ τοῦ χείλους τοῦ Ἰορδάνου. ¹⁴καὶ ἔλαβεν τὴν μηλωτὴν Ἡλειού, ἣ ἔπεσεν ἐπάνωθεν αὐτοῦ, καὶ ἐπάταξεν τὸ ὕδωρ καὶ εἶπεν Ποῦ ὁ θεὸς Ἡλειού, ἀφφώ; καὶ ἐπάταξεν τὰ ὕδατα, καὶ διερράγησαν ἔνθα καὶ ἔνθα· καὶ διέβη Ἐλεισαῖε. ¹⁵καὶ εἶδον αὐτὸν οἱ υἱοὶ τῶν προφητῶν καὶ οἱ ἐν Ἰερειχὼ ἐξ ἐναντίας καὶ εἶπον Ἐπαναπέπαυται τὸ πνεῦμα Ἡλειοὺ ἐπὶ Ἐλεισαῖε· καὶ ἦλθον εἰς συνάντην αὐτοῦ καὶ προσεκύνησαν αὐτῷ ἐπὶ τὴν γῆν. ¹⁶καὶ εἶπον πρὸς αὐτόν Ἰδοὺ δὴ μετὰ τῶν παίδων σου πεντήκοντα ἄνδρες υἱοὶ δυνάμεως· πορευθέντες δὴ ζητησάτωσαν τὸν κύριόν σου, μή ποτε εὗρεν αὐτὸν πνεῦμα Κυρίου καὶ ἔρριψεν αὐτὸν ἐν τῷ Ἰορδάνῃ ἢ ἐφ᾽ ἓν τῶν ὀρέων ἢ ἐφ᾽ ἕνα τῶν βουνῶν· καὶ εἶπεν Ἐλεισαῖε Οὐκ ἀποστελεῖτε. ¹⁷καὶ παρεβιάσαντο αὐτὸν ἕως οὗ ᾐσχύνετο, καὶ εἶπεν Ἀποστείλατε. καὶ ἀπέστειλαν πεντήκοντα ἄνδρας, καὶ ἐζήτησαν τρεῖς ἡμέρας, καὶ οὐχ εὗρον αὐτόν. ¹⁸καὶ αὐτὸς ἐκάθητο ἐν Ἰερειχώ· καὶ εἶπεν Ἐλεισαῖε Οὐκ εἶπον πρὸς ὑμᾶς Μὴ πορευθῆτε; ¹⁹Καὶ εἶπον οἱ ἄνδρες τῆς πόλεως πρὸς Ἐλεισαῖε Ἰδοὺ ἡ κατοίκησις τῆς πόλεως ἀγαθή, καθὼς ὁ κύριος

A ⁻⁸ διηρεθη] διερρεθη A 9 τι] pr αιτησαι B^{ab(mg)}.pr αιτησαι με A | πρω η] προ του A 10⁻αιτησασθαι]+σε A | εσται]+σοι A 11 ιπποι A | διεστειλαν A | om ως A*^{b?} (superscr vid A^{1?a?} deinde ras A^{b?}) 12 εορα A | ιδεν A | δυο A | διο A 13 η επεσεν] om η A' (ε 1° sup ras 2 forte litt) | εστη] pr επεστρεψεν Ελεισαιε ϛ B^{ab(mgg)} pr επεστρ. Ελισαιε και A 14 που]+κε A | τα υδατα] α, ατα sup ras A¹ (το υδωρ A*^{vid}) | ενθεν και ενθεν A 15 ειδον] ιδαν A | om και 2° A | συναντησιν A 16 αυτον 1°] αυτο A | πεντ.,ανδρες,υιοι δυν.] οι υιοι δυν. πεντ. ανδρες A | om η 1° A | om η εφ ενα των βουνων A 17 ου] οτου A | ανδρες A 18 και 1°] pr και επεστρεψαν προς αυτον] A | Ελεισαιε]+προς αυτους A | om ουκ A | προς υμας] υμιν A

ΒΑΣΙΛΕΙΩΝ Δ III 9

20 βλέπει, καὶ τὰ ὕδατα πονηρὰ καὶ ἡ γῆ ἀτεκνουμένη. ²⁰καὶ εἶπεν Β
Ἐλεισαῖε Λάβετέ μοι ὑδρίσκην καινὴν καὶ θέτε ἐκεῖ ἅλα· καὶ ἔλαβον
21 πρὸς αὐτόν. ²¹καὶ ἐξῆλθεν Ἐλεισαῖε εἰς τὴν διέξοδον τῶν ὑδάτων,
καὶ ἔριψεν ἐκεῖ ἅλα καὶ εἶπεν Τάδε λέγει Κύριος Ἴαμαι τὰ ὕδατα
22 ταῦτα· οὐκ ἔσται ἔτι ἐκεῖθεν θάνατος καὶ ἀτεκνουμένη. ²²καὶ ἰάθησαν
τὰ ὕδατα ἕως τῆς ἡμέρας ταύτης κατὰ τὸ ῥῆμα Ἐλεισαῖε ὃ ἐλάλη-
23 σεν. ²³Καὶ ἀνέβη ἐκεῖθεν εἰς Βαιθήλ· καὶ ἀναβαίνοντος αὐτοῦ
ἐν τῇ ὁδῷ καὶ παιδάρια μικρὰ ἐξῆλθον ἐκ τῆς πόλεως καὶ κατέπαιζον
24 αὐτοῦ καὶ εἶπον αὐτῷ Ἀνάβαινε, φαλακρέ, ἀνάβαινε. ²⁴καὶ ἐξένευσεν
ὀπίσω αὐτῶν καὶ εἶδεν αὐτά, καὶ κατηράσατο αὐτοῖς ἐν ὀνόματι Κυρίου·
καὶ ἰδοὺ ἐξῆλθον δύο ἄρκοι ἐκ τοῦ δρυμοῦ καὶ ἀνέρρηξαν ἀπ' αὐτῶν
25 τεσσεράκοντα καὶ δύο παῖδας. ²⁵καὶ ἐπορεύθη ἐκεῖθεν εἰς τὸ ὄρος τὸ
Καρμήλιον, καὶ ἐκεῖθεν ἐπέστρεψεν εἰς Σαμάρειαν.

I 1 ¹Καὶ Ἰωρὰμ υἱὸς Ἀχαὰβ ἐβασίλευσεν ἐν Ἰσραὴλ ἐν ἔτει ὀκτω-
καιδεκάτῳ Ἰωσαφὰθ βασιλεῖ Ἰούδα, καὶ ἐβασίλευσεν δώδεκα ἔτη.
2 ²καὶ ἐποίησεν τὸ πονηρὸν ἐν ὀφθαλμοῖς Κυρίου, πλὴν οὐχ ὡς ὁ
πατὴρ αὐτοῦ καὶ οὐχ ὡς ἡ μήτηρ αὐτοῦ, καὶ μετέστησεν τὰς στήλας
3 τοῦ Βάαλ, ἃς ἐποίησεν ὁ πατὴρ αὐτοῦ· ³πλὴν ἐν τῇ ἁμαρτίᾳ Ἱερο-
βοὰμ υἱοῦ Ναβὰτ ὃς ἐξήμαρτεν τὸν Ἰσραὴλ ἐκολλήθη, οὐκ ἀπέστη
4 ἀπ' αὐτῆς. ⁴Καὶ Μωσὰ βασιλεὺς Μωὰβ ἦν νωκηδ, καὶ ἐπέ-
στρεψεν τῷ βασιλεῖ Ἰσραὴλ ἐν τῇ ἐπαναστάσει ἑκατὸν χιλιάδας
5 ἀρνῶν καὶ ἑκατὸν χιλιάδας κριῶν ἐπιπόκων. ⁵καὶ ἐγένετο μετὰ
τὸ ἀποθανεῖν Ἀχαὰβ καὶ ἠθέτησεν βασιλεὺς Μωὰβ ἐν βασιλεῖ Ἰσραήλ.
6 ⁶καὶ ἐξῆλθεν ὁ βασιλεὺς Ἰωρὰμ ἐν τῇ ἡμέρᾳ ἐκείνῃ ἐκ Σαμαρείας
7 καὶ ἐπεσκέψατο τὸν Ἰσραήλ· ⁷καὶ ἐπορεύθη καὶ ἐξαπέστειλεν πρὸς
Ἰωσαφὰθ βασιλέα Ἰούδα λέγων Βασιλεὺς Μωὰβ ἠθέτησεν ἐν ἐμοί· εἰ
πορεύσῃ μετ' ἐμοῦ εἰς Μωὰβ εἰς πόλεμον; καὶ εἶπεν Ἀναβήσομαι·
ὅμοιός μοι ὅμοιός σοι, ὡς ὁ λαός μου ὁ λαός σου, ὡς οἱ ἵπποι μου
8 οἱ ἵπποι σου. ⁸καὶ εἶπεν Ποίᾳ ὁδῷ ἀναβῶ; καὶ εἶπεν Ὁδὸν ἔρημον
9 Ἐδώμ. ⁹καὶ ἐπορεύθη ὁ βασιλεὺς Ἰσραὴλ καὶ ὁ βασιλεὺς Ἰούδα

l. 20 καινην] ινη sup ras ut vid Aˡ / . 23 om και 3° A | κατεπαιζον] κατε- A
κραξα Bᵃ ᵐᵍ κατεκραζον Bᵇ (κρα superscr) καταπαιζων A | ειπεν A | αναβαινε
2°]+φαλακρε A 24 ιδεν A | Κυριου]+και ειπεν τεκνα παραβασεως·
και αρ γιας· A | αρκοι] αρ sup ras Aˡ | απ] εξ A | τεσσερακοντα (τεσσαρακ.
Bᵇ) και δυο] δυο και τεσσερακ. A | παιδες A · 25 επεστρεψεν] υπεστρ.
A | Σαμαριαν A   III 1 om εν Ισραηλ...εβασιλευσεν 2° A | Ιωσαφαρ Bᵃᵇ
(item infra exc 11 (1°))   2 om και ουχ ως...ο πατηρ αυτου (2°) A | σεν
τας στη bis scr B* (improb 2° Bᵃ ⁽ᵛⁱᵈ⁾ b)   3 αυτης] αυτων A* (ras των
Aˡ ⁽ᵛⁱᵈ⁾)   4 βασιλευς] βασιλεως A | ην] μη B | om αρνων...χιλιαδας 2°
A | επι ποκων Bᵇ   6 Σαμαριας A   7 ση μετ εμου ras ut vid Aˡ

ΒΑΣΙΛΕΙΩΝ Δ

Β καὶ βασιλεὺς Ἐδώμ, καὶ ἐκύκλωσαν ὁδὸν ἑπτὰ ἡμερῶν· καὶ οὐκ ἦν ὕδωρ τῇ παρεμβολῇ καὶ τοῖς κτήνεσιν τοῖς ἐν τοῖς ποσὶν αὐτῶν. ¹⁰καὶ εἶπεν βασιλεὺς Ἰσραήλ Ὦ, ὅτι κέκληκεν Κύριος τοὺς τρεῖς βασιλεῖς παρερχομένους δοῦναι αὐτοὺς ἐν χειρὶ Μωάβ. ¹¹καὶ εἶπεν Ἰωσαφάθ Οὐκ ἔστιν ὧδε προφήτης τοῦ κυρίου καὶ ἐπιζητήσωμεν τὸν κύριον παρ' αὐτοῦ; καὶ ἀπεκρίθη εἷς τῶν παίδων βασιλέως Ἰσραὴλ καὶ εἶπεν Ὧδε Ἐλεισαῖε υἱὸς Ἰωσαφάθ, ὃς ἐπέχεεν ὕδωρ ἐπὶ χεῖρας Ἠλειού. ¹²καὶ εἶπεν Ἰωσαφάθ Ἔστιν αὐτῷ ῥῆμα· καὶ κατέβη πρὸς αὐτὸν βασιλεὺς Ἰσραὴλ καὶ Ἰωσαφὰθ βασιλεὺς Ἰούδα καὶ βασιλεὺς Ἐδώμ. ¹³καὶ εἶπεν Ἐλεισαῖε πρὸς βασιλέα Ἰσραήλ Τί ἐμοὶ καὶ σοί; δεῦρο πρὸς τοὺς προφήτας τοῦ πατρός σου. καὶ εἶπεν αὐτῷ ὁ βασιλεὺς Ἰσραὴλ Μή, ὅτι κέκληκεν Κύριος τοὺς τρεῖς βασιλεῖς τοῦ παραδοῦναι αὐτοὺς εἰς χεῖρας Μωάβ. ¹⁴καὶ εἶπεν Ἐλεισαῖε Ζῇ Κύριος τῶν δυνάμεων ᾧ παρέστην ἐνώπιον αὐτοῦ, ὅτι εἰ μὴ πρόσωπον Ἰωσαφὰθ βασιλέως Ἰούδα ἐγὼ λαμβάνω, ἢ ἐπέβλεψα πρὸς σὲ καὶ εἶδόν σε· ¹⁵καὶ νῦν λάβε μοι ψάλλοντα. καὶ ἐγένετο ὡς ἔψαλλεν ὁ ψάλλων, καὶ ἐγένετο ἐπ' αὐτὸν χεὶρ Κυρίου· ¹⁶καὶ εἶπεν Τάδε λέγει Κύριος Ποιήσατε τὸν χειμάρρουν τοῦτον βοθύνους βοθύνους. ¹⁷ὅτι τάδε λέγει Κύριος Οὐκ ὄψεσθε πνεῦμα καὶ οὐκ ὄψεσθε ὑετόν, καὶ ὁ χειμάρρους οὗτος πλησθήσεται ὕδατος, καὶ πίεσθε ὑμεῖς καὶ αἱ κτήσεις ὑμῶν καὶ τὰ κτήνη ὑμῶν. ¹⁸καὶ κοῦφος καὶ αὕτη ἐν ὀφθαλμοῖς Κυρίου· καὶ παραδώσω τὴν Μωὰβ ἐν χειρὶ ὑμῶν. ¹⁹καὶ πατάξετε πᾶσαν πόλιν ὀχυράν, καὶ πᾶν ξύλον ἀγαθὸν καταβαλεῖτε, καὶ πάσας πηγὰς ὕδατος ἐμφράξατε, καὶ πᾶσαν μερίδα ἀγαθὴν ἀχρειώσετε ἐν λίθοις. ²⁰καὶ ἐγένετο τὸ πρωὶ ἀναβαινούσης τῆς θυσίας, καὶ ἰδοὺ ὕδατα ἤρχοντο ἐξ ὁδοῦ Ἐδώμ· καὶ ἐπλήσθη ἡ γῆ ὕδατος. ²¹καὶ πᾶσα Μωὰβ ἤκουσαν ὅτι ἀνέβησαν οἱ βασιλεῖς πολεμεῖν αὐτούς· καὶ ἀνεβόησαν ἐκ παντὸς περιεζωσμένοι ζώνην καὶ εἶπον Ὦ· καὶ ἔστησαν ἐπὶ τοῦ ὁρίου. ²²καὶ ὤρθρισαν τὸ πρωί, καὶ ὁ ἥλιος ἀνέτειλεν ἐπὶ τὰ ὕδατα· καὶ εἶδεν Μωὰβ ἐξ ἐναντίας

A 9 βασιλευς 3°] pr ο A   10 κεκληκεν. A | παρερχομενους] κατεχομ. A | αυτους BA¹] αυτοις A*   11 ουκ] pr ει A | ωδε] ωδαι A | Ιωσαφαθ ℵ (-φατ B^b)] Σαφατ A   12 αυτω] pr συν A | ρημα]+κυ A | κατεβη] κατεβησαν A   13 Ελισαιε A (item 14) | σου]+και προς| τους προφητας της μρς σου A | βασιλεις]+παρερχομενους A | του παραδουναι] δουναι A 14 η] ει A | ιδον A   15 λαβε] ιδε A   17 om πνευμα και ουκ οψεσθε A | πιεσθε] πιεται A   18 κουφη A | om και 2° A   19 παταξαι A | πολιν] pr την A | οχυραν]+και πασαν πολιν εκλεκτην A | καταβαλειτε A | εμφραξεται A | αχριωσατε A   20 το πρωι] om το A   21 αν βοησαν] ανεβησαν A | ειπον ω] επανω A   22 ιδεν A   A

746

ΒΑΣΙΛΕΙΩΝ Δ

23 τὰ ὕδατα πυρρὰ ὡσεὶ αἷμα, ²³καὶ εἶπαν Αἷμα τοῦτο τῆς ῥομφαίας· B ἐμαχέσαντο οἱ βασιλεῖς, καὶ ἐπάταξεν ἀνὴρ τὸν πλησίον αὐτοῦ· 24 καὶ νῦν ἐπὶ τὰ σκῦλα, Μωάβ. ²⁴καὶ εἰσῆλθον εἰς τὴν παρεμβολὴν Ἰσραήλ· καὶ Ἰσραὴλ ἀνέστησαν καὶ ἐπάταξαν τὴν Μωάβ, καὶ ἔφυγον ἀπὸ προσώπου αὐτῶν. καὶ εἰσῆλθον εἰσπορευόμενοι καὶ τύπτοντες 25 τὴν Μωάβ, ²⁵καὶ τὰς πόλεις καθεῖλον· καὶ πᾶσαν μερίδα ἀγαθὴν, ἔρριψαν ἀνὴρ τὸν λίθον καὶ ἐνέπλησαν αὐτήν, καὶ πᾶσαν πηγὴν ἐνέφραξαν, καὶ πᾶν ξύλον ἀγαθὸν κατέβαλον ἕως τοῦ καταλιπεῖν τοὺς λίθους τοῦ τοίχου καθηρημένους· καὶ ἐκύκλευσαν οἱ σφενδονῆται 26 καὶ ἐπάταξαν αὐτήν. ²⁶καὶ εἶδεν ὁ βασιλεὺς Μωὰβ ὅτι ἐκραταίωσεν ὑπὲρ αὐτὸν ὁ πόλεμος, καὶ ἔλαβεν μεθ' ἑαυτοῦ ἑπτακοσίους ἄνδρας ἐσπασμένους ῥομφαίαν διακόψαι πρὸς βασιλέα Ἐδώμ· καὶ οὐκ ἠδυνή- 27 θησαν. ²⁷καὶ ἔλαβεν τὸν υἱὸν αὐτοῦ τὸν πρωτότοκον, ὃς ἐβασίλευσεν ἀντ' αὐτοῦ, καὶ ἀνήνεγκεν αὐτὸν ὁλοκαύτωμα ἐπὶ τοῦ τείχους· καὶ ἐγένετο μετάμελος μέγας ἐπὶ Ἰσραήλ. καὶ ἀπῆραν ἀπ' αὐτοῦ καὶ ἐπέστρεψαν εἰς τὴν γῆν.

1 ¹Καὶ γυνὴ μία ἀπὸ τῶν υἱῶν τῶν προφητῶν ἐβόα πρὸς Ἐλεισαῖε λέγουσα Ὁ δοῦλός σου ὁ ἀνήρ μου ἀπέθανεν, καὶ σὺ ἔγνως ὅτι δοῦλος ἦν φοβούμενος τὸν κύριον· καὶ ὁ δανειστὴς ἦλθε λαβεῖν 2 τοὺς δύο υἱούς μου ἑαυτῷ εἰς δούλους. ²καὶ εἶπεν Ἐλεισαῖε Τί ποιήσω σοι; τί ἔστιν σοι ἐν τῷ οἴκῳ; ἡ δὲ εἶπεν Οὐκ ἔστιν τῇ 3 δούλῃ σου οὐθὲν ὅτι ἀλλ' ἢ ὃ ἀλείψομαι ἔλαιον. ³καὶ εἶπεν πρὸς αὐτὴν Δεῦρο αἴτησον σαυτῇ σκεύη ἔξωθεν παρὰ πάντων τῶν γει- 4 τόνων, σκεύη κενά· μὴ ὀλιγώσῃς. ⁴καὶ εἰσελεύσῃ καὶ ἀποκλείσεις τὴν θύραν κατὰ σοῦ καὶ κατὰ τῶν υἱῶν σου, καὶ ἀποχεεῖς εἰς τὰ 5 σκεύη ταῦτα· καὶ τὸ πληρωθὲν ἀρεῖς. ⁵καὶ ἀπῆλθεν παρ' αὐτοῦ, καὶ ἀπέκλεισεν τὴν θύραν κατ' αὐτῆς καὶ κατὰ τῶν υἱῶν αὐτῆς· αὐτοὶ προσήγγιζον πρὸς αὐτήν, καὶ αὐτὴ ἐπέχεεν ⁽⁶⁾ἕως ἐπλήσθησαν 6 τὰ σκεύη. ⁶καὶ εἶπεν πρὸς τοὺς υἱοὺς αὐτῆς Ἐγγίσατε ἔτι πρός με τὸ σκεῦος· καὶ εἶπον αὐτῇ Οὐκ ἔστιν ἔτι σκεῦος· καὶ ἔστη τὸ ἔλαιον.

23 ειπαν] ειπον A | επαταξαν A | τασ|κυλα A* τασ|σκ. A^a¹ 24 Ισρα- A ηλ 1° sup ras B^ab (Μωαβ B*^vid) 25 πηγην]+υδατος A | καταλειπειν A | καθηρημενους] καθημενους A | εκυκλωσαν A | σφενδονησται A | επαταξεν A 26 ιδεν A | μεθ εαυτου] μετ αυτου A 27 επεστρεψαν] υπεστρ. A IV 1 δανειστης (δανιστις A)]+μου A | ηλθεν A | υιους A | εαυτω] αυτω A 2 ειπεν]+προς αυτην A | om σοι 1° A | τι 2°] pr αναγγειλον μοι B^ab (superscr) A | ουθεν] ουδεν εν τω οικω A | om οτι A 3 σαυτη] σεαυτη A | om παντων A | γειτονων (γιτ. A)]+σου A | καινα B* (κενα B^abA) | ολιωσης B* (ολιγ. B^abA) 4 αποκλεισεις] αποκλισης A | om εις A | τα σκευη] pr παντα A 5 παρ] απ A | αυτης 2°] εαυτης A .. 6 το σκευος] om το A^a

IV 7   ΒΑΣΙΛΕΙΩΝ Δ

B ⁷καὶ ἦλθεν καὶ ἀπήγγειλεν τῷ ἀνθρώπῳ τοῦ θεοῦ· καὶ εἶπεν Ἐλεισαῖε 7
Δεῦρο καὶ ἀπόδου τὸ ἔλαιον καὶ ἀποτίσεις τοὺς τόκους σου, καὶ σὺ καὶ
οἱ υἱοί σου ζήσεσθε ἐν τῷ ἐπιλοίπῳ ἐλαίῳ.
⁸Καὶ ἐγένετο ἡμέρα καὶ διέβη Ἐλεισαῖε εἰς Σουμάν, καὶ ἐκεῖ γυνὴ 8
μεγάλη καὶ ἐκράτησεν αὐτὸν φαγεῖν ἄρτον· καὶ ἐγένετο ἀφ᾿ ἱκανοῦ
τοῦ εἰσπορεύεσθαι αὐτὸν ἐξέκλινεν τοῦ ἐκεῖ φαγεῖν. ⁹καὶ εἶπεν ἡ 9
γυνὴ πρὸς τὸν ἄνδρα αὐτῆς Ἰδοὺ δὴ ἔγνων ὅτι ἄνθρωπος τοῦ θεοῦ
ἅγιος οὗτος διαπορεύεται ἐφ᾿ ἡμᾶς διὰ παντός. ¹⁰ποιήσωμεν δὴ αὐτῷ 10
ὑπερῷον, τόπον μικρόν, καὶ θῶμεν αὐτῷ ἐκεῖ κλίνην καὶ τράπεζαν
καὶ δίφρον, καὶ λυχνίαν· καὶ ἔσται ἐν τῷ εἰσπορεύεσθαι πρὸς ἡμᾶς
καὶ ἐκκλινεῖ ἐκεῖ. ¹¹καὶ ἐγένετο ἡμέρα καὶ εἰσῆλθεν ἐκεῖ, καὶ ἐξέ- 11
κλινεν εἰς τὸ ὑπερῷον καὶ ἐκοιμήθη ἐκεῖ. ¹²καὶ εἶπεν πρὸς Γιεζεὶ 12
τὸ παιδάριον αὐτοῦ Κάλεσόν μοι τὴν Σωμανεῖτιν ταύτην· καὶ ἐκάλεσεν
αὐτήν, καὶ ἔστη ἐνώπιον αὐτοῦ. ¹³καὶ εἶπεν αὐτῷ Εἰπὸν δὴ πρὸς 13
αὐτήν Ἰδοὺ ἐξέστησας ἡμῖν τὴν πᾶσαν ἔκτησιν· τί δεῖ ποιῆσαί σοι;
εἰ ἔστιν λόγος σοι πρὸς τὸν βασιλέα ἢ πρὸς τὸν ἄρχοντα τῆς δυνά-
μεως; ἡ δὲ εἶπεν Ἐν μέσῳ τοῦ λαοῦ ἐγώ εἰμι οἰκῶ. ¹⁴καὶ εἶπεν 14
Τί δεῖ ποιῆσαι αὐτῇ; καὶ εἶπεν Γιεζεὶ τὸ παιδάριον αὐτοῦ Καὶ μάλα
υἱὸς οὐκ ἔστιν αὐτῇ, καὶ ὁ ἀνὴρ αὐτῆς πρεσβύτης. ¹⁵καὶ ἐκάλεσεν 15
αὐτήν, καὶ ἔστη παρὰ τὴν θύραν. ¹⁶καὶ εἶπεν Ἐλεισαῖε πρὸς αὐτήν 16
Εἰς τὸν καιρὸν τοῦτον, ὡς ἡ ὥρα ζῶσα, σὺ περιειληφυῖα υἱόν· ἡ δὲ
εἶπεν Μή, κύριε μου, μὴ διαψεύσῃ τὴν δούλην σου. ¹⁷καὶ ἐν γαστρὶ 17
ἔλαβεν ἡ γυνή, καὶ ἔτεκεν υἱὸν εἰς τὸν καιρὸν τοῦτον ὡς ἡ ὥρα ζῶσα,
ὡς ἐλάλησεν πρὸς αὐτὴν Ἐλεισαῖε. ¹⁸καὶ ἡδρύνθη τὸ παιδάριον· 18
καὶ ἐγένετο ἡνίκα ἐξῆλθεν πρὸς τὸν πατέρα αὐτοῦ πρὸς τοὺς θερί-
ζοντας, ¹⁹καὶ εἶπεν πρὸς τὸν πατέρα αὐτοῦ Τὴν κεφαλήν μου, τὴν 19
κεφαλήν μου· καὶ εἶπεν τῷ παιδαρίῳ Ἆρον αὐτὸν πρὸς τὴν μητέρα
αὐτοῦ. ²⁰καὶ ἐκοιμήθη ἐπὶ τῶν γονάτων αὐτῆς ἕως μεσημβρίας, καὶ 20
ἀπέθανεν. ²¹καὶ ἀνήνεγκεν αὐτὸν καὶ ἐκοίμισεν αὐτὸν ἐπὶ τὴν κλίνην 21
τοῦ ἀνθρώπου τοῦ θεοῦ, καὶ ἀπέκλεισεν κατ᾿ αὐτοῦ, καὶ ἐξῆλθεν.
²²καὶ ἐκάλεσεν τὸν ἄνδρα αὐτῆς καὶ εἶπεν Ἀπόστειλον δή μοι ἕν 22
τῶν παιδαρίων καὶ μίαν τῶν ὄνων, καὶ δραμοῦμαι ἕως τοῦ ἀνθρώπου

A 7 ηλθεν] ανεστη A | τω ανθρωπω] κω A | οι υιοι] om οι A | υπολοιπω A
8 Σουμαν] Σωμαν Bᵃ ᵐᵍ Σιωναμ A*ᵛⁱᵈ (Σιωμαμ A¹) | om εκει 2° A   9 εγν⟨ω⟩]
εγνωκα A | om δια παντος   10 om δη A   12 Σουμανιτ⟨ιν⟩
13 ημιν] ημας A | την πασαν ενκτησιν (εγκτ. Bᵇ)]+ταυτην Bᵃᵇ πασαν τ⟨ην⟩
εκστασιν ταυτην A | λαου]+μου A | ειμι εγω A   14 πρεσβυτης] pr ⟨⟩
εστιν A   15 και 1°] pr και ειπεν/καλεσον αυτην A   16 μου] ἀνε του θῦ ⟨⟩
21 ανηνεγκεν] ηνεγκεν A

ΒΑΣΙΛΕΙΩΝ Δ' IV 35

τοῦ θεοῦ καὶ ἐπιστρέψω. ²³καὶ εἶπεν Τί ὅτι σὺ πορεύῃ πρὸς αὐτὸν σήμερον; οὐ νεομηνία οὐδὲ σάββατον· ἡ δὲ εἶπεν Εἰρήνη. ²⁴καὶ ἐπέσαξεν τὴν ὄνον, καὶ εἶπεν πρὸς τὸ παιδάριον αὐτῆς Ἄγε πορεύου, μὴ ἐπίσχῃς μοι τοῦ ἐπιβῆναι, ὅτι ἐὰν εἴπω σοι ²⁵Δεῦρο καὶ πορεύσῃ, καὶ ἐλεύσῃ πρὸς τὸν ἄνθρωπον τοῦ θεοῦ εἰς τὸ ὄρος τὸ Καρμήλιον. καὶ ἐγένετο ὡς εἶδεν Ἐλεισαῖε ἐρχομένην αὐτήν, καὶ εἶπεν πρὸς Γιεζεὶ τὸ παιδάριον αὐτοῦ Ἰδοὺ δὴ ἡ Σωμανεῖτις ἐκείνη. ²⁶νῦν δράμε εἰς ἀπαντὴν αὐτῆς καὶ ἐρεῖς Ἡ εἰρήνη σοι; ἡ εἰρήνη τῷ ἀνδρί σου; ἡ εἰρήνη τῷ παιδαρίῳ; ἡ δὲ εἶπεν Εἰρήνη. ²⁷καὶ ἦλθεν πρὸς Ἐλεισαῖε εἰς τὸ ὄρος καὶ ἐπελάβετο τῶν ποδῶν αὐτοῦ· καὶ ἤγγισεν Γιεζεὶ ἀπεώσασθαι αὐτήν· καὶ εἶπεν Ἐλεισαῖε Ἄφες αὐτήν· ὅτι ἡ ψυχὴ αὐτῆς κατώδυνος αὐτῇ, καὶ Κύριος ἀπέκρυψεν ἀπ' ἐμοῦ καὶ οὐ σοῦ καὶ οὐκ ἀνήγγειλέν μοι. ²⁸ἡ δὲ εἶπεν Μὴ ᾐτησάμην υἱὸν παρὰ τοῦ κυρίου μου; ὅτι οὐκ εἶπα Οὐ πλανήσεις μετ' ἐμοῦ; ²⁹καὶ εἶπεν Ἐλεισαῖε τῷ Γιεζεί Ζῶσαι τὴν ὀσφύν σου καὶ λάβε τὴν βακτηρίαν μου ἐν τῇ χειρί σου καὶ δεῦρο· ὅτι ἐὰν εὕρῃς ἄνδρα οὐκ εὐλογήσεις αὐτόν, καὶ ἐὰν εὐλογήσῃ σε ἀνήρ οὐκ ἀποκριθήσῃ αὐτῷ· καὶ ἐπιθήσεις τὴν βακτηρίαν μου ἐπὶ πρόσωπον τοῦ παιδαρίου. ³⁰καὶ εἶπεν ἡ μήτηρ τοῦ παιδαρίου Ζῇ Κύριος καὶ ζῇ ἡ ψυχή σου, εἰ ἐνκαταλείψω σε· καὶ ἀνέστη Ἐλεισαῖε καὶ ἐπορεύθη ὀπίσω αὐτῆς. ³¹καὶ Γιεζεὶ διῆλθεν ἔμπροσθεν αὐτῆς, καὶ ἐπέθηκεν τὴν βακτηρίαν ἐπὶ πρόσωπον τοῦ παιδαρίου, καὶ οὐκ ἦν φωνὴ καὶ οὐκ ἦν ἀκρόασις· καὶ ἐπέστρεψεν εἰς ἀπαντὴν αὐτοῦ καὶ ἀπήγγειλεν αὐτῷ λέγων· Οὐκ ἠγέρθη τὸ παιδάριον. ³²καὶ εἰσῆλθεν Ἐλεισαῖε εἰς τὸν οἶκον, καὶ ἰδοὺ τὸ παιδάριον τεθνηκώς, κεκοιμισμένον ἐπὶ τὴν κλίνην αὐτοῦ. ³³καὶ εἰσῆλθεν Ἐλεισαῖε εἰς τὸν οἶκον καὶ ἀπέκλεισεν τὴν θύραν κατὰ τῶν δύο ἑαυτῶν, καὶ προσηύξατο πρὸς Κύριον. ³⁴καὶ ἀνέβη καὶ ἐκοιμήθη ἐπὶ τὸ παιδάριον, καὶ ἔθηκεν τὸ στόμα αὐτοῦ ἐπὶ τὸ στόμα αὐτοῦ καὶ τοὺς ὀφθαλμοὺς αὐτοῦ ἐπὶ τοὺς ὀφθαλμοὺς αὐτοῦ καὶ τὰς χεῖρας αὐτοῦ ἐπὶ τὰς χεῖρας αὐτοῦ, καὶ διέκαμψεν ἐπ' αὐτόν· καὶ διεθερμάνθη ἡ σὰρξ τοῦ παιδαρίου. ³⁵καὶ ἐπέστρεψεν καὶ ἐπορεύθη ἐν τῇ οἰκίᾳ ἔνθεν καὶ ἔνθεν, καὶ ἀνέβη καὶ συνέκαμψεν ἐπὶ τὸ

24 αυτης] εαυτης A | επισχις A   25 om δη A | Σουμανιτις A* Σωμα- A
νιτις Aᵃ?   26 απαντησιν A | om η 1°, 2°, 3° A ἡ Bb   27 Ελεισαιε
1°] τον Ελισσ. A | απεωσασθαι] τπωσασθαι (sic) A   28 om οὐκ A |
ειπα] ειπον A   29 om σου 1° A | δευρου A* (δευρο Aᵃ¹) | ευλογηση]
ευλογησει A   31 απαντησιν A   32 τεθνηκος BᵃᵇA | κεκοιμισμενον]
καικοιμημενων A   33 εαυτων] αυτων A   34 αυτου 1°] εαυτου A | αυ-
του 5°] εαυτου A   35 συνεκαμψεν] συνεκαλυψεν A

IV 36 ΒΑΣΙΛΕΙΩΝ· Δ

Β παιδάριον ἕως ἑπτάκις· καὶ ἤνοιξεν τὸ παιδάριον τοὺς ὀφθαλμοὺς αὐτοῦ. ³⁶καὶ ἐξεβόησεν Ἐλεισαῖε πρὸς Γιεζεὶ καὶ εἶπεν Κάλεσον 36 τὴν Σωμανεῖτιν ταύτην· καὶ ἐκάλεσεν, καὶ εἰσῆλθεν πρὸς αὐτόν. καὶ εἶπεν Ἐλεισαῖε Λάβε τὸν υἱόν σου. ³⁷καὶ εἰσῆλθεν ἡ γυνὴ καὶ ἔπεσεν 37 ἐπὶ τοὺς πόδας αὐτοῦ καὶ προσεκύνησεν ἐπὶ τὴν γῆν, καὶ ἔλαβεν τὸν υἱὸν αὐτῆς καὶ ἐξῆλθεν.

³⁸Καὶ Ἐλεισαῖε ἐπέστρεψεν εἰς Γάλγαλα· καὶ ὁ λιμὸς ἐν τῇ γῇ, καὶ 38 οἱ υἱοὶ τῶν προφητῶν ἐκάθηντο ἐνώπιον αὐτοῦ· καὶ εἶπεν Ἐλεισαῖε τῷ παιδαρίῳ αὐτοῦ Ἐπίστησον τὸν λέβητα, καὶ ἕψε ἕψεμα τοῖς υἱοῖς τῶν προφητῶν. ³⁹καὶ ἐξῆλθεν εἰς τὸν ἀγρὸν συνλέξαι ἀριώθ· καὶ εὗρεν 39 ἄμπελον ἐν τῷ ἀγρῷ, καὶ συνέλεξεν ἀπ᾽ αὐτῆς τολύπην ἀγρίαν πλῆρες τὸ ἱμάτιον αὐτοῦ· καὶ ἐνέβαλεν εἰς τὸν λέβητα τοῦ ἑψέματος, ὅτι οὐκ ἔγνωσαν. ⁴⁰καὶ ἐνέχει τοῖς ἀνδράσιν φαγεῖν· καὶ ἐγένετο ἐν 40 τῷ ἐσθίειν αὐτοὺς ἐκ τοῦ ἑψέματος, καὶ ἰδοὺ ἀνεβόησαν καὶ εἶπαν Θάνατος ἐν τῷ λέβητι, ἄνθρωπε τοῦ θεοῦ· καὶ οὐκ ἠδύναντο φαγεῖν. ⁴¹καὶ εἶπεν Λάβετε ἄλευρον καὶ ἐμβάλετε εἰς τὸν λέβητα· καὶ εἶπεν 41 Ἐλεισαῖε πρὸς Γιεζεὶ τὸ παιδάριον Ἔγχει τῷ λαῷ καὶ ἐσθιέτωσαν· καὶ οὐκ ἐγενήθη ἔτι ἐκεῖ ῥῆμα πονηρὸν ἐν τῷ λέβητι. ⁴²Καὶ 42 ἀνὴρ διῆλθεν ἐκ Βαιθσαρεῖσα καὶ ἤνεγκεν πρὸς τὸν ἄνθρωπον τοῦ θεοῦ πρωτογενημάτων εἴκοσι ἄρτους κριθίνους καὶ παλάθας· καὶ εἶπεν Δότε τῷ λαῷ καὶ ἐσθιέτωσαν. ⁴³καὶ εἶπεν ὁ λειτουργὸς αὐτοῦ Τί; δῶ 43 τοῦτο ἐνώπιον ἑκατὸν ἀνδρῶν; καὶ εἶπεν Δὸς τῷ λαῷ καὶ ἐσθιέτωσαν, ὅτι τάδε λέγει Κύριος Φάγονται καὶ καταλείψουσιν. ⁴⁴καὶ ἔφαγον καὶ 44 κατέλιπον κατὰ τὸ ῥῆμα Κυρίου.

¹Καὶ Ναιμὰν ὁ ἄρχων τῆς δυνάμεως Συρίας ἦν ἀνὴρ μέγας ἐνώ- 1 πιον τοῦ κυρίου αὐτοῦ καὶ τεθαυμασμένος προσώπῳ, ὅτι ἐν αὐτῷ ἔδωκεν Κύριος σωτηρίαν Συρίᾳ· καὶ ὁ ἀνὴρ ἦν δυνατὸς ἰσχύι, λελεπρωμένος. ²καὶ Συρία ἐξῆλθον μονόζωνοι καὶ ᾐχμαλώτευσαν ἐκ γῆς 2 Ἰσραὴλ νεάνιδα μικράν, καὶ ἦν ἐνώπιον τῆς γυναικὸς Ναιμάν. ³ἡ δὲ 3 εἶπεν τῇ κυρίᾳ αὐτῆς Ὄφελον ὁ κύριός μου ἐνώπιον τοῦ προφήτου τοῦ θεοῦ τοῦ ἐν Σαμαρείᾳ, τότε ἀποσυνάξει αὐτὸν ἀπὸ τῆς λέπρας αὐτοῦ. ⁴καὶ εἰσῆλθεν καὶ ἀπήγγειλεν τῷ κυρίῳ ἑαυτῆς καὶ εἶπεν 4

Α 36 Σωμανιτην Α | εκαλεσεν]+αυτην Α . 37 επεσεν] επεπ. Α 38 λεβητα]+τον μεγαν Α | εψημα Α 39 om αγριαν Α | πληρεις Α | αυτου]+ελθων Α | εψηματος Α 40 ενεχει] ενεχεαν Α | εψηματος ΒΑ 41 λαβε Α | εμβαλλετε Α | om ετι Α 42 Βαθσαρισα Α*ᵛⁱᵈ (ras σα 2° Α²) [παλαθας] +βακελλεθ Α 43 τι] τινι Α | τουτο] ταυτα Α | δος] δοτε Α 44 και 1°] pr και ἐδωκεν εις προσωπον αυτων Α | κατελειπον Α . V 1 Συριας] pr της Α | εδωκεν] εθηκεν Α | Συρια] Συριας Α. .. 2 εξηλθεν Α 3 Σαμαρια Α

750

ΒΑΣΙΛΕΙΩΝ Δ   V 15

5 Οὕτως καὶ οὕτως ἐλάλησεν ἡ νεᾶνις ἡ ἐκ γῆς Ἰσραήλ. ⁵καὶ εἶπεν Β βασιλεὺς Συρίας πρὸς Ναιμάν Δεῦρο εἴσελθε, καὶ ἐξαποστελῶ βιβλίον πρὸς βασιλέα Ἰσραήλ· καὶ ἐπορεύθη καὶ ἔλαβεν ἐν τῇ χειρὶ αὐτοῦ δέκα τάλαντα ἀργυρίου καὶ ἑξακισχιλίους χρυσοῦς καὶ δέκα ἀλλασ-
6 σομένας στολάς. ⁶καὶ ἤνεγκεν τὸ βιβλίον πρὸς τὸν βασιλέα Ἰσραὴλ λέγων Καὶ νῦν ὡς ἂν ἔλθῃ τὸ βιβλίον τοῦτο πρὸς σέ, ἰδοὺ ἀπέστειλα πρὸς σὲ Ναιμὰν τὸν δοῦλόν μου, καὶ ἀποσυνάξεις αὐτὸν ἀπὸ τῆς
7 λέπρας αὐτοῦ. ⁷καὶ ἐγένετο ὡς ἀνέγνω βασιλεὺς Ἰσραὴλ τὸ βιβλίον, διέρρηξεν τὰ ἱμάτια αὐτοῦ καὶ εἶπεν Ὁ θεὸς ἐγὼ τοῦ θανατῶσαι καὶ ζωοποιῆσαι, ὅτι οὗτος ἀποστέλλει πρὸς μὲ ἀποσυνάξαι ἄνδρα ἀπὸ τῆς λέπρας αὐτοῦ; ὅτι πλὴν γνῶτε δὴ καὶ ἴδετε ὅτι προφασίζεται
8 οὗτός μοι. ⁸καὶ ἐγένετο ὡς ἤκουσεν Ἐλεισαῖε ὅτι διέρρηξεν ὁ βασιλεὺς Ἰσραὴλ τὰ ἱμάτια ἑαυτοῦ, καὶ ἀπέστειλεν πρὸς τὸν βασιλέα Ἰσραὴλ λέγων Ἵνα τί διέρρηξας τὰ ἱμάτιά σου; ἐλθέτω δὴ πρὸς μὲ
9 Ναιμὰν καὶ γνώτω ὅτι ἔστιν προφήτης ἐν Ἰσραήλ. ⁹καὶ ἦλθεν Ναιμὰν ἐν ἵππῳ καὶ ἅρματι, καὶ ἔστη ἐπὶ θύρας οἴκου Ἐλεισαῖε.
10 ¹⁰καὶ ἀπέστειλεν Ἐλεισαῖε ἄγγελον πρὸς αὐτὸν λέγων Πορευθεὶς λοῦσαι ἑπτάκις ἐν τῷ Ἰορδάνῃ, καὶ ἐπιστρέψει ἡ σάρξ σού σοι καὶ
11 καθαρισθήσῃ. ¹¹καὶ ἐθυμώθη Ναιμάν, καὶ ἀπῆλθεν καὶ εἶπεν Ἰδοὺ εἶπον Πρὸς μὲ πάντως ἐξελεύσεται καὶ ἐπικαλέσεταί ἐν ὀνόματι θεοῦ αὐτοῦ, καὶ ἐπιθήσει τὴν χεῖρα αὐτοῦ ἐπὶ τὸν τόπον, καὶ ἀποσυνάξει
12 τὸ λεπρόν. ¹²οὐχὶ ἀγαθὸς Ἀβανὰ καὶ Ἀφαρφὰ ποταμοὶ Δαμασκοῦ ὑπὲρ πάντα τὰ ὕδατα Ἰσραήλ; οὐχὶ πορευθεὶς λούσομαι ἐν αὐτοῖς
13 καὶ καθαρισθήσομαι; καὶ ἐξέκλινεν καὶ ἀπῆλθεν ἐν θυμῷ. ¹³καὶ ἤγγισαν οἱ παῖδες αὐτοῦ καὶ ἐλάλησαν πρὸς αὐτὸν Μέγαν λόγον ἐλάλησεν ὁ προφήτης πρὸς σέ, οὐχὶ ποιήσεις; καὶ ὅτι εἶπεν πρὸς
14 σέ Λοῦσαι καὶ καθαρίσθητι. ¹⁴καὶ κατέβη Ναιμὰν καὶ ἐβαπτίσατο ἐν τῷ Ἰορδάνῃ ἑπτάκι κατὰ τὸ ῥῆμα Ἐλεισαῖε· καὶ ἐπέστρεψεν ἡ
15 σὰρξ αὐτοῦ ὡς σὰρξ παιδαρίου μικροῦ, καὶ ἐκαθαρίσθη. ¹⁵καὶ ἐπέ-

---

4 εν γης Α | 5 βασιλευς] pr ο Α | προς Ναιμαν] pr πορευου Α | εξα- Α ποστελλω Α* (εξαποστελω Α?) | 6 τουτο] του Α | απο] εκ Α | 7 βασιλευς] pr ο Α | και 3° ΒΑ*vid] η Α¹ (sup ras pr ras 2 litt) | απο] εκ Α | μοι] με Α | 8 Ελεισαιε (Ελισ. Bb Ελισσ. Α fere ubique)]+ανος του θυ· Α | βασιλευς] ras ασ Α¹ | και 3°] ras αι Α¹ | 9 θυρας οικου] της θ. του οικου Α | 10 προς αυτον Ελισ. αγγελον Α | καθαρισθητι Α | 11 om ιδου ειπον Α | ειπον πρ. με παντ.] δη ελεγον οτι Babmg | και επικαλ.] pr και στησεται Α | θεου] κυ Α | αποσυναξει] συναξει Α | 12 αγαθοι Α | Αβανα] Αρβανα (ρ superscr) Bb? Αναβανα Bat mg Ναεβανα Α | Αφαρφα] Φαρφα Bamg b Φαρφαρα Α | ουχι 2°] ου Α | λουσομαι] πορευσομαι Α | 13 και 1°] α sup ras Α¹ | μεγαν] pr πατερ Α | om και 3° Α | 14 κατεβη] κατε Α | επτακις BabA

ΒΑΣΙΛΕΙΩΝ Δ

Β στρεψεν πρὸς Ἐλεισαῖε αὐτὸς καὶ πᾶσα ἡ παρεμβολὴ αὐτοῦ, καὶ ἦλθεν καὶ ἔστη καὶ εἶπεν Ἰδοὺ ἔγνωκα ὅτι οὐκ ἔστιν θεὸς ἐν πάσῃ τῇ γῇ ὅτι ἀλλ' ἢ ἐν τῷ Ἰσραήλ· καὶ νῦν λάβε τὴν εὐλογίαν παρὰ τοῦ δούλου σου. ¹⁶καὶ εἶπεν Ἐλεισαῖε Ζῇ Κύριος ᾧ παρέστην ἐνώ- 16 πιον αὐτοῦ, εἰ λήμψομαι· καὶ παρεβιάσατο αὐτὸν λαβεῖν, καὶ ἠπείθησεν. ¹⁷καὶ εἶπεν Ναιμάν Καὶ εἰ μή, δοθήτω δὴ τῷ δούλῳ σου 17 γόμορ, ζεύγη ἡμιόνων, ὅτι οὐ ποιήσει ἔτι ὁ δοῦλός σου ὁλοκαύτωμα καὶ θυσίασμα θεοῖς ἑτέροις ἀλλ' ἢ τῷ κυρίῳ· ¹⁸τῷ ῥήματι τούτῳ καὶ 18 ἱλάσεται Κύριος τῷ δούλῳ σου, ἐν τῷ εἰσπορεύεσθαι τὸν κύριόν μου εἰς οἶκον Ῥεμμὰν προσκυνῆσαι ἐκεῖ· καὶ αὐτὸς ἐπαναπαύσεται ἐπὶ τῆς χειρός μου, καὶ προσκυνήσω ἐν οἴκῳ Ῥεμμὰν ἐν τῷ προσκυνεῖν αὐτὸν ἐν οἴκῳ Ῥεμμάν· καὶ ἱλάσεται δὴ Κύριος τῷ δούλῳ σου ἐν τῷ λόγῳ τούτῳ. ¹⁹καὶ εἶπεν Ἐλεισαῖε πρὸς Ναιμάν Δεῦρο εἰς εἰρήνην· 19 καὶ ἀπῆλθεν παρ' αὐτοῦ εἰς δεβραθὰ τῆς γῆς. ²⁰Καὶ εἶπεν 20 Γιεζεὶ τὸ παιδάριον Ἐλεισαῖε Ἰδοὺ ἐφείσατο ὁ κύριός μου τοῦ Ναιμὰν τοῦ Σύρου τούτου, τοῦ μὴ λαβεῖν ἐκ χειρὸς αὐτοῦ ἃ ἐνήνοχεν· ζῇ Κύριος ὅτι εἰ μὴ δραμοῦμαι ὀπίσω αὐτοῦ καὶ λήμψομαι παρ' αὐτοῦ τι. ²¹καὶ ἐδίωξε Γιεζεὶ ὀπίσω τοῦ Ναιμάν· καὶ εἶδεν αὐτὸν Ναιμὰν 21 τρέχοντα ὀπίσω αὐτοῦ, καὶ ἐπέστρεψεν ἀπὸ τοῦ ἅρματος εἰς ἀπαντὴν αὐτοῦ. ²²καὶ εἶπεν Εἰρήνη· ὁ κύριός μου ἀπέστειλέν με λέγων Ἰδοὺ 22 νῦν ἦλθον πρὸς μὲ δύο παιδάρια ἐξ ὄρους Ἐφράιμ ἀπὸ τῶν υἱῶν τῶν προφητῶν· δὸς δὴ αὐτοῖς τάλαντον ἀργυρίου καὶ δύο ἀλλασσομένας στολάς. ²³καὶ εἶπεν Ναιμάν Λάβε διτάλαντον ἀργυρίου· καὶ ἔλαβεν 23 ἐν δυσὶ θυλάκοις, καὶ δύο ἀλλασσομένας στολάς· καὶ ἔδωκεν ἐπὶ δύο παιδάρια αὐτοῦ, καὶ ᾖρον ἔμπροσθεν αὐτοῦ. ²⁴καὶ ἦλθον εἰς 24 τὸ σκοτεινόν, καὶ ἔλαβεν ἐκ τῶν χειρῶν αὐτῶν καὶ παρέθετο ἐν οἴκῳ, καὶ ἐξαπέστειλεν τοὺς ἄνδρας. ²⁵καὶ αὐτὸς εἰσῆλθεν καὶ 25

A. 15 εστη]+εις προσωπον αυτου A | om και ειπεν A | ιδου]+δη A | om παρα A   16 om αυτον A   17 ζευγη] ζευγος B^{ab mg} ζευγους A | ημιονων] +απο της γης A | θυσιασμα] θυσιαν A   18 Ρεμμαν 1°] Ρεμμαθ A | προσκυνησαι]+αυτον A | om εκει A | om αυτος A | om εν τω προσκ. αυτον εν οικω Ρεμμαν A | ιλασεται 2°] ιλασθησεται A   19 παρ αυτου] απ αυτου (π αν sup ras 4 circ litt A¹) A | εις δεβρ. της γης] απο της γης Ισλ | A 20 α] ων A | και 2°] οτι B* vid   21 εδιωξεν A | οπισω τρεχοντα A | απο του αρμ. εις απαντην εις απαντησιν αυ|τω απο του αρματος· και ειπεν| ειρηνη: A   22 με 1°] προς σε A | om ιδου A | νυν]+τουτο A | δυο] δυ A. 23 λαβε] pr οικουν (sic) A | και ελαβεν] και δυο| αλλασσομενας στολας· και ειπεν Ναιμαν ουκουν (οικουν A* vid) λαβε| διταλαντον αργυριου· και εβια|σαντο (ε superscr A¹) αυτον και εδησεν διτα|λαντον αργυριου A | δυσιν A | ηραν A. 24 ηλθον] ναθαν A* ηαθαν (sic) A^{a?} | σκοτινον A | ανδρας]+και επορευθησαν A

ΒΑΣΙΛΕΙΩΝ Δ VI 12

παρειστήκει πρὸς τὸν κύριον αὐτοῦ· καὶ εἶπεν πρὸς αὐτόν, Ἐλεισαῖε B
Πόθεν Γιεζεί; καὶ εἶπεν Γιεζεί Οὐ πεπόρευται ὁ δοῦλός σου ἔνθα
26 καὶ ἔνθα· ²⁶καὶ εἶπεν πρὸς αὐτὸν Ἐλεισαῖε Οὐχὶ ἡ καρδία μού
ἐπορεύθη μετὰ σοῦ ὅτε ἐπέστρεψεν ὁ ἀνὴρ ἀπὸ τοῦ ἅρματος εἰς
συναντήν σοι; καὶ νῦν ἔλαβες τὸ ἀργύριον, καὶ νῦν ἔλαβες τὰ ἱμάτια
καὶ ἐλαιῶνας καὶ ἀμπελῶνας καὶ πρόβατα καὶ βόας καὶ παῖδας καὶ
27 παιδίσκας· ²⁷καὶ ἡ λέπρα. Ναιμὰν κολληθήσεται ἐν σοὶ καὶ ἐν τῷ
σπέρματί σου εἰς τὸν αἰῶνα. καὶ ἐξῆλθεν ἐκ προσώπου αὐτοῦ λελε-
πρωμένος ὡσεὶ χιών.

VI 1 ¹Καὶ εἶπον οἱ υἱοὶ τῶν προφητῶν πρὸς Ἐλεισαῖε Ἰδοὺ δὴ ὁ τόπος
2 ἐν ᾧ ἡμεῖς οἰκοῦμεν ἐνώπιόν σου στενὸς ἀφ' ἡμῶν· ²πορευθῶμεν
δὴ ἕως τοῦ Ἰορδάνου καὶ λάβωμεν ἐκεῖθεν ἀνὴρ εἰς δοκὸν μίαν, καὶ
3 ποιήσωμεν ἑαυτοῖς ἐκεῖ τοῦ οἰκεῖν ἐκεῖ. καὶ εἶπεν Δεῦτε. ³καὶ εἶπεν ὁ
εἷς Ἐπιεικῶς, δεῦρο μετὰ τῶν δούλων σου· καὶ εἶπεν Ἐγὼ πορεύσομαι.
4 ⁴καὶ ἐπορεύθη μετ' αὐτῶν, καὶ ἦλθον εἰς τὸν Ἰορδάνην καὶ ἔτεμνον τὰ
5 ξύλα. ⁵καὶ ἰδοὺ ὁ εἷς καταβάλλων τὴν δοκόν, καὶ τὸ σιδήριον
ἐξέπεσεν εἰς τὸ ὕδωρ· καὶ ἐβόησεν Ὦ, κύριε· καὶ αὐτὸ κεκρυμμένον.
6 ⁶καὶ εἶπεν ὁ ἄνθρωπος τοῦ θεοῦ Ποῦ ἔπεσεν; καὶ ἔδειξεν αὐτῷ τὸν
τόπον· καὶ ἀπέκνισεν ξύλον καὶ ἔρριψεν ἐκεῖ, καὶ ἐπεπόλασεν τὸ
7 σιδήριον. ⁷καὶ εἴρηκεν Ὕψωσον σαυτῷ· καὶ ἐξέτεινεν τὴν χεῖρα καὶ
ἔλαβεν αὐτό.

8 ⁸Καὶ βασιλεὺς Συρίας ἦν πολεμῶν ἐν Ἰσραήλ, καὶ ἐβουλεύσατο
πρὸς τοὺς παῖδας αὐτοῦ λέγων Εἰς τὸν τόπον τόνδε τινὰ ἐλιμωνὶ
9 παρεμβαλῶ. ⁹καὶ ἀπέστειλεν Ἐλεισαῖε πρὸς βασιλέα Ἰσραήλ λέγων
Φύλαξαι μὴ παρελθεῖν ἐν τῷ τόπῳ τούτῳ, ὅτι ἐκεῖ Συρία κέκρυπται.
10 ¹⁰καὶ ἀπέστειλεν ὁ βασιλεὺς Ἰσραήλ εἰς τὸν τόπον ὃν εἶπεν αὐτῷ
11 Ἐλεισαῖε, καὶ ἐφυλάξατο ἐκεῖθεν οὐ μίαν οὐδὲ δύο. ¹¹καὶ ἐξεκινήθη
ἡ ψυχὴ βασιλέως Συρίας περὶ τοῦ λόγου τούτου, καὶ ἐκάλεσεν τοὺς
παῖδας αὐτοῦ καὶ εἶπεν πρὸς αὐτούς Οὐκ ἀναγγελεῖτέ μοι τίς προδί-
12 δωσίν με βασιλεῖ Ἰσραήλ; ¹²καὶ εἶπεν εἷς τῶν παίδων αὐτοῦ Οὐχί,
κύριέ μου βασιλεῦ, ὅτι Ἐλεισαῖε ὁ προφήτης ὁ ἐν Ἰσραὴλ ἀναγέλλει

26 επορευθη] επορευετο B^(ab) (ετο superscr) | om μετα σου A | συναντησιν A
A | τα ιματια] pr και A | ελαιωνας B^(ab) (ελεωνας B*)] ελαιωνα A | αμπέλωνα A
27 προσωπου] pr του A   VI 2 om εις A   3 ο εις]+δορευ A | επει-
καιως B* επεικεως B^a (επιεικως B^bA) | και 2°] ο δε A   5 καταβαλων
A εβοησεν]+και ειπεν A   6 απεκνιξεν A | σιδηρον A   7 ειρηκεν] ειπεν
A | σαυτω] σέαυτω A | χειρα]+αυτου A   8 Ισραηλ] Ιλημ A | ελιμωνι]
ελμωνι B^(a mg)A   9 βασιλεα] pr τον A | Συρια εκει A   10 Ελεισαιε]
+και διεστειλατο αυτω A | ουδε] ου A   12 ο προφ. ο] om ο bis A |
αναγγελει A

VI 13 ΒΑΣΙΛΕΙΩΝ Δ

B τῷ βασιλεῖ Ἰσραὴλ πάντας τοὺς λόγους οὓς ἐὰν λαλήσῃς. ἐν τῷ ταμείῳ τοῦ κοιτῶνός σου. ¹³καὶ εἶπεν Δεῦτε ἴδετε ποῦ οὗτος,, καὶ 13 ἀποστείλας λήμψομαι αὐτόν· καὶ ἀνήγγειλαν αὐτῷ λέγοντες Ἰδοὺ ἐν Δωθάειμ. ¹⁴καὶ ἀπέστειλεν ἐκεῖ ἵππον καὶ ἅρμα καὶ δύναμιν 14 βαρεῖαν, καὶ ἦλθον νυκτὸς καὶ περιεκύκλωσαν τὴν πόλιν. ¹⁵καὶ 15 ὤρθρισεν ὁ λειτουργὸς Ἐλεισαῖε ἀναστῆναι καὶ ἐξῆλθεν, καὶ ἰδοὺ δύναμις κυκλοῦσα τὴν πόλιν καὶ ἵππος καὶ ἅρμα· καὶ εἶπεν τὸ παιδάριον πρὸς αὐτόν "Ω, κύριε· πῶς ποιήσωμεν; ¹⁶καὶ εἶπεν 16 Ἐλεισαῖε Μὴ φοβοῦ, ὅτι πλείους οἱ μεθ' ἡμῶν ὑπὲρ τοὺς μετ' αὐτῶν. ¹⁷καὶ προσεύξατο Ἐλεισαῖε καὶ εἶπεν Κύριε, διάνοιξον τοὺς ὀφθαλ- 17 μοὺς τοῦ παιδαρίου καὶ ἰδέτω· καὶ διήνοιξεν Κύριος τοὺς ὀφθαλμοὺς αὐτοῦ, καὶ εἶδεν· καὶ ἰδοὺ τὸ ὄρος πλῆρες ἵππων, καὶ ἅρμα πυρὸς περικύκλῳ Ἐλεισαῖε. ¹⁸καὶ κατέβησαν πρὸς αὐτόν· καὶ προσηύξατο 18 πρὸς Κύριον καὶ εἶπεν Πάταξον δὴ τοῦτο τὸ ἔθνος ἀορασίᾳ· καὶ ἐπάταξεν αὐτοὺς ἀορασίᾳ κατὰ τὸ ῥῆμα Ἐλεισαῖε. ¹⁹καὶ εἶπεν πρὸς 19 αὐτοὺς Ἐλεισαῖε Οὐχ αὕτη ἡ πόλις καὶ αὕτη ἡ ὁδός· δεῦτε ὀπίσω μου, καὶ ἄξω ὑμᾶς πρὸς τὸν ἄνδρα ὃν ζητεῖτε· καὶ ἀπήγαγεν αὐτοὺς πρὸς Σαμάρειαν. ²⁰καὶ ἐγένετο ὡς εἰσῆλθον εἰς Σαμάρειαν, καὶ εἶπεν 20 Ἐλεισαῖε Ἄνοιξον δή, Κύριε, τοὺς ὀφθαλμοὺς αὐτῶν καὶ ἰδέτωσαν· καὶ διήνοιξεν τοὺς ὀφθαλμοὺς αὐτῶν, καὶ εἶδον· καὶ ἰδοὺ ἦσαν ἐν μέσῳ Σαμαρείας. ²¹καὶ εἶπεν ὁ βασιλεὺς Ἰσραήλ, ὡς εἶδεν αὐτούς Εἰ 21 πατάξας πατάξω, πάτερ; ²²καὶ εἶπεν Οὐ πατάξεις, εἰ μὴ οὓς ἠχμαλώ- 22 τευσας ἐν ῥομφαίᾳ σου καὶ τόξῳ σου σὺ τύπτεις· παράθες ἄρτους καὶ ὕδωρ ἐνώπιον αὐτῶν, καὶ φαγέτωσαν καὶ πιέτωσαν, καὶ ἀπελθέτωσαν πρὸς τὸν κύριον αὐτῶν. ²³καὶ παρέθηκεν αὐτοῖς παράθεσιν 23 μεγάλην, καὶ ἔφαγον καὶ ἔπιον· καὶ ἀπέστειλεν αὐτοὺς πρὸς τὸν κύριον αὐτῶν· καὶ οὐ προσέθεντο ἔτι μονόζωνοι Συρίας τοῦ ἐλθεῖν εἰς γῆν Ἰσραήλ. ²⁴Καὶ ἐγένετο μετὰ ταῦτα καὶ ἤθροισεν υἱὸς Ἁδὲρ 24 βασιλεὺς Συρίας πᾶσαν τὴν παρεμβολὴν αὐτοῦ καὶ ἀνέβη, καὶ περιεκάθισαν Σαμάρειαν. ²⁵καὶ ἐγένετο λιμὸς μέγας ἐν Σαμαρείᾳ, καὶ ἰδοὺ 25

A   12 ταμειω A   13 ουτος] αυτος A   14 ηλθον BA*] ηλθαν A¹   15 ο λειτουργος (ο λιτ. B^{a†b})] λειτουργειν A | ιπποι A | om ω A | ποιησομεν B^{ab}   17 προσηυξατο B^{b†c†vid} A | διανοιξον]+δη A | ειδεν] ιδεν A | πληρης A   18 προσηυξατο]+Ελισσαιε A   19 ουχ] ουκ A | πολις] οδος A | αυτη 2°] pr ουκ A | οδος] πολις A | αξω] απαξω A | προς Σαμαρειαν] εις Σαμαριαν A   20 εισηλθεν A | Ελισσαι A | ειδετωσαν A | διηνοιξεν]+κε (sic) A | ειδαν A | Σαμαριας A   21 Ισραηλ]+προς Ελισσαιε A   22 om συ A   23 απεστειλεν] λεν sup ras B† | αυτους]+και απηλθον B^{a†b(mg)} A   24 Συριας]+του ελθειν εις γην Ἰσλ| και εγενετο μετα ταυτα· και] ηθροισεν υιος Αδερ βα|σιλευς Συριας A | περιεκαθισεν B^{ab} (ε superscr) A | Σαμαρειαν] επι Σαμαριαν A   25 Σαμαρια A

ΒΑΣΙΛΕΙΩΝ. Δ VII 2

περιεκάθηντο ἐπ' αὐτὴν ἕως οὗ ἐγενήθη κεφαλὴ ὄνου πεντήκοντα Β ἀργυρίου καὶ τέταρτον τοῦ κάβου κόπρου περιστερῶν πέντε ἀργυρίου. 26 ²⁶καὶ ἦν ὁ βασιλεὺς Ἰσραὴλ διαπορευόμενος ἐπὶ τοῦ τείχους, καὶ γυνὴ 27 ἐβόησεν πρὸς αὐτὸν λέγουσα Σῶσον, κύριε βασιλεῦ. ²⁷καὶ εἶπεν αὐτῇ Μή σε σώσαι Κύριος· πόθεν σώσω σε; μὴ ἀπὸ ἅλωνος ἢ ἀπὸ 28 ληνοῦ; ²⁸καὶ εἶπεν αὐτῇ ὁ βασιλεὺς Τί ἔστιν σοι; καὶ εἶπεν ἡ γυνή Αὕτη εἶπεν πρός μέ Δὸς τὸν υἱόν σου, καὶ φαγόμεθα αὐτὸν σήμερον· 29 καὶ τὸν υἱόν μου, καὶ φαγόμεθα αὐτὸν αὔριον. ²⁹καὶ ἡψήσαμεν τὸν υἱόν μου καὶ ἐφάγομεν αὐτόν, καὶ εἶπον πρὸς αὐτὴν τῇ ἡμέρᾳ τῇ δευτέρᾳ Δὸς τὸν υἱόν σου καὶ φάγωμεν αὐτόν· καὶ ἔκρυψεν τὸν 30 υἱὸν αὐτῆς. ³⁰καὶ ἐγένετο ὡς ἤκουσεν ὁ βασιλεὺς τοὺς λόγους τῆς γυναικός, διέρρηξεν τὰ ἱμάτια αὐτοῦ, καὶ αὐτὸς διεπορεύετο ἐπὶ τοῦ τείχους, καὶ εἶδεν ὁ λαὸς τὸν σάκκον ἐπὶ τῆς σαρκὸς αὐτοῦ ἔσωθεν. 31 ³¹καὶ εἶπεν Τάδε ποιήσαι μοι ὁ θεὸς καὶ τάδε προσθείη, εἰ στήσεται ἡ 32 κεφαλὴ Ἐλεισαῖε ἐπ' αὐτῷ σήμερον. ³²καὶ Ἐλεισαῖε ἐκάθητο ἐν τῷ οἴκῳ αὐτοῦ, καὶ οἱ πρεσβύτεροι ἐκάθηντο μετ' αὐτοῦ· καὶ ἀπέστειλεν ἄνδρα πρὸ προσώπου αὐτοῦ πρὶν ἐλθεῖν τὸν ἄγγελον πρὸς αὐτόν· καὶ εἶπεν πρὸς τοὺς πρεσβυτέρους Εἰ ᾔδειτε ὅτι ἀπέστειλεν ὁ υἱὸς τοῦ φονευτοῦ ἀφελεῖν τὴν κεφαλήν μου; ἴδετε ὡς ἂν ἔλθῃ ὁ ἄγγελος, ἀποκλείσατε τὴν θύραν καὶ παραθλίψατε αὐτὸν ἐν τῇ θύρᾳ· οὐχὶ 33 φωνὴ τῶν ποδῶν τοῦ κυρίου αὐτοῦ κατόπισθεν αὐτοῦ; ³³ἔτι αὐτοῦ λαλοῦντος μετ' αὐτῶν, καὶ ἰδοὺ ἄγγελος κατέβη πρὸς αὐτὸν καὶ εἶπεν Ἰδοὺ αὕτη ἡ κακία παρὰ Κυρίου· τί ὑπομείνω τῷ κυρίῳ ἔτι; VII 1 ¹καὶ εἶπεν Ἐλεισαῖε Ἄκουσον λόγον Κυρίου Τάδε λέγει Κύριος Ὡς ἡ ὥρα αὕτη αὔριον, μέτρον σεμιδάλεως σίκλου ἐν ταῖς πύλαις Σα-2 μαρείας. ²καὶ ἀπεκρίθη ὁ τριστάτης ἐφ' ὃν ὁ βασιλεὺς ἐπανεπαύετο ἐπὶ τὴν χεῖρα αὐτοῦ τῷ Ἐλεισαῖε καὶ εἶπεν Ἰδοὺ ποιήσει Κύριος καταράκτας ἐν οὐρανῷ· μὴ ἔσται τὸ ῥῆμα τοῦτο; καὶ Ἐλεισαῖε εἶπεν

25 επ] περι Α | om ου Α | πεντηκοντα] pr πε| Β* | αργυριου 1°] pr σικλων Α Β^ab mg | τεταρτον του καβου] τεσσαρες καβοι Α·| πεντε] pr πεντηκοντα Α 26 του τειχους] τουχεις Α | βασιλευ] βασιλευς Α 27 om αυτη Α | σωσαι] σωση Α | σωσω σαι Β* (σωσω σε Β^ab [ε superscr]) | αλωνος] pr της Α | ληνου] pr της Α· 28 om και 5° Α | om αυτον 2° Α 29 εψησαμεν Α |·ειπον] ειπεν Α | φαγομεθα] φαγομεν Α 30 ο βασιλευς] +Ἰσλ Α 31 Ελεισαιε] + υιον Σαφατ Α 32 ειπε] pr αυτος Α | ει] μη Α | ηδειτε] οιδατε Β^ab mg Α |·φονευτου] + ουτος. Α | ιδετε] ειδετε Α 33 αγγελος] pr ο Α | υπομενω Α | om τω κυριω Α VII 1 σιμιδαλεως Α | σικλου] + και διμετρον κριθων σικλου Β^ab mg inf Α 2 τριστατης]·τ 1° sup ras Β^a? | τω Ελεισαιε] προς τον Ελισσ. Α

755 3 B 2

ΒΑΣΙΛΕΙΩΝ Δ

Β Ἰδοὺ ὄψῃ τοῖς ὀφθαλμοῖς, καὶ ἐκεῖθεν οὐ φάγῃ. ³Καὶ τέσσαρες 3
ἄνδρες ἦσαν λεπροὶ παρὰ τὴν θύραν τῆς πόλεως, καὶ εἶπεν ἀνὴρ
πρὸς τὸν πλησίον αὐτοῦ Τί ἡμεῖς καθήμεθα ὧδε ἕως ἀποθάνωμεν;
⁴ἐὰν εἴπωμεν Εἰσέλθωμεν εἰς τὴν πόλιν, καὶ ὁ λιμὸς ἐν τῇ πόλει 4
καὶ ἀποθανούμεθα ἐκεῖ· καὶ ἐὰν καθίσωμεν ὧδε, καὶ ἀποθανούμεθα.
καὶ νῦν δεῦτε καὶ ἐμπέσωμεν εἰς τὴν παρεμβολὴν Συρίας· ἐὰν ζωογονήσωσιν ἡμᾶς, καὶ ζησόμεθα· καὶ ἐὰν θανατώσωσιν ἡμᾶς, καὶ ἀποθανούμεθα. ⁵καὶ ἀνέστησαν ἐν τῷ σκότει, εἰσελθεῖν εἰς τὴν παρεμ- 5
βολὴν Συρίας· καὶ ἦλθον εἰς μέσον τῆς παρεμβολῆς Συρίας, καὶ ἰδοὺ
οὐκ ἔστιν ἀνὴρ ἐκεῖ. ⁶καὶ Κύριος ἀκουστὴν ἐποίησεν τὴν παρεμ- 6
βολὴν Συρίας φωνὴν ἅρματος καὶ φωνὴν ἵππου, φωνὴν δυνάμεως
μεγάλης· καὶ εἶπεν ἀνὴρ πρὸς τὸν ἀδελφὸν αὐτοῦ Νῦν ἐμισθώσατο
ἐφ' ἡμᾶς βασιλεὺς Ἰσραὴλ τοὺς βασιλέας τῶν Χετταίων καὶ τοὺς
βασιλέας Αἰγύπτου τοῦ ἐλθεῖν πρὸς ἡμᾶς. ⁷καὶ ἀνέστησαν καὶ 7
ἀπέδρασαν ἐν τῷ σκότει· καὶ ἐνκατέλιπαν τὰς σκηνὰς αὐτῶν καὶ
τοὺς ἵππους αὐτῶν καὶ τοὺς ὄνους αὐτῶν ἐν τῇ παρεμβολῇ ὡς ἔστιν,
καὶ ἔφυγον πρὸς τὴν ψυχὴν ἑαυτῶν. ⁸καὶ εἰσῆλθον οἱ λεπροὶ οὗτοι 8
ἕως μέρους τῆς παρεμβολῆς, καὶ εἰσῆλθον εἰς σκηνὴν μίαν καὶ ἔφαγον
καὶ ἔπιον, καὶ ἦραν ἐκεῖθεν ἀργύριον καὶ χρυσίον καὶ ἱματισμόν·
καὶ ἐπορεύθησαν καὶ ἐπέστρεψαν ἐκεῖθεν· καὶ εἰσῆλθον εἰς σκηνὴν
ἄλλην, καὶ ἔλαβον ἐκεῖθεν καὶ ἐπορεύθησαν καὶ κατέκρυψαν. ⁹καὶ 9
εἶπεν ἀνὴρ πρὸς τὸν πλησίον αὐτοῦ Οὐχ οὕτως ἡμεῖς ποιοῦμεν· ἡ ἡμέρα
αὕτη ἡμέρα εὐαγγελίας ἐστίν, καὶ ἡμεῖς σιωπῶμεν· καὶ μένομεν ἕως φωτὸς τοῦ πρωί, καὶ εὑρήσομεν ἀνομίαν. καὶ νῦν δεῦρο καὶ εἰσέλθωμεν
καὶ ἀναγγείλωμεν εἰς τὸν οἶκον τοῦ βασιλέως. ¹⁰καὶ εἰσῆλθον καὶ 10
ἐβόησαν πρὸς τὴν πύλην τῆς πόλεως, καὶ ἀνήγγειλαν αὐτοῖς λέγοντες
Εἰσήλθομεν εἰς τὴν παρεμβολὴν Συρίας, καὶ ἰδοὺ οὐκ ἔστιν ἐκεῖ ἀνὴρ
καὶ φωνὴ ἀνθρώπου, ὅτι εἰ μὴ ἵππος δεδεμένος καὶ ὄνος καὶ αἱ σκηναὶ
αὐτῶν ὡς εἰσίν. ¹¹καὶ ἐβόησαν οἱ θυρωροὶ καὶ ἀνήγγειλαν εἰς τὸν 11
οἶκον τοῦ βασιλέως ἔσω. ¹²καὶ ἔστη ὁ βασιλεὺς νυκτὸς καὶ εἶπεν 12
πρὸς τοὺς παῖδας αὐτοῦ Ἀναγγελῶ δὴ ὑμῖν ἃ ἐποίησεν ἡμῖν Συρία·
ἔγνωσαν ὅτι πεινῶμεν ἡμεῖς, καὶ ἐξῆλθαν ἐκ τῆς παρεμβολῆς καὶ

Α 2 οψει Bᵃᵇ | οφθαλμοις]+σου A | φαγης A*   3 και 1°]+ιδου A
5 μεσον B*A] μερος Bᵃ⁽ᵛⁱᵈ⁾ ᵇ ᵐᵍ   6 εποιησεν ακουστην A | την παρεμβολην]
παρεμ|βολη A | om φωνην ιππου A | εφ] επι A | προς 2°] εφ A   7 ενκατελιπαν (εγκ. Bᵇ)] εγκατελειπον A | αυτων 1°, 2°, 3°] εαυτων A   8 επορευθησαν]+και εκρυψαν A | om εκειθεν 2° A   10 ει μη bis scr A | ονος]
+δεδεμενος A (δεδε sup ras A¹)   12 εστη] ανεστη A | αναγγειλω A |
ημεις] pr και A | εξηλθον A

ΒΑΣΙΛΕΙΩΝ Δ   VIII 3

ἐκρύβησαν ἐν τῷ ἀγρῷ, λέγοντες ὅτι Ἐξελεύσονται ἐκ τῆς πόλεως, καὶ B
13 συλλημψόμεθα αὐτοὺς ζῶντας καὶ εἰς τὴν πόλιν εἰσελευσόμεθα. ¹³καὶ
ἀπεκρίθη εἷς τῶν παίδων αὐτοῦ καὶ εἶπεν Λαβέτωσαν δὴ πέντε
τῶν ἵππων τῶν ὑπολελιμμένων οἳ κατελείφθησαν ὧδε, ἰδού εἰσιν
πρὸς πᾶν τὸ πλῆθος Ἰσραὴλ τὸ ἐκλεῖπον, καὶ ἀποστελοῦμεν ἐκεῖ καὶ
14 ὀψόμεθα. ¹⁴καὶ ἔλαβον δύο ἐπιβάτας ἵππων, καὶ ἀπέστειλεν ὁ βασι-
λεὺς Ἰσραὴλ ὀπίσω τοῦ βασιλέως Συρίας λέγων Δεῦτε καὶ ἴδετε.
15 ¹⁵καὶ ἐπορεύθησαν ὀπίσω αὐτῶν ἕως τοῦ Ἰορδάνου, καὶ ἰδοὺ πᾶσα ἡ
ὁδὸς πλήρης ἱματίων καὶ σκευῶν ὧν ἔρριψεν Συρία ἐν τῷ θαμβεῖσθαι
16 αὐτούς· καὶ ἐπέστρεψαν οἱ ἄγγελοι καὶ ἀνήγγειλαν τῷ βασιλεῖ. ¹⁶καὶ
ἐξῆλθεν ὁ λαὸς καὶ διήρπασεν τὴν παρεμβολὴν Συρίας· καὶ ἐγένετο
μέτρον σεμιδάλεως σίκλου, κατὰ τὸ ῥῆμα Κυρίου, καὶ δίμετρον κριθῶν
17 σίκλου. ¹⁷Καὶ ὁ βασιλεὺς κατέστησεν τὸν τριστάτην ἐφ᾽ ὃν
ὁ βασιλεὺς ἐπανεπαύετο τῇ χειρὶ αὐτοῦ ἐπὶ τῆς πύλης, καὶ συνε-
πάτησεν αὐτὸν ὁ λαὸς ἐν τῇ πύλῃ, καὶ ἀπέθανεν καθὰ ἐλάλησεν
ὁ ἄνθρωπος τοῦ θεοῦ, ὃς ἐλάλησεν ἐν τῷ καταβῆναι τὸν ἄγγελον πρὸς
18 αὐτόν. ¹⁸καὶ ἐγένετο καθὰ ἐλάλησεν Ἐλεισαῖε πρὸς τὸν βασιλέα
λέγων Δίμετρον κριθῆς σίκλου καὶ μέτρον σεμιδάλεως σίκλου, καὶ
19 ἔσται ὡς ἡ ὥρα αὔριον ἐν τῇ πύλῃ Σαμαρείας. ¹⁹καὶ ἀπεκρίθη ὁ
τριστάτης τῷ Ἐλεισαῖε καὶ εἶπεν Ἰδοὺ Κύριος ποιεῖ καταράκτας ἐν
τῷ οὐρανῷ, οὐ μὴ ἔσται τὸ ῥῆμα τοῦτο· καὶ εἶπεν Ἐλεισαῖε Ἰδοὺ
20 ὄψῃ τοῖς ὀφθαλμοῖς σου, καὶ ἐκεῖθεν οὐ μὴ φάγῃ. ²⁰καὶ ἐγένετο
οὕτως, καὶ συνεπάτησεν αὐτὸν ὁ λαὸς ἐν τῇ πύλῃ, καὶ ἀπέ-
θανεν.

VIII 1 ¹Καὶ Ἐλεισαῖε ἐλάλησεν πρὸς τὴν γυναῖκα ἧς ἐζωπύρησεν τὸν
υἱὸν λέγων Ἀνάστηθι καὶ δεῦρο σὺ καὶ ὁ οἶκός σου καὶ παροίκει
οὗ ἐὰν παροικήσῃς, ὅτι κέκληκεν Κύριος λιμὸν ἐπὶ τὴν γῆν, καί
2 γε ἦλθεν ἐπὶ τὴν γῆν ἑπτὰ ἔτη. ²καὶ ἀνέστη ἡ γυνὴ καὶ ἐποίησεν
κατὰ τὸ ῥῆμα Ἐλεισαῖε, καὶ ἐπορεύθη αὐτὴ καὶ ὁ οἶκος αὐτῆς· καὶ
3 παρῴκει ἐν γῇ ἀλλοφύλων ἑπτὰ ἔτη. ³καὶ ἐγένετο μετὰ τὸ τέλος

12 πολεως] γης A | εισελευσ.] + και εξελευσομεθα A   13 πεντε] A παντες απο A | υπολελειμμ. B^{atb}A   14 om Ισραηλ A   16 και διμετρον κριθων σικλου (ου sup ras A^{b})| κατα το ρημα κῡ | A   17 τη χειρι] pr επι A | εν τη πυλη] επι της πυλης A | καθα] καθως A (ω sup ras A$^{a?}$)   18 καθα] καθως A | ωρα] ημερα αυτη A | πυλει A | Σαμαριας A   19 ο] ος A | om ου, 1° A | οψει B^{ab} (ει superscr) | om μη ,2° A | φαγη] seq ras 1 lit in A (φαγης A^{*vid})   20 εγενετο]+αυτω A | συνεπατησεν] ε 1° sup ras B$^?$.   VIII 1 παροικησης] παροικησεις A | κεκλικεν A

VIII 4   ΒΑΣΙΛΕΙΩΝ Δ

Ε τῶν ἑπτὰ ἐτῶν, καὶ ἐπέστρεψεν ἡ γυνὴ ἐκ γῆς ἀλλοφύλων εἰς τὴν πόλιν, καὶ ἦλθεν βοῆσαι πρὸς τὸν βασιλέα περὶ τοῦ οἴκου ἑαυτῆς καὶ περὶ τῶν ἀγρῶν ἑαυτῆς· ⁴καὶ ὁ βασιλεὺς ἐλάλει πρὸς Γιεζεὶ 4 τὸ παιδάριον Ἐλεισαίε τοῦ ἀνθρώπου τοῦ θεοῦ λέγων Διήγησαι δή μοι πάντα τὰ μεγάλα ἃ ἐποίησεν Ἐλεισαῖε. ⁵καὶ ἐγένετο αὐτοῦ 5 ἐξηγουμένου τῷ βασιλεῖ ὡς ἐζωπύρησεν υἱὸν τεθνηκότα, καὶ ἰδοὺ ἡ γυνὴ ἧς ἐζωπύρησεν τὸν υἱὸν αὐτῆς Ἐλεισαῖε βόωσα πρὸς τὸν βασιλέα περὶ τοῦ οἴκου ἑαυτῆς καὶ περὶ τῶν ἀγρῶν ἑαυτῆς· καὶ εἶπεν Γιεζεί Κύριε βασιλεῦ, αὕτη ἡ γυνὴ καὶ οὗτος ὁ υἱὸς αὐτῆς ὃν ἐζωπύρησεν Ἐλεισαῖε. ⁶καὶ ἐπηρώτησεν ὁ βασιλεὺς τὴν γυναῖκα, 6 καὶ διηγήσατο αὐτῷ· καὶ ἔδωκεν αὐτῇ ὁ βασιλεὺς εὐνοῦχον ἕνα λέγων Ἐπίστρεψον πάντα αὐτῆς τὰ γενήματα τοῦ ἀγροῦ, ἀπὸ τῆς ἡμέρας ἧς κατέλιπεν τὴν γῆν ἕως τοῦ νῦν.

⁷Καὶ ἦλθεν Ἐλεισαῖε εἰς Δαμασκόν· καὶ υἱὸς Ἀδὲρ βασιλεὺς 7 Συρίας ἠρρώστησεν· καὶ ἀνήγγειλαν αὐτῷ λέγοντες Ἥκει ὁ ἄνθρωπος τοῦ θεοῦ ἕως ὧδε. ⁸καὶ εἶπεν ὁ βασιλεὺς πρὸς Ἀζαὴλ Λάβε ἐν 8 τῇ χειρί σου μαανά, καὶ δεῦρο εἰς ἀπαντὴν τῷ ἀνθρώπῳ τοῦ θεοῦ, καὶ ἐπιζήτησον τὸν κύριον παρ' αὐτοῦ λέγων Εἰ ζήσομαι ἐκ τῆς ἀρρωστίας μου ταύτης; ⁹καὶ ἐπορεύθη Ἀζαὴλ εἰς ἀπαντὴν αὐτοῦ, καὶ 9 ἔλαβεν μαανὰ ἐν τῇ χειρὶ αὐτοῦ καὶ πάντα τὰ ἀγαθὰ Δαμασκοῦ, ἄρσιν τεσσεράκοντα καμήλων, δῶρα· καὶ ἦλθεν καὶ ἔστη ἐνώπιον αὐτοῦ καὶ εἶπεν πρὸς Ἐλεισαῖε Υἱός σου υἱὸς Ἀδὲρ βασιλεὺς Συρίας ἀπέστειλέν με πρὸς σὲ ἐπερωτῆσαι λέγων Εἰ ζήσομαι ἐκ τῆς ἀρρωστίας μου ταύτης; ¹⁰καὶ εἶπεν Ἐλεισαῖε Δεῦρο εἰπόν Ζωῇ ζήσῃ· καὶ ἔδειξέν 10 μοι Κύριος ὅτι θανάτῳ ἀποθανῇ. ¹¹καὶ παρέστη τῷ προσώπῳ αὐτοῦ, 11 καὶ ἔθηκεν ἕως αἰσχύνης· καὶ ἔκλαυσεν ὁ ἄνθρωπος τοῦ θεοῦ. ¹²καὶ 12 εἶπεν Ἀζαὴλ Τί ὅτι ὁ κύριός μου κλαίει; καὶ εἶπεν Ὅτι οἶδα ὅσα ποιήσεις τοῖς υἱοῖς Ἰσραὴλ κακά· τὰ ὀχυρώματα αὐτῶν ἐξαποστελεῖς ἐν πυρί, καὶ τοὺς ἐκλεκτοὺς αὐτῶν ἐν ῥομφαίᾳ ἀποκτενεῖς, καὶ τὰ νήπια αὐτῶν ἐνσείσεις, καὶ τὰς ἐν γαστρὶ ἐχούσας αὐτῶν ἀναρήξεις. ¹³καὶ εἶπεν Ἀζαὴλ Τίς ἐστιν ὁ δοῦλός σου, ὁ κύων ὁ τεθνηκώς, ὅτι 13

A¹   3 γης αλλοφ.] των αλλοφ. A | om εις την πολιν A | και ηλθεν] βοησαι sup ras Bᵃ | εαυτης 1°] αυτης A   4 ελαλησεν A | om a A   5 τον υιον] ν 1° sup ras A¹ | ο υιος] om ο A   6 του αγρου] pr και παντα τα γενηματα A | κατελιπεν] ενκατελειπεν A   7 ηρρωστει A   8 μαανα] μαναα A (item 9) | απαντησιν A (item 9)   9 τεσσαρακ. Bᵇ⁽ᵛⁱᵈ⁾ (item 17). | om ιδωρα A | αυτου 3°] αυτων A | υιος 1°] pr ο A | om επερωτησαι A   10 ειπεν] + προς αυτον A | ειπον] + αυτω A   12 om τι A | ο κυριος] om ο A | κλαιει] καλει A | om οτι 2° A | κακα] και A | εξαποστειλεις (sic) A | αποκτενεεις A | αναρρηξεις BᵃᵇA   13 ο κυων ο τεθνηκως] ω κε A

ΒΑΣΙΛΕΙΩΝ Δ VIII 26

ποιήσει τὸ ῥῆμα τοῦτο; καὶ εἶπεν Ἐλεισαῖε Ἔδειξέν μοι Κύριός σε Β
14 βασιλεύοντα ἐπὶ Ἰσραήλ. ¹⁴καὶ ἀπῆλθεν ἀπὸ Ἐλεισαῖε, καὶ εἰσῆλθεν
πρὸς τὸν κύριον αὐτοῦ· καὶ εἶπεν αὐτῷ Ὅ τι εἶπέν σοι Ἐλεισαῖε;
15 καὶ εἶπεν Εἶπέν μοι Ζωῇ ζήσῃ. ¹⁵καὶ ἐγένετο τῇ ἐπαύριον καὶ ἔλαβεν
τὸν χαββὰ καὶ ἔβαψεν τῷ ὕδατι καὶ περιέβαλεν ἐπὶ τὸ πρόσωπον
αὐτοῦ, καὶ ἀπέθανεν· καὶ ἐβασίλευσεν Ἀζαὴλ ἀντ' αὐτοῦ.
16 ¹⁶Ἐν ἔτει πέμπτῳ τῷ Ἰωρὰμ υἱῷ Ἀχαὰβ βασιλεῖ Ἰσραὴλ καὶ
Ἰωσαφὰθ βασιλεῖ Ἰούδα ἐβασίλευσεν Ἰωρὰμ υἱὸς Ἰωσάφαθ βασιλεὺς
17 Ἰούδα. ¹⁷υἱὸς τριάκοντα καὶ δύο ἐτῶν ἦν ἐν τῷ βασιλεύειν αὐτόν, καὶ
18 τεσσεράκοντα ἔτη ἐβασίλευσεν ἐν Ἰερουσαλήμ. ¹⁸καὶ ἐπορεύθη ἐν
ὁδῷ βασιλέων Ἰσραὴλ καθὼς ἐποίησεν οἶκος Ἀχαάβ, ὅτι θυγάτηρ
Ἀχαὰβ ἦν αὐτῷ εἰς γυναῖκα· καὶ ἐποίησεν τὸ πονηρὸν ἐνώπιον
19 Κυρίου. ¹⁹καὶ οὐκ ἠθέλησεν Κύριος διαφθεῖραι τὸν Ἰούδαν διὰ Δαυεὶδ
τὸν δοῦλον αὐτοῦ, καθὼς εἶπεν δοῦναι αὐτῷ λύχνον πάσας τὰς ἡμέρας.
20 ²⁰ἐν ταῖς ἡμέραις αὐτοῦ ἠθέτησεν Ἐδὼμ ὑποκάτωθεν χειρὸς Ἰούδα,
21 καὶ ἐβασίλευσαν ἐφ' ἑαυτοὺς βασιλέα. ²¹καὶ ἀνέβη Ἰωρὰμ εἰς Σειὼρ
καὶ πάντα τὰ ἅρματα μετ' αὐτοῦ· καὶ ἐγένετο αὐτοῦ ἀναστάντος, καὶ
ἐπάταξεν τὸν Ἐδὼμ τὸν κυκλώσαντα ἐπ' αὐτὸν καὶ τοὺς ἄρχοντας τῶν
22 ἁρμάτων, καὶ ἔφυγεν ὁ λαὸς εἰς τὰ σκηνώματα αὐτῶν. ²²καὶ ἠθέτησεν
Ἐδὼμ ὑποκάτω τῆς χειρὸς Ἰούδα ἕως τῆς ἡμέρας ταύτης. τότε ἠθέτη-
23 σεν Σεννὰ ἐν τῷ καιρῷ ἐκείνῳ. ²³καὶ τὰ λοιπὰ τῶν λόγων Ἰωρὰμ
καὶ πάντα ὅσα ἐποίησεν, οὐκ ἰδοὺ ταῦτα γέγραπται ἐπὶ βιβλίῳ λόγων
24 τῶν ἡμερῶν τοῖς βασιλεῦσιν Ἰούδα; ²⁴καὶ ἐκοιμήθη Ἰωρὰμ μετὰ τῶν
πατέρων αὐτοῦ, καὶ ἐτάφη μετὰ τῶν πατέρων αὐτοῦ ἐν πόλει Δαυεὶδ
τοῦ πατρὸς αὐτοῦ· καὶ ἐβασίλευσεν Ὀχοζείας υἱὸς αὐτοῦ ἀντ' αὐτοῦ·
25 ²⁵Ἐν ἔτει δωδεκάτῳ τῷ Ἰωρὰμ υἱῷ Ἀχαὰβ βασιλεῖ Ἰσραὴλ ἐβασί-
26 λευσεν Ὀχοζείας υἱὸς Ἰωράμ. ²⁶υἱὸς εἴκοσι καὶ δύο ἐτῶν Ὀχοζείας
ἐν τῷ βασιλεύειν αὐτόν, καὶ ἐνιαυτὸν ἕνα ἐβασίλευσεν ἐν Ἰσραήλ.

13 Ισ|ραηλ Β Ισλ A   14 om σοι A | ειπεν 2° A] ειπειν B   15 τον A
χαββα] τον αβρα (? το ναβρα) A   16 τω Ιωραμ υιω] του I. υιου A |
Ιωσαφατ B^{ab}A (bis) | βασιλει 2°] βασιλευς A | εβασιλευσεν] pr και A | βασι-
λευς] βασιλεως A   18 βασιλεως A   19 αυτω δουναι A | λυχνον]+ και
τοις υιοις αυτου A   20 χειρος] pr της A | εβασιλευσαν εφ εαυτους] εβασι-
λευσεν εφ εαυτου A   21 om εις Σειωρ A | τα αρματα] om τα A | ανα-
σταντος]+ νυκτος A | τον Εδωμ] om τον A   22 υποκατωθεν A | της χειρος]
om της A | Σεννα] signa v l prae se fert B^{? txt et mg} Λομνα B· 23 γεγραπται]
ras aliq post a 1° (in fine lin) B^? | επι] εν A   24 om και εταφη μετα των
πατ. αυτου A | Οχοζιας B^{b vid} A (item 25, 26)   25 τω Ιωραμ] του I.
A | Ιωραμ 2°]+ βασιλεως Ιουδα A   26 om υιος A | ετων]+ ην A | Ισραηλ]
signa v l prae se fert B^{?.txt et mg} Ιηλ A

759

ΒΑΣΙΛΕΙΩΝ Δ'

B καὶ ὄνομα τῆς μητρὸς αὐτοῦ Γοθολία. θυγάτηρ Ἀμβρεὶ βασιλέως Ἰσραήλ. ²⁷καὶ ἐπορεύθη ἐν ὁδῷ οἴκου Ἀχαάβ, καὶ ἐποίησεν τὸ 27 πονηρὸν ἐνώπιον Κυρίου καθὼς ὁ οἶκος Ἀχαάβ. ²⁸καὶ ἐπορεύθη 28 μετὰ Ἰωρὰμ υἱοῦ Ἀχαὰβ εἰς πόλεμον μετὰ Ἀζαὴλ βασιλέως ἀλλοφύλων ἐν Ῥεμμὼθ Γαλαάδ, καὶ ἐπάταξαν οἱ Σύροι τὸν Ἰωράμ. ²⁹καὶ 29 ἐπέστρεψεν ὁ βασιλεὺς Ἰωρὰμ τοῦ ἰατρευθῆναι ἐν Ἰσραὴλ ἀπὸ τῶν πληγῶν ὧν ἐπάταξαν αὐτὸν ἐν Ῥεμμὼθ ἐν τῷ πολεμεῖν αὐτὸν μετὰ Ἀζαὴλ βασιλέως Συρίας· καὶ Ὀχοζεὶ υἱὸς Ἰωρὰμ κατέβη τοῦ ἰδεῖν τὸν Ἰωρὰμ υἱὸν Ἀχαὰβ ἐν Ἰσραήλ, ὅτι ἠρρώστει αὐτός.

¹Καὶ Ἐλεισαῖε ὁ προφήτης ἐκάλεσεν ἕνα τῶν υἱῶν τῶν προφητῶν 1 IX καὶ εἶπεν αὐτῷ Ζῶσαι τὴν ὀσφύν σου, καὶ λάβε τὸν φακὸν τοῦ ἐλαίου τούτου ἐν τῇ χειρί σου, καὶ δεῦρο εἰς Ῥεμμὼθ Γαλαάδ. ²καὶ εἰσε- 2 λεύσῃ ἐκεῖ, καὶ ὄψῃ ἐκεῖ υἱὸν Ἰωσαφὰθ Εἰοὺ υἱοῦ Ναμεσσεί, καὶ εἰσελεύσῃ καὶ ἀναστήσεις αὐτὸν ἐκ μέσου τῶν ἀδελφῶν αὐτοῦ, καὶ εἰσάξεις αὐτὸν εἰς τὸ ταμεῖον ἐν ταμείῳ. ³καὶ λήμψῃ τὸν φακὸν 3 τοῦ ἐλαίου καὶ ἐπιχεεῖς ἐπὶ τὴν κεφαλὴν αὐτοῦ, καὶ εἰπόν Τάδε λέγει Κύριος Κέχρικά σε εἰς βασιλέα ἐπὶ Ἰσραήλ· καὶ ἀνοίξεις τὴν θύραν, καὶ φεύξῃ καὶ οὐ μενεῖς. ⁴καὶ ἐπορεύθη ὁ προφήτης 4 τὸ παιδάριον εἰς Ῥεμμὼθ Γαλαάδ. ⁵καὶ εἰσῆλθεν καὶ ἰδοὺ οἱ ἄρχον- 5 τες τῆς δυνάμεως ἐκάθηντο, καὶ εἶπεν Λόγος μοι πρὸς σέ, ὁ ἄρχων· καὶ εἶπεν Εἰού Πρὸς τίνα ἐκ πάντων ἡμῶν; καὶ εἶπεν Πρὸς σέ, ὁ ἄρχων. ⁶καὶ ἀνέστη καὶ εἰσῆλθεν εἰς τὸν οἶκον, καὶ ἐπέχεεν τὸ ἔλαιον ἐπὶ 6 τὴν κεφαλὴν αὐτοῦ καὶ εἶπεν αὐτῷ Τάδε λέγει Κύριος ὁ θεὸς Ἰσραήλ Κέχρικά σε εἰς βασιλέα ἐπὶ λαὸν Κυρίου, ἐπὶ τὸν Ἰσραήλ. ⁷καὶ 7 ἐξολεθρεύσεις τὸν οἶκον Ἀχαὰβ τοῦ κυρίου σου ἐκ προσώπου σου, καὶ ἐκδικήσεις τὰ αἵματα τῶν δούλων μου τῶν προφητῶν καὶ τὰ αἵματα πάντων τῶν δούλων Κυρίου ἐκ χειρὸς Ἰεζάβελ ⁸καὶ ἐκ χειρὸς 8 ὅλου τοῦ οἴκου Ἀχαάβ, καὶ ἐξολεθρεύσεις τῷ οἴκῳ Ἀχαὰβ οὐροῦντα πρὸς τοῖχον καὶ συνεχόμενον καὶ ἐνκαταλελειμμένον ἐν Ἰσραήλ.

A   26 Αμβρει (Αμβρι A)] Ζαμβρει (Z superser) B^ab   27 οικος bis scr A | Αχααβ]+γαμβρος γαρ οικου Αχααβ εστιν A   28 Ραμωθ A (item 29) 29 του ιατρ.] pr προ A | Ισραηλ 1°] Ιεζραελ A | αυτον 1°]+οι Συροι A | Οχοζει Οχοζιας A | Ιωραμ]+βασιλευς Ιουδα A | εν Ισραηλ] εις Ιεζραελ A   IX 1 om εν τη χειρι σου A   2 οψει B^ab (ει superscr) | υιον Ιωσαφαθ Ειου υιου Ναμεσσει] Ιηου υιον Ιωσαφατ· υιον Αμε|σει A | αυτον 2°] αυτο A | ταμειω] τω ταμειω A   3 ειπεν B* (ειπον B^ab [o superscr] A) | om εις A   4 επορευθη] επο sup ras A¹ | το παιδ. ο προφητης A | εις sup ras A¹ | Ρεμαθ A 5 εισηλθον A' |· Ειου] Ιηου A (item 11, 12, et fere ubique)   6 λαον] pr του A   7 εξολοθρευσεις B¹A·   8 εξολεθρευσεις (εξολοθρ. B^b¹A)] εξολεθρευσω B^a mg | τω οικω] του οικου A | εγκαταλελειμμ. B^b εγκαταλελιμμ. A

ΒΑΣΙΛΕΙΩΝ Δ   IX 18

9 ? καὶ δώσω τὸν οἶκον Ἀχαὰβ ὡς τὸν οἶκον Ἱεροβοὰμ υἱοῦ Ναβὰτ Β
10 καὶ ὡς τὸν οἶκον Βαασὰ υἱοῦ Ἀχειά· ¹⁰καὶ τὴν Ἰεζάβελ καταφάγονται
οἱ κύνες ἐν τῇ μερίδι τοῦ Ἰσραήλ, καὶ οὐκ ἔστιν ὁ θάπτων. καὶ
11 ἤνοιξεν τὴν θύραν καὶ ἔφυγεν. ¹¹καὶ Εἰοὺ ἐξῆλθεν πρὸς τοὺς παῖδας
τοῦ κυρίου αὐτοῦ, καὶ εἶπον αὐτῷ Εἰρήνη; τί ὅτι εἰσῆλθεν ὁ ἐπί-
λημπτος οὗτος πρὸς σέ; καὶ εἶπεν αὐτοῖς Ὑμεῖς οἴδατε τὸν ἄνδρα
12 καὶ τὴν ἀδολεσχίαν αὐτοῦ. ¹²καὶ εἶπεν Ἄδικον· ἀπάγγειλον δὴ
ἡμῖν. καὶ εἶπεν Εἰοὺ πρὸς αὐτούς Οὕτως καὶ οὕτως ἐλάλησεν πρὸς μὲ
λέγων· καὶ εἶπεν Τάδε λέγει Κύριος Κέχρικά σε εἰς βασιλέα ἐπὶ
13 Ἰσραήλ. ¹³καὶ ἀκούσαντες ἔσπευσαν, καὶ ἔλαβεν ἕκαστος τὸ ἱμάτιον
αὐτοῦ καὶ ἔθηκαν ὑποκάτω αὐτοῦ ἐπὶ τὸ γάρεμ τῶν ἀναβαθμῶν,
14 καὶ ἐσάλπισαν ἐν κερατίνῃ καὶ εἶπον Ἐβασίλευσεν Εἰού. ¹⁴καὶ
συνεστράφη Εἰοὺ υἱὸς Ἰωσαφὰθ υἱοῦ Ναμεσσεὶ πρὸς Ἰωράμ· καὶ
Ἰωρὰμ αὐτὸς ἐφύλασσεν ἐν Ῥεμμὼθ Γαλαὰδ καὶ πᾶς Ἰσραὴλ ἀπὸ
15 προσώπου Ἀζαὴλ βασιλέως Συρίας. ¹⁵καὶ ἀπέστρεψεν Ἰωρὰμ ὁ
βασιλεὺς ἰατρευθῆναι ἐν Ἰσραὴλ ἀπὸ τῶν πληγῶν ὧν ἔπαισαν αὐτὸν
οἱ Σύροι ἐν τῷ πολεμεῖν αὐτοὺς μετὰ Ἀζαὴλ βασιλέως Συρίας. καὶ
εἶπεν Εἰού Εἰ ἔστιν ἡ ψυχὴ ὑμῶν μετ' ἐμοῦ, μὴ ἐξελθέτω ἐκ τῆς
πόλεως διαπεφευγὼς τοῦ πορευθῆναι καὶ ἀπαγγεῖλαι ἐν Ἰσραήλ.
16 ¹⁶καὶ ἵππευσεν καὶ ἐπορεύθη Εἰού, καὶ κατέβη ἐν Ἰσραήλ, ὅτι Ἰωρὰμ
βασιλεὺς Ἰσραὴλ ἐθεραπεύετο ἐν τῷ Ἰσραὴλ ἀπὸ τῶν τοξευμάτων ὧν
κατετόξευσαν αὐτὸν οἱ Ἀραμιεὶν ἐν τῇ Ῥαμμὰθ ἐν τῷ πολέμῳ
μετὰ Ἀζαὴλ βασιλέως Συρίας, ὅτι δυνατὸς καὶ ἀνὴρ δυνάμεως·
17 καὶ Ὀχοζείας βασιλεὺς Ἰούδα κατέβη ἰδεῖν τὸν Ἰωράμ. ¹⁷καὶ ὁ
σκοπὸς ἀνέβη ἐπὶ τὸν πύργον Ἰσραήλ, καὶ εἶδεν τὸν κονιορτὸν
Εἰοὺ ἐν τῷ παραγίνεσθαι αὐτόν, καὶ εἶπεν Κονιορτὸν ἐγὼ βλέπω·
καὶ εἶπεν Ἰωράμ Λάβε ἐπιβάτην καὶ ἀπόστειλον ἔμπροσθεν αὐτῶν,
18 καὶ εἰπάτω Ἡ εἰρήνη; ¹⁸καὶ ἐπορεύθη ἐπιβάτης ἵππου εἰς ἀπαντὴν

9 δωσω] επιδουναι A | Αχααβ] pr του A | Ιεροβοαμ] pr του A | Αχια Β^bA A
10 Ισραηλ Β Ισλ A   11 αυτω sup ras A¹ | την αδολ.] γην αδολ. A
12 ειπεν 1°] ειπον B^ab (o superscr) A | απαγγειλον] o sup ras A¹ | om και ειπεν
(3°) A | om εις A   13 ελαβον A | επι το γαρεμ] 'επι | γαρ' ενα A | αναβαθμων]
+ εκαθηντο A   14 Ιωσαφατ B^abA | Ναμεσσει ΒA*^vid] Ναμεσσα A^a (a 2°
sup ras) | om Ιωραμ 2° A | Ραμωθ A | και 3°] pr αυτος A   15 ο βασ. Ιωραμ
A | Ισραηλ (bis)] Ιεζραελ A | η ψυχη] om η A | μη B^abmgA]και B* | διαπεφ.
εκ της πολεως A | απαγγειλαι] απηγγελναι (sic) A   16 ιππευσεν] εσπευσεν
A | Ιηου και επορευθη A | εν Ισραηλ] εις Ιεζραελ A | τω Ισραηλ] Ιεζραελ A |
Αραμιειν] Ραμμαθι A | Ρεμμαθ A | δυνατος] pr αυτος A | δυναμεως] + εκοιμηθη
εκει A | Οχοζιας B^bA   17 Ισραηλ] εν Ιεζραελ A | αυτον παραγινεσθαι A |
και 3°] κα sup ras A^b? | om η A   18 ιππου] ου sup ras A^b? | απαντησιν A

761

ΒΑΣΙΛΕΙΩΝ Δ

B αὐτῶν καὶ εἶπεν Τάδε λέγει ὁ βασιλεὺς Ἡ εἰρήνη; καὶ εἶπεν Εἰού Τί σοι καὶ εἰρήνη; ἐπίστρεφε εἰς τὰ ὀπίσω μου. καὶ ἀπήγγειλεν ὁ σκοπὸς λέγων Ἦλθεν ὁ ἄγγελος ἕως αὐτῶν καὶ οὐκ ἀνέστρεψεν. ¹⁹καὶ ἀπέστειλεν ἐπιβάτην ἵππου δεύτερον, καὶ ἦλθεν πρὸς αὐτὸν καὶ 19 εἶπεν Τάδε λέγει ὁ βασιλεὺς Ἡ εἰρήνη; καὶ εἶπεν Εἰού Τί σοι καὶ εἰρήνῃ; ἐπιστρέφου εἰς τὰ ὀπίσω μου. ²⁰καὶ ἀπήγγειλεν ὁ σκοπὸς 20 λέγων Ἦλθεν ἕως αὐτῶν καὶ οὐκ ἀνέστρεψεν· καὶ ὁ ἄγων ἦγεν τὸν Εἰοὺ υἱὸν Ναμεσσείου, ὅτι ἐν παραλλαγῇ ἐγένετο. ²¹καὶ εἶπεν 21 Ἰωράμ Ζεῦξον· καὶ ἔζευξεν ἅρμα. καὶ ἐξῆλθεν Ἰωρὰμ βασιλεὺς Ἰσραὴλ καὶ Ὀχοζεὶ βασιλεὺς Ἰούδα, ἀνὴρ ἐν τῷ ἅρματι αὐτοῦ, καὶ ἐξῆλθον εἰς ἀπαντὴν Εἰού, καὶ εὗρον αὐτὸν ἐν τῇ μερίδι Ναβουθαὶ τοῦ Ἰσραηλείτου. ²²καὶ ἐγένετο ὡς εἶδεν Ἰωρὰμ τὸν Εἰού, καὶ εἶπεν 22 Ἡ εἰρήνη, Εἰού; καὶ εἶπεν Εἰού Τί εἰρήνη; ἔτι αἱ πορνεῖαι Ἰεζάβελ τῆς μητρός σου καὶ τὰ φάρμακα αὐτῆς τὰ πολλά. ²³καὶ ἐπέστρεψεν 23 Ἰωρὰμ τὰς χεῖρας αὐτοῦ καὶ ἔφυγεν, καὶ εἶπεν πρὸς Ὀχοζείαν Δόλος, Ὀχοζεία. ²⁴καὶ ἔπλησεν Εἰοὺ τὴν χεῖρα αὐτοῦ ἐν τῷ τόξῳ καὶ 24 ἐπάταξεν τὸν Ἰωρὰμ ἀνὰ μέσον τῶν βραχιόνων αὐτοῦ, καὶ ἐξῆλθεν τὸ βέλος αὐτοῦ διὰ τῆς καρδίας αὐτοῦ, καὶ ἔκαμψεν ἐπὶ τὰ γόνατα αὐτοῦ. ²⁵καὶ εἶπεν πρὸς Βαδεκὰ τὸν τριστάτην αὐτοῦ Ῥίψαι αὐτὸν ἐν τῇ 25 μερίδι ἀγροῦ Ναβουθαὶ τοῦ Ἰσραηλείτου· ὅτι μνημονεύω, ἐγὼ καὶ σὺ ἐπιβεβηκότες ἐπὶ ζεύγη ὀπίσω Ἀχαὰβ τοῦ πατρὸς αὐτοῦ, καὶ Κύριος ἔλαβεν ἐπ᾿ αὐτὸν τὸ λῆμμα τοῦτο ²⁶Εἰ μὴ τὰ αἵματα Ναβουθαὶ 26 καὶ τὰ αἵματα τῶν υἱῶν αὐτοῦ εἶδον ἐχθές, φησὶν Κύριος· καὶ ἀνταποδώσω αὐτῷ ἐν τῇ μερίδι ταύτῃ, φησὶν Κύριος. καὶ νῦν ἄρας δὴ ῥίψον αὐτὸν ἐν τῇ μερίδι κατὰ τὸ ῥῆμα Κυρίου. ²⁷καὶ Ὀχοζείας 27 βασιλεὺς Ἰούδα εἶδεν, καὶ ἔφυγεν ὁδὸν Βαιθάν· καὶ ἐδίωξεν ὀπίσω αὐτοῦ Εἰοὺ καὶ εἶπεν Καί γε αὐτόν· καὶ ἐπάταξεν αὐτὸν πρὸς τῷ ἅρματι ἐν τῷ ἀναβαίνειν Γαί, ἥ ἐστιν Ἐκβλαάμ· καὶ ἔφυγεν εἰς Μαγεδαών, καὶ ἀπέθανεν ἐκεῖ. ²⁸καὶ ἐπεβίβασαν αὐτὸν οἱ παῖδες 28

A 18 αυτων] αυτω A | om η A | εις τα οπ.] προς το οπ. A   19 προς] μετ A | om η A | om επιστρεφου εις τα οπ. μου A   20 υιου A | Ναμεσσιου B^b Ναμεσιου A   21 εξευξαν A | Οχοζει] Οχοζιας A | απαντησιν A | Ισραηλιτου B^b Ιϲραηλιτου A   22 ιδεν A | om η A | πορνιαι A   23 Οχοζειαν (Οχοζιαν B^b)] Οχοζει A | δολος] δουλος A | Οχοζεια (Οχοζια B^b)] Οχοζει A   24 Βιου] Ηου A | εν το τοξω A   25 Βαλεκαρ B^a mg Βαδεκαρ B^b (ρ superscr) A | αγρου] pr του A | Ισραηλιτου B^b Ισ̔ραηλιτου A | λημμα] ρημα A   26 χθες B^a   27 Οχοζιας B^b A | Βαιθαν] Βαιατγαν sup ras A^? vid | προς] εν A | εν] προς A | Εκβλααμ] Ιβλααμ A | Μαγεδαων] Μακεδδω A   28 επεβιβασαν] ενεβιβ. A

762

ΒΑΣΙΛΕΙΩΝ· Δ X 4

αὐτοῦ ἐπὶ τὸ ἅρμα καὶ ἤγαγον αὐτὸν εἰς Ἰερουσαλήμ, καὶ ἔθαψαν B
29 αὐτὸν ἐν τῷ τάφῳ αὐτοῦ ἐν πόλει Δαυείδ. ²⁹Καὶ ἐν ἔτει ἐνδεκάτῳ
30 Ἰωρὰμ βασιλεῖ Ἰσραὴλ ἐβασίλευσεν Ὀχοζείας ἐπὶ Ἰούδαν. ³⁰Καὶ
ἦλθεν Εἰοὺ ἐπὶ Ἰσραήλ· καὶ Ἰεζάβελ ἤκουσεν καὶ ἐστιμίσατο τοὺς
ὀφθαλμοὺς αὐτῆς καὶ ἠγάθυνεν τὴν κεφαλὴν αὐτῆς, καὶ διέκυψεν
31 διὰ τῆς θυρίδος. ³¹καὶ Εἰοὺ εἰσεπορεύετο ἐν τῇ πόλει, καὶ εἶπεν
32 Ἦ εἰρήνη, Ζαμβρεί, ὁ φονευτὴς τοῦ κυρίου αὐτοῦ; ³²καὶ ἐπῆρεν τὸ
πρόσωπον αὐτοῦ εἰς τὴν θυρίδα καὶ εἶδεν αὐτήν, καὶ εἶπεν Τίς εἶ
σύ; κατάβηθι μετ' ἐμοῦ· καὶ κατέκυψαν πρὸς αὐτὸν δύο εὐνοῦχοι.
33 ³³καὶ εἶπεν Κυλίσατε αὐτήν· καὶ ἐκύλισαν αὐτήν, καὶ ἐραντίσθη τοῦ
αἵματος αὐτῆς πρὸς τὸν τοῖχον καὶ πρὸς τοὺς ἵππους, καὶ συνεπάτη-
34 σαν αὐτήν. ³⁴καὶ εἰσῆλθεν καὶ ἔφαγεν καὶ ἔπιεν, καὶ εἶπεν Ἐπισκέ-
ψασθε δὴ τὴν κατηραμένην ταύτην καὶ θάψατε αὐτήν, ὅτι θυγάτηρ
35 βασιλέως ἐστίν. ³⁵καὶ ἐπορεύθησαν θάψαι αὐτήν, καὶ οὐχ εὗρον
ἐν αὐτῇ ἄλλο τι ἢ τὸ κρανίον καὶ οἱ πόδες καὶ τὰ ἴχνη τῶν χειρῶν.
36 ³⁶καὶ ἐπέστρεψαν. καὶ ἀνήγγειλαν αὐτῷ, καὶ εἶπεν Λόγος Κυρίου
ὃν ἐλάλησεν ἐν χειρὶ Ἠλειοὺ τοῦ Θεσβείτου λέγων Ἐν τῇ μερίδι
37 Ἰσραὴλ καταφάγονται οἱ κύνες τὰς σάρκας Ἰεζάβελ. ³⁷καὶ ἔσται
τὸ θνησιμαῖον Ἰεζάβελ ὡς κοπρία ἐπὶ προσώπου τοῦ ἀγροῦ ἐν τῇ
μερίδι Ἰσραήλ, ὥστε μὴ εἰπεῖν αὐτοὺς Ἰεζάβελ.

X 1 ¹Καὶ τῷ Ἀχαὰβ ἑβδομήκοντα υἱοὶ ἐν Σαμαρείᾳ. καὶ ἔγραψεν
Εἰοὺ βιβλίον καὶ ἀπέστειλεν ἐν Σαμαρείᾳ πρὸς τοὺς ἄρχοντας Σαμα-
ρείας καὶ πρὸς τοὺς πρεσβυτέρους καὶ πρὸς τοὺς τιθηνοὺς Ἀχαὰβ
2 λέγων ²Καὶ νῦν ὡς ἐὰν ἔλθῃ τὸ βιβλίον τοῦτο πρὸς ὑμᾶς, καὶ
μεθ' ὑμῶν οἱ υἱοὶ τοῦ κυρίου ὑμῶν, καὶ μεθ' ὑμῶν τὸ ἅρμα καὶ ἵπποι
3 καὶ πόλεις ὀχυραὶ καὶ τὰ ὅπλα· ³καὶ ὄψεσθε τὸν ἀγαθὸν καὶ τὸν
εὐθῆ ἐν τοῖς υἱοῖς τοῦ κυρίου ὑμῶν καὶ καταστήσετε αὐτὸν ἐπὶ τὸν
θρόνον τοῦ πατρὸς αὐτοῦ, καὶ πολεμεῖτε ὑπὲρ τοῦ οἴκου τοῦ κυρίου
4 ὑμῶν. ⁴καὶ ἐφοβήθησαν σφόδρα· καὶ εἶπον Ἰδοὺ οἱ δύο βασιλεῖς
οὐκ ἔστησαν κατὰ πρόσωπον αὐτοῦ, καὶ πῶς στησόμεθα ἡμεῖς;

28 om επι το αρμα και ηγαγον αυτον A | αυτου 2°]+με\|τα των πατερων A αυτου A   29 Ιωραμ βασιλει] υιου I. βασιλεως A | Οχοζιας BᵇA   30 επι Ισραηλ] εις Ιεζραελ A | εστιμισατο] εστιβισατο Bᵃᵇ (β superscr) εστιβεισατο A 31 Ζαμβρι A   32 om και ειδεν αυτην A | δυο] τρεις A   33 om και εκυλισαν αυτην A | ηραντισθη A   34 επισκεψασθαι A   36 Ηλιου του Θεσβιτ. BᵇA | Ισραηλ] Ιεζαβελ A   37 om Ισραηλ A | ωστε μη] ως| τιμη A   X 1 om και 4° A | om προς 3° A   2 εαν] αν A | om και 2° A | ιπποι] pr οι A | πολεις] pr αι A   3 τον ευθη] ευθην A | om και 3ᵇ A | καταστησατε A   4 σφοδρα]+σφοδρα A | ημεις]+αυτοι A

ΒΑΣΙΛΕΙΩΝ Δ

B ⁵καὶ ἀπέστειλαν οἱ ἐπὶ τοῦ οἴκου καὶ οἱ ἐπὶ τῆς πόλεως καὶ οἱ 5
πρεσβύτεροι καὶ οἱ τιθηνοὶ πρὸς Εἰοὺ λέγοντες Παῖδές σου ἡμεῖς,
καὶ ὅσα ἐὰν εἴπῃς πρὸς ἡμᾶς ποιήσομεν· οὐ βασιλεύσομεν ἄνδρα,
τὸ ἀγαθὸν ἐν ὀφθαλμοῖς σου ποιήσομεν. ⁶καὶ ἔγραψεν πρὸς αὐτοὺς 6
βιβλίον δεύτερον λέγων Εἰ ἐμοὶ ὑμεῖς καὶ τῆς φωνῆς μου ὑμεῖς
εἰσακούετε, λάβετε τὴν κεφαλὴν ἀνδρῶν τῶν υἱῶν τοῦ κυρίου ὑμῶν
καὶ ἐνέγκατε πρός με ὡς ἡ ὥρα αὔριον εἰς Ἰσραήλ. καὶ οἱ υἱοὶ τοῦ
βασιλέως ἦσαν ἑβδομήκοντα ἄνδρες· οὗτοι ἁδροὶ τῆς πόλεως ἐξέτρεφον
αὐτούς. ⁷καὶ ἐγένετο ὡς ἦλθεν τὸ βιβλίον πρὸς αὐτούς, καὶ ἔλαβον 7
τοὺς υἱοὺς τοῦ βασιλέως καὶ ἔσφαξαν αὐτούς, ἑβδομήκοντα ἄνδρας·
καὶ ἔθηκαν τὰς κεφαλὰς αὐτῶν ἐν καρτάλλοις καὶ ἀπέστειλαν αὐτὰς
πρὸς αὐτὸν εἰς Ἰσραήλ. ⁸καὶ ἦλθεν ὁ ἄγγελος καὶ ἀπήγγειλεν λέγων 8
Ἤνεγκα τὰς κεφαλὰς τῶν υἱῶν τοῦ βασιλέως· καὶ εἶπεν Θέτε αὐτὰς
βουνοὺς δύο παρὰ τὴν θύραν τῆς πύλης πόλεως εἰς πρωί. ⁹καὶ 9
ἐγένετο πρωὶ καὶ ἐξῆλθεν καὶ ἔστη, καὶ εἶπεν πρὸς πάντα τὸν λαόν
Δίκαιοι ὑμεῖς, ἰδοὺ ἐγώ εἰμι συνεστράφην ἐπὶ τὸν κύριόν μου καὶ
ἀπέκτεινα αὐτόν· καὶ τίς ἐπάταξεν πάντας τούτους; ¹⁰ἴδετε ἀφφώ, 10
ὅτι οὐ πεσεῖται ἀπὸ τοῦ ῥήματος Κυρίου εἰς τὴν γῆν οὗ ἐλάλησεν
Κύριος ἐπὶ τὸν οἶκον Ἀχαάβ· καὶ Κύριος ἐποίησεν ὅσα ἐλάλησεν
ἐν χειρὶ δούλου αὐτοῦ Ἠλειού. ¹¹καὶ ἐπάταξεν Εἰοὺ πάντας τοὺς 11
ἐν τῷ οἴκῳ Ἀχαὰβ καταλειφθέντας ἐν Ἰσραήλ, καὶ πάντας τοὺς
ἁδροὺς αὐτοῦ καὶ τοὺς γνωστοὺς αὐτοῦ καὶ τοὺς ἱερεῖς αὐτοῦ, ὥστε
μὴ καταλιπεῖν αὐτοὺς κατάλιμμα. ¹²καὶ ἀνέστη καὶ ἐπορεύθη εἰς 12
Σαμάρειαν. Αὐτὸς ἐν Βαιθακὰθ τῶν ποιμένων ἐν τῇ ὁδῷ, ¹³καὶ Εἰοὺ 13
εὗρεν τοὺς ἀδελφοὺς Ὀχοζείου βασιλέως Ἰούδα καὶ εἶπεν Τίνες ὑμεῖς;
καὶ εἶπον Οἱ ἀδελφοὶ Ὀχοζείου ἡμεῖς, καὶ κατέβημεν εἰς εἰρήνην
τῶν υἱῶν τοῦ βασιλέως καὶ τῶν υἱῶν τῆς δυναστευούσης. ¹⁴καὶ εἶπεν 14
Συλλάβετε αὐτοὺς ζῶντας· καὶ ἔσφαξαν αὐτοὺς εἰς Βαιθακὰθ τεσσεράκοντα
καὶ δύο ἄνδρας· οὐ κατέλιπεν ἄνδρα ἐξ αὐτῶν. ¹⁵Καὶ 15
ἐπορεύθη ἐκεῖθεν καὶ ἔλαβεν τὸν Ἰωναδὰβ υἱὸν Ῥηχὰβ εἰς ἀπαντὴν

A 5 επι 1°] απο A | και οι επι] και απο A (και απ sup ras A¹) | ημεις] + αυτοι A   6 om των υιων A | Ισραηλ] Ιεςραελ A | αυτους 2°] αν sup ras A¹   7 om αυτους 2° A | εις Ισραηλ] εν Ιεςραελ A . . 8 ηνεγκαν A | πυλης πολεως] om πυλης Bᵃ ᵛⁱᵈ (πολεως| πολεως) A om πολεως Bᵇ   9 πρωι] εν πρωια A | υμεις] υμιν A   10 αφφω] inst tant ä Bᵇ | πεσειται] ποιησαι A | ου 2°] ο τι A | Ηλιου BᵇA (item 17)   11 Ισραηλ] τω Ιεςραελ A | γνωσται A | καταλειπιν (sic) A | αυτους] αυτου A | καταλειμμα Bᵃᵇ (ε superscr)   12 ανεστη] + και ηλθεν A | Σαμαριαν A (item 17) | Βαιθακαδ A   13 Οχοζιου Bᵇ ᵛⁱᵈ A (bis)   14 και 2°] pr και συνελαβοντο αυτους ζωντας A | εις Βαιθακαθ (Βαιθακαδ A)] εν τῃ σκηνῃ Bᵃᵇ ᵐᵍ | τεσσαρακ. Bᵇ¹   15 απαντησιν A

αὐτοῦ; καὶ εὐλόγησεν αὐτόν· καὶ εἶπεν πρὸς αὐτὸν Εἰού Εἰ ἔστιν Β καρδία σου μετὰ καρδίας μου εὐθεῖα καθὼς ἡ καρδία μου μετὰ τῆς καρδίας σου; καὶ εἶπεν Ἰωναδὰβ Ἔστιν· καὶ εἶπεν Εἰού. Καὶ εἰ ἔστιν, δὸς τὴν χεῖρά σου· καὶ ἔδωκεν τὴν χεῖρα αὐτοῦ· καὶ ἀνεβίβασεν
16 αὐτὸν πρὸς αὐτὸν ἐπὶ τὸ ἅρμα, ¹⁶καὶ εἶπεν πρὸς αὐτόν Δεῦρο μετ' ἐμοῦ καὶ ἴδε ἐν τῷ ζηλῶσαί με τῷ κυρίῳ· καὶ ἐπεκάθισεν αὐτὸν
17 ἐν τῷ ἅρματι αὐτοῦ. ¹⁷καὶ εἰσῆλθεν εἰς Σαμάρειαν, καὶ ἐπάταξεν πάντας τοὺς καταλειφθέντας τοῦ Ἀχαὰβ ἐν Σαμαρείᾳ ἕως τοῦ ἀφανίσαι αὐτόν, κατὰ τὸ ῥῆμα Κυρίου ὃ ἐλάλησεν πρὸς Ἠλειού.
18 ¹⁸καὶ ἐζήλωσεν Εἰού πάντα τὸν λαὸν καὶ εἶπεν πρὸς αὐτούς Ἀχαὰβ
19 ἐδούλευσεν τῷ Βάαλ ὀλίγα, Εἰού δουλεύσει αὐτῷ πολλά. ¹⁹καὶ νῦν, πάντες οἱ προφῆται τοῦ Βάαλ, πάντας τοὺς δούλους αὐτοῦ καὶ τοὺς ἱερεῖς αὐτοῦ καλέσατε πρὸς μέ· ἀνὴρ μὴ ἐπισκεπήτω, ὅτι θυσία μεγάλη μοι τῷ Βάαλ· πᾶς ὃς ἐὰν ἐπισκεπῇ οὐ ζήσεται. καὶ Εἰού
20 ἐποίησεν ἐν πτερνισμῷ, ἵνα ἀπολέσῃ τοὺς δούλους τοῦ Βάαλ. ²⁰καὶ
21 εἶπεν Εἰού Ἁγιάσατε ἱερείαν τῷ Βάαλ· καὶ ἐκήρυξεν. ²¹καὶ ἀπέστειλεν Εἰού ἐν παντὶ Ἰσραὴλ λέγων Καὶ νῦν πάντες οἱ δοῦλοι αὐτοῦ καὶ πάντες οἱ ἱερεῖς αὐτοῦ καὶ πάντες οἱ προφῆται αὐτοῦ, μηδεὶς ἀπολειπέσθω, ὅτι θυσίαν μεγάλην ποιῶ· ὃς ἂν ἀπολειφθῇ οὐ ζήσεται. καὶ ἦλθον πάντες οἱ δοῦλοι τοῦ Βάαλ καὶ πάντες οἱ ἱερεῖς αὐτοῦ καὶ πάντες οἱ προφῆται αὐτοῦ· οὐ κατελείφθη ἀνὴρ ὃς οὐ παρεγένετο· καὶ εἰσῆλθον εἰς τὸν οἶκον τοῦ Βάαλ, καὶ ἐπλήσθη ὁ οἶκος τοῦ Βάαλ
22 στόμα εἰς στόμα. ²²καὶ εἶπεν τῷ ἐπὶ τοῦ οἴκου μεσθαὰλ Ἐξάγαγε ἔνδυμα πᾶσι τοῖς δούλοις τοῦ Βάαλ· καὶ ἐξήνεγκεν αὐτοῖς ὁ στολιστής.
23 ²³καὶ εἰσῆλθεν Εἰού καὶ Ἰωναδὰβ υἱὸς Ῥηχὰβ εἰς οἶκον τοῦ Βάαλ· καὶ εἶπεν τοῖς δούλοις τοῦ Βάαλ Ἐρευνήσατε καὶ ἴδετε εἰ ἔστιν μεθ' ὑμῶν
24 τῶν δούλων Κυρίου, ὅτι ἀλλ' ἢ οἱ δοῦλοι τοῦ Βάαλ μονώτατοι. ²⁴καὶ εἰσῆλθεν τοῦ ποιῆσαι τὰ θύματα καὶ τὰ ὁλοκαυτώματα· καὶ Εἰού ἔταξεν ἑαυτῷ ἔξω ὀγδοήκοντα ἄνδρας καὶ εἶπεν Ἀνὴρ ὃς ἐὰν διασωθῇ ἀπὸ τῶν ἀνδρῶν ὧν ἐγὼ ἀνάγω ἐπὶ χεῖρας ὑμῶν, ἡ ψυχὴ αὐτοῦ ἀντὶ τῆς
25 ψυχῆς αὐτοῦ. ²⁵καὶ ἐγένετο ὡς συνετέλεσεν ποιῶν τὴν ὁλοκαύτωσιν,

15 καρδια σου μετα καρδιας μου] μετα σου καρδια σου A | om και 7° A | om A αυτον 3° A   **18** Ειου 2°] signa v l prae se fert B? txt et mg   **19** om πας A | εαν] αν A   **20** ιεριαν A | εκηρυξαν A   **21** om λεγων...ζησεται A | om και παντες (3°)...οι προφηται αυτου (2°) A | εισστομα (sic) A   **22** τω επι του οικου μεσθααλ] τοις επι του μισθααλ A | εξαγαγετε A | πασι] απασιν A   **23** om και ειπεν τοις δουλοις του Βααλ A | εστιν]+ ωδε A | om του Βααλ 3° B* (hab B^{ab mg}A)   **24** θυματα] θυμιαματα A | ογδοηκοντα] οκτω A | εαν] αν A | αναγω]+σωθη (sic) απο των ανδρων ων εγω αναγω A·

Β καὶ εἶπεν Εἰοὺ τοῖς παρατρέχουσιν καὶ τοῖς τριστάταις Εἰσελθόντες
πατάξατε αὐτούς, ἀνὴρ μὴ ἐξελθάτω ἐξ αὐτῶν· καὶ ἐπάταξαν αὐτοὺς
ἐν στόματι ῥομφαίας, καὶ ἔρριψαν οἱ παρατρέχοντες καὶ οἱ τριστάται,
καὶ ἐπορεύθησαν ἕως πόλεως οἴκου τοῦ Βάαλ. ²⁶καὶ ἐξήνεγκαν 26
τὴν στολὴν τοῦ Βάαλ. καὶ ἐνέπρησαν αὐτήν. ²⁷καὶ κατέσπασαν τὰς 27
στήλας τοῦ Βάαλ, καὶ ἐπάταξεν αὐτὸν εἰς λυτρῶνας ἕως τῆς ἡμέρας
ταύτης. ²⁸καὶ ἠφάνισεν Εἰοὺ τὸν Βάαλ ἐξ Ἰσραήλ. ²⁹πλὴν ἁμαρτιῶν ²⁸/₂₉
Ἱεροβοὰμ υἱοῦ Ναβὰτ ὃς ἐξήμαρτεν τὸν Ἰσραήλ, οὐκ ἀπέστη
Εἰοὺ ἔμπροσθεν αὐτῶν, αἱ δαμάλεις αἱ χρυσαῖ ἐν Βαιθὴλ καὶ ἐν
Δάν. ³⁰Καὶ εἶπεν Κύριος πρὸς Εἰού Ἀνθ᾽ ὧν ὅσα ἠγάθυνας 30
ποιῆσαι τὸ εὐθὲς ἐν ὀφθαλμοῖς μου κατὰ πάντα ὅσα ἐν τῇ καρδίᾳ
μου ἐποίησας τῷ οἴκῳ Ἀχαάβ, υἱοὶ τέταρτοι καθήσονταί σοι ἐπὶ
θρόνου Ἰσραήλ. ³¹καὶ Εἰοὺ οὐκ ἐφύλαξεν πορεύεσθαι ἐν νόμῳ 31
Κυρίου θεοῦ Ἰσραὴλ ἐν ὅλῃ καρδίᾳ αὐτοῦ, οὐκ ἀπέστη ἐπάνωθεν
ἁμαρτιῶν Ἱεροβοὰμ ὃς ἐξήμαρτεν τὸν Ἰσραήλ: ³²Ἐν ταῖς 32
ἡμέραις ἐκείναις ἤρξατο Κύριος συνκόπτειν ἐν τῷ Ἰσραήλ, καὶ ἐπά-
ταξεν αὐτοὺς Ἀζαὴλ καὶ ἐν παντὶ ὁρίῳ Ἰσραήλ, ³³ἀπὸ τοῦ Ἰορδάνου 33
κατ᾽ ἀνατολὰς ἡλίου πᾶσαν τὴν Γαλαάδ, τοῦ Γαδδεὶ καὶ τοῦ Ῥουβὴν
καὶ τοῦ Μανασσῆ, ἀπὸ Ἀροὴρ ἥ ἐστιν ἐπὶ τοῦ χείλους χειμάρρου
Ἀρνών, καὶ τὴν Γαλαὰδ καὶ τὴν Βασάν. ³⁴καὶ τὰ λοιπὰ τῶν λόγων 34
Εἰοὺ καὶ πάντα ὅσα ἐποίησεν καὶ πᾶσα ἡ δυναστεία αὐτοῦ καὶ τὰς
συνάψεις ἃς συνῆψεν, οὐχὶ ταῦτα γεγραμμένα ἐπὶ βιβλίῳ λόγων
τῶν ἡμερῶν τοῖς βασιλεῦσιν Ἰσραήλ; ³⁵καὶ ἐκοιμήθη Εἰοὺ μετὰ*τῶν 35
πατέρων αὐτοῦ, καὶ ἔθαψαν αὐτὸν ἐν Σαμαρείᾳ· καὶ ἐβασίλευσεν
Ἰωαχὰς υἱὸς αὐτοῦ ἀντ᾽ αὐτοῦ. ³⁶καὶ αἱ ἡμέραι ἃς ἐβασίλευσεν Εἰοὺ 36
ἐπὶ Ἰσραὴλ εἴκοσι ὀκτὼ ἔτη ἐν Σαμαρείᾳ.

¹Καὶ Γοθολία ἡ μήτηρ Ὀχοζείου εἶδεν ὅτι ἀπέθανεν ὁ υἱὸς αὐτῆς, καὶ 1 XI
ἀπώλεσεν πᾶν τὸ σπέρμα τῆς βασιλείας. ²καὶ ἔλαβεν Ἰωσάβεε θυγά- 2
τηρ τοῦ βασιλέως Ἰωρὰμ ἀδελφὴ Ὀχοζείου τὸν Ἰωὰς υἱὸν ἀδελφοῦ
αὐτῆς: καὶ ἔκλεψεν αὐτὸν ἐκ μέσου τῶν υἱῶν τοῦ βασιλέως τῶν θανα-

A · 25 εξελθετω A | επαταξεν A | Βααλ] 'βασιλεως A · 26 του Βααλ]· pr
οικου A 27 Βααλ]+και| καθειλον τον οικον του Βααλ· | A | επαταξεν]
εταξαν A 29 αμαρτιων] pr των A | Ειου] Ιου A | εμπροσθεν] οπισθεν
A | δαμαλις A | εν 1°]· pr αι A 32 τω Ισρ.] παντι οριω Ισλ A | om
και 2° A 33 Γαλααδ] pr γην A | Γαδδει] Γαλααδδει A | χειμαρρου] pr
του A 34 δυναστια A [ουχι] ουχ ιδου A | βιβλιου A 35 Ιωαχας
A · 36 Σαμαρια A   XI. 1 Οχοζιου B^bA (item 2) | απεθαναν οι
υιοι A 2 Ιωσαβεθ B^{ab} (θ superscr) | θυγατερ A | αδελφη B^b] αδελφην
(ην sup ras) B^a | υιον A | τον Ιωας υιον αδελφου αυτης B^{bvid}] om B* τον Ιωας
υιον Αζια A | των θαν.] του θαν. A

ΒΑΣΙΛΕΙΩΝ Δ XI 14

τουμένων, αὐτὸν καὶ τὴν τροφὸν αὐτοῦ, ἐν τῷ ταμείῳ τῶν κλινῶν, καὶ B
3 ἔκρυψεν αὐτὸν ἀπὸ προσώπου Γοθολίας καὶ οὐκ ἐθανατώθη. ³καὶ ἦν
μετ' αὐτῆς ἐν οἴκῳ κρυβόμενος ἓξ ἔτη· καὶ Γοθολία βασιλεύουσα ἐπὶ τῆς
4 γῆς. ⁴Καὶ ἐν τῷ ἔτει τῷ ἑβδόμῳ ἀπέστειλεν Ἰωδαὲ καὶ ἔλαβεν
τοὺς ἑκατοντάρχους, τὸν Χορρεὶ καὶ τὸν Ῥασείν, καὶ ἀπήγαγεν
αὐτοὺς πρὸς αὐτὸν εἰς οἶκον Κυρίου, καὶ διέθετο αὐτοῖς διαθήκην
Κυρίου καὶ ὥρκωσεν. καὶ ἔδειξεν αὐτοῖς Ἰωδαὲ τὸν υἱὸν τοῦ βασιλέως,
5 ⁵καὶ ἐνετείλατο αὐτοῖς λέγων Οὗτος ὁ λόγος ὃν ποιήσετε· τὸ τρίτον
ἐξ ὑμῶν εἰσελθέτω τὸ σάββατον καὶ φυλάξετε φυλακὴν οἴκου τοῦ
6 βασιλέως ἐν τῷ πυλῶνι, ⁶καὶ τὸ τρίτον ἐν τῇ πύλῃ τῶν ὁδῶν, καὶ
τὸ τρίτον τῆς πύλης ὀπίσω τῶν παρατρεχόντων· καὶ φυλάξετε τὴν
7 φυλακὴν τοῦ οἴκου. ⁷καὶ δύο χεῖρες ἐν ὑμῖν, πᾶς ὁ ἐκπορευόμενος
τὸ σάββατον, καὶ φυλάξουσιν τὴν φυλακὴν οἴκου Κυρίου πρὸς τὸν
8 βασιλέα. ⁸καὶ κυκλώσατε ἐπὶ τὸν βασιλέα κύκλῳ ἀνὴρ καὶ τὸ
σκεῦος αὐτοῦ ἐν χειρὶ αὐτοῦ, καὶ ὁ εἰσπορευόμενος εἰς ἀηδὼθ ἀποθανεῖται. καὶ ἐγένετο μετὰ τοῦ βασιλέως ἐν τῷ ἐκπορεύεσθαι αὐτὸν καὶ
9 ἐν τῷ εἰσπορεύεσθαι αὐτόν. ⁹καὶ ἐποίησαν οἱ ἑκατόνταρχοι πάντα
ὅσα ἐνετείλατο Ἰωδαὲ ὁ συνετός· καὶ ἔλαβεν ἀνὴρ τοὺς ἄνδρας αὐτοῦ
καὶ τοὺς εἰσπορευομένους τὸ σάββατον καὶ εἰσῆλθεν πρὸς Ἰωδαὲ
10 τὸν ἱερέα. ¹⁰καὶ ἔδωκεν ὁ ἱερεὺς τοῖς ἑκατοντάρχαις τοὺς σειρομάστας
11 καὶ τοὺς τρισσοὺς τοῦ βασιλέως Δαυεὶδ τοὺς ἐν οἴκῳ Κυρίου. ¹¹καὶ
ἔστησαν οἱ παρατρέχοντες ἀνὴρ καὶ τὸ σκεῦος αὐτοῦ ἐν τῇ χειρὶ
αὐτοῦ, ἀπὸ τῆς ὠμίας τοῦ οἴκου τῆς δεξιᾶς ἕως τῆς ὠμίας τοῦ οἴκου
τῆς εὐωνύμου τοῦ θυσιαστηρίου καὶ τοῦ οἴκου ἐπὶ τὸν βασιλέα κύκλῳ.
12 ¹²καὶ ἐξαπέστειλεν τὸν υἱὸν τοῦ βασιλέως, καὶ ἔδωκεν ἐπ' αὐτὸν
ἰέζερ καὶ τὸ μαρτύριον, καὶ ἐβασίλευσεν αὐτὸν καὶ ἔχρισεν αὐτόν·
13 καὶ ἐκράτησεν τῇ χειρὶ καὶ εἶπεν Ζήτω ὁ βασιλεύς. ¹³καὶ ἤκουσεν
Γοθολία τὴν φωνὴν τῶν τρεχόντων τοῦ λαοῦ, καὶ εἰσῆλθεν πρὸς
14 τὸν λαὸν εἰς οἶκον Κυρίου. ¹⁴καὶ εἶδεν, καὶ ἰδοὺ ὁ βασιλεὺς εἰστήκει
ἐπὶ τοῦ στύλου κατὰ τὸ κρίμα, καὶ οἱ ᾠδοὶ καὶ αἱ σάλπιγγες· πρὸς

---

2 ταμιειω A   3 οικω]+ κυ A (οικω κυ [ω sup ras A¹ᵗᵃˀ]))   4 τω ετει] A
om τω A | Ιωιαδαε A (bis) | Ρασειμ A | om προς αυτον A | ωρκωσεν] ωρκισεν
αυτους εν τη διαθη (sic) κυ· | A   5 εποιησετε (sic) A | φυλαξατε A
6 τη πυλη] om τη A | om και 3° A | φυλαξατε A   7 υμειν B*· (υμιν
Bᵇ) | om το σαββατον A   8 om και 1° A*ᵛⁱᵈ | επι A¹ (προς A*) | αηδωθ]
signa v l prae se fert Bᵗ ᵗˣᵗ ᵉᵗ ᵐᵍ τας αδηρωθ A   9 εκατονταρχοι B*A]
εκατονταρχαι Bᵇ (a superscr) | Ιωαδαε A (bis) | σαββατον]+ μετα των εκπορευ|ομενων το σαββατον·| A | εισηλθεν] επηλθεν A   10 εκατονταρχοις A
11 εστησαν] ανεστησαν A | τη χειρι] om τη A | om της δεξιας εως της ωμιας
του οικου A   12 ιεζερ] το εζερ A   13 Γοθθλια Aᵛⁱᵈ   14 ιστηκει A

ΒΑΣΙΛΕΙΩΝ Δ

B τὸν βασιλέα, καὶ πᾶς ὁ λαὸς τῆς γῆς χαίρων καὶ σαλπίζων ἐν σάλπιγξιν· καὶ διέρρηξεν Γοθολία τὰ ἱμάτια ἑαυτῆς, καὶ ἐβόησεν Σύνδεσμος, σύνδεσμος. ¹⁵καὶ ἐνετείλατο Ἰωδᾶε ὁ ἱερεὺς τοῖς ἑκατον- 15 τάρχαις τοῖς ἐπισκόποις τῆς δυνάμεως καὶ εἶπεν πρὸς αὐτούς Ἐξάγαγε αὐτοὺς ἔσωθεν τὸν ἀσηρώθ, καὶ ὁ εἰσπορευόμενος ὀπίσω αὐτῆς θανάτῳ θανατωθήσεται ῥομφαίᾳ· ὅτι εἶπεν ὁ ἱερεύς Καὶ μὴ ἀποθάνῃ ἐν οἴκῳ Κυρίου. ¹⁶καὶ ἐπέθηκαν αὐτῇ χεῖρας, καὶ εἰσῆλθον ὁδὸν εἰσόδου 16 τῶν ἵππων οἴκου τοῦ βασιλέως, καὶ ἀπέθανεν ἐκεῖ. ¹⁷Καὶ 17 διέθετο Ἰωδᾶε διαθήκην ἀνὰ μέσον Κυρίου καὶ ἀνὰ μέσον τοῦ βασιλέως καὶ ἀνὰ μέσον τοῦ λαοῦ τοῦ εἶναι εἰς λαὸν τῷ κυρίῳ, καὶ ἀνὰ μέσον τοῦ βασιλέως καὶ ἀνὰ μέσον τοῦ λαοῦ. ¹⁸καὶ εἰσῆλθεν πᾶς ὁ λαὸς 18 τῆς γῆς εἰς οἶκον τοῦ Βάαλ καὶ κατέσπασεν αὐτόν, καὶ τὰ θυσιαστήρια αὐτοῦ καὶ τὰς εἰκόνας αὐτοῦ συνέτριψαν ἀγαθῶς· καὶ τὸν Μαγθὰν τὸν ἱερέα τοῦ Βάαλ ἀπέκτειναν κατὰ πρόσωπον τῶν θυσιαστηρίων· καὶ ἔθηκεν ὁ ἱερεὺς ἐπισκόπους εἰς τὸν οἶκον Κυρίου. ¹⁹καὶ ἔλαβεν 19 τοὺς ἑκατοντάρχους καὶ τὸν Χορρεὶ καὶ τὸν Ῥασσεὶμ καὶ πάντα τὸν λαὸν τῆς γῆς, καὶ κατήγαγον τὸν βασιλέα ἐξ οἴκου Κυρίου, καὶ εἰσῆλθεν ὁδὸν πύλης τῶν παρατρεχόντων οἴκου τοῦ βασιλέως, καὶ ἐκάθισαν αὐτὸν ἐπὶ τοῦ θρόνου τῶν βασιλέων. ²⁰καὶ ἐχάρη 20 πᾶς ὁ λαὸς τῆς γῆς, καὶ ἡ πόλις ἡσύχασεν· καὶ τὴν Γοθολίαν ἐθανάτωσαν ἐν ῥομφαίᾳ ἐν οἴκῳ τοῦ βασιλέως.

²¹Υἱὸς ἐτῶν ἑπτὰ Ἰωὰς ἐν τῷ βασιλεύειν. ¹ἐν ἔτει ἑβδόμῳ τῷ ²¹ (1) 1 (2) Εἰοὺ ἐβασίλευσεν Ἰωάς, καὶ τεσσεράκοντα ἔτη ἐβασίλευσεν ἐν Ἱερουσαλήμ, καὶ ὄνομα τῆς μητρὸς αὐτοῦ Ἀβιὰ ἐκ γῆς Βηρσάβεε. ²καὶ 2 (3) ἐποίησεν Ἰωὰς τὸ εὐθὲς ἐνώπιον Κυρίου πάσας τὰς ἡμέρας ἃς ἐφώτισεν αὐτὸν Ἰωδᾶε ὁ ἱερεύς. ³πλὴν τῶν ὑψηλῶν οὐ μετεστάθησαν, 3 (4) καὶ ἐκεῖ ἔτι ὁ λαὸς ἐθυσίασαν καὶ ἐθυμίων ἐν τοῖς ὑψηλοῖς. ⁴Καὶ 4 (5) εἶπεν Ἰωὰς πρὸς τοὺς ἱερεῖς Πᾶν τὸ ἀργύριον τῶν ἁγίων τὸ εἰσοδιαζόμενον ἐν τῷ οἴκῳ Κυρίου ἀργύριον συντιμήσεως, ἀνὴρ ἀργύριον λαβὼν συντιμήσεως, πᾶν ἀργύριον ὃ ἐὰν λάβῃ ἐπὶ καρδίαν ἀνδρὸς

A 15 Ιωαδαε A (item 17) | εκατονταρχοις A | εξαγαγε αυτους] εξαγαγετε αυτην B^(ab(mg))A | εσωθεν] οπισθεν B^(ab(mg)) | τον ασηρωθ] των (B^(a?b)) αδηρωθ (B^(ab)) την σαδηρωθ A | μη] pr ει A   16 εισηλθαν A (a sup ras A^(a?))   18 Βααλ 1°...αυτον] αλ και κατεσπα|σεν αυτ sup ras B^(ab) | κατεσπασαν A | Μαγθαν] Μαχαν A   19 Χορει A | Ρασσειμ] Ρασρειμ A | εκαθισεν A | του θρονου] om του A   21 επτα ετων A   XII 1 τω Ειου] του Ιηου A | τεσσαρακ. B^b | γης] της A   2 Ιωαδαε A (item 9)   3 εθυσιαζεν A 4 τω οικω] om τω A | συντιμησεως 1°...συντ. 2°] παρεχο|μενον ανηρ ψηφω ψυχων| συντιμησεως· ανηρ A | λαβη] αναβη A

ΒΑΣΙΛΕΙΩΝ Δ   XII 17

(6) 5 ἐνεγκεῖν ἐν οἴκῳ Κυρίου, ⁵λαβέτωσαν ἑαυτοῖς οἱ ἱερεῖς ἀνὴρ ἀπὸ B
τῆς πράσεως αὐτοῦ, καὶ αὐτοὶ κρατήσουσιν τὸ βέδεκ τοῦ οἴκου εἰς
(7) 6 πάντα οὗ ἐὰν εὑρεθῇ ἐκεῖ βέδεκ.   ⁶καὶ ἐγενήθη ἐν τῷ εἰκοστῷ
καὶ τρίτῳ ἔτει τῷ βασιλεῖ Ἰωὰς οὐκ ἐκραταίωσαν οἱ ἱερεῖς τὸ βέδεκ
(8) 7 τοῦ οἴκου. ⁷καὶ ἐκάλεσεν Ἰωὰς ὁ βασιλεὺς Ἰωδᾶε τὸν ἱερέα καὶ
τοὺς ἱερεῖς, καὶ εἶπεν πρὸς αὐτοὺς Τί ὅτι οὐκ ἐκραταιοῦτε τὸ βέδεκ
τοῦ οἴκου; καὶ νῦν μὴ λάβητε ἀργύριον ἀπὸ τῶν πράσεων ὑμῶν,
(9) 8 ὅτι εἰς τὸ βέδεκ τοῦ οἴκου δώσετε αὐτό.   ⁸καὶ συνεφώνησαν οἱ
ἱερεῖς τοῦ μὴ λαβεῖν ἀργύριον παρὰ τοῦ λαοῦ καὶ τοῦ μὴ ἐνισχῦσαι
(10) 9 τὸ βδέλυγμα τοῦ οἴκου.   ⁹καὶ ἔλαβεν Ἰωδᾶε ὁ ἱερεὺς κιβωτὸν μίαν,
καὶ ἔτρησεν τρώγλην ἐν τῇ τρώγλῃ αὐτῆς, καὶ ἔδωκεν αὐτὴν παρὰ
ἰαμειβεὶν ἐν τῷ οἴκῳ ἀνδρός, οἴκῳ Κυρίου· καὶ ἔδωκαν οἱ ἱερεῖς
οἱ φυλάσσοντες τὸν σταθμὸν πᾶν τὸ ἀργύριον τὸ εὑρεθὲν ἐν
(11) 10 οἴκῳ Κυρίου.   ¹⁰καὶ ἐγένετο ὡς εἶδεν ὅτι πολὺ τὸ ἀργύριον, ἐν
τῇ κιβωτῷ, καὶ ἀνέβη ὁ γραμματεὺς τοῦ βασιλέως καὶ ὁ ἱερεὺς
ὁ μέγας, καὶ ἔσφιγξαν καὶ ἠρίθμησαν τὸ ἀργύριον τὸ εὑρεθὲν
(12) 11 ἐν οἴκῳ Κυρίου.   ¹¹καὶ ἔδωκεν τὸ ἀργύριον τὸ ἑτοιμασθὲν ἐπὶ
χεῖρας ποιούντων τὰ ἔργα τῶν ἐπισκόπων οἴκου Κυρίου· καὶ
ἐξέδοσαν τοῖς τέκτοσιν τῶν ξύλων καὶ τοῖς οἰκοδόμοις τοῖς
(13) 12 ποιοῦσιν ἐν οἴκῳ Κυρίου ¹²καὶ τοῖς τειχισταῖς καὶ τοῖς λατόμοις
τῶν λίθων, τοῦ κτήσασθαι ξύλα καὶ λίθους λατομητοὺς τοῦ
κατασχεῖν τὸ βέδεκ οἴκου Κυρίου, εἰς πάντα ὅσα ἐξωδιάσθη ἐπὶ
(14) 13 τὸν οἶκον τοῦ κραταιῶσαι.   ¹³πλὴν οὐ ποιηθήσεται οἴκῳ Κυρίου
θύραι ἀργυραῖ, ἧλοι, φιάλαι καὶ σάλπιγγες, πᾶν σκεῦος χρυσοῦν
καὶ σκεῦος ἀργυροῦν, ἐκ τοῦ ἀργυρίου τοῦ εἰσενεχθέντος ἐν οἴκῳ
(15) 14 Κυρίου· ¹⁴ὅτι τοῖς ποιοῦσιν τὰ ἔργα δώσουσιν αὐτό.   καὶ ἐκρα-
(16) 15 ταίωσαν ἐν αὐτῷ τὸν οἶκον Κυρίου.   ¹⁵καὶ οὐκ ἐξελογίζοντο τοὺς
ἄνδρας οἷς ἐδίδουν τὸ ἀργύριον ἐπὶ χεῖρας αὐτῶν δοῦναι τοῖς
(17) 16 ποιοῦσιν τὰ ἔργα, ὅτι ἐν πίστει αὐτῶν ποιοῦσιν.   ¹⁶ἀργύριον περὶ
ἁμαρτίας καὶ ἀργύριον περὶ πλημμελείας, ὅ τι εἰσηνέχθη ἐν οἴκῳ
(18) 17 Κυρίου, τοῖς ἱερεῦσιν ἐγένετο.   ¹⁷Τότε ἀνέβη Ἀζαὴλ βασιλεὺς

5 εαυτοις] αυτοις A | πρασεως αυτου] πραξεως αυτω] A | κρατησωσιν A | το A
βεδεκ] adnot τα δεοντα B¹ᵐᵍ του β. A   6 ουκ] pr ου| A   7 ο βασ.
Ιωας A | Ιωαδαε A | εκραταιουται A | λαβετε A   8 βδελιγμα] βεδεκ A
9 ιαμειβειν] αμμασβη A | οικω 2°] οικου A | Κυριου 2°]+κω| A   10 ειδεν]
ιδεν αυτον A   11 εδωκαν A | ποιουντων] pr των A | επισκοπων] επι
σκευων A | εξεδοσαν] εδοξασαν A   12 τειχισταις (τιχ. A)]+και τοις
τεχνειταις A | τον βεδεκ A   13 οικω 1°] οικου A   14 om εν A
15 εδιδου A | το αργ.] om το A   16 om αργυριον 2° A | εισηνεχθη] pr ουκ A

Β Συρίας καὶ ἐπολέμησεν ἐπὶ Γέθ, καὶ προκατελάβετο αὐτήν. καὶ ἔταξεν Ἀζαὴλ τὸ πρόσωπον αὐτοῦ ἀναβῆναι ἐπὶ Ἰερουσαλήμ. ¹⁸καὶ ἔλαβεν Ἰωὰς βασιλεὺς Ἰούδα πάντα τὰ ἅγια ὅσα ἡγίασεν 18 (19) Ἰωσαφὰθ καὶ Ἰωρὰμ καὶ Ὀχοζείας, οἱ πατέρες αὐτοῦ καὶ βασιλεῖς Ἰούδα, καὶ τὰ ἅγια αὐτοῦ καὶ πᾶν τὸ χρυσίον τὸ εὑρεθὲν ἐν θησαυροῖς οἴκου Κυρίου καὶ οἴκου τοῦ βασιλέως, καὶ ἀπέστειλεν τῷ Ἀζαὴλ βασιλεῖ Συρίας· καὶ ἀνέβη ἀπὸ Ἰερουσαλήμ. ¹⁹καὶ 19 (20) τὰ λοιπὰ τῶν λόγων Ἰωὰς καὶ πάντα ὅσα ἐποίησεν, οὐκ ἰδοὺ ταῦτα γεγραμμένα ἐπὶ βιβλίῳ λόγων τῶν ἡμερῶν τοῖς βασιλεῦσιν Ἰούδα; ²⁰καὶ ἀνέστησαν οἱ δοῦλοι αὐτοῦ καὶ ἔδησαν πάντα δεσμόν, 20 (21) καὶ ἐπάταξαν τὸν Ἰωὰς ἐν οἴκῳ Μααλὼ τὸν Γααλλά. ²¹καὶ 21 (22) Ἰεζειχὰρ υἱὸς Ἰεμουὰθ καὶ Ἰεζεβοὺθ ὁ υἱὸς αὐτοῦ Σωμὴρ οἱ δοῦλοι αὐτοῦ ἐπάταξαν αὐτόν, καὶ ἀπέθανεν· καὶ ἔθαψαν αὐτὸν μετὰ τῶν πατέρων αὐτοῦ ἐν πόλει Δαυείδ· καὶ ἐβασίλευσεν Ἀμεσσείας υἱὸς αὐτοῦ ἀντ' αὐτοῦ.

¹Ἐν ἔτει εἰκοστῷ καὶ τρίτῳ ἔτει τῷ Ἰωὰς υἱῷ Ὀχοζείου βασιλεῖ 1 X Ἰούδα ἐβασίλευσεν Ἰωαχὰς υἱὸς Εἰοὺ ἐν Σαμαρείᾳ ἑπτὰ ἔτη καὶ δέκα ἔτη. ²καὶ ἐποίησεν τὸ πονηρὸν ἐν ὀφθαλμοῖς Κυρίου, καὶ ἐπορεύθη 2 ὀπίσω ἁμαρτιῶν Ἰεροβοὰμ υἱοῦ Ναβὰτ ὃς ἐξήμαρτεν τὸν Ἰσραήλ· οὐκ ἀπέστη ἀπ' αὐτῆς. ³καὶ ὠργίσθη θυμῷ Κύριος ἐν τῷ Ἰσραήλ, 3 καὶ ἔδωκεν αὐτοὺς ἐν χειρὶ Ἀζαὴλ βασιλέως Συρίας καὶ ἐν χειρὶ υἱοῦ Ἀδὲρ υἱοῦ Ἀζαὴλ πάσας τὰς ἡμέρας. ⁴καὶ ἐδεήθη Ἰωαχὰς τοῦ 4 προσώπου Κυρίου, καὶ ἐπήκουσεν αὐτοῦ Κύριος, ὅτι εἶδεν τὴν θλίψιν Ἰσραήλ, ὅτι ἔθλιψεν αὐτοὺς βασιλεὺς Συρίας. ⁵καὶ ἔδωκεν Κύριος 5 σωτηρίαν Ἰσραήλ, καὶ ἐξῆλθεν ὑποκάτωθεν χειρὸς Συρίας· καὶ ἐκάθισαν οἱ υἱοὶ Ἰσραὴλ ἐν τοῖς σκηνώμασιν αὐτῶν καθὼς ἐχθὲς καὶ τρίτης. ⁶πλὴν οὐκ ἀπέστησαν ἀπὸ ἁμαρτιῶν οἴκου Ἰεροβοὰμ ὃς ἐξήμαρτεν 6 τὸν Ἰσραήλ, ἐν αὐτῇ ἐπορεύθη· καί γε τὸ ἄλσος ἐστάθη ἐν Σαμαρείᾳ. ⁷ὅτι οὐχ ὑπελείφθη τῷ Ἰωαχὰς λαὸς ἀλλ' ἢ πεντήκοντα ἱππεῖς καὶ 7 δέκα ἅρματα καὶ δέκα χιλιάδες πεζῶν, ὅτι ἀπώλεσεν αὐτοὺς βασιλεὺς

A 17 αναβηναι] πορευθηναι A   18 Ιωσαφατ BᵃᵇA | Οχοζιας BᵇA | χρυσιον] αργιον (sic) A | βασιλευσυριας A   19 βιβλιου A   20 δεσμον] συνδεσμον Bᵃᵇ (συν superscr) A | Γααλλα] pr εν (superscr) Bᵃᵇ καταμενον|τα Γααλαδ (sic ut vid) A   21 Ιεζειχαρ] Ιωζαχαρ A | ο υιος] om o A | Σωμηρ] pr ως A | Αμεσσιας Bᵇ Αμεσιας A   XIII 1 τω Ιωας] om τω A | υιω] υιον A | Οχοζιου BᵇA | βασιλει] βασιλεως A | Ιωαχαζ A (item 4, 8, 9, 10, 22, 25) | Ειου] Ιηου επι Ισλ̄ A | Σαμαρια A (item 10) | om ετη 1° BᵃᵇA | ἑπτακαίδεκα ετη Bᵇ   2 πονηριον A | αυτης] αυτων A   5 Ισραηλ 1°] pr τω A | χθες Bᵇ   6 αμαρ-τιων] αμαρτιας A | Ιεροβοαμ]+υιον Ναβατ A | αυτη επορευθη] αυταις επορευ-θησαν A | γε] τε A | αλσος]+ο A | εντάθη A   7 χιλιαδας A | βασιλεως A

8 Συρίας, καὶ ἔθεντο αὐτοὺς ὡς χοῦν εἰς καταπάτησιν. ⁸καὶ τὰ λοιπὰ Ἡ τῶν λόγων Ἰωάχὰς καὶ πάντα ὅσα ἐποίησεν καὶ αἱ δυναστεῖαι αὐτοῦ, οὐχὶ ταῦτα γεγραμμένα ἐπὶ βιβλίῳ λόγων τῶν ἡμερῶν τοῖς βασιλεῦσιν 9 Ἰσραήλ; ⁹καὶ ἐκοιμήθη Ἰωαχὰς μετὰ τῶν πατέρων αὐτοῦ, καὶ ἔθαψαν αὐτὸν ἐν Σαμαρείᾳ· καὶ ἐβασίλευσεν Ἰωὰς υἱὸς αὐτοῦ.
10 ¹⁰Ἐν ἔτει τριακοστῷ καὶ ἑβδόμῳ ἔτει τῷ Ἰωὰς βασιλεῖ Ἰούδα ἐβασίλευσεν Ἰωὰς υἱὸς Ἰωαχὰς ἐπὶ Ἰσραὴλ ἐν Σαμαρείᾳ ἑκκαίδεκα 11 ἔτη. ¹¹καὶ ἐποίησεν τὸ πονηρὸν ἐν ὀφθαλμοῖς Κυρίου· οὐκ ἀπέστη ἀπὸ πάσης Ἱεροβοὰμ υἱοῦ Ναβὰτ ἁμαρτίας ὃς ἐξήμαρτεν τὸν Ἰσραήλ, 12 ἐν αὐτῇ ἐπορεύθη. ¹²καὶ τὰ λοιπὰ τῶν λόγων Ἰωὰς καὶ πάντα ὅσα ἐποίησεν καὶ αἱ δυναστεῖαι αὐτοῦ ἃς ἐποίησεν μετὰ Ἀμεσσείου βασιλέως Ἰούδα, οὐχὶ ταῦτα γεγραμμένα ἐπὶ βιβλίῳ λόγων τῶν ἡμερῶν 13 τοῖς βασιλεῦσιν Ἰσραήλ; ¹³καὶ ἐκοιμήθη Ἰωὰς μετὰ τῶν πατέρων αὐτοῦ, καὶ Ἱεροβοὰμ ἐκάθισεν μετὰ τῶν πατέρων αὐτοῦ· καὶ ἐν 14 Σαμαρείᾳ μετὰ τῶν ἀδελφῶν Ἰσραήλ. ¹⁴Καὶ Ἐλεισαῖε ἠρρώστησεν τὴν ἀρρωστίαν ἑαυτοῦ δι᾽ ἣν ἀπέθανεν· καὶ κατέβη πρὸς αὐτὸν Ἰωὰς βασιλεὺς Ἰσραὴλ καὶ ἔκλαυσεν ἐπὶ προσώπου αὐτοῦ καὶ εἶπεν Πάτερ, 15 πάτερ, ἅρμα Ἰσραὴλ καὶ ἱππεὺς αὐτοῦ. ¹⁵καὶ εἶπεν αὐτῷ Ἐλεισαῖε 16 Λάβε τόξον καὶ βέλη· καὶ ἔλαβεν πρὸς αὐτὸν τόξον καὶ βέλη. ¹⁶καὶ εἶπεν τῷ βασιλεῖ Ἐπιβίβασον τὴν χεῖρά σου ἐπὶ τὸ τόξον· καὶ ἐπεβίβασεν Ἰωὰς τὴν χεῖρα αὐτοῦ, καὶ ἐπέθηκεν Ἐλεισαῖε τὰς χεῖρας 17 αὐτοῦ ἐπὶ τὰς χεῖρας τοῦ βασιλέως ¹⁷καὶ εἶπεν Ἄνοιξον τὴν θυρίδα κατ᾽ ἀνατολάς· καὶ ἤνοιξεν. καὶ εἶπεν Ἐλεισαῖε Βέλος σωτηρίας τῷ κυρίῳ καὶ βέλος σωτηρίας ἐν Συρίᾳ, καὶ πατάξει τὴν Συρίαν ἐν Ἀφὲκ ἕως 18 συντελείας. ¹⁸καὶ εἶπεν αὐτῷ Ἐλεισαῖε Λάβε τόξα· καὶ ἔλαβεν. καὶ εἶπεν τῷ βασιλεῖ Ἰσραήλ Πάταξον εἰς τὴν γῆν· καὶ ἐπάταξεν 19 ὁ βασιλεὺς τρὶς καὶ ἔστη. ¹⁹καὶ ἐλυπήθη ἐπ᾽ αὐτῷ ὁ ἄνθρωπος τοῦ θεοῦ καὶ εἶπεν Εἰ ἐπάταξας πεντάκις ἢ ἑξάκις, τότε ἂν ἐπάταξας τὴν 20 Συρίαν ἕως συντελείας· καὶ νῦν τρὶς πατάξεις τὴν Συρίαν. ²⁰Καὶ ἀπέθανεν Ἐλεισαῖε, καὶ ἔθαψαν αὐτόν. καὶ μονόζωνοι Μωὰβ ἦλθον

8 δυνασται A | ουχι] ουχ ιδου A | βιβλιου A | βασιλευσι A   9 αυτον] A +μετα των πατερων αυτου A | αυτου 2°]+αντ αυτου B^(ab mg) A   10 om ετει 2° A | Ιωας 1°] post Ιω| seq ras 2 litt (αχ vid) in B | om επι Ισραηλ A
11 αμαρτιας I. υιον N. A | αυτη]· αυταις A   12 αυτου] αυτους A | Αμεσσιου B^b Αμεσιου A.   13 μετα των πατερων (2°)...αδελφων] επι του θρονου αυτου· και εταφη Ιωας εν Σαμαρεια μετα των βασιλεων A.   14 Ελισαιε B^b Ελισσ. A (item infra) | εαυτου] αυτου A | προσωπον A   15 αυτον] εαυτον (e superscr) B^(ab)   16 βασιλει]+Ιηλ A | το τοξον] om το A | αυτου 1°]+επι το τοξον A | τας χειρας (1°)] την χειρα A   17 ηνοιξεν]+και ειπεν Ελισσαιε· ροιζησο| και εροιξησεν A | παταξεις A.

Β ἐν τῇ γῇ ἐλθόντος τοῦ ἐνιαυτοῦ. ²¹καὶ ἐγένετο αὐτῶν θαπτόντων τὸν 21
ἄνδρα, καὶ ἰδοὺ ἴδον τὸν μονόζωνον, καὶ ἔρριψαν τὸν ἄνδρα ἐν τῷ
τάφῳ Ἐλεισαῖε· καὶ ἐπορεύθη καὶ ἥψατο τῶν ὀστέων Ἐλεισαῖε, καὶ
ἔζησεν καὶ ἀνέστη ἐπὶ τοὺς πόδας αὐτοῦ. ²²Καὶ Ἀζαὴλ ἐξέθλιψεν 22
τὸν Ἰσραὴλ πάσας τὰς ἡμέρας Ἰωαχάς. ²³καὶ ἠλέησεν Κύριος αὐτοὺς 23
καὶ οἰκτείρησεν αὐτούς, καὶ ἐπέβλεψεν ἐπ᾽ αὐτοὺς διὰ τὴν διαθήκην
αὐτοῦ τὴν μετὰ Ἀβραὰμ καὶ Ἰσαὰκ καὶ Ἰακώβ, καὶ οὐκ ἠθέλησεν
Κύριος διαφθεῖραι αὐτούς, καὶ οὐκ ἀπέρριψεν αὐτοὺς ἀπὸ τοῦ προσώπου
αὐτοῦ. ²⁴καὶ ἀπέθανεν Ἀζαὴλ βασιλεὺς Συρίας, καὶ ἐβασίλευσεν 24
υἱὸς Ἀδὲρ υἱὸς αὐτοῦ ἀντ᾽ αὐτοῦ. ²⁵καὶ ἐπέστρεψεν Ἰωὰς υἱὸς 25
Ἰωαχὰς καὶ ἔλαβεν τὰς πόλεις ἐκ χειρὸς υἱοῦ Ἀδὲρ υἱοῦ Ἀζαήλ,
ἃς ἔλαβεν ἐκ χειρὸς Ἰωαχὰς τοῦ πατρὸς αὐτοῦ ἐν τῷ πολέμῳ· τρὶς
ἐπάταξεν αὐτὸν Ἰωὰς καὶ ἐπέστρεψεν τὰς πόλεις Ἰσραήλ.

¹Ἐν ἔτει δευτέρῳ τῷ Ἰωὰς υἱῷ Ἰωαχὰς βασιλεῖ Ἰσραὴλ καὶ 1 XI
ἐβασίλευσεν Ἀμεσσείας υἱὸς Ἰωὰς βασιλεὺς Ἰούδα. ²υἱὸς εἴκοσι 2
καὶ πέντε ἐτῶν ἦν ἐν τῷ βασιλεύειν αὐτόν, καὶ εἴκοσι καὶ ἐννέα ἔτη
ἐβασίλευσεν ἐν Ἰερουσαλήμ, καὶ ὄνομα τῆς μητρὸς αὐτοῦ Ἰωαδεὶμ
ἐξ Ἰερουσαλήμ. ³καὶ ἐποίησεν τὸ εὐθὲς ἐν ὀφθαλμοῖς Κυρίου, πλὴν 3
οὐχ ὡς Δαυεὶδ ὁ πατὴρ αὐτοῦ· κατὰ πάντα ὅσα ἐποίησεν Ἰωὰς
ὁ πατὴρ αὐτοῦ ἐποίησεν. ⁴πλὴν τὰ ὑψηλὰ οὐκ ἐξῆρεν· ἔτι ὁ λαὸς 4
ἐθυσίασεν καὶ ἐθυμίων ἐν τοῖς ὑψηλοῖς. ⁵καὶ ἐγένετο ὅτε κατίσχυσεν 5
ἡ βασιλεία ἐν χειρὶ αὐτοῦ, καὶ ἐπάταξεν τοὺς δούλους αὐτοῦ τοὺς
πατάξαντας τὸν πατέρα αὐτοῦ. ⁶καὶ τοὺς υἱοὺς τῶν παταξάντων 6
οὐκ ἐθανάτωσεν, καθὼς γέγραπται ἐν βιβλίῳ νόμων Μωυσῆ, ὡς
ἐνετείλατο Κύριος λέγων Οὐκ ἀποθανοῦνται πατέρες ὑπὲρ υἱῶν, καὶ
υἱοὶ οὐκ ἀποθανοῦνται ὑπὲρ πατέρων, ὅτι ἀλλ᾽ ἢ ἐν ταῖς ἁμαρτίαις
αὐτοῦ ἀποθανεῖται. ⁷αὐτὸς ἐπάταξεν τὴν Ἐδὼμ ἐν Ῥεμελε δέκα 7
χιλιάδας, καὶ συνέλαβε τὴν πέτραν ἐν τῷ πολέμῳ, καὶ ἐκάλεσεν
τὸ ὄνομα αὐτῆς Καθοὴλ ἕως τῆς ἡμέρας ταύτης. ⁸Τότε ἀπέστειλεν 8
Ἀμεσσείας ἀγγέλους πρὸς Ἰωὰς υἱὸν Ἰωαχὰς υἱοῦ Εἰοῦ βασιλέως

A 21 ιδον] ειδον A 22 Αζαηλ]+βασιλευς Συριας A 23 επ] προς A
24 Αδερ] Αζερ A 25 επεστρεψεν 1°]. απεστρ. A | Ιωαζαχ (1°) A |
Αδερ] Αδαδ A XIV 1 Ιωαχας] Αχαζ A | Αμεσσιας B^b Αμασιας A
(item 8) 2 πεντε] παντε A | om και 3° A | Ιερουσαλημ 1°] Ιηλ A | τη
μητρι A | Ιωαδειν A 3 om ο πατηρ (1°) A 4 ετι] οτι A | εθυσιαζεν
B^ab (ʃ superscr) A 5 κατεισχυσεν B* (κατισχ. B^b) | τον πατερα] pr τον
βασιλεα A 6 βιβλω νομω A | Μωση A | η]+εκαστος A 7 την
Εδωμ] τον Ε. A | Ρεμελε] Γαιμελα A | συνελαβεν A | Καθοηλ] Ιεκθοηλ A
8 Ιωας] Ιας A | Ιωαχας A (item 17) | Ειου] Ιηου A

9 Ἰσραὴλ λέγων Δεῦρο ὀφθῶμεν προσώποις. ⁹καὶ ἀπέστειλεν Ἰωὰς B βασιλεὺς Ἰσραὴλ πρὸς Ἀμεσσείαν βασιλέα Ἰούδα, λέγων Ὁ ἀκὰν ὁ ἐν τῷ Λιβάνῳ ἀπέστειλεν πρὸς τὴν κέδρον τὴν ἐν τῷ Λιβάνῳ λέγων Δὸς τὴν θυγατέρα σου τῷ υἱῷ μου εἰς γυναῖκα· καὶ διῆλθον τὰ θηρία 10 τοῦ ἀγροῦ τὰ ἐν τῷ Λιβάνῳ καὶ συνεπάτησαν τὸν ἀκάνα. ¹⁰τύπτων ἐπάταξας τὴν Ἰδουμαίαν, καὶ ἐπῆρέν σε καρδία σου· ἐνδοξάσθητι καθήμενος ἐν τῷ οἴκῳ σου, καὶ ἵνα τί ἐρίζεις ἐν κακίᾳ σου; καὶ πεσῇ 11 σὺ καὶ Ἰούδας μετὰ σοῦ. ¹¹καὶ οὐκ ἤκουσεν Ἀμεσσείας· καὶ ἀνέβη ὁ βασιλεὺς Ἰσραήλ, καὶ ὤφθη προσώποις αὐτὸς καὶ Ἀμεσσείας 12 βασιλεὺς Ἰούδα, ἐν Βαιθσάμυς γῇ τοῦ Ἰούδα· ¹²καὶ ἔπταισεν Ἰούδας ἀπὸ προσώπου Ἰσραήλ, καὶ ἔφυγεν ἀνὴρ εἰς τὸ σκήνωμα αὐτοῦ. 13 ¹³καὶ τὸν Ἀμεσσείαν υἱὸν Ἰωὰς υἱοῦ Ἰωαχὰς συνέλαβεν Ἰωὰς βασιλεὺς Ἰσραὴλ ἐν Βαιθσάμυς· καὶ ἦλθεν εἰς Ἰερουσαλήμ, καὶ καθεῖλεν ἐν τῷ τείχει Ἰερουσαλὴμ ἐν τῇ πύλῃ Ἐφράιμ ἕως πύλης τῆς γωνίας 14 τετρακοσίους πήχεις. ¹⁴καὶ ἔλαβεν τὸ χρυσίον, καὶ τὸ ἀργύριον καὶ πάντα τὰ σκεύη τὰ εὑρεθέντα ἐν οἴκῳ Κυρίου καὶ ἐν θησαυροῖς οἴκου τοῦ βασιλέως καὶ τοὺς υἱοὺς τῶν συμμίξεων, καὶ ἀπέστρεψεν 15 εἰς Σαμάρειαν. ¹⁵καὶ τὰ λοιπὰ τῶν λόγων Ἰωὰς ὅσα ἐποίησεν ἐν δυναστείᾳ αὐτοῦ, ἃ ἐπολέμησεν μετὰ Ἀμεσσείου βασιλέως Ἰούδα, οὐχὶ ταῦτα γεγραμμένα ἐπὶ βιβλίῳ λόγων τῶν ἡμερῶν τοῖς βασιλεῦσιν 16 Ἰσραήλ; ¹⁶καὶ ἐκοιμήθη Ἰωὰς μετὰ τῶν πατέρων αὐτοῦ, καὶ ἐτάφη ἐν Σαμαρείᾳ μετὰ τῶν βασιλέων Ἰσραήλ· καὶ ἐβασίλευσεν Ἱεροβοὰμ 17 υἱὸς αὐτοῦ ἀντ' αὐτοῦ. ¹⁷Καὶ ἔζησεν Ἀμεσσείας υἱὸς Ἰωὰς βασιλεὺς Ἰούδα μετὰ τὸ ἀποθανεῖν Ἰωὰς υἱὸν Ἰωαχὰς βασιλέα Ἰσραὴλ 18 πέντε καὶ δέκα ἔτη. ¹⁸καὶ τὰ λοιπὰ τῶν λόγων Ἀμεσσείου καὶ πάντα ἃ ἐποίησεν, οὐχὶ ταῦτα γεγραμμένα ἐπὶ βιβλίῳ λόγων τῶν ἡμερῶν 19 τοῖς βασιλεῦσιν Ἰούδα; ¹⁹καὶ συνεστράφησαν ἐπ' αὐτὸν σύστρεμμα ἐν Ἰερουσαλήμ, καὶ ἔφυγεν εἰς Λαχείς· καὶ ἀπέστειλεν ὀπίσω αὐτοῦ 20 εἰς Λαχείς, καὶ ἐθανάτωσεν αὐτὸν ἐκεῖ. ²⁰καὶ ἦραν αὐτὸν ἐφ' ἵππων,

9 Αμεσσιαν B[b] Αμασιαν A | την εν sup ras B[ab] | διηλθεν A | τα εν] om A τα A | τον ακανα] την ακανα A* την ακαναν A[a?b?] 10 καρδια] pr η A | om και 2° A | εριζεις εν] εριζει σε η A 11 Αμεσσειας 1°] Αμεσιας B[b] (item 17) Αμεσιας A | ο βασιλευς] Ιωας βασ. A | ωφθησαν A | Αμεσσειας 2°] Αμεσιας B[b] Αμασιας A | Βηθσαμυε A | γη του Ιουδα] της Ιουδαιας A 12 επτεσεν A 13 Αμεσσειαν (Αμεσσιαν B[b]A)]+βασιλεα Ιουδα A | Ιωαχας] Ααξια A | συνελαβεν] ελαβεν A | Ιωας 2°]+υιος Ιωαχαζ A | Βεθσαμυε A | καθειλεν] διεκοψεν A | τω τειχει] om τω A | πυλης της γωνιας] της π. των γωνιων A 15 Αμεσσιου B[b]A (item 21, 23, 29) | ουχι] ουχ ιδου A | επι] εν A 16 om πατερων A 17 Αμεσιας A 18 Αμεσσιου B[b] Αμεσιου A | α] οσα A 19 συστρεμμα] συστρατευμα A | απεστειλαν A | εθανατωσαν A

ΒΑΣΙΛΕΙΩΝ Δ

B καὶ ἐτάφη ἐν Ἰερουσαλὴμ μετὰ τῶν πατέρων αὐτοῦ ἐν πόλει Δαυείδ. ²¹καὶ ἔλαβεν πᾶς ὁ λαὸς Ἰούδα τὸν Ἀζαρίαν, καὶ αὐτὸς υἱὸς 21 ἑκκαίδεκα ἐτῶν, καὶ ἐβασίλευσεν αὐτὸς ἀντὶ τοῦ πατρὸς αὐτοῦ Ἀμεσσείου. ²²αὐτὸς ᾠκοδόμησεν τὴν Αἰλώμ, καὶ ἐπέστρεψεν αὐτὴν 22 τῷ Ἰούδᾳ μετὰ τὸ κοιμηθῆναι τὸν βασιλέα μετὰ τῶν πατέρων αὐτοῦ. ²³Ἐν ἔτει πεντεκαιδεκάτῳ τοῦ Ἀμεσσείου υἱῷ Ἰωὰς βασιλεῖ 23 Ἰούδα ἐβασίλευσεν Ἱεροβοὰμ υἱὸς Ἰωὰς ἐπὶ Ἰσραὴλ ἐν Σαμαρείᾳ τεσσεράκοντα καὶ ἓν ἔτος. ²⁴καὶ ἐποίησεν τὸ πονηρὸν ἐνώπιον 24 Κυρίου· οὐκ ἀπέστη ἀπὸ πασῶν ἁμαρτιῶν Ἱεροβοὰμ υἱοῦ Ναβὰτ ὃς ἐξήμαρτεν τὸν Ἰσραήλ. ²⁵αὐτὸς ἀπέστησεν τὸ ὅριον Ἰσραὴλ 25 ἀπὸ εἰσόδου Αἱμὰθ ἕως τῆς θαλάσσης τῆς Ἀραβά, κατὰ τὸ ῥῆμα Κυρίου θεοῦ Ἰσραὴλ ὃ ἐλάλησεν ἐν χειρὶ δούλου αὐτοῦ Ἰωνᾶ υἱοῦ Ἀμαθεὶ τοῦ προφήτου τοῦ ἐκ Γεθχόβερ. ²⁶ὅτι εἶδεν Κύριος τὴν 26 ταπείνωσιν Ἰσραὴλ πικρὰν σφόδρα καὶ ὀλίγους τοὺς συνεχομένους καὶ ἐσπανισμένους καὶ ἐγκαταλελειμμένους, καὶ οὐκ ἦν ὁ βοηθῶν τῷ Ἰσραήλ. ²⁷καὶ οὐκ ἐλάλησεν Κύριος ἐξαλεῖψαι τὸ σπέρμα 27 Ἰσραὴλ ὑποκάτωθεν τοῦ οὐρανοῦ, καὶ ἔσωσεν αὐτοὺς ἐκ χειρὸς Ἱεροβοὰμ υἱοῦ Ἰωάς. ²⁸καὶ τὰ λοιπὰ τῶν λόγων Ἱεροβοὰμ καὶ πάντα 28 ὅσα ἐποίησεν καὶ αἱ δυναστεῖαι αὐτοῦ, ὅσα ἐπολέμησεν καὶ ὅσα ἐπέστρεψεν τὴν Δαμασκὸν καὶ τὴν Ἐμμὰθ τῷ Ἰούδᾳ ἐν Ἰσραήλ, οὐχὶ ταῦτα γεγραμμένα ἐπὶ βιβλίῳ λόγων τῶν ἡμερῶν τοῖς βασιλεῦσιν Ἰσραήλ; ²⁹καὶ ἐκοιμήθη Ἱεροβοὰμ μετὰ τῶν πατέρων αὐτοῦ μετὰ 29 βασιλέων Ἰσραήλ, καὶ ἐβασίλευσεν Ἀζαρίας υἱὸς Ἀμεσσείου ἀντὶ τοῦ πατρὸς αὐτοῦ.

¹Ἐν ἔτει εἰκοστῷ καὶ ἑβδόμῳ¹ τῷ Ἱεροβοὰμ βασιλεῖ Ἰσραὴλ 1 XV ἐβασίλευσεν Ἀζαρίας υἱὸς Ἀμεσσείου βασιλέως Ἰούδα. ²υἱὸς ἑκκαί- 2 δεκα ἐτῶν ἦν ἐν τῷ βασιλεύειν αὐτόν, καὶ πεντήκοντα καὶ δύο ἔτη ἐβασίλευσεν ἐν Ἰερουσαλήμ, καὶ ὄνομα τῇ μητρὶ αὐτοῦ Χαλειὰ ἐξ Ἰερουσαλήμ. ³καὶ ἐποίησεν τὸ εὐθὲς ἐν ὀφθαλμοῖς Κυρίου κατὰ 3 πάντα ὅσα ἐποίησεν Ἀμεσσείας ὁ πατὴρ αὐτοῦ. ⁴πλὴν τῶν ὑψηλῶν 4 οὐκ ἐξῆρεν· ἔτι ὁ λαὸς ἐθυσίαζεν καὶ ἐθυμίων ἐν τοῖς ὑψηλοῖς. ⁵καὶ 5

A · 21 εξ και δεκα A | εβασιλευσαν αυτον B^{ab} (a 2°, ν 2° superscr) | Αμεσσιου B^bA (item 23, 29) 22 Αιλωμ] Ελωθ A | επεστρεψεν] απεστρ. A 23 υιω] υιον A | βασιλει] βασιλεως A | Ιωας 2°]+βασιλεως Ιηλ A | τεσσαρακ. B^{b(vid)} 25 ο] ος A | Αμαθι A | Γεθ' Αχο|βερ' A 26 ολιγους τους συνεχ.] ολιγοστους συγκεχυμενους A 27 ουρανου A] Ισραηλ B 28 δυναστιαι A | Εμμαθ] Αιμαθ A XV 1 εβδομω]+ετει A | Αμεσσιου B^bA 2 τη μητρι] om τη A | Χαλεια] Ιεχεμα A 3 ευθες] αγαθον A | Αμέσσιας B^bA 4 ετι] οτι A | λαος]+σου A . ei

ΒΑΣΙΛΕΙΩΝ Δ   XV 16

ἥψατο Κύριος τὸν βασιλέα, καὶ ἦν λελεπρωμένος ἕως ἡμέρας θανάτου B
αὐτοῦ, καὶ ἐβασίλευσεν ἐν οἴκῳ ἀφφουσώθ· καὶ Ἰωναθὰν υἱὸς τοῦ
6 βασιλέως ἐπὶ τῷ οἴκῳ, κρίνων τὸν λαὸν τῆς γῆς. ⁶καὶ τὰ λοιπὰ τῶν
λόγων Ἀζαρίου καὶ πάντα ὅσα ἐποίησεν, οὐκ ἰδοὺ ταῦτα γεγραμμένα
7 ἐπὶ βιβλίου λόγων τῶν ἡμερῶν τοῖς βασιλεῦσιν Ἰούδα; ⁷καὶ ἐκοιμήθη
Ἀζαρίας μετὰ τῶν πατέρων αὐτοῦ, καὶ ἔθαψαν αὐτὸν μετὰ τῶν
πατέρων αὐτοῦ ἐν πόλει Δαυείδ· καὶ ἐβασίλευσεν Ἰωναθὰν υἱὸς αὐτοῦ
ἀντ' αὐτοῦ.
8   ⁸Ἐν ἔτει τριακοστῷ καὶ ὀγδόῳ τῷ Ἀζαρίᾳ βασιλεῖ Ἰούδα ἐβασί-
λευσεν Ζαχαρίας υἱὸς Ἱεροβοὰμ ἐπὶ Ἰσραὴλ ἐν Σαμαρείᾳ ἑξάμηνον.
9 ⁹καὶ ἐποίησεν τὸ πονηρὸν ἐν ὀφθαλμοῖς Κυρίου καθὰ ἐποίησαν οἱ
πατέρες αὐτοῦ· οὐκ ἀπέστη ἀπὸ ἁμαρτιῶν Ἱεροβοὰμ υἱοῦ Ναβὰτ ὃς
10 ἐξήμαρτεν τὸν Ἰσραήλ. ¹⁰καὶ συνεστράφησαν ἐπ' αὐτὸν Σελλοὺμ
υἱὸς Ἰαβείς, καὶ ἐπάταξαν αὐτὸν Κεβλαὰμ καὶ ἐθανάτωσαν αὐτόν·
11 καὶ ἐβασίλευσεν ἀντ' αὐτοῦ. ¹¹καὶ τὰ λοιπὰ τῶν λόγων Ζαχαρίου
ἰδού εἰσιν γεγραμμένα ἐπὶ βιβλίῳ λόγων τῶν ἡμερῶν τοῖς βασιλεῦσιν
12 Ἰσραήλ. ¹²ὁ λόγος Κυρίου ὃν ἐλάλησεν πρὸς Εἰοὺ λέγων Υἱοὶ
τέταρτοι καθήσονταί σοι ἐπὶ θρόνου Ἰσραήλ· καὶ ἐγένετο οὕτως.
13   ¹³Καὶ Σελλοὺμ υἱὸς Ἰαβεὶς ἐβασίλευσεν· καὶ ἐν ἔτει τριακοστῷ
καὶ ἐνάτῳ Ἀζαρίᾳ βασιλεῖ Ἰούδα ἐβασίλευσεν Σελλοὺμ ἡμέρας ἐν
14 Σαμαρείᾳ. ¹⁴καὶ ἀνέβη Μαναὴμ υἱὸς Γαδδεὶ ἐκ Θαρσειλὰ καὶ ἦλθεν
εἰς Σαμάρειαν, καὶ ἐπάταξεν τὸν Σελλοὺμ υἱὸν Ἰαβεὶς ἐν Σαμαρείᾳ
15 καὶ ἐθανάτωσεν αὐτόν. ¹⁵καὶ τὰ λοιπὰ τῶν λόγων Σελλοὺμ καὶ
ἡ συστροφὴ αὐτοῦ ᾗ συνεστράφη, ἰδού εἰσιν γεγραμμένα ἐπὶ βιβλίῳ
16 λόγων τῶν ἡμερῶν τοῖς βασιλεῦσιν Ἰσραήλ. ¹⁶τότε ἐπάταξεν
Μαναὴμ καὶ τὴν Θερσὰ καὶ πάντα τὰ ἐν αὐτῇ καὶ τὰ ὅρια αὐτῆς

5 τον βασιλεα] του βασιλεως A | ημερα A* (s superscr A¹) | om αυτου A | A
οικω 1°] οικον A | Ιωαθαν A | κρινειν A   6 και παντα] inter litt και πα|
forte ras aliq B¹ | ουκ (ουχ B*ᵇ ουκ Bᵃ) ιδου] ουχι A | επι βιβλιου] εν βιβλιω A
7 om και εθαψαν αυτον μετα των πατ. αυτου A | Ιωαθαμ A   8 ογδοω]
+ ετει A | του Αζαριου A | βασιλει] βασιλεως A | Ζαχαριας] Αζαριας A | Σα-
μαρια A (item 23, 27)   10 Ιαβεις] Αβεις A | επαταξαν αυτον Κεβλααμ]
Κεβλααμ· και ε|παταξαν αυτον κατεναντι του| λαου| B | εθανατωσαν B*ᵇA]
εθανατωσεν Bᵃ (ε superscr) [εβασιλευσεν] pr Σελλουμ A   11 Ζαχαριου]
Αζαριου A | εισιν] εστιν A | βιβλιου A   12 Ειου] Ιηου A   13 om
και 2° A | Αζαρια] του Οχοζιου A | βασιλει] βασιλεως A | ημερας] pr οκτω A
14 Γεδδει A | Θερσιλα A | Σαμαριαν A | αυτον] + και εβασιλευσεν αντ αυτου A
15 η 2°] ην A | εισιν γεγρ.] εισγεγρ. Bᵇᵛⁱᵈ | βιβλιου A   16 επαταξεν 1°]
πατ sup ras 4 forte litt A¹ | Μαναὴν A (item infra ubique) | om και 1° A |
Θερσα 1°] Θαιρα A

ΒΑΣΙΛΕΙΩΝ Δ

B ἀπὸ Θερσά, ὅτι οὐκ ἤνοιξαν αὐτῷ· καὶ ἐπάταξεν, αὐτήν, καὶ τὰς ἐν γαστρὶ ἐχούσας ἀνέρρηξεν.

¹⁷ Ἐν ἔτει τριακοστῷ καὶ ἐνάτῳ Ἀζαρίᾳ βασιλεῖ Ἰούδα ἐβασί- 17 λευσεν Μαναὴμ υἱὸς Γαδδεὶ ἐπὶ Ἰσραὴλ δέκα ἔτη ἐν Σαμαρείᾳ. ¹⁸ καὶ 18 ἐποίησεν τὸ πονηρὸν ἐν ὀφθαλμοῖς Κυρίου· οὐκ ἀπέστη ἀπὸ πασῶν ἁμαρτιῶν Ἱεροβοὰμ υἱοῦ Ναβὰτ ὃς ἐξήμαρτεν τὸν Ἰσραήλ. ¹⁹ ἐν ταῖς 19 ἡμέραις αὐτοῦ ⁽¹⁹⁾ ἀνέβη Φουὰ βασιλεὺς Ἀσσυρίων ἐπὶ τὴν γῆν, καὶ Μαναὴμ ἔδωκεν τῷ Φουὰ χίλια τάλαντα ἀργυρίου, εἶναι τὴν χεῖρα αὐτοῦ μετ' αὐτοῦ. ²⁰ καὶ ἐξήνεγκεν Μαναὴμ τὸ ἀργύριον ἐπὶ τὸν 20 Ἰσραήλ, ἐπὶ πᾶν δυνατὸν ἰσχύι, δοῦναι τῷ βασιλεῖ τῶν Ἀσσυρίων, πεντήκοντα σίκλους τῷ ἀνδρὶ τῷ ἑνί· καὶ ἀπέστρεψεν βασιλεὺς Ἀσσυρίων, καὶ οὐκ ἔστη ἐκεῖ ἐν τῇ γῇ. ²¹ καὶ τὰ λοιπὰ τῶν λόγων 21 Μαναήμ. καὶ πάντα ὅσα ἐποίησεν, οὐκ ἰδοὺ ταῦτα γεγραμμένα ἐπὶ βιβλίῳ λόγων τῶν ἡμερῶν τοῖς βασιλεῦσιν Ἰσραήλ; ²² καὶ ἐκοιμήθη 22 Μαναὴμ μετὰ τῶν πατέρων αὐτοῦ, καὶ ἐβασίλευσεν Φακεσίας υἱὸς αὐτοῦ ἀντ' αὐτοῦ.

²³ Ἐν ἔτει πεντηκοστῷ τοῦ Ἀζαρίου βασιλεῖ Ἰούδα ἐβασίλευσεν 23 Φακεσίας υἱὸς Μαναὴμ ἐπὶ Ἰσραὴλ ἐν Σαμαρείᾳ δύο ἔτη. ²⁴ καὶ ἐποίη- 24 σεν τὸ πονηρὸν ἐν ὀφθαλμοῖς Κυρίου, οὐκ ἀπέστη ἀπὸ ἁμαρτιῶν Ἱεροβοὰμ υἱοῦ Ναβὰτ ὃς ἐξήμαρτεν τὸν Ἰσραήλ. ²⁵ καὶ συνεστράφη 25 ἐπ' αὐτὸν Φάκεε υἱὸς Ῥομελίου ὁ τριστάτης αὐτοῦ, καὶ ἐπάταξεν αὐτὸν ἐν Σαμαρείᾳ ἐναντίον οἴκου τοῦ βασιλέως μετὰ τοῦ Ἀργὸβ καὶ μετ' αὐτοῦ Ἀρειά καὶ μετ' αὐτοῦ πεντήκοντα ἄνδρες ἀπὸ τῶν τετρακοσίων· καὶ ἐθανάτωσεν αὐτόν, καὶ ἐβασίλευσεν ἀντ' αὐτοῦ. ²⁶ καὶ τὰ λοιπὰ τῶν λόγων Φακεσίου καὶ πάντα ὅσα ἐποίησεν ἰδοὺ εἰσὶν 26 γεγραμμένα ἐπὶ βιβλίῳ λόγων τῶν ἡμερῶν τοῖς βασιλεῦσιν Ἰσραήλ.

²⁷ Ἐν ἔτει πεντηκοστῷ καὶ δευτέρῳ τοῦ Ἀζαρίου βασιλεῖ Ἰούδα 27 ἐβασίλευσεν Φάκεε υἱὸς Ῥομελίου ἐπὶ Ἰσραὴλ ἐν Σαμαρείᾳ εἴκοσι ἔτη. ²⁸ καὶ ἐποίησεν τὸ πονηρὸν ἐν ὀφθαλμοῖς Κυρίου· οὐκ ἀπέστη ἀπὸ 28 πασῶν ἁμαρτιῶν Ἱεροβοὰμ υἱοῦ Ναβὰτ ὃς ἐξήμαρτεν τὸν Ἰσραήλ. ²⁹ ἐν ταῖς ἡμέραις Φάκεε βασιλέως Ἰσραὴλ ἦλθεν Ἀλγαθφελλασὰρ 29

A 17 βασιλει] βασιλεως A | εβασιλευσεν] pr και A [, Γαδδει]. Γαλλει A^vid
19 μετ αυτου] συν αυτω του ενι|σχυσαι το βασιλειον εν τη χειρι αυτου A
20 αργιον A | ισχυι] εν ισχυει A | σικλους]+αργυριον A   21 ουκ (ουχ B*
ουκ B^ab) ιδου] ουχι A | βιβλιον A   22 Φακεσιας] Φακειας A (item 23) |
αυτου 2°] Μαναην A   23 βασιλει] βασιλεως A | δυο] δεκα A   25 μετ
αυτου (1°) B*A¹] μετα του B^bA* | Αρεια] Αριε A | ανδρας A.   26 Φακεσιου]
Φακειου A | βιβλιου A   27 βασιλει] βασιλεως A   29 om Ισρ. ηλθεν
Αλγαθφ. βασιλευς A

ΒΑΣΙΛΕΙΩΝ ´Δ XVI 4

βασιλεὺς Ἀσσυρίων καὶ ἔλαβεν τὴν Ἀὶν καὶ τὴν Ἀβὲλ καὶ τὴν Β
Θαμααχὰ καὶ τὴν Ἀνίωχ καὶ τὴν Κένεζ καὶ τὴν Ἀσώρ, καὶ τὴν
Γαλαὰδ καὶ τὴν Γαλειλαίαν, πᾶσαν γῆν Νεφθαλεί, καὶ ἀπῴκισεν
30 αὐτοὺς εἰς Ἀσσυρίους. ³⁰καὶ συνέστρεψεν στρέμμα Ὡσῆε υἱὸς Ἠλὰ
ἐπὶ Φάκεε υἱὸν Ῥομελίου, καὶ ἐπάταξεν. αὐτὸν καὶ ἐθανάτωσεν, καὶ
31 ἐβασίλευσεν ἀντ᾽ αὐτοῦ ἐν ἔτει εἰκοστῷ Ἰωαθὰμ υἱῷ Ἀχάς. ³¹καὶ
τὰ λοιπὰ τῶν λόγων Φάκεε καὶ πάντα ὅσα ἐποίησεν, ἰδού ἐστιν
γεγραμμένα ἐπὶ βιβλίῳ λόγων τῶν ἡμερῶν τοῖς βασιλεῦσιν Ἰσραήλ.
32 ´´ ³²Ἐν ἔτει δευτέρῳ Φάκεε, υἱοῦ Ῥομελίου βασιλεῖ Ἰσραήλ ἐβασί-
33 λευσεν. Ἰωναθὰν υἱὸς Ἀζαρίου βασιλέως Ἰούδα. ³³υἱὸς εἴκοσι καὶ
πέντε ἦν ἐτῶν ἐν τῷ βασιλεύειν αὐτόν, καὶ ἑκκαίδεκα ἔτη ἐβασίλευσεν
ἐν Ἰερουσαλήμ, καὶ ὄνομα τῆς μητρὸς αὐτοῦ Ἐροὺς θυγάτηρ Σαδώκ.
34 ³⁴καὶ ἐποίησεν τὸ εὐθὲς ἐν ὀφθαλμοῖς Κυρίου κατὰ πάντα ὅσα ἐποίη-
35 σεν Ὀζείας ὁ πατὴρ αὐτοῦ. ³⁵πλὴν τὰ ὑψηλὰ οὐκ ἐξῆρεν· ἔτι ὁ λαὸς
ἐθυσίαζεν καὶ ἐθυμία ἐν τοῖς ὑψηλοῖς. αὐτὸς ᾠκοδόμησεν τὴν πύλην
36 οἴκου Κυρίου τὴν ἐπάνω. ³⁶καὶ τὰ λοιπὰ τῶν λόγων Ἰωαθὰμ καὶ
πάντα ὅσα ἐποίησεν, οὐχὶ ταῦτα γεγραμμένα ἐπὶ βιβλίῳ λόγων τῶν
37 ἡμερῶν τοῖς βασιλεῦσιν Ἰούδα; ³⁷ἐν ταῖς ἡμέραις ἐκείναις ἤρξατο
Κύριος ἐξαποστέλλειν τὸν Ῥαασσὼν βασιλέα Συρίας καὶ τὸν Φάκεε
38 υἱὸν Ῥομελίου. ³⁸καὶ ἐκοιμήθη Ἰωαθὰμ μετὰ τῶν πατέρων αὐτοῦ,
καὶ ἐτάφη μετὰ τῶν πατέρων αὐτοῦ ἐν πόλει Δανεὶδ τοῦ πατρὸς
αὐτοῦ· καὶ ἐβασίλευσεν Ἀχὰζ υἱὸς αὐτοῦ ἀντ᾽ αὐτοῦ.
XVI 1 ¹Ἐν ἔτει ἑπτακαιδεκάτῳ Φάκεε υἱοῦ Ῥομελίου ἐβασίλευσεν Ἀχὰζ
2 υἱὸς Ἰωαθὰμ βασιλέως Ἰούδα; ²υἱὸς εἴκοσι ἐτῶν ἦν Ἀχὰς ἐν τῷ
βασιλεύειν αὐτόν, καὶ ἑκκαίδεκα ἔτη ἐβασίλευσεν ἐν Ἰερουσαλήμ·
καὶ οὐκ ἐποίησεν τὸ εὐθὲς ἐν ὀφθαλμοῖς Κυρίου θεοῦ πιστῶς ὡς
3 Δανεὶδ ὁ πατὴρ αὐτοῦ. ³καὶ ἐπορεύθη ἐν ὁδῷ βασιλέως Ἰσραήλ,
καί γε τὸν υἱὸν αὐτοῦ διῆγεν πυρὶ καὶ τὰ βδελύγματα τῶν ἐθνῶν
4 ὧν ἐξῆρεν Κύριος ἀπὸ προσώπου τῶν υἱῶν Ἰσραήλ. ⁴καὶ ἐθυσίαζεν καὶ

29 την Αιν] τῇ Ναιν A | Αβελ] Καβελ A | Θαμααχα] Βερμααχα A | A
Ανιωχ] Ιανωχ A | Γαλιλαιαν Bᵃ A | Νεφθαλειμ A | Ασσυριους] A sup ras A¹
30 συνεστρεψεν] post ν 2° ras aliq (συ vid) B¹ | συστρεμμα A | εθανατωσεν]
+αυτον A | εν] pr και A | Ιωναθαν A | υιω] υιον A | Αχας] Αζαριου A
31 βιβλιου A   32 βασιλει] βασιλεως A | Ιωαθαν A   33 ετων ην A | εξ
και δεκα A | Ερους] Ιερους A   34 Οζειας] Οζιας Bᵇ Αζαριας A   35 ετι]
οτι A | εθυσιαζεν και bis scr B* (sed sine ʓ 1°) : ʓ superscr dein om εθ.
και (1°) Bᵃᵛⁱᵈ   36 βιβλιου A   38 om και εταφη μετα των πατ. αυτου A
XVI 2 Αχααζ A | om ουκ B* (hab Bᵃᵇᵐᵍ ᶜ ᵗˣᵗ A) | πιστω A* (s superser A¹)
3 βασιλεως] pr Ιεροβοαμ υιου Ναβατ A | πυρι] pr εν A | και 3°] κατα Bᶜᵐᵍ A
4 εθυσιαζε A

XVI 5 ΒΑΣΙΛΕΙΩΝ ·Δ

B ἐθυμία ἐν τοῖς ὑψηλοῖς καὶ ἐπὶ τῶν βουνῶν καὶ ὑποκάτω παντὸς ξύλου ἀλσώδους. ⁵Τότε ἀνέβη Ῥαασσὼν βασιλεὺς Συρίας καὶ Φάκεε 5 υἱὸς Ῥομελίου βασιλεὺς Ἰσραὴλ εἰς Ἰερουσαλὴμ εἰς πόλεμον καὶ ἐπολιόρκουν ἐπὶ Ἀχάζ, καὶ οὐκ ἐδύναντο πολεμεῖν. ⁶ἐν τῷ καιρῷ ἐκείνῳ 6 ἐπέστρεψεν Ῥαασσὼν βασιλεὺς Συρίας τὴν Αἰλὰθ τῇ Συρίᾳ, καὶ ἐξέβαλεν τοὺς Ἰουδαίους ἐξ Αἰλάθ, καὶ Ἰδουμαῖοι ἦλθον εἰς Αἰλὰθ καὶ κατῴκησαν ἐκεῖ ἕως τῆς ἡμέρας ταύτης. ⁷καὶ ἀπέστειλεν Ἀχὰζ 7 ἀγγέλους πρὸς Θαλγαθφελλασὰρ βασιλέα Ἀσσυρίων λέγων Δοῦλός σου καὶ υἱός σου ἐγώ· ἀνάβηθι, σῶσόν με ἐκ χειρὸς βασιλέως Συρίας καὶ ἐκ χειρὸς βασιλέως Ἰσραὴλ τῶν ἐπανισταμένων ἐπ' ἐμέ. ⁸καὶ 8 ἔλαβεν Ἀχὰζ ἀργύριον καὶ χρυσίον τὸ εὑρεθὲν ἐν θησαυροῖς οἴκου Κυρίου καὶ οἴκου τοῦ βασιλέως καὶ ἀπέστειλεν τῷ βασιλεῖ δῶρα. ⁹καὶ ἤκουσεν αὐτοῦ βασιλεὺς Ἀσσυρίων· καὶ ἀνέβη βασιλεὺς Ἀσ- 9 συρίων εἰς Δαμασκόν, καὶ συνέλαβεν αὐτὴν καὶ ἀπῴκισεν αὐτήν, καὶ τὸν Ῥαασσὼν ἐθανάτωσεν. ¹⁰Καὶ ἐπορεύθη βασιλεὺς Ἀχὰζ 10 εἰς ἀπαντὴν αὐτοῦ τῷ Θαλγαλφελλασὰρ βασιλεῖ Ἀσσυρίων εἰς Δαμασκόν· καὶ εἶδεν τὸ θυσιαστήριον ἐν Δαμασκῷ· καὶ ἀπέστειλεν ὁ βασιλεὺς Ἀχὰζ πρὸς Οὐρείαν τὸν ἱερέα τὸ ὁμοίωμα τοῦ θυσιαστηρίου καὶ τὸν ῥυθμὸν αὐτοῦ εἰς πᾶσαν ποίησιν αὐτοῦ. ¹¹καὶ ᾠκοδόμησεν 11 Οὐρείας ὁ ἱερεὺς τὸ θυσιαστήριον κατὰ πάντα ὅσα ἀπέστειλεν ὁ βασιλεὺς Ἀχὰζ ἐκ Δαμασκοῦ. ¹²καὶ εἶδεν ὁ βασιλεὺς τὸ θυσια- 12 στήριον, καὶ ἀνέβη ἐπ' αὐτό, ¹³καὶ ἐθυμίασεν τὴν ὁλοκαύτωσιν αὐτοῦ 13 καὶ τὴν θυσίαν αὐτοῦ καὶ τὴν σπονδὴν αὐτοῦ, καὶ προσέχεεν τὸ αἷμα τῶν εἰρηνικῶν τῶν αὐτοῦ ἐπὶ τὸ θυσιαστήριον ¹⁴τὸ χαλκοῦν τὸ 14 ἀπέναντι Κυρίου καὶ προσήγαγεν τὸ πρόσωπον τοῦ οἴκου Κυρίου, ἀπὸ τοῦ ἀνὰ μέσον τοῦ θυσιαστηρίου καὶ ἀπὸ τοῦ ἀνὰ μέσον τοῦ οἴκου Κυρίου, καὶ ἔδειξεν αὐτὸ ἐπὶ μηρὸν τοῦ θυσιαστηρίου κατὰ βορρᾶν. ¹⁵καὶ ἐνετείλατο ὁ βασιλεὺς Ἀχὰζ τῷ Οὐρείᾳ τῷ ἱερεῖ λέγων 15 Ἐπὶ τὸ θυσιαστήριον τὸ μέγα πρόσφερε τὴν ὁλοκαύτωσιν τὴν πρωινὴν καὶ τὴν θυσίαν τὴν ἑσπερινήν, καὶ τὴν ὁλοκαύτωσιν τοῦ

A 5 ηδυναντο A 6 επεστρεψεν] απεστρ. A | Αιλαθ (ter)] Αιλαμ A 7 om Θαλγαθφελλασαρ A | σωσον] pr και A 8 αργυριον] pr το A | χρυσιον] pr το A | του βασιλεως] om του A | βασιλει]+Ασσυριων A 9 om και ανεβη βασιλευς Ασσ. A | αυτην 2°]+Κυρηνηνδε A 10 απαντησιν A | om αυτου 1° A | Θαλγαθφελλασαρ] Αγλαθφαλλασαρ A | εν] pr το A | Ουριαν B^bA | om αυτου 2° A 11 Ουριας B^bA (item 16) | Δαμασκου]+ουτως εποιησεν Ουριας| ο ιερευς· εως ερχεσθαι τον βασιλεα Αχαζ απο Δαμασκου· και ηλθε| ο βασιλευς απο Δαμασκου | A 12 θυσιαστηριον]+και προσηλθεν ο βασιλευς| επι το θυσιαστηριον A 13 την σπονδην] pr εσπισεν (sic) A 14 απο 1°] pr και A 15 Ουρια B^bA

ΒΑΣΙΛΕΙΩΝ. Δ   XVII 7

βασιλέως και την θυσίαν αυτού, και την ολοκαύτωσιν παντός του B
λαού και την θυσίαν αυτών και την σπονδήν αυτών, και παν αίμα
ολοκαυτώσεως και παν αίμα θυσίας επ' αυτό προσχεείς· επι το
16 θυσιαστήριον το χαλκούν έσται μοι εις το πρωί. ¹⁶και εποίησεν
Ουρείας ο ιερεύς κατά πάντα όσα ενετείλατο αυτώ ο βασιλεύς Αχάς.
17 ¹⁷και συνέκοψεν ο βασιλεύς τα συνκλείσματα των μεχωνώθ και
μετήρεν απ' αυτών τον λουτήρα, και την θάλασσαν καθείλεν από
των βοών των χαλκών των υποκάτω αυτής και έδωκεν αυτήν επι
18 βάσιν λιθίνην. ¹⁸και τον θεμέλιον της καθέδρας ωκοδόμησεν εν
οίκω Κυρίου, και την είσοδον του βασιλέως την έξω επέστρεψεν οίκω
19 Κυρίου από προσώπου βασιλέως Ασσυρίων.   ¹⁹Και τα λοιπά
των λόγων Αχάζ όσα εποίησεν, ουχί ταύτα γεγραμμένα επι βιβλίω
20 λόγων των ημερών τοις βασιλεύσιν Ιούδα; ²⁰και εκοιμήθη Αχάζ
μετά των πατέρων αυτού, και ετάφη εν πόλει Δαυείδ· και εβασίλευσεν
Εζεκίας υιός αυτού αντ' αυτού.

VII 1   ¹Εν έτει δωδεκάτω τω Αχάζ βασιλέως Ιούδα εβασίλευσεν Ωσηε
2 υιός Ηλά εν Σαμαρεία επι Ισραήλ εννέα έτη. ²και εποίησεν το
πονηρόν εν οφθαλμοίς Κυρίου, πλην ουχ ως οι βασιλείς Ισραήλ
3 οι ήσαν έμπροσθεν αυτού. ³επ' αυτόν ανέβη Σαμεννάσαρ βασιλεύς
Ασσυρίων· και εγενήθη αυτώ Ωσηε δούλος και επέστρεψεν αυτώ
4 μανάχ. ⁴και εύρεν βασιλεύς Ασσυρίων εν τω Ωσηε αδικίαν, ότι
απέστειλεν αγγέλους προς Σηγώρ βασιλέα Αιγύπτου, και ουκ ήνεγκεν
μαναά τω βασιλεί Ασσυρίων εν τω ενιαυτώ εκείνω· και επολιόρ-
κησεν αυτόν, ο βασιλεύς Ασσυρίων, και έδησεν αυτόν εν οίκω
5 φυλακής. ⁵και ανέβη ο βασιλεύς Ασσυρίων εν πάση τη γη, και
6 ανέβη εις Σαμάρειαν και επολιόρκησεν επ' αυτήν τρία έτη. ⁶εν έτει
ενάτω Ωσηε συνέλαβεν βασιλεύς Ασσυρίων την Σαμάρειαν, και απώ-
κισεν τον Ισραήλ εις Ασσυρίους, και κατώκισεν αυτούς εν Αλάε και
7 εν Αβώρ, ποταμοίς Γωζάρ, και Ορή Μήδων. ⁷Και εγένετο ότι
ήμαρτον οι υιοί Ισραήλ τω κυρίω θεώ αυτών τω αναγαγόντι αυτούς
εκ γης Αιγύπτου υποκάτωθεν χειρός Φαραώ βασιλέως Αιγύπτου, και

15 om παντος A | λαου]+της γης A | την σπονδην] σποδην (sic) A | επι A
2°] και A | το πρωι] om το A . . 16 Αχαζ A . 17 om και συνεκοψεν
ο βασ. A | υποκατω] pr δεκα A   18 οικω 2°] pr εν A | βασιλεως 2°] pr
του A   20 εταφη]+μετα των πατερων αυτου A   XVII 1 τω Αχαζ]
om τω A | βασιλεως] βασιλει A   3 Σαμεννασαρ] Σαλμανασαρ A | μαναχ]
μαναα A   4 Σηγωρ] Σωα A | αυτον 1°] αυτην A   5 Σαμαριαν A | επ
αυτην] εν ιαυτη A   6 Ασσυριων B^{bt mg} A]. Ωσηε B* | κατωκισεν] κατω-
κησεν A | Αλλαε A | Γωζαν A   7 οτι] οτε A

XVII 8 ΒΑΣΙΛΕΙΩΝ Δ

Β ἐφοβήθησαν θεοὺς ἑτέρους, ⁸καὶ ἐπορεύθησαν τοῖς δικαιώμασιν τῶν 8
ἐθνῶν ὧν ἐξῆρεν Κύριος ἐκ προσώπου υἱῶν Ἰσραήλ, καὶ οἱ βασιλεῖς
Ἰσραὴλ ὅσοι ἐποίησαν, ⁹καὶ ὅσοι ἠμφιέσαντο οἱ υἱοὶ Ἰσραὴλ λόγους 9
οὐχ οὕτως κατὰ Κυρίου θεοῦ αὐτῶν· καὶ ὧν ᾠκοδόμησαν ἑαυτοῖς
ὑψηλὰ ἐν πάσαις ταῖς πόλεσιν αὐτῶν, ἀπὸ πύργου φυλασσόντων
ἕως πόλεως ὀχυρᾶς. ¹⁰καὶ ἐστήλωσαν ἑαυτοῖς στήλας καὶ ἄλση ἐπὶ 10
παντὶ βουνῷ ὑψηλῷ καὶ ὑποκάτω παντὸς ξύλου ἀλσώδους· ¹¹καὶ 11
ἐθυμίασαν ἐκεῖ ἐν πᾶσιν ὑψηλοῖς, καθὼς τὰ ἔθνη ἀπῴκισεν Κύριος
ἐκ προσώπου αὐτῶν, καὶ ἐποίησαν κοινωνοὺς καὶ ἐχάραξαν τοῦ
παροργίσαι τὸν κύριον· ¹²καὶ ἐλάτρευσαν τοῖς εἰδώλοις οἷς εἶπέν 12
Κύριος αὐτοῖς Οὐ ποιήσετε τὸ ῥῆμα τοῦτο Κυρίῳ. ¹³καὶ διεμαρτύρατο 13
Κύριος ἐν τῷ Ἰσραὴλ καὶ ἐν τῷ Ἰούδᾳ ἐν χειρὶ πάντων τῶν προ-
φητῶν αὐτοῦ παντὸς ὁρῶντος λόγον Ἀποστράφητε ἀπὸ τῶν ὁδῶν
ὑμῶν τῶν πονηρῶν, καὶ φυλάξατε τὰς ἐντολάς μου καὶ τὰ δικαιώ-
ματά μου καὶ πάντα τὸν νόμον ὃν ἐνετειλάμην τοῖς πατράσιν ὑμῶν,
ὅσα ἀπέστειλα αὐτοῖς ἐν χειρὶ τῶν δούλων μου τῶν προφητῶν. ¹⁴καὶ 14
οὐκ ἤκουσαν, καὶ ἐσκλήρυναν τὸν νῶτον αὐτῶν ὑπὲρ τὸν νῶτον τῶν
πατέρων αὐτῶν· ¹⁵καὶ τὰ μαρτύρια αὐτοῦ ὅσα διεμαρτύρατο αὐτοῖς, 15
καὶ ἐπορεύθησαν ὀπίσω τῶν ματαίων, καὶ ἐματαιώθησαν καὶ ὀπίσω
τῶν ἐθνῶν τῶν περικύκλῳ αὐτῶν, ὧν ἐνετείλατο αὐτοῖς μὴ ποιῆσαι
κατὰ ταῦτα. ¹⁶ἐνκατέλιπον τὰς ἐντολὰς Κυρίου θεοῦ αὐτῶν, καὶ 16
ἐποίησαν ἑαυτοῖς χώνευμα δύο δαμάλεις, καὶ ἐποίησαν ἄλση, καὶ
προσεκύνησαν πάσῃ τῇ δυνάμει τοῦ οὐρανοῦ καὶ ἐλάτρευσαν τῷ
Βάαλ· ¹⁷καὶ διῆγον τοὺς υἱοὺς αὐτῶν καὶ τὰς θυγατέρας αὐτῶν ἐν 17
πυρί, ἐμαντεύοντο μαντείας καὶ οἰωνίζοντο· καὶ ἐπράθησαν τοῦ ποιῆσαι
τὸ πονηρὸν ἐν ὀφθαλμοῖς Κυρίου παροργίσαι αὐτόν. ¹⁸καὶ ἐθυμώθη 18
Κύριος σφόδρα ἐν τῷ Ἰσραήλ, καὶ ἀπέστησεν αὐτοὺς ἀπὸ τοῦ προσώ-
που αὐτοῦ, καὶ οὐχ ὑπελείφθη πλὴν φυλὴ Ἰούδα μονωτάτη. ¹⁹καί 19
γε Ἰούδας οὐκ ἐφύλαξεν τὰς ἐντολὰς τοῦ θεοῦ, καὶ ἐπορεύθησαν
ἐν τοῖς δικαιώμασιν Ἰσραὴλ οἷς ἐποίησαν. ²⁰καὶ ἀπεώσαντο τὸν 20

Α 8 εκ] απο Α   9 ημφιασαντο Α | υψηλων Α   11 εθνη]+α Α | εκ] απο Α |
om και 3° Α   13 τω Ιουδα] om τω Α | εν χειρι] pr και Α | λογον] λεγων
Α | υμων 1°] ημων Α | αυτοις] αυτους προς υμας Α   14 ηκουσαν]+αυτων
Α | αυτων 2°]+οι ουκ επιστευσα| κω θω αυτων (15) και απερριψαν τους| ακρει-
βασμους αυτων και την συ|θηκην αυτου ην εκοψεν συν πα|τρασιν αυτων· Α
15 αυτοις 1°]+ουκ εφυλαξαν Α | om των ματαιων...οπισω των Α | περικυκλω
αυτων] περικυκλωσαντων αυτους Α | αυτοις 2°] pr κς (sic) Α | μη] pr του Α
16 εγκατελιπον Βᵃ εγκατελειπον Α | om και εποιησαν αλση Α   17 ἐμαντευ-
οντο] pr και Α | om μαντειας και οιωνιζοντο Α   19 εντολας]+κυ Β^{ab mg}+του
κυ Α | του θεου] θυ (sic) Α+αυτων Β^{ab mg}Α   20 απεωσαντο] απωκεισαντο Α

780

ΒΑΣΙΛΕΙΩΝ Δ XVII 31

κύριον ἐν παντὶ σπέρματι Ἰσραήλ. καὶ ἐσάλευσεν αὐτοὺς καὶ ἔδωκεν Β
αὐτοὺς ἐν χειρὶ διαρπαζόντων αὐτούς, ἕως οὗ ἀπέρριψεν αὐτοὺς ἀπὸ
21 προσώπου αὐτοῦ. ²¹ὅτι πλὴν Ἰσραὴλ ἐπάνωθεν οἴκου Δαυείδ, καὶ
ἐβασίλευσαν τὸν Ἰεροβοὰμ υἱὸν Ναβάτ· καὶ ἐξέωσεν Ἰεροβοὰμ τὸν
Ἰσραὴλ ἐξόπισθεν Κυρίου καὶ ἐξήμαρτεν αὐτοὺς ἁμαρτίαν μεγάλην.
22 ²²καὶ ἐπορεύθησαν οἱ υἱοὶ Ἰσραὴλ ἐν πάσῃ ἁμαρτίᾳ Ἰεροβοὰμ ἧς
23 ἐποίησεν· οὐκ ἀπέστησαν ἀπ' αὐτῆς ²³ἕως οὗ μετέστησεν. Κύριος
τὸν Ἰσραὴλ ἀπὸ προσώπου αὐτοῦ, καθὼς ἐλάλησεν Κύριος ἐν χειρὶ
πάντων τῶν δούλων αὐτοῦ τῶν προφητῶν· καὶ ἀπῳκίσθη Ἰσραὴλ ἐπά-
24 νωθεν τῆς γῆς αὐτοῦ εἰς Ἀσσυρίους ἕως τῆς ἡμέρας ταύτης. ²⁴Καὶ
ἤγαγεν βασιλεὺς Ἀσσυρίων ἐκ Βαβυλῶνος τὸν ἐκ Χουνθά, ἀπὸ
Ἀιὰ καὶ ἀπὸ Αἰμὰθ καὶ Σεπφαρουάιν· καὶ κατῳκίσθησαν ἐν πόλε-
σιν Σαμαρείας ἀντὶ τῶν υἱῶν Ἰσραήλ, καὶ ἐκληρονόμησαν τὴν Σα-
25 μάρειαν καὶ κατῴκησαν ἐν ταῖς πόλεσιν αὐτῆς. ²⁵καὶ ἐγένετο
ἐν ἀρχῇ τῆς καθέδρας αὐτῶν οὐκ ἐφοβήθησαν τὸν κύριον, καὶ ἀπέ-
στειλεν Κύριος. ἐν αὐτοῖς τοὺς λέοντας, καὶ ἦσαν ἀποκτέννοντες
26 ἐν αὐτοῖς. ²⁶καὶ εἶπον τῷ βασιλεῖ Ἀσσυρίων λέγοντες Τὰ ἔθνη
ἃ ἀπῴκισας καὶ ἀντεκάθισας ἐν πόλεσιν Σαμαρείας οὐκ ἔγνωσαν τὸ
κρίμα τοῦ θεοῦ τῆς γῆς, καὶ ἀπέστειλεν εἰς αὐτοὺς τοὺς λέοντας·
καὶ ἰδού εἰσιν θανατοῦντες αὐτούς, καθότι οὐκ οἴδασιν τὸ κρίμα τοῦ
27 θεοῦ τῆς γῆς. ²⁷καὶ ἐνετείλατο ὁ βασιλεὺς Ἀσσυρίων λέγων Ἀπά-
γετε ἐκεῖθεν, καὶ πορευέσθωσαν καὶ κατοικείτωσαν ἐκεῖ, καὶ φωτιοῦ-
28 σιν αὐτοὺς τὸ κρίμα τῆς γῆς. ²⁸καὶ ἤγαγον ἕνα τῶν ἱερέων ὧν
ἀπῴκισαν ἀπὸ Σαμαρείας, καὶ ἐκάθισεν ἐν Βαιθήλ, καὶ ἦν φωτίζων
29 αὐτοὺς πῶς φοβηθῶσιν τὸν κύριον. ²⁹καὶ ἦσαν ποιοῦντες ἔθνη ἔθνη
θεοὺς αὐτῶν, καὶ ἔθηκαν ἐν οἴκῳ τῶν ὑψηλῶν ὧν ἐποίησαν οἱ Σα-
μαρεῖται, ἔθνη ἐν ταῖς πόλεσιν αὐτῶν ἐν αἷς κατῴκουν ἐν αὐταῖς·
30 ³⁰καὶ οἱ ἄνδρες Βαβυλῶνος ἐποίησαν τὴν Ῥοχχωθβαινειθεί, καὶ
οἱ ἄνδρες Χοὺθ ἐποίησαν τὴν Ἐργέλ, καὶ οἱ ἄνδρες Ἐμὰθ ἐποίησαν
31 τὴν Ἀσειμάθ, ³¹καὶ οἱ Εὐαῖοι ἐποίησαν τὴν Ἐβλαζέρ, καὶ τὴν Θαρθὰκ

21 om και 1° A | Ιεροβοαμ 2°] τον| βοαμ B* (Ιερο superscr B¹ᵃ⁺ᵇ) | εξο- A
πιθεν A   22 ης] η A   23 κ̅ς̅ τον sup ras Aᵃ   24 Χουνθα] Χουα
A | απο 1°] pr και A | Σεφφαρουαιμ A | Σαμαριαν A   25 αυτων]+εκει
A | λεοντας] post ε ras 1 lit A?   .26 αντεκαθι|σαν A | το κριμα 1°] τα
κριματα A | του θεου 1°] τ sup ras Aᵃ⁺ | απεστειλεν]+κ̅ς̅ A   27 απα-
γετε] απαρατε A | της γης] pr του θυ̅ A.   28 απωκισαν] ηγαγον A | πως]
οπως. A.   29 Σαμαριται A | κατωκουν] pr αυτοι A. | αυταις] αι sup
ras Aᵃ⁺   30 Ροχχωθβαινειθει] Σοκχωθβενιθε A |. om και οι ανδρες Χουθ
εποιησαν την Εργελ A | Εμαθ] Αιμαθ A· | Ασιμαθ. A   31 Εβλαζερ]
Αβααλζερ· και την Ναιβας· A

ΒΑΣΙΛΕΙΩΝ Δ

καὶ τὴν Σεπφαροὺν, ἡνίκα κατέκαιον τοὺς υἱοὺς αὐτῶν ἐν πυρὶ τῷ Ἀδραμέλεχ καὶ Ἀνημέλεχ Σεφφαρούν. ³²καὶ ἦσαν φοβούμενοι τὸν κύριον, καὶ κατῴκισαν τὰ βδελύγματα αὐτῶν ἐν τοῖς οἴκοις τῶν ὑψηλῶν ἃ ἐποίησαν ἐν Σαμαρείᾳ, ἔθνος ἔθνος ἐν πόλει ἐν ᾗ κατῴκουν ἐν αὐτῇ· καὶ ἦσαν φοβούμενοι τὸν κύριον, καὶ ἐποίησαν ἱερεῖς τῶν ὑψηλῶν, καὶ ἐποίησαν ἑαυτοῖς ἐν οἴκῳ τῶν ὑψηλῶν. ³³τὸν κύριον ἐφοβοῦντο, καὶ τοῖς θεοῖς αὐτῶν ἐλάτρευον κατὰ τὸ κρίμα τῶν ἐθνῶν ὅθεν ἀπῴκισεν αὐτοὺς ἐκεῖθεν. ³⁴ἕως τῆς ἡμέρας ταύτης αὐτοὶ ἐποίουν κατὰ τὸ κρίμα αὐτῶν· αὐτοὶ φοβοῦνται, καὶ αὐτοὶ ποιοῦσιν κατὰ τὰ δικαιώματα αὐτῶν καὶ κατὰ τὴν κρίσιν αὐτῶν, καὶ κατὰ τὸν νόμον καὶ κατὰ τὴν ἐντολὴν ἣν ἐνετείλατο Κύριος τοῖς υἱοῖς Ἰακὼβ οὗ ἔθηκεν τὸ ὄνομα αὐτοῦ Ἰσραήλ. ³⁵καὶ διέθετο Κύριος μετ' αὐτῶν διαθήκην, καὶ ἐνετείλατο αὐτοῖς λέγων Οὐ φοβηθήσεσθε θεοὺς ἑτέρους καὶ προσκυνήσετε αὐτοῖς, καὶ οὐ λατρεύσετε αὐτοῖς καὶ οὐ θυσιάσετε αὐτοῖς· ³⁶ὅτι ἀλλ' ἢ τῷ κυρίῳ ὃς ἀνήγαγεν ὑμᾶς ἐκ γῆς Αἰγύπτου ἐν ἰσχύι μεγάλῃ καὶ ἐν βραχίονι ὑψηλῷ· αὐτὸν φοβηθήσεσθε καὶ αὐτῷ προσκυνήσετε, αὐτῷ θύσετε. ³⁷καὶ τὰ δικαιώματα καὶ τὰ κρίματα καὶ τὸν νόμον καὶ τὰς ἐντολὰς ἃς ἔγραψεν ὑμῖν ποιεῖν φυλάσσεσθε πάσας τὰς ἡμέρας, καὶ οὐ φοβηθήσεσθε θεοὺς ἑτέρους. ³⁸καὶ τὴν διαθήκην ἣν διέθετο μεθ' ὑμῶν οὐκ ἐπιλήσεσθε· καὶ οὐ φοβηθήσεσθε θεοὺς ἑτέρους, ³⁹ἀλλ' ἢ τὸν κύριον θεὸν ὑμῶν φοβηθήσεσθε, καὶ αὐτὸς ἐξελεῖται ὑμᾶς ἐκ πάντων τῶν ἐχθρῶν ὑμῶν· ⁴⁰καὶ οὐκ ἀκούσεσθε ἔτι τῷ κρίματι αὐτῶν ὃ αὐτοὶ ποιοῦσιν· ⁴¹καὶ ἦσαν τὰ ἔθνη ταῦτα φοβούμενοι τὸν κύριον, καὶ τοῖς γλυπτοῖς αὐτῶν ἦσαν δουλεύοντες· καί γε οἱ υἱοὶ καὶ οἱ υἱοὶ τῶν υἱῶν αὐτῶν καθὰ ἐποίησαν οἱ πατέρες αὐτῶν ποιοῦσιν ἕως τῆς ἡμέρας ταύτης.

¹Καὶ ἐγένετο ἐν ἔτει τρίτῳ τῷ Ὡσῆε υἱῷ Ἠλὰ βασιλεῖ Ἰσραὴλ ἐβασίλευσεν Ἐζεκίας υἱὸς Ἀχὰζ βασιλέως Ἰούδα. ²υἱὸς εἴκοσι καὶ πέντε ἐτῶν ἐν τῷ βασιλεύειν αὐτόν, καὶ εἴκοσι καὶ ἐννέα ἔτη ἐβασίλευσεν ἐν Ἱερουσαλήμ, καὶ ὄνομα τῇ μητρὶ αὐτοῦ Ἀβού, θυγάτηρ Ζαχαρίου. ³καὶ ἐποίησεν τὸ εὐθὲς ἐν ὀφθαλμοῖς Κυρίου κατὰ πάντα

31 Σεπφαρουν] Σεφφαρουαιμ A | κατεκεον B* (κατεκαιον B^ab [αι superscr] A) | Αδραμελεκ A | Αμημελεχ A | Σεφφαρουν] θεοις Σεφφαρουαιμ A   32 εποιησαν 2°]+εαυτοις B^ab(mg)vid A   34 τοις υιοις] om τοις A   35 om αυτων A | προσκυνησετε] pr ου B^ab (superscr) A | θυσιασετε] θυμιασεται A   36 προσκυνησεται αυτω A | αυτω θυσετε] και αυτω θυμιασεται A.   37 φυλασσεσθαι ποιειν A   39 αλλ η] pr οτι A   40 ετι] επι A | ο] ε B*vid   41 om και οι υιοι A   XVIII 1 τω Ωσηε] τω Ησηε B* (τω Ωσ. B^ab) om τω A   2 ετων]+ην A | εβασιλευσεν] σ 1° sup ras A¹ | Ζαχαριου] Ζαχχαιου A

ΒΑΣΙΛΕΙΩΝ Δ´   XVIII 16

4 ὅσα ἐποίησεν Δαυεὶδ ὁ πατὴρ αὐτοῦ. ⁴αὐτὸς ἐξῆρεν τὰ ὑψηλά, καὶ B
συνέτριψεν τὰς στήλας, καὶ ἐξωλέθρευσεν τὰ ἄλση καὶ τὸν ὄφιν
τὸν χαλκοῦν ὃν ἐποίησεν Μωυσῆς, ὅτι ἕως τῶν ἡμερῶν ἐκείνων ἦσαν
5 οἱ υἱοὶ Ἰσραὴλ θυμιῶντες αὐτῷ· καὶ ἐκάλεσεν αὐτὸν Νεσθαλεί. ⁵ἐν
κυρίῳ θεῷ Ἰσραὴλ ἤλπισεν, καὶ μετ᾽ αὐτὸν οὐκ ἐγενήθη ὅμοιος αὐτῷ
6 ἐν βασιλεῦσιν Ἰούδα καὶ ἐν τοῖς γενομένοις ἔμπροσθεν αὐτοῦ· ⁶καὶ
ἐκολλήθη τῷ κυρίῳ, οὐκ ἀπέστη ὄπισθεν αὐτοῦ, καὶ ἐφύλαξεν τὰς
7 ἐντολὰς αὐτοῦ ὅσας ἐνετείλατο Μωυσῇ. ⁷καὶ ἦν Κύριος μετ᾽ αὐτοῦ,
καὶ ἐν πᾶσιν οἷς ἐποίει συνῆκεν· καὶ ἠθέτησεν ἐν τῷ βασιλεῖ Ἀσ-
8 συρίων, καὶ οὐκ ἐδούλευσεν αὐτῷ. ⁸αὐτὸς ἐπάταξεν τοὺς ἀλλοφύλους
ἕως Γάζης καὶ ἕως ὁρίου αὐτῆς, ἀπὸ πύργου φυλασσόντων καὶ ἕως
πόλεως ὀχυρᾶς.
9 ⁹Καὶ ἐγένετο ἐν τῷ ἔτει τῷ τετάρτῳ βασιλεῖ Ἐζεκίᾳ, αὐτὸς ἐνιαυ-
τὸς ὁ ἕβδομος τῷ Ὡσῆε υἱῷ Ἠλὰ βασιλεῖ Ἰσραήλ, ἀνέβη Σαλαμα-
νάσσαρ βασιλεὺς Ἀσσυρίων ἐπὶ Σαμάρειαν καὶ ἐπολιόρκει ἐπ᾽ αὐτήν·
10 ¹⁰καὶ κατελάβετο αὐτὴν ἀπὸ τέλους τριῶν ἐτῶν ἐν ἔτει ἕκτῳ τῷ
Ἐζεκίᾳ, αὐτὸς ἐνιαυτὸς ἔνατος τῷ Ὡσῆε βασιλεῖ Ἰσραήλ, καὶ συνε-
11 λήμφθη Σαμάρεια. ¹¹καὶ ἀπῴκισεν βασιλεὺς Ἀσσυρίων τὴν Σα-
μάρειαν εἰς Ἀσσυρίους, καὶ ἔθηκεν αὐτοὺς ἐν Ἀλάε καὶ ἐν Ἀβιὼρ
12 ποταμῷ Γωζὰν καὶ Ὀρὴ Μήδων· ¹²ἀνθ᾽ ὧν ὅτι οὐκ ἤκουσαν τῆς φωνῆς
Κυρίου θεοῦ αὐτῶν, καὶ παρέβησαν τὴν διαθήκην αὐτοῦ πάντα ὅσα
ἐνετείλατο Μωσῆς ὁ δοῦλος Κυρίου, καὶ οὐκ ἤκουσαν καὶ οὐκ ἐποίησαν.
13 ¹³Καὶ τῷ τεσσαρεσκαιδεκάτῳ ἔτει βασιλεῖ Ἐζεκιοῦ ἀνέβη Σεννα-
χηρεὶμ βασιλεὺς Ἀσσυρίων ἐπὶ τὰς πόλεις Ἰούδα τὰς ὀχυρὰς καὶ
14 συνέλαβεν αὐτάς. ¹⁴καὶ ἀπέστειλεν Ἐζεκίας βασιλεὺς Ἰούδα ἀγγέ-
λους πρὸς βασιλέα Ἀσσυρίων εἰς Λαχεὶς λέγων Ἡμάρτηκα, ἀπο-
στράφητι ἀπ᾽ ἐμοῦ· ὃ ἐὰν ἐπιθῇς ἐπ᾽ ἐμὲ βαστάσω. καὶ ἐπέθηκεν ὁ
βασιλεὺς Ἀσσυρίων ἐπὶ Ἐζεκίαν βασιλέα Ἰούδα τριακόσια τάλαντα
15 ἀργυρίου καὶ τριάκοντα τάλαντα χρυσίου. ¹⁵καὶ ἔδωκεν Ἐζεκίας πᾶν
τὸ ἀργύριον τὸ εὑρεθὲν ἐν οἴκῳ Κυρίου καὶ ἐν θησαυροῖς οἴκου τοῦ
16 βασιλέως. ¹⁶ἐν τῷ καιρῷ ἐκείνῳ συνέκοψεν Ἐζεκίας τὰς θύρας ναοῦ
καὶ τὰ ἐστηριγμένα ἃ ἐχρύσωσεν Ἐζεκίας βασιλεὺς Ἰούδα, καὶ ἔδωκεν

4 τας στηλας] pr πασας A | εξωλοθρ. Bᵃ [Μωσης A | αὐτον] αυτους A | A
Νεσθαλει] Νεσθαν A   5 βασιλευσιν] pr πασιν A | om εν 3° A   6 Μωυση]
Μώσης A   7 om και 2° A   9 ενιαυτος ὁ] ὁ ενιαυτος A | τω Ωσηε] om
τω A | Σαλαμανασσαρ] Σαμανασ|σαρ Aᵛⁱᵈ   10 αυτος] ουτος A | Σαμαρια A
11 Σαμαριαν A | Αβωρ A   12 om ανθ ων A | ο δουλος] om ο A
13 βασιλει] του βασιλεως A | Εζεκειου A | Σεναχηρειμ A   14 αποστραφηθι
Bᵃᵇ A | om ο A   16 ναου]+κυ A | εστηριγμενα α εχρυσ.] α α ε| sup ras A¹

Β αὐτὰ βασιλεῖ Ἀσσυρίων. ¹⁷Καὶ ἀπέστειλεν βασιλεὺς Ἀσσυρίων 17
τὸν Θανθὰν καὶ τὸν Ῥαφεὶς καὶ τὸν Ῥαψάκην ἐκ Λαχεὶς πρὸς τὸν
βασιλέα Ἐζεκίαν ἐν δυνάμει βαρείᾳ ἐπὶ Ἰερουσαλήμ· καὶ ἀνέβησαν
καὶ ἦλθον εἰς Ἰερουσαλήμ, καὶ ἔστησαν ἐν τῷ ὑδραγωγῷ τῆς κολυμ-
βήθρας τῆς ἄνω ἥ ἐστιν ἐν τῇ ὁδῷ τοῦ ἀγροῦ τοῦ γναφέως. ¹⁸καὶ 18
ἐβόησαν πρὸς Ἐζεκίαν, καὶ ἦλθον πρὸς αὐτὸν Ἐλιακεὶμ υἱὸς Χελ-
κίου ὁ οἰκονόμος καὶ Σόμνας ὁ γραμματεὺς καὶ Ἰωσαφὰτ ὁ ἀνα-
μιμνήσκων. ¹⁹καὶ εἶπεν πρὸς αὐτοὺς Ῥαψάκης Εἴπατε δὴ πρὸς 19
Ἐζεκίαν Τάδε λέγει ὁ βασιλεὺς ὁ μέγας βασιλεὺς Ἀσσυρίων Τί ἡ
πεποίθησις αὕτη ἣν πέποιθας; ²⁰εἶπας, πλὴν λόγοι χειλέων Βουλὴ 20
καὶ δύναμις εἰς πόλεμον· νῦν οὖν τίνι πεποιθὼς ἠθέτησας ἐν ἐμοί;
²¹νῦν ἰδοὺ πέποιθας σαυτῷ ἐπὶ τὴν ῥάβδον τὴν καλαμίνην τὴν 21
τεθλασμένην ταύτην, ἐπ' Αἴγυπτον· ὃς ἂν στηριχθῇ ἀνὴρ ἐπ' αὐτήν,
καὶ εἰσελεύσεται εἰς τὴν χεῖρα αὐτοῦ, καὶ τρήσει αὐτήν· οὕτως Φαραὼ
βασιλεὺς Αἰγύπτου πᾶσιν τοῖς πεποιθόσιν ἐπ' αὐτόν. ²²καὶ ὅτι 22
εἶπας πρὸς μέ Ἐπὶ Κύριον θεὸν πεποίθαμεν· οὐχὶ αὐτὸς οὗτος ἀπέ-
στησεν Ἐζεκίας τὰ ὑψηλὰ αὐτοῦ καὶ τὰ θυσιαστήρια αὐτοῦ, καὶ εἶπεν
τῷ Ἰούδᾳ καὶ τῇ Ἰερουσαλήμ Ἐνώπιον τοῦ θυσιαστηρίου τούτου
προσκυνήσετε ἐν Ἰερουσαλήμ; ²³καὶ νῦν μίχθητε δὴ τῷ κυρίῳ μου 23
βασιλεῖ Ἀσσυρίων, καὶ δώσω σοι δισχιλίους ἵππους, εἰ δυνήσῃ δοῦναι
σεαυτῷ ἐπιβάτας ἐπ' αὐτούς. ²⁴καὶ πῶς ἀποστρέψετε τὸ πρόσωπον 24
τοπάρχου ἑνὸς τῶν δούλων τοῦ κυρίου μου τῶν ἐλαχίστων; καὶ
ἤλπισας σαυτῷ ἐπ' Αἴγυπτον εἰς ἅρματα καὶ ἱππεῖς. ²⁵καὶ νῦν 25
μὴ ἄνευ Κυρίου ἀνέβημεν ἐπὶ τὸν τόπον τοῦτον τοῦ διαφθεῖραι αὐτόν;
Κύριος εἶπεν πρὸς μέ Ἀνάβηθι ἐπὶ τὴν γῆν ταύτην καὶ διάφθειρον
αὐτήν. ²⁶καὶ εἶπεν Ἐλιακεὶμ υἱὸς Χελκείου καὶ Σόμνας καὶ Ἰώας πρὸς 26
Ῥαψάκην Λάλησον δὴ πρὸς τοὺς παῖδάς σου Συριστί· ἀκούομεν
ἡμεῖς, καὶ οὐ λαλήσεις μεθ' ἡμῶν Ἰουδαιστί· καὶ ἵνα τί λαλεῖς ἐν
τοῖς ὠσὶν τοῦ λαοῦ τοῦ ἐπὶ τοῦ τείχους; ²⁷καὶ εἶπεν πρὸς αὐτοὺς 27
Ῥαψάκης Μὴ ἐπὶ τὸν κύριόν σου καὶ πρὸς σὲ ἀπέστειλέν με ὁ κύριός
μου λαλῆσαι τοὺς λόγους τούτους; οὐχὶ ἐπὶ τοὺς ἄνδρας τοὺς καθη-

A 17 om και απεστειλεν βασ. Ασσυριων A | Θαρθαν A | Ραφεις] Ραβσαρεις
A | εις BAᵃ] εν A*ᵛⁱᵈ   18 υιος] pr ο A | Χαλκιου A   19 τι] τις A
20 δυναμεις A | νυν ουν] και νυν A | ηθετησας ε] ηθετησεν A   21 τρησει]
τρυγησει A.   22 ουτος]+ου A | προσκυνησατε A , , ;   23 βασιλει] pr
τω A | σαυτω A .   24 αποστρεψεις A | σαυτω] αυτω A | επ] εις A
25 και νυν] νυν ουν A   26 Χελκιου Bᵇ (item 37) | Ιωας] Ιωσαφατ A |
Συριστει A | ακουομεν] pr οτι A | μεθ ημων] προς ημας A | om και ινα τι
λαλεις A | του 2°] τουτου A.   27 επι 1°] προς A.

ΒΑΣΙΛΕΙΩΝ Δ   XIX 4

μένους ἐπὶ τοῦ τείχους, τοῦ φαγεῖν τὴν κόπρον αὐτῶν καὶ πιεῖν Β
28 τὸ οὖρον αὐτῶν μεθ᾽ ὑμῶν ἅμα; ²⁸καὶ ἔστη ῾Ραψάκης, καὶ ἐβόησεν
μεγάλῃ Ἰουδαιστί· καὶ ἐλάλησεν καὶ εἶπεν Ἀκούσατε τοὺς λόγους
29 τοῦ μεγάλου βασιλέως Ἀσσυρίων ²⁹Τάδε λέγει ὁ βασιλεὺς Μὴ ἐπαι-
ρέτω ὑμᾶς Ἐζεκίας λόγοις, ὅτι οὐ μὴ δύνηται ὑμᾶς ἐξελέσθαι ἐκ χειρὸς
30 αὐτοῦ· ³⁰καὶ μὴ ἐπελπιζέτω ὑμᾶς Ἐζεκίας πρὸς Κύριον λέγων Ἐξαι-
ρούμενος ἐξελεῖται Κύριος· οὐ μὴ παραδοθῇ ἡ πόλις αὕτη ἐν χειρὶ
31 βασιλέως Ἀσσυρίων. ³¹μὴ ἀκούετε Ἐζεκίου, ὅτι τάδε λέγει ὁ βασιλεὺς
Ἀσσυρίων Ποιήσατε μετ᾽ ἐμοῦ εὐλογίαν καὶ ἐξέλθατε πρός μέ, καὶ
πίεται ἀνὴρ τὴν ἄμπελον αὐτοῦ, καὶ ἀνὴρ τὴν συκῆν αὐτοῦ φάγεται,
32 καὶ πίεται ὕδωρ τοῦ λάκκου αὐτοῦ, ³²ἕως ἔλθω καὶ λάβω ὑμᾶς εἰς
γῆν ὡς γῆ ὑμῶν, σίτου καὶ οἴνου καὶ ἄρτου καὶ ἀμπελώνων, γῆ ἐλαίας
ἐλαίου καὶ μέλιτος· καὶ ζήσετε καὶ οὐ μὴ ἀποθάνητε. καὶ μὴ ἀκούετε
33 Ἐζεκίου, ὅτι ἀπατᾷ ὑμᾶς λέγων Κύριος ῥύσεται ὑμᾶς. ³³μὴ ῥυόμενοι
ἐρρύσαντο οἱ θεοὶ τῶν ἐθνῶν ἕκαστος τὴν ἑαυτοῦ χώραν ἐκ χειρός
34 βασιλέως Ἀσσυρίων; ³⁴ποῦ ἐστιν ὁ θεὸς Αἱμὰθ καὶ Ἀρφάλ; ποῦ
ἐστιν ὁ θεὸς Σεπφαρουμάιν; καὶ ὅτι ἐξείλαντο Σαμάρειαν ἐκ χειρός
35 μου; ³⁵τίς ἐν πᾶσιν τοῖς θεοῖς τῶν γαιῶν οἳ ἐξείλαντο τὰς γᾶς αὐτῶν
ἐκ χειρός μου, ὅτι ἐξελεῖται Κύριος τὴν Ἰερουσαλὴμ ἐκ χειρός μου;
36 ³⁶καὶ ἐκώφευσαν καὶ οὐκ ἀπεκρίθησαν αὐτῷ λόγον, ὅτι ἐντολὴ τοῦ
37 βασιλέως λέγων Οὐκ ἀποκριθήσεσθε αὐτῷ. ³⁷καὶ εἰσῆλθεν Ἐλιακεὶμ
υἱὸς Χελκείου ὁ οἰκονόμος καὶ Σόμνας ὁ γραμματεὺς καὶ Ἰώας υἱὸς
Σαφὰν ὁ ἀναμιμνήσκων πρὸς τὸν Ἐζεκίαν διερρηχότες τὰ ἱμάτια, καὶ
XIX 1 ἀνήγγειλαν αὐτῷ τοὺς λόγους Ῥαψάκου. ¹Καὶ ἐγένετο ὡς ἤκου-
σεν βασιλεὺς Ἐζεκίας, καὶ διέρρηξεν τὰ ἱμάτια ἑαυτοῦ καὶ περιεβάλετο
2 σάκκον, καὶ εἰσῆλθεν εἰς οἶκον Κυρίου. ²καὶ ἀπέστειλεν Ἐλιακεὶμ
τὸν οἰκονόμον καὶ Σόμναν τὸν γραμματέα καὶ τοὺς πρεσβυτέρους
τῶν ἱερέων περιβεβλημένους σάκκους πρὸς Ἡσαίαν τὸν προφήτην
3 υἱὸν Ἀμώς, ³καὶ εἶπεν πρὸς αὐτόν Τάδε λέγει Ἐζεκίας Ἡμέρα
θλίψεως καὶ ἐλεγμοῦ καὶ παροργισμοῦ ἡ ἡμέρα αὕτη, ὅτι ἦλθον
4 υἱοὶ ἕως ὠδίνων, καὶ ἰσχὺς οὐκ ἔστιν τῇ τικτούσῃ. ⁴εἴ πως

27 om αμα A   28 μεγαλη] pr φωνη A | Ιουδαιστει A | του μεγαλου] A
pr του βασιλεως A   29 om λογοις A | αυτου] μου A   30 εξαιρουμε-
νος] εξελουμενος A | εξελειται]+ημας A   32 γη 1°] pr η A | σιτου (σειτ.
B)] pr γη A | αρτου και αμπελωνων] αμπ. και αρτων A   33 ερρυσαντο A
34 Αρφατ A | Σεπφαρουμαιν] Σεφφαρουαιμ (Σ A¹) Ανα και Ανα· A | και οτι]
μη A | Σαμαριαν A   35 γας] γαιας B^{a mg} A   36 λογον] ο 2°·A¹ | εν-
τολη του] ολη το sup ras A¹   37 υιος 1°] ο του A | οικονομος]+ο υιος
Χελκιου A | Σαφαν] Ασαφ A   XIX 1 βασιλευς] pr ο A   2 υιον
Αμως] υιος Αμμως A   3 η ημερα] om η A

SEPT.   785   3 D

ΒΑΣΙΛΕΙΩΝ Δ΄

Β εἰσακούσεται Κύριος ὁ θεός σου πάντας τοὺς λόγους Ῥαψάκου, ὃν ἀπέστειλεν αὐτὸν βασιλεὺς Ἀσσυρίων ὁ κύριος αὐτοῦ ὀνειδίζειν θεὸν ζῶντα καὶ βλασφημεῖν ἐν λόγοις, οἷς ἤκουσεν. Κύριος ὁ θεός σου, καὶ λήμψῃ προσευχὴν περὶ τοῦ λήμματος τοῦ εὑρισκομένου. ⁵καὶ ἦλθον οἱ παῖδες τοῦ βασιλέως Ἑζεκίου πρὸς Ἡσαίαν, ⁶καὶ ⁵/₆ εἶπεν αὐτοῖς Ἡσαίας Τάδε ἐρεῖτε πρὸς τὸν κύριον ὑμῶν Τάδε λέγει Κύριος Μὴ φοβηθῇς ἀπὸ τῶν λόγων ὧν ἤκουσας, ὧν ἐβλασφήμησαν τὰ παιδάρια βασιλέως Ἀσσυρίων. ⁷ἰδοὺ ἐγὼ δίδωμι ἐν αὐτῷ πνεῦμα, ₇ καὶ ἀκούσεται ἀγγελίαν καὶ ἀποστραφήσεται εἰς τὴν γῆν αὐτοῦ· καὶ καταβαλῶ αὐτὸν ἐν ῥομφαίᾳ ἐν τῇ γῇ αὐτοῦ. ⁸Καὶ ἐπέστρεψεν 8 Ῥαψάκης, καὶ εὗρεν τὸν βασιλέα Ἀσσυρίων πολεμοῦντα ἐπὶ Λομνά, ὅτι ἤκουσεν ὅτι ἀπῆρεν ἀπὸ Λαχείς. ⁹καὶ ἤκουσεν περὶ Θαρά 9 βασιλέως Αἰθιόπων λέγων Ἰδοὺ ἐξῆλθεν πολεμεῖν μετὰ σοῦ· καὶ ἐπέστρεψεν καὶ ἀπέστειλεν ἀγγέλους πρὸς Ἑζεκίαν λέγων ¹⁰Μὴ 10 ἐπαιρέτω σε ὁ θεός σου, ἐφ᾽ ᾧ σὺ πέποιθας ἐν αὐτῷ λέγων Οὐ μὴ παραδοθῇ Ἰερουσαλὴμ εἰς χεῖρας βασιλέως Ἀσσυρίων. ¹¹ἰδοὺ 11 σὺ ἤκουσας πάντα ὅσα ἐποίησαν βασιλεῖς Ἀσσυρίων πάσαις ταῖς γαῖς, τοῦ ἀναθεματίσαι αὐτάς· καὶ σὺ ῥυσθήσῃ; ¹²μὴ ἐξείλαντο 12 αὐτοὺς οἱ θεοὶ τῶν ἐθνῶν; οὐ διέφθειραν οἱ πατέρες μου τήν τε Γωζὰν καὶ τὴν Χαρρὰν καὶ Ῥάφεις καὶ υἱοὺς Ἔδεμ τοὺς ἐν Θαεσθέν; ¹³ποῦ ἐστιν ὁ βασιλεὺς Μὰθ καὶ ὁ βασιλεὺς Ἀρφάθ; καὶ ποῦ 13 Σεφφαρουάιν, Ἀνὲς καὶ Οὐδού; ¹⁴καὶ ἔλαβεν Ἑζεκίας τὰ βιβλία ἐκ 14 χειρὸς τῶν ἀγγέλων καὶ ἀνέγνω αὐτά· καὶ ἀνέβη εἰς οἶκον Κυρίου καὶ ἀνέπτυξεν αὐτὰ Ἑζεκίας ἐναντίον Κυρίου, ¹⁵καὶ εἶπεν Κύριε 15 ὁ θεὸς Ἰσραὴλ ὁ καθήμενος ἐπὶ τῶν χερουβείν, σὺ εἶ ὁ θεὸς μόνος ἐν πάσαις ταῖς βασιλείαις τῆς γῆς, σὺ ἐποίησας τὸν οὐρανὸν καὶ τὴν γῆν. ¹⁶κλῖνον, Κύριε, τὸ οὖς σου καὶ ἄκουσον· ἄνοιξον, Κύριε, 16 τοὺς ὀφθαλμούς σου καὶ ἴδε, καὶ ἄκουσον τοὺς λόγους Σενναχηρεὶμ οὓς ἀπέστειλεν ὀνειδίζειν θεὸν ζῶντα. ¹⁷ὅτι ἀληθείᾳ, Κύριε, ἠρή- 17

A   4 om παντας A | εν λογοις οις] λογους ους A | λιμματος A   6 φοβηθης] φοβου A | των λογων] pr προσωπου A | Ασσυριων] + εμε A   7 αγγελιας A | καταβαλλω A   8 επεστρεψεν] απεστρ. A | Λομνα] Λοβνα A   9 Θαρα] Θα|ρακα A | εξηλθον A | επεστρεψεν] απεστρ. A   10 μη 1°] pr ταδε ερειτε προς Εζεκιαν| βασιλεα Ιουδα· τω λεγειν· A | επαιρετω] επε|ρωτησε (sic) A | εν] επ A   11 γαις] γαιαις Bᵃ˸ᵇ˸ᵐᵍ γενεαις A | ρησθηση A   12 ου] ους Bᵃ ᵗˣᵗ ᵉᵗ ᵐᵍ ᵇᵗˣᵗA | Ραφεις] Ραφες Bᵃᵇ την Ραφεθ A | υιους Εδεμ] υιος Εδωμ A | Θαεσθεν] Θαλασσαρ A   13 Μαθ] Αιθαμ A | Αρφαδ A | που 2°] βασιλευς της πολεως A | Σεφφαρουαιμ A | Ανες] Αινα A | Ουδου] Αυτα A   14 των αγγελων] om των A | αυτα] αυτο A   15 και 1°] pr και προσ|ηυξατο Εζεκιας εις προσωπον κυ| A | χερουβειμ BᵃᵇA

ΒΑΣΙΛΕΙΩΝ Δ XIX 26

18 μωσαν βασιλεῖς Ἀσσυρίων τὰ ἔθνη, ¹⁸καὶ ἔδωκαν τοὺς θεοὺς αὐτῶν Β
εἰς τὸ πῦρ, ὅτι οὐ θεοί εἰσιν ἀλλ᾽ ἢ ἔργα χειρῶν ἀνθρώπων, ξύλα
19 καὶ λίθος, καὶ ἀπώλεσαν αὐτούς. ¹⁹καὶ νῦν, Κύριε ὁ θεὸς ἡμῶν,
σῶσον ἡμᾶς ἐκ χειρὸς αὐτοῦ, καὶ γνώσονται πᾶσαι αἱ βασιλεῖαι τῆς
20 γῆς ὅτι σὺ Κύριος ὁ θεὸς μόνος. ²⁰Καὶ ἀπέστειλεν Ἡσαίας
υἱὸς Ἀμὼς πρὸς Ἐζεκίαν λέγων Τάδε λέγει Κύριος ὁ θεὸς τῶν
δυνάμεων θεὸς Ἰσραήλ ᵃΑ προσηύξω πρὸς μὲ περὶ Σενναχηρεὶμ
21 βασιλέως Ἀσσυρίων ἤκουσα. ²¹οὗτος ὁ λόγος ὃν ἐλάλησεν Κύριος
ἐπ᾽ αὐτόν

Ἐξουδένησέν σε καὶ ἐμυκτήρισέν σε παρθένος θυγάτηρ Σειών·
ἐπὶ σοὶ κεφαλὴν αὐτῆς ἐκίνησεν θυγάτηρ Ἱερουσαλήμ.

22 ²²τίνα ὠνείδισας καὶ ἐβλασφήμησας;
καὶ ἐπὶ τίνα ὕψωσας φωνὴν καὶ ἦρας εἰς ὕψος τοὺς ὀφθαλ-
μούς σου;
εἰς τὸν ἅγιον τοῦ Ἰσραήλ.

23 ²³ἐν χειρὶ ἀγγέλων σου ὠνείδισας κύριόν σου καὶ εἶπας
Ἐν τῷ πλήθει τῶν ἁρμάτων μου ἐγὼ ἀναβήσομαι εἰς ὕψος
ὀρέων, μηροὺς τοῦ Λιβάνου·
καὶ ἔκοψα τὸ μέγεθος τῆς κέδρου αὐτοῦ, τὰ ἐκλεκτὰ κυπα-
ρίσσων αὐτοῦ·
καὶ ἦλθεν εἰς μέσον δρυμοῦ καὶ Καρμήλου.

24 ²⁴ἐγὼ ἔψυξα καὶ ἔπιον ὕδατα ἀλλότρια,
καὶ ἐξηρήμωσα τῷ ἴχνει τοῦ ποδός μου πάντας ποταμοὺς
περιοχῆς.

25 ²⁵ἔπλασα αὐτήν, συνήγαγον αὐτήν·
καὶ ἐγενήθη εἰς ἐπάρσεις ἀπὸ οἰκεσιῶν μαχίμων,
πόλεις ὀχυράς.

26 ²⁶καὶ οἱ ἐνοικοῦντες ἐν αὐταῖς ἠσθένησαν τῇ χειρί,
ἔπταισαν καὶ κατῃσχύνθησαν·
ἐγένοντο χόρτος ἀγροῦ ἢ χλωρὰ βοτάνη,

17 εθνη] + και την γην αυτων Α   18 ου] οι Α   19 αυτου] αυτων Α
Βᵃ ᵐᵍ ᵇ ᵗˣᵗ | συ] + ει Α   21 επ] προς Α | εξουδενωσεν Α | Σιων ΒᵇΑ | σοι]
σε Α | om αυτης Α   22 ηρες Α   23 om σου 2° Α | αναβησομαι]
ανεβην Α | ορεων] + μου Α | μηρους] signa v l prae se fert Βᵃ ᵗˣᵗ ᵉᵗ ᵐᵍ μερος
(μερους Mai) Βb μερους Α | ηλθεν] ηλθον Βᵇ (ὁ superscr) εισηλθον Α | μεσον]
μερος Α | δρυμου] pr τελους αυτου Α | om και 4° Α | Καρμηλου] + αυτου Α
24 εψυξα] εφυλαξα Α | εξηρωμωσα Α | ποταμους] pr τους Α   25 επλασα]
pr μη ουκ ηκουσας απο||. μακροθεν αυτην εποιησα εις απο| ημεραν αρχηθεν
Α | συνηγαγον] και ηγαγον Α | απο] απ Α   26 επταισαν] ὁ επτηξαν
Α | χλωρα βοτανη] χλωροβοτανη Α

ΒΑΣΙΛΕΙΩΝ Δ

B   χλόη δωμάτων καὶ πάτημα ἀπέναντι ἑστηκότος.
²⁷καὶ τὴν καθέδραν σου καὶ τὴν ἔξοδόν σου καὶ τὴν εἴσοδόν σου 27
    ἔγνων,
    καὶ τὸν θυμόν σου ἐπ' ἐμέ.
²⁸διὰ τὸ ὀργισθῆναί σε ἐπ' ἐμέ, 28
    καὶ τὸ στρῆνός σου ἀνέβη ἐν τοῖς ὠσίν μου·
    καὶ θήσω τὰ ἄγκιστρά μου ἐν τοῖς μυκτῆρσίν σου καὶ χαλινὸν
        ἐν τοῖς χείλεσίν σου,
    καὶ ἀποστρέψω σε ἐν τῇ ὁδῷ ᾗ ἦλθες ἐν αὐτῇ.
²⁹καὶ τοῦτό σοι τὸ σημεῖον· 29
    φάγε τοῦτον τὸν ἐνιαυτὸν αὐτόματα,
    καὶ τῷ ἔτει τῷ δευτέρῳ τὰ ἀνατέλλοντα·
    καὶ ἔτει τρίτῳ σπορὰ καὶ ἄμητος καὶ φυτεία ἀμπελώνων,
    καὶ φάγεσθε τὸν καρπὸν αὐτῶν.
³⁰καὶ προσθήσει τὸν διασεσωσμένον οἴκου Ἰούδα τὸ ὑπολειφθὲν 30
        ῥίζαν κάτω,
    καὶ ποιήσει καρπὸν ἄνω.
³¹ὅτι ἐξ Ἰερουσαλὴμ ἐξελεύσεται κατάλειμμα, 31
    καὶ ἀνασωζόμενος ἐξ ὄρους Σειών·
    ὁ ζῆλος Κυρίου τῶν δυνάμεων ποιήσει τοῦτο.
³²οὐχ οὕτως· τάδε λέγει Κύριος πρὸς βασιλέα Ἀσσυρίων 32
    Οὐκ εἰσελεύσεται εἰς τὴν πόλιν ταύτην,
    καὶ οὐ τοξεύσει ἐκεῖ βέλος,
    καὶ οὐ προφθάσει αὐτὸν θυρεός, καὶ οὐ μὴ ἐκχέῃ πρὸς αὐτὴν
        πρόσχωμα.
³³τῇ ὁδῷ ᾗ ἦλθεν, ἐν αὐτῇ ἀποστραφήσεται· 33
    καὶ εἰς τὴν πόλιν ταύτην οὐκ εἰσελεύσεται, λέγει Κύριος.
³⁴καὶ ὑπερασπιῶ ὑπὲρ τῆς πόλεως ταύτης 34
    δι' ἐμὲ καὶ διὰ Δαυεὶδ τὸν δοῦλόν μου.
³⁵Καὶ ἐγένετο νυκτὸς καὶ ἐξῆλθεν ἄγγελος Κυρίου καὶ ἐπάταξεν 35
ἐν τῇ παρεμβολῇ τῶν Ἀσσυρίων ἑκατὸν ὀγδοήκοντα πέντε χιλιάδας·
καὶ ὤρθρισαν τὸ πρωί, καὶ ἰδοὺ πάντες σώματα νεκρά.   ³⁶καὶ 36
ἀπῆρεν καὶ ἐπορεύθη καὶ ἀπέστρεψεν Σενναχηρεὶμ βασιλεὺς Ἀσσυ-
ρίων, καὶ ᾤκησεν ἐν Νινευή.   ³⁷καὶ ἐγένετο αὐτοῦ προσκυνοῦντος ἐν 37

A   26 χλοη] pr η A | πατημα] π, τ sup ras Bᵃ πατηματα A   27 om επ
εμε A   28 om εν 3° A   29 φαγε] φαγη A | ετει τριτω] τω ετει τω τρ. A
30 τον διασεσ.] το διασεσ. A | om και 2° A .   31 Σιων BᵇA   32 αυτον]
αυτην A   34 ταυτης]+του σωσαι αυτην A   35 νυκτος] pr εως A

788

ΒΑΣΙΛΕΙΩΝ Δ XX 12

οἴκῳ Ἐσδραχ θεοῦ αὐτοῦ, καὶ Ἀδραμέλεχ καὶ Σαράσαρ οἱ υἱοὶ αὐτοῦ B ἐπάταξαν αὐτὸν ἐν μαχαίρᾳ· καὶ αὐτοὶ ἐσώθησαν εἰς γῆν Ἀραράθ· καὶ ἐβασίλευσεν Ἀσορδὰν ὁ υἱὸς αὐτοῦ ἀντ' αὐτοῦ.

XX 1 ¹Ἐν ταῖς ἡμέραις ἐκείναις ἠρρώστησεν Ἐζεκίας εἰς θάνατον· καὶ εἰσῆλθεν πρὸς αὐτὸν Ἡσαίας υἱὸς Ἀμὼς ὁ προφήτης καὶ εἶπεν πρὸς αὐτόν Τάδε λέγει Κύριος Ἔντειλαι τῷ οἴκῳ σου· ἀποθνήσκεις σὺ καὶ 2 οὐ ζήσῃ. ²καὶ ἐπέστρεψεν Ἐζεκίας πρὸς τὸν τοῖχον, καὶ ηὔξατο πρὸς 3 Κύριον λέγων ³ Ὦ δὴ Κύριε, μνήσθητι δὴ ὅσα περιεπάτησα ἐνώπιόν σου ἐν ἀληθείᾳ καὶ καρδίᾳ πλήρει, καὶ τὸ ἀγαθόν σου ἐν ὀφθαλμοῖς σου 4 ἐποίησα. καὶ ἔκλαυσεν Ἐζεκίας κλαυθμῷ μεγάλῳ. ⁴καὶ ἦν Ἡσαίας ἐν 5 τῇ αὐλῇ τῇ μέσῃ, καὶ ῥῆμα Κυρίου ἐγένετο πρὸς αὐτὸν λέγων ⁵Ἐπίστρεψον καὶ ἐρεῖς πρὸς Ἐζεκίαν τὸν ἡγούμενον τοῦ λαοῦ μου Τάδε λέγει Κύριος ὁ θεὸς Δαυεὶδ τοῦ πατρός σου Ἤκουσα τῆς προσευχῆς σου, εἶδον τὰ δάκρυά σου· ἰδοὺ ἐγὼ ἰάσομαί σε, τῇ ἡμέρᾳ τῇ τρίτῃ 6 ἀναβήσῃ εἰς οἶκον Κυρίου. ⁶καὶ προσθήσω ἐπὶ τὰς ἡμέρας σου πέντε καὶ δέκα ἔτη, καὶ ἐκ χειρὸς βασιλέων Ἀσσυρίων σώσω σε καὶ τὴν πόλιν ταύτην· καὶ ὑπερασπιῶ ὑπὲρ τῆς πόλεως ταύτης 7 δι' ἐμὲ καὶ διὰ Δαυεὶδ τὸν δοῦλόν μου. ⁷καὶ εἶπεν Λαβέτωσαν 8 παλάθην σύκων καὶ ἐπιθέτωσαν ἐπὶ τὸ ἕλκος, καὶ ὑγιάσει. ⁸καὶ εἶπεν Ἐζεκίας πρὸς Ἡσαίαν Τί τὸ σημεῖον ὅτι ἰάσεται Κύριός με, 9 καὶ ἀναβήσομαι εἰς οἶκον Κυρίου τῇ ἡμέρᾳ τῇ τρίτῃ; ⁹καὶ εἶπεν Ἡσαίας Τοῦτο τὸ σημεῖον παρὰ Κυρίου ὅτι ποιήσει Κύριος τὸν λόγον ὃν ἐλάλησεν· πορεύσεται ἡ σκιὰ δέκα βαθμούς, ἐὰν ἐπι-10 στρέφῃ δέκα βαθμούς. ¹⁰καὶ εἶπεν Ἐζεκίας Κοῦφον τὴν σκιὰν κλῖναι δέκα βαθμούς· οὐχί, ἀλλ' ἐπιστραφήτω ἡ σκιὰ ἐν τοῖς ἀνα-11 βαθμοῖς δέκα βαθμοὺς εἰς τὰ ὀπίσω. ¹¹καὶ ἐβόησεν Ἡσαίας ὁ προφήτης πρὸς Κύριον, καὶ ἐπέστρεψεν ἡ σκιὰ ἐν τοῖς ἀναβαθμοῖς εἰς τὰ ὀπίσω δέκα βαθμούς.

12 ¹²Ἐν τῷ καιρῷ ἐκείνῳ ἀπέστειλεν Μαρωδαχβαλδὰν υἱὸς Βαλαὰν βασιλεὺς Βαβυλῶνος βιβλία καὶ μαναὰν πρὸς Ἐζεκίαν, ὅτι ἤκουσεν

37 Εσθραχ A | θεου] pr του A | Αδρεμελεχ A | οι υιοι] om οι A | εσω- A θησαν] διεσωθ. A | Αραραθ] Αραδαδ A | ο υιος] om ο A   XX 1 Αμμως A | αποθνησκεις] pr οτι A | συ] σ sup ras Aᵃ   3 καρδια] pr εν A | πληρη B | om σου 2° A | εν οφθαλμοις] ενωπιον A   5 om μου A | τη ημερα] pr εν A | αναβηση] αναβησεται A | οικον] pr τον A   6 βασιλεως A | σωσω] σω 2° sup ras B† | δι εμε] δια με A   7 ειπεν]+Ησαιας A | συκων]+και ελημφθη A   8 οικον] pr τον A   9 βαθμους A | 1°] αναβαθμους A | om εαν επιστρεφη δεκα βαθμους A   10 βαθμους (bis) αναβαθμους A | αλλ] αλλα A | om εν τοις αναβαθμοις A ᵛⁱ   11 αναβαθμοις]+και τεβη εν αναβαθμοις Αχαζ A   12 Μερωδακβαλαδαν A | Βαλααν] Βαλαδαν A | μανααν] παναα A

Β ὅτι ἠρρώστησεν Ἐζεκίας. ¹³καὶ ἐχάρη ἐπ' αὐτοῖς Ἐζεκίας, καὶ 13
ἔδειξεν αὐτοῖς ὅλον τὸν οἶκον τοῦ νεχωθά, τὸ ἀργύριον καὶ τὸ χρυ-
σίον, τὰ ἀρώματα καὶ τὸ ἔλαιον τὸ ἀγαθόν, καὶ τὸν οἶκον τῶν σκευῶν,
καὶ ὅσα ηὑρέθη ἐν τοῖς θησαυροῖς αὐτοῦ· οὐκ ἦν λόγος ὃν οὐκ ἔδειξεν
αὐτοῖς Ἐζεκίας ἐν τῷ οἴκῳ αὐτοῦ καὶ ἐν πάσῃ τῇ ἐξουσίᾳ αὐτοῦ.
¹⁴καὶ εἰσῆλθεν Ἡσαίας ὁ προφήτης πρὸς τὸν βασιλέα Ἐζεκίαν καὶ 14
εἶπεν πρὸς αὐτόν Τί ἐλάλησαν οἱ ἄνδρες οὗτοι, καὶ πόθεν ἥκασιν
πρὸς σέ; καὶ εἶπεν Ἐζεκίας Ἐκ γῆς πόρρωθεν ἥκασιν· πρὸς μέ, ἐκ
Βαβυλῶνος. ¹⁵καὶ εἶπεν Τί εἶδον ἐν τῷ οἴκῳ σου; καὶ εἶπεν Πάντα 15
ὅσα ἐν τῷ οἴκῳ μου εἶδον· οὐκ ἦν ἐν τῷ οἴκῳ μου ὃ οὐκ ἔδειξα
αὐτοῖς, ἀλλὰ καὶ τὰ ἐν τοῖς θησαυροῖς μου. ¹⁶καὶ εἶπεν Ἡσαίας 16
πρὸς Ἐζεκίαν Ἄκουσον λόγον Κυρίου· ¹⁷ἰδοὺ ἡμέραι ἔρχονται καὶ 17
λημφθήσεται πάντα τὰ ἐν τῷ οἴκῳ σου καὶ ὅσα ἐθησαύρισαν οἱ
πατέρες σου ἕως τῆς ἡμέρας ταύτης εἰς Βαβυλῶνα· καὶ οὐχ ὑπο-
λειφθήσεται ῥῆμα ὃ εἶπεν Κύριος· ¹⁸καὶ οἱ υἱοί σου οἳ ἐξελεύσονται 18
ἐκ σοῦ οὓς γεννήσεις λήμψεται, καὶ ἔσονται εὐνοῦχοι ἐν τῷ οἴκῳ
τοῦ βασιλέως Βαβυλῶνος. ¹⁹καὶ εἶπεν Ἐζεκίας πρὸς Ἡσαίαν Ἀγαθὸς 19
ὁ λόγος Κυρίου ὃν ἐλάλησεν. ²⁰καὶ τὰ λοιπὰ τῶν λόγων Ἐζεκίου καὶ 20
πᾶσα ἡ δυναστεία αὐτοῦ καὶ ὅσα ἐποίησεν, τὴν κρήνην καὶ τὸν ὑδρα-
γωγόν, καὶ εἰσήνεγκεν τὸ ὕδωρ εἰς τὴν πόλιν, οὐχὶ ταῦτα γεγραμμένα
ἐπὶ βιβλίῳ λόγων τῶν ἡμερῶν τοῖς βασιλεῦσιν Ἰούδα; ²¹καὶ ἐκοιμήθη 21
Ἐζεκίας μετὰ τῶν πατέρων αὐτοῦ, καὶ ἐβασίλευσεν Μανασσὴ υἱὸς
αὐτοῦ ἀντ' αὐτοῦ.

¹Υἱὸς δώδεκα ἐτῶν Μανασσὴ ἐν τῷ βασιλεύειν αὐτόν, καὶ πεντή- 1 XXI
κοντα καὶ πέντε ἔτη ἐβασίλευσεν ἐν Ἰερουσαλήμ, καὶ ὄνομα τῇ μητρὶ
αὐτοῦ Ὀψειβά. ²καὶ ἐποίησεν τὸ πονηρὸν ἐν ὀφθαλμοῖς Κυρίου κατὰ 2
τὰ βδελύγματα τῶν ἐθνῶν ὧν ἐξῆρεν Κύριος ἀπὸ προσώπου τῶν υἱῶν
Ἰσραήλ. ³καὶ ἐπέστρεψεν καὶ ᾠκοδόμησεν τὰ ὑψηλὰ ἃ κατέσπασεν 3
Ἐζεκίας ὁ πατὴρ αὐτοῦ, καὶ ἀνέστησεν θυσιαστήριον τῇ Βάαλ, καὶ
ἐποίησεν ἄλση καθὼς ἐποίησεν Ἀχαὰβ βασιλεὺς Ἰσραήλ, καὶ προσ-
εκύνησεν πάσῃ τῇ δυνάμει τοῦ οὐρανοῦ καὶ ἐδούλευσεν αὐτοῖς. ⁴καὶ 4
ᾠκοδόμησεν θυσιαστήριον ἐν οἴκῳ Κυρίου, ὡς εἶπεν Ἐν Ἰερουσαλὴμ

A 13 τα αρωματα] pr και A | λογος] τοπος A   14 με] εμε A   15 ειπεν
2°] + Εζεκιας A | ειδον 2°] ιδεν A | τα εν] om τα A   16 λογον] pr τον A
17 υπολειφθησεται] υπολημφθησεται A | Κυριος] ο κς A   19 ελαλησεν]
+ || και ειπεν· μη ουκ αιαν (sic) ειρηνη| και αληθεια εσται εν ημεραις μου| A
20 δυναστια A | om λογων 2° A   21 Μανασσης A   XXI 1. Μα-
νασσης A: item 18 | Οψειβα] Αψειβα Bᵃᵇ (A superscr) Οφσιβα A   3 επε-
στρεψεν] απεστρ. A | κατεσπασεν] κατεσκαψεν A | ανεστησεν θυσιαστηριον]
απεστρεψεν το θυσ. A   4 θυσιαστηριον] pr το A.

ΒΑΣΙΛΕΙΩΝ Δ   XXI 16

5 θήσω τὸ ὄνομά μου. ⁵καὶ ᾠκοδόμησεν θυσιαστήριον πάσῃ τῇ δυ- B
6 νάμει τοῦ οὐρανοῦ ἐν ταῖς δυσὶν αὐλαῖς οἴκου Κυρίου. ⁶καὶ διῆγεν
τοὺς υἱοὺς αὐτοῦ ἐν πυρί, καὶ ἐκληδονίζετο καὶ οἰωνίζετο, καὶ ἐποίησεν ἑλλην καὶ γνώστας ἐπλήθυνεν, τοῦ ποιεῖν τὸ πονηρὸν ἐν ὀ-
7 φθαλμοῖς Κυρίου παροργίσαι αὐτόν. ⁷καὶ ἔθηκεν τὸ γλυπτὸν τοῦ
ἄλσους ἐν τῷ οἴκῳ ᾧ εἶπεν Κύριος πρὸς Δαυεὶδ καὶ πρὸς Σαλωμὼν
τὸν υἱὸν αὐτοῦ Ἐν τῷ οἴκῳ τούτῳ ἐν Ἰερουσαλὴμ ἐξελεξάμην ἐκ
8 πασῶν φυλῶν Ἰσραὴλ καὶ θήσω τὸ ὄνομά μου εἰς τὸν αἰῶνα, ⁸καὶ
οὐ προσθήσω τοῦ σαλεῦσαι τὸν πόδα Ἰσραὴλ ἀπὸ τῆς γῆς ἧς ἔδωκα
τοῖς πατράσιν αὐτῶν, οἵτινες φυλάξουσιν πάντα ὅσα ἐνετειλάμην κατὰ
9 πᾶσαν τὴν ἐντολὴν ἣν ἐνετείλατο ὁ δοῦλός μου Μωϋσῆς. ⁹καὶ οὐκ ἤκουσαν, καὶ ἐπλάνησεν αὐτοὺς Μανασσῆς τοῦ ποιῆσαι τὸ πονηρὸν ἐν
ὀφθαλμοῖς Κυρίου ὑπὲρ τὰ ἔθνη ἃ ἠφάνισεν Κύριος ἐκ προσώπου
10 υἱῶν Ἰσραήλ. ¹⁰καὶ ἐλάλησεν Κύριος ἐν χειρὶ δούλων αὐτοῦ τῶν
11 προφητῶν λέγων ¹¹Ἀνθ᾽ ὧν ὅσα ἐποίησεν Μανασσῆς ὁ βασιλεὺς
Ἰούδα τὰ βδελύγματα ταῦτα τὰ πονηρὰ ἀπὸ πάντων ὧν ἐποίησεν ὁ
Ἀμορραῖος ὁ ἔμπροσθεν, καὶ ἐξήμαρτεν καί γε Ἰουδὰ ἐν τοῖς εἰδώλοις
12 αὐτῶν· ¹²οὐχ οὕτως· τάδε λέγει Κύριος ὁ θεὸς Ἰσραήλ Ἰδοὺ ἐγὼ φέρω
κακὰ ἐπὶ Ἰερουσαλὴμ καὶ ἐπὶ Ἰουδά, ὥστε παντὸς ἀκούοντος ἠχήσει
13 ἀμφότερα τὰ ὦτα αὐτοῦ· ¹³καὶ ἐκτενῶ ἐπὶ Ἰερουσαλὴμ τὸ μέτρον
Σαμαρείας καὶ τὸ στάθμιον οἴκου Ἀχαάβ, καὶ ἀπαλείψω τὴν Ἰερουσαλὴμ καθὼς ἀπαλείφεται ὁ ἀλάβαστρος ἀπαλειφόμενος καὶ κατα-
14 στρέφεται ἐπὶ πρόσωπον αὐτοῦ· ¹⁴καὶ ἀπεώσομαι τὸ ὑπόλειμμα τῆς
κληρονομίας μου, καὶ παραδώσω αὐτοὺς εἰς χεῖρας ἐχθρῶν αὐτῶν,
καὶ ἔσονται εἰς διαρπαγὴν καὶ εἰς προνομὴν πᾶσιν ἐχθροῖς αὐτῶν·
15 ¹⁵ἀνθ᾽ ὧν ὅσα ἐποίησεν τὸ πονηρὸν ἐν ὀφθαλμοῖς μου, καὶ ἦσαν
παροργίζοντές με ἀπὸ τῆς ἡμέρας ἧς ἐξήγαγον τοὺς πατέρας αὐτῶν
16 ἐξ Αἰγύπτου καὶ ἕως τῆς ἡμέρας ταύτης. ¹⁶καί γε αἷμα ἀθῷον ἐξέχεεν
Μανασσῆς πολὺ σφόδρα ἕως οὗ ἔπλησεν τὴν Ἰερουσαλὴμ στόμα εἰς

4 το ονομα] τον θρονον A   5 θυσιαστηριον]. pr το A | ταις δυσιν] A
πασαις A   6 διηγε A | ελλην] τεμενη Bᵇᵐᵍ θελητην A   7 γλυπτον του αλσους] κρυπτον του οικου εν τω ασσει (sic)| ως εποιησεν A | ω]
ως A | εν 3°] και A | εξελεξαμην] pr ην A | μου]+εκει A .   8 ης] η A |
φυλαξουσιν]+του ποιειν A | ενετειλαμην]+αυτοις A | την, εντολην] om την
A | ενετειλατο]+αυτοις A   11 Αμαρραιος A | ο εμπροσθεν] om ο A | Ιουδας
A   12 επι Ιλημ κακα A | Ιουδαν A   13 σταθμον A | Ιερουσαλημ 2°]
Ιηλμ A | το αλαβαστρον A | καταστρεφετε A   14 υπολιμμα A | εχθροις]
pr τοις A   15 om οσα A | εποιησαν A | om ης εξηγαγον...ημερας 2° A
16 πολυν A | εις τομα A

XXI 17   ΒΑΣΙΛΕΙΩΝ Δ

B στόμα, πλὴν ἀπὸ τῶν ἁμαρτιῶν αὐτῶν ὧν ἐξήμαρτεν τὸν Ἰούδαν τοῦ ποιῆσαι τὸ πονηρὸν ἐν ὀφθαλμοῖς Κυρίου. ¹⁷καὶ τὰ λοιπὰ τῶν λόγων 17 Μανασσὴ καὶ πάντα ὅσα ἐποίησεν καὶ ἡ ἁμαρτία αὐτοῦ ἣν ἥμαρτεν, οὐχὶ ταῦτα γεγραμμένα ἐπὶ βιβλίῳ λόγων τῶν ἡμερῶν τοῖς βασιλεῦσιν Ἰούδα; ¹⁸καὶ ἐκοιμήθη Μανασσὴ μετὰ τῶν πατέρων αὐτοῦ, καὶ ἐτάφη 18 ἐν τῷ κήπῳ τοῦ οἴκου αὐτοῦ, ἐν κήπῳ Ὀζά· καὶ ἐβασίλευσεν Ἀμὼς υἱὸς αὐτοῦ ἀντ' αὐτοῦ. ¹⁹Υἱὸς εἴκοσι καὶ δύο ἐτῶν Ἀμὼς ἐν τῷ βασιλεύειν αὐτόν, καὶ 19 δύο ἔτη ἐβασίλευσεν ἐν Ἰερουσαλήμ, καὶ ὄνομα τῇ μητρὶ αὐτοῦ Μεσολλάμ, θυγάτηρ Ἀροὺς ἐξ Ἰεσεβάλ. ²⁰καὶ ἐποίησεν τὸ πονηρὸν 20 ἐν ὀφθαλμοῖς Κυρίου καθὼς ἐποίησεν Μανασσὴ ὁ πατὴρ αὐτοῦ. ²¹καὶ 21 ἐπορεύθη ἐν πάσῃ ὁδῷ ᾗ ἐπορεύθη ὁ πατὴρ αὐτοῦ, καὶ ἐλάτρευσεν τοῖς εἰδώλοις οἷς ἐλάτρευσεν ὁ πατὴρ αὐτοῦ καὶ προσεκύνησεν αὐτοῖς. ²²καὶ ἐγκατέλιπεν τὸν κύριον θεὸν τῶν πατέρων αὐτοῦ, καὶ οὐκ ἐπο- 22 ρεύθη ἐν ὁδῷ Κυρίου. ²³καὶ συνεστράφησαν οἱ παῖδες Ἀμὼς πρὸς 23 αὐτόν, καὶ ἐθανάτωσαν αὐτὸν βασιλέα ἐν τῷ οἴκῳ αὐτοῦ. ²⁴καὶ 24 ἐπάταξεν ὁ λαὸς τῆς γῆς πάντας τοὺς συστραφέντας ἐπὶ τὸν βασιλέα Ἀμώς· καὶ ἐβασίλευσεν ὁ λαὸς τῆς γῆς τὸν Ἰωσείαν υἱὸν αὐτοῦ ἀντ' αὐτοῦ. ²⁵καὶ τὰ λοιπὰ τῶν λόγων Ἀμὼς ὅσα ἐποίησεν, οὐκ ἰδοὺ 25 ταῦτα γεγραμμένα ἐπὶ βιβλίῳ λόγων τῶν ἡμερῶν τοῖς βασιλεῦσιν Ἰούδα; ²⁶καὶ ἔθαψαν αὐτὸν ἐν τῷ τάφῳ αὐτοῦ ἐν τῷ κήπῳ Ὀζά· καὶ 26 ἐβασίλευσεν Ἰωσείας υἱὸς αὐτοῦ ἀντ' αὐτοῦ.

¹Υἱὸς ὀκτὼ ἐτῶν Ἰωσείας ἐν τῷ βασιλεύειν αὐτόν, καὶ τριάκοντα 1 XXII καὶ ἓν ἔτος ἐβασίλευσεν ἐν Ἰερουσαλήμ, καὶ ὄνομα τῇ μητρὶ αὐτοῦ Ἰεδεία θυγάτηρ Ἐδεινὰ ἐκ Βασουρώθ. ²καὶ ἐποίησεν τὸ εὐθὲς ἐν 2 ὀφθαλμοῖς Κυρίου, καὶ ἐπορεύθη ἐν πάσῃ ὁδῷ Δαυεὶδ τοῦ πατρὸς αὐτοῦ· οὐκ ἀπέστη δεξιὰ καὶ ἀριστερά. ³Καὶ ἐγενήθη ἐν τῷ ὀκτωκαιδεκάτῳ ἔτει τῷ βασιλεῖ Ἰωσείᾳ, ἐν 3 τῷ μηνὶ τῷ ὀγδόῳ, ἀπέστειλεν ὁ βασιλεὺς τὸν Σαφφὰν υἱὸν Ἐλίου υἱοῦ Μεσολλὰμ τὸν γραμματέα οἴκου Κυρίου λέγων ⁴Ἀνάβηθι πρὸς 4

A   16 αὐτων] αυτου A   18 τω κηπω] om τω A | Αμως] Αμμων A (item 19, 23, 24, 25)   19 εικοσι και] σι κ sup ras 4 ut vid litt A^a? | δυο 2°] δωδεκα (sup ras 7 forte litt) A^a? | Μεσολλαμ] Μασσαλαμειθ A | Ιεσεβαλ] Ιεταχαλ A   20 Μανασσης A   22 εγκατελειπεν A   23 αυτον 2°] τον B^abA   24 ο λαος 1°] pr πας A | Ιωσιαν B^bA   25 βιβλιου A 26 om αυτου 1° A | τω κηπω] om τω A | Ιωσιας B^bA   XXII 1 Ιωσιας B^bA | μητρια B* (μητρι B^a) | Ιεδεια] Εδιδα A | Εδεινα] Ιεδιδα A   2 και 3°] η A   3 Ιωσια B^bA | μηνι A* (μηνι A^1?a?) | ογδοω] εβδομω A | απεστειλεν] εξαπεστ. A | Σεφφαν A | Ελιου] Εσσελιου A | υιου] υιο| A | Μεσολλαμ] Μεσσαλην A | γραμματαιαν A | οικου Κυριου] του οικου A

ΒΑΣΙΛΕΙΩΝ Δ   XXII 15

Χελκείαν τὸν ἱερέα τὸν μέγαν καὶ σφράγισον τὸ ἀργύριον τὸ εἰσενεχθὲν Β
ἐν οἴκῳ Κυρίου, ὃ συνήγαγον οἱ φυλάσσοντες τὸν σταθμὸν παρὰ τοῦ
5 λαοῦ, ⁵καὶ δότωσαν αὐτὸ ἐπὶ χεῖρα ποιούντων τὰ ἔργα τῶν καθε-
σταμένων ἐν οἴκῳ Κυρίου. καὶ ἔδωκεν αὐτὸ τοῖς ποιοῦσιν τὰ ἔργα
6 τοῖς ἐν οἴκῳ Κυρίου, τοῦ κατισχῦσαι τὸ βέδεκ τοῦ οἴκου, ⁶τοῖς
τέκτοσιν καὶ τοῖς οἰκοδόμοις καὶ τοῖς τειχισταῖς, καὶ τοῦ κτήσασθαι
ξύλα καὶ λίθους λατομητοὺς τοῦ κραταιῶσαι τὸ βέδεκ τοῦ οἴκου.
7 ⁷πλὴν οὐκ ἐξελογίζοντο αὐτοὺς τὸ ἀργύριον τὸ διδόμενον αὐτοῖς, ὅτι
8 ἐν πίστει αὐτοὶ ποιοῦσιν.   ⁸Καὶ εἶπεν Χελκείας ὁ ἱερεὺς ὁ μέγας
πρὸς Σαφφὰν τὸν γραμματέα Βιβλίον τοῦ νόμου εὗρον ἐν οἴκῳ Κυρίου·
καὶ ἔδωκεν Χελκείας τὸ βιβλίον πρὸς Σαφφάν, καὶ ἀνέγνω αὐτό.
9 ⁹καὶ εἰσῆλθεν ἐν οἴκῳ Κυρίου πρὸς τὸν βασιλέα, καὶ ἀπέστρεψεν
τῷ βασιλεῖ ῥῆμα καὶ εἶπεν Ἐχώνευσαν οἱ δοῦλοί σου τὸ ἀργύριον
τὸ εὑρεθὲν ἐν τῷ οἴκῳ Κυρίου, καὶ ἔδωκαν αὐτὸ ἐπὶ χεῖρα ποιούντων
10 τὰ ἔργα καθεσταμένων ἐν οἴκῳ Κυρίου. ¹⁰καὶ εἶπεν Σαφφὰν ὁ
γραμματεὺς πρὸς τὸν βασιλέα λέγων Βιβλίον ἔδωκέν μοι Χελκείας
11 ὁ ἱερεύς· καὶ ἀνέγνω αὐτὸ Σαφφὰν ἐνώπιον τοῦ βασιλέως. ¹¹καὶ
ἐγένετο ὡς ἤκουσεν ὁ βασιλεὺς τοὺς λόγους βιβλίου τοῦ νόμου, καὶ
12 διέρρηξεν τὰ ἱμάτια ἑαυτοῦ. ¹²καὶ ἐνετείλατο ὁ βασιλεὺς τῷ Χελκείᾳ
τῷ ἱερεῖ καὶ τῷ Ἀχεικὰμ υἱῷ Σαφφὰν καὶ τῷ Ἀχοβὼρ υἱῷ Μειχαίου
καὶ τῷ Σαφφὰν τῷ γραμματεῖ καὶ τῷ Ἀσαίᾳ δούλῳ τοῦ βασιλέως
13 λέγων ¹³Δεῦτε καὶ ἐκζητήσατε τὸν κύριον περὶ ἐμοῦ καὶ περὶ παντὸς
τοῦ λαοῦ καὶ περὶ παντὸς τοῦ Ἰούδα καὶ περὶ τῶν λόγων τοῦ βιβλίου
τοῦ εὑρεθέντος τούτου, ὅτι μεγάλη ἡ ὀργὴ Κυρίου ἡ ἐκκεχυμένη ἐν
ἡμῖν ὑπὲρ οὗ οὐκ ἤκουσαν οἱ πατέρες ἡμῶν τῶν λόγων τοῦ βιβλίου
14 τοῦ ποιεῖν κατὰ πάντα τὰ γεγραμμένα καθ' ἡμῶν. ¹⁴καὶ ἐπορεύθη
Χελκείας ὁ ἱερεὺς καὶ Ἀχεικὰθ καὶ Ἀχοβὼρ καὶ Σαφφὰθ καὶ
Ἀσαίας πρὸς Ὄλδαν τὴν προφῆτιν μητέρα Σελλὴμ υἱοῦ Θεκκουαύ
υἱοῦ Ἀραὰς τοῦ ἱματιοφύλακος· καὶ αὕτη κατῴκει ἐν Ἰερουσαλὴμ ἐν
15 τῇ μασενά· καὶ ἐλάλησαν πρὸς αὐτήν· ¹⁵καὶ εἶπεν Τάδε λέγει Κύ-
ριος ὁ θεὸς Ἰσραήλ Εἴπατε τῷ ἀνδρὶ τῷ ἀποστείλαντι ὑμᾶς πρὸς μέ

4 Χελκιαν BᵇA | εν οικω] εις οικον A   5 τοις εν οικω] om τοις A A
7 αυτοι] αυτο A   8 Χελκιας (bis) BᵇA (item 10, 14) | om το βιβλιον
A | ανεγνοι B* (ανεγνω Bᵃᵇ [ω superscr] A)   9 εν οικω 1°] εις οικον
A | απεστρεψεν] επεστρ. A | καθεσταμενων] pr των A   11 βιβλιου] pr
του A | διερρηξεν] ερρηξεν A   12 Χελκια BᵇA | Αχικαμ A | Μιχαιου
A | Ασαια] Ιασαι A ·   13 om και 1°, 3° A | εκκεχυμενη] εκκεκαυμενη A |
βιβλιου 2°]+τουτου A   14 Αχεικαθ] Ακιχαμ A | Σαφαν A | Σελλουμ A |
Θεκκουε A | Αραας] Αρδας Bᵇᶜᵉʳᵗᵉ Αρας A | ιματιοφυλ.] ante φ ras v in fine
lin A¹   15 ειπεν]+προς αυτους A | με]ἐμέ (ἐ superscr) Bᵃᵇ

793

ΒΑΣΙΛΕΙΩΝ Δ'

B ¹⁶Τάδε λέγει Κύριος Ἰδοὺ ἐγὼ ἐπάγω κακὰ ἐπὶ τὸν τόπον τοῦτον 16 καὶ ἐπὶ τοὺς ἐνοικοῦντας αὐτόν, πάντας τοὺς λόγους τοῦ βιβλίου οὓς ἀνέγνω βασιλεὺς Ἰούδα· ¹⁷ἀνθ' ὧν ἐνκατέλιπόν με καὶ ἐθυμίων θεοῖς 17 ἑτέροις, ὅπως παροργίσωσίν με ἐν τοῖς ἔργοις τῶν χειρῶν αὐτῶν, καὶ ἐκκαυθήσεται ὁ θυμός μου ἐν τῷ τόπῳ τούτῳ καὶ οὐ σβεσθήσεται. ¹⁸καὶ πρὸς βασιλέα Ἰούδα τὸν ἀποστείλαντα ὑμᾶς ἐπιζητῆσαι τὸν 18 κύριον, τάδε ἐρεῖτε πρὸς αὐτόν Τάδε λέγει Κύριος ὁ θεὸς Ἰσραήλ Οἱ λόγοι οὓς ἤκουσας, ¹⁹ἀνθ' ὧν ὅτι ἡπαλύνθη ἡ καρδία σου καὶ 19 ἐνετράπης ἂν τὸ πρόσωπον Κυρίου, ὡς ἤκουσας ὅσα ἐλάλησα ἐπὶ τὸν τόπον τοῦτον καὶ ἐπὶ τοὺς ἐνοικοῦντας αὐτὸν τοῦ εἶναι εἰς ἀφανισμὸν καὶ εἰς κατάραν, καὶ διέρρηξας τὰ ἱμάτιά σου καὶ ἔκλαυσας ἐνώπιον ἐμοῦ· καί γε ἐγὼ ἤκουσα, λέγει Κύριος. ²⁰οὐχ οὕτως· ἰδοὺ 20 προστίθημί σε πρὸς τοὺς πατέρας σου, καὶ συναχθήσῃ εἰς τὸν τάφον σου ἐν εἰρήνῃ, καὶ οὐκ ὀφθήσεται ἐν τοῖς ὀφθαλμοῖς σου· ἐν πᾶσιν τοῖς κακοῖς οἷς ἐγώ εἰμι ἐπάγω ἐπὶ τὸν τόπον τοῦτον. ¹Καὶ 1 X ἐπέστρεψαν οἱ βασιλεῖς τὸ ῥῆμα· καὶ ἀπέστειλεν ὁ βασιλεὺς καὶ συνήγαγεν πρὸς ἑαυτὸν πάντας τοὺς πρεσβυτέρους Ἰούδα καὶ Ἰερουσαλήμ. ²καὶ ἀνέβη ὁ βασιλεὺς εἰς οἶκον Κυρίου, καὶ πᾶς ἀνὴρ 2 Ἰούδα καὶ οἱ κατοικοῦντες ἐν Ἰερουσαλὴμ μετ' αὐτοῦ καὶ οἱ ἱερεῖς καὶ οἱ προφῆται καὶ πᾶς ὁ λαὸς ἀπὸ μικροῦ καὶ ἕως μεγάλου, καὶ ἀνέγνω ἐνώπιον αὐτῶν πάντας τοὺς λόγους τοῦ βιβλίου τῆς διαθήκης τοῦ εὑρεθέντος ἐν οἴκῳ Κυρίου. ³καὶ ἔστη ὁ βασιλεὺς πρὸς τὸν 3 στύλον, καὶ διέθετο διαθήκην ἐνώπιον Κυρίου, τοῦ πορεύεσθαι ὀπίσω Κυρίου, τοῦ φυλάσσειν τὰς ἐντολὰς αὐτοῦ καὶ τὰ μαρτύρια αὐτοῦ καὶ τὰ δικαιώματα αὐτοῦ ἐν πάσῃ καρδίᾳ καὶ ἐν πάσῃ ψυχῇ, τοῦ ἀναστῆσαι τοὺς λόγους τῆς διαθήκης ταύτης, τὰ γεγραμμένα ἐπὶ τὸ βιβλίον τοῦτο· καὶ ἔστη πᾶς ὁ λαὸς ἐν τῇ διαθήκῃ. ⁴καὶ ἐνετείλατο 4 ὁ βασιλεὺς τῷ Χελκείᾳ τῷ ἱερεῖ τῷ μεγάλῳ καὶ τοῖς ἱερεῦσιν τῆς δευτερώσεως καὶ τοῖς φυλάσσουσιν τὸν σταθμὸν ἐξαγαγεῖν ἐκ τοῦ ναοῦ Κυρίου πάντα τὰ σκεύη τὰ πεποιημένα τῷ Βάαλ καὶ τῷ

A 16 om εγω A | του βιβλιου] της βιβλου A 17 εγκατελιπον B^b εγκατελειπον A | εκκαυθησεται] καυ sup ras A¹ 18 υμας] υ sup ras A^a 19 αν το προσωπον] ν 1° sup ras B¹ απο προσωπου B^a¹ b¹ mg A | καταραν] ατ sup ras A¹ | εμου] μου A | om γε A 20 ιδου] εγω A | ταφον] τοπον A | ειρηνη] Ιλημ A | επαγω}· επα] εγω A (επα A¹ mg vid) ΧΧΙΙΙ 1 οι βασιλεις] τω βασιλεις (τω βασιλει Mai) B^b τω βασιλει A 2 οι κατοικουντες] pr παντες A | λαος]+μετ αυτου A | ενωπιον]+εν τοις ωσιν A | βιβλιου] βιβλ sup ras 5 ut vid litt A^a 3 του φυλ.] pr και A 4 Χελκια B^b A | om τον σταθμον A | τω Βααλ B A^a¹] (τη B. A* vid)

ΒΑΣΙΛΕΙΩΝ Δ   XXIII 13

ἄλσει καὶ πάσῃ τῇ δυνάμει τοῦ οὐρανοῦ· καὶ κατέκαυσεν αὐτὰ ἔξω Β
Ἰερουσαλήμ, ἐν σαλημὼθ Κεδρών, καὶ ἔλαβεν τὸν χοῦν αὐτῶν
5 εἰς Βαιθήλ. ⁵καὶ κατέκαυσεν τοὺς χωμαρεὶμ οὓς ἔδωκαν βασιλεῖ
Ἰούδα, καὶ ἐθυμίων ἐν τοῖς ὑψηλοῖς καὶ ἐν ταῖς πόλεσιν Ἰούδα καὶ
τοῖς περικύκλῳ Ἰερουσαλήμ, καὶ τοὺς θυμιῶντας τῷ Βάαλ καὶ τῷ
ἡλίῳ καὶ τῇ σελήνῃ καὶ τοῖς μαζουρὼθ καὶ πάσῃ τῇ δυνάμει τοῦ
6 οὐρανοῦ. ⁶καὶ ἐξήνεγκεν τὸ ἄλσος ἐξ οἴκου Κυρίου ἔξωθεν Ἱερου-
σαλὴμ εἰς τὸν χειμάρρουν Κεδρών, καὶ κατέκαυσεν αὐτὸν ἐν τῷ
χειμάρρῳ Κεδρὼν καὶ ἐλέπτυνεν εἰς χοῦν, καὶ ἔριψεν τὸν χοῦν αὐτοῦ
7 εἰς τὸν τάφον τῶν υἱῶν τοῦ λαοῦ. ⁷καὶ καθεῖλεν τὸν οἶκον τῶν
καδησεὶμ τῶν ἐν τῷ οἴκῳ Κυρίου, οὗ αἱ γυναῖκες ὕφαινον ἐκεῖ χεττιεὶν
8 τῷ ἄλσει. ⁸καὶ ἀνήγαγεν πάντας τοὺς ἱερεῖς ἐκ πόλεων Ἰούδα, καὶ
ἐμίανεν τὰ ὑψηλὰ οὗ ἐθυμίασαν ἐκεῖ οἱ ἱερεῖς ἀπὸ Γαιβὰλ καὶ ἕως
Βηρσάβεε· καὶ καθεῖλεν τὸν οἶκον τῶν πυλῶν τὸν παρὰ τὴν θύραν
τῆς πύλης Ἰησοῦ ἄρχοντος τῆς πύλης, τῶν ἐξ ἀριστερῶν ἀνδρὸς ἐν
9 τῇ πύλῃ τῆς πόλεως. ⁹πλὴν οὐκ ἀνέβησαν οἱ ἱερεῖς τῶν ὑψηλῶν
πρὸς τὸ θυσιαστήριον Κυρίου ἐν Ἰερουσαλήμ, ὅτι εἰ μὴ ἔφαγον
10 ἄζυμα ἐν μέσῳ τῶν ἀδελφῶν αὐτῶν. ¹⁰καὶ μιανεῖτε τὸν Τάφεθ ἐν
φάραγγι υἱοῦ Ἑννόμ, τοῦ διαγαγεῖν ἄνδρα τὸν υἱὸν αὐτοῦ καὶ ἄνδρα
11 τὴν θυγατέρα αὐτοῦ τῷ Μόλοχ ἐν πυρί. ¹¹καὶ κατέκαυσεν τοὺς
ἵππους οὓς ἔδωκαν βασιλεῖς Ἰούδα τῷ ἡλίῳ ἐν τῇ εἰσόδῳ οἴκου
Κυρίου εἰς τὸ γαζοφυλάκιον Ναθὰν βασιλέως τοῦ εὐνούχου ἐν
12 φαρουρείμ· καὶ τὸ ἅρμα τοῦ ἡλίου κατέκαυσεν πυρί. ¹²καὶ τὰ θυσια-
στήρια τὰ ἐπὶ τοῦ δώματος τοῦ ὑπερῴου Ἀχάζ, ἃ ἐποίησεν βασιλεὺς
Ἰούδα, καὶ τὰ θυσιαστήρια ἃ ἐποίησεν Μανασσῆς ἐν ταῖς δυσὶν αὐλαῖς
οἴκου Κυρίου, καὶ καθεῖλεν ὁ βασιλεὺς καὶ κατέσπασεν ἐκεῖθεν, καὶ
13 ἔρριψεν τὸν χοῦν αὐτῶν εἰς τὸν χειμάρρουν Κεδρών. ¹³καὶ τὸν
οἶκον τὸν ἐπὶ πρόσωπον Ἰερουσαλὴμ τὸν ἐκ δεξιῶν τοῦ ὄρους τοῦ
Μοσοάθ, ὃν ᾠκοδόμησεν Σαλωμὼν βασιλεὺς Ἰσραὴλ τῇ Ἀστάρτῃ

---

4 σαδημωθ A | ελαβεν] εβαλεν A   5 εδωκαν βασιλει] εδωκεν βασιλευς A | A
τοις περικ.] pr εν A | τω Βααλ] τη B. A   6 τον χειμ.] το χειμ. A | om
και κατεκαυσεν αυτον εν τω χ. Κεδρων A | ερριψεν Bᵃᵇ A   7 τον οικον]
των οικον A | καδησιν A | χεττιειμ A   8 πολεων] πολεως A | εμιαναν A |
Γαιβαλ] Γαβαα A | Βηρσαβεαι A | τον παρα] των π. A | αρχοντος Bᵃᵇ
(ρχ superscr) A] ακοντος B* | ανδρος] ανδρας (as sup ras 3 forte litt) Aᵃ?
9 αδελφων] δε sup ras Aᵃ   10 και μιανειτε] και εμιαναν Bᵇ⁽ᵛⁱᵈ⁾ mg
και μιανει τις A | Ταφεθ] Θοφθα A | εν 1°] pr τον A | Εννομομ'] A | διαγα-
γειν] διαγειν A   11 κατεκαυσεν 1°] κατεκαυσαν A | εδωκαν βασιλεις]
εδωκεν βασιλευς A | εν..2°] pr os A   12 εποιησεν βασιλευς] εποιησαν βα-
σιλεις A   13 τον επι] om τον A | τον εκ] om τον A | Μοσοθ Aᵛⁱᵈ

προσοχθίσματι Σιδωνίων καὶ τῷ Χαμὼς προσοχθίσματι Μωὰβ καὶ τῷ Μολχὸλ βδελύγματι υἱῶν Ἀμμών, ἐμίανεν ὁ βασιλεύς. ¹⁴καὶ συνέτριψεν τὰς στήλας καὶ ἐξωλέθρευσεν τὰ ἄλση καὶ ἔπλησεν τοὺς τόπους αὐτῶν ὀστέων ἀνθρώπων. ¹⁵Καί γε τὸ θυσιαστήριον τὸ ἐν Βαιθὴλ τὸ ὑψηλὸν ὃ ἐποίησεν Ἰεροβοὰμ υἱὸς Ναβὰτ ὃς ἐξήμαρτεν τὸν Ἰσραήλ, καί γε τὸ θυσιαστήριον ἐκεῖνο τὸ ὑψηλὸν κατέσπασεν, καὶ συνέτριψεν τοὺς λίθους αὐτοῦ καὶ ἐλέπτυνεν εἰς χοῦν, καὶ κατέκαυσεν τὸ ἄλσος. ¹⁶καὶ ἐξένευσεν Ἰωσείας καὶ εἶδεν τοὺς τάφους ἐκεῖ ἐν τῇ πόλει, καὶ ἀπέστειλεν καὶ ἔλαβεν τὰ ὀστᾶ ἐκ τῶν τάφων καὶ κατέκαυσεν ἐπὶ τὸ θυσιαστήριον, καὶ ἐμίανεν αὐτὸ κατὰ τὸ ῥῆμα Κυρίου ὃ ἐλάλησεν ὁ ἄνθρωπος τοῦ θεοῦ ἐν τῷ ἑστάναι Ἰεροβοὰμ ἐν τῇ ἑορτῇ ἐπὶ τὸ θυσιαστήριον. καὶ ἐπιστρέψας ἦρεν τοὺς ὀφθαλμοὺς αὐτοῦ ἐπὶ τὸν τάφον τοῦ ἀνθρώπου τοῦ θεοῦ τοῦ λαλήσαντος τοὺς λόγους τούτους, ¹⁷καὶ εἶπεν Τί τὸ σκόπελον ἐκεῖνο ὃ ἐγὼ ὁρῶ; καὶ εἶπον αὐτῷ οἱ ἄνδρες τῆς πόλεως Ὁ ἄνθρωπος τοῦ θεοῦ ὁ ἐξεληλυθὼς ἐξ Ἰούδα καὶ ἐπικαλεσάμενος τοὺς λόγους τούτους οὓς ἐπεκαλέσατο ἐπὶ τὸ θυσιαστήριον Βαιθήλ. ¹⁸καὶ εἶπεν Ἄφετε αὐτό, ἀνὴρ μὴ κινησάτωσαν τὰ ὀστᾶ αὐτοῦ· καὶ ἐρύσθησαν τὰ ὀστᾶ αὐτοῦ μετὰ τῶν ὀστῶν τοῦ προφήτου τοῦ ἥκοντος ἐκ Σαμαρείας. ¹⁹καί γε πάντας τοὺς οἴκους τῶν ὑψηλῶν τοὺς ἐν ταῖς πόλεσιν Σαμαρείας, οὓς ἐποίησαν βασιλεῖς Ἰσραὴλ παροργίζειν Κύριον, ἀπέστησεν Ἰωσείας, καὶ ἐποίησεν ἐν αὐτοῖς πάντα τὰ ἔργα ἃ ἐποίησεν ἐν Βαιθήλ. ²⁰καὶ ἐθυσίασεν πάντας τοὺς ἱερεῖς τῶν ὑψηλῶν τοὺς ὄντας ἐκεῖ ἐπὶ τῶν θυσιαστηρίων, καὶ κατέκαυσεν τὰ ὀστᾶ τῶν ἀνθρώπων ἐπ᾽ αὐτά, καὶ ἐπεστράφη εἰς Ἰερουσαλήμ. ²¹Καὶ ἐνετείλατο ὁ βασιλεὺς παντὶ τῷ λαῷ λέγων Ποιήσατε πάσχα τῷ κυρίῳ θεῷ ἡμῶν, καθὼς γέγραπται ἐπὶ βιβλίου τῆς διαθήκης ταύτης. ²²ὅτι οὐκ ἐγενήθη τὸ πάσχα τοῦτο ἀφ᾽ ἡμερῶν τῶν κριτῶν οἳ ἔκρινον τὸν Ἰσραὴλ καὶ πάσας τὰς ἡμέρας βασιλέων Ἰσραὴλ καὶ βασιλέων Ἰούδα· ²³ὅτι ἀλλ᾽ ἢ τῷ ὀκτωκαιδεκάτῳ ἔτει τοῦ βασιλέως Ἰωσεία ἐγενήθη τὸ πάσχα τῷ κυρίῳ

A 13 προσοχθισματι 1°] προσοχθιμ. B* (σ ins B^(ab)) | Σιδωνιων (Σειδ. B* Σιδ. B^b)] Σι|δονιων A | Χαμως] Μαχως A | Μολχολ] Αμελχομ A 14 εξωλοθρ. B^(h?) 15 το υψηλον 2°] pr και A | ελυπτενε] B* (ελεπτυνε] B^b) 16 και σ|εξενευσεν (sic) A | Ιωσειας B^b A (item 19, 24, 29) | εκει] pr οι A | τουτους] ους sup ras A¹ 17 ειπον] ειπαν A | θεου]+εστιν A | εξ Ιουδα] εκ του I. A 18 αυτο] αυτον A | κινησατωσαν B^b (κειν. B*)] κινησατω A | ερυσθησαν] ευρεθησαν A | Σαμαριας A (item 19) 19 παντας] pr εις A | Ιωσειας] Ιωσιας βασιλευς Ιλημ·| A |. εποιησεν 1°] απεστησεν A | εποιησεν 2°] εποιησαν A 21 βιβλιω A 22 εκριναν A | πασας τας ημερας] πασων ημερων A (e sup ras A¹) 23 Ιωσεια] Ιωσειου B^a Ιωσιου B^b A | το πασχα]+τουτο A

ΒΑΣΙΛΕΙΩΝ Δ XXIII 33

24 ἐν Ἱερουσαλήμ... ²⁴καί γε τοὺς θελητὰς, καὶ τοὺς γνωριστὰς καὶ B τὰ θεραφεὶν καὶ τὰ εἴδωλα καὶ πάντα τὰ προσοχθίσματα τὰ γεγονότα ἐν γῇ· Ἰούδα καὶ ἐν Ἰερουσαλὴμ ἐξῆρεν Ἰωσείας, ἵνα στήσῃ τοὺς λόγους τοῦ νόμου τοὺς γεγραμμένους ἐπὶ τῷ βιβλίῳ οὗ εὗρεν Χελκείας 25 ὁ ἱερεὺς ἐν οἴκῳ Κυρίου. ²⁵ὅμοιος αὐτῷ οὐκ ἐγενήθη ἔμπροσθεν αὐτοῦ βασιλεὺς ὃς ἐπέστρεψέν πρὸς Κύριον ἐν ὅλῃ καρδίᾳ αὐτοῦ καὶ ἐν ὅλῃ ἰσχύι αὐτοῦ καὶ ἐν ὅλῃ ψυχῇ αὐτοῦ κατὰ πάντα τὸν νόμον 26 Μωυσῆ, καὶ μετ' αὐτὸν οὐκ ἀνέστη ὅμοιος αὐτῷ. ²⁶πλὴν οὐκ ἀπεστράφη Κύριος ἀπὸ θυμοῦ. τῆς ὀργῆς αὐτοῦ τοῦ μεγάλου οὗ ἐθυμώθη ὀργῇ αὐτοῦ ἐν τῷ Ἰούδᾳ ἐπὶ τοὺς παροργισμοὺς οὓς παρώργισεν 27 αὐτὸν Μανασσῆς. ²⁷καὶ εἶπεν Κύριος Καί. γε τὸν Ἰουδὰ ἀποστήσω ἀπὸ τοῦ προσώπου αὐτοῦ, καθὼς ἀπέστησα τὸν Ἰσραήλ, καὶ ἀπώσομαι τὴν πόλιν ταύτην ἣν ἐξελεξάμην, τὴν Ἰερουσαλήμ, καὶ τὸν οἶκον οὗ 28 εἶπον Ἔσται τὸ ὄνομά μου ἐκεῖ. ²⁸καὶ τὰ λοιπὰ τῶν λόγων Ἰωσείου καὶ πάντα ὅσα ἐποίησεν, οὐχὶ ταῦτα γεγραμμένα ἐπὶ βιβλίῳ λόγων 29 τῶν ἡμερῶν τοῖς βασιλεῦσιν Ἰούδα; ²⁹ἐν δὲ ταῖς ἡμέραις αὐτοῦ ἀνέβη Φαραὼ Νεχαὼ βασιλεὺς Αἰγύπτου ἐπὶ βασιλέα Ἀσσυρίων ἐπὶ ποταμὸν Εὐφράτην, καὶ ἐπορεύθη Ἰωσείας εἰς ἀπαντὴν αὐτοῦ· καὶ ἐθανάτωσεν 30 αὐτὸν Νεχαὼ ἐν Μαγεδὼ ἐν τῷ ἰδεῖν αὐτόν. ³⁰καὶ ἐπεβίβασαν αὐτὸν οἱ παῖδες αὐτοῦ νεκρὸν ἐκ Μακεδών, καὶ ἤγαγον αὐτὸν εἰς Ἰερουσαλήμ, καὶ ἔθαψαν αὐτὸν ἐν τῷ τάφῳ αὐτοῦ· καὶ ἔλαβεν ὁ λαὸς τῆς γῆς τὸν Ἰωαχὰς υἱὸν Ἰωσείου καὶ ἔχρισαν αὐτόν, καὶ ἐβασίλευσαν αὐτὸν ἀντὶ τοῦ πατρὸς αὐτοῦ.

31 ³¹Υἱὸς εἴκοσι καὶ τριῶν ἐτῶν ἦν Ἰωαχὰς ἐν τῷ βασιλεύειν αὐτόν, καὶ τρίμηνον ἐβασίλευσεν ἐν Ἰερουσαλήμ, καὶ ὄνομα τῇ μητρὶ αὐτοῦ 32 Ἀμειταί, θυγάτηρ Ἱερεμίου ἐκ Λημνά. ³²καὶ ἐποίησεν τὸ πονηρὸν ἐν 33 ὀφθαλμοῖς Κυρίου κατὰ πάντα ὅσα ἐποίησαν οἱ πατέρες αὐτοῦ. ³³καὶ μετέστησεν αὐτὸν Φαραὼ Νεχαὼ ἐν Ἀβλαά ἐν γῇ Ἐμὰτ τοῦ μὴ

24 τους γνωριστας] om τους A | τα θεραφειν] om τα A | γη] pr τη A | A του γεγραμμενου A | ου] ω A | Χελκιας BᵇA | οικω] κω ut vid Bᵃ⁽ᵐᵍ⁾ (om B*) 25 εγεννηθη A | εμπροσθεν] ε 1° sup ras Aᵃ (ημπρ. A*) | αυτου 1° BᵇA] αυτους B* | εν ολη ψυχη αυτου και εν ολη ισχυι αυτου A | Μωυσεως A 26 του μεγαλου] της μεγαλης A | οργη] pr εν τη A 27 Ιουδα] Ιουδαν Bᵃᵇ (ν superscr) A | αυτου] μου A | απωσομαι A | εξελεξαμην] a sup ras Aᵇ (εξελεξαμην A*) 28 Ιωσιου BᵇA 29 απαντησιν A | αυτου 2°] αυτω A | om Νεχαω 2° A | Μαγεδδω A 30 νεκρον οι π. αυτου A | Μακεδων] Μαγεδδω A | Ιωαχαζ A | Ιωσιου BᵇᵛⁱᵈA (item 34 [2°]) | εβασιλευσεν A 31 Ιωαχαζ A | τριμηνον] τρεις μηνας A | Αμειται] Αμιταλ A | Λημνα] Λοβενα A 32 εποιησαν] α sup ras Aᵃ (εποιησεν A*) 33 Αβλαα] Δεβλαα A | Εματ] Διμαθ A

βασιλεύειν ἐν Ἰερουσαλήμ, καὶ ἔδωκεν ἑκατὸν τάλαντα ἀργυρίου καὶ ἑκατὸν τάλαντα χρυσίου. ³⁴καὶ ἐβασίλευσεν Φαραὼ Νεχαὼ ἐπ' αὐτοὺς τὸν Ἐλιακεὶμ υἱὸν Ἰωσείου βασιλέως Ἰούδα ἀντὶ Ἰωσείου τοῦ πατρὸς αὐτοῦ, καὶ ἐπέστρεψεν τὸ ὄνομα αὐτοῦ Ἰωακείμ· καὶ τὸν Ἰωαχὰς ἔλαβεν καὶ εἰσήνεγκεν εἰς Αἴγυπτον, καὶ ἀπέθανεν ἐκεῖ. ³⁵καὶ τὸ ἀργύριον καὶ τὸ χρυσίον ἔδωκεν Ἰωακεὶμ τῷ Φαραώ· πλὴν ἐτιμογράφησαν τὴν γῆν τοῦ δοῦναι τὸ ἀργύριον ἐπὶ στόματος Φαραώ· ἀνὴρ κατὰ τὴν συντίμησιν αὐτοῦ ἔδωκαν τὸ ἀργύριον καὶ τὸ χρυσίον μετὰ τοῦ λαοῦ τῆς γῆς, δοῦναι τῷ Φαραὼ Νεχαώ.

³⁶Υἱὸς εἴκοσι καὶ πέντε ἐτῶν Ἰωακεὶμ ἐν τῷ βασιλεύειν αὐτόν, καὶ ἔνδεκα ἔτη ἐβασίλευσεν ἐν Ἰερουσαλήμ, καὶ ὄνομα τῇ μητρὶ αὐτοῦ Ἰελλὰ θυγάτηρ Ἐδεὶλ ἐκ Κρουμά. ³⁷καὶ ἐποίησεν τὸ πονηρὸν ἐν ὀφθαλμοῖς Κυρίου κατὰ πάντα ὅσα ἐποίησαν οἱ πατέρες αὐτοῦ.

¹ἐν ταῖς ἡμέραις αὐτοῦ ἀνέβη Ναβουχοδονοσὸρ βασιλεὺς Βαβυλῶνος, καὶ ἐγενήθη αὐτῷ Ἰωακεὶμ δοῦλος τρία ἔτη, καὶ ἐπέστρεψεν καὶ ἠθέτησεν ἐν αὐτῷ. ²καὶ ἀπέστειλεν αὐτῷ τοὺς μονοζώνους τῶν Χαλδαίων καὶ τοὺς μονοζώνους Συρίας καὶ τοὺς μονοζώνους Μωὰβ καὶ τοὺς μονοζώνους υἱῶν Ἀμμών, καὶ ἐξαπέστειλεν αὐτοὺς ἐν τῇ γῇ Ἰούδα, τοῦ κατισχῦσαι κατὰ τὸν λόγον Κυρίου ὃν ἐλάλησεν ἐν χειρὶ τῶν δούλων αὐτοῦ τῶν προφητῶν. ³πλὴν ἐπὶ τὸν θυμὸν Κυρίου ἦν ἐν τῷ Ἰούδᾳ ἀποστῆσαι αὐτὸν ἀπὸ τοῦ προσώπου ἐν ἁμαρτίαις Μανασσῆ κατὰ πάντα ὅσα ἐποίησεν. ⁴καί γε αἷμα ἀθῷον ἐξέχεεν καὶ ἔπλησεν τὴν Ἰερουσαλὴμ αἵματος ἀθῴου· καὶ οὐκ ἠθέλησεν Κύριος ἱλασθῆναι. ⁵καὶ τὰ λοιπὰ τῶν λόγων Ἰωακεὶμ καὶ πάντα ὅσα ἐποίησεν, οὐκ ἰδοὺ ταῦτα γεγραμμένα ἐπὶ βιβλίῳ λόγων τῶν ἡμερῶν τοῖς βασιλεῦσιν Ἰούδα; ⁶καὶ ἐκοιμήθη Ἰωακεὶμ μετὰ τῶν πατέρων αὐτοῦ, καὶ ἐβασίλευσεν Ἰωακεὶμ υἱὸς αὐτοῦ ἀντ' αὐτοῦ. ⁷καὶ οὐ προσέθετο ἔτι βασιλεὺς Αἰγύπτου ἐξελθεῖν ἐκ τῆς γῆς αὐτοῦ, ὅτι ἔλαβεν βασιλεὺς Βαβυλῶνος ἀπὸ τοῦ χειμάρρου Αἰγύπτου ἕως τοῦ ποταμοῦ Εὐφράτου πάντα ὅσα ἦν τοῦ βασιλέως Αἰγύπτου.

⁸Υἱὸς ὀκτὼ καὶ δέκα ἐτῶν Ἰωακεὶμ ἐν τῷ βασιλεύειν αὐτόν, καὶ

A 33 βασιλευειν]+αυτον A | εδωκεν]+ζημιαν επι την γην A   34 Φαραν A* (Φαραω A¹⁽ᵛⁱᵈ⁾) | Ιωσειου 1°] Ιωσιου Bᵇ Ιωσιας A | Ιωσειου 2°] Ιωσιου BᵇA   35 Ιωακειμ] pr το A | Φαραω]+Νεχαω A   36 Ιελλα] Ειελδαφ A | Εδειλ] Ειεδδιλα A | Κρουμα] Ρυμα A   37 εν οφθαλμοις] ενωπιον A   XXIV 1 om εν 2° A   2 απεστειλεν]+κ̅ς̅ A | om των Χαλδαιων και τους μονοζωνους A | τη γη] om τη A   3 αποστηναι A | του προσωπου] προσωπου αυτου A | αμαρτιαι A | Μανασσης A   6 Ιωκειμ (1°) A | om αυτου 1° A   7 om Αιγυπτου A | της γης] om της A | ελα] Βαβυλωνος (sic) A

ΒΑΣΙΛΕΙΩΝ Δ

τρίμηνον ἐβασίλευσεν ἐν Ἰερουσαλήμ, καὶ ὄνομα τῇ μητρὶ αὐτοῦ Β 9 Νεσθά, θυγάτηρ Ἑλλαναθὰμ ἐξ Ἰερουσαλήμ. ⁹καὶ ἐποίησεν τὸ πονηρὸν ἐν ὀφθαλμοῖς Κυρίου κατὰ πάντα ὅσα ἐποίησεν ὁ πατὴρ 10 αὐτοῦ. ¹⁰ἐν τῷ καιρῷ ἐκείνῳ ἀνέβη Ναβουχοδονοσὸρ βασιλεὺς Βαβυ- 11 λῶνος εἰς Ἰερουσαλήμ, καὶ ἦλθεν ἡ πόλις ἐν περιοχῇ. ¹¹καὶ εἰσῆλθεν Ναβουχοδονοσὸρ βασιλεὺς Βαβυλῶνος εἰς τὴν πόλιν, καὶ οἱ παῖδες 12 αὐτοῦ ἐπολιόρκουν ἐπ' αὐτήν. ¹²καὶ ἐξῆλθεν Ἰωακεὶμ βασιλεὺς Ἰούδα ἐπὶ βασιλέα Βαβυλῶνος, αὐτὸς καὶ οἱ παῖδες αὐτοῦ καὶ ἡ μήτηρ αὐτοῦ καὶ οἱ ἄρχοντες αὐτοῦ καὶ οἱ εὐνοῦχοι αὐτοῦ, καὶ ἔλαβεν 13 αὐτὸν βασιλεὺς Βαβυλῶνος ἐν ἔτει ὀγδόῳ τῆς βασιλείας αὐτοῦ. ¹³καὶ ἐξήνεγκεν ἐκεῖθεν πάντας τοὺς θησαυροὺς οἴκου Κυρίου καὶ τοὺς θησαυροὺς οἴκου τοῦ βασιλέως, καὶ συνέκοψεν πάντα τὰ σκεύη τὰ χρυσᾶ ἃ ἐποίησεν Σαλωμὼν βασιλεὺς Ἰσραὴλ ἐν τῷ ναῷ Κυρίου 14 κατὰ τὸ ῥῆμα Κυρίου. ¹⁴καὶ ἀπῴκισεν τὴν Ἰερουσαλὴμ καὶ πάντας τοὺς ἄρχοντας καὶ τοὺς δυνατοὺς ἰσχύι, αἰχμαλωσίας δέκα χιλιάδας αἰχμαλωτίσας, καὶ πᾶν τέκτονα καὶ τὸν συνκλείοντα· καὶ οὐχ ὑπε- 15 λείφθη πλὴν οἱ πτωχοὶ τῆς γῆς. ¹⁵καὶ ἀπῴκισεν τὸν Ἰωακεὶμ εἰς Βαβυλῶνα, καὶ τὴν μητέρα τοῦ βασιλέως καὶ τὰς γυναῖκας τοῦ βασιλέως καὶ τοὺς εὐνούχους αὐτοῦ· καὶ τοὺς ἰσχυροὺς τῆς γῆς ἀπήγαγεν 16 ἀποικεσίαν ἐξ Ἰερουσαλὴμ εἰς Βαβυλῶνα. ¹⁶καὶ πάντας τοὺς ἄνδρας τῆς δυνάμεως ἑπτακισχιλίους καὶ τὸν τέκτονα καὶ τὸν συνκλείοντα χιλίους, πάντες δυνατοὶ ποιοῦντες πόλεμον· καὶ ἤγαγεν αὐτοὺς βασι- 17 λεὺς Βαβυλῶνος μετοικεσίαν εἰς Βαβυλῶνα. ¹⁷καὶ ἐβασίλευσεν βασιλεὺς Βαβυλῶνος τὸν Μαθθὰν υἱὸν αὐτοῦ ἀντ' αὐτοῦ, καὶ ἐπέθηκεν τὸ ὄνομα αὐτοῦ Σεδεκιά.

18 ¹⁸Υἱὸς εἴκοσι καὶ ἑνὸς ἐνιαυτοῦ Σεδεκίας ἐν τῷ βασιλεύειν αὐτόν, καὶ ἕνδεκα ἔτη ἐβασίλευσεν ἐν Ἰερουσαλήμ· καὶ ὄνομα τῇ μητρὶ 19 αὐτοῦ Μιτὰτ θυγάτηρ Ἰερεμίου. ¹⁹καὶ ἐποίησεν τὸ πονηρὸν ἐνώπιον 20 Κυρίου κατὰ πάντα ὅσα ἐποίησεν Ἰωακείμ. ²⁰ὅτι ἐπὶ τὸν θυμὸν Κυρίου ἦν ἐπὶ Ἰερουσαλὴμ καὶ ἐν τῷ Ἰούδᾳ, ἕως ἀπέρριψεν αὐτοὺς ἀπὸ προσώπου αὐτοῦ. καὶ ἠθέτησεν Σεδεκίας ἐν τῷ βασιλεῖ Βαβυ-

8 Νεσθα] Ναισθα Α | Ελλαμαθαμ Α   10 om Ναβουχοδονοσορ Α Α
11 om Ναβουχοδ. Α | βασιλευς] pr ο Α | επ αυτην] pr την Α   12 οι ευνουχοι] om οι Α | αυτον] αυτους Α   13 om εκειθεν Α | Σαλωμω] sup ras B¹ᵗᵃ² | Ισραηλ...Κυριου 2° sup ras Aᵃᵗ   14 την Ιερουσαλημ] pr πασαν Α | αιχμαλωτισας] σ superscr Bᵃᵇ (quasi αιχμαλωτισσας)   15 Ιωακειμ εις Βαβυλω|να sup ras Aᵇ?   16 πανδες B* (παντες [τ superscr] Bᵃ)   17 Μαθθαν] Ματθαν (τ superscr) Bᵃᵇ Μεθθαμιαν Α | επεθηκεν] εθηκεν Α | Σεδεκιαν Α   18 om και ενος Α | ενιαυτου] ετων Α | Μιτατ] Αμιταθ Α | Ιερεμίου] Ιηρεμι|ου απο Λομνα Α   19 ενωπιον] εν οφθαλμοις Α   20 εως] ως Α

XXV 1 ΒΑΣΙΛΕΙΩΝ Δ

Β λῶνας. ¹καὶ ἐγενήθη ἐν τῷ ἔτει τῷ ἐνάτῳ τῆς βασιλείας αὐτοῦ ἐν 1
τῷ μηνὶ τῷ δεκάτῳ ἦλθεν Ναβουχοδονοσὸρ βασιλεὺς Βαβυλῶνος καὶ
πᾶσα ἡ δύναμις αὐτοῦ ἐπὶ Ἰερουσαλήμ, καὶ παρενέβαλεν ἐπ᾽ αὐτήν,
καὶ ᾠκοδόμησεν ἐπ᾽ αὐτὴν περίτειχος κύκλῳ. ²καὶ ἦλθεν ἡ πόλις 2
ἐν περιοχῇ ἕως τοῦ ἑνδεκάτου ἔτους τοῦ βασιλέως Σεδεκίου, ⁽³⁾ἐνάτῃ
τοῦ μηνός· ³καὶ ἐνίσχυσεν ὁ λιμὸς ἐν τῇ πόλει, καὶ οὐκ ἦσαν ἄρτοι 3
τῷ λαῷ τῆς γῆς. ⁴καὶ ἐρράγη ἡ πόλις, καὶ πάντες οἱ ἄνδρες τοῦ 4
πολέμου ἐξῆλθον νυκτὸς ὁδὸν πύλης τῆς ἀνὰ μέσον τῶν τειχέων,
αὕτη ἥ ἐστιν τοῦ κήπου τοῦ βασιλέως, καὶ οἱ Χαλδαῖοι ἐπὶ τὴν πόλιν
κύκλῳ. καὶ ἐπορεύθη ὁδὸν τὴν Ἀραβά, ⁵καὶ ἐδίωξεν ἡ δύναμις τῶν 5
Χαλδαίων ὀπίσω τοῦ βασιλέως, καὶ κατέλαβον αὐτὸν ἐν ἀραβὼθ
Ἰερειχώ, καὶ πᾶσα ἡ δύναμις αὐτοῦ διεσπάρη ἐπάνωθεν αὐτοῦ. ⁶καὶ 6
συνέλαβον τὸν βασιλέα, καὶ ἤγαγον αὐτὸν πρὸς βασιλέα Βαβυλῶνος
Ἰερδεβλάθαν· καὶ ἐλάλησεν μετ᾽ αὐτοῦ κρίσιν. ⁷καὶ τοὺς υἱοὺς 7
Σεδεκίου ἔσφαξεν κατ᾽ ὀφθαλμοὺς αὐτοῦ, καὶ τοὺς ὀφθαλμοὺς Σεδε-
κίου ἐξετύφλωσεν· καὶ ἔδησεν αὐτὸν ἐν πέδαις καὶ ἤγαγεν εἰς
Βαβυλῶνα.

⁸Καὶ ἐν τῷ μηνὶ τῷ πέμπτῳ, ἑβδόμῃ τοῦ μηνός, αὐτὸς ἐνιαυτὸς 8
ἐννεακαιδέκατος τῷ Ναβουχοδονοσὸρ βασιλεῖ Βαβυλῶνος, ἦλθεν Να-
βουζαρδὰν ὁ ἀρχιμάγειρος ἑστὼς ἐνώπιον βασιλέως Βαβυλῶνος εἰς
Ἰερουσαλήμ. ⁹καὶ ἐνέπρησεν τὸν οἶκον Κυρίου καὶ τὸν οἶκον τοῦ 9
βασιλέως καὶ πάντας τοὺς οἴκους Ἰερουσαλήμ, καὶ πᾶν οἶκον ἐνέπρη-
σεν ⁽¹⁰⁾ὁ ἀρχιμάγειρος. ¹¹καὶ τὸ περισσὸν τοῦ λαοῦ τὸ καταλειφθὲν 11
ἐν τῇ πόλει καὶ τοὺς ἐνπεπτωκότας οἳ ἐνέπεσον πρὸς βασιλέα Βαβυ-
λῶνος καὶ τὸ λοιπὸν τοῦ στηρίγματος μετῆρεν Ναβουζαρδὰν ὁ ἀρχι-
μάγειρος. ¹²καὶ ἀπὸ τῶν πτωχῶν τῆς γῆς ὑπέλιπεν ὁ ἀρχιμάγειρος 12
εἰς ἀμπελουργοὺς καὶ εἰς ταβείν. ¹³καὶ τοὺς στύλους τοὺς χαλκοὺς 13
τοὺς ἐν οἴκῳ Κυρίου καὶ τοὺς μεχωνὼθ καὶ τὴν θάλασσαν τὴν χαλκὴν
τὴν ἐν οἴκῳ Κυρίου συνέτριψαν οἱ Χαλδαῖοι, καὶ ἦραν τὸν χαλκὸν
αὐτῶν εἰς Βαβυλῶνα. ¹⁴καὶ τοὺς λέβητας καὶ τὰ ιαμειν καὶ τὰς 14

A   XXV 1 εγενηθη] εγενετο A | δεκατω] δευτερω τεσσαρεσ|καιδεκατη του
μηνος· A   2 η πολις εν περιοχη] εις πολιν περιοχης A   4 της ανα] τη|
ανα A | τειχων A   5 αραβωθ] ραβωθ A | Ιεριχω Bᵇ A   6 βα-
σιλεα 2°] pr τον A | Ιερδεβλαθαν] εις Δεβλαθα A   7 πεδαις] παιδες A
8 πεμπω A | om ενιαυτος A | ηλθεν] pr και A | Ναβουζαρδαρ A   9 παντας|
τας τους οικ. A | παν] παντα A | ο αρχιμαγειρος] pr εν πυρι και το| τειχος
Ιλημ· κυκλω κατελυσαν| πασα ευπορεια Χαλδαιων A   11 εμπεπτωκοτας
A | ενεπεσαν A | Ναβουζαρδαν] pr ο A   12 υπελειπεν A | ταβειν] γηβειμ
A   13 τους στ.] pr εις A   14 ιαμειν] ιματια A

ΒΑΣΙΛΕΙΩΝ Δ   XXV 25

φιάλας καὶ τὰς θυίσκας καὶ πάντα τὰ σκεύη τὰ χαλκᾶ ἐν οἷς λει- B
15 τουργοῦσιν ἐν αὐτοῖς ἔλαβεν· ¹⁵καὶ τὰ πυρεῖα καὶ τὰς φιάλας τὰς
16 χρυσᾶς καὶ τὰς ἀργυρᾶς ἔλαβεν. ὁ ἀρχιμάγειρος, ¹⁶στύλους δύο, ἡ
θάλασσα ἡ μία, καὶ τὰ μεχωνὼθ ἃ ἐποίησεν Σαλωμὼν τῷ οἴκῳ
17 Κυρίου· οὐκ ἦν σταθμὸς τοῦ χαλκοῦ πάντων τῶν σκευῶν. ¹⁷ὀκτὼ
καὶ δέκα πήχεων ὕψος τοῦ στύλου τοῦ ἑνός, καὶ τὸ χωθὰρ ἐπ' αὐτοῦ
τὸ χαλκοῦν, καὶ τὸ ὕψος τοῦ χωθὰρ τριῶν πήχεων σακαχαρθαὶ ἐπὶ
τοῦ χωθὰρ κύκλῳ, τὰ πάντα χαλκᾶ· καὶ κατὰ τὰ αὐτὰ τῷ στύλῳ τῷ
18 δευτέρῳ ἐπὶ τῷ γαβαχά. ¹⁸καὶ ἔλαβεν ὁ ἀρχιμάγειρος τὸν Σαραίαν
ἱερέα τὸν πρῶτον καὶ τὸν Σοφονίαν υἱὸν τῆς δευτερώσεως καὶ τοὺς
19 τρεῖς τοὺς φυλάσσοντας τὸν σταθμόν· ¹⁹καὶ ἐκ τῆς πόλεως, ἔλαβεν
εὐνοῦχον ἕνα ὃς ἦν ἐπιστάτης τῶν ἀνδρῶν τῶν πολεμιστῶν, καὶ
πέντε ἄνδρας τῶν ὁρώντων τὸ πρόσωπον τοῦ βασιλέως τοὺς εὑρε-
θέντας ἐν τῇ πόλει, καὶ τὸν γραμματέα τοῦ ἄρχοντος τῆς δυνάμεως
τὸν ἐκτάσσοντα τὸν λαὸν τῆς γῆς, καὶ ἑξήκοντα ἄνδρας τοῦ λαοῦ τῆς
20 γῆς τοὺς εὑρεθέντας ἐν τῇ πόλει· ²⁰καὶ ἔλαβεν αὐτοὺς Ναβουζαρδὰν
ὁ ἀρχιμάγειρος καὶ ἀπήγαγεν αὐτοὺς πρὸς τὸν βασιλέα Βαβυλῶνος εἰς
21 Δεβλάθα. ²¹καὶ ἔπαισεν αὐτοὺς βασιλεὺς Βαβυλῶνος καὶ ἐθανάτωσεν
αὐτοὺς ἐν Ῥεβλάθα ἐν γῇ Αἱμάθ· καὶ ἀπῳκίσθη Ἰούδας ἐπάνωθεν τῆς
22 γῆς αὐτοῦ. ²²καὶ ὁ λαὸς ὁ καταλειφθεὶς ἐν τῇ γῇ Ἰούδα οὓς κατέλιπεν
Ναβουχοδονοσὸρ βασιλεὺς Βαβυλῶνος, καὶ κατέστησεν ἐπ' αὐτῶν τὸν
23 Γοδολίαν υἱὸν Ἀχεικὰμ υἱὸν Σαφάν. ²³Καὶ ἤκουσαν πάντες οἱ
ἄρχοντες τῆς δυνάμεως, αὐτοὶ καὶ οἱ ἄνδρες αὐτῶν, ὅτι κατέστησεν
βασιλεὺς Βαβυλῶνος τὸν Γοδολίαν· καὶ ἦλθον πρὸς Γοδολίαν εἰς
Μασσηφάθ, καὶ Ἰσμαὴλ υἱὸς Ναθανίου καὶ Ἰωνὰ υἱὸς Καρηθ καὶ
Σαραίας υἱὸς Θανέμαθ ὁ Νεφφαθιείτης καὶ Ὀζονίας υἱὸς τοῦ Ἀχαθεί,
24 αὐτοὶ καὶ οἱ ἄνδρες αὐτῶν. ²⁴καὶ ὤμοσεν Γοδολίας αὐτοῖς καὶ τοῖς
ἀνδράσιν αὐτῶν, καὶ εἶπεν αὐτοῖς Μὴ φοβεῖσθε πάροδον τῶν Χαλ-
δαίων· καθίσατε ἐν τῇ γῇ καὶ δουλεύσατε τῷ βασιλεῖ Βαβυλῶνος,
25 καὶ καλῶς ἔσται ὑμῖν. ²⁵καὶ ἐγενήθη ἐν τῷ ἑβδόμῳ μηνὶ ἦλθεν

15 πυρια A | τας αργυρας και τας χρυσας A   16 η μια] om η A | και] A
pr και τας| βασεις B^(ab mg)   17 πηχων A | σακαχαρθαι] σαβαχ και ροαι A |
γαβαχα] σαβαχα A   18 Σαραια A   19 ελαβεν] dehinc usque
ad finem libri plurima retractavit accentus adpinxit A^(b?) | των ανδρων] pr επι
A | γραμματαιαν A | εξηκοντα] επτα A   21 επαισεν] επεσεν A | Ρεβλαθα]
Δεβλαθα A | Αιμαθ] Αιθαμ A   22 γη Ιουδα] Ιουδαια A | κατελειπεν A |
αυτων] αυτω (ω sup ras) A^b | Αχικαμ A | υιον] υιου A   23 αυτοι 1°] αυτου
A | Μασσηφα A | Ναθανιου] Μαθθανιου A | Ιωαναν A | Θανεμαν A | Νεφ-
φαθιειτης] Νεθωφαθειτης A | Οζονιας] Ιεζονιας A | Αχαθει] Μαχαθθει A
24 αυτοις Γοδολιας A | φοβεισθαι A | των Χαλδαιων] om των A | om εν A

ΒΑΣΙΛΕΙΩΝ Δ

B Μαναὴλ υἱὸς Ναθανίου υἱὸς Ἐλεισαμὰ ἐκ τοῦ σπέρματος τῶν βασιλέων, καὶ ἄνδρες μετ᾽ αὐτοῦ· καὶ ἐπάταξεν τὸν Γοδολίαν καὶ ἀπέθανεν, καὶ τοὺς Ἰουδαίους καὶ τοὺς Χαλδαίους οἳ ἦσαν μετ᾽ αὐτοῦ εἰς Μασσηφάθ. ²⁶καὶ ἀνέστη πᾶς ὁ λαὸς ἀπὸ μικροῦ καὶ ἕως μεγάλου 26 καὶ οἱ ἄρχοντες τῶν δυνάμεων καὶ εἰσῆλθον εἰς Αἴγυπτον, ὅτι ἐφοβήθησαν ἀπὸ προσώπου τῶν Χαλδαίων. ²⁷Καὶ ἐγενήθη ἐν τῷ 27 τριακοστῷ καὶ ἑβδόμῳ ἔτει τῆς ἀποικίας τοῦ Ἰωακεὶμ βασιλέως Ἰούδα, ἐν τῷ δωδεκάτῳ μηνὶ ἑβδόμῃ καὶ εἰκάδι τοῦ μηνός, ὕψωσεν Εὐειαλμαρωδὲκ βασιλεὺς Βαβυλῶνος ἐν τῷ ἐνιαυτῷ τῆς βασιλείας αὐτοῦ τὴν κεφαλὴν Ἰωακεὶμ τοῦ βασιλέως Ἰούδα· καὶ ἐξήγαγεν αὐτὸν ἐξ οἴκου φυλακῆς αὐτοῦ. ²⁸καὶ ἐλάλησεν μετ᾽ αὐτοῦ ἀγαθά, καὶ ἔδωκεν τὸν 28 θρόνον αὐτοῦ ἐπάνωθεν τῶν θρόνων τῶν βασιλέων τῶν μετ᾽ αὐτοῦ ἐν Βαβυλῶνι. ²⁹καὶ ἠλλοίωσεν τὰ ἱμάτια τῆς φυλακῆς αὐτοῦ, καὶ 29 ἤσθιεν ἄρτον διὰ παντὸς ἐνώπιον αὐτοῦ πάσας τὰς ἡμέρας τῆς ζωῆς αὐτοῦ. ³⁰καὶ ἡ ἑστιατορεία αὐτοῦ ἑστιατορεία διὰ παντός· ἐδόθη αὐτῷ 30 ἐξ οἴκου τοῦ βασιλέως, λόγον ἡμέρας ἐν τῇ ἡμέρᾳ αὐτοῦ, πάσας τὰς ἡμέρας τῆς ζωῆς αὐτοῦ.

A 25 Μαναηλ] Ισμαηλ B^{ab} (Ισμα superscr) A | υιος 2°] υιον A | Ελισαμα A | ανδρες] pr δεκα A | επαταξαν A | εις Μασσηφαθ] εν Μασσηφα A 26 των δυναμεων] της δυναμεως A | Χαλδαιων] Χαναναιων A   27 αποικιας] μετοικεσιας A | Ευειαλμαρωδεκ] Ευειαναρωδαχ A | του βασιλεως] om του A   29 ηλλοιωσαν A   30 εστιατορια B^bA (bis) | δια παντος] θεραποντος A
Subser βασιλειων δ BA

ΓΕΝΕΣΙΣ
ΕΞΟΔΟΣ
ΛΕΥΕΙΤΙΚΟΝ
ΑΡΙΘΜΟΙ
ΔΕΥΤΕΡΟΝΟΜΙΟΝ
ΙΗΣΟΥΣ
ΚΡΙΤΑΙ
ΡΟΥΘ
ΒΑΣΙΛΕΙΩΝ Α
ΒΑΣΙΛΕΙΩΝ Β
ΒΑΣΙΛΕΙΩΝ Γ
ΒΑΣΙΛΕΙΩΝ Δ

ἵνα μή τι ἀπόληται

APPENDIX

ΓΕΝΕΣΙΣ

I 2 επεφερετω E | υδαστος E ‖ 6 γενηθητο B | εμμεσω A^vid E ‖ 11 σπεισπερμα B ‖ 22 αυξανεσθαι A ‖ 27 θηλυ] θυλυ D ‖ 28 πληθυνεσθαι A
II 6 αναιβενύεν A ‖ 8 παραδισον A (item 10) ‖ 9 εμμεσω AE ‖ 17 φαγεσθαι AE | φαγησθαι A ‖ 20 πασι τοις κτηνεσι E ‖ 22 οκοδομησεν E* (ωκοδ. E^b) ‖ 23 εληφθη E ‖ 24 τουτο B | καταλιψει A
III 1 εποισεύ E ‖ 3 εμμεσω AE (item 8) | φαγεσθαι AE | αποθανηται E ‖ 5 ηδει] ειδει D | εσεσθαι AE | γεινωσκοντες A ‖ 6 αραιστον A ‖ 8 δειλινον] διληνον A ‖ 14 στηθι A ‖ 15 τηρησις E ‖ 24 κατωκεισεν A
IV 8 παιδιον, παιδιω A ‖ 9 ειμη E ‖ 15 αναιλειν A ‖ 17 επονομασεν E
V 2 [επωνομ]ασε D ‖ 3 εξησσν E | ιδεαν E | επονομασεν E (item 29) ‖ 9 τρις A ‖ 13 τεσσαρακοντα E (ita constanter) ‖ 22 γενησαι E* (γενν. E^a) ‖ 27 εγενοτο E* (εγενοντο E^a) | Μαθουσα A* (Μαθουσαλα A¹)
VI 1 εγεννησενωε E | τρις A: item 11 ‖ 4 γιγαντες 1°] γηγαντες E | εισπορευοντο E ‖ 11 αδικειας A ‖ 14 τετραγονων E | ασφαλτωσις E ‖ 15 ποιησεις 1°] ποιεισης B ‖ 16 πηχην D | διωρωφα A διωρυφα DE | τριωροφα D τριωρυφα B ‖ 20 πετινων A ‖ 21 βροματων E | εδεσθαι E
VII 1 γενα E ‖ 2 εισαγαγευρος A* (εισαγαγε προς A^a) ‖ 11 ετει] ετη B ‖ 14 κεινου[μενον] D ‖ 21 κεινουμ. bis A ‖ 23 εξειληφθησαν E

VIII 3 ενεδιδου 2°] ενδιδου E* (ενεδιδου E^b) ‖ 4 εκαθεισεν A ‖ 5 ελαττονουτο D ‖ 10 εξαποστειλεν B ‖ 15 υιοι] υἳ B ‖ 17 κεινουμενον A (item 19, D) | πληθυνεσθαι A ‖ 21 ετη B
IX 1 και 6°] κα B ‖ 2 κεινουμενα AD ‖ 4 φαγεσθαι B ‖ 7 αυξανεσθαι A ‖ 11 αποθανειτε A ‖ 12 αιωνιους] ανιους E ‖ 13 τοξομου E* (τοξον μου E^a) | τημι E (τιθημι E^b) | σημιον A ‖ 20 ανος (sic) B ‖ 23 οπιστοφανως A ‖ 24 εξενειψεν B ‖ 27 κατοικησατο E
X 1 γενεσις E* (-σεις E^a) ‖ 5 αφορισθησαν B ‖ 9 κυνηγος 2°] γυνηγος D* (κυν. D^a) κυνιγος E ‖ 26 τον 3° E^b των E* ‖ 30 κατοικησεις A
XI 2 παιδιον A ‖ 6 εκλιψει A ‖ 13 εγεννεισεν E^a? ‖ 31 γυναικαν D
XII 1 συγγενιας E | διξω A ‖ 3 καταρουμενος D ‖ 9 πορευθης E*^vid (πορευθεις E^a) ‖ 10 βραμ A* (Αβρ. A¹) ‖ 11 ηγγεισεν A ‖ 12 αιρουσιν B | γυ|γη E ‖ 13 ειμι] ει μη B ‖ 16 παιδι|και A (παιξίσκαι A¹?a?(mg))
XIII 7 ποιμαινων A (bis) ‖ 8 ποιμαιων A (bis) ποιημενων E (1°) ‖ 10 παραδισος A ‖ 17 εις 1°] ις E | αυτης bis scr A
XIV 4 τρισκεδεκατω A ‖ 13 ανασωθεντις A | συνομοται A
XV 9 κρειον D ‖ 11 συνεκαθεισεν A ‖ 12 εκστασεις A
XVI 4 εγγαστρι A (item 11) ‖ 5 εγγαστρι A* (εν γαστρι A^a)
XVII 11 περιτμηθησεσθαι A ‖ 23 ακροβυστειας A (item 24, 25)

ΓΕΝΕΣΙΣ [APP.

XVIII 2 τρις A || 5 εξεκλειωατε A || 14 αδυνατι D || 24 πολι A || 31 των] του E
XIX 2 εκκλεινατε A | καλυσατε A* (καταλ. A^a) | ορθισαντες A | απελευσεσθαι AD || 3 εξεκλειναν AD (εξεκλει[ναν]) || 6 προσοξεν E || 8 χρησασθαι A || 9 ηγγεισαν A | την θυρα E (item 11) || 17 συμπαραλημφθης D || 18 δαιομε A || 20 πολεις A || 27 ορθρισεν B || 28 ανεβεννεν E | καμεινου A || 29 πολις B* (πολεις E^a) | εμνησμη E* (εμνησθη E^a) || 30 θυγατεραις E (θυγατερες E^a) || 31 νεωτερα A
XX 1 εκεινησεν AE || 6 εφησαμην B || 7 γνωθη E || 12 εμητρος A* (εκ μ. A^1) || 13 οτι] οτ B
XXI 3 ετεκε A^vid || 6 συγχαρειτε D || 14 αναστη D || 17 πεδιου (2°) A || 23 αδικισιν A
XXII 5 καθησατε A || 16 εφισω D
XXIII 10 εμμεσω A
XXIV 14 επικλεινον א | εν του γν. A || 18 καθιλεν D || 37 ωρκεισεν א | θυρατερων א || 43 μεικρον א | υδρειας א || 45 υδρειαν א (item 46) || 49 απαγγειλαται A || 50 αντιπειν A || 54 εκπεμψαται A || 60 χειλια[δ]ας D || 61 αναστα A* (αναστασα A^1) || 63 παιδιον A || 65 παιδιω A
XXV 16 ταισκηναις B || 21 εγγαστρι A || 24 του bis scr E || 25 επονομασεν E || 26 επιλημμενη AE || 27 αβλαστος A || 29 παιδιου A || 30 πυρου E || 33 ωμοσον E
XXVI 8 πεξοντα E || 10 του E* (τουτο E^b) || 18 επονομασεν E || 20 ποιμαινες, ποιμαινων A || 21 εκχθρια A || 27 εμεισησατε A || 29 ποιησιν E || 35 αιριζουσαι AE
XXVII 3 παιδιον AE (item 5, A) || 4 και 2°] κα F || 9 αιριφους A || 11 λιος AE || 22 ηγγεισεν A || 23 χειρες 2°] χειραις A || 26 εγγεισον A || 33 πατων D || 34 σφοδραν D || 41 αποκτινω E
XXVIII 6 αποχετο E || 12 αφικνι-[το] D^vid αφηκνειτο E || 13 το σπερματι E || 18 [ελ]εον D || 20 φα[γ]ιν D^vid

XXIX 2 παιδιω A || 4 εσται A | εκ] εχ A || 7 βοσκεται AE || 10 απεκυλησεν B || 17 ιδει A || 25 ινα τι] ιτι D | με] μαι E || 26 η] ι E || 31 μισειτε A || 33 μεισουμαι A
XXX 6 τουτο] του B || 11 τυχη] ιυχη A^vid | επονομασεν E* (επων. B^a) || 23 αφηλεν B || 26 δουλειαν D^sil || 33 αιξεσιν B || 36 εποιμενεν B || 38 ελεπεισεν B
XXXI 4 παιδιον A || 8 ποικειλα (2°) B || 13 στηλην] στειλην E || 19 ιδωλα A || 24 φυλαξε A || 29 φυλαξε A (φυλαξα B* φυλαξαι B^1?) || 34 επεκαθεισεν AF || 35 δυναμε E* (δυναμαι E^b)
XXXII 15 πολους E || 16 προπορενεσθαι E | ποιειται AE || 20 εξειλασομαι A || 22 παιδι|αυτου E || 23 διεβηβασεν E
XXXIII 6 προσηγγεισαν A | 7 προσηγγεισεν A (bis) || 10 ευδοκησις AE || 15 [κα]ταλιψω D || 17 εκαλεν D
XXXIV 1 καταμαθιν A | ευχωριων E || 5 παιδιω AE* (πεδ. E^b) || 7 παιδιω AE (πεδ. E^a) || 10 πλατια B (item 21) | εμπορευεσθαι A || 12 ειπηται A | δωσεται A || 13 εμειαναν E || 21 οικητωσαν B |•ληψομεθα E || 22 περιπετετμηνται A || 28 παιδιω A || 29 ηυχμαλωτευσαν E || 30 μεισητον AD
XXXV 2 καθαρισασθαι A || 14 εσπισεν E || 16 ετεχεν B | ηγγεισεν A || 17 τικτην E* (τικτειν B^b) || 27 παιδιου AD
XXXVI 35 παιδιω A || 36 αρχιμαγηρω B
XXXVII 3 ηγαπα] ηγα A || 4 εμεισησαν D || 7 εμεσω A | παιδιω A || 10 επετειμησεν E || 15 πλανομενον E* (πλανωμ. E^b) | παιδιω AE* (πεδ. E^a) || 22 εκχεηται A || 23 χιτονα B || 25 εκαθεισαν A || 26 αδελφων B (αδελφον E^a) || 31 αιριφον A || 32 ευ] η B || 34 επενθη B || 36 αρχιμαγηρω E
XXXVIII 1 αφεικετο A || 11 ηρα A* (χηρα A^1) || 12 κιροντας E || 14 εκαλλοπισατο B || 16 εξεκλεινεν

806

[APP.] ΕΞΟΔΟΣ

Α | ειεγνω Ε^ed | δωσις Ε || 17 αιριφον Α (item 20, 23) | αρραβω| Β || 18 δοσω Β | εγγαστρι Α (item 24, 25) || 19 θερισθρον Ε | ·ειρευσεως Β || 20 ποιμαινος Α | κωμησασθαι Ε || 23 ευρικας Β || 24 πορνιας Ε || 25 επιγνωθη Ε || 26 προσεθετω Ε
XXXIX 5 ευλογεια D || 9 τουτον Β || 14 εμπεξειν Β || 16 καταλειμπανει Β || 17 εμπεξαι Α || 18 φωνη Β
XL 3 αρχιδεσμοφυλακει Α || 8 διασαφησεις Α | διηγησασθαι Α || 10 πεπιροι Α | πυθμεναις D | ανενηχυια Ε || 12 ησιν Ε* (εισιν Ε^b) || 13 σε] σαι Α | αρχιονοχοιαν Α | πρωτεραν Β || 18 συγκρισεις Α | τρις Α || 20 εμμεσω ΑΕ
XLI 2 ανεβεννον Β (item 5, 18, 19) || 3 ανεβενο| Β || 4 εσχραι ADE (item 19, Α: 20, Ε) | ιδει Α (item 18) || 5 ενυπνιαθη Β || 7 ηγηρθη Ε || 27 ετη 1°] εστη Α || 36 λειμω Α || 43 ανεβηβασεν Ε || 44 σου] ξου Β || 45 Ψονο|ομ᾽φανηχ Ε || 48 παιδιων ΑΕ || 55 επινασεν Α | πορευεσθαι Α || 56 σειτοβολωνας Α
XLII 1 πράσεις Α || 3 πριασθε Β || 9 εσται ΑΕ* (εστε Ε^a?) | ιχνει Ε || 14 εσται Α || 16 αληθευεται Β || 18 ζησεσθαι D || 19 αγορασμων Ε* || 20 [απο]θανεισθαι D || 21 τη θλιψιν Α* (την θλ. Α^1) || 22 αδικησηται Ε | εκζιτιται Α* (εκζιτειται Α^1) εκζητειτε DE || 27 δεσμων Ε* || 32 δωδεκα] δωκα F || 34 εμπορευεσθαι Ε || 35 κατακαινουν Α || 36 λημψεσθαι Α || 38 πορευεσθαι Α | καταξεται D
XLIII 2 οψεσθαι Α (item 4) Ε || 6 ειδειμεν D || 8 ημαρτικως Ε ||

9 δεις Ε || 11 αγνωημα Ε || 19 πριασθε Α || 22 φοβεισθαι Α
XLIV 1 οικειας Α | εμβαλαται Α || 5 συντετελεσθαι Α || 10 εσεσθαι AD || 13 αυτων|των F || 15 οιωνϊειτε Α || 22 αποθανειτε Α || 26 καταταβαινει F || 31 εστε Α
XLV 2 κλαθμου Α || ˙5 λυπεισθαι Α || 7 καταλιψιν AF || 18 φαγεσθαι Α || 19 εντειλε D | παραγεινεσθαι Α || 20 φισησθε F || 24 οργιζεσθαι Α
XLVI 26 εξλθοντες Α* (εξελθ. Α^1) || 32 ποιμαινες Α
XLVII 3 ποιμαινες Α || 5 κατοικιτωσαν Β* (κατοικειτ. Β^ab) || 9˙μεικραι Β* (μικραι Β^b) || 12 εσιτομετρι Α || 22 δοσι Β* (δοσει Β^ab) || 24 δωσεται Α | πεμπτος Α || 29 ηγγεισαν Α | ελαιημοσυνην Α
XLVIII 2 εκαθεισεν AF | κλεινην Β* (κλιν. Β^b) || 6 αδελφω Α || 9 προσ|αγαγε Β* προσα|γαγε Β^b || 10 ηγγεισεν Α^a† (item 13, Α) || 22 δωμι D
XLIX 6 συστασι Β* (συστασει Β^ab) || 8 αινεσεσαν Β* (αινεσαισαν Β^ab) || 10 εκλιψει Β*ADF (εκλειψει Β^a†b) || 11 ελικει Β* (ελικι Β^b) ελικη D || 15 πονιν Α || 16 κρεινει Β κρινι Α || 17 πεσειτε Β* (πεσειται Β^ab) || 18 σωτηριαν]+ πε|ριαν F || 19 πιρατευσει Α || ˙23 ενιχον Α || 26 [ευλο]γει[ας] D^vid || 27 προινον F | ετι] ετει Α || 30 κτησι Β* (κτησει Β^ab) | μνημιου F || 32 εθραψαν F || 33 κλεινην Β* (κλιν. Β^b)
L 3 ουτω Α^vid || 5 μνημιω F || 8 πανοικεια Α | συγγενεια Β^ab || 13 μνημιου F || 26 ετελευσεν D^b

ΕΞΟΔΟΣ

I 11 Ηλιου πολεις Α ||˙14 πλινθεια Β^a†b? | παιδιοις Α || 16 μαιουσθαι F | τικτιν F | περιποιεισθαι Α || 22. ρειψατε Β* (ριψ. Β^b)
II 2 εγγαστρι Α | ειδοντες, F. || 3 κατεχρεισεν Β* (κατεχρισεν Β^b?) || 7 βραιων Β* (Εβρ. Β^ab) || 15 εκαθεισεν AF || 16 ποιμενουσαι Β* (ποιμαιν. Β^ab) || 17 ποιμαινες AF || 19 ποιμαινων AF | εποτεισεν F || 21 κατωκεισθη Α
III 1 ποιμενων Β* (ποιμαιν. Β^a†b) || 3 οψομε Α || 4 ειδειν F || 5 λυσε Β* (λυσαι Β^a†b) || 7 ειδων F || 9 θλειμ-

ΕΞΟΔΟΣ [APP.

μον F ‖ 12 σημιον F | λατρευσεται A ‖ 22 συνσκηνον F | επιθησεται BAF ..,
IV 4 της χειρα A ‖ 6 χειων F ‖ 9 σημιοις F | ληψη B^b ("sic saepe") ‖ 10 δαιομαι A (item 13) | ιχνοφωνος F* (ισχυ. F^a) ‖ 15 ποιησεται A ‖ 25 ακροβυστειαν A | προσεπεσε| A
V 4 διαστρεφεται A ‖ 8 κατ B (καθ B^(a†b)) ‖ 14 εμαστειγωθησαν B* (εμαστιγ. B^b) ‖ 16 μεμαστειγωνται B* (μεμαστιγ. B^b) ‖ 17 εσται A ‖ 18 εργαζεστε B^edit εργαζεσθαι A | αποδωσεται A ‖ 19 απολιψετε B* (απολειψ. B^(ab)) ‖ 21 κρειναι B
VI 6 βραχιονει F | κρισι B* (κρισει B^(a†b†)) ‖ 14 συγγενεια B^(a†b)AF ‖ 16 συγγενειας B^(a†b)AF ‖ 19 συγγενειαν B^(a†b) ‖ 20 ελα F* (ελαβεν F^a) ‖ 26 δυναμι B* (δυναμει B^(ab))
VII 4 εκδικησι B* (εκδικησει B^(ab)) ‖ 9 ρειψον B* (ριψον B^b) ‖ 11 συνεκαλεσε F ‖ 22 φαρμακειαις B^(ab) ‖ 23 οκ F* (ουκ F^†) ‖ 24 ωσται F
VIII 3 κλεıων B*A (κλιν. B^b) | κλειβανοις B* (κλιβ. B^b) F ‖ 9 ταξε F | βαθραχους F | οικειων A (item 11, 13) | υπολιφθησονται B* (υπολειφθ. B^(a†b): item 11) ‖ 10 ειδης F ‖ 11 περιερεθησονται A ‖ 15 ειδων F ‖ 16 σκνειφες B* (σκνιφ. B^b F^a(vid) [κνιφ. F*]) ‖ 17 σκνειφες B* (σκνιφ. B^b) bis ‖ 18 φαρμακειαις B^(ab)AF^a | σκνειφα B* (σκνιφα B^bF) σνιφαν A | σκνειφες B* (σκνιφες B^bAF σκνιπες B^c) ‖ 24 εξωλοθρευθη B^(a†) ‖ 31 κατελιφθη B* (κατελειφθη B^(ab))
IX 2 εγκρατεις B^b ‖ 3 παιδιοις A^a ‖ 5 τουο A* (τουτο A^(a†)) ‖ 13 ορθισον B* (ορθρισον B^(a†b†)) ‖ 19 παιδιω A (bis: item 25) ‖ 25 παιδιοις A | συνετρειψεν B* (συνετριψεν B^b) ‖ 28 ευξασθαι A
X 2 γνωσεσθαι A ‖ 4 ακρειδα B* (ακριδα B^b: item 13) ακριδαν A | ορεια B* (ορια. B^b) ‖ 5 οψειν A | καταλιφθεν B* (καταλειφθ. B^(ab)) ‖ 6 εκκλεινας B*A (εκκλιν. B^b) ‖ 15 υπελιφθη B* (υπελειφθ. B^(ab) bis: item 19, 26) | παιδιου A | ουκ B* (ουχ B^(ab):

item 19, 26) ‖ 17 προσευξασθαι A ‖ 28 ειδειν A
XI 5 πρωτοτον B* (πρωτοτοκον B^a) | κα|καθηται B* (καθ. B^a) | θεραπενης A ‖ 10 εξαπεστειλαι A
XII 4 γιτονα B (γειτ. B^(ab)) | αρκου A ‖ 5 τελιον B* (τελειον B^(ab)) ‖ 7 φλειαν A ‖ 10 απολιψεται B | κατακαυσεται A ‖ 11 φαγεσθαι A ‖ 15 εξολοθρ. B^(a†) (item 19) ‖ 16 ποιησεται A (item 17) ‖ 19 ουκ B* (ουχ B^(ab)) | αυτοχθοσι A ‖ 20 εδεσθαι (2°) A ‖ 21 συγγενειαν B^(a†b†)A ‖ 22 φλειας A (item 23) | εξελευσεσθαι A ‖ 23 ολοθρ. B^(a†) ‖ 25 λατρειαν B^(a†b†)A ‖ 26 λατρεια B^(a†b†)A ‖ 29 πρωτοκου A ‖ 37 χειλιαδας BA ‖ 39 εγκρυφιας B^(ab)AF ‖ 42 ιναι F ‖ 43 εδετε F ‖ 45 εδεται] εται F ‖ 49 εγχωριω B^(a)AF
XIII 3 δουλειας B^(ab)AF (item 14) ‖ 5 λατρειαν B^(ab)AF ‖ 6 εδεσθαι A (item 7) ‖ 7 πασι B^b ‖ 13 διανοιγοιγον F ‖ 16 εξαγαγεν A ‖ 17 ουκ B* (ουχ B^(ab)) ‖ 19 επισκεψετε F | συνανοισεται A ‖ 20 εστρατοπαιδευσαν B*F (εστρατοπεδ. B^(ab)) ‖ 21 νυκταν A* (νυκτα A^(a†))
XIV 2 στρατοπαιδευσωσιν B*^vid (στρατοπεδ. B^1) ‖ 3 συγκε#λεικεν B^bF ‖ 12 κρισσον F ‖ 13 προσθησεσθαι A ‖ 20 συνεμειξαν B* (συνεμιξ. B^b) ‖ 24 αιωθινη AF ‖ 25 αυξονας A ‖ 27 εξετειναξεν AF ‖ 28 εισπεπορευενους A* (εισπεπορευμ. A^a) | κατελιφθη B* (κατελειφθ. B^(ab)) ‖ 29 εμμεσω AF
XV 1 ενδοξω A* (ενδοξως A^1) ‖ 3 συντρειβων B ‖ 4 ερυθα A ‖ 6 ισχυει B* (ισχυι B^b: item 13, ubi ισχυι B^a) ‖ 8 τιχος A | εμμεσω AF (item 19) ‖ 13 τουτουτον F ‖ 14 ωδεινες B*F (ωδιν. B^bA) ‖ 16 μεγεθι B* (μεγεθει B^(ab)) ‖ 22 τρις A | ουκ B* (ουχ B^(ab)) ‖ 26 ενωτοιση F ‖ 27 στελεχαι F
XVI 3 εκαθεισαμεν AF ‖ 4 εκ του ουρ.] pr εκ τους F ‖ 6 γνωσεσθαι A (item 12) ‖ 7 εεσμεν F* (εσμεν F^a) ‖ 12 πλησθησεσθαι A ‖ 15 ειδοντες AF | υμειν A ‖ 18 καθηκον F ‖ 20 τουρωι A^a ‖ 21 διεθερμενεν AF ‖ 25 ουκ B*

ΕΞΟΔΟΣ

(ουχ B^ab) | παιδιω A || 27 ουκ B*A
(ουχ B^ab) || 28 βουλεσθαι A || 29 αυ-
τος] αυτο ο A^vid | καθησεσθαι A ||
30 εσαβατ'τισεν B* (εσαββατ'τ. B?) ||
31 εγκρις B^abAF || 35 τεσσαρ. B^ab
XVII 2 πιραζετε A || 3 εδειψησεν
F | δειψει F || 4 μεικρον B* (μικρ.
B^b) | καταλειθοβολ. F || 6 πιετε
F || 7 λοιδορησεις A || 11 εγεινετο
B*F || 14 εξαλιψω B* (εξαλειψ.
B^b (vid))
XVIII 8 εχειρος (2°) A* (εκ χ. A¹) ||
13 συνεκαθεισεν A | κρεινειν B || 14 ει-
δων F || 21 μεισουντας B*A (μισ. F) |
χειλιαρχ. B* (item 25) || 26 εκρεινο-
σαν B*
XIX 9 παραγεινομαι B*AF || 10 δια-
μαρτυρε F (item 21) || 13 ουκ B* (ουχ
B^a) || 18 καμεινου B*AF. (καμιν. B^b) ||
19 απεκρεινατο B*
XX 2 δουλειας B^abAF || 5 μεισουσιν
B* [μισουσιν B^b (-σι) A] || 6 χειλιαδας
BA || 25 εγχειριδιον B^bF
XXI 7 αποδωτε A || 9 καθωμολο-
γησηται B* (καθομολογησηται B^a) ||
10 ομειλιαν B*F (ομιλιαν B^b) ομιλειαν
A || 13 ουκ B*A* (ουχ B^bA^a?) || 14 επι-
θητε F || 17 αποδωτε B || 19 ιατρια
B*AF (ιατρεια B^ab) || 22 εξικονισμε-
νον A (item 23) || 34 αποτεισει F
(item 36)
XXII 1 τεσσαρα B^a? | 3 ανατιλη
B* (ανατειλη B^ab) || 6 παιδιον A ||
8 ομειτε A || 9 απωλειας B^abAF
εγκαλουμενης B^a?bAF | διπλον A ||
11 προσδεξετε F || 20 ολοθρευθησεται
B^a? || 21 κακωσεται A (item 22) ||
23 κεκραξαντε A* (κεκραξαντες A¹) ||
24 οργισθησομε A || 25 κατεπιγων
B*F (κατεπειγ. B^a?bA) || 27 περι-
βολεον A || 30 ουτω F || 31 εσεσθαι
A | εδεσθαι A
XXIII 2 εκκλειναι B (1°) A (bis)
εκκλιναι F (bis) || 3 κρισι B* (κρισει
B^ab: item 6) || 5 ειδης F | πεπτωκως
B || 8 ληψη B^a?b? | λυμενεται A ||
9 θλειψετε B || 11 εδετε F || 15 εδε-
σθαι A | εξηθες A* (εξηλθ. A¹) ||
16 συντελιας B* (-τελειας B^abAF) ||
17 καιρου A* (καιρους A¹) || 19 ουκ
B* (ουχ B^ab) | γαλακτει F || 21 απι-

θει F || 22 φυλαξηται A | εσεσθαι
(2°) A | εκχθροις A || 23 εκτρειψω
B || 24 καθαιρεσι B* (καθαιρεσει B^ab)
καθερεσει A || 30 μεικρον B* (μικρ.
B^b) || 31 ορεια B* (ορια B^b) | του
A* (τους A¹) | εγκαθημ. B^a?bAF ||
32 συγκαταθηση B^a?bAF || 33 εγκα-
θησ. B^a?bAF
XXIV 2 συναβησεται A || 12 λει-
θινα A || 16 νε|φελελη F || 18 τεσσα-
ρακ. B^b (bis)
XXV 2 λημψεσθαι A (item 3) ||
4 αιγειας B^abF || 5 ηρυθοδανωμενα
A || 6 επωμειδα B* (επωμιδ. B^b) ||
8 παραδιγμα F (bis) | αυτς A* (αυ-
της A¹) | ουτως AF || 9 ημισυς BA
(ter) || 11 τεσσαρα B^ab | κλειτη, κλει-
τος (bis) A || 14 ακεινητοι A || 15 εις|
εις F || 16 ημισυς BA (bis) || 18 κλει-
τους 1° AF | επει A || 22 ημισυς B*A
(ημισους B^ab) || 25 τεσσαρα B^a?b?F ||
28 σπονδεια F | σπισεις B*A (σπεισ.
B^a?) || 31 κλειτους B^ab (2°) || 32 σφε-
ρωτηρ F || 40 δεδιγμ. B*A (δεδειγμ.
B^abF)
XXVI 7 δερρις B* (δερρεις B^ab 2°,
AF bis: item 9 bis, 11) | σκεπειν A ||
8 δερρεσιν AF || 9 δερρειν F || 12 δερ-
ρεσι F || 13 συγκαλυπτον B^a?bAF ||
14 κρειων B | ηρυθοδανωμενα A ||
18 εικοσει F | τους A* (του A?) | κλει-
τους A || 20 κλειτος A || 21 βασις (2°)
A || 24 δυσι AF || 26 μοκλους B*
(μοχλ. B^ab: item 27 bis, 28, 29
[1°]) || 27 κλιτι B* (κλιτει B^ab bis) ||
28 διικνισθω B* (διικνεισθ. B?) | κλι-
του|εις A || 30 δεδιγμενον A || 32 αυ-
των 1°] αυ| F || 34 κειβωτον A ||
36 επιπαστρον F* (επισπαστρ. F^avid)
XXVII 3 πυριον F || 4 τεσσαρα B? |
κλειτη A || 5 ημισυς B*A (ημισους
B^ab) || 8.παραδιχθεν B* (παραδειχθ.
B^ab) || 9 κλειτος A (item 15) | κλιτι
B* (κλιτει B^ab: item 14) || 11 εικοσει
(1°) F (item 16) | βασις (1°) A ||
14 τρις A (bis) || 20 ελεον B*vid
(ελαιον B^a?) | αιλαιων A
XXVIII 4 επωμειδ. B* (επωμιδ. B^b:
item 6, 7, 8) || 7 δυσιν F || 10 γενεσις
A || 12 εισι F || 14 εμπροσθειων B*
(εμπροσθιων B^b) || 17 κατυφανεις B*

ΕΞΟΔΟΣ [APP.

(καθυφ. B^a) ‖ 18 στειχος F | σαππιρος F ‖ 20 βερυλλιον A | περικεκαλυμενα B^b (περικεκαλυμμ. B^b) ‖ 22 συμπεπλεγμ. B^{b}F ‖ 23 τους στηθους F* | εισειοντι F (item 31) ‖ 25 ασπειδισκας F ‖ 27 υποδητην A˙ ‖ 29 αυτοσιδος A ‖ 31 λιτουργ. B* (λειτουργ. B^b: item 39) | αξιοντι A εξειοντι F ‖ 35 κιτωνων B | ποικειλτου F ‖ 37 χρεισεις B
XXIX 2 κεχρεισμενα B ‖ 3 κρειους B ‖ 5 επωμειδ. B* (επωμιδ. B^b: bis) ‖ 7 χρεισματος B | χρεισεις BF ‖ 8 χειτωνας F ‖ 9 ιερατεια B^{ab}AF | τελιωσεις B* (τελειωσεις B^{ab}AF) ‖ 15 κρειον B | κρειου B (item 2¹, 22, 26, 32) ‖ 17 ενδοσθεια B* (-σθια B^b) ‖ 19 κρειον, κρειου B*: item 27 ‖ 20 ακρα 1°] ακραν F ‖ 21 χρεισεως B* ‖ 22 τελειωσεις B^{ab}A τελιωσις B*F ‖ 23 προτεθιμ. B* (προτεθειμ. B^{ab}) ‖ 26 τελιωσ. B*F (τελειωσ. B^{ab}A: item 27, 31, 34, 35) ‖ 29 χρεισθηναι B | τελιωσαι B* (τελειωσ. B^{ab}) ‖ 30 λιτουργειν B* (λειτ. B^{ab}) ‖ 33 τελιωσ. B*: item 35 ‖ 34 καταλιφθη B* (καταλειφθ. B^{ab}) ‖ 36 χρεισεις BF ‖ 39 διφινον A (item 41, AF) ‖ 40 ιν A (bis) ‖ 41 ευωδειας F
XXX 4 δακτυλιος F* (δακτυλιους F^a) | κλειτη B* (κλιτη B^b) ‖ 6 κειβωτου A ‖ 10 εξειλασεται B*^{vid} ‖ 12 συλλογεισμον F* (-λογισμ. F^a) ‖ 15 παινομενος A | εξειλασασθαι B* (item 16) ‖ 20 λιτουργ. B* (λειτουργ. B^b) ‖ 24 αιλαιων A ‖ 25 χρεισμα B*F (χρισμ. B^b bis) ‖ 26 χρεισεις B*F (χρισ. B^b: item 30, B*: hiante F) ‖ 31 αλειμμα B^{ab} | χρεισεως B* (χρισ. B^b) ‖ 32 χρεισθ. B* (χρισθ. B^b) ‖ 33 εξολοθρ. B$^?$ ‖ 36 συγκοψεις B^{ab} ‖ 37 ποιησεται BA ‖ 38 αποληστε A
XXXI 4 διανοεισθε A ‖ 5 λειθουργικα A ‖ 10 λιτουργ. B* λειτουργεικας A ‖ 11 χρεισεως B | ενετιλ. B* ‖ 14 εξολοθρ. B$^?$
XXXII 1 ειδων F (item 5, 25) ‖ 2 περιελεσθαι A ‖ 4 οιτεινες A (item 8) ‖ 6 εκαθεισεν A ‖ 8 προσεκυνηκασιν B ‖ 12 Εγυπτιοι A ‖ 20 εποτεισεν F ‖ 23 διαβηβασεν E ‖ 26 ειτω F ‖ 27 θεσθαι A ‖ 28 τρισχειλ. B*

(τρεισχιλ. F^{vid}) ‖ 30 εξειλασ. B* ‖ 32 εξαλιψ. B* (εξαλειψ. B$^{a?b}$) (item 33) ‖ 33 ει] η A ‖ 34 ημερα] A
XXXIII 5 διξω B* (δειξ. B$^{a?b}$) ‖ 10 εορα A ‖ 19 ελαιησω A ‖ 20 ειδειν F
XXXIV 1 συνετρειψας B* ‖ 4 ορθισας A ‖ 6 οικτιρμων B^b | ελαιημων A | αληθεινος AF ‖ 7 χειλιαδας B* | αδικειας A a|διας F ‖ 9 συμπορ. B^{b}AF ‖ 12 εγκαθημ. B$^{a?b}$AF (item 15) ‖ 13 κατακαυσεται A ‖ 19 μοσμου F ‖ 20 λυτρυση (1°) F ‖ 23 τουνιαυτου A* (του εν. A^1) ‖ 28 τεσσαρακ. B^{ab} ‖ 29 οψεις A (item 30) ‖ 34 εκπορευεσθε A | πασι AF ‖ 35 συλλαλειν B^{b}A
XXXV 3 κατοικεια A ‖ 6 διπλου A^{a1} | αιγειας B$^{a?b}$A (item 26, sine A) ‖ 7 ηρυθοδαν. A (item 23) ‖ 8 επωμειδ. B* (επωμιδ. B$^?$) ‖ 10 μοκλους B* (μοχλ. B$^{a(vid)}$) ‖ 14 χρεισματος B*F (item 19, sine F) ‖ 18 λιτουργ. B* (λειτουργ. B^{b}AF) ‖ 19 χειτωνας A | ιερατειας B*AF ‖ 27 λογειον A ‖ 28 χρεισεως B*F ‖ 35 ποικειλτα F
XXXVI 2 προσπορευεσθε B ‖ 4 παρεγεινοντο B* ‖ 9 επωμειδ. B* (επωμιδ. B^b: item 11, 14, 15, 25, 26, 27, 28, 30) ‖ 11 συμπεπλεγμ. B^b ‖ 13 συμπεποιηθ. B^b ‖ 17 τοπαζειον B* (τοπαζιον B$^?$) ‖ 22 συμπεπλεγμ. B^{b}A (item 28) | ενπλοκιου A ‖ 29 επωμειδος B$^{a\,mg\,inf}$ (om B* επωμιδ. B^b) ‖ 31 συμπλεκτον B^b ‖ 34 λιτουργ. B* (λειτουργ. B^{ab}) ‖ 35 κιτωνας B* (χιτ. B^{ab}) ‖ 40 επικεισθε A
XXXVII 7 επ B* (εφ B^b): item 9 bis ‖ 15 βασις A ‖ 19 συνταξεις A | λιτουργ. B* (λειτουργ. B$^{a?b?}$) ‖ 21 αρχιτεκτονευσεν A
XXXVIII 3 κλειτος AF ‖ 9 προκιμενην F ‖ 12 σπονδεια B$^{a?b}$ ‖ 18 μοκλους B* (μοχλ. B^{ab}) ‖ 22 πυριον A ‖ 23 κεαγρας A ‖ 25 χρεισεως B χρεισματος F ‖ 27 λιτουργ. B* (λειτουργ. B$^{a?b}$)
XXXIX 2 χειλιοι B* ˙6 χειλιους B* ‖ 12 λιτουργ. B* (λειτουργ. B$^{a?b}$: item 13 bis) ‖ 13 καταλιφθ. B*A (καταλειφθ. B$^{a?b}$F) ‖ 16 χρει-

APP.] ΛΕΥΕΙΤΙΚΟΝ

σεως B*F ‖ 19 ιερατειαν B^{a?b}AF ‖ 21 κρειων B* | ηρυθοδαν. A
XL 1 νομηνια A* (νουμ. A¹) ‖ 3 σκεπασις A ‖ 6 περιθησις A ‖ 7 χρεισματος B* | χρεισεις B*F (item 8, 11, F) ‖ 13 αλιψεις B* (αλειψ. B^{a?b}) |

ηλιψας B*A (ηλειψ. B^{a?b}) | χρεισμα B*F | ιερατειας B^{a?b}AF ‖ 16 μοκλους B* (μοχλ. B^b) ‖ 17 εξετινεν A ‖ 22 κλειτος A ‖ 27 εργα|γα F ‖ 30 απαρτεια F ‖ 31 ανευξευγνυσαν A

ΛΕΥΕΙΤΙΚΟΝ

I 4 εξειλασασθαι B* ‖ 9 εγκοιλια A (item 13) ‖ 10 τω αρνων F ‖ 13 ευωδειας A ‖ 14 απο των (1°) bis scr ·F* (om 1° F¹) ‖ 15 αποκνεισει B
II 2 δρακαν B | ευωδειας AF (item 9, A) ‖ 4 πεποιμμενην F | διακεχρεισμενα B*F ‖ 8 προσεγγεισας F· ‖ 10 ·καταλιφθ. B* (καταλειφθ. B^{a?b}) ‖ 12 ευωδειας B* (ευωδιας B^b)
III 5 ευωδειας A (item 16) ‖ 12 το δωρον αυτου bis scr F* (om 2° F¹) | προσ|αξει B* προ|σαξει B? ‖ 17 κατοικεια A
IV 3 κεχρεισμενος BF | προσ|αξει B* προ|σαξει B? ‖ 5 χρειστος BF (item 16) | τετελιωμενος B* (τετελειωμ. B^{a?b?}) ‖ 8 κα|ταλυπτον A | ενδοσθεια B* (ενδοσθια B^b) ‖ 10 τροπον] τρον A ‖ 16 χρειστ. B* ‖ 20 εξειλασεται B* (item 26 [BA], 31, 35) ‖ 21 αμαρτιας F ‖ 23 χειμαρρον B*A χειμαρον B^aF χιμαρρον B^b ‖ 24 χειμαρρου B*A χειμαρου B^aF (χιμαρου B^b) ‖ 28 χειμεραν B* χιμεραν B^b χειμερραν AF | θηλιαν F ‖ 29 χειμεραν B*A χιμεραν B^b χειμιαρραν F ‖ 31 περιερειται A ‖ 35 περιαιρειτε A.
V 4 μετ A ‖ 6 χιμεραν B χειμεραν A χειμερραν F | εξειλασεται B*F ‖ 10 εξειλασεται B* (item 13, 16, 18) ‖ 12 δρξαμενος A* (δραξ. A¹) ‖ 13 καταλιφθεν B* (καταλειφθ. B^{a?b}) ‖ 15 πλημμελειας B^{a?b}A (item 16) ‖ 16 κρειω B* ‖ 18· πλημμελειαν B^{a?b}A
VI 1 ψευσητε A ‖ 3 απωλειαν B^bAF (item 4) ‖ 6 πλημμελειας B^bA (item 17) | κρειον B*F ‖ 7 εξειλασεται B* ‖ 9 εντειλε B ‖ 16 καταλιφθεν B* (καταλειφθ. B^{a?b(vid)}) ‖

20 χρεισης B* ‖ 22 χρειστος B* ‖ 26 εδετε A (item 36) | τοπω] τοω A ‖ 30 εξειλασασθαι B* ‖ 31 κρειου B* (item 32) | πλημμελειας B^{a?b}A (item 35) ‖ 32 πλημμελειας B^{a?b} ‖ 36 εδετε A ‖ 37 εξειλασεται B* εξιλασετε A ‖ 39 κλειβανω B* (κλιβ. B^b) ‖ 40 υ|ιοις B* υι|ιοις B^{bvid}
VII 2 διακεχρεισμενα BF ‖ 5 καταλιψ. B* (καταλειψ. B^{a?b}) ‖ 7 καταλιφθ. B* (καταλειφθ. B^{a?b}) ‖ 9 αψητε A ‖ 10 απολειτε. A (item 11, 15, 17) ‖ 13 αγων F* (αιγ. F¹) ‖ 22 δωσεται A ‖ 24 Αρων A^{vid} ‖ 25 χρισεις B* (χρισις B^{ab}) χρεισεις F (bis) ‖ 26 εχρεισεν B*F ‖ 27 πλημμελειας B^{ab}A | τελιωσεως BF* (τελειωσ. B^{ab}A)
VIII 2 χρεισεως B*F (item 10, 12, 30) | κρειους B* ‖ 7 επωμειδα B* (επωμιδ. B^b) ‖ 9 μιταν (1°) F* (μιτρ. F¹) ‖ 11 εχρεισεν B* (bis) F (1°) (item 12 BF) ‖ 15 εξειλασασθαι BF ‖ 16 ενδοθιων F* (ενδοσθ. F¹^(vid)) ‖ 18 κρειον B* (item 20, 21, 22 bis) | κρειου B* (item 22, 29) ‖ 22 τελιωσεως B* (τελειωσ. B^b) ‖ 25 το βραχιονα F ‖ 26 τελιωσεως B* (τελειωσ. B^{ab}: item 28, 29, 32, 33) ‖ 28 ενωδειας A ‖ 31 φαγεσθαι BA ‖ 32 καταλιφθεν B* (καταλειφθ. B^{ab}) ‖ 33 τελιωσει B* (τελειωσ. B^{ab(vid)}) ‖ 34 εξειλασασθαι B εξιλασασθε F ‖ 35 αποθανηται F
IX 2 κρειον B* (item 4) ‖ 3 χειμαρρον B*AF χειμαρον B^a χιμαρρον B^b (χιμαρρον B^{b?c?}) ‖ 7 εξειλασαι 1° B* (εξιλ. B^b) εξειλασε B (2°) εξιλασε F (bis) ‖ 15 χειμαρον B χειμαρρον AF ‖ 17 προινον A ‖ 19 κρειου B
X 1 πυριον A ‖ 6 καταλελειμμ. A | αποκιδαρωσεται A | ενπυρισμον

811

ΛΕΥΕΙΤΙΚΟΝ [APP.

B* b?c?] εμπυρισμον Bac?A¹ (εμπυρισον A*) || 7 χρεισεως B* || 9 υιοι B* υι|οι Bb(vid) || 12 καταλιφθ. B* (καταλειφθ. Bac(vid)) bis || 16 χειμαρον B* χειμαρρον AF | καταλελειμμ. Ba?bF || 17 εξειλασησθε B*

XI 3 διχιλουν AF (item 26, A) || 4 διχιλουντων A | διχιλει F || 7 κα A* 1º (και A¹) | διχιλει A || 8 ουκ B*A (ουχ BabF) || 9 χιμαρροις B* (χειμ. Bab: item 10) || 11 εδεσθαι A || 20 τεσσαρα B? (item 21) || 21 φαγεσθαι A || 25 θνημαιων F* (θνησιμ. F¹) || 27 τεσσαρα Bab || 32 ξυλιου A* (ξυλιν. A¹) || 33 συντριβησεται A || 34 πεινεται B*b (πιν. Bab?c?) | αγγειω Bab || 35 κλειβανοι B* (κλιβ. Bb) || 44 κεινουμενοις B*A (κιν. Bab?c?F) || 46 κεινουμενης B*A (κιν. BbF)

XII 2 αφαιδρου A || 4 ουκ B*F (ουχ Bab(vid)A) | αψετε F || 7 εξειλασεται B* (item 8) | θυλυ A

XIII 4 θρειξ B* (θριξ Bb: item 21) || 16 υγειης Ba (υγιης B*b) || 21 ταπινον B*vid || 22 ελκι F (item 27) || 25 οψεις A || 27 διαχυσι B* (διαχυσει Ba?b) || 30 εγκοιλ. Ba?b || 31 εγκοιλ. Ba?bA (ενκοιλ. B*F) || 37 μελενα F || 49 σκευι AF | διξει A || 52 σκευι F (item 53, 57) || 56 απορριξει B* (απορρηξει Bab)

XIV 3 ιατε A || 5 αγγειον Ba?b? || 7 παιδιον A || 9 τριχαν B* bis (τριχα 1º, Bb?c?: 2º, Bab) || 12 πλημμελειας Bb(vid) A (item 14, 17 [cum F], 24) || 17 καταλιφθεν B* (item 18) || 18 εξειλασεται B* (εξιλασ. Bb: item 19, 20) || 21 εξειλασασθαι B* (εξιλασασθαι Bb) εξιλασασθε A || 25 πλημμελειας Ba?bA (bis: item 28) || 27 επτακεις A || 29 καταλιφθεν B* (καταλειφθ. Ba?b) | εξειλασεται B* (item 31, 53) || 34 κτησι B* (κτησει Bab) | οικοιαις Avid | εγκτητου B? || 42 εξαλιψ. B* (εξαλειψ. Ba?b) || 43 εξαλιφθηναι B (item 48, BA) || 53 παιδιον A

XV 4 καθειση A (item 6 [AF], 22, 26) || 5 αψητε A (item 11, 12, 21) || 11 αθαρτος B* (ακαθαρτος Bb) || 15 ιρευς (1º) F | εξειλασεται B* (item 30) || 17 ηματιον A* (ιματ.

A¹) | πλνθ. A* (πλυνθ. A¹) || 20 κοιταξητε A || 23 καθητε A | απτεσθε A || 30 ρυσω|ως F || 33 ρυσι B* (ρυσει B?) | αρσενει F | θηλια B* (θηλεια Bab(vid))

XVI 4 χειτωνα A || 5 χιμαρρ. B*. χιμαρ. Ba?b (item 7, 8, 9, 15) χειμαρρ. AF (item 9, 22, et A constanter) || 6 εξειλασεται B (item 11, 16, 18, 24, 30, 32, 33 ter) || 10 χιμαρρ. B* χιμαρ. Bab (item 20, 21 bis, 22) || 20 εξειλασκ. B* (item 34) || 21 αδικειας A || 26 χιμαρρ. B* (χιμαρ. Bb: item 27) || 32 χρεισωσιν B*F

XVII 4 εξολοθρ. B? (item 9, 14) || 5 παιδιοις A || 6 ευωδειας A || 11 εξειλασκεσθε B* εξιλασκεσθε BbA | εξειλασεται B* || 14 φαγεσθαι A || 16 λουσητε A

XVIII 5 ξησεται Fedit || 25 προσωχθεισεν A || 26 εγχωριος BbAF || 28 προσ|οχθιση B* προσο|χθ. Bb προσοχθεισην A | προσωχθεισεν AF || 29 εξολοθρ. B?

XIX 4 επακολουθησεται BA | ιδωλοις A || 6 καταλιφθη B* (καταλειφθ. Bb) || 7 βρωσι B* (βρωσει Bb) || 8 εξολοθρ. B? || 10 καταλιψεις B*A (καταλειψ. BbF) || 13 ουκ B*bAF (ουχ Bb(vid)) || 16 εθνι B* || 17 μεισησεις B*A || 21 πλημμελειας Bb(vid)A (bis, item 22: 1º, F) || 22 εξειλασεται B εξιλασετε F | κρειω B* (κριω Bb) || 25 φαγεσθαι A || 31 εγγαστριμυθ. A || 35 κρισι B* (κρισει Bb?)

XX 4 υπεροψι B* (υπεροψει Ba) υπεροψη Bc || 5 συγγενειαν BabA συγγενιαν F || 6 εγγαστριμυθ. A || 10 μοιχευσητε A (bis) || 17 εξολοθρ. B? (item 18) || 19 οικιοτητα B*F (οικειοτ. BabA) || 24 κτησι B* (κτησει Ba?b) || 26 αφωρισας A || 27 εγγαστριμυθ. BbA

XXI 2 αδεφω F || 10 χρειστ. B*F (item 12) | τετελιωμενου B* (τετελειωμ. Ba)

APP.]   ΑΡΙΘΜΟΙ

XXII 3 εξολοθρ. Β? || 4 εδετε Α || 5 αψητε Α || 6 λουσητε Α || 11 εγκτητον B^abAF || 16 πλημμελειας B^abA || 18 ομολογειαν Α || 19 αγων Α* (αιγ. Α¹) || 22 μυρμικιωντα Α | δωσεται Α || 24 εκτεθλειμμενον F || 32 εμμεσω AF

XXIII 3 κατοικεια Α (item 14, 21) || 7 ποιησεται Α || 10 θρισμου Α || 13 ευωδεias Α || 17 κατοικειas Α || 19 χειμαρρον B*F χειμαρον Ba (χιμ. B^b) χιμαρρον Α || 22 υπολιψη BA || 27 εξειλασμου Β* (item 28) || 28 εξειλασασθαι Β* εξιλασασθε F || 29 εξολοθρ. Β? || 30 απολειτε Α || 31 κατοικειais Α || 37 καλεσεται Α | προσενεγκε Α || 39 πενδεκαιδεκατη Α || 40 εκ] εχ Α | χιμαρρου Β* (χειμαρρου B^a)

XXIV 2 εντειλε F || 12 διακρειναι Β* || 15 καταρασητε Α || 16 λιθοβολιτω F || 20 μωμον] μον Α

XXV 8 τεσσαρακ. B^ab (τεσσερακ. B*^b) || 9 σαλπιγγει AF || 10 απελευσασθαι Α || 12 τω πεδιω F* των πεδιων F^1vid των παιδιων Β*^bA (τ. πεδ. B^c) || 14 θλειβετω Β* (item 17) || 16 αποδωσετε Β || 24 δωσεται Α || 28 εξελευσετε F | αφεσι Β* (αφεσει B^ab: item 30, B^b(vid); 31, Β: 33, 41, Β) || 29 αποδωτε AF | πολι Β* (πολει B^b(vid): item 30, B^a?b(vid)) | τετιχ. Β* (τετειχ. B^b(vid)) | λυτρωσεις Α (bis) || 32 οικειαι Α || 33 διαπρασεις Α | εμμεσω BAF || 39 δουλειαν B^b(vid) || 42 πρασι Β* (πρασει B^b(vid)) || 48 λυτρωσεις Α || 52 καταλιφθη Β* (καταλειφθ. B^b(vid))

XXVI 1 αναστησεται BA | θησεται Α || 4 παιδιων Α || 5 καταλημψετε (1°) F | κατοικησεται Α | ασφαλιας Β* (ασφαλειας B^a?bAF) || 11 βδελυξετε F || 12 εμπεριπατησω B^abAF || 16 επισυνσυν|στησω F || 17 μεισουντες B*A (μισ. B^b) || 19 υπερηφανειας Α || 25 παραδοθησεσθαι Α || 26 θλειψαι Β* | κλειβανω Β* (κλιβ. B^b) || 27 υπακουσηται Α || 28 πλαγειω Α || 30 εξολοθρ. Β? || 36 καταλιφθεισιν Β* (καταλειφθ. B^a?b) καταλειφθισιν Α | δουλειαν B^a?b || 38 κατεδετε F || 39 καταλιφθεντες Β* (καταλειφθ. B^a?b) || 40 πλαγειοι Α || 43 ενκαταλιφθ. Β* εγκαταλειφθ. B^b | προσωχθεισαν Α || 44 ουκ Β* (ουχ B^ab) | προσωχθεισα AF || 45 δουλειας B^a

XXVII 2 ευξητε Α || 3 διδραγμα F (item 4, 5 bis, 6 bis, 7 [1°, F^1ing 2°, F], 16) || 4 θηλιas B*AF (θηλειas B^a: item 5, 6) || 7 και δεκα] και δε bis scr Β* (impr 1° B^1?ab) | θηλια B*AF (θηλεια B^a) || 10 κτηνι Α || 18 προσλογιειτε Α | ανθυφερεθησεται AF || 23 λογιειτε Α || 27 λυτρωτε Α || 29 θαναθωθ. Β* (θανατωθ. B^ab)

. ΑΡΙΘΜΟΙ

I 2 συγγενεias B^abAF (item 20) || 3 δυναμι Β* (δυναμει B^ab: item 20, 22, 24, 26, 28, 30, 32, 34, 36, 38, 40, 42, 45) || 16 χειλιαρχοι Α || 21 τεσσαρακ. B^ab (item 41) | χειλ. Β* (χιλ. B^b: item 29, 31, 33) || 23 χειλ. Β* (item 25 [BF], 27, 35, 37, 39, 41, 43, 46) || 25 επισκεψεις Α (item 43) || 26 συγγενειας B^1?a?bAF (item 28, 30, 32, 34, 36, 38, 40, 42) || 31 τεσσαρακ. B^a?b (item 37 [τεσσερακ. B*^b]) τησσερακ. Α* || 46 τρισχειλ. Β* (τρισχιλ. B^b) τρεισχειλ. F || 49 εμμεσω AF || 50 λιτουργ. Β* (λειτουργ. B^a?b) || 52 ταξι Β* (ταξει B^1(vid)a) | δυναμι Β* (δυναμει B^a)

II 3 δυναμι Β* (δυναμει B^ab: item 9, 16, 18, 25) || 6 τεσσερες Α || 11 τεσσαρακ. B^a?b (item 15, 19) || 12 υ|ιων Β* υι|ων B^b || 14 φυλη] φυ Α | υιων bis scr F || 16 δαναμει F^edit || 21 χειλ. Β. (item 23, 24, 26, 32 [BF]) || 28 τεσσαρακ. B^ab || 32 επισκεψεις (2°) Α | τρισχειλιοι Β* || 34 ουτω (1°) Α

813

ΑΡΙΘΜΟΙ [APP.

III 1 κυριω F || 3 ετελιωσαν Β* (ετελειωσ. B^ab) || 6 λιτουργ. Β* (λειτουργ. B^a?b: item 31) || 7 εργαζεσθε Α || 9 ιερευσι Α || 10 ιερατειαν B^a?b AF || 12 ηλιφα Α || 15 επισκεψε (seq ras) Α (item 40, sine ras) || 28 οκτακισχειλ. Β* || 34 εξακισχειλ. Β* || 35 παρεμβαλου F* (-βαλουσιν F¹) || 39 χειλ. Β* (item 43 et ut vid 50) || 40 μηνιεου Α || 47 διδραγμον F
IV 3 πεντεκοντα Β*b (πεντηκ. B^ab) | λιτουργ. Β* (λειτουργ. B^a?b: item 12 bis, 14, 23, 24 bis, 26 bis, 27 bis, 28, 30) || 4 υ|ιων Β* υι|ιων (sic) B^b || 7 προκιμενην F || 9 αγγεια B^a?b | ελεου Β* (ελαιου B^ab) | λιτουργ. Β*F (λειτουργ. B^ab: item 32, 33, 35, 37, 39, 41, 43) || 12 λειτουργεικα Α || 14 κεαγρας Α | συγκαλυψ. B^ab || 15 ουκ Β* (ουχ B^ab) || 16 χρεισεως Β* χρεισσεως F || 18 ολοθρ. B^b? (ολεθρ. Β*^c?) || 24 λειτουργεια Α (item 28, AF) || 26 λιτουργουσιν Α || 27 λιτουργια Α* | λειτουργειας AF || 36 δισχειλιοι Β* (item 40) || 38 υ|ιοι Β* υι|οι B^b || 44 τρισχειλ. Β* || 48 οκτακισχειλ. Β*
V 7 πλημμελειαν B^a?bAF || 8 εξειλασεται Β || 17 αγγειω B^ab || 21 εμμεσω AF || 23 εξαλιψει Β* (εξαλειψ. B^a?b) || 27 διαπεσειτε Α (διαπεσειται B^vid F)
VI 2 αγνιαν Β*AF (αγνειαν B^a?b?) || 7 αποθανωντων Α || 11 εξειλασεται Β* | εκινη א || 12 πλημμελειαν B^a?bA (πλημμελιαν Β*אF) || 14 προσ|αξει Β* (προ|σαξ. B^b) || 15 κεχρεισμενα F || 19 κρειου Β* (κριου B^b) || 21 ευξητε Α | αγνιας AF
VII 1 εχρεισεν Β*F (bis) || 3 προσ|ηγαγον Β* προση|γαγ. B^b(vid) || 5 λιτουργ. Β*F (λειτουργ. B^a?b bis: item 7, 8, 9) || 7 λειτουργειας F (item 8, AF) || 10 εχρεισεν Β*AF (item 84) || 11 προσ|οιουσιν Β* προ|σοισ. B^a || 16 χειμαρον Β* (χιμαρ. B^b: item 28, 34, 40, 46, 52, 58, 64, 70, 76, 82, 87) χειμαρρ. AF (item 22 [χιμ. Β], 28 [χειμ. Β], 34 [χειμ. Β], 40, 46, 58, 64, 70, 76; χειμαρ. 52, 82, 87 [χειμαρρ. F]) |

17 κρειους Β* (κρι.. B^bAF: item 23 [κρει.. Α], 27, 29, 35, 39, 41, 45, 51, 53, 57, 59, 63, 65, 69, 71, 75, 77, 83, 87, 88) || 18 προσ|ηνεγκεν Β* προ|σηνεγκ. B^b || 37 πλη F* (πληρη F^1?) || 41 δαμαλις Α || 53 πεντη (1°) B^edit || 85 δισχειλιοι Β* || 86 εικοσει F || 88 χρεισαι Β*F (χρισ. B^bA)
VIII 7 πλυνου F* (πλυνουσιν F¹(vid)) || 12 εξειλασασθαι Β* || 15 εργαζεσθε Α || 19 εξειλασκεσθαι Β* || 21 εξειλασατο Β* || 22 λιτουργ. Β* bis (λειτουργ. B^a?b?: item 25, 26) | λειτουργειαν AF || 25 λειτουργειας AF
IX 3 συγκρισιν B^bAF || 6 η|ημερα (1°) Β || 7 εμμεσω AF || 8 εντελειτε Α || 12 καταλιψουσιν Β* (καταλειψ. B^a(vid)b) || 13 εξολοθρ. B^ab || 15 ιδος B^a (ειδος Β*^b) || 16 ιδος B^ab (ειδος Β*)
X 13 εξηρπαν F || 14 δυναμι Β* (δυναμει B^ab: item 22, 25, 28) || 33 τους ορ. Α | κειβωτος F | κατασκεψασθε Α || 35 μεισουντες Β* (μισ. B^b) || 36 καταπαυσι Β* (καταπαυσει B^ab) | χειλ. Β* || 34 σκιαζου F
XI 3 εμπυρισμ. B^a?bAF || 4 καθεισαντες AF || 6 νυνει Β* (νυνι B^b) || 8 ετρειβον Β* (ετριβ. B^b) | εγκρυφιας B^b (ενκρ. Β*AF) | εγπρις B^bAF (ενκρ. Β*) || 11 ουκ Β*F (ουχ B^a?bA) || 12 εγγαστρι Α || 15 ειδω Α || 20 φαγεσθαι Α || 21 χειλ. Β || 26 κατελιφθησαν Β* (κατελειφθ. B^a?b)
XII 8 ειδι Β*Α ιδει B^ab | ενιγματων Α || 10 χειων Β* (χιων B^b) || 13 δαιομαι Α
XIII 19 εγκαθημενον B^bAF || 20 εγκαθηνται B^bAF | τιχηρεσιν Β*Α (τειχ. B^ab) || 27 ερη F || 29 θραυ Α* (θρασυ Α¹) | τετιχισμ. Β* (τετειχισμ. B^a?bA) τετειχισμ. F || 33 κατασκεψασθε Α || 34 ακρειδες Β* (ακριδ. B^b)
XIV 9 γεινεσθε Β*Α || 11 σημιοις F.|| 13 ισχυει Β* (ισχυι B^ab) || 18 αληθεινος AF | αφερων Α || 19 ειλεως Β* (ιλ. B^b: item 20) || 23 ουχ Β*^b (ουκ B^b) || 30 εισελευσεσθαι Α || 33 πορνιαν Β* (πορνειαν B^abAF) || 36 κατα-

APP.] ΑΡΙΘΜΟΙ

σκεψασθε A ǁ 44 εκεινηθησαν AF ǁ 45 εγκαθημενος B^bAF

XV 5 ευωδειας A (item 7, 10) ǁ 6 κρεω B* (κριω B^b) ǁ 11 ενει 1°, 3° A¹: 2°, A ǁ 12 των ενι A ǁ 23 επεκινα F ǁ 24 χειμαρον B* (χιμ. B^b) χειμαρρον AF ǁ 25 εξειλασεται B* (item 28) ǁ 27 αιγαν A ǁ 28 εξειλασασθαι B*^vid ǁ 29 εγχωριω B^bAF ǁ 30 εξολοθρ. B? ǁ 31 εκτριψι B* (εκτριψει B^ab) ǁ 34 συνεκρειναν B* (συνεκριν. B^b) ǁ 38 επιθησεται A ǁ 39 διαστραφησεσθαι A

XVI 2 συγκλητοι B^bA ǁ 3 κατανιστασθαι A ǁ 5 επεσκεπτε A ǁ 9 μεικρον B* (μικρ. B^b: item 13) | εκ] εξ F¹ | λιτουργ. B* bis (λειτουργ. B^ab: λειτουργειν τας λειτουργειας AF) ǁ 22 και ε| και επεσαν F ǁ 30 διξει A ǁ 40 θυμια F ǁ 42 επισυστρεφεσθε F ǁ 47 ελαβν F | εξειλασατο B* (εξιλ. B^b) ǁ 49 θραυσι B* (θραυσει B^ab) | χειλ. B*

XVIII 1 ιερατειας BA ǁ 2 λιτουργ. B* (λειτουργ. B^a?b?: item 4, 6 bis, 7 bis) ǁ 4 λειτουργειας AF (item 6, F: 7, AF) ǁ 7 ιερατειας, ιερατειας B^abA ǁ 9 πλημμελειας B^abA ǁ 16 συντιμησεις B*A (συντιμησις B^ab) ǁ 19 αφαιλωσιν A | θυτρασιν A* (θυγατρασιν A¹) ǁ 20 εμμεσω AF (item 23, 24) ǁ 21 λιτουργ. B* ter (λειτουργ. B^ab: item 23 bis, 31) | λειτουργειων A (item 31) | λειτουργειαν AF (item 23) ǁ 26 αφελειται F ǁ 28 αφαιλειτε A (item 29) αφελειται F | δωσεται A ǁ 32 αφαιρητε A | αποθανηται F

XIX 9 δαμαλεως] μαλεως F ǁ 16 παιδιου A ǁ 18 τραυμματιου F ǁ 20 εξολοθρ. B^b

XX 3 απωλεια B^abA ǁ 10 ακουσαται A | απιθεις A ǁ 16 πολι B* (πολει B^ab) | ορεων B* (οριων B^b): item 21) ǁ 17 βασιλεικη B*AF (βασιλικη B^b) | εκκλεινουμεν B*F (εκκλιν. B^b) ǁ 21 εξεκλεινεν BAF ǁ 23 ορεων F

XXI 5 προσωχθεισεν AF | διακαινω A ǁ 7 αφαιλετω A ǁ 8 σημιου F ǁ 14 χιμαρρους B ǁ 15 κατοικεισαι F ǁ 18 εθνων] θνων F ǁ 20 παιδιω A ǁ 22 εκκλεινουμεν B*. εκλειν. F |

βασιλεικη B*AF (βασιλικη B^b) ορεια B* (ορια B^b) ǁ 23 ορειων B* | παραταξασθε F. ǁ 25 συγκυρ. B^bA ǁ 35 ζωγριαν AF

XXII 2 ειδων F ǁ 3 προσωχθεισεν AF ǁ 4 παιδιου A ǁ 5 εγκαθηται B^abAF (item 11) ǁ 11 εξαιληλυθεν A ǁ 18 μεικρον B* (μικρ. B^b) ǁ 23 εξεκλεινεν B*F (εξεκλιν. B^bA) | παιδιον A ǁ 25 προσεθλειψεν, απεθλειψεν F | μαστειξαι B ǁ 26 εκκλειν. B* ǁ 27 συνεκαθεισεν AF ǁ 28 πεπεκας B*F (πεπαικας B^aA) | 29 εμπεπεχας B*A (εμπεπαιχας B^aF) ǁ 30 υπεροραςι B* (υπεροραςει B^ab) ǁ 32 αστια B*F (αστεια B^bA) ǁ 33 εξεκλεινεν B*F (bis) A (2°) ǁ 34 αρεσκι B* (αρεσκει B^ab) ǁ 35 συμπορ. B^bAF ǁ 36 ορειων B* bis (οριων B^b)

XXIII 1 κρειους B* (κρι.. B^b: item 2, 4, 14, 29, 30) ǁ 3 φανειτε A | συναντησι B* (συναντησει B^ab) ǁ 9 συνλογισθησεται F ǁ 10 εξηκρειβασατο B* (εξηκριβ. B^b) ǁ 20 παριλημμαι F ǁ 24 τραυμματιων F | ωσκυμνος A

XXIV 1 κα A* (κατα A¹) ǁ 3 αληθεινος AF ǁ 8 εκχθρων A ǁ 13 πα|ρευμαυτου F ǁ 18 ισχυει B* (ισχυι B^ab) ǁ 22 πανουργειας F

XXV 4 παραδειγματισον B*AF (παραδειγμ. B^a?b) ǁ 7 σιρομαστην F ǁ 8 καμεινον B*A (καμιν. B^b) ǁ 9 εικοσει F | χειλ. B* ǁ 13 ιερατειας B^a?bAF | εξειλατο B* ǁ 15 πεπληγυιη B

XXVI 7 τεσσαρακ. B^b (item 31) | χειλ. B* (χιλ. B^b: item 47, 50, 51) ǁ 9 επισυστασι B* (επισυστασει B^a?b) ǁ 14 χειλ. BA ǁ 18 χειλ. B (item 21, 23, 27, 31, 38 [BF], 41, 45, 62) ǁ 41 χειλειαδας A ǁ 47 χειλ. A ǁ 51 εξακοσι A | χειλιαδες A ǁ 54 πλιοναι εις F ǁ 56 κληρους A ǁ 62 τρις A | εμμεσω A (2°) F (bis) ǁ 65 κατελιφθη B* (κατελειφθ. B^a?b)

XXVII 3, 7 εμμεσω AF ǁ 4 εξαλιφθ. B* (εξαλειφθ. B^b(vid)) | ημειν A ǁ 8 περιθησεται A ǁ 11 τουτο το τουτο F ǁ 12 αναβηθει F | κατασχεςι B* (κατασχεςει B^ab) ǁ 14 ουκ B*. (ουχ B^b) | ηγιασαται A

ΔΕΥΤΕΡΟΝΟΜΙΟΝ [APP.

XXVIII 2 ευωδειας F (item 13) | διατηρησεται F ‖ 7 σπισεις A ‖ 11 κρειον B* (κρι.. B^b: item 12, 14, 27) ‖ 15 χειμαρρ. B*AF χειμαρ. B^a (χιμαρ. B^b) ‖ 22 χειμαρρ. B*A (χιμαρ. B^b) χιμαρρ. F | εξειλασασθαι B* (εξιλ. B^b: item 30) ‖ 30 χειμαρρ. B*A χειμαρ. B^a (χιμαρ. B^b) χιμαρρ. F
XXIX 2 κρειον B* (κρι.. B^b: item 8, 13, 14 bis, 17, 18, 20, 21, 23, 26, 29, 30, 32, 33, 36, 37) ‖ 5 χειμαρ. B*A (χιμαρ. B^b) χειμαρρ. F | εξειλασ. B* (εξιλ. B^b: item 11 bis) ‖ 6 συγκρισιν B^bA (item cum F 11, 18, 21, 24, 27, 30, 33 [om F], 37) ‖ 7 ποιησεται A ‖ 11 χειμαρ. B*A* (χιμαρ. B^b) χειμαρρ. A^1F: item 16 (χιμαρρ. F), 19, 22 (χιμαρρ. F), 25 (χειμαρρ. B*A), 28; 31, 33, 38 (χιμαρρ. F)
XXX 4 ευξητε A ‖ 8 ωρισμοι A (item 9, 12)
XXXI 5 χειλ. B* (χιλ. B^b: item 32 bis, 33, 34, 36, 38, 39, 40, 43, 44, 45, 46, 52) | ενωπλεισμενοι F ‖ 6 δυναμι B* (δυναμει B^ab) ‖ 8 τραυματιαις F ‖ 9 αποσκυην F* (αποσκευην F^1) ‖ 14 χειλιαρχ. B* (χιλιαρχ. B^b: item 48 bis, 52, 54) ‖ 20 αιγειας B^abF ‖ 22 καλκου A ‖ 35 κα F* και F^1 (1°) ‖ 43 επτακισχειλ. B* (επτακισχιλ. B^b) ‖ 50 εξειλασασθαι B* (εξιλ. B^b)

XXXII 1 την 1° bis scr F ‖ 5 κατασχεσι B* (κατασχεσει B^ab: item 22) ‖ 14 προσθηναι ‖ 15 αποστραφησεσθαι A (item 22) | ανομησεται A ‖ 17 ενοπλεισαμενοι AF | τετιχισμεναις B*F (τετειχ. B^ab) ‖ 20 εξοπλεισησθε F ‖ 23 αμαρτησεσθαι A | γνωσεσθαι A ‖ 27 ενωπλεισμεν. F^1(vid) (item 29, 32, F) ‖ 29 κατασχεσι B* (κατασχεσει B^a) ‖ 30 συγκατακληρονομ. B^b ‖ 33 ορειοις B* (οριοις B^ab)
XXXIII 1 δυναμι B* (δυναμει B^ab) ‖ 8 πικρειαις B* (-ριαις B^b: item 9) ‖ 38 ετι A ‖ 44 ορειων B* (οριων B^b) ‖ 54 πλιοσιν A ‖ 55 εκθρευσ. A
XXXIV 2 εντειλε F | ορειοις B* (ορι.. B^b: item 6 [2°], 7) ‖ 3 κλειτος A ‖ 5 χιμαρρουν F ‖ 10 καταμετρησεται A ‖ 18 κατακληρονοσαι F* (κατακληρονομησ. F^1 vid)
XXXV 2 προαστεια B^atb (item 7) ‖ 3 αφωρισματα A ‖ 4 συγκυρ. B^abAF ‖ 5 δισχειλ. B* ubique | κλειτος A ‖ 6 τεσσαρακ. B^b (item 7) ‖ 14 τρις A (1°) ‖ 16 σκευι A ‖ 19 αγχιστυων A ‖ 20 εχραν F ‖ 23 αποθανειτε A ‖ 24 κρεινει B* (κρινει B^b) ‖ 25 εχρεισαν B*AF (κρισα. B^b) ‖ 28 πολι B* (πολει B^ab) ‖ 31 λημψεσθαι A ‖ 33 κατοικειται F | εξειλασθ. B* (εξιλασθ. B^b) ‖ 34 εμμεσω A (F^1)
XXXVI 3 αφερεθησεται (1°) F

ΔΕΥΤΕΡΟΝΟΜΙΟΝ

I 1 ανασμεσον F ‖ 7 εισπορευεσθαι A | παιδιον A ‖ 11 χειλιοπλασιως B*A (χιλ. B^b) ‖ 15 χειλιαρχους B* (χιλ. B^b) ‖ 16 κρεινατε B* (κριν. B^b) ‖ 17 μεικρον B* (μικρ. B^b) ‖ 27 μεισειν B*F (μισ. B^bA) | εξολοθρ. B^b ‖ 28 τετιχισμ. B* (τετειχισμ. B^ab) ‖ 29 πτηξηται A ‖ 33 δικνυων B* (δεικν. B^atb) ‖ 43 εισηκουσαται A ‖ 44 ποιησεσαν B ‖ 45 καθεισαντες F
II 4 εντειλε B | παραπορευεσθαι A |,ορειων B* (οριων B^b) ‖ 7 διαγνωθει B*^vid ‖ 9 εχραινετε A ‖ 18 ορεια B* (ορια B^b) ‖ 21 κατωκεισθησαν AF ‖ 22 κατωκεισθησαν A (item 23) ‖ 23 εξετρειψαν B* (εξετριψ. B^b) ‖ 27 εκκλεινω B* (εκκλινω B^b) ‖ 34 εξωλοθρ. B^b ‖ 36 χιμαρρ. B* (χειμαρρ. B^a item 37) ‖ 37 συγκυρουντα B^bAF
III 4 πολεις A ‖ 6 εξωλοθρ. B^b (bis) ‖ 8, 16 bis χιμαρρ. B* (χειμ. B^a) ‖ 11 κατελιφθη B* (κατελειφθ. B^1) | κλεινη bis B*, 1° A | πηχεων B^1 (bis) ‖ 18 ενοπλεισαμενοι F ‖ 19 πολαισιν A ‖ 27 Ιορδανι B^b ‖ 28 ουτος τος F

[APP.] ΔΕΥΤΕΡΟΝΟΜΙΟΝ

IV 5 δεδιχα A | κρισις B* (κρισεις B^(ab)) | εισπορευεσθαι A || 6 συνεσεις A || 11 εκεετο B* (εκαιετο B^(ab)) || 20 καμεινου B*A (καμινου B^bF) || 21 λγομ. B*^(vid) (λεγομ. B?) || 26 απωλεια B^(ab)AF || 27 καταλιφθ. B*A (καταλειφθ. B^(ab)F) || 29 θλιψι B* (θλιψει B^(ab)) || 31 οικτιρμων B^b | ενκαταλιψ. B* εγκαταλειψ. B^(ab)F εγκαταλιψ. A || 37 ισχυει B* (ισχυι B^(ab)) || 38 εξολοθρ. B^b || 42 μεισων B*A (μισ. B^bF) || 46 φαραγγει F || 48 χιμαρρ. B* (χειμαρρ. B^a)

V 6 εξαγαγων B | δουλειας B^(ab) || 9 μεισουσιν B*A (μισ. B^bF) || 10 χειλιαδας B*A (χιλ. B^bF) || 12 φυλαξε B* (φυλαξαι B^(ab)) || 31 στηθει F || 32 εκκλεινειτε B* (εκκλιν. B^b)

VI 2 μακροημερευσηται A || 9 φλειας AF | οικειων A || 11 οικειας A || 12 δουλειας B^(ab)AF || 15 εξολοθρ. B^b

VII 4 εταιροις A | εξολοθρ. B^b (item 10, 17, 23, 24) || 5 ποιησεται A || 8 δουλειας B^aAF || 9 χειλιας B* (χιλ. B^b) || 10 μεισουσιν 1° B* (μισ. B^bAF): 2° B*A (μισ. B^bF) || 15 μεισουντας B*A (μισ. B^bF) || 16 φισεται F || 18 μνια B*^(vid) || 20 τασφηκιας F | καταλελειμμ. B^b?F || 22 μεικρον B* (μικρον B^b bis) || 23 απωλεια B^aAF

VIII 7 χιμαρρ. B* (χειμαρρ. B^(ab)) || 9 πτωχειας B^(ab)A || 14 δουλειας B^(ab)F || 19 απωλεια B^(ab)AF | απωλεισθε A

IX 1 τιχηρεις B*A (τειχ. B^(ab)F) || 3 εξολοθρ. B^b (item 5; 8, 14, 19, 20, 25, 26) || 9 κατεγεινομην B* (κατεγιν. B^b) || 14 εξαλιψω B* (εξαλειψω B^(ab)) || 21 χιμαρρ. B* (χειμαρρ. B^(ab)) || 22 εμπυρισμω B^bAF || 26 ισχυει B* (ισχυι B^b : item 29) || 28 δυνασθε A | μεισησαι B* (μισησαι B^b) | αποκτιναι F* (αποκτειναι F^(1(vid)))

X 3 κειβωτον A (item 5, 8) || 8 λιτουργειν B* (λειτουργ. B^(ab)) || 10 εξολοθρ. B^b || 12 φοβεισθε A

XI 3 εμμεσω A (item 6) || 11 παιδινη A || 12 επισκοπειτε A | συντελιας B* (συντελειας B^(ab)AF) || 17 συσχη AF | ταχι B* (ταχει B^(ab)) || 20 φλειας

AF || 24 ορεια B* (ορια B^b) || 31 διαβαινεται A

XII 2 απωλεια B^(ab)AF | θεινων B || 7 ευφρανθησεσθαι A || 10 ασφαλειας B^(ab)AF || 14 εκλεξητε A (item 18) || 15 πολι B* (πολει B^(a?b)) || 20 ορεια B || 29 εξολοθρ. B^b : item 30 || 31 εμεισησεν B*A (εμισ. B^bF)

XIII 3 ακουσεσθαι A || 5 δουλειας B^bAF (item 10) || 6 εταιροις A || 8 φισεται AF || 16 εμπρησεις B^bAF

XIV 4 χειμερον A χειμαρρον F || 13 ικτεινα B*F || 19 φαγεσθαι A || 20 ουκ B* (ουχ B^b) || 21 καθ ενιαυτον B* (κατ ενιαυτ. B^(a?b)) || 22 φοβεισθε A

XV 2 οφιλει B*AF (οφει. B^(ab vid)) || 8 δανειον B^a || 9 εβδομο A* (εβδομον A^1) || 10 δυνειαν B^(ab)

XVI 11 σου 2° bis scr F || 15 ο θεος 2° bis scr F || 22 εμεισησεν B*AF (εμισ. B^b)

XVII 6 αποθανειτε A (bis: item 12) || 8 κριτι B* (κρισει B^b) || 11 εκκλεινεις B*F (εκκλιν. B^bA) || 12 λιτουργ. B* (λειτουργ. B^b) || 18 καθεισῃ F || 19 φοβεισθε A | φυλασσεσθε A

XVIII 5 λιτουργ. B* (λειτουργ. B^b) || 10 ουκ B* (ουχ B^b) | μαντιαν B* (μαντειαν B^(ab)) || 11 εγγαστριμυθ. B^bAF || 12 εξολοθρ. B^b || 13 τελιος B*F (τελειος B^bA) || 14 μαντιων F || 20 αποθανειτε A

XIX 2 εμμεσω AF || 4 μεισων B*A (μισ. B^bF : item 6, 11) || 5 αξεινη B* (αξινη B^b) || 10 τη bis scr F || 13 φισεται F (item 21) || 14 μετακεινησεις B* (μετακιν. B^b) | ορεια B* (ορια B^b) || 18 ακρειβως B* (ακριβ. B^b)

XX 3 εκκλεινετε B* (εκκλιν. B^b) || 5 ενεκενισεν A | εγκαινιει B^b || 8 φουμενος F || 14 πολι B* (πολει B^(ab)) | διδωσινσιν F || 15 μα|μακραν F || 16 εμπνεον B^bF || 19 περικαθεισης AF | εξολοθρ. B^b || 20 ολοθρ. B^b

XXI 1 τραυμματ. F (item 2, 3, 6) || 3 ουκ B* (ουχ B^b : item 7) || 4 τραχιαν B || 7 εξεαν F* (εξεχεαν

SEPT. 817 3 F

ΔΕΥΤΕΡΟΝΟΜΙΟΝ [APP.

F¹) ‖ 8 ειλεως B* (ιλ. Bᵇ) | εξειλασθησεται B* (εξιλ. Bᵇ) ‖ 14 πρασι B* (πρασει Bᵃᵇ) ‖ 15 μεισουμ. 1° B*A (μισ. BᵇF) : 2° B*AF (μισ. Bᵇ: item 16, 17) ‖ 18 υος F* (υιος F¹⁽ᵛⁱᵈ⁾) | αιρεθιστης B*A (ερεθιστης BᵃᵇAF) | ουκ| υπ. B* (ου|χ υπ. Bᵇ⁺) ‖ 20 συμβολοπων F
XXII 3 απωλειαν BᵃᵗᵇAF ‖ 4 υπερειδης F ‖ 5 γυναικιαν B*A] γυναικειαν BᵃᵗᵇF ‖ 11 ερεια A ‖ 13 μεισηση B* μησειση A (μισηση BᵇF) ‖ 14 παρθενεια A (item 15, 17 bis) ‖ 15—16 επι την πυλην...γερουσια bis scr F ‖ 16 μεισησας B*A (μισησας BᵇF) ‖ 17 επιτηθισιν A ‖ 20 αληθιας B* (αληθειας Bᵃᵇ) ‖ 23 πολι B* (πολει Bᵃᵇ: item 24) ‖ 24 την πυλης A ‖ 25 παιδιω A ‖ 29 εταπινωσεν B*A (εταπειν. BᵃᵇF) ‖ 30 συγκαλυμμα BᵃᵇAF
XXIII 13 ορυξις A ‖ 14 εμπεριπατει BᵇAF ‖ 19 εκδανεισης Bᵃᵇ
XXIV 3 μεισηση B*A (μισ. BᵇF εις τας χειρας αυτης bis scr F* ‖ 7 αποθανειτε A ‖ 10 οφιλημα A (bis) ‖ 11 δανειον Bᵇ ‖ 17 εκκλεινεις B* (εκκλιν. Bᵇ)
XXV 3 μαστειγωσ. B* (μαστιγωσ. Bᵇ bis) ‖ 4 φειμωσεις B* (φιμ. Bᵇ) ‖ 6 εξαλιφθ. B* (εξαλειφθ. Bᵇ) ‖ 9 υπολυσεται F ‖ 11 εκτινασα A ‖ 12 φισεται F ‖ 13 μεικρον B* (μικρ. Bᵇ: item 14) ‖ 15 αληθεινον (1°) AF: (2°) A ‖ 18 επινας AF ‖ 19 εξαλιψ. B*A (εξαλειψ. Bᵇ)
XXVI 7 ταπινωσιν B*A (ταπειν. BᵃᵇF) | θλειμμον F ‖ 8 ισχνει B* (ισχυι Bᵇ) ‖ 18 γενεσθε A
XXVII 15 τεχνειτων B* (τεχνιτ. Bᵇ) ‖ 19 εκκλεινη B*F (εκκλιν. Bᵇ) ‖ 20 κοιμενος B* (κοιμωμ. Bᵃᵇ⁽ᵐᵍ⁾) | συγκαλυμμα Bᵇ
XXVIII 3 πολι B* (πολει Bᵃᵇ: item 16) ‖ 5 ενκαταλειμμ. Bᵃᵇ (εγκ. BᵇF) εγκαταλιμμ. A ‖ 8 ταμιοις B ‖ 12 δανειη Bᵃᵇ ‖ 17 εγκαταλιμμ. B*A εγκαταλειμμ. BᵃᵇF ‖ 20 εξολοθρ. Bᵇ (item 45, 48, 61, 63) | ταξι B* (ταχει Bᵃᵇ ‖ 22 ρειγει B* (ριγ. Bᵃᵇ) ρηγει A ‖ 26 πετινοις A ‖ 28 εκστασι B* (εκστασει Bᵃᵇ) ‖ 29 σκοτι B* (σκοτει Bᵃᵇ) ‖ 38 εκσοισεις A* (εξοισ. A¹ᵃ⁺) | παιδιον A ‖ 40 χρειση B*F (χρυση BᵇA) ‖ 48 εκχθροις A | εκλιψι B* (εκλειψει Bᵃ⁺ᵇ) εκλιψει A ‖ 52 θλειψει F ‖ 53 θλιψι B* (θλιψει Bᵃᵇ: item 55, 57 [1°]) ‖ 55 ολεσιν A* (πολ. A¹) ‖ 57 ενδιαν A ‖ 58 εντειμον F ‖ 62 καταλιφθ. B* (καταλειφθ. Bᵃᵇ) | πληθι B* (πληθει Bᵃᵇ) ‖ 63 ταχι B* (ταχει Bᵃᵇ)
XXIX 10 εστηκαται A ‖ 11 εμμεσω A (item 16) ‖ 18 εξεκλεινεν B*AF ‖ 19 επιφιμισηται A ‖ 20 εξαλιψει BᵃA (εξαλειψ. Bᵇ⁺) ‖ 26 διενιμεν B* (διενειμεν Bᵇ⁺)
XXX 7 μεισουντας B*A (μισουντας BᵇF) ‖ 11 ουκ B* (ουχ Bᵇ) ‖ 16 εσεσθαι B ‖ 18 απωλεια Bᵇ
XXXI 3 εξολοθρ. Bᵇ ‖ 4 εξωλοθρ. Bᵇ ‖ 8 συμπορ. BᵇF (item 11) | διλεια B* (δειλια Bᵇ) διλια A δηλια F ‖ 10 σκηνοπηγειας F ‖ 12 φοβεισθε A ‖ 13 διαβαινεται A ‖ 14 σκηνς F* (σκηνης F¹⁽ᵛⁱᵈ⁾) ‖ 16 καταλιψ. B* (καταλειψ. Bᵃᵇ: item 17) ‖ 22 ε|ν εκεινη B* εν| εκεινη Bᵇ ‖ 26 κειβωτου A ‖ 27 αιρετισμον F ‖ 29 εκκλεινειτε B* (εκκλιν. Bᵇ)
XXXII 4 αληθεινα AF ‖ 8 ορεια B* (ορια Bᵇ) ‖ 14 κρειων B* (κριων Bᵇ) ‖ 15 ελειπανθη F ‖ 20 διξω A ‖ 21 εθνι B* (εθνει Bᵃᵇ) bis: εθνι (2°) A | αυτους (2°) F ‖ 22 θεμέλεια A ‖ 24 βρωσι B* (βρωσει Bᵃᵇ⁽ᵛⁱᵈ⁾) ‖ 25 ταμιων B ‖ 30 χειλιους B* (χιλ. Bᵇ) | μετακεινησουσιν B* (μετακιν. Bᵇ) ‖ 34 ουχ A ‖ 35 απωλειας BᵇAF ‖ 38 επεινετε B* (επιν. Bᵇ) επινεται A ‖ 39 εξελειτε F ‖ 41 μεισουσιν B*A (μισ. BᵇF: item 43) ·
XXXIII 9 ουκ B* (ουχ Bᵃ⁺ᵇ) ‖ 11 μεισουντες B*A (μισουντες Bᵇ) ‖ 17 χειλιαδες B* (χιλ. Bᵇ) ‖ 19 εξολοθρ. Bᵇ
XXXIV in fine adpinxit +Κλήμης μοναχός+ Bᵇ⁽⁺⁾

ΙΗΣΟΥΣ

I 2 διαβηθει F ‖ 3 ιχνι F | 4 ορεια B* (ορια B^b) ‖ 5 ενκαταλιψω B* (-λειψ. B^ab) ‖ 7 φυλασεσθε F | εκκλεινεις B* ‖ 11 τρις A | κατασχι A ‖ 14 κατοικιτωσαν B* (κατοικειτ. B^ab vid)
II 5 εκλιετο B*AF (εκλειετο B^ab) | σκοτι B* (σκοτει B^ab) ‖ 7 διαβασις A | εκλισθη A ‖ 10 εξεπορευεσθαι A | βασιλευσει A | εξωλοθρ. B^b ‖ 11 ημις A ‖ 14 αληθιαν B* (αληθειαν B^abA) ‖ 16 ορινην AF (item 22) | τρις A (item 22) ‖ 18 σημιον AF ‖ 22 κατεμιναν F
III 4 δισχειλ. B* (δισχιλ. B^b) ‖ 8 εντειλε F ‖ 10 ολοθρ. B^b (bis) ‖ 13 εκλιψει B*F (εκλειψει B^abA) ‖ 15 κρηπειδα B* (κρηπιδα B^b) κριπιδα. A ‖ 17 εμμεσω F
IV 6 σημιον A ‖ 8 συντελια B* (συντελεια B^abA) ‖ 16 εντειλε F ‖ 18 κρηπειδος B*. (κρηπιδος B^b) ‖ 19 Ιεριχω A ‖ 23 μεχρις B^ab (vid) ‖ 24 σεβησθαι F
V 5 τεσσαρακ. B^b ‖ 6 πλιστοι A | απιθησαντες A ‖ 9 ονιδισμον A ‖ 10 παιδιω A ‖ 11 σειτου B* (σιτ. B^b)
VI 1 συνκεκλισμ. B*A (συνκεκλεισμ. B^a) συγκεκλεισμ. B^bF , ‖ 2 ισχυει B* (ισχυι B^b) ‖ 5 εισελευσετε A ‖ 7 παραπορευ|εστωσαν F ‖ 15 επτακεις F ‖ 20 τιχος B* vid ‖ 21 πολι B* (πολει B^ab)
VII 1 πλημμελειαν B^b ‖ 3 δισχειλ., τρισχειλ. B* (δισχιλ., τρισχιλ. B^b) | αναβατωσαν F ‖ 4 τρισχειλ. B* (τρισχιλ. B^b) ‖ 5 απεκτιναν A ‖ 7 δαιομε A ‖ 11 αναθαιματος F ‖ 16 ενεδιχθη AF (item 17, F; 18, AF) ‖ 21 ψειλην B* (ψιλ. B^b) | διδραγμα F ‖ 25 ωλοθρ., εξολοθρ. B^b
VIII 1 διλιασης B*A (δειλ. B^ab) δηλιασης F | αναβηθει F ‖ 2 εποιησαο F^edit | πολι B*F (πολει B^ab: item 27) ‖ 3 ωσται F | χειλ. B* (χιλ. B^b: item 25) | ισχυει B* (ισχυι B^ab) ‖

9 ενεκαθεισαν F ‖ 17 κατελιφθ. B* (κατελειφθ. B^ab (vid): item 22, B^b) ‖ 18 ταχι B* (ταχει B^?) ‖ 22 καταλιφθ. B* (καταλειφθ. B^b) ‖ 24 παιδιοις A ‖ 25 παισοντες A
IX 1 ορινη AF | πεδεινη B ‖ 10 επεσειτισαντο B* (επεσιτισ. B^b) ‖ 11 επισειτισμ. B* (επισιτισμ. B^b: item 17) ‖ 22 τρις A ‖ 23 πολις A (τετ) ‖ 28 παρελογισασθαι A | εγχωριοι B^‡AF ‖ 30 εξολοθρ. B^b ‖ 31 δοκι F
X 1 εξωλοθρ. B^b ‖ 6 ορινην A ‖ 7 ισχυει B* (ισχυι B^ab) ‖ 9 επει] επι A ‖ 10 συντριψι B* (συντριψει B^ab) ‖ 11 πλιους A ‖ 13 στασι B* (στασει B^ab) ‖ 18 φυλασσι A ‖ 19 πολις A (item 20) ‖ 24 συμπορ. B^bA ‖ 25 διλιασητε A ‖ 28 · εξωλοθρ. B^b (item 32, 37, 39, 40) | εμπνεον B^b | κατελιφθ. B* (κατελειφθ. B^ab): item 30, 33 ‖ 29 επολειορκει A (item 31) ‖ 30 εμπν. B^b (item 35, 37, 39, 40: xi 11 bis, 14) ‖ 38 περικαθεισαντες F ‖ 40 ορινης AF | πεδεινην B | βασιλις A
XI 2 οριν. AF (item 7, 16, 21 [F?]) | παιδιον A ‖ 8 παιδιων A | καταλιφθ. B* (καταλειφθ. B^ab) ‖ 11 ξιφι B* (ξιφει B^ab) | εξωλοθρ, εξολοθρ. B^b: item 12, 14, 21 bis | κατελιφθ. B* (κατελειφθ. B^ab: item 22 bis) ‖ 12 ξειφους (ξιφ. B^ab) ‖ 13 πολις A ‖ 16 πεδεινην B ‖ 17 παιδιον A ‖ 20 εξολοθρ. B^b (bis)
XII 2 ορεα B* (ορια B^b) ‖ 4 υπελιφθ. B* (υπελειφθ. B^ab) ‖ 5 ορειων B* (οριων B^b)
XIII 1 υπολελιπται B*A (υπολελειπτ. B^ab (vid)) ‖ 2 καταλελειμμ. B^ab (vid) (ορια B^b) ‖ 3 Χαναναναιων B ‖ 4 ορειων B* (οριων B^b: item 10, 26) ‖ 6 ορινην A | εξολοθρ. B^b ‖ 7 ημισι A ‖ 9 χιλους A | χιμαρρου B* (χειμαρρ. B^ab (vid)) ‖ 10 πολις A (item 17, 23, 25, 28, 30) ‖ 11 ορεια B* (ορια B^ab) ‖ 12 κατελιφθ. B*

ΚΡΙΤΑΙ [APP.

(κατελειφθ. B?) | εξωλοθρ. B^b (item 13) || 16 ορεια B* (ορια B^b: item 23, 25, 30) || 19 ορι A || 23 ορειον B* (οριον B^b) | επαυλις A (item 28) || 29 ημεισει B* (ημισει B^b)
XIV 4 πολις. A |. κατοικιν A || 12 ετουμε A | νυνει B* (νυνι B^bA) | εξολοθρ. B^b
XV 1 ορεια B* (ορια B^b: ita paene ubique) || 6 παραπορευετε A || 10 περιελευσετε A || 14 εξωλοθρ. B^b || 25 πολις A (item 32, 36, 51, 54, 57, 59, 60) || 28 επαυλις A (item 36, 45, 47 bis, 60) || 47 χιμαρ. B^b || 48 οριν·η A || 49 πολις B* (πολεις B^{ab}) || 50 'Ες και Μαν B^b
XVI 1 ορινην A || 9 πολις A (bis)
XVII 5 παιδιον A || 6 καταλελειμ. B^{ab} || 9 χιμαρρ. B* (χειμαρρ. B^{ab}) (item 12, 13 bis) || 12 εξολοθρ. B^b: item 13, 18 | πολις A | κατισχευσαν A || 15 στενοχωρι A
XVIII 1 εξεκλησιασθη A || 2 κατελιφθ. B* (κατελειφθ. B^b) || 3 εκλυθησεσθαι A || 4 τρις A || 11 ορεια B* (ορια B^b: ita ubique exc 12 (1°), 19, 22) || 13 ορινην A || 21 πολις A (item 21, 24, 28 bis) || 28 τρισκαιδεκα B^b
XIX 6 πολις A (item 7, 23, 48) | τρις A || 25 'Εξεκελὲθ B^b || 35 τιχηρεις B*A (τειχ. B^{ab}) || 47 a κατοικιν A || 51 διερεσεις A
XX 2 πολις A (item 3, 9) || 7 ορι (3°) A
XXI 2 πολις A (ita in hoc cap 27^{ies}: πολεις bis) || 4 καταλελειμμ. B^{ab} (item 20, 40) || 11 ορι A || 12 κατασχεσι B* (κατασχεσει B^{ab}) || 20 καταλειλιμμ. A || 26 υπολελειμμ. B^{ab} || 34 περισπορεια 2° B* (περισπορια B^b): item 35, 41 || 40 ορεια B* || 42 πολεις B* (πολις B^{ab}) || 42 a ορειοις B*
XXII 14 χειλιαρχ. B* (χιλιαρχ. B^b: item 21) || 16 πλημμελεια B^{ab} (item 20) || 17 μεικρον B* (μικρ. B^b) || 19 ει] ι A || 24 ευλαβιας A || 26 ουκ B*A (ουχ B^b: item 28) || 27 λατρειαν B^{ab}A || 31 πλημμελειαν B^{ab}A || 32 ημεσους A* (ημισ. A^{1vid}) || 33 εξολοθρ. B^b
XXIII 1 πλιους A || 4 καταλελειμμ. B^{ab} (item 7) | εξωλοθρ. B^b || 5 εξολοθρ. bis B^b (item 9, 13, 15) || 6 εκκλεινητε B* (εκκλινητε B^b) εκκλινηται A || 10 χειλ. B* (χιλ. B^b) || 12 συγκαταμιγ. B^b
XXIV 7 πλιους A || 8 εξωλοθρ. B^b || 22 εξελεξ. A || 30 ορειοις B* || 33 ορι A

ΚΡΙΤΑΙ

I 4 χειλ. B* (χιλ. B^b) || 9 ορινην A | πεδεινην B* παιδινην A || 17 εξωλοθρ. B^b || 19 εξολοθρ. B^b || 20 τρις A (bis) | πολις A || 25 συγγενειαν B^{ab} || 27 κατοικιν A || 29 εμμεσω A
II 2 διαθησεσθαι A | εγκαθημ. B^{ab} | συντριψεται A | εισηκουσαται A | εποιησαται A || 15 εξεθλειψ. B* (εξεθλιψ. B^b) || 17 εξεκλειναν B*
III 5 εμμεσω A || 10 εκρεινεν B* (εκριν. B^b: item 30) || 17 αστιος A || 24 ταμιω B || 29 χειλ. B* (χιλ. B^b)
IV 4 εκρεινεν B* (εκριν. B^b) || 6 χειλ. B* (χιλ. B^b) || 7 χιμαρρ. B* (χειμαρρ. B^{a?b}: item 13) || 10 χειλ. B*A (χιλ. B^b: item 14) || 16 κατελιφθ. B* (κατελειφθ. B^{a?b}) || 18 εκκλειν. bis, εξεκλειν. B* (εκκλιν. bis, εξεκλιν. B^b) || 19 μεικρον B* (μικρ. B^b) || 24 εξωλοθρ. B*
V 3 ακουσαται A || 8 χειλ. B* (χιλ. B^b) || 10 θηλιας B* (θηλειας B^{ab}) || 31 δυναμι B* (δυναμει B^{ab})
VI 8 δουλειας B^{a(vid)b} || 10 φοβηθησεσθαι A || 11 εκαθεισεν A | σειτον B* (σιτ. B^b) || 14 ισχυει B* (ισχυι B^b) || 15 χειλ. B* (χιλ. B^b) | μεικροτερος B* (μικρ. B^{ab}A) || 19 αιριφον A || 25 ολοθρ. B^b || 26 παραταξι

ΚΡΙΤΑΙ

B* (παραταξει B^{ab}) | εξολοθρ. B^b || 28 ωλοθρ. B^b (item 30) || 31 δικαζεσθαι BA

VII 2 καυχησητε A || 3 χειλ. B (bis) | υπελιφθ. B* (-λειφθ. B^{a (vid) b}) || 5 κλεινη B* (κλιν. B^b) || 6 εκλειναν B* (εκλιν. B^b) || 8 επισειτισμ. B* (επισιτισμ. B^b) || 9 νυκτει A || 15 συγκρισιν B^bA || 17 οψεσθαι A

VIII 6 δυναμι B* (δυναμει B^{ab}) || 10 χειλ. B*.bis: A, 1° (χιλ. B^{b.} bis: A, 2°) || 15 ωνιδισατε A || 18 απεκτειναται A || 21 δυναμεις A || 26 χειλ. B* (χιλ. B^bA) || 32 πολι B*

IX 2 μνησθηται A || 3 εκλεινεν B*A (εκλιν. B^b) || 8 χρεισαι B* || 9 πειοτητα B^a | κεινεισθαι B* (κιν. B^b: item 11, 13) || 15 χρειετε B* (χριετε B^b) || 16 τελιοτητι B* (τελειοτ. B^{ab}: item 19) | εποιησαται A (1°, 2°) || 18 επανεστηται A | εβασιλευσαται A || 43 τρις A || 45 πολι B* | κατελεβετο A || 49 χειλ. B* (χιλ. B^b) || 51 εμμεσω A || 52 Αβιμελεχ B^{b vid} | ηγγεισεν A

X 2 εκρεινεν B* (εκριν. B^b: item 3) || 14 εξελεξασθαι A || 16 εξεκλειναν B* (εξεκλιν. B^b)

XI 1 δυναμι B* (δυναμει B^{ab}) | 7 εμεισησατε B || 9 επιστρεφεται A || 17 εκαθεισεν A || 18 ορειοις·B* (οριοις B^b: item 26 bis) || 20 ορειω B* (οριω B^b) || 27 κρειναι, κρεινων B* (κριναι, κρινων B^b) || 37 συνετεριδες A (item 38) || 38 παρθενεια A || 39 τελι B* (τελει B^{ab})

XII 4 εμμεσω A (bis) || 6 χειλ. B* (χιλ. B^b) || 7 εκρεινεν B* (εκριν. B^b: item 8, 9, 11, 13)

XIII 5 εγγαστρι A (item 7) || 15 αιριφον A (item 19) || 20 φλογει A .

XIV 6 αιριφον A | συντρειψει B* (συντριψ. B^b) || 8 εξεκλεινεν B* (εξεκλινεν B^b) || 12 απαγγειληται A || 16 μεμεισηκας B*A (μεμισ. B^b)

XV 1 εισελθην B^b || 2 μεισων B*A (μισων B^b) | εμεισησας B* (εμισ. B^b) || 10 ανεβηται A || 12 ομοσαται A || '15 χειλ. B* (χιλ. B^b: item 16) || 16 εξαλιφων B* (εξαλειφων B^{ab}A) | εξηλιψα B*A (εξηλειψα B^{ab}) || 20 εκρεινεν·B* (εκρινεν B^b)

XVI 5 χειλ. B* (χιλ. B^b) || 13 σιρας A | εγκρουσης B^b || 25 πεξατω A || 26. κειονας B* (κιον. B^b): item 29 || 30 ισχυει B* (ισχυι B^b) || 31 εκρεινεν B*.(εκρινεν B^b) .

XVII 2 χειλ. B* (χιλ. B^b): item 3

XVIII 1 εμμεσω A || 2 εξειχνιασ. B* (εξιχνιασ. B^b bis) | πορευεσθαι A || 3 εξεκλειναν B*A (εξεκλιν. B^b: item .15) || 6 πορευεσθαι A (bis) || 7 εισι A^{vid} || 8 καθησθαι A || 9 οκνησηται A || 17 πενται A || 18 ποιειται A || 19 σε 2°] σαι A || 20 εμμεσω A || 24 ελαβεται A

XIX 4 εκαθεισεν A || 8 κλειωαι B* (κλιωαι B^b) || 11 εκκλειν. B*A (εκκλιν. B^b: item 12) || 15 εξεκλειναν B*A (εξεκλιν. B^b) | εκαθεισαν A || 20 ιρηνη A || 23 ποιησηται A || 24 ποιησαται A || 29 ορειω B* || 30 εωραται B^b | λαλησαται A

XX 1 εξεκλησιασθη A || 2 χειλ. B* (χιλ. B^b: ita 13^{ies} in hoc cap) A (item 10 [1°], 44) || 3 λαλησαται A || 5 οικειαν A || 10 επισειτισμ. B* (επισιτισμ. B^b) || 12 υμειν A || 23 αναβηται A || 26 εκαθεισαν A (item 47) || 37 εκεινηθη B* (εκιν. B^b) || 39 πτωσι B* (πτωσει B^{ab}) || 40 συντελια B* (συντελεια. B^{ab}A) || 42 εμμεσω A

XXI 2 εκαθεισαν A || 7 υπολιφθεισιν B* (υπολειφθεισιν B^{ab}) υπολιφθισιν A || 10 χειλ. B* (χιλ. B^b) || 11 αναθεματιειται A || 17 εξαλιφθ. B* (εξαλειφθ. B^bA) || 21 οψεσθαι A | εξελευσεσθαι A || 22 κρεινεσθαι B* (κριν. B^b)

ΡΟΥΘ

I 3 κατελιφθ. B*· (κατελειφθ. B^{ab?}: item 5) || 4 δευτερα] δευρα A || 6 επεσκεπτε A || 8 αποστραφηται A | εποιησεται A || 11 επιστραφηται A (item 12) | πορευεσθαι A || 13 προσδεξασθαι A | κατασχεθησεσθαι A || 16 πρευσομαι A* (πορ. A¹) || 22 κρειθων B* (κριθ. B^b)
II 1 ισχυει B* (ισχυι B^b) | συγγενειας B^{ab}A || 7 μεικρον B* (μικρ. B^{ab}) || 8 κολληθι A || 11 απαγγελεια B^aA | ηδις A || 12 αποτεισαι B* (αποτισαι B^b) || 14 εκαθεισεν A (item 23) || 15 καταισχυνηται A || 16 επιτιμησεται A || 21 ὁδὸν B^b || 23 κρειθων B*
III 2 κρειθων B* (κριθ. B*: item 15, 17) || 3 αλιψη B* (αλειψ. B^{ab}) || 12 εγγειων B* (εγγιων B^b) || 13 σαι A (1°, 2°) | αγχιστευσε A || 18 πεσειτε A
IV 1 εκαθεισεν (bis), καθεισον A | εκκλειvας, εξεκλειvεν B*A (εκκλιν., εξεκλιν. B^b) || 2 καθεισατε A || 4 σαι A (item 15) || 10 εξολοθρ. B^b

ΒΑΣΙΛΕΙΩΝ Α

I 3 ανεβεννεν A || 6 ηθυμι A || 7 ησθειεν B* (ησθιε B^b) || 9 δειφρου B* (διφρου B^b) | φλειων B* (φλιων B^b) || 12 επληθυνθν A || 13 εκεινειτο B* (εκινειτο B^b) εκεινιτο A || 19 πρωει A
II 3 καυχασθαι A | αιτομαζων A || 8 εγειρι A || 9 ισχυει BA || 10 ασθενην A | φρονησι B* (φρονησει B^{ab}) | διναμι B* (δυναμει B^{ab}) || 11 λιτουργ. B*A (λειτουργ. B^{ab}: item 18) || 16 θυμειαθητω A | επιθυμι A || 19 διπλοειδαν A | μεικραν B* (μικρ. B^b) || 20 αποτεισαι B* (αποτισ. B^b) || 21 εμαιγαλυνθη A || 30 ατειμωθησεται B* (ατιμ. B^b) || 31 εξολοθρ. B^bA (item 33) || 33 καταρριν A || 36 παραρειψον B* (παραριψ. B^bA) | ιερετιων A
III 1 λιτουργ. B* (λειτουργ. B^{ab}) || 3 κειβωτος A || 8 κεκληκας] κεκλημαι|s A || 11 ραιματα A || 14 εξειλασθ. B* (εξιλασθ. B^b) | αδικεια A || 17 ποιησε A
IV 2 εκλεινεν B | χειλ. B (item 10) || 3 επτεσεν A || 5 κειβωτ. A (item 6, 17, 19, 21) || 9 κραταιουσθαι A | γινεσθαι A || 10 πτιει A || 13 δειφρου B* (διφρ. B^bA) || 18 δειφρου A (διφρ. B) | εκρεινεν B* (εκριν. B^b) || 19 ωδεινες B*A (ωδιν. B^b) || 22 απωκεισται A
V 3 ορεια B* (ορια B^b) || 4 γην] κην A* | κειβωτ. A (item 11) | ιχνει A | εμπροσθεια B*A (εμπροσθια B^b) | ραχεις A | υπελιφθ. B* (υπελειφθ. B^{ab}) || 5 οικον] οιγον A | υπερβαινονταις A | υπερβεννουσιν A || 6 συγχυσις B? || 7 καθηθησεται A || 9 γεινεται B* (γιν. B^bA) | μεικρου B* (μικρ. B^{ab})
VI 2 κειβωτ. A (item 3, 15, 18, 20, 21) || 3 ιαθησεσθαι A | εξειλασθ. B* (εξιλασθ. B^b) || 4 πτεσμα A || 5 διαφθιροντων A | δωσεται A || 6 ενεπεξεν A || 7 λαβαιτε A || 8 λημψεσθαι A | θησεται A (bis) || 9 οψεσθαι A | συμπτωμα B^{ab}A || 12 σκοπιων A || 19 εσμενισαν A | χειλ. B* (χιλ. B^bA) || 21 καταβηται A
VII 3 αιτοιμασατε A || 12 μεσον 1°] βεσον A || 13 εταπινωσεν A
VIII 3 εξεκλειν. bis B* (εξεκλιν. B^bA) || 4 παραγεινονται B*A (παραγιν. B^b) || 10 αιτουντας] αιτουν| A || 12 χειλιαρχ. B* || 13 μαγιρισσας B* (μαγειρ. B^{ab}) μαγιρεισας A | παισου-

ΒΑΣΙΛΕΙΩΝ Α

σας A* (παισσ. A¹) || 17 εσεσθαι ΒΑ || 18 βοησεσθαι A | εξελέξασθαι A (bis)
IX 6 παραγεινομ. B* (παραγινομ. BᵇA) || 13 αναβηται A | ευρησεται A || 16 χρεισεις B* (χρισ. BᵇA) | ταπινωσιν B*A (ταπεινωσιν Bᵃ⁰ᵇ) || 20 τριτεων A || 26 ανεβενεν A || 27 στηθθι Aᵛⁱᵈ
X 1 εφειλησεν A || 2 εχρεισεν B* (εχρισ. Bᵇ) | τι] τει A || 3 τρις A | αιγειδια B* (αιγιδ. Bᵇ) | ενα 2°] αινα A || 6 εφαλειτε A || 8 ειρηνεικας A | διαλιψεις B*A (διαλειψ. Bᵃ⁽ᵛⁱᵈ⁾ᵇ) || 10 εμμεσω A (item 11, 23) || 14 οικιος A (item 15) || 16 οικιον A || 18 εξιλαμην A | θλειβουσων B* (θλιβ. Bᵇ)
XI 2 ονιδος A || 8 χειλ. B (bis) || 11 υπολελειμμ. Bᵃᵇ | ουκ B* (ουχ BᵃᵇA) | υπελιφθ. B* (υπελειφθ. BᵃᵇA) || 14 εγκενισωμεν A || 15 εχρεισεν B* (εχρισ. Bᵇ) | ειρηνεικας A
XII 3 εξειλασμα B*A (εξιλ. Bᵇ) || 4 ηδεικησας A || 13 εξελεξασθαι A || 20 εκκλεινητε B* (εκκλιν. Bᵇ)
XIII 2 χειλ. B (item 3, 5 bis) || 10 παραγεινεται B* (παραγιν. Bᵇ) || 14 ενετιλατο B* (ενετειλ. Bᵃᵇ) || 15 καταλειμμα B* || 16 παρεμβεβληκισαν B* (παρεμβεβληκεισαν Bᵃᵇ) || 20 αξεινην B* (αξιν. Bᵇ): item 21 || 22 ουκ B*ᵇ (ουχ Bᵃᵇ)
XIV 7 εκκλεινη B* (εκκλιν. Bᵇ) || 10 αναβηται A || 14 παιδιου A || 17 επισκεψασθαι A | ουκ B* (ουχ BᵃᵇA) || 21 δυλοι A | εκθες A || 23 χειλ. B || 28 φαγετε A || 40 εσεσθαι A | δουλιαν A (bis) || 42 κατακληρωσητε A || 48 εξιλατο A
XV 1 χρεισαι B* (χρισαι Bᵇ) χρισε A | σαι A || 3 εξολοθρ. B⸵A | φιση A || 4 χειλ. B* bis || 5 χιμαρρω B* (χειμαρρω Bᵃ⁽ᵛⁱᵈ⁾ᵇ) χειμαρω A || 6 εκκλεινον B* (εκκλιν. Bᵇ) | ελαιος A | εξεκλεινεν B* (εξεκλιν. Bᵇ) || 9 αιδεσματων B* (εδεσμ. B*ᵇ) | εξολοθρ., εξωλοθρ. B⸵: item 15, 20, 21 || 12 επεστρεφεν A || 17 μεικρος B* (μικρ. Bᵃᵇ) | εχρεισεν B* (εχρισεν Bᵇ) || 18 εξολοθρ. B⸵A || 22 επακρασις B* (επακροασις Bᵃ⁽ᵛⁱᵈ⁾) | κρειων B* (κριων Bᵇ) || 27 διπλοειδος A || 32 προσαγαγεται A
XVI 3 χρεισεις B* (χρισ. Bᵇ) | εαν] θαν A || 6 χρειστος B* (χριστ. Bᵇ) || 7 εξιν] αιξιν A | εμβλεψετε A || 11 μεικρος B* (μικρ. Bᵃᵇ) || 12 ορασι B* (ορασει Bᵃᵇ) | χρεισον B* (χρισ. Bᵇ) || 13 εχρεισεν B* (εχρισ. Bᵇ) || 14 επνειγεν B* (επνιγ. Bᵇ) || 15 πνειγει Bᵃ (πνιγ. B*ᵇ) || 20 αινα A || 23 το πονηρον] τονονηρ. Bᵉᵈⁱᵗ
XVII 2 παρεμβαλουσιν A || 5 χειλ. B || 6 χαλκαι] χαλκε A || 8 εκλεξασθαι A || 9 εσεσθαι A || 10 ωνιδισα A || 32 συμπεσετω Bᵇ || 37 εξελειτε A || 39 πεπειραμε A || 40 ληθους A | χιμαρρου B* (χειμαρρ. BᵃᵇA) | ποιμαινικω A || 45 ωνιδισας A || 46 αποκλισει A | παρενβολης A || 53 εκκλεινοντας B* (εκκλιν. Bᵇ)
XVIII 7 χειλ. B (item 8) || 13 χειλιαρχον B || 20 τοιοφθαλμοις B* (τοις οφθ. Bᵃᵇ) || 21 χερ A || 25 ακροβυστειαις B* (ακροβυστιαις BᵇA)
XIX 4 ουκ B* (ουχ BᵇA) || 5 δωραιαν A || 7 εκθες A || 9 χιρι A || 11 πρωει A || 12 καταγι A || 13 κλειν. B*A (κλιν. Bᵇ: item 15, 16) || 16 αγαγεται A || 17 μαι (1°) B* (μέ Bᵃᵇ) | σαι A || 18 παραγεινεται B
XX 2 μεικρον B* (μικρ. Bᵃᵇ: item 35) || 3 γεινωσκων B* (γινωσκ. Bᵇ: item 9) || 5 παιδια A || 12 ανακρεινω B* (ανακριν. Bᵇ) | τρεισεως A || 15 ελαιος A || 19 τρεισσευσεις A || 21 παραγειν. B* (παραγιν. Bᵇ: item 24) || 31 ουκ B* (ουχ Bᵃ⸵ᵇ⸵A) || 41 τρεις A
XXI 13 παρεφετο A
XXII 3 γεινεσθωσαν B* (γινεσθ. BᵇA) || 7 χειλιαρχους B || 9 αποκρειν. B* (αποκριν. Bᵇ) | παραγειν. (παραγιν. BᵇA) || 10 επισειτισ|μ. B* (επισιτι|σμ. Bᵇ) || 11 χειλ. B* || 15 μεικρον B* (μικρ. Bᵃ) || 18 εροντας A
XXIII 7 μοκλων B* (μοχλ. Bᵇ) || 11 αποκλισθησεται A (bis) || 19 ουχ

Β*Α (ουκ Β^{ab}) | στενως Α || 22 αι-
τοιμασατε Α || 23 γνωται Β*. (γνωτε
Β^{ab}Α) | χειλιασιν Β || 24 εμπροσθε
Β^a
XXIV 3 ζετειν Α || 5 διπλοειδος
Α || 8 επισεν Α || 11 αποκτεινε Α |
εφισαμην Β*Α (εφεισ. Β^{a?b}) || 12 γνω-
θει Α || 14 πλημμελεια Β^{ab} || 16 κρει-
ναι Β* (κριν. Β^b) || 19 απεκλισεν Α ||
20 θλειψει Β* (θλιψ. Β^b) | ανταπο-
τεισει Β* (ανταποτισ. Β^b) || 21 γει-
νωσκω Β* (γιν. Β^bΑ) || 22 εξολοθρευ-
σεις Β?
XXV 2 τρεισχειλια Β* τρισχιλ.
Β^bΑ | χειλιαι Β || 3 ειδι Α || 11 λη-
ψομαι Α || 13 ζωσασθαι Α || 14 εξε-
κλειναν Β*Α (εξεκλιν. Β^b) || 17 γνω-
θει Α || 18 αγγια Α | αλφειτου Α ||
22 υπολιψ. Β* (υπολειψ. Β^{a?b}Α) |
πρωει Α (item 34, 36, 37) || 31 δω-
ραιαν Α || 35 αναβηθει Α || 36 μεικρον
Β* (μικρ. Β^{ab}) || 37 γεινεται Β* (γιν.
Β^bΑ: item 42) || 39 εκρεινεν Β* (εκριν.
Β^b) | ονιδισμου Α || 41 ναιψαι Α
XXVI 2 χειλ. Β || 4 αιτοιμος Α ||
5 παρενβεβληκως. Α || 7 εμπεπηγος
Β^b || 8 απεκλισεν Α || 9 αθωωθ. Β^b ||
12 γεινωσκων Β* (γιν. Β^b) || 19 επι-
σιει Α || 21 εντειμος Β*Α (εντιμ. Β^b) ||
24 θλειψεως Β* (θλιψ. Β^b)
XXVII 3 εκαθεισεν Α* | 8 τετι-
χισμενων Α
XXVIII 1 γεινωσκων Β* (γιν. Β^b) ||
3 εγγαστριμυθ. Β^{ab} (ita constanter) ||
9 εξωλοθρ. Β[?] || 15 θλειβομαι Β*
(θλιβ. Β^b)
XXIX 2 χειλ. Β (item 5, ΒΑ) |
ανδες Β* (ανδρ. Β^{1?}) || 4 γεινεσθω Β*
(γιν. Β^b) || 8 ευρες] συρες Α || 9 οτι]
οτι Α
XXX 2 μεικρου Β*Α (μικρ. Β^{ab}) ||
3 εμπεπυρισται Β^a || 6 εθλειβη Α ||
15 σαι Α || 16 αισθιοντες Α | διακεχ-
χυμενοι Α || 18 εξιλατο Α || 19 μει-
κρου Β* (μικρ. Β^{ab}) || 21 παραγειν.
Β* (παραγιν. Β^a)
XXXI 1 πειπτουσιν Β* (πιπτ. Β^b) ||
4 εμπεξωσιν. Α || 7 καταλιπουσιν Α |
πολις Α || 10 τιχει Α || 12 κατακεου-
σιν Α

ΒΑΣΙΛΕΙΩΝ Β

I 2 ειματια Α || 9 στηθει Α ||
10 βασιλιον Α | βραχειονος Β* (βρα-
χιον. Β^b) || 12 διλης Α || 13 απαγγε-
λοντι Α || 18 δειδαξαι Β* (διδ. Β^b) ||
20 ευαγγελισησθαι Α || 21 προσω-
χθεισθη Α || 24 κλαυσαται (1°) Α ||
26 αγαπησεις Α || 27 πολεμεικα Α
II 4 χρειουσιν Β* (χριουσιν Β^b) ||
5 ελαιος Α (item 6) || 7 γινεσθαι
Α || 19 εξεκλεινεν ΒΑ || 21 εκκλει-
νον ΒΑ || 22 αποστηθει Α || 23 πε-
πτει Β || 26 νεικος Β || 28 σαλ-
πιγγει Α || 29 παρατινουσαν Α ||
30 εννηα Α
III 1 πολλυ Α || 13 αιτουμε Α ||
17 εκθες Α || 27 εξεκλεινεν Β ||
31 περιζωσασθαι Α | κοπτεσθαι Α |
κλεινης Β* (κλιν. Β^b)
IV 6 εκαθερεν Α || 7 κλεινης Β*
(κλιν. Β^b) || 9 θλειψεως Β* (θλιψ.
Β^b) || 11 εξολοθρ. Β[?]Α
V 1 παραγεινονται Β* (παραγιν.
Β^b: item 18) || 3 χρειουσιν Β* (χρι-
ουσιν Β^b) || 8 φαραξιφιδι Α | μει-
σουντας Β* (μισ. Β^b) || 24 ακουσε
Α | σαι Α | συγκλεισμου Β^{ab} συγ-
κλισμου Α
VI 1 χειλ. Β || 2 δυναμαιων Α ||
6 παραγειν. Β* (παραγιν. Β^bΑ:
item 16) || 7 κειβωτον Α || 10 εκ-
κλειναι Β*Α (εκκλιν. Β^b) | απεκλει-
νεν Β*
VII 2 εμμεσω Α || 6 εμπεριπατων
Β^bΑ || 9 εξωλοθρ. Β[?] || 10 αδικειας
Α || 11 σαι Α || 19 κατεσμεικρυνθην
Β* (κατεσμικρ. Β^bΑ) | μεικρον Β*
(μικρ. Β^{ab}Α) || 28 αληθεινοι Α
VIII 4 χειλ. Β (ter: item 5, 13) ||
5 παραγεινεται Β* (παραγιν. Β^bΑ)
IX 3 υπολειπται Α | ελαιος Α ||
6 παραγεινεται Β* (παραγιν. Β^bΑ) ||
12 μεικρος Β* (μικρ. Β^{ab})

ΒΑΣΙΛΕΙΩΝ Β

X 4 ημισι A ‖ 5 ητειμασμενοι B* (ητιμ. B^b) | καθεισατε A | επιστραφησεσθαι A ‖ 6 χειλ. B (ter): item 18 ‖ 11 εσεσθαι A

XI 2 ιδει B* (ειδει B^ab) ‖ 4 αυτή B^b ‖ 6 αποστιλον B*˙ ‖ 7 παραγεινεται B ‖ 15 αποστραφησεσθαι A ‖ 22 πληγησεσθαι A | ερρειψεν B* (ερριψ. B^b)

XII 3 μεικρ. B* (μικρ. B^b: item 8) | επεινεν B* (επιν. B^b) ‖ 4 εφισατο A ‖ 6 αποτεισει B*˙(αποτισει B^b) | επταπλασειονα B* (-πλασιονα B^b) ‖ 7 χρεισας B* (χρισ. B^b) ‖ 16 νηστιαν A ‖ 20 ηλιψατο A ‖ 30 τειμιου B* (τιμ. B^b)

XIII 2 εθλειβετο B* (εθλιβ. B^b) | αρρωστιν A | αύτη (1^6) B^b ‖ 5 ε|κ των B* εκ| των B^b ‖ 15 εμεισησεν bis, μεισος bis B* (εμισ., μισ. B^b) ‖ 17 αποκλισον A ‖ 18 λιτουργ. B* (λειτουργ. B^ab) | απεκλισεν A ‖ 22 εμεισει B* (εμισ. B^b) εμεισι A ‖ 25 καταβαρυνθυμεν A ‖ 28 γεινεσθε B* (γιν. B^b)

XIV 2 ενδυσε A ‖ 7 καταλιφθ. A ‖ 13 πλημμελια A ‖ 17 ειη δη] ει ήδη B^b ‖ 26 απαρχης B^b ‖ 27 γεινεται B* (γιν. B^b) γυνεται A | τηκτει A ‖ 30 κρειθαι B* (κριθαι B^b) | πορευεσθαι A | παραγεινονται B* (παραγιν. B^bA)

XV 3 βασι|ως A ‖ 5 εγενε A ‖ 6 παραγειν. B* (παραγιν. B^bA) ‖ 7 αποτεισω B* (αποτισ. B^b) ‖ 14 ταχυνη] τατυνη A ‖ 20 κεινησω B | μετακεινησω B* (μετακιν. B^b) | ελαιος A | αληθιαν A ‖ 30 ελεων B* (ελαιων B^a?b) ‖ 34 άρτι, ώς B^b

XVI 1 χειλ. B* ‖ 5 συγγενιας A

XVII 8 παιδιω B* (πεδιω B^ab) ‖ 11 εμμεσω A ‖ 12 πειπτει B* (πιπτ. B^b) ‖ 20 μεικρον B* (μικρ. B^b) | ουκ B* (ουχ B^bA) ‖ 28 κρειθας B* (κριθ. B^b)

XVIII 3 χειλ. B (item 4, 7) ‖ 5. φεισασθαι A ‖ 17 ερρειψεν B* (ερριψ. B^b) ‖ 19 εκρεινεν B* (εκριν. B^b: item 31) ‖ 22 ωφελιαν B* (ωφελειαν B^abA)

XIX 6 μεισείν B* (μισ. B^b) ‖ 7 αυλισθησετε A | επιγνωθει A ‖ 9 κρεινομενος B* (κριν. B^b) ‖ 10 εχρεισαμεν B* (εχρισ. B^b) ‖ 11 γεινεσθε B* (γινεσθε B^b) γινεσθαι A: item 12, 22 ‖ 14 εκλεινεν B* (εκλινεν B^b) | αινος A ‖ 17 χειλ. B* ‖ 18 ελιτουργ., λιτουργ. B* (ελειτουργ., λειτουργ. B^a?b) ‖ 29 διελεισθαι A ‖ 37 καθεισατω A

XX 4 στηθει A ‖ 6 σκειασει A ‖ 7 διωξε A ‖ 12 εμμεσω A | επερρειψεν B* (επερριψ. B^b) ‖ 20 ειλεως B* (ιλ. B^b) bis ‖ 23 δυναμι A

XXI 1 λειμος B* (λιμ. B^b) ‖ 3 εξειλασωμαι B* (εξιλασ. B^b) | ευλογησεται A ‖ 5 εξολοθρ. B^? ‖ 9 εξιλιασαν A | κρειθων B* (κριθ. B^b: item 10) ‖ 12 πλατιας A

XXII 1 εξιλατο A ‖ 2 εξερουμενος A ‖ 5 συντρειμμοι B* (συντριμμ. B^b) ‖ 6 ωδεινες B*A (ωδιν. B^b) ‖ 7 θλειβεσθαι B* (θλιβ. B^b) ‖ 8 εσισθη A ‖ 10 εκλεινεν B* (εκλιν. B^b) ‖ 16 επιτειμησει B*. (επιτιμ. B^b) ‖ 18 μεισουντων B* (μισ. B^b) ‖ 19 θλειψεως B* (θλιψ. B^b) ‖ 21 καθαρειοτητα B (item 25) ‖ 35 βραχειονι B* (βραχιονι B^b) ‖ 40 δυναμι A ‖ 41 μεισουντας B* (μισ. B^b) ‖ 46 συγκλισμων A ‖ 51 ελαιος A

XXIII 12 εξιλατο A ‖ 17 ειλεως B* (ιλ. B^b)

XXIV 3 εκατονταπλασειονα B* (εκατονταπλασιον. B^b) ‖ 5 εμμεσω A ‖ 9 χειλ. B (bis: item 15) ‖ 12 εκλεξε A ‖ 13 λειμος B* (λιμ. B^b) | γνωθει A ‖ 14 οικτιρμοι B^b ‖ 18 αναβηθει A ‖ 25 μεικρον B* (μικρ. B^b)

ΒΑΣΙΛΕΙΩΝ Γ   [APP.

ΒΑΣΙΛΕΙΩΝ Γ

I 1 εθερμενετο A ‖ 15 λιτουργ. B* (λειτουργ. B^(a?b)) ‖ 17 υ|ιος B* υι|ος Ba |υιος B^b ‖ 25 πεινοντες B* (πιν. B^b) ‖ 29 θλειψεως B* (θλιψ..B^b) ‖ 34 χρεισατε B* (χρισ. B^b) ‖ 38 επεκαθεισαν A ‖ 39 εχρεισεν B* (εχρισ. B^b) ‖ 45 εχρεισαν B* (εχρισ. B^b)
II 1 απεκρεινατο B* (απεκριν. B^b) ‖ 3 φυλαξις B* (φυλαξεις B^(ab)) | εντειλωμε A ‖ 9 αθοωσης B*A (αθωωσ. B^b) | καταξις A ‖ 20 μεικραν B* (μικρ. B^b) ‖ 28 εκλεινεν B* (εκλιν. B^b) ‖ 35 d χειλ. B (bis: item 35 h, 46 i) ‖ 35 g ολοκαυτωσις B* (ολοκαυτωσεις B^(a?b)) ‖ 35 l ετει B* (ετι B^b) ‖ 35 o αθοωσης A ‖ 37 γεινωσκων B* (γιν. B^b bis: item 42) ‖ 46 a πεινοντες B* (πιν. B^b: item 46 g) ‖ 46 e ορνειθων B* (ορνιθ. B^b)
III 4 αυτη B^b: item 27 | χειλ. B* ‖ 6 ελαιος A (bis) ‖ 7 μεικρον B* (μικρ. B^(ab)) ‖ 8 εμμεσω A ‖ 9 διακρεινειν, κρεινειν B* (διακριν., κριν. B^b) ‖ 15 παραγεινεται B* (παραγιν. B^b) ‖ 28 εκρεινεν B* (εκριν. B^b)
IV 7 εγεινετο B* (εγινετο B^b) ‖ 9 Φούας ουδέν B^b ‖ 23 ορνειθων B* (ορνιθ. B^b) | σειτευτα B* (σιτ. B^b) ‖ 28 τρεισχειλ. B* (τρισχιλ. B^b) | πεντακισχειλ. B ‖ 29 πετινων A ‖ 30 παρεγεινοντο B* (παραγιν. B^b)
V 1 χρεισαι B* (χρισ. B^b) ‖ 11 χειλ. B (bis: item 13, 14, 15 bis, 16)
VI 2 τειμους B* (τιμ. B^b) ‖ 17 εικοσει A ‖ 20 συγκεκλεισμ. B^bA ‖ 32 πευκεινα A
VII 8 κρινους A ‖ 15 συγκλειστον B^(ab) συγκλιστ. A (bis) ‖ 16 συγκλεισματα B^(ab) ‖ 21 συγκλισματα A ‖ 22 συγκλεισ|ματα B* συγκλει|σματα B^b συγκλισματα A ‖ 25 κλειτους A ‖ 27 στραιπτα A ‖ 31 τεσσαρ. B^b ‖ 36 συγκλειστα B^b συγκλιστα A ‖ 44 κρεινει B* (κριν. B^b) ‖ 46 τειμ. A* (τιμ. B^b: item 47, 48)

VIII 3 ειερεις A (item 10, 11 ‖ 6 διαοηκης A ‖ 8 κεφαλαι] κελαι A ‖ 11 λιτουργ. B* (λειτουργ. B^(a?b)) ‖ 30 ειλεως B* (ιλ. B^b: item 34, 39, 50) ‖ 31 θυσααστηριου A ‖ 33 πτεσαι A ‖ 37 λειμος B* (λιμ. B^b) | εμπυρισμος B^bA | ερυσειβη B* (ερυσιβη B^bA) | θλειψη B ‖ 50 οικτιρμους B^b ‖ 58 επικλειναι B*A (επικλιν. B^b) ‖ 63 χειλ. B* ‖ 64 μεικρον B* (μικρ. B^(ab)) ‖ 65 πεινων B* (πιν. B^b)
IX 6 αποστραφηται B*A (αποστραφητε B^(ab)) | φυλαξηται A | προσκυνησηται A ‖ 9 δουλιας A ‖ 11 ειχοσι A ‖ 27 θαλανσαν A
X 2 τειμ. B* (τιμ. B^b: item 10, 11) ‖ 5 λιτουργ. B*A (λειτουργ. B^(ab)) ‖ 6 αληθεινος A ‖ 24 υπολελειμμ. B^b | εξολοθρ. B^? ‖ 29 χειλ. B (bis) | θηλιαι A ‖ 31 συκαμεινους B* (συκαμιν. B^b)
XI 2 εκκλεινωσιν B* (εκκλιν. B^b) ‖ 4 εξεκλειναν B* (εξεκλιν. B^b) ‖ 9 εξεκλεινεν B ‖ 15, 16 εξολοθρ. εξωλοθρ. B^? ‖ 17 μεικρον B* (μικρον B^(ab)) ‖ 18 ανισταντε A ‖ 20 εμμεσω A ‖ 27 συνεκλισεν A ‖ 29 παιδιω B*A (πεδ. B^(ab)) ‖ 34 αντιτασσ. bis scr B ‖ 41 ουχ B*A (ουκ B^b)
XII 10 μεικροτης B* (μικρ. B^b: item 24 r) ‖ 12 αναστραφηται A ‖ 13 εγκατελειπε B^b ‖ 21 χειλ. B ‖ 24 m εξολοθρ. B^b ‖ 24 p νυνει B* νυν ει B^b ‖ 27 αναφεριν A
XIII 3 ρυγνυται A | πειοτης B: item 5 B* ‖ 4 συλλαβεται A ‖ 12 δικνυουσιν B*A (δεικν. B^(ab)(vid)) ‖ 24 ερρειμμ. B* (ερριμμ. B^b: item 25, 28 ‖ 28 συνετρειψεν B* (συνετριψ. B^b) ‖ 32 γεινομενον B
XIV 28 απηριδοντο A ‖ 29 ουχ B*A (ουκ B^(ab)) ‖ 31 θαπταιται A
XV 5 εξεκλεινεν B* (εξεκλινεν B^b) ‖ 7 ουχ B* (ουκ B^(ab): item 31) ‖ 15 κειονας B* (κιονας B^b bis) ‖ 23 δυναστια A | ουχ B*A

APP.] ΒΑΣΙΛΕΙΩΝ Δ

(ουκ Β^ab) || 29 εξολοθρ. B^bA |
33 ετει] αιτει A
XVI 4 παιδιω Β*Α (πεδ. B^ab) ||
9 πεινων Β* (πιν. B^b) || 11 ουχ Β*
(ουκ B^b): item 20, 27, 28 || 16 επε-
σεν Β*Α (επαισεν B^b) || 21 γεινε-
ται Β* bis || 28 a εξεκλεινεν Β* ||
28 f συνετρειβη Β* (συνετριβη B^b)
XVII 3 κρυβηθει Α || 6 επεινεν Β ||
10 επερευθη ^Bedit || 12 ενκρυφ. Β*^ab]
εγκρυφ. B^c (item 13) || 13 μεικρον
Β*^c (μικρ. B^ab) | εξοισις Α || 19 κλει-
νης Β*. (κλιν. B^bA)
XVIII 2 λειμος Β* (λιμος B^b) ||
5 παιδιον Α || 12 σε] σαι Α || 21 χω-
λανιτε Α || 22 υπολελειμμε Β* (υπο-
λελειμμαι B^ab) || 25 επιθηται Α ||
29 προσοχθεισματων Α*| μεταστηται
Α || 30 προσαγαγεται Α || 32 ειασατο
Β || 34 επιχεεται Α || 40 συλλαβεται
Α || 44 μεικρα Β* (μικρ. B^b)
XIX 10 παντοκρατορει .Α (item
14) | υπολελιμμε Α || 11 συντρειβον

Β* (συντριβ. B^b) | συσσεισμ. B^bA
(bis [συσεισμ. Α, 1°]: item 12) ||
14 υπολελειμμαι B^tA || 15 χρεισεις
Β* (χρισ. B^b: item 16 bis) || 18 χειλ.
Β* (χιλ. B^b) || 19 επερρειψε Β*(επερ-
ριψε B^b επερριψεν Α) || 21 ελιτουργ.
Β* (ελειτουργ. B^abA)
ΧΧ 4 κλεινης Β* (κλινης B^b) ||
24 παιδιω Α || 26 εξωλοθρ. B^t
XXI 7 γνωται Α | ιδεται Α ||
10 παιξοις Α'| 12 πεινων Β* (πιν.
B^b: item 16) || 16 συμβοηθοι B^ab ||
25 δυναμειν Α || 28 χειλ. Β*: item
30 || 31 σχονια Α || 33 εσπισαντο
Α || 37 συνετρειψεν Β* (συνετριψε
B^b) || 43 συγκεχυμ. B^abA
XXII 3 ημις Α || 8 μεμεισηκα Β*
(μεμισ. B^bA) || 19 στρα (pro στρα-
τεια) Α || 26 λαβεται Α || 27 θλει-
ψεως Β* (θλιψ. B^b bis) || 31 πο-
λεμιται Α | μεικρ. Β* (μικρ. B^ab) ||
41 ετι Α || 43 εξεκλεινεν Β* (εξεκλιν.
B^b)

ΒΑΣΙΛΕΙΩΝ Δ

I 3 πορευεσθαι Α || 4 κλεινη Β*
(κλιν. B^b: item 6, 16) || 13 εντει-
μωθητω Β* (εντιμ. B^b: item 14) ||
18 ουχ Β* (ουκ Β^a^tb) || 18 c συνε-
τρειψεν Β* (συντριψ. B^b)
II 1 συσσεισμω B^ab συνσισμ. Α
(item 11) || 4 εγκαταλειψω B^abA
(item 6) || 12 ουχ Α || 16 και 2°]
αι Α | ερειψεν Β* (ερριψ. B^b) | απο-
στελειται Α || 18 πορευθηται Α ||
21 ερειψέν Β* ερρειψεν B^a ερριψ.
B^bA || 23 μεικρα Β* (μικρ. B^ab)
III 4 χειλ. Β (bis) | κρειων Β*
(κριων B^b) || 11 χιρας Α || 14 δυνα-
μαιων Α || 17 οψεσθαι (1°) Α ||
22 ανετιλεν Α || 25 ερρειψαν Β*
(ερριψ. B^b) || 27 τιχους Α
IV 4 αποχέεις B^b (ita plerumque) ||
5 απεκλισεν Α (item 21, 33) || 7 απο-
τεισεις Β* (αποτισ. B^b) αποτεισις Α |
ζησεσθαι Α || 8 εξεκλεινεν Β*(εξεκλιν.
B^b: item 11) || 10 μεικρον Β* (μικρ.
B^b) | κλειν. Β* (κλιν. B^b: item 21,

32) | εκκλίνει B^b εκκλεινι Α || 22 δρα-
μουμε Α || 27 ανηγγιλεν Α || 30 εγ-
καταλειψω B^b || 38 λειμος Β* (λιμ.
B^b) || 39 συλλεξει B^a^tbA || 42 κρει-
θινους Β* (κριθ. B^b) || 43 λιτουρ. Β*
(λειτουργ. B^ab) | καταλιψ. Β* (κατα-
λειψ. B^a)
V 2 μεικρ. Β* (μικρ. B^b: item
14) || 5 εξακισχειλ. Β || 7 γνωται
Α || 12 εξεκλεινεν Β* (εξεκλιν. B^b) ||
16 ηπιθησεν Α || 18 ειλασεται Β* (ιλ.
B^b bis) || 22 ταλαντο Α
VI 6 ερρειψεν Β* (ερριψ. B^b) ||
11 εξεκεινηθη B^b (εξεκινηθη B^b) ||
25 λειμος Β* (λιμ. B^b) || 30 τιχους
Α || 32 ειδετε Α | αποκλισατε Α |
παραθλειψατε Β
VII 4 λειμος Β* (λιμ. B^b) || 7 σκοτι
Α || 13 κατελιφθ. Β*Α (κατελειφθ.
B^a^tb) || 15 ερρειψεν Β* (ερριψ. B^b) ||
16 κρειθων Β* (κριθ. B^b) || 18 κρει-
θης Β
VIII 1 λειμον Β* (λιμον B^b) ||

ΒΑΣΙΛΕΙΩΝ Δ   [APP.

8 ζησομε A (item 9) ‖ 12 ενσισεις A ‖ 17 τεσσαρ. B^b: item xviii 13 ‖ 23 ουχ B*A (ουκ B^b)
IX 3 κεχρεικα B* (κέχρικ. B^b: item 6, 12) ‖ 17 παραγεινεσθαι B ‖ 24 βραχειονων B* (βραχιονων B^b) ‖ 25, 26 ρειψαι, ρειψὸν B* (ριψ. B^b)
X 3 οψεσθαι A | πολεμειται A ‖ 24 χιρας A ‖ 25 ερρειψαν B* (ερριψ. B^b) ‖ 32 συγκοπτειν B^bA
XI 2 κλειων B* (κλιν. B^b) | απο προσ.] απροπροσ. A ‖ 12 εχρεισ. B* ‖ 18 συνετρειψαν B* (συνετριψ. B^b)
XII 4 συντειμησεως B* (συντιμ. B^b bis) ‖ 6 εκρατεωσαν A ‖ 7 χειλ. B* ‖ 10 αργιον A ‖ 11 αιτοιμασθεν A ‖ 15 χιρας A ‖ 16 πλημμελιας A ‖ 19 ουχ B*A (ουκ B^{ab})
XIII 4 θλειψιν, εθλειψεν B* (θλιψ., εθλιψ. B^{b(vid)}) ‖ 7 υπελιφθη A | χειλ. B ‖ 21 ερρειψαν B* (ερριψ. B^b): item 22 ‖ 22 εξεθλειψεν B* (εξεθλιψ. B^b) ‖ 23 απερρειψ. B*
XIV 7 χειλ. B ‖ 14 συμμειξεων B* (συμμιξ. B^b) ‖ 26 εγκαταλελιμμ. A
XV 5 κρεινων B ‖ 19 χειλ. B ‖ 20 ισχυει B* ‖ 29 απωκεισεν A
XVI 17 συγκλεισματα B^{ab} συγκλισμ. A | λιθηνην A
XVII 6 απωκεισεν A (item 33) ‖ 18 υπελιφθη B* (υπελειφθ. B^{a?b}) ‖ 20 απερρειψεν B* (απερριψ. B^b) ‖ 24 κατωκεισθησαν A | κατωκεισαν A ‖ 26 απωκεισας A ‖ 27 κατωκιτωσαν B* κατωκειτ. B^{a?b} (κατοικειτ. A) ‖ 35 φοβηθησεσθαι A (item 36, 37, 38, 39) | προσκυνησεται A | λατρευσεται A ‖ 36 βραχειονι B* (βραχιονι B^bA) ‖ 38 επιλησεσθαι A ‖ 40 ακουσεσθαι A

XVIII 4 συνετρειψεν B* (συνετριψ. B^b) | εξωλοθρ. B? ‖ 11 απωκεισεν A ‖ 18 αναμημνησκων A ‖ 23 μειχθητε B* (μιχθ. B?) | δισχειλ. B ‖ 25 αναβηθει A ‖ 32 ζησεται A ‖ 35 εξιλαντο A ‖ 36 αποκριθησεσθαι A
XIX 3 θλειψεως B* (θλιψ. B^b) | ωδεινων B* (ωδιν. B^b) ‖ 12 εξιλαντο B* (εξειλ. B^{ab}) ‖ 16 κλεινον B* (κλιν. B^b) ‖ 20 δυναμαιων A (item 31) ‖ 21 εκεινησεν BA ‖ 22 ωνιδισας B* (ωνειδισας B^{ab}) ‖ 25 μαχειμων A ‖ 28 χαλεινον B* (χαλιν. B^b) | χιλεσιν A ‖ 29 φαγεσθαι A ‖ 30 υπολιφθεν A ‖ 31 καταλιμμα A ‖ 32 θυραιος A ‖ 35 χειλ. B
XX 10 κλειναι B* (κλιν. B^b)
XXI 3 δυναμι A (item 5) ‖ 25 ουχ B*A (ουκ B^b)
XXII 4 αναβηθει A | ισενεχθεν A
XXIII 2 μεικρου B ‖ 6 ερειψεν B* (ερριψ. B^{ab}) ‖ 8 εμειανεν B* (εμιανε B^b) ‖ 10 φαραγγει A ‖ 12 ερρειψεν B* (ερριψε B^b) ‖ 14 εξωλοθρ. B? ‖ 22 εκρεινον B ‖ 30 εχρεισαν B* (εχρισ. B^b) ‖ 35 ετειμογραφησαν B* (ετιμογρ. B^b) | συντειμησιν B* (συντιμ. B^b)
XXIV 4 ειλασθηναι B ‖ 5 ουχ B*A (ουκ B^{a?b}) ‖ 14 απωκεισεν A (item 15) | χειλ. B | συγκλειοντ‍ B^bA ‖ 15 συνετρειψεν B* (-τριψε B^b) ‖ 16 επτακισχειλ. B | χειλ. B* | συγκλειοντα B^b συγκλιοντα A ‖ 20 απερρειψεν B* (απερριψ. B^b)
XXV 3 λειμος B ‖ 13 συνετρειψαν B* (συνετριψ. B^b) ‖ 14 λιτουργ. B* (λειτουργ. B^{ab}) ‖ 15 αρχειμαγειρος B* (αρχιμαγ. B^b) ‖ 24 καθεισατε A ‖ 26 μεικρου B* (μικρ. B^{ab})

END OF VOL. I.

CAMBRIDGE: PRINTED BY J. & C. F. CLAY AT THE UNIVERSITY PRESS

WS - #0009 - 301122 - C0 - 229/152/46 - PB - 9780260294777 - Gloss Lamination